P9-CFZ-040

# Merriam-Webster's Spanish-English Dictionary

# Merriam-Webster's Spanish-English Dictionary

MERRIAM-WEBSTER, INCORPORATED
Springfield, Massachusetts, U.S.A.

**A GENUINE MERRIAM-WEBSTER**

The name *Webster* alone is no guarantee of excellence. It is used by a number of publishers and may serve mainly to mislead an unwary buyer.

*Merriam-Webster*™ is the name you should look for when you consider the purchase of dictionaries or other fine reference books. It carries the reputation of a company that has been publishing since 1831 and is your assurance of quality and authority.

Copyright © 2021 by Merriam-Webster, Incorporated

ISBN 978-0-87779-298-7

Merriam-Webster's Spanish-English Dictionary, principal copyright 1998

*All rights reserved. No part of this work covered by the copyrights hereon may be reproduced or copied in any form or by any means—graphic, electronic, or mechanical, including photocopying, recording, taping, or information storage and retrieval systems—without written permission of the publisher.*

MADE IN THE UNITED STATES OF AMERICA

3rd printing OPM Dallas, PA 11/2023

# Contents Índice


| | | |
|---|---|---|
| Preface | 7a | |
| | 9a | Prefacio |
| Explanatory Notes | 11a | |
| | 24a | Notas explicativas |
| Spanish Grammar | 37a | |
| | 50a | Gramática inglesa |
| Conjugation of Spanish Verbs | 66a | |
| | 77a | Verbos irregulares en inglés |
| Abbreviations in This Work | 81a | Abreviaturas empleadas en este libro |
| Pronunciation Symbols | 83a | Símbolos de pronunciación |
| Spelling-to-Sound Correspondences in Spanish | 85a | |
| **Spanish-English Dictionary** | **1** | **Diccionario español-inglés** |
| **English-Spanish Dictionary** | **319** | **Diccionario inglés-español** |
| Common Spanish Abbreviations | 815 | |
| | 821 | Abreviaturas comunes en inglés |
| Spanish Numbers | 829 | |
| | 831 | Números ingleses |
| Nations of the World | 832 | Naciones del mundo |
| Metric System: Conversions | 837 | Sistema métrico: conversiones |

# Preface

MERRIAM-WEBSTER'S SPANISH-ENGLISH DICTIONARY is a completely new dictionary designed to meet the needs of English and Spanish speakers in a time of ever-expanding communication among the countries of the Western Hemisphere. It is intended for language learners, teachers, office workers, tourists, business travelers—anyone who needs to communicate effectively in the Spanish and English languages as they are spoken and written in the Americas. This new dictionary provides accurate and up-to-date coverage of current vocabulary in both languages, as well as abundant examples of words used in context to illustrate idiomatic usage. The selection of Spanish words and idioms was based on evidence drawn from a wide variety of modern Latin-American sources and interpreted by trained Merriam-Webster bilingual lexicographers. The English entries were chosen by Merriam-Webster editors from the most recent Merriam-Webster dictionaries, and they represent the current basic vocabulary of American English.

All of this material is presented in a format which is based firmly upon and, in many important ways, is similar to the traditional styling found in the Merriam-Webster monolingual dictionaries. The reader who is familiar with Merriam-Webster dictionaries will immediately recognize this style, with its emphasis on convenience and ease of use, clarity and conciseness of the information presented, precise discrimination of senses, and frequent inclusion of example phrases showing words in actual use. Other features include pronunciations (in the International Phonetic Alphabet) for all English words, full coverage of irregular verbs in both languages, a section on basic Spanish grammar, tables of the most common Spanish and English abbreviations, and a detailed Explanatory Notes section which answers any questions the reader might have concerning the use of this book.

*Merriam-Webster's Spanish-English Dictionary* represents the combined efforts of many members of the Merriam-Webster Editorial Department, along with advice and assistance from consultants outside the company. The primary defining work was done by Charlene M. Chateauneuf, Seán O'Mannion-Espejo, Karen L. Wilkinson, and Jocelyn Woods; early contributions to the text were also submitted by Cèsar Alegre, Hilton Alers, Marién Díaz, Anne Gatschet, and María D. Guijarro, with Victoria E. Neufeldt, Ph.D., and James L. Rader providing helpful suggestions regarding style. Proofreading was done by Susan L. Brady, Daniel B. Brandon, Charlene M. Chateauneuf, Deanna Stathis Chiasson, Seán O'Mannion-Espejo, James L. Rader, Donna L. Rickerby, Adrienne M. Scholz, Amy West, Karen L. Wilkinson, and Linda Picard Wood. Brian M. Sietsema, Ph.D., provided the pronunciations. Cross-reference services were provided by Donna L. Rickerby.

Karen L. Levister assisted in inputting revisions. Carol Fugiel contributed many hours of clerical assistance and other valuable support. The editorial work relating to typesetting and production was begun by Jennifer Goss Duby and continued by Susan L. Brady, who also offered helpful suggestions regarding format. Madeline L. Novak provided guidance on typographic matters. John M. Morse was responsible for the conception of this book as well as for numerous ideas and continued support along the way.

Eileen M. Haraty
Editor
2003

This new revision of *Merriam-Webster's Spanish-English Dictionary* adds more than 350 new words and meanings from areas such as science, medicine, technology, and popular culture, and provides updates to nearly 130 existing vocabulary entries. It builds on the substantial work already completed in previous updates, which added more than 4,600 new vocabulary terms, updated more than 6,000 existing entries, and incorporated significantly expanded coverage of more than 700 of the entries for the most essential English and Spanish vocabulary. Included in this expanded coverage were many additional meanings, thousands of new examples showing how the words are typically used in context, and more than 2,000 common idioms and phrasal verbs in which these essential words often appear.

Many members of the Merriam-Webster editorial staff contributed to this update. Defining and cross-reference work were done by Sarah S. Carragher. Proofreading was done by Paul S. Wood and editor Carragher, with outside assistance from Mark A. Stevens and Tasha Martino Bigelow. Joshua S. Guenter, Ph.D., provided the pronunciations. Data file management was performed by Anne E. McDonald, who also entered the revisions. Editor Wood oversaw the book's typesetting and final production. Madeline L. Novak and Emily A. Vezina assisted in planning the update, and also provided guidance and support throughout the course of the project.

Karen L. Wilkinson
Editor
2021

# Prefacio

El DICCIONARIO ESPAÑOL-INGLÉS MERRIAM-WEBSTER es un diccionario completamente nuevo, diseñado con el fin de satisfacer las necesidades de lenguaje de angloparlantes e hispanoparlantes en una era de continuo crecimiento en la comunicación entre los países del hemisferio occidental. El diccionario está destinado a los estudiantes de estos idiomas, así como a los maestros, oficinistas, turistas, viajeros de negocios, o a cualquier persona que necesite expresarse claramente y eficazmente en los idiomas inglés o español tal como se hablan y se escriben en las Américas. Este diccionario provee una cobertura exacta y actualizada del vocabulario corriente en ambos idiomas, así como abundantes ejemplos de palabras empleadas en contexto para ilustrar su uso idiomático. La selección de vocablos y modismos en español se efectuó a base de una vasta gama de fuentes latinoamericanas modernas y fue interpretada por especialistas en lexicografía bilingüe de Merriam-Webster. Las voces inglesas fueron extraídas de los más recientes diccionarios Merriam-Webster por editores de Merriam-Webster, y representan el vocabulario básico actual del inglés americano.

El material se ha organizado en un formato basado en el estilo tradicional característico de los diccionarios monolingües Merriam-Webster. El lector ya familiarizado con los diccionarios Merriam-Webster reconocerá de inmediato este estilo, con su énfasis en la conveniencia y la facilidad de uso, en la claridad y la concisión de la información presentada, en el preciso discernimiento de los sentidos de cada vocablo, y en la frecuente inclusión de frases ejemplares que ilustran el uso de una palabra. Aparecen también pronunciaciones (compuestas en el Alfabeto Fonético Internacional) para todas las voces inglesas, así como una cobertura plena de verbos irregulares en ambos idiomas, una sección de gramática inglesa básica, tablas de abreviaturas comunes, y una sección de Notas explicativas que contesta en detalle cualquier pregunta que pueda tener el lector tocante al uso de este libro.

El *Diccionario Español-Inglés Merriam-Webster* es el fruto del esfuerzo combinado de muchos miembros del departamento editorial de Merriam-Webster, junto con el asesoramiento y la asistencia de consultores exteriores. La obra de definición primaria fue llevada a cabo por Charlene M. Chateauneuf, Seán O'Mannion-Espejo, Karen L. Wilkinson, y Jocelyn Woods; contribuciones textuales preliminares fueron aportadas por Cèsar Alegre, Hilton Alers, Marién Díaz, Anne Gatschet, y María D. Guijarro, y valiosas sugerencias con respecto al estilo del diccionario fueron hechas por Victoria E. Neufeldt, Ph.D., y James L. Rader. La corrección de pruebas fue realizada por Susan L. Brady, Daniel B. Brandon, Charlene M. Chateauneuf, Deanna Stathis Chiasson, Seán O'Mannion-Espejo, James L. Rader, Donna L. Rickerby, Adrienne M. Scholz, Amy West, Karen L. Wilkinson, y Linda Picard Wood.

Las pronunciaciones fueron proporcionadas por Brian M. Sietsema, Ph.D. Los servicios de remisión textual fueron provistos por Donna L. Rickerby. Karen L. Levister ayudó con la entrada de revisiones. Carol Fugiel contribuyó muchas horas de labor de oficina y otros valiosos apoyos. La labor editorial de composición y producción fue comenzada por Jennifer Goss Duby y fue continuada por Susan L. Brady, la cual también ofreció sugerencias importantes con respecto al formato. Madeline L. Novak proveyó orientación en asuntos tipográficos. John M. Morse fue responsable de la concepción de este libro, y contribuyó numerosas ideas y apoyo continuo durante su elaboración.

Eileen M. Haraty
Editor
2003

Esta nueva versión corregida del *Diccionario Español-Inglés Merriam-Webster* añade más de 350 vocablos y significados nuevos de áreas tales como la ciencia, la medicina, la tecnología, y la cultura popular, y proporciona actualizaciones de casi 130 entradas ya existentes. Continúa el considerable trabajo ya realizado en versiones anteriores, en las cuales se añadieron más de 4600 vocablos, se actualizaron más de 6000 entradas, y se incorporaron cobertura considerablemente ampliada en más de 700 de las entradas que corresponden al vocabulario más esencial del inglés y el español. Esta ampliación abarcaba muchos significados adicionales, miles de ejemplos que muestran el uso típico de las palabras en contexto, y más de dos mil de los modismos y verbos preposicionales en los cuales estas palabras tan esenciales suelen aparecer.

Muchos miembros del departamento editorial de Merriam-Webster contribuyeron a la actualización de este libro. La obra de definición primaria y de verificación de remisiones fue realizada por Sarah S. Carragher. La corrección de pruebas fue hecha por Paul S. Wood y la redactora Carragher, con la ayuda externa de Mark A. Stevens y Tasha Martino Bigelow. Las pronunciaciones fueron provistas por Joshua S. Guenter, Ph.D. La administración de archivos de datos fue ejecutada por Anne E. McDonald, quien también tecleó las revisiones. El redactor Wood supervisó la composición del libro. Madeline L. Novak y Emily A. Vezina ayudaron con la planificación del proyecto de actualización, y también proporcionaron orientación y apoyo general en el curso del proyecto.

Karen L. Wilkinson
Editora
2021

# Explanatory Notes

## Entries

### 1. Headwords

A boldface letter, word, or phrase appearing at the left edge of a column of type is a headword or main entry word. The headword may consist of letters set solid, of letters joined by a hyphen, or of letters separated by a space:

**cafetalero**[1], **-ra** *adj* . . .
**lip–read** . . . *vi* . . .
**computer science** *n* . . .

The headword, together with the material that follows it on the same line and succeeding indented lines, constitutes a dictionary entry.

### 2. Order of Entries

Alphabetical order throughout the dictionary follows the order of the English alphabet, with one exception: the Spanish letter *ñ* follows the letter *n* and comes before the letter *o*. The headwords are ordered alphabetically letter by letter without regard to intervening spaces or hyphens; for example, *shake-up* follows *shaker*.

Homographs (words with the same spelling) having different parts of speech are usually given separate dictionary entries. These entries have superscript numerals after the headword:

**hail**[1] . . . *vt* . . .
**hail**[2] *n* . . .
**hail**[3] *interj* . . .
**madrileño**[1], **-ña** *adj* . . .
**madrileño**[2], **-ña** *n* . . .

Headwords in a numbered sequence are listed in this order: verb, adverb, adjective, noun, conjunction, preposition, pronoun, interjection, article.

Homographs having the same part of speech are normally included at the same dictionary entry even if they have different origins. On the English-to-Spanish side, however, separate entries are made if the homographs have different inflected forms or if they have different pronunciations. On the Spanish-to-English side, separate entries are made if the homographs differ in gender.

### 3. Guide Words

A pair of guide words is printed at the top of each page, indicating the first and last main entries that appear on that page:

**balanca • bañar**

## 4. Variants

When a headword is followed by the word *or* and another spelling, the two spellings are variants. Both are standard, and you may choose to use either one:

**jailer** *or* **jailor** . . . *n* . . .

**quizá** *or* **quizás** *adv* . . .

Occasionally, a variant spelling is used only for a particular sense of a word. In these cases, the variant spelling is listed after the sense number of the sense to which it pertains:

**electric** . . . *adj* **1** *or* **electrical** . . .

Sometimes the headword is used interchangeably with a longer phrase containing the headword. For the purposes of this dictionary, such phrases are considered variants of the headword:

**bunk**[2] *n* **1** *or* **bunk bed** . . .

**angina** *nf* **1** *or* **angina de pecho** . . .

Variant wordings of boldface phrases may also be shown:

**madera** *nf* . . . **3 madera dura** *or* **madera noble** . . .

**atención**[1] *nf* . . . **2 poner atención** *or* **prestar atención** . . .

**gasto** *nm* . . . **3 gastos fijos/generales/indirectos** . . .

## 5. Run-On Entries

A main entry may be followed by one or more derivatives or by a homograph with a different functional label. These are run-on entries. Each is introduced by a boldface dash and each has a functional label. They are not defined, however, since their equivalents can be readily derived by adding the corresponding foreign-language suffix to the terms used to define the main entry word or, in the case of homographs, simply substituting the appropriate part of speech:

**illegal** . . . *adj* : ilegal — **illegally** *adv*
[the Spanish adverb is *ilegalmente*]

**transferir** . . . *vt* TRASLADAR : to transfer — **transferible** *adj*
[the English adjective is *transferable*]

**Bosnian** . . . *n* : bosnio *m*, -nia *f* — **Bosnian** *adj*
[the Spanish adjective is *bosnio, -nia*]

On the Spanish-to-English side of the dictionary, reflexive verbs are sometimes run on undefined:

**enrollar** *vt* : to roll up, to coil — **enrollarse** *vr*

The absence of a definition means that *enrollarse* has the simple reflexive meaning "to become rolled up or coiled," "to roll itself up."

## 6. Boldface phrases

A main entry may be followed by one or more phrases in dark, boldface type that contain the main entry word or an inflected form of it. Each boldface phrase is defined at its own numbered sense:

**álamo** *nm* **1 :** poplar **2 álamo temblón :** aspen

**hold**[1] . . . *v* . . . — *vi* . . . **3 to hold forth :** . . . **4 to hold off** WAIT : . . .

If the boldface phrase consists only of the entry word and a single preposition, the entry word is represented by a boldface swung dash ~ :

**pegar** . . . *vt* . . . — *vi* . . . **3 ~ con :** . . .

The same boldface phrase may appear at two or more senses if it has more than one distinct meaning:

**wear**[1] . . . *v* . . . *vt* . . . **8 to wear out :** gastar . . . **9 to wear out** EXHAUST **:** agotar, fatigar . . .

**estar** . . . *v aux* . . . *vi* . . . **16 ~ por :** to be in favor of **17 ~ por :** to be about to . . .

A slash / is used between words in a boldface phrase when either of the words separated by the slash can be used in that part of the phrase:

**casa** *nf* . . . **11 echar/tirar/botar la casa por la ventana** . . .

**same**[2] *pron* . . . **4 all/just the same** . . .

Words separated by slashes in boldface phrases do not always have the same meaning.

When a boldface phrase contains a slash, a corresponding slash may or may not be included in the definition that follows the phrase:

**agua** *nf* . . . **4 agua dulce/salada :** fresh/salt water . . .

**go**[1] . . . *v* . . . *vi* . . . **59 to go down well/badly :** caer bien/mal, tener una buena/mala acogida . . .

**pedir** . . . *vt* . . . **3 pedir disculpas/perdón :** to apologize . . .

**break**[1] . . . *v* . . . *vt* . . . — *vi* . . . **17 to break free/loose :** soltarse . . .

When no corresponding slash is included in the definition, all wordings shown for the boldface phrase have the same meaning.

If a word in a boldface phrase is followed by "(etc.)", other words similar to the one that precedes the "(etc.)" may be used in that place in the phrase:

**part**[2] *n* . . . **6 for my/his (etc.) part :** por mi/su (etc.) parte . . .

**hablar** . . . — **hablarse** *vr* . . . **2 se habla inglés (etc.) :** English (etc.) spoken

A corresponding "(etc.)" is included in the definition unless a verbal illustration is shown instead of a definition, or the definition is worded in a way that makes the inclusion of "(etc.)" unnecessary:

**ser**[1] . . . *vi* . . . **17 sea cual/quien (etc.) sea** <sean cuales sean las circunstancias : whatever the circumstances might be> . . .

**hell** . . . *n* . . . **8 like hell I did/will (etc.)!** *fam* : ¡y un cuerno! . . .

If the use of the entry word is commonly restricted to one particular phrase, then only the phrase will be defined:

**ward**[1] . . . *vt* **to ward off :** desviar, protegerse contra

# Pronunciation

## 1. Pronunciation of English Entry Words

The text between a pair of brackets [ ] following the entry word of an English-to-Spanish entry indicates the pronunciation. The symbols used are explained in the Pronunciation Symbols chart on page 85a.

When more than one pronunciation is shown for a word, different educated speakers of English pronounce that word in different ways. The pronunciation shown second may be just as common as the one shown first. All pronunciations shown are common and acceptable:

**tomato** [təˈmeɪɾo, -ˈmɑ-] . . .

When less than a full pronunciation is shown for a compound word, the rest of the pronunciation can be found at the separate entry for that individual part of the compound:

**gamma ray** [ˈgæmə] . . .

**ray** [ˈreɪ] . . .

**smoke**[1] [ˈsmo:k] . . .

**smoke detector** [diˈtɛktər] . . .

In general, no pronunciation is given for open compounds consisting of two or more English words that are main entries at their own alphabetical place:

**water lily** *n* : nenúfar *m*

Only the first headword in a series of numbered homographs is given a pronunciation if their pronunciations are the same:

**dab**[1] [ˈdæb] *vt* . . .

**dab**[2] *n* . . .

No pronunciation is shown for principal parts of verbs that are formed regularly by adding a suffix or for other derivative words formed by common suffixes.

### 2. Pronunciation of Spanish Entry Words

Spanish pronunciation is highly regular, so no pronunciations are given in most Spanish-to-English entries. Exceptions have been made for certain words (such as foreign borrowings) whose Spanish pronunciations are not evident from their spellings:

**pizza** [ˈpitsa, ˈpisa] . . .
**footing** [ˈfuˌtɪŋ] . . .

## Functional Labels

An italic label indicating a part of speech or some other functional classification follows the pronunciation or, if no pronunciation is given, the headword. The eight traditional parts of speech—adjective, adverb, conjunction, interjection, noun, preposition, pronoun, and verb—are indicated as follows:

**daily**[2] *adj* . . .
**vagamente** *adv* . . .
**and** . . . *conj* . . .
**huy** *interj* . . .
**jackal** . . . *n* . . .
**para** *prep* . . .
**neither**[3] *pron* . . .
**leer** . . . *v* . . .

Verbs that are intransitive are labeled *vi,* and verbs that are transitive are labeled *vt*:

**deliberar** *vi* : to deliberate . . .
**necessitate** . . . *vt* **-tated; -tating**
: necesitar, requerir

Verbs that are both transitive and intransitive are labeled *v* if all listed senses are both transitive and intransitive. If some senses are only transitive or only intransitive, the entry is subdivided into transitive and intransitive sections, each with its own *vt* or *vi* label, respectively:

**scrawl**[1] . . . *v* : garabatear
**crack**[1] . . . *vt* . . . — *vi* . . .
**esperar** *vt* . . . — *vi* . . .

If a subdivided verb entry includes irregular verb inflections, it is labeled *v* immediately before the inflections, with the labels *vt* and *vi* serving to introduce the transitive and intransitive subdivisions:

**satisfy** . . . *v* **-fied; -fying** *vt* . . . —
*vi* . . .

Spanish reflexive verbs are labeled *vr*:

**jactarse** *vr* . . .

**abandonar** *vt* . . . — **abandonarse** . . . *vr* . . .

Two other labels are used to indicate functional classifications of verbs: *v aux* (auxiliary verb) and *v impers* (impersonal verb).

**may** . . . *v aux, past* **might** . . .

**hacer** . . . *vt* . . . — *vi* . . . — *v impers* **1** *(referring to weather)* <hace frío : it's cold> . . .

Entries for prefixes are labeled *pref*:

**ciber-** *pref* . . .

**e-** *pref* . . .

Entries for suffixes are labeled *suf*:

**-less** . . . *suf* . . .

**-ísimo, -ma** *suf* . . .

Entries for English-language and Spanish-language trademarks are labeled *trademark* and *marca registrada*, respectively:

**Q–tips** . . . *trademark* — se usa para hisopos

**Kleenex** . . . *marca registrada, m* — used for a paper tissue

Entries for English-language service marks (words or names that organizations use to identify their services) are labeled *service mark*:

**Realtor** . . . *service mark* . . .

## Gender Labels

In Spanish-to-English noun entries and trademark entries, the gender of the headword is indicated by an italic *m* (masculine), *f* (feminine), or *mf* (masculine or feminine). In noun entries, the gender label immediately follows the functional label:

**magnesio** *nm* . . .

**galaxia** *nf* . . .

**turista** *nmf* . . .

In trademark entries, the gender label follows the functional label and is preceded by a comma and a space:

**Ping–Pong** *marca registrada, m* . . .

If both the masculine and feminine forms are shown for a noun referring to a person, the label is simply *n:*

**director, -tora** *n* . . .

Spanish noun equivalents of English headwords are also labeled for gender:

**amnesia** . . . *n* : amnesia *f*
**earache** . . . *n* : dolor *m* de oído(s)
**gamekeeper** . . . *n* : guardabosque *mf*

# Inflected Forms

## 1. Nouns

The plurals of nouns are shown in this dictionary when they are irregular, if the root word changes in spelling or accentuation when a plural suffix is added, when an English noun ends in a consonant plus *-o* or in *-ey,* when an English noun ends in *-oo,* when an English noun is a compound that pluralizes the first element instead of the last, when a noun has variant plurals, or whenever the dictionary user might have reasonable doubts regarding the spelling of a plural:

**tooth** . . . *n, pl* **teeth** . . .
**garrafón** *nm, pl* **-fones** . . .
**potato** . . . *n, pl* **-toes** . . .
**abbey** . . . *n, pl* **-beys** . . .
**cuckoo**[2] *n, pl* **-oos** . . .
**brother–in–law** . . . *n, pl* **brothers–in–law** . . .
**fish**[2] *n, pl* **fish** *or* **fishes** . . .
**hábitat** *nm, pl* **-tats** . . .
**tahúr** *nm, pl* **tahúres** . . .

Cutback (partial) inflected forms are shown for most nouns on the English-to-Spanish side, regardless of the number of syllables in the word. On the Spanish-to-English side, cutback inflections are given for nouns that have three or more syllables; plurals for shorter words are written out in full:

**shampoo**[2] *n, pl* **-poos** . . .
**calamity** . . . *n, pl* **-ties** . . .
**mouse** . . . *n, pl* **mice** . . .
**sartén** *nmf, pl* **sartenes** . . .
**hámster** . . . *nm, pl* **hámsters** . . .
**federación** *nf, pl* **-ciones** . . .

If only one gender form has a plural which is irregular, that plural form will be given with the appropriate label:

**campeón, -peona** *n, mpl* **-peones** : champion

The plurals of nouns are usually not shown when the base word is unchanged by the addition of the regular plural suffix or when the noun is unlikely to occur in the plural:

**apple** . . . *n* : manzana *f*
**inglés**[3] *nm* : English (language)

Nouns that are always plural in form and occur in plural constructions are labeled *npl* for English nouns, *nmpl* for Spanish masculine nouns, *nfpl* for Spanish feminine nouns, or *nmfpl* for Spanish nouns that can be masculine or feminine:

**knickers** . . . *npl* . . .
**enseres** *nmpl* . . .
**mancuernas** *nfpl* . . .
**panties** . . . *nmfpl* . . .

Entry words that are unchanged in the plural are labeled *ns & pl* for English nouns, *nms & pl* for Spanish masculine nouns, *nfs & pl* for Spanish feminine nouns, or *nmfs & pl* for Spanish nouns that can be masculine or feminine:

**deer** . . . *ns & pl* . . .
**lavaplatos** *nms & pl* . . .
**tesis** *nfs & pl* . . .
**rompehuelgas** *nmfs & pl* . . .

## 2. Verbs

### ENGLISH VERBS

The principal parts of verbs are shown in English-to-Spanish entries when they are irregular, if the spelling of the root word changes when the verb suffix is added, when the verb ends in *-ey,* when there are variant inflected forms, or whenever the dictionary user might have reasonable doubts about the spelling of an inflected form:

**break**[1] . . . *v* **broke** . . . ; **broken** . . . ; **breaking** . . .
**drag**[1] . . . *v* **dragged; dragging** . . .
**monkey**[1] . . . *vi* **-keyed; -keying** . . .
**label**[1] . . . *vt* **-beled** *or* **-belled; -beling** *or* **-belling** . . .
**imagine** . . . *vt* **-ined; -ining** . . .

Cutback inflected forms are usually shown when the verb has two or more syllables:

**multiply** . . . *v* **-plied; -plying** . . .
**bevel**[1] . . . *v* **-eled** *or* **-elled; -eling** *or* **-elling** . . .
**forgo** *or* **forego** . . . *vt* **-went; -gone; -going** . . .
**commit** . . . *vt* **-mitted; -mitting** . . .

The principal parts of an English verb are not shown if the base word does not change when *-s, -ed,* and *-ing* are added:

**delay**[1] . . . *vt*
**pitch**[1] . . . *vt*

SPANISH VERBS

Entries for irregular Spanish verbs are cross-referenced by number to the model conjugations appearing in the Conjugation of Spanish Verbs section on pages 72a–78a:

**abnegarse** {49} *vr* . . .
**volver** {89} *vi* . . .

Entries for Spanish verbs with regular conjugations are not cross-referenced; however, model conjugations for regular Spanish verbs are included on pages 68a–69a in the Conjugation of Spanish Verbs section.

## 3. Adverbs and Adjectives

The comparative and superlative forms of English adjective and adverb main entries are shown if the spelling of the root word changes when the suffix is added, if the inflection is irregular, or if there are variant inflected forms:

**wet**[2] *adj* **wetter; wettest** . . .
**good**[2] *adj* **better** . . . ; **best** . . .
**evil**[1] . . . *adj* **eviler** *or* **evviller; evilest** *or* **evillest** . . .

For adjectives and adverbs that have more than one syllable, only the shortened form *-est* is usually shown for the superlative:

**early**[1] . . . *adv* **earlier; -est** . . .
**gaudy** . . . *adj* **gaudier; -est** . . .
**secure**[2] *adj* **securer; -est** . . .

At a few entries only the superlative form is shown because there is no evidence that the comparative form is used:

**mere** . . . *adj, superlative* **merest** . . .

The comparative and superlative forms of adjectives and adverbs are usually not shown if the base word does not change when the suffix is added:

**quiet**[3] *adj* **1** . . .

# Usage

## 1. Usage Labels

Two types of usage labels are used in this dictionary—regional and stylistic. Spanish words that are limited in use to a specific area or areas of Latin America, or to Spain, are given labels indicating the countries in which they are most commonly used:

**guarachear** *vi Cuba, PRi fam* . . .
**bucket** . . . *n* : . . . cubeta *f Mex*

The following regional labels are used in this dictionary: *Arg* (Argentina), *Bol* (Bolivia), *CA* (Central America), *Car* (Caribbean), *Chile* (Chile), *Col* (Colombia), *CoRi* (Costa Rica), *Cuba* (Cuba), *DomRep* (Dominican Republic), *Ecua* (Ecuador), *Sal* (El Salvador), *Guat* (Guatemala), *Hond* (Honduras), *Mex* (Mexico), *Nic* (Nicaragua), *Pan* (Panama), *Par* (Paraguay), *Peru* (Peru), *PRi* (Puerto Rico), *Spain* (Spain), *Uru* (Uruguay), *Ven* (Venezuela).

Since this dictionary focuses on the Spanish spoken in Latin America, only the most common regionalisms from Spain have been included.

A number of words are given a *fam* (familiar) label, indicating that these words are suitable for informal contexts but would not normally be used in formal writing or speaking. The labels *disparaging*, *vulgar*, and *offensive* are used for words or senses that are intended to hurt or shock or that are likely to give offense; such words are entered and defined in this dictionary only if they are very commonly used. The labels are intended to warn the reader that the word or sense in question may be inappropriate in polite conversation.

## 2. Usage Notes

Usage notes that give information about meaning or grammar may appear in parentheses before the definition:

**not** . . . *adv* **1** (*used to form a negative*) **:** no . . .

**within**[2] *prep* . . . **2** (*in expressions of distance*) **:** . . . **3** (*in expressions of time*) **:** . . .

**e**[2] *conj* (*used instead of* **y** *before words beginning with i- or hi-*) **:** . . .

**poder**[1] . . . *v aux* . . . **2** (*expressing possibility*) **:** . . . **3** (*expressing permission*) **:** . . .

Orientation about meaning is also sometimes given in parentheses within the definition:

**calibrate** . . . *vt* . . . **:** calibrar (armas), graduar (termómetros)

**palco** *nm* **:** box (in a theater or stadium)

Occasionally a usage note is used in place of a definition. This is usually done when the entry word has no simple equivalent in the other language. This type of usage note is accompanied by examples of common use:

**shall** . . . *v aux* . . . **1** (*used formally to express a command*) <you shall do as I say **:** harás lo que te digo> . . .

## 3. Illustrations of Usage

Definitions are sometimes followed by verbal illustrations that show a typical use of the word in context or a common idiomatic usage. These verbal illustrations include a translation and are enclosed in angle brackets:

**lejos** *adv* **1 :** far away, distant <a lo lejos : in the distance, far off> . . .

**make**[1] . . . *v* . . . *vt* . . . **15** . . . : hacer (dinero, amigos) <to make a living : ganarse la vida> . . .

A slash / is used between words in a verbal illustration when either of the words separated by the slash can occur in that position in the phrase:

**tener** . . . *vt* . . . **2 :** to have (available) <tener dinero/tiempo para : to have money/time for> . . .

**money** . . . *n* . . . **1 :** dinero *m*, plata *f* <to make/lose money : ganar/perder dinero> . . .

Words separated by slashes in verbal illustrations do not always have the same meaning.

When a word in a verbal illustration is followed by "(etc.)," other words similar to the one before the "(etc.)" can occur in that position in the phrase:

**dar** . . . *vt* . . . **16** CAUSAR **:** to cause <darle miedo/sed (etc.) a alguien : to make someone frightened/thirsty (etc.)> . . .

**turn**[2] *n* . . . **3** INTERSECTION **:** bocacalle *f* <we took a wrong turn : nos equivocamos de calle/salida (etc.), . . .> . . .

Occasionally verbal illustrations are used in place of a definition. This is usually done when a boldface phrase has no single-phrase equivalent in the other language, or when its use is more easily understood in context:

**saber**[1] . . . *vt* . . . **6 qué sé yo** <diamantes, perlas, y qué sé yo : diamonds, pearls, and whatnot> <y qué sé yo dónde : and who knows where (else)> . . .

**all**[1] . . . *adv* . . . **8 ~ over** *fam* <to be all over someone for something : criticar duramente a alguien por algo> . . .

## Definitions

A definition in this dictionary consists of one or more translations for a single sense of a main entry word, a run-on entry word, or a boldface phrase. A boldface colon is used to introduce a definition:

**fable** . . . *n* **:** fábula *f*

**sonrojar** . . . — **sonrojarse** *vr* **:** to blush

**aback** . . . *adv* . . . **2 to be taken aback :** quedarse desconcertado

If more than one translation word or phrase is included in the same definition, the translations are usually separated by commas:

**as of** *prep* **:** desde, a partir de

When commas are used within a definition for other reasons, the translations are separated by semicolons instead of commas:

**love**[2] *n* . . . **3** BELOVED **:** amor *m;* amado *m,* -da *f;* enamorado *m,* -da *f* . . .

A slash / is used between words in a translation phrase when either of the words separated by the slash can be used in that position in the phrase:

**bajar** *vt* . . . **2 :** to bring/take/carry down, to get/lift down . . .

Words separated by slashes in translations do not always have the same meaning.

## Sense Division

When a word has more than one sense, each sense begins with a boldface numeral:

**laguna** *nf* **1 :** lagoon **2 :** gap

Whenever some information (such as a synonym, a boldface word or phrase, a usage note, a cross-reference, or a label) follows a sense number, it applies only to that specific sense:

**abanico** *nm* . . . **2** GAMA **:** . . .

**tonic**[2] *n* . . . **2** *or* **tonic water :** . . .

**grillo** *nm* . . . **2 grillos** *nmpl* **:** . . .

**fairy** . . . *n, pl* **fairies** . . . **2 fairy tale :** . . .

**myself** . . . *pron* **1** (*used reflexively*) **:** . . .

**pike** . . . *n* . . . **3 → turnpike**

**atado**[2] *nm* . . . **2** *Arg* **:** . . .

## Cross-References

An arrow in an entry means that information about the word you have looked up is available at the separate entry for the word that appears after the arrow. If the word you have looked up is an inflected form, the cross-reference after the arrow will point you to the base form of the word:

**fue, etc. → ir, ser**

**mice → mouse**

In other cases, the cross-reference will point you to the entry for a word that has the same meaning as the word you have looked up:

**scapula** . . . → **shoulder blade**
**amuck** . . . → **amok**

## Synonyms

A synonym in small capital letters is often provided before the boldface colon that precedes a definition:

**seleccionar** *vt* ELEGIR : . . .
**turn**[1] *vt* . . . — *vi* . . . **1** ROTATE, SPIN : . . .
**carta** *nf* . . . **2** NAIPE : . . .

These synonyms are all main entries or boldface phrases elsewhere in the dictionary. They serve as a helpful guide to the meaning of the entry or sense and also give you an additional term that might be substituted in a similar context.

# Notas explicativas

## Entradas

### 1. Lemas

Toda letra, palabra o frase en negrita que aparece al margen izquierdo de una columna de texto de la que forma parte es un lema, o entrada principal. La composición del lema puede constar de letras continuas, de letras unidas por un guión, o bien de letras separadas por un espacio:

**cafetalero**[1], **-ra** *adj* . . .
**lip–read** . . . *vi* . . .
**computer science** *n* . . .

El lema, junto con el texto que lo sigue tanto en la misma línea como en las líneas sangradas subsiguientes, constituye una entrada del diccionario.

### 2. Orden de los lemas

El orden alfabético del diccionario concuerda con el orden alfabético latino universal, en el que la letra *ñ* aparece después de la *n* y antes de la *o*, y la *ch* y la *ll* no se consideran letras independientes. Los lemas se suceden alfabéticamente, letra por letra, sin tener en cuenta guiones o espacios intermediarios; por ejemplo, *shake-up* aparece después de *shaker*.

Los homógrafos (palabras que se escriben igual) que pertenecen a distintas categorías gramaticales por lo general aparecen en entradas individuales. Estas entradas tienen un número volado:

**hail**[1] . . . *vt* . . .
**hail**[2] *n* . . .
**hail**[3] *interj* . . .
**madrileño**[1], **-ña** *adj* . . .
**madrileño**[2], **-ña** *n* . . .

Las entradas que siguen una secuencia numerada se listan en el siguiente orden: verbo, adverbio, adjetivo, sustantivo, conjunción, preposición, pronombre, interjección, y por último, artículo.

Los homógrafos que se clasifican bajo una misma categoría gramatical son normalmente incluidos dentro de la misma entrada del diccionario, sin tener en cuenta diferencias de origen semántico. Sin embargo, en la sección Inglés-Español se les asigna a cada uno de estos homógrafos una entrada individual si entre ellos existe alguna diferencia ya sea en la inflexión o en la pronunciación. En la sección Español-Inglés, se les asigna una entrada individual si existe una diferencia de género.

### 3. Palabras guía

En el margen superior de cada página aparecen dos palabras guía, que indican la primera y última entrada de la página correspondiente:

**balanca • bañar**

## 4. Variantes

Cuando un lema aparece seguido de la palabra *or* y otra ortografía, las dos ortografías se consideran como variantes. Ambas ortografías son estándares, y cualquiera de las dos puede usarse:

**jailer** *or* **jailor** . . . *n* . . .
**quizá** *or* **quizás** *adv* . . .

Hay ocasiones en las que una variante ortográfica se emplea únicamente para una de las acepciones de una palabra. En tales casos, la variante ortográfica aparece después del número de la acepción a la cual corresponde:

**electric** . . . *adj* **1** *or* **electrical** . . .

En otros casos, el lema puede usarse intercambiablemente con una frase de la que forma parte. Para los fines de este diccionario, tales frases se consideran como variantes del lema:

**bunk**[2] *n* **1** *or* **bunk bed** . . .
**angina** *nf* **1** *or* **angina de pecho** . . .

Las frases en negrita también pueden, a su vez, presentar variantes:

**madera** *nf* . . . **3 madera dura** *or* **madera noble** . . .
**atención**[1] *nf* . . . **2 poner atención** *or* **prestar atención** . . .
**gasto** *nm* . . . **3 gastos fijos/generales/indirectos** . . .

## 5. Entradas secundarias

Una entrada principal puede ser seguida de uno o más derivados del lema, o de un homógrafo de distinta categoría gramatical. Éstas son entradas secundarias. Cada una de estas entradas aparece después de un guión en negrita, y cada una posee su propio calificativo. Tales entradas aparecen sin definición, ya que sus equivalentes en el idioma extranjero pueden derivarse fácilmente al combinar la definición del lema con el sufijo correspondiente, o como sucede con los homógrafos, al sustituir la categoría gramatical por otra. Véase por ejemplo:

**illegal** . . . *adj* : ilegal — **illegally** *adv*
[el adverbio español es *ilegalmente*]
**transferir** . . . *vt* TRASLADAR : to transfer — **transferible** *adj*
[el adjetivo inglés es *transferable*]
**Bosnian** . . . *n* : bosnio *m*, -nia *f* — **Bosnian** *adj*
[el adjetivo español es *bosnio, -nia*]

En la sección Español-Inglés, los verbos pronominales aparecen en ocasiones como entradas secundarias, sin definición:

**enrollar** *vt* : to roll up, to coil — **enrollarse** *vr*

La ausencia de la definición en este caso comunica al lector que el verbo *enrollarse* tiene una función expresamente reflexiva. Esto elimina la necesidad de agregar una definición que resultaría superflua como "to become rolled up or coiled," o "to roll itself up."

## 6. Frases en negrita

Un lema puede aparecer acompañado de una o varias frases en negrita que contienen ya sea el lema, o una inflexión de éste. Cada una de estas frases se presenta como una de las acepciones numeradas del lema:

**álamo** *nm* **1 :** poplar **2 álamo temblón :** aspen

**hold**[1] . . . *v* . . . — *vi* . . . **3 to hold forth :** . . . **4 to hold off** WAIT **:** . . .

Cuando la frase en negrita consta únicamente de una combinación del lema con una preposición, el lema se representa entonces por medio de una tilde en negrita ~ :

**pegar** . . . *vt* . . . — *vi* . . . **3 ~ con :** . . .

Si la frase en cuestión tiene más de un sentido, entonces puede aparecer en dos o más acepciones del mismo lema:

**wear**[1] . . . *v* . . . *vt* . . . **8 to wear out :** gastar . . . **9 to wear out** EXHAUST **:** agotar, fatigar . . .

**estar** . . . *v aux* . . . *vi* . . . **16 ~ por :** to be in favor of **17 ~ por :** to be about to . . .

Se utiliza una barra inclinada / entre las palabras de una frase en negrita para indicar que cualquiera de las palabras así separadas puede usarse en esa posición dentro de la frase:

**casa** *nf* . . . **11 echar/tirar/botar la casa por la ventana** . . .

**same**[2] *pron* . . . **4 all/just the same** . . .

Las palabras separadas por barras no siempre tienen el mismo significado.

Cuando una frase en negrita contiene una barra, la definición que sigue puede o no contener una barra correspondiente:

**agua** *nf* . . . **4 agua dulce/salada :** fresh/salt water . . .

**go**[1] . . . *v* . . . *vi* . . . **59 to go down well/badly :** caer bien/mal, tener una buena/mala acogida . . .

**pedir** . . . *vt* . . . **3 pedir disculpas/perdón :** to apologize . . .

**break**[1] . . . *v* . . . *vt* . . . — *vi* . . . **17 to break free/loose :** soltarse . . .

Si la definición no incluye una barra correspondiente, esto indica que todas las versiones de la frase en negrita tienen el mismo significado.

Cuando una de las palabras de una frase en negrita aparece seguida de "(etc.)", esto indica que hay otras palabras parecidas a la que precede al "(etc.)" que pueden usarse en esa posición dentro de la frase:

> **part**[2] *n* . . . **6 for my/his (etc.) part** : por mi/su (etc.) parte . . .
>
> **hablar** . . . — **hablarse** *vr* . . . **2 se habla inglés (etc.)** : English (etc.) spoken

Un "(etc.)" correspondiente se incluye en la definición que sigue a no ser que ésta o se sustituya por un ejemplo de uso o esté construída de tal manera que el "(etc.)" no haga falta:

> **ser**[1] . . . *vi* . . . **17 sea cual/quien (etc.) sea** <sean cuales sean las circunstancias : whatever the circumstances might be> . . .
>
> **hell** . . . *n* . . . **8 like hell I did/will (etc.)!** *fam* : ¡y un cuerno! . . .

Si el uso común de una palabra es generalmente limitado a una frase determinada, la frase es presentada como la única acepción del lema:

> **ward**[1] . . . *vt* **to ward off** : desviar, protegerse contra

# Pronunciación

## 1. Pronunciación de los lemas ingleses

El texto que aparece entre corchetes [ ] inmediatamente después de un lema en la sección Inglés-Español indica la pronunciación del lema. Para una explicación de los símbolos empleados, véase la tabla titulada Símbolos de pronunciación que aparece en la página 85a.

Cuando se incluyen dos o más pronunciaciones que corresponden a la misma palabra, esto indica que diferentes hablantes educados del idioma pronuncian esta palabra de distintas maneras. La segunda variante puede ser tan común como la primera. Todas las pronunciaciones incluidas son comunes y aceptables:

> **tomato** [təˈmeɪto, -ˈmɑ-] . . .

Cuando un término compuesto aparece con sólo una pronunciación parcial, el resto de la pronunciación puede obtenerse bajo la entrada que corresponde a la parte del término cuya pronunciación se ha omitido:

> **gamma ray** [ˈgæmə] . . .
>
> **ray** [ˈreɪ] . . .
>
> **smoke**[1] [ˈsmoːk] . . .
>
> **smoke detector** [dɪˈtɛktər] . . .

En general, no se indica la pronunciación de términos compuestos cuando éstos están formados de dos o más palabras inglesas que aparecen en el diccionario como lemas:

> **water lily** *n* : nenúfar *m*

Solamente la primera entrada en una serie de homógrafos numerados incluye la pronunciación si ésta es la misma para todos los otros homógrafos:

**dab**[1] [ˈdæb] *vt* . . .
**dab**[2] *n* . . .

No se indica la pronunciación de las partes principales de los verbos formados regularmente por añadir un sufijo, ni por otros derivados formados por sufijos comunes.

### 2. Pronunciación de los lemas españoles

Dada la alta regularidad de la pronunciación del español, no se indica la pronunciación de la mayor parte de las entradas que aparecen en la sección Español-Inglés. Sin embargo, se han hecho excepciones para ciertas palabras (tales como aquéllas que se han adaptado de otras lenguas) cuya pronunciación en español no puede derivarse naturalmente de su ortografía:

**pizza** [ˈpitsa, ˈpisa] . . .
**footing** [ˈfuˌtɪŋ] . . .

## Calificativos funcionales

Un calificativo en itálicas que indica la categoría gramatical u otra clasificación funcional del lema aparece inmediatamente después de la pronunciación, o si la pronunciación se ha omitido, después del lema. Las ocho categorías gramaticales tradicionales—el adjetivo, el adverbio, la conjunción, la interjección, el sustantivo, la preposición, el pronombre, y el verbo—se indican como sigue:

**daily**[2] *adj* . . .
**vagamente** *adv* . . .
**and** . . . *conj* . . .
**huy** *interj* . . .
**jackal** . . . *n* . . .
**para** *prep* . . .
**neither**[3] *pron* . . .
**leer** . . . *v* . . .

Los verbos intransitivos se identifican con el calificativo *vi,* y los transitivos, *vt*:

**deliberar** *vi* : to deliberate . . .
**necessitate** . . . *vt* **-tated; -tating**
: necesitar, requerir

Los verbos que son a la vez transitivos e intransitivos llevan el calificativo *v* si todas las acepciones que aparecen en la entrada son tanto transitivas como intransitivas; si algunas son o únicamente transitivas o únicamente intransitivas, la entrada se subdivide en dos secciones, y cada una de éstas es introducida con el calificativo *vt* o *vi*, respectivamente:

**scrawl**[1] . . . *v* : garabatear

**crack**[1] . . . *vt* . . . — *vi* . . .

**esperar** *vt* . . . — *vi* . . .

Si una entrada así subdividida incluye inflexiones irregulares, el calificativo *v* aparece inmediatamente delante de las inflexiones, y las acepciones transitivas e intransitivas son introducidas con los calificativos *vt* y *vi*, respectivamente:

**satisfy** . . . *v* **-fied; -fying** *vt* . . . — *vi* . . .

Los verbos pronominales españoles se identifican con el calificativo *vr*:

**jactarse** *vr* . . .

**abandonar** *vt* . . . — **abandonarse** . . . *vr* . . .

Por último, dos otros calificativos se emplean para indicar la clasificación funcional de los verbos: *v aux* (auxiliary verb) y *v impers* (impersonal verb).

**may** . . . *v aux, past* **might** . . .

**hacer** . . . *vt* . . . — *vi* . . . — *v impers* **1** *(referring to weather)* <hace frío : it's cold> . . .

Los prefijos se identifican con el calificativo *pref*:

**ciber-** *pref* . . .

**e-** *pref* . . .

Los sufijos se identifican con el calificativo *suf*:

**-less** . . . *suf* . . .

**-ísimo, -ma** *suf* . . .

Los lemas ingleses y españoles que son marcas registradas se indican con los calificativos *trademark* y *marca registrada*, respectivamente:

**Q–tips** . . . *trademark* — se usa para hisopos

**Kleenex** . . . *marca registrada, m* — used for a paper tissue

Los lemas ingleses que son marcas de servicio (palabras o nombres utilizados por una organización para identificar sus servicios) se indican con el calificativo *service mark*:

**Realtor** . . . *service mark* . . .

## Calificativos de género

En toda entrada de la sección Español-Inglés cuyo lema es un sustantivo o una marca registrada, el género del lema se indica con los calificativos *m* (masculino), *f* (femenino), o *mf* (masculino o femenino). Si el lema es un sustantivo, el calificativo de género aparece inmediatamente después del calificativo funcional:

**magnesio** *nm* . . .
**galaxia** *nf* . . .
**turista** *nmf* . . .

Si el lema es una marca registrada, el calificativo de género aparece después del calificativo funcional y va precedido por una coma y un espacio:

**Ping–Pong** *marca registrada, m* . . .

Si se dan las formas tanto masculina como femenina de un sustantivo que denota a una persona, se aplica el calificativo *n*:

**director, -tora** *n* . . .

Todo sustantivo español que aparece como definición de un lema inglés es acompañado de un calificativo de género:

**amnesia** . . . *n* : amnesia *f*
**earache** . . . *n* : dolor *m* de oído(s)
**gamekeeper** . . . *n* : guardabosque *mf*

# Inflexiones

## 1. Sustantivos

En este diccionario se indica el plural de un sustantivo en los siguientes casos: cuando el plural es irregular, cuando la acentuación o la ortografía del vocablo raíz cambia al añadir el sufijo del plural, cuando un sustantivo inglés termina en una consonante seguida de *-o* o de *-ey,* cuando un sustantivo inglés termina en *-oo,* cuando un sustantivo inglés es un término compuesto del cual el elemento a pluralizar es el primero y no el último, cuando un sustantivo tiene variantes en el plural, o cuando podría suscitarse una duda razonable en cuanto a la ortografía del plural:

**tooth** . . . *n, pl* **teeth** . . .
**garrafón** *nm, pl* **-fones** . . .
**potato** . . . *n, pl* **-toes** . . .
**abbey** . . . *n, pl* **-beys** . . .
**cuckoo**[2] *n, pl* **-oos** . . .
**brother–in–law** . . . *n, pl* **brothers–in–law** . . .
**fish**[2] *n, pl* **fish** *or* **fishes** . . .
**hábitat** *nm, pl* **-tats** . . .
**tahúr** *nm, pl* **tahúres** . . .

En la sección Inglés-Español, la forma plural de la mayor parte de los sustantivos se indica por medio de una inflexión reducida, sin tener en cuenta el número de sílabas que el lema contenga. En la sección Español-Inglés, se dan inflexiones reducidas sólo para aquellos sustantivos que contengan tres o más sílabas, mientras que las formas plurales de sustantivos más breves se presentan enteras:

**shampoo**[2] *n, pl* **-poos** . . .
**calamity** . . . *n, pl* **-ties** . . .
**mouse** . . . *n, pl* **mice** . . .
**sartén** *nmf, pl* **sartenes** . . .
**hámster** . . . *nm, pl* **hámsters** . . .
**federación** *nf, pl* **-ciones** . . .

Si se produce un plural irregular en sólo uno de los géneros, la forma plural se da con el calificativo correspondiente:

**campeón, -peona** *n, mpl* **-peones**
: champion

La forma plural de un sustantivo generalmente no aparece si el vocablo raíz permanece inalterado por la adición del sufijo plural regular, o cuando no es probable que el sustantivo se use en el plural:

**apple** . . . *n* : manzana *f*
**inglés**[3] *nm* : English (language)

Aquellos sustantivos que siempre son plurales en forma y que ocurren en construcciones plurales son clasificados *npl* si son sustantivos ingleses, *nmpl* si son sustantivos masculinos españoles, *nfpl* si son sustantivos femeninos españoles, o *nmfpl* si son sustantivos españoles que pueden ser o masculino o femenino:

**knickers** . . . *npl* . . .
**enseres** *nmpl* . . .
**mancuernas** *nfpl* . . .
**panties** . . . *nmfpl* . . .

Toda entrada que permanece inalterada en el plural es clasificada *ns & pl* si es un sustantivo inglés, *nms & pl* si es un sustantivo masculino español, *nfs & pl* si es un sustantivo femenino español, y *nmfs & pl* si es un sustantivo español que puede ser o masculino o femenino:

**deer** . . . *ns & pl* . . .
**lavaplatos** *nms & pl* . . .
**tesis** *nfs & pl* . . .
**rompehuelgas** *nmfs & pl* . . .

## 2. Verbos

### VERBOS INGLESES

En la sección Inglés-Español, las partes principales de los verbos se indican en los siguientes casos: cuando el verbo es irregular, cuando la ortografía del vocablo raíz cambia al añadir un sufijo verbal, cuando el verbo termina en *-ey*, cuando una inflexión tiene variantes, o cuando puede suscitarse una duda razonable en cuanto a la ortografía de una inflexión:

**break**[1] . . . *v* **broke** . . . ; **broken** . . . ; **breaking** . . .

**drag**[1] . . . *v* **dragged; dragging** . . .

**monkey**[1] . . . *vi* **-keyed; -keying** . . .

**label**[1] . . . *vt* **-beled** *or* **-belled; -beling** *or* **-belling** . . .

**imagine** . . . *vt* **-ined; -ining** . . .

Si el verbo consta de dos o más sílabas, se da generalmente una forma reducida de la inflexión:

**multiply** . . . *v* **-plied; -plying** . . .

**bevel**[1] . . . *v* **-eled** *or* **-elled; -eling** *or* **-elling** . . .

**forgo** *or* **forego** . . . *vt* **-went; -gone; -going** . . .

**commit** . . . *vt* **-mitted; -mitting** . . .

Las partes principales de un verbo inglés no aparecen cuando el vocablo raíz no cambia al añadir *-s, -ed,* y *-ing*:

**delay**[1] . . . *vt*

**pitch**[1] . . . *vt*

#### VERBOS ESPAÑOLES

En cada entrada correspondiente a un verbo irregular español aparece un número entre llaves que remite al lector a los modelos de conjugación que aparecen en las páginas 72a a 78a de la sección titulada Conjugation of Spanish Verbs:

**abnegarse** {49} *vr* . . .

**volver** {89} *vi* . . .

Aunque estas remisiones no aparecen en las entradas que corresponden a los verbos regulares españoles, los modelos de conjugación de estas formas pueden consultarse en la susodicha sección, que comienza en la página 68a.

## 3. Adverbios y adjetivos

#### ADVERBIOS Y ADJETIVOS INGLESES

Los lemas de adjetivos y adverbios ingleses incluyen las formas comparativas y superlativas cuando la ortografía del vocablo raíz cambia al añadir un sufijo, cuando la inflexión es de forma irregular, o cuando existen variantes de la inflexión:

**wet**[2] *adj* **wetter; wettest** . . .

**good**[2] *adj* **better** . . . ; **best** . . .

**evil**[1] . . . *adj* **eviler** *or* **eviller; evilest** *or* **evillest** . . .

Las formas superlativas de adjetivos y adverbios ingleses de más de una sola sílaba son representadas generalmente por la forma reducida *-est*:

**early**[1] . . . *adv* **earlier; -est** . . .
**gaudy** . . . *adj* **gaudier; -est** . . .
**secure**[2] *adj* **securer; -est** . . .

En algunas entradas aparece únicamente la forma superlativa porque no existe evidencia del uso de la forma comparativa:

**mere** . . . *adj, superlative* **merest** . . .

Las formas comparativas y superlativas de los adjetivos y adverbios generalmente no se muestran si el vocablo raíz no cambia al añadir el sufijo:

**quiet**[3] *adj* **1** . . .

# Uso

## 1. Calificativos de uso

En este diccionario se emplean dos tipos de calificativo de uso: regional y estilístico. Las palabras españolas cuyo uso se limita a ciertas regiones de Latinoamérica o a España reciben calificativos que indican los países en que suelen usarse con más frecuencia:

**guarachear** *vi Cuba, PRi fam* . . .
**bucket** . . . *n* : . . . cubeta *f Mex*

Los siguientes calificativos regionales se han empleado en la redacción de este libro: *Arg* (Argentina), *Bol* (Bolivia), *CA* (Centroamérica), *Car* (el Caribe), *Chile* (Chile), *Col* (Colombia), *CoRi* (Costa Rica), *Cuba* (Cuba), *DomRep* (República Dominicana), *Ecua* (Ecuador), *Sal* (El Salvador), *Guat* (Guatemala), *Hond* (Honduras), *Mex* (México), *Nic* (Nicaragua), *Pan* (Panamá), *Par* (Paraguay), *Peru* (Perú), *PRi* (Puerto Rico), *Spain* (España), *Uru* (Uruguay), *Ven* (Venezuela).

Dado el foco primordialmente latinoamericano de este diccionario, la mayoría de los regionalismos que contiene provienen de América Latina. Sin embargo, se han incluido también algunos regionalismos comunes de España.

Varios vocablos reciben un calificativo de *fam* (familiar), lo cual indica que el uso de tales palabras es apropiado solamente en contextos informales. Los calificativos *disparaging* (despreciativo), *vulgar* (vulgar o soez), y *offensive* (ofensivo) se emplean para palabras o acepciones que se usan con la intención de lastimar o escandalizar, o que tienen una alta probabilidad de ofender. Tales voces aparecen definidas en este diccionario solamente si su uso es muy común. El propósito de estos calificativos es, pues, de servir de advertencia al lector.

## 2. Notas de uso

En algunos casos, una acepción puede venir precedida de una nota entre paréntesis que proporciona al lector información semántica o gramatical:

**not** . . . *adv* **1** (*used to form a negative*) **:** no . . .

**within**[2] *prep* . . . **2** (*in expressions of distance*) **:** . . . **3** (*in expressions of time*) **:** . . .

**e**[2] *conj* (*used instead of* **y** *before words beginning with i- or hi-*) **:** . . .

**poder**[1] . . . *v aux* . . . **2** (*expressing possibility*) **:** . . . **3** (*expressing permission*) **:** . . .

Este tipo de orientación semántica puede aparecer también entre paréntesis como parte de la definición:

**calibrate** . . . *vt* . . . **:** calibrar (armas), graduar (termómetros)

**palco** *nm* **:** box (in a theater or stadium)

En algunas ocasiones, una nota de uso aparece en lugar de una definición. Esto ocurre generalmente cuando el lema carece de un equivalente sencillo en el otro idioma. Estas notas de uso aparecen acompañadas de ejemplos que ilustran el uso común del lema:

**shall** . . . *v aux* . . . **1** (*used formally to express a command*) <you shall do as I say **:** harás lo que te digo> . . .

## 3. Ejemplos de uso

Varias definiciones vienen acompañadas de ejemplos de uso. Estos ejemplos sirven para ilustrar un empleo típico del lema en un contexto dado, o un uso idiomático común de la palabra. Los ejemplos de uso incluyen una traducción, y aparecen entre paréntesis angulares:

**lejos** *adv* **1 :** far away, distant <a lo lejos **:** in the distance, far off> . . .

**make**[1] . . . *v* . . . *vt* . . . **15** . . . **:** hacer (dinero, amigos) <to make a living **:** ganarse la vida> . . .

Se utiliza una barra inclinada / entre las palabras de un ejemplo de uso para indicar que cualquiera de las palabras así separadas puede usarse en esa posición dentro de la frase:

**tener** . . . *vt* . . . **2 :** to have (available) <tener dinero/tiempo para **:** to have money/time for> . . .

**money** . . . *n* . . . **1 :** dinero *m*, plata *f* <to make/lose money **:** ganar/perder dinero> . . .

Las palabras separadas por barras no siempre tienen el mismo significado.

Cuando una de las palabras de un ejemplo de uso aparece seguida de "(etc.)", esto indica que hay otras palabras parecidas a la que precede al "(etc.)" que pueden usarse en esa posición dentro de la frase:

**dar** . . . *vt* . . . **16** CAUSAR : to cause <darle miedo/sed (etc.) a alguien : to make someone frightened/thirsty (etc.)> . . .

**turn**[2] *n* . . . **3** INTERSECTION : bocacalle *f* <we took a wrong turn : nos equivocamos de calle/salida (etc.), . . .> . . .

En algunas ocasiones, un ejemplo de uso aparece en lugar de una definición. Esto ocurre generalmente cuando una frase en negrita carece de un equivalente en el otro idioma de una sola frase, o cuando su uso se entiende mejor en contexto:

**saber**[1] . . . *vt* . . . **6 qué sé yo** <diamantes, perlas, y qué sé yo : diamonds, pearls, and whatnot> <y qué sé yo dónde : and who knows where (else)> . . .

**all**[1] . . . *adv* . . . **8 ~ over** *fam* <to be all over someone for something : criticar duramente a alguien por algo> . . .

## Definiciones

En este diccionario, una definición consta de una o más traducciones que corresponden a una sola acepción de un lema, una entrada secundaria, o una frase en negrita. Se introduce una acepción o definición por medio de dos puntos en negrita:

**fable** . . . *n* : fábula *f*

**sonrojar** . . . — **sonrojarse** *vr* : to blush

**aback** . . . *adv* . . . **2 to be taken aback** : quedarse desconcertado

Si se incluye más de una traducción dentro de la misma definición, las traducciones generalmente se separan por comas:

**as of** *prep* : desde, a partir de

Cuando las comas aparecen en una definición por otras razones, las traducciones se separan por un punto y coma en lugar de una coma:

**love**[2] *n* . . . **3** BELOVED : amor *m;* amado *m,* -da *f;* enamorado *m,* -da *f* . . .

Se utiliza una barra inclinada / entre las palabras de una traducción para indicar que cualquiera de las palabras así separadas puede usarse en esa posición dentro de la frase:

**bajar** *vt* . . . **2** : to bring/take/carry down, to get/lift down . . .

Las palabras separadas por barras no siempre tienen el mismo significado.

## División de las acepciones

Cuando una entrada principal tiene varias acepciones, éstas se indican con un número arábigo, compuesto también en negrita:

**laguna** *nf* **1** : lagoon **2** : gap

Cuando alguna información (como un sinónimo, una palabra o frase en negrita, una nota de uso, una remisión, o un calificativo) aparece después de un número de acepción, ésta se aplica específicamente a dicha acepción:

**abanico** *nm* . . . **2** GAMA : . . .
**tonic**[2] *n* . . . **2** *or* **tonic water** : . . .
**grillo** *nm* . . . **2 grillos** *nmpl* : . . .
**fairy** . . . *n, pl* **fairies** . . . **2 fairy tale** : . . .
**myself** . . . *pron* **1** (*used reflexively*) : . . .
**pike** . . . *n* . . . **3** → **turnpike**
**atado**[2] *nm* . . . **2** *Arg* : . . .

## Remisiones

Una flecha indica que información correspondiente al lema que precede a la flecha puede encontrarse en la entrada que corresponde a la palabra que la sigue. Si el lema es una inflexión, la remisión que viene después de la flecha dirige al lector a la forma raíz de la palabra:

**fue, etc.** → **ir, ser**
**mice** → **mouse**

En otros casos, la remisión señala otro lema que tiene el mismo significado que la palabra buscada:

**scapula** . . . → **shoulder blade**
**amuck** . . . → **amok**

## Sinónimos

Frecuentemente se provee un sinónimo compuesto en mayúsculas pequeñas antes de los dos puntos en negrita que preceden a una definición:

**seleccionar** *vt* ELEGIR : . . .
**turn**[1] *vt* . . . — *vi* . . . **1** ROTATE, SPIN : . . .
**carta** *nf* . . . **2** NAIPE : . . .

Toda palabra empleada como sinónimo tiene su propia entrada en el diccionario, ya sea como lema o como frase en negrita. El propósito de estos sinónimos es de orientar al lector y ayudarlo a elegir la acepción correcta, así como de proveer un término que podría usarse alternativamente en el mismo contexto.

# Spanish Grammar

## Accentuation

Spanish word stress is generally determined according to the following rules:

- Words ending in a vowel, or in *-n* or *-s*, are stressed on the next-to-last syllable (*zapato, llaman*).
- Words ending in a consonant other than *-n* or *-s* are stressed on the last syllable (*perdiz, curiosidad*).

Exceptions to these rules have a written accent mark over the stressed vowel (*fácil, hablará, último*).

There are also a few words which take accent marks in order to distinguish them from homonyms (*si, sí; que, qué; el, él;* etc.)*.

Adverbs ending in *-mente* have two stressed syllables since they retain both the stress of the root word and of the *-mente* suffix (*lentamente, difícilmente*). Many compounds also have two stressed syllables (*limpiaparabrisas*).

## Punctuation and Capitalization

Questions and exclamations in Spanish are preceded by an inverted question mark ¿ and an inverted exclamation mark ¡, respectively:

¿Cuándo llamó Ana?
Y tú, ¿qué piensas?

¡No hagas eso!
Pero, ¡qué lástima!

In Spanish, unlike English, the following words are not capitalized:

- Names of days, months, and languages (*jueves, octubre, español*).
- Spanish adjectives or nouns derived from proper nouns (*los nicaragüenses, una teoría marxista*).

*The Real Academia Española (Royal Spanish Academy) now recommends always omitting the accent marks from the adverb *solo*, which was previously written as *sólo* to distinguish it from the adjective *solo*; and from all demonstrative pronouns (see Demonstrative Pronouns on page 51a for more information about the latter). Nevertheless, the accented variants of these words are still commonly encountered as of this writing.

# Articles

## 1. Definite Article

Spanish has five forms of the definite article: *el* (masculine singular), *la* (feminine singular), *los* (masculine plural), *las* (feminine plural), and *lo* (neuter). The first four agree in gender and number with the nouns they limit (*el carro,* the car; *las tijeras,* the scissors), although the form *el* is used with feminine singular nouns beginning with a stressed *a-* or *ha-* (*el águila, el hambre*).

The neuter article *lo* is used with the masculine singular form of an adjective to express an abstract concept (*lo mejor de este método,* the best thing about this method; *lo meticuloso de su trabajo,* the meticulousness of her work; *lo mismo para mí,* the same for me).

Whenever the masculine article *el* immediately follows the words *de* or *a,* it combines with them to form the contractions *del* and *al,* respectively (*viene del campo, vi al hermano de Roberto*).

The use of *el, la, los,* and *las* in Spanish corresponds largely to the use of *the* in English; some exceptions are noted below.

The definite article is used:

- When referring to something as a class (*los gatos son ágiles,* cats are agile; *me gusta el café,* I like coffee).
- In references to meals and in most expressions of time (*¿comiste el almuerzo?,* did you eat lunch?; *vino el año pasado,* he came last year; *son las dos,* it's two o'clock; *prefiero el verano,* I prefer summer; *la reunión es el lunes,* the meeting is on Monday; but: *hoy es lunes,* today is Monday).
- Before titles (except *don, doña, san, santo, santa, fray,* and *sor*) in third-person references to people (*la señora Rivera llamó,* Mrs. Rivera called; but: *hola, señora Rivera,* hello, Mrs. Rivera).
- In references to body parts and personal possessions (*me duele la cabeza,* my head hurts; *dejó el sombrero,* he left his hat).
- To mean "the one" or "the ones" when the subject is already understood (*la de plástico,* the plastic one; *los que vi ayer,* the ones I saw yesterday).

The definite article is omitted:

- Before a noun in apposition, if the noun is not modified (*Caracas, capital de Venezuela;* but: *Pico Bolívar, la montaña más alta de Venezuela*).
- Before a number in a royal title (*Carlos Quinto,* Charles the Fifth).

### 2. Indefinite Article

The forms of the indefinite article in Spanish are *un* (masculine singular), *una* (feminine singular), *unos* (masculine plural), and *unas* (feminine plural). They agree in number and gender with the nouns they limit (***una mesa,*** a table; ***unos platos,*** some plates), although the form *un* is used with feminine singular nouns beginning with a stressed *a-* or *ha-* (***un ala, un hacha***).

The use of *un, una, unos,* and *unas* in Spanish corresponds largely to the use of *a, an,* and *some* in English, with some exceptions:

- Indefinite articles are generally omitted before nouns identifying someone or something as a member of a class or category (*Paco es profesor/católico,* Paco is a professor/Catholic; *se llama páncreas,* it's called a pancreas).
- They are also often omitted in instances where quantity is understood from context (*vine sin chaqueta,* I came without a jacket; *no tengo carro,* I don't have a car).

## Nouns

### 1. Gender

Nouns in Spanish are either masculine or feminine. A noun's gender can often be determined according to the following guidelines:

- Nouns ending in *-aje, -o,* or *-or* are usually masculine (*el traje, el libro, el sabor*), with some exceptions (*la mano, la foto, la labor,* etc.).
- Nouns ending in *-a, -dad, -ión, -tud,* or *-umbre* are usually feminine (*la alfombra, la capacidad, la excepción, la juventud, la certidumbre*). Exceptions include: *el día, el mapa,* and many learned borrowings ending in *-ma* (*el idioma, el tema*).

Most nouns referring to people or animals agree in gender with the subject (*el hombre, la mujer; el hermano, la hermana; el perro, la perra*). However, some nouns referring to people, including those ending in *-ista,* use the same form for both sexes (*el artista, la artista; el modelo, la modelo;* etc.).

A few names of animals exist in only one gender form (*la jirafa, el sapo,* etc.). In these instances, the adjectives *macho* and *hembra* are sometimes used to distinguish males and females (*una jirafa macho,* a male giraffe).

### 2. Pluralization

Plurals of Spanish nouns are formed as follows:

- Nouns ending in an unstressed vowel or an accented *-é* are pluralized by adding *-s* (*la vaca, las vacas; el café, los cafés*).

- Nouns ending in a consonant other than *-s*, or in a stressed vowel other than *-é*, are generally pluralized by adding *-es* (*el papel, los papeles; el rubí, los rubíes*). Exceptions include *papá* (*papás*) and *mamá* (*mamás*).
- Nouns with an unstressed final syllable ending in *-s* usually have a zero plural (*la crisis, las crisis; el jueves, los jueves*). Other nouns ending in *-s* add *-es* to form the plural (*el mes, los meses; el país, los países*).
- Nouns ending in *-z* are pluralized by changing the *-z* to *-c* and adding *-es* (*el lápiz, los lápices; la vez, las veces*).
- Many compound nouns have a zero plural (*el paraguas, los paraguas; el aguafiestas, los aguafiestas*).
- The plurals of *cualquiera* and *quienquiera* are *cualesquiera* and *quienesquiera*, respectively.

# Adjectives

## 1. Gender and Number

Most adjectives agree in gender and number with the nouns they modify (*un chico* **alto**, *una chica* **alta**, *unos chicos* **altos**, *unas chicas* **altas**). Some adjectives, including those ending in *-e* and *-ista* (*fuerte, altruista*) and comparative adjectives ending in *-or* (*mayor, mejor*), vary only for number.

Adjectives whose masculine singular forms end in *-o* generally change the *-o* to *-a* to form the feminine (*pequeño → pequeña*). Masculine adjectives ending in *-án*, *-ón*, or *-dor*, and masculine adjectives of nationality which end in a consonant, usually add *-a* to form the feminine (*holgazán → holgazana*; *llorón → llorona*; *trabajador → trabajadora*; *irlandés → irlandesa*).

Adjectives are pluralized in much the same manner as nouns:

- The plurals of adjectives ending in an unstressed vowel or an accented *-é* are formed by adding an *-s* (un postre *rico*, unos postres *ricos*; una camisa *café*, unas camisas *cafés*).
- Adjectives ending in a consonant, or in a stressed vowel other than *-é*, are generally pluralized by adding *-es* (un niño *cortés*, unos niños *corteses*; una persona *iraní*, unas personas *iraníes*).
- Adjectives ending in *-z* are pluralized by changing the *-z* to *-c* and adding *-es* (una respuesta *sagaz*, unas respuestas *sagaces*).

## 2. Shortening

- The following masculine singular adjectives drop their final *-o* when they occur before a masculine singular noun: *bueno* (*buen*), *malo* (*mal*), *uno* (*un*), *alguno* (*algún*), *ninguno* (*ningún*), *primero* (*primer*), *tercero* (*tercer*).

- *Grande* shortens to *gran* before any singular noun.
- *Ciento* shortens to *cien* before any noun.
- *Cualquiera* shortens to *cualquier* before any noun.
- The title *Santo* shortens to *San* before all masculine names except those beginning with *To-* or *Do-* (***San Juan, Santo Tomás***).

## 3. Position

Descriptive adjectives generally follow the nouns they modify (*una cosa **útil**, un actor **famoso***). However, adjectives that express an inherent quality often precede the noun (*la **blanca** nieve*).

Some adjectives change meaning depending on whether they occur before or after the noun: *un **pobre** niño,* a poor (pitiable) child; *un niño **pobre**,* a poor (not rich) child; *un **gran** hombre,* a great man; *un hombre **grande**,* a big man; *el **único** libro,* the only book; *el libro **único**,* the unique book; etc.

## 4. Comparative and Superlative Forms

The comparative of Spanish adjectives is generally rendered as *más . . . que* (more . . . than) or *menos . . . que* (less . . . than): *soy **más alta que** él,* I'm taller than he (is), I'm taller than him *fam*; *son **menos inteligentes que** tú,* they're less intelligent than you.

The superlative of Spanish adjectives usually follows the formula *definite article + (noun +) más/menos + adjective*: *ella es **la estudiante más trabajadora**,* she is the hardest-working student; *él es **el menos conocido**,* he's the least known.

A few Spanish adjectives have irregular comparative and superlative forms:

| Adjective | Comparative/Superlative |
|---|---|
| **bueno** (good) | **mejor** (better, best) |
| **malo** (bad) | **peor** (worse, worst) |
| **grande**[1] (big, great), **viejo** (old) | **mayor** (greater, older; greatest, oldest) |
| **pequeño**[1] (little), **joven** (young) | **menor** (lesser, younger; least, youngest) |
| **mucho** (much), **muchos** (many) | **más** (more, most) |
| **poco** (little), **pocos** (few) | **menos** (less, least) |

[1] These words have regular comparative and superlative forms when used in reference to physical size: *él es **más grande** que yo; nuestra casa es **la más pequeña**.*

### ABSOLUTE SUPERLATIVE

The absolute superlative is formed by placing *muy* before the adjective, or by adding the suffix *-ísimo* (*ella es muy simpática* or *ella es simpatiquísima,* she is very nice). The absolute superlative using *-ísimo* is formed according to the following rules:

- Adjectives ending in a consonant other than *-z* simply add the *-ísimo* ending (*fácil → facilísimo*).
- Adjectives ending in *-z* change this consonant to *-c* and add *-ísimo* (*feliz → felicísimo*).
- Adjectives ending in a vowel or diphthong drop the vowel or diphthong and add *-ísimo* (*claro → clarísimo; amplio → amplísimo*).
- Adjectives ending in *-co* or *-go* change these endings to *-qu* and *-gu,* respectively, and add *-ísimo* (*rico → riquísimo; largo → larguísimo*).
- Adjectives ending in *-ble* change this ending to *-bil* and add *-ísimo* (*notable → notabilísimo*).
- Adjectives containing the stressed diphthong *ie* or *ue* will sometimes change these to *e* and *o,* respectively (*ferviente → fervientísimo* or *ferventísimo; bueno → buenísimo* or *bonísimo*).

## Adverbs

Adverbs can be formed by adding the adverbial suffix *-mente* to virtually any adjective (*fácil → fácilmente*). If the adjective varies for gender, the feminine form is used as the basis for forming the adverb (*rápido → rápidamente*).

## Pronouns

### 1. Personal Pronouns

The personal pronouns in Spanish are:

| Person | Singular | | Plural | |
|---|---|---|---|---|
| FIRST | **yo** | I | **nosotros, -tras** | we |
| SECOND | **tú** | you (familiar) | **vosotros**[2], **-tras**[2] | you, all of you |
| | **vos**[1] | you | | |
| | **usted** | you (formal) | **ustedes**[3] | you, all of you |
| THIRD | **él** | he | **ellos, ellas** | they |
| | **ella** | she | | |
| | **ello** | it (neuter) | | |

[1] Familiar form used in addition to *tú* in South and Central America.
[2] Familiar form used in Spain.
[3] Formal form used in Spain; familiar and formal form used in Latin America.

### FAMILIAR VS. FORMAL

The second-person personal pronouns exist in both familiar and formal forms. The familiar forms are generally used when addressing relatives, friends, and children, although usage varies considerably from region to region; the formal forms are used in other contexts to show courtesy, respect, or emotional distance.

In Spain and in the Caribbean, *tú* is used exclusively as the familiar singular "you." In South and Central America, however, *vos* either competes with *tú* to varying degrees or replaces it entirely. (For a more detailed explanation of *vos* and its corresponding verb forms, refer to the Conjugation of Spanish Verbs section.)

The plural familiar form *vosotros, -tras* is used only in Spain, where *ustedes* is reserved for formal contexts. In Latin America, *vosotros, -tras* is not used, and *ustedes* serves as the all-purpose plural "you."

It should be noted that while *usted* and *ustedes* are regarded as second-person pronouns, they take the third-person form of the verb.

### USAGE

In Spanish, personal pronouns are generally omitted (*voy al cine,* I'm going to the movies; *¿llamaron?,* did they call?), although they are sometimes used for purposes of emphasis or clarity (*se lo diré yo,* I will tell them; *vino ella, pero él se quedó,* she came, but he stayed behind). The forms *usted* and *ustedes* are usually included out of courtesy (*¿cómo está usted?,* how are you?).

Personal pronouns are not generally used in reference to inanimate objects or living creatures other than humans; in these instances, the pronoun is most often omitted (*¿es nuevo? no, es viejo,* is it new? no, it's old).

The neuter third-person pronoun *ello* is reserved for indefinite subjects (such as abstract concepts): *todo ello implica* . . . , all of this implies . . . ; *por si ello fuera poco* . . . , as if that weren't enough . . . . It most commonly appears in formal writing and speech. In less formal contexts, *ello* is often either omitted or replaced with *esto, eso,* or *aquello.*

## 2. Prepositional Pronouns

Prepositional pronouns are used as the objects of prepositions (*¿es para mí?,* is it for me?; *se lo dio a ellos,* he gave it to them).

The prepositional pronouns in Spanish are:

| Singular | | Plural | |
|---|---|---|---|
| **mí** | me | **nosotros, -tras** | us |
| **ti** | you | **vosotros**[1], **-tras**[1] | you |
| **usted** | you (formal) | **ustedes** | you |
| **él** | him | **ellos, ellas** | them |
| **ella** | her | | |
| **ello** | it (neuter) | | |
| **sí** | yourself, himself, herself, itself, oneself | **sí** | yourselves, themselves |

[1]Used primarily in Spain.

When the preposition *con* is followed by *mí, ti,* or *sí,* both words are replaced by *conmigo, contigo,* and *consigo,* respectively (*¿vienes conmigo?,* are you coming with me?; *habló contigo,* he spoke with you; *no lo trajo consigo,* she didn't bring it with her).

## 3. Object Pronouns

### DIRECT OBJECT PRONOUNS

Direct object pronouns indicate the person or thing that receives the action of a verb. The direct object pronouns in Spanish are:

| Singular | | Plural | |
|---|---|---|---|
| **me** | me | **nos** | us |
| **te** | you | **os**[1] | you |
| **le**[2] | you, him | **les**[2] | you[3], them |
| **lo** | you (formal), him, it | **los** | you[3], them |
| **la** | you (formal), her, it | **las** | you[3], them |

[1] Used only in Spain.
[2] Used mainly in Spain.
[3] See explanation below.

### Agreement

The third-person forms agree in both gender and number with the nouns they replace or the people they refer to (*pintó las paredes,* she painted the walls → *las pintó,* she painted them; *visitaron al señor Juárez,* they visited Mr. Juárez → *lo visitaron,* they visited him). The remaining forms vary only for number.

### Position

Direct object pronouns are normally affixed to the end of an affirmative command, a simple infinitive, or a present participle (*¡hazlo!,* do it!; *es difícil hacerlo,* it's difficult to do it; *haciéndolo, aprenderás,* you'll learn by doing it). With constructions involving an auxiliary verb and an infinitive or present participle, the pronoun may occur either immediately before the construction or suffixed to it (*lo voy a hacer* or *voy a hacerlo,* I'm going to do it; *estoy haciéndolo* or *lo estoy haciendo,* I'm doing it). In all other cases, the pronoun immediately precedes the conjugated verb (*no lo haré,* I won't do it).

### Regional Variation

The second-person ("you") familiar plural form *os* is restricted to Spain. In most parts of Latin America, *los* and *las* are used as both the familiar and formal second-person plural forms.

In Spain and in a few areas of Latin America, *le* and *les* are used in place of *lo* and *los*, respectively, when referring to or addressing people (*le vieron,* they saw him; *les vistió,* she dressed them; *encantado de conocerle,* pleased to meet you).

#### INDIRECT OBJECT PRONOUNS

Indirect object pronouns represent the secondary goal of the action of a verb (*me dio el regalo,* he gave me the gift; *les dije que no,* I told them no). The indirect object pronouns in Spanish are:

| Singular | | Plural | |
|---|---|---|---|
| **me** | (to, for, from) me | **nos** | (to, for, from) us |
| **te** | (to, for, from) you | **os**[1] | (to, for, from) you |
| **le** | (to, for, from) you, him, her, it | **les** | (to, for, from) you, them |
| **se**[2] | | **se**[2] | |

[1] Used only in Spain.
[2] See explanation below.

### Position

Indirect object pronouns follow the same rules as direct object pronouns with regard to their position in relation to verbs. When they occur with direct object pronouns, the indirect object pronoun always precedes (*nos lo dio,* she gave it to us; *estoy trayéndotela,* I'm bringing it to you).

### Use of *Se*

When the indirect object pronouns *le* or *les* occur before any direct object pronoun beginning with an *l-*, the indirect object pronouns *le* and *les* convert to *se* (*les mandé la carta,* I sent them the letter → *se la mandé,* I sent it to them; *vamos a comprarle los aretes,* let's buy her the earrings → *vamos a comprárselos,* let's buy them for her).

## 4. Reflexive Pronouns

Reflexive pronouns are used to refer back to the subject of the verb (*me hice daño,* I hurt myself; *se vistieron,* they got dressed, they dressed themselves; *nos lo compramos,* we bought it for ourselves).

The reflexive pronouns in Spanish are:

| Singular | | Plural | |
|---|---|---|---|
| **me** | myself | **nos** | ourselves |
| **te** | yourself | **os**[1] | yourselves |
| **se** | yourself, himself, herself, itself | **se** | yourselves, themselves |

[1] Used only in Spain.

Reflexive pronouns are also used:

- When the verb describes an action performed to one's own body, clothing, etc. (*me quité los zapatos,* I took off my shoes; *se arregló el pelo,* he fixed his hair).
- In the plural, to indicate reciprocal action (*se hablan con frecuencia,* they speak with each other frequently).
- In the third-person singular and plural, as an indefinite subject reference (*se dice que es verdad,* they say it's true; *nunca se sabe,* one never knows; *se escribieron miles de páginas,* thousands of pages were written).

It should be noted that many verbs which take reflexive pronouns in Spanish have intransitive equivalents in English (*ducharse,* to shower; *quejarse,* to complain; etc.).

## 5. Relative Pronouns

Relative pronouns introduce subordinate clauses acting as nouns or modifiers (*el libro **que** escribió* . . . , the book that he wrote . . . ; *las chicas a **quienes** conociste* . . . , the girls whom you met . . . ). In Spanish, the relative pronouns are:

**que** (that, which, who, whom)

**quien, quienes** (who, whom, that, whoever, whomever)

**el cual, la cual, los cuales, las cuales** (which, who)

**el que, la que, los que, las que** (which, who, whoever)

**lo cual** (which)

**lo que** (what, which, whatever)

**cuanto, cuanta, cuantos, cuantas** (all those that, all that, whatever, whoever, as much as, as many as)

Relative pronouns are not omitted in Spanish as they often are in English: *el carro* ***que*** *vi ayer,* the car (that) I saw yesterday. When relative pronouns are used with prepositions, the preposition precedes the clause (*la película sobre* ***la cual*** *le hablé,* the film I spoke to you about).

The relative pronoun *que* can be used in reference to both people and things. Unlike other relative pronouns, *que* does not take the personal *a** when used as a direct object referring to a person (*el hombre* ***que*** *llamé,* the man that I called; but: *el hombre* ***a quien*** *llamé,* the man whom I called).

*Quien* is used only in reference to people. It varies in number with the explicit or implied antecedent (*las mujeres con* ***quienes*** *charlamos . . . ,* the women we chatted with; ***quien*** *lo hizo pagará,* whoever did it will pay).

*El cual* and *el que* vary for both number and gender, and are therefore often used in situations where *que* or *quien*(*es*) might create ambiguity: *nos contó algunas cosas sobre los libros,* ***las cuales*** *eran interesantes,* he told us some things about the books which (the things) were interesting.

*Lo cual* and *lo que* are used to refer back to a whole clause, or to something indefinite (*dijo que iría,* ***lo cual*** *me alegró,* he said he would go, which made me happy; *pide* ***lo que*** *quieras,* ask for whatever you want).

*Cuanto* varies for both number and gender with the implied antecedent: *conté* ***a cuantas*** (*personas*) *pude,* I counted as many (people) as I could. If an indefinite mass quantity is referred to, the masculine singular form is used (*anoté* ***cuanto*** *decía,* I jotted down whatever he said).

*The personal *a* is generally used: 1) before direct objects (except direct object pronouns or reflexive pronouns) that refer to people or to something that is personified: *cuida* ***a*** *los niños,* he takes care of the children; *amar* ***a*** *la patria,* to love one's country; and 2) before indirect objects (except indirect object pronouns or reflexive pronouns): *permiten* ***a*** *los pasajeros usar sus teléfonos,* they allow passengers to use their phones; ***a*** mí no me importa, it doesn't matter to me.

# Possessives

## 1. Possessive Adjectives

UNSTRESSED FORMS

| Singular | | Plural | |
|---|---|---|---|
| **mi(s)** | my | **nuestro(s), nuestra(s)** | our |
| **tu(s)** | your | **vuestro(s)**[1], **vuestra(s)**[1] | your |
| **su(s)** | your, his, her, its | **su(s)** | your, their |

[1] Used only in Spain.

STRESSED FORMS

| Singular | | Plural | |
|---|---|---|---|
| **mío(s), mía(s)** | my, mine, of mine | **nuestro(s), nuestra(s)** | our, ours, of ours |
| **tuyo(s), tuya(s)** | your, yours, of yours | **vuestro(s)**[1], **vuestra(s)**[1] | your, yours, of yours |
| **suyo(s), suya(s)** | your, yours, of yours; his, of his; her, hers, of hers; its, of its | **suyo(s), suya(s)** | your, yours, of yours; their, theirs, of theirs |

[1] Used only in Spain.

The unstressed forms of possessive adjectives precede the nouns they modify (***mis zapatos,*** my shoes; ***nuestra escuela,*** our school).

The stressed forms occur after the noun and are often used for purposes of emphasis (*el carro **tuyo,*** your car; *la pluma es **mía,*** the pen is mine; *unos amigos **nuestros,*** some friends of ours).

All possessive adjectives agree with the noun in number. The stressed forms, as well as the unstressed forms *nuestro* and *vuestro,* also vary for gender.

## 2. Possessive Pronouns

The possessive pronouns have the same forms as the stressed possessive adjectives (see table above). They are always preceded by the definite article, and they agree in number and gender with the nouns they replace (*las llaves mías,* my keys → *las **mías,*** mine; *los guantes nuestros,* our gloves → *los **nuestros,*** ours).

# Demonstratives

## 1. Demonstrative Adjectives

The demonstrative adjectives in Spanish are:

| Singular | | Plural | |
|---|---|---|---|
| **este, esta** | this | **estos, estas** | these |
| **ese, esa** | that | **esos, esas** | those |
| **aquel, aquella** | that | **aquellos, aquellas** | those |

Demonstrative adjectives agree in gender and number with the nouns they modify (*esta chica, aquellos árboles*). They normally precede the noun, but may occasionally occur after for purposes of emphasis or to express contempt: *en la época **aquella** de cambio,* in that era of change; *el perro **ese** ha ladrado toda la noche,* that (awful, annoying, etc.) dog barked all night long.

The forms *aquel, aquella, aquellos,* and *aquellas* are generally used in reference to people and things that are relatively distant from the speaker in space or time: ***ese** libro,* that book (a few feet away); ***aquel** libro,* that book (way over there).

## 2. Demonstrative Pronouns

The demonstrative pronouns in Spanish are orthographically identical to the demonstrative adjectives. Formerly, Spanish rules of orthography required that the demonstrative pronouns include an accent mark over the stressed vowel (*éste, ése, aquél,* etc.) to distinguish them from the corresponding demonstrative adjectives. However, the Real Academia Española (Royal Spanish Academy) now recommends the omission of the accent mark from these pronouns. This supersedes a previous recommendation calling for the inclusion of the accent mark only when needed to resolve cases of ambiguity. Nevertheless, both the accented and unaccented variants are in common use as of this writing, and are reflected in this dictionary.

In addition, there are three neuter forms—*esto, eso,* and *aquello*—which are used when referring to abstract ideas or unidentified things (*¿te dijo **eso**?,* he said that to you?; *¿qué es **esto**?,* what is this?; *tráeme todo **aquello**,* bring me all that stuff).

Except for the neuter forms, demonstrative pronouns agree in gender and number with the nouns they replace (*esta silla,* this chair → ***esta/ésta,*** this one; *aquellos vasos,* those glasses → ***aquellos/aquéllos,*** those ones).

# Gramática inglesa

## El adjetivo

El adjetivo inglés es invariable en cuanto a número o género, y suele preceder al sustantivo que modifica:

the *tall* woman
(la mujer *alta*)

the *tall* women
(las mujeres *altas*)

a *happy* child
(un niño *contento*)

*happy* children
(niños *contentos*)

### 1. Adjetivos positivos, comparativos, y superlativos

Las formas comparativas y superlativas del adjetivo inglés se pueden construir de tres maneras. Cuando el adjetivo positivo consta de una sola sílaba, la construcción más común es de añadir los sufijos *-er* o *-est* al vocablo raíz; si el adjetivo positivo consta de más de dos sílabas, suele entonces combinarse con los adverbios *more*, *most*, *less* o *least;* al adjetivo positivo de dos sílabas puede aplicarse cualquiera de las dos fórmulas; y por último, existen los adjetivos irregulares cuyas formas comparativas y superlativas son únicas:

| Positivo | Comparativo | Superlativo |
|---|---|---|
| **clean** (limpio) | **cleaner** (más limpio) | **cleanest** (el más limpio) |
| **narrow** (angosto) | **narrower** (más angosto) | **narrowest** (el más angosto) |
| **meaningful** (significativo) | **more meaningful** (más significativo) | **most meaningful** (el más significativo) |
| **less meaningful** (menos significativo) | **least meaningful** (el menos significativo) | |
| **good** (bueno) | **better** (mejor) | **best** (el mejor) |
| **bad** (malo) | **worse** (peor) | **worst** (el peor) |

## 2. Adjetivos demostrativos

Los adjetivos demostrativos *this* y *that* corresponden a los adjetivos españoles *este* y *ese*, respectivamente, y sirven esencialmente la misma función. Debe notarse que este tipo de adjetivo es el único que tiene forma plural:

| Singular | | Plural | |
|---|---|---|---|
| **this** | este, esta | **these** | estos, estas |
| **that** | ese, esa | **those** | esos, esas |

## 3. Adjetivos descriptivos

Un adjetivo descriptivo describe o indica una cualidad, clase o condición (*a **fascinating** conversation,* una conversación fascinante; *a **positive** attitude,* una actitud positiva; *a **fast** computer,* una computadora rápida).

## 4. Adjetivos indefinidos

Un adjetivo indefinido se usa para designar personas o cosas no identificadas (*some children,* unos niños *o* algunos niños; *other hotels,* otros hoteles).

## 5. Adjetivos interrogativos

El adjetivo interrogativo se usa para formular preguntas:

***Whose*** office is this?
(*¿De quién* es esta oficina?)

***Which*** book do you want?
(*¿Cuál* libro quieres?)

## 6. El sustantivo empleado como adjetivo

Un sustantivo puede usarse para modificar otro sustantivo. De esta manera el sustantivo funciona igual que un adjetivo (*the Vietnam War,* la Guerra de Vietnam; *word processing,* procesamiento de textos).

## 7. Adjetivos posesivos

Llámase adjetivo posesivo a la forma posesiva del pronombre personal. A continuación se listan los adjetivos posesivos ingleses y algunos ejemplos de su uso:

| Singular | Plural |
|---|---|
| my | our |
| your | your |
| his/her/its | their |

Where's *my* watch?
(¿Dónde está *mi* reloj?)

*Your* cab's here.
(Ha llegado *su/tu* taxi.)

It was *her* idea.
(Fue *su* idea.)

They read *his* book.
(Leyeron *su* libro.)

the box and *its* contents
(la caja y *su* contenido)

We paid for *their* ticket.
(Pagamos por *su* boleto.)

*Your* tables are ready.
(*Sus* mesas están listas.)

## 8. Adjetivos predicativos

Un adjetivo predicativo modifica el sujeto de un verbo copulativo (como *be, become, feel, taste, smell,* o *seem*):

She is *happy* with the outcome.
(Está *contenta* con el resultado.)

The milk tastes *sour*.
(La leche sabe *agria*.)

The student seems *puzzled*.
(El estudiante parece estar *desconcertado*.)

## 9. Adjetivos propios

Un adjetivo propio es derivado de un nombre propio y suele escribirse con mayúscula:

*Victorian* furniture
(muebles *victorianos*)

a *Puerto Rican* product
(un producto *puertorriqueño*)

## 10. Adjetivos relativos

Un adjetivo relativo (tal como *which, that, who, whom, whose, where*) se emplea para introducir una cláusula adjetival o sustantiva:

toward late April, by *which* time the report should be finished
(para fines de abril, fecha para *la cual* deberá estar listo el reporte)

a person *whose* identity is unknown
(una persona *cuya* identidad se desconoce)

# El adverbio

La mayor parte de los adverbios ingleses se forman a partir de un adjetivo al que se le agrega el sufijo *-ly*:

mad*ly*
(loca*mente*)

wonderful*ly*
(maravillosa*mente*)

Para formar un adverbio de un adjetivo que termina en *-y*, suele cambiarse primero esta terminación a una *-i*, y luego se añade el sufijo *-ly*:

happ*ily*
(feliz*mente*)

daint*ily*
(delicada*mente*)

La forma adverbial que corresponde a varios adjetivos que terminan en *-ic* recibe el sufijo *-ally*:

basic*ally*
(básica*mente*)

numeric*ally*
(numérica*mente*)

Si un adjetivo termina en *-ly*, el adverbio que le corresponde suele escribirse de la misma manera:

she called her mother ***daily***
(llamaba a su madre ***todos los días***)

the show started ***early***
(la función empezó ***temprano***)

Por último, hay adverbios que no terminan en *-ly*, por ejemplo:

again (otra vez)
now (ahora)

too (demasiado)
too (también)

## 1. Adverbios positivos, comparativos, y superlativos

Al igual que el adjetivo, la mayoría de los adverbios ingleses poseen tres grados de comparación: positivo, comparativo, y superlativo. Como regla general, a un adverbio monosilábico se le añade el sufijo *-er* cuando es comparativo, y *-est* cuando es superlativo. Si el adverbio consta de tres o más sílabas, las formas comparativas y superlativas se forman al combinarlo con los adverbios *more/most* o *less/least*. Las formas comparativas y superlativas de un adverbio de dos sílabas pueden obtenerse empleando uno u otro de los dos métodos:

| Positivo | Comparativo | Superlativo |
|---|---|---|
| fast | fast*er* | fast*est* |
| easy | easi*er* | easi*est* |
| madly | more mad*ly* | most mad*ly* |
| happily | more happi*ly* | most happi*ly* |

Finalmente, hay algunos adverbios, tales como *quite* y *very*, que no poseen comparativo.

### 2. Adverbios de énfasis

Adverbios tales como *just* y *only* suelen usarse para poner el énfasis en otras palabras. El énfasis producido puede cambiar según la posición del adverbio en la oración:

He ***just*** nodded to me as he passed.
(***Sólo*** me saludó con la cabeza al pasar.)

He nodded to me ***just*** as he passed.
(Me saludó con la cabeza ***justamente*** cuando me pasó.)

### 3. Adverbios relativos

Los adverbios relativos (tales como *when*, *where*, y *why*) se utilizan principalmente para introducir preguntas:

***When*** will he return?
(¿***Cuándo*** volverá?)

***Where*** have the children gone?
(¿***A dónde*** fueron los niños?)

***Why*** did you do it?
(¿***Por qué*** lo hiciste?)

## El artículo

### 1. El artículo definido

En inglés existe solamente una forma del artículo definido, *the*. Este artículo es invariable en cuanto a género o número:

***The*** boys were expelled.
(***Los*** chicos fueron expulsados.)

***The*** First Lady dined with ***the*** ambassador.
(***La*** Primera Dama cenó con ***el*** embajador.)

### 2. El artículo indefinido

El artículo indefinido *a* se usa con cualquier sustantivo o abreviatura que comience ya sea con una consonante, o con un *sonido* consonántico:

| | |
|---|---|
| *a* door | *a* hat |
| *a* B.A. degree | *a* one-way street |
| *a* union | *a* U.S. Senator |

El artículo *a* se emplea también antes de un sustantivo cuya primera sílaba comienza con *h-*, y esta sílaba o no es acentuada, o tiene solamente una acentuación moderada (*a historian, a heroic attempt, a hilarious performance*). Sin embargo, en el inglés hablado, suele más usarse el artículo *an* en estos casos (*an historian, an heroic attempt, an hilarious performance*). Ambas formas son perfectamente aceptables.

El artículo indefinido *an* se usa con cualquier sustantivo o abreviatura que comience con un *sonido* vocal, sin tener en cuenta si la primera letra del sustantivo es vocal o consonante (*an icicle, an nth degree, an honor, an FBI investigation*).

## La conjunción

Existen tres tipos principales de conjunciones: la conjunción coordinante, la correlativa, y la subordinante.

### 1. Conjunciones coordinantes

Las conjunciones coordinantes, tales como *and, because, but, or, nor, since, so,* y *yet,* se emplean para unir elementos gramaticales de igual valor. Estos elementos pueden ser palabras, frases, cláusulas subordinadas, cláusulas principales, u oraciones completas. Las conjunciones coordinantes se emplean para unir elementos similares, para excluir o contrastar, para indicar una alternativa, para indicar una razón, o para precisar un resultado:

**unión de elementos similares:**
She ordered pencils, pens, ***and*** erasers.

**exclusión o contraste:**
He is a brilliant ***but*** arrogant man.
They offered a promising plan, ***but*** it had not yet been tested.

**alternativa:**
She can wait here ***or*** go on ahead.

**razón:**
The report is useless, ***since*** its information is no longer current.

**resultado:**
His diction is excellent, *so* every word is clear.

### 2. Conjunciones correlativas

Las conjunciones correlativas se usan en pares, y sirven para unir alternativas y elementos de igual valor gramatical:

*Either* you go *or* you stay.
(*O* te vas *o* te quedas.)

He had *neither* looks *nor* wit.
(No tenía *ni* atractivo físico *ni* inteligencia.)

### 3. Conjunciones subordinantes

Las conjunciones subordinantes se usan para unir una cláusula subordinada a una cláusula principal. Estas conjunciones pueden emplearse para expresar la causa, la condición o concesión, el modo, el propósito o resultado, el tiempo, el lugar o la circunstancia, así como las condiciones o posibilidades alternativas:

**causa:**
*Because* she learns quickly, she is doing well in her new job.

**condición o concesión:**
Don't call *unless* you are coming.

**modo:**
We'll do it *however* you tell us to.

**propósito o resultado:**
He distributes the mail early *so that* they can read it.

**tiempo:**
She kept meetings to a minimum *when* she was president.

## El sustantivo

A diferencia del sustantivo español, el sustantivo inglés generalmente carece de género. En algunos sustantivos, el género femenino se identifica por la presencia del sufijo *-ess* (*empress, hostess*); existen también aquellos sustantivos que sólo se aplican a miembros de uno u otro sexo, por ejemplo: *husband, wife; father, mother; brother, sister;* así como nombres de ciertos animales: *bull, cow; buck, doe;* etc. Sin embargo, la mayoría de los sustantivos ingleses son neutros. Cuando es preciso atribuirle un género a un sustantivo neutro, suele combinarse éste con palabras como *male, female, man, woman,* etc., por ejemplo:

a *male* parrot
(un loro *macho*)

*women* writers
(escritoras)

## 1. Usos básicos

Los sustantivos ingleses suelen usarse como sujetos, objetos directos, objetos de una preposición, objetos indirectos, objetos retenidos, nominativos predicativos, complementos objetivos, construcciones apositivas, y en trato directo:

**sujeto:**
The *office* was quiet.

**objeto directo:**
He locked the *office*.

**objeto de una preposición:**
The file is in the *office*.

**objeto indirecto:**
He gave his *client* the papers.

**objeto retenido:**
His client was given the *papers*.

**nominativo predicativo:**
Mrs. Adams is the managing *partner*.

**complemento objetivo:**
They made Mrs. Adams managing *partner*.

**construcción apositiva:**
Mrs. Adams, the managing *partner*, wrote that memo.

**trato directo:**
*Mrs. Adams*, may I present Mr. Bonkowski.

## 2. El sustantivo empleado como adjetivo

Los sustantivos desempeñan una función adjetival cuando preceden a otros sustantivos:

*olive* oil
(aceite *de oliva*)

*business* management
(administración *de empresas*)

*emergency* room
(sala *de emergencias*)

## 3. La formación del plural

La mayoría de los sustantivos ingleses se pluralizan añadiendo *-s* al final del singular (*book, books; cat, cats; dog, dogs; tree, trees*).

Cuando el sustantivo singular termina en *-s, -x, -z, -ch,* o *-sh,* su forma plural se obtiene añadiendo *-es* al final (*cross, crosses; fox, foxes; witch, witches; wish, wishes; fez, fezes*).

Si el sustantivo singular termina en *-y* precedida de una consonante, la *-y* es convertida en *-i* y se le añade la terminación *-es* (*fairy, fairies; pony, ponies; guppy, guppies*).

No todos los sustantivos ingleses obedecen estas normas. Hay algunos sustantivos (generalmente nombres de animales) que no siempre cambian en el plural (*fish, fish* o *fishes; caribou, caribou* o *caribous*). Por último, hay algunos sustantivos que poseen una forma plural única (*foot, feet; mouse, mice; knife, knives*).

### 4. El posesivo

La forma posesiva del sustantivo singular generalmente se obtiene al añadir un apóstrofe seguido de una *-s* al final:

***Jackie's*** passport
(el pasaporte ***de Jackie***)

this hat is ***Billy's***
(este sombrero es ***de Billy***)

Cuando el sustantivo termina en *-s,* suele añadirse únicamente el apóstrofe, como sigue:

the ***neighbors'*** dog
(el perro ***de los vecinos***)

***Mr. Collins'*** briefcase
(el portafolios ***del Sr. Collins***)

## La preposición

La preposición inglesa se combina generalmente con un sustantivo, un pronombre, o el equivalente de un sustantivo (como una frase o cláusula) para formar una frase con función adjetival, adverbial, o sustantiva. Suele distinguirse dos tipos de preposiciones: la preposición simple, es decir, aquélla que consta de una sola palabra (p. ej., *against, from, near, of, on, out,* o *without*), y la compuesta, que consta de más de un elemento (como *according to, by means of,* o *in spite of*).

### 1. Usos básicos

La preposición se emplea generalmente para unir un sustantivo, un pronombre, o el equivalente de un sustantivo al resto de la oración. Una frase preposicional suele emplearse como adverbio o adjetivo:

She expected resistance ***on his part.***
He sat down ***beside her.***

### 2. La conjunción vs. la preposición

Las palabras inglesas *after, before, but, for*,* y *since* pueden funcionar como preposiciones así como conjunciones. El papel que

*La conjunción *for* se emplea principalmente en el lenguaje formal y literario.

desempeñan estas palabras suele determinarse según su posición dentro de la oración. Las conjunciones generalmente sirven para unir dos elementos de igual valor gramatical, mientras que las preposiciones suelen preceder a un sustantivo, un pronombre, o una frase sustantiva:

**conjunción:**
I was a bit concerned ***but*** not panicky. (***but*** vincula dos adjetivos)

**preposición:**
I was left with nothing ***but*** hope. (***but*** precede a un sustantivo)

**conjunción:**
The device conserves fuel, ***for*** it is battery-powered. (***for*** vincula dos cláusulas)

**preposición:**
The device conserves fuel ***for*** residual heating. (***for*** precede a una frase sustantiva)

### 3. Posición

Una preposición puede aparecer antes de un sustantivo o un pronombre (*below the desk, beside them*), después de un adjetivo (*antagonistic to, insufficient in, symbolic of*), o después de un elemento verbal con el cual combina para formar una frase con función verbal (*take for, take over, come across*).

A diferencia de la preposición española, la preposición inglesa puede aparecer al final de una oración, lo cual sucede frecuentemente en el uso común, especialmente si la preposición forma parte de una frase con función verbal:

After Rourke left, Joyce took *over*.
What does this all add up *to*?

## El pronombre

Los pronombres pueden poseer las características siguientes: caso (nominativo, posesivo, u objetivo); número (singular o plural); persona (primera, segunda, o tercera), y género (masculino, femenino, o neutro). Los pronombres ingleses se clasifican en siete categorías principales, de las cuales cada una juega un papel específico.

### 1. Pronombres demostrativos

Las palabras *this, that, these* y *those* se consideran como pronombres cuando funcionan como sustantivos. (Se les clasifica como adjetivos demostrativos cuando modifican un sustantivo.) El pronombre demostrativo indica a una persona o cosa para distinguirla de otras:

*These* are the best designs we've seen to date.
*Those* are strong words.

El pronombre demostrativo también se usa para distinguir a una persona o cosa cercana de otra que se encuentre a mayor distancia (*this is my desk; that is yours*).

## 2. Pronombres indefinidos

El pronombre indefinido se emplea para designar a una persona o cosa cuya identidad se desconoce o no se puede establecer de inmediato. Estos pronombres se usan generalmente como referencias en la tercera persona, y no se distinguen en cuanto a género. A continuación se listan ejemplos de pronombres indefinidos:

| | | |
|---|---|---|
| all | either | none |
| another | everybody | no one |
| any | everyone | one |
| anybody | everything | other |
| anyone | few | several |
| anything | many | some |
| both | much | somebody |
| each | neither | someone |
| each one | nobody | something |

Los pronombres indefinidos deben concordar en cuanto a número con los verbos que les corresponden. Los siguientes pronombres son singulares y deben usarse con un verbo conjugado en singular: *another, anything, each, each one, everything, much, nobody, no one, one, other, someone, something.*

*Much is* being done.
*No one wants* to go.

Los pronombres indefinidos *both, few, many, several* entre otros son plurales, y por lo tanto deben emplearse con verbos conjugados en plural:

*Many were* called; *few were* chosen.

Algunos pronombres, tales como *all, any, none,* y *some,* pueden presentar un problema ya que pueden usarse tanto con verbos singulares como plurales. Como regla general, los pronombres que se usan con sustantivos no numerables emplean verbos singulares, mientras que aquéllos que se usan con sustantivos numerables suelen tomar un verbo plural:

**con sustantivo no numerable:**
*All* of the property *is* affected.
*None* of the soup *was* spilled.
*Some* of the money *was* spent.

**con sustantivo numerable:**
*All* of my shoes *are* black.
*None* of the clerks *were* available.
*Some* of your friends *were* there.

## 3. Pronombres interrogativos

Los pronombres interrogativos *what, which, who, whom,* y *whose,* así como las combinaciones de estos con el sufijo *-ever* (*whatever, whichever,* etc.) se usan para introducir una pregunta:

***Who*** is she?
He asked me ***who*** she was.

***Whoever*** can that be?
We wondered ***whoever*** that could be.

## 4. Pronombres personales

El pronombre personal refleja la persona, el número, y el género del ser u objeto que representa. La mayoría de los pronombres personales toman una forma distinta para cada uno de estos tres casos:

| Persona | Nominativo | Posesivo | Objetivo |
|---|---|---|---|
| *PRIMERA* | | | |
| SINGULAR: | I | my, mine | me |
| PLURAL: | we | our, ours | us |
| *SEGUNDA* | | | |
| SINGULAR: | you | your, yours | you |
| PLURAL: | you | your, yours | you |
| *TERCERA* | | | |
| SINGULAR: | he | his, his | him |
| | she | her, hers | her |
| | it | its, its | it |
| PLURAL: | they | their, theirs | them |

Nótese que los pronombres personales en el caso posesivo no llevan apóstrofe, y no deben confundirse con los homófonos *you're, they're, there's, it's.*

## 5. Pronombres recíprocos

Los pronombres recíprocos *each other* y *one another* se emplean para indicar una acción o relación mutua:

They do not quarrel with ***one another***.
(No se pelean (el uno con el otro).)

Lou and Andy saw ***each other*** at the party.
(Lou y Andy se vieron en la fiesta.)

Un pronombre recíproco puede usarse también en el caso posesivo:

They always borrowed ***one another's*** money.
(Siempre se prestaban dinero.)

The two companies depend on ***each other's*** success.
(Cada una de las dos compañías depende del éxito de la otra.)

### 6. Pronombres reflexivos

Los pronombres reflexivos se forman al combinar los pronombres personales *him, her, it, my, our, them* y *your* con *-self* o *-selves.* El pronombre reflexivo se usa generalmente para expresar una acción reflexiva, o bien para recalcar el sujeto de una oración, cláusula, o frase:

She dressed ***herself.***
He asked ***himself*** if it was worth it.
I ***myself*** am not concerned.

### 7. Pronombres relativos

Los pronombres relativos son *that, what, which, who, whom,* y *whose,* así como las combinaciones de éstos con la terminación *-ever.* Estos pronombres se emplean para introducir oraciones subordinadas con función sustantiva o adjetival.

El pronombre relativo *who* se usa para referirse a personas y, en ciertas ocasiones, algunos animales. *Which* suele usarse para referirse a animales o cosas, y *that* puede usarse para personas, animales, o cosas:

a man ***who*** sought success
a woman ***whom*** we trust
Kentucky Firebolt, ***who*** won yesterday's horse race
a movie ***which*** was a big hit
a dog ***which*** kept barking
a boy ***that*** behaves well
a movie ***that*** was a big hit
a dog ***that*** kept barking

En ciertas ocasiones el pronombre relativo puede omitirse:

The man (***whom***) I was talking to is the senator.

## El verbo

El verbo inglés posee típicamente las siguientes características: inflexión (p. ej., *help, helps, helping, helped*), persona (primera, segunda, o tercera), número (singular o plural), tiempo (presente, pasado, futuro), aspecto (categorías temporales distintas a los tiempos simples de presente, pasado y futuro), voz (activa o pasiva), y modo (indicativo, subjuntivo e imperativo).

## 1. La inflexión

Los verbos regulares ingleses tienen cuatro inflexiones diferentes, las cuales se producen al añadir los sufijos *-s* o *-es, -ed,* e *-ing.* La mayoría de los verbos irregulares poseen cuatro o cinco inflexiones (p. ej., *see, sees, seeing, saw, seen*); y el verbo *be* tiene ocho (*be, is, am, are, being, was, were, been*).

Los verbos que terminan en una *-e* muda conservan por lo general la *-e* al añadírsele un sufijo que comienza con una consonante (como *-s*), pero esta *-e* desaparece si el sufijo comienza con una vocal (como sucede con *-ed* o *-ing*):

arrange; arranges; arranged; arranging
hope; hopes; hoped; hoping

Sin embargo, algunos de estos verbos conservan la *-e* final para no ser confundidos con otras palabras de ortografía igual, por ejemplo:

dye; dyes; dyed; dyeing
(vs. ***dying***, del verbo ***die***)
singe; singes; singed; singeing
(vs. ***singing***, del verbo ***sing***)

Si un verbo consta de una sílaba y termina en una sola consonante a la cual precede una sola vocal, la consonante final se repite al añadir el sufijo *-ed* o *-ing*:

brag; brags; bragged; bragging
grip; grips; gripped; gripping

Cuando un verbo posee esta misma terminación, pero consta de dos o más sílabas, y la última de éstas es acentuada, se repite también al añadir el sufijo *-ed* o *-ing*:

commit; commits; committed; committing
occur; occurs; occurred; occurring

Los verbos que terminan en *-y*, precedida de una consonante, suelen cambiar esta *-y* en *-i* en toda inflexión excepto cuando el sufijo correspondiente es *-ing:*

carry; carries; carried; carrying
study; studies; studied; studying

Cuando un verbo termina en *-c,* se le añade una *-k* en inflexiones cuyos sufijos comienzan con *-e* o *-i*:

mimic; mimics; mimicked; mimicking
traffic; traffics; trafficked; trafficking

## 2. El tiempo y el aspecto

Los verbos ingleses exhiben generalmente su presente simple o pasado simple en una sola palabra, por ejemplo:

I ***do***, I ***did***
we ***write***, we ***wrote***

El tiempo futuro suele expresarse al combinar el verbo auxiliar *shall* o *will* con la forma presente simple o presente progresiva del verbo:

I ***shall do*** it.
(Lo ***haré***.)

We ***will come*** tomorrow.
(***Vendremos*** mañana.)

He ***will be arriving*** later.
(***Llegará*** más tarde.)

Llámase aspecto de un verbo a aquellos tiempos que difieren del presente simple, pasado simple, o futuro simple. A continuación se presentan cuatro de estos tiempos o aspectos: el progresivo, el presente perfecto, el pasado perfecto, y el futuro perfecto.

El tiempo progresivo expresa una acción en progreso:

He ***is reading*** the paper.
(***Está leyendo*** el periódico.)

I ***was working*** when she called.
(***Estaba trabajando*** cuando llamó.)

El presente perfecto se emplea para expresar una acción que ha comenzado en el pasado y que continúa en el presente, o también para expresar una acción que haya tenido lugar en un momento indefinido del pasado:

She ***has written*** a book.
(***Ha escrito*** un libro.)

El pasado perfecto expresa una acción que fue llevada a cabo antes de otra acción o evento en el pasado:

She ***had written*** many books previously.
(***Había escrito*** muchos libros anteriormente.)

El futuro perfecto indica una acción que será llevada a cabo antes de una acción o evento en el futuro:

We ***will have finished*** the project by then.
(A esas alturas ***habremos terminado*** el proyecto.)

## 3. La voz

La voz (activa o pasiva) indica si el sujeto de la oración es el que desempeña la acción del verbo o si es el objeto de esta acción:

**Voz activa:**
He ***respected*** his colleagues.
(***Respetaba*** a sus colegas.)

**Voz pasiva:**
He ***was respected*** by his colleagues.
(***Era respetado*** por sus colegas.)

## 4. El modo

En inglés existen tres modos: indicativo, imperativo, y subjuntivo.

El modo indicativo se emplea ya sea para indicar un hecho, o para hacer una pregunta:

He *is* here.
(*Está* aquí.)

*Is* he here?
(¿*Está* aquí?)

El modo imperativo se usa para expresar una orden o una petición:

*Come* here.
(*Ven* aquí.)

Please *come* here.
(*Ven* aquí, por favor.)

El modo subjuntivo expresa una condición contraria a los hechos. El modo subjuntivo en inglés ha caído en desuso, pero suele aparecer en cláusulas introducidas por *if*, y después del verbo *wish*:

I wish he *were* here.
(Quisiera que *estuviera* él aquí.)

If she *were* there, she could have answered that.
(Si *estuviera* ella allá, podría haberlo contestado.)

## 5. Verbos transitivos e intransitivos

Como en español, el verbo inglés puede ser transitivo o intransitivo. El verbo transitivo es el que puede llevar un complemento directo:

She *sold* her car.
(*Vendió* su coche.)

El verbo intransitivo no lleva un complemento directo:

He *talked* all day.
(*Habló* todo el día.)

# Conjugation of Spanish Verbs

## Simple Tenses

| Tense | Regular Verbs Ending in -AR<br>hablar | |
|---|---|---|
| PRESENT INDICATIVE | hablo<br>hablas<br>habla | hablamos<br>habláis<br>hablan |
| PRESENT SUBJUNCTIVE | hable<br>hables<br>hable | hablemos<br>habléis<br>hablen |
| PRETERIT INDICATIVE | hablé<br>hablaste<br>habló | hablamos<br>hablasteis<br>hablaron |
| IMPERFECT INDICATIVE | hablaba<br>hablabas<br>hablaba | hablábamos<br>hablabais<br>hablaban |
| IMPERFECT SUBJUNCTIVE | hablara<br>hablaras<br>hablara<br>*or*<br>hablase<br>hablases<br>hablase | habláramos<br>hablarais<br>hablaran<br><br>hablásemos<br>hablaseis<br>hablasen |
| FUTURE INDICATIVE | hablaré<br>hablarás<br>hablará | hablaremos<br>hablaréis<br>hablarán |
| FUTURE SUBJUNCTIVE | hablare<br>hablares<br>hablare | habláremos<br>hablareis<br>hablaren |
| CONDITIONAL | hablaría<br>hablarías<br>hablaría | hablaríamos<br>hablaríais<br>hablarían |
| IMPERATIVE | <br>habla<br>hable | hablemos<br>hablad<br>hablen |
| PRESENT PARTICIPLE (GERUND) | hablando | |
| PAST PARTICIPLE | hablado | |

| Regular Verbs Ending in -ER | | Regular Verbs Ending in -IR | |
|---|---|---|---|
| **comer** | | **vivir** | |
| como | comemos | vivo | vivimos |
| comes | coméis | vives | vivís |
| come | comen | vive | viven |
| coma | comamos | viva | vivamos |
| comas | comáis | vivas | viváis |
| coma | coman | viva | vivan |
| comí | comimos | viví | vivimos |
| comiste | comisteis | viviste | vivisteis |
| comió | comieron | vivió | vivieron |
| comía | comíamos | vivía | vivíamos |
| comías | comíais | vivías | vivíais |
| comía | comían | vivía | vivían |
| comiera | comiéramos | viviera | viviéramos |
| comieras | comierais | vivieras | vivierais |
| comiera | comieran | viviera | vivieran |
| *or* | | *or* | |
| comiese | comiésemos | viviese | viviésemos |
| comieses | comieseis | vivieses | vivieseis |
| comiese | comiesen | viviese | viviesen |
| comeré | comeremos | viviré | viviremos |
| comerás | comeréis | vivirás | viviréis |
| comerá | comerán | vivirá | vivirán |
| comiere | comiéremos | viviere | viviéremos |
| comieres | comiereis | vivieres | vivieres |
| comiere | comieren | viviere | vivieren |
| comería | comeríamos | viviría | viviríamos |
| comerías | comeríais | vivirías | viviríais |
| comería | comerían | viviría | vivirían |
| | comamos | | vivamos |
| come | comed | vive | vivid |
| coma | coman | viva | vivan |
| comiendo | | viviendo | |
| comido | | vivido | |

# Compound Tenses

## 1. Perfect Tenses

The perfect tenses are formed with *haber* and the past participle:

**PRESENT PERFECT**

he hablado, etc. (*indicative*)
haya hablado, etc. (*subjunctive*)

**PAST PERFECT**

había hablado, etc. (*indicative*)
hubiera hablado, etc. (*subjunctive*)
*or*
hubiese hablado, etc. (*subjunctive*)

**PRETERIT PERFECT**

hube hablado, etc. (*indicative*)

**FUTURE PERFECT**

habré hablado, etc. (*indicative*)

**CONDITIONAL PERFECT**

habría hablado, etc. (*indicative*)

## 2. Progressive Tenses

The progressive tenses are formed with *estar* and the present participle:

**PRESENT PROGRESSIVE**

estoy llamando, etc. (*indicative*)
esté llamando, etc. (*subjunctive*)

**IMPERFECT PROGRESSIVE**

estaba llamando, etc. (*indicative*)
estuviera llamando, etc. (*subjunctive*)
*or*
estuviese llamando, etc. (*subjunctive*)

**PRETERIT PROGRESSIVE**

estuve llamando, etc. (*indicative*)

**FUTURE PROGRESSIVE**

estaré llamando, etc. (*indicative*)

**CONDITIONAL PROGRESSIVE**

estaría llamando, etc. (*indicative*)

**PRESENT PERFECT PROGRESSIVE**

he estado llamando, etc. (*indicative*)
haya estado llamando, etc. (*subjunctive*)

**PAST PERFECT PROGRESSIVE**

había estado llamando, etc. (*indicative*)
hubiera estado llamando, etc. (*subjunctive*)
*or*
hubiese estado llamando, etc. (*subjunctive*)

## Use of *Vos*

In parts of South and Central America, *vos* often replaces or competes with *tú* as the second-person familiar personal pronoun. It is particularly well established in the Río de la Plata region and much of Central America.

The pronoun *vos* often takes a distinct set of verb forms, usually in the present tense and the imperative. These vary widely from region to region; examples of the most common forms are shown below:

| | | | |
|---|---|---|---|
| INFINITIVE FORM | hablar | comer | vivir |
| PRESENT INDICATIVE | vos hablás | vos comés | vos vivís |
| PRESENT SUBJUNCTIVE | vos hablés | vos comás | vos vivás |
| IMPERATIVE | hablá | comé | viví |

In some areas, *vos* may take the *tú* or *vosotros* forms of the verb, while in others (such as Uruguay), *tú* is combined with the *vos* verb forms.

## Irregular Verbs

The *imperfect subjunctive,* the *future subjunctive,* the *conditional,* and most forms of the *imperative* are not included in the model conjugations list, but can be derived as follows:

The *imperfect subjunctive* and the *future subjunctive* are formed from the third-person plural form of the preterit tense by removing the last syllable (*-ron*) and adding the appropriate suffix:

| | |
|---|---|
| PRETERIT INDICATIVE, THIRD-PERSON PLURAL (querer) | quisieron |
| IMPERFECT SUBJUNCTIVE (querer) | quisiera, quisieras, etc.<br>*or*<br>quisiese, quisieses, etc. |
| FUTURE SUBJUNCTIVE (querer) | quisiere, quisieres, etc. |

The conditional uses the same stem as the future indicative:

| | |
|---|---|
| FUTURE INDICATIVE (poner) | pondré, pondrás, etc. |
| CONDITIONAL (poner) | pondría, pondrías, etc. |

The third-person singular, first-person plural, and third-person plural forms of the *imperative* are the same as the corresponding forms of the present subjunctive.

The second-person plural (*vosotros*) form of the *imperative* is formed by removing the final *-r* of the infinitive form and adding a *-d* (ex.: *oír* → *oíd*).

## Model Conjugations of Irregular Verbs

The model conjugations below include the following simple tenses: the *present indicative* (IND), the *present subjunctive* (SUBJ), the *preterit indicative* (PRET), the *imperfect indicative* (IMPF), the *future indicative* (FUT), the second-person singular form of the *imperative* (IMPER), the *present participle* or *gerund* (PRP), and the *past participle* (PP). Each set of conjugations is preceded by the corresponding infinitive form of the verb, shown in bold type. Only tenses containing irregularities are listed, and the irregular verb forms within each tense are displayed in bold type.

Each irregular verb entry in the Spanish-English section of this dictionary is cross-referred by number to one of the following model conjugations. These cross-reference numbers are shown in curly braces { } immediately following the entry's functional label.

1 **abolir** *(defective verb)* : *IND* abolimos, abolís *(other forms not used); SUBJ (not used); IMPER (only second-person plural is used)*

2 **abrir** : *PP* abierto

3 **actuar** : *IND* **actúo, actúas, actúa,** actuamos, actuáis, **actúan;** *SUBJ* **actúe, actúes, actúe,** actuemos, actuéis, **actúen;** *IMPER* **actúa**

4 **adquirir** : *IND* **adquiero, adquieres, adquiere,** adquirimos, adquirís, **adquieren;** *SUBJ* **adquiera, adquieras, adquiera,** adquiramos, adquiráis, **adquieran;** *IMPER* **adquiere**

5 **airar** : *IND* **aíro, aíras, aíra,** airamos, airáis, **aíran;** *SUBJ* **aíre, aíres, aíre,** airemos, airéis, **aíren;** *IMPER* **aíra**

6 **andar** : *PRET* **anduve, anduviste, anduvo, anduvimos, anduvisteis, anduvieron**

7 **asir** : *IND* **asgo,** ases, ase, asimos, asís, asen; *SUBJ* **asga, asgas, asga, asgamos, asgáis, asgan**

8 **aunar** : *IND* **aúno, aúnas, aúna,** aunamos, aunáis, **aúnan;** *SUBJ* **aúne, aúnes, aúne,** aunemos, aunéis, **aúnen;** *IMPER* **aúna**

9 **avergonzar** : *IND* **avergüenzo, avergüenzas, avergüenza,** avergonzamos, avergonzáis, **avergüenzan;** *SUBJ* **avergüence, avergüences, avergüence, avergoncemos, avergoncéis, avergüencen;** *PRET* **avergoncé;** *IMPER* **avergüenza**

10 **averiguar** : *SUBJ* **averigüe, averigües, averigüe, averigüemos, averigüéis, averigüen;** *PRET* **averigüé,** averiguaste, averiguó, averiguamos, averiguasteis, averiguaron

11 **bendecir** : *IND* **bendigo, bendices, bendice,** bendecimos, bendecís, **bendicen;** *SUBJ* **bendiga, bendigas, bendiga, bendigamos, bendigáis, bendigan;** *PRET* **bendije, bendijiste, bendijo, bendijimos, bendijisteis, bendijeron;** *IMPER* **bendice**

12 **caber** : *IND* **quepo,** cabes, cabe, cabemos, cabéis, caben; *SUBJ* **quepa, quepas, quepa, quepamos, quepáis, quepan;** *PRET* **cupe, cupiste, cupo, cupimos, cupisteis, cupieron;** *FUT* **cabré, cabrás, cabrá, cabremos, cabréis, cabrán**

13 **caer** : *IND* **caigo,** caes, cae, caemos, caéis, caen; *SUBJ* **caiga, caigas, caiga, caigamos, caigáis, caigan;** *PRET* caí, **caíste, cayó, caímos, caísteis, cayeron;** *PRP* **cayendo;** *PP* **caído**

14 **cocer** : *IND* **cuezo, cueces, cuece,** cocemos, cocéis, **cuecen;** *SUBJ* **cueza, cuezas, cueza, cozamos, cozáis, cuezan;** *IMPER* **cuece**

15 **coger** : *IND* **cojo,** coges, coge, cogemos, cogéis, cogen; *SUBJ* **coja, cojas, coja, cojamos, cojáis, cojan**

16 **colgar** : *IND* **cuelgo, cuelgas, cuelga,** colgamos, colgáis, **cuelgan;** *SUBJ* **cuelgue, cuelgues, cuelgue, colguemos, colguéis, cuelguen;** *PRET* **colgué,** colgaste, colgó, colgamos, colgasteis, colgaron; *IMPER* **cuelga**

17 **concernir** *(defective verb; used only in the third-person singular and plural of the present indicative, present subjunctive, and imperfect subjunctive) see* **25 discernir**

18 **conocer** : *IND* **conozco,** conoces, conoce, conocemos, conocéis, conocen; *SUBJ* **conozca, conozcas, conozca, conozcamos, conozcáis, conozcan**

19 **contar** : *IND* **cuento, cuentas, cuenta,** contamos, contáis, **cuentan;** *SUBJ* **cuente, cuentes, cuente,** contemos, contéis, **cuenten;** *IMPER* **cuenta**

20 **creer** : *PRET* creí, **creíste, creyó, creímos, creísteis, creyeron;** *PRP* **creyendo;** *PP* **creído**

21 **cruzar** : *SUBJ* **cruce, cruces, cruce, crucemos, crucéis, crucen;** *PRET* **crucé,** cruzaste, cruzó, cruzamos, cruzasteis, cruzaron

22 **dar** : *IND* **doy,** das, da, damos, **dais,** dan; *SUBJ* **dé,** des, **dé,** demos, **deis,** den; *PRET* **di, diste, dio, dimos, disteis, dieron**

23 **decir** : *IND* **digo, dices, dice,** decimos, decís, **dicen;** *SUBJ* **diga, digas, diga, digamos, digáis, digan;** *PRET* **dije, dijiste, dijo, dijimos, dijisteis, dijeron;** *FUT* **diré, dirás, dirá, diremos, diréis, dirán;** *IMPER* **di;** *PRP* **diciendo;** *PP* **dicho**

24 **delinquir** : *IND* **delinco,** delinques, delinque, delinquimos, delinquís, delinquen; *SUBJ* **delinca, delincas, delinca, delincamos, delincáis, delincan**

25 **discernir** : *IND* **discierno, disciernes, discierne,** discernimos, discernís, **disciernen;** *SUBJ* **discierna, disciernas, discierna,** discernamos, discernáis, **disciernan;** *IMPER* **discierne**

26 **distinguir** : *IND* **distingo,** distingues, distingue, distinguimos, distinguís, distinguen; *SUBJ* **distinga, distingas, distinga, distingamos, distingáis, distingan**

27 **dormir** : *IND* **duermo, duermes, duerme,** dormimos, dormís, **duermen;** *SUBJ* **duerma, duermas, duerma, durmamos, durmáis, duerman;** *PRET* dormí, dormiste, **durmió,** dormimos, dormisteis, **durmieron;** *IMPER* **duerme;** *PRP* **durmiendo**

28 **elegir** : *IND* **elijo, eliges, elige,** elegimos, elegís, **eligen;** *SUBJ* **elija, elijas, elija, elijamos, elijáis, elijan;** *PRET* elegí, elegiste, **eligió,** elegimos, elegisteis, **eligieron;** *IMPER* **elige;** *PRP* **eligiendo**

29 **empezar** : *IND* **empiezo, empiezas, empieza,** empezamos, empezáis, **empiezan;** *SUBJ* **empiece, empieces, empiece, empecemos, empecéis, empiecen;** *PRET* **empecé,** empezaste, empezó, empezamos, empezasteis, empezaron; *IMPER* **empieza**

30 **enraizar** : *IND* **enraízo, enraízas, enraíza,** enraizamos, enraizáis, **enraízan;** *SUBJ* **enraíce, enraíces, enraíce, enraicemos, enraicéis, enraícen;** *PRET* **enraicé,** enraizaste, enraizó, enraizamos, enraizasteis, enraizaron; *IMPER* **enraíza**

31 **erguir** : *IND* **irgo** *or* **yergo, irgues** *or* **yergues, irgue** *or* **yergue,** erguimos, erguís, **irguen** *or* **yerguen;** *SUBJ* **irga** *or* **yerga, irgas** *or* **yergas, irga** *or* **yerga, irgamos, irgáis, irgan** *or* **yergan;** *PRET* erguí, erguiste, **irguió,** erguimos, erguisteis, **irguieron;** *IMPER* **irgue** *or* **yergue;** *PRP* **irguiendo**

32 **errar** : *IND* **yerro, yerras, yerra,** erramos, erráis, **yerran;** *SUBJ* **yerre, yerres, yerre,** erremos, erréis, **yerren;** *IMPER* **yerra**

33 **escribir** : *PP* **escrito**

34 **estar** : *IND* **estoy, estás, está,** estamos, estáis, **están;** *SUBJ* **esté, estés, esté,** estemos, estéis, **estén;** *PRET* **estuve, estuviste, estuvo, estuvimos, estuvisteis, estuvieron;** *IMPER* **está**

35 **exigir** : *IND* **exijo,** exiges, exige, exigimos, exigís, exigen; *SUBJ* **exija, exijas, exija, exijamos, exijáis, exijan**

36 **forzar** : *IND* **fuerzo, fuerzas, fuerza,** forzamos, forzáis, **fuerzan;** *SUBJ* **fuerce, fuerces, fuerce, forcemos, forcéis, fuercen;** *PRET* **forcé,** forzaste, forzó, forzamos, forzasteis, forzaron; *IMPER* **fuerza**

37 **freír** : *IND* **frío, fríes, fríe, freímos,** freís, **fríen;** *SUBJ* **fría, frías, fría, friamos, friáis, frían;** *PRET* freí, **freíste, frió, freímos, freísteis, frieron;** *IMPER* **fríe;** *PRP* **friendo;** *PP* **frito**

38 **gruñir** : *PRET* gruñí, gruñiste, **gruñó,** gruñimos, gruñisteis, **gruñeron;** *PRP* **gruñendo**

39 **haber** : *IND* **he, has, ha, hemos,** habéis, **han;** *SUBJ* **haya, hayas, haya, hayamos, hayáis, hayan;** *PRET* **hube, hubiste, hubo, hubimos, hubisteis, hubieron;** *FUT* **habré, habrás, habrá, habremos, habréis, habrán;** *IMPER* **he**

40 **hacer** : *IND* **hago,** haces, hace, hacemos, hacéis, hacen; *SUBJ* **haga, hagas, haga, hagamos, hagáis, hagan;** *PRET* **hice, hiciste, hizo, hicimos, hicisteis, hicieron;** *FUT* **haré, harás, hará, haremos, haréis, harán;** *IMPER* **haz;** *PP* **hecho**

41 **huir** : *IND* **huyo, huyes, huye,** huimos, huís, **huyen;** *SUBJ* **huya, huyas, huya, huyamos, huyáis, huyan;** *PRET* huí, huiste, **huyó,** huimos, huisteis, **huyeron;** *IMPER* **huye;** *PRP* **huyendo**

42 **imprimir** : *PP* **impreso**

43 **ir** : *IND* **voy, vas, va, vamos, vais, van;** *SUBJ* **vaya, vayas, vaya, vayamos, vayáis, vayan;** *PRET* **fui, fuiste, fue, fuimos, fuisteis, fueron;** *IMPF* **iba, ibas, iba, íbamos, ibais, iban;** *IMPER* **ve;** *PRP* **yendo;** *PP* **ido**

44 **jugar** : *IND* **juego, juegas, juega,** jugamos, jugáis, **juegan;** *SUBJ* **juegue, juegues, juegue, juguemos, juguéis, jueguen;** *PRET* **jugué,** jugaste, jugó, jugamos, jugasteis, jugaron; *IMPER* **juega**

45 **lucir** : *IND* **luzco,** luces, luce, lucimos, lucís, lucen; *SUBJ* **luzca, luzcas, luzca, luzcamos, luzcáis, luzcan**

46 **morir** : *IND* **muero, mueres, muere,** morimos, morís, **mueren;** *SUBJ* **muera, mueras, muera, muramos, muráis, mueran;** *PRET* morí, moriste, **murió,** morimos, moristeis, **murieron;** *IMPER* **muere;** *PRP* **muriendo;** *PP* **muerto**

47 **mover** : *IND* **muevo, mueves, mueve,** movemos, movéis, **mueven;** *SUBJ* **mueva, muevas, mueva,** movamos, mováis, **muevan;** *IMPER* **mueve**

48 **nacer** : *IND* **nazco,** naces, nace, nacemos, nacéis, nacen; *SUBJ* **nazca, nazcas, nazca, nazcamos, nazcáis, nazcan**

49 **negar** : *IND* **niego, niegas, niega,** negamos, negáis, **niegan;** *SUBJ* **niegue, niegues, niegue, neguemos, neguéis, nieguen;** *PRET* **negué,** negaste, negó, negamos, negasteis, negaron; *IMPER* **niega**

50 **oír** : *IND* **oigo, oyes, oye, oímos,** oís, **oyen;** *SUBJ* **oiga, oigas, oiga, oigamos, oigáis, oigan;** *PRET* oí, **oíste, oyó, oímos, oísteis, oyeron;** *IMPER* **oye;** *PRP* **oyendo;** *PP* **oído**

51 **oler** : *IND* **huelo, hueles, huele,** olemos, oléis, **huelen;** *SUBJ* **huela, huelas, huela,** olamos, oláis, **huelan;** *IMPER* **huele**

52 **pagar** : *SUBJ* **pague, pagues, pague, paguemos, paguéis, paguen;** *PRET* **pagué,** pagaste, pagó, pagamos, pagasteis, pagaron

53 **parecer** : *IND* **parezco,** pareces, parece, parecemos, parecéis, parecen; *SUBJ* **parezca, parezcas, parezca, parezcamos, parezcáis, parezcan**

54 **pedir** : *IND* **pido, pides, pide,** pedimos, pedís, **piden;** *SUBJ* **pida, pidas, pida, pidamos, pidáis, pidan;** *PRET* pedí, pediste, **pidió,** pedimos, pedisteis, **pidieron;** *IMPER* **pide;** *PRP* **pidiendo**

55 **pensar** : *IND* **pienso, piensas, piensa,** pensamos, pensáis, **piensan;** *SUBJ* **piense, pienses, piense,** pensemos, penséis, **piensen;** *IMPER* **piensa**

56 **perder** : *IND* **pierdo, pierdes, pierde,** perdemos, perdéis, **pierden;** *SUBJ* **pierda, pierdas, pierda,** perdamos, perdáis, **pierdan;** *IMPER* **pierde**

57 **placer** : *IND* **plazco,** places, place, placemos, placéis, placen; *SUBJ* **plazca, plazcas, plazca, plazcamos, plazcáis, plazcan;** *PRET* plací, placiste, plació *or* **plugo,** placimos, placisteis, placieron *or* **pluguieron**

58 **poder** : *IND* **puedo, puedes, puede,** podemos, podéis, **pueden;** *SUBJ* **pueda, puedas, pueda,** podamos, podáis, **puedan;** *PRET* **pude, pudiste, pudo, pudimos, pudisteis, pudieron;** *FUT* **podré, podrás, podrá, podremos, podréis, podrán;** *IMPER* **puede;** *PRP* **pudiendo**

59 **podrir** *or* **pudrir** : *PP* **podrido** *(all other forms based on* pudrir*)*

60 **poner** : *IND* **pongo,** pones, pone, ponemos, ponéis, ponen; *SUBJ* **ponga, pongas, ponga, pongamos, pongáis, pongan;** *PRET* **puse, pusiste, puso, pusimos, pusisteis, pusieron;** *FUT* **pondré, pondrás, pondrá, pondremos, pondréis, pondrán;** *IMPER* **pon;** *PP* **puesto**

61 **producir** : *IND* **produzco,** produces, produce, producimos, producís, producen; *SUBJ* **produzca, produzcas, produzca, produzcamos, produzcáis, produzcan;** *PRET* **produje, produjiste, produjo, produjimos, produjisteis, produjeron**

62 **prohibir** : *IND* **prohíbo, prohíbes, prohíbe,** prohibimos, prohibís, **prohíben;** *SUBJ* **prohíba, prohíbas, prohíba,** prohibamos, prohibáis, **prohíban;** *IMPER* **prohíbe**

63 **proveer** : *PRET* proveí, **proveíste, proveyó, proveímos, proveísteis, proveyeron;** *PRP* **proveyendo;** *PP* **provisto**

64 **querer** : *IND* **quiero, quieres, quiere,** queremos, queréis, **quieren;** *SUBJ* **quiera, quieras, quiera,** queramos, queráis, **quieran;** *PRET* **quise, quisiste, quiso, quisimos, quisisteis, quisieron;** *FUT* **querré, querrás, querrá, querremos, querréis, querrán;** *IMPER* **quiere**

65 **raer** : *IND* rao *or* **raigo** *or* **rayo,** raes, rae, raemos, raéis, raen; *SUBJ* **raiga** *or* **raya, raigas** *or* **rayas, raiga** *or* **raya, raigamos** *or* **rayamos, raigáis** *or* **rayáis, raigan** *or* **rayan;** *PRET* **raí, raíste, rayó, raímos, raísteis, rayeron;** *PRP* **rayendo;** *PP* **raído**

66 **reír** : *IND* **río, ríes, ríe, reímos,** reís, **ríen;** *SUBJ* **ría, rías, ría, riamos, riáis, rían;** *PRET* reí, **reíste, rió, reímos, reísteis, rieron;** *IMPER* **ríe;** *PRP* **riendo;** *PP* **reído**

67 **reñir** : *IND* **riño, riñes, riñe,** reñimos, reñís, **riñen;** *SUBJ* **riña, riñas, riña, riñamos, riñáis, riñan;** *PRET* reñí, reñiste, **riñó,** reñimos, reñisteis, **riñeron;** *IMPER* **riñe;** *PRP* **riñendo**

68 **reunir** : *IND* **reúno, reúnes, reúne,** reunimos, reunís, **reúnen;** *SUBJ* **reúna, reúnas, reúna,** reunamos, reunáis, **reúnan;** *IMPER* **reúne**

69 **roer** : *IND* roo *or* **roigo** *or* **royo,** roes, roe, roemos, roéis, roen; *SUBJ* roa *or* **roiga** *or* **roya,** roas *or* **roigas** *or* **royas,** roa *or* **roiga** *or* **roya,** roamos *or* **roigamos** *or* **royamos,** roáis *or* **roigáis** *or* **royáis,** roan *or* **roigan** *or* **royan;** *PRET* roí, **roíste, royó, roímos, roísteis, royeron;** *PRP* **royendo;** *PP* **roído**

70 **romper** : *PP* **roto**

71 **saber** : *IND* **sé,** sabes, sabe, sabemos, sabéis, saben; *SUBJ* **sepa, sepas, sepa, sepamos, sepáis, sepan;** *PRET* **supe, supiste, supo, supimos, supisteis, supieron;** *FUT* **sabré, sabrás, sabrá, sabremos, sabréis, sabrán**

72 **sacar** : *SUBJ* **saque, saques, saque, saquemos, saquéis, saquen;** *PRET* **saqué,** sacaste, sacó, sacamos, sacasteis, sacaron

73 **salir** : *IND* **salgo,** sales, sale, salimos, salís, salen; *SUBJ* **salga, salgas, salga, salgamos, salgáis, salgan;** *FUT* **saldré, saldrás, saldrá, saldremos, saldréis, saldrán;** *IMPER* **sal**

74 **satisfacer** : *IND* **satisfago,** satisfaces, satisface, satisfacemos, satisfacéis, satisfacen; *SUBJ* **satisfaga, satisfagas, satisfaga, satisfagamos, satisfagáis, satisfagan;** *PRET* **satisfice, satisficiste, satisfizo, satisficimos, satisficisteis, satisficieron;** *FUT* **satisfaré, satisfarás, satisfará, satisfaremos, satisfaréis, satisfarán;** *IMPER* **satisfaz** *or* satisface; *PP* **satisfecho**

75 **seguir** : *IND* **sigo, sigues, sigue,** seguimos, seguís, **siguen;** *SUBJ* **siga, sigas, siga, sigamos, sigáis, sigan;** *PRET* seguí, seguiste, **siguió,** seguimos, seguisteis, **siguieron;** *IMPER* **sigue;** *PRP* **siguiendo**

76 **sentir** : *IND* **siento, sientes, siente,** sentimos, sentís, **sienten;** *SUBJ* **sienta, sientas, sienta, sintamos, sintáis, sientan;** *PRET* sentí, sentiste, **sintió,** sentimos, sentisteis, **sintieron;** *IMPER* **siente;** *PRP* **sintiendo**

77 **ser** : *IND* **soy, eres, es, somos, sois, son;** *SUBJ* **sea, seas, sea, seamos, seáis, sean;** *PRET* **fui, fuiste, fue, fuimos, fuisteis, fueron;** *IMPF* **era, eras, era, éramos, erais, eran;** *IMPER* **sé;** *PRP* **siendo;** *PP* **sido**

78 **soler** *(defective verb; used only in the present, preterit, and imperfect indicative, and the present and imperfect subjunctive) see* **47 mover**

79 **tañer** : *PRET* tañí, tañiste, **tañó,** tañimos, tañisteis, **tañeron;** *PRP* **tañendo**

80 **tener** : *IND* **tengo, tienes, tiene,** tenemos, tenéis, **tienen;** *SUBJ* **tenga, tengas, tenga, tengamos, tengáis, tengan;** *PRET* **tuve, tuviste, tuvo, tuvimos, tuvisteis, tuvieron;** *FUT* **tendré, tendrás, tendrá, tendremos, tendréis, tendrán;** *IMPER* **ten**

81 **traer** : *IND* **traigo**, traes, trae, traemos, traéis, traen; *SUBJ* **traiga, traigas, traiga, traigamos, traigáis, traigan**; *PRET* **traje, trajiste, trajo, trajimos, trajisteis, trajeron**; *PRP* **trayendo**; *PP* **traído**

82 **trocar** : *IND* **trueco, truecas, trueca**, trocamos, trocáis, **truecan**; *SUBJ* **trueque, trueques, trueque, troquemos, troquéis, truequen**; *PRET* **troqué**, trocaste, trocó, trocamos, trocasteis, trocaron; *IMPER* **trueca**

83 **uncir** : *IND* **unzo**, unces, unce, uncimos, uncís, uncen; *SUBJ* **unza, unzas, unza, unzamos, unzáis, unzan**

84 **valer** : *IND* **valgo**, vales, vale, valemos, valéis, valen; *SUBJ* **valga, valgas, valga, valgamos, valgáis, valgan**; *FUT* **valdré, valdrás, valdrá, valdremos, valdréis, valdrán**

85 **variar** : *IND* **varío, varías, varía**, variamos, variáis, **varían**; *SUBJ* **varíe, varíes, varíe**, variemos, variéis, **varíen**; *IMPER* **varía**

86 **vencer** : *IND* **venzo**, vences, vence, vencemos, vencéis, vencen; *SUBJ* **venza, venzas, venza, venzamos, venzáis, venzan**

87 **venir** : *IND* **vengo, vienes, viene**, venimos, venís, **vienen**; *SUBJ* **venga, vengas, venga, vengamos, vengáis, vengan**; *PRET* **vine, viniste, vino, vinimos, vinisteis, vinieron**; *FUT* **vendré, vendrás, vendrá, vendremos, vendréis, vendrán**; *IMPER* **ven**; *PRP* **viniendo**

88 **ver** : *IND* veo, **ves, ve, vemos, veis, ven**; *PRET* **vi, viste, vio, vimos, visteis, vieron**; *IMPER* **ve**; *PRP* **viendo**; *PP* **visto**

89 **volver** : *IND* **vuelvo, vuelves, vuelve**, volvemos, volvéis, **vuelven**; *SUBJ* **vuelva, vuelvas, vuelva**, volvamos, volváis, **vuelvan**; *IMPER* **vuelve**; *PP* **vuelto**

90 **yacer** : *IND* **yazco** *or* **yazgo** *or* **yago**, yaces, yace, yacemos, yacéis, yacen; *SUBJ* **yazca** *or* **yazga** *or* **yaga, yazcas** *or* **yazgas** *or* **yagas, yazca** *or* **yazga** *or* **yaga, yazcamos** *or* **yazgamos** *or* **yagamos, yazcáis** *or* **yazgáis** *or* **yagáis, yazcan** *or* **yazgan** *or* **yagan**; *IMPER* yace *or* **yaz**

# Verbos irregulares en inglés

| INFINITIVO | PRETÉRITO | PARTICIPIO PASADO |
|---|---|---|
| arise | arose | arisen |
| awake | awoke | awoken *o* awaked |
| be | was, were | been |
| bear | bore | borne |
| beat | beat | beaten *o* beat |
| become | became | become |
| befall | befell | befallen |
| begin | began | begun |
| behold | beheld | beheld |
| bend | bent | bent |
| beseech | beseeched *o* besought | beseeched *o* besought |
| beset | beset | beset |
| bet | bet | bet |
| bid | bade *o* bid | bidden *o* bid |
| bind | bound | bound |
| bite | bit | bitten |
| bleed | bled | bled |
| blow | blew | blown |
| break | broke | broken |
| breed | bred | bred |
| bring | brought | brought |
| build | built | built |
| burn | burned *o* burnt | burned *o* burnt |
| burst | burst | burst |
| buy | bought | bought |
| can | could | — |
| cast | cast | cast |
| catch | caught | caught |
| choose | chose | chosen |
| cling | clung | clung |
| come | came | come |
| cost | cost | cost |
| creep | crept | crept |
| cut | cut | cut |
| deal | dealt | dealt |
| dig | dug | dug |
| dive | dived *o* dove | dived |
| do | did | done |
| draw | drew | drawn |
| dream | dreamed *o* dreamt | dreamed *o* dreamt |
| drink | drank | drunk *o* drank |
| drive | drove | driven |
| dwell | dwelled *o* dwelt | dwelled *o* dwelt |
| eat | ate | eaten |
| fall | fell | fallen |
| feed | fed | fed |
| feel | felt | felt |
| fight | fought | fought |
| find | found | found |
| flee | fled | fled |
| fling | flung | flung |
| fly | flew | flown |
| forbid | forbade | forbidden |

| INFINITIVO | PRETÉRITO | PARTICIPIO PASADO |
|---|---|---|
| forecast | forecast | forecast |
| forego | forewent | foregone |
| foresee | foresaw | foreseen |
| foretell | foretold | foretold |
| forget | forgot | forgotten *o* forgot |
| forgive | forgave | forgiven |
| forsake | forsook | forsaken |
| freeze | froze | frozen |
| get | got | got *o* gotten |
| give | gave | given |
| go | went | gone |
| grind | ground | ground |
| grow | grew | grown |
| hang | hung | hung |
| have | had | had |
| hear | heard | heard |
| hide | hid | hidden *o* hid |
| hit | hit | hit |
| hold | held | held |
| hurt | hurt | hurt |
| keep | kept | kept |
| kneel | knelt *o* kneeled | knelt *o* kneeled |
| know | knew | known |
| lay | laid | laid |
| lead | led | led |
| leap | leaped *o* leapt | leaped *o* leapt |
| leave | left | left |
| lend | lent | lent |
| let | let | let |
| lie | lay | lain |
| light | lit *o* lighted | lit *o* lighted |
| lose | lost | lost |
| make | made | made |
| may | might | — |
| mean | meant | meant |
| meet | met | met |
| mow | mowed | mowed *o* mown |
| overcome | overcame | overcome |
| pay | paid | paid |
| put | put | put |
| quit | quit | quit |
| read | read | read |
| rend | rent | rent |
| rid | rid | rid |
| ride | rode | ridden |
| ring | rang | rung |
| rise | rose | risen |
| run | ran | run |
| saw | sawed | sawed *o* sawn |
| say | said | said |
| see | saw | seen |
| seek | sought | sought |

| INFINITIVO | PRETÉRITO | PARTICIPIO PASADO |
|---|---|---|
| sell | sold | sold |
| send | sent | sent |
| set | set | set |
| sew | sewed | sewn *o* sewed |
| shake | shook | shaken |
| shall | should | — |
| shear | sheared | sheared *o* shorn |
| shed | shed | shed |
| shine | shone *o* shined | shone *o* shined |
| shoot | shot | shot |
| show | showed | shown *o* showed |
| shrink | shrank *o* shrunk | shrunk *o* shrunken |
| shut | shut | shut |
| sing | sang *o* sung | sung |
| sink | sank *o* sunk | sunk |
| sit | sat | sat |
| slay | slew | slain |
| sleep | slept | slept |
| slide | slid | slid |
| sling | slung | slung |
| smell | smelled *o* smelt | smelled *o* smelt |
| sow | sowed | sown *o* sowed |
| speak | spoke | spoken |
| speed | sped *o* speeded | sped *o* speeded |
| spend | spent | spent |
| spin | spun | spun |
| spit | spit *o* spat | spit *o* spat |
| split | split | split |
| spread | spread | spread |
| spring | sprang *o* sprung | sprung |
| stand | stood | stood |
| steal | stole | stolen |
| stick | stuck | stuck |
| sting | stung | stung |
| stink | stank *o* stunk | stunk |
| stride | strode | stridden |
| strike | struck | struck |
| swear | swore | sworn |
| sweep | swept | swept |
| swell | swelled | swelled *o* swollen |
| swim | swam | swum |
| swing | swung | swung |
| take | took | taken |
| teach | taught | taught |
| tear | tore | torn |
| tell | told | told |
| think | thought | thought |
| throw | threw | thrown |
| thrust | thrust | thrust |
| tread | trod | trodden *o* trod |
| undergo | underwent | undergone |
| understand | understood | understood |

| INFINITIVO | PRETÉRITO | PARTICIPIO PASADO |
|---|---|---|
| undo | undid | undone |
| wake | woke | woken *o* waked |
| waylay | waylaid | waylaid |
| wear | wore | worn |
| weave | wove *o* weaved | woven *o* weaved |
| weep | wept | wept |
| will | would | — |
| win | won | won |
| wind | wound | wound |
| withdraw | withdrew | withdrawn |
| withhold | withheld | withheld |
| withstand | withstood | withstood |
| wring | wrung | wrung |
| write | wrote | written |

# Abbreviations in This Work (Abreviaturas empleadas en este libro)

| Abbreviation (Abreviatura) | English Expansion (Expansión en inglés) | Spanish Meaning (Significado en español) |
|---|---|---|
| *adj* | adjective | adjetivo |
| *adv* | adverb | adverbio |
| *Arg* | Argentina | Argentina |
| *Bol* | Bolivia | Bolivia |
| *Brit* | British | británico |
| *CA* | Central America | Centroamérica |
| *Car* | Caribbean region | Región del Caribe |
| *Col* | Colombia | Colombia |
| *conj* | conjunction | conjunción |
| *CoRi* | Costa Rica | Costa Rica |
| *DomRep* | Dominican Republic | República Dominicana |
| *Ecua* | Ecuador | Ecuador |
| *esp* | especially | especialmente |
| *f* | feminine | femenino |
| *fam* | familiar or colloquial | familiar o coloquial |
| *fpl* | feminine plural | femenino plural |
| *Guat* | Guatemala | Guatemala |
| *Hond* | Honduras | Honduras |
| *interj* | interjection | interjección |
| *m* | masculine | masculino |
| *Mex* | Mexico | México |
| *mf* | masculine or feminine | masculino o femenino |
| *mfpl* | masculine or feminine plural | plural masculino o femenino |
| *mpl* | masculine plural | plural masculino |
| *n* | noun | sustantivo |
| *nf* | feminine noun | sustantivo femenino |
| *nfpl* | feminine plural noun | sustantivo plural femenino |
| *nfs & pl* | invariable singular or plural feminine noun | sustantivo femenino, invariable en cuanto a número |
| *Nic* | Nicaragua | Nicaragua |
| *nm* | masculine noun | sustantivo masculino |
| *nmf* | masculine or feminine noun | sustantivo masculino o femenino |
| *nmfpl* | plural noun invariable for gender | sustantivo plural, invariable en cuanto a género |
| *nmfs & pl* | noun invariable for both gender and number | sustantivo invariable en cuanto a género y número |
| *nmpl* | masculine plural noun | sustantivo plural masculino |

| Abbreviation (Abreviatura) | English Expansion (Expansión en inglés) | Spanish Meaning (Significado en español) |
|---|---|---|
| *nms & pl* | invariable singular or plural masculine noun | sustantivo masculino, invariable en cuanto a número |
| *npl* | plural noun | sustantivo plural |
| *ns & pl* | noun invariable for plural | sustantivo invariable en cuanto a número |
| *Pan* | Panama | Panamá |
| *Par* | Paraguay | Paraguay |
| *pl* | plural | plural |
| *pp* | past participle | participio pasado |
| *pref* | prefix | prefijo |
| *prep* | preposition | preposición |
| *PRi* | Puerto Rico | Puerto Rico |
| *pron* | pronoun | pronombre |
| *s* | singular | singular |
| *Sal* | El Salvador | El Salvador |
| *suf* | suffix | sufijo |
| *Uru* | Uruguay | Uruguay |
| *usu* | usually | generalmente |
| *v* | verb | verbo |
| *v aux* | auxiliary verb | verbo auxiliar |
| *Ven* | Venezuela | Venezuela |
| *vi* | intransitive verb | verbo intransitivo |
| *v impers* | impersonal verb | verbo impersonal |
| *vr* | reflexive verb | verbo pronominal |
| *vt* | transitive verb | verbo transitivo |

# Pronunciation Symbols (Símbolos de pronunciación)

VOWELS (VOCALES)

| | | |
|---|---|---|
| æ | **ask**, **bat**, **glad** | **ask**, **bat**, **glad** |
| ɑ | **cot**, **bomb** | **cot**, **bomb** |
| a | *New England* **aunt**, *British* **ask**, **glass**, *Spanish* **casa** | *Nueva Inglaterra* **aunt**, *inglés británico* **ask**, **glass**, *español* **casa** |
| e | *Spanish* **peso**, **jefe** | *español* **peso**, **jefe** |
| ɛ | **egg**, **bet**, **fed** | **egg**, **bet**, **fed** |
| ə | **about**, **javelin**, **Alabama** | **about**, **javelin**, **Alabama** |
| ∂ | indicates a syllabic pronunciation of the consonant as in **bottle**, **prism** | denota una pronunciación silábica del consonante, como en **bottle**, **prism** |
| i | **very**, **any**, **thirty**, *Spanish* **piña** | **very**, **any**, **thirty**, *español* **piña** |
| iː | **eat**, **bead**, **bee** | **eat**, **bead**, **bee** |
| ɪ | **id**, **bid**, **pit** | **id**, **bid**, **pit** |
| o | **Ohio**, **yellower**, **potato**, *Spanish* **óvalo** | **Ohio**, **yellower**, **potato**, *español* **óvalo** |
| oː | **oats**, **own**, **zone**, **blow** | **oats**, **own**, **zone**, **blow** |
| ɔ | **awl**, **maul**, **caught**, **paw** | **awl**, **maul**, **caught**, **paw** |
| ʊ | **should**, **could** | **should**, **could** |
| u | *Spanish* **uva**, **culpa** | *español* **uva**, **culpa** |
| uː | **boot**, **few**, **coo** | **boot**, **few**, **coo** |
| ʌ | **under**, **putt**, **bud** | **under**, **putt**, **bud** |
| eɪ | **eight**, **wade**, **bay** | **eight**, **wade**, **bay** |
| aɪ | **ice**, **bite**, **tie** | **ice**, **bite**, **tie** |
| aʊ | **out**, **gown**, **plow** | **out**, **gown**, **plow** |
| ɔɪ | **oyster**, **coil**, **boy** | **oyster**, **coil**, **boy** |
| ər | **further**, **stir** | **further**, **stir** |
| ø | *French* **deux**, *German* **Höhle** | *francés* **deux**, *alemán* **Höhle** |
| ~ | (tilde as in ɔ̃) *French* **bon** | (tilde como en ɔ̃) *francés* **bon** |
| ː | indicates that the preceding vowel is long | indica que la vocal precedente es larga |

CONSONANTS (CONSONANTES)

| | | |
|---|---|---|
| b | **baby**, **labor**, **cab** | **baby**, **labor**, **cab** |
| d | **day**, **ready**, **kid** | **day**, **ready**, **kid** |
| ʤ | **just**, **badger**, **fudge** | **just**, **badger**, **fudge** |
| ð | **then**, **either**, **bathe** | **then**, **either**, **bathe** |
| f | **foe**, **tough**, **buff** | **foe**, **tough**, **buff** |
| g | **go**, **bigger**, **bag** | **go**, **bigger**, **bag** |
| h | **hot**, **aha** | **hot**, **aha** |
| j | **yes**, **vineyard** | **yes**, **vineyard** |
| k | **cat**, **keep**, **lacquer**, **flock** | **cat**, **keep**, **lacquer**, **flock** |
| l | **law**, **hollow**, **boil** | **law**, **hollow**, **boil** |
| m | **mat**, **hemp**, **hammer**, **rim** | **mat**, **hemp**, **hammer**, **rim** |
| n | **new**, **tent**, **tenor**, **run** | **new**, **tent**, **tenor**, **run** |
| ŋ | **rung**, **hang**, **swinger** | **rung**, **hang**, **swinger** |
| p | **pay**, **lapse**, **top** | **pay**, **lapse**, **top** |
| r | **rope**, **burn**, **tar** | **rope**, **burn**, **tar** |
| s | **sad**, **mist**, **kiss** | **sad**, **mist**, **kiss** |
| ʃ | **shoe**, **mission**, **slush** | **shoe**, **mission**, **slush** |

| | | |
|---|---|---|
| t | **t**oe, bu**tt**on, ma**t** | **t**oe, bu**tt**on, ma**t** |
| ɾ | indicates a voiced alveolar flap [ɾ], as in la**t**er, ca**tt**y, ba**tt**le | indica un flap alveolar sonoro [ɾ], como en la**t**er, ca**tt**y, ba**tt**le |
| ʧ | **ch**oose, ba**tch** | **ch**oose, ba**tch** |
| θ | **th**in, e**th**er, ba**th** | **th**in, e**th**er, ba**th** |
| v | **v**at, ne**v**er, ca**v**e | **v**at, ne**v**er, ca**v**e |
| w | **w**et, so**ft**ware | **w**et, so**ft**ware |
| x | *German* Ba**ch**, *Scots* lo**ch**, *Spanish* gente, **j**efe | *alemán* Ba**ch**, *escocés* lo**ch**, *español* gente, **j**efe |
| z | **z**oo, ea**s**y, bu**zz** | **z**oo, ea**s**y, bu**zz** |
| ʒ | **j**aborandi, a**z**ure, bei**g**e | **j**aborandi, a**z**ure, bei**g**e |
| *h, k, p, t* | indicate sounds which are present in the pronunciation of some speakers of English but absent in that of others | denotan sonidos presentes en la forma de pronunciar de algunos angloparlantes pero ausentes en el habla de otros angloparlantes |

STRESS MARKS (MARCAS DE ACENTUACIÓN)

| | | |
|---|---|---|
| ˈ | [high stress] **pen**manship | [acento alto] **pen**manship |
| ˌ | [low stress] penman**ship** | [acento bajo] penman**ship** |

# Spelling-to-Sound Correspondences in Spanish

For example words for the phonetic symbols below, see Pronunciation Symbols on page 85a.

**VOWELS**

a [a]

e [e] in open syllables (syllables ending with a vowel); [ɛ] in closed syllables (syllables ending with a consonant)

i [i]; before another vowel in the same syllable pronounced as [j] ([ʒ] or [ʃ] in Argentina and Uruguay; [ʤ] when at the beginning of a word in the Caribbean)

o [o] in open syllables (syllables ending with a vowel); [ɔ] in closed syllables (syllables ending with a consonant)

u [u]; before another vowel in the same syllable pronounced as [w]

y [i]; before another vowel in the same syllable pronounced as [j] ([ʒ] or [ʃ] in Argentina and Uruguay; [ʤ] when at the beginning of a word in the Caribbean)

**CONSONANTS**

b [b] at the beginning of a word or after *m* or *n*; [β] elsewhere

c [s] before *i* or *e* in Latin America and parts of southern Spain, [θ] in northern Spain; [k] elsewhere

ch [ʧ]; frequently [ʃ] in Chile and Panama; sometimes [ts] in Chile

d [d] at the beginning of a word or after *n* or *l*; [ð] elsewhere, frequently silent between vowels

f [f]; [Φ] in Honduras (no English equivalent for this sound; like [f] but made with both lips)

g [x] before *i* or *e* ([h] in the Caribbean and Central America); [g] at the beginning of a word or after *n* and not before *i* or *e*; [ɣ] elsewhere, frequently silent between vowels

gu [gw] at the beginning of a word before *a*, *o*; [ɣw] elsewhere before *a*, *o*; frequently just [w] between vowels; [g] at the beginning of a word before *i*, *e*; [ɣ] elsewhere before *i*, *e*; frequently silent between vowels

gü [gw] at the beginning of a word, [ɣw] elsewhere; frequently just [w] between vowels

h silent

j [x] ([h] in the Caribbean and Central America)

k [k]

l [l]

ll [j]; [ʒ] or [ʃ] in Argentina and Uruguay; [ʤ] when at the beginning of a word in the Caribbean; [lʲ] in Bolivia, Paraguay, Peru, and parts of northern Spain (no English equivalent; like "lli" in *million*)

m [m]

n [n]; frequently [ŋ] at the end of a word when next word begins with a vowel

ñ [ɲ]

p [p]

qu [k]

r [r] (no English equivalent; a trilled sound) at the beginning of words; [ɾ]/[r] elsewhere

rr [r] (no English equivalent; a trilled sound)

s [s]; frequently [z] before *b*, *d*, *g*, *m*, *n*, *l*, *r*; at the end of a word [h] or silent in many parts of Latin America and some parts of Spain

t [t]

v [b] at the beginning of a word or after *m* or *n*; [β] elsewhere

x [ks] or [gz] between vowels; [s] before consonants

z [s] in Latin America and parts of southern Spain, [θ] in northern Spain; at the end of a word [h] or silent in many parts of Latin America and some parts of Spain

# Diccionario Español-Inglés

# Spanish-English Dictionary

# A

**a**[1] *nf* : first letter of the Spanish alphabet
**a**[2] *prep* **1** (*indicating direction*) : to ⟨vamos a México : we're going to Mexico⟩ ⟨fui a casa : I went home⟩ ⟨gira a la derecha : turn right⟩ **2** (*indicating location*) : at ⟨llegué al hotel : I arrived at the hotel⟩ ⟨al fondo del pasillo : at the end of the hall⟩ ⟨a mi lado : beside me⟩ ⟨vivo a cinco minutos de aquí : I live five minutes from here⟩ **3** (*used before direct objects referring to persons*) ⟨¿llamaste a tu papá? : did you call your dad?⟩ **4** (*used before indirect objects*) ⟨como a usted le guste : as you wish⟩ ⟨le echó un vistazo a la página : she glanced over the page⟩ **5** : in the manner of ⟨papas a la francesa : french fries⟩ ⟨una boda a lo Hollywood : a Hollywood-style wedding⟩ **6** : on, by means of ⟨a pie : on foot⟩ ⟨a mano : by hand⟩ **7** : per, each ⟨tres pastillas al día : three pills per day⟩ **8** (*indicating rate or measure*) ⟨lo venden a 50 pesos el kilo : they sell it for 50 pesos a kilo⟩ ⟨a una velocidad de . . . : at a speed of . . .⟩ **9** (*indicating comparison*) : to ⟨prefiero el vino a la cerveza : I prefer wine to beer⟩ ⟨un margen de dos a uno : a two-to-one margin⟩ **10** (*indicating time*) : at, on ⟨a las dos : at two o'clock⟩ ⟨al principio : at first⟩ ⟨al salir : on/upon leaving⟩ ⟨al día siguiente : on the following day⟩ **11** (*with infinitive*) ⟨enséñales a leer : teach them to read⟩ ⟨problemas a resolver : problems to be solved⟩
**a-** *pref* : a-
**ábaco** *nm* : abacus
**abad** *nm* : abbot
**abadesa** *nf* : abbess
**abadía** *nf* : abbey
**abajo** *adv* **1** : down ⟨póngalo más abajo : put it lower (down)⟩ ⟨arriba y abajo : up and down⟩ ⟨cuesta/río abajo : downhill/downstream⟩ **2** : downstairs ⟨los vecinos de abajo : the downstairs neighbors⟩ **3** : under, beneath ⟨el abajo firmante : the undersigned⟩ **4** : down with ⟨¡abajo la violencia! : down with violence!⟩ **5** ~ **de** : under, beneath **6 de** ~ : bottom ⟨el cajón de abajo : the bottom drawer⟩ **7 hacia** ~ *or* **para** ~ : downwards
**abalanzarse** {21} *vr* : to hurl oneself, to rush
**abalorio** *nm* : glass bead
**abanderado, -da** *n* : standard-bearer
**abandonado, -da** *adj* **1** : abandoned, deserted **2** : neglected **3** : slovenly, unkempt
**abandonar** *vt* **1** DEJAR : to abandon, to leave **2** : to give up, to quit ⟨abandonaron la búsqueda : they gave up the search⟩ — **abandonarse** *vr* **1** : to neglect oneself **2** ~ **a** : to succumb to, to give oneself over to
**abandono** *nm* **1** : abandonment **2** : neglect **3** : withdrawal ⟨ganar por abandono : to win by default⟩
**abanicar** {72} *vt* : to fan — **abanicarse** *vr*
**abanico** *nm* **1** : fan **2** GAMA : range, gamut
**abaratamiento** *nm* : price reduction
**abaratar** *vt* : to lower the price of — **abaratarse** *vr* : to go down in price
**abarcar** {72} *vt* **1** : to cover, to include, to embrace **2** : to undertake **3** : to monopolize
**abaritonado, -da** *adj* : baritone
**abarrotado, -da** *adj* : packed, crammed
**abarrotar** *vt* : to fill up, to pack
**abarrotería** *nf CA, Mex* : grocery store
**abarrotero, -ra** *n Col, Mex* : grocer
**abarrotes** *nmpl* **1** : groceries, supplies **2 tienda de abarrotes** : general store, grocery store
**abastecedor, -dora** *n* : supplier
**abastecer** {53} *vt* : to supply, to stock — **abastecerse** *vr* : to stock up
**abastecimiento** → **abasto**
**abasto** *nm* : supply, supplying ⟨no da abasto : there isn't enough for all⟩
**abatible** *adj* **1** : reclining (of a chair) **2** : folding
**abatido, -da** *adj* : dejected, depressed
**abatimiento** *nm* **1** : drop, reduction **2** : dejection, depression
**abatir** *vt* **1** DERRIBAR : to demolish, to knock down **2** : to shoot down **3** DEPRIMIR : to depress, to bring low — **abatirse** *vr* **1** DEPRIMIRSE : to get depressed **2** ~ **sobre** : to swoop down on
**abdicación** *nf, pl* **-ciones** : abdication
**abdicar** {72} *vt* : to relinquish, to abdicate
**abdomen** *nm, pl* **-dómenes** : abdomen
**abdominal** *adj* : abdominal
**abecé** *nm* : ABC's *pl*
**abecedario** *nm* ALFABETO : alphabet
**abedul** *nm* : birch (tree)
**abeja** *nf* : bee
**abejorro** *nm* : bumblebee
**aberración** *nf, pl* **-ciones** : aberration
**aberrante** *adj* : aberrant, perverse
**abertura** *nf* **1** : aperture, opening **2** AGUJERO : hole **3** : slit (in a skirt, etc.) **4** GRIETA : crack
**abeto** *nm* : fir (tree)
**abierto**[1] *pp* → **abrir**
**abierto**[2], **-ta** *adj* **1** : open ⟨una puerta/boca/caja abierta : an open door/mouth/box⟩ ⟨heridas abiertas : open wounds⟩ ⟨con los brazos abiertos : with open arms⟩ **2** : open (for business, traffic, etc.) **3** DESABROCHADO : open, undone **4** : unlocked, open **5** : on, running (of a faucet) **6** : open, overt ⟨guerra abierta : open warfare⟩ **7** FRANCO : open, frank **8** RECEPTIVO : open, receptive — **abiertamente** *adv*
**abigarrado, -da** *adj* : multicolored, variegated
**abigeato** *nm* : rustling (of livestock)

**abismal** *adj* : abysmal, vast
**abismo** *nm* : abyss, chasm ⟨al borde del abismo : on the brink of ruin⟩
**abjurar** *vi* ~ **de** : to abjure — **abjuración** *nf*
**ablandamiento** *nm* : softening, moderation
**ablandar** *vt* **1** SUAVIZAR : to soften **2** CALMAR : to soothe, to appease — *vi* : to moderate, to get milder — **ablandarse** *vr* **1** : to become soft, to soften **2** CEDER : to yield, to relent
**-able** *suf* : -able
**ablución** *nf, pl* **-ciones** : ablution
**abnegación** *nf, pl* **-ciones** : self-denial
**abnegado, -da** *adj* : self-sacrificing, selfless
**abnegarse** {49} *vr* : to deny oneself
**abobado, -da** *adj* **1** : silly, stupid **2** : bewildered
**abocado, -da** *adj* ~ **a** **1** : headed for **2** : committed to
**abocarse** {72} *vr* **1** DIRIGIRSE : to head, to direct oneself **2** DEDICARSE : to dedicate oneself
**abochornar** *vt* AVERGONZAR : to embarrass, to shame — **abochornarse** *vr*
**abofetear** *vt* : to slap
**abogacía** *nf* : law, legal profession
**abogado, -da** *n* : lawyer, attorney
**abogar** {52} *vi* ~ **por** : to plead for, to defend, to advocate
**abolengo** *nm* LINAJE : lineage, ancestry
**abolición** *nf, pl* **-ciones** : abolition
**abolir** {1} *vt* DEROGAR : to abolish, to repeal
**abolladura** *nf* : dent
**abollar** *vt* : to dent
**abombar** *vt* : to warp, to cause to bulge — **abombarse** *vr* : to decompose, to go bad
**abominable** *adj* ABORRECIBLE : abominable
**abominación** *nf, pl* **-ciones** : abomination
**abominar** *vt* ABORRECER : to abominate, to abhor
**abonado, -da** *n* : subscriber
**abonar** *vt* **1** : to pay **2** FERTILIZAR : to fertilize — **abonarse** *vr* : to subscribe
**abono** *nm* **1** : payment, installment **2** FERTILIZANTE : fertilizer **3** : season ticket
**abordaje** *nm* : boarding
**abordar** *vt* **1** : to address, to broach **2** : to accost, to waylay **3** : to come on board
**aborigen**[1] *adj, pl* **-rígenes** : aboriginal, native
**aborigen**[2] *nmf, pl* **-rígenes** : aborigine, indigenous inhabitant
**aborrecer** {53} *vt* ABOMINAR, ODIAR : to abhor, to detest, to hate
**aborrecible** *adj* ABOMINABLE, ODIOSO : abominable, detestable
**aborrecimiento** *nm* : abhorrence, loathing
**abortar** *vi* : to have an abortion — *vt* **1** : to abort **2** : to quash, to suppress
**abortivo, -va** *adj* : abortive
**aborto** *nm* **1** : abortion **2** : miscarriage
**abotonar** *vt* : to button — **abotonarse** *vr* : to button up
**abovedado, -da** *adj* : vaulted
**abrasador, -dora** *adj* : burning, scorching
**abrasar** *vt* QUEMAR : to burn, to sear, to scorch
**abrasivo**[1], **-va** *adj* : abrasive
**abrasivo**[2] *nm* : abrasive
**abrazadera** *nf* : clamp, brace
**abrazar** {21} *vt* : to hug, to embrace — **abrazarse** *vr*
**abrazo** *nm* : hug, embrace
**abrebotellas** *nms & pl* : bottle opener
**abrecartas** *nms & pl* : letter opener
**abrelatas** *nms & pl* : can opener
**abrevadero** *nm* BEBEDERO : watering trough
**abreviación** *nf, pl* **-ciones** : abbreviation
**abreviar** *vt* **1** : to abbreviate **2** : to shorten, to cut short
**abreviatura** → **abreviación**
**abridor** *nm* : bottle opener, can opener
**abrigadero** *nm* : shelter, windbreak
**abrigado, -da** *adj* **1** : sheltered **2** : warm, wrapped up (with clothing)
**abrigar** {52} *vt* **1** : to shelter, to protect **2** : to keep warm, to dress warmly **3** : to cherish, to harbor ⟨abrigar esperanzas : to cherish hopes⟩ — **abrigarse** *vr* : to dress warmly
**abrigo** *nm* **1** : coat, overcoat **2** : shelter, refuge
**abril** *nm* : April ⟨el dos de abril : (on) April second⟩
**abrillantador** *nm* : polish
**abrillantar** *vt* : to polish, to shine
**abrir** {2} *vt* **1** : to open (a door, an umbrella, etc.) **2** : to open, to clear ⟨abrir paso a : to make way for⟩ **3** : to open (a business, an account) **4** : to unlock (a lock, a house), to undo (clothing) **5** : to turn on (a tap or faucet) **6** INICIAR : to open, to start — *vi* : to open, to open up ⟨abren a las nueve : they open at nine⟩ — **abrirse** *vr* **1** : to open, to open up **2** : to clear (of the skies)
**abrochar** *vt* : to button, to fasten — **abrocharse** *vr* : to fasten, to hook up
**abrogación** *nf, pl* **-ciones** : annulment, repeal
**abrogar** {52} *vt* : to abrogate, to annul, to repeal
**abrojo** *nm* : bur (of a plant)
**abrumador, -dora** *adj* : crushing, overwhelming
**abrumar** *vt* **1** AGOBIAR : to overwhelm **2** OPRIMIR : to oppress, to burden
**abrupto, -ta** *adj* **1** : abrupt **2** ESCARPADO : steep — **abruptamente** *adv*
**absceso** *nm* : abscess
**absolución** *nf, pl* **-ciones** **1** : absolution **2** : acquittal
**absolutismo** *nm* : absolutism
**absoluto, -ta** *adj* **1** : absolute, unconditional **2 en** ~ : (not) at all ⟨no me gustó en absoluto : I did not like it at all⟩ — **absolutamente** *adv*
**absolver** {89} *vt* **1** : to absolve **2** : to acquit
**absorbencia** *nf* : absorbency

**absorbente** *adj* **1** : absorbent **2** : absorbing, engrossing
**absorber** *vt* **1** : to absorb, to soak up **2** : to occupy, to take up, to engross
**absorción** *nf, pl* **-ciones** : absorption
**absorto, -ta** *adj* : absorbed, engrossed
**abstemio**[1], **-mia** *adj* : abstemious, teetotal
**abstemio**[2], **-mia** *n* : teetotaler
**abstención** *nf, pl* **-ciones** : abstention — **abstencionismo** *nm*
**abstenerse** {80} *vr* : to abstain, to refrain
**abstinencia** *nf* : abstinence
**abstracción** *nf, pl* **-ciones** : abstraction
**abstracto, -ta** *adj* : abstract
**abstraer** {81} *vt* : to abstract — **abstraerse** *vr* : to lose oneself in thought
**abstraído, -da** *adj* : preoccupied, withdrawn
**abstruso, -sa** *adj* : abstruse
**abstuvo, etc.** → **abstenerse**
**absuelto** *pp* → **absolver**
**absurdo**[1], **-da** *adj* DISPARATADO, RIDÍCULO : absurd, ridiculous — **absurdamente** *adv*
**absurdo**[2] *nm* : absurdity
**abuchear** *vt* : to boo, to jeer
**abucheo** *nm* : booing, jeering
**abuela** *nf* **1** : grandmother **2** : old woman **3 ¡tu abuela!** *fam* : no way!, forget about it!
**abuelita** *nf fam* : grandma *fam*
**abuelito** *nm fam* : grandpa *fam*
**abuelo** *nm* **1** : grandfather **2** : old man **3 abuelos** *nmpl* : grandparents, ancestors
**abulia** *nf* : apathy, lethargy
**abúlico, -ca** *adj* : lethargic, apathetic
**abultado, -da** *adj* : bulging, bulky
**abultar** *vi* : to bulge — *vt* : to enlarge, to expand
**abundancia** *nf* : abundance
**abundante** *adj* : abundant, plentiful — **abundantemente** *adv*
**abundar** *vi* **1** : to abound, to be plentiful **2 ~ en** : to be in agreement with
**aburrido, -da** *adj* **1** : bored, tired, fed up **2** TEDIOSO : boring, tedious
**aburrimiento** *nm* : boredom, weariness
**aburrir** *vt* : to bore, to tire — **aburrirse** *vr* : to get bored
**abusado, -da** *adj Mex fam* : sharp, on the ball
**abusador, -dora** *n* : abuser
**abusar** *vi* **1** : to go too far, to do something to excess **2 ~ de** : to abuse (as drugs) **3 ~ de** : to take unfair advantage of
**abusivo, -va** *adj* **1** : abusive **2** : outrageous, excessive
**abuso** *nm* **1** : abuse **2** : injustice, outrage
**abyecto, -ta** *adj* : despicable, contemptible
**acá** *adv* **1** AQUÍ : here, over here ⟨¡ven acá! : come here!⟩ ⟨de acá para allá : back and forth⟩ **2** (*in expressions of time*) ⟨de 2010 (para) acá : from 2010 to now, since 2010⟩
**acabado**[1], **-da** *adj* **1** : finished, done, completed **2** : old, worn-out
**acabado**[2] *nm* : finish ⟨un acabado brillante : a glossy finish⟩
**acabar** *vi* **1** TERMINAR : to finish, to end ⟨ya acabo : I'm almost done⟩ **2 ~ de** : to have just ⟨acabo de ver a tu hermano : I just saw your brother⟩ **3 ~ con** : to put an end to, to stamp out **4 acabar por hacer algo** *or* **acabar haciendo algo** : to end up doing something — *vt* TERMINAR : to finish — **acabarse** *vr* TERMINARSE : to come to an end, to run out ⟨se me acabó el dinero : I ran out of money⟩ ⟨¡se acabó! : that's it!⟩
**acabose** *or* **acabóse** *nm fam* COLMO : extreme, limit ⟨¡esto es el acabóse! : this is the limit!⟩
**acacia** *nf* : acacia
**academia** *nf* : academy
**académico**[1], **-ca** *adj* : academic, scholastic — **académicamente** *adv*
**académico**[2], **-ca** *n* : academic, academician
**acaecer** {53} *vt* (*3rd person only*) : to happen, to take place
**acalambrarse** *vr* : to cramp up, to get a cramp
**acallar** *vt* : to quiet, to silence
**acalorado, -da** *adj* : emotional, heated
**acaloramiento** *nm* **1** : heat **2** : ardor, passion
**acalorar** *vt* : to heat up, to inflame — **acalorarse** *vr* : to get upset, to get worked up
**acampada** *nf* : camp, camping ⟨ir de acampada : to go camping⟩
**acampar** *vi* : to camp
**acanalar** *vt* **1** : to groove, to furrow **2** : to corrugate
**acantilado** *nm* : cliff
**acanto** *nm* : acanthus
**acantonar** *vt* : to station, to quarter
**acaparador, -dora** *adj* : greedy, selfish
**acaparar** *vt* **1** : to stockpile, to hoard **2** : to monopolize
**acápite** *nm* : paragraph
**acaramelado, -da** *adj* **1** : caramel-coated **2** : caramel-colored **3** : sugary **4** : very affectionate (of a couple)
**acariciar** *vt* : to caress, to stroke, to pet
**ácaro** *nm* : mite
**acarrear** *vt* **1** : to haul, to carry **2** : to bring, to give rise to ⟨los problemas que acarrea : the problems that come along with it⟩
**acarreo** *nm* : transport, haulage
**acartonarse** *vr* **1** : to stiffen **2** : to become wizened
**acaso** *adv* **1** : perhaps, by any chance **2 por si acaso** : just in case
**acatamiento** *nm* : compliance, observance
**acatar** *vt* : to comply with, to respect
**acatarrarse** *vr* : to catch a cold
**acaudalado, -da** *adj* RICO : wealthy, rich
**acaudillar** *vt* : to lead, to command
**acceder** *vi* **~ a** **1** : to accede to, to agree to **2** : to assume (a position) **3** : to gain access to
**accesar** *vt* : to access (on a computer)
**accesibilidad** *nf* : accessibility

**accesible** *adj* ASEQUIBLE : accessible, attainable
**acceso** *nm* **1** : access **2** : admittance, entrance
**accesorio¹, -ria** *adj* **1** : accessory **2** : incidental
**accesorio²** *nm* **1** : accessory **2** : prop (in the theater)
**accidentado¹, -da** *adj* **1** : eventful, turbulent **2** : rough, uneven **3** : injured
**accidentado², -da** *n* : accident victim
**accidental** *adj* : accidental, unintentional — **accidentalmente** *adv*
**accidentarse** *vr* : to have an accident
**accidente** *nm* **1** : accident **2** : unevenness **3 accidente geográfico** : geographical feature
**acción** *nf, pl* **acciones** **1** : action **2** ACTO : act, deed **3** : share, stock
**accionamiento** *nm* : activation
**accionar** *vt* : to put into motion, to activate — *vi* : to gesticulate
**accionario, -ria** *adj* : stock ⟨mercado accionario : stock market⟩
**accionista** *nmf* : stockholder, shareholder
**acebo** *nm* : holly
**acechar** *vt* **1** : to watch, to spy on **2** : to stalk, to lie in wait for
**acecho** *nm* **al acecho** : lying in wait
**acedera** *nf* : sorrel (herb)
**aceitar** *vt* : to oil
**aceite** *nm* **1** : oil **2 aceite de ricino** : castor oil **3 aceite de oliva** : olive oil
**aceitera** *nf* **1** : cruet (for oil) **2** : oilcan **3** *Mex* : oil refinery
**aceitoso, -sa** *adj* : oily
**aceituna** *nf* OLIVA : olive
**aceituno** *nm* OLIVO : olive tree
**aceleración** *nf, pl* **-ciones** : acceleration, speeding up
**acelerado, -da** *adj* : accelerated, speedy
**acelerador** *nm* : accelerator
**aceleramiento** *nm* → **aceleración**
**acelerar** *vt* **1** : to accelerate, to speed up **2** AGILIZAR : to expedite — *vi* : to accelerate (of an automobile) — **acelerarse** *vr* : to hasten, to hurry up
**acelga** *nf* : chard, Swiss chard
**acendrar** *vt* : to purify, to refine
**acento** *nm* **1** : accent **2** : stress, emphasis
**acentuado, -da** *adj* : marked, pronounced
**acentuar** {3} *vt* **1** : to accent **2** : to emphasize, to stress — **acentuarse** *vr* : to become more pronounced
**acepción** *nf, pl* **-ciones** SIGNIFICADO : sense, meaning
**aceptabilidad** *nf* : acceptability
**aceptable** *adj* : acceptable
**aceptación** *nf, pl* **-ciones** **1** : acceptance **2** APROBACIÓN : approval
**aceptar** *vt* **1** : to accept **2** : to approve
**acequia** *nf* **1** : irrigation ditch **2** *Mex* : sewer
**acera** *nf* : sidewalk
**acerado, -da** *adj* **1** : made of steel **2** : steely, tough
**acerbo, -ba** *adj* **1** : harsh, cutting ⟨comentarios acerbos : cutting remarks⟩ **2** : bitter — **acerbamente** *adv*
**acerca** *prep* **~ de** : about, concerning
**acercamiento** *nm* : rapprochement, reconciliation
**acercar** {72} *vt* APROXIMAR, ARRIMAR : to bring near, to bring closer — **acercarse** *vr* APROXIMARSE, ARRIMARSE : to approach, to draw near
**acería** *nf* : steel mill
**acerico** *nm* : pincushion
**acero** *nm* : steel ⟨acero inoxidable : stainless steel⟩
**acérrimo, -ma** *adj* **1** : staunch, steadfast **2** : bitter ⟨un acérrimo enemigo : a bitter enemy⟩
**acertado, -da** *adj* CORRECTO : accurate, correct, on target — **acertadamente** *adv*
**acertante¹** *adj* : winning
**acertante²** *nmf* : winner
**acertar** {55} *vt* : to guess correctly — *vi* **1** ATINAR : to be correct, to be on target **2** **~ a** : to manage to
**acertijo** *nm* ADIVINANZA : riddle
**acervo** *nm* **1** : pile, heap **2** : wealth, heritage ⟨el acervo artístico del instituto : the artistic treasures of the institute⟩
**acetato** *nm* : acetate
**acetileno** *nm* : acetylene
**acetona** *nf* **1** : acetone **2** : nail-polish remover
**achacar** {72} *vt* : to attribute, to impute ⟨te achaca todos sus problemas : he blames all his problems on you⟩
**achacoso, -sa** *adj* : frail, sickly
**achaparrado, -da** *adj* : stunted, scrubby ⟨árboles achaparrados : scrubby trees⟩
**achaque** *nm* : ailment
**achaques** *nmpl* : aches and pains
**achatar** *vt* : to flatten
**achicar** {72} *vt* **1** REDUCIR : to make smaller, to reduce **2** : to intimidate **3** : to bail out (water) — **achicarse** *vr* : to become intimidated
**achicharrar** *vt* : to scorch, to burn to a crisp
**achicoria** *nf* : chicory
**achiote** *or* **achote** *nm* : annatto
**achispado, -da** *adj fam* : tipsy
**achuchón** *nm, pl* **-chones** **1** : push, shove **2** *fam* : squeeze, hug **3** *fam* : mild illness
**aciago, -ga** *adj* : fateful, unlucky
**acicalar** *vt* **1** PULIR : to polish **2** : to dress up, to adorn — **acicalarse** *vr* : to get dressed up
**acicate** *nm* **1** : spur **2** INCENTIVO : incentive, stimulus
**acidez** *nf, pl* **-deces** **1** : acidity **2** : sourness **3 acidez estomacal** : heartburn
**ácido¹, -da** *adj* AGRIO : acid, sour
**ácido²** *nm* **1** : acid **2 ácido clorhídrico** : hydrochloric acid **3 ácido nítrico** : nitric acid **4 ácido sulfúrico** : sulfuric acid
**acierto** *nm* **1** : correct answer, right choice **2** : accuracy, skill
**acimut** *nm* : azimuth
**acitronar** *vt Mex* : to fry until crisp
**aclamación** *nf, pl* **-ciones** : acclaim, acclamation
**aclamar** *vt* : to acclaim, to cheer, to applaud

**aclaración** *nf, pl* **-ciones** CLARIFICACIÓN : clarification, explanation
**aclarar** *vt* 1 CLARIFICAR : to clarify, to explain, to resolve 2 : to lighten 3 **aclarar la voz** : to clear one's throat — *vi* 1 : to get light, to dawn 2 : to clear up — **aclararse** *vr* : to become clear
**aclaratorio, -ria** *adj* : explanatory
**aclimatar** *vt* : to acclimatize — **aclimatarse** *vr* ~ **a** : to get used to — **aclimatación** *nf*
**acné** *nm* : acne
**acobardar** *vt* INTIMIDAR : to frighten, to intimidate — **acobardarse** *vr* 1 : to get frightened, to chicken out 2 : to cower
**acodarse** *vr* ~ **en** : to lean (one's elbows) on
**acogedor, -dora** *adj* : cozy, warm, friendly
**acoger** {15} *vt* 1 REFUGIAR : to take in, to shelter 2 : to receive, to welcome — **acogerse** *vr* 1 REFUGIARSE : to take refuge 2 ~ **a** : to resort to, to avail oneself of
**acogida** *nf* 1 AMPARO, REFUGIO : refuge, protection 2 RECIBIMIENTO : reception, welcome
**acolchar** *vt* 1 : to pad (a wall, etc.) 2 : to quilt
**acólito** *nm* 1 MONAGUILLO : altar boy 2 : follower, helper, acolyte
**acomedido, -da** *adj* : helpful, obliging
**acometer** *vt* 1 ATACAR : to attack, to assail 2 EMPRENDER : to undertake, to begin — *vi* ~ **contra** : to rush against
**acometida** *nf* ATAQUE : attack, assault
**acomodado, -da** *adj* 1 : suitable, appropriate 2 : well-to-do, prosperous
**acomodador, -dora** *n* : usher, usherette *f*
**acomodar** *vt* 1 : to accommodate, to make room for 2 : to adjust, to adapt — **acomodarse** *vr* 1 : to settle in 2 ~ **a** : to adapt to
**acomodaticio, -cia** *adj* : accommodating, obliging
**acomodo** *nm* 1 : job, position 2 : arrangement, placement 3 : accommodation, lodging
**acompañamiento** *nm* : accompaniment
**acompañante** *nmf* 1 COMPAÑERO : companion 2 : accompanist
**acompañar** *vt* : to accompany, to go with
**acompasado, -da** *adj* : rhythmic, regular, measured
**acompasar** *vt* : to synchronize
**acomplejado, -da** *adj* : full of complexes, neurotic
**acomplejar** *vt* : to give a complex, to make neurotic
**acondicionado, -da** *adj* 1 : equipped 2 **bien acondicionado** : in good shape, in a fit state
**acondicionador** *nm* 1 : conditioner 2 **acondicionador de aire** : air conditioner
**acondicionar** *vt* 1 : to condition 2 : to fit out, to furnish
**acongojado, -da** *adj* : distressed, upset
**acongojarse** *vr* : to grieve, to become distressed
**aconsejable** *adj* : advisable
**aconsejar** *vt* : to advise, to counsel
**acontecer** {53} *vt* (*3rd person only*) : to occur, to happen
**acontecimiento** *nm* SUCESO : event
**acopiar** *vt* : to gather, to collect, to stockpile
**acopio** *nm* : collection, stock
**acoplamiento** *nm* : connection, coupling
**acoplar** *vt* : to couple, to connect — **acoplarse** *vr* : to fit together
**acoquinar** *vt* : to intimidate
**acorazado**[1], **-da** *adj* BLINDADO : armored
**acorazado**[2] *nm* : battleship
**acordado, -da** *adj* : agreed upon
**acordar** {19} *vt* 1 : to agree on 2 OTORGAR : to award, to bestow — **acordarse** *vr* RECORDAR : to remember, to recall
**acorde**[1] *adj* 1 : in agreement, in accordance 2 ~ **con** : in keeping with
**acorde**[2] *nm* : chord
**acordeón** *nm, pl* **-deones** : accordion — **acordeonista** *nmf*
**acordonar** *vt* 1 : to cordon off 2 : to lace up 3 : to mill (coins)
**acorralar** *vt* ARRINCONAR : to corner, to hem in, to corral
**acortar** *vt* : to shorten, to cut short — **acortarse** *vr* 1 : to become shorter 2 : to end early
**acosar** *vt* PERSEGUIR : to pursue, to hound, to harass
**acoso** *nm* ASEDIO : harassment ⟨acoso sexual : sexual harassment⟩
**acostar** {19} *vt* 1 : to lay (something) down 2 : to put to bed — **acostarse** *vr* 1 : to lie down 2 : to go to bed
**acostumbrado, -da** *adj* 1 HABITUADO : accustomed 2 HABITUAL : usual, customary
**acostumbrar** *vt* : to accustom — *vi* : to be accustomed, to be in the habit — **acostumbrarse** *vr*
**acotación** *nf, pl* **-ciones** 1 : marginal note 2 : stage direction
**acotado, -da** *adj* : enclosed
**acotamiento** *nm Mex* : shoulder (of a road)
**acotar** *vt* 1 ANOTAR : to note, to annotate 2 DELIMITAR : to mark off (land), to demarcate
**acre**[1] *adj* 1 : acrid, pungent 2 MORDAZ : caustic, biting
**acre**[2] *nm* : acre
**acrecentamiento** *nm* : growth, increase
**acrecentar** {55} *vt* AUMENTAR : to increase, to augment
**acreditación** *nf, pl* **-ciones** : accreditation
**acreditado, -da** *adj* 1 : accredited, authorized 2 : reputable
**acreditar** *vt* 1 : to accredit, to authorize 2 : to credit 3 : to prove, to verify — **acreditarse** *vr* : to gain a reputation
**acreedor**[1], **-dora** *adj* : deserving, worthy
**acreedor**[2], **-dora** *n* : creditor
**acribillar** *vt* 1 : to riddle, to pepper (with bullets, etc.) 2 : to hound, to harass
**acrílico** *nm* : acrylic
**acrimonia** *nf* 1 : pungency 2 : acrimony

**acrimonioso, -sa** *adj* : acrimonious
**acriollarse** *vr* : to adopt local customs, to go native
**acristalamiento** *nm Spain* : glazing, windows *pl*
**acritud** *nf* **1** : pungency, bitterness **2** : intensity, sharpness **3** : harshness, asperity
**acrobacia** *nf* : acrobatics
**acróbata** *nmf* : acrobat
**acrobático, -ca** *adj* : acrobatic
**acrónimo** *nm* : acronym
**acta** *nf* **1** : document, certificate ⟨acta de nacimiento/defunción : birth/death certificate⟩ **2 actas** *nfpl* : minutes (of a meeting)
**actitud** *nf* **1** : attitude **2** : posture, position
**activación** *nf, pl* **-ciones** **1** : activation, stimulation **2** ACELERACIÓN : acceleration, speeding up
**activar** *vt* **1** : to activate **2** : to stimulate, to energize **3** : to speed up
**actividad** *nf* : activity
**activista** *nmf* : activist — **activismo** *nm*
**activo¹, -va** *adj* : active — **activamente** *adv*
**activo²** *nm* : assets *pl* ⟨activo y pasivo : assets and liabilities⟩
**acto** *nm* **1** ACCIÓN : act, deed **2** : act (in a play) **3 el acto sexual** : sexual intercourse **4 en el acto** : right away, on the spot **5 acto seguido** : immediately after
**actor** *nm* ARTISTA : actor
**actriz** *nf, pl* **actrices** ARTISTA : actress
**actuación** *nf, pl* **-ciones** **1** : performance **2 actuaciones** *nfpl* DILIGENCIAS : proceedings
**actual** *adj* PRESENTE : present, current
**actualidad** *nf* **1** : present time ⟨en la actualidad : at present⟩ **2 actualidades** *nfpl* : current affairs
**actualización** *nf, pl* **-ciones** : updating, modernization
**actualizar** {21} *vt* : to modernize, to bring up to date
**actualmente** *adv* : at present, nowadays
**actuar** {3} *vi* : to act, to perform
**actuarial** *adj* : actuarial
**actuario, -ria** *n* : actuary
**acuarela** *nf* : watercolor
**acuario** *nm* : aquarium
**Acuario¹** *nm* : Aquarius (sign or constellation)
**Acuario²** *nmf* : Aquarius (person)
**acuartelar** *vt* : to quarter (troops)
**acuático, -ca** *adj* : aquatic, water
**acuchillar** *vt* APUÑALAR : to knife, to stab
**acuciante** *adj* : pressing, urgent
**acucioso, -sa** → **acuciante**
**acudir** *vi* **1** : to go, to come (someplace for a specific purpose) ⟨acudió a la puerta : he went to the door⟩ ⟨acudimos en su ayuda : we came to her aid⟩ **2** : to be present, to show up ⟨acudí a la cita : I showed up for the appointment⟩ **3 ~ a** : to turn to, to have recourse to ⟨hay que acudir al médico : you must consult the doctor⟩
**acueducto** *nm* : aqueduct
**acuerdo** *nm* **1** : agreement **2 estar de acuerdo** : to agree **3 de acuerdo con** : in accordance with **4 de ~** : OK, all right
**acullá** *adv* : yonder, over there
**acumulación** *nf, pl* **-ciones** : accumulation
**acumulador** *nm* : storage battery
**acumular** *vt* : to accumulate, to amass — **acumularse** *vr* : to build up, to pile up
**acumulativo, -va** *adj* : cumulative — **acumulativamente** *adv*
**acunar** *vt* : to rock, to cradle
**acuñar** *vt* : to coin, to mint
**acuoso, -sa** *adj* : aqueous, watery
**acupuntura** *nf* : acupuncture
**acurrucarse** {72} *vr* : to cuddle, to nestle, to curl up
**acusación** *nf, pl* **-ciones** **1** : accusation, charge **2 la acusación** : the prosecution
**acusado¹, -da** *adj* : prominent, marked
**acusado², -da** *n* : defendant ⟨el acusado : the defendant, the accused⟩
**acusador, -dora** *n* **1** : accuser **2** FISCAL : prosecutor
**acusar** *vt* **1** : to accuse, to charge **2** : to reveal, to betray ⟨sus ojos acusaban la desconfianza : his eyes revealed distrust⟩ — **acusarse** *vr* : to confess
**acusativo** *nm* : objective (in grammar)
**acusatorio, -ria** *adj* : accusatory
**acuse** *nm* **acuse de recibo** : acknowledgment of receipt
**acústica** *nf* : acoustics
**acústico, -ca** *adj* : acoustic
**adagio** *nm* REFRÁN : adage, proverb
**adalid** *nm* : leader, champion
**adaptable** *adj* : adaptable — **adaptabilidad** *nf*
**adaptación** *nf, pl* **-ciones** : adaptation, adjustment
**adaptado, -da** *adj* : suited, adapted
**adaptador** *nm* : adapter (in electricity)
**adaptar** *vt* **1** MODIFICAR : to adapt **2** : to adjust, to fit — **adaptarse** *vr* : to adapt oneself, to conform
**adecentar** *vt* : to tidy up
**adecuación** *nf, pl* **-ciones** ADAPTACIÓN : adaptation
**adecuadamente** *adv* : adequately
**adecuado, -da** *adj* **1** IDÓNEO : suitable, appropriate **2** : adequate
**adecuar** {8} *vt* : to adapt, to make suitable — **adecuarse** *vr* **~ a** : to be appropriate for, to fit in with
**adefesio** *nm* : eyesore, monstrosity
**adelantado, -da** *adj* **1** : advanced, ahead **2** : fast (of a clock or watch) **3 por ~** : in advance
**adelantamiento** *nm* **1** : advancement **2** : speeding up
**adelantar** *vt* **1** : to advance, to move forward ⟨adelantar el reloj : to set one's watch/clock ahead⟩ ⟨adelantar una fecha : to move up a date⟩ **2** : to pass, to overtake **3** : to reveal (information) in advance **4** : to advance, to lend (money) — **adelantarse** *vr* **1** : to go ahead ⟨se

adelantó para recibirlos : she went ahead to meet them⟩ **2** : to run fast (of a watch or clock) **3** : to get ahead ⟨alguien se me adelantó : someone beat me to it⟩ ⟨no nos adelantemos : let's not get ahead of ourselves⟩ **4 adelantarse a su tiempo** : to be ahead of one's time

**adelante** *adv* **1** : forward, ahead, in front ⟨dar un paso adelante : to take a step forward⟩ ⟨seguimos adelante con el proyecto : we went ahead with the project⟩ **2 de ahora/ahí en adelante** : from now/then on **3 hacia/para ~** : forward, toward the front **4 más adelante** : further on, later on **5 ¡adelante!** : come in!

**adelanto** *nm* **1** : advance, progress **2** : advance payment **3** : earliness ⟨llevamos una hora de adelanto : we're running an hour ahead of time⟩

**adelfa** *nf* : oleander

**adelgazar** {21} *vt* : to thin, to reduce — *vi* : to lose weight

**ademán** *nm, pl* **-manes** **1** GESTO : gesture **2 ademanes** *nmpl* : manners

**además** *adv* **1** : besides, furthermore **2 ~ de** : in addition to, as well as

**adenoides** *nfpl* : adenoids

**adentrarse** *vr* **~ en** : to go into, to penetrate

**adentro** *adv* **1** : in, inside ⟨fuimos adentro : we went inside⟩ ⟨estoy aquí adentro : I'm in here⟩ **2 mar adentro** : out to sea **3 tierra adentro** : inland

**adentros** *nmpl* **decirse para sus adentros** : to say to oneself ⟨me dije para mis adentros que nunca regresaría : I told myself that I'd never go back⟩

**adepto¹, -ta** *adj* : supportive ⟨ser adepto a : to be a follower of⟩

**adepto², -ta** *n* PARTIDARIO : follower, supporter

**aderezar** {21} *vt* **1** SAZONAR : to season, to dress (salad) **2** : to embellish, to adorn

**aderezo** *nm* **1** : dressing, seasoning **2** : adornment, embellishment

**adeudar** *vt* **1** : to debit **2** DEBER : to owe

**adeudo** *nm* **1** DÉBITO : debit **2** *Mex* : debt, indebtedness

**adherencia** *nf* **1** : adherence (to a rule, etc.) **2** : adhesion

**adherente** *adj* : adhesive, sticky

**adherir** {76} *vt* : to stick to — **adherirse** *vr* : to adhere, to stick

**adhesión** *nf, pl* **-siones** **1** : adhesion **2** : attachment, commitment (to a cause, etc.)

**adhesivo¹, -va** *adj* : adhesive

**adhesivo²** *nm* : adhesive

**adicción** *nf, pl* **-ciones** : addiction

**adición** *nf, pl* **-ciones** : addition

**adicional** *adj* : additional — **adicionalmente** *adv*

**adicionar** *vt* : to add

**adictivo, -va** *adj* : addictive

**adicto¹, -ta** *adj* **1** : addicted **2** : devoted, dedicated

**adicto², -ta** *n* **1** : addict **2** PARTIDARIO : supporter, advocate

**adiestrador, -dora** *n* : trainer

**adiestramiento** *nm* : training

**adiestrar** *vt* : to train

**adinerado, -da** *adj* : moneyed, wealthy

**adiós** *nm, pl* **adioses** **1** DESPEDIDA : farewell, good-bye **2 ¡adiós!** : good-bye!

**aditamento** *nm* : attachment, accessory

**aditivo** *nm* : additive

**adivinación** *nf, pl* **-ciones** **1** : guess **2** : divination, prediction

**adivinanza** *nf* ACERTIJO : riddle

**adivinar** *vt* **1** : to guess **2** : to foretell, to predict

**adivino, -na** *n* : fortune-teller

**adjetivo¹, -va** *adj* : adjectival

**adjetivo²** *nm* : adjective

**adjudicación** *nf, pl* **-ciones** **1** : adjudication **2** : allocation, awarding, granting

**adjudicar** {72} *vt* **1** : to judge, to adjudicate **2** : to assign, to allocate ⟨adjudicar la culpa : to assign the blame⟩ **3** : to award, to grant

**adjuntar** *vt* : to enclose, to attach

**adjunto¹, -ta** *adj* : enclosed, attached

**adjunto², -ta** *n* : deputy, assistant

**adjunto³** *nm* **1** : adjunct **2** : attachment (in an e-mail)

**administración** *nf, pl* **-ciones** **1** : administration, management **2 administración de empresas** : business administration

**administrador, -dora** *n* : administrator, manager

**administrar** *vt* : to administer, to manage, to run

**administrativo, -va** *adj* : administrative — **administrativamente** *adv*

**admirable** *adj* : admirable, impressive — **admirablemente** *adv*

**admiración** *nf, pl* **-ciones** : admiration

**admirador, -dora** *n* : admirer

**admirar** *vt* **1** : to admire **2** : to amaze, to astonish — **admirarse** *vr* : to be amazed

**admirativo, -va** *adj* : admiring

**admisible** *adj* : admissible, allowable

**admisión** *nf, pl* **-siones** : admission, admittance

**admitir** *vt* **1** : to admit, to let in **2** : to acknowledge, to concede **3** : to allow, to make room for ⟨la ley no admite cambios : the law doesn't allow for changes⟩

**admonición** *nf, pl* **-ciones** : admonition, warning

**admonitorio, -ria** *adj* : admonishing

**ADN** *nm* (*ácido desoxirribonucleico*) : DNA

**adobar** *vt* : to marinate

**adobe** *nm* : adobe

**adobo** *nm* **1** : marinade, seasoning **2** *Mex* : spicy marinade used for cooking pork

**adoctrinamiento** *nm* : indoctrination

**adoctrinar** *vt* : to indoctrinate

**adolecer** {53} *vi* PADECER : to suffer ⟨adolece de timidez : he suffers from shyness⟩

**adolescencia** *nf* : adolescence

**adolescente¹** *adj* : adolescent, teenage

**adolescente²** *nmf* : adolescent, teenager

**adonde** *conj* : where ⟨el lugar adonde vamos es bello : the place where we're going is beautiful⟩
**adónde** *adv* : where ⟨¿adónde vamos? : where are we going?⟩
**adondequiera** *adv* : wherever, anywhere ⟨adondequiera que vayas : anywhere you go⟩
**adopción** *nf, pl* **-ciones** : adoption
**adoptar** *vt* **1** : to adopt (a measure), to take (a decision) **2** : to adopt (children)
**adoptivo, -va** *adj* **1** : adopted (children, country) **2** : adoptive (parents)
**adoquín** *nm, pl* **-quines** : paving stone, cobblestone
**-ador, -adora** *suf* : -er ⟨trabajador, trabajadora : worker⟩
**adorable** *adj* : adorable, lovable
**adoración** *nf, pl* **-ciones** : adoration, worship
**adorador**[1], **-dora** *adj* : adoring, worshipping
**adorador**[2], **-dora** *n* : worshipper
**adorar** *vt* : to adore, to worship
**adormecer** {53} *vt* **1** : to make sleepy, to lull to sleep **2** : to numb — **adormecerse** *vr* **1** : to doze off **2** : to go numb
**adormecimiento** *nm* **1** SUEÑO : drowsiness, sleepiness **2** INSENSIBILIDAD : numbness
**adormilarse** *vr* : to doze, to drowse
**adornar** *vt* DECORAR : to decorate, to adorn
**adorno** *nm* : ornament, decoration
**adosado, -da** *adj* : attached (of a structure) ⟨casa adosada : duplex, row house⟩
**adosar** *vt* **1** : to place against, to affix **2** : to enclose, to attach (to a letter)
**adquirido, -da** *adj* **1** : acquired **2 mal adquirido** : ill-gotten
**adquirir** {4} *vt* **1** : to acquire, to gain **2** COMPRAR : to purchase
**adquisición** *nf, pl* **-ciones** **1** : acquisition **2** COMPRA : purchase
**adquisitivo, -va** *adj* **poder adquisitivo** : purchasing power
**adrede** *adv* : intentionally, on purpose
**adrenalina** *nf* : adrenaline
**adscribir** {33} *vt* : to assign, to appoint — **adscribirse** *vr* ~ **a** : to become a member of
**adscripción** *nf, pl* **-ciones** : assignment, appointment
**adscrito** *pp* → **adscribir**
**aduana** *nf* : customs, customs office
**aduanero**[1], **-ra** *adj* : customs
**aduanero**[2], **-ra** *n* : customs officer
**aducir** {61} *vt* : to adduce, to offer as proof
**adueñarse** *vr* ~ **de** : to take possession of, to take over
**adulación** *nf, pl* **-ciones** : adulation, flattery
**adulador**[1], **-dora** *adj* : flattering
**adulador**[2], **-dora** *n* : flatterer, toady
**adular** *vt* LISONJEAR : to flatter
**adulteración** *nf, pl* **-ciones** : adulteration
**adulterar** *vt* : to adulterate
**adulterio** *nm* : adultery
**adúltero**[1], **-ra** *adj* : adulterous
**adúltero**[2], **-ra** *n* : adulterer
**adultez** *nf* : adulthood
**adulto, -ta** *adj & n* : adult
**adusto, -ta** *adj* : harsh, severe
**advenedizo, -za** *n* **1** : upstart, parvenu **2** : newcomer
**advenimiento** *nm* : advent
**adverbio** *nm* : adverb — **adverbial** *adj*
**adversario**[1], **-ria** *adj* : opposing, contrary
**adversario**[2], **-ria** *n* OPOSITOR : adversary, opponent
**adversidad** *nf* : adversity
**adverso, -sa** *adj* DESFAVORABLE : adverse, unfavorable — **adversamente** *adv*
**advertencia** *nf* AVISO : warning
**advertir** {76} *vt* **1** AVISAR : to warn **2** : to notice, to tell ⟨no advertí que estuviera enojada : I couldn't tell she was angry⟩
**Adviento** *nm* : Advent
**adyacente** *adj* : adjacent
**aéreo, -rea** *adj* **1** : aerial, air **2 correo aéreo** : airmail
**aeróbic** *nm* : aerobics
**aeróbico, -ca** *adj* : aerobic
**aerobio, -bia** *adj* : aerobic
**aerodeslizador** *nm* : hovercraft
**aerodinámica** *nf* : aerodynamics
**aerodinámico, -ca** *adj* : aerodynamic, streamlined
**aeródromo** *nm* : airfield
**aeroespacial** *adj* : aerospace
**aerogenerador** *nm* : wind-powered generator
**aerolínea** *nf* : airline
**aeromozo, -za** *n* : flight attendant, steward *m*, stewardess *f*
**aeronáutica** *nf* : aeronautics
**aeronáutico, -ca** *adj* : aeronautical
**aeronave** *nf* : aircraft
**aeropostal** *adj* : airmail
**aeropuerto** *nm* : airport
**aerosol** *nm* : aerosol, aerosol spray
**aeróstata** *nmf* : balloonist
**aerotransportado, -da** *adj* : airborne
**aerotransportar** *vt* : to airlift
**afabilidad** *nf* : affability
**afable** *adj* : affable — **afablemente** *adv*
**afamado, -da** *adj* : well-known, famous
**afán** *nm, pl* **afanes** **1** ANHELO : eagerness, desire **2** EMPEÑO : effort, determination
**afanador, -dora** *n Mex* : cleaning person, cleaner
**afanarse** *vr* : to toil, to strive
**afanosamente** *adv* : zealously, industriously, busily
**afanoso, -sa** *adj* **1** : eager, industrious **2** : arduous, hard
**afear** *vt* : to make ugly, to disfigure
**afección** *nf, pl* **-ciones** **1** : fondness, affection **2** : illness, complaint
**afectación** *nf, pl* **-ciones** : affectation
**afectado, -da** *adj* **1** : affected, mannered **2** : influenced **3** : afflicted **4** : feigned
**afectar** *vt* **1** : to affect **2** : to upset **3** : to feign, to pretend
**afectísimo, -ma** *adj* **suyo afectísimo** : yours truly
**afectivo, -va** *adj* : emotional

**afecto**[1], **-ta** *adj* **1** : affected, afflicted **2** : fond, affectionate
**afecto**[2] *nm* CARIÑO : affection
**afectuoso, -sa** *adj* CARIÑOSO : affectionate — **afectuosamente** *adv*
**afeitadora** *nf* : shaver, electric razor
**afeitar** *vt* RASURAR : to shave — **afeitarse** *vr*
**afelpado, -da** *adj* : plush
**afeminado, -da** *adj* : effeminate
**aferrado, -da** *adj* : obstinate, stubborn
**aferrarse** {55} *vr* : to cling, to hold on
**affidávit** *nm, pl* **-dávits** : affidavit
**afgano, -na** *adj & n* : Afghan
**AFI** *nm* (*A*lfabeto *F*onético *I*nternacional) : IPA
**afianzar** {21} *vt* **1** : to secure, to strengthen **2** : to guarantee, to vouch for — **afianzarse** *vr* ESTABLECERSE : to establish oneself — **afianzamiento** *nm*
**afiche** *nm* : poster
**afición** *nf, pl* **-ciones** **1** : enthusiasm, penchant, fondness ⟨afición al deporte : love of sports⟩ **2** PASATIEMPO : hobby
**aficionado**[1], **-da** *adj* ENTUSIASTA : enthusiastic, keen
**aficionado**[2], **-da** *n* **1** ENTUSIASTA : enthusiast, fan **2** : amateur
**aficionar** *vt* : to interest ⟨aficionar a alguien a algo : to get someone interested in something⟩ — **aficionarse** *vr*
**áfido** *nm* : aphid
**afiebrado, -da** *adj* : feverish
**afilado, -da** *adj* **1** : sharp **2** : long, pointed ⟨una nariz afilada : a sharp nose⟩
**afilador** *nm* : sharpener
**afilalápices** *nms & pl* : pencil sharpener
**afilar** *vt* : to sharpen
**afiliación** *nf, pl* **-ciones** : affiliation
**afiliado**[1], **-da** *adj* : affiliated
**afiliado**[2], **-da** *n* : member
**afiliarse** *vr* ~ **a** : to become a member of, to join
**afín** *adj, pl* **afines** **1** PARECIDO : related, similar ⟨la biología y disciplinas afines : biology and related disciplines⟩ **2** PRÓXIMO : adjacent, nearby
**afinación** *nf, pl* **-ciones** **1** : tune-up **2** : tuning (of an instrument)
**afinador, -dora** *n* : tuner (of musical instruments)
**afinar** *vt* **1** : to perfect, to refine **2** : to tune (an instrument) — *vi* : to sing or play in tune
**afincarse** {72} *vr* : to establish oneself, to settle in
**afinidad** *nf* : affinity, similarity
**afirmación** *nf, pl* **-ciones** **1** : statement **2** : affirmation
**afirmar** *vt* **1** : to state, to affirm **2** REFORZAR : to make firm, to strengthen
**afirmativo, -va** *adj* : affirmative — **afirmativamente** *adj*
**aflicción** *nf, pl* **-ciones** DESCONSUELO, PESAR : grief, sorrow
**afligido, -da** *adj* : grief-stricken, sorrowful
**afligir** {35} *vt* **1** : to distress, to upset **2** : to afflict — **afligirse** *vr* : to grieve
**aflojar** *vt* **1** : to loosen, to slacken **2** *fam* : to pay up, to fork over — *vi* : to slacken, to ease up — **aflojarse** *vr* : to become loose, to slacken
**aflorar** *vi* : to come to the surface, to emerge
**afluencia** *nf* **1** : flow, influx **2** : abundance, plenty
**afluente** *nm* : tributary
**afluir** {41} *vi* **1** : to flock ⟨la gente afluía a la frontera : people were flocking to the border⟩ **2** : to flow
**afónico, -ca** *adj* **quedarse afónico** : to lose one's voice, to get laryngitis
**aforismo** *nm* : aphorism
**aforo** *nm* **1** : appraisal, assessment **2** : maximum capacity (of a theater, highway, etc.)
**afortunado, -da** *adj* : fortunate, lucky — **afortunadamente** *adv*
**afrecho** *nm* : bran, mash
**afrenta** *nf* : affront, insult
**afrentar** *vt* : to affront, to dishonor, to insult
**africano, -na** *adj & n* : African
**afroamericano, -na** *adj & n* : Afro-American
**afrodisiaco** *or* **afrodisíaco** *nm* : aphrodisiac
**afrontamiento** *nm* : confrontation
**afrontar** *vt* : to confront, to face up to
**afrutado, -da** *adj* : fruity
**aftershave** [ˈafterʃeif] *nm* : aftershave
**afuera** *adv* **1** (*indicating direction*) : out, outside ⟨¡afuera! : get out!⟩ **2** (*indicating location*) FUERA : out, outside ⟨estoy aquí afuera : I'm out here, I'm outside⟩ **3 afuera de** : out of, outside
**afueras** *nfpl* ALEDAÑOS : outskirts
**agachadiza** *nf* : snipe (bird)
**agachar** *vt* : to lower (a part of the body) ⟨agachar la cabeza : to bow one's head⟩ — **agacharse** *vr* : to crouch, to stoop, to bend down
**agalla** *nf* **1** BRANQUIA : gill **2 tener agallas** *fam* : to have guts, to have courage
**agarradera** *nf* ASA, ASIDERO : handle, grip
**agarrado, -da** *adj fam* : cheap, stingy
**agarrar** *vt* **1** : to grab, to grasp **2** : to catch, to take — *vi* **agarrar y** *fam* : to do (something) abruptly ⟨el día siguiente agarró y se fue : the next day he up and left⟩ — **agarrarse** *vr* **1** : to hold on, to cling **2** *fam* : to get into a fight ⟨se agarraron a golpes : they came to blows⟩
**agarre** *nm* : grip, grasp
**agarrotarse** *vr* **1** : to stiffen up **2** : to seize up
**agasajar** *vt* : to fête, to wine and dine
**agasajo** *nm* : lavish attention
**ágata** *nf* : agate
**agazaparse** *vr* **1** AGACHARSE : to crouch **2** : to hide
**agencia** *nf* : agency, office
**agenciar** *vt* : to obtain, to procure — **agenciarse** *vr* : to manage, to get by
**agenda** *nf* **1** : agenda **2** : appointment book
**agénero** *adj* : agender ⟨las personas agénero : agender people⟩

**agente** *nmf* **1** : agent **2 agente de viajes** : travel agent **3 agente de bolsa** : stockbroker **4 agente de tráfico** : traffic officer
**agigantado, -da** *adj* GIGANTESCO : gigantic
**agigantar** *vt* **1** : to increase greatly, to enlarge **2** : to exaggerate
**ágil** *adj* **1** : agile, nimble **2** : sharp, lively (of a response, etc.) — **ágilmente** *adv*
**agilidad** *nf* : agility, nimbleness
**agilizar** {21} *vt* ACELERAR : to expedite, to speed up
**agitación** *nf, pl* **-ciones** **1** : agitation **2** NERVIOSISMO : nervousness
**agitado, -da** *adj* **1** : agitated, excited **2** : choppy, rough, turbulent
**agitador, -dora** *n* PROVOCADOR : agitator
**agitar** *vt* **1** : to agitate, to shake **2** : to wave, to flap **3** : to stir up — **agitarse** *vr* **1** : to toss about, to flap around **2** : to get upset
**aglomeración** *nf, pl* **-ciones** **1** : conglomeration, mass **2** GENTÍO : crowd
**aglomerar** *vt* : to cluster, to amass — **aglomerarse** *vr* : to crowd together
**aglutinar** *vt* : to bring together, to bind
**agnóstico, -ca** *adj & n* : agnostic
**agobiado, -da** *adj* : weary, worn-out, weighted down
**agobiante** *adj* **1** : exhausting, overwhelming **2** : stifling, oppressive
**agobiar** *vt* **1** OPRIMIR : to oppress, to burden **2** ABRUMAR : to overwhelm **3** : to wear out, to exhaust
**agobio** *nm Spain fam* : burden, pressure
**agolparse** *vr* : to crowd together
**agonía** *nf* : agony, death throes
**agonizante** *adj* : dying
**agonizar** {21} *vi* **1** : to be dying **2** : to be in agony **3** : to dim, to fade
**agorero, -ra** *adj* : ominous
**agostar** *vt* **1** : to parch **2** : to wither — **agostarse** *vr*
**agosto** *nm* **1** : August ⟨el cinco de agosto : (on) August fifth⟩ **2 hacer uno su agosto** : to make a fortune, to make a killing
**agotado, -da** *adj* **1** : exhausted, used up **2** : sold out **3** FATIGADO : worn-out, tired
**agotador, -dora** *adj* : exhausting
**agotamiento** *nm* FATIGA : exhaustion
**agotar** *vt* **1** : to exhaust, to use up **2** : to weary, to wear out — **agotarse** *vr*
**agraciado**[1], **-da** *adj* **1** : attractive **2** : fortunate
**agraciado**[2], **-da** *n* : winner
**agradable** *adj* **1** GRATO, PLACENTERO : pleasant, agreeable **2 ser agradable a la vista** : to be easy on the eye(s) — **agradablemente** *adv*
**agradar** *vi* : to be pleasing ⟨nos agradó mucho el resultado : we were very pleased with the result⟩
**agradecer** {53} *vt* **1** : to be grateful for **2** : to thank
**agradecido, -da** *adj* : grateful, thankful
**agradecimiento** *nm* : gratitude, thankfulness
**agrado** *nm* **1** GUSTO : taste, liking ⟨no es de su agrado : it's not to his liking⟩ **2** : graciousness, helpfulness **3 con ~** : with pleasure, willingly ⟨lo haré con agrado : I will be happy to do it⟩
**agrandar** *vt* **1** : to exaggerate **2** : to enlarge — **agrandarse** *vr*
**agrario, -ria** *adj* : agrarian, agricultural
**agravación** *nf, pl* **-ciones** : aggravation, worsening
**agravante** *adj* : aggravating
**agravar** *vt* **1** : to increase (weight), to make heavier **2** EMPEORAR : to aggravate, to worsen — **agravarse** *vr*
**agraviar** *vt* INJURIAR, OFENDER : to offend, to insult
**agravio** *nm* INJURIA : affront, offense, insult
**agredir** {1} *vt* : to assail, to attack
**agregado**[1], **-da** *n* **1** : attaché **2** : assistant professor
**agregado**[2] *nm* **1** : aggregate **2** AÑADIDURA : addition, something added
**agregar** {52} *vt* **1** AÑADIR : to add, to attach **2** : to appoint — **agregarse** *vr* : to join
**agresión** *nf, pl* **-siones** **1** : aggression **2** ATAQUE : attack
**agresividad** *nf* : aggressiveness, aggression
**agresivo, -va** *adj* : aggressive — **agresivamente** *adv*
**agresor**[1], **-sora** *adj* : hostile, attacking
**agresor**[2], **-sora** *n* **1** : aggressor **2** : assailant, attacker
**agreste** *adj* **1** CAMPESTRE : rural **2** : wild, untamed
**agriar** *vt* **1** : to sour, to make sour **2** : to embitter — **agriarse** *vr* : to turn sour
**agrícola** *adj* : agricultural
**agricultor, -tora** *n* : farmer, grower
**agricultura** *nf* : agriculture, farming
**agridulce** *adj* **1** : bittersweet **2** : sweet-and-sour
**agrietar** *vt* : to crack — **agrietarse** *vr* **1** : to crack **2** : to become chapped
**agrimensor, -sora** *n* : surveyor
**agrimensura** *nf* : surveying
**agrio, agria** *adj* **1** ÁCIDO : sour **2** : caustic, acrimonious
**agriparse** *vr* : to catch the flu
**agroindustria** *nf* : agribusiness
**agropecuario, -ria** *adj* : pertaining to livestock and agriculture
**agrupación** *nf, pl* **-ciones** GRUPO : group, association
**agrupamiento** *nm* : grouping, concentration
**agrupar** *vt* : to group together
**agua** *nf* **1** : water **2 agua bendita** : holy water **3 agua corriente** : running water **4 agua dulce/salada** : fresh/salt water **5 agua mineral** : mineral water **6 agua oxigenada** : hydrogen peroxide **7 agua potable** : drinking water **8 aguas** *nfpl* : waters ⟨en aguas internacionales : in international waters⟩ **9 aguas negras/residuales** : sewage **10 como agua para chocolate** *Mex fam* : furious **11 echar aguas** *Mex fam* : to keep an eye

out, to be on the lookout **12 ¡aguas!** *Mex fam* : look out!

**aguacate** *nm* : avocado

**aguacero** *nm* : shower, downpour

**aguado, -da** *adj* **1** DILUIDO : diluted **2** *CA, Col, Mex fam* : soft, flabby **3** *Mex, Peru fam* : dull, boring

**aguafiestas** *nmfs & pl* : killjoy, stick-in-the-mud, spoilsport

**aguafuerte** *nm* : etching

**aguamarina** *nf* **1** : aquamarine **2 color aguamarina** : aqua

**aguanieve** *nf* : sleet ⟨caer aguanieve : to be sleeting⟩

**aguantar** *vt* **1** SOPORTAR : to bear, to tolerate **2** : to hold ⟨aguántame la puerta : hold the door for me⟩ **3** : to take, to withstand (weight, etc.) **4** DURAR : to last **5 aguantar las ganas (de hacer algo)** : to resist the urge (to do something) — *vi* **1** : to tolerate ⟨no aguanto más : I can't take it anymore⟩ **2** : to hold out, to last **3** : to hold (under pressure, etc.) — **aguantarse** *vr* **1** : to resign oneself **2** : to restrain oneself

**aguante** *nm* **1** TOLERANCIA : tolerance, patience **2** RESISTENCIA : endurance, strength

**aguar** {10} *vt* **1** : to water down, to dilute **2 aguar la fiesta** *fam* : to spoil the party

**aguardar** *vt* ESPERAR : to wait for, to await — *vi* : to be in store

**aguardiente** *nm* : clear brandy

**aguarrás** *nm* : turpentine

**agudeza** *nf* **1** : keenness, sharpness **2** : sharpness (of a sound) **3** : witticism

**agudizar** {21} *vt* : to intensify, to heighten

**agudo, -da** *adj* **1** : sharp (of a point, etc.) **2** : acute (of an angle), sharp (of an increase) **3** : acute (of an illness), severe (of a crisis) ⟨un dolor agudo : a sharp pain⟩ **4** ESTRIDENTE : shrill **5** : sharp (of eyes or ears) **6** PERSPICAZ : clever, shrewd **7** : acute (of an accent) — **agudamente** *adv*

**agüero** *nm* AUGURIO, PRESAGIO : augury, omen

**aguijón** *nm, pl* **-jones** **1** : stinger (of a bee, etc.) **2** : goad

**aguijonear** *vt* : to goad

**águila** *nf* **1** : eagle **2 águila o sol** *Mex* : heads or tails

**aguileño, -ña** *adj* : aquiline

**aguilera** *nf* : aerie, eagle's nest

**aguilón** *nm, pl* **-lones** : gable

**aguinaldo** *nm* **1** : Christmas bonus, year-end bonus **2** *PRi, Ven* : Christmas carol

**agüitarse** *vr Mex fam* : to have the blues, to feel discouraged

**aguja** *nf* **1** : needle **2** : steeple, spire

**agujerear** *vt* : to make a hole in, to pierce

**agujero** *nm* **1** : hole **2 agujero negro** : black hole (in astronomy)

**agujeta** *nf* **1** *Mex* : shoelace **2 agujetas** *nfpl* : muscular soreness or stiffness

**agusanado, -da** *adj* : wormy

**aguzar** {21} *vt* **1** : to sharpen ⟨aguzar el ingenio : to sharpen one's wits⟩ **2 aguzar el oído** : to prick up one's ears

**ah** *interj* : oh!

**ahí** *adv* **1** : there ⟨ahí está : there it is⟩ ⟨pasé por ahí : I went by/through there⟩ ⟨ahí está el problema : therein lies the problem⟩ **2** : then ⟨desde ahí : since then⟩ **3 por ~** : (around) there ⟨lo he visto por ahí : I've seen him around there⟩ ⟨debe estar por ahí : it must be there somewhere⟩ ⟨en 1950 o por ahí : in 1950 or thereabouts⟩ **4 de ahí** : hence **5 de ahí que** : with the result that, so that

**ahijado, -da** *n* : godchild, godson *m*, goddaughter *f*

**ahijar** {5} *vt* : to adopt (a child)

**ahinco** *nm* : eagerness, zeal

**ahogar** {52} *vt* **1** : to drown **2** : to smother **3** : to choke back, to stifle — **ahogarse** *vr*

**ahogo** *nm* : breathlessness, suffocation

**ahondar** *vt* : to deepen — *vi* : to elaborate, to go into detail

**ahora** *adv* **1** : now ⟨ahora voy : I'm coming now⟩ **2** : just (now) ⟨como te decía ahora . . . : as I was just telling you (now) . . .⟩ **3 ahora bien** : however **4 ahora mismo** : right now **5 hasta ~** : so far **6 por ~** : for the time being

**ahorcar** {72} *vt* : to hang, to kill by hanging — **ahorcarse** *vr*

**ahorita** *adv fam* : right now, right away

**ahorquillado, -da** *adj* : forked

**ahorrador, -dora** *adj* : thrifty

**ahorrante** *nmf Chile, CoRi, DomRep, Hon* AHORRISTA : investor (in savings)

**ahorrar** *vt* **1** : to save (money) **2** : to spare, to conserve — *vi* : to save up — **ahorrarse** *vr* : to spare oneself

**ahorrativo, -va** *adj* : thrifty, frugal

**ahorrista** *nmf Arg, Uru, Ven* AHORRANTE : investor (in savings)

**ahorro** *nm* : saving ⟨cuenta de ahorro(s) : savings account⟩

**ahuecar** {72} *vt* **1** : to hollow out **2** : to cup (one's hands) **3** : to plump up, to fluff up

**ahuizote** *nm Mex fam* : annoying person, pain in the neck

**ahumado, -da** *adj* : smoked

**ahumar** {8} *vt* : to smoke, to cure

**ahuyentar** *vt* **1** : to scare away, to chase away **2** : to banish, to dispel ⟨ahuyentar las dudas : to dispel doubts⟩

**airado, -da** *adj* FURIOSO : angry, irate

**airar** {5} *vt* : to make angry, to anger

**airbag** [ˈerbag] *nm, pl* **airbags** *or* **airbag** : airbag

**aire** *nm* **1** : air ⟨aire frío : cold air⟩ ⟨un aire caliente : a hot breeze⟩ **2** : air ⟨un aire de autoridad : an air of authority⟩ **3 aire acondicionado** : air-conditioning **4 al aire libre** : in the open air **5 darse aires** : to give oneself airs **6 en el aire** : on the air, broadcasting **7 en el aire** : up in the air, unresolved

**airear** *vt* : to air, to air out — **airearse** *vr* : to get some fresh air

**airoso, -sa** *adj* **1** : elegant, graceful **2 salir airoso** : to come out winning

**aislado, -da** *adj* : isolated, alone

**aislador** *nm* : insulator (part)

**aislamiento** *nm* **1** : isolation **2** : insulation
**aislante** *nm* : insulator, nonconductor
**aislar** {5} *vt* **1** : to isolate **2** : to insulate
**ajado, -da** *adj* **1** : worn, shabby **2** : wrinkled, crumpled
**ajar** *vt* : to wear out, to spoil
**ajardinar** *vt* : to landscape
**ajedrecista** *nmf* : chess player
**ajedrez** *nm, pl* **-dreces** **1** : chess **2** : chess set
**ajeno, -na** *adj* **1** : alien **2** : of another, of others ⟨propiedad ajena : somebody else's property⟩ **3** ~ **a** : foreign to **4** ~ **de** : devoid of, free from
**ajetreado, -da** *adj* : hectic, busy
**ajetrearse** *vr* : to bustle about, to rush around
**ajetreo** *nm* : hustle and bustle, fuss
**ají** *nm, pl* **ajíes** : chili pepper
**ajillo** *nm* **al ajillo** : in a garlic sauce
**ajo** *nm* : garlic
**ajonjolí** *nm, pl* **-líes** : sesame
**ajuar** *nm* : trousseau
**ajustable** *adj* : adjustable
**ajustado, -da** *adj* **1** CEÑIDO : tight, tight-fitting **2** : close, tight ⟨una ajustada victoria : a close victory⟩
**ajustar** *vt* **1** : to adjust (wages, settings, etc.) **2** ADECUAR : to adapt **3** : to tighten (a bolt, etc.) **4** : to fit (a part) **5** : to take in (clothing) **6** : to fix, to set (a price) **7** SALDAR : to settle — *vi* : to fit — **ajustarse** *vr* : to fit, to conform
**ajuste** *nm* **1** : adjustment **2** : tightening
**ajusticiar** *vt* EJECUTAR : to execute, to put to death
**al** *prep contraction of* A *and* EL → **a**[2]
**ala** *nf* **1** : wing **2** : brim (of a hat) **3** : end (in football) ⟨ala cerrada : tight end⟩
**Alá** *nm* : Allah
**alabanza** *nf* ELOGIO : praise
**alabar** *vt* : to praise — **alabarse** *vr* : to boast
**alabastro** *nm* : alabaster
**alabear** *vt* : to warp — **alabearse** *vr*
**alabeo** *nm* : warp, warping
**alacena** *nf* : cupboard, larder
**alacrán** *nm, pl* **-cranes** ESCORPIÓN : scorpion
**ala delta** *nf* **1** : hang glider **2** → **aladeltismo**
**aladeltismo** *nm* : hang gliding
**alado, -da** *adj* : winged
**alambique** *nm* : still (to distill alcohol)
**alambrada** *nf* : wire fence
**alambre** *nm* **1** : wire **2 alambre de púas** : barbed wire
**alameda** *nf* **1** : poplar grove **2** : tree-lined avenue
**álamo** *nm* **1** : poplar **2 álamo temblón** : aspen
**alar** *nm* : eaves *pl*
**alarde** *nm* **1** : show, display **2 hacer alarde de** : to make show of, to boast about
**alardear** *vi* PRESUMIR : to boast, to brag
**alargado, -da** *adj* : elongated, slender
**alargador** *nm* : extension cord
**alargamiento** *nm* : lengthening, extension, elongation
**alargar** {52} *vt* **1** : to extend, to lengthen **2** PROLONGAR : to prolong — **alargarse** *vr*
**alargue** *nm* **1** *Arg* → **alargador** **2** *Arg, Chile, Uru* : overtime (in sports)
**alarido** *nm* : howl, shriek
**alarma** *nf* : alarm
**alarmante** *adj* : alarming — **alarmantemente** *adv*
**alarmar** *vt* : to alarm
**alazán** *nm, pl* **-zanes** : sorrel (color or animal)
**alba** *nf* AMANECER : dawn, daybreak
**albacea** *nmf* TESTAMENTARIO : executor, executrix *f*
**albahaca** *nf* : basil
**albanés, -nesa** *adj & n, mpl* **-neses** : Albanian
**albañil** *nmf* : bricklayer, mason
**albañilería** *nf* : bricklaying, masonry
**albaricoque** *nm* : apricot
**albatros** *nm* : albatross
**albedrío** *nm* : will ⟨libre albedrío : free will⟩
**alberca** *nf* **1** : reservoir, tank **2** *Mex* : swimming pool
**albergar** {52} *vt* ALOJAR : to house, to lodge, to shelter
**albergue** *nm* **1** : shelter, refuge **2** : hostel
**albino, -na** *adj & n* : albino — **albinismo** *nm*
**albóndiga** *nf* : meatball
**albor** *nm* **1** : dawning, beginning **2** BLANCURA : whiteness
**alborada** *nf* : dawn
**alborear** *v impers* : to dawn
**alborotado, -da** *adj* **1** : excited, agitated **2** : rowdy, unruly
**alborotador**[1], **-dora** *adj* **1** : noisy, boisterous **2** : rowdy, unruly
**alborotador**[2], **-dora** *n* : agitator, troublemaker, rioter
**alborotar** *vt* **1** : to excite, to agitate **2** : to incite, to stir up — **alborotarse** *vr* **1** : to get excited **2** : to riot
**alboroto** *nm* **1** : disturbance, ruckus **2** MOTÍN : riot
**alborozado, -da** *adj* : jubilant
**alborozar** {21} *vt* : to gladden, to cheer
**alborozo** *nm* : joy, elation
**álbum** *nm* : album ⟨álbum de fotos : photo album⟩ ⟨álbum de recortes : scrapbook⟩
**albúmina** *nf* : albumin
**albur** *nm* **1** : chance, risk **2** *Mex* : pun
**alca** *nf* : auk
**alcachofa** *nf* : artichoke
**alcahuete, -ta** *n* CHISMOSO : gossip
**alcaide** *nm* : warden (in a prison)
**alcalde, -desa** *n* : mayor
**alcaldía** *nf* **1** : mayor's office (job) **2** AYUNTAMIENTO : city hall
**álcali** *nm* : alkali
**alcalino, -na** *adj* : alkaline — **alcalinidad** *nf*
**alcance** *nm* **1** : reach **2** : range, scope
**alcancía** *nf* **1** : piggy bank, money box **2** : collection box (for alms, etc.)

**alcanfor** *nm* : camphor
**alcantarilla** *nf* CLOACA : sewer, drain
**alcantarillado** *nm* : sewer system
**alcanzar** {21} *vt* **1** : to reach **2** : to catch up with **3** LOGRAR : to achieve, to attain — *vi* **1** DAR : to suffice, to be enough **2** ~ **a** : to manage to
**alcaparra** *nf* : caper
**alcapurria** *nf PRi* : stuffed fritter made with taro and green banana
**alcaravea** *nf* : caraway
**alcayata** *nf* : hook
**alcázar** *nm* : fortress, castle
**alce**[1], **etc.** → **alzar**
**alce**[2] *nm* : moose, European elk
**alcista** *adj* : upward (of a trend), bullish (of markets)
**alcoba** *nf* : bedroom
**alcohol** *nm* : alcohol
**alcoholemia** *nf* **prueba de alcoholemia** : sobriety test
**alcohólico, -ca** *adj & n* : alcoholic
**alcoholismo** *nm* : alcoholism
**alcoholizarse** {21} *vr* : to become an alcoholic
**alcornoque** *nm* **1** : cork oak **2** *fam* : idiot, fool
**alcurnia** *nf* : ancestry, lineage
**aldaba** *nf* : door knocker
**aldea** *nf* : village
**aldeano**[1], **-na** *adj* : village, rustic
**aldeano**[2], **-na** *n* : villager
**aleación** *nf, pl* **-ciones** : alloy
**alear** *vt* : to alloy
**aleatorio, -ria** *adj* : random, fortuitous — **aleatoriamente** *adv*
**alebrestar** *vt* : to excite, to make nervous — **alebrestarse** *vr*
**aleccionar** *vt* : to lecture, to teach
**aledaño, -ña** *adj* : bordering, neighboring
**aledaños** *nmpl* AFUERAS : outskirts, surrounding area
**alegación** *nf, pl* **-ciones** **1** *CA, Car* : allegation **2** : statement (in law)
**alegar** {52} *vt* : to assert, to allege — *vi* DISCUTIR : to argue
**alegato** *nm* **1** : allegation, claim **2** *Mex* : argument, summation (in law) **3** : argument, dispute
**alegoría** *nf* : allegory
**alegórico, -ca** *adj* : allegorical
**alegrar** *vt* : to make happy, to cheer up ⟨me alegra mucho que . . . : I'm very happy that . . .⟩ — **alegrarse** *vr* : to be glad, to be happy ⟨me alegro de (ver) que . . . : I'm glad (to see) that . . .⟩ ⟨me alegro por ti : I'm happy for you⟩
**alegre** *adj* **1** : glad, cheerful **2** : colorful, bright **3** *fam* : tipsy
**alegremente** *adv* : happily, cheerfully
**alegría** *nf* : joy, cheer, happiness
**alejado, -da** *adj* : remote
**alejamiento** *nm* **1** : removal, separation **2** : estrangement
**alejar** *vt* **1** : to remove, to move away **2** : to estrange, to alienate — **alejarse** *vr* **1** : to move away, to stray **2** : to drift apart
**alelado, -da** *adj* **1** : bewildered, stupefied **2** : foolish, stupid
**aleluya** *interj* : hallelujah!, alleluia!
**alemán**[1], **-mana** *adj & n, mpl* **-manes** : German
**alemán**[2] *nm* : German (language)
**alentador, -dora** *adj* : encouraging
**alentar** {55} *vt* : to encourage, to inspire — *vi* : to breathe
**alerce** *nm* : larch
**alérgeno** *nm* : allergen
**alergia** *nf* : allergy
**alérgico, -ca** *adj* : allergic
**alero** *nm* **1** : eaves *pl* **2** : forward (in basketball)
**alerón** *nm, pl* **-rones** : aileron
**alerta**[1] *adv* : on the alert
**alerta**[2] *adj & nf* : alert
**alertar** *vt* : to alert
**aleta** *nf* **1** : fin **2** : flipper **3** : small wing
**aletargado, -da** *adj* : lethargic, sluggish, torpid
**aletargarse** {52} *vr* : to feel drowsy, to become lethargic
**aletear** *vi* : to flutter, to flap one's wings
**aleteo** *nm* : flapping, flutter
**alevín** *nm, pl* **-vines** **1** : fry, young fish **2** PRINCIPIANTE : beginner
**alevosía** *nf* **1** : treachery **2** : premeditation
**alevoso, -sa** *adj* : treacherous
**alfabético, -ca** *adj* : alphabetical — **alfabéticamente** *adv*
**alfabetismo** *nm* : literacy
**alfabetizado, -da** *adj* : literate
**alfabetizar** {21} *vt* : to alphabetize — **alfabetización** *nf*
**alfabeto** *nm* : alphabet
**alfalfa** *nf* : alfalfa
**alfanje** *nm* : cutlass
**alfarería** *nf* : pottery
**alfarero, -ra** *n* : potter
**alféizar** *nm* : sill, windowsill
**alfeñique** *nm fam* : wimp, weakling
**alférez** *nmf, pl* **-reces** **1** : second lieutenant **2** : ensign
**alfil** *nm* : bishop (in chess)
**alfiler** *nm* **1** : pin **2** BROCHE : brooch
**alfiletero** *nm* : pincushion
**alfombra** *nf* : carpet, rug
**alfombrado** *nm* : carpeting
**alfombrar** *vt* : to carpet
**alfombrilla** *nf* **1** : small rug, mat **2** **alfombrilla de/para ratón** : mouse pad
**alforfón** *nm, pl* **-fones** : buckwheat
**alforja** *nf* : saddlebag
**alforza** *nf* : pleat, tuck
**alga** *nf* **1** : aquatic plant, alga **2** : seaweed
**algarabía** *nf* **1** : gibberish, babble **2** : hubbub, uproar
**álgebra** *nf* : algebra
**algebraico, -ca** *adj* : algebraic
**álgido, -da** *adj* **1** : critical, decisive **2** : icy cold
**algo**[1] *adv* : somewhat, rather ⟨estaba algo nervioso : he was a little nervous⟩
**algo**[2] *pron* **1** : something, anything ⟨¿pasa algo? : is something wrong?⟩ ⟨¿dijo algo más? : did he say anything else?⟩ ⟨por algo lo escogió : she chose him for a reason⟩ ⟨algo para/de comer

: something to eat〉 **2 ~ de** : some, a little 〈tengo algo de dinero : I've got some money〉 **3 (o) algo así** : (or) something like that

**algodón** *nm, pl* **-dones** : cotton

**algodoncillo** *nm* : milkweed

**algodón de azúcar** *nm* : cotton candy

**algodonero¹, -ra** *adj* : cotton

**algodonero², -ra** *n* : cotton farmer

**algoritmo** *nm* : algorithm

**alguacil** *nm* : constable

**alguien** *pron* **1** : somebody, someone 〈alguien gritó : someone shouted〉 〈hablaba con alguien : he was talking to somebody〉 **2** : anybody, anyone 〈¿hay alguien en casa? : is there anybody home?〉

**alguno¹, -na** *adj* (**algún** *before masculine singular nouns*) **1** : some, any 〈en algunos casos : in some cases〉 〈algún día : someday, one day〉 〈algunas semanas después : a few weeks later〉 〈¿alguna pregunta? : any questions?〉 **2** (*in negative constructions*) : not any, not at all 〈no tengo noticia alguna : I have no news at all〉 **3 algún que otro, alguna que otra** : the odd, the occasional

**alguno², -na** *pron* **1** : one, any 〈alguno de los libros/niños : one of the books/children〉 〈alguno se ofendió : someone got offended〉 〈¿falta alguno? : are there any missing?〉 **2 algunos, -nas** *pl* : some, a few, any 〈algunos de los libros/niños : some of the books/children〉 〈algunos dicen que . . . : some (people) say that . . .〉 〈¿hay algunos que te gusten? : are there any that you like?〉

**alhaja** *nf* : jewel, gem

**alhajar** *vt* : to adorn with jewels

**alhajero** *nm* : jewelry box

**alharaca** *nf* : fuss

**alhelí** *nm, pl* **alhelíes** : wallflower

**aliado¹, -da** *adj* : allied

**aliado², -da** *n* : ally

**alianza** *nf* : alliance

**aliar** {85} *vt* : to ally — **aliarse** *vr* : to form an alliance, to ally oneself

**alias** *adv & nm* : alias

**alicaído, -da** *adj* : depressed, discouraged

**alicates** *nmpl* PINZAS : pliers

**aliciente** *nm* **1** INCENTIVO : incentive **2** ATRACCIÓN : attraction

**alienación** *nf, pl* **-ciones** : alienation, derangement

**alienar** *vt* ENAJENAR : to alienate

**aliento** *nm* **1** : breath **2** : courage, strength **3 dar aliento a** : to encourage

**aligerar** *vt* **1** : to lighten **2** ACELERAR : to hasten, to quicken

**alijo** *nm* : cache, consignment (of contraband)

**alimaña** *nf* : pest, vermin

**alimentación** *nf, pl* **-ciones** **1** NUTRICIÓN : nutrition, nourishment **2** : feed 〈mecanismo de alimentación : feed (mechanism)〉

**alimentar** *vt* **1** NUTRIR : to feed, to nourish **2** MANTENER : to support (a family) **3** FOMENTAR : to nurture, to foster — **alimentarse** *vr* **~ con** : to live on

**alimentario, -ria → alimenticio**

**alimenticio, -cia** *adj* **1** : nutritional, food, dietary **2** : nutritious, nourishing

**alimento** *nm* : food, nourishment

**alineación** *nf, pl* **-ciones** **1** : alignment **2** : lineup (in sports)

**alineamiento** *nm* : alignment

**alinear** *vt* **1** : to align **2** : to line up — **alinearse** *vr* **1** : to fall in, to line up **2 ~ con** : to align oneself with

**aliñar** *vt* **1** : to dress (salad) **2** CONDIMENTAR : to season

**aliño** *nm* : seasoning, dressing

**alipús** *nm, pl* **-puses** *Mex fam* : booze, drink

**alisar** *vt* : to smooth

**aliscafo** *or* **alíscafo** *nm* : hydrofoil

**alistamiento** *nm* : enlistment, recruitment

**alistar** *vt* **1** : to recruit **2** : to make ready — **alistarse** *vr* : to join up, to enlist

**aliteración** *nf, pl* **-ciones** : alliteration

**aliviar** *vt* MITIGAR : to relieve, to alleviate, to soothe — **aliviarse** *vr* : to recover, to get better

**alivio** *nm* : relief

**aljaba** *nf* : quiver (for arrows)

**aljibe** *nm* : cistern, well

**allá** *adv* **1** : there, over there 〈allá arriba : up there〉 〈allá en Cuba : over (there) in Cuba〉 **2 ~ por** : back in 〈allá por los años 80 : back in the 80's〉 **3 allá tú** : that's up to you **4 ¡allá voy!** : here I come!, here I go! **5 más allá** : farther away **6 más allá de** : beyond

**allanamiento** *nm* **1** : (police) raid **2 allanamiento de morada** : breaking and entering

**allanar** *vt* **1** : to raid, to search **2** : to resolve, to solve **3** : to smooth, to level off/out — **allanarse** *vr* : to even out, to level off/out

**allegado¹, -da** *adj* : close, intimate

**allegado², -da** *n* : close friend, relation 〈parientes y allegados : friends and relations〉

**allegar** {52} *vt* : to gather, to collect

**allende¹** *adv* : beyond, on the other side

**allende²** *prep* : beyond 〈allende las montañas : beyond the mountains〉

**allí** *adv* : there, over there 〈todos están allí : everyone's there〉 〈allí mismo : right there〉 〈hasta allí : up to that point〉

**alma** *nf* **1** : soul **2** : person, human being **3 no tener alma** : to be pitiless **4 tener el alma en un hilo** : to have one's heart in one's mouth

**almacén** *nm, pl* **-cenes** **1** BODEGA : warehouse, storehouse **2** TIENDA : shop, store **3 gran almacén** *Spain* : department store

**almacenaje → almacenamiento**

**almacenamiento** *nm* : storage 〈almacenamiento de datos : data storage〉

**almacenar** *vt* : to store, to put in storage

**almacenero, -ra** *n* : shopkeeper

**almacenista** *nm* MAYORISTA : wholesaler

**almádena** *nf* : sledgehammer

**almanaque** *nm* : almanac

**almeja** *nf* : clam

**almendra** *nf* **1** : almond **2** : kernel
**almendro** *nm* : almond tree
**almiar** *nm* : haystack
**almíbar** *nm* : syrup
**almidón** *nm, pl* **-dones** : starch
**almidonar** *vt* : to starch
**alminar** *nm* MINARETE : minaret
**almirantazgo** *nm* : admiralty
**almirante** *nm* : admiral
**almizcle** *nm* : musk
**almohada** *nf* : pillow
**almohadilla** *nf* **1** : small pillow, cushion **2** : bag, base (in baseball) **3 almohadilla de/para ratón** : mouse pad
**almohadón** *nm, pl* **-dones** : bolster, cushion
**almohazar** {21} *vt* : to curry (a horse)
**almoneda** *nf* SUBASTA : auction
**almorranas** *nfpl* HEMORROIDES : hemorrhoids, piles
**almorzar** {36} *vi* : to have lunch — *vt* : to have for lunch
**almuerzo** *nm* : lunch
**alocado, -da** *adj* **1** : crazy **2** : wild, reckless **3** : silly, scatterbrained
**alocución** *nf, pl* **-ciones** : speech, address
**áloe** *or* **aloe** *nm* : aloe
**alojamiento** *nm* : lodging, accommodations *pl*
**alojar** *vt* ALBERGAR : to house, to lodge — **alojarse** *vr* : to lodge, to room
**alondra** *nf* : lark, skylark
**alpaca** *nf* : alpaca
**alpargata** *nf Arg, Spain, Uru, Ven* : espadrille
**alpinismo** *nm* : mountain climbing, mountaineering
**alpinista** *nmf* : mountain climber
**alpino, -na** *adj* : Alpine, alpine
**alpiste** *nm* : birdseed
**alquilar** *vt* ARRENDAR : to rent, to lease
**alquiler** *nm* ARRENDAMIENTO : rent, rental
**alquimia** *nf* : alchemy
**alquimista** *nmf* : alchemist
**alquitrán** *nm, pl* **-tranes** BREA : tar
**alquitranar** *vt* : to tar, to cover with tar
**alrededor** *adv* **1** : around ⟨lo que sucede alrededor : the things happening around us/you (etc.)⟩ **2 ~ de** : around ⟨la Tierra gira alrededor del sol : the Earth revolves around the sun⟩ **3 ~ de** : about, around ⟨alrededor de quince personas : about fifteen people⟩ ⟨alrededor de diciembre : around December⟩ **4 a mí/tu (etc.) alrededor** : around me/you (etc.)
**alrededores** *nmpl* ALEDAÑOS : surroundings, outskirts
**alta** *nf* **1** : admission, entry, enrollment **2 dar de alta** : to release, to discharge (a patient)
**altanería** *nf* ALTIVEZ, ARROGANCIA : arrogance, haughtiness
**altanero, -ra** *adj* ALTIVO, ARROGANTE : arrogant, haughty — **altaneramente** *adv*
**altar** *nm* : altar
**altavoz** *nm, pl* **-voces** ALTOPARLANTE : loudspeaker
**alteración** *nf, pl* **-ciones** **1** MODIFICACIÓN : alteration, modification **2** PERTURBACIÓN : disturbance, disruption
**alterado, -da** *adj* : upset
**alterar** *vt* **1** MODIFICAR : to alter, to modify **2** PERTURBAR : to disturb, to disrupt — **alterarse** *vr* : to get upset, to get worked up
**altercado** *nm* DISCUSIÓN, DISPUTA : altercation, argument, dispute
**altercar** {72} *vi* : to argue
**alternador** *nm* : alternator
**alternancia** *nf* : alternation, rotation
**alternar** *vi* **1** : to alternate **2** : to mix, to socialize — *vt* : to alternate — **alternarse** *vr* : to take turns
**alternativa** *nf* OPCIÓN : alternative, option
**alternativo, -va** *adj* **1** : alternating **2** : alternative — **alternativamente** *adv*
**alterno, -na** *adj* : alternate ⟨corriente alterna : alternating current⟩
**alteza** *nf* **1** : loftiness, lofty height **2 Alteza** : Highness
**altibajos** *nmpl* **1** : unevenness (of terrain) **2** : ups and downs
**altiplanicie** *nf* → **altiplano**
**altiplano** *nm* : high plateau, upland
**altisonante** *adj* **1** : pompous, affected (of language) **2** *Mex* : rude, obscene (of language)
**altitud** *nf* : altitude
**altivez** *nf, pl* **-veces** ALTANERÍA, ARROGANCIA : arrogance, haughtiness
**altivo, -va** *adj* ALTANERO, ARROGANTE : arrogant, haughty
**alto**[1] *adv* **1** : high **2** : loud, loudly — **altamente** *adv*
**alto**[2], **-ta** *adj* **1** : tall, high ⟨un hombre/edificio alto : a tall man/building⟩ ⟨altas montañas : high mountains⟩ **2** : high ⟨altas temperaturas : high temperatures⟩ ⟨de alta calidad : of high quality⟩ **3** : high ⟨la alta sociedad : high society⟩ ⟨un alto funcionario : a high-ranking official⟩ **4** : upper ⟨el Alto Nilo : the Upper Nile⟩ **5** : loud ⟨en voz alta : aloud, out loud⟩ **6 en alta mar** : on the high seas **7 en alto** : in the air ⟨con la cabeza en alto : with her head held high⟩ **8 en lo alto de** : high up on/in **9 por todo lo alto** : in high style
**alto**[3] *nm* **1** ALTURA : height, elevation ⟨tiene un metro de alto : it's one meter tall/high⟩ **2** : stop, halt **3 altos** *nmpl* : upper floors
**alto**[4] *interj* : halt!, stop!
**alto el fuego** *nm, pl* **altos el fuego** : cease-fire
**altoparlante** *nm* ALTAVOZ : loudspeaker
**altozano** *nm* : hillock
**altruismo** *nm* : altruism
**altruista** *adj* : altruistic
**altura** *nf* **1** : height ⟨una altura de dos metros : a height of two meters⟩ ⟨a la altura del pecho : at chest height⟩ ⟨no estuvo a la altura de las expectativas : it didn't meet our expectations⟩ **2** : altitude **3** : loftiness, nobleness **4 a la altura de** : (up) by, (up) near ⟨en la avenida San Antonio a la

altura de la calle Tres : on San Antonio Avenue up by Third Street⟩ **5 a estas alturas** : at this point, at this stage

**alubia** *nf* : kidney bean

**alucinación** *nf, pl* **-ciones** : hallucination

**alucinante** *adj* : hallucinatory

**alucinar** *vi* : to hallucinate

**alucinógeno¹, -na** *adj* : hallucinogenic

**alucinógeno²** *nm* : hallucinogen

**alud** *nm* ALVALANCHA : avalanche, landslide

**aludido, -da** *n* **1** : person in question ⟨el aludido : the aforesaid⟩ **2 darse por aludido** : to take it personally

**aludir** *vi* : to allude, to refer

**alumbrado** *nm* ILUMINACIÓN : lighting

**alumbramiento** *nm* **1** : lighting **2** : childbirth

**alumbrar** *vt* **1** ILUMINAR : to light, to illuminate **2** : to give birth to

**alumbre** *nm* : alum

**aluminio** *nm* : aluminum

**alumnado** *nm* : student body

**alumno, -na** *n* : pupil, student ⟨ex-alumno, ex-alumna : alumnus, alumna⟩ ⟨ex-alumnos, ex-alumnas : alumni, alumnae⟩

**alusión** *nf, pl* **-siones** : allusion, reference

**alusivo, -va** *adj* **~ a** : in reference to, regarding

**aluvión** *nm, pl* **-viones** : flood, barrage

**alza** *nf* SUBIDA : rise ⟨precios en alza : rising prices⟩

**alzacuello** *nm* : clerical collar

**alzamiento** *nm* LEVANTAMIENTO : uprising, insurrection

**alzar** {21} *vt* **1** ELEVAR, LEVANTAR : to lift, to raise **2** : to erect — **alzarse** *vr* LEVANTARSE : to rise up ⟨alzarse en armas : to rise up in arms⟩

**Alzheimer** [alˈseimer] *nm* : Alzheimer's, Alzheimer's disease

**ama** *nf* → **amo**

**amabilidad** *nf* : kindness

**amable** *adj* : kind, nice — **amablemente** *adv*

**amado¹, -da** *adj* : beloved, darling

**amado², -da** *n* : sweetheart, loved one

**amaestrar** *vt* : to train (animals)

**amafiarse** *vr Mex fam* : to conspire, to be in cahoots *fam*

**amagar** {52} *vt* **1** : to show signs of (an illness, etc.) **2** : to threaten — *vi* **1** : to be imminent, to threaten **2** : to feint, to dissemble

**amago** *nm* **1** AMENAZA : threat **2** : sign, hint

**amainar** *vi* : to abate, to ease up, to die down

**amalgama** *nf* : amalgam

**amalgamar** *vt* : to amalgamate, to unite

**amamantar** *v* : to breast-feed, to nurse, to suckle

**amanecer¹** {53} *v impers* **1** : to dawn **2** : to begin to show, to appear **3** : to wake up (in the morning)

**amanecer²** *nm* ALBA : dawn, daybreak

**amanerado, -da** *adj* : affected, mannered

**amansar** *vt* **1** : to tame **2** : to soothe, to calm down — **amansarse** *vr*

**amante¹** *adj* : loving, fond

**amante²** *nmf* : lover

**amañar** *vt* : to rig, to fix, to tamper with — **amañarse** *vr* **amañárselas** : to manage

**amaño** *nm* **1** : skill, dexterity **2** : trick, ruse

**amapola** *nf* : poppy

**amar** *vt* : to love — **amarse** *vr*

**amargado, -da** *adj* : embittered, bitter

**amargar** {52} *vt* : to make bitter, to embitter — *vi* : to taste bitter

**amargo¹, -ga** *adj* : bitter — **amargamente** *adv*

**amargo²** *nm* : bitterness, tartness

**amargura** *nf* **1** : bitterness **2** : grief, sorrow

**amarilis** *nf* : amaryllis

**amarillear** *vi* : to yellow, to turn yellow

**amarillento, -ta** *adj* : yellowish

**amarillismo** *nm* : sensationalism

**amarillo¹, -lla** *adj* : yellow

**amarillo²** *nm* : yellow

**amarra** *nf* **1** : mooring, mooring line **2 soltar las amarras de** : to loosen one's grip on

**amarrar** *vt* **1** : to moor (a boat) **2** ATAR : to fasten, to tie up, to tie down

**amartillar** *vt* : to cock (a gun)

**amasar** *vt* **1** : to amass **2** : to knead **3** : to mix, to prepare

**amasijo** *nm* : jumble, hodgepodge

**amasio, -sia** *n* : lover

**amateur** *adj & nmf* : amateur — **amateurismo** *nm*

**amatista** *nf* : amethyst

**amazona** *nf* **1** : Amazon (in mythology) **2** : horsewoman

**amazónico, -ca** *adj* : amazonian

**ambages** *nmpl* **sin ~** : without hesitation, straight to the point

**ámbar** *nm* **1** : amber **2 ámbar gris** : ambergris

**ambición** *nf, pl* **-ciones** : ambition

**ambicionar** *vt* : to aspire to, to seek

**ambicioso, -sa** *adj* : ambitious — **ambiciosamente** *adv*

**ambidextro, -tra** *adj* : ambidextrous

**ambientación** *nf, pl* **-ciones** : setting, atmosphere

**ambiental** *adj* : environmental — **ambientalmente** *adv*

**ambientalista** *nmf* : environmentalist

**ambientar** *vt* : to give atmosphere to, to set (in literature and drama) — **ambientarse** *vr* : to adjust, to get one's bearings

**ambiente** *nm* **1** : atmosphere **2** : environment **3** : surroundings *pl*

**ambigüedad** *nf* : ambiguity

**ambiguo, -gua** *adj* : ambiguous

**ámbito** *nm* : domain, field, area

**ambivalencia** *nf* : ambivalence

**ambivalente** *adj* : ambivalent

**ambos, -bas** *adj & pron* : both

**ambulancia** *nf* : ambulance

**ambulante** *adj* **1** : traveling, itinerant **2 vendedor ambulante** : street vendor

**ambulatorio¹, -ria** *adj* : outpatient

**ambulatorio²** *nm Spain, Ven* : clinic

**ameba** *nf* : amoeba — **amébico** *adj*

**amedrentar** *vt* : to frighten, to intimidate — **amedrentarse** *vr*

**amén** *nm, pl* **amenes** **1** : amen **2** ~ **de** : in addition to, besides **3 en un decir amén** : in an instant
**amenaza** *nf* : threat ⟨amenazas de muerte/bomba : death/bomb threats⟩
**amenazador, -dora** *adj* : threatening, menacing
**amenazante** → **amenazador**
**amenazar** {21} *vt* : to threaten ⟨me amenazó con demandarme : she threatened to sue me⟩ ⟨fue amenazado de muerte : he received death threats⟩ — *vi* : to threaten ⟨amenazan con sanciones : they're threatening sanctions⟩
**amenguar** {10} *vt* **1** : to diminish **2** : to belittle, to dishonor
**amenidad** *nf* : pleasantness, amenity
**amenizar** {21} *vt* **1** : to make pleasant **2** : to brighten up, to add life to
**ameno, -na** *adj* : agreeable, pleasant
**americano, -na** *adj & n* : American
**amerindio, -dia** *adj & n* → **nativo americano**
**ameritar** *vt* MERECER : to deserve
**ametralladora** *nf* : machine gun
**amianto** *nm* : asbestos
**amiba** → **ameba**
**amienemigo, -ga** *n fam* : frenemy
**amigable** *adj* : friendly, amicable — **amigablemente** *adv*
**amígdala** *nf* : tonsil
**amigdalitis** *nf* : tonsillitis
**amigo¹, -ga** *adj* **1** : friendly, close ⟨es muy amigo mío : he's a very good friend of mine⟩ **2 hacerse (muy) amigo (de)** : to become (good) friends (with) **3 ser (muy) amigo de algo** : to be (very) fond of something
**amigo², -ga** *n* **1** : friend ⟨un buen/íntimo amigo : a good/close friend⟩ ⟨es una amiga suya : she's a friend of his⟩ **2 hacer amigos** : to make friends
**amigote** *nm* : crony, pal
**amilanar** *vt* **1** : to frighten **2** : to daunt, to discourage — **amilanarse** *vr* : to lose heart
**aminoácido** *nm* : amino acid
**aminorar** *vt* : to reduce, to lessen — *vi* : to diminish
**amistad** *nf* : friendship
**amistoso, -sa** *adj* : friendly — **amistosamente** *adv*
**amnesia** *nf* : amnesia
**amnésico, -ca** *adj & n* : amnesiac
**amnistía** *nf* : amnesty
**amnistiar** {85} *vt* : to grant amnesty to
**amo, ama** *n* **1** : master *m*, mistress *f* **2** : owner, keeper (of an animal) **3 ama de casa** : housewife **4 ama de llaves** : housekeeper
**amodorrado, -da** *adj* : drowsy
**amolar** {19} *vt* **1** : to grind, to sharpen **2** : to pester, to annoy
**amoldable** *adj* : adaptable
**amoldar** *vt* **1** : to mold **2** : to adapt, to adjust — **amoldarse** *vr*
**amonestación** *nf, pl* **-ciones** **1** APERCIBIMIENTO : admonition, warning **2 amonestaciones** *nfpl* : banns
**amonestar** *vt* APERCIBIR : to admonish, to warn
**amoníaco** *or* **amoniaco** *nm* : ammonia
**amontonamiento** *nm* : accumulation, piling up
**amontonar** *vt* **1** APILAR : to pile up, to heap up **2** : to collect, to gather **3** : to hoard — **amontonarse** *vr*
**amor** *nm* **1** : love ⟨un poema de amor : a love poem⟩ ⟨su amor por/a la música : his love of music⟩ **2** : loved one, beloved ⟨sí, mi amor : yes, my love⟩ **3 amor propio** : self-esteem **4 hacer el amor** : to make love **5 por amor al arte** : for the love of it **6 ¡por el amor de Dios!** : for God's sake!
**amoral** *adj* : amoral
**amoratado, -da** *adj* : black-and-blue, bruised, livid
**amordazar** {21} *vt* **1** : to gag, to muzzle **2** : to silence
**amorfo, -fa** *adj* : shapeless, amorphous
**amorio** *nm* : love affair, fling
**amoroso, -sa** *adj* **1** : loving, affectionate **2** : amorous ⟨una mirada amorosa : an amorous glance⟩ **3** : charming, cute — **amorosamente** *adv*
**amortiguación** *nf* : cushioning, absorption
**amortiguador** *nm* : shock absorber
**amortiguar** {10} *vt* : to soften (an impact)
**amortizar** {21} *vt* : to amortize, to pay off — **amortización** *nf*
**amotinado¹, -da** *adj* : rebellious, insurgent, mutinous
**amotinado², -da** *n* : rebel, insurgent, mutineer
**amotinamiento** *nm* : uprising, rebellion
**amotinar** *vt* : to incite (to riot), to agitate — **amotinarse** *vr* **1** : to riot, to rebel **2** : to mutiny
**amparar** *vt* : to safeguard, to protect — **ampararse** *vr* **1** ~ **de** : to take shelter from **2** ~ **en** : to have recourse to
**amparo** *nm* ACOGIDA, REFUGIO : protection, refuge
**amperímetro** *nm* : ammeter
**amperio** *nm* : ampere
**ampliación** *nf, pl* **-ciones** : expansion, extension
**ampliar** {85} *vt* **1** : to expand, to extend **2** : to widen **3** : to enlarge (photographs) **4** : to elaborate on, to develop (ideas)
**amplificador** *nm* : amplifier
**amplificar** {72} *vt* : to amplify — **amplificación** *nf*
**amplio, -plia** *adj* **1** : broad, wide (of a street, etc.), spacious (of a room, etc.) ⟨una amplia gama de : a broad range of⟩ ⟨en el sentido más amplio : in the broadest sense⟩ **2** : full, comprehensive **3** : loose, full (of clothes) — **ampliamente** *adj*
**amplitud** *nf* **1** : breadth, extent **2** : space, spacious quality
**ampolla** *nf* **1** : blister **2** : vial
**ampollar** *vt* : to blister — **ampollarse** *vr*
**ampolleta** *nf* **1** : small vial **2** : hourglass **3** *Chile* : light bulb
**ampulosidad** *nf* : pomposity, bombast
**ampuloso, -sa** *adj* GRANDILOCUENTE : pompous, bombastic — **ampulosamente** *adv*

**amputar** *vt* : to amputate — **amputación** *nf*
**amueblar** *vt* : to furnish
**amuleto** *nm* TALISMÁN : amulet, charm
**amurallar** *vt* : to wall in, to fortify
**anacardo** *nm* : cashew nut
**anaconda** *nf* : anaconda
**anacrónico, -ca** *adj* : anachronistic
**anacronismo** *nm* : anachronism
**ánade** *nmf* **1** : duck **2 ánade real** : mallard
**anagrama** *nm* : anagram
**anal** *adj* : anal
**anales** *nmpl* : annals
**analfabetismo** *nm* : illiteracy
**analfabeto, -ta** *adj & n* : illiterate
**analgésico**[1], **-ca** *adj* : analgesic
**analgésico**[2] *nm* : painkiller, analgesic
**análisis** *nm* : analysis
**analista** *nmf* : analyst
**analítico, -ca** *adj* : analytical, analytic — **analíticamente** *adv*
**analizar** {21} *vt* : to analyze
**analogía** *nf* : analogy
**analógico, -ca** *adj* **1** : analogical **2** : analog ⟨computadora analógica : analog computer⟩
**análogo, -ga** *adj* : analogous, similar
**ananá** *or* **ananás** *nm, pl* **-nás** : pineapple
**anaquel** *nm* REPISA : shelf
**anaranjado**[1], **-da** *adj* NARANJA : orange-colored
**anaranjado**[2] *nm* NARANJA : orange (color)
**anarquía** *nf* : anarchy
**anárquico, -ca** *adj* : anarchic
**anarquismo** *nm* : anarchism
**anarquista** *adj & nmf* : anarchist
**anatema** *nm* : anathema
**anatomía** *nf* : anatomy — **anatomista** *nmf*
**anatómico, -ca** *adj* : anatomical — **anatómicamente** *adv*
**ancas** *nfpl* **1** : haunches, hindquarters **2 ancas de rana** : frogs' legs
**ancestral** *adj* **1** : ancient, traditional **2** : ancestral
**ancestro** *nm* ASCENDIENTE : ancestor, forefather *m*
**ancho**[1], **-cha** *adj* **1** : wide, broad ⟨calles anchas : wide streets⟩ **2** : full, loose-fitting **3 a lo ancho** : across (the width of) **4 a sus anchas** : at home, comfortable
**ancho**[2] *nm* **1** : width, breadth ⟨tiene dos metros de ancho : it's two meters wide⟩ **2 ancho de banda** : bandwidth
**anchoa** *nf* : anchovy
**anchura** *nf* : width, breadth
**ancianidad** *nf* SENECTUD : old age
**anciano**[1], **-na** *adj* : aged, old, elderly
**anciano**[2], **-na** *n* : elderly person
**ancla** *nf* : anchor
**ancladerо** → **anclaje**
**anclaje** *nm* : anchorage
**anclar** *v* FONDEAR : to anchor
**andadas** *nfpl* **1** : tracks **2 volver a las andadas** : to go back to one's old ways, to backslide
**andador**[1] *nm* **1** : walker, baby walker **2** *Mex* : walkway
**andador**[2], **-dora** *n* : walker, one who walks
**andadura** *nf* : course, journey ⟨su agotadora andadura al campeonato : his exhausting journey to the championship⟩
**ándale** → **andar**
**andaluz, -luza** *adj & n, mpl* **-luces** : Andalusian
**andamiaje** *nm* **1** : scaffolding **2** ESTRUCTURA : structure, framework
**andamio** *nm* : scaffold
**andanada** *nf* **1** : volley, broadside **2 soltarle una andanada a alguien** : to reprimand someone
**andanzas** *nfpl* : adventures
**andar**[1] {6} *vi* **1** CAMINAR : to walk **2** IR : to go, to travel **3** FUNCIONAR : to run, to function ⟨el auto anda bien : the car runs well⟩ **4** : to ride ⟨andar en bicicleta : to ride a bike⟩ ⟨andar a caballo : to ride on horseback⟩ **5** : to be ⟨su madre no anda bien : his mother isn't well⟩ ⟨lo andaban buscando : they were looking for him⟩ **6 ¡anda!** *or Mex* **¡ándale!** : come on!, go on! **7 ~ con** SALIR CON : to go out with, to date **8 ~ con** : to associate with **9 ~ con/sin** ⟨andaba sin camisa : he had no shirt on⟩ ⟨siempre anda con su guitarra : she always has her guitar with her⟩ **10 andar detrás de** : to be after **11 ~ en** : to be involved with **12 ~ en** REVOLVER : to rummage through **13 ~ por** : to be about ⟨anda por los 25 años : she's about 25 years old⟩ — *vt* : to walk, to travel — **andarse** *vr* : to leave, to go
**andar**[2] *nm* : walk, gait
**andas** *nfpl* : stand (for a coffin), bier
**andén** *nm, pl* **andenes** **1** : (train) platform **2** *CA, Col* : sidewalk
**andino, -na** *adj* : Andean
**andorrano, -na** *adj & n* : Andorran
**andrajos** *nmpl* : rags, tatters
**andrajoso, -sa** *adj* : ragged, tattered
**andrógino, -na** *adj* : androgynous
**andurriales** *nmpl* : remote place
**anea** *nf* : cattail
**anduvo, etc.** → **andar**
**anécdota** *nf* : anecdote
**anecdótico, -ca** *adj* : anecdotal
**anegar** {52} *vt* **1** INUNDAR : to flood **2** AHOGAR : to drown **3** : to overwhelm — **anegarse** *vr* : to be flooded
**anejo** *nm* → **anexo**[2]
**anemia** *nf* : anemia
**anémico, -ca** *adj* : anemic
**anémona** *nf* : anemone
**anestesia** *nf* : anesthesia
**anestesiar** *vt* : to anesthetize
**anestésico**[1], **-ca** *adj* : anesthetic
**anestésico**[2] *nm* : anesthetic
**anestesista** *nmf* : anesthetist
**aneurisma** *nmf* : aneurysm
**anexar** *vt* : to annex, to attach
**anexión** *nf, pl* **-xiones** : annexation
**anexo**[1], **-xa** *adj* : attached, joined, annexed
**anexo**[2] *nm* **1** : annex **2** : supplement (to a book), appendix
**anfetamina** *nf* : amphetamine
**anfibio**[1], **-bia** *adj* : amphibious

**anfibio**[2] *nm* : amphibian
**anfiteatro** *nm* 1 : amphitheater 2 : lecture hall
**anfitrión, -triona** *n, mpl* **-triones** : host, hostess *f*
**ánfora** *nf* 1 : urn, jar (with two handles) 2 *Mex, Peru* : ballot box
**ángel** *nm* 1 : angel 2 **ángel de la guarda** : guardian angel 3 **ángel exterminador** : Angel of Death
**angelical** *adj* : angelic, angelical
**angélico, -ca** *adj* → **angelical**
**angina** *nf* 1 *or* **angina de pecho** : angina 2 *Mex* : tonsil
**anglicano, -na** *adj & n* : Anglican
**angloparlante**[1] *adj* : English-speaking
**angloparlante**[2] *nmf* : English speaker
**anglosajón, -jona** *adj & n, mpl* **-jones** : Anglo-Saxon
**angoleño, -ña** *adj & n* : Angolan
**angora** *nf* : angora
**angostar** *vt* : to narrow — **angostarse** *vr*
**angosto, -ta** *adj* : narrow
**angostura** *nf* : narrowness
**anguila** *nf* : eel
**angular** *adj* : angular — **angularidad** *nf*
**ángulo** *nm* 1 : angle 2 : corner 3 **ángulo muerto** : blind spot
**anguloso, -sa** *adj* : angular, sharp ⟨una cara angulosa : an angular face⟩ — **angulosidad** *nf*
**angustia** *nf* 1 CONGOJA : anguish, distress 2 : anxiety, worry
**angustiar** *vt* 1 : to anguish, to distress 2 : to worry — **angustiarse** *vr*
**angustioso, -sa** *adj* 1 : anguished, distressed 2 : distressing, worrisome
**anhelante** *adj* : yearning, longing
**anhelar** *vt* : to yearn for, to crave
**anhelo** *nm* : longing, yearning
**anidar** *vi* 1 : to nest 2 : to make one's home, to dwell — *vt* : to shelter
**anilla** *nf* : ring
**anillo** *nm* SORTIJA : ring
**ánima** *n* ALMA : soul
**animación** *nf, pl* **-ciones** 1 : animation 2 VIVEZA : liveliness
**animado, -da** *adj* 1 : animated, lively 2 : cheerful — **animadamente** *adv*
**animador, -dora** *n* 1 : (television) host 2 : cheerleader
**animadversión** *nf, pl* **-siones** ANIMOSIDAD : animosity, antagonism
**animal**[1] *adj* 1 : animal 2 ESTÚPIDO : stupid, idiotic 3 : rough, brutish
**animal**[2] *nm* : animal
**animal**[3] *nmf* 1 IDIOTA : idiot, fool 2 : brute, beastly person
**animar** *vt* 1 ALENTAR : to encourage, to inspire 2 : to animate, to enliven 3 : to brighten up, to cheer up — **animarse** *vr*
**anímico, -ca** *adj* : mental ⟨estado anímico : state of mind⟩
**ánimo** *nm* 1 ALMA : spirit, soul 2 : mood, spirits *pl* 3 : encouragement 4 PROPÓSITO : intention, purpose ⟨sociedad sin ánimo de lucro : nonprofit organization⟩ 5 : energy, vitality
**animosidad** *nf* ANIMADVERSIÓN : animosity, ill will
**animoso, -sa** *adj* : brave, spirited — **animosamente** *adv*
**aniñado, -da** *adj* : childlike
**aniquilación** *nf* → **aniquilamiento**
**aniquilamiento** *nm* : annihilation, extermination
**aniquilar** *vt* 1 : to annihilate, to wipe out 2 : to overwhelm, to bring to one's knees — **aniquilarse** *vr*
**anís** *nm* 1 : anise 2 **semilla de anís** : aniseed
**aniversario** *nm* : anniversary
**ano** *nm* : anus
**anoche** *adv* : last night
**anochecer**[1] {53} *v impers* : to get dark
**anochecer**[2] *nm* : dusk, nightfall
**anodino, -na** *adj* : insipid, dull
**ánodo** *nm* : anode
**anomalía** *nf* : anomaly
**anómalo, -la** *adj* : anomalous
**anonadado, -da** *adj* : dumbfounded, speechless
**anonadar** *vt* : to dumbfound, to stun
**anonimato** *nm* : anonymity
**anónimo, -ma** *adj* : anonymous — **anónimamente** *adv*
**anorak** [ano'rak] *nm, pl* **-raks** : anorak
**anorexia** *nf* : anorexia
**anoréxico, -ca** *adj* : anorexic
**anormal** *adj* : abnormal — **anormalmente** *adv*
**anormalidad** *nf* : abnormality
**anotación** *nf, pl* **-ciones** 1 : annotation, note 2 : scoring (in sports) ⟨lograron una anotación : they managed to score a goal⟩
**anotador, -dora** *n* : scorer (in sports) ⟨el máximo anotador : the top scorer, the top-scoring player⟩
**anotar** *vt* 1 : to annotate 2 APUNTAR, ESCRIBIR : to write down, to jot down 3 : to score (in sports) — *vi* : to score
**anquilosado, -da** *adj* 1 : stiff (of a joint) 2 : stagnated, stale
**anquilosamiento** *nm* 1 : stiffness (of joints) 2 : stagnation, paralysis
**anquilosarse** *vr* 1 : to stagnate 2 : to become stiff or paralyzed
**anquilostoma** *nm* : hookworm
**ánsar** *nm* : goose
**ansarino** *nm* : gosling
**ansia** *nf* 1 INQUIETUD : anxiety, uneasiness 2 ANGUSTIA : anguish, distress 3 ANHELO : longing, yearning
**ansiar** {85} *vt* : to long for, to yearn for
**ansiedad** *nf* : anxiety
**ansioso, -sa** *adj* 1 : anxious, worried 2 : eager — **ansiosamente** *adv*
**antagónico, -ca** *adj* : conflicting, opposing
**antagonismo** *nm* : antagonism
**antagonista**[1] *adj* : antagonistic
**antagonista**[2] *nmf* : antagonist, opponent
**antagonizar** {21} *vt* : to antagonize
**antaño** *adv* : yesteryear, long ago
**antártico, -ca** *adj* 1 : antarctic 2 **círculo antártico** : antarctic circle
**ante**[1] *nm* 1 : elk, moose 2 : suede
**ante**[2] *prep* 1 : before, in front of 2 : considering, in view of 3 **ante todo** : first and foremost, above all

**anteanoche** *adv* : the night before last
**anteayer** *adv* : the day before yesterday
**antebrazo** *nm* : forearm
**antecedente**[1] *adj* : previous, prior
**antecedente**[2] *nm* **1** : precedent **2 antecedentes** *nmpl* : record, background
**anteceder** *v* : to precede
**antecesor, -sora** *n* **1** ANTEPASADO : ancestor **2** PREDECESOR : predecessor
**antedicho, -cha** *adj* : aforesaid, above
**antelación** *nf, pl* **-ciones 1** : advance notice **2 con ~** : in advance, beforehand
**antemano** *adv* **de ~** : in advance ⟨se lo agradezco de antemano : I thank you in advance⟩
**antena** *nf* : antenna ⟨antena parabólica : satellite dish⟩
**antenoche → anteanoche**
**anteojera** *nf* **1** : glasses case **2 anteojeras** *nfpl* : blinders
**anteojos** *nmpl* GAFAS : glasses, eyeglasses
**antepasado**[1], **-da** *adj* : before last ⟨el domingo antepasado : the Sunday before last⟩
**antepasado**[2], **-da** *n* ANTECESOR : ancestor
**antepecho** *nm* **1** : guardrail **2** : ledge, sill
**antepenúltimo, -ma** *adj* : third from last
**anteponer** {60} *vt* **1** : to place before ⟨anteponer al interés de la nación el interés de la comunidad : to place the interests of the community before national interest⟩ **2** : to prefer
**anteproyecto** *nm* **1** : draft, proposal **2 anteproyecto de ley** : bill
**antera** *nf* : anther
**anterior** *adj* **1** : previous **2** : earlier ⟨tiempos anteriores : earlier times⟩ **3** : anterior, forward, front
**anterioridad** *nf* **1** : priority **2 con ~** : beforehand, in advance
**anteriormente** *adv* : previously, beforehand
**antes** *adv* **1** : before ⟨no se me ocurrió antes : it didn't occur to me before⟩ ⟨es igual que antes : it's the same as before⟩ ⟨una hora antes : an hour earlier⟩ ⟨antes eran más baratos : they used to be cheaper⟩ **2** : rather, sooner ⟨antes prefiero morir : I'd rather die⟩ **3 ~ de** : before, previous to ⟨antes de hoy : before today⟩ ⟨antes de salir : before leaving⟩ ⟨antes de un mes : within a month⟩ **4 antes que** : before ⟨antes que llegue Luis : before Luis arrives⟩ **5 cuanto antes** *or* **lo antes posible** : as soon as possible **6 antes bien** : on the contrary
**antesala** *nf* **1** : lobby, waiting room **2** : prelude, prologue
**anti-** *pref* : anti-, against, opposing
**antiaborto, -ta** *adj* : antiabortion
**antiácido** *nm* : antacid
**antiadherente** *adj* : nonstick
**antiaéreo, -rea** *adj* : antiaircraft
**antiamericano, -na** *adj* : anti-American
**antibalas** *adj* : bulletproof
**antibiótico**[1], **-ca** *adj* : antibiotic
**antibiótico**[2] *nm* : antibiotic
**anticipación** *nf, pl* **-ciones 1** : expectation, anticipation **2 con ~** : in advance
**anticipado, -da** *adj* **1** : advance, early **2 por ~** : in advance
**anticipar** *vt* **1** : to anticipate, to forestall, to deal with in advance **2** : to pay in advance — **anticiparse** *vr* **1** : to be early **2** ADELANTARSE : to get ahead
**anticipo** *nm* **1** : advance (payment) **2** : foretaste, preview
**anticlimático, -ca** *adj* : anticlimactic
**anticlímax** *nm* : anticlimax
**anticomunismo** *nm* : anticommunism
**anticomunista** *adj & nmf* : anticommunist
**anticoncepción** *nf, pl* **-ciones** : birth control, contraception
**anticonceptivo** *nm* : contraceptive — **anticonceptivo, -va** *adj*
**anticongelante** *nm* : antifreeze
**anticonstitucional** *adj* : not constitutional
**anticuado, -da** *adj* : antiquated, outdated
**anticuario**[1], **-ria** *adj* : antique, antiquarian
**anticuario**[2], **-ria** *n* : antiquarian, antiquary
**anticuario**[3] *nm* : antique shop
**anticuerpo** *nm* : antibody
**antidemocrático, -ca** *adj* : antidemocratic
**antidepresivo** *nm* : antidepressant
**antidisturbios**[1] *adj* : riot ⟨policía antidisturbios : riot police⟩
**antidisturbios**[2] *nmpl* : riot police
**antídoto** *nm* : antidote
**antidrogas** *adj* : antidrug
**antier → anteayer**
**antiestético, -ca** *adj* : unsightly, unattractive
**antifascista** *adj & nmf* : antifascist
**antifaz** *nm, pl* **-faces** : mask
**antifeminista** *adj & nmf* : antifeminist
**antifona** *nf* : anthem
**antígeno** *nm* : antigen
**antigualla** *nf* **1** : antique **2** : relic, old thing
**antiguamente** *adv* **1** : formerly, once **2** : long ago
**antigüedad** *nf* **1** : antiquity **2** : seniority **3** : age ⟨con siglos de antigüedad : centuries-old⟩ **4 antigüedades** *nfpl* : antiques
**antiguo, -gua** *adj* **1** : ancient, old **2** : former **3** : old-fashioned ⟨a la antigua : in the old-fashioned way⟩ **4 Antiguo Testamento** : Old Testament
**antihigiénico, -ca** *adj* INSALUBRE : unhygienic, unsanitary
**antihistamínico** *nm* : antihistamine
**antiimperialismo** *nm* : anti-imperialism
**antiimperialista** *adj & nmf* : anti-imperialist
**antiinflacionario, -ria** *adj* : anti-inflationary
**antiinflamatorio, -ria** *adj* : anti-inflammatory
**antillano**[1], **-na** *adj* CARIBEÑO : Caribbean, West Indian
**antillano**[2], **-na** *n* : West Indian
**antílope** *nm* : antelope
**antimonio** *nm* : antimony
**antimonopolista** *adj* : antitrust

**antinatural** *adj* : unnatural, perverse
**antipatía** *nf* : aversion, dislike
**antipático, -ca** *adj* : obnoxious, unpleasant
**antipatriótico, -ca** *adj* : unpatriotic
**antirrábico, -ca** *adj* : rabies ⟨vacuna antirrábica : rabies vaccine⟩
**antirreglamentario, -ria** *adj* **1** : unlawful, illegal **2** : foul (in sports)
**antirrevolucionario, -ria** *adj & n* : antirevolutionary
**antirrobo, -ba** *adj* : antitheft
**antisemita** *adj* : anti-Semitic
**antisemitismo** *nm* : anti-Semitism
**antiséptico¹, -ca** *adj* : antiseptic
**antiséptico²** *nm* : antiseptic
**antisocial** *adj* : antisocial
**antitabaco** *adj* : antismoking
**antiterrorista** *adj* : antiterrorist
**antítesis** *nf* : antithesis
**antitoxina** *nf* : antitoxin
**antitranspirante** *nm* : antiperspirant
**antiviral** *adj* : antiviral
**antivirus** *nm, pl* **antivirus** : antivirus software
**antojadizo, -za** *adj* CAPRICHOSO : capricious
**antojarse** *vr* **1** APETECER : to be appealing, to be desirable ⟨se me antoja un helado : I feel like having ice cream⟩ **2** : to seem, to appear ⟨los árboles se antojaban fantasmas : the trees seemed like ghosts⟩
**antojitos** *nmpl Mex* : traditional Mexican snack foods
**antojo** *nm* **1** CAPRICHO : whim **2** : craving
**antología** *nf* **1** : anthology **2 de ~** *fam* : fantastic, incredible
**antónimo** *nm* : antonym
**antonomasia** *nf* **por ~** : par excellence
**antorcha** *nf* : torch
**antracita** *nf* : anthracite
**antro** *nm* **1** : cave, den **2** : dive, seedy nightclub
**antropofagia** *nf* CANIBALISMO : cannibalism
**antropófago¹, -ga** *adj* : cannibalistic
**antropófago², -ga** *n* CANÍBAL : cannibal
**antropoide** *adj & nmf* : anthropoid
**antropología** *nf* : anthropology
**antropológico, -ca** *adj* : anthropological
**antropólogo, -ga** *n* : anthropologist
**anual** *adj* : annual, yearly — **anualmente** *adv*
**anualidad** *nf* : annuity
**anuario** *nm* : yearbook, annual
**anudar** *vt* : to knot, to tie in a knot — **anudarse** *vr*
**anuencia** *nf* : consent
**anulación** *nf, pl* **-ciones** : annulment, cancellation
**anular** *vt* : to annul, to cancel
**anunciador, -dora** *n* → **anunciante**
**anunciante** *nmf* : advertiser
**anunciar** *vt* **1** : to announce **2** : to advertise
**anuncio** *nm* **1** : announcement **2** : advertisement, commercial
**anzuelo** *nm* **1** : fishhook **2 morder el anzuelo** : to take the bait
**añadido** *nm* : addition
**añadidura** *nf* **1** : additive, addition **2 por ~** : in addition, furthermore
**añadir** *vt* **1** AGREGAR : to add **2** AUMENTAR : to increase
**añejar** *vt* : to age, to ripen
**añejo, -ja** *adj* **1** : aged, vintage **2** : ancient, musty, stale
**añicos** *nmpl* : smithereens, bits ⟨hacer(se) añicos : to shatter⟩
**añil** *nm* **1** : indigo **2** : bluing
**año** *nm* **1** : year ⟨el año pasado : last year⟩ ⟨en el año 1990 : in (the year) 1990⟩ ⟨en los años '70 : in the '70's⟩ ⟨tiene diez años : she is ten years old⟩ ⟨cumple hoy 80 años : he turns 80 today⟩ ⟨los menores de 18 años : those under the age of 18⟩ **2** : grade ⟨cuarto año : fourth grade⟩ **3 año bisiesto** : leap year **4 año luz** : light-year **5 Año Nuevo** : New Year
**añoranza** *nf* : longing, yearning
**añorar** *vt* **1** DESEAR : to long for **2** : to grieve for, to miss — *vi* : to mourn, to grieve
**añoso, -sa** *adj* : aged, old
**añublo** *nm* : blight
**aorta** *nf* : aorta
**apa** *interj Mex fam* : wow!
**apabullante** *adj* : overwhelming, crushing
**apabullar** *vt* : to overwhelm
**apacentar** {55} *vt* : to pasture, to put to pasture
**apache** *adj & nmf* : Apache
**apachurrado, -da** *adj fam* : depressed, down
**apachurrar** *vt* : to crush, to squash
**apacible** *adj* : gentle, mild, calm — **apaciblemente** *adv*
**apaciguador, -dora** *adj* : calming
**apaciguamiento** *nm* : appeasement
**apaciguar** {10} *vt* APLACAR : to appease, to pacify — **apaciguarse** *vr* : to calm down
**apadrinar** *vt* **1** : to be a godparent to **2** : to sponsor, to support
**apagado, -da** *adj* **1** : off, out ⟨la luz está apagada : the light is off⟩ **2** : dull, subdued
**apagador** *nm Mex* : switch
**apagar** {52} *vt* **1** : to turn off, to shut off **2** : to put out, to extinguish — **apagarse** *vr* **1** : to go out (of a light, flame, etc.) **2** DISMINUIR : to wane, to die down
**apagón** *nm, pl* **-gones** : blackout (of power), power failure
**apalabrar** *vt* : to arrange with (someone), to arrange for (something)
**apalancamiento** *nm* : leverage
**apalancar** {72} *vt* **1** : to jack up **2** : to pry open
**apalear** *vt* : to beat up, to thrash
**apanar** *Col, Ecua, Peru* → **empanar**
**apantallar** *vt Mex* : to dazzle, to impress
**apañar** *vt* **1** : to seize, to grasp **2** : to repair, to mend — **apañarse** *vr* : to manage, to get along
**apaño** *nm fam* **1** : patch **2** HABILIDAD : skill, knack
**apapachar** *vt Mex fam* : to cuddle, to caress — **apapacharse** *vr*

**apapacho** *nm Mex fam* : cuddle, caress
**aparador** *nm* **1** : sideboard, cupboard **2** ESCAPARATE, VITRINA : shop window
**aparato** *nm* **1** : machine, appliance, apparatus ⟨aparato auditivo : hearing aid⟩ ⟨aparato de televisión : television set⟩ **2** : system ⟨aparato digestivo : digestive system⟩ **3** : display, ostentation ⟨sin aparato : without ceremony⟩ **4 aparatos** *nmpl* : braces (for the teeth) **5** : ride (in an amusement park)
**aparatoso, -sa** *adj* **1** : ostentatious **2** : spectacular
**aparcamiento** *nm Spain* **1** : parking **2** : parking lot
**aparcar** {72} *v Spain* : to park
**aparcero, -ra** *n* : sharecropper
**aparear** *vt* **1** : to mate (animals) **2** : to match up — **aparearse** *vr* : to mate
**aparecer** {53} *vi* **1** : to appear **2** PRESENTARSE : to show up **3** : to turn up, to be found — **aparecerse** *vr* : to appear
**aparejado, -da** *adj* **1 ir aparejado con** : to go hand in hand with **2 llevar aparejado** : to entail
**aparejar** *vt* **1** PREPARAR : to prepare, to make ready **2** : to harness (a horse) **3** : to fit out (a ship)
**aparejo** *nm* **1** : equipment, gear **2** : harness, saddle **3** : rig, rigging (of a ship)
**aparentar** *vt* **1** : to seem, to appear ⟨no aparentas tu edad : you don't look your age⟩ **2** FINGIR : to feign, to pretend
**aparente** *adj* **1** : apparent **2** : showy, striking — **aparentemente** *adv*
**aparición** *nf, pl* **-ciones** **1** : appearance **2** PUBLICACIÓN : publication, release **3** FANTASMA : apparition, vision
**apariencia** *nf* **1** ASPECTO : appearance, look **2 en ~** : seemingly, apparently
**apartado** *nm* **1** : section, paragraph **2 apartado postal** : P.O. Box
**apartamento** *nm* DEPARTAMENTO : apartment
**apartar** *vt* **1** ALEJAR : to move away, to put at a distance **2** : to put aside, to set aside, to separate — **apartarse** *vr* **1** : to step aside, to move away **2** DESVIARSE : to stray
**aparte**[1] *adv* **1** : apart, aside ⟨modestia aparte : if I say so myself⟩ **2** : separately **3 ~ de** : apart from, besides
**aparte**[2] *adj* : separate, special
**aparte**[3] *nm* : aside (in theater)
**apartheid** *nm* : apartheid
**apasionado, -da** *adj* : passionate, enthusiastic — **apasionadamente** *adv*
**apasionante** *adj* : fascinating, exciting
**apasionar** *vt* : to enthuse, to excite — **apasionarse** *vr*
**apatía** *nf* : apathy
**apático, -ca** *adj* : apathetic
**apátrida** *adj* **1** : without nationality **2** *Ven* : unpatriotic
**apearse** *vr* **1** DESMONTAR : to dismount **2** : to get out of or off (a vehicle)
**apechugar** {52} *vi fam* : to put up with the situation ⟨apechugar con : to put up with, to deal with⟩
**apedrear** *vt* : to stone, to throw stones at
**apegado, -da** *adj* : attached, close, devoted ⟨es muy apegado a su familia : he is very devoted to his family⟩
**apegarse** {52} *vr* **~ a** : to become attached to, to grow fond of
**apego** *nm* AFICIÓN : attachment, fondness, inclination
**apelación** *nf, pl* **-ciones** : appeal (in court)
**apelar** *vi* **1** : to appeal **2 ~ a** : to resort to
**apelativo** *nm* APELLIDO : last name, surname
**apellidarse** *vr* : to have for a last name ⟨¿cómo se apellida? : what is your last name?⟩
**apellido** *nm* : last name, surname
**apelotonar** *vt* : to roll into a ball, to bundle up
**apenar** *vt* : to sadden — **apenarse** *vr* **1** : to be saddened **2** : to become embarrassed
**apenas**[1] *adv* : hardly, scarcely
**apenas**[2] *conj* : as soon as
**apéndice** *nm* **1** : appendix **2** : appendage
**apendicectomía** *nf* : appendectomy
**apendicitis** *nf* : appendicitis
**apercibimiento** *nm* **1** : preparation **2** AMONESTACIÓN : warning
**apercibir** *vt* **1** DISPONER : to prepare, to make ready **2** AMONESTAR : to warn **3** OBSERVAR : to observe, to perceive — **apercibirse** *vr* **1** : to get ready **2 ~ de** : to notice
**aperitivo** *nm* **1** : appetizer **2** : aperitif
**apero** *nm* : tool, implement
**apersonarse** *vr* **1** : to appear, to show up **2 ~ de** *Col* : to take charge of, to oversee
**apertura** *nf* **1** : opening, aperture **2** : commencement, beginning **3** : openness
**apesadumbrar** *vt* : to distress, to sadden — **apesadumbrarse** *vr* : to be weighed down
**apestar** *vt* **1** : to infect with the plague **2** : to corrupt — *vi* : to stink
**apestoso, -sa** *adj* : stinking, foul
**apetecer** {53} *vt* **1** : to crave, to long for ⟨apeteció la fama : he longed for fame⟩ **2** : to appeal to ⟨me apetece un bistec : I feel like having a steak⟩ ⟨¿cuándo te apetece ir? : when do you want to go?⟩ — *vi* : to be appealing
**apetecible** *adj* : appetizing, appealing
**apetito** *nm* : appetite
**apetitoso, -sa** *adj* : appetizing
**apiadarse** *vr* **~ de** : to take pity on
**apiario** *nm* : apiary
**ápice** *nm* **1** : apex, summit **2** PIZCA : bit, smidgen
**apicultor, -tora** *n* : beekeeper
**apicultura** *nf* : beekeeping
**apilar** *vt* AMONTONAR : to heap up, to pile up — **apilarse** *vr*
**apiñado, -da** *adj* : jammed, crowded
**apiñar** *vt* : to pack, to cram — **apiñarse** *vr* : to crowd together, to huddle
**apio** *nm* : celery

**apisonadora** *nf* : steamroller
**apisonar** *vt* : to pack down, to tamp
**aplacamiento** *nm* : appeasement
**aplacar** {72} *vt* APACIGUAR : to appease, to placate — **aplacarse** *vr* : to calm down
**aplanadora** *nf* : steamroller
**aplanar** *vt* : to flatten, to level
**aplastante** *adj* : crushing, overwhelming
**aplastar** *vt* : to crush, to squash
**aplaudir** *v* : to applaud
**aplauso** *nm* **1** : applause, clapping **2** : praise, acclaim
**aplazamiento** *nm* : postponement
**aplazar** {21} *vt* : to postpone, to defer
**aplicable** *adj* : applicable — **aplicabilidad** *nf*
**aplicación** *nf, pl* **-ciones** **1** : application **2** : diligence, dedication
**aplicado, -da** *adj* : diligent, industrious
**aplicador** *nm* : applicator
**aplicar** {72} *vt* : to apply — **aplicarse** *vr* : to apply oneself
**aplique** *or* **apliqué** *nm* : appliqué
**aplomar** *vt* : to plumb, to make vertical
**aplomo** *nm* : aplomb, composure
**apocado, -da** *adj* : timid
**apocalipsis** *nms & pl* : apocalypse ⟨el Libro del Apocalipsis : the Book of Revelation⟩
**apocalíptico, -ca** *adj* : apocalyptic
**apocamiento** *nm* : timidity
**apocarse** {72} *vr* **1** : to shy away, to be intimidated **2** : to humble oneself, to sell oneself short
**apócrifo, -fa** *adj* : apocryphal
**apodar** *vt* : to nickname, to call — **apodarse** *vr*
**apoderado, -da** *n* : proxy, agent
**apoderar** *vt* : to authorize, to empower — **apoderarse** *vr* ~ **de** : to seize, to take over
**apodo** *nm* SOBRENOMBRE : nickname
**apogeo** *nm* : acme, peak, zenith
**apolillado, -da** *adj* **1** : moth-eaten, worm-eaten **2** : old-fashioned
**político, -ca** *adj* : apolitical
**apología** *nf* : defense, apology
**apoplejía** *nf* : apoplexy, stroke
**apoplético, -ca** *adj* : apoplectic
**aporrear** *vt* : to bang on, to beat, to bludgeon
**aportación** *nf, pl* **-ciones** : contribution
**aportar** *vt* CONTRIBUIR : to contribute, to provide
**aporte** *nm* → **aportación**
**aposento** *nm* : chamber, room ⟨los aposentos reales : the royal chambers⟩
**apósito** *nm* : dressing (for a wound)
**apostador, -dora** *n* : bettor, better
**apostar** {19} *v* : to bet, to wager ⟨apuesto que no viene : I bet he's not coming⟩
**apostasía** *nf* : apostasy
**apóstata** *nmf* : apostate
**apostilla** *nf* : note
**apostillar** *vt* : to annotate
**apóstol** *nm* : apostle
**apostólico, -ca** *adj* : apostolic
**apóstrofe** *nmf* → **apóstrofo**
**apóstrofo** *nm* : apostrophe
**apostura** *nf* : elegance, gracefulness
**apoteósico, -ca** *adj* : tremendous
**apoyabrazos** *nms & pl* : armrest
**apoyacabezas** *nms & pl* : headrest
**apoyapiés** *nms & pl* : footrest
**apoyar** *vt* **1** : to support, to back **2** : to lean, to rest — **apoyarse** *vr* **1** ~ **en** : to lean on **2** ~ **en** : to be based on, to rest on
**apoyo** *nm* : support, backing
**app** [ˈap] *nf, pl* **apps** : app, application
**apreciable** *adj* : appreciable, substantial, considerable
**apreciación** *nf, pl* **-ciones** **1** : appreciation **2** : appraisal, evaluation
**apreciar** *vt* **1** ESTIMAR : to appreciate, to value **2** EVALUAR : to appraise, to assess — **apreciarse** *vr* : to appreciate, to increase in value
**apreciativo, -va** *adj* : appreciative
**aprecio** *nm* **1** ESTIMO : esteem, appreciation **2** EVALUACIÓN : appraisal, assessment
**aprehender** *vt* **1** : to apprehend, to capture **2** : to conceive of, to grasp
**aprehensión** *nf, pl* **-siones** : apprehension, capture, arrest
**apremiante** *adj* : pressing, urgent
**apremiar** *vt* INSTAR : to pressure, to urge — *vi* URGIR : to be urgent ⟨el tiempo apremia : time is of the essence⟩
**apremio** *nm* : pressure, urgency
**aprender** *v* : to learn — **aprenderse** *vr*
**aprendiz, -diza** *n, mpl* **-dices** : apprentice, trainee
**aprendizaje** *nm* **1** : apprenticeship **2** : learning
**aprensión** *nf, pl* **-siones** : apprehension, dread
**aprensivo, -va** *adj* : apprehensive, worried
**apresamiento** *nm* : seizure, capture
**apresar** *vt* : to capture, to seize
**aprestar** *vt* : to make ready, to prepare — **aprestarse** *vr* : to get ready
**apresuradamente** *adv* **1** : hurriedly **2** : hastily, too fast
**apresurado, -da** *adj* : hurried, in a rush
**apresuramiento** *nm* : hurry, haste
**apresurar** *vt* : to quicken, to speed up — **apresurarse** *vr* : to hurry up, to make haste
**apretado, -da** *adj* **1** : tight **2** *fam* : cheap — **apretadamente** *adv*
**apretar** {55} *vt* **1** : to press, to push (a button) **2** : to tighten **3** : to squeeze, to clasp ⟨apretar el gatillo : to pull the trigger⟩ **4** : to press together ⟨apretar los dientes : to grit one's teeth⟩ — *vi* **1** : to press, to push **2** : to fit tightly, to be too tight ⟨los zapatos me aprietan : my shoes are too tight⟩ — **apretarse** *vr*
**apretón** *nm, pl* **-tones** **1** : squeeze **2** **apretón de manos** : handshake
**apretujado, -da** *adj* : cramped, squeezed together
**apretujar** *vt* : to squash, to squeeze — **apretujarse** *vr*
**aprieto** *nm* APURO : predicament, difficulty ⟨estar en un aprieto : to be in a fix⟩

**aprisa** *adv* : quickly, hurriedly
**aprisionar** *vt* **1** : to imprison **2** : to trap, to box in
**aprobación** *nf, pl* **-ciones** : approval, endorsement
**aprobar** {19} *vt* **1** : to approve of **2** : to pass (a law) **3** : to pass (an exam) **4** : to pass (a student) — *vi* : to pass (in school)
**aprobatorio, -ria** *adj* : approving
**aprontar** *vt Chile, Uru* : to prepare, to ready — **aprontarse** *vr* : to get ready
**apropiación** *nf, pl* **-ciones** : appropriation
**apropiado, -da** *adj* : appropriate, proper, suitable — **apropiadamente** *adv*
**apropiarse** *vr* ~ **de** : to take possession of, to appropriate
**aprovechable** *adj* : usable
**aprovechado**[1], **-da** *adj* **1** : diligent, hard-working **2** : pushy, opportunistic
**aprovechado**[2], **-da** *n* : pushy person, opportunist
**aprovechamiento** *nm* : use, exploitation
**aprovechar** *vt* : to take advantage of (an opportunity, etc.), to make good use of (time, etc.) — *vi* : to make the most of it — **aprovecharse** *vr* ~ **de** : to take advantage of, to exploit
**aprovisionamiento** *nm* : provisions *pl*, supplies *pl*
**aprovisionar** *vt* : to provide, to supply (with provisions)
**aproximación** *nf, pl* **-ciones** **1** : approximation, estimate **2** : rapprochement
**aproximado, -da** *adj* : approximate, estimated — **aproximadamente** *adv*
**aproximar** *vt* ACERCAR, ARRIMAR : to approximate, to bring closer — **aproximarse** *vr* ACERCARSE, ARRIMARSE : to approach, to move closer
**aptitud** *nf* : aptitude, capability
**apto, -ta** *adj* **1** : suitable, suited, fit **2** HÁBIL : capable, competent
**apuesta** *nf* : bet, wager
**apuesto, -ta** *adj* : elegant, good-looking
**apuntador, -dora** *n* : prompter
**apuntalar** *vt* : to prop up, to shore up
**apuntar** *vt* **1** : to point (a finger, etc.) **2** : to point at **3** ANOTAR : to write down **4** INSCRIBIR : to sign up **5** : to point out (a fact, etc.) **6** : to prompt (in the theater) — *vi* **1** : to aim ⟨apuntó al blanco con el revólver : she aimed the gun at the target⟩ **2** ~ **a/hacia** : to point to/toward — **apuntarse** *vr* **1** : to sign up, to enroll **2** : to score
**apunte** *nm* : note
**apuñalar** *vt* : to stab
**apuradamente** *adv* **1** : with difficulty **2** : hurriedly, hastily
**apurado, -da** *adj* **1** APRESURADO : rushed, pressured **2** : poor, needy **3** : difficult, awkward **4** : embarrassed
**apurar** *vt* **1** APRESURAR : to hurry, to rush **2** : to use up, to exhaust **3** : to trouble — **apurarse** *vr* **1** APRESURARSE : to hurry up **2** PREOCUPARSE : to worry
**apuro** *nm* **1** : predicament, jam ⟨en apuros : in a bind⟩ ⟨me sacó del apuro : he got me out of a jam⟩ **2** : rush, hurry ⟨tengo apuro : I'm in a hurry⟩ ⟨con/sin apuro : in a hurried/leisurely way⟩ **3** : embarrassment
**aquejado, -da** *adj* ~ **de** : suffering from
**aquejar** *vt* : to afflict
**aquel**[1], **aquella** *adj, mpl* **aquellos** : that, those
**aquel**[2], **aquella** *or* **aquél, aquélla** *pron, mpl* **aquellos** *or* **aquéllos** **1** : that (one), those (ones) ⟨aquel/aquél fue un año récord : that was a record year⟩ ⟨aquellos/aquéllos que la conocieron : those who knew her⟩ **2** : the former (of two) **3** **todo aquel/aquél que** : anyone who
**aquello** *pron* (*neuter*) : that, that matter, that business ⟨aquello fue algo serio : that was something serious⟩
**aquí** *adv* **1** : here ⟨aquí está : here it is⟩ ⟨ven aquí : come here⟩ ⟨aquí adentro : in here⟩ ⟨aquí mismo : right here⟩ ⟨como dicen (por) aquí . . . : as they say (around) here . . .⟩ ⟨de aquí para allá : back and forth⟩ **2** : now ⟨de aquí en adelante : from now on⟩
**aquiescente** *adj* : acquiescent
**aquiescencia** *nf* : acquiescence, approval
**aquietar** *vt* : to allay, to calm — **aquietarse** *vr* : to calm down
**aquilatar** *vt* **1** : to assay **2** : to assess, to size up
**ara** *nf* **1** : altar **2** **en aras de** : in the interests of, for the sake of
**árabe**[1] *adj & nmf* : Arab, Arabian
**árabe**[2] *nm* : Arabic (language)
**arabesco** *nm* : arabesque — **arabesco, -ca** *adj*
**arábigo, -ga** *adj* **1** : Arabic, Arabian **2** **número arábigo** : Arabic numeral
**arable** *adj* : arable
**arado** *nm* : plow
**arágonés**[1], **-nesa** *adj, mpl* **-neses** : of or from Aragón
**aragonés**[2], **-nesa** *n, mpl* **-neses** : person from Aragón
**arancel** *nm* : tariff, duty
**arancelario, -ria** *adj* : tariff, duty ⟨barreras arancelarias : tariff barriers⟩
**arándano** *nm* : blueberry
**arandela** *nf* : washer (for a faucet, etc.)
**araña** *nf* **1** : spider **2** : chandelier
**arañar** *v* : to scratch, to claw
**arañazo** *nm* : scratch
**arar** *v* : to plow
**arbitraje** *nm* **1** : arbitration **2** : refereeing (in sports)
**arbitrar** *v* **1** : to arbitrate **2** : to referee, to umpire
**arbitrariedad** *nf* **1** : arbitrariness **2** INJUSTICIA : injustice, wrong
**arbitrario, -ria** *adj* **1** : arbitrary **2** : unfair, unjust — **arbitrariamente** *adv*
**arbitrio** *nm* **1** ALBEDRÍO : will **2** JUICIO : judgment
**árbitro, -tra** *n* **1** : arbitrator, arbiter **2** : referee, umpire
**árbol** *nm* **1** : tree **2** **árbol genealógico** : family tree
**arbolado**[1], **-da** *adj* : wooded
**arbolado**[2] *nm* : woodland

**arboleda** *nf* : grove, wood
**arbóreo, -rea** *adj* : arboreal
**arbusto** *nm* : shrub, bush, hedge
**arca** *nf* **1** : ark **2** : coffer, chest
**arcada** *nf* **1** : arcade, series of arches **2 arcadas** *nfpl* : retching ⟨hacer arcadas : to retch⟩
**arcaico, -ca** *adj* : archaic
**arcángel** *nm* : archangel
**arcano, -na** *adj* : arcane
**arce** *nm* : maple tree
**arcén** *nm, pl* **arcenes** : hard shoulder, berm
**archiconocido, -da** *adj* : well-known, famous
**archidiócesis** *nfs & pl* → **arquidiócesis**
**archipiélago** *nm* : archipelago
**archivador** *nm* : filing cabinet
**archivar** *vt* **1** : to file **2** : to archive
**archivero, -ra** *n* : archivist
**archivista** *nmf* : archivist
**archivo** *nm* **1** : file **2** : archive, archives *pl*
**arcilla** *nf* : clay
**arco** *nm* **1** : arch, archway **2** : bow (in archery) **3** : arc **4** : wicket (in croquet) **5** PORTERÍA : goal, goalposts *pl* **6 arco iris** : rainbow
**arcón** *nm, pl* **-cones** : large chest
**arder** *vi* **1** : to burn ⟨el bosque está ardiendo : the forest is in flames⟩ ⟨arder de ira : to burn with anger, to be seething⟩ **2** : to smart, to sting, to burn ⟨le ardía el estómago : he had heartburn⟩
**ardid** *nm* : scheme, ruse
**ardiente** *adj* **1** : burning **2** : ardent, passionate — **ardientemente** *adv*
**ardilla** *nf* **1** : squirrel **2** *or* **ardilla listada** : chipmunk
**ardor** *nm* **1** : heat **2** : passion, ardor
**ardoroso, -sa** *adj* : heated, impassioned
**arduo, -dua** *adj* : arduous, grueling — **arduamente** *adv*
**área** *nf* : area
**arena** *nf* **1** : sand ⟨arena movediza : quicksand⟩ **2** : arena
**arenal** *nm* : sandy area
**arenga** *nf* : harangue, lecture
**arengar** {52} *vt* : to harangue, to lecture
**arenilla** *nf* **1** : fine sand **2 arenillas** *nfpl* : kidney stones
**arenisca** *nf* : sandstone
**arenoso, -sa** *adj* : sandy, gritty
**arenque** *nm* : herring
**arepa** *nf* : cornmeal bread
**arete** *nm* : earring
**argamasa** *nf* : mortar (cement)
**argelino, -na** *adj & n* : Algerian
**argentino, -na** *adj & n* : Argentinian, Argentine
**argolla** *nf* : hoop, ring
**argón** *nm* : argon
**argot** *nm* : slang
**argucia** *nf* : sophistry, subtlety
**argüir** {41} *vi* : to argue — *vt* **1** ARGUMENTAR : to contend, to argue **2** INFERIR : to deduce **3** PROBAR : to prove
**argumentación** *nf, pl* **-ciones** : line of reasoning, argument
**argumentar** *vt* : to argue, to contend
**argumento** *nm* **1** : argument, reasoning **2** : plot, story line
**aria** *nf* : aria
**aridez** *nf, pl* **-deces** : aridity, dryness
**árido, -da** *adj* : arid, dry
**Aries**[1] *nm* : Aries (sign or constellation)
**Aries**[2] *nmf* : Aries (person)
**ariete** *nm* : battering ram
**arisco, -ca** *adj* : surly, sullen, unsociable
**arista** *nf* **1** : ridge, edge **2** : beard (of a plant) **3 aristas** *nfpl* : rough edges, complications, problems
**aristocracia** *nf* : aristocracy
**aristócrata** *nmf* : aristocrat
**aristocrático, -ca** *adj* : aristocratic
**aritmética** *nf* : arithmetic
**aritmético, -ca** *adj* : arithmetic, arithmetical — **aritméticamente** *adv*
**arlequín** *nm, pl* **-quines** : harlequin
**arma** *nf* **1** : weapon ⟨arma nuclear : nuclear weapon⟩ ⟨arma química/biológica : chemical/biological weapon⟩ ⟨arma de destrucción masiva : weapon of mass destruction⟩ **2 armas** *nfpl* : armed forces **3 arma blanca** : sharp object (used as a weapon) **4 arma de fuego** : firearm
**armada** *nf* : navy, fleet
**armadillo** *nm* : armadillo
**armado, -da** *adj* **1** : armed **2** : assembled, put together **3** *PRi* : obstinate, stubborn
**armador, -dora** *n* : owner of a ship
**armadura** *nf* **1** : armor **2** ARMAZÓN : skeleton, framework
**armamento** *nm* : armament, arms *pl*, weaponry
**armar** *vt* **1** : to assemble, to put together **2** : to create, to cause ⟨armar un escándalo : to cause a scene⟩ **3** : to arm (soldiers, etc.) — **armarse** *vr* ~ **de** : to arm oneself with ⟨armarse de valor : to steel oneself⟩
**armario** *nm* **1** CLÓSET, ROPERO : closet **2** ALACENA : cupboard
**armatoste** *nm fam* : monstrosity, contraption
**armazón** *nmf, pl* **-zones** **1** ESQUELETO : framework, skeleton ⟨armazón de acero : steel framework⟩ **2** : frames *pl* (of eyeglasses)
**armenio, -nia** *adj & n* : Armenian
**armería** *nf* **1** : armory **2** : arms museum **3** : gunsmith's shop **4** : gunsmith's craft
**armero, -ra** *n* : gunsmith
**armiño** *nm* : ermine
**armisticio** *nm* : armistice
**armonía** *nf* : harmony
**armónica** *nf* : harmonica
**armónico, -ca** *adj* **1** : harmonic **2** : harmonious — **armónicamente** *adv*
**armonioso, -sa** *adj* : harmonious — **armoniosamente** *adv*
**armonizar** {21} *vt* **1** : to harmonize **2** : to reconcile — *vi* : to harmonize, to blend together
**arnés** *nm, pl* **arneses** : harness
**aro** *nm* **1** : hoop **2** : napkin ring **3** *Arg, Chile, Uru* : earring
**aroma** *nm* : aroma, scent
**aromático, -ca** *adj* : aromatic

**arpa** *nf* : harp
**arpillera** *nf* : burlap
**arpista** *nmf* : harpist
**arpón** *nm, pl* **arpones** : harpoon — **arponear** *vt*
**arquear** *vt* : to arch, to bend ⟨arquear las cejas : to raise one's eyebrows⟩ — **arquearse** *vr* : to bend, to bow
**arqueología** *nf* : archaeology
**arqueológico, -ca** *adj* : archaeological
**arqueólogo, -ga** *n* : archaeologist
**arquero, -ra** *n* **1** : archer **2** PORTERO : goalkeeper, goalie
**arquetípico, -ca** *adj* : archetypal
**arquetipo** *nm* : archetype
**arquidiócesis** *nfs & pl* : archdiocese
**arquitecto, -ta** *n* : architect
**arquitectónico, -ca** *adj* : architectural — **aquitectónicamente** *adv*
**arquitectura** *nf* : architecture
**arrabal** *nm* **1** : slum **2 arrabales** *nmpl* : outskirts, outlying area
**arracada** *nf* : hoop earring
**arracimarse** *vr* : to cluster together
**arraigado, -da** *adj* : deep-seated, ingrained
**arraigar** {52} *vi* : to take root, to become established — **arraigarse** *vr*
**arraigo** *nm* : roots *pl* ⟨con mucho arraigo : deep-rooted⟩
**arrancar** {72} *vt* **1** : to pull out (hair), to tear out (a page), to pull up (a weed), to pull off (a piece) **2** : to pick (a flower) **3** : to draw (applause, tears) **4** : to start (a car, etc.), to boot (a computer) **5** ARREBATAR : to snatch — *vi* **1** : to start, to boot (of a computer) **2** : to get going — **arrancarse** *vr* : to pull out, to pull off
**arrancón** *nm, pl* **-cones** *Mex* **1** : sudden loud start (of a car) **2 carrera de arrancones** : drag race
**arranque** *nm* **1** : starter (of a car) **2** ARREBATO : outburst, fit **3 punto de arranque** : beginning, starting point
**arrasar** *vt* **1** : to level, to smooth **2** : to devastate, to destroy **3** : to fill to the brim
**arrastrar** *vt* **1** : to drag, to tow **2** : to draw, to attract — *vi* : to hang down, to trail — **arrastrarse** *vr* **1** : to crawl **2** : to grovel
**arrastre** *nm* **1** : dragging **2** : pull, attraction **3 red de arrastre** : dragnet, trawling net
**arrayán** *nm, pl* **-yanes** MIRTO : myrtle
**arrear** *vt* : to urge on, to drive — *vi* : to hurry along
**arrebatado, -da** *adj* **1** PRECIPITADO : impetuous, hotheaded, rash **2** : flushed, blushing
**arrebatador, -dora** *adj* : breathtaking, impressive
**arrebatar** *vt* **1** : to snatch, to seize **2** CAUTIVAR : to captivate — **arrebatarse** *vr* : to get carried away (with anger, etc.)
**arrebato** *nm* ARRANQUE : fit, outburst
**arreciar** *vi* : to intensify, to worsen
**arrecife** *nm* : reef
**arreglado, -da** *adj* **1** : fixed, repaired **2** : settled, sorted out **3** : neat, tidy **4** : smart, dressed-up
**arreglar** *vt* **1** COMPONER : to repair, to fix **2** : to tidy, to straighten ⟨arregla tu cuarto : pick up your room⟩ ⟨deja que te arregle : let me fix your clothes/hair⟩ **3** : to arrange (flowers, etc.) **4** : to solve (a problem), to work out (plans) ⟨quiero arreglar este asunto : I want to settle this matter⟩ — **arreglarse** *vr* **1** : to get ready, to get dressed (up) **2** : to fix, to do ⟨arreglarse el pelo : to fix/do one's hair⟩ **3** : to have/get done ⟨arreglarse el pelo : to have/get one's hair done⟩ **4 arreglárselas** *fam* : to get by, to manage
**arreglo** *nm* **1** : repair **2** : arrangement **3** : agreement, understanding
**arrellanarse** *vr* : to settle (in a chair)
**arremangarse** {52} *vr* : to roll up one's sleeves
**arremeter** *vi* EMBESTIR : to attack, to charge
**arremetida** *nf* EMBESTIDA : attack, onslaught
**arremolinarse** *vr* **1** : to crowd around, to mill about **2** : to swirl (about)
**arrendador, -dora** *n* **1** : landlord, landlady *f* **2** : tenant, lessee
**arrendajo** *nm* : jay
**arrendamiento** *nm* **1** ALQUILER : rental, leasing **2 contrato de arrendamiento** : lease
**arrendar** {55} *vt* ALQUILAR : to rent, to lease
**arrendatario, -ria** *n* : tenant, lessee, renter
**arreos** *nmpl* GUARNICIONES : tack, harness, trappings
**arrepentido, -da** *adj* : repentant, remorseful
**arrepentimiento** *nm* : regret, remorse, repentance
**arrepentirse** {76} *vr* **1** : to regret, to be sorry **2** : to repent
**arrestar** *vt* DETENER : to arrest, to detain
**arresto** *nm* **1** DETENCIÓN : arrest **2 arrestos** *nmpl* : boldness, daring
**arriar** {85} *vt* **1** : to lower (a flag, etc.) **2** : to slacken (a rope, etc.)
**arriate** *nm Mex, Spain* : bed (for plants), border
**arriba** *adv* **1** : up, upwards ⟨póngalo más arriba : put it higher (up)⟩ ⟨arriba y abajo : up and down⟩ ⟨¡manos arriba! : (put your) hands up!⟩ ⟨cuesta/río arriba : uphill/upstream⟩ **2** : above, overhead ⟨desde arriba : from above⟩ ⟨el arriba mencionado : the above-mentioned⟩ **3** : upstairs ⟨los vecinos de arriba : the upstairs neighbors⟩ **4** : up with ⟨¡arriba la democracia! : up with democracy!⟩ **5 ~ de** : above, on top of **6 ~ de** : more than ⟨arriba de cien : more than a hundred⟩ **7 de ~** : top, upper ⟨el cajón de arriba : the top drawer⟩ **8 de arriba abajo** : from top to bottom, from head to foot **9 hacia/para ~** : upwards
**arribar** *vi* **1** : to arrive **2** : to dock, to put into port
**arribista** *nmf* : parvenu, upstart
**arribo** *nm* : arrival
**arriendo** *nm* ARRENDAMIENTO : rent, rental

**arriero, -ra** *n* : mule driver
**arriesgado, -da** *adj* **1** : risky **2** : bold, daring
**arriesgar** {52} *vt* : to risk, to venture — **arriesgarse** *vr* : to take a chance
**arrimado, -da** *n Mex fam* : sponger, freeloader
**arrimar** *vt* ACERCAR, APROXIMAR : to bring closer, to draw near — **arrimarse** *vr* ACERCARSE, APROXIMARSE : to approach, to get close
**arrinconar** *vt* **1** ACORRALAR : to corner, to box in **2** : to push aside, to abandon
**arroba** *nf* **1** (*used for the symbol @*) : at sign ⟨arroba merriam-webster punto com : at merriam-webster dot com⟩ **2** : former unit of measurement
**arrobamiento** *nm* : rapture, ecstasy
**arrobar** *vt* : to enrapture, to enchant — **arrobarse** *vr*
**arrocero**[1], **-ra** *adj* : rice
**arrocero**[2], **-ra** *n* : rice grower
**arrodillarse** *vr* : to kneel (down)
**arrogancia** *nf* ALTANERÍA, ALTIVEZ : arrogance, haughtiness
**arrogante** *adj* ALTANERO, ALTIVO : arrogant, haughty
**arrogarse** {52} *vr* : to usurp, to arrogate
**arrojado, -da** *adj* : daring, fearless
**arrojar** *vt* **1** : to hurl, to cast, to throw **2** : to give off, to spew out **3** : to yield, to produce **4** *fam* : to vomit — **arrojarse** *vr* PRECIPITARSE : to throw oneself, to leap
**arrojo** *nm* : boldness, fearlessness
**arrollador, -dora** *adj* : sweeping, overwhelming
**arrollar** *vt* **1** : to sweep away, to carry away **2** : to crush, to overwhelm **3** : to run over (with a vehicle)
**arropar** *vt* : to clothe, to cover (up) — **arroparse** *vr*
**arrostrar** *vt* : to confront, to face (up to)
**arroyo** *nm* **1** RIACHUELO : brook, creek, stream **2** : gutter
**arroz** *nm, pl* **arroces** : rice
**arrozal** *nm* : rice field, rice paddy
**arruga** *nf* : wrinkle, fold, crease
**arrugado, -da** *adj* : wrinkled, creased, lined
**arrugar** {52} *vt* : to wrinkle, to crease, to pucker — **arrugarse** *vr*
**arruinar** *vt* : to ruin, to wreck — **arruinarse** *vr* **1** : to be ruined **2** : to fall into ruin, to go bankrupt
**arrullar** *vt* : to lull to sleep — *vi* : to coo
**arrullo** *nm* **1** : lullaby **2** : coo (of a dove)
**arrumaco** *nm fam* : kissing, cuddling
**arrumbar** *vt* **1** : to lay aside, to put away **2** : to floor, to leave speechless
**arsenal** *nm* : arsenal
**arsénico** *nm* : arsenic
**arte** *nmf* (*usually m in singular, f in plural*) **1** : art ⟨artes y oficios : arts and crafts⟩ ⟨bellas artes : fine arts⟩ ⟨obra de arte : work of art⟩ **2** HABILIDAD : art, skill ⟨el arte de hacer amigos : the art of making friends⟩ ⟨tener arte para : to be skilled at⟩ **3 artes** *nfpl* : cunning, guile
**artefacto** *nm* **1** : artifact **2** DISPOSITIVO : device
**artemisa** *nf* : sagebrush
**arteria** *nf* : artery — **arterial** *adj*
**arteriosclerosis** *nf* : arteriosclerosis, hardening of the arteries
**artero, -ra** *adj* : wily, crafty
**artesanal** *adj* : pertaining to crafts or craftsmanship, handmade
**artesanía** *nf* **1** : craftsmanship **2** : handicrafts *pl*
**artesano, -na** *n* : artisan, craftsman
**ártico, -ca** *adj* : arctic
**articulación** *nf, pl* **-ciones** **1** : articulation, pronunciation **2** COYUNTURA : joint
**articular** *vt* **1** : to articulate, to utter **2** : to connect with a joint **3** : to coordinate, to orchestrate
**articulista** *nmf* : columnist
**artículo** *nm* **1** : article, thing **2** : item, feature, report **3 artículo de comercio** : commodity **4 artículos de primera necesidad** : essentials **5 artículos de tocador** : toiletries
**artífice** *nmf* **1** ARTESANO : artisan **2** : mastermind, architect
**artificial** *adj* **1** : artificial, man-made **2** : feigned, false — **artificialmente** *adv*
**artificio** *nm* **1** HABILIDAD : skill **2** APARATO : device, appliance **3** ARDID : artifice, ruse
**artificioso, -sa** *adj* **1** : skillful **2** : cunning, deceptive
**artillería** *nf* : artillery
**artillero, -ra** *n* : gunner
**artilugio** *nm* : gadget, contraption
**artimaña** *nf* : ruse, trick
**artista** *nmf* **1** : artist **2** ACTOR, ACTRIZ : actor, actress *f*
**artístico, -ca** *adj* : artistic — **artísticamente** *adv*
**artrítico, -ca** *adj* : arthritic
**artritis** *nfs & pl* : arthritis
**artrópodo** *nm* : arthropod
**arveja** *nf* GUISANTE : pea
**arzobispado** *nm* : archbishopric
**arzobispo** *nm* : archbishop
**as** *nm* : ace
**asa** *nf* AGARRADERA, ASIDERO : handle, grip
**asado**[1], **-da** *adj* : roasted, grilled, broiled
**asado**[2] *nm* **1** : roast **2** : barbecued meat **3** : barbecue, cookout
**asador** *nm* : spit, rotisserie
**asaduras** *nfpl* : entrails, offal
**asalariado**[1], **-da** *adj* : wage-earning, salaried
**asalariado**[2], **-da** *n* : wage earner
**asaltante** *nmf* **1** : mugger, robber **2** : assailant
**asaltar** *vt* **1** : to assault **2** : to mug, to rob **3 asaltar al poder** : to seize power
**asalto** *nm* **1** : assault **2** : mugging, robbery **3** : round (in boxing) **4 asalto al poder** : coup d'état
**asamblea** *nf* : assembly, meeting
**asambleísta** *nmf* : assemblyman *m*, assemblywoman *f*
**asar** *vt* : to roast, to grill — **asarse** *vr fam* : to roast, to be dying from heat
**asbesto** *nm* : asbestos

**ascendencia** *nf* **1** : ancestry, descent **2** ~ **sobre** : influence over
**ascendente** *adj* : ascending, upward ⟨un curso ascendente : an upward trend⟩
**ascender** {56} *vt* **1** : to ascend, to rise up **2** : to be promoted ⟨ascendió a gerente : she was promoted to manager⟩ **3** ~ **a** : to amount to, to reach ⟨las deudas ascienden a 20 millones de pesos : the debt amounts to 20 million pesos⟩ — *vt* : to promote
**ascendiente**[1] *nmf* ANCESTRO : ancestor
**ascendiente**[2] *nm* INFLUENCIA : influence, ascendancy
**ascensión** *nf, pl* **-siones** **1** : ascent, rise **2 Fiesta de la Ascensión** : Ascension Day
**ascenso** *nm* **1** : ascent, rise **2** : promotion
**ascensor** *nm* ELEVADOR : elevator
**asceta** *nmf* : ascetic
**ascético, -ca** *adj* : ascetic
**ascetismo** *nm* : asceticism
**asco** *nm* **1** : disgust ⟨¡qué asco! : that's disgusting!, how revolting!⟩ **2 darle asco a alguien** : to disgust someone **3 estar hecho un asco** : to be filthy **4 hacerle ascos a algo** : to turn up one's nose at something
**ascua** *nf* **1** BRASA : ember **2 estar en ascuas** *fam* : to be on edge
**aseado, -da** *adj* : clean, neat
**asear** *vt* **1** : to wash, to clean **2** : to tidy up — **asearse** *vr*
**asechanza** *nf* : snare, trap
**asechar** *vt* : to set a trap for
**asediar** *vt* **1** SITIAR : to besiege **2** ACOSAR : to harass
**asedio** *nm* **1** : siege **2** ACOSO : harassment
**asegurador**[1], **-dora** *adj* **1** : insuring, assuring **2** : pertaining to insurance
**asegurador**[2], **-dora** *n* : insurer, underwriter
**aseguradora** *nf* : insurance company
**asegurar** *vt* **1** : to assure **2** : to secure **3** : to insure — **asegurarse** *vr* **1** CERCIORARSE : to make sure **2** : to take out insurance, to insure oneself
**asemejar** *vt* **1** : to make similar ⟨ese bigote te asemeja a tu abuelo : that mustache makes you look like your grandfather⟩ **2** *Mex* : to be similar to, to resemble — **asemejarse** *vr* ~ **a** : to look like, to resemble
**asentaderas** *nfpl fam* : bottom, buttocks *pl*
**asentado, -da** *adj* : settled, established
**asentamiento** *nm* : settlement
**asentar** {55} *vt* **1** : to lay down, to set down, to place **2** : to settle, to establish **3** *Mex* : to state, to affirm — **asentarse** *vr* **1** : to settle **2** ESTABLECERSE : to settle down, to establish oneself
**asentimiento** *nm* : assent, consent
**asentir** {76} *vt* : to consent, to agree
**aseo** *nm* : cleanliness
**aséptico, -ca** *adj* : aseptic
**asequible** *adj* ACCESIBLE : accessible, attainable
**aserción** *nf, pl* **-ciones** → **aserto**
**aserradero** *nm* : sawmill
**aserrar** {55} *vt* : to saw
**aserrín** *nm, pl* **-rrines** : sawdust
**aserto** *nm* : assertion, affirmation
**asesinar** *vt* **1** : to murder **2** : to assassinate
**asesinato** *nm* **1** : murder **2** : assassination
**asesino**[1], **-na** *adj* : murderous, homicidal
**asesino**[2], **-na** *n* **1** : murderer, killer **2** : assassin
**asesor, -sora** *n* : advisor, consultant
**asesoramiento** *nm* : advice, counsel
**asesorar** *vt* : to advise, to counsel — **asesorarse** *vr* ~ **de** : to consult
**asesoría** *nf* **1** : consulting, advising **2** : consultant's office
**asestar** {55} *vt* **1** : to aim, to point (a weapon) **2** : to deliver, to deal (a blow)
**aseveración** *nf, pl* **-ciones** : assertion, statement
**aseverar** *vt* : to assert, to state
**asexual** *adj* : asexual — **asexualmente** *adv*
**asfaltado**[1], **-da** *adj* : paved (with asphalt)
**asfaltado**[2] *nm* PAVIMENTO : pavement, asphalt
**asfaltar** *vt* : to pave, to blacktop
**asfalto** *nm* : asphalt
**asfixia** *nf* : asphyxia, asphyxiation, suffocation
**asfixiante** *adj* **1** : asphyxiating **2** AGOBIANTE : oppressive
**asfixiar** *vt* : to asphyxiate, to suffocate, to smother — **asfixiarse** *vr*
**asga, etc.** → **asir**
**así**[1] *adv* **1** : like this, like that, so ⟨así se hace : that's how it's done⟩ ⟨no puede seguir así : it can't go on like this⟩ ⟨así sea : so be it⟩ ⟨y así sucesivamente : and so on⟩ **2 así así** : so-so, fair **3** ~ **como** : as well as **4 así como así** *or* **así nomás** : just like that **5** ~ **de** : so, about so ⟨una caja así de grande : a box about so big⟩ **6 así mismo** → **asimismo** **7 así que** : so, therefore **8 así y todo** : even so
**así**[2] *adj* : such, such a, like that ⟨un talento así : a talent like that⟩ ⟨algo así : something like that⟩ ⟨así es la vida : that's life⟩ ⟨si es así . . . : if that's the case . . .⟩
**así**[3] *conj* AUNQUE : even if, even though ⟨no irá, así le paguen : he won't go, even if they pay him⟩
**asiático**[1], **-ca** *adj* : Asian
**asiático**[2], **-ca** *n* : Asian
**asidero** *nm* **1** AGARRADERA, ASA : grip, handle **2** AGARRE : grip, hold
**asiduamente** *adv* : regularly, frequently
**asiduidad** *nf* **con** ~ : regularly, frequently
**asiduo, -dua** *adj* **1** : assiduous **2** : frequent, regular
**asiento** *nm* **1** : seat, chair ⟨asiento trasero : back seat⟩ **2** : location, site
**asignación** *nf, pl* **-ciones** **1** : allocation **2** : appointment, designation **3** : allowance, pay **4** *PRi* : homework, assignment

**asignar** *vt* **1** : to assign, to allocate **2** : to appoint
**asignatura** *nf* MATERIA : subject, course
**asilado, -da** *n* : exile, refugee
**asilo** *nm* : asylum, refuge, shelter
**asimetría** *nf* : asymmetry
**asimétrico, -ca** *adj* : asymmetrical, asymmetric
**asimilación** *nf, pl* **-ciones** : assimilation
**asimilar** *vt* : to assimilate — **asimilarse** *vr* ~ **a** : to be similar to, to resemble
**asimismo** *adv* **1** IGUALMENTE : similarly, likewise **2** TAMBIÉN : as well, also
**asir** {7} *vt* : to seize, to grasp — **asirse** *vr* ~ **a** : to cling to
**asistencia** *nf* **1** : attendance **2** : assistance **3** : assist (in sports) **4 asistencia médica** *or Spain* **asistencia sanitaria** : health care, medical care
**asistente**[1] *adj* : attending, in attendance
**asistente**[2] *nmf* **1** : assistant **2 los asistentes** : those present, those in attendance
**asistido, -da** *adj* : assisted
**asistir** *vi* : to attend, to be present ⟨asistir a clase : to attend class⟩ — *vt* : to aid, to assist
**asma** *nf* : asthma
**asmático, -ca** *adj* : asthmatic
**asno** *nm* BURRO : ass, donkey
**asociación** *nf, pl* **-ciones** **1** : association, relationship **2** : society, group, association
**asociado**[1], **-da** *adj* : associate, associated
**asociado**[2], **-da** *n* : associate, partner
**asociar** *vt* **1** : to associate, to connect **2** : to pool (resources) **3** : to take into partnership — **asociarse** *vr* **1** : to become partners **2** ~ **a** : to join, to become a member of
**asolar** {19} *vt* : to devastate, to destroy
**asoleado, -da** *adj* : sunny
**asolear** *vt* : to put in the sun — **asolearse** *vr* : to sunbathe
**asomar** *vt* : to show, to stick out — *vi* : to appear, to become visible — **asomarse** *vr* **1** : to show, to appear **2** : to lean out, to look out ⟨se asomó por la ventana : he leaned out the window⟩
**asombrar** *vt* MARAVILLAR : to amaze, to astonish — **asombrarse** *vr* : to marvel, to be amazed
**asombro** *nm* : amazement, astonishment
**asombroso, -sa** *adj* : amazing, astonishing — **asombrosamente** *adv*
**asomo** *nm* **1** : hint, trace **2 ni por asomo** : by no means
**aspa** *nf* : blade (of a fan or propeller)
**aspaviento** *nm* : exaggerated movement, fuss, flounce
**aspecto** *nm* **1** : aspect **2** APARIENCIA : appearance, look
**aspereza** *nf* RUDEZA : roughness, coarseness
**áspero, -ra** *adj* : rough, coarse, abrasive — **ásperamente** *adv*
**aspersión** *nf, pl* **-siones** : sprinkling
**aspersor** *nm* : sprinkler
**aspiración** *nf, pl* **-ciones** **1** : inhalation, breathing in **2** ANHELO : aspiration, desire
**aspiradora** *nf* : vacuum cleaner
**aspirante** *nmf* : applicant, candidate
**aspirar** *vi* ~ **a** : to aspire to — *vt* : to inhale, to breathe in
**aspirina** *nf* : aspirin
**asqueante** *adj* : sickening, disgusting
**asquear** *vt* : to sicken, to disgust
**asquerosidad** *nf* : filth, foulness
**asqueroso, -sa** *adj* : disgusting, sickening, repulsive — **asquerosamente** *adv*
**asta** *nf* **1** : flagpole ⟨a media asta : at half-mast⟩ **2** : horn, antler **3** : shaft (of a weapon)
**ástaco** *nm* : crayfish
**astado, -da** *adj* : horned
**aster** *nm* : aster
**asterisco** *nm* : asterisk
**asteroide** *nm* : asteroid
**astigmatismo** *nm* : astigmatism
**astil** *nm* : shaft (of an arrow or feather)
**astilla** *nf* **1** : splinter, chip **2 de tal palo, tal astilla** : like father, like son
**astillar** *vt* : to splinter — **astillarse** *vr*
**astillero** *nm* : dry dock, shipyard
**astral** *adj* : astral
**astringente** *adj & nm* : astringent — **astringencia** *nf*
**astro** *nm* **1** : heavenly body **2** : star
**astrología** *nf* : astrology
**astrológico, -ca** *adj* : astrological
**astrólogo, -ga** *n* : astrologer
**astronauta** *nmf* : astronaut
**astronáutica** *nf* : astronautics
**astronáutico, -ca** *adj* : astronautic, astronautical
**astronave** *nf* : spaceship
**astronomía** *nf* : astronomy
**astronómico, -ca** *adj* : astronomical — **astronómicamente** *adv*
**astrónomo, -ma** *n* : astronomer
**astroso, -sa** *adj* DESALIÑADO : slovenly, untidy
**astucia** *nf* **1** : astuteness, shrewdness **2** : cunning, guile
**astuto, -ta** *adj* **1** : astute, shrewd **2** : crafty, tricky — **astutamente** *adv*
**asueto** *nm* : time off, break
**asumir** *vt* **1** : to assume, to take on ⟨asumir el cargo : to take office⟩ **2** SUPONER : to assume, to suppose
**asunción** *nf, pl* **-ciones** : assumption
**asunto** *nm* **1** CUESTIÓN, TEMA : affair, matter, subject **2 asuntos** *nmpl* : affairs, business
**asustadizo, -za** *adj* : nervous, jumpy, skittish
**asustado, -da** *adj* : frightened, afraid
**asustar** *vt* ESPANTAR : to scare, to frighten — **asustarse** *vr*
**atacante** *nmf* : assailant, attacker
**atacar** {72} *v* : to attack
**atado**[1], **-da** *adj* : shy, inhibited
**atado**[2] *nm* **1** : bundle, bunch **2** *Arg* : pack (of cigarettes)
**atadura** *nf* LIGADURA : tie, bond
**atajada** *nf* : save (in sports)
**atajar** *vt* **1** IMPEDIR : to block, to stop **2** INTERRUMPIR : to interrupt, to cut off **3** CONTENER : to hold back, to restrain — *vi* ~ **por** : to take a shortcut through

**atajo** *nm* : shortcut
**atalaya** *nf* **1** : watchtower **2** : vantage point
**atañer** {79} *vt* ~ **a** (*3rd person only*) : to concern, to have to do with ⟨eso no me atañe : that does not concern me⟩
**ataque** *nm* **1** : attack, assault **2** : fit ⟨ataque de risa : fit of laughter⟩ **3 ataque de nervios** : nervous breakdown **4 ataque de pánico/ansiedad** : panic/anxiety attack **5 ataque cardíaco** *or* **ataque al corazón** : heart attack
**atar** *vt* AMARRAR : to tie, to tie up, to tie down — **atarse** *vr*
**atarantado, -da** *adj fam* **1** : restless **2** : dazed, stunned
**atarantar** *vt fam* : to daze, to stun
**atarazana** *nf* : shipyard
**atardecer**[1] {53} *v impers* : to get dark
**atardecer**[2] *nm* : late afternoon, dusk
**atareado, -da** *adj* : busy, overworked
**atascar** {72} *vt* **1** ATORAR : to block, to clog, to stop up **2** : to hinder — **atascarse** *vr* **1** : to become obstructed **2** : to get bogged down **3** PARARSE : to stall
**atasco** *nm* **1** : blockage **2** EMBOTELLAMIENTO : traffic jam
**ataúd** *nm* : coffin, casket
**ataviar** {85} *vt* : to dress, to clothe — **ataviarse** *vr* : to dress up
**atavío** *nm* ATUENDO : dress, attire
**ateísmo** *nm* : atheism
**atemorizar** {21} *vt* : to frighten, to intimidate — **atemorizarse** *vr*
**atemperar** *vt* : to temper, to moderate
**atención**[1] *nf, pl* **-ciones** **1** : attention **2 poner atención** *or* **prestar atención** : to pay attention **3 llamar la atención** : to attract attention **4 en atención a** : in view of
**atención**[2] *interj* **1** : attention! **2** : watch out!
**atender** {56} *vt* **1** : to help, to wait on **2** : to look after, to take care of **3** : to heed, to listen to — *vi* : to pay attention
**atenerse** {80} *vr* : to abide ⟨tendrás que atenerte a las reglas : you will have to abide by the rules⟩
**atentado** *nm* : attack, assault
**atentamente** *adv* **1** : attentively, carefully **2** (*used in correspondence*) : sincerely, sincerely yours
**atentar** {55} *vi* ~ **contra** : to make an attempt on, to threaten ⟨atentaron contra su vida : they made an attempt on his life⟩
**atento, -ta** *adj* **1** : attentive, mindful **2** CORTÉS : courteous
**atenuación** *nf, pl* **-ciones** **1** : lessening **2** : understatement
**atenuante**[1] *adj* : extenuating, mitigating
**atenuante**[2] *nmf* : extenuating circumstance, excuse
**atenuar** {3} *vt* **1** MITIGAR : to extenuate, to mitigate **2** : to dim (light), to tone down (colors) **3** : to minimize, to lessen
**ateo**[1], **atea** *adj* : atheistic
**ateo**[2], **atea** *n* : atheist
**aterciopelado, -da** *adj* : velvety, downy
**aterido, -da** *adj* : freezing, frozen
**aterrador, -dora** *adj* : terrifying
**aterrar** {55} *vt* : to terrify, to frighten
**aterrizaje** *nm* : landing (of a plane)
**aterrizar** {21} *vt* : to land, to touch down
**aterrorizar** {21} *vt* **1** : to terrify **2** : to terrorize — **aterrorizarse** *vr* : to be terrified
**atesorar** *vt* : to hoard, to amass
**atestado, -da** *adj* : crowded, packed
**atestar** {55} *vt* **1** ATIBORRAR : to crowd, to pack **2** : to witness, to testify to — *vi* : to testify
**atestiguar** {10} *vt* : to testify to, to bear witness to — *vi* DECLARAR : to testify
**atiborrar** *vt* : to pack, to crowd — **atiborrarse** *vr* : to stuff oneself
**ático** *nm* **1** : penthouse **2** BUHARDILLA, DESVÁN : attic
**atigrado, -da** *adj* : tabby (of cats), striped (of fur)
**atildado, -da** *adj* : smart, neat, dapper
**atildar** *vt* **1** : to put a tilde over **2** : to clean up, to smarten up — **atildarse** *vr* : to get spruced up
**atinar** *vi* ACERTAR : to be accurate, to be on target
**atingencia** *nf* : bearing, relevance
**atípico, -ca** *adj* : atypical
**atiplado, -da** *adj* : shrill, high-pitched
**atirantar** *vt* : to make taut, to tighten
**atisbar** *vt* **1** : to spy on, to watch **2** : to catch a glimpse of, to make out
**atisbo** *nm* : glimpse, sign, hint
**atizador** *nm* : poker (for a fire)
**atizar** {21} *vt* **1** : to poke, to stir, to stoke (a fire) **2** : to stir up, to rouse **3** *fam* : to give, to land (a blow)
**atlántico, -ca** *adj* : Atlantic
**atlas** *nm* : atlas
**atleta** *nmf* : athlete
**atlético, -ca** *adj* : athletic
**atletismo** *nm* : athletics
**atmósfera** *nf* : atmosphere
**atmosférico, -ca** *adj* : atmospheric
**atole** *nm Mex* **1** : thick hot beverage prepared with cornmeal **2 darle atole con el dedo a alguien** : to string someone along
**atolladero** *nm* : predicament, fix
**atollarse** *vr* : to get stuck, to get bogged down
**atolón** *nm, pl* **-lones** : atoll
**atolondrado, -da** *adj* **1** ATURDIDO : bewildered, dazed **2** DESPISTADO : scatterbrained, absentminded
**atómico, -ca** *adj* : atomic
**atomizador** *nm* : atomizer
**atomizar** {21} *vt* FRAGMENTAR : to fragment, to break into bits
**átomo** *nm* : atom
**atónito, -ta** *adj* : astonished, amazed
**atontar** *vt* **1** : to stupefy **2** : to bewilder, to confuse
**atorar** *vt* ATASCAR : to block, to clog — **atorarse** *vr* **1** ATASCARSE : to get stuck **2** ATRAGANTARSE : to choke
**atormentador, -dora** *n* : tormentor
**atormentar** *vt* : to torment, to torture — **atormentarse** *vr* : to torment oneself, to agonize
**atornillar** *vt* : to screw (in, on, down)

**atorrante** *nmf Arg* : bum, loafer
**atosigar** {52} *vt* : to harass, to annoy
**atracadero** *nm* : dock, pier
**atracador, -dora** *n* : robber, mugger
**atracar** {72} *vt* : to dock, to land — *vt* : to hold up, to rob, to mug — **atracarse** *vr fam* ~ **de** : to gorge oneself with
**atracción** *nf, pl* **-ciones** : attraction
**atraco** *nm* : holdup, robbery
**atracón** *nm, pl* **-cones** *fam* **darse un atracón (de)** : to pig out (on)
**atractivo**[1], **-va** *adj* : attractive — **atractivamente** *adv*
**atractivo**[2] *nm* : attraction, appeal, charm
**atraer** {81} *vt* : to attract — **atraerse** *vr* **1** : to attract (each other) **2** GANARSE : to gain, to win
**atragantarse** *vr* : to choke (on food)
**atrancar** {72} *vt* : to block, to bar — **atrancarse** *vr*
**atrapada** *nf* : catch
**atrapar** *vt* : to trap, to capture
**atrás** *adv* **1** DETRÁS : back, behind ⟨la parte de atrás : the back/rear part⟩ ⟨dar un paso atrás : to take a step back⟩ **2** ANTES : ago ⟨mucho tiempo atrás : long ago⟩ **3** ~ **de** : in back of, behind **4 desde** ~ : from behind, from the rear **5 hacia/para** ~ : backwards, toward the rear **6 dejar atrás** : to leave (the past, etc.) behind **7 quedarse atrás** : to fall behind, to get left behind
**atrasado, -da** *adj* **1** : late, overdue **2** : backward **3** : old-fashioned **4** : slow (of a clock or watch)
**atrasar** *vt* : to delay, to put off — *vi* : to lose time — **atrasarse** *vr* : to fall behind
**atraso** *nm* **1** RETRASO : lateness, delay ⟨llegó con 20 minutos de atraso : he was 20 minutes late⟩ **2** : backwardness **3 atrasos** *nmpl* : arrears
**atravesar** {55} *vt* **1** CRUZAR : to cross, to go across **2** : to pierce **3** : to lay across **4** : to go through (a situation or crisis) — **atravesarse** *vr* **1** : to be in the way ⟨se me atravesó : it blocked my path⟩ **2** : to interfere, to meddle
**atrayente** *adj* : attractive
**atreverse** *vr* **1** : to dare **2** : to be insolent
**atrevido, -da** *adj* **1** : bold, daring **2** : insolent
**atrevimiento** *nm* **1** : daring, boldness **2** : insolence
**atribución** *nf, pl* **-ciones** : attribution
**atribuible** *adj* IMPUTABLE : attributable, ascribable
**atribuir** {41} *vt* **1** : to attribute, to ascribe **2** : to grant, to confer — **atribuirse** *vr* : to take credit for
**atribular** *vt* : to afflict, to trouble — **atribularse** *vr*
**atributo** *nm* : attribute
**atril** *nm* : lectern, stand
**atrincherar** *vt* : to entrench — **atrincherarse** *vr* **1** : to dig in, to entrench oneself **2** ~ **en** : to hide behind
**atrio** *nm* **1** : atrium **2** : portico
**atrocidad** *nf* : atrocity
**atrofia** *nf* : atrophy
**atrofiar** *v* : to atrophy
**atronador, -dora** *adj* : thunderous, deafening
**atropellado, -da** *adj* **1** : rash, hasty **2** : brusque, abrupt — **atropelladamente** *adv*
**atropellamiento** → **atropello**
**atropellar** *vt* **1** : to knock down, to run over **2** : to violate, to abuse — **atropellarse** *vr* : to rush through (a task), to trip over one's words
**atropello** *nm* : abuse, violation, outrage
**atroz** *adj, pl* **atroces** : atrocious, appalling — **atrozmente** *adv*
**atuendo** *nm* ATAVÍO : attire, costume
**atufar** *vt* : to vex, to irritate — **atufarse** *vr* **1** : to get angry **2** : to smell bad, to stink
**atún** *nm, pl* **atunes** : tuna fish, tuna
**aturdimiento** *nm* : bewilderment, confusion
**aturdir** *vt* **1** : to stun, to shock **2** : to bewilder, to confuse, to stupefy — **aturdido, -da** *adj*
**atuvo, etc.** → **atenerse**
**audacia** *nf* OSADÍA : boldness, audacity
**audaz** *adj, pl* **audaces** : bold, audacious, daring — **audazmente** *adv*
**audible** *adj* : audible
**audición** *nf, pl* **-ciones** **1** : hearing **2** : audition
**audiencia** *nf* : audience
**audífono** *nm* **1** : hearing aid **2 audífonos** *nmpl* : headphones, earphones
**audio** *nm* : audio
**audiolibro** *nm* : audiobook
**audiovisual** *adj* : audiovisual
**auditar** *vt* : to audit
**auditivo, -va** *adj* : auditory, hearing, aural ⟨aparato auditivo : hearing aid⟩
**auditor, -tora** *n* : auditor
**auditoría** *nf* : audit
**auditorio** *nm* **1** : auditorium **2** : audience
**auge** *nm* **1** : peak, height **2** : boom, upturn
**augur** *nm* : augur
**augurar** *vt* : to predict, to foretell
**augurio** *nm* AGÜERO, PRESAGIO : augury, omen
**augusto, -ta** *adj* : august
**aula** *nf* : classroom
**aullar** {8} *vt* : to howl, to wail
**aullido** *nm* : howl, wail
**aumentar** *vt* ACRECENTAR : to increase, to raise — *vi* : to rise, to increase, to grow
**aumento** *nm* INCREMENTO : increase, rise
**aun** *adv* **1** : even ⟨ni aun en coche llegaría a tiempo : I wouldn't arrive on time even if I drove⟩ **2 aun así** : even so **3 aun más** : even more
**aún** *adv* TODAVÍA : still, yet ⟨aún falta mucho por hacer : there's still a lot left to do⟩ ⟨aún no lo sabe : she doesn't know yet⟩
**aunar** {8} *vt* : to join, to combine — **aunarse** *vr* : to unite
**aunque** *conj* **1** : though, although, even if, even though **2 aunque sea** : at least
**aura** *nf* **1** : aura **2** : turkey buzzard

**áureo, -rea** *adj* : golden
**aureola** *nf* **1** : halo **2** : aura (of power, fame, etc.)
**aurícula** *nf* : auricle
**auricular** *nm* **1** : telephone receiver **2 auriculares** *nmpl* : headphones, earphones **3 auriculares de tapón** : earbuds
**aurora** *nf* **1** : dawn **2 aurora boreal** : aurora borealis
**ausencia** *nf* : absence
**ausentarse** *vr* **1** : to leave, to go away **2 ~ de** : to stay away from
**ausente**[1] *adj* : absent, missing
**ausente**[2] *nmf* **1** : absentee **2** : missing person
**auspiciar** *vt* **1** PATROCINAR : to sponsor **2** FOMENTAR : to foster, to promote
**auspicios** *nmpl* : sponsorship, auspices
**austeridad** *nf* : austerity
**austero, -ra** *adj* : austere
**austral**[1] *adj* : southern
**austral**[2] *nm* : former monetary unit of Argentina
**australiano, -na** *adj & n* : Australian
**austriaco** *or* **austríaco, -ca** *adj & n* : Austrian
**autenticar** {72} *vt* : to authenticate — **autenticación** *nf*
**autenticidad** *nf* : authenticity
**auténtico, -ca** *adj* : authentic — **auténticamente** *adv*
**autentificar** {72} *vt* : to authenticate — **autentificación** *nf*
**autismo** *nm* : autism
**autista** *adj* : autistic
**auto** *nm* : auto, car
**auto-** *pref* : self-
**autoabastecerse** {18} *vr* : to be self-sufficient
**autoayuda** *nf* : self-help
**autobiografía** *nf* : autobiography
**autobiográfico, -ca** *adj* : autobiographical
**autobomba** *nf Arg, Spain, Uru* : fire truck
**auto bomba** *nm Chile* : car bomb
**autobús** *nm, pl* **-buses** : bus
**autocar** *Spain* → **autobús**
**autocine** *nm* : drive-in
**autocompasión** *nf* : self-pity
**autocontrol** *nm* : self-control
**autocorrector** *nm* : autocorrect
**autocracia** *nf* : autocracy
**autócrata** *nmf* : autocrat
**autocrático, -ca** *adj* : autocratic
**autóctono, -na** *adj* : indigenous, native ⟨arte autóctono : indigenous art⟩
**autodefensa** *nf* : self-defense
**autodenominarse** *vr* : to call oneself
**autodestrucción** *nf* : self-destruction — **autodestructivo, -va** *adj*
**autodeterminación** *nf* : self-determination
**autodidacta**[1] *adj* : self-taught
**autodidacta**[2] *nmf* : self-taught person
**autodidacto**[1], **-ta** *adj* → **autodidacta**[1]
**autodidacto**[2], **-ta** *n* → **autodidacta**[2]
**autodisciplina** *nf* : self-discipline
**autoedición** *nf* : desktop publishing
**autoescuela** *nf Spain* : driving school
**autoestima** *nf* : self-esteem
**autofoto** *nf* : selfie
**autogobierno** *nm* : self-government
**autografiar** *vt* : to autograph
**autógrafo** *nm* : autograph
**autoinfligido, -da** *adj* : self-inflicted
**automación** → **automatización**
**autómata** *nm* : automaton
**automático, -ca** *adj* : automatic — **automáticamente** *adv*
**automatización** *nf* : automation
**automatizar** {21} *vt* : to automate
**automercado** *nm Ven* : supermarket
**automotor, -tora** *adj* **1** : self-propelled **2** : automotive, car
**automotriz**[1] *adj, pl* **-trices** : automotive, car
**automotriz**[2] *nf, pl* **-trices** : automaker
**automóvil** *nm* : automobile
**automovilista** *nmf* : motorist
**automovilístico, -ca** *adj* : automobile, car ⟨accidente automovilístico : automobile accident⟩
**autonombrado, -da** *adj* : self-appointed
**autonomía** *nf* : autonomy
**autonómico, -ca** *adj* : autonomous
**autónomo, -ma** *adj* : autonomous — **autónomamente** *adv*
**autopista** *nf* : expressway, highway
**autoproclamado, -da** *adj* : self-proclaimed, self-appointed
**autopropulsado, -da** *adj* : self-propelled
**autopsia** *nf* : autopsy
**autor, -tora** *n* **1** : author **2** : perpetrator
**autoría** *nf* : authorship
**autoridad** *nf* : authority
**autoritario, -ria** *adj* : authoritarian
**autorización** *nf, pl* **-ciones** : authorization
**autorizado, -da** *adj* **1** : authorized **2** : authoritative
**autorizar** {21} *vt* : to authorize, to approve
**autorretrato** *nm* : self-portrait
**autoservicio** *nm* **1** : self-service restaurant **2** SUPERMERCADO : supermarket
**autostop** *nm* **1** : hitchhiking **2 hacer autostop** : to hitchhike
**autostopista** *nmf* : hitchhiker
**autosuficiencia** *nf* : self-sufficiency — **autosuficiente** *adj*
**autovía** *nf* : divided highway
**auxiliar**[1] *vt* : to aid, to assist
**auxiliar**[2] *adj* : assistant, auxiliary
**auxiliar**[3] *nmf* **1** : assistant, helper **2 auxiliar de vuelo** : flight attendant
**auxilio** *nm* **1** : aid, assistance **2 primeros auxilios** : first aid
**aval** *nm* : guarantee, endorsement
**avalancha** *nf* ALUD : avalanche
**avalar** *vt* : to guarantee, to endorse
**avaluar** {3} *vt* : to evaluate, to appraise
**avalúo** *nm* : appraisal, evaluation
**avance** *nm* ADELANTO : advance
**avanzado, -da** *adj* **1** : advanced **2** : progressive
**avanzar** {21} *vi* : to advance, to move forward, to make progress — *vt* **1** : to advance, to move forward **2** : to advance, to put forward
**avaricia** *nf* CODICIA : greed, avarice
**avaricioso, -sa** *adj* : avaricious, greedy

**avaro¹, -ra** *adj* : miserly, greedy
**avaro², -ra** *n* : miser
**avasallador, -dora** *adj* : overwhelming
**avasallamiento** *nm* : domination
**avasallar** *vt* : to overpower, to subjugate
**avatar** *nm* **1** : avatar **2 avatares** *nmpl* : vagaries, vicissitudes
**ave** *nf* **1** : bird **2 aves de corral** : poultry **3 ave rapaz** *or* **ave de presa** : bird of prey
**avecinarse** *vr* : to approach, to come near
**avecindarse** *vr* : to settle, to take up residence
**avellana** *nf* : hazelnut, filbert
**avellano** *nm* : hazel
**avena** *nf* **1** : oat, oats *pl* **2** : oatmeal
**avenencia** *nf* : agreement, pact
**avenida** *nf* : avenue
**avenir** {87} *vt* : to reconcile, to harmonize — **avenirse** *vr* **1** : to agree, to come to terms **2** : to get along
**aventajado, -da** *adj* : outstanding
**aventajar** *vt* **1** : to be ahead of, to lead **2** : to surpass, to outdo
**aventar** {55} *vt* **1** : to fan **2** : to winnow **3** *Col, Mex* : to throw, to toss — **aventarse** *vr* **1** *Col, Mex* : to hurl oneself **2** *Mex fam* : to dare, to take a chance
**aventón** *nm, pl* **-tones** *Col, Mex fam* : ride, lift
**aventura** *nf* **1** : adventure **2** RIESGO : venture, risk **3** : love affair
**aventurado, -da** *adj* : hazardous, risky
**aventurar** *vt* : to venture, to risk — **aventurarse** *vr* : to take a risk
**aventurero¹, -ra** *adj* : adventurous
**aventurero², -ra** *n* : adventurer
**avergonzado, -da** *adj* **1** : ashamed **2** : embarrassed
**avergonzar** {9} *vt* APENAR : to shame, to embarrass — **avergonzarse** *vr* APENARSE : to be ashamed, to be embarrassed
**avería** *nf* **1** : damage **2** : breakdown, malfunction
**averiado, -da** *adj* **1** : damaged, faulty **2** : broken down
**averiar** {85} *vt* : to damage — **averiarse** *vr* : to break down
**averiguación** *nf, pl* **-ciones** : investigation, inquiry
**averiguar** {10} *vt* **1** : to find out, to ascertain **2** : to investigate
**aversión** *nf, pl* **-siones** : aversion, dislike
**avestruz** *nm, pl* **-truces** : ostrich
**avezado, -da** *adj* : seasoned, experienced
**aviación** *nf, pl* **-ciones** : aviation
**aviador, -dora** *n* : aviator, flyer
**aviar** {85} *vt* **1** : to prepare, to make ready **2** : to tidy up **3** : to equip, to supply
**avícola** *adj* : poultry
**avicultor, -tora** *n* : poultry farmer
**avicultura** *nf* : poultry farming
**avidez** *nf, pl* **-deces** : eagerness
**ávido, -da** *adj* : eager, avid — **ávidamente** *adv*
**avieso, -sa** *adj* **1** : twisted, distorted **2** : wicked, depraved
**avinagrado, -da** *adj* : vinegary, sour
**avío** *nm* **1** : preparation, provision **2** : loan (for agriculture or mining) **3 avíos** *nmpl* : gear, equipment
**avión** *nm, pl* **aviones** : airplane
**avionazo** *nm Mex* : plane crash
**avioneta** *nf* : light airplane
**avisar** *vt* **1** : to notify, to inform **2** : to advise, to warn
**aviso** *nm* **1** : notice **2** : advertisement, ad **3** ADVERTENCIA : warning **4 estar sobre aviso** : to be on the alert
**avispa** *nf* : wasp
**avispado, -da** *adj fam* : clever, sharp
**avispero** *nm* : wasps' nest
**avispón** *nm, pl* **-pones** : hornet
**avistamiento** *nm* : sighting
**avistar** *vt* : to sight, to catch sight of
**avituallar** *vt* : to supply with food, to provision
**avivar** *vt* **1** : to enliven, to brighten **2** : to strengthen, to intensify
**avizorar** *vt* **1** ACECHAR : to spy on, to watch **2** : to observe, to perceive ⟨se avizoran dificultades : difficulties are expected⟩
**axila** *nf* : armpit
**axioma** *nm* : axiom
**axiomático, -ca** *adj* : axiomatic
**ay** *interj* **1** : oh! **2** : ouch!, ow!
**ayer¹** *adv* : yesterday ⟨ayer por/en la mañana : yesterday morning⟩ ⟨antes de ayer : the day before yesterday⟩
**ayer²** *nm* ANTAÑO : yesteryear, days gone by
**ayote** *nm CA, Mex* : squash, pumpkin
**ayuda** *nf* **1** : help, assistance **2 ayuda de cámara** : valet
**ayudante** *nmf* : helper, assistant
**ayudar** *vt* : to help, to assist ⟨ayúdame a levantar esta caja : help me lift this box⟩ ⟨¿en qué puedo ayudarle? : how can I help you?⟩ ⟨¿te ayudo con tus cosas? : can I help you with your things?⟩ — **ayudarse** *vr* ~ **de** : to make use of
**ayunar** *vi* : to fast
**ayunas** *nfpl* **en** ~ : fasting ⟨este medicamento ha de tomarse en ayunas : this medication should be taken on an empty stomach⟩
**ayuno** *nm* : fast
**ayuntamiento** *nm* **1** : town hall, city hall **2** : town or city council
**azabache** *nm* : jet ⟨negro azabache : jet black⟩
**azada** *nf* : hoe
**azafata** *nf* **1** : stewardess *f* **2** : hostess *f* (on a TV show)
**azafrán** *nm, pl* **-franes** **1** : saffron **2** : crocus
**azahar** *nm* : orange blossom
**azalea** *nf* : azalea
**azar** *nm* **1** : chance ⟨juegos de azar : games of chance⟩ **2** : accident, misfortune **3 al azar** : at random, randomly
**azaroso, -sa** *adj* **1** : perilous, hazardous **2** : turbulent, eventful
**azimut** *nm* : azimuth
**azogue** *nm* : mercury
**azorado, -da** *adj* **1** : embarrassed, flustered **2** : amazed, stunned
**azorar** *vt* **1** : to alarm, to startle **2** : to fluster, to embarrass — **azorarse** *vr* : to get embarrassed

**azotar** *vt* **1** : to whip, to flog **2** : to lash, to batter **3** : to devastate, to afflict
**azote** *nm* **1** LÁTIGO : whip, lash **2** *fam* : spanking, licking **3** : calamity, scourge
**azotea** *nf* : flat roof, terraced roof
**azteca** *adj & nmf* : Aztec
**azúcar** *nmf* : sugar — **azucarar** *vt*
**azucarado, -da** *adj* : sweetened, sugary
**azucarera** *nf* : sugar bowl
**azucarero, -ra** *adj* : sugar ⟨industria azucarera : sugar industry⟩
**azucena** *nf* : white lily
**azuela** *nf* : adze
**azufre** *nm* : sulfur — **azufroso, -sa** *adj*
**azul** *adj & nm* : blue
**azulado, -da** *adj* : bluish
**azulejo** *nm* : ceramic tile, floor tile
**azuloso, -sa** *adj* : bluish
**azulete** *nm* : bluing
**azur**[1] *adj* CELESTE : azure
**azur**[2] *n* CELESTE : azure, sky blue
**azuzar** {21} *vt* : to incite, to egg on

# B

**b** *nf* : second letter of the Spanish alphabet
**baba** *nf* **1** : spittle, saliva **2** : dribble, drool (of a baby) **3** : slime, ooze
**babear** *vi* **1** : to drool, to slobber **2** : to ooze
**babero** *nm* : bib
**babor** *nm* : port, port side ⟨a babor : to port⟩
**babosa** *nf* : slug (mollusk)
**babosada** *nf CA, Mex* : silly act or remark
**baboso, -sa** *adj* **1** : drooling, slobbering **2** : slimy **3** *CA, Mex fam* : silly, dumb
**babucha** *nf* : slipper
**babuino** *nm* : baboon
**baca** *nf* : luggage/roof rack
**bacalao** *nm* : cod (fish)
**bacán**[1] *adj, pl* **bacanes** *fam* **1** *Arg, Uru* : posh, classy, rich **2** *Chile, Ecua, Peru* : cool, neat, great
**bacán**[2] *n, pl* **bacanes** *Arg, Col, Uru* : rich person
**bacano, -na** *adj Col fam* : cool, great
**bache** *nm* **1** : pothole **2** : air pocket **3** : bad period, rough time, slump
**bachiller** *nmf* : high school graduate
**bachillerato** *nm* : high school diploma
**bacinica** *nf* : chamber pot, potty (for children)
**bacon** *nm Spain* : bacon
**bacteria** *nf* : bacterium
**bacteriano, -na** *adj* : bacterial
**báculo** *nm* : staff, stick
**badajo** *nm* : clapper (of a bell)
**badén** *nm, pl* **badenes** **1** VADO : ford **2** : dip, ditch (in a road) **3** : speed bump
**bádminton** *nm* : badminton
**bafle** *or* **baffle** *nm* : speaker, loudspeaker
**bagaje** *nm* **1** → **equipaje** **2** : background, knowledge ⟨bagaje cultural : cultural heritage⟩
**bagre** *nm* : catfish
**baguette** *nf* : baguette
**bah** *interj* (*expressing disapproval*) : huh!
**bahía** *nf* : bay
**bailar** *vt* : to dance — *vi* **1** : to dance **2** : to spin **3** : to be loose, to be too big
**bailarín**[1], **-rina** *adj, mpl* **-rines** **1** : dancing **2** : fond of dancing
**bailarín**[2], **-rina** *n, mpl* **-rines** **1** : dancer **2** : ballet dancer, ballerina *f* ⟨prima bailarina : prima ballerina⟩
**baile** *nm* **1** : dance **2** : dance party, ball **3 llevarse al baile a** *Mex fam* : to take advantage of
**baja** *nf* **1** DESCENSO : fall, drop **2** : slump, recession **3** : loss, casualty **4 dar de baja** : to discharge, to dismiss **5 darse de baja** : to withdraw, to drop out, to resign
**bajada** *nf* **1** : descent **2** : dip, slope **3** : decrease, drop **4 bajada de bandera** *Arg, Spain* : minimum fare
**bajar** *vt* **1** : to lower (a blind, zipper, etc.), to let down (a hem) **2** : to bring/take/carry down, to get/lift down **3** REDUCIR : to lower (prices, a fever, one's voice, etc.) **4** INCLINAR : to lower (the eyes, etc.), to bow (the head) **5** : to go/come down (stairs) **6** DESCARGAR : to download **7 bajar de categoría** : to downgrade — *vi* **1** DISMINUIR : to drop, to fall, to go down **2** : to come/go down ⟨bajar por la escalera : to come/go down the stairs⟩ **3** : to ebb (of tides) — **bajarse** *vr* ~ **de** : to get off (a train, etc.), to get out of (a car)
**bajeza** *nf* **1** : low or despicable act **2** : baseness
**bajío** *nm* **1** : lowland **2** : shoal, sandbank, shallows
**bajista** *nmf* : bass player, bassist
**bajo**[1] *adv* **1** : low **2** : softly, quietly
**bajo**[2], **-ja** *adj* **1** : low **2** : short (of stature) **3** : soft, faint, low ⟨en voz baja : in a low voice⟩ **4** : low, deep (in tone) **5** : lower ⟨el bajo Amazonas : the lower Amazon⟩ ⟨la planta baja : the ground/first floor⟩ **6** : lowered ⟨con la mirada baja : with lowered eyes⟩ **7** : base, vile **8 los bajos fondos** : the underworld
**bajo**[3] *nm* **1** : bass, double bass **2** : bass, bass guitar **3** : first floor, ground floor **4** : hemline
**bajo**[4] *prep* : under, beneath, below
**bajón** *nm, pl* **bajones** : sharp drop, slump
**bajorrelieve** *nm* : bas-relief
**bala** *nf* **1** : bullet ⟨a prueba de balas : bulletproof⟩ **2** : bale **3 lanzamiento de bala** : shot put
**balacear** → **balear**
**balacera** *nf* → **baleo**
**balada** *nf* : ballad

**balance** *nm* **1** : balance **2** : balance sheet **3** : outcome, result **4 hacer balance de** : to take stock of
**balancear** *vt* **1** : to balance **2** : to swing (one's arms, etc.) **3** : to rock (a boat) — **balancearse** *vr* OSCILAR : to swing, to sway, to rock
**balanceo** *nm* : swaying, rocking, swinging
**balancín** *nm, pl* **-cines** **1** : rocking chair **2** SUBIBAJA : seesaw
**balandra** *nf* : sloop
**balanza** *nf* : scales *pl*, balance ⟨balanza comercial : balance of trade⟩ ⟨balanza de pagos : balance of payments⟩
**balar** *vi* : to bleat
**balaustrada** *nf* : balustrade
**balazo** *nm* **1** TIRO : shot, gunshot **2** : bullet wound
**balboa** *nf* : balboa (monetary unit of Panama)
**balbucear** *vi* **1** : to mutter, to stammer **2** : to babble
**balbuceo** *nm* **1** : mumbling, stammering **2** : babbling
**balbucir** → **balbucear**
**balcánico, -ca** *adj* : Balkan
**balcón** *nm, pl* **balcones** : balcony
**balde** *nm* **1** CUBO : bucket, pail **2 en ~** : in vain, to no avail
**baldío¹, -día** *adj* **1** : fallow **2** : useless, vain
**baldío²** *nm* **1** : wasteland **2** *Mex* : vacant lot
**baldosa** *nf* LOSETA : floor tile, paving tile/stone, paving block
**balear** *vt* : to shoot, to shoot at
**baleo** *nm* : shooting, shoot-out
**balero** *nm* **1** *Mex* : ball bearing **2** *Mex, PRi* : cup-and-ball toy
**balido** *nm* : bleat
**balín** *nm, pl* **balines** : pellet
**balística** *nf* : ballistics
**balístico, -ca** *adj* : ballistic
**baliza** *nf* **1** : buoy **2** : beacon (for aircraft)
**ballena** *nf* : whale
**ballenero¹, -ra** *adj* : whaling
**ballenero², -ra** *n* : whaler
**ballenero³** *nm* : whaleboat, whaler
**ballesta** *nf* **1** : crossbow **2** : spring (of an automobile)
**ballet** [ba'le] *nm* : ballet
**balneario** *nm* : spa, bathing resort
**balompié** *nm* FUTBOL : soccer
**balón** *nm, pl* **balones** **1** : ball **2** TANQUE : tank
**baloncelista** *PRi* → **basquetbolista**
**baloncesto** *nm* BASQUETBOL : basketball
**balonmano** *nm* : handball
**balsa** *nf* **1** : raft **2** : balsa **3** : pond, pool
**balsámico, -ca** *adj* : soothing
**bálsamo** *nm* : balsam, balm
**balsero, -ra** *n* : boat person, refugee
**báltico, -ca** *adj* : Baltic
**baluarte** *nm* : bulwark, bastion
**bambalina** *nf* **tras/entre bambalinas** : behind the scenes
**bambolear** *vi* **1** : to sway, to swing **2** : to wobble — **bambolearse** *vr*
**bamboleo** *nm* **1** : swaying, swinging **2** : wobbling
**bambú** *nm, pl* **bambúes** *or* **bambús** : bamboo
**banal** *adj* : banal — **banalidad** *nf*
**banana** *nf* : banana
**bananero¹, -ra** *adj* : banana
**bananero²** *nm* : banana tree
**banano** *nm* **1** : banana tree **2** *CA, Col* : banana
**banca** *nf* **1** : banking, banks **2** : bank (in games) **3** BANCO : bench **4** BANQUILLO : bench (in sports)
**bancada** *nf* **1** : group, faction **2** : workbench
**bancal** *nm* **1** : terrace (in agriculture) **2** : plot (of land)
**bancario, -ria** *adj* : bank, banking
**bancarrota** *nf* QUIEBRA : bankruptcy ⟨en bancarrota : bankrupt⟩
**banco** *nm* **1** : bank ⟨banco central : central bank⟩ ⟨banco de datos : data bank⟩ ⟨banco de sangre : blood bank⟩ **2** BARRA : bank, bar ⟨banco de arena : sandbank⟩ **3** BANCA : stool, bench **4** : pew **5** : school (of fish)
**banda** *nf* **1** : band, strip **2** : band (on arm), sash **3** *Mex* : belt ⟨banda transportadora : conveyor belt⟩ **4** : (frequency) band **5** : band (of musicians) **6** : gang (of persons), flock (of birds) **7** : side (of a ship) **8** : touchline (in soccer) **9 banda ancha** : broadband **10 banda de rodadura** : tread (of a tire) **11 banda sonora** *or* **banda de sonido** : sound track
**bandada** *nf* : flock (of birds), school (of fish)
**bandazo** *nm* **dar bandazos** : to move from side to side
**bandearse** *vr* : to look after oneself, to cope
**bandeja** *nf* **1** : tray, platter **2 bandeja de entrada** : in-box **3 bandeja de salida** : out-box
**bandera** *nf* : flag, banner
**banderazo** *nm* : starting signal (in sports)
**banderilla** *nf* : dart (in bullfighting)
**banderín** *nm, pl* **-rines** : pennant, small flag
**bandido, -da** *n* BANDOLERO : bandit, outlaw
**bando** *nm* **1** FACCIÓN : faction, side **2** EDICTO : proclamation
**bandolero, -ra** *n* BANDIDO : bandit, outlaw
**banjo** *nm* : banjo
**banquero, -ra** *n* : banker
**banqueta** *nf* **1** : footstool, stool, bench **2** *Mex* : sidewalk
**banquete** *nm* : banquet ⟨banquete de bodas : wedding reception⟩
**banquetear** *v* : to feast
**banquillo** *nm* **1** BANCA : bench (in sports) **2** : dock, defendant's seat
**banquina** *nf Arg, Uru* : shoulder (of a road)
**bañadera** *Arg, Uru* → **bañera**
**bañador** *nm Spain* : swimsuit, bathing suit
**bañar** *vt* **1** : to bathe, to wash **2** : to immerse, to dip **3** : to coat, to cover

⟨bañado en lágrimas : bathed in tears⟩ — **bañarse** *vr* **1** : to take a bath, to bathe **2** : to swim, to go swimming
**bañera** *nf* **1** TINA : bathtub **2 bañera de hidromasaje** : hot tub, whirlpool, Jacuzzi *trademark*
**bañero, -ra** *n Arg, Uru* : lifeguard
**bañista** *nmf* : bather
**baño** *nm* **1** : bath ⟨darse un baño : to take a bath⟩ ⟨baño de espuma/burbujas : bubble bath⟩ **2** : swim, dip **3** : bathroom ⟨baños públicos : public restrooms⟩ **4** BAÑERA : bathtub **5** GLASEADO : icing, frosting **6 baño de sangre** : bloodbath
**baptista** → **bautista**
**baqueta** *nf* **1** : ramrod **2 baquetas** *nfpl* : drumsticks
**bar** *nm* : bar
**baraja** *nf* : deck of cards
**barajar** *vt* **1** : to shuffle (cards) **2** : to consider
**baranda** *nf* → **barandal 1**
**barandal** *nm* **1** : rail, railing **2** : banister, handrail
**barandilla** *nf Spain* → **barandal**
**barata** *nf* **1** *Mex* : sale, bargain **2** *Chile* : cockroach
**baratija** *nf* : bauble, trinket
**baratillo** *nm* : rummage sale, flea market
**barato**[1] *adv* : cheap, cheaply ⟨te lo vendo barato : I'll sell it to you cheap⟩
**barato**[2], **-ta** *adj* : cheap, inexpensive
**barba** *nf* **1** : beard, stubble **2** : chin
**barbacoa** *nf* **1** PARRILLA : barbecue **2** : barbecued meat
**bárbaramente** *adv* : barbarously
**barbaridad** *nf* **1** : barbarity, atrocity **2** BURRADA : stupid act or remark **3** MONTÓN : ton, load **4 ¡qué barbaridad!** : that's outrageous!
**barbarie** *nf* : savagery
**bárbaro**[1] *adv* **pasarlo bárbaro** *fam* : to have a great time
**bárbaro**[2], **-ra** *adj* **1** : barbarian (in history) **2** CRUEL : cruel **3** GROSERO : rude, crass **4** *fam* : great, fantastic
**bárbaro**[3], **-ra** *n* : barbarian
**barbecho** *nm* : fallow land ⟨dejar en barbecho : to leave fallow⟩
**barbería** *nf* : barbershop
**barbero** *nm* : barber
**barbilla** *nf* MENTÓN : chin
**barbitúrico** *nm* : barbiturate
**barbudo**[1], **-da** *adj* : bearded
**barbudo**[2] *nm* : bearded man
**barca** *nf* : boat
**barcaza** *nf* : barge
**barcia** *nf* : chaff
**barco** *nm* **1** BARCA : boat ⟨viajar en barco : to travel by boat/ship⟩ ⟨barco de guerra/vapor/vela : warship/steamship/sailboat⟩ ⟨barco pesquero : fishing boat⟩ **2** BUQUE, NAVE : ship
**barda** *nf Mex* **1** MURO : wall **2** CERCO : fence
**bardo** *nm* : bard
**baremo** *nm* : scale
**barítono** *nm* : baritone
**barman** *nm* : bartender
**barniz** *nm, pl* **barnices** : varnish
**barnizar** {21} *vt* : to varnish
**barómetro** *nm* : barometer — **barométrico, -ca** *adj*
**barón** *nm, pl* **barones** : baron
**baronesa** *nf* : baroness
**barquero, -ra** *n* : boatman *m*, boatwoman *f*
**barquillo** *nm* **1** : wafer **2** CONO : ice-cream cone
**barra** *nf* **1** : bar (of metal), rod (for curtains) **2** : bar (of soap, etc.), block (of ice) **3** MOSTRADOR : bar, counter **4** : gang (of friends) **5** : slash (in punctuation) ⟨barra oblicua : forward slash⟩ ⟨barra invertida/inversa : backslash⟩ **6** BANCO : bar, bank ⟨barra de arena : sandbar⟩ **7 barra de herramientas** : toolbar **8 barra de labios** : lipstick **9 barra de pan** *Mex, Spain* : baguette
**barraca** *nf* **1** CHOZA : shack **2** PUESTO, CASETA : booth, stall
**barracuda** *nf* : barracuda
**barranca** *nf* **1** : hillside, slope **2** → **barranco**
**barranco** *nm* : ravine, gorge
**barredora** *nf* : street sweeper (machine)
**barrena** *nf* **1** TALADRO : drill, auger, gimlet **2** : tailspin
**barrenar** *vt* : to drill
**barrendero, -ra** *n* : sweeper, street cleaner
**barrer** *vt* **1** : to sweep **2** : to sweep away **3** : to crush, to defeat — *vi* **1** : to sweep **2** : to make a clean sweep **3** ~ **con** : to sweep away **4** ~ **con** : to wipe out (an enemy), to crush (a sports opponent) — **barrerse** *vr* : to slide (in sports)
**barrera** *nf* OBSTÁCULO : barrier, obstacle ⟨barrera de sonido : sound barrier⟩ ⟨barrera comercial : trade barrier⟩
**barreta** *nf Arg, Mex* : crowbar
**barriada** *nf* **1** : district, quarter **2** : shantytown, slums *pl*
**barrica** *nf* BARRIL, TONEL : barrel, cask, keg
**barricada** *nf* : barricade
**barrida** *nf* **1** : sweep **2** : slide (in sports) **3** : clean sweep (in a competition)
**barrido** *nm* : sweeping
**barriga** *nf* : belly
**barrigón, -gona** *adj, mpl* **-gones** *fam* : potbellied
**barril** *nm* **1** BARRICA : barrel, keg **2 cerveza de barril** : draft beer
**barrio** *nm* **1** : neighborhood, district **2 barrios bajos** : slums *pl* **3 barrio de invasión** *Col* → **invasión 4 barrio de chabolas** *Spain* : shantytown, slums *pl*
**barrizal** *nm* : quagmire
**barro** *nm* **1** LODO : mud **2** ARCILLA : clay ⟨vajilla de barro : earthenware dishes⟩ **3** ESPINILLA, GRANO : pimple, blackhead
**barroco, -ca** *adj* : baroque — **barroco** *nm*
**barroso, -sa** *adj* ENLODADO : muddy
**barrote** *nm* : bar (on a window)
**bártulos** *nmpl* : things, belongings ⟨liar los bártulos : to pack one's things⟩
**barullo** *nm* **1** BULLA : racket, ruckus **2** CONFUSIÓN : mess, confusion
**basa** *nf* : base, pedestal

**basalto** *nm* : basalt
**basar** *vt* FUNDAR : to base — **basarse** *vr* FUNDARSE **1 ~ en** : to be based on **2 ~ en** : to base one's position on
**báscula** *nf* BALANZA : balance, scales *pl*
**base** *nf* **1** : base, bottom **2** : base (in baseball) **3** FUNDAMENTO : basis, foundation ⟨sentar las bases de : to lay the foundation for⟩ **4** : base ⟨base naval/aérea : naval/air base⟩ **5** REGLAS : rules *pl* **6** *or* **base de maquillaje** : foundation (makeup) **7 a base de** : based on, by means of **8 base de datos** : database **9 en base a** : based on, on the basis of
**básico, -ca** *adj* FUNDAMENTAL : basic — **básicamente** *adv*
**basílica** *nf* : basilica
**basket** *or* **básquet** → **basquetbol**
**basquetbol** *or* **básquetbol** *nm* BALONCESTO : basketball
**basquetbolista** *nmf* : basketball player
**basset** *nm* : basset hound
**bastante**[1] *adv* **1** : enough, sufficiently ⟨he trabajado bastante : I have worked enough⟩ ⟨lo bastante alto (como) para alcanzar : tall enough to reach⟩ **2** : fairly, rather, quite ⟨llegaron bastante temprano : they arrived quite early⟩ ⟨me gustó bastante : I liked it a lot⟩
**bastante**[2] *adj* **1** : enough, sufficient ⟨¿hay bastantes sillas? : are there enough chairs?⟩ **2** : plenty of, a lot of ⟨había bastante gente : there were a lot of people⟩
**bastante**[3] *pron* : enough ⟨hemos visto bastante : we have seen enough⟩ ⟨no hay bastantes : there aren't enough⟩
**bastar** *vi* : to be enough, to suffice ⟨con uno basta (y sobra) : one is (more than) enough⟩ ⟨¡basta (ya)! : that's enough!⟩ — **bastarse** *vr* : to be able to manage on one's own
**bastardilla** *nf* CURSIVA : italic type, italics *pl*
**bastardo**[1], **-da** *adj* **1** ILEGÍTIMO : bastard **2** VIL : base
**bastardo**[2], **-da** *n* : bastard *usu offensive*
**bastidor** *nm* **1** : framework, frame **2** : wing (in theater) ⟨entre bastidores : backstage, behind the scenes⟩
**bastión** *nf, pl* **bastiones** BALUARTE : bastion, bulwark
**basto**[1], **-ta** *adj* : coarse, rough
**basto**[2] *nm* : club (in the Spanish deck of cards)
**bastón** *nm, pl* **bastones** **1** : cane, walking stick **2** : baton **3** *or* **bastón de esquí** : ski pole **4 bastón de mando** : staff (of authority)
**basura** *nf* : garbage, trash ⟨tirar/echar/botar algo a la basura : to throw something in the garbage⟩ ⟨sacar la basura : to take out the garbage⟩
**basural** → **basurero 2**
**basurero**[1], **-ra** *n* : garbage collector
**basurero**[2] *nm* **1** *Mex* : garbage can **2** VERTEDERO, BASURAL : garbage dump
**bata** *nf* **1** : bathrobe, housecoat **2** : smock, coveralls, lab coat
**batacazo** *nm* **1** : wallop **2 dar el/un batacazo** *Arg, Uru* : to pull off an unexpected win
**batalla** *nf* **1** : battle ⟨batalla campal : pitched battle⟩ **2** : fight, struggle **3 de ~** : ordinary, everyday
**batallar** *vi* LIDIAR, LUCHAR : to battle, to fight
**batallón** *nm, pl* **-llones** : battalion
**batata** *nf* : yam, sweet potato
**batazo** *nm* HIT : hit (in baseball)
**bate** *nm* : baseball bat
**batea** *nf* **1** : tray, pan **2** : punt (boat)
**bateador, -dora** *n* : batter, hitter
**batear** *vi* : to bat — *vt* : to hit
**bateo** *nm* : batting (in baseball)
**batería** *nf* **1** PILA : battery **2** : drum kit, drums *pl* **3 batería de cocina** : kitchen utensils *pl*
**baterista** *nmf* : drummer
**batida** *nf* REDADA, ALLANAMIENTO : raid
**batido** *nm* LICUADO : milk shake
**batidor** *nm* : eggbeater, whisk, mixer
**batidora** *nf* : (electric) mixer
**batir** *vt* **1** GOLPEAR : to beat, to hit **2** VENCER : to defeat **3** : to whisk, to beat (eggs), to whip (cream), to cream (butter and sugar) **4** : to flap, to beat (wings) **5** RASTREAR : to comb, to search **6** : to break (a record) **7 batir palmas** : to clap — **batirse** *vr* : to fight
**batuta** *nf* **1** : baton **2 llevar la batuta** : to be in charge
**baúl** *nm* **1** : trunk, chest **2** (*in various countries*) : trunk (of a car)
**bautismal** *adj* : baptismal
**bautismo** *nm* : baptism, christening
**bautista** *adj & nmf* : Baptist
**bautizar** {21} *vt* : to baptize, to christen
**bautizo** → **bautismo**
**bávaro, -ra** *adj & n* : Bavarian
**baya** *nf* : berry
**bayeta** *nf* : cleaning cloth
**bayoneta** *nf* : bayonet
**baza** *nf* : trick (in card games)
**bazar** *nm* : bazaar
**bazo** *nm* : spleen
**bazofia** *nf* **1** : table scraps *pl* **2** : slop, swill **3** : rubbish
**bazuca** *nf* : bazooka
**be** *or* **be larga** *or* **be grande** *nf* : (letter) b
**beagle** *nm* : beagle
**beatífico, -ca** *adj* : beatific
**beato, -ta** *adj* **1** : blessed **2** : devout **3** : overly devout
**bebe, -ba** *n Arg, Uru* : baby
**bebé** *nm* : baby
**bebedero** *nm* **1** ABREVADERO : watering trough **2** *Mex* : drinking fountain
**bebedor, -dora** *n* : (heavy) drinker
**beber** *v* TOMAR : to drink
**bebida** *nf* : drink, beverage
**bebido, -da** *adj* BORRACHO : drunk
**beca** *nf* : grant, scholarship
**becado, -da** *n* : grant recipient, scholarship holder
**becar** {72} *vt* : to award a grant or scholarship to
**becario, -ria** → **becado**
**becerro, -rra** *n* : calf
**bedel** *nmf* : janitor
**begonia** *nf* : begonia
**beige** *adj & nm* : beige

**beisbol** *or* **béisbol** *nm* : baseball
**beisbolista** *nmf* : baseball player
**beldad** *nf* BELLEZA, HERMOSURA : beauty
**belén** *nf, pl* **belenes** NACIMIENTO : Nativity scene
**belga** *adj & nmf* : Belgian
**belicista**[1] *adj* : militaristic
**belicista**[2] *nmf* : warmonger
**bélico, -ca** *adj* GUERRERO : war, fighting, military ⟨conflicto bélico : armed conflict⟩
**belicoso, -sa** *adj* **1** : warlike, martial **2** : aggressive, belligerent
**beligerancia** *nf* : belligerence
**beligerante** *adj & nmf* : belligerent
**bellaco**[1], **-ca** *adj* : sly, cunning
**bellaco**[2], **-ca** *n* : rogue, scoundrel
**belleza** *nf* BELDAD, HERMOSURA : beauty
**bello, -lla** *adj* **1** HERMOSO : beautiful **2 bellas artes** : fine arts — **bellamente** *adv*
**bellota** *nf* : acorn
**bemol** *nm* : flat (in music) — **bemol** *adj*
**bencina** *nf Chile* GASOLINA : gas, gasoline
**bencinera** *nf Chile* : gas station
**bendecir** {11} *vt* **1** : to bless **2 bendecir la mesa** : to say grace
**bendición** *nf, pl* **-ciones** : benediction, blessing
**bendiga, bendijo etc.** → **bendecir**
**bendito**[1], **-ta** *adj* **1** : blessed, holy **2** : fortunate
**bendito**[2], **-ta** *n* : simple person
**benefactor**[1], **-tora** *adj* : charitable
**benefactor**[2], **-tora** *n* : benefactor, benefactress *f*
**beneficencia** *nf* : charity
**beneficiar** *vt* : to benefit — **beneficiarse** *vr* : to benefit ⟨beneficiarse con/de : to benefit from⟩
**beneficiario, -ria** *n* **1** : beneficiary **2** : payee (of a check)
**beneficio** *nm* **1** GANANCIA : profit **2** : benefit **3 en/a beneficio de** : in aid of, to benefit **4 en beneficio de alguien** : in someone's interest
**beneficioso, -sa** *adj* : beneficial
**benéfico, -ca** *adj* : charitable
**benemérito, -ta** *adj* : meritorious, worthy
**beneplácito** *nm* : approval, consent
**benevolencia** *nf* BONDAD : benevolence, kindness
**benevolente** → **benévolo**
**benévolo, -la** *adj* BONDADOSO : benevolent, kind, good
**bengala** *nf* **luz de bengala** **1** : flare (signal) **2** : sparkler
**benigno, -na** *adj* : benign, mild
**benjamín, -mina** *n, mpl* **-mines** : youngest child
**beodo, -da** *adj & n* : drunk
**berberecho** *nm* : cockle
**berenjena** *nf* : eggplant
**bergantín** *nm, pl* **-tines** : brig (ship)
**berlinés**[1], **-nesa** *adj* : of or from Berlin
**berlinés**[2], **-nesa** *n* : person from Berlin
**berma** *nf Chile, Col, Ecua, Peru* : shoulder (of a road)
**bermudas** *nfpl* : Bermuda shorts
**berrear** *vi* **1** : to bellow, to low **2** : to bawl, to howl
**berrido** *nm* **1** : bellowing **2** : howl, scream
**berrinche** *nm fam* : tantrum ⟨hacer (un) berrinche : to throw a tantrum⟩
**berro** *nm* : watercress
**besar** *vt* : to kiss — **besarse** *vr* : to kiss (each other)
**beso** *nm* : kiss ⟨tirarle un beso a alguien : to blow someone a kiss⟩
**bestia**[1] *adj* **1** : ignorant, stupid **2** : boorish, rude
**bestia**[2] *nf* **1** : beast — **2** BRUTO : brute
**bestia**[3] *nmf* **1** IGNORANTE : ignoramus **2** : brute
**bestial** *adj* **1** : bestial, beastly **2** *fam* : huge, enormous ⟨hace un frío bestial : it's freezing cold⟩ **3** *fam* : great, fantastic
**bestialidad** *nf* **1** BRUTALIDAD : brutality **2** DISPARATE : stupid act or remark **3** MONTÓN : load, ton
**best–seller** [bes'seler] *nm, pl* **-sellers** : best seller
**beta** *nf* : beta (software)
**besuquear** *vt fam* : to cover with kisses — **besuquearse** *vr fam* : to neck, to smooch
**betabel** *nm Mex* : beet
**betún** *nm, pl* **betunes** **1** : shoe polish **2** *Mex* : icing
**bi-** *pref* : bi-
**bianual** *adj* : biannual
**biberón** *nm, pl* **-rones** : baby's bottle ⟨le dio el biberón al bebé : she gave the baby his bottle⟩
**biblia** *nf* **1** : bible **2 la Biblia** : the Bible
**bíblico, -ca** *adj* : biblical
**bibliografía** *nf* : bibliography — **bibliográfico, -ca** *adj*
**bibliógrafo, -fa** *n* : bibliographer
**biblioteca** *nf* **1** : library **2** ESTANTERÍA : bookcase, bookshelves
**bibliotecario, -ria** *n* : librarian
**bicameral** *adj* : bicameral
**bicarbonato** *nm* **1** : bicarbonate **2 bicarbonato de soda** : sodium bicarbonate, baking soda
**bicentenario** *nm* : bicentennial
**bíceps** *nms & pl* : biceps
**bicho** *nm* **1** : small animal **2** INSECTO : bug **3 bicho raro** : weirdo
**bici** *nf fam* : bike
**bicicleta** *nf* **1** : bicycle ⟨ir en bicicleta : to cycle, to bicycle⟩ ⟨andar/montar en bicicleta : to ride a bicycle⟩ **2 bicicleta de montaña** mountain bike
**bicolor** *adj* : two-tone
**bidé** *or* **bidet** *nm* : bidet
**bidireccional** *adj* : two-way
**bidón** *nm, pl* **bidones** : large can, (oil) drum
**bien**[1] *adv* **1** : well ⟨¿dormiste bien? : did you sleep well?⟩ ⟨todo va bien : everything's going well⟩ **2** : well, right, properly ⟨nos trata bien : she treats us well⟩ ⟨funcionar bien : to work right⟩ **3** : well, skillfully ⟨canta bien : she sings well⟩ ⟨¡bien dicho! : well said!⟩ **4** : well, thoroughly ⟨piénsalo bien : think it over carefully⟩ ⟨bien documentado : well-

documented⟩ **5** : very, quite ⟨era bien divertido : it was very enjoyable⟩ **6** : easily ⟨bien podría decirse que . . . : it could very well be said that . . .⟩ **7 bien que** : willingly, readily ⟨no ayuda pero bien que critica : he doesn't help but he's quick to criticize⟩ **8 más bien** : rather **9 no bien** : as soon as **10 si bien** : although

**bien**[2] *adj* **1** : well, OK, all right ⟨¿te sientes bien? : are you feeling all right?⟩ ⟨estoy bien, gracias : I'm fine, thanks⟩ **2** : good, nice, pleasant ⟨las flores huelen bien : the flowers smell very nice⟩ ⟨se está bien aquí : it's very pleasant here⟩ **3** : fine, OK, all right ⟨me parece bien : it seems fine to me⟩ ⟨está bien, no te preocupes : it's OK—don't worry about it⟩ **4** : right, correct, proper ⟨esta frase no está bien : this sentence isn't right⟩ ⟨no está bien que te hable así : it's not right for him to speak to you like that⟩

**bien**[3] *nm* **1** : good ⟨el bien y el mal : good and evil⟩ **2** : good, sake ⟨por tu (propio) bien : for your (own) good⟩ **3 bienes** *nmpl* : property, goods, possessions ⟨bienes de consumo : consumer goods⟩ ⟨bienes muebles : personal property⟩ ⟨bienes raíces/inmuebles : real estate⟩

**bien**[4] *conj* **(o) bien . . . (o) bien . . .** : either . . . or . . .

**bien**[5] *interj* **1** BUENO : well, so ⟨bien, empecemos : well, let's get started⟩ ⟨bien, como iba diciendo . . . : so as I was saying . . .⟩ **2 ¡(muy) bien!** : (very) good!, well done! **3 ¡qué bien!** : great!

**bienal** *adj & nf* : biennial — **bienalmente** *adv*

**bienaventurado, -da** *adj* **1** : blessed **2** : fortunate, happy

**bienestar** *nm* **1** : welfare, well-being **2** CONFORT : comfort

**bienintencionado, -da** *adj* : well-meaning

**bienvenida** *nf* **1** : welcome **2 dar la bienvenida a** : to welcome

**bienvenido, -da** *adj* : welcome

**bies** *nm* : bias (in sewing)

**bife** *nm Arg, Chile, Uru* : steak

**bífido, -da** *adj* : forked

**bifocales** *nmpl* : bifocals — **bifocal** *adj*

**bifurcación** *nf, pl* **-ciones** : fork (in a river or road)

**bifurcarse** {72} *vr* : to fork

**bigamia** *nf* : bigamy

**bígamo, -ma** *n* : bigamist

**bigote** *nm* **1** : mustache **2** : whisker (of an animal)

**bigotón, -tona** *adj, mpl* **-tones** *CA, Mex* : having a big mustache

**bikini** *nm* : bikini

**bilateral** *adj* : bilateral — **bilateralmente** *adv*

**biliar** *adj* : bile ⟨cálculo biliar : gallstone⟩

**bilingüe** *adj* : bilingual

**bilis** *nf* : bile

**billar** *nm* : pool, billiards

**billete** *nm* **1** : bill ⟨un billete de cinco dólares : a five-dollar bill⟩ ⟨billete de banco : banknote⟩ **2** *Spain* → **boleto**

**billetera** *nf* : billfold, wallet

**billetero, -ra** *n CA, Car* : lottery ticket vendor

**billón** *nm, pl* **billones** **1** : billion (Great Britain) **2** : trillion (U.S.A.)

**bimensual** *adj* : bimonthly, semimonthly

**bimestral** *adj* : bimonthly ⟨una revista bimestral : a bimonthly magazine, a magazine that's published every two months⟩ — **bimestralmente** *adv*

**bimestre** *nm* : two-month period

**bimotor** *adj* : twin-engine

**binacional** *adj* : binational

**binario, -ria** *adj* : binary

**bingo** *nm* : bingo

**binocular** *adj* : binocular

**binoculares** *nmpl* : binoculars

**bio-** *pref* : bio-

**biodegradable** *adj* : biodegradable

**biodiversidad** *nf* : biodiversity

**biografía** *nf* : biography

**biográfico, -ca** *adj* : biographical

**biógrafo, -fa** *n* : biographer

**biología** *nf* : biology

**biológico, -ca** *adj* : biological, biologic — **biológicamente** *adv*

**biólogo, -ga** *n* : biologist

**biombo** *nm* MAMPARA : folding screen, room divider

**biopsia** *nf* : biopsy

**bioquímica** *nf* : biochemistry

**bioquímico**[1], **-ca** *adj* : biochemical

**bioquímico**[2], **-ca** *n* : biochemist

**biosfera** *or* **biósfera** *nf* : biosphere

**biotecnología** *nf* : biotechnology — **biotecnológico, -ca** *adj*

**bip** *nm* PITIDO : beep

**bipartidismo** *nm* : two-party system

**bipartidista** *adj* : bipartisan

**bípedo** *nm* : biped

**biquini** → **bikini**

**birlar** *vt fam* : to swipe, to pinch

**birmano, -na** *adj & n* : Burmese

**birrete** *nm* **1** : mortarboard **2** : biretta

**bis**[1] *adv* **1** : twice, again (in music) **2** : a, A ⟨artículo 47 bis : Article 47A⟩ ⟨calle 15, número 70 bis : 15th Street, number 70A⟩

**bis**[2] *nm* : encore

**bis-** *pref* : great ⟨bisnieto : great-grandson⟩

**bisabuelo, -la** *n* : great-grandfather *m*, great-grandmother *f*, great-grandparent

**bisagra** *nf* : hinge

**bisecar** {72} *vt* : bisect

**bisel** *nm* : bevel

**biselar** *vt* : to bevel

**bisexual** *adj* : bisexual — **bisexualidad** *nf*

**bisiesto** *adj* **año bisiesto** : leap year

**bisnieto, -ta** *n* : great-grandson *m*, great-granddaughter *f*, great-grandchild

**bisonte** *nm* : bison, buffalo

**bisoñé** *nm* : hairpiece, toupee

**bisoño**[1], **-ña** *adj* : inexperienced

**bisoño**[2], **-ña** *n* : rookie

**bistec** *nm* : steak, beefsteak

**bisturí** *nm, pl* **-ríes** ESCALPELO : scalpel

**bisutería** *nf* : costume jewelry

**bit** *nm* : bit (unit of information)

**bitácora** *nf* **1** : ship's log **2** BLOG : blog
**bitcoin** [bit'koin] *nm, pl* **bitcoins** : Bitcoin
**bizco, -ca** *adj* : cross-eyed
**bizcocho** *nm* **1** : sponge cake **2** : biscuit
**blanca** *nf* : half note (in music)
**blanco**[1], **-ca** *adj* **1** : white **2 en blanco** : blank (of a paper, etc.) **3 pasar la noche en blanco** : to have a sleepless night
**blanco**[2], **-ca** *n* : white person
**blanco**[3] *nm* **1** : white (color) **2** : white (of the eye) **3** : target, bull's-eye ⟨dar en el blanco : to hit the target, to hit the nail on the head⟩
**blancura** *nf* : whiteness
**blancuzco, -ca** *adj* **1** : whitish, off-white **2** PÁLIDO : pale
**blandir** {1} *vt* : to wave, to brandish
**blando, -da** *adj* **1** SUAVE : soft (of a bed, etc.), tender (of meat) **2** : weak (in character) **3** : lenient
**blandura** *nf* **1** : softness, tenderness **2** : leniency
**blanqueador** *nm* : bleach, whitener
**blanquear** *vt* **1** : to bleach (clothes), to whitewash (a wall) **2** : to shut out (in sports) **3** : to launder (money) — *vi* : to turn white
**blanqueo** *nm* **1** : bleaching, whitewashing **2** : money laundering
**blanquillo** *nm CA, Mex* : egg
**blasfemar** *vi* : to blaspheme
**blasfemia** *nf* : blasphemy
**blasfemo, -ma** *adj* : blasphemous
**blazer** *nm* : blazer
**bledo nm (no) me importa un bledo** *fam* : I don't give a damn
**blindado, -da** *adj* ACORAZADO : armored
**blindaje** *nm* **1** : armor, armor plating **2** : shield (for cables, machinery, etc.)
**bloc** *nm, pl* **blocs** : notepad, pad (of paper)
**blof** *nm Col, Mex* : bluff
**blofear** *vi Col, Mex* : to bluff
**blog** ['blox] *nm, pl* **blogs** BITÁCORA : blog
**blondo, -da** *adj* : blond, flaxen
**bloque** *nm* **1** : block (of wood, etc.) **2** GRUPO : bloc ⟨el bloque comunista : the Communist bloc⟩ **3 en bloque** : en masse
**bloquear** *vt* **1** OBSTRUIR : to block (a road, etc.) **2** : to blockade (a port) **3** : to jam (a mechanism) **4** : to freeze (an account) — **bloquearse** *vr* : to jam, to stick, to lock
**bloqueo** *nm* **1** : blocking **2** : blockade (of a port, etc.)
**blues** ['blus] *nm* : blues (music)
**blusa** *nf* : blouse
**blusón** *nm, pl* **blusones** : loose shirt, smock
**boa** *nf* : boa
**boato** *nm* : ostentation, show
**bobada** *nf* **1** : stupid remark or action **2 decir bobadas** : to talk nonsense
**bobalicón, -cona** *adj, mpl* **-cones** *fam* : silly, stupid
**bobina** *nf* **1** : roll, spool (of thread), bobbin (in sewing machine) **2** : (electrical) coil
**bobo**[1], **-ba** *adj* : silly, stupid
**bobo**[2], **-ba** *n* : fool
**bobsleigh** ['bobsle] *nm* : bobsled
**boca** *nf* **1** : mouth **2** : entrance **3** : mouth (of a jar, etc.), muzzle (of a gun) **4 boca arriba** : face up **5 boca abajo** : face down **6 boca del estómago** : pit of the stomach **7 boca de riego/incendios** : hydrant **8 correr de boca en boca** : to spread by word of mouth **9 el boca a boca** : mouth-to-mouth (resuscitation) ⟨hacerle el boca a boca a alguien : to give someone mouth-to-mouth⟩ **10 en boca de todos** : on everyone's lips **11 por boca de** : according to
**bocacalle** *nf* : entrance to a street ⟨gire a la última bocacalle : turn onto the last side street⟩
**bocadillo** *nm Spain* : sandwich
**bocado** *nm* **1** : bite, mouthful ⟨no probó bocado : he didn't have a bite to eat⟩ **2** FRENO : bit (of a bridle)
**bocajarro** *nm* **a ~** : point-blank
**bocallave** *nf* : keyhole
**bocanada** *nf* **1** : mouthful (of smoke, etc.) **2** : gust (of air)
**boceto** *nm* : sketch, outline
**bochinche** *nm fam* : ruckus, uproar
**bochorno** *nm* **1** VERGÜENZA : embarrassment **2** : hot and humid weather **3** : hot flash
**bochornoso, -sa** *adj* **1** EMBARAZOSO : embarrassing **2** : hot and muggy
**bocina** *nf* **1** : horn, trumpet **2** : automobile horn **3** : mouthpiece (of a telephone) **4** *Mex* : loudspeaker
**bocinazo** *nm* : honk (of a horn)
**bocio** *nm* : goiter
**bocón, -cona** *n, mpl* **bocones** *fam* : blabbermouth, loudmouth
**boda** *nf* : wedding ⟨bodas de oro/plata : golden/silver anniversary⟩
**bodega** *nf* **1** : wine cellar **2** : wine shop **3** : wine bar **4** : winery, wine producer **5** SÓTANO : cellar **6** : (ship's) hold **7** *Chile, Col, Mex* : storeroom, warehouse **8** (*in various countries*) : grocery store
**bodegón** *nm, pl* **-gones** : still life
**bofetada** *nf* CACHETADA : slap on the face
**bofetear** *vt* CACHETEAR : to slap
**bofetón** *nm, pl* **-tones → bofetada**
**boga** *nf* : fashion, vogue ⟨estar en boga : to be in style⟩
**bogey** ['bogi] *nm* : bogey (in golf)
**bogotano**[1], **-na** *adj* : of or from Bogotá
**bogotano**[2], **-na** *n* : person from Bogotá
**bohemio, -mia** *adj & n* : bohemian, Bohemian
**bohío** *nm* (*in various countries*) : hut
**boicot** *nm, pl* **boicots** : boycott
**boicotear** *vt* : to boycott
**bóiler** *nm Mex* : water heater
**boina** *nf* : beret
**bol** *nm* : bowl
**bola** *nf* **1** : ball ⟨bola de nieve : snowball⟩ ⟨bola de billar : billiard ball⟩ **2** CANICA : marble **3** : scoop (of ice cream) **4** *fam* : lie, fib *fam* **5** *Mex fam* : bunch ⟨una bola de rateros/mentiras : a bunch of thieves/lies⟩ **6** *Mex* : up-

roar, tumult **7 hacerse bolas con** *Mex* : to muddle up (facts), to make a mess of
**bolchevique** *adj & nmf* : Bolshevik
**bolear** *vt Mex* : to polish (shoes)
**bolera** *nf* : bowling alley
**bolero**[1] *nm* : bolero
**bolero**[2], **-ra** *n Mex* : shoeshine boy/man *m*, shoeshine girl/woman *f*
**boleta** *nf* **1** : receipt, ticket, slip **2** : (traffic/parking) ticket **3** *Arg, Mex* FACTURA : bill **4** *or* **boleta electoral** : ballot **5 boleta de calificaciones** *Mex* : report card
**boletaje** *nm Mex* : tickets *pl*
**boletería** *nf* TAQUILLA : box office, ticket office
**boletín** *nm, pl* **-tines** **1** : bulletin **2** : journal, review **3 boletín informativo** : news bulletin **4 boletín de prensa** : press release
**boleto** *nm* **1** : ticket, fare ⟨boleto de ida/de ida y vuelta : one-way/round-trip ticket⟩ **2** : ticket (for a lottery, etc.)
**boli** *nm Spain* → **bolígrafo**
**boliche** *nm* **1** BOLOS : bowling **2** BOLERA : bowling alley **3** *Arg, Uru* : bar, nightclub **4** *Arg, Chile, Uru* : small store
**bólido** *nm* **1** : race car **2** METEORO : meteor
**bolígrafo** *nm* : ballpoint pen
**bolillo** *nm* **1** : bobbin **2** *Mex* : roll, bun
**bolita** *nf* CANICA : marble
**bolívar** *nm* : bolivar (monetary unit of Venezuela)
**boliviano**[1], **-na** *adj & n* : Bolivian
**boliviano**[2] *nm* : boliviano (monetary unit of Bolivia)
**bollo** *nm* **1** : bun, sweet roll **2** *Arg, Uru* : ball
**bolo** *nm* : bowling pin
**bolos** *nmpl* BOLICHE : bowling
**bolsa** *nf* **1** : bag, sack ⟨bolsa de basura/plástico : garbage/plastic bag⟩ **2** *Mex* : pocketbook, purse **3** *Mex* : pocket **4** : pouch (of a marsupial) **5** : pocket (of minerals, etc.) **6** *or* **Bolsa** *or* **bolsa de valores** : stock market, stock exchange **7 bolsa de agua caliente** : hot-water bottle **8 bolsa de aire** : airbag **9 bolsa de trabajo** : job bank
**bolsear** *vt Mex* : to pick (someone's) pocket
**bolsillo** *nm* **1** : pocket **2 dinero de bolsillo** : pocket change
**bolsita** *nf* : small bag ⟨bolsita de té : tea bag⟩
**bolso** *nm* : pocketbook, handbag
**bomba** *nf* **1** : bomb ⟨bomba atómica : atomic/atom bomb⟩ ⟨bomba de tiempo, bomba de relojería *Spain* : time bomb⟩ **2** : bubble **3** : pump ⟨bomba de agua : water pump⟩ **4** *or* **bomba destapacaños** : plunger (for toilets, etc.) **5** (*in various countries*) : gas station **6** BOMBAZO : bombshell, shocker **7 pasarlo bomba** : to have a great time
**bombacha** *nf Arg, Uru* **1** : panties **2** → **bombachos**
**bombachos** *nmpl* : baggy pants, bloomers
**bombardear** *vt* **1** : to bomb **2** : to bombard
**bombardeo** *nm* **1** : bombing, shelling **2** : bombardment
**bombardero** *nm* : bomber (airplane)
**bombástico, -ca** *adj* : bombastic
**bombazo** *nm* **1** : bombshell, shocker **2** *Mex* : (bomb) explosion
**bombear** *vt* : to pump
**bombero, -ra** *n* : firefighter, fireman *m*
**bombilla** *nf* **1** : lightbulb **2** : tube, straw (for maté)
**bombillo** *nm CA, Col, Ven* : lightbulb
**bombín** *nm, pl* **-bines** : derby (hat)
**bombita** *Arg, Uru* → **bombilla**
**bombo** *nm* **1** : bass drum **2** *fam* : fanfare, hype ⟨con bombos y platillos : with great fanfare⟩
**bombón** *nm, pl* **bombones** **1** : bonbon, chocolate **2** *Mex* : marshmallow
**bombona** *nf Ecua, Spain, Ven* : tank (container)
**bonachón**[1], **-chona** *adj, mpl* **-chones** *fam* : good-natured, kindhearted
**bonachón**[2], **-chona** *n, mpl* **-chones** *fam* BUENAZO : kindhearted person
**bonaerense**[1] *adj* : of or from Buenos Aires
**bonaerense**[2] *nmf* : person from Buenos Aires
**bonanza** *nf* **1** PROSPERIDAD : prosperity **2** : calm weather **3** : rich ore deposit, bonanza
**bondad** *nf* BENEVOLENCIA : goodness, kindness ⟨tener la bondad de hacer algo : to be kind enough to do something⟩
**bondadoso, -sa** *adj* BENÉVOLO : kind, kindly, good — **bondadosamente** *adv*
**bonete** *nm* : cap, mortarboard
**bongo** *or* **bongó** *nm, pl* **bongos** *or* **bongóes** : bongo
**boniato** *nm* : sweet potato
**bonificación** *nf, pl* **-ciones** **1** : discount **2** : bonus, extra
**bonito**[1] *adv* : nicely, well
**bonito**[2], **-ta** *adj* LINDO : pretty, lovely
**bonito**[3] *nm* : bonito (tuna)
**bono** *nm* **1** : bond ⟨bono bancario : bank bond⟩ **2** : voucher
**boqueada** *nf* : gasp ⟨dar la última boqueada : to give one's last gasp⟩
**boquear** *vi* **1** : to gasp **2** : to be dying
**boquerón** *nm, pl* **-rones** : anchovy
**boquete** *nm* : hole, opening
**boquiabierto, -ta** *adj* : open-mouthed, speechless, agape
**boquilla** *nf* **1** : mouthpiece (of a musical instrument), stem (of a pipe) **2** : cigarette holder **3** : nozzle
**borbotar** *or* **borbotear** *vi* : to bubble
**borboteo** *nm* : bubbling
**borbotón** *nm, pl* **-tones** **1 hervir a borbotones** : to boil rapidly **2 salir a borbotones** : to gush out
**borda** *nf* : gunwale ⟨echar/tirar algo por la borda : to throw something overboard⟩
**bordado** *nm* : embroidery
**bordar** *v* : to embroider
**borde** *nm* **1** : edge (of a table, etc.), rim (of a glass, etc.) **2** : side (of a road, etc.) **3 al borde de** : on the verge of

**bordear** *vt* **1** : to border (a city, etc.), to line (a street) **2** : to skirt, to follow (a coastline, etc.) **3** : to border on ⟨bordea la genialidad : it borders on genius⟩
**bordillo** *nm* : curb
**bordo** *nm* **a ~** : aboard, on board
**bordón** *nm, pl* **-dones** **1** : bass string (of a guitar, etc.), snare (of a drum) **2** BASTÓN : staff
**boreal** *adj* : northern
**borgoña** *nf* : burgundy
**boricua** *adj & nmf fam* : Puerto Rican
**borinqueño, -ña** → **boricua**
**borla** *nf* **1** : pom-pom, tassel **2** : powder puff
**borrachera** *nf* : drunkenness ⟨(se) agarró una borrachera : he got drunk⟩
**borrachín, -china** *n, mpl* **-chines** *fam* : lush, drunk
**borracho**[1], **-cha** *adj* EBRIO : drunk
**borracho**[2], **-cha** *n* : drunk, drunkard
**borrador** *nm* **1** : rough copy, first draft ⟨en borrador : in the rough⟩ **2** BOSQUEJO : sketch **3** : (blackboard) eraser
**borrar** *vt* **1** : to erase (on paper), to delete (on a computer) **2** : to wipe, to erase (a disk, etc.) **3** : to erase, to wipe off (a blackboard) **4** : to erase, to blot out (a memory) — **borrarse** *vr* **1** : to fade, to fade away **2** : to resign, to drop out **3** *Mex fam* : to split, to leave ⟨me borro : I'm out of here⟩
**borrasca** *nf* **1** : area of low pressure **2** TORMENTA : squall, storm
**borrascoso, -sa** *adj* : blustery, stormy
**borrego, -ga** *n* : lamb, sheep
**borrico** → **burro**
**borrón** *nm, pl* **borrones** : smudge, blot ⟨hacer borrón y cuenta nueva : to start with a clean slate⟩
**borronear** *vt* : to smudge, to blot
**borroso, -sa** *adj* : blurry, fuzzy
**boscoso, -sa** *adj* : wooded
**bosnio, -nia** *adj & n* : Bosnian
**bosque** *nm* : woods, forest ⟨bosque tropical : rain forest⟩
**bosquecillo** *nm* : grove, copse, thicket
**bosquejar** *vt* ESBOZAR : to outline, to sketch
**bosquejo** *nm* **1** TRAZADO : outline, sketch **2** : draft
**bostezar** {21} *vi* : to yawn
**bostezo** *nm* : yawn
**bot** [ˈbot] *nm, pl* **bots** : bot
**bota** *nf* **1** : boot **2** : wineskin (small) **3** **botas vaqueras** *Mex* : cowboy boots
**botadero** *nm* : garbage dump
**botana** *nf Mex* : snack, appetizer
**botánica** *nf* : botany
**botánico**[1], **-ca** *adj* : botanical
**botánico**[2], **-ca** *n* : botanist
**botar** *vt* **1** ARROJAR : to throw, to fling, to hurl **2** TIRAR : to throw out, to throw away **3** ECHAR : to throw (someone) out **4** : to bounce **5** : to launch (a ship) — *vi* **1** SALTAR : to jump **2** *Spain* REBOTAR : to bounce
**bote** *nm* **1** : small boat ⟨bote de remos : rowboat⟩ ⟨bote salvavidas : lifeboat⟩ **2** : can, jar **3** : jump, bounce ⟨dar botes : to bounce⟩ **4** *Mex fam* : jail **5** **bote de basura** *CA, Mex* : garbage can, trash can
**botella** *nf* : bottle
**botica** *nf* FARMACIA : drugstore, pharmacy
**boticario, -ria** *n* FARMACÉUTICO : pharmacist, druggist
**botín** *nm, pl* **botines** **1** : baby's bootee **2** : ankle boot **3** : booty, plunder
**botiquín** *nm, pl* **-quines** **1** : medicine cabinet **2** : first aid kit
**botón** *nm, pl* **botones** **1** : button **2** : bud **3** INSIGNIA : badge
**botones** *nmfs & pl* : bellhop
**botulismo** *nm* : botulism
**boulevard** [ˌbuleˈvar] → **bulevar**
**bouquet** [buˈke] *nm, pl* **-quets** **1** RAMO : bouquet **2** : bouquet, aroma
**bourbon** *nm* : bourbon
**boutique** [buˈtik] *nf* : boutique
**bóveda** *nf* **1** : vault, dome **2** CRIPTA : crypt
**bovino, -na** *adj* : bovine
**box** *nm, pl* **boxes** **1** : pit (in auto racing) **2** *CA, Mex* : boxing
**boxeador, -dora** *n* : boxer
**boxear** *vi* : to box
**boxeo** *nm* : boxing
**boxers** *nmpl* : boxer shorts
**boya** *nf* : buoy
**boyante** *adj* : buoyant
**bozal** *nm* **1** : muzzle **2** : halter (for a horse)
**bracear** *vi* **1** : to wave one's arms **2** : to make strokes (in swimming)
**bracero, -ra** *n* : migrant worker, day laborer
**bragas** *nfpl Spain* : panties
**braguero** *nm* : truss (in medicine)
**bragueta** *nf* : fly, pants zipper
**braille** *adj & nm* : braille
**bramante** *nm* : twine, string
**bramar** *vi* **1** RUGIR : to roar, to bellow **2** : to howl (of the wind)
**bramido** *nm* : bellowing, roar
**brandy** *nm* : brandy
**branquia** *nf* AGALLA : gill
**brasa** *nf* ASCUA : ember ⟨a la brasa : grilled⟩
**brasero** *nm* : brazier
**brasier** *or* **brassiere** *nm Col, Mex* : brassiere, bra
**brasileño, -ña** *adj & n* : Brazilian
**brasilero, -ra** → **brasileño**
**bravata** *nf* **1** JACTANCIA : boast **2** AMENAZA : threat
**bravío, -vía** *adj* : wild, fierce
**bravo, -va** *adj* **1** FEROZ : ferocious, fierce **2** : angry **3** : rough (of the sea) **4** ¡**bravo!** : bravo!, well done!
**bravucón, -conа** *n, mpl* **-cones** : bully
**bravuconadas** *nfpl* : bravado
**bravura** *nf* **1** FEROCIDAD : fierceness, ferocity **2** VALENTÍA : bravery
**braza** *nf* **1** *or* **estilo braza** *Spain* : breaststroke ⟨nadar a braza : to swim the breaststroke⟩ **2** : fathom (unit of length)
**brazada** *nf* : stroke (in swimming)
**brazalete** *nm* **1** PULSERA : bracelet, bangle **2** BANDA : armband

**brazo** *nm* **1** : arm ⟨tomar del brazo : to take by the arm⟩ ⟨con los brazos cruzados : with one's arms crossed⟩ ⟨llevar en brazos : to carry in one's arms⟩ **2** : arm (of an object), limb (of a tree) **3** : branch (of a river), inlet (of the sea) **4 brazo derecho** : right-hand man **5 brazos** *nmpl* : hands, laborers
**brea** *nf* ALQUITRÁN : tar, pitch
**brebaje** *nm* : potion, brew
**brecha** *nf* **1** : gap, breach, opening **2** : breach (of defenses) **3** DIFERENCIA : gap, difference **4** TAJO : gash
**brega** *nf* **1** LUCHA : struggle **2** : hard work
**bregar** {52} *vi* **1** LUCHAR : to struggle **2** : to toil **3 ~ con** : to deal with
**breve** *adj* **1** CORTO : brief, short **2 en ~** : shortly, in short — **brevemente** *adv*
**brevedad** *nf* **1** : brevity, shortness **2 con la mayor brevedad** *or* **a la brevedad posible** : as soon as possible
**brezo** *nm* : heather
**bribón, -bona** *n, mpl* **bribones** : rascal, scamp
**bricolaje** *or* **bricolage** *nm* : do-it-yourself, DIY
**brida** *nf* : bridle
**bridge** [ˈbriʤ, ˈbriʒ, ˈbritʃ] *nm* : bridge (game)
**brigada** *nf* **1** : brigade **2** : team, squad
**brigadier** *nm* : brigadier
**brillante**[1] *adj* **1** : bright (of color, light, etc.) **2** LUSTROSO : shiny, glossy **3** RELUCIENTE : sparkling **4** GENIAL : brilliant — **brillantemente** *adv*
**brillante**[2] *nm* DIAMANTE : diamond
**brillantez** *nf* : brilliance, brightness
**brillar** *vi* : to shine, to sparkle
**brillo** *nm* **1** : brilliance **2** : luster, shine, gloss ⟨sacarle/darle brillo a : to polish⟩ **3** ESPLENDOR : splendor
**brilloso, -sa** *adj* LUSTROSO : lustrous, shiny
**brincar** {72} *vi* **1** SALTAR : to jump (up and down) ⟨brincar de alegría : to jump for joy⟩ **2** : to hop (of a rabbit, etc.), to gambol
**brinco** *nm* **1** SALTO : jump, leap, skip **2 dar un brinco** : to jump
**brindar** *vi* : to drink a toast ⟨brindar por : to toast, to drink to⟩ — *vt* : to offer, to provide — **brindarse** *vr* **brindarse a hacer algo** : to volunteer to do something
**brindis** *nm* : toast, drink ⟨hacer un brindis : to drink a toast⟩
**brinque, etc.** → **brincar**
**brío** *nm* **1** : force, determination **2** : spirit, verve
**brioso, -sa** *adj* : spirited
**brisa** *nf* : breeze
**británico**[1], **-ca** *adj* : British
**británico**[2], **-ca** *n* **1** : British person **2 los británicos** : the British
**brizna** *nf* **1** : strand **2** : blade (of grass)
**broca** *nf* : drill bit
**brocado** *nm* : brocade
**brocha** *nf* : paintbrush
**broche** *nm* **1** ALFILER : brooch **2** : fastener, clasp, clip **3** *Mex* : barrette, hair clip **4** *Arg* GRAPA : staple **5 broche de oro** : finishing touch
**brocheta** *nf* : skewer
**brócoli** *nm* : broccoli
**broma** *nf* **1** : joke, prank ⟨le hizo una broma : she played a joke on him⟩ **2 en ~** : in jest, jokingly
**bromear** *vi* : to joke
**bromista**[1] *adj* : joking, playful
**bromista**[2] *nmf* : joker, prankster
**bromo** *nm* : bromine
**bronca** *nf* **1** *fam* : fight, quarrel, fuss ⟨armar una bronca : to kick up a fuss⟩ **2** *fam* : anger ⟨dar bronca : to piss off⟩ ⟨estar con bronca : to be pissed off⟩ ⟨tener bronca con : to have a beef with⟩ **3** *fam* : scolding ⟨echarle (la) bronca a alguien : to tell someone off⟩
**bronce** *nm* : bronze
**bronceado**[1], **-da** *adj* **1** : tanned, suntanned **2** : bronze
**bronceado**[2] *nm* **1** : suntan, tan **2** : bronzing
**bronceador** *nm* : suntan lotion
**broncear** *vt* : to tan — **broncearse** *vr* : to get a suntan
**bronco, -ca** *adj* **1** : harsh, rough **2** : untamed, wild
**bronquial** *adj* : bronchial
**bronquio** *nm* : bronchial tube
**bronquitis** *nf* : bronchitis
**broqueta** *nf* : skewer
**brotar** *vi* **1** : to bud, to sprout **2** : to spring up, to stream, to gush forth **3** : to appear (of a rash, etc.)
**brote** *nm* **1** : outbreak **2** : sprout, bud, shoot
**broza** *nf* **1** : brushwood **2** MALEZA : scrub, undergrowth
**bruces** → **de bruces**
**brujería** *nf* HECHICERÍA : witchcraft, sorcery
**brujo**[1], **-ja** *adj* : bewitching
**brujo**[2], **-ja** *n* : witch *f*, sorcerer
**brújula** *nf* : compass
**bruma** *nf* : haze, mist
**brumoso, -sa** *adj* : hazy, misty
**bruñir** {38} *vt* : to burnish, to polish (metals)
**brusco, -ca** *adj* **1** SÚBITO : sudden, abrupt **2** : curt, brusque — **bruscamente** *adv*
**brusquedad** *nf* **1** : abruptness, suddenness **2** : brusqueness
**brutal** *adj* **1** : brutal **2** *fam* : incredible, terrific — **brutalmente** *adv*
**brutalidad** *nf* : brutality
**brutalizar** {21} *vt* : to brutalize, to maltreat
**bruto**[1], **-ta** *adj* **1** : gross ⟨peso bruto : gross weight⟩ ⟨ingresos brutos : gross income⟩ **2** : raw, unrefined ⟨petróleo (en) bruto : crude oil⟩ ⟨diamantes en bruto : uncut diamonds⟩ **3** ESTÚPIDO : brutish, stupid
**bruto**[2], **-ta** *n* **1** : brute **2** : dunce, blockhead
**bubónico, -ca** *adj* : bubonic ⟨peste bubónica : bubonic plague⟩
**bucal** *adj* : oral

**bucanero** *nm* : buccaneer
**buceador, -dora** *n* : diver, scuba diver
**bucear** *vi* **1** : to dive, to swim underwater **2** : to explore, to delve
**buceo** *nm* : diving, scuba diving
**buche** *nm* **1** : crop (of a bird) **2** *fam* : belly **3 hacer buches** : to rinse one's mouth
**bucle** *nm* **1** : curl, ringlet **2** : loop
**bucólico, -ca** *adj* : bucolic
**budín** *nm, pl* **budines** : pudding
**budismo** *nm* : Buddhism
**budista** *adj & nmf* : Buddhist
**buen** *adj* → **bueno**[1]
**buenamente** *adv* **1** : easily **2** : willingly
**buenaventura** *nf* **1** : good luck **2** : fortune, future ⟨le dijo la buenaventura : she told his fortune⟩
**buenazo, -za** *n fam* BONACHÓN : kind-hearted person
**bueno**[1], **-na** *adj* (*buen before masculine singular nouns*) **1** : good ⟨una buena idea : a good idea⟩ ⟨en buenas condiciones : in good condition⟩ **2** : good, kind ⟨un buen hombre : a good man⟩ ⟨ser bueno con alguien : to be good to someone⟩ **3** : good, proper ⟨buenos modales : good manners⟩ ⟨es bueno ayudar a la gente : it's good to help people⟩ **4** : good, pleasant ⟨buen tiempo : good weather⟩ **5** : good, tasty ⟨esta sopa está buena : this soup is good⟩ **6** FRESCO : fresh **7** : good, healthy ⟨una buena alimentación : a good diet⟩ ⟨es bueno para el corazón : it's good for your heart⟩ **8** *fam* : sexy, hot *fam* ⟨está bueno : he's a hunk⟩ **9** : good, competent ⟨un buen abogado : a good lawyer⟩ ⟨hiciste un buen trabajo : you did a good job⟩ ⟨ser bueno para/en algo : to be good at something⟩ **10** : considerable, goodly ⟨una buena cantidad : a goodly amount, a lot⟩ **11 buenos días** : hello, good day **12 buenas tardes** : good afternoon **13 buenas noches** : good evening, good night **14 de buenas a primeras** : suddenly **15 ¡qué bueno!** : great! **16 un buen día** : one day
**bueno**[2] *interj* **1** : OK!, all right! **2** *Mex* : hello! (on the telephone)
**bueno**[3], **-na** *n* **1** : good guy (in a story, etc.) **2 el bueno de, la buena de** : good old ⟨el bueno de Carlos : good old Carlos⟩
**buey** *nm* : ox, steer
**búfalo** *nm* **1** : buffalo **2 búfalo de agua** : water buffalo
**bufanda** *nf* : scarf
**bufar** *vi* : to snort
**bufet** *or* **bufé** *nm* : buffet (meal)
**bufete** *nm* : law firm, law office
**bufido** *nm* : snort
**bufo, -fa** *adj* : comic
**bufón, -fona** *n, mpl* **bufones** **1** : jester **2** : clown, buffoon
**bufonada** *nf* : antic ⟨hacer bufonadas : to clown around⟩
**buhardilla** *nf* **1** ÁTICO, DESVÁN : attic **2** : dormer window
**búho** *nm* **1** : owl **2** *fam* : hermit, recluse
**buhonero, -ra** *n* MERCACHIFLE : peddler
**buitre** *nm* : vulture
**bujía** *nf* : spark plug
**bula** *nf* : papal bull
**bulbo** *nm* : bulb
**bulboso, -sa** *adj* : bulbous
**bulevar** *nm* : boulevard
**búlgaro, -ra** *adj & n* : Bulgarian
**bulla** *nf* BARULLO : racket, rowdiness
**bulldog** [bulˈdog] *nm, pl* **bulldogs** : bulldog
**bulldozer** [bulˈdoser] *nm, pl* **-zers** : bulldozer
**bullicio** *nm* **1** : ruckus, uproar **2** : hustle and bustle
**bullicioso, -sa** *adj* : noisy, busy, turbulent
**bullir** {38} *vi* **1** HERVIR : to boil **2** MOVERSE : to stir, to bustle about
**bullying** [ˈbulin] *nm* : bullying
**bulto** *nm* **1** : package, bundle **2** : piece of luggage, bag **3** : size, bulk, volume **4** : form, shape ⟨pude distinguir unos bultos : I could make out some shapes⟩ **5** : lump (on the body), swelling, bulge
**bumerán** *nm, pl* **-ranes** : boomerang
**búnker** *nm, pl* **búnkers** : bunker
**búnquer** → **búnker**
**buñuelo** *nm* : doughnut, fried pastry
**buque** *nm* BARCO : ship, vessel ⟨buque de guerra : warship⟩
**burbuja** *nf* : bubble
**burbujeante** *adj* : bubbly
**burbujear** *vi* **1** : to bubble **2** : to fizz
**burdel** *nm* : brothel
**burdo, -da** *adj* **1** : coarse, rough **2** : crude, clumsy ⟨una burda mentira : an obvious lie⟩ — **burdamente** *adj*
**burgués, -guesa** *adj & n, mpl* **burgueses** : bourgeois
**burguesía** *nf* : bourgeoisie, middle class
**burla** *nf* **1** : mockery, ridicule **2** : joke, trick **3 hacer burla de** : to make fun of, to mock
**burlar** *vt* **1** ENGAÑAR : to trick, to deceive **2** ELUDIR : to evade — **burlarse** *vr* ~ **de** : to make fun of
**burlesco, -ca** *adj* : burlesque, comic
**burlón**[1], **-lona** *adj, mpl* **burlones** : joking, mocking
**burlón**[2], **-lona** *n, mpl* **burlones** : joker
**burocracia** *nf* : bureaucracy
**burócrata** *nmf* : bureaucrat
**burocrático, -ca** *adj* : bureaucratic
**burrada** *nf fam* : stupid act or remark, nonsense
**burrito** *nm* : burrito
**burro**[1], **-rra** *adj fam* : dumb, stupid
**burro**[2], **-rra** *n* **1** ASNO : donkey, ass **2** *fam* : idiot, dunce
**burro**[3] *nm* **1** : sawhorse **2** *Mex* : ironing board **3** *Mex* : stepladder
**bursátil** *adj* : stock-market
**bus** *nm* : bus
**busca**[1] *nf* : search ⟨en busca de : in search of⟩
**busca**[2] *nm Spain* → **buscapersonas**
**buscador**[1] *nm* : search engine
**buscador**[2], **-dora** *n* : hunter (for treasure, etc.), prospector
**buscapersonas** *nms & pl* : beeper, pager
**buscapleitos** *nmfs & pl* : troublemaker

**buscar** {72} *vt* **1** : to look for (a person, an object, etc.), to seek (revenge, etc.) **2** : to fetch, to get ⟨ve a buscar ayuda : go (and) get help⟩ **3** : to look for (trouble, etc.) **4** : to look up (in a book, etc.), to search (on the Web) **5 ir a buscar** RECOGER : to pick up (at a place) — *vi* : to look, to search ⟨buscó en los bolsillos : he searched through his pockets⟩ — **buscarse** *vr* : to ask for, to look for ⟨te la estás buscando : you're asking for it/trouble⟩
**buscavidas** *nmfs & pl* : go-getter
**busero, -ra** *n CA* : bus driver
**buseta** *nf Col, CoRi, Ecua, Ven* : minibus
**busque, etc.** → **buscar**
**búsqueda** *nf* : search ⟨en búsqueda de : in search of⟩ ⟨la búsqueda de la verdad : the search for the truth⟩
**busto** *nm* : bust
**butaca** *nf* **1** SILLÓN : armchair, easy chair **2** : seat (in a theatre) **3** *Mex* : pupil's desk
**buzo**[1], **-za** *adj Mex fam* : smart, astute ⟨¡ponte buzo! : get with it!, get on the ball!⟩
**buzo**[2] *nm* **1** : diver **2** *Arg, Col* : sweatshirt, hoodie **3** *Uru* : sweater **4** *Chile, Peru* : tracksuit
**buzón** *nm, pl* **buzones** : mailbox ⟨buzón de voz : voice mail⟩
**byte** *nm* : byte

# C

**c** *nf* : third letter of the Spanish alphabet
**cabal** *adj* **1** : exact, correct **2** : complete **3** : upright, honest
**cabales** *nmpl* **no estar en sus cabales** : not to be in one's right mind
**cabalgar** {52} *vi* : to ride (on horseback)
**cabalgata** *nf* : cavalcade, procession
**cabalidad** *nf* **a ~** : thoroughly, conscientiously
**caballa** *nf* : mackerel
**caballar** *adj* EQUINO : horse, equine
**caballeresco, -ca** *adj* : gallant, chivalrous
**caballería** *nf* **1** : cavalry **2** : horse, mount **3** : knighthood, chivalry
**caballeriza** *nf* : stable
**caballero**[1] → **caballeroso**
**caballero**[2] *nm* **1** : gentleman **2** : knight ⟨caballero andante : knight errant⟩
**caballerosidad** *nf* : chivalry, gallantry
**caballeroso, -sa** *adj* : gentlemanly, chivalrous
**caballete** *nm* **1** : ridge **2** : easel **3** : trestle (for a table, etc.) **4** : bridge (of the nose) **5** : sawhorse
**caballista** *nmf* : horseman *m*, horsewoman *f*
**caballito** *nm* **1** : rocking horse **2 caballito de mar** : sea horse **3 caballitos** *nmpl* : merry-go-round
**caballo** *nm* **1** : horse **2** : knight (in chess) **3 caballo de fuerza** *or* **caballo de vapor** : horsepower
**cabalmente** *adv* : fully, exactly
**cabaña** *nf* : cabin, hut
**cabaret** [kaba're] *nm, pl* **-rets** : nightclub, cabaret
**cabecear** *vt* : to head (in soccer) — *vi* **1** : to nod one's head **2** : to lurch, to pitch
**cabeceo** *nm* : pitch (of a boat, etc.)
**cabecera** *nf* **1** : headboard **2** : head ⟨cabecera de la mesa : head of the table⟩ **3** : heading, headline **4** : headwaters *pl* **5 médico de cabecera** : family doctor **6 cabecera municipal** *CA, Mex* : downtown area
**cabecilla** *nmf* : ringleader
**cabellera** *nf* : head of hair, mane
**cabello** *nm* : hair
**cabelludo, -da** *adj* **1** : hairy **2 cuero cabelludo** : scalp
**caber** {12} *vi* **1** : to fit, to go ⟨¿cabremos todos? : will we all fit?⟩ **2** : to be possible ⟨no cabe duda alguna : there's no doubt about it⟩ ⟨cabe la posibilidad que llegue mañana : it's possible he'll come tomorrow⟩
**cabestrillo** *nm* : sling ⟨llevo el brazo en cabestrillo : my arm is in a sling⟩
**cabestro** *nm* : halter (for an animal)
**cabeza** *nf* **1** : head ⟨de pies a cabeza : from head to toe⟩ ⟨negar/asentir con la cabeza : to shake/nod one's head⟩ ⟨levantar/bajar/volver la cabeza : to raise/lower/turn one's head⟩ **2** : head, mind ⟨pasar por la cabeza : to cross one's mind⟩ **3** PELO : hair **4** : head, leader **5** : head, front, top **6** : head ⟨por cabeza : each, a head⟩ ⟨500 cabezas de ganado : 500 head of cattle⟩ **7** : head (of cabbage, etc.) **8** : head (measurement) **9 de ~** : headfirst **10 dolor de cabeza** : headache
**cabezada** *nf* **1** : head butt **2** : nod ⟨echar una cabezada : to take a nap, to doze off⟩ **3** → **cabeceo**
**cabezal** *nm* : bolster
**cabeza rapada** *nmf* : skinhead
**cabezazo** *nm* : head butt
**cabezón, -zona** *adj, mpl* **-zones** *fam* **1** : having a big head **2** : pigheaded, stubborn
**cabida** *nf* **1** : room, space, capacity **2 dar cabida a** : to accommodate, to hold
**cabildear** *vi* : to lobby
**cabildeo** *nm* : lobbying
**cabildero, -ra** *n* : lobbyist
**cabildo** *nm* AYUNTAMIENTO **1** : town or city hall **2** : town or city council
**cabina** *nf* **1** : cabin **2** : booth **3** : cab (of a truck), cockpit (of an airplane)
**cabizbajo, -ja** *adj* : dejected, downcast
**cable** *nm* **1** : cable ⟨cables de arranque, cables pasacorriente *Mex* : jumper cables⟩ **2** : cable, cable television **3 cable tensor** : guy, guy line

**cableado** *nm* : wiring
**cabo** *nm* **1** : end ⟨al cabo de dos semanas : at the end of two weeks⟩ **2** : stub, end piece **3** : corporal **4** : cape, headland ⟨el Cabo Cañaveral : Cape Canaveral⟩ **5 al fin y al cabo** : after all, in the end **6 llevar a cabo** : to carry out, to do
**cabrá, etc.** → **caber**
**cabra** *nf* : goat
**cabrío, -ría** *adj* : goat
**cabriola** *nf* **1** : skip, jump **2 hacer cabriolas** : to prance
**cabriolar** *vi* : to prance
**cabrito** *nm* : kid, baby goat
**cabro, cabra** *n* : kid, youth
**cabrón, cabrona** *n, mpl* **cabrones** *Spain, Mex offensive* : bastard *m offensive*, bitch *f fam + offensive*
**cabús** *nm, pl* **cabuses** *Mex* : caboose
**caca** *nf fam* : poop ⟨hacer caca : to poop⟩ ⟨hacerse caca : to poop one's pants/diaper (etc.)⟩
**cacahuate** *nm Mex* : peanut
**cacahuete** *nm Spain* : peanut
**cacalote** *nm Mex* : crow
**cacao** *nm* **1** : cacao, cocoa bean **2** : hot chocolate, cocoa (drink)
**cacarear** *vi* : to crow, to cackle, to cluck — *vt fam* : to boast about, to crow about
**cacareo** *nm* **1** : clucking (of a hen), crowing (of a rooster) **2** : boasting
**cacatúa** *nf* : cockatoo
**cace, etc.** → **cazar**
**cacería** *nf* **1** CAZA : hunt, hunting **2** : hunting party
**cacerola** *nf* : pan, saucepan
**cacha** *nf* : butt (of a gun)
**cachalote** *nm* : sperm whale
**cachar** *vt fam* : to catch
**cacharro** *nm* **1** *fam* : thing, piece of junk **2** *fam* : jalopy **3 cacharros** *nmpl* : pots and pans
**cache** *nm* : cache, cache memory
**caché** *nm* : cachet
**cachear** *vt* : to search, to frisk
**cachemir** *nm* : cashmere
**cachemira** *nf* → **cachemir**
**cacheo** *nm* : frisking, body search
**cachetada** *nf* BOFETADA : slap on the face
**cachete** *nm* : cheek
**cachetear** *vt* BOFETEAR : to slap
**cachiporra** *nf* : bludgeon, club, blackjack
**cachirul** *nm Mex fam* : cheating ⟨hacer cachirul : to cheat⟩
**cachivache** *nm fam* : thing, piece of junk ⟨cachivaches : stuff, junk⟩
**cacho** *nm fam* : piece, bit
**cachondo, -da** *adj Mex & Spain fam* : horny, lustful
**cachorro, -rra** *n* **1** : cub **2** PERRITO : puppy
**cachucha** *nf Mex* : cap, baseball cap
**cacique** *nm* **1** : chief (of a tribe) **2** : boss (in politics)
**caco** *nm fam* : thief
**cacofonía** *nf* : cacophony
**cacto** *nm* : cactus
**cactus** → **cacto**
**cada** *adj* **1** : each, every ⟨cuestan diez pesos cada una : they cost ten pesos each⟩ ⟨cada vez : each/every time⟩ **2** : every ⟨cada dos semanas : every two weeks, every other week⟩ ⟨cada cinco metros : every five meters⟩ **3** : every ⟨cuatro de cada cinco : four out of (every) five⟩ **4** : such, some ⟨sales con cada historia : you come up with such crazy stories⟩ **5 cada vez más** : more and more, increasingly **6 cada vez menos** : less and less
**cadalso** *nm* : scaffold, gallows
**cadáver** *nm* : corpse, cadaver
**cadavérico, -ca** *adj* **1** : cadaverous **2** : cadaveric (in medicine)
**caddie** *or* **caddy** *nmf, pl* **caddies** : caddy
**cadena** *nf* **1** : chain **2** : network, channel **3 cadena de montaje** : assembly line **4 cadena perpetua** : life sentence
**cadencia** *nf* : cadence, rhythm
**cadencioso, -sa** *adj* : rhythmic, rhythmical
**cadera** *nf* : hip
**cadete** *nmf* : cadet
**cadmio** *nm* : cadmium
**caducar** {72} *vi* : to expire
**caducidad** *nf* : expiration
**caduco, -ca** *adj* **1** : outdated, obsolete **2** : deciduous
**caer** {13} *vi* **1** : to fall ⟨cayó al suelo : he fell on the floor/ground⟩ ⟨lo dejó caer : she dropped it⟩ **2** : to drop away, to slope **3** : to fall (of night) **4** : to collapse, to fall **5** : to hang (down) **6** : to realize, to understand ⟨caer (en) que . . . : to realize that . . .⟩ **7 ~ en** : to fall into (a trap, etc.) ⟨caer en el error de : to make the mistake of⟩ ⟨caer en manos de : to fall into the hands of⟩ ⟨caer en la tentación : to give in to temptation⟩ **8 caer en desgracia** : to fall out of favor **9 caer enfermo** : to fall ill **10 caerle bien/mal a alguien** *fam* : to sit well/poorly with someone ⟨me caes bien : I like you⟩ — **caerse** *vr* : to fall (down) ⟨se cayó de rodillas : she fell to her knees⟩
**café**[1] *adj* : brown ⟨ojos cafés : brown eyes⟩
**café**[2] *nm* **1** : coffee **2** : café
**cafeína** *nf* : caffeine
**cafetal** *nm* : coffee plantation
**cafetalero**[1], **-ra** *adj* : coffee ⟨cosecha cafetalera : coffee harvest⟩
**cafetalero**[2], **-ra** *n* : coffee grower
**cafetera** *nf* : coffeepot, coffeemaker
**cafetería** *nf* **1** : coffee shop, café **2** : lunchroom, cafeteria
**cafetero**[1], **-ra** *adj* : coffee-producing
**cafetero**[2], **-ra** *n* : coffee grower
**cafeticultura** *Mex* → **caficultura**
**caficultor, -tora** *n* : coffee grower
**caficultura** *nf* : coffee industry
**caguama** *nf* **1** : large Caribbean turtle **2** *Mex* : large bottle of beer
**caída** *nf* **1** BAJA, DESCENSO : fall, drop **2** : collapse, downfall
**caído, -da** *adj* **1** : fallen **2** : drooping, sagging
**caiga, etc.** → **caer**
**caimán** *nm, pl* **caimanes** : alligator

**caimito** *nm* : star apple
**caja** *nf* **1** : box, case **2** *or* **caja registradora** : cash register, checkout **3** : bed (of a truck) **4** *fam* : coffin **5 caja de cambios** : gearbox **6 caja fuerte** *or* **caja de caudales** : safe **7 caja de seguridad** : safe-deposit box **8 caja negra** : black box **9 caja torácica** : rib cage
**cajero, -ra** *n* **1** : cashier **2** : teller **3 cajero automático** : automated teller machine, ATM
**cajeta** *nf Mex* : sweet caramel-flavored spread
**cajetilla** *nf* : pack (of cigarettes)
**cajón** *nm, pl* **cajones** **1** : drawer, till **2** : crate, case **3** ATAÚD : coffin, casket **4 cajón de arena** : sandbox **5 cajón de estacionamiento** *Mex* : parking space
**cajuela** *nf Mex* : trunk (of a car)
**cal** *nf* : lime
**cala** *nf* : cove, inlet
**calabacín** *nm, pl* **-cines** : zucchini
**calabacita** *nf Mex* : zucchini
**calabaza** *nf* **1** : pumpkin, squash **2** : gourd **3 dar calabazas a** : to give the brush-off to, to jilt
**calabozo** *nm* **1** : prison **2** : jail cell
**calado**[1], **-da** *adj* : drenched
**calado**[2] *nm* : draft (of a ship)
**calamar** *nm* **1** : squid **2 calamares** *nmpl* : calamari
**calambre** *nm* **1** ESPASMO : cramp **2** : electric shock, jolt
**calamidad** *nf* DESASTRE : calamity, disaster
**calamina** *nf* : calamine
**calamitoso, -sa** *adj* : calamitous, disastrous
**calaña** *nf* : ilk, kind, sort ⟨una persona de mala calaña : a bad sort⟩
**calar** *vt* **1** : to soak through **2** : to pierce, to penetrate — *vi* : to catch on — **calarse** *vr* : to get drenched
**calavera**[1] *nf* **1** : skull **2** *Mex* : taillight
**calavera**[2] *nm* : rake, rogue
**calcar** {72} *vt* **1** : to trace **2** : to copy, to imitate
**calce, etc.** → **calzar**
**calceta** *nf* : knee-high stocking
**calcetería** *nf* : hosiery
**calcetín** *nm, pl* **-tines** : sock
**calcinar** *vt* : to char, to burn
**calcio** *nm* : calcium
**calco** *nm* **1** : transfer, tracing **2** : copy, image
**calcomanía** *nf* : decal, transfer
**calculador, -dora** *adj* : calculating
**calculadora** *nf* : calculator
**calcular** *vt* **1** : to calculate, to estimate **2** : to plan, to scheme
**cálculo** *nm* **1** : calculation, estimation **2** : calculus **3** : plan, scheme **4 cálculo biliar** : gallstone **5 hoja de cálculo** : spreadsheet
**caldear** *vt* : to heat, to warm — **caldearse** *vr* **1** : to heat up **2** : to become heated, to get tense
**caldera** *nf* **1** : cauldron **2** : boiler
**caldero** *nm* : cauldron
**caldo** *nm* **1** : broth, stock **2 caldo de cultivo** : culture medium, breeding ground
**caldoso, -sa** *adj* : watery
**calefacción** *nf, pl* **-ciones** : heating, heat
**calefactor** *nm* : heater
**caleidoscopio** → **calidoscopio**
**calendario** *nm* **1** : calendar **2** : timetable, schedule
**caléndula** *nf* : marigold
**calentador** *nm* : heater
**calentamiento** *nm* **1** : heating, warming ⟨calentamiento global : global warming⟩ **2** : warm-up (in sports)
**calentar** {55} *vt* **1** : to heat, to warm **2** *fam* : to annoy, to anger **3** *fam* : to excite, to turn on — **calentarse** *vr* **1** : to get warm, to heat up **2** : to warm up (in sports) **3** *fam* : to become sexually aroused **4** *fam* : to get mad
**calentura** *nf* **1** FIEBRE : temperature, fever **2** : cold sore
**calesa** *nf* : buggy
**calibrador** *nm* : gauge, calipers *pl*
**calibrar** *vt* : to calibrate — **calibración** *nf*
**calibre** *nm* **1** : caliber, gauge **2** : importance, excellence **3** : kind, sort ⟨un problema de grueso calibre : a serious problem⟩
**calicó** *nm* : calico (cloth)
**calidad** *nf* **1** : quality, grade **2** : position, status **3 en calidad de** : as, in the capacity of
**cálido, -da** *adj* **1** : hot ⟨un clima cálido : a hot climate⟩ **2** : warm ⟨una cálida bienvenida : a warm welcome⟩
**calidoscopio** *nm* : kaleidoscope
**caliente** *adj* **1** : hot, warm ⟨mantenerse caliente : to stay warm⟩ **2** : heated, fiery ⟨una disputa caliente : a heated argument⟩ **3** *fam* : sexually excited, horny
**califa** *nm* : caliph
**calificación** *nf, pl* **-ciones** **1** NOTA : grade (for a course) **2** : rating, score **3** CLASIFICACIÓN : qualification, qualifying ⟨ronda de calificación : qualifying round⟩
**calificar** {72} *vt* **1** : to grade **2** : to describe, to rate ⟨la calificaron de buena alumna : they described her as a good student⟩ **3** : to qualify, to modify (in grammar)
**calificativo**[1], **-va** *adj* : qualifying
**calificativo**[2] *nm* : qualifier, epithet
**caligrafía** *nf* **1** LETRA : handwriting **2** : calligraphy
**calipso** *nm* : calypso
**calistenia** *nf* : calisthenics
**cáliz** *nm, pl* **cálices** **1** : chalice, goblet **2** : calyx
**caliza** *nf* : limestone
**calizo, -za** *adj* : chalky, limy
**callado, -da** *adj* : quiet, silent — **calladamente** *adv*
**callampa** *nf Chile* **1** : mushroom **2 callampas** *pl* : slums, shantytown
**callar** *vi* : to keep quiet, to be silent — *vt* **1** : to silence, to hush ⟨¡calla a los niños! : keep the children quiet!⟩ **2** : to keep secret — **callarse** *vr* : to remain silent ⟨¡cállate! : be quiet!, shut up!⟩
**calle** *nf* : street, road ⟨calle de sentido único : one-way street⟩ ⟨calle sin salida

: dead-end street⟩ ⟨salir a la calle : to go out/outside⟩ ⟨salir a la(s) calle(s) : to take to the streets⟩ ⟨la echó a la calle : he kicked her out⟩

**callejear** *vi* : to wander about the streets, to hang out

**callejero, -ra** *adj* : street ⟨perro callejero : stray dog⟩

**callejón** *nm, pl* **-jones** **1** : alley **2 callejón sin salida** : dead-end street

**callejuela** *nf* **1** : alley **2** : narrow street, side street

**callo** *nm* **1** : callus, corn **2 callos** *nmpl* : tripe

**calloso, -sa** *adj* : callous

**calma** *nf* : calm, quiet

**calmante**[1] *adj* : calming, soothing

**calmante**[2] *nm* : tranquilizer, sedative

**calmar** *vt* : to calm, to soothe — **calmarse** *vr* **1** : to calm down **2** : to ease (of pain, etc.)

**calmo, -ma** *adj* : calm, tranquil

**calmoso, -sa** *adj* **1** : calm, quiet **2** LENTO : slow

**caló** *nm* : Gypsy slang

**calor** *nm* **1** : heat ⟨hace calor : it's hot outside⟩ ⟨tener calor : to feel hot⟩ ⟨entrar en calor : to warm up, to get warm⟩ **2** : warmth, affection **3** : ardor, passion

**caloría** *nf* : calorie

**calórico, -ca** *adj* : caloric

**calorífico, -ca** *adj* : caloric

**calque, etc.** → **calcar**

**calumnia** *nf* : slander, libel — **calumnioso, -sa** *adj*

**calumniar** *vt* : to slander, to libel

**caluroso, -sa** *adj* **1** : hot **2** : warm, enthusiastic — **calurosamente** *adv*

**calva** *nf* : bald spot, bald head

**calvario** *nm* : ordeal, misery ⟨vivir un calvario : to go through hell⟩

**calvicie** *nf* : baldness

**calvo**[1], **-va** *adj* : bald

**calvo**[2], **-va** *n* : bald person

**calza** *nf* : block, wedge

**calzada** *nf* : roadway, avenue

**calzado** *nm* : footwear

**calzador** *nm* : shoehorn

**calzar** {21} *vt* **1** : to wear (shoes) ⟨¿de cuál calza? : what is your shoe size?⟩ ⟨calzar tenis : to wear sneakers⟩ **2** : to provide with shoes

**calzoncillos** *nmpl* : underpants, briefs

**calzones** *nmpl* : underpants, panties

**cama** *nf* **1** : bed **2 cama elástica** : trampoline

**camada** *nf* : litter, brood

**camafeo** *nm* : cameo

**camaleón** *nm, pl* **-leones** : chameleon

**cámara** *nf* **1** : camera **2** : chamber, room **3** : house (in government) **4** : inner tube

**camarada** *nmf* **1** : comrade, companion **2** : colleague

**camaradería** *nf* : camaraderie

**camarero, -ra** *n* **1** MESERO : waiter, waitress *f* **2** BARMAN : bartender **3** : bellhop *m*, chambermaid *f* (in a hotel) **4** : steward *m*, stewardess *f* (on a ship, etc.)

**camarilla** *nf* : political clique

**camarín** *nm, pl* **-rines** **1** *Chile, Peru, Uru* : locker room **2** *Arg, Uru* : dressing room

**camarógrafo, -fa** *n* : cameraman *m*, cameraman *f*

**camarón** *nm, pl* **-rones** **1** : shrimp **2** : prawn

**camarote** *nm* : cabin, stateroom

**camastro** *nm* : small hard bed, pallet

**cambalache** *nm fam* : swap

**cambiable** *adj* : changeable

**cambiante** *adj* **1** : changing **2** VARIABLE : changeable, variable

**cambiar** *vt* **1** : to change ⟨le cambió la vida : it changed her life⟩ ⟨cambiaron el menú : they changed the menu⟩ ⟨cambiar algo de lugar : to move something⟩ **2** : to exchange, to trade ⟨lo cambió por otro : she exchanged it for another⟩ **3** : to change (money) ⟨cambiar pesos a euros : to change pesos into euros⟩ **4** : to change, to replace ⟨cambió la llanta/contraseña : he changed the tire/password⟩ ⟨le cambié el pañal : I changed her diaper⟩ — *vi* **1** : to change ⟨el tiempo cambió : the weather changed⟩ ⟨cambiar de color : to change color⟩ ⟨cambiar de tema : to change the subject⟩ ⟨cambiar de opinión/idea : to change one's mind⟩ **2 cambiar de velocidad** : to shift gears — **cambiarse** *vr* **1** : to change ⟨se ha cambiado mucho : she's changed a lot⟩ **2** *or* **cambiarse de ropa** : to change (clothes) **3** MUDARSE : to move (to a new address)

**cambio** *nm* **1** : change, alteration ⟨cambio climático : climate change⟩ ⟨cambio de horario : schedule change⟩ ⟨cambio de domicilio : change of address⟩ **2** : exchange (of goods, etc.) **3** : change (money) **4** : currency exchange **5** : gear ⟨palanca de cambio : gearshift⟩ ⟨caja de cambios : gearbox⟩ **6 a cambio (de)** : in exchange (for) **7 en ~** : instead **8 en ~** : however, on the other hand

**cambista** *nmf* : exchange broker, money changer

**camboyano, -na** *adj & n* : Cambodian

**cambur** *nm Ven* : banana

**camello** *nm* **1** : camel **2** *fam* TRAFICANTE : drug dealer, pusher

**camellón** *nm, pl* **-llones** *Mex* : traffic island

**camerino** *nm* : dressing room

**camilla** *nf* : stretcher

**camillero, -ra** *n* : orderly (in a hospital)

**caminante** *nmf* : wayfarer, walker

**caminar** *vi* **1** ANDAR : to walk ⟨prefiero ir caminando : I prefer to walk⟩ **2** : to move, to progress **3** FUNCIONAR : to work, to run — *vt* : to walk, to cover (a distance)

**caminata** *nf* : hike, long walk

**camino** *nm* **1** : path, road **2** : journey ⟨ponerse en camino : to set off⟩ **3** : way ⟨a medio camino : halfway there⟩

**camión** *nm, pl* **camiones** **1** : truck **2** *Mex* : bus

**camionero, -ra** *n* **1** : truck driver **2** *Mex* : bus driver

**camioneta** *nf* : light truck, van
**camisa** *nf* **1** : shirt **2 camisa de fuerza** : straitjacket
**camiseta** *nf* **1** : T-shirt **2** : undershirt
**camisón** *nm, pl* **-sones** : nightshirt, nightgown
**camomila** *nf* MANZANILLA : chamomile
**camorra** *nf fam* : fight, trouble ⟨buscar camorra : to pick a fight⟩
**camote** *nm* **1** : root vegetable similar to the sweet potato **2 hacerse camote** *Mex fam* : to get mixed up
**campal** *adj* : pitched, fierce (of a battle)
**campamento** *nm* : camp
**campana** *nf* : bell
**campanada** *nf* : stroke (of a clock), peal (of bells)
**campanario** *nm* : bell tower, belfry
**campanazo** *nm* **1** → **campanada 2 campanazo inicial** : starting bell
**campanilla** *nf* **1** : bluebell **2** : uvula **3 campanilla blanca** : snowdrop
**campante** *adj* : nonchalant, smug ⟨seguir tan campante : to go on as if nothing had happened⟩
**campaña** *nf* **1** CAMPO : countryside, country **2** : campaign **3 tienda de campaña** : tent
**campañol** *nm* : vole
**campechana** *nf Mex* : puff pastry
**campechano, -na** *adj* : friendly and down-to-earth
**campeón, -peona** *n, mpl* **-peones** : champion
**campeonato** *nm* : championship
**cámper** *nm* : camper (vehicle)
**campera** *nf* CHAQUETA : jacket
**campero, -ra** *adj* : country, rural
**campesino, -na** *n* : peasant, farm laborer
**campestre** *adj* : rural, rustic
**camping** *nm* **1** : camping **2** : campsite
**campiña** *nf* CAMPO : countryside, country
**campista** *nmf* : camper
**campo** *nm* **1** CAMPAÑA : countryside, country **2** : field (of crops, ice, etc.) **3** : field (in sports), course (in golf) **4** : field, area ⟨su campo de responsabilidad : her area of responsibility⟩ ⟨el campo tecnológico : the field of technology⟩ **5** : camp ⟨campo de refugiados : refugee camp⟩ ⟨campo de concentración : concentration camp⟩ **6 campo de aviación** : airfield **7 campo de batalla** : battlefield **8 campo magnético** : magnetic field **9 estudio de campo** : field study
**camposanto** *nm* : graveyard, cemetery
**campus** *nms & pl* : campus
**camuflaje** *nm* : camouflage
**camuflajear** *vt* : to camouflage
**camuflar** → **camuflajear**
**can** *nm* : hound, dog
**cana** *nf* **1** : gray hair ⟨le salen canas : he's going gray⟩ **2 echar una cana al aire** : to let one's hair down
**canadiense** *adj & nmf* : Canadian
**canal**[1] *nm* **1** : canal **2** : channel **3** : feed (on social media)
**canal**[2] *nmf* : gutter, groove
**canalé** *nm* : rib, ribbing (in fabric)
**canaleta** *nf* : gutter
**canalete** *nm* : paddle
**canalizar** {21} *vt* : to channel
**canalla**[1] *adj fam* : low, rotten
**canalla**[2] *nmf fam* : bastard, swine
**canapé** *nm* **1** : canapé **2** SOFÁ : couch, sofa
**canario**[1], **-ria** *adj* : of or from the Canary Islands
**canario**[2], **-ria** *n* : Canary Islander
**canario**[3] *nm* : canary
**canasta** *nf* : basket
**canasto** *nm* : (large) basket
**cancel** *nm* **1** : sliding door **2** : partition
**cancelación** *nf, pl* **-ciones** **1** : cancellation **2** : payment in full
**cancelar** *vt* **1** : to cancel **2** : to pay off, to settle
**cáncer** *nm* : cancer
**Cáncer**[1] *nm* : Cancer (sign or constellation)
**Cáncer**[2] *nmf* : Cancer (person)
**cancerígeno**[1], **-na** *adj* : carcinogenic
**cancerígeno**[2] *nm* : carcinogen
**canceroso, -sa** *adj* : cancerous
**cancha** *nf* : court, field (for sports) ⟨cancha de golf : golf course⟩
**canciller** *nm* : chancellor
**cancillería** *nf* : ministry of foreign affairs
**canción** *nf, pl* **canciones** **1** : song **2 canción de cuna** : lullaby
**cancionero**[1] *nm* : songbook
**cancionero**[2], **-ra** *n Mex* : singer
**candado** *nm* : padlock
**candela** *nf* **1** : flame, fire **2** : candle
**candelabro** *nm* : candelabra
**candelero** *nm* **1** : candlestick **2 estar en el candelero** : to be in the spotlight
**candente** *adj* : red-hot, white-hot
**candidato, -ta** *n* : candidate, applicant
**candidatura** *nf* : candidacy
**candidez** *nf* **1** : simplicity **2** INGENUIDAD : naïveté, ingenuousness
**cándido, -da** *adj* **1** : simple, unassuming **2** INGENUO : naive, ingenuous
**candil** *nm* : oil lamp
**candilejas** *nfpl* : footlights
**candor** *nm* : naïveté, innocence
**caneca** *nf Col* **1** : garbage can **2** PAPELERA : wastebasket **3** BIDÓN : drum
**canela** *nf* : cinnamon
**canelones** *nmpl* : cannelloni
**cangrejo** *nm* JAIBA : crab
**canguro**[1] *nm* : kangaroo
**canguro**[2] *nmf Spain fam* : baby-sitter
**caníbal**[1] *adj* : cannibalistic
**caníbal**[2] *nmf* ANTROPÓFAGO : cannibal
**canibalismo** *nm* ANTROPOFAGIA : cannibalism
**canica** *nf* : marble ⟨jugar a las canicas : to play marbles⟩
**caniche** *nm* : poodle
**canijo, -ja** *adj* **1** *fam* : puny, weak **2** *Mex fam* DIFÍCIL : tough, hard
**canilla** *nf* **1** : shin **2** *Arg, Uru* : faucet
**canillita** *nmf Arg* : newspaper vendor
**canino**[1], **-na** *adj* : canine
**canino**[2] *nm* **1** COLMILLO : canine (tooth) **2** : dog, canine
**canje** *nm* : exchange, trade

**canjeable** *adj* : exchangeable
**canjear** *vt* : to exchange, to trade
**cannabis** *nm* : cannabis
**cano, -na** *adj* : gray ⟨un hombre de pelo cano : a gray-haired man⟩
**canoa** *nf* : canoe
**canon** *nm, pl* **cánones** : canon
**canónico, -ca** *adj* : canonical
**canónigo** *nm* : canon (of a church)
**canonizar** {21} *vt* : to canonize — **canonización** *nf*
**canoso, -sa** → **cano**
**cansado, -da** *adj* **1** : tired ⟨estar cansado : to be tired⟩ **2** : tiresome ⟨ser cansado : to be tiring⟩
**cansancio** *nm* : tiredness
**cansar** *vt* : to tire — *vi* : to be tiresome — **cansarse** *vr* **1** : to tire oneself out **2** : to get bored
**cansino, -na** *adj* : slow, weary, lethargic
**cantaleta** *nf fam* : nagging ⟨la misma cantaleta : the same old story⟩
**cantalupo** *nm* : cantaloupe
**cantante**[1] *adj* : singing
**cantante**[2] *nmf* : singer
**cantar**[1] *vi* **1** : to sing **2** CACAREAR : to crow **3** CHIRRIAR : to chirp (of insects) — *vt* **1** : to sing **2** : to call out, to recite ⟨cantar victoria : to claim victory⟩
**cantar**[2] *nm* : song, ballad
**cántaro** *nm* **1** : pitcher, jug **2 llover a cántaros** *fam* : to rain cats and dogs
**cantata** *nf* : cantata
**cantautor, -tora** *n* : singer-songwriter
**cantera** *nf* : quarry
**cantero** *nm* **1** MAMPOSTERO : mason, stonemason **2** ARRIATE : bed (for plants)
**cántico** *nm* : chant
**cantidad**[1] *adv fam* : a lot ⟨me gustó cantidad : I liked it a lot⟩ ⟨ese carro me costó cantidad : that car cost me plenty⟩
**cantidad**[2] *nf* **1** : quantity **2** : sum, amount (of money) **3** *fam* : a lot, a great many ⟨había cantidad de gente : there were tons of people⟩
**cantillos** *nmpl* : jacks *pl*
**cantimplora** *nf* : canteen, water bottle
**cantina** *nf* **1** : tavern, bar **2** : canteen, mess, dining quarters *pl*
**cantinero, -ra** *n* : bartender
**canto** *nm* **1** : singing **2** : chant ⟨canto gregoriano : Gregorian chant⟩ **3** : song (of a bird) **4** : edge, end ⟨de canto : on end, sideways⟩ **5 canto rodado** : boulder
**cantón** *nm, pl* **cantones** **1** : canton **2** *Mex fam* : place, home
**cantonés**[1], **-nesa** *adj & n, mpl* **-neses** : Cantonese
**cantonés**[2] *nm, pl* **-neses** : Cantonese (language)
**cantor**[1], **-tora** *adj* **1** : singing **2 pájaro cantor** : songbird
**cantor**[2], **-tora** *n* **1** : singer **2** : cantor
**canturrear** *v* : to sing softly
**caña** *nf* **1** : cane ⟨caña de azúcar : sugarcane⟩ **2** : reed **3 caña de pescar** : fishing rod **4 caña del timón** : tiller (of a boat)
**cañada** *nf* : ravine, gully
**cáñamo** *nm* : hemp
**cañaveral** *nm* : sugarcane field
**cañería** *nf* TUBERÍA : pipes *pl*, piping
**cañero**[1], **-ra** *adj* : sugar cane
**cañero**[2], **-ra** *n* **1** : sugar cane grower **2** : sugar cane worker
**caño** *nm* **1** : pipe **2** : spout **3** : channel (for navigation)
**cañón** *nm, pl* **cañones** **1** : cannon **2** : barrel (of a gun) **3** : canyon
**cañonazo** *nm* : firing (of a cannon) ⟨saludo de 21 cañonazos : 21-gun salute⟩
**cañonear** *vt* : to shell, to bombard
**cañonero** *nm* : gunboat
**caoba** *nf* : mahogany
**caos** *nm* : chaos
**caótico, -ca** *adj* : chaotic
**capa** *nf* **1** : cape, cloak **2** : coating **3** : layer, stratum **4** : (social) class, stratum
**capacidad** *nf* **1** : capacity **2** : capability, ability
**capacitación** *nf, pl* **-ciones** : training
**capacitar** *vt* : to train, to qualify
**capar** *vt* : to castrate
**caparazón** *nm, pl* **-zones** : shell
**capataz**[1] *nmf, pl* **-taces** : foreman *m*, forewoman *f*
**capataz**[2], **-taza** *n* → **capataz**[1]
**capaz** *adj, pl* **capaces** **1** : capable, able ⟨capaz de trabajar : able to work⟩ ⟨es capaz de cualquier cosa : he's capable of anything⟩ **2** COMPETENTE : competent, capable **3** : spacious ⟨capaz para : with room for⟩
**capcioso, -sa** *adj* : cunning, deceptive ⟨pregunta capciosa : trick question⟩
**capea** *nf* : amateur bullfight
**capear** *vt* **1** : to make a pass with the cape (in bullfighting) **2** : to weather (a storm, crisis, etc.)
**capellán** *nm, pl* **-llanes** : chaplain
**capilar**[1] *adj* **1** : capillary **2** : hair
**capilar**[2] *nm* : capillary
**capilla** *nf* : chapel
**capirotada** *nf Mex* : traditional bread pudding
**capirotazo** *nm* : flip, flick
**capital**[1] *adj* **1** : capital **2** : chief, principal
**capital**[2] *nm* : capital ⟨capital de riesgo : venture capital⟩
**capital**[3] *nf* : capital, capital city
**capitalino**[1], **-na** *adj* : of or from a capital city
**capitalino**[2], **-na** *n* : inhabitant of a capital city
**capitalismo** *nm* : capitalism
**capitalista** *adj & nmf* : capitalist
**capitalizar** {21} *vt* : to capitalize — **capitalización** *nf*
**capitán, -tana** *n, mpl* **-tanes** **1** : captain **2 capitán de corbeta** : lieutenant commander
**capitanear** *vt* : to captain, to command
**capitel** *nm* : capital (of a column)
**capitolio** *nm* : capitol
**capitulación** *nf, pl* **-ciones** : capitulation
**capitular** *vi* : to capitulate, to surrender

**capítulo** *nm* **1** : chapter, section **2** : matter, subject
**capo, capa** *n* : boss
**capó** *nm* : hood (of a car)
**capón** *nm, pl* **capones** : capon
**caporal** *nm* **1** : chief, leader **2** : foreman (on a ranch)
**capot → capó**
**capota** *nf* : top (of a convertible)
**capote** *nm* **1** : cloak, overcoat **2** : bullfighter's cape **3** *Mex* : hood (of a car)
**capricho** *nm* : whim, caprice
**caprichoso, -sa** *adj* : capricious, fickle
**Capricornio**[1] *nm* : Capricorn (sign or constellation)
**Capricornio**[2] *nmf* : Capricorn (person)
**cápsula** *nf* : capsule
**captar** *vt* **1** : to catch, to grasp **2** : to gain, to attract **3** : to harness, to collect (waters)
**captor, -tora** *n* : captor
**captura** *nf* : capture, seizure
**capturar** *vt* : to capture, to seize
**capucha** *nf* : hood, cowl
**capuchino** *nm* : cappuccino
**capullo** *nm* **1** : cocoon **2** : bud (of a flower)
**caqui** *adj & nm* : khaki
**cara** *nf* **1** : face **2** : look, appearance ⟨¡qué buena cara tiene ese pastel! : that cake looks delicious!⟩ **3** *fam* : nerve, gall **4 (de) cara a** : facing **5 de cara a** : in view of, in the light of
**carabina** *nf* : carbine
**carabinero, -ra** *n* : police officer
**caracol** *nm* **1** : snail **2** CONCHA : conch, seashell **3** : ringlet
**caracola** *nf* : conch
**carácter** *nm, pl* **caracteres** **1** ÍNDOLE : character, kind, nature **2** TEMPERAMENTO : character, temperament **3** : character (in writing)
**característica** *nf* RASGO : trait, feature, characteristic
**característico, -ca** *adj* : characteristic — **característicamente** *adv*
**caracterizar** {21} *vt* : to characterize — **caracterización** *nf*
**caradura** *adj* DESCARADO : cheeky, impudent
**caramba** *interj* **1** (*expressing annoyance or anger*) : darn!, heck! **2** (*expressing surprise*) : wow!, good Lord!
**carámbano** *nm* : icicle
**carambola** *nf* **1** : carom **2** : ruse, trick ⟨por carambola : by a lucky chance⟩
**caramelo** *nm* **1** : caramel **2** DULCE : candy
**caramillo** *nm* **1** : pipe, small flute **2** : heap, pile
**caraqueño**[1], **-ña** *adj* : of or from Caracas
**caraqueño**[2], **-ña** *n* : person from Caracas
**carátula** *nf* **1** : title page **2** : cover, dust jacket **3** CARETA : mask **4** *Mex* : face, dial (of a clock or watch)
**caravana** *nf* **1** : caravan **2** : convoy **3** REMOLQUE : trailer
**caray → caramba**
**carbohidrato** *nm* : carbohydrate
**carbón** *nm, pl* **carbones** **1** : coal **2** : charcoal
**carbonatado, -da** *adj* : carbonated
**carboncillo** *nm* : charcoal
**carbonera** *nf* : coal cellar, coal bunker (on a ship)
**carbonero, -ra** *adj* : coal
**carbonizar** {21} *vt* : to char — **carbonizarse** *vr*
**carbono** *nm* : carbon
**carburador** *nm* : carburetor
**carburante** *nm* : fuel
**carca** *nmf fam* : old fogy
**carcacha** *nf fam* : jalopy, wreck
**carcaj** *nm* : quiver (for arrows)
**carcajada** *nf* : loud laugh, guffaw ⟨reírse a carcajadas : to roar with laughter⟩
**carcajearse** *vr* : to roar with laughter, to be in stitches
**cárcel** *nf* PRISIÓN : jail, prison
**carcelario, -ria** *adj* : prison
**carcelero, -ra** *n* : jailer
**carcinogénico, -ca** *adj* → **cancerígeno**
**carcinógeno** *nm* → **cancerígeno**
**carcinoma** *nm* : carcinoma
**carcomer** *vt* : to eat away at, to consume
**carcomido, -da** *adj* **1** : worm-eaten **2** : decayed, rotten
**cardar** *vt* : to card, to comb
**cardenal** *nm* **1** : cardinal (in religion) **2** : bruise
**cardíaco** *or* **cardiaco, -ca** *adj* : cardiac, heart
**cárdigan** *nm, pl* **-gans** : cardigan
**cardinal** *adj* : cardinal
**cardiología** *nf* : cardiology
**cardiólogo, -ga** *n* : cardiologist
**cardiovascular** *adj* : cardiovascular
**cardo** *nm* : thistle
**cardumen** *nm* : school of fish
**carecer** {53} *vi* ~ **de** : to lack ⟨el cheque carecía de fondos : the check had insufficient funds⟩
**carencia** *nf* **1** FALTA : lack **2** ESCASEZ : shortage **3** DEFICIENCIA : deficiency
**carente** *adj* ~ **de** : lacking (in)
**careo** *nm* : confrontation, face-off
**carero, -ra** *adj fam* : pricey
**carestía** *nf* **1** : rise in cost ⟨la carestía de la vida : the high cost of living⟩ **2** : dearth, scarcity
**careta** *nf* MÁSCARA : mask
**carey** *nm* **1** : sea turtle **2** : tortoiseshell
**carga** *nf* **1** : loading **2** : freight, load, cargo **3** : burden, responsibility **4** : charge ⟨carga eléctrica : electrical charge⟩ **5** : attack, charge
**cargada** *nf Arg, Uru* : joke
**cargado, -da** *adj* **1** : loaded **2** : bogged down, weighted down **3** : close, stuffy **4** : full, fraught ⟨cargado de tensión/errores : fraught with tension/errors⟩ **5** FUERTE : strong ⟨café cargado : strong coffee⟩ **6 cargado de hombros** : round-shouldered
**cargador**[1], **-dora** *n* : longshoreman *m*, longshorewoman *f*
**cargador**[2] *nm* **1** : magazine (for a firearm) **2** : charger (for batteries)
**cargamento** *nm* : cargo, load
**cargar** {52} *vt* **1** : to carry **2** : to load, to fill **3** : to charge **4** : to burden ⟨car-

gado de deudas : burdened with debts⟩ **5** SUBIR : to upload — *vi* **1** : to load **2** : to rest (in architecture) **3 ~ con** : to shoulder, to take on (a responsibility, etc.) **4 ~ sobre** : to fall upon

**cargo** *nm* **1** : burden, load **2** : charge ⟨estar a cargo de : to be in charge of⟩ ⟨correr a cargo de : to be paid by⟩ ⟨hacerse cargo de : to take charge of, to take care of⟩ ⟨tener a su cargo : to be in charge of⟩ **3** : charge, cost **4** : position, office

**cargue**[1], **etc.** → **cargar**

**cargue**[2] *nm Col* : loading

**carguero**[1], **-ra** *adj* : freight, cargo ⟨tren carguero : freight train⟩

**carguero**[2] *nm* : freighter, cargo ship

**cariarse** *vr* : to decay (of teeth)

**caribe** *adj* : Caribbean ⟨el mar Caribe : the Caribbean Sea⟩

**caribeño, -ña** *adj* : Caribbean

**caribú** *nm, pl* **caribúes** : caribou

**caricatura** *nf* **1** : caricature **2** : cartoon

**caricaturista** *nmf* : caricaturist, cartoonist

**caricaturizar** {21} *vt* : to caricature

**caricia** *nf* **1** : caress **2 hacer caricias** : to pet, to stroke

**caridad** *nf* : charity

**caries** *nfs & pl* : cavity (in a tooth)

**cariño**[1] *nm* AFECTO : affection, love

**cariño**[2], **-ña** *n* : darling, sweetheart

**cariñoso, -sa** *adj* AFECTUOSO : affectionate, loving — **cariñosamente** *adv*

**carioca**[1] *adj* : of or from Rio de Janeiro

**carioca**[2] *nmf* : person from Rio de Janeiro

**carisma** *nf* : charisma

**carismático, -ca** *adj* : charismatic

**carita** *adj Mex fam* : cute (said of a man) ⟨se cree muy carita : he thinks he's gorgeous⟩

**carita sonriente** *nf* : smiley face (emoticon or drawing)

**caritativo, -va** *adj* : charitable

**cariz** *nm, pl* **carices** : appearance, aspect

**carmesí** *adj & nm* : crimson

**carmín** *nm, pl* **carmines** **1** : carmine **2** : lipstick

**carnada** *nf* CEBO : bait

**carnal** *adj* **1** : carnal **2 primo carnal** : first cousin

**carnaval** *nm* : carnival

**carne** *nf* **1** : meat ⟨carne molida : ground beef⟩ **2** : flesh ⟨carne de gallina : goose bumps⟩

**carné** → **carnet**

**carnero** *nm* **1** : ram, sheep **2** : mutton

**carnet** *nm* **1** : identification card, ID **2** : membership card **3 carnet de conducir** *Spain* : driver's license

**carnicería** *nf* **1** : butcher shop **2** MATANZA : slaughter, carnage

**carnicero, -ra** *n* : butcher

**carnitas** *nfpl Mex* : small chunks of cooked pork

**carnívoro**[1], **-ra** *adj* : carnivorous

**carnívoro**[2] *nm* : carnivore

**carnoso, -sa** *adj* : fleshy, meaty

**caro**[1] *adv* : a lot ⟨costar/pagar caro : to cost/pay a lot⟩ ⟨vender caro : to sell high, to sell at a high price⟩ ⟨un error que me costó caro : a mistake that cost me dearly⟩

**caro**[2], **-ra** *adj* **1** : expensive, dear ⟨es muy/demasiado caro : it's very/too expensive⟩ **2** QUERIDO : dear, beloved

**carpa** *nf* **1** : carp **2** : big top (of a circus) **3** : tent

**carpeta** *nf* : folder, binder, portfolio (of drawings, etc.)

**carpetazo** *nm* **dar carpetazo a** : to shelve, to defer

**carpintería** *nf* **1** : carpentry **2** : carpenter's workshop

**carpintero, -ra** *n* : carpenter

**carraspear** *vi* : to clear one's throat

**carraspera** *nf* : hoarseness ⟨tener carraspera : to have a frog in one's throat⟩

**carrera** *nf* **1** : run, running ⟨a la carrera : at full speed⟩ ⟨de carrera : hastily⟩ **2** : race ⟨carrera de caballos : horse race⟩ **3** : course of study ⟨estudiar la carrera de medicina : to study medicine⟩ **4** : career, profession **5** : run (in baseball)

**carreta** *nf* : cart, wagon

**carrete** *nm* **1** : spool (for thread), bobbin (in sewing machine), reel (for film, etc.) ⟨carrete de pesca : fishing reel⟩ **2** : roll of film **3** : (electrical) coil

**carretear** *vi* : to taxi

**carretel** → **carrete**

**carretera** *nf* : highway, road ⟨carretera de peaje : turnpike⟩

**carretero, -ra** *adj* : highway ⟨el sistema carretero : the highway system⟩

**carretilla** *nf* **1** : wheelbarrow **2 carretilla elevadora** : forklift

**carril** *nm* **1** : lane ⟨carretera de doble carril : two-lane highway⟩ **2** : rail (on a railroad track)

**carrillo** *nm* : cheek, jowl

**carrito** *nm* : cart ⟨carrito de compras, carrito de la compra *Mexico, Spain* : shopping cart⟩

**carrizo** *nm* JUNCO : reed

**carro** *nm* **1** COCHE : car **2** : cart **3** *Chile, Mex* : coach (of a train) **4 carro alegórico** : float (in a parade) **5 carro bomba** : car bomb **6 carro de compras** *or* **carro de la compra** *Spain* : shopping cart

**carrocería** *nf* : bodywork, body (of a vehicle)

**carroña** *nf* : carrion

**carroñero, -ra** *n* : scavenger (animal)

**carroza** *nf* **1** : carriage **2** : float (in a parade)

**carruaje** *nm* : carriage

**carrusel** *nm* **1** : merry-go-round **2** : carousel ⟨carrusel de equipaje : luggage carousel⟩

**carta** *nf* **1** : letter ⟨carta de amor : love letter⟩ ⟨carta de renuncia : letter of resignation⟩ **2** NAIPE : playing card **3** : charter, constitution **4** MENÚ : menu **5** : map, chart **6 tomar cartas en** : to intervene in

**carta blanca** *nf* : carte blanche

**carta bomba** *nf* : letter bomb

**cartearse** *vr* : to write to one another, to correspond
**cartel** *nm* : sign, poster
**cártel** *or* **cartel** *nm* : cartel
**cartelera** *nf* **1** : billboard **2** : marquee
**cartera** *nf* **1** BILLETERA : wallet, billfold **2** BOLSO : pocketbook, purse **3** : portfolio ⟨cartera de acciones : stock portfolio⟩
**carterista** *nmf* : pickpocket
**cartero, -ra** *n* : letter carrier, mailman *m*
**cartilago** *nm* : cartilage
**cartilla** *nf* **1** : primer, reader **2** : booklet ⟨cartilla de ahorros : bankbook⟩
**cartografía** *nf* : cartography
**cartógrafo, -fa** *n* : cartographer
**cartón** *nm, pl* **cartones** **1** : cardboard ⟨cartón madera : fiberboard⟩ **2** : carton
**cartucho** *nm* : cartridge
**cartulina** *nf* : poster board, cardboard
**casa** *nf* **1** : house ⟨una casa de dos pisos : a two-story house⟩ ⟨la casa blanca : the White House⟩ **2** HOGAR : home ⟨en casa : at home⟩ ⟨ir a casa : to go home⟩ **3** : home (in sports) ⟨equipo de casa : home team⟩ ⟨partido en casa : home game⟩ ⟨partido fuera de casa : away game⟩ **4** : household, family **5** : company, firm **6 casa de cambio** : currency exchange **7 casa de empeños** : pawnshop **8 casa de (altos) estudios** : institute of (higher) learning, college, university **9 casa de salud** : clinic **10 casa matriz** : headquarters **11 echar/tirar/botar la casa por la ventana** : to spare no expense
**casaca** *nf* : jacket
**casado**[1], **-da** *adj* : married
**casado**[2], **-da** *n* : married person
**casamentero, -ra** *n* : matchmaker
**casamiento** *nm* **1** : marriage **2** BODA : wedding
**casar** *vt* : to marry ⟨el cura que nos casó : the priest who married us⟩ — *vi* : to go together, to match up — **casarse** *vr* **1** : to get married **2** ~ **con** : to marry
**casateniente** *nmf Mex* : landlord, landlady *f*
**cascabel**[1] *nm* : small bell
**cascabel**[2] *nf* : rattlesnake
**cascada** *nf* CATARATA, SALTO : waterfall, cascade
**cascajo** *nm* **1** : pebble, rock fragment **2** *fam* : piece of junk
**cascanueces** *nms & pl* : nutcracker
**cascar** {72} *vt* : to crack (a shell) — **cascarse** *vr* : to crack, to chip
**cáscara** *nf* **1** : skin, peel, rind, husk **2** : shell (of a nut or egg)
**cascarón** *nm, pl* **-rones** **1** : eggshell **2** *Mex* : shell filled with confetti
**cascarrabias** *nmfs & pl fam* : grouch, crab
**casco** *nm* **1** : helmet **2** : hull **3** : hoof **4** : fragment, shard **5** : center (of a town) **6** *Mex* : empty bottle **7 cascos** *nmpl* : headphones
**caserío** *nm* **1** : country house **2** : hamlet
**casero**[1], **-ra** *adj* **1** : domestic, household **2** : homemade
**casero**[2], **-ra** *n* DUEÑO : landlord *m*, landlady *f*
**caseta** *nf* **1** : booth, stand, stall ⟨caseta de peaje, caseta de cobro *CA, Mex* : tollbooth⟩ **2** : doghouse **3** : dugout (in sports)
**casete** → **cassette**
**casi** *adv* **1** : almost, nearly ⟨casi un año : almost a year⟩ ⟨casi me desmayo : I almost fainted⟩ **2** (*in negative phrases*) : hardly ⟨casi nunca : hardly ever⟩ ⟨no hace casi nada : he hardly does anything⟩
**casilla** *nf* **1** : booth **2** : pigeonhole **3** : box (on a form) **4 casilla de correos** *Arg* : P.O. box
**casillero** *nm* **1** : pigeonhole **2** : set of pigeonholes
**casino** *nm* **1** : casino **2** : (social) club
**caso** *nm* **1** : case ⟨en caso de : in case of⟩ ⟨en este/ese caso : in this/that case⟩ ⟨en todo/cualquier caso : in any case⟩ ⟨en el mejor/peor de los casos : at best/worst⟩ ⟨el caso es que . . . : the fact/thing is (that) . . .⟩ **2** : case (in law or medicine) **3 hacer caso** : to pay attention ⟨hacer caso de algo : to pay attention to something, to notice something⟩ ⟨hacerle caso a alguien : to pay attention to someone, to listen to someone⟩ **4 hacer caso omiso de** : to ignore, to take no notice of **5 no hay caso** : it's useless, there's no point **6 no venir al caso** : to be beside the point
**caspa** *nf* : dandruff
**casque, etc.** → **cascar**
**casquete** *nm* **1** : skullcap **2 casquete glaciar** : ice cap **3 casquete polar** : polar ice cap **4 casquete corto** *Mex* : crew cut
**casquillo** *nm* : case, casing (of a bullet)
**cassette** *nmf* : cassette
**casta** *nf* **1** : caste **2** : lineage, stock ⟨de casta : thoroughbred, purebred⟩ **3 sacar la casta** *Mex* : to come out ahead
**castaña** *nf* : chestnut
**castañetear** *vi* : to chatter (of teeth)
**castañeteo** *nm* : chatter, chattering (of teeth)
**castaño**[1], **-ña** *adj* : chestnut, brown
**castaño**[2] *nm* **1** : chestnut tree **2** : chestnut, brown
**castañuela** *nf* : castanet
**castellano**[1], **-na** *adj & n* : Castilian
**castellano**[2] *nm* ESPAÑOL : Spanish, Castilian (language)
**castidad** *nf* : chastity
**castigar** {52} *vt* : to punish
**castigo** *nm* : punishment
**castillo** *nm* **1** : castle **2 castillo de proa** : forecastle **3 castillo de arena** : sand castle
**castizo, -za** *adj* **1** AUTÉNTICO : authentic, genuine, pure **2** TRADICIONAL : traditional
**casto, -ta** *adj* : chaste, pure — **castamente** *adv*
**castor** *nm* : beaver

**castración** *nf, pl* **-ciones** : castration
**castrar** *vt* **1** : to castrate, to spay, to neuter **2** DEBILITAR : to weaken, to debilitate
**castrense** *adj* : military
**casual** *adj* **1** : chance ⟨no es casual : it's no accident⟩ **2** *Mex* : casual (of clothing)
**casualidad** *nf* **1** : chance **2 por ~** *or* **de ~** : by chance, by any chance
**casualmente** *adv* : accidentally, by chance
**casucha** *or* **casuca** *nf* : shanty, hovel
**cataclismo** *nm* : cataclysm
**catacumbas** *nfpl* : catacombs
**catador, -dora** *n* : wine taster
**catalán**[1], **-lana** *adj & n, mpl* **-lanes** : Catalan
**catalán**[2] *nm* : Catalan (language)
**catalizador** *nm* **1** : catalyst **2** : catalytic converter
**catalogar** {52} *vt* : to catalog, to classify
**catálogo** *nm* : catalog
**catamarán** *nm, pl* **-ranes** : catamaran
**cataplasma** *nf* : poultice
**catapulta** *nf* : catapult
**catapultar** *vt* : to catapult
**catar** *vt* **1** : to taste, to sample **2** : to look at, to examine
**catarata** *nf* **1** CASCADA, SALTO : waterfall **2** : cataract
**catarro** *nm* RESFRIADO : cold, catarrh
**catarsis** *nf* : catharsis — **catártico, -ca** *adj*
**catastro** *nm* : property registry
**catástrofe** *nf* DESASTRE : catastrophe, disaster
**catastrófico, -ca** *adj* DESASTROSO : catastrophic, disastrous
**catcher** *nmf* : catcher (in baseball)
**catecismo** *nm* : catechism
**cátedra** *nf* **1** : (tenured) professorship **2** : department chair (at a university) **3** : subject, class **4 libertad de cátedra** : academic freedom
**catedral** *nf* : cathedral
**catedrático, -ca** *n* **1** PROFESOR : (tenured) professor **2** : department chair (at a university)
**categoría** *nf* **1** CLASE : category **2** RANGO : rank, standing **3 categoría gramatical** : part of speech **4 de ~** : first-rate, outstanding
**categórico, -ca** *adj* : categorical, unequivocal — **categóricamente** *adv*
**categorizar** {21} *vt* : categorize
**cateo** *CA, Mex* → **cacheo**
**catering** *or* **cátering** *nm* : catering, food service
**catéter** *nm* : catheter
**cátodo** *nm* : cathode
**catolicismo** *nm* : Catholicism
**católico, -ca** *adj & n* : Catholic
**catorce** *adj & nm* : fourteen — **catorce** *pron*
**catorceavo**[1], **-va** *adj* : fourteenth
**catorceavo**[2] *nm* : fourteenth
**catre** *nm* : cot
**catsup** *nm* : ketchup
**caucásico, -ca** *adj & n* : Caucasian
**cauce** *nm* **1** LECHO : riverbed **2** : means *pl*, channel
**caucho** *nm* **1** GOMA : rubber **2** : rubber tree **3** *Ven* : tire
**caución** *nf, pl* **cauciones** FIANZA : bail, security
**caudal** *nm* **1** : volume of water **2** RIQUEZA : capital, wealth **3** ABUNDANCIA : abundance
**caudaloso, -sa** *adj* **1** : large, mighty (of a river) **2** RICO : rich, wealthy
**caudillo** *nm* : leader, commander
**causa** *nf* **1** MOTIVO : cause, reason, motive ⟨a causa de : because of⟩ **2** IDEAL : cause ⟨morir por una causa : to die for a cause⟩ **3** : lawsuit
**causal**[1] *adj* : causal — **causalidad** *nf*
**causal**[2] *nm* : cause, grounds *pl*
**causante**[1] *adj* **~ de** : causing, responsible for
**causante**[2] *nmf Mex* : taxpayer
**causar** *vt* **1** : to cause **2** : to provoke, to arouse ⟨eso me causa gracia : I find that funny⟩
**cáustico, -ca** *adj* : caustic
**cautela** *nf* : caution, prudence
**cautelar** *adj* : precautionary, preventive
**cauteloso, -sa** *adj* : cautious, prudent — **cautelosamente** *adv*
**cauterizar** {21} *vt* : to cauterize
**cautivador, -dora** *adj* : captivating
**cautivar** *vt* : to captivate, to charm
**cautiverio** *nm* : captivity
**cautivo, -va** *adj & n* : captive
**cauto, -ta** *adj* : cautious, careful
**cava** *nm* : a Spanish sparkling wine
**cavar** *vt* : to dig — *vi* **~ en** : to delve into, to probe
**caverna** *nf* : cavern, cave
**cavernícola** *nmf* : caveman *m*, cavewoman *f*
**cavernoso, -sa** *adj* **1** : cavernous **2** : deep, resounding
**caviar** *nm* : caviar
**cavidad** *nf* : cavity
**cavilar** *vi* : to ponder, to deliberate
**cayado** *nm* : crook, staff
**cayena** *nf* : cayenne pepper
**cayo** *nm* ISLOTE : key, islet
**cayó, etc.** → **caer**
**caza**[1] *nf* **1** CACERÍA : hunt, hunting **2** : game
**caza**[2] *nm* : fighter plane
**cazador, -dora** *n* **1** : hunter **2 cazador furtivo** : poacher
**cazadora** *nf* : jacket, bomber jacket
**cazar** {21} *vt* **1** : to hunt **2** : to catch, to bag **3** *fam* : to land (a job, a spouse) — *vi* : to go hunting
**cazatalentos** *nmfs & pl* : talent scout
**cazo** *nm* **1** : saucepan, pot **2** CUCHARÓN : ladle
**cazuela** *nf* **1** : pan, saucepan **2** : casserole
**cazurro, -ra** *adj* : sullen, surly
**CD** *nm* : CD, compact disk
**CD–ROM** [sede'rom] *nm* : CD-ROM
**ce** *nf* : (letter) c
**cebada** *nf* : barley

**cebar** *vt* **1** : to bait **2** : to feed, to fatten **3** : to prime (a pump, etc.) — **cebarse** *vr* ~ **en** : to take it out on
**cebo** *nm* **1** CARNADA : bait **2** : feed **3** : primer (for firearms)
**cebolla** *nf* : onion
**cebolleta** *nf* : scallion, green onion
**cebollino** *nm* **1** : chive **2** : scallion
**cebra** *nf* : zebra
**cebú** *nm, pl* **cebús** *or* **cebúes** : zebu (cattle)
**cecear** [θeθeˈar] *vi* **1** : to lisp **2** : to pronounce the Spanish letter *s* as /θ/
**ceceo** [θeˈθeo] *nm* **1** : lisp **2** : pronunciation of the Spanish letter *s* as /θ/
**cecina** *nf* : dried beef, beef jerky
**cedazo** *nm* : sieve
**ceder** *vi* **1** : to yield, to give way **2** : to diminish, to abate **3** : to give in, to relent — *vt* : to cede, to hand over
**cedro** *nm* : cedar
**cédula** *nf* : document, certificate
**cegador, -dora** *adj* : blinding
**cegar** {49} *vt* **1** : to blind **2** : to block, to stop up — *vi* : to be blinded, to go blind
**ceguera** *nf* : blindness
**ceiba** *nf* : silk-cotton tree
**ceja** *nf* **1** : eyebrow ⟨fruncir las cejas : to knit one's brows⟩ **2** : flange, rim
**cejar** *vi* : to give in, to back down
**celada** *nf* : trap, ambush
**celador, -dora** *n* GUARDIA : guard, warden
**celda** *nf* : cell (of a jail)
**celebración** *nf, pl* **-ciones** : celebration
**celebrado, -da** *adj* → **célebre**
**celebrante** *nmf* OFICIANTE : celebrant
**celebrar** *vt* **1** : to celebrate **2** : to hold (a meeting) **3** : to say (Mass) **4** : to welcome, to be happy about — *vi* : to be glad — **celebrarse** *vr* **1** : to be celebrated, to fall **2** : to be held, to take place
**célebre** *adj* : celebrated, famous
**celebridad** *nf* **1** : celebrity **2** FAMA : fame, celebrity
**celeridad** *nf* : swiftness
**celeste**[1] *adj* **1** : celestial **2** : sky blue, azure
**celeste**[2] *nm* : sky blue
**celestial** *adj* : heavenly, celestial
**celibato** *nm* : celibacy
**célibe** *adj & nmf* : celibate
**cello** [ˈtʃelo] → **chelo**
**celo** *nm* **1** : zeal, fervor **2** : heat (of females), rut (of males) **3 celos** *nmpl* : jealousy ⟨tenerle celos a alguien : to be jealous of someone⟩
**celofán** *nm, pl* **-fanes** : cellophane
**celosía** *nf* **1** : lattice window **2** : lattice, trellis
**celoso, -sa** *adj* **1** : jealous **2** : zealous — **celosamente** *adv*
**celta**[1] *adj* : Celtic
**celta**[2] *nmf* : Celt
**célula** *nf* : cell ⟨célula madre : stem cell⟩
**celular**[1] *adj* : cellular
**celular**[2] *nm* : cell phone
**celulitis** *nf* : cellulite
**celuloide** *nm* **1** : celluloid **2** : film, cinema
**celulosa** *nf* : cellulose
**cementar** *vt* : to cement
**cementerio** *nm* : cemetery
**cemento** *nm* : cement
**cena** *nf* : supper, dinner
**cenador** *nm* : arbor, gazebo
**cenagal** *nm* : bog, quagmire
**cenagoso, -sa** *adj* : swampy
**cenar** *vi* : to have dinner, to have supper — *vt* : to have for dinner or supper ⟨cenamos tamales : we had tamales for supper⟩
**cencerro** *nm* : cowbell
**cenicero** *nm* : ashtray
**ceniciento, -ta** *adj* : ashen
**cenit** *nm* : zenith, peak
**ceniza** *nf* **1** : ash **2 cenizas** *nfpl* : ashes (of a deceased person)
**cenizo** *nm* : jinx
**cenote** *nm Mex* : natural deposit of spring water
**censar** *vt* : to take a census of
**censo** *nm* : census
**censor, -sora** *n* : censor, critic
**censura** *nf* **1** : censorship **2** : censure, criticism
**censurable** *adj* : reprehensible, blameworthy
**censurar** *vt* **1** : to censor **2** : to censure, to criticize
**centauro** *nm* : centaur
**centavo** *nm* **1** : cent (in English-speaking countries) **2** : centavo (unit of currency in various Latin-American countries)
**centella** *nf* **1** : lightning flash **2** : spark
**centellear** *vi* **1** : to twinkle **2** : to gleam, to sparkle
**centelleo** *nm* : twinkling, sparkle
**centena** *nf* : hundred ⟨una centena de personas : a hundred people⟩
**centenar** *nm* **1** : hundred **2 a centenares** : by the hundreds
**centenario**[1], **-ria** *adj & n* : hundred-year-old
**centenario**[2] *nm* : centennial
**centeno** *nm* : rye
**centésima** *nf* : hundredth
**centésimo**[1], **-ma** *adj* : hundredth
**centésimo**[2] *nm* **1** : hundredth **2** : centesimo (Panamanian and Uruguayan unit of currency)
**centi-** *pref* : centi-
**centígrado** *adj* : centigrade, Celsius
**centigramo** *nm* : centigram
**centímetro** *nm* : centimeter
**céntimo** *nm* **1** : centimo (unit of currency in various Spanish- and Portuguese-speaking countries) **2** : cent (subdivision of the euro) **3** : centime (unit of currency in various French- and Portuguese-speaking countries)
**centinela** *nmf* : sentinel, sentry
**centrado, -da** *adj* **1** EQUILIBRADO : stable **2** : centered **3** ~ **en** : focused on
**central**[1] *adj* **1** : central **2** PRINCIPAL : main, principal
**central**[2] *nf* **1** : main office, headquarters **2** : power plant, power station **3 central camionera** *Mex* : bus terminal
**centralista** *adj & nmf* : centralist

**centralita** *nf* : switchboard
**centralizar** {21} *vt* : to centralize — **centralización** *nf*
**centrar** *vt* **1** : to center **2** : to focus — **centrarse** *vr* ~ **en** : to focus on, to concentrate on
**céntrico, -ca** *adj* : central
**centrifugar** {52} *vt* : to spin (clothing)
**centrista** *adj & nmf* : centrist
**centro**[1] *nmf* : center (in sports)
**centro**[2] *nm* **1** MEDIO : center ⟨centro de atención/gravedad : center of attention/gravity⟩ **2** : downtown **3 centro comercial** : shopping plaza **4 centro de mesa** : centerpiece **5 centro de votación** : polling place
**centroamericano, -na** *adj & n* : Central American
**centrocampista** *nmf* : midfielder
**ceñido, -da** *adj* AJUSTADO : tight, tight-fitting
**ceñir** {67} *vt* **1** : to encircle, to surround **2** : to hug, to cling to ⟨me ciñe demasiado : it's too tight on me⟩ — **ceñirse** *vr* ~ **a** : to restrict oneself to, to stick to
**ceño** *nm* **1** : frown, scowl **2 fruncir el ceño** : to frown, to knit one's brows
**cepa** *nf* **1** : stump (of a tree) **2** : stock (of a vine) **3** LINAJE : ancestry, stock
**cepillar** *vt* **1** : to brush **2** : to plane (wood) — **cepillarse** *vr*
**cepillo** *nm* **1** : brush ⟨cepillo de dientes : toothbrush⟩ **2** : plane (for woodworking)
**cepo** *nm* : trap (for animals)
**cera** *nf* **1** : wax ⟨cera de abejas : beeswax⟩ **2** : polish
**cerámica** *nf* **1** : ceramics *pl* **2** : pottery
**cerámico, -ca** *adj* : ceramic
**ceramista** *nmf* ALFARERO : potter
**cerca**[1] *adv* **1** : nearby, close by ⟨vive cerca : he lives nearby⟩ **2** : close, near ⟨cerca de aquí : near here⟩ ⟨su cumpleaños está cerca : her birthday is almost here⟩ **3** ~ **de** : nearly, almost, close to ⟨cerca de 100 personas : nearly 100 people⟩ **4 de** ~ : close up ⟨seguir de cerca : to follow closely⟩
**cerca**[2] *nf* **1** : fence **2** : (stone) wall
**cercado** *nm* : enclosure
**cercanía** *nf* **1** PROXIMIDAD : proximity, closeness **2 cercanías** *nfpl* : outskirts, suburbs
**cercano, -na** *adj* : near, close
**cercar** {72} *vt* **1** : to fence in, to enclose **2** : to surround
**cercenar** *vt* **1** : to cut off, to amputate, to sever **2** : to diminish, to curtail
**cerceta** *nf* : teal (duck)
**cerciorarse** *vr* ASEGURARSE ~ **de** : to make sure of, to verify
**cerco** *nm* **1** : siege **2** : cordon, circle **3** : fence
**cerda** *nf* **1** : bristle **2** : sow
**cerdo** *nm* **1** : pig, hog **2 carne de cerdo** : pork
**cereal** *nm* : cereal — **cereal** *adj*
**cerebelo** *nm* : cerebellum
**cerebral** *adj* : cerebral
**cerebro** *nm* : brain
**ceremonia** *nf* : ceremony ⟨sin ceremonias : informal/informally, without ceremony⟩ — **ceremonial** *adj*
**ceremonioso, -sa** *adj* : ceremonious
**cereza** *nf* : cherry
**cerezo** *nm* : cherry tree
**cerilla** *nf* **1** : match **2** : earwax
**cerillo** *nm* (*in various countries*) : match
**cerner** {56} *vt* : to sift — **cernerse** *vr* **1** : to hover **2** ~ **sobre** : to loom over, to threaten
**cernidor** *nm* : sieve
**cernir** → **cerner**
**cero** *nm* : zero
**ceroso, -sa** *adj* : waxy
**cerque, etc.** → **cercar**
**cerquillo** *nm* : bangs *pl*
**cerquita** *adv fam* : very close, very near
**cerrado, -da** *adj* **1** : closed, shut **2** : thick, broad (of an accent) **3** : cloudy, overcast **4** : quiet, reserved **5** : dense, stupid
**cerradura** *nf* : lock
**cerrajería** *nf* : locksmith's shop
**cerrajero, -ra** *n* : locksmith
**cerrar** {55} *vt* **1** : to close, to shut (a door, a book, etc.) ⟨cerrar los ojos : to close one's eyes⟩ ⟨cerrar algo (con llave) : to lock something⟩ **2** : to turn off (a faucet, etc.) **3** : to close, to put the top on (a jar, etc.) **4** : to fasten, to button up (buttons), to zip up (a zipper) **5** CONCLUIR : to bring to an end, to close ⟨cerrar (la) sesión : to log off/out⟩ **6** : to close (a business, an account) **7** : to close, to close off (a street, etc.) — *vi* **1** : to close up, to lock up **2** : to close down — **cerrarse** *vr* **1** : to close **2** : to fasten, to button up, to zip up **3** : to conclude, to end
**cerrazón** *nf, pl* **-zones** : obstinacy, stubbornness
**cerro** *nm* COLINA, LOMA : hill
**cerrojo** *nm* PESTILLO : bolt, latch
**certamen** *nm, pl* **-támenes** : competition, contest
**certero, -ra** *adj* : accurate, precise — **certeramente** *adv*
**certeza** *nf* : certainty
**certidumbre** *nf* : certainty
**certificable** *adj* : certifiable
**certificación** *nf, pl* **-ciones** : certification
**certificado**[1], **-da** *adj* **1** : certified **2** : registered (of mail)
**certificado**[2] *nm* **1** : certificate ⟨certificado de matrimonio/difunción/nacimiento : marriage/death/birth certificate⟩ ⟨certificado de regalo : gift certificate⟩ **2** : registered letter
**certificar** {72} *vt* **1** : to certify **2** : to register (mail)
**cerumen** *nm* : earwax
**cervato** *nm* : fawn
**cervecera** *nf* : brewery
**cervecero, -ra** *n* : brewer
**cervecería** *nf* **1** : brewery **2** : beer hall, bar
**cerveza** *nf* : beer ⟨cerveza de barril : draft beer⟩
**cervical** *adj* : cervical

**cerviz** *nf, pl* **cervices** : nape of the neck
**cesación** *nf, pl* **-ciones** : cessation, suspension
**cesante** *adj* : laid off, unemployed
**cesantía** *nf* : unemployment
**cesar** *vi* : to cease, to stop — *vt* : to dismiss, to lay off
**cesárea** *nf* : cesarean
**cesáreo, -rea** *adj* : cesarean
**cese** *nm* **1** : cessation, stop ⟨cese del fuego : cease-fire⟩ **2** : dismissal
**cesio** *nm* : cesium
**cesión** *nf, pl* **cesiones** : transfer, assignment (of property, etc.)
**césped** *nm* : lawn, grass
**cesta** *nf* **1** : basket **2** : jai alai racket
**cesto** *nm* **1** : hamper **2** : basket (in basketball) **3 cesto de (la) basura** : wastebasket
**cetro** *nm* : scepter
**ch** *nf* : fourth letter of the Spanish alphabet — not usually considered a separate letter in alphabetization
**chabacano**[1], **-na** *adj* : tacky, tasteless
**chabacano**[2] *nm Mex* : apricot
**chabola** *nf Spain* : shack, shanty **2 barrio de chabolas → barrio**
**chacal** *nm* : jackal
**cháchara** *nf fam* **1** : small talk, chatter **2 cháchara**s *nfpl* : trinkets, junk
**chacharear** *vi fam* : to chatter, to gab
**chacra** *nf Arg, Chile, Peru* : small farm
**chal** *nm* MANTÓN : shawl
**chalado**[1], **-da** *adj fam* : crazy, nuts
**chalado**[2], **-da** *n* : nut, crazy person
**chalán** *nm, pl* **chalanes** *Mex* : barge
**chalé → chalet**
**chaleco** *nm* : vest
**chalet** *nm Spain* : house
**chalupa** *nf* **1** : small boat **2** *Mex* : small stuffed tortilla
**chamaco, -ca** *n Mex fam* : kid, boy *m*, girl *f*
**chamarra** *nf* **1** : sheepskin jacket **2** : poncho, blanket
**chamba** *nf Mex, Peru fam* : job, work
**chambear** *vi Mex, Peru fam* : to work
**chamo, -ma** *n Ven fam* **1** : kid, boy *m*, girl *f* **2** : buddy, pal
**champaña** *or* **champán** *nm* : champagne
**champiñón** *nm, pl* **-ñones** : mushroom
**champú** *nm, pl* **-pus** *or* **-púes** : shampoo
**champurrado** *nm Mex* : hot chocolate thickened with cornstarch
**chamuco** *nm Mex fam* : devil
**chamuscar** {72} *vt* : to singe, to scorch — **chamuscarse** *vr*
**chamusquina** *nf* : scorch
**chance** *nm* OPORTUNIDAD : chance, opportunity
**chancho**[1], **-cha** *adj fam* : dirty, filthy, gross
**chancho**[2], **-cha** *n* **1** : pig, hog **2** *fam* : slob
**chanchullero, -ra** *adj fam* : shady, crooked
**chanchullo** *nm fam* : shady deal, scam
**chancla** *nf* **1** : thong sandal, slipper **2** : old shoe
**chancleta → chancla**
**chanclo** *nm* **1** : clog **2 chanclos** *nmpl* : overshoes, galoshes, rubbers
**chándal** *nm, pl* **chándals** *Spain* : sweatsuit, tracksuit
**changarro** *nm Mex* : small shop, stall
**chango, -ga** *n Mex* : monkey
**chantaje** *nm* : blackmail
**chantajear** *vt* : to blackmail
**chantajista** *nmf* : blackmailer
**chanza** *nf* **1** : joke, jest **2** *Mex fam* : chance, opportunity
**chao** *interj fam* : bye!
**chapa** *nf* **1** *Arg, Uru* : license plate **2** : sheet, panel, veneer **3** : lock **4** : badge **5** TAPÓN : cap, bottle cap
**chapado, -da** *adj* **1** : plated **2 chapado a la antigua** : old-fashioned
**chapar** *vt* **1** : to add a veneer to **2** : to plate (metals)
**chaparro**[1], **-rra** *adj* : short and squat, stocky
**chaparro**[2], **-rra** *n* : short, stocky person
**chaparrón** *nm, pl* **-rrones** **1** : downpour **2** : great quantity, torrent
**chapeado, -da** *adj Col, Mex* : flushed
**chaperón, -rona** *n, mpl* **-rones** : chaperon, chaperone
**chapín, chapina** *adj & n CA* : Guatemalan
**chapopote** *nm Mex* : tar, blacktop
**chapotear** *vi* : to splash about
**chapucero**[1], **-ra** *adj* **1** : crude, shoddy **2** *Mex fam* : dishonest
**chapucero**[2], **-ra** *n* **1** : sloppy worker, bungler **2** *Mex fam* : cheat, swindler
**chapulín** *nm, pl* **-lines** *CA, Mex* : grasshopper, locust
**chapurrear** *or* **chapurrar** *vt* **chapurrear el inglés/español (etc.)** : to speak broken English/Spanish (etc.)
**chapuza** *nf* **1** : botched job **2** *Mex fam* : fraud, trick ⟨hacer chapuzas : to cheat⟩
**chapuzón** *nm, pl* **-zones** : dip, swim ⟨darse un chapuzón : to go for a quick dip⟩
**chaqueta** *nf* : jacket
**chara** *nf* : jay
**charada** *nf* : charades (game)
**charango** *nm* : traditional Andean stringed instrument
**charca** *nf* : pond, pool
**charco** *nm* : puddle, pool
**charcutería** *nf* : delicatessen
**charla** *nf* : chat, talk
**charlar** *vi* : to chat, to talk
**charlatán**[1], **-tana** *adj* : talkative, chatty
**charlatán**[2], **-tana** *n, mpl* **-tanes** **1** : chatterbox **2** FARSANTE : charlatan, phony
**charol** *nm* **1** : lacquer, varnish **2** : patent leather **3** : tray
**charola** *nf Bol, Mex, Peru* : tray
**charqui** *nm Chile, Peru* : dried beef, beef jerky
**charreada** *nf Mex* : rodeo
**charretera** *nf* : epaulet
**charro**[1], **-rra** *adj* **1** : gaudy, tacky **2** *Mex* : pertaining to charros
**charro**[2], **-rra** *n Mex* : charro (Mexican cowboy or cowgirl)
**charrúa** *adj & nmf* : Uruguayan

**chárter** *adj* : charter
**chascarrillo** *nm fam* : joke, funny story
**chasco** *nm* 1 BROMA : trick, joke 2 DECEPCIÓN : disappointment
**chasis** *or* **chasis** *nm* : chassis
**chasquear** *vt* 1 : to snap (the fingers), to click (the tongue) 2 : to snap (a whip)
**chasquido** *nm* 1 : snap (of fingers), click (of the tongue) 2 : snap, crack
**chat** *nm, pl* **chats** : chat room
**chatarra** *nf* : scrap metal
**chato, -ta** *adj* 1 : pug-nosed 2 : flat
**chauvinismo** *nm* : chauvinism
**chauvinista**[1] *adj* : chauvinistic
**chauvinista**[2] *nmf* : chauvinist
**chaval, -vala** *n fam* : kid, boy *m*, girl *f*
**chavalo, -vala** *Mex, Nic* → **chaval**
**chavo**[1], **-va** *adj Mex fam* : young
**chavo**[2], **-va** *n Mex fam* : kid, boy *m*, girl *f*
**chavo**[3] *nm fam* : cent, buck ⟨no tengo un chavo : I'm broke⟩
**che**[1] *nf* : (letter) ch
**che**[2] *interj Arg, Uru* ⟨che, ¡mirá! : hey, look!⟩ ⟨che, ¡qué mal! : wow, how awful!⟩ ⟨en serio, che : hey, I'm being serious⟩
**checar** {72} *vt Mex* : to check, to verify
**checo**[1], **-ca** *adj & n* : Czech
**checo**[2] *nm* : Czech (language)
**checoslovaco, -ca** *adj & n* : Czechoslovakian
**cheddar** *nm* : cheddar
**chef** *nm* : chef
**chelín** *nm, pl* **chelines** : shilling
**chelo** *nm* : cello, violoncello
**cheque**[1], **etc.** → **checar**
**cheque**[2] *nm* 1 : check 2 **cheque de viajero** : traveler's check
**chequear** *vt* 1 : to check, to verify 2 : to check in (baggage)
**chequeo** *nm* 1 INSPECCIÓN : check, inspection 2 : checkup, examination
**chequera** *nf* : checkbook
**chévere** *adj fam* : great, fantastic
**chic** *adj & nm* : chic
**chica** → **chico**
**chicano, -na** *adj & n* : Chicano *m*, Chicana *f*
**chicha** *nf* : fermented alcoholic beverage made from corn
**chícharo** *nm* : pea
**chicharra** *nf* 1 CIGARRA : cicada 2 : buzzer
**chicharrón** *nm, pl* **-rrones** 1 : pork rind 2 **darle chicharrón a algo/alguien** *Mex fam* : to get rid of something/someone
**chiche** *nm Arg, Uru* JUGUETE : toy
**chichón** *nm, pl* **chichones** : bump, swelling
**chicle** *nm* : chewing gum
**chicloso** *nm Mex* : taffy
**chico**[1], **-ca** *adj* 1 : little, small 2 : young
**chico**[2], **-ca** *n* 1 : child, boy *m*, girl *f* 2 : young man *m*, young woman *f*
**chicote** *nm* LÁTIGO : whip, lash
**chido, -da** *adj Mex fam* : cool, great
**chiffon** → **chifón**
**chiflado**[1], **-da** *adj fam* : nuts, crazy
**chiflado**[2], **-da** *n fam* : crazy person, lunatic
**chiflar** *vi* : to whistle — *vt* : to whistle at, to boo — **chiflarse** *vr fam* ~ **por** : to be crazy about
**chiflido** *nm* : whistle, whistling
**chiflón** *nm, pl* **chiflones** : draft (of air)
**chifón** *nm, pl* **chifones** : chiffon
**chii**[1] *adj* CHIITA : Shiite
**chii**[2] *nmf* CHIITA : Shia, Shiite
**chiismo** *or* **chiísmo** *nm* : Shia
**chiita**[1] *or* **chiíta** *adj* → **chii**[1]
**chiita**[2] *or* **chiíta** *nmf* → **chii**[2]
**chilango**[1], **-ga** *adj Mex fam* : of or from Mexico City
**chilango**[2], **-ga** *n Mex fam* : person from Mexico City
**chilaquiles** *nmpl Mex* : shredded tortillas in sauce
**chile** *nm* : chili pepper
**chileno, -na** *adj & n* : Chilean
**chillar** *vi* 1 : to squeal, to screech 2 : to scream, to yell 3 : to be gaudy, to clash
**chillido** *nm* 1 : scream, shout 2 : squeal, screech, cry (of an animal)
**chillo** *nm PRi* : red snapper
**chillón, -llona** *adj, mpl* **chillones** 1 : piercing, shrill 2 : loud, gaudy
**chilpayate** *nmf Mex fam* : child, little kid
**chimbo**[1], **-ba** *adj* 1 : fake, false ⟨un cheque chimbo : a bad check⟩ 2 *Ven* : crummy, lousy
**chimbo**[2] *nm Hond* : tank (container)
**chimenea** *nf* 1 : chimney 2 : fireplace
**chimichurri** *nm Arg* : traditional hot sauce
**chimpancé** *nm* : chimpanzee
**china** *nf* 1 : pebble, small stone 2 *PRi* : orange
**chinchar** *vt Spain fam* : to annoy, to pester — **chincharse** *vr Spain fam* : to put up with something
**chinche**[1] *nf* 1 : bedbug 2 *Ven* : ladybug 3 : thumbtack
**chinche**[2] *nmf fam* : nuisance, pain in the neck
**chinchilla** *nf* : chinchilla
**chino**[1], **-na** *adj* 1 : Chinese 2 *Mex* : curly, kinky
**chino**[2], **-na** *n* : Chinese person
**chino**[3] *nm* : Chinese (language)
**chintz** [ˈtʃints] *or* **chinz** *nm* : chintz
**chip** *nm, pl* **chips** : chip ⟨chip de memoria : memory chip⟩
**chipote** *nm Mex fam* : bump (on the head)
**chipotle** *nm Mex* : chipotle
**chiquear** *vt Mex* : to spoil, to indulge
**chiquero** *nm* POCILGA : pigpen, pigsty
**chiquillada** *nf* : childish prank
**chiquillo**[1], **-lla** *adj* : very young, little
**chiquillo**[2], **-lla** *n* : kid, youngster
**chiquito**[1], **-ta** *adj* : tiny
**chiquito**[2], **-ta** *n* : little one, baby
**chiribita** *nf* 1 : spark 2 **chiribitas** *nfpl* : spots before the eyes
**chiribitil** *nm* 1 DESVÁN : attic, garret 2 : cubbyhole
**chirigota** *nf fam* : joke
**chirimía** *nf* : traditional reed pipe
**chiripa** *nf* 1 : fluke 2 **de** ~ : by sheer luck

**chirivía** *nf* : parsnip
**chirona** *nf fam* : jail
**chirriar** {85} *vi* **1** : to squeak, to creak **2** : to screech — **chirriante** *adj*
**chirrido** *nm* **1** : squeak, squeaking **2** : screech, screeching
**chirrión** *nm, pl* **chirriones** *Mex* : whip, lash
**chis** *or* **chist** *interj* **1** : sh! **2** : hey!
**chisme** *nm* **1** : gossip, tale **2** *Spain fam* : gadget, thingamajig
**chismear** *vi* : to gossip
**chismorrear** → **chismear**
**chismoso**[1], **-sa** *adj* : gossipy, gossiping
**chismoso**[2], **-sa** *n* **1** : gossiper, gossip **2** *Mex fam* : tattletale
**chispa**[1] *adj* **1** *Mex fam* : lively, vivacious ⟨un perrito chispa : a frisky puppy⟩ **2** *Spain fam* : tipsy
**chispa**[2] *nf* **1** : spark **2 echar chispas** : to be furious
**chispeante** *adj* : sparkling, scintillating
**chispear** *vi* **1** : to give off sparks **2** : to sparkle
**chisporrotear** *vi* : to crackle, to sizzle
**chistar** *vi* **sin chistar** : without a word (of complaint)
**chiste** *nm* **1** : joke, funny story **2 tener chiste** : to be funny **3 tener su chiste** *Mex* : to be tricky
**chistera** *nf Spain* : top hat
**chistoso**[1], **-sa** *adj* **1** : funny, humorous **2** : witty
**chistoso**[2], **-sa** *n* : wit, joker
**chiva** *nf* **1** *Col, Ecua, Pan* : rural bus **2 chivas** *nfpl Mex fam* : stuff, odds and ends
**chivato, -ta** *n Cuba, Spain* **1** : informant, snitch **2** : tattletale
**chivo**[1], **-va** *n* **1** : kid, young goat **2 chivo expiatorio** : scapegoat
**chivo**[2] *nm* **1** : billy goat **2** : fit of anger
**chocante** *adj* **1** : shocking **2** : unpleasant, rude
**chocar** {72} *vi* **1** : to crash, to collide **2** : to clash, to conflict **3** : to be shocking ⟨le chocó : he was shocked⟩ **4** *Mex, Ven fam* : to be unpleasant or obnoxious ⟨me choca tu jefe : I can't stand your boss⟩ — *vt* **1** : to shake (hands) **2** : to clink glasses
**chochear** *vi* **1** : to be senile **2** ~ **por** : to dote on, to be soft on
**chochin** *nm, pl* **-chines** : wren
**chocho, -cha** *adj* **1** : senile **2** : doting
**choclo** *nm* **1** : ear of corn, corncob **2** : corn **3 meter el choclo** *Mex fam* : to make a mistake
**chocolate** *nm* **1** : chocolate ⟨chocolate con leche : milk chocolate⟩ ⟨chocolate oscuro/amargo/negro : dark chocolate⟩ ⟨chocolate blanco : white chocolate⟩ **2** : hot chocolate, cocoa
**chocolatín** *nm, pl* **-tines** → **chocolatina**
**chocolatina** *nf* : chocolate bar
**chofer** *or* **chófer** *nm* **1** : chauffeur **2** : driver
**choke** *nm* : choke (of an automobile)
**chole** *interj Mex fam* **¡ya chole!** : enough!, cut it out!
**cholo, -la** *adj & n* : mestizo
**cholla** *nf fam* : head
**chollo** *nm Spain fam* : bargain
**chongo** *nm* **1** *Mex* : bun (chignon) **2 chongos** *nmpl Mex* : dessert made with fried bread
**choque**[1], **etc.** → **chocar**
**choque**[2] *nm* **1** : crash, collision **2** : clash, conflict **3** : shock
**chorizo** *nm* : chorizo, pork sausage
**choro** *nm* **1** MEJILLÓN : mussel **2** : crook, criminal
**chorrear** *vi* **1** : to drip **2** : to pour out, to gush out
**chorrito** *nm* : squirt, splash
**chorro** *nm* **1** : flow, stream, jet **2** *Mex fam* : heap, ton
**choteado, -da** *adj Mex fam* : worn-out, stale ⟨esa canción está bien choteada : that song's been played to death⟩
**chotear** *vt* : to make fun of
**choteo** *nm* : joking around, kidding
**chovinismo, chovinista** → **chauvinismo, chauvinista**
**chow–chow** [ˈtʃautʃau] *nmf* : chow
**choza** *nf* : hut, shack
**christmas** *or* **crismas** *nm Spain* : Christmas card
**chubasco** *nm* : downpour, storm
**chucheria** *nf* : knickknack, trinket
**chucho, -cha** *n fam* **1** *CA, Mex, Spain* : mongrel, mutt **2 chuchos de frío** *Arg, Uru* : shivers
**chueco, -ca** *adj* **1** : crooked, bent **2** *Chile, Mex fam* : dishonest, shady
**chulada** *nf Mex, Spain fam* : cute or pretty thing ⟨¡qué chulada de vestido! : what a lovely dress!⟩
**chulear** *vt Mex fam* : to compliment
**chuleta** *nf* : cutlet, chop
**chulla** *nmf* : person from Quito, Ecuador
**chulo**[1], **-la** *adj* **1** *fam* : cute, pretty **2** *Spain fam* : cocky, arrogant
**chulo**[2] *nm Spain* : pimp
**chupada** *nf* **1** : suck, sucking **2** : puff, drag (on a cigarette)
**chupado, -da** *adj fam* **1** : gaunt, skinny **2** : plastered, drunk
**chupaflor** *nm* COLIBRÍ : hummingbird
**chupamirto** *nm Mex* : hummingbird
**chupar** *vt* **1** : to suck **2** : to absorb **3** : to puff on **4** *fam* : to drink, to guzzle — *vi* : to suckle — **chuparse** *vr* **1** : to waste away **2** *fam* : to put up with **3 ¡chúpate esa!** *fam* : take that!
**chupete** *nm* **1** : pacifier **2** *Chile, Peru* : lollipop
**chupetear** *vt* : to suck (at)
**chupón** *nm, pl* **chupones** **1** : sucker (of a plant) **2** : baby bottle, pacifier
**churrasco** *nm* **1** : steak **2** : barbecued meat
**churro** *nm* **1** : fried dough **2** *fam* : attractive person
**chusco, -ca** *adj* : funny, amusing
**chusma** *nf* GENTUZA : riffraff, rabble
**chutar** *vi* : to shoot (in soccer)
**chute** *nm* : shot (in soccer)
**chutney** [ˈʃatni] *nm* : chutney
**CI** *or* **coeficiente intelectual** *nm* : IQ, intelligence quotient

**cianotipo** *nm* : blueprint
**cianuro** *nm* : cyanide
**ciber-** *pref* : cyber-
**ciberacoso** *nm* : cyberbullying
**cibercafé** *nm* : Internet café
**cibernético, -ca** *adj* : cybernetic, cyber-
**cicatriz** *nf, pl* **-trices** : scar
**cicatrizar** {21} *vi* : to form a scar, to heal
**cicatrizarse** *vr* → **cicatrizar**
**cíclico, -ca** *adj* : cyclical
**ciclismo** *nm* : bicycling
**ciclista** *nmf* : bicyclist
**ciclo** *nm* : cycle
**ciclomotor** *nm* : moped
**ciclón** *nm, pl* **ciclones** : cyclone
**cicuta** *nf* : hemlock
**ciega, ciegue etc.** → **cegar**
**ciego¹, -ga** *adj* 1 INVIDENTE : blind **2 a ciegas** : blindly **3 quedarse ciego** : to go blind — **ciegamente** *adv*
**ciego², -ga** *n* INVIDENTE : blind person
**cielo** *nm* 1 : sky 2 : heaven 3 : ceiling
**ciempiés** *nms & pl* : centipede
**cien¹** *adj* 1 : a hundred, hundred ⟨las primeras cien páginas : the first hundred pages⟩ **2 cien por cien** *or* **cien por ciento** : a hundred percent, through and through, wholeheartedly — **cien** *pron*
**cien²** *nm* : one hundred
**ciénaga** *nf* : swamp, bog
**ciencia** *nf* 1 : science 2 : learning, knowledge **3 a ciencia cierta** : for a fact, for certain
**cieno** *nm* : mire, mud, silt
**científico¹, -ca** *adj* : scientific — **científicamente** *adv*
**científico², -ca** *n* : scientist
**ciento¹** *adj* (*used in compound numbers*) : one hundred ⟨ciento uno : one hundred and one⟩
**ciento²** *nm* 1 : hundred ⟨cientos de personas/años : hundreds of people/years⟩ **2 por ~** : percent
**cierne, etc.** → **cerner**
**cierra, etc.** → **cerrar**
**cierre** *nm* 1 : closing, closure 2 : fastener, clasp, zipper
**cierto, -ta** *adj* 1 : true, certain, definite ⟨lo cierto es que . . . : the fact is that . . .⟩ 2 : certain, one ⟨cierto día de verano : one summer day⟩ ⟨bajo ciertas circunstancias : under certain circumstances⟩ **3 por ~** : in fact, as a matter of fact — **ciertamente** *adv*
**ciervo, -va** *n* : deer, stag *m*, hind *f*
**cifra** *nf* 1 : figure, number 2 : quantity, amount 3 CLAVE : code, cipher
**cifrar** *vt* 1 : to write in code 2 : to place, to pin ⟨cifró su esperanza en la lotería : he pinned his hopes on the lottery⟩ 3 : to encrypt (a file, etc.) — **cifrarse** *vr* : to amount ⟨cifrarse en : to amount to⟩
**cigarra** *nf* CHICHARRA : cicada
**cigarrera** *nf* : cigarette case
**cigarrillo** *nm* 1 : cigarette **2 cigarrillo electrónico** : electronic cigarette, e-cigarette
**cigarro** *nm* 1 : cigarette 2 PURO : cigar
**cigoto** *nm* : zygote
**cigüeña** *nf* : stork
**cilantro** *nm* : cilantro, coriander
**cilindrada** *nf* : cubic capacity (of an engine)
**cilíndrico, -ca** *adj* : cylindrical
**cilindro** *nm* : cylinder
**cima** *nf* CUMBRE : peak, summit, top
**cimarrón, -rrona** *adj, mpl* **-rrones** : untamed, wild
**cimbalo** *nm* : cymbal
**cimbrar** *vt* : to shake, to rock — **cimbrarse** *vr* : to sway, to swing
**cimentar** {55} *vt* 1 : to lay the foundation of, to establish 2 : to strengthen, to cement
**cimientos** *nmpl* : base, foundation(s)
**cinc** *nm* : zinc
**cincel** *nm* : chisel
**cincelar** *vt* 1 : to chisel 2 : to engrave
**cincha** *nf* : cinch, girth
**cinchar** *vt* : to cinch (a horse)
**cinco¹** *adj & nm* : five ⟨mi hija tiene cinco años : my daughter is five (years old)⟩ ⟨el cinco de junio : (on) the fifth of June, (on) June fifth⟩
**cinco²** *pron* : five ⟨seremos cinco : there will be five of us⟩ ⟨son las cinco y media : it's five-thirty⟩
**cincuenta** *adj & nm* : fifty — **cincuenta** *pron*
**cincuentavo¹, -va** *adj* : fiftieth
**cincuentavo²** *nm* : fiftieth (fraction)
**cine** *nm* 1 : cinema, movies *pl* 2 : movie theater
**cineasta** *nmf* : filmmaker
**cinéfilo, -la** *n* : cinephile, movie buff
**cinematografía** *nf* : cinematography
**cinematográfico, -ca** *adj* : movie, film, cinematic ⟨la industria cinematográfica : the film industry⟩
**cínico¹, -ca** *adj* 1 : cynical 2 : shameless, brazen — **cínicamente** *adv*
**cínico², -ca** *n* : cynic
**cinismo** *nm* : cynicism
**cinta** *nf* 1 : ribbon 2 : tape ⟨cinta métrica : tape measure⟩ 3 : strap, belt ⟨cinta transportadora : conveyor belt⟩
**cinto** *nm* : strap, belt
**cintura** *nf* 1 : waist, waistline **2 meter en cintura** *fam* : to bring into line, to discipline
**cinturilla** *nf* : waistband
**cinturón** *nm, pl* **-rones** 1 : belt **2 cinturón de seguridad** : seat belt **3 cinturón de miseria** : shantytown, slums *pl*
**ciñe, etc.** → **ceñir**
**ciprés** *nm, pl* **cipreses** : cypress
**circo** *nm* : circus
**circuitería** *nf* : circuitry
**circuito** *nm* : circuit
**circulación** *nf, pl* **-ciones** 1 : circulation 2 : movement 3 : traffic
**circular¹** *vi* 1 : to circulate 2 : to move along 3 : to drive
**circular²** *adj* : circular
**circular³** *nf* : circular, flier
**circulatorio, -ria** *adj* : circulatory
**círculo** *nm* 1 : circle 2 : club, group
**circuncidar** *vt* : to circumcise
**circuncisión** *nf, pl* **-siones** : circumcision
**circundar** *vt* : to surround — **circundante** *adj*

**circunferencia** *nf* : circumference
**circunflejo, -ja** *adj* **acento circunflejo** : circumflex
**circunlocución** *nf, pl* **-ciones** : circumlocution
**circunloquio** *nm* → **circunlocución**
**circunnavegar** {52} *vt* : to circumnavigate — **circunnavegación** *nf*
**circunscribir** {33} *vt* : to circumscribe, to constrict, to limit — **circunscribirse** *vr*
**circunscripción** *nf, pl* **-ciones** **1** : limitation, restriction **2** : constituency
**circunscrito** *pp* → **circunscribir**
**circunspecto, -ta** *adj* : circumspect, prudent
**circunstancia** *nf* : circumstance
**circunstancial** *adj* : circumstantial, incidental
**circunstante** *nmf* **1** : onlooker, bystander **2 los circunstantes** : those present
**circunvalación** *nf, pl* **-ciones** : surrounding, encircling ⟨carretera de circunvalación : bypass, beltway⟩
**circunvecino, -na** *adj* : surrounding, neighboring
**cirio** *nm* : large candle
**cirrosis** *nf* : cirrhosis
**ciruela** *nf* **1** : plum **2 ciruela pasa** : prune
**cirugía** *nf* : surgery ⟨cirugía cardíaca : heart surgery⟩ ⟨cirugía plástica/estética : plastic/cosmetic surgery⟩
**cirujano, -na** *n* : surgeon
**cisgénero** *adj* : cisgender, cis ⟨las personas cisgénero : cisgender people⟩
**cisma** *nm* : schism, rift
**cisne** *nm* : swan
**cisterna** *nf* : cistern, tank
**cita** *nf* **1** : quote, quotation **2** : appointment, date
**citable** *adj* : quotable
**citación** *nf, pl* **-ciones** EMPLAZAMIENTO : summons, subpoena
**citadino**[1], **-na** *adj* : of the city, urban
**citadino**[2], **-na** *n* : city dweller
**citado, -da** *adj* : said, aforementioned
**citar** *vt* **1** : to quote, to cite **2** : to make an appointment with **3** : to summon (to court), to subpoena — **citarse** *vr* ~ **con** : to arrange to meet (someone)
**citatorio** *nm* : subpoena
**-cito** *suf* → **-ito**
**cítrico** *nm* : citrus
**ciudad** *nf* **1** : city, town **2 ciudad deportiva** : sports complex **3 ciudad natal** : native city/town **4 ciudad perdida** *Mex* : shantytown **5 ciudad universitaria** : college or university campus
**ciudadanía** *nf* **1** : citizenship **2** : citizenry, citizens *pl*
**ciudadano**[1], **-na** *adj* : civic, city
**ciudadano**[2], **-na** *n* **1** NACIONAL : citizen **2** HABITANTE : resident, city dweller
**ciudadela** *nf* : citadel, fortress
**cívico, -ca** *adj* **1** : civic **2** : civic-minded
**civil**[1] *adj* **1** : civil **2** : civilian **3 de** ~ : in plain/civilian clothes ⟨un policía de civil : a plainclothes policeman⟩
**civil**[2] *nmf* : civilian
**civilidad** *nf* : civility, courtesy
**civilización** *nf, pl* **-ciones** : civilization
**civilizado, -da** *adj* : civilized
**civilizar** {21} *vt* : to civilize
**civismo** *nm* : community spirit, civics
**cizaña** *nf* **sembrar cizaña** : to sow discord
**clamar** *vi* : to clamor, to raise a protest — *vt* : to cry out for
**clamor** *nm* : clamor, outcry
**clamoroso, -sa** *adj* : clamorous, resounding, thunderous
**clan** *nm* : clan
**clandestinidad** *nf* : secrecy ⟨en la clandestinidad : underground⟩
**clandestino, -na** *adj* : clandestine, secret — **clandestinamente** *adv*
**clara** *nf* : egg white
**claraboya** *nf* : skylight
**claramente** *adv* : clearly
**clarear** *v impers* **1** : to clear, to clear up **2** : to get light, to dawn — *vi* : to go gray, to turn white
**claridad** *nf* **1** NITIDEZ : clarity **2** : brightness, light
**clarificación** *nf, pl* **-ciones** ACLARACIÓN : clarification, explanation
**clarificar** {72} *vt* ACLARAR : to clarify, to explain
**clarín** *nm, pl* **clarines** : bugle
**clarinete** *nm* : clarinet
**clarividencia** *nf* **1** : clairvoyance **2** : perspicacity, discernment
**clarividente**[1] *adj* **1** : clairvoyant **2** : perspicacious, discerning
**clarividente**[2] *nmf* : clairvoyant
**claro**[1] *adv* **1** : clearly ⟨habla más claro : speak more clearly⟩ **2** : of course, surely ⟨¡claro!, ¡claro que sí! : absolutely!, of course!⟩ ⟨claro que entendió : of course she understood⟩
**claro**[2], **-ra** *adj* **1** : bright, clear **2** : pale, fair, light **3** : clear, evident
**claro**[3] *nm* **1** : clearing **2 claro de luna** : moonlight
**clase** *nf* **1** : class **2** ÍNDOLE, TIPO : sort, kind, type **3 clase alta/baja** : upper/lower class
**clasicismo** *nm* : classicism
**clásico**[1], **-ca** *adj* **1** : classic **2** : classical
**clásico**[2] *nm* : classic
**clasificación** *nf, pl* **-ciones** **1** : classification, sorting out **2** : rating **3** CALIFICACIÓN : qualification (in competitions)
**clasificado, -da** *adj* : classified ⟨aviso clasificado : classified ad⟩
**clasificar** {72} *vt* **1** : to classify, to sort out **2** : to rate, to rank — *vi* CALIFICAR : to qualify (in competitions) — **clasificarse** *vr*
**clasificatorio, -ria** *adj* : qualifying
**claudicación** *nf, pl* **-ciones** : surrender, abandonment of one's principles
**claudicar** {72} *vi* : to back down, to abandon one's principles
**claustro** *nm* : cloister
**claustrofobia** *nf* : claustrophobia
**claustrofóbico, -ca** *adj* : claustrophobic
**cláusula** *nf* : clause
**clausura** *nf* **1** : closure, closing **2** : closing ceremony **3** : cloister

**clausurar** *vt* **1** : to close, to bring to a close **2** : to close down
**clavada** *nf* : slam dunk (in basketball)
**clavadista** *nmf* : diver
**clavado**[1], **-da** *adj* **1** : nailed, fixed, stuck **2** *fam* : punctual, on the dot **3** *fam* : identical ⟨es clavado a su padre : he's the image of his father⟩
**clavado**[2] *nm* : dive
**clavar** *vt* **1** : to nail, to hammer **2** HINCAR : to plunge, to stick **3** : to fix (one's eyes) on — **clavarse** *vr* : to stick oneself (with a sharp object)
**clave**[1] *adj* : key, essential
**clave**[2] *nf* **1** CIFRA : code **2** : key ⟨la clave del misterio : the key to the mystery⟩ **3** : clef ⟨clave de sol/fa : treble/bass clef⟩
**clavel** *nm* : carnation
**clavelito** *nm* : pink (flower)
**clavicémbalo** *nm* : harpsichord
**clavícula** *nf* : collarbone
**clavija** *nf* **1** : plug **2** : peg, pin
**clavo** *nm* **1** : nail ⟨clavo grande : spike⟩ **2** : clove **3 dar en el clavo** : to hit the nail on the head
**claxon** *nm, pl* **cláxones** : horn (of an automobile)
**clemencia** *nf* : clemency, mercy
**clemente** *adj* : merciful
**cleptomanía** *nf* : kleptomania
**cleptómano, -na** *n* : kleptomaniac
**clerecía** *nf* : ministry, ministers *pl*
**clerical** *adj* : clerical
**clérigo, -ga** *n* : cleric, member of the clergy
**clero** *nm* : clergy
**clic** *or* **click** *nm, pl* **clics** *or* **clicks** : click ⟨haz clic aquí : click here⟩ ⟨doble clic : double click⟩ ⟨hacer clic derecho/izquierdo : to right-click/left-click⟩
**cliché** *nm* **1** : cliché **2** : stencil **3** : negative (of a photograph)
**cliente, -ta** *n* : customer, client
**clientela** *nf* : clientele, customers *pl*
**clima** *nm* **1** : climate **2** AMBIENTE : atmosphere, ambience
**climático, -ca** *adj* : climatic
**climatización** *nf, pl* **-ciones** : air-conditioning
**climatizar** {21} *vt* : to air-condition — **climatizado, -da** *adj*
**clímax** *nm* : climax
**clinch** *nm* : clinch (in boxing)
**clínica** *nf* : clinic
**clínico, -ca** *adj* : clinical — **clínicamente** *adv*
**clip** *nm, pl* **clips** **1** : clip **2** : paper clip
**cliper** *nm* : clipper
**clitoris** *nms & pl* : clitoris
**cloaca** *nf* ALCANTARILLA : sewer
**clocar** {82} *vi* : to cluck
**cloche** *nm CA, Car, Col, Ven* : clutch (of an automobile)
**clon** *nm* : clone
**clonar** *vt* : to clone
**cloqué, etc.** → **clocar**
**cloquear** *vi* : to cluck
**cloqueo** *nm* : cluck, clucking
**clorar** *vt* : to chlorinate — **cloración** *nf*
**clorhídrico, -ca** *adj* **ácido clorhídrico** → **ácido**[2]
**cloro** *nm* : chlorine
**clorofila** *nf* : chlorophyll
**cloroformo** *nm* : chloroform
**cloruro** *nm* : chloride
**clóset** *nm, pl* **clósets** **1** : closet **2** : cupboard
**club** *nm* : club
**clueca, clueque etc.** → **clocar**
**clutch** ['klatʃ] *nm* : clutch
**coa** *nf Mex* : hoe
**coacción** *nf, pl* **-ciones** : coercion, duress
**coaccionar** *vt* : to coerce
**coactivo, -va** *adj* : coercive
**coagular** *v* : to clot, to coagulate — **coagulación** *nf*
**coágulo** *nm* : clot
**coalición** *nf, pl* **-ciones** : coalition
**coartada** *nf* : alibi
**coartar** *vt* : to restrict, to limit
**coba** *nf fam* **1** : flattery ⟨darle coba a alguien : to suck up to someone⟩ **2** *Ven* MENTIRA : lie
**cobalto** *nm* : cobalt
**cobarde**[1] *adj* : cowardly
**cobarde**[2] *nmf* : coward
**cobardía** *nf* : cowardice
**cobaya** *nf* : guinea pig
**cobertizo** *nm* : shed, shelter
**cobertor** *nm* COLCHA : bedspread, quilt
**cobertura** *nf* **1** : coverage **2** : cover, collateral
**cobija** *nf* FRAZADA, MANTA : blanket
**cobijar** *vt* : to shelter — **cobijarse** *vr* : to take shelter
**cobijo** *nm* : shelter
**cobra** *nf* : cobra
**cobrador, -dora** *n* **1** : collector **2** : conductor (of a bus or train)
**cobrar** *vt* **1** : to charge **2** : to collect, to draw, to earn **3** : to acquire, to gain **4** : to recover, to retrieve **5** : to cash (a check) **6** : to claim, to take (a life) **7** : to shoot (game), to bag — *vi* **1** : to be paid **2 llamar por cobrar** *Mex* : to call collect
**cobre** *nm* : copper
**cobrizo, -za** *adj* : coppery
**cobro** *nm* : collection (of money), cashing (of a check)
**coca** *nf* **1** : coca **2** *fam* : coke, cocaine
**Coca** *nf* (*Coca-Cola*, marca registrada) : Coke™, Coca-Cola™
**cocaína** *nf* : cocaine
**cocal** *nm* : coca plantation
**cocción** *nf, pl* **cocciones** : cooking
**cocear** *vi* : to kick (of an animal)
**cocer** {14} *vt* **1** COCINAR : to cook **2** HERVIR : to boil
**cochambre** *nmf fam* : filth, grime
**cochambroso, -sa** *adj* : filthy, grimy
**coche** *nm* **1** : car, automobile **2** : coach, carriage **3 coche bomba** : car bomb **4 coche cama** : sleeping car **5 coche fúnebre** : hearse
**cochecito** *nm* : baby carriage, stroller
**cochera** *nf* GARAJE : garage, carport
**cochinada** *nf fam* **1** : filthy language **2** : disgusting behavior **3** : dirty trick

**cochinillo** *nm* : suckling pig, piglet
**cochino¹, -na** *adj* **1** : dirty, filthy, disgusting **2** *fam* : rotten, lousy
**cochino², -na** *n* : pig, hog
**cocido¹, -da** *adj* **1** : boiled, cooked **2 bien cocido** : well-done
**cocido²** *nm* ESTOFADO, GUISADO : stew
**cociente** *nm* : quotient
**cocimiento** *nm* : cooking, baking
**cocina** *nf* **1** : kitchen **2** : stove **3** : cuisine, cooking
**cocinar** *v* : to cook
**cocinero, -ra** *n* : cook, chef
**cocineta** *nf Mex* : kitchenette
**coco** *nm* **1** : coconut **2** *fam* : head **3** *fam* : bogeyman
**cocoa** *nf* : cocoa, hot chocolate
**cocodrilo** *nm* : crocodile
**cocotero** *nm* : coconut palm
**coctel** *or* **cóctel** *nm* **1** : cocktail **2** : cocktail party
**coctelera** *nf* : cocktail shaker
**codazo** *nm* **1 darle un codazo a alguien** : to elbow someone, to nudge someone **2 abrirse paso a codazos** : to elbow one's way through
**codear** *vt* : to elbow, to jog, to nudge — **codearse** *vr* : to rub elbows, to hobnob
**codeina** *nf* : codeine
**códice** *nm* : codex, manuscript
**codicia** *nf* AVARICIA : avarice
**codiciar** *vt* : to covet
**codicioso, -sa** *adj* : avaricious, covetous
**codificar** {72} *vt* **1** : to codify **2** : to code, to encode
**código** *nm* **1** : code **2 código de barras** : bar code **3 código postal** : zip code **4 código morse** : Morse code
**codo¹, -da** *adj Mex* : cheap, stingy
**codo², -da** *n Mex* : tightwad, cheapskate
**codo³** *nm* : elbow
**codorniz** *nf, pl* **-nices** : quail
**coeficiente** *nm* **1** : coefficient **2 coeficiente intelectual** : IQ, intelligence quotient
**coexistir** *vi* : to coexist — **coexistencia** *nf*
**cofradía** *nf* **1** : (religious) brotherhood **2** GREMIO : guild
**cofre** *nm* **1** BAÚL : trunk, chest **2** *Mex* CAPOTE : hood (of a car)
**coger** {15} *vt* **1** : to seize, to take hold of **2** : to catch **3** : to pick up **4** : to gather, to pick **5** : to gore — **cogerse** *vr* AGARRARSE : to hold on
**cogida** *nf* **1** : gathering, harvest **2** : goring
**cognición** *nf, pl* **-ciones** : cognition
**cognitivo, -va** *adj* : cognitive
**cogollo** *nm* **1** : heart (of a vegetable) **2** : bud, bulb **3** : core, crux ⟨el cogollo de la cuestión : the heart of the matter⟩
**cogote** *nm* : scruff, nape
**cohabitar** *vi* : to cohabit — **cohabitación** *nf*
**cohechar** *vt* SOBORNAR : to bribe
**cohecho** *nm* SOBORNO : bribe, bribery
**coherencia** *nf* : coherence — **coherente** *adj*
**cohesión** *nf, pl* **-siones** : cohesion
**cohesivo, -va** *adj* : cohesive
**cohete** *nm* : rocket
**cohibición** *nf, pl* **-ciones** **1** : (legal) restraint **2** INHIBICIÓN : inhibition
**cohibido, -da** *adj* : inhibited, shy
**cohibir** {62} *vt* : to inhibit, to make self-conscious — **cohibirse** *vr* : to feel shy or embarrassed
**cohorte** *nf* : cohort
**coima** *nf Arg, Chile, Peru* : bribe
**coimear** *vt Arg, Chile, Peru* : to bribe
**coincidencia** *nf* **1** CASUALIDAD : coincidence **2** ACUERDO : agreement
**coincidente** *adj* **1** : coincident **2** ACORDE : coinciding
**coincidir** *vi* **1** : to coincide **2** : to agree
**coito** *nm* : sexual intercourse, coitus
**coja, etc.** → **coger**
**cojear** *vi* **1** : to limp **2** : to wobble, to rock **3 cojear del mismo pie** : to be two of a kind
**cojera** *nf* : limp
**cojín** *nm, pl* **cojines** : cushion, throw pillow
**cojinete** *nm* **1** : bearing, bushing **2 cojinete de bola** : ball bearing
**cojo¹, -ja** *adj* **1** : limping, lame **2** : wobbly **3** : weak, ineffectual
**cojo², -ja** *n* : lame person
**cojones** *nmpl usu vulgar* **1** : balls *pl, usu vulgar*; testicles *pl* **2** : balls *pl, usu vulgar*; guts *pl*; courage
**col** *nf* **1** REPOLLO : cabbage **2 col de Bruselas** : Brussels sprout **3 col rizada** : kale
**cola** *nf* **1** RABO : tail ⟨cola de caballo : ponytail⟩ **2** FILA : line (of people) ⟨hacer cola : to wait in line⟩ **3** : cola, drink **4** : train (of a dress) **5** : tails *pl* (of a tuxedo) **6** PEGAMENTO : glue **7** *fam* : buttocks *pl*, rear end
**colaboracionista** *nmf* : collaborator, traitor
**colaborador, -dora** *n* **1** : contributor (to a periodical) **2** : collaborator
**colaborar** *vi* : to collaborate — **colaboración** *nf*
**colación** *nf, pl* **-ciones** **1** : light meal **2** : conferring (of a degree) **3 traer a colación** : to bring up, to broach
**colada** *nf Spain* : laundry, wash, washing
**coladera** *nf Mex* : drain
**colador** *nm* **1** : colander, strainer **2** *PRi* : small coffeepot
**colapsar** *vt* **1** : to collapse **2** : to paralyze, to bring to a standstill — *vi* : to collapse
**colapso** *nm* **1** : collapse **2** : standstill
**colar** {19} *vt* : to strain, to filter — **colarse** *vr* **1** : to sneak in **2** : to cut in line **3** : to slip up, to make a mistake
**colateral¹** *adj* : collateral — **colateralmente** *adv*
**colateral²** *nm* : collateral
**colcha** *nf* COBERTOR : bedspread, quilt
**colchón** *nm, pl* **colchones** **1** : mattress **2** : cushion, padding, buffer
**colchoneta** *nf* : mat (for gymnastic sports)
**colear** *vi* **1** : to wag its tail **2 vivito y coleando** *fam* : alive and kicking

**colección** *nf, pl* **-ciones** : collection
**coleccionable** *adj* : collectible
**coleccionar** *vt* : to collect, to keep a collection of
**coleccionista** *nmf* : collector
**colecta** *nf* : collection (of donations)
**colectar** *vt* : to collect
**colectivero, -ra** *n* **1** *Arg* : bus driver **2** *Chile* : taxi driver
**colectividad** *nf* : community, group
**colectivo**[1], **-va** *adj* : collective — **colectivamente** *adv*
**colectivo**[2] *nm* **1** : collective **2** (*in various countries*) : city bus **3** *Chile* : fixed-route taxi
**colector**[1], **-tora** *n* : collector ⟨colector de impuestos : tax collector⟩
**colector**[2] *nm* **1** : sewer **2** : manifold (of an engine)
**colega** *nmf* **1** : colleague **2** HOMÓLOGO : counterpart **3** *fam* : buddy
**colegiado, -da** *n* **1** ÁRBITRO : referee **2** : member (of a professional association)
**colegial**[1], **-giala** *adj* **1** : school **2** *Mex fam* : green, inexperienced
**colegial**[2], **-giala** *n* : schoolboy *m*, schoolgirl *f*
**colegiatura** *nf Mex* : tuition
**colegio** *nm* **1** : school **2** : college ⟨colegio electoral : electoral college⟩ **3** : professional association
**colegir** {28} *vt* **1** JUNTAR : to collect, to gather **2** INFERIR : to infer, to deduce
**cólera**[1] *nm* : cholera
**cólera**[2] *nf* FURIA, IRA : anger, rage
**colérico, -ca** *adj* **1** FURIOSO : angry **2** IRRITABLE : irritable
**colesterol** *nm* : cholesterol
**coleta** *nf* **1** : ponytail **2** : pigtail
**coletazo** *nm* : lash, flick (of a tail)
**colgado, -da** *adj* **1** : hanging, hanged **2** : pending **3 dejar colgado a** : to disappoint, to let down
**colgante**[1] *adj* : hanging, dangling
**colgante**[2] *nm* : pendant, charm (on a bracelet)
**colgar** {16} *vt* **1** : to hang (up), to put up **2** AHORCAR : to hang (someone) **3** : to hang up (a telephone) **4** *fam* : to fail (an exam) — **colgarse** *vr* **1** : to hang, to be suspended **2** AHORCARSE : to hang oneself **3** : to hang up a telephone
**colibrí** *nm* CHUPAFLOR : hummingbird
**cólico** *nm* : colic
**coliflor** *nf* : cauliflower
**colilla** *nf* : butt (of a cigarette)
**colín** *nm, pl* **colines** *Spain* : breadstick
**colina** *nf* CERRO, LOMA : hill
**colindante** *adj* CONTIGUO : adjacent, neighboring
**colindar** *vi* : to adjoin, to be adjacent
**colirio** *nm* : eyedrops *pl*
**coliseo** *nm* : coliseum
**colisión** *nf, pl* **-siones** : collision
**colisionar** *vi* : to collide
**collage** *nm* : collage
**collar** *nm* **1** : collar (for an animal) **2** : necklace
**collie** ['koli] *nmf* : collie
**colmado, -da** *adj* : heaping
**colmar** *vt* **1** : to fill to the brim **2** : to fulfill, to satisfy **3** : to heap, to shower ⟨me colmaron de regalos : they showered me with gifts⟩
**colmena** *nf* : beehive
**colmenar** *nm* APIARIO : apiary
**colmillo** *nm* **1** CANINO : canine (tooth), fang **2** : tusk
**colmilludo, -da** *adj Mex, PRi* : astute, shrewd, crafty
**colmo** *nm* : height, extreme, limit ⟨el colmo de la locura : the height of folly⟩ ⟨¡eso es el colmo! : that's the last straw!⟩ ⟨para colmo : to top it all off⟩
**colocación** *nf, pl* **-ciones** **1** : placement, placing **2** : position, job **3** : investment
**colocar** {72} *vt* **1** PONER : to place, to put **2** : to find a job for **3** : to invest — **colocarse** *vr* **1** SITUARSE : to position oneself **2** : to get a job
**colofonia** *nf* : rosin
**colombiano, -na** *adj & n* : Colombian
**colon** *nm* : (intestinal) colon
**colón** *nm, pl* **colones** : colón (Costa Rican and Salvadoran unit of currency)
**colonia** *nf* **1** : colony **2** : cologne **3** *Mex* : residential area, neighborhood
**colonial** *adj* : colonial
**colonización** *nf, pl* **-ciones** : colonization
**colonizador**[1], **-dora** *adj* : colonizing
**colonizador**[2], **-dora** *n* : colonist
**colonizar** {21} *vt* : to colonize, to settle
**colono, -na** *n* **1** : settler, colonist **2** : tenant farmer
**coloquial** *adj* : colloquial
**coloquio** *nm* **1** : discussion, talk **2** : conference, symposium
**color** *nm* **1** : color **2** : paint, dye **3 colores** *nmpl* : colored pencils
**coloración** *nf, pl* **-ciones** : coloring, coloration
**colorado**[1], **-da** *adj* **1** ROJO : red **2 ponerse colorado** : to blush **3 chiste colorado** *Mex* : off-color joke
**colorado**[2] *nm* ROJO : red
**colorante** *nm* : coloring ⟨colorante de alimentos : food coloring⟩
**colorear** *vt* : to color — *vi* **1** : to redden **2** : to ripen
**colorete** *nm* : blush, rouge
**colorido** *nm* : color, coloring
**colorín** *nm, pl* **-rines** **1** : bright color **2** : goldfinch
**colosal** *adj* : colossal
**coloso** *nm* : colossus
**coludir** *vi* : to conspire
**columna** *nf* **1** : column **2 columna vertebral** : spine, backbone
**columnata** *nf* : colonnade
**columnista** *nmf* : columnist
**columpiar** *vt* : to push (on a swing) — **columpiarse** *vr* : to swing
**columpio** *nm* : swing
**colusión** *nf, pl* **-siones** : collusion
**colza** *nf* : rape (plant)
**coma**[1] *nm* : coma ⟨entrar en coma : to go into a coma⟩
**coma**[2] *nf* **1** : comma **2 coma decimal** : decimal point

**comadre** *nf* **1** : godmother of one's child **2** : mother of one's godchild **3** *fam* : neighbor, female friend **4** *fam* : gossip
**comadrear** *vi fam* : to gossip
**comadreja** *nf* : weasel
**comadrona** *nf* : midwife
**comal** *nm CA, Mex* : tortilla griddle
**comanche** *nmf* : Comanche
**comandancia** *nf* **1** : command headquarters **2** : command
**comandante** *nmf* **1** : commander, commanding officer **2** : major
**comandar** *vt* : to command, to lead
**comando** *nm* **1** : commando **2** : command (for computers)
**comarca** *nf* REGIÓN : region
**comarcal** *adj* REGIONAL : regional, local
**comatoso, -sa** *adj* : comatose
**comba** *nf* **1** : bend, sag **2** *Spain* : jump rope
**combar** *vt* : to bend, to curve — **combarse** *vr* **1** : to bend, to buckle **2** : to warp, to bulge, to sag
**combate** *nm* **1** : combat **2** : fight, boxing match
**combatiente** *nmf* : combatant, fighter
**combatir** *vt* : to combat, to fight against — *vi* : to fight
**combatividad** *nf* : fighting spirit
**combativo, -va** *adj* : combative, spirited
**combi** *nf Arg, Mex, Peru* : minibus
**combinación** *nf, pl* **-ciones** **1** : combination **2** : connection (in travel)
**combinado** *nm* **1** COCTEL : cocktail **2** EQUIPO : team
**combinar** *vt* **1** UNIR : to combine, to mix together **2** : to match, to put together — **combinarse** *vr* : to get together, to conspire
**combo** *nm* **1** : (musical) band **2** *Chile, Peru* : sledgehammer **3** *Chile, Peru* : punch
**combustible**[1] *adj* : combustible
**combustible**[2] *nm* : fuel
**combustión** *nf, pl* **-tiones** : combustion
**comedero** *nm* : trough, feeder
**comedia** *nf* : comedy
**comediante** *nmf* **1** : actor, actress *f* **2** FARSANTE : fraud
**comedido, -da** *adj* MESURADO : moderate, restrained
**comediógrafo, -fa** *n* : playwright
**comedor** *nm* : dining room
**comején** *nm, pl* **-jenes** : termite
**comelón**[1], **-lona** *adj, mpl* **-lones** *fam* : gluttonous
**comelón**[2], **-lona** *n, pl* **-lones** *fam* : big eater, glutton
**comensal** *nmf* : dinner guest
**comentador, -dora** *n* → **comentarista**
**comentar** *vt* **1** : to comment on, to discuss **2** : to mention, to remark
**comentario** *nm* **1** : comment, remark ⟨sin comentarios : no comment⟩ **2** : commentary
**comentarista** *nmf* : commentator
**comenzar** {29} *v* EMPEZAR : to begin, to start ⟨comenzó a trabajar : he started to work⟩ ⟨comenzó diciendo que . . . , comenzó por decir que . . . : she started by saying that . . .⟩
**comer**[1] *vt* **1** : to eat **2** : to consume, to eat up, to eat into — *vi* **1** : to eat **2** CENAR : to have a meal **3 dar de comer** : to feed — **comerse** *vr* : to eat up
**comer**[2] *nm* : eating, dining
**comercial** *adj & nm* : commercial — **comercialmente** *adv*
**comercializar** {21} *vt* **1** : to commercialize **2** : to market — **comercialización** *nf*
**comerciante** *nmf* : merchant, dealer
**comerciar** *vi* : to do business, to trade
**comercio** *nm* **1** : commerce, trade **2** NEGOCIO : business, place of business **3 comercio electrónico** : e-commerce
**comestible**[1] *adj* : edible
**comestible**[2] *nm* **1** : foodstuff, food **2 comestibles** *nmpl* VÍVERES : groceries, food
**cometa**[1] *nm* : comet
**cometa**[2] *nf* : kite
**cometer** *vt* **1** : to commit **2 cometer un error** : to make a mistake
**cometido** *nm* : assignment, task
**comezón** *nf, pl* **-zones** PICAZÓN : itchiness, itching
**comible** *adj fam* : eatable, edible
**comic** *or* **cómic** *nm* : comic strip, comic book
**comicidad** *nf* HUMOR : humor, wit
**comicios** *nmpl* : elections, voting
**cómico**[1], **-ca** *adj* : comic, comical
**cómico**[2], **-ca** *n* HUMORISTA : comic, comedian, comedienne *f*
**comida** *nf* **1** : food **2** : meal **3** CENA : dinner **3** *Mex, Spain* ALMUERZO : lunch **5 comida basura** *or* **comida chatarra** : junk food **6 comida rápida** : fast food
**comidilla** *nf* : talk, gossip
**comienzo** *nm* **1** : start, beginning **2 al comienzo** : at first **3 dar comienzo** : to begin
**comillas** *nfpl* : quotation marks ⟨entre comillas : in quotes⟩
**comilón, -lona** → **comelón, -lona**
**comilona** *nf fam* : feast
**comino** *nm* **1** : cumin **2 me vale un comino** *fam* : not to matter to someone ⟨no me importa un comino : I couldn't care less⟩
**comisaría** *nf* : police station
**comisario, -ria** *n* : commissioner
**comisión** *nf, pl* **-siones** **1** : commission, committing **2** : committee, commission **3** : percentage, commission ⟨comisión sobre las ventas : sales commission⟩ ⟨trabajar a comisión : to work on commission⟩
**comisionado**[1], **-da** *adj* : commissioned, entrusted
**comisionado**[2], **-da** *n* → **comisario**
**comisionar** *vt* : to commission
**comisura** *nf* **comisura de los labios** : corner of the mouth
**comité** *nm* : committee
**comitiva** *nf* : retinue, entourage
**como**[1] *adv* **1** : around, about ⟨cuesta como 500 pesos : it costs around 500 pesos⟩ **2** : kind of, like ⟨tengo como mareos : I'm kind of dizzy⟩

**como²** *conj* **1** : how, as ⟨hazlo como dijiste que lo harías : do it the way you said you would⟩ **2** : since, given that ⟨como estaba lloviendo, no salí : since it was raining, I didn't go out⟩ **3** : if ⟨como lo vuelva a hacer lo arrestarán : if he does that again he'll be arrested⟩ **4 como quiera** : in any way

**como³** *prep* **1** : like, as ⟨ligero como una pluma : light as a feather⟩ **2 así como** : as well as

**cómo** *adv* : how ⟨¿cómo estás? : how are you?⟩ ⟨¿a cómo están las peras? : how much are the pears?⟩ ⟨¿cómo? : excuse me?, what was that?⟩ ⟨no sé cómo lo hace : I don't know how she does it⟩ ⟨¿cómo es eso? : how come?⟩ ⟨¿cómo que no hay dinero? : what do you mean there's no money?⟩ ⟨¿se puede? ¡cómo no! : may I? of course!⟩ ⟨¡cómo cambian los tiempos! : how times change!⟩

**cómoda** *nf* : bureau, chest of drawers

**comodidad** *nf* **1** : comfort **2** : convenience

**comodín** *nm, pl* **-dines** **1** : joker, wild card **2** : wildcard (symbol) **3** : all-purpose word or thing **4** : pretext, excuse

**cómodo, -da** *adj* **1** CONFORTABLE : comfortable **2** : convenient — **cómodamente** *adv*

**comodoro** *nm* : commodore

**comoquiera** *adv* **1** : in any way **2 comoquiera que** : in whatever way, however ⟨comoquiera que sea eso : however that may be⟩

**compa** *nm fam* : buddy, pal

**compactar** *vt* : to compact, to compress

**compact disc** [ˈkompakˈdis, -ˈdisk] *nm, pl* **compact discs** [ˈkompakˈdis, -ˈdisks] : compact disc, CD

**compacto, -ta** *adj* : compact

**compadecer** {53} *vt* : to sympathize with, to feel sorry for — **compadecerse** *vr* **1** ~ **de** : to take pity on **2** ~ **con** : to fit, to accord (with)

**compadre** *nm* **1** : godfather of one's child **2** : father of one's godchild **3** *fam* : buddy, pal

**compaginar** *vt* **1** COORDINAR : to combine, to coordinate **2** : to collate

**compañerismo** *nm* : camaraderie

**compañero, -ra** *n* : companion, mate, partner ⟨compañero de clase : classmate⟩ ⟨compañero de trabajo : coworker⟩

**compañía** *nf* **1** : company ⟨en compañía de su madre : accompanied by his mother⟩ ⟨me hacía compañía : she was keeping me company⟩ ⟨andar en/con malas compañías : to keep bad company⟩ **2** EMPRESA, FIRMA : company, firm **3** : company (in theater) **4** : company (in the military)

**comparable** *adj* : comparable

**comparación** *nf, pl* **-ciones** : comparison

**comparado, -da** *adj* : comparative ⟨literatura comparada : comparative literature⟩

**comparar** *vt* : to compare

**comparativo¹, -va** *adj* : comparative, relative — **comparativamente** *adv*

**comparativo²** *nm* : comparative degree or form

**comparecencia** *nf* **1** : appearance (in court) **2 orden de comparecencia** : subpoena, summons

**comparecer** {53} *vi* : to appear (in court)

**comparsa** *nmf* : extra (in a film, etc.)

**compartimiento** *or* **compartimento** *nm* : compartment

**compartir** *vt* : to share

**compás** *nm, pl* **-pases** **1** : beat, rhythm, time **2** : compass

**compasión** *nf, pl* **-siones** : compassion, pity

**compasivo, -va** *adj* : compassionate

**compatibilidad** *nf* : compatibility

**compatible** *adj* : compatible

**compatriota** *nmf* PAISANO : compatriot, fellow countryman

**compeler** *vt* : to compel

**compendiar** *vt* : to summarize, to condense

**compendio** *nm* : summary

**compenetración** *nf, pl* **-ciones** : rapport, mutual understanding

**compenetrarse** *vr* **1** : to understand each other **2** ~ **con** : to identify oneself with

**compensación** *nf, pl* **-ciones** : compensation

**compensar** *vt* : to compensate for, to make up for — *vi* : to be worth one's while

**compensatorio, -ria** *adj* : compensatory

**competencia** *nf* **1** : competition, rivalry **2** : competence

**competente** *adj* : competent, able — **competentemente** *adv*

**competición** *nf, pl* **-ciones** : competition

**competidor¹, -dora** *adj* RIVAL : competing, rival

**competidor², -dora** *n* RIVAL : competitor, rival

**competir** {54} *vi* : to compete

**competitividad** *nf* : competitiveness

**competitivo, -va** *adj* : competitive — **competitivamente** *adv*

**compilar** *vt* : to compile — **compilación** *nf*

**compinche** *nmf fam* **1** : buddy, pal **2** : partner in crime, accomplice

**complacencia** *nf* : pleasure, satisfaction

**complacer** {57} *vt* : to please — **complacerse** *vr* ~ **en** : to take pleasure in

**complaciente** *adj* : obliging, eager to please

**complejidad** *nf* : complexity

**complejo¹, -ja** *adj* : complex

**complejo²** *nm* : complex

**complementar** *vt* : to complement, to supplement — **complementarse** *vr*

**complementario, -ria** *adj* : complementary

**complemento** *nm* **1** : complement, supplement **2** : supplementary pay, allowance

**completamente** *adv* : completely, totally

**completar** *vt* TERMINAR : to complete, to finish

**completo, -ta** *adj* **1** : complete, full, whole ⟨las obras completas : the complete works⟩ ⟨su nombre completo : his full name⟩ **2** : complete, absolute ⟨por completo : completely⟩ **3** DETALLADO : full, detailed **4** VERSÁTIL : well-rounded, versatile

**complexión** *nf, pl* **-xiones** : (physical) constitution

**complicación** *nf, pl* **-ciones** : complication

**complicado, -da** *adj* : complicated

**complicar** {72} *vt* **1** : to complicate **2** : to involve — **complicarse** *vr*

**cómplice** *nmf* : accomplice

**complicidad** *nf* : complicity

**complot** *nm, pl* **complots** CONFABULACIÓN, CONSPIRACIÓN : conspiracy, plot

**componenda** *nf* : shady deal, scam

**componente** *adj & nm* : component, constituent

**componer** {60} *vt* **1** ARREGLAR : to fix, to repair **2** CONSTITUIR : to make up, to compose **3** : to compose, to write **4** : to set (a bone) — **componerse** *vr* **1** : to improve, to get better **2** ~ **de** : to consist of

**comportamiento** *nm* CONDUCTA : behavior, conduct

**comportarse** *vr* : to behave, to conduct oneself

**composición** *nf, pl* **-ciones** **1** OBRA : composition, work **2** : makeup, arrangement

**compositor, -tora** *n* : composer, songwriter

**compostura** *nf* **1** : composure **2** : mending, repair

**compota** *nf* : compote

**compra** *nf* **1** : purchase **2 ir de compras** : to go shopping **3 orden de compra** : purchase order

**comprador, -dora** *n* : buyer, shopper

**comprar** *vt* : to buy, to purchase

**compraventa** *nf* : buying and selling

**comprender** *vt* **1** ENTENDER : to comprehend, to understand **2** ABARCAR : to cover, to include — *vi* : to understand ⟨¡ya comprendo! : now I understand!⟩

**comprensible** *adj* : understandable — **comprensiblemente** *adv*

**comprensión** *nf, pl* **-siones** **1** : comprehension, understanding **2** : understanding, sympathy

**comprensivo, -va** *adj* : understanding

**compresa** *nf* **1** : compress **2** *or* **compresa higiénica** : sanitary napkin

**compresión** *nf, pl* **-siones** : compression

**compresor** *nm* : compressor

**comprimido** *nm* PÍLDORA, TABLETA : pill, tablet

**comprimir** *vt* : to compress

**comprobable** *adj* : provable

**comprobación** *nf, pl* **-ciones** : verification, confirmation

**comprobante** *nm* **1** : proof ⟨comprobante de identidad : proof of identity⟩ **2** : voucher, receipt ⟨comprobante de ventas : sales slip⟩

**comprobar** {19} *vt* **1** : to verify, to check **2** : to prove

**comprometedor, -dora** *adj* : compromising

**comprometer** *vt* **1** : to compromise **2** : to jeopardize **3** : to commit, to put under obligation — **comprometerse** *vr* **1** : to commit oneself **2** ~ **con** : to get engaged to

**comprometido, -da** *adj* **1** : compromising, awkward **2** : committed, obliged **3** : engaged (to be married)

**compromiso** *nm* **1** : obligation, commitment **2** : engagement ⟨anillo de compromiso : engagement ring⟩ **3** : agreement **4** : awkward situation, fix

**compuerta** *nf* : floodgate

**compuesto**[1] *pp* → **componer**

**compuesto**[2], **-ta** *adj* **1** : fixed, repaired **2** : compound, composite **3** : decked out, spruced up **4** ~ **de** : made up of, consisting of

**compuesto**[3] *nm* : compound

**compulsión** *nf, pl* **-siones** : compulsion

**compulsivo, -va** *adj* **1** : compelling, urgent **2** : compulsive — **compulsivamente** *adv*

**compungido, -da** *adj* : contrite, remorseful

**compungirse** {35} *vr* : to feel remorse

**compuso, etc.** → **componer**

**computable** *adj* : countable ⟨años computables : years accrued⟩ ⟨ingresos computables : qualifying income⟩

**computación** *nf, pl* **-ciones** : computing, computers *pl*

**computador** *nm* → **computadora**

**computadora** *nf* **1** : computer **2 computadora portátil** : laptop computer

**computar** *vt* : to compute, to calculate

**computarizar** {21} *vt* : to computerize

**cómputo** *nm* : computation, calculation

**comulgar** {52} *vi* : to receive Communion

**común** *adj, pl* **comunes** **1** : common **2 común y corriente** : ordinary, regular **3 por lo común** : generally, as a rule

**comuna** *nf* : commune

**comunal** *adj* : communal

**comunicación** *nf, pl* **-ciones** **1** : communication **2** : access, link **3** : message, report

**comunicado** *nm* **1** : communiqué **2 comunicado de prensa** : press release

**comunicador, -dora** *n* : commentator, analyst

**comunicar** {72} *vt* **1** : to communicate, to convey **2** : to notify — **comunicarse** *vr* ~ **con** **1** : to contact, to get in touch with **2** : to be connected to

**comunicativo, -va** *adj* : communicative, talkative

**comunidad** *nf* : community

**comunión** *nf, pl* **-niones** **1** : communion, sharing **2** : Communion

**comunismo** *nm* : communism, Communism

**comunista** *adj & nmf* : communist

**comunitario, -ria** *adj* : community, communal

**comúnmente** *adv* : commonly

**con** *prep* **1** : with ⟨vengo con mi padre : I'm going with my father⟩ ⟨¿con quién hablas? : who are you speaking to?⟩ **2** : in spite of ⟨con todo : in spite of it all⟩

3 : to, towards ⟨ser amable con : to be kind to⟩ 4 : by ⟨con llegar temprano : by arriving early⟩ 5 **con (tal) que** : as/so long as

**conato** *nm* : attempt, effort ⟨conato de robo : attempted robbery⟩

**cóncavo, -va** *adj* : concave

**concebible** *adj* : conceivable

**concebir** {54} *vt* 1 : to conceive 2 : to conceive of, to imagine — *vi* : to conceive, to become pregnant

**conceder** *vt* 1 : to grant, to bestow 2 : to concede, to admit

**concejal, -jala** *n* : councilman *m*, councilwoman *f*; alderman *mf*

**concejo** *nm* : council ⟨concejo municipal : town council⟩

**concentración** *nf, pl* **-ciones** : concentration

**concentrado** *nm* : concentrate

**concentrar** *vt* : to concentrate — **concentrarse** *vr*

**concéntrico, -ca** *adj* : concentric

**concepción** *nf, pl* **-ciones** : conception

**concepto** *nm* NOCIÓN : concept, idea, opinion

**conceptual** *adj* : conceptual — **conceptualmente** *adv*

**conceptualizar** {21} *vt* : conceptualize — **conceptualización** *nf*

**conceptuar** {3} *vt* : to regard, to judge

**concernir** {17} *vi* : to be of concern

**concertar** {55} *vt* 1 : to arrange, to set up 2 : to agree on, to settle 3 : to harmonize — *vi* : to be in harmony

**concesión** *nf, pl* **-siones** 1 : concession 2 : awarding, granting

**concesionario, -ria** *n* : franchisee

**concha** *nf* : conch, seashell

**concho** *nm DomRep* : fixed-route taxi

**conciencia** *nf* 1 : conscience 2 : consciousness, awareness

**concienciar** → **concientizar**

**concientización** *nf, pl* **-ciones** : awareness, awareness-raising

**concientizar** {21} *vt* : to make aware — **concientizarse** *vr* ~ **de** : to realize, to become aware of

**concienzudo, -da** *adj* : conscientious

**concierto** *nm* 1 : concert 2 : agreement 3 : concerto

**conciliador**[1], **-dora** *adj* : conciliatory

**conciliador**[2], **-dora** *n* : arbitrator, peacemaker

**conciliar** *vt* : to reconcile — **conciliación** *nf*

**conciliatorio, -ria** *adj* → **conciliador**[1]

**concilio** *nm* : (church) council

**conciso, -sa** *adj* : concise — **concisamente** *adv* — **concisión** *nf*

**concitar** *vt* : to arouse

**conciudadano, -na** *n* : fellow citizen

**cónclave** *nm* : conclave, private meeting

**concluir** {41} *vt* 1 TERMINAR : to conclude, to finish 2 DEDUCIR : to deduce, to conclude — *vi* : to end, to conclude

**conclusión** *nf, pl* **-siones** : conclusion

**concluyente** *adj* : conclusive

**concomitante** *adj* : accompanying, attendant

**concordancia** *nf* : agreement, accordance

**concordar** {19} *vi* : to agree, to coincide — *vt* : to reconcile

**concordia** *nf* : concord, harmony

**concretar** *vt* 1 : to pinpoint, to specify 2 : to fulfill, to realize — **concretarse** *vr* : to become real, to take shape

**concretizar** → **concretar**

**concreto**[1], **-ta** *adj* 1 : concrete, actual 2 : definite, specific ⟨en concreto : specifically⟩ — **concretamente** *adv*

**concreto**[2] *nm* HORMIGÓN : concrete

**concurrencia** *nf* 1 : audience, turnout 2 : concurrence

**concurrente** *adj* : concurrent — **concurrentemente** *adv*

**concurrido, -da** *adj* : busy, crowded

**concurrir** *vi* 1 : to converge, to come together 2 : to concur, to agree 3 : to take part, to participate 4 : to attend, to be present ⟨concurrir a una reunión : to attend a meeting⟩ 5 ~ **a** : to contribute to

**concursante** *nmf* : contestant, competitor

**concursar** *vt* : to compete in — *vi* : to compete, to participate

**concurso** *nm* 1 : contest, competition 2 : concurrence, coincidence 3 : crowd, gathering 4 : cooperation, assistance

**condado** *nm* 1 : county 2 : earldom

**conde, -desa** *n* : count *m*, earl *m*, countess *f*

**condecoración** *nf, pl* **-ciones** : decoration, medal

**condecorar** *vt* : to decorate, to award (a medal)

**condena** *nf* 1 : condemnation 2 SENTENCIA : sentence

**condenable** *adj* : reprehensible

**condenación** *nf, pl* **-ciones** 1 : condemnation 2 : damnation

**condenado**[1], **-da** *adj* 1 : fated, doomed 2 : convicted, sentenced 3 *fam* : darn, damned

**condenado**[2], **-da** *n* : convict

**condenar** *vt* 1 : to condemn 2 : to sentence 3 : to board up, to wall up — **condenarse** *vr* : to be damned

**condenatorio, -ria** *adj* : condemning ⟨sentencia condenatoria : conviction⟩

**condensación** *nf, pl* **-ciones** : condensation

**condensar** *vt* : to condense

**condesa** *nf* → **conde**

**condescendencia** *nf* : condescension

**condescender** {56} *vi* 1 : to condescend 2 : to agree, to acquiesce

**condescendiente** *adj* 1 : condescending 2 : accommodating, obliging

**condición** *nf, pl* **-ciones** 1 : condition, state ⟨en buenas/malas condiciones : in good/bad condition⟩ ⟨no está en condiciones de trabajar : she's in no shape to work⟩ 2 : capacity, position ⟨estar en condiciones de : to be in a position to⟩ 3 : condition, stipulation ⟨a condición de que, con la condición de que : on the condition that⟩ 4 **condiciones** *nfpl* : conditions, circumstances ⟨condicio-

nes de vida : living conditions〉〈en igualdad de condiciones : on equal footing〉
**condicional** *adj* : conditional — **condicionalmente** *adv*
**condicionamiento** *nm* : conditioning
**condicionar** *vt* **1** : to condition, to determine **2** ~ **a** : to be contingent on, to depend on
**condimentar** *vt* SAZONAR : to season, to spice
**condimento** *nm* : condiment, seasoning, spice
**condolencia** *nf* : condolence, sympathy
**condolerse** {47} *vr* : to sympathize
**condominio** *nm* : condominium, condo
**condón** *nm, pl* **condones** : condom
**cóndor** *nm* : condor
**conducción** *nf, pl* **-ciones** **1** : conduction (of electricity, etc.) **2** DIRECCIÓN : management, direction
**conducir** {61} *vt* **1** DIRIGIR, GUIAR : to direct, to lead **2** MANEJAR : to drive (a vehicle) — *vi* **1** : to drive a vehicle **2** ~ **a** : to lead to — **conducirse** *vr* PORTARSE : to behave, to conduct oneself
**conducta** *nf* COMPORTAMIENTO : conduct, behavior
**conductividad** *nf* : conductivity
**conducto** *nm* : conduit, channel, duct
**conductor**[1], **-tora** *adj* : conducting, leading
**conductor**[2], **-tora** *n* : driver
**conductor**[3] *nm* : conductor (of electricity, etc.)
**conectar** *vt* : to connect — *vi* ~ **con** : to link up with, to communicate with
**conectivo, -va** *adj* : connective — **conectividad** *nf*
**conector** *nm* : connector
**conejera** *nf* : rabbit hutch
**conejillo** *nm* **conejillo de Indias** : guinea pig
**conejo, -ja** *n* : rabbit
**conexión** *nf, pl* **-xiones** : connection
**confabulación** *nf, pl* **-ciones** COMPLOT, CONSPIRACIÓN : plot, conspiracy
**confabularse** *vr* : to plot, to conspire
**confección** *nf, pl* **-ciones** **1** : preparation **2** : tailoring, dressmaking
**confeccionar** *vt* : to make, to produce, to prepare
**confederación** *nf, pl* **-ciones** : confederation
**confederarse** *vr* : to confederate, to form a confederation
**conferencia** *nf* **1** REUNIÓN : conference, meeting **2** : lecture
**conferenciante** *nmf* : lecturer
**conferencista** → **conferenciante**
**conferir** {76} *vt* : to confer, to bestow
**confesar** {55} *v* : to confess — **confesarse** *vr* : to go to confession
**confesión** *nf, pl* **-siones** **1** : confession **2** : creed, denomination
**confesionario** *nm* : confessional
**confesor** *nm* : confessor
**confeti** *nm* : confetti
**confiable** *adj* : trustworthy, reliable
**confiado, -da** *adj* **1** : confident, self-confident **2** : trusting — **confiadamente** *adv*
**confianza** *nf* **1** : trust 〈de poca confianza : untrustworthy〉 **2** : confidence, self-confidence
**confianzudo, -da** *adj* : forward, presumptuous
**confiar** {85} *vt* **1** : to confide **2** : to entrust — *vi* ~ **en** : to trust, to have faith/confidence in — **confiarse** *vr* **1** : to be overconfident **2** ~ **a** : to confide in
**confidencia** *nf* : confidence, secret
**confidencial** *adj* : confidential — **confidencialmente** *adv*
**confidencialidad** *nf* : confidentiality
**confidente** *nmf* **1** : confidant, confidante *f* **2** : informer
**configuración** *nf, pl* **-ciones** : configuration, shape
**configurar** *vt* **1** : to shape, to form **2** : to configure (a computer, etc.)
**confín** *nm, pl* **confines** : boundary, limit
**confinamiento** *nm* : confinement
**confinar** *vt* **1** : to confine, to limit **2** : to exile — *vi* ~ **con** : to border on
**confirmación** *nf, pl* **-ciones** : confirmation
**confirmar** *vt* : to confirm, to substantiate
**confiscación** *nf, pl* **-ciones** : confiscation
**confiscar** {72} *vt* DECOMISAR : to confiscate, to seize
**confitado, -da** *adj* : candied
**confite** *nm* : sugar-coated candy
**confitería** *nf* **1** DULCERÍA : candy store, confectionery **2** : tearoom, café
**confitero, -ra** *n* : confectioner
**confitura** *nf* : preserves, jam
**conflagración** *nf, pl* **-ciones** **1** : conflagration, fire **2** : war
**conflictivo, -va** *adj* **1** : troubled **2** : controversial
**conflicto** *nm* : conflict
**confluencia** *nf* : junction, confluence
**confluir** {41} *vi* **1** : to converge, to join **2** : to gather, to assemble
**conformación** *nf, pl* **-ciones** : makeup, composition
**conformar** *vt* **1** : to form, to create **2** : to constitute, to make up — **conformarse** *vr* **1** RESIGNARSE : to resign oneself **2** : to comply, to conform **3** ~ **con** : to be content with
**conforme**[1] *adj* **1** : content, satisfied **2** ~ **a** : in accordance with
**conforme**[2] *conj* : as 〈irá mejorando conforme avance el día : it will improve as the day goes on〉
**conformidad** *nf* **1** : agreement, consent **2** : resignation
**confort** *nm* : comfort
**confortable** *adj* CÓMODO : comfortable
**confortar** *vt* CONSOLAR : to comfort, to console
**confraternidad** *nf* : brotherhood, fraternity
**confraternizar** {21} *vi* : to fraternize — **confraternización** *nf*
**confrontación** *nf, pl* **-ciones** : confrontation
**confrontar** *vt* **1** ENCARAR : to confront **2** : to compare **3** : to bring face-to-face — *vi* : to border — **confrontarse** *vr* ~ **con** : to face up to

**confundir** *vt* : to confuse, to mix up — **confundirse** *vr* : to make a mistake, to be confused ⟨confundirse de número : to get the wrong number⟩
**confusión** *nf, pl* **-siones** : confusion
**confuso, -sa** *adj* **1** DESORDENADO : confused, confusing ⟨ideas confusas : confused ideas⟩ ⟨una situación confusa : a confused/confusing situation⟩ ⟨unas voces confusas : a confusion of voices⟩ **2** ATURDIDO, TURBADO : confused, flustered, embarrassed **3** VAGO : hazy, indistinct
**congelación** *nf, pl* **-ciones** **1** : freezing **2** : frostbite (on skin), exposure
**congelado, -da** *adj* HELADO : frozen
**congelador** *nm* HELADORA : freezer
**congelamiento** *nm* → **congelación**
**congelar** *vt* : to freeze — **congelarse** *vr*
**congeniar** *vi* : to get along (with someone)
**congénito, -ta** *adj* : congenital
**congestión** *nf, pl* **-tiones** : congestion
**congestionado, -da** *adj* : congested
**congestionamiento** *nm* → **congestión**
**congestionarse** *vr* **1** : to become flushed **2** : to become congested
**conglomerado¹, -da** *adj* : conglomerate, mixed
**conglomerado²** *nm* : conglomerate, conglomeration
**congoja** *nf* ANGUSTIA : anguish, grief
**congoleño, -ña** *adj & n* : Congolese
**congraciarse** *vr* : to ingratiate oneself
**congratular** *vt* FELICITAR : to congratulate
**congregación** *nf, pl* **-ciones** : congregation, gathering
**congregar** {52} *vt* : to bring together — **congregarse** *vr* : to congregate, to assemble
**congresista** *nmf* : congressman *m*, congresswoman *f*
**congreso** *nm* : congress, conference
**congruencia** *nf* **1** : congruence **2** COHERENCIA : coherence — **congruente** *adj*
**cónico, -ca** *adj* : conical, conic
**conífera** *nf* : conifer
**conífero, -ra** *adj* : coniferous
**conjetura** *nf* : conjecture, guess
**conjeturar** *vt* : to guess, to conjecture
**conjugación** *nf, pl* **-ciones** : conjugation
**conjugar** {52} *vt* **1** : to conjugate **2** : to combine
**conjunción** *nf, pl* **-ciones** : conjunction
**conjuntivitis** *nf* : conjunctivitis
**conjuntivo, -va** *adj* : connective ⟨tejido conjuntivo : connective tissue⟩
**conjunto¹, -ta** *adj* : joint — **conjuntamente** *adv*
**conjunto²** *nm* **1** : collection, group **2** : ensemble, outfit **3** : ensemble, musical group **4** : whole, entirety ⟨en conjunto : as a whole, altogether⟩
**conjurar** *vt* **1** : to exorcise **2** : to avert, to ward off — *vi* CONSPIRAR : to conspire, to plot
**conjuro** *nm* **1** : exorcism **2** : spell
**conllevar** *vt* **1** : to bear, to suffer **2** IMPLICAR : to entail, to involve
**conmemorar** *vt* : to commemorate — **conmemoración** *nf*
**conmemorativo, -va** *adj* : commemorative, memorial
**conmigo** *pron* : with me ⟨habló conmigo : he talked with me⟩
**conminar** *vt* AMENAZAR : to threaten, to warn
**conmiseración** *nf, pl* **-ciones** : pity, commiseration
**conmoción** *nf, pl* **-ciones** **1** : shock, upheaval **2** *or* **conmoción cerebral** : concussion
**conmocionar** *vt* : to shake, to shock
**conmovedor, -dora** *adj* EMOCIONANTE : moving, touching
**conmover** {47} *vt* **1** EMOCIONAR : to move, to touch **2** : to shake up — **conmoverse** *vr*
**conmutador** *nm* **1** : switch **2** : switchboard
**conmutar** *vt* **1** : to commute (a sentence) **2** : to switch, to exchange
**connivencia** *nf* : connivance
**connotación** *nf, pl* **-ciones** : connotation
**connotar** *vt* : to connote, to imply
**cono** *nm* : cone
**conocedor¹, -dora** *adj* : knowledgeable
**conocedor², -dora** *n* : connoisseur, expert
**conocer** {18} *vt* **1** : to know, to be acquainted with ⟨¿lo conoces? : do you know him?⟩ **2** : to meet ⟨ya la conocí : I've already met her⟩ **3** : to know, to be familiar with (a topic, etc.) **4** : to get to know, to experience ⟨me gustaría conocer otros países : I'd like to visit other countries⟩ ⟨conocer de primera mano : to experience firsthand⟩ **5** RECONOCER : to recognize ⟨no te conocí : I didn't recognize you⟩ **6 dar a conocer** : to disclose, to announce **7 darse a conocer** : to make oneself known — **conocerse** *vr* **1** : to know each other **2** : to meet **3** : to know oneself
**conocible** *adj* : knowable
**conocido¹, -da** *adj* **1** : familiar **2** : well-known, famous
**conocido², -da** *n* : acquaintance
**conocimiento** *nm* **1** : knowledge **2** SENTIDO : consciousness
**conque** *conj* : so, so then, and so ⟨¡ah, conque esas tenemos! : oh, so that's what's going on!⟩
**conquista** *nf* : conquest
**conquistador¹, -dora** *adj* : conquering
**conquistador², -dora** *n* : conqueror
**conquistar** *vt* : to conquer
**consabido, -da** *adj* : usual, typical
**consagración** *nf, pl* **-ciones** : consecration
**consagrar** *vt* **1** : to consecrate **2** DEDICAR : to dedicate, to devote
**consciencia** → **conciencia**
**consciente** *adj* : conscious, aware — **conscientemente** *adv*
**conscripción** *nf, pl* **-ciones** : conscription, draft
**conscripto, -ta** *n* : conscript, inductee
**consecución** *nf, pl* **-ciones** : attainment

**consecuencia** *nf* **1** : consequence, result ⟨a consecuencia de : as a result of⟩ **2 en ~** : accordingly
**consecuente** *adj* : consistent — **consecuentemente** *adv*
**consecutivo, -va** *adj* : consecutive, successive — **consecutivamente** *adv*
**conseguir** {75} *vt* **1** : to get, to obtain **2** : to achieve, to attain (a goal, etc.) **3** : to manage to ⟨consiguió acabar : she managed to finish⟩ ⟨conseguí que lo aceptara : I got him to accept it⟩
**consejero, -ra** *n* : adviser, counselor
**consejo** *nm* **1** : piece of advice ⟨me dio algunos consejos : she gave me some advice⟩ ⟨por consejo de : on the advice of⟩ **2** : council ⟨consejo de guerra : court-martial⟩
**consenso** *nm* : consensus
**consensuar** *vt* : to reach a consensus on
**consentido, -da** *adj* : spoiled, pampered
**consentimiento** *nm* : consent, permission
**consentir** {76} *vt* **1** PERMITIR : to consent to, to allow **2** MIMAR : to pamper, to spoil — *vi* **~ en** : to agree to, to approve of
**conserje** *nmf* : custodian, janitor, caretaker
**conserva** *nf* **1** : preserve(s), jam **2 conservas** *nfpl* : canned goods
**conservación** *nf, pl* **-ciones** : conservation, preservation
**conservacionista** *nmf* : conservationist
**conservador**[1], **-dora** *adj & n* : conservative
**conservador**[2] *nm* : preservative
**conservadurismo** *nf* : conservatism
**conservante** *nm* : preservative
**conservar** *vt* **1** : to preserve **2** GUARDAR : to keep, to conserve
**conservatorio** *nm* : conservatory
**considerable** *adj* : considerable — **considerablemente** *adv*
**consideración** *nf, pl* **-ciones** **1** : consideration **2** : respect **3 de ~** : considerable, important
**considerado, -da** *adj* **1** : considerate, thoughtful **2** : respected
**considerar** *vt* **1** : to consider, to think about ⟨considerar la posibilidad : to consider the possibility⟩ ⟨considerando su edad : considering his age⟩ **2** : to consider, to regard as ⟨lo considera necesario : she considers it necessary⟩ **3** : to treat with consideration — **considerarse** *vr* : to consider oneself
**consigna** *nf* **1** ESLOGAN : slogan **2** : assignment, orders *pl* **3** : luggage storage
**consignación** *nf, pl* **-ciones** **1** : consignment **2** ASIGNACIÓN : allocation
**consignar** *vt* **1** : to consign **2** : to record, to write down **3** : to assign, to allocate
**consigo** *pron* : with her, with him, with you, with oneself ⟨se llevó las llaves consigo : she took the keys with her⟩
**consiguiente** *adj* **1** : resulting, consequent **2 por ~** : consequently, as a result
**consistencia** *nf* : consistency
**consistente** *adj* **1** : firm, strong, sound **2** : consistent — **consistentemente** *adv*
**consistir** *vi* **1 ~ en** : to consist of **2 ~ en** : to lie in, to consist in
**consola** *nf* : console
**consolación** *nf, pl* **-ciones** : consolation ⟨premio de consolación : consolation prize⟩
**consolar** {19} *vt* CONFORTAR : to console, to comfort
**consolidar** *vt* : to consolidate — **consolidación** *nf*
**consomé** *nm* CALDO : consommé, clear soup
**consonancia** *nf* **1** : harmony **2 en consonancia con** : in accordance with
**consonante**[1] *adj* : consonant, harmonious
**consonante**[2] *nf* : consonant
**consorcio** *nm* : consortium
**consorte** *nmf* : consort, spouse
**conspicuo, -cua** *adj* : eminent, famous
**conspiración** *nf, pl* **-ciones** COMPLOT, CONFABULACIÓN : conspiracy, plot
**conspirador, -dora** *n* : conspirator
**conspirar** *vi* CONJURAR : to conspire, to plot
**constancia** *nf* **1** PRUEBA : proof, certainty **2** : record, evidence ⟨que quede constancia : for the record⟩ **3** : perseverance, constancy
**constante**[1] *adj* : constant — **constantemente** *adv*
**constante**[2] *nf* : constant
**constar** *vi* **1** : to be evident, to be on record ⟨que conste : believe me, have no doubt⟩ **2 ~ de** : to consist of
**constatación** *nf, pl* **-ciones** : confirmation, proof
**constatar** *vt* **1** : to verify **2** : to state
**constelación** *nf, pl* **-ciones** : constellation
**consternación** *nf, pl* **-ciones** : consternation, dismay
**consternar** *vt* : to dismay, to appall
**constipación** *nf, pl* **-ciones** : constipation
**constipado**[1], **-da** *adj* **estar constipado** : to have a cold
**constipado**[2] *nm* RESFRIADO : cold
**constiparse** *vr* : to catch a cold
**constitución** *nf, pl* **-ciones** : constitution — **constitucional** *adj* — **constitucionalmente** *adv*
**constitucionalidad** *nf* : constitutionality
**constituir** {41} *vt* **1** FORMAR : to constitute, to make up, to form **2** FUNDAR : to establish, to set up — **constituirse** *vr* **~ en** : to set oneself up as, to become
**constitutivo, -va** *adj* : constituent, component
**constituyente** *adj & nmf* : constituent
**constreñir** {67} *vt* **1** FORZAR, OBLIGAR : to constrain, to oblige **2** LIMITAR : to restrict, to limit
**construcción** *nf, pl* **-ciones** : construction, building
**constructivo, -va** *adj* : constructive — **constructivamente** *adv*
**constructor, -tora** *n* : builder
**constructora** *nf* : construction company

**construir** {41} *vt* : to build, to construct
**consuelo** *nm* : consolation, comfort
**consuetudinario, -ria** *adj* **1** : customary, habitual **2 derecho consuetudinario** : common law
**cónsul** *nmf* : consul — **consular** *adj*
**consulado** *nm* : consulate
**consulta** *nf* **1** : consultation **2** : inquiry
**consultar** *vt* : to consult
**consultivo, -va** *adj* : advisory
**consultor**[1], **-tora** *adj* : consulting ⟨firma consultora : consulting firm⟩
**consultor**[2], **-tora** *n* : consultant
**consultoría** *nf* : consultancy
**consultorio** *nm* **1** : office (of a doctor or dentist) **2** → **consultoría**
**consumación** *nf, pl* **-ciones** : consummation
**consumado, -da** *adj* : consummate, perfect
**consumar** *vt* **1** : to consummate, to complete **2** : to commit, to carry out
**consumible** *adj* : consumable
**consumición** *nf, pl* **-ciones** **1** : consumption **2** : drink (in a restaurant)
**consumido, -da** *adj* : thin, emaciated
**consumidor, -dora** *n* : consumer
**consumir** *vt* : to consume — **consumirse** *vr* : to waste away
**consumismo** *nm* : consumerism
**consumo** *nm* : consumption (of food, fuel, etc.)
**contabilidad** *nf* **1** : accounting, bookkeeping **2** : accountancy
**contabilizar** {21} *vt* : to enter, to record (in accounting)
**contable**[1] *adj* : countable
**contable**[2] *nmf Spain* : accountant, bookkeeper
**contactar** *vt* : to contact — *vi* ~ **con** : to get in touch with, to contact
**contacto** *nm* : contact
**contado**[1], **-da** *adj* **1** : counted ⟨tenía los días contados : his days were numbered⟩ **2** : rare, scarce ⟨en contadas ocasiones : on rare occasions⟩
**contado**[2] *nm* **al contado** : cash ⟨pagar al contado : to pay in cash⟩
**contador**[1], **-dora** *n* : accountant
**contador**[2] *nm* : meter ⟨contador de agua : water meter⟩ ⟨contador Geiger : Geiger counter⟩
**contaduría** *nf* **1** : accounting office **2** CONTABILIDAD : accountancy
**contagiar** *vt* **1** : to infect **2** : to transmit (a disease) — **contagiarse** *vr* **1** : to be contagious **2** : to become infected
**contagio** *nm* : contagion, infection
**contagioso, -sa** *adj* : contagious, catching
**contaminación** *nf, pl* **-ciones** : contamination, pollution
**contaminante** *nm* : pollutant, contaminant
**contaminar** *vt* : to contaminate, to pollute
**contante** *adj* **dinero contante y sonante** → **dinero**
**contar** {19} *vt* **1** : to count ⟨contar el dinero : to count the money⟩ **2** : to tell ⟨cuéntame un cuento : tell me a story⟩ ⟨me lo contó todo : she told me everything⟩ **3** : to include, to count — *vi* **1** : to count (up) ⟨contar de diez en diez : to count by tens⟩ **2** : to count, to matter ⟨eso no cuenta : that doesn't count⟩ **3** ~ **con** : to count on, to rely on **4** ~ **con** : to expect, to count on ⟨no contaba con que . . . : I didn't count on the fact that . . .⟩ **5** ~ **con** : to have (support, resources, etc.) — **contarse** *vr* ~ **entre** : to be numbered among
**contemplación** *nf, pl* **-ciones** : contemplation — **contemplativo, -va** *adj*
**contemplar** *vt* **1** : to contemplate, to ponder **2** : to gaze at, to look at
**contemporáneo, -nea** *adj & n* : contemporary
**contención** *nf, pl* **-ciones** : containment, holding
**contencioso, -sa** *adj* : contentious
**contender** {56} *vi* **1** : to contend, to compete **2** : to fight
**contendiente** *nmf* : contender
**contenedor** *nm* **1** : container, receptacle **2** : Dumpster™
**contener** {80} *vt* **1** : to contain, to hold **2** ATAJAR : to restrain, to hold back — **contenerse** *vr* : to restrain oneself
**contenido**[1], **-da** *adj* : restrained, reserved
**contenido**[2] *nm* : contents *pl*, content
**contentar** *vt* : to please, to make happy — **contentarse** *vr* : to be satisfied, to be pleased
**contento**[1], **-ta** *adj* : contented, glad, happy
**contento**[2] *nm* : joy, happiness
**conteo** *nm* : count
**contestación** *nf, pl* **-ciones** **1** : answer, reply **2** : protest
**contestador** *nm or* **contestador automático** : answering machine
**contestadora** *nf* → **contestador**
**contestar** *vt* RESPONDER : to answer — *vi* **1** RESPONDER : to answer, to reply **2** : to talk back, to be disrespectful
**contexto** *nm* : context
**contienda** *nf* **1** : dispute, conflict **2** : contest, competition
**contigo** *pron* : with you ⟨voy contigo : I'm going with you⟩
**contiguo, -gua** *adj* COLINDANTE : contiguous, adjacent
**continente** *nm* : continent — **continental** *adj*
**contingencia** *nf* : contingency, eventuality
**contingente** *adj & nm* : contingent
**continuación** *nf, pl* **-ciones** **1** : continuation **2 a** ~ : next ⟨más detalles a continuación : more details below⟩ **3 a continuación de** : after, following
**continuar** {3} *v* : to continue ⟨continuó trabajando : she continued working, she continued to work⟩ ⟨continuar (con) algo : to continue (with) something⟩
**continuidad** *nf* : continuity
**continuo, -nua** *adj* : continuous, steady, constant — **continuamente** *adv*
**contonearse** *vr* : to sway one's hips
**contoneo** *nm* : swaying, wiggling (of the hips)

**contorno** *nm* **1** : outline **2 contornos** *nmpl* : outskirts
**contorsión** *nf, pl* **-siones** : contortion
**contra**[1] *nf* **1** *fam* : difficulty, snag **2 llevar la contra a** : to oppose, to contradict
**contra**[2] *nm* : con ⟨los pros y los contras : the pros and cons⟩
**contra**[3] *prep* **1** : against ⟨se apoyó contra la pared : he leaned against the wall⟩ ⟨luchar contra : to fight against⟩ **2 en contra** : against ⟨las razones en contra : the reasons against it⟩ ⟨protestas en contra del gobierno : anti-government protests⟩
**contra-** *pref* : counter- ⟨contraataque : counterattack⟩
**contraalmirante** *nm* : rear admiral
**contraatacar** {72} *v* : to counterattack — **contraataque** *nm*
**contrabajo** *nm* : double bass
**contrabalancear** *vt* : to counterbalance — **contrabalanza** *nf*
**contrabandear** *v* : to smuggle
**contrabandista** *nmf* : smuggler, black market dealer
**contrabando** *nm* **1** : smuggling **2** : contraband
**contracción** *nf, pl* **-ciones** : contraction
**contracepción** *nf, pl* **-ciones** : contraception
**contraceptivo** *nm* ANTICONCEPTIVO : contraceptive
**contrachapado** *nm* : plywood
**contracorriente** *nf* **1** : crosscurrent **2 ir a contracorriente** : to go against the tide
**contractual** *adj* : contractual
**contradecir** {11} *vt* DESMENTIR : to contradict — **contradecirse** *vr* DESDECIRSE : to contradict oneself
**contradicción** *nf, pl* **-ciones** : contradiction
**contradictorio, -ria** *adj* : contradictory
**contraer** {81} *vt* **1** : to contract (a disease) **2** : to establish by contract ⟨contraer matrimonio : to get married⟩ **3** : to tighten, to contract — **contraerse** *vr* : to contract, to tighten up
**contrafuerte** *nm* : buttress
**contragolpe** *nm* **1** : counterattack **2** : backlash
**contrahuella** *nf* : riser (of a stair)
**contralor, -lora** *n* : comptroller
**contraloría** *nf* : office of the comptroller
**contralto** *nmf* : contralto
**contraluz** *nm, pl* **-luces a contraluz** : against the light
**contramandar** *vt* : to countermand
**contramano** *nm* **a ~** : the wrong way (on a street)
**contramedida** *nf* : countermeasure
**contraparte** *nf* **1** : counterpart **2 en ~** : on the other hand
**contrapartida** *nf* : compensation
**contrapelo** *nm* **a ~** : in the wrong direction, against the grain
**contrapesar** *vt* : to counterbalance
**contrapeso** *nm* : counterbalance
**contraponer** {60} *vt* **1** : to counter, to oppose **2** : to contrast, to compare
**contraportada** *nf* : back cover, back page
**contraposición** *nf, pl* **-ciones** : comparison
**contraproducente** *adj* : counterproductive
**contrapunto** *nm* : counterpoint
**contrariar** {85} *vt* **1** : to contradict, to oppose **2** : to vex, to annoy
**contrariedad** *nf* **1** : setback, obstacle **2** : vexation, annoyance
**contrario, -ria** *adj* **1** : contrary, opposite ⟨al contrario : on the contrary⟩ **2** : conflicting, opposed
**contrarreloj** *adj* **1** : timed **2 a ~** : against the clock
**contrarrestar** *vt* : to counteract
**contrarrevolución** *nf, pl* **-ciones** : counterrevolution — **contrarrevolucionario, -ria** *adj & n*
**contrasentido** *nm* : contradiction
**contraseña** *nf* : password
**contrastante** *adj* : contrasting
**contrastar** *vt* **1** : to resist **2** : to check, to confirm — *vi* : to contrast
**contraste** *nm* : contrast
**contratar** *vt* **1** : to contract for **2** : to hire, to engage
**contratiempo** *nm* **1** PERCANCE : mishap, accident **2** DIFICULTAD : setback, difficulty
**contratista** *nmf* : contractor
**contrato** *nm* : contract
**contravenir** {87} *vt* : to contravene, to infringe
**contraventana** *nf* : shutter
**contravía** *nf Col* **ir en contravía** : to drive the wrong way (down a street)
**contribución** *nf, pl* **-ciones** : contribution
**contribuidor, -dora** *n* : contributor
**contribuir** {41} *vt* **1** APORTAR : to contribute **2** : to pay (in taxes) — *vi* **1** : contribute, to help out **2** : to pay taxes
**contribuyente**[1] *adj* : contributing
**contribuyente**[2] *nmf* : taxpayer
**contrición** *nf, pl* **-ciones** : contrition
**contrincante** *nmf* : rival, opponent
**contrito, -ta** *adj* : contrite, repentant
**control** *nm* **1** : control ⟨control remoto : remote control⟩ ⟨control de natalidad : birth control⟩ **2** : inspection, check **3** : checkpoint, roadblock
**controlable** *adj* : controllable
**controlador, -dora** *n* : controller ⟨controlador aéreo : air traffic controller⟩
**controlar** *vt* **1** : to control **2** : to monitor, to check
**controversia** *nf* : controversy
**controversial** → **controvertido**
**controvertido, -da** *adj* : controversial
**controvertir** {76} *vt* : to dispute, to argue about — *vi* : to argue, to debate
**contubernio** *nm* : conspiracy
**contundencia** *nf* **1** : forcefulness, weight **2** : severity
**contundente** *adj* **1** : blunt ⟨un objeto contundente : a blunt instrument⟩ **2** : forceful, convincing — **contundentemente** *adv*
**contusión** *nf, pl* **-siones** : bruise, contusion
**contusionar** *vt* MAGULLAR : to bruise

**contuvo, etc.** → **contener**
**conurbano** *nm Arg* : suburbs *pl*
**convalecencia** *nf* : convalescence
**convalecer** {53} *vi* : to convalesce, to recover
**convaleciente** *adj & nmf* : convalescent
**convalidar** *vt* : to recognize, to validate
**convección** *nf, pl* **-ciones** : convection
**convencer** {86} *vt* : to convince, to persuade — **convencerse** *vr*
**convencimiento** *nm* : belief, conviction
**convención** *nf, pl* **-ciones** **1** : convention, conference **2** : pact, agreement **3** : convention, custom
**convencional** *adj* : conventional — **convencionalmente** *adv*
**conveniencia** *nf* **1** : convenience **2** : fitness, suitability, advisability
**conveniente** *adj* **1** : convenient **2** : suitable, advisable
**convenio** *nm* PACTO : agreement, pact
**convenir** {87} *vi* **1** : to be suitable, to be advisable **2** : to agree
**conventillo** *nm Arg, Uru* : tenement
**convento** *nm* **1** : convent **2** : monastery
**convergencia** *nf* : convergence
**convergente** *adj* : convergent, converging
**converger** {15} *or* **convergir** {35} *vi* **1** : to converge **2** ~ **en** : to concur on
**conversación** *nf, pl* **-ciones** : conversation
**conversador, -dora** *n* : conversationalist, talker
**conversar** *vi* : to converse, to talk
**conversatorio** *nm CA, Carib, Mex* : talk, discussion
**conversión** *nf, pl* **-siones** : conversion
**converso, -sa** *n* : convert
**convertible** *adj & nm* : convertible
**convertidor** *nm* : converter ⟨convertidor catalítico : catalytic converter⟩
**convertir** {76} *vt* **1** : to convert (someone) **2** : to convert (money, etc.) **3** ~ **en** : to turn (someone or something) into (something) — **convertirse** *vr* **1** : to convert **2** ~ **en** : to turn into, to become
**convexo, -xa** *adj* : convex
**convicción** *nf, pl* **-ciones** : conviction
**convicto**[1], **-ta** *adj* : convicted
**convicto**[2], **-ta** *n* : convict, prisoner
**convidado, -da** *n* : guest
**convidar** *vt* **1** INVITAR : to invite **2** : to offer
**convincente** *adj* : convincing — **convincentemente** *adv*
**convivir** *vi* **1** : to coexist **2** : to live together
**convocar** {72} *vt* : to convoke, to call together
**convocatoria** *nf* : summons, call
**convoy** *nm* : convoy
**convulsión** *nf, pl* **-siones** **1** : convulsion **2** : agitation, upheaval
**convulsionar** *vt* : to shake, to convulse — **convulsionarse** *vr*
**convulsivo, -va** *adj* : convulsive
**conyugal** *adj* : conjugal
**cónyuge** *nmf* : spouse, partner
**coñac** *nm* : cognac, brandy
**cooperación** *nf, pl* **-ciones** : cooperation
**cooperador, -dora** *adj* : cooperative
**cooperar** *vi* : to cooperate
**cooperativa** *nf* : cooperative, co-op
**cooperativo, -va** *adj* : cooperative
**cooptar** *vt* : to co-opt
**coordenada** *nf* : coordinate
**coordinación** *nf, pl* **-ciones** : coordination
**coordinador, -dora** *n* : coordinator
**coordinar** *vt* COMPAGINAR : to coordinate, to combine
**copa** *nf* **1** : wineglass, goblet **2** : drink ⟨irse de copas : to go out drinking⟩ **3** : cup, trophy **4** : top, crown (of a tree) **5 copas** *nfpl* : cups (suit in the Spanish deck of cards)
**copar** *vt* **1** : to take ⟨ya está copado el puesto : the job is already taken⟩ **2** : to fill, to crowd
**copartícipe** *nmf* : joint partner
**copero, -ra** *adj* : cup ⟨partido copero : cup game⟩
**copete** *nm* **1** : tuft (of hair) **2 estar hasta el copete** : to be completely fed up
**copia** *nf* **1** : copy **2** : imitation, replica **3 copia oculta** : blind carbon copy
**copiadora** *nf* : photocopier
**copiar** *vt* : to copy
**copiloto** *nmf* : copilot
**copión, -piona** *n, pl* **copiones** : copycat
**copioso, -sa** *adj* : copious, abundant
**copla** *nf* **1** : popular song or ballad **2** : stanza
**copo** *nm* **1** : snowflake **2 copos de avena** : rolled oats **3 copos de maíz** : cornflakes
**coprotagonista** *nmf* : co-star
**cópula** *nf* : copulation
**copular** *vi* : to copulate
**coque** *nm* : coke (fuel)
**coqueta** *nf* : dressing table
**coquetear** *vi* : to flirt
**coqueteo** *nm* : flirting
**coqueto**[1], **-ta** *adj* : flirtatious
**coqueto**[2], **-ta** *n* : flirt
**coraje** *nm* **1** VALOR : valor, courage **2** IRA : anger ⟨darle coraje a alguien : to make someone angry⟩
**corajudo, -da** *adj* : brave
**coral**[1] *adj* : choral
**coral**[2] *nm* **1** : coral **2** : chorale
**coral**[3] *nf* : choir
**Corán** *nm* **el Corán** : the Koran
**coraza** *nf* **1** : armor, armor plating **2** : shell (of an animal)
**corazón** *nm, pl* **-zones** **1** : heart ⟨de todo corazón : wholeheartedly⟩ ⟨de buen corazón : kindhearted⟩ **2** : core **3** : darling, sweetheart
**corazonada** *nf* : hunch, impulse
**corbata** *nf* : tie, necktie
**corcel** *nm* : steed, charger
**corchete** *nm* **1** : hook and eye, clasp **2** : square bracket
**corcho** *nm* : cork
**corcholata** *nf Mex* : cap, bottle top
**corcovear** *vi* : to buck

**cordel** *nm* : cord, string
**cordero** *nm* : lamb
**cordial**[1] *adj* : cordial, affable — **cordialmente** *adv*
**cordial**[2] *nm* : cordial (liqueur)
**cordialidad** *nf* : cordiality, warmth
**cordillera** *nf* : mountain range
**córdoba** *nf* : córdoba (Nicaraguan unit of currency)
**cordón** *nm, pl* **cordones** **1** : cord ⟨cordón umbilical : umbilical cord⟩ **2** : cordon
**cordoncillo** *nm* : piping (of clothing, etc.)
**cordura** *nf* **1** : sanity **2** : prudence, good judgment
**coreano**[1], **-na** *adj & n* : Korean
**coreano**[2] *nm* : Korean (language)
**corear** *vt* : to chant, to chorus
**coreografía** *nf* : choreography
**coreografiar** {85} *vt* : to choreograph
**coreográfico, -ca** *adj* : choreographic
**coreógrafo, -fa** *n* : choreographer
**corista** *nmf* **1** : chorister **2** : chorus girl *f*
**cormorán** *nm, pl* **-ranes** : cormorant
**cornada** *nf* : goring, butt (with the horns)
**córnea** *nf* : cornea
**cornear** *vt* : to gore
**cornejo** *nm* : dogwood (tree)
**córner** *nm* : corner kick
**corneta** *nf* : bugle, horn, cornet
**cornisa** *nf* : cornice
**cornucopia** *nf* : cornucopia
**cornudo, -da** *adj* : horned
**coro** *nm* **1** : choir **2** : chorus
**corola** *nf* : corolla
**corolario** *nm* : corollary
**corona** *nf* **1** : crown **2** : wreath, garland **3** : corona (in astronomy)
**coronación** *nf, pl* **-ciones** : coronation
**coronar** *vt* **1** : to crown **2** : to reach the top of, to culminate
**coronario, -ria** *adj* : coronary
**coronel, -nela** *n* : colonel
**coronilla** *nf* **1** : crown (of the head) **2** **estar hasta la coronilla** : to be completely fed up
**corpiño** *nm* **1** : bodice **2** *Arg* : brassiere, bra
**corporación** *nf, pl* **-ciones** : corporation
**corporal** *adj* : corporal, bodily
**corporativo, -va** *adj* : corporate
**corpóreo, -rea** *adj* : corporeal, physical
**corpulencia** *nf* : stoutness, sturdiness
**corpulento, -ta** *adj* : robust, stout, sturdy
**corpúsculo** *nm* : corpuscle
**corral** *nm* **1** : farmyard **2** : corral, pen, stockyard **3** *or* **corralito** : playpen
**correa** *nf* **1** : strap, belt **2** TRAÍLLA : leash
**correcaminos** *nms & pl* : roadrunner
**corrección** *nf, pl* **-ciones** **1** : correction **2** : correctness, propriety **3** : rebuke, reprimand **4** **corrección de pruebas** : proofreading **5** **corrección ortográfica** : spell-check
**correccional** *nm* REFORMATORIO : reform school
**correctivo, -va** *adj* : corrective ⟨lentes correctivos : corrective lenses⟩
**correcto, -ta** *adj* **1** : correct, right **2** : courteous, polite — **correctamente** *adv*
**corrector, -tora** *n* : proofreader
**corrector automático** *nm* : autocorrect
**corrector ortográfico** *nm* : spellchecker
**corredizo, -za** *adj* : sliding ⟨puerta corrediza : sliding door⟩ ⟨nudo corredizo : slipknot⟩
**corredor**[1], **-dora** *n* **1** : runner, racer **2** : agent, broker ⟨corredor de bolsa : stockbroker⟩
**corredor**[2] *nm* PASILLO : corridor, hallway
**correduría** *nf* → **corretaje**
**corregir** {28} *vt* **1** : to correct, to edit (text), to grade (exams) **2** : to reprimand **3** **corregir pruebas** : to proofread — **corregirse** *vr* : to reform, to mend one's ways
**correlación** *nf, pl* **-ciones** : correlation
**correo** *nm* **1** : mail **2** : post office **3** **correo aéreo** : airmail **4** **correo electrónico** : e-mail, email
**correoso, -sa** *adj* : leathery, rough
**correr** *vi* **1** : to run ⟨corrió a/hacia la puerta : he ran to/towards the door⟩ ⟨salí corriendo : I took off running⟩ **2** : to race (in sports) **3** : to rush ⟨¡corre, que se acaban! : hurry, they're almost gone/done!⟩ **4** : to flow, to run **5** **a todo correr** : at top speed, in a hurry — *vt* **1** : to run, to race in **2** : to move, to slide, to roll, to draw (curtains) **3** ~ **con** : to be responsible for ⟨correr con los gastos : to foot the bill⟩ **4** **correr peligro** : to be in danger **5** **correr un riesgo** : to run a risk — **correrse** *vr* **1** : to move along **2** : to run, to spill over
**correspondencia** *nf* **1** : correspondence, mail **2** : equivalence **3** : connection, interchange
**corresponder** *vi* **1** : to correspond ⟨corresponder a/con : to correspond to/with, to match, to fit⟩ **2** : to belong ⟨el título que le corresponde : the title that is rightfully hers⟩ **3** : to be the responsibility of ⟨no le corresponde intervenir : it's not his place to intervene⟩ **4** : to be appropriate, to be fitting ⟨como corresponde : as is appropriate⟩ **5** : to reciprocate — **corresponderse** *vr* : to write to each other
**correspondiente** *adj* : corresponding, respective
**corresponsal** *nmf* : correspondent
**corretaje** *nm* : brokerage
**corretear** *vi* **1** VAGAR : to loiter, to wander about **2** : to run around, to scamper about — *vt* : to pursue, to chase
**correteo** *nm* : running around
**corrida** *nf* **1** : run, dash **2** : bullfight
**corrido**[1], **-da** *adj* **1** : straight, continuous **2** : worldly, experienced
**corrido**[2] *nm* : Mexican narrative folk song
**corriente**[1] *adj* **1** : common, everyday **2** : current, present **3** *Mex* : cheap, trashy **4** **perro corriente** *Mex* : mutt
**corriente**[2] *nf* **1** : current ⟨corriente alterna : alternating current⟩ ⟨corriente

continua : direct current⟩ **2** : draft **3** TENDENCIA : tendency, trend
**corrillo** *nm* : small group, clique
**corro** *nm* : ring, circle (of people)
**corroboración** *nf, pl* **-ciones** : corroboration
**corroborar** *vt* : to corroborate
**corroer** {69} *vt* **1** : to corrode **2** : to erode, to wear away
**corromper** *vt* **1** : to corrupt **2** : to rot — **corromperse** *vr*
**corrompido, -da** *adj* CORRUPTO : corrupt, rotten
**corrosión** *nf, pl* **-siones** : corrosion
**corrosivo, -va** *adj* : corrosive
**corrugar** {52} *vt* : to corrugate — **corrugación** *nf*
**corrupción** *nf, pl* **-ciones** **1** : decay **2** : corruption
**corruptela** *nf* : corruption, abuse of power
**corruptible** *adj* : corruptible
**corrupto, -ta** *adj* CORROMPIDO : corrupt
**corsé** *nm* : corset
**cortacésped** *nm Spain* : lawn mower
**cortada** *nf* : cut, gash
**cortador, -dora** *n* : cutter
**cortadora** *nf* : cutter, slicer
**cortadura** *nf* : cut, slash
**cortafuegos** *nms & pl* **1** : firebreak **2** : firewall (program)
**cortante** *adj* : cutting, sharp
**cortar** *vt* **1** : to cut ⟨lo cortó en dos : he cut it in half⟩ ⟨cortar en pedazos : to cut into pieces⟩ ⟨cortar en rebanadas/trozos (etc.) : to slice⟩ ⟨cortar leña : to chop wood⟩ ⟨cortar el pasto : to mow the lawn, to cut the grass⟩ **2** CERCENAR : to cut off, to sever **3** TALAR : to cut down, to chop down **4** RECORTAR : to cut out, to clip (coupons, etc.) **5** EDITAR : to cut, to edit **6** INTERRUMPIR : to cut off, to interrupt **7** BLOQUEAR, CERRAR : to block (off), to close (off) **8** : to curdle (milk) — *vi* **1** : to cut **2** : to break up ⟨cortar con alguien : to break up with someone⟩ **3** : to hang up (the telephone) — **cortarse** *vr* **1** : to cut oneself ⟨cortarse el pelo : to cut one's hair⟩ **2** : to be cut off **3** : to sour, to separate (of milk)
**cortaúñas** *nms & pl* : nail clippers
**corte¹** *nm* **1** : cut, cutting ⟨corte de pelo : haircut⟩ **2** : cut (of clothes) **3** : cut-off, interruption ⟨corte comercial/publicitario : commercial break⟩ ⟨corte de luz, corte de energía eléctrica : power failure⟩
**corte²** *nf* **1** : court ⟨corte suprema : supreme court⟩ **2 hacer la corte a** : to court, to woo
**cortejar** *vt* GALANTEAR : to court, to woo
**cortejo** *nm* **1** GALANTEO : courtship **2** : retinue, entourage
**cortés** *adj* : courteous, polite — **cortésmente** *adv*
**cortesano¹, -na** *adj* : courtly
**cortesano², -na** *n* : courtier
**cortesía** *nf* **1** : courtesy, politeness **2 de ~** : complimentary, free
**corteza** *nf* **1** : bark **2** : crust **3** : peel, rind **4** : cortex ⟨corteza cerebral : cerebral cortex⟩
**cortijo** *nm* : farmhouse
**cortina** *nf* : curtain
**cortisona** *nf* : cortisone
**corto¹, -ta** *adj* **1** : short (in length or duration) **2** : scarce **3** : timid, shy **4 corto de vista** : nearsighted
**corto²** *nm* → **cortometraje**
**cortocircuito** *nm* : short circuit
**cortometraje** *nm* : short (film)
**corvejón** *nm, pl* **-jones** JARRETE : hock
**corvo, -va** *adj* : curved, bent
**cosa** *nf* **1** : thing, object **2** : matter, affair **3 otra cosa** : anything else, something else
**cosecha** *nf* : harvest, crop
**cosechador, -dora** *n* : harvester, reaper
**cosechadora** *nf* : harvester (machine)
**cosechar** *vt* **1** : to harvest, to reap **2** : to win, to earn, to garner — *vi* : to harvest
**coser** *vt* **1** : to sew **2** : to stitch up — *vi* : to sew
**cosmético¹, -ca** *adj* : cosmetic
**cosmético²** *nm* : cosmetic
**cósmico, -ca** *adj* : cosmic
**cosmonauta** *nmf* : cosmonaut
**cosmopolita** *adj & nmf* : cosmopolitan
**cosmos** *nm* : cosmos
**cosquillas** *nfpl* **1** : tickling **2 hacer cosquillas** : to tickle
**cosquilleo** *nm* : tickling sensation, tingle
**cosquilloso, -sa** *adj* : ticklish
**costa** *nf* **1** : coast, shore **2** : cost ⟨a toda costa : at all costs⟩ ⟨a costa de : at the expense of⟩
**costado** *nm* **1** : side **2 al costado** : alongside
**costal** *nm* **1** : sack **2 ser harina de otro costal** → **harina**
**costanera** *nf* : boardwalk, waterfront path
**costar** {19} *v* : to cost ⟨¿cuánto cuesta? : how much does it cost?⟩
**costarricense** *adj & nmf* : Costa Rican
**costarriqueño, -ña** → **costarricense**
**coste** → **costo**
**costear** *vt* : to pay for, to finance
**costero, -ra** *adj* : coastal, coast
**costilla** *nf* **1** : rib **2** : chop, cutlet **3** *fam* : better half, wife
**costo** *nm* **1** : cost, price **2 costo de vida** : cost of living
**costoso, -sa** *adj* : costly, expensive
**costra** *nf* **1** : crust **2** POSTILLA : scab
**costumbre** *nf* **1** : custom **2** HÁBITO : habit
**costura** *nf* **1** : seam **2** : sewing, dressmaking **3 alta costura** : haute couture
**costurera** *nf* : seamstress *f*
**costurero** *nm* : sewing box
**cota** *nf* **1** : altitude **2** : level ⟨su máxima cota : its maximum level⟩
**cotejar** *vt* : to compare, to collate
**cotejo** *nm* **1** : comparison **2** : match, game
**cotidiano, -na** *adj* : daily, everyday ⟨la vida cotidiana : daily life⟩
**cotilla** *nmf Spain fam* : gossip, gossiper

**cotización** *nf, pl* **-ciones** **1** : market price **2** : quote, estimate
**cotizado, -da** *adj* : in demand, sought after
**cotizar** {21} *vt* : to quote, to value — **cotizarse** *vr* : to be worth
**coto** *nm* **1** : enclosure, reserve **2 poner coto a** : to put a stop to
**cotonete** *nf Mex* : (cotton) swab
**cotorra** *nf* **1** : small parrot **2** *fam* : chatterbox
**cotorrear** *vi fam* : to chatter, to gab, to blab
**cotorreo** *nm fam* : chatter, prattle
**cowboy** [kaoˈboi] *nm, pl* **-boys** [kaoˈbois] : cowboy
**coyote** *nm* **1** : coyote **2** *Mex fam* : smuggler (of illegal immigrants)
**coyuntura** *nf* 1 ARTICULACIÓN : joint **2** : occasion, moment
**coz** *nf, pl* **coces** : kick (of an animal)
**CPU** [sepeˈu] *nmf* : CPU
**crac** *nm, pl* **cracs** : crash (of the stock market)
**crack** *nm* : crack (cocaine)
**cozamos, etc.** → **cocer**
**craneal** *adj* : cranial
**craneano, -na** *adj* : cranial
**cráneo** *nf* : cranium, skull — **craneano, -na** *adj*
**cráter** *nm* : crater
**crayón** *nm, pl* **-yones** : crayon
**creación** *nf, pl* **-ciones** : creation
**creador¹, -dora** *adj* : creative, creating
**creador², -dora** *n* : creator
**crear** *vt* **1** : to create, to cause **2** : to originate
**creatividad** *nf* : creativity
**creativo, -va** *adj* : creative — **creativamente** *adv*
**creces** *nfpl* **con creces** ⟨cumple con creces las expectativas : it more than meets expectations⟩ ⟨superar con creces : to greatly exceed⟩ ⟨pagar con creces : to pay dearly (for)⟩
**crecer** {53} *vi* **1** : to grow **2** : to increase, to grow (in number, etc.)
**crecida** *nf* : flooding, floodwater
**crecido, -da** *adj* **1** : grown, grown-up **2** : large (of numbers)
**creciente** *adj* **1** : growing, increasing **2 luna creciente** : waxing moon
**crecimiento** *nm* **1** : growth **2** : increase
**credencial** *adj* **cartas credenciales** : credentials
**credenciales** *nfpl* : documents, documentation, credentials ⟨credenciales de acceso/usuario : login/user credentials⟩
**credibilidad** *nf* : credibility
**crediticio, -cia** *adj* : credit
**crédito** *nm* : credit
**credo** *nm* : creed, credo
**credulidad** *nf* : credulity
**crédulo, -la** *adj* : credulous, gullible
**creencia** *nf* : belief
**creer** {20} *v* **1** : to believe ⟨creer en : to believe in⟩ **2** : to think, to suppose ⟨creo que sí : I think so⟩ ⟨creo que no : I don't think so⟩ ⟨no creo que sea necesario : I don't think it's necessary⟩ **3 ¡ya lo creo!** : of course!, indeed! — **creerse** *vr* **1** : to believe, to think **2** : to regard oneself as ⟨se cree muy guapo : he thinks he's so handsome⟩
**creíble** *adj* : believable, credible
**creído, -da** *adj* **1** *fam* : conceited **2** : confident, sure
**crema** *nf* **1** : cream ⟨crema batida : whipped cream⟩ **2 la crema y nata** : the pick of the crop
**cremación** *nf, pl* **-ciones** : cremation
**cremallera** *nf* : zipper
**cremar** *vt* : to cremate
**crematorio** *nm* : crematorium
**cremoso, -sa** *adj* : creamy
**crepa** *nf Mex* : crepe (pancake)
**crepe** *or* **crep** *nmf* : crepe (pancake)
**crepé** *nm* **1** → **crespón** **2 papel crepé** : crepe paper
**crepúsculo** *nm* : twilight
**crescendo** *nm* : crescendo
**crespo, -pa** *adj* : curly, frizzy
**crespón** *nm, pl* **crespones** : crepe (fabric)
**cresta** *nf* **1** : crest **2** : comb (of a rooster)
**creta** *nf* : chalk (mineral)
**cretino, -na** *n* **1** : cretin *often offensive* **2** : idiot, moron, cretin
**creyente¹** *adj* : faithful ⟨personas creyentes : believers⟩
**creyente²** *nmf* : believer
**creyó, etc.** → **creer**
**crezca, etc.** → **crecer**
**cría** *nf* **1** : breeding, rearing **2** : young **3** : litter
**criadero** *nm* : hatchery
**criado¹, -da** *adj* **1** : raised, brought up **2 bien criado** : well-bred
**criado², -da** *n* : servant, maid *f*
**criador, -dora** *n* : breeder
**crianza** *nf* : upbringing, rearing
**criar** {85} *vt* **1** : to breed **2** : to bring up, to raise — **criarse** *vr* : to grow up
**criatura** *nf* **1** : baby, child **2** : creature
**criba** *nf* : sieve, screen
**cribar** *vt* : to sift
**cric** *nm, pl* **crics** : jack
**cricket** *nm* : cricket (sport)
**crimen** *nm, pl* **crímenes** : crime
**criminal** *adj & nmf* : criminal
**criminalidad** *nf* : crime ⟨alta criminalidad : high crime rates⟩
**crin** *nf* **1** : mane **2** : horsehair
**crío, cría** *n Spain* : kid
**criollo¹, -lla** *adj* **1** : Creole **2** : native, national ⟨comida criolla : native cuisine⟩
**criollo², -lla** *n* : Creole
**criollo³** *nm* : Creole (language)
**cripta** *nf* : crypt
**críptico, -ca** *adj* **1** : cryptic, coded **2** : enigmatic, cryptic
**criptodivisa** → **criptomoneda**
**criptomoneda** *nf* : cryptocurrency
**criptón** *nm* : krypton
**críquet** *nm* : cricket (game)
**crisálida** *nf* : chrysalis, pupa
**crisantemo** *nm* : chrysanthemum
**crisis** *nf* **1** : crisis **2 crisis nerviosa** : nervous breakdown

**crisma** *nf fam* : head ⟨romperle la crisma a alguien : to knock someone's block off⟩
**crismas** → **christmas**
**crisol** *nm* **1** : crucible **2** : melting pot
**crispar** *vt* **1** : to cause to contract **2** : to irritate, to set on edge ⟨eso me crispa : that gets on my nerves⟩ — **crisparse** *vr* : to tense up
**cristal** *nm* **1** VIDRIO : glass, piece of glass **2** : crystal
**cristalería** *nf* **1** : glassware shop **2** : glassware, crystal
**cristalino**[1], **-na** *adj* : crystalline, clear
**cristalino**[2] *nm* : lens (of the eye)
**cristalizar** {21} *vi* : to crystallize — **cristalización** *nf*
**cristiandad** *nf* : Christendom
**cristianismo** *nm* : Christianity
**cristiano, -na** *adj & n* : Christian
**Cristo** *nm* : Christ
**criterio** *nm* **1** : criterion **2** : judgment, sense
**crítica** *nf* **1** : criticism **2** : review, critique
**criticar** {72} *vt* : to criticize
**crítico**[1], **-ca** *adj* : critical — **críticamente** *adv*
**crítico**[2], **-ca** *n* : critic
**criticón**[1], **-cona** *adj, mpl* **-cones** *fam* : hypercritical
**criticón**[2], **-cona** *n, mpl* **-cones** *fam* : faultfinder, critic
**croar** *vi* : to croak
**croata** *adj & nmf* : Croatian
**crocante** *adj* : crunchy
**croché** *or* **crochet** *nm* : crochet
**croissant** [krwa'san, -'zan] *nm, pl* **croissants** [krwa'sans, -'zans] : croissant
**crol** *nm* : crawl (in swimming)
**cromático, -ca** *adj* : chromatic
**cromo** *nm* **1** : chromium, chrome **2** : picture card, sports card
**cromosoma** *nm* : chromosome
**crónica** *nf* **1** : news report **2** : chronicle, history
**crónico, -ca** *adj* : chronic
**cronista** *nmf* **1** : reporter, newscaster **2** HISTORIADOR : chronicler, historian
**cronograma** *nm* : schedule, timetable
**cronología** *nf* : chronology
**cronológico, -ca** *adj* : chronological — **cronológicamente** *adv*
**cronometrador, -dora** *n* : timekeeper
**cronometrar** *vt* : to time, to clock
**cronómetro** *nm* : chronometer
**croquet** *nm* : croquet
**croqueta** *nf* : croquette
**croquis** *nm* : rough sketch
**cruasán** *nm, pl* **cruasanes** → **croissant**
**cruce**[1], **etc.** → **cruzar**
**cruce**[2] *nm* **1** : crossing, cross **2** : crossroads, intersection ⟨cruce peatonal : crosswalk⟩
**crucero** *nm* **1** : cruise **2** : cruiser, warship **3** *Mex* : intersection
**crucial** *adj* : crucial — **crucialmente** *adv*
**crucificar** {72} *vt* : to crucify
**crucifijo** *nm* : crucifix
**crucifixión** *nf, pl* **-fixiones** : crucifixion
**crucigrama** *nm* : crossword puzzle
**cruda** *nf Mex fam* : hangover
**crudeza** *nf* : harshness
**crudo**[1], **-da** *adj* **1** : raw **2** : crude, harsh
**crudo**[2] *nm* : crude oil
**cruel** *adj* : cruel — **cruelmente** *adv*
**crueldad** *nf* : cruelty ⟨la crueldad del tirano : the tyrant's cruelty⟩ ⟨las crueldades de la guerra : the cruelties of war⟩
**cruento, -ta** *adj* : bloody
**crujido** *nm* **1** : rustling **2** : creaking **3** : crackling (of a fire) **4** : crunching
**crujiente** *adj* : crunchy, crisp
**crujir** *vi* **1** : to rustle **2** : to creak, to crack **3** : to crunch
**crup** *nm* : croup
**crustáceo** *nm* : crustacean
**crutón** *nm, pl* **crutones** : crouton
**cruz** *nf, pl* **cruces** : cross
**cruza** *nf* : cross (hybrid)
**cruzada** *nf* : crusade
**cruzado**[1], **-da** *adj* : crossed
**cruzado**[2] *nm* **1** : crusader **2** : Brazilian unit of currency
**cruzar** {21} *vt* **1** : to cross ⟨cruzar la calle : to cross the street⟩ ⟨cruzar las piernas : to cross one's legs⟩ **2** : to exchange (words, greetings) **3** : to cross, to interbreed — *vi* : to cross — **cruzarse** *vr* **1** : to intersect **2** : to meet, to pass each other **3 cruzarse de brazos** : to cross one's arms
**cuaderno** *nm* LIBRETA : notebook
**cuadra** *nf* **1** : city block **2** : stable
**cuadrado**[1], **-da** *adj* : square
**cuadrado**[2] *nm* : square ⟨elevar al cuadrado : to square (a number)⟩
**cuadragésimo**[1], **-ma** *adj* : fortieth, forty-
**cuadragésimo**[2], **-ma** *n* : fortieth, forty- (in a series)
**cuadrante** *nm* **1** : quadrant **2** : dial
**cuadrar** *vi* : to conform, to agree — *vt* : to square — **cuadrarse** *vr* : to stand at attention
**cuadriculado** *nm* : grid (on a map, etc.)
**cuadrilátero** *nm* **1** : quadrilateral **2** : ring (in sports)
**cuadrilla** *nf* : gang, team, group
**cuadro** *nm* **1** : square ⟨una blusa a cuadros : a checkered blouse⟩ **2** : painting, picture **3** : baseball diamond, infield **4** : panel, board, cadre
**cuádruple** *adj* : quadruple
**cuadruplicar** {72} *vt* : to quadruple — **cuadruplicarse** *vr*
**cuajada** *nf* : curd
**cuajar** *vi* **1** : to curdle **2** COAGULAR : to clot, to coagulate **3** : to set, to jell **4** : to be accepted ⟨su idea no cuajó : his idea didn't catch on⟩ — *vt* **1** : to curdle **2** ~ **de** : to fill with
**cual**[1] *prep* : like, as
**cual**[2] *pron* **1 el cual, la cual, los cuales, las cuales** : who, whom, which ⟨la razón por la cual lo dije : the reason I said it⟩ **2 lo cual** : which ⟨se rió, lo cual me dio rabia : he laughed, which made me mad⟩ **3 cada cual** : everyone, everybody
**cuál**[1] *adj* : which, what ⟨¿cuáles libros? : which books?⟩

**cuál**[2] *pron* **1** (*in questions*) : which (one), what (one) ⟨¿cuál es el mejor? : which one is the best?⟩ ⟨¿cuál es tu apellido? : what is your last name?⟩ **2 cuál más, cuál menos** : some more, some less
**cualidad** *nf* : quality, trait
**cualificado, -da** *adj Spain* : qualified, trained
**cualitativo, -va** *adj* : qualitative — **cualitativamente** *adv*
**cualquier** *adj* → **cualquiera**[1]
**cualquiera**[1] ***cualquier*** before nouns *adj, pl* **cualesquiera** **1** : any, whichever ⟨cualquier persona : any person⟩ **2** : everyday, ordinary ⟨un hombre cualquiera : an ordinary man⟩
**cualquiera**[2] *pron, pl* **cualesquiera** **1** : anyone, anybody, whoever **2** : whatever, whichever
**cuán** *adv* : how ⟨¡cuán feliz era! : how happy I was!⟩
**cuando**[1] *conj* **1** : when ⟨cuando llegó : when he arrived⟩ **2** : since, if ⟨cuando lo dices : if you say so⟩ **3 cuando más/menos** : at the most/least **4 de vez en cuando** : from time to time
**cuando**[2] *prep* : during, at the time of ⟨cuando la guerra : during the war⟩
**cuándo** *adv & conj* **1** : when ⟨¿cuándo llegará? : when will she arrive?⟩ ⟨no sabemos cuándo será : we don't know when it will be⟩ **2 ¿de cuándo acá?** : since when?, how come?
**cuantía** *nf* **1** : quantity, extent **2** : significance, import
**cuántico, -ca** *adj* : quantum ⟨teoría cuántica : quantum theory⟩
**cuantificar** {72} *vt* : to quantify
**cuantioso, -sa** *adj* **1** : abundant, considerable **2** : heavy, grave ⟨cuantiosos daños : heavy damage⟩
**cuantitativo, -va** *adj* : quantitative — **cuantitativamente** *adv*
**cuanto**[1] *adv* **1** : as much as ⟨come cuanto puedas : eat as much as you can⟩ **2 cuanto antes** : as soon as possible **3 en ~** : as soon as **4 en cuanto a** : as for, as regards
**cuanto**[2], **-ta** *adj* : as many, whatever ⟨llévate cuantas flores quieras : take as many flowers as you wish⟩
**cuanto**[3], **-ta** *pron* **1** : as much as, all that, everything ⟨tengo cuanto deseo : I have all that I want⟩ **2 unos cuantos, unas cuantas** : a few
**cuánto**[1] *adv* : how much, how many ⟨¿a cuánto están las peras? : how much are the pears?⟩ ⟨no sé cuánto desean : I don't know how much they want⟩
**cuánto**[2], **-ta** *adj* : how much, how many ⟨¿cuántos niños tiene? : how many children do you have?⟩
**cuánto**[3], **-ta** *pron* : how much, how many ⟨¿cuántos quieren participar? : how many want to take part?⟩ ⟨¿cuánto cuesta? : how much does it cost?⟩
**cuáquero, -ra** *adj & n* : Quaker
**cuarenta** *adj & nm* : forty — **cuarenta** *pron*
**cuarentavo**[1], **-va** *adj* : fortieth
**cuarentavo**[2] *adj & nm* : fortieth (fraction)
**cuarentena** *nf* **1** : group of forty **2** : quarantine
**Cuaresma** *nf* : Lent
**cuarta** *nf* : fourth (gear)
**cuartear** *vt* **1** : to quarter **2** : to divide up — **cuartearse** *vr* AGRIETARSE : to crack, to split
**cuartel** *nm* **1** : barracks, headquarters **2** : mercy ⟨una guerra sin cuartel : a merciless war⟩
**cuartelazo** *nm* : coup d'état
**cuarteto** *nm* : quartet
**cuartilla** *nf* : sheet (of paper)
**cuarto**[1], **-ta** *adj & n* : fourth ⟨la cuarta (persona) : the fourth (person)⟩ ⟨llegó la cuarta : she came in fourth (place)⟩ ⟨una/la cuarta parte de : a quarter of, a fourth of⟩
**cuarto**[2] *nm* **1** : quarter, fourth ⟨un cuarto de : a quarter of, a fourth of⟩ ⟨cuarto de galón : quart⟩ **2** HABITACIÓN : room
**cuarto oscuro** *nm* : darkroom
**cuarzo** *nm* : quartz
**cuasi-** *pref* : quasi-
**cuate, -ta** *n Mex* **1** : twin **2** *fam* : buddy, pal
**cuatrero, -ra** *n* : rustler
**cuatrillizo, -za** *n* : quadruplet
**cuatro**[1] *adj & nm* : four ⟨tiene cuatro años : she's four years old⟩ ⟨el cuatro de agosto : (on) the fourth of August, (on) August fourth⟩
**cuatro**[2] *pron* : four ⟨son cuatro : there are four of them⟩ ⟨son las cuatro y cuarto : it's four fifteen, it's (a) quarter after four⟩
**cuatrocientos, -tas** *adj & nm* : four hundred — **cuatrocientos** *pron*
**cuba** *nf* BARRIL : cask, barrel
**cubano, -na** *adj & n* : Cuban
**cubertería** *nf* : flatware, silverware
**cubeta** *nf* **1** : keg, cask **2** : bulb (of a thermometer) **3** *Mex* : bucket, pail
**cúbico, -ca** *adj* : cubic, cubed
**cubículo** *nm* : cubicle
**cubierta** *nf* **1** : covering **2** FORRO : cover, jacket (of a book) **3** : deck
**cubierto**[1] *pp* → **cubrir**
**cubierto**[2] *nm* **1** : cover, shelter ⟨bajo cubierto : under cover⟩ **2** : table setting **3** : utensil, piece of silverware
**cubil** *nm* : den, lair
**cúbito** *nm* : ulna
**cubo** *nm* **1** : cube **2** *Spain* BALDE : pail, bucket, can ⟨cubo de basura : garbage can⟩ **3** : hub (of a wheel)
**cubrecama** *nm* COLCHA : bedspread
**cubrir** {2} *vt* **1** : to cover ⟨cubierto de algo : covered in/with something⟩ **2** : to cover (costs, etc.) — **cubrirse** *vr*
**cucaracha** *nf* : cockroach, roach
**cuchara** *nf* : spoon
**cucharada** *nf* : spoonful
**cucharadita** *nf* : teaspoon, teaspoonful
**cucharilla** *or* **cucharita** *nf* : teaspoon
**cucharón** *nm, pl* **-rones** : ladle
**cuchichear** *vi* : to whisper
**cuchicheo** *nm* : whisper

**cuchilla** *nf* **1** : kitchen knife, cleaver **2** : blade ⟨cuchilla de afeitar : razor blade, (safety) razor⟩ **3** : crest, ridge
**cuchillada** *nf* : stab, knife wound
**cuchillo** *nm* : knife
**cuclillas** *nfpl* **en ~** : squatting, crouching
**cuclillo** *nm* : cuckoo
**cuco**[1], **-ca** *adj fam* : pretty, cute
**cuco**[2] *nm* **1** : cuckoo **2** *Arg, Chile, Peru, Uru fam* COCO : bogeyman
**cucurucho** *nm* : ice-cream cone
**cuece, cueza etc.** → **cocer**
**cuela, etc.** → **colar**
**cuelga, cuelgue etc.** → **colgar**
**cuello** *nm* **1** : neck **2** : collar, neck (of a shirt) ⟨cuello en V : V-neck⟩ **3 cuello del útero** : cervix
**cuenca** *nf* **1** : river basin **2** : eye socket
**cuenco** *nm* : bowl, basin
**cuenta**[1], **etc.** → **contar**
**cuenta**[2] *nf* **1** : calculation, count **2** : account ⟨cuenta corriente : checking account⟩ ⟨cuenta de ahorro(s) : savings account⟩ ⟨cuenta de correo(s) electrónico(s), cuenta de email : e-mail account⟩ **3** : responsibility, liability ⟨corre por cuenta del gobierno : the government is footing the bill⟩ ⟨trabajar por cuenta propia : to be self-employed⟩ **4** : check, bill **5 a fin de cuentas** : in the end **6 darse cuenta** : to realize **7 en buenas cuentas** *Chile* : in short **8 por cuenta de** : on account of, because of **9 rendir cuentas** : to be held accountable **10 tener en cuenta** : to bear in mind **11 tomar en cuenta** : to take into account
**cuentagotas** *nfs & pl* **1** : dropper **2 con ~** : little by little
**cuentakilómetros** *nm* **1** : odometer **2** VELOCÍMETRO : speedometer
**cuentista** *nmf* **1** : short story writer **2** *fam* : liar, fibber
**cuento** *nm* **1** : story, tale **2 cuento chino** : tall tale **3 cuento de hadas** : fairy tale **4 sin ~** : countless
**cuerda** *nf* **1** : cord, rope, string **2 cuerdas vocales** : vocal cords **3 darle cuerda a algo** : to wind something up
**cuerdo, -da** *adj* : sane, sensible
**cuerno** *nm* **1** : horn, antler **2** : cusp (of the moon) **3** : horn (musical instrument)
**cuero** *nm* **1** : leather, hide **2 cuero cabelludo** : scalp
**cuerpo** *nm* **1** : body **2** : corps ⟨cuerpo policial : police force⟩
**cuervo** *nm* : crow, raven
**cuesta**[1], **etc.** → **costar**
**cuesta**[2] *nf* **1** : slope ⟨cuesta arriba : uphill⟩ **2 a cuestas** : on one's back
**cuestión** *nf, pl* **-tiones** ASUNTO, TEMA : matter, affair
**cuestionable** *adj* : questionable, dubious
**cuestionamiento** *nm* **1** : question, doubt ⟨hacer cuestionamientos a/sobre : to raise questions about⟩ **2** : questioning
**cuestionar** *vt* : to question
**cuestionario** *nm* **1** : questionnaire **2** : quiz
**cueva** *nf* : cave
**cuidado** *nm* **1** : care ⟨cuidado personal : self-care⟩ **2** : worry, concern **3 tener cuidado** : to be careful **4 ¡cuidado!** : watch out!, be careful!
**cuidador, -dora** *n* : caretaker
**cuidadoso, -sa** *adj* : careful, attentive — **cuidadosamente** *adv*
**cuidar** *vt* **1** : to take care of, to look after **2** : to pay attention to — *vi* **1 ~ de** : to look after **2 cuidar de que** : to make sure that — **cuidarse** *vr* : to take care of oneself
**culata** *nf* : butt (of a gun)
**culatazo** *nf* : kick, recoil
**culebra** *nf* SERPIENTE : snake
**culebrón** *nm, pl* **-brones** : soap, soap opera
**culinario, -ria** *adj* : culinary
**culminante** *adj* **punto culminante** : peak, high point, climax
**culminar** *vi* : to culminate — **culminación** *nf*
**culo** *nm* **1** *fam* : backside, behind **2** : bottom (of a glass)
**culpa** *nf* **1** : fault, blame ⟨echarle la culpa a alguien : to blame someone⟩ **2** : sin
**culpabilidad** *nf* : guilt
**culpable**[1] *adj* : guilty
**culpable**[2] *nmf* : culprit, guilty party
**culpar** *vt* : to blame
**culposo, -sa** *adj* : culpable, negligent
**cultivable** *adj* : arable
**cultivado, -da** *adj* **1** : cultivated, farmed **2** : cultured
**cultivador, -dora** *n* : grower
**cultivar** *vt* **1** : to cultivate **2** : to foster
**cultivo** *nm* **1** : cultivation, farming **2** : crop
**culto**[1], **-ta** *adj* : cultured, educated
**culto**[2] *nm* **1** : worship **2** : cult
**cultura** *nf* : culture
**cultural** *adj* : cultural — **culturalmente** *adv*
**culturismo** *nm* : bodybuilding
**cumbre** *nf* CIMA : top, peak, summit
**cumpleañero, -ra** *n* : birthday boy *m*, birthday girl *f*
**cumpleaños** *nms & pl* : birthday
**cumplido**[1], **-da** *adj* **1** : complete, full **2** : courteous, correct
**cumplido**[2] *nm* : compliment, courtesy ⟨por cumplido : out of courtesy⟩ ⟨andarse con cumplidos : to stand on ceremony⟩
**cumplidor, -dora** *adj* : reliable
**cumplimentar** *vt* **1** : to congratulate **2** : to carry out, to perform
**cumplimiento** *nm* **1** : completion, fulfillment **2** : performance
**cumplir** *vt* **1** : to accomplish, to carry out **2** : to comply with, to fulfill **3** : to attain, to reach ⟨su hermana cumple (los) 20 (años) el viernes : her sister will be 20 on Friday⟩ — *vi* **1** : to expire, to fall due **2** : to fulfill one's obligations ⟨cumplir con su deber : to do one's duty⟩ ⟨cumplir con su palabra : to keep one's word⟩ — **cumplirse** *vr* **1** : to come true, to be fulfilled ⟨se cumplieron

sus sueños : her dreams came true⟩ **2** : to run out, to expire
**cúmulo** *nm* **1** MONTÓN : heap, pile **2** : cumulus
**cuna** *nf* **1** : cradle **2** : birthplace, origin
**cundir** *vi* **1** : to spread, to propagate (of panic, etc.) **2** : to progress, to make headway
**cuneta** *nf* : ditch (in a road), gutter
**cuña** *nf* : wedge
**cuñado, -da** *n* : brother-in-law *m*, sister-in-law *f*
**cuño** *nm* : die (for stamping)
**cuota** *nf* **1** : fee, dues **2** : quota, share **3** : installment, payment
**cupé** *nm* : coupe
**cupo¹, etc.** → **caber**
**cupo²** *nm* **1** : quota, share **2** : capacity, room
**cupón** *nm, pl* **cupones** **1** : coupon, voucher **2 cupón federal** : food stamp
**cúpula** *nf* : dome, cupola
**cura¹** *nm* : priest
**cura²** *nf* **1** CURACIÓN, TRATAMIENTO : cure, treatment **2** : dressing, bandage
**curación** *nf, pl* **-ciones** CURA, TRATAMIENTO : cure, treatment
**curador, -dora** *n* **1** : healer **2** CONSERVADOR : curator
**curandero, -ra** *nm* **1** : witch doctor **2** : quack, charlatan
**curar** *vt* **1** : to cure, to heal **2** : to treat, to dress **3** CURTIR : to tan **4** : to cure (meat) — *vi* : to get well, to recover — **curarse** *vr*
**curativo, -va** *adj* : healing
**curiosear** *vi* **1** : to snoop, to pry **2** : to browse — *vt* : to look over, to check
**curiosidad** *nf* **1** : curiosity **2** : curio
**curioso, -sa** *adj* **1** : curious, inquisitive **2** : strange, unusual, odd — **curiosamente** *adv*
**curita** *nf* (*Curitas*, marca registrada) : bandage, Band-Aid™
**currículo** → **currículum**
**currículum** *nm, pl* **-lums** **1** : résumé, curriculum vitae **2** : curriculum, course of study
**curruca** *nf* : warbler
**curry** [ˢkurri] *nm, pl* **-rries** **1** : curry powder **2** : curry (dish)
**cursar** *vt* **1** : to attend (school), to take (a course) **2** : to dispatch, to pass on
**cursi** *adj fam* : affected, pretentious
**cursilería** *nf* **1** : vulgarity, poor taste **2** : pretentiousness
**cursillo** *nm* : short course
**cursiva** *nf* BASTARDILLA : italic type, italics *pl*
**cursivo, -va** *adj* : italic
**curso** *nm* **1** : course, direction **2** : school year **3** : course, subject (in school)
**cursor** *nm* : cursor
**curtido, -da** *adj* : weather-beaten, leathery (of skin)
**curtidor, -dora** *n* : tanner
**curtiduría** *nf* : tannery
**curtir** *vt* **1** : to tan **2** : to harden, to weather — **curtirse** *vr*
**curul** *nf* ESCAÑO : seat (in a legislative body)
**curva** *nf* : curve, bend
**curvar** *vt* : to bend
**curvatura** *nf* : curvature
**curvilíneo, -nea** *adj* : shapely
**curvo, -va** *adj* : curved, bent
**cúspide** *nf* : zenith, apex, peak
**custodia** *nf* : custody
**custodiar** *vt* : to guard, to look after
**custodio, -dia** *n* : keeper, guardian
**cutáneo, -nea** *adj* : skin, cutaneous
**cúter** *nm* : cutter (boat)
**cutícula** *nf* : cuticle
**cutis** *nms & pl* : skin, complexion
**cuyo, -ya** *adj* **1** : whose, of whom, of which **2 en cuyo caso** : in which case

# D

**d** *nf* : fifth letter of the Spanish alphabet
**dactilar** *adj* **huellas dactilares** : fingerprints
**dádiva** *nf* : gift, handout
**dadivoso, -sa** *adj* : generous
**dado, -da** *adj* **1** : given **2 dado que** : given that, since
**dados** *nmpl* : dice
**daga** *nf* : dagger
**dalia** *nf* : dahlia
**dálmata** *nm* : dalmatian
**daltónico, -ca** *adj* : color-blind
**daltonismo** *nm* : color blindness
**dama** *nf* **1** : lady **2 damas** *nfpl* : checkers
**damasco** *nm* : damask
**damisela** *nf* : damsel
**damnificado, -da** *n* : victim (of a disaster)
**dance, etc.** → **danzar**
**dandi** *nm* : dandy
**danés¹, -nesa** *adj* : Danish
**danés², -nesa** *n, mpl* **daneses** : Dane, Danish person
**danza** *nf* : dance, dancing ⟨danza folklórica : folk dance⟩
**danzante, -ta** *n* BAILARÍN : dancer
**danzar** {21} *v* BAILAR : to dance
**dañar** *vt* **1** : to damage, to spoil **2** : to harm, to hurt — **dañarse** *vr*
**dañino, -na** *adj* : harmful
**daño** *nm* **1** : damage **2** : harm, injury ⟨daños colaterales : collateral damages⟩ **3 hacer daño a** : to harm, to damage **4 hacerse daño** : to hurt oneself ⟨me he hecho daño en la mano : I've hurt my hand⟩ **5 daños y perjuicios** : damages
**dar** {22} *vt* **1** : to give (a gift, a donation, etc.) **2** ENTREGAR : to give, to hand (over) **3** PROPORCIONAR : to give (sup-

plies, support, etc.) ⟨dale una oportunidad : give him a chance⟩ **4** CONCEDER : to give (time, permission, etc.) **5** ADMINISTRAR : to give (medicine, etc.) **6** EXPRESAR : to give, to express ⟨dales recuerdos de mi parte : give them my regards⟩ ⟨darle las gracias a : to thank⟩ ⟨dar su palabra : to give one's word⟩ **7** MOSTRAR : to give (an indication, etc.) **8** OFRECER : to give (a reason, etc.) **9** : to give (an impression, etc.) **10** GOLPEAR : to hit ⟨me dio en la cara : it hit me in the face⟩ **11** : to strike ⟨el reloj dio las doce : the clock struck twelve⟩ **12** PRODUCIR : to yield, to produce **13** : to give (a performance, a party, etc.), to show (a film, etc.) **14** : to do (an action) ⟨dar un grito : to give a shout⟩ ⟨dar un paseo : to go for a walk⟩ ⟨me dio un beso : she gave me a kiss⟩ **15** VENDER : to give, to sell **16** CAUSAR : to cause ⟨darle miedo/sed (etc.) a alguien : to make someone frightened/thirsty (etc.)⟩ ⟨me da risa : it makes me laugh, it's funny⟩ ⟨le da problemas/esperanza : it gives her trouble/hope⟩ **17** APLICAR : to apply ⟨dale una mano de pintura : give it a coat of paint⟩ ⟨dar un impulso a : to give a boost to⟩ **18** CONFERIR : to give, to impart (a quality) **19 dar como/por** : to regard as, to consider ⟨dar por hecho : to take for granted⟩ ⟨dar a alguien por muerto : to give someone up for dead⟩ — *vi* **1** : to provide (enough) ⟨no me da para dos pasajes : I don't have enough for two fares⟩ ⟨no me da tiempo : I don't have time⟩ ⟨esto no da para más : this can't go on⟩ ⟨a todo lo que da : at full speed/power (etc.)⟩ **2** : to hand something over ⟨dame : give it to me⟩ **3** : to deal (in cards) **4** : to hit ⟨dar en el blanco : to hit the target⟩ **5** : to give a result ⟨dio positivo al virus : he tested positive for the virus⟩ **6 dale que dale** *or Spain* **dale que te pego** ⟨están dale que dale con el teléfono : they're constantly on the phone⟩ ⟨y ella dale que te pego con sus problemas : and she was going on and on about her problems⟩ **7 darle a** : to press (a button, etc.), to turn (a dial, etc.) **8 ~ a/sobre** : to overlook, to look out on **9 ~ con** : to run into **10 ~ con** : to hit upon (an idea) **11 dar de sí** : to give, to stretch (of clothing, etc.) — **darse** *vr* **1** : to consider oneself ⟨se dio por vencido : he gave in⟩ **2** : to occur, to arise **3** : to grow, to come up **4 ~ con/contra** : to hit oneself against, to bump into **5 dárselas de** : to boast about ⟨se las da de muy listo : he thinks he's very smart⟩ **6 dársele bien algo a uno** : to be good at something ⟨se le dan muy bien las matemáticas : she's very good at math⟩

**dardo** *nm* : dart

**dársena** *nf* : dock

**data** *nf* **1** : byline **2 de larga data** : long-standing

**datar** *vt* : to date — *vi* **~ de** : to date from, to date back to

**dátil** *nm* : date (fruit)

**dato** *nm* **1** : fact, piece of information **2 datos** *nmpl* : data, information

**dé → dar**

**de¹** *nf* : (letter) d

**de²** *prep* **1** (*indicating connection or belonging*) : of ⟨la casa de Pepe : Pepe's house⟩ ⟨el cuatro de abril : the fourth of April, April fourth⟩ ⟨la reina de Inglaterra : the Queen of England⟩ ⟨el mejor de todos : the best of all⟩ **2** (*indicating a quality or condition*) : of ⟨un asunto de gran importancia : a matter of great importance⟩ ⟨un niño de tres años : a three-year-old boy⟩ ⟨estoy de vacaciones : I'm on vacation⟩ **3** (*indicating content, material, or quantity*) : of ⟨un vaso de agua : a glass of water⟩ ⟨una casa de ladrillo : a brick house, a house made of brick⟩ ⟨una gran cantidad de lluvia : a large amount of rain⟩ **4** (*indicating a source or starting point*) : from ⟨es de Managua : she's from Managua⟩ ⟨salió del edificio : he left the building⟩ **5** (*with time*) : in, at ⟨a las tres de la mañana : at three in the morning⟩ ⟨salen de noche : they go out at night⟩ **6** (*with numbers*) : than ⟨más de tres : more than three⟩ **7** (*indicating a particular example*) : of ⟨el mes de junio : the month of June⟩ **8** (*indicating a cause*) ⟨morirse de hambre : to be dying of/from starvation⟩ ⟨gritar de alegría : to shout with/for joy⟩ **9** : about ⟨libros de historia : history books, books about history⟩ **10** (*indicating purpose*) : for ⟨ropa de deporte : sportswear, athletic clothes⟩ ⟨máquina de coser : sewing machine⟩ **11** : as ⟨ella trabaja de camionera : she works as a truck driver⟩ **12** : if ⟨de haberlo sabido : if I had known⟩ ⟨de continuar esta situación : if this situation continues⟩

**deambular** *vi* : to wander, to roam

**deán** *nm, pl* **deanes** : dean (of clergy)

**debacle** *nf* : debacle

**debajo** *adv* **1** : underneath, below, on the bottom **2 ~ de** : under, underneath **3 por ~** : below, beneath

**debate** *nm* : debate

**debatir** *vt* : to debate, to discuss — **debatirse** *vr* : to struggle

**debe** *nm* : debit column, debit

**deber¹** *vt* : to owe — *v aux* **1** : must, have to ⟨debo ir : I must go⟩ ⟨no debes hacerlo : you mustn't do it⟩ **2** : should, ought to ⟨deberías buscar trabajo : you should look for work⟩ ⟨debería darte vergüenza : you ought to be ashamed of yourself⟩ **3** (*expressing probability*) : must ⟨debe ser muy tarde : it must be very late⟩ — **deberse** *vr* **1 ~ a** : to be due to **2 ~ a** : to have a responsibility towards

**deber²** *nm* **1** OBLIGACIÓN : duty, obligation **2 deberes** *nmpl Spain* : homework

**debidamente** *adv* : properly, duly

**debido, -da** *adj* **1** : right, proper, due **2 ~ a** : due to, owing to

**débil** *adj* : weak, feeble — **débilmente** *adv*

**debilidad** *nf* : weakness, debility, feebleness
**debilitamiento** *nm* : weakening
**debilitar** *vt* : to debilitate, to weaken — **debilitarse** *vr*
**debilucho¹, -cha** *adj* : weak, frail
**debilucho², -cha** *n* : weakling
**debitar** *vt* : to debit
**débito** *nm* **1** DEUDA : debt **2** : debit
**de bruces** *adv* : facedown, face-first ⟨caer de bruces : to fall flat on one's face⟩
**debut** [de'but] *nm, pl* **debuts** : debut
**debutante¹** *nmf* : beginner, newcomer
**debutante²** *nf* : debutante *f*
**debutar** *vi* : to debut, to make a debut
**década** *nf* DECENIO : decade
**decadencia** *nf* **1** : decadence **2** : decline
**decadente** *adj* **1** : decadent **2** : declining
**decaer** {13} *vi* **1** : to decline, to decay, to deteriorate **2** FLAQUEAR : to weaken, to flag
**decaído, -da** *adj fam* : depressed, sad
**decaiga, etc.** → **decaer**
**decano, -na** *n* **1** : dean **2** : senior member
**decapitar** *vt* : to decapitate, to behead
**decayó, etc.** → **decaer**
**decena** *nf* : group of ten
**decencia** *nf* : decency
**decenio** *nm* DÉCADA : decade
**decente** *adj* : decent — **decentemente** *adv*
**decepción** *nf, pl* **-ciones** : disappointment, letdown
**decepcionante** *adj* : disappointing
**decepcionar** *vt* : to disappoint, to let down — **decepcionarse** *vr*
**deceso** *nm* DEFUNCIÓN : death, passing
**dechado** *nm* **1** : sampler (of embroidery) **2** : model, paragon
**decibelio** *or* **decibel** *nm* : decibel
**decidido, -da** *adj* : decisive, determined, resolute — **decididamente** *adv*
**decidir** *vt* **1** : to decide ⟨decidí ir : I decided to go⟩ ⟨no he decidido nada : I haven't made a decision⟩ **2** : to make (someone) decide, to persuade (someone) — *vi* : to decide ⟨decidir sobre : to make a decision about⟩ — **decidirse** *vr* : to make up one's mind ⟨decidirse por : to decide on, to choose⟩
**décima** *nf* : tenth (fraction)
**decimal** *adj* : decimal
**décimo¹, -ma** *adj & n* : tenth ⟨la décima (persona) : the tenth (person)⟩ ⟨una/la décima parte de : a tenth of, one tenth of⟩ ⟨en décimo lugar : in tenth place⟩
**décimo²** *nm Spain* → **décima**
**decimoctavo¹, -va** *adj* : eighteenth
**decimoctavo², -va** *n* : eighteenth (in a series)
**decimocuarto¹, -ta** *adj* : fourteenth
**decimocuarto², -ta** *n* : fourteenth (in a series)
**decimonoveno¹, -na** *or* **decimonono, -na** *adj* : nineteenth
**decimonoveno², -na** *or* **decimonono, -na** *n* : nineteenth (in a series)
**decimoquinto¹, -ta** *adj* : fifteenth
**decimoquinto², -ta** *n* : fifteenth (in a series)
**decimoséptimo¹, -ma** *adj* : seventeenth
**decimoséptimo², -ma** *n* : seventeenth (in a series)
**decimosexto¹, -ta** *adj* : sixteenth
**decimosexto², -ta** *n* : sixteenth (in a series)
**decimotercero¹, -ra** *adj* : thirteenth
**decimotercero², -ra** *n* : thirteenth (in a series)
**decir¹** {23} *vt* **1** : to say ⟨dice que no irá : she says she won't go⟩ **2** : to tell ⟨dime lo que estás pensando : tell me what you're thinking⟩ ⟨ya te lo decía yo : I told you so⟩ **3** : to tell, to say ⟨haz lo que te digo : do as I say, do what I tell you⟩ ⟨te dije que callaras : I told you to be quiet⟩ **4** : to speak, to talk ⟨no digas tonterías : don't talk nonsense⟩ **5** : to call ⟨me dicen Rosy : they call me Rosy⟩ **6 como quien dice** : so to speak **7 es decir** : that is to say **8 dicho y hecho** : no sooner said than done **9 (o) mejor dicho** : (or) rather **10 ¡no me digas!** : you're kidding!, you don't say! **11 por así decirlo** : so to speak **12 querer decir** : to mean ⟨¿qué quiere decir? : what do you mean?⟩ — **decirse** *vr* **1** : to say to oneself **2** : to be said ⟨¿cómo se dice "lápiz" en francés? : how do you say "pencil" in French?⟩
**decir²** *nm* DICHO : saying, expression
**decisión** *nf, pl* **-siones** **1** : decision, choice ⟨tomar una decisión : to make a decision⟩ **2** : decisiveness
**decisivo, -va** *adj* : decisive, conclusive — **decisivamente** *adv*
**declamar** *vi* : to declaim — *vt* : to recite
**declaración** *nf, pl* **-ciones** **1** : declaration, statement ⟨hacer una declaración : to issue a statement⟩ **2** TESTIMONIO : deposition, testimony ⟨prestar declaración : to give evidence, to testify⟩ **3 declaración de derechos** : bill of rights **4 declaración jurada** : affidavit **5 declaración de la renta** : income tax return
**declarado, -da** *adj* : professed, open — **declaradamente** *adv*
**declarar** *vt* : to declare, to state ⟨declarar culpable : to find guilty⟩ ⟨declarar inocente : to find not guilty⟩ — *vi* ATESTIGUAR : to testify — **declararse** *vr* **1** : to declare oneself (to be) ⟨declararse en huelga : to go on strike⟩ ⟨declararse en bancarrota : to declare bankruptcy⟩ **2** : to confess one's love **3** : to plead (in court) ⟨declararse culpable : to plead guilty⟩ ⟨declararse inocente : to plead not guilty⟩ **4** : to testify **5** : to break out (of a fire, etc.)
**declinar** *vt* : to decline, to turn down — *vi* **1** : to draw to a close **2** : to diminish, to decline
**declive** *nm* **1** DECADENCIA : decline **2** : slope, incline
**decodificador** *nm* : decoder
**decolar** *vi Chile, Col, Ecua* : to take off (of an airplane)

**decolorar** *vt* : to bleach — **decolorarse** *vr* : to fade
**decomisar** *vt* CONFISCAR : to seize, to confiscate
**decomiso** *nm* : seizure, confiscation
**decoración** *nf, pl* **-ciones** 1 : decoration 2 : decor 3 : stage set, scenery
**decorado** *nm* : stage set, scenery
**decorador, -dora** *n* : decorator
**decorar** *vt* ADORNAR : to decorate, to adorn
**decorativo, -va** *adj* : decorative, ornamental
**decoro** *nm* : decorum, propriety
**decoroso, -sa** *adj* : decent, proper, respectable
**decrecer** {53} *vi* : to decrease, to wane, to diminish — **decreciente** *adj*
**decrecimiento** *nm* : decrease, decline
**decrépito, -ta** *adj* : decrepit
**decretar** *vt* : to decree, to order
**decreto** *nm* : decree
**decúbito** *nm* : horizontal position ⟨en decúbito prono/supino : prone/supine⟩
**dedal** *nm* : thimble
**dedalera** *nf* DIGITAL : foxglove
**dedicación** *nf, pl* **-ciones** : dedication, devotion
**dedicar** {72} *vt* : to dedicate, to devote — **dedicarse** *vr* ~ **a** : to devote oneself to, to engage in
**dedicatoria** *nf* : dedication (of a book, song, etc.)
**dedillo** *nm* **conocer algo al dedillo** : to know something backward and forward
**dedo** *nm* 1 : finger ⟨dedo meñique : little finger⟩ ⟨no mover un dedo : not to lift a finger⟩ ⟨hacer dedo, ir a dedo : to hitchhike⟩ ⟨poner el dedo en la llaga : to hit a nerve⟩ 2 **dedo del pie** : toe
**deducción** *nf, pl* **-ciones** : deduction
**deducible** *adj* : deductible
**deducir** {61} *vt* 1 INFERIR : to deduce 2 DESCONTAR : to deduct
**defecar** {72} *vi* : to defecate — **defecación** *nf*
**defecto** *nm* 1 : defect, flaw, shortcoming 2 **en su defecto** : lacking that, in the absence of that
**defectuoso, -sa** *adj* : defective, faulty
**defender** {56} *vt* : to defend, to protect — **defenderse** *vr* 1 : to defend oneself 2 : to get by, to know the basics ⟨su inglés no es perfecto pero se defiende : his English isn't perfect but he gets by⟩
**defendible** *adj* : tenable
**defensa**[1] *nf* 1 : defense ⟨salió en nuestra defensa : he came to our defense⟩ ⟨actuar en defensa propia : to act in self-defense⟩ ⟨clase de defensa personal : self-defense class⟩ 2 : defense (in sports)
**defensa**[2] *nmf* : defender, back (in sports)
**defensiva** *nf* : defensive, defense
**defensivo, -va** *adj* : defensive — **defensivamente** *adv*
**defensor**[1], **-sora** *adj* : defending, defense
**defensor**[2], **-sora** *n* 1 : defender, advocate 2 : defense counsel
**defeño, -ña** *n* : person from the Federal District (Mexico City)
**deferencia** *nf* : deference
**deferir** {76} *vi* **deferir a** : to defer to
**deficiencia** *nf* : deficiency, flaw
**deficiente** *adj* : deficient
**déficit** *nm, pl* **-cits** 1 : deficit 2 : shortage, lack
**deficitario, -ria** *adj* : with a deficit (of a country, etc.), negative (of a balance) ⟨una empresa deficitaria : a business that is losing money⟩
**definición** *nf, pl* **-ciones** : definition
**definido, -da** *adj* : definite, well-defined
**definir** *vt* 1 : to define 2 : to determine
**definitivamente** *adv* 1 : finally 2 : permanently, for good 3 : definitely, absolutely
**definitivo, -va** *adj* 1 : definitive, conclusive 2 **en definitiva** : all in all, on the whole 3 **en definitiva** *Mex* : permanently, for good
**deflación** *nf, pl* **-ciones** : deflation
**deforestación** *nf, pl* **-ciones** : deforestation
**deformación** *nf, pl* **-ciones** 1 : deformation 2 : distortion
**deformar** *vt* 1 : to deform, to disfigure 2 : to distort — **deformarse** *vr*
**deforme** *adj* : deformed, misshapen
**deformidad** *nf* : deformity
**defraudación** *nf, pl* **-ciones** : fraud
**defraudar** *vt* 1 ESTAFAR : to defraud, to cheat 2 : to disappoint
**defunción** *nf, pl* **-ciones** DECESO : death, passing
**degeneración** *nf, pl* **-ciones** 1 : degeneration 2 DEPRAVACIÓN : depravity
**degenerado, -da** *adj* DEPRAVADO : degenerate
**degenerar** *vi* : to degenerate
**degenerativo, -va** *adj* : degenerative
**degollar** {19} *vt* 1 : to slit the throat of, to slaughter 2 DECAPITAR : to behead 3 : to ruin, to destroy
**degradación** *nf, pl* **-ciones** 1 : degradation 2 : demotion
**degradante** *adj* : degrading
**degradar** *vt* 1 : to degrade, to debase 2 : to demote
**degustación** *nf, pl* **-ciones** : tasting, sampling
**degustador, -dora** *n* : taster
**degustar** *vt* : to taste
**dehesa** *nf* : meadow
**deidad** *nf* : deity
**deificar** {72} *vt* : to idolize, to deify
**dejadez** *nf* : neglect, slovenliness
**dejado, -da** *adj* 1 : slovenly 2 : careless, lazy
**dejar** *vt* 1 : to leave ⟨dejé la cartera en casa : I left my purse at home⟩ ⟨déjalo allí : leave it there⟩ ⟨déjalo conmigo : leave it with me⟩ 2 : to drop (someone) off 3 : to leave (a tip, a package, etc.) 4 LEGAR : to leave, to bequeath 5 ABANDONAR : to leave (a spouse, a job, etc.), to give up (an activity) 6 : to leave alone, to let be 7 : to drop (a subject) ⟨déjalo, no importa : forget it—it's not

important⟩ **8** POSPONER : to leave, to put off **9** : to leave ⟨dejé las luces encendidas : I left the lights on⟩ ⟨no me dejes esperando : don't leave me waiting⟩ **10** GUARDAR : to leave, to set aside **11** : to leave (a mark, etc.) **12** PERMITIR : to let, to allow ⟨déjalo hablar : let him speak⟩ ⟨deja que se enfríe : let it cool⟩ — *vi* **1 ~ de** : to stop, to quit ⟨dejar de fumar : to quit smoking⟩ **2 no dejar de** : to be sure to ⟨no dejes de llamar : be sure to call⟩ — **dejarse** *vr* **1** : to let oneself be ⟨se deja insultar : he lets himself be insulted⟩ **2** : to forget, to leave ⟨me dejé las llaves en el carro : I left the keys in the car⟩ **3** : to neglect oneself, to let oneself go **4** : to grow ⟨me estoy dejando el pelo largo : I'm growing my hair long⟩

**dejo** *nm* **1** : aftertaste **2** : touch, hint **3** : (regional) accent

**del** *contraction of* DE *and* EL → **de**

**delación** *nf, pl* **-ciones** : denunciation, betrayal

**delantal** *nm* **1** : apron **2** : pinafore

**delante** *adv* **1** ENFRENTE : ahead, in front **2 ~ de** : before, in front of

**delantera** *nf* **1** : front, front part, front row ⟨tomar la delantera : to take the lead⟩ **2** : forward line (in sports)

**delantero**[1], **-ra** *adj* **1** : front, forward **2 tracción delantera** : front-wheel drive

**delantero**[2], **-ra** *n* : forward (in sports)

**delatar** *vt* **1** : to betray, to reveal **2** : to denounce, to inform against

**delator, -tora** *adj* : incriminating

**delegación** *nf, pl* **-ciones** : delegation

**delegado, -da** *n* : delegate, representative

**delegar** {52} *vt* : to delegate

**deleitar** *vt* : to delight, to please — **deleitarse** *vr*

**deleite** *nm* : delight, pleasure

**deletrear** *vi* : to spell ⟨¿como se deletrea? : how do you spell it?⟩

**deleznable** *adj* **1** : brittle, crumbly **2** : slippery **3** : weak, fragile ⟨una excusa deleznable : a weak excuse⟩

**delfín** *nm, pl* **delfines** : dolphin

**delgadez** *nf* : thinness

**delgado, -da** *adj* **1** FLACO : thin, skinny **2** ESBELTO : slender, slim **3** DELICADO : delicate, fine **4** AGUDO : sharp, clever

**deliberado, -da** *adj* : deliberate, intentional — **deliberadamente** *adv*

**deliberar** *vi* : to deliberate — **deliberación** *nf*

**delicadamente** *adv* : delicately

**delicadeza** *nf* **1** : delicacy, fineness **2** : gentleness, softness **3** : tact, discretion, consideration

**delicado, -da** *adj* **1** : delicate, fine **2** : sensitive, frail **3** : delicate, tricky **4** : fussy **5** : tactful, considerate

**delicia** *nf* : delight

**delicioso, -sa** *adj* **1** RICO : delicious **2** : delightful

**delictivo, -va** *adj* : criminal

**delictuoso, -sa** → **delictivo**

**delimitación** *nf, pl* **-ciones** **1** : demarcation **2** : defining, specifying

**delimitar** *vt* **1** : to demarcate **2** : to define, to specify

**delincuencia** *nf* : delinquency, crime

**delincuente**[1] *adj* : delinquent

**delincuente**[2] *nmf* CRIMINAL : delinquent, criminal

**delineador** *nm* : eyeliner

**delinear** *vt* **1** : to delineate, to outline **2** : to draft, to draw up

**delinquir** {24} *vi* : to break the law

**delirante** *adj* : delirious

**delirar** *vi* **1** DESVARIAR : to be delirious **2** : to rave, to talk nonsense

**delirio** *nm* **1** : delirium **2** FRENESÍ : mania, frenzy ⟨¡fue el delirio! : it was wild!⟩ **3 delirios** *pl* DISPARATES : nonsense, ravings *pl* ⟨delirios de grandeza : delusions of grandeur⟩

**delito** *nm* : crime, offense

**delta** *nm* : delta

**demacrado, -da** *adj* : emaciated, gaunt

**demagogo, -ga** *n* : demagogue

**demanda** *nf* **1** : demand ⟨la oferta y la demanda : supply and demand⟩ ⟨tener mucha demanda : to be in great demand⟩ **2** : petition, request **3** : lawsuit

**demandado, -da** *n* : defendant

**demandante** *nmf* : plaintiff

**demandar** *vt* **1** : to demand **2** REQUERIR : to call for, to require **3** : to sue, to file a lawsuit against

**demarcar** {72} *vt* : to demarcate — **demarcación** *nf*

**demás**[1] *adj* : remaining ⟨las demás tareas : the rest of the chores⟩

**demás**[2] *pron* **1 lo (la, los, las) demás** : the rest, everyone else, everything else ⟨Pepe, Rosa, y los demás : Pepe, Rosa, and everybody else⟩ **2 estar por demás** : to be of no use, to be pointless ⟨no estaría por demás : it couldn't hurt, it's worth a try⟩ **3 por demás** : extremely **4 por lo demás** : otherwise **5 y demás** : and so on, et cetera

**demasía** *nf* **en ~** : excessively, in excess

**demasiado**[1] *adv* **1** : too ⟨vas demasiado aprisa : you're going too fast⟩ **2** : too much ⟨comí demasiado : I ate too much⟩

**demasiado**[2], **-da** *adj* : too much, too many, excessive

**demencia** *nf* **1** : dementia **2** LOCURA : madness, insanity

**demencial** *adj fam* : crazy, insane

**demente**[1] *adj* : insane, mad

**demente**[2] *nmf* : insane person

**demeritar** *vt* **1** : to detract from **2** : to discredit

**demérito** *nm* **1** : fault **2** : discredit, disrepute

**demo** *nf* **1** : demo, demo product/version (etc.) **2** : demo, demo tape

**democracia** *nf* : democracy

**demócrata**[1] *adj* : democratic

**demócrata**[2] *nmf* : democrat

**democrático, -ca** *adj* : democratic — **democráticamente** *adv*

**democratizar** {21} *vt* : to democratize, to make democratic — **democratización** *nf*

**demografía** *nf* **1** : demography **2** : demographics *pl*
**demográfico, -ca** *adj* : demographic
**demoledor, -dora** *adj* : devastating
**demoler** {47} *vt* DERRIBAR, DERRUMBAR : to demolish, to destroy
**demolición** *nf, pl* **-ciones** : demolition
**demoníaco, -ca** *adj* : demonic, demoniac
**demonio** *nm* **1** DIABLO : devil, demon **2 ¿qué demonios . . . ?** : what on earth . . . ?, what the hell . . . ?
**demora** *nf* : delay
**demorar** *vt* **1** RETRASAR : to delay **2** TARDAR : to take, to last ⟨la reparación demorará varios días : the repair will take several days⟩ — *vi* : to delay, to linger ⟨no demores : don't delay, don't take too long⟩ — **demorarse** *vr* **1** : to be slow, to take a long time **2** : to take too long
**demostración** *nf, pl* **-ciones** : demonstration
**demostrar** {19} *vt* **1** PROBAR : to demonstrate, to prove **2** MANIFESTAR : to show **3** : to demonstrate (a procedure, etc.)
**demostrativo, -va** *adj* : demonstrative
**demudar** *vt* : to change, to alter — **demudarse** *vr* : to change one's expression
**denegación** *nf, pl* **-ciones** : denial, refusal
**denegar** {49} *vt* : to deny, to turn down
**dengue** *nm* : dengue
**denigrante** *adj* : degrading, humiliating
**denigrar** *vt* **1** DIFAMAR : to denigrate, to disparage **2** : to degrade, to humiliate
**denominación** *nf, pl* **-ciones** **1** : name, designation **2** : denomination (of money)
**denominador** *nm* : denominator
**denominar** *vt* : to designate, to name, to call
**denostar** {19} *vt* : to revile
**denotar** *vt* : to denote, to show
**densidad** *nf* : density, thickness
**denso, -sa** *adj* : dense, thick — **densamente** *adv*
**dentado, -da** *adj* SERRADO : serrated, jagged
**dentadura** *nf* **1** : teeth *pl* **2 dentadura postiza** : dentures *pl*
**dental** *adj* : dental
**dentellada** *nf* **1** : bite **2** : tooth mark
**dentera** *nf* **1** : envy, jealousy **2 dar dentera** : to set one's teeth on edge
**dentífrico** *nm* : toothpaste
**dentista** *nmf* : dentist
**dentro** *adv* **1** ADENTRO : in, inside ⟨por dentro : on the inside⟩ ⟨estoy aquí dentro : I'm in here⟩ **2 ~ de** : within, inside, in ⟨dentro de la tienda : inside the store⟩ ⟨dentro de los límites de : within the limits of⟩ **3 ~ de** : in, within (a time period) ⟨dentro de poco : soon, shortly⟩ **4 dentro de todo** : all in all, all things considered **5 por ~** : inwardly, inside
**denuncia** *nf* **1** : denunciation, condemnation **2** : police report
**denunciante** *nmf* : accuser (of a crime)
**denunciar** *vt* **1** : to denounce, to condemn **2** : to report (to the authorities)
**deparar** *vt* : to have in store for, to provide with ⟨no sabemos lo que nos depara el destino : we don't know what fate has in store for us⟩
**departamental** *adj* **1** : departmental **2 tienda departamental** *Mex* : department store
**departamento** *nm* **1** : department **2** APARTAMENTO : apartment
**departir** *vi* : to converse
**dependencia** *nf* **1** : dependence, dependency ⟨dependencia del alcohol : dependence on alcohol⟩ **2** : agency, branch office
**depender** *vi* **1** : to depend **2 ~ de** : to depend on **3 ~ de** : to be subordinate to
**dependiente**[1] *adj* : dependent
**dependiente**[2], **-ta** *n* : clerk, salesperson
**depilar** *vt* : to wax, to shave
**deplorable** *adj* : deplorable
**deplorar** *vt* **1** : to deplore **2** LAMENTAR : to regret
**deponer** {60} *vt* **1** : to depose, to overthrow **2** : to abandon (an attitude or stance) **3 deponer las armas** : to lay down one's arms — *vi* **1** TESTIFICAR : to testify, to make a statement **2** EVACUAR : to defecate
**deportación** *nf, pl* **-ciones** : deportation
**deportar** *vt* : to deport
**deporte** *nm* **1** : sport, sports *pl* ⟨hacer deporte : to engage in sports⟩ ⟨practicar un deporte : to do a sport⟩ ⟨por deporte : for the fun of it, for sport⟩ **2 deporte extremo** : extreme sport **3 deporte de invierno/equipo** : winter/team sport
**deportista**[1] *adj* **1** : fond of sports **2** : sporty
**deportista**[2] *nmf* **1** : sports fan **2** : athlete, sportsman *m*, sportswoman *f*
**deportividad** *nf Spain* : sportsmanship
**deportivo, -va** *adj* **1** : sports, sporting ⟨artículos deportivos : sporting goods⟩ **2** : sporty
**deposición** *nf, pl* **-ciones** **1** : statement, testimony **2** : removal from office
**depositar** *vt* **1** : to deposit, to place **2** : to store — **depositarse** *vr* : to settle
**depósito** *nm* **1** : deposit ⟨hacer un depósito : to make a deposit⟩ **2** : warehouse, storehouse ⟨depósito de armas : arms depot⟩ **3** : tank ⟨depósito de gasolina : gas tank⟩
**depravación** *nf, pl* **-ciones** : depravity
**depravado, -da** *adj* DEGENERADO : depraved, degenerate
**depravar** *vt* : to deprave, to corrupt
**depreciación** *nf, pl* **-ciones** : depreciation
**depreciar** *vt* : to depreciate, to reduce the value of — **depreciarse** *vr* : to lose value
**depredador**[1], **-dora** *adj* : predatory
**depredador**[2] *nm* **1** : predator **2** SAQUEADOR : plunderer
**depresión** *nf, pl* **-siones** **1** : depression **2** : hollow, recess **3** : drop, fall **4** : slump, recession

**depresivo** *nm* : depressant
**deprimente** *adj* : depressing
**deprimir** *vt* **1** : to depress **2** : to lower — **deprimirse** *vr* ABATIRSE : to get depressed
**deprisa** *adv* : fast
**depuesto** *pp* → **deponer**
**depuración** *nf, pl* **-ciones** **1** PURIFICACIÓN : purification **2** PURGA : purge **3** : refinement, polish
**depurar** *vt* **1** PURIFICAR : to purify **2** PURGAR : to purge
**depuso, etc.** → **deponer**
**derby** *nm, pl* **derbies** *or* **derbys** **1** : derby (in horse racing) **2** : derby (hat) **3** *Spain* : local game
**derecha** *nf* **1** : right **2** : right hand, right side **3** : right wing, right (in politics)
**derechazo** *nm* **1** : pass with the cape on the right hand (in bullfighting) **2** : right (in boxing) **3** : forehand (in tennis)
**derechista**[1] *adj* : rightist, right-wing
**derechista**[2] *nmf* : right-winger, rightist
**derecho**[1] *adv* **1** : straight ⟨todo derecho : straight ahead⟩ **2** : upright **3** : directly ⟨ir derecho al tema : to get straight to the point⟩
**derecho**[2], **-cha** *adj* **1** : right **2** : right-hand ⟨el margen derecho : the right-hand margin⟩ **3** RECTO : straight, upright, erect ⟨siéntate derecho : sit up straight⟩
**derecho**[3] *nm* **1** : right ⟨derechos humanos : human rights⟩ ⟨el derecho al voto : the right to vote⟩ ⟨derecho de nacimiento : birthright⟩ ⟨tener derecho a : to have a right to⟩ ⟨hacer valer sus derechos : to exercise one's rights⟩ ⟨estás en tu derecho : you're within your rights⟩ ⟨no hay derecho : it's not fair⟩ **2** : law ⟨derecho civil : civil law⟩ ⟨derecho de familia : family law⟩ ⟨un estudiante de derecho : a law student⟩ **3** : right side (of cloth or clothing) ⟨ponlo del derecho : turn it right side up/out⟩
**de refilón** *adv* **1** : sidelong, obliquely **2** : briefly
**deriva** *nf* **1** : drift **2 a la deriva** : adrift
**derivación** *nf, pl* **-ciones** **1** : derivation **2** RAMIFICACIÓN : ramification, consequence
**derivar** *vi* **1** : to drift **2** ~ **de** : to come from, to derive from **3** ~ **en** : to result in — *vt* : to steer, to direct ⟨derivó la discusión hacia la política : he steered the discussion over to politics⟩ — **derivarse** *vr* : to be derived from, to arise from
**dermatología** *nf* : dermatology
**dermatólogo, -ga** *n* : dermatologist
**derogación** *nf, pl* **-ciones** : abolition, repeal
**derogar** {52} *vt* ABOLIR : to abolish, to repeal
**derramamiento** *nm* **1** : spilling, overflowing **2 derramamiento de sangre** : bloodshed
**derramar** *vt* **1** : to spill **2** : to shed (tears, blood) — **derramarse** *vr* **1** : to spill over **2** : to scatter
**derrame** *nm* **1** : spilling, shedding **2** : leakage, overflow **3** : discharge, hemorrhage ⟨derrame cerebral : stroke⟩
**derrapar** *vi* : to skid
**derrape** *nm* : skid
**derredor** *nm* **al derredor** *or* **en derredor** : around, round about
**derrengado, -da** *adj* **1** : bent, twisted **2** : exhausted
**derretir** {54} *vt* : to melt, to thaw — **derretirse** *vr* **1** : to melt, to thaw **2** ~ **por** *fam* : to be crazy about
**derribar** *vt* **1** DEMOLER, DERRUMBAR : to demolish, to knock down **2** : to shoot down, to bring down (an airplane) **3** DERROCAR : to overthrow
**derribo** *nm* **1** : demolition, razing **2** : shooting down **3** : overthrow
**derrocamiento** *nm* : overthrow
**derrocar** {72} *vt* DERRIBAR : to overthrow, to topple
**derrochador**[1], **-dora** *adj* : extravagant, wasteful
**derrochador**[2], **-dora** *n* : spendthrift
**derrochar** *vt* : to waste, to squander
**derroche** *nm* : extravagance, waste
**derrota** *nf* **1** : defeat, rout **2** : course (at sea)
**derrotar** *vt* : to defeat
**derrotero** *nm* RUTA : course
**derrotista** *adj & nmf* : defeatist
**derruir** {41} *vt* : to demolish, to tear down
**derrumbamiento** *nm* : collapse
**derrumbar** *vt* **1** DEMOLER, DERRIBAR : to demolish, to knock down **2** DESPEÑAR : to cast down, to topple — **derrumbarse** *vr* DESPLOMARSE : to collapse, to break down
**derrumbe** *nm* **1** DESPLOME : collapse, fall ⟨el derrumbe del comunismo : the fall of Communism⟩ **2** : landslide
**des-** *pref* : de-, dis-, un-
**desabastecimiento** *nm* : shortage, scarcity
**desabasto** *nm Mex* : shortage, scarcity
**desabotonar** *vt* : to unbutton, to undo — **desabotonarse** *vr* : to come undone
**desabrido, -da** *adj* : tasteless, bland
**desabrigar** {52} *vt* **1** : to undress **2** : to uncover **3** : to deprive of shelter
**desabrochar** *vt* : to unbutton, to undo — **desabrocharse** *vr* : to come undone
**desacato** *nm* **1** : disrespect **2** : contempt (of court)
**desacelerar** *vi* : to decelerate, to slow down
**desacertado, -da** *adj* **1** : mistaken **2** : unwise
**desacertar** {55} *vi* ERRAR : to err, to be mistaken
**desacierto** *nm* ERROR : error, mistake
**desaconsejable** *adj* : inadvisable
**desaconsejado, -da** *adj* : ill-advised, unwise
**desaconsejar** *vt* : to advise against
**desacostumbrado, -da** *adj* : unaccustomed, unusual
**desacreditar** *vt* DESPRESTIGIAR : to discredit, to disgrace
**desactivar** *vt* : to deactivate, to defuse

**desacuerdo** *nm* : disagreement
**desafiante** *adj* : defiant
**desafiar** {85} *vt* RETAR : to defy, to challenge
**desafilado, -da** *adj* : blunt
**desafilar** *vt* : to dull, to blunt
**desafinado, -da** *adj* : out-of-tune, off-key
**desafinarse** *vr* : to go out of tune
**desafío** *nm* **1** RETO : challenge **2** RESISTENCIA : defiance
**desaforado, -da** *adj* : wild, unrestrained
**desafortunado, -da** *adj* : unfortunate, unlucky — **desafortunadamente** *adv*
**desafuero** *nm* ABUSO : injustice, outrage
**desagradable** *adj* : unpleasant, disagreeable — **desagradablemente** *adv*
**desagradar** *vi* : to be unpleasant, to be disagreeable
**desagradecido, -da** *adj* : ungrateful
**desagrado** *nm* **1** : displeasure **2 con ~** : reluctantly
**desagravio** *nm* **1** : apology **2** : amends, reparation
**desagregarse** {52} *vr* : to break up, to disintegrate
**desaguar** {10} *vi* : to drain, to empty
**desagüe** *nm* **1** : drain **2** : drainage
**desaguisado** *nm* : mess
**desahogado, -da** *adj* **1** : well-off, comfortable **2** : spacious, roomy
**desahogar** {52} *vt* **1** : to relieve, to ease **2** : to give vent to — **desahogarse** *vr* **1** : to recover, to feel better **2** : to unburden oneself, to let off steam
**desahogo** *nm* **1** : relief, outlet **2 con ~** : comfortably
**desahuciar** *vt* **1** : to deprive of hope **2** : to evict — **desahuciarse** *vr* : to lose all hope
**desahucio** *nm* : eviction
**desairar** {5} *vt* : to snub, to rebuff
**desaire** *nm* : rebuff, snub, slight
**desajustar** *vt* **1** : to disarrange, to put out of order **2** : to upset (plans)
**desajuste** *nm* **1** : maladjustment **2** : imbalance **3** : upset, disruption
**desalentador, -dora** *adj* : discouraging, disheartening
**desalentar** {55} *vt* DESANIMAR : to discourage, to dishearten — **desalentarse** *vr*
**desaliento** *nm* : discouragement
**desaliñado, -da** *adj* : sloppy, untidy (of a person's appearance) — **desaliñadamente** *adv*
**desaliño** *nm* : sloppiness, untidiness (of a person's appearance)
**desalmado, -da** *adj* : heartless, callous
**desalojar** *vt* **1** : to remove, to clear **2** EVACUAR : to evacuate, to vacate **3** : to evict
**desalojo** *nm* **1** : removal, expulsion **2** : evacuation **3** : eviction
**desamarrar** *vt* **1** : to cast off **2** : to untie
**desamor** *nm* **1** FRIALDAD : indifference **2** ENEMISTAD : dislike, enmity
**desamparado, -da** *adj* DESVALIDO : helpless, destitute
**desamparar** *vt* : to abandon, to forsake
**desamparo** *nm* **1** : abandonment, neglect **2** : helplessness
**desamueblado, -da** *adj* : unfurnished
**desandar** {6} *vt* : to go back, to return to the starting point
**desangelado, -da** *adj* : dull, lifeless
**desangrar** *vt* : to bleed, to bleed dry — **desangrarse** *vr* **1** : to be bleeding **2** : to bleed to death
**desanimar** *vt* DESALENTAR : to discourage, to dishearten — **desanimarse** *vr*
**desánimo** *nm* DESALIENTO : discouragement, dejection
**desapacible** *adj* : unpleasant, disagreeable
**desaparecer** {53} *vt* : to cause to disappear — *vi* : to disappear, to vanish
**desaparecido**[1], **-da** *adj* **1** : late, deceased **2** : missing
**desaparecido**[2], **-da** *n* : missing person
**desaparición** *nf, pl* **-ciones** : disappearance
**desapasionado, -da** *adj* : dispassionate, impartial — **desapasionadamente** *adv*
**desapego** *nm* : coolness, indifference
**desapercibido, -da** *adj* **1** : unnoticed **2** DESPREVENIDO : unprepared, off guard
**desaprobación** *nf, pl* **-ciones** : disapproval
**desaprobar** {19} *vt* REPROBAR : to disapprove of
**desaprovechar** *vt* MALGASTAR : to waste, to misuse — *vi* : to lose ground, to slip back
**desarmador** *nm Mex* : screwdriver
**desarmar** *vt* **1** : to disarm **2** DESMONTAR : to disassemble, to take apart
**desarme** *nm* : disarmament
**desarraigado, -da** *adj* : rootless
**desarraigar** {52} *vt* : to uproot, to root out
**desarregladamente** *adv* : untidily, messily
**desarreglado, -da** *adj* : untidy, disorganized
**desarreglar** *vt* **1** : to mess up **2** : to upset, to disrupt
**desarreglo** *nm* **1** : untidiness **2** : disorder, confusion
**desarrollar** *vt* **1** : to develop **2** : to carry out (an action, etc.) **3** : to explain (a theory, etc.) — **desarrollarse** *vr* **1** : to develop **2** : to take place, to unfold
**desarrollo** *nm* : development ⟨países en vías de desarrollo : developing countries⟩
**desarticulación** *nf, pl* **-ciones** **1** : dislocation **2** : breaking up, dismantling
**desarticular** *vt* **1** DISLOCAR : to dislocate **2** : to break up, to dismantle
**desasosiego** *nm* : sense of unease
**desastre** *nm* CATÁSTROFE : disaster
**desastroso, -sa** *adj* : disastrous, catastrophic — **desastrosamente** *adv*
**desatar** *vt* **1** : to undo, to untie **2** : to unleash **3** : to trigger, to precipitate — **desatarse** *vr* **1** : to come undone **2** : to break out, to erupt
**desatascador** *nm* : plunger (for toilets, etc.)
**desatascar** {72} *vt* : to unblock, to clear
**desatención** *nf, pl* **-ciones** **1** : absentmindedness, distraction **2** : discourtesy

**desatender** {56} *vt* **1** : to disregard **2** : to neglect **3** : to leave unattended
**desatento, -ta** *adj* **1** DISTRAÍDO : absent-minded **2** GROSERO : discourteous, rude
**desatinado, -da** *adj* : foolish, silly
**desatino** *nm* : folly, mistake
**desatorador** *nm* **1** : plunger (for toilets, etc.) **2** : drain cleaner (liquid)
**desatornillar** → **destornillar**
**desautorizar** {21} *vt* : to deprive of authority, to discredit
**desavenencia** *nf* DISCORDANCIA : disagreement, dispute
**desayunar** *vi* : to have breakfast — *vt* : to have for breakfast
**desayuno** *nm* : breakfast
**desazón** *nf, pl* **-zones** INQUIETUD : uneasiness, anxiety
**desbalance** *nm* : imbalance
**desbancar** {72} *vt* : to displace, to oust
**desbandada** *nf* : scattering, dispersal
**desbarajuste** *nm* DESORDEN : disarray, disorder, mess
**desbaratar** *vt* **1** ARRUINAR : to destroy, to ruin **2** DESCOMPONER : to break, to break down — **desbaratarse** *vr* : to fall apart
**desbloquear** *vt* **1** : to open up, to clear, to break through **2** : to free, to release
**desbocado, -da** *adj* : unbridled, rampant
**desbocarse** {72} *vr* : to run away, to bolt
**desbordamiento** *nm* : overflowing
**desbordante** *adj* : overflowing, bursting ⟨desbordante de energía : bursting with energy⟩
**desbordar** *vt* **1** : to overflow, to spill over **2** : to surpass, to exceed — **desbordarse** *vr*
**descabellado, -da** *adj* : outlandish, ridiculous
**descafeinado, -da** *adj* : decaffeinated
**descalabrar** *vt* : to hit on the head — **descalabrarse** *vr*
**descalabro** *nm* : setback, misfortune, loss
**descalificación** *nf, pl* **-ciones** **1** : disqualification **2** : disparaging remark
**descalificar** {72} *vt* **1** : to disqualify **2** DESACREDITAR : to discredit — **descalificarse** *vr*
**descalzarse** {21} *vr* : take off one's shoes
**descalzo, -za** *adj* : barefoot
**descampado** *nm* : open area
**descansado, -da** *adj* **1** : rested, refreshed **2** : restful, peaceful
**descansar** *vi* : to rest, to relax ⟨¡descansen! : at ease!⟩ — *vt* : to rest ⟨descansar la vista : to rest one's eyes⟩
**descansillo** *nm Spain* DESCANSO : landing (of a staircase)
**descanso** *nm* **1** : rest, relaxation **2** : break **3** : landing (of a staircase) **4** : intermission (in a show), halftime (in sports)
**descapotable** *adj & nm* : convertible
**descarado, -da** *adj* : brazen, impudent — **descaradamente** *adv*
**descarga** *nf* **1** : discharge **2** : unloading
**descargable** *adj* : downloadable
**descargar** {52} *vt* **1** : to discharge **2** : to unload **3** : to release, to free **4** : to take out, to vent (anger, etc.) **5** : to download (a file, etc.) — **descargarse** *vr* **1** : to unburden oneself **2** : to quit **3** : to lose power
**descargo** *nm*, **1** : unloading **2** : defense ⟨testigo de descargo : witness for the defense⟩
**descarnado, -da** *adj* : scrawny, gaunt
**descaro** *nm* : audacity, nerve
**descarriado, -da** *adj* : lost, gone astray
**descarriarse** *vr* : to go astray
**descarrilar** *vi* : to derail — **descarrilarse** *vr* — **descarrilamiento** *n*
**descartar** *vt* : to rule out, to reject — **descartarse** *vr* : to discard
**descascarar** *vt* : to peel, to shell, to husk — **descascararse** *vr* : to peel off, to chip
**descendencia** *nf* **1** : descendants *pl* **2** LINAJE : descent, lineage
**descendente** *adj* : downward, descending
**descender** {56} *vt* **1** : to descend, to go down **2** BAJAR : to lower, to take down, to let down — *vi* **1** : to descend, to come down **2** : to drop, to fall **3** ~ **de** : to be a descendant of
**descendiente** *adj & nm* : descendant
**descenso** *nm* **1** : descent **2** BAJA, CAÍDA : drop, fall
**descentralizar** {21} *vt* : to decentralize — **descentralizarse** *vr* — **descentralización** *nf*
**descifrar** *vt* : to decipher, to decode — **descifrable** *adj*
**desclasificar** {72} *vt* : to declassify
**descodificador** → **decodificador**
**descodificar** {72} *vt* : to decode
**descolgar** {16} *vt* **1** : to take down, to let down **2** : to pick up, to answer (the telephone)
**descollar** {19} *vi* SOBRESALIR : to stand out, to be outstanding, to excel
**descolorido, -da** *adj* : discolored, faded
**descomponer** {60} *vt* **1** : to rot, to decompose **2** DESBARATAR : to break, to break down **3** : to damage **4** : to mess up — **descomponerse** *vr* **1** : to break down **2** : to decompose
**descomposición** *nf, pl* **-ciones** **1** : breakdown, decomposition **2** : decay
**descompuesto**[1] *pp* → **descomponer**
**descompuesto**[2], **-ta** *adj* **1** : broken down, out of order **2** : rotten, decomposed
**descomunal** *adj* **1** ENORME : enormous, huge **2** EXTRAORDINARIO : extraordinary
**desconcentrar** *vt* DISTRAER : to distract
**desconcertante** *adj* : disconcerting
**desconcertar** {55} *vt* : to disconcert — **desconcertarse** *vr*
**desconchar** *vt* : to chip — **desconcharse** *vr* : to chip off, to peel
**desconcierto** *nm* : uncertainty, confusion
**desconectar** *vt* **1** : to disconnect, to switch off **2** : to unplug

**desconfiado, -da** *adj* : distrustful, suspicious
**desconfianza** *nf* RECELO : distrust, suspicion
**desconfiar** {85} *vi* ~ **de** : to distrust, to be suspicious of
**descongelar** *vt* **1** : to thaw **2** : to defrost (a refrigerator, etc.) **3** : to unfreeze (assets) — **descongelarse** *vr*
**descongestionante** *adj & nm* : decongestant
**descongestionar** *vt* : to clear, to unclog ⟨descongestionar el tráfico : to reduce traffic congestion⟩
**desconocer** {18} *vt* **1** IGNORAR : to be unaware of **2** : to fail to recognize
**desconocido**[1], **-da** *adj* : unknown, unfamiliar
**desconocido**[2], **-da** *n* EXTRAÑO : stranger
**desconocimiento** *nm* : ignorance
**desconsiderado, -da** *adj* : inconsiderate, thoughtless — **desconsideradamente** *adj*
**desconsolado, -da** *adj* : disconsolate, heartbroken, despondent
**desconsuelo** *nm* AFLICCIÓN : grief, distress, despair
**descontaminar** *vt* : to decontaminate — **descontaminación** *nf*
**descontar** {19} *vt* **1** : to discount, to deduct **2** EXCEPTUAR : to except, to exclude
**descontento**[1], **-ta** *adj* : discontented, dissatisfied
**descontento**[2] *nm* : discontent, dissatisfaction
**descontinuar** {3} *vt* : to discontinue (a product, etc.)
**descontrol** *nm* : lack of control, disorder, chaos
**descontrolarse** *vr* : to get out of control, to be out of hand
**desconvocar** {72} *vt* : to cancel
**descorazonado, -da** *adj* : disheartened, discouraged
**descorchar** *vt* : to uncork
**descorrer** *vt* : to draw back
**descortés** *adj, pl* **-teses** : discourteous, rude
**descortesía** *nf* : discourtesy, rudeness
**descrédito** *nm* DESPRESTIGIO : discredit
**descremado, -da** *adj* : nonfat, skim
**describir** {33} *vt* : to describe
**descripción** *nf, pl* **-ciones** : description
**descriptivo, -va** *adj* : descriptive
**descrito** *pp* → **describir**
**descuartizar** {21} *vt* **1** : to cut up, to quarter **2** : to tear to pieces
**descubierto**[1] *pp* → **descubrir**
**descubierto**[2], **-ta** *adj* **1** : exposed, revealed **2 al descubierto** : out in the open
**descubridor, -dora** *n* : discoverer, explorer
**descubrimiento** *nm* : discovery
**descubrir** {2} *vt* **1** HALLAR : to discover, to find out **2** REVELAR : to uncover, to reveal **3** DEVELAR : to unveil **4** DELATAR : to give away — **descubrirse** *vr*
**descuento** *nm* REBAJA : discount
**descuidado, -da** *adj* **1** : neglectful, careless **2** : neglected, unkempt
**descuidar** *vt* : to neglect, to overlook — *vi* : to be careless — **descuidarse** *vr* **1** : to be careless, to drop one's guard **2** : to let oneself go
**descuido** *nm* **1** : carelessness, negligence **2** : slip, oversight
**desde** *prep* **1** : from ⟨desde arriba : from above⟩ ⟨desde la cabeza hasta los pies : from head to foot/toe⟩ **2** : since, from ⟨desde el lunes : since Monday⟩ ⟨desde el principio : right from the start⟩ ⟨desde la mañana hasta la noche : from morning to/until night⟩ **3 desde ahora** : from now on **4 desde entonces** : since then **5 desde hace** : for, since (a time) ⟨ha estado nevando desde hace dos días : it's been snowing for two days⟩ **6 desde luego** : of course **7 desde que** : since, ever since **8 desde ya** : right now, immediately
**desdecir** {11} *vi* **1** ~ **de** : to be unworthy of **2** ~ **de** : to clash with — **desdecirse** *vr* **1** CONTRADECIRSE : to contradict oneself **2** RETRACTARSE : to go back on one's word
**desdén** *nm, pl* **desdenes** DESPRECIO : disdain, scorn
**desdentado, -da** *adj* : toothless
**desdeñar** *vt* DESPRECIAR : to disdain, to scorn, to despise
**desdeñoso, -sa** *adj* : disdainful, scornful — **desdeñosamente** *adv*
**desdibujar** *vt* : to blur — **desdibujarse** *vr*
**desdicha** *nf* **1** : misery **2** : misfortune
**desdichado**[1], **-da** *adj* **1** : unfortunate **2** : miserable, unhappy
**desdichado**[2], **-da** *n* : wretch
**desdicho** *pp* → **desdecir**
**desdiga, desdijo etc.** → **desdecir**
**desdoblar** *vt* DESPLEGAR : to unfold
**deseable** *adj* : desirable
**desear** *vt* **1** : to wish ⟨te deseo buena suerte : I wish you good luck⟩ **2** QUERER : to want, to desire ⟨dejar mucho que desear : to leave much to be desired⟩
**desecar** {72} *vt* : to dry (flowers, etc.)
**desechable** *adj* : disposable
**desechar** *vt* **1** : to discard, to throw away **2** RECHAZAR : to reject
**desecho** *nm* **1** : reject **2 desechos** *nmpl* RESIDUOS : rubbish, waste
**desembarazarse** {21} *vr* ~ **de** : to get rid of
**desembarcar** {72} *vi* : to disembark — *vt* : to unload
**desembarco** *nm* **1** : landing, arrival **2** : unloading
**desembarque** → **desembarco**
**desembocadura** *nf* **1** : mouth (of a river) **2** : opening, end (of a street)
**desembocar** {72} *vi* ~ **en** *or* ~ **a** **1** : to flow into, to join **2** : to lead to, to result in
**desembolsar** *vt* PAGAR : to disburse, to pay out
**desembolso** *nm* PAGO : disbursement, payment

**desempacar** {72} *v* : to unpack
**desempatar** *vi* : to break a tie
**desempate** *nm* : tiebreaker, play-off
**desempeñar** *vt* **1** : to play (a role) **2** : to fulfill, to carry out **3** : to redeem (from a pawnshop) — **desempeñarse** *vr* : to function, to act
**desempeño** *nm* **1** : fulfillment, carrying out **2** : performance
**desempleado**[1], **-da** *adj* : unemployed
**desempleado**[2], **-da** *n* : unemployed person
**desempleo** *nm* : unemployment
**desempolvar** *vt* **1** : to dust off **2** : to resurrect, to revive
**desencadenar** *vt* **1** : to unchain **2** : to trigger, to unleash — **desencadenarse** *vr*
**desencajar** *vt* **1** : to dislocate (a bone) **2** : to pop out of place, to disengage — **desencajarse** *vr*
**desencantar** *vt* : to disenchant, to disillusion — **desencantarse** *vr*
**desencanto** *nm* : disenchantment, disillusionment
**desenchufar** *vt* : to disconnect, to unplug
**desenfadado, -da** *adj* **1** : uninhibited, carefree **2** : confident, self-assured
**desenfado** *nm* **1** DESENVOLTURA : self-assurance, confidence **2** : naturalness, ease
**desenfocado, -da** *adj* : unfocused, blurry
**desenfrenadamente** *adv* : wildly, with abandon
**desenfrenado, -da** *adj* : unbridled, unrestrained
**desenfreno** *nm* : abandon, lack of restraint
**desenfundar** *vt* : to draw (a gun)
**desenganchar** *vt* : to unhitch, to uncouple
**desengañar** *vt* : to disillusion, to disenchant — **desengañarse** *vr*
**desengaño** *nm* : disenchantment, disillusionment
**desenlace** *nm* : ending, outcome
**desenmarañar** *vt* : to disentangle, to unravel
**desenmascarar** *vt* : to unmask, to expose
**desenredar** *vt* **1** : to untangle, to disentangle **2** : to straighten out, to sort out
**desenrollar** *vt* : to unroll, to unwind
**desenroscar** *vt* **1** : to unscrew **2** : to unroll — **desenroscarse** *vr*
**desentenderse** {56} *vr* **1** ~ **de** : to want nothing to do with, to be uninterested in **2** ~ **de** : to pretend ignorance of
**desenterrar** {55} *vt* **1** EXHUMAR : to exhume **2** : to unearth, to dig up
**desentonar** *vi* **1** : to clash, to conflict **2** : to be out of tune, to sing off-key
**desentrañar** *vt* : to get to the bottom of, to unravel
**desenvainar** *vt* : to draw, to unsheathe (a sword)
**desenvoltura** *nf* **1** DESENFADO : confidence, self-assurance **2** ELOCUENCIA : eloquence, fluency
**desenvolver** {89} *vt* : to unwrap, to open — **desenvolverse** *vr* **1** : to unfold, to develop **2** : to manage, to cope
**desenvuelto**[1] *pp* → **desenvolver**
**desenvuelto**[2], **-ta** *adj* : confident, relaxed, self-assured
**deseo** *nm* : wish, desire
**deseoso, -sa** *adj* : eager, anxious
**desequilibrado, -da** *adj* **1** : off-balance **2** : insane
**desequilibrar** *vt* : to unbalance, to throw off balance — **desequilibrarse** *vr*
**desequilibrio** *nm* : imbalance
**deserción** *nf, pl* **-ciones** : desertion, defection
**desertar** *vi* **1** : to desert, to defect **2** ~ **de** : to abandon, to neglect
**desértico, -ca** *adj* **1** : desert **2** : uninhabited
**desertor, -tora** *n* : deserter, defector
**desesperación** *nf, pl* **-ciones** : desperation, despair
**desesperado, -da** *adj* : desperate, despairing, hopeless — **desesperadamente** *adv*
**desesperante** *adj* **1** : exasperating **2** : agonizing, excruciating
**desesperanza** *nf* : despair, hopelessness
**desesperar** *vt* : to exasperate — *vi* : to despair, to lose hope — **desesperarse** *vr* : to become exasperated
**desestabilizar** {21} *vt* : to make unstable
**desestimar** *vt* **1** : to reject, to disallow **2** : to have a low opinion of
**desfachatez** *nf, pl* **-teces** : audacity, nerve, cheek
**desfalcador, -dora** *n* : embezzler
**desfalcar** {72} *vt* : to embezzle
**desfalco** *nm* : embezzlement
**desfallecer** {53} *vi* **1** : to weaken **2** : to faint
**desfallecimiento** *nm* **1** : weakness **2** : fainting
**desfasado, -da** *adj* **1** : out of sync **2** : out of step, behind the times
**desfase** *nm* : gap, lag ⟨desfase (de) horario : jet lag⟩
**desfavorable** *adj* : unfavorable, adverse — **desfavorablemente** *adv*
**desfavorecido, -da** *adj* : underprivileged
**desfigurar** *vt* **1** : to disfigure, to mar **2** : to distort, to misrepresent
**desfiladero** *nm* : narrow gorge, defile
**desfilar** *vi* : to parade, to march
**desfile** *nm* : parade, procession
**desfogar** {52} *vt* **1** : to vent **2** *Mex* : to unclog, to unblock — **desfogarse** *vr* : to vent one's feelings, to let off steam
**desgajar** *vt* **1** : to tear off **2** : to break apart — **desgajarse** *vr* : to come apart
**desgana** *nf* **1** INAPETENCIA : lack of appetite **2** APATÍA : apathy, unwillingness, reluctance
**desgano** *nm* → **desgana**
**desgarbado, -da** *adj* : ungainly
**desgarrador, -dora** *adj* : heartbreaking
**desgarradura** *nf* : tear, rip
**desgarrar** *vt* **1** : to tear, to rip **2** : to break (one's heart) — **desgarrarse** *vr*
**desgarre** → **desgarro**
**desgarro** *nm* : tear
**desgarrón** *nm, pl* **-rrones** : rip, tear
**desgastar** *vt* **1** : to use up **2** : to wear away, to wear down

**desgaste** *nm* : deterioration, wear and tear
**desglosar** *vt* : to break down, to itemize
**desglose** *nm* : breakdown, itemization
**desgobierno** *nm* : anarchy, disorder
**desgracia** *nf* **1** : misfortune **2** : disgrace **3 por ~** : unfortunately
**desgraciadamente** *adv* : unfortunately
**desgraciado¹, -da** *adj* **1** : unfortunate, unlucky **2** : vile, wretched
**desgraciado², -da** *n* : unfortunate person, wretch
**desgranar** *vt* : to shuck, to shell
**desgravar** *vt* : to deduct (from taxes), to exempt — **desgravación** *n*
**desguazar** {21} *vt Spain* : to scrap
**deshabitado, -da** *adj* : unoccupied, uninhabited
**deshacer** {40} *vt* **1** : to destroy, to ruin **2** DESATAR : to undo, to untie **3** : to break apart, to crumble **4** : to dissolve, to melt **5** : to break, to cancel — **deshacerse** *vr* **1** : to fall apart, to come undone **2 ~ de** : to get rid of
**deshecho¹** *pp* → **deshacer**
**deshecho², -cha** *adj* **1** : destroyed, ruined **2** : devastated, shattered **3** : undone, untied
**deshelar** {55} *vt* **1** : to thaw **2** : to deice (a plane), to defrost — **deshelarse** *vr* **1** : to thaw **2** : to defrost
**desherbar** *vt* : to weed
**desheredado, -da** *adj* MARGINADO : dispossessed, destitute
**desheredar** *vt* : to disinherit
**deshicieron, etc.** → **deshacer**
**deshidratar** *vt* : to dehydrate — **deshidratación** *nf*
**deshielo** *nm* : thaw, thawing
**deshierbar** → **desherbar**
**deshilachar** *vt* : to fray — **deshilacharse** *vr*
**deshizo** → **deshacer**
**deshojar** *vt* **1** : to remove petals from **2** : to remove pages from
**deshollinador, -dora** *n* : chimney sweep
**deshonestidad** *nf* : dishonesty
**deshonesto, -ta** *adj* : dishonest
**deshonor** *nm* : dishonor, disgrace
**deshonra** *nf* : dishonor, disgrace
**deshonrar** *vt* : to dishonor, to disgrace
**deshonroso, -sa** *adj* : dishonorable, disgraceful
**deshora** *nf* **a deshoras** : at odd times
**deshuesadero** *nm Mex* : dump
**deshuesar** *vt* **1** : to pit (a fruit, etc.) **2** : to bone
**desidia** *nf* **1** APATÍA : apathy, indolence **2** NEGLIGENCIA : negligence, sloppiness
**desierto¹, -ta** *adj* : deserted, uninhabited
**desierto²** *nm* : desert
**designación** *nf, pl* **-ciones** NOMBRAMIENTO : appointment, naming (to an office, etc.)
**designar** *vt* NOMBRAR : to designate, to appoint, to name
**designio** *nm* : plan
**desigual** *adj* **1** : unequal **2** DISPAREJO : uneven **3** : variable, changeable — **desigualmente** *adv*
**desigualdad** *nf* **1** : inequality **2** : unevenness
**desilusión** *nf, pl* **-siones** DESENCANTO, DESENGAÑO : disillusionment, disenchantment
**desilusionar** *vt* DESENCANTAR, DESENGAÑAR : to disillusion, to disenchant — **desilusionarse** *vr*
**desinfectante** *adj & nm* : disinfectant
**desinfectar** *vt* : to disinfect — **desinfección** *nf*
**desinflar** *vt* : to deflate — **desinflarse** *vr*
**desinformar** *vt* : to misinform
**desinhibido, -da** *adj* : uninhibited, unrestrained
**desintegración** *nf, pl* **-ciones** : disintegration
**desintegrar** *vt* : to disintegrate, to break up — **desintegrarse** *vr*
**desinterés** *nm* **1** : lack of interest, indifference **2** : unselfishness
**desinteresado, -da** *adj* GENEROSO : unselfish
**desintoxicación** *nf, pl* **-ciones** : detoxification, detox *fam*
**desintoxicar** {72} *vt* : to detoxify, to detox *fam* — **desintoxicarse** *vr*
**desistir** *vi* **1** : to desist, to stop **2 ~ de** : to give up, to relinquish
**deslave** *nm Mex* : landslide
**desleal** *adj* INFIEL : disloyal — **deslealmente** *adv*
**deslealtad** *nf* : disloyalty
**desligar** {52} *vt* **1** : to separate, to undo **2** : to free (from an obligation) — **desligarse** *vr* **~ de** : to extricate oneself from
**deslindar** *vt* **1** : to mark the limits of, to demarcate **2** : to define, to clarify
**deslinde** *nm* : demarcation
**desliz** *nm, pl* **deslices** : error, mistake, slip ⟨desliz de la lengua : slip of the tongue⟩
**deslizador** *nm* **1** : speedboat **2** *Mex* : hang glider
**deslizamiento** *nm* : slip, slide ⟨deslizamiento de tierras : landslide⟩
**deslizar** {21} *vt* **1** : to slide, to slip **2** : to slip in — **deslizarse** *vr* **1** : to slide, to glide **2** : to slip away
**deslomarse** *vr* : to wear oneself out, to work oneself to death
**deslucido, -da** *adj* **1** : lackluster, dull **2** : faded, dingy, tarnished
**deslucir** {45} *vt* **1** : to spoil **2** : to fade, to dull, to tarnish **3** : to discredit
**deslumbrar** *vt* : to dazzle — **deslumbrante** *adj*
**deslustrado, -da** *adj* : dull, lusterless
**deslustrar** *vt* : to tarnish, to dull
**deslustre** *nm* : tarnish
**desmadrarse** *vr* : to get out of hand
**desmadre** *nm fam* : chaos
**desmán** *nm, pl* **desmanes** **1** : outrage, abuse **2** : misfortune
**desmandarse** *vr* : to behave badly, to get out of hand
**desmantelar** *vt* DESMONTAR : to dismantle
**desmañado, -da** *adj* : clumsy, awkward

**desmarcarse** {72} *vr* : to distance oneself
**desmayado, -da** *adj* **1** : fainting, weak **2** : dull, pale
**desmayar** *vi* : to lose heart, to falter — **desmayarse** *vr* DESVANECERSE : to faint, to swoon
**desmayo** *nm* **1** : faint, fainting **2 sufrir un desmayo** : to faint
**desmedido, -da** *adj* DESMESURADO : excessive, undue
**desmejorar** *vt* : to weaken, to make worse — *vi* : to decline (in health), to get worse
**desmembrar** {55} *vt* **1** : to dismember **2** : to break up
**desmemoriado, -da** *adj* : absentminded, forgetful
**desmentido** *nm* : denial
**desmentir** {76} *vt* **1** NEGAR : to deny, to refute **2** CONTRADECIR : to contradict
**desmenuzar** {21} *vt* **1** : to break down, to scrutinize **2** : to crumble, to shred — **desmenuzarse** *vr*
**desmerecer** {53} *vt* : to be unworthy of — *vi* **1** : to decline in value **2 ~ de** : to compare unfavorably with
**desmesurado, -da** *adj* DESMEDIDO : excessive, inordinate — **desmesuradamente** *adv*
**desmigajar** *vt* : to crumble — **desmigajarse** *vr*
**desmilitarizar** {21} *vt* : to demilitarize
**desmitificar** {72} *vt* : to demystify, to dispel the myths surrounding
**desmontable** *adj* : removable
**desmontar** *vt* **1** : to clear, to level off **2** DESMANTELAR : to dismantle, to take apart — *vi* : to dismount
**desmonte** *nm* : clearing, leveling
**desmoralizador, -dora** *adj* : demoralizing
**desmoralizante** → **desmoralizador**
**desmoralizar** {21} *vt* DESALENTAR : to demoralize, to discourage
**desmoronamiento** *nm* : crumbling, falling apart
**desmoronar** *vt* : to wear away, to erode — **desmoronarse** *vr* : to crumble, to deteriorate, to fall apart
**desmovilizar** {21} *vt* : to demobilize — **desmovilización** *nf*
**desnatado, -da** *Spain* → **descremado**
**desnaturalizar** {21} *vt* **1** : to denature **2** : to distort, to alter
**desnivel** *nm* **1** : disparity, difference **2** : unevenness (of a surface)
**desnivelado, -da** *adj* **1** : uneven **2** : unbalanced
**desnivelar** *vt* **1** : to make uneven **2** : to tip (the balance)
**desnucar** {72} *vt* : to break the neck of — **desnucarse** *vr* : to break one's neck
**desnudar** *vt* **1** : to undress **2** : to strip, to lay bare — **desnudarse** *vr* : to undress, to strip off one's clothing
**desnudez** *nf, pl* **-deces** : nudity, nakedness
**desnudo**[1], **-da** *adj* : nude, naked, bare
**desnudo**[2] *nm* : nude
**desnutrición** *nf, pl* **-ciones** MALNUTRICIÓN : malnutrition
**desnutrido, -da** *adj* MALNUTRIDO : malnourished, undernourished
**desobedecer** {53} *v* : to disobey
**desobediencia** *nf* : disobedience — **desobediente** *adj*
**desocupación** *nf, pl* **-ciones** : unemployment
**desocupado, -da** *adj* **1** : vacant, empty **2** : free, unoccupied **3** : unemployed
**desocupar** *vt* **1** : to empty **2** : to vacate, to move out of — **desocuparse** *vr* : to leave, to quit (a job)
**desodorante** *adj & nm* : deodorant
**desolación** *nf, pl* **-ciones** : desolation
**desolado, -da** *adj* **1** : desolate **2** : devastated, distressed
**desolador, -dora** *adj* **1** : devastating **2** : bleak, desolate
**desolar** {19} *vt* : to devastate
**desollar** *vt* : to skin, to flay
**desorbitado, -da** *adj* **1** : excessive, exorbitant **2 con los ojos desorbitados** : with eyes popping out of one's head
**desorden** *nm, pl* **desórdenes** **1** DESBARAJUSTE : disorder, mess **2** : disorder, disturbance, upset
**desordenadamente** *adv* : messily, in a disorderly way
**desordenado, -da** *adj* **1** : untidy, messy **2** : disorderly, unruly
**desordenar** *vt* : to mess up — **desordenarse** *vr* : to get messed up
**desorganización** *nf, pl* **-ciones** : disorganization
**desorganizar** {21} *vt* : to disrupt, to disorganize
**desorientar** *vt* : to disorient, to mislead, to confuse — **desorientarse** *vr* : to become disoriented, to lose one's way
**desovar** *vi* : to spawn
**despachar** *vt* **1** : to complete, to conclude **2** : to deal with, to take care of, to handle **3** : to dispatch, to send off **4** *fam* : to finish off, to kill **5** : to serve — *vi* : to serve — **despacharse** *vr fam* : to gulp down, to polish off
**despacho** *nm* **1** : dispatch, shipment **2** OFICINA : office, study
**despacio** *adv* LENTAMENTE, LENTO : slowly, slow ⟨¡despacio! : take it easy!, easy does it!⟩
**despampanante** *adj fam* : breathtaking, stunning
**desparasitar** *vt* : to worm (an animal), to rid of fleas/ticks/lice (etc.)
**desparpajo** *nm fam* **1** : self-confidence, nerve **2** *CA* : confusion, muddle
**desparramar** *vt* **1** : to spill, to splatter **2** : to spread, to scatter
**despatarrarse** *vr* : to sprawl (out)
**despavorido, -da** *adj* : terrified, horrified
**despecho** *nm* **1** : spite **2 a despecho de** : despite, in spite of
**despectivo, -va** *adj* **1** : contemptuous, disparaging **2** : derogatory, pejorative — **despectivamente** *adv*
**despedazar** {21} *vt* : to cut to pieces, to tear apart
**despedida** *nf* **1** : farewell, good-bye **2 despedida de soltera** : bridal shower
**despedir** {54} *vt* **1** : to see off, to show out **2** : to dismiss, to fire **3** EMITIR : to

give off, to emit ⟨despedir un olor : to give off an odor⟩ — **despedirse** *vr* : to take one's leave, to say good-bye
**despegado, -da** *adj* **1** : separated, detached **2** : cold, distant
**despegar** {52} *vt* : to remove, to detach — *vi* : to take off, to lift off, to blast off
**despegue** *nm* : takeoff, liftoff
**despeinar** *vt* **despeinar a alguien** : to mess up someone's hair — **despeinarse** *vr* ⟨me despeiné : I messed up my hair, my hair got messed up⟩
**despejado, -da** *adj* **1** : clear, fair **2** : alert **3** : uncluttered, unobstructed
**despejar** *vt* **1** : to clear, to free **2** : to clarify — *vi* **1** : to clear up **2** : to punt (in sports)
**despeje** *nm* **1** : clearing **2** : punt (in sports)
**despellejar** *vt* : to skin (an animal)
**despelote** *nm* : mess, disaster
**despenalizar** {21} *vt* : to legalize — **despenalización** *nf*
**despensa** *nf* **1** : pantry, larder **2** PROVISIONES : provisions *pl*, supplies *pl*
**despeñadero** *nm* : cliff, precipice
**despeñar** *vt* : to hurl down
**desperdiciar** *vt* **1** DESAPROVECHAR, MALGASTAR : to waste **2** : to miss, to miss out on
**desperdicio** *nm* **1** : waste **2 desperdicios** *nmpl* RESIDUOS : refuse, scraps, rubbish
**desperdigar** {52} *vt* DISPERSAR : to disperse, to scatter
**desperezarse** {21} *vr* : to stretch
**desperfecto** *nm* **1** DEFECTO : flaw, defect **2** : damage
**despertador** *nm* : alarm clock
**despertar** {55} *vi* : to awaken, to wake up — *vt* **1** : to arouse, to wake **2** EVOCAR : to elicit, to evoke — **despertarse** *vr* : to wake (oneself) up
**despiadado, -da** *adj* CRUEL : cruel, merciless, pitiless — **despiadadamente** *adv*
**despido** *nm* : dismissal, layoff
**despierto, -ta** *adj* **1** : awake, alert **2** LISTO : clever, sharp ⟨con la mente despierta : with a sharp mind⟩
**despilfarrador**[1], **-dora** *adj* : extravagant, wasteful
**despilfarrador**[2], **-dora** *n* : spendthrift, prodigal
**despilfarrar** *vt* MALGASTAR : to squander, to waste
**despilfarro** *nm* : extravagance, wastefulness
**despintar** *vt* : to strip the paint from — **despintarse** *vr* : to fade, to wash off, to peel off
**despistado**[1], **-da** *adj* **1** DISTRAÍDO : absentminded, forgetful, scatterbrained **2** CONFUSO : confused, bewildered
**despistado**[2], **-da** *n* : absentminded person
**despistar** *vt* : to throw off the track, to confuse — **despistarse** *vr*
**despiste** *nm* **1** : absentmindedness **2** : mistake, slip
**desplantador** *nm* : garden trowel
**desplante** *nm* : insolence, rudeness
**desplazamiento** *nm* **1** : movement, displacement **2** : journey
**desplazar** {21} *vt* **1** : to replace, to displace **2** TRASLADAR : to move, to shift **3** : to scroll (in computing) — **desplazarse** *vr*
**desplegar** {49} *vt* **1** : to display, to show, to manifest **2** DESDOBLAR : to unfold, to unfurl **3** : to spread (out) **4** : to deploy
**despliegue** *nm* **1** : display **2** : deployment
**desplomarse** *vr* **1** : to plummet, to fall **2** DERRUMBARSE : to collapse, to break down
**desplome** *nm* **1** : fall, drop **2** : collapse
**desplumar** *vt* : to pluck (a chicken, etc.)
**despoblación** *nf, pl* **-ciones** : large population decrease
**despoblado**[1], **-da** *adj* : uninhabited, deserted
**despoblado**[2] *nm* : open country, deserted area
**despoblar** {19} *vt* : to reduce the population of ⟨un lugar despoblado : a deserted place⟩
**despojar** *vt* **1** : to strip, to clear **2** : to divest, to deprive — **despojarse** *vr* **1** ~ **de** : to remove (clothing) **2** ~ **de** : to relinquish, to renounce
**despojos** *nmpl* **1** : remains, scraps **2** : plunder, spoils
**desportillar** *vt* : to chip — **desportillarse** *vr*
**desposar** *vt* : to marry — **desposarse** *vr*
**desposeer** {20} *vt* : to dispossess
**déspota** *nmf* : despot, tyrant
**despotismo** *nm* : despotism — **despótico, -ca** *adj*
**despotricar** {72} *vi* : to rant and rave, to complain excessively
**despreciable** *adj* **1** : despicable, contemptible **2** : negligible ⟨nada despreciable : not inconsiderable, significant⟩
**despreciar** *vt* DESDEÑAR, MENOSPRECIAR : to despise, to scorn, to disdain
**despreciativo, -va** *adj* : scornful, disdainful
**desprecio** *nm* DESDÉN, MENOSPRECIO : disdain, contempt, scorn
**desprender** *vt* **1** SOLTAR : to detach, to loosen, to unfasten **2** EMITIR : to emit, to give off — **desprenderse** *vr* **1** : to come off, to come undone **2** : to be inferred, to follow **3** ~ **de** : to part with, to get rid of
**desprendido, -da** *adj* : generous, unselfish, disinterested
**desprendimiento** *nm* **1** : detachment **2** GENEROSIDAD : generosity **3 desprendimiento de tierras** : landslide
**despreocupación** *nf, pl* **-ciones** : indifference, lack of concern
**despreocupadamente** *adv* : in a carefree, easygoing, or unconcerned way
**despreocupado, -da** *adj* : carefree, easygoing, unconcerned
**desprestigiar** *vt* DESACREDITAR : to discredit, to disgrace — **desprestigiarse** *vr* : to lose prestige

**desprestigio** *nm* DESCRÉDITO : discredit, disrepute
**desprevenido, -da** *adj* DESAPERCIBIDO : unprepared, off guard, unsuspecting
**desprolijo, -ja** *adj* : untidy, messy
**desproporción** *nf, pl* **-ciones** : disproportion, disparity
**desproporcionado, -da** *adj* : out of proportion
**despropósito** *nm* : piece of nonsense, absurdity
**desprotegido, -da** *adj* : unprotected, vulnerable
**desprovisto, -ta** *adj* ~ **de** : devoid of, lacking in
**después** *adv* **1** : afterward, later ⟨mucho después : much later⟩ ⟨me lo dijo después : she told me about it afterward⟩ **2** : then, next ⟨primero uno y después el otro : first one and then the other⟩ ⟨¿que hago después? : what do I do next?⟩ **3** ~ **de** : after, next after ⟨después de comer : after eating⟩ ⟨después del semáforo : after the stoplight⟩ **4 después (de) que** : after ⟨después que lo acabé : after I finished it⟩ **5 después de todo** : after all **6 poco después** : shortly after, soon thereafter
**despuntado, -da** *adj* : blunt, dull
**despuntar** *vt* : to blunt — *vi* **1** : to dawn **2** : to sprout **3** : to excel, to stand out
**desquiciado, -da** *adj* : crazy
**desquiciar** *vt* **1** : to unhinge (a door) **2** : to drive crazy — **desquiciarse** *vr* : to go crazy
**desquitarse** *vr* **1** : to get even, to retaliate **2** ~ **con** : to take it out on
**desquite** *nm* : revenge
**desregulación** *nf, pl* **-ciones** : deregulation
**desregular** *vt* : to deregulate
**desregularización** *nf, pl* **-ciones** → **desregulación**
**destacadamente** *adv* : outstandingly, prominently
**destacado, -da** *adj* **1** : outstanding, prominent **2** : stationed, posted
**destacamento** *nm* : detachment (of troops)
**destacar** {72} *vt* **1** ENFATIZAR, SUBRAYAR : to emphasize, to highlight, to stress ⟨cabe destacar . . . : it's worth mentioning . . .⟩ **2** REALZAR : to highlight, to bring out **3** : to station, to post — *vi* : to stand out — **destacarse** *vr* : to stand out
**destajo** *nm* **1** : piecework **2 a** ~ : by the item, by the job
**destapacaños** *nm Mex* : plunger (for toilets, etc.)
**destapador** *nm* : bottle opener
**destapar** *vt* **1** : to open, to take the top off **2** DESCUBRIR : to reveal, to uncover **3** : to unblock, to unclog
**destape** *nm* : uncovering, revealing
**destartalado, -da** *adj* : dilapidated, tumbledown
**destellar** *vi* **1** : to sparkle, to flash, to glint **2** : to twinkle
**destello** *nm* **1** : flash, sparkle, twinkle **2** : glimmer, hint
**destemplado, -da** *adj* **1** : out of tune **2** : irritable, out of sorts **3** : unpleasant (of weather)
**desteñir** {67} *vi* : to run, to fade — **desteñirse** *vr* : to fade
**desterrado**[1], **-da** *adj* : banished, exiled
**desterrado**[2], **-da** *n* : exile
**desterrar** {55} *vt* **1** EXILIAR : to banish, to exile **2** ERRADICAR : to eradicate, to do away with
**destetar** *vt* : to wean
**destiempo** *adv* **a** ~ : at the wrong time
**destierro** *nm* EXILIO : exile
**destilación** *nf, pl* **-ciones** : distillation
**destilador, -dora** *n* : distiller
**destilar** *vt* **1** : to exude **2** : to distill
**destilería** *nf* : distillery
**destinación** *nf, pl* **-ciones** DESTINO : destination
**destinado, -da** *adj* : destined, bound
**destinar** *vt* **1** : to appoint, to assign **2** ASIGNAR : to earmark, to allot
**destinatario, -ria** *n* **1** : addressee **2** : payee
**destino** *nm* **1** : destiny, fate **2** DESTINACIÓN : destination **3** : use **4** : assignment, post
**destitución** *nf, pl* **-ciones** : dismissal, removal from office
**destituir** {41} *vt* : to dismiss, to remove from office
**destornillador** *nm* : screwdriver
**destornillar** *vt* : to unscrew
**destrabar** *vt* **1** : to untie, to undo, to ease up **2** : to separate
**destreza** *nf* HABILIDAD : dexterity, skill
**destronar** *vt* : to depose, to dethrone
**destrozado, -da** *adj* **1** : ruined, destroyed **2** : devastated, brokenhearted
**destrozar** {21} *vt* **1** : to smash, to shatter **2** : to destroy, to wreck — **destrozarse** *vr*
**destrozo** *nm* **1** DAÑO : damage **2** : havoc, destruction
**destrucción** *nf, pl* **-ciones** : destruction
**destructivo, -va** *adj* : destructive
**destructor**[1], **-tora** *adj* : destructive
**destructor**[2] *nm* : destroyer (ship)
**destruir** {41} *vt* : to destroy — **destruirse** *vr*
**desubicado, -da** *adj* **1** : out of place **2** : confused, disoriented
**desunión** *nf, pl* **-niones** : lack of unity
**desunir** *vt* : to split, to divide
**desusado, -da** *adj* **1** INSÓLITO : unusual **2** OBSOLETO : obsolete, disused, antiquated
**desuso** *nm* : disuse, obsolescence ⟨caer en desuso : to fall into disuse⟩
**desvaído, -da** *adj* **1** : pale, washed-out **2** : vague, blurred
**desvalido, -da** *adj* DESAMPARADO : destitute, helpless
**desvalijar** *vt* **1** : to ransack **2** : to rob
**desvalorización** *nf, pl* **-ciones** **1** DEVALUACIÓN : devaluation **2** : depreciation
**desvalorizar** {21} *vt* : to devalue
**desván** *nm, pl* **desvanes** ÁTICO, BUHARDILLA : attic
**desvanecer** {53} *vt* **1** DISIPAR : to make disappear, to dispel **2** : to fade, to blur

— **desvanecerse** *vr* **1** : to vanish, to disappear **2** : to fade **3** DESMAYARSE : to faint, to swoon
**desvanecimiento** *nm* **1** : disappearance **2** DESMAYO : faint **3** : fading
**desvariar** {85} *vi* **1** DELIRAR : to be delirious **2** : to rave, to talk nonsense
**desvarío** *nm* **1** DELIRIO : delirium **2 desvaríos** *nmpl* : ravings *pl*
**desvelado, -da** *adj* : sleepless
**desvelar** *vt* **1** : to keep awake **2** REVELAR : to reveal, to disclose — **desvelarse** *vr* **1** : to stay awake **2** : to do one's utmost
**desvelo** *nm* **1** : insomnia **2 desvelos** *nmpl* : efforts, pains
**desvencijado, -da** *adj* : dilapidated, rickety
**desventaja** *nf* : disadvantage, drawback
**desventajoso, -sa** *adj* : disadvantageous, unfavorable
**desventura** *nf* INFORTUNIO : misfortune
**desventurado, -da** *adj* : unfortunate, ill-fated
**desvergonzado, -da** *adj* : shameless, impudent
**desvergüenza** *nf* : audacity, impudence
**desvestir** {54} *vt* : to undress — **desvestirse** *vr* : to get undressed
**desviación** *nf, pl* **-ciones** **1** : deviation, departure **2** : detour, diversion
**desviar** {85} *vt* **1** : to change the course of, to divert **2** : to turn away, to deflect — **desviarse** *vr* **1** : to branch off **2** APARTARSE : to stray
**desvinculación** *nf, pl* **-ciones** : dissociation
**desvincular** *vt* ~ **de** : to separate from, to dissociate from — **desvincularse** *vr*
**desvío** *nm* **1** : diversion, detour **2** : deviation
**desvirtuar** {3} *vt* **1** : to impair, to spoil **2** : to detract from **3** : to distort, to misrepresent
**desvivirse** *vr* : to be devoted to
**detalladamente** *adv* : in detail, at great length
**detallar** *vt* : to detail
**detalle** *nm* **1** : detail ⟨entrar en detalles : to go into detail⟩ **2 al detalle** : retail **3** : thoughtful gesture ⟨tener un detalle con alguien : to do something nice for someone⟩
**detallista**[1] *adj* **1** : meticulous **2** : retail
**detallista**[2] *nmf* **1** : perfectionist **2** : retailer
**detección** *nf, pl* **-ciones** : detection
**detectar** *vt* : to detect — **detectable** *adj*
**detective** *nmf* : detective ⟨detective privado/privada : private detective⟩
**detector** *nm* : detector ⟨detector de mentiras : lie detector⟩
**detención** *nf, pl* **-ciones** **1** ARRESTO : detention, arrest **2** : stop, halt **3** : delay, holdup
**detener** {80} *vt* **1** ARRESTAR : to arrest, to detain **2** PARAR : to stop, to halt **3** : to keep, to hold back — **detenerse** *vr* **1** : to stop **2** : to delay, to linger
**detenidamente** *adv* : thoroughly, at length
**detenimiento** *nm* **con** ~ : carefully, in detail
**detentar** *vt* : to hold, to retain
**detergente** *nm* : detergent
**deteriorado, -da** *adj* : damaged, worn
**deteriorar** *vt* ESTROPEAR : to damage, to spoil — **deteriorarse** *vr* **1** : to get damaged, to wear out **2** : to deteriorate, to worsen
**deterioro** *nm* **1** : deterioration, wear **2** : worsening, decline
**determinación** *nf, pl* **-ciones** **1** : determination, resolve **2 tomar una determinación** : to make a decision
**determinado, -da** *adj* **1** : certain, particular **2** : determined, resolute
**determinante**[1] *adj* : determining, deciding
**determinante**[2] *nm* : determinant
**determinar** *vt* **1** : to determine **2** : to cause, to bring about — **determinarse** *vr* : to make up one's mind, to decide
**detestar** *vt* : to detest — **detestable** *adj*
**detonación** *nf, pl* **-ciones** : detonation
**detonador** *nm* : detonator
**detonante**[1] *adj* : detonating, explosive
**detonante**[2] *nm* **1** → **detonador** **2** : catalyst, cause
**detonar** *vi* : to detonate, to explode
**detractor, -tora** *n* : detractor, critic
**detrás** *adv* **1** : behind ⟨caminábamos detrás : we walked along behind⟩ **2** ~ **de** : in back of, behind **3 por** ~ : from behind, in/at the back
**detrimento** *nm* : detriment ⟨en detrimento de : to the detriment of⟩
**detuvo, etc.** → **detener**
**deuda** *nf* **1** DÉBITO : debt **2 en deuda con** : indebted to
**deudo, -da** *n* : relative
**deudor**[1], **-dora** *adj* : indebted
**deudor**[2], **-dora** *n* : debtor
**devaluación** *nf, pl* **-ciones** DESVALORIZACIÓN : devaluation
**devaluar** {3} *vt* : to devalue — **devaluarse** *vr* : to depreciate
**devanarse** *vr* **devanarse los sesos** : to rack one's brains
**devaneo** *nm* **1** : flirtation, fling **2** : idle pursuit
**devastador, -dora** *adj* : devastating
**devastar** *vt* : to devastate — **devastación** *nf*
**develar** *vt* **1** REVELAR : to reveal, to uncover **2** : to unveil
**devenir** {87} *vi* **1** : to come about **2** ~ **en** : to become, to turn into
**devoción** *nf, pl* **-ciones** : devotion
**devolución** *nf, pl* **-ciones** REEMBOLSO : return, refund
**devolver** {89} *vt* **1** : to return, to give back **2** REEMBOLSAR : to refund, to pay back **3** : to vomit, to bring up — *vi* : to vomit, to throw up — **devolverse** *vr* : to return, to come back, to go back
**devorar** *vt* **1** : to devour **2** : to consume
**devoto**[1], **-ta** *adj* : devout — **devotamente** *adv*
**devoto**[2], **-ta** *n* : devotee, admirer

**di → dar, decir**
**día** *nm* **1** : day ⟨buenos días : hello, good morning⟩ ⟨todos los días : every day⟩ ⟨todo el día : all day⟩ ⟨un día sí y otro no : every other day⟩ ⟨ocho horas al día : eight hours a day⟩ ⟨día hábil : workday, business day⟩ ⟨día festivo/feriado : public holiday⟩ ⟨día de pago : payday⟩ ⟨¿qué día es hoy? : what day is today?⟩ ⟨el día 21 de abril : the 21st of April, April 21st⟩ ⟨el día anterior : the previous day, the day before⟩ **2** : daytime, daylight ⟨de día : by day, in the daytime⟩ ⟨en pleno día : in broad daylight⟩ ⟨día y noche : day and night⟩ **3 al día** : up-to-date ⟨ponerse al día con : to get up to date with, to catch up on⟩ ⟨poner al día : to bring up to date, to update⟩ **4 en su día** : in due time **5 hoy (en) día** : nowadays, these days
**diabetes** *nf* : diabetes
**diabético, -ca** *adj & n* : diabetic
**diablillo** *nm* : little devil, imp
**diablo** *nm* **1** DEMONIO : devil **2 ¿qué diablos . . . ?** : what on earth . . . ?, what the hell . . . ?
**diablura** *nf* **1** : prank **2 diabluras** *nfpl* : mischief
**diabólico, -ca** *adj* : diabolical, diabolic, devilish
**diaconisa** *nf* : deaconess
**diácono** *nm* : deacon
**diacrítico, -ca** *adj* : diacritic, diacritical
**diadema** *nf* : diadem, crown
**diáfano, -na** *adj* **1** CLARO : clear **2** TRASLÚCIDO : sheer (of fabric), translucent **3** : bright (of a light, room, etc.)
**diafragma** *nm* : diaphragm
**diagnosticar** {72} *vt* : to diagnose
**diagnóstico**[1], **-ca** *adj* : diagnostic
**diagnóstico**[2] *nm* : diagnosis
**diagonal**[1] *adj* : diagonal — **diagonalmente** *adv*
**diagonal**[2] *nf* **1** : diagonal **2** : slash (punctuation mark)
**diagrama** *nm* **1** : diagram **2 diagrama de flujo** ORGANIGRAMA : flow chart
**dial** *nm* : dial (on a radio, etc.)
**dialecto** *nm* : dialect
**dialogar** {52} *vi* : to have a talk, to converse
**diálogo** *nm* : dialogue
**diamante** *nm* : diamond
**diámetro** *nm* : diameter
**diana** *nf* **1** : target, bull's-eye **2** *or* **toque de diana** : reveille
**diapasón** *nm, pl* **-sones** : tuning fork
**diapositiva** *nf* : slide, transparency
**diariamente** *adv* : daily, every day
**diario**[1] *adv Mex* : every day, daily
**diario**[2], **-ria** *adj* **1** : daily, everyday ⟨la vida diaria : everyday life⟩ ⟨ocho horas diarias : eight hours a day⟩ **2 a diario** : every day, daily
**diario**[3] *nm* **1** : diary **2** PERIÓDICO : newspaper **3 de ~** : everyday
**diarrea** *nf* : diarrhea
**diatriba** *nf* : diatribe, tirade
**dibujante** *nmf* **1** : draftsman *m*, draftswoman *f* **2** CARICATURISTA : cartoonist
**dibujar** *vt* **1** : to draw, to sketch **2** : to portray, to depict
**dibujo** *nm* **1** : drawing ⟨dibujo lineal : line drawing⟩ ⟨dibujo a lápiz : pencil drawing⟩ ⟨dibujo a pulso, dibujo a mano alzada : freehand sketch⟩ **2** : design, pattern **3 dibujos animados** : (animated) cartoons
**dicción** *nf, pl* **-ciones** : diction
**diccionario** *nm* : dictionary
**dícese → decir**
**dicha** *nf* **1** SUERTE : good luck **2** FELICIDAD : happiness, joy
**dicho**[1] *pp* **→ decir**
**dicho**[2], **-cha** *adj* : said, aforementioned ⟨las personas dichas : the aforementioned people⟩
**dicho**[3] *nm* DECIR : saying, proverb
**dichoso, -sa** *adj* **1** : blessed **2** FELIZ : happy **3** AFORTUNADO : fortunate, lucky
**diciembre** *nm* : December ⟨el primero de diciembre : (on) December first⟩
**diciendo → decir**
**dictado** *nm* : dictation
**dictador, -dora** *n* : dictator
**dictadura** *nf* : dictatorship
**dictamen** *nm, pl* **dictámenes** **1** : report **2** : judgment, opinion
**dictaminar** *vt* : to report — *vi* : to give an opinion, to pass judgment
**dictar** *vt* **1** : to dictate **2** : to pronounce (a judgment) **3** : to give, to deliver (a lecture, etc.)
**dictatorial** *adj* : dictatorial
**didáctico, -ca** *adj* : didactic
**diecinueve** *adj & nm* : nineteen — **diecinueve** *pron*
**diecinueveavo**[1], **-va** *adj* : nineteenth
**diecinueveavo**[2] *nm* : nineteenth (fraction)
**dieciocho** *adj & nm* : eighteen — **dieciocho** *pron*
**dieciochoavo**[1], **-va** *or* **dieciochavo, -va** *adj* : eighteenth
**dieciochoavo**[2] *or* **dieciochavo** *nm* : eighteenth (fraction)
**dieciséis** *adj & nm* : sixteen — **dieciséis** *pron*
**dieciseisavo**[1], **-va** *adj* : sixteenth
**dieciseisavo**[2] *nm* : sixteenth (fraction)
**diecisiete** *adj & nm* : seventeen — **diecisiete** *pron*
**diecisieteavo**[1], **-va** *adj* : seventeenth
**diecisieteavo**[2] *nm* : seventeenth (in a series)
**diente** *nm* **1** : tooth ⟨diente canino : eyetooth, canine tooth⟩ ⟨cepillarse los dientes : to brush one's teeth⟩ ⟨le están saliendo los dientes : he's teething⟩ **2** : tusk, fang **3** : prong, tine **4** : clove (of garlic) **5 diente de león** : dandelion **6 entre dientes** : under one's breath, quietly ⟨hablar entre dientes : to mutter, to mumble⟩
**dieron, etc. → dar**
**diesel** [ˈdisel] *nm* : diesel
**diestra** *nf* : right hand
**diestro**[1], **-tra** *adj* **1** : right **2** : skillful, accomplished

**diestro**[2] *nm* : bullfighter, matador
**dieta** *nf* : diet
**dietético, -ca** *adj* : dietary, diet
**dietista** *nmf* : dietitian
**diez**[1] *nm, pl* **dieces** : ten ⟨el diez de julio : (on) the tenth of July, (on) July tenth⟩ ⟨un as y dos dieces : an ace and two tens⟩
**diez**[2] *adj* : ten ⟨tiene diez años : he's ten (years old)⟩
**diez**[3] *pron* : ten ⟨somos diez : there are ten of us⟩ ⟨son las diez : it's ten o'clock⟩
**difamación** *nf, pl* **-ciones** : defamation, slander
**difamar** *vt* : to defame, to slander
**difamatorio, -ria** *adj* : slanderous, defamatory, libelous
**diferencia** *nf* **1** : difference ⟨partir la diferencia : to split the difference⟩ **2 a diferencia de** : unlike, in contrast to **3 con ~** : by far
**diferenciación** *nf, pl* **-ciones** : differentiation
**diferencial** *adj & nm* : differential
**diferenciar** *vt* : to differentiate between, to distinguish — **diferenciarse** *vr* : to differ
**diferendo** *nm* : dispute, conflict
**diferente** *adj* DISTINTO : different ⟨diferente a/de : different from⟩ — **diferentemente** *adv*
**diferido** *adj* **en ~** ⟨un programa en diferido : a prerecorded program⟩ ⟨transmitir en diferido : to broadcast later⟩
**diferir** {76} *vt* DILATAR, POSPONER : to postpone, to put off — *vi* : to differ
**difícil** *adj* : difficult, hard ⟨difícil de describir : hard to describe⟩ ⟨una persona difícil : a difficult person⟩ ⟨lo veo difícil : I think it's unlikely⟩
**difícilmente** *adv* **1** : with difficulty **2** : hardly
**dificultad** *nf* : difficulty
**dificultar** *vt* : to make difficult, to obstruct
**dificultoso, -sa** *adj* : difficult, hard
**difteria** *nf* : diphtheria
**difuminar** *vt* : to blur
**difundir** *vt* **1** : to diffuse, to spread out **2** : to broadcast, to spread
**difunto, -ta** *adj & n* FALLECIDO : deceased
**difusión** *nf, pl* **-siones** **1** : spreading **2** : diffusion (of heat, etc.) **3** : broadcast, broadcasting ⟨los medios de difusión : the media⟩
**difuso, -sa** *adj* : diffuse, widespread
**diga, etc.** → **decir**
**digerir** {76} *vt* : to digest — **digerible** *adj*
**digestión** *nf, pl* **-tiones** : digestion
**digestivo, -va** *adj* : digestive
**digital**[1] *adj* : digital — **digitalmente** *adv*
**digital**[2] *nf* DEDALERA : foxglove
**digitalizar** {21} *vt* : to digitalize
**digitaria** *nf* : crabgrass
**dígito** *nm* : digit
**dignarse** *vr* : to deign, to condescend ⟨no se dignó contestar : he didn't deign to answer⟩
**dignatario, -ria** *n* : dignitary
**dignidad** *nf* **1** : dignity **2** : dignitary
**dignificar** {72} *vt* : to dignify
**digno, -na** *adj* **1** HONORABLE : honorable **2** : worthy ⟨digno de : worthy of⟩ **3** : decent (of a salary, etc.) — **dignamente** *adv*
**digresión** *nf, pl* **-ciones** : digression
**dije** *nm* : charm (on a bracelet)
**dijo, etc.** → **decir**
**dilación** *nf, pl* **-ciones** : delay
**dilapidar** *vt* : to waste, to squander
**dilatar** *vt* **1** : to dilate, to widen, to expand **2** DIFERIR, POSPONER : to put off, to postpone — **dilatarse** *vr* **1** : to expand (of gases, metals, etc.) **2** *Mex* : to take long, to be long
**dilatorio, -ria** *adj* : delaying
**dilema** *nm* : dilemma
**diletante** *nmf* : dilettante
**diligencia** *nf* **1** : diligence, care **2** : promptness, speed **3** : action, step **4** : task, errand **5** : stagecoach **6 diligencias** *nfpl* : judicial procedures, formalities
**diligente** *adj* : diligent — **diligentemente** *adv*
**dilucidar** *vt* : to elucidate, to clarify
**dilución** *nf, pl* **-ciones** : dilution
**diluir** {41} *vt* : to dilute
**diluviar** *v impers* : to pour (with rain), to pour down
**diluvio** *nm* **1** : flood **2** : downpour
**dimensión** *nf, pl* **-siones** : dimension — **dimensional** *adj*
**dimensionar** *vt* : to measure, to gauge
**diminutivo**[1], **-va** *adj* : diminutive
**diminutivo**[2] *nm* : diminutive
**diminuto, -ta** *adj* : minute, tiny
**dimisión** *nf, pl* **-siones** : resignation
**dimitir** *vi* : to resign, to step down
**dimos** → **dar**
**dinámica** *nf* : dynamics
**dinámico, -ca** *adj* : dynamic — **dinámicamente** *adv*
**dinamismo** *nm* : energy, vigor
**dinamita** *nf* : dynamite
**dinamitar** *vt* : to dynamite
**dínamo** *or* **dinamo** *nm* : dynamo
**dinastía** *nf* : dynasty
**dineral** *nm* : fortune, large sum of money
**dinero** *nm* **1** : money ⟨hacer/ganar/recaudar dinero : to make/earn/raise money⟩ **2 dinero de bolsillo** : pocket money **3 dinero contante y sonante** : cold cash, hard cash **4 dinero en efectivo** : cash
**dinosaurio** *nm* : dinosaur
**dintel** *nm* : lintel
**dio, etc.** → **dar**
**diócesis** *nfs & pl* : diocese
**dios, diosa** *n* : god, goddess *f*
**Dios** *nm* : God ⟨gracias a Dios : thank God⟩ ⟨si Dios quiere : God willing⟩ ⟨¡por Dios! : for God's sake!⟩ ⟨¡Dios mío! : good God!⟩ ⟨¡vaya por Dios! : for heaven's sake!⟩ ⟨¡Dios me libre! : God/heaven forbid!⟩ ⟨que Dios te bendiga : God bless you⟩ ⟨como Dios manda : proper, properly⟩
**dióxido de carbono** *nm* : carbon dioxide
**diploma** *nm* : diploma
**diplomacia** *nf* : diplomacy

**diplomado**[1], **-da** *adj* : qualified, trained
**diplomado**[2] *nm Mex* : seminar
**diplomático**[1], **-ca** *adj* : diplomatic — **diplomáticamente** *adv*
**diplomático**[2], **-ca** *n* : diplomat
**diptongo** *nm* : diphthong
**diputación** *nf, pl* **-ciones** : deputation, delegation
**diputado, -da** *n* : delegate, representative
**dique** *nm* : dike
**dirá, etc.** → **decir**
**dirección** *nf, pl* **-ciones** **1** : address ⟨dirección particular/electrónica : home/e-mail address⟩ **2** : direction ⟨en dirección a : towards⟩ ⟨en dirección contraria : the opposite direction, the other way⟩ **3** : management, leadership **4** : steering (of an automobile) ⟨dirección asistida : power steering⟩
**direccional**[1] *adj* : directional
**direccional**[2] *nf* : directional, turn signal
**directa** *nf* : high gear
**directamente** *adv* : straight, directly
**directiva** *nf* **1** ORDEN : directive **2** DIRECTORIO, JUNTA : board of directors
**directivo**[1], **-va** *adj* : executive, managerial
**directivo**[2], **-va** *n* : executive, director
**directo, -ta** *adj* **1** : direct, straight, immediate **2 en ~** : live (in broadcasting)
**director, -tora** *n* **1** : director, manager, head **2** : conductor (of an orchestra)
**directorial** → **directivo**[1]
**directorio** *nm* **1** : directory **2** DIRECTIVA, JUNTA : board of directors
**directriz** *nf, pl* **-trices** : guideline
**dirigencia** *nf* : leaders *pl*, leadership
**dirigente**[1] *adj* : directing, leading
**dirigente**[2] *nmf* : director, leader
**dirigible** *nm* : dirigible, blimp
**dirigir** {35} *vt* **1** : to run, to manage (a business, etc.), to lead (a group, etc.) **2** : to conduct (music), to direct (a film) **3** : to address (a letter, comment, etc.) **4** : to aim, to point ⟨dirigir la mirada a/hacia : to look at/towards⟩ ⟨dirigir la atención hacia : to turn one's attention to⟩ — **dirigirse** *vr* **~ a** **1** : to go towards **2** : to speak to, to address
**dirimir** *vt* **1** : to resolve, to settle **2** : to annul, to dissolve (a marriage)
**discapacidad** *nf* MINUSVALÍA : disability, handicap *sometimes offensive*
**discapacitado**[1], **-da** *adj* : disabled, handicapped *sometimes offensive*
**discapacitado**[2], **-da** *n* : disabled person, handicapped person *sometimes offensive*
**discar** {72} *v* : to dial
**discernimiento** *nm* : discernment
**discernir** {25} *v* : to discern, to distinguish
**disciplina** *nf* : discipline
**disciplinar** *vt* : to discipline — **disciplinario, -ria** *adj*
**discípulo, -la** *n* : disciple, follower
**disc jockey** [ˌdiskˈjoke, -ˈdʒo-] *nmf* : disc jockey
**disco** *nm* **1** : record ⟨parecer un disco rayado : to sound like a broken record⟩ **2** : disc, disk ⟨disco compacto : compact disc⟩ ⟨disco volador : Frisbee *trademark*⟩ **3** : discus
**disco duro** *nm* **1** : hard disk **2** *or* **unidad de disco duro** : hard drive
**discografía** *nf* : list of records (by a musician)
**discolo, -la** *adj* : unruly, disobedient
**disconforme** *adj* : in disagreement
**discontinuidad** *nf* : discontinuity
**discontinuo, -nua** *adj* : discontinuous
**discordancia** *nf* DESAVENENCIA : conflict, disagreement
**discordante** *adj* **1** : discordant **2** : conflicting
**discordia** *nf* : discord
**discoteca** *nf* **1** : disco, discotheque **2** *CA, Mex* : record store
**discreción** *nf, pl* **-ciones** : discretion
**discrecional** *adj* : discretionary
**discrepancia** *nf* : discrepancy
**discrepar** *vi* **1** : to disagree **2** : to differ
**discreto, -ta** *adj* : discreet — **discretamente** *adv*
**discriminación** *nf, pl* **-ciones** : discrimination
**discriminar** *vt* **1** : to discriminate against **2** : to distinguish, to differentiate
**discriminatorio, -ria** *adj* : discriminatory
**disculpa** *nf* **1** : apology **2** : excuse
**disculpable** *adj* : excusable
**disculpar** *vt* : to excuse, to pardon — **disculparse** *vr* : to apologize
**discurrir** *vi* **1** : to flow **2** : to pass, to go by **3** : to ponder, to reflect
**discurso** *nm* **1** ORACIÓN : speech, address **2** : discourse, treatise
**discusión** *nf, pl* **-siones** **1** : discussion **2** ALTERCADO, DISPUTA : argument
**discutible** *adj* : arguable, debatable
**discutidor, -dora** *adj* : argumentative
**discutir** *vt* **1** : to discuss **2** : to dispute — *vi* ALTERCAR : to argue, to quarrel
**disecar** {72} *vt* **1** : to dissect **2** : to stuff (for preservation)
**disección** *nf, pl* **-ciones** : dissection
**diseminación** *nf, pl* **-ciones** : dissemination, spreading
**diseminar** *vt* : to disseminate, to spread
**disensión** *nf, pl* **-siones** : dissension, disagreement
**disenso** *nm* : dissent, disagreement
**disentería** *nf* : dysentery
**disentimiento** → **disenso**
**disentir** {76} *vi* : to dissent, to disagree
**diseñador, -dora** *n* : designer
**diseñar** *vt* **1** : to design, to plan **2** : to lay out, to outline
**diseño** *nm* : design
**disertación** *nf, pl* **-ciones** **1** : lecture, talk **2** : dissertation
**disertar** *vi* : to lecture, to give a talk
**disfraz** *nm, pl* **disfraces** **1** : disguise **2** : costume **3** : front, pretense
**disfrazar** {21} *vt* **1** : to disguise **2** : to mask, to conceal — **disfrazarse** *vr* : to wear a costume, to be in disguise
**disfrutar** *vt* : to enjoy — *vi* : to enjoy oneself, to have a good time
**disfrute** *nm* : enjoyment
**disfunción** *nf, pl* **-ciones** : dysfunction — **disfuncional** *adj*

**disgregar** {52} *vt* : to break up, to disintegrate — **disgregarse** *vr*
**disgustar** *vt* : to upset, to displease, to make angry ⟨darle un disgusto a alguien : to upset someone⟩ ⟨llevarse un disgusto : to be upset⟩ — **disgustarse** *vr*
**disgusto** *nm* **1** : annoyance, displeasure **2** : argument, quarrel **3** : trouble, misfortune
**disidencia** *nf* : dissent
**disidente** *adj & nmf* : dissident
**disímbolo, -la** *adj Mex* : dissimilar
**disímil** *adj* : dissimilar
**disimuladamente** *adv* : furtively, slyly
**disimulado, -da** *adj* **1** : concealed, disguised **2** : furtive, sly
**disimular** *vi* : to dissemble, to pretend — *vt* : to conceal, to hide
**disimulo** *nm* **1** : dissembling, pretense **2** : slyness, furtiveness **3** : tolerance
**disipar** *vt* **1** : to dissipate, to dispel **2** : to squander — **disiparse** *vr*
**diskette** [diˈskɛt] *nm* : floppy disk, diskette
**dislexia** *nf* : dyslexia — **disléxico, -ca** *adj*
**dislocar** {72} *vt* : to dislocate — **dislocación** *nf*
**disminución** *nf, pl* **-ciones** : decrease, drop, fall
**disminuir** {41} *vt* REDUCIR : to reduce, to decrease, to lower — *vi* **1** : to lower **2** : to drop, to fall
**disociar** *vt* : to dissociate, to separate — **disociación** *nf*
**disolución** *nf, pl* **-ciones** **1** : dissolution, dissolving **2** : breaking up **3** : dissipation
**disoluto, -ta** *adj* : dissolute, dissipated
**disolvente** *nm* : solvent
**disolver** {89} *vt* **1** : to dissolve **2** : to break up — **disolverse** *vr*
**disonancia** *nf* : dissonance — **disonante** *adj*
**dispar** *adj* **1** : different, disparate **2** DIVERSO : diverse **3** DESIGUAL : inconsistent
**disparado, -da** *adj* **salir disparado** *fam* : to take off in a hurry, to rush away
**disparar** *vi* **1** : to shoot, to fire **2** *Mex fam* : to pay — *vt* **1** : to shoot **2** *Mex fam* : to treat to, to buy — **dispararse** *vr* : to shoot up, to skyrocket
**disparatado, -da** *adj* ABSURDO, RIDÍCULO : absurd, ridiculous, crazy
**disparate** *nm* : silliness, stupidity ⟨decir disparates : to talk nonsense⟩
**disparejo, -ja** *adj* DESIGUAL : uneven
**disparidad** *nf* : disparity
**disparo** *nm* TIRO : shot
**dispendio** *nm* : wastefulness, extravagance
**dispendioso, -sa** *adj* : wasteful, extravagant
**dispensa** *nf* : dispensation
**dispensador** *nm* : dispenser
**dispensar** *vt* **1** : to dispense, to give, to grant **2** EXCUSAR : to excuse, to forgive **3** EXIMIR : to exempt
**dispensario** *nm* **1** : dispensary, clinic **2** *Mex* : dispenser
**dispersar** *vt* DESPERDIGAR : to disperse, to scatter
**dispersión** *nf, pl* **-siones** : dispersion
**disperso, -sa** *adj* : dispersed, scattered
**displicencia** *nf* : indifference, coldness, disdain
**displicente** *adj* : indifferent, cold, disdainful
**disponer** {60} *vt* **1** : to arrange, to lay out **2** : to stipulate, to order **3** : to prepare — *vi* ~ **de** : to have at one's disposal — **disponerse** *vr* ~ **a** : to prepare to, to be about to
**disponibilidad** *nf* : availability
**disponible** *adj* : available
**disposición** *nf, pl* **-ciones** **1** : disposition **2** : aptitude, talent **3** : order, arrangement **4** : willingness, readiness **5** **última disposición** : last will and testament
**dispositivo** *nm* **1** APARATO, MECANISMO : device, mechanism **2** : force, detachment
**dispositivo intrauterino** *nm* : intrauterine device, IUD
**dispuesto**[1] *pp* → **disponer**
**dispuesto**[2], **-ta** *adj* PREPARADO : ready, prepared, disposed
**dispuso, etc.** → **disponer**
**disputa** *nf* ALTERCADO, DISCUSIÓN : dispute, argument
**disputar** *vi* : to argue, to contend, to vie — *vt* : to dispute, to question — **disputarse** *vr* : to compete for
**disquera** *nf* : record label, recording company
**disquete** → **diskette**
**disquisición** *nf, pl* **-ciones** **1** : formal discourse **2** **disquisiciones** *nfpl* : digressions
**distancia** *nf* **1** : distance ⟨la distancia entre la Tierra y el Sol : the distance between the Earth and the Sun⟩ ⟨está a dos cuadras de distancia : it's two blocks away⟩ **2** : (emotional) distance ⟨guardar/mantener las distancias : to keep one's distance⟩ **3** **a** ~ : from/at a distance ⟨mando a distancia : remote control⟩
**distanciamiento** *nm* **1** : distancing **2** : rift, estrangement
**distanciar** *vt* **1** : to space out **2** : to draw apart — **distanciarse** *vr* : to grow apart, to become estranged
**distante** *adj* **1** : distant, far-off **2** : aloof
**distar** *vi* ~ **de** : to be far from ⟨dista de ser perfecto : he is far from perfect⟩
**diste** → **dar**
**distender** {56} *vt* : to distend, to stretch
**distendido, -da** *adj* : relaxed
**distensión** *nf, pl* **-siones** : easing of relations
**distinción** *nf, pl* **-ciones** : distinction
**distinguible** *adj* : distinguishable
**distinguido, -da** *adj* : distinguished, refined
**distinguir** {26} *vt* **1** : to distinguish **2** : to honor **3** : to characterize — **distinguirse** *vr*
**distintivo, -va** *adj* : distinctive — **distintivamente** *adv*

**distinto, -ta** *adj* **1** DIFERENTE : different ⟨distinto de/a : different from/than⟩ **2** CLARO : distinct, clear, evident **3 distintos, -tas** *pl* : various
**distorsión** *nf, pl* **-siones** : distortion
**distorsionar** *vt* : to distort
**distracción** *nf, pl* **-ciones** **1** : distraction, amusement **2** : forgetfulness **3** : oversight
**distraer** {81} *vt* **1** : to distract **2** ENTRETENER : to entertain, to amuse — **distraerse** *vr* **1** : to get distracted **2** : to amuse oneself
**distraídamente** *adv* : absentmindedly
**distraído**[1] *pp* → **distraer**
**distraído**[2], **-da** *adj* **1** : distracted, preoccupied **2** DESPISTADO : absentminded
**distribución** *nf, pl* **-ciones** : distribution
**distribuidor, -dora** *n* : distributor
**distribuir** {41} *vt* : to distribute
**distributivo, -va** *adj* : distributive
**distrital** *adj* : district, of the district
**distrito** *nm* : district
**distrofia** *nf* : dystrophy ⟨distrofia muscular : muscular dystrophy⟩
**disturbio** *nm* : disturbance
**disuadir** *vt* : to dissuade, to discourage
**disuasión** *nf, pl* **-siones** : deterrence
**disuasivo, -va** *adj* : deterrent, discouraging
**disuasorio, -ria** *adj* : discouraging
**disuelto** *pp* → **disolver**
**disyuntiva** *nf* : dilemma
**DIU** [ˈdiu] *nm* (*d*ispositivo *i*ntrau*t*erino) : IUD, intrauterine device
**diurno, -na** *adj* : day, daytime
**diva** *nf* → **divo**
**divagar** {52} *vi* : to digress
**diván** *nm, pl* **divanes** : divan
**divergencia** *nf* : divergence, difference
**divergente** *adj* : divergent, differing
**divergir** {35} *vi* **1** : to diverge **2** : to differ, to disagree
**diversidad** *nf* : diversity, variety
**diversificación** *nf, pl* **-ciones** : diversification
**diversificar** {72} *vt* : to diversify
**diversión** *nf, pl* **-siones** ENTRETENIMIENTO : fun, amusement, diversion
**diverso, -sa** *adj* : diverse, various ⟨opiniones diversas : diverse opinions⟩ ⟨de diverso(s) tipo(s) : of various kinds⟩
**divertido, -da** *adj* **1** : amusing, funny **2** : entertaining, enjoyable
**divertir** {76} *vt* ENTRETENER : to amuse, to entertain — **divertirse** *vr* : to have fun, to have a good time
**dividendo** *nm* : dividend
**dividir** *vt* **1** : to divide, to split **2** : to distribute, to share out — **dividirse** *vr*
**divinidad** *nf* : divinity
**divino, -na** *adj* : divine
**divisa** *nf* **1** : currency **2** LEMA : motto **3** : emblem, insignia
**divisar** *vt* : to discern, to make out
**divisible** *adj* : divisible
**división** *nf, pl* **-siones** : division
**divisivo, -va** *adj* : divisive
**divisor** *nm* : denominator
**divisorio, -ria** *adj* : dividing
**divo, -va** *n* **1** : prima donna **2** : celebrity, star
**divorciado**[1], **-da** *adj* **1** : divorced **2** : split, divided
**divorciado**[2], **-da** *n* : divorcé *m*, divorcée *f*
**divorciar** *vt* : to divorce — **divorciarse** *vr* : to get a divorce
**divorcio** *nm* : divorce
**divulgación** *nf, pl* **-ciones** **1** : spreading, dissemination **2** : popularizing
**divulgar** {52} *vt* **1** : to spread, to circulate **2** REVELAR : to divulge, to reveal **3** : to popularize — **divulgarse** *vr*
**dizque** *adv* : supposedly, apparently
**do** *nm* **1** : C ⟨do sostenido/bemol : C sharp/flat⟩ **2** : do (in singing)
**dobladillo** *nm* : hem
**doblado, -da** *adj* **1** : folded **2** : dubbed
**doblaje** *nm* : dubbing
**doblar** *vt* **1** : to double **2** PLEGAR : to fold, to bend **3** : to turn ⟨doblar la esquina : to turn the corner⟩ **4** : to dub — *vi* **1** : to turn **2** : to toll, to ring — **doblarse** *vr* **1** : to fold up, to double over **2** : to give in, to yield
**doble**[1] *adj* : double ⟨doble el número de : double the number of⟩ ⟨doble sentido : double meaning⟩ — **doblemente** *adv*
**doble**[2] *nm* **1** : double **2** : toll (of a bell), knell
**doble**[3] *nmf* : stand-in, double
**doblegar** {52} *vt* **1** : to fold, to crease **2** : to force to yield — **doblegarse** *vr* : to yield, to bow
**doble uve** *nf Spain* → **ve doble**
**doble ve** → **ve doble**
**doblez**[1] *nm, pl* **dobleces** : fold, crease
**doblez**[2] *nmf* : duplicity, deceitfulness
**doce** *adj & nm* : twelve — **doce** *pron*
**doceavo**[1], **-va** *adj* : twelfth
**doceavo**[2] *nm* : twelfth (fraction)
**docena** *nf* **1** : dozen **2 docena de fraile** : baker's dozen
**docencia** *nf* : teaching
**docente**[1] *adj* : educational, teaching
**docente**[2] *n* : teacher, lecturer
**dócil** *adj* : docile — **dócilmente** *adv*
**docilidad** *nf* : meekness
**docto, -ta** *adj* : learned, erudite
**doctor, -tora** *n* : doctor ⟨doctor en pedagogía : doctor of education⟩
**doctorado** *nm* : doctorate
**doctorarse** *vr* : to earn one's doctorate
**doctrina** *nf* : doctrine — **doctrinal** *adj*
**documentación** *nf, pl* **-ciones** : documentation
**documental** *adj & nm* : documentary
**documentar** *vt* : to document
**documento** *nm* : document
**dogma** *nm* : dogma
**dogmático, -ca** *adj* : dogmatic
**dogmatismo** *nm* : dogmatism
**doguillo** *nm* : pug (dog)
**dólar** *nm* : dollar
**dolencia** *nf* : ailment, malaise
**doler** {47} *vi* **1** : to hurt, to ache ⟨me duele la cabeza : my head hurts⟩ ⟨no duele nada : it doesn't hurt at all⟩ **2** : to grieve — **dolerse** *vr* **1** : to be distressed **2** : to complain

**doliente** *nmf* : mourner, bereaved
**dolor** *nm* **1** : pain, ache ⟨dolor de cabeza/muelas/espalda : headache/toothache/backache⟩ **2** PENA, TRISTEZA : grief, sorrow
**dolorido, -da** *adj* **1** : sore, aching **2** : hurt, upset
**doloroso, -sa** *adj* **1** : painful **2** : distressing — **dolorosamente** *adv*
**doloso, -sa** *adj* : fraudulent — **dolosamente** *adv*
**domador, -dora** *n* : tamer
**domar** *vt* : to tame, to break in
**domesticado, -da** *adj* : domesticated, tame
**domésticamente** *adv* : domestically
**domesticar** {72} *vt* : to domesticate, to tame
**doméstico, -ca** *adj* : domestic, household
**domiciliado, -da** *adj* : residing
**domiciliario, -ria** *adj* **1** : home **2 arresto domiciliario** : house arrest
**domiciliarse** *vr* RESIDIR : to reside
**domicilio** *nm* : home, residence ⟨cambio de domicilio : change of address⟩
**dominación** *nf, pl* **-ciones** : domination
**dominante** *adj* **1** : dominant **2** : domineering
**dominar** *vt* **1** : to dominate **2** : to master, to be proficient at **3** : to overlook, to offer a view of — *vi* : to predominate, to prevail — **dominarse** *vr* : to control oneself
**domingo** *nm* : Sunday ⟨el domingo : on Sunday⟩ ⟨Domingo de Pascua/Resurrección : Easter Sunday⟩
**dominical** *adj* : Sunday ⟨periódico dominical : Sunday newspaper⟩
**dominicano, -na** *adj & n* : Dominican
**dominico, -ca** *adj & n* : Dominican (in religion)
**dominio** *nm* **1** : dominion, power ⟨dominio de/sobre sí mismo : self-control⟩ **2** : mastery **3** : domain, field
**dominó** *nm, pl* **-nós** **1** : domino (tile) **2** : dominoes *pl* (game)
**domo** *nm* : dome
**don**[1] *nm* **1** : gift, present **2** : talent, gift ⟨don de gente(s)/mando : people/leadership skills⟩ ⟨tener el don de la palabra : to have a way with words⟩
**don**[2] *nm* **1** : title of courtesy preceding a man's first name **2 don nadie** : nobody, insignificant person
**dona** *nf Mex* : doughnut, donut
**donación** *nf, pl* **-ciones** : donation
**donador, -dora** *n* : donor
**donaire** *nm* **1** GARBO : grace, poise **2** : witticism
**donante** *nf* → **donador**
**donar** *vt* : to donate
**donativo** *nm* : donation
**doncella** *nf* : maiden, damsel
**donde**[1] *conj* : where ⟨el pueblo donde vivo : the town where I live⟩ ⟨el lugar de donde viene : the place that/where he comes from⟩ ⟨regresamos por donde venimos : we went back the way we came⟩
**donde**[2] *prep* : over by ⟨lo encontré donde la silla : I found it over by the chair⟩
**dónde** *adv* : where ⟨¿dónde está su casa? : where is your house?⟩ ⟨¿de dónde eres? : where are you from?⟩ ⟨no sé por dónde empezar : I don't know where to begin⟩
**dondequiera** *adv* **1** : anywhere, no matter where **2 dondequiera que** : wherever, everywhere
**donqueo** *nm* : slam dunk
**doña** *nf* : title of courtesy preceding a woman's first name
**dopado, -da** *adj* : drugged
**dopar** *vt* : to drug, to dope — **doparse** *vr*
**doping** *nm* : doping (in sports)
**doquier** *adv* **por ~** : everywhere, all over
**dorado**[1], **-da** *adj* : gold, golden
**dorado**[2], **-da** *nm* : gilt
**dorar** *vt* **1** : to gild **2** : to brown (food)
**dormido, -da** *adj* **1** : asleep **2** : numb ⟨tiene el pie dormido : her foot's numb, her foot's gone to sleep⟩
**dormilón, -lona** *n, mpl* **-lones** : late riser
**dormir** {27} *vi* : to sleep — *vt* **1** : to put to sleep/bed **2** : to put to sleep (from boredom, etc.) **3** ANESTESIAR : to put to sleep, to anesthetize **4 dormir la siesta** : to have a nap — **dormirse** *vr* : to fall asleep
**dormitar** *vi* : to snooze, to doze
**dormitorio** *nm* **1** : bedroom **2** : dormitory
**dorsal**[1] *adj* : dorsal
**dorsal**[2] *nm* : number (worn in sports)
**dorso** *nm* **1** : back ⟨el dorso de la mano : the back of the hand⟩ **2** *or* **estilo dorso** *Mex* : backstroke
**dos**[1] *adj & nm* : two ⟨ella tiene dos años : she's two (years old)⟩ ⟨el dos de junio : (on) the second of June, (on) June second⟩
**dos**[2] *pron* : two ⟨somos dos : there are two of us⟩ ⟨ya somos dos : that makes two of us⟩ ⟨son las dos de la tarde : it's two o'clock in the afternoon⟩
**doscientos**[1], **-tas** *adj & pron* : two hundred
**doscientos**[2] *nms & pl* : two hundred (in a series)
**dosel** *nm* : canopy
**dosificación** *nf, pl* **-ciones** : dosage
**dosificar** {72} *vt* **1** : to dose **2** : to use sparingly
**dosis** *nfs & pl* **1** : dose **2** : amount, quantity
**dossier** *nm* : dossier
**dotación** *nf, pl* **-ciones** **1** : endowment, funding **2** : staff, personnel
**dotado, -da** *adj* **1** : gifted **2 ~ de** : endowed with, equipped with
**dotar** *vt* **1** : to provide, to equip **2** : to endow
**dote** *nf* **1** : dowry **2 dotes** *nfpl* : talent, gift
**doy** → **dar**
**draga** *nf* : dredge
**dragado** *nm* : dredging
**dragar** {52} *vt* : to dredge
**dragón** *nm, pl* **dragones** **1** : dragon **2** : snapdragon
**drague, etc.** → **dragar**

**drama** *nm* : drama
**dramático, -ca** *adj* : dramatic — **dramáticamente** *adv*
**dramatizar** {21} *vt* : to dramatize — **dramatización** *nf*
**dramaturgo, -ga** *n* : dramatist, playwright
**drástico, -ca** *adj* : drastic — **drásticamente** *adv*
**drenaje** *nm* : drainage
**drenar** *vt* : to drain
**drene** *nm Mex* : drain
**driblar** *vi* : to dribble (in basketball)
**drible** *nm* : dribble (in basketball)
**droga** *nf* : drug
**drogadicción** *nf, pl* **-ciones** : drug addiction
**drogadicto, -ta** *n* : drug addict
**drogar** {52} *vt* : to drug — **drogarse** *vr* : to take drugs
**drogodependiente** *nmf* : drug addict
**drogue, etc.** → **drogar**
**droguería** *nf* FARMACIA : drugstore
**dromedario** *nm* : dromedary
**dual** *adj* : dual
**dualidad** *nf* : duality
**dualismo** *nm* : dualism
**ducha** *nf* : shower ⟨darse una ducha : to take a shower⟩
**ducharse** *vr* : to take a shower
**ducho, -cha** *adj* : experienced, skilled, expert
**ducto** *nm* **1** : duct, shaft **2** : pipeline
**duda** *nf* **1** : doubt ⟨no cabe duda : there's no doubt about it⟩ ⟨no tengo ninguna duda que . . . : I have no doubt that . . .⟩ ⟨si tienes alguna duda . . . : if you have any questions . . .⟩ ⟨poner algo en duda : to call something into question⟩ ⟨salir de dudas : to set one's mind at ease⟩ ⟨sin sombra de duda : beyond the shadow of a doubt⟩ **2 sin ~** : undoubtedly, without a doubt, no doubt
**dudar** *vt* : to doubt ⟨lo dudo mucho : I doubt that very much⟩ — *vi* **~ en** : to hesitate to ⟨no dudes en pedirme ayuda : don't hesitate to ask me for help⟩
**dudoso, -sa** *adj* **1** : doubtful **2** : dubious, questionable — **dudosamente** *adv*
**duela** *nf Mex* : floorboard
**duele, etc.** → **doler**
**duelo** *nm* **1** : duel **2** LUTO : mourning
**duende** *nm* **1** : elf, goblin **2** ENCANTO : magic, charm ⟨una bailarina que tiene duende : a dancer with a certain magic⟩
**dueño, -ña** *n* **1** : owner, proprietor **2** : landlord, landlady *f*
**duerme, etc.** → **dormir**
**dueto** *nm* : duet
**dulce**[1] *adv* : sweetly, softly
**dulce**[2] *adj* **1** : sweet **2** : mild, gentle, mellow — **dulcemente** *adv*
**dulce**[3] *nm* : candy, sweet
**dulcería** *nf* : candy store
**dulcificar** {72} *vt* : to sweeten
**dulzura** *nf* **1** : sweetness **2** : gentleness, mellowness
**duna** *nf* : dune
**dúo** *nm* : duo, duet
**duodécimo**[1], **-ma** *adj* : twelfth
**duodécimo**[2], **-ma** *nm* : twelfth (in a series)
**dúplex** *nms & pl* : duplex apartment
**duplicación** *nf, pl* **-ciones** : duplication, copying
**duplicado** *nm* : duplicate, copy
**duplicar** {72} *vt* **1** : to double **2** : to duplicate, to copy
**duplicidad** *nf* : duplicity
**duque** *nm* : duke
**duquesa** *nf* : duchess
**durabilidad** *nf* : durability
**durable** → **duradero**
**duración** *nf, pl* **-ciones** : duration, length
**duradero, -ra** *adj* : durable, lasting
**duramente** *adv* **1** : harshly, severely **2** : hard
**durante** *prep* : during ⟨durante todo el día : all day long⟩ ⟨trabajó durante tres horas : he worked for three hours⟩
**durar** *v* : to last
**durazno** *nm* **1** : peach **2** : peach tree
**dureza** *nf* **1** : hardness, toughness **2** : severity, harshness
**durmiente**[1] *adj* : sleeping
**durmiente**[2] *nmf* : sleeper
**durmió, etc.** → **dormir**
**duro**[1] *adv* : hard ⟨trabajé tan duro : I worked so hard⟩
**duro**[2], **-ra** *adj* **1** FIRME : hard (of a surface, etc.), tough (of meat) **2** DIFÍCIL : hard, tough **3** : harsh, severe ⟨no seas tan duro con él : don't be so hard on him⟩
**DVD** *nm* : DVD

# E

**e**[1] *nf* : sixth letter of the Spanish alphabet
**e**[2] *conj* (*used instead of* **y** *before words beginning with i- or hi-*) : and
**ebanista** *nmf* : cabinetmaker
**ébano** *nm* : ebony
**e-book** [ˈibuk] *nm, pl* **e-books** : e-book, electronic book
**ebriedad** *nf* EMBRIAGUEZ : inebriation, drunkenness
**ebrio, -bria** *adj* EMBRIAGADO : inebriated, drunk
**ebullición** *nf, pl* **-ciones** : boiling
**eccema** → **eczema**
**eccéntrico** → **excéntrico**
**echar** *vt* **1** LANZAR : to throw, to toss (a coin), to cast (an anchor, a net) ⟨lo echó a la basura : she threw it away⟩ ⟨echar la cabeza hacia atrás : to throw one's head back⟩ **2** : to throw out (of a place), to expel (from school) ⟨me echaron de la casa : they threw me out of the house⟩ **3** DESPEDIR : to fire, to dismiss **4** EMITIR : to emit, to give off **5** BROTAR : to sprout **6** : to put in, to add **7** : to take,

to have (a look) **8** : to mail **9** : to pour **10** : to give (a blessing, etc.), to put (a curse) on **11** : to turn (a key), to slide (a bolt) ⟨echarle (la) llave (a la puerta) : to lock the door⟩ **12 echar abajo** : to demolish **13 echar a perder** : to spoil, to ruin **14 echar de menos** : to miss ⟨echan de menos a su madre : they miss their mother⟩ — *vi* **1** : to start off **2 ~ a** : to begin to ⟨se echó a llorar : he began to cry⟩ — **echarse** *vr* **1** : to throw oneself ⟨se echó en sus brazos : she threw herself into his arms⟩ **2** : to lie down **3** : to put on **4 ~ a** : to begin to **5 echarse a perder** : to go bad, to spoil **6 echárselas de** : to pose as

**ecléctico, -ca** *adj* : eclectic

**eclesiástico**[1], **-ca** *adj* : ecclesiastical, ecclesiastic

**eclesiástico**[2] *nm* CLÉRIGO : cleric, clergyman

**eclipsar** *vt* **1** : to eclipse **2** : to outshine, to surpass

**eclipse** *nm* : eclipse

**eco** *nm* **1** : echo **2 hacerse eco de** : to echo, to repeat

**eco-** *pref* : eco-

**ecografía** *nf* : ultrasound scanning

**ecología** *nf* : ecology

**ecológico, -ca** *adj* : ecological — **ecológicamente** *adv*

**ecologismo** *nm* : environmentalism

**ecologista** *nmf* : ecologist, environmentalist

**ecólogo, -ga** *n* : ecologist

**economía** *nf* **1** : economy **2** : economics

**económicamente** *adv* : financially

**económico, -ca** *adj* : economic, economical

**economista** *nmf* : economist

**economizar** {21} *vt* : to save, to economize on — *vi* : to save money, to be frugal

**ecosistema** *nm* : ecosystem

**ecoturismo** *nm* : ecotourism — **ecoturístico, -ca** *adj*

**ecuación** *nf, pl* **-ciones** : equation

**ecuador** *nm* : equator

**ecuánime** *adj* **1** : even-tempered **2** : impartial

**ecuanimidad** *nf* **1** : equanimity **2** : impartiality

**ecuatorial** *adj* : equatorial

**ecuatoriano, -na** *adj & n* : Ecuadorian

**ecuestre** *adj* : equestrian

**ecuménico, -ca** *adj* : ecumenical

**eczema** *nm* : eczema

**edad** *nf* **1** : age ⟨¿qué edad tiene? : how old is she?⟩ ⟨tiene 20 años de edad : she is 20 years old⟩ ⟨ser mayor de edad : to be of age⟩ ⟨ser menor de edad : to be a minor, to be underage⟩ ⟨una persona de edad : an elderly person⟩ ⟨desde temprana edad : from an early age⟩ **2** : age, epoch, era ⟨la edad media : the Middle Ages⟩ ⟨la edad de oro/bronce : the Golden/Bronze Age⟩

**edamame** *nm* : edamame

**edecán** *nm, pl* **-canes** : aide, assistant

**edema** *nm* : edema

**Edén** *nm, pl* **Edenes** : Eden, paradise

**edición** *nf, pl* **-ciones** **1** : edition **2** : publication, publishing

**edicto** *nm* : edict, proclamation

**edificación** *nf, pl* **-ciones** **1** : edification **2** : construction, building

**edificar** {72} *vt* **1** : to edify **2** CONSTRUIR : to build, to construct

**edificio** *nm* : building, edifice

**edil, edila** *n* : councillor, councilman *m*, councilwoman *f*

**editar** *vt* **1** : to edit **2** PUBLICAR : to publish

**editor**[1], **-tora** *adj* : publishing ⟨casa editora : publishing house⟩

**editor**[2], **-tora** *n* **1** : editor **2** : publisher

**editor**[3] *nm* : editor (software)

**editora** *nf* : publisher, publishing company

**editorial**[1] *adj* **1** : publishing **2** : editorial

**editorial**[2] *nm* : editorial

**editorial**[3] *nf* : publishing house

**edredón** *nm, pl* **-dones** COBERTOR, COLCHA : comforter, eiderdown, quilt

**educación** *nf, pl* **-ciones** **1** ENSEÑANZA : education ⟨educación primaria/secundaria/superior : primary/secondary/higher education⟩ **2** : manners *pl* ⟨es de mala educación : it's bad manners⟩ — **educacional** *adj*

**educado, -da** *adj* : polite, well-mannered

**educador, -dora** *n* : educator

**educando, -da** *n* ALUMNO, PUPILO : pupil, student

**educar** {72} *vt* **1** : to educate **2** CRIAR : to bring up, to raise **3** : to train — **educarse** *vr* : to be educated

**educativo, -va** *adj* : educational

**efe** *nf* : (letter) f

**efectista** *adj* : dramatic, sensational

**efectivamente** *adv* : really, actually

**efectividad** *nf* : effectiveness

**efectivo**[1], **-va** *adj* **1** : effective **2** : real, actual **3** : permanent, regular (of employment)

**efectivo**[2] *nm* : cash

**efecto** *nm* **1** : effect ⟨tener efecto : to take effect⟩ ⟨surtir efecto, producir un efecto : to have an effect⟩ ⟨bajo los efectos del alcohol : under the influence of alcohol⟩ **2 en ~** : actually, in fact **3 efecto dominó** : domino effect **4 efecto secundario** : side effect **5 efectos** *nmpl* : goods, property ⟨efectos personales : personal effects⟩ **6 efectos** *nmpl* : effects ⟨efectos especiales : special effects⟩ ⟨efectos de sonido : sound effects⟩

**efeméride** *nf* : major event

**efectuar** {3} *vt* : to carry out, to bring about

**efervescencia** *nf* : effervescence — **efervescente** *adj*

**eficacia** *nf* **1** : effectiveness, efficacy **2** : efficiency

**eficaz** *adj, pl* **-caces** **1** : effective **2** EFICIENTE : efficient — **eficazmente** *adv*

**eficiencia** *nf* : efficiency

**eficiente** *adj* EFICAZ : efficient — **eficientemente** *adv*

**eficientizar** {21} *vt Mex* : to streamline, to make more efficient
**efigie** *nf* : effigy
**efímera** *nf* : mayfly
**efímero, -ra** *adj* : ephemeral
**efluentes** *nmpl* : effluent(s), (liquid) waste
**efusión** *nf, pl* **-siones** **1** : warmth, effusiveness **2 con ~** : effusively
**efusivo, -va** *adj* : effusive — **efusivamente** *adv*
**egipcio, -cia** *adj & n* : Egyptian
**eglefino** *nm* : haddock
**ego** *nm* : ego
**egocéntrico, -ca** *adj* : egocentric, self-centered
**egoísmo** *nm* : selfishness, egoism
**egoísta**[1] *adj* : selfish, egoistic
**egoísta**[2] *nmf* : egoist, selfish person
**egotismo** *nm* : egotism, conceit
**egotista**[1] *adj* : egotistic, egotistical, conceited
**egotista**[2] *nmf* : egotist, conceited person
**egresado, -da** *n* : graduate
**egresar** *vi* : to graduate
**egreso** *nm* **1** : graduation **2 ingresos y egresos** : income and expenditure
**eh** *interj* **1** : hey! **2** : eh?, huh?
**eje** *nm* **1** : axle **2** : axis
**ejecución** *nf, pl* **-ciones** : execution
**ejecutante** *nmf* : performer
**ejecutar** *vt* **1** : to execute, to put to death **2** : to carry out, to perform
**ejecutivo, -va** *adj & n* : executive
**ejecutor, -tora** *n* : executor
**ejem** *interj* : ahem!
**ejemplar**[1] *adj* : exemplary, model
**ejemplar**[2] *nm* **1** : copy (of a book, magazine, etc.) **2** : specimen, example
**ejemplificar** {72} *vt* : to exemplify, to illustrate
**ejemplo** *nm* **1** : example **2 por ~** : for example **3 dar ejemplo** : to set an example
**ejercer** {86} *vi* **~ de** : to practice as, to work as — *vt* **1** : to practice **2** : exercise (a right) **3** : to exert
**ejercicio** *nm* **1** : exercise **2** : practice
**ejercitar** *vt* **1** : to exercise **2** ADIESTRAR : to drill, to train
**ejército** *nm* : army
**ejidal** *adj Mex* : cooperative
**ejidatario, -ria** *n Mex* : member of a cooperative
**ejido** *nm* **1** : common land **2** *Mex* : cooperative
**ejote** *nm Mex* : green bean
**el**[1] *pron* (*referring to masculine nouns*) **1** : the one ⟨me gusta el verde : I like the green one⟩ ⟨el de la camisa roja : the one with the red shirt⟩ ⟨mi papá y el tuyo : my dad and yours⟩ ⟨el partido de ayer y el de hoy : yesterday's game and today's⟩ **2 el que** : the one that/who, whoever, he who ⟨el que vino ayer : the one who came yesterday⟩ ⟨el que compré : the one (that) I bought⟩ ⟨el que gane : whoever wins⟩ ⟨el que trabaja duro estará contento : he who works hard will be happy⟩
**el**[2], **la** *art, pl* **los, las** : the ⟨los niños están en la casa : the boys/children are in the house⟩ ⟨me duele el pie : my foot hurts⟩ ⟨¿te gusta el té? : do you like tea?⟩ ⟨los gatos son inteligentes : cats are intelligent⟩ ⟨el lago Titicaca : Lake Titicaca⟩ ⟨llamó el señor Núñez : Mr. Núñez called⟩ ⟨viene el lunes : he's coming on Monday⟩ ⟨son las dos : it's two o'clock⟩ ⟨el cinco por ciento : five percent⟩ ⟨un dólar la docena : a dollar a dozen⟩
**él** *pron* : he, him ⟨él es mi amigo : he's my friend⟩ ⟨un amigo de él : a friend of his⟩ ⟨a él no le interesa : it doesn't interest him⟩ ⟨hablaremos con él : we will speak with him⟩
**elaboración** *nf, pl* **-ciones** **1** PRODUCCIÓN : production, making **2** : preparation, devising
**elaborado, -da** *adj* : elaborate
**elaborar** *vt* **1** : to make, to produce **2** : to devise, to draw up
**elasticidad** *nf* : elasticity
**elástico**[1], **-ca** *adj* **1** FLEXIBLE : flexible **2** : elastic
**elástico**[2] *nm* **1** : elastic (material) **2** : rubber band
**elastizado, -da** *adj* : elastic
**ele** *nf* : (letter) l
**elección** *nf, pl* **-ciones** **1** SELECCIÓN : choice, selection **2** : election
**electivo, -va** *adj* : elective
**electo, -ta** *adj* : elect ⟨el presidente electo : the president-elect⟩
**elector, -tora** *n* : voter
**electorado** *nm* : electorate
**electoral** *adj* : electoral, election
**electricidad** *nf* : electricity
**electricista** *nmf* : electrician
**eléctrico, -ca** *adj* : electric, electrical
**electrificar** {72} *vt* : to electrify — **electrificación** *nf*
**electrizar** {21} *vt* : to electrify, to thrill — **electrizante** *adj*
**electrocardiógrafo** *nm* : electrocardiograph
**electrocardiograma** *nm* : electrocardiogram
**electrocutar** *vt* : to electrocute — **electrocución** *nf*
**electrodo** *nm* : electrode
**electrodoméstico** *nm* : electric appliance
**electroimán** *nm, pl* **-manes** : electromagnet
**electrólisis** *nfs & pl* : electrolysis
**electrolito** *nm* : electrolyte
**electromagnético, -ca** *adj* : electromagnetic
**electromagnetismo** *nm* : electromagnetism
**electrón** *nm, pl* **-trones** : electron
**electrónica** *nf* : electronics
**electrónico, -ca** *adj* : electronic, electronics — **electrónicamente** *adv*
**elefante, -ta** *n* : elephant
**elegancia** *nf* : elegance
**elegante** *adj* : elegant, smart — **elegantemente** *adv*
**elegía** *nf* : elegy
**elegíaco, -ca** *adj* : elegiac

**elegible** *adj* : eligible — **elegibilidad** *nf*
**elegido, -da** *adj* **1** : chosen, selected **2** : elected
**elegir** {28} *vt* **1** ESCOGER, SELECCIONAR : to choose, to select **2** : to elect
**elemental** *adj* **1** : elementary, basic **2** : fundamental, essential
**elemento** *nm* : element
**elenco** *nm* : cast (of actors)
**elevación** *nf, pl* **-ciones** : elevation, height
**elevado, -da** *adj* **1** : elevated, lofty **2** : high
**elevador** *nm* ASCENSOR : elevator
**elevar** *vt* **1** ALZAR : to raise, to lift **2** AUMENTAR : to raise, to increase **3** : to elevate (in a hierarchy), to promote **4** : to present, to submit — **elevarse** *vr* : to rise
**elfo** *nm* : elf
**eliminación** *nf, pl* **-ciones** : elimination, removal
**eliminar** *vt* **1** : to eliminate, to remove **2** : to do in, to kill
**eliminatoria** *nf* : qualifying round (in a competition)
**eliminatorio, -ria** *adj* : qualifying
**elipse** *nf* : ellipse
**elipsis** *nf* : ellipsis
**elíptico, -ca** *adj* : elliptical, elliptic
**elite** *or* **élite** *nf* : elite
**elitista** *adj & nmf* : elitist
**elixir** *or* **elíxir** *nm* : elixir
**ella** *pron* : she, her ⟨ella es mi amiga : she is my friend⟩ ⟨un amigo de ella : a friend of hers⟩ ⟨a ella no le interesa : it doesn't interest her⟩ ⟨nos fuimos con ella : we left with her⟩
**ello** *pron* : it ⟨es por ello que me voy : that's why I'm going⟩
**ellos, ellas** *pron pl* **1** : they, them ⟨ellas son mis hermanas : they're my sisters⟩ ⟨un amigo de ellos : a friend of theirs⟩ ⟨a ellos no les interesa : it doesn't interest them⟩ ⟨fuimos con ellos : we went with them⟩ **2 de ellos, de ellas** : theirs
**elocución** *nf, pl* **-ciones** : elocution
**elocuencia** *nf* : eloquence
**elocuente** *adj* : eloquent — **elocuentemente** *adv*
**elogiar** *vt* ENCOMIAR : to praise
**elogio** *nm* : praise
**elote** *nm* **1** *Mex* : corn, maize **2** *CA, Mex* : corncob
**elucidación** *nf, pl* **-ciones** ESCLARECIMIENTO : elucidation
**elucidar** *vt* ESCLARECER : to elucidate
**eludir** *vt* EVADIR : to evade, to avoid, to elude
**em-** → **en-**
**email** [ˈimeil] *nm, pl* **emails** : e-mail ⟨enviar algo por email : to e-mail something⟩
**emanación** *nf, pl* **-ciones** : emanation
**emanar** *vi* ~ **de** : to emanate from — *vt* : to exude
**emancipar** *vt* : to emancipate — **emancipación** *nf*
**embadurnar** *vt* EMBARRAR : to smear, to daub
**embajada** *nf* : embassy
**embajador, -dora** *n* : ambassador
**embalaje** *nm* : packing, packaging
**embalar** *vt* EMPAQUETAR : to pack
**embaldosar** *vt* : to tile, to pave with tiles
**embalsamar** *vt* : to embalm
**embalse** *nm* : dam, reservoir
**embarazada**[1] *adj* ENCINTA, PREÑADA : pregnant, expecting
**embarazada**[2] *nf* : pregnant woman
**embarazar** {21} *vt* **1** : to obstruct, to hamper **2** PREÑAR : to make pregnant
**embarazo** *nm* **1** : pregnancy **2** IMPEDIMENTO : obstacle, obstruction **3** VERGÜENZA : embarrassment
**embarazoso, -sa** *adj* : embarrassing, awkward
**embarcación** *nf, pl* **-ciones** : boat, craft
**embarcadero** *nm* : wharf, pier, jetty
**embarcar** {72} *vi* : to embark, to board — *vt* : to load
**embarco** *nm* : embarkation
**embargar** {52} *vt* **1** : to seize, to impound **2** : to overwhelm
**embargo** *nm* **1** : seizure **2** : embargo **3 sin** ~ : however, nevertheless
**embarque** *nm* **1** : embarkation **2** : shipment
**embarrancar** {72} *vi* **1** : to run aground **2** : to get bogged down
**embarrar** *vt* **1** : to cover with mud **2** EMBADURNAR : to smear
**embate** *nm* **1** : onslaught **2** : battering (of waves or wind)
**embaucador, -dora** *n* : swindler, deceiver
**embaucar** {72} *vt* : to trick, to swindle
**embeber** *vt* : to absorb, to soak up — *vi* : to shrink
**embelesado, -da** *adj* : spellbound
**embelesar** *vt* : to enchant, to captivate
**embellecer** {53} *vt* : to embellish, to beautify
**embellecimiento** *nm* : beautification, embellishment
**embestida** *nf* **1** : charge (of a bull) **2** ARREMETIDA : attack, onslaught
**embestir** {54} *vt* : to hit, to run into, to charge at — *vi* ARREMETER : to charge, to attack
**emblanquecer** {53} *vt* BLANQUEAR : to bleach, to whiten — **emblanquecerse** *vr* : to turn white
**emblema** *nm* : emblem
**emblemático, -ca** *adj* : emblematic
**embobado, -da** *adj* **1** : captivated, spellbound **2** : dazed
**embolar** *vt Col* : to polish (shoes)
**embolia** *nf* : embolism
**émbolo** *nm* : piston
**embolsarse** *vr* **1** : to pocket (money) **2** : to collect (payment)
**embonar** *vi Mex* ENCAJAR : to fit
**emborracharse** *vr* EMBRIAGARSE : to get drunk
**emborronar** *vt* **1** : to blot, to smudge **2** GARABATEAR : to scribble
**emboscada** *nf* : ambush
**emboscar** {72} *vt* : to ambush — **emboscarse** *vr* : to lie in ambush
**embotar** *vt* **1** : to dull, to blunt **2** : to weaken, to enervate
**embotellamiento** *nm* ATASCO : traffic jam

**embotellar** *vt* ENVASAR : to bottle — **embotellado, -da** *adj*
**embragar** {52} *vi* : to engage the clutch
**embrague** *nm* : clutch
**embriagado, -da** *adj* : inebriated, drunk
**embriagador, -dora** *adj* : intoxicating
**embriagar** {52} *vt* : to intoxicate, to make drunk — **embriagarse** *vr* EMBORRACHARSE : to get drunk
**embriaguez** *nf* EBRIEDAD : drunkenness, inebriation
**embridar** *vt* : to bridle (a horse)
**embrión** *nm, pl* **embriones** : embryo
**embrionario, -ria** *adj* : embryonic
**embrollo** *nm* ENREDO : confusion, mess, tangle
**embrujado** *adj* **1** : bewitched **2** : haunted (of a house, etc.)
**embrujar** *vt* HECHIZAR : to bewitch
**embrujo** *nm* : spell, curse
**embrutecer** {18} *vt* **1** : to make dull **2** ATONTAR : to stupefy
**embudo** *nm* : funnel
**embuste** *nm* **1** MENTIRA : lie, fib *fam* **2** ENGAÑO : trick, hoax
**embustero**[1], **-ra** *adj* : lying, deceitful
**embustero**[2], **-ra** *n* : liar, cheat
**embutido** *nm* **1** : sausage **2** : inlaid work
**embutir** *vt* **1** : to cram, to stuff, to jam **2** : to inlay
**eme** *nf* : (letter) m
**emergencia** *nf* **1** : emergency **2** : emergence
**emergente** *adj* **1** : emergent **2** : consequent, resultant
**emerger** {15} *vi* : to emerge, to surface
**emigración** *nf, pl* **-ciones** **1** : emigration **2** : migration
**emigrante** *adj & nmf* : emigrant
**emigrar** *vi* **1** : to emigrate **2** : to migrate
**eminencia** *nf* : eminence
**eminente** *adj* : eminent, distinguished
**eminentemente** *adv* : basically, essentially
**emisario**[1], **-ria** *n* : emissary
**emisario**[2] *nm* : outlet (of a body of water)
**emisión** *nf, pl* **-siones** **1** : emission **2** : broadcast **3** : issue ⟨emisión de acciones : stock issue⟩
**emisor** *nm* TRANSMISOR : television or radio transmitter
**emisora** *nf* : radio station
**emitir** *vt* **1** : to emit, to give off **2** : to broadcast **3** : to issue **4** : to cast (a vote)
**emoción** *nf, pl* **-ciones** : emotion — **emocional** *adj* — **emocionalmente** *adv*
**emocionado, -da** *adj* **1** : moved, affected by emotion **2** ENTUSIASMADO : excited
**emocionante** *adj* **1** CONMOVEDOR : moving, touching **2** EXCITANTE : exciting, thrilling
**emocionar** *vt* **1** CONMOVER : to move, to touch **2** : to excite, to thrill — **emocionarse** *vr*
**emoji** [e'moji] *nm, pl* **emojis** *or* **emoji** : emoji
**emoticón** *or* **emoticono** *nm, pl* **-cones** *or* **-conos** : emoticon
**emotivo, -va** *adj* : emotional, moving
**empacador, -dora** *n* : packer
**empacar** {72} *vt* **1** EMPAQUETAR : to pack **2** : to bale — *vi* : to pack — **empacarse** *vr* **1** : to balk, to refuse to budge **2** *Col, Mex fam* : to eat ravenously, to devour
**empachar** *vt* **1** ESTORBAR : to obstruct **2** : to give indigestion to **3** DISFRAZAR : to disguise, to mask — **empacharse** *vr* **1** INDIGESTARSE : to get indigestion **2** AVERGONZARSE : to be embarrassed
**empacho** *nm* **1** INDIGESTIÓN : indigestion **2** VERGÜENZA : embarrassment **3** **no tener empacho en** : to have no qualms about
**empadronarse** *vr* : to register to vote
**empalagar** {52} *vt* **1** : to seem cloying to ⟨me empalaga : I find it cloying⟩ **2** FASTIDIAR : to annoy, to bother
**empalagoso, -sa** *adj* MELOSO : cloying
**empalar** *vt* : to impale
**empalizada** *nf* : palisade (fence)
**empalmar** *vt* **1** : to splice, to link **2** : to combine — *vi* : to meet, to converge
**empalme** *nm* **1** CONEXIÓN : connection, link **2** : junction
**empanada** *nf* : pie, turnover
**empanadilla** *nf* : meat or seafood pie
**empanar** *vt* : to bread
**empantanar** *vt* **1** INUNDAR : to swamp, to bog down **2** ESTANCAR : to bog down, to delay — **empantanarse** *vr*
**empañar** *vt* **1** : to steam up **2** : to tarnish, to sully
**empapado, -da** *adj* : soggy, sodden
**empapar** *vt* MOJAR : to soak, to drench — **empaparse** *vr* **1** : to get soaking wet **2** **~ de** : to absorb, to be imbued with
**empapelar** *vt* : to wallpaper
**empaque** *nm fam* **1** : presence, bearing **2** : pomposity **3** DESCARO : impudence, nerve
**empaquetar** *vt* EMBALAR : to pack, to package — **empaquetarse** *vr fam* : to dress up
**emparedado** *nm* : sandwich
**emparedar** *vt* : to wall in, to confine
**emparejar** *vt* **1** : to pair, to match up **2** : to make even, to even out — *vi* : to catch up — **emparejarse** *vr* **1** : to pair up **2** : to become even, to even out
**emparentado, -da** *adj* : related
**emparentar** {55} *vi* : to become related by marriage
**emparrillado** *nm Mex* : gridiron (in football)
**empastar** *vt* **1** : to fill (a tooth) **2** : to bind (a book)
**empaste** *nm* : filling (of a tooth)
**empatar** *vt* : to tie, to connect — *vi* : to result in a draw, to be tied — **empatarse** *vr Ven* : to hook up, to link together
**empate** *nm* : draw, tie
**empatía** *nf* : empathy
**empecinado, -da** *adj* TERCO : stubborn
**empecinarse** *vr* OBSTINARSE : to be stubborn, to persist
**empedernido, -da** *adj* INCORREGIBLE : hardened, inveterate

**empedrado** *nm* : paving, pavement
**empedrar** {55} *vt* : to pave (with stones)
**empeine** *nm* : instep
**empellón** *nm, pl* **-llones** : shove, push
**empelotado, -da** *adj* **1** *Mex fam* : madly in love **2** *fam* : stark naked
**empeñado, -da** *adj* : determined, committed
**empeñar** *vt* **1** : to pawn **2** : to pledge, to give (one's word) — **empeñarse** *vr* **1** : to insist stubbornly **2** : to make an effort
**empeño** *nm* **1** : pledge, commitment **2** : insistence **3** ESFUERZO : effort, determination ⟨poner mucho empeño : to put in a lot of effort⟩ ⟨trabajar con empeño : to work hard⟩ **4** : pawning ⟨casa de empeños : pawnshop⟩
**empeoramiento** *nm* : worsening, deterioration
**empeorar** *vi* : to deteriorate, to get worse — *vt* : to make worse
**empequeñecer** {53} *vi* : to diminish, to become smaller — *vt* : to minimize, to make smaller
**emperador** *nm* : emperor
**emperatriz** *nf, pl* **-trices** : empress
**empero** *conj* : however, nevertheless
**empezar** {29} *v* COMENZAR : to start, to begin ⟨empezar a hacer algo : to start to do something, to start doing something⟩ ⟨empezar por algo/alguien : to start with something/someone⟩ ⟨empezar por hacer algo : to start by doing something⟩ ⟨empezó diciendo que . . . : she started out by saying that . . .⟩ ⟨para empezar : to begin with⟩
**empinado, -da** *adj* : steep
**empinar** *vt* ELEVAR : to lift, to raise — **empinarse** *vr* : to stand on tiptoe
**empírico, -ca** *adj* : empirical — **empíricamente** *adv*
**emplasto** *nm* : poultice, dressing
**emplazamiento** *nm* **1** : location, site **2** CITACIÓN : summons, subpoena
**emplazar** {21} *vt* **1** CONVOCAR : to convene, to summon **2** : to subpoena **3** UBICAR : to place, to position
**empleado, -da** *n* : employee
**empleador, -dora** *n* PATRÓN : employer
**emplear** *vt* **1** : to employ **2** USAR : to use — **emplearse** *vr* **1** : to get a job **2** : to occupy oneself
**empleo** *nm* **1** OCUPACIÓN : employment, occupation, job **2** : use, usage
**emplomadura** *nm Arg, Uru* : filling (in a tooth)
**emplumar** *vt* : to feather
**empobrecer** {53} *vt* : to impoverish — *vi* : to become poor — **empobrecerse** *vr*
**empobrecimiento** *nm* : impoverishment
**empollar** *vi* : to brood eggs — *vt* : to incubate
**empolvar** *vt* **1** : to cover with dust **2** : to powder — **empolvarse** *vr* **1** : to gather dust **2** : to powder one's face
**emporio** *nm* **1** : center, capital, empire ⟨un emporio cultural : a cultural center⟩ ⟨un emporio financiero : a financial empire⟩ **2** : department store
**empotrado, -da** *adj* : built-in ⟨armarios empotrados : built-in cabinets⟩
**empotrar** *vt* : to build into, to embed
**emprendedor, -dora** *adj* : enterprising
**emprender** *vt* : to undertake, to begin
**empresa** *nf* **1** COMPAÑÍA, FIRMA : company, corporation, firm **2** : undertaking, venture
**empresariado** *nm* **1** : business world **2** : management, managers *pl*
**empresarial** *adj* : business, managerial, corporate
**empresario, -ria** *n* **1** : manager **2** : businessman *m*, businesswoman *f* **3** : impresario
**empréstito** *nm* : loan
**empujar** *vi* : to push, to shove — *vt* **1** : to push **2** PRESIONAR : to spur on, to press
**empuje** *nm* : impetus, drive
**empujón** *nm, pl* **-jones** : push, shove
**empuñadura** *nf* MANGO : hilt, handle
**empuñar** *vt* **1** ASIR : to grasp **2** **empuñar las armas** : to take up arms
**emú** *nm, pl* **emú** *or* **emús** *or* **emúes** : emu
**emular** *vt* IMITAR : to emulate — **emulación** *nf*
**emulsión** *nf, pl* **-siones** : emulsion
**emulsionante** *nm* : emulsifier
**emulsionar** *vt* : to emulsify
**en** *prep* **1** : in (a box, building, city, etc.) ⟨en el aire : in the air⟩ ⟨en el bolsillo : in one's pocket⟩ **2** : on (a surface, etc.) ⟨está en la mesa : it's on the table⟩ ⟨en la costa : on the coast⟩ ⟨en la planta baja : on the ground floor⟩ ⟨en la calle Sur : on South Street⟩ **3** : at (a place or event) ⟨en casa : at home⟩ ⟨en el trabajo : at work⟩ ⟨en la reunión : at the meeting⟩ ⟨todos en la mesa : everyone at the table⟩ ⟨en el 30 de la calle Sur : at 30 South Street⟩ **4** : in, on, as part of ⟨en la película : in the movie⟩ ⟨en el equipo : on the team⟩ **5** : on (television, etc.) **6** : by (plane, train, etc.) **7** : in, within (a day, week, etc.) **8** : in, during (a period) **9** : on, at ⟨en esa ocasión : on that occasion⟩ ⟨en ese momento : at that moment⟩ **10** : in (a form) ⟨en francés/metros/pedazos : in French/meters/pieces⟩ **11** (*with numbers*) ⟨se ubica en el 26% : it's at 26%⟩ ⟨aumentó en un 90% : it increased by 90%⟩ ⟨se cifran en millones : they amount to millions⟩ **12** : in, made of (a material) **13** : in (a state, manner, circumstance) ⟨en peligro : in danger⟩ ⟨en broma : in jest⟩ ⟨en ese caso : in that case⟩ **14** : on (a subject) ⟨un experto en animales : an animal expert⟩ **15** : in (a field or profession) **16** (*with an infinitive verb*) ⟨el primero en ganar el título : the first to win the title⟩
**en-** *or* **em-** *pref* : en-, em- ⟨enredar : entangle⟩ ⟨empatía : empathy⟩
**enagua** *nf* : petticoat, slip
**enajenación** *nf, pl* **-ciones** **1** : transfer (of property) **2** : alienation **3** : absentmindedness
**enajenado, -da** *adj* : out of one's mind
**enajenar** *vt* **1** : to transfer (property) **2** : to alienate **3** : to enrapture — **enaje-**

**narse** *vr* **1** : to become estranged **2** : to go mad
**enaltecer** {53} *vt* : to praise, to extol
**enamorado¹, -da** *adj* : in love
**enamorado², -da** *n* : lover, sweetheart
**enamoramiento** *nm* : infatuation, crush
**enamorar** *vt* : to enamor, to win the love of — **enamorarse** *vr* : to fall in love
**enamorizado, -da** *adj* : amorous, passionate
**enano¹, -na** *adj* : tiny, minute
**enano², -na** *n* **1** *sometimes offensive* : little person, dwarf *sometimes offensive*, midget *sometimes offensive* **2** : dwarf (in stories) **3** *often disparaging* : shorty, shrimp *usu disparaging*
**enarbolar** *vt* **1** : to hoist, to raise **2** : to brandish
**enardecer** {53} *vt* **1** : to arouse (anger, passions) **2** : to stir up, to excite — **enardecerse** *vr*
**encabezado** *nm Mex* : headline
**encabezamiento** *nm* **1** : heading **2** : salutation, opening
**encabezar** {21} *vt* **1** : to head, to lead **2** : to put a heading on
**encabritarse** *vr* **1** : to rear up **2** *fam* : to get angry
**encadenar** *vt* **1** : to chain **2** : to connect, to link **3** INMOVILIZAR : to immobilize
**encajar** *vi* : to fit, to fit together, to fit in — *vt* **1** : to insert, to stick **2** : to take, to cope with ⟨encajó el golpe : he withstood the blow⟩
**encaje** *nm* **1** : lace **2** : financial reserve
**encajonar** *vt* **1** : to box, to crate **2** : to cram in
**encalar** *vt* : to whitewash
**encallar** *vi* **1** : to run aground **2** : to get stuck
**encallecido, -da** *adj* : callused
**encamar** *vt* : to confine to a bed
**encaminado, -da** *adj* **1** : on the right track **2** ~ **a** : aimed at, designed to
**encaminar** *vt* **1** : to direct, to channel **2** : to head in the right direction — **encaminarse** *vr* ~ **a** : to head for, to aim at
**encandilar** *vt* : to dazzle
**encanecer** {53} *vi* : to gray, to go gray
**encantado, -da** *adj* **1** : charmed, bewitched **2** : delighted **3** : haunted
**encantador¹, -dora** *adj* : charming, delightful
**encantador², -dora** *n* : magician
**encantamiento** *nm* : enchantment, spell
**encantar** *vt* **1** : to enchant, to bewitch **2** : to charm, to delight ⟨me encanta esta canción : I love this song⟩
**encanto** *nm* **1** : charm, fascination **2** HECHIZO : spell **3** : delightful person or thing
**encañonar** *vt* : to point (a gun) at, to hold up
**encapotado, -da** *adj* : cloudy, overcast
**encaprichado, -da** *adj* : infatuated
**encaprichamiento** *nm* : infatuation
**encapuchado, -da** *adj* : hooded
**encarado, -da** *adj* **estar mal encarado** *fam* : to be ugly-looking, to look mean
**encaramar** *vt* : to raise, to lift up — **encaramarse** *vr* : to perch
**encarar** *vt* CONFRONTAR : to face, to confront
**encarcelación** *nf, pl* **-ciones** → **encarcelamiento**
**encarcelamiento** *nm* : incarceration, imprisonment
**encarcelar** *vt* : to incarcerate, to imprison
**encarecer** {53} *vt* **1** : to increase, to raise (price, value) **2** : to beseech, to entreat — **encarecerse** *vr* : to become more expensive
**encarecidamente** *adv* : insistently, urgently
**encarecimiento** *nm* : increase, rise (in price)
**encargado¹, -da** *adj* : in charge
**encargado², -da** *n* : manager, person in charge
**encargar** {52} *vt* **1** : to put in charge of **2** : to recommend, to advise **3** : to order, to request — **encargarse** *vr* ~ **de** : to take charge of
**encargo** *nm* **1** : errand **2** : job assignment **3** : order ⟨hecho de encargo : custom-made, made to order⟩
**encariñarse** *vr* ~ **con** : to become fond of, to grow attached to
**encarnación** *nf, pl* **-ciones** : incarnation, embodiment
**encarnado¹, -da** *adj* **1** : incarnate **2** : flesh-colored **3** : red **4** : ingrown
**encarnado²** *nm* : red
**encarnar** *vt* : to incarnate, to embody — **encarnarse** *vr* **encarnarse una uña** : to have an ingrown nail
**encarnizado, -da** *adj* **1** : bloodshot, inflamed **2** : fierce, bloody
**encarnizar** {21} *vt* : to enrage, to infuriate — **encarnizarse** *vr* : to be brutal, to attack viciously
**encarrilar** *vt* : to guide, to put on the right track
**encasillar** *vt* CLASIFICAR : to classify, to pigeonhole, to categorize
**encausar** *vt* : to prosecute, to charge
**encauzar** {21} *vt* : to channel, to guide — **encauzarse** *vr*
**encebollado, -da** *adj* : cooked with onions
**encefalitis** *nms & pl* : encephalitis
**enceguecedor, -dora** *n* : blinding
**encendedor** *nm* : lighter
**encender** {56} *vi* : to light — *vt* **1** : to light, to set fire to **2** PRENDER : to switch on **3** : to start (a motor) **4** : to arouse, to kindle — **encenderse** *vr* **1** : to get excited **2** : to blush
**encendido¹, -da** *adj* **1** : burning **2** : flushed **3** : fiery, passionate
**encendido²** *nm* : ignition
**encerado** *nm* **1** : waxing, polishing **2** : blackboard
**encerar** *vt* : to wax, to polish
**encerrar** {55} *vt* **1** : to lock (up), to shut away/up ⟨la encerraron en una celda : they locked her in a cell⟩ ⟨está encerrado en su cuarto : he's shut up in his room⟩ **2** : to contain, to include **3** : to involve, to entail

**encerrona** *nf* **1** TRAMPA : trap, setup **2 prepararle una encerrona a alguien** : to set a trap for someone, to set someone up
**encestar** *vi* : to make a basket (in basketball)
**enchapado** *nm* : plating, coating (of metal)
**encharcamiento** *nm* : flood, flooding
**encharcar** {72} *vt* : to flood — **encharcarse** *vr* **1** : to flood, to get flooded **2** : to pool
**enchilada** *nf* : enchilada
**enchilar** *vt Mex* : to season with chili
**enchuecar** {72} *vt Chile, Mex fam* : to make crooked, to twist
**enchufar** *vt* **1** : to plug in **2** : to connect, to fit together
**enchufe** *nm* **1** : connection **2** : plug, socket
**encía** *nf* : gum (tissue)
**-encia** *suf* : -ence ⟨independencia : independence⟩
**enciclopedia** *nf* : encyclopedia — **enciclopédico, -ca** *adj*
**encierro** *nm* **1** : confinement **2** : enclosure
**encima** *adv* **1** : on, on top (of) ⟨se me cayó encima : it fell on (top of) me⟩ ⟨con queso (por) encima : with cheese on top⟩ ⟨no llevo dinero encima : I don't have any money on me⟩ **2** ADEMÁS : as well, besides ⟨y encima : and on top of that⟩ **3 ~ de** : on, on top of, over, above ⟨encima de la mesa : on (top of) the table⟩ ⟨encima de las nubes : above the clouds⟩ ⟨viven encima de la librería : they live above the bookstore⟩ ⟨miró por encima del hombro : he looked over his shoulder⟩ **4 por ~** : superficially **5 por encima de** : above, beyond ⟨por encima de la ley : above the law⟩ ⟨por encima de la media : above average⟩ ⟨por encima de todo : above all⟩ ⟨vive por encima de sus posibilidades : she lives above her means⟩ **6 echarse encima** : to take upon oneself **7 estar encima de** *fam* : to nag, to criticize **8 quitarse de encima** : to get rid of
**encina** *nf* : evergreen oak
**encinta** *adj* EMBARAZADA, PREÑADA : pregnant, expecting
**enclaustrado, -da** *adj* : cloistered, shut away
**enclavado, -da** *adj* : buried
**enclenque** *adj* : weak, sickly
**encoger** {15} *vt* **1** : to shrink, to make smaller **2** : to intimidate — *vi* : to shrink, to contract — **encogerse** *vr* **1** : to shrink **2** : to be intimidated, to cower, to cringe **3 encogerse de hombros** : to shrug (one's shoulders)
**encogido, -da** *adj* **1** : shriveled, shrunken **2** TÍMIDO : shy, inhibited
**encogimiento** *nm* **1** : shrinking, shrinkage **2** : shrug **3** TIMIDEZ : shyness
**encolerizar** {21} *vt* ENFURECER : to enrage, to infuriate — **encolerizarse** *vr*
**encomendar** {55} *vt* CONFIAR : to entrust, to commend — **encomendarse** *vr*
**encomiable** *adj* : commendable, praiseworthy
**encomiar** *vt* ELOGIAR : to praise, to pay tribute to
**encomienda** *nf* **1** : charge, mission **2** : royal land grant **3** : parcel
**encomio** *nm* : praise, eulogy
**enconar** *vt* **1** : to irritate, to anger **2** : to inflame — **enconarse** *vr* **1** : to become heated **2** : to fester
**encono** *nm* **1** RENCOR : animosity, rancor **2** : inflammation, infection
**encontrado, -da** *adj* : contrary, opposing
**encontrar** {19} *vt* **1** HALLAR : to find ⟨encontré el libro : I found the book⟩ ⟨encontraron al culpable : they found the culprit⟩ **2** : to encounter, to meet **3** : to find ⟨lo encuentro muy interesante : I find it very interesting⟩ — **encontrarse** *vr* **1** : to clash, to conflict **2** : to be, to feel ⟨su padre se encuentra mejor : her father is (feeling/doing) better⟩ **3 ~ con** : to meet, to bump into
**encorvar** *vt* : to bend, to curve — **encorvarse** *vr* : to hunch over, to stoop
**encrespar** *vt* **1** : to curl, to ruffle, to ripple **2** : to annoy, to irritate — **encresparse** *vr* **1** : to curl one's hair **2** : to become choppy **3** : to get annoyed
**encriptar** *vt* : to encrypt
**encrucijada** *nf* : crossroads
**encuadernación** *nf, pl* **-ciones** : binding (of books)
**encuadernar** *vt* EMPASTAR : to bind (a book) — **encuadernador, -dora** *n*
**encuadrar** *vt* **1** ENMARCAR : to frame **2** ENCAJAR : to fit, to insert **3** COMPRENDER : to contain, to include
**encubierto** *pp* → **encubrir**
**encubrimiento** *nm* : cover-up
**encubrir** {2} *vt* : to cover up, to conceal
**encuentro** *nm* **1** : meeting, encounter **2** : conference, congress
**encuerado, -da** *adj fam* : naked
**encuerar** *vt fam* : to undress
**encuesta** *nf* **1** INVESTIGACIÓN, PESQUISA : inquiry, investigation **2** SONDEO : survey
**encuestador, -dora** *n* : pollster
**encuestar** *vt* : to poll, to take a survey of
**encumbrado, -da** *adj* **1** : lofty, high **2** : eminent, distinguished
**encumbrar** *vt* **1** : to exalt, to elevate **2** : to extol — **encumbrarse** *vr* : to reach the top
**encurtir** *vt* ESCABECHAR : to pickle
**ende** *adv* **por ~** : therefore, consequently
**endeble** *adj* : feeble, weak
**endemoniado, -da** *adj* : fiendish, diabolical
**enderezar** {21} *vt* **1** : to straighten (out) **2** : to stand on end, to put upright — **enderezarse** *vr* **1** : to straighten up, to sit/stand (up) straight **2** ARREGLARSE : to straighten out, to improve
**endeudado, -da** *adj* : in debt, indebted
**endeudamiento** *nm* : indebtedness, debt
**endeudarse** *vr* **1** : to go into debt **2** : to feel obliged
**endiablado, -da** *adj* **1** : devilish, diabolical **2** : complicated, difficult

**endibia** *or* **endivia** *nf* : endive
**endilgar** {52} *vt fam* : to spring, to foist ⟨me endilgó la responsabilidad : he saddled me with the responsibility⟩
**endocrino, -na** *adj* : endocrine
**endogamia** *nf* : inbreeding
**endosar** *vt* : to endorse
**endoso** *nm* : endorsement
**endulzante** *nm* : sweetener
**endulzar** {21} *vt* **1** : to sweeten **2** : to soften, to mellow — **endulzarse** *vr*
**endurecer** {53} *vt* : to harden, to toughen — **endurecerse** *vr*
**ene** *nf* : (letter) n
**enebro** *nm* : juniper
**eneldo** *nm* : dill
**enema** *nm* : enema
**enemigo, -ga** *adj & n* : enemy
**enemistad** *nf* : enmity, hostility
**enemistar** *vt* : to make enemies of — **enemistarse** *vr* ~ **con** : to fall out with
**energético, -ca** *adj* **1** : energy ⟨consumo energético : energy consumption⟩ **2** : lively, spirited
**energía** *nf* : energy
**enérgico, -ca** *adj* **1** : energetic, vigorous **2** : forceful, emphatic — **enérgicamente** *adv*
**energúmeno, -na** *n fam* : lunatic, crazy person
**enero** *nm* : January ⟨el primero de enero : (on) January first⟩
**enervar** *vt* **1** : to enervate **2** *fam* : to annoy, to get on one's nerves — **enervante** *adj*
**enésimo, -ma** *adj* : umpteenth, nth
**enfadado, -da** *adj* : angry, annoyed
**enfadar** *vt* : to annoy, to make angry — **enfadarse** *vr* : to get angry, to get annoyed
**enfado** *nm* : anger, annoyance
**enfardar** *vt* : to bale
**énfasis** *nms & pl* : emphasis
**enfático, -ca** *adj* : emphatic — **enfáticamente** *adv*
**enfatizar** {21} *vt* DESTACAR, SUBRAYAR : to emphasize
**enfermar** *vt* : to make sick — *vi* : to fall ill, to get sick — **enfermarse** *vr*
**enfermedad** *nf* **1** INDISPOSICIÓN : illness, sickness ⟨por enfermedad : due to illness⟩ **2** : illness, disease ⟨contraer una enfermedad : to catch/contract an illness⟩ ⟨enfermedad infecciosa : infectious disease⟩ ⟨enfermedad mental : mental illness⟩ ⟨enfermedad de Alzheimer : Alzheimer's disease⟩
**enfermería** *nf* : infirmary
**enfermero, -ra** *n* : nurse
**enfermizo, -za** *adj* : sickly
**enfermo**[1], **-ma** *adj* : sick, ill
**enfermo**[2], **-ma** *n* **1** : sick person, invalid **2** PACIENTE : patient
**enfilar** *vt* **1** : to take, to go along ⟨enfiló la carretera de Montevideo : she went up the road to Montevideo⟩ **2** : to line up, to put in a row **3** : to string, to thread **4** : to aim, to direct — *vi* : to make one's way
**enflaquecer** {53} *vi* : to lose weight, to become thin — *vt* : to emaciate
**enfocar** {72} *vt* **1** : to focus (on) **2** : to consider, to look at
**enfoque** *nm* : focus
**enfrascarse** {72} *vr* ~ **en** : to immerse oneself in, to get caught up in
**enfrentamiento** *nm* : clash, confrontation
**enfrentar** *vt* : to confront, to face — **enfrentarse** *vr* **1** ~ **con** : to clash with **2** ~ **a** : to face up to
**enfrente** *adv* **1** DELANTE : in front **2** : opposite
**enfriamiento** *nm* **1** CATARRO : chill, cold **2** : cooling off, damper
**enfriar** {85} *vt* **1** : to chill, to cool **2** : to cool down, to dampen — *vi* : to get cold — **enfriarse** *vr* : to get chilled, to catch a cold
**enfundar** *vt* : to sheathe, to encase
**enfurecer** {53} *vt* ENCOLERIZAR : to infuriate — **enfurecerse** *vr* : to fly into a rage
**enfurecido, -da** *adj* : furious, raging
**enfurruñarse** *vr fam* : to sulk
**engalanar** *vt* : to decorate, to deck out — **engalanarse** *vr* : to dress up
**enganchar** *vt* **1** : to hook, to snag **2** : to attach, to hitch up — **engancharse** *vr* **1** : to get snagged, to get hooked **2** : to enlist
**enganche** *nm* **1** : hook **2** : coupling, hitch **3** *Mex* : down payment
**engañar** *vt* **1** EMBAUCAR : to trick, to deceive, to mislead **2** : to cheat on, to be unfaithful to — **engañarse** *vr* **1** : to be mistaken **2** : to deceive oneself
**engaño** *nm* **1** : deception, trick **2** : fake, feint (in sports)
**engañoso, -sa** *adj* **1** : deceitful **2** : misleading, deceptive
**engarzar** {21} *vt* **1** : to set (a gem) **2** ENSARTAR : to string **3** HILAR : to string together — **engarzarse** *vr* ~ **en** : to get involved in, to get caught up in
**engatusar** *vt* : to coax, to cajole
**engendrar** *vt* **1** : to beget, to father **2** : to give rise to, to engender
**engendro** *nm* **1** : fetus **2** MONSTRUO : monstrosity, freak
**engentarse** *vr Mex* : to become confused and overwhelmed
**englobar** *vt* : to include, to embrace
**engomado** *nm Mex* : sticker
**engomar** *vt* : to glue, to coat with glue
**engordar** *vt* : to fatten, to fatten up — *vi* : to gain weight
**engorroso, -sa** *adj* : bothersome
**engranaje** *nm* : gears *pl*, cogs *pl*
**engranar** *vt* : to mesh, to engage — *vi* : to mesh gears
**engrandecer** {53} *vt* **1** : to enlarge **2** : to exaggerate **3** : to exalt
**engrandecimiento** *nm* **1** : enlargement **2** : exaggeration **3** : exaltation
**engrane** *nm Mex* : cogwheel
**engrapadora** *nf* : stapler
**engrapar** *vt* : to staple
**engrasar** *vt* : to grease, to lubricate
**engrase** *nm* : greasing, lubrication
**engreído, -da** *adj* PRESUMIDO, VANIDOSO : vain, conceited, stuck-up

**engreimiento** *nm* ARROGANCIA : arrogance, conceit
**engreír** {66} *vt* ENVANECER : to make vain — **engreírse** *vr* : to become conceited
**engrosar** {19} *vt* : to enlarge, to increase, to swell — *vi* ENGORDAR : to gain weight
**engrudo** *nm* : paste
**engullir** {38} *vt* : to gulp down, to gobble up — **engullirse** *vr*
**enharinar** *vt* : to flour
**enhebrar** *vt* ENSARTAR : to string, to thread
**enhilar** *vt* : to thread (a needle, etc.)
**enhorabuena** *nf* FELICIDADES : congratulations *pl*
**enigma** *nm* : enigma, mystery
**enigmático, -ca** *adj* : enigmatic — **enigmáticamente** *adv*
**enjabonar** *vt* : to soap up, to lather — **enjabonarse** *vr*
**enjaezar** {21} *vt* : to harness
**enjalbegar** {52} *vt* : to whitewash
**enjambrar** *vi* : to swarm
**enjambre** *nm* **1** : swarm **2** MUCHEDUMBRE : crowd, mob
**enjaular** *vt* **1** : to cage **2** *fam* : to jail, to lock up
**enjuagar** {52} *vt* : to rinse — **enjuagarse** *vr* : to rinse out
**enjuague** *nm* **1** : rinse **2** **enjuague bucal** : mouthwash
**enjugar** {52} *vt* : to wipe away (tears)
**enjuiciar** *vt* **1** : to indict, to prosecute **2** JUZGAR : to try
**enlace** *nm* **1** : bond, link, connection **2** : liaison **3** HIPERENLACE : link
**enlatar** *vt* ENVASAR : to can — **enlatado, -da** *adj*
**enlazar** {21} *v* : to join, to link, to fit together
**enlistar** *vt* : to list — **enlistarse** *vr* : to enlist
**enlodado, -da** *adj* LODOSO : muddy
**enlodar** *vt* **1** : to cover with mud **2** : to stain, to sully — **enlodarse** *vr*
**enlodazar** → **enlodar**
**enloquecedor, -dora** *adj* : maddening
**enloquecer** {53} *vt* : to drive crazy — **enloquecerse** *vr* : to go crazy
**enlutarse** *vr* : to go into mourning
**enmarañar** *vt* **1** : to tangle **2** : to complicate **3** : to confuse, to mix up — **enmarañarse** *vr*
**enmarcar** {72} *vt* **1** ENCUADRAR : to frame **2** : to provide the setting for
**enmascarar** *vt* : to mask, to disguise — **enmascarado, -da** *adj*
**enmasillar** *vt* : to putty, to caulk
**enmendar** {55} *vt* **1** : to amend **2** CORREGIR : to emend, to correct **3** COMPENSAR : to compensate for — **enmendarse** *vr* : to mend one's ways
**enmienda** *nf* **1** : amendment **2** : correction, emendation
**enmohecerse** {53} *vr* **1** : to become moldy **2** OXIDARSE : to rust, to become rusty
**enmudecer** {53} *vt* : to mute, to silence — *vi* : to fall silent
**ennegrecer** {53} *vt* : to blacken, to darken — **ennegrecerse** *vr*
**ennoblecer** {53} *vt* **1** : to ennoble **2** : to embellish
**enojadizo, -za** *adj* IRRITABLE : irritable, cranky
**enojado, -da** *adj* **1** : annoyed **2** : angry, mad
**enojar** *vt* **1** : to anger **2** : to annoy, to upset — **enojarse** *vr*
**enojo** *nm* **1** CÓLERA : anger **2** : annoyance
**enojón, -jona** *adj, pl* **-jones** *Chile, Mex fam* : irritable, cranky
**enojoso, -sa** *adj* FASTIDIOSO, MOLESTOSO : annoying, irritating
**enorgullecer** {53} *vt* : to make proud — **enorgullecerse** *vr* : to pride oneself
**enorme** *adj* INMENSO : enormous, huge — **enormemente** *adv*
**enormidad** *nf* **1** : enormity, seriousness **2** : immensity, hugeness
**enraizado, -da** *adj* : deep-seated, deeply rooted
**enraizar** {30} *vi* : to take root
**enramada** *nf* : arbor, bower
**enramar** *vt* : to cover with branches
**enrarecer** {53} *vt* : to rarefy — **enrarecerse** *vr*
**enredadera** *nf* : climbing plant, vine
**enredar** *vt* **1** : to tangle up, to entangle **2** : to confuse, to complicate **3** : to involve, to implicate — **enredarse** *vr*
**enredo** *nm* **1** EMBROLLO : muddle, confusion **2** MARAÑA : tangle
**enrejado** *nm* **1** : railing **2** : grating, grille **3** : trellis, lattice
**enrevesado, -da** *adj* : complicated, involved
**enriquecer** {53} *vt* : to enrich — **enriquecerse** *vr* : to get rich
**enriquecido, -da** *adj* : enriched
**enriquecimiento** *nm* : enrichment
**enrojecer** {53} *vt* : to make red, to redden — **enrojecerse** *vr* : to blush
**enrolar** *vt* RECLUTAR : to recruit — **enrolarse** *vr* INSCRIBIRSE : to enlist, to sign up
**enrollado, -da** *adj* **1** : rolled up, coiled **2** **estar enrollado con** *Spain* : to be involved with (romantically)
**enrollar** *vt* : to roll up, to coil — **enrollarse** *vr*
**enronquecerse** {53} *vr* : to become hoarse
**enroscar** {72} *vt* TORCER : to twist — **enroscarse** *vr* : to coil, to twine
**ensacar** {72} *vt* : to bag (up)
**ensalada** *nf* : salad
**ensaladera** *nf* : salad bowl
**ensalmo** *nm* : incantation, spell
**ensalzar** {21} *vt* **1** : to praise, to extol **2** EXALTAR : to exalt
**ensamblaje** *nm* : assembly
**ensamblar** *vt* **1** : to assemble **2** : to join, to fit together
**ensanchar** *vt* **1** : to widen **2** : to expand, to extend — **ensancharse** *vr*
**ensanche** *nm* **1** : widening **2** : expansion, development

**ensangrentado, -da** *adj* : bloody, bloodstained
**ensangrentar** {55} *vt* : to cover or stain with blood
**ensañarse** *vr* : to act cruelly, to be merciless
**ensartar** *vt* **1** ENHEBRAR : to string, to thread **2** : to skewer, to pierce
**ensayar** *vi* : to rehearse — *vt* **1** : to try out, to test **2** : to assay
**ensayista** *nmf* : essayist
**ensayo** *nm* **1** : essay **2** : trial, test **3** : rehearsal **4** : assay (of metals)
**enseguida** *adv* INMEDIATAMENTE : right away, immediately, at once
**ensenada** *nf* : cove, inlet
**enseña** *nf* **1** INSIGNIA : emblem, insignia **2** : standard, banner
**enseñanza** *nf* **1** EDUCACIÓN : education **2** : teaching
**enseñar** *vt* **1** : to teach **2** MOSTRAR : to show, to display — **enseñarse** *vr* ~ **a** : to learn to, to get used to
**enseres** *nmpl* : equipment, furnishings *pl* ⟨enseres domésticos : household goods⟩
**ensillar** *vt* : to saddle (up)
**ensimismado, -da** *adj* : absorbed, engrossed
**ensimismarse** *vr* : to lose oneself in thought
**ensombrecer** {53} *vt* : to cast a shadow over, to darken — **ensombrecerse** *vr*
**ensoñación** *nf, pl* **-ciones** : fantasy
**ensopar** *vt* **1** : to drench **2** : to dunk, to dip
**ensordecedor, -dora** *adj* : deafening, thunderous
**ensordecer** {53} *vt* : to deafen — *vi* : to go deaf
**ensuciar** *vt* : to soil, to dirty — **ensuciarse** *vr*
**ensueño** *nm* **1** : daydream, reverie **2** FANTASÍA : illusion, fantasy
**entablar** *vt* **1** : to cover with boards **2** : to initiate, to enter into, to start
**entallar** *vt* AJUSTAR : to tailor, to fit, to take in — *vi* QUEDAR : to fit
**entarimado** *nm* : flooring, floorboards *pl*
**ente** *nm* **1** : being, entity **2** : body, organization ⟨ente rector : ruling body⟩ **3** *fam* : eccentric, crackpot
**entenado, -da** *n Mex* : stepchild, stepson *m*, stepdaughter *f*
**entender**[1] {56} *vt* **1** COMPRENDER : to understand ⟨no entiendo por qué : I don't understand why⟩ ⟨me has entendido mal : you've misunderstood me⟩ ⟨mis padres no me entienden : my parents don't understand me⟩ ⟨dar a entender : to imply⟩ **2** : to think, to believe ⟨él no lo entiende así : he doesn't see it that way⟩ **3** : to know, to get ⟨si me entiendes : if you know what I mean⟩ **4** : to infer ⟨dar algo a entender : to imply something⟩ — *vi* **1** : to understand ⟨¡ya entiendo! : now I understand!⟩ **2** ~ **de** : to know about **3** ~ **en** : to be in charge of — **entenderse** *vr* **1** : to be understood **2** : to get along well **3** ~ **con** : to deal with
**entender**[2] *nm* **a mi entender** : in my opinion
**entendible** *adj* : understandable
**entendido**[1], **-da** *adj* **1** : skilled, expert, knowledgeable **2 tener entendido** : to understand, to be under the impression ⟨teníamos entendido que vendrías : we were under the impression you would come⟩ **3 darse por entendido** : to go without saying
**entendido**[2] *nm* : expert, authority, connoisseur
**entendimiento** *nm* **1** : intellect, mind **2** : understanding, agreement
**enterado, -da** *adj* : aware, well-informed ⟨estar enterado de : to be privy to⟩ ⟨darse por enterado : to get the message⟩
**enteramente** *adv* : entirely, completely
**enterar** *vt* INFORMAR : to inform — **enterarse** *vr* INFORMARSE : to find out, to learn
**entereza** *nf* **1** INTEGRIDAD : integrity **2** FORTALEZA : fortitude **3** FIRMEZA : resolve
**enternecedor, -dora** *adj* CONMOVEDOR : touching, moving
**enternecer** {53} *vt* CONMOVER : to move, to touch
**entero**[1], **-ra** *adj* **1** : entire, whole **2** : complete, absolute **3** : intact — **enteramente** *adv*
**entero**[2] *nm* **1** : integer, whole number **2** : point (in finance)
**enterramiento** *nm* : burial
**enterrar** {55} *vt* : to bury
**entibiar** *vt* : to cool (down) — **entibiarse** *vr* : to become lukewarm
**entidad** *nf* **1** ENTE : entity **2** : body, organization **3** : firm, company **4** : importance, significance
**entierro** *nm* **1** : burial **2** : funeral
**entintar** *vt* : to ink
**entoldado** *nm* : awning
**entomología** *nf* : entomology
**entomólogo, -ga** *n* : entomologist
**entonación** *nf, pl* **-ciones** : intonation
**entonar** *vi* : to be in tune — *vt* **1** : to intone **2** : to tone up
**entonces** *adv* **1** : then **2 desde** ~ : since then **3 en aquel entonces** : in those days
**entornado, -da** *adj* ENTREABIERTO : half-closed, ajar
**entornar** *vt* ENTREABRIR : to leave ajar
**entorno** *nm* : surroundings *pl*, environment
**entorpecer** {53} *vt* **1** : to hinder, to obstruct **2** : to dull — **entorpecerse** *vr* : to dull the senses
**entrada** *nf* **1** : entrance, entry ⟨prohibida la entrada : do not enter⟩ **2** : entrance ⟨entrada principal : main entrance⟩ **3** : ticket, admission ⟨entrada gratuita/libre : free admission⟩ **4** : beginning, onset ⟨de entrada : from the start⟩ **5** : entrée **6** : cue (in music) **7 entradas** *nfpl* : income ⟨entradas y salidas : income and expenditures⟩ **8 tener entradas** : to have a receding hairline

**entrado, -da** *adj* **entrado en años** : elderly
**entramado** *nm* : framework
**entrampar** *vt* **1** ATRAPAR : to entrap, to ensnare **2** ENGAÑAR : to deceive, to trick
**entrante** *adj* **1** : next, upcoming ⟨el año entrante : next year⟩ **2** : incoming, new ⟨el presidente entrante : the president elect⟩
**entraña** *nf* **1** MEOLLO : core, heart, crux **2 entrañas** *nfpl* VÍSCERAS : entrails
**entrañable** *adj* : close, intimate
**entrañar** *vt* : to entail, to involve
**entrar** *vi* **1** : to enter, to go in, to come in ⟨entré a la casa : I went in the house⟩ ⟨entrar por : to come/go in (through)⟩ ⟨¿puedo entrar? : can I come in?⟩ ⟨la llave no entra : the key won't go in⟩ **2** : to fit ⟨este vestido no me entra : this dress doesn't fit me⟩ **3** : to begin ⟨entro a trabajar a las ocho : I start work at eight⟩ **4** : to affect ⟨me entra el hambre : I'm getting hungry⟩ **5 ~ en** : to enter (a phase, etc.) **6 ~ en** : to be included/considered in **7 ~ en** : to go into, to discuss (details, etc.) **8 ~ en** : to enter into (negotiations, battle, etc.), to come into (contact, conflict, etc.), to go into (effect) **9 ~ en** : to enter (college), to join (an organization), to go into (a profession) — *vt* **1** : to bring in, to introduce **2** : to access
**entre** *prep* **1** : between ⟨entre las dos ciudades/fechas : between the two cities/dates⟩ ⟨lo dividimos entre los dos : we divided it between the two of us⟩ ⟨la diferencia entre los dos : the difference between the two⟩ ⟨entre todos lo logramos : between all of us we managed it⟩ ⟨entre tú y yo : between you and me⟩ **2** : among ⟨entre las hojas : among the leaves⟩ ⟨entre amigos : among friends⟩ ⟨lo dividimos entre los cuatro : we divided it among the four of us⟩ ⟨conversaban entre sí : they talked among themselves⟩
**entreabierto**[1] *pp* → **entreabrir**
**entreabierto**[2], **-ta** *adj* ENTORNADO : half-open, ajar
**entreabrir** {2} *vt* ENTORNAR : to leave ajar
**entreacto** *nm* : intermission, interval
**entrecano, -na** *adj* : grayish, graying
**entrecejo** *nm* **fruncir el entrecejo** : to knit one's brows
**entrecomillar** *vt* : to place in quotation marks
**entrecortadamente** *adv* **1** : breathlessly **2** : falteringly
**entrecortado, -da** *adj* **1** : labored, difficult ⟨respiración entrecortada : shortness of breath⟩ **2** : faltering, hesitant ⟨con la voz entrecortada : with a catch in his voice⟩
**entrecortarse** *vr* : to falter (of the voice or breath)
**entrecruzar** {21} *vt* ENTRELAZAR : to interweave, to intertwine — **entrecruzarse** *vr*
**entredicho** *nm* **1** DUDA : doubt, question **2** : prohibition
**entrega** *nf* **1** : delivery **2** : handing over, surrender **3** : installment ⟨entrega inicial : down payment⟩
**entregar** {52} *vt* **1** : to deliver **2** DAR : to give, to present **3** : to hand in, to hand over — **entregarse** *vr* **1** : to surrender, to give in **2** : to devote oneself
**entrelazar** {21} *vt* ENTRECRUZAR : to interweave, to intertwine
**entremedias** *adv* **1** : in between, halfway **2** : in the meantime
**entremés** *nm, pl* **-meses** **1** APERITIVO : appetizer, hors d'oeuvre **2** : interlude, short play
**entremeterse** → **entrometerse**
**entremetido** *nm* → **entrometido**
**entremezclar** *vt* : to intermingle
**entrenador, -dora** *n* : trainer, coach
**entrenamiento** *nm* : training, drill, practice
**entrenar** *vt* ; to train, to drill, to practice — **entrenarse** *vr* : to train, to spar (in boxing)
**entrepierna** *nf* **1** : inner thigh **2** : crotch **3** : inseam
**entrepiso** *nm* : mezzanine
**entretanto**[1] *adv* : meanwhile
**entretanto**[2] *nm* **en el entretanto** : in the meantime
**entretejer** *vt* : to interweave
**entretela** *nf* : facing (of a garment)
**entretelones** *nmpl* : inside details
**entretención** *nf, pl* **-ciones** ENTRETENIMIENTO : entertainment
**entretener** {80} *vt* **1** DIVERTIR : to entertain, to amuse **2** DISTRAER : to distract **3** DEMORAR : to delay, to hold up — **entretenerse** *vr* **1** : to amuse oneself **2** : to dally
**entretenido, -da** *adj* DIVERTIDO : entertaining, amusing
**entretenimiento** *nm* **1** : entertainment, pastime **2** DIVERSIÓN : fun, amusement
**entretiempo** *nm* **1** → **medio tiempo** **2** : period between seasons
**entrever** {88} *vt* **1** : to catch a glimpse of **2** : to make out, to see indistinctly
**entreverar** *vt* : to mix, to intermingle
**entrevero** *nm* : confusion, disorder
**entrevista** *nf* : interview
**entrevistador, -dora** *n* : interviewer
**entrevistar** *vt* : to interview — **entrevistarse** *vr* REUNIRSE **~ con** : to meet with
**entristecer** {53} *vt* : to sadden
**entrometerse** *vr* : to interfere, to meddle
**entrometido, -da** *n* : meddler, busybody
**entroncar** {72} *vt* RELACIONAR : to establish a relationship between, to connect — *vi* **1** : to be related **2** : to link up, to be connected
**entronque** *nm* **1** : kinship **2** VÍNCULO : link, connection
**entuerto** *nm* : wrong, injustice
**entumecer** {53} *vt* : to make numb, to be numb — **entumecerse** *vr* : to go numb, to fall asleep
**entumecido, -da** *adj* **1** : numb **2** : stiff (of muscles, joints, etc.)
**entumecimiento** *nm* : numbness

**enturbiar** *vt* **1** : to cloud **2** : to confuse — **enturbiarse** *vr*
**entusiasmar** *vt* : to excite, to fill with enthusiasm — **entusiasmarse** *vr* : to get excited
**entusiasmo** *nm* : enthusiasm
**entusiasta**[1] *adj* : enthusiastic
**entusiasta**[2] *nmf* AFICIONADO : enthusiast
**enumerar** *vt* : to enumerate — **enumeración** *nf*
**enunciación** *nf, pl* **-ciones** : enunciation, statement
**enunciado** *nm* : statement
**enunciar** *vt* : to enunciate, to state
**envainar** *vt* : to sheathe
**envalentonar** *vt* : to make bold, to encourage — **envalentonarse** *vr*
**envanecer** {53} *vt* ENGREÍR : to make vain — **envanecerse** *vr*
**envasar** *vt* **1** EMBOTELLAR : to bottle **2** ENLATAR : to can **3** : to pack in a container
**envase** *nm* **1** : packaging, packing **2** : container **3** LATA : can **4** : empty bottle
**envejecer** {53} *vt* : to age, to make look old — *vi* : to age, to grow old
**envejecido, -da** *adj* : aged, old-looking
**envejecimiento** *nm* : aging
**envenenamiento** *nm* : poisoning
**envenenar** *vt* **1** : to poison **2** : to embitter
**envergadura** *nf* **1** : span, breadth, spread **2** : importance, scope
**envés** *nm, pl* **enveses** : reverse, opposite side
**enviado, -da** *n* : envoy, correspondent
**enviar** {85} *vt* **1** : to send **2** : to ship
**envidia** *nf* : envy, jealousy
**envidiar** *vt* : to envy — **envidiable** *adj*
**envidioso, -sa** *adj* : envious, jealous
**envilecer** {53} *vt* : to degrade, to debase
**envío** *nm* **1** : shipment **2** : remittance
**enviudar** *vi* : to be widowed, to become a widower
**envoltorio** *nm* **1** : bundle, package **2** : wrapping, wrapper
**envoltura** *nf* : wrapper, wrapping
**envolver** {89} *vt* **1** : to wrap **2** : to envelop, to surround **3** : to entangle, to involve — **envolverse** *vr* **1** : to become involved **2** : to wrap oneself (up)
**envuelto** *pp* → **envolver**
**enyerbar** *vt Mex* : to bewitch
**enyesar** *vt* **1** : to plaster **2** ESCAYOLAR : to put (a broken limb) in a cast
**enzima** *nf* : enzyme
**eón** *nm, pl* **eones** : aeon
**eperlano** *nm* : smelt (fish)
**epicentro** *nm* : epicenter
**épico, -ca** *adj* : epic
**epicúreo**[1], **-rea** *adj* : epicurean
**epicúreo**[2], **-rea** *n* : epicure
**epidemia** *nf* : epidemic
**epidémico, -ca** *adj* : epidemic
**epidemiología** *nf* : epidemiology — **epidemiológico, -ca** *adj*
**epifanía** *nf* : feast of the Epiphany (January 6th)
**epigrama** *nm* : epigram
**epilepsia** *nf* : epilepsy
**epiléptico, -ca** *adj & n* : epileptic
**epílogo** *nm* : epilogue
**episcopal** *adj* : episcopal
**episcopaliano, -na** *adj & n* : Episcopalian
**episódico, -ca** *adj* : episodic
**episodio** *nm* : episode
**epístola** *nf* : epistle
**epitafio** *nm* : epitaph
**epíteto** *nm* : epithet, name
**epítome** *nm* : summary, abstract
**época** *nf* **1** EDAD, ERA, PERÍODO : epoch, age, period **2** : time of year, season **3 de ~** : vintage, antique
**epopeya** *nf* : epic poem
**equidad** *nf* JUSTICIA : equity, justice, fairness
**equilátero, -ra** *adj* : equilateral
**equilibrado, -da** *adj* : well-balanced
**equilibrar** *vt* : to balance — **equilibrarse** *vr*
**equilibrio** *nm* **1** : balance, equilibrium ⟨perder el equilibrio : to lose one's balance⟩ ⟨equilibrio político : balance of power⟩ **2** : poise, aplomb
**equilibrista** *nmf* ACRÓBATA : acrobat, tightrope walker
**equino, -na** *adj* : equine
**equinoccio** *nm* : equinox
**equipaje** *nm* BAGAJE : baggage, luggage
**equipamiento** *nm* : equipping, equipment
**equipar** *vt* : to equip — **equiparse** *vr*
**equiparable** *adj* : comparable
**equiparar** *vt* **1 ~ a/con** : to put on the same level as/with **2** COMPARAR : to compare
**equipo** *nm* **1** : team, crew **2** : gear, equipment
**equis** *nf* : (letter) x
**equitación** *nf, pl* **-ciones** : horseback riding, horsemanship
**equitativo, -va** *adj* JUSTO : equitable, fair, just — **equitativamente** *adv*
**equivalencia** *nf* : equivalence
**equivalente** *adj & nm* : equivalent
**equivaler** {84} *vi* : to be equivalent
**equivocación** *nf, pl* **-ciones** ERROR : error, mistake
**equivocado, -da** *adj* : mistaken, wrong — **equivocadamente** *adv*
**equivocar** {72} *vt* **1** : to confuse (someone), to make (someone) mess up **2** : to choose badly — **equivocarse** *vr* : to make a mistake, to be wrong ⟨se equivocó de casa : he got the wrong house⟩
**equivoco**[1], **-ca** *adj* AMBIGUO : ambiguous, equivocal
**equivoco**[2] *nm* : misunderstanding
**era**[1], **etc.** → **ser**
**era**[2] *nf* EDAD, ÉPOCA : era, age
**erario** *nm* : public treasury
**ere** *nf* : (letter) r
**erección** *nf, pl* **-ciones** : erection, raising
**erecto, -ta** *adj* : erect
**eremita** *nmf* ERMITAÑO : hermit
**ergonomía** *nf* : ergonomics
**erguido, -da** *adj* : erect, upright
**erguir** {31} *vt* : to raise, to lift up — **erguirse** *vr* : to straighten up
**erigir** {35} *vt* : to build, to erect — **erigirse** *vr* **~ en** : to set oneself up as

**erizado, -da** *adj* : bristly
**erizar** {21} *vt* **1** : to make (hair, etc.) stand on end ⟨me eriza la piel : it gives me goose bumps⟩ **2** : to irritate, to grate on (someone) — **erizarse** *vr* : to stand on end
**erizo** *nm* **1** : hedgehog **2 erizo de mar** : sea urchin
**ermitaño**[1], **-ña** *n* EREMITA : hermit, recluse
**ermitaño**[2] *nm* : hermit crab
**erogación** *nf, pl* **-ciones** : expenditure
**erogar** {52} *vt* **1** : to pay out **2** : to distribute
**erosión** *nf, pl* **-siones** : erosion
**erosionar** *vt* : to erode
**erótico, -ca** *adj* : erotic
**erotismo** *nm* : eroticism
**erradicar** {72} *vt* : to eradicate — **erradicación** *nf*
**errado, -da** *adj* : wrong, mistaken
**errante** *adj* VAGABUNDO : errant, wandering
**errar** {32} *vt* FALLAR : to miss — *vi* **1** DESACERTAR : to be wrong, to be mistaken **2** VAGAR : to wander
**errata** *nf* : misprint, error
**errático, -ca** *adj* : erratic — **erráticamente** *adv*
**erre** *nf* : (letter) r (especially when trilled)
**erróneo, -nea** *adj* EQUIVOCADO : erroneous, wrong — **erróneamente** *adv*
**error** *nm* EQUIVOCACIÓN : error, mistake ⟨cometer un error : to make a mistake⟩ ⟨estar en un error : to be mistaken⟩ ⟨por error : by mistake⟩ ⟨error de cálculo : miscalculation⟩ ⟨error de imprenta : misprint⟩ ⟨error de hecho : factual error⟩
**eructar** *vi* : to belch, to burp
**eructo** *nm* : belch, burp
**erudición** *nf, pl* **-ciones** : erudition, learning
**erudito**[1], **-ta** *adj* LETRADO : erudite, learned
**erudito**[2], **-ta** *n* : scholar
**erupción** *nf, pl* **-ciones** **1** : eruption **2** SARPULLIDO : rash
**eruptivo, -va** *adj* : eruptive
**es → ser**
**esbelto, -ta** *adj* DELGADO : slender, slim
**esbirro** *nm* : henchman
**esbozar** {21} *vt* BOSQUEJAR : to sketch, to outline
**esbozo** *nm* **1** : sketch **2** : rough draft
**escabechar** *vt* **1** ENCURTIR : to pickle **2** *fam* : to kill, to rub out
**escabeche** *nm* : brine (for pickling)
**escabel** *nm* : footstool
**escabroso, -sa** *adj* **1** : rugged, rough **2** : difficult, tough **3** : risqué
**escabullirse** {38} *vr* : to slip away, to escape
**escafandra** *nf* : (protective) suit
**escala** *nf* **1** : scale ⟨en escala de 1 a 10 : on a scale of 1 to 10⟩ ⟨a escala : to scale⟩ ⟨a escala mundial : on a worldwide scale⟩ ⟨producción a gran escala : large-scale production⟩ **2** : scale (in music) **3** ESCALERA : ladder **4** : stopover, layover ⟨hacer escala : to lay over⟩
**escalada** *nf* : ascent, climb
**escalador, -dora** *n* ALPINISTA : mountain climber
**escalafón** *nm, pl* **-fones** **1** : list of personnel **2** : salary scale, rank
**escalar** *vt* : to climb, to scale — *vi* **1** : to go climbing **2** : to escalate
**escaldar** *vt* : to scald
**escalera** *nf* **1** : ladder ⟨escalera de tijera : stepladder⟩ **2** : stairs *pl*, staircase **3 escalera mecánica** : escalator
**escalfar** *vt* : to poach (eggs)
**escalinata** *nf* : flight of stairs
**escalofriante** *adj* : horrifying, bloodcurdling
**escalofrío** *nm* : shiver, chill, shudder
**escalón** *nm, pl* **-lones** **1** : echelon **2** : step, rung
**escalonado, -da** *adj* GRADUAL : gradual, staggered
**escalonar** *vt* **1** : to terrace **2** : to stagger, to alternate
**escalpelo** *nm* BISTURÍ : scalpel
**escama** *nf* **1** : scale (of fish or reptiles) **2** : flake (of skin)
**escamar** *vt* **1** : to scale (fish) **2** : to make suspicious
**escamocha** *nf Mex* : fruit salad
**escamoso, -sa** *adj* : scaly
**escamotear** *vt* **1** : to palm, to conceal **2** *fam* : to lift, to swipe **3** : to hide, to cover up
**escampar** *v impers* : to stop raining
**escandalizar** {21} *vt* : to shock, to scandalize — *vi* : to make a fuss — **escandalizarse** *vr* : to be shocked
**escándalo** *nm* **1** : scandal **2** : scene, commotion
**escandaloso, -sa** *adj* **1** : shocking, scandalous **2** RUIDOSO : noisy, rowdy **3** : flagrant, outrageous — **escandalosamente** *adv*
**escandinavo, -va** *adj & n* : Scandinavian
**escandir** *vt* : to scan (poetry)
**escanear** *vt* : to scan (documents)
**escáner** *nm* **1** : scan **2** : scanner
**escaño** *nm* **1** : seat (in a legislative body) **2** BANCO : bench
**escapada** *nf* HUIDA : flight, escape
**escapar** *vi* HUIR : to escape, to flee, to run away — **escaparse** *vr* : to escape notice, to leak out
**escaparate** *nm* **1** : shop window **2** : showcase
**escapatoria** *nf* **1** : loophole, excuse, pretext ⟨no tener escapatoria : to have no way out⟩ **2** ESCAPADA : escape, flight
**escape** *nm* **1** FUGA : escape **2** : exhaust (from a vehicle)
**escapismo** *nm* : escapism — **escapista** *adj*
**escápula** *nf* OMÓPLATO : scapula, shoulder blade
**escarabajo** *nm* : beetle
**escaramuza** *nf* **1** : skirmish **2** : scrimmage
**escaramuzar** {21} *vi* : to skirmish
**escarapela** *nf* : rosette (ornament)
**escarbar** *vt* **1** : to dig, to scratch up **2** : to poke, to pick **3 ~ en** : to investigate, to pry into

**escarcha** *nf* **1** : frost **2** *Mex, PRi* : glitter
**escarchar** *vt* **1** : to frost, to sugar **2** : to candy (fruit)
**escardar** *vt* **1** : to weed, to hoe **2** : to weed out
**escarlata** *adj & nf* : scarlet
**escarlatina** *nf* : scarlet fever
**escarmentar** {55} *vt* : to punish, to teach a lesson to — *vi* : to learn one's lesson
**escarmiento** *nm* **1** : lesson, warning **2** CASTIGO : punishment
**escarnio** *nm* : ridicule, mockery
**escarola** *nf* : escarole
**escarpa** *nf* : escarpment, steep slope
**escarpado, -da** *adj* : steep, sheer
**escasamente** *adv* : scarcely, barely
**escasear** *vi* : to be scarce, to run short
**escasez** *nf, pl* **-seces** : shortage, scarcity
**escaso, -sa** *adj* **1** : scarce, scant **2** ~ **de** : short of
**escatimar** *vt* : to skimp on, to be sparing with ⟨no escatimar esfuerzos : to spare no effort⟩
**escayola** *nf Spain* **1** : plaster (for casts) **2** : cast (in medicine)
**escayolar** *vt Spain* : to put (a broken limb) in a cast
**escena** *nf* **1** : scene **2** : stage
**escenario** *nm* **1** ESCENA : stage **2** : setting, scene ⟨el escenario del crimen : the scene of the crime⟩
**escénico, -ca** *adj* **1** : scenic **2** : stage
**escenificar** {72} *vt* : to stage, to dramatize
**escenografía** *nf* : set design
**escepticismo** *nm* : skepticism
**escéptico**[1], **-ca** *adj* : skeptical
**escéptico**[2], **-ca** *n* : skeptic
**escindirse** *vr* **1** : to split **2** : to break away
**escisión** *nf, pl* **-siones** : split, division
**esclarecer** {53} *vt* **1** ELUCIDAR : to elucidate, to clarify **2** ILUMINAR : to illuminate, to light up
**esclarecimiento** *nm* ELUCIDACIÓN : elucidation, clarification
**esclavitud** *nf* : slavery
**esclavización** *nf, pl* **-ciones** : enslavement
**esclavizar** {21} *vt* : to enslave
**esclavo, -va** *n* : slave
**esclerosis** *nf* **esclerosis múltiple** : multiple sclerosis
**esclusa** *nf* : floodgate, lock (of a canal)
**escoba** *nf* : broom
**escobilla** *nf* : small broom, brush, whisk broom
**escocer** {14} *vi* ARDER : to smart, to sting — **escocerse** *vr* : to be sore
**escocés**[1], **-cesa** *adj, mpl* **-ceses** **1** : Scottish **2** : tartan, plaid
**escocés**[2], **-cesa** *n, mpl* **-ceses** : Scottish person, Scot
**escocés**[3] *nm* **1** : Scottish, Scots (language) **2** *pl* **-ceses** : Scotch (whiskey)
**escofina** *nf* : file, rasp
**escoger** {15} *vt* ELEGIR, SELECCIONAR : to choose, to select
**escogido, -da** *adj* : choice, select
**escolar**[1] *adj* : school
**escolar**[2] *nmf* : student, pupil
**escolaridad** *nf* : schooling ⟨escolaridad obligatoria : compulsory education⟩
**escolarización** *nf, pl* **-ciones** : education, schooling
**escolarizar** {21} *vt* : to educate
**escollo** *nm* **1** : reef **2** OBSTÁCULO : obstacle
**escolta** *nmf* : escort
**escoltar** *vt* : to escort, to accompany
**escombro** *nm* **1** : debris, rubbish **2** **escombros** *nmpl* : ruins, rubble
**esconder** *vt* OCULTAR : to hide, to conceal
**escondidas** *nfpl* **1** : hide-and-seek **2** **a** ~ : secretly, in secret
**escondite** *nm* **1** ESCONDRIJO : hiding place **2** ESCONDIDAS : hide-and-seek
**escondrijo** *nm* ESCONDITE : hiding place
**escopeta** *nf* : shotgun
**escoplo** *nm* : chisel
**escorar** *vi* : to list, to heel (of a boat)
**escorbuto** *nm* : scurvy
**escoria** *nf* **1** : slag, dross **2** HEZ : dregs *pl*, scum ⟨la escoria de la sociedad : the dregs of society⟩
**Escorpio**[1] *or* **Escorpión** *nm* : Scorpio (sign or constellation)
**Escorpio**[2] *or* **Escorpión** *nmf* : Scorpio (person)
**escorpión** *nm, pl* **-piones** ALACRÁN : scorpion
**escotado, -da** *adj* : low-cut (of clothing)
**escote** *nm* **1** : (low) neckline ⟨escote en V : V-neck⟩ **2** **pagar a escote** : to go dutch
**escotilla** *nf* : hatch, hatchway
**escozor** *nm* : smarting, stinging
**escriba** *nm* : scribe
**escribanía** *nf CoRi, Arg, Uru* : office of a notary public
**escribano, -na** *n* **1** : court clerk **2** NOTARIO : notary public
**escribir** {33} *v* **1** : to write ⟨escribir una novela/palabra : to write a novel/word⟩ ⟨escribir a lápiz : to write in pencil⟩ ⟨escribir a mano : to write by hand⟩ ⟨escribir a máquina : to type⟩ **2** : to spell ⟨¿cómo se escribe? : how do you spell it?⟩ — **escribirse** *vr* CARTEARSE : to write to one another, to correspond
**escrito**[1] *pp* → **escribir**
**escrito**[2], **-ta** *adj* : written
**escrito**[3] *nm* **1** : written document **2** **escritos** *nmpl* : writings, works
**escritor, -tora** *n* : writer
**escritorio** *nm* : desk
**escritorzuelo, -la** *n* : hack (writer)
**escritura** *nf* **1** : writing, handwriting **2** : deed **3** **las Escrituras** : the Scriptures
**escroto** *nm* : scrotum
**escrúpulo** *nm* : scruple
**escrupuloso, -sa** *adj* **1** : scrupulous **2** METICULOSO : exact, meticulous — **escrupulosamente** *adv*
**escrutador, -dora** *adj* : penetrating, searching
**escrutar** *vt* ESCUDRIÑAR : to scrutinize, to examine closely
**escrutinio** *nm* : scrutiny

**escuadra** *nf* **1** : square (instrument) **2** : fleet, squadron
**escuadrilla** *nf* : squadron, formation, flight
**escuadrón** *nm, pl* **-drones** : squadron
**escuálido, -da** *adj* **1** : skinny, scrawny **2** INMUNDO : filthy, squalid
**escuchar** *vt* **1** : to listen to **2** : to hear — *vi* : to listen — **escucharse** *vr*
**escudar** *vt* : to shield — **escudarse** *vr* ~ **en** : to hide behind
**escudería** *nf* : team (in car racing)
**escudero** *nm* : squire
**escudo** *nm* **1** : shield **2 escudo de armas** : coat of arms
**escudriñar** *vt* **1** ESCRUTAR : to scrutinize **2** : to inquire into, to investigate
**escuela** *nf* **1** : school ⟨escuela privada/pública : private/public school⟩ ⟨escuela nocturna : night school⟩ ⟨escuela de verano : summer school⟩ **2** DEPARTAMENTO : school, department
**escueto, -ta** *adj* **1** : plain, simple **2** : succinct, concise — **escuetamente** *adv*
**escuincle, -cla** *n Mex fam* : child, kid
**esculcar** {72} *vt* : to search
**esculpir** *vt* **1** : to sculpt **2** : to carve, to engrave — *vi* : to sculpt
**escultor, -tora** *n* : sculptor
**escultórico, -ca** *adj* : sculptural
**escultura** *nf* : sculpture
**escultural** *adj* : statuesque
**escupir** *v* : to spit
**escupitajo** *nm* : spit, gob of spit
**escurridizo, -za** *adj* : slippery, elusive
**escurridor** *nm* **1** : dish rack **2** : colander
**escurrir** *vt* **1** : to wring out **2** : to drain — *vi* **1** : to drain **2** : to drip, to drip-dry — **escurrirse** *vr* : to slip away
**ese**[1], **esa** *adj, mpl* **esos** : that, those ⟨ese mismo día : that very day⟩ ⟨esos niños : those children⟩ ⟨sale con la chica esa : he's dating that girl⟩
**ese**[2] *nf* : (letter) s
**ese**[3], **esa** *or* **ése, ésa** *pron, mpl* **esos** *or* **ésos** : that (one), those (ones) *pl* ⟨ese/ése es el mío : that one is mine⟩ ⟨esa/ésa no fue la primera vez : that wasn't the first time⟩ ⟨ese/ése no es el hombre : that's not the man⟩
**esencia** *nf* : essence
**esencial** *adj* : essential — **esencialmente** *adv*
**esfera** *nf* **1** : sphere (object or shape) **2** : sphere ⟨esfera de influencia : sphere of influence⟩ ⟨en las altas esferas : in the highest circles⟩ **3** : face, dial (of a clock)
**esférico**[1], **-ca** *adj* : spherical
**esférico**[2] *nm* : ball (in sports)
**esfinge** *nf* : sphinx
**esforzado, -da** *adj* **1** : energetic, vigorous **2** VALIENTE : courageous, brave
**esforzar** {36} *vt* : to strain — **esforzarse** *vr* : to make an effort
**esfuerzo** *nm* **1** : effort **2** ÁNIMO, VIGOR : spirit, vigor **3 sin** ~ : effortlessly
**esfumar** *vt* : to tone down, to soften — **esfumarse** *vr* **1** : to fade away, to vanish **2** *fam* : to take off, to leave
**esgrima** *nf* : fencing (sport)
**esgrimir** *vt* **1** : to brandish, to wield **2** : to use, to resort to — *vi* : to fence
**esgrimista** *nmf* : fencer
**esguince** *nm* : sprain, strain (of a muscle)
**eslabón** *nm, pl* **-bones** : link
**eslavo**[1], **-va** *adj* : Slavic
**eslavo**[2], **-va** *n* : Slav
**eslogan** *nm, pl* **-lóganes** : slogan
**eslora** *nf* : length
**eslovaco, -ca** *adj & n* : Slovakian, Slovak
**esloveno, -na** *adj & nm* : Slovene, Slovenian
**esmaltar** *vt* : to enamel
**esmalte** *nm* **1** : enamel **2 esmalte de uñas** : nail polish
**esmerado, -da** *adj* : careful, painstaking
**esmeralda** *nf* : emerald
**esmerarse** *vr* : to take great pains, to do one's utmost
**esmeril** *nm* : emery
**esmero** *nm* : meticulousness, great care
**esmoquin** *nm, pl* **-quins** **1** : tuxedo (suit) **2** : tuxedo jacket, dinner jacket
**esnob**[1] *adj, pl* **esnobs** : snobbish
**esnob**[2] *nmf, pl* **esnobs** : snob
**esnobismo** *nm* : snobbery, snobbishness
**esnórquel** *nm* : snorkel
**eso** *pron* (*neuter*) **1** : that ⟨eso no me gusta : I don't like that⟩ **2 ¡eso es!** : that's it!, that's right! **3 a eso de** : around ⟨a eso de las tres : around three o'clock⟩ **4 en** ~ : at that point, just then **5 por** ~ : for that reason ⟨por eso me voy : that's why I'm leaving⟩
**esófago** *nm* : esophagus
**esos → ese**
**ésos → ése**
**esotérico, -ca** *adj* : esoteric — **esotéricamente** *adv*
**espabilado, -da** *adj* : bright, smart
**espabilarse** *vr* **1** : to awaken **2** : to get a move on **3** : to get smart, to wise up
**espacial** *adj* **1** : space **2** : spatial
**espaciar** *vt* DISTANCIAR : to space out, to spread out
**espacio** *nm* **1** : space, room ⟨hay mucho espacio : there is plenty of space⟩ ⟨ocupa demasiado espacio : it takes up too much space⟩ ⟨espacios abiertos : open spaces⟩ **2** : space (in printing) ⟨a doble espacio : double-spaced⟩ **3** : period, length (of time) ⟨por espacio de : over a period of⟩ **4** : time slot (in television, etc.) **5** : program ⟨espacio televisivo : television program⟩ **6 espacio exterior** : outer space
**espacioso, -sa** *adj* : spacious, roomy
**espada**[1] *nf* **1** : sword **2 espadas** *nfpl* : swords (in the Spanish deck of cards)
**espada**[2] *nm* MATADOR, TORERO : bullfighter, matador
**espadaña** *nf* **1** : belfry **2** : cattail
**espagueti** *nm or* **espaguetis** *nmpl* : spaghetti
**espalda** *nf* **1** : back **2 espaldas** *nfpl* : shoulders, back **3** *or* **estilo espalda** : backstroke **4 por la espalda** : from behind

**espaldarazo** *nm* **1** : recognition, support **2** : slap on the back
**espantajo** *nm* : scarecrow
**espantapájaros** *nms & pl* : scarecrow
**espantar** *vt* ASUSTAR : to scare, to frighten — **espantarse** *vr*
**espanto** *nm* : fright, fear, horror
**espantoso, -sa** *adj* **1** : frightening, terrifying **2** : frightful, dreadful — **espantosamente** *adv*
**español**[1], **-ñola** *adj* : Spanish
**español**[2], **-ñola** *n* : Spaniard
**español**[3] *nm* CASTELLANO : Spanish (language)
**esparadrapo** *nm* : adhesive bandage, Band-Aid™
**esparcimiento** *nm* **1** DIVERSIÓN, RECREO : entertainment, recreation **2** DESCANSO : relaxation **3** DISEMINACIÓN : dissemination, spreading
**esparcir** {83} *vt* DISPERSAR : to scatter, to spread — **esparcirse** *vr* **1** : to spread out **2** DESCANSARSE : to take it easy **3** DIVERTIRSE : to amuse oneself
**espárrago** *nm* : asparagus
**espartano, -na** *adj* : severe, austere
**espasmo** *nm* : spasm
**espasmódico, -ca** *adj* : spasmodic — **espasmódicamente** *adv*
**espástico, -ca** *adj* : spastic
**espátula** *nf* : spatula
**especia** *nf* : spice
**especial** *adj & nm* : special
**especialidad** *nf* : specialty
**especialista** *nmf* : specialist, expert
**especialización** *nf, pl* **-ciones** : specialization
**especializarse** {21} *vr* : to specialize
**especialmente** *adv* : especially, particularly
**especie** *nf* **1** : species **2** CLASE, TIPO : type, kind, sort
**especificación** *nf, pl* **-ciones** : specification
**especificar** {72} *vt* : to specify
**específico, -ca** *adj* : specific — **específicamente** *adv*
**espécimen** *nm, pl* **especímenes** : specimen
**espectacular** *adj* : spectacular — **espectacularmente** *adv*
**espectáculo** *nm* **1** : spectacle, sight **2** : show, performance
**espectador, -dora** *n* : spectator, onlooker
**espectro** *nm* **1** : ghost, specter **2** : spectrum
**especulación** *nf, pl* **-ciones** : speculation
**especulador, -dora** *n* : speculator
**especular** *vi* : to speculate
**especulativo, -va** *adj* : speculative
**espejismo** *nm* **1** : mirage **2** : illusion
**espejo** *nm* : mirror
**espejuelos** *nmpl* ANTEOJOS : spectacles, glasses
**espeluznante** *adj* : hair-raising, terrifying
**espera** *nf* : wait
**esperado, -da** *adj* : anticipated
**esperanza** *nf* : hope, expectation ⟨dar esperanzas : to give hope⟩ ⟨perder la esperanza : to lose hope⟩ ⟨esperanza de vida : life expectancy⟩
**esperanzado, -da** *adj* : hopeful
**esperanzador, -dora** *adj* : encouraging, promising
**esperanzar** {21} *vt* : to give hope to
**esperar** *vt* **1** AGUARDAR : to wait for ⟨espero a un amigo : I'm waiting for a friend⟩ ⟨esperé una hora : I waited for an hour⟩ **2** : to expect ⟨no esperaba visitas : I wasn't expecting visitors⟩ ⟨como era de esperar : as was to be expected⟩ ⟨cuando uno menos lo espera : when you least expect it⟩ **3** : to hope ⟨espero poder trabajar : I hope to be able to work⟩ ⟨espero que sí/no : I hope so/not⟩ ⟨espero que llame : I hope he calls⟩ — *vi* : to wait ⟨espere un momento, por favor : just a moment, please⟩ ⟨hay que esperar a que llueva : we have to wait for it to rain⟩ — **esperarse** *vr* **1** : to expect, to be hoped ⟨como podría esperarse : as would be expected⟩ **2** : to hold on, to hang on ⟨espérate un momento : hold on a minute⟩
**esperma** *nmf* : sperm
**esperpéntico, -ca** *adj* GROTESCO : grotesque
**esperpento** *nm fam* MAMARRACHO : sight, fright ⟨voy hecha un esperpento : I really look a sight⟩
**espesante** *nm* : thickener
**espesar** *vt* : to thicken — **espesarse** *vr*
**espeso, -sa** *adj* : thick, heavy, dense
**espesor** *nm* : thickness, density
**espesura** *nf* **1** : thickness **2** : thicket
**espetar** *vt* **1** : to blurt out **2** : to skewer
**espía** *nmf* : spy
**espiar** {85} *vt* : to spy on, to observe — *vi* : to spy
**espiga** *nf* **1** : ear (of wheat) **2** : spike (of flowers)
**espigado, -da** *adj* : willowy, slender
**espigar** {52} *vt* : to glean, to gather — **espigarse** *vr* : to grow quickly, to shoot up
**espigón** *nm, pl* **-gones** : breakwater
**espina** *nf* **1** : thorn **2** : spine ⟨espina dorsal : spinal column⟩ **3** : fish bone **4** **darle mala espina a alguien** : to make someone uneasy
**espinaca** *nf* **1** : spinach (plant) **2** **espinacas** *nfpl* : spinach (food)
**espinal** *adj* : spinal
**espinazo** *nm* : backbone
**espinilla** *nf* **1** BARRO, GRANO : pimple **2** : shin
**espino** *nm* : hawthorn
**espinoso, -sa** *adj* **1** : thorny, prickly **2** : bony (of fish) **3** : knotty, difficult
**espionaje** *nm* : espionage
**espiración** *nf, pl* **-ciones** : exhalation
**espiral** *adj & nf* : spiral
**espirar** *vt* EXHALAR : to breathe out, to give off — *vi* : to exhale
**espiritismo** *nm* : spiritualism
**espiritista** *nmf* : spiritualist
**espíritu** *nm* **1** : spirit **2** ÁNIMO : state of mind, spirits *pl* **3** **el Espíritu Santo** : the Holy Ghost

**espiritual** *adj* : spiritual — **espiritualmente** *adv*
**espiritualidad** *nf* : spirituality
**espita** *nf* : spigot, tap
**esplendidez** *nf, pl* **-deces** ESPLENDOR : magnificence, splendor
**espléndido, -da** *adj* **1** : splendid, magnificent **2** : generous, lavish — **espléndidamente** *adv*
**esplendor** *nm* ESPLENDIDEZ : splendor
**esplendoroso, -sa** *adj* MAGNÍFICO : magnificent, grand
**espliego** *nm* LAVANDA : lavender
**espolear** *vt* : to spur on
**espoleta** *nf* **1** DETONADOR : detonator, fuse **2** : wishbone
**espolón** *nm, pl* **-lones** : spur (of poultry), fetlock (of a horse)
**espolvorear** *vt* : to sprinkle, to dust
**esponja** *nf* **1** : sponge **2 tirar la esponja** : to throw in the towel
**esponjado, -da** *adj* : spongy
**esponjoso, -sa** *adj* **1** : spongy **2** : soft, fluffy
**esponsales** *nmpl* : betrothal, engagement
**espontaneidad** *nf* : spontaneity
**espontáneo, -nea** *adj* : spontaneous — **espontáneamente** *adv*
**espora** *nf* : spore
**esporádico, -ca** *adj* : sporadic — **esporádicamente** *adv*
**esposar** *vt* : to handcuff
**esposas** *nfpl* : handcuffs
**esposo, -sa** *n* : spouse, wife *f*, husband *m*
**espray** *nm, pl* **esprays** : spray
**esprint** *nm* : sprint
**esprintar** *vi* : to sprint
**esprínter** *nmf* : sprinter
**espuela** *nf* : spur
**espuma** *nf* **1** : foam ⟨espuma de afeitar : shaving cream⟩ ⟨espuma de baño : bubble bath (soap)⟩ ⟨baño de espuma : bubble bath⟩ ⟨crecer/subir como la espuma : to mushroom, to skyrocket⟩ **2** : lather **3** : froth, head (on beer)
**espumadera** *nf* : slotted spoon
**espumar** *vi* : to foam, to froth — *vt* : to skim off
**espumoso, -sa** *adj* : foamy, frothy
**espurio, -ria** *adj* : spurious
**esqueje** *nm* : cutting (from a plant)
**esquela** *nf* **1** : note **2** : notice, announcement
**esquelético, -ca** *adj* : emaciated, skeletal
**esqueleto** *nm* **1** : skeleton **2** ARMAZÓN : framework
**esquema** *nm* BOSQUEJO : outline, sketch, plan
**esquemático, -ca** *adj* : schematic
**esquí** *nm, pl* **esquíes** **1** : ski **2 esquí acuático** : water ski, waterskiing
**esquiador, -dora** *n* : skier
**esquiar** {85} *vi* : to ski
**esquilar** *vt* TRASQUILAR : to shear
**esquimal** *adj & nmf* : Eskimo *now sometimes offensive*
**esquina** *nf* : corner
**esquinazo** *nm* **1** : corner **2 dar esquinazo a** *fam* : to stand up, to give the slip to
**esquirla** *nf* : splinter (of bone, glass, etc.)
**esquirol** *nm* ROMPEHUELGAS : strikebreaker, scab
**esquisto** *nm* : shale
**esquivar** *vt* **1** EVADIR : to dodge, to evade **2** EVITAR : to avoid
**esquivo, -va** *adj* **1** HURAÑO : aloof, unsociable **2** : shy **3** : elusive, evasive
**esquizofrenia** *nf* : schizophrenia
**esquizofrénico, -ca** *adj & n* : schizophrenic
**esta** *adj* → **este**[1]
**ésta** → **éste**
**estabilidad** *nf* : stability
**estabilizar** {21} *vt* : to stabilize — **estabilizarse** *vr* — **estabilización** *nf* — **estabilizador** *nm*
**estable** *adj* : stable, steady
**establecer** {53} *vt* **1** FUNDAR, INSTITUIR : to establish, to found (a city, etc.), to set up (a system, etc.) **2** : to establish (a law, etc.), to set (a standard, etc.) **3** : to establish (relations, etc.) **4** DEMOSTRAR : to establish, to show, to prove — **establecerse** *vr* **1** INSTALARSE : to settle, to establish oneself **2** : to establish, to show, to prove
**establecimiento** *nm* **1** : establishing **2** : establishment, institution, office
**establo** *nm* : stable
**estaca** *nf* : stake, picket, post
**estacada** *nf* **1** : picket fence **2** : stockade
**estacar** {72} *vt* **1** : to stake out **2** : to fasten down with stakes — **estacarse** *vr* : to remain rigid
**estación** *nf, pl* **-ciones** **1** : station ⟨estación de servicio : service station, gas station⟩ **2** : season
**estacional** *adj* : seasonal
**estacionamiento** *nm* **1** : parking **2** : parking lot
**estacionar** *vt* **1** : to place, to station **2** : to park — **estacionarse** *vr* **1** : to park **2** : to remain stationary
**estacionario, -ria** *adj* **1** : stationary **2** : stable
**estada** *nf* → **estadía**
**estadía** *nf* ESTANCIA : stay, sojourn
**estadio** *nm* **1** : stadium **2** : phase, stage
**estadista** *nmf* : statesman
**estadística** *nf* **1** : statistic, figure **2** : statistics
**estadístico**[1], **-ca** *adj* : statistical — **estadísticamente** *adv*
**estadístico**[2], **-ca** *n* : statistician
**estado** *nm* **1** : state, condition ⟨estar en buen/mal estado : to be in good/bad condition⟩ **2** : state (nation or region) ⟨los Estados Unidos : the United States⟩ **3** : state, government **4** : status ⟨estado civil : marital status⟩ **5 estado de ánimo** : state of mind **6 estado de cuenta** : account statement **7 estado de emergencia** : state of emergency **8 estado de la nación** : state of the nation **9 estado de salud** : (state of) health, condition **10 estar en estado** : to be expecting, to be pregnant

**estadounidense** *adj & nmf* AMERICANO, NORTEAMERICANO : American
**estafa** *nf* : swindle, fraud
**estafador, -dora** *n* : cheat, swindler
**estafar** *vt* DEFRAUDAR : to swindle, to defraud
**estafeta** *nf* **1** : baton (in a relay race) **2** : post office
**estalactita** *nf* : stalactite
**estalagmita** *nf* : stalagmite
**estallar** *vi* **1** REVENTAR : to burst, to explode, to erupt **2** : to break out
**estallido** *nm* **1** EXPLOSIÓN : explosion **2** : report (of a gun) **3** : outbreak, outburst
**estambre** *nm* **1** : worsted (fabric) **2** : stamen
**estamento** *nm* : stratum, class
**estampa** *nf* **1** ILUSTRACIÓN, IMAGEN : printed image, illustration **2** ASPECTO : appearance, demeanor
**estampado**[1], **-da** *adj* : patterned, printed
**estampado**[2] *nm* : print, pattern
**estampar** *vt* : to stamp, to print, to engrave
**estampida** *nf* : stampede
**estampido** *nm* ESTALLIDO : bang
**estampilla** *nf* **1** : rubber stamp **2** SELLO, TIMBRE : postage stamp
**estancado, -da** *adj* : stagnant
**estancamiento** *nm* : stagnation
**estancar** {72} *vt* **1** : to dam up, to hold back **2** : to bring to a halt, to deadlock — **estancarse** *vr* **1** : to stagnate **2** : to be brought to a standstill, to be deadlocked
**estancia** *nf* **1** ESTADÍA : stay, sojourn **2** : ranch, farm
**estanciero, -ra** *n* : rancher, farmer
**estanco, -ca** *adj* : watertight
**estándar** *adj & nm* : standard
**estandarización** *nf, pl* **-ciones** : standardization
**estandarizar** {21} *vt* : to standardize
**estandarte** *nm* : standard, banner
**estanque** *nm* **1** : pool, pond **2** : tank, reservoir
**estanquillo** *nm Mex* : general store
**estante** *nm* REPISA : shelf
**estantería** *nf* : shelves *pl*, bookcase
**estaño** *nm* : tin
**estaquilla** *nf* **1** : peg **2** ESPIGA : spike
**estar** {34} *v aux* : to be ⟨estoy aprendiendo inglés : I'm learning English⟩ ⟨está terminado : it's finished⟩ — *vi* **1** (*indicating a state or condition*) : to be ⟨está lleno : it's full⟩ ⟨está claro que . . . : it's clear that . . .⟩ ⟨¿ya estás mejor? : are you feeling better now?⟩ ⟨estoy casado : I'm married⟩ ⟨está sin trabajo : she's out of work, she has no job⟩ ⟨está muy alto : he's so tall, he's gotten very tall⟩ **2** (*indicating location*) : to be ⟨están en la mesa : they're on the table⟩ ⟨estamos en la página 2 : we're on page 2⟩ ⟨ahí está el problema : therein lies the problem⟩ **3** : to be at home ⟨¿está Julia? : is Julia in?⟩ **4** : to be, to remain ⟨estaré aquí 5 días : I'll be here for 5 days⟩ **5** : to be ready, to be done ⟨estará para las diez : it will be ready by ten o'clock⟩ **6** : to agree ⟨¿estamos? : are we in agreement?⟩ ⟨estoy contigo : I'm with you⟩ **7 ¿cómo estás?** : how are you? **8 ¡está bien!** : all right!, that's fine! **9 ~ a** : to cost **10 ~ a** : to be ⟨¿a qué día estamos? : what day is today?, what's today's date?⟩ ⟨está a 15 kilómetros del centro : it's 15 kilometers from the downtown⟩ **11 ~ con** : to have ⟨está con fiebre : she has a fever⟩ **12 ~ de** : to be ⟨estoy de vacaciones : I'm on vacation⟩ ⟨está de director hoy : he's acting as director today⟩ **13 estar bien/mal** : to be well/sick **14 ~ para** : to be in the mood for **15 ~ para** : to be for (a purpose) ⟨para eso está : that's what it's here for⟩ **16 ~ por** : to be in favor of **17 ~ por** : to be about to ⟨está por cerrar : it's on the verge of closing⟩ **18 estar de más** : to be unnecessary **19 estar que** (*indicating a state or condition*) ⟨está que echa chispas : he's hopping mad⟩ — **estarse** *vr* QUEDARSE : to stay, to remain ⟨¡estáte quieto! : be still!⟩
**estarcir** {83} *vt* : to stencil
**estárter** *nm* : choke (of a motor)
**estatal** *adj* : state, national
**estática** *nf* : static
**estático, -ca** *adj* : static
**estatizar** {21} *vt* : to nationalize — **estatización** *nf*
**estatua** *nf* : statue
**estatuilla** *nf* : statuette, figurine
**estatura** *nf* : height, stature ⟨de mediana estatura : of medium height⟩
**estatus** *nm* : status, prestige
**estatutario, -ria** *adj* : statutory
**estatuto** *nm* : statute
**este**[1], **esta** *adj, mpl* **estos** : this, these ⟨este año : this year⟩ ⟨estas señoras : these ladies⟩ ⟨es un sinvergüenza el tipo este : this guy is a crook⟩
**este**[2] *adj* : eastern, east
**este**[3] *nm* **1** ORIENTE : east **2** : east wind **3 el Este** : the East, the Orient
**este**[4], **esta** *or* **éste, ésta** *pron, mpl* **estos** *or* **éstos** **1** : this (one), these (ones) *pl* ⟨este/éste es el mío : this one is mine⟩ ⟨esta/ésta no es la primera vez : this isn't the first time⟩ ⟨un día de estos/éstos : one of these days⟩ **2** : the latter ⟨se lo dijo a su hijo, y este/éste me llamó : he told his son, who called me⟩
**estela** *nf* **1** : wake (of a ship) **2** RASTRO : trail (of dust, smoke, etc.)
**estelar** *adj* : stellar
**estelarizar** {21} *vt Mex* : to star in, to be the star of
**esténcil** *nm* : stencil
**estepa** *nf* : steppe
**estera** *nf* : mat
**estéreo** *adj & nm* : stereo
**estereofónico, -ca** *adj* : stereophonic
**estereotipado, -da** *adj* : stereotyped
**estereotipar** *vt* : to stereotype
**estereotipo** *nm* : stereotype
**estéril** *adj* **1** : sterile **2** : infertile, sterile, barren **3** : futile, vain
**esterilidad** *nf* **1** : sterility **2** : infertility

**esterilizar** {21} *vt* **1** : to sterilize, to disinfect **2** : to sterilize (a person), to spay (an animal) — **esterilización** *nf*
**esterlina** *adj* : sterling
**esternón** *nm, pl* **-nones** : sternum
**estero** *nm* : estuary
**esteroide** *nm* : steroid
**estertor** *nm* : death rattle
**estética** *nf* : aesthetics
**esteticista** *nmf* : beautician
**estético, -ca** *adj* : aesthetic — **estéticamente** *adv*
**estetoscopio** *nm* : stethoscope
**estibador, -dora** *n* : longshoreman, stevedore
**estiércol** *nm* : dung, manure
**estigma** *nm* : stigma
**estigmatizar** {21} *vt* : to stigmatize, to brand
**estilarse** *vr* : to be in fashion
**estilete** *nm* : stiletto
**estilista** *nmf* : stylist
**estilizar** {21} *vt* : to stylize
**estilo** *nm* **1** : style ⟨estilo de vida : lifestyle⟩ **2** : fashion, manner **3** : stylus
**estilográfica** *nf* : fountain pen
**estima** *nf* ESTIMACIÓN : esteem, regard
**estimable** *adj* **1** : considerable **2** : estimable, esteemed
**estimación** *nf, pl* **-ciones** **1** ESTIMA : esteem, regard **2** : estimate
**estimado, -da** *adj* : esteemed, dear ⟨Estimado señor Ortiz : Dear Mr. Ortiz⟩
**estimar** *vt* **1** APRECIAR : to esteem, to respect **2** EVALUAR : to estimate, to appraise **3** OPINAR : to consider, to deem
**estimulación** *nf, pl* **-ciones** **1** : stimulation **2 estimulación hidráulica** *Arg, Col* : fracking
**estimulante**[1] *adj* : stimulating
**estimulante**[2] *nm* : stimulant
**estimular** *vt* **1** : to stimulate **2** : to encourage
**estímulo** *nm* **1** : stimulus **2** INCENTIVO : incentive, encouragement
**estío** *nm* : summertime
**estipendio** *nm* **1** : salary **2** : stipend, remuneration
**estipular** *vt* : to stipulate — **estipulación** *nf*
**estirado, -da** *adj* **1** : stretched, extended **2** PRESUMIDO : stuck-up, conceited
**estiramiento** *nm* **1** : stretching **2 estiramiento facial** : face-lift
**estirar** *vt* : to stretch (out), to extend — **estirarse** *vr*
**estirón** *nm, pl* **-rones** **1** : pull, tug **2 dar un estirón** : to grow quickly, to shoot up
**estirpe** *nf* LINAJE : lineage, stock
**estival** *adj* VERANIEGO : summer
**esto** *pron* (*neuter*) **1** : this ⟨¿qué es esto? : what is this?⟩ **2 en ~** : at this point **3 por ~** : for this reason
**estocada** *nf* **1** : final thrust (in bullfighting) **2** : thrust, lunge (in fencing)
**estofa** *nf* CLASE : class, quality ⟨de baja estofa : low-class, poor-quality⟩
**estofado** *nm* COCIDO, GUISADO : stew
**estofar** *vt* GUISAR : to stew
**estoicismo** *nm* : stoicism
**estoico**[1], **-ca** *adj* : stoic, stoical
**estoico**[2], **-ca** *n* : stoic
**estola** *nf* : stole
**estolón** *nm, pl* **-lones** : runner (of a plant)
**estomacal** *adj* GÁSTRICO : stomach, gastric
**estómago** *nm* : stomach
**estoniano, -na** *adj & n* : Estonian
**estonio, -nia** *adj & n* : Estonian
**estopa** *nf* **1** : tow (yarn or cloth) **2** : burlap
**estopilla** *nf* : cheesecloth
**estoque** *nm* : rapier, sword
**estorbar** *vt* OBSTRUIR : to obstruct, to hinder — *vi* : to get in the way
**estorbo** *nm* **1** : obstacle, hindrance **2** : nuisance
**estornino** *nm* : starling
**estornudar** *vi* : to sneeze
**estornudo** *nm* : sneeze
**estos** *adj* → **este**[1]
**éstos** → **éste**
**estoy** → **estar**
**estrabismo** *nm* : squint
**estrado** *nm* **1** : dais, platform **2** : bench (of a judge) **3** : witness stand **4 estrados** *nmpl* : courts of law
**estrafalario, -ria** *adj* ESTRAMBÓTICO, EXCÉNTRICO : eccentric, bizarre
**estragar** {52} *vt* DEVASTAR : to ruin, to devastate
**estragón** *nm* : tarragon
**estragos** *nmpl* **1** : ravages, destruction, devastation ⟨los estragos de la guerra : the ravages of war⟩ **2 hacer estragos en** *or* **causar estragos entre** : to play havoc with
**estrambótico, -ca** *adj* ESTRAFALARIO, EXCÉNTRICO : eccentric, bizarre
**estrangulador, -dora** *n* : strangler
**estrangulamiento** *nm* : strangling, strangulation
**estrangular** *vt* AHOGAR : to strangle — **estrangulación** *nf*
**estratagema** *nf* ARTIMAÑA : stratagem, ruse
**estratega** *nmf* : strategist
**estrategia** *nf* : strategy
**estratégico, -ca** *adj* : strategic, tactical — **estratégicamente** *adv*
**estratificado, -da** *adj* : stratified
**estrato** *nm* : stratum, layer
**estratosfera** *nf* : stratosphere
**estratosférico, -ca** *adj* **1** : stratospheric **2** : astronomical, exorbitant
**estrechamiento** *nm* **1** : narrowing **2** : narrow point **3** : tightening, strengthening (of relations)
**estrechar** *vt* **1** : to narrow **2** : to tighten, to strengthen (a bond) **3** : to hug, to embrace **4 estrechar la mano de** : to shake hands with — **estrecharse** *vr*
**estrechez** *nf, pl* **-checes** **1** : tightness, narrowness **2 estrecheces** *nfpl* : financial problems
**estrecho**[1], **-cha** *adj* **1** : tight, narrow **2** ÍNTIMO : close — **estrechamente** *adv*
**estrecho**[2] *nm* : strait, narrows
**estrella** *nf* **1** ASTRO : star ⟨estrella fugaz : shooting star⟩ **2** : destiny ⟨tener buena

estrella : to be born lucky〉 **3** : movie star **4 estrella de mar** : starfish
**estrellado, -da** *adj* **1** : starry **2** : star-shaped **3 huevos estrellados** : fried eggs
**estrellamiento** *nm* : crash, collision
**estrellar** *vt* : to smash, to crash — **estrellarse** *vr* : to crash, to collide
**estrellato** *nm* : stardom
**estremecedor, -dora** *adj* : horrifying
**estremecer** {53} *vt* : to cause to shake — *vi* : to tremble, to shake — **estremecerse** *vr* : to shudder, to shiver (with emotion)
**estremecimiento** *nm* : trembling, shaking, shivering
**estrenar** *vt* **1** : to use for the first time **2** : to premiere, to open — **estrenarse** *vr* : to make one's debut
**estreno** *nm* DEBUT : debut, premiere
**estreñido, -da** *adj* : constipated
**estreñimiento** *nm* : constipation
**estreñir** {67} *vt* : to constipate, to make constipated — *vi* : to cause constipation — **estreñirse** *vr* to get constipated
**estrépito** *nm* ESTRUENDO : clamor, din
**estrepitoso, -sa** *adj* : clamorous, noisy — **estrepitosamente** *adv*
**estrés** *nm, pl* **estreses** : stress
**estresante** *adj* : stressful
**estresar** *vt* : to stress, to stress out — **estresado, -da** *adj*
**estría** *nf* : fluting, groove
**estribación** *nf, pl* **-ciones** **1** : spur, ridge **2 estribaciones** *nfpl* : foothills
**estribar** *vi* FUNDARSE ~ **en** : to be due to, to stem from
**estribillo** *nm* : refrain, chorus
**estribo** *nm* **1** : stirrup **2** : abutment, buttress **3 perder los estribos** : to lose one's temper
**estribor** *nm* : starboard
**estricto, -ta** *adj* SEVERO : strict, severe — **estrictamente** *adv*
**estridente** *adj* : strident, shrill, loud — **estridentemente** *adv*
**estrofa** *nf* : stanza, verse
**estrógeno** *nm* : estrogen
**estropajo** *nm* : scouring pad
**estropear** *vt* **1** ARRUINAR : to ruin, to spoil **2** : to break, to damage — **estropearse** *vr* **1** : to spoil, to go bad **2** : to break down — **estropeado, -da** *adj*
**estropicio** *nm* DAÑO : damage, breakage
**estructura** *nf* : structure, framework
**estructuración** *nf, pl* **-ciones** : structuring, structure
**estructural** *adj* : structural — **estructuralmente** *adv*
**estructurar** *vt* : to structure, to organize
**estruendo** *nm* ESTRÉPITO : racket, din, roar
**estruendoso, -sa** *adj* : resounding, thunderous
**estrujar** *vt* APRETAR : to press, to squeeze
**estuario** *nm* : estuary
**estuche** *nm* : kit, case
**estuco** *nm* : stucco
**estudiado, -da** *adj* : affected, mannered
**estudiantado** *nm* : student body, students *pl*
**estudiante** *nmf* : student
**estudiantil** *adj* : student 〈la vida estudiantil : student life〉
**estudiar** *v* : to study
**estudio** *nm* **1** : study 〈estar en estudio : to be under consideration〉 〈un estudio sobre la salud nacional : a study of the nation's health〉 **2** : studio (room or office) **3** : studio (for filming, etc.) **4** : studio (apartment) **5 estudios** *nmpl* : studies, education 〈estudios primarios/secundarios/superiores : primary/secondary/higher education〉 〈tener estudios en/de algo : to have studied something〉
**estudioso, -sa** *adj* : studious
**estufa** *nf* **1** : stove, heater **2** *Col, Mex* : cooking stove, range
**estupefacción** *nf, pl* **-ciones** : astonishment
**estupefaciente**[1] *adj* : narcotic
**estupefaciente**[2] *nm* DROGA, NARCÓTICO : drug, narcotic
**estupefacto, -ta** *adj* : astonished, stunned
**estupendo, -da** *adj* MARAVILLOSO : stupendous, marvelous — **estupendamente** *adv*
**estupidez** *nf, pl* **-deces** **1** : stupidity **2** : nonsense
**estúpido**[1], **-da** *adj* : stupid — **estúpidamente** *adj*
**estúpido**[2], **-da** *n* IDIOTA : idiot, fool
**estupor** *nm* **1** : stupor **2** : amazement
**esturión** *nm, pl* **-riones** : sturgeon
**estuvo, etc.** → **estar**
**esvástica** *nf* : swastika
**etanol** *nm* : ethanol
**etapa** *nf* FASE : stage, phase
**etcétera**[1] : et cetera, and so on
**etcétera**[2] *nmf* : et cetera
**éter** *nm* : ether
**etéreo, -rea** *adj* : ethereal, heavenly
**eternidad** *nf* : eternity
**eternizar** {21} *vt* PERPETUAR : to make eternal, to perpetuate — **eternizarse** *vr fam* : to take forever
**eterno, -na** *adj* : eternal, endless — **eternamente** *adv*
**ética** *nf* : ethics
**ético, -ca** *adj* : ethical — **éticamente** *adv*
**etílico, -ca** *adj* **1** : alcohol, alcoholic 〈intoxicación etílica : alcohol poisoning〉 **2** : inebriated, drunken
**etimología** *nf* : etymology
**etimológico, -ca** *adj* : etymological
**etíope** *adj & nmf* : Ethiopian
**etiqueta** *nf* **1** : etiquette **2** : tag, label **3** : hashtag (on social media) **4 de** ~ : formal, dressy
**etiquetar** *vt* : to label
**etnia** *nf* : ethnic group
**étnico, -ca** *adj* : ethnic
**eucalipto** *nm* : eucalyptus
**Eucaristía** *nf* : Eucharist, communion
**eufemismo** *nm* : euphemism
**eufemístico, -ca** *adj* : euphemistic
**euforia** *nf* : euphoria, joyousness
**eufórico, -ca** *adj* : euphoric, exuberant, joyous — **eufóricamente** *adv*
**eunuco** *nm* : eunuch

**euro** *nm* : euro
**europeo, -pea** *adj & n* : European
**euskera** *nm* : Basque (language)
**eutanasia** *nf* : euthanasia
**evacuación** *nf, pl* **-ciones** : evacuation
**evacuar** *vt* **1** : to evacuate, to vacate **2** : to carry out — *vi* : to have a bowel movement, to move one's bowels
**evadir** *vt* ELUDIR : to evade, to avoid — **evadirse** *vr* : to escape, to slip away
**evaluación** *nf, pl* **-ciones** : assessment, evaluation
**evaluador, -dora** *n* : assessor
**evaluar** {3} *vt* : to evaluate, to assess, to appraise
**evangélico, -ca** *adj* : evangelical — **evangélicamente** *adv*
**evangelio** *nm* : gospel
**evangelismo** *nm* : evangelism
**evangelista** *nm* : evangelist
**evangelizador, -dora** *n* : evangelist, missionary
**evaporación** *nf, pl* **-ciones** : evaporation
**evaporar** *vt* : to evaporate — **evaporarse** *vr* ESFUMARSE : to disappear, to vanish
**evasión** *nf, pl* **-siones** **1** : escape, flight **2** : evasion, dodge
**evasiva** *nf* : excuse, pretext
**evasivo, -va** *adj* : evasive
**evento** *nm* : event
**eventual** *adj* **1** : possible **2** : temporary ⟨trabajadores eventuales : temporary workers⟩ — **eventualmente** *adv*
**eventualidad** *nf* : possibility, eventuality
**evidencia** *nf* **1** : evidence, proof **2 poner en evidencia** : to demonstrate, to make clear
**evidenciar** *vt* : to demonstrate, to show — **evidenciarse** *vr* : to be evident
**evidente** *adj* : evident, obvious, clear — **evidentemente** *adv*
**eviscerar** *vt* : to eviscerate
**evitable** *adj* : avoidable, preventable
**evitar** *vt* **1** : to avoid **2** PREVENIR : to prevent **3** ELUDIR : to escape, to elude
**evocación** *nf, pl* **-ciones** : evocation
**evocador, -dora** *adj* : evocative
**evocar** {72} *vt* **1** : to evoke **2** RECORDAR : to recall
**evolución** *nf, pl* **-ciones** **1** : evolution **2** : development, progress
**evolucionar** *vi* **1** : to evolve **2** : to change, to develop
**evolutivo, -va** *adj* : evolutionary
**ex** *nmf* : ex
**ex-** *or* **ex** *pref* : ex-, former ⟨exmarido, ex marido : ex-husband⟩
**exabrupto** *nm* : pointed remark
**exacerbar** *vt* **1** : to exacerbate, to aggravate **2** : to irritate, to exasperate
**exactamente** *adv* : exactly
**exactitud** *nf* PRECISIÓN : accuracy, precision, exactitude
**exacto, -ta** *adj* PRECISO : accurate, precise, exact
**exageración** *nf, pl* **-ciones** : exaggeration
**exagerado, -da** *adj* **1** : exaggerated **2** : excessive — **exageradamente** *adv*
**exagerar** *v* : to exaggerate
**exaltación** *nf, pl* **-ciones** **1** : exaltation **2** : excitement, agitation
**exaltado¹, -da** *adj* : excitable, hotheaded
**exaltado², -da** *n* : hothead
**exaltar** *vt* **1** ENSALZAR : to exalt, to extol **2** : to excite, to agitate — **exaltarse** *vr* ACALORARSE : to get overexcited
**ex–alumno → alumno**
**examen** *nm, pl* **exámenes** **1** : examination, test ⟨examen final/oral : final/written exam⟩ ⟨examen de manejo/conducir : driving test⟩ ⟨hacer/dar un examen : to take a test⟩ **2** : consideration, investigation ⟨someter algo a examen : to examine something⟩
**examinar** *vt* **1** : to examine **2** INSPECCIONAR : to inspect — **examinarse** *vr* : to take an exam
**exánime** *adj* **1** : lifeless **2** : exhausted
**exasperante** *adj* : exasperating
**exasperar** *vt* IRRITAR : to exasperate, to irritate — **exasperación** *nf*
**excavación** *nf, pl* **-ciones** : excavation
**excavadora** *nf* : excavator
**excavar** *v* : to excavate, to dig
**excedente¹** *adj* **1** : excessive **2** : excess, surplus
**excedente²** *nm* : surplus, excess
**exceder** *vt* : to exceed, to surpass — **excederse** *vr* : to go too far
**excelencia** *nf* **1** : excellence **2** : excellency ⟨Su Excelencia : His Excellency⟩
**excelente** *adj* : excellent — **excelentemente** *adv*
**excelso, -sa** *adj* : lofty, sublime
**excentricidad** *nf* : eccentricity
**excéntrico, -ca** *adj & n* : eccentric
**excepción** *nf, pl* **-ciones** : exception ⟨a/con excepción de : with the exception of⟩
**excepcional** *adj* EXTRAORDINARIO : exceptional, extraordinary, rare — **excepcionalmente** *adv*
**excepto** *prep* SALVO : except
**exceptuar** {3} *vt* EXCLUIR : to except, to exclude
**excesivo, -va** *adj* : excessive — **excesivamente** *adv*
**exceso** *nm* **1** : excess **2 excesos** *nmpl* : excesses, abuses **3 exceso de velocidad** : speeding
**excitabilidad** *nf* : excitability
**excitación** *nf, pl* **-ciones** : excitement
**excitante** *adj* : exciting
**excitar** *vt* : to excite, to arouse — **excitarse** *vr*
**exclamación** *nf, pl* **-ciones** : exclamation
**exclamar** *v* : to exclaim
**excluir** {41} *vt* EXCEPTUAR : to exclude, to leave out
**exclusión** *nf, pl* **-siones** : exclusion
**exclusividad** *nf* **1** : exclusiveness **2** : exclusive rights *pl*
**exclusivo, -va** *adj* : exclusive — **exclusivamente** *adv*
**excombatiente** *nmf* : war veteran
**excomulgar** {52} *vt* : to excommunicate
**excomunión** *nf, pl* **-niones** : excommunication
**excreción** *nf, pl* **-ciones** : excretion

**excremento** *nm* : excrement
**excretar** *vt* : to excrete
**exculpar** *vt* : to exonerate, to exculpate — **exculpación** *nf*
**excursión** *nf, pl* **-siones** : excursion, outing
**excursionista** *nmf* **1** : sightseer, tourist **2** : hiker
**excusa** *nf* **1** PRETEXTO : excuse ⟨poner excusas : to make excuses⟩ **2** DISCULPA : apology
**excusado** *nm Mex* : toilet
**excusar** *vt* **1** : to excuse **2** : to exempt — **excusarse** *vr* : to apologize, to send one's regrets
**execrable** *adj* : detestable, abominable
**exención** *nf, pl* **-ciones** : exemption
**exento, -ta** *adj* **1** : exempt, free **2 exento de impuestos** : tax-exempt
**exequias** *nfpl* FUNERALES : funeral rites
**exesposa** *or* **ex esposa** *nf* : ex-wife
**exhalación** *nf, pl* **-ciones** **1** : exhalation **2** : shooting star ⟨salió como una exhalación : he took off like a shot⟩
**exhalar** *vt* ESPIRAR : to exhale, to give off
**exhaustivo, -va** *adj* : exhaustive — **exhaustivamente** *adv*
**exhausto, -ta** *adj* AGOTADO : exhausted, worn-out
**exhibición** *nf, pl* **-ciones** **1** : exhibition, show **2** : showing
**exhibir** *vt* : to exhibit, to show, to display — **exhibirse** *vr*
**exhortación** *nf, pl* **-ciones** : exhortation
**exhortar** *vt* : to exhort
**exhumar** *vt* DESENTERRAR : to exhume — **exhumación** *nf*
**exigencia** *nf* : demand, requirement
**exigente** *adj* : demanding, exacting
**exigir** {35} *vt* **1** : to demand, to require **2** : to exact, to levy
**exiguo, -gua** *adj* : meager
**exiliado**[1], **-da** *adj* : exiled, in exile
**exiliado**[2], **-da** *n* : exile
**exiliar** *vt* DESTERRAR : to exile, to banish — **exiliarse** *vr* : to go into exile
**exilio** *nm* DESTIERRO : exile
**eximio, -mia** *adj* : distinguished, eminent
**eximir** *vt* EXONERAR : to exempt
**existencia** *nf* **1** : existence **2 existencias** *nfpl* MERCANCÍA : goods, stock
**existente** *adj* **1** : existing, in existence **2** : in stock
**existir** *vi* : to exist
**exitazo** *nm* : big/huge success, big/huge hit, smash
**éxito** *nm* **1** TRIUNFO : success, hit **2 tener éxito** : to be successful
**exitoso, -sa** *adj* : successful — **exitosamente** *adv*
**exmarido** *or* **ex marido** *nm* : ex-husband
**éxodo** *nm* : exodus
**exoneración** *nf, pl* **-ciones** EXENCIÓN : exoneration, exemption
**exonerar** *vt* **1** EXIMIR : to exempt, to exonerate **2** DESPEDIR : to dismiss
**exorbitante** *adj* : exorbitant
**exorcismo** *nm* : exorcism — **exorcista** *nmf*
**exorcizar** {21} *vt* : to exorcise
**exótico, -ca** *adj* : exotic
**expandir** *vt* EXPANSIONAR : to expand — **expandirse** *vr* : to spread
**expansión** *nf, pl* **-siones** **1** : expansion, spread **2** DIVERSIÓN : recreation, relaxation
**expansionar** *vt* EXPANDIR : to expand — **expansionarse** *vr* **1** : to expand **2** DIVERTIRSE : to amuse oneself, to relax
**expansivo, -va** *adj* : expansive
**expatriado, -da** *adj & n* : expatriate
**expatriar** {85} *vt* : to expatriate, to exile — **expatriarse** *vr* **1** EMIGRAR : to emigrate **2** : to go into exile
**expectación** *nf, pl* **-ciones** : expectation, anticipation
**expectante** *adj* : expectant
**expectativa** *nf* **1** : expectation, hope ⟨estar a la expectativa de : to await, to wait for⟩ ⟨expectativa(s) de la vida : life expectancy⟩ **2 expectativas** *nfpl* : prospects
**expedición** *nf, pl* **-ciones** : expedition
**expediente** *nm* **1** : expedient, means **2** ARCHIVO : file, dossier, record
**expedir** {54} *vt* **1** EMITIR : to issue **2** DESPACHAR : to dispatch, to send
**expedito, -ta** *adj* **1** : free, clear **2** : quick, easy
**expeler** *vt* : to expel, to eject
**expendedor, -dora** *n* : dealer, seller
**expendio** *nm* TIENDA : store, shop
**expensas** *nfpl* **1** : expenses, costs **2 a expensas de** : at the expense of
**experiencia** *nf* **1** : experience **2** EXPERIMENTO : experiment
**experimentación** *nf, pl* **-ciones** : experimentation
**experimentado, -da** *adj* : experienced
**experimental** *adj* : experimental
**experimentar** *vi* : to experiment — *vt* **1** : to experiment with, to test out **2** : to experience
**experimento** *nm* EXPERIENCIA : experiment
**experto, -ta** *adj & n* : expert
**expiación** *nf, pl* **-ciones** : expiation, atonement
**expiar** {85} *vt* : to expiate, to atone for
**expiración** *nf, pl* **-ciones** VENCIMIENTO : expiration
**expirar** *vi* **1** FALLECER, MORIR : to pass away, to die **2** : to expire
**explanada** *nf* **1** TERRAZA : terrace **2** PATIO : courtyard, patio **3** : seaside walk, boardwalk
**explayar** *vt* : to extend — **explayarse** *vr* : to expound, to speak at length
**explicable** *adj* : explicable, explainable
**explicación** *nf, pl* **-ciones** : explanation
**explicar** {72} *vt* : to explain — **explicarse** *vr* **1** : to understand **2** : to explain oneself
**explicativo, -va** *adj* : explanatory
**explicitar** *vt* : to state explicitly, to specify
**explícito, -ta** *adj* : explicit — **explícitamente** *adv*
**exploración** *nf, pl* **-ciones** : exploration
**explorador, -dora** *n* : explorer, scout
**explorar** *vt* : to explore — **exploratorio, -ria** *adj*

**explosión** *nf, pl* **-siones** 1 ESTALLIDO : explosion 2 : outburst ⟨una explosión de ira : an outburst of anger⟩
**explosionar** *vi* : to explode
**explosivo, -va** *adj* : explosive
**explotación** *nf, pl* **-ciones** 1 : exploitation 2 : operation, running
**explotar** *vt* 1 : to exploit 2 : to operate, to run — *vi* ESTALLAR, REVENTAR : to explode — **explotable** *adj*
**exponencial** *adj* : exponential — **exponencialmente** *adv*
**exponente** *nm* : exponent
**exponer** {60} *vt* 1 : to exhibit, to show, to display 2 : to explain, to present, to set forth 3 : to expose, to risk — *vi* : to exhibit
**exportación** *nf, pl* **-ciones** 1 : exportation 2 **exportaciones** *nfpl* : exports
**exportador, -dora** *n* : exporter
**exportar** *vt* : to export — **exportable** *adj*
**exposición** *nf, pl* **-ciones** 1 EXHIBICIÓN : exposition, exhibition 2 : exposure 3 : presentation, statement
**expósito, -ta** *n* : foundling
**expositor, -tora** *n* 1 : exhibitor 2 : exponent
**exprés**[1] *adj* : express
**exprés**[2] *nms & pl* 1 : express, express train 2 : espresso
**expresamente** *adv* : expressly, on purpose
**expresar** *vt* : to express — **expresarse** *vr*
**expresión** *nf, pl* **-siones** : expression
**expresivo, -va** *adj* 1 : expressive 2 CARIÑOSO : affectionate — **expresivamente** *adv*
**expreso**[1], **-sa** *adj* 1 : express, specific 2 : express ⟨correo expreso : express mail⟩
**expreso**[2] *nm* 1 : express train, express 2 : express mail
**express** → **exprés**
**exprimidor** *nm* : juicer
**exprimir** *vt* 1 : to squeeze 2 : to exploit
**expropiar** *vt* : to expropriate, to commandeer — **expropiación** *nf*
**expuesto**[1] *pp* → **exponer**
**expuesto**[2], **-ta** *adj* 1 : exposed 2 : hazardous, risky
**expulsar** *vt* : to expel, to eject — **expulsarse** *vr*
**expulsión** *nf, pl* **-siones** : expulsion
**expurgar** {52} *vt* : to expurgate
**expuso, etc.** → **exponer**
**exquisitez** *nf, pl* **-teces** 1 : exquisiteness, refinement 2 : delicacy, special dish
**exquisito, -ta** *adj* 1 : exquisite 2 : delicious
**extasiarse** {85} *vr* : to be in ecstasy, to be enraptured
**éxtasis** *nms & pl* 1 : ecstasy, rapture 2 : Ecstasy (drug)
**extático, -ca** *adj* : ecstatic
**extemporáneo, -nea** *adj* 1 : unseasonable 2 : untimely
**extender** {56} *vt* 1 : to spread out, to stretch out 2 : to broaden, to expand ⟨extender la influencia : to broaden one's influence⟩ 3 : to draw up (a document), to write out (a check) — **extenderse** *vr* 1 : to spread 2 : to last
**extendido, -da** *adj* 1 : outstretched 2 : widespread 3 : extended ⟨garantía extendida : extended warranty⟩
**extensamente** *adv* : extensively, at length
**extensible** *adj* : extendable
**extensión** *nf, pl* **-siones** 1 : extension, stretching 2 : expanse, spread 3 : extent, range 4 : length, duration 5 : extension cord
**extensivamente** *adv* : widely, broadly
**extensivo, -va** *adj* 1 : extensive 2 **hacer extensivo** : to extend
**extenso, -sa** *adj* 1 : extensive, detailed 2 : spacious, vast
**extenuar** {3} *vt* : to exhaust, to tire out — **extenuarse** *vr* — **extenuante** *adj*
**exterior**[1] *adj* 1 : exterior, external 2 : foreign ⟨asuntos exteriores : foreign affairs⟩
**exterior**[2] *nm* 1 : outside 2 : abroad
**exteriorizar** {21} *vt* : to express, to reveal
**exteriormente** *adv* : outwardly
**exterminador**[1], **-dora** *adj* → **ángel**
**exterminador**[2], **-dora** *n* **exterminador -dora de plagas** : exterminator
**exterminar** *vt* : to exterminate — **exterminación** *nf*
**exterminio** *nm* : extermination
**externalización** *nf, pl* **-ciones** : outsourcing
**externalizar** {21} *vt* : to outsource
**externar** *vt Mex* : to express, to display
**externo, -na** *adj* : external, outward
**extinción** *nf, pl* **-ciones** : extinction
**extinguidor** *nm* : fire extinguisher
**extinguir** {26} *vt* 1 APAGAR : to extinguish, to put out 2 : to wipe out — **extinguirse** *vr* 1 APAGARSE : to go out, to fade out 2 : to die out, to become extinct
**extinto, -ta** *adj* : extinct
**extintor** *nm* : extinguisher
**extirpación** *n, pl* **-ciones** : removal (of a tumor, etc.)
**extirpar** *vt* : to eradicate, to remove, to excise — **extirparse** *vr*
**extorsión** *nf, pl* **-siones** 1 : extortion 2 : harm, trouble
**extorsionar** *vt* : to extort
**extra**[1] *adv* : extra
**extra**[2] *adj* 1 : additional, extra 2 : superior, top-quality
**extra**[3] *nmf* : extra (in movies)
**extra**[4] *nm* : extra expense ⟨paga extra : bonus⟩
**extra-** *pref* : extra-
**extracción** *nf, pl* **-ciones** : extraction
**extracto** *nm* 1 : extract ⟨extracto de vainilla : vanilla extract⟩ 2 : abstract, summary
**extractor** *nm* : extractor
**extracurricular** *adj* : extracurricular
**extradición** *nf, pl* **-ciones** : extradition
**extraditar** *vt* : to extradite
**extraer** {81} *vt* : to extract
**extraído** *pp* → **extraer**
**extrajudicial** *adj* : out-of-court
**extrajudicialmente** *adv* : out of court
**extralimitarse** *vr* : to go too far, to overstep one's bounds

**extramatrimonial** *adj* : extramarital
**extranjero¹, -ra** *adj* : foreign
**extranjero², -ra** *n* : foreigner
**extranjero³** *nm* : foreign countries *pl* ⟨viajó al extranjero : he traveled abroad⟩ ⟨trabajan en el extranjero : they work overseas⟩
**extrañamente** *adv* : strangely, oddly
**extrañamiento** *nm* ASOMBRO : amazement, surprise, wonder
**extrañar** *vt* : to miss (someone) — **extrañarse** *vr* : to be surprised
**extrañeza** *nf* **1** : strangeness, oddness **2** : surprise
**extraño¹, -ña** *adj* **1** RARO : strange, odd **2** EXTRANJERO : foreign
**extraño², -ña** *n* DESCONOCIDO : stranger
**extraoficial** *adj* OFICIOSO : unofficial — **extraoficialmente** *adv*
**extraordinario, -ria** *adj* EXCEPCIONAL : extraordinary — **extraordinariamente** *adv*
**extrapolar** *vt* : to extrapolate — **extrapolación** *nf*
**extrarradio** *nm* : outskirts *pl*
**extrasensorial** *adj* : extrasensory ⟨percepción extrasensorial : extrasensory perception⟩
**extraterrestre** *adj & nmf* : extraterrestrial, alien
**extravagancia** *nf* **1** : extravagance, flamboyance **2** : outrageous or outlandish thing
**extravagante** *adj* **1** : extravagant, flamboyant **2** : outrageous, outlandish
**extraviado, -da** *adj* : lost, stray
**extraviar** {85} *vt* **1** : to mislead, to lead astray **2** : to misplace, to lose — **extraviarse** *vr* : to get lost, to go astray
**extravío** *nm* **1** PÉRDIDA : loss **2** : misconduct
**extremado, -da** *adj* : extreme — **extremadamente** *adv*
**extremar** *vt* : to carry to extremes — **extremarse** *vr* : to do one's utmost
**extremidad** *nf* **1** : extremity, tip, edge **2 extremidades** *nfpl* : extremities
**extremista** *adj & nmf* : extremist
**extremo¹, -ma** *adj* **1** : extreme, great ⟨frío extremo : extreme cold⟩ ⟨extrema pobreza : extreme poverty⟩ **2** : extreme, severe ⟨condiciones extremas : extreme conditions⟩ **3** EXTREMISTA : extreme ⟨opiniones extremas : extreme views⟩ **4** : extreme ⟨deportes extremos : extreme sports⟩ **5 en caso extremo** : as a last resort
**extremo² *nm*** **1** : extreme ⟨de un extremo a otro : from one extreme to the other⟩ **2** : end ⟨el otro extremo de la calle : the other end of the street⟩ ⟨el extremo sur : the southern end/tip⟩ **3 al extremo de** : to the point of **4 en ~** : in the extreme
**extrovertido¹, -da** *adj* : extroverted, outgoing
**extrovertido², -da** *n* : extrovert
**extrudir** *vt* : to extrude
**exuberancia** *nf* **1** : exuberance **2** : luxuriance, lushness
**exuberante** *adj* : exuberant, luxuriant — **exuberantemente** *adv*
**exudar** *vt* : to exude
**exultación** *nf, pl* **-ciones** : exultation, elation
**exultante** *adj* : exultant, elated — **exultantemente** *adv*
**exultar** *vi* : to exult, to rejoice
**eyacular** *vi* : to ejaculate — **eyaculación** *nf*
**eyección** *nf, pl* **-ciones** : ejection, expulsion
**eyectar** *vt* : to eject, to expel — **eyectarse** *vr*

# F

**f** *nf* : seventh letter of the Spanish alphabet
**fa** *nm* **1** : F ⟨fa sostenido/bemol : F sharp/flat⟩ **2** : fa (in singing)
**fábrica** *nf* FACTORÍA : factory
**fabricación** *nf, pl* **-ciones** : manufacture
**fabricante** *nmf* : manufacturer
**fabricar** {72} *vt* MANUFACTURAR : to manufacture, to make
**fabril** *adj* INDUSTRIAL : industrial, manufacturing
**fábula** *nf* **1** : fable **2** : fabrication, fib *fam*
**fabuloso, -sa** *adj* **1** : fabulous, fantastic **2** : mythical, fabled
**facción** *nf, pl* **facciones** **1** : faction **2 facciones** *nfpl* RASGOS : features
**faceta** *nf* : facet
**facha** *nf* : appearance, look ⟨estar hecho una facha : to look a sight⟩
**fachada** *nf* : facade
**facial** *adj* : facial
**fácil** *adj* **1** : easy **2** : likely, probable ⟨es fácil que no pase : it probably won't happen⟩
**facilidad** *nf* **1** : facility, ease ⟨con facilidad : with ease, easily⟩ ⟨tener facilidad para : to have a gift for⟩ **2 facilidades** *nfpl* : facilities, services ⟨facilidades de pago : payment plans⟩ **3 facilidades** *nfpl* : opportunities ⟨tenían todas las facilidades : they had every opportunity⟩
**facilitar** *vt* **1** : to make easier, to facilitate **2** : to provide, to supply — **facilitador, -dora** *n*
**fácilmente** *adv* : easily, readily
**facsímil** *nm* **1** : facsimile, copy **2** : fax
**factibilidad** *nf* : feasibility
**factible** *adj* : feasible, practicable
**factor¹, -tora** *n* **1** : agent, factor **2** : baggage clerk
**factor²** *nm* ELEMENTO : factor, element
**factoría** *nf* FÁBRICA : factory
**factura** *nf* **1** : making, manufacturing **2** : bill, invoice

**facturación** *nf, pl* **-ciones** **1** : invoicing, billing **2** : check-in
**facturar** *vt* **1** : to bill, to invoice **2** : to register, to check in
**facultad** *nf* **1** : faculty, ability ⟨facultades mentales : mental faculties⟩ **2** : authority, power **3** : school (of a university) ⟨facultad de derecho : law school⟩
**facultar** *vt* : to authorize, to empower
**facultativo, -va** *adj* **1** OPTATIVO : voluntary, optional **2** : medical ⟨informe facultativo : medical report⟩
**faena** *nf* : task, job, work ⟨faenas domésticas : housework⟩
**faenar** *vi* **1** : to work, to labor **2** PESCAR : to fish
**fagot** *nm* : bassoon
**Fahrenheit** *adj* : Fahrenheit
**faisán** *nm, pl* **faisanes** : pheasant
**faja** *nf* **1** : sash, belt **2** : girdle **3** : strip (of land)
**fajar** *vt* **1** : to wrap (a sash or girdle) around **2** : to hit, to thrash — **fajarse** *vr* **1** : to put on a sash or girdle **2** : to come to blows
**fajín** *nm, pl* **-jines** : sash, belt
**fajo** *nm* : bundle, sheaf ⟨un fajo de billetes : a wad of cash⟩
**falacia** *nf* : fallacy
**falaz, -laza** *adj, mpl* **falaces** FALSO : fallacious, false
**falda** *nf* **1** : skirt ⟨falda escocesa : kilt⟩ ⟨falda de tubo : pencil skirt⟩ **2** REGAZO : lap (of the body) **3** VERTIENTE : side, slope
**faldón** *nm, pl* **-dones** **1** : tail (of a shirt, etc.) **2** : full skirt **3** : christening gown
**falible** *adj* : fallible
**fálico, -ca** *adj* : phallic
**falla** *nf* **1** : flaw, defect **2** : (geological) fault **3** : fault, failing
**fallar** *vi* **1** FRACASAR : to fail, to go wrong **2** : to rule (in a court of law) — *vt* **1** ERRAR : to miss (a target) **2** : to pronounce judgment on
**fallecer** {53} *vi* MORIR : to pass away, to die
**fallecido, -da** *adj & n* DIFUNTO : deceased
**fallecimiento** *nm* : demise, death
**fallido, -da** *adj* : failed, unsuccessful
**fallo** *nm* **1** SENTENCIA : sentence, judgment, verdict **2** : error, fault
**falo** *nm* : phallus, penis
**falsamente** *adv* : falsely
**falsear** *vt* **1** : to falsify, to fake **2** : to distort — *vi* **1** CEDER : to give way **2** : to be out of tune
**falsedad** *nf* **1** : falseness, hypocrisy **2** MENTIRA : falsehood, lie
**falsete** *nm* : falsetto
**falsificación** *nf, pl* **-ciones** **1** : counterfeit, forgery **2** : falsification
**falsificador, -dora** *n* : counterfeiter, forger
**falsificar** {72} *vt* **1** : to counterfeit, to forge **2** : to falsify
**falso, -sa** *adj* **1** FALAZ : false, untrue **2** : counterfeit, forged
**falta** *nf* **1** CARENCIA : lack ⟨falta de dinero/interés : lack of money/interest⟩ **2** DEFECTO : defect, fault, error ⟨falta de ortografía : spelling mistake⟩ ⟨falta de educación : bad manners⟩ **3** AUSENCIA : absence **4** : offense, misdemeanor **5** : foul (in basketball), fault (in tennis) **6 a falta de** : in the absence of **7 hacer falta** : to be lacking, to be needed ⟨nos hace falta un líder : we need a leader⟩ ⟨no hace falta : it's not necessary⟩ ⟨me hace mucha falta mi familia : I really miss my family⟩ **8 por falta de** : for lack of **9 sin ~** : without fail
**faltar** *vi* **1** : to be lacking, to be needed ⟨me falta tiempo : I don't have time⟩ ⟨le falta imaginación : he lacks imagination⟩ ⟨le falta sal : it needs salt⟩ ⟨falta algo : something's missing⟩ ⟨al libro le falta una página : the book is missing a page⟩ ⟨nos faltan sillas : we need more chairs⟩ **2** : to be absent, to be missing ⟨faltan Juan y María : Juan and María aren't here⟩ ⟨faltar al trabajo/colegio : to miss work/school⟩ **3** QUEDAR : to remain, to be left ⟨falta un mes para la boda : there's a month to go until the wedding, the wedding is a month away⟩ ⟨falta mucho por hacer : there is still a lot to be done⟩ ⟨¿te falta mucho? : are you almost ready/done?⟩ **4 faltar a su promesa/palabra** : not to keep one's promise/word **5 ¡no faltaba más!** : don't mention it!, you're welcome!
**faltante** *nm* : shortage
**falto, -ta** *adj* **~ de** : lacking (in), short of
**fama** *nf* **1** : fame **2** REPUTACIÓN : reputation **3 de mala fama** : disreputable
**famélico, -ca** *adj* HAMBRIENTO : starving, famished
**familia** *nf* **1** : family ⟨ser como de la familia : to be like one of the family⟩ ⟨sentir como en familia : to feel at home⟩ ⟨le viene de familia : he inherited it, it runs in the family⟩ **2 en ~** : in private **3 familia nuclear** : nuclear family **4 familia política** : in-laws
**familiar**[1] *adj* **1** CONOCIDO : familiar **2** : familial, family **3** INFORMAL : informal
**familiar**[2] *nmf* PARIENTE : relation, relative
**familiaridad** *nf* **1** : familiarity **2** : informality
**familiarizar** {21} *vt* : to familiarize — **familiarizarse** *vr*
**famoso**[1], **-sa** *adj* CÉLEBRE : famous
**famoso**[2], **-sa** *n* : celebrity
**fan** *nmf, pl* **fans** AFICIONADO : fan
**fanal** *nm* **1** : beacon, signal light **2** *Mex* : headlight
**fanático, -ca** *adj & n* : fanatic
**fanatismo** *nm* : fanaticism
**fandango** *nm* : fandango
**fanfarria** *nf* **1** : (musical) fanfare **2** : pomp, ceremony
**fanfarrón**[1], **-rrona** *adj, mpl* **-rrones** *fam* : bragging, boastful
**fanfarrón**[2], **-rrona** *n, mpl* **-rrones** *fam* : braggart
**fanfarronada** *nf* : boast, bluster
**fanfarronear** *vi* : to brag, to boast

**fango** *nm* LODO : mud, mire
**fangoso, -sa** *adj* LODOSO : muddy
**fantasear** *vi* : to fantasize, to daydream
**fantasía** *nf* **1** : fantasy **2** : imagination
**fantasioso, -sa** *adj* : fanciful
**fantasma** *nm* : ghost, phantom
**fantasmagórico, -ca** *adj* : ghostly, eerie
**fantasmal** *adj* : ghostly
**fantástico, -ca** *adj* **1** : fantastic, imaginary, unreal **2** *fam* : great, fantastic
**FAQ** [ˈfak] *nm, pl* **FAQs** : FAQ
**farándula** *nf* : show business, theater
**faraón** *nm, pl* **faraones** : pharaoh
**fardo** *nm* **1** : bale **2** : bundle
**farfullar** *v* : to jabber
**faringe** *nf* : pharynx
**fariña** *nf* : coarse manioc flour
**farmacéutico**[1], **-ca** *adj* : pharmaceutical
**farmacéutico**[2], **-ca** *n* : pharmacist
**farmacia** *nf* : drugstore, pharmacy
**fármaco** *nm* : medicine, drug
**farmacología** *nf* : pharmacology
**faro** *nm* **1** : lighthouse **2** : headlight
**farol** *nm* **1** : streetlight **2** : lantern, lamp **3** *fam* : bluff **4** *Mex* : headlight
**farola** *nf* **1** : lamppost **2** : streetlight
**farra** *nf* : spree, revelry
**fárrago** *nm* REVOLTIJO : hodgepodge, jumble
**farsa** *nf* **1** : farce **2** : fake, sham
**farsante** *nmf* CHARLATÁN : charlatan, fraud, phony
**fascículo** *nm* : part (of a publication)
**fascinación** *nf, pl* **-ciones** : fascination
**fascinante** *adj* : fascinating
**fascinar** *vt* **1** : to fascinate **2** : to charm, to captivate
**fascismo** *nm* : fascism
**fascista** *adj & nmf* : fascist
**fase** *nf* : phase, stage
**fastidiar** *vt* **1** MOLESTAR : to annoy, to bother, to hassle **2** ABURRIR : to bore — *vi* : to be annoying or bothersome — **fastidiarse** *vr* : to put up with something
**fastidio** *nm* **1** MOLESTIA : annoyance, nuisance, hassle **2** ABURRIMIENTO : boredom
**fastidioso, -sa** *adj* **1** MOLESTO : annoying, bothersome **2** ABURRIDO : boring — **fastidiosamente** *adv*
**fastuoso, -sa** *adj* : lavish, luxurious
**fatal** *adj* **1** MORTAL : fatal **2** *fam* : awful, terrible **3** : fateful, unavoidable
**fatalidad** *nf* **1** : fatality **2** DESGRACIA : misfortune, bad luck
**fatalismo** *nm* : fatalism
**fatalista**[1] *adj* : fatalistic
**fatalista**[2] *nmf* : fatalist
**fatalmente** *adv* **1** : unavoidably **2** : unfortunately
**fatídico, -ca** *adj* : fateful, momentous
**fatiga** *nf* CANSANCIO : fatigue
**fatigado, -da** *adj* AGOTADO : weary, tired
**fatigar** {52} *vt* CANSAR : to fatigue, to tire — **fatigarse** *vr* : to wear oneself out
**fatigoso, -sa** *adj* : fatiguing, tiring
**fatuo, -tua** *adj* **1** : fatuous **2** PRESUMIDO : vain
**fauces** *nfpl* : jaws *pl*, maw
**faul** *nm, pl* **fauls** : foul, foul ball
**fauna** *nf* : fauna
**fausto** *nm* : splendor, magnificence
**favor** *nm* **1** : favor ⟨¿me haces un favor? : will you do me a favor?⟩ ⟨quiero pedirte un favor : I want to ask you (for) a favor⟩ **2 a/en favor de** : in favor of **3 en favor de** : in support of, in the interests of ⟨trabajar en favor de una causa : to work for a cause⟩ **4 por ~** : please
**favorable** *adj* : favorable — **favorablemente** *adv*
**favorecedor, -dora** *adj* : becoming, flattering
**favorecer** {53} *vt* **1** : to favor **2** : to look well on, to suit
**favorecido, -da** *adj* **1** : flattering **2** : fortunate
**favoritismo** *nm* : favoritism
**favorito, -ta** *adj & n* : favorite
**fax** *nm* : fax, facsimile
**fayuca** *nf Mex* **1** : contraband **2** : black market
**faz** *nf* **1** : face, countenance ⟨la faz de la tierra : the face of the earth⟩ **2** : side (of coins, fabric, etc.)
**fe** *nf* **1** : faith **2** : assurance, testimony ⟨dar fe de : to bear witness to⟩ **3** : intention, will ⟨de buena fe : bona fide, in good faith⟩
**fealdad** *nf* : ugliness
**febrero** *nm* : February ⟨el primero de febrero : (on) February first⟩
**febril** *adj* : feverish — **febrilmente** *adv*
**fecal** *adj* : fecal
**fecha** *nf* **1** : date ⟨hasta la fecha : to date⟩ ⟨a partir de esta fecha : from today⟩ ⟨adelantar/atrasar la fecha : to move up/back the date⟩ **2 fecha de caducidad/vencimiento** : expiration date **3 fecha límite** : deadline
**fechar** *vt* : to date, to put a date on
**fechoría** *nf* : misdeed
**fécula** *nf* : starch (food)
**fecundar** *vt* : to fertilize (an egg) — **fecundación** *nf*
**fecundidad** *nf* **1** : fecundity, fertility **2** : productivity
**fecundo, -da** *adj* FÉRTIL : fertile, fecund
**federación** *nf, pl* **-ciones** : federation
**federal** *adj* : federal
**federalismo** *nm* : federalism — **federalista** *adj & nmf*
**federar** *vt* : to federate
**fehaciente** *adj* : reliable, irrefutable — **fehacientemente** *adv*
**felicidad** *nf* **1** : happiness **2 ¡felicidades!** : best wishes!, congratulations!, happy birthday!
**felicitación** *nf, pl* **-ciones** **1** : congratulation ⟨¡felicitaciones! : congratulations!⟩ **2** : greeting card
**felicitar** *vt* CONGRATULAR : to congratulate — **felicitarse** *vr* **~ de** : to be glad about
**feligrés, -gresa** *n, mpl* **-greses** : parishioner
**feligresía** *nf* : parish
**felino, -na** *adj & n* : feline
**feliz** *adj, pl* **felices** **1** : happy **2 Feliz Navidad** : Merry Christmas

**felizmente** *adv* **1** : happily **2** : fortunately, luckily
**felonía** *nf* : felony
**felpa** *nf* **1** : terry cloth **2** : plush
**felpudo** *nm* : doormat
**femenil** *adj* : women's, girls' ⟨futbol femenil : women's soccer⟩
**femenino, -na** *adj* **1** : feminine **2** : women's ⟨derechos femeninos : women's rights⟩ **3** : female
**fémina** *nf* : woman
**femineidad** *or* **feminidad** *nf* : femininity
**feminismo** *nm* : feminism
**feminista** *adj & nmf* : feminist
**femoral** *adj* : femoral
**fémur** *nm* : femur, thighbone
**fenecer** {53} *vi* **1** : to die, to pass away **2** : to come to an end, to cease
**fénix** *nm* : phoenix
**fenomenal** *adj* **1** : phenomenal **2** *fam* : fantastic, terrific — **fenomenalmente** *adv*
**fenómeno** *nm* **1** : phenomenon **2** : prodigy, genius
**feo**[1] *adv* : badly, bad
**feo**[2], **fea** *adj* **1** : ugly **2** : unpleasant, nasty ⟨un olor feo : a nasty smell⟩ ⟨me dijo cosas feas : he said awful things to me⟩ ⟨la cosa se pone fea : things are getting ugly⟩
**féretro** *nm* ATAÚD : coffin, casket
**feria** *nf* **1** : fair, market **2** : festival, holiday **3** *Mex* : change (money)
**feriado, -da** *adj* **día feriado** : public holiday
**ferial** *nm* : fairground
**fermentar** *v* : to ferment — **fermentación** *nf*
**fermento** *nm* : ferment
**ferocidad** *nf* : ferocity, fierceness
**feroz** *adj, pl* **feroces** FIERO : ferocious, fierce — **ferozmente** *adv*
**férreo, -rrea** *adj* **1** : iron **2** : strong, steely ⟨una voluntad férrea : an iron will⟩ **3** : strict, severe **4 vía férrea** : railroad track
**ferretería** *nf* **1** : hardware store **2** : hardware **3** : foundry, ironworks
**ferrocarril** *nm* : railroad, railway
**ferrocarrilero** → **ferroviario**
**ferroviario, -ria** *adj* : rail, railroad
**ferry** *nm, pl* **ferrys** : ferry
**fértil** *adj* FECUNDO : fertile, fruitful
**fertilidad** *nf* : fertility
**fertilizante**[1] *adj* : fertilizing ⟨droga fertilizante : fertility drug⟩
**fertilizante**[2] *nm* ABONO : fertilizer
**fertilizar** *vt* ABONAR : to fertilize — **fertilización** *nf*
**ferviente** *adj* FERVOROSO : fervent — **fervientemente** *adv*
**fervor** *nm* : fervor, zeal
**fervoroso, -sa** *adj* FERVIENTE : fervent, zealous
**festejar** *vt* **1** CELEBRAR : to celebrate **2** AGASAJAR : to entertain, to wine and dine **3** *Mex fam* : to thrash, to beat
**festejo** *nm* : celebration, festivity
**festín** *nm, pl* **festines** : banquet, feast
**festinar** *vt* : to hasten, to hurry up
**festival** *nm* : festival
**festividad** *nf* **1** : festivity **2** : (religious) feast, holiday
**festivo, -va** *adj* **1** : festive **2 día festivo** : holiday — **festivamente** *adv*
**festón** *nm, pl* **-tones** : scallop (decoration)
**fetal** *adj* : fetal
**fetiche** *nm* : fetish
**fétido, -da** *adj* : fetid, foul
**feto** *nm* : fetus
**feudal** *adj* : feudal — **feudalismo** *nm*
**fiabilidad** *nf* : reliability, trustworthiness
**fiable** *adj* : trustworthy, reliable
**fiado, -da** *adj* : on credit
**fiador, -dora** *n* : bondsman, guarantor
**fiambrería** *nf* : delicatessen
**fiambres** *nmpl* : cold cuts
**fianza** *nf* **1** CAUCIÓN : bail, bond **2** : surety, deposit
**fiar** {85} *vt* **1** : to sell on credit **2** : to guarantee — **fiarse** *vr* ~ **de** : to place trust in
**fiasco** *nm* FRACASO : fiasco, failure
**fibra** *nf* **1** : fiber **2 fibra de vidrio** : fiberglass
**fibroso, -sa** *adj* : fibrous
**ficción** *nf, pl* **ficciones** **1** : fiction **2** : fabrication, lie
**ficha** *nf* **1** : index card **2** : file, record **3** : token **4** : domino, checker, counter, poker chip
**fichaje** *nm* : signing (in sports)
**fichar** *vt* **1** : to open a file on **2** : to sign up — *vi* : to punch in, to punch out
**fichero** *nm* **1** : card file **2** : filing cabinet
**ficticio, -cia** *adj* : fictitious
**fidedigno, -na** *adj* FIABLE : reliable, trustworthy
**fideicomisario, -ria** *n* : trustee
**fideicomiso** *nm* : trust ⟨guardar en fideicomiso : to hold in trust⟩
**fidelidad** *nf* : fidelity, faithfulness
**fideo** *nm* : noodle
**fiduciario**[1], **-ria** *adj* : fiduciary
**fiduciario**[2], **-ria** *n* : trustee
**fiebre** *nf* **1** CALENTURA : fever, temperature ⟨fiebre amarilla : yellow fever⟩ **2** : fever, excitement
**fiel**[1] *adj* **1** : faithful, loyal **2** : accurate — **fielmente** *adv*
**fiel**[2] *nm* **1** : pointer (of a scale) **2 los fieles** : the faithful
**fieltro** *nm* : felt
**fiera** *nf* **1** : wild animal, beast **2** : fiend, demon ⟨una fiera para el trabajo : a demon for work⟩
**fiereza** *nf* : fierceness, ferocity
**fiero, -ra** *adj* FEROZ : fierce, ferocious
**fierro** *nm* HIERRO : iron
**fiesta** *nf* **1** : party, fiesta ⟨fiesta de cumpleaños : birthday party⟩ ⟨no estoy para fiestas : I am in no mood to celebrate⟩ ⟨aguarle la fiesta a alguien : to rain on someone's parade⟩ **2** : holiday, feast day (in religion) ⟨hoy es (día de) fiesta : today is a holiday⟩
**figura** *nf* **1** : figure ⟨figura retórica : figure of speech⟩ ⟨figuras políticas : political figures⟩ **2** : shape, form **3** : figure, body shape

**figuración** *nf, pl* **-ciones** : imagining
**figurado, -da** *adj* : figurative — **figuradamente** *adv*
**figurar** *vi* **1** : to figure, to be included ⟨Rivera figura entre los más grandes pintores de México : Rivera is among Mexico's greatest painters⟩ **2** : to be prominent, to stand out — *vt* : to represent ⟨esta línea figura el horizonte : this line represents the horizon⟩ — **figurarse** *vr* : to imagine, to think ⟨¡figúrate el lío en que se metió! : imagine the mess she got into!⟩
**fijación** *nf, pl* **-ciones** **1** : fixation, obsession **2** : fixing, establishing **3** : fastening, securing
**fijador** *nm* : hair spray
**fijamente** *adv* : fixedly
**fijar** *vt* **1** : to fasten, to affix **2** ESTABLECER : to establish, to set up ⟨fijar su residencia : to take up residence⟩ **3** CONCRETAR : to set, to fix ⟨fijar la fecha : to set the date⟩ ⟨fijar la atención en : to focus one's attention on⟩ ⟨fijar la mirada en : to fix one's gaze on⟩ — **fijarse** *vr* **1** : to settle, to become fixed **2** : to notice ⟨fijarse en algo : to notice something, to pay attention to something⟩ ⟨me he fijado que . . . : I noticed that . . .⟩
**fijeza** *nf* **1** : firmness (of convictions) **2** : persistence, constancy ⟨mirar con fijeza a : to stare at⟩
**fijo, -ja** *adj* **1** : fixed, firm, steady **2** PERMANENTE : permanent
**fila** *nf* **1** HILERA : line, file ⟨ponerse en fila : to get in line⟩ ⟨en fila india : (in) single file⟩ **2** : rank, row **3 filas** *nfpl* : ranks ⟨cerrar filas : to close ranks⟩
**filamento** *nm* : filament
**filantropía** *nf* : philanthropy
**filantrópico, -ca** *adj* : philanthropic
**filántropo, -pa** *n* : philanthropist
**filarmónica** *nf* : philharmonic
**filatelia** *nf* : philately, stamp collecting
**fildeador, -dora** *n* : fielder
**filete** *nm* **1** : fillet **2** SOLOMILLO : sirloin **3** : thread (of a screw)
**filiación** *nf, pl* **-ciones** **1** : affiliation, connection **2** : particulars *pl*, (police) description
**filial**[1] *adj* : filial
**filial**[2] *nf* : affiliate, subsidiary
**filigrana** *nf* **1** : filigree **2** : watermark (on paper)
**filipino, -na** *adj & n* : Filipino
**filmación** *nf, pl* **-ciones** : filming, shooting
**filmar** *vt* : to film, to shoot
**filme** *or* **film** *nm* PELÍCULA : film, movie
**filmoteca** *nf* : film library
**filo** *nm* **1** : cutting edge, blade **2** : edge ⟨al filo del escritorio : at the edge of the desk⟩ ⟨al filo de la medianoche : at the stroke of midnight⟩
**filón** *nm, pl* **filones** **1** : seam, vein (of minerals) **2** *fam* : successful business, gold mine
**filoso, -sa** *adj* : sharp
**filosofar** *vi* : to philosophize
**filosofía** *nf* : philosophy
**filosófico, -ca** *adj* : philosophic, philosophical — **filosóficamente** *adv*
**filósofo, -fa** *n* : philosopher
**filtración** *nf, pl* **-ciones** : seeping, leaking
**filtrar** *v* : to filter — **filtrarse** *vr* : to seep through, to leak
**filtro** *nm* : filter
**fin** *nm* **1** : end ⟨dar/poner fin a : to end, to put an end to⟩ ⟨llegar a su fin : to come to an end⟩ **2** : purpose, aim, objective **3 a fin de cuentas** : in the end **4 a fin de que** : in order to **5 a fines de mes/año (etc.)** : at the end of the month/year (etc.) **6 al fin y al cabo** : after all **7 con el fin de** *or* **a fin de** : with the purpose of **8 con este fin** : to this end, with this purpose **9 en ~** : in short **10 fin de semana** : weekend **11 por ~** : finally, at last
**finado, -da** *adj & n* DIFUNTO : deceased
**final**[1] *adj* : final, ultimate — **finalmente** *adv*
**final**[2] *nm* **1** CONCLUSIÓN : end ⟨al final : at the end⟩ **2 a finales de mes/año (etc.)** : at the end of the month/year (etc.)
**final**[3] *nf* : final, play-off
**finalidad** *nf* **1** : purpose, aim **2** : finality
**finalista** *nmf* : finalist
**finalización** *nf, pl* **-ciones** : completion, end
**finalizar** {21} *v* : to finish, to end
**financiación** *nf, pl* **-ciones** : financing, funding
**financiamiento** *nm* → **financiación**
**financiar** *vt* : to finance, to fund
**financiero**[1], **-ra** *adj* : financial
**financiero**[2], **-ra** *n* : financier
**financista** *nmf* : financier
**finanzas** *nfpl* : finances, finance ⟨altas finanzas : high finance⟩
**finca** *nf* **1** : farm, ranch **2** : country house
**fineza** *nf* FINURA, REFINAMIENTO : refinement
**fingido, -da** *adj* : false, feigned
**fingimiento** *nm* : pretense
**fingir** {35} *v* : to feign, to pretend
**finiquitar** *vt* **1** : to settle (an account) **2** : to conclude, to bring to an end
**finiquito** *nm* : settlement (of an account)
**finito, -ta** *adj* : finite
**finja, etc.** → **fingir**
**finlandés, -desa** *adj & n* : Finnish
**fino**[1], **-na** *adj* **1** : fine, excellent **2** : delicate, slender **3** REFINADO : refined **4** : sharp, acute ⟨olfato fino : keen sense of smell⟩ **5** : subtle
**fino**[2] *nm* : dry sherry
**finta** *nf* : feint
**fintar** *or* **fintear** *vi* : to feint
**finura** *nf* **1** : fineness, high quality **2** FINEZA, REFINAMIENTO : refinement
**fiordo** *nm* : fjord
**firma** *nf* **1** : signature **2** : signing **3** EMPRESA : firm, company
**firmamento** *nm* : firmament, sky
**firmante** *nmf* : signer, signatory
**firmar** *v* : to sign
**firme** *adj* **1** : firm, resolute **2** : steady, stable

**firmemente** *adv* : firmly
**firmeza** *nf* **1** : firmness, stability **2** : strength, resolve
**fiscal**[1] *adj* : fiscal — **fiscalmente** *adv*
**fiscal**[2] *nmf* : district attorney, prosecutor
**fiscalizar** {21} *vt* **1** : to audit, to inspect **2** : to oversee **3** : to criticize
**fisco** *nm* : Treasury (en EEUU), Exchequer (en Gran Bretaña)
**fisgar** {52} *vt* HUSMEAR : to pry into, to snoop on
**fisgón, -gona** *n, mpl* **fisgones** : snoop, busybody
**fisgonear** *vi* : to snoop, to pry
**fisgue, etc.** → **fisgar**
**física** *nf* : physics
**físico**[1], **-ca** *adj* : physical — **físicamente** *adv*
**físico**[2], **-ca** *n* : physicist
**físico**[3] *nm* : physique, figure
**fisiología** *nf* : physiology
**fisiológico, -ca** *adj* : physiological, physiologic
**fisiólogo, -ga** *n* : physiologist
**fisión** *nf, pl* **fisiones** : fission — **fisionable** *adj*
**fisionomía** → **fisonomía**
**fisioterapeuta** *nmf* : physical therapist
**fisioterapia** *nf* : physical therapy
**fisonomía** *nf* : physiognomy, features *pl*
**fistol** *nm Mex* : tie clip
**fisura** *nf* : fissure, crevasse
**flaccidez** *nf* : limpness
**fláccido, -da** *or* **flácido, -da** *adj* : flaccid, flabby
**flaco, -ca** *adj* **1** DELGADO : thin, skinny **2** : feeble, weak ⟨una flaca excusa : a feeble excuse⟩
**flagelo** *nm* **1** : scourge, whip **2** : calamity
**flagrante** *adj* : flagrant, glaring, blatant — **flagrantemente** *adv*
**flama** *nf* LLAMA : flame
**flamable** *adj Mex* : flammable
**flamante** *adj* **1** : bright, brilliant **2** : brand-new
**flamear** *vi* **1** LLAMEAR : to flame, to blaze **2** ONDEAR : to flap, to flutter
**flamenco**[1], **-ca** *adj* **1** : flamenco **2** : Flemish
**flamenco**[2], **-ca** *n* : Fleming, Flemish person
**flamenco**[3] *nm* **1** : Flemish (language) **2** : flamingo **3** : flamenco (music or dance)
**flan** *nm* : flan
**flanco** *nm* : flank, side
**flanquear** *vt* : to flank
**flaquear** *vi* DECAER : to flag, to weaken
**flaqueza** *nf* **1** DEBILIDAD : frailty, feebleness **2** : thinness **3** : weakness, failing
**flash** *nm* : flash (in photography)
**flashback** *nm, pl* **flashbacks** : flashback
**flatulento, -ta** *adj* : flatulent — **flatulencia** *nf*
**flauta** *nf* **1** : flute **2 flauta dulce** : recorder
**flautín** *nm, pl* **flautines** : piccolo
**flautista** *nmf* : flute player, flutist
**flecha** *nf* : arrow
**flechazo** *nm* : love at first sight
**fleco** *nm* **1** : bangs *pl* **2** : fringe
**flema** *nf* : phlegm
**flemático, -ca** *adj* : phlegmatic, stolid, impassive
**flequillo** *nm* : bangs *pl*
**fletar** *vt* **1** : to charter, to hire **2** : to load (freight)
**flete** *nm* **1** : charter fee **2** : shipping cost **3** : freight, cargo
**fletero** *nm* : shipper, carrier
**flexibilidad** *nf* : flexibility
**flexibilizar** {21} *vt* : to make more flexible
**flexible**[1] *adj* : flexible
**flexible**[2] *nm* **1** : flexible electrical cord **2** : soft hat
**flexión** *nf, pl* **flexiones** **1** : push-up **2** : squat
**flexionar** *vt* : to bend (a limb, etc.)
**flirtear** *vi* : to flirt
**flojear** *vi* **1** DEBILITARSE : to weaken, to flag **2** : to idle, to loaf around
**flojedad** *nf* : weakness
**flojera** *nf fam* **1** : lethargy, feeling of weakness **2** : laziness
**flojo, -ja** *adj* **1** SUELTO : loose, slack **2** : weak, poor ⟨está flojo en las ciencias : he's weak in science⟩ **3** PEREZOSO : lazy
**flor** *nf* **1** : flower **2 a flor de piel** : easily noticed or affected ⟨con los nervios a flor de piel : with one's nerves on edge⟩ ⟨canta con las emociones a flor de piel : her singing is full of emotion⟩ **3 en ~** : in bloom **4 flor de Pascua** : poinsettia
**flora** *nf* : flora
**floración** *nf, pl* **-ciones** : flowering ⟨en plena floración : in full bloom⟩
**floral** *adj* : floral
**floreado, -da** *adj* : flowered, flowery
**florear** *vi* FLORECER : to flower, to bloom — *vt* **1** : to adorn with flowers **2** *Mex* : to flatter, to compliment
**florecer** {53} *vi* **1** : to bloom, to blossom **2** : to flourish, to thrive
**floreciente** *adj* **1** : flowering **2** PRÓSPERO : flourishing, thriving
**florecimiento** *nm* : flowering
**floreo** *nm* : flourish
**florería** *nf* : flower shop, florist's
**florero**[1], **-ra** *n* : florist
**florero**[2] *nm* JARRÓN : vase
**florete** *nm* : foil (in fencing)
**florido, -da** *adj* **1** : full of flowers **2** : florid, flowery ⟨escritos floridos : flowery prose⟩
**florista** *nmf* : florist
**floristería** → **florería**
**floritura** *nf* : frill, embellishment
**flota** *nf* : fleet
**flotabilidad** *nf* : buoyancy
**flotación** *nf, pl* **-ciones** : flotation
**flotador** *nm* **1** : float **2** : life preserver
**flotante** *adj* : floating, buoyant
**flotar** *vi* : to float
**flote** *nm* **a ~** : afloat
**flotilla** *nf* : flotilla, fleet
**fluctuar** {3} *vi* **1** : to fluctuate **2** VACILAR : to vacillate — **fluctuación** *nf* — **fluctuante** *adj*

**fluidez** *nf* **1** : fluency **2** : fluidity
**fluido**[1], **-da** *adj* **1** : flowing **2** : fluent **3** : fluid
**fluido**[2] *nm* : fluid
**fluir** {41} *vi* : to flow
**flujo** *nm* **1** : flow ⟨el flujo y reflujo : the ebb and flow⟩ **2** : discharge
**flúor** *nm* : fluorine
**fluorescencia** *nf* : fluorescence — **fluorescente** *adj*
**fluorescente** *nm* : fluorescent light — **fluorescente** *adj*
**fluoruro** *nm* : fluoride
**fluye, etc.** → **fluir**
**fobia** *nf* : phobia
**foca** *nf* : seal (animal)
**focal** *adj* : focal
**foco** *nm* **1** : focus **2** : center, pocket **3** : lightbulb **4** : spotlight **5** : headlight
**fofo, -fa** *adj* **1** ESPONJOSO : soft, spongy **2** : flabby
**fogata** *nf* : campfire, bonfire
**fogón** *nm, pl* **fogones** **1** : bonfire, campfire **2** : burner, stove **3** : fireplace
**fogonazo** *nm* : flash, explosion
**fogoso, -sa** *adj* ARDIENTE : ardent
**foguear** *vt* : to inure, to accustom
**fogueo** *nm* **de ~** ⟨un cartucho de fogueo : a blank, a dummy round⟩
**foja** *nf* : sheet (of paper)
**folículo** *nm* : follicle
**folio** *nm* : folio, leaf
**folk** ['fok, 'folk] *nm* : folk (music) — **folk** *adj*
**folklore** *nm* : folklore
**folklórico, -ca** *adj* : folk, traditional
**follaje** *nm* : foliage
**folleto** *nm* : pamphlet, leaflet, circular
**follón** *nm, pl* **follones** *Spain* **1** : commotion, fuss **2** : mess
**fomentar** *vt* **1** : to foment, to stir up **2** PROMOVER : to promote, to foster
**fomento** *nm* : promotion, encouragement
**fonda** *nf* **1** POSADA : inn **2** : small restaurant
**fondeado, -da** *adj fam* : rich, in the money
**fondear** *vt* **1** : to sound **2** : to sound out, to examine **3** *Mex* : to fund, to finance — *vi* ANCLAR : to anchor — **fondearse** *vr fam* : to get rich
**fondeo** *nm* **1** : anchoring **2** *Mex* : funding, financing
**fondillos** *mpl* : seat, bottom (of clothing)
**fondista** *nmf* : long-distance runner
**fondo** *nm* **1** : bottom ⟨el fondo del océano/barril : the bottom of the ocean/barrel⟩ ⟨llegar al fondo de algo : to get to the bottom of something⟩ **2** : rear, back, end ⟨al fondo de la casa : at the back of the house⟩ **3** PROFUNDIDAD : depth **4** : background ⟨al fondo : in the background⟩ ⟨música de fondo : background music⟩ **5** CONTENIDO : content **6** *Mex* : slip, petticoat **7** : fund ⟨fondo de inversiones/pensiones : investment/pension fund⟩ ⟨fondo común : joint fund⟩ **8 fondos** *nmpl* : funds, resources ⟨cheque sin fondos : bounced check⟩ ⟨recaudar fondos : to raise funds⟩ ⟨fondos públicos : public funds⟩ ⟨fondos de campaña : campaign funds⟩ **9 a ~** : thoroughly, in depth **10 de ~** : fundamental **11 de ~** : long-distance (in sports) **12 en ~** : abreast **13 en el fondo** : deep down, at heart **14 tocar fondo** : to touch bottom (in the sea, etc.), to hit rock bottom
**fondue** *nf* : fondue
**fonema** *nm* : phoneme
**fonética** *nf* : phonetics
**fonético, -ca** *adj* : phonetic
**fontanería** *nf* PLOMERÍA : plumbing
**fontanero, -ra** *n* PLOMERO : plumber
**footing** ['fu,tiŋ] *nm* : jogging ⟨hacer footing : to jog⟩
**forajido, -da** *n* : bandit, fugitive, outlaw
**foráneo, -nea** *adj* : foreign, strange
**forastero, -ra** *n* : stranger, outsider
**forcejear** *vi* : to struggle
**forcejeo** *nm* : struggle
**fórceps** *nms & pl* : forceps *pl*
**forense**[1] *adj* : forensic, legal
**forense**[2] *nmf* : forensic scientist
**forestal** *adj* : forest
**forja** *nf* FRAGUA : forge
**forjar** *vt* **1** : to forge **2** : to shape, to create ⟨forjar un compromiso : to hammer out a compromise⟩ **3** : to invent, to concoct
**forma** *nf* **1** : form, shape ⟨tomar forma : to take shape⟩ ⟨dar forma a : to form, to give shape to⟩ ⟨en forma de corazón : in the shape of a heart⟩ **2** MANERA, MODO : manner, way ⟨su forma de vida : their way of life⟩ ⟨formas de pago : payment methods⟩ **3** : fitness ⟨estar en forma : to be fit, to be in shape⟩ ⟨estar en baja forma : to be out of shape⟩ **4 formas** *nfpl* : appearances, conventions ⟨guardar las formas : to keep up appearances⟩ **5 de cualquier forma** *or* **de todas formas** : anyway, in any case **6 de forma que** : so that
**formación** *nf, pl* **-ciones** **1** : formation **2** : training ⟨formación profesional : vocational training⟩
**formal** *adj* **1** : formal **2** : serious, dignified **3** : dependable, reliable
**formaldehído** *nm* : formaldehyde
**formalidad** *nf* **1** : formality **2** : seriousness, dignity **3** : reliability
**formalizar** {21} *vt* : to formalize, to make official
**formalmente** *adv* : formally
**formar** *vt* **1** : to form, to make **2** CONSTITUIR : to make up, to constitute **3** : to train, to educate — **formarse** *vr* **1** DESARROLLARSE : to develop, to take shape **2** EDUCARSE : to be educated
**formatear** *vt* : to format
**formativo, -va** *adj* : formative
**formato** *nm* : format
**formidable** *adj* **1** : formidable, tremendous **2** *fam* : fantastic, terrific
**formón** *nm, pl* **formones** : chisel
**fórmula** *nf* : formula
**formulación** *nf, pl* **-ciones** : formulation
**formular** *vt* **1** : to formulate, to draw up **2** : to make, to lodge (a protest or complaint)

**formulario** *nm* : form ⟨rellenar un formulario : to fill out a form⟩
**fornicar** {72} *vi* : to fornicate — **fornicación** *nf*
**fornido, -da** *adj* : well-built, burly, hefty
**foro** *nm* **1** : forum **2** : public assembly, open discussion
**forraje** *nm* **1** : fodder **2** : foraging **3** *fam* : hodgepodge
**forrajear** *vi* : to forage
**forrar** *vt* **1** : to line (a garment) **2** : to cover (a book)
**forro** *nm* **1** : lining **2** CUBIERTA : book cover
**forsitia** *nf* : forsythia
**fortalecer** {53} *vt* : to strengthen, to fortify — **fortalecerse** *vr*
**fortalecimiento** *nm* **1** : strengthening, fortifying **2** : fortifications
**fortaleza** *nf* **1** : fortress **2** FUERZA : strength **3** : resolution, fortitude
**fortificación** *nf, pl* **-ciones** : fortification
**fortificar** {72} *vt* **1** : to fortify **2** : to strengthen
**fortín** *nm, pl* **fortines** : small fort
**fortuito, -ta** *adj* : fortuitous
**fortuna** *nf* **1** SUERTE : fortune, luck **2** RIQUEZA : wealth, fortune
**forúnculo** *nm* : boil
**forzado, -da** *adj* : forced (of a smile, etc.)
**forzar** {36} *vt* **1** OBLIGAR : to force, to compel **2** : to force open **3** : to strain ⟨forzar los ojos : to strain one's eyes⟩
**forzosamente** *adv* **1** : forcibly, by force **2** : necessarily, inevitably ⟨forzosamente tendrán que pagar : they'll have no choice but to pay⟩
**forzoso, -sa** *adj* **1** : forced, compulsory **2** : necessary, inevitable
**fosa** *nf* **1** : ditch, pit ⟨fosa séptica : septic tank⟩ **2** TUMBA : grave **3** : cavity ⟨fosas nasales : nasal cavities, nostrils⟩
**fosfato** *nm* : phosphate
**fosforescencia** *nf* : phosphorescence — **fosforescente** *adj*
**fósforo** *nm* **1** CERILLA : match **2** : phosphorus
**fósil**[1] *adj* : fossilized, fossil
**fósil**[2] *nm* : fossil
**fosilizar** {21} *vt* : to fossilize — **fosilizarse** *vr*
**foso** *nm* **1** FOSA, ZANJA : ditch **2** : pit (of a theater) **3** : moat
**foto** *nf* : photo, picture
**fotocopia** *nf* : photocopy — **fotocopiar** *vt*
**fotocopiadora** *nf* COPIADORA : photocopier
**fotoeléctrico, -ca** *adj* : photoelectric
**fotogénico, -ca** *adj* : photogenic
**fotografía** *nf* **1** : photograph **2** : photography
**fotografiar** {85} *vt* : to photograph
**fotográfico, -ca** *adj* : photographic — **fotográficamente** *adv*
**fotógrafo, -fa** *n* : photographer
**fotosíntesis** *nf* : photosynthesis
**foul** *nm, pl* **fouls** : foul (in sports)
**frac** *nm, pl* **fracs** : tailcoat, tails *pl*
**fracasado**[1], **-da** *adj* : unsuccessful, failed
**fracasado**[2], **-da** *n* : failure
**fracasar** *vi* **1** FALLAR : to fail **2** : to fall through
**fracaso** *nm* FIASCO : failure
**fracción** *nf, pl* **fracciones** **1** : fraction **2** : part, fragment **3** : faction, splinter group
**fraccionamiento** *nm* **1** : division, breaking up **2** *Mex* : residential area, housing development
**fraccionar** *vt* : to divide, to break up
**fraccionario, -ria** *adj* : fractional
**fracking** [ˈfrakiŋ] *nm* : fracking
**fractura** *nf* **1** : fracture **2** **fractura hidráulica** : fracking
**fracturación hidráulica** *nf* : fracking
**fracturar** *vt* : to fracture — **fracturarse** *vr*
**fragancia** *nf* : fragrance, scent
**fragante** *adj* : fragrant
**fragata** *nf* : frigate
**frágil** *adj* **1** : fragile **2** : frail, delicate
**fragilidad** *nf* **1** : fragility **2** : frailty, delicacy
**fragmentar** *vt* : to fragment — **fragmentación** *nf*
**fragmentario, -ria** *adj* : fragmentary, sketchy
**fragmento** *nm* **1** : fragment, shard **2** : bit, snippet **3** : excerpt, passage
**fragor** *nm* : clamor, din, roar
**fragua** *nf* FORJA : forge
**fraguar** {10} *vt* **1** : to forge **2** : to conceive, to concoct, to hatch — *vi* : to set, to solidify
**fraile** *nm* : friar, monk
**frambuesa** *nf* : raspberry
**francamente** *adv* **1** : frankly, candidly **2** REALMENTE : really ⟨es francamente admirable : it's really impressive⟩
**francés**[1], **-cesa** *adj, mpl* **franceses** : French
**francés**[2], **-cesa** *n, mpl* **franceses** : French person, Frenchman *m*, Frenchwoman *f*
**francés**[3] *nm* : French (language)
**franciscano, -na** *adj & n* : Franciscan
**francmasón, -sona** *n, mpl* **-sones** : Freemason — **francmasonería** *nf*
**franco**[1], **-ca** *adj* **1** CÁNDIDO : frank, candid **2** PATENTE : clear, obvious **3** : free ⟨franco a bordo : free on board⟩
**franco**[2] *nm* : franc
**francotirador, -dora** *n* : sniper
**franela** *nf* : flannel
**franja** *nf* **1** : stripe, band **2** : border, fringe
**franquear** *vt* **1** : to clear **2** ATRAVESAR : to cross, to go through **3** : to pay the postage on
**franqueo** *nm* : postage
**franqueza** *nf* : frankness
**franquicia** *nf* **1** EXENCIÓN : exemption **2** : franchise
**frasco** *nm* : small bottle, flask, vial
**frase** *nf* **1** : phrase **2** ORACIÓN : sentence
**frasear** *vt* : to phrase
**fraternal** *adj* : fraternal, brotherly
**fraternidad** *nf* **1** : brotherhood **2** : fraternity
**fraternizar** {21} *vi* : to fraternize — **fraternización** *nf*

**fraterno, -na** *adj* : fraternal, brotherly
**fraude** *nm* : fraud
**fraudulento, -ta** *adj* : fraudulent — **fraudulentamente** *adv*
**fray** *nm* : brother (title of a friar) ⟨Fray Bartolomé : Brother Bartholomew⟩
**frazada** *nf* COBIJA, MANTA : blanket
**frecuencia** *nf* : frequency
**frecuentar** *vt* : to frequent, to haunt
**frecuente** *adj* : frequent — **frecuentemente** *adv*
**freelance**[1] [fri'lans] *adj, pl* **freelance** : freelance
**freelance**[2] *nmf* : freelancer
**fregadero** *nm* : kitchen sink
**fregado**[1], **-da** *adj fam* : annoying, bothersome
**fregado**[2] *nm* **1** : scrubbing, scouring **2** *fam* : mess, muddle
**fregar** {49} *vt* **1** : to scrub, to scour, to wash ⟨fregar los trastes : to do the dishes⟩ ⟨fregar el suelo : to scrub the floor⟩ **2** *fam* : to annoy — *vi* **1** : to wash the dishes **2** : to clean, to scrub **3** *fam* : to be annoying
**fregona** *nf Spain* : mop
**freidera** *nf Mex* : frying pan
**freír** {37} *vt* : to fry — **freírse** *vr*
**fréjol** *Ecua* → **frijol**
**frenado** *nm* : braking (of a vehicle)
**frenar** *vt* **1** : to brake **2** DETENER : to curb, to check — *vi* : to apply the brakes — **frenarse** *vr* : to restrain oneself
**frenazo** *nm* : sudden stop (in a vehicle) ⟨dar un frenazo : to brake hard⟩
**frenesí** *nm, pl* **-síes** : frenzy
**frenético, -ca** *adj* : frantic, frenzied — **frenéticamente** *adv*
**freno** *nm* **1** : brake ⟨freno de mano : handbrake, emergency brake⟩ **2** : bit (of a bridle) **3** : check, restraint **4 frenos** *nmpl Mex* : braces (for teeth)
**frente**[1] *nm* **1** : front ⟨en frente : in front, opposite⟩ **2** : facade **3** : front line, front **4** : front (in politics) **5** : front (in meteorology) ⟨frente frío : cold front⟩ **6 de ~** : head-on ⟨chocar de frente a/con : to run head-on into⟩ **7 de frente a** : facing **8 ~ a** : opposite, in front of **9 ~ a** : in the face of (a crisis, etc.), against (an opponent, etc.) **10 estar al ~ de** : to be at the head of, to lead **11 hacer frente a** : to face up to
**frente**[2] *nf* **1** : forehead, brow **2 frente a frente** : face to face
**fresa** *nf* **1** : strawberry **2** : drill (in dentistry)
**fresco**[1], **-ca** *adj* **1** : fresh **2** : cool **3** *fam* : insolent, nervy
**fresco**[2] *nm* **1** : coolness **2** : fresh air ⟨al fresco : in the open air, outdoors⟩ **3** : fresco **4** → **refresco**
**frescor** *nm* : cool air ⟨el frescor de la noche : the cool of the evening⟩
**frescura** *nf* **1** : freshness **2** : coolness **3** : calmness **4** DESCARO : nerve, audacity
**fresno** *nm* : ash (tree)
**frialdad** *nf* **1** : coldness **2** INDIFERENCIA : coldness, indifference
**fríamente** *adv* : coldly, indifferently
**fricción** *nf, pl* **fricciones** **1** : friction **2** : rubbing, massage **3** : discord, disagreement ⟨fricción entre los hermanos : friction between the brothers⟩
**friccionar** *vt* **1** FROTAR : to rub **2** : to massage
**friega**[1], **friegue, etc.** → **fregar**
**friega**[2] *nf* **1** FRICCIÓN : massage **2** : annoyance, bother
**frigidez** *nf* : (sexual) frigidity
**frigorífico** *nm Spain* : refrigerator
**frijol** *nm* : bean ⟨frijoles refritos : refried beans⟩
**frío**[1], **fría** *adj* **1** : cold **2** INDIFERENTE : cool, indifferent ⟨me deja frío : it leaves me cold⟩ **3** ESTUPEFACTO, PASMADO : shocked, stunned
**frío**[2] *nm* **1** : cold ⟨hace mucho frío esta noche : it's very cold tonight⟩ **2** INDIFERENCIA : coldness, indifference **3 tener frío** : to feel cold ⟨tengo frío : I'm cold⟩ **4 tomar frío** RESFRIARSE : to catch a cold
**friolento, -ta** *adj* : sensitive to cold
**friolera** *nf* (*used ironically or humorously*) : trifling amount ⟨una friolera de mil dólares : a mere thousand dollars⟩
**friolero, -ra** → **friolento**
**friso** *nm* : frieze
**fritar** *vt* : to fry
**frito**[1] *pp* → **freír**
**frito**[2], **-ta** *adj* **1** : fried **2** *fam* : worn-out, fed up ⟨tener frito a alguien : to get on someone's nerves⟩ **3** *fam* : fast asleep ⟨se quedó frito en el sofá : she fell asleep on the couch⟩ **4** *Arg, Chile, Peru, Uru fam* : done for, in trouble
**fritura** *nf* **1** : frying **2** : fried food
**frivolidad** *nf* : frivolity
**frívolo, -la** *adj* : frivolous — **frívolamente** *adv*
**fronda** *nf* **1** : frond **2 frondas** *nfpl* : foliage
**frondoso, -sa** *adj* : leafy, luxuriant
**frontal** *adj* : frontal, head-on ⟨un choque frontal : a head-on collision⟩
**frontalmente** *adv* : head-on
**frontera** *nf* : border, frontier
**fronterizo, -za** *adj* : border, on the border ⟨estados fronterizos : neighboring states⟩
**frontón** *nm, pl* **frontones** **1** : jai alai **2** : jai alai court
**frotar** *vt* **1** : to rub **2** : to strike (a match) — **frotarse** *vr* : to rub (together)
**frote** *nm* : rubbing, rub
**fructífero, -ra** *adj* : fruitful, productive
**fructificar** {72} *vi* **1** : to bear or produce fruit **2** : to be productive
**fructuoso, -sa** *adj* : fruitful
**frugal** *adj* : frugal, thrifty — **frugalmente** *adv*
**frugalidad** *adj* : frugality
**fruncido** *nm* : gathering (of fabric)
**fruncir** {83} *vt* **1** : to gather (fabric) **2 fruncir el ceño** : to knit one's brow, to frown **3 fruncir la boca** : to pucker up, to purse one's lips
**frunza, etc.** → **fruncir**
**frustración** *nf, pl* **-ciones** : frustration

**frustrado, -da** *adj* **1** : frustrated **2** : failed, unsuccessful
**frustrante** *adj* : frustrating
**frustrar** *vt* : to frustrate, to thwart — **frustrarse** *vr* FRACASAR : to fail, to come to nothing ⟨se frustraron sus esperanzas : his hopes were dashed⟩
**fruta** *nf* : fruit
**frutal**[1] *adj* : fruit, fruit-bearing
**frutal**[2] *nm* : fruit tree
**frutería** *nf* : fruit store
**frutero**[1], **-ra** *n* : fruit seller
**frutero**[2] *nm* : fruit bowl
**frutilla** *nf* : South American strawberry
**fruto** *nm* **1** : fruit ⟨los frutos de la tierra : the fruits of the earth⟩ **2** : fruit, result ⟨los frutos de su trabajo : the fruits of his labor⟩
**fucsia** *adj & nm* : fuchsia
**fue, etc.** → **ir, ser**
**fuego** *nm* **1** : fire ⟨prender fuego a algo : to set something on fire⟩ ⟨jugar con fuego : to play with fire⟩ ⟨abrir fuego contra : to open fire on⟩ **2** : light ⟨¿tienes fuego? : have you got a light?⟩ **3** : flame, burner (on a stove) ⟨a fuego lento : on low heat⟩ **4** : ardor, passion **5** : skin eruption, cold sore **6 fuegos artificiales** : fireworks
**fuelle** *nm* : bellows
**fuente** *nf* **1** MANANTIAL : spring **2** : fountain **3** ORIGEN : source ⟨fuentes informativas : sources of information⟩ ⟨fuente de alimentación/energía : food/energy source⟩ **4** : platter, serving dish **5 fuente de noticias** : news feed **6 fuente de soda** : soda fountain
**fuera** *adv* **1** AFUERA : outside, out ⟨por fuera : on the outside⟩ ⟨hacia fuera : out, outside, outwards⟩ **2** : abroad, away **3** ~ **de** : out of, outside of, beyond ⟨fuera del alcance : out of reach⟩ ⟨fuera de peligro : out of danger⟩ **4** ~ **de** : besides, in addition to ⟨fuera de eso : aside from that⟩ **5 fuera de lugar** : out of place, amiss
**fuerce, fuerza etc.** → **forzar**
**fuero** *nm* **1** JURISDICCIÓN : jurisdiction **2** : privilege, exemption **3 fuero interno** : conscience, heart of hearts
**fuerte**[1] *adv* **1** : strongly, tightly, hard **2** : loudly **3** : abundantly
**fuerte**[2] *adj* **1** : strong ⟨brazos fuertes : strong arms⟩ **2** RESISTENTE : strong, sturdy **3** : intense (of pain, etc.), strong (of a drug, odor, etc.) **4** : powerful, strong (of wind), heavy (of rain) ⟨un fuerte golpe : a hard blow⟩ **5** : sharp, marked ⟨un fuerte incremento : a sharp increase⟩ **6** : loud ⟨hablar más fuerte : to speak up⟩ **7** : extreme, excessive **8 hacerse fuerte** : to pull oneself together — **fuertemente** *adv*
**fuerte**[3] *nm* **1** : fort, stronghold **2** : forte, strong point
**fuerza** *nf* **1** : strength ⟨tener fuerzas para : to have the strength to⟩ ⟨cobrar fuerza : to gather strength⟩ ⟨recuperar fuerzas : to get one's strength back⟩ ⟨con todas sus fuerzas : with all your might⟩ **2** VIOLENCIA : force ⟨fuerza bruta : brute force⟩ **3** : force, strength, power ⟨la fuerza del impacto : the force of the impact⟩ **4** : force, power ⟨fuerza de costumbre : force of habit⟩ ⟨fuerza de voluntad : willpower⟩ ⟨la fuerza de la razón : the power of reason⟩ **5** : (natural) force ⟨la fuerza de la gravedad : the force of gravity⟩ **6** : force ⟨fuerzas armadas/militares : armed/military forces⟩ ⟨fuerzas de seguridad : security forces⟩ ⟨fuerza pública, fuerzas del orden : police⟩ ⟨fuerza de trabajo : workforce⟩ **7 a fuerza de** : by, by dint of **8 a/por la fuerza** : by force, forcibly **9 con** ~ : hard, firmly, tightly **10 por** ~ : necessarily, unavoidably
**fuerza centrífuga** *nf* : centrifugal force
**fuete** *nm* : riding crop
**fuga** *nf* **1** HUIDA : flight, escape **2** : fugue **3** : leak ⟨fuga de gas : gas leak⟩
**fugarse** {52} *vr* **1** : to escape **2** HUIR : to flee, to run away **3** : to elope
**fugaz** *adj, pl* **fugaces** : brief, fleeting
**fugitivo, -va** *adj & n* : fugitive
**fulana** *nf disparaging* : hooker, slut *disparaging + offensive*
**fulano, -na** *n* : so-and-so, what's-his-name, what's-her-name ⟨fulano, mengano, y zutano : Tom, Dick, and Harry⟩ ⟨señora fulana de tal : Mrs. so-and-so⟩
**fulcro** *nm* : fulcrum
**fulgor** *nm* : brilliance, splendor
**fulminante** *adj* : devastating, terrible ⟨una mirada fulminante : a withering look⟩
**fulminar** *vt* : to strike down ⟨fulminar a alguien con la mirada : to look daggers at someone⟩
**fumador, -dora** *n* : smoker
**fumar** *v* : to smoke
**fumble** *nm* : fumble (in football)
**fumblear** *vt* : to fumble (in football)
**fumigar** {52} *vt* : to fumigate — **fumigación** *nf* — **fumigador, -dora** *n*
**función** *nf, pl* **funciones** **1** : function **2** : duty ⟨el presidente en funciones : the acting president⟩ **3** : performance, show **4 en función de** : according to
**funcional** *adj* : functional — **funcionalmente** *adv*
**funcionamiento** *nm* **1** : functioning **2 en** ~ : in operation
**funcionar** *vi* **1** : to function **2** : to run, to work
**funcionario, -ria** *n* : civil servant, official
**funda** *nf* **1** : case, cover, sheath **2** : pillowcase
**fundación** *nf, pl* **-ciones** : foundation, establishment
**fundado, -da** *adj* : well-founded, justified
**fundador, -dora** *n* : founder
**fundamental** *adj* BÁSICO : fundamental, basic — **fundamentalmente** *adv*
**fundamentalismo** *nm* : fundamentalism — **fundamentalista** *nmf*
**fundamentar** *vt* **1** : to lay the foundations for **2** : to support, to back up **3** : to base, to found
**fundamento** *nm* : basis, foundation, groundwork

**fundar** *vt* **1** ESTABLECER, INSTITUIR : to found, to establish **2** BASAR : to base — **fundarse** *vr* ~ **en** : to be based on, to stem from
**fundición** *nf, pl* **-ciones** **1** : founding, smelting **2** : foundry
**fundir** *vt* **1** : to melt down, to smelt **2** : to fuse, to merge **3** : to burn out (a lightbulb) — **fundirse** *vr* **1** : to fuse together, to blend, to merge **2** : to melt, to thaw **3** : to fade (in television or movies)
**fúnebre** *adj* **1** : funeral, funereal **2** LÚGUBRE : gloomy, mournful
**funeral**[1] *adj* : funeral
**funeral**[2] *nm* **1** : funeral **2 funerales** *nmpl* EXEQUIAS : funeral rites
**funeraria** *nf* **1** : funeral home, funeral parlor **2 director de funeraria** : funeral director, undertaker
**funerario, -ria** *adj* : funeral
**funesto, -ta** *adj* : terrible, disastrous ⟨consecuencias funestas : disastrous consequences⟩
**fungicida** *nm* : fungicide
**fungir** {35} *vi* : to act, to function ⟨fungir de asesor : to act as a consultant⟩
**funicular** *nm* : cable car (on a mountain)
**funja, etc.** → **fungir**
**furgón** *nm, pl* **furgones** **1** : van, truck **2** : freight car, boxcar **3 furgón de cola** : caboose
**furgoneta** *nf* : van
**furia** *nf* **1** CÓLERA, IRA : fury, rage **2** : violence, fury ⟨la furia de la tormenta : the fury of the storm⟩
**furibundo, -da** *adj* : furious
**furiosamente** *adv* : furiously, frantically
**furioso, -sa** *adj* **1** AIRADO : furious, irate **2** : intense, violent
**furor** *nm* **1** : fury, rage **2** : violence (of the elements) **3** : passion, frenzy **4** : enthusiasm ⟨hacer furor : to be all the rage⟩
**furtivo, -va** *adj* : furtive — **furtivamente** *adv*
**fuselaje** *nm* : fuselage
**fusible** *nm* : (electrical) fuse
**fusil** *nm* : rifle
**fusilar** *vt* **1** : to shoot, to execute (by firing squad) **2** *fam* : to plagiarize, to pirate
**fusilería** *nf* **1** : rifles *pl*, rifle fire **2 descarga de fusilería** : fusillade
**fusión** *nf, pl* **fusiones** **1** : fusion **2** : union, merger
**fusionar** *vt* **1** : to fuse **2** : to merge, to amalgamate — **fusionarse** *vr*
**fusta** *nf* : riding crop
**fuste** *nm* **1** : shaft **2 de fuste** : important, significant
**fustigar** {52} *vt* **1** AZOTAR : to whip, to lash **2** : to upbraid, to berate
**futbol** *or* **fútbol** *nm* **1** : soccer **2 futbol americano** : football
**futbolista** *nmf* : soccer player
**fútbol sala** *nm* : indoor soccer
**futesa** *nf* **1** : small thing, trifle **2 futesas** *nfpl* : small talk
**fútil** *adj* : trifling, trivial
**futón** *nm, pl* **-tones** : futon
**futurista** *adj* : futuristic
**futuro**[1], **-ra** *adj* : future
**futuro**[2] *nm* PORVENIR : future

# G

**g** *nf* : eighth letter of the Spanish alphabet
**gabán** *nm, pl* **gabanes** : topcoat, overcoat
**gabardina** *nf* **1** : gabardine **2** : trench coat, raincoat
**gabarra** *nf* : barge
**gabinete** *nm* **1** : cabinet (in government) **2** : study, office (in the home) **3** : (professional) office
**gablete** *nm* : gable
**gabonés, -nesa** *adj & n, mpl* **-neses** : Gabonese
**gacela** *nf* : gazelle
**gaceta** *nf* : gazette, newspaper
**gachas** *nfpl* : porridge
**gacho, -cha** *adj* **1** : drooping, turned downward **2** *Mex fam* : nasty, awful **3 ir a gachas** *fam* : to go on all fours
**gaélico**[1], **-ca** *adj* : Gaelic
**gaélico**[2] *nm* : Gaelic (language)
**gafas** *nfpl* ANTEOJOS : eyeglasses, glasses
**gafe** *nm Spain fam* : jinx, bad luck
**gaita** *nf* : bagpipes *pl*
**gajes** *nmpl* **gajes del oficio** : occupational hazards
**gajo** *nm* **1** : broken branch (of a tree) **2** : cluster, bunch (of fruit) **3** : segment (of citrus fruit)
**gala** *nf* **1** : gala ⟨vestido de gala : formal dress⟩ ⟨tener algo a gala : to be proud of something⟩ **2 galas** *nfpl* : finery, attire
**galáctico, -ca** *adj* : galactic
**galán** *nm, pl* **galanes** **1** : ladies' man, gallant **2** : leading man, hero **3** : boyfriend, suitor
**galano, -na** *adj* **1** : elegant **2** *Mex* : mottled
**galante** *adj* : gallant, attentive — **galantemente** *adv*
**galantear** *vt* **1** CORTEJAR : to court, to woo **2** : to flirt with
**galanteo** *nm* **1** CORTEJO : courtship **2** : flirtation, flirting
**galantería** *nf* **1** : gallantry, attentiveness **2** : compliment
**galápago** *nm* : aquatic turtle
**galardón** *nm, pl* **-dones** : award, prize
**galardonado, -da** *adj* : prizewinning
**galardonar** *vt* : to give an award to
**galaxia** *nf* : galaxy
**galeno** *nm fam* : physician, doctor
**galeón** *nm, pl* **galeones** : galleon
**galera** *nf* : galley
**galería** *nf* **1** : gallery, balcony (in a theater) ⟨galería comercial : shopping mall⟩ **2** : corridor, passage

**galerón** *nm, pl* **-rones** *Mex* : large hall
**galés**[1], **-lesa** *adj* : Welsh
**galés**[2], **-lesa** *n, mpl* **galeses** **1** : Welshman *m*, Welshwoman *f* **2 los galeses** : the Welsh
**galés**[3] *nm* : Welsh (language)
**galgo** *nm* : greyhound
**galimatías** *nms & pl* : gibberish, nonsense
**galio** *nm* : gallium
**gallardete** *nm* : pennant, streamer
**gallardía** *nf* **1** VALENTÍA : bravery **2** APOSTURA : elegance, gracefulness
**gallardo, -da** *adj* **1** VALIENTE : brave **2** APUESTO : elegant, graceful
**gallear** *vi* : to show off, to strut around
**gallego**[1], **-ga** *adj* **1** : Galician **2** *fam* : Spanish
**gallego**[2], **-ga** *n* **1** : Galician **2** *fam* : Spaniard
**galleta** *nf* **1** : cookie **2** : cracker
**gallina** *nf* **1** : hen **2 gallina de Guinea** : guinea fowl
**gallinazo** *nm* : vulture, buzzard
**gallinero** *nm* : chicken coop
**gallito, -ta** *adj fam* : cocky, belligerent
**gallo** *nm* **1** : rooster, cock **2** *fam* : squeak or crack in the voice **3** *Mex* : serenade **4 gallo de pelea** : gamecock
**galochas** *nfpl* : galoshes
**galón** *nm, pl* **galones** **1** : gallon **2** : stripe (military insignia)
**galopada** *nf* : gallop
**galopante** *adj* : galloping ⟨inflación galopante : galloping inflation⟩
**galopar** *vi* : to gallop
**galope** *nm* : gallop
**galpón** *nm, pl* **galpones** : shed, storehouse
**galvanizar** {21} *vt* : to galvanize — **galvanización** *nf*
**gama** *nf* **1** : range, spectrum, gamut **2** → **gamo**
**gamba** *nf Arg, Spain, Uru* : large shrimp, prawn
**gamberrada** *nf Spain* **1** : act of vandalism **2** : crude thing (to say or do)
**gamberro, -rra** *n Spain* : hooligan, troublemaker
**gambiano, -na** *adj & n* : Gambian
**gambito** *nm* : gambit (in chess)
**gamo, -ma** *n* : fallow deer
**gamuza** *nf* **1** : suede **2** : chamois
**gana** *nf* **1** : desire, inclination **2 con ~s** : enthusiastically, heartily ⟨trabajar con ganas : to work enthusiastically⟩ ⟨llover con ganas : to be pouring rain⟩ **3 darle ganas a alguien de hacer algo** : to make someone feel like doing something **4 de buena gana** : willingly, readily, gladly **5 de mala gana** : reluctantly, halfheartedly **6 tener ganas de hacer algo** : to feel like doing something ⟨tengo ganas de bailar : I feel like dancing⟩ **7 morirse de ganas de hacer algo** : to be dying to do something **8 ponerle ganas a algo** : to put effort into something **9 quedarse con las ganas (de hacer algo)** : to end up not doing something
**ganadería** *nf* **1** : cattle raising **2** : cattle ranch **3** GANADO : cattle *pl*, livestock
**ganadero**[1], **-ra** *adj* : cattle, ranching
**ganadero**[2], **-ra** *n* : rancher
**ganado** *nm* **1** : cattle *pl*, livestock **2 ganado ovino** : sheep *pl* **3 ganado porcino** : swine *pl*
**ganador**[1], **-dora** *adj* : winning
**ganador**[2], **-dora** *n* : winner
**ganancia** *nf* **1** : profit **2 ganancias** *nfpl* : winnings, gains
**ganancioso, -sa** *adj* : profitable
**ganar** *vt* **1** : to win **2** : to gain ⟨ganar tiempo : to buy time⟩ **3** : to earn ⟨ganar dinero : to make money⟩ **4** : to acquire, to obtain — *vi* **1** : to win **2** : to profit ⟨salir ganando : to come out ahead⟩ — **ganarse** *vr* **1** : to gain, to win ⟨ganarse a alguien : to win someone over⟩ **2** : to earn ⟨ganarse la vida : to make a living⟩ **3** : to deserve
**ganchillo** *nm* : crochet hook
**gancho** *nm* **1** : hook **2** : clothes hanger **3** : hairpin, bobby pin **4** *Col* : safety pin
**gandul**[1] *nm CA, Car, Col* : pigeon pea
**gandul**[2], **-dula** *n fam* : idler, lazybones
**gandulear** *vi* : to idle, to loaf, to lounge about
**ganga** *nf* : bargain
**ganglio** *nm* **1** : ganglion **2** : gland
**gangrena** *nf* : gangrene — **gangrenoso, -sa** *adj*
**gángster** *nmf, pl* **gángsters** : gangster
**gansada** *nf* : silly thing, nonsense
**ganso, -sa** *n* **1** : goose, gander *m* **2** : idiot, fool
**gañido** *nm* : yelp (of a dog)
**gañir** {38} *vi* : to yelp
**garabatear** *v* : to scribble, to scrawl, to doodle
**garabato** *nm* **1** : doodle **2 garabatos** *nmpl* : scribble, scrawl
**garaje** *nm* : garage
**garante** *nmf* : guarantor
**garantía** *nf* **1** : guarantee, warranty **2** : security ⟨garantía de trabajo : job security⟩
**garantizar** {21} *vt* : to guarantee
**garapiña** *nf* : pineapple drink
**garapiñar** *vt* : to candy
**garbanzo** *nm* : chickpea
**garbo** *nm* **1** DONAIRE : grace, poise **2** : jauntiness
**garboso, -sa** *adj* **1** : graceful **2** : elegant, stylish
**garceta** *nf* : egret
**gardenia** *nf* : gardenia
**garfio** *nm* : hook, gaff
**gargajo** *nm fam* : phlegm
**garganta** *nf* **1** : throat **2** : neck (of a person or a bottle) **3** : ravine, narrow pass
**gargantilla** *nf* : choker, necklace
**gárgara** *nf* **1** : gargle, gargling **2 hacer gárgaras** : to gargle
**gargarizar** *vi* : to gargle
**gárgola** *nf* : gargoyle
**garita** *nf* **1** : cabin, hut **2** : sentry box, lookout post
**garito** *nm* : gambling hall

**garoso, -sa** *adj Col, Ven* : gluttonous, greedy
**garra** *nf* **1** : claw **2** : hand, paw **3 garras** *nfpl* : claws, clutches ⟨caer en las garras de alguien : to fall into someone's clutches⟩
**garrafa** *nf* : decanter, carafe
**garrafal** *adj* : terrible, monstrous
**garrafón** *nm, pl* **-fones** : large decanter, large bottle
**garrapata** *nf* : tick
**garrobo** *nm CA* : large lizard, iguana
**garrocha** *nf* **1** PICA : lance, pike **2** : pole ⟨salto con/de garrocha : pole vault⟩
**garrotazo** *nm* : blow (with a club)
**garrote** *nm* **1** : club, stick **2** *Mex* : brake
**garúa** *nf* : drizzle
**garuar** {3} *v impers* LLOVIZNAR : to drizzle
**garza** *nf* : heron
**garzón, -zona** *n, mpl* **-zones** *Chile* : waiter *m*, waitress *f*
**gas** *nm* : gas, vapor, fumes *pl* ⟨gas lacrimógeno : tear gas⟩
**gasa** *nf* : gauze
**gasear** *vt* **1** : to gas **2** : to aerate (a liquid)
**gaseosa** *nf* REFRESCO : soda, soft drink
**gaseoso, -sa** *adj* **1** : gaseous **2** : carbonated, fizzy
**gasfitería** *nf Chile, Peru* : plumbing
**gasfitero, -ra** *n Chile, Peru* : plumber
**gasoducto** *nm* : gas pipeline
**gasoil** *nm* : diesel oil, fuel oil
**gasóleo** → **gasoil**
**gasolina** *nf* : gasoline, gas
**gasolinera** *nf* : gas station, service station
**gastado, -da** *adj* **1** : spent **2** : worn, worn-out
**gastador**[1], **-dora** *adj* : extravagant, spendthrift
**gastador**[2], **-dora** *n* : spendthrift
**gastar** *vt* **1** : to spend **2** CONSUMIR : to consume, to use up **3** : to squander, to waste **4** : to wear ⟨gasta un bigote : he sports a mustache⟩ — **gastarse** *vr* **1** : to spend, to expend **2** : to run down, to wear out
**gasto** *nm* **1** : expense, expenditure **2** DETERIORO : wear **3 gastos fijos/generales/indirectos** : overhead **4 cubrir gastos** : to cover costs, to break even **5 gastos de seguro** : insurance costs **6 gastos de la casa** : household expenses **7 gastos de viaje** : travel expenses **8 gastos de envío** : shipping and handling **9 gasto público** : public spending
**gástrico, -ca** *adj* : gastric
**gastronomía** *nf* : gastronomy
**gastronómico, -ca** *adj* : gastronomic
**gastrónomo, -ma** *n* : gourmet
**gatas** *adv* **andar a gatas** : to crawl, to go on all fours
**gatear** *vi* **1** : to crawl **2** : to climb, to clamber (up)
**gatillero** *nm Mex* : gunman
**gatillo** *nm* : trigger
**gatito, -ta** *n* : kitten
**gato**[1], **-ta** *n* **1** : cat ⟨gato manchado : calico cat⟩ ⟨gato montés : wildcat⟩ **2** ⟨aquí⟩ **hay gato encerrado** : there's something fishy going on (here) **3 dar gato por liebre a alguien** : to swindle someone **4 llevarse el gato al agua** : to pull it off, to manage it
**gato**[2] *nm* : jack (for an automobile)
**gauchada** *nf Arg, Uru* : favor, kindness
**gaucho** *nm* : gaucho
**gaveta** *nf* **1** CAJÓN : drawer **2** : till
**gavilán** *nm, pl* **-lanes** : sparrow hawk
**gavilla** *nf* **1** : gang, band **2** : sheaf
**gaviota** *nf* : gull, seagull
**gay** [ˈge, ˈgai] *adj* : gay (homosexual)
**gaza** *nf* : loop
**gazapo** *nm* **1** : young rabbit **2** : misprint, error
**gazmoñería** *nf* MOJIGATERÍA : prudery, primness
**gazmoño**[1], **-ña** *adj* : prudish, prim
**gazmoño**[2], **-ña** *n* MOJIGATO : prude, prig
**gaznate** *nm* : throat, gullet
**gazpacho** *nm* : gazpacho
**ge** *nf* : (letter) g
**géiser** *or* **géyser** *nm* : geyser
**gel** *nm* : gel
**gelatina** *nf* : gelatin
**gélido, -da** *adj* : icy, freezing cold
**gelificarse** *vr* : to jell
**gema** *nf* : gem
**gemelo**[1], **-la** *adj & n* MELLIZO : twin
**gemelo**[2] *nm* **1** : cuff link **2 gemelos** *nmpl* BINOCULARES : binoculars
**gemido** *nm* : moan, groan, wail
**Géminis**[1] *nm* : Gemini (sign or constellation)
**Géminis**[2] *nmf* : Gemini (person)
**gemir** {54} *vi* : to moan, to groan, to wail
**gen** *or* **gene** *nm* : gene
**gendarme** *nmf* POLICÍA : police officer, policeman *m*, policewoman *f*
**gendarmería** *nf* : police
**genealogía** *nf* : genealogy
**genealógico, -ca** *adj* : genealogical
**generación** *nf, pl* **-ciones** **1** : generation ⟨tercera generación : third generation⟩ **2** : generating, creating **3** : class ⟨la generación del '97 : the class of '97⟩
**generacional** *adj* : generation, generational
**generador** *nm* : generator
**general**[1] *adj* **1** : general **2 en ~** *or* **por lo general** : in general, generally
**general**[2] *nmf* **1** : general **2 general de división** : major general
**generalidad** *nf* **1** : generality, generalization **2** : majority
**generalización** *nf, pl* **-ciones** **1** : generalization **2** : escalation, spread
**generalizado, -da** *adj* : generalized, widespread
**generalizar** {21} *vi* : to generalize — *vt* : to spread, to spread out — **generalizarse** *vr* : to become widespread
**generalmente** *adv* : usually, generally
**generar** *vt* : to generate — **generarse** *vr*
**genérico, -ca** *adj* : generic
**género** *nm* **1** : genre, class, kind ⟨el género humano : the human race, mankind⟩ **2** : gender (in grammar) **3** : gender (of a person) ⟨identidad de género

: gender identity〉 **4 géneros** *nmpl* : goods, commodities **5 de género neutro** : gender-neutral

**generosidad** *nf* : generosity

**generoso, -sa** *adj* **1** : generous, unselfish **2** : ample — **generosamente** *adv*

**genética** *nf* : genetics

**genético, -ca** *adj* : genetic — **genéticamente** *adv*

**genetista** *nmf* : geneticist

**genial** *adj* **1** AGRADABLE : genial, pleasant **2** : brilliant 〈una obra genial : a work of genius〉 **3** *fam* FORMIDABLE : fantastic, terrific

**genialidad** *nf* **1** : genius **2** : stroke of genius **3** : eccentricity

**genio** *nm* **1** : genius **2** : temper, disposition 〈de mal genio : bad-tempered〉 **3** : genie

**genital** *adj* : genital

**genitales** *nmpl* : genitals

**genocidio** *nm* : genocide

**gente** *nf* **1** : people **2** : relatives *pl*, folks *pl* **3 gente menuda** *fam* : children, kids *pl* **4 ser buena gente** : to be nice, to be kind

**gentil¹** *adj* **1** AMABLE : kind **2** : gentile

**gentil²** *nmf* : gentile

**gentileza** *nf* **1** AMABILIDAD : kindness **2** CORTESÍA : courtesy

**gentilicio, -cia** *adj* **1** : national, tribal **2** : family

**gentilmente** *adv* : kindly

**gentío** *nm* MUCHEDUMBRE, MULTITUD : crowd, mob

**gentuza** *nf* CHUSMA : riffraff, rabble

**genuflexión** *nf, pl* **-xiones** **1** : genuflection **2 hacer una genuflexión** : to genuflect

**genuino, -na** *adj* : genuine — **genuinamente** *adv*

**geografía** *nf* : geography

**geográfico, -ca** *adj* : geographic, geographical — **geográficamente** *adv*

**geógrafo, -fa** *n* : geographer

**geología** *nf* : geology

**geológico, -ca** *adj* : geologic, geological — **geológicamente** *adv*

**geólogo, -ga** *n* : geologist

**geometría** *nf* : geometry

**geométrico, -ca** *adj* : geometric, geometrical — **geométricamente** *adv*

**geopolítico, -ca** *adj* : geopolitical

**georgiano, -na** *adj & n* : Georgian

**geranio** *nm* : geranium

**gerbo** *nm* : gerbil

**gerencia** *nf* : management, administration

**gerencial** *adj* : managerial

**gerente** *nmf* : manager, director

**geriatría** *nf* : geriatrics

**geriátrico, -ca** *adj* : geriatric

**germanio** *nm* : germanium

**germano, -na** *adj* : Germanic, German

**germen** *nm, pl* **gérmenes** : germ

**germicida** *nf* : germicide

**germinación** *nf, pl* **-ciones** : germination

**germinar** *vi* : to germinate, to sprout

**gerundio** *nm* : gerund

**gesta** *nf* : deed, exploit

**gestación** *nf, pl* **-ciones** : gestation

**gesticular** *vi* : to gesticulate — **gesticulación** *nf*

**gestión** *nf, pl* **gestiones** **1** TRÁMITE : procedure, step **2** ADMINISTRACIÓN : management **3 gestiones** *nfpl* : negotiations **4 gestión de datos** : data management

**gestionar** *vt* **1** : to negotiate, to work towards **2** ADMINISTRAR : to manage, to handle

**gesto** *nm* **1** ADEMÁN : gesture **2** : facial expression **3** MUECA : grimace

**gestor¹, -tora** *adj* : facilitating, negotiating, managing

**gestor², -tora** *n* : facilitator, manager

**géyser** → **géiser**

**ghanés, -nesa** *adj & n, mpl* **ghaneses** : Ghanaian

**ghetto** → **gueto**

**giba** *nf* **1** : hump (of an animal) **2** : person with a hump, hunchback *offensive*, humpback *offensive*

**gibón** *nm, pl* **gibones** : gibbon

**giboso¹, -sa** *adj* : hunchbacked, humpbacked

**giboso², -sa** *n* : person with a hump, hunchback *offensive*, humpback *offensive*

**giga¹** *nf* : jig

**giga²** *nmf fam* : gig, gigabyte

**gigabyte** *nm* : gigabyte

**gigante¹** *adj* : giant, gigantic

**gigante², -ta** *n* : giant

**gigantesco, -ca** *adj* : gigantic, huge

**gime, etc.** → **gemir**

**gimnasia** *nf* : gymnastics

**gimnasio** *nm* : gymnasium, gym

**gimnasta** *nmf* : gymnast

**gimnástico, -ca** *adj* : gymnastic

**gimotear** *vi* LLORIQUEAR : to whine, to whimper

**gimoteo** *nm* : whimpering

**ginebra** *nf* : gin

**ginecología** *nf* : gynecology

**ginecológico, -ca** *adj* : gynecologic, gynecological

**ginecólogo, -ga** *n* : gynecologist

**ginseng** *nm* : ginseng

**gira** *nf* : tour

**giralda** *nf* : weather vane

**girar** *vi* **1** : to turn around, to revolve **2** : to swing around, to swivel — *vt* **1** : to turn, to twist, to rotate **2** : to draft (checks) **3** : to transfer (funds)

**girasol** *nm* MIRASOL : sunflower

**giratorio, -ria** *adj* : revolving

**giro** *nm* **1** VUELTA : turn, rotation **2** : change of direction 〈giro de 180 grados, giro en U : U-turn, about-face〉 **3 giro bancario** : bank draft **4 giro postal** : money order

**giroscopio** *or* **giróscopo** *nm* : gyroscope

**gis** *nm Mex* : chalk

**gitano, -na** *adj & n* : Gypsy *sometimes offensive*

**glacial** *adj* : glacial, icy — **glacialmente** *adv*

**glaciar** *nm* : glacier

**gladiador** *nm* : gladiator

**gladiolo** *or* **gladíolo** *nm* : gladiolus
**glamping** [ˈglampiŋ] *nm fam* : glamping
**glándula** *nf* : gland — **glandular** *adj*
**glaseado** *nm* : glaze, icing
**glasear** *vt* : to glaze
**glaucoma** *nm* : glaucoma
**glena** *nf* : socket
**glicerina** *nf* : glycerin
**glicinia** *nf* : wisteria
**global** *adj* **1** : global, worldwide **2** : full, comprehensive **3** : total, overall
**globalizar** {21} *vt* **1** ABARCAR : to include, to encompass **2** : to extend worldwide — **globalización** *nf*
**globalmente** *adv* : globally, as a whole
**globo** *nm* **1** : globe, sphere **2** : balloon **3 globo ocular** : eyeball
**glóbulo** *nm* **1** : globule **2** : blood cell, corpuscle
**gloria** *nf* **1** : glory **2** : fame, renown **3** : delight, enjoyment **4** : star, legend ⟨las glorias del cine : the great names in motion pictures⟩
**glorieta** *nf* **1** : rotary, traffic circle **2** : bower, arbor **3** : gazebo
**glorificar** {72} *vt* ALABAR : to glorify — **glorificación** *nf*
**glorioso, -sa** *adj* : glorious — **gloriosamente** *adv*
**glosa** *nf* **1** : gloss **2** : annotation, commentary
**glosar** *vt* **1** : to gloss **2** : to annotate, to comment on (a text)
**glosario** *nm* : glossary
**glotón¹, -tona** *adj, mpl* **glotones** : gluttonous
**glotón², -tona** *n, mpl* **glotones** : glutton
**glotón³** *nm, pl* **glotones** : wolverine
**glotonería** *nf* GULA : gluttony
**glucosa** *nf* : glucose
**glutinoso, -sa** *adj* : glutinous
**gnomo** [ˈnomo] *nm* : gnome
**gobernación** *nf, pl* **-ciones** : governing, government
**gobernador, -dora** *n* : governor
**gobernante¹** *adj* : ruling, governing
**gobernante²** *nmf* : ruler, leader, governor
**gobernar** {55} *vt* **1** : to govern, to rule **2** : to steer, to sail (a ship) — *vi* **1** : to govern **2** : to steer
**gobierno** *nm* : government
**goce¹, etc.** → **gozar**
**goce²** *nm* **1** PLACER : enjoyment, pleasure **2** : use, possession
**gol** *nm* : goal (in soccer)
**goleada** *nf* : rout, defeat (in sports)
**goleador, -dora** *n* : scorer (of goals) ⟨el máximo goleador del equipo : the team's top scorer⟩
**golear** *vt* : to rout, to score many goals against (in soccer)
**goleta** *nf* : schooner
**golf** *nm* : golf
**golfista** *nmf* : golfer
**golfo** *nm* : gulf, bay
**golondrina** *nf* **1** : swallow (bird) **2 golondrina de mar** : tern
**golosina** *nf* : sweet, snack
**goloso, -sa** *adj* : fond of sweets ⟨ser goloso : to have a sweet tooth⟩
**golpazo** *nm* : heavy blow, bang, thump
**golpe** *nm* **1** : blow ⟨caerle/cogerle a golpes a alguien : to give someone a beating⟩ ⟨darse un golpe en la cabeza : to hit one's head⟩ **2** : knock **3** : job, heist ⟨dar el golpe : to do the job⟩ **4 de ~** : suddenly **5 de un golpe** : all at once, in one fell swoop **6 golpe de estado** : coup, coup d'etat **7 golpe de gracia** : coup de grâce **8 golpe de suerte** : stroke of luck **9 golpe de viento** : gust of wind **10 no dar/pegar (ni) golpe** : not to lift a finger, not to do a bit of work
**golpeado, -da** *adj* **1** : beaten, hit **2** : bruised (of fruit) **3** : dented
**golpear** *vt* **1** : to beat (up), to hit **2** : to slam, to bang, to strike — *vi* **1** : to knock (at a door) **2** : to beat ⟨la lluvia golpeaba contra el tejado : the rain beat against the roof⟩ — **golpearse** *vr*
**golpetear** *v* : to knock, to rattle, to tap
**golpeteo** *nm* : banging, knocking, tapping
**golpista¹** *adj* **1** : coup, coup-related ⟨intentona golpista : attempted coup, coup attempt⟩ **2** : pro-coup
**golpista²** *mf* **1** : coup supporter **2** : military insurgent
**golpiza** *nf* : beating, pummeling
**goma** *nf* **1** : gum ⟨goma de mascar : chewing gum⟩ ⟨goma de pegar : glue⟩ **2** CAUCHO : rubber ⟨goma espuma : foam rubber⟩ **3** PEGAMENTO : glue **4** : rubber band **5** *Arg* : tire **6** *or* **goma de borrar** : eraser **6** *CA fam* : hangover
**gomina** *nf* : hair gel
**gomita** *nf* : rubber band
**gomoso, -sa** *adj* : gummy, sticky
**góndola** *nf* : gondola
**gong** *nm* : gong
**gonorrea** *nf* : gonorrhea
**googlear** [guɡleˈar] *vt* (*Google*, marca registrada) : to google
**gorda** *nf Mex* : thick corn tortilla
**gordinflón¹, -flona** *adj, mpl* **-flones** *fam* : chubby, pudgy
**gordinflón², -flona** *n, mpl* **-flones** *fam* : chubby person
**gordo¹, -da** *adj* **1** : fat **2** : thick **3** : fatty, greasy, oily **4** : unpleasant ⟨me cae gorda tu tía : I can't stand your aunt⟩
**gordo², -da** *n* : fat person
**gordo³** *nm* **1** GRASA : fat **2** : jackpot
**gordura** *nf* : fatness, flab
**gorgojo** *nm* : weevil
**gorgorito** *nm* : trill
**gorgotear** *vi* : to gurgle, to bubble
**gorgoteo** *nm* : gurgle
**gorila** *nm* **1** : gorilla **2** *Spain fam* : bouncer
**gorjear** *vi* **1** : to chirp, to tweet, to warble **2** : to gurgle
**gorjeo** *nm* **1** : chirping, warbling **2** : gurgling
**gorra** *nf* **1** : bonnet **2** : cap **3 de ~** *fam* : for free, at someone else's expense ⟨vivir de gorra : to sponge, to freeload⟩
**gorrear** *vt fam* : to bum, to scrounge — *vi fam* : to freeload

**gorrero, -ra** *n fam* : freeloader, sponger
**gorrión** *nm, pl* **gorriones** : sparrow
**gorro** *nm* **1** : cap ⟨gorro de ducha : shower cap⟩ **2 estar hasta el gorro** : to be fed up
**gorrón, -rrona** *n, mpl* **gorrones** *fam* : freeloader, scrounger
**gorronear** *vt fam* : to bum, to scrounge — *vi fam* : to freeload
**gota** *nf* **1** : drop ⟨una gota de sudor : a bead of sweat⟩ ⟨como dos gotas de agua : like two peas in a pod⟩ ⟨sudar la gota gorda : to sweat buckets, to work very hard⟩ **2** : gout
**gotear** *v* **1** : to drip **2** : to leak — *v impers* LLOVIZNAR : to drizzle
**goteo** *nm* : drip, dripping
**gotera** *nf* **1** : leak **2** : stain (from dripping water)
**gotero** *nm* : (medicine) dropper
**gótico, -ca** *adj* : Gothic
**gourmet** *nmf* : gourmet
**gozar** {21} *vi* **1** : to enjoy oneself, to have a good time **2 ~ de** : to enjoy, to have, to possess ⟨gozar de buena salud : to enjoy good health⟩ **3 ~ con** : to take delight in
**gozne** *nm* BISAGRA : hinge
**gozo** *nm* **1** : joy **2** PLACER : enjoyment, pleasure
**gozoso, -sa** *adj* : joyful
**GPS** [hepeˈese] *nm, pl* **GPS** : GPS
**grabación** *nf, pl* **-ciones** : recording
**grabado** *nm* **1** : engraving **2 grabado al aguafuerte** : etching
**grabador, -dora** *n* **1** : engraver **2** → **grabadora**
**grabadora** *nf* : recorder, tape recorder ⟨grabadora de DVD : DVD recorder⟩
**grabar** *vt* **1** : to engrave **2** : to record, to tape — *vi* **grabar al aguafuerte** : to etch — **grabarse** *vr* **grabársele a alguien en la memoria** : to become engraved on someone's mind
**gracia** *nf* **1** : grace ⟨lo hizo con gracia : she did it gracefully⟩ ⟨una casa con mucha gracia : a very stylish/elegant house⟩ **2** : favor, kindness ⟨por la gracia de Dios : by the grace of God⟩ **3** : humor, wit ⟨su comentario no me hizo gracia : I wasn't amused by his remark⟩ ⟨tener gracia : to be funny⟩ **4** : grace, respite ⟨una semana de gracia : a week's grace⟩ ⟨período de gracia : grace period⟩ **5 gracias** *nfpl* : thanks ⟨¡gracias! : thank you!⟩ ⟨dar gracias : to give thanks⟩
**grácil** *adj* **1** : graceful **2** : delicate, slender, fine
**gracilidad** *nm* : gracefulness
**gracioso, -sa** *adj* **1** CHISTOSO : funny, amusing **2** : cute, attractive
**grada** *nf* **1** : harrow **2** PELDAÑO : step, stair **3 gradas** *nfpl* : bleachers, grandstand
**gradación** *nf, pl* **-ciones** : gradation, scale
**gradar** *vt* : to harrow, to hoe
**gradería** *nf* : tiers *pl*, stands *pl*, rows *pl* (in a theater)
**gradiente** *nf* : gradient, slope
**grado** *nm* **1** : degree (in meteorology and mathematics) ⟨grado centígrado : degree centigrade⟩ **2** : extent, level, degree ⟨en grado sumo : greatly, to the highest degree⟩ **3** RANGO : rank **4** : year, class (in education) **5 de buen grado** : willingly, readily
**graduable** *adj* : adjustable
**graduación** *nf, pl* **-ciones** **1** : graduation (from a school) **2** GRADO : rank **3** : alcohol content, proof
**graduado**[1], **-da** *adj* **1** : graduated **2 lentes graduados** : prescription lenses
**graduado**[2], **-da** *n* : graduate
**gradual** *adj* : gradual — **gradualmente** *adv*
**graduar** {3} *v* **1** : to regulate, to adjust **2** CALIBRAR : to calibrate, to gauge — **graduarse** *vr* : to graduate (from a school)
**graffiti** *or* **grafiti** *nmpl* : graffiti *pl*
**gráfica** *nf* → **gráfico**[2]
**gráfico**[1], **-ca** *adj* : graphic — **gráficamente** *adv*
**gráfico**[2] *nm* **1** : graph, chart **2** : graphic (for a computer, etc.) **3 gráfico de barras** : bar graph
**grafismo** *nm* : graphics *pl*
**grafito** *nm* : graphite
**gragea** *nf* **1** : coated pill or tablet **2 grageas** *nfpl* : sprinkles, jimmies
**grajo** *nm* : rook (bird)
**grama** *nf* : grass
**gramática** *nf* : grammar
**gramatical** *adj* : grammatical — **gramaticalmente** *adv*
**gramilla** *f* : crabgrass
**gramo** *nm* : gram
**gran** → **grande**
**grana** *nf* : scarlet, deep red
**granada** *nf* **1** : pomegranate **2** : grenade ⟨granada de mano : hand grenade⟩
**granaderos** *nmpl Mex* : riot squad
**granadino, -na** *adj & n* : Grenadian
**granado, -da** *adj* **1** DISTINGUIDO : distinguished **2** : choice, select
**granate** *nm* **1** : garnet **2** : deep red, maroon
**grande** *adj* (**gran** *before singular nouns*) **1** : large, big ⟨un libro grande : a big book⟩ ⟨un grupo grande : a large group⟩ ⟨grandes cantidades : large quantities⟩ ⟨grandes corporaciones : big corporations⟩ ⟨esta camisa me queda grande : this shirt's (too) big on me⟩ **2** ALTO : tall ⟨¡qué grande estás! : look how much you've grown!⟩ **3** NOTABLE : great ⟨un gran autor : a great writer⟩ **4** (*indicating significance*) : big ⟨un gran error : a big mistake⟩ ⟨su gran oportunidad : his big chance⟩ **5** (*indicating degree*) : great, big ⟨con gran placer : with great pleasure⟩ ⟨un gran éxito : a big/great success⟩ ⟨a gran velocidad : at great speed⟩ ⟨grandes amigos : great friends⟩ ⟨un gran admirador : a great/big admirer, a big fan⟩ **6** : old, grown-up, big ⟨hijos grandes : grown children⟩ ⟨ya eres (una niña/un niño) grande

: you're a big girl/boy now⟩ **7 a lo grande** : in style

**grandeza** *nf* **1** MAGNITUD : greatness, size **2** : nobility **3** : generosity, graciousness **4** : grandeur, magnificence

**grandilocuencia** *nf* : bombast

**grandilocuente** *adj* : bombastic

**grandiosidad** *nf* : grandeur

**grandioso, -sa** *adj* **1** MAGNÍFICO : grand, magnificent **2** : grandiose

**granel** *adv* **1 a ~** : galore, in great quantities **2 a ~** : in bulk ⟨vender a granel : to sell in bulk⟩

**granero** *nm* : barn, granary

**granito** *nm* : granite

**granizada** *nf* : hailstorm

**granizado** *nm* : drink made with crushed ice

**granizar** {21} *v impers* : to hail

**granizo** *nm* : hail

**granja** *nf* : farm

**granjear** *vt* : to earn, to win — **granjearse** *vr* : to gain, to earn

**granjero, -ra** *n* : farmer

**grano** *nm* **1** PARTÍCULA : grain, particle ⟨un grano de arena : a grain of sand⟩ **2** : grain (of rice, etc.), bean (of coffee), seed **3** : grain (of wood or rock) **4** BARRO, ESPINILLA : pimple **5 apartar el grano de la paja** *fam* : to separate the wheat from the chaff **6 ir al grano** : to get to the point

**granoso, -sa** *adj* : grainy

**granuja** *nmf* PILLUELO : rascal, urchin

**granular** *adj* : granular, grainy

**granularse** *vr* : to break out in spots

**granuloso, -sa** → **granular**

**granza** *nf* : chaff

**grapa** *nf* **1** : staple **2** : clamp

**grapadora** *nf* ENGRAPADORA : stapler

**grapar** *vt* ENGRAPAR : to staple

**grasa** *nf* **1** : grease **2** : fat **3** *Mex* : shoe polish

**grasiento, -ta** *adj* : greasy, oily

**graso, -sa** *adj* **1** : fatty **2** : greasy, oily

**grasoso, -sa** *adj* GRASIENTO : greasy, oily

**gratificación** *nf, pl* **-ciones** **1** SATISFACCIÓN : gratification **2** : bonus **3** RECOMPENSA : recompense, reward

**gratificante** *adj* : satisfying, gratifying

**gratificar** {72} *vt* **1** SATISFACER : to satisfy, to gratify **2** RECOMPENSAR : to reward **3** : to give a bonus to

**gratinado, -da** *adj* : au gratin

**gratis**[1] *adv* GRATUITAMENTE : free, for free, gratis

**gratis**[2] *adj* GRATUITO : free, gratis

**gratitud** *nf* : gratitude

**grato, -ta** *adj* AGRADABLE, PLACENTERO : pleasant, agreeable — **gratamente** *adv*

**gratuitamente** *adv* **1** : gratuitously **2** GRATIS : free, for free, gratis

**gratuito, -ta** *adj* **1** : gratuitous, unwarranted **2** GRATIS : free, gratis

**grava** *nf* : gravel

**gravamen** *nm, pl* **-vámenes** **1** : burden, obligation **2** : (property) tax

**gravar** *vt* **1** : to burden, to encumber **2** : to levy (a tax)

**grave** *adj* **1** : grave, important **2** : serious, somber **3** : serious (of an illness)

**gravedad** *nf* **1** : gravity ⟨centro de gravedad : center of gravity⟩ **2** : seriousness, severity, gravity

**gravemente** *adv* : gravely, seriously

**gravilla** *nf* : (fine) gravel

**gravitación** *nf, pl* **-ciones** : gravitation

**gravitacional** *adj* : gravitational

**gravitar** *vi* **1** : to gravitate **2 ~ sobre** : to rest on **3 ~ sobre** : to loom over

**gravoso, -sa** *adj* **1** ONEROSO : burdensome, onerous **2** : costly

**graznar** *vi* : to caw, to honk, to quack, to squawk

**graznido** *nm* : cawing, honking, quacking, squawking

**gregario, -ria** *adj* : gregarious

**gremial** *adj* SINDICAL : union, labor

**gremialista** *nmf* : union supporter

**gremio** *nm* SINDICATO : union, guild

**greña** *nf* **1** : mat, tangle **2 greñas** *nfpl* MELENAS : shaggy hair, mop

**greñudo, -da** *n* HIPPIE, MELENUDO : hippie

**gresca** *nf fam* : fight, ruckus

**grey** *nf* : congregation, flock

**griego**[1], **-ga** *adj & n* : Greek

**griego**[2] *nm* : Greek (language)

**grieta** *nf* : crack, crevice

**grifo** *nm* **1** : faucet ⟨agua del grifo : tap water⟩ **2** *Peru* : gas station

**grillete** *nm* : shackle

**grillo** *nm* **1** : cricket **2 grillos** *nmpl* : fetters, shackles

**grima** *nf* **1** : disgust, uneasiness **2 darle grima a alguien** : to get on someone's nerves

**gringo, -ga** *adj & n often disparaging* YANQUI : Yankee, gringo *often disparaging*

**gripa** *nf Col, Mex* : flu

**gripe** *nf* : flu

**gris** *adj* **1** : gray **2** : overcast, cloudy

**grisáceo, -cea** *adj* : grayish

**grisín** *nm, pl* **grisines** *Arg, Uru* : breadstick

**gritar** *v* : to shout, to scream, to cry

**griteria** *nf* : shouting, clamor

**grito** *nm* **1** : shout, scream, cry ⟨a grito pelado : at the top of one's voice⟩ **2 ser el último grito** : to be the latest fashion

**groenlandés, -desa** *adj & n* : Greenlander

**grogui** *adj fam* : dazed, groggy

**grosella** *nf* **1** : currant **2 grosella espinosa** : gooseberry

**grosería** *nf* **1** : insult, coarse language **2** : rudeness, discourtesy

**grosero**[1], **-ra** *adj* **1** : rude, fresh **2** : coarse, vulgar — **groseramente** *adv*

**grosero**[2], **-ra** *n* : rude person

**grosor** *nm* : thickness

**grosso** *adj* **a grosso modo** : roughly, broadly, approximately

**grotesco, -ca** *adj* : grotesque, hideous

**grúa** *nf* **1** : crane (machine) **2** : tow truck

**gruesa** *nf* : gross

**grueso**[1], **-sa** *adj* **1** : thick, bulky **2** : heavy, big **3** : stout

**grueso**[2] *nm* **1** : thickness **2** : main body, mass **3 en ~** : in bulk

**grulla** *nf* : crane (bird)
**grumo** *nm* : lump, glob
**gruñido** *nm* : growl, grunt
**gruñir** {38} *vi* **1** : to growl, to grunt **2** : to grumble
**gruñón**[1], **-ñona** *adj, mpl* **gruñones** *fam* : grumpy, crabby
**gruñón**[2], **-ñona** *n, mpl* **gruñones** *fam* : grumpy person, nag
**grupa** *nf* : rump, hindquarters *pl*
**grupo** *nm* : group
**gruta** *nf* : grotto, cave
**guacal** *nm Col, Mex, Ven* : crate
**guacamayo** *nm* : macaw
**guacamole** *or* **guacamol** *nm* : guacamole
**guacamote** *nm Mex* : manioc, cassava
**guachimán** *nm, pl* **-manes** *fam* : watchman
**guachinango** → **huachinango**
**guacho, -cha** *adj* **1** *Arg, Col, Chile, Peru* : orphaned **2** *Chile, Peru* : odd (of a shoe, glove, etc.)
**guadaña** *nf* : scythe
**guagua** *nf* **1** *Arg, Col, Chile, Peru* : baby **2** *Cuba, PRi* : bus
**guaira** *nf* **1** *CA* : traditional flute **2** *Peru* : smelting furnace
**guajiro, -ra** *n Cuba* : peasant
**guajolote** *nm Mex* : turkey
**guanábana** *nf* : soursop (fruit)
**guanaco** *nm* : guanaco (South American mammal)
**guandú** *nm, pl* **guandú** *or* **guandúes** *CA, Car, Col* : pigeon pea
**guango, -ga** *adj Mex* **1** : loose-fitting, baggy **2** : slack, loose
**guano** *nm* : guano
**guante** *nm* **1** : glove ⟨guante de boxeo : boxing glove⟩ **2 arrojarle el guante (a alguien)** : to throw down the gauntlet (to someone)
**guantelete** *nm* : gauntlet
**guantera** *nf* : glove compartment
**guapo, -pa** *adj* **1** : handsome, good-looking, attractive **2** : elegant, smart **3** *fam* : bold, dashing
**guarache** → **huarache**
**guarachear** *vi Cuba, PRi fam* : to go on a spree, to go out on the town
**guarangada** *nf Arg, Uru fam* : rude or insulting remark
**guaraní**[1] *nmf, pl* **-níes** : Guarani (person) — **guaraní** *adj*
**guaraní**[2] *nm* **1** : Guarani (language of Paraguay) **2** : guarani (Paraguayan unit of currency)
**guarda** *nmf* **1** GUARDIÁN : security guard **2** : keeper, custodian
**guardabarros** *nms & pl* : fender, mudguard
**guardabosque** *nmf* : forest ranger, gamekeeper
**guardacostas**[1] *nmfs & pl* : member of the coast guard
**guardacostas**[2] *nms & pl* : coast guard vessel
**guardaespaldas** *nmfs & pl* : bodyguard
**guardafangos** *nms & pl* : fender
**guardameta** *nmf* ARQUERO, PORTERO : goalkeeper, goalie
**guardapelo** *nm* : locket
**guardapolvo** *nm* **1** : dustcover **2** : duster, housecoat
**guardar** *vt* **1** : to guard **2** : to maintain, to preserve **3** CONSERVAR : to put away **4** RESERVAR : to save **5** : to keep (a secret or promise) — **guardarse** *vr* **1** ~ **de** : to refrain from **2** ~ **de** : to guard against, to be careful not to
**guardarropa** *nm* **1** : coat check **2** ARMARIO : closet, wardrobe
**guardavallas** *nmf* : goalkeeper
**guardería** *nf* : nursery, day-care center
**guardia**[1] *nf* **1** : guard, defense **2** : guard duty, watch **3 en** ~ : on guard
**guardia**[2] *nmf* **1** : sentry, guard **2** : police officer, policeman *m*, policewoman *f*
**guardiamarina** *nmf* : midshipman
**guardián, -diana** *n, mpl* **guardianes** **1** GUARDA : security guard, watchman **2** : guardian, keeper **3 perro guardián** : watchdog
**guarecer** {53} *vt* : to shelter, to protect — **guarecerse** *vr* : to take shelter
**guarida** *nf* **1** : den, lair **2** : hideout
**guarismo** *nm* : figure, numeral
**guarnecer** {53} *vt* **1** : to adorn **2** : to garnish **3** : to garrison
**guarnición** *nf, pl* **-ciones** **1** : garnish **2** : garrison **3** : decoration, trimming, setting (of a jewel)
**guaro** *nm CA* : liquor distilled from sugarcane
**guarrada** *nf Spain fam* **1** : filthy mess **2** : dirty trick **3 decir guarradas** : to say filthy/disgusting things, to be vulgar
**guarro**[1], **-ra** *adj Spain fam* : dirty, filthy
**guarro**[2], **-ra** *n Spain fam* : filthy, disgusting, or vulgar person
**guarura** *nm Mex fam* : bodyguard
**guasa** *nf fam* **1** : joking, fooling around **2 de** ~ : in jest, as a joke
**guasón**[1], **-sona** *adj, mpl* **guasones** *fam* : funny, witty
**guasón**[2], **-sona** *n, mpl* **guasones** *fam* : joker, clown
**guatemalteco, -ca** *adj & n* : Guatemalan
**guau** *interj* : wow!
**guay** *adj Spain fam* : cool, neat, great
**guayaba** *nf* : guava (fruit)
**guayín** *nm, pl* **guayines** *Mex* : station wagon
**gubernamental** *adj* : governmental
**gubernativo, -va** → **gubernamental**
**gubernatura** *nf Mex* : governing body
**guepardo** *nm* : cheetah
**güero, -ra** *adj Mex* : blond, fair
**guerra** *nf* **1** : war ⟨declarar la guerra : to declare war⟩ ⟨estar en guerra : to be at war⟩ ⟨guerra sin cuartel : all-out war⟩ ⟨guerra civil/nuclear : civil/nuclear war⟩ ⟨hacer la guerra : to wage war⟩ **2** : warfare ⟨guerra de guerrillas : guerrilla warfare⟩ ⟨guerra biológica : biological warfare⟩ **3** LUCHA : conflict, struggle ⟨guerra a muerte : fight to the death⟩ **4 dar guerra** *fam* : to be annoying, to cause trouble
**guerrear** *vi* : to wage war
**guerrero**[1], **-ra** *adj* **1** : war, fighting **2** : warlike
**guerrero**[2], **-ra** *n* : warrior

**guerrilla** *nf* : guerrilla warfare
**guerrillero, -ra** *adj & n* : guerrilla
**gueto** *nm* : ghetto
**guía**[1] *nf* **1** : directory, guidebook **2** ORIENTACIÓN : guidance, direction ⟨la conciencia me sirve como guía : conscience is my guide⟩
**guía**[2] *nmf* : guide, leader ⟨guía de turismo : tour guide⟩
**guiar** {85} *vt* **1** : to guide, to lead **2** CONDUCIR : to manage — **guiarse** *vr* : to be guided by, to go by
**guija** *nf* : pebble
**guijarro** *nm* : pebble
**guillotina** *nf* : guillotine — **guillotinar** *vt*
**guinda**[1] *adj & nm Mex* : maroon (color)
**guinda**[2] *nf* : morello (cherry)
**guindilla** *nf* : chili
**guineo** *nm Car* : banana
**guinga** *nf* : gingham
**guiñada** → **guiño**
**guiñar** *vi* : to wink
**guiño** *nm* : wink
**guiñol** *nm* : puppet theater
**guión** *nm, pl* **guiones** **1** : script, screenplay **2** : hyphen, dash **3** ESTANDARTE : standard, banner
**guionista** *nmf* : scriptwriter
**guirnalda** *nf* : garland
**guisa** *nf* **1** : manner, fashion **2 a guisa de** : like, by way of **3 de tal guisa** : in such a way
**guisado** ESTOFADO *nm* : stew
**guisante** *nm* : pea
**guisar** *vt* **1** ESTOFAR : to stew **2** *Spain* : to cook
**guiso** *nm* **1** : stew **2** : casserole
**güisqui** → **whisky**
**guita** *nf* : string, twine
**guitarra** *nf* : guitar
**guitarrista** *nmf* : guitarist
**gula** *nf* GLOTONERÍA : gluttony, greed
**guppy** *nm* : guppy
**gusano** *nm* **1** LOMBRIZ : worm, earthworm ⟨gusano de seda : silkworm⟩ **2** : caterpillar, maggot, grub
**gustar** *vt* **1** : to taste **2** : to like ⟨¿gustan pasar? : would you like to come in?⟩ — *vi* **1** : to be pleasing ⟨me gustan los dulces : I like sweets⟩ ⟨a María le gusta Carlos : Maria is attracted to Carlos⟩ ⟨no me gusta que me griten : I don't like to be yelled at⟩ **2 ~ de** : to like, to enjoy ⟨no gusta de chismes : she doesn't like gossip⟩ **3 como guste** : as you wish, as you like
**gustativo, -va** *adj* : taste ⟨papilas gustativas : taste buds⟩
**gusto** *nm* **1** : flavor, taste ⟨tiene gusto a chocolate : it tastes like chocolate⟩ **2** : taste, style ⟨de buen/mal gusto : in good/bad taste⟩ ⟨no es de mi gusto : it's not to my taste⟩ **3** : pleasure, liking ⟨tener el gusto de : to have the pleasure of⟩ ⟨con mucho gusto : gladly, with pleasure⟩ ⟨dar gusto : to be a pleasure⟩ ⟨darse el gusto de : to treat oneself to⟩ **4** : whim, fancy ⟨a gusto : at will⟩ **5 a ~** : comfortable, at ease **6 al gusto** : to taste, as one likes **7 mucho gusto** : pleased to meet you **8 por ~** : for pleasure
**gustosamente** *adv* : gladly
**gustoso, -sa** *adj* **1** : willing, glad ⟨nuestra empresa participará gustosa : our company will be pleased to participate⟩ **2** : zesty, tasty
**gutural** *adj* : guttural

# H

**h** *nf* : ninth letter of the Spanish alphabet
**ha** → **haber**
**haba** *nf* : broad bean
**habanero**[1], **-ra** *adj* : of or from Havana
**habanero**[2], **-ra** *n* : native or resident of Havana
**habano, -na** *n* **1** → **habanero** **2** : cigar from Havana
**haber**[1] {39} *v aux* **1** : have, has ⟨no ha llegado el envío : the shipment hasn't arrived⟩ ⟨de haberlo sabido : if I had known⟩ ⟨debería haberlo pensado : I should have thought of it⟩ **2 ~ de** : must ⟨ha de ser tarde : it must be late⟩ — *v impers* (**hay** *in the present indicative*) **1** : there is, there are ⟨hay dos mensajes : there are two messages⟩ ⟨¿hay postre? : do you have any dessert?⟩ ⟨hubo muchos errores : there were a lot of errors⟩ ⟨ha habido varios casos : there have been various cases⟩ **2 hay que** : it is necessary ⟨hay que trabajar más rápido : you/we (etc.) have to work faster⟩ ⟨habrá que hacerlo : it will have to be done⟩ ⟨hubo que esperar : we had to wait⟩ **3 no hay de qué** : you're welcome, don't mention it **4 ¿qué hay?** *fam* : what's up?, how are things? **5 ¿qué hay de nuevo?** *fam* : what's new?
**haber**[2] *nm* **1** : assets *pl* **2** : credit, credit side **3 haberes** *nmpl* : salary, income, remuneration
**habichuela** *nf* **1** : bean, kidney bean **2** : green bean
**hábil** *adj* **1** : able, skillful **2** : work, working ⟨días hábiles : workdays, business days⟩
**habilidad** *nf* CAPACIDAD : ability, skill
**habilidoso, -sa** *adj* : skillful, clever
**habilitación** *nf, pl* **-ciones** **1** : authorization **2** : furnishing, equipping
**habilitar** *vt* **1** : to enable, to authorize, to empower (someone) **2** : to equip, to furnish
**hábilmente** *adv* : skillfully, expertly
**habiloso, -sa** *adj Chile fam* : bright, smart, clever
**habitable** *adj* : habitable, inhabitable

**habitación** *nf, pl* **-ciones** **1** CUARTO : room **2** DORMITORIO : bedroom **3** : habitation, occupancy
**habitante** *nmf* : inhabitant, resident
**habitar** *vt* : to inhabit — *vi* : to reside, to dwell
**hábitat** *nm, pl* **-tats** : habitat
**hábito** *nm* **1** : habit, custom **2** : habit (of a monk or nun)
**habitual** *adj* : habitual, customary — **habitualmente** *adv*
**habituar** {3} *vt* : to accustom, to habituate, — **habituarse** *vr* ~ **a** : to get used to, to grow accustomed to
**habla** *nf* **1** : speech ⟨dejar a alguien sin habla : to leave someone speechless⟩ ⟨quedarse sin habla : to be left speechless⟩ **2** : language, dialect **3 de ~** : speaking ⟨de habla inglesa : English-speaking⟩
**hablado, -da** *adj* **1** : spoken **2 mal hablado** : foulmouthed
**hablador**[1], **-dora** *adj* : talkative
**hablador**[2], **-dora** *n* : chatterbox
**habladuría** *nf* **1** : rumor **2 habladurías** *nfpl* : gossip, scandal
**hablante** *nmf* : speaker
**hablar** *vi* **1** : to speak, to talk ⟨hablar en broma : to be joking⟩ ⟨hablar más alto : to speak up, to speak/talk louder⟩ ⟨hablar más bajo : to lower one's voice, to speak/talk more quietly⟩ **2 ~ con** : to talk to, to speak to/with **3 ~ de** : to mention, to talk about ⟨hablar bien/mal de : to speak well/ill of⟩ **4 dar que hablar** : to make people talk ⟨va a dar que hablar : people will start talking/gossiping about him⟩ **5 ¡ni hablar!** : no way! — *vt* **1** : to speak (a language) **2** : to talk about, to discuss ⟨háblalo con tu jefe : discuss it with your boss⟩ — **hablarse** *vr* **1** : to speak to each other, to be on speaking terms **2 se habla inglés (etc.)** : English (etc.) spoken
**habrá, etc.** → **haber**
**hacedor, -dora** *n* : creator, maker, doer
**hacendado, -da** *n* : landowner
**hacendoso, -sa** *adj* : hardworking, industrious
**hacer** {40} *vt* **1** CREAR, CONSTRUIR : to make (a cake, a list, a law, etc.), to build (a building), to write (a book, a check) ⟨hacer planes : to make plans⟩ ⟨hacer una película : to make a movie⟩ ⟨hacer un fuego : to make/build a fire⟩ ⟨lo hizo de madera : he made it out of wood⟩ **2** : to do (a task, an activity, etc.), to make (a gesture, a trip, an agreement, etc.), to pay (a visit) ⟨hacer mandados : to do/run errands⟩ ⟨hacer los deberes : to do one's homework⟩ ⟨¿me haces un favor? : will you do me a favor?⟩ **3** : to make, to cause, to produce ⟨hacer ruido : to make noise⟩ **4** EXPRESAR : to voice (an objection, etc.), to ask (a question) **5** : to make, to force, to oblige ⟨los hice esperar : I made them wait⟩ ⟨hizo que todos se callaran : he made everyone be quiet⟩ **6** : to make, to cause, to provoke ⟨me hizo reír/llorar : it made me laugh/cry⟩ ⟨¿te hice daño? : did I hurt you?⟩ **7** : to make, to cause to (be) ⟨la hizo famosa : it made her famous⟩ ⟨te hará (un) hombre : it will make a man out of you⟩ ⟨lo hizo funcionar : she made it work⟩ ⟨hace que el color parezca más oscuro : it makes the color seem darker⟩ **8** : to make (a bed), to pack (a suitcase) **9** PREPARAR : to make, to fix (a meal, etc.) **10** ADQUIRIR : to make (money, friends, etc.) — *vi* **1** : to act ⟨haces bien : you're doing the right thing⟩ **2** : to serve as, to function as **3 ~ de** : to play, to perform as ⟨hizo de Ofelia en "Hamlet" : she played Ophelia in "Hamlet"⟩ **4 hacer como que/si** : to act as if **5 hacer por** : to try to ⟨hicieron por entendernos : they tried to understand us⟩ **6 hacer y deshacer** : to do as one pleases — *v impers* **1** (*referring to weather*) ⟨hace frío : it's cold⟩ ⟨hacía mucho viento : it was very windy⟩ **2** (*referring to time*) ⟨eso pasó hace mucho tiempo : that happened a long time ago⟩ ⟨vivo aquí desde hace dos años, hace dos años que vivo aquí : I've lived here for two years⟩ ⟨hacía años que no sabía nada de él : I hadn't heard from him in years⟩ **3 hacer falta** : to be necessary, to be needed **4 no le hace** : it doesn't matter, it makes no difference — **hacerse** *vr* **1** : to become **2** : to pretend, to act, to play ⟨hacerse el tonto : to play dumb⟩ **3** : to seem ⟨el examen se me hizo difícil : the exam seemed difficult to me⟩ **4** : to get, to grow ⟨se hace tarde : it's getting/growing late⟩
**hacha** *nf* : hatchet, ax
**hachazo** *nm* : blow, chop (with an ax)
**hache** *nf* : (letter) h
**hachís** *nm* : hashish
**hacia** *prep* **1** : toward, towards ⟨hacia abajo : downward⟩ ⟨hacia adelante : forward⟩ **2** : near, around, about ⟨hacia las seis : about six o'clock⟩
**hacienda** *nf* **1** : estate, ranch, farm **2** : property **3** : livestock **4 la Hacienda** : department of revenue, tax office
**hacinamiento** *nm* : overcrowding
**hacinar** *vt* **1** : to pile up, to stack **2** : to crowd, to cram — **hacinarse** *vr* : to crowd together
**hackear** *vt fam* : to hack, to hack into (a system, etc.)
**hacker** *nmf, pl* **hackers** *fam* : hacker
**hada** *nf* : fairy
**hado** *nm* : destiny, fate
**haga, etc.** → **hacer**
**haitiano, -na** *adj & n* : Haitian
**hala** *interj Spain* **1** (*expressing encouragement or disbelief*) : come on! **2** (*expressing surprise*) : wow! **3** (*expressing protest*) : hey!
**halagador**[1], **-dora** *adj* : flattering
**halagador**[2], **-dora** *n* : flatterer
**halagar** {52} *vt* : to flatter, to compliment
**halago** *nm* : flattery, praise
**halagüeño, -ña** *adj* **1** : flattering **2** : encouraging, promising
**halar** *vt CA, Car* → **jalar**

**halcón** *nm, pl* **halcones** : hawk, falcon
**halibut** *nm, pl* **-buts** : halibut
**hálito** *nm* **1** : breath **2** : gentle breeze
**hallar** *vt* **1** ENCONTRAR : to find **2** DESCUBRIR : to discover, to find out — **hallarse** *vr* **1** : to be situated, to find oneself **2** : to feel ⟨no se halla bien : he doesn't feel comfortable, he feels out of place⟩
**hallazgo** *nm* **1** : discovery **2** : find ⟨¡es un verdadero hallazgo! : it's a real find!⟩
**halo** *nm* **1** : halo **2** : aura
**halterofilia** *nf* : weight lifting
**hamaca** *nf* : hammock
**hambre** *nf* **1** : hunger **2** : starvation **3 tener hambre** : to be hungry **4 dar hambre** : to make hungry
**hambriento, -ta** *adj* : hungry, starving
**hambruna** *nf* : famine
**hamburguesa** *nf* **1** : hamburger, burger **2** : patty, burger ⟨una hamburguesa de pavo : a turkey patty/burger⟩
**hampa** *nf* : criminal underworld
**hampón, -pona** *n, mpl* **hampones** : criminal, thug
**hámster** [ˈxamster] *nm, pl* **hámsters** : hamster
**han → haber**
**handicap** *or* **hándicap** [ˈhandiˌkap] *nm, pl* **-caps** : handicap (in sports)
**hangar** *nm* : hangar
**Hanukkah → Janucá**
**hará, etc. → hacer**
**haragán¹, -gana** *adj, mpl* **-ganes** : lazy, idle
**haragán², -gana** *n, mpl* **-ganes** HOLGAZÁN : slacker, good-for-nothing
**haraganear** *vi* : to be lazy, to waste one's time
**haraganería** *nf* : laziness
**harapiento, -ta** *adj* : ragged, tattered
**harapos** *nmpl* ANDRAJOS : rags, tatters
**hardware** [ˈhardˌwɛr] *nm* : computer hardware
**harén** *nm, pl* **harenes** : harem
**harina** *nf* **1** : flour **2 harina de maíz** : cornmeal **3 ser harina de otro costal** : to be a horse of a different color
**hartar** *vt* **1** : to glut, to satiate **2** FASTIDIAR : to tire, to irritate, to annoy — **hartarse** *vr* **1** : to be weary, to get fed up **2 ~ de** : to gorge oneself on
**harto¹** *adv* : most, extremely, very
**harto², -ta** *adj* **1** : full, satiated **2** : fed up **3** MUCHO : a lot of, much ⟨tiene harto dinero : he has lots of money⟩
**hartura** *nf* **1** : surfeit **2** : abundance, plenty
**has → haber**
**hashtag** [ˈhaʃtag] *nm, pl* **hashtags** : hashtag
**hasta¹** *adv* : even
**hasta²** *prep* **1** : until, up until ⟨hasta ahora/entonces : until now/then⟩ ⟨until Friday : hasta el viernes⟩ ⟨¡hasta luego! : see you later!⟩ **2** : as far as ⟨nos fuimos hasta Managua : we went all the way to Managua⟩ **3** : to, up/down to ⟨hasta cierto punto : up to a certain point⟩ ⟨tengo el pelo hasta la cintura : my hair is down to my waist⟩ **4 hasta que** : until ⟨hasta que lleguen : until they arrive⟩
**hastiar** {85} *vt* **1** : to make weary, to bore **2** : to disgust, to sicken — **hastiarse** *vr* **~ de** : to get tired of
**hastío** *nm* **1** TEDIO : tedium **2** REPUGNANCIA : disgust
**hatchback** *nm* : hatchback (car)
**hatillo** *nm* : bundle (of clothes)
**hato** *nm* **1** : flock, herd **2** : bundle (of possessions)
**hawaiano, -na** *adj & n* : Hawaiian
**hay → haber¹**
**haya¹, etc. → haber**
**haya²** *nf* : beech (tree and wood)
**hayuco** *nm* : beechnut
**haz¹ → hacer**
**haz²** *nm, pl* **haces** **1** FARDO : bundle **2** : beam (of light)
**haz³** *nf, pl* **haces** **1** : face **2 haz de la tierra** : surface of the earth
**hazaña** *nf* PROEZA : feat, exploit
**hazmerreír** *nm fam* : laughingstock
**he¹** {39} **→ haber**
**he²** *v impers* **he aquí** : here is, here are, behold
**hebilla** *nf* : buckle, clasp
**hebra** *nf* : strand, thread
**hebreo¹, -brea** *adj & n* : Hebrew
**hebreo²** *nm* : Hebrew (language)
**hecatombe** *nf* **1** MATANZA : massacre **2** : disaster
**heces → hez**
**hechicería** *nf* **1** BRUJERÍA : sorcery, witchcraft **2** : curse, spell
**hechicero¹, -ra** *adj* : bewitching, enchanting
**hechicero², -ra** *n* : sorcerer, sorceress *f*
**hechizar** {21} *vt* **1** EMBRUJAR : to bewitch **2** CAUTIVAR : to charm
**hechizo** *nm* **1** SORTILEGIO : spell, enchantment **2** ENCANTO : charm, fascination
**hecho¹** *pp* **→ hacer**
**hecho², -cha** *adj* **1** : made, done ⟨hecho a mano : handmade⟩ **2** : complete, finished ⟨hecho y derecho : full-fledged⟩
**hecho³** *nm* **1** : fact **2** : event ⟨hechos históricos : historic events⟩ **3** : act, action **4 de ~** : in fact, in reality
**hechura** *nf* **1** : style **2** : craftsmanship, workmanship **3** : product, creation
**hectárea** *nf* : hectare
**heder** {56} *vi* : to stink, to reek
**hediondez** *nf, pl* **-deces** : stink, stench
**hediondo, -da** *adj* MALOLIENTE : foul-smelling, stinking
**hedor** *nm* : stench, stink
**hegemonía** *nf* **1** : dominance **2** : hegemony (in politics)
**helada** *nf* : frost (in meteorology)
**heladería** *nf* : ice-cream parlor, ice-cream stand
**helado¹, -da** *adj* **1** GÉLIDO : icy, freezing cold **2** CONGELADO : frozen
**helado²** *nm* : ice cream
**heladora** *nf* CONGELADOR : freezer
**helar** {55} *v* CONGELAR : to freeze — *v impers* : to produce frost ⟨anoche heló : there was frost last night⟩ — **helarse** *vr*

**helecho** *nm* : fern, bracken
**hélice** *nf* **1** : spiral, helix **2** : propeller
**helicóptero** *nm* : helicopter
**helio** *nm* : helium
**helipuerto** *nm* : heliport
**hematoma** *nm* **1** : hematoma **2** MORETÓN : bruise
**hembra** *adj & nf* : female
**hemisférico, -ca** *adj* : hemispheric, hemispherical
**hemisferio** *nm* : hemisphere
**hemofilia** *nf* : hemophilia
**hemofílico, -ca** *adj & n* : hemophiliac
**hemoglobina** *nf* : hemoglobin
**hemorragia** *nf* **1** : hemorrhage **2 hemorragia nasal** : nosebleed
**hemorroides** *nfpl* ALMORRANAS : hemorrhoids, piles
**hemos → haber**
**henchido, -da** *adj* : swollen, bloated
**henchir** {54} *vt* **1** : to stuff, to fill **2** : to swell, to swell up — **henchirse** *vr* **1** : to stuff oneself **2** LLENARSE : to fill up, to be full
**hender** {56} *vt* : to cleave, to split
**hendidura** *nf* : crack, crevice, fissure
**heno** *nm* : hay
**hepatitis** *nf* : hepatitis
**heráldica** *nf* : heraldry
**heráldico, -ca** *adj* : heraldic
**heraldo** *nm* : herald
**herbario, -ria** *adj* : herbal
**herbicida** *nm* : herbicide, weed killer
**herbívoro**[1], **-ra** *adj* : herbivorous
**herbívoro**[2] *nm* : herbivore
**hercio** *nm* : hertz
**hercúleo, -lea** *adj* : herculean
**heredar** *vt* : to inherit
**heredero, -ra** *n* : heir, heiress *f*
**hereditario, -ria** *adj* : hereditary
**hereje** *nmf* : heretic
**herejía** *nf* : heresy
**herencia** *nf* **1** : inheritance **2** : heritage **3** : heredity
**herético, -ca** *adj* : heretical
**herida** *nf* : injury, wound
**herido**[1], **-da** *adj* **1** : injured, wounded **2** : hurt, offended
**herido**[2], **-da** *n* : injured person, casualty
**herir** {76} *vt* **1** : to injure, to wound **2** : to hurt, to offend
**hermafrodita** *nmf* : hermaphrodite
**hermanar** *vt* **1** : to unite, to bring together **2** : to match up, to twin (cities)
**hermanastro, -tra** *n* **1** : half brother *m*, half sister *f* **2** : stepbrother *m*, stepsister *f*
**hermandad** *nf* **1** FRATERNIDAD : brotherhood ⟨hermandad de mujeres : sisterhood, sorority⟩ **2** : association
**hermano, -na** *n* : sibling, brother *m*, sister *f* ⟨hermano mayor/menor : big/little brother⟩ ⟨hermana gemela : twin sister⟩
**hermético, -ca** *adj* : hermetic, watertight — **herméticamente** *adv*
**hermoso, -sa** *adj* BELLO : beautiful, lovely — **hermosamente** *adv*
**hermosura** *nf* BELLEZA : beauty, loveliness
**hernia** *nf* : hernia
**herniarse** *vr* : to get a hernia, to rupture oneself
**héroe** *nm* : hero
**heroicidad** *nf* : heroism, heroic deed
**heroico, -ca** *adj* : heroic — **heroicamente** *adv*
**heroína** *nf* **1** : heroine **2** : heroin
**heroinómano, -na** *n* : heroin addict
**heroísmo** *nm* : heroism
**herpes** *nms & pl* **1** : herpes **2** : shingles
**herradura** *nf* : horseshoe
**herraje** *nm* : ironwork
**herramienta** *nf* : tool
**herrar** {55} *vt* : to shoe (a horse)
**herrería** *nf* : blacksmith's shop
**herrero, -ra** *n* : blacksmith
**herrumbre** *nf* ORÍN : rust
**herrumbroso, -sa** *adj* OXIDADO : rusty
**hertzio → hercio**
**hervidero** *nm* **1** : mass, swarm **2** : hotbed (of crime, etc.)
**hervidor** *nm* : kettle
**hervir** {76} *vi* **1** BULLIR : to boil, to bubble **2 ~ de** : to teem with, to be swarming with — *vt* : to boil
**hervor** *nm* **1** : boiling **2** : fervor, ardor
**heterogéneo, -nea** *adj* : heterogeneous
**heterosexual** *adj & nmf* : heterosexual
**heterosexualidad** *nf* : heterosexuality
**hexágono** *nm* : hexagon — **hexagonal** *adj*
**hez** *nf, pl* **heces** **1** ESCORIA : scum, dregs *pl* **2** : sediment, lees *pl* **3 heces** *nfpl* : feces, excrement
**hiato** *nm* : hiatus
**hibernar** *vi* : to hibernate — **hibernación** *nf*
**híbrido**[1], **-da** *adj* : hybrid
**híbrido**[2] *nm* : hybrid
**hicieron, etc. → hacer**
**hidalgo, -ga** *n* : nobleman *m*, noblewoman *f*
**hidrante** *nm CA, Col* : hydrant
**hidratar** *vt* : to moisturize — **hidratante** *adj*
**hidrato de carbono** *nm* : carbohydrate
**hidráulico, -ca** *adj* : hydraulic
**hidroala** *nm* : hydrofoil
**hidroavión** *nm, pl* **-viones** : seaplane
**hidrocarburo** *nm* : hydrocarbon
**hidroeléctrico, -ca** *adj* : hydroelectric
**hidrofobia** *nf* RABIA : hydrophobia, rabies
**hidrófugo, -ga** *adj* : water-repellent
**hidrógeno** *nm* : hydrogen
**hidromasaje** *nm* **bañera de hidromasaje → bañera**
**hidroplano** *nm* : hydroplane
**hiede, etc. → heder**
**hiedra** *nf* **1** : ivy **2 hiedra venenosa** : poison ivy
**hiel** *nf* **1** BILIS : bile **2** : bitterness
**hiela, etc. → helar**
**hielo** *nm* **1** : ice **2** : coldness, reserve ⟨romper el hielo : to break the ice⟩
**hiena** *nf* : hyena
**hiende, etc. → hender**
**hierba** *nf* **1** : herb **2** : grass **3 mala hierba** : weed
**hierbabuena** *nf* : mint, spearmint
**hiere, etc. → herir**

**hierra, etc.** → **herrar**
**hierro** *nm* **1** : iron ⟨hierro fundido : cast iron⟩ **2** : branding iron
**hierve, etc.** → **hervir**
**hígado** *nm* : liver
**higiene** *nf* : hygiene
**higiénico, -ca** *adj* : hygienic — **higiénicamente** *adv*
**higienista** *nmf* : hygienist
**higo** *nm* **1** : fig **2 higo chumbo** : prickly pear (fruit)
**higrómetro** *nm* : hygrometer
**higuera** *nf* : fig tree
**hijab** → **hiyab**
**hijastro, -tra** *n* : stepson *m*, stepdaughter *f*
**hijo, -ja** *n* : son *m*, daughter *f* ⟨hijo adoptivo : adopted son⟩ ⟨soy hija única : I'm an only child⟩ ⟨tiene dos hijos/hijas : she has two sons/daughters⟩ ⟨nuestros hijos : our children⟩
**hijo de puta** *nm sometimes offensive* : son of a bitch *sometimes offensive*, bastard *offensive*
**hijole** *interj Mex* : wow!, good grief!
**hilacha** *nf* **1** : ravel, loose thread **2 mostrar la hilacha** : to show one's true colors
**hilado** *nm* **1** : spinning **2** HILO : yarn, thread
**hilar** *vt* **1** : to spin (thread) **2** : to consider, to string together (ideas) — *vi* **1** : to spin **2 hilar delgado** : to split hairs
**hilarante** *adj* **1** : humorous, hilarious **2 gas hilarante** : laughing gas
**hilaridad** *nf* : hilarity
**hilera** *nf* FILA : file, row, line
**hilo** *nm* **1** : thread ⟨colgar de un hilo : to hang by a thread⟩ ⟨hilo dental : dental floss⟩ **2** LINO : linen **3** : (electric) wire ⟨conexión sin hilos : wireless connection⟩ **4** : theme, thread (of a discourse) **5** : trickle (of water, etc.)
**hilvanar** *vt* **1** : to baste, to tack **2** : to piece together
**himnario** *nm* : hymnal
**himno** *nm* **1** : hymn **2 himno nacional** : national anthem
**hincapié** *nm* **hacer hincapié en** : to emphasize, to stress
**hincar** {72} *vt* CLAVAR : to stick, to plunge — **hincarse** *vr* **hincarse de rodillas** : to kneel down, to fall to one's knees
**hincha** *nmf fam* : fan, supporter
**hinchado, -da** *adj* **1** : swollen, inflated **2** : pompous, overblown
**hinchar** *vt* **1** INFLAR : to inflate **2** : to exaggerate — **hincharse** *vr* **1** : to swell up **2** : to become conceited, to swell with pride
**hinchazón** *nf, pl* **-zones** : swelling
**hinche, etc.** → **henchir**
**hindi** *nm* : Hindi
**hindú** *adj & nmf* : Hindu
**hinduismo** *nm* : Hinduism
**hiniesta** *nf* : broom (plant)
**hinojo** *nm* **1** : fennel **2 de hinojos** : on bended knee
**hinque, etc.** → **hincar**
**hipar** *vi* : to hiccup
**hiperactividad** *nf* : hyperactivity
**hiperactivo, -va** *adj* : hyperactive, overactive
**hipérbole** *nf* : hyperbole
**hiperbólico, -ca** *adj* : hyperbolic, exaggerated
**hipercrítico, -ca** *adj* : hypercritical
**hiperenlace** *nm* : hyperlink
**hipermercado** *nm* : large supermarket, hypermarket
**hipermétrope** *adj* : farsighted
**hipermetropía** *nf* : farsightedness
**hipersensibilidad** *nf* : hypersensitivity
**hipertensión** *nf, pl* **-siones** : hypertension, high blood pressure
**hip–hop** [ˌxipˈxop] *nm* : hip-hop (music)
**hípico, -ca** *adj* : equestrian ⟨concurso hípico : horse show⟩
**hipil** → **huipil**
**hipnosis** *nfs & pl* : hypnosis
**hipnótico, -ca** *adj* : hypnotic
**hipnotismo** *nm* : hypnotism
**hipnotizador**[1], **-dora** *adj* **1** : hypnotic **2** : spellbinding, mesmerizing
**hipnotizador**[2], **-dora** *n* : hypnotist
**hipnotizar** {21} *vt* : to hypnotize
**hipo** *nm* : hiccup, hiccups *pl*
**hipocampo** *nm* : sea horse
**hipocondría** *nf* : hypochondria
**hipocondríaco, -ca** *adj & n* : hypochondriac
**hipocresía** *nf* : hypocrisy
**hipócrita**[1] *adj* : hypocritical — **hipócritamente** *adv*
**hipócrita**[2] *nmf* : hypocrite
**hipodérmico, -ca** *adj* **aguja hipodérmica** : hypodermic needle
**hipódromo** *nm* : racetrack
**hipopótamo** *nm* : hippopotamus
**hipoteca** *nf* : mortgage
**hipotecar** {72} *vt* **1** : to mortgage **2** : to compromise, to jeopardize
**hipotecario, -ria** *adj* : mortgage
**hipotensión** *nf, pl* **-siones** : low blood pressure
**hipotenusa** *nf* : hypotenuse
**hipotermia** *nf* : hypothermia
**hipótesis** *nfs & pl* : hypothesis
**hipotético, -ca** *adj* : hypothetical — **hipotéticamente** *adv*
**hippie** *or* **hippy** ['hipi] *nmf, pl* **hippies** [-pis] : hippie
**hiriente** *adj* : hurtful, offensive
**hirió, etc.** → **herir**
**hirsuto, -ta** *adj* **1** : hairy **2** : bristly, wiry
**hirviente** *adj* : boiling
**hirvió, etc.** → **hervir**
**hisopo** *nm* : cotton swab
**hispánico, -ca** *adj & n* : Hispanic
**hispano**[1], **-na** *adj* : Hispanic ⟨de habla hispana : Spanish-speaking⟩
**hispano**[2], **-na** *n* : Hispanic (person)
**hispanoamericano**[1], **-na** *adj* LATINOAMERICANO : Latin-American
**hispanoamericano**[2], **-na** *n* LATINOAMERICANO : Latin American
**hispanohablante**[1] *adj* : Spanish-speaking
**hispanohablante**[2] *nmf* : Spanish speaker
**histerectomía** *nf* : hysterectomy
**histeria** *nf* **1** : hysteria **2** : hysterics

**histérico, -ca** *adj* : hysterical — **histéricamente** *adv*
**histerismo** *nm* **1** : hysteria **2** : hysterics
**historia** *nf* **1** : history ⟨historia universal : world history⟩ ⟨pasará a la historia como un gran jugador de béisbol : he'll go down in history as a great baseball player⟩ **2** NARRACIÓN, RELATO : story **3 dejarse de ~s** : to say something directly, to stop beating around the bush **4 hacer ~** : to make history
**historiador, -dora** *n* : historian
**historial** *nm* **1** : record, document **2** CURRÍCULUM : résumé, curriculum vitae
**histórico, -ca** *adj* **1** : historical **2** : historic, important — **históricamente** *adv*
**historieta** *nf* : comic strip
**histrionismo** *nm* : histrionics, acting
**hit** ['hit] *nm, pl* **hits** **1** ÉXITO : hit, popular song **2** : hit (in baseball)
**hito** *nm* : milestone, landmark
**hiyab** *nm, pl* **hiyabs** : hijab
**hizo** → **hacer**
**hobby** ['hɔbi] *nm, pl* **hobbies** [-bis] : hobby
**hocico** *nm* : snout, muzzle
**hockey** ['hɔke, -ki] *nm* : hockey ⟨hockey sobre césped : field hockey⟩
**hogar** *nm* **1** : home ⟨labores del hogar : housework⟩ ⟨hogar, dulce hogar : home sweet home⟩ **2** : hearth, fireplace
**hogareño, -ña** *adj* **1** : domestic, homey **2 ser muy hogareño** : to be a homebody
**hogaza** *nf* : large loaf (of bread)
**hoguera** *nf* **1** FOGATA : bonfire, campfire **2 morir en la hoguera** : to burn at the stake
**hoja** *nf* **1** : leaf, petal, blade (of grass) **2** : sheet (of paper), page (of a book) ⟨hoja de cálculo : spreadsheet⟩ **3** FORMULARIO : form ⟨hoja de pedido : order form⟩ **4** : blade (of a knife) ⟨hoja de afeitar : razor blade⟩
**hojalata** *nf* : tinplate
**hojaldre** *nm* : puff pastry
**hojarasca** *nf* : fallen leaves *pl*
**hojear** *vt* : to leaf through (a book or magazine)
**hojuela** *nf* **1** : leaflet, young leaf **2** : flake
**hola** *interj* : hello!, hi!
**holandés¹, -desa** *adj, mpl* **-deses** : Dutch
**holandés², -desa** *n, mpl* **-deses** : Dutch person ⟨los holandeses : the Dutch⟩
**holandés³** *nm* : Dutch (language)
**holgadamente** *adv* : comfortably, easily ⟨vivir holgadamente : to be well-off⟩
**holgado, -da** *adj* **1** : loose, baggy **2** : at ease, comfortable
**holganza** *nf* : leisure, idleness
**holgar** {16} *vi* : to be unnecessary ⟨huelga decir que . . . : it goes without saying that . . .⟩
**holgazán¹, -zana** *adj, mpl* **-zanes** : lazy
**holgazán², -zana** *n, mpl* **-zanes** HARAGÁN : slacker, idler
**holgazanear** *vi* HARAGANEAR : to laze around, to loaf
**holgazanería** *nf* PEREZA : idleness, laziness
**holgura** *nf* **1** : looseness **2** COMODIDAD : comfort, ease
**holístico, -ca** *adj* : holistic
**hollar** {19} *vt* : to tread on, to trample
**hollín** *nm, pl* **hollines** TIZNE : soot
**holocausto** *nm* : holocaust
**holograma** *nm* : hologram
**hombre¹** *nm* **1** : man ⟨el hombre : man, mankind⟩ ⟨la escuela hizo de él un hombre : the school made a man out of him⟩ **2 hombre de confianza** : right-hand man **3 hombre de estado** : statesman **4 hombre de negocios** : businessman **5 hombre lobo** : werewolf **6 el hombre de la calle** : the man in/on the street, the average person
**hombre²** *interj fam* **1** : well, hey **2** : of course!, you bet! **3** : come on!
**hombrera** *nf* **1** : shoulder pad **2** : epaulet
**hombría** *nf* : manliness
**hombro** *nm* **1** : shoulder ⟨encogerse de hombros : to shrug one's shoulders⟩ ⟨hombro con hombro : shoulder to shoulder⟩ ⟨llevé mi hija en hombros : I carried my daughter on my shoulders⟩ **2 arrimar el hombro** : to lend a hand, to pull one's weight
**hombruno, -na** *adj* : mannish
**homenaje** *nm* : homage, tribute ⟨rendir homenaje a : to pay tribute to⟩
**homenajeado, -da** *n* : guest of honor
**homenajear** *vt* : to pay homage to, to honor
**homeopatía** *nf* : homeopathy — **homeopático, -ca** *adj*
**homicida¹** *adj* : homicidal, murderous
**homicida²** *nmf* ASESINO : murderer
**homicidio** *nm* ASESINATO : homicide, murder
**homilía** *nf* : homily, sermon
**homófono** *nm* : homophone
**homogeneidad** *nf* : homogeneity
**homogeneizar** {21} *vt* : to homogenize
**homogéneo, -nea** *adj* : homogeneous — **homogéneamente** *adv*
**homógrafo** *nm* : homograph
**homologación** *nf, pl* **-ciones** **1** : sanctioning, approval **2** : parity
**homologar** {52} *vt* **1** : to sanction **2** : to bring into line
**homólogo¹, -ga** *adj* : homologous, equivalent
**homólogo², -ga** *n* : counterpart
**homónimo¹, -ma** *n* TOCAYO : namesake
**homónimo²** *nm* : homonym
**homosexual** *adj & nmf* : homosexual
**homosexualidad** *nf* : homosexuality
**honda** *nf* : sling
**hondo¹** *adv* : deeply
**hondo², -da** *adj* PROFUNDO : deep ⟨en lo más hondo de : in the depths of⟩ — **hondamente** *adv*
**hondonada** *nf* **1** : hollow, depression **2** : ravine, gorge
**hondura** *nf* : depth
**hondureño, -ña** *adj & n* : Honduran

**honestidad** *nf* **1** : decency, modesty **2** : honesty
**honesto, -ta** *adj* **1** : decent, virtuous **2** : honest, honorable — **honestamente** *adv*
**hongo** *nm* **1** : fungus **2** : mushroom
**honor** *nm* **1** : honor ⟨en honor a la verdad : to be quite honest⟩ **2 honores** *nmpl* : honors ⟨hacer los honores : to do the honors⟩
**honorable** *adj* HONROSO : honorable — **honorablemente** *adv*
**honorario, -ria** *adj* : honorary
**honorarios** *nmpl* : payment, fees (for professional services)
**honorífico, -ca** *adj* : honorary ⟨mención honorífica : honorable mention⟩
**honra** *nf* **1** : dignity, self-respect ⟨tener a mucha honra : to take great pride in⟩ **2** : good name, reputation
**honradamente** *adv* : honestly, decently
**honradez** *nf, pl* **-deces** : honesty, integrity, probity
**honrado, -da** *adj* **1** HONESTO : honest, upright **2** : honored
**honrar** *vt* **1** : to honor **2** : to be a credit to ⟨su generosidad lo honra : his generosity does him credit⟩
**honroso, -sa** *adj* HONORABLE : honorable — **honrosamente** *adv*
**hora** *nf* **1** : hour ⟨media hora : half an hour⟩ ⟨se pasa horas viendo televisión : he spends hours watching television⟩ **2** : time ⟨¿qué hora es? : what time is it?⟩ ⟨llegar a la hora : to arrive on time⟩ ⟨a la hora en punto : on the dot⟩ ⟨a la hora de comer : at mealtime⟩ ⟨a la última hora : at the last minute⟩ ⟨a primera hora : first thing⟩ ⟨antes de la hora : early, ahead of time⟩ ⟨es hora de irnos a casa : it's time to go home⟩ ⟨ya es hora de tomarlo en serio : it's about time we took it seriously⟩ **3** CITA : appointment ⟨pedir/dar/tener hora : to make/give/have an appointment⟩ **4 hora de cierre** : closing time **5 hora local** : local time **6 horas de oficina/trabajo** : office/work hours **7 hora pico** : rush hour **8 horas extras** : overtime **9 las altas horas** : the wee hours **10 trabajar por horas** : to work by the hour
**horadar** *vt* : to drill a hole in
**horario** *nm* : schedule, timetable, hours *pl* ⟨horario de visita : visiting hours⟩
**horca** *nf* **1** : gallows *pl* **2** : pitchfork
**horcajadas** *nfpl* **a ~** : astride, astraddle
**horchata** *nf* : cold sweet drink usually made with a kind of tuber
**horcón** *nm, pl* **horcones** : wooden post, prop
**horda** *nf* : horde
**horizontal** *adj* : horizontal — **horizontalmente** *adv*
**horizonte** *nm* : horizon, skyline
**horma** *nf* **1** : shoe tree **2** : shoemaker's last
**hormiga** *nf* : ant
**hormigón** *nm, pl* **-gones** CONCRETO : concrete
**hormigonera** *nf* : cement mixer
**hormigueo** *nm* **1** : tingling, pins and needles *pl* **2** : uneasiness
**hormiguero** *nm* **1** : anthill **2** : swarm (of people)
**hormona** *nf* : hormone — **hormonal** *adj*
**hornacina** *nf* : niche, recess
**hornada** *nf* : batch
**hornear** *vt* : to bake
**hornilla** *nf* : burner (of a stove)
**hornillo** *nm* : portable stove
**horno** *nm* **1** : oven ⟨horno de microondas : microwave oven⟩ **2** : kiln
**horóscopo** *nm* : horoscope
**horqueta** *nf* **1** : fork (in a river or road) **2** : crotch (in a tree) **3** : small pitchfork
**horquilla** *nf* **1** : hairpin, bobby pin **2** : pitchfork
**horrendo, -da** *adj* : horrendous, horrible
**horrible** *adj* : horrible, dreadful — **horriblemente** *adv*
**horripilante** *adj* : horrifying, hair-raising
**horripilar** *vt* : to horrify, to terrify
**horror** *nm* : horror, dread
**horrorizado, -da** *adj* : terrified
**horrorizar** {21} *vt* : to horrify, to terrify — **horrorizarse** *vr*
**horroroso, -sa** *adj* **1** : horrifying, terrifying **2** : dreadful, bad
**hortaliza** *nf* **1** : vegetable **2 hortalizas** *nfpl* : garden produce
**hortera** *adj Spain fam* : tacky, gaudy
**hortícola** *adj* : horticultural
**horticultura** *nf* : horticulture
**hosco, -ca** *adj* : sullen, gloomy — **hoscamente** *adv*
**hospedaje** *nm* : lodging, accommodations *pl*
**hospedar** *vt* : to provide with lodging, to put up — **hospedarse** *vr* : to stay, to lodge
**hospicio** *nm* : orphanage
**hospital** *nm* : hospital
**hospitalario, -ria** *adj* : hospitable
**hospitalidad** *nf* : hospitality
**hospitalización** *nf, pl* **-ciones** : hospitalization
**hospitalizar** {21} *vt* : to hospitalize — **hospitalizarse** *vr*
**hostal** *nm* : cheap hotel
**hostelería** *nf* : the hotel industry
**hostería** *nf* POSADA : inn
**hostia** *nf* : host, Eucharist
**hostigamiento** *nm* : harassment
**hostigar** {52} *vt* ACOSAR, ASEDIAR : to harass, to pester
**hostil** *adj* : hostile
**hostilidad** *nf* **1** : hostility, antagonism **2 hostilidades** *nfpl* : (military) hostilities
**hostilizar** {21} *vt* : to harass
**hotel** *nm* : hotel
**hotelero**[1], **-ra** *adj* : hotel ⟨la industria hotelera : the hotel business⟩
**hotelero**[2], **-ra** *n* : hotel manager, hotelier
**hoy** *adv* **1** : today ⟨hoy mismo : right now, this very day⟩ **2** : now, nowadays ⟨de hoy en adelante : from now on⟩
**hoyo** *nm* AGUJERO : hole
**hoyuelo** *nm* : dimple
**hoz** *nf, pl* **hoces** : sickle
**hozar** {21} *vi* : to root (of a pig)

**huachinango** *nm Mex* : red snapper
**huarache** *nm* : sandal
**hubo, etc.** → **haber**
**hueco**[1], **-ca** *adj* **1** : hollow, empty **2** : soft, spongy **3** : hollow, resonant **4** : proud, conceited **5** : superficial
**hueco**[2] *nm* **1** : hole, hollow, cavity **2** : gap, space **3** : recess, alcove
**huele, etc.** → **oler**
**huelga** *nf* **1** PARO : strike **2 hacer huelga** : to strike, to go on strike
**huelguista** *nmf* : striker
**huella**[1], **etc.** → **hollar**
**huella**[2] *nf* **1** : footprint ⟨seguir las huellas de alguien : to follow in someone's footsteps⟩ **2** : mark, impact ⟨dejar huella : to leave one's mark⟩ ⟨sin dejar huella : without a trace⟩ **3 huella digital** *or* **huella dactilar** : fingerprint
**huérfano**[1], **-na** *adj* **1** : orphan, orphaned **2** : defenseless **3** ~ **de** : lacking, devoid of
**huérfano**[2], **-na** *n* : orphan
**huerta** *nf* **1** : large vegetable garden, truck farm **2** : orchard **3** : irrigated land
**huerto** *nm* **1** : vegetable garden **2** : orchard
**hueso** *nm* **1** : bone **2** : pit, stone (of a fruit)
**huésped**[1], **-peda** *n* INVITADO : guest
**huésped**[2] *nm* : host ⟨organismo huésped : host organism⟩
**huestes** *nfpl* **1** : followers **2** : troops, army
**huesudo, -da** *adj* : bony
**hueva** *nf* : roe, spawn
**huevo** *nm* **1** : egg ⟨huevos revueltos : scrambled eggs⟩ ⟨huevo de Pascua : Easter egg⟩ **2 huevos** *nmpl usu vulgar* : balls *pl, usu vulgar*; testicles *pl*
**huida** *nf* : flight, escape
**huidizo, -za** *adj* **1** ESCURRIDIZO : elusive, slippery **2** : shy, evasive
**huipil** *nm CA, Mex* : traditional sleeveless blouse or dress
**huir** {41} *vi* **1** ESCAPAR : to escape, to flee **2** ~ **de** : to avoid
**huiro** *nm Chile, Peru* : seaweed
**huizache** *nm* : acacia
**hule** *nm* **1** : oilcloth, oilskin **2** *Mex* : rubber **3 hule espuma** *Mex* : foam rubber
**hulera** *nf Mex* : slingshot
**humanidad** *nf* **1** : humanity, mankind **2** : humanity, compassion **3 humanidades** *nfpl* : humanities *pl*
**humanismo** *nm* : humanism
**humanista** *nmf* : humanist
**humanístico, -ca** *adj* : humanistic
**humanitario, -ria** *adj & n* : humanitarian
**humanizar** {21} *vt* : to humanize
**humano**[1], **-na** *adj* **1** : human **2** BENÉVOLO : humane, benevolent — **humanamente** *adv*
**humano**[2] *nm* : human being, human
**humareda** *nf* : cloud of smoke
**humeante** *adj* **1** : smoky **2** : smoking, steaming
**humear** *vi* **1** : to smoke **2** : to steam
**humectante**[1] *adj* : moisturizing
**humectante**[2] *nm* : moisturizer
**humedad** *nf* **1** : humidity **2** : dampness, moistness
**humedecer** {53} *vt* **1** : to humidify **2** : to moisten, to dampen
**húmedo, -da** *adj* **1** : humid **2** : moist, damp
**humidificador** *nm* : humidifier
**humidificar** {72} *vt* : to humidify
**humildad** *nf* **1** : humility **2** : lowliness
**humilde** *adj* **1** : humble **2** : lowly ⟨gente humilde : poor people⟩
**humildemente** *adv* : meekly, humbly
**humillación** *nf, pl* **-ciones** : humiliation
**humillante** *adj* : humiliating
**humillar** *vt* : to humiliate — **humillarse** *vr* : to humble oneself ⟨humillarse a hacer algo : to stoop to doing something⟩
**humo** *nm* **1** : smoke, steam, fumes **2 humos** *nmpl* : airs *pl*, conceit
**humor** *nm* **1** : humor **2** : mood, temper ⟨está de buen humor : she's in a good mood⟩
**humorada** *nf* **1** BROMA : joke, witticism **2** : whim, caprice
**humorismo** *nm* : humor, wit
**humorista** *nmf* : humorist, comedian, comedienne *f*
**humorístico, -ca** *adj* : humorous — **humorísticamente** *adv*
**humoso, -sa** *adj* : smoky, steamy
**humus** *nm* : humus
**hundido, -da** *adj* **1** : sunken **2** : depressed
**hundimiento** *nm* **1** : sinking **2** : collapse, ruin
**hundir** *vt* **1** : to sink **2** : to destroy, to ruin — **hundirse** *vr* **1** : to sink down **2** : to cave in **3** : to break down, to go to pieces
**húngaro**[1], **-ra** *adj & n* : Hungarian
**húngaro**[2] *nm* : Hungarian (language)
**huracán** *nm, pl* **-canes** : hurricane
**huraño, -ña** *adj* **1** : unsociable, aloof **2** : timid, skittish (of an animal)
**hurgar** {52} *vt* : to poke, to jab, to rake (a fire) — *vi* ~ **en** : to rummage in, to poke through
**hurgue, etc.** → **hurgar**
**hurón** *nm, pl* **hurones** : ferret
**huronear** *vi* : to pry, to snoop
**hurra** *interj* : hurrah!, hooray!
**hurtadillas** *nfpl* **a** ~ : stealthily, on the sly
**hurtar** *vt* ROBAR : to steal
**hurto** *nm* **1** : theft, robbery **2** : stolen property, loot
**husmear** *vt* **1** : to follow the scent of, to track **2** : to sniff out, to pry into — *vi* **1** : to pry, to snoop **2** : to sniff around (of an animal)
**huso** *nm* **1** : spindle **2 huso horario** : time zone
**huy** *interj* : ow!, ouch!
**huye, etc.** → **huir**

# I

**i** *nf* : tenth letter of the Spanish alphabet
**i-** → **in-**
**iba, etc.** → **ir**
**ibérico, -ca** *adj* : Iberian
**ibero, -ra** *or* **ibero, -ra** *adj & n* : Iberian
**iberoamericano, -na** *adj* HISPANOAMERICANO, LATINOAMERICANO : Latin-American
**-ible** *suf* : -ible
**ice, etc.** → **izar**
**iceberg** *nm, pl* **icebergs** : iceberg
**icono** *nm* : icon
**iconoclasia** *nf* : iconoclasm
**iconoclasta** *nmf* : iconoclast
**ictericia** *nf* : jaundice
**ictérico, -ca** *adj* : jaundiced
**id** *nm* : id
**ida** *nf* **1** : going, departure **2 ida y vuelta** : round trip **3 idas y venidas** : comings and goings
**idea** *nf* **1** : idea, notion ⟨una buena/mala idea : a good/bad idea⟩ ⟨tengo una idea : I have an idea⟩ ⟨no tengo (ni) idea : I have no idea⟩ ⟨me hago una idea de cómo es : I'm getting an/some idea of what he's like⟩ **2** : opinion, belief ⟨siempre puedes cambiar de idea : you can always change your mind⟩ ⟨¿de dónde sacaste esa idea? : where did you get that idea?⟩ **3** PROPÓSITO : intention, idea ⟨la idea era llegar temprano : the idea was to arrive early⟩
**ideal** *adj & nm* : ideal — **idealmente** *adv*
**idealismo** *nm* : idealism
**idealista**[1] *adj* : idealistic
**idealista**[2] *nmf* : idealist
**idealizar** {21} *vt* : to idealize — **idealización** *nf*
**idear** *vt* : to devise, to think up
**ideario** *nm* : ideology
**ídem** *nm* : the same, ditto
**idéntico, -ca** *adj* : identical, alike — **idénticamente** *adv*
**identidad** *nf* : identity
**identificable** *adj* : identifiable
**identificación** *nf, pl* **-ciones** **1** : identification, identifying **2** : identification document, ID
**identificar** {72} *vt* : to identify — **identificarse** *vr* **1** : to identify oneself **2** ~ **con** : to identify with
**ideología** *nf* : ideology — **ideológicamente** *adv*
**ideológico, -ca** *adj* : ideological
**ideólogo, -ga** *n* : ideologue
**idílico, -ca** *adj* : idyllic
**idilio** *nm* **1** : idyll **2** AMORÍO : love affair, romance
**idioma** *nm* : language ⟨el idioma inglés : the English language⟩
**idiomático, -ca** *adj* : idiomatic — **idiomáticamente** *adv*
**idiosincrasia** *nf* : idiosyncrasy
**idiosincrásico, -ca** *adj* : idiosyncratic
**idiota**[1] *adj* : idiotic, stupid, foolish
**idiota**[2] *nmf* **1** : idiot, foolish person **2** *dated, now offensive* : idiot (in medicine) *dated, now offensive*
**idiotez** *nf, pl* **-teces** **1** : idiocy (in medicine) *dated, now offensive* **2** : idiotic act or remark ⟨¡no digas idioteces! : don't talk nonsense!⟩
**ido**[1], **ida** *adj* : crazy, nutty
**ido**[2] *pp* → **ir**
**idólatra**[1] *adj* : idolatrous
**idólatra**[2] *nmf* : idolater
**idolatrar** *vt* : to idolize
**idolatría** *nf* : idolatry
**ídolo** *nm* : idol
**idoneidad** *nf* : suitability
**idóneo, -nea** *adj* ADECUADO : suitable, fitting
**iglesia** *nf* : church
**iglú** *nm, pl* **iglús** *or* **iglúes** : igloo
**ignición** *nf, pl* **-ciones** : ignition
**ignífugo, -ga** *adj* : fireproof
**ignominia** *nf* : ignominy, disgrace
**ignominioso, -sa** *adj* : ignominious, shameful
**ignorancia** *nf* : ignorance
**ignorante**[1] *adj* : ignorant — **ignorantemente** *adv*
**ignorante**[2] *nmf* : ignorant person, ignoramus
**ignorar** *vt* **1** : to ignore **2** DESCONOCER : to be unaware of ⟨lo ignoramos por absoluto : we have no idea⟩
**ignoto, -ta** *adj* : unknown
**i griega** *nf* : (letter) i
**igual**[1] *adv* **1** : in the same way ⟨las cosas siguen igual : things are the same as ever⟩ **2** : perhaps ⟨igual llueve : it might rain, it may rain⟩ **3** : anyway ⟨iba a venir igual : I was going to come anyway⟩ **4 al igual que** : as well as **5 igual que** : (just) like, the same as ⟨juega básquetbol, igual que su prima : she plays basketball, just like her cousin⟩ ⟨pienso igual que tú : I agree with you, I think the same thing⟩ **6 por** ~ : equally
**igual**[2] *adj* **1** : equal ⟨ser igual a : to be equal to⟩ **2** IDÉNTICO : the same, alike ⟨son iguales : they're the same⟩ ⟨ser igual a : to be the same as⟩ ⟨me es/da igual : it makes no difference to me⟩ **3** : even, smooth **4** SEMEJANTE : similar **5** CONSTANTE : constant
**igual**[3] *nmf* : equal, peer ⟨sin igual : without equal, unequaled⟩
**igualado, -da** *adj* **1** : even (of a score) **2** : level **3** *Mex* : disrespectful
**igualar** *vt* **1** : to equalize **2** NIVELAR : to level, to flatten, to straighten **3** : to tie ⟨igualar el marcador : to even the score⟩ — **igualarse** *vr* ~ **a/con** : to equal, to be equal to, to be a match for
**igualdad** *nf* **1** : equality **2** UNIFORMIDAD : evenness, uniformity
**igualitario, -ria** *adj* : egalitarian
**igualmente** *adv* **1** : equally **2** ASIMISMO : likewise
**iguana** *nf* : iguana
**ijada** *nf* : flank, loin, side
**ijar** *nm* → **ijada**

**ilegal**[1] *adj* : illegal, unlawful — **ilegalmente** *adv*
**ilegal**[2] *nmf CA, Mex* : illegal alien
**ilegalidad** *nf* : illegality
**ilegibilidad** *nf* : illegibility
**ilegible** *adj* : illegible — **ilegiblemente** *adv*
**ilegitimidad** *nf* : illegitimacy
**ilegítimo, -ma** *adj* : illegitimate, unlawful
**ileso, -sa** *adj* : uninjured, unharmed
**ilícito, -ta** *adj* : illicit — **ilícitamente** *adv*
**ilimitado, -da** *adj* : unlimited
**ilógico, -ca** *adj* : illogical — **ilógicamente** *adv*
**iluminación** *nf, pl* **-ciones** **1** : illumination **2** ALUMBRADO : lighting
**iluminado, -da** *adj* : illuminated, lighted
**iluminar** *vt* **1** : to illuminate, to light (up) **2** : to enlighten
**ilusión** *nf, pl* **-siones** **1** : illusion, delusion **2** ESPERANZA : hope ⟨hacerse ilusiones : to get one's hopes up⟩ **3** *Spain* : happiness, excitement, enthusiasm ⟨¡me hace mucha ilusión que te haya gustado! : I'm so glad you liked it!⟩ ⟨no me hace ilusión ir : I'm not looking forward to going⟩ **4 ilusión óptica** : optical illusion
**ilusionado, -da** *adj* ESPERANZADO : hopeful, eager
**ilusionar** *vt* : to build up hope, to excite — **ilusionarse** *vr* : to get one's hopes up
**iluso**[1], **-sa** *n* SOÑADOR : dreamer, visionary
**ilusorio, -ria** *adj* ENGAÑOSO : illusory, misleading
**ilustración** *nf, pl* **-ciones** **1** : illustration **2** : erudition, learning ⟨la Ilustración : the Enlightenment⟩
**ilustrado, -da** *adj* **1** : illustrated **2** DOCTO : learned, erudite
**ilustrador, -dora** *n* : illustrator
**ilustrar** *vt* **1** : to illustrate **2** ACLARAR, CLARIFICAR : to explain
**ilustrativo, -va** *adj* : illustrative
**ilustre** *adj* : illustrious, eminent
**im-** → **in-**
**imagen** *nf, pl* **imágenes** : image, picture
**imaginable** *adj* : imaginable, conceivable
**imaginación** *nf, pl* **-ciones** : imagination
**imaginar** *vt* : to imagine — **imaginarse** *vr* **1** : to suppose, to imagine **2** : to picture
**imaginario, -ria** *adj* : imaginary
**imaginativo, -va** *adj* : imaginative — **imaginativamente** *adv*
**imaginería** *nf* **1** : imagery **2** : image making (in religion)
**imán** *nm, pl* **imanes** : magnet
**imantar** *vt* : to magnetize
**imbatible** *adj* : unbeatable
**imbécil**[1] *adj* : stupid, idiotic
**imbécil**[2] *nmf* **1** *dated, now offensive* : imbecile (in medicine) *dated, now offensive* **2** *fam* : idiot, dope
**imbecilidad** *nf* **1** : imbecility (in medicine) *dated, now offensive* **2** IDIOTEZ : stupid thing to say or do
**imborrable** *adj* : indelible
**imbuir** {41} *vt* : to imbue — **imbuirse** *vr*
**imitación** *nf, pl* **-ciones** **1** : imitation **2** : mimicry, impersonation
**imitador**[1], **-dora** *adj* : imitative
**imitador**[2], **-dora** *n* **1** : imitator **2** : mimic
**imitar** *vt* **1** : to imitate, to copy **2** : to mimic, to impersonate
**imitativo, -va** *adj* → **imitador**[1]
**impaciencia** *nf* : impatience
**impacientar** *vt* : to make impatient, to exasperate — **impacientarse** *vr*
**impaciente** *adj* : impatient — **impacientemente** *adv*
**impactado, -da** *adj* : shocked, stunned
**impactante** *adj* **1** : shocking **2** : impressive, powerful
**impactar** *vt* **1** GOLPEAR : to hit **2** IMPRESIONAR : to impact, to affect — **impactarse** *vr*
**impacto** *nm* **1** : impact, effect **2** : shock, collision
**impagable** *adj* **1** : unpayable **2** : priceless
**impago**[1] *adj* : outstanding, unpaid
**impago**[2] *nm* : nonpayment
**impala** *nm* : impala
**impalpable** *adj* INTANGIBLE : impalpable, intangible
**impar**[1] *adj* : odd ⟨números impares : odd numbers⟩
**impar**[2] *nm* : odd number
**imparable** *adj* : unstoppable
**imparcial** *adj* : impartial — **imparcialmente** *adv*
**imparcialidad** *nf* : impartiality
**impartir** *vt* : to impart, to give
**impasible** *adj* : impassive, unmoved — **impasiblemente** *adv*
**impasse** *nm* : impasse
**impavidez** *nf* : fearlessness
**impávido, -da** *adj* : undaunted
**impecable** *adj* INTACHABLE : impeccable, faultless — **impecablemente** *adv*
**impedido**[1], **-da** *adj* : disabled, crippled
**impedido**[2], **-da** *n* : disabled person, handicapped person *sometimes offensive*
**impedimento** *nm* **1** : impediment, obstacle **2** : disability
**impedir** {54} *vt* **1** : to prevent, to block **2** : to impede, to hinder
**impeler** *vt* **1** : to drive, to propel **2** : to impel
**impenetrable** *adj* : impenetrable — **impenetrabilidad** *nf*
**impenitente** *adj* : unrepentant
**impensable** *adj* : unthinkable
**impensado, -da** *adj* : unforeseen, unexpected
**imperante** *adj* : prevailing
**imperar** *vi* **1** : to reign, to rule **2** PREDOMINAR : to prevail
**imperativo**[1], **-va** *adj* **1** : imperative **2** : authoritative, commanding
**imperativo**[2] *nm* : imperative
**imperceptible** *adj* : imperceptible — **imperceptiblemente** *adv*
**imperdible** *nm Spain* : safety pin
**imperdonable** *adj* : unforgivable
**imperecedero, -ra** *adj* **1** : imperishable **2** INMORTAL : immortal, everlasting

**imperfección** *nf, pl* **-ciones** **1** : imperfection **2** DEFECTO : defect, flaw
**imperfecto**[1], **-ta** *adj* : imperfect, flawed
**imperfecto**[2] *nm* : imperfect tense
**imperial** *adj* : imperial
**imperialismo** *nm* : imperialism
**imperialista** *adj & nmf* : imperialist
**impericia** *nf* : lack of skill, incompetence
**imperio** *nm* **1** : empire **2** : authority, rule ⟨el imperio de la ley : the rule of law⟩
**imperioso, -sa** *adj* **1** : imperious **2** : pressing, urgent — **imperiosamente** *adv*
**impermeabilizante** *nm* : water repellent, waterproofing
**impermeabilizar** {21} *vt* : to waterproof
**impermeable**[1] *adj* **1** : impervious **2** : impermeable, waterproof
**impermeable**[2] *nm* : raincoat
**impersonal** *adj* : impersonal — **impersonalmente** *adv*
**impersonar** *vt Mex* : to impersonate
**impertinencia** *nf* INSOLENCIA : impertinence, insolence
**impertinente** *adj* **1** INSOLENTE : impertinent, insolent **2** INOPORTUNO : inappropriate, uncalled-for **3** IRRELEVANTE : irrelevant
**impertinentemente** *adv* : impertinently
**imperturbable** *adj* : imperturbable, impassive, stolid
**ímpetu** *nm* **1** : impetus, momentum **2** : vigor, energy **3** : force, violence
**impetuoso, -sa** *adj* : impetuous, impulsive — **impetuosamente** *adv*
**impiedad** *nf* : impiety
**impío, -pía** *adj* : impious, ungodly
**implacable** *adj* : implacable, relentless — **implacablemente** *adv*
**implantación** *nf, pl* **-ciones** **1** : implantation **2** ESTABLECIMIENTO : establishment, introduction
**implantado, -da** *adj* : well-established
**implantar** *vt* **1** : to implant **2** ESTABLECER : to establish, to introduce — **implantarse** *vr*
**implante** *nm* : implant
**implementar** *vt* : to implement — **implementarse** *vr* — **implementación** *nf*
**implemento** *nm* : implement, tool
**implicación** *nf, pl* **-ciones** : implication
**implicancia** *nf* : implication
**implicar** {72} *vt* **1** ENREDAR, ENVOLVER : to involve, to implicate **2** : to imply
**implícito, -ta** *adj* : implied, implicit — **implícitamente** *adv*
**implorar** *vt* : to implore
**implosión** *nf, pl* **-siones** : implosion — **implosivo, -va** *adj*
**implosionar** *vi* : to implode
**imponderable** *adj & nm* : imponderable
**imponente** *adj* : imposing, impressive
**imponer** {60} *vt* **1** : to impose **2** : to confer **3** : to introduce, to establish, to set (a fashion) — *vi* : to be impressive, to command respect — **imponerse** *vr* **1** : to take on (a duty) **2** : to assert oneself **3** : to prevail
**imponible** *adj* : taxable
**impopular** *adj* : unpopular — **impopularidad** *nf*
**importación** *nf, pl* **-ciones** **1** : importation **2** **importaciones** *nfpl* : imports
**importado, -da** *adj* : imported
**importador**[1], **-dora** *adj* : importing
**importador**[2], **-dora** *n* : importer
**importancia** *nf* : importance
**importante** *adj* : important, significant — **importantemente** *adv*
**importar** *vi* **1** : to matter, to be important ⟨no importa : it doesn't matter, it's not important⟩ ⟨lo que importa es el resultado : what matters is the result⟩ ⟨no le importa lo que piensen : she doesn't care what they think⟩ ⟨¿qué importa que no les guste? : who cares if they don't like it?⟩ ⟨(no) me importa un bledo/comino : I don't give a damn, I couldn't care less⟩ ⟨no te importo : you don't care about me⟩ **2** : to bother ⟨no le importa hacerlo : he doesn't mind doing it⟩ ⟨si no te importa : if you don't mind, if it's OK with you⟩ — *vt* **1** : to import (goods, etc.) **2** : to import (in computing)
**importe** *nm* **1** : price, cost **2** : sum, amount
**importunar** *vt* : to bother, to inconvenience — *vi* : to be inconvenient
**importuno, -na** *adj* **1** : inopportune, inconvenient **2** : bothersome, annoying
**imposibilidad** *nf* : impossibility
**imposibilitado, -da** *adj* **1** : disabled, crippled **2** **verse imposibilitado** : to be unable (to do something)
**imposibilitar** *vt* **1** : to make impossible **2** : to disable, to incapacitate — **imposibilitarse** *vr* : to become disabled
**imposible** *adj* : impossible — **imposiblemente** *adv*
**imposición** *nf, pl* **-ciones** **1** : imposition **2** EXIGENCIA : demand, requirement **3** : tax **4** : deposit
**impositivo, -va** *adj* : tax ⟨tasa impositiva : tax rate⟩
**impostor, -tora** *n* : impostor
**impostura** *nf* **1** : fraud **2** CALUMNIA : slander
**impotencia** *nf* **1** : impotence, helplessness, powerlessness **2** : impotence (in medicine)
**impotente** *adj* **1** : helpless, powerless **2** : impotent
**impracticable** *adj* : impracticable
**imprecisión** *nf, pl* **-siones** **1** : imprecision, vagueness **2** : inaccuracy
**impreciso, -sa** *adj* **1** : imprecise, vague **2** : inaccurate
**impredecible** *adj* : unpredictable
**impregnar** *vt* : to impregnate
**imprenta** *nf* **1** : printing **2** : printing shop, press **3** **letra(s) de imprenta** → **letra**
**imprescindible** *adj* : essential, indispensable
**impresión** *nf, pl* **-siones** **1** : print, printing **2** : impression, feeling ⟨causar una buena/mala impresión : to make a good/bad impression⟩
**impresionable** *adj* : impressionable

**impresionante** *adj* : impressive, incredible, amazing, shocking (of video, etc.), horrific (of an accident, etc.) — **impresionantemente** *adv*
**impresionar** *vt* **1** : to impress, to strike **2** : to affect, to move **3** : to shock **4** : to expose (film) to light — *vi* : to make an impression — **impresionarse** *vr* : to be affected, to be moved
**impresionismo** *nm* : impressionism
**impresionista**[1] *adj* : impressionist
**impresionista**[2] *nmf* : impressionist
**impreso**[1] *pp* → **imprimir**
**impreso**[2], **-sa** *adj* : printed
**impreso**[3] *nm* **1** PUBLICACIÓN : printed matter, publication **2** FORMULARIO : form
**impresor, -sora** *n* : printer
**impresora** *nf* **1** : (computer) printer **2 impresora de inyección de tinta** : inkjet printer **3 impresora láser** : laser printer
**imprevisible** *adj* : unforeseeable, unpredictable
**imprevisión** *nf, pl* **-siones** : lack of foresight, thoughtlessness
**imprevisto**[1], **-ta** *adj* : unexpected, unforeseen
**imprevisto**[2] *nm* : unexpected occurrence, contingency
**imprimir** {42} *vt* **1** : to print **2** : to imprint, to stamp, to impress
**improbabilidad** *nf* : improbability
**improbable** *adj* : improbable, unlikely
**improcedente** *adj* **1** : inadmissible **2** : inappropriate, improper
**improductivo, -va** *adj* : unproductive
**impronta** *nf* : mark, stamp ⟨dejar su impronta : to leave one's mark⟩
**improperio** *nm* : affront, insult
**impropiedad** *nf* : impropriety
**impropio, -pia** *adj* **1** : improper, incorrect **2** INADECUADO : unsuitable, inappropriate
**improvisación** *nf, pl* **-ciones** : improvisation, ad-lib
**improvisado, -da** *adj* : improvised, ad-lib
**improvisar** *v* : to improvise, to ad-lib
**improviso** *adj* **de ~** : all of a sudden, unexpectedly
**imprudencia** *nf* **1** : mistake, indiscretion **2** : carelessness, recklessness
**imprudente** *adj* **1** : imprudent, unwise, indiscreet **2** : careless, reckless — **imprudentemente** *adv*
**impúdico, -ca** *adj* : shameless, indecent
**impuesto**[1] *pp* → **imponer**
**impuesto**[2] *nm* : tax
**impugnar** *vt* : to challenge, to contest
**impulsar** *vt* **1** : to propel, to drive **2** : to boost, to promote
**impulsividad** *nf* : impulsiveness
**impulsivo, -va** *adj* : impulsive — **impulsivamente** *adv*
**impulso** *nm* **1** : drive, thrust **2** : impulse, urge
**impulsor, -sora** *n* : force, impetus ⟨el principal impulsor de la iniciativa : the main/driving force behind the initiative⟩
**impune** *adj* : unpunished
**impunemente** *adv* : with impunity
**impunidad** *nf* : impunity
**impuntualidad** *nf* : lack of punctuality
**impureza** *nf* : impurity
**impuro, -ra** *adj* : impure
**impuso, etc.** → **imponer**
**imputable** *adj* ATRIBUIBLE : attributable
**imputación** *nf, pl* **-ciones** **1** : attribution **2** : accusation
**imputar** *vt* ATRIBUIR : to impute, to attribute
**in-** *or* **im-** *or* **i-** *or* **ir-** *pref* : in-, im-, il-, un- ⟨inexacto : inexact⟩ ⟨imperfecto : imperfect⟩ ⟨ilegal : illegal⟩ ⟨inaceptable : unacceptable⟩
**inacabable** *adj* : endless
**inacabado, -da** *adj* INCONCLUSO : unfinished
**inaccesibilidad** *nf* : inaccessibility
**inaccesible** *adj* **1** : inaccessible **2** : unattainable
**inacción** *nf, pl* **-ciones** : inactivity, inaction
**inaceptable** *adj* : unacceptable
**inactividad** *nf* : inactivity, idleness
**inactivo, -va** *adj* : inactive, idle
**inadaptado**[1], **-da** *adj* : maladjusted
**inadaptado**[2], **-da** *n* : misfit
**inadecuación** *nf, pl* **-ciones** : inadequacy
**inadecuado, -da** *adj* **1** : inadequate **2** IMPROPIO : inappropriate — **inadecuadamente** *adv*
**inadmisible** *adj* **1** : inadmissible **2** : unacceptable
**inadvertencia** *nf* : oversight
**inadvertidamente** *adv* : inadvertently
**inadvertido, -da** *adj* **1** : unnoticed ⟨pasar inadvertido : to go unnoticed⟩ **2** DESPISTADO, DISTRAÍDO : inattentive, distracted
**inagotable** *adj* : inexhaustible
**inaguantable** *adj* INSOPORTABLE : insufferable, unbearable
**inalámbrico, -ca** *adj* : wireless, cordless ⟨acceso inalámbrico a Internet : wireless Internet access⟩ ⟨un teléfono inalámbrico : a cordless phone⟩
**inalcanzable** *adj* : unreachable, unattainable
**inalienable** *adj* : inalienable
**inalterable** *adj* **1** : unalterable, unchangeable **2** : impassive **3** : colorfast
**inamovible** *adj* : immovable, fixed
**inanición** *nf, pl* **-ciones** : starvation
**inanimado, -da** *adj* : inanimate
**inapelable** *adj* : indisputable
**inapetencia** *nf* : lack of appetite
**inaplicable** *adj* : inapplicable
**inapreciable** *adj* **1** : imperceptible, negligible **2** : invaluable
**inapropiado, -da** *adj* : inappropriate, unsuitable — **inapropiadamente** *adv*
**inarticulado, -da** *adj* : inarticulate, unintelligible — **inarticuladamente** *adv*
**inasequible** *adj* : unattainable, inaccessible
**inasistencia** *nf* AUSENCIA : absence
**inatacable** *adj* : unassailable, indisputable
**inaudible** *adj* : inaudible
**inaudito, -ta** *adj* : unheard-of, unprecedented

**inauguración** *nf, pl* **-ciones** **1** : inauguration, opening **2** : inauguration, beginning
**inaugural** *adj* : inaugural, opening
**inaugurar** *vt* **1** : to inaugurate **2** : to open
**inauténtico, -ca** *adj* : counterfeit, inauthentic
**inca** *adj & nmf* : Inca
**incaico, -ca** *adj* : Inca, Incan
**incalculable** *adj* : incalculable
**incalificable** *adj* : indescribable
**incandescencia** *nf* : incandescence — **incandescente** *adj*
**incansable** *adj* INFATIGABLE : tireless — **incansablemente** *adv*
**incapacidad** *nf* **1** : inability, incapacity **2** : disability, handicap *sometimes offensive* **3** : incompetence **4** *Col, CoRi* : sick leave
**incapacitado, -da** *adj* **1** : disqualified **2** : disabled, handicapped
**incapacitar** *vt* **1** : to incapacitate, to disable **2** : to disqualify
**incapaz** *adj, pl* **-paces** **1** : incapable, unable **2** : incompetent, inept
**incautación** *nf, pl* **-ciones** : seizure, confiscation
**incautar** *vt* CONFISCAR : to confiscate, to seize — **incautarse** *vr*
**incauto, -ta** *adj* : unwary, unsuspecting
**incendiar** *vt* : to set fire to, to burn (down) — **incendiarse** *vr* : to catch fire, to burn down
**incendiario**[1], **-ria** *adj* : incendiary, inflammatory
**incendiario**[2], **-ria** *n* : arsonist
**incendio** *nm* **1** : fire **2 incendio provocado** : arson
**incensario** *nm* : censer
**incentivar** *vt* : to encourage, to stimulate
**incentivo** *nm* : incentive
**incertidumbre** *nf* : uncertainty, suspense
**incesante** *adj* : incessant — **incesantemente** *adv*
**incesto** *nm* : incest
**incestuoso, -sa** *adj* : incestuous
**incidencia** *nf* **1** : incident **2** : effect, impact **3 por ~** : by chance, accidentally
**incidental** *adj* : incidental
**incidentalmente** *adv* : by chance
**incidente** *nm* : incident, occurrence
**incidir** *vi* **1 ~ en** : to fall into, to enter into ⟨incidimos en el mismo error : we fell into the same mistake⟩ **2 ~ en** : to affect, to influence, to have a bearing on
**incienso** *nm* : incense
**incierto, -ta** *adj* **1** : uncertain **2** : untrue **3** : unsteady, insecure
**incinerador** *nm* : incinerator
**incinerar** *vt* **1** : to incinerate **2** : to cremate
**incipiente** *adj* : incipient
**incisión** *nf, pl* **-siones** : incision
**incisivo**[1], **-va** *adj* : incisive
**incisivo**[2] *nm* : incisor
**inciso** *nm* **1** : digression, aside **2** : paragraph, subsection
**incitación** *nf, pl* **-ciones** : incitement
**incitador**[1], **-dora** *n* : instigator, agitator
**incitador**[2], **-dora** *adj* : provocative
**incitante** *adj* : provocative
**incitar** *vt* : to incite, to rouse
**incivilizado, -da** *adj* : uncivilized
**inclemencia** *nf* : inclemency, severity
**inclemente** *adj* : inclement
**inclinación** *nf, pl* **-ciones** **1** PROPENSIÓN : inclination, tendency **2** : incline, slope **3** : bow ⟨inclinación de cabeza : nod⟩
**inclinado, -da** *adj* **1** : sloping, tilted **2** : inclined, apt
**inclinar** *vt* : to tilt, to lean, to incline ⟨inclinar la cabeza : to bow one's head⟩ — **inclinarse** *vr* **1** : to lean, to lean over **2** : to bow **3 ~ a** : to be inclined to
**incluir** {41} *vt* : to include
**inclusión** *nf, pl* **-siones** : inclusion
**inclusive** *adv* : inclusive ⟨niños de entre dos y cinco años inclusive : children ages two through five inclusive⟩ ⟨hasta el sábado inclusive : up to and including Saturday, through Saturday⟩
**inclusivo, -va** *adj* : inclusive, open
**incluso** *adv* AUN : even, in fact ⟨es importante e incluso crucial : it is important and even crucial⟩
**incógnita** *nf* **1** : unknown quantity (in mathematics) **2** : mystery
**incógnito, -ta** *adj* **1** : unknown **2 de incógnito** : incognito
**incoherencia** *nf* : incoherence
**incoherente** *adj* : incoherent — **incoherentemente** *adv*
**incoloro, -ra** *adj* : colorless
**incombustible** *adj* : fireproof
**incomible** *adj* : inedible
**incomodar** *vt* **1** : to make uncomfortable **2** : to inconvenience — **incomodarse** *vr* : to put oneself out, to take the trouble
**incomodidad** *nf* **1** : discomfort, awkwardness **2** MOLESTIA : inconvenience, bother
**incómodo, -da** *adj* **1** : uncomfortable, awkward **2** INCONVENIENTE : inconvenient — **incómodamente** *adv*
**incomparable** *adj* : incomparable
**incompatibilidad** *nf* : incompatibility
**incompatible** *adj* : incompatible
**incompetencia** *nf* : incompetence
**incompetente** *adj & nmf* : incompetent
**incompleto, -ta** *adj* : incomplete
**incomprendido, -da** *adj* : misunderstood
**incomprensible** *adj* : incomprehensible
**incomprensión** *nf, pl* **-siones** : lack of understanding, incomprehension
**incomunicación** *nf, pl* **-ciones** : lack of communication
**incomunicado, -da** *adj* **1** : cut off, isolated **2** : in solitary confinement
**inconcebible** *adj* : inconceivable, unthinkable — **inconcebiblemente** *adv*
**inconcluso, -sa** *adj* INACABADO : unfinished
**incondicional** *adj* : unconditional — **incondicionalmente** *adv*
**inconexo, -xa** *adj* **1** : unrelated, unconnected **2** : disjointed
**inconfesable** *adj* : unspeakable, shameful
**inconforme** *adj & nmf* : nonconformist
**inconformidad** *nf* : nonconformity

**inconformista** *adj & nmf* : nonconformist
**inconfundible** *adj* : unmistakable, obvious — **inconfundiblemente** *adv*
**incongruencia** *nf* : incongruity
**incongruente** *adj* : incongruous
**inconmensurable** *adj* : vast, immeasurable
**inconquistable** *adj* : unyielding
**inconsciencia** *nf* **1** : unconsciousness, lack of awareness **2** : irresponsibility
**inconsciente**[1] *adj* **1** : unconscious, unaware **2** : reckless, needless — **inconscientemente** *adv*
**inconsciente**[2] *nm* **el inconsciente** : the unconscious
**inconsecuente** *adj* : inconsistent — **inconsecuencia** *nf*
**inconsiderado, -da** *adj* : inconsiderate, thoughtless
**inconsistencia** *nf* : inconsistency
**inconsistente** *adj* **1** : weak, flimsy **2** : inconsistent, weak (of an argument)
**inconsolable** *adj* : inconsolable — **inconsolablemente** *adv*
**inconstancia** *nf* : fickleness
**inconstante** *adj* : fickle, changeable
**inconstitucional** *adj* : unconstitutional — **inconstitucionalidad** *nf*
**incontable** *adj* INNUMERABLE : countless, innumerable
**incontenible** *adj* : uncontrollable, unstoppable
**incontestable** *adj* INCUESTIONABLE, INDISCUTIBLE : irrefutable, indisputable
**incontinencia** *nf* : incontinence — **incontinente** *adj*
**incontrolable** *adj* : uncontrollable
**incontrolado, -da** *adj* : uncontrolled, out of control
**incontrovertible** *adj* : indisputable
**inconveniencia** *nf* **1** : inconvenience, trouble **2** : inappropriateness **3** : tactless remark
**inconveniente**[1] *adj* **1** INCÓMODO : inconvenient **2** INAPROPIADO : improper, unsuitable
**inconveniente**[2] *nm* **1** : obstacle, problem, snag **2** : objection ⟨no tengo inconveniente en hacerlo : I don't mind doing it⟩ **3** : disadvantage, drawback ⟨las ventajas e inconvenientes : the advantages and disadvantages⟩
**incordiar** *vt Spain* : to annoy, to pester
**incorporación** *nf, pl* **-ciones** : incorporation
**incorporado** *adj* : built-in
**incorporar** *vt* **1** : to incorporate **2** : to add, to include — **incorporarse** *vr* **1** : to sit up **2** ~ **a** : to join
**incorpóreo, -rea** *adj* : incorporeal, bodiless
**incorrección** *n, pl* **-ciones** : impropriety, improper word or action
**incorrecto, -ta** *adj* **1** : incorrect **2** : impolite, rude — **incorrectamente** *adv*
**incorregible** *adj* : incorrigible — **incorregibilidad** *nf*
**incorruptible** *adj* : incorruptible
**incredulidad** *nf* : incredulity, skepticism
**incrédulo**[1], **-la** *adj* : incredulous, skeptical
**incrédulo**[2], **-la** *n* : skeptic
**increíble** *adj* : incredible, unbelievable — **increíblemente** *adv*
**incrementar** *vt* : to increase — **incrementarse** *vr*
**incremento** *nm* AUMENTO : increase
**increpar** *vt* : to tell off *fam*, to yell at, to rebuke
**incriminar** *vt* : to incriminate — **incriminación** *nf*
**incriminatorio, -ria** *adj* : incriminating, incriminatory
**incruento, -ta** *adj* : bloodless
**incrustación** *nf, pl* **-ciones** : inlay
**incrustar** *vt* **1** : to embed **2** : to inlay — **incrustarse** *vr* : to become embedded
**incubación** *nf, pl* **-ciones** : incubation
**incubadora** *nf* : incubator
**incubar** *v* : to incubate
**incuestionable** *adj* INCONTESTABLE, INDISCUTIBLE : unquestionable, indisputable — **incuestionablemente** *adv*
**inculcar** {72} *vt* : to inculcate, to instill
**inculpado, -da** *n* : defendant ⟨el inculpado : the defendant, the accused⟩
**inculpar** *vt* ACUSAR : to accuse, to charge
**inculto, -ta** *adj* **1** : uncultured, ignorant **2** : uncultivated, fallow
**incultura** *adj* : ignorance, lack of culture
**incumbencia** *nf* : obligation, responsibility
**incumbir** *vi* (*3rd person only*) ~ **a** : to be incumbent upon, to be of concern to ⟨a mí no me incumbe : it's not my concern⟩
**incumplido, -da** *adj* : irresponsible, unreliable
**incumplimiento** *nm* **1** : failure to fulfill (conditions, obligations, etc.) ⟨incumplimiento de la ley : failure to comply with the law⟩ ⟨incumplimiento de pago : failure to make payment, default⟩ **2 incumplimiento de contrato** : breach of contract **3 incumplimiento de deberes** : neglect of duty
**incumplir** *vt* : to fail to carry out, to break (a promise, a contract)
**incurable** *adj* : incurable
**incurrir** *vi* **1** ~ **en** : to incur ⟨incurrir en gastos : to incur expenses⟩ **2** ~ **en** : to fall into, to commit ⟨incurrió en un error : he made a mistake⟩
**incursión** *nf, pl* **-siones** : incursion, raid
**incursionar** *vi* **1** : to raid **2** ~ **en** : to go into, to enter ⟨el actor incursionó en el baile : the actor worked in dance for a while⟩
**indagación** *nf, pl* **-ciones** : investigation, inquiry
**indagar** {52} *vt* : to inquire into, to investigate
**indagatoria** *nf* **1** : statement, deposition **2** : investigation, inquiry, inquest
**indebido, -da** *adj* : improper, undue — **indebidamente** *adv*
**indecencia** *nf* : indecency, obscenity
**indecente** *adj* : indecent, obscene
**indecible** *adj* : indescribable, inexpressible
**indecisión** *nf, pl* **-siones** : indecision
**indeciso, -sa** *adj* **1** IRRESOLUTO : indecisive **2** : undecided

**indeclinable** *adj* : unavoidable
**indecoro** *nm* : impropriety, indecorousness
**indecoroso, -sa** *adj* : indecorous, unseemly
**indefectible** *adj* : unfailing, sure
**indefendible** *adj* : indefensible
**indefensión** *nf* : defenselessness
**indefenso, -sa** *adj* : defenseless, helpless
**indefinible** *adj* : indefinable
**indefinido, -da** *adj* **1** : undefined, vague **2** INDETERMINADO : indefinite — **indefinidamente** *adv*
**indeleble** *adj* : indelible — **indeleblemente** *adv*
**indelicado, -da** *adj* : indelicate, tactless
**indemne** *adj* : unharmed, unhurt
**indemnidad** *nf* : indemnity
**indemnización** *nf, pl* **-ciones** **1** : indemnity **2 indemnización por despido** : severance pay
**indemnizar** {21} *vt* : to indemnify, to compensate
**independencia** *nf* : independence
**independiente** *adj* : independent — **independientemente** *adv*
**independista**[1] *adj* : pro-independence
**independista**[2] *nmf* : independence supporter
**independizar** {21} *vt* : to make independent — **independizarse** *vr*
**indescifrable** *adj* : indecipherable
**indescriptible** *adj* : indescribable — **indescriptiblemente** *adv*
**indeseable** *adj & nmf* : undesirable
**indestructible** *adj* : indestructible
**indeterminado, -da** *adj* **1** INDEFINIDO : indefinite **2** : indeterminate
**indexar** *vt* INDICIAR : to index (wages, prices, etc.)
**indicación** *nf, pl* **-ciones** **1** : sign, signal **2** : direction, instruction **3** : suggestion, hint
**indicado, -da** *adj* **1** APROPIADO : appropriate, suitable **2** : specified, indicated ⟨al día indicado : on the specified day⟩
**indicador** *nm* **1** : gauge, dial, meter **2** : indicator ⟨indicadores económicos : economic indicators⟩
**indicar** {72} *vt* **1** SEÑALAR : to indicate **2** ENSEÑAR, MOSTRAR : to show
**indicativo**[1], **-va** *adj* : indicative
**indicativo**[2] *nm* : indicative (mood)
**índice** *nm* **1** : index **2** : contents *pl*, table of contents **3** : index finger, forefinger **4** INDICIO : indication
**indiciar** *vt* : to index (prices, wages, etc.)
**indicio** *nm* **1** : indication, sign **2 indicios** *nmpl* : evidence
**indiferencia** *nf* : indifference
**indiferente** *adj* **1** : indifferent, unconcerned **2 ser indiferente** : to be of no concern ⟨me es indiferente : it doesn't matter to me⟩
**indiferentemente** *adv* : indifferently
**indígena**[1] *adj* : indigenous, native
**indígena**[2] *nmf* : native
**indigencia** *nf* MISERIA : poverty, destitution
**indigente** *adj & nmf* : indigent
**indigestarse** *vr* **1** EMPACHARSE : to have indigestion **2** *fam* : to nauseate, to disgust ⟨ese tipo se me indigesta : that guy makes me sick⟩
**indigestión** *nf, pl* **-tiones** EMPACHO : indigestion
**indigesto, -ta** *adj* : indigestible, difficult to digest
**indignación** *nf, pl* **-ciones** : indignation
**indignado, -da** *adj* : indignant
**indignante** *adj* : outrageous, infuriating
**indignar** *vt* : to outrage, to infuriate — **indignarse** *vr*
**indignidad** *nf* : indignity
**indigno, -na** *adj* **1** : unworthy **2** : contemptible, despicable
**índigo** *nm* : indigo
**indio, -dia** *adj & n* **1** *sometimes offensive* : Indian *often offensive*, Native American **2** : Indian (from India)
**indio–americano, india–americana** → **nativo americano**
**indirecta** *nf* **1** : hint, innuendo **2 echar indirectas** *or* **lanzar indirectas** : to drop a hint, to insinuate
**indirecto, -ta** *adj* : indirect — **indirectamente** *adv*
**indisciplina** *nf* : lack of discipline, unruliness
**indisciplinado, -da** *adj* : undisciplined, unruly
**indiscreción** *nf, pl* **-ciones** **1** IMPRUDENCIA : indiscretion **2** : tactless remark
**indiscreto, -ta** *adj* IMPRUDENTE : indiscreet, imprudent — **indiscretamente** *adv*
**indiscriminado, -da** *adj* : indiscriminate — **indiscriminadamente** *adv*
**indiscutible** *adj* **1** INCONTESTABLE, INCUESTIONABLE : indisputable, unquestionable **2** : undisputed ⟨el campeón indiscutible : the undisputed champion⟩ — **indiscutiblemente** *adv*
**indiscutido, -da** *adj* : undisputed
**indispensable** *adj* : indispensable — **indispensablemente** *adv*
**indisponer** {60} *vt* **1** : to spoil, to upset **2** : to make ill — **indisponerse** *vr* **1** : to become ill **2** ~ **con** : to fall out with
**indisposición** *nf, pl* **-ciones** : illness
**indispuesto, -ta** *adj* : unwell, indisposed
**indistinguible** *adj* : indistinguishable
**indistintamente** *adv* **1** : indistinctly **2** : indiscriminately
**indistinto, -ta** *adj* : indistinct, vague, faint
**individual**[1] *adj* : individual — **individualmente** *adv*
**individual**[2] *nm* **1** : place mat **2 individuales** *nmpl* : singles (in sports)
**individualidad** *nf* : individuality
**individualismo** *nm* : individualism
**individualista**[1] *adj* : individualistic
**individualista**[2] *nmf* : individualist
**individualizar** {21} *vt* : to individualize
**individuo** *nm* : individual, person
**indivisible** *adj* : indivisible — **indivisibilidad** *nf*
**indocumentado, -da** *n* : illegal immigrant
**índole** *nf* **1** : nature, character **2** CLASE, TIPO : sort, kind

**indolencia** *nf* : indolence, laziness
**indolente** *adj* : indolent, lazy
**indoloro, -ra** *adj* : painless
**indomable** *adj* **1** : indomitable **2** : unruly, unmanageable
**indómito, -ta** *adj* **1** : indomitable **2** : untamed
**indonesio, -sia** *adj & n* : Indonesian
**inducción** *nf, pl* **-ciones** : induction
**inducir** {61} *vt* **1** : to induce, to cause **2** : to infer, to deduce
**inductivo, -va** *adj* : inductive
**indudable** *adj* : unquestionable, beyond doubt
**indudablemente** *adv* : undoubtedly, unquestionably
**indulgencia** *nf* **1** : indulgence, leniency **2** : indulgence (in religion)
**indulgente** *adj* : indulgent, lenient
**indultar** *vt* : to pardon, to reprieve
**indulto** *nm* : pardon, reprieve
**indumentaria** *nf* : clothing, attire
**industria** *nf* : industry
**industrial**[1] *adj* : industrial
**industrial**[2] *nmf* : industrialist, manufacturer
**industrialización** *nf, pl* **-ciones** : industrialization
**industrializar** {21} *vt* : to industrialize
**industrioso, -sa** *adj* : industrious
**inédito, -ta** *adj* **1** : unpublished **2** : unprecedented
**inefable** *adj* : ineffable
**ineficacia** *nf* **1** : inefficiency **2** : lack of effectiveness
**ineficaz** *adj, pl* **-caces** **1** : inefficient **2** : ineffective — **ineficazmente** *adv*
**ineficiencia** *nf* : inefficiency
**ineficiente** *adj* : inefficient — **ineficientemente** *adv*
**inelegancia** *nf* : inelegance — **inelegante** *adj*
**inelegible** *adj* : ineligible — **inelegibilidad** *nf*
**ineludible** *adj* : inescapable, unavoidable — **ineludiblemente** *adv*
**ineptitud** *nf* : ineptitude, incompetence
**inepto**[1], **-ta** *adj* : inept, incompetent
**inepto**[2], **-ta** *n* : incompetent
**inequidad** *nf* : inequity
**inequitativo, -va** *adj* : inequitable
**inequívoco, -ca** *adj* : unequivocal, unmistakable — **inequívocamente** *adv*
**inercia** *nf* **1** : inertia **2** : apathy **3 por ~** : out of habit
**inerme** *adj* : unarmed, defenseless
**inerte** *adj* : inert
**inescrupuloso, -sa** *adj* : unscrupulous
**inescrutable** *adj* : inscrutable
**inesperado, -da** *adj* : unexpected — **inesperadamente** *adv*
**inestabilidad** *nf* : instability, unsteadiness
**inestable** *adj* **1** : unstable, unsteady **2** : changeable (of weather)
**inestimable** *adj* : inestimable, invaluable
**inevitabilidad** *nf* : inevitability
**inevitable** *adj* : inevitable, unavoidable — **inevitablemente** *adv*
**inexactitud** *nf* : inaccuracy
**inexacto, -ta** *adj* : inexact, inaccurate
**inexcusable** *adj* **1** : inexcusable, unforgivable **2** : unavoidable
**inexistencia** *nf* : lack, nonexistence
**inexistente** *adj* : nonexistent
**inexorable** *adj* : inexorable — **inexorablemente** *adv*
**inexperiencia** *nf* : inexperience
**inexperto, -ta** *adj* : inexperienced, unskilled
**inexplicable** *adj* : inexplicable — **inexplicablemente** *adv*
**inexplorado, -da** *adj* : unexplored
**inexpresable** *adj* : inexpressible
**inexpresivo, -va** *adj* : expressionless
**inexpugnable** *adj* : impregnable
**inextricable** *adj* : inextricable — **inextricablemente** *adv*
**infalibilidad** *nf* : infallibility
**infalible** *adj* : infallible — **infaliblemente** *adv*
**infame** *adj* **1** : infamous **2** : loathsome, vile ⟨tiempo infame : terrible weather⟩
**infamia** *nf* : infamy, disgrace
**infancia** *nf* **1** NIÑEZ : infancy, childhood **2** : children *pl* **3** : beginnings *pl*
**infante**[1], **-ta** *n* : prince *m*, princess *f*
**infante**[2] *nm* : infantry soldier
**infantería** *nf* **1** : infantry **2 infantería de marina** : marines *pl*
**infantil** *adj* **1** : childish, infantile **2** : child's, children's
**infarto** *nm* **1** : heart attack **2 infarto cerebral** : stroke
**infatigable** *adj* : indefatigable, tireless — **infatigablemente** *adv*
**infección** *nf, pl* **-ciones** : infection
**infeccioso, -sa** *adj* : infectious
**infectar** *vt* : to infect — **infectarse** *vr*
**infecto, -ta** *adj* **1** : infected **2** : repulsive, sickening
**infecundidad** *nf* : infertility
**infecundo, -da** *adj* : infertile, barren
**infelicidad** *nf* : unhappiness
**infeliz**[1] *adj, pl* **-lices** **1** : unhappy **2** : hapless, unfortunate, wretched
**infeliz**[2] *nmf, pl* **-lices** : wretch
**inferencia** *nf* : inference
**inferior**[1] *adj* : inferior, lower
**inferior**[2] *nmf* : inferior, underling
**inferioridad** *nf* : inferiority
**inferir** {76} *vt* **1** DEDUCIR : to infer, to deduce **2** : to cause (harm or injury), to inflict
**infernal** *adj* : infernal, hellish
**infertilidad** *nf* : infertility
**infestación** *n, pl* **-ciones** : infestation
**infestar** *vt* **1** : to infest ⟨infestar de : to infest with⟩ **2** : to overrun, to invade
**infición** *nf, pl* **-ciones** *Mex* : pollution
**infidelidad** *nf* : unfaithfulness, infidelity
**infiel**[1] *adj* : unfaithful, disloyal
**infiel**[2] *nmf* : infidel, heathen *often offensive*
**infierno** *nm* **1** : hell **2** : bedlam, madness **3** : hellhole, hellish place **4 el quinto infierno** : the middle of nowhere
**infiltrado, -da** *n* : infiltrator
**infiltrar** *vt* : to infiltrate — **infiltrarse** *vr* — **infiltración** *nf*
**ínfimo, -ma** *adj* **1** : minuscule, negligible **2** : lousy, very poor

**infinidad** *nf* **1** : infinity **2** SINFÍN : great number, huge quantity ⟨una infinidad de veces : countless times⟩
**infinitesimal** *adj* : infinitesimal
**infinitivo** *nm* : infinitive
**infinito¹** *adv* : infinitely, vastly
**infinito², -ta** *adj* **1** : infinite **2** : limitless, endless — **infinitamente** *adv*
**infinito³** *nm* : infinity
**inflable** *adj* : inflatable
**inflación** *nf, pl* **-ciones** : inflation
**inflacionario, -ria** *adj* : inflationary
**inflacionista** → **inflacionario**
**inflamable** *adj* : flammable
**inflamación** *nf, pl* **-ciones** **1** : inflammation **2** : ignition, combustion
**inflamar** *vt* **1** : to inflame **2** : to ignite
**inflamatorio, -ria** *adj* : inflammatory
**inflar** *vt* **1** HINCHAR : to inflate **2** EXAGERAR : to exaggerate — **inflarse** *vr* **1** : to swell **2** : to become conceited
**inflexibilidad** *nf* : inflexibility
**inflexible** *adj* : inflexible, unyielding
**inflexión** *nf, pl* **-xiones** : inflection
**infligir** {35} *vt* : to inflict
**influencia** *nf* **1** INFLUJO : influence **2** **influencias** *nfpl* : contacts *pl*, influence ⟨tráfico de influencias : influence peddling⟩
**influenciable** *adj* : easily influenced, suggestible
**influenciar** *vt* : to influence
**influenza** *nf* : influenza
**influir** {41} *vt* : to influence — *vi* ~ **en** *or* ~ **sobre** : to have an influence on, to affect
**influjo** *nm* INFLUENCIA : influence
**influyente** *adj* : influential
**infografía** *nf* : computer graphics *pl*
**información** *nf, pl* **-ciones** **1** : information ⟨centro/oficina de información : information center/office⟩ **2** : information, directory assistance **3** INFORME : report, inquiry **4** NOTICIAS : news
**informado, -da** *adj* : informed ⟨bien informado : well-informed⟩
**informador, -dora** *n* : informer, informant
**informal** *adj* **1** : unreliable (of persons) **2** : informal, casual **3** : informal, unofficial (in economics) — **informalmente** *adv*
**informalidad** *nf* : informality
**informante** *nmf* : informant
**informar** *vt* ENTERAR : to inform — *vi* : to report — **informarse** *vr* ENTERARSE : to get information, to find out
**informática** *nf* : computer science, computing
**informático¹, -ca** *adj* : computer ⟨sistema informático : computer system⟩
**informático², -ca** *n* : computer specialist
**informativo¹, -va** *adj* : informative, informational
**informativo²** *nm* : news program, news
**informatización** *nf, pl* **-ciones** : computerization
**informatizar** {21} *vt* : to computerize
**informe¹** *adj* AMORFO : shapeless, formless
**informe²** *nm* **1** : report **2** : reference (for employment) **3** **informes** *nmpl* : information, data
**infortunado, -da** *adj* : unfortunate, unlucky
**infortunio** *nm* **1** DESGRACIA : misfortune **2** CONTRATIEMPO : mishap
**infracción** *nf, pl* **-ciones** : violation, offense, infraction
**infractor, -tora** *n* : offender
**infraestructura** *nf* : infrastructure
**in fraganti** *adv* : red-handed
**infrahumano, -na** *adj* : subhuman
**infranqueable** *adj* **1** : impassable **2** : insurmountable
**infrarrojo, -ja** *adj* : infrared
**infrecuente** *adj* : infrequent
**infringir** {35} *vt* : to infringe, to breach
**infructuoso, -sa** *adj* : fruitless — **infructuosamente** *adv*
**ínfulas** *nfpl* **1** : conceit **2** **darse ínfulas** : to put on airs
**infundado, -da** *adj* : unfounded, baseless
**infundio** *nm* : false story, lie, tall tale ⟨todo eso son infundios : that's a pack of lies⟩
**infundir** *vt* **1** : to instill (fear, confidence), to arouse (enthusiasm) **2** **infundir ánimo a** : to encourage
**infusión** *nf, pl* **-siones** : infusion, tea
**ingeniar** *vt* : to devise, to think up — **ingeniarse** *vr* : to manage, to find a way
**ingeniería** *nf* : engineering
**ingeniero, -ra** *n* : engineer
**ingenio** *nm* **1** : ingenuity **2** CHISPA : wit, wits **3** : device, apparatus **4** **ingenio azucarero** : sugar refinery
**ingenioso, -sa** *adj* **1** : ingenious **2** : clever, witty — **ingeniosamente** *adv*
**ingente** *adj* : huge, enormous
**ingenuidad** *nf* : naïveté, ingenuousness
**ingenuo¹, -nua** *adj* CÁNDIDO : naive — **ingenuamente** *adv*
**ingenuo², -nua** *n* : naive person
**ingerencia** → **injerencia**
**ingerir** {76} *vt* : to ingest, to consume
**ingesta** *nf* : consumption, ingestion
**ingestión** *nf, pl* **-tiones** : ingestion
**ingle** *nf* : groin
**inglés¹, -glesa** *adj, mpl* **ingleses** : English
**inglés², -glesa** *n, mpl* **ingleses** : Englishman *m*, Englishwoman *f*
**inglés³** *nm* : English (language)
**inglete** *nm* : miter joint
**ingobernable** *adj* : ungovernable, lawless
**ingratitud** *nf* : ingratitude
**ingrato¹, -ta** *adj* **1** : ungrateful **2** : thankless, difficult
**ingrato², -ta** *n* : ingrate
**ingrávido, -da** *adj* : weightless
**ingrediente** *nm* : ingredient
**ingresar** *vt* **1** : to admit ⟨ingresaron a Luis al hospital : Luis was admitted into the hospital⟩ **2** : to deposit — *vi* **1** : to enter, to go in **2** ~ **en** : to join, to enroll in
**ingreso** *nm* **1** : entrance, entry **2** : admission **3** : deposit **4** **ingresos** *nmpl* : income, earnings *pl*
**íngrimo, -ma** *adj* : all alone, all by oneself

**inhábil** *adj* : clumsy
**inhabilidad** *nf* **1** : lack of skill **2** : lack of suitability
**inhabilitar** *vt* **1** : to disqualify, to bar **2** : to disable
**inhabitable** *adj* : uninhabitable
**inhabitado, -da** → **deshabitado**
**inhabituado, -da** *adj* ~ **a** : unaccustomed to
**inhalador** *nm* : inhaler
**inhalante** *nm* : inhalant
**inhalar** *vt* : to inhale — **inhalación** *nf*
**inherente** *adj* : inherent
**inhibición** *nf, pl* **-ciones** COHIBICIÓN : inhibition
**inhibir** *vt* : to inhibit — **inhibirse** *vr*
**inhóspito, -ta** *adj* : inhospitable
**inhumación** *nf, pl* **-ciones** : interment, burial
**inhumanidad** *nf* : inhumanity
**inhumano, -na** *adj* : inhuman, cruel, inhumane
**inhumar** *vt* : to inter, to bury
**iniciación** *nf, pl* **-ciones** **1** : initiation **2** : introduction
**iniciado, -da** *n* : initiate
**iniciador**[1], **-dora** *adj* : initiatory
**iniciador**[2], **-dora** *n* : originator
**inicial**[1] *adj* : initial, original — **inicialmente** *adv*
**inicial**[2] *nf* : initial (letter)
**iniciar** *vt* **1** COMENZAR : to initiate, to begin ⟨iniciar (la) sesión : to log in/on⟩ **2** : to initiate (someone) — **iniciarse** *vr*
**iniciativa** *nf* : initiative
**inicio** *nm* COMIENZO : beginning
**inicuo, -cua** *adj* : iniquitous, wicked
**inigualable** *adj* : incomparable (of a person, view, etc.), unrivaled (of popularity, etc.), unbeatable (of prices, etc.)
**inigualado, -da** *adj* : unequaled
**inimaginable** *adj* : unimaginable
**inimitable** *adj* : inimitable
**ininteligible** *adj* : unintelligible
**ininterrumpido, -da** *adj* : uninterrupted, continuous — **ininterrumpidamente** *adv*
**iniquidad** *nf* : iniquity, wickedness
**injerencia** *nf* : interference
**injerirse** {76} *vr* ENTROMETERSE, INMISCUIRSE : to meddle, to interfere
**injertar** *vt* : to graft
**injerto** *nm* : graft ⟨injerto de piel : skin graft⟩
**injuria** *nf* AGRAVIO : affront, insult
**injuriar** *vt* INSULTAR : to insult, to revile
**injurioso, -sa** *adj* : insulting, abusive
**injusticia** *nf* : injustice, unfairness
**injustificable** *adj* : unjustifiable
**injustificadamente** *adv* : unjustifiably, unfairly
**injustificado, -da** *adj* : unjustified, unwarranted
**injusto, -ta** *adj* : unfair, unjust — **injustamente** *adv*
**inmaculado, -da** *adj* : immaculate, spotless
**inmadurez** *nf, pl* **-reces** : immaturity
**inmaduro, -ra** *adj* **1** : immature **2** : unripe
**inmediaciones** *nfpl* : environs, surrounding area
**inmediatamente** *adv* ENSEGUIDA : immediately
**inmediatez** *nf, pl* **-teces** : immediacy
**inmediato, -ta** *adj* **1** : immediate **2** CONTIGUO : adjoining **3 de** ~ : immediately, right away **4** ~ **a** : next to, close to
**inmejorable** *adj* : excellent, unbeatable
**inmemorial** *adj* : immemorial ⟨tiempos inmemoriales : time immemorial⟩
**inmensidad** *nf* : immensity, vastness
**inmenso, -sa** *adj* ENORME : immense, huge, vast — **inmensamente** *adv*
**inmensurable** *adj* : boundless, immeasurable
**inmerecido, -da** *adj* : undeserved — **inmerecidamente** *adv*
**inmersión** *nf, pl* **-siones** : immersion
**inmerso, -sa** *adj* **1** : immersed **2** : involved, absorbed
**inmigración** *nf, pl* **-ciones** : immigration
**inmigrado, -da** *adj & n* : immigrant
**inmigrante** *adj & nmf* : immigrant
**inmigrar** *vi* : to immigrate
**inminencia** *nf* : imminence
**inminente** *adj* : imminent — **inminentemente** *adv*
**inmiscuirse** {41} *vr* ENTROMETERSE, INJERIRSE : to meddle, to interfere
**inmobiliaria** *nf* **1** : real estate agency **2** : developer
**inmobiliario, -ria** *adj* : real estate, property
**inmoderación** *n, pl* **-ciones** : intemperance, lack of moderation
**inmoderado, -da** *adj* : immoderate, excessive — **inmoderamente** *adv*
**inmodestia** *nf* : immodesty — **inmodesto, -ta** *adj*
**inmoral** *adj* : immoral
**inmoralidad** *nf* : immorality
**inmortal** *adj & nmf* : immortal
**inmortalidad** *nf* : immortality
**inmortalizar** {21} *vt* : to immortalize
**inmotivado, -da** *adj* **1** : unmotivated **2** : groundless
**inmovible** *adj* : immovable, fixed
**inmóvil** *adj* **1** : still, motionless **2** : steadfast
**inmovilidad** *nf* : immobility
**inmovilizar** {21} *vt* : to immobilize — **inmovilización** *nf*
**inmueble** *nm* : building, property
**inmundicia** *nf* : dirt, filth, trash
**inmundo, -da** *adj* : dirty, filthy, nasty
**inmune** *adj* : immune
**inmunidad** *nf* : immunity
**inmunizar** {21} *vt* : to immunize — **inmunización** *nf*
**inmunología** *nf* : immunology
**inmunológico, -ca** *adj* : immune ⟨sistema inmunológico : immune system⟩
**inmutable** *adj* : immutable, unchangeable
**inmutar** *vt* : to upset — **inmutarse** *vr* : to get upset, to look upset ⟨ni se inmutó : he didn't even bat an eyelash⟩
**innato, -ta** *adj* : innate, inborn
**innecesario, -ria** *adj* : unnecessary — **innecesariamente** *adv*

**innegable** *adj* : undeniable
**innoble** *adj* : ignoble — **innoblemente** *adv*
**innovación** *nf, pl* **-ciones** : innovation
**innovador¹, -dora** *adj* : innovative
**innovador², -dora** *n* : innovator
**innovar** *vt* : to introduce — *vi* : to innovate
**innumerable** *adj* INCONTABLE : innumerable, countless
**inobjetable** *adj* : indisputable, unobjectionable
**inocencia** *nf* : innocence
**inocentada** *nf* : practical joke
**inocente¹** *adj* **1** : innocent **2** INGENUO : naive — **inocentemente** *adv*
**inocente²** *nmf* : innocent person
**inocentón¹, -tona** *adj, mpl* **-tones -tones** : naive, gullible
**inocentón², -tona** *n, mpl* **-tones** : simpleton, dupe
**inocuidad** *nf* : harmlessness
**inocular** *vt* : to inoculate, to vaccinate — **inoculación** *nf*
**inocuo, -cua** *adj* : innocuous, harmless
**inodoro¹, -ra** *adj* : odorless
**inodoro²** *nm* : toilet
**inofensivo, -va** *adj* : inoffensive, harmless
**inolvidable** *adj* : unforgettable
**inoperable** *adj* : inoperable
**inoperante** *adj* : ineffective, inoperative
**inopinado, -da** *adj* : unexpected — **inopinadamente** *adv*
**inoportuno, -na** *adj* : untimely, inopportune, inappropriate
**inorgánico, -ca** *adj* : inorganic
**inoxidable** *adj* **1** : rustproof **2 acero inoxidable** : stainless steel
**inquebrantable** *adj* : unshakable, unwavering
**inquietamente** *adv* **1** : anxiously, uneasily **2** : restlessly
**inquietante** *adj* : disturbing, worrisome
**inquietar** *vt* PREOCUPAR : to disturb, to upset, to worry — **inquietarse** *vr*
**inquieto, -ta** *adj* **1** : anxious, uneasy, worried **2** : restless
**inquietud** *nf* **1** : anxiety, uneasiness, worry **2** AGITACIÓN : restlessness
**inquilinato** *nm* : tenancy
**inquilino, -na** *n* : tenant, occupant
**inquina** *nf* **1** : aversion, dislike **2** : ill will ⟨tener inquina a alguien : to have a grudge against someone⟩
**inquirir** {4} *vi* : to make inquiries — *vt* : to investigate
**inquisición** *nf, pl* **-ciones** : investigation, inquiry
**inquisidor¹, -dora** *adj* : inquisitive
**inquisidor²** *nm* : inquisitor
**inquisitivo, -va** *adj* : inquisitive, curious — **inquisitivamente** *adv*
**insaciable** *adj* : insatiable
**insalubre** *adj* **1** : unhealthy **2** ANTIHIGIÉNICO : unsanitary
**insalvable** *adj* : insurmountable
**insano, -na** *adj* **1** LOCO : insane, mad **2** INSALUBRE : unhealthy
**insatisfacción** *nf, pl* **-ciones** : dissatisfaction
**insatisfactorio** *nm* : unsatisfactory
**insatisfecho, -cha** *adj* **1** : dissatisfied **2** : unsatisfied
**inscribir** {33} *vt* **1** MATRICULAR : to enroll, to register **2** GRABAR : to engrave — **inscribirse** *vr* : to register, to sign up
**inscripción** *nf, pl* **-ciones** **1** MATRÍCULA : enrollment, registration **2** : inscription
**inscrito** *pp* → **inscribir**
**insecticida¹** *adj* : insecticidal
**insecticida²** *nm* : insecticide
**insecto** *nm* : insect
**inseguridad** *nf* **1** : insecurity **2** : lack of safety **3** : uncertainty
**inseguro, -ra** *adj* **1** : insecure **2** : unsafe **3** : uncertain — **inseguramente** *adv*
**inseminar** *vt* : to inseminate — **inseminación** *nf*
**insensatez** *nf, pl* **-teces** : foolishness, stupidity
**insensato¹, -ta** *adj* : foolish, senseless — **insensatamente** *adv*
**insensato², -ta** *n* : fool
**insensibilidad** *nf* : insensitivity
**insensible** *adj* : insensitive, unfeeling — **insensiblemente** *adv*
**inseparable** *adj* : inseparable — **inseparablemente** *adv*
**inserción** *nf, pl* **-ciones** : insertion
**insertar** *vt* : to insert
**inservible** *adj* INÚTIL : useless, unusable
**insidia** *nf* **1** : snare, trap **2** : malice
**insidioso, -sa** *adj* : insidious
**insigne** *adj* : noted, famous
**insignia** *nf* ENSEÑA : insignia, emblem, badge
**insignificancia** *nf* **1** : insignificance **2** NIMIEDAD : trifle, triviality
**insignificante** *adj* : insignificant
**insincero, -ra** *adj* : insincere — **insinceramente** *adv* — **insinceridad** *nf*
**insinuación** *nf, pl* **-ciones** : insinuation, hint
**insinuante** *adj* : suggestive
**insinuar** {3} *vt* : to insinuate, to hint at — **insinuarse** *vr* **1 ~ a** : to make advances to **2 ~ en** : to worm one's way into
**insípido, -da** *adj* : insipid, bland
**insistencia** *nf* : insistence
**insistente** *adj* : insistent — **insistentemente** *adv*
**insistir** *v* : to insist
**insociable** *adj* : unsociable
**insolación** *nf, pl* **-ciones** : sunstroke
**insolencia** *nf* IMPERTINENCIA : insolence
**insolente** *adj* IMPERTINENTE : insolent — **insolentemente** *adv*
**insólito, -ta** *adj* : rare, unusual
**insoluble** *adj* : insoluble — **insolubilidad** *nf*
**insolvencia** *nf* : insolvency, bankruptcy
**insolvente** *adj* : insolvent, bankrupt
**insomne** *adj & nmf* : insomniac
**insomnio** *nm* : insomnia
**insonorizado, -da** *adj* : soundproof
**insoportable** *adj* INAGUANTABLE : unbearable, intolerable
**insoslayable** *adj* : unavoidable, inescapable

**insospechado, -da** *adj* : unexpected, unforeseen
**insostenible** *adj* **1** : not sustainable (of a rate, etc.) **2** : untenable
**inspección** *nf, pl* **-ciones** : inspection
**inspeccionar** *vt* : to inspect
**inspector, -tora** *n* : inspector
**inspiración** *nf, pl* **-ciones** **1** : inspiration **2** INHALACIÓN : inhalation
**inspirador, -dora** *adj* : inspiring
**inspirar** *vt* : to inspire — *vi* INHALAR : to inhale — **inspirarse** *vr*
**instalación** *nf, pl* **-ciones** : installation
**instalar** *vt* **1** : to install (a device, etc.) **2** : to install, to induct — **instalarse** *vr* ESTABLECERSE : to settle, to establish oneself
**instancia** *nf* **1** : petition, request **2 en última instancia** : as a last resort
**instantánea** *nf* : snapshot
**instantáneo, -nea** *adj* **1** : instantaneous **2** : instant ⟨café instantáneo : instant coffee⟩ — **instantáneamente** *adv*
**instante** *nm* **1** : instant, moment **2 al instante** : immediately **3 a cada instante** : frequently, all the time **4 por instantes** : constantly, incessantly
**instar** *vt* APREMIAR : to urge, to press — *vi* URGIR : to be urgent or pressing ⟨insta que vayamos pronto : it is imperative that we leave soon⟩
**instauración** *nf, pl* **-ciones** : establishment
**instaurar** *vt* : to establish
**instigador, -dora** *n* : instigator
**instigar** {52} *vt* : to instigate, to incite
**instintivo, -va** *adj* : instinctive — **instintivamente** *adv*
**instinto** *nm* : instinct
**institución** *nf, pl* **-ciones** : institution
**institucional** *adj* : institutional — **institucionalmente** *adv*
**institucionalizar** {21} *vt* : to institutionalize
**instituir** {41} *vt* ESTABLECER, FUNDAR : to institute, to establish, to found
**instituto** *nm* : institute
**institutriz** *nf, pl* **-trices** : governess *f*
**instrucción** *nf, pl* **-ciones** **1** EDUCACIÓN : education, training **2 instrucciones** *nfpl* : instructions, directions
**instructivo, -va** *adj* : instructive, educational
**instructor, -tora** *n* : instructor
**instruir** {41} *vt* **1** ADIESTRAR : to instruct, to train **2** ENSEÑAR : to educate, to teach
**instrumentación** *nf, pl* **-ciones** : orchestration
**instrumental**[1] *adj* : instrumental
**instrumental**[2] *nm* : instruments *pl*
**instrumentar** *vt* : to orchestrate
**instrumentista** *nmf* : instrumentalist
**instrumento** *nm* **1** : (musical) instrument **2** : instrument (tool or device) **3** : instrument, means *pl*
**insubordinado, -da** *adj* : insubordinate — **insubordinación** *nf*
**insubordinarse** *vr* : to rebel
**insuficiencia** *nf* **1** : insufficiency, inadequacy **2 insuficiencia cardiaca** : heart failure
**insuficiente**[1] *adj* **1** : insufficient, inadequate **2** : poor, unsatisfactory — **insuficientemente** *adv*
**insuficiente**[2] *nm* : F, failing grade
**insufrible** *adj* : insufferable
**insular** *adj* : insular
**insularidad** *nf* : insularity
**insulina** *nf* : insulin
**insulso, -sa** *adj* **1** INSÍPIDO : insipid, bland **2** : dull
**insultante** *adj* : insulting
**insultar** *vt* : to insult
**insulto** *nm* : insult
**insumos** *nmpl* : supplies ⟨insumos agrícolas : agricultural supplies⟩
**insuperable** *adj* **1** : insurmountable **2** : unbeatable
**insurgente** *adj & nmf* : insurgent — **insurgencia** *nf*
**insurrección** *nf, pl* **-ciones** : insurrection, uprising
**insustancial** *adj* : insubstantial, flimsy
**insustituible** *adj* : irreplaceable
**intachable** *adj* : irreproachable, faultless
**intacto, -ta** *adj* : intact
**intangible** *adj* IMPALPABLE : intangible, impalpable
**integración** *nf, pl* **-ciones** : integration
**integral** *adj* **1** : integral, essential **2 pan integral** : whole grain bread
**integrante**[1] *adj* : integrating, integral
**integrante**[2] *nmf* : member
**integrar** *vt* : to make up, to compose — **integrarse** *vr* : to integrate, to fit in
**integridad** *nf* **1** RECTITUD : integrity, honesty **2** : integrity, soundness ⟨integridad física : personal safety⟩
**integrismo** *nm* : fundamentalism
**integrista** *adj & nmf* : fundamentalist
**íntegro, -gra** *adj* **1** : honest, upright **2** ENTERO : whole, complete **3** : unabridged
**intelecto** *nm* : intellect
**intelectual** *adj & nmf* : intellectual — **intelectualmente** *adv*
**intelectualidad** *nf* : intelligentsia
**inteligencia** *nf* : intelligence
**inteligente** *adj* : intelligent — **inteligentemente** *adv*
**inteligible** *adj* : intelligible — **inteligibilidad** *nf*
**intemperancia** *adj* : intemperance, excess
**intemperie** *nf* **1** : bad weather, elements *pl* **2 a la intemperie** : in the open air, outside
**intempestivo, -va** *adj* : inopportune, untimely — **intempestivamente** *adv*
**intención** *nf, pl* **-ciones** **1** : intention, plan ⟨tenías buenas intenciones : you had good intentions, your intentions were good⟩ ⟨tener la intención de hacer algo : to intend to do something⟩ ⟨con/sin intención : intentionally/unintentionally⟩ ⟨con la mejor intención : with the best (of) intentions⟩ **2 segunda intención** : ulterior motive
**intencionadamente** → **intencionalmente**

**intencionado, -da** → **intencional**
**intencional** *adj* : intentional
**intencionalmente** *adv* : intentionally
**intendencia** *nf* **1** : management, administration **2** *Arg, Par, Uru* : city council, town council **3** *Chile* : governorship
**intendente** *nmf* **1** : quartermaster **2** *Arg, Par, Uru* : mayor **3** *Chile* : governor
**intensidad** *nf* : intensity
**intensificación** *nf, pl* **-ciones** : intensification
**intensificador** *nm* : intensifier (in linguistics)
**intensificar** {72} *vt* : to intensify — **intensificarse** *vr*
**intensivo, -va** *adj* : intensive — **intensivamente** *adv*
**intenso, -sa** *adj* : intense — **intensamente** *adv*
**intentar** *vt* : to attempt, to try
**intento** *nm* **1** PROPÓSITO : intent, intention **2** TENTATIVA : attempt, try
**intentona** *nf* : attempt ⟨intentona golpista : attempted coup⟩
**inter-** *pref* : inter-
**interacción** *nf, pl* **-ciones** : interaction
**interactivo, -va** *adj* : interactive
**interactuar** {3} *vi* : to interact
**intercalar** *vt* : to intersperse, to insert
**intercambiable** *adj* : interchangeable
**intercambiar** *vt* CANJEAR : to exchange, to trade
**intercambio** *nm* CANJE : exchange, trade
**interceder** *vi* : to intercede
**intercepción** → **interceptación**
**interceptación** *nf, pl* **-ciones** : interception
**interceptar** *vt* **1** : to intercept, to block **2 interceptar las líneas** : to wiretap
**intercesión** *nf, pl* **-siones** : intercession
**interconectar** *vt* : to connect, to interconnect
**interconfesional** *adj* : interdenominational
**intercontinental** *adj* : intercontinental
**interdepartamental** *adj* : interdepartmental
**interdependencia** *nf* : interdependence — **interdependiente** *adj*
**interdicción** *nf, pl* **-ciones** : prohibition
**interdisciplinario, -ria** *adj* : interdisciplinary
**interés** *nm, pl* **-reses** **1** : interest ⟨su interés por la ciencia : her interest in science⟩ ⟨tiene interés en aprender español : he is interested in learning Spanish⟩ ⟨perder interés : to lose interest⟩ **2** BENEFICIO : interest ⟨por su propio interés : for one's own benefit⟩ ⟨por puro interés : purely out of self-interest⟩ ⟨el interés público : the public interest⟩ ⟨conflicto de intereses : conflict of interest⟩ **3** : interest, interest rate **4 intereses** *nmpl* : interest, stake ⟨tener intereses en : to have an interest in⟩
**interesado¹, -da** *adj* **1** : interested **2** : selfish, self-seeking
**interesado², -da** *n* **1** : interested party ⟨los interesados deberán rellenar una solicitud : anyone who is interested should fill out an application⟩ **2** : self-centered person
**interesante** *adj* : interesting
**interesar** *vt* : to interest — *vi* : to be of interest, to be interesting — **interesarse** *vr*
**interestatal** *adj* : interstate ⟨autopista interestatal : interstate highway⟩
**interestelar** *adj* : interstellar
**interfase** → **interfaz**
**interfaz** *nf, pl* **-faces** : interface
**interferencia** *nf* : interference, static
**interferir** {76} *vi* : to interfere, to meddle — *vt* : to interfere with, to obstruct
**interfón** *nm, pl* **-fones** *Mex* : intercom
**interfono** *nm Spain* : intercom
**intergaláctico, -ca** *adj* : intergalactic
**intergubernamental** *adj* : intergovernmental
**interín¹** *or* **ínterin** *adv* : meanwhile
**interín²** *or* **ínterin** *nm, pl* **-rines** : meantime, interim ⟨en el interín : in the meantime⟩
**interinamente** *adv* : temporarily
**interinato** *nm* : temporary position
**interino¹, -na** *adj* : acting, temporary, interim
**interino², -na** *n* : substitute, temp
**interior¹** *adj* **1** : interior, inside, inner ⟨parte interior : inside⟩ ⟨bolsillo interior : inside pocket⟩ ⟨patio interior : inner courtyard⟩ **2** : inner ⟨voz interior : inner voice⟩ **3** : domestic, internal
**interior²** *nm* **1** : interior, inside **2** : inland region
**interiormente** *adv* : inwardly
**interjección** *nf, pl* **-ciones** : interjection
**interlocutor, -tora** *n* : speaker
**interludio** *nm* : interlude
**intermediario, -ria** *adj & n* : intermediary, go-between
**intermedio¹, -dia** *adj* : intermediate
**intermedio²** *nm* **1** : intermission **2 por intermedio de** : by means of
**interminable** *adj* : interminable, endless — **interminablemente** *adv*
**intermisión** *nf, pl* **-siones** : intermission, pause
**intermitente¹** *adj* **1** : intermittent **2** : flashing, blinking (of a light) — **intermitentemente** *adv*
**intermitente²** *nm* : blinker, turn signal
**internacional** *adj* : international — **internacionalmente** *adv*
**internacionalizar** {21} *vt* : to internationalize — **internacionalización** *nf*
**internado** *nm* : boarding school
**internamiento** *nm* **1** : internment, confinement **2** : admission
**internar** *vt* : to admit (to a hospital, etc.), to commit (to an institution) — **internarse** *vr* **1** : to penetrate, to advance into **2 ~ en** : to go into, to enter **3 ~ en** : to be admitted to
**internauta** *nmf* : Internet user
**Internet** *or* **internet** *nmf* : Internet
**internista** *nmf* : internist
**interno¹, -na** *adj* : internal ⟨la política interna : domestic policy⟩ — **internamente** *adv*

**interno²**, **-na** *n* **1** : intern **2** : inmate
**interpelación** *nf, pl* **-ciones** : appeal, plea
**interpelar** *vt* : to question (formally)
**interpersonal** *adj* : interpersonal
**interpolar** *vt* : to insert, to interpolate
**interponer** {60} *vt* : to interpose — **interponerse** *vr* : to intervene
**interpretación** *nf, pl* **-ciones** : interpretation
**interpretar** *vt* **1** : to interpret **2** : to play, to perform
**interpretativo, -va** *adj* : interpretive
**intérprete** *nmf* **1** TRADUCTOR : interpreter **2** : performer
**interpuesto** *pp* → **interponer**
**interracial** *adj* : interracial
**interrelación** *nf, pl* **-ciones** : interrelationship
**interrelacionar** *vi* : to interrelate
**interrogación** *nf, pl* **-ciones** **1** : interrogation, questioning **2** *or* **signo de interrogación** : question mark
**interrogador, -dora** *n* : interrogator, questioner
**interrogante¹** *adj* : questioning
**interrogante²** *nm* : question mark
**interrogante³** *nmf* : question
**interrogar** {52} *vt* : to interrogate, to question
**interrogativo, -va** *adj* : interrogative
**interrogatorio** *nm* : interrogation, questioning
**interrumpir** *v* : to interrupt
**interrupción** *nf, pl* **-ciones** : interruption
**interruptor** *nm* **1** : (electrical) switch **2** : circuit breaker
**intersecarse** {72} *vr Spain* → **intersectarse**
**intersección** *nf, pl* **-ciones** : intersection
**intersectarse** *vr* : to intersect
**intersticio** *nm* : interstice — **intersticial** *adj*
**interuniversitario, -ria** *adj* : intercollegiate
**interurbano, -na** *adj* **1** : intercity **2** : long-distance ⟨llamadas interurbanas : long-distance calls⟩
**intervalo** *nm* : interval
**intervención** *nf, pl* **-ciones** **1** : intervention **2** : audit **3** : intercepting (of mail, etc.), tapping (of phones) **4** **intervención quirúrgica** : operation
**intervenir** {87} *vi* **1** : to take part **2** INTERCEDER : to intervene, to intercede — *vt* **1** : to control, to supervise **2** : to audit **3** : to operate on **4** : to tap, to wiretap (a phone)
**interventor, -tora** *n* **1** : inspector **2** : auditor, comptroller
**intestado, -da** *adj* : intestate
**intestinal** *adj* : intestinal
**intestino¹, -na** *adj* : internal, internecine
**intestino²** *nm* : intestine
**intimar** *vi* ~ **con** : to become friendly with — *vt* : to require, to call on
**intimidación** *nf, pl* **-ciones** : intimidation
**intimidad** *nf* **1** : intimacy **2** : privacy, private life
**intimidante** *adj* : intimidating
**intimidar** *vt* ACOBARDAR : to intimidate
**intimidatorio, -ria** *adj* : intimidating
**íntimo, -ma** *adj* **1** : intimate, close **2** PRIVADO : private — **íntimamente** *adv*
**intitular** *vt* : to entitle, to title
**intocable** *adj* : untouchable
**intolerable** *adj* : intolerable, unbearable
**intolerancia** *nf* : intolerance
**intolerante¹** *adj* : intolerant
**intolerante²** *nmf* : intolerant person, bigot
**intoxicación** *nf, pl* **-ciones** : poisoning
**intoxicante** *nm* : poison
**intoxicar** {72} *vt* : to poison
**intranquilidad** *nf* PREOCUPACIÓN : worry, anxiety
**intranquilizar** {21} *vt* : to upset, to make uneasy — **intranquilizarse** *vr* : to get worried, to be anxious
**intranquilo, -la** *adj* PREOCUPADO : uneasy, worried
**intransferible** *adj* : nontransferable
**intransigencia** *nf* : intransigence
**intransigente** *adj* : intransigent, unyielding
**intransitable** *adj* : impassable
**intransitivo, -va** *adj* : intransitive
**intrascendente** *adj* : unimportant, insignificant
**intratable** *adj* **1** : intractable **2** : awkward **3** : unsociable
**intravenoso, -sa** *adj* : intravenous
**intrepidez** *nf* : fearlessness
**intrépido, -da** *adj* : intrepid, fearless
**intriga** *nf* : intrigue
**intrigante** *nmf* : schemer
**intrigar** {52} *v* : to intrigue — **intrigante** *adj*
**intrincado, -da** *adj* : intricate, involved
**intrínseco, -ca** *adj* : intrinsic — **intrínsecamente** *adv*
**introducción** *nf, pl* **-ciones** : introduction
**introducir** {61} *vt* **1** : to introduce **2** : to bring in **3** : to insert **4** : to input, to enter — **introducirse** *vr* : to penetrate, to get into
**introductorio, -ria** *adj* : introductory
**intromisión** *nf, pl* **-siones** : interference, meddling
**introspección** *nf, pl* **-ciones** : introspection
**introspectivo, -va** *adj* : introspective
**introvertido¹, -da** *adj* : introverted
**introvertido², -da** *n* : introvert
**intrusión** *nf, pl* **-siones** : intrusion
**intruso¹, -sa** *adj* : intrusive
**intruso², -sa** *n* : intruder
**intuición** *nf, pl* **-ciones** : intuition
**intuir** {41} *vt* : to intuit, to sense
**intuitivo, -va** *adj* : intuitive — **intuitivamente** *adv*
**inundación** *nf, pl* **-ciones** : flood, inundation
**inundar** *vt* : to flood, to inundate — **inundarse** *vr*
**inusitado, -da** *adj* : unusual, uncommon — **inusitadamente** *adv*
**inusual** *adj* : unusual, uncommon — **inusualmente** *adv*
**inútil¹** *adj* INSERVIBLE : useless — **inútilmente** *adv*
**inútil²** *nmf* : good-for-nothing

**inutilidad** *nf* : uselessness
**inutilizar** {21} *vt* **1** : to make useless **2** INCAPACITAR : to disable, to put out of commission
**invadir** *vt* : to invade
**invalidar** *vt* : to nullify, to invalidate
**invalidez** *nf, pl* **-deces** **1** : invalidity **2** : disability
**inválido, -da** *adj & n* : invalid
**invalorable** *adj* : invaluable
**invaluable** *adj* : invaluable
**invariable** *adj* : invariable — **invariablemente** *adv*
**invasión** *nf, pl* **-siones** **1** : invasion **2** *or* **barrio de invasión** *Col* : shantytown, slums *pl*
**invasivo, -va** *adj* : invasive
**invasor**[1], **-sora** *adj* : invading
**invasor**[2], **-sora** *n* : invader
**invectiva** *nf* : invective, abuse
**invencibilidad** *nf* : invincibility
**invencible** *adj* **1** : invincible **2** : insurmountable
**invención** *nf, pl* **-ciones** **1** INVENTO : invention **2** MENTIRA : fabrication, lie
**inventar** *vt* **1** : to invent **2** : to fabricate, to make up — **inventarse** *vr* : to fabricate, to make up
**inventariar** {85} *vt* : to inventory
**inventario** *nm* : inventory
**inventiva** *nf* : ingenuity, inventiveness
**inventivo, -va** *adj* : inventive
**invento** *nm* INVENCIÓN : invention
**inventor, -tora** *n* : inventor
**invernadero** *nm* : greenhouse, hothouse
**invernal** *adj* : winter, wintry
**invernar** {55} *vi* **1** : to spend the winter **2** HIBERNAR : to hibernate
**inverosímil** *adj* : unlikely, far-fetched
**inverosimilitud** *nf* : implausibility, improbability
**inversión** *nf, pl* **-siones** **1** : inversion **2** : investment
**inversionista** *nmf* : investor
**inverso**[1], **-sa** *adj* **1** : inverse, inverted **2** CONTRARIO : opposite **3 a la inversa** : the other way around, vice versa **4 en orden inverso** : in reverse order — **inversamente** *adv*
**inverso**[2] *n* : inverse
**inversor, -sora** *n* : investor
**invertebrado**[1], **-da** *adj* : invertebrate
**invertebrado**[2] *nm* : invertebrate
**invertir** {76} *vt* **1** : to invert, to reverse **2** : to invest — *vi* : to make an investment — **invertirse** *vr* : to be reversed
**investidura** *nf* : investiture, inauguration
**investigación** *nf, pl* **-ciones** **1** ENCUESTA, INDAGACIÓN : investigation, inquiry **2** : research ⟨investigación y desarrollo : research and development⟩
**investigador**[1], **-dora** *adj* : investigative
**investigador**[2], **-dora** *n* **1** : investigator ⟨investigador privado, investigadora privada : private investigator⟩ **2** : researcher
**investigar** {52} *vt* **1** INDAGAR : to investigate **2** : to research — *vi* ~ **sobre** : to do research into
**investigativo, -va** *adj* : investigative
**investir** {54} *vt* **1** : to empower **2** : to swear in, to inaugurate
**inveterado, -da** *adj* : inveterate, deep-seated
**inviable** *adj* : not viable, not feasible
**invicto, -ta** *adj* : undefeated
**invidente**[1] *adj* CIEGO : blind, sightless
**invidente**[2] *nmf* CIEGO : blind person
**invierno** *nm* : winter, wintertime
**inviolable** *adj* : inviolable — **inviolabilidad** *nf*
**inviolado, -da** *adj* : inviolate, pure
**invisibilidad** *nf* : invisibility
**invisible** *adj* : invisible — **invisiblemente** *adv*
**invitación** *nf, pl* **-ciones** : invitation
**invitado, -da** *n* : guest
**invitar** *vt* : to invite — *vi* : to pay for ⟨invita la casa : it's on the house⟩ ⟨invito yo : it's on me, it's my treat⟩
**invocación** *nf, pl* **-ciones** : invocation
**invocar** {72} *vt* : to invoke, to call on
**involucramiento** *nm* : involvement
**involucrar** *vt* : to implicate, to involve — **involucrarse** *vr* : to get involved
**involuntario, -ria** *adj* : involuntary — **involuntariamente** *adv*
**invulnerable** *adj* : invulnerable
**inyección** *nf, pl* **-ciones** : injection, shot
**inyectado, -da** *adj* **ojos inyectados** : bloodshot eyes
**inyectar** *vt* : to inject — **inyectarse** *vr*
**ion** *nm* : ion
**iónico, -ca** *adj* : ionic
**ionizar** {21} *vt* : to ionize — **ionización** *nf*
**ionosfera** *nf* : ionosphere
**ir** {43} *vi* **1** : to go ⟨ir a pie : to go on foot, to walk⟩ ⟨ir a caballo : to ride horseback⟩ ⟨ir a casa : to go home⟩ ⟨ir por mar : to go by sea⟩ ⟨iba para el aeropuerto : he was headed for the airport⟩ ⟨fui a ver una película : I went to see a movie⟩ ⟨el ir y venir de la gente : the comings and goings (of the people)⟩ ⟨vamos : let's go⟩ ⟨¡voy! : I'm coming!⟩ **2** : to lead, to extend, to stretch ⟨el camino va de Cali a Bogotá : the road goes from Cali to Bogotá⟩ **3** FUNCIONAR : to work, to function ⟨esta computadora ya no va : this computer doesn't work anymore⟩ **4** : to get on, to get along ⟨¿cómo te va? : how are you?, how's it going?⟩ ⟨el negocio no va bien : the business isn't doing well⟩ ⟨ir a mejor/peor : to get better/worse⟩ ⟨ir de mal en peor : to go from bad to worse⟩ **5** : to suit ⟨ese vestido te va bien : that dress really suits you⟩ ⟨el cambio te irá bien : the change will do you good⟩ **6** ~ **a** ASISTIR : to go to, to attend **7** ~ **con/en/de** : to wear ⟨voy a ir con/en falda : I'm going to wear a skirt⟩ ⟨iba de azul : she was wearing blue⟩ **8** ~ **con** (*with a noun*) : to be ⟨ir con prisa : to be in a hurry⟩ ⟨ir con cuidado : to be cautious⟩ **9** ~ **con** : to go with, to complement **10** ~ **para** : to be studying to be ⟨va para médico : she's studying to be a doctor⟩ **11** ~ **para** : to be going on, to be close to (an age) **12** ~ **por** : to be aimed at ⟨también va por

ti : that goes for you, too⟩ **13 ~ por** : to follow, to go along ⟨fueron por la costa : they followed the shoreline⟩ **14 ~ por** : to be up to (a point or stage) ⟨voy por la última página : I'm on the last page⟩ **15 ~ por** : to go (and) get, to fetch **16 dejarse ir** : to let oneself go **17 ir a parar** : to end up **18 ¡qué va!** *fam* : hardly! **19 ¡vamos!** : come on! **20 vamos a ver** : let's see — *v aux* **1** (*indicating manner*) ⟨ir caminando : to walk, to go on foot⟩ ⟨¡voy corriendo! : I'll be right there!⟩ **2** (*indicating a process*) ⟨va mejorando : he's getting better⟩ ⟨lo iremos haciendo poco a poco : we'll do it little by little⟩ **3 ~ a** : to be going to ⟨voy a hacerlo : I'm going to do it⟩ ⟨el avión va a despegar : the plane is about to take off⟩ — **irse** *vr* **1** : to leave, to go ⟨¡vámonos! : let's go!⟩ ⟨todo el mundo se fue : everyone left⟩ **2** ESCAPARSE : to leak **3** GASTARSE : to be used up, to be gone

**ira** *nf* CÓLERA, FURIA : wrath, anger

**iracundo, -da** *adj* **1** : irate, angry ⟨estar iracundo : to be angry⟩ **2** : irascible ⟨ser iracundo : to be irascible⟩

**iraní** *adj & nmf* : Iranian

**iraquí** *adj & nmf* : Iraqi

**irascible** *adj* : irascible, irritable — **irascibilidad** *nf*

**irga, irgue etc.** → **erguir**

**iridio** *nm* : iridium

**iridiscencia** *nf* : iridescence — **iridiscente** *adj*

**iris** *nms & pl* **1** : iris **2 arco iris** : rainbow

**irlandés**[1], **-desa** *adj, mpl* **-deses -deses** : Irish

**irlandés**[2], **-desa** *n, pl* **-deses** : Irish person, Irishman *m*, Irishwoman *f*

**irlandés**[3] *nm* : Irish (language)

**ironía** *nf* : irony

**irónico, -ca** *adj* : ironic, ironical — **irónicamente** *adv*

**ironizar** {21} *vi* : to speak ironically — *vt* : to say ironically

**irracional** *adj* : irrational — **irracionalmente** *adv*

**irracionalidad** *nf* : irrationality

**irradiación** *nf, pl* **-ciones** : irradiation

**irradiar** *vt* : to radiate, to irradiate

**irrazonable** *adj* : unreasonable

**irreal** *adj* : unreal

**irrebatible** *adj* : unanswerable, irrefutable

**irreconciliable** *adj* : irreconcilable

**irreconocible** *adj* : unrecognizable

**irrecuperable** *adj* : irrecoverable, irretrievable

**irredimible** *adj* : irredeemable

**irreductible** *adj* : unyielding

**irreemplazable** *adj* : irreplaceable

**irreflexión** *nf, pl* **-xiones** : thoughtlessness

**irreflexivo, -va** *adj* : rash, unthinking — **irreflexivamente** *adv*

**irrefrenable** *adj* : uncontrollable, unstoppable ⟨un impulso irrefrenable : an irresistible urge⟩

**irrefutable** *adj* : irrefutable

**irregular** *adj* : irregular — **irregularmente** *adv*

**irregularidad** *nf* : irregularity

**irrelevante** *adj* : irrelevant — **irrelevancia** *nf*

**irreligioso, -sa** *adj* : irreligious

**irremediable** *adj* : incurable — **irremediablemente** *adv*

**irreparable** *adj* : irreparable

**irrepetible** *adj* : unrepeatable, unique

**irreprimible** *adj* : irrepressible

**irreprochable** *adj* : irreproachable

**irresistible** *adj* : irresistible — **irresistiblemente** *adv*

**irresolución** *nf, pl* **-ciones** : indecision, hesitation

**irresoluto, -ta** *adj* INDECISO : undecided

**irrespetar** *vt CA, Carib* : to disrespect, to be disrespectful to

**irrespeto** *nm* : disrespect

**irrespetuoso, -sa** *adj* : disrespectful — **irrespetuosamente** *adv*

**irrespirable** *adj* : unbreathable

**irresponsabilidad** *nf* : irresponsibility

**irresponsable** *adj* : irresponsible — **irresponsablemente** *adv*

**irrestricto, -ta** *adj* : unrestricted, unconditional

**irreverencia** *nf* : disrespect

**irreverente** *adj* : irreverent, disrespectful

**irreversible** *adj* : irreversible

**irrevocable** *adj* : irrevocable — **irrevocablemente** *adv*

**irrigar** {52} *vt* : to irrigate — **irrigación** *nf*

**irrisible** *adj* : laughable

**irrisión** *nf, pl* **-siones** : derision, ridicule

**irrisorio, -ria** *adj* RISIBLE : ridiculous, ludicrous

**irritabilidad** *nf* : irritability

**irritable** *adj* : irritable

**irritación** *nf, pl* **-ciones** : irritation

**irritante** *adj* : irritating

**irritar** *vt* : to irritate

**irrompible** *adj* : unbreakable

**irrumpir** *vi* **~ en** : to burst into

**irrupción** *nf, pl* **-ciones** **1** : emergence **2** : invasion

**-ísimo, -ma** *suf* : very, extremely

**isla** *nf* : island

**Islam** *nm* : Islam

**islámico, -ca** *adj* : Islamic, Muslim

**islamismo** *nm* **1** : Islam **2** : Islamism — **islamista** *adj & nmf*

**islandés**[1], **-desa** *adj, mpl* **-deses** : Icelandic

**islandés**[2], **-desa** *n, mpl* **-deses** : Icelander

**islandés**[3] *nm* : Icelandic (language)

**isleño**[1], **-ña** *adj* : island

**isleño**[2], **-ña** *n* : islander

**islote** *nm* : islet

**isometría** *nfs & pl* : isometrics

**isométrico, -ca** *adj* : isometric

**isósceles** *adj* : isosceles ⟨triángulo isósceles : isosceles triangle⟩

**isótopo** *nm* : isotope

**israelí** *adj & nmf* : Israeli

**istmo** *nm* : isthmus

**itacate** *nm Mex* : pack, provisions *pl*

**italiano**[1], **-na** *adj & n* : Italian

**italiano**[2] *nm* : Italian (language)

**ítem** *nm* : item
**itinerante** *adj* AMBULANTE : traveling, itinerant
**itinerario** *nm* : itinerary, route
**-ito** *or* **-cito** *suf* **1** : little ⟨un pedacito : a little piece⟩ ⟨su hermanita : his little/baby sister⟩ ⟨sólo un ratito : just a little while⟩ **2** (*used to show affection*) ⟨mi abuelito : my grandpa⟩ ⟨¡pobrecita! : poor thing!⟩ ⟨dame un besito : give me a kiss⟩ ⟨¿quieres un cafecito? : do you want a nice cup of coffee?⟩ **3** (*used for emphasis*) ⟨bien calentito : nice and hot⟩ ⟨al verlo se quedó calladita : when she saw him she went quiet⟩
**izar** {21} *vt* : to hoist, to raise ⟨izar la bandera : to raise the flag⟩
**izquierda** *nf* : left
**izquierdista** *adj & nmf* : leftist
**izquierdo, -da** *adj* : left

# J

**j** *nf* : tenth letter of the Spanish alphabet
**ja** *interj* **1** : ha! **2 ja, ja** : ha-ha!
**jaba** *nf* **1** *Car* : bag, sack **2** *Mex, CA* : crate, box
**jabalí** *nm, pl* **-líes** : wild boar
**jabalina** *nf* : javelin
**jabón** *nm, pl* **jabones** : soap
**jabonar** *vt* ENJABONAR : to soap up, to lather — **jabonarse** *vr*
**jabonera** *nf* : soap dish
**jabonoso, -sa** *adj* : soapy
**jaca** *nf* **1** : pony **2** YEGUA : mare
**jacal** *nm Mex* : shack, hut
**jacinto** *nm* : hyacinth
**jactancia** *nf* **1** : boastfulness **2** : boasting, bragging
**jactancioso**[1], **-sa** *adj* : boastful
**jactancioso**[2], **-sa** *n* : boaster, braggart
**jactarse** *vr* : to boast, to brag ⟨jactarse de algo : to brag about something⟩
**Jacuzzi** [ja'kuzi, -'kusi] *marca registrada, m* — used for a whirlpool bath
**jade** *nm* : jade
**jadear** *vi* : to pant, to gasp, to puff — **jadeante** *adj*
**jadeo** *nm* : panting, gasping, puffing
**jaez** *nm, pl* **jaeces** **1** : harness **2** : kind, sort, ilk **3 jaeces** *nmpl* : trappings
**jaguar** *nm* : jaguar
**jai alai** *nm* : jai alai
**jaiba** *nf* CANGREJO : crab
**jalapeño** *nm Mex* : jalapeño pepper
**jalar** *vt* **1** : to pull, to tug **2** *fam* : to attract, to draw in ⟨las ideas nuevas lo jalan : new ideas appeal to him⟩ — *vi* **1** : to pull, to pull together ⟨jalar de algo : to pull on something⟩ **2** *fam* : to hurry up, to get going **3** *Mex fam* : to be in working order ⟨esta máquina no jala : this machine doesn't work⟩
**jalbegue** *nm* : whitewash
**jalea** *nf* : jelly
**jalear** *vt* : to encourage, to urge on
**jaleo** *nm* **1** *fam* : uproar, ruckus, racket **2** *fam* : confusion, mess, hassle **3** : cheering and clapping (for a dance)
**jalón** *nm, pl* **jalones** **1** : milestone, landmark **2** TIRÓN : pull, tug
**jalonar** *vt* : to mark, to stake out
**jalonear** *vt Mex, Peru fam* : to tug at — *vi* **1** *fam* : to pull, to tug **2** *CA fam* : to haggle
**jamaicano, -na** → **jamaiquino**
**jamaiquino, -na** *adj & n* : Jamaican
**jamás** *adv* **1** NUNCA : never ⟨jamás vi tal cosa : I've never seen such a thing⟩ ⟨no lo olvidaré jamás : I'll never forget it⟩ **2 nunca jamás** *or* **jamás de los jamases** : never ever **3 para siempre jamás** : for ever and ever
**jamba** *nf* : jamb
**jamelgo** *nm* : nag (horse)
**jamón** *nm, pl* **jamones** **1** : ham **2 jamón serrano** : cured Spanish ham
**Janucá** *or* **Januká** *nmf* : Hanukkah
**japonés**[1], **-nesa** *adj & n, mpl* **-neses** : Japanese ⟨los japoneses : the Japanese (people)⟩
**japonés**[2] *nm, pl* **-neses** : Japanese (language)
**jaque** *nm* **1** : check (in chess) ⟨jaque mate : checkmate⟩ ⟨dar jaque mate a : to checkmate⟩ **2 tener en jaque** : to intimidate, to bully
**jaquear** *vi* : to check (in chess)
**jaqueca** *nf* : headache, migraine
**jarabe** *nm* **1** : syrup ⟨jarabe para la tos : cough syrup⟩ **2** : Mexican folk dance
**jarana** *nf* **1** *fam* : revelry, partying, spree **2** *fam* : joking, fooling around **3** : small guitar
**jaranear** *vi fam* : to go on a spree, to party
**jarcia** *nf* **1** : rigging **2** : fishing tackle
**jardín** *nm, pl* **jardines** **1** : garden **2** : yard (of a house) **3 jardín de niños** *CA, Mex or* **jardín infantil** *Chile or* **jardín de infancia** *Spain* : kindergarten **4 jardín izquierdo/central/derecho** : left/center/right field **5 los jardines** : the outfield
**jardinera** *nf* **1** : planter **2** : plant stand
**jardinería** *nf* : gardening
**jardinero, -ra** *n* **1** : gardener **2** : outfielder (in baseball)
**jarra** *nf* **1** : pitcher, jug **2** : stein, mug **3 de jarras** *or* **en jarras** : akimbo
**jarrete** *nm* **1** : back of the knee **2** CORVEJÓN : hock
**jarro** *nm* **1** : pitcher, jug **2** : mug
**jarrón** *nm, pl* **jarrones** FLORERO : vase
**jaspe** *nm* : jasper
**jaspeado, -da** *adj* **1** VETEADO : streaked, veined **2** : speckled, mottled
**jaula** *nf* : cage
**jauría** *nf* : pack of hounds
**javanés, -nesa** *adj & n* : Javanese

**jazmín** *nm, pl* **jazmines** : jasmine
**jazz** [ˈjas, ˈʤas] *nm* : jazz
**je** *interj* → **ja**
**jeans** [ˈjins, ˈʤins] *nmpl* : jeans
**jeep** [ˈjip, ˈʤip] *nm, pl* **jeeps** : jeep (military vehicle)
**Jeep** *marca registrada, m* — used for a small truck
**jefatura** *nf* **1** : leadership **2** : headquarters ⟨jefatura de policía : police headquarters⟩
**jefe, -fa** *n* **1** : chief, head, leader ⟨jefe de bomberos/policía : fire/police chief⟩ ⟨jefe del departamento : department head⟩ ⟨jefe de oficina : office manager⟩ ⟨jefe de Estado/gobierno : head of state/government⟩ ⟨jefe de redacción : editor in chief⟩ **2** : boss
**Jehová** *nm* : Jehovah
**jején** *nm, pl* **jejenes** : gnat, small mosquito
**jengibre** *nm* : ginger
**jeque** *nm* : sheikh, sheik
**jerarca** *nmf* : leader, chief
**jerarquía** *nf* **1** : hierarchy **2** RANGO : rank
**jerárquico, -ca** *adj* : hierarchical
**jerbo** *nm* : gerbil
**jerez** *nm, pl* **jereces** : sherry
**jerga** *nf* **1** : jargon, slang **2** : coarse cloth
**jerigonza** *nf* GALIMATÍAS : mumbo jumbo, gibberish
**jeringa** *nf* : syringe
**jeringar** {52} *vt* **1** : to inject **2** *fam* JOROBAR : to annoy, to pester — *vi fam* JOROBAR : to be annoying, to be a nuisance
**jeringuear** → **jeringar**
**jeringuilla** → **jeringa**
**jeroglífico** *nm* : hieroglyphic
**jersey** *nm, pl* **jerseys** **1** : jersey (fabric) **2** *Spain* : sweater
**Jesucristo** *nm* : Jesus Christ
**jesuita** *adj & nm* : Jesuit
**Jesús** *nm* **1** : Jesus **2 ¡Jesús!** : goodness!, good heavens! **3 ¡Jesús!** : bless you! (said to someone who has sneezed)
**jet** *nm* : jet (airplane)
**jeta** *nf* **1** : snout **2** *fam* : face, mug
**jibaro, -ra** *adj* **1** : Jivaro **2** : rustic, rural
**jibia** *nf* : cuttlefish
**jicama** *nf* : jicama
**jícara** *nf Mex* : calabash
**jicotea** *nf CA, Car, Mex* : turtle
**jihad** *nmf* → **yihad**
**jilguero** *nm* : European goldfinch
**jinete** *nmf* : horseman, horsewoman *f*, rider
**jinetear** *vt* **1** : to ride, to perform (on horseback) **2** DOMAR : to break in (a horse) — *vi* CABALGAR : to ride horseback
**jingoísmo** [ˌjiŋgoˈizmo, ˌʤiŋ-] *nm* : jingoism
**jingoísta** *adj* : jingoist, jingoistic
**jiote** *nm Mex* : rash
**jira** *nf* : outing, picnic
**jirafa** *nf* **1** : giraffe **2** : boom microphone
**jirón** *nm, pl* **jirones** **1** : shred, rag ⟨hecho jirones : in tatters⟩ **2** *Peru* : street
**jitomate** *nm Mex* : tomato
**jockey** [ˈjɔki, ˈʤɔ-] *nmf, pl* **jockeys** [-kis] : jockey
**jocosidad** *nf* : humor, jocularity
**jocoso, -sa** *adj* : playful, jocular — **jocosamente** *adv*
**jofaina** *nf* : washbowl
**jogging** [ˈjɔgiŋ, ˈʤɔ-, ] *nm* **1** : jogging **2** *Arg* : sweatpants **3** *Arg* : sweatsuit, tracksuit
**jolgorio** *nm* : merrymaking, fun
**jonrón** *nm, pl* **jonrones** : home run
**jordano, -na** *adj & n* : Jordanian
**jornada** *nf* **1** : expedition, day's journey **2 jornada laboral** *or* **jornada de trabajo** : workday **3 jornadas** *nfpl* : conference, congress
**jornal** *nm* **1** : day's pay **2 a ~** : by the day
**jornalero, -ra** *n* : day laborer
**joroba** *nf* **1** GIBA : hump **2** *fam* : nuisance, pain in the neck
**jorobado¹, -da** *adj* GIBOSO : hunchbacked, humpbacked
**jorobado², -da** *n* GIBOSO : person with a hump, hunchback *offensive*, humpback *offensive*
**jorobar** *vt fam* JERINGAR : to bother, to annoy — *vi fam* JERINGAR : to be annoying, to be a nuisance
**jorongo** *nm Mex* : full-length poncho
**jota** *nf* **1** : jot, bit ⟨no entiendo ni jota : I don't understand a word of it⟩ ⟨no se ve ni jota : you can't see a thing⟩ **2** : jack (in playing cards) **3** : (letter) j
**joven¹** *adj, pl* **jóvenes** **1** : young **2** : youthful
**joven²** *nmf, pl* **jóvenes** : young man *m*, young woman *f*, young person
**jovial** *adj* : jovial, cheerful — **jovialmente** *adv*
**jovialidad** *nf* : joviality, cheerfulness
**joya** *nf* **1** : jewel, piece of jewelry **2** : treasure, gem ⟨la nueva empleada es una joya : the new employee is a real gem⟩
**joyería** *nf* **1** : jewelry store **2** : jewelry **3 joyería de fantasía** : costume jewelry
**joyero, -ra** *n* **1** : jeweler **2** : jewelry box
**joystick** [ˈjoistik] *nm, pl* **joysticks** : joystick
**juanete** *nm* : bunion
**jubilación** *nf, pl* **-ciones** **1** : retirement ⟨jubilación anticipada : early retirement⟩ **2** PENSIÓN : pension
**jubilado¹, -da** *adj* : retired, in retirement
**jubilado², -da** *nmf* : retired person, retiree
**jubilar** *vt* **1** : to retire, to pension off **2** *fam* : to get rid of, to discard — **jubilarse** *vr* : to retire
**jubileo** *nm* : jubilee
**júbilo** *nm* : jubilation, joy
**jubiloso, -sa** *adj* : jubilant, joyous
**judaico, -ca** *adj* : Judaic, Jewish
**judaísmo** *nm* : Judaism
**judía** *nf* **1** : bean **2** *or* **judía verde** : green bean, string bean
**judicatura** *nf* **1** : judiciary, judges *pl* **2** : office of judge

**judicial** *adj* : judicial — **judicialmente** *adv*
**judío¹, -día** *adj* : Jewish
**judío², -día** *n* : Jewish person, Jew
**judo** [ˈjuðo, ˈʤu-] *nm* : judo
**juega, juegue etc.** → **jugar**
**juego** *nm* **1** : play, playing ⟨poner/entrar en juego : to bring/come into play⟩ ⟨juego limpio/sucio : fair/foul play⟩ **2** : game, sport ⟨juego de cartas : card game⟩ ⟨juego de mesa : board game⟩ ⟨juego de azar : game of chance⟩ ⟨Juegos Olímpicos : Olympic Games⟩ **3** : gaming, gambling ⟨el juego ilegal : illegal gambling⟩ ⟨estar en juego : to be at stake⟩ **4** : ride (at an amusement park) **5** : set ⟨un juego de herramientas/platos : a set of tools/dishes⟩ **6** SOLTURA : play, slack **7 fuera de juego** : offside **8 hacer juego** : to go together, to match **9 hacerle el juego a** : to play along with **10 juego de manos** : trick, sleight of hand **11 juego de palabras** : play on words, pun
**juerga** *nf* : partying, binge ⟨irse de juerga : to go on a spree⟩
**juerguista** *nmf* : reveler, carouser
**jueves** *nms & pl* : Thursday ⟨el jueves : (on) Thursday⟩ ⟨los jueves : (on) Thursdays⟩ ⟨cada (dos) jueves : every (other) Thursday⟩ ⟨el jueves pasado : last Thursday⟩ ⟨el próximo jueves : next Thursday⟩
**juez¹** *nmf, pl* **jueces** **1** : judge **2** ÁRBITRO : umpire, referee **3 juez de paz** : justice of the peace
**juez², jueza** *n* → **juez¹**
**jugada** *nf* **1** : play, move **2** : trick ⟨hacer una mala jugada : to play a dirty trick⟩
**jugador, -dora** *n* **1** : player **2** : gambler
**jugar** {44} *vi* **1** : to play ⟨jugar al fútbol : to play soccer⟩ ⟨jugar a la lotería : to play the lottery⟩ ⟨jugar a las muñecas : to play with dolls⟩ ⟨jugar limpio/sucio : to play fair/dirty⟩ **2** APOSTAR : to gamble, to bet ⟨jugar a la Bolsa : to play the stock market⟩ **3** : to joke, to kid **4 jugar con alguien** : to toy with someone — *vt* **1** : to play ⟨jugar un papel : to play a role⟩ ⟨jugar una carta : to play a card⟩ **2** : to bet ⟨jugarlo todo a : to bet everything on⟩ — **jugarse** *vr* **1** : to risk, to gamble away ⟨jugarse la vida : to risk one's life⟩ **2 jugarse el todo por el todo** : to risk everything
**jugarreta** *nf fam* : prank, dirty trick
**juglar** *nm* : minstrel
**jugo** *nm* **1** : juice ⟨jugo de naranja : orange juice⟩ **2** : substance, essence ⟨sacarle el jugo a algo : to get the most out of something⟩
**jugosidad** *nf* : juiciness
**jugoso, -sa** *adj* **1** : juicy **2** : lucrative, profitable
**juguete** *nm* **1** : toy **2 de ~** : toy ⟨un camión de juguete : a toy truck⟩
**juguetear** *vi* **1** : to play, to cavort, to frolic **2** : to toy, to fiddle
**juguetería** *nf* : toy store
**juguetón, -tona** *adj, mpl* **-tones** : playful — **juguetonamente** *adv*
**juicio** *nm* **1** : good judgment, reason, sense ⟨perder el juicio : to lose one's mind⟩ ⟨en su sano juicio : in one's right mind⟩ **2** : opinion ⟨a mi juicio : in my opinion⟩ **3** : trial ⟨llevar/ir a juicio : to take/go to court⟩ ⟨un juicio civil/criminal : a civil/criminal trial⟩
**juicioso, -sa** *adj* : judicious, wise — **juiciosamente** *adv*
**julio** *nm* : July ⟨el primero de julio : (on) July first⟩
**jumper** [ˈʤumper] *nm, pl* **jumpers** [ˈʤumpers] : jumper, pinafore
**juncia** *nf* : sedge
**junco** *nm* **1** : reed, rush **2** : junk (boat)
**jungla** *nf* : jungle
**junio** *nm* : June ⟨el primero de junio : (on) June first⟩
**junquillo** *nm* : jonquil
**junta** *nf* **1** : board, committee ⟨junta directiva : board of directors⟩ **2** REUNIÓN : meeting, session **3** : junta **4** : regional government (in Spain) **5** : joint, gasket
**juntamente** *adv* **1** : jointly, together ⟨juntamente con : together with⟩ **2** : at the same time
**juntar** *vt* **1** UNIR : to unite, to combine, to put together **2** REUNIR : to collect, to gather together, to assemble **3** : to close partially ⟨juntar la puerta : to leave the door ajar⟩ — **juntarse** *vr* **1** : to join together **2** : to move closer together **3** : to get together ⟨nos juntamos a conversar : we got together to chat⟩ ⟨volvió a juntarse con el grupo : he got back together with the group⟩
**junto, -ta** *adj* **1** UNIDO : joined, united **2** : close, adjacent ⟨colgaron los dos retratos juntos : they hung the two paintings side by side⟩ **3** (*used adverbially*) : together ⟨llegamos juntos : we arrived together⟩ ⟨sabe más que todos juntos : she knows more than all of us put together⟩ **4 ~ a** : next to, alongside of **5 ~ con** : together with, along with
**juntura** *nf* : joint, coupling
**Júpiter** *nm* : Jupiter
**jura** *nf* : oath, pledge ⟨jura de bandera : pledge of allegiance⟩
**jurado¹** *nm* : jury (in a trial), panel of judges (in a contest)
**jurado²** *nmf* **1** : juror **2** : judge (in a contest)
**juramentación** *nf, pl* **-ciones** : swearing in
**juramentar** *vt* : to swear in
**juramento** *nm* **1** : oath ⟨prestar juramento : to swear, to take an oath⟩ ⟨tomarle juramento a : to swear in (an official), to place (a witness) under oath⟩ **2** : swearword, oath
**jurar** *vt* **1** : to swear ⟨jurar lealtad : to swear loyalty⟩ ⟨jurar bandera : to pledge allegiance to the flag⟩ ⟨no lo sabía, ¡te lo juro! : I swear I didn't know!⟩ **2** : to take an oath ⟨el alcalde juró su cargo : the mayor took the oath of office⟩ **3**

**tenérsela jurada a alguien** : to have it in for someone — *vi* : to curse, to swear
**jurídico, -ca** *adj* : legal
**jurisdicción** *nf, pl* **-ciones** : jurisdiction — **jurisdiccional** *adj*
**jurisprudencia** *nf* : jurisprudence, law
**jurista** *nmf* : jurist
**justa** *nf* **1** : joust **2** TORNEO : tournament, competition
**justamente** *adv* **1** PRECISAMENTE : precisely, exactly **2** : justly, fairly
**justar** *vi* : to joust
**justicia** *nf* **1** : justice, fairness ⟨hacerle justicia a : to do justice to⟩ ⟨ser de justicia : to be only fair⟩ ⟨en justicia : in all fairness⟩ ⟨pedir justicia : to demand justice⟩ **2 la justicia** : the law ⟨tomarse la justicia por su mano : to take the law into one's own hands⟩
**justiciero, -ra** *adj* : righteous, avenging
**justificable** *adj* : justifiable
**justificación** *nf, pl* **-ciones** : justification
**justificante** *nm* **1** : justification **2** : proof, voucher
**justificar** {72} *vt* **1** : to justify **2** : to excuse, to vindicate — **justificarse** *vr*
**justo**[1] *adv* **1** : justly **2** : right, exactly ⟨justo en ese momento : right at that moment⟩ ⟨justo en el centro : right in the center/middle⟩ ⟨justo a tiempo : just in time⟩ **3** : tightly
**justo**[2], **-ta** *adj* **1** : just, fair **2** : right, exact ⟨la cantidad justa : the exact amount⟩ ⟨lo justo para vivir : just enough to live on⟩ **3** : tight ⟨estos zapatos me quedan muy justos : these shoes are too tight⟩
**justo**[3], **-ta** *n* : just person ⟨los justos : the just⟩
**juvenil** *adj* **1** : juvenile (of crimes, etc.), youth ⟨una organización juvenil : a youth organization⟩ **2** : young, youthful (in appearance, etc.) **3** ADOLESCENTE : teenage **4** : junior (in sports)
**juventud** *nf* **1** : youth **2** : young people
**juzgado** *nm* TRIBUNAL : court, tribunal
**juzgar** {52} *vt* **1** : to try, to judge (a case in court) **2** : to pass judgment on **3** CONSIDERAR : to consider, to deem ⟨a juzgar por los resultados : judging by the results⟩
**juzgue, etc.** → **juzgar**

# K

**k** *nf* : twelfth letter of the Spanish alphabet
**ka** *nf* : (letter) k
**káiser** *nm* : kaiser
**kaki** → **caqui**
**kaleidoscopio** → **caleidoscopio**
**kamikaze** *adj & nm* : kamikaze
**kan** *nm* : khan
**karaoke** *nm* : karaoke
**karate** *or* **kárate** *nm* : karate
**kayac** *or* **kayak** *nm, pl* **kayacs** *or* **kayaks** : kayak
**kebab** [keˈbab] *nm, pl* **kebabs** [keˈbabs] : kebab
**keniano, -na** *adj & n* : Kenyan
**kermesse** *or* **kermés** [kɛrˈmɛs] *nf, pl* **kermesses** *or* **kermeses** [-ˈmɛsɛs] : charity fair, bazaar
**kerosene** *or* **kerosén** *or* **keroseno** *nm* : kerosene, paraffin
**ketchup** [ˈketʃap, -tʃup] *nm* : ketchup, catsup
**kibutz** *or* **kibbutz** *nms & pl* : kibbutz
**kilo** *nm* **1** : kilo, kilogram **2** *fam* : large amount
**kilobyte** [ˌkiloˈbait] *nm* : kilobyte
**kilociclo** *nm* : kilocycle
**kilogramo** *nm* : kilogram
**kilohertzio** *nm* : kilohertz
**kilometraje** *nm* : distance in kilometers, mileage
**kilométrico, -ca** *adj fam* : endless, very long
**kilómetro** *nm* : kilometer
**kilovatio** *nm* : kilowatt
**kimono** *nm* : kimono
**kinder** [ˈkɪndɛr, ] → **kindergarten**
**kindergarten** [ˌkɪndɛrˈgartɛn] *nm, pl* **kindergartens** [-tɛns] **1** : kindergarten **2** : nursery school
**kinesiologia** *nf* : physical therapy
**kinesiólogo, -ga** *n* : physical therapist
**kiosco, kiosko** → **quiosco**
**kiosquero, -ra** → **quiosquero**
**kit** *nm, pl* **kits** : kit
**kiwi** [ˈkiwi] *nm* **1** : kiwi (bird) **2** : kiwifruit
**klaxon** → **claxon**
**Kleenex** [ˈklines, -neks] *marca registrada, m* — used for a paper tissue
**knockout** [nɔˈkaut] → **nocaut**
**koala** *nm* : koala bear
**kriptón** *nm* : krypton
**kurdo**[1], **-da** *adj* : Kurdish
**kurdo**[2], **-da** *n* : Kurd
**kuwaiti** [kuˌwaiˈti] *adj & nmf* : Kuwaiti

# L

**l** *nf* : thirteenth letter of the Spanish alphabet
**la**[1] *nm* **1** : A ⟨la sostenido/bemol : A sharp/flat⟩ **2** : la (in singing)
**la**[2] *pron* (*referring to feminine nouns*) **1** : her, it ⟨llámala hoy : call her today⟩ ⟨sacó la botella y la abrió : he took out the bottle and opened it⟩ **2** (*formal*) : you ⟨no la vi a usted, Señora Díaz : I didn't see you, Mrs. Díaz⟩ **3** : the one ⟨me gusta la roja : I like the red one⟩ ⟨la de la camisa azul : the one with the blue shirt⟩ ⟨mi mamá y la tuya : my mom and yours⟩ ⟨la clase de ayer y la de hoy : yesterday's class and today's⟩ **4 la que** : the one that/who, whoever, she who ⟨la que vino ayer : the one who came yesterday⟩ ⟨la que compré : the one (that) I bought⟩ ⟨la que gane : whoever wins⟩
**la**[3] *art* → **el**[2]
**laberíntico, -ca** *adj* : labyrinthine
**laberinto** *nm* : labyrinth, maze
**labia** *nf fam* : gift of gab ⟨tu amigo tiene labia : your friend has a way with words⟩
**labial** *adj* : labial, lip ⟨lápiz labial : lipstick⟩
**labio** *nm* : lip
**labor** *nf* : work, labor
**laborable** *adj* **1** : arable **2** : work, working ⟨día laborable : workday, business day⟩
**laboral** *adj* : work, labor ⟨costos laborales : labor costs⟩
**laborar** *vi* : to work
**laboratorio** *nm* : laboratory, lab
**laboriosamente** *adv* **1** : laboriously **2** : industriously, diligently
**laboriosidad** *nf* : industriousness, diligence
**laborioso, -sa** *adj* **1** : laborious, hard **2** : industrious, hardworking
**labrado**[1], **-da** *adj* **1** : cultivated, tilled **2** : carved, wrought
**labrado**[2] *nm* : cultivated field
**labrador, -dora** *n* : farmer
**labranza** *nf* : farming
**labrar** *vt* **1** : to carve, to work (metal) **2** : to cultivate, to till **3** : to cause, to bring about
**labriego, -ga** *n* : farm worker
**laburar** *vi Arg, Uru* TRABAJAR : to work
**laburo** *nm Arg, Uru* TRABAJO : work, job
**laca** *nf* **1** : lacquer, shellac **2** : hair spray **3 laca de uñas** : nail polish
**lacayo** *nm* : lackey
**lace, etc.** → **lazar**
**lacear** *vt* : to lasso
**laceración** *nf, pl* **-ciones** : laceration
**lacerante** *adj* : hurtful, wounding
**lacerar** *vt* **1** : to lacerate, to cut **2** : to hurt, to wound (one's feelings)
**lacio, -cia** *adj* **1** : limp, lank **2 pelo lacio** : straight hair
**lacónico, -ca** *adj* : laconic — **lacónicamente** *adv*
**lacra** *nf* **1** : scar, mark (on the skin) **2** : stigma, blemish
**lacrar** *vt* : to seal (with wax)
**lacrimógeno, -na** *adj* **gas lacrimógeno** : tear gas
**lacrimoso, -sa** *adj* : tearful, moving
**lacrosse** *nm* : lacrosse
**lactancia** *nf* : breast-feeding
**lactante** *nmf* : nursing infant, suckling
**lactar** *v* : to breast-feed
**lácteo**[1], **-tea** *adj* **1** : dairy **2 Vía Láctea** : Milky Way
**lácteo**[2] *nm* : dairy product ⟨evito los lácteos : I avoid dairy⟩
**ladeado, -da** *adj* : crooked, tilted, lopsided
**ladear** *vt* : to tilt, to tip — **ladearse** *vr* : to bend (over)
**ladera** *nf* : slope, hillside
**ladino**[1], **-na** *adj* **1** : cunning, shrewd **2** *CA, Mex* : mestizo
**ladino**[2], **-na** *n* **1** : trickster **2** *CA, Mex* : Spanish-speaking person of indigenous descent **3** *CA, Mex* : mestizo
**lado** *nm* **1** : side ⟨el lado izquierdo/derecho : the left/right side⟩ ⟨el otro lado : the other side⟩ ⟨el lado de arriba/abajo : the top/bottom⟩ **2** PARTE : place ⟨miró por todos lados : he looked everywhere⟩ **3** : side (in an argument, etc.) ⟨se puso de mi lado : she took my side⟩ **4 al ~** ⟨los que viven al lado : the people who live next door⟩ ⟨tenemos una tienda al lado : there's a store beside/near us⟩ **5 al lado de** : next to, beside ⟨al lado de la calle : on/at the side of the road⟩ ⟨a mi lado : beside me⟩ **6 de al lado** ⟨los de al lado : the next-door neighbors⟩ ⟨el asiento de al lado : the seat next to mine/yours (etc.)⟩ **7 de ~** : tilted, sideways ⟨está de lado : it's lying on its side⟩ **8 de un lado a otro** : to and fro, back and forth **9 dejar a un lado** : to set aside **10 hacerse a un lado** : to step aside **11 lado a lado** : side by side **12 por un lado . . . , por otro lado . . .** : on the one hand . . . , on the other hand . . .
**ladrar** *vi* : to bark
**ladrido** *nm* : bark (of a dog), barking
**ladrillo** *nm* **1** : brick **2** AZULEJO : tile
**ladrón, -drona** *n, mpl* **ladrones** : robber, thief, burglar
**lagartija** *nf* : small lizard
**lagarto** *nm* **1** : lizard **2 lagarto de Indias** : alligator
**lago** *nm* : lake
**lágrima** *nf* : tear, teardrop
**lagrimal** *nm* : corner of the eye
**lagrimear** *vi* **1** : to water (of eyes) **2** : to weep easily
**laguna** *nf* **1** : lagoon **2** : gap
**laicado** *nm* : laity
**laico**[1], **-ca** *adj* : lay, secular
**laico**[2], **-ca** *n* : layman *m*, laywoman *f*
**laja** *nf* : slab
**lama**[1] *nf* : slime, ooze
**lama**[2] *nm* : lama
**lamber** *vt* : to lick

**lamentable** *adj* 1 : unfortunate, lamentable 2 : pitiful, sad
**lamentablemente** *adv* : unfortunately, regrettably
**lamentación** *nf, pl* **-ciones** : lamentation, groaning, moaning
**lamentar** *vt* 1 : to lament 2 : to regret ⟨lo lamento : I'm sorry⟩ — **lamentarse** *vr* : to grumble, to complain
**lamento** *nm* : lament, groan, cry
**lamer** *vt* 1 : to lick 2 : to lap against
**lamida** *nf* : lick
**lámina** *nf* 1 PLANCHA : sheet, plate 2 : plate, illustration
**laminado¹, -da** *adj* : laminated
**laminado²** *nm* : laminate
**laminar** *vt* : to laminate — **laminación** *nf*
**lámpara** *nf* : lamp
**lampiño, -ña** *adj* : hairless
**lamprea** *nf* : lamprey
**lana** *nf* 1 : wool ⟨lana de acero : steel wool⟩ 2 *Mex fam* : money, dough
**lance¹, etc.** → **lanzar**
**lance²** *nm* 1 INCIDENTE : event, incident 2 RIÑA : quarrel 3 : throw, cast (of a net, etc.) 4 : move, play (in a game), throw (of dice)
**lancear** *vt* : to spear
**lancha** *nf* 1 : small boat, launch 2 **lancha motora** : motorboat, speedboat
**langosta** *nf* 1 : lobster 2 : locust
**langostino** *nm* : prawn, crayfish
**languidecer** {53} *vi* : to languish
**languidez** *nf, pl* **-deces** : languor, listlessness
**lánguido, -da** *adj* : languid, listless — **lánguidamente** *adv*
**lanolina** *nf* : lanolin
**lanudo, -da** *adj* : woolly
**lanza** *nf* : spear, lance
**lanzadera** *nf* 1 : shuttle (for weaving) 2 **lanzadera espacial** : space shuttle
**lanzado, -da** *adj* 1 : impulsive, brazen 2 : forward, determined ⟨ir lanzado : to hurtle along⟩
**lanzador, -dora** *n* : thrower, pitcher
**lanzallamas** *nms & pl* : flamethrower
**lanzamiento** *nm* 1 : throw 2 : pitch (in baseball) 3 : launching, launch
**lanzar** {21} *vt* 1 : to throw, to hurl 2 : to pitch 3 : to launch — **lanzarse** *vr* 1 : to throw oneself (at, into) 2 ~ **a** : to embark upon, to undertake
**laosiano, -na** *adj & n* : Laotian
**lapa** *nf* : limpet
**lapicera** *nf Arg, Uru* : pen
**lapicero** *nm* 1 : mechanical pencil 2 *CA, Peru* : ballpoint pen
**lápida** *nf* : marker, tombstone
**lapidar** *vt* APEDREAR : to stone
**lápiz** *nm, pl* **lápices** 1 : pencil 2 **lápiz labial** *or* **lápiz de labios** : lipstick
**lapón, -pona** *adj & n, mpl* **lapones** : Lapp
**lapso** *nm* : lapse, space (of time)
**lapsus** *nms & pl* : error, slip
**laptop** *nm, pl* **laptops** : laptop
**laquear** *vt* : to lacquer, to varnish, to shellac
**larga** *nf* 1 **a la larga** : in the long run 2 **darle largas a** : to put off, to stall
**largamente** *adv* 1 : at length, extensively 2 : easily, comfortably 3 : generously
**largar** {52} *vt* 1 SOLTAR : to let loose, to release 2 AFLOJAR : to loosen, to slacken 3 *fam* : to give, to hand over 4 *fam* : to hurl, to let fly (insults, etc.) — **largarse** *vr fam* : to scram, to beat it
**largo¹, -ga** *adj* 1 : long 2 **a lo largo** : lengthwise 3 **a lo largo de** : along 4 **a lo largo y ancho de** : the length and breadth of, all over
**largo²** *nm* : length ⟨tres metros de largo : three meters long⟩
**largometraje** *nm* : feature film
**largue, etc.** → **largar**
**largueza** *nf* : generosity, largesse
**larguirucho, -cha** *adj fam* : lanky
**largura** *nf* : length
**laringe** *nf* : larynx
**laringitis** *nfs & pl* : laryngitis
**larva** *nf* : larva — **larval** *adj*
**las** → **el²**, **los¹**
**lasaña** *nf* : lasagna
**lasca** *nf* : chip, chipping
**lascivia** *nf* : lasciviousness, lewdness
**lascivo, -va** *adj* : lascivious, lewd — **lascivamente** *adv*
**láser** *nm* : laser
**lasitud** *nf* : weariness
**laso, -sa** *adj* : languid, weary
**lástima** *nf* 1 : compassion, pity 2 PENA : shame, pity ⟨¡qué lástima! : what a shame!⟩ ⟨es una lástima que . . . : it's a shame that . . .⟩ ⟨tener/sentir lástima de : to feel sorry for⟩
**lastimadura** *nf* : injury, wound
**lastimar** *vt* 1 DAÑAR, HERIR : to hurt, to injure 2 AGRAVIAR : to offend — **lastimarse** *vr* : to hurt oneself
**lastimero, -ra** *adj* : pitiful, wretched
**lastimoso, -sa** *adj* 1 : shameful 2 : pitiful, terrible
**lastrar** *vt* 1 : to ballast 2 : to burden, to encumber
**lastre** *nm* 1 : burden 2 : ballast
**lata** *nf* 1 : tin 2 : tin can 3 *fam* : pest, bother, nuisance 4 **dar lata** *fam* : to bother, to annoy
**latente** *adj* : latent
**lateral¹** *adj* 1 : lateral, side 2 : indirect — **lateralmente** *adv*
**lateral²** *nm* : end piece, side
**látex** *nms & pl* : latex
**latido** *nm* : beat, throb ⟨latido del corazón : heartbeat⟩
**latifundio** *nm* : large estate
**latigazo** *nm* : lash (with a whip)
**látigo** *nm* AZOTE : whip
**latín** *nm* : Latin (language)
**latino¹, -na** *adj* 1 : Latin 2 *fam* : Latin-American
**latino², -na** *n fam* : Latin American
**latinoamericano¹, -na** *adj* HISPANOAMERICANO : Latin American
**latinoamericano², -na** *n* : Latin American
**latir** *vi* 1 : to beat, to throb 2 **latirle a uno** *Mex fam* : to have a hunch ⟨me late que no va a venir : I have a feeling he's not going to come⟩
**latitud** *nf* 1 : latitude 2 : breadth

**lato, -ta** *adj* **1** : extended, lengthy **2** : broad (in meaning)
**latón** *nm, pl* **latones** : brass
**latoso¹, -sa** *adj fam* : annoying, bothersome
**latoso², -sa** *n fam* : pest, nuisance
**latrocinio** *nm* : larceny
**laúd** *nm* : lute
**laudable** *adj* : laudable, praiseworthy
**laudo** *nm* : findings, decision
**laureado, -da** *adj & n* : laureate
**laurear** *vt* : to award, to honor
**laurel** *nm* **1** : laurel, bay (in cooking) ⟨hoja de laurel : bay leaf⟩ **2 dormirse en sus laureles** : to rest on one's laurels
**lava** *nf* : lava
**lavable** *adj* : washable
**lavabo** *nm* **1** LAVAMANOS : sink, washbowl **2** : lavatory, toilet
**lavadero** *nm* : laundry room
**lavado** *nm* **1** : laundry, wash **2** : laundering ⟨lavado de dinero : money laundering⟩
**lavadora** *nf* : washing machine
**lavamanos** *nms & pl* LAVABO : sink, washbowl
**lavanda** *nf* ESPLIEGO : lavender
**lavandería** *nf* : laundry (service)
**lavandero, -ra** *n* : launderer, laundress *f*
**lavaplatos** *nms & pl* **1** : dishwasher **2** *Chile, Col, Mex* : kitchen sink
**lavar** *vt* **1** : to wash, to clean **2** : to launder (money) **3 lavar en seco** : to dry-clean — **lavarse** *vr* **1** : to wash oneself **2 lavarse las manos de** : to wash one's hands of
**lavarropas** *nms & pl Arg, Uru* : washing machine
**lavativa** *nf* : enema
**lavatorio** *nm* : lavatory, washroom
**lavavajillas** *nms & pl* : dishwasher
**laxante** *adj & nm* : laxative
**laxitud** *nf* : laxity, slackness
**laxo, -xa** *adj* : lax, slack
**lazada** *nf* : bow, loop
**lazar** {21} *vt* : to rope, to lasso
**lazo** *nm* **1** VÍNCULO : link, bond **2** : bow, ribbon **3** : lasso, lariat
**LCD** *nm* : LCD, liquid crystal display
**le** *pron* **1** : to her, to him, to it ⟨¿qué le dijiste? : what did you tell him?⟩ **2** : from her, from him, from it ⟨el ladrón le robó la cartera : the thief stole his wallet⟩ **3** : for her, for him, for it ⟨cómprale flores a tu mamá : buy your mom some flowers⟩ **4** (*formal*) : to you, for you ⟨le traje un regalo : I brought you a gift⟩
**leal** *adj* : loyal, faithful — **lealmente** *adv*
**lealtad** *nf* : loyalty, allegiance
**lebrel** *nm* : hound
**lección** *nf, pl* **lecciones** : lesson
**lechada** *nf* **1** : whitewash **2** : grout
**lechal** *adj* : suckling ⟨cordero lechal : suckling lamb⟩
**leche** *nf* **1** : milk ⟨leche en polvo : powdered milk⟩ **2** : milk (of a plant) **3 leche de magnesia** : milk of magnesia
**lechera** *nf* **1** : milk jug **2** : dairymaid *f*
**lechería** *nf* : dairy store
**lechero¹, -ra** *adj* : dairy
**lechero², -ra** *n* : milkman *m*, milk dealer
**lecho** *nm* **1** : bed ⟨un lecho de rosas : a bed of roses⟩ ⟨lecho de muerte : deathbed⟩ **2** : riverbed **3** : layer, stratum (in geology)
**lechón, -chona** *n, mpl* **lechones** : suckling pig
**lechoso, -sa** *adj* : milky
**lechuga** *nf* : lettuce
**lechuza** *nf* BÚHO : owl, barn owl
**lectivo, -va** *adj* : school ⟨año lectivo : school year⟩
**lector¹, -tora** *adj* : reading ⟨nivel lector : reading level⟩
**lector², -tora** *n* : reader
**lector³** *nm* **1** : scanner, reader **2 lector electrónico** *or* **lector de libros electrónicos** : e-reader
**lectura** *nf* **1** : reading **2** : reading matter
**LED** *or* **led** *nm* : LED
**leer** {20} *v* : to read ⟨leer los labios : to lip-read, to read lips⟩ ⟨leer entre las líneas : to read between the lines⟩
**legación** *nf, pl* **-ciones** : legation
**legado** *nm* **1** : legacy, bequest **2** : legate, emissary
**legajo** *nm* : dossier, file
**legal** *adj* : legal, lawful — **legalmente** *adv*
**legalidad** *nf* : legality
**legalista** *adj* : legalistic
**legalizar** {21} *vt* : to legalize — **legalización** *nf*
**legañas** *nfpl* : sleep (in the eyes)
**legar** {52} *vt* **1** : to bequeath, to hand down **2** DELEGAR : to delegate
**legendario, -ria** *adj* : legendary
**legible** *adj* : legible — **legibilidad** *nf*
**legión** *nf, pl* **legiones** : legion
**legionario, -ria** *n* : legionnaire
**legislación** *nf, pl* **-ciones** **1** : legislation (act) **2** : laws *pl*, legislation
**legislador¹, -dora** *adj* : legislative
**legislador², -dora** *n* : legislator
**legislar** *vi* : to legislate
**legislativo, -va** *adj* : legislative
**legislatura** *nf* **1** : legislature **2** : term of office
**legitimar** *vt* **1** : to legitimize **2** : to authenticate — **legitimación** *nf*
**legitimidad** *nf* : legitimacy
**legítimo, -ma** *adj* **1** : legitimate **2** : genuine, authentic — **legítimamente** *adv*
**lego¹, -ga** *adj* **1** : secular, lay **2** : uninformed, ignorant
**lego², -ga** *n* : layperson, layman *m*, laywoman *f*
**legua** *nf* **1** : league **2 notarse a leguas** : to be very obvious ⟨se notaba a leguas : you could tell from a mile away⟩
**legue, etc.** → **legar**
**legumbre** *nf* **1** HORTALIZA : vegetable **2** : legume
**leíble** *adj* : readable
**leída** *nf* : reading, read ⟨de una leída : in one reading, at one go⟩
**leído¹** *pp* → **leer**
**leído², -da** *adj* : well-read
**lejanía** *nf* : remoteness, distance
**lejano, -na** *adj* : remote, distant, far away

**lejía** *nf* **1** : lye **2** : bleach
**lejos** *adv* **1** : far away, distant ⟨a lo lejos : in the distance, far off⟩ ⟨desde lejos : from a distance⟩ **2** : long ago, a long way off ⟨está lejos de los 50 años : he's a long way from 50 years old⟩ **3 de ~** : by far ⟨esta decisión fue de lejos la más fácil : this decision was by far the easiest⟩ **4 ~ de** : far from ⟨lejos de ser reprobado, recibió una nota de B : far from failing, he got a B⟩ **5 ir demasiado lejos** : to go too far
**lelo, -la** *adj* : silly, stupid
**lema** *nm* : motto, slogan
**lemming** *nm* : lemming
**lempira** *nf* : lempira (Honduran unit of currency)
**lencería** *nf* : lingerie
**lengua** *nf* **1** : tongue ⟨se me traba la lengua : I have trouble speaking, I get tongue-tied⟩ **2** IDIOMA : language ⟨lengua materna : mother tongue⟩ ⟨lengua nativa : native language⟩ ⟨lengua muerta : dead language⟩ **3** : tongue (of flame) **4** : spit (of land) **5 irse de la lengua** : to let something slip, to blab **6 morderse la lengua** : to bite one's tongue **7 sacarle la lengua a alguien** : to stick one's tongue out at someone
**lenguado** *nm* : sole, flounder
**lenguaje** *nm* **1** : language, speech **2 lenguaje gestual** *or* **lenguaje de gestos** : sign language **3 lenguaje de programación** : programming language
**lengüeta** *nf* **1** : tongue (of a shoe), tab, flap **2** : reed (of a musical instrument) **3** : barb, point
**lengüetada** *nf* **beber a lengüetadas** : to lap (up)
**lenidad** *nf* : leniency
**lenitivo, -va** *adj* : soothing
**lente** *nmf* **1** : lens ⟨lentes de contacto : contact lenses⟩ **2 lentes** *nmpl* ANTEOJOS : eyeglasses ⟨lentes de sol : sunglasses⟩
**lenteja** *nf* : lentil
**lentejuela** *nf* : sequin, spangle
**lentilla** *nf Spain* : contact lens
**lentitud** *nf* : slowness
**lento**[1] *adv* DESPACIO : slowly
**lento**[2], **-ta** *adj* **1** : slow **2** : slow-witted, dull — **lentamente** *adv*
**leña** *nf* : wood, firewood
**leñador, -dora** *n* : lumberjack, woodcutter
**leñera** *nf* : woodshed
**leño** *nm* : log
**leñoso, -sa** *adj* : woody
**Leo**[1] *nm* : Leo (sign or constellation)
**Leo**[2] *nmf* : Leo (person)
**león, -ona** *n, mpl* **leones** **1** : lion, lioness *f* **2** (*in various countries*) : puma, cougar
**leonado, -da** *adj* : tawny
**leonino, -na** *adj* **1** : lion-like **2** : one-sided, unfair
**leopardo** *nm* : leopard
**leotardo** *nm* MALLA : leotard, tights *pl*
**leperada** *nf Mex* : obscenity
**lépero, -ra** *adj Mex* : vulgar, coarse
**lepra** *nf* : leprosy
**leproso**[1], **-sa** *adj* : leprous
**leproso**[2], **-sa** *n* : leper
**lerdo, -da** *adj* **1** : clumsy **2** : dull, oafish, slow-witted
**les** *pron* **1** : to them ⟨dales una propina : give them a tip⟩ **2** : from them ⟨se les privó de su herencia : they were deprived of their inheritance⟩ **3** : for them ⟨les hice sus tareas : I did their homework for them⟩ **4** : to you *pl*, for you *pl* ⟨les compré un regalo : I bought you all a present⟩
**lesbiana** *nf* : lesbian — **lesbiano, -na** *adj*
**lesbianismo** *nm* : lesbianism
**lesera** *nf Chile fam* : stupid thing
**lesión** *nf, pl* **lesiones** HERIDA : lesion, wound, injury ⟨una lesión grave : a serious injury⟩
**lesionado, -da** *adj* HERIDO : injured, wounded
**lesionar** *vt* : to injure, to wound — **lesionarse** *vr* : to hurt oneself
**lesivo, -va** *adj* : harmful, damaging
**letal** *adj* MORTÍFERO : deadly, lethal — **letalmente** *adv*
**letanía** *nf* **1** : litany **2** *fam* : spiel, song and dance
**letárgico, -ca** *adj* : lethargic
**letargo** *nm* : lethargy, torpor
**letón**[1], **-tona** *adj & n, mpl* **letones** : Latvian
**letón**[2] *nm* : Latvian (language)
**letra** *nf* **1** : letter ⟨letra mayúscula/minúscula : capital/lowercase letter⟩ ⟨letra en negrilla/negrita : boldface, bold type⟩ ⟨letra cursiva : italics, italic type⟩ ⟨leer la letra pequeña/chica : to read the small print⟩ ⟨aprender las primeras letras : to learn how to read and write⟩ **2** CALIGRAFÍA : handwriting, lettering **3** : lyrics *pl* **4 al pie de la letra** : word for word, by the book **5 letra(s) de molde** *or* **letra(s) de imprenta** : print ⟨escribió su nombre en/con letra(s) de molde/imprenta : she printed her name⟩ **6 letras** *nfpl* : arts (in education)
**letrado**[1], **-da** *adj* ERUDITO : learned, erudite
**letrado**[2], **-da** *n* : attorney, lawyer
**letrero** *nm* RÓTULO : sign, notice
**letrina** *nf* : latrine
**letrista** *nmf* : lyricist, songwriter
**leucemia** *nf* : leukemia
**leva** *nf* : cam
**levadura** *nf* **1** : yeast, leavening **2 levadura en polvo** : baking powder
**levantado, -da** *adj* : awake, up
**levantamiento** *nm* **1** ALZAMIENTO : uprising **2** : raising, lifting ⟨levantamiento de pesas : weight lifting⟩
**levantar** *vt* **1** ALZAR : to lift, to raise ⟨levanté la tapa : I lifted the lid⟩ ⟨levantar pesas : to lift weights⟩ ⟨levantar la mano : to raise one's hand⟩ ⟨levantar la mirada/vista : to look up⟩ ⟨levantar la voz : to raise one's voice⟩ **2** : to put up, to erect (a building, etc.) **3** : to give a boost to ⟨me levantó el ánimo : it lifted my spirits⟩ ⟨un plan para levantar al país : a plan to get the country back on its

feet⟩ **4** : to lift (an embargo, etc.), to call off (a strike, etc.), to adjourn (a meeting, etc.) **5** : to give rise to, to arouse ⟨levantar sospechas : to arouse suspicion⟩ ⟨levantar una polémica : to spark controversy⟩ **6 levantar cabeza** : to get back on one's feet, to recover — **levantarse** *vr* **1** : to rise, to stand up **2** : to get out of bed, to get up ⟨se levanta a las seis : he gets up at six⟩

**levante** *nm* **1** : east (direction) **2** : east wind

**levar** *vt* **levar anclas** : to weigh anchor

**leve** *adj* **1** : light, slight **2** : trivial, unimportant — **levemente** *adv*

**levedad** *nf* : lightness

**levemente** *adv* LIGERAMENTE : lightly, softly

**leviatán** *nm, pl* **-tanes** : leviathan

**levitar** *vi* : to levitate

**léxico**[1], **-ca** *adj* : lexical

**léxico**[2] *nm* : lexicon, glossary

**lexicografía** *nf* : lexicography

**lexicográfico, -ca** *adj* : lexicographical, lexicographic

**lexicógrafo, -fa** *n* : lexicographer

**ley** *nf* **1** : law ⟨aprobar/derogar una ley : to pass/repeal a law⟩ ⟨violar la ley : to break the law⟩ ⟨fuera de la ley : outside the law⟩ ⟨proyecto de ley : bill (of law)⟩ ⟨la ley de gravedad : the law of gravity⟩ ⟨es ley de vida : it's a fact of life⟩ ⟨con todas las de la ley : proper, properly⟩ **2** : purity (of metals) ⟨oro de ley : pure gold⟩

**leyenda** *nf* **1** : legend **2** : caption, inscription

**leyó, etc.** → **leer**

**liar** {85} *vt* **1** ATAR : to bind, to tie (up) **2** : to roll (a cigarette) **3** : to confuse — **liarse** *vr* : to get mixed up

**libanés, -nesa** *adj & n, mpl* **-neses** : Lebanese

**libar** *vt* **1** : to suck (nectar) **2** : to sip, to swig (liquor, etc.)

**libelo** *nm* **1** : libel, lampoon **2** : petition (in court)

**libélula** *nf* : dragonfly

**liberación** *nf, pl* **-ciones** : liberation, deliverance ⟨liberación de la mujer : women's liberation⟩

**liberado, -da** *adj* **1** : liberated ⟨una mujer liberada : a liberated woman⟩ **2** : freed, delivered

**liberal** *adj & nmf* : liberal

**liberalidad** *nf* : generosity, liberality

**liberalismo** *nm* : liberalism

**liberalizar** {21} *vt* : to liberalize — **liberalización** *nf*

**liberar** *vt* : to liberate, to free — **liberarse** *vr* : to get free of

**liberiano, -na** *adj & n* : Liberian

**libertad** *nf* **1** : freedom, liberty ⟨tomarse la libertad de : to take the liberty of⟩ ⟨poner a alguien en libertad : to set someone free⟩ ⟨libertad de expresión : freedom of speech⟩ **2 libertad bajo fianza** : bail **3 libertad condicional** : parole, probation

**libertador**[1], **-dora** *adj* : liberating

**libertador**[2], **-dora** *n* : liberator

**libertar** *vt* LIBRAR : to set free

**libertario, -ria** *adj & n* : libertarian

**libertinaje** *nm* : licentiousness, dissipation

**libertino**[1], **-na** *adj* : licentious, dissolute

**libertino**[2], **-na** *n* : libertine

**libidinoso, -sa** *adj* : lustful, lewd

**libido** *nf* : libido

**libio, -bia** *adj & n* : Libyan

**libra** *nf* **1** : pound **2 libra esterlina** : pound sterling

**Libra**[1] *nm* : Libra (sign or constellation)

**Libra**[2] *nmf* : Libra (person)

**libramiento** *nm* **1** : liberating, freeing **2** LIBRANZA : order of payment **3** *Mex* : beltway

**libranza** *nf* : order of payment

**librar** *vt* **1** LIBERTAR : to free (from punishment, etc.), to save (from death, etc.) ⟨líbranos del mal : deliver us from evil⟩ ⟨librar de culpas : to absolve of guilt⟩ **2** : to wage ⟨librar batalla : to do battle⟩ **3** : to issue ⟨librar una orden : to issue an order⟩ — **librarse** *vr* ~ **de** : to free oneself from, to get out of ⟨se libró de pagar una multa : he got out of paying a fine⟩ ⟨librarse de morir : to escape death⟩

**libre**[1] *adj* **1** : free ⟨un país libre : a free country⟩ ⟨libre de : free from, exempt from⟩ ⟨libre albedrío : free will⟩ ⟨ratos libres : free/spare time⟩ **2** DESOCUPADO : vacant **3 día libre** : day off

**libre**[2] *nm Mex* : taxi

**librea** *nf* : livery

**librecambio** *nm* : free trade

**libremente** *adv* : freely

**librería** *nf* : bookstore

**librero**[1], **-ra** *n* : bookseller

**librero**[2] *nm Mex* : bookcase

**libresco, -ca** *adj* : bookish

**libreta** *nf* CUADERNO : notebook

**libretista** *nmf* **1** : librettist **2** : scriptwriter

**libreto** *nm* : libretto, script

**libro** *nm* **1** : book ⟨libro de texto/cocina : textbook/cookbook⟩ ⟨libro de consulta : reference book⟩ ⟨libro en rústica, libro de tapa/pasta blanda : paperback⟩ ⟨libro de tapa/pasta dura : hardcover⟩ ⟨libro de instrucciones : instruction manual⟩ **2 libros** *nmpl* : books (in bookkeeping), accounts ⟨llevar los libros : to keep the books⟩

**liceal** *nmf Uru* : high school student

**liceano, -na** *n Chile* → **liceal**

**liceísta** *nmf CoRi, Ven* → **liceal**

**licencia** *nf* **1** : permission **2** : leave, leave of absence **3** : permit, license ⟨licencia de conducir : driver's license⟩

**licenciado, -da** *n* **1** : university graduate **2** ABOGADO : lawyer

**licenciar** *vt* **1** : to license, to permit, to allow **2** : to discharge **3** : to grant a university degree to — **licenciarse** *vr* : to graduate

**licenciatura** *nf* **1** : college degree **2** : course of study (at a college or university)

**licencioso, -sa** *adj* : licentious, lewd

**liceo** *nm* (*in various countries*) : secondary school, high school

**licitación** *nf, pl* **-ciones** : bid, bidding
**licitar** *vt* : to bid on
**lícito, -ta** *adj* **1** : lawful, licit **2** JUSTO : just, fair
**licor** *nm* **1** : liquor **2** : liqueur
**licorera** *nf* : decanter
**licuado** *nm* BATIDO : milk shake
**licuadora** *nf* : blender
**licuar** {3} *vt* : to liquefy — **licuarse** *vr*
**lid** *nf* **1** : fight, combat **2** : argument, dispute **3 lides** *nfpl* : matters, affairs **4 en buena lid** : fair and square
**líder**[1] *adj* : leading, foremost
**líder**[2] *nmf* : leader
**liderar** *vt* DIRIGIR : to lead, to head
**liderato** *nm* : leadership, leading
**liderazgo → liderato**
**lidia** *nf* **1** : bullfighting **2** : bullfight
**lidiar** *vt* : to fight — *vi* BATALLAR, LUCHAR : to struggle, to battle, to wrestle
**liebre** *nf* : hare
**liendre** *nf* : nit
**lienzo** *nm* **1** : linen **2** : canvas, painting **3** : stretch of wall or fencing
**liga** *nf* **1** ASOCIACIÓN : league **2** GOMITA : rubber band **3** : garter
**ligado, -da** *adj* : linked, connected
**ligadura** *nf* **1** ATADURA : tie, bond **2** : ligature
**ligamento** *nm* : ligament
**ligar** {52} *vt* : to bind, to tie (up)
**ligeramente** *adv* **1** : slightly **2** LEVEMENTE : lightly, gently **3** : casually, lightly
**ligereza** *nf* **1** : lightness **2** : flippancy **3** : agility
**ligero, -ra** *adj* **1** : light, lightweight **2** : slight, minor **3** : agile, quick **4** : lighthearted, superficial
**light** [ˈlait] *adj* : light, low-calorie
**ligue, etc. → ligar**
**liguero, -ra** *adj* : league
**lija** *nf or* **papel de lija** : sandpaper
**lijar** *vt* : to sand
**lila**[1] *adj* : lilac, light purple
**lila**[2] *nf* : lilac
**lima** *nf* **1** : lime (fruit) **2** : file ⟨lima de uñas : nail file⟩
**limar** *vt* **1** : to file **2** : to polish, to put the final touch on **3** : to smooth over ⟨limar asperezas : to iron out differences⟩
**limbo** *nm* **1** : limbo **2** : limb (in botany and astronomy)
**limeño**[1], **-ña** *adj* : of or from Lima, Peru
**limeño**[2], **-ña** *n* : person from Lima, Peru
**limero** *nm* : lime tree
**limitación** *nf, pl* **-ciones** **1** : limitation **2** : limit, restriction ⟨sin limitación : unlimited⟩
**limitado, -da** *adj* **1** RESTRINGIDO : limited **2** : dull, slow-witted
**limitar** *vt* RESTRINGIR : to limit, to restrict — *vi* ~ **con** : to border on — **limitarse** *vr* ~ **a** : to limit oneself to
**límite** *nm* **1** : boundary, border **2** : limit ⟨el límite de mi paciencia : the limit of my patience⟩ ⟨límite de velocidad : speed limit⟩ **3 fecha límite** : deadline
**limítrofe** *adj* LINDANTE, LINDERO : bordering, adjoining
**limo** *nm* : slime, mud
**limón** *nm, pl* **limones** **1** : lemon **2** : lemon tree **3 limón verde** *Mex* : lime
**limonada** *nf* : lemonade
**limonero** *nm* : lemon tree
**limosna** *nf* : alms, charity
**limosnear** *vi* : to beg (for alms)
**limosnero, -ra** *n* MENDIGO : beggar
**limoso, -sa** *adj* : slimy
**limpiabotas** *nmfs & pl* : shoeshine boy/man *m*, shoeshine girl/woman *f*
**limpiacristales** *nms & pl Spain* **1** : glass cleaner (fluid) **2** : window washer (person)
**limpiador**[1], **-dora** *adj* : cleaning
**limpiador**[2], **-dora** *n* : cleaning person, cleaner
**limpiamente** *adv* : cleanly, honestly, fairly
**limpiaparabrisas** *nms & pl* : windshield wiper
**limpiar** *vt* **1** : to clean, to cleanse **2** : to clean up, to remove defects **3** *fam* : to clean out (in a game) **4** *fam* : to swipe, to pinch — *vi* : to clean — **limpiarse** *vr*
**limpiavidrios** *nmfs & pl* **1** *Mex* : windshield wiper **2** : glass cleaner (fluid) **3** : window washer (person)
**límpido, -da** *adj* : limpid
**limpieza** *nf* **1** : cleanliness, tidiness **2** : cleaning **3** HONRADEZ : integrity, honesty **4** DESTREZA : skill, dexterity
**limpio**[1] *adv* : fairly
**limpio**[2], **-pia** *adj* **1** : clean, neat **2** : honest ⟨un juego limpio : a fair game⟩ **3** : free ⟨limpio de impurezas : pure, free from impurities⟩ **4** : clear, net ⟨ganancia limpia : clear profit⟩
**limusina** *nf* : limousine
**linaje** *nm* ABOLENGO : lineage, ancestry
**lince** *nm* : lynx
**linchamiento** *nm* : lynching
**linchar** *vt* : to lynch
**lindante** *adj* LIMÍTROFE, LINDERO : bordering, adjoining
**lindar** *vi* **1** ~ **con** : to border, to skirt **2** ~ **con** BORDEAR : to border on, to verge on
**linde** *nmf* : boundary, limit
**lindero**[1], **-ra** *adj* LIMÍTROFE, LINDANTE : bordering, adjoining
**lindero**[2] *nm* : boundary, limit
**lindeza** *nf* **1** : prettiness **2** : clever remark **3 lindezas** *nfpl* (*used ironically*) : insults
**lindo**[1] *adv* **1** : beautifully, wonderfully ⟨canta lindo tu mujer : your wife sings beautifully⟩ **2 de lo lindo** : a lot, a great deal ⟨los zancudos nos picaban de lo lindo : the mosquitoes were biting away at us⟩
**lindo**[2], **-da** *adj* **1** BONITO : pretty, lovely **2** MONO : cute
**línea** *nf* **1** : line ⟨línea divisoria : dividing line⟩ ⟨línea de banda : sideline⟩ ⟨línea de meta : finish line⟩ ⟨línea de puntos : dotted line⟩ ⟨líneas enemigas : enemy lines⟩ ⟨línea de producción : production line⟩ ⟨leer entre líneas : to read between the lines⟩ **2** : line, course, position ⟨en

líneas generales : in general terms, along general lines〉〈línea de conducta : course of action〉〈línea de investigación : line of inquiry〉〈la línea del partido : the party line〉 **3** : line, range〈línea de productos : product line〉 **4** : line, side〈línea de sucesión : line of succession〉〈un primo suyo por línea materna : a cousin on his mother's side〉 **5** : line, service〈línea aérea : airline〉〈línea telefónica : telephone line〉〈en línea : online〉〈fuera de línea : off-line〉 **6** : figure〈guardar la línea : to watch one's figure〉

**línea de crédito** *nf* : line of credit

**lineal** *adj* : linear

**lineamientos** *nmpl* : guidelines

**linfa** *nf* : lymph

**linfático, -ca** *adj* : lymphatic

**lingote** *nm* : ingot

**lingüista** *nmf* : linguist

**lingüística** *nf* : linguistics

**lingüístico, -ca** *adj* : linguistic

**linimento** *nm* : liniment

**lino** *nm* **1** : linen **2** : flax

**linóleo** *nm* : linoleum

**linterna** *nf* **1** : lantern **2** : flashlight

**lío** *nm fam* **1** : confusion, mess **2** : hassle, trouble, jam〈meterse en un lío : to get into a jam〉 **3** : affair, liaison

**liofilizar** {21} *vt* : to freeze-dry

**lioso, -sa** *adj fam* : confusing, muddled

**liquen** *nm* : lichen

**liquidación** *nf, pl* **-ciones** **1** : liquidation **2** : clearance sale **3** : settlement, payment

**liquidar** *vt* **1** : to liquefy **2** : to liquidate **3** : to settle, to pay off **4** *fam* : to rub out, to kill

**liquidez** *nf, pl* **-deces** : liquidity

**líquido**[1], **-da** *adj* **1** : liquid, fluid **2** : net〈ingresos líquidos : net income〉

**líquido**[2] *nm* **1** : liquid, fluid〈líquido de frenos : brake fluid〉 **2** : ready cash, liquid assets

**lira** *nf* : lyre

**lírica** *nf* : lyric poetry

**lírico, -ca** *adj* : lyric, lyrical

**lirio** *nm* **1** : iris **2 lirio de los valles** MUGUETE : lily of the valley

**lirón** *nm, pl* **lirones** : dormouse

**lisiado**[1], **-da** *adj* : disabled, crippled

**lisiado**[2], **-da** *n offensive* : disabled person, cripple *offensive*

**lisiar** *vt* : to cripple, to disable — **lisiarse** *vr*

**liso, -sa** *adj* **1** : smooth **2** : flat **3** : straight〈pelo liso : straight hair〉 **4** : plain, unadorned〈liso y llano : plain and simple〉

**lisonja** *nf* : flattery

**lisonjear** *vt* ADULAR : to flatter

**lista** *nf* **1** : list〈es la primera/última de la lista : she's first/last on the list〉 **2** : roster, roll〈pasar lista : to take attendance〉 **3** : stripe, strip **4** : menu

**listado**[1], **-da** *adj* : striped

**listado**[2] *nm* : listing

**listar** *vt* : to list

**listeza** *nf* : smartness, alertness

**listo, -ta** *adj* **1** DISPUESTO, PREPARADO : ready〈¿estás listo? : are you ready?〉 **2** : clever, smart〈pasarse de listo : to be too clever〉

**listón** *nm, pl* **listones** **1** : ribbon **2** : strip (of wood), lath **3** : high bar (in sports)

**lisura** *nf* : smoothness

**litera** *nf* : bunk bed, berth

**literal** *adj* : literal — **literalmente** *adv*

**literario, -ria** *adj* : literary

**literato, -ta** *n* : writer, author

**literatura** *nf* : literature

**litigante** *adj & nmf* : litigant

**litigar** {52} *vi* : to litigate, to be in litigation

**litigio** *nm* **1** : litigation, lawsuit **2 en ~** : in dispute

**litio** *nm* : lithium

**litografía** *nf* **1** : lithography **2** : lithograph

**litógrafo, -fa** *n* : lithographer

**litoral**[1] *adj* : coastal

**litoral**[2] *nm* : shore, seaboard

**litosfera** *nf* : lithosphere

**litro** *nm* : liter

**lituano**[1], **-na** *adj & n* : Lithuanian

**lituano**[2] *nm* : Lithuanian (language)

**liturgia** *nf* : liturgy

**litúrgico, -ca** *adj* : liturgical — **litúrgicamente** *adv*

**liviandad** *nf* LIGEREZA : lightness

**liviano, -na** *adj* **1** : light, slight **2** INCONSTANTE : fickle

**lividez** *nf* PALIDEZ : pallor

**lívido, -da** *adj* **1** AMORATADO : livid **2** PÁLIDO : pallid, extremely pale

**living** *nm* : living room

**ll** *nf* : fourteenth letter of the Spanish alphabet not usually considered a separate letter in alphabetization

**llaga** *nf* : sore, wound

**llama** *nf* **1** : flame **2** : llama

**llamada** *nf* : call〈llamada a larga distancia : long-distance call〉〈llamada al orden : call to order〉

**llamado**[1], **-da** *adj* : named, called〈una mujer llamada Rosa : a woman called Rosa〉

**llamado**[2] → **llamamiento**

**llamador** *nm* : door knocker

**llamamiento** *nm* : call, appeal

**llamar** *vt* **1** : to call, to name〈la llamamos Paulita : we call her Paulita〉〈lo llamaban loco : they called him crazy〉〈así lo llamamos en Cuba : that's what we call it in Cuba〉 **2** : to call, to summon〈llamar un taxi : to call a taxi〉〈me llamó desde abajo : she called up to me (from downstairs)〉〈fue llamado a declarar : he was called to testify〉 **3** : to call (up), to phone〈me llama todos los días : she calls me every day〉 — *vi* : to knock (on a door), to ring a doorbell〈llaman a la puerta : there's someone at the door〉 — **llamarse** *vr* : to be called, to be named〈¿cómo te llamas? : what's your name?〉〈me llamo Ana : my name is Ana〉

**llamarada** *nf* **1** : flare-up, sudden blaze **2** : flushing (of the face)

**llamativo, -va** *adj* : flashy, showy, striking
**llameante** *adj* : flaming, blazing
**llamear** *vi* : to flame, to blaze
**llana** *nf* **1** : trowel **2** → **llano²**
**llanamente** *adv* : simply, plainly ⟨es, simple y llanamente, un desastre : it's a disaster, plain and simple⟩
**llaneza** *nf* : simplicity, naturalness
**llano¹, -na** *adj* **1** : even, flat **2** : frank, open **3** LISO : plain, simple
**llano²** *nm* : plain
**llanta** *nf* **1** NEUMÁTICO : tire **2** : rim
**llantén** *nm, pl* **llantenes** : plantain (weed)
**llanto** *nm* : crying, weeping
**llanura** *nf* : plain, prairie
**llave** *nf* **1** : key ⟨bajo llave : under lock and key⟩ ⟨llave maestra : master key⟩ ⟨cerrar (algo) con llave : to lock (something)⟩ **2** : faucet **3** : valve (in plumbing) **4** INTERRUPTOR : switch **5** : (curly) brace, curly bracket (punctuation mark) **6** : wrench ⟨llave inglesa : monkey wrench⟩
**llavero** *nm* : key chain, key ring
**llegada** *nf* : arrival
**llegar** {52} *vi* **1** : to arrive ⟨llegar temprano/tarde : to arrive early/late⟩ ⟨llegué a Lisboa : I arrived in Lisbon⟩ ⟨llegué al hotel : I arrived at the hotel⟩ ⟨llegó hasta la frontera : he got as far as the border⟩ ⟨cuando llegue el momento : when the time comes⟩ ⟨va a llegar lejos : she's going to go far⟩ **2** : to be enough ⟨no nos llega el sueldo para todo : we can't afford it all on our salary⟩ **3** ~ **a/hasta** : to reach ⟨llega hasta el techo : it goes (all the way) up to the ceiling⟩ ⟨llegué hasta la página 85 : I got up to page 85, I got as far as page 85⟩ ⟨podría llegar a los 35 grados : it could get up to 35 degrees⟩ **4** ~ **a** : to reach (an agreement, etc.) **5** ~ **a** : to manage to ⟨llegó a terminar la novela : she managed to finish the novel⟩ **6 llegar a ser** : to become ⟨llegó a ser presidente : he became President⟩
**llegue, etc.** → **llegar**
**llenar** *vt* **1** : to fill, to fill up, to fill in **2** : to meet, to fulfill ⟨los regalos no llenaron sus expectativas : the gifts did not meet her expectations⟩ — **llenarse** *vr* : to fill up, to become full
**llenito, -ta** *adj fam* REGORDETE : chubby, plump
**lleno¹, -na** *adj* **1** : full, filled **2 de** ~ : completely, fully **3 estar lleno de sí mismo** : to be full of oneself
**lleno²** *nm* **1** *fam* : plenty, abundance **2** : full house
**llevadero, -ra** *adj* : bearable
**llevar** *vt* **1** : to carry, to take (away) ⟨le llevé las maletas : I carried her bags⟩ ⟨siempre lo lleva consigo : he always has it with him⟩ ⟨me gusta, me lo llevo : I like it—I'll take it⟩ **2** : to wear ⟨llevaba un vestido azul : she wore a blue dress⟩ ⟨llevar el pelo corto/largo : to wear one's hair short/long⟩ **3** : to take ⟨llevamos a Pedro al cine : we took Pedro to the movies⟩ ⟨la llevaron al hospital : they took her to the hospital⟩ **4** : to lead ⟨nos llevó por un pasillo : he led us down a hallway⟩ ⟨me lleva a pensar que . . . : it leads me to believe that . . .⟩ **5** : to lead ⟨llevar una vida sana : to lead a healthy life⟩ **6** : to run, to be in charge of ⟨lleva la biblioteca : she runs the library⟩ **7** : to keep ⟨llevar el ritmo : to keep time⟩ ⟨llevar un diario : to keep a diary⟩ **8** : to take, to require ⟨le llevó horas hacerlo : it took him hours to do it⟩ **9** : to have . . . more than ⟨nos llevan cinco puntos : they're five points ahead of us⟩ ⟨te llevo tres años : I'm three years older than you⟩ **10 llevar a cabo** : to carry out **11 llevar adelante** : to carry on with, to keep going with — *vi* : to lead ⟨un problema lleva al otro : one problem leads to another⟩ — *v aux* : to have ⟨llevo mucho tiempo buscándolo : I've been looking for it for a long time⟩ ⟨lleva leído medio libro : he's halfway through the book⟩ — **llevarse** *vr* **1** : to take away, to carry off/away ⟨una ola se lo llevó : a wave carried him away⟩ ⟨se llevó el primer premio : she took/won first prize⟩ **2** : to get along ⟨siempre nos llevábamos bien : we always got along well⟩
**llorar** *vi* : to cry, to weep — *vt* : to mourn, to bewail
**lloriquear** *vi* : to whimper, to whine
**lloriqueo** *nm* : whimpering, whining
**lloro** *nm* : crying
**llorón, -rona** *n, mpl* **llorones** : crybaby, whiner
**lloroso, -sa** *adj* : tearful, sad
**llovedizo, -za** *adj* : rain ⟨agua llovediza : rainwater⟩
**llover** {47} *v impers* : to rain ⟨está lloviendo : it's raining⟩ ⟨llover a cántaros : to rain cats and dogs⟩ — *vi* : to rain down, to shower ⟨le llovieron regalos : he was showered with gifts⟩
**llovizna** *nf* : drizzle, sprinkle
**lloviznar** *v impers* : to drizzle, to sprinkle
**llueve, etc.** → **llover**
**lluvia** *nf* **1** : rain, rainfall **2** : barrage, shower **3 lluvia ácida** : acid rain
**lluvioso, -sa** *adj* : rainy
**lo¹** *pron* (*referring to masculine nouns*) **1** : him, it ⟨lo vi ayer : I saw him yesterday⟩ ⟨lo entiendo : I understand it⟩ ⟨no lo creo : I don't believe so⟩ **2** (*formal*) : you ⟨disculpe, señor, no lo oí : excuse me, sir, I didn't hear you⟩ **3 lo que** : what, that which ⟨eso es lo que más le gusta : that's what he likes the most⟩
**lo²** *art* **1** : the ⟨lo mejor : the best, the best thing⟩ **2** : how ⟨sé lo bueno que eres : I know how good you are⟩ ⟨lo más rápido posible : as quickly as possible⟩
**loa** *nf* : praise
**loable** *adj* : laudable, praiseworthy — **loablemente** *adv*
**loar** *vt* : to praise, to laud
**lobato, -ta** *n* : wolf cub
**lobby** *nm* : lobby, pressure group
**lobo, -ba** *n* : wolf
**lobotomía** *nf* : lobotomy

**lóbrego, -ga** *adj* SOMBRÍO : gloomy, dark
**lobulado, -da** *adj* : lobed
**lóbulo** *nm* : lobe ⟨lóbulo de la oreja : earlobe⟩
**locación** *nf, pl* **-ciones** 1 : location (for filming) 2 *Mex* : place
**local**[1] *adj* : local — **localmente** *adv*
**local**[2] *nm* : premises *pl*
**localidad** *nf* : town, locality
**localización** *nf, pl* **-ciones** 1 : locating, localization 2 : location
**localizar** {21} *vt* 1 UBICAR : to locate, to find 2 : to localize — **localizarse** *vr* UBICARSE : to be located ⟨se localiza en el séptimo piso : it is located on the seventh floor⟩
**locamente** *adv* 1 : madly 2 : wildly, recklessly
**locatario, -ria** *n* : tenant
**loción** *nf, pl* **lociones** : lotion
**lócker** *nm, pl* **lóckers** : locker
**loco**[1], **-ca** *adj* 1 DEMENTE : crazy, insane, mad 2 **a lo loco** : wildly, recklessly 3 **volverse loco** : to go mad
**loco**[2], **-ca** *n* 1 : crazy person, lunatic 2 **hacerse el loco** : to act the fool
**locomoción** *nf, pl* **-ciones** : locomotion
**locomotor, -tora** *adj* : locomotive
**locomotora** *nf* 1 : locomotive 2 : driving force
**locuaz** *adj, pl* **locuaces** : loquacious, talkative
**locución** *nf, pl* **-ciones** : locution, phrase ⟨locución adverbial : adverbial phrase⟩
**locura** *nf* 1 : insanity, madness 2 : crazy thing, folly
**locutor, -tora** *n* : announcer
**lodazal** *nm* : bog, quagmire
**lodo** *nm* BARRO : mud, mire
**lodoso, -sa** *adj* : muddy
**logaritmo** *nm* : logarithm
**logia** *nf* : lodge ⟨logia masónica : Masonic lodge⟩
**lógica** *nf* : logic
**lógico, -ca** *adj* : logical — **lógicamente** *adv*
**login** [ˈlogin] *nm* 1 : login, logon (act of logging in) 2 : login (user credentials)
**logistica** *nf* : logistics *pl*
**logístico, -ca** *adj* : logistic
**logo** → **logotipo**
**logotipo** *nm* : logo
**logrado, -da** *adj* : successful, skillfully done ⟨un efecto muy logrado : a very convincing effect⟩
**lograr** *vt* 1 : to get, to obtain 2 : to achieve, to attain — **lograrse** *vr* : to be successful
**logro** *nm* : achievement, attainment
**loma** *nf* : hill, hillock
**lombriz** *nf, pl* **lombrices** : worm ⟨lombriz de tierra : earthworm, night crawler⟩ ⟨lombriz solitaria : tapeworm⟩ ⟨tener lombrices : to have worms⟩
**lomo** *nm* 1 : back (of an animal) 2 : loin ⟨lomo de cerdo : pork loin⟩ 3 : spine (of a book) 4 : blunt edge (of a knife)
**lona** *nf* : canvas
**loncha** *nf* LONJA, REBANADA : slice
**lonche** *nm* 1 *Mex* ALMUERZO : lunch 2 *Mex* : submarine sandwich 3 *Peru* MERIENDA : afternoon snack, tea
**loncheria** *nf Mex* : snack bar
**londinense**[1] *adj* : of or from London
**londinense**[2] *nmf* : Londoner
**longaniza** *nf* : spicy pork sausage
**longevidad** *nf* : longevity
**longevo, -va** *adj* : long-lived
**longitud** *nf* 1 LARGO : length ⟨longitud de onda : wavelength⟩ 2 : longitude
**longitudinal** *adj* : longitudinal — **longitudinalmente** *adv*
**lonja** *nf* LONCHA, REBANADA : slice
**lontananza** *nf* : background ⟨en lontananza : in the distance, far away⟩
**lord** *nm, pl* **lores** (*title in England*) : lord
**loro** *nm* : parrot
**los**[1], **las** *pron* 1 : them ⟨no los conozco muy bien : I don't know them very well⟩ ⟨hice galletas y se las di a los nuevos vecinos : I made cookies and gave them to the new neighbors⟩ 2 : you ⟨voy a llevarlos a los dos : I am going to take both of you⟩ 3 : the ones ⟨me gustan las rojas : I like the red ones⟩ ⟨los de las camisas azules : the ones in the blue shirts⟩ ⟨mis padres y los tuyos : my parents and yours⟩ ⟨las reuniones de ayer y las de hoy : yesterday's meetings and today's⟩ 4 **los que, las que** : those, who, the ones ⟨los que van a cantar deben venir temprano : those who are singing must come early⟩ 5 (*used with* **haber**) ⟨los hay en varios colores : they come in various colors⟩
**los**[2] *art* → **el**[2]
**losa** *nf* : flagstone, paving stone
**loseta** *nf* BALDOSA : floor tile
**lote** *nm* 1 : part, share 2 : batch, lot 3 : plot of land, lot
**lotería** *nf* : lottery
**loto** *nm* : lotus
**loza** *nf* 1 : crockery, earthenware 2 : china
**lozanía** *nf* 1 : healthiness, robustness 2 : luxuriance, lushness
**lozano, -na** *adj* 1 : robust, healthy-looking ⟨un rostro lozano : a smooth, fresh face⟩ 2 : lush, luxuriant
**LSD** *nm* : LSD
**lubina** *nf* : sea bass
**lubricante**[1] *adj* : lubricating
**lubricante**[2] *nm* : lubricant
**lubricar** {72} *vt* : to lubricate, to oil — **lubricación** *nf*
**lucero** *nm* : bright star ⟨lucero del alba : morning star⟩
**lucha** *nf* 1 : struggle, fight 2 : wrestling
**luchador, -dora** *n* 1 : fighter 2 : wrestler
**luchar** *vi* 1 : to fight, to struggle 2 : to wrestle
**luchón, -chona** *adj, mpl* **luchones** *Mex* : industrious, hardworking
**lucidez** *nf, pl* **-deces** : lucidity, clarity
**lucido, -da** *adj* MAGNÍFICO : magnificent, splendid
**lúcido, -da** *adj* : lucid
**luciente** *adj* : bright, shining

**luciérnaga** *nf* : firefly, glowworm
**lucimiento** *nm* **1** : brilliance, splendor, sparkle **2** : triumph, success ⟨salir con lucimiento : to succeed with flying colors⟩
**lucio** *nm* : pike (fish)
**lucir** {45} *vi* **1** : to shine **2** : to look good, to stand out **3** : to seem, to appear ⟨ahora luce contento : he looks happy now⟩ — *vt* **1** : to wear, to sport **2** : to flaunt, to show off — **lucirse** *vr* **1** : to distinguish oneself, to excel **2** : to show off
**lucrarse** *vr* : to make a profit
**lucrativo, -va** *adj* : lucrative, profitable — **lucrativamente** *adv*
**lucro** *nm* GANANCIA : profit, gain
**luctuoso, -sa** *adj* : mournful, tragic
**lúdico, -ca** *adj* : play, playful
**luego**[1] *adv* **1** DESPUÉS : then, afterwards **2** : later (on) **3 desde ~** : of course **4 ¡hasta luego!** : see you later! **5 luego que** : as soon as **6 luego luego** *Mex fam* : right away, immediately
**luego**[2] *conj* : therefore ⟨pienso, luego existo : I think, therefore I am⟩
**lugar** *nm* **1** : place, position ⟨lugar de nacimiento/trabajo : birthplace/workplace⟩ ⟨en algún lugar : somewhere⟩ ⟨en otro lugar : somewhere else⟩ ⟨cambiar algo de lugar : to move something⟩ ⟨poner las cosas en su lugar : to put things away, to straighten up⟩ ⟨te guardo el lugar : I'll save your spot⟩ ⟨yo en tu lugar : if I were in your place, if I were you⟩ ⟨se llevó el primer lugar : she took first place⟩ **2** ESPACIO : space, room ⟨no hay lugar para todos : there isn't room for everyone⟩ **3 dar lugar a** : to give rise to, to lead to ⟨puede dar lugar a complicaciones : it can lead to complications⟩ **4 en lugar de** : instead of, on behalf of **5 en primer lugar** : in the first place, firstly **6 en último lugar** : last, lastly **7 lugar común** : cliché, platitude **8 sin lugar a dudas** : without a doubt, undoubtedly **9 tener lugar** : to take place
**lugareño**[1], **-ña** *adj* : village, rural
**lugareño**[2], **-ña** *n* : villager
**lugarteniente** *nmf* : lieutenant, deputy
**lúgubre** *adj* : gloomy, lugubrious
**lujo** *nm* **1** : luxury **2 de ~** : deluxe
**lujoso, -sa** *adj* : luxurious
**lujuria** *nf* : lust, lechery
**lujurioso, -sa** *adj* : lustful, lecherous
**lumbago** *nm* : lumbago
**lumbar** *adj* : lumbar
**lumbre** *nf* **1** FUEGO : fire **2** : brilliance, splendor **3 poner en la lumbre** : to put on the stove, to warm up
**lumbrera** *nf* **1** : skylight **2** : vent, port **3** : brilliant person, luminary
**luminaria** *nf* **1** : altar lamp **2** LUMBRERA : luminary, celebrity
**luminiscencia** *nf* : luminescence — **luminiscente** *adj*
**luminosidad** *nf* : luminosity, brightness
**luminoso, -sa** *adj* : shining, luminous
**luna** *nf* **1** : moon **2 luna de miel** : honeymoon
**lunar**[1] *adj* : lunar
**lunar**[2] *nm* **1** : mole, beauty spot **2** : defect, blemish **3** : polka dot
**lunático, -ca** *adj & n* : lunatic
**lunes** *nms & pl* : Monday ⟨el lunes : (on) Monday⟩ ⟨los lunes : (on) Mondays⟩ ⟨cada (dos) lunes : every (other) Monday⟩ ⟨el lunes pasado : last Monday⟩ ⟨el lunes por la noche : on Monday night⟩ ⟨el próximo lunes : next Monday⟩
**luneta** *nf* **1** : lens (of eyeglasses) **2** : windshield (of an automobile) **3** : crescent
**lupa** *nf* : magnifying glass
**lúpulo** *nm* : hops (plant)
**lustrabotas → limpiabotas**
**lustrar** *vt* : to shine, to polish
**lustre** *nm* **1** BRILLO : luster, shine **2** : glory, distinction
**lustro** *nm* : five-year period
**lustroso, -sa** *adj* BRILLOSO : lustrous, shiny
**luto** *nm* : mourning ⟨estar de luto : to be in mourning⟩
**luxación** *nf, pl* **-ciones** : dislocation
**luz** *nf, pl* **luces** **1** : light ⟨luz del sol : sunlight⟩ ⟨luz eléctrica/artificial : electric/artificial light⟩ ⟨iluminado con una luz tenue : dimly lit⟩ ⟨a plena luz del día : in full/broad daylight⟩ **2** *fam* : power, electricity ⟨se fue la luz : the power/electricity went out⟩ ⟨cortar la luz : to cut off the power⟩ ⟨pagar la luz : to pay the electricity bill⟩ **3** : light, lamp ⟨apagar la luz : to turn off the light⟩ ⟨encender/prender la luz : to turn on the light⟩ ⟨luz de bengala : flare⟩ ⟨luz neón/LED : neon/LED light⟩ **4** : span, spread (between supports) **5 a la luz de** : in light of **6 a todas luces** : by any measure **7 dar a luz** : to give birth **8 sacar a la luz** : to make known, to bring to light **9 salir a la luz** : to become known, to come to light **10 traje de luces** : matador's costume
**luzca, etc. → lucir**

# M

**m** *nf* : fifteenth letter of the Spanish alphabet
**macabro, -bra** *adj* : macabre
**macadán** *nm, pl* **-danes** : macadam
**macana** *nf* **1** : club, cudgel **2** *fam* : nonsense, silliness **3** *fam* : lie, fib *fam*
**macanear** *vi Arg, Chile, Uru fam* : to talk nonsense — *vt Mex, PRi fam* : to beat
**macanudo, -da** *adj fam* : great, fantastic
**macarrón** *nm, pl* **-rrones** **1** : macaroon **2 macarrones** *nmpl* : macaroni
**macerar** *vt* : to soak (food)
**maceta** *nf* **1** : flowerpot **2** : mallet **3** *Mex fam* : head
**macetero** *nm* **1** : plant stand **2** TIESTO : flowerpot, planter
**machacar** {72} *vt* **1** : to crush, to grind **2** : to beat, to pound — *vi* : to insist, to go on (about)
**machacón, -cona** *adj, mpl* **-cones** : insistent, tiresome
**machete** *nm* : machete
**machetear** *vt* : to hack with a machete — *vi Mex fam* : to plod, to work tirelessly
**machismo** *nm* **1** : machismo **2** : male chauvinism
**machista** *nm* : male chauvinist
**macho**[1] *adj* **1** : male **2** : macho, virile, tough
**macho**[2] *nm* **1** : male **2** : he-man
**machote** *nm* **1** *fam* : tough guy, he-man **2** *CA, Mex* : rough draft, model **3** *Mex* : blank form
**machucar** {72} *vt* **1** : to pound, to beat, to crush **2** : to bruise
**machucón** *nm, pl* **-cones** **1** MORETÓN : bruise **2** : smashing, pounding
**macilento, -ta** *adj* : gaunt, wan
**macis** *nm* : mace (spice)
**macizo, -za** *adj* **1** : solid ⟨oro macizo : solid gold⟩ **2** : strong, strapping **3** : massive
**mácula** *nf* : blemish, stain
**macuto** *nm Spain* : backpack
**madeja** *nf* **1** : skein, hank **2** : tangle (of hair)
**madera** *nf* **1** : wood ⟨de madera : made of wood, wooden⟩ ⟨tener madera de algo : to have the makings of something⟩ **2** : lumber, timber **3 madera dura** *or* **madera noble** : hardwood
**maderero, -ra** *adj* : timber, lumber
**madero** *nm* : piece of lumber, plank
**madrastra** *nf* : stepmother
**madrazo** *nm Mex fam* : punch, blow ⟨se agarraron a madrazos : they beat each other up⟩
**madre** *nf* **1** : mother ⟨madre biológica/adoptiva : biological/adoptive mother⟩ ⟨madre de alquiler : surrogate mother⟩ ⟨madre soltera : single/unwed mother⟩ **2 madre política** : mother-in-law **3 la Madre Patria** : the mother country (said of Spain)
**madrear** *vt Mex fam* : to beat up
**madreperla** *nf* NÁCAR : mother-of-pearl
**madreselva** *nf* : honeysuckle
**madriguera** *nf* : burrow, den, lair
**madrileño**[1], **-ña** *adj* : of or from Madrid
**madrileño**[2], **-ña** *n* : person from Madrid
**madrina** *nf* **1** : godmother **2** : mother of the groom, matron of honor **3** : sponsor
**madrugada** *nf* **1** : early morning, wee hours **2** ALBA : dawn, daybreak
**madrugador, -dora** *n* : early riser
**madrugar** {52} *vi* **1** : to get up early **2** : to get a head start
**madurar** *v* **1** : to ripen **2** : to mature
**madurez** *nf, pl* **-reces** **1** : maturity **2** : ripeness
**maduro, -ra** *adj* **1** : mature **2** : ripe
**maestría** *nf* **1** : mastery, skill **2** : master's degree
**maestro**[1], **-tra** *adj* **1** : masterly, skilled **2** : chief, main **3** : trained ⟨un elefante maestro : a trained elephant⟩
**maestro**[2], **-tra** *n* **1** : teacher (in elementary and middle school) ⟨no hay mejor maestro que la necesidad : necessity is the mother of invention⟩ **2** : expert, master ⟨maestro de cocina : chef⟩ ⟨maestro de ceremonias : master of ceremonies⟩ **3** : maestro
**Mafia** *nf* : Mafia
**mafioso, -sa** *n* : mafioso, gangster
**magdalena** *nf* : bun, muffin
**magenta** *adj & n* : magenta
**magia** *nf* : magic
**mágico, -ca** *adj* : magic, magical — **mágicamente** *adv*
**magisterio** *nm* **1** : teaching **2** : teachers *pl*, teaching profession
**magistrado, -da** *n* : magistrate, judge
**magistral** *adj* : masterful, skillful
**magistralmente** *adv* : masterfully, brilliantly
**magistratura** *nf* : office of judge/magistrate
**magma** *nm* : magma
**magnanimidad** *nf* : magnanimity
**magnánimo, -ma** *adj* GENEROSO : magnanimous — **magnánimamente** *adv*
**magnate** *nmf* : magnate, tycoon
**magnesio** *nm* : magnesium
**magnético, -ca** *adj* : magnetic
**magnetismo** *nm* : magnetism
**magnetizar** {21} *vt* : to magnetize
**magnetofónico, -ca** *adj* **cinta magnetofónica** : magnetic tape
**magnificar** {72} *vt* **1** : to magnify **2** EXAGERAR : to exaggerate **3** ENSALZAR : to exalt, to extol, to praise highly
**magnificencia** *nf* : magnificence, splendor
**magnífico, -ca** *adj* ESPLENDOROSO : magnificent, splendid — **magníficamente** *adv*
**magnitud** *nf* : magnitude
**magnolia** *nf* : magnolia (flower)
**magnolio** *nm* : magnolia (tree)
**mago, -ga** *n* **1** : magician **2** : wizard (in folk tales, etc.) **3 los Reyes Magos** : the Magi

**magro, -gra** *adj* **1** : lean (of meat) **2** : meager
**maguey** *nm* : maguey
**magulladura** *nf* MORETÓN : bruise
**magullar** *vt* : to bruise — **magullarse** *vr*
**mahometano**[1], **-na** *adj* ISLÁMICO : Islamic, Muslim
**mahometano**[2], **-na** *n* : Muslim
**mahonesa** → **mayonesa**
**maicena** *nf* : cornstarch
**mainframe** ['mein,freim] *nm* : mainframe
**maíz** *nm* : corn, maize
**maizal** *nm* : cornfield
**maja** *nf* : pestle
**majadería** *nf* **1** TONTERÍA : stupidity, foolishness **2** *Mex* LEPERADA : insult, obscenity
**majadero**[1], **-ra** *adj* **1** : foolish, silly **2** *Mex* LÉPERO : crude, vulgar
**majadero**[2], **-ra** *n* **1** TONTO : fool **2** *Mex* : rude person, boor
**majar** *vt* : to crush, to mash
**majestad** *nf* : majesty ⟨Su Majestad : Your Majesty⟩
**majestuosamente** *adv* : majestically
**majestuosidad** *nf* : majesty, grandeur
**majestuoso, -sa** *adj* : majestic, stately
**majo, -ja** *adj Spain* **1** : nice, likeable **2** GUAPO : attractive, good-looking
**mal**[1] *adv* **1** : badly, poorly ⟨baila muy mal : he dances very badly⟩ ⟨hablar mal de alguien : to speak ill of someone⟩ ⟨hice mal en decirlo : I was wrong to say it⟩ ⟨comió algo que le hizo mal : he ate something that didn't agree with him⟩ ⟨algo anda mal : something's wrong⟩ ⟨todo le salió mal : everything went wrong for her⟩ ⟨el primer día no me fue mal : my first day wasn't bad⟩ **2** : wrong, incorrectly ⟨me entendió mal : she misunderstood me⟩ ⟨no lo tomes a mal : don't take it the wrong way⟩ ⟨esta palabra está mal escrita : this word is spelled wrong⟩ ⟨si mal no recuerdo : if I remember correctly⟩ **3** : hardly, with difficulty ⟨te oigo mal : I can hardly hear you⟩ ⟨mal se pueden comparar : you can hardly compare them⟩ ⟨mal puedo esperar : I can hardly wait⟩ **4 de mal en peor** : from bad to worse **5 menos mal** : it's a good thing, it's just as well ⟨menos mal que reaccioné a tiempo : it's a good thing I reacted in time⟩ ⟨menos mal que no viniste : it's just as well you didn't come⟩
**mal**[2] *adj* → **malo**
**mal**[3] *nm* **1** : evil, wrong ⟨un mal necesario : a necessary evil⟩ **2** DAÑO : harm, damage ⟨las acusaciones le hicieron mucho mal : the accusations did him a lot of harm⟩ **3** DESGRACIA : misfortune **4** ENFERMEDAD : illness, sickness **5 mal de ojo** : evil eye
**malabar** *adj* **juegos malabares** : juggling
**malabares** *nmpl* : juggling ⟨hacer malabares : to juggle⟩
**malabarismos** → **malabares**
**malabarista** *nmf* : juggler
**malaconsejado, -da** *adj* : ill-advised
**malacostumbrado, -da** *adj* CONSENTIDO : spoiled, pampered
**malacostumbrar** *vt* : to spoil
**malagradecido, -da** *adj* INGRATO : ungrateful
**malaisio** → **malasio**
**malanga** *nf* TARO : taro
**malaria** *nf* PALUDISMO : malaria
**malasio, -sia** *adj & n* : Malaysian
**malauiano, -na** *adj & n* : Malawian
**malaventura** *nf* : misadventure, misfortune
**malaventurado, -da** *adj* MALHADADO : ill-fated, unfortunate
**malayo, -ya** *adj & n* : Malay, Malayan
**malbaratar** *vt* **1** MALGASTAR : to squander **2** : to undersell
**malcriado**[1], **-da** *adj* **1** : ill-bred, ill-mannered **2** : spoiled, pampered
**malcriado**[2], **-da** *n* : spoiled brat
**malcriar** *vt* : to spoil, to raise badly
**maldad** *nf* **1** : evil, wickedness **2** : evil deed
**maldecir** {11} *vt* : to curse, to damn — *vi* **1** : to curse, to swear **2** ~ **de** : to speak ill of, to slander, to defame
**maldición** *nf, pl* **-ciones** : curse
**maldiga, maldijo etc.** → **maldecir**
**maldito, -ta** *adj* **1** : cursed, damned ⟨¡maldita sea! : damn it all!⟩ **2** : wicked
**maldoso, -sa** *adj Mex* : mischievous
**maleable** *adj* : malleable
**maleante** *nmf* : crook, thug
**malecón** *nm, pl* **-cones** : jetty, breakwater
**maleducado, -da** *adj* : ill-mannered, rude
**maleficio** *nm* : curse, hex
**maléfico, -ca** *adj* : evil, harmful
**malentender** {56} *vt* : to misunderstand
**malentendido** *nm* : misunderstanding
**malestar** *nm* **1** : discomfort **2** IRRITACIÓN : annoyance **3** INQUIETUD : uneasiness, unrest
**maleta** *nf* : suitcase, bag ⟨haz tus maletas : pack your bags⟩
**maletera** *nf Peru* → **maletero**[2]
**maletero**[1], **-ra** *n* : porter
**maletero**[2] *nm* : trunk (of an automobile)
**maletín** *nm, pl* **-tines** **1** PORTAFOLIO : briefcase **2** : overnight bag, satchel
**malevolencia** *nf* : malevolence, wickedness
**malévolo, -la** *adj* : malevolent, wicked
**maleza** *nf* **1** : thicket, underbrush **2** : weeds *pl*
**malformación** *nf, pl* **-ciones** : malformation
**malgache** *adj & nmf* : Madagascan
**malgastar** *vt* : to squander (resources), to waste (time, effort)
**mal habido, -da** *adj* : ill-gotten, dirty
**malhablado, -da** *adj* : foulmouthed
**malhadado, -da** *adj* MALAVENTURADO : ill-fated
**malhechor, -chora** *n* : criminal, delinquent, wrongdoer
**malherir** {76} *vt* : to injure seriously
**malhumor** *nm* : bad mood
**malhumorado, -da** *adj* : bad-tempered, cross

**malicia** *nf* **1** : wickedness, malice **2** : mischief, naughtiness **3** : cunning, craftiness
**malicioso, -sa** *adj* **1** : malicious **2** PÍCARO : mischievous
**malignidad** *nf* **1** : malignancy **2** MALDAD : evil
**maligno, -na** *adj* **1** : malignant ⟨un tumor maligno : a malignant tumor⟩ **2** : evil, harmful, malign
**malinchismo** *nm Mex* : preference for foreign goods or people — **malinchista** *adj*
**malintencionado, -da** *adj* : malicious, spiteful
**malinterpretar** *vt* : to misinterpret
**mall** [ˈmol] *nm, pl* **malls** : (shopping) mall
**malla** *nf* **1** : mesh **2** LEOTARDO : leotard, tights *pl* **3 malla de baño** *Arg, Uru* : swimsuit, bathing suit
**mallorquín, -quina** *adj & n* : Majorcan
**malnutrición** *nf, pl* **-ciones** DESNUTRICIÓN : malnutrition
**malnutrido, -da** *adj* DESNUTRIDO : malnourished, undernourished
**malo¹, -la** *adj* (*mal before masculine singular nouns*) **1** : bad ⟨mala suerte : bad luck⟩ ⟨malas noticias : bad news⟩ ⟨es mala idea : it's a bad idea⟩ ⟨mal aliento : bad breath⟩ ⟨un mal sabor : a bad taste⟩ ⟨un mal actor : a bad actor⟩ ⟨tener un mal día : to have a bad day⟩ ⟨una situación muy mala : a very bad situation⟩ ⟨recibió muy malas críticas : it got very bad reviews⟩ ⟨ese sombrero te queda mal : that hat doesn't look good on you⟩ ⟨llegaste en mal momento : you arrived at a bad time⟩ **2** : bad, poor ⟨en malas condiciones : in bad condition⟩ ⟨es de mala calidad : it's poor quality⟩ **3** : bad, wicked, naughty ⟨una mala persona : a bad person⟩ ⟨malas intenciones : bad intentions⟩ ⟨fuiste muy malo : you were very bad⟩ **4** : bad, improper ⟨ser de mala educación : to be bad manners⟩ ⟨malas palabras : bad words⟩ **5** : bad, harmful ⟨malo para la salud : bad for one's health⟩ **6** (*using the form mal*) : sick, ill, unwell ⟨estar/ponerse mal : to be/fall ill⟩ ⟨me siento/encuentro mal : I feel sick⟩ ⟨ando mal del estómago : my stomach is upset⟩ ⟨estar mal del corazón : to have heart trouble⟩ **7** : bad, spoiled (of food) **8 estar de malas** : to be in a bad mood
**malo², -la** *n* : villain, bad guy (in novels, movies, etc.)
**malogrado, -da** *adj* : failed, unsuccessful
**malograr** *vt* **1** : to spoil, to ruin **2** : to waste (an opportunity, time) — **malograrse** *vr* **1** FRACASAR : to fail **2** : to die young
**malogro** *nm* **1** : untimely death **2** FRACASO : failure
**maloliente** *adj* HEDIONDO : foul-smelling, smelly
**malparado, -da** *adj* **salir malparado** *or* **quedar malparado** : to come out of (something) badly, to end up in a bad state
**malpensado, -da** *adj* : distrustful, suspicious
**malquerencia** *nf* AVERSIÓN : ill will, dislike
**malquerer** {64} *vt* : to dislike
**malquiso, etc.** → **malquerer**
**malsano, -na** *adj* : unhealthy
**malsonante** *adj* : rude, offensive ⟨palabras malsonantes : foul language⟩
**malta** *nf* : malt
**malteada** *nf* : malted milk ⟨malteada de chocolate : chocolate malt⟩
**maltratar** *vt* **1** : to mistreat, to abuse **2** : to damage, to spoil
**maltrato** *nm* : mistreatment, abuse
**maltrecho, -cha** *adj* : battered, damaged
**malucho, -cha** *adj fam* : sick, under the weather
**malva** *adj & nm* : mauve
**malvado¹, -da** *adj* : evil, wicked
**malvado², -da** *n* : evildoer, wicked person
**malvavisco** *nm* : marshmallow
**malvender** *vt* : to sell at a loss
**malversación** *nf, pl* **-ciones** : misappropriation (of funds), embezzlement
**malversador, -dora** *n* : embezzler
**malversar** *vt* : to embezzle
**malvivir** *vi* : to live badly, to just scrape by
**malware** [ˈmalwer] *nm* : malware
**mamá** *nf fam* : mom, mama
**mamadera** *nf* : baby bottle
**mamar** *vi* **1** : to suckle **2 darle de mamar a** : to breast-feed — *vt* **1** : to suckle, to nurse **2** : to learn from childhood, to grow up with — **mamarse** *vr fam* : to get drunk
**mamario, -ria** *adj* : mammary
**mamarracho** *nm fam* **1** ESPERPENTO : mess, sight **2** : laughingstock, fool **3** : rubbish, junk
**mambo** *nm* : mambo
**mameluco** *nm* : overalls *pl*
**mami** *nf fam* : mommy
**mamífero¹, -ra** *adj* : mammalian
**mamífero²** *nm* : mammal
**mamila** *nf* **1** : nipple **2** *Mex* : baby bottle, pacifier
**mamografía** *nf* : mammogram
**mamola** *nf* : pat, chuck under the chin
**mamotreto** *nm fam* **1** : huge book, tome **2** ARMATOSTE : hulk, monstrosity
**mampara** *nf* BIOMBO : screen, room divider
**mamparo** *nm* : bulkhead
**mampostería** *nf* : masonry, stonemasonry
**mampostero** *nm* : mason, stonemason
**mamut** *nm, pl* **mamuts** : mammoth
**maná** *nm* : manna
**manada** *nf* **1** : flock, herd, pack **2** *fam* : horde, mob ⟨llegaron en manada : they came in droves⟩
**manager** *or* **mánager** *nmf, pl* **-gers** : manager
**manantial** *nm* **1** FUENTE : spring **2** : source
**manar** *vi* **1** : to flow **2** : to abound
**manaza** *nf* MANO : hand, mitt
**manazas** *nmfs & pl* : clumsy person, klutz, oaf
**manatí** *nm, pl* **-tíes** : manatee

**mancha** *nf* **1** : stain, spot, mark ⟨mancha de sangre : bloodstain⟩ **2** : blemish, blot ⟨una mancha en su reputación : a blemish on his reputation⟩ **3** : patch
**manchado, -da** *adj* : stained
**manchar** *vt* **1** ENSUCIAR : to stain, to soil **2** DESHONRAR : to sully, to tarnish — **mancharse** *vr* : to get dirty
**mancillar** *vt* : to sully, to besmirch
**manco, -ca** *adj* : one-armed, with one arm/hand
**mancomunar** *vt* : to combine, to pool — **mancomunarse** *vr* : to unite, to join together
**mancomunidad** *nf* **1** : commonwealth **2** : association, confederation
**mancuernas** *nfpl* : cuff links
**mancuernillas** *nf Mex* : cuff links
**mandadero, -ra** *n* : errand boy *m*, errand girl *f*, messenger
**mandado** *nm* **1** : order, command **2** : errand ⟨hacer los mandados : to run errands, to go shopping⟩
**mandamás** *nmf, pl* **-mases** *fam* : boss, bigwig, honcho
**mandamiento** *nm* **1** : commandment **2** : command, order, warrant ⟨mandamiento judicial : warrant, court order⟩
**mandar** *vt* **1** ORDENAR : to command, to order ⟨los mandó (a) callar, los mandó (a) que callaran : she ordered them to be quiet⟩ ⟨mandó (a) construir un monumento : he had a monument built⟩ **2** ENVIAR : to send ⟨te manda saludos : he sends you his regards⟩ ⟨la mandaron a Buenos Aires : they sent her to Buenos Aires⟩ **3** ECHAR : to hurl, to throw **4 ¿mande?** *Mex* : yes?, pardon? **5 mandar algo a arreglar** : to have something fixed **6 mandar (a) decir** : to send word, to send a message **7 mandar (a) llamar** : to send for, to summon — *vi* : to be the boss, to be in charge — **mandarse** *vr Mex* : to take liberties, to take advantage
**mandarín** *nm* : Mandarin
**mandarina** *nf* : mandarin orange, tangerine
**mandatario, -ria** *n* **1** : leader (in politics) ⟨primer mandatario : head of state⟩ **2** : agent (in law)
**mandato** *nm* **1** : term of office **2** : mandate
**mandíbula** *nf* **1** : jaw **2** : mandible
**mandil** *nm* **1** DELANTAL : apron **2** : horse blanket
**mandilón** *nm, pl* **-lones** *fam* : wimp, coward
**mandioca** *nf* **1** : manioc, cassava **2** : tapioca
**mando** *nm* **1** : command, leadership **2** : control (for a device) ⟨mando a distancia : remote control⟩ **3 al mando de** : in charge of **4 al mando de** : under the command of
**mandolina** *nf* : mandolin
**mandón, -dona** *adj, mpl* **mandones** : bossy, domineering
**mandonear** *vt fam* MANGONEAR : to boss around
**manecilla** *nf* : hand (of a clock), pointer
**manejable** *adj* **1** : manageable **2** : docile, easily led
**manejar** *vt* **1** CONDUCIR : to drive (a car) **2** OPERAR : to handle, to operate **3** : to manage **4** : to manipulate (a person) — *vi* : to drive — **manejarse** *vr* **1** COMPORTARSE : to behave **2** : to get along, to manage
**manejo** *nm* **1** : handling, operation **2** : management
**manera** *nf* **1** MODO : way, manner, fashion ⟨cada uno lo hace a su manera : everyone does it their own way⟩ ⟨a mi manera de ver : the way I see it⟩ ⟨de esta/esa manera : in this/that way⟩ ⟨de una manera u otra : one way or another⟩ ⟨de manera inmediata : immediately⟩ ⟨de mala manera : badly, rudely⟩ **2 a manera de** : by way of **3 de alguna manera** : somehow, in some way **4 de cualquier manera** *or* **de todas maneras** : anyway, anyhow ⟨de todas maneras tenía que hacerlo : I had to do it anyway⟩ **5 de manera que** : so, in order that **6 de ninguna manera** : by no means, absolutely not **7 de otra manera** : differently, in another way ⟨para decirlo de otra manera : in other words⟩ ⟨de otra manera no hubiera sobrevivido : otherwise he wouldn't have survived⟩ **8 manera de ser** : personality, demeanor **9 no hay manera** : there's no way, it's not possible ⟨no hay manera de saberlo : there's no way to know⟩ **10 maneras** *nfpl* : manners
**manga** *nf* **1** : sleeve ⟨en mangas de camisa : in shirt sleeves⟩ ⟨sin mangas : without sleeves, sleeveless⟩ **2** MANGUERA : hose
**manganeso** *nm* : manganese
**manglar** *nm* : mangrove swamp
**mangle** *nm* : mangrove
**mango** *nm* **1** : hilt, handle **2** : mango
**mangonear** *vt fam* : to boss around, to bully — *vi* **1** : to be bossy **2** : to loaf, to fool around
**mangosta** *nf* : mongoose
**manguera** *nf* : hose
**manguito** *nm* **1** : muff **2** : sleeve (of a pipe, etc.), hose (of a car)
**maní** *nm, pl* **maníes** : peanut
**manía** *nf* **1** OBSESIÓN : mania, obsession **2** : craze, fad **3** : odd habit, peculiarity **4** : dislike, aversion
**maníaco**[1], **-ca** *or* **maniaco, -ca** *adj* **1** : manic **2** *fam* CRAZED : maniacal
**maníaco**[2], **-ca** *or* **maniaco, -ca** *n* : maniac
**maniatar** *vt* : to tie the hands of
**maniático**[1], **-ca** *adj* **1** MANÍACO : maniacal **2** : obsessive **3** : fussy, finicky
**maniático**[2], **-ca** *n* **1** MANÍACO : maniac, lunatic **2** : obsessive person, fanatic **3** : eccentric, crank
**manicomio** *nm fam* **1** : insane asylum, madhouse *now often offensive* **2** (*used figuratively*) : madhouse
**manicura** *nf* : manicure
**manicuro, -ra** *n* : manicurist
**manido, -da** *adj* : hackneyed, stale, trite

**manifestación** *nf, pl* **-ciones** **1** : manifestation, sign **2** : demonstration, rally
**manifestante** *nmf* : demonstrator
**manifestar** {55} *vt* **1** : to demonstrate, to show **2** : to declare — **manifestarse** *vr* **1** : to be or become evident **2** : to state one's position ⟨se han manifestado a favor del acuerdo : they have declared their support for the agreement⟩ **3** : to demonstrate, to rally
**manifiesto**[1], **-ta** *adj* : manifest, evident, clear — **manifiestamente** *adv*
**manifiesto**[2] *nm* : manifesto
**manija** *nf* MANGO : handle
**manilla** → **manecilla**
**manillar** *nm* : handlebars *pl*
**maniobra** *nf* : maneuver, stratagem
**maniobrar** *v* : to maneuver
**manipulación** *nf, pl* **-ciones** : manipulation
**manipulador**[1], **-dora** *adj* : manipulating, manipulative
**manipulador**[2], **-dora** *n* : manipulator
**manipular** *vt* **1** : to manipulate **2** MANEJAR : to handle
**maniquí**[1] *nmf, pl* **-quíes** : mannequin, model
**maniquí**[2] *nm, pl* **-quíes** : mannequin, dummy
**manirroto**[1], **-ta** *adj* : extravagant
**manirroto**[2], **-ta** *n* : spendthrift
**manitas** *nmfs & pl Spain* : handyman *m*, handywoman *f*
**manito, -ta** → **mano**[2]
**manivela** *nf* : crank
**manjar** *nm* : delicacy, special dish
**mano**[1] *nf* **1** : hand ⟨lávate las manos : wash your hands⟩ ⟨agárralo con las dos manos : hold it with both hands⟩ ⟨tenía algo en la mano : she had something in her hand⟩ ⟨con mis propias manos : with my own two hands⟩ **2** : coat (of paint or varnish) **3** : hand (in games) **4 a ~** : by hand **5 a ~** *or* **a la mano** : handy, at hand, nearby ⟨tenía los libros a (la) mano : I kept the books handy⟩ **6 bajo ~** : secretly, on the sly **7 caer en manos de** : to fall into the hands of **8 con las manos en la masa** : red-handed **9 darle la mano a alguien** : to shake someone's hand **10 darse la mano** : to shake hands **11 de la mano** : by the hand, hand in hand ⟨me tomó de la mano : he took me by the hand⟩ ⟨la política y la economía van de la mano : politics and economics go hand in hand⟩ **12 de mano en mano** : from one person to the next ⟨pasar de mano en mano : to be passed along/around⟩ **13 de primera mano** : firsthand, at firsthand ⟨conocer de primera mano : to experience firsthand⟩ **14 de segunda mano** : secondhand, used ⟨ropa de segunda mano : secondhand clothing⟩ **15 echar una mano** : to lend a hand **16 mano a mano** : one-on-one **17 mano de obra** : labor, manpower **18 mano de mortero** : pestle **19 mano negra** *Mex fam* : shady dealings *pl* **20 ¡manos arriba!** *or* **¡arriba las manos!** : stick 'em up!, (put your) hands up! **21 tener (buena) mano para** : to be good at
**mano**[2], **-na** *n fam* : buddy, pal ⟨¡oye, mano! : hey man!⟩
**manojo** *nm* PUÑADO : handful, bunch ⟨ser un manojo de nervios : to be a bag/bundle of nerves⟩
**manómetro** *nm* : pressure gauge
**manopla** *nf* **1** : mitten, mitt **2** : brass knuckles *pl*
**manosear** *vt* **1** : to handle or touch excessively **2** ACARICIAR : to fondle, to caress
**manoseo** *nm* **1** : touching, handling **2** : groping, fondling
**manotazo** *nm* : slap, smack, swipe
**manotear** *vi* : to wave one's hands, to gesticulate
**mansalva** *adv* **a ~** : at close range
**mansarda** *nf* BUHARDILLA : attic
**mansedumbre** *nf* : gentleness, meekness
**mansión** *nf, pl* **-siones** : mansion
**manso, -sa** *adj* **1** : gentle, meek **2** : tame — **mansamente** *adv*
**manta** *nf* **1** COBIJA, FRAZADA : blanket **2** : poncho **3** *Mex* : coarse cotton fabric
**manteca** *nf* **1** GRASA : lard, fat **2** : butter
**mantecado** *nm* **1** *PRi* HELADO : ice cream **2** (*in various countries*) : unflavored ice cream **3** *Spain* : shortbread (made with lard)
**mantecoso, -sa** *adj* : buttery
**mantel** *nm* **1** : tablecloth **2** : altar cloth
**mantelería** *nf* : table linen
**mantener** {80} *vt* **1** SUSTENTAR : to support, to feed ⟨mantener uno su familia : to support one's family⟩ **2** CONSERVAR : to keep, to preserve ⟨mantener la calma : to keep one's calm⟩ ⟨mantener la paz : to keep the peace⟩ **3** CONTINUAR : to keep up, to sustain ⟨mantener una correspondencia : to keep up a correspondence⟩ **4** AFIRMAR : to maintain, to affirm — **mantenerse** *vr* **1** : to support oneself, to subsist **2 mantenerse firme** : to hold one's ground
**mantenimiento** *nm* **1** : maintenance, upkeep **2** : sustenance, food **3** : preservation
**mantequera** *nf* **1** : churn **2** : butter dish
**mantequería** *nf* **1** : creamery, dairy **2** : grocery store
**mantequilla** *nf* : butter
**mantilla** *nf* : scarf (worn over the head and shoulders)
**mantis** *nf* **mantis religiosa** : praying mantis
**manto** *nm* **1** : cloak **2** : mantle (in geology)
**mantón** *nm, pl* **-tones** CHAL : shawl
**mantuvo, etc.** → **mantener**
**manual**[1] *adj* **1** : manual ⟨trabajo manual : manual labor⟩ **2** : handy, manageable — **manualmente** *adv*
**manual**[2] *nm* : manual, handbook
**manualidades** *nfpl* : handicrafts (in schools)
**manubrio** *nm* **1** : handle, crank **2** : handlebars *pl*

**manufactura** *nf* **1** FABRICACIÓN : manufacture **2** : manufactured item, product **3** FÁBRICA : factory
**manufacturar** *vt* FABRICAR : to manufacture
**manufacturero**[1], **-ra** *adj* : manufacturing
**manufacturero**[2], **-ra** *n* FABRICANTE : manufacturer
**manuscrito**[1], **-ta** *adj* : handwritten
**manuscrito**[2] *nm* : manuscript
**manutención** *nf, pl* **-ciones** : maintenance, support
**manzana** *nf* **1** : apple **2** CUADRA : block (enclosed by streets or buildings) **3** *or* **manzana de Adán** : Adam's apple
**manzanal** *nm* **1** : apple orchard **2** MANZANO : apple tree
**manzanar** *nm* : apple orchard
**manzanilla** *nf* **1** : chamomile **2** : chamomile tea
**manzano** *nm* : apple tree
**maña** *nf* **1** : dexterity, skill **2** : cunning, guile **3 mañas** *or* **malas mañas** *nfpl* : bad habits, vices
**mañana** *nf* **1** : morning ⟨a las cuatro de la mañana : at four in the morning⟩ ⟨por la mañana : in the morning⟩ **2** : tomorrow
**mañanero, -ra** *adj* MATUTINO : morning ⟨rocío mañanero : morning dew⟩
**mañanitas** *nfpl Mex* : birthday serenade
**mañoso, -sa** *adj* **1** HÁBIL : skillful **2** ASTUTO : cunning, crafty **3** : fussy, finicky
**mapa** *nm* CARTA : map
**mapache** *nm* : raccoon
**mapamundi** *nm* : map of the world
**maqueta** *nf* : model
**maquila** *nf* **1** : production, manufacture (for export) **2** → **maquiladora**
**maquiladora** *nf* : foreign-owned factory
**maquillador, -dora** *n* : makeup artist
**maquillaje** *nm* : makeup
**maquillarse** *vr* : to put on makeup, to make oneself up
**máquina** *nf* **1** : machine ⟨máquina de afeitar : electric razor⟩ ⟨máquina de coser : sewing machine⟩ ⟨máquina de escribir : typewriter⟩ ⟨máquina tragamonedas : slot machine⟩ ⟨máquina del tiempo : time machine⟩ ⟨máquina de votación : voting machine⟩ ⟨máquina expendedora : vending machine⟩ ⟨hecho a máquina : machine-made⟩ ⟨escribir a máquina : to type⟩ **2** LOCOMOTORA : engine, locomotive **3** : machine (in politics) **4** *or* **máquina de fotos** CÁMARA : camera **5 a toda máquina** : at full speed
**maquinación** *nf, pl* **-ciones** : machination, scheme, plot
**maquinal** *adj* : mechanical, automatic — **maquinalmente** *adv*
**maquinar** *vt* : to plot, to scheme
**maquinaria** *nf* **1** : machinery **2** : mechanism, works *pl*
**maquinilla** *nf* **1** : small machine or device **2** *CA, Car* : typewriter
**maquinista** *nmf* **1** : machinist **2** : railroad engineer
**mar** *nmf* **1** : sea ⟨un mar agitado : a rough sea⟩ ⟨hacerse a la mar : to set sail⟩ **2 alta mar** : high seas
**maraca** *nf* : maraca
**maraña** *nf* **1** : thicket **2** ENREDO : tangle, mess
**marasmo** *nm* : paralysis, stagnation
**maratón** *nm, pl* **-tones** : marathon
**maravilla** *nf* **1** : wonder, marvel ⟨a las mil maravillas : wonderfully, marvelously⟩ ⟨hacer maravillas : to work wonders⟩ **2** : marigold
**maravillar** *vt* ASOMBRAR : to astonish, to amaze — **maravillarse** *vr* : to be amazed, to marvel
**maravilloso, -sa** *adj* ESTUPENDO : wonderful, marvelous — **maravillosamente** *adv*
**marbete** *nm* **1** ETIQUETA : label, tag **2** *PRi* : registration sticker (of a car)
**marca** *nf* **1** : mark ⟨marca de nacimiento : birthmark⟩ **2** : brand, make ⟨artículos de marca : brand-name items⟩ **3** : trademark ⟨marca registrada : registered trademark⟩ **4** : record (in sports) ⟨batir la marca : to beat the record⟩
**marcado, -da** *adj* : marked ⟨un marcado contraste : a marked contrast⟩ — **marcadamente** *adv*
**marcador** *nm* **1** TANTEADOR : scoreboard **2** : marker, felt-tip pen **3 marcador de libros** : bookmark
**marcaje** *nm* **1** : scoring (in sports) **2** : guarding (in sports)
**marcapasos** *nms & pl* : pacemaker
**marcar** {72} *vt* **1** : to mark **2** : to brand (livestock) **3** : to indicate, to show **4** RESALTAR : to emphasize **5** : to dial (a telephone) **6** : to guard (an opponent) **7** ANOTAR : to score (a goal, a point) — *vi* **1** ANOTAR : to score **2** : to dial
**marcha** *nf* **1** : march ⟨cerrar la marcha : to bring up the rear⟩ **2** : hike, walk ⟨ir de marcha : to go hiking⟩ **3** : pace, speed ⟨a toda marcha : at top speed⟩ **4** : gear (of an automobile) ⟨marcha atrás : reverse, reverse gear⟩ ⟨dar marcha atrás : to go into reverse⟩ **5** : departure **6** : march (in music) ⟨marcha fúnebre/nupcial : funeral/wedding march⟩ **7** : course ⟨la marcha de los acontecimientos : the course of events⟩ **8 dar marcha atrás (en algo)** : to backtrack (on something) **9 en ~** : in motion, in gear, under way ⟨poner en marcha : to activate, to start, to set in motion⟩ ⟨ponerse en marcha : to set off⟩
**marchar** *vi* **1** IR : to go, to travel **2** ANDAR : to walk **3** FUNCIONAR : to work, to go **4** : to march — **marcharse** *vr* : to leave
**marchitar** *vi* : to make wither, to wilt — **marchitarse** *vr* **1** : to wither, to shrivel up, to wilt **2** : to languish, to fade away
**marchito, -ta** *adj* : withered, faded
**marcial** *adj* : martial, military
**marciano, -na** *adj & n* : Martian
**marco** *nm* **1** : frame, framework **2** : goalposts *pl* **3** AMBIENTE : setting, atmosphere **4** : mark (unit of currency)
**marea** *nf* **1** : tide **2 marea negra** : oil slick

**mareado, -da** *adj* **1** : dizzy, light-headed **2** : queasy, nauseous **3** : seasick, airsick, carsick
**marear** *vt* **1** : to make sick ⟨los gases me marearon : the fumes made me sick⟩ **2** : to bother, to annoy — **marearse** *vr* **1** : to get sick, to become nauseated **2** : to feel dizzy **3** : to get tipsy
**marejada** *nf* **1** : surge, swell (of the sea) **2** : undercurrent, ferment, unrest
**maremoto** *nm* : tidal wave
**mareo** *nm* **1** : dizzy spell **2** : nausea **3** : seasickness, motion sickness **4** : annoyance, vexation
**marfil** *nm* : ivory
**margarina** *nf* : margarine
**margarita** *nf* **1** : daisy **2** : margarita (cocktail)
**margen**[1] *nf, pl* **márgenes** : bank (of a river), side (of a street)
**margen**[2] *nm, pl* **márgenes** **1** : edge, border ⟨dejar al margen : to exclude⟩ **2** : margin ⟨margen de ganancia : profit margin⟩ ⟨margen de error : margin of error⟩
**marginación** *nf, pl* **-ciones** : marginalization, exclusion
**marginado**[1], **-da** *adj* **1** DESHEREDADO : outcast, alienated, dispossessed **2 clases marginadas** : underclass
**marginado**[2], **-da** *n* : outcast, misfit
**marginal** *adj* : marginal, fringe
**marginar** *vt* : to ostracize, to exclude
**mariachi** *nm* **1** : mariachi band **2** : mariachi musician **3** : mariachi music
**maridaje** *nm* : marriage, union
**maridar** *vt* UNIR : to marry, to unite
**marido** *nm* ESPOSO : husband
**marihuana** *or* **mariguana** *or* **marijuana** *nf* : marihuana
**marimacho** *nmf fam* **1** : mannish woman **2** : tomboy
**marimba** *nf* : marimba
**marina** *nf* **1** : coast, coastal area **2** : navy, fleet ⟨marina mercante : merchant marine⟩
**marinada** *nf* : marinade
**marinar** *vt* : to marinate
**marinero**[1], **-ra** *adj* **1** : seaworthy **2** : sea, marine
**marinero**[2] *nm* : sailor
**marino**[1], **-na** *adj* : marine, sea
**marino**[2] *nm* : sailor, seaman
**marioneta** *nf* TÍTERE : puppet, marionette
**mariposa** *nf* **1** : butterfly **2 mariposa nocturna** : moth
**mariquita**[1] *nf* : ladybug
**mariquita**[2] *nm fam* + *disparaging* : sissy *fam* + *disparaging*, wimp
**mariscal** *nm* **1** : marshal **2 mariscal de campo** : field marshal (in the military), quarterback (in football)
**marisco** *nm* **1** : shellfish **2 mariscos** *nmpl* : seafood
**marisma** *nf* : marsh, salt marsh
**marital** *adj* : marital, married ⟨la vida marital : married life⟩
**marítimo, -ma** *adj* : maritime, shipping ⟨la industria marítima : the shipping industry⟩
**marketing** [ˈmarketin] *nm* : marketing
**marmita** *nf* : (cooking) pot
**mármol** *nm* : marble
**marmóreo, -rea** *adj* : marble
**marmota** *nf* **1** : marmot **2 marmota de América** : woodchuck, groundhog
**maroma** *nf* **1** : rope **2** : acrobatic stunt **3** *Mex* : somersault
**marque, etc.** → **marcar**
**marqués, -quesa** *n, pl* **marqueses** : marquis *m*, marquess *m*, marquise *f*, marchioness *f*
**marquesina** *nf* **1** : marquee, canopy **2** : shelter (at a bus stop, etc.)
**marqueta** *nf Mex* : block (of chocolate), lump (of sugar or salt)
**marranada** *nf* **1** : disgusting thing **2** : dirty trick
**marrano**[1], **-na** *adj* : filthy, disgusting
**marrano**[2], **-na** *n* **1** CERDO : pig, hog **2** *fam* : dirty pig, slob
**marrar** *vt* : to miss (a target) — *vi* : to fail, to go wrong
**marras** *adv* **1** : long ago **2 de ~** : said, aforementioned ⟨el individuo de marras : the individual in question⟩
**marrasquino** *nm* : maraschino
**marrón** *adj & nm, pl* **marrones** CASTAÑO : brown
**marroquí** *adj & nmf, pl* **-quíes** : Moroccan
**marsopa** *nf* : porpoise
**marsupial** *nm* : marsupial
**marta** *nf* **1** : marten **2 marta cebellina** : sable (animal)
**Marte** *nm* : Mars
**martes** *nms & pl* **1** : Tuesday ⟨el martes : (on) Tuesday⟩ ⟨los martes : (on) Tuesdays⟩ ⟨cada (dos) martes : every (other) Tuesday⟩ ⟨el martes pasado : last Tuesday⟩ ⟨el próximo martes : next Tuesday⟩ **2 martes de Carnaval** : Mardi Gras
**martillar** *or* **martillear** *v* : to hammer
**martillazo** *nm* : blow with a hammer
**martillo** *nm* **1** : hammer **2 martillo neumático** : jackhammer
**martín pescador** *nm, pl* **martines pescadores** : kingfisher
**martinete** *nm* **1** : heron **2** : pile driver
**mártir** *nmf* : martyr
**martirio** *nm* **1** : martyrdom **2** : ordeal, torment
**martirizar** {21} *vt* **1** : to martyr **2** ATORMENTAR : to torment
**marxismo** *nm* : Marxism
**marxista** *adj & nmf* : Marxist
**marzo** *nm* : March ⟨el nueve de marzo : (on) the ninth of March, (on) March ninth⟩
**mas** *conj* PERO : but
**más**[1] *adv* **1** : more ⟨¿hay algo más grande? : is there anything bigger?⟩ ⟨unos días más tarde : a few days later⟩ ⟨es más complicado de lo que parece : it's more complicated than it seems⟩ ⟨no puedo esperar más : I can't wait any longer⟩ ⟨éste me gusta más que ése : I like this one better than that one⟩ ⟨ahora más que nunca : now more than

ever〉 **2** : most 〈Luis es el más alto (del grupo) : Luis is the tallest (in the group)〉 〈el que más me gusta : the one I like the most/best〉 〈estudia lo más posible : he studies as much as possible〉 **3** : rather 〈más querría andar : I would rather walk〉 **4 a ~** : besides, in addition **5 más allá** : further, farther 〈la tienda está más allá : the shop is farther down〉 **6 más allá de** : beyond, past 〈está más allá de la iglesia : it's beyond/past the church〉 〈ir más allá de los límites : to go beyond the limits〉 **7 ~ de** : more than (a number or amount) 〈más de cien personas : more than a hundred people〉 〈más de una hora : more than an hour〉 **8 qué . . . más . . .** : what . . . , what a . . . 〈¡qué día más bonito! : what a beautiful day!〉

**más**[2] *adj* **1** : more 〈dáme dos kilos más : give me two more kilos〉 **2** : most 〈la que ganó más dinero : the one who earned the most money〉 **3** : else 〈¿quién más quiere vino? : who else wants wine?〉 〈nadie más : nobody else〉

**más**[3] *n* : plus sign

**más**[4] *prep* : plus 〈tres más dos es igual a cinco : three plus two equals five〉

**más**[5] *pron* **1** : more 〈¿tienes más? : do you have more?〉 **2 a lo más** : at most **3 de ~** : extra, excess **4 ~ bien** : rather **5 más o menos** : more or less, approximately **6 por más que** : no matter how much 〈por más que corras no llegarás a tiempo : no matter how fast you run you won't arrive on time〉

**masa** *nf* **1** : mass, volume 〈masa atómica : atomic mass〉 〈producción en masa : mass production〉 **2** : dough, batter **3 masas** *nfpl* : people, masses 〈las masas populares : the common people〉 **4 masa harina** *Mex* : corn flour (for tortillas, etc.) **5 en masa** : en masse

**masacrar** *vt* : to massacre

**masacre** *nf* : massacre

**masaje** *nm* : massage

**masajear** *vt* : to massage

**masajista** *nmf* : masseur *m*, masseuse *f*

**mascar** {72} *v* MASTICAR : to chew

**máscara** *nf* **1** CARETA : mask **2** : appearance, pretense **3 máscara antigás** : gas mask

**mascarada** *nf* : masquerade

**mascarilla** *nf* **1** : mask (in medicine) 〈mascarilla de oxígeno : oxygen mask〉 **2** : facial mask (treatment)

**mascota** *nf* **1** : mascot **2** : pet

**masculinidad** *nf* : masculinity

**masculino, -na** *adj* **1** : masculine, male **2** : manly **3** : masculine (in grammar)

**mascullar** *v* : to mumble, to mutter

**masificación** *nf, pl* **-ciones** **1** : mass adoption, propagation **2** *Spain* : overcrowding

**masificado, -da** *adj* : overcrowded

**masilla** *nf* : putty

**masivamente** *adv* : en masse

**masivo, -va** *adj* : mass 〈comunicación masiva : mass communication〉

**masón** *nm, pl* **masones** FRANCMASÓN : Mason, Freemason

**masonería** *nf* FRANCMASONERÍA : Masonry, Freemasonry

**masónico, -ca** *adj* : Masonic

**masoquismo** *nm* : masochism

**masoquista**[1] *adj* : masochistic

**masoquista**[2] *nmf* : masochist

**masque, etc.** → **mascar**

**Máster** *nm* : Master's degree

**masticar** {72} *v* MASCAR : to chew, to masticate

**mástil** *nm* **1** : mast **2** ASTA : flagpole **3** : neck (of a stringed instrument)

**mastín** *nm, pl* **mastines** : mastiff

**mástique** *nm* : putty, filler

**mastodonte** *nm* : mastodon

**masturbación** *nf, pl* **-ciones** : masturbation

**masturbarse** *vr* : to masturbate

**mata** *nf* **1** ARBUSTO : bush, shrub **2** : plant 〈mata de tomate : tomato plant〉 **3** : sprig, tuft **4 mata de pelo** : mop of hair

**matadero** *nm* : slaughterhouse, abattoir

**matado, -da** *adj Mex* : strenuous, exhausting

**matador** *nm* TORERO : matador, bullfighter

**matamoscas** *nms & pl* : flyswatter

**matanza** *nf* MASACRE : slaughter, butchering

**matar** *vt* **1** : to kill **2** : to slaughter, to butcher **3** APAGAR : to extinguish, to put out (fire, light) **4** : to tone down (colors) **5** : to pass, to waste (time) **6** : to trump (in card games) — *vi* : to kill — **matarse** *vr* **1** : to be killed **2** SUICIDARSE : to commit suicide **3** *fam* : to exhaust oneself 〈se mató tratando de terminarlo : he knocked himself out trying to finish it〉

**matasanos** *nms & pl fam* : quack

**matasellar** *vt* : to cancel (a stamp), to postmark

**matasellos** *nms & pl* : postmark

**matatena** *nf Mex* : jacks

**mate**[1] *adj* : matte, dull

**mate**[2] *nm* **1** : maté **2** : slam dunk (in basketball) **3 jaque mate** : checkmate 〈darle mate a *or* darle jaque mate a : to checkmate〉

**matemática** → **matemáticas**

**matemáticas** *nfpl* : mathematics, math

**matemático**[1], **-ca** *adj* : mathematical — **matemáticamente** *adv*

**matemático**[2], **-ca** *n* : mathematician

**materia** *nf* **1** : matter 〈materia gris : gray matter〉 **2** : material 〈materia prima : raw material〉 **3** : (academic) subject **4 en materia de** : on the subject of, concerning

**material**[1] *adj* **1** : material, physical, real **2 daños materiales** : property damage

**material**[2] *nm* **1** : material 〈material de construcción : building material〉 **2** EQUIPO : equipment, gear **3 material gráfico** : illustrations *pl*, artwork

**materialismo** *nm* : materialism

**materialista**[1] *adj* : materialistic

**materialista**[2] *nmf* **1** : materialist **2** *Mex* : truck driver
**materializar** {21} *vt* : to bring to fruition, to realize — **materializarse** *vr* : to materialize, to come into being
**materialmente** *adv* **1** : physically ⟨materialmente imposible : physically impossible⟩ **2** : really, absolutely
**maternal** *adj* : maternal, motherly
**maternidad** *nf* **1** : maternity, motherhood **2** : maternity hospital, maternity ward
**materno, -na** *adj* : maternal
**matinal** *adj* MATUTINO : morning ⟨la pálida luz matinal : the pale morning light⟩
**matinée** *or* **matiné** *nf* : matinee
**matiz** *nm, pl* **matices** **1** : hue, shade **2** : nuance
**matización** *nf, pl* **-ciones** **1** : tinting, toning, shading **2** : clarification (of a statement)
**matizar** {21} *vt* **1** : to tinge, to tint (colors) **2** : to vary, to modulate (sounds) **3** : to qualify (statements)
**matón** *nm, pl* **matones** : thug, bully
**matorral** *nm* **1** : thicket **2** : scrub
**matraca** *nf* **1** : rattle, noisemaker **2 dar la matraca a** : to pester, to nag
**matriarca** *nf* : matriarch
**matriarcado** *nm* : matriarchy
**matrícula** *nf* **1** : list, roll, register **2** INSCRIPCIÓN : registration, enrollment **3** : registration number (of a vehicle) **4** *or* **placa de matrícula** : license plate, tag
**matriculación** *nf, pl* **-ciones** : matriculation, registration
**matricular** *vt* **1** INSCRIBIR : to enroll, to register (a person) **2** : to register (a vehicle) — **matricularse** *vr* : to matriculate
**matrimonial** *adj* : marital, matrimonial ⟨la vida matrimonial : married life⟩
**matrimonio** *nm* **1** : marriage, matrimony ⟨matrimonio civil/religioso : civil/religious wedding⟩ ⟨nació fuera del matrimonio : he was born out(side) of wedlock⟩ **2** : married couple
**matriz** *nf, pl* **matrices** **1** : uterus, womb **2** : original, master copy **3** : main office, headquarters **4** : stub (of a check) **5** : matrix ⟨matriz de puntos : dot matrix⟩
**matrona** *nf* : matron
**matronal** *adj* : matronly
**matutino**[1], **-na** *adj* : morning ⟨la edición matutina : the morning edition⟩
**matutino**[2] *nm* : morning paper
**maullar** {8} *vi* : to meow
**maullido** *nm* : meow
**mauritano, -na** *adj & n* : Mauritanian
**mausoleo** *nm* : mausoleum
**maxilar** *nm* : jaw, jawbone
**máxima** *nf* : maxim
**máxime** *adv* ESPECIALMENTE : especially, principally
**maximizar** {21} *vt* : to maximize
**máximo**[1], **-ma** *adj* : maximum, greatest, highest
**máximo**[2] *nm* **1** : maximum **2 al máximo** : to the utmost **3 como ~** : at the most, at the latest
**maya**[1] *adj & nmf* : Mayan
**maya**[2] *nmf* : Maya, Mayan
**mayo** *nm* : May ⟨el primero de mayo : (on) the first of May, (on) May first⟩
**mayonesa** *nf* : mayonnaise
**mayor**[1] *adj* **1** *comparative of* GRANDE : bigger, larger, greater, elder, older **2** *superlative of* GRANDE : biggest, largest, greatest, eldest, oldest **3** : grown-up, mature ⟨hacerse mayor : to grow up⟩ **4** : main, major **5** : elderly **6** : major ⟨una sonata en re mayor : a sonata in D major⟩ **7 mayor de edad** : of (legal) age **8 al por mayor** *or* **por ~** : wholesale
**mayor**[2] *nmf* **1** : major (in the military) **2** : adult, grown-up ⟨tus mayores : your elders⟩ ⟨las personas mayores : the elderly⟩
**mayoral** *nm* CAPATAZ : foreman, overseer
**mayordomo** *nm* : butler
**mayoreo** *nm* : wholesale
**mayoría** *nf* **1** : majority ⟨la mayoría de : most of, the majority of⟩ ⟨estar en mayoría : to be in the majority⟩ ⟨mayoría de edad : adulthood, age of majority⟩ **2 en su mayoría** : on the whole
**mayorista**[1] *adj* ALMACENISTA : wholesale
**mayorista**[2] *nmf* : wholesaler
**mayoritariamente** *adv* : primarily, chiefly
**mayoritario, -ria** *adj & n* : majority ⟨un consenso mayoritario : a majority consensus⟩
**mayormente** *adv* : primarily, chiefly
**mayúscula** *nf* : capital letter
**mayúsculo, -la** *adj* **1** : capital, uppercase **2** : huge, terrible ⟨un problema mayúsculo : a huge problem⟩
**maza** *nf* **1** : mace (weapon) **2** : drumstick **3** *fam* : bore, pest
**mazacote** *nm* **1** : concrete **2** : lumpy mess (of food) **3** : eyesore, crude work of art
**mazapán** *nm, pl* **-panes** : marzipan
**mazmorra** *nf* CALABOZO : dungeon
**mazo** *nm* **1** : mallet **2** : pestle **3** MANOJO : handful, bunch
**mazorca** *nf* **1** CHOCLO : cob, ear of corn **2 pelar la mazorca** *Mex fam* : to smile from ear to ear
**me** *pron* **1** : me ⟨me vieron : they saw me⟩ **2** : to me, for me, from me ⟨dame el libro : give me the book⟩ ⟨me lo compró : he bought it for me⟩ ⟨me robaron la cartera : they stole my pocketbook⟩ **3** : myself, to myself, for myself, from myself ⟨me preparé una buena comida : I cooked myself a good dinner⟩ ⟨me equivoqué : I made a mistake⟩
**meada** *nf usu vulgar* : piss *usu vulgar* ⟨echar una meada : to take a piss⟩
**meados** *nmpl usu vulgar* ORINA : piss *usu vulgar*
**mear** *vi usu vulgar* : to piss *usu vulgar*, to take a piss *usu vulgar*
**mecánica** *nf* : mechanics
**mecánico**[1], **-ca** *adj* : mechanical — **mecánicamente** *adv*
**mecánico**[2], **-ca** *n* **1** : mechanic **2** : technician ⟨mecánico dental : dental technician⟩

**mecanismo** *nm* : mechanism
**mecanización** *nf, pl* **-ciones** : mechanization
**mecanizar** {21} *vt* : to mechanize
**mecanografía** *nf* : typing
**mecanografiar** {85} *vt* : to type
**mecanógrafo, -fa** *n* : typist
**mecate** *nm CA, Mex, Ven* : rope, twine, cord
**mecedor** *nm* : glider (seat)
**mecedora** *nf* : rocking chair
**mecenas** *nmfs & pl* : patron (of the arts), sponsor
**mecenazgo** *nm* PATROCINIO : sponsorship, patronage
**mecer** {86} *vt* **1** : to rock **2** COLUMPIAR : to push (on a swing) — **mecerse** *vr* : to rock, to swing, to sway
**mecha** *nf* **1** : fuse **2** : wick **3 mechas** *nfpl* : highlights (in hair)
**mechero** *nm* **1** : burner **2** *Spain* : lighter
**mechón** *nm, pl* **mechones** : lock (of hair)
**medalla** *nf* : medal, medallion
**medallista** *nmf* : medalist
**medallón** *nm, pl* **-llones** **1** : medallion **2** : locket
**media** *nf* **1** CALCETÍN : sock **2** : average, mean **3 medias** *nfpl* : stockings, hose, tights **4 a medias** : by halves, half and half, halfway ⟨ir a medias : to go halves⟩ ⟨verdad a medias : half-truth⟩
**mediación** *nf, pl* **-ciones** : mediation
**mediado, -da** *adj* **1** : half full, half empty, half over **2** : halfway through ⟨mediada la tarea : halfway through the job⟩
**mediador, -dora** *n* : mediator
**mediados** *nmpl* **a mediados de** : halfway through, in the middle of ⟨a mediados del mes : towards the middle of the month, mid-month⟩
**medialuna** *nf* **1** : crescent **2** : croissant, crescent roll
**medianamente** *adv* : fairly, moderately
**medianero, -ra** *adj* **1** : dividing **2** : mediating
**medianía** *nf* **1** : middle position **2** : mediocre person, mediocrity
**mediano, -na** *adj* **1** : medium, average ⟨la mediana edad : middle age⟩ **2** : mediocre
**medianoche** *nf* : midnight
**mediante** *prep* : through, by means of ⟨Dios mediante : God willing⟩
**mediar** *vi* **1** : to mediate ⟨mediar en algo : to mediate something⟩ ⟨mediar por : to intercede on behalf of⟩ ⟨mediar con/ante : to intercede with⟩ **2** : to be in the middle, to be halfway through **3** : to elapse, to pass ⟨mediaron cinco años entre el inicio de la guerra y el armisticio : five years passed between the start of the war and the armistice⟩ **4** : to be a consideration ⟨media el hecho de que cuesta mucho : one must take into account that it is costly⟩ **5** : to come up, to happen ⟨medió algo urgente : something pressing came up⟩
**mediatizar** {21} *vt* : to influence, to interfere with
**medicación** *nf, pl* **-ciones** : medication, treatment
**medicamento** *nm* : medication, medicine, drug
**medicar** {72} *vt* : to medicate — **medicarse** *vr* : to take medicine
**medicatura** *nf Ven* : first aid clinic
**medicina** *nf* : medicine
**medicinal** *adj* **1** : medicinal **2** : medicated
**medicinar** *vt* : to give medication to, to dose
**medición** *nf, pl* **-ciones** : measuring, measurement
**médico**[1], **-ca** *adj* : medical ⟨una receta médica : a doctor's prescription⟩
**médico**[2], **-ca** *n* DOCTOR : doctor, physician
**medida** *nf* **1** : measurement, measure ⟨hecho a medida : custom-made⟩ ⟨tomar las medidas de algo : to measure something⟩ ⟨tomarle las medidas a alguien : to measure someone⟩ **2** : measure, step ⟨tomar medidas : to take steps⟩ ⟨medidas cautelares : precautionary measures⟩ ⟨medidas de seguridad : security measures⟩ **3** : moderation, prudence ⟨sin medida : immoderately⟩ **4** : extent, degree ⟨en cierta/gran medida : to a certain/great extent⟩ ⟨en la medida de lo posible : as far as possible, to the extent possible⟩ **5 a medida que** : as ⟨a medida que aumenta : as it increases⟩
**medidor** *nm* : meter, gauge
**medieval** *adj* : medieval — **medievalista** *nmf*
**medievo** → **medioevo**
**medio**[1] *adv* **1** : half ⟨está medio dormida : she's half asleep⟩ **2** : rather, kind of ⟨está medio aburrida esta fiesta : this party is rather boring⟩
**medio**[2], **-dia** *adj* **1** : half ⟨una media hora : half an hour⟩ ⟨medio hermano : half brother⟩ ⟨estar a media luz : to be dimly lit⟩ ⟨son las tres y media : it's half past three, it's three-thirty⟩ **2** : midway, halfway ⟨a medio camino : halfway there⟩ ⟨a media tarde : (in the) mid-afternoon⟩ **3** : middle ⟨la clase media : the middle class⟩ **4** : average ⟨la temperatura media : the average temperature⟩
**medio**[3] *nm* **1** CENTRO : middle, center ⟨en medio de : in the middle of, amid⟩ ⟨estar en medio : to be in the way⟩ ⟨ponerse en medio : to get in the way⟩ **2** AMBIENTE : milieu, environment **3** : medium, spiritualist **4** : means *pl*, way ⟨por medio de : by means of⟩ ⟨los medios de comunicación : the media⟩ ⟨medios sociales : social media⟩ **5 medios** *nmpl* : means, resources
**medioambiental** *adj* : environmental
**medio ambiente** *nm* : environment
**mediocampista** *nmf* : midfielder
**mediocre** *adj* : mediocre, average
**mediocridad** *nf* : mediocrity
**mediodía** *nm* : noon, midday
**medioevo** *nm* : Middle Ages

**medio tiempo** *nm* : halftime
**medir** {54} *vt* **1** : to measure **2** : to weigh, to consider ⟨medir los riesgos : to weigh the risks⟩ — *vi* : to measure — **medirse** *vr* : to be moderate, to exercise restraint
**meditabundo, -da** *adj* PENSATIVO : pensive, thoughtful
**meditación** *nf, pl* **-ciones** : meditation, thought
**meditar** *vi* : to meditate, to think ⟨meditar sobre la vida : to contemplate life⟩ — *vt* **1** : to think over, to consider **2** : to plan, to work out
**meditativo, -va** *adj* : pensive
**mediterráneo, -nea** *adj* : Mediterranean
**médium** *nmf, pl* **médiums** : medium (person)
**medrar** *vi* **1** PROSPERAR : to prosper, to thrive **2** AUMENTAR : to increase, to grow
**medro** *nm* PROSPERIDAD : prosperity, growth
**medroso, -sa** *adj* : fainthearted, fearful
**médula** *nf* **1** : marrow, pith **2 médula espinal** : spinal cord
**medular** *adj* : fundamental, core ⟨el punto medular : the crux of the matter⟩
**medusa** *nf* : jellyfish
**megabyte** *nm* : megabyte
**megáfono** *nm* : megaphone
**megahercio** *nm* : megahertz
**megahertzio** *nm* : megahertz
**megatón** *nm, pl* **-tones** : megaton
**megavatio** *nm* : megawatt
**mejicano** → **mexicano**
**mejilla** *nf* : cheek
**mejillón** *nm, pl* **-llones** : mussel
**mejor**[1] *adv* **1** : better ⟨Carla cocina mejor que Ana : Carla cooks better than Ann⟩ **2** : best ⟨ella es la que lo hace mejor : she's the one who does it best⟩ **3** : rather ⟨mejor morir que rendirme : I'd rather die than give up⟩ **4** : it's better that . . . ⟨mejor te vas : you'd better go⟩ **5 a lo mejor** : maybe, perhaps
**mejor**[2] *adj* **1** *comparative of* BUENO : better ⟨a falta de algo mejor : for lack of something better⟩ **2** *comparative of* BIEN : better ⟨está mucho mejor : he's much better⟩ **3** *superlative of* BUENO : best, the better ⟨mi mejor amigo : my best friend⟩ **4** *superlative of* BIEN : best, the better ⟨duermo mejor en un clima seco : I sleep best in a dry climate⟩ **5** PREFERIBLE : preferable, better **6 lo mejor** : the best thing, the best part
**mejor**[3] *nmf* (*with definite article*) : the better (one), the best (one)
**mejora** *nf* : improvement
**mejoramiento** *nm* : improvement
**mejorana** *nf* : marjoram
**mejorar** *vt* : to improve, to make better — *vi* : to improve, to get better — **mejorarse** *vr*
**mejoría** *nf* : improvement, betterment
**mejunje** *nm* : concoction, brew
**melancolía** *nf* : melancholy, sadness
**melancólico, -ca** *adj* : melancholy, sad
**melanoma** *nm* : melanoma
**melaza** *nf* : molasses
**melena** *nf* **1** : mane **2** : long hair **3 melenas** *nfpl* GREÑAS : shaggy hair, mop
**melenudo, -da** *adj fam* : long-haired
**melindroso**[1], **-sa** *adj* **1** : affected **2** : fussy, finicky
**melindroso**[2], **-sa** *n* : finicky person, fussbudget
**melisa** *nf* : lemon balm
**mella** *nf* **1** : dent, nick **2 hacer mella en** : to have an effect on, to make an impression on
**mellado, -da** *adj* **1** : chipped, dented **2** : gap-toothed
**mellar** *vt* : to dent, to nick
**mellizo, -za** *adj & n* GEMELO : twin
**melocotón** *nm, pl* **-tones** : peach
**melodía** *nf* : melody, tune
**melódico, -ca** *adj* : melodic
**melodioso, -sa** *adj* : melodious
**melodrama** *nm* : melodrama
**melodramático, -ca** *adj* : melodramatic
**melón** *nm, pl* **melones** : melon, cantaloupe
**meloso, -sa** *adj* **1** : sweet **2** EMPALAGOSO : cloying, saccharine
**membrana** *nf* **1** : membrane **2 membrana interdigital** : web, webbing (of a bird's foot) — **membranoso, -sa** *adj*
**membresía** *nf* : membership, members *pl*
**membrete** *nm* : letterhead, heading ⟨papel con membrete : official stationery, letterhead⟩
**membrillo** *nm* : quince
**membrudo, -da** *adj* FORNIDO : muscular, well-built
**memez** *nf, pl* **memeces** : stupid thing
**memo, -ma** *adj* : silly, stupid
**memorabilia** *nf* : memorabilia
**memorable** *adj* : memorable
**memorándum** *or* **memorando** *nm, pl* **-dums** *or* **-dos** **1** : memorandum, memo **2** : memo book, appointment book
**memoria** *nf* **1** : memory ⟨de memoria : by heart⟩ ⟨hacer memoria : to try to remember⟩ ⟨traer a la memoria : to call to mind⟩ **2** RECUERDO : remembrance, memory ⟨su memoria perdurará para siempre : his memory will live forever⟩ **3** : report ⟨memoria anual : annual report⟩ **4** : memory (in computing) **5 memorias** *nfpl* : memoirs *pl* **6 memoria de acceso aleatorio** : random-access memory, RAM **7 memoria flash** : flash memory
**memorizar** {21} *vt* : to memorize — **memorización** *nf*
**mena** *nf* : ore
**menaje** *nm* : household goods *pl*, furnishings *pl*
**mención** *nf, pl* **-ciones** : mention
**mencionar** *vt* : to mention, to refer to
**mendaz** *adj, pl* **mendaces** : false, untruthful, dishonest
**mendicidad** *nf* : begging
**mendigar** {52} *vi* : to beg — *vt* : to beg for
**mendigo, -ga** *n* LIMOSNERO : beggar
**mendrugo** *nm* : crust (of bread)
**menear** *vt* **1** : to shake (one's head) **2** : to sway, to wiggle (one's hips) **3** : to

wag (a tail) **4** : to stir (a liquid) — **menearse** *vr* **1** : to wiggle one's hips **2** : to fidget

**meneo** *nm* **1** : movement **2** : shake, toss **3** : swaying, wagging, wiggling **4** : stir, stirring

**menester** *nm* **1** : activity, occupation, duties *pl* **2 ser menester** : to be necessary ⟨es menester que vengas : you must come⟩

**menestra** *nf* **1** *Ecua* : legume stew **2** *Peru* : legume **3** *Spain* : mixed cooked vegetables

**mengano, -na → fulano**

**mengua** *nf* **1** : decrease, decline **2** : lack, want **3** : discredit, dishonor

**menguar** *vt* : to diminish, to lessen — *vi* **1** : to decline, to decrease **2** : to wane — **menguante** *adj*

**meningitis** *nf* : meningitis

**menisco** *nm* : cartilage

**menjurje → mejunje**

**menopausia** *nf* : menopause

**menopáusico, -ca** *nf* : menopausal

**menor**[1] *adj* **1** *comparative of* PEQUEÑO : smaller, lesser, younger ⟨es menor que su hermana : he's younger than his sister⟩ ⟨en menor medida : to a lesser extent/degree⟩ **2** *superlative of* PEQUEÑO : smallest, least, youngest **3** : minor ⟨un problema menor : a minor problem⟩ **4** : minor (in music) ⟨en tono de mi menor : in the key of E minor⟩ **5 al por menor** : retail **6 ser menor de edad** : to be a minor, to be underage

**menor**[2] *nmf* : minor, juvenile

**menos**[1] *adv* **1** : less ⟨llueve menos en agosto : it rains less in August⟩ ⟨éste me gusta menos que ése : I like this one less than that one⟩ ⟨soy menos alta que mis hermanas : I'm not as tall as my sisters⟩ ⟨es menos difícil de lo que parece : it's less difficult than it looks⟩ **2** : least ⟨el coche menos caro : the least expensive car⟩ ⟨en el momento menos pensado : when you least expect it⟩ ⟨es lo menos que puedo hacer : it's the least I can do⟩ ⟨trabaja lo menos posible : he works as little as possible⟩ ⟨los que menos ganan : those who earn the least⟩ ⟨lo que menos necesitamos es otra crisis : the last thing we need is another crisis⟩ **3 ~ de** : less than, fewer than ⟨tienen menos de 50 empleados : they have fewer than 50 employees⟩ ⟨en menos de un minuto : in less than a minute⟩

**menos**[2] *adj* **1** : less, fewer ⟨tengo más trabajo y menos tiempo : I have more work and less time⟩ ⟨hay menos sillas que personas : there are fewer chairs than people⟩ **2** : least, fewest ⟨la clase que tiene menos estudiantes : the class that has the fewest students⟩

**menos**[3] *prep* **1** SALVO, EXCEPTO : except **2** : minus ⟨quince menos cuatro son once : fifteen minus four is eleven⟩

**menos**[4] *pron* **1** : less, fewer ⟨no deberías aceptar menos : you shouldn't accept less⟩ **2 al menos** *or* **por lo menos** : at least **3 a menos que** : unless **4 lo de menos** : the least important thing

**menoscabar** *vt* **1** : to lessen, to diminish **2** : to disgrace, to discredit **3** PERJUDICAR : to harm, to damage

**menoscabo** *nm* **1** : lessening, diminishing **2** : disgrace, discredit **3** : harm, damage

**menospreciar** *vt* **1** DESPRECIAR : to scorn, to look down on **2** : to underestimate, to undervalue

**menosprecio** *nm* DESPRECIO : contempt, scorn

**mensaje** *nm* **1** : message **2 mensaje instantáneo** : instant message

**mensajear** *v fam* : to message, to text

**mensajería** *nf* **1** : messaging **2 mensajería instantánea** : instant messaging

**mensajero, -ra** *n* : messenger

**menso, -sa** *adj Mex fam* : foolish, stupid

**menstrual** *adj* : menstrual

**menstruar** {3} *vi* : to menstruate — **menstruación** *nf*

**mensual** *adj* : monthly

**mensualidad** *nf* **1** : monthly payment, installment **2** : monthly salary

**mensualmente** *adv* : every month, monthly

**mensurable** *adj* : measurable

**menta** *nf* **1** : mint, peppermint **2 menta verde** : spearmint

**mentado, -da** *adj* **1** : aforementioned **2** FAMOSO : renowned, famous

**mental** *adj* : mental, intellectual — **mentalmente** *adv*

**mentalidad** *nf* : mentality

**mentalizar** {21} *vt* : to prepare mentally — **mentalizarse** *vr*

**mentar** {55} *vt* **1** : to mention, to name **2 mentar la madre a** *fam* : to insult, to swear at

**mente** *nf* : mind ⟨tener en mente : to have in mind⟩

**-mente** *suf* : -ly ⟨frecuentemente : frequently⟩

**mentecato**[1], **-ta** *adj* : foolish, simple

**mentecato**[2], **-ta** *n* : fool, idiot

**mentir** {76} *vi* : to lie

**mentira** *nf* : lie

**mentirijillas** *nfpl fam* **de ~** : as a joke, in fun

**mentiroso**[1], **-sa** *adj* EMBUSTERO : lying, untruthful

**mentiroso**[2], **-sa** *n* EMBUSTERO : liar

**mentís** *nm, pl* **mentises** : denial, repudiation ⟨dar el mentís a : to deny, to refute⟩

**mentol** *nm* : menthol — **mentolado, -da** *adj*

**mentón** *nm, pl* **mentones** BARBILLA : chin

**mentor** *nm* : mentor, counselor

**menú** *nm, pl* **menús** : menu

**menudear** *vi* : to occur frequently — *vt* : to do repeatedly

**menudencia** *nf* **1** : trifle **2 menudencias** *nfpl* : giblets

**menudeo** *nm* : retail, retailing

**menudillos** *nmpl* : giblets

**menudo**[1], **-da** *adj* **1** : minute, small **2 a ~** FRECUENTEMENTE : often, frequently

**menudo²** *nm* **1** *Mex* : tripe stew **2 menudos** *nmpl* : giblets
**meñique** *nm or* **dedo meñique** : little finger, pinkie
**meollo** *nm* **1** MÉDULA : marrow **2** SESO : brains *pl* **3** ENTRAÑA : essence, core ⟨el meollo del asunto : the heart of the matter⟩
**mequetrefe** *nm fam* : good-for-nothing
**meramente** *adv* : merely, purely
**mercachifle** *nm* : peddler, hawker
**mercadeo** *nm* : marketing
**mercader** *nmf* : merchant
**mercadería** *nf* : merchandise, goods *pl*
**mercadillo** *nm Spain* : flea market
**mercado** *nm* **1** : market **2 mercado de pulgas** (*in various countries*) : flea market **3 mercado de trabajo/valores** : labor market **4 mercado de valores** *or* **mercado bursátil** : stock market
**mercadotecnia** *nf* : marketing
**mercancía** *nf* : merchandise, goods *pl*
**mercante** *nmf* : merchant, dealer
**mercantil** *adj* COMERCIAL : commercial, mercantile
**merced** *nf* **1** : favor **2 ~ a** : thanks to, due to **3 a merced de** : at the mercy of
**mercenario, -ria** *adj & n* : mercenary
**mercería** *nf* : notions store
**Mercosur** *nm* : economic community consisting of Argentina, Brazil, Paraguay, and Uruguay
**mercurio** *nm* : mercury
**Mercurio** *nm* : Mercury (planet)
**merecedor, -dora** *adj* : deserving, worthy
**merecer** {53} *vt* : to deserve, to merit — *vi* : to be worthy
**merecidamente** *adv* : rightfully, deservedly
**merecido** *nm* : something merited, due ⟨recibieron su merecido : they got their just deserts⟩
**merecimiento** *nm* : merit, worth
**merendar** {55} *vi* : to have an afternoon snack — *vt* : to have as an afternoon snack
**merendero** *nm* **1** : lunchroom, snack bar **2** : picnic area
**merengue** *nm* **1** : meringue **2** : merengue (music or dance)
**meridiano¹, -na** *adj* **1** : midday **2** : crystal clear
**meridiano²** *nm* : meridian
**meridional** *adj* SUREÑO : southern
**merienda** *nf* : afternoon snack, tea
**mérito** *nm* : merit
**meritorio¹, -ria** *adj* : deserving, meritorious
**meritorio², -ria** *n* : intern, trainee
**merluza** *nf* : hake
**merma** *nf* **1** : decrease, cut **2** : waste, loss
**mermar** *vi* : to decrease, to diminish — *vt* : to reduce, to cut down
**mermelada** *nf* : marmalade, jam
**mero¹, -ra** *adv Mex fam* **1** : nearly, almost ⟨ya mero me caí : I almost fell⟩ **2** : just, exactly ⟨aquí mero : right here⟩
**mero², -ra** *adj* **1** : mere, simple **2** *Mex fam* (*used as an intensifier*) : very ⟨en el mero centro : in the very center of town⟩
**mero³** *nm* : grouper
**merodeador, -dora** *n* **1** : marauder **2** : prowler
**merodear** *vi* **1** : to maraud, to pillage **2** : to prowl around, to skulk
**mes** *nm* : month
**mesa** *nf* **1** : table ⟨mesa de cocina : kitchen table⟩ ⟨mesa de noche : nightstand, night table⟩ **2** : committee, board ⟨mesa directiva : executive board⟩
**mesada** *nf* : allowance, pocket money
**mesarse** *vr* : to pull at ⟨mesarse los cabellos : to tear one's hair⟩
**mesero, -ra** *n* CAMARERO : waiter, waitress *f*
**meseta** *nf* : plateau
**Mesías** *nm* : Messiah
**mesita** *or Spain* **mesilla** *nf* **1** : small table **2** *or* **mesita/mesilla de noche** : nightstand, night table
**mesón** *nm, pl* **mesones** : inn
**mesonero, -ra** *nm* : innkeeper
**mesteño, -ña** *adj* **caballo mesteño** : wild horse, mustang
**mestizo¹, -za** *adj* **1** : of mixed ancestry, mestizo **2** HÍBRIDO : hybrid
**mestizo², -za** *n* : person of mixed ancestry, mestizo
**mesura** *nf* **1** MODERACIÓN : moderation, discretion **2** CORTESÍA : courtesy **3** GRAVEDAD : seriousness, dignity
**mesurado, -da** *adj* COMEDIDO : moderate, restrained
**mesurar** *vt* : to moderate, to restrain, to temper — **mesurarse** *vr* : to restrain oneself
**meta** *nf* : goal, objective
**metabólico, -ca** *adj* : metabolic
**metabolismo** *nm* : metabolism
**metabolizar** {21} *vt* : to metabolize
**metafísica** *nf* : metaphysics
**metafísico, -ca** *adj* : metaphysical
**metáfora** *nf* : metaphor
**metafórico, -ca** *adj* : metaphoric, metaphorical
**metal** *nm* **1** : metal **2** *or* **metales** *nmpl* : brass, brass section (in an orchestra)
**metálico, -ca** *adj* : metallic, metal
**metalistería** *nf* : metalworking
**metalizado, -da** *adj* : metallic
**metalurgia** *nf* : metallurgy
**metalúrgico¹, -ca** *adj* : metallurgical
**metalúrgico², -ca** *n* : metalworker
**metamorfosis** *nfs & pl* : metamorphosis
**metano** *nm* : methane
**metedura** *nf* **metedura de pata** : blunder, faux pas
**meteórico, -ca** *adj* : meteoric
**meteorito** *nm* : meteorite
**meteoro** *nm* : meteor
**meteorología** *nf* : meteorology
**meteorológico, -ca** *adj* : meteorologic, meteorological
**meteorólogo, -ga** *n* : meteorologist
**meter** *vt* **1** : to put ⟨lo metió en un cajón : he put it in a drawer⟩ ⟨metieron su dinero en el banco : they put their money in the bank⟩ ⟨se le metió en la

cabeza que . . . : he got it in his head that . . .〉 **2** : to shut (in a place) 〈la metieron en la cárcel : they put her in jail〉 〈estuve todo el día metida en la casa : I was stuck in the house all day〉 **3** : to fit, to squeeze 〈puedes meter dos líneas más en esa página : you can fit two more lines on that page〉 **4** : to place (in a job) 〈lo metieron de dependiente : they got him a job as a store clerk〉 **5** : to involve 〈lo metió en un buen lío : she got him in an awful mess〉 **6** : to make, to cause 〈meten demasiado ruido : they make too much noise〉 〈un cuento que mete miedo : a scary story〉 **7** : to spread (a rumor) **8** : to strike (a blow) **9** : to score (a goal or point) **10** : to take up, to take in (clothing) **11 a todo meter** : at top speed — **meterse** *vr* **1** : to get (in), to enter 〈se metió en la cama : she got in bed〉 〈el ladrón se metió por la ventana : the thief got in through the window〉 〈¿dónde te has metido? : where are you hiding?, where have you gotten to?〉 **2** : to put, to stick 〈no te lo metas en la boca : don't put it in your mouth〉 〈se metió la mano en el bolsillo : he stuck his hand in his pocket〉 **3** *fam* : to meddle 〈no te metas en lo que no te importa : mind your own business〉 **4 ~ con** *fam* : to pick a fight with, to provoke 〈no te metas conmigo : don't mess with me〉 **5 ~ a/de** : to become 〈se metió a monja : she became a nun〉

**metiche**[1] *adj Mex fam* : nosy

**metiche**[2] *nmf Mex fam* : busybody

**meticulosidad** *nf* : thoroughness, meticulousness

**meticuloso, -sa** *adj* : meticulous, thorough — **meticulosamente** *adv*

**metida** *nf* **metida de pata** *fam* : blunder, gaffe, blooper

**metódico, -ca** *adj* : methodical — **metódicamente** *adv*

**metodista** *adj & nmf* : Methodist

**método** *nm* : method

**metodología** *nf* : methodology

**metomentodo** *nmf fam* : busybody

**metraje** *nm* : length (of a film) 〈de largo metraje : feature-length〉

**metralla** *nf* : shrapnel

**metralleta** *nf* : submachine gun

**métrico, -ca** *adj* **1** : metric **2 cinta métrica** : tape measure

**metro** *nm* **1** : meter **2** : subway

**metrónomo** *nm* : metronome

**metrópoli** *nf or* **metrópolis** *nfs & pl* : metropolis

**metropolitano, -na** *adj* : metropolitan

**mexicanismo** *nm* : Mexican word or expression

**mexicano, -na** *adj & n* : Mexican

**mexicoamericano, -na** *adj & n* : Mexican-American

**mexiquense**[1] *adj Mex* : of or from Mexico City

**mexiquense**[2] *nmf Mex* : person from Mexico City

**meza, etc.** → **mecer**

**mezcla** *nf* **1** : mixing **2** : mixture, blend **3** : mortar (masonry material)

**mezclar** *vt* **1** : to mix, to blend **2** : to mix up, to muddle **3** INVOLUCRAR : to involve — **mezclarse** *vr* **1** : to get mixed up (in) **2** : to mix, to mingle (socially)

**mezclilla** *nf Chile, Mex* : denim 〈pantalones de mezclilla : jeans〉

**mezcolanza** *nf* : jumble, hodgepodge

**mezquindad** *nf* **1** : meanness, stinginess **2** : petty deed, mean action

**mezquino**[1], **-na** *adj* **1** : mean, petty **2** : stingy **3** : paltry

**mezquino**[2] *nm Mex* : wart

**mezquita** *nf* : mosque

**mi**[1] *adj* : my

**mi**[2] *nm* **1** : E 〈mi sostenido/bemol : E sharp/flat〉 **2** : mi (in singing)

**mí** *pron* **1** : me 〈es para mí : it's for me〉 〈a mí no me importa : it doesn't matter to me〉 **2 mí mismo, mi misma** : myself

**miasma** *nm* : miasma

**miau** *nm* : meow

**mica** *nf* : mica

**mico** *nm* : monkey, long-tailed monkey

**micro** *nm* **1** *Chile, Arg* : minibus **2** : microphone

**micro-** *pref* : micro-

**microbio** *nm* : microbe, germ

**microbiología** *nf* : microbiology

**microbús** *nm, pl* **-buses** : minibus

**microchip** *nm, pl* **microchips** : microchip

**microcomputadora** *nf* : microcomputer

**microcosmos** *nms & pl* : microcosm

**microfilm** *nm, pl* **-films** : microfilm

**micrófono** *nm* : microphone

**micrómetro** *nm* : micrometer

**microonda** *nf* : microwave

**microondas** *nms & pl* : microwave, microwave oven

**microordenador** *nm Spain* : microcomputer

**microorganismo** *nm* : microorganism

**microprocesador** *nm* : microprocessor

**microscópico, -ca** *adj* : microscopic

**microscopio** *nm* : microscope

**mide, etc.** → **medir**

**miedo** *nm* **1** TEMOR : fear 〈le tiene miedo al perro : he's scared of the dog〉 〈tenían miedo de hablar : they were afraid to speak〉 〈morirse de miedo : to be scared to death〉 〈temblar de miedo : to tremble with fear〉 〈miedo escénico : stage fright〉 **2 dar miedo** : to frighten

**miedoso, -sa** *adj* TEMEROSO : fearful

**miel** *nf* : honey

**miembro** *nm* **1** : member **2** EXTREMIDAD : limb, extremity

**mienta, etc.** → **mentar**

**miente, etc.** → **mentir**

**-miento** *suf* : -ment 〈entretenimiento : entertainment〉

**mientras**[1] *adv* **1** *or* **mientras tanto** : meanwhile, in the meantime **2 mientras más** : the more 〈mientras más como, más quiero : the more I eat, the more I want〉

**mientras**[2] *conj* **1** : while, as 〈roncaba mientras dormía : he snored while he was sleeping〉 **2** : as long as 〈luchará mientras pueda : he will fight as long as he is able⟩ **3 mientras que** : while, whereas ⟨él es alto mientras que ella es muy baja : he is tall, whereas she is very short⟩

**miércoles** *nms & pl* **1** : Wednesday ⟨el miércoles : (on) Wednesday⟩ ⟨los miércoles : (on) Wednesdays⟩ ⟨cada (dos) miércoles : every (other) Wednesday⟩ ⟨el miércoles pasado : last Wednesday⟩ ⟨el próximo miércoles : next Wednesday⟩ ⟨el miércoles por la noche : Wednesday night⟩ **2 Miércoles de Ceniza** : Ash Wednesday

**miga** *nf* **1** : crumb **2 hacer buenas (malas) migas con** : to get along well (poorly) with

**migaja** *nf* **1** : crumb **2 migajas** *nfpl* SOBRAS : leftovers, scraps

**migra** *nf Mex fam* **la migra** : the immigration police

**migración** *nf, pl* **-ciones** : migration

**migrante** *nmf* : migrant

**migraña** *nf* : migraine

**migrar** *vi* : to migrate

**migratorio, -ria** *adj* : migratory

**mijo** *nm* : millet

**mil**[1] *adj & pron* : thousand

**mil**[2] *nm* : one thousand, a thousand

**milagro** *nm* : miracle ⟨de milagro : miraculously⟩

**milagroso, -sa** *adj* : miraculous, marvelous — **milagrosamente** *adv*

**milenario**[1], **-ria** *adj* : millennial

**milenario**[2], **-ria** *n* : millennial (person born in the 1980s or 1990s)

**milenial** → **milenario**[2]

**milenio** *nm* : millennium

**milésima** *nf* → **milésimo**[2]

**milésimo**[1], **-ma** *adj* : thousandth

**milésimo**[2] *nm* : thousandth

**mili** *nf Spain fam* : military service

**milicia** *nf* **1** : militia **2** : military service

**miligramo** *nm* : milligram

**mililitro** *nm* : milliliter

**milímetro** *nm* : millimeter

**militancia** *nf* : militancy

**militante**[1] *adj* : militant

**militante**[2] *nmf* : militant, activist

**militar**[1] *vi* **1** : to serve (in the military) **2** : to be active (in politics)

**militar**[2] *adj* : military

**militar**[3] *nmf* SOLDADO : soldier

**militarismo** *nm* : militarism

**militarista** *adj* : militaristic

**militarizar** {21} *vt* : to militarize

**milla** *nf* : mile

**millar** *nm* : thousand

**millón** *nm, pl* **millones** : million

**millonario, -ria** *n* : millionaire

**millonésima** *nf* → **millonésimo**[2]

**millonésimo**[1], **-ma** *adj* : millionth

**millonésimo**[2] *nm* **1** : millionth (in a series) **2** : millionth (fraction)

**mil millones** *nms & pl* : billion

**milmillonésimo**[1], **-ma** *adj* : billionth

**milmillonésimo**[2] *nm* **1** : billionth (in a series) **2** : billionth (fraction)

**milpa** *nf CA, Mex* : cornfield

**milpiés** *nms & pl* : millipede

**mimar** *vt* CONSENTIR : to pamper, to spoil

**mimbre** *nm* : wicker

**mimeógrafo** *nm* : mimeograph

**mímica** *nf* **1** : mime, sign language **2** IMITACIÓN : mimicry

**mimo** *nm* **1** : pampering, indulgence ⟨hacerle mimos a alguien : to pamper someone⟩ **2** : mime

**mimoso, -sa** *adj* **1** : fussy, finicky **2** : affectionate, clinging

**mina** *nf* **1** : mine **2** : lead (for pencils)

**minar** *vt* **1** : to mine **2** DEBILITAR : to undermine

**minarete** *nm* ALMINAR : minaret

**mineral** *adj & nm* : mineral

**mineralogía** *nf* : mineralogy

**minería** *nf* : mining

**minero**[1], **-ra** *adj* : mining

**minero**[2], **-ra** *n* : miner, mine worker

**mini-** *pref* : mini-

**miniatura** *nf* : miniature

**minicomputadora** *nf* : minicomputer

**minifalda** *nf* : miniskirt

**minifundio** *nm* : small farm

**minimizar** {21} *vt* : to minimize

**mínimo**[1], **-ma** *adj* **1** : minimum ⟨salario mínimo : minimum wage⟩ **2** : least, smallest ⟨es lo mínimo que puede hacer : it's the least he can do⟩ **3** : very small, minute ⟨no tengo la más mínima idea : I haven't the slightest idea⟩

**mínimo**[2] *nm* **1** : minimum, least amount **2** : modicum, small amount **3 como ~** : at least

**minino, -na** *n fam* : kitty, pussy

**miniserie** *nf* : miniseries

**ministerial** *adj* : ministerial

**ministerio** *nm* : ministry, department

**ministro, -tra** *n* : minister, secretary ⟨primer ministro, primera ministra : prime minister⟩ ⟨Ministro de Defensa : Secretary of Defense⟩

**minivan** [ˌminiˈban, -ˈvan] *nf, pl* **-vanes** : minivan

**minoría** *nf* : minority

**minorista**[1] *adj* : retail

**minorista**[2] *nmf* : retailer

**minoritario, -ria** *adj* : minority

**mintió, etc.** → **mentir**

**minucia** *nf* **1** : (minor) detail **2** INSIGNIFICANCIA : trifle, triviality **3 con minucia** : in detail

**minuciosamente** *adv* **1** : minutely **2** : in great detail **3** : thoroughly, meticulously

**minucioso, -sa** *adj* **1** : minute **2** DETALLADO : detailed **3** : thorough, meticulous

**minué** *nm* : minuet

**minúsculo, -la** *adj* DIMINUTO : tiny, miniscule

**minusvalía** *nf* : disability, handicap *sometimes offensive*

**minusválido**[1], **-da** *adj* : handicapped, disabled

**minusválido**[2], **-da** *n* : handicapped person

**minuta** *nf* **1** BORRADOR : rough draft **2** : bill, fee

**minutero** *nm* : minute hand

**minuto** *nm* : minute

**mío**[1], **mía** *adj* **1** : my, of mine ⟨¡Dios mío! : my God!, good heavens!⟩ ⟨una amiga mía : a friend of mine⟩ **2** : mine ⟨es mío : it's mine⟩

**mío**[2], **mía** *pron* (*with definite article*) : mine, my own ⟨tus zapatos son iguales a los míos : your shoes are just like mine⟩

**miope** *adj* : nearsighted, myopic

**miopía** *nf* : myopia, nearsightedness

**mira** *nf* **1** : sight (of a firearm or instrument) **2** : aim, objective ⟨con miras a : with the intention of, with a view to⟩ ⟨de amplias miras : broad-minded⟩ ⟨poner la mira en : to aim at, to aspire to⟩

**mirada** *nf* **1** : look, glance, gaze ⟨apartar la mirada : to look away⟩ ⟨dirigir/lanzar la mirada a : to glance at⟩ ⟨hay miradas que matan : if looks could kill⟩ **2** EXPRESIÓN : look, expression ⟨una mirada de sorpresa : a look of surprise⟩

**mirado, -da** *adj* **1** : cautious, careful **2** : considerate **3 bien mirado** : well thought of **4 mal mirado** : disliked, disapproved of

**mirador** *nm* : balcony, lookout, vantage point

**miramiento** *nm* **1** CONSIDERACIÓN : consideration, respect **2 sin miramientos** : without due consideration, carelessly

**mirar** *vt* **1** : to look at ⟨miró el reloj : she looked at her watch⟩ ⟨mirar fijamente : to stare at⟩ ⟨mirar algo (muy) por encima : to glance something over⟩ ⟨la miré en los ojos : I looked her straight in the eye⟩ **2** OBSERVAR : to watch ⟨mirar televisión : to watch television⟩ **3** REFLEXIONAR : to consider, to think over ⟨míralo desde su punto de vista : look at it from her point of view⟩ **4** (*used for emphasis*) ⟨¡mira que eres lista! : you're so clever!⟩ ⟨mire que no soy experto, pero . . . : I'm no expert, but . . .⟩ ⟨¡mira qué gracia! : how funny!⟩ — *vi* **1** : to look ⟨miraba por la ventana : I was looking out the window⟩ ⟨mira bien y lo verás : look carefully and you'll see it⟩ ⟨¡mira! ahí está : look! there he is⟩ ⟨mira, a mí no me importa : look, it doesn't matter to me⟩ **2** : to face, to overlook **3 ~ por** : to look after, to look out for — **mirarse** *vr* **1** : to look at oneself **2** : to look at each other

**mirasol** *nm* GIRASOL : sunflower

**miriada** *nf* : myriad

**mirlo** *nm* : blackbird

**mirón, rona** *n, mpl* **-rones** **1** : gawker, onlooker **2** : voyeur

**mirra** *nf* : myrrh

**mirto** *nm* ARRAYÁN : myrtle

**misa** *nf* : Mass

**misantropía** *nf* : misanthropy

**misantrópico, -ca** *adj* : misanthropic

**misántropo, -pa** *n* : misanthrope

**miscelánea** *nf* : miscellany

**miscelaneo, -nea** *adj* : miscellaneous

**miserable** *adj* **1** LASTIMOSO : miserable, wretched **2** : paltry, meager **3** MEZQUINO : stingy, miserly **4** : despicable, vile

**miserablemente** *adv* **1** : miserably, wretchedly **2** : shamefully, disgracefully

**miseria** *nf* **1** POBREZA : poverty **2** : misery, suffering **3** : pittance, meager amount

**misericordia** *nf* COMPASIÓN : mercy, compassion

**misericordioso, -sa** *adj* : merciful

**mísero, -ra** *adj* **1** : wretched, miserable **2** : stingy **3** : paltry, meager

**misil** *nm* : missile

**misión** *nf, pl* **misiones** : mission

**misionero, -ra** *adj & n* : missionary

**misiva** *nf* : missive, letter

**mismísimo, -ma** *adj* (*used as an intensifier*) : very, selfsame ⟨el mismísimo día : that very same day⟩

**mismo**[1] *adv* (*used as an intensifier*) : right, exactly ⟨hazlo ahora mismo : do it right now⟩ ⟨te llamará hoy mismo : he'll definitely call you today⟩

**mismo**[2], **-ma** *adj* **1** : same ⟨la misma historia de siempre : the same old story⟩ ⟨ya no es el mismo de antes : he's not the same as he was before⟩ **2** (*used as an intensifier*) : very ⟨en ese mismo momento : at that very moment⟩ **3** : oneself ⟨lo hizo ella misma : she made it herself⟩ **4 por lo mismo** : for that reason

**misoginia** *nf* : misogyny

**misógino** *nm* : misogynist

**miss** *nf* : miss ⟨Miss Universo : Miss Universe⟩

**misterio** *nm* : mystery

**misterioso, -sa** *adj* : mysterious — **misteriosamente** *adv*

**misticismo** *nm* : mysticism

**místico**[1], **-ca** *adj* : mystic, mystical

**místico**[2], **-ca** *n* : mystic

**mitad** *nf* **1** : half ⟨mitad y mitad : half and half⟩ **2** MEDIO : middle ⟨a mitad de : halfway through⟩ ⟨por la mitad : in half⟩

**mítico, -ca** *adj* : mythical, mythic

**mitigar** {52} *vt* ALIVIAR : to mitigate, to alleviate — **mitigación** *nf*

**mitin** *nm, pl* **mítines** : (political) meeting, rally

**mito** *nm* LEYENDA : myth, legend

**mitología** *nf* : mythology

**mitológico, -ca** *adj* : mythological

**mitosis** *nfs & pl* : mitosis

**mitra** *nf* : miter (bishop's hat)

**mixto, -ta** *adj* **1** : mixed, joint **2** : coeducational

**mixtura** *nf* : mixture, blend

**mnemónico, -ca** *adj* : mnemonic

**mobbing** [ˈmobiŋ] *nm Spain* : workplace bullying

**mobiliario** *nm* : furniture

**mocasín** *nm, pl* **-sines** : moccasin

**mocedad** *nf* **1** JUVENTUD : youth **2** : youthful prank

**mochila** *nf* MORRAL : backpack, knapsack

**moción** *nf, pl* **-ciones** **1** MOVIMIENTO : motion, movement **2** : motion (to a court or assembly)

**moco** *nm* **1** : mucus **2** *fam* : snot ⟨limpiarse los mocos : to wipe one's (runny) nose⟩
**mocoso, -sa** *n disparaging* : kid, brat *disparaging*
**moda** *nf* **1** : fashion, style **2 a la moda** *or* **de ~** : in style, fashionable **3 moda pasajera** : fad
**modales** *nmpl* : manners
**modalidad** *nf* **1** CLASE : kind, type **2** MANERA : way, manner
**modelaje** *nm* (*in various countries*) : modeling
**modelar** *vt* : to model, to mold — **modelarse** *vr* : to model oneself after, to emulate
**modelo**[1] *adj* : model ⟨una casa modelo : a model home⟩
**modelo**[2] *nm* : model, example, pattern
**modelo**[3] *nmf* : model, mannequin
**módem** *or* **modem** [ˈmoðɛm] *nm* : modem
**moderación** *nf, pl* **-ciones** MESURA : moderation
**moderado, -da** *adj & n* : moderate — **moderadamente** *adv*
**moderador, -dora** *n* : moderator, chair
**moderar** *vt* **1** TEMPERAR : to temper, to moderate **2** : to curb, to reduce ⟨moderar gastos : to curb spending⟩ **3** PRESIDIR : to chair (a meeting) — **moderarse** *vr* **1** : to restrain oneself **2** : to diminish, to calm down
**modernidad** *nf* **1** : modernity **2** : modern age
**modernismo** *nm* : modernism
**modernista**[1] *adj* : modernist
**modernista**[2] *nmf* : modernist
**modernizar** {21} *vt* : to modernize — **modernización** *nf*
**moderno, -na** *adj* : modern, up-to-date
**modestia** *nf* : modesty
**modesto, -ta** *adj* : modest — **modestamente** *adv*
**módico, -ca** *adj* : modest, reasonable
**modificación** *nf, pl* **-ciones** : alteration
**modificador**[1], **-dora** *adj* : modifying, moderating
**modificador**[2] → **modificante**
**modificante** *nm* : modifier
**modificar** {72} *vt* ALTERAR : to modify, to alter, to adapt
**modismo** *nm* : idiom
**modista** *nmf* **1** : dressmaker **2** : fashion designer
**modisto** *nm* : fashion designer
**modo** *nm* **1** MANERA : way, manner, mode ⟨de un modo u otro : one way or another⟩ ⟨a mi modo de ver : to my way of thinking⟩ ⟨modo de vida : way of life⟩ **2** : mood (in grammar) **3** : mode (in music) **4 a modo de** : by way of, in the manner of, like ⟨a modo de ejemplo : by way of example⟩ **5 de este/ese modo** : in this/that way **6 de cualquier modo** : in any case, anyway **7 de modo que** : so, in such a way that **8 de ningún modo** : (in) no way **9 de todos modos** : in any case, anyway **10 en cierto modo** : in a way, to a certain extent
**modorra** *nf* : drowsiness, lethargy
**modular**[1] *v* : to modulate — **modulación** *nf*
**modular**[2] *adj* : modular
**módulo** *nm* : module, unit
**mofa** *nf* **1** : mockery, ridicule **2 hacer mofa de** : to make fun of, to ridicule
**mofarse** *vr* **~ de** : to scoff at, to make fun of
**mofeta** *nf* ZORRILLO : skunk
**mofle** *nm CA, Mex* : muffler (of a car)
**moflete** *nm fam* : fat cheek
**mofletudo, -da** *adj fam* : chubby-cheeked, chubby
**mohín** *nm, pl* **mohines** : grimace, face
**mohino, -na** *adj* : gloomy, melancholy
**moho** *nm* **1** : mold, mildew **2** : rust
**mohoso, -sa** *adj* **1** : moldy **2** : rusty
**moisés** *nm, pl* **moiseses** : bassinet, cradle
**mojado**[1], **-da** *adj* : wet
**mojado**[2], **-da** *n Mex fam* : illegal immigrant
**mojar** *vt* **1** : to wet, to moisten **2** : to dunk — **mojarse** *vr* : to get wet
**mojigatería** *nf* **1** : hypocrisy **2** GAZMOÑERÍA : primness, prudery
**mojigato**[1], **-ta** *adj* : prudish, prim — **mojigatamente** *adv*
**mojigato**[2], **-ta** *n* : prude, prig
**mojón** *nm, pl* **mojones** : boundary stone, marker
**molar** *nm* MUELA : molar
**molcajete** *nm Mex* : mortar
**molde** *nm* **1** : mold, form **2 letra(s) de molde → letra**
**moldear** *vt* **1** FORMAR : to mold, to shape **2** : to cast
**moldura** *nf* : molding
**mole**[1] *nm Mex* **1** : spicy sauce made with chilies and usually chocolate **2** : meat served with mole sauce
**mole**[2] *nf* : mass, bulk
**molécula** *nf* : molecule — **molecular** *adj*
**moler** {47} *vt* **1** : to grind, to crush **2** CANSAR : to exhaust, to wear out
**molestar** *vt* **1** FASTIDIAR : to annoy, to bother ⟨no me molesta : it doesn't bother me, I don't mind⟩ **2** : to disturb, to disrupt — *vi* : to be a nuisance — **molestarse** *vr* **1** : to get annoyed, to be offended **2 ~ en** : to take the trouble to
**molestia** *nf* **1** FASTIDIO : annoyance, bother, nuisance **2** : trouble ⟨se tomó la molestia de investigar : she took the trouble to investigate⟩ **3** MALESTAR : discomfort
**molesto, -ta** *adj* **1** ENOJADO : bothered, annoyed **2** FASTIDIOSO : bothersome, annoying
**molestoso, -sa** *adj* : bothersome, annoying
**molido, -da** *adj* **1** MACHACADO : ground, crushed **2 estar molido** : to be exhausted
**molienda** *nf* : milling, grinding
**molinero, -ra** *n* : miller
**molinillo** *nm* : grinder, mill ⟨molinillo de café : coffee grinder⟩

**molino** *nm* **1** : mill **2 molino de viento** : windmill
**molla** *nf* : soft fleshy part, flesh (of fruit), lean part (of meat)
**molleja** *nf* : gizzard
**molusco** *nm* : mollusk
**momentáneamente** *adv* : momentarily
**momentáneo, -nea** *adj* **1** : momentary **2** TEMPORARIO : temporary
**momento** *nm* **1** : moment, instant ⟨espera un momentito : wait just a moment⟩ **2** : time, period of time ⟨momentos difíciles : hard times⟩ **3** : time, moment (in time) ⟨en este momento : right now, at the moment⟩ ⟨llegar en mal momento : to come at a bad time⟩ ⟨momento decisivo : turning point, critical time⟩ **4** : present, moment ⟨los atletas del momento : the athletes of the moment, today's popular athletes⟩ **5** : momentum **6 a cada momento** : constantly **7 al momento** : right away, at once **8 de ~** : at the moment, for the moment **9 de un momento a otro** : any time now **10 en algún momento** : at some point, sometime **11 en cualquier momento** : at any time **12 en ningún momento** : never, at no time **13 en todo momento** : at all times **14 en un primer momento** : at first, initially **15 por el momento** : for the time being **16 por ~s** : at times
**momia** *nf* : mummy
**monada** *nf* **1** : attractive person **2** : cute or pretty thing
**monaguillo** *nm* ACÓLITO : altar boy
**monarca** *nmf* : monarch
**monarquía** *nf* : monarchy
**monárquico, -ca** *n* : monarchist
**monasterio** *nm* : monastery
**monástico, -ca** *adj* : monastic
**monda** *nf* **1** : peel **2 ser la monda** *Spain fam* : to be hilarious
**mondadientes** *nms & pl* PALILLO : toothpick
**mondar** *vt* : to peel
**mondongo** *nm* ENTRAÑAS : innards *pl*, insides *pl*, guts *pl*
**moneda** *nf* **1** : coin **2** : money, currency
**monedero** *nm* : change purse
**monetario, -ria** *adj* : monetary, financial
**mongol, -gola** *adj & n* : Mongol, Mongolian
**monigote** *nm* **1** : rag doll **2** : paper doll
**monitor**[1], **-tora** *n* : instructor (in sports)
**monitor**[2] *nm* : monitor ⟨monitor de televisión : television monitor⟩
**monitorear** *vt* : to monitor
**monja** *nf* : nun
**monje** *nm* : monk
**mono**[1], **-na** *adj fam* : lovely, pretty, cute, darling
**mono**[2], **-na** *n* : monkey
**monóculo** *nm* : monocle
**monogamia** *nf* : monogamy
**monógamo, -ma** *adj* : monogamous
**monografía** *nf* : monograph
**monograma** *nm* : monogram
**monolingüe** *adj* : monolingual
**monolítico, -ca** *adj* : monolithic
**monolito** *nm* : monolith
**monólogo** *nm* : monologue
**monomanía** *nf* : obsession
**monopatín** *nm, pl* **-tines** **1** : scooter **2** : skateboard
**monopatinaje** *nm* : skateboarding
**monopolio** *nm* : monopoly
**monopolizar** {21} *vt* : to monopolize — **monopolización** *nf*
**monosilábico, -ca** *adj* : monosyllabic
**monosílabo** *nm* : monosyllable
**monoteísmo** *nm* : monotheism
**monoteísta**[1] *adj* : monotheistic
**monoteísta**[2] *nmf* : monotheist
**monotonía** *nf* **1** : monotony **2** : monotone
**monótono, -na** *adj* : monotonous — **monótonamente** *adv*
**monóxido** *nm* **monóxido de carbono** : carbon monoxide
**monovolumen** *nm, pl* **-lúmenes** *Spain* : minivan
**monseñor** *nm* : monsignor
**monserga** *nf* : gibberish, drivel
**monstruo** *nm* : monster
**monstruosidad** *nf* : monstrosity
**monstruoso, -sa** *adj* : monstrous — **monstruosamente** *adv*
**monta** *nf* **1** : sum, total **2** : importance, value ⟨de poca monta : unimportant, insignificant⟩
**montacargas** *nms & pl* : freight elevator
**montaje** *nm* **1** : assembling, assembly **2** : montage
**montante** *nm* : transom, fanlight
**montaña** *nf* **1** MONTE : mountain **2 montaña rusa** : roller coaster
**montañero, -ra** *n* : mountaineer, mountain climber
**montañismo** *nm* : mountaineering, (mountain) climbing
**montañoso, -sa** *adj* : mountainous
**montar** *vt* **1** : to mount, to get on **2** : to ride (a horse, a bicycle, etc.) **3** ESTABLECER : to set up, to establish **4** ARMAR : to assemble, to put together, to set up **5** : to set, to mount (gems, etc.) **6** : to edit (a film) **7** : to stage, to put on (a show) **8** : to cock (a gun) **9** : to mount (of a male animal) — *vi* **1** : to get on (a bus, etc), to get in (a car, a truck), to mount (a horse) **2 montar en bicicleta** : to ride a bicycle **3 montar a caballo** CABALGAR : to ride horseback — **montarse** *vr* : to get in, to get on, to mount ⟨se montó en el avión : she got on the plane⟩ ⟨volvió a montarse : he got back on again⟩
**monte** *nm* **1** MONTAÑA : mountain, mount **2** : woodland ⟨monte bajo : underbrush⟩ **3** : outskirts (of a town), surrounding country **4 monte de piedad** : pawnshop
**montés** *adj, pl* **monteses** : wild (of animals or plants)
**montículo** *nm* **1** : mound, heap **2** : hillock, knoll
**monto** *nm* : amount, total
**montón** *nm, pl* **-tones** **1** : heap, pile **2** *fam* : ton, load ⟨un montón de preguntas

: a ton of questions⟩ ⟨montones de gente : loads of people⟩
**montonero, -ra** *n* : guerrilla
**montura** *nf* **1** : mount (horse) **2** : saddle, tack **3** : setting, mounting (of jewelry) **4** : frame (of glasses)
**monumental** *adj fam* **1** : tremendous, terrific **2** : massive, huge
**monumento** *nm* : monument
**monzón** *nm, pl* **monzones** : monsoon
**moño** *nm* **1** : bun (chignon) **2** LAZO : bow, knot ⟨corbata de moño : bow tie⟩
**moquear** *vi* : to snivel
**moqueta** *nf Spain* : wall-to-wall carpet
**moquette** *nf Arg, Uru* : wall-to-wall carpet
**moquillo** *nm* : distemper
**mora** *nf* **1** : blackberry **2** : mulberry
**morada** *nf* RESIDENCIA : dwelling, abode
**morado¹, -da** *adj* : purple
**morado²** *nm* : purple
**morador, -dora** *n* : dweller, inhabitant
**moral¹** *adj* : moral — **moralmente** *adv*
**moral²** *nf* **1** MORALIDAD : ethics, morality, morals *pl* **2** ÁNIMO : morale, spirits *pl*
**moraleja** *nf* : moral (of a story)
**moralidad** *nf* : morality
**moralista¹** *adj* : moralistic
**moralista²** *nmf* : moralist
**morar** *vi* : to dwell, to reside
**moratón** *nm, pl* **-tones** : bruise
**moratoria** *nf* : moratorium
**mórbido, -da** *adj* : morbid
**morbo** *nm* : morbid fascination
**morboso, -sa** *adj* : morbid — **morbosidad** *nf*
**morcilla** *nf* : blood sausage, blood pudding
**mordacidad** *nf* : bite, sharpness
**mordaz** *adj* : caustic, scathing
**mordaza** *nf* **1** : gag **2** : clamp
**mordedura** *nf* : bite (of an animal)
**morder** {47} *v* : to bite — **morderse** *vr* : to bite ⟨morderse la lengua/las uñas : to bite one's tongue/nails⟩
**mordida** *nf* **1** : bite **2** *CA, Mex* : bribe, payoff
**mordisco** *nm* : bite, nibble
**mordisquear** *vt* : to nibble (on), to bite
**morena** *nf* **1** : moraine **2** : moray (eel)
**moreno¹, -na** *adj* **1** : brunette **2** : dark, dark-skinned
**moreno², -na** *n* **1** : brunette **2** : dark-skinned person
**morera** *nf* : mulberry
**moretón** *nm, pl* **-tones** : bruise
**morfina** *nf* : morphine
**morfología** *nf* : morphology
**morgue** *nf* : morgue
**moribundo¹, -da** *adj* : dying, moribund
**moribundo², -da** *n* : dying person
**morillo** *nm* : andiron
**morir** {46} *vi* **1** FALLECER : to die ⟨murió de cáncer : he died of cancer⟩ **2** APAGARSE : to die out, to go out — **morirse** *vr* **1** : to die **2** ~ **de** (*expressing an extreme state*) ⟨¡me muero de frío/hambre! : I'm freezing/starving!⟩ ⟨cuando lo vi casi me muero de vergüenza : when I saw it I nearly died of embarrassment⟩ ⟨morirse de risa : to die laughing⟩ **3** ~ **por** : to be dying for (something), to be dying to (do something) ⟨se muere por jugar : she's dying to play⟩ ⟨se muere por ti : he's crazy about you⟩
**mormón, -mona** *adj & n, pl* **mormones** : Mormon
**moro¹, -ra** *adj* : Moorish
**moro², -ra** *n* **1** : Moor **2** : Muslim
**morocho¹, -cha** *adj* : dark-haired
**morocho², -cha** *n* : dark-haired person
**morosidad** *nf* **1** : delinquency (in payment) **2** : slowness
**moroso, -sa** *adj* **1** : delinquent, in arrears ⟨cuentas morosas : delinquent accounts⟩ **2** : slow, sluggish
**morral** *nm* MOCHILA : backpack, knapsack
**morralla** *nf* **1** : small fish **2** : trash, riff-raff **3** *Mex* : small change
**morriña** *nf* : homesickness
**morro** *nm* HOCICO : snout
**morsa** *nf* : walrus
**morse** *nm* : Morse code
**mortadela** *nf* : mortadella
**mortaja** *nf* SUDARIO : shroud
**mortal¹** *adj* **1** : mortal **2** FATAL : fatal, deadly — **mortalmente** *adv*
**mortal²** *nmf* : mortal
**mortalidad** *nf* : mortality
**mortandad** *nf* **1** : loss of life, death toll **2** : carnage, slaughter
**mortero** *nm* : mortar (bowl, cannon, or building material)
**mortífero, -ra** *adj* LETAL : deadly, fatal
**mortificación** *nf, pl* **-ciones** **1** : mortification **2** TORMENTO : anguish, torment
**mortificar** {72} *vt* **1** : to mortify **2** TORTURAR : to trouble, to torment — **mortificarse** *vr* : to be mortified, to feel embarrassed
**mosaico** *nm* : mosaic
**mosca** *nf* **1** : fly **2** **mosca común** : housefly
**moscada** *adj* **nuez moscada** : nutmeg
**mosquearse** *vr* **1** : to become suspicious **2** : to take offense
**mosquete** *nm* : musket
**mosquetero** *nm* : musketeer
**mosquitero** *nm* : mosquito net
**mosquito** *nm* ZANCUDO : mosquito
**mostachón** *nm, pl* **-chones** : macaroon
**mostaza** *nf* : mustard
**mosto** *nm* : must (from a grape)
**mostrador** *nm* : counter (in a store)
**mostrar** {19} *vt* **1** : to show **2** EXHIBIR : to exhibit, to display — **mostrarse** *vr* : to show oneself, to appear
**mota** *nf* **1** : fleck, speck **2** : defect, blemish
**mote** *nm* SOBRENOMBRE : nickname
**moteado, -da** *adj* : dotted, spotted, dappled
**motel** *nm* : motel
**motín** *nm, pl* **motines** **1** : riot **2** : rebellion, mutiny
**motivación** *nf, pl* **-ciones** : motivation — **motivacional** *adj*
**motivar** *vt* **1** CAUSAR : to cause **2** IMPULSAR : to motivate

**motivo** *nm* **1** MÓVIL : motive ⟨el motivo del crimen : the motive for the crime⟩ **2** CAUSA : cause, reason ⟨da motivos para el optimismo : it's cause for optimism⟩ **3** TEMA : theme, motif
**moto** *nf* : motorcycle, motorbike
**motocicleta** *nf* : motorcycle
**motociclismo** *nm* : motorcycling
**motociclista** *nmf* : motorcyclist
**motoneta** *nf* : scooter
**motor**[1], **-ra** *adj* MOTRIZ : motor
**motor**[2] *nm* **1** : motor, engine **2** : driving force, cause
**motora** *nf* : motorboat
**motorismo** *nm* : motorcycle riding, motorcycling
**motorista** *nmf* : motorist
**motorizado, -da** *adj* : motorized
**motriz** *adj, pl* **motrices** : driving
**motu proprio** *adv* **de motu proprio** [de[1]motu[1]proprio] : voluntarily, of one's own accord
**mousse** [[1]mus] *nmf* : mousse
**movedizo, -za** *adj* **1** : movable **2** : moving **3** : restless
**mover** {47} *vt* **1** TRASLADAR : to move, to shift **2** AGITAR : to shake, to move ⟨mover la cabeza (diciendo que sí) : to nod⟩ ⟨mover la cabeza (diciendo que no) : to shake one's head⟩ **3** ACCIONAR : to power, to drive **4 ~ a** : to cause to (do something) ⟨me movió a pensar : it made me think⟩ ⟨lo movió a escribir : it inspired him to write⟩ — **moverse** *vr* **1** : to move **2** : to hurry, to get a move on **3** : to get moving, to make an effort
**movible** *adj* : movable
**movida** *nf* : move (in a game)
**móvil**[1] *adj* : mobile
**móvil**[2] *nm* **1** MOTIVO : motive **2** : mobile
**movilidad** *nf* : mobility
**movilizar** {21} *vt* : to mobilize — **movilización** *nf*
**movimiento** *nm* : movement, motion ⟨movimiento del cuerpo : bodily movement⟩ ⟨movimiento sindicalista : labor movement⟩
**mozo**[1], **-za** *adj* : young, youthful
**mozo**[2], **-za** *n* **1** JOVEN : young man *m*, young woman *f*, youth **2** : helper, servant **3** *Arg, Chile, Col, Peru* : waiter *m*, waitress *f*
**MP3** *nm, pl* **MP3** : MP3
**mucamo, -ma** *n* : servant, maid *f*
**muchacha** *nf* : maid
**muchacho, -cha** *n* **1** : kid, boy *m*, girl *f* **2** JOVEN : young man *m*, young woman *f*
**muchedumbre** *nf* MULTITUD : crowd, multitude
**mucho**[1] *adv* : (very) much, a lot ⟨mucho más fácil/rápido/grande : much easier/faster/bigger⟩ ⟨mucho más tarde : much later⟩ ⟨te quiero mucho : I love you very much⟩ ⟨lo siento mucho : I'm very sorry⟩ ⟨le gusta mucho : he likes it a lot⟩ ⟨¿viajas mucho? : do you travel a lot?⟩ ⟨no habla mucho : she doesn't talk (very) much⟩
**mucho**[2], **-cha** *adj* **1** : a lot of, many, much ⟨mucha gente : a lot of people, many people⟩ ⟨mucho dinero : a lot of money⟩ ⟨¡muchas gracias! : thank you very much!⟩ ⟨no tengo mucha hambre : I'm not very hungry⟩ ⟨hace mucho tiempo que no lo veo : I haven't seen him in ages⟩ **2 muchas veces** : often
**mucho**[3], **-cha** *pron* **1** : a lot, many, much ⟨hay mucho que hacer : there is a lot to do⟩ ⟨muchos no vinieron : many didn't come⟩ **2 mucho** : long, a long time ⟨tardó mucho en venir : he was a long time getting here⟩ ⟨¿te falta mucho? : will you be much longer?⟩ ⟨hace mucho que no te veo : it's been a long time since I've seen you⟩ **3 cuando/como ~** : at most **4 con ~** : by far **5 ni mucho menos** : not at all, far from it **6 por mucho que** : no matter how much, (as) much as ⟨por mucho que quiera no puedo : as much as I would like to, I can't⟩
**mucílago** *nm* : mucilage
**mucosidad** *nf* : mucus
**mucoso, -sa** *adj* : mucous, slimy
**muda** *nf* **1** : change ⟨muda de ropa : change of clothes⟩ **2** : molt, molting
**mudanza** *nf* **1** CAMBIO : change **2** TRASLADO : move, moving
**mudar** *v* **1** CAMBIAR : to change **2** : to molt, to shed — **mudarse** *vr* **1** TRASLADARSE : to move (one's residence) **2** : to change (clothes)
**mudo**[1], **-da** *adj* **1** SILENCIOSO : silent ⟨el cine mudo : silent films⟩ **2** : mute, dumb *now often offensive*
**mudo**[2], **-da** *n* : mute *sometimes offensive*
**mueble** *nm* **1** : piece of furniture **2 muebles** *nmpl* : furniture, furnishings
**mueblería** *nf* : furniture store
**mueca** *nf* : grimace, face
**muela** *nf* **1** : tooth, molar ⟨dolor de muelas : toothache⟩ ⟨muela de juicio : wisdom tooth⟩ **2** : millstone **3** : whetstone
**muele, etc.** → **moler**
**muelle**[1] *adj* : soft, comfortable, easy
**muelle**[2] *nm* **1** : wharf, dock **2** RESORTE : spring
**muérdago** *nm* : mistletoe
**muerde, etc.** → **morder**
**muere, etc.** → **morir**
**muerte** *nf* : death ⟨amenaza de muerte : death threat⟩ ⟨dar un susto de muerte : to scare half to death⟩ ⟨morir de muerte natural : to die of natural causes⟩
**muerto**[1] *pp* → **morir**
**muerto**[2], **-ta** *adj* **1** : dead ⟨caer muerto : to die, to drop dead⟩ **2** : lifeless, flat, dull **3 ~ de** : dying of ⟨estoy muerto de hambre : I'm dying of hunger⟩ ⟨muerto de miedo : scared to death⟩
**muerto**[3], **-ta** *nm* DIFUNTO : dead person, deceased
**muesca** *nf* : nick, notch
**muestra**[1], **etc.** → **mostrar**
**muestra**[2] *nf* **1** : sample **2** SEÑAL : sign, show ⟨una muestra de respeto : a show of respect⟩ **3** EXPOSICIÓN : exhibition, exposition **4** : pattern, model
**muestreo** *nm* : sample

**mueve, etc.** → **mover**
**mugido** *nm* : moo, lowing, bellow
**mugir** {35} *vi* : to moo, to low, to bellow
**mugre** *nf* SUCIEDAD : grime, filth
**mugriento, -ta** *adj* : filthy
**muguete** *nm* : lily of the valley
**muja, etc.** → **mugir**
**mujer** *nf* **1** : woman **2** ESPOSA : wife
**mújol** *nm* : mullet (fish)
**mulato, -ta** *adj & n* : mulatto *now sometimes offensive*
**muleta** *nf* : crutch
**muletilla** *nf* : favorite word or phrase
**mullido, -da** *adj* **1** : soft, fluffy **2** : spongy, springy
**mulo, -la** *n* : mule
**multa** *nf* : fine
**multar** *vt* : to fine
**multi-** *pref* : multi-
**multicine** *nm* : multiplex
**multicolor** *adj* : multicolored
**multicultural** *adj* : multicultural
**multidisciplinario, -ria** *adj* : multidisciplinary
**multifacético, -ca** *adj* : multifaceted
**multifamiliar** *adj* : multifamily
**multilateral** *adj* : multilateral
**multimedia** *nf* : multimedia
**multimillonario, -ria** *n* : multimillionaire
**multinacional** *adj* : multinational
**múltiple** *adj* : multiple
**multiplicación** *nf, pl* **-ciones** : multiplication
**multiplicar** {72} *v* **1** : to multiply **2** : to increase — **multiplicarse** *vr* **1** : to multiply, to reproduce **2** : to increase, to multiply ⟨multiplicarse por cinco : to increase fivefold⟩
**multiplicidad** *nf* : multiplicity
**múltiplo** *nm* : multiple
**multipropiedad** *nf* : time share
**multitarea** *nf* : multitasking
**multitud** *nf* MUCHEDUMBRE : crowd, multitude
**multitudinario, -ria** *adj* : well-attended ⟨manifestaciones multitudinarias : mass protests⟩ ⟨un concierto multitudinario : a concert with a huge turnout⟩
**multiuso, -sa** *adj* : multipurpose
**multivitamínico, -ca** *adj* : multivitamin
**mundano, -na** *adj* : worldly, earthly
**mundial** *adj* : world, worldwide
**mundialmente** *adv* : worldwide, all over the world
**mundo** *nm* **1** : world ⟨alrededor del mundo : around the world⟩ ⟨el mundo entero : the whole world⟩ ⟨el mundo actual : today's world⟩ ⟨el Tercer Mundo : the Third World⟩ ⟨el mundo de la moda : the world of fashion⟩ **2** VIDA : world, life ⟨su mundo se derrumbó : his world fell apart⟩ **3** PLANETA : world, planet **4 del mundo** : in the world ⟨el mejor del mundo : the best in the world⟩ ⟨por nada del mundo : not for anything in the world⟩ ⟨tener todo el tiempo del mundo : to have all the time in the world⟩ **5 el otro mundo** : the afterlife, the hereafter ⟨no es nada del otro mundo : it's nothing special⟩ **6 en su mundo** *fam* : in one's own world, in a world of one's own **7 por/en/de todo el mundo** : the (whole) world over **8 todo el mundo** : everyone, everybody
**municiones** *nfpl* : ammunition, munitions
**municipal** *adj* : municipal
**municipio** *nm* **1** : municipality **2** AYUNTAMIENTO : town council
**muñeca** *nf* **1** : doll ⟨muñeca de trapo : rag doll⟩ **2** MANIQUÍ : mannequin **3** : wrist
**muñeco** *nm* **1** : doll, boy doll **2** MARIONETA : puppet
**muñequera** *nf* : wristband
**muñón** *nm, pl* **muñones** : stump (of an arm or leg)
**mural** *adj & nm* : mural
**muralla** *nf* : rampart, wall
**murciélago** *nm* : bat (animal)
**murga** *nf* : band of street musicians
**murió, etc.** → **morir**
**murmullo** *nm* **1** : murmur, murmuring **2** : rustling, rustle ⟨el murmullo de las hojas : the rustling of the leaves⟩
**murmuraciones** *nfpl* : gossip
**murmurar** *vt* **1** : to murmur, to mutter **2** : to whisper (gossip) — *vi* **1** : to murmur **2** CHISMEAR : to gossip
**muro** *nm* : wall
**musa** *nf* : muse
**musaraña** *nf* : shrew
**muscular** *adj* : muscular
**musculatura** *nf* : muscles *pl*, musculature
**músculo** *nm* : muscle
**musculoso, -sa** *adj* : muscular, brawny
**muselina** *nf* : muslin
**museo** *nm* : museum
**musgo** *nm* : moss
**musgoso, -sa** *adj* : mossy
**música** *nf* : music
**musical** *adj* : musical — **musicalmente** *adv*
**músico**[1], **-ca** *adj* : musical
**músico**[2], **-ca** *n* : musician
**musitar** *vt* : to mumble, to murmur
**muslo** *nm* : thigh
**mustio, -tia** *adj* : withered (of a plant)
**musulmán, -mana** *adj & n, mpl* **-manes** : Muslim
**mutación** *nf, pl* **-ciones** : mutation
**mutante** *adj & nm* : mutant
**mutar** *v* : to mutate
**mutilar** *vt* : to mutilate — **mutilación** *nf*
**mutis** *nm* **1** : exit (in theater) **2** : silence
**mutismo** *nm* : silence
**mutual** *adj* : mutual
**mutuo, -tua** *adj* : mutual, reciprocal — **mutuamente** *adv*
**muy** *adv* **1** : very, quite ⟨es muy inteligente : she's very intelligent⟩ ⟨muy bien : very well, fine⟩ ⟨eso es muy americano : that's typically American⟩ ⟨muy poca comida : very little food⟩ **2** : too ⟨es muy grande para él : it's too big for him⟩

# N

**n** *nf* : sixteenth letter of the Spanish alphabet
**nabo** *nm* : turnip
**nácar** *nm* MADREPERLA : mother-of-pearl
**nacarado, -da** *adj* : pearly
**nacer** {48} *vi* **1** : to be born ⟨nací en Guatemala : I was born in Guatemala⟩ ⟨no nació ayer : he wasn't born yesterday⟩ **2** : to hatch **3** : to bud, to sprout **4** : to rise, to originate **5 nacer para algo** : to be born to be something **6 volver a nacer** : to have a lucky escape
**nacido**[1], **-da** *adj* **1** : born **2 recién nacido** : newborn
**nacido**[2], **-da** *n* **1 los nacidos** : those born (at a particular time) **2 recién nacido** : newborn baby
**naciente** *adj* **1** : newfound, growing **2** : rising ⟨el sol naciente : the rising sun⟩
**nacimiento** *nm* **1** : birth **2** : source (of a river) **3** : beginning, origin **4** BELÉN : Nativity scene, crèche
**nación** *nf, pl* **naciones** : nation, country, people (of a country)
**nacional**[1] *adj* : national
**nacional**[2] *nmf* CIUDADANO : national, citizen
**nacionalidad** *nf* : nationality
**nacionalismo** *nm* : nationalism
**nacionalista**[1] *adj* : nationalist, nationalistic
**nacionalista**[2] *nmf* : nationalist
**nacionalización** *nf, pl* **-ciones** **1** : nationalization **2** : naturalization
**nacionalizar** {21} *vt* **1** : to nationalize **2** : to naturalize (as a citizen) — **nacionalizarse** *vr*
**naco, -ca** *adj Mex* : trashy, vulgar, common
**nada**[1] *adv* : not at all, not in the least ⟨no estamos nada cansados : we are not at all tired⟩ ⟨no me importa nada : it doesn't matter at all to me⟩
**nada**[2] *nf* **1** : nothingness **2** : smidgen, bit ⟨una nada le disgusta : the slightest thing upsets him⟩
**nada**[3] *pron* **1** : nothing ⟨no estoy haciendo nada : I'm not doing anything⟩ ⟨es mejor que nada : it's better than nothing⟩ ⟨empecé sin nada : I started out with nothing⟩ ⟨no tengo nada que decir : I have nothing to say⟩ ⟨no tiene nada de extraño : there's nothing strange about it⟩ ⟨esta pluma no sirve para nada : this pen is useless⟩ ⟨no me interesa para nada : it doesn't interest me at all⟩ ⟨no es nada comparado con . . . : it's nothing compared to . . .⟩ ⟨no hay nada como la comida casera : there's nothing like home cooking⟩ **2 antes que nada** : first of all (in order), above all (in importance) **3 casi nada** : next to nothing **4 de ~** : you're welcome **5 dentro de nada** : very soon, in no time **6 nada de eso** : nothing of the kind, nothing like that **7 nada más** : nothing else, nothing more **8 nada más** : as soon as, no sooner . . . than ⟨nada más comenzar el partido, marcó : as soon as the game started, he scored; no sooner did the game start than he scored⟩ **9 pues nada** *fam* : anyway
**nadador, -dora** *n* : swimmer
**nadar** *vi* **1** : to swim **2 ~ en** : to be swimming in, to be rolling in — *vt* : to swim
**nadería** *nf* : small thing, trifle
**nadie** *pron* : nobody, no one ⟨no vi a nadie : I didn't see anyone⟩
**nadir** *nm* : nadir
**nado** *nm* **1** *Mex* : swimming **2 a ~** : swimming ⟨cruzó el río a nado : he swam across the river⟩
**nafta** *nf* **1** : naphtha **2** (*in various countries*) : gasoline
**naftalina** *nf* : mothballs *pl*
**náhuatl**[1] *adj & nmf, pl* **nahuas** : Nahuatl
**náhuatl**[2] *nm* : Nahuatl (language)
**nailon** → **nilón**
**naipe** *nm* : playing card
**nalga** *nf* **1** : buttock **2 nalgas** *nfpl* : buttocks, bottom
**nalgada** *nf* : smack on the bottom, spanking
**namibio, -bia** *adj & n* : Namibian
**nana** *nf* **1** : lullaby **2** *fam* : grandma **3** *CA, Col, Mex, Ven* : nanny
**nanay** *interj fam* : no way!, not likely!
**nanotecnología** *nf* : nanotechnology
**naranja**[1] *adj & nm* : orange (color)
**naranja**[2] *nf* : orange (fruit)
**naranjada** *nf* : orangeade
**naranjal** *nm* : orange grove
**naranjo** *nm* : orange tree
**narcisismo** *nm* : narcissism
**narcisista**[1] *adj* : narcissistic
**narcisista**[2] *nmf* : narcissist
**narciso** *nm* : narcissus, daffodil
**narco** *nmf fam* → **narcotraficante**
**narcótico**[1], **-ca** *adj* : narcotic
**narcótico**[2] *nm* : narcotic
**narcotizar** {21} *vt* : to drug, to dope
**narcotraficante** *nmf* : drug trafficker
**narcotráfico** *nm* : drug trafficking
**narigón, -gona** *adj, mpl* **-gones** : big-nosed
**narigudo** → **narigón**
**nariz** *nf, pl* **narices** **1** : nose ⟨sonar(se) la nariz : to blow one's nose⟩ **2** : sense of smell
**narración** *nf, pl* **-ciones** : narration, account
**narrador, -dora** *n* : narrator
**narrar** *vt* : to narrate, to tell
**narrativa** *nf* : narrative, story
**narrativo, -va** *adj* : narrative
**nasa** *nf* : creel
**nasal** *adj* : nasal
**nata** *nf* **1** *Spain* : cream ⟨nata montada : whipped cream⟩ **2** : skin (on boiled milk)
**natación** *nf, pl* **-ciones** : swimming
**natal** *adj* : native, natal

**natalicio** *nm* : birthday ⟨el natalicio de George Washington : George Washington's birthday⟩
**natalidad** *nf* : birthrate
**natillas** *nfpl* : custard
**natividad** *nf* : birth, nativity
**nativo, -va** *adj & n* : native
**nativo americano, nativa americana** *adj & n* : Native American
**nato, -ta** *adj* : born, natural
**natural**[1] *adj* **1** : natural **2** : normal ⟨como es natural : naturally, as expected⟩ **3 ~ de** : native of, from **4 de tamaño natural** : life-size
**natural**[2] *nm* **1** CARÁCTER : disposition, temperament **2** : native ⟨un natural de Venezuela : a native of Venezuela⟩
**naturaleza** *nf* **1** : nature ⟨la madre naturaleza : mother nature⟩ **2** ÍNDOLE : nature, disposition, constitution ⟨la naturaleza humana : human nature⟩ **3 naturaleza muerta** : still life
**naturalidad** *nf* : simplicity, naturalness
**naturalismo** *nm* : naturalism
**naturalista**[1] *adj* : naturalistic
**naturalista**[2] *nmf* : naturalist
**naturalización** *nf, pl* **-ciones** : naturalization
**naturalizar** {21} *vt* : to naturalize — **naturalizarse** *vr* NACIONALIZARSE : to become naturalized
**naturalmente** *adv* **1** : naturally, inherently **2** : of course
**naufragar** {52} *vi* **1** : to be shipwrecked **2** FRACASAR : to fail, to collapse
**naufragio** *nm* **1** : shipwreck **2** FRACASO : failure, collapse
**náufrago**[1], **-ga** *adj* : shipwrecked, castaway
**náufrago**[2], **-ga** *n* : shipwrecked person, castaway
**náusea** *nf* **1** : nausea **2 dar náuseas** : to nauseate, to disgust **3 náuseas matutinas** : morning sickness
**nauseabundo, -da** *adj* : nauseating, sickening
**náutica** *nf* : navigation
**náutico, -ca** *adj* : nautical
**nautilo** *nm* : nautilus
**navaja** *nf* **1** : pocketknife, penknife ⟨navaja de muelle : switchblade⟩ **2 navaja de afeitar** : straight razor
**navajazo** *nm* : knife wound
**navajo, -ja** *adj & n* : Navajo
**naval** *adj* : naval
**nave** *nf* **1** : ship ⟨nave capitana : flagship⟩ ⟨nave espacial : spaceship⟩ **2** : nave ⟨nave lateral : aisle⟩ **3 quemar uno sus naves** : to burn one's bridges
**navegabilidad** *nf* : navigability
**navegable** *adj* : navigable
**navegación** *nf, pl* **-ciones** : navigation
**navegador** *nm* : browser ⟨navegador web : web browser⟩
**navegante**[1] *adj* : sailing, seafaring
**navegante**[2] *nmf* : navigator
**navegar** {52} *v* : to navigate, to sail
**Navidad** *nf* : Christmas ⟨Feliz Navidad : Merry Christmas⟩
**navideño, -ña** *adj* : Christmas
**naviero, -ra** *adj* : shipping
**navío** *nm* : (large) ship
**nazca, etc.** → **nacer**
**nazi** *adj & nmf* : Nazi
**nazismo** *nm* : Nazism
**neandertal** *or* **neanderthal** *nm* **1 Neandertal** *or* **Neanderthal** *or* **hombre de Neandertal/Neanderthal** : Neanderthal (man) **2** *fam* : Neanderthal
**nébeda** *nf* : catnip
**neblina** *nf* : light fog, mist
**neblinoso, -sa** *adj* : misty, foggy
**nebulosa** *nf* : nebula
**nebulosidad** *nf* : mistiness, haziness
**nebuloso, -sa** *adj* **1** : hazy, misty **2** : nebulous, vague
**necedad** *nf* : stupidity, foolishness ⟨decir necedades : to talk nonsense⟩
**necesariamente** *adv* : necessarily
**necesario, -ria** *adj* **1** : necessary **2 si es necesario** : if need be **3 hacerse necesario** : to be required
**neceser** *nm* : toilet kit, vanity case
**necesidad** *nf* **1** : need, necessity ⟨por necesidad : out of necessity⟩ ⟨en caso de necesidad : if necessary, if need be⟩ **2** : poverty, want **3 necesidades** *nfpl* : hardships **4 hacer sus necesidades** : to relieve oneself
**necesitado, -da** *adj* : needy
**necesitar** *vt* **1** : to need **2** : to necessitate, to require — *vi* **~ de** : to have need of
**necio**[1], **-cia** *adj* **1** : foolish, silly, dumb **2** *fam* : naughty **3** *Mex* : stubborn
**necio**[2], **-cia** *n* **1** ESTÚPIDO : fool, idiot **2** *Mex* : stubborn person
**necrología** *nf* : obituary
**necrópolis** *nfs & pl* : cemetery
**néctar** *nm* : nectar
**nectarina** *nf* : nectarine
**neerlandés**[1], **-desa** *adj, mpl* **-deses** HOLANDÉS : Dutch
**neerlandés**[2], **-desa** *n, mpl* **-deses** HOLANDÉS : Dutch person
**nefando, -da** *adj* : unspeakable, heinous
**nefario, -ria** *adj* : nefarious
**nefasto, -ta** *adj* **1** : ill-fated, unlucky **2** : disastrous, terrible
**negación** *nf, pl* **-ciones** **1** : negation, denial **2** : negative (in grammar)
**negado, -da** *adj* : useless
**negar** {49} *vt* **1** : to deny **2** REHUSAR : to refuse **3** : to disown — **negarse** *vr* **1** : to refuse **2** : to deny oneself
**negativa** *nf* **1** : denial **2** : refusal
**negativo**[1], **-va** *adj* : negative — **negativamente** *adv*
**negativo**[2] *nm* : negative (of a photograph)
**negligé** *nm* : negligee
**negligencia** *nf* : negligence
**negligente** *adj* : neglectful, negligent — **negligentemente** *adv*
**negociable** *adj* : negotiable
**negociación** *nf, pl* **-ciones** **1** : negotiation **2 negociación colectiva** : collective bargaining
**negociador, -dora** *n* : negotiator
**negociante** *nmf* : businessman *m*, businesswoman *f*

**negociar** *vt* : to negotiate — *vi* : to deal, to do business
**negocio** *nm* **1** : business, place of business ⟨el mundo de los negocios : the business world⟩ **2** : deal, transaction **3 negocios** *nmpl* : commerce, trade, business
**negra** *nf* : quarter note
**negrero, -ra** *n* **1** : slave trader **2** *fam* : slave driver, brutal boss
**negrita** *or* **negrilla** *nf* : boldface (type)
**negro¹, -gra** *adj* **1** : black, dark **2** BRONCEADO : suntanned **3** : gloomy, awful, desperate ⟨la cosa se está poniendo negra : things are looking bad⟩ **4 mercado negro** : black market
**negro², -gra** *n* **1** : dark-skinned person, black person **2** *fam* : darling, dear
**negro³** *nm* : black (color)
**negrura** *nf* : blackness
**negruzco, -ca** *adj* : blackish
**nene, -na** *n* : baby, small child
**nenúfar** *nm* : water lily
**neocelandés** → **neozelandés**
**neófito, -ta** *n* : neophyte, novice
**neologismo** *nm* : neologism
**neón** *nm, pl* **neones** : neon
**neoyorquino¹, -na** *adj* : of or from New York
**neoyorquino², -na** *n* : New Yorker
**neozelandés¹, -desa** *adj, mpl* **-deses** : of or from New Zealand
**neozelandés², -desa** *n, mpl* **-deses** : New Zealander
**nepalés, -lesa** *adj & n, mpl* **-leses** : Nepali
**nepotismo** *nm* : nepotism
**Neptuno** *nm* : Neptune
**nervio** *nm* **1** : nerve **2** : tendon, sinew, gristle (in meat) **3** : energy, drive **4** : rib (of a vault) **5 nervios** *nmpl* : nerves ⟨estar mal de los nervios : to be a bag/bundle of nerves⟩ ⟨tener los nervios de punta : to be on edge, to have one's nerves on edge⟩ ⟨crisparle los nervios a alguien : to get on someone's nerves⟩ ⟨ataque de nervios : nervous breakdown⟩ ⟨una guerra de nervios : a war of nerves⟩ ⟨nervios de acero : nerves of steel⟩
**nerviosamente** *adv* : nervously
**nerviosidad** → **nerviosismo**
**nerviosismo** *nf* : nervousness, anxiety
**nervioso, -sa** *adj* **1** : nervous, nerve ⟨sistema nervioso : nervous system⟩ **2** : high-strung, restless, anxious ⟨ponerse nervioso : to get nervous⟩ **3** : vigorous, energetic
**nervudo, -da** *adj* : sinewy, wiry
**neta** *nf Mex fam* : truth ⟨la neta es que me cae mal : the truth is, I don't like her⟩
**netamente** *adv* : clearly, obviously
**neto, -ta** *adj* **1** : net ⟨peso neto : net weight⟩ **2** : clear, distinct
**neumático¹, -ca** *adj* : pneumatic
**neumático²** *nm* LLANTA : tire
**neumonía** *nf* PULMONÍA : pneumonia
**neural** *adj* : neural
**neuralgia** *nf* : neuralgia
**neuritis** *nf* : neuritis
**neurología** *nf* : neurology
**neurológico, -ca** *adj* : neurological, neurologic
**neurólogo, -ga** *n* : neurologist
**neurosis** *nfs & pl* : neurosis
**neurótico, -ca** *adj & n* : neurotic
**neutral** *adj* : neutral
**neutralidad** *nf* : neutrality
**neutralizar** {21} *vt* : to neutralize — **neutralización** *nf*
**neutro, -tra** *adj* **1** : neutral **2** : neuter
**neutrón** *nm, pl* **neutrones** : neutron
**nevada** *nf* : snowfall
**nevado, -da** *adj* **1** : snowcapped **2** : snow-white
**nevar** {55} *v impers* : to snow
**nevasca** *nf* : snowstorm, blizzard
**nevera** *nf* REFRIGERADOR : refrigerator
**nevería** *nf Mex* : ice cream parlor
**nevisca** *nf* : light snowfall, flurry
**nevoso, -sa** *adj* : snowy
**nexo** *nm* VÍNCULO : link, connection, nexus
**ni** *conj* **1** : neither, nor ⟨no es (ni) bueno ni malo : it's neither good nor bad⟩ ⟨ni hoy ni mañana : neither today nor tomorrow⟩ ⟨ni confirma ni niega las acusaciones : he neither confirms nor denies the allegations⟩ ⟨zonas sin agua ni electricidad : areas without water or power, areas with no water or power⟩ ⟨no pagó ni un centavo : he didn't pay a single cent⟩ ⟨él no lo cree, ni yo tampoco : he doesn't believe it, and neither do I⟩ ⟨no le beneficia a ella ni a nadie : it doesn't benefit her or anyone else⟩ **2 ni que** : not even if, not as if ⟨ni que me pagaran : not even if they paid me⟩ ⟨ni que fuera (yo) su madre : it's not as if I were his mother⟩ **3 ni siquiera** : not even ⟨ni siquiera nos llamaron : they didn't even call us⟩
**nicaragüense** *adj & nmf* : Nicaraguan
**nicho** *nm* : niche
**nicotina** *nf* : nicotine
**nidada** *nf* : brood (of chicks)
**nido** *nm* **1** : nest **2** : hiding place, den
**niebla** *nf* : fog, mist
**niega, niegue etc.** → **negar**
**nieto, -ta** *n* **1** : grandson *m*, granddaughter *f* **2 nietos** *nmpl* : grandchildren
**nieva, etc.** → **nevar**
**nieve** *nf* **1** : snow **2** *Cuba, Mex, PRi* : sherbet
**nigeriano, -na** *adj & n* : Nigerian
**nigua** *nf* : sand flea, chigger
**nihilismo** *nm* : nihilism
**nilón** *or* **nilon** *nm, pl* **nilones** : nylon
**nimbo** *nm* : halo
**nimiedad** *nf* INSIGNIFICANCIA : trifle, triviality
**nimio, -mia** *adj* INSIGNIFICANTE : insignificant, trivial
**ninfa** *nf* : nymph
**ninguna**nea *vt Mex fam* : to disrespect
**ninguno¹, -na** (*ningún before masculine singular nouns*) *adj, mpl* **ningunos** : no, none ⟨no es ninguna tonta : she's no fool⟩ ⟨no dieron ninguna razón : they gave no reason, they didn't give a reason⟩ ⟨no debe hacerse en ningún mo-

mento : that should never be done⟩ ⟨no tenemos ninguna idea : we have no idea⟩
**ninguno²**, **-na** *pron* **1** : neither, none ⟨ninguno de los dos ha vuelto aún : neither one has returned yet⟩ ⟨ninguno de ellos : none of them⟩ **2** : no one, no other ⟨te quiero más que a ninguna : I love you more than any other⟩ ⟨ninguno me dice nada : nobody tells me anything⟩
**niña** *nf* **1** PUPILA : pupil (of the eye) **2 la niña de los ojos** : the apple of one's eye
**niñada** *nf* **1** : childishness **2** : trifle, silly thing
**niñería** → **niñada**
**niñero, -ra** *n* : baby-sitter, nanny
**niñez** *nf, pl* **niñeces** INFANCIA : childhood
**niño, -ña** *n* : child, boy *m*, girl *f* ⟨los niños : the children⟩ ⟨esperar un niño : to be pregnant, to be expecting a baby⟩
**nipón, -pona** *adj & n, mpl* **nipones** JAPONÉS : Japanese
**níquel** *nm* : nickel
**nitidez** *nf, pl* **-deces** CLARIDAD : clarity, vividness, sharpness
**nítido, -da** *adj* CLARO : clear, vivid, sharp
**nitrato** *nm* : nitrate
**nítrico, -ca** *adj* **ácido nítrico** → **ácido²**
**nitrógeno** *nm* : nitrogen
**nitroglicerina** *nf* : nitroglycerin
**nivel** *nm* **1** : level, height ⟨nivel del mar : sea level⟩ ⟨al nivel de : level with⟩ ⟨al nivel del suelo : at floor level⟩ **2** : level, standard ⟨nivel de vida : standard of living⟩ ⟨al mismo nivel que : on a level/par with⟩ ⟨de alto nivel : high-level⟩
**nivelador, -dora** *n* : leveler
**nivelar** *vt* : to level (off/out), to even (out) — **nivelarse** *vr*
**nixtamal** *nm Mex* : corn cooked with lime (used for tortillas)
**no¹** *adv* **1** (*indicating a negative response*) : no ⟨¿quieres más? no, gracias : do you want more? no, thanks⟩ ⟨¿la conoces? no : do you know her? no⟩ **2** : no, not ⟨no sé : I don't know⟩ ⟨no tengo ni idea : I have no idea⟩ ⟨¡no hagas eso! : don't do that!⟩ ⟨no le gusta : she doesn't like it⟩ ⟨no es fácil : it's not easy⟩ ⟨creo que no : I don't think so⟩ ⟨no puedo ver nada : I can't see a thing, I can't see anything⟩ ⟨no hay nadie : there's no one there⟩ ⟨es interesante, ¿no? : it's interesting, isn't it?⟩ ⟨¡se casó! ¡no! : he got married! no way!⟩ **3** : non- ⟨no fumador : non-smoker⟩ **4 ¡cómo no!** : of course! **5 no bien** : as soon as, no sooner
**no²** *nm, pl* **noes** : no
**noble¹** *adj* : noble — **noblemente** *adv*
**noble²** *nmf* : nobleman *m*, noblewoman *f*
**nobleza** *nf* **1** : nobility **2** HONRADEZ : honesty, integrity
**nocaut** *nm* : knockout, KO
**noche** *nf* **1** : night, nighttime, evening ⟨esta noche : tonight⟩ ⟨la noche anterior : the night before⟩ ⟨la noche del lunes : (on) Monday night⟩ ⟨todas las noches : every night⟩ ⟨a altas horas de la noche : late at night⟩ ⟨en medio/mitad de la noche : in the middle of the night⟩ ⟨las diez de la noche : ten (o'clock) at night⟩ ⟨al caer la noche : at nightfall⟩ ⟨pasar la noche : to spend the night⟩ **2 buenas noches** : good evening, good night **3 de noche** *or* **en/por/a la noche** : at night ⟨salir de noche : to go out at night⟩ ⟨era de noche : it was nighttime⟩ ⟨mañana en/por/a la noche : tomorrow night⟩ **4 de la noche a la mañana** : overnight, suddenly **5 hacerse de noche** : to get dark
**Nochebuena** *nf* : Christmas Eve
**nochecita** *nf* : dusk
**Nochevieja** *nf* : New Year's Eve
**noción** *nf, pl* **nociones** **1** CONCEPTO : notion, concept **2 nociones** *nfpl* : smattering, rudiments *pl*
**nocivo, -va** *adj* DAÑINO : harmful, noxious
**noctámbulo, -la** *n* **1** : sleepwalker **2** : night owl
**nocturno¹, -na** *adj* : night, nocturnal
**nocturno²** *nm* : nocturne
**nodriza** *nf* : wet nurse
**nódulo** *nm* : nodule
**nogal** *nm* **1** : walnut tree **2** *Mex* : pecan tree **3 nogal americano** : hickory
**nómada¹** *adj* : nomadic
**nómada²** *nmf* : nomad
**nomás** *adv* : only, just ⟨lo hice nomás porque sí : I did it just because⟩ ⟨nomás de recordarlo me enojo : I get angry just remembering it⟩ ⟨nomás faltan dos semanas para Navidad : there are only two weeks left till Christmas⟩
**nombradía** *nf* RENOMBRE : fame, renown
**nombrado, -da** *adj* : famous, well-known
**nombramiento** *nm* : appointment, nomination
**nombrar** *vt* **1** : to appoint **2** : to mention, to name
**nombre** *nm* **1** : name ⟨nombre y apellido : first and last name, full name⟩ ⟨nombre de pila : first name⟩ ⟨nombre de soltera : maiden name⟩ ⟨nombre de usuario : user name⟩ ⟨nombre artístico : stage name⟩ ⟨nombre de pluma : pen name⟩ ⟨nombre comercial : trade name⟩ ⟨en nombre de : on behalf of⟩ ⟨sin nombre : nameless⟩ ⟨sólo de nombre : in name only⟩ ⟨lo cambiaron de nombre : they changed its name⟩ ⟨no lo conozco de nombre : I don't know him by name⟩ ⟨lo que están haciendo no tiene nombre : what they're doing is an outrage⟩ **2** : noun ⟨nombre propio : proper noun⟩ **3** : fame, renown ⟨hacerse un nombre : to make a name for oneself⟩
**nomenclatura** *nf* : nomenclature
**nomeolvides** *nmfs & pl* : forget-me-not
**nómina** *nf* : payroll
**nominación** *nf, pl* **-ciones** : nomination
**nominal** *adj* : nominal — **nominalmente** *adv*
**nominar** *vt* : to nominate
**nominativo¹, -va** *adj* : nominative
**nominativo²** *nm* : nominative (case)
**nomo** *nm* : gnome

**non**[1] *adj* IMPAR : odd, not even
**non**[2] *nm* : odd number
**nonagésimo**[1], **-ma** *adj* : ninetieth, ninety-
**nonagésimo**[2], **-ma** *n* : ninetieth, ninety- (in a series)
**nono, -na** *adj* : ninth — **nono** *nm*
**nopal** *nm* : prickly pear
**nopalitos** *nmpl Mex* : pickled prickly pear leaves
**noquear** *vt* : to knock out, to KO
**norcoreano, -na** *adj & n* : North Korean
**nordeste**[1] *or* **noreste** *adj* 1 : northeastern 2 : northeasterly
**nordeste**[2] *or* **noreste** *nm* : northeast
**nórdico, -ca** *adj & n* 1 ESCANDINAVO : Scandinavian 2 : Norse
**noreste** → **nordeste**
**noria** *nf* 1 : waterwheel 2 : Ferris wheel
**norirlandés**[1], **-desa** *adj, mpl* **-deses** : Northern Irish
**norirlandés**[2], **-desa** *n, mpl* **-deses** : person from Northern Ireland
**norma** *nf* 1 : rule, regulation 2 : norm, standard
**normal** *adj* 1 : normal, usual 2 : standard 3 **escuela normal** : teacher-training college
**normalidad** *nf* : normality, normalcy
**normalización** *nf, pl* **-ciones** *nf* 1 REGULARIZACIÓN : normalization 2 ESTANDARIZACIÓN : standardization
**normalizar** {21} *vt* 1 REGULARIZAR : to normalize 2 ESTANDARIZAR : to standardize — **normalizarse** *vr* : to return to normal
**normalmente** *adv* GENERALMENTE : ordinarily, generally
**noroeste**[1] *adj* 1 : northwestern 2 : northwesterly
**noroeste**[2] *nm* : northwest
**norte**[1] *adj* : north, northern
**norte**[2] *nm* 1 : north 2 : north wind 3 META : aim, objective
**norteamericano, -na** *adj & n* 1 : North American 2 AMERICANO, ESTADOUNIDENSE : American, native or inhabitant of the United States
**norteño**[1], **-ña** *adj* : northern
**norteño**[2], **-ña** *n* : Northerner
**noruego**[1], **-ga** *adj & n* : Norwegian
**noruego**[2] *nm* : Norwegian (language)
**nos** *pron pl* 1 : us ⟨nos enviaron a la frontera : they sent us to the border⟩ 2 : ourselves ⟨nos divertimos muchísimo : we enjoyed ourselves a great deal⟩ 3 : each other, one another ⟨nos vimos desde lejos : we saw each other from far away⟩ 4 : to us, for us, from us ⟨nos lo dio : he gave it to us⟩ ⟨nos lo compraron : they bought it from us⟩
**nosotros, -tras** *pron pl* 1 : we ⟨nosotros llegamos ayer : we arrived yesterday⟩ 2 : us ⟨ven con nosotros : come with us⟩ ⟨a nosotros no nos afecta : it doesn't affect us⟩ ⟨ninguna de nosotras : neither of us⟩ ⟨el de nosotros es mejor : ours is better⟩ 3 **nosotros mismos** : ourselves ⟨lo arreglamos nosotros mismos : we fixed it ourselves⟩
**nostalgia** *nf* 1 : nostalgia, longing 2 : homesickness
**nostálgico, -ca** *adj* 1 : nostalgic 2 : homesick
**nota** *nf* 1 : note, message ⟨tomar notas : to take notes⟩ 2 : announcement ⟨nota de prensa : press release⟩ 3 : grade, mark (in school) 4 : characteristic, feature, touch 5 : note (in music) 6 : bill, check (in a restaurant)
**notable** *adj* 1 : notable, noteworthy 2 : outstanding
**notablemente** *adv* 1 : notably, markedly 2 : outstandingly
**notación** *nf, pl* **-ciones** : notation
**notar** *vt* 1 : to notice ⟨hacer notar algo : to point out something⟩ 2 : to tell ⟨la diferencia se nota inmediatamente : you can tell the difference right away⟩ — **notarse** *vr* 1 : to be evident, to show 2 : to feel, to seem
**notaría** *nf* : notary's office
**notario, -ria** *n* : notary, notary public
**notebook** *nf* : notebook (computer)
**noticia** *nf* 1 : news item, piece of news ⟨noticia bomba : shocking news, bombshell⟩ 2 **noticias** *nfpl* : news
**noticiero** *or* **noticiario** *nm* : news, news program, newscast
**noticioso, -sa** *adj* : news ⟨agencia noticiosa : news agency⟩
**notificación** *nf, pl* **-ciones** : notification
**notificar** {72} *vt* : to notify, to inform
**notoriedad** *nf* 1 : knowledge 2 : fame, notoriety
**notorio, -ria** *adj* 1 OBVIO : obvious, evident 2 CONOCIDO : well-known
**novato**[1], **-ta** *adj* : inexperienced, new
**novato**[2], **-ta** *n* : beginner, novice
**novecientos**[1], **-tas** *adj & pron* : nine hundred
**novecientos**[2] *nms & pl* : nine hundred
**novedad** *nf* 1 : newness, novelty 2 : innovation 3 : news, development 4 **sin ~** : the same as before 5 **sin ~** : without incident, safely
**novedoso, -sa** *adj* : original, novel
**novel** *adj* NOVATO : inexperienced, new
**novela** *nf* 1 : novel 2 : soap opera
**novelar** *vt* : to make a novel out of
**novelesco, -ca** *adj* 1 : fictional 2 : fantastic, fabulous
**novelista** *nmf* : novelist
**novena** *nf* : novena
**noveno, -na** *adj & n* : ninth ⟨el noveno piso : the ninth floor⟩ ⟨la novena (persona) : the ninth (person)⟩ ⟨un noveno de . . . : one ninth of . . .⟩
**noventa** *adj & nm* : ninety — **noventa** *pron*
**noventavo**[1], **-va** *adj* : ninetieth
**noventavo**[2] *nm* : ninetieth (fraction)
**noviar** *vi* : to date, to go out ⟨noviar con : to go out with⟩
**noviazgo** *nm* 1 : courtship, relationship 2 : engagement, betrothal
**novicio, -cia** *n* 1 : novice (in religion) 2 PRINCIPIANTE : novice, beginner
**noviembre** *nm* : November ⟨el primero de noviembre : (on) November first⟩

**novilla** *nf* : heifer
**novillada** *nf* : bullfight featuring young bulls
**novillero, -ra** *n* : apprentice bullfighter
**novillo** *nm* : young bull
**novio, -via** *n* **1** : boyfriend *m*, girlfriend *f* **2** PROMETIDO : fiancé *m*, fiancée *f* **3** : bridegroom *m*, bride *f*
**novocaína** *nf* : novocaine
**nubarrón** *nm, pl* **-rrones** : storm cloud
**nube** *nf* **1** : cloud ⟨andar en las nubes : to have one's head in the clouds⟩ ⟨por las nubes : sky-high⟩ **2** : cloud (of dust), swarm (of insects, etc.) **3** : cloud ⟨computación en la nube : cloud computing⟩
**nublado**[1], **-da** *adj* **1** NUBOSO : cloudy, overcast **2** : clouded, dim
**nublado**[2] *nm* **1** : storm cloud **2** AMENAZA : menace, threat
**nublar** *vt* **1** : to cloud **2** OSCURECER : to obscure — **nublarse** *vr* : to get cloudy
**nubosidad** *nf* : cloudiness
**nuboso, -sa** *adj* NUBLADO : cloudy
**nuca** *nf* : nape, back of the neck
**nuclear** *adj* : nuclear
**núcleo** *nm* **1** : nucleus **2** : center, heart, core
**nudillo** *nm* : knuckle
**nudismo** *nm* : nudism
**nudista** *adj & nmf* : nudist
**nudo** *nm* **1** : knot ⟨nudo de rizo : square knot⟩ ⟨nudo corredizo : slipknot⟩ ⟨un nudo en la garganta : a lump in one's throat⟩ **2** : node **3** : junction, hub ⟨nudo de comunicaciones : communication center⟩ **4** : crux, heart (of a problem, etc.)
**nudoso, -sa** *adj* : knotty, gnarled
**nuera** *nf* : daughter-in-law
**nuestro**[1], **-tra** *adj* : our
**nuestro**[2], **-tra** *pron* (*with definite article*) : ours, our own ⟨el nuestro es más grande : ours is bigger⟩ ⟨es de los nuestros : it's one of ours⟩
**nuevamente** *adv* : again, anew
**nuevas** *nfpl* : tidings *pl*
**nueve**[1] *adj & nm* : nine ⟨tengo nueve años : I am nine years old⟩ ⟨el nueve de noviembre : (on) the ninth of November, (on) November ninth⟩
**nueve**[2] *pron* : nine ⟨somos nueve : there are nine of us⟩ ⟨son las nueve : it's nine o'clock⟩
**nuevecito, -ta** *adj* : brand-new
**nuevo, -va** *adj* **1** : new ⟨una casa nueva : a new house⟩ ⟨¿qué hay de nuevo? : what's new?⟩ **2 de ~** : again, once more **3 Nuevo Testamento** : New Testament
**nuez** *nf, pl* **nueces** **1** : nut **2** : walnut **3** *Mex* : pecan **4 nuez de Adán** : Adam's apple **5 nuez de Brasil** : Brazil nut **6 nuez moscada** : nutmeg
**nulidad** *nf* **1** : nullity **2** : incompetent person ⟨¡es una nulidad! : he's hopeless!⟩
**nulo, -la** *adj* **1** : null, null and void **2** INEPTO : useless, inept ⟨es nula para la cocina : she's hopeless at cooking⟩
**numen** *nm* : poetic muse, inspiration
**numerable** *adj* : countable
**numeración** *nf, pl* **-ciones** **1** : numbering **2** : numbers *pl*, numerals *pl* ⟨numeración romana : Roman numerals⟩
**numerador** *nm* : numerator
**numeral** *adj* : numeral
**numerar** *vt* : to number
**numerario, -ria** *adj* : long-standing, permanent ⟨profesor numerario : tenured professor⟩
**numérico, -ca** *adj* : numerical — **numéricamente** *adv*
**número** *nm* **1** : number ⟨número impar : odd number⟩ ⟨número primo : prime number⟩ ⟨número ordinal : ordinal number⟩ ⟨número arábigo : Arabic numeral⟩ ⟨número quebrado : fraction⟩ **2** : issue (of a publication) **3** : size ⟨¿qué número calza? : what's his shoe size?⟩ **4** : lottery ticket **5** : act, routine, number **6 sin ~** : countless
**numeroso, -sa** *adj* : numerous
**numismática** *nf* : numismatics
**nunca** *adv* **1** : never, ever ⟨nunca es tarde : it's never too late⟩ ⟨no trabaja casi nunca : he hardly ever works⟩ **2 nunca más** : never again **3 nunca jamás** : never ever
**nuncio** *nm* : harbinger, herald
**nupcial** *adj* : nuptial, wedding
**nupcias** *nfpl* : nuptials *pl*, wedding
**nutria** *nf* **1** : otter **2** : nutria
**nutrición** *nf, pl* **-ciones** : nutrition, nourishment
**nutricionista** *nmf* : nutritionist
**nutrido, -da** *adj* **1** : nourished ⟨mal nutrido : undernourished, malnourished⟩ **2** : considerable, abundant ⟨de nutrido : full of, abounding in⟩
**nutriente** *nm* : nutrient
**nutrimento** *nm* : nutriment
**nutrir** *vt* **1** ALIMENTAR : to feed, to nourish **2** : to foster, to provide
**nutritivo, -va** *adj* : nourishing, nutritious
**nylon** → **nilón**
**ñ** *nf* : seventeenth letter of the Spanish alphabet
**ñame** *nm* : yam
**ñandú** *nm, pl* **ñandú** *or* **ñandúes** : rhea
**ñapa** *nf* : extra amount ⟨de ñapa : for good measure⟩
**ñato, -ta** *adj* : snub-nosed
**ñoñear** *vi fam* : to whine
**ñoñería** *nf* : inanity
**ñoño, -ña** *adj fam* : whiny, fussy ⟨no seas tan ñoño : don't be such a wimp⟩
**ñu** *nm* : gnu

# O

**o**[1] *nf* : eighteenth letter of the Spanish alphabet

**o**[2] *conj* (**u** *before words beginning with o- or ho-*) **1** : or ⟨¿vienes con nosotros o te quedas? : are you coming with us or staying?⟩ **2** : either ⟨o vienes con nosotros o te quedas : either you come with us or you stay⟩ **3 o sea** : that is to say, in other words

**oasis** *nms & pl* : oasis

**obcecado, -da** *adj* **1** : blinded ⟨obcecado por la ira : blinded by rage⟩ **2** : stubborn, obstinate

**obcecar** {72} *vt* : to blind (by emotions) — **obcecarse** *vr* : to become stubborn

**obedecer** {53} *vt* : to obey ⟨obedecer órdenes : to obey orders⟩ ⟨obedece a tus padres : obey your parents⟩ — *vi* **1** : to obey **2 ~ a** : to respond to **3 ~ a** : to be due to, to result from

**obediencia** *nf* : obedience

**obediente** *adj* : obedient — **obedientemente** *adv*

**obelisco** *nm* : obelisk

**obertura** *nf* : overture

**obesidad** *nf* : obesity

**obeso, -sa** *adj* : obese

**óbice** *nm* : obstacle, impediment

**obispado** *nm* DIÓCESIS : bishopric, diocese

**obispo** *nm* : bishop

**obituario** *nm* : obituary

**objeción** *nf, pl* **-ciones** : objection ⟨ponerle objeciones a algo : to object to something⟩

**objetar** *v* : to object ⟨no tengo nada que objetar : I have no objections⟩

**objetividad** *nf* : objectivity

**objetivo**[1], **-va** *adj* : objective — **objetivamente** *adv*

**objetivo**[2] *nm* **1** META : objective, goal, target **2** : lens

**objeto** *nm* **1** COSA : object, thing ⟨objetos de valor : valuables⟩ **2** OBJETIVO : objective, purpose ⟨con objeto de : in order to, with the aim of⟩ **3 objeto volador no identificado** : unidentified flying object

**objetor, -tora** *n* : objector ⟨objetor de conciencia : conscientious objector⟩

**oblea** *nf* **1** : wafer **2 hecho una oblea** *fam* : skinny as a rail

**oblicuo, -cua** *adj* : oblique — **oblicuamente** *adv*

**obligación** *nf, pl* **-ciones** **1** DEBER : obligation, duty **2** : bond

**obligado, -da** *adj* **1** : obliged **2** : obligatory, compulsory **3** : customary

**obligar** {52} *vt* : to force, to require, to oblige — **obligarse** *vr* : to commit oneself, to undertake (to do something)

**obligatorio, -ria** *adj* : mandatory, required, compulsory

**obliterar** *vt* : to obliterate, to destroy — **obliteración** *nf*

**oblongo, -ga** *adj* : oblong

**obnubilación** *nf, pl* **-ciones** : bewilderment, confusion

**obnubilar** *vt* : to daze, to bewilder

**oboe**[1] *nm* : oboe

**oboe**[2] *nmf* : oboist

**obra** *nf* **1** : work ⟨obra de arte : work of art⟩ ⟨obra de teatro : play⟩ ⟨obra de consulta : reference work⟩ **2** : deed ⟨una buena obra : a good deed⟩ **3** : construction work ⟨en obra(s) : under construction⟩ ⟨obras viales : roadwork⟩ **4** : construction site, building site **5 obra maestra** : masterpiece **6 obras públicas** : public works **7 poner en obra** : to put into effect **8 por obra de** : thanks to, because of

**obrar** *vt* : to work, to produce ⟨obrar milagros : to work miracles⟩ — *vi* **1** : to act, to behave ⟨obrar con cautela : to act with caution⟩ **2 obrar en poder de** : to be in possession of

**obrero**[1], **-ra** *adj* : working ⟨la clase obrera : the working class⟩

**obrero**[2], **-ra** *n* : worker, laborer

**obscenidad** *nf* : obscenity

**obsceno, -na** *adj* : obscene

**obscurecer, obscuridad** **obscuro** → **oscurecer, oscuridad, oscuro**

**obsequiar** *vt* REGALAR : to give, to present ⟨lo obsequiaron con una placa : they presented him with a plaque⟩

**obsequio** *nm* REGALO : gift, present

**obsequiosidad** *nf* : attentiveness, deference

**obsequioso, -sa** *adj* : obliging, attentive

**observable** *adj* : observable

**observación** *nf, pl* **-ciones** **1** : observation, watching ⟨bajo/en observación : under observation⟩ **2** : remark, comment

**observador**[1], **-dora** *adj* : observant

**observador**[2], **-dora** *n* : observer, watcher

**observancia** *nf* : observance

**observante** *adj* : observant ⟨los judíos observantes : observant Jews⟩

**observar** *vt* **1** : to observe, to watch ⟨estábamos observando a los niños : we were watching the children⟩ **2** NOTAR : to notice **3** ACATAR : to obey, to abide by **4** COMENTAR : to remark, to comment

**observatorio** *nm* : observatory

**obsesión** *nf, pl* **-siones** : obsession

**obsesionar** *vt* : to obsess, to preoccupy excessively — **obsesionarse** *vr*

**obsesivo, -va** *adj* : obsessive

**obseso, -sa** *adj* : obsessed

**obsolescencia** *nf* DESUSO : obsolescence — **obsolescente** *adj*

**obsoleto, -ta** *adj* DESUSADO : obsolete

**obstaculizar** {21} *vt* IMPEDIR : to obstruct, to hinder

**obstáculo** *nm* IMPEDIMENTO : obstacle

**obstante**[1] *conj* **no obstante** : nevertheless, however

**obstante**[2] *prep* **no obstante** : in spite of, despite ⟨mantuvo su inocencia no ob-

stante la evidencia : he maintained his innocence in spite of the evidence〉
**obstar** *v impers* ~ **a** *or* ~ **para** : to hinder, to prevent 〈eso no obsta para que me vaya : that doesn't prevent me from leaving〉
**obstetra** *nmf* TOCÓLOGO : obstetrician
**obstetricia** *nf* : obstetrics
**obstétrico, -ca** *adj* : obstetric, obstetrical
**obstinación** *nf, pl* **-ciones** **1** TERQUEDAD : obstinacy, stubbornness **2** : perseverance, tenacity
**obstinado, -da** *adj* **1** TERCO : obstinate, stubborn **2** : persistent — **obstinadamente** *adv*
**obstinarse** *vr* EMPECINARSE : to be obstinate, to be stubborn
**obstrucción** *nf, pl* **-ciones** : obstruction, blockage
**obstruccionismo** *nm* : filibustering (en política)
**obstruccionista** *adj* : filibustering (en política)
**obstructor, -tora** *adj* : obstructive
**obstruir** {41} *vt* BLOQUEAR : to obstruct, to block, to clog — **obstruirse** *vr*
**obtención** *nf, pl* **-ciones** : obtaining, procurement
**obtener** {80} *vt* : to obtain, to secure, to get — **obtenible** *adj*
**obturador** *nm* : shutter (of a camera)
**obturar** *vt* : to block
**obtuso, -sa** *adj* : obtuse
**obtuvo, etc.** → **obtener**
**obús** *nm, pl* **obuses** **1** : mortar (weapon) **2** : mortar shell
**obviar** *vt* : to get around (a difficulty), to avoid
**obvio, -via** *adj* : obvious — **obviamente** *adv*
**oca** *nf* : goose
**ocasión** *nf, pl* **-siones** **1** : occasion, time 〈en alguna ocasión : occasionally, sometimes〉 **2** : opportunity, chance **3** : bargain **4 de** ~ : secondhand **5 aviso de ocasión** *Mex* : classified ad
**ocasional** *adj* **1** : occasional **2** : chance, fortuitous
**ocasionalmente** *adv* **1** : occasionally **2** : by chance
**ocasionar** *vt* CAUSAR : to cause, to occasion
**ocaso** *nm* **1** ANOCHECER : sunset, sundown **2** DECADENCIA : decline, fall
**occidental** *adj* : western
**occidente** *nm* **1** OESTE, PONIENTE : west **2 el Occidente** : the West
**oceánico, -ca** *adj* : oceanic
**océano** *nm* : ocean
**oceanografía** *nf* : oceanography — **oceanográfico, -ca** *adj*
**ocelote** *nm* : ocelot
**ochenta** *adj & nm* : eighty — **ochenta** *pron*
**ochentavo**[1], **-va** *adj* : eightieth
**ochentavo**[2] *nm* : eightieth (fraction)
**ocho**[1] *adj & nm* : eight 〈tiene ocho años : he's eight (years old)〉 〈el ocho de mayo : (on) the eighth of May, (on) May eighth〉
**ocho**[2] *pron* : eight 〈somos ocho : there are eight of us〉 〈son las ocho : it's eight o'clock〉
**ochocientos**[1], **-tas** *adj & pron* : eight hundred
**ochocientos**[2] *nms & pl* : eight hundred
**ocio** *nm* **1** : free time, leisure **2** : idleness
**ociosamente** *adv* : idly
**ociosidad** *nf* : idleness, inactivity
**ocioso, -sa** *adj* **1** INACTIVO : idle, inactive **2** INÚTIL : pointless, useless
**ocre** *nm* : ocher
**octágono** *nm* : octagon — **octagonal** *adj*
**octava** *nf* : octave
**octavilla** *nf* : pamphlet
**octavo, -va** *adj & n* : eighth 〈el octavo grado : the eighth grade〉 〈la octava (persona) : the eighth (person)〉 〈un octavo de . . . : one eighth of . . .〉
**octeto** *nm* : byte
**octogésimo**[1], **-ma** *adj* : eightieth, eighty-
**octogésimo**[2], **-ma** *n* : eightieth, eighty- (in a series)
**octubre** *nm* : October 〈el primero de octubre : (on) October first〉
**ocular** *adj* **1** : ocular, eye 〈músculos oculares : eye muscles〉 **2 testigo ocular** : eyewitness
**oculista** *nmf* : oculist, ophthalmologist
**ocultación** *nf, pl* **-ciones** : concealment
**ocultar** *vt* ESCONDER : to conceal, to hide — **ocultarse** *vr*
**oculto, -ta** *adj* **1** ESCONDIDO : hidden, concealed **2** : occult
**ocupación** *nf, pl* **-ciones** **1** : occupation, activity **2** : occupancy **3** EMPLEO : employment, job
**ocupacional** *adj* : occupational, job-related
**ocupado, -da** *adj* **1** : busy **2** : taken 〈este asiento está ocupado : this seat is taken〉 **3** : occupied 〈territorios ocupados : occupied territories〉 **4 señal de ocupado** : busy signal
**ocupante** *nmf* : occupant
**ocupar** *vt* **1** : to occupy, to take possession of **2** : to hold (a position) **3** : to employ, to keep busy **4** : to fill (space, time) **5** : to inhabit (a dwelling) **6** : to bother, to concern — **ocuparse** *vr* ~ **de** **1** : to be concerned with **2** : to take care of
**ocurrencia** *nf* **1** : occurrence, event **2** : witticism **3** : bright idea
**ocurrente** *adj* **1** : witty **2** : clever, sharp
**ocurrir** *vi* : to occur, to happen — **ocurrirse** *vr* ~ **a** : to occur to, to strike 〈se me ocurrió una mejor idea : a better idea occurred to me〉
**oda** *nf* : ode
**odiar** *vt* ABOMINAR, ABORRECER : to hate
**odio** *nm* : hate, hatred
**odioso, -sa** *adj* ABOMINABLE, ABORRECIBLE : hateful, detestable
**odisea** *nf* : odyssey
**odómetro** *nm* : odometer
**odontología** *nf* : dentistry, dental surgery
**odontólogo, -ga** *n* : dentist, dental surgeon

**odre** *nm* : wineskin
**oeste¹** *adj* **1** : west, western ⟨la región oeste : the western region⟩ **2** : westerly
**oeste²** *nm* **1** : west, West **2** : west wind
**ofender** *vt* AGRAVIAR : to offend, to insult — *vi* : to offend, to be insulting — **ofenderse** *vr* : to take offense
**ofensa** *nf* : offense, insult
**ofensiva** *nf* : offensive ⟨pasar a la ofensiva : to go on the offensive⟩
**ofensivo, -va** *adj* : offensive, insulting — **ofensivamente** *adv*
**ofensor, -sora** *n* : offender
**oferente** *nmf* **1** : supplier **2** FUENTE : source ⟨un oferente no identificado : an unidentified source⟩
**oferta** *nf* **1** : offer **2** : sale, bargain ⟨las camisas están en oferta : the shirts are on sale⟩ **3 oferta y demanda** : supply and demand
**ofertar** *vt* OFRECER : to offer
**oficial¹** *adj* : official — **oficialmente** *adv*
**oficial²** *nmf* **1** : officer, police officer, commissioned officer (in the military) **2** : skilled worker
**oficializar** {21} *vt* : to make official
**oficiante** *nmf* : celebrant
**oficiar** *vt* **1** : to inform officially **2** : to officiate at, to celebrate (Mass) — *vi* ~ **de** : to act as
**oficina** *nf* : office
**oficinista** *nmf* : office worker
**oficio** *nm* **1** : trade, profession ⟨es electricista de oficio : he's an electrician by trade⟩ **2** : function, role **3** : official communication **4** : experience ⟨tener oficio : to be experienced⟩ **5** : religious ceremony
**oficioso, -sa** *adj* **1** EXTRAOFICIAL : unofficial **2** : officious — **oficiosamente** *adv*
**ofimática** *nf* : office automation, office computing
**ofrecer** {53} *vt* **1** : to offer **2** : to provide, to give **3** : to present (an appearance, etc.) — **ofrecerse** *vr* **1** : to offer oneself, to volunteer **2** : to open up, to present itself
**ofrecimiento** *nm* : offer, offering
**ofrenda** *nf* : offering
**oftalmología** *nf* : ophthalmology
**oftalmólogo, -ga** *n* : ophthalmologist
**ofuscación** *nf, pl* **-ciones** : blindness, confusion
**ofuscar** {72} *vt* **1** : to blind, to dazzle **2** CONFUNDIR : to bewilder, to confuse — **ofuscarse** *vr* ~ **con** : to be blinded by
**ogro** *nm* : ogre
**oh** *interj* : oh ⟨¡oh, no! : oh no!⟩ ⟨oh, ¡qué raro! : oh, how odd!⟩
**ohm** *nm, pl* **ohms** : ohm
**ohmio** → **ohm**
**oídas** *nfpl* **de** ~ : by hearsay
**oído** *nm* **1** : ear ⟨oído interno : inner ear⟩ **2** : hearing ⟨duro de oído : hard of hearing⟩ **3 tocar de oído** : to play by ear
**oiga, etc.** → **oír**
**oír** {50} *vi* : to hear — *vt* **1** : to hear **2** ESCUCHAR : to listen to **3** : to pay attention to, to heed **4 ¡oye!** *or* **¡oiga!** : listen!, excuse me!, look here!
**ojal** *nm* : buttonhole
**ojalá** *interj* **1** : I hope so!, if only!, God willing! **2** : I hope, I wish, hopefully ⟨¡ojalá que le vaya bien! : I hope things go well for her!⟩ ⟨¡ojalá no llueva! : hopefully it won't rain!⟩
**ojeada** *nf* : glimpse, glance ⟨echar una ojeada : to have a quick look⟩
**ojear** *vt* : to eye, to have a look at
**ojeras** *nfpl* : bags/circles under one's eyes
**ojeriza** *nf fam* : grudge
**ojeroso, -sa** *adj* : with bags/circles under one's eyes
**ojete** *nm* : eyelet
**ojiva** *nf* : warhead
**ojo** *nm* **1** : eye ⟨un hombre con/de ojos verdes : a man with green eyes⟩ ⟨ojos negros : dark eyes⟩ ⟨la miré a los ojos : I looked her in the eye⟩ ⟨lo vi con mis propios ojos : I saw it with my own two eyes⟩ ⟨apareció ante nuestros ojos : it appeared before our very eyes⟩ ⟨con los ojos abiertos : with one's eyes open⟩ **2** : judgment, sharpness ⟨tener buen ojo para : to be a good judge of, to have a good eye for⟩ **3** : hole (in cheese), eye (in a needle), center (of a storm) ⟨ojo de cerradura : keyhole⟩ **4** : span (of a bridge) **5 a ojos vistas** : obviously, visibly **6 andar con ojo** : to be careful **7 costar un ojo de la cara** : to cost an arm and a leg **8 en un abrir y cerrar de ojos** : in the blink of an eye **9 ojo de agua** *Mex* : spring, source **10 ¡ojo!** : look out!, pay attention! **11 tener ojos de águila** : to have eyes like a hawk
**okupa** *nf fam* : squatter
**ola** *nf* **1** : wave **2 ola de calor** : heat wave
**oleada** *nf* : swell, wave ⟨una oleada de protestas : a wave of protests⟩
**oleaje** *nm* : waves *pl*, surf
**óleo** *nm* **1** : oil **2** : oil painting
**oleoducto** *nm* : oil pipeline
**oleoso, -sa** *adj* : oily
**oler** {51} *vt* **1** : to smell **2** INQUIRIR : to pry into, to investigate **3** AVERIGUAR : to smell out, to uncover — *vi* **1** : to smell ⟨huele mal : it smells bad⟩ ⟨todo esto huele mal : there's something fishy about all of this⟩ **2** ~ **a** : to smell like, to smell of ⟨huele a pino : it smells like pine⟩ — **olerse** *vr* : to have a hunch, to suspect
**olfatear** *vt* **1** : to sniff **2** : to sense, to sniff out
**olfativo, -va** *adj* : olfactory
**olfato** *nm* **1** : sense of smell **2** : nose, instinct
**oligarquía** *nf* : oligarchy
**olimpiada** *or* **olimpíada** *nf* **1** : Olympiad **2** *or* **olympiadas** *nfpl* : Olympics *pl*
**olímpico, -ca** *adj* : Olympic
**olisquear** *vt* : to sniff at
**oliva** *nf* ACEITUNA : olive ⟨aceite de oliva : olive oil⟩
**olivar** *nm* : olive grove
**olivo** *nm* : olive tree

**olla** *nf* **1** : pot ⟨olla de presión : pressure cooker⟩ ⟨olla de cocción lenta, olla de cocimiento lento : slow cooker⟩ **2 olla podrida** : Spanish stew **3 olla vaporera** → **vaporera**
**olmeca** *adj & nmf* : Olmec
**olmo** *nm* : elm
**olor** *nm* : smell, odor
**oloroso, -sa** *adj* : scented, fragrant
**olote** *nm Mex* : cob, corncob
**olvidadizo, -za** *adj* : forgetful, absent-minded
**olvidar** *vt* **1** : to forget, to forget about ⟨olvida lo que pasó : forget about what happened⟩ **2** : to leave behind ⟨olvidé mi chequera en la casa : I left my checkbook at home⟩ — **olvidarse** *vr* : to forget ⟨se me olvidó mi cuaderno : I forgot my notebook⟩ ⟨se le olvidó llamarme : he forgot to call me⟩
**olvido** *nm* **1** : forgetfulness **2** : oblivion **3** DESCUIDO : oversight
**omaní** *adj & nmf* : Omani
**ombligo** *nm* : navel, belly button
**ombudsman** *nmfs & pl* : ombudsman
**omelette** *nmf* : omelet
**ominoso, -sa** *adj* : ominous — **ominosamente** *adv*
**omisión** *nf, pl* **-siones** : omission, neglect
**omiso, -sa** *adj* **1** NEGLIGENTE : neglectful **2 hacer caso omiso de** → **caso**
**omitir** *vt* **1** : to omit, to leave out **2** : to fail to ⟨omitió dar su nombre : he failed to give his name⟩
**ómnibus** *n, pl* **-bus** *or* **-buses** : bus, coach
**omnipotencia** *nf* : omnipotence
**omnipotente** *adj* TODOPODEROSO : omnipotent, almighty
**omnipresencia** *nf* : omnipresence
**omnipresente** *adj* : ubiquitous, omnipresent
**omnisciente** *adj* : omniscient — **omnisciencia** *nf*
**omnívoro, -ra** *adj* : omnivorous
**omóplato** *or* **omoplato** *nm* : shoulder blade
**once**[1] *adj & nm* : eleven ⟨tiene once años : she's eleven (years old)⟩ ⟨el once de noviembre : (on) the eleventh of November, (on) November eleventh⟩
**once**[2] *pron* : eleven ⟨son las once : it's eleven o'clock⟩ ⟨somos once : there are eleven of us⟩
**onceavo**[1], **-va** *adj* : eleventh
**onceavo**[2] *nm* : eleventh (fraction)
**onda** *nf* **1** : wave, ripple, undulation ⟨onda sonora : sound wave⟩ **2** : wave (in hair) **3** : scallop (on clothing) **4** *fam* : wavelength, understanding ⟨agarrar la onda : to get the point⟩ ⟨en la onda : on the ball, with it⟩ **5 ¿qué onda?** *fam* : what's happening?, what's up?
**ondear** *vi* : to ripple, to undulate, to flutter
**ondulación** *nf, pl* **-ciones** : undulation
**ondulado, -da** *adj* **1** : wavy ⟨pelo ondulado : wavy hair⟩ **2** : undulating
**ondulante** *adj* : undulating
**ondular** *vt* : to wave (hair) — *vi* : to undulate, to ripple
**oneroso, -sa** *adj* GRAVOSO : onerous, burdensome
**ónix** *nm* : onyx
**online** [on'lain] *adj & adv* : online
**onza** *nf* : ounce
**opacar** {72} *vt* **1** : to make opaque or dull **2** : to outshine, to overshadow
**opacidad** *nf* **1** : opacity **2** : dullness
**opaco, -ca** *adj* **1** : opaque **2** : dull
**ópalo** *nm* : opal
**opción** *nf, pl* **opciones** **1** ALTERNATIVA : option, choice **2** : right, chance ⟨tener opción a : to be eligible for⟩
**opcional** *adj* : optional — **opcionalmente** *adv*
**ópera** *nf* : opera
**operación** *nf, pl* **-ciones** **1** : operation **2** : transaction, deal
**operacional** *adj* : operational
**operador, -dora** *n* **1** : operator **2** : projectionist, camera operator
**operante** *adj* : operating, working
**operar** *vt* **1** : to produce, to bring about **2** INTERVENIR : to operate on ⟨me operaron : I had an operation, I had surgery⟩ ⟨me operaron de la rodilla : I had surgery on my knee, I had knee surgery⟩ ⟨la operaron de cáncer : she had cancer surgery⟩ ⟨fue operado de un tumor : he had surgery to remove a tumor⟩ **3** *Mex* : to operate, to run (a machine) — *vi* **1** : to operate, to function **2** : to deal, to do business — **operarse** *vr* **1** : to come about, to take place **2** : to have an operation, to have surgery
**operario, -ria** *n* : laborer, worker
**operático, -ca** → **operístico**
**operativo**[1], **-va** *adj* **1** : operating ⟨capacidad operativa : operating capacity⟩ **2** : operative
**operativo**[2] *nm* : operation ⟨operativo militar : military operation⟩
**opereta** *nf* : operetta
**operístico, -ca** *adj* : operatic
**opiato** *nm* : opiate
**opinable** *adj* : arguable
**opinar** *vi* **1** : to think, to have an opinion **2** : to express an opinion **3 opinar bien de** : to think highly of — *vt* : to think ⟨opinamos lo mismo : we're of the same opinion, we're in agreement⟩
**opinión** *nf, pl* **-niones** : opinion, belief
**opio** *nm* : opium
**oponente** *nmf* : opponent
**oponer** {60} *vt* **1** CONTRAPONER : to oppose, to place against **2 oponer resistencia** : to resist, to put up a fight — **oponerse** *vr* ~ **a** : to object to, to be against
**oporto** *nm* : port (wine)
**oportunamente** *adv* **1** : at the right time, opportunely **2** : appropriately
**oportunidad** *nf* : opportunity, chance
**oportunismo** *nm* : opportunism
**oportunista**[1] *adj* : opportunistic
**oportunista**[2] *nmf* : opportunist
**oportuno, -na** *adj* **1** : opportune, timely **2** : suitable, appropriate
**oposición** *nf, pl* **-ciones** : opposition
**opositor, -tora** *n* ADVERSARIO : opponent

**oposum** *nm* ZARIGÜEYA : opossum
**opresión** *nf, pl* **-siones** **1** : oppression **2** **opresión de pecho** : tightness in the chest
**opresivo, -va** *adj* : oppressive
**opresor¹, -sora** *adj* : oppressive
**opresor², -sora** *n* : oppressor
**oprimir** *vt* **1** : to oppress **2** : to press, to squeeze ⟨oprima el botón : push the button⟩
**oprobio** *nm* : opprobrium, shame
**optar** *vi* **1** ~ **por** : to opt for, to choose **2** ~ **a** : to aspire to, to apply for ⟨dos candidatos optan a la presidencia : two candidates are running for president⟩
**optativo, -va** *adj* FACULTATIVO : optional
**óptica** *nf* **1** : optics **2** : optician's shop **3** : viewpoint
**óptico¹, -ca** *adj* : optical, optic
**óptico², -ca** *n* : optician
**optimismo** *nm* : optimism
**optimista¹** *adj* : optimistic
**optimista²** *nmf* : optimist
**óptimo, -ma** *adj* : optimum, optimal
**optometría** *nf* : optometry — **optometrista** *nmf*
**opuesto¹** *pp* → **oponer**
**opuesto²** *adj* **1** : opposite, contrary **2** : opposed
**opulencia** *nf* : opulence — **opulento, -ta** *adj*
**opus** *nm* : opus
**opuso, etc.** → **oponer**
**ora** *conj* : now ⟨los matices eran variados, ora verdes, ora ocres : the hues were varied, now green, now ocher⟩
**oración** *nf, pl* **-ciones** **1** DISCURSO : oration, speech **2** PLEGARIA : prayer **3** FRASE : sentence, clause
**oráculo** *nm* : oracle
**orador, -dora** *n* : speaker, orator
**oral** *adj* : oral — **oralmente** *adv*
**órale** *interj Mex fam* **1** : sure!, OK! ⟨¿los dos por cinco pesos? ¡órale! : both for five pesos? you've got a deal!⟩ **2** : come on! ⟨¡órale, vámonos! : come on, let's go!⟩
**orangután** *nm, pl* **-tanes** : orangutan
**orar** *vi* REZAR : to pray
**oratoria** *nf* : oratory
**oratorio** *nm* **1** CAPILLA : oratory, chapel **2** : oratorio
**orbe** *nm* **1** : orb, sphere **2** GLOBO : globe, world
**órbita** *nf* **1** : orbit **2** : eye socket **3** ÁMBITO : sphere, field
**orbital** *adj* : orbital
**orbitar** *v* : to orbit
**orca** *nf* : orca, killer whale
**orden¹** *nm, pl* **órdenes** **1** : order ⟨todo está en orden : everything's in order⟩ ⟨por orden cronológico : in chronological order⟩ **2** **orden del día** : agenda (at a meeting) **3** **orden público** : law and order
**orden²** *nf, pl* **órdenes** **1** : order ⟨una orden religiosa : a religious order⟩ ⟨una orden de tacos : an order of tacos⟩ **2** **orden de compra** : purchase order **3** **estar a la orden del día** : to be the order of the day, to be prevalent
**ordenación** *nf, pl* **-ciones** **1** : ordination **2** : ordering, organizing
**ordenadamente** *adv* : in an orderly fashion, neatly
**ordenado, -da** *adj* : orderly, neat
**ordenador** *nm Spain* : computer
**ordenamiento** *nm* **1** : ordering, organizing **2** : code (of laws)
**ordenanza¹** *nf* REGLAMENTO : ordinance, regulation
**ordenanza²** *nm* : orderly (in the armed forces)
**ordenar** *vt* **1** MANDAR : to order, to command **2** ARREGLAR : to put in order, to arrange **3** : to ordain (a priest) — **ordenarse** *vr* : to be ordained
**ordeñar** *vt* : to milk
**ordeño** *nm* : milking
**ordinal** *nm* : ordinal (number)
**ordinariamente** *adv* **1** : usually **2** : coarsely
**ordinariez** *nf* : coarseness, vulgarity
**ordinario, -ria** *adj* **1** : ordinary **2** : coarse, common, vulgar **3** **de** ~ : usually
**orear** *vt* : to air
**orégano** *nm* : oregano
**oreja** *nf* : ear
**orfanato** *nm* : orphanage
**orfanatorio** *nm Mex* : orphanage
**orfandad** *nf* : state of being an orphan
**orfebre** *nmf* : goldsmith, silversmith
**orfebrería** *nf* : articles of gold or silver
**orfelinato** *nm* : orphanage
**orgánico, -ca** *adj* : organic — **orgánicamente** *adv*
**organigrama** *nm* : organization chart, flow chart
**organismo** *nm* **1** : organism **2** : agency, organization
**organista** *nmf* : organist
**organización** *nf, pl* **-ciones** : organization
**organizador¹, -dora** *adj* : organizing
**organizador², -dora** *n* : organizer ⟨organizador de bodas : wedding planner⟩
**organizar** {21} *vt* : to organize, to arrange — **organizarse** *vr* : to get organized
**organizativo, -va** *adj* : organizational
**órgano** *nm* : organ
**orgasmo** *nm* : orgasm
**orgía** *nf* : orgy
**orgullo** *nm* : pride
**orgulloso, -sa** *adj* : proud — **orgullosamente** *adv*
**orientación** *nf, pl* **-ciones** **1** : orientation **2** DIRECCIÓN : direction, course **3** GUÍA : guidance, direction
**oriental¹** *adj* **1** : eastern **2** *now sometimes offensive when used of people* : oriental *now usu offensive when used of people* **3** *Arg, Uru* : Uruguayan
**oriental²** *nmf* **1** : Easterner **2** *dated now sometimes offensive* : Oriental *dated, now usu offensive* **3** *Arg, Uru* : Uruguayan
**orientar** *vt* **1** : to orient, to position **2** : to guide, to direct — **orientarse** *vr* **1** : to orient oneself, to get one's bearings **2** ~ **hacia** : to turn towards, to lean towards
**oriente** *nm* **1** : east, East **2** **el Oriente** : the Orient

**orífice** *nmf* : goldsmith
**orificio** *nm* : orifice, opening
**origen** *nm, pl* **orígenes** **1** : origin **2** : lineage, birth **3 dar origen a** : to give rise to **4 en su origen** : originally
**original** *adj & nm* : original — **originalmente** *adv*
**originalidad** *nf* : originality
**originar** *vt* : to originate, to give rise to — **originarse** *vr* : to originate, to begin
**originario, -ria** *adj* ~ **de** : native of
**originariamente** *adv* : originally
**orilla** *nf* **1** BORDE : border, edge **2** : bank (of a river) **3** : shore
**orillar** *vt* **1** : to skirt, to go around **2** : to trim, to edge (cloth) **3** : to settle, to wind up **4** *Mex* : to pull over (a vehicle)
**orín** *nm* **1** HERRUMBRE : rust **2 orines** *nmpl* : urine
**orina** *nf* : urine
**orinación** *nf* : urination
**orinal** *nm* : urinal (vessel)
**orinar** *vi* : to urinate — **orinarse** *vr* : to wet oneself
**oriol** *nm* OROPÉNDOLA : oriole
**oriundo, -da** *adj* ~ **de** : native of
**orla** *nf* : border, edging
**orlar** *vt* : to edge, to trim
**ornamentación** *nf, pl* **-ciones** : ornamentation
**ornamental** *adj* : ornamental
**ornamentar** *vt* ADORNAR : to ornament, to adorn
**ornamento** *nm* : ornament, adornment
**ornar** *vt* : to adorn, to decorate
**ornitología** *nf* : ornithology
**ornitólogo, -ga** *n* : ornithologist
**ornitorrinco** *nm* : platypus
**oro** *nm* **1** : gold **2 oros** *nmpl* : gold coins (in the Spanish deck of cards)
**orondo, -da** *adj* **1** : rounded, potbellied (of a container) **2** *fam* : smug, self-satisfied
**oropel** *nm* : glitz, glitter, tinsel
**oropéndola** *nf* : oriole
**orquesta** *nf* : orchestra ⟨orquesta sinfónica : symphony (orchestra)⟩ — **orquestal** *adj*
**orquestar** *vt* : to orchestrate — **orquestación** *nf*
**orquídea** *nf* : orchid
**ortiga** *nf* : nettle
**ortodoncia** *nf* : orthodontics
**ortodoncista** *nmf* : orthodontist
**ortodoxia** *nf* : orthodoxy
**ortodoxo, -xa** *adj* : orthodox
**ortografía** *nf* : orthography, spelling
**ortográfico, -ca** *adj* : orthographic, spelling
**ortopedia** *nf* : orthopedics
**ortopédico, -ca** *adj* : orthopedic
**ortopedista** *nmf* : orthopedist
**oruga** *nf* **1** : caterpillar **2** : track (of a tank, etc.)
**orzuelo** *nm* : sty, stye (in the eye)
**os** *pron pl objective form of* VOSOTROS **1** *Spain* : you, to you ⟨os veo pronto : I'll see you soon⟩ **2** : yourselves, to yourselves **3** : each other, to each other
**osa** *nf* → **oso**
**osadía** *nf* **1** VALOR : boldness, daring **2** AUDACIA : audacity, nerve
**osado, -da** *adj* **1** : bold, daring **2** : audacious, impudent — **osadamente** *adv*
**osamenta** *nf* : skeletal remains *pl*, bones *pl*
**osar** *vi* : to dare
**oscilación** *nf, pl* **-ciones** **1** : oscillation **2** : fluctuation **3** : vacillation, wavering
**oscilar** *vi* **1** BALANCEARSE : to swing, to sway, to oscillate **2** FLUCTUAR : to fluctuate **3** : to vacillate, to waver
**oscuramente** *adv* : obscurely
**oscurecer** {53} *vt* **1** : to darken **2** : to obscure, to confuse, to cloud **3 al oscurecer** : at dusk, at nightfall — *v impers* : to grow dark, to get dark — **oscurecerse** *vr* : to darken, to dim
**oscuridad** *nf* **1** : darkness **2** : obscurity
**oscuro, -ra** *adj* **1** : dark **2** : obscure **3 a oscuras** : in the dark, in darkness
**óseo, ósea** *adj* : skeletal, bony
**ósmosis** *or* **osmosis** *nf* : osmosis
**oso, osa** *n* **1** : bear **2 Osa Mayor** : Big Dipper **3 Osa Menor** : Little Dipper **4 oso blanco** : polar bear **5 oso hormiguero** : anteater **6 oso de peluche** : teddy bear
**ostensible** *adj* : ostensible, apparent — **ostensiblemente** *adv*
**ostentación** *nf, pl* **-ciones** : ostentation, display
**ostentar** *vt* **1** : to display, to flaunt **2** POSEER : to have, to hold ⟨ostenta el récord mundial : he holds the world record⟩
**ostentoso, -sa** *adj* : ostentatious, showy — **ostentosamente** *adv*
**osteópata** *nmf* : osteopath
**osteopatía** *n* : osteopathy
**osteoporosis** *nf* : osteoporosis
**ostión** *nm, pl* **ostiones** **1** *Mex* : oyster **2** *Chile* : scallop
**ostra** *nf* : oyster
**ostracismo** *nm* : ostracism
**otear** *vt* : to scan, to survey, to look over
**otero** *nm* : knoll, hillock
**otitis** *nf* : otitis, inflammation of the ear
**otomana** *nf* : ottoman (furniture)
**otomano, -na** *adj & n* : Ottoman
**otoñal** *adj* : autumn, autumnal
**otoño** *nm* : autumn, fall
**otorgamiento** *nm* : granting, awarding
**otorgar** {52} *vt* **1** : to grant, to award **2** : to draw up, to frame (a legal document)
**otorrino, -na** *n* : ear, nose, and throat doctor
**otro**[1], **otra** *adj* **1** : other **2** : another ⟨en otro juego, ellos ganaron : in another game, they won⟩ **3 otra vez** : again **4 de otra manera** : otherwise **5 otra parte** : elsewhere **6 en otro tiempo** : once, formerly
**otro**[2], **otra** *pron* **1** : another one ⟨dame otro : give me another⟩ ⟨¡otra! : encore!⟩ **2** : other one ⟨el uno o el otro : one or the other⟩ **3 los otros, las otras** : the others, the rest ⟨me dio una y se quedó con las otras : he gave me one and kept the rest⟩

**ovación** *nf, pl* **-ciones** : ovation
**ovacionar** *vt* : to cheer, to applaud
**oval** → **ovalado**
**ovalado, -da** *adj* : oval
**óvalo** *nm* : oval
**ovárico, -ca** *adj* : ovarian
**ovario** *nm* : ovary
**oveja** *nf* **1** : sheep, ewe **2 oveja negra** : black sheep
**overol** *nm* : overalls *pl*
**ovillar** *vt* : to roll into a ball
**ovillo** *nm* **1** : ball (of yarn) **2** : tangle
**ovni** *or* **OVNI** *nm* (objeto volador *no* identificado) : UFO
**ovoide** *adj* : ovoid, ovoidal
**ovulación** *nf, pl* **-ciones** : ovulation
**ovular** *vi* : to ovulate
**óvulo** *nm* : ovum
**oxidación** *nf, pl* **-ciones** **1** : oxidation **2** : rusting
**oxidado, -da** *adj* : rusty
**oxidar** *vt* **1** : to cause to rust **2** : to oxidize — **oxidarse** *vr* : to rust, to become rusty
**óxido** *nm* **1** HERRUMBRE, ORÍN : rust **2** : oxide
**oxigenar** *vt* **1** : to oxygenate **2** : to bleach (hair)
**oxígeno** *nm* : oxygen
**oxiuro** *nm* : pinworm
**oye, etc.** → **oír**
**oyente** *nmf* **1** : listener **2** : auditor, auditing student
**ozono** *nm* : ozone

# P

**p** *nf* : nineteenth letter of the Spanish alphabet
**pabellón** *nm, pl* **-llones** **1** : pavilion (at a fair, etc.) **2** GLORIETA : gazebo, pavilion **3** : building (of a hospital, etc.) **4** : flag (of a vessel)
**pabilo** *nm* MECHA : wick
**paca** *nf* FARDO : bale
**pacana** *nf* : pecan
**pacer** {48} *v* : to graze, to pasture
**paces** → **paz**
**pachanga** *nf fam* : party, bash
**paciencia** *nf* : patience ⟨tener paciencia : to be patient⟩ ⟨perder la paciencia : to lose (one's) patience⟩
**paciente** *adj & nmf* : patient — **pacientemente** *adv*
**pacíficamente** *adv* : peacefully, peaceably
**pacificar** {72} *vt* : to pacify, to calm — **pacificarse** *vr* : to calm down, to abate — **pacificación** *nf*
**pacífico, -ca** *adj* : peaceful, pacific
**pacifismo** *nm* : pacifism
**pacifista** *adj & nmf* : pacifist
**pacotilla** *nf* **de ~** : shoddy, trashy
**pactar** *vt* : to agree on (terms, etc.) — *vi* : to come to an agreement
**pacto** *nm* CONVENIO : pact, agreement
**paddock** [ˈpadok] *nm* : paddock
**padecer** {53} *vt* : to suffer (hardship, etc.), to suffer from (an illness) — *vi* **1** ADOLECER : to suffer **2 ~ de** : to suffer from
**padecimiento** *nm* **1** : suffering **2** : ailment, condition
**padrastro** *nm* **1** : stepfather **2** : hangnail
**padre**[1] *adj Mex fam* : fantastic, great
**padre**[2] *nm* **1** : father **2** : Father (title of a priest) **3 padres** *nmpl* : parents
**padrenuestro** *nm* : Lord's Prayer
**padrino** *nm* **1** : godfather **2** : father of the bride **3** : sponsor, patron **4 padrinos** *nmpl* : godparents
**padrón** *nm, pl* **padrones** : register, roll ⟨padrón municipal : city register⟩ ⟨padrón electoral : electoral/voter roll⟩
**paella** *nf* : paella
**paga** *nf* **1** : payment **2** : pay, wages *pl* **3** : allowance (given to a child)
**pagadero, -ra** *adj* : payable
**pagado, -da** *adj* **1** : paid **2 pagado de sí mismo** : self-satisfied, smug
**pagador, -dora** *n* : payer
**paganismo** *nm* : paganism
**pagano, -na** *adj & n* : pagan
**pagar** {52} *vt* **1** : to pay (a bill), to pay for (a purchase), to pay off (a debt) **2** : to pay for (a crime, etc.) **3** : to repay (a favor) — *vi* : to pay
**pagaré** *nm* VALE : promissory note, IOU
**página** *nf* **1** : page ⟨la página seis : page six⟩ **2 página de inicio** : home page **3 página web** : web page
**pago** *nm* **1** : payment **2 en pago de** : in return for **3 pago al contado** : cash payment **4 pago anticipado** : advance payment **5 pago inicial** : down payment
**pagoda** *nf* : pagoda
**pague, etc.** → **pagar**
**paila** *nf* **1** : large shallow dish or pan **2** *Hond* : cargo area (of a vehicle)
**país** *nm* **1** NACIÓN : country, nation **2** REGIÓN : region, territory
**paisaje** *nm* : scenery, landscape
**paisajismo** *nm* : landscaping
**paisajista** *nmf* : landscaper
**paisano, -na** *n* **1** COMPATRIOTA : compatriot, fellow countryman **2 de ~** : in plain/civilian clothes ⟨un policía de paisano : a plainclothes policeman⟩
**paja** *nf* **1** : straw **2** *fam* : trash, tripe
**pajar** *nm* : hayloft, haystack
**pajarera** *nf* : aviary
**pajarita** *nf Spain* : bow tie
**pájaro** *nm* : bird ⟨pájaro cantor : songbird⟩ ⟨pájaro bobo : penguin⟩ ⟨pájaro carpintero : woodpecker⟩

**paje** *nm* : page (person)
**pajita** *or* **pajilla** *nf* : (drinking) straw
**pajote** *nm* : straw, mulch
**pakistaní** *adj & nmf, pl* **-níes** : Pakistani
**pala** *nf* **1** : shovel, spade **2** : blade (of an oar or a rotor) **3** : paddle, racket **4** : spatula (for serving food)
**palabra** *nf* **1** VOCABLO : word ⟨en otras palabras : in other words⟩ ⟨no dijo ni una palabra : she didn't say a word⟩ **2** PROMESA : word, promise ⟨un hombre de palabra : a man of his word⟩ ⟨cumplió (con) su palabra : she kept her word⟩ ⟨le di mi palabra : I gave him my word⟩ **3** HABLA : speech ⟨acuerdo de palabra : verbal agreement⟩ **4** : right to speak ⟨tener/tomar la palabra : to have/take the floor⟩ ⟨pidió la palabra : he asked to speak⟩
**palabrería** *nf* : empty talk
**palabrota** *nf* : swearword ⟨decir palabrotas : to swear⟩
**palacio** *nm* **1** : palace, mansion **2 palacio de justicia** : courthouse **3 palacio municipal** : city hall
**paladar** *nm* **1** : palate **2** GUSTO : taste
**paladear** *vt* SABOREAR : to savor
**paladín** *nm, pl* **-dines** : champion, defender
**palanca** *nf* **1** : lever, crowbar **2** *fam* : leverage, influence **3 palanca de cambios/velocidad** : gearshift **4 palanca de mando** JOYSTICK : joystick
**palangana** *nf* : washbowl
**palanqueta** *nf* : jimmy, small crowbar
**palapa** *nf Mex* : shelter (thatched with palms)
**palco** *nm* : box (in a theater or stadium)
**palear** *vt* **1** : to shovel **2** : to paddle
**palenque** *nm* **1** ESTACADA : stockade, palisade **2** : arena, ring
**paleontología** *nf* : paleontology
**paleontólogo, -ga** *n* : paleontologist
**palestino, -na** *adj & n* : Palestinian
**palestra** *nf* : arena ⟨salir a la palestra : to join the fray⟩
**paleta** *nf* **1** : palette **2** : trowel **3** : spatula **4** : blade, vane **5** : paddle **6** *CA, Mex* : lollipop, Popsicle
**paletilla** *nf* : shoulder blade
**paliacate** *nm Mex* : bandanna, scarf
**paliar** *vt* MITIGAR : to alleviate
**paliativo**[1], **-va** *adj* : palliative ⟨cuidados paliativos : palliative care⟩ ⟨centro de cuidados paliativos : hospice⟩
**paliativo**[2] *nm* : palliative
**palidecer** {53} *vi* : to turn pale
**palidez** *nf, pl* **-deces** : paleness, pallor
**pálido, -da** *adj* : pale ⟨se puso pálida : she turned pale⟩
**palillo** *nm* **1** *or* **palillo de dientes** MONDADIENTES : toothpick **2** *or* **palillo de tambor** : drumstick **3 palillos** *nmpl* : chopsticks
**paliza** *nf* **1** : beating, pummeling ⟨darle una paliza a : to beat, to thrash⟩ **2** DERROTA : rout, defeat
**palma** *nf* **1** : palm (of the hand) **2** : palm (tree or leaf) **3 batir/dar palmas** : to clap, to applaud **4 llevarse la palma** *fam* : to take the cake
**palmada** *nf* **1** : pat ⟨le dio unas palmadas en el hombro : she patted him on the shoulder⟩ **2** BOFETADA, CACHETADA : slap **3** : clap ⟨dar palmadas : to clap⟩
**palmarés** *nm* : record (of achievements)
**palmario, -ria** *adj* MANIFIESTO : clear, manifest
**palmeado, -da** *adj* : webbed
**palmear** *vt* : to slap on the back — *vi* : to clap, to applaud
**palmera** *nf* : palm tree
**palmito** *nm* : heart of palm
**palmo** *nm* **1** : span, small amount **2 palmo a palmo** : bit by bit, inch by inch **3 palmo a palmo** : thoroughly **4 dejar con un palmo de narices** : to disappoint
**palmotear** *vi* : to applaud
**palmoteo** *nm* : clapping, applause
**palo** *nm* **1** : stick, pole, post **2** : shaft, handle ⟨palo de escoba : broomstick⟩ **3** : mast, spar **4** *or* **palo de golf** : golf club **5** : wood **6** : blow (with a stick) **7** : suit (of cards) **8 de tal palo, tal astilla** : he/she (etc.) is a chip off the old block
**paloma** *nf* **1** : pigeon, dove **2 paloma de la paz** : dove of peace **3 paloma mensajera** : carrier pigeon
**palomilla** *nf* : moth
**palomitas** *nfpl* : popcorn
**palpable** *adj* : palpable, tangible
**palpar** *vt* : to feel, to touch — **palparse** *vr* ⟨se palpó la cabeza : he felt/touched his head⟩
**palpitación** *nf, pl* **-ciones** : palpitation
**palpitar** *vi* : to palpitate, to throb — **palpitante** *adj*
**pálpito** *nm* : feeling, hunch
**palta** *nf Arg, Chile, Peru, Uru* : avocado
**paludismo** *nm* MALARIA : malaria
**palurdo, -da** *n* : boor, yokel, bumpkin
**pampa** *nf* : pampas *pl*
**pampeano, -na** *adj* : pampas
**pampero** → **pampeano**
**pan** *nm* **1** : bread ⟨una rebanada de pan : a slice of bread⟩ ⟨pan rallado : (grated) bread crumbs⟩ **2** : loaf of bread **3** : cake, bar ⟨pan de jabón : bar of soap⟩ **4 pan árabe** *Arg, Ven, Uru* : pita, pita bread **5 pan blanco** : white bread **6 pan de molde** : sandwich bread (baked in a loaf pan) **7 pan dulce** *CA, Mex* : traditional pastry **8 pan integral** : whole wheat bread **9 pan tostado** : toast **10 ser pan comido** *fam* : to be a piece of cake, to be a cinch
**pan-** *pref* : pan- ⟨panacea : panacea⟩
**pana**[1] *nf* : corduroy
**pana**[2] *nmf PRi, Ven* : buddy, friend
**panacea** *nf* : panacea
**panadería** *nf* : bakery, bread shop
**panadero, -ra** *n* : baker
**panal** *nm* : honeycomb
**panameño, -ña** *adj & n* : Panamanian
**pancarta** *nf* : placard, sign, banner
**panceta** *nf* : bacon
**pancho** *nm Arg, Uru* : hot dog
**pancita** *nf Mex* : tripe
**páncreas** *nms & pl* : pancreas
**panda** *nmf* : panda
**pandeado, -da** *adj* : warped

**pandearse** *vr* **1** : to warp **2** : to bulge, to sag
**pandemonio** *or* **pandemónium** *nm* : pandemonium
**pandereta** *nf* : tambourine
**pandero** *nm* : tambourine
**pandilla** *nf* **1** : group, clique **2** : gang
**panecillo** *Spain* → **panecito**
**panecito** *nm* : roll, bun
**panegírico** *nm* : eulogy
**panel** *nm* **1** : panel ⟨paneles de madera : wood panels⟩ ⟨panel solar : solar panel⟩ **2** TABLERO : board — **panelista** *nmf*
**panela** *nf Col, Ecua* : unrefined sugar
**panera** *nf* : bread box (for storage), bread basket (for serving)
**panfleto** *nm* : pamphlet
**pánico** *nm* : panic ⟨tener(le) pánico a algo : to be terrified of something⟩ ⟨pánico escénico : stage fright⟩
**panificadora** *nf* : bakery
**panini** *nm, pl* **panini** *or* **paninis** : panini
**panorama** *nm* **1** VISTA : panorama, view **2** : scene, situation ⟨el panorama nacional : the national scene⟩ **3** PERSPECTIVA : outlook
**panorámico, -ca** *adj* : panoramic
**panqueque** *nm* : pancake
**pansexual** *adj* : pansexual ⟨las personas pansexuales : pansexual people⟩
**pantaletas** *nfpl* : panties
**pantalla** *nf* **1** : screen, monitor **2** : lampshade **3** : fan **4 pantalla táctil** : touchscreen
**pantalón** *nm, pl* **-lones** **1** : pants *pl*, trousers *pl* **2 pantalones cortos** : shorts **3 pantalones vaqueros/tejanos** : jeans **4 pantalones de mezclilla** *Chile, Mex* : jeans **5 pantalones de montar** : jodhpurs
**pantano** *nm* **1** : swamp, marsh, bayou **2** : reservoir **3** : obstacle, difficulty
**pantanoso, -sa** *adj* **1** : marshy, swampy **2** : difficult, thorny
**panteón** *nm, pl* **-teones** **1** CEMENTERIO : cemetery **2** : pantheon, mausoleum
**pantera** *nf* : panther
**panties** *or* **pantys** *or* **pantis** *nmfpl* **1** *CA, Car* : panties *pl* **2** *Spain* : panty hose
**pantimedias** *nfpl Mex* : panty hose
**pantomima** *nf* : pantomime
**pantorrilla** *nf* : calf (of the leg)
**pants** *nms & pl Mex* **1** : sweatpants **2** : sweatsuit, tracksuit
**pantufla** *nf* ZAPATILLA : slipper
**panty** *or* **panti** *nmf, pl* **-tys** *or* **-ties** *or* **-tis** → **panties**
**panza** *nf* BARRIGA : belly, paunch
**panzón, -zona** *adj, mpl* **panzones** : pot-bellied
**pañal** *nm* **1** : diaper ⟨pañal desechable : disposable diaper⟩ **2 estar en pañales** : to be in its infancy (of things), to be a beginner (of people)
**pañería** *nf* **1** : cloth, material **2** : fabric store
**pañito** *nm* : doily
**paño** *nm* **1** : cloth ⟨en paños menores : in one's underwear⟩ **2** : rag, dust cloth **3** *or* **paño de cocina** : dishcloth **4 paño higiénico** : sanitary napkin
**pañoleta** *nf* **1** : head scarf **2** : kerchief, scarf (for the neck) **3** CHAL : shawl
**pañuelo** *nm* **1** : handkerchief **2** : head scarf **3** : scarf (for the neck)
**papa**[1] *nm* : pope ⟨el Papa : the Pope⟩
**papa**[2] *nf* **1** : potato **2 papa dulce** : sweet potato **3 papas fritas** : potato chips, french fries **4 papas a la francesa** *Mex* : french fries
**papá** *nm fam* **1** : dad *fam*, pop *fam* **2 papás** *nmpl* : parents, folks *fam*
**papada** *nf* **1** : double chin, jowl **2** : dewlap
**papagayo** *nm* LORO : parrot
**papal** *adj* : papal
**papalote** *nm CA, Car, Mex* : kite
**Papanicolau** *nm* : Pap smear
**Papá Noel** *nm* : Santa Claus
**papaya** *nf* : papaya
**papel** *nm* **1** : paper, piece of paper **2** : role, part ⟨hizo el papel de Romeo : he played the part of Romeo⟩ ⟨jugar un papel importante en algo : to play an important role in something⟩ **3 papel (de) aluminio** : tinfoil, aluminum foil **4 papel de carta** : writing paper **5 papel de empapelar** *or* **papel pintado** : wallpaper **6 papel de envolver** : wrapping paper **7 papel de fumar** : cigarette paper **8 papel de lija** : sandpaper **9 papel de periódico** : newspaper, newsprint **10 papel de seda** : tissue paper **11 papel film** : plastic wrap **12 papel higiénico** : toilet paper, bathroom tissue **13 papel maché** : papier-mâché **14 papel moneda** : paper money
**papeleo** *nm* : paperwork, red tape
**papelera** *nf* **1** : wastebasket (indoors), trash can (on street) **2** : paper mill
**papelería** *nf* : stationery store
**papelero, -ra** *adj* : paper
**papeleta** *nf* **1** : ballot **2** : ticket, slip
**paperas** *nfpl* : mumps
**papi** *nm fam* : daddy, papa
**papila gustativa** *nf* : taste bud
**papilla** *nf* **1** : pap (for sick people), baby food **2 hacer papilla** : to beat to a pulp
**papiro** *nm* : papyrus
**paprika** *nf* : paprika
**paquete** *nm* **1** BULTO : package, parcel ⟨paquete bomba : mail bomb⟩ **2** : package (of cookies, etc.), pack (of cigarettes) **3** : package, bundle ⟨paquete turístico : tour package⟩ ⟨paquete de software : software bundle⟩
**paquistaní** *adj & nmf* : Pakistani
**par**[1] *adj* : even (in number)
**par**[2] *nm* **1** : pair, couple ⟨un par de zapatos : a pair of shoes⟩ **2** : equal, peer ⟨sin par : matchless, peerless⟩ **3** : par (in golf) **4** : rafter **5 de par en par** : wide open
**par**[3] *nf* **1** : par ⟨por encima de la par : above par⟩ **2 a la par que** : at the same time as, as well as ⟨interesante a la par que instructivo : both interesting and informative⟩
**para** *prep* **1** (*indicating a recipient*) : for ⟨un regalo para ti : a present for you⟩ **2**

(*indicating a purpose or goal*) : for ⟨la comida es para la fiesta : the food is for the party⟩ ⟨¿para qué? : what for?⟩ **3** (*indicating comparison*) : for ⟨alta para su edad : tall for her age⟩ ⟨es bueno para lo que cuesta : it's good for what it costs⟩ **4** : for (a time) ⟨una cita para el lunes : an appointment for Monday⟩ **5** : to (a time) ⟨faltan cinco para las ocho : it's five (minutes) to eight⟩ **6** : around, by (a time) ⟨para mañana estarán listos : they'll be ready by tomorrow⟩ **7** : to, towards ⟨para adelante/atrás : forwards/backwards⟩ ⟨para la derecha/izquierda : to the right/left⟩ ⟨van para el río : they're heading towards the river⟩ **8** (*used before an infinitive*) : to, in order to ⟨lo hace para molestarte : he does it to annoy you⟩ ⟨para no ser visto : in order not to be seen⟩ **9** (*used before an infinitive*) : to ⟨estoy listo para salir : I'm ready to leave⟩ ⟨demasiado joven para entender : too young to understand⟩ ⟨lo compré para devolverlo el mismo día : I bought it only to return it the same day⟩ **10 para que** : so, so that, in order that ⟨te lo digo para que sepas : I'm telling you so you'll know⟩

**parabién** *nm, pl* **-bienes** : congratulations *pl*

**parábola** *nf* **1** : parable **2** : parabola

**parabrisas** *nms & pl* : windshield

**paracaídas** *nms & pl* : parachute ⟨saltar/lanzarse en paracaídas : to parachute⟩

**paracaidista** *nmf* **1** : parachutist **2** : paratrooper

**parachoques** *nms & pl* : bumper

**parada** *nf* **1** : stop ⟨parada de autobús : bus stop⟩ **2** : stop (action) **3** : catch, save, parry (in sports) **4** DESFILE : parade

**paradero** *nm* **1** : whereabouts **2** : bus stop

**paradigma** *nm* : paradigm

**paradisíaco, -ca** *or* **paradisiaco, -ca** *adj* : heavenly

**parado**[1]**, -da** *adj* **1** : motionless, idle, stopped **2** : standing (up) ⟨estar parado : to stand, to be standing⟩ **3** : confused, bewildered **4 bien/mal parado** : in good/bad shape ⟨salió bien parado : it turned out well for him⟩

**parado**[2]**, -da** *n Spain* : unemployed person

**paradoja** *nf* : paradox

**paradójico, -ca** *adj* : paradoxical

**parador** *nm* **1** : roadside inn **2** : state-run hotel (in Spain) **3 parador en corto** *Car, Mex, Ven* : shortstop

**parafernalia** *nf* : paraphernalia

**parafina** *nf* **1** : paraffin **2** *Chile* : kerosene

**parafrasear** *vt* : to paraphrase

**paráfrasis** *nfs & pl* : paraphrase

**paragolpes** *nms & pl Arg, Par, Uru* : bumper

**paraguas** *nms & pl* : umbrella

**paraguayo, -ya** *adj & n* : Paraguayan

**paraíso** *nm* **1** : paradise, heaven **2 paraíso fiscal** : tax shelter

**paraje** *nm* : spot, place

**paralelismo** *nm* : parallel, similarity

**paralelo**[1]**, -la** *adj* : parallel

**paralelo**[2] *nm* : parallel

**paralelogramo** *nm* : parallelogram

**parálisis** *nfs & pl* **1** : paralysis **2** : standstill **3 parálisis cerebral** : cerebral palsy

**paralizar** {21} *vt* **1** : to paralyze **2** : to paralyze, to bring to a standstill — **paralizarse** *vr*

**paramédico, -ca** *n* : paramedic

**parámetro** *nm* : parameter

**páramo** *nm* : barren plateau, moor

**parangón** *nm, pl* **-gones** **1** : comparison **2 sin ~** : incomparable

**paraninfo** *nm* : auditorium, assembly hall

**paranoia** *nf* : paranoia

**paranoico, -ca** *adj & n* : paranoid

**paranormal** *adj* : paranormal

**parapente** *nm* : paragliding

**parapetarse** *vr* : to take cover

**parapeto** *nm* : parapet, rampart

**parapléjico, -ca** *adj & n* : paraplegic

**parar** *vt* **1** DETENER : to stop **2** : to stand, to prop ⟨parar la oreja : to perk up one's ears⟩ **3** : to stop, to block (a blow, etc.) — *vi* **1** CESAR : to stop ⟨habla sin parar : she talks nonstop⟩ ⟨no paraba de llorar : he wouldn't stop crying⟩ **2** : to stay, to put up **3** : to go on strike **4 ir a parar** : to end up, to wind up ⟨ir a parar a manos de alguien : to fall into someone's hands⟩ ⟨va a parar al hospital : he's going to end up in the hospital⟩ — **pararse** *vr* **1** : to stop ⟨pararse en seco : to stop dead⟩ **2** ATASCARSE : to stall (out) **3** : to stand up, to get up

**pararrayos** *nms & pl* : lightning rod

**parasitario, -ria** *adj* : parasitic

**parásito** *nm* : parasite

**parasol** *nm* SOMBRILLA : parasol

**parcela** *nf* : parcel, tract of land

**parcelar** *vt* : to parcel (land)

**parchar** *vt* : to patch, to patch up

**parche** *nm* : patch

**parcial**[1] *adj* **1** : partial ⟨un éxito parcial : a partial success⟩ **2** TENDENCIOSO : partial, biased — **parcialmente** *adv*

**parcial**[2] *nm* : exam (covering a portion of a semester's or trimester's material)

**parcialidad** *nf* : partiality, bias

**parco, -ca** *adj* **1** : sparing, frugal **2** : moderate, temperate **3** LACÓNICO : laconic, concise

**pardo, -da** *adj* : brownish grey

**pardusco** → **pardo**

**parecer**[1] {53} *vi* **1** : to seem, to look, to appear to be ⟨parece fácil : it looks easy⟩ ⟨parece que van a ganar : it looks like they're going to win⟩ ⟨así parece : so it seems⟩ ⟨pareces una princesa : you look like a princess⟩ **2** (*expressing an opinion*) ⟨¿qué te parece? : what do you think?⟩ ⟨me parece que sí : I think so⟩ ⟨me parece bien : that seems fine to me⟩ **3** : to like, to be in agreement ⟨si te parece : if you like, if it's all right with you⟩ — **parecerse** *vr* **~ a** : to resemble

**parecer**[2] *nm* **1** OPINIÓN : opinion ⟨en mi parecer : in my opinion⟩ ⟨es del parecer que . . . : he's of the opinion that . . .〉 **2** ASPECTO : appearance 〈al parecer : apparently〉

**parecido¹, -da** *adj* **1** : similar, alike **2 bien parecido** : good-looking

**parecido²** *nm* : resemblance, similarity 〈tener un parecido con : to bear a resemblance to〉

**pared** *nf* **1** : wall 〈las paredes oyen : the walls have ears〉 **2** : face (of a mountain)

**paredón** *nm, pl* **-dones** **1** : rock face **2** : wall (for executions by firing squad)

**pareja** *nf* **1** : couple, pair 〈por parejas : in pairs〉 〈vivir en pareja : to live together〉 〈pareja de hecho : unmarried couple living together〉 **2** : partner, mate 〈tu pareja ideal : your ideal mate〉 **3** : mate (to a glove, etc.)

**parejo, -ja** *adj* **1** : even, smooth, level **2** : equal, similar **3 al parejo de** : on a par with

**parentela** *nf* : relations *pl*, kinfolk

**parentesco** *nm* : relationship, kinship

**paréntesis** *nms & pl* **1** : parenthesis 〈entre paréntesis : in parentheses〉 **2** : digression **3 entre ~** : by the way

**parentético, -ca** *adj* : parenthetic, parenthetical

**pargo** *nm* : red snapper

**paria** *nmf* : pariah, outcast

**paridad** *nf* : parity, equality

**pariente** *nmf* : relative, relation

**parir** *vi* : to give birth — *vt* : to give birth to, to bear

**paritario, -ria** *adj* : equal, of peers/equals

**parka** *nf* : parka

**parking** *nm* : parking lot

**parkour** [par¹kor] *nm* : parkour

**parlamentar** *vi* : to talk, to parley

**parlamentario¹, -ria** *adj* : parliamentary

**parlamentario², -ria** *n* : member of parliament

**parlamento** *nm* **1** : parliament **2** : negotiations *pl*, talks *pl*

**parlanchín¹, -china** *adj, mpl* **-chines** : chatty, talkative

**parlanchín², -china** *n, mpl* **-chines** : chatterbox

**parlante** *nm* ALTOPARLANTE : loudspeaker

**parlotear** *vi fam* : to gab, to chat, to prattle

**parloteo** *nm fam* : prattle, chatter

**paro** *nm* **1** HUELGA : strike **2** : stoppage, stopping **3** *Spain* : unemployment **4** *Spain* : unemployment benefits **5 paro cardíaco/cardíaco** : cardiac arrest **6 paro forzoso** : layoff

**parodia** *nf* : parody

**parodiar** *vt* : to parody

**paroxismo** *nm* **1** : fit, paroxysm **2** : peak, height 〈llevaral paroxismo : to carry to the extreme〉

**parpadear** *vi* **1** : to blink **2** : to flicker

**parpadeo** *nm* **1** : blink, blinking **2** : flickering

**párpado** *nm* : eyelid

**parque** *nm* **1** : park **2** CORRAL : playpen (for children) **3 parque de diversiones/atracciones** : amusement park **4 parque infantil** : playground **5 parque natural** : nature preserve **6 parque nacional** : national park **7 parque temático** : theme park

**parqueadero** *nm Col* : parking lot

**parquear** *vt* : to park — **parquearse** *vr*

**parqueo** *nm* : parking

**parquet** *or* **parqué** *nm* : parquet

**parquímetro** *nm* : parking meter

**parra** *nf* : vine, grapevine

**párrafo** *nm* : paragraph

**parranda** *nf fam* : party, spree 〈irse de parranda : to party, to go partying〉

**parrilla** *nf* **1** : broiler, grill 〈a la parrilla : broiled, grilled〉 **3** : grill (restaurant) **4** : grate **5** BACA : luggage rack, roof rack

**parrillada** *nf* **1** BARBACOA : barbecue **2** : grill (restaurant)

**párroco** *nm* : parish priest

**parroquia** *nf* **1** : parish **2** : parish church **3** : customers *pl*, clientele

**parroquial** *adj* : parochial

**parroquiano, -na** *nm* **1** : parishioner **2** : customer, patron

**parsimonia** *nf* **1** : calm **2** : thrift

**parsimonioso, -sa** *adj* **1** : calm, unhurried **2** : parsimonious, thrifty

**parte¹** *nm* : report, dispatch 〈parte meteorológico : weather report〉

**parte²** *nf* **1** : part (of a whole) 〈la mayor parte de : the majority of〉 〈una quinta parte de : one fifth of〉 **2** : place, part 〈en alguna/cualquier parte : somewhere/anywhere〉 〈en ninguna parte : nowhere, not anywhere〉 〈por todas partes : everywhere〉 〈ir a otra parte : to go somewhere else〉 **3** : party (in negotiations, etc.) **4 de parte de** : on behalf of 〈de mi parte : on my behalf, for me〉 **5 ¿de parte de quién?** : may I ask who's calling? **6 en gran parte** : largely, in large part **7 en ~** : partly, in part **8 la mayor parte de** : most of, the majority of **9 por otra parte** : on the other hand **10 por parte de** : on the part of 〈por mi parte : on my part, as far as I'm concerned〉 **11 tomar parte** : to take part

**partero, -ra** *n* : midwife

**partición** *nf, pl* **-ciones** : division, sharing

**participación** *nf, pl* **-ciones** **1** : participation **2** : share, interest **3** : announcement, notice

**participante** *nmf* **1** : participant **2** : competitor, entrant

**participar** *vi* **1** : to participate, to take part 〈participar en algo : to participate in something〉 **2 ~ en** : to have a share in — *vt* : to announce, to notify

**participe** *nmf* : participant

**participio** *nm* : participle

**partícula** *nf* : particle

**particular¹** *adj* **1** : particular, specific 〈en particular : in particular〉 **2** : private 〈clases particulares : private lessons〉 〈una casa particular : a private home〉 **3** : special, unique 〈¿qué tiene de particular? : what's so special about it?〉 **4 de ~** *Arg, Uru* : in plain/civilian clothes

⟨un policía de particular : a plainclothes policeman⟩

**particular**[2] *nm* **1** : matter, detail **2** : individual

**particularidad** *nf* : characteristic, peculiarity

**particularizar** {21} *vt* **1** : to distinguish, to characterize **2** : to specify

**particularmente** *adv* **1** : particularly, especially **2** : personally

**partida** *nf* **1** : departure **2** : item, entry **3** : certificate ⟨partida de nacimiento : birth certificate⟩ **4** : game, match, hand **5** : party, group

**partidario, -ria** *n* : follower, supporter ⟨soy partidario de . . . : I'm in favor of . . . , I support . . .⟩

**partido** *nm* **1** : (political) party **2** : game, match ⟨partido de futbol : soccer game⟩ ⟨partido amistoso : nonleague game, non-championship game⟩ **3** APOYO : support, following **4** PROVECHO : profit, advantage ⟨sacar partido de : to profit from⟩ **5 un buen partido** : a good catch (for marriage)

**partir** *vt* **1** : to cut, to split **2** : to break, to crack **3** : to share (out), to divide — *vi* **1** : to leave, to depart **2 ~ de** : to start from **3 a partir de** : as of, from ⟨a partir de hoy : as of today⟩ — **partirse** *vr* **1** : to smash, to split open **2** : to become chapped

**partisano, -na** *adj & n* : partisan

**partitura** *nf* : (musical) score

**parto** *nm* **1** : childbirth, delivery, labor ⟨estar de parto : to be in labor⟩ **2** : product, creation, brainchild

**parvulario** *nm* **1** : nursery school **2** : kindergarten

**párvulo, -la** *n* : toddler, preschooler

**pasa** *nf* **1** : raisin **2 pasa de Corinto** : currant

**pasable** *adj* : passable, tolerable — **pasablemente** *adv*

**pasada** *nf* **1** : passage, passing **2** : pass, wipe, coat (of paint) **3 de ~** : in passing **4 mala pasada** : dirty trick

**pasadizo** *nm* : passageway, corridor

**pasado**[1], **-da** *adj* **1** : past ⟨el año pasado : last year⟩ ⟨pasado mañana : the day after tomorrow⟩ ⟨pasadas las siete : after seven o'clock⟩ **2** : overripe (of fruit), slightly spoiled **3** : well done (of meat), overcooked **4** : past tense (in grammar) **5** *or* **pasado de moda** : old-fashioned, out-of-date

**pasado**[2] *nm* : past

**pasador** *nm* **1** : bolt, latch **2** : barrette **3** *Mex* : bobby pin **4** : quarterback (in American football)

**pasaje** *nm* **1** : ticket (for travel) **2** TARIFA : fare **3** : passageway **4** : passengers *pl* **5** : passage (from a book, etc.)

**pasajero**[1], **-ra** *adj* : passing, fleeting

**pasajero**[2], **-ra** *n* : passenger

**pasamanos** *nms & pl* : banister (of a staircase), handrail

**pasamontañas** *nms & pl* : balaclava, ski mask

**pasante** *nmf* : assistant

**pasapalos** *nmpl Ven* : snacks, hors d'oeuvres

**pasaporte** *nm* : passport

**pasar** *vi* **1** : to pass, to go ⟨la gente que pasa : the people who are passing (by), the people who pass by⟩ ⟨nos dejaron pasar : they let us (go) through⟩ ⟨pasamos por el centro : we went through the downtown⟩ ⟨nunca paso por esa calle : I never go down that street⟩ ⟨pasé por delante de la escuela : I went by/past the school⟩ **2** : to pass (of time) **3** : to pass, to pass down ⟨el trono pasó a su hijo : the throne passed to his son⟩ **4** : to go (on), to move (on) ⟨pasaron a la final : they moved on to the finals⟩ ⟨pasar a ser : to go on to become⟩ ⟨pasar de . . . a . . . : to go from . . . to . . .⟩ **5** : to drop by/in, to stop by ⟨pasamos por su casa : we dropped by his house⟩ **6** : to come in, to enter ⟨¿se puede pasar? : may we come in?⟩ **7** CABER : to go through, to fit **8** : to happen ⟨¿qué pasa? : what's happening?, what's going on?⟩ ⟨lo que pasa es que . . . : what's happening is that . . . , the thing is that . . .⟩ ⟨¿qué le pasa? : what's the matter with him?⟩ ⟨pase lo que pase : come what may⟩ **9** : to manage, to get by ⟨pasar sin algo : to manage without something⟩ **10** : to be acceptable, to pass ⟨puede pasar : it will do⟩ **11** : to pass (in an exam, etc.) **12** TERMINAR : to be over, to end **13 ~ de** : to exceed, to go beyond **14 ~ por** : to pass as/for ⟨podría pasar por tu hermana : she could pass as/for your sister⟩ **15 ~ por** : to go through, to experience (difficulties, etc.) — *vt* **1** : to pass, to give ⟨¿me pasas la sal? : would you pass me the salt?⟩ **2** PEGAR : to give (an illness) **3** : to pass (a test) **4** : to cross (a bridge, river, etc.), to go through (a barrier) **5** : to spend (time) ⟨pasamos una semana en Acapulco : we spent a week in Acapulco⟩ **6** TOLERAR : to tolerate **7** SUFRIR : to go through, to suffer **8** : to show (a movie, etc.) **9** ADELANTAR, SUPERAR : to overtake, to pass, to surpass **10** : to pass (something over something) ⟨le pasó un trapo : he wiped it with a cloth⟩ ⟨pasar la aspiradora (por algo) : to vacuum (something)⟩ **11 ~ con** : to put (a caller) through to ⟨pásame con el jefe : put me through to the boss⟩ **12 pasar de largo** : to go right past (without stopping) **13 pasarlo/pasarla bien** : to have a good time **14 pasarlo/pasarla mal** : to have a bad time, to have a hard time **15 ~ por** : to put through ⟨pasa la sopa por un colador : put the soup through a strainer⟩ **16 pasar por alto** : to overlook, to omit — **pasarse** *vr* **1** : to pass, to go away ⟨se me pasó el mareo : the/my nausea has passed⟩ **2** : to stop by **3** : to slip one's mind, to slip by ⟨la fecha se me pasó : the date slipped by me⟩ **4** : to go too far ⟨se pasa de listo : he's too clever for his own good⟩ ⟨no te pases con la sal

: go easy with/on the salt〉 **5** : to go bad, to spoil

**pasarela** *nf* **1** : gangplank **2** : footbridge **3** : runway, catwalk

**pasatiempo** *nm* : pastime, hobby

**Pascua** *nf* **1** : Easter 〈Domingo de Pascua : Easter Sunday〉 **2** : Passover **3** : Christmas **4 Pascuas** *nfpl* : Christmas season

**pase** *nm* **1** PERMISO : pass, permit **2** : pass (in sports) **3 pase de abordar** *Mex* : boarding pass

**paseante** *nmf* : walker (person)

**pasear** *vi* : to take a walk, to go for a ride — *vt* **1** : to take for a walk **2** : to parade around, to show off — **pasearse** *vr* : to walk around, to go for a ride

**paseo** *nm* **1** : walk, stroll 〈dar un paseo : to go for a walk〉 **2** : ride **3** EXCURSIÓN : outing, trip **4** : avenue, walk **5** *or* **paseo marítimo** : boardwalk

**pasiflora** *nf* PASIONARIA : passionflower

**pasillo** *nm* CORREDOR : hallway, corridor, aisle

**pasión** *nf, pl* **pasiones** : passion

**pasional** *adj* : passionate 〈crimen pasional : crime of passion〉

**pasionaria** → **pasiflora**

**pasivo**[1], **-va** *adj* : passive — **pasivamente** *adv*

**pasivo**[2] *nm* **1** : liability 〈activos y pasivos : assets and liabilities〉 **2** : debit side (of an account)

**pasmado, -da** *adj* : stunned, flabbergasted

**pasmar** *vt* : to amaze, to stun — **pasmarse** *vr*

**pasmo** *nm* **1** : shock, astonishment **2** : wonder, marvel

**pasmoso, -sa** *adj* : incredible, amazing — **pasmosamente** *adv*

**paso**[1], **-sa** *adj* : dried 〈ciruela pasa : prune〉

**paso**[2] *nm* **1** : passage, passing 〈de paso : in passing, on the way〉 〈estar de paso : to be passing through〉 〈el paso del tiempo : the passage of time〉 **2** : way, path 〈abrir/dejar paso a : to make way for〉 〈ceda el paso : yield〉 〈prohibido el paso : do not enter, no entry〉 **3** : crossing 〈paso de peatones : crosswalk〉 〈paso elevado : overpass〉 〈paso subterráneo : underpass, tunnel〉 〈paso a desnivel : underpass, overpass〉 〈paso a nivel : railroad crossing〉 **4** : pass (through mountains) 〈salir del paso : to get out of a jam〉 **5** : step 〈dar un paso para adelante/atrás : to take a step forward/back〉 〈estar a un paso de : to be within spitting distance of〉 〈oír pasos : to hear footsteps〉 **6** : step (in a process) 〈paso a paso : step by step〉 〈un paso positivo : a step in the right direction〉 **7** : pace, gait 〈a buen paso : quickly, at a good rate〉 〈a este paso : at this rate〉

**pasta** *nf* **1** : paste 〈pasta de dientes *or* pasta dental : toothpaste〉 **2** : pasta **3** : pastry dough **4 libro en pasta dura** : hardcover book **5 tener pasta de** : to have the makings of

**pastar** *vi* : to graze — *vt* : to put to pasture

**pastel**[1] *adj* : pastel

**pastel**[2] *nm* **1** : cake 〈pastel de cumpleaños : birthday cake〉 **2** : pie, turnover **3** : pastel

**pastelería** *nf* **1** : bakery, pastry shop **2** : baking, pastry making

**pasteurización** *nf, pl* **-ciones** : pasteurization

**pasteurizar** {21} *vt* : to pasteurize

**pastilla** *nf* **1** COMPRIMIDO, PÍLDORA : pill, tablet **2** : lozenge 〈pastilla para la tos : cough drop〉 **3** : cake (of soap), bar (of chocolate)

**pastizal** *nm* : pasture, grazing land

**pasto** *nm* **1** : pasture **2** HIERBA : grass, lawn

**pastor, -tora** *n* **1** : shepherd, shepherdess *f* **2** : minister, pastor **3 pastor alemán** : German shepherd

**pastoral** *adj & nf* : pastoral

**pastorear** *vt* : to shepherd, to tend

**pastorela** *nf Mex* : traditional Christmas play

**pastoso, -sa** *adj* **1** : pasty, doughy **2** : smooth, mellow (of sounds)

**pata**[1] *nf* **1** : paw, leg (of an animal) **2** *fam* : foot, leg (of a person) **3** : foot, leg (of furniture) **4 mala pata** *fam* : bad luck **5 meter la pata** *fam* : to put one's foot in it, to make a faux pas **6 patas de gallo** : crow's-feet **7 patas (para) arriba** : upside-down

**pata**[2] *nm Peru* : pal, buddy

**patada** *nf* **1** PUNTAPIÉ : kick 〈le dio una patada : she kicked him〉 **2** : stamp (of the foot)

**patalear** *vi* **1** : to kick **2** : to stamp one's feet

**pataleta** *nf fam* : tantrum

**patán**[1] *adj, pl* **patanes** : boorish, crude

**patán**[2] *nm, pl* **patanes** : boor, lout

**patata** *nf Spain* **1** : potato **2 patatas fritas** : potato chips, french fries

**paté** *nm* : pâté

**pateador, -dora** *n* : kicker (in sports)

**patear** *vt* : to kick — *vi* : to stamp one's foot

**patentar** *vt* : to patent

**patente**[1] *adj* EVIDENTE : obvious, patent — **patentemente** *adv*

**patente**[2] *nf* **1** : patent **2** *Arg, Chile, Uru* : license plate

**paternal** *adj* : fatherly, paternal

**paternidad** *nf* **1** : fatherhood, paternity **2** : parenthood **3** : authorship

**paterno, -na** *adj* : paternal 〈abuela paterna : paternal grandmother〉

**patético, -ca** *adj* : pathetic, moving

**patetismo** *nm* : pathos

**patíbulo** *nm* : gallows, scaffold

**patilla** *nf* **1** : arm (of glasses) **2** *Col* : watermelon **3 patillas** *nfpl* : sideburns

**patín** *nm, pl* **patines** : skate 〈patín de ruedas : roller skate〉 〈patín en línea : inline skate〉

**pátina** *nf* : patina

**patinador, -dora** *n* : skater

**patinaje** *nm* : skating ⟨patinaje artístico : figure skating⟩
**patinar** *vi* **1** : to skate **2** : to skid, to slip **3** *fam* : to slip up, to blunder
**patinazo** *nm* **1** : skid **2** *fam* : blunder, slipup
**patineta** *nf* **1** : scooter **2** : skateboard
**patinete** *nm* : scooter
**patio** *nm* **1** : courtyard, patio **2 patio de recreo** : playground
**patito, -ta** *n* : duckling
**patizambo, -ba** *adj* : knock-kneed
**pato, -ta** *n* **1** : duck **2 pato real** : mallard **3 pagar el pato** *fam* : to take the blame
**patología** *nf* : pathology
**patológico, -ca** *adj* : pathological
**patólogo, -ga** *n* : pathologist
**patoso, -sa** *adj Spain* : clumsy
**patovica** *nm Arg, Uru fam* : bouncer
**patraña** *nf* : tall tale, humbug, nonsense
**patria** *nf* : native land
**patriarca** *nm* : patriarch — **patriarcal** *adj*
**patriarcado** *nm* : patriarchy
**patrimonio** *nm* : patrimony, legacy
**patrio, -tria** *adj* **1** : native, home ⟨suelo patrio : native soil⟩ **2** : paternal
**patriota**[1] *adj* : patriotic
**patriota**[2] *nmf* : patriot
**patriotería** *nf* : jingoism, chauvinism
**patriotero**[1], **-ra** *adj* : jingoistic, chauvinistic
**patriotero**[2], **-ra** *n* : jingoist, chauvinist
**patriótico, -ca** *adj* : patriotic
**patriotismo** *nm* : patriotism
**patrocinador, -dora** *n* : sponsor, patron
**patrocinar** *vt* : to sponsor
**patrocinio** *nm* : sponsorship, patronage
**patrón**[1], **-trona** *n, mpl* **patrones** **1** JEFE : boss **2** CAPITÁN : skipper **3** *Spain* CASERO : landlord *m*, landlady *f* **4** : patron saint
**patrón**[2] *nm, pl* **patrones** **1** : standard **2** : pattern (in sewing)
**patronal** *adj* **1** : management, employers' ⟨sindicato patronal : employers' association⟩ **2** : pertaining to a patron saint ⟨fiesta patronal : patron saint's day⟩
**patronato** *nm* **1** : board, council **2** : foundation, trust
**patrono, -na** *n* **1** : employer **2** : patron saint
**patrulla** *nf* **1** : patrol **2** : police car, cruiser
**patrullar** *v* : to patrol
**patrullero** *nm* **1** : police car **2** : patrol boat **3** : patrol plane
**paulatino, -na** *adj* : gradual
**paupérrimo, -ma** *adj* : destitute, poverty-stricken
**pausa** *nf* : pause, break ⟨hacer una pausa : to pause, to break⟩ ⟨pausa comercial/publicitaria : commercial break⟩
**pausado**[1] *adv* : slowly, deliberately ⟨habla más pausado : speak more slowly⟩
**pausado**[2], **-da** *adj* : slow, deliberate — **pausadamente** *adv*
**pauta** *nf* **1** : rule, guideline **2** : lines *pl* (on paper)
**pava** *nf Arg, Bol, Chile* : kettle
**pavimentar** *vt* : pave
**pavimento** *nm* : pavement
**pavo, -va** *n* **1** : turkey **2 pavo real** : peacock **3 comer pavo** : to be a wallflower
**pavón** *nm, pl* **pavones** : peacock
**pavonearse** *vr* **1** : to strut, to swagger **2 pavonearse de** : to brag about
**pavoneo** *nm* : strut, swagger
**pavor** *nm* TERROR : dread, terror
**pavoroso, -sa** *adj* ATERRADOR : dreadful, terrifying
**paya** *nf Chile* → **payada**
**payada** *nf Arg, Uru* : song with improvised lyrics
**payasada** *nf* **1** : antic ⟨hacer payasadas : to clown around⟩ **2** TONTERÍA : foolish thing **3** FARSA : joke, farce
**payasear** *vi* : to clown around
**payaso, -sa** *n* **1** : clown **2** : clown, funny person
**paz** *nf, pl* **paces** **1** : peace **2 descanse en paz** : rest in peace **3 dejar en paz** : to leave alone **4 hacer las paces** : to make up, to reconcile
**pazca, etc.** → **pacer**
**PC** [pe'se, pi'si] *nmf* : PC, personal computer
**PDA** [pede'a, pidi'e] *nm* : PDA
**pe** *nf* : (letter) p
**peaje** *nm* : toll
**peatón** *nm, pl* **-tones** : pedestrian
**peatonal** *adj* : pedestrian
**peca** *nf* : freckle
**pecado** *nm* : sin
**pecador**[1], **-dora** *adj* : sinful, sinning
**pecador**[2], **-dora** *n* : sinner
**pecaminoso, -sa** *adj* : sinful
**pecar** {7} *vi* **1** : to sin **2** ~ **de** ⟨pecan de optimistas/optimismo : they're too optimistic⟩
**pécari** *or* **pecarí** *nm* : peccary
**pececillo** *nm* : small fish
**pecera** *nf* : fishbowl, fish tank
**pecho** *nm* **1** : chest **2** SENO : breast, bosom **3** : heart, courage **4 dar el pecho** : to breast-feed **5** *or* **estilo (de) pecho** : breaststroke **6 tomarse algo a pecho** : to take something to heart
**pechuga** *nf* : breast (of fowl)
**pecoso, -sa** *adj* : freckled
**pectoral** *adj* : pectoral
**peculado** *nm* : embezzlement
**peculiar** *adj* **1** CARACTERÍSTICO : particular, characteristic **2** RARO : peculiar, uncommon
**peculiaridad** *nf* : peculiarity
**pecuniario, -ria** *adj* : pecuniary
**pedagogía** *nf* : pedagogy
**pedagógico, -ca** *adj* : pedagogic, pedagogical
**pedagogo, -ga** *n* : educator
**pedal** *nm* : pedal ⟨pedal del acelerador : accelerator pedal⟩
**pedalear** *vi* : to pedal
**pedante**[1] *adj* : pedantic
**pedante**[2] *nmf* : pedant
**pedantería** *nf* : pedantry
**pedazo** *nm* TROZO : piece, bit, chunk ⟨caerse a pedazos : to fall to pieces⟩

⟨hacer pedazos : to tear into shreds, to smash to pieces⟩

**pedernal** *nm* : flint

**pedestal** *nm* : pedestal

**pedestre** *adj* : commonplace, pedestrian

**pediatra** *nmf* : pediatrician

**pediatría** *nf* : pediatrics

**pediátrico, -ca** *adj* : pediatric

**pedido** *nm* **1** : order (of merchandise) ⟨hacer un pedido : to place an order⟩ **2** : request

**pedigrí** *nm, pl* **-gríes** : pedigree

**pedir** {54} *vt* **1** : to ask for, to request ⟨le pedí un préstamo a Claudia : I asked Claudia for a loan⟩ ⟨le pedí que nos llamara : I asked her to call us⟩ ⟨me pidieron ayuda/permiso : they asked me for help/permission⟩ ⟨pide 200 dólares por la bici : he's asking 200 dollars for the bike⟩ **2** : to order (food, merchandise) **3 pedir disculpas/perdón** : to apologize — *vi* **1** : to order **2** : to beg

**pedo** *nm fam* : fart *often vulgar*

**pedrada** *nf* **1** : blow (with a rock or stone) ⟨la ventana se quebró de una pedrada : the window was broken by a rock⟩ **2** *fam* : cutting remark, dig

**pedregal** *nm* : rocky ground

**pedregoso, -sa** *adj* : rocky, stony

**pedrera** *nf* CANTERA : quarry

**pedrería** *nf* : precious stones *pl*, gems *pl*

**pega** *nf Chile* : work

**pegadizo, -za** *adj* : catchy

**pegado, -da** *adj* **1** : glued, stuck, stuck together **2 ~ a** : right next to

**pegajoso, -sa** *adj* **1** : sticky, gluey **2** : catchy ⟨una tonada pegajosa : a catchy tune⟩ **3** : clingy (of a person)

**pegamento** *nm* : adhesive, glue

**pegar** {52} *vt* **1** : to stick, to glue, to paste **2** : to attach, to sew on **3** : to infect with, to give ⟨me pegó el resfriado : he gave me his cold⟩ **4** : to give (a slap, a kick, etc.), to deal (a blow) ⟨le pegó un tiro/puñetazo : she shot/punched him⟩ ⟨me pegó un susto : he startled me⟩ **5** : to give (a shout, a jump, etc.) ⟨pegó un alarido : she let out a scream⟩ **6** : to put against, to put near **7** : to paste (into a computer document) — *vi* **1** ADHERIRSE : to stick, to adhere **2** : to hit ⟨pegar en algo : to hit (against) something⟩ ⟨pegarle a alguien : to hit someone⟩ **3 ~ con** : to match, to go with — **pegarse** *vr* **1** : to hit oneself ⟨me pegué en el codo : I hit my elbow⟩ **2** : to hit each other **3** : to stick, to take hold **4** : to be contagious

**pegote** *nm* **1** : sticky mess **2** *Mex* : sticker, adhesive label

**pegue, etc.** → **pegar**

**peinado** *nm* : hairstyle, hairdo

**peinador, -dora** *n* : hairdresser

**peinar** *vt* **1** : to comb (hair) **2** : to style, to do (hair) **3** RASTREAR : to comb, to search — **peinarse** *vr* **1** : to comb one's hair **2** : to get one's hair done

**peine** *nm* : comb

**peineta** *nf* : ornamental comb

**peladez** *nf, pl* **-deces** *Mex fam* : obscenity, bad language

**pelado, -da** *adj* **1** : bald, hairless **2** : peeled **3** : bare, barren **4** : broke, penniless **5** *Mex fam* : coarse, crude

**pelador** *nm* : peeler

**pelagra** *nf* : pellagra

**pelaje** *nm* : coat (of an animal), fur

**pelapapas** *nm* : (potato) peeler

**pelar** *vt* **1** : to peel, to shell **2** : to skin **3** : to pluck **4** : to remove hair from **5** *fam* : to clean out (of money) — **pelarse** *vr* **1** : to peel **2** *fam* : to get a haircut **3** *Mex fam* : to split, to leave

**peldaño** *nm* **1** : step, stair **2** : rung

**pelea** *nf* **1** LUCHA : fight **2** : quarrel

**pelear** *vi* **1** LUCHAR : to fight **2** DISPUTAR : to quarrel — **pelearse** *vr*

**pelele** *nm* : puppet

**peleón, -ona** *adj, mpl* **-ones** *Spain* : quarrelsome, argumentative

**peleonero, -ra** *adj Mex* : quarrelsome

**peletería** *nf* **1** : fur shop **2** : fur trade

**peletero, -ra** *n* : furrier

**peliagudo, -da** *adj* : tricky, difficult, ticklish

**pelícano** *nm* : pelican

**película** *nf* **1** : movie, film ⟨dar/poner una película : to show a movie⟩ ⟨película de acción/suspenso/terror : action/suspense/horror movie⟩ ⟨película de vaqueros : Western⟩ **2** : (photographic) film **3** : thin covering, layer

**peligrar** *vi* : to be in danger

**peligro** *nm* **1** : danger, peril ⟨estar en peligro : to be in danger⟩ ⟨estar fuera de peligro : to be out of danger⟩ ⟨poner en peligro : to put in danger, to endanger⟩ ⟨peligro de incendio : fire hazard⟩ **2** : risk ⟨correr (el) peligro de : to run the risk of⟩

**peligroso, -sa** *adj* : dangerous, hazardous

**pelirrojo¹, -ja** *adj* : red-haired, redheaded

**pelirrojo², -ja** *n* : redhead

**pellejo** *nm* **1** : hide, skin **2 salvar el pellejo** : to save one's neck

**pellizcar** {72} *vt* **1** : to pinch **2** : to nibble on

**pellizco** *nm* : pinch ⟨me dio un pellizco : she gave me a pinch⟩ ⟨un pellizco de : a pinch of⟩

**pelmazo¹, -za** *adj fam* : boring

**pelmazo², -za** *n fam* : bore

**pelo** *nm* **1** : hair **2** : fur **3** : pile, nap **4 a pelo** : bareback **5 con pelos y señales** : in great detail **6 no tener pelos en la lengua** : not to mince words, to be blunt **7 ponerle los pelos de punta a alguien** : to make someone's hair stand on end **8 por un pelo** : just barely **9 tomarle el pelo a alguien** : to tease someone, to pull someone's leg

**pelón¹, -lona** *adj, mpl* **pelones** **1** : bald **2** *fam* : broke **3** *Mex fam* : tough, difficult

**pelón², -lona** *n, mpl* **pelones** : bald person

**pelota** *nf* **1** : ball **2** *fam* : head **3 en pelotas** *fam* : naked **4 jugar a la pelota** : to play ball **5 pasar la pelota** *fam* : to pass the buck **6 pelota vasca** : jai alai

**pelotera** *nf* **1** : fight **2** : ruckus, row

**pelotón** *nm, pl* **-tones** : squad, detachment
**peltre** *nm* : pewter
**peluca** *nf* : wig
**peluche** *nm* : plush (fabric) ⟨oso de peluche : teddy bear⟩
**peludo, -da** *adj* : hairy, shaggy, bushy
**peluquería** *nf* **1** : hairdresser's, barbershop **2** : hairdressing
**peluquero, -ra** *n* : barber, hairdresser
**peluquín** *nm, pl* **-quines** TUPÉ : hairpiece, toupee
**pelusa** *nf* **1** : down **2** : lint (on clothes)
**pélvico, -ca** *adj* : pelvic
**pelvis** *nfs & pl* : pelvis
**pena** *nf* **1** SENTENCIA : sentence, penalty ⟨pena de muerte, pena capital : death penalty⟩ **2** AFLICCIÓN : sorrow, grief ⟨me da pena : it makes me sad⟩ ⟨morir de pena : to die of a broken heart⟩ ⟨¡qué pena! : what a shame!, how sad!⟩ **3** VERGÜENZA : shame, embarrassment **4 penas** *nfpl* : problems, troubles ⟨olvidar tus penas : to forget your troubles⟩ **5 penas** *nfpl* : difficulty, trouble ⟨a duras penas : with great difficulty⟩ **6 valer la pena** : to be worthwhile
**penacho** *nm* **1** : crest, tuft **2** : plume (of feathers)
**penal**[1] *adj* : criminal, penal
**penal**[2] *nm* CÁRCEL : prison, penitentiary
**penalidad** *nf* **1** : hardship **2** : penalty, punishment
**penalizar** {21} *vt* : to penalize
**penalty** *nm* : penalty (in sports)
**penar** *vt* : to punish, to penalize — *vi* : to suffer, to grieve
**pendenciero, -ra** *adj* : argumentative, quarrelsome
**pender** *vi* **1** : to hang **2** : to be pending
**pendiente**[1] *adj* **1** : pending ⟨asuntos pendientes : unfinished business⟩ ⟨cuentas pendientes : outstanding bills⟩ **2 estar pendiente de** : to pay a lot of attention to **3 estar pendiente de** : to be awaiting
**pendiente**[2] *nm Spain* : earring
**pendiente**[3] *nf* : slope, incline
**pendón** *nm, pl* **pendones** : banner
**péndulo** *nm* : pendulum
**pene** *nm* : penis
**penetración** *nf, pl* **-ciones** **1** : penetration **2** : insight
**penetrante** *adj* **1** : penetrating ⟨una mirada/mente penetrante : a penetrating look/mind⟩ **2** : bitter (of cold or wind), pungent (of smells) **3** ESTRIDENTE : piercing, shrill
**penetrar** *vi* **1** : to penetrate, to sink in **2 ~ por** *or* **~ en** : to pierce, to go in, to enter into ⟨el frío penetra por la ventana : the cold comes right in through the window⟩ — *vt* **1** : to penetrate, to permeate **2** : to pierce ⟨el dolor penetró su corazón : sorrow pierced her heart⟩ **3** : to fathom, to understand
**penicilina** *nf* : penicillin
**península** *nf* : peninsula — **peninsular** *adj*
**penique** *nm* : penny
**penitencia** *nf* : penance, penitence
**penitenciaría** *nf* : penitentiary
**penitente** *adj & nmf* : penitent
**penol** *nm* : yardarm
**penosamente** *adv* : with difficulty
**penoso, -sa** *adj* **1** : painful, distressing **2** : difficult, arduous **3** : shy, bashful
**pensado, -da** *adj* **1 bien pensado** : well thought-out **2 en el momento menos pensado** : when least expected **3 poco pensado** : badly thought-out **4 mal pensado** : evil-minded
**pensador, -dora** *n* : thinker
**pensamiento** *nm* **1** : thought **2** : thinking **3** : pansy
**pensar** {55} *vi* **1** : to think ⟨pensar bien/mal de alguien : to think well/poorly of someone⟩ **2 ~ en** : to think about ⟨pensaba en otra cosa : I was thinking about something else⟩ **3 dar que pensar** : to provide food for thought — *vt* **1** : to think ⟨pienso que es necesario : I think it's necessary⟩ ⟨¿qué piensas de su nueva canción? : what do you think about her new song?⟩ **2** : to think about ⟨está pensando comprar una casa : she's thinking about buying a house⟩ **3** : to intend, to plan on ⟨¿qué piensas hacer? : what do you plan to do?⟩ ⟨no pienso casarme : I don't intend to get married⟩ — **pensarse** *vr* : to think over
**pensativo, -va** *adj* : pensive, thoughtful
**pensión** *nf, pl* **pensiones** **1** JUBILACIÓN : pension **2** : boarding house **3 pensión alimenticia** : alimony
**pensionado, -da** *n* → **pensionista**
**pensionista** *nmf* **1** JUBILADO : pensioner, retiree **2** : boarder, lodger
**pentágono** *nm* : pentagon — **pentagonal** *adj*
**pentagrama** *nm* : staff (in music)
**penthouse** [ˈpent,haus] *nm* : penthouse
**penúltimo, -ma** *adj* : next to last, penultimate
**penumbra** *nf* : partial darkness, shadow
**penuria** *nf* **1** ESCASEZ : shortage, scarcity **2** : poverty
**peña** *nf* : rock, crag
**peñasco** *nm* : crag, large rock
**peñascoso, -sa** *adj* : craggy
**peñón** → **peñasco**
**peón** *nm, pl* **peones** **1** : laborer, peon **2** : pawn (in chess)
**peonía** *nf* : peony
**peor**[1] *adv* **1** *comparative of* MAL : worse ⟨se llevan peor que antes : they get along worse than before⟩ **2** *superlative of* MAL : worst ⟨me fue peor que a nadie : I did the worst of all⟩ ⟨el secreto peor guardado : the worst-kept secret⟩ **3 cada vez peor** : worse and worse **4 de mal en peor** : from bad to worse
**peor**[2] *adj* **1** *comparative of* MALO : worse ⟨es peor que el original : it's worse than the original⟩ **2** *superlative of* MALO : worst ⟨la peor parte : the worst part⟩ ⟨el peor de todos : the worst of all⟩
**pepa** *nf* : seed, pit (of a fruit)
**pepenador, -dora** *n CA, Mex* : scavenger
**pepenar** *vt CA, Mex* : to scavenge, to scrounge

**pepinillo** *nm* : pickle, gherkin
**pepino** *nm* : cucumber
**pepita** *nf* **1** : seed, pip **2** : nugget **3** *Mex* : dried pumpkin seed
**peque, etc.** → **pecar**
**pequeñez** *nf, pl* **-ñeces** **1** : smallness **2** : trifle, triviality **3 pequeñez de espíritu** : pettiness
**pequeño¹, -ña** *adj* **1** : small, little ⟨un libro pequeño : a small book⟩ **2** : young, little ⟨su hermana pequeña : his little sister⟩ **3** CORTO : short **4** LIGERO : slight
**pequeño², -ña** *n* : child, little one
**pera** *nf* **1** : pear **2** *Arg, Chile, Uru* BARBILLA, MENTÓN : chin **3** *Arg, Chile, Uru* : goatee **4** : rubber bulb (for suction, etc.) **5 pedirle peras al olmo** : to ask the impossible
**peral** *nm* : pear tree
**peraltar** *vt* : to bank (a road)
**peralte** *nm* : bank (of a road)
**perca** *nf* : perch (fish)
**percal** *nm* : percale
**percance** *nm* : mishap, misfortune
**per cápita** *adv & adj* : per capita
**percatarse** *vr* ~ **de** : to notice, to become aware of
**percebe** *nm* : barnacle
**percepción** *nf, pl* **-ciones** **1** : perception **2** : idea, notion **3** COBRO : receipt (of payment), collection
**perceptible** *adj* : perceptible, noticeable — **perceptiblemente** *adv*
**percha** *nf* **1** : perch **2** : coat hanger **3** : coatrack, coat hook
**perchero** *nm* : coatrack
**percibir** *vt* **1** : to perceive, to notice, to sense **2** : to earn, to draw (a salary)
**percudido, -da** *adj* : grimy
**percudir** *vt* : to make grimy — **percudirse** *vr*
**percusión** *nf, pl* **-siones** : percussion
**percusor** *or* **percutor** *nm* : hammer (of a firearm)
**perdedor¹, -dora** *adj* : losing
**perdedor², -dora** *n* : loser
**perder** {56} *vt* **1** : to lose ⟨perdió las llaves : he lost his keys⟩ ⟨perder dinero/peso : to lose money/weight⟩ ⟨perder la paciencia/confianza : to lose patience/confidence⟩ ⟨perder la vida : to lose one's life⟩ **2** : to lose (a game, contest, etc.) **3** : to miss (a train, an event, etc.) ⟨perdimos la oportunidad : we missed the opportunity⟩ **4** : to waste (time) — *vi* : to lose — **perderse** *vr* **1** EXTRAVIARSE : to get lost **2** : to miss **3** DESAPARECER : to disappear
**perdición** *nf, pl* **-ciones** : ruin
**pérdida** *nf* **1** : loss ⟨pérdidas económicas : economic losses⟩ **2** : waste (of time, money, etc.) **3** : leak (of liquid, gas, etc.)
**perdidamente** *adv* : hopelessly
**perdido, -da** *adj* **1** : lost ⟨objetos perdidos : lost and found⟩ ⟨una bala perdida : a stray bullet⟩ **2** : inveterate, incorrigible ⟨es un caso perdido : he's a hopeless case⟩ ⟨dar algo por perdido : to give something up as a lost cause⟩ **3 de** ~ *Mex fam* : at least **4 estar perdido** : to be in trouble, to be done for
**perdigón** *nm, pl* **-gones** : shot, pellet
**perdiz** *nf, pl* **perdices** : partridge
**perdón¹** *nm, pl* **perdones** : forgiveness, pardon ⟨me pidió perdón : she apologized to me⟩
**perdón²** *interj* : excuse me!, sorry!
**perdonable** *adj* : forgivable
**perdonar** *vt* **1** DISCULPAR : to forgive, to pardon ⟨¿me perdonas? : do you forgive me?⟩ ⟨perdona que te interrumpa : pardon me for interrupting⟩ **2** : to excuse from (a task, etc.), to write off (a debt) ⟨perdonarle la vida a alguien : to spare someone's life⟩ — *vi* : to excuse, to pardon ⟨perdona, pero . . . : excuse/pardon me, but . . .⟩
**perdurable** *adj* : lasting
**perdurar** *vi* : to last, to endure, to survive
**perecedero, -ra** *adj* : perishable
**perecer** {53} *vi* : to perish, to die
**peregrinación** *nf, pl* **-ciones** : pilgrimage
**peregrinaje** *nm* → **peregrinación**
**peregrino¹, -na** *adj* **1** : unusual, odd **2** MIGRATORIO : migratory
**peregrino², -na** *n* : pilgrim
**perejil** *nm* : parsley
**perenne** *adj* : perennial ⟨árbol de hoja perenne : evergreen tree⟩
**perentorio, -ria** *adj* **1** : peremptory **2** URGENTE : urgent **3** FIJO : fixed, set
**pereza** *nf* FLOJERA, HOLGAZANERÍA : laziness, idleness
**perezoso¹, -sa** *adj* FLOJO, HOLGAZÁN : lazy
**perezoso²** *nm* : sloth (animal)
**perfección** *nf, pl* **-ciones** : perfection ⟨a la perfección : perfectly⟩
**perfeccionamiento** *nm* : perfecting, refinement
**perfeccionar** *vt* **1** : to perfect **2** : to improve, to refine
**perfeccionismo** *nm* : perfectionism
**perfeccionista** *nmf* : perfectionist
**perfecto, -ta** *adj* : perfect — **perfectamente** *adv*
**perfidia** *nf* : treachery
**pérfido, -da** *adj* : perfidious
**perfil** *nm* **1** : profile ⟨de perfil : from the side, in profile⟩ **2** CONTORNO : profile, outline **3 perfiles** *nmpl* RASGOS : features, characteristics
**perfilar** *vt* : to outline, to define — **perfilarse** *vr* **1** : to be outlined, to be silhouetted **2** : to take shape
**perforación** *nf, pl* **-ciones** **1** : perforation **2** : drilling
**perforadora** *nf* **1** : hole punch (for paper) **2** : drill (in mining, etc.)
**perforar** *vt* **1** : to perforate, to pierce **2** : to drill, to bore
**perfumar** *vt* : to perfume, to scent — **perfumarse** *vr* : to put on perfume
**perfume** *nm* : perfume, scent
**perfumería** *nf* **1** : perfume shop **2** : perfumes *pl* **3** : perfume industry
**pergamino** *nm* : parchment
**pérgola** *nf* : arbor

**pericia** *nf* : skill, expertise
**pericial** *adj* : expert ⟨testigo pericial : expert witness⟩
**perico** *nm* COTORRA : small parrot
**periferia** *nf* : periphery, outskirts
**periférico**[1], **-ca** *adj* : outlying, peripheral
**periférico**[2] *nm* **1** *CA, Mex* : beltway **2** : peripheral
**perilla** *nf* **1** : goatee **2** : pommel (on a saddle) **3** *Col, Mex* : knob, handle **4 perilla de la oreja** : earlobe **5 de perillas** *fam* : handy, just right
**perímetro** *nm* : perimeter
**periódico**[1], **-ca** *adj* : periodic — **periódicamente** *adv*
**periódico**[2] *nm* DIARIO : newspaper
**periodismo** *nm* : journalism
**periodista** *nmf* : journalist
**periodístico, -ca** *adj* : journalistic, news
**período** *or* **periodo** *nm* : period
**peripecia** *nf* VICISITUD : vicissitude, reversal ⟨las peripecias de su carrera : the ups and downs of her career⟩ ⟨contar las peripecias de : to tell the adventures of⟩
**periquera** *nf Mex* : high chair (for a baby)
**periquito** *nm* : parakeet
**periscopio** *nm* : periscope
**perito, -ta** *adj & n* : expert
**perjudicar** {72} *vt* : to harm, to be detrimental to ⟨perjudicar la salud : to be bad for your health⟩
**perjudicial** *adj* : harmful, detrimental ⟨ser perjudicial para : to be harmful to⟩
**perjuicio** *nm* **1** : harm, damage ⟨causar perjuicio a : to cause damage to⟩ **2 en perjuicio de** : to the detriment of **3 sin perjuicio de** : without detriment to, without affecting
**perjurar** *vi* : to perjure oneself
**perjurio** *nm* : perjury
**perla** *nf* **1** : pearl **2 de perlas** *fam* : wonderfully ⟨me viene de perlas : it suits me just fine⟩
**permanecer** {53} *vi* **1** QUEDARSE : to remain, to stay **2** SEGUIR : to remain, to continue to be
**permanencia** *nf* **1** : permanence, continuance **2** ESTANCIA : stay
**permanente**[1] *adj* **1** : permanent **2** : constant — **permanentemente** *adv*
**permanente**[2] *nf* : perm, permanent (wave) ⟨hacerse la permanente : to get a perm⟩
**permeabilidad** *nf* : permeability
**permeable** *adj* : permeable
**permisible** *adj* : permissible, allowable
**permisividad** *nf* : permissiveness
**permisivo, -va** *adv* : permissive
**permiso** *nm* **1** : permission ⟨dar permiso : to give permission⟩ **2** : permit, license ⟨permiso de conducir : driver's license⟩ ⟨permiso de residencia : green card⟩ ⟨permiso de trabajo : work permit⟩ **3** : leave, furlough **4 con ~** : excuse me, pardon me **5 de ~** : on leave
**permitir** *vt* **1** : to permit, to allow ⟨no me permitió pasar : he wouldn't let me through⟩ ⟨¿me permite? : may I?⟩ **2** POSIBILITAR : to enable, to allow — **permitirse** *vr* : to allow oneself ⟨permitirse el lujo de : to allow oneself the luxury of⟩
**permuta** *nf* : exchange
**permutación** *nf, pl* **-ciones** : permutation
**permutar** *vt* INTERCAMBIAR : to exchange
**pernera** *nf* : leg (of pants, etc.)
**pernicioso, -sa** *adj* : pernicious, destructive
**pernil** *nm* **1** : haunch (of an animal) **2** : leg (of meat), ham **3** : trouser leg
**perno** *nm* : bolt, pin
**pernoctar** *vi* : to stay overnight, to spend the night
**pero**[1] *nm* **1** : fault, defect ⟨ponerle peros a : to find fault with⟩ **2** : objection
**pero**[2] *conj* **1** : but ⟨lo siento, pero no puedo : I'm sorry, but I can't⟩ **2** (*used for emphasis*) ⟨¿pero que le ve? : what on earth does she see in him?⟩ ⟨es muy, pero muy caro : it's extremely expensive⟩
**perogrullada** *nf* : truism, platitude, cliché
**peroné** *nm* : fibula
**perorar** *vi* : to deliver a speech
**perorata** *nf* : oration, long-winded speech
**peróxido** *nm* : peroxide
**perpendicular** *adj & nf* : perpendicular
**perpetrar** *vt* : to perpetrate
**perpetuar** {3} *vt* ETERNIZAR : to perpetuate
**perpetuidad** *nf* : perpetuity
**perpetuo, -tua** *adj* : perpetual — **perpetuamente** *adv*
**perplejidad** *nf* : perplexity
**perplejo, -ja** *adj* : perplexed, puzzled
**perrada** *nf fam* : dirty trick
**perrera** *nf* : kennel, dog pound
**perrero, -ra** *n* : dogcatcher
**perrito, -ta** *n* CACHORRO : puppy, small dog
**perro, -rra** *n* **1** : dog, bitch *f* **2 perro callejero** : stray dog **3 perro caliente** : hot dog **4 perro cobrador** : retriever **5 perro faldero** : lapdog **6 perro guardián** : guard dog **7 perro guía/lazarillo** : guide dog **8 perro pastor** : sheepdog **9 perro policía** : police dog **10 perro rastreador** : tracking dog **11 perro salchicha** : dachshund
**persa**[1] *adj & nmf* : Persian
**persa**[2] *nm* : Persian (language)
**per se** *adv* : per se
**persecución** *nf, pl* **-ciones** **1** : pursuit, chase **2** : persecution
**perseguible** *adj* : chargeable
**perseguidor, -dora** *n* **1** : pursuer **2** : persecutor
**perseguir** {75} *vt* **1** : to pursue, to chase **2** : to persecute **3** : to pester, to annoy
**perseverancia** *nf* : perseverance
**perseverante** *adj* : persistent
**perseverar** *vi* : to persevere
**persiana** *nf* : blind, venetian blind
**persignarse** *vr* SANTIGUARSE : to cross oneself, to make the sign of the cross
**persistir** *vi* **1** : to persist **2 ~ en** : to persist in — **persistencia** *nf* — **persistente** *adj*
**persona** *nf* **1** : person ⟨miles de personas : thousands of people⟩ **2 en ~** : in person **3 por ~** : per person

**personaje** *nm* **1** : character (in drama or literature) **2** : personage, celebrity
**personal¹** *adj* : personal — **personalmente** *adv*
**personal²** *nm* : personnel, staff
**personalidad** *nf* **1** : personality **2** PERSONAJE : personage, celebrity
**personalizar** {21} *vt* : to personalize — *vi* : to name names
**personero, -ra** *n* **1** : representative **2** : spokesperson, spokesman *m*, spokeswoman *f*
**personificar** {72} *vi* : to personify — **personificación** *nf*
**perspectiva** *nf* **1** : perspective **2** VISTA : view **3** : prospect, outlook ⟨tener buenas perspectivas : to have good prospects⟩ ⟨en perspectiva : in the offing, in prospect⟩ **4** : perspective, point of view ⟨mirándolo en perspectiva : looking back (at it), (looking at it) in retrospect/hindsight⟩
**perspicacia** *nf* : shrewdness, perspicacity, insight
**perspicaz** *adj, pl* **-caces** : shrewd, perspicacious
**persuadir** *vt* : to persuade ⟨lo persuadí de/para que viniera : I persuaded him to come⟩ — **persuadirse** *vr* : to become convinced
**persuasión** *nf, pl* **-siones** : persuasion
**persuasivo, -va** *adj* : persuasive
**pertenecer** {53} *vi* : to belong ⟨pertenecer a : to belong to⟩
**perteneciente** *adj* ~ **a** : belonging to
**pertenencia** *nf* **1** : membership **2** : ownership **3 pertenencias** *nfpl* : belongings, possessions
**pértiga** *nf* GARROCHA : pole ⟨salto con/de pértiga : pole vault⟩
**pertinaz** *adj, pl* **-naces** **1** OBSTINADO : obstinate **2** PERSISTENTE : persistent
**pertinencia** *nf* : pertinence, relevance
**pertinente** *adj* **1** : pertinent, relevant **2** : appropriate
**pertrechos** *nmpl* : equipment, gear
**perturbación** *nf, pl* **-ciones** : disturbance, disruption
**perturbador, -dora** *adj* **1** INQUIETANTE : disturbing, troubling **2** : disruptive
**perturbar** *vt* **1** : to disturb, to trouble **2** : to disrupt
**peruano, -na** *adj & n* : Peruvian
**perversidad** *nf* : perversity, depravity
**perversión** *nf, pl* **-siones** : perversion
**perverso, -sa** *adj* : wicked, depraved
**pervertido¹, -da** *adj* DEPRAVADO : perverted, depraved
**pervertido², -da** *n* : pervert
**pervertir** {76} *vt* : to pervert, to corrupt
**pesa** *nf* **1** : weight **2 levantamiento de pesas** : weight lifting
**pesadamente** *adv* **1** : heavily **2** : slowly, clumsily
**pesadez** *nf, pl* **-deces** **1** : heaviness **2** ABURRIMIENTO : tediousness **3** PLOMO : drag, bore
**pesadilla** *nf* : nightmare
**pesado¹, -da** *adj* **1** : heavy **2** LENTO : slow **3** MOLESTO : irritating, annoying **4** ABURRIDO : tedious, boring **5** DIFÍCIL : tough, difficult
**pesado², -da** *n fam* : bore, pest
**pesadumbre** *nf* AFLICCIÓN : grief, sorrow, sadness
**pésame** *nm* : condolences *pl* ⟨darle el pésame a alguien : to give someone one's condolences⟩ ⟨mi más sentido pésame : my heartfelt condolences⟩
**pesar¹** *vt* **1** : to weigh ⟨pesa dos kilos : it weighs two kilos⟩ **2** EXAMINAR : to consider, to think over — *vi* **1** : to weigh ⟨¿cuánto pesa? : how much does it weigh?⟩ **2** : to be heavy **3** : to weigh heavily, to be a burden ⟨la responsabilidad le pesa : the responsibility is a burden on him⟩ **4** INFLUIR : to carry weight, to have bearing **5** (*with personal pronouns*) : to grieve, to sadden ⟨me pesa mucho no haber ido : I really regret not having gone⟩ **6 pese a** : in spite of, despite **7 pese a que** : in spite of the fact that
**pesar²** *nm* **1** AFLICCIÓN, PENA : sorrow, grief **2** REMORDIMIENTO : remorse **3 a pesar de** : in spite of, despite ⟨a pesar de todo : in spite of it all⟩ **4 a pesar de que** : in spite of the fact that
**pesaroso, -sa** *adj* **1** : sad, mournful **2** ARREPENTIDO : sorry, regretful
**pesca** *nf* **1** : fishing ⟨ir de pesca : to go fishing⟩ **2** : catch
**pescadería** *nf* : fish market
**pescado** *nm* : fish (as food)
**pescador, -dora** *n* : fisherman *m*, fisherwoman *f*
**pescar** {72} *vt* **1** : to fish for **2** : to catch **3** *fam* : to get a hold of, to land — *vi* : to fish, to go fishing
**pescuezo** *nm* : neck
**pesebre** *nm* **1** : manger **2** : Nativity scene
**pesebrera** *nf Col* : stable
**pesera** *nf* → **pesero**
**pesero** *nm Mex* : minibus
**peseta** *nf* : peseta (Spanish unit of currency)
**pesimismo** *nm* : pessimism
**pesimista¹** *adj* : pessimistic
**pesimista²** *nmf* : pessimist
**pésimo, -ma** *adj* : dreadful, abominable
**peso** *nm* **1** : weight, heaviness ⟨perder/ganar peso : to lose/gain weight⟩ ⟨peso bruto/neto : gross/net weight⟩ **2** : burden, responsibility **3** : weight (in sports) ⟨peso pesado : heavyweight⟩ **4** BÁSCULA : scale **5** : peso (currency)
**pesque, etc.** → **pescar**
**pesquería** *nf* : fishery
**pesquero¹, -ra** *adj* : fishing ⟨pueblo pesquero : fishing village⟩
**pesquero²** *nm* : fishing boat
**pesquisa** *nf* INVESTIGACIÓN : inquiry, investigation
**pestaña** *nf* **1** : eyelash **2** : flange, rim **3** : tab (in a browser, etc.)
**pestañear** *vi* : to blink
**pestañeo** *nm* : blink
**peste** *nf* **1** : plague, pestilence **2** : stench, stink **3** : nuisance, pest

**pesticida** *nm* : pesticide
**pestilencia** *nf* **1** : stench, foul odor **2** : pestilence
**pestillo** *nm* CERROJO : bolt, latch
**petaca** *nf* **1** *Mex* : suitcase **2 petacas** *nfpl Mex fam* : bottom, behind
**pétalo** *nm* : petal
**petardear** *vi* : to backfire
**petardeo** *nm* : backfiring
**petardo** *nm* : firecracker
**petate** *nm Hond, Mex* : mat
**petición** *nf, pl* **-ciones** : petition, request ⟨a petición de : at the request of⟩
**peticionar** *vt* : to petition
**peticionario, -ria** *n* : petitioner
**petirrojo** *nm* : robin
**petiso, -sa** *or* **petizo, -za** *n* : shorty
**peto** *nm* : bib (of clothing)
**pétreo, -trea** *adj* : stone, stony
**petrificar** {72} *vt* : to petrify
**petróleo** *nm* : oil, petroleum
**petrolero**[1], **-ra** *adj* : oil ⟨industria petrolera : oil industry⟩
**petrolero**[2] *nm* : oil tanker
**petrolífero, -ra** *adj* → **petrolero**[1]
**petulancia** *nf* INSOLENCIA : insolence, petulance
**petulante** *adj* INSOLENTE : insolent, petulant — **petulantemente** *adv*
**petunia** *nf* : petunia
**peyorativo, -va** *adj* : pejorative
**pez**[1] *nm, pl* **peces** **1** : fish **2 pez de colores** : goldfish **3 pez espada** : swordfish **4 pez gordo** : big shot
**pez**[2] *nf, pl* **peces** : pitch, tar
**pezón** *nm, pl* **pezones** : nipple
**pezuña** *nf* : hoof ⟨pezuña hendida : cloven hoof⟩
**pH** [ˈpeˈatʃe, ˈpiˈetʃ] *nm* : pH
**phishing** [ˈfiʃiŋ] *nm* : phishing
**phylum** [ˈfilum] *nm* : phylum
**pi** *nf* : pi
**piadoso, -sa** *adj* **1** : compassionate, merciful **2** DEVOTO : pious, devout — **piadosamente** *adv*
**pianista** *nmf* : pianist, piano player
**piano** *nm* : piano ⟨piano de cola : grand piano⟩
**piar** {85} *vi* : to chirp, to cheep, to tweet
**pibe, -ba** *n Arg, Uru fam* : kid, child
**pica** *nf* **1** : pike, lance **2** : goad (in bullfighting) **3** : spade (in playing cards)
**picada** *nf* **1** : bite, sting (of an insect) **2** : sharp descent
**picadero** *nm* **1** : exercise ring (for horses) **2** : riding school
**picadillo** *nm* **1** : minced meat, hash **2 hacer picadillo a** : to beat to a pulp
**picado, -da** *adj* **1** : perforated **2** : ground (of meat), chopped **3** : decayed (of teeth) **4** : choppy, rough **5** *fam* : annoyed, miffed
**picador** *nm* : picador
**picadura** *nf* **1** : sting, bite **2** : prick, puncture **3** : decay, cavity
**picaflor** *nm* **1** COLIBRÍ : hummingbird **2** : womanizer
**picana** *nf* : goad, prod
**picante**[1] *adj* **1** : hot, spicy **2** : sharp, cutting **3** : racy, risqué
**picante**[2] *nm* **1** : spiciness **2** : hot spices *pl*, hot sauce
**picaporte** *nm* **1** : latch **2** : door handle **3** ALDABA : door knocker
**picar** {72} *vt* **1** : to sting (of bees, etc.), to bite (of fleas, etc.) **2** : to peck at (of birds) **3** COMER : to nibble on **4** : to prick (of a needle, etc.), to punch (a ticket) **5** : to break, to chip (stone, etc.) **6** : to grind, to chop **7** : to goad, to incite **8** : to pique, to provoke — *vi* **1** : to itch ⟨esta camisa me pica : this shirt is itchy⟩ **2** : to sting **3** : to be spicy, to be hot **4** : to nibble **5** : to take the bait **6 ~ en** : to dabble in **7 picar muy alto** : to aim too high — **picarse** *vr* **1** : to get a cavity, to decay **2** : to go bad (of food) **3** : to get annoyed, to take offense **4** : to become choppy (of the sea)
**picardía** *nf* **1** : cunning, craftiness **2** : prank, dirty trick
**picaresco, -ca** *adj* **1** : picaresque **2** : mischievous, naughty
**pícaro**[1], **-ra** *adj* **1** : mischievous **2** : cunning, sly **3** : off-color, risqué
**pícaro**[2], **-ra** *n* **1** : rogue, scoundrel **2** : rascal
**picazón** *nf, pl* **-zones** COMEZÓN : itch
**picea** *nf* : spruce (tree)
**pichel** *nm* : pitcher, jug
**pichón, -chona** *n, mpl* **pichones** **1** : young pigeon, squab **2** *Mex fam* : novice, greenhorn
**picnic** *nm* : picnic
**pico** *nm* **1** : peak **2** : point **3** : corner **4** : beak, bill **5** *fam* : mouth **6** : pick, pickax **7 y pico** : and a little, and a bit ⟨las siete y pico : a little after seven⟩ ⟨dos metros y pico : a bit over two meters⟩
**picor** *nm* : itch, irritation
**picoso, -sa** *adj Mex* : very hot, spicy
**picota** *nf* **1** : pillory, stock **2 poner a alguien en la picota** : to put someone on the spot
**picotada** *nf* → **picotazo**
**picotazo** *nm* : peck (of a bird)
**picotear** *vt* : to peck — *vi* : to nibble, to pick
**pictórico, -ca** *adj* : pictorial
**picudo, -da** *adj* **1** : pointy, sharp **2 ~ para** *Mex fam* : clever at, good at
**pide, etc.** → **pedir**
**pie** *nm* **1** : foot **2** : base, bottom, stem, foot ⟨pie de la cama : foot of the bed⟩ ⟨pie de una lámpara : base of a lamp⟩ ⟨pie de la escalera : bottom of the stairs⟩ ⟨pie de una copa : stem of a glass⟩ ⟨pie de la página : foot of the page⟩ ⟨pie de foto : caption⟩ **3** : foot (in measurement) ⟨pie cuadrado : square foot⟩ **4** : cue (in theater) **5 a ~** : on foot **6 de ~** : on one's feet, standing ⟨estar de pie : to be standing⟩ ⟨ponerse de pie : to stand up⟩ **7 en ~** : standing ⟨mantenerse en pie : to remain standing⟩ ⟨seguir en pie : to remain valid, to stand⟩ **8 al pie de la letra** : word for word **9 con buen pie** : well ⟨comenzar con buen pie : to start on the right foot, to get off to a

good start〉 **10 con pies de plomo** : very cautiously **11 dar pie a** : to give cause for, to give rise to **12 de a pie** : average, ordinary **13 de pies a cabeza** : from head to toe **14 en pie de guerra** : ready for war **15 en pie de igualdad** : on equal footing **16 hacer pie** : to touch bottom (in water) **17 no tener ni pies ni cabeza** : to make no sense

**piedad** *nf* **1** COMPASIÓN : mercy, pity **2** DEVOCIÓN : piety, devotion

**piedra** *nf* **1** : stone **2** : flint (of a lighter) **3** : hailstone **4 piedra angular** : cornerstone **5 piedra arenisca** : sandstone **6 piedra caliza** : limestone **7 piedra de afilar** : whetstone, grindstone **8 piedra de molino** : millstone **9 piedra de pómez** : pumice stone **10 piedra de toque** : touchstone **11 piedra imán** : lodestone **12 piedra preciosa** : precious stone

**piel** *nf* **1** : skin **2** CUERO : leather, hide 〈piel de venado : deerskin〉 **3** : fur, pelt **4** CÁSCARA : peel, skin **5 piel de gallina** : goose bumps *pl* 〈me pone la piel de gallina : it gives me goose bumps〉

**piélago** *nm* **el piélago** : the deep, the ocean

**piensa, etc.** → **pensar**

**pienso** *nm* : feed, fodder

**pierde, etc.** → **perder**

**pierna** *nf* : leg 〈cruzar las piernas : to cross one's legs〉

**pieza** *nf* **1** ELEMENTO : piece, part, component 〈vestido de dos piezas : two-piece dress〉 〈pieza de recambio/repuesto : spare part〉 〈pieza clave : key element〉 **2** : piece (in chess) **3** OBRA : piece, work 〈pieza de teatro : play〉 **4** : room, bedroom

**pífano** *nm* : fife

**pifia** *nf fam* : goof, blunder

**pifiar** *vt fam* : to mess up, to bungle

**pigargo** *nm* : osprey

**pigmentación** *nf, pl* **-ciones** : pigmentation

**pigmento** *nm* : pigment

**pigmeo, -mea** *adj & n* : pygmy, Pygmy

**pijama** *nm* : pajamas *pl*

**pila** *nf* **1** BATERÍA : battery 〈pila de linterna : flashlight battery〉 **2** MONTÓN : pile, heap **3** : sink, basin, font 〈pila bautismal : baptismal font〉 〈pila para pájaros : birdbath〉

**pilar** *nm* **1** : pillar, column **2** : support, mainstay

**píldora** *nf* PASTILLA : pill 〈tomar la píldora (anticonceptiva) : to be on the pill〉

**pileta** *nf Arg, Uru* **1** FREGADERO, LAVABO : sink **2** PISCINA : swimming pool

**pillaje** *nm* : pillage, plunder

**pillar** *vt* **1** *fam* : to catch 〈¡cuidado! ¡nos pillarán! : watch out! they'll catch us!〉 **2** *fam* : to grasp, to catch on 〈¿no lo pillas? : don't you get it?〉 — **pillarse** *vr* : to catch (one's finger, etc.)

**pillo**[1], **-lla** *adj* : cunning, crafty

**pillo**[2], **-lla** *n* **1** : rascal, brat **2** : rogue, scoundrel

**pilluelo, -la** *n* : urchin

**pilón** *nm, pl* **pilones** **1** PILA : basin **2** : pillar, tower (for cables), pylon (of a bridge) **3** *Mex* : extra, free gift

**pilotar** *vt* : to pilot (a plane), to steer (a ship), to drive (an automobile)

**pilote** *nm* : pile (stake)

**pilotear** → **pilotar**

**piloto**[1] *nm* **1** : pilot light **2** *Arg* : raincoat **3 piloto automático** : autopilot, automatic pilot

**piloto**[2] *nmf* : pilot (of a plane or ship), driver (of an automobile)

**piltrafa** *nf* **1** : poor quality meat **2** : wretch **3 piltrafas** *nfpl* : food scraps

**pimentero** *nm* : pepper shaker

**pimentón** *nm, pl* **-tones** **1** : paprika **2** : cayenne pepper

**pimienta** *nf* **1** : pepper (condiment) 〈pimienta blanca/negra : white/black pepper〉 **2 pimienta de Jamaica** : allspice

**pimiento** *nm* : pepper (fruit) 〈pimiento verde : green pepper〉 〈pimiento morrón : pimiento, pimento〉

**pináculo** *nm* **1** : pinnacle (of a building) **2** : peak, acme

**pinar** *nm* : pine forest

**pinball** [pin'bol] *nm* : pinball

**pincel** *nm* **1** : paintbrush **2** : makeup brush

**pincelada** *nf* **1** : brushstroke **2 últimas pinceladas** : final touches

**pinchar** *vt* **1** : to puncture (a tire, balloon, etc.) **2** : to prick, to stick, to jab **3** PROVOCAR : to goad, to tease, to needle **4** : to give an injection **5** : to click on (a link, etc.) 〈pinche aquí : click here〉 **6** *fam* : to tap, to wiretap (a phone) — *vi* **1** : to be prickly **2** : to get a flat tire **3** *fam* : to get beaten, to lose out — **pincharse** *vr* **1** INYECTARSE : to shoot up **2** : to go flat (of a tire)

**pinchazo** *nm* **1** : prick, jab **2** : puncture, flat tire

**pinche**[1] *adj Mex* MALDITO : damned

**pinche**[2] *nmf* : kitchen assistant

**pincho** *nm* **1** : thorn, spine (of a plant) **2** *Spain* : bar snack

**Ping–Pong** *marca registrada, m* — used for table tennis

**pingüe** *adj* **1** : rich, huge (of profits) **2** : lucrative

**pingüino** *nm* : penguin

**pininos** *or* **pinitos** *nmpl* : first steps 〈hacer pininos : to take one's first steps, to toddle〉

**pino** *nm* : pine, pine tree

**pinta** *nf* **1** : dot, spot **2** : pint **3** *fam* : aspect, appearance 〈las peras tienen buena pinta : the pears look good〉 〈tener pinta de : to look like〉 **4 pintas** *nfpl Mex* : graffiti

**pintadas** *nfpl* : graffiti

**pintado, -da** *adj* : spotted

**pintalabios** *nms & pl* : lipstick

**pintar** *vt* **1** : to paint **2** : to draw, to mark **3** : to describe, to depict — *vi* **1** : to paint, to draw **2** : to look 〈no pinta bien : it doesn't look good〉 **3** *fam* : to count 〈aquí no pinta nada : he has no say here〉 — **pintarse** *vr* **1** MAQUI-

LLARSE : to put on makeup **2 pintárselas solo** *fam* : to manage by oneself, to know it all

**pintarrajear** *vt* : to daub (with paint)

**pinto, -ta** *adj* : speckled, spotted

**pintor, -tora** *n* **1** : painter (artist) **2** *or* **pintor de brocha gorda** : painter (of buildings, etc.)

**pintoresco, -ca** *adj* : picturesque, quaint

**pintura** *nf* **1** : paint **2** : painting ⟨pintura al óleo : oil painting⟩ ⟨pintura a la acuarela : watercolor painting⟩

**pinza** *nf* **1** : clothespin **2** HORQUILLA : bobby pin **3** : claw, pincer (of a crab, etc.) **4** : pleat, dart (in clothing) **5 pinzas** *nfpl* : tweezers **6 pinzas** *nfpl* ALICATES : pliers, pincers **7 pinzas** *nfpl* : tongs (for food)

**pinzón** *nm, pl* **pinzones** : finch

**piña** *nf* **1** : pineapple **2** : pine cone

**piñata** *nf* : piñata

**piñón** *nm, pl* **piñones** **1** : pine nut **2** : pinion (of a machine), sprocket (of a bicycle)

**pío**[1], **pía** *adj* **1** DEVOTO : pious, devout **2** : pied, dappled

**pío**[2] *nm* **1** : peep, tweet, cheep **2 no decir ni pío** : not to say a word

**piocha** *nf* **1** : pickax **2** *Mex* : goatee

**piojo** *nm* : louse

**piojoso, -sa** *adj* **1** : lousy **2** : filthy

**piola**[1] *adj fam* **1** *Arg* : cool *fam*, good **2 pasar piola** *Chile, Peru* : to go unnoticed

**piola**[2] *nf* : cord

**pionero**[1], **-ra** *adj* : pioneering

**pionero**[2], **-ra** *n* : pioneer

**pipa** *nf* **1** : pipe (for smoking) **2** *Cuba, Mex* : tanker truck **3** *Spain* : seed

**pipí** *nm fam* : pee *fam* ⟨hacer pipí : to take a pee⟩

**pipián** *nm, pl* **pipianes** *Mex* : a spicy sauce or stew

**pipiolo, -la** *n fam* **1** : greenhorn, novice **2** : kid, youngster

**pique**[1], **etc.** → **picar**

**pique**[2] *nm* **1** : pique, resentment **2** : rivalry, competition **3 a pique de** : about to, on the verge of **4 irse a pique** : to sink, to founder

**piqueta** *nf* : pickax

**piquete** *nm* **1** : picketers *pl*, picket line **2** : squad, detachment **3** *Mex* : prick, jab **4** *Mex* : insect bite

**piquetear** *vt* **1** : to picket **2** *Mex* : to prick, to jab

**pira** *nf* : pyre

**piragua** *nf* : canoe

**piragüismo** *nm* : canoeing

**piragüista** *nmf* : canoeist, canoer

**pirámide** *nf* : pyramid

**piraña** *nf* : piranha

**pirata**[1] *adj* **1** : bootleg, pirated **2** : pirate ⟨un barco pirata : a pirate ship⟩

**pirata**[2] *nmf* **1** : pirate **2** : pirate, bootlegger **3 pirata aéreo** : hijacker **4 pirata informático** : hacker

**piratear** *vt* **1** : to hijack, to commandeer **2** : to bootleg, to pirate

**piratería** *nf* : piracy, bootlegging

**piromanía** *nf* : pyromania

**pirómano, -na** *n* : pyromaniac

**piropo** *nm* : flirtatious compliment

**pirotecnia** *nf* : fireworks *pl*, pyrotechnics *pl*

**pirotécnico, -ca** *adj* : fireworks, pyrotechnic

**pírrico, -ca** *adj* : Pyrrhic

**pirueta** *nf* : pirouette

**piruli** *nm* : cone-shaped lollipop

**pis** → **pipí**

**pisada** *nf* **1** : footstep **2** HUELLA : footprint

**pisapapeles** *nms & pl* : paperweight

**pisar** *vt* **1** : to step on/in ⟨no pises las flores : don't step on the flowers⟩ **2** : to set foot in (a place) **3** : to walk all over, to mistreat — *vi* : to step, to walk, to tread

**piscina** *nf* **1** : swimming pool **2** : fish pond

**Piscis**[1] *nm* : Pisces (sign or constellation)

**Piscis**[2] *nmf* : Pisces (person)

**piso** *nm* **1** PLANTA : floor, story **2** SUELO : floor **3** PAVIMENTO : surface (of a road) **4** CAPA : layer **5** *Spain* : apartment

**pisotear** *vt* **1** : to stamp on, to trample **2** PISAR : to walk all over **3** : to flout, to disregard

**pisotón** *nm, pl* **-tones** : stamp, step ⟨sufrieron empujones y pisotones : they were pushed and stepped on⟩

**pista** *nf* **1** RASTRO : trail, track ⟨siguen la pista de los sospechosos : they're on the trail of the suspects⟩ **2** : clue **3** CAMINO : road, trail **4** : track, racetrack **5** *Chile* : lane (of a road) **6** : ring, arena, rink ⟨pista de patinaje/hielo : skating/ice rink⟩ **7** : track (of a recording) **8 pista de aterrizaje** : runway, airstrip **9 pista de baile** : dance floor **10 pista de tenis** *Spain* : tennis court

**pistacho** *nm* : pistachio

**pistilo** *nm* : pistil

**pistola** *nf* **1** : pistol, handgun **2** : spray gun

**pistolera** *nf* : holster

**pistolero** *nm* : gunman

**pistón** *nm, pl* **pistones** **1** : piston **2** : key, valve (of an instrument)

**pita** *nf* **1** : twine **2** : pita (bread)

**pitar** *vi* **1** : to blow a whistle **2** : to whistle, to boo **3** : to beep, to honk, to toot — *vt* **1** : to whistle at, to boo **2** : to call, to signal (a foul)

**pitido** *nm* **1** : whistle, whistling **2** : beep, honk, toot

**pitillo** *nm* : cigarette

**pito** *nm* **1** SILBATO : whistle **2** CLAXON, BOCINA : horn **3 no me importa un pito** *fam* : I don't give a damn

**pitón** *nm, pl* **pitones** **1** : python **2** : point of a bull's horn

**pitonisa** *nf* : fortune-teller

**pituitario, -ria** *adj* : pituitary

**pívot** *nmf, pl* **pivots** : center (in basketball)

**pivote** *nm* : pivot

**piyama** *nmf* : pajamas *pl*

**pizarra** *nf* **1** : slate **2** : blackboard **3** : scoreboard

**pizarrón** *nm, pl* **-rrones** : blackboard, chalkboard
**pizca** *nf* **1** : pinch ⟨una pizca de canela : a pinch of cinnamon⟩ **2** : speck, trace ⟨ni pizca : not a bit⟩ **3** *Mex* : harvest
**pizcar** {72} *vt Mex* : to harvest
**pizque, etc.** → **pizcar**
**pizza** ['pitsa, 'pisa] *nf* : pizza
**pizzería** *nf* : pizzeria, pizza parlor
**placa** *nf* **1** : sheet, plate **2** : plaque **3** : plate (in photography) **4** : badge, insignia **5 placa de circuito(s)** : circuit board **6 placa de matrícula** : license plate, tag **7 placa dental** : plaque, tartar
**placard** [pla'kar] *nm, pl* **-cards** *Arg, Uru* : built-in closet
**placebo** *nm* : placebo
**placenta** *nf* : placenta
**placentero, -ra** *adj* AGRADABLE, GRATO : pleasant, agreeable — **placenteramente** *adv*
**placer¹** {57} *vi* GUSTAR : to be pleasing ⟨hazlo como te plazca : do it however you please⟩
**placer²** *nm* **1** : pleasure, enjoyment ⟨ha sido un placer : it has been a pleasure⟩ **2 a ~** : as much as one wants
**plácido, -da** *adj* TRANQUILO : placid, calm
**plaga** *nf* **1** : plague, infestation (of insects, etc.), blight (of crops, etc.) **2** CALAMIDAD : disaster, scourge
**plagado, -da** *adj* **~ de** : filled with, covered with
**plagar** {52} *vt* : to plague
**plagiar** *vt* **1** : to plagiarize **2** SECUESTRAR : to kidnap, to abduct
**plagiario, -ria** *n* **1** : plagiarist **2** SECUESTRADOR : kidnapper, abductor
**plagio** *nm* **1** : plagiarism **2** SECUESTRO : kidnapping, abduction
**plague, etc.** → **plagar**
**plan** *nm* **1** : plan, strategy, program ⟨plan de inversiones : investment plan⟩ ⟨plan de estudios : curriculum⟩ **2** PLANO : plan, diagram **3** : attitude, intent, purpose ⟨ponte en plan de serio : be serious⟩ ⟨estamos en plan de divertirnos : we're looking to have some fun⟩
**plana** *nf* **1** : page ⟨noticias en primera plana : front-page news⟩ **2 plana mayor** : staff (in the military)
**plancha** *nf* **1** : iron, ironing **2** : grill, griddle ⟨a la plancha : grilled⟩ **3** : sheet, plate ⟨plancha para hornear : baking sheet⟩ **4** *fam* : blunder, blooper
**planchada** *nf* : ironing, pressing
**planchado** *nm* → **planchada**
**planchar** *v* : to iron
**planchazo** *nm fam* : goof, blunder
**plancton** *nm* : plankton
**planeación** *nf, pl* **-ciones** *Col, Hon, Mex* → **planeamiento**
**planeador** *nm* : glider (aircraft)
**planeamiento** *nm* : plan, planning
**planear** *vt* : to plan — *vi* : to glide (in the air)
**planeo** *nm* : gliding, soaring
**planeta** *nm* : planet
**planetario¹, -ria** *adj* **1** : planetary **2** : global, worldwide
**planetario²** *nm* : planetarium
**planicie** *nf* : plain
**planificación** *nf, pl* **-ciones** : planning ⟨planificación familiar : family planning⟩
**planificador, -dora** *n* : planner
**planificar** {72} *vt* : to plan
**planilla** *nf* **1** LISTA : list **2** NÓMINA : payroll **3** TABLA : chart, table **4** *Mex* : slate, ticket (of candidates) **5 planilla de cálculo** *Arg, Chile* : spreadsheet
**plano¹, -na** *adj* : flat, level, plane
**plano²** *nm* **1** PLAN : map, plan **2** : plane (surface) **3** NIVEL : level ⟨en un plano personal : on a personal level⟩ **4** : shot (in photography) ⟨primer plano : close-up⟩ **5 de ~** : flatly, outright, directly ⟨se negó de plano : he flatly refused⟩
**planta** *nf* **1** : plant ⟨planta de interior : houseplant⟩ **2** FÁBRICA : plant, factory **3** PISO : floor, story ⟨planta baja : ground floor, first floor⟩ **4** : staff, employees *pl* **5** : sole (of the foot)
**plantación** *nf, pl* **-ciones** **1** : plantation **2** : planting
**plantado, -da** *adj* **1** : planted **2 dejar plantado** *fam* : to stand up (a date), to dump (a lover)
**plantar** *vt* **1** : to plant, to sow ⟨plantar de flores : to plant with flowers⟩ **2** : to put in, to place **3** *fam* : to plant, to land ⟨plantar un beso : to plant a kiss⟩ **4** *fam* : to leave, to jilt — **plantarse** *vr* **1** : to stand firm **2** *fam* : to arrive, to show up **3** *fam* : to balk
**planteamiento** *nm* **1** : approach, position ⟨el planteamiento feminista : the feminist viewpoint⟩ **2** : explanation, exposition **3** : proposal, suggestion, plan
**plantear** *vt* **1** : to set forth (an argument, etc.), to bring up (a topic, possibility, etc.), to suggest (an idea, etc.) ⟨no lo plantearía así : I wouldn't describe/explain it like that⟩ **2** : to establish, to set up **3** : to create, to pose (a problem) — **plantearse** *vr* **1** : to think about **2** : to arise
**plantel** *nm* **1** : educational institution **2** : staff, team
**planteo** → **planteamiento**
**plantilla** *nf* **1** : insole **2** : pattern, template, stencil **3** *Mex, Spain* : staff, roster of employees
**plantío** *nm* : field (planted with a crop)
**plantón** *nm, pl* **plantones** **1** : seedling **2** : long wait ⟨darle (un) plantón a alguien : to stand someone up⟩
**plañidero¹, -ra** *adj* : mournful
**plañidero², -ra** *nf* : hired mourner
**plañir** {38} *v* : to mourn, to lament
**plasma** *nm* : plasma
**plasmar** *vt* : to express, to give form to — **plasmarse** *vr*
**plasta** *nf* : soft mass, lump
**plástica** *nf* : modeling, sculpture
**plasticidad** *nf* : plasticity
**plástico¹, -ca** *adj* : plastic
**plástico²** *nm* : plastic
**plastificar** {72} *vt* : to laminate
**plata** *nf* **1** : silver (metal) **2** : silver, silverware **3** : money

**plataforma** *nf* **1** ESTRADO, TARIMA : platform, dais **2** : platform (in politics) **3** : springboard, stepping stone **4 plataforma continental** : continental shelf **5 plataforma de lanzamiento** : launchpad **6 plataforma petrolífera** : oil rig (at sea)
**platal** *nm* : large sum of money, fortune
**platanal** *or* **platanar** *nm* : banana plantation
**platanero¹, -ra** *adj* : banana, banana-producing
**platanero², -ra** *n* : banana grower
**plátano** *nm* **1** : banana (plant, fruit) **2** : plantain (plant, fruit) **3** : plane tree **3 plátano macho** *Mex* : plantain
**platea** *nf* : orchestra seats *pl* (in a theater)
**plateado, -da** *adj* **1** : silver, silvery **2** : silver-plated
**platería** *nf* **1** : silver, silverware **2** : silver shop
**plática** *nf* **1** : talk, lecture **2** : chat, conversation
**platicar** {72} *vi* : to talk, to chat — *vt Mex* : to tell, to say
**platija** *nf* : flatfish, flounder
**platillo** *nm* **1** : saucer ⟨platillo volador : flying saucer⟩ **2** : cymbal **3** : pan (of a scale) **4** *Mex* : dish ⟨platillos típicos : local dishes⟩
**platino** *nm* : platinum
**plato** *nm* **1** : plate, dish ⟨lavar los platos : to do the dishes⟩ **2** : serving, helping **3** : course (of a meal) ⟨primer/segundo plato : first/second course⟩ ⟨plato fuerte/principal : main course⟩ **4** : dish ⟨plato típico : typical dish⟩ ⟨plato dulce/salado : sweet/savory dish⟩ **5** : home plate (in baseball) **6 plato hondo** : soup bowl **7 plato llano** : dinner plate
**plató** *nm* : set (in the movies)
**platónico, -ca** *adj* : platonic
**playa** *nf* **1** : beach, seashore **2 playa de estacionamiento** : parking lot
**playera** *nf* **1** : canvas sneaker **2** *CA, Mex* : T-shirt
**playboy** [plei'boi] *nm, pl* **playboys** : playboy
**plaza** *nf* **1** : square, plaza **2** : marketplace **3** : space, seat (in a vehicle) **4** EMPLEO, PUESTO : post, position **5** : place, spot (on a team, etc.) **6 plaza fuerte** : stronghold, fortified city **7 plaza de toros** : bullring
**plazca, etc.** → **placer**
**plazo** *nm* **1** : period, term ⟨un plazo de cinco días : a period of five days⟩ ⟨préstamos a corto/largo plazo : short-term/long-term loans⟩ ⟨el plazo se cumplió : the deadline has passed⟩ **2** ABONO : installment ⟨pagar a plazos : to pay in installments⟩
**plazoleta** *nf* : small square
**plazuela** → **plazoleta**
**pleamar** *nf* : high tide
**plebe** *nf* : common people, masses *pl*
**plebeyo¹, -ya** *adj* : plebeian
**plebeyo², -ya** *n* : plebeian, commoner
**plegable** *adj* : folding, collapsible
**plegadizo** → **plegable**
**plegar** {49} *vt* DOBLAR : to fold, to bend — **plegarse** *vr* : to give in, to yield
**plegaria** *nf* ORACIÓN : prayer
**pleito** *nm* **1** : lawsuit **2** : fight, argument, dispute
**plenamente** *adv* COMPLETAMENTE : fully, completely
**plenario, -ria** *adj* : full
**plenilunio** *nm* : full moon
**plenitud** *nf* : fullness, abundance
**pleno, -na** *adj* (*often used as an intensifier*) COMPLETO : full, complete ⟨en pleno uso de sus facultades : in full command of his faculties⟩ ⟨en plena noche : in the middle of the night⟩ ⟨a plena luz (del día) : in broad daylight⟩ ⟨en pleno corazón de la ciudad : right in the heart of the city⟩ ⟨en plena cara : right in the face⟩
**plétora** *nf* : plethora
**pleuresía** *nf* : pleurisy
**plexiglás** *nm* (*Plexiglas*, trademark) *Spain* : plexiglass
**pliega, pliegue etc.** → **plegar**
**pliego** *nm* **1** HOJA : sheet of paper **2** : sealed document
**pliegue** *nm* **1** DOBLEZ : crease, fold **2** : pleat
**plisar** *vt* : to pleat
**plomada** *nf* **1** : plumb line **2** : weight, sinker
**plomería** *nf* FONTANERÍA : plumbing
**plomero, -ra** *n* FONTANERO : plumber
**plomizo, -za** *adj* : leaden
**plomo** *nm* **1** : lead ⟨sin plomo : unleaded⟩ **2** : plumb line **3** : weight, sinker **4** *Spain* FUSIBLE : fuse **5** *fam* : bore, drag **6 a ~** : plumb, straight
**plugo, etc.** → **placer**
**pluma** *nf* **1** : feather, quill (for writing) **2** : pen **3** LLAVE : faucet **4 pluma fuente** : fountain pen
**plumaje** *nm* : plumage
**plumero** *nm* : feather duster
**plumilla** *nf* : nib
**plumón** *nm, pl* **plumones** **1** : down **2** : marker, felt-tip pen
**plumoso, -sa** *adj* : feathery, downy
**plural** *adj & nm* : plural
**pluralidad** *nf* : plurality
**pluralizar** {21} *vt* **1** : to pluralize **2** : to expand, to multiply
**pluriempleado, -da** *adj* : holding more than one job
**pluriempleo** *nm* : moonlighting
**plus** *nm* : bonus
**pluscuamperfecto** *nm* : pluperfect — **pluscuamperfecto, -ta** *adj*
**plusvalía** *nf* : appreciation, capital gain
**Plutón** *nm* : Pluto
**plutocracia** *nf* : plutocracy
**plutonio** *nm* : plutonium
**población** *nf, pl* **-ciones** **1** : population ⟨población activa : working population⟩ **2** : city, town, village **3 población callampa** *Chile* : shantytown, slums *pl*
**poblado¹, -da** *adj* **1** : inhabited, populated **2** : full, thick ⟨cejas pobladas : bushy eyebrows⟩
**poblado²** *nm* : village, settlement
**poblador, -dora** *n* : settler
**poblar** {19} *vt* **1** : to populate, to inhabit **2** : to settle, to colonize **3 ~ de** : to

stock with, to plant with — **poblarse** *vr* : to fill up, to become crowded

**pobre**[1] *adj* **1** : poor, impoverished **2** : poor, unfortunate ⟨¡pobre de mí! : poor me!⟩ **3** : poor, bad (in quality) ⟨pobres resultados : poor results⟩ **4** : poor, deficient ⟨una dieta pobre : a poor diet⟩

**pobre**[2] *nmf* : poor person ⟨los pobres : the poor⟩ ⟨¡pobre! : poor thing!⟩

**pobremente** *adv* : poorly

**pobreza** *nf* : poverty

**pocilga** *nf* CHIQUERO : pigsty, pigpen

**pocillo** *nm* : small coffee cup, demitasse

**poción** *or* **pócima** *nf, pl* **pociones** *or* **pócimas** : potion

**poco**[1] *adv* **1** : little, not much ⟨poco probable : not very likely⟩ ⟨come poco : he doesn't eat much⟩ **2** : a short time, a while ⟨tardaremos poco : we won't be very long⟩ **3 poco antes** : shortly before **4 poco después** : shortly after

**poco**[2], **-ca** *adj* **1** : little, not much, (a) few ⟨tengo poco dinero : I don't have much money⟩ ⟨en no pocas ocasiones : on more than a few occasions⟩ ⟨unos pocos meses : a few months⟩ ⟨muy poca gente : very few people⟩ **2 pocas veces** : rarely

**poco**[3], **-ca** *pron* **1** : little, few ⟨le falta poco para terminar : he's almost finished⟩ ⟨uno de los pocos que quedan : one of the remaining few⟩ **2 un poco** : a little, a bit ⟨un poco de vino : a little wine⟩ ⟨un poco extraño : a bit strange⟩ **3 a ~** *Mex* (*used to express disbelief*) ⟨¿a poco no se te hizo difícil? : you mean you didn't find it difficult?⟩ **4 de a poco** : little by little **5 dentro de poco** : shortly, in a little while **6 hace poco** : not long ago **7 poco a poco** : little by little **8 por ~** : nearly, almost

**podar** *vt* : to prune, to trim

**podcast** [pod[d]kast] *nm, pl* **podcasts** : podcast

**poder**[1] {58} *v aux* **1** : to be able to, can ⟨no puede hablar : he can't speak⟩ ⟨no pude acabarlo : I couldn't finish it⟩ **2** (*expressing possibility*) : might, may ⟨puede llover : it may rain at any moment⟩ ⟨¿cómo puede ser? : how can that be?⟩ ⟨se podría/podía haber evitado : it could have been avoided⟩ **3** (*expressing permission*) : can, may ⟨¿puedo ir a la fiesta? : can I go to the party?⟩ ⟨¿se puede? : may I come in?⟩ **4** (*expressing a request*) : can ⟨¿me puedes ayudar? : can you help me?⟩ ⟨¿me lo podrías explicar? : could/would you explain it to me?⟩ **5** (*expressing annoyance*) : can ⟨¿no puedes estarte quieto? : can't you sit still?⟩ ⟨¡podrías/podías haberme llamado! : you could have called me!⟩ **6** (*expressing moral obligation*) : can ⟨no puedo juzgarlo : I can't judge him⟩ — *vi* **1** : to beat, to defeat ⟨cree que le puede a cualquiera : he thinks he can beat anyone⟩ **2** : to be possible ⟨¿crees que vendrán? — puede (que sí) : do you think they'll come? — maybe⟩ **3 ~ con** : to cope with, to manage ⟨¡no puedo con estos niños! : I can't handle these children!⟩ **4 a/hasta más no poder** ⟨es competitivo a más no poder : he's as competitive as they come⟩ ⟨comimos hasta más no poder : we ate until we couldn't eat another bite⟩ **5 no poder más** : to have had enough ⟨no puede más : she can't take anymore⟩ **6 no poder menos que** : not to be able to help (doing something) ⟨no pudo menos que asombrarse : she couldn't help but be amazed⟩

**poder**[2] *nm* **1** : power, control ⟨tener poder sobre alguien : to have power over someone⟩ **2** : power, influence ⟨el poder del amor : the power of love⟩ **3** : power, ability ⟨poderes mágicos : magical powers⟩ ⟨poder adquisitivo : purchasing power⟩ **4** : power, control (of a country, etc.) ⟨llegar al poder : to come to power⟩ ⟨estar en el poder : to be in power⟩ **5** : power, authority ⟨el poder de veto : veto power⟩ ⟨tener el poder para : to have the authority to⟩ **6** : branch (of government) ⟨el poder legislativo : the legislature⟩ ⟨los poderes públicos : the authorities⟩ **7** : power, force ⟨poder militar : military might⟩ **8** : possession ⟨estar en el poder de : to be in the hands of⟩ **9** : power of attorney

**poderío** *nm* **1** : power **2** : wealth, influence

**poderosamente** *adv* : powerfully

**poderoso, -sa** *adj* **1** : powerful **2** : wealthy, influential **3** : effective

**podiatría** *nf* : podiatry

**podio** *nm* : podium

**pódium** → **podio**

**podología** *nf* : podiatry, chiropody

**podólogo, -ga** *n* : podiatrist, chiropodist

**podrá, etc.** → **poder**

**podredumbre** *nf* **1** : decay, rottenness **2** : corruption

**podrido, -da** *adj* **1** : rotten, decayed **2** : corrupt **3** *Arg, Chile, Uru* HARTO : fed up

**podrir** → **pudrir**

**poema** *nm* : poem

**poesía** *nf* **1** : poetry **2** POEMA : poem

**poeta** *nmf* : poet

**poético, -ca** *adj* : poetic, poetical

**poetisa** *nf* : poetess *f*, poet

**pogrom** *nm* : pogrom

**póker** *or* **poker** *nm* : poker (card game)

**polaco**[1], **-ca** *adj* : Polish

**polaco**[2], **-ca** *n* : Pole, Polish person

**polaco**[3] *nm* : Polish (language)

**polar** *adj* : polar

**polarizar** {21} *vt* : to polarize — **polarizarse** *vr* — **polarización** *nf*

**Polaroid** *marca registrada, f* — used for a camera that produces developed photos or for the photos produced in this way

**polea** *nf* : pulley

**polémica** *nf* CONTROVERSIA : controversy, polemics

**polémico, -ca** *adj* CONTROVERTIDO : controversial, polemical

**polemizar** {21} *vi* : to argue, to debate

**polemonio** *nm* : phlox

**polen** *nm, pl* **pólenes** : pollen
**polera** *nf Chile* : T-shirt
**polerón** *nm, pl* **-rones** *Chile* : sweatshirt
**policía**[1] *nf* : police
**policía**[2] *nmf* : police officer, policeman *m,* policewoman *f*
**policíaco, -ca** *or* **policiaco, -ca** *adj* : police ⟨novela policíaca : detective story⟩
**policial** *adj* : police
**polideportivo** *nm* : sports center
**poliéster** *nm* : polyester
**polifacético, -ca** *adj* : versatile, multifaceted
**poligamia** *nf* : polygamy
**polígamo**[1], **-ma** *adj* : polygamous
**polígamo**[2], **-ma** *n* : polygamist
**poligonal** *adj* : polygonal
**polígono** *nm* **1** : polygon **2** *Spain* : zone
**poliinsaturado, -da** *adj* : polyunsaturated
**polilla** *nf* : moth
**polímero** *nm* : polymer
**polinesio, -sia** *adj & n* : Polynesian
**polinizar** {21} *vt* : to pollinate — **polinización** *nf*
**polio** *nf* : polio
**poliomielitis** *nf* : poliomyelitis, polio
**polisón** *nm, pl* **-sones** : bustle (on clothing)
**politeísmo** *nm* : polytheism — **politeísta** *adj & nmf*
**política** *nf* **1** : politics **2** : policy ⟨política interior/exterior : domestic/foreign policy⟩
**políticamente** *adv* : politically
**político**[1], **-ca** *adj* **1** : political **2** : tactful, politic **3** : by marriage ⟨padre político : father-in-law⟩
**político**[2], **-ca** *n* : politician
**póliza** *nf* : policy ⟨póliza de seguros : insurance policy⟩
**polizón** *nm, pl* **-zones** : stowaway ⟨viajar de polizón : to stow away⟩
**polka** *nf* : polka
**polla** *nf* **1** APUESTA : bet **2** *Chile* LOTERÍA : lottery
**pollera** *nf* **1** : chicken coop **2** : skirt
**pollero, -ra** *n* **1** : poultry farmer **2** : poultry farm **3** *Mex fam* COYOTE : smuggler of illegal immigrants
**pollito, -ta** *n* : chick, young bird, fledgling
**pollo, -lla** *n* **1** : chicken **2** POLLITO : chick **3** JOVEN : young man *m,* young lady *f*
**polluelo** *nm* → **pollito**
**polo** *nm* **1** : pole ⟨el Polo Norte : the North Pole⟩ ⟨polo negativo : negative pole⟩ **2** : polo (sport) **3** : polo shirt **4** : focal point, center **5 polo opuesto** : exact opposite
**pololo, -la** *n Chile fam* : boyfriend *m,* girlfriend *f*
**poltrona** *nf* : armchair, easy chair
**polución** *nf, pl* **-ciones** CONTAMINACIÓN : pollution
**polvareda** *nf* **1** : cloud of dust **2** : uproar, fuss
**polvera** *nf* : compact (for face powder)
**polvo** *nm* **1** : dust ⟨quitar/limpiar el polvo : to dust⟩ **2** : powder ⟨polvo(s) de hornear : baking powder⟩ **3 polvos** *nmpl* : face powder **4 en ~** : powdered, ground **5 estar hecho polvo** *fam* : to be worn out **6 hacer polvo** *fam* : to crush, to shatter
**pólvora** *nf* **1** : gunpowder **2** : fireworks *pl*
**polvoriento, -ta** *adj* : dusty, powdery
**polvorín** *nm, pl* **-rines** : magazine, ammunition dump
**pomada** *nf* : ointment, cream
**pomelo** *nm* : grapefruit
**pómez** *nf or* **piedra pómez** : pumice
**pomo** *nm* **1** : pommel (on a sword) **2** : knob, handle **3** : perfume bottle
**pompa** *nf* **1** : bubble **2** : pomp, splendor **3 pompas fúnebres** : funeral
**pompón** *nm, pl* **pompones** BORLA : pompom
**pomposidad** *nf* **1** : pomp, splendor **2** : pomposity, ostentation
**pomposo, -sa** *adj* : pompous — **pomposamente** *adv*
**pómulo** *nm* : cheekbone
**pon** → **poner**
**ponchadura** *nf Mex* : puncture, flat (tire)
**ponchar** *vt* **1** *Car, CA, Col, Ven* : to strike out (in baseball) **2** *Mex* : to puncture — **poncharse** *vr* **1** *Car, CA, Col, Ven* : to strike out (in baseball) **2** *Mex* : to blow out (of a tire)
**ponche** *nm* **1** : punch (drink) **2 ponche de huevo** : eggnog
**poncho** *nm* : poncho
**ponderación** *nf, pl* **-ciones** **1** : consideration, deliberation **2** : high praise
**ponderar** *vt* **1** : to weigh, to consider **2** : to speak highly of
**pondrá, etc.** → **poner**
**ponedora** *nf* : layer (bird)
**ponencia** *nf* **1** DISCURSO : paper, presentation, address **2** INFORME : report
**ponente** *nmf* : speaker, presenter
**poner** {60} *vt* **1** COLOCAR : to put, to place ⟨pon el libro en la mesa : put the book on the table⟩ **2** AGREGAR, AÑADIR : to put in, to add (an ingredient, etc.) **3** : to put on (clothes) ⟨le puse el suéter : I put her sweater on (her)⟩ **4** CONTRIBUIR : to contribute **5** ESCRIBIR : to put in writing ⟨no le puso su nombre : he didn't put his name on it⟩ **6** : to give (a task, etc.), to impose (a fine) **7** : to prepare, to arrange ⟨poner la mesa : to set the table⟩ **8** : to name ⟨le pusimos Ana : we called her Ana⟩ **9** ESTABLECER : to set up, to establish ⟨puso un restaurante : he opened up a restaurant⟩ **10** INSTALAR : to install, to put in **11** (*with an adjective or adverb*) : to make ⟨me pone nervioso : it makes me nervous⟩ ⟨siempre lo pones de mal humor : you always put him in a bad mood⟩ **12** : to turn on, to switch on **13** : to set (an alarm, etc.) ⟨pon la música más alta/fuerte : turn up the music⟩ **14** SUPONER : to suppose ⟨pongamos que no viene : supposing he doesn't come⟩ **15** : to give (an example) **16** : to raise (objections), to create (problems, etc.) **17** : to lay (eggs) **18 ~ a** : to start (some-

one doing something) ⟨lo puse a trabajar : I put him to work⟩ **19 ~ de** : to place as ⟨la pusieron de directora : they made her director⟩ **20 ~ en** : to put in (a state or condition) ⟨poner en duda : to call into question⟩ ⟨lo puso en peligro : she put him in danger⟩ — *vi* **1** : to contribute **2** : to lay eggs — **ponerse** *vr* **1** : to move (into a position) ⟨ponerse de pie : to stand up⟩ **2** : to put on, to wear **3** : to become, to turn ⟨se puso colorado : he turned red⟩ **4** : to start ⟨me puse a llorar : I started to cry⟩ **5** : to set (of the sun or moon)

**poni** *or* **poney** *nm* : pony

**ponga, etc.** → **poner**

**poniente** *nm* **1** OCCIDENTE : west **2** : west wind

**ponqué** *nm Col, Ven* : cake

**pontificar** {72} *vi* : to pontificate

**pontifice** *nm* : pontiff, pope

**pontón** *nm, pl* **pontones** : pontoon

**ponzoña** *nf* VENENO : poison — **ponzoñoso, -sa** *adj*

**pop** ['pop] *adj & nm* : pop (music)

**popa** *nf* **1** : stern **2 a ~** : astern, abaft, aft

**popelín** *nm, pl* **-lines** : poplin

**popelina** *nf* : poplin

**popó** *nm fam* **1** : poop **2 hacer popó** : to poop, to go poop

**popote** *nm Mex* : straw, drinking straw

**populachero, -ra** *adj* : common, popular, vulgar

**populacho** *nm* : rabble, masses *pl*

**popular** *adj* **1** : popular **2** : traditional **3** : colloquial — **popularmente** *adv*

**popularidad** *nf* : popularity

**popularizar** {21} *vt* : to popularize — **popularizarse** *vr*

**populista** *adj & nmf* : populist — **populismo** *nm*

**populoso, -sa** *adj* : populous

**popurri** *nm* : potpourri

**por** *prep* **1** : for, during ⟨se quedaron allí por la semana : they stayed there for the week⟩ ⟨por el momento : for now, at the moment⟩ **2** : around, during ⟨por noviembre empieza a nevar : around November it starts to snow⟩ ⟨por la mañana : in the morning⟩ ⟨por la noche : at night⟩ **3** : around (a place) ⟨debe estar por allí : it must be over there⟩ ⟨por todas partes : everywhere⟩ **4** : by, through, along ⟨por la puerta : through the door⟩ ⟨pasamos por el centro : we went through the downtown⟩ ⟨pasé por tu casa : I stopped by your house⟩ ⟨por la costa : along the coast⟩ ⟨caminando por la calle : walking down the street⟩ **5** : for, for the sake of ⟨lo hizo por su madre : he did it for his mother⟩ ⟨¡por Dios! : for heaven's sake!⟩ **6** : because of, on account of ⟨llegué tarde por el tráfico : I arrived late because of the traffic⟩ ⟨dejar por imposible : to give up as impossible⟩ ⟨perdón por la demora : sorry for the delay⟩ **7** : per ⟨60 millas por hora : 60 miles per hour⟩ ⟨por docena : by the dozen⟩ **8** : for, in exchange for, instead of ⟨su hermana habló por él : his sister spoke on his behalf⟩ ⟨lo vendió por cien dólares : he sold it for a hundred dollars⟩ **9** : by means of ⟨hablar por teléfono : to talk on the phone⟩ ⟨por escrito : in writing⟩ ⟨por avión : by plane⟩ **10** : as for ⟨por mí : as far as I'm concerned⟩ **11** : times ⟨tres por dos son seis : three times two is six⟩ **12** SEGÚN : from, according to ⟨por lo que dices : judging from what you're telling me⟩ **13** : as, for ⟨por ejemplo : for example⟩ **14** : by ⟨hecho por mi abuela : made by my grandmother⟩ ⟨por correo : by mail⟩ **15** : for, in order to ⟨lucha por ganar su respeto : he struggles to win her respect⟩ **16 estar por** : to be about to **17 por ciento** : percent **18 por favor** : please **19 por lo tanto** : therefore, consequently **20 ¿por qué?** : why? **21 por que** → **porque 22 por . . . que** : no matter how ⟨por mucho que intente : no matter how hard I try⟩ **23 por si** *or* **por si acaso** : just in case

**porcelana** *nf* : china, porcelain

**porcentaje** *nm* : percentage

**porche** *nm* : porch

**porción** *nf, pl* **porciones** **1** : portion **2** PARTE : part, share **3** RACIÓN : serving, helping

**pordiosear** *vi* MENDIGAR : beg

**pordiosero, -ra** *n* MENDIGO : beggar

**porfiado, -da** *adj* OBSTINADO, TERCO : obstinate, stubborn — **porfiadamente** *adv*

**porfiar** {85} *vi* : to insist, to persist

**pormenor** *nm* DETALLE : detail

**pormenorizar** {21} *vi* : to go into detail — *vt* : to tell in detail

**pornografía** *nf* : pornography

**pornográfico, -ca** *adj* : pornographic

**poro** *nm* : pore

**poroso, -sa** *adj* : porous — **porosidad** *nf*

**poroto** *nm Arg, Chile, Uru* : bean

**porque** *conj* **1** : because **2** *or* **por que** : in order that

**porqué** *nm* : reason, cause ⟨no explicó el porqué : he didn't explain the reason⟩

**porquería** *nf* **1** SUCIEDAD : dirt, filth **2** : nastiness, vulgarity **3** : worthless thing, trifle **4** : junk food

**porra** *nf* **1** : nightstick, club **2** *Mex* : fans *pl* **3** *Mex* : cheer, yell ⟨los aficionados le echaban porras : the fans cheered him on⟩ **4 mandar a alguien a la porra** : to tell someone to go to hell

**porrazo** *nm* **1** : blow, whack **2 de golpe y porrazo** : suddenly

**porrista** *nmf* **1** : cheerleader **2** : fan, supporter

**porro** *nm fam* : joint *fam*, marijuana cigarette

**portaaviones** *nms & pl* : aircraft carrier

**portada** *nf* **1** : title page **2** : cover **3** : facade, front

**portador, -dora** *n* : carrier, bearer ⟨cheque al portador : check payable to bearer⟩

**portaequipajes** *nms & pl* **1** : luggage rack, roof rack **2** : trunk (of a car)

**portafolio** *or* **portafolios** *nm, pl* **-lios** **1** MALETÍN : briefcase **2** : portfolio (of investments)
**portal** *nm* **1** : portal, doorway **2** VESTÍBULO : vestibule, hall **3** : portal (on the web)
**portar** *vt* **1** : to carry, to bear **2** : to wear — **portarse** *vr* CONDUCIRSE : to behave ⟨pórtate bien : behave yourself⟩ ⟨se portó mal con ella : he treated her badly⟩
**portátil**[1] *adj* : portable
**portátil**[2] *nmf* : laptop computer
**portaviandas** *nms & pl* : lunch box
**portaviones** *nm* → **portaaviones**
**portavoz** *nmf, pl* **-voces** : spokesperson, spokesman *m*, spokeswoman *f*
**portazo** *nm* : slam ⟨dar un portazo : to slam the door⟩
**porte** *nm* **1** ASPECTO : bearing, demeanor **2** TRANSPORTE : transport, carrying ⟨porte pagado : postage paid⟩ **3** : size ⟨de gran porte : large-sized⟩
**portento** *nm* MARAVILLA : marvel, wonder
**portentoso, -sa** *adj* MARAVILLOSO : marvelous, wonderful
**porteño, -ña** *adj* : of or from Buenos Aires
**portería** *nf* **1** ARCO : goal, goalposts *pl* **2** : superintendent's office
**portero, -ra** *n* **1** ARQUERO : goalkeeper, goalie **2** : doorman *m* (at a hotel, etc.), bouncer (at a nightclub, etc.) **3** : janitor, superintendent
**pórtico** *nm* : portico
**portilla** *nf* : porthole
**portón** *nm, pl* **portones** **1** : main door **2** : gate
**portorriqueño, -ña** → **puertorriqueño**
**portugués**[1], **-guesa** *adj & n, mpl* **-gueses** : Portuguese
**portugués**[2] *nm* : Portuguese (language)
**porvenir** *nm* FUTURO : future
**pos** *adv* **en pos de** : in pursuit of
**pos-** *or* **post-** *pref* : post-
**posada** *nf* **1** : inn **2** *Mex* : Advent celebration
**posaderas** *nfpl* : bottom, backside
**posadero, -ra** *n* : innkeeper
**posar** *vi* : to pose — *vt* : to place, to lay — **posarse** *vr* **1** : to land, to light, to perch **2** : to settle, to rest
**posavasos** *nms & pl* : coaster (for drinks)
**posdata** → **postdata**
**pose** *nf* : pose
**poseedor, -dora** *n* : possessor, holder
**poseer** {20} *vt* : to possess, to hold, to have
**poseído, -da** *adj* : possessed
**posesión** *nf, pl* **-siones** : possession
**posesionarse** *vr* ~ **de** : to take possession of, to take over
**posesivo**[1], **-va** *adj* : possessive
**posesivo**[2] *nm* : possessive case
**posfechar** *vt* : to postdate
**posguerra** *nf* : postwar period
**posibilidad** *nf* **1** : possibility ⟨existe la posibilidad de que . . . : the possibility exists that . . .⟩ **2** **posibilidades** *nfpl* : means, income
**posibilitar** *vt* : to make possible, to permit
**posible** *adj* **1** : possible ⟨es posible que . . . : it's possible that . . .⟩ **2** **a/de ser posible** : if possible **3** **dentro de lo posible** *or* **en lo posible** : as far as possible **4** **hacer todo lo posible** : to do everything possible **5** **lo mejor/antes (etc.) posible** : as well/soon (etc.) as possible **6** **si es posible** : if possible — **posiblemente** *adv*
**posición** *nf, pl* **-ciones** **1** : position, place ⟨en posición vertical : in an upright position⟩ **2** : status, standing **3** : attitude, stance
**posicionar** *vt* **1** : to position, to place **2** : to establish — **posicionarse** *vr*
**positivo**[1], **-va** *adj* : positive — **positivamente** *adv*
**positivo**[2] *nm* : print (in photography)
**posmoderno, -na** *adj* : postmodern
**poso** *nm* **1** : sediment, dregs *pl* **2** : grounds *pl* (of coffee)
**posoperatorio, -ria** *adj* : postoperative
**posparto** *adj* : postnatal ⟨depresión posparto : postpartum depression⟩
**posponer** {60} *vt* **1** : to postpone **2** : to put behind, to subordinate
**pospuso, etc.** → **posponer**
**post** *nm, pl* **post** *or* **posts** : post (on social media)
**posta** *nf* **1** : relay race **2** : post, station **3** *Chile* : emergency medical center
**postal**[1] *adj* : postal
**postal**[2] *nf* : postcard
**postdata** *nf* : postscript
**poste** *nm* **1** : post, pole ⟨poste de teléfonos : telephone pole⟩ **2** : goalpost (in sports)
**postear** *vt fam* : to post (on social media)
**posteo** *nm* → **post**
**póster** *or* **poster** *nm, pl* **pósters** *or* **posters** : poster, placard
**postergación** *nf, pl* **-ciones** : postponement, deferring
**postergar** {52} *vt* **1** : to delay, to postpone **2** : to pass over (an employee)
**posteridad** *nf* : posterity
**posterior** *adj* **1** ULTERIOR : later, subsequent **2** TRASERO : back, rear
**posterioridad** *nf* **con** ~ : subsequently, later
**posteriormente** *adv* : subsequently
**postgrado** *nm* : graduate course
**postgraduado, -da** *n* : graduate student, postgraduate
**postguerra** → **posguerra**
**postigo** *nm* **1** CONTRAVENTANA : shutter **2** : small door, wicket gate
**postilla** *nf* : scab
**Post-it** *marca registrada, m* — used for a slip of paper with a sticky edge
**postizo, -za** *adj* : artificial, false ⟨dentadura postiza : dentures⟩
**postnatal** *adj* : postnatal
**postor, -tora** *n* : bidder ⟨mejor postor : highest bidder⟩
**postración** *nf, pl* **-ciones** **1** : prostration **2** ABATIMIENTO : depression
**postrado, -da** *adj* **1** : prostrate **2** **postrado en cama** : bedridden

**potranco, -ca** *n* → **potro**[1]
**postrar** *vt* DEBILITAR : to debilitate, to weaken — **postrarse** *vr* : to prostrate oneself
**postre**[1] *nm* : dessert ⟨de postre comimos helado : we had ice cream for dessert⟩
**postre**[2] *nf* **a la postre** : in the end
**postrero, -ra** *adj* (***postrer*** *before masculine singular nouns*) ÚLTIMO : last
**postulación** *nf, pl* **-ciones** **1** : collection **2** : nomination (of a candidate)
**postulado** *nm* : postulate, assumption
**postulante, -ta** *n* : candidate, applicant
**postular** *vt* **1** : to postulate **2** : to nominate **3** : to propose — **postularse** *vr* : to run, to be a candidate
**póstumo, -ma** *adj* : posthumous — **póstumamente** *adv*
**postura** *nf* **1** : posture, position (of the body) **2** ACTITUD, POSICIÓN : position, stance
**potable** *adj* : drinkable, potable ⟨agua potable : (safe) drinking water⟩
**potaje** *nm* : thick vegetable soup
**potasa** *nf* : potash
**potasio** *nm* : potassium
**pote** *nm* **1** OLLA : pot **2** : jar, container
**potencia** *nf* **1** : power ⟨potencias extranjeras : foreign powers⟩ ⟨elevado a la tercera potencia : raised to the third power⟩ **2** : capacity, potency **3 en ~** : in the making ⟨un líder en potencia : a leader in the making⟩
**potencial** *adj & nm* : potential
**potenciar** *vt* : to promote, to foster
**potenciómetro** *nm* : dimmer, dimmer switch
**potentado, -da** *n* **1** SOBERANO : sovereign, ruler **2** MAGNATE : tycoon, magnate
**potente** *adj* **1** : powerful, strong **2** : potent, virile
**potestad** *nf* **1** AUTORIDAD : authority, jurisdiction **2 patria potestad** : custody, guardianship
**potrero** *nm* **1** : field, pasture **2** : cattle ranch
**potro**[1], **-tra** *n* : colt *m*, filly *f*
**potro**[2] *nm* **1** : rack (for torture) **2** : horse (in gymnastics)
**pozo** *nm* **1** : well ⟨pozo de petróleo, pozo petrolero : oil well⟩ **2** : deep pool (in a river) **3** : mine shaft **4** *Arg, Par, Uru* : pothole **5 pozo séptico** : cesspool
**pozole** *nm Mex* : spicy stew made with pork and hominy
**práctica** *nf* **1** : practice, experience **2** : practice ⟨la práctica de la medicina : the practice of medicine⟩ **3** : practice ⟨en la práctica : in practice⟩ ⟨poner en práctica : to put into practice⟩ **4 prácticas** *nfpl* : practice, training
**practicable** *adj* : practicable, feasible
**prácticamente** *adv* : practically
**practicante**[1] *adj* : practicing ⟨católicos practicantes : practicing Catholics⟩
**practicante**[2] *nmf* : practitioner
**practicar** {72} *vt* **1** : to practice **2** : to perform, to carry out **3** : to exercise (a profession), to play (a sport) — *vi* : to practice
**práctico, -ca** *adj* : practical ⟨a efectos prácticos : for all practical purposes⟩
**pradera** *nf* : grassland, prairie
**prado** *nm* **1** CAMPO : field, meadow **2** : park
**pragmático, -ca** *adj* : pragmatic — **pragmáticamente** *adv*
**pragmatismo** *nm* : pragmatism
**pre-** *pref* : pre-
**preadolescente** *nmf* : preteen
**preámbulo** *nm* **1** INTRODUCCIÓN : preamble, introduction **2** RODEO : evasion ⟨gastar preámbulos : to beat around the bush⟩
**prebélico, -ca** *adj* : antebellum
**prebenda** *nf* : privilege
**precalentar** {55} *vt* : to preheat
**precariedad** *nf* : precariousness
**precario, -ria** *adj* : precarious — **precariamente** *adv*
**precaución** *nf, pl* **-ciones** **1** : precaution ⟨medidas de precaución : precautionary measures⟩ **2** PRUDENCIA : caution, care ⟨con precaución : cautiously⟩
**precautorio, -ria** *adj* : precautionary
**precaver** *vt* PREVENIR : to prevent, to guard against — **precaverse** *vr* PREVENIRSE : to take precautions, to be on guard
**precavido, -da** *adj* CAUTELOSO : cautious, prudent
**precedencia** *nf* : precedence, priority
**precedente**[1] *adj* : preceding, previous
**precedente**[2] *nm* : precedent
**preceder** *v* : to precede
**precepto** *nm* : rule, precept
**preciado, -da** *adj* : esteemed, prized, valuable
**preciarse** *vr* **1** JACTARSE : to boast, to brag **2 ~ de** : to pride oneself on
**precintar** *vt* **1** : to seal **2** : to shut down (a business), to seal off (an area)
**precinto** *nm* : seal
**precio** *nm* **1** : price ⟨¿qué precio tiene? : how much is it?⟩ ⟨no tener precio : to be priceless⟩ **2** : cost, sacrifice ⟨a cualquier precio : at any cost⟩ **3 precio de salida** : starting price **4 precio de venta** : retail price
**preciosidad** *nf* : beautiful thing ⟨este vestido es una preciosidad : this dress is lovely⟩
**precioso, -sa** *adj* **1** HERMOSO : beautiful, exquisite **2** VALIOSO : precious, valuable
**precipicio** *nm* **1** : precipice **2** RUINA : ruin
**precipitación** *nf, pl* **-ciones** **1** PRISA : haste, hurry, rush **2** : precipitation, rain, snow
**precipitado, -da** *adj* **1** : hasty, sudden **2** : rash — **precipitadamente** *adv*
**precipitar** *vt* **1** APRESURAR : to hasten, to speed up **2** ARROJAR : to hurl, to throw — **precipitarse** *vr* **1** APRESURARSE : to rush **2** : to act rashly ⟨tal vez me precipito : perhaps I'm being too hasty⟩ **3** ARROJARSE : to throw oneself

**precisamente** *adv* JUSTAMENTE : precisely, exactly
**precisar** *vt* **1** : to specify, to determine exactly **2** NECESITAR : to need, to require — *vi* : to be necessary
**precisión** *nf, pl* **-siones** **1** EXACTITUD : precision, accuracy **2** CLARIDAD : clarity (of style, etc.) **3** NECESIDAD : necessity ⟨tener precisión de : to have need of⟩
**preciso, -sa** *adj* **1** EXACTO : precise **2** : very, exact ⟨en ese preciso instante : at that very instant⟩ **3** NECESARIO : necessary ⟨es preciso que . . . : it is necessary that . . .⟩
**precocidad** *nf* : precocity
**precocinar** *vt* : to precook
**preconcebido, -da** *adj* : preconceived
**precondición** *nf, pl* **-ciones** : precondition
**preconizar** {21} *vt* **1** : to recommend, to advocate **2** : to extol
**precoz** *adj, pl* **precoces** **1** : precocious **2** : early, premature — **precozmente** *adv*
**precursor, -sora** *n* : forerunner, precursor
**predecesor, -sora** *n* ANTECESOR : predecessor
**predecir** {11} *vt* : to foretell, to predict
**predestinado, -da** *adj* : predestined, fated
**predestinar** *vt* : to predestine — **predestinación** *nf*
**predeterminar** *vt* : to predetermine
**prédica** *nf* SERMÓN : sermon
**predicado** *nm* : predicate
**predicador, -dora** *n* : preacher
**predicar** {72} *v* : to preach
**predicción** *nf, pl* **-ciones** **1** : prediction **2** PRONÓSTICO : forecast ⟨predicción del tiempo : weather forecast⟩
**prediga, predijo etc.** → **predecir**
**predilección** *nf, pl* **-ciones** : predilection, preference
**predilecto, -ta** *adj* : favorite
**predio** *nm* : property, piece of land
**predisponer** {60} *vt* **1** : to predispose, to incline **2** : to prejudice, to bias
**predisposición** *nf, pl* **-ciones** **1** : predisposition, tendency **2** : prejudice, bias
**predispuesto, -ta** *adj* ~ **a** : prone to
**predominante** *adj* : predominant — **predominantemente** *adv*
**predominar** *vi* PREVALECER : to predominate, to prevail
**predominio** *nm* : predominance, prevalence
**preeminente** *adj* : preeminent — **preeminencia** *nf*
**preescolar** *adj & nm* : preschool
**preestreno** *nm* : preview
**prefabricado, -da** *adj* : prefabricated
**prefacio** *nm* : preface
**prefecto** *nm* : prefect
**preferencia** *nf* **1** : preference **2** PRIORIDAD : priority **3** : right-of-way (of traffic) **4 de** ~ : preferably
**preferencial** *adj* : preferential
**preferente** *adj* : preferential, special ⟨trato preferente : special treatment⟩
**preferentemente** *adv* : preferably
**preferible** *adj* : preferable ⟨es preferible que . . . : it's better that . . .⟩ ⟨ser preferible a : to be preferable to⟩
**preferido, -da** *adj & n* : favorite
**preferir** {76} *vt* : to prefer ⟨prefiero ir : I'd rather go⟩ ⟨prefiero que no vayas : I'd rather (that) you didn't go⟩ ⟨prefiero éste a ése : I prefer this one to/over that one⟩
**prefigurar** *vt* : foreshadow, prefigure
**prefijo** *nm* **1** : prefix (in linguistics) **2** *Spain* : area code
**pregonar** *vt* **1** : to proclaim, to announce **2** : to hawk (merchandise) **3** : to extol **4** : to reveal, to disclose
**pregrabado, -da** *adj* : prerecorded
**pregunta** *nf* **1** : question **2 hacer una pregunta** : to ask a question
**preguntar** *vt* : to ask, to question — *vi* : to ask, to inquire ⟨preguntar por : to ask about⟩ — **preguntarse** *vr* : to wonder
**preguntón, -tona** *adj, mpl* **-tones** : inquisitive
**prehistórico, -ca** *adj* : prehistoric
**prejuiciado, -da** *adj* : prejudiced
**prejuicio** *nm* : prejudice ⟨tener prejuicios contra : to be prejudiced against⟩
**prejuzgar** {52} *vt* : to prejudge
**prelado** *nm* : prelate
**preliminar** *adj & nm* : preliminary
**preludio** *nm* : prelude
**prematrimonial** *adj* : premarital
**prematuro, -ra** *adj* : premature
**premeditación** *nf, pl* **-ciones** : premeditation
**premeditar** *vt* : to premeditate, to plan
**premenstrual** *adj* : premenstrual
**premiado**[1], **-da** *adj* : winning, prizewinning
**premiado**[2], **-da** *n* : prizewinner
**premiar** *vt* **1** : to award a prize to **2** : to reward
**premier** *nmf* : premier, prime minister
**premio** *nm* **1** : prize ⟨premio gordo : grand prize, jackpot⟩ ⟨dar/ganar un premio : to give/win a prize⟩ **2** : reward **3** : premium
**premisa** *nf* : premise, basis
**premolar** *nm* : bicuspid (tooth)
**premonición** *nf, pl* **-ciones** : premonition
**premura** *nf* : haste, urgency
**prenatal** *adj* : prenatal
**prenda** *nf* **1** : piece of clothing **2** : security, pledge **3** : forfeit (in a game)
**prendar** *vt* **1** : to charm, to captivate **2** : to pawn, to pledge — **prendarse** *vr* ~ **de** : to fall in love with
**prendedor** *nm* : brooch, pin
**prender** *vt* **1** SUJETAR : to pin, to fasten **2** APRESAR : to catch, to apprehend **3** : to light (a cigarette, a match) **4** : to turn on ⟨prende la luz : turn on the light⟩ **5 prender fuego a** : to set fire to — *vi* **1** : to take root **2** : to catch fire **3** : to catch on — **prenderse** *vr* : to catch fire
**prensa** *nf* **1** : printing press **2** : press ⟨conferencia de prensa : press conference⟩ ⟨la prensa : the press, the newspapers⟩

**prensar** *vt* : to press
**prensil** *adj* : prehensile
**preñado, -da** *adj* **1** : pregnant **2** ~ **de** : filled with
**preñar** *vt* EMBARAZAR : to make pregnant
**preñez** *nf, pl* **preñeces** : pregnancy
**preocupación** *nf, pl* **-ciones** INQUIETUD : worry, concern
**preocupado, -da** *adj* : worried ⟨preocupado por : worried about⟩
**preocupante** *adj* : worrisome
**preocupar** *vt* INQUIETAR : to worry, to concern ⟨eso me preocupa : that worries me⟩ — **preocuparse** *vr* **1** APURARSE : to worry, to be concerned ⟨preocuparse por : to worry about⟩ **2** ~ **de** : to take care of (something) ⟨preocuparse de que . . . : to make sure that . . .⟩
**preparación** *nf, pl* **-ciones** **1** : preparation, readiness **2** : education, training **3** : (medicinal) preparation
**preparado**[1], **-da** *adj* **1** : ready, prepared **2** : trained
**preparado**[2] *nm* : preparation, mixture
**preparar** *vt* **1** : to prepare ⟨preparé el almuerzo : I made lunch, I got lunch ready⟩ ⟨preparar un examen : to prepare for an exam⟩ **2** : to teach, to train, to coach — **prepararse** *vr* : to get ready, to prepare ⟨prepararse para algo : to get ready for something⟩ ⟨se prepara para salir : she's getting ready to leave⟩
**preparativos** *nmpl* : preparations
**preparatoria** *nf Mex* : high school
**preparatorio, -ria** *adj* : preparatory
**preponderante** *adj* : preponderant, predominant — **preponderancia** *nf* — **preponderantemente** *adv*
**preposición** *nf, pl* **-ciones** : preposition — **preposicional** *adj*
**prepotente** *adj* : arrogant, domineering, overbearing — **prepotencia** *nf*
**prerrogativa** *nf* : prerogative, privilege
**presa** *nf* **1** : capture, seizure ⟨hacer presa de : to seize⟩ **2** : catch, prey ⟨presa de : prey to, seized with⟩ **3** : claw, fang **4** DIQUE : dam **5** : morsel, piece (of food)
**presagiar** *vt* : to presage, to portend
**presagio** *nm* : omen, portent
**presbiterio** *nm* : sanctuary (of a church)
**prescindible** *adj* : expendable, dispensable
**prescindir** *vi* ~ **de** **1** : to do without, to dispense with **2** DESATENDER : to ignore, to disregard **3** OMITIR : to omit, to skip
**prescribir** {33} *vt* : to prescribe
**prescripción** *nf, pl* **-ciones** : prescription
**prescrito** *pp* → **prescribir**
**presencia** *nf* **1** : presence ⟨en presencia de : in the presence of⟩ **2** ASPECTO : appearance
**presenciar** *vt* **1** : to witness **2** : to be present at, to attend
**presentable** *adj* : presentable
**presentación** *nf, pl* **-ciones** **1** : presentation **2** : introduction **3** : appearance
**presentador, -dora** *n* : host (of a show), anchor (of a newscast)
**presentar** *vt* **1** MOSTRAR : to present, to show **2** : to have, to show (a symptom) **3** : to offer, to give (an excuse, etc.) **4** : to submit (a document), to file (a complaint) **5** : to launch (a product) **6** : to introduce (a person) **7** : to host (a show), to anchor (a newscast) — **presentarse** *vr* **1** : to show up, to appear ⟨preséntese en la oficina central : report to the central office⟩ **2** SURGIR : to arise, to come up **3** : to introduce oneself **4** ~ **a** : to enter (a competition), to run in (an election)
**presente**[1] *adj* **1** : present, in attendance **2** : present, current ⟨del presente mes/año : of the current month/year⟩ **3 tener presente** : to keep in mind
**presente**[2] *nf* **por la presente** : hereby (in a letter)
**presente**[3] *nm* : present (time, tense)
**presente**[4] *nmf* : one present ⟨entre los presentes se encontraban . . . : those present included . . .⟩
**presentimiento** *nm* : premonition, hunch, feeling
**presentir** {76} *vt* : to sense, to intuit ⟨presentía lo que iba a pasar : he sensed what was going to happen⟩
**preservación** *nf, pl* **-ciones** : preservation
**preservar** *vt* **1** : to preserve **2** : to protect
**preservativo** *nm* CONDÓN : condom
**presidencia** *nf* **1** : presidency **2** : chairmanship
**presidencial** *adj* : presidential
**presidente**[1] *nmf* → **presidente**[2]
**presidente**[2], **-ta** *n* **1** : president **2** : chair, chairperson (of a group or event) **3** : presiding judge
**presidiario, -ria** *n* : convict, prisoner
**presidio** *nm* : prison, penitentiary
**presidir** *vt* **1** MODERAR : to preside over, to chair **2** : to dominate, to rule over
**presilla** *nf* : eye, loop, fastener
**presión** *nf, pl* **presiones** **1** : pressure **2 presión arterial** : blood pressure
**presionar** *vt* **1** : to pressure **2** : to press, to push — *vi* : to put on the pressure
**preso**[1], **-sa** *adj* **1** : imprisoned ⟨estar preso : to be imprisoned⟩ **2 llevarse/tomar preso a** : to imprison, to take prisoner
**preso**[2], **-sa** *n* : prisoner
**prestación** *nf, pl* **-ciones** **1** : providing, provision **2** : benefit ⟨prestaciones sociales : welfare, government assistance⟩ **3** : feature
**prestado, -da** *adj* **1** : borrowed, on loan **2 pedir prestado** : to borrow, to ask to borrow **3 tomar prestado** : to borrow
**prestamista** *nmf* : moneylender, pawnbroker
**préstamo** *nm* **1** : loan **2** : lending, borrowing **3** BARBARISMO : loanword, borrowing
**prestar** *vt* **1** : to lend, to loan ⟨¿me prestas el paraguas? : can I borrow your umbrella?⟩ **2** : to render (a service), to give (aid) **3 prestar atención** : to pay atten-

tion **4 prestar declaración** : to testify **5 prestar juramento** : to take an oath —
**prestarse** *vr* ~ **a/para** **1** : to lend oneself to ⟨se presta a confusiones : it lends itself to confusion⟩ **2** : to agree to **3** : to participate in
**prestatario, -ria** *n* : borrower
**presteza** *nf* : promptness, speed
**prestidigitación** *nf, pl* **-ciones** : sleight of hand
**prestidigitador, -dora** *n* : conjurer, magician
**prestigio** *nm* : prestige — **prestigioso, -sa** *adj*
**presto**[1] *adv* : promptly, at once
**presto**[2], **-ta** *adj* **1** : quick, prompt **2** DISPUESTO, PREPARADO : ready
**presumido, -da** *adj* VANIDOSO : conceited, vain
**presumir** *vt* SUPONER : to presume, to suppose — *vi* **1** ALARDEAR : to boast, to show off **2** ~ **de** : to consider oneself ⟨presume de inteligente : he thinks he's intelligent⟩
**presunción** *nf, pl* **-ciones** **1** SUPOSICIÓN : presumption, supposition **2** VANIDAD : conceit, vanity
**presunto, -ta** *adj* : presumed, supposed, alleged — **presuntamente** *adv*
**presuntuoso, -sa** *adj* : conceited
**presuponer** {60} *vt* : to presuppose
**presupuestal** *adj* : budget, budgetary
**presupuestar** *vi* : to budget — *vt* : to budget for
**presupuestario, -ria** *adj* : budget, budgetary
**presupuesto** *nm* **1** : budget, estimate **2** : assumption, supposition
**presurizar** {21} *vt* : to pressurize
**presuroso, -sa** *adj* : hasty, quick
**pretencioso, -sa** *adj* : pretentious — **pretenciosamente** *adv*
**pretender** *vt* **1** INTENTAR : to attempt, to try ⟨pretendo estudiar : I'm trying to study⟩ **2** AFIRMAR : to claim ⟨pretende ser pobre : he claims he's poor⟩ **3** : to seek, to aspire to ⟨¿qué pretendes tú? : what are you after?⟩ **4** CORTEJAR : to court **5 pretender que** : to expect ⟨¿pretendes que lo crea? : do you expect me to believe you?⟩
**pretendido, -da** *adj* **1** SUPUESTO : supposed, so-called **2** FALSO : feigned, false
**pretendiente**[1] *nmf* **1** : candidate, applicant **2** : pretender, claimant (to a throne, etc.)
**pretendiente**[2] *nm* : suitor
**pretensión** *nf, pl* **-siones** **1** : intention, hope, plan **2** : claim (to a throne, etc.) **3** : pretension ⟨sin pretensiones : unpretentious⟩
**pretérito** *nm* : preterit, past (tense)
**pretextar** *vt* : to claim, to feign
**pretexto** *nm* EXCUSA : pretext, excuse
**pretil** *nm* : parapet, railing
**prevalecer** {53} *vi* : to prevail, to triumph
**prevaleciente** *adj* : prevailing, prevalent
**prevalerse** {84} *vr* ~ **de** : to avail oneself of, to take advantage of
**prevención** *nf, pl* **-ciones** **1** : prevention **2** : preparation, readiness **3** : precautionary measure **4** : prejudice, bias
**prevenido, -da** *adj* **1** PREPARADO : prepared, ready **2** ADVERTIDO : forewarned **3** CAUTELOSO : cautious
**prevenir** {87} *vt* **1** : to prevent **2** : to warn — **prevenirse** *vr* ~ **contra** *or* ~ **de** : to take precautions against
**preventivo, -va** *adj* : preventive, precautionary
**prever** {88} *vt* **1** ANTICIPAR : to foresee, to anticipate **2** PLANEAR : to plan
**previo**[1], **-via** *adj* **1** : previous, prior **2** PRELIMINAR : preliminary
**previo**[2], **-via** *prep* : after, upon ⟨previo pago : after paying, upon payment⟩
**previsible** *adj* : foreseeable
**previsión** *nf, pl* **-siones** **1** : foresight **2** : prediction, forecast **3** : precaution **4 previsión social** : welfare
**previsor, -sora** *adj* : farsighted, prudent
**prieto, -ta** *adj* **1** : dark **2** *Car, Mex* : dark-skinned **3** : tight, compressed
**prima** *nf* **1** : premium **2** : bonus **3** → **primo**
**primacía** *nf* **1** : precedence, priority **2** : superiority, supremacy
**primado** *nm* : primate (bishop)
**primario, -ria** *adj* : primary
**primate** *nm* : primate
**primavera** *nf* **1** : spring (season) **2** PRÍMULA : primrose
**primaveral** *adj* : spring
**primera** *nf* **1** : first (gear) **2** : first class
**primeramente** *adv* : firstly, first of all
**primero**[1] *adv* **1** : first **2** : rather, sooner
**primero**[2], **-ra** *adj* (***primer*** *before masculine singular nouns*) **1** : first ⟨el primer paso : the first step⟩ **2** : top, leading ⟨de primera clase : first-class⟩ **3** : main, basic ⟨nuestro primer objetivo : our main objective⟩ ⟨lo primero es no alarmarse : the most important thing is not to panic⟩ **4 de primera** : first-rate
**primero**[3], **-ra** *n* : first ⟨el primero de enero : (on) the first of January, (on) January first⟩ ⟨el primero en llegar : the first to arrive⟩ ⟨la primera de tres fases : the first of three stages⟩
**primicia** *nf* **1** : first fruits **2** : scoop, exclusive
**primigenio, -nia** *adj* : original, primary
**primitivo, -va** *adj* **1** : primitive **2** ORIGINAL : original
**primo**[1] *adj* **1** : prime (of a number) **2** : raw ⟨materia prima : raw material⟩
**primo**[2], **-ma** *n* **1** : cousin ⟨primo hermano : first cousin⟩ **2** *Spain* : sucker
**primogénito, -ta** *adj & n* : firstborn
**primor** *nm* **1** : skill, care **2** : beauty, elegance
**primordial** *adj* **1** : primordial **2** : basic, fundamental
**primoroso, -sa** *adj* **1** : exquisite, fine, delicate **2** : skillful
**primula** *nf* : primrose
**princesa** *nf* : princess
**principado** *nm* : principality
**principal**[1] *adj* **1** : main, principal **2** : foremost, leading
**principal**[2] *nm* : capital, principal
**principalmente** *adv* : mainly, chiefly

**príncipe** *nm* : prince
**principesco, -ca** *adj* : princely
**principiante**[1] *adj* : beginning
**principiante**[2] *nmf* : beginner, novice
**principiar** *vt* EMPEZAR : to begin
**principio** *nm* **1** COMIENZO : beginning ⟨empieza por el principio : start at the beginning⟩ **2** : principle (theory, law) **3** : principle (moral belief) **4 al principio** : at first **5 a principios de** : at the beginning of ⟨a principios de agosto : at the beginning of August⟩ **6 en ~** : in principle **7 en un principio** : at first **8 por ~** : on principle
**pringar** {52} *vt* **1** : to dip (in grease) **2** : to soil, to spatter (with grease) — **pringarse** *vr*
**pringoso, -sa** *adj* : greasy
**pringue**[1], **etc.** → **pringar**
**pringue**[2] *nm* : grease, drippings *pl*
**prior, priora** *n* : prior *m*, prioress *f*
**priorato** *nm* : priory
**prioridad** *nf* : priority, precedence
**prisa** *nf* **1** : hurry, rush **2 a ~** *or* **de ~** : quickly, fast **3 a toda prisa** : as fast as possible **4 correr prisa** : to be urgent **5 darse prisa** : to hurry **6 tener prisa** : to be in a hurry
**prisión** *nf, pl* **prisiones** **1** CÁRCEL : prison, jail **2** ENCARCELAMIENTO : imprisonment
**prisionero, -ra** *n* : prisoner
**prisma** *nm* : prism
**prismáticos** *nmpl* : binoculars
**prístino, -na** *adj* : pristine
**privacidad** *nf* : privacy
**privación** *nf, pl* **-ciones** **1** : deprivation ⟨privación de libertad : deprivation of liberty⟩ **2** : privation, want
**privado, -da** *adj* : private ⟨en privado : in private⟩ — **privadamente** *adv*
**privar** *vt* **1** DESPOJAR : to deprive ⟨privar a alguien de algo : to deprive someone of something⟩ **2** : to stun, to knock out — **privarse** *vr* : to deprive oneself
**privativo, -va** *adj* : exclusive, particular
**privatizar** {21} *vt* : to privatize
**privilegiado, -da** *adj* **1** : privileged **2** EXCEPCIONAL : exceptional
**privilegiar** *vt* : to grant a privilege to, to favor
**privilegio** *nm* : privilege
**pro**[1] *nm* **1** : pro, advantage ⟨los pros y contras : the pros and cons⟩ **2 en pro de** : for, in favor of
**pro**[2] *prep* : for, in favor of ⟨grupos pro derechos humanos : groups supporting human rights⟩
**pro-** *pref* : pro-
**proa** *nf* : bow, prow
**probabilidad** *nf* : probability ⟨con toda probabilidad : in all likelihood⟩
**probable** *adj* : probable, likely ⟨es probable que pierdan : it's likely that they'll lose⟩
**probablemente** *adv* : probably
**probador**[1] *nm* : fitting room, dressing room
**probador**[2], **-dora** *n* : tester
**probar** {19} *vt* **1** : to demonstrate, to prove **2** : to test, to try out **3** : to try on (clothing) **4** : to taste, to sample — *vi* : to try ⟨probar a hacer algo : to try doing something⟩ — **probarse** *vr* : to try on (clothing)
**probeta** *nf* : test tube
**probidad** *nf* : probity
**problema** *nm* : problem ⟨resolver un problema : to solve a problem⟩
**problemática** *nf* : set of problems ⟨la problemática que debemos enfrentar : the problems we must face⟩
**probóscide** *nf* : proboscis
**problemático, -ca** *adj* : problematic
**procaz** *adj, pl* **procaces** **1** : insolent, impudent **2** : indecent
**procedencia** *nf* : origin, source
**procedente** *adj* **1** : proper, fitting **2 ~ de** : coming from
**proceder** *vi* **1** AVANZAR : to proceed **2** : to act, to behave **3** : to be appropriate, to be fitting **4 ~ a** : to proceed to **5 ~ de** : to originate from, to come from
**procedimiento** *nm* **1** : procedure, process **2** : proceedings *pl* (in law)
**prócer** *nmf* : eminent person, leader
**procesado, -da** *n* : accused, defendant
**procesador** *nm* : processor ⟨procesador de textos : word processor⟩
**procesamiento** *nm* : processing ⟨procesamiento de datos : data processing⟩
**procesar** *vt* **1** : to prosecute, to try **2** : to process
**procesión** *nf, pl* **-siones** : procession
**proceso** *nm* **1** : process **2** : trial, proceedings *pl* **3 → procesamiento**
**proclama** *nf* : proclamation
**proclamación** *nf, pl* **-ciones** : proclamation
**proclamar** *vt* : to proclaim — **proclamarse** *vr*
**proclive** *adj* **~ a** : inclined to, prone to
**proclividad** *nf* : proclivity, inclination
**procrear** *vi* : to procreate — **procreación** *nf*
**procurador, -dora** *n* ABOGADO : attorney
**procurar** *vt* **1** INTENTAR : to try, to endeavor ⟨procura llegar temprano : try to arrive early⟩ ⟨procura que no se enteren : make sure they don't find out⟩ **2** CONSEGUIR : to obtain, to procure
**prodigar** {52} *vt* : to lavish, to be generous with
**prodigio** *nm* : wonder, marvel
**prodigioso, -sa** *adj* : prodigious, marvelous
**pródigo**[1], **-ga** *adj* **1** : generous, lavish **2** : wasteful, prodigal
**pródigo**[2], **-ga** *n* : spendthrift, prodigal
**producción** *nf, pl* **-ciones** **1** : production (action or quantity) **2** : production (in cinema, etc.) **3 producción en serie** : mass production
**producir** {61} *vt* **1** : to produce, to make, to manufacture **2** : to cause, to bring about **3** : to bear (interest) — **producirse** *vr* : to take place, to occur
**productividad** *nf* : productivity
**productivo, -va** *adj* **1** : productive **2** LUCRATIVO : profitable
**producto** *nm* **1** : product ⟨producto alimenticio : foodstuff⟩ ⟨producto interno

bruto : gross domestic product⟩ 2 : proceeds *pl*, yield
**productor**[1], **-tora** *adj* : producing
**productor**[2], **-tora** *n* : producer
**productora** *nf* : production company
**proeza** *nf* HAZAÑA : feat, exploit
**profanar** *vt* : to profane, to desecrate — **profanación** *nf*
**profano**[1], **-na** *adj* 1 : profane 2 : worldly, secular, lay
**profano**[2], **-na** *n* 1 : layman *mf*, layperson *mf* 2 LAICO : layman *m*, laywoman *f*, layperson *mf* (in religion)
**profecía** *nf* : prophecy
**proferir** {76} *vt* 1 : to utter 2 : to hurl (insults)
**profesar** *vt* 1 : to profess, to declare 2 : to practice, to exercise
**profesión** *nf, pl* **-siones** : profession, occupation
**profesional** *adj & nmf* : professional — **profesionalmente** *adv*
**profesionalismo** *nm* : professionalism
**profesionalizar** {21} *vt* : to make (more) professional
**profesionista** *nmf Mex* : professional
**profesor, -sora** *n* 1 : teacher (of older children) 2 : professor (in a university) 3 : instructor, tutor
**profesorado** *nm* 1 : faculty 2 : teaching profession
**profeta** *nm* : prophet
**profético, -ca** *adj* : prophetic
**profetizar** {21} *vt* : to prophesy
**prófugo, -ga** *adj & n* : fugitive
**profundidad** *nf* 1 : depth, profundity 2 **en ~** : in depth, thoroughly
**profundizar** {21} *vt* 1 : to deepen 2 : to study in depth — *vi* **~ en** : to go deeply into, to study in depth
**profundo, -da** *adj* 1 HONDO : deep ⟨poco profundo : shallow⟩ 2 : profound — **profundamente** *adv*
**profusión** *nf, pl* **-siones** : abundance, profusion
**profuso, -sa** *adj* : profuse, abundant, extensive
**progenie** *nf* : progeny, offspring
**progenitor, -tora** *n* 1 : father *m*, mother *f* ⟨sus progenitores : his parents⟩ 2 ANTEPASADO : ancestor, progenitor
**progesterona** *nf* : progesterone
**prognóstico** *nm* : prognosis
**programa** *nm* 1 : program (on television, etc.) 2 : program (pamphlet) 3 : plan, schedule 4 : program (on a computer) 5 *or* **programa de estudios** : curriculum, syllabus
**programable** *adj* : programmable
**programación** *nf, pl* **-ciones** 1 : programming (on television) 2 : programming (of computers) 3 : planning (of an event)
**programador, -dora** *n* : programmer
**programar** *vt* 1 : to schedule (times, shows, etc.), to plan (an event) 2 : to program (a computer, etc.)
**progresar** *vi* : to progress, to make progress
**progresista** *adj & nmf* : progressive
**progresivo, -va** *adj* : progressive, gradual — **progresivamente** *adv*
**progreso** *nm* : progress ⟨hacer progresos : to make progress⟩
**prohibición** *nf, pl* **-ciones** : ban, prohibition
**prohibir** {62} *vt* : to prohibit, to ban, to forbid ⟨prohibido fumar : no smoking⟩ ⟨prohibido el paso : do not enter⟩ ⟨me prohibió ir : she forbade me to go⟩ ⟨se prohibe el uso de pesticidas : the use of pesticides is banned/prohibited⟩
**prohibitivo, -va** *adj* : prohibitive
**prohijar** {5} *vt* ADOPTAR : to adopt
**prójimo** *nm* : neighbor, fellow man
**prole** *nf* : offspring, progeny
**proletariado** *nm* : proletariat, working class
**proletario, -ria** *adj & n* : proletarian
**proliferar** *vi* : to proliferate — **proliferación** *nf*
**prolífico, -ca** *adj* : prolific
**prolijo, -ja** *adj* : wordy, long-winded
**prólogo** *nm* : prologue, preface, foreword
**prolongación** *nf, pl* **-ciones** : extension, lengthening
**prolongar** {52} *vt* 1 : to prolong (a life, a war, etc.), to extend (a visit, etc.) 2 : to extend, to lengthen (in size) — **prolongarse** *vr* CONTINUAR : to last, to continue
**promediar** *vt* 1 : to average 2 : to divide in half — *vi* : to be half over
**promedio** *nm* 1 : average ⟨como promedio : on average⟩ 2 : middle, midpoint
**promesa** *nf* : promise ⟨cumplir (con) una promesa : to keep a promise⟩
**prometedor, -dora** *adj* : promising, hopeful
**prometer** *vt* : to promise ⟨¿me lo prometes? : (do you) promise?⟩ — *vi* : to show promise — **prometerse** *vr* COMPROMETERSE : to get engaged
**prometido**[1], **-da** *adj* : engaged
**prometido**[2], **-da** *n* NOVIO : fiancé *m*, fiancée *f*
**prominente** *adj* : prominent — **prominencia** *nf* — **prominentemente** *adv*
**promiscuo, -cua** *adj* : promiscuous — **promiscuidad** *nf*
**promisorio, -ria** *adj* 1 : promising 2 : promissory
**promoción** *nf, pl* **-ciones** 1 : promotion 2 : class, year 3 : play-off (in soccer)
**promocionar** *vt* : to promote — **promocional** *adj*
**promontorio** *nm* : promontory, headland
**promotor, -tora** *n* 1 : promoter 2 INSTIGADOR : instigator 3 : developer (of real estate)
**promover** {47} *vt* 1 FOMENTAR : to promote, to encourage 2 : to promote (in rank, etc.) 3 PROVOCAR : to provoke, to cause
**promulgación** *nf, pl* **-ciones** 1 : enactment 2 : proclamation, enactment
**promulgar** {52} *vt* 1 : to promulgate, to proclaim 2 : to enact (a law or decree)
**prono, -na** *adj* : prone
**pronombre** *nm* : pronoun

**pronosticar** {72} *vt* : to predict, to forecast
**pronóstico** *nm* 1 PREDICCIÓN : forecast, prediction ⟨pronóstico del tiempo : weather forecast⟩ 2 : prognosis
**prontitud** *nf* 1 PRESTEZA : promptness, speed 2 **con ~** : promptly, quickly
**pronto**[1] *adv* 1 : quickly, promptly 2 : soon 3 **de ~** : suddenly 4 **¡hasta pronto!** : see you soon! 5 **lo más pronto posible** : as soon as possible 6 **por de pronto** : for now 7 **tan pronto como** : as soon as
**pronto**[2], **-ta** *adj* 1 RÁPIDO : quick, speedy, prompt 2 PREPARADO : ready
**pronunciación** *nf, pl* **-ciones** : pronunciation
**pronunciado, -da** *adj* 1 : pronounced, sharp, steep 2 : marked, noticeable
**pronunciamiento** *nm* 1 : pronouncement 2 : military uprising
**pronunciar** *vt* 1 : to pronounce, to say 2 : to give, to deliver (a speech) 3 **pronunciar un fallo** : to pronounce sentence — **pronunciarse** *vr* : to declare oneself (for or against), to make a statement
**propagación** *nf, pl* **-ciones** : propagation, spreading
**propaganda** *nf* 1 : propaganda 2 PUBLICIDAD : advertising (activity or materials)
**propagar** {52} *vt* 1 : to propagate 2 : to spread, to disseminate — **propagarse** *vr*
**propalar** *vt* 1 : to divulge 2 : to spread
**propano** *nm* : propane
**propasarse** *vr* 1 : to go too far, to overstep one's bounds 2 **~ con** : to make sexual advances towards
**propensión** *nf, pl* **-siones** INCLINACIÓN : inclination, propensity
**propenso, -sa** *adj* **~ a** : prone to, susceptible to
**propiamente** *adv* 1 : properly, correctly 2 : exactly, precisely ⟨propiamente dicho : strictly speaking⟩
**propiciar** *vt* 1 : to propitiate 2 : to favor, to foster
**propicio, -cia** *adj* : favorable, propitious
**propiedad** *nf* 1 : property ⟨propiedad privada : private property⟩ ⟨ser propiedad de : to be the property of⟩ 2 : ownership 3 CUALIDAD : property, quality 4 : suitability, appropriateness ⟨con propiedad : appropriately, properly⟩
**propietario**[1], **-ria** *adj* : proprietary
**propietario**[2], **-ria** *n* DUEÑO : proprietor (of a business), owner
**propina** *nf* : tip, gratuity ⟨le di una buena propina : I tipped him well⟩
**propinar** *vt* : to give, to strike ⟨propinar una paliza : to give a beating⟩
**propio, -pia** *adj* 1 : own ⟨su propia casa : his own house⟩ ⟨tienen recursos propios : they have their own resources⟩ 2 APROPIADO : appropriate, suitable 3 CARACTERÍSTICO : characteristic, typical ⟨es propio de la región : it's typical of the region⟩ 4 MISMO : oneself ⟨el propio director : the director himself⟩
**proponer** {60} *vt* 1 : to propose, to suggest 2 : to nominate — **proponerse** *vr* : to intend, to plan, to set out ⟨lo que se propone lo cumple : he does what he sets out to do⟩
**proporción** *nf, pl* **-ciones** 1 : proportion ⟨en proporción a : in proportion to⟩ 2 : ratio (in mathematics) 3 **proporciones** *nfpl* : proportions, size ⟨de grandes proporciones : very large⟩
**proporcionado, -da** *adj* 1 : proportionate 2 : proportioned ⟨bien proporcionado : well-proportioned⟩ — **proporcionadamente** *adv*
**proporcional** *adj* : proportional — **proporcionalmente** *adv*
**proporcionar** *vt* 1 : to provide, to give ⟨les proporcionó la información : she provided them with the information⟩ 2 : to proportion, to adapt
**proposición** *nf, pl* **-ciones** : proposal, proposition
**propósito** *nm* 1 INTENCIÓN : purpose, intention 2 **a ~** : by the way 3 **a ~** : on purpose, intentionally 4 **a propósito de** : on the subject of
**propuesta** *nf* PROPOSICIÓN : proposal
**propulsar** *vt* 1 IMPULSAR : to propel, to drive 2 PROMOVER : to promote, to encourage
**propulsión** *nf, pl* **-siones** : propulsion ⟨propulsión a chorro : jet propulsion⟩
**propulsor**[1] *nm* : propellant
**propulsor**[2], **-sora** *n* : promoter, proponent
**propulsor**[3], **-sora** *adj* : propellant
**propuso, etc.** → **proponer**
**prórroga** *nf* 1 : extension, deferment 2 : overtime (in sports)
**prorrogar** {52} *vt* 1 : to extend (a deadline) 2 : to postpone
**prorrumpir** *vi* : to burst forth, to break out ⟨prorrumpí en lágrimas : I burst into tears⟩
**prosa** *nf* : prose
**prosaico, -ca** *adj* : prosaic, mundane
**proscribir** {33} *v* 1 PROHIBIR : to prohibit, to ban, to proscribe 2 DESTERRAR : to banish, to exile
**proscripción** *nf, pl* **-ciones** 1 PROHIBICIÓN : ban 2 DESTIERRO : banishment
**proscrito**[1] *pp* → **proscribir**
**proscrito**[2], **-ta** *n* 1 DESTERRADO : exile 2 : outlaw
**prosecución** *nf, pl* **-ciones** 1 : continuation 2 : pursuit
**proseguir** {75} *vt* 1 CONTINUAR : to continue 2 : to pursue (studies, goals) — *vi* : to continue, to go on
**prospección** *nf, pl* **-ciones** : prospecting, exploration
**prospectar** *vi* : to prospect
**prospecto** *nm* 1 : leaflet, brochure 2 : prospectus (for investors, etc.)
**prospector, -tora** *n* : prospector
**prosperar** *vi* : to prosper, to thrive
**prosperidad** *nf* : prosperity
**próspero, -ra** *adj* : prosperous, flourishing
**próstata** *nf* : prostate

**prostíbulo** *nm* : brothel
**prostitución** *nf, pl* **-ciones** : prostitution
**prostituir** {41} *vt* : to prostitute — **prostituirse** *vr* : to prostitute oneself
**prostituto, -ta** *n* : prostitute
**protagonista** *nmf* **1** : protagonist, main character **2** : star (in a film, etc.) **3** : leader, central figure
**protagonizar** {21} *vt* **1** : to star in **2** : to cause (an accident, etc.), to carry out (an attack, a campaign, etc.)
**protección** *nf, pl* **-ciones** : protection
**protector¹, -tora** *adj* : protective ⟨chaleco protector : chest protector⟩
**protector², -tora** *n* **1** : protector, guardian **2** : patron
**protector³** *nm* : protector, guard ⟨protector de pantallas : screen saver⟩
**protectorado** *nm* : protectorate
**proteger** {15} *vt* : to protect, to defend ⟨proteger de/contra algo : to protect against something⟩ — **protegerse** *vr*
**protegido, -da** *n* : protégé
**proteína** *nf* : protein
**prótesis** *nfs & pl* : prosthesis
**protesta** *nf* **1** : protest **2** *Mex* : promise, oath
**protestante** *adj & nmf* : Protestant
**protestantismo** *nm* : Protestantism
**protestar** *vi* **1** : to protest, to object **2** ~ **por** : to complain about — *vt* : to protest, to object to
**protocolo** *nm* : protocol
**protón** *nm, pl* **protones** : proton
**protoplasma** *nm* : protoplasm
**prototipo** *nm* : prototype
**protuberancia** *nf* : protuberance — **protuberante** *adj*
**provecho** *nm* **1** : benefit, advantage ⟨sacar provecho de : to benefit from⟩ **2** ¡**buen provecho!** : bon appétit!
**provechoso, -sa** *adj* BENEFICIOSO : beneficial, profitable, useful — **provechosamente** *adv*
**proveedor, -dora** *n* : provider, supplier
**proveedor de servicios de Internet** *or* **PSI** *nm* : Internet service provider, ISP
**proveer** {63} *vt* : to provide, to supply ⟨proveer a alguien de algo : to provide someone with something⟩ — **proveerse** *vr* ~ **de** : to obtain, to supply oneself with
**provenir** {87} *vi* ~ **de** : to come from
**provenzal¹** *adj* : Provençal
**provenzal²** *nmf* : Provençal
**provenzal³** *nm* : Provençal (language)
**proverbio** *nm* REFRÁN : proverb — **proverbial** *adj*
**providencia** *nf* **1** : providence, foresight **2** : Providence, God **3** **providencias** *nfpl* : steps, measures
**providencial** *adj* : providential
**provincia** *nf* : province — **provincial** *adj*
**provinciano, -na** *adj* : provincial, unsophisticated
**provisión** *nf, pl* **-siones** **1** : provision, providing **2** **provisiones** *nfpl* : provisions, supplies
**provisional** *adj* : provisional, temporary
**provisionalmente** *adv* : provisionally, tentatively
**provisorio, -ria** *adj* : provisional, temporary
**provisto** *pp* → **proveer**
**provocación** *nf, pl* **-ciones** : provocation
**provocador¹, -dora** *adj* : provocative, provoking
**provocador², -dora** *n* AGITADOR : agitator
**provocar** {72} *vt* **1** CAUSAR : to provoke, to cause **2** IRRITAR : to provoke, to pique **3** : to arouse (sexually) **4** *Col, Peru, Ven fam* APETECER : to appeal to ⟨¿qué te provoca comer? : what would you like to eat?⟩
**provocativo, -va** *adj* : provocative
**proxeneta** *nmf* : pimp *m*
**próximamente** *adv* : shortly, soon
**proximidad** *nf* **1** : nearness, proximity **2** **proximidades** *nfpl* : vicinity
**próximo, -ma** *adj* **1** : near, close ⟨la Navidad está próxima : Christmas is almost here⟩ ⟨las próximas elecciones : the coming election⟩ ⟨en un futuro próximo : in the near future⟩ ⟨próximo a la ciudad : near the city⟩ **2** SIGUIENTE : next, following ⟨la próxima semana : the following week, next week⟩ — **próximo, -ma** *pron*
**proyección** *nf, pl* **-ciones** **1** : projection **2** : showing, screening (of a film) **3** : range, influence, diffusion
**proyeccionista** *nmf* : projectionist
**proyectar** *vt* **1** : to plan **2** LANZAR : to throw, to hurl **3** : to project, to cast (light or shadow) **4** : to show, to screen (a film)
**proyectil** *nm* : projectile, missile
**proyecto** *nm* **1** : plan, project **2** **proyecto de ley** : bill
**proyector** *nm* **1** : projector **2** : spotlight
**prudencia** *nf* : prudence, care, discretion
**prudencial** *adj* : prudent, sensible, cautious ⟨a una distancia prudencial : at a safe distance⟩
**prudente** *adj* : prudent, sensible, cautious
**prueba¹, etc.** → **probar**
**prueba²** *nf* **1** : proof, (piece of) evidence ⟨como prueba de : as proof of⟩ ⟨pruebas científicas : scientific evidence⟩ **2** : trial, test ⟨prueba del embarazo : pregnancy test⟩ ⟨vamos a hacer la prueba : let's try it⟩ **3** : proof (in printing or photography) **4** : event, qualifying round (in sports) **5** **a** ~ : on a trial basis **6** **a prueba de agua** : waterproof **7** **prueba de fuego** : acid test **8** **poner a prueba** : to put to the test
**prurito** *nm* **1** : itching **2** : desire, urge
**PSI** → **proveedor de servicios de Internet**
**psicoanálisis** *nm* : psychoanalysis — **psicoanalista** *nmf*
**psicoanalítico, -ca** *adj* : psychoanalytic
**psicoanalizar** {21} *vt* : to psychoanalyze
**psicodélico, -ca** *adj* : psychedelic
**psicología** *nf* : psychology
**psicológico, -ca** *adj* : psychological — **psicológicamente** *adv*

**psicólogo, -ga** *n* : psychologist
**psicópata** *nmf* : psychopath
**psicopático, -ca** *adj* : psychopathic
**psicosis** *nfs & pl* : psychosis
**psicosomático, -ca** *adj* : psychosomatic
**psicoterapeuta** *nmf* : psychotherapist
**psicoterapia** *nf* : psychotherapy
**psicótico, -ca** *adj & n* : psychotic
**psique** *nf* : psyche
**psiquiatra** *nmf* : psychiatrist
**psiquiatría** *nf* : psychiatry
**psiquiátrico**[1], **-ca** *adj* : psychiatric
**psiquiátrico**[2] *nm* : mental hospital
**psíquico, -ca** *adj* : psychic
**psiquis** *nfs & pl* : psyche
**psoriasis** *nf* : psoriasis
**púa** *nf* **1** : barb ⟨alambre de púas : barbed wire⟩ **2** : tooth (of a comb) **3** : quill, spine (of an animal) **4** : thorn, spine (of a plant) **5** : pick (for a guitar, etc.)
**pub** [1]pub, [1]pab] *nm, pl* **pubs** : bar, nightclub
**pubertad** *nf* : puberty
**pubiano** → **púbico**
**púbico, -ca** *adj* : pubic
**publicación** *nf, pl* **-ciones** : publication
**publicar** {72} *vt* **1** : to publish **2** DIVULGAR : to divulge, to disclose
**publicidad** *nf* **1** : publicity **2** : advertising
**publicista** *nmf* : publicist
**publicitar** *vt* **1** : to publicize **2** : to advertise
**publicitario, -ria** *adj* : advertising, publicity ⟨agencia publicitaria : advertising agency⟩
**público**[1], **-ca** *adj* : public ⟨hacer público : to make public⟩ — **públicamente** *adv*
**público**[2] *nm* **1** : public ⟨en público : in public⟩ **2** : audience, spectators *pl*
**puchero** *nm* **1** : pot **2** : stew **3** : pout ⟨hacer pucheros : to pout⟩
**pucho** *nm* **1** : waste, residue **2** : cigarette **3** : cigarette butt **4 a puchos** : little by little, bit by bit
**púdico, -ca** *adj* : chaste, modest
**pudiente** *adj* **1** : powerful **2** : rich, wealthy
**pudín** *nm, pl* **pudines** BUDÍN : pudding
**pudo, etc.** → **poder**
**pudor** *nm* : modesty, reserve
**pudoroso, -sa** *adj* : modest, reserved, shy
**pudrir** {59} *vt* **1** : to rot **2** *fam* : to annoy, to upset — **pudrirse** *vr* **1** : to rot **2** : to languish
**puebla, etc.** → **poblar**
**pueblerino, -na** *adj* : provincial
**pueblo** *nm* **1** NACIÓN : people **2** : common people **3** ALDEA, POBLADO : town, village **4 pueblo joven** *Peru* : shantytown, slums *pl*
**puede, etc.** → **poder**
**puente** *nm* **1** : bridge **2** : bridge (in dentistry) **3 puente aéreo** : airlift (military), air shuttle (commercial) **4 puente levadizo** : drawbridge
**puerco**[1], **-ca** *adj* : dirty, filthy
**puerco**[2], **-ca** *n* **1** CERDO, MARRANO : pig, hog **2** : pig, dirty or greedy person **3 puerco espín** : porcupine
**puericultura** *nf* : infant care, childcare
**pueril** *adj* : childish, puerile
**puerro** *nm* : leek
**puerta** *nf* **1** : door (of a house, etc.), entrance (of a hotel, etc.), gate (in a fence, etc.) ⟨llamar a la puerta : to knock at/on the door⟩ ⟨puerta principal : front door, main entrance⟩ ⟨puerta trasera : back door⟩ **2 a las puertas de** : on the verge of **3 a puerta cerrada** : behind closed doors **4 puerta de embarque** : gate (in an airport)
**puerto** *nm* **1** : port, harbor ⟨puerto pesquero : fishing port⟩ ⟨puerto marítimo : seaport⟩ **2** : mountain pass **3** : port (in a computer)
**puertorriqueño, -ña** *adj & n* : Puerto Rican
**pues** *conj* **1** : since, because, for ⟨lo hicieron, pues consideraron que era necesario : they did it because they considered it necessary⟩ **2** (*used interjectionally*) : well, then ⟨¡pues claro que sí! : well, of course!⟩ ⟨¡pues no voy! : well then, I'm not going!⟩
**puesta** *nf* **1** : setting ⟨puesta de/del sol : sunset⟩ **2** : laying (of eggs) **3 puesta al día** : updating **4 puesta a punto** : tune-up **5 puesta en escena** : production (in theater) **6 puesta en marcha** : start, starting up
**puestero, -ra** *n* : seller, vendor
**puesto**[1] *pp* → **poner**
**puesto**[2], **-ta** *adj* **1** : dressed ⟨bien puesto : well-dressed⟩ **2** : set (of a table)
**puesto**[3] *nm* **1** LUGAR, SITIO : place, position **2** : place (in a ranking) **3** : kiosk, stand, stall **4** : post, station ⟨puesto de policía : police station⟩ ⟨puesto de socorro : first-aid post⟩ **5** *or* **puesto de trabajo** : position, job **6 puesto que** : since, given that
**púgil** → **pugilista**
**pugilato** *nm* BOXEO : boxing
**pugilista** *nmf* BOXEADOR : boxer (athlete)
**pugna** *nf* **1** CONFLICTO, LUCHA : conflict, struggle **2 en ~** : at odds, in conflict
**pugnar** *vi* **~ por** : to strive to (do something), to strive for (something)
**pugnaz** *adj* : pugnacious
**pujante** *adj* : mighty, powerful
**pujanza** *nf* : strength, vigor ⟨pujanza económica : economic strength⟩
**pujar** *vi* **1** : to push, to strain **2 ~ por** : to struggle to (do something), to struggle for (something)
**pulcritud** *nf* **1** : neatness, tidiness **2** ESMERO : meticulousness
**pulcro, -cra** *adj* **1** : clean, neat **2** : exquisite, delicate, refined
**pulga** *nf* **1** : flea **2 tener malas pulgas** : to be bad-tempered
**pulgada** *nf* : inch
**pulgar** *nm* **1** : thumb **2** : big toe
**pulir** *vt* **1** : to polish, to shine **2** REFINAR : to refine, to perfect
**pulla** *nf* **1** : cutting remark, dig, gibe **2** : obscenity
**pulmón** *nm, pl* **pulmones** : lung

**pulmonar** *adj* : pulmonary
**pulmonía** *nf* NEUMONÍA : pneumonia
**pulóver** *nm, pl* **-veres** : pullover, sweater
**pulpa** *nf* : pulp, flesh
**pulpería** *nf* : small grocery store
**púlpito** *nm* : pulpit
**pulpo** *nm* : octopus
**pulque** *nm* : Mexican alcoholic drink made from maguey sap
**pulsación** *nf, pl* **-ciones** **1** : beat, pulsation, throb **2** : keystroke
**pulsar** *vt* **1** APRETAR : to press, to push **2** : to strike (a key), to pluck (a string) **3** : to assess — *vi* : to beat, to throb
**pulsera** *nf* : bracelet
**pulso** *nm* **1** : pulse ⟨tomarle el pulso a alguien : to take someone's pulse⟩ ⟨tomarle el pulso a la opinión : to sound out opinion⟩ **2** : steady hand ⟨dibujo a pulso : freehand sketch⟩ ⟨a pulso : through effort, through hard work⟩
**pulular** *vi* ABUNDAR : to abound, to swarm ⟨en el río pululan los peces : the river is teeming with fish⟩
**pulverizador** *nm* **1** : atomizer, spray **2** : spray gun
**pulverizar** {21} *vt* **1** : to pulverize, to crush **2** : to spray
**pum** *interj* : bang!
**puma** *nf* : cougar, puma
**puna** *nf* **1** : Andean plateau **2** : altitude sickness
**punción** *nf, pl* **punciones** : puncture
**punible** *adj* : punishable
**punitivo, -va** *adj* : punitive
**punce, etc.** → **punzar**
**punk**[1] *adj* : punk
**punk**[2] *nm* : punk, punk rock
**punk**[3] *nmf* : punk, punk rocker
**punta** *nf* **1** : tip, end ⟨punta del dedo : fingertip⟩ ⟨en la punta de la lengua : at the tip of one's tongue⟩ ⟨en la otra punta del país : on the other side of the country⟩ ⟨cortar las puntas : to trim (hair)⟩ **2** : point (of a weapon, pencil, etc.) ⟨punta de lanza : spearhead⟩ ⟨acabar en punta : to be pointed⟩ ⟨sacar punta a : to sharpen⟩ **3** : point, headland **4** : bunch, lot ⟨una punta de ladrones : a bunch of thieves⟩ **5 a punta de** : by, by dint of **6 de ~** : on end
**puntada** *nf* **1** : stitch (in sewing) **2** PUNZADA : sharp pain, stitch, twinge **3** *Mex* : witticism, quip
**puntal** *nm* : prop, support
**puntapié** *nm* PATADA : kick ⟨darle un puntapié a alguien : to kick someone⟩
**puntazo** *nm* CORNADA : wound (from a goring)
**puntear** *vt* **1** : to pluck (a guitar) **2** : to lead (in sports)
**puntería** *nf* : aim, marksmanship
**puntero** *nm* **1** : pointer **2** : leader
**puntiagudo, -da** *adj* : sharp, pointed
**puntilla** *nf* **1** : lace edging **2** : dagger (in bullfighting) **3 de puntillas** : on tiptoe
**puntilloso, -sa** *adj* : punctilious
**punto** *nm* **1** : dot, point **2** : period (in punctuation) **3** : point, item, question **4** : spot, place **5** : point, moment, stage **6** : point, extent **7** : point (in a score) **8** : stitch **9 en ~** : on the dot, sharp ⟨a las dos en punto : at two o'clock sharp⟩ **10 al punto** : at once **11 a punto de** : about to, on the verge of ⟨estaba a punto de salir : I was about to leave⟩ ⟨a punto del colapso : on the verge of collapse⟩ **12 a punto fijo** : exactly, certainly **13 dos puntos** : colon **14 en su punto** : just right **15 hasta cierto punto** : up to a point **16 punto decimal** : decimal point **17 punto de partida** : starting point **18 punto de vista** : point of view **19 punto final** : period (in punctuation) ⟨poner punto final a algo : to end something⟩ **20 punto fuerte/débil** : strong/weak point **21 punto muerto** : neutral (in an automobile), deadlock (in talks, etc.) **22 puntos cardinales** : points of the compass **23 puntos suspensivos** : ellipsis (in punctuation) **24 punto y aparte** : (period and) new paragraph **25 punto y coma** : semicolon **26 y punto** : period ⟨es el mejor que hay y punto : it's the best there is, period⟩
**puntocom** *nm, pl* **puntocom** : dot-com
**puntuación** *nf, pl* **-ciones** **1** : punctuation **2** : scoring (action), score, grade
**puntual** *adj* **1** : prompt, punctual **2** : exact, accurate — **puntualmente** *adv*
**puntualidad** *nf* : promptness, punctuality
**puntualizar** {21} *vt* **1** : to specify, to state **2** : to point out
**puntuar** {3} *vt* : to punctuate — *vi* : to score points
**punzada** *nf* : sharp pain, twinge, stitch
**punzante** *adj* **1** : sharp **2** CÁUSTICO : biting, caustic
**punzar** {21} *vt* : to pierce, to puncture
**punzón** *nm, pl* **punzones** **1** : awl **2** : hole punch
**puñado** *nm* **1** : handful **2 a puñados** : lots of, by the handful
**puñal** *nm* DAGA : dagger
**puñalada** *nf* : stab, stab wound
**puñetazo** *nm* : punch (with the fist) ⟨le dio un puñetazo en la cara : she punched him in the face⟩
**puño** *nm* **1** : fist **2** : handful, fistful **3** : cuff (of a shirt) **4** : handle, hilt **5 de su puño y letra** : in one's own handwriting
**pupa** *nf* CRISÁLIDA : pupa, chrysalis
**pupila** *nf* : pupil (of the eye)
**pupilente** *nm Mex* : contact lens
**pupilo, -la** *n* **1** : pupil, student **2** : ward, charge
**pupitre** *nm* : writing desk
**puramente** *adv* : purely
**puré** *nm* : puree ⟨puré de papas : mashed potatoes⟩
**pureza** *nf* : purity
**purga** *nf* **1** : laxative **2** : purge
**purgante** *adj & nm* : laxative, purgative
**purgar** {52} *vt* **1** : to purge, to cleanse **2** : to liquidate (in politics) **3** : to give a laxative to — **purgarse** *vr* **1** : to take a laxative **2 ~ de** : to purge oneself of
**purgatorio** *nm* : purgatory
**purgue, etc.** → **purgar**
**purificador** *nm* : purifier

**purificar** {72} *vt* : to purify — **purificación** *nf*
**puritano¹, -na** *adj* : puritanical, puritan
**puritano², -na** *n* **1** : Puritan **2** : puritan
**puro¹** *adv* : sheer, much ⟨de puro terco : out of sheer stubbornness⟩
**puro², -ra** *adj* **1** : pure ⟨aire puro : fresh air⟩ **2** : plain, simple, sheer ⟨por pura curiosidad : from sheer curiosity⟩ **3** : only, just ⟨emplean puras mujeres : they only employ women⟩ **4 pura sangre** : Thoroughbred horse
**puro³** *nm* : cigar
**púrpura** *nf* : purple
**purpúreo, -rea** *adj* : purple
**purpurina** *nf* : glitter (for decoration)
**pus** *nm* : pus
**pusilánime** *adj* COBARDE : cowardly
**puso, etc.** → **poner**
**pústula** *nf* : pustule, pimple
**puta** *nf offensive* : whore, prostitute
**putrefacción** *nf, pl* **-ciones** : putrefying, rotting
**putrefacto, -ta** *adj* **1** PODRIDO : putrid, rotten **2** : decayed
**pútrido, -da** *adj* : putrid, rotten
**puya** *nf* **1** : point (of a lance) **2 lanzar una puya** : to gibe, to taunt

# Q

**q** *nf* : twentieth letter of the Spanish alphabet
**que¹** *conj* **1** : that ⟨dice que está listo : he says (that) he's ready⟩ ⟨espero que lo haga : I hope (that) she does it⟩ ⟨es posible que vuelva a pasar : it's possible (that) it will happen again⟩ ⟨estaba tan cansado que casi se durmió : he was so tired (that) he almost fell asleep⟩ ⟨me di cuenta de que era ella : I realized (that) it was her⟩ **2** : than ⟨ella es más alta que él : she is taller than he is⟩ ⟨más que nada : more than anything⟩ **3** (*expressing permission or desire*) ⟨¡que entre! : send him in!⟩ ⟨¡que te vaya bien! : I wish you well!⟩ **4** (*used in repeating a statement or question*) ⟨¡que no lo toques! : I told you not to touch it!⟩ ⟨que si quieres más : I asked if you wanted more⟩ ⟨¿cómo que no lo sabes? : what do you mean you don't know?⟩ **5** (*indicating a reason or cause*) ⟨¡cuidado, que te caes! : be careful, you're about to fall!⟩ ⟨no provoques al perro, que te va a morder : don't provoke the dog or (else) he'll bite⟩ **6** (*indicating a continuing or repeated action*) ⟨estaba todo el día corre que (te) corre : I was running around nonstop all day⟩ **7 es que** : the thing is that, I'm afraid that ⟨es que no tengo ganas de ir : the thing is that I don't want to go⟩ **8 yo que tú** : if I were you
**que²** *pron* **1** : who, that ⟨la niña que viene : the girl who is coming⟩ ⟨todos los chicos que están aquí : all (of) the boys who are here⟩ ⟨es el hombre que llamó ayer : he's the man who called yesterday⟩ ⟨no conozco a nadie que lo crea : I don't know anyone who believes it⟩ **2** : whom, that ⟨los alumnos que enseñé : the students that I taught⟩ ⟨la persona con que habló : the person with whom he spoke⟩ ⟨el hombre al que pertenece : the man to whom it belongs⟩ **3** : that, which ⟨el carro que me gusta : the car that I like⟩ ⟨el asunto al que hizo referencia : the matter to which she referred⟩ ⟨el delito del que fue acusado : the crime of which he was accused⟩ **4 el (la, lo, las, los) que** → **el¹, la¹, lo¹, los¹**
**qué¹** *adv* : how, what ⟨¡qué bonito! : how pretty!⟩
**qué²** *adj* : what, which ⟨¿qué hora es? : what time is it?⟩
**qué³** *pron* : what ⟨¿qué quieres? : what do you want?⟩ ⟨¿y qué? : so what?⟩ ⟨¿qué es eso? : what is that?⟩ ⟨¿sabes qué? : you know what?⟩ ⟨qué de . . . : what a lot of . . .⟩
**quebracho** *nm* : quebracho (tree)
**quebrada** *nf* DESFILADERO : ravine, gorge
**quebradero** *nm* **quebradero de cabeza** : headache, problem
**quebradizo, -za** *adj* FRÁGIL : breakable, delicate, fragile
**quebrado¹, -da** *adj* **1** : bankrupt **2** : rough, uneven **3** ROTO : broken
**quebrado²** *nm* : fraction
**quebrantamiento** *nm* **1** : breaking **2** : deterioration, weakening
**quebrantar** *vt* **1** : to break, to split, to crack **2** : to weaken **3** : to violate (a law or contract)
**quebranto** *nm* **1** : break, breaking **2** AFLICCIÓN : affliction, grief **3** PÉRDIDA : loss
**quebrar** {55} *vt* **1** ROMPER : to break **2** DOBLAR : to bend, to twist — *vi* **1** : to go bankrupt **2** : to fall out, to break up — **quebrarse** *vr*
**queda** *nf* : curfew
**quedar** *vi* **1** PERMANECER : to remain, to stay ⟨queda abierto hasta el 31 : it will remain open until the 31st⟩ **2** : to be, to end up being ⟨quedamos contentos con las mejoras : we were pleased with the improvements⟩ ⟨el partido quedó empatado : the game ended in a tie⟩ ⟨el pastel quedó muy rico : the cake came out really well, the cake was delicious⟩ ⟨queda claro que . . . : it's clear that . . .⟩ **3** : to be situated ⟨queda muy lejos : it's very far, it's too far away⟩ **4** : to be left ⟨quedan sólo dos alternativas : there are only two options left⟩ ⟨no me queda mucho

dinero : I don't have much money left⟩ ⟨queda mucho por hacer : there's still a lot left to do⟩ **5** : to fit, to suit ⟨estos zapatos no me quedan : these shoes don't fit⟩ ⟨me queda grande : it's big on me⟩ ⟨ese color te queda bien : that color looks good on you⟩ **6** : to agree to meet ⟨¿a qué hora quedamos? : what time are we meeting?⟩ ⟨quedé con un amigo para cenar : I arranged to have dinner with a friend⟩ **7 quedar bien/mal con alguien** : to make a good/bad impression on someone **8 ~ en** : to agree, to arrange ⟨¿en qué quedamos? : what's the plan?, what are we doing?⟩ — **quedarse** *vr* **1** : to stay ⟨se quedó en casa : she stayed at home⟩ **2** : to keep on ⟨se quedó esperando : he kept on waiting⟩ **3 quedarse atrás** : to stay behind, to get left behind ⟨no quedarse atrás : to be no slouch⟩ **4 ~ con** : to remain ⟨me quedé con hambre después de comer : I was still hungry after I ate⟩

**quedo**[1] *adv* : softly, quietly

**quedo**[2], **-da** *adj* : quiet, still

**queer** [ˈker] *adj & nmf, pl* **queer** *or* **queers** : queer *sometimes disparaging + offensive*

**quehacer** *nm* **1** : work **2 quehaceres** *nmpl* : chores

**queja** *nf* : complaint

**quejarse** *vr* **1** : to complain **2** : to groan, to moan

**quejica**[1] *adj fam* : whiny

**quejica**[2] *nmf fam* : whiny person

**quejido** *nm* **1** : groan, moan **2** : whine, whimper

**quejoso, -sa** *adj* : complaining, whining

**quema** *nf* **1** FUEGO : fire **2** : burning

**quemado, -da** *adj* **1** : burned, burnt **2** : annoyed **3** : burned out **4** : sunburned

**quemador** *nm* : burner

**quemadura** *nf* : burn

**quemar** *vt* **1** : to burn (wood, letters, etc.), to burn down (a building) **2** : to burn (calories, etc.) **3** : to burn, to overcook **4** : to burn (skin, clothes, etc.) ⟨te ha quemado el sol : you have a sunburn⟩ **5** DERROCHAR : to squander **6** : to burn (a DVD, etc.) **7** : to burn out (an engine), to blow (a fuse) — *vi* **1** : to burn ⟨en el trópico el sol quema mucho : the sun is very strong in the tropics⟩ **2** : to be burning hot — **quemarse** *vr* **1** : to burn, to burn down **2** : to burn oneself ⟨me quemé la mano : I burned my hand⟩ **3** : to get sunburned **4** : to burn out, to blow

**quemarropa** *nf* **a ~** : point-blank

**quemazón** *nf, pl* **-zones** **1** : burning **2** : intense heat **3** : itch **4** : cutting remark

**quena** *nf* : Peruvian reed flute

**quepa, etc.** → **caber**

**querella** *nf* **1** : complaint **2** : lawsuit

**querellante** *nmf* : plaintiff

**querellarse** *vr* **~ contra** : to bring suit against, to sue

**querer**[1] {64} *vt* **1** DESEAR : to want, to desire ⟨quiere ser profesor : he wants to be a teacher⟩ ⟨¿cuánto quieres por esta computadora? : how much do you want for this computer?⟩ ⟨¿qué quieres que haga? : what do you want me to do?⟩ ⟨quiero que ella me ayude : I want her to help me⟩ ⟨quisiera cancelar la cuenta : I'd like to cancel the account⟩ ⟨quisiera que no fuera así : I wish it weren't so⟩ ⟨léelo cuando quieras : read it whenever you like⟩ ⟨no quería decírselo : he didn't want to tell her⟩ ⟨no quiso dar detalles : she wouldn't give any details⟩ **2** : to love, to like, to be fond of ⟨te quiero : I love you⟩ ⟨te quiere bien : he's very fond of you⟩ **3** (*indicating a request*) ⟨¿quieres pasarme la leche? : please pass the milk⟩ ⟨¿quieres decirme qué pasa? : do you mind telling me what's going on?⟩ **4 querer decir** : to mean ⟨¿qué quieres decir con eso? : what do you mean by that?⟩ ⟨eso no es lo que quiero decir : that's not what I meant to say⟩ **5 sin ~** : unintentionally — *vi* : like, want ⟨si quieres : if you like⟩ ⟨¡no quiero! : I don't want to!⟩

**querer**[2] *nm* : love, affection

**querido**[1], **-da** *adj* : dear, beloved

**querido**[2], **-da** *n* : dear, sweetheart

**queroseno** *nm* : kerosene

**querrá, etc.** → **querer**

**querúbico, -ca** *adj* : cherubic

**querubín** *nm, pl* **-bines** : cherub

**quesadilla** *nf* : quesadilla

**quesería** *nf* : cheese shop

**queso** *nm* : cheese

**quetzal** *nm* **1** : quetzal (bird) **2** : quetzal (monetary unit of Guatemala)

**quiche** *nf* : quiche

**quicio** *nm* **1 estar fuera de quicio** : to be beside oneself **2 sacar de quicio** : to exasperate, to drive crazy

**quid** *nm* : crux, gist ⟨el quid de la cuestión : the crux of the matter⟩

**quiebra**[1], **etc.** → **quebrar**

**quiebra**[2] *nf* **1** : break, crack **2** BANCARROTA : failure, bankruptcy

**quien** *pron, pl* **quienes** **1** : who, whom ⟨no sé quien ganará : I don't know who will win⟩ ⟨las personas con quienes trabajo : the people with whom I work⟩ ⟨su amigo, a quien conoció en México : his friend, whom he met in Mexico⟩ **2** : whoever, whomever ⟨quien quiere salir que salga : whoever wants to can leave⟩ **3** : anyone, some people ⟨hay quienes no están de acuerdo : some people don't agree⟩ ⟨no hay quien lo aguante : there's no one who would tolerate it⟩

**quién** *pron, pl* **quiénes** **1** : who, whom ⟨¿quién sabe? : who knows?⟩ ⟨¿con quién hablo? : with whom am I speaking?⟩ **2 de ~** : whose ⟨¿de quién es este libro? : whose book is this?⟩

**quienquiera** *pron, pl* **quienesquiera** : whoever, whomever

**quiere, etc.** → **querer**

**quieto, -ta** *adj* **1** : calm, quiet **2** INMÓVIL : still

**quietud** *nf* **1** : calm, tranquility **2** INMOVILIDAD : stillness

**quijada** *nf* : jaw, jawbone
**quijotesco, -ca** *adj* : quixotic
**quilate** *nm* : karat
**quilla** *nf* : keel
**quimera** *nf* : chimera, illusion
**quimérico, -ca** *adj* : fanciful
**química** *nf* : chemistry
**químico¹, -ca** *adj* : chemical
**químico², -ca** *n* : chemist
**quimioterapia** *nf* : chemotherapy
**quimono** *nm* : kimono
**quincalla** *nf* : trinkets *pl*
**quince** *adj & nm* : fifteen — **quince** *pron*
**quinceañero, -ra** *n* : fifteen-year-old, teenager
**quinceavo¹, -va** *adj* : fifteenth
**quinceavo²** *nm* : fifteenth (fraction)
**quincena** *nf* : two week period, fortnight
**quincenal** *adj* : bimonthly, semimonthly
**quincuagésimo¹, -ma** *adj* : fiftieth, fifty-
**quincuagésimo², -ma** *n* : fiftieth, fifty- (in a series)
**quingombó** *nm* : okra
**quiniela** *nf* : sports lottery
**quinientos¹, -tas** *adj & pron* : five hundred
**quinientos²** *nms & pl* : five hundred
**quinina** *nf* : quinine
**quino** *nm* : cinchona
**quinqué** *nm* : oil lamp
**quinquenal** *adj* : five-year ⟨un plan quinquenal : a five-year plan⟩
**quinta** *nf* : country house, villa
**quintaesencia** *nf* : quintessence — **quintaesencial** *adj*
**quintal** *nm* : hundredweight
**quinteto** *nm* : quintet
**quintillizo, -za** *n* : quintuplet
**quinto, -ta** *adj & n* : fifth ⟨el quinto grado : the fifth grade⟩ ⟨la quinta (persona) : the fifth (person)⟩ ⟨llegó el quinto : he came in fifth (place)⟩ ⟨un quinto de : a fifth of⟩
**quíntuplo, -la** *adj* : quintuple, five-fold
**quiosco** *nm* **1** : kiosk **2** : newsstand **3** **quiosco de música** : bandstand
**quiosquero, -ra** *n* : kiosk vendor
**quirófano** *nm* : operating room
**quiromancia** *nf* : palmistry
**quiropráctica** *nf* : chiropractic
**quiropráctico, -ca** *n* : chiropractor
**quirúrgico, -ca** *adj* : surgical — **quirúrgicamente** *adv*
**quiso, etc.** → **querer**
**quisquilloso¹, -sa** *adj* : fastidious, fussy
**quisquilloso², -sa** *n* : fussy person, fuss-budget
**quiste** *nm* : cyst
**quitaesmalte** *nm* : nail polish remover
**quitamanchas** *nms & pl* : stain remover
**quitanieves** *nms & pl* : snowplow
**quitar** *vt* **1** : to remove, to take away/off/out ⟨quita la olla del fuego : take the pot off the heat/burner⟩ ⟨quitarle el polvo a algo : to dust something⟩ ⟨quítalo de en medio : get it out of the way⟩ ⟨¡quítame las manos (de encima)! : get your hands off me!⟩ **2** : to take, to take away ⟨le quitó las llaves : she took away his keys⟩ ⟨trataron de quitarle el dinero : they tried to take her money⟩ ⟨le quitaron la vida : they took his life, they killed him⟩ ⟨no me quita el sueño : I'm not losing any sleep over it⟩ **3** : to take off (clothes) ⟨le quitó los zapatos al paciente : she took the patient's shoes off⟩ **4** : to get rid of, to relieve ⟨quitar el dolor : to relieve the pain⟩ ⟨nadie le va a quitar esa idea de la cabeza : nobody's going to change his mind⟩ **5** : to take up (time) — **quitarse** *vr* **1** : to withdraw, to leave, to go away ⟨se me quitaron las ganas de salir : I don't feel like going out anymore⟩ **2** : to take off (one's clothes) **3** ~ **de** : to give up (a habit) **4** **quitarse de encima** : to get rid of ⟨me he quitado un peso de encima : that's a load off my mind⟩
**quitasol** *nm* : parasol
**quiteño¹, -ña** *adj* : of or from Quito
**quiteño², -ña** *n* : person from Quito
**quizá** *or* **quizás** *adv* : maybe, perhaps
**quórum** *nm, pl* **quórums** : quorum

# R

**r** *nf* : twenty-first letter of the Spanish alphabet
**rábano** *nm* **1** : radish **2** **rábano picante** : horseradish
**rabí** *nmf, pl* **rabíes** : rabbi
**rabia** *nf* **1** HIDROFOBIA : rabies, hydrophobia **2** : rage, anger
**rabiar** *vi* **1** : to rage, to be furious **2** : to be in great pain **3** **a** ~ *fam* : like crazy, like mad
**rabieta** *nf* BERRINCHE : tantrum
**rabillo** *nm* : corner (of the eye)
**rabino, -na** *n* : rabbi
**rabioso, -sa** *adj* **1** : enraged, furious **2** : rabid
**rabo** *nm* **1** COLA : tail **2** **el rabo del ojo** : the corner of one's eye
**rácano, -na** *adj fam* : stingy
**racha** *nf* **1** : gust of wind **2** : run, series, string ⟨racha perdedora : losing streak⟩
**racheado, -da** *adj* : gusty, windy
**racial** *adj* : racial
**racimo** *nm* : bunch, cluster ⟨un racimo de uvas : a bunch of grapes⟩
**raciocinio** *nm* : reason, reasoning
**ración** *nf, pl* **raciones** **1** : share, ration **2** PORCIÓN : portion, helping
**racional** *adj* : rational, reasonable — **racionalmente** *adv*
**racionalidad** *nf* : rationality
**racionalización** *nf, pl* **-ciones** : rationalization
**racionalizar** {21} *vt* **1** : to rationalize **2** : to streamline

**racionamiento** *nm* : rationing
**racionar** *vt* : to ration
**racismo** *nm* : racism
**racista** *adj & nmf* : racist
**radar** *nm* : radar
**radiación** *nf, pl* **-ciones** : radiation, irradiation
**radiactividad** *nf* : radioactivity
**radiactivo, -va** *adj* : radioactive
**radiador** *nm* : radiator
**radial** *adj* **1** : radial **2** : radio, broadcasting ⟨emisora radial : radio transmitter⟩
**radiante** *adj* : radiant — **radiantemente** *adv*
**radiar** *vt* **1** : to radiate **2** : to irradiate **3** : to broadcast (on the radio)
**radical**[1] *adj* : radical, extreme — **radicalmente** *adv*
**radical**[2] *nmf* : radical
**radicalismo** *nm* : radicalism
**radicar** {72} *vi* **1** : to be found, to lie **2** ARRAIGAR : to take root — **radicarse** *vr* : to settle, to establish oneself
**radio**[1] *nm* **1** : radius **2** : radium
**radio**[2] *nmf* : radio
**radioactividad** *nf* : radioactivity
**radioactivo, -va** *adj* : radioactive
**radioaficionado, -da** *n* : ham radio operator
**radiodifusión** *nf, pl* **-siones** : radio broadcasting
**radiodifusora** *nf* : radio station
**radioemisora** *nf* : radio station
**radiofaro** *nm* : radio beacon
**radiofónico, -ca** *adj* : radio ⟨estación radiofónica pública : public radio station⟩
**radiofrecuencia** *nf* : radio frequency
**radiografía** *nf* : X ray (photograph)
**radiografiar** {85} *vt* : to x-ray
**radiología** *nf* : radiology
**radiólogo, -ga** *n* : radiologist
**radionovela** *nf* : radio soap opera
**radioterapia** *nf* : radiation therapy
**radioyente** *nmf* : radio listener
**radón** *nm* : radon
**raer** {65} *vt* RASPAR : to scrape, to scrape off
**ráfaga** *nf* **1** : gust (of wind) **2** : flash, burst ⟨una ráfaga de luz : a flash of light⟩
**rafting** *nm* : rafting
**ragtime** *nm* : ragtime
**raid** *nm CA, Mex fam* : lift, ride
**raído, -da** *adj* : worn, shabby
**raiga, etc.** → **raer**
**raíz** *nf, pl* **raíces** **1** : root **2** : origin, source **3 a raíz de** : following, as a result of **4 echar raíces** : to take root
**raja** *nf* **1** : crack, slit **2** : slice, wedge
**rajá** *nm* : raja
**rajadura** *nf* : crack, split
**rajar** *vt* HENDER : to crack, to split — *vi* **1** *fam* : to chatter **2** *fam* : to boast, to brag — **rajarse** *vr* **1** : to crack, to split open **2** *fam* : to back out
**rajatabla** *adv* **a ~** : strictly, to the letter
**ralea** *nf* : kind, sort, ilk ⟨son de la misma ralea : they're two of a kind⟩
**ralentí** *nm* **dejar al ralentí** : to leave (a motor) idling
**rallado, -da** *adj* **1** : grated **2 pan rallado** : bread crumbs *pl*
**rallador** *nm* : grater
**rallar** *vt* : to grate
**ralo, -la** *adj* : sparse, thin
**RAM** *nf* : RAM, random-access memory
**rama** *nf* : branch
**Ramadán** *nm, pl* **-danes** : Ramadan
**ramaje** *nm* : branches *pl*
**ramal** *nm* **1** : spur (of a railroad line) **2** : halter, strap
**rambla** *nf* **1** : avenue, boulevard **2** *Arg, Uru* : seaside walk, boardwalk
**ramera** *nf* : harlot, prostitute
**ramificación** *nf, pl* **-ciones** : ramification
**ramificarse** {72} *vr* : to branch out, to divide into branches
**ramillete** *nm* **1** RAMO : bouquet **2** : select group, cluster
**ramo** *nm* **1** : branch **2** RAMILLETE : bouquet **3** : division (of science or industry) **4 Domingo de Ramos** : Palm Sunday
**rampa** *nf* : ramp, incline
**rana** *nf* **1** : frog **2 rana toro** : bullfrog
**ranchera** *nf Mex* : traditional folk song
**rancheria** *nf* : settlement
**ranchero, -ra** *n* : rancher, farmer
**rancho** *nm* **1** : ranch, farm **2** : hut **3** : settlement, camp **4** : food, mess (for soldiers, etc.)
**rancio, -cia** *adj* **1** : aged, mellow (of wine) **2** : ancient, old **3** : rancid
**rango** *nm* **1** : rank, status **2** : high social standing **3** : pomp, splendor
**ransomware** [ˈransomwer] *nm* : ransomware
**ranúnculo** *nm* : buttercup
**ranura** *nf* : groove, slot
**rap** *nm* : rap (music)
**rapar** *vt* **1** : to crop **2** : to shave
**rapaz**[1] *adj, pl* **rapaces** : rapacious, predatory
**rapaz**[2], **-paza** *n, mpl* **rapaces** : youngster, child
**rape** *nm* : close haircut
**rapé** *nm* : snuff
**rapero, -ra** *n* : rapper, rap artist
**rapidez** *nf* : rapidity, speed
**rápido**[1] *adv* : quickly, fast ⟨¡manejas tan rápido! : you drive so fast!⟩
**rápido**[2], **-da** *adj* : rapid, quick — **rápidamente** *adv*
**rápido**[3] *nm* **1** : express train **2 rápidos** *nmpl* : rapids
**rapiña** *nf* **1** : plunder, pillage **2 ave de rapiña** : bird of prey
**raposa** *nf* : vixen (fox)
**rapsodia** *nf* : rhapsody
**raptar** *vt* SECUESTRAR : to abduct, to kidnap
**rapto** *nm* **1** SECUESTRO : kidnapping, abduction **2** ARREBATO : fit, outburst
**raptor, -tora** *n* SECUESTRADOR : kidnapper
**raquero, -ra** *n* : beachcomber
**raqueta** *nf* **1** : racket (in sports) **2** : snowshoe
**raquítico, -ca** *adj* **1** : scrawny, weak **2** : measly, skimpy

**raquitismo** *nm* : rickets
**raramente** *adv* : seldom, rarely
**rareza** *nf* **1** : rarity **2** : peculiarity, oddity
**raro, -ra** *adj* **1** EXTRAÑO : odd, strange, peculiar **2** : unusual, rare **3** : exceptional **4 rara vez** : seldom, rarely
**ras** *nm* **a ras de** : level with
**rasar** *vt* **1** : to skim, to graze **2** : to level
**rascacielos** *nms & pl* : skyscraper
**rascar** {72} *vt* **1** : to scratch **2** : to scrape — **rascarse** *vr* : to scratch an itch
**rasgadura** *nf* : tear, rip
**rasgar** {52} *vt* : to rip, to tear — **rasgarse** *vr*
**rasgo** *nm* **1** : stroke (of a pen) ⟨a grandes rasgos : in broad outlines⟩ **2** CARACTERÍSTICA : trait, characteristic **3** : gesture, deed **4 rasgos** *nmpl* FACCIONES : features
**rasgón** *nm, pl* **rasgones** : rip, tear
**rasgue, etc.** → **rasgar**
**rasguear** *vt* : to strum
**rasguñar** *vt* **1** : to scratch **2** : to sketch, to outline
**rasguño** *nm* **1** : scratch **2** : sketch
**raso**[1], **-sa** *adj* **1** : level, flat **2 soldado raso** : private (in the army) ⟨los soldados rasos : the ranks⟩
**raso**[2] *nm* : satin
**raspadura** *nf* **1** : scratching, scraping **2 raspaduras** *nfpl* : scrapings
**raspar** *vt* **1** : to scrape **2** : to file down, to smooth — *vi* : to be rough
**rasposo, -sa** *adj* : rough, scratchy
**rasque, etc.** → **rascar**
**rastra** *nf* **1** : harrow **2 a rastras** : by dragging, unwillingly
**rastrear** *vt* **1** : to track, to trace **2** : to comb, to search **3** : to trawl
**rastrero, -ra** *adj* **1** : creeping, crawling **2** : vile, despicable
**rastrillar** *vt* : to rake, to harrow
**rastrillo** *nm* **1** : rake **2** *Mex* : razor
**rastro** *nm* **1** PISTA : trail, track **2** VESTIGIO : trace, sign
**rastrojo** *nm* : stubble (of plants)
**rasuradora** *nf Mex, CA* : electric razor, shaver
**rasurar** *vt* AFEITAR : to shave — **rasurarse** *vr*
**rata**[1] *nm fam* : pickpocket, thief
**rata**[2] *nf* **1** : rat **2** *Col, Pan, Peru* : rate, percentage
**rata almizclera** *nf* : muskrat
**ratear** *vt* : to pilfer, to steal
**ratero, -ra** *n* : petty thief
**ratificación** *nf, pl* **-ciones** : ratification
**ratificar** {72} *vt* **1** : to ratify **2** : to confirm
**rato** *nm* **1** : while **2 pasar el rato** : to pass the time **3 a cada rato** : all the time, constantly ⟨les sacaba dinero a cada rato : he was always taking money from them⟩ **4 al poco rato** : later, shortly after **5 pasar un mal rato** : to have a bad/hard/tough time
**ratón**[1], **-tona** *n, mpl* **ratones** **1** : mouse **2 ratón de biblioteca** *fam* : bookworm
**ratón**[2] *nm, pl* **ratones** **1** : (computer) mouse **2** *CoRi* : biceps
**ratonera** *nf* : mousetrap
**raudal** *nm* **1** : torrent **2 a raudales** : in abundance
**raviolis** *or* **ravioles** *nmpl* : ravioli
**raya**[1], **etc.** → **raer**
**raya**[2] *nf* **1** : line ⟨pasarse de la raya : to go over the line, to go too far⟩ **2** : stripe **3** : skate, ray **4** : part (in the hair) ⟨hacerse la raya : to part one's hair⟩ **5** : crease (in clothing)
**rayado, -da** *adj* : striped, lined
**rayar** *vt* **1** ARAÑAR : to scratch **2** : to scrawl on, to mark up ⟨rayaron las paredes : they covered the walls with graffiti⟩ — *vi* **1** : to scratch **2** AMANECER : to dawn, to break ⟨al rayar el alba : at break of day⟩ **3 ~ con** : to be adjacent to, to be next to **4 ~ en** : to border on, to verge on ⟨su respuesta raya en lo ridículo : his answer borders on the ridiculous⟩ — **rayarse** *vr*
**rayo** *nm* **1** : ray, beam ⟨rayo láser : laser beam⟩ ⟨rayo gamma : gamma ray⟩ ⟨rayo de sol : sunbeam⟩ **2** RELÁMPAGO : lightning bolt **3 rayo X** : X-ray
**rayón** *nm, pl* **rayones** : rayon
**rayuela** *nf* : hopscotch
**raza** *nf* **1** : race ⟨raza humana : human race⟩ **2** : breed, strain **3 de ~** : thoroughbred (of a horse), purebred, pedigreed
**razón** *nf, pl* **razones** **1** MOTIVO : reason, motive ⟨en razón de : by reason of, because of⟩ ⟨tuvo sus razones : she had her reasons⟩ ⟨razón de más para hacerlo : all the more reason to do it⟩ **2** : reasoning, sense ⟨perder la razón : to lose one's mind⟩ **3 con ~** : with good reason ⟨se quejaron, y con razón : they complained, and with good reason⟩ ⟨con razón no tiene novia : no wonder he doesn't have a girlfriend⟩ **4 con razón o sin ella** : rightly or wrongly **5 tener razón** : to be right ⟨en algo tiene razón : he's right about one thing⟩ **6 darle la razón a alguien** : to say/admit that someone is right
**razonable** *adj* : reasonable — **razonablemente** *adv*
**razonado, -da** *adj* : itemized, detailed
**razonamiento** *nm* : reasoning
**razonar** *v* : to reason, to think
**re** *nm* **1** : D ⟨re sostenido/bemol : D sharp/flat⟩ **2** : re (in singing)
**re-** *pref* : re-
**reabastecimiento** *nm* : replenishment
**reabierto** *pp* → **reabrir**
**reabrir** {2} *vt* : to reopen — **reabrirse** *vr*
**reacción** *nf, pl* **-ciones** **1** : reaction **2 motor a reacción** : jet engine
**reaccionar** *vi* : to react, to respond
**reaccionario, -ria** *adj & n* : reactionary
**reacio, -cia** *adj* : resistant, opposed
**reacondicionar** *vt* : to recondition
**reactivación** *nf, pl* **-ciones** : reactivation, revival
**reactivar** *vt* : reactivate, revive
**reactor** *nm* **1** : reactor ⟨reactor nuclear : nuclear reactor⟩ **2** : jet engine **3** : jet airplane, jet

**reafirmar** *vt* : to reaffirm, to assert, to strengthen
**reagruparse** *vr* : to regroup
**reajustar** *vt* : to readjust, to adjust
**reajuste** *nm* : readjustment ⟨reajuste de precios : price increase⟩
**real**[1] *adj* **1** : real, true **2** : royal
**real**[2] *nm* : real (monetary unit of Brazil)
**realce** *nm* **1** : embossing, relief **2 dar realce** : to highlight, to bring out
**realeza** *nf* : royalty
**realidad** *nf* **1** : reality **2 en ~** : in truth, actually **3 realidad aumentada** : augmented reality
**realinear** *vt* : to realign — **realineamiento** *nm*
**realismo** *nm* **1** : realism **2** : royalism
**realista**[1] *adj* **1** : realistic **2** : realist **3** : royalist
**realista**[2] *nmf* **1** : realist **2** : royalist
**realizable** *adj* : feasible, attainable, workable
**realización** *nf, pl* **-ciones** : execution, realization
**realizador, -dora** *n* : (television or movie) producer
**realizar** {21} *vt* **1** : to carry out, to execute **2** : to produce, to direct (a film or play) **3** : to fulfill, to achieve **4** : to realize (a profit) — **realizarse** *vr* **1** : to come true **2** : to fulfill oneself
**realmente** *adv* : really, in reality
**realzar** {21} *vt* **1** : to heighten, to raise **2** : to highlight, to enhance
**reanimación** *nf, pl* **-ciones** : revival, resuscitation
**reanimar** *vt* **1** : to revive, to restore **2** : to resuscitate — **reanimarse** *vr* : to come around, to recover
**reanudación** *nf, pl* **-ciones** : resumption, renewal
**reanudar** *vt* : to resume, to renew — **reanudarse** *vr* : to resume, to continue
**reaparecer** {53} *vi* **1** : to reappear **2** : to make a comeback
**reaparición** *nf, pl* **-ciones** : reappearance
**reapertura** *nf* : reopening
**reata** *nf* **1** : rope **2** *Mex* : lasso, lariat **3 de ~** : single file
**reavivar** *vt* : to revive, to reawaken
**rebaja** *nf* **1** : reduction **2** DESCUENTO : discount **3 rebajas** *nfpl* : sale
**rebajar** *vt* **1** : to reduce, to lower ⟨a precios rebajados : at reduced prices, on sale⟩ **2** : to lessen, to diminish **3** : to humiliate — **rebajarse** *vr* **1** : to humble oneself **2 rebajarse a** : to stoop to
**rebanada** *nf* : slice
**rebanadora** *nf* : slicer
**rebañar** *vt* : to mop up, to sop up
**rebaño** *nm* **1** : flock **2** : herd
**rebasar** *vt* **1** : to surpass, to exceed **2** *Mex* : to pass, to overtake
**rebatiña** *nf* : scramble, fight (over something)
**rebatir** *vt* REFUTAR : to refute
**rebato** *nm* **1** : surprise attack **2 tocar a rebato** : to sound the alarm
**rebeca** *nf Spain* : cardigan
**rebelarse** *vr* : to rebel
**rebelde**[1] *adj* : rebellious, unruly
**rebelde**[2] *nmf* **1** : rebel **2** : defaulter
**rebeldía** *nf* **1** : rebelliousness **2 en ~** : in default
**rebelión** *nf, pl* **-liones** : rebellion
**reblandecer** {18} *vt* : to soften
**rebobinar** *vt* : to rewind
**reborde** *nm* : border, flange, rim
**rebosante** *adj* : brimming, overflowing ⟨rebosante de salud : brimming with health⟩
**rebosar** *vi* **1** : to overflow **2 ~ de** : to abound in, to be bursting with — *vt* : to radiate
**rebotar** *vi* **1** : to bounce **2** : to ricochet, to rebound
**rebote** *nm* **1** : bounce **2** : rebound, ricochet
**rebozar** {21} *vt* : to coat in batter
**rebozo** *nm* **1** : shawl, wrap **2 sin ~** : frankly, openly
**rebullir** {38} *v* : to move, to stir — **rebullirse** *vr*
**rebuscado, -da** *adj* : affected, pretentious
**rebuscar** {72} *vi* : to search thoroughly
**rebuznar** *vi* : to bray
**rebuzno** *nm* : bray, braying
**recabar** *vt* **1** : to gather, to obtain, to collect **2 recabar fondos** : to raise money
**recado** *nm* **1** : message ⟨mandar recado : to send word⟩ **2** *Spain* : errand
**recaer** {13} *vi* **1** : to relapse **2 ~ en** *or* **~ sobre** : to fall on, to fall to
**recaída** *nf* : relapse
**recaiga, etc.** → **recaer**
**recalar** *vi* : to arrive
**recalcar** {72} *vt* : to emphasize, to stress
**recalcitrante** *adj* : recalcitrant
**recalentar** {55} *vt* **1** : to reheat, to warm up **2** : to overheat
**recámara** *nf* **1** *Col, Mex, Pan* : bedroom **2** : chamber (of a firearm)
**recamarera** *nf Mex* : chambermaid
**recambio** *nm* **1** : spare part **2** : refill (for a pen, etc.)
**recapacitar** *vi* **1** : to reconsider **2 ~ en** : to reflect on, to weigh
**recapitular** *v* : to recapitulate — **recapitulación** *nf*
**recargable** *adj* : rechargeable
**recargado, -da** *adj* : overly elaborate or ornate
**recargar** {52} *vt* **1** : to recharge (a battery), to reload (a gun) **2** : to reload (a web page, etc.) **3** : to overload — **recargarse** *vr Mex* **~ contra** : to lean against
**recargo** *nm* : surcharge
**recatado, -da** *adj* MODESTO : modest, demure
**recato** *nm* PUDOR : modesty
**recaudación** *nf, pl* **-ciones** **1** : collection **2** : earnings *pl*, takings *pl*
**recaudador, -dora** *n* **recaudador de impuestos** : tax collector
**recaudar** *vt* : to collect
**recaudo** *nm* : safe place ⟨a (buen) recaudo : in safe keeping⟩
**recayó, etc.** → **recaer**
**rece, etc.** → **rezar**
**recelar** *vi* **~ de** : to distrust, to be suspicious of ⟨recelábamos de ella : we didn't trust her, we were suspicious of her⟩

**recelo** *nm* : distrust, suspicion
**receloso, -sa** *adj* : distrustful, suspicious
**recepción** *nf, pl* **-ciones** : reception
**recepcionista** *nmf* : receptionist
**receptáculo** *nm* : receptacle
**receptividad** *nf* : receptiveness
**receptivo, -va** *adj* : receptive
**receptor**[1], **-tora** *adj* : receiving
**receptor**[2], **-tora** *n* **1** : recipient **2** : catcher (in baseball), receiver (in football)
**receptor**[3] *nm* : receiver ⟨receptor de televisión : television set⟩
**recesión** *nf, pl* **-siones** : recession
**recesivo, -va** *adj* : recessive
**receso** *nm* : recess, adjournment
**receta** *nf* **1** : recipe **2** : prescription
**recetar** *vt* : to prescribe (medications)
**rechazar** {21} *vt* **1** : to reject **2** : to turn down, to refuse
**rechazo** *nm* : rejection, refusal
**rechifla** *nf* : booing, jeering
**rechinar** *vi* **1** : to squeak **2** : to grind, to gnash ⟨hacer rechinar los dientes : to grind one's teeth⟩
**rechistar** *vi* : to complain, to answer back ⟨trabajó sin rechistar : he worked without complaint⟩
**rechoncho, -cha** *adj fam* : chubby, squat
**rechupete** *adj fam* **de ~** : delicious, scrumptious
**recibidor** *nm* : vestibule, entrance hall
**recibimiento** *nm* : reception, welcome
**recibir** *vt* **1** : to receive, to get **2** : to receive, to greet (visitors) — *vi* : to receive visitors — **recibirse** *vr* **1** : to graduate **2 ~ de** : to qualify as
**recibo** *nm* : receipt
**reciclable** *adj* : recyclable
**reciclado** → **reciclaje**
**reciclaje** *nm* **1** : recycling **2** : retraining
**reciclar** *vt* **1** : to recycle **2** : to retrain
**recién** *adv* **1** : newly, recently ⟨recién nacido : newborn⟩ ⟨recién casados : newlyweds⟩ ⟨recién llegado : newcomer⟩ **2** : just, only just ⟨recién ahora me acordé : I just now remembered⟩
**reciente** *adj* : recent — **recientemente** *adv*
**recinto** *nm* **1** : enclosure **2** : site, premises *pl*
**recio**[1] *adv* **1** : strongly, hard **2** : loudly, loud
**recio**[2], **-cia** *adj* **1** : severe, harsh **2** : tough, strong
**recipiente**[1] *nm* : container, receptacle
**recipiente**[2] *nmf* : recipient
**reciprocar** {72} *vi* : to reciprocate
**reciprocidad** *nf* : reciprocity
**recíproco, -ca** *adj* : reciprocal, mutual — **reciprocamente** *adv*
**recitación** *nf, pl* **-ciones** : recitation, recital
**recital** *nm* : recital
**recitar** *vt* : to recite
**reclamación** *nf, pl* **-ciones** **1** : claim, demand **2** QUEJA : complaint
**reclamar** *vt* **1** EXIGIR : to demand, to require **2** : to claim — *vi* : to complain
**reclamo** *nm* **1** : bird call, lure **2** : lure, decoy **3** : inducement, attraction **4** : advertisement **5** : complaint
**reclinable** *adj* : reclining
**reclinar** *vt* : to rest, to lean — **reclinarse** *vr* : to recline, to lean back
**recluir** {41} *vt* : to confine, to lock up — **recluirse** *vr* : to shut oneself up, to withdraw
**reclusión** *nf, pl* **-siones** : imprisonment
**recluso, -sa** *n* **1** : inmate, prisoner **2** SOLITARIO : recluse
**recluta** *nmf* : recruit, draftee
**reclutamiento** *nm* : recruitment, recruiting
**reclutar** *vt* ENROLAR : to recruit, to enlist
**recobrar** *vt* : to recover, to regain — **recobrarse** *vr* : to recover, to recuperate
**recocer** {14} *vt* : to overcook, to cook again
**recodo** *nm* : bend
**recogedor** *nm* : dustpan
**recogepelotas** *nmfs & pl* : ball boy *m*, ball girl *f*
**recoger** {15} *vt* **1** : to collect, to gather **2** : to get, to pick up, to retrieve **3** : to clean up, to tidy (up)
**recogido, -da** *adj* : quiet, secluded
**recogimiento** *nm* **1** : collecting, gathering **2** : withdrawal **3** : absorption, concentration
**recolección** *nf, pl* **-ciones** **1** : collection ⟨recolección de basura : trash pickup⟩ **2** : harvest
**recolectar** *vt* **1** : to gather, to collect **2** : to harvest, to pick
**recomendable** *adj* : advisable, recommended
**recomendación** *nf, pl* **-ciones** : recommendation
**recomendar** {55} *vt* **1** : to recommend **2** ACONSEJAR : to advise
**recompensa** *nf* : reward, recompense
**recompensar** *vt* **1** PREMIAR : to reward **2** : to compensate
**reconciliación** *nf, pl* **-ciones** : reconciliation
**reconciliar** *vt* : to reconcile — **reconciliarse** *vr*
**recóndito, -ta** *adj* **1** : remote, isolated **2** : hidden **3 en lo más recóndito de** : in the depths of
**reconfortar** *vt* : to comfort — **reconfortante** *adj*
**reconocer** {18} *vt* **1** : to recognize **2** : to admit **3** : to examine
**reconocible** *adj* : recognizable
**reconocido, -da** *adj* **1** : recognized, accepted **2** : grateful
**reconocimiento** *nm* **1** : acknowledgment, recognition, avowal **2** : (medical) examination **3** : reconnaissance
**reconquista** *nf* : reconquest
**reconquistar** *vt* **1** : to reconquer, to recapture **2** RECUPERAR : to regain, to recover
**reconsiderar** *vt* : to reconsider — **reconsideración** *nf*
**reconstrucción** *nf, pl* **-ciones** : reconstruction

**reconstructivo, -va** *adj* : reconstructive
**reconstruir** {41} *vt* : to rebuild, to reconstruct
**reconversión** *nf, pl* **-siones** : restructuring
**reconvertir** {76} *vt* **1** : to restructure **2** : to retrain
**recopilación** *nf, pl* **-ciones** **1** : summary **2** : collection, compilation
**recopilar** *vt* : to compile, to collect
**récord** *or* **record** [ˈrekɔr] *nm, pl* **récords** *or* **records** [-kɔrs] : record ⟨record mundial : world record⟩ — **récord** *or* **record** *adj*
**recordar** {19} *vt* **1** : to recall, to remember **2** : to remind — *vi* **1** ACORDARSE : to remember ⟨si mal no recuerdo : if I recall/remember correctly⟩ **2** DESPERTAR : to wake up
**recordatorio**[1], **-ria** *adj* : commemorative
**recordatorio**[2] *nm* : reminder
**recorrer** *vt* **1** : to travel through, to tour **2** : to cover (a distance) **3** : to go over, to look over
**recorrido** *nm* **1** : journey, trip **2** : path, route, course **3** : round (in golf)
**recortar** *vt* **1** : to cut, to reduce **2** : to cut out **3** : to trim, to cut off **4** : to outline — **recortarse** *vr* : to stand out ⟨los árboles se recortaban en el horizonte : the trees were silhouetted against the horizon⟩
**recorte** *nm* **1** : cut, reduction **2** : clipping ⟨recortes de periódicos : newspaper clippings⟩
**recostar** {19} *vt* : to lean, to rest — **recostarse** *vr* : to lie down, recline
**recoveco** *nm* **1** VUELTA : bend, turn **2** : nook, corner **3 recovecos** *nmpl* : intricacies, ins and outs
**recreación** *nf, pl* **-ciones** **1** : re-creation **2** DIVERSIÓN : recreation, entertainment
**recrear** *vt* **1** : to re-create **2** : to entertain, to amuse — **recrearse** *vr* : to enjoy oneself
**recreativo, -va** *adj* : recreational
**recreo** *nm* **1** DIVERSIÓN : entertainment, amusement **2** : recess, break
**recriminación** *nf, pl* **-ciones** : reproach, recrimination
**recriminar** *vt* : to reproach — **recriminarse** *vr*
**recrudecer** {53} *v* : to intensify, to worsen — **recrudecerse** *vr*
**recta** *nf* : straight line
**rectal** *adj* : rectal
**rectangular** *adj* : rectangular
**rectángulo** *nm* : rectangle
**rectificación** *nf, pl* **-ciones** : rectification, correction
**rectificar** {72} *vt* **1** : to rectify, to correct **2** : to straighten (out)
**rectitud** *nf* : honesty, rectitude
**recto**[1] *adv* : straight
**recto**[2], **-ta** *adj* **1** : straight **2** : upright, honorable **3** : sound
**recto**[3] *nm* : rectum
**rector**[1], **-tora** *adj* : governing, managing
**rector**[2], **-tora** *n* : rector
**rectoría** *nf* : rectory
**recuadro** *nm* : box (containing text, etc.)
**recubierto** *pp* → **recubrir**
**recubrir** {2} *vt* : to cover, to coat
**recuento** *nm* : recount, count ⟨un recuento de los votos : a recount of the votes⟩
**recuerdo** *nm* **1** : memory **2** : souvenir, memento **3 recuerdos** *nmpl* : regards
**recular** *vi* **1** : to back up **2** REPLEGARSE : to retreat, to fall back **3** RETRACTARSE : to back down
**recuperación** *nf, pl* **-ciones** **1** : recovery, recuperation **2 recuperación de datos** : data retrieval
**recuperar** *vt* **1** : to recover, to get back, to retrieve **2** : to recuperate **3** : to make up for ⟨recuperar el tiempo perdido : to make up for lost time⟩ — **recuperarse** *vr* ~ **de** : to recover from, to get over
**recurrente** *adj* : recurrent, recurring
**recurrir** *vi* **1** ~ **a** : to turn to, to appeal to **2** ~ **a** : to resort to **3** : to appeal (in law)
**recurso** *nm* **1** : recourse ⟨el último recurso : the last resort⟩ **2** : appeal (in law) **3 recursos** *nmpl* : resources, means ⟨recursos naturales : natural resources⟩
**red** *nf* **1** : net, mesh **2** : network, system, chain ⟨redes sociales : social media⟩ **3** : trap, snare **4 la red/Red** : the Internet, the Web **5 red barredera** : dragnet
**redacción** *nf, pl* **-ciones** **1** : writing, composition **2** : editing
**redactar** *vt* **1** : to write, to draft **2** : to edit
**redactor, -tora** *n* : editor
**redada** *nf* **1** : raid **2** : catch, haul
**redecorar** *v* : to redecorate
**redefinir** *vt* : to redefine — **redefinición** *nf*
**redención** *nf, pl* **-ciones** : redemption
**redentor**[1], **-tora** *adj* : redeeming
**redentor**[2], **-tora** *n* : redeemer
**redescubierto** *pp* → **redescubrir**
**redescubrir** {2} *vt* : to rediscover
**redicho, -cha** *adj fam* : affected, pretentious
**redil** *nm* **1** : sheepfold **2 volver al redil** : to return to the fold
**redimir** *vt* : to redeem, to deliver (from sin)
**rediseñar** *vt* : to redesign
**redistribuir** {41} *vt* : to redistribute — **redistribución** *nf*
**rédito** *nm* : return, yield
**redituar** {3} *vt* : to produce, to yield
**redoblar** *vt* : to redouble, to strengthen — **redoblado, -da** *adj*
**redoble** *nm* : drum roll
**redomado, -da** *adj* **1** : sly, crafty **2** : utter, out-and-out
**redonda** *nf* **1** : region, surrounding area **2 a la redonda** ALREDEDOR : around ⟨de diez millas a la redonda : for ten miles around⟩ **3** : whole note
**redondear** *vt* : to round off, to round out
**redondel** *nm* **1** : ring, circle **2** : bullring, arena

**redondez** *nf* : roundness
**redondo, -da** *adj* **1** : round ⟨mesa redonda : round table⟩ **2** : great, perfect ⟨un negocio redondo : an excellent deal⟩ **3** : straightforward, flat ⟨un rechazo redondo : a flat refusal⟩ **4** *Mex* : round-trip **5 en ~** : around
**reducción** *nf, pl* **-ciones** : reduction, decrease
**reducido, -da** *adj* **1** : reduced, limited **2** : small
**reducir** {61} *vt* **1** DISMINUIR : to reduce, to decrease, to cut **2** : to subdue **3** : to boil down — **reducirse** *vr* **~ a** : to come down to, to be nothing more than
**redundancia** *nf* : redundancy
**redundante** *adj* : redundant
**reedición** *nf, pl* **-ciones** : reprint
**reeditar** *vt* : to reprint
**reelegir** {28} *vt* : to reelect — **reelección** *nf*
**reembolsable** *adj* : refundable
**reembolsar** *vt* **1** : to refund, to reimburse **2** : to repay
**reembolso** *nm* : refund, reimbursement
**reemplazable** *adj* : replaceable
**reemplazar** {21} *vt* : to replace, to substitute
**reemplazo** *nm* : replacement, substitution
**reencarnación** *nf, pl* **-ciones** : reincarnation
**reencuentro** *nm* : reunion
**reestablecer** {53} *vt* : to reestablish
**reestructurar** *vt* : to restructure
**reexaminar** *vt* : to reexamine
**refacción** *nf, pl* **-ciones** **1** *Mex* : spare part, replacement part **2** : repair, renovation
**refaccionar** *vt* : to repair, to renovate
**refaccionaria** *nf Mex* : repair shop
**referencia** *nf* **1** : reference **2 hacer referencia a** : to refer to
**referendo → referéndum**
**referéndum** *nm, pl* **-dums** : referendum
**referente** *adj* **~ a** : concerning
**réferi** *or* **referi** [ˈreferi] *nmf* : referee
**referir** {76} *vt* **1** : to relate, to tell **2** : to refer ⟨nos refirió al diccionario : she referred us to the dictionary⟩ — **referirse** *vr* **~ a** **1** : to refer to **2** : to be concerned, to be in reference to ⟨en lo que se refiere a la educación : as far as education is concerned⟩
**refilón → de refilón**
**refinado**[1], **-da** *adj* : refined
**refinado**[2] *nm* : refining
**refinamiento** *nm* **1** : refining **2** FINURA : refinement
**refinanciar** *vt* : to refinance
**refinar** *vt* : to refine
**refinería** *nf* : refinery
**reflectante** *adj* : reflective, reflecting
**reflector**[1], **-tora** *adj* : reflecting
**reflector**[2] *nm* **1** : spotlight, searchlight **2** : reflector
**reflejar** *vt* : to reflect — **reflejarse** *vr* : to be reflected ⟨la decepción se refleja en su rostro : the disappointment shows on her face⟩
**reflejo** *nm* **1** : reflection **2** : reflex **3 reflejos** *nmpl* : highlights, streaks (in hair)
**reflexión** *nf, pl* **-xiones** : reflection, thought
**reflexionar** *vi* : to reflect, to think
**reflexivo, -va** *adj* **1** : reflective, thoughtful **2** : reflexive
**reflujo** *nm* **1** : ebb, ebb tide **2 el flujo y reflujo** : the ebb and flow
**reforma** *nf* **1** : reform **2** : alteration, renovation
**reformador, -dora** *n* : reformer
**reformar** *vt* **1** : to reform **2** : to change, to alter **3** : to renovate, to repair — **reformarse** *vr* : to mend one's ways
**reformatorio** *nm* : reform school
**reforzar** {36} *vt* **1** : to reinforce, to strengthen **2** : to encourage, to support
**refracción** *nf, pl* **-ciones** : refraction
**refractar** *vt* : to refract — **refractarse** *vr*
**refrán** *nm, pl* **refranes** ADAGIO : proverb, saying
**refregar** {49} *vt* : to scrub
**refrenar** *vt* **1** : to rein in (a horse) **2** : to restrain, to check — **refrenarse** *vr* : to restrain oneself
**refrendar** *vt* **1** : to countersign, to endorse **2** : to stamp (a passport)
**refrescante** *adj* : refreshing
**refrescar** {72} *vt* **1** : to refresh, to cool **2** : to brush up (on) **3 refrescar la memoria** : to refresh one's memory — *vi* : to turn cooler
**refresco** *nm* : refreshment, soft drink ⟨refresco de cola : cola⟩
**refriega** *nf* : skirmish, scuffle
**refrigeración** *nf, pl* **-ciones** **1** : refrigeration **2** : air-conditioning
**refrigerador** *nmf* NEVERA : refrigerator
**refrigeradora** *nf Col, Peru* : refrigerator
**refrigerante** *nm* : coolant
**refrigerar** *vt* **1** : to refrigerate **2** : to air-condition
**refrigerio** *nm* : snack, refreshments *pl*
**refrito**[1], **-ta** *adj* : refried
**refrito**[2] *nm* : fried dish
**refuerzo** *nm* : reinforcement, support
**refugiado, -da** *n* : refugee
**refugiar** *vt* : to shelter — **refugiarse** *vr* ACOGERSE : to take refuge
**refugio** *nm* : refuge, shelter
**refulgencia** *nf* : brilliance, splendor
**refulgir** {35} *vi* : to shine brightly
**refundir** *vt* **1** : to recast (metals) **2** : to revise, to rewrite
**refunfuñar** *vi* : to grumble, to groan
**refutar** *vt* : to refute — **refutación** *nf*
**regadera** *nf* **1** : watering can **2** : shower head, shower **3** : sprinkler
**regaderazo** *nm Mex* : shower
**regadío** *nm* **tierra de ~** : irrigated land
**regalado, -da** *adj* **1** : dirt cheap **2** : comfortable, easy
**regalar** *vt* **1** OBSEQUIAR : to present (as a gift), to give away **2** : to regale, to entertain **3** : to flatter, to make a fuss over — **regalarse** *vr* : to pamper oneself
**regalía** *nf* : royalty, payment
**regaliz** *nm, pl* **-lices** : licorice

**regalo** *nm* 1 OBSEQUIO : gift, present 2 : pleasure, comfort 3 : treat
**regalón, -lona** *adj, mpl* **-lones** *Chile fam* : spoiled (of a person)
**regañadientes** *mpl* **a ~** : reluctantly, unwillingly
**regañar** *vt* : to scold, to give a talking to — *vi* 1 QUEJARSE : to grumble, to complain 2 REÑIR : to quarrel, to argue
**regañina** *nf fam* : scolding
**regaño** *nm fam* : scolding
**regañón, -ñona** *adj, mpl* **-ñones** *fam* : grumpy, irritable
**regar** {49} *vt* 1 : to irrigate 2 : to water 3 : to wash, to hose down 4 : to spill, to scatter
**regata** *nf* : regatta, yacht race
**regate** *nm* : dodge, feint
**regatear** *vt* 1 : to haggle over 2 ESCATIMAR : to skimp on, to be sparing with — *vi* : to bargain, to haggle
**regateo** *nm* : bargaining, haggling
**regatón** *nm, pl* **-tones** : cap, tip
**regazo** *nm* : lap (of a person)
**regencia** *nf* : regency
**regenerar** *vt* : to regenerate — **regenerarse** *vr* — **regeneración** *nf*
**regentar** *vt* : to run, to manage
**regente** *nmf* : regent
**reggae** [ˈrege, ˈrigi] *nm* : reggae
**regidor, -dora** *n* : town councillor
**régimen** *nm, pl* **regímenes** 1 : regime 2 : diet 3 : regimen, rules *pl* ⟨régimen de vida : lifestyle⟩
**regimiento** *nm* : regiment
**regio, -gia** *adj* 1 : great, magnificent 2 : regal, royal
**región** *nf, pl* **regiones** : region, area
**regional** *adj* : regional — **regionalmente** *adv*
**regir** {28} *vt* 1 : to rule 2 : to manage, to run 3 : to control, to govern ⟨las costumbres que rigen la conducta : the customs which govern behavior⟩ — *vi* : to apply, to be in force ⟨las leyes rigen en los tres países : the laws apply in all three countries⟩ — **regirse** *vr* **~ por** : to go by, to be guided by
**registrador**[1], **-dora** *adj* **caja registradora** : cash register
**registrador**[2], **-dora** *n* : registrar, recorder
**registrar** *vt* 1 : to register, to record 2 GRABAR : to record, to tape 3 : to search, to examine — **registrarse** *vr* 1 INSCRIBIRSE : to register 2 OCURRIR : to happen, to occur
**registro** *nm* 1 : register 2 : registration 3 : registry, record office 4 : range (of a voice or musical instrument) 5 : search
**regla** *nf* 1 NORMA : rule, regulation 2 : ruler ⟨regla de cálculo : slide rule⟩ 3 MENSTRUACIÓN : period, menstruation
**reglamentación** *nf, pl* **-ciones** 1 : regulation 2 : rules *pl*
**reglamentar** *vt* : to regulate, to set rules for
**reglamentario, -ria** *adj* : regulation, official ⟨equipo reglamentario : standard equipment⟩
**reglamento** *nm* : regulations *pl*, rules *pl* ⟨reglamento de tráfico : traffic regulations⟩
**regocijar** *vt* : to gladden, to delight — **regocijarse** *vr* : to rejoice
**regocijo** *nm* : delight, rejoicing
**regodearse** *vr* : to delight, to gloat ⟨regodearse en/con : to delight in, to gloat about/over⟩
**regordete, -ta** *adj fam* LLENITO : chubby
**regresar** *vt* DEVOLVER : to give back — *vi* : to return, to come back, to go back
**regresión** *nf, pl* **-siones** : regression, return
**regresivo, -va** *adj* : regressive
**regreso** *nm* 1 : return 2 **estar de regreso** : to be back, to be home
**reguero** *nm* 1 : irrigation ditch 2 : trail, trace 3 **propagarse como reguero de pólvora** : to spread like wildfire
**regulable** *adj* : adjustable
**regulación** *nf, pl* **-ciones** : regulation, control
**regulador**[1], **-dora** *adj* : regulating, regulatory
**regulador**[2] *nm* 1 : regulator, governor 2 **regulador de tiro** : damper (in a chimney)
**regular**[1] *vt* : to regulate, to control
**regular**[2] *adj* 1 : regular 2 : fair, OK, so-so 3 : medium, average 4 **por lo regular** : in general, generally
**regularidad** *nf* : regularity
**regularización** *nf, pl* **-ciones** NORMALIZACIÓN : normalization
**regularizar** {21} *vt* NORMALIZAR : to normalize, to make regular
**regularmente** *adv* : regularly
**regurgitar** *vi* : to regurgitate
**regusto** *nm* : aftertaste
**rehabilitar** *vt* 1 : to rehabilitate 2 : to reinstate 3 : renovate, to restore — **rehabilitación** *nf*
**rehacer** {40} *vt* 1 : to redo 2 : to remake, to repair, to renew — **rehacerse** *vr* 1 : to recover 2 **~ de** : to get over
**rehecho** *pp* → **rehacer**
**rehén** *nm, pl* **rehenes** : hostage
**rehicieron, etc.** → **rehacer**
**rehizo** → **rehacer**
**rehuir** {41} *vt* : to avoid, to shun
**rehusar** {8} *v* : to refuse
**reimprimir** *vt* : to reprint
**reina** *nf* : queen
**reinado** *nm* : reign
**reinante** *adj* 1 : reigning 2 : prevailing, current
**reinar** *vi* 1 : to reign 2 : to prevail
**reincidencia** *nf* : recidivism
**reincidente** *adj & nmf* : recidivist
**reincidir** *vi* : to backslide, to relapse
**reincorporar** *vt* : to reinstate — **reincorporarse** *vr* **~ a** : to return to, to rejoin
**reiniciar** *vt* 1 : to resume, to restart 2 : to reboot (a computer)
**reino** *nm* : kingdom, realm ⟨reino animal : animal kingdom⟩
**reinstalar** *vt* 1 : to reinstall 2 : to reinstate
**reintegración** *nf, pl* **-ciones** 1 : reinstatement, reintegration 2 : refund, reimbursement

**reintegrar** *vt* **1** : to reintegrate, reinstate **2** : to refund, to reimburse — **reintegrarse** *vr* ~ **a** : to return to, to rejoin
**reintegro** *nm* : refund, reimbursement
**reintroducir** {61} *vt* : to reintroduce
**reír** {66} *vi* : to laugh — *vt* : to laugh at — **reírse** *vr*
**reiteración** *nf, pl* **-ciones** : reiteration, repetition
**reiterado, -da** *adj* : repeated ⟨lo explicó en reiteradas ocasiones : he explained it repeatedly⟩ — **reiteradamente** *adv*
**reiterar** *vt* : to reiterate, to repeat
**reiterativo, -va** *adj* : repetitive, repetitious
**reivindicación** *nf, pl* **-ciones** **1** : demand, claim **2** : vindication
**reivindicar** {72} *vt* **1** : to vindicate **2** : to demand, to claim **3** : to restore
**reja** *nf* **1** : grille, grating ⟨entre rejas : behind bars⟩ **2** : plowshare
**rejego, -ga** *adj Mex fam* : stubborn
**rejilla** *nf* : grille, grate, screen
**rejuvenecer** {53} *vt* : to rejuvenate — *vi* : to be rejuvenated — **rejuvenecerse** *vr*
**rejuvenecimiento** *nm* : rejuvenation
**relación** *nf, pl* **-ciones** **1** : relation, connection, relevance **2** : relationship **3** RELATO : account **4** LISTA : list **5** : ratio (in mathematics) **6 con relación a** *or* **en relación con** : in relation to, concerning **7 relaciones públicas** : public relations, PR
**relacionar** *vt* : to relate, to connect — **relacionarse** *vr* ~ **con** : to be connected to, to be linked with
**relajación** *nf, pl* **-ciones** : relaxation
**relajado, -da** *adj* **1** : relaxed, loose **2** : dissolute, depraved
**relajante** *adj* : relaxing
**relajar** *vt* : to relax, to slacken — *vi* : to be relaxing — **relajarse** *vr*
**relajo** *nm* **1** : commotion, ruckus **2** : joke, laugh ⟨lo hizo de relajo : he did it for a laugh⟩
**relamerse** *vr* : to smack one's lips, to lick one's chops
**relámpago** *nm* : flash of lightning
**relampaguear** *vi* : to flash
**relanzar** {21} *vt* : to relaunch
**relatar** *vt* : to relate, to tell
**relatividad** *nf* : relativity
**relativismo** *nm* : relativism
**relativo, -va** *adj* **1** : relative **2 en lo relativo a** : with regard to, concerning — **relativamente** *adv*
**relato** *nm* **1** : story, tale **2** : account
**relax** [re'las] *nm* : relaxation
**releer** {20} *vt* : to reread
**relegar** {52} *vt* **1** : to relegate **2 relegar al olvido** : to consign to oblivion
**relevante** *adj* : outstanding, important
**relevar** *vt* **1** : to relieve, to take over from **2** ~ **de** : to exempt from — **relevarse** *vr* : to take turns
**relevo** *nm* **1** : relief, replacement **2** : relay ⟨carrera de relevos : relay race⟩
**relicario** *nm* **1** : shrine, container (for relics) **2** : locket
**relieve** *nm* **1** : relief, projection ⟨mapa en relieve : relief map⟩ ⟨letras en relieve : embossed letters⟩ **2** : prominence, importance **3 poner en relieve** : to highlight, to emphasize
**religión** *nf, pl* **-giones** : religion
**religiosamente** *adv* : religiously, faithfully
**religioso**[1], **-sa** *adj* : religious
**religioso**[2], **-sa** *n* : monk *m*, nun *f*
**relinchar** *vi* : to neigh, to whinny
**relincho** *nm* : neigh, whinny
**reliquia** *nf* **1** : relic **2 reliquia de familia** : family heirloom
**rellano** *nm* : landing (of a stairway)
**rellenar** *vt* **1** : to refill **2** : to stuff, to fill **3** : to fill out
**relleno**[1], **-na** *adj* : stuffed, filled
**relleno**[2] *nm* : stuffing, filling
**reloj** *nm* **1** : clock **2** : watch **3 reloj de arena** : hourglass **4 reloj de pulsera** : wristwatch **5 como un reloj** : like clockwork
**relojería** *nf* **1** : watchmaker's shop **2** : watchmaking, clockmaking
**relojero, -ra** *n* : watchmaker, clockmaker
**reluciente** *adj* : brilliant, shining
**relucir** {45} *vi* **1** : to glitter, to shine **2 salir a relucir** : to come to the surface **3 sacar a relucir** : to bring up, to mention
**relumbrante** *adj* : dazzling
**relumbrar** *vi* : to shine brightly
**relumbrón** *nm, pl* **-brones** **1** : flash, glare **2 de** ~ : flashy, showy
**remachar** *vt* **1** : to rivet **2** : to clinch (a nail) **3** : to stress, to drive home — *vi* : to smash, to spike (a ball)
**remache** *nm* **1** : rivet **2** : smash, spike (in sports)
**remanente** *nm* **1** : remainder, balance **2** : surplus
**remangar** {52} *vt* : to roll up — **remangarse** *vr* : to roll up one's sleeves
**remanso** *nm* : pool
**remar** *vi* **1** : to row, to paddle **2** : to struggle, to toil
**remarcar** {72} *vt* : to emphasize, to stress
**rematado, -da** *adj* : utter, complete
**rematador, -dora** *n* : auctioneer
**rematar** *vt* **1** : to finish off **2** : to auction — *vi* **1** : to shoot **2** : to end
**remate** *nm* **1** : shot (in sports) ⟨sacar un remate : to take a shot⟩ **2** : auction **3** : end, conclusion **4 como** ~ : to top it off **5 de** ~ : completely, utterly
**remecer** {86} *vt* : to sway, to swing
**remedar** *vt* **1** IMITAR : to imitate, to copy **2** : to mimic, to ape
**remediar** *vt* **1** : to remedy, to repair **2** : to help out, to assist **3** EVITAR : to prevent, to avoid
**remedio** *nm* **1** : remedy, cure **2** : solution **3** : option ⟨no me quedó más remedio : I had no other choice⟩ ⟨no hay remedio : it can't be helped⟩ **4 poner remedio a** : to put a stop to **5 sin** ~ : unavoidable, inevitable
**remedo** *nm* : imitation
**rememorar** *vi* : to recall ⟨rememorar los viejos tiempos : to reminisce⟩
**remendar** {55} *vt* **1** : to mend, to patch, to darn **2** : to correct

**remera** *nf Arg, Uru* : T-shirt
**remero, -ra** *n* : rower
**remesa** *nf* **1** : remittance **2** : shipment
**remezón** *nm, pl* **-zones** **1** : mild earthquake, tremor
**remiendo** *nm* **1** : patch **2** : correction
**remilgado, -da** *adj* **1** : prim, prudish **2** : affected
**remilgo** *nm* : primness, affectation
**reminiscencia** *nf* : reminiscence
**remisión** *nf, pl* **-siones** **1** ENVÍO : sending, delivery **2** : remission **3** : reference, cross-reference
**remiso, -sa** *adj* **1** : lax, remiss **2** : reluctant
**remite** *nm* : return address
**remitente**[1] *nm* : return address
**remitente**[2] *nmf* : sender (of a letter, etc.)
**remitir** *vt* **1** : to send, to remit **2** ~ **a** : to refer to, to direct to ⟨nos remitió al diccionario : he referred us to the dictionary⟩ — *vi* : to subside, to let up — **remitirse** *vr* ~ **a** : to refer to
**remo** *nm* **1** : paddle, oar **2** : rowing (sport)
**remoción** *nf, pl* **-ciones** **1** : removal **2** : dismissal
**remodelación** *nf, pl* **-ciones** **1** : remodeling **2** : reorganization, restructuring
**remodelar** *vt* **1** : to remodel **2** : to restructure
**remojar** *vt* **1** : to soak, to steep **2** : to dip, to dunk **3** : to celebrate with a drink
**remojo** *nm* **1** : soaking, steeping **2 poner en remojo** : to soak, to leave soaking
**remolacha** *nf* : beet
**remolcador** *nm* : tugboat
**remolcar** {72} *vt* : to tow, to haul
**remolino** *nm* **1** : whirlwind **2** : eddy, whirlpool **3** : crowd, throng **4** : cowlick
**remolón, -lona** *adj, mpl* **-lones** : lazy
**remolque** *nm* **1** : towing, tow **2** : trailer **3 a** ~ : in tow
**remontar** *vt* **1** : to overcome **2** SUBIR : to go up — **remontarse** *vr* **1** : to soar **2** ~ **a** : to date from, to go back to
**rémora** *nf* : obstacle, hindrance
**remorder** {47} *vt* INQUIETAR : to trouble, to distress
**remordimiento** *nm* : remorse
**remotamente** *adv* : remotely, vaguely
**remoto, -ta** *adj* **1** : remote, unlikely ⟨hay una posibilidad remota : there is a slim possibility⟩ **2** : distant, far-off
**remover** {47} *vt* **1** : to stir **2** : to move around, to turn over **3** : to stir up **4** : to remove **5** : to dismiss
**removible** *adj* : removable
**remozamiento** *nm* : renovation
**remozar** {21} *vt* **1** : to renew, to brighten up **2** : to redo, to renovate
**remuneración** *nf, pl* **-ciones** : remuneration, pay
**remunerar** *vt* : to pay, to remunerate
**renacer** {48} *vi* : to be reborn, to revive
**renacimiento** *nm* **1** : rebirth, revival **2 el Renacimiento** : the Renaissance
**renacuajo** *nm* : tadpole, pollywog
**renal** *adj* : renal, kidney
**rencilla** *nf* : quarrel
**renco, -ca** *adj* : lame
**rencor** *nm* **1** : rancor, enmity, hostility **2 guardar rencor** : to hold a grudge ⟨guardarle rencor a alguien por algo : to resent someone for something, to hold a grudge against someone for something⟩
**rencoroso, -sa** *adj* : resentful, bitter, rancorous
**rendición** *nf, pl* **-ciones** **1** : surrender, submission **2** : yield, return
**rendido, -da** *adj* **1** : submissive **2** : worn-out, exhausted **3** : devoted
**rendija** *nf* GRIETA : crack, split
**rendimiento** *nm* **1** : performance **2** : yield, efficiency
**rendir** {54} *vt* **1** : to render, to give ⟨rendir las gracias : to give thanks⟩ ⟨rendir homenaje a : to pay homage to⟩ **2** : to yield **3** CANSAR : to exhaust — *vi* **1** CUNDIR : to progress, to make headway **2** : to last, to go a long way — **rendirse** *vr* : to surrender, to give up
**renegado, -da** *n* : renegade
**renegar** {49} *vi* **1** ~ **de** : to renounce, to disown, to give up **2** ~ **de** : to complain about — *vt* **1** : to deny vigorously **2** : to abhor, to hate
**renglón** *nm, pl* **renglones** **1** : line (of writing) **2** : merchandise, line (of products)
**rengo, -ga** *adj* : lame
**renguear** *vi* : to limp
**reno** *nm* : reindeer
**renombrado, -da** *adj* : renowned, famous
**renombre** *nm* NOMBRADÍA : renown, fame
**renovable** *adj* : renewable
**renovación** *nf, pl* **-ciones** **1** : renewal ⟨renovación de un contrato : renewal of a contract⟩ **2** : change, renovation
**renovar** {19} *vt* **1** : to renew, to restore **2** : to renovate
**renquear** *vi* : to limp, to hobble
**renquera** *nf* COJERA : limp, lameness
**renta** *nf* **1** : income **2** : rent **3 impuesto sobre la renta** : income tax
**rentable** *adj* : profitable — **rentabilidad** *nf*
**rentar** *vt* **1** : to produce, to yield **2** ALQUILAR : to rent
**renuencia** *nf* : reluctance, unwillingness
**renuente** *adj* : reluctant, unwilling
**renuncia** *nf* **1** : resignation **2** : renunciation **3** : waiver
**renunciar** *vi* **1** : to resign **2** ~ **a** : to renounce, to relinquish ⟨renunció al título : he relinquished the title⟩
**reñido, -da** *adj* **1** : tough, hard-fought **2** : at odds, on bad terms
**reñir** {67} *vi* **1** : to argue **2** ~ **con** : to fall out with, to go up against — *vt* : to scold, to reprimand
**reo, rea** *n* **1** : accused, defendant **2** : offender, culprit
**reojo** *nm* **de** ~ : out of the corner of one's eye ⟨una mirada de reojo : a sidelong glance⟩
**reorganizar** {21} *vt* : to reorganize — **reorganización** *nf*

**repantigarse** {52} *vr* : to slouch, to loll about
**reparación** *nf, pl* **-ciones** 1 : reparation, amends 2 : repair
**reparador, -dora** *adj* : refreshing
**reparar** *vt* 1 : to repair, to fix, to mend 2 : to make amends for 3 : to correct 4 : to restore, to refresh — *vi* 1 ~ **en** : to observe, to take notice of 2 ~ **en** : to consider, to think about ⟨sin reparar en las consecuencias : without thinking about the consequences⟩ ⟨no repararon en gastos : they spared no expense, money was no object⟩
**reparo** *nm* 1 : repair, restoration 2 : reservation, qualm ⟨no tuvieron reparos en decírmelo : they didn't hesitate to tell me⟩ 3 **poner reparos a** : to find fault with, to object to
**repartición** *nf, pl* **-ciones** 1 : distribution 2 : department, division
**repartidor**[1], **-dora** *adj* : delivery ⟨camión repartidor : delivery truck⟩
**repartidor**[2], **-dora** *n* : delivery person, distributor
**repartimiento** *nm* → **repartición**
**repartir** *vt* 1 : to allocate 2 DISTRIBUIR : to distribute, to hand out 3 : to spread
**reparto** *nm* 1 : allocation 2 : distribution 3 : cast (of characters)
**repasador** *nm Arg, Uru* : dish towel
**repasar** *vt* 1 : to pass by again 2 : to review, to go over 3 : to mend
**repaso** *nm* 1 : review 2 : mending 3 : checkup, overhaul
**repatriar** {85} *vt* : to repatriate — **repatriación** *nf*
**repavimentar** *vt* : to resurface
**repelente**[1] *adj* : repellent, repulsive
**repelente**[2] *nm* : repellent ⟨repelente de insectos : insect repellent⟩
**repeler** *vt* 1 : to repel, to resist, to repulse 2 : to reject 3 : to disgust ⟨el sabor me repele : I find the taste repulsive⟩
**repensar** {55} *v* : to rethink, to reconsider
**repente** *nm* 1 : sudden movement, start ⟨de repente : suddenly⟩ 2 : fit, outburst ⟨un repente de ira : a fit of anger⟩
**repentino, -na** *adj* : sudden — **repentinamente** *adv*
**repercusión** *nf, pl* **-siones** : repercussion
**repercutir** *vi* 1 : to reverberate, to echo 2 ~ **en** : to have effects on, to have repercussions on
**repertorio** *nm* : repertoire
**repetición** *nf, pl* **-ciones** 1 : repetition 2 : rerun, repeat
**repetidamente** *adv* : repeatedly
**repetido, -da** *adj* 1 : repeated, numerous 2 **repetidas veces** : repeatedly, time and again
**repetir** {54} *vt* 1 : to repeat 2 : to have a second helping of — *vi* 1 : to repeat a year (in school) 2 : to have a second helping 3 : to give indigestion — **repetirse** *vr* 1 : to repeat oneself 2 : to recur
**repetitivo, -va** *adj* : repetitive, repetitious
**repicar** {72} *vt* : to ring — *vi* : to ring out, to peal
**repique** *nm* : ringing, pealing
**repiqueteo** *nm* 1 : ringing, pealing 2 : drumming
**repisa** *nf* : shelf, ledge ⟨repisa de chimenea : mantelpiece⟩ ⟨repisa de ventana : windowsill⟩
**replantear** *vt* : to redefine, to restate — **replantearse** *vr* : to reconsider
**replegar** {49} *vt* : to fold — **replegarse** *vr* RETIRARSE : to retreat, to withdraw
**repleto, -ta** *adj* 1 : replete, full 2 ~ **de** : packed with, crammed with
**réplica** *nf* 1 : reply 2 : replica, reproduction 3 : aftershock
**replicación** *nf, pl* **-ciones** : replication
**replicar** {72} *vi* 1 : to reply, to retort 2 : to argue, to answer back
**repliegue** *nm* 1 : fold 2 : retreat, withdrawal
**repollo** *nm* COL : cabbage
**reponer** {60} *vt* 1 : to replace, to put back 2 : to reinstate 3 : to reply — **reponerse** *vr* : to recover
**reportaje** *nm* : article, story, report
**reportar** *vt* 1 : to check, to restrain 2 : to bring, to carry, to yield ⟨me reportó numerosos beneficios : it brought me many benefits⟩ 3 : to report — **reportarse** *vr* 1 CONTENERSE : to control oneself 2 PRESENTARSE : to report, to show up
**reporte** *nm* : report
**reportear** *vt* : to report on, to cover
**reportero, -ra** *n* 1 : reporter 2 **reportero gráfico** : photojournalist
**reposado, -da** *adj* : calm
**reposapiés** *nm, pl* **reposapiés** : footrest
**reposar** *vi* 1 : to rest, to repose 2 : to stand, to settle ⟨deje reposar la masa media hora : let the dough stand for half an hour⟩ 3 : to lie, to be buried — **reposarse** *vr* : to settle
**reposición** *nf, pl* **-ciones** 1 : replacement 2 : reinstatement 3 : revival
**repositorio** *nm* : repository
**reposo** *nm* : repose, rest
**repostar** *vi* 1 : to stock up 2 : to refuel
**repostear** *vt* : to repost (on social media)
**repostería** *nf* 1 : confectioner's shop 2 : pastry-making
**repostero, -ra** *n* : confectioner
**repreguntar** *vt* : to cross-examine
**repreguntas** *nfpl* : cross-examination
**reprender** *vt* : to reprimand, to scold
**reprensible** *adj* : reprehensible
**represa** *nf* : dam
**represalia** *nf* 1 : reprisal, retaliation 2 **tomar represalias** : to retaliate
**represar** *vt* : to dam
**representación** *nf, pl* **-ciones** 1 : representation 2 : performance 3 **en representación de** : on behalf of
**representante** *nmf* 1 : representative 2 : performer
**representar** *vt* 1 : to represent, to act for 2 : to perform 3 : to look, to appear as 4 : to symbolize, to stand for 5 : to signify, to mean — **representarse** *vr* : to imagine, to picture
**representativo, -va** *adj* : representative

**represión** *nf, pl* **-siones** : repression
**represivo, -va** *adj* : repressive
**reprimenda** *nf* : reprimand
**reprimir** *vt* **1** : to repress **2** : to suppress, to stifle
**reprobable** *adj* : reprehensible, culpable
**reprobación** *nf, pl* **-ciones** : disapproval
**reprobar** {19} *vt* **1** DESAPROBAR : to condemn, to disapprove of **2** : to fail (a course)
**reprobatorio, -ria** *adj* : disapproving, admonishing
**reprochable** *adj* : reprehensible
**reprochar** *vt* : to reproach — **reprocharse** *vr*
**reproche** *nm* : reproach
**reproducción** *nf, pl* **-ciones** : reproduction
**reproducir** {61} *vt* : to reproduce — **reproducirse** *vr* **1** : to breed, to reproduce **2** : to recur
**reproductor**[1], **-tora** *adj* : reproductive
**reproductor**[2] *nm* : player ⟨reproductor de DVD : DVD player⟩
**reptar** *vi* : to crawl, to slither
**reptil**[1] *adj* : reptilian
**reptil**[2] *nm* : reptile
**república** *nf* : republic
**republicano, -na** *adj & n* : republican — **republicanismo** *nm*
**repudiar** *vt* : to repudiate — **repudiación** *nf*
**repudio** *nm* : repudiation
**repuesto**[1] *pp* → **reponer**
**repuesto**[2] *nm* **1** : spare part **2 de ~** : spare ⟨rueda de repuesto : spare wheel⟩
**repugnancia** *nf* : repugnance
**repugnante** *adj* : repulsive, repugnant, revolting
**repugnar** *vt* : to cause repugnance, to disgust — **repugnarse** *vr*
**repujar** *vt* : to emboss
**repulsa** *nf* **1** : rejection **2** : condemnation
**repulsivo, -va** *adj* : repulsive
**repuntar** *vt Arg, Chile* : to round up (cattle) — *vi* : to begin to appear — **repuntarse** *vr* : to fall out, to quarrel
**repuso, etc.** → **reponer**
**reputación** *nf, pl* **-ciones** : reputation
**reputar** *vt* : to consider, to deem
**requerir** {76} *vt* **1** : to require, to call for **2** : to summon, to send for
**requesón** *nm, pl* **-sones** : curd cheese, cottage cheese
**réquiem** *nm* : requiem
**requisa** *nf* **1** : requisition **2** : seizure **3** : inspection
**requisar** *vt* **1** : to requisition **2** : to seize **3** INSPECCIONAR : to inspect
**requisito** *nm* **1** : requirement **2 requisito previo** : prerequisite
**res** *nf* **1** : beast, animal **2** *CA, Mex* : beef **3 reses** *nfpl* : cattle ⟨60 reses : 60 head of cattle⟩
**resabio** *nm* **1** VICIO : bad habit, vice **2** DEJO : aftertaste
**resaca** *nf* **1** : undertow **2** : hangover
**resaltar** *vi* **1** SOBRESALIR : to stand out **2 hacer resaltar** : to bring out, to highlight — *vt* : to stress, to emphasize
**resarcimiento** *nm* **1** : compensation **2** : reimbursement
**resarcir** {83} *vt* : to compensate, to indemnify — **resarcirse** *vr* **~ de** : to make up for
**resbalada** *nf* : slip
**resbaladizo, -za** *adj* **1** RESBALOSO : slippery **2** : tricky, ticklish, delicate
**resbalar** *vi* **1** : to slip, to slide **2** : to slip up, to make a mistake **3** : to skid — **resbalarse** *vr*
**resbalón** *nm, pl* **-lones** : slip
**resbaloso, -sa** *adj* : slippery
**rescatar** *vt* **1** : to rescue, to save **2** : to recover, to get back
**rescate** *nm* **1** : rescue **2** : recovery **3** : ransom
**rescindir** *vt* : to rescind, to annul, to cancel
**rescisión** *nf, pl* **-siones** : annulment, cancellation
**rescoldo** *nm* : embers *pl*
**resecar** {72} *vt* : to make dry, to dry up — **resecarse** *vr* : to dry up
**reseco, -ca** *adj* : dry
**resentido, -da** *adj* : resentful
**resentimiento** *nm* : resentment
**resentirse** {76} *vr* **1** : to suffer, to be weakened **2** OFENDERSE : to be/get upset ⟨se resintió porque la insultaron : she got upset when they insulted her, she resented being insulted⟩ **3 ~ de** : to feel the effects of — **resentir** *vt* **1** : to feel (effects, etc.) **2** : to resent
**reseña** *nf* **1** : report, summary, review **2** : description
**reseñar** *vt* **1** : to review **2** DESCRIBIR : to describe
**reserva** *nf* **1** : reservation **2** : reserve **3** : confidence, privacy ⟨con la mayor reserva : in strictest confidence⟩ **4 de ~** : spare, in reserve **5 reservas** *nfpl* : reservations, doubts
**reservación** *nf, pl* **-ciones** : reservation
**reservado, -da** *adj* **1** : reserved, reticent **2** : confidential
**reservar** *vt* : to reserve — **reservarse** *vr* **1** : to save oneself **2** : to conceal, to keep to oneself
**reservorio** *nm* : reservoir, reserve
**resfriado** *nm* CATARRO : cold
**resfriar** {85} *vt* : to cool — **resfriarse** *vr* **1** : to cool off **2** : to catch a cold
**resfrío** *nm* : cold
**resguardar** *vt* : to safeguard, to protect — **resguardarse** *vr*
**resguardo** *nm* **1** : safeguard, protection **2** : receipt, voucher **3** : border guard, coast guard
**residencia** *nf* **1** : residence **2** : boarding house
**residencial** *adj* : residential
**residente** *adj & nmf* : resident
**residir** *vi* **1** VIVIR : to reside, to dwell **2 ~ en** : to lie in, to consist of
**residual** *adj* : residual
**residuo** *nm* **1** : residue **2** : remainder **3 residuos** *nmpl* : waste ⟨residuos nucleares : nuclear waste⟩
**resignación** *nf, pl* **-ciones** : resignation

**resignar** *vt* : to resign — **resignarse** *vr* ~ **a** : to resign oneself to
**resina** *nf* **1** : resin **2 resina epoxídica** : epoxy
**resistencia** *nf* **1** : resistance **2** AGUANTE : endurance, strength, stamina **3** : heating element
**resistente** *adj* **1** : resistant **2** : strong, tough
**resistir** *vt* **1** TOLERAR : to stand, to bear, to tolerate **2** : to withstand, to resist **3** : to resist (temptation, etc.) — *vi* : to resist ⟨resistió hasta el último minuto : he held out until the last minute⟩ — **resistirse** *vr* ~ **a** : to be resistant to, to be reluctant ⟨se resiste a aceptarlo : she's reluctant to accept it⟩
**resma** *nf* : ream
**resollar** {19} *vi* : to breathe heavily, to wheeze
**resolución** *nf, pl* **-ciones** **1** : resolution, settlement **2** : decision **3** : determination, resolve
**resolver** {89} *vt* **1** : to resolve, to settle **2** : to decide — **resolverse** *vr* : to make up one's mind
**resonancia** *nf* **1** : resonance **2** : impact, repercussions *pl*
**resonante** *adj* **1** : resonant **2** : tremendous, resounding ⟨un éxito resonante : a resounding success⟩
**resonar** {19} *vi* : to resound, to ring
**resoplar** *vi* **1** : to puff, to pant **2** : to snort
**resoplo** *nm* **1** : puffing, panting **2** : snort
**resorte** *nm* **1** MUELLE : spring **2** : elasticity **3** : influence, means *pl* ⟨tocar resortes : to pull strings⟩
**resortera** *nf Mex* : slingshot
**respaldar** *vt* : to back, to support, to endorse — **respaldarse** *vr* : to lean back
**respaldo** *nm* **1** : back (of an object) **2** : support, backing
**respectar** *vt* : to concern, to relate to ⟨por lo que a mí respecta : as far as I'm concerned⟩
**respectivo, -va** *adj* : respective — **respectivamente** *adv*
**respecto** *nm* **1** ~ **a** : in regard to, concerning **2 al respecto** : on this matter, in this respect
**respetable** *adj* : respectable — **respetabilidad** *nf*
**respetar** *vt* : to respect
**respeto** *nm* **1** : respect, consideration **2 respetos** *nmpl* : respects ⟨presentar sus respetos : to pay one's respects⟩
**respetuosidad** *nf* : respectfulness
**respetuoso, -sa** *adj* : respectful — **respetuosamente** *adv*
**respingado, -da** *adj* : snub-nosed
**respingo** *nm* : start, jump
**respiración** *nf, pl* **-ciones** **1** : respiration, breathing **2 respiración boca a boca** : mouth-to-mouth resuscitation
**respiradero** *nm* : vent, ventilation shaft
**respirador** *nm* : respirator
**respirar** *v* : to breathe
**respiratorio, -ria** *adj* : respiratory
**respiro** *nm* **1** : breath **2** : respite, break
**resplandecer** {53} *vi* **1** : to shine **2** : to stand out
**resplandeciente** *adj* **1** : resplendent, shining **2** : radiant
**resplandor** *nm* **1** : brightness, brilliance, radiance **2** : flash
**responder** *vt* : to answer — *vi* **1** : to answer, to reply, to respond **2** ~ **a** : to respond to ⟨responder al tratamiento : to respond to treatment⟩ **3** ~ **de** : to answer for, to vouch for (something) **4** ~ **por** : to vouch for (someone)
**respondón, -dona** *adj, mpl* **-dones** *fam* : sassy, fresh, impertinent
**responsabilidad** *nf* : responsibility ⟨tener la responsabilidad de : to be responsible for⟩ ⟨exigen responsabilidades a la compañía : the company is being held responsible/accountable⟩
**responsabilizarse** {21} *vr* : to accept responsibility ⟨responsabilizarse de : to accept responsibility for⟩
**responsable**[1] *adj* : responsible — **responsablemente** *adv*
**responsable**[2] *nmf* : person responsible ⟨los responsables del proyecto : those in charge of the project⟩ ⟨los responsables del desastre : those responsible for the disaster⟩
**respuesta** *nf* : answer, response
**resquebrajar** *vt* : to split, to crack — **resquebrajarse** *vr*
**resquemor** *nm* : resentment, bitterness
**resquicio** *nm* **1** : crack **2** : opportunity, chance **3** : trace ⟨sin un resquicio de remordimiento : without a trace of remorse⟩ **4 resquicio legal** : loophole
**resta** *nf* SUSTRACCIÓN : subtraction
**restablecer** {53} *vt* : to reestablish, to restore — **restablecerse** *vr* : to recover
**restablecimiento** *nm* **1** : reestablishment, restoration **2** : recovery
**restallar** *vi* : to crack, to crackle, to click
**restallido** *nm* : crack, crackle
**restante** *adj* **1** : remaining **2 lo restante, los restantes** : the rest
**restañar** *vt* : to stanch
**restar** *vt* **1** : to deduct, to subtract ⟨restar un punto : to deduct a point⟩ **2** : to minimize, to play down — *vi* : to remain, to be left
**restauración** *nf, pl* **-ciones** **1** : restoration **2** : catering, food service
**restaurante** *nm* : restaurant
**restaurar** *vt* : to restore
**restitución** *nf, pl* **-ciones** : restitution, return
**restituir** {41} *vt* : to return, to restore, to reinstate
**resto** *nm* **1** : rest, remainder **2 restos** *nmpl* : remains ⟨restos de comida : leftovers⟩ ⟨restos arqueológicos : archeological ruins⟩ **3 restos mortales** : mortal remains
**restorán** *nm, pl* **-ranes** : restaurant
**restregadura** *nf* : scrub, scrubbing
**restregar** {49} *vt* **1** : to rub **2** : to scrub — **restregarse** *vr*

**restricción** *nf, pl* **-ciones** : restriction, limitation
**restrictivo, -va** *adj* : restrictive
**restringido, -da** *adj* LIMITADO : limited, restricted
**restringir** {35} *vt* LIMITAR : to restrict, to limit
**restructuración** *nf, pl* **-ciones** : restructuring
**restructurar** *vt* : to restructure
**resucitación** *nf, pl* **-ciones** : resuscitation ⟨resucitación cardiopulmonar : CPR, cardiopulmonary resuscitation⟩
**resucitar** *vt* **1** : to resuscitate, to revive, to resurrect **2** : to revitalize
**resuello** *nm* **1** : puffing, heavy breathing, wheezing **2** : break, breather
**resueltamente** *adv* : resolutely
**resuelto**[1] *pp* → **resolver**
**resuelto**[2], **-ta** *adj* : determined, resolved, resolute
**resulta** *nf* **1** : consequence, result **2 a resultas de** *or* **de resultas de** : as a result of
**resultado** *nm* : result, outcome
**resultante** *adj & nf* : resultant
**resultar** *vi* **1** : to work, to work out ⟨mi idea no resultó : my idea didn't work out⟩ **2** : to be, to turn out to be, to end up being ⟨resultó bien simpático : he turned out to be very nice⟩ ⟨resultó cancelado : it was canceled, it ended up being canceled⟩ ⟨resulta más sencillo/barato : it's simpler/cheaper, it ends up being simpler/cheaper⟩ ⟨me resulta muy interesante : I find it very interesting⟩ ⟨resultó (ser) una falsa alarma : it turned out to be a false alarm⟩ ⟨resulta que ya lo había hecho : it turns out she'd already done it⟩ ⟨resultó con heridas graves : he sustained serious injuries⟩ **3 ~ en** : to lead to, to result in **4 ~ de** : to be the result of
**resumen** *nm, pl* **-súmenes** **1** : summary, summation **2 en ~** : in summary, in short
**resumidero** *nm* : drain
**resumir** *v* : to summarize, to sum up
**resurgimiento** *nm* : resurgence
**resurgir** {35} *vi* : to reappear, to revive
**resurrección** *nf, pl* **-ciones** : resurrection **2** *or* **Domingo de Resurrección** : Easter, Easter Sunday
**retablo** *nm* : tableau
**retador, -dora** *n* : challenger (in sports)
**retaguardia** *nf* : rear guard
**retahíla** *nf* : string, series ⟨una retahíla de insultos : a volley of insults⟩
**retaliación** *nf, pl* **-ciones** : retaliation
**retama** *nf* : broom (plant)
**retar** *vt* DESAFIAR : to challenge, to defy
**retardar** *vt* **1** RETRASAR : to delay, to retard **2** : to postpone
**retazo** *nm* **1** : remnant, scrap **2** : fragment, piece ⟨retazos de su obra : bits and pieces from his writings⟩
**retén** *nm, pl* **retenes** **1** : squad, patrol ⟨de retén : on call, on duty⟩ **2** CONTROL : checkpoint, roadblock **3** *Ven* : reform school
**retención** *nf, pl* **-ciones** **1** : retention **2** : deduction, withholding
**retener** {80} *vt* **1** : to retain, to keep **2** : to withhold **3** : to detain
**retentivo, -va** *adj* : retentive
**reticencia** *nf* **1** : reluctance, reticence **2** : insinuation
**reticente** *adj* **1** : reluctant, reticent **2** : insinuating, misleading
**retina** *nf* : retina
**retintín** *nm, pl* **-tines** **1** : jingle, jangle **2 con ~** : sarcastically
**retirada** *nf* **1** : retreat ⟨batirse en retirada : to withdraw, to beat a retreat⟩ **2** : withdrawal (of funds) **3** : retirement **4** : refuge, haven
**retirado, -da** *adj* **1** : remote, distant, far off **2** : secluded, quiet
**retirar** *vt* **1** : to remove, to take away, to recall **2** : to withdraw, to take out — **retirarse** *vr* **1** REPLEGARSE : to retreat, to withdraw **2** JUBILARSE : to retire
**retiro** *nm* **1** JUBILACIÓN : retirement **2** : withdrawal, retreat **3** : seclusion
**reto** *nm* DESAFÍO : challenge, dare
**retocar** {72} *vt* : to touch up
**retomar** *vt* : to pick up, to resume
**retoñar** *vi* : to sprout
**retoño** *nm* : sprout, shoot
**retoque** *nm* : touch-up, finishing touch
**retorcer** {14} *vt* **1** : to twist **2** : to wring — **retorcerse** *vr* **1** : to get twisted, to get tangled up **2** : to squirm, to writhe, to wiggle about
**retorcido, -da** *adj* **1** : twisted **2** : complicated
**retorcijón** *nm, pl* **-jones** : cramp, sharp pain
**retórica** *nf* : rhetoric
**retórico, -ca** *adj* : rhetorical — **retóricamente** *adv*
**retornar** *v* : to return
**retorno** *nm* : return
**retozar** {21} *vi* : to frolic, to romp
**retozo** *nm* : frolicking
**retozón, -zona** *adj, mpl* **-zones** : playful
**retracción** *nf, pl* **-ciones** : retraction, withdrawal
**retractable** *adj* : retractable
**retractación** *nf, pl* **-ciones** : retraction (of a statement, etc.)
**retractarse** *vr* **1** : to withdraw, to back down **2 ~ de** : to take back, to retract
**retraer** {81} *vt* **1** : to bring back **2** : to dissuade — **retraerse** *vr* **1** RETIRARSE : to withdraw, to retire **2** REFUGIARSE : to take refuge
**retraído, -da** *adj* : withdrawn, retiring, shy
**retraimiento** *nm* **1** : shyness, timidity **2** : withdrawal
**retransmisión** *nf, pl* **-siones** *Spain* : broadcast
**retransmitir** *vt Spain* : to broadcast
**retrasado**[1], **-da** *adj* **1** *dated, now usu offensive* : retarded *dated, now usu offensive*, mentally slow **2** : behind, in arrears **3** : backward (of a country) **4** : slow (of a watch)
**retrasado**[2], **-da** *n or* **retrasado mental** *dated, now offensive* : retarded person

*dated, now usu offensive*; moron *dated, now offensive*

**retrasar** *vt* **1** DEMORAR, RETARDAR : to delay, to hold up **2** : to put off, to postpone **3** : to turn back (a clock) — **retrasarse** *vr* **1** : to be late **2** : to fall behind **3** : to lose time (of a clock)

**retraso** *nm* **1** ATRASO : delay, lateness **2 retraso mental** *dated, now sometimes offensive* : mental retardation *dated, now sometimes offensive*

**retratar** *vt* **1** : to portray, to depict **2** : to photograph **3** : to paint a portrait of

**retrato** *nm* **1** : depiction, portrayal **2** : portrait, photograph

**retrete** *nm* : restroom, toilet

**retribución** *nf, pl* **-ciones** **1** : pay, payment **2** : reward

**retribuir** {41} *vt* **1** : to pay **2** : to reward

**retroactivo, -va** *adj* : retroactive — **retroactivamente** *adv*

**retroalimentación** *nf, pl* **-ciones** : feedback

**retroceder** *vi* **1** : to move back, to turn back **2** : to back off, to back down **3** : to recoil (of a firearm)

**retroceso** *nm* **1** : backward movement **2** : backing down **3** : setback, relapse **4** : recoil

**retrógrado, -da** *adj* **1** : reactionary **2** : retrograde

**retropropulsión** *nf* : jet propulsion

**retroproyector** *nm* : overhead projector

**retrospectiva** *nf* : retrospective, hindsight

**retrospectivamente** *adv* : in retrospect

**retrospectivo, -va** *adj* **1** : retrospective **2 mirada retrospectiva** : backward glance

**retrovisor** *nm* : rearview mirror

**retruécano** *nm* : pun, play on words

**retuitear** *vt* : to retweet

**retumbar** *vi* **1** : to boom, to thunder **2** : to resound, to reverberate

**retumbo** *nm* : booming, thundering, roll

**retuvo, etc.** → **retener**

**reubicar** {72} *vt* : to relocate — **reubicación** *nf*

**reuma** *or* **reúma** *nmf* → **reumatismo**

**reumático, -ca** *adj* : rheumatic

**reumatismo** *nm* : rheumatism

**reunión** *nf, pl* **-niones** **1** : meeting **2** : gathering, reunion

**reunir** {68} *vt* **1** : to unite, to join, to bring together **2** : to have, to possess ⟨reunieron los requisitos necesarios : they fulfilled the necessary requirements⟩ **3** : to gather, to collect, to raise (funds) — **reunirse** *vr* : to meet

**reutilizable** *adj* : reusable

**reutilizar** {21} *vt* : to recycle, to reuse

**revalidar** *vt* **1** : to confirm, to ratify **2** : to defend (a title)

**revalorizar** {21} *vt* : to reevaluate, to reassess

**revaluar** {3} *vt* : to reevaluate — **revaluación** *n*

**revancha** *nf* **1** DESQUITE : revenge **2** : rematch

**revelación** *nf, pl* **-ciones** : revelation

**revelado** *nm* : developing (of film)

**revelador**[1], **-dora** *adj* : revealing

**revelador**[2] *nm* : developer

**revelar** *vt* **1** : to reveal, to disclose **2** : to develop (film)

**revendedor, -dora** *n* **1** : scalper **2** DETALLISTA : retailer

**revender** *vt* **1** : to resell **2** : to scalp

**reventa** *nf* **1** : resale **2** : scalping

**reventar** {55} *vi* **1** ESTALLAR, EXPLOTAR : to burst, to blow up **2** ~ **de** : to be bursting with — *vt* **1** : to burst **2** *fam* : to annoy, to rile — **reventarse** *vr* : to burst

**reventón** *nm, pl* **-tones** **1** : burst, bursting **2** : blowout, flat tire **3** *Mex fam* : bash, party

**reverberar** *vi* : to reverberate — **reverberación** *nf*

**reverdecer** {53} *vi* **1** : to grow green again **2** : to revive

**reverencia** *nf* **1** : reverence **2** : bow, curtsy

**reverenciar** *vt* : to revere, to venerate

**reverendo**[1], **-da** *adj* **1** : reverend **2** *fam* : total, absolute ⟨es un reverendo imbécil : he is a complete idiot⟩

**reverendo**[2], **-da** *n* : reverend

**reverente** *adj* : reverent

**reversa** *nf Col, Mex* : reverse (gear)

**reversible** *adj* : reversible

**reversión** *nf, pl* **-siones** : reversion

**reverso** *nm* **1** : back, other side **2 el reverso de la medalla** : the complete opposite

**revertir** {76} *vi* **1** : to revert, to go back **2** ~ **en** : to result in, to end up as — *vt* : to reverse (a decision, etc.)

**revés** *nm, pl* **reveses** **1** : back, wrong side **2** : setback, reversal **3** : backhand (in sports) **4 al revés** : the other way around, upside down, inside out **5 al revés de** : contrary to

**revestimiento** *nm* : covering, facing (of a building)

**revestir** {54} *vt* **1** : to coat, to cover, to surface **2** : to conceal, to disguise **3** : to take on, to assume ⟨la reunión revistió gravedad : the meeting took on a serious note⟩

**revisar** *vt* **1** : to examine, to inspect, to check **2** : to check over, to overhaul (machinery) **3** : to revise

**revisión** *nf, pl* **-siones** **1** : revision **2** : inspection, check ⟨revisión de cuentas : (financial) audit⟩ ⟨revisión médica : checkup⟩

**revisor, -sora** *n* **1** : inspector **2** : conductor (on a train)

**revista** *nf* **1** : magazine, journal **2** : revue **3 pasar revista** : to review, to inspect

**revistar** *vt* : to review, to inspect

**revistero** *nm* : magazine rack

**revitalizar** {21} *vt* : to revitalize — **revitalización** *nf*

**revivir** *vi* : to revive, to come alive again — *vt* : to relive

**revocación** *nf, pl* **-ciones** **1** : revocation, repeal **2** : reversal

**revocar** {72} *vt* **1** : to revoke, to repeal **2** : to plaster (a wall)

**revolcar** {82} *vt* : to knock over, to knock down — **revolcarse** *vr* : to roll around, to wallow
**revolcón** *nm, pl* **-cones** *fam* : tumble, fall
**revolotear** *vi* : to flutter around, to flit
**revoloteo** *nm* : fluttering, flitting
**revoltijo** *or* **revoltillo** *nm* **1** FÁRRAGO : mess, jumble **2** *Mex* : traditional seafood dish
**revoltoso, -sa** *adj* : unruly, rebellious
**revolución** *nf, pl* **-ciones** : revolution
**revolucionar** *vt* : to revolutionize
**revolucionario, -ria** *adj & n* : revolutionary
**revolver** {89} *vt* **1** : to move about, to mix, to shake, to stir **2** : to upset (one's stomach) **3** : to mess up, to rummage through ⟨revolver la casa : to turn the house upside down⟩ — **revolverse** *vr* **1** : to toss and turn **2** VOLVERSE : to turn around
**revólver** *nm* : revolver
**revoque** *nm* : plaster
**revuelo** *nm* **1** : fluttering **2** : commotion, stir
**revuelta** *nf* : uprising, revolt
**revuelto**[1] *pp* → **revolver**
**revuelto**[2], **-ta** *adj* **1** : choppy, rough ⟨mar revuelto : rough sea⟩ **2** : untidy **3 huevos revueltos** : scrambled eggs
**rey** *nm* : king
**reyerta** *nf* : brawl, fight
**rezagado, -da** *n* : straggler, latecomer
**rezagar** {52} *vt* **1** : to leave behind **2** : to postpone — **rezagarse** *vr* : to fall behind, to lag
**rezar** {21} *vi* **1** : to pray **2** : to say ⟨como reza el refrán : as the saying goes⟩ **3** ~ **con** : to concern, to have to do with — *vt* : to say, to recite ⟨rezar un Ave María : to say a Hail Mary⟩
**rezo** *nm* : prayer, praying
**rezongar** {52} *vi* : to gripe, to grumble
**rezumar** *v* : to ooze, to leak
**ría, etc.** → **reír**
**riachuelo** *nm* ARROYO : brook, stream
**riada** *nf* : flood
**ribera** *nf* : bank, shore
**ribete** *nm* **1** : border, trim **2** : frill, adornment **3 ribetes** *nmpl* : hint, touch ⟨tiene sus ribetes de genio : there's a touch of genius in him⟩
**ribetear** *vt* : to border, to edge, to trim
**ricachón**[1], **-chona** *adj, mpl* **-chones** *fam* : rich, wealthy
**ricachón**[2], **-chona** *n, mpl* **-chones** *fam* : rich person
**ricamente** *adv* : richly, splendidly
**rice, etc.** → **rizar**
**rickshaw** [ˈrikʃo] *nm* : rickshaw
**rico**[1], **-ca** *adj* **1** : rich, wealthy **2** : fertile **3** : luxurious, valuable **4** : delicious **5** : adorable, lovely **6** : great, wonderful
**rico**[2], **-ca** *n* : rich person
**ridiculez** *nf, pl* **-leces** : absurdity
**ridiculizar** {21} *vt* : to ridicule
**ridículo**[1], **-la** *adj* ABSURDO, DISPARATADO : ridiculous, ludicrous — **ridículamente** *adv*
**ridículo**[2], **-la** *n* **1 hacer el ridículo** : to make a fool of oneself **2 poner en ridículo** : to ridicule
**ríe, etc.** → **reír**
**riega, riegue etc.** → **regar**
**riego** *nm* : irrigation
**riel** *nm* : rail, track
**rienda** *nf* **1** : rein **2 dar rienda suelta a** : to give free rein to **3 llevar las riendas** : to be in charge **4 tomar las riendas** : to take control
**riesgo** *nm* : risk
**riesgoso, -sa** *adj* : risky
**rifa** *nf* : raffle
**rifar** *vt* : to raffle — *vi* : to quarrel, to fight
**rifle** *nm* : rifle
**rige, rija etc.** → **regir**
**rigidez** *nf, pl* **-deces** **1** : rigidity, stiffness ⟨rigidez cadavérica : rigor mortis⟩ **2** : inflexibility
**rígido, -da** *adj* **1** : rigid, stiff **2** : strict — **rigidamente** *adv*
**rigor** *nm* **1** : rigor, harshness **2** : precision, meticulousness **3 de** ~ : usual ⟨la respuesta de rigor : the standard reply⟩ **4 de** ~ : essential, obligatory **5 en** ~ : strictly speaking, in reality
**riguroso, -sa** *adj* : rigorous — **rigurosamente** *adv*
**rima** *nf* **1** : rhyme **2 rimas** *nfpl* : verse, poetry
**rimar** *vi* : to rhyme
**rimbombante** *adj* **1** : grandiose, showy **2** : bombastic, pompous
**rimel** *or* **rimel** *or* **rimmel** *nm* : mascara
**rin** *nm Col, Mex* : wheel, rim (of a tire)
**rincón** *nm, pl* **rincones** : corner, nook
**rinde, etc.** → **rendir**
**ring** [ˈrin] *nm, pl* **rings** : (boxing) ring
**ringtone** [ˈriŋton] *nm* : ringtone
**rinoceronte** *nm* : rhinoceros
**riña** *nf* **1** : fight, brawl **2** : dispute, quarrel
**riñe, etc.** → **reñir**
**riñón** *nm, pl* **riñones** : kidney
**río**[1] → **reír**
**río**[2] *nm* **1** : river **2** : torrent, stream ⟨un río de lágrimas : a flood of tears⟩
**ripio** *nm* **1** : debris, rubble **2** : gravel
**riqueza** *nf* **1** : wealth, riches *pl* **2** : richness **3 riquezas naturales** : natural resources
**risa** *nf* **1** : laughter, laugh **2 dar risa** : to make laugh ⟨me dio mucha risa : I found it very funny⟩ **3** *fam* **morirse de la risa** : to die laughing, to crack up
**risco** *nm* : crag, cliff
**risible** *adj* IRRISORIO : ludicrous, laughable
**risita** *nf* : giggle, titter, snicker
**risotada** *nf* : guffaw
**ristra** *nf* : string, series *pl*
**risueño, -ña** *adj* **1** : cheerful, pleasant **2** : promising
**rítmico, -ca** *adj* : rhythmical, rhythmic — **rítmicamente** *adv*
**ritmo** *nm* **1** : rhythm **2** : pace, tempo ⟨trabajó a ritmo lento : she worked at a slow pace⟩
**rito** *nm* : rite, ritual
**ritual** *adj & nm* : ritual — **ritualmente** *adv*
**rival** *adj & nmf* COMPETIDOR : rival
**rivalidad** *nf* : rivalry, competition

**rivalizar** {21} *vi* ~ **con** : to rival, to compete with
**rizado, -da** *adj* **1** : curly **2** : ridged **3** : rippled, undulating
**rizar** {21} *vt* **1** : to curl **2** : to ripple, to ruffle (a surface) **3** : to crumple, to fold — **rizarse** *vr* **1** : to frizz **2** : to ripple
**rizo** *nm* **1** : curl **2** : loop (in aviation)
**robalo** *or* **róbalo** *nm* : sea bass
**robar** *vt* **1** : to steal **2** : to rob, to burglarize **3** SECUESTRAR : to abduct, to kidnap **4** : to captivate — *vi* ~ **en** : to break into
**roble** *nm* : oak
**robo** *nm* : robbery, theft ⟨robo de identidad : identity theft⟩
**robot** *nm, pl* **robots** : robot — **robótico, -ca** *adj*
**robótica** *nf* : robotics
**robustecer** {53} *vt* : to grow stronger, to strengthen
**robustez** *nf* : sturdiness, robustness
**robusto, -ta** *adj* : robust, sturdy
**roca** *nf* : rock, boulder
**roce**[1], **etc.** → **rozar**
**roce**[2] *nm* **1** : rubbing, chafing **2** : brush, graze, touch **3** : close contact, familiarity **4** : friction, disagreement
**rociador** *nm* : sprinkler
**rociar** {85} *vt* : to spray, to sprinkle
**rocío** *nm* **1** : dew **2** : shower, light rain
**rock** *or* **rock and roll** *nm* : rock, rock and roll
**rocola** *nf* : jukebox
**rocoso, -sa** *adj* : rocky
**rodada** *nf* : track (of a tire), rut
**rodado, -da** *adj* **1** : wheeled **2** : dappled (of a horse)
**rodadura** *nf* : rolling, taxiing
**rodaja** *nf* : round, slice
**rodaje** *nm* **1** : filming, shooting **2** : breaking in (of a vehicle)
**rodamiento** *nm* **1** : bearing ⟨rodamiento de bolas : ball bearings⟩ **2** : rolling
**rodante** *adj* : rolling
**rodar** {19} *vi* **1** : to roll, to roll down, to roll along ⟨rodé por la escalera : I tumbled down the stairs⟩ ⟨todo rodaba bien : everything was going along well⟩ **2** GIRAR : to turn, to go around **3** : to move about, to travel ⟨andábamos rodando por todas partes : we drifted along from place to place⟩ — *vt* **1** : to film, to shoot **2** : to break in (a new vehicle)
**rodear** *vt* **1** : to surround ⟨rodeado de montañas : surrounded by mountains⟩ **2** : to round up (cattle) — *vi* **1** : to go around **2** : to beat around the bush — **rodearse** *vr* ~ **de** : to surround oneself with
**rodeo** *nm* **1** : rodeo, roundup **2** DESVÍO : detour **3** : evasion ⟨andar con rodeos : to beat around the bush⟩ ⟨sin rodeos : without reservations⟩
**rodilla** *nf* : knee
**rodillera** *nf* : knee pad
**rodillo** *nm* **1** : roller **2** : rolling pin
**rododendro** *nm* : rhododendron
**roedor**[1], **-dora** *adj* : gnawing
**roedor**[2] *nm* : rodent
**roer** {69} *vt* **1** : to gnaw **2** : to eat away at, to torment
**rogar** {16} *vt* : to beg, to request — *vi* **1** : to beg, to plead **2** : to pray
**roiga, etc.** → **roer**
**rojez** *nf* : redness
**rojizo, -za** *adj* : reddish
**rojo**[1], **-ja** *adj* **1** : red **2 ponerse rojo** : to blush
**rojo**[2] *nm* : red
**rol** *nm* **1** : role **2** : list, roll
**rollizo, -za** *adj* : chubby, plump
**rollo** *nm* **1** : roll, coil ⟨un rollo de cinta : a roll of tape⟩ ⟨en rollo : rolled up⟩ **2** *fam* : roll of fat **3** *fam* : boring speech, lecture
**ROM** *nf, pl* **ROM** *or* **ROMs** : ROM
**romance** *nm* **1** : Romance language **2** : ballad **3** : romance **4 en buen romance** : simply stated, simply put
**romano, -na** *adj & n* : Roman
**romanticismo** *nm* : romanticism
**romántico, -ca** *adj* : romantic — **romántico, -ca** *n* — **románticamente** *adv*
**rombo** *nm* : rhombus
**romería** *nf* **1** : pilgrimage, procession **2** : crowd, gathering
**romero**[1], **-ra** *n* PEREGRINO : pilgrim
**romero**[2] *nm* : rosemary
**romo, -ma** *adj* : blunt, dull
**rompecabezas** *nms & pl* : puzzle, riddle
**rompecorazones** *nmfs & pl* : heartbreaker
**rompehielos** *nms & pl* : icebreaker (ship)
**rompehuelgas** *nmfs & pl* ESQUIROL : strikebreaker, scab
**rompenueces** *nms & pl* : nutcracker
**rompeolas** *ns & pl* : breakwater, jetty
**romper** {70} *vt* **1** : to break (a glass, a bone, etc.) **2** : to rip, to tear (cloth, paper) **3** : to break off (relations), to break (a contract) **4** : to break through/down (a door, etc.) **5** GASTAR : to wear out **6** : to break ⟨romper el hielo/silencio : to break the ice/silence⟩ — *vi* **1** : to break ⟨al romper del día : at the break of day⟩ **2** ~ **a** : to begin to, to burst out with ⟨romper a llorar : to burst into tears⟩ **3** ~ **con** : to break with (tradition, etc.), to break away from **4** ~ **con alguien** : to break up with someone — **romperse** *vr*
**rompope** *nm CA, Mex* : drink similar to eggnog
**ron** *nm* : rum
**roncar** {72} *vi* **1** : to snore **2** : to roar
**roncha** *nf* : rash
**ronco, -ca** *adj* **1** : hoarse **2** : husky (of the voice) — **roncamente** *adv*
**ronda** *nf* **1** : beat, patrol **2** : round (of drinks, of negotiations, of a game)
**rondar** *vt* **1** : to patrol **2** : to hang around ⟨siempre está rondando la calle : he's always hanging around the street⟩ **3** : to be approximately ⟨debe rondar los cincuenta : he must be about 50⟩ — *vi* **1** : to be on patrol **2** : to prowl around, to roam about
**ronque, etc.** → **roncar**

**ronquera** *nf* : hoarseness
**ronquido** *nm* **1** : snore **2** : roar
**ronronear** *vi* : to purr
**ronroneo** *nm* : purr, purring
**ronzal** *nm* : halter (for an animal)
**ronzar** {21} *v* : to munch, to crunch
**roña** *nf* **1** : mange **2** : dirt, filth **3** *fam* : stinginess
**roñoso, -sa** *adj* **1** : mangy **2** : dirty **3** *fam* : stingy
**ropa** *nf* **1** : clothes *pl*, clothing ⟨ropa sucia : dirty clothes, (dirty) laundry⟩ ⟨ropa de abrigo : warm clothes⟩ ⟨cambiarse de ropa : to change one's clothes, to get changed⟩ **2 ropa interior** : underwear
**ropaje** *nm* : apparel, garments *pl*, regalia
**ropero** *nm* ARMARIO, CLÓSET : wardrobe, closet
**rosa**[1] *adj* : rose-colored, pink
**rosa**[2] *nm* : rose, pink (color)
**rosa**[3] *nf* : rose (flower)
**rosáceo, -cea** *adj* : pinkish
**rosado**[1], **-da** *adj* **1** : pink **2 vino rosado** : rosé
**rosado**[2] *nm* : pink (color)
**rosal** *nm* : rosebush
**rosario** *nm* **1** : rosary **2** : series ⟨un rosario de islas : a string of islands⟩
**rosbif** *nm* : roast beef
**rosca** *nf* **1** : thread (of a screw) ⟨una tapa a rosca : a screw top⟩ **2** : ring, coil
**roscón** *nm, pl* **roscones** : ring-shaped cake
**roseta** *nf* : rosette
**rosetón** *nm, pl* **-tones** : rose window
**rosquilla** *nf* : ring-shaped pastry, doughnut
**rostro** *nm* : face, countenance
**rotación** *nf, pl* **-ciones** : rotation
**rotar** *vt* : to rotate, to turn — *vi* : to turn, to spin
**rotativo**[1], **-va** *adj* : rotary
**rotativo**[2] *nm* : newspaper
**rotatorio, -ria** *adj* → **rotativo**[1]
**roto**[1] *pp* → **romper**
**roto**[2], **-ta** *adj* **1** : broken **2** : ripped, torn
**rotonda** *nf* **1** : traffic circle, rotary **2** : rotunda
**rotor** *nm* : rotor
**rotoso, -sa** *adj Arg, Uru, Peru* : ragged, scruffy
**rótula** *nf* : kneecap
**rotulador** *nm Spain* **1** : felt-tip pen **2** : highlighter
**rotular** *vt* **1** : to head, to entitle **2** : to label
**rótulo** *nm* **1** : heading, title **2** : label, sign
**rotundo, -da** *adj* **1** REDONDO : round **2** : categorical, absolute ⟨un éxito rotundo : a resounding success⟩ — **rotundamente** *adv*
**rotura** *nf* : break, tear, fracture
**rough** [ˈruf, ˈraf] *nm* **el rough** : the rough (in golf)
**router** *nm, pl* **routers** : router (in computing)
**roya**[1] *nf* : plant rust
**roya**[2], **etc.** → **roer**
**rozado, -da** *adj* GASTADO : worn
**rozadura** *nf* **1** : scratch, abrasion **2** : rubbed spot, sore
**rozamiento** *nf* : rubbing, friction
**rozar** {21} *vt* **1** : to chafe, to rub against **2** : to border on, to touch on **3** : to graze, to touch lightly — **rozarse** *vr* ~ **con** *fam* : to rub shoulders with
**ruandés, -desa** *adj & n* : Rwandan
**rubéola** *nf* : German measles, rubella
**rubí** *nm, pl* **rubíes** : ruby
**rubicundo, -da** *adj* : ruddy ⟨una cara rubicunda : a ruddy face⟩
**rubio, -bia** *adj & n* : blond
**rublo** *nm* : ruble
**rubor** *nm* **1** : flush, blush **2** : blush, rouge
**ruborizarse** {21} *vr* : to blush
**rúbrica** *nf* : title, heading
**rubricar** {72} *vt* **1** : sign with a flourish ⟨firmado y rubricado : signed and sealed⟩ **2** : to endorse, to sanction
**rubro** *nm* **1** : heading, title **2** : line, area (in business)
**rucio, rucia** *adj* : gray
**rudeza** *nf* ASPEREZA : roughness, coarseness
**rudimentario, -ria** *adj* : rudimentary — **rudimentariamente** *adv*
**rudimento** *nm* : rudiment, basics *pl*
**rudo, -da** *adj* **1** : rough, harsh **2** : coarse, unpolished — **rudamente** *adv*
**rueda**[1], **etc.** → **rodar**
**rueda**[2] *nf* **1** : wheel **2** RODAJA : round slice **3** : circle, ring **4 rueda de andar** : treadmill **5 rueda de prensa** : press conference **6 ir sobre ruedas** : to go smoothly
**ruedita** *nf* : caster (on furniture)
**ruedo** *nm* **1** : bullring, arena **2** : rotation, turn **3** : hem
**ruega, ruegue etc.** → **rogar**
**ruego** *nm* : request, appeal, plea
**rufián** *nf, pl* **rufianes** : villain, scoundrel, ruffian
**rugby** *nm* : rugby
**rugido** *nm* : roar
**rugir** {35} *vi* : to roar
**rugoso, -sa** *adj* **1** : rough, bumpy **2** : wrinkled
**ruibarbo** *nm* : rhubarb
**ruido** *nm* : noise, sound
**ruidoso, -sa** *adj* : loud, noisy — **ruidosamente** *adv*
**ruin** *adj* **1** : base, despicable **2** : mean, stingy
**ruina** *nf* **1** : ruin, destruction ⟨llevar a alguien a la ruina : to ruin someone, to bring someone to ruin⟩ ⟨estar en la ruina : to be ruined⟩ **2** : ruin, downfall ⟨la avaricia será su ruina : greed will be his ruin⟩ **3** : collapse (of a building, etc.) ⟨amenazar ruina : to threaten to collapse⟩ **4 ruinas** *nfpl* : ruins, remains ⟨ruinas romanas : Roman ruins⟩ ⟨estar/quedar en ruinas : to be/lie in ruins⟩
**ruinoso, -sa** *adj* **1** : run-down, dilapidated **2** : ruinous, disastrous
**ruiseñor** *nm* : nightingale
**ruja, etc.** → **rugir**
**rulero** *nm Arg, Peru, Uru* : curler, roller

**ruleta** *nf* : roulette
**ruletero, -ra** *n Mex fam* : taxi driver
**rulo** *nm* : curler, roller
**ruma** *nf Chile, Peru, Ven* : pile, heap
**rumano, -na** *n* : Romanian, Rumanian
**rumba** *nf* : rumba
**rumbo** *nm* **1** : direction, course ⟨con rumbo a : bound for, heading for⟩ ⟨perder el rumbo : to go off course, to lose one's bearings⟩ ⟨sin rumbo : aimless, aimlessly⟩ **2** : ostentation, pomp **3** : lavishness, generosity
**rumiante** *adj & nm* : ruminant
**rumiar** *vt* : to ponder, to mull over — *vi* **1** : to chew the cud **2** : to ruminate, to ponder
**rummy** *nm* : rummy (card game)
**rumor** *nm* **1** : rumor **2** : murmur
**rumorearse** *or* **rumorarse** *vr* : to be rumored ⟨se rumorea que se va : rumor has it that she's leaving⟩ — **rumoreado, -da** *adj*
**rumoroso, -sa** *adj* : murmuring, babbling ⟨un arroyo rumoroso : a babbling brook⟩
**rupestre** *adj* : cave ⟨pinturas rupestres : cave paintings⟩
**rupia** *nf* : rupee
**ruptura** *nf* **1** : break **2** : breaking, breach (of a contract) **3** : breaking off, breakup
**rural** *adj* : rural
**ruso**[1], **-sa** *adj & n* : Russian
**ruso**[2] *nm* : Russian (language)
**rústico**[1], **-ca** *adj* : rural, rustic
**rústico**[2], **-ca** *n* : rustic, country dweller
**ruta** *nf* : route
**rutina** *nf* : routine, habit
**rutinario, -ria** *adj* : routine, ordinary ⟨visita rutinaria : routine visit⟩ — **rutinariamente** *adv*

# S

**s** *nf* : twenty-second letter of the Spanish alphabet
**sábado** *nm* **1** : Saturday ⟨el sábado : (on) Saturday⟩ ⟨los sábados : (on) Saturdays⟩ ⟨cada (dos) sábados : every (other) Saturday⟩ ⟨el sábado pasado : last Saturday⟩ ⟨el próximo sábado : next Saturday⟩ **2** : Sabbath
**sábalo** *nm* : shad
**sabana** *nf* : savanna
**sábana** *nf* : sheet, bedsheet
**sabandija** *nf* BICHO : bug, small reptile, pesky creature
**sabático, -ca** *adj* : sabbatical
**sabedor, -dora** *adj* : aware, informed
**sabelotodo** *nmf fam* : know-it-all
**saber**[1] {71} *vt* **1** : to know ⟨no lo sé : I don't know⟩ ⟨no sé qué decirte : I don't know what to tell you⟩ ⟨no sabes lo que te espera : you don't know what you're in for⟩ ⟨saber la respuesta : to know the answer⟩ ⟨sabe mucho de política : he knows a lot about politics⟩ ⟨¿sabes dónde está? : do you know where it is?⟩ ⟨creo que no, pero ¿qué sé yo? : I don't think so, but what do I know?⟩ ⟨quién sabe qué va a pasar : who knows what will happen⟩ **2** : to know how to, to be able to ⟨sabe tocar el violín : she can play the violin⟩ **3** : to learn, to find out ⟨lo supe ayer : I found out yesterday⟩ ⟨no sé nada de ellos : I haven't heard from them⟩ **4 a ~** : to wit, namely **5 que yo sepa** : as far as I know **6 qué sé yo** ⟨diamantes, perlas, y qué sé yo : diamonds, pearls, and whatnot⟩ ⟨y qué sé yo dónde : and who knows where (else)⟩ — *vi* **1** : to know, to suppose ⟨¿quién sabe? : who knows?⟩ ⟨nunca se sabe : you never know, one never knows⟩ **2** : to be informed ⟨supimos del desastre : we heard about the disaster⟩ **3** : to taste ⟨esto no sabe bien : this doesn't taste right⟩ **4 ~ a** : to taste like ⟨sabe a naranja : it tastes like orange⟩ — **saberse** *vr* : to know ⟨ese chiste no me lo sé : I don't know that joke⟩
**saber**[2] *nm* : knowledge, learning
**sabiamente** *adv* : wisely
**sabido, -da** *adj* : well-known
**sabiduría** *nf* **1** : wisdom **2** : learning, knowledge
**sabiendas** *adv* **1 a ~** : knowingly **2 a sabiendas de que** : knowing full well that
**sabihondo, -da** *n fam* : know-it-all
**sabio**[1], **-bia** *adj* **1** PRUDENTE : wise, sensible **2** DOCTO : learned
**sabio**[2], **-bia** *n* **1** : wise person **2** : learned person
**sable** *nm* : saber, cutlass
**sablear** *vt* **1** : to bum, to scrounge, to sponge **2** : to scrounge off, to sponge off
**sabor** *nm* **1** : flavor, taste **2 sin ~** : flavorless
**saborear** *vt* **1** : to taste, to savor **2** : to enjoy, to relish
**saborizante** *nm* : flavor, flavoring
**sabotaje** *nm* : sabotage
**saboteador, -dora** *n* : saboteur
**sabotear** *vt* : to sabotage
**sabrá, etc.** → **saber**
**sabroso, -sa** *adj* **1** RICO : delicious, tasty **2** AGRADABLE : pleasant, nice, lovely
**sabueso** *nm* **1** : bloodhound **2** *fam* : detective, sleuth
**sacacorchos** *nms & pl* : corkscrew
**sacapuntas** *nms & pl* : pencil sharpener
**sacar** {72} *vt* **1** : to pull out, to take out ⟨saca el pollo del congelador : take the chicken out of the freezer⟩ ⟨me sacaron de la cama : they dragged me out of bed⟩ ⟨sacó un as : he drew an ace⟩ ⟨sacar la basura : to take out the garbage⟩ ⟨¡sácalo de la casa! : get it out of the

house!⟩ **2** : to get, to obtain ⟨saqué un 100 en el examen : I got 100 on the exam⟩ ⟨sacó cuatro puntos de ventaja : she got a four-point lead⟩ **3** : to get out, to extract ⟨le saqué la información : I got the information from him⟩ ⟨sacar sangre : to draw blood⟩ ⟨me sacó de un apuro : she got me out of a jam⟩ ⟨sacar provecho de : to benefit from⟩ **4** : to take (someone) out ⟨lo saqué a comer : I took him out to eat⟩ ⟨la sacó a bailar : he asked her to dance⟩ **5** : to stick out ⟨sacar la lengua : to stick out one's tongue⟩ **6** : to bring out, to introduce ⟨sacar un libro : to publish a book⟩ ⟨sacaron una moda nueva : they introduced a new style⟩ ⟨sacar algo a la venta : to release something for sale⟩ ⟨sacar a relucir un tema : to bring up a topic⟩ **7** : to take (a photo, a shot) **8** : to make (copies) **9** RETIRAR : to withdraw (money) **10** : to draw, to reach (a conclusion) **11** CALCULAR : to work out, to tally up **12 sacar adelante** AVANZAR : to get started, to move forward **13 sacar adelante** MANTENER : to support, to keep afloat **14 sacar de encima** : to get rid of — *vi* **1** : to kick off (in soccer or football) **2** : to serve (in sports)

**sacarina** *nf* : saccharin

**sacarosa** *nf* : sucrose

**sacerdocio** *nm* : priesthood

**sacerdotal** *adj* : priestly

**sacerdote, -tisa** *n* : priest *m*, priestess *f*

**saciar** *vt* **1** HARTAR : to sate, to satiate **2** SATISFACER : to satisfy

**saciedad** *nf* **1** : fullness ⟨comer hasta la saciedad : to eat one's fill⟩ **2 hacer algo hasta la saciedad** : to do something ad nauseam

**saco** *nm* **1** : bag, sack **2** : sac **3** : jacket, sport coat

**sacramento** *nm* : sacrament — **sacramental** *adj*

**sacrificar** {72} *vt* **1** : to sacrifice **2** : to euthanize, to put down — **sacrificarse** *vr* : to sacrifice oneself, to make sacrifices

**sacrificio** *nm* : sacrifice

**sacrilegio** *nm* : sacrilege

**sacrílego, -ga** *adj* : sacrilegious

**sacristán** *nm, pl* **-tanes** : sexton

**sacristía** *nf* : vestry

**sacro, -cra** *adj* SAGRADO : sacred ⟨arte sacro : sacred art⟩

**sacrosanto, -ta** *adj* : sacrosanct

**sacudida** *nf* **1** : shaking **2** : jerk, jolt, shock **3** : shake-up, upheaval

**sacudir** *vt* **1** : to shake, to beat **2** : to jerk, to jolt **3** : to dust off **4** CONMOVER : to shake up, to shock — **sacudirse** *vr* : to shake off

**sacudón** *nm, pl* **-dones** : intense jolt or shake-up

**sádico¹, -ca** *adj* : sadistic

**sádico², -ca** *n* : sadist

**sadismo** *nm* : sadism

**safari** *nm* : safari

**saga** *nf* : saga

**sagacidad** *nf* : shrewdness

**sagaz** *adj, pl* **sagaces** PERSPICAZ : shrewd, discerning, sagacious

**sagazmente** *adv* : shrewdly

**Sagitario¹** *nm* : Sagittarius (sign or constellation)

**Sagitario²** *nmf* : Sagittarius (person)

**sagrado, -da** *adj* : sacred, holy

**sainete** *nm* : comedy sketch, one-act farce ⟨este proceso es un sainete : these proceedings are a farce⟩

**sajar** *vt* : to lance, to cut open

**sal¹** → **salir**

**sal²** *nf* **1** : salt **2** *CA, Mex* : misfortune, bad luck

**sala** *nf* **1** : living room **2** : room, hall ⟨sala de conferencias : lecture hall⟩ ⟨sala de urgencias : emergency room⟩ ⟨sala de baile : ballroom⟩

**salado, -da** *adj* **1** : salty **2 agua salada** : salt water

**salamandra** *nf* : salamander

**salami** *nm* : salami

**salar** *vt* **1** : to salt **2** : to spoil, to ruin **3** *CoRi, Mex* : to jinx, to bring bad luck

**salarial** *adj* : salary, salary-related

**salario** *nm* **1** : salary **2 salario mínimo** : minimum wage

**salaz** *adj, pl* **salaces** : salacious, lecherous

**salchicha** *nf* **1** : sausage **2** : frankfurter, wiener

**salchichón** *nf, pl* **-chones** : a type of deli meat

**salchichonería** *nf Mex* **1** : delicatessen **2** : cold cuts *pl*

**saldar** *vt* : to settle, to pay off ⟨saldar una cuenta : to settle an account⟩

**saldo** *nm* **1** : settlement, payment **2** : balance ⟨saldo de cuenta : account balance⟩ **3** : remainder, leftover merchandise

**saldrá, etc.** → **salir**

**salero** *nm* **1** : salt shaker **2** : wit, charm

**salga, etc.** → **salir**

**salida** *nf* **1** : exit ⟨salida de emergencia/incendios : emergency/fire exit⟩ ⟨una calle sin salida : a dead-end street⟩ **2** : leaving, departure **3** SOLUCIÓN : way out, solution **4** : start (of a race) **5** OCURRENCIA : wisecrack, joke **6 salida del sol** : sunrise

**salido** *adj* : protuding

**saliente¹** *adj* **1** : departing, outgoing **2** : projecting **3** DESTACADO : salient, prominent

**saliente²** *nm* **1** : projection, protrusion **2 ventana en saliente** : bay window

**salinidad** *nf* : salinity, saltiness

**salino, -na** *adj* : saline ⟨solución salina : saline solution⟩

**salir** {73} *vi* **1** : to go out, to come out, to get out ⟨salió del edificio : she came/went out of the building⟩ ⟨salí a la calle : I went outside⟩ ⟨salimos todas las noches : we go out every night⟩ ⟨salimos a desayunar : we went out for breakfast⟩ ⟨me ayudó a salir del apuro : he helped me out of a jam⟩ ⟨salieron ilesos : they escaped unharmed⟩ ⟨por la tarde salió el sol : in the afternoon the sun came out⟩

2 PARTIR : to leave, to depart ⟨salí de casa a las seis : I left home at six (o'clock)⟩ ⟨salió del hospital : she's out of the hospital⟩ ⟨salieron para Bogotá : they left for Bogotá⟩ ⟨salió a buscarla : he went to go pick her up⟩ ⟨¿a qué hora sale el vuelo? : what time does the flight leave?⟩ ⟨salió corriendo : she took off running⟩ 3 APARECER : to appear ⟨salió en todos los diarios : it came out in all the papers⟩ ⟨le están saliendo los dientes : she's teething⟩ ⟨me salen canas : I'm going gray, I'm getting gray hairs⟩ ⟨le salen granos : she breaks out, she gets pimples⟩ ⟨le salió un sarpullido : he broke out in a rash⟩ 4 : to come out, to become available ⟨su libro acaba de salir : her book just came out⟩ ⟨salir a la venta : to be released (for sale)⟩ 5 : to rise (of the sun) 6 : to come up (of a topic), to come out (of news) ⟨salir a relucir : to come out, to come to light⟩ 7 : to project, to stick out 8 : to cost, to come to ⟨sale muy caro : it's very expensive⟩ 9 RESULTAR : to turn out, to prove ⟨salir bien/mal : to turn out well/badly⟩ 10 : to come up, to occur ⟨salga lo que salga : whatever happens⟩ ⟨salió una oportunidad : an opportunity came up⟩ 11 ~ **a** : to take after, to look like, to resemble **12 salir adelante** : to overcome difficulties, to advance ⟨salir adelante en la vida : to get ahead in life⟩ ⟨es difícil, pero saldremos adelante : it's difficult, but we'll get through it⟩ ⟨sin ello el país/proyecto no saldrá adelante : without it the country/project won't move forward⟩ 13 ~ **con** : to go out with, to date — **salirse** *vr* 1 : to escape, to get out, to leak out 2 : to come loose, to come off **3 salirse con la suya** : to get one's own way

**saliva** *nf* : saliva

**salival** *adj* : salivary ⟨glándula salival : salivary gland⟩

**salivar** *vi* : to salivate

**salmo** *nm* : psalm

**salmodia** *nf* : chant

**salmodiar** *v* : to chant

**salmón**[1] *adj* : salmon-colored

**salmón**[2] *nm, pl* **salmones** : salmon

**salmuera** *nf* : brine

**salobre** *adj* : brackish, briny

**salón** *nm, pl* **salones** 1 : hall, large room ⟨salón de clase : classroom⟩ ⟨salón de baile : ballroom⟩ 2 : salon ⟨salón de belleza : beauty salon⟩ 3 : parlor, sitting room

**salpicadera** *nf Mex* : fender

**salpicadero** *nm Spain* : dashboard

**salpicadura** *nf* : spatter, splash

**salpicar** {72} *vt* 1 : to spatter, to splash 2 : to sprinkle, to scatter about

**salpimentar** {55} *vt* 1 : to season (with salt and pepper) 2 : to spice up

**salpullido** → **sarpullido**

**salsa** *nf* 1 : sauce ⟨salsa picante : hot sauce⟩ ⟨salsa inglesa : Worcestershire sauce⟩ ⟨salsa tártara : tartar sauce⟩ 2 : gravy 3 : salsa (music) **4 salsa mexicana** : salsa (sauce)

**salsero, -ra** *n* : salsa musician

**saltador, -dora** *n* : jumper

**saltamontes** *nms & pl* : grasshopper

**saltar** *vi* 1 BRINCAR : to jump, to leap ⟨saltó de la silla : he jumped out of his chair⟩ ⟨el gato saltó sobre el ratón : the cat pounced on the mouse⟩ ⟨saltó a la fama : she rose to fame⟩ 2 REBOTAR : to bounce 3 : to come off, to pop out ⟨el corcho saltó de la botella : the cork popped out of the bottle⟩ 4 : to shatter, to break 5 : to explode, to blow up 6 : to jump, to increase ⟨saltó de 500.000 a un millón : it jumped from 500,000 to a million⟩ **7 saltar a la vista** : to be glaringly obvious **8 saltar de alegría** : to jump for joy — *vt* 1 : to jump, to jump over ⟨saltó la reja : he jumped over the railing⟩ 2 : to skip, to miss — **saltarse** *vr* 1 OMITIR : to skip, to omit ⟨me salté ese capítulo : I skipped that chapter⟩ 2 : to come off, to fall off

**saltarín, -rina** *adj, mpl* **-rines** : leaping, hopping ⟨frijol saltarín : jumping bean⟩

**salteado, -da** *adj* 1 : sautéed 2 : jumbled up ⟨los episodios se transmitieron salteados : the episodes were broadcast in random order⟩

**salteador** *nm* : highwayman

**saltear** *vt* 1 SOFREÍR : to sauté 2 : to skip around, to skip over

**saltimbanqui** *nmf* : acrobat

**salto** *nm* 1 BRINCO : jump, leap, skip 2 : jump, dive (in sports) ⟨salto de longitud, salto (en) largo : long jump⟩ 3 : gap, omission **4 dar saltos** : to jump up and down **5** *or* **salto de agua** CATARATA : waterfall

**saltón, -tona** *adj, mpl* **saltones** : bulging, protruding

**salubre** *adj* : healthful, salubrious

**salubridad** *nf* : healthiness, health

**salud** *nf* 1 : health ⟨buena salud : good health⟩ 2 **¡salud!** : bless you! (when someone sneezes) 3 **¡salud!** : cheers!, to your health!

**saludable** *adj* 1 SALUBRE : healthful 2 SANO : healthy, well

**saludar** *vt* 1 : to greet, to say hello to 2 : to salute — **saludarse** *vr*

**saludo** *nm* 1 : greeting, regards *pl* 2 : salute

**salutación** *nf, pl* **-ciones** : salutation

**salva** *nf* 1 : salvo, volley **2 salva de aplausos** : round of applause

**salvación** *nf, pl* **-ciones** 1 : salvation 2 RESCATE : rescue

**salvado** *nm* : bran

**salvador, -dora** *n* 1 : savior, rescuer 2 **el Salvador** : the Savior

**salvadoreño, -ña** *adj & n* : Salvadoran, El Salvadoran

**salvaguardar** *vt* : to safeguard

**salvaguardia** *or* **salvaguarda** *nf* : safeguard, defense

**salvajada** *nf* ATROCIDAD : atrocity, act of savagery

**salvaje**[1] *adj* 1 : wild ⟨animales salvajes : wild animals⟩ 2 : savage, cruel 3 : primitive, uncivilized

**salvaje²** *nmf* : savage
**salvajismo** *nm* : savagery
**salvamanteles** *nms & pl* : trivet
**salvamento** *nm* **1** : rescuing, lifesaving **2** : salvation **3** : refuge
**salvapantallas** *nms & pl* : screen saver
**salvar** *vt* **1** : to save, to rescue **2** : to cover (a distance) **3** : to get around (an obstacle), to overcome (a difficulty) **4** : to cross, to jump across **5 salvando** : except for, excluding — **salvarse** *vr* **1** : to survive, to escape **2** : to save one's soul
**salvavidas¹** *nms & pl* **1** : life preserver **2 bote salvavidas** : lifeboat
**salvavidas²** *nmf* : lifeguard
**salvedad** *nf* **1** EXCEPCIÓN : exception **2** : proviso, stipulation
**salvia** *nf* : sage (plant)
**salvo¹, -va** *adj* **1** : unharmed, sound ⟨sano y salvo : safe and sound⟩ **2 a ~** : safe from danger
**salvo²** *prep* **1** EXCEPTO : except (for), save ⟨todos asistirán salvo Jaime : all will attend except for Jaime⟩ **2 salvo que** : unless ⟨salvo que llueva : unless it rains⟩
**salvoconducto** *nm* : safe-conduct
**samba** *nf* : samba
**San** *adj* → **santo¹**
**sanar** *vt* : to heal, to cure — *vi* : to get well, to recover
**sanatorio** *nm* **1** : sanatorium **2** : clinic, private hospital
**sanción** *nf, pl* **sanciones** : sanction
**sancionar** *vt* **1** : to penalize, to impose a sanction on **2** : to sanction, to approve
**sancochar** *vt* : to parboil
**sandalia** *nf* : sandal
**sándalo** *nm* : sandalwood
**sandez** *nf, pl* **sandeces** ESTUPIDEZ : nonsense, silly thing to say
**sandía** *nf* : watermelon
**sandwich** [ˈsandwitʃ, ˈsaŋgwitʃ] *nm, pl* **sandwiches** [-dwitʃɛs, -gwi-] EMPAREDADO : sandwich
**saneamiento** *nm* **1** : cleaning up, sanitation **2** : reorganizing, streamlining
**sanear** *vt* **1** : to clean up, to sanitize **2** : to reorganize, to streamline
**sangrante** *adj* **1** : bleeding **2** : flagrant, blatant
**sangrar** *vi* : to bleed — *vt* : to indent (a paragraph, etc.)
**sangre** *nf* **1** : blood **2 a sangre fría** : in cold blood **3 a sangre y fuego** : by violent force **4 pura sangre** : thoroughbred
**sangría** *nf* **1** : bleeding (in medicine) **2** : sangria (wine punch) **3** : drain, draining ⟨una sangría fiscal : a financial drain⟩ **4** : indentation, indenting
**sangriento, -ta** *adj* **1** : bloody **2** : cruel
**sanguijuela** *nf* **1** : leech, bloodsucker **2** : sponger, leech
**sanguinario, -ria** *adj* : bloodthirsty
**sanguíneo, -nea** *adj* **1** : blood ⟨vaso sanguíneo : blood vessel⟩ **2** : sanguine, ruddy
**sanidad** *nf* **1** : health **2** : public health, sanitation
**sanitario¹, -ria** *adj* **1** : sanitary **2** : health ⟨centro sanitario : health center⟩
**sanitario², -ria** *n* : sanitation worker
**sanitario³** *nm Col, Mex, Ven* : toilet ⟨los sanitarios : the toilets, the restroom⟩
**sano, -na** *adj* **1** SALUDABLE : healthy **2** : wholesome **3** : whole, intact
**santiaguino, -na** *adj* : of or from Santiago, Chile
**santiamén** *nm* **en un santiamén** : in no time at all
**santidad** *nf* : holiness, sanctity
**santificar** {72} *vt* : to sanctify, to consecrate, to hallow
**santiguarse** {10} *vr* PERSIGNARSE : to cross oneself
**santo¹, -ta** *adj* **1** : holy, saintly ⟨el Santo Padre : the Holy Father⟩ ⟨una vida santa : a saintly life⟩ **2 Santo, Santa** (*San before names of masculine saints except those beginning with D or T*) : Saint ⟨Santa Clara : Saint Claire⟩ ⟨Santo Tomás : Saint Thomas⟩ ⟨San Francisco : Saint Francis⟩
**santo², -ta** *n* : saint
**santo³** *nm* **1** : saint's day **2** CUMPLEAÑOS : birthday
**santuario** *nm* : sanctuary
**santurrón, -rrona** *adj, mpl* **-rrones** : overly pious, sanctimonious — **santurronamente** *adv*
**saña** *nf* **1** : fury, rage **2** : viciousness ⟨con saña : viciously⟩
**sapo** *nm* : toad
**saque¹, etc.** → **sacar**
**saque²** *nm* **1** : kickoff (in soccer or football) **2** : serve, service (in sports)
**saqueador, -dora** *n* DEPREDADOR : plunderer, looter
**saquear** *vt* : to sack, to plunder, to loot
**saqueo** *nm* : sacking, plunder, looting
**sarampión** *nm* : measles *pl*
**sarape** *nm CA, Mex* : blanket (worn as a poncho)
**sarcasmo** *nm* : sarcasm
**sarcástico, -ca** *adj* : sarcastic
**sarcófago** *nm* : sarcophagus
**sardina** *nf* : sardine
**sardónico, -ca** *adj* : sardonic
**sarga** *nf* : serge
**sargento** *nmf* : sergeant
**sari** *nm* : sari
**sarna** *nf* : mange
**sarnoso, -sa** *adj* : mangy
**sarpullido** *nm* ERUPCIÓN : rash
**sarro** *nm* **1** : deposit, coating **2** : tartar, plaque
**sarta** *nf* **1** : string, series (of insults, etc.) **2** : string (of pearls, etc.)
**sartén** *nmf, pl* **sartenes** **1** : frying pan **2 tener la sartén por el mango** : to call the shots, to be in control
**sasafrás** *nm* : sassafras
**sastre, -tra** *n* : tailor
**sastrería** *nf* **1** : tailoring **2** : tailor's shop
**Satanás** *or* **Satán** *nm* : Satan, the devil
**satánico, -ca** *adj* : satanic
**satélite** *nm* : satellite
**satín** *or* **satén** *nm, pl* **satines** *or* **satenes** : satin

**satinado, -da** *adj* : satin, glossy
**sátira** *nf* : satire
**satírico, -ca** *adj* : satirical, satiric
**satirizar** {21} *vt* : to satirize
**sátiro** *nm* : satyr
**satisfacción** *nf, pl* **-ciones** : satisfaction
**satisfacer** {74} *vt* **1** : to satisfy **2** : to fulfill, to meet **3** : to pay, to settle — **satisfacerse** *vr* **1** : to be satisfied **2** : to take revenge
**satisfactorio, -ria** *adj* : satisfactory — **satisfactoriamente** *adv*
**satisfecho, -cha** *adj* : satisfied, content, pleased
**saturación** *nf, pl* **-ciones** : saturation
**saturar** *vt* **1** : to saturate, to fill up **2** : to satiate, to surfeit
**saturnismo** *nm* : lead poisoning
**Saturno** *nm* : Saturn
**sauce** *nm* : willow
**saúco** *nm* : elder (tree)
**saudí** *or* **saudita** *adj & nmf* : Saudi, Saudi Arabian
**sauna** *nmf* : sauna
**savia** *nf* : sap
**saxo**[1] *nm fam* : sax *fam*, saxophone
**saxo**[2] *nmf fam* : sax player *fam*, saxophone player
**saxofón** *nm, pl* **-fones** : saxophone — **saxofonista** *nmf*
**sazón**[1] *nf, pl* **sazones** **1** : flavor, seasoning **2** : ripeness, maturity ⟨en sazón : in season, ripe⟩ **3 a la sazón** : at that time, then
**sazón**[2] *nmf, pl* **sazones** *Mex* : flavor, seasoning
**sazonar** *vt* CONDIMENTAR : to season, to spice
**scanner** [es'kaner] → **escáner**
**scout** [es'kaut] *nmf, pl* **scouts** : scout
**se** *pron* **1** : to him, to her, to you, to them ⟨se los daré a ella : I'll give them to her⟩ **2** : each other, one another ⟨se abrazaron : they hugged each other⟩ **3** : himself, herself, itself, yourself, yourselves, themselves ⟨se afeitó antes de salir : he shaved before leaving⟩ **4** (*used in passive constructions*) ⟨se dice que es hermosa : they say she's beautiful⟩ ⟨se habla inglés : English spoken⟩
**sé** → **saber, ser**
**sea, etc.** → **ser**
**sebo** *nm* **1** : grease, fat **2** : tallow **3** : suet
**secado** *nm* : drying
**secador** *nm* : hair dryer
**secadora** *nf* **1** : dryer, clothes dryer **2** *Mex* : hair dryer
**secamente** *adv* : curtly, brusquely
**secante** *nm* : blotting paper, blotter
**secar** {72} *v* : to dry — **secarse** *vr* **1** : to get dry **2** : to dry up
**sección** *nf, pl* **secciones** **1** : section ⟨sección transversal : cross section⟩ **2** : department, division
**seccionar** *vt* : to section, to divide
**seco, -ca** *adj* **1** : dry **2** DISECADO : dried ⟨fruta seca : dried fruit⟩ **3** : thin, lean **4** : curt, brusque **5** : sharp ⟨un golpe seco : a sharp blow⟩ **6** : dry, alcohol-free **7 a secas** : simply, just ⟨se llama Chico, a secas : he's just called Chico⟩ **8 en ~** : abruptly, suddenly ⟨frenar en seco : to make a sudden stop⟩
**secoya** *nf* : sequoia, redwood
**secreción** *nf, pl* **-ciones** : secretion
**secretar** *vt* : to secrete
**secretaría** *nf* **1** : secretariat, administrative department **2** *Mex* : ministry, cabinet office
**secretariado** *nm* **1** : secretariat **2** : secretarial profession
**secretario, -ria** *n* : secretary — **secretarial** *adj*
**secreto**[1], **-ta** *adj* : secret — **secretamente** *adv*
**secreto**[2] *nm* **1** : secret **2** : secrecy
**secta** *nf* : sect
**sectario, -ria** *adj & n* : sectarian
**sector** *nm* : sector
**secuaz** *nmf, pl* **secuaces** : follower, henchman, underling
**secuela** *nf* : consequence, sequel ⟨las secuelas de la guerra : the aftermath of the war⟩
**secuencia** *nf* : sequence
**secuestrador, -dora** *n* **1** : kidnapper, abductor **2** : hijacker
**secuestrar** *vt* **1** RAPTAR : to kidnap, to abduct **2** : to hijack, to commandeer **3** CONFISCAR : to confiscate, to seize
**secuestro** *nm* **1** RAPTO : kidnapping, abduction **2** : hijacking **3** : seizure, confiscation
**secular** *adj* : secular — **secularismo** *nm* — **secularización** *nf*
**secundar** *vt* : to support, to second
**secundaria** *nf* **1** : secondary education, high school **2** *Mex* : junior high school, middle school
**secundario, -ria** *adj* : secondary
**secuoya** *nf* : sequoia
**sed** *nf* **1** : thirst ⟨tener sed : to be thirsty⟩ **2 tener sed de** : to hunger for, to thirst for
**seda** *nf* : silk
**sedación** *nf, pl* **-ciones** : sedation
**sedal** *nm* : fishing line
**sedán** *nm, pl* **sedanes** : sedan
**sedante** *adj & nm* CALMANTE : sedative
**sedar** *vt* : to sedate
**sede** *nf* **1** : seat, headquarters **2** : venue, site **3 la Santa Sede** : the Holy See
**sedentario, -ria** *adj* : sedentary
**sedición** *nf, pl* **-ciones** : sedition — **sedicioso, -sa** *adj*
**sediento, -ta** *adj* : thirsty, thirsting
**sedimento** *nm* : sediment — **sedimentario, -ria** *adj* — **sedimentación** *nf*
**sedoso, -sa** *adj* : silky, silken
**seducción** *nf, pl* **-ciones** : seduction
**seducir** {61} *vt* **1** : to seduce **2** : to captivate, to charm
**seductivo, -va** *adj* : seductive
**seductor**[1], **-tora** *adj* **1** SEDUCTIVO : seductive **2** ENCANTADOR : charming, alluring
**seductor**[2], **-tora** *n* : seducer
**segador**[1], *nm* : daddy longlegs
**segador**[2], **-dora** *n* : harvester

**segar** {49} *vt* **1** : to reap, to harvest, to cut **2** : to sever abruptly ⟨una vida segada por la enfermedad : a life cut short by illness⟩
**seglar**[1] *adj* LAICO : lay, secular
**seglar**[2] *nm* LAICO : layperson, layman *m*, laywoman *f*
**segmentado, -da** *adj* : segmented
**segmento** *nm* : segment
**segregación** *nf, pl* **-ciones** : segregation
**segregar** {52} *vt* **1** : to segregate **2** SECRETAR : to secrete
**seguida** *nf* **en ~** : right away, immediately ⟨vuelvo en seguida : I'll be right back⟩
**seguidamente** *adv* **1** : next, immediately after **2** : without a break, continuously
**seguido**[1] *adv* **1** RECTO : straight, straight ahead **2** : often, frequently
**seguido**[2], **-da** *adj* **1** CONSECUTIVO : consecutive, successive ⟨tres días seguidos : three days in a row⟩ **2** : straight, unbroken **3 ~ por** *or* **~ de** : followed by
**seguidor, -dora** *n* : follower, supporter
**seguimiento** *nm* **1** : following, pursuit **2** : continuation ⟨darle seguimiento a : to follow up (on)⟩ **3** : tracking, monitoring
**seguir** {75} *vt* **1** : to follow ⟨el policía los siguió : the policeman followed them⟩ ⟨me siguieron con la mirada : they followed me with their eyes⟩ ⟨seguiré tu consejo : I'll follow your advice⟩ ⟨seguir el ejemplo de : to follow the example of⟩ ⟨me cuesta seguirle el ritmo : I have trouble keeping up with her⟩ ⟨seguir el procedimiento : to follow procedure⟩ ⟨en los meses que siguieron a la tragedia : in the months that followed the tragedy⟩ **2** : to go along, to keep on ⟨seguimos toda la carretera panamericana : we continued along the PanAmerican Highway⟩ ⟨siguió hablando : he kept on talking⟩ ⟨sigue aumentando : it continues to increase⟩ ⟨lo sigue creyendo : he still believes it⟩ ⟨seguir el curso : to stay on course⟩ **3** : to take (a course, a treatment) — *vi* **1** : to go on, to keep going ⟨sigue adelante : keep going, carry on⟩ ⟨sigue derecho : keep going straight⟩ **2** : to remain, to continue to be ⟨¿todavía sigues aquí? : you're still here?⟩ ⟨sigue con vida : she's still alive⟩ ⟨todo sigue igual : everything's still the same⟩ ⟨seguimos a la espera de noticias : we're still awaiting news⟩ **3** : to follow, to come after ⟨la frase que sigue : the following sentence⟩ ⟨¿qué sigue después? : what comes next?⟩
**según**[1] *adv* : it depends ⟨según y como : it all depends on⟩
**según**[2] *conj* **1** COMO, CONFORME : as, just as ⟨según lo dejé : just as I left it⟩ ⟨hace anotaciones según va leyendo : she makes notes as she reads⟩ **2** : depending on how ⟨según se vea : depending on how one sees it⟩
**según**[3] *prep* **1** : according to ⟨según los rumores : according to the rumors⟩ **2** : depending on ⟨según los resultados : depending on the results⟩
**segundero** *nm* : second hand (on a clock)
**segundo**[1], **-da** *adj* : second ⟨el segundo lugar : second place⟩ ⟨el segundo piso : the second floor⟩ ⟨llegó la segunda : she came in second⟩
**segundo**[2], **-da** *n* **1** : second (in a series) **2** : second (person), second in command
**segundo**[3] *nm* : second ⟨sesenta segundos : sixty seconds⟩
**seguramente** *adv* **1** : for sure, surely **2** : probably
**seguridad** *nf* **1** : safety (against accidents, etc.), security (against attacks, etc.) ⟨seguridad ciudadana : public safety⟩ ⟨seguridad nacional : national security⟩ ⟨de alta/máxima seguridad : high/maximum security⟩ ⟨medidas de seguridad : safety/security measures⟩ **2** : (financial) security ⟨seguridad social : Social Security⟩ **3** CERTEZA : certainty, assurance ⟨con toda seguridad : with complete certainty⟩ **4** : confidence, self-confidence
**seguro**[1] *adv* : certainly, definitely ⟨va a llover, seguro : it's going to rain for sure⟩ ⟨¡seguro que sí! : of course!⟩
**seguro**[2], **-ra** *adj* **1** : safe, secure **2** : sure, certain ⟨estoy segura que es él : I'm sure that's him⟩ **3** : reliable, trustworthy **4** : self-assured
**seguro**[3] *nm* **1** : insurance ⟨seguro de vida : life insurance⟩ **2** : fastener, clasp **3** *Mex* : safety pin
**seis**[1] *adj & nm* : six ⟨tiene seis años : she's six (years old)⟩ ⟨el seis de agosto : (on) the sixth of August, (on) August sixth⟩
**seis**[2] *pron* : six ⟨somos seis : there are six of us⟩ ⟨son las seis : it's six o'clock⟩
**seiscientos**[1], **-tas** *adj & pron* : six hundred
**seiscientos**[2] *nms & pl* : six hundred
**seismo** *nm Spain* : earthquake
**selección** *nf, pl* **-ciones** **1** ELECCIÓN : selection, choice **2 selección natural** : natural selection
**seleccionador, -dora** *n* : manager (in sports)
**seleccionar** *vt* ELEGIR : to select, to choose
**selectividad** *nf Spain* : entrance examination
**selectivo, -va** *adj* : selective — **selectivamente** *adv*
**selecto, -ta** *adj* **1** : choice, select **2** EXCLUSIVO : exclusive
**selenio** *nm* : selenium
**selfie** *or* **selfi** [ˈselfi] *nm* : selfie
**self–service** [selfˈserbis] *nm* : self-service restaurant
**sellar** *vt* **1** : to seal **2** : to stamp
**sello** *nm* **1** : seal **2** ESTAMPILLA, TIMBRE : postage stamp **3** : hallmark, characteristic
**selva** *nf* **1** BOSQUE : woods *pl*, forest ⟨selva húmeda : rain forest⟩ **2** JUNGLA : jungle
**selvático, -ca** *adj* **1** : forest, jungle ⟨sendero selvático : jungle path⟩ **2** : wild
**semáforo** *nm* **1** : traffic light **2** : stop signal
**semana** *nf* : week

**semanal** *adj* : weekly — **semanalmente** *adv*
**semanario** *nm* : weekly (publication)
**semántica** *nf* : semantics
**semántico, -ca** *adj* : semantic
**semblante** *nm* **1** : countenance, face **2** : appearance, look
**semblanza** *nf* : biographical sketch, profile
**sembrado** *nm* : cultivated field
**sembrar** {55} *vt* **1** : to plant, to sow **2** : to scatter, to strew ⟨sembrar el pánico : to spread panic⟩
**semejante**[1] *adj* **1** PARECIDO : similar, alike **2** TAL : such ⟨nunca he visto cosa semejante : I have never seen such a thing⟩
**semejante**[2] *nm* PRÓJIMO : fellowman
**semejanza** *nf* PARECIDO : similarity, resemblance
**semejar** *vi* : to resemble, to look like — **semejarse** *vr* : to be similar, to look alike
**semen** *nm* : semen
**semental** *nm* : stud (animal) ⟨caballo semental : stallion⟩
**semestral** *adj* : biannual, semiannual
**semestre** *nm* : semester
**semi-** *pref* : semi-
**semibreve** *nf* : whole note
**semicírculo** *nm* : semicircle, half circle
**semiconductor** *nm* : semiconductor
**semidiós** *nm, pl* **-dioses** : demigod *m*
**semifinal** *nf* : semifinal
**semilla** *nf* : seed
**semillero** *nm* **1** : bed (for plants), seed tray **2** : hotbed, breeding ground
**seminario** *nm* **1** : seminary **2** : seminar, graduate course
**semiprecioso, -sa** *adj* : semiprecious
**semita** *nmf* : Semite — **semítico, -ca** *adj*
**sémola** *nf* : semolina
**sempiterno, -na** *adj* ETERNO : eternal, everlasting
**senado** *nm* : senate
**senador, -dora** *n* : senator
**sencillamente** *adv* : simply, plainly
**sencillez** *nf* : simplicity
**sencillo**[1], **-lla** *adj* **1** : simple, easy **2** : plain, unaffected **3** : single
**sencillo**[2] *nm* **1** : single (recording) **2** : small change (coins) **3** : one-way ticket
**senda** *nf* CAMINO, SENDERO : path, way
**senderismo** *nm* : hiking
**sendero** *nm* CAMINO, SENDA : path, way
**sendos, -das** *adj pl* : each, both ⟨llevaban sendos vestidos nuevos : they were each wearing a new dress⟩
**senectud** *nf* ANCIANIDAD : old age
**senegalés, -lesa** *adj & n, mpl* **-leses** : Senegalese
**senil** *adj* : senile — **senilidad** *nf*
**seno** *nm* **1** : breast, bosom ⟨los senos : the breasts⟩ ⟨el seno de la familia : the bosom of the family⟩ **2** : sinus **3 seno materno** : womb
**sensación** *nf, pl* **-ciones** **1** IMPRESIÓN : feeling ⟨tener la sensación : to have a feeling⟩ **2** : sensation ⟨causar sensación : to cause a sensation⟩
**sensacional** *adj* : sensational
**sensacionalismo** *nm* : sensationalism — **sensacionalista** *adj*
**sensatez** *nf* **1** : good sense **2 con ~** : sensibly
**sensato, -ta** *adj* : sensible, sound — **sensatamente** *adv*
**sensibilidad** *nf* **1** : sensitivity, sensibility **2** SENSACIÓN : feeling
**sensibilizar** {21} *vt* : to sensitize
**sensible** *adj* **1** : sensitive **2** APRECIABLE : considerable, significant **3** : sentient, capable of feeling
**sensiblemente** *adv* : considerably, significantly
**sensiblería** *nf* : sentimentality, mush
**sensiblero, -ra** *adj* : mawkish, sentimental, mushy
**sensitivo, -va** *adj* **1** : sense ⟨órganos sensitivos : sense organs⟩ **2** : sentient, capable of feeling
**sensor** *nm* : sensor
**sensorial** *adj* : sensory
**sensual** *adj* : sensual, sensuous — **sensualmente** *adv*
**sensualidad** *nf* : sensuality
**sentado, -da** *adj* **1** : sitting, seated **2** : established, settled ⟨dar por sentado : to take for granted⟩ ⟨dejar sentado : to make clear⟩ **3** : sensible, steady, judicious
**sentar** {55} *vt* **1** : to seat, to sit **2** : to establish, to set — *vi* **1** : to suit ⟨ese color te sienta : that color suits you⟩ **2** : to agree with (of food or drink) ⟨las cebollas no me sientan : onions don't agree with me⟩ **3** : to please ⟨le sentó mal el paseo : she didn't enjoy the trip⟩ — **sentarse** *vr* : to sit, to sit down ⟨siéntese, por favor : please have a seat⟩
**sentencia** *nf* **1** : sentence, judgment **2** : maxim, saying
**sentenciar** *vt* : to sentence
**sentido**[1], **-da** *adj* **1** : heartfelt, sincere ⟨mi más sentido pésame : my sincerest condolences⟩ **2** : touchy, sensitive **3** : offended, hurt
**sentido**[2] *nm* **1** : sense ⟨sentido común : common sense⟩ ⟨los cinco sentidos : the five senses⟩ ⟨sin sentido : senseless⟩ **2** CONOCIMIENTO : consciousness **3** SIGNIFICADO : meaning, sense ⟨doble sentido : double entendre⟩ **4** : direction ⟨calle de sentido único : one-way street⟩
**sentimental** *adj* **1** : sentimental **2** : love, romantic ⟨vida sentimental : love life⟩
**sentimentalismo** *nm* : sentimentality
**sentimiento** *nm* **1** : feeling, emotion **2** PESAR : regret, sorrow
**sentir** {76} *vt* **1** : to feel, to experience ⟨no siento nada de dolor : I don't feel any pain⟩ ⟨sentía sed : he was feeling thirsty⟩ ⟨sentir amor : to feel love⟩ **2** PERCIBIR : to perceive, to sense ⟨sentir un ruido : to hear a noise⟩ **3** LAMENTAR : to regret, to feel sorry for ⟨lo siento mucho : I'm very sorry⟩ — *vi* **1** : to have feeling, to feel **2 sin ~** : without noticing, inadvertently — **sentirse** *vr* **1** : to feel ⟨¿te sientes mejor? : are you

feeling better?〉 **2** *Chile, Mex* : to take offense

**seña** *nf* **1** : sign, signal 〈hablar por señas : to talk in sign language〉 **2 dar señas de** : to show signs of

**señal** *nf* **1** : signal 〈señales de radio/televisión : radio/television signals〉 **2** : sign 〈señal de tráfico/tránsito : traffic sign〉 **3** : signal (with the hand, etc.) 〈señales de humo : smoke signals〉 **4** INDICIO : sign, indication 〈señales de vida : signs of life〉 〈señal de alarma/alerta : warning sign〉 〈no hay señales de violencia : there are no signs of violence〉 〈como señal de protesta : as a sign of protest〉 〈en señal de : as a token of〉 〈sin dejar señal : without leaving a trace〉 〈una buena señal : a good sign〉 **5** MARCA : mark

**señalado, -da** *adj* : distinguished, notable

**señalador** *nm* : marker 〈señalador de libros : bookmark〉

**señalar** *vt* **1** INDICAR : to indicate, to show **2** : to mark **3** : to point out, to stress **4** : to fix, to set — **señalarse** *vr* : to distinguish oneself

**señalización** *nf, pl* **-ciones** **1** : signs *pl*, signage **2** : installing of signs

**señalizar** {21} *vt* **1** : to mark (with signs or guides) 〈la ruta está claramente señalizada : the route is clearly marked〉 **2** : to put up signs on/in

**señor, -ñora** *n* **1** : gentleman *m*, man *m*, lady *f*, woman *f*, wife *f* 〈señoras y señores : ladies and gentlemen〉 〈un señor de setenta años : a 70-year-old man〉 〈la señora de la casa : the lady of the house〉 〈mi señora : my wife〉 **2** : Mr. *m*, Mrs. *f* 〈buenos días, señor López : good morning, Mr. López〉 〈¿conoces a la señora Ortega? : do you know Mrs. Ortega?〉 **3** : Sir *m*, Madam *f* 〈Estimados señores : Dear Sirs〉 **4** : Mr. *m*, Madam *f* 〈Señora presidenta: . . . : Madam President: . . .〉 〈Señor presidente: . . . : Mr. President: . . .〉 〈habló con el señor embajador : she spoke with the ambassador〉 **5** : lord *m*, lady *f* 〈el Señor : the Lord〉

**señoría** *nf* **1** : lordship **2 Su Señoría** : Your Honor

**señorial** *adj* : stately, regal

**señorío** *nm* **1** : manor, estate **2** : dominion, power **3** : elegance, class

**señorita** *nf* **1** : young lady, young woman **2** : Miss

**señuelo** *nm* **1** : decoy **2** : bait

**sepa, etc.** → **saber**

**separación** *nf, pl* **-ciones** **1** : separation, division **2** : gap, space

**separadamente** *adv* : separately, apart

**separado**[1], **-da** *adj* **1** : separated **2** : separate 〈vidas separadas : separate lives〉 **3 por ~** : separately

**separado**[2], **-da** *n* : person who is separated 〈separados y divorciados : separated and divorced people〉

**separador** *nm* : divider

**separar** *vt* **1** : to separate, to divide **2** : to split up, to pull apart **3** : to put aside, to set aside — **separarse** *vr* **1** : to separate, to split up 〈sus padres se separaron : his parents separated〉 〈separarse de alguien : to separate from someone〉 **2** : to split up (of a group, etc.)

**separo** *nm Mex* : cell (in a jail or prison)

**sepelio** *nm* : interment, burial

**sepia**[1] *adj & nm* : sepia

**sepia**[2] *nf* : cuttlefish

**septentrional** *adj* : northern

**séptico, -ca** *adj* : septic

**septiembre** *nm* : September 〈el cinco de septiembre : (on) the fifth of September〉

**séptimo, -ma** *adj & n* : seventh 〈el séptimo piso : the seventh floor〉 〈llegó la séptima : she came in seventh (place)〉 〈un séptimo de : a seventh of〉

**septuagésimo**[1], **-ma** *adj* : seventieth

**septuagésimo**[2] *nm* : seventieth

**sepulcral** *adj* **1** : deathly **2** : dismal, gloomy

**sepulcro** *nm* TUMBA : tomb, sepulchre

**sepultar** *vt* ENTERRAR : to bury

**sepultura** *nf* **1** : burial **2** TUMBA : grave, tomb

**seque, etc.** → **secar**

**sequedad** *nf* **1** : dryness **2** : brusqueness, curtness

**sequía** *nf* : drought

**séquito** *nm* : retinue, entourage

**ser**[1] {77} *vi* **1** (*expressing identity*) : to be 〈él es mi hermano : he is my brother〉 〈¿quién es? : who is it?〉 〈soy yo : it's me〉 **2** (*expressing a quality*) : to be 〈Camila es linda : Camila is pretty〉 〈no seas tonto : don't be silly〉 〈éste es el mejor : this one is the best〉 〈es mío : it's mine〉 〈es para ti : it's for you〉 〈es para abrir latas : it's for opening cans〉 〈son de Juan : they're Juan's〉 〈somos de Managua : we're from Managua〉 〈no creo que sea necesario : I don't think it's necessary〉 〈quiero que seas feliz : I want you to be happy〉 **3** (*indicating group, category, etc.*) : to be 〈soy abogada : I'm a lawyer〉 〈es un mamífero : it's a mammal〉 **4** : to be, to exist, to live 〈ser, o no ser : to be or not to be〉 **5** : to be, to take place, to occur 〈el concierto es el domingo : the concert is on Sunday〉 〈la reunión fue en la escuela : the meeting was at the school〉 **6** (*expressing time, date, season*) 〈son las diez : it's ten o'clock〉 〈hoy es el 9 : today's the 9th〉 **7** : to be (a price), to cost, to come to 〈¿cuánto es? : how much is it?〉 **8** : to be, to equal 〈dos más dos son cuatro : two plus two is four〉 **9** (*with the future tense*) 〈¿será posible? : can it be possible?〉 〈serán las ocho : it must be eight o'clock〉 **10 a no ser que** : unless **11 como sea** *or* **sea como sea** : one way or another, somehow 〈hay que terminarlo como sea; hay que terminarlo, sea como sea : one way or another, we have to finish it〉 **12 cuando sea** : anytime, whenever **13 donde sea** : anywhere, wherever **14 es que** : the thing is that 〈es que no lo conozco : it's just that I don't know him〉 **15 o sea** : in other words **16 ¡sea!** : agreed!, all right! **17 sea**

**cual/quien (etc.) sea** ⟨sean cuales sean las circunstancias : whatever the circumstances might be⟩ ⟨sea quien sea, no lo van a permitir : no matter who he is, they're not going to allow it⟩ **18 sea . . . sea** : either . . . or — *v aux* (*used in passive constructions*) : to be ⟨la cuenta ha sido pagada : the bill has been paid⟩ ⟨él fue asesinado : he was murdered⟩

**ser²** *nm* : being ⟨ser humano : human being⟩

**seráfico, -ca** *adj* : angelic

**serbio¹, -bia** *adj & n* : Serb, Serbian

**serbio²** *nm* : Serbian (language)

**serbocroata¹** *adj* : Serbo-Croatian

**serbocroata²** *nm* : Serbo-Croatian (language)

**serenar** *vt* : to calm, to soothe — **serenarse** *vr* CALMARSE : to calm down

**serenata** *nf* : serenade

**serenidad** *nf* : serenity, calmness

**sereno¹, -na** *adj* **1** SOSEGADO : serene, calm, composed **2** : fair, clear (of weather) **3** : calm, still (of the sea) — **serenamente** *adv*

**sereno²** *nm* : night watchman

**seriado, -da** *adj* : serial

**serial** *nm* : serial (on radio or television)

**seriamente** *adv* : seriously

**serie** *nf* **1** : series **2** SERIAL : serial **3 fabricación en serie** : mass production **4 fuera de serie** : extraordinary, amazing

**seriedad** *nf* **1** : seriousness, earnestness **2** : gravity, importance

**serio, -ria** *adj* **1** : serious, earnest **2** : reliable, responsible **3** : important **4 en ~** : seriously, in earnest — **seriamente** *adv*

**sermón** *nm, pl* **sermones** **1** : sermon **2** *fam* : harangue, lecture

**sermonear** *vt fam* : to harangue, to lecture

**seropositivo** *adj* **1** : positive (in blood testing) ⟨es seropositivo : he's positive, he tested positive⟩ **2** : HIV positive

**serpentear** *vi* : to twist, to wind — **serpenteante** *adj*

**serpentina** *nf* : paper streamer

**serpiente** *nf* : serpent, snake

**serrado, -da** *adj* DENTADO : serrated

**serranía** *nf* : mountainous area

**serrano, -na** *adj* : from the mountains

**serrar** {55} *vt* : to saw

**serrín** *nm, pl* **serrines** : sawdust

**serruchar** *vt* : to saw up

**serrucho** *nm* : saw, handsaw

**servicentro** *nm Peru* : gas station

**servicial** *adj* : obliging, helpful

**servicio** *nm* **1** : service ⟨servicio postal : postal service⟩ ⟨servicios sociales : social services⟩ ⟨servicio público : public service⟩ **2** SAQUE : serve (in sports) **3** : help, servants *pl* **4 servicios** *nmpl* : restrooms **5 fuera de servicio** : out of service

**servidor, -dora** *n* **1** : servant **2 su seguro servidor** : yours truly (in correspondence)

**servidumbre** *nf* **1** : servitude **2** : help, servants *pl*

**servil** *adj* **1** : servile, subservient **2** : menial

**servilismo** *nm* : servility

**servilleta** *nf* : napkin

**servir** {54} *vi* **1** : to work, to be useful ⟨esta máquina no sirve para nada : this machine is completely useless⟩ ⟨esa excusa no sirve : that excuse doesn't work⟩ ⟨su talento no le sirvió de mucho : his talent didn't do him much good⟩ ⟨deshazte de lo que no te sirve : get rid of what you don't need⟩ ⟨¿para qué sirve? : what's it for?⟩ **2** : to serve ⟨¿en qué puedo servirle? : how may I help you?⟩ **3** : to serve (in sports) **4** : to serve (in the military, etc.) **5 ~ de** : to serve as ⟨servir de ejemplo : to serve as an example⟩ — *vt* **1** : to serve ⟨¿en qué puedo servirlo? : how may I help you?⟩ ⟨¿te sirvo más café? : would you like more coffee?⟩ **2** SURTIR : to fill (an order) — **servirse** *vr* **1** : to help oneself to **2** : to be kind enough ⟨sírvase enviarnos un catálogo : please send us a catalog⟩

**sésamo** *nm* AJONJOLÍ : sesame, sesame seeds *pl*

**sesear** *vi* : to pronounce the Spanish letter *c* before *i* or *e* or the Spanish letter *z* as /s/

**sesenta** *adj & nm* : sixty — **sesenta** *pron*

**sesentavo¹, -va** *adj* : sixtieth

**sesentavo²** *n* : sixtieth (fraction)

**seseo** *nm* : pronunciation of the Spanish letter *c* before *i* or *e* or the Spanish letter *z* as /s/

**sesgado, -da** *adj* **1** : inclined, tilted **2** : slanted, biased

**sesgar** {52} *vt* **1** : to cut on the bias **2** : to tilt **3** : to bias, to slant

**sesgo** *nm* : bias

**sesgue, etc.** → **sesgar**

**sesión** *nf, pl* **sesiones** **1** : session (of a legislature, etc.), meeting **2** : showing, performance ⟨sesión de tarde : afternoon showing⟩

**sesionar** *vi* REUNIRSE : to meet, to be in session

**seso** *nm* **1** : brains, intelligence **2 sesos** *nmpl* : brains (as food)

**sesudo, -da** *adj* **1** : prudent, sensible **2** : brainy

**set** *nm, pl* **sets** : set (in tennis)

**seta** *nf* : mushroom

**setecientos¹, -tas** *adj & pron* : seven hundred

**setecientos²** *nms & pl* : seven hundred

**setenta** *adj & nm* : seventy — **setenta** *pron*

**setentavo¹, -va** *adj* : seventieth

**setentavo²** *nm* : seventieth

**setiembre** → **septiembre**

**seto** *nm* **1** : fence, enclosure **2 seto vivo** : hedge

**setter** *nm, pl* **setter** *or* **setters** : setter (dog)

**seudónimo** *nm* : pseudonym

**severidad** *nf* **1** : harshness, severity **2** : strictness

**severo, -ra** *adj* **1** : harsh, severe **2** ESTRICTO : strict — **severamente** *adv*

**sexagésimo¹, -ma** *adj* : sixtieth, sixty-
**sexagésimo², -ma** *n* : sixtieth, sixty- (in a series)
**sexismo** *nm* : sexism — **sexista** *adj & nmf*
**sexo** *nm* : sex
**sextante** *nm* : sextant
**sexteto** *nm* : sextet
**sexto, -ta** *adj & n* : sixth ⟨el sexto lugar : sixth place⟩ ⟨llegó la sexta : she came in sixth (place)⟩ ⟨un sexto de : a sixth of⟩
**sexual** *adj* : sexual, sex ⟨educación sexual : sex education⟩ — **sexualmente** *adv*
**sexualidad** *nf* : sexuality
**sexy** *adj, pl* **sexy** *or* **sexys** : sexy
**sheriff** *nmf, pl* **sheriffs** : sheriff
**shock** [ˈʃɔk, ˈtʃɔk] *nm* : shock ⟨estado de shock : state of shock⟩
**short** *nm, pl* **shorts** : shorts *pl*
**show** *nm, pl* **shows** : show
**si¹** *nm* **1** : B ⟨si sostenido/bemol : B sharp/flat⟩ **2** : ti (in singing)
**si²** *conj* **1** : if ⟨lo haré si me pagan : I'll do it if they pay me⟩ ⟨si lo supiera te lo diría : if I knew it I would tell you⟩ **2** : whether, if ⟨no importa si funciona o no : it doesn't matter whether it works (or not)⟩ **3** (*expressing desire, protest, or surprise*) ⟨si supiera la verdad : if only I knew the truth⟩ ⟨¡si no quiero! : but I don't want to!⟩ **4 si bien** : although ⟨si bien se ha progresado : although progress has been made⟩ **5 si no** : otherwise, or else ⟨si no, no voy : otherwise I won't go⟩
**sí¹** *adv* **1** : yes ⟨sí, gracias : yes, please⟩ ⟨creo que sí : I think so⟩ **2 sí que** : indeed, absolutely ⟨esta vez sí que ganaré : this time I'm sure to win⟩ **3 porque sí** *fam* : because, just because ⟨lo hizo porque sí : she did it just because⟩
**sí²** *nm, pl* **sies** : yes ⟨dar el sí : to say yes, to express consent⟩
**sí³** *pron* **1** : oneself, yourself, yourselves *pl*, itself, himself, herself, themselves *pl* ⟨puede decidir por sí mismo : he can decide for himself⟩ ⟨los hechos hablan por sí solos : the facts speak for themselves⟩ ⟨se culpa a sí misma : she blames herself⟩ ⟨dio lo mejor de sí : he gave it his all⟩ **2 de por sí** *or* **en sí** : by itself, in itself, per se **3 fuera de sí** : beside oneself/yourself (etc.) **4 para sí (mismo)** : to oneself/yourself (etc.), for oneself/yourself (etc.) ⟨¿qué quiere decir?—dijo para sí : "what does it mean?" she said to herself⟩ ⟨lo hicieron para sí mismos : they did it for themselves⟩ **5 entre ~** : among themselves
**siamés, -mesa** *adj & n, mpl* **siameses** : Siamese
**sicario, -ria** *n* : hired killer, hit man
**siciliano, -na** *adj & n* : Sicilian
**sico-** → **psico-**
**sicomoro** *or* **sicómoro** *nm* : sycamore
**SIDA** *or* **sida** *nm* (*s*índrome de *i*nmuno*d*eficiencia *a*dquirida) : AIDS
**siderurgia** *nf* : iron and steel industry
**siderúrgico, -ca** *adj* : steel, iron ⟨la industria siderúrgica : the steel industry⟩
**sidra** *nf* : hard cider
**siega¹, siegue, etc.** → **segar**
**siega²** *nf* **1** : harvesting **2** : harvest time **3** : harvested crop
**siembra¹, etc.** → **sembrar**
**siembra²** *nf* **1** : sowing **2** : sowing season **3** SEMBRADO : cultivated field
**siempre** *adv* **1** : always ⟨siempre tienes hambre : you're always hungry⟩ **2** : still ⟨¿siempre te vas? : are you still going?⟩ **3** *Mex* : after all ⟨siempre no fui : I didn't go after all⟩ **4 siempre que** : whenever, every time ⟨siempre que pasa : every time he walks by⟩ **5 para ~** : forever, for good **6 siempre y cuando** : provided that
**sien** *nf* : temple (on the forehead)
**sienta, etc.** → **sentar**
**siente, etc.** → **sentir**
**sierpe** *nf* : serpent, snake
**sierra¹, etc.** → **serrar**
**sierra²** *nf* **1** : saw ⟨sierra de vaivén : jigsaw⟩ **2** CORDILLERA : mountain range **3** : mountains *pl* ⟨viven en la sierra : they live in the mountains⟩
**siervo, -va** *n* **1** : slave **2** : serf
**siesta** *nf* : nap, siesta
**siete¹** *adj & nm* : seven ⟨tiene siete años : she's seven (years old)⟩ ⟨la página siete : page seven⟩ ⟨el siete de junio : (on) the seventh of June, (on) June seventh⟩
**siete²** *pron* : seven ⟨somos siete : there are seven of us⟩ ⟨son las siete : it's seven o'clock⟩
**sífilis** *nf* : syphilis
**sifón** *nm, pl* **sifones** : siphon
**siga, sigue etc.** → **seguir**
**sigilo** *nm* : secrecy, stealth
**sigiloso, -sa** *adj* FURTIVO : furtive, stealthy — **sigilosamente** *adv*
**sigla** *nf* : acronym, abbreviation
**siglo** *nm* **1** : century **2** : age ⟨el Siglo de Oro : the Golden Age⟩ ⟨hace siglos que no te veo : I haven't seen you in ages⟩ **3** : world, secular life
**signar** *vt* : to sign (a treaty or agreement)
**signatario, -ria** *n* : signatory
**significación** *nf, pl* **-ciones** **1** : significance, importance **2** : meaning
**significado** *nm* **1** : sense, meaning **2** : significance
**significante** *adj* : significant
**significar** {72} *vt* **1** : to mean, to signify **2** : to express, to make known — **significarse** *vr* **1** : to draw attention, to become known **2** : to take a stance
**significativo, -va** *adj* **1** : significant, important **2** : meaningful — **significativamente** *adv*
**signo** *nm* **1** : sign ⟨signo de igual : equal sign⟩ ⟨un signo de alegría : a sign of happiness⟩ **2** : (punctuation) mark ⟨signo de interrogación : question mark⟩ ⟨signo de admiración : exclamation point⟩ ⟨signo de intercalación : caret⟩
**siguiente** *adj* : next, following
**sílaba** *nf* : syllable
**silábico, -ca** *adj* : syllabic
**silbar** *v* : to whistle
**silbato** *nm* PITO : whistle

**silbido** *nm* : whistle, whistling
**silenciador** *nm* **1** : muffler (of an automobile) **2** : silencer
**silenciar** *vt* **1** : to silence **2** : to muffle
**silencio** *nm* **1** : silence, quiet ⟨¡silencio! : be quiet!⟩ **2** : rest (in music)
**silencioso, -sa** *adj* : silent, quiet — **silenciosamente** *adv*
**silice** *nf* : silica
**silicio** *nm* : silicon
**silla** *nf* **1** : chair **2 silla alta** : high chair (for a baby) **3 silla de ruedas** : wheelchair
**sillín** *nm, pl* **sillines** : saddle
**sillón** *nm, pl* **sillones** : armchair, easy chair
**silo** *nm* : silo
**silueta** *nf* **1** : silhouette **2** : figure, shape
**silvestre** *adj* : wild ⟨flor silvestre : wildflower⟩
**silvicultor, -tora** *n* : forester
**silvicultura** *nf* : forestry
**sima** *nf* ABISMO : chasm, abyss
**simbólico, -ca** *adj* : symbolic — **simbólicamente** *adj*
**simbolismo** *nm* : symbolism
**simbolizar** {21} *vt* : to symbolize
**símbolo** *nm* : symbol
**simetría** *nf* : symmetry
**simétrico, -ca** *adj* : symmetrical, symmetric
**simiente** *nf* : seed
**símil** *nm* **1** : simile **2** : analogy, comparison
**similar** *adj* SEMEJANTE : similar, alike
**similitud** *nf* : similarity, resemblance
**simio** *nm* : ape
**simpatía** *nf* **1** : liking, affection ⟨tomarle simpatía a : to take a liking to⟩ **2** : warmth, friendliness **3** : support, solidarity
**simpático, -ca** *adj* : nice, friendly, likeable
**simpatizante** *nf* : sympathizer, supporter
**simpatizar** {21} *vi* **1** : to get along, to hit it off ⟨simpaticé mucho con él : I really liked him⟩ **2 ~ con** : to sympathize with, to support
**simple**[1] *adj* **1** SENCILLO : plain, simple, easy **2** : pure, mere ⟨por simple vanidad : out of pure vanity⟩ **3** : simpleminded, foolish
**simple**[2] *n* : fool, simpleton
**simplemente** *adv* : simply, merely, just
**simpleza** *nf* **1** : foolishness **2** NECEDAD : nonsense
**simplicidad** *nf* : simplicity
**simplificar** {72} *vt* : to simplify — **simplificación** *nf*
**simplista** *adj* : simplistic
**simposio** *or* **simposium** *nm* : symposium
**simulación** *nf, pl* **-ciones** : simulation
**simulacro** *nm* : imitation, sham ⟨simulacro de juicio : mock trial⟩
**simular** *vt* **1** : to simulate **2** : to feign, to pretend
**simultáneo, -nea** *adj* : simultaneous — **simultáneamente** *adv*
**sin** *prep* **1** : without ⟨sin querer : unintentionally⟩ ⟨sin refinar : unrefined⟩ ⟨café sin leche : coffee without milk⟩ ⟨un vuelo sin escalas : a nonstop flight⟩ **2 sin que** : without ⟨lo hicimos sin que él se diera cuenta : we did it without him noticing⟩
**sinagoga** *nf* : synagogue
**sinceridad** *nf* : sincerity
**sincero, -ra** *adj* : sincere, honest, true — **sinceramente** *adv*
**síncopa** *nf* : syncopation
**sincopar** *vt* : to syncopate
**sincronizar** {21} *vt* : to synchronize — **sincronización** *nf*
**sindical** *adj* GREMIAL : union, labor ⟨representante sindical : union representative⟩
**sindicalismo** *nm* : unionism — **sindicalista** *nmf*
**sindicalizar** {21} *vt* : to unionize — **sindicalizarse** *vr* **1** : to form a union **2** : to join a union
**sindicar** → **sindicalizar**
**sindicato** *nm* GREMIO : union, guild
**síndrome** *nm* : syndrome ⟨síndrome de Down : Down's syndrome⟩ ⟨síndrome tóxico : poisoning⟩
**síndrome premenstrual** *nm* : premenstrual syndrome, PMS
**sinfín** *nm* : endless number ⟨un sinfín de problemas : no end of problems⟩
**sinfonía** *nf* : symphony
**sinfónica** *nf* : symphony orchestra
**sinfónico, -ca** *adj* : symphonic, symphony
**singular**[1] *adj* **1** : singular, unique **2** PARTICULAR : peculiar, odd **3** : singular (in grammar) — **singularmente** *adv*
**singular**[2] *nm* : singular
**singularidad** *nf* **1** : uniqueness **2** : strangeness, peculiarity
**singularizar** {21} *vt* : to make unique or distinct — **singularizarse** *vr* : to stand out, to distinguish oneself
**siniestrado, -da** *adj* : damaged, wrecked ⟨zona siniestrada : disaster zone⟩
**siniestro**[1], **-tra** *adj* **1** IZQUIERDO : left, left-hand **2** MALVADO : sinister, evil
**siniestro**[2] *nm* : accident, disaster
**sinnúmero** → **sinfín**
**sino** *conj* **1** : but, rather ⟨no será hoy, sino mañana : it won't be today, but tomorrow⟩ **2** EXCEPTO : but, except ⟨no hace sino despertar suspicacias : it does nothing but arouse suspicion⟩
**sinónimo**[1], **-ma** *adj* : synonymous
**sinónimo**[2] *nm* : synonym
**sinopsis** *nfs & pl* RESUMEN : synopsis, summary
**sinrazón** *nf, pl* **-zones** : wrong, injustice
**sinsabores** *nmpl* : woes, troubles
**sinsonte** *nm* : mockingbird
**sintáctico, -ca** *adj* : syntactic
**sintaxis** *nfs & pl* : syntax
**síntesis** *nfs & pl* **1** : synthesis, fusion **2** SINOPSIS : synopsis, summary
**sintético, -ca** *adj* : synthetic — **sintéticamente** *adv*
**sintetizador** *nm* : synthesizer
**sintetizar** {21} *vt* **1** : to synthesize **2** RESUMIR : to summarize
**sintió, etc.** → **sentir**

**síntoma** *nm* : symptom
**sintomático, -ca** *adj* : symptomatic
**sintonía** *nf* **1** : tuning in (of a radio) **2 en sintonía con** : in tune with, attuned to
**sintonizador** *nm* : tuner, knob for tuning (of a radio, etc.)
**sintonizar** {21} *vt* : to tune (in) to — *vi* **1** : to tune in **2 ~ con** : to be in tune with, to empathize with
**sinuoso, -sa** *adj* **1** : winding, sinuous **2** : devious
**sinvergüenza**[1] *adj* **1** DESCARADO : shameless, brazen, impudent **2** TRAVIESO : naughty
**sinvergüenza**[2] *nmf* **1** : rogue, scoundrel **2** : brat, rascal
**sionista** *adj & nmf* : Zionist — **sionismo** *nm*
**siqui-** → **psiqui-**
**siquiera** *adv* **1** : at least ⟨dame siquiera un poquito : at least give me a little bit⟩ **2** (*in negative constructions*) : not even ⟨ni siquiera nos saludaron : they didn't even say hello to us⟩
**sir** *nm* : sir (in titles)
**sirena** *nf* **1** : mermaid **2** : siren ⟨sirena de niebla : foghorn⟩
**sirio, -ria** *adj & n* : Syrian
**sirope** *nm* : syrup
**sirve, etc.** → **servir**
**sirviente, -ta** *n* : servant, maid *f*
**sisear** *vi* : to hiss
**siseo** *nm* : hiss
**sísmico, -ca** *adj* : seismic
**sismo** *nm* **1** TERREMOTO : earthquake **2** TEMBLOR : tremor
**sismógrafo** *nm* : seismograph
**sistema** *nm* **1** : system ⟨sistema nervioso : nervous system⟩ ⟨el sistema métrico : the metric system⟩ ⟨sistema solar : solar system⟩ ⟨entrar al sistema : to log in⟩ ⟨salir del sistema : to log out⟩ **2** : method ⟨trabajar con sistema : to work methodically⟩
**sistemático, -ca** *adj* : systematic — **sistemáticamente** *adv*
**sistematizar** {21} *vt* : to systematize
**sistémico, -ca** *adj* : systemic
**sitiar** *vt* ASEDIAR : to besiege
**sitio** *nm* **1** LUGAR : place, site ⟨vámonos a otro sitio : let's go somewhere else⟩ **2** ESPACIO : room, space ⟨hacer sitio a : to make room for⟩ **3** : siege ⟨estado de sitio : state of siege⟩ **4** *Mex* : taxi stand **5** *or* **sitio web** : site, web site
**situación** *nf, pl* **-ciones** : situation
**situado, -da** *adj* : situated, placed
**situar** {3} *vt* UBICAR : to place, to locate — **situarse** *vr* **1** : to be placed, to be located **2** : to make a place for oneself, to do well
**skateboard** [es'keitbor] *nm, pl* **skateboards** : skateboard
**skateboarding** [es'keitbordin] *nm* : skateboarding
**sketch** *nm* : sketch, skit
**slider** [esli'der] *nm, pl* **sliders** : slider (in baseball)
**slip** *nm* : briefs *pl*, underpants *pl*
**smartphone** ['smartfon] *nm* : smartphone
**smog** *nm* : smog
**smoking** → **esmoquin**
**SMS** ['ese'eme'ese, 'es'em'es] *nm, pl* **SMS** : text message
**snob** → **esnob**
**snorkel** → **esnórquel**
**snowboard** *nm, pl* **snowboards** **1** : snowboard **2** : snowboarding
**so** *prep* : under ⟨so pena de : under penalty of⟩
**sobaco** *nm* : armpit
**sobado, -da** *adj* **1** : worn, shabby **2** : well-worn, hackneyed
**sobar** *vt* **1** : to finger, to handle **2** : to knead **3** : to rub, to massage **4** *fam* : to beat, to pummel
**soberanía** *nf* : sovereignty
**soberano, -na** *adj & n* : sovereign
**soberbia** *nf* **1** ORGULLO : pride, arrogance **2** MAGNIFICENCIA : magnificence
**soberbio, -bia** *adj* **1** : proud, arrogant **2** : grand, magnificent
**sobornar** *vt* : to bribe
**soborno** *nm* **1** : bribery **2** : bribe
**sobra** *nf* **1** : excess, surplus **2 de ~** : extra, to spare **3 sobras** *nfpl* : leftovers, scraps
**sobrado, -da** *adj* : abundant, excessive, more than enough
**sobrante**[1] *adj* : remaining, superfluous
**sobrante**[2] *nm* : remainder, surplus
**sobrar** *vi* : to be in excess, to be superfluous ⟨más vale que sobre a que falte : it's better to have too much than not enough⟩
**sobre**[1] *nm* **1** : envelope **2** : packet ⟨un sobre de sazón : a packet of seasoning⟩
**sobre**[2] *prep* **1** : on, on top of ⟨sobre la mesa : on the table⟩ ⟨apilados uno sobre otro : piled one on top of another⟩ **2** : over, above ⟨hay montañas sobre la ciudad : there are mountains above the city⟩ ⟨se inclinó sobre mí : she leaned over me⟩ ⟨temperaturas sobre los 30 grados : temperatures above 30 degrees⟩ **3** : about ⟨¿tiene libros sobre Bolivia? : do you have books on Bolivia?⟩ **4 sobre todo** : especially, above all
**sobrealimentar** *vt* : to overfeed
**sobrecalentar** {55} *vt* : to overheat — **sobrecalentarse** *vr*
**sobrecama** *nmf* : bedspread
**sobrecarga** *nf* **1** : excess weight **2** : overload
**sobrecargar** {52} *vt* : to overload, to overburden, to weigh down
**sobrecargo** *nm* : purser
**sobrecogedor, -dora** *adj* : shocking
**sobrecoger** {15} *vt* **1** : to surprise, to startle **2** : to scare — **sobrecogerse** *vr*
**sobrecubierta** *nf* : dust jacket
**sobredosis** *nfs & pl* : overdose
**sobreentender** {56} *vt* : to infer, to understand
**sobreestimar** *vt* : to overestimate, to overrate
**sobreexcitado, -da** *adj* : overexcited
**sobreexponer** {60} *vt* : to overexpose

**sobregirar** *vt* : to overdraw
**sobregiro** *nm* : overdraft
**sobrehumano, -na** *adj* : superhuman
**sobrellevar** *vt* : to endure, to bear
**sobremanera** *adv* : exceedingly
**sobremesa** *nf* : after-dinner conversation
**sobrenatural** *adj* : supernatural
**sobrenombre** *nm* APODO : nickname
**sobrentender → sobreentender**
**sobrepasar** *vt* : to exceed, to surpass — **sobrepasarse** *vr* PASARSE : to go too far
**sobrepeso** *nm* **1** : excess weight **2** : overweight, obesity
**sobrepoblación, sobrepoblado → superpoblación, superpoblado**
**sobreponer** {60} *vt* **1** SUPERPONER : to superimpose **2** ANTEPONER : to put first, to give priority to — **sobreponerse** *vr* **1** : to pull oneself together **2** ~ **a** : to overcome
**sobreprecio** *nm* : surcharge
**sobreprotector, -tora** *adj* : overprotective
**sobresaliente**[1] *adj* **1** : protruding, projecting **2** : outstanding, noteworthy **3** : significant, salient
**sobresaliente**[2] *nmf* : understudy
**sobresalir** {73} *vi* **1** : to protrude, to jut out, to project **2** : to stand out, to excel
**sobresaltar** *vt* : to startle, to frighten — **sobresaltarse** *vr*
**sobresalto** *nm* : start, fright
**sobresueldo** *nm* : bonus, additional pay
**sobretasa** *nf* : surcharge ⟨sobretasa a la gasolina : gas tax⟩
**sobretodo** *nm* : overcoat
**sobrevalorar** *or* **sobrevaluar** {3} *vt* : to overrate
**sobrevender** *vt* : to oversell
**sobrevenir** {87} *vi* ACAECER : to take place, to come about ⟨podrían sobrevenir complicaciones : complications could occur⟩
**sobrevivencia → supervivencia**
**sobreviviente → superviviente**
**sobrevivir** *vi* : to survive — *vt* : to outlive, to outlast
**sobrevolar** {19} *vt* : to fly over, to overfly
**sobriedad** *nf* : sobriety, moderation
**sobrino, -na** *n* : nephew *m*, niece *f*
**sobrio, -bria** *adj* : sober — **sobriamente** *adv*
**socarrón, -rrona** *adj, mpl* **-rrones** **1** : sly, cunning **2** : sarcastic
**socavar** *vt* : to undermine
**socavón** *nm, pl* **-vones** : pothole
**sociabilidad** *nf* : sociability
**sociable** *adj* : sociable
**social** *adj* : social — **socialmente** *adv*
**socialista** *adj & nmf* : socialist — **socialismo** *nm*
**socializar** {21} *vt* **1** : to nationalize **2** : to socialize — *vi* : to socialize
**sociedad** *nf* **1** : society ⟨sociedad democrática : democratic society⟩ ⟨una sociedad secreta : a secret society⟩ **2** : company, enterprise **3 sociedad anónima** : incorporated company
**socio, -cia** *n* **1** : member **2** : partner
**socioeconómico, -ca** *adj* : socioeconomic
**sociología** *nf* : sociology
**sociológico, -ca** *adj* : sociological — **sociológicamente** *adv*
**sociólogo, -ga** *n* : sociologist
**socorrer** *vt* : to assist, to come to the aid of
**socorrido, -da** *adj* ÚTIL : handy, practical
**socorrismo** *nm* : lifesaving
**socorrista** *nmf* **1** : rescue worker **2** : lifeguard
**socorro** *nm* AUXILIO **1** : aid, help ⟨equipo de socorro : rescue team⟩ **2** ¡**socorro**! : help!
**soda** *nf* **1** : soda, soda water **2** *CA, Car* REFRESCO : soda, soda pop
**sodio** *nf* : sodium
**soez** *adj, pl* **soeces** GROSERO : rude, vulgar — **soezmente** *adv*
**sofá** *nm* : couch, sofa
**sofistería** *nf* : sophistry — **sofista** *nmf*
**sofisticación** *nf, pl* **-ciones** : sophistication
**sofisticado, -da** *adj* : sophisticated
**sofocante** *adj* : suffocating, stifling
**sofocar** {72} *vt* **1** AHOGAR : to suffocate, to smother **2** EXTINGUIR : to extinguish, to put out (a fire) **3** APLASTAR : to crush, to put down ⟨sofocar una rebelión : to crush a rebellion⟩ — **sofocarse** *vr* **1** : to suffocate **2** *fam* : to get upset, to get mad
**sofoco** *nm* : hot flash
**sofreír** {66} *vt* : to sauté
**sofrito**[1], **-ta** *adj* : sautéed
**sofrito**[2] *nm* : seasoning sauce
**softbol** *nm* : softball
**software** *nm* : software
**soga** *nf* : rope
**soja → soya**
**sojuzgar** *vt* : to subdue, to conquer, to subjugate
**sol**[1] *nm* **1** : G ⟨sol sostenido/bemol : G sharp/flat⟩ **2** : so, sol (in singing)
**sol**[2] *nm* **1** : sun ⟨a pleno sol : in the sun⟩ ⟨tomar el sol : to sunbathe⟩ **2** : sol (Peruvian unit of currency)
**solamente** *adv* SÓLO : only, just
**solapa** *nf* **1** : lapel (of a jacket) **2** : flap (of an envelope)
**solapado, -da** *adj* : secret, underhanded
**solapar** *vt* : to cover up, to keep secret — **solaparse** *vr* : to overlap
**solar**[1] {19} *vt* : to floor, to tile
**solar**[2] *adj* : solar, sun
**solar**[3] *nm* **1** TERRENO : lot, piece of land, site **2** *Cuba, Peru* : tenement building
**solariego, -ga** *adj* : ancestral
**solaz** *nm, pl* **solaces** **1** CONSUELO : solace, comfort **2** DESCANSO : relaxation, recreation
**solazarse** {21} *vr* : to relax, to enjoy oneself
**soldado** *nm* **1** : soldier **2 soldado raso** : private, enlisted man
**soldador**[1], **-dora** *n* : welder
**soldador**[2] *nm* : soldering iron
**soldadura** *nf* **1** : welding **2** : soldering, solder
**soldar** {19} *vt* **1** : to weld **2** : to solder
**soleado, -da** *adj* : sunny
**soledad** *nf* : loneliness, solitude

**solemne** *adj* : solemn — **solemnemente** *adv*
**solemnidad** *nf* : solemnity
**soler** {78} *vi* : to be in the habit of, to tend to ⟨solía tomar café por la tarde : she usually drank coffee in the afternoon⟩ ⟨eso suele ocurrir : that frequently happens⟩
**solera** *nf* **1** : prop, support **2** : tradition
**solfeo** *nm* : sol-fa
**solicitante** *nmf* : applicant
**solicitar** *vt* **1** : to request, to solicit **2** : to apply for ⟨solicitar empleo : to apply for employment⟩
**solícito, -ta** *adj* : solicitous, attentive, obliging
**solicitud** *nf* **1** : solicitude, concern **2** : request **3** : application
**solidaridad** *nf* : solidarity
**solidario, -ria** *adj* : supportive, united in support ⟨se declararon solidarios con la nueva ley : they declared their support for the new law⟩ ⟨espíritu solidario : spirit of solidarity⟩
**solidarizar** {21} *vi* : to be in solidarity ⟨solidarizamos con la huelga : we support the strike⟩
**solidez** *nf* **1** : solidity, firmness **2** : soundness (of an argument, etc.)
**solidificar** {72} *vt* : to solidify, to make solid — **solidificarse** *vr* — **solidificación** *nf*
**sólido**[1], **-da** *adj* **1** : solid, firm **2** : sturdy, well-made **3** : sound, well-founded — **sólidamente** *adv*
**sólido**[2] *nm* : solid
**soliloquio** *nm* : soliloquy
**solista** *nmf* : soloist
**solitaria** *nf* TENIA : tapeworm
**solitario**[1], **-ria** *adj* **1** : lonely **2** : lone, solitary **3** DESIERTO : deserted, lonely ⟨una calle solitaria : a deserted street⟩
**solitario**[2], **-ria** *n* : recluse, loner
**solitario**[3] *nm* : solitaire
**sollozar** {21} *vi* : to sob
**sollozo** *nm* : sob
**solo**[1], **-la** *adj* **1** : alone, by oneself ⟨me dejaron solo : they left me on my own⟩ ⟨lo hizo ella sola : she did it all by herself⟩ **2** : lonely **3** ÚNICO : only, sole, unique ⟨hay un solo problema : there's only one problem⟩ **4 a solas** : alone
**solo**[2] *nm* : solo
**solo**[3] *or* **sólo** *adv* SOLAMENTE : just, only
**solomillo** *nm* : sirloin, loin
**solsticio** *nm* : solstice
**soltar** {19} *vt* **1** : to let go of, to drop ⟨¡suéltame el brazo! : let go of my arm!⟩ ⟨soltó las riendas : he dropped the reins⟩ **2** : to release, to set free **3** : to pay out (a rope, etc.) **4** AFLOJAR : to loosen, to slacken **5** : to undo, to untie (a knot, etc.) **6** : to give, to let out (a shout, etc.) **7** : to come out with (a swearword, etc.) — **soltarse** *vr* **1** : to get loose, to break free **2** : to come undone
**soltería** *nf* : state of being single
**soltero**[1], **-ra** *adj* : single, unmarried
**soltero**[2], **-ra** *n* **1** : bachelor *m*, single man *m*, single woman *f* **2 apellido de soltera** : maiden name
**soltura** *nf* **1** : looseness, slackness **2** : fluency (of language) **3** : agility, ease of movement
**soluble** *adj* : soluble — **solubilidad** *nf*
**solución** *nf, pl* **-ciones** **1** : solution (in a liquid) **2** : answer, solution
**solucionar** *vt* RESOLVER : to solve, to resolve — **solucionarse** *vr*
**solvencia** *nf* **1** : solvency **2** : settling, payment (of debts) **3** : reliability ⟨solvencia moral : trustworthiness⟩
**solvente**[1] *adj* **1** : solvent **2** : reliable, trustworthy
**solvente**[2] *nm* : solvent
**sombra** *nf* **1** : shadow **2** : shade **3 sombras** *nfpl* : darkness, shadows *pl* **4 sin sombra de duda** : without a shadow of a doubt **5 sombra de ojos** : eye shadow
**sombreado, -da** *adj* **1** : shady **2** : shaded, darkened
**sombrear** *vt* : to shade
**sombrerero, -ra** *n* : milliner, hatter
**sombrero** *nm* **1** : hat **2 sin ~** : bareheaded **3 sombrero hongo** : derby
**sombrilla** *nf* : parasol, umbrella
**sombrío, -bría** *adj* LÓBREGO : dark, somber, gloomy — **sombríamente** *adv*
**somero, -ra** *adj* : superficial, cursory, shallow
**someter** *vt* **1** : to subjugate, to conquer **2** : to subordinate **3** : to subject (to treatment or testing) **4** : to submit, to present ⟨lo someterán a votación : they will put it to a vote⟩ ⟨someter a la justicia : to bring to justice⟩ — **someterse** *vr* **1** : to submit, to yield **2** : to undergo
**sometimiento** *nm* **1** : submission, subjection **2** : presentation
**somier** *nm, pl* **somieres** *or* **somiers** : box spring
**somnífero**[1], **-ra** *adj* : soporific
**somnífero**[2] *nm* : sleeping pill
**somnolencia** *nf* : drowsiness, sleepiness
**somnoliento, -ta** *adj* : drowsy, sleepy
**somorgujo** *or* **somormujo** *nm* : loon, grebe
**somos → ser**[1]
**son**[1] **→ ser**
**son**[2] *nm* **1** : sound ⟨al son de la trompeta : at the sound of the trumpet⟩ **2** : news, rumor **3 en son de** : as, in the manner of, by way of ⟨en son de broma : as a joke⟩ ⟨en son de paz : in peace⟩
**sonado, -da** *adj* : celebrated, famous, much-discussed
**sonaja** *nf* : rattle
**sonajero** *nm* : rattle (toy)
**sonambulismo** *nm* : sleepwalking
**sonámbulo, -la** *n* : sleepwalker
**sonante** *adj* **dinero contante y sonante → dinero**
**sonar**[1] {19} *vi* **1** : to sound ⟨suena bien : it sounds good⟩ ⟨sonaba contenta : she sounded happy⟩ **2** : to sound, to ring (of bells, a phone, etc.), to go off (of an alarm), to ring out (of shots), to play (of music) **3** : to be pronounced (of a letter) **4** : to look or sound familiar ⟨me suena ese nombre : that name rings a bell⟩ **5** : to fly (of rumors), to be talked

about ⟨suena para reemplazar a Díaz : there is talk that he might replace Díaz⟩ **6 ~ a** : to sound like — *vt* **1** : to ring **2** : to blow (a trumpet, a nose) — **sonarse** *vr* : to blow one's nose

**sonar²** *nm* : sonar

**sonata** *nf* : sonata

**sonda** *nf* **1** : sounding line **2** : probe **3** CATÉTER : catheter

**sondar** *vt* **1** : to sound, to probe (in medicine, drilling, etc.) **2** : to probe, to explore (outer space)

**sondear** *vt* **1** : to sound **2** : to probe **3** : to sound out, to test (opinions, markets)

**sondeo** *nm* **1** : sounding, probing **2** : drilling **3** ENCUESTA : survey, poll

**soneto** *nm* : sonnet

**sónico, -ca** *adj* : sonic

**sonido** *nm* : sound

**sonoridad** *nf* : resonance

**sonoro, -ra** *adj* **1** : resonant, sonorous, voiced (in linguistics) **2** : resounding, loud **3 banda sonora** : soundtrack

**sonreír** {66} *vi* : to smile

**sonriente** *adj* : smiling

**sonrisa** *nf* : smile

**sonrojar** *vt* : to cause to blush — **sonrojarse** *vr* : to blush

**sonrojo** *nm* RUBOR : blush

**sonrosado, -da** *adj* : rosy, pink

**sonsacar** {72} *vt* : to wheedle, to extract

**sonsonete** *nm* **1** : tapping **2** : drone **3** : mocking tone

**soñador¹, -dora** *adj* : dreamy

**soñador², -dora** *n* : dreamer

**soñar** {19} *v* **1** : to dream **2 ~ con** : to dream about **3 soñar despierto** : to daydream

**soñoliento, -ta** *adj* : sleepy, drowsy

**sopa** *nf* **1** : soup **2 estar hecho una sopa** : to be soaked to the bone

**sopapa** *nm Arg* : plunger (for toilets, etc.)

**sopapo** *nm fam* : slap

**sopera** *nf* : soup tureen

**sopesar** *vt* : to weigh, to evaluate

**soplar** *vi* : to blow — *vt* : to blow on, to blow out, to blow off

**soplete** *nm* : blowtorch

**soplido** *nm* : puff

**soplo** *nm* : puff, gust

**soplón, -plona** *n, mpl* **soplones** *fam* : tattletale, sneak

**soponcio** *nm fam* **1** : fainting spell ⟨sufrió un soponcio : he fainted⟩ **2** : shock, fit ⟨cuando se enteró le dio un/el soponcio : when he found out, he was horrified⟩

**sopor** *nm* SOMNOLENCIA : drowsiness, sleepiness

**soporífero, -ra** *adj* : soporific

**soportable** *adj* : bearable, tolerable

**soportar** *vt* **1** SOSTENER : to support, to hold up **2** RESISTIR : to withstand, to resist **3** AGUANTAR : to bear, to tolerate

**soporte** *nm* : base, stand, support

**soprano** *nmf* : soprano

**sor** *nf* : Sister (religious title)

**sorber** *vt* **1** : to sip, to suck in **2** : to absorb, to soak up

**sorbete** *nm* : sherbet

**sorbo** *nm* **1** : sip, gulp, swallow **2 beber a sorbos** : to sip

**sordera** *nf* : deafness

**sórdido, -da** *adj* : sordid, dirty, squalid

**sordina** *nf* : mute (for a musical instrument)

**sordo, -da** *adj* **1** : deaf **2** : muted, muffled

**sordomudo, -da** *n offensive* : deaf-mute *often offensive*

**sorgo** *nm* : sorghum

**soriasis** *nfs & pl* : psoriasis

**sorna** *nf* : sarcasm, mocking tone

**soroche** *nm Peru* : altitude sickness

**sorprendente** *adj* : surprising — **sorprendentemente** *adv*

**sorprender** *vt* : to surprise — **sorprenderse** *vr*

**sorpresa** *nf* : surprise

**sorpresivo, -va** *adj* **1** : surprising, surprise **2** IMPREVISTO : sudden, unexpected

**sortear** *vt* **1** RIFAR : to raffle, to draw lots for **2** : to dodge, to avoid

**sorteo** *nm* : drawing, raffle

**sortija** *nf* **1** ANILLO : ring **2** : curl, ringlet

**sortilegio** *nm* **1** HECHIZO : spell, charm **2** HECHICERÍA : sorcery

**SOS** *nm* : SOS

**sosegado, -da** *adj* SERENO : calm, tranquil, serene

**sosegar** {49} *vt* : to calm, to pacify — **sosegarse** *vr*

**sosiego** *nm* : tranquillity, serenity, calm

**soslayar** *vt* ESQUIVAR : to dodge, to evade

**soslayo** *nm* **de ~** : obliquely, sideways ⟨mirar de soslayo : to look askance⟩

**soso, -sa** *adj* **1** INSÍPIDO : bland, flavorless **2** ABURRIDO : dull, boring

**sospecha** *nf* : suspicion

**sospechar** *vt* : to suspect — *vi* : to be suspicious

**sospechosamente** *adv* : suspiciously

**sospechoso¹, -sa** *adj* : suspicious, suspect

**sospechoso², -sa** *n* : suspect

**sostén** *nm, pl* **sostenes** **1** APOYO : support **2** : sustenance **3** : brassiere, bra

**sostener** {80} *vt* **1** : to support, to hold up **2** : to hold ⟨sostenme la puerta : hold the door for me⟩ ⟨sostener una conversación : to hold a conversation⟩ **3** : to sustain, to maintain — **sostenerse** *vr* **1** : to stand, to hold oneself up **2** : to continue, to remain

**sostenible** *adj* : sustainable, tenable — **sostenibilidad** *nf*

**sostenido¹, -da** *adj* **1** : sustained, prolonged **2** : sharp (in music)

**sostenido²** *nm* : sharp (in music)

**sostuvo, etc.** → **sostener**

**sota** *nf* : jack (in the Spanish deck of cards)

**sotana** *nf* : cassock

**sótano** *nm* : basement

**sotavento** *nm* : lee ⟨a sotavento : leeward⟩

**soterrar** {55} *vt* **1** : to bury **2** : to conceal, to hide away

**soto** *nm* : grove, copse
**souvenir** *nm, pl* **-nirs** RECUERDO : souvenir, memento
**soviético, -ca** *adj* : Soviet
**soy** → **ser**
**soya** *nf* : soy, soybean
**spaghetti** → **espagueti**
**spam** *nm, pl* **spams** : spam (e-mail)
**spaniel** *nm, pl* **spaniels** : spaniel
**SPM** → **síndrome premenstrual**
**sport** [eˈspor] *adj* : sport, casual
**sprint** [eˈsprin, -ˈsprint] *nm* : sprint — **sprinter** *nmf*
**squash** [eˈskwaʃ, -ˈskwatʃ] *nm* : squash (sport)
**Sr.** *nm* : Mr.
**Sra.** *nf* : Mrs., Ms.
**Srta.** *or* **Srita.** *nf* : Miss, Ms.
**staccato** *adj* : staccato
**stand** *nm, pl* **stands** : stand, kiosk
**standard** → **estándar**
**statu quo** *nm* : status quo
**stop** [esˈtop] *nm* : stop sign
**streaming** [ˈstrimin] *nm* : streaming (of audio, video, etc.) ⟨un streaming en vivo : a livestream⟩
**stress** → **estrés**
**su** *adj* **1** : his, her, its, their, one's ⟨su libro : her book⟩ ⟨sus consecuencias : its consequences⟩ **2** (*formal*) : your ⟨tómese su medicina, señor : take your medicine, sir⟩
**suave** *adj* **1** BLANDO : soft **2** LISO : smooth **3** : gentle, mild **4** *Mex fam* : great, fantastic
**suavemente** *adj* : smoothly, gently, softly
**suavidad** *nf* : softness, smoothness, mellowness
**suavizante** *nm* : softener, fabric softener
**suavizar** {21} *vt* **1** : to soften, to smooth out **2** : to tone down — **suavizarse** *vr*
**sub-** *pref* : sub-
**subacuático, -ca** *adj* : underwater
**subalterno**[1], **-na** *adj* **1** SUBORDINADO : subordinate **2** SECUNDARIO : secondary
**subalterno**[2], **-na** *n* SUBORDINADO : subordinate
**subarrendar** {55} *vt* : to sublet
**subasta** *nf* : auction
**subastador, -dora** *n* : auctioneer
**subastar** *vt* : to auction, to auction off
**subcampeón, -peona** *n, mpl* **-peones** : runner-up
**subcomisión** *nf, pl* **-siones** : subcommittee
**subcomité** *nm* : subcommittee
**subconsciente** *adj & nm* : subconscious — **subconscientemente** *adv*
**subcontratar** *vt* : to subcontract
**subcontratista** *nmf* : subcontractor
**subcultura** *nf* : subculture
**subdesarrollado, -da** *adj* : underdeveloped
**subdesarrollo** *nm* : underdevelopment
**subdirector, -tora** *n* : assistant manager
**súbdito, -ta** *n* : subject (of a monarch)
**subdividir** *vt* : to subdivide
**subdivisión** *nf, pl* **-siones** : subdivision
**subestimar** *vt* : to underestimate, to undervalue
**subexponer** {60} *vt* : to underexpose
**subexposición** *nf, pl* **-ciones** : underexposure
**subgrupo** *nm* : subgroup
**subibaja** *nm* : seesaw
**subida** *nf* **1** : ascent, climb **2** : rise, increase **3** : slope, hill ⟨ir de subida : to go uphill⟩
**subido, -da** *adj* **1** : intense, strong ⟨amarillo subido : bright yellow⟩ **2 subido de tono** : risqué
**subir** *vt* **1** : to bring/take/carry up, to lift up **2** : to climb, to go/come up (stairs, etc.) **3** : to raise (a blind, etc.), to pull up (a zipper, etc.), to take up (a hem) **4** AUMENTAR : to raise (prices, etc.) ⟨subir el volumen : to turn up the volume⟩ **5** CARGAR : to upload — *vi* **1** : to go/come up **2** AUMENTAR : to rise, to increase **3** : to be promoted **4** ~ **a** : to get on, to mount ⟨subir a un tren : to get on a train⟩ — **subirse** *vr* **1** : to climb (up) **2** : to pull up (clothing) **3 subirse a la cabeza** : to go to one's head
**súbito, -ta** *adj* **1** REPENTINO : sudden **2 de** ~ : all of a sudden, suddenly — **súbitamente** *adv*
**subjetivo, -va** *adj* : subjective — **subjetivamente** *adv* — **subjetividad** *nf*
**subjuntivo**[1], **-va** *adj* : subjunctive
**subjuntivo**[2] *nm* : subjunctive
**sublevación** *nf, pl* **-ciones** ALZAMIENTO : uprising, rebellion
**sublevar** *vt* : to incite to rebellion — **sublevarse** *vr* : to rebel, to rise up
**sublimar** *vt* : to sublimate — **sublimación** *nf*
**sublime** *adj* : sublime
**submarinismo** *nm* : scuba diving
**submarinista** *nmf* : scuba diver
**submarino**[1], **-na** *adj* : submarine, undersea
**submarino**[2] *nm* : submarine
**subnormal**[1] *adj* **1** *usu offensive* : mentally handicapped *sometimes offensive* **2** : idiotic
**subnormal**[2] *nmf* **1** *usu offensive* : mentally handicapped person **2** : moron, idiot
**suboficial** *nmf* : noncommissioned officer, petty officer
**subordinado, -da** *adj & n* : subordinate
**subordinar** *vt* : to subordinate — **subordinarse** *vr* — **subordinación** *nf*
**subproducto** *nm* : by-product
**subrayar** *vt* **1** : to underline, to underscore **2** ENFATIZAR : to highlight, to emphasize
**subrepticio, -cia** *adj* : surreptitious — **subrepticiamente** *adv*
**subsanar** *vt* **1** RECTIFICAR : to rectify, to correct **2** : to overlook, to excuse **3** : to make up for
**subscribir** → **suscribir**
**subsecretario, -ria** *n* : undersecretary
**subsecuente** *adj* : subsequent — **subsecuentemente** *adv*
**subsidiar** *vt* : to subsidize
**subsidiaria** *nf* : subsidiary
**subsidio** *nm* : subsidy

**subsiguiente** *adj* : subsequent
**subsistencia** *nf* **1** : subsistence **2** : sustenance
**subsistir** *vi* **1** : to subsist, to live **2** : to endure, to survive
**substancia** → **sustancia**
**subte** *nm Arg, Uru* : subway
**subteniente** *nmf* : second lieutenant
**subterfugio** *nm* : subterfuge
**subterráneo**[1], **-nea** *adj* : underground, subterranean
**subterráneo**[2] *nm* **1** : underground passage, tunnel **2** *Arg, Uru* : subway
**subtitular** *vt* : to subtitle
**subtítulo** *nm* : subtitle, subheading
**subtotal** *nm* : subtotal
**suburbano, -na** *adj* : suburban
**suburbio** *nm* **1** : suburb **2** : slum (outside a city)
**subvención** *nf, pl* **-ciones** : subsidy, grant
**subvencionar** *vt* : to subsidize
**subversivo, -va** *adj & n* : subversive — **subversión** *nf*
**subvertir** {76} *vt* : to subvert
**subyacente** *adj* : underlying
**subyacer** *vi* ~ **en/a** : to underlie
**subyugar** {52} *vt* : to subjugate — **subyugación** *nf*
**succión** *nf, pl* **succiones** : suction
**succionar** *vt* : to suck up, to draw in
**sucedáneo** *nm* : substitute ⟨sucedáneo de azúcar : sugar substitute⟩
**suceder** *vi* **1** OCURRIR : to happen, to occur ⟨¿qué sucede? : what's going on?⟩ ⟨suceda lo que suceda : come what may⟩ **2** ~ **a** : to follow, to succeed ⟨a la primavera sucede el verano : summer follows spring⟩ — *vt* : to succeed ⟨suceder a alguien : to succeed someone⟩
**sucesión** *nf, pl* **-siones** **1** : succession **2** : sequence, series **3** : issue, heirs *pl* **4** : estate, inheritance
**sucesivamente** *adv* : successively, consecutively ⟨y así sucesivamente : and so on⟩
**sucesivo, -va** *adj* : successive ⟨en los días sucesivos : in the days that followed⟩
**suceso** *nm* **1** : event, happening, occurrence **2** : incident, crime
**sucesor, -sora** *n* : successor
**suciedad** *nf* **1** : dirtiness, filthiness **2** MUGRE : dirt, filth
**sucinto, -ta** *adj* CONCISO : succinct, concise — **sucintamente** *adv*
**sucio, -cia** *adj* : dirty, filthy
**sucre** *nm* : Ecuadoran unit of currency
**suculento, -ta** *adj* : succulent
**sucumbir** *vi* : to succumb
**sucursal** *nf* : branch (of a business)
**sudadera** *nf* **1** : sweatshirt **2** : sweatsuit, tracksuit
**sudado, -da** → **sudoroso**
**sudafricano, -na** *adj & n* : South African
**sudamericano, -na** *adj & n* : South American
**sudanés, -nesa** *adj & n, mpl* **-neses** : Sudanese
**sudar** *vi* TRANSPIRAR : to sweat, to perspire
**sudario** *nm* : shroud
**sudeste** → **sureste**
**sudoeste** → **suroeste**
**sudor** *nm* TRANSPIRACIÓN : sweat, perspiration
**sudoroso, -sa** *adj* : sweaty
**sueco**[1], **-ca** *adj* : Swedish
**sueco**[2], **-ca** *n* : Swede
**sueco**[3] *nm* : Swedish (language)
**suegro, -gra** *n* **1** : father-in-law *m*, mother-in-law *f* **2** **suegros** *nmpl* : in-laws
**suela** *nf* : sole (of a shoe)
**suelda, etc.** → **soldar**
**sueldo** *nm* : salary, wage
**suele, etc.** → **soler**
**suelo** *nm* **1** : ground ⟨caerse al suelo : to fall down, to hit the ground⟩ **2** : floor, flooring **3** TIERRA : soil, land
**suelta, etc.** → **soltar**
**suelto**[1], **-ta** *adj* **1** : loose, free, unattached ⟨dinero suelto : loose change⟩ ⟨una camisa suelta : a loose shirt⟩ ⟨cabos sueltos : loose ends⟩ ⟨el perro estaba suelto : the dog was loose⟩ ⟨un papelito suelto : a scrap of paper⟩ ⟨con el pelo suelto : with one's hair down⟩ **2** : individual, separate, odd ⟨¿las venden sueltas? : do they sell them individually?⟩ **3** : fluent, fluid
**suelto**[2] *nm* : loose change
**suena, etc.** → **sonar**
**sueña, etc.** → **soñar**
**sueño** *nm* **1** : dream **2** : sleep ⟨perder el sueño : to lose sleep⟩ **3** : sleepiness ⟨tener sueño : to be sleepy⟩
**suero** *nm* **1** : serum **2** : whey **3** **suero de mantequilla/manteca** : buttermilk
**suerte** *nf* **1** FORTUNA : luck, fortune ⟨tener suerte : to be lucky⟩ ⟨estar de suerte : to be in luck⟩ ⟨le deseo suerte : I wish him luck⟩ ⟨¡buena suerte! : good luck!⟩ ⟨por suerte : luckily⟩ ⟨con suerte : with any luck⟩ ⟨traer mala suerte : to be/bring bad luck⟩ ⟨fue una suerte que . . . : it's a lucky thing that . . .⟩ **2** DESTINO : fate, destiny, lot ⟨tentar a la suerte : to tempt fate⟩ ⟨la dejaron a su suerte : they left her to her fate⟩ ⟨correr la misma suerte : to meet the same fate⟩ **3** CLASE, GÉNERO : sort, kind ⟨toda suerte de cosas : all kinds of things⟩
**suertudo**[1], **-da** *adj fam* : lucky
**suertudo**[2], **-da** *n fam* : lucky person
**suéter** *nm* : sweater
**suficiencia** *nf* **1** : adequacy **2** : competence, fitness **3** : self-satisfaction
**suficiente** *adj* **1** BASTANTE : enough, sufficient ⟨tener suficiente : to have enough⟩ **2** : suitable, fit **3** : smug, complacent
**suficientemente** *adv* : sufficiently, enough
**sufijo** *nm* : suffix
**suflé** *nm* : soufflé
**sufragar** {52} *vt* **1** AYUDAR : to help out, to support **2** : to defray (costs) — *vi* : to vote
**sufragio** *nm* : suffrage, vote
**sufrido, -da** *adj* **1** : long-suffering, patient **2** : sturdy, serviceable (of clothing)

**sufrimiento** *nm* : suffering
**sufrir** *vt* **1** : to suffer ⟨sufrir una pérdida : to suffer a loss⟩ **2** : to tolerate, to put up with ⟨ella no lo puede sufrir : she can't stand him⟩ — *vi* : to suffer
**sugerencia** *nf* : suggestion
**sugerente** *adj* **1** : suggestive (of words, etc.), revealing (of clothes) **2** : intriguing, provocative
**sugerir** {76} *vt* **1** PROPONER, RECOMENDAR : to suggest, to recommend, to propose **2** : to suggest, to bring to mind
**sugestión** *nf, pl* **-tiones** : suggestion, prompting ⟨poder de sugestión : power of suggestion⟩
**sugestionable** *adj* : suggestible, impressionable
**sugestionar** *vt* : to influence, to sway — **sugestionarse** *vr* ~ **con** : to talk oneself into, to become convinced of
**sugestivo, -va** *adj* **1** : suggestive **2** : interesting, stimulating
**suicida**[1] *adj* : suicidal
**suicida**[2] *nmf* : suicide victim, suicide
**suicidarse** *vr* : to commit suicide
**suicidio** *nm* : suicide
**suite** *nf* : suite
**suizo, -za** *adj & n* : Swiss
**sujeción** *nf, pl* **-ciones** **1** : holding, fastening **2** : subjection
**sujetador** *nm* **1** : fastener **2** : holder ⟨sujetador de tazas : cup holder⟩
**sujetalibros** *nms & pl* : bookend
**sujetapapeles** *nms & pl* CLIP : paper clip
**sujetar** *vt* **1** : to hold on to, to steady, to hold down **2** FIJAR : to fasten, to attach **3** DOMINAR : to subdue, to conquer — **sujetarse** *vr* **1** : to hold on, to hang on **2** ~ **a** : to abide by
**sujeto**[1], **-ta** *adj* **1** : secure, fastened **2** ~ **a** : subject to
**sujeto**[2] *nm* **1** INDIVIDUO : individual, character **2** : subject (in grammar)
**sulfúrico, -ca** *adj* **ácido sulfúrico** → **ácido**[2]
**sulfuro** *nm* : sulfur
**sultán** *nm, pl* **sultanes** : sultan
**suma** *nf* **1** CANTIDAD : sum, quantity **2** : addition
**sumamente** *adv* : extremely, exceedingly
**sumar** *vt* **1** : to add, to add up **2** : to add up to, to total — *vi* : to add up — **sumarse** *vr* ~ **a** : to join
**sumariamente** *adv* : summarily
**sumario**[1], **-ria** *adj* SUCINTO : succinct, summary
**sumario**[2] *nm* : summary
**sumergible** *adj* : waterproof
**sumergir** {35} *vt* : to submerge, to immerse, to plunge — **sumergirse** *vr*
**sumersión** *nf, pl* **-siones** : submerging, immersion
**sumidero** *nm* : drain, sewer
**suministrar** *vt* : to supply, to provide
**suministro** *nm* : supply, provision
**sumir** *vt* SUMERGIR : to plunge, to immerse, to sink — **sumirse** *vr*
**sumisión** *nf, pl* **-siones** **1** : submission **2** : submissiveness
**sumiso, -sa** *adj* : submissive, acquiescent, docile
**sumo, -ma** *adj* **1** : extreme, great, high ⟨la suma autoridad : the highest authority⟩ **2 a lo sumo** : at the most
**sunita** *nmf* : Sunni
**suntuoso, -sa** *adj* : sumptuous, lavish — **suntuosamente** *adv*
**supeditar** *vt* SUBORDINAR : to subordinate — **supeditación** *nf*
**super**[1] *or* **súper** *adj fam* : super, great
**super**[2] *nm* SUPERMERCADO : market, supermarket
**super-** *pref* : super-
**superabundancia** *nf* : overabundance — **superabundante** *adj*
**superación** *nf, pl* **-ciones** : surpassing, overcoming
**superar** *vt* **1** : to surpass, to exceed **2** : to overcome, to surmount — **superarse** *vr* : to improve oneself
**superávit** *nm, pl* **-vit** *or* **-vits** : surplus
**supercheria** *nf* : trickery, fraud
**supercomputadora** *nf* : supercomputer
**superdotado, -da** *n* : a very talented person
**superestrella** *nf* : superstar
**superestructura** *nf* : superstructure
**superficial** *adj* : superficial — **superficialmente** *adv*
**superficialidad** *nf* : superficiality
**superficie** *nf* **1** : surface **2** : area ⟨la superficie de un triángulo : the area of a triangle⟩
**superfluo, -flua** *adj* : superfluous — **superfluidad** *nf*
**superintendente** *nmf* : supervisor, superintendent
**superior**[1] *adj* **1** : superior **2** : upper ⟨nivel superior : upper level⟩ **3** : higher ⟨educación superior : higher education⟩ **4** ~ **a** : above, higher than, in excess of
**superior**[2] *nm* : superior
**superioridad** *nf* : superiority
**superlativo**[1], **-va** *adj* : superlative
**superlativo**[2] *nm* : superlative
**supermercado** *nm* : supermarket
**superpoblación** *nf, pl* **-ciones** : overpopulation
**superpoblado, -da** *adj* : overpopulated
**superponer** {60} *vt* : to superimpose
**superpotencia** *nf* : superpower
**superproducción** → **sobreproducción**
**supersónico, -ca** *adj* : supersonic
**superstición** *nf, pl* **-ciones** : superstition
**supersticioso, -sa** *adj* : superstitious
**supervisar** *vt* : to supervise, to oversee
**supervisión** *nf, pl* **-siones** : supervision
**supervisor, -sora** *n* : supervisor, overseer
**supervivencia** *nf* : survival
**superviviente** *nmf* : survivor
**supino, -na** *adj* : supine
**suplantación** *nf, pl* **-ciones** : supplanting, replacement ⟨suplantación de identidad : identity theft⟩
**suplantar** *vt* : to supplant, to replace
**suplemental** → **suplementario**
**suplementario, -ria** *adj* : supplementary, additional, extra

**suplemento** *nm* : supplement
**suplencia** *nf* : substitution, replacement
**suplente** *adj & nmf* : substitute ⟨equipo suplente : replacement team⟩
**supletorio, -ria** *adj* : extra, additional ⟨teléfono supletorio : extension phone⟩ ⟨cama supletoria : spare bed⟩
**súplica** *nf* : plea, entreaty
**suplicar** {72} *vt* IMPLORAR, ROGAR : to entreat, to implore, to supplicate
**suplicio** *nm* TORMENTO : ordeal, torture
**suplir** *vt* **1** COMPENSAR : to make up for, to compensate for **2** REEMPLAZAR : to replace, to substitute
**supo, etc.** → **saber**
**suponer** {60} *vt* **1** PRESUMIR : to suppose, to assume ⟨supongo que sí : I guess so, I suppose so⟩ ⟨se supone que van a llegar mañana : they're supposed to arrive tomorrow⟩ **2** : to imply, to suggest **3** : to involve, to entail ⟨el éxito supone mucho trabajo : success involves a lot of work⟩
**suposición** *nf, pl* **-ciones** PRESUNCIÓN : supposition, assumption
**supositorio** *nm* : suppository
**supremacía** *nf* : supremacy
**supremo, -ma** *adj* : supreme
**supresión** *nf, pl* **-siones** **1** : suppression, elimination **2** : deletion
**suprimir** *vt* **1** : to suppress, to eliminate **2** : to delete
**supuestamente** *adv* : supposedly, allegedly
**supuesto, -ta** *adj* **1** : supposed, alleged ⟨los supuestos expertos : the supposed experts⟩ ⟨un nombre supuesto : an assumed name⟩ **2 por ~** : of course, absolutely
**supurar** *vi* : to ooze, to discharge
**supuso, etc.** → **suponer**
**sur**[1] *adj* : southern, southerly, south
**sur**[2] *nm* **1** : south, South **2** : south wind
**surafricano, -na** → **sudafricano**
**suramericano, -na** → **sudamericano**
**surcar** {72} *vt* **1** : to plow (through) **2** : to groove, to score, to furrow
**surco** *nm* : groove, furrow, rut
**sureño**[1], **-ña** *adj* : southern, Southern
**sureño**[2], **-ña** *n* : Southerner
**sureste**[1] *adj* **1** : southeast, southeastern **2** : southeasterly
**sureste**[2] *nm* : southeast, Southeast
**surf** *nm* : surfing
**surfear** *vi* : to surf
**surfing** → **surf**
**surfista** *nmf* : surfer
**surgimiento** *nm* : rise, emergence
**surgir** {35} *vi* : to rise, to arise, to emerge
**suroeste**[1] *adj* **1** : southwest, southwestern **2** : southwesterly
**suroeste**[2] *nm* : southwest, Southwest
**surrealismo** *nm* : surrealism
**surrealista**[1] *adj* : surreal, surrealistic
**surrealista**[2] *nmf* : surrealist
**surtido**[1], **-da** *adj* **1** : assorted, varied **2** : stocked, provisioned
**surtido**[2] *nm* : assortment, selection
**surtidor** *nm* **1** : jet, spout **2** *Arg, Chile, Spain* : gas pump
**surtir** *vt* **1** : to supply, to provide ⟨surtir un pedido : to fill an order⟩ **2 surtir efecto** : to have an effect — *vi* : to spout, to spurt up — **surtirse** *vr* : to stock up
**susceptible** *adj* : susceptible, sensitive — **susceptibilidad** *nf*
**suscitar** *vt* : to provoke, to give rise to
**suscribir** {33} *vt* **1** : to sign (a formal document) **2** : to endorse, to sanction — **suscribirse** *vr* **~ a** : to subscribe to
**suscripción** *nf, pl* **-ciones** **1** : subscription **2** : endorsement, sanction **3** : signing
**suscriptor, -tora** *n* : subscriber
**susodicho, -cha** *adj* : aforementioned, aforesaid
**suspender** *vt* **1** COLGAR : to suspend, to hang **2** : to suspend, to discontinue **3** : to suspend, to dismiss
**suspense** *nm Spain* → **suspenso**
**suspensión** *nf, pl* **-siones** : suspension
**suspenso** *nm* : suspense
**suspensores** *nmpl Chile* : suspenders
**suspicacia** *nf* : suspicion, mistrust
**suspicaz** *adj, pl* **-caces** DESCONFIADO : suspicious, wary
**suspirar** *vi* : to sigh
**suspiro** *nm* : sigh
**surque, etc.** → **surcar**
**suscrito** *pp* → **suscribir**
**sustancia** *nf* **1** : substance **2 sin ~** : shallow, lacking substance
**sustancial** *adj* **1** : substantial **2** ESENCIAL, FUNDAMENTAL : essential, fundamental — **sustancialmente** *adv*
**sustancioso, -sa** *adj* **1** NUTRITIVO : hearty, nutritious **2** : substantial, solid
**sustantivo** *nm* : noun
**sustentación** *nf, pl* **-ciones** SOSTÉN : support
**sustentar** *vt* **1** : to support, to hold up **2** : to sustain, to nourish **3** : to maintain, to hold (an opinion) — **sustentarse** *vr* : to support oneself
**sustento** *nm* **1** : means of support, livelihood **2** : sustenance, food
**sustitución** *nf, pl* **-ciones** : replacement, substitution
**sustituir** {41} *vt* **1** : to replace, to substitute for **2** : to stand in for
**sustituto, -ta** *n* : substitute, stand-in
**susto** *nm* : fright, scare
**sustracción** *nf, pl* **-ciones** **1** RESTA : subtraction **2** : theft
**sustraer** {81} *vt* **1** : to remove, to take away **2** RESTAR : to subtract **3** : to steal — **sustraerse** *vr* **~ a** : to avoid, to evade
**susurrar** *vi* **1** : to whisper **2** : to murmur **3** : to rustle (leaves, etc.) — *vt* : to whisper
**susurro** *nm* **1** : whisper **2** : murmur **3** : rustle, rustling
**sutil** *adj* **1** : delicate, thin, fine **2** : subtle — **sutilmente** *adv*
**sutileza** *nf* **1** : delicacy **2** : subtlety
**sutura** *nf* : suture, stitch
**SUV** [esuˈbi, esju-] *nm, pl* **SUV** *or* **SUVs** [esuˈbis, esju-] : SUV

**suyo¹, -ya** *adj* **1** : his, her, its, theirs ⟨los libros suyos : his books⟩ ⟨un amigo suyo : a friend of hers⟩ ⟨esta casa es suya : this house is theirs⟩ **2** (*formal*) : yours ⟨¿este abrigo es suyo, señor? : is this your coat, sir?⟩

**suyo², -ya** *pron* **1** : his, hers, theirs ⟨mi guitarra y la suya : my guitar and hers⟩ ⟨ellos trajeron las suyas : they brought theirs, they brought their own⟩ **2** (*formal*) : yours ⟨usted olvidó la suya : you forgot yours⟩

**switch** *nm* : switch

# T

**t** *nf* : twenty-third letter of the Spanish alphabet

**taba** *nf* : anklebone

**tabacalero¹, -ra** *adj* : tobacco ⟨industria tabacalera : tobacco industry⟩

**tabacalero², -ra** *n* : tobacco grower

**tabaco** *nm* : tobacco

**tábano** *nm* : horsefly

**tabaquería** *nf* : tobacco shop

**tabaquismo** *nm* **tabaquismo pasivo** : passive smoking

**taberna** *nf* : tavern, bar

**tabernáculo** *nm* : tabernacle

**tabernero, -ra** *n* **1** : bar owner **2** : bartender

**tabicar** {72} *vt* : to wall up

**tabique** *nm* : thin wall, partition

**tabla** *nf* **1** : table, list ⟨tabla de multiplicar : multiplication table⟩ **2** : board, plank, slab ⟨tabla de planchar : ironing board⟩ **3** : plot, strip (of land) **4** : box pleat **5 tablas** *nfpl* : stage, boards *pl*

**tablado** *nm* **1** : floor **2** : platform, scaffold **3** : stage

**tablao** *nm* : flamenco bar

**tablero** *nm* **1** : bulletin board **2** : board (in games) ⟨tablero de ajedrez : chessboard⟩ ⟨tablero de damas : checkerboard⟩ ⟨tablero de circuitos : circuit board⟩ **3** PIZARRA : blackboard **4** : switchboard **5 tablero de instrumentos** : dashboard, instrument panel

**tablet** → **tableta**

**tableta** *nf* **1** COMPRIMIDO, PÍLDORA : tablet, pill **2** : bar (of chocolate) **3** : tablet (computer)

**tabletear** *vi* : to rattle, to clack

**tableteo** *nm* : clack, rattling

**tablilla** *nf* **1** : small board or tablet **2** : bulletin board **3** : splint

**tabloide** *nm* : tabloid

**tablón** *nm, pl* **tablones** **1** : plank, beam **2 tablón de anuncios** : bulletin board

**tabú¹** *adj* : taboo

**tabú²** *nm, pl* **tabúes** *or* **tabús** : taboo

**tabulador** *nm* **1** : tabulator **2** : tab, tab key

**tabular¹** *vt* : to tabulate

**tabular²** *adj* : tabular

**taburete** *nm* : footstool, stool

**tacañería** *nf* : stinginess

**tacaño¹, -ña** *adj* MEZQUINO : stingy, miserly

**tacaño², -ña** *n* : miser, tightwad

**tacha** *nf* **1** : flaw, blemish, defect **2 poner tacha a** : to find fault with **3 sin ~** : flawless

**tachadura** *nf* : erasure, correction

**tachar** *vt* **1** : to cross out, to delete **2 ~ de** : to accuse of, to label as ⟨lo tacharon de mentiroso : they accused him of being a liar⟩

**tacho** *nm Arg, Chile, Ecua, Peru, Uru* **1** : wastebasket **2 ~ de (la) basura** : garbage can

**tachón** *nm, pl* **tachones** : stud, hobnail

**tachonar** *vt* : to stud

**tachuela** *nf* : tack, hobnail, stud

**tácito, -ta** *adj* : tacit, implicit — **tácitamente** *adv*

**taciturno, -na** *adj* **1** : taciturn **2** : sullen, gloomy

**tacle** *nm* : tackle

**tacleada** *nf* : tackle (in football)

**taclear** *vt* : to tackle (in football)

**taco** *nm* **1** : wad, stopper, plug **2** : pad (of paper) **3** : cleat **4** : heel (of a shoe) **5** : cue (in billiards) **6** : light snack, bite **7** : taco

**tacón** *nm, pl* **tacones** : heel (of a shoe) ⟨de tacón alto : high-heeled⟩

**taconazo** *nm* **1** PATADA : (heel) kick **2** : stamp, heel tap ⟨dar un taconazo : to click one's heels⟩

**táctica** *nf* : tactic, tactics *pl*

**táctico, -ca** *adj* : tactical

**táctil** *adj* : tactile

**tacto** *nm* **1** : touch, touching, feel **2** DELICADEZA : tact

**tafeta** *nf Arg, Mex, Uru* : taffeta

**tafetán** *nm, pl* **-tanes** : taffeta

**tahúr** *nm, pl* **tahúres** : gambler

**tailandés¹, -desa** *adj & n, pl* **-deses** : Thai

**tailandés²** *nm* : Thai (language)

**taimado, -da** *adj* **1** : crafty, sly **2** *Chile* : sullen, sulky

**tajada** *nf* **1** : slice **2 sacar tajada** *fam* : to get one's share

**tajante** *adj* **1** : cutting, sharp **2** : decisive, categorical

**tajantemente** *adj* : emphatically, categorically

**tajar** *vt* : to cut, to slice

**tajear** *vt* **1** : to cut **2** : to hack, to slash

**tajo** *nm* **1** : cut, slash, gash **2** ESCARPA : steep cliff

**tal¹** *adv* **1** : so, in such a way **2 tal como** : just as ⟨tal como lo hice : just the way I did it⟩ **3 con tal que** : provided that, as long as **4 ¿qué tal?** : how are you?, how's it going?

**tal²** *adj* **1** : such, such a ⟨a tal grado : to such a degree⟩ ⟨de tal manera que : such that, in such a way that⟩ ⟨¡yo no dije tal cosa! : I said no such thing!〉 **2** (*indicating an unspecified person or thing*) 〈en tal día, a tal hora : on such and such a day at such and such a time〉 〈un tal Pérez : a Mr. Pérez, some guy named Pérez〉 **3 tal vez** : maybe, perhaps

**tal**[3] *pron* **1** : such a one, someone **2** : such a thing, something **3 tal para cual** : two of a kind

**tala** *nf* : felling (of trees)

**taladradora** *nf* : jackhammer

**taladrar** *vt* : to drill

**taladro** *nm* : drill, auger 〈taladro eléctrico : power drill〉

**talante** *nm* **1** HUMOR : mood, disposition **2** VOLUNTAD : will, willingness

**talar** *vt* **1** : to cut down, to fell **2** DEVASTAR : to devastate, to destroy

**talco** *nm* **1** : talc **2** : talcum powder

**talego** *nm* : sack

**talento** *nm* : talent, ability

**talentoso, -sa** *adj* : talented, gifted

**talismán** *nm, pl* **-manes** AMULETO : talisman, charm

**talla** *nf* **1** ESTATURA : height **2** : size (in clothing) **3** : stature, status **4** : sculpture, carving

**tallar** *vt* **1** : to sculpt, to carve **2** : to measure (someone's height) **3** : to deal (cards)

**tallarín** *nf, pl* **-rines** : noodle

**talle** *nm* **1** : size **2** : waist, waistline **3** : figure, shape

**taller** *nm* **1** : shop, workshop **2** : studio (of an artist)

**tallo** *nm* : stalk, stem 〈tallo de maíz : cornstalk〉

**talón** *nm, pl* **talones** **1** : heel (of the foot) **2** : stub (of a check) **3 talón de Aquiles** : Achilles' heel

**talonario** *nm* : checkbook

**taltuza** *nf* : gopher

**talud** *nm* : slope, incline

**tamal** *nm* : tamale

**tamaño**[1], **-ña** *adj* : such a big 〈¿crees tamaña mentira? : do you believe such a lie?〉

**tamaño**[2] *nm* **1** : size **2 de tamaño natural** : life-size

**tamarindo** *nm* : tamarind

**tambaleante** *adj* **1** : wobbly, unsteady, teetering **2** : staggering, swaying, tottering

**tambalear** *vi* → **tambalearse**

**tambalearse** *vr* **1** : to teeter **2** : to stagger, to sway, to totter

**tambaleo** *nm* : staggering, lurching, swaying

**también** *adv* : too, as well, also

**tambor** *nm* : drum

**tamborilear** *vi* : to drum, to tap

**tamborileo** *nm* : tapping, drumming

**tamiz** *nm* : sieve

**tamizar** {21} *vt* : to sift

**tampoco** *adv* : neither, not either 〈ni yo tampoco : me neither〉

**tampón** *nm, pl* **tampones** **1** : ink pad **2** : tampon

**tam–tam** *nm* : tom-tom

**tan**[1] *adv* **1** : so, so very 〈no es tan difícil : it is not that difficult〉 **2** : as 〈tan pronto como : as soon as〉 **3 tan siquiera** : at least, at the least **4 tan sólo** : only, merely

**tan**[2] *pron* **tan es así** : so much so

**tanda** *nf* **1** : turn, shift **2** : batch, lot, series

**tándem** *nm* **1** : tandem (bicycle) **2** : duo, pair

**tangente** *adj & nf* : tangent — **tangencial** *adj*

**tangerina** *nf* : tangerine

**tangible** *adj* : tangible

**tango** *nm* : tango

**tanino** *nm* : tannin

**tanque** *nm* **1** : tank 〈buque tanque : tanker (ship)〉 **2** : tank (vehicle)

**tanteador** *nm* MARCADOR : scoreboard

**tantear** *vt* **1** : to feel, to grope **2** : to size up, to weigh — *vi* **1** : to keep score **2** : to feel one's way

**tanteo** *nm* **1** : estimate, rough calculation **2** : testing, sizing up **3** : scoring

**tanto**[1] *adv* **1** : so much 〈te quiero tanto : I love you so much〉 〈ha cambiado tanto que no lo reconocí : he has changed so much that I didn't recognize him〉 〈tanto mejor : so much the better〉 **2** : so long 〈¿por qué te tardaste tanto? : why did you take so long?〉 **3 tanto como** : as much as 〈trabajo tanto como ella : I work as much as she does〉 〈¿te gustó tanto como a mí? : did you like it as much as I did?〉

**tanto**[2], **-ta** *adj* **1** : so much, so many, such 〈no hagas tantas preguntas : don't ask so many questions〉 〈tiene tanto encanto : he has such charm, he's so charming〉 **2** : as much, as many 〈come tantos dulces como yo : she eats as many sweets as I do〉 **3** : odd, however many 〈cuarenta y tantos años : forty-odd years〉

**tanto**[3] *nm* **1** : certain amount **2** : goal, point (in sports) **3 al tanto** : abreast, in the picture **4 un tanto** : somewhat, rather 〈un tanto cansado : rather tired〉

**tanto**[4], **-ta** *pron* **1** : so much, so many 〈tiene tanto que hacer : she has so much to do〉 〈¡no me des tantos! : don't give me so many!〉 **2 en ~** : while **3 entre ~** : meanwhile **4 otro tanto** : again as much, again as many 〈tiene un metro de ancho y otro tanto de altura : it's a meter wide and a meter high〉 〈otro tanto podría decirse de . . . : the same can be said of . . .〉 **5 por lo tanto** : therefore **6 tanto es así** : so much so

**tañer** {79} *vt* **1** : to ring (a bell) **2** : to play (a musical instrument)

**tañido** *nm* **1** CAMPANADA : ring, peal, toll **2** : sound (of an instrument)

**tapa** *nf* **1** : cover, top, lid **2** *Spain* : bar snack

**tapacubos** *nms & pl* : hubcap

**tapadera** *nf* **1** : cover, lid **2** : front, cover (for an organization or person)

**tapar** *vt* **1** CUBRIR : to cover, to cover up **2** OBSTRUIR : to block, to obstruct — **taparse** *vr*

**taparrabos** *nms & pl* : loincloth

**tapete** *nm* **1** : small rug, mat **2** : table cover **3 poner sobre el tapete** : to bring up for discussion
**tapia** *nf* : (adobe) wall, garden wall
**tapiar** *vt* **1** : to wall in **2** : to enclose, to block off
**tapicería** *nf* **1** : upholstery **2** TAPIZ : tapestry
**tapicero, -ra** *n* : upholsterer
**tapioca** *nf* : tapioca
**tapir** *nm* : tapir
**tapiz** *nm, pl* **tapices** : tapestry
**tapizado** *nm* : upholstery
**tapizar** {21} *vt* **1** : to upholster **2** : to cover, to carpet
**tapón** *nm, pl* **tapones** **1** : cork **2** : bottle cap **3** : plug, stopper **4** *fam* : traffic jam **5** *Arg* : fuse
**taponar** *vt* : to block, to stop up
**tapujo** *nm* **1** : deceit, pretension **2 sin tapujos** : openly, frankly
**taquigrafía** *nf* : stenography, shorthand
**taquigráfico, -ca** *adj* : stenographic
**taquígrafo, -fa** *n* : stenographer
**taquilla** *nf* **1** : box office, ticket office **2** : earnings *pl*, take
**taquillero, -ra** *adj* : box-office, popular ⟨un éxito taquillero : a box-office success⟩
**tara** *nf* : defect
**tarántula** *nf* : tarantula
**tararear** *vt* : to hum
**tardanza** *nf* : lateness, delay
**tardar** *vi* **1** : to take time, to delay ⟨tardaron en responder : they took a while to respond⟩ ⟨no tardes : don't take too long⟩ **2 a más tardar** : at the latest — *vt* DEMORAR : to take (time) ⟨tarda una hora : it takes an hour⟩ ⟨tardar mucho : to take a long time⟩ ⟨tardar el doble : to take twice as long⟩ — **tardarse** *vr*
**tarde**[1] *adv* **1** : late **2 tarde o temprano** : sooner or later
**tarde**[2] *nf* **1** : afternoon, evening **2 ¡buenas tardes!** : good afternoon!, good evening! **3 en la tarde** *or* **por la tarde** : in the afternoon, in the evening
**tardío, -día** *adj* : late, tardy
**tardo, -da** *adj* : slow
**tarea** *nf* **1** : task, job **2** : homework
**tarifa** *nf* **1** : rate ⟨tarifas postales : postal rates⟩ **2** : fare (for transportation) **3** : price list **4** ARANCEL : duty
**tarima** *nf* PLATAFORMA : dais, platform, stage
**tarjeta** *nf* : card ⟨tarjeta de crédito/débito : credit/debit card⟩ ⟨tarjeta postal : postcard⟩ ⟨tarjeta (de) regalo : gift card⟩ ⟨tarjeta de felicitación : greeting card⟩ ⟨tarjeta navideña, tarjeta de Navidad : Christmas card⟩ ⟨tarjeta de video/memoria : video/memory card⟩ ⟨tarjeta de visita : business card, calling card⟩
**taro** *nm* : taro
**tarrina** *nf* : tub
**tarro** *nm* **1** : jar, pot **2** *Arg, Chile, CoRi, Uru* : can, tin
**tarta** *nf* **1** : tart **2** *Spain* : cake
**tartaleta** *nf* : tart
**tartamudear** *vi* : to stammer, to stutter
**tartamudeo** *nm* : stutter, stammer
**tartamudo**[1], **-da** *adj* : stuttering, stammering
**tartamudo**[2], **-da** *n* : person who stutters or stammers
**tartán** *nm, pl* **tartanes** : tartan, plaid
**tártaro** *nm* : tartar
**tartera** *nf Spain* : lunch box
**tasa** *nf* **1** : rate ⟨tasa de desempleo : unemployment rate⟩ **2** : tax, fee **3** : appraisal, valuation
**tasación** *nf, pl* **-ciones** : appraisal, assessment
**tasador, -dora** *n* : assessor, appraiser
**tasajo** *nm* : dried beef, beef jerky
**tasar** *vt* **1** VALORAR : to appraise, to value **2** : to set the price of **3** : to ration, to limit
**tasca** *nf* : cheap bar, dive
**tatarabuela** *nf* : great-great-grandmother
**tatarabuelo** *nm* : great-great-grandfather
**tatuaje** *nm* : tattoo, tattooing
**tatuar** {3} *vt* : to tattoo
**taurino, -na** *adj* : bull, bullfighting
**Tauro**[1] *nm* : Taurus (sign or constellation)
**Tauro**[2] *nmf* : Taurus (person)
**tauromaquia** *nf* : (art of) bullfighting
**taxi** *nm, pl* **taxis** : taxi, taxicab
**taxidermia** *nf* : taxidermy
**taxidermista** *nmf* : taxidermist
**taxista** *nmf* : taxi driver
**taza** *nf* **1** : cup **2** : cupful **3** : (toilet) bowl **4** : basin (of a fountain)
**tazón** *nm, pl* **tazones** **1** : bowl **2** : large cup, mug
**te**[1] *nf* : (letter) t
**te**[2] *pron* **1** : you ⟨te quiero : I love you⟩ **2** : for you, to you, from you ⟨me gustaría dártelo : I would like to give it to you⟩ **3** : yourself, for yourself, to yourself, from yourself ⟨¡cálmate! : calm yourself!⟩ ⟨¿te guardaste uno? : did you keep one for yourself?⟩ **4** : thee
**té** *nm* **1** : tea **2** : tea party
**tea** *nf* : torch
**teatral** *adj* : theatrical — **teatralmente** *adv*
**teatro** *nm* **1** : theater **2 hacer teatro** : to put on an act, to exaggerate
**teca** *nf* : teak
**techado** *nm* **1** : roof **2 bajo techado** : under cover, indoors
**techar** *vt* : to roof, to shingle
**techo** *nm* **1** TEJADO : roof **2** : ceiling **3** : upper limit, ceiling
**techumbre** *nf* : roofing
**tecla** *nf* **1** : key (of a musical instrument or a machine) ⟨la tecla Tab : the tab key⟩ **2 dar en la tecla** : to hit the nail on the head
**teclado** *nm* **1** : keyboard — **2 teclado numérico** : (number) keypad
**teclear** *vt* : to type in, to enter
**técnica** *nf* **1** : technique, skill **2** : technology
**técnico**[1], **-ca** *adj* : technical — **técnicamente** *adv*
**técnico**[2], **-ca** *n* : technician, expert, engineer
**tecnología** *nf* : technology

**tecnológico, -ca** *adj* : technological — **tecnológicamente** *adv*
**tecolote** *nm Mex* : owl
**tedio** *nm* : tedium, boredom
**tedioso, -sa** *adj* : tedious, boring — **tediosamente** *adv*
**tee** [ˈti] *nm* : tee (in golf)
**teja** *nf* : tile
**tejado** *nm* TECHO : roof
**tejanos** *nmpl* : jeans
**tejar** *vt* : to tile
**tejedor, -dora** *n* : weaver
**tejemaneje** *nm* **1** : intrigue, machination **2** : fuss, commotion
**tejer** *vt* **1** : to knit, to crochet **2** : to weave **3** FABRICAR : to concoct, to make up, to fabricate
**tejido** *nm* **1** TELA : fabric, cloth **2** : weave, texture **3** : tissue ⟨tejido muscular : muscle tissue⟩
**tejo** *nm* **1** : yew **2** : hopscotch (children's game)
**tejón** *nm, pl* **tejones** : badger
**tela** *nf* **1** : fabric, cloth, material **2 tela de araña** : spiderweb **3 poner en tela de juicio** : to call into question, to doubt
**telar** *nm* : loom
**telaraña** *nf* : spiderweb, cobweb
**tele** *nf fam* : TV, television
**telecomunicación** *nf, pl* **-ciones** : telecommunication
**teleconferencia** *nf* : teleconference
**telediario** *nm Spain* : news, news program
**teledifusión** *nf, pl* **-siones** : television broadcasting
**teledirigido, -da** *adj* : remote-controlled
**teleférico** *nm* : cable car
**telefonazo** *nm fam* : (telephone) call
**telefonear** *v* : to telephone, to call
**telefónico, -ca** *adj* : phone, telephone ⟨llamada telefónica : phone call⟩
**telefonista** *nmf* : telephone operator
**teléfono** *nm* **1** : telephone ⟨contestar el teléfono : to answer the phone⟩ ⟨número de teléfono : phone number⟩ ⟨teléfono celular : cell phone, mobile phone⟩ **2 llamar por teléfono** : to telephone, to make a phone call **3 teléfono inteligente** : smartphone
**telegrafiar** {85} *v* : to telegraph
**telégrafo** *nm* : telegraph
**telegrama** *nm* : telegram
**telemárketing** *nm* : telemarketing
**telenovela** *nf* : soap opera
**telepatía** *nf* : telepathy
**telepático, -ca** *adj* : telepathic — **telepáticamente** *adv*
**telerrealidad** *nf* : reality TV, reality television
**telescópico, -ca** *adj* : telescopic
**telescopio** *nm* : telescope
**telesilla** *nmf* : ski lift
**telespectador, -dora** *n* : (television) viewer
**telesquí** *nm, pl* **-squís** : ski lift
**televidente** *nmf* : (television) viewer
**televisar** *vt* : to televise
**televisión** *nf, pl* **-siones** : television, TV ⟨televisión de alta definición : high definition television⟩ ⟨hay un programa de ciencia en la televisión : there's a science program on TV⟩
**televisivo, -va** *adj* : television ⟨serie televisiva : television series⟩
**televisor** *nm* : television set
**telón** *nm, pl* **telones** **1** : curtain (in theater) **2 telón de fondo** : backdrop, background
**tema** *nm* **1** ASUNTO : theme, topic, subject **2** MOTIVO : motif, central theme
**temario** *nm* **1** : set of topics (for study) **2** : agenda
**temática** *nf* : subject matter
**temático, -ca** *adj* : thematic
**temblar** {55} *vi* **1** : to tremble, to shake, to shiver ⟨le temblaban las rodillas : his knees were shaking⟩ **2** : to shudder, to be afraid ⟨tiemblo con sólo pensarlo : I shudder to think of it⟩
**temblor** *nm* **1** : shaking, trembling **2** : tremor, earthquake
**temblorosamente** *adv* : shakily
**tembloroso, -sa** *adj* : tremulous, trembling, shaking ⟨con la voz temblorosa : with a shaky voice⟩
**temer** *vt* : to fear, to dread ⟨temíamos lo peor : we feared the worst⟩ — *vi* : to be afraid ⟨temer por alguien/algo : to fear for someone/something⟩ — **temerse** *vr*
**temerario, -ria** *adj* : reckless, rash — **temerariamente** *adv*
**temeridad** *nf* **1** : temerity, recklessness, rashness **2** : rash act
**temeroso, -sa** *adj* MIEDOSO : fearful, frightened
**temible** *adj* : fearsome, dreadful
**temor** *nm* MIEDO : fear, dread
**témpano** *nm* : ice floe
**temperamento** *nm* : temperament — **temperamental** *adj*
**temperancia** *nf* : temperance
**temperar** *vt* MODERAR : to temper, to moderate — *vi* : to have a change of air
**temperatura** *nf* : temperature
**tempestad** *nf* **1** : storm, tempest **2 tempestad de arena** : sandstorm
**tempestuoso, -sa** *adj* : tempestuous, stormy
**templado, -da** *adj* **1** : temperate, mild **2** : moderate, restrained **3** : warm, lukewarm **4** VALIENTE : courageous, bold
**templanza** *nf* **1** : temperance, moderation **2** : mildness (of weather)
**templar** *vt* **1** : to temper (steel) **2** : to restrain, to moderate **3** : to tune (a musical instrument) **4** : to warm up, to cool down — **templarse** *vr* **1** : to be moderate **2** : to warm up, to cool down
**temple** *nm* **1** : temper (of steel, etc.) **2** HUMOR : mood ⟨de buen temple : in a good mood⟩ **3** : tuning **4** VALOR : courage
**templo** *nm* **1** : temple **2** : church, chapel
**tempo** *nm* : tempo (in music)
**temporada** *nf* **1** : season, time ⟨temporada de béisbol : baseball season⟩ **2** : period, spell ⟨por temporadas : on and off⟩
**temporal**[1] *adj* **1** : temporal **2** : temporary

**temporal**[2] *nm* **1** : storm **2 capear el temporal** : to weather the storm
**temporalmente** *adv* : temporarily
**temporario, -ria** *adj* : temporary — **temporariamente** *adv*
**temporero**[1], **-ra** *adj* : temporary, seasonal
**temporero**[2], **-ra** *n* : temporary or seasonal worker
**temporizador** *nm* : timer
**tempranero, -ra** *adj* : early
**temprano**[1] *adv* : early ⟨lo más temprano posible : as soon as possible⟩ ⟨por la mañana temprano : early in the morning⟩
**temprano**[2], **-na** *adj* : early ⟨la parte temprana del siglo : the early part of the century⟩
**ten → tener**
**tenacidad** *nf* : tenacity, perseverance
**tenacillas** *nfpl* **1** : tongs **2** : curling iron (for hair)
**tenaz** *adj, pl* **tenaces** **1** : tenacious, persistent **2** : strong, tough
**tenaza** *nf, or* **tenazas** *nfpl* **1** : pliers, pincers **2** : tongs **3** : claw (of a crustacean)
**tenazmente** *adv* : tenaciously
**tendedero** *nm* : clothesline
**tendencia** *nf* **1** PROPENSIÓN : tendency, inclination **2** : trend
**tendencioso, -sa** *adj* : biased
**tendente → tendiente**
**tender** {56} *vt* **1** EXTENDER : to spread out, to lay out **2** EXTENDER : to extend, to hold out (one's hand) **3** : to hang out (clothes) **4** : to run (cables, etc.) **5** : to set (a trap) **6** : to set (a table), to make (a bed) — *vi* **~ a** : to tend to, to have a tendency towards — **tenderse** *vr* : to stretch out, to lie down
**tenderete** *nm* : (market) stall
**tendero, -ra** *n* : shopkeeper, storekeeper
**tendido** *nm* **1** : laying (of cables, etc.) **2** : seats *pl*, section (at a bullfight)
**tendiente** *adj* **~ a** : aimed at, designed to
**tendón** *nm, pl* **tendones** : tendon
**tenebrosidad** *nf* : darkness, gloom
**tendrá, etc. → tener**
**tenebroso, -sa** *adj* **1** OSCURO : gloomy, dark **2** SINIESTRO : sinister
**tenedor**[1], **-dora** *n* **1** : holder **2 tenedor de libros, tenedora de libros** : bookkeeper
**tenedor**[2] *nm* : table fork
**teneduría** *nf* **teneduría de libros** : bookkeeping
**tenencia** *nf* **1** : possession, holding **2** : tenancy **3** : tenure
**tener** {80} *vt* **1** : to have ⟨tiene un coche azul : he has a blue car⟩ ⟨¿lo tienes contigo? : do you have it with you?⟩ ⟨tienen tres hijos : they have three children⟩ ⟨tiene ojos verdes : she has green eyes⟩ ⟨tiene mucha experiencia : she has a lot of experience⟩ ⟨¿tiene hora? : do you have the time?, can you tell me what time it is?⟩ **2** : to have (available) ⟨tener dinero/tiempo para : to have money/time for⟩ ⟨no tuve más remedio : I had no choice⟩ **3** : to have (plans, etc.) ⟨tengo mucho que hacer : I have a lot to do⟩ ⟨hoy tiene clase : he has class today⟩ **4** : to have, to cause (consequences, etc.) **5** (*indicating age*) ⟨tiene veinte años : he's twenty years old⟩ **6** (*indicating dimensions*) ⟨tiene un metro de largo : it's one meter long⟩ **7** (*expressing thoughts, feelings, or sensations*) ⟨tengo frío/hambre/miedo : I'm cold/hungry/scared⟩ ⟨no tengo ni idea : I have no idea⟩ ⟨tengo confianza en ti : I have confidence in you⟩ ⟨eso nos tiene contentos : that makes us happy⟩ **8** : to have (an illness or injury) **9** : to have, to experience (problems, etc.) ⟨tuve un buen día : I had a good day⟩ **10** : to have, to receive (news, etc.) **11** : to have, to show (a quality) ⟨tienes razón : you're right⟩ ⟨eso no tiene sentido : that doesn't make sense⟩ ⟨no tiene nada de malo/raro : there's nothing bad/strange about it⟩ **12** : to have, to include ⟨el libro tiene 500 páginas : the book has 500 pages⟩ **13** : to use, to exercise ⟨tener cuidado : to be careful⟩ **14** (*indicating condition*) ⟨tenía la camisa manchada : his shirt was stained⟩ **15** (*indicating position*) ⟨tenía las manos en los bolsillos : she had her hands in her pockets⟩ **16** : to hold ⟨ten esto : hold this⟩ **17** : to have, to give birth to **18 ~ por** : to think, to consider ⟨me tienes por loco : you think I'm crazy⟩ — *v aux* **1 tener que** : to have to ⟨tengo que salir : I have to leave⟩ ⟨tiene que estar aquí : it has to be here, it must be here⟩ **2** (*with past participle*) ⟨tenía pensado escribirte : I've been thinking of writing to you⟩ **3** (*in expressions of time*) ⟨tengo diez años haciendo esto : I have been doing this for ten years⟩ ⟨tiene años de estar aquí : it's been here for years⟩ — **tenerse** *vr* **1** : to stand up **2 ~ por** : to consider oneself ⟨me tengo por afortunado : I consider myself lucky⟩
**tenería** *nf* CURTIDURÍA : tannery
**tenga, etc. → tener**
**tenia** *nf* SOLITARIA : tapeworm
**teniente** *nmf* **1** : lieutenant **2 teniente coronel** : lieutenant colonel
**tenis** *nms & pl* **1** : tennis **2 tenis** *nmpl* : sneakers *pl*
**tenista** *nmf* : tennis player
**tenor** *nm* **1** : tenor **2** : tone, sense
**tensar** *vt* **1** : to tense, to make taut **2** : to draw (a bow) — **tensarse** *vr* : to become tense
**tensión** *nf, pl* **tensiones** **1** : tension, tautness **2** : stress, strain **3 tensión arterial** : blood pressure **4** : voltage, tension ⟨de alta tensión : high-tension⟩
**tenso, -sa** *adj* : tense — **tensamente** *adv*
**tentación** *nf, pl* **-ciones** : temptation ⟨caer en la tentación : to give in to temptation⟩ ⟨caer en la tentación de : to be tempted into⟩ ⟨resistir la tentación de : to resist the temptation to⟩
**tentáculo** *nm* : tentacle, feeler
**tentador**[1], **-dora** *adj* : tempting
**tentador**[2], **-dora** *n* : tempter, temptress *f*
**tentar** {55} *vt* **1** TOCAR : to feel, to touch **2** PROBAR : to test, to try **3** ATRAER : to tempt, to entice

**tentativa** *nf* : attempt, try
**tentempié** *nm fam* : snack, bite
**tenue** *adj* **1** : tenuous **2** : faint, weak, dim **3** : light, fine **4** : thin, slender
**teñir** {67} *vt* **1** : to dye **2** : to stain
**teología** *nf* : theology
**teológico, -ca** *adj* : theological
**teólogo, -ga** *n* : theologian
**teorema** *nm* : theorem
**teoría** *nf* : theory
**teórico**[1], **-ca** *adj* : theoretical — **teóricamente** *adv*
**teórico**[2], **-ca** *n* : theorist
**teorizar** {21} *vi* : to theorize
**tepe** *nm* : sod, turf
**teponaztle** *nm Mex* : traditional drum
**tequila** *nm* : tequila
**terapeuta** *nmf* : therapist
**terapéutica** *nf* : therapeutics
**terapéutico, -ca** *adj* : therapeutic
**terapia** *nf* **1** : therapy **2 terapia intensiva** : intensive care
**tercer** → **tercero**
**tercermundista** *adj* : third-world
**tercero**[1], **-ra** *adj* (*tercer before masculine singular nouns*) **1** : third ⟨el tercer piso/grado : the third floor/grade⟩ ⟨una/la tercera parte de : a third of, one third of⟩ **2 el Tercer Mundo** : the Third World
**tercero**[2], **-ra** *n* : third (in a series)
**terceto** *nm* **1** : triplet (in literature) **2** : trio (in music)
**terciar** *vt* **1** : to place diagonally **2** : to divide into three parts — *vi* **1** : to mediate **2** ~ **en** : to take part in
**terciario, -ria** *adj* : tertiary
**tercio**[1], **-cia** → **tercero**
**tercio**[2] *nm* : third ⟨dos tercios : two thirds⟩
**terciopelo** *nm* : velvet
**terco, -ca** *adj* OBSTINADO : obstinate, stubborn
**tergiversación** *nf, pl* **-ciones** : distortion
**tergiversar** *vt* : to distort, to twist
**termal** *adj* : thermal, hot
**termas** *nfpl* : hot springs
**térmico, -ca** *adj* : thermal, heat ⟨energía térmica : thermal energy⟩
**terminación** *nf, pl* **-ciones** : termination, conclusion
**terminal**[1] *adj* : terminal — **terminalmente** *adv*
**terminal**[2] *nm* (*in some regions f*) : (electric or electronic) terminal
**terminal**[3] *nf* (*in some regions m*) : terminal, station
**terminante** *adj* : final, definitive, categorical — **terminantemente** *adv*
**terminar** *vt* **1** CONCLUIR : to end, to conclude **2** ACABAR : to complete, to finish off — *vi* **1** : to finish **2** : to stop, to end — **terminarse** *vr* **1** : to run out **2** : to come to an end
**término** *nm* **1** CONCLUSIÓN : end, conclusion **2** : term, expression **3** : period, term of office **4** : place, position ⟨en primer término : first of all⟩ **5 término medio** : happy medium **6 por término medio** : on average **7 términos** *nmpl* : terms, specifications ⟨los términos del acuerdo : the terms of the agreement⟩
**terminología** *nf* : terminology
**termita** *nf* : termite
**termo** *nm* : thermos
**termodinámica** *nf* : thermodynamics
**termómetro** *nm* : thermometer
**termostato** *nm* : thermostat
**ternera** *nf* : veal
**ternero, -ra** *n* : calf
**terno** *nm* **1** : set of three **2** : three-piece suit
**ternura** *nf* : tenderness
**terquedad** *nf* OBSTINACIÓN : obstinacy, stubbornness
**terracota** *nf* : terra-cotta
**terraplén** *nm, pl* **-plenes** : terrace, embankment
**terráqueo, -quea** *adj* **1** : earth **2 globo terráqueo** : the earth, globe (of the earth)
**terrateniente** *nmf* : landowner
**terraza** *nf* **1** : terrace, veranda **2** : balcony (in a theater) **3** : terrace (in agriculture)
**terremoto** *nm* : earthquake
**terrenal** *adj* : worldly, earthly
**terreno** *nm* **1** : terrain **2** SUELO : earth, ground **3** : plot, tract of land **4 perder terreno** : to lose ground **5 preparar el terreno** : to pave the way
**terrestre** *adj* : terrestrial
**terrible** *adj* : terrible, horrible — **terriblemente** *adv*
**terrier** *nmf* : terrier
**territorial** *adj* : territorial
**territorio** *nm* : territory
**terrón** *nm, pl* **terrones** **1** : clod (of earth) **2 terrón de azúcar** : lump of sugar
**terror** *nm* : terror
**terrorífico, -ca** *adj* : horrific, terrifying
**terrorismo** *nm* : terrorism
**terrorista** *adj & nmf* : terrorist
**terroso, -sa** *adj* : earthy ⟨colores terrosos : earthy colors⟩
**terruño** *nm* : native land, homeland
**terso, -sa** *adj* **1** : smooth **2** : glossy, shiny **3** : polished, flowing (of a style)
**tersura** *nf* **1** : smoothness **2** : shine
**tertulia** *nf* : gathering, group ⟨tertulia literaria : literary circle⟩
**tesauro** *nm* : thesaurus
**tesis** *nfs & pl* : thesis
**tesón** *nm* : persistence, tenacity
**tesonero, -ra** *adj* : persistent, tenacious
**tesorería** *nf* : treasurer's office
**tesorero, -ra** *n* : treasurer
**tesoro** *nm* **1** : treasure **2** : thesaurus **3** : treasury
**test** *nm* : test
**testaferro** *nm* : figurehead
**testamentario, -ria** *n* ALBACEA : executor
**testamento** *nm* : testament, will
**testar** *vi* : to draw up a will
**testarudo, -da** *adj* : stubborn, pigheaded
**testículo** *nm* : testicle
**testificar** {72} *v* : to testify
**testigo** *nmf* **1** : witness **2 testigo presencial** : eyewitness
**testimonial** *adj* **1** : testimonial **2** : token
**testimoniar** *vi* : to testify

**testimonio** *nm* : testimony, statement
**teta** *nf* : teat
**tétano** *or* **tétanos** *nm* : tetanus, lockjaw
**tetera** *nf* **1** : teapot **2** : teakettle
**tetilla** *nf* **1** : teat **2** : nipple
**tetina** *nf* : nipple (on a bottle)
**tétrico, -ca** *adj* : somber, gloomy
**textear** *v fam* : to text
**textil** *adj & nm* : textile
**texto** *nm* : text
**textual** *adj* : literal, exact — **textualmente** *adv*
**textura** *nf* : texture
**tez** *nf, pl* **teces** : complexion, coloring
**thumbnail** [ˈtomneil] *nm, pl* **thumbnails** : thumbnail (in computing)
**ti** *pron* **1** : you ⟨es para ti : it's for you⟩ **2 ti mismo, ti misma** : yourself **3** : thee
**tía** → **tío**
**tiamina** *nf* : thiamine
**tianguis** *nm Mex* : open-air market
**tibetano**[1], **-na** *adj & n* : Tibetan
**tibetano**[2] *nm* : Tibetan (language)
**tibia** *nf* : tibia
**tibieza** *nf* **1** : warmth, mildness **2** : lack of enthusiasm, coolness, indifference
**tibio, -bia** *adj* **1** : lukewarm, tepid **2** : cool, unenthusiastic
**tiburón** *nm, pl* **-rones** **1** : shark **2** : raider (in finance)
**tic** *nm* **1** : click, tick **2 tic nervioso** : tic
**tico, -ca** *adj & n fam* : Costa Rican
**tictac** *nm* **1** : ticking, tick-tock **2 hacer tictac** : to tick
**tiembla, etc.** → **temblar**
**tiempo** *nm* **1** : time ⟨justo a tiempo : just in time⟩ ⟨ahorrar/matar/perder tiempo : to save/kill/waste time⟩ ⟨ganar tiempo : to buy time⟩ ⟨tiempo libre : spare time⟩ ⟨al poco tiempo : soon after⟩ ⟨al tiempo que : (while) at the same time⟩ ⟨con tiempo : in good time, in advance⟩ ⟨con el tiempo : in/with/over time⟩ ⟨no tengo tiempo, no me da tiempo : I don't have time⟩ ⟨hace tiempo que vive aquí : she has lived here for a while⟩ ⟨desde hace mucho tiempo : for quite a while⟩ **2** : period of time ⟨un tiempo de : a period of⟩ ⟨esperamos un tiempo : we waited a while⟩ ⟨cada cierto tiempo : every so often⟩ ⟨en los tiempos que corren : nowadays⟩ **3** : season, moment ⟨antes de tiempo : prematurely⟩ ⟨fuera de tiempo : at the wrong time⟩ **4** : weather ⟨hace buen tiempo : the weather is fine, it's nice outside⟩ **5** : tempo (in music) **6** : half (in sports) **7** : tense (in grammar) **8** : half (in sports) ⟨medio tiempo : halftime⟩ **9 medio tiempo** *or* **tiempo parcial** ⟨un empleo de medio tiempo, un empleo a tiempo parcial : a part-time job⟩ ⟨trabajar medio tiempo, trabajar a tiempo parcial : to work part-time⟩ **10 tiempo compartido** : timeshare **11 tiempo completo** : full-time ⟨un empleo de tiempo completo : a full-time job⟩ ⟨trabajar a/de tiempo completo : to work full-time⟩
**tienda** *nf* **1** : store, shop **2** *or* **tienda de campaña** : tent
**tiende, etc.** → **tender**
**tiene, etc.** → **tener**
**tienta**[1], **etc.** → **tentar**
**tienta**[2] *nf* **andar a tientas** : to feel one's way, to grope around
**tiernamente** *adv* : tenderly
**tierno, -na** *adj* **1** : affectionate, tender **2** : tender, young
**tierra** *nf* **1** : land ⟨vender tierra : to sell land⟩ **2** SUELO : ground, earth ⟨camino de tierra : dirt road⟩ ⟨tomar tierra : to land⟩ ⟨caer a tierra : to fall to earth⟩ **3** : country, homeland, soil **4 tierra adentro** : inland **5 tierra firme** : dry/solid ground **6 tierra natal** : native land **7 tierras altas** : highlands **8 tierras bajas** : lowlands **9 la Tierra** : the Earth
**tieso, -sa** *adj* **1** : stiff, rigid **2** : upright, erect
**tiesto** *nm* MACETA : flowerpot
**tiesura** *nf* : stiffness, rigidity
**tifoidea** *nf* : typhoid
**tifoideo, -dea** *adj* : typhoid ⟨fiebre tifoidea : typhoid fever⟩
**tifón** *nm, pl* **tifones** : typhoon
**tifus** *nm* : typhus
**tigre, -gresa** *n* **1** : tiger, tigress *f* **2** : jaguar
**tijera** *nf* **1** *or* **tijeras** *nfpl* : scissors **2 de ~** : folding ⟨escalera de tijera : stepladder⟩
**tijereta** *nf* : earwig
**tijeretada** *nf or* **tijeretazo** *nm* : cut, snip
**tila** *nf* : lime blossom tea
**tildar** *vt* **~ de** : to brand as, to call ⟨lo tildaron de traidor : they branded him as a traitor⟩
**tilde** *nf* **1** : accent mark **2** : tilde (accent over *ñ*)
**tilín** *nm, pl* **tilines** : tinkle
**tilo** *nm* : linden (tree)
**timador, -dora** *n* : swindler
**timar** *vt* : to swindle, to cheat
**timbal** *nm* **1** : kettledrum **2 timbales** *nmpl* : timpani
**timbre** *nm* **1** : bell ⟨tocar el timbre : to ring the doorbell⟩ **2** : tone, timbre **3** SELLO : seal, stamp **4** *CA, Mex* : postage stamp
**timidez** *nf* : timidity, shyness
**tímido, -da** *adj* : timid, shy — **tímidamente** *adv*
**timo** *nm fam* : swindle, trick, hoax
**timón** *nm, pl* **timones** : rudder ⟨estar al timón : to beat the helm⟩
**timonel** *nm* : coxswain
**timorato, -ta** *adj* **1** : timorous **2** : sanctimonious
**tímpano** *nm* **1** : eardrum **2 tímpanos** *nmpl* : timpani, kettledrums
**tina** *nf* **1** BAÑERA : tub, bathtub **2** : vat
**tinaco** *nm Mex* : water tank
**tinaja** *nf* : large clay pot/jar
**tinieblas** *nfpl* **1** OSCURIDAD : darkness **2** : ignorance
**tino** *nm* **1** : good judgment, sense **2** : tact, sensitivity, insight
**tinta** *nf* : ink
**tinte** *nm* **1** : dye, coloring **2** : overtone ⟨tintes raciales : racial overtones⟩

**tintero** *nm* **1** : inkwell **2 quedarse en el tintero** : to remain unsaid
**tintinear** *vt* : to jingle, to clink, to tinkle
**tintineo** *nm* : clink, jingle, tinkle
**tinto, -ta** *adj* **1** : dyed, stained ⟨tinto en sangre : bloodstained⟩ **2** : red (of wine)
**tintorería** *nf* : dry cleaner (service)
**tintura** *nf* **1** : dye, tint **2** : tincture ⟨tintura de yodo : tincture of iodine⟩
**tiña** *nf* : ringworm
**tiñe, etc.** → **teñir**
**tío, tía** *n* : uncle *m*, aunt *f*
**tiovivo** *nm* : merry-go-round
**tipear** *vt* (*in various countries*) : to type
**tipi** *nm* : tepee
**típico, -ca** *adj* : typical — **típicamente** *adv*
**tipificar** {72} *vt* **1** : to classify, to categorize **2** : to typify
**tiple** *nm* : soprano
**tipo**[1] *nm* **1** CLASE : type, kind, sort **2** : figure, build, appearance **3** : rate ⟨tipo de interés : interest rate⟩ **4** : (printing) type, typeface **5** : style, model ⟨un vestido tipo 60's : a 60's-style dress⟩
**tipo**[2], **-pa** *n fam* : guy *m*, gal *f*, character
**tipografía** *nf* : typography, printing
**tipográfico, -ca** *adj* : typographic, typographical
**tipógrafo, -fa** *n* : printer, typographer
**tique** *or* **tiquet** *nm* **1** : ticket **2** : receipt
**tira** *nf* **1** : strip, strap **2 tira cómica** : comic, comic strip
**tirabuzón** *nf, pl* **-zones** : corkscrew
**tirachinas** *nms & pl* : slingshot
**tirada** *nf* **1** : throw **2** : distance, stretch **3** IMPRESIÓN : printing, issue
**tiradero** *nm Mex* **1** : dump **2** : mess, clutter
**tirado, -da** *adj Spain fam* **1** : dirt cheap **2** : very easy
**tirador**[1] *nm* : handle, knob
**tirador**[2], **-dora** *n* : marksman *m*, markswoman *f*
**tiragomas** *nms & pl* : slingshot
**tiranía** *nf* : tyranny
**tiránico, -ca** *adj* : tyrannical
**tiranizar** {21} *vt* : to tyrannize
**tirano**[1], **-na** *adj* : tyrannical, despotic
**tirano**[2], **-na** *n* : tyrant
**tirante**[1] *adj* **1** : tense, strained **2** : taut
**tirante**[2] *nm* **1** : shoulder strap **2 tirantes** *nmpl* : suspenders
**tirantez** *nf* **1** : tautness **2** : tension, friction, strain
**tirar** *vt* **1** : to throw, to hurl, to toss ⟨tírame la pelota : throw/toss me the ball⟩ **2** BOTAR : to throw away/out (garbage), to waste (money, etc.) **3** DERRIBAR : to knock down **4** : to shoot, to fire, to launch (a rocket), to drop (a bomb) **5** : to shoot (in sports) **6** *Car, Spain* : to take (a photo) **7** : to print, to run off **8** *Arg, Chile, Uru* : to pull — *vi* **1** : to pull, to draw **2** : to shoot ⟨tirar a matar : to shoot to kill⟩ **3** : to shoot (in sports) **4** : to attract **5** : to get by, to manage ⟨va tirando : he's getting along, he's managing⟩ **6 ~ a** : to tend towards, to be rather ⟨tira a picante : it's a bit spicy⟩ — **tirarse** *vr* **1** : to throw oneself **2** *fam* : to spend (time)
**tiritar** *vi* : to shiver, to tremble
**tiro** *nm* **1** BALAZO, DISPARO : shot, gunshot ⟨pegarle un tiro a alguien : to shoot someone⟩ ⟨matar a alguien a tiros : to shoot someone dead⟩ ⟨errar el tiro : to miss the mark⟩ **2** : shot, kick (in sports) ⟨tiro libre : free shot/throw/kick⟩ ⟨tiro penal : penalty shot/kick⟩ **3** : flue **4** : team (of horses, etc.) **5 a ~** : within range ⟨ponerse a tiro : to come within range⟩ ⟨estar a tiro : to be within range, to be within reach⟩ **6 al tiro** : right away **7 tiro de gracia** : coup de grâce, death blow
**tiroideo, -dea** *adj* : thyroid
**tiroides** *nmf* : thyroid, thyroid gland — **tiroides** *adj*
**tirolés, -lesa** *adj* : Tyrolean
**tirón** *nm, pl* **tirones** **1** : pull, tug, yank **2 de un tirón** : all at once, in one go **3 tirón de orejas** : slap on the wrist, minor punishment
**tiroteo** *nm* **1** : shooting **2** : gunfight, shoot-out
**tirria** *nf* **tener tirria a** *fam* : to have a grudge against
**titánico, -ca** *adj* : titanic, huge
**titanio** *nm* : titanium
**títere** *nm* : puppet
**tití** *nm, pl* **tití** *or* **tities** *or* **titís** : marmoset
**titilar** *vi* : to twinkle, to flicker
**titileo** *nm* : twinkle, flickering
**titiritero, -ra** *n* **1** : puppeteer **2** : acrobat
**tito, tita** *n fam* : uncle *m*, auntie *f*
**titubear** *vi* **1** : to hesitate **2** : to stutter, to stammer — **titubeante** *adj*
**titubeo** *nm* **1** : hesitation **2** : stammering
**titulado, -da** *adj* **1** : titled, entitled **2** : qualified
**titular**[1] *vt* : to title, to entitle — **titularse** *vr* **1** : to be called, to be entitled **2** : to receive a degree
**titular**[2] *adj* : titular, official
**titular**[3] *nm* : headline
**titular**[4] *nmf* **1** : owner, holder **2** : officeholder, incumbent
**titularidad** *nf* **1** : ownership, title **2** : position, office (with a title) **3** : starting position (in sports)
**título** *nm* **1** : title **2** : degree, qualification **3** : security, bond **4 a título de** : by way of, in the capacity of
**tiza** *nf* : chalk
**tiznar** *vt* : to blacken (with soot, etc.)
**tizne** *nm* HOLLÍN : soot
**tiznón** *nm, pl* **tiznones** : stain, smudge
**tlapalería** *nf Mex* : hardware store
**TNT** *nm* (*tri*nitro*t*oluen*o*) : TNT
**toalla** *nf* **1** : towel **2 tirar la toalla** : to throw in the towel
**toallita** *nf* : washcloth
**tobillo** *nm* : ankle
**tobogán** *nm, pl* **-ganes** **1** : toboggan, sled **2** : slide, chute
**tocadiscos** *nms & pl* : record player
**tocado**[1], **-da** *adj* **1** : bad, bruised (of fruit) **2** *fam* : touched, not all there

**tocado**[2] *nm* : headdress
**tocador**[1] *nm* **1** : dressing table, vanity table **2 artículos de tocador** : toiletries
**tocador**[2], **-dora** *n* : player (of music)
**tocante** *adj* ~ **a** : with regard to, regarding
**tocar** {72} *vt* **1** : to touch, to feel, to handle **2** : to touch on, to refer to **3** : to concern, to affect **4** : to play (a musical instrument) **5** : to ring (a bell), to sound **6 tocar fondo** : to hit/reach rock bottom — *vi* **1** : to knock ⟨tocar a la puerta : to knock on the door⟩ **2** : to sound, to ring ⟨tocó el timbre : the doorbell rang⟩ **3** : to fall to, to be up to, to be one's turn ⟨¿a quién le toca manejar? : whose turn is it to drive?⟩ ⟨a él le toca decidir : it's up to him to decide⟩ ⟨nos toca el 50 por ciento : we get 50 percent⟩ **4** : to come by chance ⟨les tocó la lotería : they won the lottery⟩ ⟨nos toca vivir en tiempos difíciles : it's our fate to live in difficult times⟩ **5** ~ **en** : to touch on, to border on ⟨eso toca en lo ridículo : that's almost ludicrous⟩ — **tocarse** *vr* **1** : to touch ⟨se tocó la frente : he touched his forehead⟩ **2** : to touch (each other)
**tocayo, -ya** *n* : namesake
**tocineta** *nf Col, Ven* : bacon
**tocino** *nm* **1** : bacon **2** : salt pork
**tocología** *nf* OBSTETRICIA : obstetrics
**tocólogo, -ga** *n* OBSTETRA : obstetrician
**tocón** *nm, pl* **tocones** CEPA : stump (of a tree)
**todavía** *adv* **1** AÚN : still, yet ⟨todavía puedes verlo : you can still see it⟩ **2** : even ⟨todavía más rápido : even faster⟩ **3 todavía no** : not yet
**todo**[1], **-da** *adj* **1** : all, whole, entire ⟨toda la comunidad : the whole community⟩ ⟨toda la noche : all night, the whole night⟩ ⟨todo tipo de : all kinds of⟩ ⟨con toda sinceridad : with all sincerity⟩ **2** : every, each, any ⟨a todo nivel : at every level⟩ ⟨todos los días : every day⟩ ⟨toda persona menor de 18 años : anyone under the age of 18⟩ **3** : maximum ⟨a toda velocidad : at top speed⟩ **4 todo el mundo** : everyone, everybody
**todo**[2] *nm* : whole
**todo**[3], **-da** *pron* **1** : everything, all, every bit ⟨lo sabe todo : he knows it all⟩ ⟨tienen de todo : they have some of everything⟩ ⟨hizo todo lo que pudo : she did everything she could⟩ ⟨no los encontré todos : I didn't find all of them⟩ ⟨es todo un soldado : he's a soldier through and through⟩ ⟨fue todo un éxito : it was quite a success⟩ **2 todos, -das** *pl* : everybody, everyone, all ⟨todos estamos de acuerdo : everybody agrees, we all agree⟩ ⟨¿estamos todos? : are we all here?⟩ ⟨es mejor para todos : it's better for everyone⟩ ⟨agradeció a todos : he thanked everyone⟩ ⟨es la más famosa de todos : she's the most famous of them all⟩ **3 ante** ~ : above all, first and foremost **4 con todo (y eso)** : even so, nevertheless **5 del todo** : completely **6 sobre** ~ : above all
**todopoderoso, -sa** *adj* OMNIPOTENTE : almighty
**todoterreno** *nm* : all-terrain vehicle
**toga** *nf* **1** : toga **2** : gown, robe (for magistrates, etc.)
**toldo** *nm* : awning, canopy
**tolerable** *adj* : tolerable — **tolerablemente** *adv*
**tolerancia** *nf* : tolerance, toleration
**tolerante** *adj* : tolerant — **tolerantemente** *adv*
**tolerar** *vt* : to tolerate
**tolete** *nm* : oarlock
**tolva** *nf* : hopper (container)
**toma** *nf* **1** : taking, seizure, capture **2** DOSIS : dose **3** : take, shot **4 toma de corriente** : wall socket, outlet **5 toma y daca** : give-and-take
**tomado** *adj* : drunk
**tomar** *vt* **1** : to take ⟨tomé el libro : I took the book⟩ ⟨tomar un taxi : to take a taxi⟩ ⟨tomar una foto : to take a photo⟩ ⟨toma dos años : it takes two years⟩ ⟨tomaron medidas drásticas : they took drastic measures⟩ **2** : to make (a decision) **3** BEBER : to drink **4** CONSUMIR : to have (food), to take (medicine) **5** CAPTURAR : to capture, to seize **6** : to take, to interpret ⟨no lo tomes a mal : don't take it the wrong way⟩ **7** ~ **por** : to take for, to mistake for **8 tomar el sol** : to sunbathe **9 tomar prestado** : to borrow **10 tomar tierra** : to land — *vi* **1** : to take something ⟨toma, te lo presto : here, I'll lend it to you⟩ **2** : to drink (alcohol) — **tomarse** *vr* **1** : to take ⟨tomarse la molestia de : to take the trouble to⟩ **2** : to drink, to eat, to have
**tomate** *nm* : tomato
**tomillo** *nm* : thyme
**tomo** *nm* : volume, tome
**ton** *nm* **sin ton ni son** : without rhyme or reason
**tonada** *nf* **1** : tune, song **2** : accent
**tonalidad** *nf* : tones *pl*, color scheme
**tonel** *nm* BARRICA : barrel, cask
**tonelada** *nf* : ton
**tonelaje** *nm* : tonnage
**tónica** *nf* **1** : tonic (water) **2** : tonic (in music) **3** : trend, tone ⟨dar la tónica : to set the tone⟩
**tónico**[1], **-ca** *adj* : tonic
**tónico**[2] *nm* : tonic ⟨tónico capilar : hair tonic⟩
**tonificar** {72} *vt* : to tone, to tone up
**tono** *nm* **1** : tone ⟨tono muscular : muscle tone⟩ **2** : shade (of colors) **3** : key (in music) **4 tono de llamada** : ringtone
**tontamente** *adv* : foolishly, stupidly
**tontear** *vi* **1** : to fool around, to play the fool **2** : to flirt
**tontería** *nf* **1** : foolishness **2** : stupid remark or action **3 decir tonterías** : to talk nonsense
**tonto**[1], **-ta** *adj* **1** : dumb, stupid **2** : silly **3 a tontas y a locas** : without thinking, haphazardly
**tonto**[2], **-ta** *n* : fool, idiot
**topacio** *nm* : topaz

**toparse** *vr* ~ **con** : to bump into, to run into, to come across ⟨me topé con algunas dificultades : I ran into some problems⟩
**tope** *nm* **1** : limit, end ⟨hasta el tope : to the limit, to the brim⟩ **2** : stop, check, buffer ⟨tope de puerta : doorstop⟩ **3** : bump, collision **4** *Mex* : speed bump
**tópico**[1], **-ca** *adj* **1** : topical, external **2** : trite, commonplace
**tópico**[2] *nm* **1** : topic, subject **2** : cliché, trite expression
**topo** *nm* **1** : mole (animal) **2** *fam* : clumsy person
**topografía** *nf* : topography
**topográfico, -ca** *adj* : topographic, topographical
**toque**[1], **etc.** → **tocar**
**toque**[2] *nm* **1** : touch ⟨el último toque : the finishing touch⟩ ⟨un toque de color : a touch of color⟩ **2** : ringing, peal, chime **3** *Mex* : shock, jolt **4 toque de queda** : curfew **5 toque de diana** : reveille
**toquetear** *vt* : to touch, to handle, to finger
**toquilla** *nf* : shawl
**tórax** *nm* : thorax
**torbellino** *nm* : whirlwind
**torcedura** *nf* **1** : twisting, buckling **2** : sprain
**torcer** {14} *vt* **1** : to bend, to twist **2** : to sprain **3** : to turn (a corner) **4** : to wring, to wring out **5** : to distort — *vi* : to turn — **torcerse** *vr*
**torcido, -da** *adj* **1** : twisted, crooked **2** : devious
**tordo** *nm* ZORZAL : thrush
**torear** *vt* **1** : to fight (bulls) **2** : to dodge, to sidestep
**toreo** *nm* : bullfighting
**torero, -ra** *n* MATADOR : bullfighter, matador
**tormenta** *nf* **1** : storm ⟨tormenta de nieve : snowstorm⟩ **2** : turmoil, frenzy
**tormento** *nm* **1** : torment, anguish **2** : torture
**tormentoso, -sa** *adj* : stormy, turbulent — **tormentosamente** *adv*
**tornado** *nm* : tornado
**tornamesa** *nmf* : turntable
**tornar** *vt* **1** : to return, to give back **2** : to make, to render — *vi* : to go back — **tornarse** *vr* : to become, to turn into
**tornasol** *nm* **1** : reflected light **2** : sunflower **3** : litmus
**tornear** *vt* : to turn (in carpentry)
**torneo** *nm* : tournament
**tornillo** *nm* **1** : screw **2 tornillo de banco** : vise
**torniquete** *nm* **1** : tourniquet **2** : turnstile
**torno** *nm* **1** : lathe **2** : winch **3 torno de banco** : vise **4 en torno a** : around, about ⟨en torno a este asunto : about this issue⟩ ⟨en torno suyo : around him⟩
**toro** *nm* : bull
**toronja** *nf* : grapefruit
**toronjil** *nm* : balm, lemon balm
**torpe** *adj* **1** DESMAÑADO : clumsy, awkward **2** : stupid, dull — **torpemente** *adv*
**torpedear** *vt* : to torpedo
**torpedero, -ra** *n* : shórtstop
**torpedo** *nm* : torpedo
**torpeza** *nf* **1** : clumsiness, awkwardness **2** : stupidity **3** : blunder
**torre** *nf* **1** : tower ⟨torre de perforación : oil rig⟩ **2** : turret **3** : rook, castle (in chess)
**torreja** *nf* : French toast
**torrencial** *adj* : torrential — **torrencialmente** *adv*
**torrente** *nm* **1** : torrent **2 torrente sanguíneo** : bloodstream
**torreón** *nm, pl* **-rreones** : tower (of a castle)
**torreta** *nf* : turret (of a tank, ship, etc.)
**tórrido, -da** *adj* : torrid
**torrija** *nf Spain* → **torreja**
**torso** *nm* : torso, trunk
**torta** *nf* **1** (*in various countries*) : cake **2** : pie, tart **3** *Mex* : sandwich
**tortazo** *nm fam* : blow, wallop
**tortícolis** *nf* : stiff neck
**tortilla** *nf* **1** : tortilla **2** *or* **tortilla de huevo** : omelet
**tórtola** *nf* : turtledove
**tortuga** *nf* **1** : turtle, tortoise **2 tortuga de agua dulce** : terrapin **3 tortuga boba** : loggerhead
**tortuoso, -sa** *adj* : tortuous, winding
**tortura** *nf* : torture
**torturador, -dora** *n* : torturer
**torturar** *vt* : to torture, to torment
**torvo, -va** *adj* : grim, stern, baleful
**torzamos, etc.** → **torcer**
**tos** *nf* **1** : cough **2 tos ferina** : whooping cough
**tosco, -ca** *adj* : rough, coarse
**toser** *vi* : to cough
**tosquedad** *nf* : coarseness, roughness
**tostada** *nf* **1** : piece of toast **2** *Mex* : fried tortilla
**tostador** *nm* **1** : toaster **2** : roaster (for coffee)
**tostadora** *nf* **1** : toaster **2** : roaster (for coffee)
**tostar** {19} *vt* **1** : to toast **2** : to roast (coffee) **3** : to tan — **tostarse** *vr* : to get a tan
**tostón** *nm, pl* **tostones** *Car* : fried plantain chip
**total**[1] *adv* : in the end, so ⟨total, que no fui : in short, I didn't go⟩
**total**[2] *adj & nm* : total — **totalmente** *adv*
**totalidad** *nf* : totality, whole
**totalitario, -ria** *adj & n* : totalitarian
**totalitarismo** *nm* : totalitarianism
**totalizar** {21} *vt* : to total, to add up to
**tótem** *nm, pl* **tótems** : totem
**totopo** *nm CA, Mex* : tortilla chip
**totuma** *nf* : calabash
**touchdown** *nm* : touchdown (in football)
**tour** [ˈtur] *nm, pl* **tours** : tour, excursion
**toxicidad** *nf* : toxicity
**tóxico**[1], **-ca** *adj* : toxic, poisonous
**tóxico**[2] *nm* : poison
**toxicomanía** *nf* : drug addiction
**toxicómano, -na** *n* : drug addict
**toxina** *nf* : toxin
**tozudez** *nf* : stubbornness, obstinacy

**tozudo, -da** *adj* : stubborn, obstinate — **tozudamente** *adv*
**traba** *nf* **1** : tie, bond **2** : obstacle, hindrance
**trabajador¹, -dora** *adj* : hardworking
**trabajador², -dora** *n* : worker
**trabajar** *vi* **1** : to work ⟨trabaja mucho : he works hard⟩ ⟨trabajo de secretaria : I work as a secretary⟩ **2** : to strive ⟨trabajan por mejores oportunidades : they're striving for better opportunities⟩ **3** : to act, to perform ⟨trabajar en una película : to be in a movie⟩ — *vt* **1** : to work (metal) **2** : to knead **3** : to till **4** : to work on ⟨tienes que trabajar el español : you need to work on your Spanish⟩
**trabajo** *nm* **1** : work, job **2** LABOR : labor, work ⟨tengo mucho trabajo : I have a lot of work to do⟩ ⟨¡buen trabajo! : good job!, good work!⟩ **3** TAREA : task **4** ESFUERZO : effort **5** : piece of writing, essay, paper **6 costar trabajo** : to be difficult **7 tomarse el trabajo** : to take the trouble **8 trabajo en equipo** : teamwork **9 trabajos** *nmpl* : hardships, difficulties
**trabajoso, -sa** *adj* LABORIOSO : laborious — **trabajosamente** *adv*
**trabalenguas** *nms & pl* : tongue twister
**trabar** *vt* **1** : to join, to connect **2** : to impede, to hold back **3** : to strike up (a conversation), to form (a friendship) **4** : to thicken (sauces) — **trabarse** *vr* **1** : to jam **2** : to become entangled **3** : to be tongue-tied, to stammer
**trabucar** {72} *vt* : to confuse, to mix up
**trabuco** *nm* : blunderbuss
**tracalero, -ra** *adj Mex* : dishonest, tricky
**tracción** *nf* : traction
**trace, etc.** → **trazar**
**tracto** *nm* : tract
**tractor** *nm* : tractor
**tradición** *nf, pl* **-ciones** : tradition
**tradicional** *adj* : traditional — **tradicionalmente** *adv*
**traducción** *nf, pl* **-ciones** : translation
**traducible** *adj* : translatable
**traducir** {61} *vt* **1** : to translate **2** : to convey, to express — **traducirse** *vr* ~ **en** : to result in
**traductor, -tora** *n* : translator
**traer** {81} *vt* **1** : to bring ⟨trae una ensalada : bring a salad⟩ **2** CAUSAR : to cause, to bring about ⟨el problema puede traer graves consecuencias : the problem could have serious consequences⟩ **3** : to carry, to have ⟨todos los periódicos traían las mismas noticias : all of the newspapers carried the same news⟩ **4** LLEVAR : to wear — **traerse** *vr* **1** : to bring along **2 traérselas** : to be difficult
**traficante** *nmf* : dealer, trafficker
**traficar** {72} *vi* **1** : to trade, to deal **2** ~ **con** : to traffic in
**tráfico** *nm* **1** : trade **2** : traffic
**tragaluz** *nf, pl* **-luces** : skylight, fanlight
**tragamonedas** *nmfs & pl* : slot machine
**tragaperras** *nmfs & pl Spain* → **tragamonedas**
**tragar** {52} *v* : to swallow — **tragarse** *vr*
**tragedia** *nf* : tragedy
**trágico, -ca** *adj* : tragic — **trágicamente** *adv*
**trago** *nm* **1** : swallow, swig **2** : drink, liquor **3 trago amargo** : hard time
**trague, etc.** → **tragar**
**traición** *nf, pl* **traiciones** **1** : treason **2** : betrayal, treachery
**traicionar** *vt* : to betray
**traicionero, -ra** → **traidor**
**traidor¹, -dora** *adj* : traitorous, treacherous
**traidor², -dora** *n* : traitor
**traiga, etc.** → **traer**
**tráiler** [ˈtrailer] *or* **trailer** [ˈtrailer, ˈtreiler] *nm* : trailer
**traílla** *nf* **1** : leash **2** : harrow
**traje** *nm* **1** : suit **2** : dress **3** : costume **4 traje de baño** : swimsuit, bathing suit **5 traje de luces** : matador's outfit **6 traje de neopreno/buzo** : wet suit
**trajín** *nm, pl* **trajines** **1** : transport **2** *fam* : hustle and bustle
**trajinar** *vt* : to transport, to carry — *vi* : to rush around
**trajo, etc.** → **traer**
**trama** *nf* **1** : plot **2** : weave, weft (fabric)
**tramar** *vt* **1** : to plot, to plan **2** : to weave
**tramitación** *nf, pl* **-ciones** : processing
**tramitar** *vt* : to transact, to negotiate, to handle
**trámite** *nm* : procedure, step
**tramo** *nm* **1** : stretch, section **2** : flight (of stairs)
**trampa** *nf* **1** : trap ⟨trampa mortal : death trap⟩ **2 hacer trampas** : to cheat
**trampear** *vt* : to cheat
**trampero, -ra** *n* : trapper
**trampilla** *nf* : trapdoor
**trampolín** *nm, pl* **-lines** **1** : diving board **2** : trampoline **3** : springboard ⟨un trampolín al éxito : a springboard to success⟩ **4** : ski jump
**tramposo¹, -sa** *adj* : crooked, cheating
**tramposo², -sa** *n* : cheat, swindler
**tranca** *nf* **1** : stick, club **2** : bar, crossbar
**trancar** {72} *vt* : to bar (a door or window)
**trancazo** *nm* GOLPE : blow, hit
**trance** *nm* **1** : critical juncture, tough time **2** : trance **3 en trance de** : in the process of ⟨en trance de extinción : on the verge of extinction⟩
**tranco** *nm* **1** : stride **2** UMBRAL : threshold
**tranque, etc.** → **trancar**
**tranquilidad** *nf* : tranquility, peace
**tranquilizador, -dora** *adj* **1** : soothing **2** : reassuring
**tranquilizante¹** *adj* **1** : reassuring **2** : tranquilizing
**tranquilizante²** *nm* : tranquilizer
**tranquilizar** {21} *vt* CALMAR : to calm down, to soothe ⟨tranquilizar la conciencia : to ease the conscience⟩ — **tranquilizarse** *vr*
**tranquilo, -la** *adj* CALMO : calm, tranquil ⟨una vida tranquila : a quiet life⟩ — **tranquilamente** *adv*

**trans** [ˈtrans] *adj* **1** TRANSGÉNERO : trans, transgender **2** TRANSEXUAL : trans, transsexual
**transacción** *nf, pl* **-ciones** : transaction
**transar** *vi* TRANSIGIR : to give way, to compromise — *vt* : to buy and sell
**transatlántico¹, -ca** *adj* : transatlantic
**transatlántico²** *nm* : ocean liner
**transbordador** *nm* **1** : ferry **2 transbordador espacial** : space shuttle
**transbordar** *v* : to transfer
**transbordo** *nm* : transfer
**transcendencia → trascendencia**
**transcender → trascender**
**transcribir** {33} *vt* : to transcribe
**transcrito** *pp* **→ transcribir**
**transcripción** *nf, pl* **-ciones** : transcription
**transcurrir** *vi* : to elapse, to pass
**transcurso** *nm* : course, progression ⟨en el transcurso de cien años : over the course of a hundred years⟩
**transeúnte** *nmf* **1** : passerby **2** : transient
**transexual** *adj & nmf* : transsexual
**transferencia** *nf* : transfer, transference
**transferir** {76} *vt* TRASLADAR : to transfer — **transferible** *adj*
**transfigurar** *vt* : to transfigure, to transform — **transfiguración** *nf*
**transformación** *nf, pl* **-ciones** : transformation, conversion
**transformador** *nm* : transformer
**transformar** *vt* **1** CONVERTIR : to convert **2** : to transform, to change, to alter — **transformarse** *vr*
**tránsfuga** *nmf* : defector, turncoat
**transfusión** *nf, pl* **-siones** : transfusion
**transgénero** *adj* : transgender ⟨las personas transgénero : transgender people⟩
**transgénico¹, -ca** *adj* : genetically modified
**transgénico²** *nm* : genetically modified plant or animal
**transgredir** {1} *vt* : to transgress — **transgresión** *nf* — **transgresor, -sora** *n*
**transición** *nf, pl* **-ciones** : transition ⟨período de transición : transition period⟩
**transido, -da** *adj* : overcome, beset ⟨transido de dolor : racked with pain⟩
**transigir** {35} *vi* **1** : to give in, to compromise **2 ~ con** : to tolerate, to put up with
**transistor** *nm* : transistor
**transitable** *adj* : passable
**transitar** *vi* : to go, to pass, to travel ⟨transitar por la ciudad : to travel through the city⟩
**transitivo, -va** *adj* : transitive
**tránsito** *nm* **1** TRÁFICO : traffic ⟨hora de máximo tránsito : rush hour⟩ **2** : transit, passage, movement **3** : death, passing
**transitorio, -ria** *adj* **1** : transitory **2** : provisional, temporary — **transitoriamente** *adv*
**translúcido, -da** *adj* : translucent
**translucir → traslucir**
**transmisible** *adj* : transmissible
**transmisión** *nf, pl* **-siones** **1** : transmission, broadcast **2** : transfer **3** : transmission (of an automobile)
**transmisor** *nm* : transmitter
**transmitir** *vt* **1** : to transmit, to broadcast **2** : to pass on, to transfer — *vi* : to transmit, to broadcast
**transparencia** *nf* : transparency
**transparentar** *vt* : to reveal, to betray — **transparentarse** *vr* **1** : to be transparent **2** : to show through
**transparente¹** *adj* : transparent — **transparentemente** *adv*
**transparente²** *nm* : shade, blind
**transpiración** *nf, pl* **-ciones** SUDOR : perspiration, sweat
**transpirado, -da** *adj* : sweaty
**transpirar** *vi* **1** SUDAR : to perspire, to sweat **2** : to transpire
**transplantar, transplante → trasplantar, trasplante**
**transponer** {60} *vt* **1** : to transpose, to move about **2** TRASPLANTAR : to transplant — **transponerse** *vr* **1** OCULTARSE : to hide **2** PONERSE : to set, to go down (of the sun or moon) **3** DORMITAR : to doze off
**transportación** *nf, pl* **-ciones** : transportation
**transportador** *nm* **1** : protractor **2** : conveyor
**transportar** *vt* **1** : to transport, to carry **2** : to transmit **3** : to transpose (music) — **transportarse** *vr* : to get carried away
**transporte** *nm* : transport, transportation ⟨transporte público : public transit, mass transit⟩
**transportista** *nmf* : hauler, carrier, trucker
**transpuso, etc. → transponer**
**transversal** *adj* : transverse, cross ⟨corte transversal : cross section⟩
**transversalmente** *adv* : obliquely
**transverso, -sa** *adj* : transverse
**tranvía** *nm* : streetcar, trolley
**trapeador** *nm* : mop
**trapear** *vt* : to mop
**trapecio** *nm* **1** : trapezoid **2** : trapeze
**trapecista** *nmf* : trapeze artist
**trapezoide** *nm* : trapezoid
**trapo** *nm* **1** : cloth, rag ⟨trapo de polvo : dust cloth⟩ **2 soltar el trapo** : to burst into tears **3 trapos** *nmpl fam* : clothes
**tráquea** *nf* : trachea, windpipe
**traquetear** *vi* : to clatter, to jolt
**traqueteo** *nm* **1** : jolting **2** : clattering, clatter
**tras** *prep* **1** : after ⟨día tras día : day after day⟩ ⟨uno tras otro : one after another⟩ **2** : behind ⟨tras la puerta : behind the door⟩
**trasbordar, trasbordo → transbordar, transbordo**
**trascendencia** *nf* **1** : importance, significance **2** : transcendence
**trascendental** *adj* **1** : transcendental **2** : important, momentous
**trascendente** *adj* **1** : important, significant **2** : transcendent
**trascender** {56} *vi* **1** : to leak out, to become known **2** : to spread, to have a

wide effect **3 ~ a** : to smell of ⟨la casa trascendía a flores : the house smelled of flowers⟩ **4 ~ de** : to transcend, to go beyond — *vt* : to transcend

**trasero**[1], **-ra** *adj* POSTERIOR : rear, back

**trasero**[2] *nm* : buttocks

**trasfondo** *nm* **1** : background, backdrop **2** : undertone, undercurrent

**trasformación → transformación**

**trasgo** *nm* : goblin, imp

**trasgredir → transgredir**

**trashumante** *adj* : seasonally migratory

**trasiego** *nm* **1** : coming and going **2** : transfer

**trasladar** *vt* **1** TRANSFERIR : to transfer, to move **2** POSPONER : to postpone **3** TRADUCIR : to translate **4** COPIAR : to copy, to transcribe — **trasladarse** *vr* MUDARSE : to move, to relocate

**traslado** *nm* **1** : transfer, move **2** : copy

**traslapar** *vt* : to overlap — **traslaparse** *vr*

**traslapo** *nm* : overlap

**traslúcido, -da → translúcido**

**traslucir** {45} *vi* : to reveal, to show — **traslucirse** *vr* : to show through

**trasluz** *nm, pl* **-luces al trasluz** : against the light

**trasmano** *nm* **a ~** : out of the way, out of reach

**trasmisión, trasmitir → transmisión, transmitir**

**trasnochar** *vi* : to stay up all night

**traspapelar** *vt* : to misplace, to mislay (papers, etc.)

**trasparencia, trasparente → transparencia, transparente**

**traspasar** *vt* **1** PERFORAR : to pierce, to go through **2** : to go beyond ⟨traspasar los límites : to overstep the limits⟩ **3** ATRAVESAR : to cross, to go across **4** : to sell, to transfer

**traspaso** *nm* : transfer, sale

**traspié** *nm* **1** : stumble **2** : blunder

**traspiración → transpiración**

**trasplantar** *vt* : to transplant

**trasplante** *nm* : transplant

**trasponer → transponer**

**trasportar → transportar**

**trasquilar** *vt* ESQUILAR : to shear

**trastada** *nf fam* : dirty trick

**traste** *nm* **1** : fret (on a guitar) **2** *CA, Mex, PRi* : kitchen utensil ⟨lavar los trastes : to do the dishes⟩ **3 dar al traste con** : to ruin, to destroy **4 irse al traste** : to fall through

**trastero** *nm* : junk room

**trastienda** *nf* : back room

**trastornar** *vt* : to disturb, to upset, to disrupt — **trastornarse** *vr*

**trastorno** *nm* **1** : disorder ⟨trastorno mental : mental disorder⟩ **2** : disturbance, upset

**trastos** *nmpl* **1** : implements, utensils **2** *fam* : pieces of junk, stuff

**trasunto** *nm* : image, likeness

**tratable** *adj* **1** : friendly, sociable **2** : treatable

**tratado** *nm* **1** : treatise **2** : treaty

**tratamiento** *nm* : treatment

**tratante** *nmf* : dealer, trader

**tratar** *vi* **1 ~ con** : to deal with, to have contact with ⟨no trato mucho con los clientes : I don't have much contact with customers⟩ **2 ~ de** : to try to ⟨estoy tratando de comer : I am trying to eat⟩ **3 ~ de/sobre** : to be about, to concern ⟨el libro trata de las plantas : the book is about plants⟩ **4 ~ en** : to deal in ⟨trata en herramientas : he deals in tools⟩ — *vt* **1** : to treat ⟨tratan bien a sus empleados : they treat their employees well⟩ **2** : to treat (a patient, a condition) **3** : to handle ⟨trató el tema con delicadeza : he handled the subject tactfully⟩ **4** : to treat (wood, etc.) — **tratarse** *vr* **1** : to socialize with **2 ~ de** : to be about, to concern

**trato** *nm* **1** : deal, agreement **2** : relationship, dealings *pl* **3** : treatment ⟨malos tratos : ill-treatment⟩

**trauma** *nm* : trauma

**traumático, -ca** *adj* : traumatic — **traumáticamente** *adv*

**traumatismo** *nm* : injury ⟨traumatismo cervical : whiplash⟩

**través** *nm* **1 a través de** : across, through **2 al través** : crosswise, across **3 de través** : sideways

**travesaño** *nm* **1** : crossbar **2** : transom (of a window), crosspiece

**travesía** *nf* : voyage, crossing (of the sea)

**travesti** *or* **travesti** *adj & nmf, pl* **-tis** *or* **-ties** : transvestite

**travesura** *nf* **1** : prank, mischievous act **2 travesuras** *nfpl* : mischief

**travieso, -sa** *adj* : mischievous, naughty — **traviesamente** *adv*

**trayecto** *nm* **1** : journey **2** : route **3** : trajectory, path

**trayectoria** *nf* **1** : course, path, trajectory **2** : history (of a company, etc.), career (of a person)

**trayendo → traer**

**traza** *nf* **1** DISEÑO : design, plan **2** : appearance

**trazado** *nm* **1** BOSQUEJO : outline, sketch **2** PLAN : plan, layout

**trazar** {21} *vt* **1** : to trace **2** : to draw up, to devise **3** : to outline, to sketch

**trazo** *nm* **1** : stroke, line **2** : sketch, outline

**trébol** *nm* **1** : clover, shamrock **2** : club (playing card)

**trece** *adj & nm* : thirteen — **trece** *pron*

**treceavo**[1], **-va** *adj* : thirteenth

**treceavo**[2] *nm* : thirteenth (fraction)

**trecho** *nm* **1** : stretch, period ⟨de trecho en trecho : at intervals⟩ **2** : distance, space

**tregua** *nf* **1** : truce **2** : lull, respite **3 sin ~** : relentless, unrelenting

**treinta** *adj & nm* : thirty — **treinta** *pron*

**treintavo**[1], **-va** *adj* : thirtieth

**treintavo**[2] *nm* : thirtieth (fraction)

**tremendamente** *adv* : tremendously

**tremendo, -da** *adj* **1** : tremendous, enormous **2** : terrible, dreadful **3** *fam* : great, super

**trementina** *nf* AGUARRÁS : turpentine

**trémulo, -la** *adj* **1** : trembling, shaky **2** : flickering

**tren** *nm* **1** : train **2** : set, assembly ⟨tren de aterrizaje : landing gear⟩ ⟨tren motriz : drive train⟩ **3** : speed, pace ⟨a todo tren : at top speed⟩
**trenca** *nf Spain* : duffle coat
**trence, etc.** → **trenzar**
**trenza** *nf* : braid, pigtail
**trenzar** {21} *vt* : to braid — **trenzarse** *vr* : to get involved
**trepador, -dora** *adj* : climbing ⟨rosal trepador : rambling rose⟩
**trepadora** *nf* **1** : climbing plant, climber **2** : nuthatch
**trepar** *vi* **1** : to climb ⟨trepar a un árbol : to climb up a tree⟩ **2** : to creep, to spread (of a plant)
**trepidación** *nf, pl* **-ciones** : vibration
**trepidante** *adj* **1** : vibrating **2** : fast, frantic
**trepidar** *vi* **1** : to shake, to vibrate **2** : to hesitate, to waver
**tres**[1] *adj & nm* : three ⟨tiene tres años : she's three years old⟩ ⟨el tres de mayo : (on) the third of May, (on) May third⟩ ⟨el siglo tres : the third century⟩
**tres**[2] *pron* : three ⟨somos tres : there are three of us⟩ ⟨son las tres : it's three (o'clock)⟩
**trescientos**[1], **-tas** *adj & pron* : three hundred
**trescientos**[2] *nms & pl* : three hundred
**tresillo** *nm* **1** : three-piece suit **2** *Spain* : three-piece furniture set **3** *Spain* : three-seat sofa
**treta** *nf* : trick, ruse
**tri-** *pref* : tri-
**tríada** *nf* : triad
**triángulo** *nm* : triangle — **triangular** *adj*
**tribal** *adj* : tribal
**tribu** *nf* : tribe
**tribulación** *nf, pl* **-ciones** : tribulation
**tribuna** *nf* **1** : dais, platform **2** : stands *pl*, bleachers *pl*, grandstand
**tribunal** *nm* : court, tribunal
**tributar** *vt* : to pay, to render — *vi* : to pay taxes
**tributario**[1], **-ria** *adj* : tax ⟨evasión tributaria : tax evasion⟩
**tributario**[2] *nm* : tributary
**tributo** *nm* **1** : tax **2** : tribute
**triciclo** *nm* : tricycle
**tricolor** *adj* : tricolor
**tricotar** *vt Spain* : to knit
**tridente** *nm* : trident
**tridimensional** *adj* : three-dimensional, 3-D
**trienal** *adj* : triennial
**trifulca** *nf fam* : row, ruckus
**trigal** *nm* : wheat field
**trigésimo**[1], **-ma** *adj* : thirtieth, thirty-
**trigésimo**[2], **-ma** *n* : thirtieth, thirty- (in a series)
**trigo** *nm* **1** : wheat **2 trigo sarraceno** : buckwheat
**trigonometría** *nf* : trigonometry
**trigueño, -ña** *adj* **1** : light brown (of hair) **2** MORENO : dark, olive-skinned
**trillado, -da** *adj* : trite, hackneyed
**trilladora** *nf* : thresher, threshing machine
**trillar** *vt* : to thresh
**trillizo, -za** *n* : triplet
**trilogía** *nf* : trilogy
**trimestral** *adj* : quarterly — **trimestralmente** *adv*
**trimestre** *nm* : trimester
**trinar** *vi* **1** : to thrill **2** : to warble
**trinchar** *vt* : to carve, to cut up
**trinchera** *nf* **1** : trench, ditch **2** : trench coat
**trineo** *nm* : sled, sleigh
**trinidad** *nf* **la Trinidad** : the Trinity
**trino** *nm* : trill, warble
**trinquete** *nm* : ratchet
**trío** *nm* : trio
**tripa** *nf* **1** INTESTINO : gut, intestine **2 tripas** *nfpl fam* : belly, tummy, insides *pl* ⟨dolerle a uno las tripas : to have a stomach ache⟩
**tripartito, -ta** *adj* : tripartite
**triple** *adj & nm* : triple
**triplicado** *nm* : triplicate
**triplicar** {72} *vt* : to triple, to treble
**trípode** *nm* : tripod
**tripulación** *nf, pl* **-ciones** : crew
**tripulante** *nmf* : crew member
**tripular** *vt* : to man
**triquiñuela** *nf* : trick
**tris** *nm* **estar en un tris de** : to be within an inch of, to be very close to
**triste** *adj* **1** : sad, gloomy ⟨ponerse triste : to become sad⟩ **2** : desolate, dismal ⟨una perspectiva triste : a dismal outlook⟩ **3** : sorry, sorry-looking ⟨la triste verdad : the sorry truth⟩
**tristemente** *adv* : sadly
**tristeza** *nf* DOLOR : sadness, grief
**tristón, -tona** *adj, mpl* **-tones** : melancholy, downhearted
**tritón** *nm, pl* **tritones** : newt
**triturador** *nm* → **trituradora**
**trituradora** *nf* **1** : grinder **2 trituradora de papel** : paper shredder **3 trituradora de basura** : garbage disposal
**triturar** *vt* : to crush, to grind
**triunfador**[1], **-dora** *adj* : triumphal, triumphant
**triunfador**[2], **-dora** *n* : winner
**triunfal** *adj* : triumphal, triumphant — **triunfalmente** *adv*
**triunfante** *adj* : triumphant, victorious
**triunfar** *vi* : to triumph, to win
**triunfo** *nm* **1** : triumph, victory **2** ÉXITO : success **3** : trump (in card games)
**triunvirato** *nm* : triumvirate
**trivial** *adj* **1** : trivial **2** : trite, commonplace
**trivialidad** *nf* : triviality
**triza** *nf* **1** : shred, bit **2 hacer trizas** : to tear into shreds, to smash to pieces
**trocar** {82} *vt* **1** CAMBIAR : to exchange, to trade **2** CAMBIAR : to change, to alter, to transform **3** CONFUNDIR : to confuse, to mix up
**trocear** *vt* : to carve, to cut up
**trocha** *nf* : path, trail
**troce, etc.** → **trozar**
**trofeo** *nm* : trophy
**tromba** *nf* **1** : whirlwind **2 tromba de agua** : downpour, cloudburst
**trombón** *nm, pl* **trombones** **1** : trombone **2** : trombonist — **trombonista** *nmf*

**trombosis** *nf* : thrombosis
**trompa** *nf* **1** : trunk (of an elephant), proboscis (of an insect) **2** : horn ⟨trompa de caza : hunting horn⟩ **3** : tube, duct (in the body)
**trompada** *nf fam* **1** : punch, blow **2** : bump, collision (of persons)
**trompazo** *nm fam* : bang, bump, smack
**trompear** *vt fam* : to punch
**trompeta** *nf* : trumpet
**trompetista** *nmf* : trumpet player, trumpeter
**trompicón** *nm, pl* **-cones** **1** : stumble, lurch **2 a trompicones** : in fits and starts
**trompo** *nm* : spinning top
**trona** *nf Spain* : high chair (for a baby)
**tronada** *nf* : thunderstorm
**tronado, -da** *adj fam* : nuts, crazy
**tronar** {19} *vi* **1** : to thunder, to roar **2** : to be furious, to rage **3** *CA, Mex fam* : to shoot — *v impers* : to thunder ⟨está tronando : it's thundering⟩
**tronchar** *vt* **1** : to snap, to break off **2** : to cut off (relations)
**tronco** *nm* **1** : trunk (of a tree) **2** : log **3** : torso
**trono** *nm* **1** : throne **2** *fam* : toilet
**tropa** *nf* **1** : troop, soldiers *pl* **2** : crowd, mob **3** : herd (of livestock)
**tropel** *nm* : mob, swarm
**tropezar** {29} *vi* **1** : to trip, to stumble **2** : to slip up, to blunder **3 ~ con** : to run into, to bump into **4 ~ con** : to come up against (a problem) — **tropezarse** *vr* **~ con** : to run into, to bump into
**tropezón** *nm, pl* **-zones** **1** : stumble **2** : mistake, slip
**tropical** *adj* : tropical
**trópico** *nm* **1** : tropic ⟨trópico de Cáncer : tropic of Cancer⟩ **2 el trópico** : the tropics
**tropiezo** *nm* **1** CONTRATIEMPO : snag, setback **2** EQUIVOCACIÓN : mistake, slip
**troqué, etc.** → **trocar**
**troquel** *nm* : die (for stamping)
**trotamundos** *nmf* : globe-trotter
**trotar** *vi* **1** : to trot **2** : to jog **3** *fam* : to rush about
**trote** *nm* **1** : trot **2** *fam* : rush, bustle **3 de ~** : durable, for everyday use
**troupe** *nf* : troupe
**trovador, -dora** *n* : troubadour
**trozar** {21} *vt* : to cut up, to dice
**trozo** *nm* **1** PEDAZO : piece, bit, chunk **2** : passage, extract
**trucha** *nf* : trout
**truco** *nm* **1** : trick **2** : knack
**truculento, -ta** *adj* : horrifying, gruesome
**trueca, trueque etc.** → **trocar**
**truena, etc.** → **tronar**
**trueno** *nm* : thunder
**trueque** *nm* : barter, exchange
**trufa** *nf* : truffle
**truhán, truhana** *n, pl* **truhanes** : rogue, scoundrel
**truncar** {72} *vt* **1** : to truncate, to cut short **2** : to thwart, to frustrate ⟨truncó sus esperanzas : she shattered their hopes⟩
**trunco, -ca** *adj* **1** : truncated **2** : unfinished, incomplete
**trunque, etc.** → **truncar**
**trust** *nm* : trust (business group)
**tu** *adj* **1** : your ⟨tu vestido : your dress⟩ ⟨toma tus vitaminas : take your vitamins⟩ **2** : thy
**tú** *pron* **1** : you ⟨tú eres mi hijo : you are my son⟩ **2** : thou
**tuba** *nf* : tuba
**tubérculo** *nm* : tuber
**tuberculosis** *nf* : tuberculosis
**tuberculoso, -sa** *adj* : tuberculous, tubercular
**tubería** *nf* : pipes *pl*, tubing
**tuberoso, -sa** *adj* : tuberous
**tubo** *nm* **1** : tube ⟨tubo de ensayo : test tube⟩ **2** : pipe ⟨tubo de desagüe : drainpipe⟩ **3 tubo digestivo** : alimentary canal
**tubular** *adj* : tubular
**tuerca** *nf* : nut ⟨tuercas y tornillos : nuts and bolts⟩
**tuerce, etc.** → **torcer**
**tuerto, -ta** *adj* : one-eyed, blind in one eye
**tuerza, etc.** → **torcer**
**tuesta, etc.** → **tostar**
**tuétano** *nm* : marrow
**tufo** *nm* **1** : fume, vapor **2** *fam* : stench, stink
**tugurio** *nm* : hovel
**tuit** *nm, pl* **tuits** : tweet (on the social network Twitter)
**tuitear** *v* : to tweet (on the social network Twitter)
**tul** *nm* : tulle
**tulipán** *nm, pl* **-panes** : tulip
**tullido¹, -da** *adj* : disabled, crippled
**tullido², -da** *n* : disabled person
**tumba** *nf* **1** SEPULCRO : tomb **2** FOSA : grave **3** : felling of trees
**tumbar** *vt* **1** : to knock down **2** : to fell, to cut down — *vi* : to fall down — **tumbarse** *vr* ACOSTARSE : to lie down
**tumbo** *nm* **1** : tumble, fall **2 dar tumbos** : to jolt, to bump around
**tumbona** *nf Spain* : deck chair
**tumor** *nm* : tumor
**túmulo** *nm* : burial mound
**tumulto** *nm* **1** ALBOROTO : commotion, tumult **2** MOTÍN : riot **3** MULTITUD : crowd
**tumultuoso, -sa** *adj* : tumultuous
**tuna** *nf* : prickly pear (fruit)
**tunante, -ta** *n* : crook, scoundrel
**tundra** *nf* : tundra
**tunecino, -na** *adj & n* : Tunisian
**túnel** *nm* : tunnel
**tungsteno** *nm* : tungsten
**túnica** *nf* : tunic
**tupé** *nm* PELUQUÍN : toupee
**tupido, -da** *adj* **1** DENSO : dense, thick **2** OBSTRUIDO : obstructed, blocked up
**turba** *nf* **1** : peat **2** : mob, throng
**turbación** *nf, pl* **-ciones** **1** : disturbance **2** : alarm, concern **3** : confusion
**turbante** *nm* : turban
**turbar** *vt* **1** : to disturb, to disrupt **2** : to worry, to upset **3** : to confuse
**turbina** *nf* : turbine

**turbio, -bia** *adj* **1** : cloudy, murky, turbid **2** : dim, blurred **3** : shady, crooked
**turbulencia** *nf* : turbulence
**turbulento, -ta** *adj* : turbulent
**turco¹, -ca** *adj* : Turkish
**turco², -ca** *n* : Turk
**turco³** *nm* : Turkish (language)
**turgente** *adj* : turgid, swollen
**turismo** *nm* : tourism, tourist industry
**turista** *nmf* : tourist, vacationer
**turístico, -ca** *adj* : tourist, travel
**turnar** *vi* : to take turns, to alternate
**turno** *nm* **1** : turn ⟨ya te tocará tu turno : you'll get your turn⟩ **2** : shift, duty ⟨turno de noche : night shift⟩ **3 por turno** : alternately
**turón** *nm, pl* **turones** : polecat
**turquesa** *nf* : turquoise
**turrón** *nm, pl* **turrones** : nougat
**tusa** *nf* : corn husk
**tutear** *vt* : to address as *tú*
**tutela** *nf* **1** : guardianship **2** : tutelage, protection
**tuteo** *nm* : addressing as *tú*
**tutor, -tora** *n* **1** : tutor **2** : guardian
**tutoría** *nf* : guardianship
**tutorial** *nm* : tutorial
**tuvo, etc.** → **tener**
**tuyo¹, -ya** *adj* : yours, of yours ⟨un amigo tuyo : a friend of yours⟩ ⟨¿es tuya esta casa? : is this house yours?⟩
**tuyo², -ya** *pron* **1** : yours ⟨ése es el tuyo : that one is yours⟩ ⟨trae la tuya : bring your own⟩ **2 los tuyos** : your relations, your friends ⟨¿vendrán los tuyos? : are your folks coming?⟩
**tweed** [ˈtwiðˌ] *nm* : tweed
**tweet** [ˈtwit] → **tuit**
**twittear** → **tuitear**

# U

**u¹** *nf* : twenty-fourth letter of the Spanish alphabet
**u²** *conj* (*used instead of* **o** *before words beginning with o- or ho-*) : or
**uapití** *nm, pl* **-tíes** *or* **-tís** *or* **-tí** : American elk, wapiti
**ubicación** *nf, pl* **-ciones** : location, position
**ubicar** {72} *vt* **1** SITUAR : to place, to put, to position **2** LOCALIZAR : to locate, to find — **ubicarse** *vr* **1** LOCALIZARSE : to be placed, to be located **2** SITUARSE : to position oneself
**ubicuo, -cua** *adj* : ubiquitous
**ubre** *nf* : udder
**UCP** [useˈpe] (*u*nidad *c*entral de *p*rocesamiento) → **CPU**
**ucraniano¹, -na** *adj & n* : Ukrainian
**ucraniano²** *nm* : Ukrainian (language)
**Ud., Uds.** → **usted**
**uf** *interj* : phew!
**ufanarse** *vr* ~ **de** : to boast about
**ufano, -na** *adj* **1** ORGULLOSO : proud **2** : self-satisfied, smug
**ugandés, -desa** *adj & n, mpl* **-deses** : Ugandan
**ukelele** *nm* : ukulele
**úlcera** *nf* : ulcer — **ulceroso, -sa** *adj*
**ulcerar** *vt* : to ulcerate — **ulcerarse** *vr*
**ulterior** *adj* : later, subsequent — **ulteriormente** *adv*
**últimamente** *adv* : lately, recently
**ultimar** *vt* **1** : to complete, to finish, to finalize **2** MATAR : to kill
**ultimátum** *nm, pl* **-tums** : ultimatum
**último¹, -ma** *adj* **1** : last, final ⟨la última galleta : the last cookie⟩ ⟨en último caso : as a last resort⟩ ⟨estar en último lugar : to be in last place⟩ **2** : last, latest, most recent ⟨su último viaje a España : her last trip to Spain⟩ ⟨en los últimos años : in recent years⟩ ⟨las últimas noticias : the latest news⟩ ⟨a última hora : at the last moment⟩ **3** : last, farthest ⟨el último piso : the top floor⟩ **4 por** ~ : finally
**último², -ma** *n* : last one
**ultra-** *pref* : ultra-
**ultrajar** *vt* : to offend, to outrage, to insult
**ultraje** *nm* : outrage, insult
**ultramar** *nm* **de** ~ *or* **en** ~ : overseas, abroad
**ultranza** *nf* **1 a** ~ : to the extreme ⟨defender a ultranza : to defend fiercely⟩ **2 a** ~ : extreme, out-and-out ⟨perfeccionismo a ultranza : rabid perfectionism⟩
**ultrarrojo, -ja** *adj* : infrared
**ultrasecreto, -ta** *adj* : top secret
**ultrasónico, -ca** *adj* : ultrasonic
**ultrasonido** *nm* : ultrasound
**ultravioleta** *adj* : ultraviolet
**ulular** *vi* **1** : to hoot **2** : to howl, to wail
**ululato** *nm* : hoot (of an owl), wail (of a person)
**umbilical** *adj* : umbilical ⟨cordón umbilical : umbilical cord⟩
**umbral** *nm* : threshold, doorstep
**un¹** *adj* → **uno¹**
**un², una** *art, mpl* **unos** **1** : a, an ⟨un año : a year⟩ ⟨una persona : a person⟩ **2 unos** *or* **unas** *pl* : some, a few ⟨hace unas semanas : a few weeks ago⟩ **3 unos** *or* **unas** *pl* : about, approximately ⟨unos veinte años antes : about twenty years before⟩
**unánime** *adj* : unanimous — **unánimemente** *adv*
**unanimidad** *nf* **1** : unanimity **2 por** ~ : unanimously
**uncir** {83} *vt* : to yoke
**undécimo¹, -ma** *adj* : eleventh
**undécimo², -ma** *n* : eleventh (in a series)
**ungir** {35} *vt* : to anoint
**ungüento** *nm* : ointment, salve
**ungulado, -da** *adj* : hoofed
**únicamente** *adv* : only, solely

**único**[1], **-ca** *adj* **1** : only, sole ⟨lo único que necesito : the only thing I need⟩ ⟨es hijo único : he's an only child⟩ **2** : unique, extraordinary
**único**[2], **-ca** *n* : only one ⟨los únicos que vinieron : the only ones who showed up⟩
**unicornio** *nm* : unicorn
**unidad** *nf* **1** : unity **2** : unit (of army, currency, etc.) **3** : drive, unit ⟨unidad (de memoria) flash : flash drive⟩
**unido, -da** *adj* **1** : joined, united **2** : close (of friends, etc.)
**unificar** {72} *vt* : to unify — **unificación** *nf*
**uniformado, -da** *adj* : uniformed
**uniformar** *vt* : to standardize, to make uniform
**uniforme**[1] *adj* : uniform — **uniformemente** *adv*
**uniforme**[2] *nm* : uniform
**uniformidad** *nf* : uniformity
**unilateral** *adj* : unilateral — **unilateralmente** *adv*
**unión** *nf, pl* **uniones** **1** : union (partnership) ⟨Unión Europea : European Union⟩ **2** : union, joining **3** JUNTURA : joint, coupling
**unir** *vt* **1** JUNTAR : to unite, to join **2** CONECTAR : to link, to connect **3** COMBINAR : to combine, to blend — **unirse** *vr* **1** : to join together **2** : to combine, to mix together **3** ~ **a** : to join (a group, etc.)
**unísono** *nm* : unison ⟨al unísono : in unison⟩
**unitario, -ria** *adj* : unitary, unit ⟨precio unitario : unit price⟩
**universal** *adj* : universal — **universalidad** *nf* — **universalmente** *adv*
**universidad** *nf* : university
**universitario**[1], **-ria** *adj* : university, college
**universitario**[2], **-ria** *n* : university student, college student
**universo** *nm* : universe
**unja, etc.** → **ungir**
**uno**[1], **una** *adj* (*un before masculine singular nouns*) : one ⟨una cosa más : one more thing⟩ ⟨tiene treinta y un años : he's thirty-one years old⟩ ⟨el tomo uno : volume one⟩
**uno**[2] *nm* : one, number one
**uno**[3], **una** *pron* **1** : one (number) ⟨uno por uno : one by one⟩ ⟨es la una : it's one o'clock⟩ **2** : one (person or thing) ⟨una es mejor que las otras : one (of them) is better than the others⟩ ⟨hacerlo uno mismo : to do it oneself⟩ ⟨uno no puede vivir así : you/one can't live like that⟩ **3 unos, unas** *pl* : some (ones), some people **4 uno y otro** : both **5 unos y otros** : all of them **6 el uno al otro** : one another, each other ⟨se enseñaron los unos a los otros : they taught each other⟩
**untar** *vt* **1** : to anoint **2** : to smear, to grease **3** : to bribe
**unza, etc.** → **uncir**
**uña** *nf* **1** : fingernail, toenail **2** : claw, hoof, stinger
**UPC** [upeˈse] (*u*nidad de *p*rocesamiento *c*entral) → **CPU**
**uranio** *nm* : uranium
**Urano** *nm* : Uranus
**urbanismo** *nm* : city planning
**urbanización** *nf, pl* **-ciones** : housing development, residential area
**urbanizar** {21} *vt* : to develop (an area) — **urbanizado, -da** *adj* — **urbanizadora** *nf*
**urbano, -na** *adj* **1** : urban **2** CORTÉS : urbane, polite
**urbe** *nf* : large city, metropolis
**urdimbre** *nf* : warp (in a loom)
**urdir** *vt* : to engineer, to devise
**uretra** *nf* : urethra
**urgencia** *nf* **1** : urgency ⟨con urgencia : urgently⟩ **2** EMERGENCIA : emergency ⟨sala de urgencias : emergency room⟩ ⟨fue intervenido de urgencia : he had emergency surgery⟩
**urgente** *adj* **1** : urgent **2** : express (mail) — **urgentemente** *adv*
**urgido, -da** *adj* **estar urgido de** : to be in urgent need of
**urgir** {35} *v impers* : to be urgent, to be pressing ⟨me urge localizarlo : I urgently need to find him⟩ ⟨el tiempo urge : time is running out⟩
**urinario, -ria** *adj* : urinary
**urja, etc.** → **urgir**
**urna** *nf* **1** : urn **2** : ballot box ⟨acudir a las urnas : to go to the polls⟩
**urogallo** *nm* : grouse (bird)
**urraca** *nf* **1** : magpie **2 urraca de América** : blue jay
**urticaria** *nf* : hives
**uruguayo, -ya** *adj & n* : Uruguayan
**usado, -da** *adj* **1** : used, secondhand **2** : worn, worn-out
**usanza** *nf* : custom, usage
**usar** *vt* **1** : to use, to make use of ⟨lo usó de martillo : he used it as a hammer⟩ **2** CONSUMIR : to consume, to use (up) **3** LLEVAR : to wear **4 de usar y tirar** : disposable — **usarse** *vr* **1** : to be used **2** : to be in fashion
**usina** *nf* : power plant
**uso** *nm* **1** : use ⟨hacer uso de : to make use of⟩ ⟨objetos de uso personal : personal items⟩ **2** : wear ⟨uso y desgaste : wear and tear⟩ **3** COSTUMBRE : custom **4 al uso** : typical, standard ⟨una casa al uso : a typical house⟩
**usted** *pron* **1** (*formal form of address in most countries; often written as* **Ud.** *or* **Vd.**) : you ⟨usted la conoce : you know her⟩ ⟨¿a usted le gusta el café? : do you like coffee?⟩ ⟨con/para usted : with/for you⟩ **2 ustedes** *pl* (*often written as* **Uds.** *or* **Vds.**) : you, all of you ⟨muchos de ustedes : many of you⟩
**usual** *adj* : usual, common, normal ⟨poco usual : not very common⟩ — **usualmente** *adv*
**usuario, -ria** *n* : user
**usura** *nf* : usury
**usurpador, -dora** *n* : usurper
**usurpar** *vt* : to usurp — **usurpación** *nf*
**utensilio** *nm* : utensil, tool
**uterino, -na** *adj* : uterine

**útero** *nm* : uterus, womb
**útil** *adj* : useful, handy, helpful
**utilería** *nf* : props *pl*
**útiles** *nmpl* : implements, tools
**utilidad** *nf* **1** : utility, usefulness **2 utilidades** *nfpl* : profits
**utilitario, -ria** *adj* : utilitarian
**utilizable** *adj* : usable, fit for use
**utilización** *nf, pl* **-ciones** : utilization, use
**utilizar** {21} *vt* : to use, to utilize
**útilmente** *adv* : usefully
**utopia** *nf* : utopia
**utópico, -ca** *adj* : utopian
**uva** *nf* : grape
**uve** *nf Spain* → **ve²**
**uve doble** *nf Spain* → **ve doble**
**úvula** *nf* : uvula
**uy** *interj* **1** : oh! **2** : ow!

# V

**v** *nf* : twenty-fifth letter of the Spanish alphabet
**va** → **ir**
**vaca** *nf* : cow
**vacación** *nf, pl* **-ciones** **1** : vacation ⟨dos semanas de vacaciones : two weeks of vacation⟩ **2 estar de vacaciones** : to be on vacation **3 irse de vacaciones** : to go on vacation
**vacacionar** *vi Mex* : to vacation
**vacacionista** *nmf CA, Mex* : vacationer
**vacante¹** *adj* : vacant, empty
**vacante²** *nf* : vacancy (for a job)
**vaciar** {85} *vt* **1** : to empty, to empty out, to drain **2** AHUECAR : to hollow out **3** : to cast (in a mold) — *vi* ~ **en** : to flow into, to empty into
**vacilación** *nf, pl* **-ciones** : hesitation, vacillation
**vacilante** *adj* **1** : hesitant, unsure **2** : shaky, unsteady **3** : flickering
**vacilar** *vi* **1** : to hesitate, to vacillate, to waver **2** : to be unsteady, to wobble **3** : to flicker **4** *fam* : to joke, to fool around
**vacío¹, -cía** *adj* **1** : vacant **2** : empty **3** : meaningless
**vacío²** *nm* **1** : emptiness, void **2** : space, gap **3** : vacuum **4 hacerle el vacío a alguien** : to ostracize someone, to give someone the cold shoulder
**vacuidad** *nf* : vacuousness
**vacuna** *nf* : vaccine
**vacunación** *nf, pl* **-ciones** INOCULACIÓN : vaccination, inoculation
**vacunar** *vt* INOCULAR : to vaccinate, to inoculate
**vacuno¹, -na** *adj* : bovine ⟨ganado vacuno : cattle⟩
**vacuno²** *nm* : bovine
**vacuo, -cua** *adj* : empty, shallow, inane
**vadear** *vt* : to ford, to wade across
**vado** *nm* : ford
**vagabundear** *vi* : to wander, to roam about
**vagabundo¹, -da** *adj* **1** ERRANTE : wandering **2** : stray
**vagabundo², -da** *n* : vagrant, bum, vagabond
**vagamente** *adv* : vaguely
**vagancia** *nf* **1** : vagrancy **2** PEREZA : laziness, idleness
**vagar** {52} *vi* ERRAR : to roam, to wander
**vagina** *nf* : vagina — **vaginal** *adj*
**vago¹, -ga** *adj* **1** : vague **2** PEREZOSO : lazy, idle
**vago², -ga** *n* **1** : idler, loafer **2** VAGABUNDO : vagrant, bum
**vagón** *nm, pl* **vagones** : car (of a train)
**vagoneta** *nf* : station wagon
**vague, etc.** → **vagar**
**vaguedad** *nf* : vagueness
**vahído** *nm* : dizzy spell
**vaho** *nm* **1** : breath **2** : vapor, steam (on glass, etc.)
**vaina** *nf* **1** : sheath, scabbard **2** : pod (of a pea or bean) **3** *fam* MOLESTIA : nuisance, bother **4** *fam* COSA : thing
**vainilla** *nf* : vanilla
**vaivén** *nm, pl* **vaivenes** **1** : swinging, swaying, rocking **2** : change, fluctuation ⟨los vaivenes de la vida : life's ups and downs⟩
**vajilla** *nf* : dishes *pl*, set of dishes
**valdrá, etc.** → **valer**
**vale** *nm* **1** : voucher **2** PAGARÉ : promissory note, IOU
**valedero, -ra** *adj* : valid
**valentía** *nf* : courage, valor
**valer** {84} *vt* **1** : to be worth ⟨valen una fortuna : they're worth a fortune⟩ ⟨no vale protestar : there's no point in protesting⟩ ⟨valer la pena : to be worth the trouble⟩ **2** : to cost ⟨¿cuánto vale? : how much does it cost?⟩ **3** : to earn, to gain ⟨le valió una reprimenda : it earned him a reprimand⟩ **4** : to protect, to aid ⟨¡válgame Dios! : God help me!⟩ **5** : to be equal to — *vi* **1** : to have value ⟨sus consejos no valen para nada : his advice is worthless⟩ **2** : to be valid, to count ⟨¡eso no vale! : that doesn't count!⟩ **3 hacerse valer** : to assert oneself **4 más vale** : it's better ⟨más vale que te vayas : you'd better go⟩ — **valerse** *vr* **1** ~ **de** : to take advantage of **2 valerse solo** *or* **valerse por sí mismo** : to look after oneself **3** *Mex* : to be fair ⟨no se vale : it's not fair⟩
**valeroso, -sa** *adj* : brave, valiant
**valet** [ˈbalet, -ˈle] *nm* : jack (in playing cards)
**valga, etc.** → **valer**
**valía** *nf* : value, worth
**validar** *vt* : to validate — **validación** *nf*
**validez** *nf* : validity
**válido, -da** *adj* : valid
**valiente** *adj* **1** : brave, valiant **2** (*used ironically*) : fine, great ⟨¡valiente amiga!

: what a fine friend!⟩ — **valientemente** *adv*
**valija** *nf* : suitcase, valise
**valioso, -sa** *adj* PRECIOSO : valuable, precious
**Valium** *marca registrada, m* — used for a drug that reduces anxiety and stress
**valla** *nf* **1** : fence, barricade **2** : hurdle (in sports) **3** : obstacle, hindrance
**vallar** *vt* : to fence, to put a fence around
**valle** *nm* : valley, vale
**valor** *nm* **1** : value, worth, importance **2** CORAJE : courage, valor **3 valores** *nmpl* : values, principles **4 valores** *nmpl* : securities, bonds **5 sin ~** : worthless
**valoración** *nf, pl* **-ciones** **1** EVALUACIÓN : valuation, appraisal, assessment **2** APRECIACIÓN : appreciation
**valorar** *vt* **1** EVALUAR : to evaluate, to appraise, to assess **2** APRECIAR : to value, to appreciate
**valorizarse** {21} *vr* : to appreciate, to increase in value — **valorización** *nf*
**vals** *nm* : waltz
**valuación** *nf, pl* **-ciones** : valuation, appraisal
**valuar** {3} *vt* : to value, to appraise, to assess
**válvula** *nf* **1** : valve **2 válvula reguladora** : throttle
**vamos → ir**
**vampiro** *nm* : vampire
**van → ir**
**vanagloriarse** *vr* : to boast, to brag
**vandalismo** : vandalism
**vándalo** *nm* : vandal — **vandalismo** *nm*
**vanguardia** *nf* **1** : vanguard **2** : avant-garde **3 a la vanguardia** : at the forefront
**vanguardista**[1] *adj* : avant-garde
**vanguardista**[2] *nmf* : avant-gardist
**vanidad** *nf* : vanity
**vanidoso, -sa** *adj* PRESUMIDO : vain, conceited
**vano, -na** *adj* **1** INÚTIL : vain, useless **2** : vain, worthless ⟨vanas promesas : empty promises⟩ **3 en ~** : in vain, of no avail — **vanamente** *adv*
**vapear** *v* : to vape
**vapor** *nm* **1** : vapor, steam **2** : steamer, steamship **3 al vapor** : steamed
**vaporeador** *nm* : e-cigarette
**vaporera** *nf* : steamer (for cooking)
**vaporizador** *nm* **1** : vaporizer **2** : e-cigarette
**vaporizar** {21} *vt* : to vaporize — **vaporizarse** *vr* — **vaporización** *nf*
**vaporoso, -sa** *adj* : sheer, airy
**vapulear** *vt* : to beat, to thrash
**vaquero**[1], **-ra** *adj* : cowboy ⟨pantalón vaquero : jeans⟩
**vaquero**[2], **-ra** *n* : cowboy *m*, cowgirl *f*
**vaqueros** *nmpl* JEANS : jeans
**vaquilla** *nf* : heifer
**vara** *nf* **1** : pole, stick, rod **2** : staff (of office) **3** : lance, pike (in bullfighting) **4** : yardstick **5 vara de oro** : goldenrod
**varado, -da** *adj* **1** : beached, aground **2** : stranded
**varar** *vt* : to beach (a ship), to strand — *vi* : to run aground
**variable** *adj & nf* : variable — **variabilidad** *nf*
**variación** *nf, pl* **-ciones** : variation
**variado, -da** *adj* : varied, diverse
**variante** *adj & nf* : variant
**varianza** *nf* : variance
**variar** {85} *vt* **1** : to change, to alter **2** : to diversify — *vi* **1** : to vary, to change **2 variar de opinión** : to change one's mind
**varicela** *nf* : chicken pox
**várices** *or* **varices** *nfpl* : varicose veins
**varicoso, -sa** *adj* : varicose
**variedad** *nf* DIVERSIDAD : variety, diversity
**varilla** *nf* **1** : rod, bar **2** : spoke (of a wheel) **3** : rib (of an umbrella)
**vario, -ria** *adj* **1** : varied, diverse **2** : variegated, motley **3** : changeable **4 varios, varias** *pl* : various, several
**variopinto, -ta** *adj* : diverse, assorted, motley
**varita** *nf* : wand ⟨varita mágica : magic wand⟩
**varón** *nm, pl* **varones** **1** HOMBRE : man, male **2** NIÑO : boy
**varonil** *adj* **1** : masculine, manly **2** : mannish
**vas → ir**
**vasallo, -lla** *n* : vassal — **vasallaje** *nm*
**vasco**[1], **-ca** *adj & n* : Basque
**vasco**[2] *nm* : Basque (language)
**vascular** *adj* : vascular
**vaselina** *nf* : petroleum jelly
**vasija** *nf* : container, vessel
**vaso** *nm* **1** : glass, tumbler **2** : glassful **3** : vessel ⟨vaso sanguíneo : blood vessel⟩ **4 ahogarse en un vaso de agua** : to make a mountain out of a molehill **5 una tormenta en un vaso de agua** : a tempest in a teapot
**vástago** *nm* **1** : offspring, descendant **2** : shoot (of a plant)
**vastedad** *nf* : vastness, immensity
**vasto, -ta** *adj* : vast, immense
**vataje** *nm* : wattage
**váter** *nm* **1** : toilet **2** : bathroom
**vaticinar** *vt* : to predict, to foretell
**vaticinio** *nm* : prediction, prophecy
**vatio** *nm* : watt
**vaya, etc. → ir**
**Vd., Vds. → usted**
**ve**[1], **etc. → ir, ver**
**ve**[2] *or* **ve corta** *or* **ve pequña** *or* **ve chica** *nf* : (letter) v
**vea, etc. → ver**
**vecinal** *adj* : local
**vecindad** *nf* **1** : neighborhood, vicinity **2 casa de vecindad** : tenement
**vecindario** *nm* **1** : neighborhood, area **2** : residents *pl*
**vecino**[1], **-na** *adj* : neighboring
**vecino**[2], **-na** *n* **1** : neighbor **2** : resident, inhabitant
**veda** *nf* **1** PROHIBICIÓN : prohibition **2** : closed season (for hunting or fishing)
**vedar** *vt* **1** : to prohibit, to ban **2** IMPEDIR : to impede, to prevent
**ve doble** *or* **doble ve** *nf* : (letter) w
**vegetación** *nf, pl* **-ciones** **1** : vegetation **2 vegetaciones** *nfpl* : adenoids

**vegetal** *adj & nm* : vegetable, plant
**vegetar** *vi* : to vegetate
**vegetariano, -na** *adj & n* : vegetarian — **vegetarianismo** *nm*
**vegetativo, -va** *adj* : vegetative
**vehemente** *adj* : vehement — **vehemencia** *nf* — **vehementemente** *adv*
**vehículo** *nm* : vehicle ⟨vehículo deportivo utilitario : sport-utility vehicle⟩ — **vehicular** *adj*
**veía, etc.** → **ver**
**veinte** *adj & nm* : twenty — **veinte** *pron*
**veinteavo¹, -va** *adj* : twentieth
**veinteavo²** *nm* : twentieth (fraction)
**veintena** *nf* : group of twenty, score ⟨una veintena de participantes : about twenty participants⟩
**vejación** *nf, pl* **-ciones** : ill-treatment, humiliation
**vejete** *nm* : old fellow, codger
**vejez** *nf* : old age
**vejiga** *nf* **1** : bladder **2** AMPOLLA : blister
**vela** *nf* **1** : watch, vigil, wake **2** : candle **3** : sail **4** : sailing **5 pasar la noche en vela** : to be up all night
**velada** *nf* : evening party
**velado, -da** *adj* **1** : veiled, hidden **2** : blurred **3** : muffled
**velador¹, -dora** *n* : guard, night watchman
**velador²** *nm* **1** : candlestick **2** : night table
**velar** *vt* **1** : to hold a wake over **2** : to watch over, to sit up with **3** : to blur, to expose (a photo) **4** : to veil, to conceal — *vi* **1** : to stay awake **2** ~ **por** : to watch over, to look after
**velatorio** *nm* VELORIO : wake (for the dead)
**velcro** *marca registrada, m* — used for a type of nylon fastener
**veleidad** *nf* **1** : fickleness **2** : whim, caprice
**veleidoso, -sa** : fickle, capricious
**velero** *nm* **1** : sailing ship **2** : sailboat
**veleta** *nf* : weather vane
**vello** *nm* **1** : body hair **2** : down, fuzz
**vellón** *nm, pl* **vellones** **1** : fleece, sheepskin **2** *PRi* : nickel (coin)
**vellosidad** *nf* : fuzziness, hairiness
**velloso, -sa** *adj* : downy, fuzzy, hairy
**velludo, -da** *adj* : hairy
**velo** *nm* : veil
**velocidad** *nf* **1** : speed, velocity ⟨límite de velocidad : speed limit⟩ ⟨exceso de velocidad : speeding⟩ ⟨a gran velocidad : at high speed⟩ ⟨de alta velocidad : high-speed⟩ **2** MARCHA : gear (of an automobile)
**velocímetro** *nm* : speedometer
**velocista** *nmf* : sprinter
**velorio** *nm* VELATORIO : wake (for the dead)
**velour** *nm* : velour, velours
**veloz** *adj, pl* **veloces** : fast, quick, swift — **velozmente** *adv*
**ven** → **venir**
**vena** *nf* **1** : vein ⟨vena yugular : jugular vein⟩ **2** : vein, seam, lode **3** : grain (of wood) **4** : style ⟨en vena lírica : in a lyrical vein⟩ **5** : strain, touch ⟨una vena de humor : a touch of humor⟩ **6** : mood
**venado** *nm* **1** : deer **2** : venison
**venal** *adj* : venal
**vencedor, -dora** *n* : winner, victor
**vencejo** *nm* : swift (bird)
**vencer** {86} *vt* **1** DERROTAR : to vanquish, to defeat **2** SUPERAR : to overcome, to surmount — *vi* **1** GANAR : to win, to triumph **2** CADUCAR : to expire ⟨el plazo vence el jueves : the deadline is Thursday⟩ **3** : to be due, to mature — **vencerse** *vr* **1** DOMINARSE : to control oneself **2** : to break, to collapse
**vencido, -da** *adj* **1** : defeated **2** : expired **3** : due, payable **4 darse por vencido** : to give up
**vencimiento** *nm* **1** : defeat **2** : expiration **3** : maturity (of a loan)
**venda** *nf* : bandage
**vendaje** *nm* : bandage, dressing
**vendar** *vt* **1** : to bandage **2 vendar los ojos** : to blindfold
**vendaval** *nm* : gale, strong wind
**vendedor, -dora** *n* : salesperson, salesman *m*, saleswoman *f*
**vender** *vt* **1** : to sell **2** : to sell out, to betray — **venderse** *vr* **1** : to be sold ⟨se vende : for sale⟩ **2** : to sell out
**vendetta** *nf* : vendetta
**vendible** *adj* : salable, marketable
**vendimia** *nf* : grape harvest
**vendrá, etc.** → **venir**
**veneno** *nm* **1** : poison **2** : venom
**venenoso, -sa** *adj* : poisonous, venomous
**venerable** *adj* : venerable
**veneración** *nf, pl* **-ciones** : veneration, reverence
**venerar** *vt* : to venerate, to revere
**venéreo, -rea** *adj* : venereal ⟨enfermedad venérea : venereal disease⟩
**venero** *nm* **1** VENA : seam, lode, vein **2** MANANTIAL : spring **3** FUENTE : origin, source
**venezolano, -na** *adj & n* : Venezuelan
**venga, etc.** → **venir**
**venganza** *nf* : vengeance, revenge
**vengar** {52} *vt* : to avenge — **vengarse** *vr* : to get even, to revenge oneself
**vengativo, -va** *adj* : vindictive, vengeful
**vengue, etc.** → **vengar**
**venia** *nf* **1** PERMISO : permission, leave **2** PERDÓN : pardon **3** : bow (of the head)
**venial** *adj* : venial
**venida** *nf* **1** LLEGADA : arrival, coming **2** REGRESO : return **3 idas y venidas** : comings and goings
**venidero, -ra** *adj* : coming, future
**venir** {87} *vi* **1** : to come ⟨lo vi venir : I saw him coming⟩ ⟨vino a verte : she came to see you⟩ ⟨vino a/de la oficina : he came to/from the office⟩ ⟨¡no me vengas con cuentos! : I don't want to hear your excuses!⟩ ⟨¡venga! : come on!⟩ **2** : to arrive ⟨vinieron en coche : they came by car⟩ **3** : to come, to originate ⟨sus zapatos vienen de Italia : her shoes are from Italy⟩ **4** : to come, to be available ⟨viene envuelto en plástico : it

comes wrapped in plastic⟩ **5** : to come back, to return ⟨no vengas tarde : don't come back late⟩ **6** : to affect, to overcome ⟨me vino un vahído : a dizzy spell came over me⟩ **7** : to fit ⟨te viene un poco grande : it's a little big for you⟩ **8** (*with the present participle*) : to have been ⟨viene entrenando diariamente : he's been training daily⟩ **9 ~ a** (*with the infinitive*) : to end up, to turn out ⟨viene a ser lo mismo : it comes out the same⟩ **10 que viene** : coming, next ⟨el año que viene : next year⟩ **11 venir bien** : to be suitable, to be just right — **venirse** *vr* **1** : to come, to arrive ⟨¿te vienes conmigo? : are you coming with me?⟩ **2** : to come back **3 venirse abajo** : to fall apart, to collapse

**venta** *nf* **1** : sale **2 venta al por menor** *or* **venta al detalle** : retail **3 venta al por mayor** : wholesale **4 venta por correo** : mail order

**ventaja** *nf* **1** : advantage **2** : lead, head start ⟨llevar (la) ventaja : to be in the lead⟩ **3 ventajas** *nfpl* : perks, extras

**ventajoso, -sa** *adj* **1** : advantageous **2** : profitable — **ventajosamente** *adv*

**ventana** *nf* **1** : window (of a building) **2** : window (on a computer) **3 ventana de la nariz** : nostril

**ventanal** *nm* : large window

**ventanilla** *nf* **1** : window (of a vehicle or airplane) **2** : ticket window, box office

**ventero, -ra** *n* : innkeeper

**ventilación** *nf, pl* **-ciones** : ventilation

**ventilador** *nm* **1** : ventilator **2** : fan

**ventilar** *vt* **1** : to ventilate, to air out **2** : to air, to discuss **3** : to make public, to reveal — **ventilarse** *vr* : to get some air

**ventisca** *nf* : snowstorm, blizzard

**ventisquero** *nm* : snowdrift

**ventolera** *nf* : gust of wind

**ventosa** *nf* : sucker

**ventosear** *vi* : to break wind

**ventosidad** *nf* : wind, flatulence

**ventoso, -sa** *adj* : windy

**ventrículo** *nm* : ventricle

**ventrílocuo, -cua** *n* : ventriloquist

**ventriloquia** *nf* : ventriloquism

**ventura** *nf* **1** : fortune, luck, chance **2** : happiness **3 a la ventura** : at random, as it comes

**venturoso, -sa** *adj* **1** AFORTUNADO : fortunate, lucky **2** : successful

**Venus** *nm* : Venus

**venza, etc. → vencer**

**ver**[1] {88} *vt* **1** : to see ⟨no veo nada : I can't see anything⟩ ⟨lo vi con mis propios ojos : I saw it with my own eyes⟩ ⟨vimos una película : we saw a movie⟩ **2** ENTENDER : to understand, to see ⟨ya lo veo : now I get it⟩ ⟨no veo por qué : I don't see why⟩ ⟨¿ves lo que quiero decir? : do you see what I mean?⟩ **3** EXAMINAR : to examine, to look into ⟨lo veré : I'll take a look at it⟩ **4** JUZGAR : to see, to judge ⟨otra forma de verlo : another way of looking at it⟩ ⟨lo veo bien : I think it's good/fine⟩ **5** VISITAR : to see, to meet, to visit ⟨vino a verte : she came to see you⟩ **6** AVERIGUAR : to see, to find out ⟨vino a ver cómo estabas : she came to see how you were⟩ — *vi* **1** : to see **2** ENTERARSE : to learn, to find out **3** ENTENDER : to understand ⟨ya veo : (so) I see⟩ ⟨a mi modo de ver : to my way of thinking, the way I see it⟩ **4 (vamos) a ver** : let's see — **verse** *vr* **1** HALLARSE : to find oneself **2** PARECER : to look, to appear **3** ENCONTRARSE : to see each other, to meet

**ver**[2] *nm* **1** : looks *pl*, appearance **2** : opinion ⟨a mi ver : in my view⟩

**vera** *nf* : side ⟨a la vera del camino : alongside the road⟩

**veracidad** *nf* : truthfulness, veracity

**veranda** *nf* : veranda

**veraneante** *nmf* : summer vacationer

**veranear** *vi* : to spend the summer

**veraneo** *nm* : summer vacation

**veraniego, -ga** *adj* **1** ESTIVAL : summer ⟨el sol veraniego : the summer sun⟩ **2** : summery

**verano** *nm* : summer

**veras** *nfpl* **de ~** : really, truly

**veraz** *adj, pl* **veraces** : truthful

**verbal** *adj* : verbal — **verbalmente** *adv*

**verbalizar** {21} *vt* : to verbalize, to express

**verbena** *nf* FIESTA : festival, fair

**verbigracia** *adv* : for example

**verbo** *nm* : verb

**verbosidad** *nf* : wordiness

**verboso, -sa** *adj* : verbose, wordy

**verdad** *nf* **1** : truth ⟨es verdad : it's true⟩ ⟨a decir verdad : to tell the truth⟩ **2 de ~** : really, truly **3 de ~** : real ⟨un amigo de verdad : a true friend⟩ **4 ¿verdad?** : right?, isn't that so?

**verdaderamente** *adv* : really, truly

**verdadero, -dera** *adj* **1** REAL, VERÍDICO : true, real **2** AUTÉNTICO : genuine

**verde**[1] *adj* **1** : green (in color) **2** : green, unripe **3** : inexperienced, green **4** : dirty, risqué

**verde**[2] *nm* : green

**verdeante** *adj* : verdant

**verdín** *nm, pl* **verdines** : slime, scum

**verdor** *nm* : greenness

**verdoso, -sa** *adj* : greenish

**verdugo** *nm* **1** : executioner, hangman **2** : tyrant

**verdugón** *nm, pl* **-gones** : welt (on the body)

**verdulería** *nf* : greengrocer's store

**verdulero, -ra** *n* : greengrocer

**verdura** *nf* : vegetable(s), green(s)

**vereda** *nf* **1** SENDA : path, trail **2** : sidewalk, pavement

**veredicto** *nm* : verdict

**verga** *nf* : spar, yard (of a ship)

**vergonzoso, -sa** *adj* **1** : disgraceful, shameful **2** : bashful, shy — **vergonzosamente** *adv*

**vergüenza** *nf* **1** : embarrassment ⟨me hiciste pasar vergüenza : you embarrassed me⟩ ⟨me da vergüenza : I'm embarrassed (about it)⟩ ⟨¡qué vergüenza! : how embarrassing!⟩ **2** : disgrace, shame ⟨ser una vergüenza para : to be a disgrace to⟩ **3** : bashfulness, shyness

**vericueto** *nm* : rough terrain
**verídico, -ca** *adj* **1** REAL, VERDADERO : true, real **2** VERAZ : truthful
**verificación** *nf, pl* **-ciones** **1** : verification **2** : testing, checking
**verificador, -dora** *n* : inspector, tester
**verificar** {72} *vt* **1** : to verify, to confirm **2** : to test, to check **3** : to carry out, to conduct — **verificarse** *vr* **1** : to take place, to occur **2** : to come true
**verja** *nf* **1** : rails *pl* (of a fence) **2** : grating, grille **3** : gate
**vermut** *nm, pl* **vermuts** : vermouth
**vernáculo, -la** *adj* : vernacular
**vernal** *adj* : vernal, spring
**verosímil** *adj* **1** : probable, likely **2** : credible, realistic
**verosimilitud** *nf* **1** : probability, plausibility **2** : realism
**verraco** *nm* : boar
**verruga** *nf* : wart
**versado, -da** *adj* ~ **en** : versed in, knowledgeable about
**versar** *vi* ~ **sobre** : to deal with, to be about
**versátil** *adj* **1** : versatile **2** : fickle
**versatilidad** *nf* **1** : versatility **2** : fickleness
**versículo** *nm* : verse (in the Bible)
**versión** *nf, pl* **versiones** **1** : version **2** : translation
**verso** *nm* : verse
**versus** *prep* : versus, against
**vértebra** *nf* : vertebra — **vertebral** *adj*
**vertebrado¹, -da** *adj* : vertebrate
**vertebrado²** *nm* : vertebrate
**vertedero** *nm* **1** : garbage dump **2** DESAGÜE : drain, outlet
**verter** {56} *vt* **1** : to pour (liquid), to dump (waste) **2** DERRAMAR : to spill, to shed **3** VACIAR : to empty out **4** EXPRESAR : to express, to voice **5** TRADUCIR : to translate, to render — *vi* : to flow
**vertical** *adj* & *nf* : vertical — **verticalmente** *adv*
**vértice** *nm* : vertex, apex
**vertido** *nm* : spilling, spill
**vertiente** *nf* **1** : slope **2** : aspect, side, element
**vertiginoso, -sa** *adj* : dizzying — **vertiginosamente** *adv*
**vértigo** *nm* : vertigo, dizziness
**vesícula** *nf* **1** : vesicle **2 vesícula biliar** : gallbladder
**vespertino, -na** *adj* : evening
**vestíbulo** *nm* : vestibule, hall, lobby, foyer
**vestido** *nm* **1** : dress, costume, clothes *pl* **2** : dress (garment)
**vestidor** *nm* : dressing room
**vestiduras** *nfpl* **1** : clothing, raiment, regalia **2** : vestments (of a priest)
**vestigio** *nm* : vestige, sign, trace
**vestimenta** *nf* ROPA : clothing, clothes *pl*
**vestir** {54} *vt* **1** : to dress, to clothe **2** LLEVAR : to wear ⟨vestir de blanco : to wear white⟩ **3** ADORNAR : to decorate, to dress up — *vi* **1** : to dress ⟨vestir bien : to dress well⟩ **2** : to look good, to suit the occasion — **vestirse** *vr* **1** : to get dressed **2** ~ **con** : to wear, to dress in **3** ~ **de** : to dress up as ⟨se vistieron de soldados : they dressed up as soldiers⟩ **4** ~ **de** : to wear, to dress in
**vestuario** *nm* **1** : wardrobe **2** : dressing room, locker room
**veta** *nf* **1** : grain (in wood) **2** : vein, seam, lode **3** : trace, streak ⟨una veta de terco : a stubborn streak⟩
**vetar** *vt* : to veto
**veteado, -da** *adj* : streaked, veined
**veterania** *nf* **1** EXPERIENCIA : experience **2** ANTIGÜEDAD : seniority
**veterano, -na** *adj* & *n* : veteran
**veterinaria** *nf* : veterinary medicine
**veterinario¹, -ria** *adj* : veterinary
**veterinario², -ria** *n* : veterinarian
**veto** *nm* : veto
**vetusto, -ta** *adj* ANTIGUO : ancient, very old
**vez** *nf, pl* **veces** **1** : time, occasion ⟨a la vez : at the same time⟩ ⟨a veces : at times, occasionally⟩ ⟨algunas veces : sometimes⟩ ⟨cada vez : each/every time⟩ ⟨cada vez más : more and more⟩ ⟨cada vez menos : less and less⟩ ⟨de vez en cuando : from time to time⟩ **2** (*with numbers*) : time ⟨una vez : once⟩ ⟨dos veces : twice⟩ ⟨de una vez : all at once⟩ ⟨de una vez para siempre : once and for all⟩ ⟨una y otra vez : time after time, again and again⟩ **3** : turn ⟨a su vez : in turn⟩ ⟨en vez de : instead of⟩ ⟨hacer las veces de : to act as, to stand in for⟩ **4 alguna vez** : sometime (in the future), on occasion (in the past) ⟨¿has viajado alguna vez? : have you ever traveled?⟩
**vía¹** *nf* **1** RUTA, CAMINO : road, route, way ⟨vía pública : public thoroughfare⟩ ⟨Vía Láctea : Milky Way⟩ **2** MEDIO : means, way ⟨por la vía diplomática : through diplomatic channels⟩ ⟨por vía aérea : by air, airmail⟩ ⟨por vía oral : orally⟩ **3** : track, line (of a railroad) **4** : tract ⟨vía urinaria : urinary tract⟩ **5 en vías de** : in the process of ⟨en vías de solución : on the road to a solution⟩ ⟨países en vías de desarrollo : developing countries⟩ ⟨animales en vías de extinción : endangered animals⟩
**vía²** *prep* : via
**viable** *adj* : viable, feasible — **viabilidad** *nf*
**viaducto** *nm* : viaduct
**viajante** *mf* : traveling salesman, traveling saleswoman
**viajar** *vi* : to travel, to journey
**viaje** *nm* : trip, journey ⟨ir de viaje : to go on a trip⟩ ⟨estar de viaje : to be away⟩ ⟨¡buen viaje! : have a good trip!⟩ ⟨viaje de ida : one-way trip⟩ ⟨viaje de ida y vuelta/regreso : round trip⟩ ⟨viaje de regreso/vuelta : return trip⟩ ⟨viaje de negocios : business trip⟩ ⟨viaje en tren : train trip⟩
**viajero¹, -ra** *adj* : traveling
**viajero², -ra** *n* **1** : traveler **2** PASAJERO : passenger
**vial** *adj* : road, traffic

**viático** *nm* : travel allowance, travel expenses *pl*
**víbora** *nf* : viper
**vibración** *nf, pl* **-ciones** : vibration
**vibrador** *nm* : vibrator
**vibrante** *adj* **1** : vibrant **2** : vibrating
**vibrar** *vi* : to vibrate
**vicario, -ria** *n* : vicar
**vice-** *pref* : vice-
**vicealmirante** *nmf* : vice admiral
**vicepresidente, -ta** *n* : vice president — **vicepresidencia** *nf*
**viceversa** *adv* : vice versa, conversely
**viciado, -da** *adj* : stuffy, close
**viciar** *vt* **1** : to corrupt **2** : to invalidate **3** FALSEAR : to distort **4** : to pollute, to adulterate
**vicio** *nm* **1** : vice, depravity **2** : bad habit **3** : defect, blemish
**vicioso, -sa** *adj* : depraved, corrupt
**vicisitud** *nf* : vicissitude
**víctima** *nf* : victim
**victimario, -ria** *n* ASESINO : killer, murderer
**victimizar** {21} *vt Arg, Mex* : to victimize
**victoria** *nf* : victory — **victorioso, -sa** *adj* — **victoriosamente** *adv*
**victoriano, -na** *adj* : Victorian
**vid** *nf* : vine, grapevine
**vida** *nf* **1** : life ⟨con vida : alive⟩ ⟨sin vida : lifeless, dead⟩ ⟨perder/quitarse la vida : to lose/take one's life⟩ **2** : life ⟨la vida cotidiana : everyday life⟩ ⟨vida nocturna : nightlife⟩ ⟨estilo de vida : lifestyle, way of life⟩ ⟨así es la vida : that's life⟩ **3** : life, lifetime ⟨nunca en mi/la vida : never in my life⟩ ⟨de por vida : for life⟩ **4** : life ⟨vida animal/vegetal : animal/plant life⟩ **5** BIOGRAFÍA : life, biography **6** : living, livelihood ⟨ganarse la vida : to earn one's living⟩ **7** VIVEZA : life, liveliness **8 media vida** : half-life
**vidente** *nmf* **1** : psychic, clairvoyant **2** : sighted person
**video** *or* **vídeo** *nm* : video
**videocinta** *nf* : videotape
**videocasete** *or* **videocassette** *nm* : videocassette
**videocasetera** *or* **videocassettera** *nf* : videocassette recorder, video recorder, VCR
**videocámara** *nf* : video camera
**videoclip** *nm, pl* **-clips** : video
**videoclub** *nm* : video store
**videoconferencia** *nf* : videoconference
**videograbar** *vt Mex* : to videotape
**videojuego** *nm* : video game
**videojugador, -dora** *n* : gamer
**videollamada** *nf* : video call
**vidriado** *nm* : glaze
**vidriar** *vt* : to glaze (pottery, tile, etc.)
**vidriera** *nf* **1** : stained-glass window **2** : glass door or window **3** : store window
**vidriero, -ra** *n* : glazier
**vidrio** *nm* **1** : glass, piece of glass **2** : windowpane
**vidrioso, -sa** *adj* **1** : brittle, fragile **2** : slippery **3** : glassy, glazed (of eyes) **4** : touchy, delicate
**vieira** *nf* **1** : scallop **2** : scallop shell
**viejo¹, -ja** *adj* **1** ANCIANO : old, elderly **2** ANTIGUO : former, long-standing ⟨viejas tradiciones : old traditions⟩ ⟨viejos amigos : old friends⟩ **3** GASTADO : old, worn, worn-out **4 hacerse viejo** : to get old
**viejo², -ja** *n* ANCIANO : old man *m*, old woman *f*
**viene, etc.** → **venir**
**viento** *nm* **1** : wind **2 hacer viento** : to be windy **3 contra viento y marea** : against all odds **4 viento en popa** : splendidly, successfully
**vientre** *nm* **1** : abdomen, belly **2** : womb **3** : bowels *pl*
**viernes** *nms & pl* : Friday ⟨el viernes : (on) Friday⟩ ⟨los viernes : (on) Fridays⟩ ⟨cada (dos) viernes : every (other) Friday⟩ ⟨el viernes pasado : last Friday⟩ ⟨el próximo viernes : next Friday⟩
**vierte, etc.** → **verter**
**vietnamita¹** *adj & nmf* : Vietnamese
**vietnamita²** *nm* : Vietnamese (language)
**viga** *nf* **1** : beam, rafter, girder **2 viga voladiza** : cantilever
**vigencia** *nf* **1** : validity **2** : force, effect ⟨entrar en vigencia : to go into effect⟩
**vigente** *adj* : valid, in force
**vigésimo¹, -ma** *adj* : twentieth, twenty- ⟨la vigésima segunda edición : the twenty-second edition⟩
**vigésimo², -ma** *n* : twentieth, twenty- (in a series)
**vigía** *nmf* : lookout
**vigilancia** *nf* : vigilance, watchfulness ⟨bajo vigilancia : under surveillance⟩
**vigilante¹** *adj* : vigilant, watchful
**vigilante²** *nmf* : watchman, guard
**vigilar** *vt* **1** CUIDAR : to look after, to keep an eye on **2** GUARDAR : to watch over, to guard — *vi* **1** : to be watchful **2** : to keep watch
**vigilia** *nf* **1** VELA : wakefulness **2** : night work **3** : vigil (in religion)
**vigor** *nm* **1** : vigor, energy, strength **2** VIGENCIA : force, effect ⟨entrar en vigor : to take effect⟩
**vigorizante** *adj* : invigorating
**vigorizar** {21} *vt* : to strengthen, to invigorate
**vigoroso, -sa** *adj* : vigorous — **vigorosamente** *adv*
**VIH** *nm* (virus de *i*nmunodeficiencia *h*umana) : HIV
**vikingo, -ga** *adj & n* : Viking
**vil** *adj* : vile, despicable, base
**vileza** *nf* **1** : vileness **2** : despicable action, villainy
**vilipendiar** *vt* : to vilify, to revile
**villa** *nf* **1** : town, village **2** : villa **3 villa miseria** *or* **villa de emergencia** *Arg* : shantytown, slums *pl*
**villancico** *nm* : carol, Christmas carol
**villano, -na** *n* **1** : villain **2** : peasant
**vilmente** *adv* : basely
**vilo** *nm* **1 en ~** : in the air **2 en ~** : uncertain, in suspense
**vinagre** *nm* : vinegar
**vinagrera** *nf* : cruet (for vinegar)
**vinagreta** *nf* : vinaigrette

**vinatería** *nf* : wine shop
**vinculación** *nf, pl* **-ciones** **1** : linking **2** RELACIÓN : bond, link, connection
**vincular** *vt* CONECTAR, RELACIONAR : to tie, to link, to connect
**vínculo** *nm* **1** LAZO : tie, link, bond **2** HIPERENLACE : link
**vindicación** *nf, pl* **-ciones** : vindication
**vindicar** *vt* **1** : to vindicate **2** : to avenge
**vinilo** *nm* : vinyl
**vino**[1], **etc.** → **venir**
**vino**[2] *nm* : wine
**viña** *nf* : vineyard
**viñedo** *nm* : vineyard
**viñeta** *nf* : cartoon
**vio, etc.** → **ver**
**viola** *nf* : viola
**violación** *nf, pl* **-ciones** **1** : violation, offense **2** : rape
**violador**[1], **-dora** *n* : violator, offender
**violador**[2] *nm* : rapist
**violar** *vt* **1** : to rape **2** : to violate (a law or right) **3** PROFANAR : to desecrate
**violencia** *nf* : violence
**violentamente** *adv* : by force, violently
**violentar** *vt* **1** FORZAR : to break open, to force **2** : to distort (words or ideas) — **violentarse** *vr* : to force oneself
**violento, -ta** *adj* **1** : violent **2** EMBARAZOSO, INCÓMODO : awkward, embarrassing
**violeta**[1] *adj & nm* : violet (color)
**violeta**[2] *nf* : violet (flower)
**violín** *nm, pl* **-lines** : violin
**violinista** *nmf* : violinist
**violonchelista** *nmf* : cellist
**violonchelo** *nm* : cello, violoncello
**VIP** *nmf, pl* **VIPs** : VIP
**viraje** *nm* **1** : turn, swerve **2** : change
**viral** *adj* : viral
**virar** *vi* : to tack, to turn, to veer
**virgen**[1] *adj* : virgin ⟨lana virgen : virgin wool⟩
**virgen**[2] *nmf, pl* **vírgenes** : virgin ⟨la Santísima Virgen : the Blessed Virgin⟩
**virginal** *adj* : virginal, chaste
**virginidad** *nf* : virginity
**Virgo**[1] *nm* : Virgo (sign or constellation)
**Virgo**[2] *nmf* : Virgo (person)
**vírico, -ca** *adj Spain* : viral
**viril** *adj* : virile — **virilidad** *nf*
**virrey, -rreina** *n* : viceroy *m*
**virtual** *adj* : virtual — **virtualmente** *adv*
**virtud** *nf* **1** : virtue **2 en virtud de** : by virtue of
**virtuosismo** *nm* : virtuosity
**virtuoso**[1], **-sa** *adj* : virtuous
**virtuoso**[2], **-sa** *n* : virtuoso
**viruela** *nf* **1** : smallpox **2** : pockmark
**virulencia** *nf* : virulence
**virulento, -ta** *adj* : virulent
**virus** *nm* : virus
**viruta** *nf* : shaving
**visa** *nf* : visa
**visado** *nm Spain* : visa
**visceral** *adj* : visceral
**visceras** *nfpl* : viscera, entrails
**viscosidad** *nf* : viscosity
**viscoso, -sa** *adj* : viscous
**visera** *nf* : visor
**visibilidad** *nf* : visibility
**visible** *adj* : visible — **visiblemente** *adv*
**visillo** *nm* : sheer curtain, lace curtain
**visión** *nf, pl* **visiones** **1** : vision, eyesight **2** : view, perspective **3** : vision, illusion ⟨ver visiones : to be seeing things⟩
**visionario, -ria** *adj & n* : visionary
**visita** *nf* **1** : visit, call ⟨hacer una visita : to pay a visit⟩ ⟨ir de visita : to go visiting⟩ **2** : visitor ⟨tener visita(s) : to have company⟩
**visitador, -dora** *n* : visitor, frequent caller
**visitante**[1] *adj* : visiting
**visitante**[2] *nmf* : visitor
**visitar** *vt* : to visit
**vislumbrar** *vt* **1** : to discern, to make out **2** : to begin to see, to have an inkling of
**vislumbre** *nf* : glimmer, gleam
**viso** *nm* **1** APARIENCIA : appearance ⟨tener visos de : to seem, to show signs of⟩ **2** DESTELLO : glint, gleam **3** : sheen, iridescence
**visón** *nm, pl* **visones** : mink
**visor** *nm* **1** : viewfinder (of a camera), sight (of a gun) **2** : scout (in sports)
**vispera** *nf* **1** : eve, day before **2 vísperas** *nfpl* : vespers
**vista** *nf* **1** VISIÓN : vision, eyesight ⟨perder la vista : to lose one's eyesight⟩ **2** MIRADA : look, gaze, glance ⟨bajó la vista : he looked down⟩ ⟨fijar la vista en : to fix one's gaze on⟩ **3** PANORAMA : view, vista, panorama **4** : hearing (in court) **5 a la vista** : in sight, in view **6 a primera vista** : at first sight **7 con vistas a** : with a view to **8 en vista de** : in view of **9 hacer la vista gorda** : to turn a blind eye **10 ¡hasta la vista!** : so long!, see you! **11 perder de vista** : to lose sight of **12 punto de vista** : point of view **13 saltar a la vista** : to be obvious, to stand out
**vistazo** *nm* : glance, look
**viste, etc.** → **ver**[1], **vestir**
**visto**[1] *pp* → **ver**
**visto**[2], **-ta** *adj* **1** : obvious, clear **2** : in view of, considering **3 estar bien visto** : to be approved of **4 estar mal visto** : to be frowned upon **5 por lo visto** : apparently **6 nunca visto** : unheard-of **7 visto que** : since, given that
**visto**[3] *nm* **visto bueno** : approval
**vistoso, -sa** *adj* : colorful, bright
**visual** *adj* : visual — **visualmente** *adv*
**visualizador** *nm* : display (of a device)
**visualizar** {21} *vt* **1** : to visualize **2** : to display (on a screen)
**vital** *adj* **1** : vital **2** : lively, dynamic
**vitalicio, -cia** *adj* : life, lifetime
**vitalidad** *nf* : vitality
**vitamina** *nf* : vitamin
**vitamínico, -ca** *adj* : vitamin ⟨complejos vitamínicos : vitamin compounds⟩
**viticultor, -ra** *n* : wine producer
**viticultura** *nf* : wine producing
**vítor** *nm* : cheer
**vitorear** *vt* : to cheer
**vitral** *nm* : stained-glass window
**vítreo, -rea** *adj* : glass, glassy

**vitrina** *nf* **1** : showcase, display case **2** : store window
**vitriolo** *nm* : vitriol
**vituperar** *vt* : to condemn, to lambaste
**viudez** *nf* : state of being widowed ⟨su primer año de viudez : his first year as a widower⟩
**viudo, -da** *n* : widower *m*, widow *f*
**viva** *nm* : cheer
**vivacidad** *nf* VIVEZA : vivacity, liveliness
**vivamente** *adv* **1** : in a lively manner **2** : vividly **3** : strongly, acutely ⟨lo recomendamos vivamente : we strongly recommend it⟩
**vivar** *vi* : to cheer
**vivaracho, -cha** *adj* **1** : lively, vivacious **2** : bright, sparkling
**vivaz** *adj, pl* **vivaces** **1** : lively, vivacious **2** : clever, sharp **3** : perennial
**vivencia** *nf* : experience
**víveres** *nmpl* : provisions, supplies, food
**vivero** *nm* **1** : nursery (for plants) **2** : hatchery, fish farm
**viveza** *nf* **1** VIVACIDAD : liveliness **2** BRILLO : vividness, brightness **3** ASTUCIA : cleverness, sharpness
**vividamente** *adv* : vividly
**vivido, -da** *adj* : vivid, lively
**vividor, -dora** *n* : sponger, parasite
**vivienda** *nf* **1** : housing **2** MORADA : dwelling, home
**viviente** *adj* : living
**vivificar** {72} *vt* : to revitalize, to give life to
**vivir**[1] *vi* **1** : to live, to be alive ⟨¡viva la democracia! : long live democracy!⟩ **2** SUBSISTIR : to subsist, to make a living **3** RESIDIR : to reside **4** : to spend one's life ⟨vive para trabajar : she lives to work⟩ **5** ~ **de** : to live on — *vt* **1** : to live ⟨vivir su vida : to live one's life⟩ **2** EXPERIMENTAR : to go through, to experience
**vivir**[2] *nm* **1** : life, lifestyle **2 de mal vivir** : disreputable
**vivisección** *nf, pl* **-ciones** : vivisection
**vivo, -va** *adj* **1** : alive **2** INTENSO : vivid, bright, intense **3** ANIMADO : lively, vivacious **4** ASTUTO : sharp, clever **5 en** ~ : live ⟨transmisión en vivo : live broadcast⟩ **6 al rojo vivo** : red-hot
**vocablo** *nm* PALABRA : word
**vocabulario** *nm* : vocabulary
**vocación** *nf, pl* **-ciones** : vocation
**vocacional** *adj* : vocational
**vocal**[1] *adj* : vocal
**vocal**[2] *nmf* : member (of a committee, board, etc.)
**vocal**[3] *nf* : vowel
**vocalista** *nmf* CANTANTE : singer, vocalist
**vocalizar** {21} *vi* : to vocalize
**vocear** *v* : to shout
**vocerío** *nm* : clamor, shouting
**vocero, -ra** *n* PORTAVOZ : spokesperson, spokesman *m*, spokeswoman *f*
**vociferante** *adj* : vociferous
**vociferar** *vi* GRITAR : to shout, to yell
**vodevil** *nm* : vaudeville
**vodka** *nm* : vodka
**voladizo**[1], **-za** *adj* : projecting
**voladizo**[2] *nm* : projection
**volador, -dora** *adj* : flying
**volando** *adv* : quickly, in a hurry
**volante**[1] *adj* : flying
**volante**[2] *nm* **1** : steering wheel **2** FOLLETO : flier, circular **3** : shuttlecock **4** : flywheel **5** : balance wheel (of a watch) **6** : ruffle, flounce
**volantín** *nm, pl* **-tines** : kite
**volar** {19} *vi* **1** : to fly **2** CORRER : to go quickly, to rush ⟨el tiempo vuela : time flies⟩ ⟨pasar volando : to fly past⟩ **3** DESAPARECER : to disappear ⟨el dinero ya voló : the money's already gone⟩ — *vt* **1** : to blow up, to demolish **2** : to irritate
**volátil** *adj* : volatile — **volatilidad** *nf*
**volcán** *nm, pl* **volcanes** : volcano
**volcánico, -ca** *adj* : volcanic
**volcar** {82} *vt* **1** : to upset, to knock over, to turn over **2** : to empty out **3** : to make dizzy **4** : to cause a change of mind in **5** : to irritate — *vi* **1** : to overturn, to tip over **2** : to capsize — **volcarse** *vr* **1** : to overturn **2** : to do one's utmost
**volea** *nf* : volley (in sports)
**volear** *vi* : to volley (in sports)
**voleibol** *nm* : volleyball
**voleo** *nm* **al voleo** : haphazardly, at random
**volframio** *nm* : wolfram, tungsten
**volibol** *Car, Hond, Mex* → **voleibol**
**volición** *nf, pl* **-ciones** : volition
**volqué, etc.** → **volcar**
**voltaje** *nm* : voltage ⟨de alto voltaje : high-voltage⟩
**voltear** *vt* **1** : to turn over, to turn upside down **2** : to reverse, to turn inside out **3** : to turn ⟨voltear la cara : to turn one's head⟩ **4** : to knock down — *vi* **1** : to roll over, to do somersaults **2** : to turn ⟨volteó a la izquierda : he turned left⟩ — **voltearse** *vr* **1** : to turn around **2** : to change one's allegiance
**voltereta** *nf* : somersault, tumble
**voltio** *nm* : volt
**volubilidad** *nf* : fickleness
**voluble** *adj* : fickle, changeable
**volumen** *nm, pl* **-lúmenes** **1** TOMO : volume, book **2** : capacity, size, bulk **3** CANTIDAD : amount ⟨el volumen de ventas : the volume of sales⟩ **4** : volume, loudness
**voluminoso, -sa** *adj* : voluminous, massive, bulky
**voluntad** *nf* **1** : will, volition ⟨por propia voluntad : of one's own free will⟩ **2** DESEO : desire, wish **3** INTENCIÓN : intention **4 a voluntad** : at will **5 buena voluntad** : good will **6 mala voluntad** : ill will **7 fuerza de voluntad** : willpower
**voluntariado** *nm* : volunteer service ⟨programa de voluntariado : volunteer program⟩
**voluntario**[1], **-ria** *adj* : voluntary — **voluntariamente** *adv*
**voluntario**[2], **-ria** *n* : volunteer
**voluntarioso, -sa** *adj* **1** : stubborn **2** : willing, eager
**voluptuosidad** *nf* : voluptuousness

**voluptuoso, -sa** *adj* : voluptuous — **voluptuosamente** *adv*
**voluta** *nf* : spiral, column (of smoke)
**volver** {89} *vi* **1** : to return, to come/go back ⟨volver a casa : to return home⟩ ⟨volver de vacaciones : to get back from vacation⟩ ⟨no vuelvas por aquí : don't come back here⟩ ⟨volver atrás : to turn back⟩ **2** ~ **a** : to return to ⟨volver al tema : to get back to the subject⟩ ⟨volver a la normalidad : to get back to normal⟩ **3** ~ **a** : to do again ⟨volvieron a llamar : they called again⟩ ⟨volver a pasar/ocurrir/suceder : to happen again⟩ **4 volver en sí** : to come to, to regain consciousness — *vt* **1** : to turn, to turn over, to turn inside out **2** : to return, to repay, to restore **3** : to cause, to make ⟨la volvía loca : it was driving her crazy⟩ — **volverse** *vr* **1** : to become ⟨se volvió deprimido : he became depressed⟩ **2** : to turn around
**vomitar** *vi* : to vomit — *vt* **1** : to vomit **2** : to spew out (lava, etc.)
**vómito** *nm* **1** : vomiting **2** : vomit
**voracidad** *nf* : voracity
**vorágine** *nf* : whirlpool, maelstrom
**voraz** *adj, pl* **voraces** : voracious — **vorazmente** *adv*
**vórtice** *nm* **1** : whirlpool, vortex **2** TORBELLINO : whirlwind
**vos** *pron* (*in some regions of Latin America*) : you ⟨para vos : for you⟩ ⟨¿vos sos José? : are you José?⟩
**vosear** *vt* : to address as *vos*
**vosotros, -tras** *pron pl Spain* **1** : you, yourselves **2** : ye
**votación** *nf, pl* **-ciones** : vote, voting ⟨someter a votación : to put to a vote, to vote on⟩
**votante** *nmf* : voter
**votar** *vi* : to vote ⟨votar por : to vote for⟩ ⟨votar a favor de : to vote in favor of⟩ ⟨votar en contra de : to vote against⟩ — *vt* : to vote for
**voto** *nm* **1** : vote **2** : vow (in religion) **3 votos** *nmpl* : good wishes
**voy** → **ir**
**voz** *nf, pl* **voces** **1** : voice ⟨alzar la voz : to raise one's voice⟩ **2** : opinion, say **3** GRITO : shout, yell **4** : sound **5** VOCABLO : word, term **6** : rumor **7 a voces** : loudly, in a loud voice **8 a voz en cuello** : at the top of one's lungs **9 dar voces** : to shout **10 en voz alta** : aloud, in a loud voice **11 en voz baja** : softly, in a low voice
**vudú** *nm* : voodoo
**vuelco** *nm* **1** : upset, overturning ⟨dar un vuelco : to overturn⟩ ⟨me dio un vuelco el corazón : my heart skipped a beat⟩ **2** : drastic change, reversal ⟨dar un vuelco inesperado : to take an unexpected turn⟩
**vuela, etc.** → **volar**
**vuelca, vuelque etc.** → **volcar**
**vuelo** *nm* **1** : flight, flying ⟨alzar el vuelo : to take flight⟩ ⟨remontar el vuelo : to climb, to fly up⟩ **2** : flight (of an aircraft) ⟨un vuelo directo : a direct flight⟩ **3** : flare, fullness (of clothing) **4 al vuelo** : on the wing
**vuelta** *nf* **1** GIRO : turn ⟨se dio la vuelta : he turned around⟩ ⟨vuelta en U : U-turn, about-face⟩ **2** REVOLUCIÓN : circle, revolution ⟨dio la vuelta al mundo : she went around the world⟩ ⟨las ruedas daban vueltas : the wheels were spinning⟩ **3** : flip, turn ⟨le dio la vuelta : she flipped it over⟩ **4** : bend, curve ⟨a la vuelta de la esquina : around the corner⟩ **5** REGRESO : return ⟨de ida y vuelta : round-trip⟩ ⟨a vuelta de correo : by return mail⟩ **6** : round, lap (in sports or games) **7** PASEO : walk, drive, ride ⟨dio una vuelta : he went for a walk⟩ **8** DORSO, REVÉS : back, other side ⟨a la vuelta : on the back⟩ **9** : cuff (of pants) **10 darle vueltas a algo** : to think something over **11 darle vuelta a la página** : to move on, to begin a new phase **12 dar una vuelta de campana** : to roll over (completely) **13 estar de vuelta** : to be back
**vuelto** *pp* → **volver**
**vuelve, etc.** → **volver**
**vuestro**[1], **-stra** *adj Spain* : your, of yours ⟨vuestros coches : your cars⟩ ⟨una amiga vuestra : a friend of yours⟩
**vuestro**[2], **-stra** *pron Spain* (*with definite article*) : yours ⟨la vuestra es más grande : yours is bigger⟩ ⟨esos son los vuestros : those are yours⟩
**vulgar** *adj* **1** : common **2** : vulgar
**vulgaridad** *nf* : vulgarity
**vulgarmente** *adv* : vulgarly, popularly
**vulgo** *nm* **el vulgo** : the masses, common people
**vulnerable** *adj* : vulnerable — **vulnerabilidad** *nf*
**vulnerar** *vt* **1** : to injure, to damage (one's reputation or honor) **2** : to violate, to break (a law or contract)

# W

**w** *nf* : twenty-sixth letter of the Spanish alphabet
**wafle** *nm* : waffle
**waflera** *nf* : waffle iron
**wapiti** *nm, pl* **-tíes** *or* **-tís** *or* **-tí** : wapiti, elk
**wáter → váter**
**web** *nmf* : web, World Wide Web
**webcam** *nf, pl* **webcams** : webcam
**webmaster** *nmf, pl* **-ters** : Webmaster
**western** *nm, pl* **westerns** : western
**whisky** *nm, pl* **whiskys** *or* **whiskies** : whiskey
**wicca** *nf* : Wicca
**wiccano, -na** *adj & n* : Wiccan
**wigwam** *nm* : wigwam
**windsurf** [ˈwinsurf] *nm* : windsurfing

# X

**x** *nf* : twenty-seventh letter of the Spanish alphabet
**xenofobia** *nf* : xenophobia
**xenófobo¹, -ba** *adj* : xenophobic
**xenófobo², -ba** *n* : xenophobe
**xenón** *nm* : xenon
**xerografiar** *vt* : to photocopy, to xerox
**Xerox** *marca registrada, f* — used for a photocopier
**xilófono** *nm* : xylophone

# Y

**y¹** *nf* : twenty-eighth letter of the Spanish alphabet
**y²** *conj* (*e before words beginning with i- or hi-*) **1** : and ⟨mi hermano y yo : my brother and I⟩ ⟨más y más : more and more⟩ ⟨¿y los demás? : and (what about) the others?⟩ **2** (*used in numbers*) ⟨cincuenta y cinco : fifty-five⟩ **3** *fam* : well ⟨y por supuesto : well, of course⟩ **4 ¿y qué?** : so what?
**ya¹** *adv* **1** : already ⟨ya terminó : she's finished already⟩ ⟨ya en los años sesenta : as early as the 1960's⟩ **2** : now, right now ⟨¡hazlo ya! : do it now!⟩ ⟨ya mismo : right away⟩ ⟨desde ya : as of now, immediately⟩ **3** : later, soon ⟨ya iremos : we'll go later on⟩ **4** : no longer, anymore ⟨ya no fuma : he no longer smokes⟩ **5** : yes, right ⟨ya, pero . . . : yes, I know, but . . .⟩ **6** (*used for emphasis*) ⟨¡ya lo sé! : I know!⟩ ⟨ya lo creo : of course⟩ **7 no ya** : not only ⟨no ya lloran sino gritan : they're not only crying but screaming⟩ **8 ya que** : now that, since ⟨ya que sabe la verdad : now that she knows the truth⟩
**ya²** *conj* **ya . . . ya** : whether . . . or, first . . . then ⟨ya le gusta, ya no : first he likes it, then he doesn't⟩
**yac** *nm* : yak
**yacer** {90} *vi* : to lie ⟨en esta tumba yacen sus abuelos : his grandparents lie in this grave⟩
**yacimiento** *nm* : bed, deposit ⟨yacimiento petrolífero : oil field⟩
**yaga, etc. → yacer**
**yang** *nm* : yang ⟨el yin y el yang : (the) yin and yang⟩
**yanqui** *adj & nmf* : Yankee
**yarda** *nf* : yard
**yate** *nm* : yacht
**yayo, yaya** *n fam* : grandpa *m*, grandma *f*
**yaz, yazca yazga etc. → yacer**
**yedra** *nf* : ivy
**yegua** *nf* : mare
**yelmo** *nm* : helmet
**yema** *nf* **1** : bud, shoot **2** : yolk (of an egg) **3 yema del dedo** : fingertip
**yen** *nm* : yen (currency)
**yendo → ir**
**yerba** *nf* **1** *or* **yerba mate** : maté **2 → hierba**
**yerga, yergue etc. → erguir**
**yermo¹, -ma** *adj* : barren, deserted
**yermo²** *nm* : wasteland
**yerno** *nm* : son-in-law
**yerra, etc. → errar**
**yerro** *nm* : blunder, mistake
**yesca** *nf* : tinder
**yeso** *nm* **1** : plaster (material) **2** : cast (for a limb) **3** : gypsum
**yiddish** [ˈjidiʃ] *or* **yidis** [ˈjidis] *adj & nm* : Yiddish
**yihad** [jiˈad] *nmf, pl* **yihads** : jihad — **yihadista** *nmf*
**yin** *nm* : yin ⟨el yin y el yang : (the) yin and yang⟩
**yo¹** *nm* : ego, self
**yo²** *pron* **1** : I ⟨yo la vi : I saw her⟩ ⟨¿quién lo hizo? yo : who did it? I did⟩ **2** : me ⟨todos menos yo : everyone except me⟩ ⟨tan bajo como yo : as short as me⟩ **3 soy yo** : it's me
**yodo** *nm* : iodine
**yoga** *nm* : yoga
**yogurt** *or* **yogur** *nm* : yogurt
**Yom Kippur** *n* : Yom Kippur
**yoyo** *or* **yoyó** *nm* : yo-yo
**yuca** *nf* **1** : yucca (plant) **2** : cassava, manioc

**yucateco**[1], **-ca** *adj* : of or from the Yucatán
**yucateco**[2], **-ca** *n* : person from the Yucatán
**yudo** → **judo**
**yugo** *nm* : yoke
**yugoslavo, -va** *adj & n* : Yugoslavian
**yugular** *adj* : jugular ⟨vena yugular : jugular vein⟩
**yungas** *nfpl Bol, Chile, Peru* : warm tropical valleys
**yunque** *nm* : anvil
**yunta** *nf* : yoke, team (of oxen)
**yuppy** *nmf, pl* **yuppies** : yuppie
**yute** *nm* : jute
**yuxtaponer** {60} *vt* : to juxtapose — **yuxtaposición** *nf*
**yuyo** *nm* (*in various countries*) **1** : weed **2** : herb

# Z

**z** *nf* : twenty-ninth letter of the Spanish alphabet
**zacate** *nm CA, Mex* **1** : grass, fodder **2** : hay
**zafacón** *nm, pl* **-cones** *Car* : wastebasket
**zafar** *vt* : to loosen, to untie — **zafarse** *vr* **1** : to loosen up, to come undone **2** : to get free of
**zafio, -fia** *adj* : coarse, crude
**zafiro** *nm* : sapphire
**zaga** *nf* **1** : defense (in sports) **2 a la zaga** *or* **en ~** : behind, in the rear
**zagual** *nm* : paddle (of a canoe)
**zaguán** *nm, pl* **zaguanes** : front hall, vestibule
**zaherir** {76} *vt* **1** : to criticize sharply **2** : to wound, to mortify
**zahones** *nmpl* : chaps
**zaino, -na** *adj* : chestnut (color)
**zalamería** *nf* : flattery, sweet talk
**zalamero**[1], **-ra** *adj* : flattering, fawning
**zalamero**[2], **-ra** *n* : flatterer
**zambullida** *nf* : dive, plunge
**zambullir** {38} *vt* : to dip, to submerge — **zambullirse** *vr* : to dive, to plunge
**zamparse** *vr* : to gobble, to wolf down (food)
**zanahoria** *nf* : carrot
**zancada** *nf* : stride, step
**zancadilla** *nf* **1** : trip, stumble **2** *fam* : trick, ruse
**zanco** *nm* : stilt
**zancuda** *nf* : wading bird
**zancudo** *nm* MOSQUITO : mosquito
**zángano** *nm* : drone, male bee
**zanja** *nf* : ditch, trench
**zanjar** *vt* ACLARAR : to settle, to clear up, to resolve
**zapallo** *nm Arg, Chile, Peru, Uru* : pumpkin
**zapapico** *nm* : pickax
**zapata** *nf* : brake shoe
**zapatear** *vi* : to stamp one's feet
**zapatería** *nf* **1** : shoemaker's, shoe factory **2** : shoe store
**zapatero**[1], **-ra** *adj* : dry, tough, poorly cooked
**zapatero**[2], **-ra** *n* : shoemaker, cobbler
**zapatilla** *nf* **1** PANTUFLA : slipper **2** *Mex* : women's shoe **3** *or* **zapatilla de deporte** : sneaker
**zapato** *nm* : shoe
**zapping** [ˈsapin, ˈθapin] *nm* : channel surfing
**zar, zarina** *n* : czar *m*, czarina *f*
**zarandear** *vt* **1** : to sift, to sieve **2** : to shake, to jostle, to jiggle
**zarapito** *nm* : curlew
**zarcillo** *nm* **1** : earring **2** : tendril (of a plant)
**zarigüeya** *nf* : opossum
**zarpa** *nf* : paw
**zarpar** *vi* : to set sail, to raise anchor
**zarpazo** *nm* : swipe (with a paw)
**zarza** *nf* : bramble, blackberry bush
**zarzamora** *nf* **1** : blackberry **2** : bramble, blackberry bush
**zarzaparrilla** *nf* : sarsaparilla
**zarzuela** *nf* : Spanish operetta
**zas** *interj* : bam!, wham!
**zepelín** *nm, pl* **-lines** : zeppelin
**zeta** *nf* : (letter) z
**zigoto** *nm* : zygote
**zigzag** *nm, pl* **zigzags** *or* **zigzagues** : zigzag
**zigzaguear** *vi* : to zigzag
**zimbabuense** *adj & nmf* : Zimbabwean
**zinc** *nm* : zinc
**zinnia** *nf* : zinnia
**zíper** *nm CA, Mex* : zipper
**zócalo** *nm Mex* : main square
**zodíaco** *or* **zodiaco** *nm* : zodiac — **zodíacal** *adj*
**zombi** *or* **zombie** *nmf* : zombie
**zona** *nf* : zone, district, area ⟨zona comercial : business district⟩ ⟨zonas rurales/urbanas : rural/urban areas⟩ ⟨zona de conflicto : conflict zone⟩
**zonzo**[1], **-za** *adj* : stupid, silly
**zonzo**[2], **-za** *n* : idiot, nitwit
**zoo** *nm* : zoo
**zoología** *nf* : zoology
**zoológico**[1], **-ca** *adj* : zoological
**zoológico**[2] *nm* : zoo
**zoólogo, -ga** *n* : zoologist
**zoom** *nm* : zoom lens
**zopilote** *nm CA, Mex* : buzzard
**zoquete** *nmf fam* : oaf, blockhead
**zorrillo** *nm* MOFETA : skunk
**zorro**[1], **-rra** *adj* : sly, crafty
**zorro**[2], **-rra** *n* **1** : fox, vixen **2** : sly crafty person
**zorzal** *nm* : thrush
**zozobra** *nf* : anxiety, worry
**zozobrar** *vi* : to capsize
**zueco** *nm* : clog (shoe)
**zulú**[1] *adj & nmf, pl* **zulúes** *or* **zulús** *or* **zulú** : Zulu

**zulú**[2] *nm* : Zulu (language)
**zumaque** *nm* : sumac
**zumbar** *vi* : to buzz, to hum ⟨le zumbaban los oídos : her ears were ringing⟩ — *vt fam* **1** : to hit, to thrash **2** : to make fun of
**zumbido** *nm* : buzzing, humming
**zumo** *nf* JUGO : juice
**zurcir** {83} *vt* : to darn, to mend
**zurdo**[1], **-da** *adj* : left-handed
**zurdo**[2], **-da** *n* : left-handed person
**zurrón** *nm, pl* **zurrones** : leather bag
**zurza, etc.** → **zurcir**
**zutano, -na** → **fulano**

# English-Spanish Dictionary

# Diccionario Inglés-Español

# A

**a**[1] [ˈeɪ] *n, pl* **a's** *or* **as** [ˈeɪz] **1** : primera letra del alfabeto inglés **2 A** : la *m* ⟨A sharp/flat : la sostenido/bemol⟩

**a**[2] [ə, ˈeɪ] (**an** [ən, ˈæn] *before vowel or silent h*) *art* **1** : un *m*, una *f* ⟨a house : una casa⟩ ⟨a little more : un poco más⟩ ⟨half an hour : media hora⟩ ⟨what a surprise! : ¡qué sorpresa!⟩ ⟨she's a lawyer : es abogada⟩ ⟨it's a Rembrandt : es un Rembrandt⟩ ⟨a Mr. Jones called : llamó un tal señor Jones⟩ **2** PER : por, a la, al ⟨30 kilometers an hour : 30 kilómetros por hora⟩ ⟨twice a month : dos veces al mes⟩

**a-** [ə] *pref* : a-

**aardvark** [ˈɑrdˌvɑrk] *n* : oso *m* hormiguero

**aback** [əˈbæk] *adv* **1** : por sorpresa **2 to be taken aback** : quedarse desconcertado

**abacus** [ˈæbəkəs] *n, pl* **abaci** [ˈæbəˌsaɪ, -ˌkiː] *or* **abacuses** : ábaco *m*

**abaft** [əˈbæft] *adv* : a popa

**abandon**[1] [əˈbændən] *vt* **1** DESERT, FORSAKE : abandonar, desamparar (a alguien), desertar de (algo) **2** GIVE UP, SUSPEND : renunciar a, suspender ⟨he abandoned the search : suspendió la búsqueda⟩ **3** EVACUATE, LEAVE : abandonar, evacuar, dejar ⟨to abandon ship : abandonar el buque⟩ **4 to abandon oneself** : entregarse, abandonarse

**abandon**[2] *n* : desenfreno *m* ⟨with wild abandon : desenfrenadamente⟩

**abandoned** [əˈbændənd] *adj* **1** DESERTED : abandonado **2** UNRESTRAINED : desenfrenado, desinhibido

**abandonment** [əˈbændənmənt] *n* : abandono *m*, desamparo *m*

**abase** [əˈbeɪs] *vt* **abased; abasing** : degradar, humillar, rebajar

**abash** [əˈbæʃ] *vt* : avergonzar, abochornar

**abashed** [əˈbæʃt] *adj* : avergonzado

**abate** [əˈbeɪt] *vi* **abated; abating** : amainar, menguar, disminuir

**abattoir** [ˈæbəˌtwɑr] *n* : matadero *m*

**abbess** [ˈæbɪs, -ˌbɛs, -bəs] *n* : abadesa *f*

**abbey** [ˈæbi] *n, pl* **-beys** : abadía *f*

**abbot** [ˈæbət] *n* : abad *m*

**abbreviate** [əˈbriːviˌeɪt] *vt* **-ated; -ating** : abreviar

**abbreviation** [əˌbriːviˈeɪʃən] *n* : abreviación *f*, abreviatura *f*

**ABC's** [ˌeɪˌbiːˈsiːz] *npl* : abecé *m*

**abdicate** [ˈæbdɪˌkeɪt] *v* **-cated; -cating** : abdicar

**abdication** [ˌæbdɪˈkeɪʃən] *n* : abdicación *f*

**abdomen** [ˈæbdəmən, æbˈdoːmən] *n* : abdomen *m*, vientre *m*

**abdominal** [æbˈdɑmənəl] *adj* : abdominal — **abdominally** *adv*

**abduct** [æbˈdʌkt] *vt* : raptar, secuestrar

**abduction** [æbˈdʌkʃən] *n* : rapto *m*, secuestro *m*

**abductor** [æbˈdʌktər] *n* : raptor *m*, -tora *f*; secuestrador *m*, -dora *f*

**abed** [əˈbɛd] *adv & adj* : en cama

**aberrant** [æˈbɛrənt, ˈæbərənt] *adj* **1** ABNORMAL : anormal, aberrante **2** ATYPICAL : anómalo, atípico

**aberration** [ˌæbəˈreɪʃən] *n* **1** : aberración *f* **2** DERANGEMENT : perturbación *f* mental

**abet** [əˈbɛt] *vt* **abetted; abetting** ASSIST : ayudar ⟨to aid and abet : ser cómplice de⟩

**abeyance** [əˈbeɪənts] *n* : desuso *m*, suspensión *f*

**abhor** [əbˈhɔr, æb-] *vt* **-horred; -horring** : abominar, aborrecer

**abhorrence** [əbˈhɔrənts, æb-] *n* : aborrecimiento *m*, odio *m*

**abhorrent** [əbˈhɔrənt, æb-] *adj* : abominable, aborrecible, odioso

**abide** [əˈbaɪd] *v* **abode** [əˈboːd] *or* **abided; abiding** *vt* STAND : soportar, tolerar ⟨I can't abide them : no los puedo ver⟩ — *vi* **1** ENDURE : quedar, permanecer **2** DWELL : morar, residir **3 to abide by** : atenerse a

**ability** [əˈbɪləti] *n, pl* **-ties** **1** CAPABILITY : aptitud *f*, capacidad *f*, facultad *f* **2** COMPETENCE : competencia *f* **3** TALENT : talento *m*, don *m*, habilidad *f*

**abject** [ˈæbˌdʒɛkt, æbˈ-] *adj* **1** WRETCHED : miserable, desdichado **2** HOPELESS : abatido, desesperado **3** SERVILE : servil ⟨abject flattery : halagos serviles⟩ — **abjectly** *adv*

**abjure** [æbˈdʒʊr] *vt* **-jured; -juring** : abjurar de

**ablaze** [əˈbleɪz] *adj* **1** BURNING : ardiendo, en llamas **2** RADIANT : resplandeciente, radiante

**able** [ˈeɪbəl] *adj* **abler; ablest** **1** CAPABLE : capaz, hábil **2** COMPETENT : competente

**-able** *suf* : -able

**ablution** [əˈbluːʃən] *n* : ablución *f* ⟨to perform one's ablutions : lavarse⟩

**ably** [ˈeɪbəli] *adv* : hábilmente, eficientemente

**abnormal** [æbˈnɔrməl] *adj* : anormal — **abnormally** *adv*

**abnormality** [ˌæbnɔrˈmæləti, -nɔr-] *n, pl* **-ties** : anormalidad *f*

**aboard**[1] [əˈbɔrd] *adv* : a bordo

**aboard**[2] *prep* : a bordo de

**abode**[1] → **abide**

**abode**[2] [əˈboːd] *n* : morada *f*, residencia *f*, vivienda *f*

**abolish** [əˈbɑlɪʃ] *vt* : abolir, suprimir

**abolition** [ˌæbəˈlɪʃən] *n* : abolición *f*, supresión *f*

**abominable** [əˈbɑmənəbəl] *adj* DETESTABLE : abominable, aborrecible, espantoso

**abominate** [əˈbɑməˌneɪt] *vt* **-nated; -nating** : abominar, aborrecer

**abomination** [əˌbɑməˈneɪʃən] *n* : abominación *f*

**aboriginal** [ˌæbəˈrɪdʒənəl] *adj* : aborigen, indígena

**aborigine** [ˌæbəˈrɪdʒəni] *n* NATIVE : aborigen *mf*, indígena *mf*
**abort** [əˈbɔrt] *vt* **1** : abortar (en medicina) **2** CALL OFF : suspender, abandonar — *vi* : abortar, hacerse un aborto
**abortion** [əˈbɔrʃən] *n* : aborto *m*
**abortive** [əˈbɔrtɪv] *adj* UNSUCCESSFUL : fracasado, frustrado, malogrado
**abound** [əˈbaʊnd] *vi* **to abound in** : abundar en, estar lleno de
**about**[1] [əˈbaʊt] *adv* **1** APPROXIMATELY : aproximadamente, casi, más o menos ⟨about a hundred dollars : unos cien dólares⟩ **2** AROUND : por todas partes, alrededor ⟨the children are running about : los niños están corriendo por todas partes⟩ **3 to be about to** : estar a punto de **4 to be out and about** → **out**[3] **5 to be up and about** → **up**[3]
**about**[2] *prep* **1** AROUND : alrededor de (un lugar, una persona, etc.) **2** CONCERNING : de, acerca de, sobre ⟨he always talks about politics : siempre habla de política⟩ ⟨she's worried about him : está preocupada por él⟩ ⟨you need to do something about it : tienes que hacer algo⟩ **3** (*indicating a quality*) ⟨there's something weird about it : hay algo raro (en el asunto)⟩ ⟨there's something about her : tiene algo, tiene un no sé qué⟩ **4** (*indicating manner*) ⟨be quick about it : date prisa, apúrate⟩ **5 to be (all) about** : tratarse de (dícese de un asunto), ser muy partidario de (dícese de una persona)
**about–face** [əˈbaʊtˈfeɪs] *n* **1** : media vuelta *f* **2** : cambio *m* total (de opinión, etc.), giro *m* de 180 grados
**above**[1] [əˈbʌv] *adv* **1** OVERHEAD : por encima, arriba ⟨the floor above : el piso de arriba⟩ ⟨I looked at the sky above : alcé la vista hacia el cielo⟩ **2** : más arriba ⟨as stated above : como se indica más arriba⟩ **3** OVER, MORE : más ⟨groups of six and above : grupos de seis o más⟩ ⟨children age 10 and above : niños a partir de los 10 años⟩ **4** : sobre cero (dícese de temperaturas) **5 from above** : de arriba, desde arriba ⟨looking down from above : mirando desde arriba⟩ ⟨orders from above : órdenes de arriba⟩
**above**[2] *adj* **1** : anterior, antedicho ⟨for the above reasons : por las razones antedichas⟩ **2 the above** : lo anterior
**above**[3] *prep* **1** OVER : encima de, arriba de, sobre **2** : superior a, por encima de ⟨he's above those things : él está por encima de esas cosas⟩ **3** : más de, superior a ⟨he earns above $50,000 : gana más de $50,000⟩ ⟨a number above 10 : un número superior a 10⟩ **4 above all** : sobre todo
**aboveboard**[1] [əˈbʌvˈbɔrd, -ˌbɔrd] *adv or* **open and aboveboard** : sin tapujos
**aboveboard**[2] *adj* : legítimo, sincero
**aboveground** *adj* : sobre el nivel del suelo
**abrade** [əˈbreɪd] *vt* **abraded; abrading** **1** ERODE : erosionar, corroer **2** SCRAPE : raspar
**abrasion** [əˈbreɪʒən] *n* **1** SCRAPE, SCRATCH : raspadura *f*, rasguño *m* **2** EROSION : erosión *f*
**abrasive**[1] [əˈbreɪsɪv] *adj* **1** ROUGH : abrasivo, áspero **2** BRUSQUE, IRRITATING : brusco, irritante
**abrasive**[2] *n* : abrasivo *m*
**abreast** [əˈbrɛst] *adv* **1** : en fondo, al lado ⟨to march three abreast : marchar de tres en fondo⟩ **2 to keep abreast** : mantenerse al día
**abridge** [əˈbrɪdʒ] *vt* **abridged; abridging** : compendiar, resumir
**abridgment** *or* **abridgement** [əˈbrɪdʒˈmənt] *n* : compendio *m*, resumen *m*
**abroad** [əˈbrɔd] *adv* **1** ABOUT, WIDELY : por todas partes, en todas direcciones ⟨the news spread abroad : la noticia corrió por todas partes⟩ **2** OVERSEAS : en el extranjero, en el exterior
**abrogate** [ˈæbrəˌgeɪt] *vt* **-gated; -gating** : abrogar
**abrupt** [əˈbrʌpt] *adj* **1** SUDDEN : abrupto, repentino, súbito **2** BRUSQUE, CURT : brusco, cortante — **abruptly** *adv*
**abruptness** [əˈbrʌptnəs] *n* **1** SUDDENNESS : lo repentino **2** BRUSQUENESS : brusquedad *f*
**abscess** [ˈæbˌsɛs] *n* : absceso *m*
**abscond** [æbˈskɑnd] *vi* : huir, fugarse
**absence** [ˈæbsənts] *n* **1** : ausencia *f* (de una persona) **2** LACK : falta *f*, carencia *f*
**absent**[1] [æbˈsɛnt] *vt* **to absent oneself** : ausentarse
**absent**[2] [ˈæbsənt] *adj* : ausente
**absentee** [ˌæbsənˈti:] *n* : ausente *mf*
**absentminded** [ˌæbsəntˈmaɪndəd] *adj* : distraído, despistado
**absentmindedly** [ˌæbsəntˈmaɪndədli] *adv* : distraídamente
**absentmindedness** [ˌæbsəntˈmaɪndədnəs] *n* : distracción *f*, despiste *m*
**absolute** [ˈæbsəˌlu:t, ˌæbsəˈlu:t] *adj* **1** COMPLETE, PERFECT : completo, pleno, perfecto **2** UNCONDITIONAL : absoluto, incondicional **3** DEFINITE : categórico, definitivo
**absolutely** [ˈæbsəˌlu:tli, ˌæbsəˈlu:tli] *adv* **1** COMPLETELY : completamente, absolutamente **2** CERTAINLY : desde luego ⟨do you agree? absolutely! : ¿estás de acuerdo? ¡desde luego!⟩
**absolution** [ˌæbsəˈlu:ʃən] *n* : absolución *f*
**absolutism** [ˈæbsəˌlu:ˌtɪzəm] *n* : absolutismo *m*
**absolve** [əbˈzɑlv, æb-, -ˈsɑlv] *vt* **-solved; -solving** : absolver, perdonar
**absorb** [əbˈzɔrb, æb-, -ˈsɔrb] *vt* **1** : absorber, embeber (un líquido), amortiguar (un golpe, la luz) **2** ENGROSS : absorber **3** ASSIMILATE : asimilar
**absorbed** [əbˈzɔrbd, æb-, -ˈsɔrbd] *adj* ENGROSSED : absorto, ensimismado
**absorbency** [əbˈzɔrbənt͡si, æb-, -ˈsɔr-] *n* : absorbencia *f*
**absorbent** [əbˈzɔrbənt, æb-, -ˈsɔr-] *adj* : absorbente
**absorbing** [əbˈzɔrbɪŋ, æb-, -ˈsɔr-] *adj* : absorbente, fascinante

**absorption** [əbˈzɔrpʃən, æb-, -ˈsɔrp-] *n* **1** : absorción *f* **2** CONCENTRATION : concentración *f*

**abstain** [əbˈsteɪn, æb-] *vi* : abstenerse

**abstainer** [əbˈsteɪnər, æb-] *n* : abstemio *m*, -mia *f*

**abstemious** [æbˈstiːmiəs] *adj* : abstemio, sobrio — **abstemiously** *adv*

**abstention** [əbˈstɛnʃən, æb-] *n* : abstención *f*

**abstinence** [ˈæbstənənts] *n* : abstinencia *f*

**abstract**[1] [æbˈstrækt, ˈæbˌ-] *vt* **1** EXTRACT : abstraer, extraer **2** SUMMARIZE : compendiar, resumir

**abstract**[2] *adj* : abstracto — **abstractly** [æbˈstræktli, ˈæbˌ-] *adv*

**abstract**[3] [ˈæbˌstrækt] *n* : resumen *m*, compendio *m*, sumario *m*

**abstraction** [æbˈstrækʃən] *n* **1** : abstracción *f*, idea *f* abstracta **2** ABSENTMINDEDNESS : distracción *f*

**abstruse** [əbˈstruːs, æb-] *adj* : abstruso, recóndito — **abstrusely** *adv*

**absurd** [əbˈsɜrd, -ˈzɜrd] *adj* : absurdo, ridículo, disparatado — **absurdly** *adv*

**absurdity** [əbˈsɜrdəṭi, -ˈzər-] *n, pl* **-ties** **1** : absurdo *m* **2** NONSENSE : disparate *m*, despropósito *m*

**abundance** [əˈbʌndənts] *n* : abundancia *f*

**abundant** [əˈbʌndənt] *adj* : abundante, cuantioso, copioso

**abundantly** [əˈbʌndəntli] *adv* : abundantemente, en abundancia

**abuse**[1] [əˈbjuːz] *vt* **abused; abusing** **1** MISUSE : abusar de **2** MISTREAT : maltratar **3** REVILE : insultar, injuriar, denostar

**abuse**[2] [əˈbjuːs] *n* **1** MISUSE : abuso *m* **2** MISTREATMENT : abuso *m*, maltrato *m* **3** INSULTS : insultos *mpl*, improperios *mpl* ⟨a string of abuse : una serie de improperios⟩

**abuser** [əˈbjuːzər] *n* : abusador *m*, -dora *f*

**abusive** [əˈbjuːsɪv] *adj* **1** ABUSING : abusivo **2** INSULTING : ofensivo, injurioso, insultante — **abusively** *adv*

**abut** [əˈbʌt] *v* **abutted; abutting** *vt* : bordear — *vi* **to abut on** : colindar con

**abutment** [əˈbʌtmənt] *n* BUTTRESS : contrafuerte *m*, estribo *m*

**abysmal** [əˈbɪzməl] *adj* TERRIBLE : atroz, desastroso

**abysmally** [əˈbɪzməli] *adv* : desastrosamente, terriblemente

**abyss** [əˈbɪs, ˈæbɪs] *n* : abismo *m*, sima *f*

**acacia** [əˈkeɪʃə] *n* : acacia *f*

**academic**[1] [ˌækəˈdɛmɪk] *adj* **1** : académico **2** THEORETICAL : teórico — **academically** [-mɪkli] *adv*

**academic**[2] *n* : académico *m*, -ca *f*

**academician** [ˌækədəˈmɪʃən] *n* → **academic**

**academy** [əˈkædəmi] *n, pl* **-mies** : academia *f*

**acanthus** [əˈkænɪθəs] *n* : acanto *m*

**accede** [ækˈsiːd] *vi* **-ceded; -ceding** **1** AGREE : acceder, consentir **2** ASCEND : subir, acceder ⟨he acceded to the throne : subió al trono⟩

**accelerate** [ɪkˈsɛləˌreɪt, æk-] *v* **-ated; -ating** *vt* : acelerar, apresurar — *vi* : acelerar (dícese de un carro)

**acceleration** [ɪkˌsɛləˈreɪʃən, æk-] *n* : aceleración *f*

**accelerator** [ɪkˈsɛləˌreɪṭər, æk-] *n* : acelerador *m*

**accent**[1] [ˈækˌsɛnt, ækˈsɛnt] *vt* : acentuar

**accent**[2] [ˈækˌsɛnt, -sənt] *n* **1** : acento *m* **2** EMPHASIS, STRESS : énfasis *m*, acento *m*

**accentuate** [ɪkˈsɛntʃuˌeɪt, æk-] *vt* **-ated; -ating** : acentuar, poner énfasis en

**accept** [ɪkˈsɛpt, æk-] *vt* **1** : aceptar **2** ACKNOWLEDGE : admitir, reconocer

**acceptability** [ɪkˌsɛptəˈbɪləṭi, æk-] *n* : aceptabilidad *f*

**acceptable** [ɪkˈsɛptəbəl, æk-] *adj* : aceptable, admisible — **acceptably** [-bli] *adv*

**acceptance** [ɪkˈsɛptənts, æk-] *n* : aceptación *f*, aprobación *f*

**access**[1] [ˈækˌsɛs] *vt* : obtener acceso a, entrar a

**access**[2] *n* : acceso *m*

**accessibility** [ɪkˌsɛsəˈbɪləṭi] *n, pl* **-ties** : accesibilidad *f*

**accessible** [ɪkˈsɛsəbəl, æk-] *adj* : accesible, asequible

**accession** [ɪkˈsɛʃən, æk-] *n* **1** : ascenso *f*, subida *f* (al trono, etc.) **2** ACQUISITION : adquisición *f*

**accessory**[1] [ɪkˈsɛsəri, æk-] *adj* : auxiliar

**accessory**[2] *n, pl* **-ries** **1** : accesorio *m*, complemento *m* **2** ACCOMPLICE : cómplice *mf*

**accident** [ˈæksədənt] *n* **1** MISHAP : accidente *m* **2** CHANCE : casualidad *f*

**accidental** [ˌæksəˈdɛntəl] *adj* : accidental, casual, imprevisto, fortuito

**accidentally** [ˌæksəˈdɛntəli, -ˈdɛntli] *adv* **1** BY CHANCE : por casualidad **2** UNINTENTIONALLY : sin querer, involuntariamente

**acclaim**[1] [əˈkleɪm] *vt* : aclamar, elogiar

**acclaim**[2] *n* : aclamación *f*, elogio *m*

**acclamation** [ˌækləˈmeɪʃən] *n* : aclamación *f*

**acclimate** [ˈækləˌmeɪt, əˈklaɪmət] → **acclimatize**

**acclimatize** [əˈklaɪməˌtaɪz] *v* **-tized; -tizing** *vt* **1** : aclimatar **2 to acclimatize oneself** : aclimatarse

**accolade** [ˈækəˌleɪd, -ˌlɑd] *n* **1** PRAISE : elogio *m* **2** AWARD : galardón *m*

**accommodate** [əˈkɑməˌdeɪt] *vt* **-dated; -dating** **1** ADAPT : acomodar, adaptar **2** SATISFY : tener en cuenta, satisfacer **3** HOLD : dar cabida a, tener cabida para

**accommodating** [əˈkɑməˌdeɪṭɪŋ] *adj* : complaciente, acomodaticio

**accommodation** [əˌkɑməˈdeɪʃən] *n* **1** : adaptación *f*, adecuación *f* **2 accommodations** *npl* LODGING : alojamiento *m*, hospedaje *m*

**accompaniment** [əˈkʌmpənəmənt, -ˈkʌm-] *n* : acompañamiento *m*

**accompanist** [əˈkʌmpənɪst, -ˈkʌm-] *n* : acompañante *mf*

**accompany** [əˈkʌmpəni, -ˈkʌm-] *vt* **-nied; -nying** : acompañar

**accomplice** [əˈkɑmpləs, -ˈkʌm-] *n* : cómplice *mf*
**accomplish** [əˈkɑmplɪʃ, -ˈkʌm-] *vt* : efectuar, realizar, lograr, llevar a cabo
**accomplished** [əˈkɑmplɪʃt, -ˈkʌm-] *adj* : consumado, logrado
**accomplishment** [əˈkɑmplɪʃmənt, -ˈkʌm-] *n* **1** ACHIEVEMENT : logro *m*, éxito *m* **2** SKILL : destreza *f*, habilidad *f*
**accord**[1] [əˈkɔrd] *vt* GRANT : conceder, otorgar — *vi* **to accord with** : concordar con, conformarse con
**accord**[2] *n* **1** AGREEMENT : acuerdo *m*, convenio *m* **2** VOLITION : voluntad *f* ⟨of one's own accord : voluntariamente, de motu proprio⟩
**accordance** [əˈkɔrdənts] *n* **1** ACCORD : acuerdo *m*, conformidad *f* **2 in accordance with** : conforme a, según, de acuerdo con
**accordingly** [əˈkɔrdɪŋli] *adv* **1** CORRESPONDINGLY : en consecuencia **2** CONSEQUENTLY : por consiguiente, por lo tanto
**according to** [əˈkɔrdɪŋ] *prep* : según, de acuerdo con, conforme a
**accordion** [əˈkɔrdiən] *n* : acordeón *m*
**accordionist** [əˈkɔrdiənɪst] *n* : acordeonista *mf*
**accost** [əˈkɔst] *vt* : abordar, dirigirse a
**account**[1] [əˈkaʊnt] *vt* : considerar, estimar ⟨he accounts himself lucky : se considera afortunado⟩ — *vi* **to account for** : dar cuenta de, explicar
**account**[2] *n* **1** : cuenta *f* ⟨bank/checking account : cuenta bancaria/corriente⟩ ⟨savings account : cuenta de ahorro(s)⟩ ⟨e-mail account : cuenta de email, cuenta de correo(s) electrónico(s)⟩ **2** EXPLANATION : versión *f*, explicación *f* **3** REPORT : relato *m*, informe *m* **4** IMPORTANCE : importancia *f* ⟨to be of no account : no tener importancia⟩ **5 accounts** *npl* : contabilidad *f* **6 by all accounts** : a decir de todos **7 by one's own account** ⟨by her own account : según ella misma⟩ **8 on account of** BECAUSE OF : a causa de, debido a, por **9 on no account** : de ninguna manera **10 on someone's account** : por alguien **11 to take into account** : tener en cuenta
**accountability** [əˌkaʊntəˈbɪləti] *n* : responsabilidad *f*
**accountable** [əˈkaʊntəbəl] *adj* : responsable
**accountancy** [əˈkaʊntəntsi] *n* : contabilidad *f*
**accountant** [əˈkaʊntənt] *n* : contador *m*, -dora *f*; contable *mf Spain*
**accounting** [əˈkaʊntɪŋ] *n* : contabilidad *f*
**accoutrements** *or* **accouterments** [əˈkuːtrəmənts, -ˈkuːtər-] *npl* **1** EQUIPMENT : equipo *m*, avíos *mpl* **2** ACCESSORIES : accesorios *mpl* **3** TRAPPINGS : símbolos *mpl* ⟨the accoutrements of power : los símbolos del poder⟩
**accredit** [əˈkrɛdət] *vt* : acreditar, autorizar
**accreditation** [əˌkrɛdəˈteɪʃən] *n* : acreditación *f*, homologación *f*
**accrual** [əˈkruːəl] *n* : incremento *m*, acumulación *f*
**accrue** [əˈkruː] *vi* **-crued; -cruing** : acumularse, aumentarse
**accumulate** [əˈkjuːmjəˌleɪt] *v* **-lated; -lating** *vt* : acumular, amontonar — *vi* : acumularse, amontonarse
**accumulation** [əˌkjuːmjəˈleɪʃən] *n* : acumulación *f*, amontonamiento *m*
**accuracy** [ˈækjərəsi] *n* : exactitud *f*, precisión *f*
**accurate** [ˈækjərət] *adj* : exacto, correcto, fiel, preciso — **accurately** *adv*
**accusation** [ˌækjəˈzeɪʃən] *n* : acusación *f*
**accusatory** [əˈkjuːzəˌtori] *adj* : acusatorio
**accuse** [əˈkjuːz] *vt* **-cused; -cusing** : acusar, delatar, denunciar
**accused** [əˈkjuːzd] *ns & pl* DEFENDANT : acusado *m*, -da *f*
**accuser** [əˈkjuːzər] *n* : acusador *m*, -dora *f*
**accustom** [əˈkʌstəm] *vt* : acostumbrar, habituar
**ace** [ˈeɪs] *n* : as *m*
**acerbic** [əˈsərbɪk, æ-] *adj* : acerbo, mordaz
**acetate** [ˈæsəˌteɪt] *n* : acetato *m*
**acetone** [ˈæsəˌtoːn] *n* : acetona *f*
**acetylene** [əˈsɛtˌləˌlən, -ˌləˌliːn] *n* : acetileno *m*
**ache**[1] [ˈeɪk] *vi* **ached; aching 1** : doler **2 to ache for** : anhelar, ansiar
**ache**[2] *n* : dolor *m*
**achieve** [əˈtʃiːv] *vt* **achieved; achieving** : lograr, alcanzar, conseguir, realizar
**achievement** [əˈtʃiːvmənt] *n* : logro *m*, éxito *m*, realización *f*
**Achilles' heel** [əˈkɪliz-] *n* : talón *m* de Aquiles
**acid**[1] [ˈæsəd] *adj* **1** SOUR : ácido, agrio **2** CAUSTIC, SHARP : acerbo, mordaz — **acidly** *adv*
**acid**[2] *n* : ácido *m*
**acidic** [əˈsɪdɪk, æ-] *adj* : ácido
**acidity** [əˈsɪdəti, æ-] *n, pl* **-ties** : acidez *f*
**acid rain** *n* : lluvia *f* ácida
**acid test** *n* : prueba *f* de fuego
**acknowledge** [ɪkˈnɑlɪdʒ, æk-] *vt* **-edged; -edging 1** ADMIT : reconocer, admitir **2** RECOGNIZE : reconocer **3 to acknowledge receipt of** : acusar recibo de
**acknowledgment** [ɪkˈnɑlɪdʒmənt, æk-] *n* **1** RECOGNITION : reconocimiento *m* **2** THANKS : agradecimiento *m*
**acme** [ˈækmi] *n* : colmo *m*, apogeo *m*, cúspide *f*
**acne** [ˈækni] *n* : acné *m*
**acolyte** [ˈækəˌlaɪt] *n* : acólito *m*
**acorn** [ˈeɪˌkɔrn, -kərn] *n* : bellota *f*
**acoustic** [əˈkuːstɪk] *or* **acoustical** [-stɪkəl] *adj* : acústico — **acoustically** *adv*
**acoustics** [əˈkuːstɪks] *ns & pl* : acústica *f*
**acquaint** [əˈkweɪnt] *vt* **1** INFORM : enterar, informar **2** FAMILIARIZE : familiarizar **3 to be acquainted with** : conocer a (una persona), estar al tanto de (un hecho)
**acquaintance** [əˈkweɪntənts] *n* **1** KNOWLEDGE : conocimiento *m* **2** : co-

nocido *m*, -da *f* ⟨friends and acquaintances : amigos y conocidos⟩

**acquiesce** [ˌækwiˈɛs] *vi* **-esced; -escing** : consentir, conformarse

**acquiescence** [ˌækwiˈɛsənts] *n* : consentimiento *m*, aquiescencia *f*

**acquiescent** [ˌækwiˈɛsənt] *adj* : acquiescente

**acquire** [əˈkwaɪr] *vt* **-quired; -quiring** : adquirir, obtener

**acquisition** [ˌækwəˈzɪʃən] *n* : adquisición *f*

**acquisitive** [əˈkwɪzətɪv] *adj* : adquisitivo, codicioso

**acquit** [əˈkwɪt] *vt* **-quitted; -quitting** **1** : absolver, exculpar **2 to acquit oneself** : comportarse, defenderse

**acquittal** [əˈkwɪtəl] *n* : absolución *f*, exculpación *f*

**acre** [ˈeɪkər] *n* : acre *m*

**acreage** [ˈeɪkərɪʤ] *n* : superficie *f* en acres

**acrid** [ˈækrəd] *adj* **1** BITTER : acre **2** CAUSTIC : acre, mordaz — **acridly** *adv*

**acrimonious** [ˌækrəˈmoːniəs] *adj* : áspero, cáustico, sarcástico

**acrimony** [ˈækrəˌmoːni] *n, pl* **-nies** : acrimonia *f*

**acrobat** [ˈækrəˌbæt] *n* : acróbata *mf*, saltimbanqui *mf*

**acrobatic** [ˌækrəˈbæṭɪk] *adj* : acrobático

**acrobatics** [ˌækrəˈbæṭɪks] *ns & pl* : acrobacia *f*

**acronym** [ˈækrəˌnɪm] *n* : acrónimo *m*

**across**[1] [əˈkrɔs] *adv* **1** CROSSWISE : al través **2** : a través, del otro lado ⟨he's already across : ya está del otro lado⟩ **3** : de ancho ⟨40 feet across : 40 pies de ancho⟩

**across**[2] *prep* **1** : al otro lado de ⟨across the street : al otro lado de la calle⟩ **2** : a través de ⟨a log across the road : un tronco a través del camino⟩

**across–the–board** *adj* : general, para todos

**acrylic** [əˈkrɪlɪk] *n* : acrílico *m*

**act**[1] [ˈækt] *vi* **1** : actuar ⟨he acted alone : actuó solo⟩ ⟨she acted courageously : actuó con coraje⟩ ⟨to act in one's own interests : actuar uno en su propio interés⟩ **2** : tomar medidas ⟨he acted to save the business : tomó medidas para salvar el negocio⟩ **3** BEHAVE : comportarse ⟨to act like children : actuar como niños⟩ **4** PERFORM : actuar, interpretar **5** : fingir, simular ⟨to act dumb : hacerse el tonto⟩ ⟨he acted as if nothing had happened : actuó como si no hubiera pasado nada⟩ **6** FUNCTION : actuar, servir, funcionar **7 to act as** : servir de, hacer de **8 to act on** : seguir (un consejo, etc.), actuar respecto a **9 to act on** AFFECT : actuar sobre **10 to act out** MISBEHAVE : portarse mal (para hacerse notar) **11 to act out** PERFORM : representar **12 to act up** MISBEHAVE : portarse mal **13 to act up** MALFUNCTION : funcionar mal **14 to act up** WORSEN : agravarse

**act**[2] *n* **1** DEED : acto *m*, hecho *m*, acción *f* **2** DECREE : ley *f*, decreto *m* **3** : acto *m* (en una obra de teatro), número *m* (en un espectáculo) **4** PRETENSE : fingimiento *m*

**acting**[1] [ˈæktɪŋ] *adj* INTERIM : interino, en funciones

**acting**[2] *n* : interpretación *f*, actuación *f*

**action** [ˈækʃən] *n* **1** DEED : acción *f*, acto *m*, hecho *m* ⟨to take action : tomar medidas⟩ **2** BEHAVIOR : actuación *f*, comportamiento *m* **3** LAWSUIT : demanda *f* **4** MOVEMENT : movimiento *m* **5** COMBAT : combate *m* **6** PLOT : acción *f*, trama *f* **7** MECHANISM : mecanismo *m* **8 in ~** : en acción **9 to go into action** : entrar en acción

**activate** [ˈæktəˌveɪt] *vt* **-vated; -vating** : activar

**activation** [ˌæktəˈveɪʃən] *n* : activación *f*

**active** [ˈæktɪv] *adj* **1** MOVING : activo, en movimiento **2** LIVELY : vigoroso, enérgico **3** : en actividad ⟨an active volcano : un volcán en actividad⟩ **4** OPERATIVE : vigente

**actively** [ˈæktɪvli] *adv* : activamente, enérgicamente

**activist** [ˈæktɪvɪst] *n* : activista *mf* — **activism** [-ˌvɪzəm] *n* — **activist** *adj*

**activity** [ækˈtɪvəṭi] *n, pl* **-ties** **1** MOVEMENT : actividad *f*, movimiento *m* **2** VIGOR : vigor *m*, energía *f* **3** OCCUPATION : actividad *f*, ocupación *f*

**actor** [ˈæktər] *n* : actor *m*, artista *mf*

**actress** [ˈæktrəs] *n* : actriz *f*

**actual** [ˈæktʃʊəl] *adj* : real, verdadero

**actuality** [ˌækʧʊˈælətɪ] *n, pl* **-ties** : realidad *f*

**actually** [ˈæktʃʊəli, -ʃəli] *adv* : realmente, en realidad

**actuary** [ˈæktʃʊˌɛri] *n, pl* **-aries** : actuario *m*, -ria *f* de seguros — **actuarial** [ˌæktʃʊˈɛriəl] *adj*

**acumen** [əˈkjuːmən] *n* : perspicacia *f*

**acupuncture** [ˈækjuːˌpʌŋktʃər] *n* : acupuntura *f*

**acute** [əˈkjuːt] *adj* **acuter; acutest** **1** SHARP : agudo **2** PERCEPTIVE : perspicaz, sagaz **3** KEEN : fino, muy desarrollado, agudo ⟨an acute sense of smell : un fino olfato⟩ **4** SEVERE : grave **5 acute angle** : ángulo *m* agudo

**acutely** [əˈkjuːtli] *adv* : intensamente ⟨to be acutely aware : estar perfectamente consciente⟩

**acuteness** [əˈkjuːtnəs] *n* : agudeza *f*

**ad** [ˈæd] → **advertisement**

**adage** [ˈædɪʤ] *n* : adagio *m*, refrán *m*, dicho *m*

**adamant** [ˈædəmənt, -ˌmænt] *adj* : firme, categórico, inflexible — **adamantly** *adv*

**Adam's apple** [ˈædəmz] *n* : nuez *f* de Adán

**adapt** [əˈdæpt] *vt* : adaptar, ajustar — *vi* : adaptarse

**adaptability** [əˌdæptəˈbɪləṭi] *n* : adaptabilidad *f*, flexibilidad *f*

**adaptable** [əˈdæptəbəl] *adj* : adaptable, amoldable

**adaptation** [ˌæˌdæpˈteɪʃən, -dəp-] *n* **1** : adaptación *f*, modificación *f* **2** VERSION : versión *f*

**adapter** [əˈdæptər] *n* : adaptador *m*

**add** [ˈæd] *vt* **1** : añadir, agregar ⟨add the flour : añadir la harina⟩ **2** : agregar, añadir ⟨to add a comment : añadir una observación⟩ **3** : sumar (números) **4** INCLUDE : incluir **5 to add up** : sumar ⟨add up the costs : suma los gastos⟩ — *vi* **1** : sumar **2 to add to** INCREASE : aumentar ⟨to add to the confusion : para aumentar la confusión⟩ **3 to add up** SQUARE : cuadrar **4 to add up to** : sumar en total

**adder** [ˈædər] *n* : víbora *f*

**addict**[1] [əˈdɪkt] *vt* : causar adicción en

**addict**[2] [ˈædɪkt] *n* **1** : adicto *m*, -ta *f* **2 drug addict** : drogadicto *m*, -ta *f*; toxicómano *m*, -na *f*

**addicted** [əˈdɪktəd] *adj* : adicto

**addiction** [əˈdɪkʃən] *n* **1** : adicción *f*, dependencia *f* **2 drug addiction** : drogadicción *f*

**addictive** [əˈdɪktɪv] *adj* : adictivo

**addition** [əˈdɪʃən] *n* **1** : adición *f*, añadidura *f* **2 in ~** : además, también

**additional** [əˈdɪʃənəl] *adj* : extra, adicional, de más

**additionally** [əˈdɪʃənəli] *adv* : además, adicionalmente

**additive** [ˈædəɾɪv] *n* : aditivo *m*

**addle** [ˈædəl] *vt* **-dled; -dling** : confundir, enturbiar

**address**[1] [əˈdres] *vt* **1** : dirigirse a, pronunciar un discurso ante ⟨to address a jury : dirigirse a un jurado⟩ **2** : dirigir, ponerle la dirección a ⟨to address a letter : dirigir una carta⟩

**address**[2] [əˈdres, ˈæˌdres] *n* **1** SPEECH : discurso *m*, alocución *f* **2** : dirección *f* (de una residencia, etc.)

**addressee** [ˌæˌdresˈsiː, ə-] *n* : destinatario *m*, -ria *f*

**adduce** [ə-ˈduːs, ˈdjuːs] *vt* **-duced; -ducing** : aducir

**adenoids** [ˈædˌnɔɪd, -dənˌɔɪd] *npl* : adenoides *fpl*

**adept** [əˈdɛpt] *adj* : experto, hábil — **adeptly** *adv*

**adequacy** [ˈædɪkwəsi] *n, pl* **-cies** : lo adecuado, lo suficiente

**adequate** [ˈædɪkwət] *adj* **1** SUFFICIENT : adecuado, suficiente **2** ACCEPTABLE, PASSABLE : adecuado, aceptable

**adequately** [ˈædɪkwətli] *adv* : suficientemente, apropiadamente

**adhere** [ædˈhɪr, əd-] *vi* **-hered; -hering 1** STICK : pegarse, adherirse **2 to adhere to** : adherirse a (una política, etc.), cumplir con (una promesa)

**adherence** [ædˈhɪrənts, əd-] *n* : adhesión *f*, adherencia *f*, observancia *f* (de una ley, etc.)

**adherent**[1] [ædˈhɪrənt, əd-] *adj* : adherente, adhesivo, pegajoso

**adherent**[2] *n* : adepto *m*, -ta *f*; partidario *m*, -ria *f*

**adhesion** [ædˈhiːʒən, əd-] *n* : adhesión *f*, adherencia *f*

**adhesive**[1] [ædˈhiːsɪv, əd-, -zɪv] *adj* : adhesivo

**adhesive**[2] *n* : adhesivo *m*, pegamento *m*

**adjacent** [əˈʤeɪsənt] *adj* : adyacente, colindante, contiguo

**adjective** [ˈæʤɪktɪv] *n* : adjetivo *m* — **adjectival** [ˌæʤɪkˈtaɪvəl] *adj*

**adjoin** [əˈʤɔɪn] *vt* : lindar con, colindar con

**adjoining** [əˈʤɔɪnɪŋ] *adj* : contiguo, colindante

**adjourn** [əˈʤɜrn] *vt* : levantar, suspender ⟨the meeting is adjourned : se levanta la sesión⟩ — *vi* : aplazarse

**adjournment** [əˈʤɜrnmənt] *n* : suspensión *f*, aplazamiento *m*

**adjudicate** [əˈʤuːdɪˌkeɪt] *vt* **-cated; -cating** : juzgar, arbitrar

**adjudication** [əˌʤuːdɪˈkeɪʃən] *n* **1** JUDGING : arbitrio *m* (judicial) **2** JUDGMENT : fallo *m*

**adjunct** [ˈæˌʤʌŋkt] *n* : adjunto *m*, complemento *m*

**adjust** [əˈʤʌst] *vt* : ajustar, arreglar, regular — *vi* **to adjust to** : adaptarse a

**adjustable** [əˈʤʌstəbəl] *adj* : ajustable, regulable, graduable

**adjustment** [əˈʤʌstmənt] *n* : ajuste *m*, modificación *f*

**ad–lib**[1] [ˈædˈlɪb] *v* **-libbed; -libbing** : improvisar

**ad–lib**[2] *adj* : improvisado

**administer** [ædˈmɪnəstər, əd-] *vt* : administrar

**administration** [ædˌmɪnəˈstreɪʃən, əd-] *n* **1** MANAGING : administración *f*, dirección *f* **2** GOVERNMENT, MANAGEMENT : administración *f*, gobierno *m*

**administrative** [ædˈmɪnəˌstreɪɾɪv, əd-] *adj* : administrativo — **administratively** *adv*

**administrator** [ædˈmɪnəˌstreɪɾər, əd-] *n* : administrador *m*, -dora *f*

**admirable** [ˈædmərəbəl] *adj* : admirable, loable — **admirably** *adv*

**admiral** [ˈædmərəl] *n* : almirante *mf*

**admiralty** [ˈædmərəlti] *n* : almirantazgo *m*

**admiration** [ˌædməˈreɪʃən] *n* : admiración *f*

**admire** [ædˈmaɪr] *vt* **-mired; -miring** : admirar

**admirer** [ædˈmaɪrər] *n* : admirador *m*, -dora *f*

**admiring** [ædˈmaɪrɪŋ] *adj* : admirativo, de admiración

**admiringly** [ædˈmaɪrɪŋli] *adv* : con admiración

**admissible** [ædˈmɪsəbəl] *adj* : admisible, aceptable

**admission** [ædˈmɪʃən] *n* **1** ADMITTANCE : entrada *f*, admisión *f* **2** ACKNOWLEDGMENT : reconocimiento *m*, admisión *f*

**admit** [ædˈmɪt, əd-] *vt* **-mitted; -mitting 1** : admitir, dejar entrar ⟨the museum admits children : el museo deja entrar a los niños⟩ **2** ACKNOWLEDGE : reconocer, admitir

**admittance** [ædˈmɪtənts, əd-] *n* : admisión *f*, entrada *f*, acceso *m*

**admittedly** [ædˈmɪɾədli, əd-] *adv* : la verdad es que, lo cierto es que ⟨admittedly we went too fast : la verdad es que fuimos demasiado de prisa⟩

**admonish** [ædˈmɑnɪʃ, əd-] *vt* : amonestar, reprender

**admonition** [ˌædməˈnɪʃən] *n* : admonición *f*

**ad nauseam** [ædˈnɔziəm] *adv* : hasta la saciedad

**ado** [əˈduː] *n* **1** FUSS : ruido *m*, alboroto *m* **2** TROUBLE : dificultad *f*, lío *m* **3 without further ado** : sin más preámbulos

**adobe** [əˈdoːbi] *n* : adobe *m*

**adolescence** [ˌædəlˈɛsənts] *n* : adolescencia *f*

**adolescent**[1] [ˌædəlˈɛsənt] *adj* : adolescente, de adolescencia

**adolescent**[2] *n* : adolescente *mf*

**adopt** [əˈdɑpt] *vt* : adoptar

**adopted** [əˈdɑptəd] *adj* : adoptivo

**adoption** [əˈdɑpʃən] *n* : adopción *f*

**adoptive** [əˈdɑptɪv] *adj* : adoptivo

**adorable** [əˈdorəbəl] *adj* : adorable, encantador

**adorably** [əˈdorəbli] *adv* : de manera adorable

**adoration** [ˌædəˈreɪʃən] *n* : adoración *f*

**adore** [əˈdor] *vt* **adored; adoring 1** WORSHIP : adorar **2** LOVE : querer, adorar **3** LIKE : encantarle (algo a uno), gustarle mucho (algo a uno) ⟨I adore your new dress : me encanta tu vestido nuevo⟩

**adorn** [əˈdɔrn] *vt* : adornar, ornar, engalanar

**adornment** [əˈdɔrnmənt] *n* : adorno *m*, decoración *f*

**adrenaline** [əˈdrɛnələn] *n* : adrenalina *f*

**adrift** [əˈdrɪft] *adj & adv* : a la deriva

**adroit** [əˈdrɔɪt] *adj* : diestro, hábil — **adroitly** *adv*

**adroitness** [əˈdrɔɪtnəs] *n* : destreza *f*, habilidad *f*

**adulation** [ˌædʒəleɪʃən] *n* : adulación *f*

**adult**[1] [əˈdʌlt, ˈæˌdʌlt] *adj* : adulto

**adult**[2] *n* : adulto *m*, -ta *f*

**adulterate** [əˈdʌltəˌreɪt] *vt* **-ated; -ating** : adulterar — **adulteration** [əˌdʌltəˈreɪʃən] *n*

**adulterer** [əˈdʌltərər] *n* : adúltero *m*, -ra *f*

**adulterous** [əˈdʌltərəs] *adj* : adúltero

**adultery** [əˈdʌltəri] *n, pl* **-teries** : adulterio *m*

**adulthood** [əˈdʌltˌhʊd] *n* : adultez *f*, edad *f* adulta

**advance**[1] [ædˈvænts, əd-] *v* **-vanced; -vancing** *vt* **1** : avanzar, adelantar ⟨to advance troops : avanzar las tropas⟩ **2** PROMOTE : ascender, promover **3** PROPOSE : proponer, presentar **4** : adelantar, anticipar ⟨they advanced me next month's salary : me adelantaron el sueldo del próximo mes⟩ — *vi* **1** PROCEED : avanzar, adelantarse **2** PROGRESS : progresar

**advance**[2] *adj* : anticipado ⟨advance notice : previo aviso⟩

**advance**[3] *n* **1** PROGRESSION : avance *m* **2** PROGRESS : adelanto *m*, mejora *f*, progreso *m* **3** RISE : aumento *m*, alza *f* **4** LOAN : anticipo *m*, préstamo *m* **5 in ~** : por adelantado

**advanced** [ædˈvæntst, əd-] *adj* **1** DEVELOPED : avanzado, desarrollado **2** PRECOCIOUS : adelantado, precoz **3** HIGHER : superior

**advancement** [ædˈvæntsmənt, əd-] *n* **1** FURTHERANCE : fomento *m*, adelantamiento *m*, progreso *m* **2** PROMOTION : ascenso *m*

**advantage** [ədˈvæntɪʤ, æd-] *n* **1** SUPERIORITY : ventaja *f*, superioridad *f* ⟨to have the/an advantage : tener ventaja⟩ **2** GAIN : provecho *m*, partido *m* **3 to take advantage of** : aprovecharse de

**advantageous** [ˌædˌvænˈteɪʤəs, -vən-] *adj* : ventajoso, provechoso — **advantageously** *adv*

**advent** [ˈædˌvɛnt] *n* **1 Advent** : Adviento *m* **2** ARRIVAL : advenimiento *m*, venida *f*

**adventure** [ædˈvɛntʃər, əd-] *n* : aventura *f*

**adventurer** [ædˈvɛntʃərər, əd-] *n* : aventurero *m*, -ra *f*

**adventurous** [ædˈvɛntʃərəs, əd-] *adj* **1** : intrépido, aventurero ⟨an adventurous traveler : un viajero intrépido⟩ **2** RISKY : arriesgado, aventurado

**adverb** [ˈædˌvərb] *n* : adverbio *m* — **adverbial** [ædˈvərbiəl] *adj*

**adversary** [ˈædvərˌsɛri] *n, pl* **-saries** : adversario *m*, -ria *f*

**adverse** [ædˈvərs, ˈædˌ] *adj* **1** OPPOSING : opuesto, contrario **2** UNFAVORABLE : adverso, desfavorable — **adversely** *adv*

**adversity** [ædˈvərsəti, əd-] *n, pl* **-ties** : adversidad *f*

**advertise** [ˈædvərˌtaɪz] *v* **-tised; -tising** *vt* : anunciar, hacerle publicidad a — *vi* : hacer publicidad, hacer propaganda

**advertisement** [ˈædvərˌtaɪzmənt, ædˈvərtəzmənt] *n* : anuncio *m*, aviso *m*

**advertiser** [ˈædvərˌtaɪzər] *n* : anunciante *mf*

**advertising** [ˈædvərˌtaɪzɪŋ] *n* : publicidad *f*, propaganda *f*

**advice** [ædˈvaɪs] *n* : consejo *m*, recomendación *f* ⟨take my advice : sigue mis consejos⟩

**advisability** [ædˌvaɪzəˈbɪləti, əd-] *n* : conveniencia *f*

**advisable** [ædˈvaɪzəbəl, əd-] *adj* : aconsejable, recomendable, conveniente

**advise** [ædˈvaɪz, əd-] *v* **-vised; -vising** *vt* **1** COUNSEL : aconsejar, asesorar ⟨I advise that you wait : le aconsejo que espere⟩ ⟨I advise you to wait : le aconsejo esperar⟩ ⟨she advised us against buying it : nos aconsejó que no lo compráramos⟩ **2** RECOMMEND : recomendar ⟨I advise that you wait, I advise waiting : les aconsejo que esperen⟩ ⟨he advised caution : aconsejó actuar con cautela⟩ **3** INFORM : informar, notificar ⟨they advised him of his rights : le informaron de sus derechos⟩ — *vi* : dar consejo ⟨to advise against : desaconsejar⟩

**adviser** *or* **advisor** [ædˈvaɪzər, əd-] *n* : consejero *m*, -ra *f*; asesor *m*, -sora *f*

**advisory** [ædˈvaɪzəri, əd-] *adj* **1** : consultivo **2 in an advisory capacity** : como asesor

**advocacy** [ˈædvəkəsi] *n* : promoción *f*, apoyo *m*

**advocate**[1] [ˈædvəˌkeɪt] *vt* **-cated; -cating** : recomendar, abogar por, ser partidario de

**advocate**[2] [ˈædvəkət] *n* : defensor *m*, -sora *f*; partidario *m*, -ria *f*
**adze** [ˈædz] *n* : azuela *f*
**aeon** [ˈiːən, ˈiːˌɑn] *n* : eón *m*, siglo *m*, eternidad *f*
**aerate** [ˈærˌeɪt] *vt* **-ated; -ating** : gasear (un líquido), oxigenar (la sangre)
**aerial**[1] [ˈæriəl] *adj* : aéreo
**aerial**[2] *n* : antena *f*
**aerie** [ˈæri, ˈɪri, ˈeɪəri] *n* : aguilera *f*
**aerobic** [ˌærˈoːbɪk] *adj* : aerobio, aeróbico ⟨aerobic exercises : ejercicios aeróbicos⟩
**aerobics** [ˌærˈoːbɪks] *ns & pl* : aeróbic *m*
**aerodynamic** [ˌæroːdaɪˈnæmɪk] *adj* : aerodinámico — **aerodynamically** [-mikli] *adv*
**aerodynamics** [ˌæroːdaɪˈnæmɪks] *n* : aerodinámica *f*
**aeronautical** [ˌærəˈnɔtɪkəl] *adj* : aeronáutico
**aeronautics** [ˌærəˈnɔtɪks] *n* : aeronáutica *f*
**aerosol** [ˈærəˌsɔl] *n* : aerosol *m*
**aerospace**[1] [ˈæroˌspeɪs] *adj* : aeroespacial
**aerospace**[2] *n* : espacio *m*
**aesthetic** [ɛsˈθɛtɪk] *adj* : estético — **aesthetically** [-tɪkli] *adv*
**aesthetics** [ɛsˈθɛtɪks] *n* : estética *f*
**afar** [əˈfɑr] *adv* : lejos, a lo lejos
**affability** [ˌæfəˈbɪləti] *n* : afabilidad *f*
**affable** [ˈæfəbəl] *adj* : afable — **affably** *adv*
**affair** [əˈfær] *n* **1** MATTER : asunto *m*, cuestión *f*, caso *m* **2** EVENT : ocasión *f*, acontecimiento *m* **3** LIAISON : amorío *m*, aventura *f* **4 business affairs** : negocios *mpl* **5 current affairs** : actualidades *fpl*
**affect** [əˈfɛkt, æ-] *vt* **1** INFLUENCE, TOUCH : afectar, tocar **2** FEIGN : fingir
**affectation** [ˌæˌfɛkˈteɪʃən] *n* : afectación *f*
**affected** [əˈfɛktəd, æ-] *adj* **1** FEIGNED : afectado, fingido **2** MOVED : conmovido
**affecting** [əˈfɛktɪŋ, æ-] *adj* : conmovedor
**affection** [əˈfɛkʃən] *n* : afecto *m*, cariño *m*
**affectionate** [əˈfɛkʃənət] *adj* : afectuoso, cariñoso — **affectionately** *adv*
**affidavit** [ˌæfəˈdeɪvət, ˈæfəˌ-] *n* : declaración *f* jurada, affidávit *m*
**affiliate**[1] [əˈfɪliˌeɪt] *v* **-ated; -ating** *vt* **to be affiliated with** : estar afiliado a
**affiliate**[2] [əˈfɪliət] *n* : afiliado *m*, -da *f* (persona), filial *f* (organización)
**affiliation** [əˌfɪliˈeɪʃən] *n* : afiliación *f*, filiación *f*
**affinity** [əˈfɪnəti] *n, pl* **-ties** : afinidad *f*
**affirm** [əˈfərm] *vt* : afirmar, aseverar, declarar
**affirmation** [ˌæfərˈmeɪʃən] *n* : afirmación *f*, aserto *m*, declaración *f*
**affirmative**[1] [əˈfərmətɪv] *adj* : afirmativo ⟨affirmative action : acción afirmativa⟩
**affirmative**[2] *n* **1** : afirmativa *f* **2 to answer in the affirmative** : responder afirmativamente, dar una respuesta afirmativa
**affix** [əˈfɪks] *vt* : fijar, poner, pegar
**afflict** [əˈflɪkt] *vt* **1** : afligir, aquejar **2 to be afflicted with** : padecer de, sufrir de
**affliction** [əˈflɪkʃən] *n* **1** TRIBULATION : tribulación *f* **2** AILMENT : enfermedad *f*, padecimiento *m*
**affluence** [ˈæˌfluːəns,; æˈfluː-, ə-] *n* : afluencia *f*, abundancia *f*, prosperidad *f*
**affluent** [ˈæˌfluːənt;, æˈfluː-, ə-] *adj* : próspero, adinerado
**afford** [əˈford] *vt* **1** : tener los recursos para, permitirse el lujo de ⟨I can afford it : puedo permitírmelo, tengo con que comprarlo⟩ **2** PROVIDE : ofrecer, proporcionar, dar
**affordable** [əˈfordəbəl] *adj* : asequible (dícese de precios)
**affront**[1] [əˈfrʌnt] *vt* : afrentar, insultar, ofender
**affront**[2] *n* : afrenta *f*, insulto *m*, ofensa *f*
**Afghan** [ˈæfˌgæn, -gən] *n* : afgano *m*, -na *f* — **Afghan** *adj*
**afield** [əˈfiːld] *adv* **farther afield** : más lejos
**afire** [əˈfaɪr] *adj* : ardiendo, en llamas
**aflame** [əˈfleɪm] *adj* : llameante, en llamas
**afloat** [əˈfloːt] *adv & adj* : a flote
**afoot** [əˈfʊt] *adj* **1** WALKING : a pie, andando **2** UNDER WAY : en marcha ⟨something suspicious is afoot : algo sospechoso se está tramando⟩
**aforementioned** [əˈforˌmentʃənd] *adj* : antedicho, susodicho
**aforesaid** [əˈforˌsɛd] *adj* : antes mencionado, antedicho
**afraid** [əˈfreɪd] *adj* **1 to be afraid** : tener miedo ⟨she's afraid of the dark : le tiene miedo a la oscuridad⟩ ⟨I was afraid to look down : me daba miedo mirar para abajo⟩ **2 to be afraid that** : temerse que ⟨I'm afraid not : me temo que no⟩
**afresh** [əˈfreʃ] *adv* **1** : de nuevo, otra vez **2 to start afresh** : volver a empezar
**African** [ˈæfrɪkən] *n* : africano *m*, -na *f* — **African** *adj*
**African–American**[1] [ˌæfrɪkənəˈmɛrɪkən] *adj* : afroamericano
**African–American**[2] *n* : afroamericano *m*, -na *f*
**Afro–American**[1] [ˌæfroəˈmɛrɪkən] *adj* → **African-American**[1]
**Afro–American**[2] *n* → **African-American**[2]
**aft** [ˈæft] *adv* : a popa
**after**[1] [ˈæftər] *adv* **1** AFTERWARD : después **2** BEHIND : detrás, atrás
**after**[2] *adj* : posterior, siguiente ⟨in after years : en los años posteriores⟩
**after**[3] *conj* : después de, después de que ⟨after we ate : después de que comimos, después de comer⟩
**after**[4] *prep* **1** FOLLOWING : después de, tras ⟨after Saturday/lunch : después del sábado/almuerzo⟩ ⟨after a year : después de un año⟩ ⟨day after day : día tras día⟩ ⟨the day after tomorrow : pasado mañana⟩ ⟨it's ten (minutes) after six : son las seis y diez⟩ ⟨I shouted after him : le grité (mientras se alejaba)⟩ ⟨I'm not cleaning up after you : no voy a limpiar lo que tú ensucias⟩ **2** BEHIND : tras, detrás de ⟨she ran after the dog : corrió tras el perro⟩ **3** CONCERNING : por ⟨they asked after you : preguntaron por ti⟩ **4** CONSIDERING : después

de **5** PURSUING : tras ⟨to be after someone : andar tras alguien⟩ **6** : al estilo de ⟨to be named after : llevar el nombre de⟩ ⟨to take after : parecerse a⟩ **7 after all** : después de todo

**aftereffect** [ˈæftərɪˌfɛkt] *n* : efecto *m* secundario

**afterlife** [ˈæftərˌlaɪf] *n* : vida *f* venidera, vida *f* después de la muerte

**aftermath** [ˈæftərˌmæθ] *n* : consecuencias *fpl*, resultados *mpl*

**afternoon** [ˌæftərˈnuːn] *n* : tarde *f*

**aftershave** [ˈæftərˌʃeɪv] *n* : aftershave *m*, loción *f* para después de afeitarse

**aftershock** [ˈæftərˌʃɑk] *n* : réplica *f* (de un terremoto)

**aftertaste** [ˈæftərˌteɪst] *n* : resabio *m*, regusto *m*

**afterthought** [ˈæftərˌθɔt] *n* : ocurrencia *f* tardía, idea *f* tardía

**afterward** [ˈæftərwərd] *or* **afterwards** [-wərdz] *adv* : después, luego ⟨soon afterward : poco después⟩

**again** [əˈgɛn, -ˈgɪn] *adv* **1** ANEW, OVER : de nuevo, otra vez ⟨all over again : otra vez desde el principio⟩ ⟨never again : nunca más⟩ ⟨again and again : una y otra vez⟩ **2** BESIDES : además **3 then again** : por otra parte ⟨I may stay, then again I may not : puede ser que me quede, por otra parte, puede que no⟩

**against** [əˈgɛnst, -ˈgɪnst] *prep* **1** TOUCHING : contra ⟨against the wall : contra la pared⟩ **2** OPPOSING : contra, en contra de ⟨I voted against the proposal : voté en contra de la propuesta⟩ ⟨he acted against my advice : no siguió mi consejo⟩ ⟨against her wishes/will : en contra de su voluntad⟩

**agape** [əˈgeɪp] *adj* : boquiabierto

**agate** [ˈægət] *n* : ágata *f*

**age**[1] [ˈeɪʤ] *vi* **aged; aging** : envejecer, madurar

**age**[2] *n* **1** : edad *f* ⟨ten years of age : diez años de edad⟩ ⟨at the age of 35 : a los 35 años, a la edad de 35⟩ ⟨at your age : a tu edad⟩ ⟨people of all ages : personas de todas las edades⟩ ⟨those under age 18 : los menores de 18 años⟩ ⟨from an early age : desde pequeño⟩ ⟨to be of age : ser mayor de edad⟩ ⟨to come of age : cumplir la mayoría de edad⟩ ⟨he came of age as a writer : alcanzó su madurez como escritor⟩ ⟨to act one's age : actuar con madurez⟩ **2** PERIOD : era *f*, siglo *m*, época *f* **3 old age** : vejez *f* **4 ages** *npl* : siglos *mpl*, eternidad *f* ⟨it's been ages since I've seen her : hace mucho tiempo que no la veo⟩

**aged** *adj* **1** [ˈeɪʤəd, ˈeɪʤd] OLD : anciano, viejo, vetusto **2** [ˈeɪʤd] (*indicating a specified age*) ⟨a girl aged 10 : una niña de 10 años de edad⟩

**ageless** [ˈeɪʤləs] *adj* **1** YOUTHFUL : eternamente joven **2** TIMELESS : eterno, perenne

**agency** [ˈeɪʤənsi] *n, pl* **-cies** **1** : agencia *f*, oficina *f* ⟨travel agency : agencia de viajes⟩ **2 through the agency of** : a través de, por medio de

**agenda** [əˈʤɛndə] *n* : agenda *f*, orden *m* del día

**agender** [eɪˈʤɛndər] *adj* : agénero ⟨agender people : las personas agénero⟩

**agent** [ˈeɪʤənt] *n* **1** MEANS : agente *m*, medio *m*, instrumento *m* **2** REPRESENTATIVE : agente *mf*, representante *mf*

**aggravate** [ˈægrəˌveɪt] *vt* **-vated; -vating** **1** WORSEN : agravar, empeorar **2** ANNOY : irritar, exasperar

**aggravation** [ˌægrəˈveɪʃən] *n* **1** WORSENING : empeoramiento *m* **2** ANNOYANCE : molestia *f*, irritación *f*, exasperación *f*

**aggregate**[1] [ˈægrɪˌgeɪt] *vt* **-gated; -gating** : juntar, sumar

**aggregate**[2] [ˈægrɪgət] *adj* : total, global, conjunto

**aggregate**[3] [ˈægrɪgət] *n* **1** CONGLOMERATE : agregado *m*, conglomerado *m* **2** WHOLE : total *m*, conjunto *m*

**aggression** [əˈgrɛʃən] *n* **1** ATTACK : agresión *f* **2** AGGRESSIVENESS : agresividad *f*

**aggressive** [əˈgrɛsɪv] *adj* : agresivo — **aggressively** *adv*

**aggressiveness** [əˈgrɛsɪvnəs] *n* : agresividad *f*

**aggressor** [əˈgrɛsər] *n* : agresor *m*, -sora *f*

**aggrieved** [əˈgriːvd] *adj* : ofendido, herido

**aghast** [əˈgæst] *adj* : espantado, aterrado, horrorizado

**agile** [ˈæʤəl] *adj* : ágil

**agility** [əˈʤɪləti] *n, pl* **-ties** : agilidad *f*

**aging**[1] [ˈeɪʤɪŋ] *adj* **1** : envejecido **2** : anticuado

**aging**[2] [ˈeɪʤɪŋ] *n* : envejecimiento

**agitate** [ˈæʤəˌteɪt] *v* **-tated; -tating** *vt* **1** SHAKE : agitar **2** UPSET : inquietar, perturbar — *vi* **to agitate against** : hacer campaña en contra de

**agitated** [ˈæʤəˌteɪtəd] *adj* : agitado, inquieto

**agitation** [ˌæʤəˈteɪʃən] *n* : agitación *f*, inquietud *f*

**agitator** [ˈæʤəˌteɪtər] *n* : agitador *m*, -dora *f*

**agnostic** [ægˈnɑstɪk] *n* : agnóstico *m*, -ca *f*

**ago** [əˈgoː] *adv* : hace ⟨two years ago : hace dos años⟩ ⟨long ago : hace tiempo, hace mucho tiempo⟩

**agog** [əˈgɑg] *adj* : ansioso, curioso

**agonize** [ˈægəˌnaɪz] *vi* **-nized; -nizing** **1** : atormentarse, angustiarse **2 to agonize over** : preocuparse mucho por

**agonizing** [ˈægəˌnaɪzɪŋ] *adj* : angustioso, terrible — **agonizingly** [-zɪŋli] *adv*

**agony** [ˈægəni] *n, pl* **-nies** **1** PAIN : dolor *m* **2** ANGUISH : angustia *f*

**agrarian** [əˈgrɛriən] *adj* : agrario

**agree** [əˈgriː] *v* **agreed; agreeing** *vt* **1** : estar de acuerdo ⟨we all agree that . . . : todos estamos de acuerdo que . . .⟩ **2** ADMIT, CONCEDE : reconocer, admitir **3** : acceder a, consentir en ⟨she agreed to come : accedió a venir⟩ ⟨he agreed that she could come : consintió en que viniera⟩ ⟨she agreed to be interviewed : concedió una entrevista⟩ — *vi* **1** CON-

CUR : estar de acuerdo ⟨to agree with someone/something : estar de acuerdo con alguien/algo⟩ ⟨we agree on/about . . . : estamos de acuerdo en . . .⟩ ⟨we can't agree on a date : no nos ponemos de acuerdo en la fecha⟩ **2** TALLY, SQUARE : concordar **3** : concordar (en gramática) **4 to agree on** : ponerse de acuerdo en **5 to agree to** : acceder a ⟨he agreed to the plan : accedió al plan⟩ **6 to agree with** SUIT : sentarle bien (a alguien)

**agreeable** [ə'gri:əbəl] *adj* **1** PLEASANT : agradable, simpático **2** WILLING : dispuesto **3** ACCEPTABLE : aceptable ⟨is it agreeable to you? : ¿te parece bien?⟩

**agreeableness** [ə'gri:əbəlnəs] *n* **1** PLEASANTNESS : simpatía *f* **2** WILLINGNESS : disposición *f*, buena voluntad *f* **3** ACCEPTABILITY : aceptabilidad *f*

**agreeably** [ə'gri:əbli] *adv* : agradablemente

**agreement** [ə'gri:mənt] *n* **1** : acuerdo *m*, conformidad *f* ⟨in agreement with : de acuerdo con⟩ **2** CONTRACT, PACT : acuerdo *m*, pacto *m*, convenio *m* **3** CONCORD, HARMONY : concordia *f*

**agribusiness** ['ægrɪˌbɪznəs, -nəz] *n* : agroindustria *f*

**agricultural** [ˌægrɪ'kʌltʃərəl] *n* : agrícola *f*

**agriculture** ['ægrɪˌkʌltʃər] *n* : agricultura *f*

**aground** [ə'graʊnd] *adj* : encallado, varado

**ahead** [ə'hɛd] *adv* **1** : al frente, delante, adelante ⟨he walked ahead : caminó delante⟩ ⟨to go straight ahead : ir todo recto⟩ **2** BEFOREHAND : por adelantado, con antelación **3** LEADING : a la delantera **4 to get ahead** : adelantar, progresar **5 to look/think ahead** : mirar hacia el futuro

**ahead of** *prep* **1** : al frente de, delante de, antes de **2 to get ahead of** : adelantarse a

**ahem** [ə'hɛm] *interj* : ¡ejem!

**ahoy** [ə'hɔɪ] *interj* **ship ahoy!** : ¡barco a la vista!

**aid**[1] ['eɪd] *vt* : ayudar, auxiliar

**aid**[2] *n* **1** HELP : ayuda *f*, asistencia *f* **2** ASSISTANT : asistente *mf*

**aide** ['eɪd] *n* : ayudante *mf*

**AIDS** ['eɪdz] *n* : SIDA *m*, sida *m*

**ail** ['eɪl] *vt* : molestar, afligir — *vi* : sufrir, estar enfermo

**aileron** ['eɪləˌrɑn] *n* : alerón *m*

**ailment** ['eɪlmənt] *n* : enfermedad *f*, dolencia *f*, achaque *m*

**aim**[1] ['eɪm] *vt* **1** POINT : apuntar (un arma, una cámara, etc.) **2** DIRECT : dirigir ⟨he aimed the stone at the window : arrojó la piedra hacia la ventana⟩ ⟨a well-aimed blow : un golpe certero⟩ **3** INTEND : proponerse, querer ⟨he aims to do it tonight : se propone hacerlo esta noche⟩ ⟨we aim to please : nuestro objetivo es complacer⟩ **4 to be aimed at** ⟨his criticism wasn't aimed at her : sus críticas no iban dirigidas a ella⟩ ⟨it's aimed at reducing costs : tiene como objetivo la reducción de gastos⟩ — *vi* **1** POINT : apuntar ⟨she aimed at the target : le apuntó al blanco⟩ **2** ASPIRE : aspirar ⟨to aim high/low : aspirar a mucho/poco⟩ **3 to aim at/for** ⟨it aims at reducing costs : tiene como objetivo la reducción de gastos⟩ ⟨to aim for a goal : proponerse como meta⟩

**aim**[2] *n* **1** MARKSMANSHIP : puntería *f* **2** GOAL : propósito *m*, objetivo *m*, fin *m*

**aimless** ['eɪmləs] *adj* : sin rumbo, sin objeto

**aimlessly** ['eɪmləsli] *adv* : sin rumbo, sin objeto

**ain't** ['eɪnt] *fam contraction of* AM NOT *or* ARE NOT *or* IS NOT *or* HAVE NOT *or* HAD NOT → **be, have**

**air**[1] ['ær] *vt* **1** *or* **to air out** : airear, ventilar ⟨to air out a mattress : airear un colchón⟩ **2** EXPRESS : airear, manifestar, comunicar **3** BROADCAST : transmitir, emitir

**air**[2] *n* **1** : aire *m* ⟨in the open air : al aire libre⟩ ⟨to vanish into thin air : desaparecerse⟩ **2** MELODY : aire *m* **3** APPEARANCE : aire *m*, aspecto *m* **4** → **air-conditioning 5 airs** *npl* : aires *mpl*, afectación *f* **6 by ~** : por avión (dícese de una carta), en avión (dícese de una persona) **7 to be on the air** : estar en el aire, estar emitiendo **8 to be up in the air** : estar en el aire, no estar resuelto

**airbag** ['ærˌbæg] *n* : bolsa *f* de aire, airbag *m*

**airbase** ['ærˌbeɪs] *n* : base *f* aérea

**airborne** ['ærˌborn] *adj* **1** : aerotransportado ⟨airborne troops : tropas aerotransportadas⟩ **2** FLYING : volando, en el aire

**air-condition** [ˌærkən'dɪʃən] *vt* : climatizar, condicionar con el aire

**air-conditioned** [-ʃənd] *adj* : climatizado, con aire acondicionado

**air conditioner** [ˌærkən'dɪʃənər] *n* : acondicionador *m* de aire

**air-conditioning** [ˌærkən'dɪʃənɪŋ] *n* : aire *m* acondicionado

**aircraft** ['ærˌkræft] *ns & pl* **1** : avión *m*, aeronave *f* **2 aircraft carrier** : portaaviones *m*

**airfield** ['ærˌfi:ld] *n* : aeródromo *m*, campo *m* de aviación

**air force** *n* : fuerza *f* aérea

**airlift** ['ærˌlɪft] *n* : puente *m* aéreo, transporte *m* aéreo

**airline** ['ærˌlaɪn] *n* : aerolínea *f*, línea *f* aérea

**airliner** ['ærˌlaɪnər] *n* : avión *m* de pasajeros

**airmail**[1] ['ærˌmeɪl] *vt* : enviar por vía aérea

**airmail**[2] *n* : correo *m* aéreo

**airman** ['ærmən] *n, pl* **-men** [-mən, -ˌmɛn] **1** AVIATOR : aviador *m*, -dora *f* **2** : soldado *m* de la fuerza aérea

**airplane** ['ærˌpleɪn] *n* : avión *m*

**airport** ['ærˌpɔrt] *n* : aeropuerto *m*

**airship** ['ærˌʃɪp] *n* : dirigible *m*, zepelín *m*

**airsick** ['ærˌsɪk] *adj* : mareado (al viajar en avión)

**airstrip** ['ærˌstrɪp] *n* : pista *f* de aterrizaje

**airtight** [ˈærˈtaɪt] *adj* : hermético, herméticamente cerrado
**air vent → vent²**
**airwaves** [ˈærˌweɪvz] *npl* : radio *m*, televisión *f*
**airy** [ˈæri] *adj* **airier** [-iər]; **-est** **1** DELICATE, LIGHT : delicado, ligero **2** BREEZY : aireado, bien ventilado
**aisle** [ˈaɪl] *n* : pasillo *m*, nave *f* lateral (de una iglesia)
**ajar** [əˈʤɑr] *adj* : entreabierto, entornado
**akimbo** [əˈkɪmbo] *adj & adv* : en jarras
**akin** [əˈkɪn] *adj* **1** RELATED : emparentado **2** SIMILAR : semejante, parecido
**alabaster** [ˈæləˌbæstər] *n* : alabastro *m*
**alacrity** [əˈlækrəṭi] *n* : presteza *f*, prontitud *f*
**alarm¹** [əˈlɑrm] *vt* **1** WARN : alarmar, alertar **2** FRIGHTEN : asustar
**alarm²** *n* **1** WARNING : alarma *f*, alerta *f* **2** APPREHENSION, FEAR : aprensión *f*, inquietud *f*, temor *m* **3 alarm clock** : despertador *m*
**alarming** [əˈlɑrmɪŋ] *adj* : alarmante
**alas** [əˈlæs] *interj* : ¡ay!
**Albanian** [ælˈbeɪniən] *n* : albanés *m*, -nesa *f* — **Albanian** *adj*
**albatross** [ˈælbəˌtrɔs] *n, pl* **-tross** *or* **-trosses** : albatros *m*
**albeit** [ɔlˈbiːət, æl-] *conj* : aunque
**albino** [ælˈbaɪno] *n, pl* **-nos** : albino *m*, -na *f*
**album** [ˈælbəm] *n* : álbum *m* ⟨photo album : álbum de fotos⟩
**albumen** [ælˈbjuːmən] *n* **1** : clara *f* de huevo **2 → albumin**
**albumin** [ælˈbjuːmən] *n* : albúmina *f*
**alchemist** [ˈælkəmɪst] *n* : alquimista *mf*
**alchemy** [ˈælkəmi] *n, pl* **-mies** : alquimia *f*
**alcohol** [ˈælkəˌhɔl] *n* **1** ETHANOL : alcohol *m*, etanol *m* **2** LIQUOR : alcohol *m*, bebidas *fpl* alcohólicas
**alcohol-free** *adj* : sin alcohol
**alcoholic¹** [ˌælkəˈhɔlɪk] *adj* : alcohólico
**alcoholic²** *n* : alcohólico *m*, -ca *f*
**alcoholism** [ˈælkəhɔˌlɪzəm] *n* : alcoholismo *m*
**alcove** [ˈælˌkoːv] *n* : nicho *m*, hueco *m*
**alderman** [ˈɔldərmən] *n, pl* **-men** [-mən, -ˌmɛn] : concejal *mf*
**ale** [ˈeɪl] *n* : cerveza *f*
**alert¹** [əˈlərt] *vt* : alertar, poner sobre aviso
**alert²** *adj* **1** WATCHFUL : alerta, vigilante **2** QUICK : listo, vivo
**alert³** *n* : alerta *f*, alarma *f*
**alertly** [əˈlərtli] *adv* : con listeza
**alertness** [əˈlərtnəs] *n* **1** WATCHFULNESS : vigilancia *f* **2** ASTUTENESS : listeza *f*, viveza *f*
**alfalfa** [ælˈfælfə] *n* : alfalfa *f*
**alga** [ˈælgə] *n, pl* **-gae** [ˈælˌʤiː] : alga *f*
**algebra** [ˈælʤəbrə] *n* : álgebra *m*
**algebraic** [ˌælʤəˈbreɪɪk] *adj* : algebraico — **algebraically** [-ɪkli] *adv*
**Algerian** [ælˈʤɪriən] *n* : argelino *m*, -na *f* — **Algerian** *adj*
**algorithm** [ˈælgəˌrɪðəm] *n* : algoritmo *m*
**alias¹** [ˈeɪliəs] *adv* : alias
**alias²** *n* : alias *m*
**alibi¹** [ˈæləˌbaɪ] *vi* : ofrecer una coartada
**alibi²** *n* **1** : coartada *f* **2** EXCUSE : pretexto *m*, excusa *f*
**alien¹** [ˈeɪliən] *adj* **1** STRANGE : ajeno, extraño **2** FOREIGN : extranjero, foráneo **3** EXTRATERRESTRIAL : extraterrestre
**alien²** *n* **1** FOREIGNER : extranjero *m*, -ra *f*; forastero *m*, -ra *f* **2** EXTRATERRESTRIAL : extraterrestre *mf*
**alienate** [ˈeɪliəˌneɪt] *vt* **-ated; -ating** **1** ESTRANGE : alienar, enajenar **2 to alienate oneself** : alejarse, distanciarse
**alienation** [ˌeɪliəˈneɪʃən] *n* : alienación *f*, enajenación *f*
**aligh** [əˈlaɪt] *vi* **1** DISMOUNT : bajarse, apearse **2** LAND : posarse, aterrizar
**align** [əˈlaɪn] *vt* : alinear
**alignment** [əˈlaɪnmənt] *n* : alineación *f*, alineamiento *m*
**alike¹** [əˈlaɪk] *adv* : igual, del mismo modo
**alike²** *adj* : igual, semejante, parecido
**alimentary** [ˌæləˈmɛntəri] *adj* **1** : alimenticio **2 alimentary canal** : tubo *m* digestivo
**alimony** [ˈæləˌmoːni] *n, pl* **-nies** : pensión *f* alimenticia
**alive** [əˈlaɪv] *adj* **1** LIVING : vivo, viviente ⟨alive and kicking : vivito y coleando⟩ **2** LIVELY : animado, activo **3** ACTIVE : vigente, en uso **4** AWARE : consciente ⟨alive to the danger : consciente del peligro⟩
**alkali** [ˈælkəˌlaɪ] *n, pl* **-lies** [-ˌlaɪz] *or* **-lis** [-ˌlaɪz] : álcali *m*
**alkaline** [ˈælkələn, -ˌlaɪn] *adj* : alcalino
**all¹** [ˈɔl] *adv* **1** COMPLETELY : todo, completamente ⟨all wet : todo mojado⟩ ⟨all alone : completamente solo⟩ ⟨all too often : con demasiada frecuencia⟩ ⟨it's all yours : es todo para ti⟩ ⟨I'm all for it : estoy totalmente a su favor⟩ ⟨she forgot all about it : lo olvidó por completo⟩ **2** : igual ⟨the score is 14 all : es 14 iguales, están empatados a 14⟩ **3 all around** : para todos **4 all but** ALMOST : casi **5 ~ of** ONLY : sólo, solamente **6 ~ of** AT LEAST : por lo menos **7 ~ over** EVERYWHERE : por todas partes **8 ~ over** *fam* ⟨to be all over someone for something : criticar duramente a alguien por algo⟩ **9 ~ over** : aglomerados alrededor de ⟨to be all over each other : estar muy acaramelados⟩ **10 all that** : tan ⟨it hasn't changed all that much : no ha cambiado tanto/demasiado⟩ ⟨it's not all that bad : no es para tanto⟩ **11 all the better** : tanto mejor **12 all the more** : aún más, todavía más
**all²** *adj* : todo ⟨all the children : todos los niños⟩ ⟨in all likelihood : con toda probabilidad, con la mayor probabilidad⟩ ⟨all night : toda la noche⟩ ⟨people of all kinds : gente de todo tipo⟩
**all³** *pron* **1** : todo ⟨they ate it all : lo comieron todo⟩ ⟨that's all : eso es todo⟩ ⟨enough for all : suficiente para todos⟩ ⟨the best of all : el mejor de todos⟩ ⟨some of the girls, but not all : algunas de las muchachas, pero no todas⟩ ⟨all I know is that . . . : lo único que sé es que . . . , todo lo que sé es que . . .⟩ ⟨for

all I know : que yo sepa⟩ **2 all in all** : en general **3 all told** *or* **in all** : en total **4 and all** : y todo eso **5 at all** (*in questions*) ⟨did you find out anything at all? : ¿supiste algo?⟩ **6 (not) at all** (*in negative constructions*) : en absoluto, para nada ⟨he did nothing at all, he didn't do anything at all : no hizo nada en absoluto⟩ ⟨I don't like it at all : no me gusta para nada⟩ **7 to give it one's all** : dar todo de sí **8 when all is said and done** : a fin de cuentas

**Allah** [ˈɑlɑ, ɑˈlɑ] *n* : Alá *m*

**all–around** [ˌɔlɔˈraʊnd] *adj* : completo, amplio

**allay** [əˈleɪ] *vt* **1** ALLEVIATE : aliviar, mitigar **2** CALM : aquietar, calmar

**allegation** [ˌælɪˈgeɪʃən] *n* : alegato *m*, acusación *f*

**allege** [əˈledʒ] *vt* **-leged; -leging** **1** : alegar, afirmar **2 to be alleged** : decirse, pretenderse ⟨she is alleged to be wealthy : se dice que es adinerada⟩

**alleged** [əˈledʒd, əˈledʒəd] *adj* : presunto, supuesto

**allegedly** [əˈledʒədli] *adv* : supuestamente, según se alega

**allegiance** [əˈliːdʒənts] *n* : lealtad *f*, fidelidad *f* ⟨to pledge allegiance to : jurar lealtad a⟩

**allegorical** [ˌæləˈgɔrɪkəl] *adj* : alegórico

**allegory** [ˈæləˌgori] *n, pl* **-ries** : alegoría *f*

**alleluia** [ˌɑlɔˈluːjə, ˌæ-] → **hallelujah**

**allergen** [ˈælərdʒən] *n* : alérgeno *m*

**allergic** [əˈlərdʒɪk] *adj* : alérgico

**allergy** [ˈælərdʒi] *n, pl* **-gies** : alergia *f*

**alleviate** [əˈliːviˌeɪt] *vt* **-ated; -ating** : aliviar, mitigar, paliar

**alleviation** [əˌliːviˈeɪʃən] *n* : alivio *m*

**alley** [ˈæli] *n, pl* **-leys** **1** : callejón *m* **2 bowling alley** : bolera *f*

**alliance** [əˈlaɪənts] *n* : alianza *f*, coalición *f*

**alligator** [ˈæləˌgeɪtər] *n* : caimán *m*

**all–important** [ˌɔlɪmˈpɔrtənt] *adj* : crucial, de fundamental importancia

**alliteration** [əˌlɪtəˈreɪʃən] *n* : aliteración *f*

**all–night** [ˈɔlˈnaɪt] *adj* **1** : que dura toda la noche (dícese de una fiesta, etc.) **2** : que está abierto toda la noche (dícese de un restaurante, etc.)

**all–nighter** [ˈɔlˈnaɪtər] *n fam* **to pull an all–nighter** : trasnochar (estudiando, etc.)

**allocate** [ˈæləˌkeɪt] *vt* **-cated; -cating** : asignar, adjudicar

**allocation** [ˌæləˈkeɪʃən] *n* : asignación *f*, reparto *m*, distribución *f*

**allot** [əˈlɑt] *vt* **-lotted; -lotting** : repartir, distribuir, asignar

**allotment** [əˈlɑtmənt] *n* : reparto *m*, asignación *f*, distribución *f*

**all–out** [ˈɔlˈaʊt] *adj* : total, con todo ⟨all-out war : guerra sin cuartel⟩

**allow** [əˈlaʊ] *vt* **1** PERMIT : permitir, dejar ⟨she allowed him to leave : le permitió irse, le permitió que se fuera⟩ ⟨we won't allow that to happen : no permitiremos que eso pase⟩ ⟨it allows you to create web pages : permite crear páginas web⟩ ⟨no dogs allowed : no se admiten perros⟩ **2** ALLOT : conceder, dar (tiempo, etc.) **3** ADMIT, CONCEDE : admitir, conceder **4** : admitir (pruebas) — *vi* **to allow for** : tener en cuenta

**allowable** [əˈlaʊəbəl] *adj* **1** PERMISSIBLE : permisible, lícito **2** : deducible ⟨allowable expenditure : gasto deducible⟩

**allowance** [əˈlaʊənts] *n* **1** : complemento *m* (para gastos, etc.), mesada *f* (para niños) **2 to make allowance(s)** : tener en cuenta, disculpar

**alloy** [ˈæˌlɔɪ] *n* : aleación *f*

**all–purpose** [ˈɔlˈpərpəs] *adj* : multiuso ⟨all-purpose flour : harina común⟩

**all right**[1] *adv* **1** YES : sí, por supuesto **2** WELL : bien ⟨I did all right : me fue bien⟩ **3** DEFINITELY : bien, ciertamente, sin duda ⟨he's sick all right : está bien enfermo⟩

**all right**[2] *adj* **1** OK : bien ⟨are you all right? : ¿estás bien?⟩ **2** SATISFACTORY : bien, bueno ⟨your work is all right : tu trabajo es bueno⟩

**all–round** [ˌɔlˈraʊnd] → **all–around**

**allspice** [ˈɔlspaɪs] *n* : pimienta *f* de Jamaica

**all–terrain vehicle** [ˈɔltəˈreɪn-] *n* : todoterreno *m*, vehículo *m* todoterreno

**all–time** [ˈɔlˌtaɪm] *adj* : de todos los tiempos, histórico ⟨my all-time favorite : mi favorito de todos los tiempos⟩ ⟨an all-time record/high/low : un récord/máximo/mínimo histórico⟩

**allude** [əˈluːd] *vi* **-luded; -luding** : aludir, referirse

**allure**[1] [əˈlʊr] *vt* **-lured; -luring** : cautivar, atraer

**allure**[2] *n* : atractivo *m*, encanto *m*

**allusion** [əˈluːʒən] *n* : alusión *f*

**ally**[1] [əˈlaɪ, ˈæˌlaɪ] *vi* **-lied; -lying** : aliarse

**ally**[2] [ˈæˌlaɪ, əˈlaɪ] *n* : aliado *m*, -da *f*

**almanac** [ˈɔlməˌnæk, ˈæl-] *n* : almanaque *m*

**almighty** [ɔlˈmaɪti] *adj* : omnipotente, todopoderoso

**almond** [ˈɑmənd, ˈɑl-, ˈæ-, ˈæl-] *n* : almendra *f*

**almost** [ˈɔlˌmoːst, ɔlˈmoːst] *adv* : casi, prácticamente

**alms** [ˈɑmz, ˈɑlmz, ˈælmz] *ns & pl* : limosna *f*, caridad *f*

**aloe** [ˈæloː] *n* : áloe *m*

**aloft** [əˈlɔft] *adv* : en alto, en el aire

**alone**[1] [əˈloːn] *adv* : sólo, solamente, únicamente

**alone**[2] *adj* : solo ⟨they're alone in the house : están solos en la casa⟩

**along**[1] [əˈlɔŋ] *adv* **1** FORWARD : adelante ⟨farther along : más adelante⟩ ⟨move along! : ¡circulen, por favor!⟩ **2 to bring along** : traer **3 ~ with** : con, junto con **4 all along** : desde el principio

**along**[2] *prep* **1** : por, a lo largo de ⟨along the coast : a lo largo de la costa⟩ **2** : en, en el curso de, por ⟨along the way : en el curso del viaje⟩

**alongside**[1] [əˌlɔŋˈsaɪd] *adv* : al costado, al lado

**alongside**[2] *or* **alongside of** *prep* : junto a, al lado de

**aloof** [əˈluːf] *adj* : distante, reservado
**aloofness** [əˈluːfnəs] *n* : reserva *f*, actitud *f* distante
**aloud** [əˈlaʊd] *adv* : en voz alta
**alpaca** [ælˈpækə] *n* : alpaca *f*
**alphabet** [ˈælfəˌbɛt] *n* : alfabeto *m*
**alphabetical** [ˌælfəˈbɛtɪkəl] *or* **alphabetic** [-ˈbɛtɪk] *adj* : alfabético — **alphabetically** [-tɪklɪ] *adv*
**alphabetize** [ˈælfəbəˌtaɪz] *vt* **-ized; -izing** : alfabetizar, poner en orden alfabético
**alpine** [ˈælˌpaɪn] *adj* : alpino
**already** [ɔlˈrɛdɪ] *adv* : ya
**also** [ˈɔlˌsoː] *adv* : también, además
**altar** [ˈɔltər] *n* : altar *m*
**alter** [ˈɔltər] *vt* : alterar, cambiar, modificar
**alteration** [ˌɔltəˈreɪʃən] *n* : alteración *f*, cambio *m*, modificación *f*
**altercation** [ˌɔltərˈkeɪʃən] *n* : altercado *m*, disputa *f*
**alternate**[1] [ˈɔltərˌneɪt] *v* **-nated; -nating** : alternar
**alternate**[2] [ˈɔltərnət] *adj* **1** : alterno ⟨alternate cycles of inflation and depression : ciclos alternos de inflación y depresión⟩ **2** : uno sí y otro no ⟨he cooks on alternate days : cocina un día sí y otro no⟩
**alternate**[3] [ˈɔltərnət] *n* : suplente *mf*; sustituto *m*, -ta *f*
**alternately** [ˈɔltərnətlɪ] *adv* : alternativamente, por turno
**alternating current** [ˈɔltərˌneɪtɪŋ] *n* : corriente *f* alterna
**alternation** [ˌɔltərˈneɪʃən] *n* : alternancia *f*, rotación *f*
**alternative**[1] [ɔlˈtərnətɪv] *adj* : alternativo
**alternative**[2] *n* : alternativa *f*
**alternatively** [ɔlˈtərnətɪvlɪ] *adv* (*indicating another option*) ⟨(or,) alternatively, you could come here : (o,) si prefieres, podrías venir aquí⟩
**alternator** [ˈɔltərˌneɪtər] *n* : alternador *m*
**although** [ɔlˈðoː] *conj* : aunque, a pesar de que
**altitude** [ˈæltəˌtuːd, -ˌtjuːd] *n* : altitud *f*, altura *f*
**alto** [ˈælˌtoː] *n, pl* **-tos** : alto *mf*, contralto *mf*
**altogether** [ˌɔltəˈgɛðər] *adv* **1** COMPLETELY : completamente, totalmente, del todo **2** ON THE WHOLE : en suma, en general
**altruism** [ˈæltruˌɪzəm] *n* : altruismo *m*
**altruistic** [ˌæltruˈɪstɪk] *adj* : altruista — **altruistically** [-tɪklɪ] *adv*
**alum** [ˈæləm] *n* : alumbre *m*
**aluminum** [əˈluːmənəm] *n* : aluminio *m*
**alumna** [əˈlʌmnə] *n, pl* **-nae** [-ˌniː] : exalumna *f*
**alumnus** [əˈlʌmnəs] *n, pl* **-ni** [-ˌnaɪ] : exalumno *m*
**always** [ˈɔlwɪz, -ˌweɪz] *adv* **1** INVARIABLY : siempre, invariablemente **2** FOREVER : para siempre
**Alzheimer's** [ˈæltsˌhaɪmərz] *or* **Alzheimer's disease** *n* : (enfermedad *f* de) Alzheimer *m*
**am** → **be**
**amalgam** [əˈmælgəm] *n* : amalgama *f*
**amalgamate** [əˈmælgəˌmeɪt] *vt* **-ated; -ating** : amalgamar, unir, fusionar
**amalgamation** [əˌmælgəˈmeɪʃən] *n* : fusión *f*, unión *f*
**amaryllis** [ˌæməˈrɪləs] *n* : amarilis *f*
**amass** [əˈmæs] *vt* : amasar, acumular
**amateur** [ˈæmətʃər, -tər, -ˌtʊr, -ˌtjʊr] *n* **1** : amateur *mf* **2** BEGINNER : principiante *mf*; aficionado *m*, -da *f*
**amateurish** [ˈæməˌtʃərɪʃ, -ˌtər-, -ˌtʊr-, -ˌtjʊr-] *adj* : amateur, inexperto
**amaze** [əˈmeɪz] *vt* **amazed; amazing** : asombrar, maravillar, pasmar
**amazement** [əˈmeɪzmənt] *n* : asombro *m*, sorpresa *f*
**amazing** [əˈmeɪzɪŋ] *adj* : asombroso, sorprendente — **amazingly** [-zɪŋlɪ] *adv*
**Amazon** [ˈæməˌzɑn] *n* : amazona *f* (en mitología)
**Amazonian** [ˌæməˈzoːniən] *adj* : amazónico
**ambassador** [æmˈbæsədər] *n* : embajador *m*, -dora *f*
**amber** [ˈæmbər] *n* : ámbar *m*
**ambergris** [ˈæmbərˌgrɪs, -ˌgriːs] *n* : ámbar *m* gris
**ambidextrous** [ˌæmbɪˈdɛkstrəs] *adj* : ambidextro — **ambidextrously** *adv*
**ambience** *or* **ambiance** [ˈæmbiənts, ˈɑmbiˌɑnts] *n* : ambiente *m*, atmósfera *f*
**ambiguity** [ˌæmbəˈgjuːətɪ] *n, pl* **-ties** : ambigüedad *f*
**ambiguous** [æmˈbɪgjʊəs] *adj* : ambiguo
**ambition** [æmˈbɪʃən] *n* : ambición *f*
**ambitious** [æmˈbɪʃəs] *adj* : ambicioso — **ambitiously** *adv*
**ambivalence** [æmˈbɪvələnts] *n* : ambivalencia *f*
**ambivalent** [æmˈbɪvələnt] *adj* : ambivalente
**amble**[1] [ˈæmbəl] *vi* **-bled; -bling** : ir tranquilamente, pasearse despreocupadamente
**amble**[2] *n* : paseo *m* tranquilo
**ambulance** [ˈæmbjələnts] *n* : ambulancia *f*
**ambush**[1] [ˈæmˌbʊʃ] *vt* : emboscar
**ambush**[2] *n* : emboscada *f*, celada *f*
**ameliorate** [əˈmiːljəˌreɪt] *v* **-rated; -rating** IMPROVE : mejorar
**amelioration** [əˌmiːljəˈreɪʃən] *n* : mejora *f*
**amen** [ˈeɪˈmɛn, ˈɑ-] *interj* : amén
**amenable** [əˈmiːnəbəl, -ˈmɛ-] *adj* RESPONSIVE : susceptible, receptivo, sensible
**amend** [əˈmɛnd] *vt* **1** IMPROVE : mejorar, enmendar **2** CORRECT : enmendar, corregir
**amendment** [əˈmɛndmənt] *n* : enmienda *f*
**amends** [əˈmɛndz] *ns & pl* : compensación *f*, reparación *f*, desagravio *m*
**amenity** [əˈmɛnətɪ, -ˈmiː-] *n, pl* **-ties** **1** PLEASANTNESS : lo agradable, amenidad *f* **2 amenities** *npl* : servicios *mpl*, comodidades *fpl*
**American** [əˈmɛrɪkən] *n* : americano *m*, -na *f* — **American** *adj*
**American Indian** *n sometimes offensive* → **Native American**
**amethyst** [ˈæməθəst] *n* : amatista *f*
**amiability** [ˌeɪmiːəˈbɪlətɪ] *n* : amabilidad *f*, afabilidad *f*

**amiable** [ˈeɪmiːəbəl] *adj* : amable, afable — **amiably** [-bli] *adv*

**amicable** [ˈæmɪkəbəl] *adj* : amigable, amistoso, cordial — **amicably** [-bli] *adv*

**amid** [əˈmɪd] *or* **amidst** [əˈmɪdst] *prep* : en medio de, entre

**amino acid** [əˈmiːno] *n* : aminoácido *m*

**amiss**[1] [əˈmɪs] *adv* : mal, fuera de lugar ⟨to take amiss : tomar a mal, llevar a mal⟩

**amiss**[2] *adj* **1** WRONG : malo, inoportuno **2 there's something amiss** : pasa algo, algo anda mal

**ammeter** [ˈæˌmiːtər] *n* : amperímetro *m*

**ammonia** [əˈmoːnjə] *n* : amoníaco *m*

**ammunition** [ˌæmjəˈnɪʃən] *n* **1** : municiones *fpl* **2** ARGUMENTS : argumentos *mpl*

**amnesia** [æmˈniːʒə] *n* : amnesia *f*

**amnesiac** [æmˈniːʒiˌæk] *n* : amnésico *m*, -ca *f* — **amnesiac** *adj*

**amnesty** [ˈæmnəsti] *n, pl* **-ties** : amnistía *f*

**amoeba** [əˈmiːbə] *n, pl* **-bas** *or* **-bae** [-ˌbiː] : ameba *f* — **amoebic** [əˈmiːbɪk] *adj*

**amok** [əˈmʌk, -ˈmɑk] *adv* **to run amok** : correr a ciegas, enloquecerse, desbocarse (dícese de la economía, etc.)

**among** [əˈmʌŋ] *or* **amongst** [əˈmʌŋkst] *prep* : entre

**amoral** [eɪˈmɔrəl] *adj* : amoral

**amorous** [ˈæmərəs] *adj* **1** PASSIONATE : apasionado **2** ENAMORED : enamorado **3** LOVING : amoroso, cariñoso

**amorously** [ˈæmərəsli] *adv* : con cariño

**amorphous** [əˈmɔrfəs] *adj* : amorfo, informe

**amortize** [ˈæmərˌtaɪz, əˈmɔr-] *vt* **-tized; -tizing** : amortizar

**amount**[1] [əˈmaʊnt] *vi* **to amount to 1** : equivaler a, significar ⟨that amounts to treason : eso equivale a la traición⟩ **2** : ascender (a) ⟨my debts amount to $2000 : mis deudas ascienden a $2000⟩

**amount**[2] *n* : cantidad *f*, suma *f*

**ampere** [ˈæmˌpɪr] *n* : amperio *m*

**ampersand** [ˈæmpərˌsænd] *n* : el signo &

**amphetamine** [æmˈfɛtəˌmiːn] *n* : anfetamina *f*

**amphibian** [æmˈfɪbiən] *n* : anfibio *m*

**amphibious** [æmˈfɪbiəs] *adj* : anfibio

**amphitheater** [ˈæmfəˌθiːətər] *n* : anfiteatro *m*

**ample** [ˈæmpəl] *adj* **ampler; amplest 1** LARGE, SPACIOUS : amplio, extenso, grande **2** ABUNDANT : abundante, generoso

**amplifier** [ˈæmpləˌfaɪər] *n* : amplificador *m*

**amplify** [ˈæmpləˌfaɪ] *vt* **-fied; -fying** : amplificar

**amply** [ˈæmpli] *adv* : ampliamente, abundantemente, suficientemente

**amputate** [ˈæmpjəˌteɪt] *vt* **-tated; -tating** : amputar

**amputation** [ˌæmpjəˈteɪʃən] *n* : amputación *f*

**amuck** [əˈmʌk] → **amok**

**amulet** [ˈæmjələt] *n* : amuleto *m*, talismán *m*

**amuse** [əˈmjuːz] *vt* **amused; amusing 1** ENTERTAIN : entretener, distraer **2** : hacer reír, divertir ⟨the joke amused us : la broma nos hizo reír⟩

**amusement** [əˈmjuːzmənt] *n* **1** ENTERTAINMENT : diversión *f*, entretenimiento *m*, pasatiempo *m* **2** LAUGHTER : risa *f*

**amusement park** *n* : parque *m* de diversiones

**an** *art* → **a**[2]

**anachronism** [əˈnækrəˌnɪzəm] *n* : anacronismo *m*

**anachronistic** [əˌnækrəˈnɪstɪk] *adj* : anacrónico

**anaconda** [ˌænəˈkɑndə] *n* : anaconda *f*

**anagram** [ˈænəˌgræm] *n* : anagrama *m*

**anal** [ˈeɪnəl] *adj* : anal

**analgesic** [ˌænəlˈdʒiːzɪk, -sɪk] *n* : analgésico *m*

**analog** [ˈænəˌlɔg] *adj* : analógico

**analogical** [ˌænəˈlɑdʒɪkəl] *adj* : analógico — **analogically** [-kli] *adv*

**analogous** [əˈnæləgəs] *adj* : análogo

**analogy** [əˈnæləʤi] *n, pl* **-gies** : analogía *f*

**analysis** [əˈnæləsəs] *n, pl* **-yses** [-ˌsiːz] **1** : análisis *m* **2** PSYCHOANALYSIS : psicoanálisis *m*

**analyst** [ˈænəlɪst] *n* **1** : analista *mf* **2** PSYCHOANALYST : psicoanalista *mf*

**analytic** [ˌænəˈlɪtɪk] *or* **analytical** [-tɪkəl] *adj* : analítico — **analytically** [-tɪkli] *adv*

**analyze** [ˈænəˌlaɪz] *vt* **-lyzed; -lyzing** : analizar

**anarchic** [æˈnɑrkɪk] *adj* : anárquico — **anarchically** [-kɪkli] *adv*

**anarchism** [ˈænərˌkɪzəm, -nɑr-] *n* : anarquismo *m*

**anarchist** [ˈænərkɪst, -nɑr-] *n* : anarquista *mf*

**anarchy** [ˈænərki, -nɑr-] *n* : anarquía *f*

**anathema** [əˈnæθəmə] *n* : anatema *m*

**anatomic** [ˌænəˈtɑmɪk] *or* **anatomical** [-mɪkəl] *adj* : anatómico — **anatomically** [-mɪkli] *adv*

**anatomy** [əˈnæʧəmi] *n, pl* **-mies** : anatomía *f*

**ancestor** [ˈænˌsɛstər] *n* : antepasado *m*, -da *f*; antecesor *m*, -sora *f*

**ancestral** [ænˈsɛstrəl] *adj* : ancestral, de los antepasados

**ancestry** [ˈænˌsɛstri] *n* **1** DESCENT : ascendencia *f*, linaje *m*, abolengo *m* **2** ANCESTORS : antepasados *mpl*, -das *fpl*

**anchor**[1] [ˈæŋkər] *vt* **1** MOOR : anclar, fondear **2** FASTEN : sujetar, asegurar, fijar

**anchor**[2] *n* **1** : ancla *f* **2** → **anchorman 3** → **anchorwoman**

**anchorage** [ˈæŋkərɪʤ] *n* : anclaje *m*

**anchorman** [ˈæŋkərˌmæn] *n, pl* **-men** [-mən, -ˌmɛn] : presentador *m* (de televisión)

**anchorwoman** [ˈæŋkərˌwʊmən] *n, pl* **-women** [-ˌwɪmən] : presentadora *f* (de televisión)

**anchovy** [ˈænˌʧoːvi, æntˈʃoː-] *n, pl* **-vies** *or* **-vy** : anchoa *f*, boquerón *m*

**ancient** [ˈeɪnʃənt] *adj* **1** : antiguo ⟨ancient history : historia antigua⟩ **2** OLD : viejo

**ancients** [ˈeɪnʃənts] *npl* : los antiguos *mpl*

**and** [ˈænd] *conj* **1** : y (**e** *before words beginning with i- or hi-*) ⟨books and papers

: libros y papeles〉 〈six and a half : seis y medio〉 〈a hundred and ten : ciento diez〉 〈2 and 2 equals 4 : 2 más 2 es igual a 4〉 〈at (the corner of) First and Main : en la esquina de First y Main〉 **2** : con 〈ham and eggs : huevos con jamón〉 **3** IN ORDER TO : a, de 〈go and see : ve a ver〉 〈try and finish it : trata de terminarlo〉 **4** (*indicating continuation*) 〈she cried and cried : no dejaba de llorar〉 **5** (*used for emphasis*) 〈hundreds and hundreds of people : cientos de personas〉 〈more and more difficult : cada vez más difícil〉

**Andalusian** [ˌændəˈluːʒən] *n* : andaluz *m*, -luza *f* — **Andalusian** *adj*

**Andean** [ˈændiən] *adj* : andino

**andiron** [ˈænˌdaɪərn] *n* : morillo *m*

**Andorran** [ænˈdɔrən] *n* : andorrano *m*, -na *f* — **Andorran** *adj*

**androgynous** [ænˈdrɑʤənəs] *adj* : andrógino

**anecdotal** [ˌænɪkˈdoːtəl] *adj* : anecdótico

**anecdote** [ˈænɪkˌdoːt] *n* : anécdota *f*

**anemia** [əˈniːmiə] *n* : anemia *f*

**anemic** [əˈniːmɪk] *adj* : anémico

**anemone** [əˈnɛməni] *n* : anémona *f*

**anesthesia** [ˌænəsˈθiːʒə] *n* : anestesia *f*

**anesthetic**[1] [ˌænəsˈθɛṭɪk] *adj* : anestésico

**anesthetic**[2] *n* : anestésico *m*

**anesthetist** [əˈnɛsθəṭɪst] *n* : anestesista *mf*

**anesthetize** [əˈnɛsθəˌtaɪz] *vt* **-tize; -tized** : anestesiar

**aneurysm** [ˈænjəˌrɪzəm] *n* : aneurisma *mf*

**anew** [əˈnuː, -ˈnjuː] *adv* : de nuevo, otra vez, nuevamente

**angel** [ˈeɪnʤəl] *n* : ángel *m* 〈the Angel of Death : el ángel exterminador〉

**angelic** [ænˈʤɛlɪk] *or* **angelical** [-lɪkəl] *adj* : angélico, angelical — **angelically** [-lɪkli] *adv*

**anger**[1] [ˈæŋgər] *vt* : enojar, enfadar

**anger**[2] *n* : enojo *m*, enfado *m*, ira *f*, cólera *f*, rabia *f*

**angina** [ænˈʤaɪnə] *n* : angina *f*

**angle**[1] [ˈæŋgəl] *v* **angled; angling** *vt* DIRECT, SLANT : orientar, dirigir — *vi* FISH : pescar (con caña)

**angle**[2] *n* **1** : ángulo *m* **2** POINT OF VIEW : perspectiva *f*, punto *m* de vista

**angler** [ˈæŋglər] *n* : pescador *m*, -dora *f*

**Anglican** [ˈæŋglɪkən] *n* : anglicano *m*, -na *f* — **Anglican** *adj*

**angling** [ˈæŋglɪŋ] *n* : pesca *f* con caña

**Anglo–Saxon**[1] [ˌæŋgloˈsæksən] *adj* : anglosajón

**Anglo–Saxon**[2] *n* : anglosajón *m*, -jona *f*

**Angolan** [æŋˈgoːlən, æn-] *n* : angoleño *m*, -ña *f* — **Angolan** *adj*

**angora** [æŋˈgorə, æn-] *n* : angora *f*

**angrily** [ˈæŋgrəli] *adv* : furiosamente, con ira

**angry** [ˈæŋgri] *adj* **angrier; -est** : enojado, enfadado, furioso

**anguish** [ˈæŋgwɪʃ] *n* : angustia *f*, congoja *f*

**anguished** [ˈæŋgwɪʃt] *adj* : angustiado, acongojado

**angular** [ˈæŋgjələr] *adj* : angular (dícese de las formas), anguloso (dícese de las caras)

**animal** [ˈænəməl] *n* **1** : animal *m* **2** BRUTE : bruto *m*, -ta *f*

**animate**[1] [ˈænəˌmeɪṭ] *vt* **-mated; -mating** : animar

**animate**[2] [ˈænəmət] *adj* : animado

**animated** [ˈænəˌmeɪṭəd] *adj* **1** LIVELY : animado, vivo, vivaz **2 animated cartoon** : dibujos *mpl* animados

**animation** [ˌænəˈmeɪʃən] *n* : animación *f*

**animosity** [ˌænəˈmɑsəṭi] *n, pl* **-ties** : animosidad *f*, animadversión *f*

**anise** [ˈænəs] *n* : anís *m*

**aniseed** [ˈænəsˌsiːd] *n* : anís *m*, semilla *f* de anís

**ankle** [ˈæŋkəl] *n* : tobillo *m*

**anklebone** [ˈæŋkəlˌboːn] *n* : taba *f*

**annals** [ˈænəlz] *npl* : anales *mpl*, crónica *f*

**annatto** [əˈnɑṭo] *n* : achiote *m*

**anneal** [əˈniːl] *vt* **1** TEMPER : templar **2** STRENGTHEN : fortalecer

**annex**[1] [əˈnɛks, ˈæˌnɛks] *vt* : anexar

**annex**[2] [ˈæˌnɛks, -nɪks] *n* : anexo *m*, anejo *m*

**annexation** [ˌænɛkˈseɪʃən] *n* : anexión *f*

**annihilate** [əˈnaɪəˌleɪṭ] *vt* **-lated; -lating** : aniquilar

**annihilation** [əˌnaɪəˈleɪʃən] *n* : aniquilación *f*, aniquilamiento *m*

**anniversary** [ˌænəˈvərsəri] *n, pl* **-ries** : aniversario *m*

**annotate** [ˈænəˌteɪṭ] *vt* **-tated; -tating** : anotar

**annotation** [ˌænəˈteɪʃən] *n* : anotación *f*

**announce** [əˈnaʊnʦ] *vt* **-nounced; -nouncing** : anunciar

**announcement** [əˈnaʊnʦmənṭ] *n* : anuncio *m*

**announcer** [əˈnaʊnʦər] *n* : anunciador *m*, -dora *f*; comentarista *mf*; locutor *m*, -tora *f*

**annoy** [əˈnɔɪ] *vt* : molestar, fastidiar, irritar

**annoyance** [əˈnɔɪənʦ] *n* **1** IRRITATION : irritación *f*, fastidio *m* **2** NUISANCE : molestia *f*, fastidio *m*

**annoying** [əˈnɔɪɪŋ] *adj* : molesto, fastidioso, engorroso — **annoyingly** [-ɪŋli] *adv*

**annual**[1] [ˈænjʊəl] *adj* : anual — **annually** *adv*

**annual**[2] *n* **1** : planta *f* anual **2** YEARBOOK : anuario *m*

**annuity** [əˈnuːəṭi] *n, pl* **-ties** : anualidad *f*

**annul** [əˈnʌl] *vt* **annulled; annulling** : anular, invalidar

**annulment** [əˈnʌlmənṭ] *n* : anulación *f*

**anode** [ˈæˌnoːd] *n* : ánodo

**anoint** [əˈnɔɪnṭ] *vt* : ungir

**anomalous** [əˈnɑmələs] *adj* : anómalo

**anomaly** [əˈnɑməli] *n, pl* **-lies** : anomalía *f*

**anonymity** [ˌænəˈnɪməṭi] *n* : anonimato *m*

**anonymous** [əˈnɑnəməs] *adj* : anónimo — **anonymously** *adv*

**anorak** [ˈænəˌræk] *n* : anorak *m*

**anorexia** [ˌænəˈrɛksiə] *n* : anorexia *f*

**anorexic** [ˌænəˈrɛksɪk] *adj* : anoréxico

**another**[1] [əˈnʌðər] *adj* **1** : otro 〈another drink : otra copa〉 〈another two days : dos días más, otros dos días〉 〈yet another example : otro ejemplo más〉 〈it was just another day : fue un día como cualquier otro〉 **2** : otro 〈at another time : en otro momento, en otra ocasión〉 〈that's another matter : eso es otra cuestión〉 **3** (*indicating similarity*) : otro 〈another Great Depression : otra Gran Depresión〉

**another**[2] *pron* : otro 〈one after another : uno tras otro, una tras otra〉 〈at one time or another : en algún momento〉 〈for one reason or another : por alguna razón〉 〈one way or another : de una u otra forma/manera〉

**answer**[1] [ˈænt͡sər] *vt* **1** : contestar (a) 〈to answer the telephone : contestar el teléfono〉 〈to answer a question : contestar (a) una pregunta〉 〈he didn't answer me : no me contestó〉 **2** FULFILL : satisfacer **3** : responder a (acusaciones, etc.) — *vi* **1** : contestar, responder **2 to answer back** TALK BACK : contestar (con impertinencia) **3 to answer for someone** : contestar por alguien **4 to answer for something** : responder de algo, pagar por algo 〈she'll answer for that mistake : pagará por ese error〉 **5 to answer to** : responder a

**answer**[2] *n* **1** REPLY : respuesta *f*, contestación *f* 〈a straight answer : una respuesta clara〉 〈there's no answer : no contestan (el teléfono)〉 〈I never got an answer : nunca me dieron respuesta〉 〈in answer to your question : en respuesta a su pregunta〉 **2** : respuesta *f*, solución *f* (en un examen, etc.) **3** SOLUTION : solución *f* 〈there's no easy answer : no tiene una solución fácil〉

**answerable** [ˈænt͡sərəbəl] *adj* : responsable

**answering machine** *n* : contestador *m* (automático)

**ant** [ˈænt] *n* : hormiga *f*

**antacid** [ænˈtæsəd, ˈænˌtæ-] *n* : antiácido *m*

**antagonism** [ænˈtægəˌnɪzəm] *n* : antagonismo *m*, hostilidad *f*

**antagonist** [ænˈtægənɪst] *n* : antagonista *mf*

**antagonistic** [ænˌtægəˈnɪstɪk] *adj* : antagonista, hostil

**antagonize** [ænˈtægəˌnaɪz] *vt* **-nized; -nizing** : antagonizar

**antarctic** [ænˈtɑrktɪk, -ˈɑrt̬ɪk] *adj* : antártico

**antarctic circle** *n* : círculo *m* antártico

**anteater** [ˈæntˌiːt̬ər] *n* : oso *m* hormiguero

**antebellum** [ˌæntɪˈbɛləm] *adj* : prebélico

**antecedent**[1] [ˌæntəˈsiːdənt] *adj* : antecedente, precedente

**antecedent**[2] *n* : antecedente *mf*; precursor *m*, -sora *f*

**antelope** [ˈæntəlˌoːp] *n, pl* **-lope** *or* **-lopes** : antílope *m*

**antenatal** [ˌæntɪˈneɪt̬əl] → **prenatal**

**antenna** [ænˈtɛnə] *n, pl* **-nae** [-ˌniː, -ˌnaɪ] *or* **-nas** : antena *f*

**anterior** [ænˈtɪriər] *adj* : anterior

**anthem** [ˈænθəm] *n* : himno *m* 〈national anthem : himno nacional〉

**anther** [ˈænθər] *n* : antera *f*

**anthill** [ˈæntˌhɪl] *n* : hormiguero *m*

**anthology** [ænˈθɑlə͡dʒi] *n, pl* **-gies** : antología *f*

**anthracite** [ˈænθrəˌsaɪt] *n* : antracita *f*

**anthropoid**[1] [ˈænθrəˌpɔɪd] *adj* : antropoide

**anthropoid**[2] *n* : antropoide *mf*

**anthropological** [ˌænθrəpəˈlɑd͡ʒɪkəl] *adj* : antropológico

**anthropologist** [ˌænθrəˈpɑlə͡dʒɪst] *n* : antropólogo *m*, -ga *f*

**anthropology** [ˌænθrəˈpɑlə͡dʒi] *n* : antropología *f*

**anti-** [ˌænti, ˌæntaɪ] *pref* : anti-

**antiabortion** [ˌæntiəˈbɔrʃən, ˌæntaɪ-] *adj* : antiaborto

**antiaircraft** [ˌæntiˈærˌkræft, ˌæntaɪ-] *adj* : antiaéreo

**anti–American** [ˌæntiəˈmɛrɪkən, ˌæntaɪ-] *adj* : antiamericano

**antibiotic**[1] [ˌæntibaɪˈɑt̬ɪk, ˌæntaɪ-, -bi-] *adj* : antibiótico

**antibiotic**[2] *n* : antibiótico *m*

**antibody** [ˈænti͵bɑdi] *n, pl* **-bodies** : anticuerpo *m*

**antic**[1] [ˈæntɪk] *adj* : extravagante, juguetón

**antic**[2] *n* : payasada *f*, travesura *f*

**anticipate** [ænˈtɪsəˌpeɪt] *vt* **-pated; -pating** **1** FORESEE : anticipar, prever **2** EXPECT : esperar, contar con

**anticipation** [ænˌtɪsəˈpeɪʃən] *n* **1** FORESIGHT : previsión *f* **2** EXPECTATION : anticipación *f*, expectación *f*, esperanza *f*

**anticipatory** [ænˈtɪsəpəˌtori] *adj* : en anticipación, en previsión

**anticlimactic** [ˌæntiklaɪˈmæk͡tɪk] *adj* : anticlimático, decepcionante

**anticlimax** [ˌæntiˈklaɪˌmæks] *n* : anticlímax *m*

**anticommunism** [ˌæntiˈkɑmjəˌnɪzəm, ˌæntaɪ-] *n* : anticomunismo *m*

**anticommunist**[1] [ˌæntiˈkɑmjənɪst, ˌæntaɪ-] *adj* : anticomunista

**anticommunist**[2] *n* : anticomunista *mf*

**antidemocratic** [ˌæntiˌdɛməˈkræt̬ɪk, ˌæntaɪ-] *adj* : antidemocrático

**antidepressant** [ˌæntidiˈprɛsənt] *n* : antidepresivo *m* — **antidepressant** *adj*

**antidote** [ˈæntiˌdoːt] *n* : antídoto *m*

**antidrug** [ˌæntiˈdrʌg, ˌæntaɪ-;, ˈæntiˌdrʌg, ˈæntaɪ-] *adj* : antidrogas

**antifascist** [ˌæntiˈfæʃɪst, ˌæntaɪ-] *adj* : antifascista

**antifeminist** [ˌæntiˈfɛmənɪst, ˌæntaɪ-] *adj* : antifeminista

**antifreeze** [ˈæntiˌfriːz] *n* : anticongelante *m*

**antigen** [ˈæntɪd͡ʒən, -ˌd͡ʒɛn] *n* : antígeno *m*

**antihistamine** [ˌæntiˈhɪstəˌmiːn, -mən] *n* : antihistamínico *m*

**anti–imperialism** [ˌæntiɪmˈpɪriəˌlɪzəm, ˌæntaɪ-] *n* : antiimperialismo *m*

**anti–imperialist** [ˌæntiɪmˈpɪriəlɪst, ˌæntaɪ-] *adj* : antiimperialista

**anti–inflammatory** [ˌætiɪnˈflæmətori] *adj* : antiinflamatorio

**anti–inflationary** [ˌæntiɪmˈfleɪʃəˌnɛri, ˌæntaɪ-] *adj* : antiinflacionario

**antimony** [ˈæntəˌmoːni] *n* : antimonio *m*

**antipathy** [ænˈtɪpəθi] *n, pl* **-thies** : antipatía *f*, aversión *f*

**antiperspirant** [ˌæntiˈpərspərənt, ˌæntaɪ-] *n* : antitranspirante *m*

**antiquarian**[1] [ˌæntəˈkwɛriən] *adj* : antiguo, anticuario ⟨an antiquarian book : un libro antiguo⟩

**antiquarian**[2] *n* : anticuario *m*, -ria *f*

**antiquary** [ˈæntəˌkwɛri] *n* → **antiquarian**[2]

**antiquated** [ˈæntəˌkweɪt̬əd] *adj* : anticuado, pasado de moda

**antique**[1] [æɴˈtiːk] *adj* **1** OLD : antiguo, de época ⟨an antique mirror : un espejo antiguo⟩ **2** OLD-FASHIONED : anticuado, pasado de moda

**antique**[2] *n* : antigüedad *f*

**antiquity** [æɴˈtɪkwət̬i] *n, pl* **-ties** : antigüedad

**antirevolutionary** [ˌæntiˌrɛvəˈluːʃəˌnɛri, ˌæntaɪ-] *adj* : antirrevolucionario

**anti–Semitic** [ˌæntisəˈmɪt̬ɪk, ˌæntaɪ-] *adj* : antisemita

**anti–Semitism** [ˌæntiˈsɛməˌtɪzəm, ˌæntaɪ-] *n* : antisemitismo *m*

**antiseptic**[1] [ˌæntəˈsɛpt̬ɪk] *adj* : antiséptico — **antiseptically** [-t̬ɪkli] *adv*

**antiseptic**[2] *n* : antiséptico *m*

**antismoking** [ˌæntiˈsmoːkɪŋ, ˌæntaɪ-] *adj* : antitabaco

**antisocial** [ˌæntiˈsoːʃəl, ˌæntaɪ-] *adj* **1** : antisocial **2** UNSOCIABLE : poco sociable

**antiterrorist** [ˌæntiˈt̬ɛrərɪst, ˌæntaɪ-] *adj* : antiterrorista

**antitheft** [ˌæntiˈθɛft, ˌæntaɪ-] *adj* : antirrobo

**antithesis** [æɴˈt̬ɪθəsɪs] *n, pl* **-eses** [-ˌsiːz] : antítesis *f*

**antitoxin** [ˌæntiˈt̬ɑksən, ˌæntaɪ-] *n* : antitoxina *f*

**antitrust** [ˌæntiˈtrʌst, ˌæntaɪ-] *adj* : antimonopolista

**antiviral** [ˌæntiˈvaɪrəl, ˌæntaɪ-] *adj* : antiviral

**antivirus** [ˌæntiˈvaɪrəs, ˌæntaɪ-] *adj* → **antiviral**

**antivirus software** *n* : antivirus *m*

**antler** [ˈæntlər] *n* : asta *f*, cuerno *m*

**antonym** [ˈæntəˌnɪm] *n* : antónimo *m*

**anus** [ˈeɪnəs] *n* : ano *m*

**anvil** [ˈænvəl, -vɪl] *n* : yunque *m*

**anxiety** [æŋˈkˈzaɪət̬i] *n, pl* **-eties** **1** UNEASINESS : inquietud *f*, preocupación *f*, ansiedad *f* **2** APPREHENSION : ansiedad *f*, angustia *f*

**anxious** [ˈæŋkʃəs] *adj* **1** WORRIED : inquieto, preocupado, ansioso **2** WORRISOME : preocupante, inquietante **3** EAGER : ansioso, deseoso

**anxiously** [ˈæŋkʃəsli] *adv* : con inquietud, con ansiedad

**any**[1] [ˈɛni] *adv* **1** : algo ⟨is it any better? : ¿está (algo) mejor?⟩ ⟨I can't stand it any more : no lo soporto más⟩ ⟨do you want any more? : ¿quiere más?⟩ **2** : para nada ⟨it is not any good : no sirve para nada⟩

**any**[2] *adj* **1** : alguno ⟨is there any doubt? : ¿hay alguna duda?⟩ ⟨call me if you have any questions : llámeme si tiene alguna pregunta⟩ **2** : cualquier ⟨I can answer any question : puedo responder a cualquier pregunta⟩ **3** : todo ⟨in any case : en todo caso⟩ **4** : ningún ⟨he would not accept it under any circumstances : no lo aceptaría bajo ninguna circunstancia⟩

**any**[3] *pron* **1** : alguno ⟨are there any left? : ¿queda alguno?⟩ ⟨did you see any of the girls? : ¿viste a alguna de las chicas?⟩ **2** : ninguno ⟨I don't want any : no quiero ninguno⟩ ⟨I couldn't attend any of the meetings : no pude asistir a ninguna de las reuniones⟩

**anybody** [ˈɛniˌbʌdi, -ˌbɑ-] → **anyone**

**anyhow** [ˈɛniˌhaʊ] *adv* **1** HAPHAZARDLY : de cualquier manera **2** IN ANY CASE : de todos modos, en todo caso

**anymore** [ˌɛniˈmor] *adv* **1** : ya, ya más ⟨he doesn't dance anymore : ya no baila más⟩ **2** : todavía ⟨do they sing anymore? : ¿cantan todavía?⟩

**anyone** [ˈɛniˌwʌn] *pron* **1** : alguien ⟨is anyone here? : ¿hay alguien aquí?⟩ ⟨if anyone wants to come : si alguno quiere venir⟩ **2** : cualquiera ⟨anyone can play : cualquiera puede jugar⟩ **3** : nadie ⟨I don't want anyone here : no quiero a nadie aquí⟩

**anyplace** [ˈɛniˌpleɪs] → **anywhere**

**anything** [ˈɛniˌθɪŋ] *pron* **1** : algo, alguna cosa ⟨do you want anything (else)? : ¿quieres algo (más)?, ¿quieres alguna cosa (más)?⟩ **2** : nada ⟨hardly anything : casi nada⟩ **3** : cualquier cosa ⟨I eat anything : como de todo⟩ **4** ~ **but** : no . . . ni mucho menos ⟨he was anything but pleased : no estaba contento, ni mucho menos⟩ **5 anything goes** : todo vale **6** ~ **like** ⟨it wasn't anything like what I expected : no fue en absoluto lo que esperaba⟩ ⟨we don't have anything like enough : no tenemos suficiente, ni mucho menos⟩

**anytime** [ˈɛniˌt͡aɪm] *adv* : en cualquier momento, a cualquier hora, cuando sea

**anyway** [ˈɛniˌweɪ] *or* **anyways** [-ˌweɪz] → **anyhow**

**anywhere** [ˈɛniˌhwɛr] *adv* **1** : en algún sitio, en alguna parte ⟨do you see it anywhere? : ¿lo ves en alguna parte?⟩ **2** : en ningún sitio, por ninguna parte ⟨I can't find it anywhere : no puedo encontrarlo por ninguna parte⟩ **3** : en cualquier parte, dondequiera, donde sea ⟨put it anywhere : ponlo dondequiera⟩

**aorta** [eɪˈɔrt̬ə] *n, pl* **-tas** *or* **-tae** [-t̬i, -t̬aɪ] : aorta *f*

**Apache** [əˈpæt͡ʃi] *n, pl* **Apache** *or* **Apaches** : apache *mf*

**apart** [əˈpɑrt] *adv* **1** SEPARATELY : aparte, separadamente **2** ASIDE : aparte, a un lado **3 to fall apart** : deshacerse, hacerse pedazos **4 to take apart** : desmontar, desmantelar

**apartheid** [əˈpɑrˌt̬eɪt, -ˌt̬aɪt] *n* : apartheid *m*

**apartment** [əˈpɑrtmənt] *n* : apartamento *m*, departamento *m*, piso *m Spain*

**apartment building** *n* : bloque *m* de apartamentos/departamentos, bloque *m* de pisos *Spain*

**apathetic** [ˌæpəˈθɛtɪk] *adj* : apático, indiferente — **apathetically** [-tɪkli] *adv*
**apathy** [ˈæpəθi] *n* : apatía *f*, indiferencia *f*
**ape**[1] [ˈeɪp] *vt* **aped; aping** : imitar, remedar
**ape**[2] *n* : simio *m*; mono *m*, -na *f*
**aperitif** [əˌpɛrəˈti:f] *n* : aperitivo *m*
**aperture** [ˈæpərtʃər, -ˌtʃʊr] *n* : abertura *f*, rendija *f*, apertura *f* (en fotografía)
**apex** [ˈeɪˌpɛks] *n, pl* **apexes** *or* **apices** [ˈeɪpəˌsi:z, ˈæ-] : ápice *m*, cúspide *f*, cima *f*
**aphid** [ˈeɪfɪd, ˈæ-] *n* : áfido *m*
**aphorism** [ˈæfəˌrɪzəm] *n* : aforismo *m*
**aphrodisiac** [ˌæfrəˈdi:ziˌæk, -ˈdɪ-] *n* : afrodisíaco *m*
**apiary** [ˈeɪpiˌɛri] *n, pl* **-aries** : apiario *m*, colmenar *m*
**apiece** [əˈpi:s] *adv* : cada uno
**aplenty** [əˈplɛnti] *adj* : en abundancia
**aplomb** [əˈplɑm, -ˈplʌm] *n* : aplomo *m*
**apocalypse** [əˈpɑkəˌlɪps] *n* : apocalipsis *m*
**apocalyptic** [əˌpɑkəˈlɪptɪk] *adj* : apocalíptico
**apocrypha** [əˈpɑkrəfə] *n* : textos *mpl* apócrifos
**apocryphal** [əˈpɑkrəfəl] *adj* : apócrifo
**apolitical** [ˌeɪpəˈlɪtɪkəl] *adj* : apolítico
**apologetic** [əˌpɑləˈdʒɛtɪk] *adj* : lleno de disculpas
**apologetically** [əˌpɑləˈdʒɛtɪkli] *adv* : disculpándose, con aire de disculpas
**apologize** [əˈpɑləˌdʒaɪz] *vi* **-gized; -gizing** : disculparse, pedir perdón
**apology** [əˈpɑlədʒi] *n, pl* **-gies** : disculpa *f*, excusa *f*
**apoplectic** [ˌæpəˈplɛktɪk] *adj* : apoplético
**apoplexy** [ˈæpəˌplɛksi] *n* : apoplejía *f*
**apostasy** [əˈpɑstəsi] *n, pl* **-sies** : apostasía *f*
**apostate** [əˈpɑsˌteɪt] *n* : apóstata *mf*
**apostle** [əˈpɑsəl] *n* : apóstol *m*
**apostolic** [ˌæpəˈstɑlɪk] *adj* : apostólico
**apostrophe** [əˈpɑstrəˌfi:] *n* : apóstrofo *m* (ortográfico)
**apothecary** [əˈpɑθəˌkɛri] *n, pl* **-caries** : boticario *m*, -ria *f*
**app** [ˈæp] *n* : app *f*, aplicación *f*
**appall** [əˈpɔl] *vt* : consternar, horrorizar
**appalling** [əˈpɔlɪŋ] *adj* : atroz, horroroso
**apparatus** [ˌæpəˈræţəs, -ˈreɪ-] *n, pl* **-tuses** *or* **-tus** : aparato *m*, equipo *m*
**apparel** [əˈpærəl] *n* : atavío *m*, ropa *f*
**apparent** [əˈpærənt] *adj* **1** VISIBLE : visible **2** OBVIOUS : claro, evidente, manifiesto **3** SEEMING : aparente, ostensible
**apparently** [əˈpærəntli] *adv* : aparentemente, al parecer
**apparition** [ˌæpəˈrɪʃən] *n* : aparición *f*, visión *f*
**appeal**[1] [əˈpi:l] *vt* : apelar ⟨to appeal a decision : apelar contra una decisión⟩ — *vi* **1 to appeal for** : pedir, solicitar **2 to appeal to** : atraer a ⟨that doesn't appeal to me : eso no me atrae⟩
**appeal**[2] *n* **1** : apelación *f* (en derecho) **2** PLEA : ruego *m*, súplica *f* **3** ATTRACTION : atracción *f*, atractivo *m*, interés *m*
**appear** [əˈpɪr] *vi* **1** : aparecer, aparecerse, presentarse ⟨he suddenly appeared : apareció de repente⟩ **2** COME OUT : aparecer, salir, publicarse **3** : comparecer (ante el tribunal), actuar (en el teatro) **4** SEEM : parecer
**appearance** [əˈpɪrənts] *n* **1** APPEARING : aparición *f*, presentación *f*, comparecencia *f* (ante un tribunal), publicación *f* (de un libro) **2** LOOK : apariencia *f*, aspecto *m* **3 by all appearances** : según parece **4 to keep up appearances** : guardar las apariencias **5 to make an appearance** : hacer acto de presencia
**appease** [əˈpi:z] *vt* **-peased; -peasing** **1** CALM, PACIFY : aplacar, apaciguar, sosegar **2** SATISFY : satisfacer, mitigar
**appeasement** [əˈpi:zmənt] *n* : aplacamiento *m*, apaciguamiento *m*
**append** [əˈpɛnd] *vt* : agregar, añadir, adjuntar
**appendage** [əˈpɛndɪdʒ] *n* **1** ADDITION : apéndice *m*, añadidura *f* **2** LIMB : miembro *m*, extremidad *f*
**appendectomy** [ˌæpənˈdɛktəmi] *n, pl* **-mies** : apendicectomía *f*
**appendicitis** [əˌpɛndəˈsaɪţəs] *n* : apendicitis *f*
**appendix** [əˈpɛndɪks] *n, pl* **-dixes** *or* **-dices** [-dəˌsi:z] : apéndice *m*
**appetite** [ˈæpəˌtaɪt] *n* **1** CRAVING : apetito *m*, deseo *m*, ganas *fpl* **2** PREFERENCE : gusto *m*, preferencia *f* ⟨the cultural appetites of today : los gustos culturales de hoy⟩
**appetizer** [ˈæpəˌtaɪzər] *n* : aperitivo *m*, entremés *m*, botana *f Mex*, tapa *f Spain*
**appetizing** [ˈæpəˌtaɪzɪŋ] *adj* : apetecible, apetitoso — **appetizingly** [-zɪŋli] *adv*
**applaud** [əˈplɔd] *v* : aplaudir
**applause** [əˈplɔz] *n* : aplauso *m*
**apple** [ˈæpəl] *n* : manzana *f*
**apple tree** *n* : manzano *m*
**appliance** [əˈplaɪənts] *n* **1** : aparato *m* **2 household appliance** : electrodoméstico *m*, aparato *m* electrodoméstico
**applicability** [ˌæplɪkəˈbɪləţi, əˌplɪkə-] *n* : aplicabilidad *f*
**applicable** [ˈæplɪkəbəl, əˈplɪkə-] *adj* : aplicable, pertinente
**applicant** [ˈæplɪkənt] *n* : solicitante *mf*, aspirante *mf*, postulante *mf*; candidato *m*, -ta *f*
**application** [ˌæpləˈkeɪʃən] *n* **1** USE : aplicación *f*, empleo *m*, uso *m* **2** DILIGENCE : aplicación *f*, diligencia *f*, dedicación *f* **3** REQUEST : solicitud *f*, petición *f*, demanda *f* **4** PROGRAM : aplicación *f*, app *f*
**applicator** [ˈæpləˌkeɪţər] *n* : aplicador *m*
**appliqué**[1] [ˌæpləˈkeɪ] *vt* : decorar con apliques
**appliqué**[2] *n* : aplique *m*
**apply** [əˈplaɪ] *v* **-plied; -plying** *vt* **1** : aplicar (una sustancia, los frenos, el conocimiento) **2 to apply oneself** : dedicarse, aplicarse — *vi* **1** : aplicarse, referirse ⟨the rules apply to everyone : las reglas se aplican a todos⟩ **2 to apply for** : solicitar, pedir
**appoint** [əˈpɔɪnt] *vt* **1** NAME : nombrar, designar **2** FIX, SET : fijar, señalar, desig-

nar ⟨to appoint a date : fijar una fecha⟩ **3** EQUIP : equipar ⟨a well-appointed office : una oficina bien equipada⟩

**appointee** [əˌpɔɪnˈtiː, ˌæ-] *n* : persona *f* designada

**appointment** [əˈpɔɪntmənt] *n* **1** APPOINTING : nombramiento *m*, designación *f* **2** ENGAGEMENT : cita *f*, hora *f* ⟨to have/make an appointment : tener/concertar una cita⟩ **3** POST : puesto *m*

**apportion** [əˈpɔrʃən] *vt* : distribuir, repartir

**apportionment** [əˈpɔrʃənmənt] *n* : distribución *f*, repartición *f*, reparto *m*

**apposite** [ˈæpəzət] *adj* : apropiado, oportuno, pertinente — **appositely** *adv*

**appraisal** [əˈpreɪzəl] *n* : evaluación *f*, valoración *f*, tasación *f*, apreciación *f*

**appraise** [əˈpreɪz] *vt* **-praised; -praising** : evaluar, valorar, tasar, apreciar

**appraiser** [əˈpreɪzər] *n* : tasador *m*, -dora *f*

**appreciable** [əˈpriːʃəbəl, -ˈprɪʃiə-] *adj* : apreciable, sensible, considerable — **appreciably** [-bli] *adv*

**appreciate** [əˈpriːʃiˌeɪt, -ˈprɪ-] *v* **-ated; -ating** *vt* **1** VALUE : apreciar, valorar **2** : agradecer ⟨we appreciate his frankness : agradecemos su franqueza⟩ **3** UNDERSTAND : darse cuenta de, entender — *vi* : apreciarse, valorizarse

**appreciation** [əˌpriːʃiˈeɪʃən, -ˌprɪ-] *n* **1** GRATITUDE : agradecimiento *m*, reconocimiento *m* **2** VALUING : apreciación *f*, valoración *f*, estimación *f* ⟨art appreciation : apreciación artística⟩ **3** UNDERSTANDING : comprensión *f*, entendimiento *m*

**appreciative** [əˈpriːʃətɪv, -ˈprɪ-;, əˈpriːʃiˌeɪ-] *adj* **1** : apreciativo ⟨an appreciative audience : un público apreciativo⟩ **2** GRATEFUL : agradecido **3** ADMIRING : de admiración

**apprehend** [ˌæprɪˈhɛnd] *vt* **1** ARREST : aprehender, detener, arrestar **2** DREAD : temer **3** COMPREHEND : comprender, entender

**apprehension** [ˌæprɪˈhɛnʃən] *n* **1** ARREST : arresto *m*, detención *f*, aprehensión *f* **2** ANXIETY : aprensión *f*, ansiedad *f*, temor *m* **3** UNDERSTANDING : comprensión *f*, percepción *f*

**apprehensive** [ˌæprɪˈhɛnsɪv] *adj* : aprensivo, inquieto — **apprehensively** *adv*

**apprentice**[1] [əˈprɛntɪs] *vt* **-ticed; -ticing** : colocar de aprendiz

**apprentice**[2] *n* : aprendiz *m*, -diza *f*

**apprenticeship** [əˈprɛntɪsˌʃɪp] *n* : aprendizaje *f*

**apprise** [əˈpraɪz] *vt* **-prised; -prising** : informar, avisar

**approach**[1] [əˈproːtʃ] *vt* **1** NEAR : acercarse a **2** APPROXIMATE : aproximarse a **3** : abordar, dirigirse a ⟨I approached my boss with the proposal : me dirigí a mi jefe con la propuesta⟩ **4** TACKLE : abordar, enfocar, considerar — *vi* : acercarse, aproximarse

**approach**[2] *n* **1** NEARING : acercamiento *m*, aproximación *f* **2** POSITION : enfoque *m*, planteamiento *m* **3** OFFER : propuesta *f*, oferta *f* **4** ACCESS : acceso *m*, vía *f* de acceso

**approachable** [əˈproːtʃəbəl] *adj* : accesible, asequible

**approbation** [ˌæprəˈbeɪʃən] *n* : aprobación *f*

**appropriate**[1] [əˈproːpriˌeɪt] *vt* **-ated; -ating** **1** SEIZE : apropiarse de **2** ALLOCATE : destinar, asignar

**appropriate**[2] [əˈproːpriət] *adj* : apropiado, adecuado, idóneo — **appropriately** *adv*

**appropriateness** [əˈproːpriətnəs] *n* : idoneidad *f*, propiedad *f*

**appropriation** [əˌproːpriˈeɪʃən] *n* **1** SEIZURE : apropiación *f* **2** ALLOCATION : asignación *f*

**approval** [əˈpruːvəl] *n* **1** : aprobación *f*, visto *m* bueno **2 on approval** : a prueba

**approve** [əˈpruːv] *vt* **-proved; -proving** **1** : aprobar, sancionar, darle el visto bueno a **2 to approve of** : consentir en, aprobar ⟨he doesn't approve of smoking : está en contra del tabaco⟩

**approximate**[1] [əˈprɑksəˌmeɪt] *vt* **-mated; -mating** : aproximarse a, acercarse a

**approximate**[2] [əˈprɑksəmət] *adj* : aproximado

**approximately** [əˈprɑksəmətli] *adv* : aproximadamente, más o menos

**approximation** [əˌprɑksəˈmeɪʃən] *n* : aproximación *f*

**appurtenance** [əˈpərtənənts] *n* : accesorio *m*

**apricot** [ˈæprəˌkɑt, ˈeɪ-] *n* : albaricoque *m*, chabacano *m Mex*

**April** [ˈeɪprəl] *n* : abril *m* ⟨they arrived on the 23rd of April, they arrived on April 23rd : llegaron el 23 de abril⟩

**apron** [ˈeɪprən] *n* : delantal *m*, mandil *m*

**apropos**[1] [ˌæprəˈpoː, ˈæprəˌpoː] *adv* : a propósito

**apropos**[2] *adj* : pertinente, oportuno, acertado

**apropos of** *prep* : a propósito de

**apt** [ˈæpt] *adj* **1** FITTING : apto, apropiado, acertado, oportuno **2** LIABLE : propenso, inclinado **3** CLEVER, QUICK : listo, despierto

**aptitude** [ˈæptəˌtuːd, -ˌtjuːd] *n* **1** : aptitud *f*, capacidad *f* ⟨aptitude test : prueba de aptitud⟩ **2** TALENT : talento *m*, facilidad *f*

**aptly** [ˈæptli] *adv* : acertadamente

**aqua** [ˈækwə, ˈɑ-] *n* : color *m* aguamarina

**aquamarine** [ˌɑkwəməˈriːn, ˌæ-] *n* **1** : aguamarina *f* **2** → **aqua**

**aquarium** [əˈkwæriəm] *n, pl* **-iums** *or* **-ia** [-iə] : acuario *m*

**Aquarius** [əˈkwæriəs] *n* **1** : Acuario *m* (signo o constelación) **2** : Acuario *mf* (persona)

**aquatic** [əˈkwɑtɪk, -ˈkwæ-] *adj* : acuático

**aqueduct** [ˈækwəˌdʌkt] *n* : acueducto *m*

**aqueous** [ˈeɪkwiəs, ˈæ-] *adj* : acuoso

**aquiline** [ˈækwəˌlaɪn, -lən] *adj* : aguileño

**Arab**[1] [ˈærəb] *adj* : árabe

**Arab**[2] *n* : árabe *mf*

**arabesque** [ˌærəˈbɛsk] *n* : arabesco *m*

**Arabian**[1] [əˈreɪbiən] *adj* : árabe

**Arabian**[2] *n* → **Arab**[2]
**Arabic**[1] ['ærəbɪk] *adj* : árabe
**Arabic**[2] *n* : árabe *m* (idioma)
**arable** ['ærəbəl] *adj* : arable, cultivable
**arbiter** ['ɑrbətər] *n* : árbitro *m*, -tra *f*
**arbitrariness** ['ɑrbəˌtrɛrinəs] *n* : arbitrariedad *f*
**arbitrary** ['ɑrbəˌtrɛri] *adj* : arbitrario — **arbitrarily** [ˌɑrbəˈtrɛrəli] *adv*
**arbitrate** ['ɑrbəˌtreɪt] *v* **-trated; -trating** : arbitrar
**arbitration** [ˌɑrbəˈtreɪʃən] *n* : arbitraje *m*
**arbitrator** ['ɑrbəˌtreɪtər] *n* : árbitro *m*, -tra *f*
**arbor** ['ɑrbər] *n* : cenador *m*, pérgola *f*
**arboreal** [ɑrˈbɔriəl] *adj* : arbóreo
**arc**[1] ['ɑrk] *vi* **arced; arcing** : formar un arco
**arc**[2] *n* : arco *m*
**arcade** [ɑrˈkeɪd] *n* **1** ARCHES : arcada *f* **2** MALL : galería *f* comercial
**arcane** [ɑrˈkeɪn] *adj* : arcano, secreto, misterioso
**arch**[1] ['ɑrtʃ] *vt* : arquear — *vi* : formar un arco, arquearse
**arch**[2] *adj* **1** CHIEF : principal **2** MISCHIEVOUS : malicioso, pícaro
**arch**[3] *n* : arco *m*
**archaeological** [ˌɑrkiəˈlɑdʒɪkəl] *or* **archeological** *adj* : arqueológico
**archaeologist** [ˌɑrkiˈɑlədʒɪst] *or* **archeologist** *n* : arqueólogo *m*, -ga *f*
**archaeology** *or* **archeology** [ˌɑrkiˈɑlədʒi] *n* : arqueología *f*
**archaic** [ɑrˈkeɪnk] *adj* : arcaico — **archaically** [-ɪkli] *adv*
**archangel** ['ɑrkˌeɪnʤəl] *n* : arcángel *m*
**archbishop** [ɑrtʃˈbɪʃəp] *n* : arzobispo *m*
**archbishopric** [ɑrtʃˈbɪʃəprɪk] *n* : arzobispado *m*
**archdiocese** [ɑrtʃˈdaɪəsəs, -ˌsiːz, -ˌsiːs] *n* : arquidiócesis *f*, archidiócesis *f*
**archer** ['ɑrtʃər] *n* : arquero *m*, -ra *f*
**archery** ['ɑrtʃəri] *n* : tiro *m* al arco
**archetypal** [ˌɑrkɪˈtaɪpəl] *adj* : arquetípico
**archetype** ['ɑrkɪˌtaɪp] *n* : arquetipo *m*
**archipelago** [ˌɑrkəˈpɛləˌgoː, ˌɑrtʃə-] *n, pl* **-goes** *or* **-gos** [-goːz] : archipiélago *m*
**architect** ['ɑrkəˌtɛkt] *n* : arquitecto *m*, -ta *f*
**architectural** [ˌɑrkəˈtɛktʃərəl] *adj* : arquitectónico — **architecturally** *adv*
**architecture** ['ɑrkəˌtɛktʃər] *n* : arquitectura *f*
**archive**[1] ['ɑrˌkaɪv] *vt* **archived; archiving** : archivar
**archive**[2] *n or* **archives** ['ɑrˌkaɪvz] *npl* : archivo *m*
**archivist** ['ɑrkəvɪst, -ˌkaɪ-] *n* : archivero *m*, -ra *f*; archivista *mf*
**archway** ['ɑrtʃˌweɪ] *n* : arco *m*, pasadizo *m* abovedado
**arctic** ['ɑrktɪk, 'ɑrtʃ-] *adj* **1** : ártico ⟨arctic regions : zonas árticas⟩ **2** FRIGID : glacial
**arctic circle** *n* : círculo *m* ártico
**ardent** ['ɑrdənt] *adj* **1** PASSIONATE : ardiente, fogoso, apasionado **2** FERVENT : ferviente, fervoroso — **ardently** *adv*
**ardor** ['ɑrdər] *n* : ardor *m*, pasión *f*, fervor *m*
**arduous** ['ɑrʤuəs] *adj* : arduo, duro, riguroso — **arduously** *adv*
**arduousness** ['ɑrʤuəsnəs] *n* : dureza *f*, rigor *m*
**are** → **be**
**area** ['æriə] *n* **1** SURFACE : área *f*, superficie *f* **2** REGION : área *f*, región *f*, zona *f* **3** FIELD : área *f*, terreno *m*, campo *m* (de conocimiento)
**area code** *n* : código *m* de la zona, prefijo *m Spain*
**arena** [əˈriːnə] *n* **1** : arena *f*, estadio *m* ⟨sports arena : estadio deportivo⟩ **2** : arena *f*, ruedo *m* ⟨the political arena : el ruedo político⟩
**aren't** [ˈɑrənt] *contraction of* ARE NOT → **be**
**Argentine** ['ɑrʤənˌtaɪn, -ˌtiːn] *or* **Argentinean** *or* **Argentinian** [ˌɑrʤənˈtɪniən] *n* : argentino *m*, -na *f* — **Argentine** *or* **Argentinean** *or* **Argentinian** *adj*
**argon** ['ɑrˌgɑn] *n* : argón *m*
**argot** ['ɑrgət, -ˌgoː] *n* : argot *m*
**arguable** ['ɑrgjuəbəl] *adj* : discutible — **arguably** [-bli] *adv*
**argue** ['ɑrˌgjuː] *v* **-gued; -guing** *vi* **1** REASON : argumentar, argüir, razonar ⟨to argue for something : abogar por algo, argumentar a favor de algo⟩ ⟨to argue against something : argumentar en contra de algo⟩ **2** DISPUTE : discutir, pelear(se), alegar ⟨to argue about something : discutir por algo, pelear(se) por algo⟩ — *vt* **1** SUGGEST : sugerir **2** MAINTAIN : alegar, argüir, sostener **3** DISCUSS : discutir, debatir
**argument** ['ɑrgjəmənt] *n* **1** REASONING : argumento *m*, razonamiento *m* **2** DISCUSSION : discusión *f*, debate *m* **3** QUARREL : pelea *f*, riña *f*, disputa *f*
**argumentative** [ˌɑrgjəˈmɛntətɪv] *adj* : discutidor
**argyle** ['ɑrˌgaɪl] *n* : diseño *m* de rombos
**aria** ['ɑriə] *n* : aria *f*
**arid** ['ærəd] *adj* : árido
**aridity** [əˈrɪdəti, æ-] *n* : aridez *f*
**Aries** ['ɛriːz, -iˌiːz] *n* **1** : Aries *m* (signo o constelación) **2** : Aries *mf* (persona)
**arise** [əˈraɪz] *vi* **arose** [əˈroːz]; **arisen** [əˈrɪzən]; **arising** **1** ASCEND : ascender, subir, elevarse **2** ORIGINATE : originarse, surgir, presentarse **3** GET UP : levantarse
**aristocracy** [ˌærəˈstɑkrəsi] *n, pl* **-cies** : aristocracia *f*
**aristocrat** [əˈrɪstəˌkræt] *n* : aristócrata *mf*
**aristocratic** [əˌrɪstəˈkræʧɪk] *adj* : aristocrático, noble
**arithmetic**[1] [ˌærɪθˈmɛʧɪk] *or* **arithmetical** [-ʧɪkəl] *adj* : aritmético
**arithmetic**[2] [əˈrɪθməˌtɪk] *n* : aritmética
**ark** [ˈɑrk] *n* : arca *f*
**arm**[1] ['ɑrm] *vt* : armar — *vi* : armarse
**arm**[2] *n* **1** : brazo *m* (del cuerpo, de un sillón, de una máquina), manga *f* (de una prenda) ⟨he took her (by the) arm : la tomó del brazo⟩ **2** BRANCH : rama *f*, sección *f* **3** WEAPON : arma *f* ⟨to take up arms : tomar las armas⟩ **4** ~ **in** ~ : del brazo **5** → **coat of arms**

**armada** [ɑrˈmɑdə, -ˈmeɪ-] *n* : armada *f*, flota *f*

**armadillo** [ˌɑrməˈdɪlo] *n, pl* **-los** : armadillo *m*

**armament** [ˈɑrməmənt] *n* : armamento *m*

**armband** [ˈɑrmˌbænd] *n* : brazalete *m*

**armchair** [ˈɑrmˌtʃɛr] *n* : butaca *f*, sillón *m*

**armed** [ˈɑrmd] *adj* **1** : armado ⟨armed robbery : robo a mano armada⟩ **2 armed forces** : fuerzas *fpl* armadas **3** (*used in combination*) : de brazos ⟨long-armed : de brazos largos⟩ ⟨one-armed : manco⟩

**Armenian** [ɑrˈmiːniən] *n* : armenio *m*, -nia *f* — **Armenian** *adj*

**armistice** [ˈɑrməstɪs] *n* : armisticio *m*

**armor** [ˈɑrmər] *n* : armadura *f*, coraza *f*

**armored** [ˈɑrmərd] *adj* : blindado, acorazado

**armory** [ˈɑrmərɪ] *n, pl* **-mories** : arsenal *m* (almacén), armería *f* (museo), fábrica *f* de armas

**armpit** [ˈɑrmˌpɪt] *n* : axila *f*, sobaco *m*

**armrest** [ˈɑrmˌrɛst] *n* : apoyabrazos *m*

**army** [ˈɑrmi] *n, pl* **-mies** **1** : ejército *m* (militar) **2** MULTITUDE : legión *f*, multitud *f*, ejército *m*

**aroma** [əˈroːmə] *n* : aroma *f*

**aromatic** [ˌærəˈmætɪk] *adj* : aromático

**around**[1] [əˈraʊnd] *adv* **1** : en un círculo ⟨to go around (and around) : dar vueltas⟩ ⟨to turn around : darse la vuelta, voltearse⟩ ⟨the road goes around the lake : la carretera bordea el lago⟩ **2** : de circunferencia ⟨a tree three feet around : un árbol de tres pies de circunferencia⟩ **3** : alrededor ⟨for miles around : por millas a la redonda⟩ ⟨all around : por todos lados, todo alrededor⟩ ⟨he looked around : miró a su alrededor⟩ ⟨they crowded around to watch : se aglomeraron para observar⟩ **4** : por ahí ⟨they're around somewhere : deben estar por ahí⟩ ⟨there was no one around : no había nadie⟩ ⟨is your mother around? : ¿está tu madre?⟩ ⟨I'll see you around! : ¡nos vemos!⟩ **5** : por/en muchas partes ⟨to wander around : deambular⟩ ⟨scattered around : esparcidos⟩ **6** APPROXIMATELY : más o menos, aproximadamente ⟨around 5 o'clock : a eso de las 5⟩ ⟨it's around 50 dollars : cuesta unos 50 dólares⟩ **7 the wrong way around** : al revés

**around**[2] *prep* **1** SURROUNDING : alrededor de, en torno a **2** THROUGH : por, en ⟨he traveled around Mexico : viajó por México⟩ ⟨around the house : en casa⟩ **3** : a la vuelta de ⟨around the corner : a la vuelta de la esquina⟩ **4** NEAR : alrededor de, cerca de

**arousal** [əˈraʊzəl] *n* : excitación *f*

**arouse** [əˈraʊz] *vt* **aroused; arousing** **1** AWAKE : despertar **2** EXCITE : despertar, suscitar, excitar

**arraign** [əˈreɪn] *vt* : hacer comparecer (ante un tribunal)

**arraignment** [əˈreɪnmənt] *n* : orden *m* de comparecencia, acusación *f*

**arrange** [əˈreɪnʤ] *vt* **-ranged; -ranging** **1** ORDER : arreglar, poner en orden, disponer **2** SETTLE : arreglar, fijar, concertar **3** ADAPT : arreglar, adaptar

**arrangement** [əˈreɪnʤmənt] *n* **1** ORDER : arreglo *m*, orden *m* **2** ARRANGING : disposición *f* ⟨floral arrangement : arreglo floral⟩ **3** AGREEMENT : arreglo *m*, acuerdo *m*, convenio *m* **4 arrangements** *npl* : preparativos *mpl*, planes *mpl*

**array**[1] [əˈreɪ] *vt* **1** ORDER : poner en orden, presentar, formar **2** GARB : vestir, ataviar, engalanar

**array**[2] *n* **1** ORDER : orden *m*, formación *f* **2** ATTIRE : atavío *m*, galas *mpl* **3** RANGE, SELECTION : selección *f*, serie *f*, gama *f* ⟨an array of problems : una serie de problemas⟩

**arrears** [əˈrɪrz] *npl* : atrasos *mpl* ⟨to be in arrears : estar atrasado en los pagos⟩

**arrest**[1] [əˈrɛst] *vt* **1** APPREHEND : arrestar, detener **2** CHECK, STOP : detener, parar

**arrest**[2] *n* **1** APPREHENSION : arresto *m*, detención *f* ⟨under arrest : detenido⟩ **2** STOPPING : paro *m*

**arrival** [əˈraɪvəl] *n* : llegada *f*, venida *f*, arribo *m*

**arrive** [əˈraɪv] *vi* **-rived; -riving** **1** COME : llegar, arribar **2** SUCCEED : triunfar, tener éxito

**arrogance** [ˈærəgənʦ] *n* : arrogancia *f*, soberbia *f*, altanería *f*, altivez *f*

**arrogant** [ˈærəgənt] *adj* : arrogante, soberbio, altanero, altivo — **arrogantly** *adv*

**arrogate** [ˈærəˌgeɪt] *vt* **-gated; -gating to arrogate to oneself** : arrogarse

**arrow** [ˈæro] *n* : flecha *f*

**arrowhead** [ˈæroˌhɛd] *n* : punta *f* de flecha

**arroyo** [əˈrɔɪo] *n* : arroyo *m*

**arsenal** [ˈɑrsənəl] *n* : arsenal *m*

**arsenic** [ˈɑrsənɪk] *n* : arsénico *m*

**arson** [ˈɑrsən] *n* : incendio *m* premeditado

**arsonist** [ˈɑrsənɪst] *n* : incendiario *m*, -ria *f*; pirómano *m*, -na *f*

**art** [ˈɑrt] *n* **1** : arte *m* **2** SKILL : destreza *f*, habilidad *f*, maña *f* **3 arts** *npl* : letras *fpl* (en la educación) **4 arts and crafts** : artes y oficios **5 fine arts** : bellas artes *fpl*

**arterial** [ɑrˈtɪriəl] *adj* : arterial

**arteriosclerosis** [ɑrˌtɪrioskləˈroːsɪs] *n* : arteriosclerosis *f*

**artery** [ˈɑrtəri] *n, pl* **-teries** **1** : arteria *f* **2** THOROUGHFARE : carretera *f* principal, arteria *f*

**artful** [ˈɑrtfəl] *adj* **1** INGENIOUS : ingenioso, diestro **2** CRAFTY : astuto, taimado, ladino, artero — **artfully** *adv*

**art gallery → gallery**

**arthritic** [ɑrˈθrɪʧɪk] *adj* : artrítico

**arthritis** [ɑrˈθraɪʧəs] *n, pl* **-tides** [ɑrˈθrɪʧəˌdiːz] : artritis *f*

**arthropod** [ˈɑrθrəˌpɑd] *n* : artrópodo *m*

**artichoke** [ˈɑrʧəˌʧoːk] *n* : alcachofa *f*

**article** [ˈɑrtɪkəl] *n* **1** ITEM : artículo *m*, objeto *m* **2** ESSAY : artículo *m* **3** CLAUSE : artículo *m*, cláusula *f* **4** : artículo *m* ⟨definite article : artículo determinado⟩

**articulate**[1] [ɑrˈtɪkjəˌleɪt] *vt* **-lated; -lating** **1** UTTER : articular, enunciar, expresar **2** CONNECT : articular (en anatomía)
**articulate**[2] [ɑrˈtɪkjələt] *adj* **to be articulate** : poder articular palabras, expresarse bien
**articulately** [ɑrˈtɪkjələtlɪ] *adv* : elocuentemente, con fluidez
**articulateness** [ɑrˈtɪkjələtnəs] *n* : elocuencia *f*, fluidez *f*
**articulation** [ɑrˌtɪkjəˈleɪʃən] *n* **1** JOINT : articulación *f* **2** UTTERANCE : articulación *f*, declaración *f* **3** ENUNCIATION : articulación *f*, pronunciación *f*
**artifact** [ˈɑrtəˌfækt] *n* : artefacto *m*
**artifice** [ˈɑrtəfəs] *n* : artificio *m*
**artificial** [ˌɑrtəˈfɪʃəl] *adj* **1** SYNTHETIC : artificial, sintético **2** FEIGNED : artificial, falso, afectado
**artificially** [ˌɑrtəˈfɪʃəlɪ] *adv* : artificialmente, con afectación
**artillery** [ɑrˈtɪlərɪ] *n, pl* **-leries** : artillería *f*
**artisan** [ˈɑrtəzən, -sən] *n* : artesano *m*, -na *f*
**artist** [ˈɑrtɪst] *n* : artista *mf*
**artistic** [ɑrˈtɪstɪk] *adj* : artístico — **artistically** [-tɪklɪ] *adv*
**artistry** [ˈɑrtəstrɪ] *n* : maestría *f*, arte *m*
**artless** [ˈɑrtləs] *adj* : sencillo, natural, ingenuo, cándido — **artlessly** *adv*
**artlessness** [ˈɑrtləsnəs] *n* : ingenuidad *f*, candidez *f*
**artwork** [ˈɑrtˌwərk] *n* **1** : obra *f* de arte **2** WORKS : arte *f*, obra *f* **3** ILLUSTRATIONS : material *m* gráfico
**arty** [ˈɑrtɪ] *or* **artsy** [ˈɑrtsɪ] *adj* **artier; -est** : pretenciosamente artístico
**as**[1] [ˈæz] *adv* **1** : tan, tanto ⟨this one's not as difficult : éste no es tan difícil⟩ ⟨he has a lot of time, but I don't have as much : él tiene mucho tiempo, pero yo no tengo tanto⟩ ⟨he was angry, but she was just as angry : él estaba enojado, pero ella estaba tan enojada como él⟩ **2** SUCH AS : como ⟨some trees, as oak and pine : algunos árboles, como el roble y el pino⟩
**as**[2] *conj* **1** LIKE : como, igual que ⟨(as) white as snow : blanca como la nieve⟩ ⟨she's as smart/guilty as he is : ella es tan inteligente/culpable como él⟩ ⟨she's Italian, as am I : es italiana, igual que yo⟩ ⟨she believes it, as do I : ella lo cree, y yo también⟩ ⟨twice as big as : el doble de grande que⟩ ⟨as soon as possible : lo más pronto posible⟩ **2** : como ⟨do (it) as I do : haz como yo⟩ ⟨knowing him as I do : conociéndolo como lo conozco⟩ ⟨as it happens . . . : da la casualidad de que . . .⟩ ⟨as is often/usually the case : como suele ocurrir⟩ ⟨as was to be expected : como era de esperar⟩ **3** WHEN, WHILE : cuando, mientras, a la vez que ⟨I saw it as I was leaving : lo vi cuando salía⟩ **4** BECAUSE : porque ⟨as I was tired, I stayed home : porque estaba cansada, me quedé en casa⟩ **5** THOUGH : aunque, por más que ⟨strange as it may appear : por extraño que parezca⟩ ⟨much as it pains me to say so : aunque me da pena decirlo⟩ ⟨try as he might : por más que trataba⟩ **6 as for** CONCERNING : en cuanto a **7 as if** : como si ⟨it looks as if : parece que⟩ ⟨as if I weren't there : como si yo no estuviera ahí⟩ **8 as is** : tal (y) como está ⟨it's being sold as is : se vende tal como está⟩ **9 as it is** : tal (y) como está ⟨leave it as it is : déjalo tal como está⟩ **10 as it is** ALREADY : ya ⟨we have too much to do as it is : ya tenemos demasiado que hacer⟩ **11 as of** : a partir de **12 as to** CONCERNING : en cuanto a ⟨I'm at a loss as to how to explain it : no sé como explicarlo⟩ **13 so as** IN ORDER TO : para
**as**[3] *prep* **1** : de ⟨I met her as a child : la conocí de pequeña⟩ ⟨he works as a secretary : trabaja de secretario⟩ **2** LIKE : como ⟨behave as a man : compórtate como un hombre⟩ ⟨I'm telling you this as a friend : te lo digo como amigo⟩
**as**[4] *pron* : que ⟨in the same building as my brother : en el mismo edificio que mi hermano⟩
**asbestos** [æzˈbɛstəs, æs-] *n* : asbesto *m*, amianto *m*
**ascend** [əˈsɛnd] *vi* : ascender, subir — *vt* : subir, subir a, escalar
**ascendancy** [əˈsɛndənsɪ] *n* : ascendiente *m*, predominio *m*
**ascendant**[1] [əˈsɛndənt] *adj* **1** RISING : ascendente **2** DOMINANT : superior, dominante
**ascendant**[2] *n* **to be in the ascendant** : estar en alza, ir ganando predominio
**ascension** [əˈsɛnʃən] *n* : ascensión *f*
**ascent** [əˈsɛnt] *n* **1** RISE : ascensión *f*, subida *f*, ascenso *m* **2** SLOPE : cuesta *f*, pendiente *f*
**ascertain** [ˌæsərˈteɪn] *vt* : determinar, establecer, averiguar
**ascetic**[1] [əˈsɛtɪk] *adj* : ascético
**ascetic**[2] *n* : asceta *mf*
**asceticism** [əˈsɛtəˌsɪzəm] *n* : ascetismo *m*
**ascribable** [əˈskraɪbəbəl] *adj* : atribuible, imputable
**ascribe** [əˈskraɪb] *vt* **-cribed; -cribing** : atribuir, imputar
**aseptic** [eɪˈsɛptɪk] *adj* : aséptico
**asexual** [ˌeɪˈsɛkʃʊəl] *adj* : asexual
**as for** *prep* CONCERNING : en cuanto a, respecto a, para
**ash** [ˈæʃ] *n* **1** : ceniza *f* ⟨to reduce to ashes : reducir a cenizas⟩ **2** : fresno *m* (árbol)
**ashamed** [əˈʃeɪmd] *adj* : avergonzado, abochornado, apenado — **ashamedly** [əˈʃeɪmədlɪ] *adv*
**ashen** [ˈæʃən] *adj* : lívido, ceniciento, pálido
**ashore** [əˈʃor] *adv* **1** : en tierra **2 to go ashore** : desembarcar
**ashtray** [ˈæʃˌtreɪ] *n* : cenicero *m*
**Ash Wednesday** *n* : Miércoles *m* de Ceniza
**Asian**[1] [ˈeɪʒən, -ʃən] *adj* : asiático
**Asian**[2] *n* : asiático *m*, -ca *f*
**aside** [əˈsaɪd] *adv* **1** : a un lado ⟨to step aside : hacerse a un lado⟩ **2** : de lado, aparte ⟨jesting aside : bromas aparte⟩ **3 to set aside** : guardar, apartar, reservar

**aside from** *prep* **1** BESIDES : además de **2** EXCEPT : aparte de, menos
**as if** *conj* : como si
**asinine** [ˈæsənˌaɪn] *adj* : necio, estúpido
**ask** [ˈæsk] *vt* **1** : preguntar ⟨to ask a question : hacer una pregunta⟩ ⟨ask him if he's coming : pregúntale si viene⟩ **2** REQUEST : pedir, solicitar ⟨to ask someone (for) a favor, to ask a favor of someone : pedirle un favor a alguien⟩ **3** INVITE : invitar ⟨she asked us to the party : nos invitó a la fiesta⟩ ⟨we asked them over for dinner : los invitamos a cenar⟩ ⟨he asked her out : la invitó a salir⟩ — *vi* **1** INQUIRE : preguntar ⟨I asked about/after her children : pregunté por sus niños⟩ **2** REQUEST : pedir ⟨we asked for help : pedimos ayuda⟩ ⟨if you need help, ask : si necesitas ayuda, pídela⟩ **3 to ask for it/trouble** : buscársela
**askance** [əˈskæns] *adv* **1** SIDELONG : de reojo, de soslayo **2** SUSPICIOUSLY : con recelo, con desconfianza
**askew** [əˈskjuː] *adj* : torcido, ladeado
**asleep** [əˈsliːp] *adj* **1** : dormido, durmiendo **2 to fall asleep** : quedarse dormido
**as of** *prep* : desde, a partir de
**asparagus** [əˈspærəgəs] *n* : espárrago *m*
**aspect** [ˈæˌspɛkt] *n* : aspecto *m*
**aspen** [ˈæspən] *n* : álamo *m* temblón
**asperity** [æˈspɛrəṭi, ə-] *n, pl* **-ties** : aspereza *f*
**aspersion** [əˈspərʒən] *n* : difamación *f*, calumnia *f*
**asphalt** [ˈæsˌfɔlt] *n* : asfalto *m*
**asphyxia** [æˈsfɪksiə, ə-] *n* : asfixia *f*
**asphyxiate** [æˈsfɪksiˌeɪt] *v* **-ated; -ating** *vt* : asfixiar — *vi* : asfixiarse
**asphyxiation** [æˌsfɪksiˈeɪʃən] *n* : asfixia *f*
**aspirant** [ˈæspərənt, əˈspaɪrənt] *n* : aspirante *mf*, pretendiente *mf*
**aspiration** [ˌæspəˈreɪʃən] *n* **1** DESIRE : aspiración *f*, anhelo *m*, ambición *f* **2** BREATHING : aspiración *f*
**aspire** [əˈspaɪr] *vi* **-pired; -piring** : aspirar
**aspirin** [ˈæsprən, ˈæspə-] *n, pl* **aspirin** *or* **aspirins** : aspirina *f*
**ass** [ˈæs] *n* **1** : asno *m* **2** IDIOT : imbécil *mf*, idiota *mf*
**assail** [əˈseɪl] *vt* : atacar, asaltar
**assailant** [əˈseɪlənt] *n* : asaltante *mf*, atacante *mf*
**assassin** [əˈsæsən] *n* : asesino *m*, -na *f*
**assassinate** [əˈsæsənˌeɪt] *vt* **-nated; -nating** : asesinar
**assassination** [əˌsæsənˈeɪʃən] *n* : asesinato *m*
**assault**[1] [əˈsɔlt] *vt* : atacar, asaltar, agredir
**assault**[2] *n* : ataque *m*, asalto *m*, agresión *f*
**assay**[1] [æˈseɪ, ˈæˌseɪ] *vt* : ensayar
**assay**[2] [ˈæˌseɪ, æˈseɪ] *n* : ensayo *m*
**assemble** [əˈsɛmbəl] *v* **-bled; -bling** *vt* **1** GATHER : reunir, recoger, juntar **2** CONSTRUCT : ensamblar, montar, construir — *vi* : reunirse, congregarse
**assembly** [əˈsɛmbli] *n, pl* **-blies** **1** MEETING : reunión *f* **2** CONSTRUCTING : ensamblaje *m*, montaje *m*
**assembly line** *n* : cadena *f* de montaje
**assemblyman** [əˈsɛmblimən] *n, pl* **-men** [-mən, -ˌmɛn] : asambleísta *m*
**assemblywoman** [əˈsɛmbliˌwʊmən] *n, pl* **-women** [-ˌwɪmən] : asambleísta *f*
**assent**[1] [əˈsɛnt] *vi* : asentir, consentir
**assent**[2] *n* : asentimiento *m*, aprobación *f*
**assert** [əˈsərt] *vt* **1** AFFIRM : afirmar, aseverar, mantener **2 to assert oneself** : imponerse, hacerse valer
**assertion** [əˈsərʃən] *n* : afirmación *f*, aseveración *f*, aserto *m*
**assertive** [əˈsərṭɪv] *adj* : firme, enérgico
**assertiveness** [əˈsərṭɪvnəs] *n* : seguridad *f* en sí mismo
**assess** [əˈsɛs] *vt* **1** IMPOSE : gravar (un impuesto), imponer **2** EVALUATE : evaluar, valorar, aquilatar
**assessment** [əˈsɛsmənt] *n* : evaluación *f*, valoración *f*
**assessor** [əˈsɛsər] *n* : evaluador *m*, -dora *f*; tasador *m*, -dora *f*
**asset** [ˈæˌsɛt] *n* **1** : ventaja *f*, recurso *m* **2 assets** *npl* : bienes *mpl*, activo *m* ⟨assets and liabilities : activo y pasivo⟩
**assiduous** [əˈsɪʤʊəs] *adj* : diligente, aplicado, asiduo — **assiduously** *adv*
**assign** [əˈsaɪn] *vt* **1** APPOINT : designar, nombrar **2** ALLOT : asignar, señalar **3** ATTRIBUTE : atribuir, dar, conceder
**assignment** [əˈsaɪnmənt] *n* **1** TASK : función *f*, tarea *f*, misión *f* **2** HOMEWORK : tarea *f*, asignación *f PRi*, deberes *mpl Spain* **3** APPOINTMENT : nombramiento *m* **4** ALLOCATION : asignación *f*
**assimilate** [əˈsɪməˌleɪt] *v* **-lated; -lating** *vt* : asimilar — *vi* : adaptarse, integrarse
**assimilation** [əˌsɪməˈleɪʃən] *n* : asimilación *f*
**assist**[1] [əˈsɪst] *vt* : asistir, ayudar
**assist**[2] *n* : asistencia *f*, contribución *f*
**assistance** [əˈsɪstənʃs] *n* : asistencia *f*, ayuda *f*, auxilio *m*
**assistant** [əˈsɪstənt] *n* : ayudante *mf*, asistente *mf*
**associate**[1] [əˈsoːʃiˌeɪt, -si-] *v* **-ated; -ating** *vt* **1** CONNECT, RELATE : asociar, relacionar **2 to be associated with** : estar relacionado con, estar vinculado a — *vi* **to associate with** : relacionarse con, frecuentar
**associate**[2] [əˈsoːʃiət, -siət] *n* : asociado *m*, -da *f*; colega *mf*; socio *m*, -cia *f*
**association** [əˌsoːʃiˈeɪʃən, -si-] *n* **1** ORGANIZATION : asociación *f*, sociedad *f* **2** RELATIONSHIP : asociación *f*, relación *f*
**as soon as** *conj* : en cuanto, tan pronto como
**assorted** [əˈsɔrṭəd] *adj* : surtido
**assortment** [əˈsɔrtmənt] *n* : surtido *m*, variedad *f*, colección *f*
**assuage** [əˈsweɪʤ] *vt* **-suaged; -suaging** **1** EASE : aliviar, mitigar **2** CALM : calmar, aplacar **3** SATISFY : saciar, satisfacer
**assume** [əˈsuːm] *vt* **-sumed; -suming** **1** SUPPOSE : suponer, asumir **2** UNDERTAKE : asumir, encargarse de **3** TAKE ON : adquirir, adoptar, tomar ⟨to assume importance : tomar importancia⟩ **4** FEIGN : adoptar, afectar, simular

**assumed** [əˈsuːmd] *adj* : fingido, falso ⟨an assumed air of confidence : un aire de falsa confianza⟩ ⟨an assumed name : un nombre falso/ficticio/supuesto, un seudónimo⟩

**assumption** [əˈsʌmpʃən] *n* : asunción *f*, presunción *f*

**assurance** [əˈʃʊrənts] *n* **1** CERTAINTY : certidumbre *f*, certeza *f* **2** CONFIDENCE : confianza *f*, aplomo *m*, seguridad *f*

**assure** [əˈʃʊr] *vt* **-sured; -suring** : asegurar, garantizar ⟨I assure you that I'll do it : te aseguro que lo haré⟩

**assured** [əˈʃʊrd] *adj* **1** CERTAIN : seguro, asegurado **2** CONFIDENT : confiado, seguro de sí mismo

**aster** [ˈæstər] *n* : aster *m*

**asterisk** [ˈæstəˌrɪsk] *n* : asterisco *m*

**astern** [əˈstərn] *adv* **1** BEHIND : detrás, a popa **2** BACKWARDS : hacia atrás

**asteroid** [ˈæstəˌrɔɪd] *n* : asteroide *m*

**asthma** [ˈæzmə] *n* : asma *m*

**asthmatic** [æzˈmætɪk] *adj* : asmático

**as though** → **as if**

**astigmatism** [əˈstɪgməˌtɪzəm] *n* : astigmatismo *m*

**as to** *prep* **1** ABOUT : sobre, acerca de **2** → **according to**

**astonish** [əˈstɑnɪʃ] *vt* : asombrar, sorprender, pasmar

**astonishing** [əˈstɑnɪʃɪŋ] *adj* : asombroso, sorprendente, increíble — **astonishingly** *adv*

**astonishment** [əˈstɑnɪʃmənt] *n* : asombro *m*, estupefacción *f*, sorpresa *f*

**astound** [əˈstaʊnd] *vt* : asombrar, pasmar, dejar estupefacto

**astounding** [əˈstaʊndɪŋ] *adj* : asombroso, pasmoso — **astoundingly** *adv*

**astraddle** [əˈstrædəl] *adv* : a horcajadas

**astral** [ˈæstrəl] *adj* : astral

**astray** [əˈstreɪ] *adv & adj* : perdido, extraviado, descarriado

**astride** [əˈstraɪd] *adv* : a horcajadas

**astringency** [əˈstrɪnʤənt͡si] *n* : astringencia *f*

**astringent**[1] [əˈstrɪnʤənt] *adj* : astringente

**astringent**[2] *n* : astringente *m*

**astrologer** [əˈstrɑləʤər] *n* : astrólogo *m*, -ga *f*

**astrological** [ˌæstrəˈlɑʤɪkəl] *adj* : astrológico

**astrology** [əˈstrɑləʤi] *n* : astrología *f*

**astronaut** [ˈæstrəˌnɔt] *n* : astronauta *mf*

**astronautic** [ˌæstrəˈnɔtɪk] *or* **astronautical** [-ɪkəl] *adj* : astronáutico

**astronautics** [ˌæstrəˈnɔtɪks] *ns & pl* : astronáutica *f*

**astronomer** [əˈstrɑnəmər] *n* : astrónomo *m*, -ma *f*

**astronomical** [ˌæstrəˈnɑmɪkəl] *adj* **1** : astronómico **2** ENORMOUS : astronómico, enorme, gigantesco

**astronomy** [əˈstrɑnəmi] *n, pl* **-mies** : astronomía *f*

**astute** [əˈstuːt, -ˈstjuːt] *adj* : astuto, sagaz, perspicaz — **astutely** *adv*

**astuteness** [əˈstuːtnəs, -ˈstjuːt-] *n* : astucia *f*, sagacidad *f*, perspicacia *f*

**asunder** [əˈsʌndər] *adv* : en dos, en pedazos ⟨to tear asunder : hacer pedazos⟩

**as well as**[1] *conj* : tanto como

**as well as**[2] *prep* BESIDES : además de, aparte de

**as yet** *adv* : aún, todavía

**asylum** [əˈsaɪləm] *n* **1** REFUGE : refugio *m*, santuario *m*, asilo *m* **2 insane asylum** : manicomio *m*

**asymmetrical** [ˌeɪsɪˈmɛtrɪkəl] *or* **asymmetric** [-ˈmɛtrɪk] *adj* : asimétrico

**asymmetry** [ˌeɪˈsɪmətri] *n* : asimetría *f*

**at** [ˈæt] *prep* **1** (*indicating location*) : en, a ⟨at the top : en lo alto⟩ ⟨at the rear : al fondo⟩ ⟨at Ann's house : en casa de Ana⟩ ⟨is she at home? : ¿está en casa?⟩ ⟨he was sitting at the table : estaba sentado a la mesa⟩ ⟨someone is knocking at the door : llaman a la puerta⟩ **2** (*indicating the recipient of an action, motion, or feeling*) ⟨she shouted at me : me gritó⟩ ⟨don't look at me! : ¡a mí no me mires!⟩ ⟨he's laughing at you : está riéndose de ti⟩ ⟨to be angry at someone : estar enojado con alguien⟩ **3** (*indicating a reaction or cause*) ⟨he laughed at the joke : se rió con el chiste⟩ ⟨to be surprised at something : sorprenderse por algo⟩ ⟨at the invitation of : por invitación de⟩ **4** (*indicating an activity or state*) ⟨children who are at play : niños que están jugando⟩ ⟨you're good at this : eres bueno para esto⟩ ⟨he's at peace now : ahora descansa en paz⟩ ⟨at peace/war : en paz/guerra⟩ ⟨to be at risk : peligrar⟩ **5** (*used for the symbol @*) : arroba ⟨at merriam-webster dot com : arroba merriam-webster punto com⟩ **6** (*indicating a rate or measure*) : a ⟨at 80 miles an hour : a 80 millas por hora⟩ ⟨they sell at a dollar each : se venden a un dólar cada uno⟩ **7** (*indicating an age or time*) : a ⟨at ten o'clock : a las diez⟩ ⟨at age 65 : a los 65 años (de edad)⟩ ⟨at last : por fin⟩ **8 at it** ⟨while we're at it : ya que estamos (en ello)⟩ ⟨they're at it again! : ¡ya empezaron otra vez!⟩

**at all** *adv* : en absoluto, para nada

**ate** → **eat**

**atheism** [ˈeɪθiˌɪzəm] *n* : ateísmo *m*

**atheist** [ˈeɪθiɪst] *n* : ateo *m*, atea *f*

**atheistic** [ˌeɪθiˈɪstɪk] *adj* : ateo

**athlete** [ˈæθˌliːt] *n* : atleta *mf*

**athletic** [æθˈlɛtɪk] *adj* : atlético

**athletics** [æθˈlɛtɪks] *ns & pl* : atletismo *m*

**Atlantic** [ətˈlæntɪk, æt-] *adj* : atlántico

**atlas** [ˈætləs] *n* : atlas *m*

**ATM** [ˌeɪˌtiːˈɛm] *n* : cajero *m* automático

**atmosphere** [ˈætməˌsfɪr] *n* **1** AIR : atmósfera *f*, aire *m* **2** AMBIENCE : ambiente *m*, atmósfera *f*, clima *m*

**atmospheric** [ˌætməˈsfɪrɪk, -ˈsfɛr-] *adj* : atmosférico — **atmospherically** [-ɪkli] *adv*

**atoll** [ˈæˌtɔl, ˈeɪ-, -ˌtɑl] *n* : atolón *m*

**atom** [ˈæʧəm] *n* **1** : átomo *m* **2** SPECK : ápice *m*, pizca *f*

**atomic** [əˈtɑmɪk] *adj* : atómico

**atomic bomb** *n* : bomba *f* atómica

**atomizer** [ˈæʧəˌmaɪzər] *n* : atomizador *m*, pulverizador *m*

**atone** [ə'to:n] *vt* **atoned; atoning to atone for** : expiar

**atonement** [ə'to:nmənt] *n* : expiación *f*, desagravio *m*

**atop**[1] [ə'tɑp] *adj* : encima

**atop**[2] *prep* : encima de, sobre

**atrium** ['eɪtriəm] *n, pl* **atria** [-triə] *or* **atriums** **1** : atrio *m* **2** : aurícula *f* (del corazón)

**atrocious** [ə'tro:ʃəs] *adj* : atroz — **atrociously** *adv*

**atrocity** [ə'trɑsəṭi] *n, pl* **-ties** : atrocidad *f*

**atrophy**[1] ['ætrəfi] *vt* **-phied; -phying** : atrofiar

**atrophy**[2] *n, pl* **-phies** : atrofia *f*

**at sign** *n* (*used for the symbol* @) : arroba *f*

**attach** [ə'tætʃ] *vt* **1** FASTEN : sujetar, atar, amarrar, pegar **2** JOIN : juntar, adjuntar **3** ATTRIBUTE : dar, atribuir ⟨I attached little importance to it : le di poca importancia⟩ **4** SEIZE : embargar **5 to become attached to someone** : encariñarse con alguien

**attaché** [ˌætə'ʃeɪ, ˌæˌtæ-, əˌtæ-] *n* : agregado *m*, -da *f*

**attaché case** *n* : maletín *m*

**attachment** [ə'tætʃmənt] *n* **1** ACCESSORY : accesorio *m* **2** CONNECTION : conexión *f*, acoplamiento *m* **3** FONDNESS : apego *m*, cariño *m*, afición *f* **4** : adjunto *m* (en un email)

**attack**[1] [ə'tæk] *vt* **1** ASSAULT : atacar, asaltar, agredir **2** TACKLE : acometer, combatir, enfrentarse con

**attack**[2] *n* **1** : ataque *m* ⟨an attack on/against : un ataque a/contra⟩ ⟨to launch an attack : lanzar un ataque⟩ **2** : ataque *m* ⟨heart attack : ataque cardíaco, infarto⟩ ⟨panic/anxiety attack : ataque de pánico/ansiedad⟩

**attacker** [ə'tækər] *n* : asaltante *mf*

**attain** [ə'teɪn] *vt* **1** ACHIEVE : lograr, conseguir, alcanzar, realizar **2** REACH : alcanzar, llegar a

**attainable** [ə'teɪnəbəl] *adj* : realizable, asequible

**attainment** [ə'teɪnmənt] *n* : logro *m*, consecución *f*, realización *f*

**attempt**[1] [ə'tempt] *vt* : intentar, tratar de

**attempt**[2] *n* : intento *m*, tentativa *f*

**attend** [ə'tend] *vt* **1** : asistir a ⟨to attend a meeting : asistir a una reunión⟩ **2** : atender, ocuparse de, cuidar ⟨to attend a patient : atender a un paciente⟩ **3** HEED : atender a, hacer caso de **4** ACCOMPANY : acompañar

**attendance** [ə'tendənts] *n* **1** ATTENDING : asistencia *f* **2** TURNOUT : concurrencia *f*

**attendant**[1] [ə'tendənt] *adj* : concomitante, inherente

**attendant**[2] *n* : asistente *mf*, acompañante *mf*, guarda *mf*

**attention** [ə'tenʃən] *n* **1** : atención *f* ⟨I brought the problem to his attention : le informé del problema⟩ ⟨it has come to our attention that . . . : se nos ha informado que . . .⟩ ⟨to attract someone's attention : atraer la atención de alguien⟩ **2 to pay attention** : prestar atención, hacer caso ⟨to pay attention to someone/something : prestarle atención a algo/alguien⟩ ⟨don't pay any attention to him : no le hagas caso⟩ ⟨she didn't pay attention to the rumors : no hizo caso de los rumores⟩ **3 to stand at attention** : estar firme

**attentive** [ə'tentɪv] *adj* : atento — **attentively** *adv*

**attentiveness** [ə'tentɪvnəs] *n* **1** THOUGHTFULNESS : cortesía *f*, consideración *f* **2** CONCENTRATION : atención *f*, concentración *f*

**attest** [ə'test] *vt* : atestiguar, dar fe de

**attestation** [ˌæˌtesˈteɪʃən] *n* : testimonio *m*

**attic** ['æṭɪk] *n* : ático *m*, desván *m*, buhardilla *f*

**attire**[1] [ə'taɪr] *vt* **-tired; -tiring** : ataviar

**attire**[2] *n* : atuendo *m*, atavío *m*

**attitude** ['æṭəˌtu:d, -ˌtju:d] *n* **1** FEELING : actitud *f* **2** POSTURE : postura *f*

**attorney** [ə'tərni] *n, pl* **-neys** : abogado *m*, -da *f*

**attract** [ə'trækt] *vt* **1** : atraer **2 to attract attention** : llamar la atención

**attraction** [ə'trækʃən] *n* : atracción *f*, atractivo *m*

**attractive** [ə'trækṭɪv] *adj* : atractivo, atrayente

**attractively** [ə'trækṭɪvli] *adv* : de manera atractiva, de buen gusto, hermosamente

**attractiveness** [ə'trækṭɪvnəs] *n* : atractivo *m*

**attributable** [ə'trɪbjuṭəbəl] *adj* : atribuible, imputable

**attribute**[1] [ə'trɪˌbju:t] *vt* **-tributed; -tributing** : atribuir

**attribute**[2] ['ætrəˌbju:t] *n* : atributo *m*, cualidad *f*

**attribution** [ˌætrəˈbju:ʃən] *n* : atribución *f*

**attrition** [ə'trɪʃən] *n* : desgaste *m* ⟨war of attrition : guerra de desgaste⟩

**attune** [ə'tu:n, -'tju:n] *vt* **-tuned; -tuning** **1** ADAPT : adaptar, adecuar **2 to be attuned to** : estar en armonía con

**ATV** [ˌeɪˌti:'vi:] → **all-terrain vehicle**

**atypical** [ˌeɪ'tɪpɪkəl] *adj* : atípico

**aubergine** ['o:bərˌʒi:n] → **eggplant**

**auburn** ['ɔbərn] *adj* : castaño rojizo

**auction**[1] ['ɔkʃən] *vt* : subastar, rematar

**auction**[2] *n* : subasta *f*, remate *m*

**auctioneer** [ˌɔkʃə'nɪr] *n* : subastador *m*, -dora *f*; rematador *m*, -dora *f*

**audacious** [ɔ'deɪʃəs] *adj* : audaz, atrevido

**audacity** [ɔ'dæsəṭi] *n, pl* **-ties** : audacia *f*, atrevimiento *m*, descaro *m*

**audible** ['ɔdəbəl] *adj* : audible — **audibly** [-bli] *adv*

**audience** ['ɔdiənts] *n* **1** INTERVIEW : audiencia *f* **2** PUBLIC : audiencia *f*, público *m*, auditorio *m*, espectadores *mpl*

**audio**[1] ['ɔdiˌo:] *adj* : de sonido, de audio

**audio**[2] *n* : audio *m*

**audiobook** ['ɔdiˌo:ˌbʊk] *n* : audiolibro *m*

**audiovisual** [ˌɔdioˈvɪʒʊəl] *adj* : audiovisual

**audit**[1] ['ɔdət] *vt* **1** : auditar (finanzas) **2** : asistir como oyente a (una clase o un curso)

**audit**[2] *n* : auditoría *f*
**audition**[1] [ɔˈdɪʃən] *vi* : hacer una audición
**audition**[2] *n* : audición *f*
**auditor** [ˈɔdətər] *n* **1** : auditor *m*, -tora *f* (de finanzas) **2** STUDENT : oyente *mf*
**auditorium** [ˌɔdəˈtoriəm] *n, pl* **-riums** *or* **-ria** [-riə] : auditorio *m*, sala *f*
**auditory** [ˈɔdəˌtori] *adj* : auditivo
**auger** [ˈɔgər] *n* : taladro *m*, barrena *f*
**augment** [ɔgˈmɛnt] *vt* : aumentar, incrementar
**augmentation** [ˌɔgmənˈteɪʃən] *n* : aumento *m*, incremento *m*
**augmented reality** *n* : realidad *f* aumentada
**au gratin** [ˌoːˈgrɑtən, -ˈgræ-] *adj* : gratinado
**augur**[1] [ˈɔgər] *vt* : augurar, presagiar — *vi* **to augur well** : ser de buen agüero
**augur**[2] *n* : augur *m*
**augury** [ˈɔgjʊri, -gər-] *n, pl* **-ries** : augurio *m*, presagio *m*, agüero *m*
**august** [ɔˈɡʌst] *adj* : augusto
**August** [ˈɔgəst] *n* : agosto *m* ⟨they arrived on the 20th of August, they arrived on August 20th : llegaron el 20 de agosto⟩
**auk** [ˈɔk] *n* : alca *f*
**aunt** [ˈænt, ˈant] *n* : tía *f*
**auntie** [ˈænti, ˈanti] *n* : tita *f*
**aura** [ˈɔrə] *n* : aura *f*
**aural** [ˈɔrəl] *adj* : auditivo
**auricle** [ˈɔrɪkəl] *n* : aurícula *f*
**aurora borealis** [ɔˈrorəˌborɪˈæləs] *n* : aurora *f* boreal
**auspices** [ˈɔspəsəz, -ˌsiːz] *npl* : auspicios *mpl*
**auspicious** [ɔˈspɪʃəs] *adj* : prometedor, propicio, de buen augurio
**austere** [ɔˈstɪr] *adj* : austero, severo, adusto — **austerely** *adv*
**austerity** [ɔˈstɛrəṭi] *n, pl* **-ties** : austeridad *f*
**Australian** [ɔˈstreɪljən] *n* : australiano *m*, -na *f* — **Australian** *adj*
**Austrian** [ˈɔstriən] *n* : austriaco *m*, -ca *f* — **Austrian** *adj*
**authentic** [ɔˈθɛntɪk, ɔ-] *adj* : auténtico, genuino — **authentically** [-tɪklɪ] *adv*
**authenticate** [ɔˈθɛntɪˌkeɪt, ɔ-] *vt* **-cated; -cating** : autenticar, autentificar
**authenticity** [ɔˌθɛnˈtɪsəṭi] *n* : autenticidad *f*
**author** [ˈɔθər] *n* **1** WRITER : escritor *m*, -tora *f*; autor *m*, -tora *f* **2** CREATOR : autor *m*, -tora *f*; creador *m*, -dora *f*; artífice *mf*
**authoritarian** [ɔˌθɔrəˈtɛriən, ə-] *adj* : autoritario
**authoritative** [ɔˈθɔrəˌteɪṭɪv, ɔ-] *adj* **1** RELIABLE : fidedigno, autorizado **2** DICTATORIAL : autoritario, dictatorial, imperioso
**authoritatively** [ɔˈθɔrəˌteɪṭɪvlɪ, ɔ-] *adv* **1** RELIABLY : con autoridad **2** DICTATORIALLY : de manera autoritaria
**authority** [ɔˈθɔrəṭi, ɔ-] *n, pl* **-ties** **1** EXPERT : autoridad *f* **2** POWER : autoridad *f* **3** AUTHORIZATION : autorización *f* **4 the authorities** : las autoridades **5 on good authority** : de buena fuente ⟨he has it on good authority that . . . : sabe de buena fuente que . . .⟩
**authorization** [ˌɔθərəˈzeɪʃən] *n* : autorización *f*
**authorize** [ˈɔθəˌraɪz] *vt* **-rized; -rizing** : autorizar, facultar
**authorship** [ˈɔθərˌʃɪp] *n* : autoría *f*
**autism** [ˈɔˌtɪzəm] *n* : autismo *m*
**autistic** [ɔˈtɪstɪk] *adj* : autista
**auto** [ˈɔṭo] → **automobile**
**auto-** [ˈɔṭo] *pref* **1** SELF- : auto- **2** : automático
**autobiographical** [ˌɔṭoˌbaɪəˈɡræfɪkəl] *adj* : autobiográfico
**autobiography** [ˌɔṭobaɪˈɑɡrəfi] *n, pl* **-phies** : autobiografía *f*
**autocorrect** [ˈɔˌtoːkəˈrɛkt] *n* : autocorrector *m*, corrector *m* automático
**autocracy** [ɔˈtɑkrəsi] *n, pl* **-cies** : autocracia *f*
**autocrat** [ˈɔṭəˌkræt] *n* : autócrata *mf*
**autocratic** [ˌɔṭəˈkræṭɪk] *adj* : autocrático — **autocratically** [-tɪklɪ] *adv*
**autograph**[1] [ˈɔṭəˌɡræf] *vt* : autografiar
**autograph**[2] *n* : autógrafo *m*
**automaker** [ˈɔṭoːmeɪkər] *n* : fabricante *mf* de autos, automotriz *f*
**automate** [ˈɔṭəˌmeɪt] *vt* **-mated; -mating** : automatizar
**automatic** [ˌɔṭəˈmæṭɪk] *adj* : automático — **automatically** [-tɪklɪ] *adv*
**automatic pilot** → **autopilot**
**automation** [ˌɔṭəˈmeɪʃə n] *n* : automatización *f*
**automaton** [ɔˈtɑməˌtɑn] *n, pl* **-atons** *or* **-ata** [-tə, -ˌtɑ] : autómata *m*
**automobile** [ˌɔṭəmoˈbiːl, -ˈmoːˌbiːl] *n* : automóvil *m*, auto *m*, carro *m*, coche *m*
**automotive** [ˌɔṭəˈmoːṭɪv] *adj* : automotor
**autonomous** [ɔˈtɑnəməs] *adj* : autónomo — **autonomously** *adv*
**autonomy** [ɔˈtɑnəmi] *n, pl* **-mies** : autonomía *f*
**autopilot** [ˈɔṭoːˌpaɪlət] *n* : piloto *m* automático
**autopsy** [ˈɔˌtɑpsi, -təp-] *n, pl* **-sies** : autopsia *f*
**autumn** [ˈɔṭəm] *n* : otoño *m*
**autumnal** [ɔˈtʌmnəl] *adj* : otoñal
**auxiliary**[1] [ɔɡˈzɪljəri, -ˈzɪləri] *adj* : auxiliar
**auxiliary**[2] *n, pl* **-ries** : auxiliar *mf*, ayudante *mf*
**avail**[1] [əˈveɪl] *vt* **to avail oneself** : aprovecharse, valerse
**avail**[2] *n* **1** : provecho *m*, utilidad *f* **2 to no avail** : en vano **3 to be of no avail** : no servir de nada, ser inútil
**availability** [əˌveɪləˈbɪləṭi] *n, pl* **-ties** : disponibilidad *f*
**available** [əˈveɪləbəl] *adj* : disponible
**avalanche** [ˈævəˌlænʧ] *n* : avalancha *f*, alud *m*
**avant-garde**[1] [ˌɑˌvɑntˈɡɑrd] *adj* : vanguardista
**avant-garde**[2] *n* : vanguardia *f* — **avant-gardist** [ˌɑˌvɑntˈɡɑrdɪst] *n*
**avarice** [ˈævərəs] *n* : avaricia *f*, codicia *f*
**avaricious** [ˌævəˈrɪʃəs] *adj* : avaricioso, codicioso
**avatar** [ˈævəˌtɑr] *n* : avatar *m*

**avenge** [ə'vɛnʤ] *vt* **avenged; avenging** : vengar

**avenue** ['ævəˌnuː, -ˌnjuː] *n* **1** : avenida *f* **2** MEANS : vía *f*, camino *m*

**average**[1] ['ævrɪʤ, 'ævə-] *vt* **-aged; -aging** **1** : hacer un promedio de ⟨he averages 8 hours a day : hace un promedio de 8 horas diarias⟩ **2** : calcular el promedio de, promediar (en matemáticas)

**average**[2] *adj* **1** MEAN : medio ⟨the average temperature : la temperatura media⟩ **2** ORDINARY : común, ordinario ⟨the average man : el hombre común⟩

**average**[3] *n* : promedio *m*

**averse** [ə'vərs] *adj* : reacio, opuesto

**aversion** [ə'vərʒən] *n* : aversión *f*

**avert** [ə'vərt] *vt* **1** : apartar, desviar ⟨he averted his eyes from the scene : apartó los ojos de la escena⟩ **2** AVOID, PREVENT : evitar, prevenir

**aviary** ['eɪviˌɛri] *n, pl* **-aries** : pajarera *f*

**aviation** [ˌeɪviˈeɪʃən] *n* : aviación *f*

**aviator** ['eɪviˌeɪtər] *n* : aviador *m*, -dora *f*

**avid** ['ævɪd] *adj* **1** GREEDY : ávido, codicioso **2** ENTHUSIASTIC : ávido, entusiasta, ferviente — **avidly** *adv*

**avocado** [ˌævəˈkɑdo, ˌɑvə-] *n, pl* **-dos** : aguacate *m*, palta *f*

**avocation** [ˌævəˈkeɪʃən] *n* : pasatiempo *m*, afición *f*

**avoid** [ə'vɔɪd] *vt* **1** SHUN : evitar, eludir **2** FORGO : evitar, abstenerse de ⟨I always avoided gossip : siempre evitaba los chismes⟩ **3** EVADE : evitar ⟨if I can avoid it : si puedo evitarlo⟩

**avoidable** [ə'vɔɪdəbəl] *adj* : evitable

**avoidance** [ə'vɔɪdənʦ] *n* : el evitar

**avoirdupois** [ˌævərdəˈpɔɪz] *n* : sistema *m* inglés de pesos y medidas

**avow** [ə'vaʊ] *vt* : reconocer, confesar

**avowal** [ə'vaʊəl] *n* : reconocimiento *m*, confesión *f*

**await** [ə'weɪt] *vt* : esperar

**awake**[1] [ə'weɪk] *v* **awoke** [ə'woːk]; **awoken** [ə'woːkən] *or* **awaked; awaking** : despertar

**awake**[2] *adj* : despierto

**awaken** [ə'weɪkən] → **awake**[1]

**award**[1] [ə'wɔrd] *vt* : otorgar, conceder, conferir

**award**[2] *n* **1** PRIZE : premio *m*, galardón *m* **2** MEDAL : condecoración *f*

**aware** [ə'wær] *adj* : consciente ⟨to be aware of : darse cuenta de, estar consciente de⟩

**awareness** [ə'wærnəs] *n* : conciencia *f*, conocimiento *m*

**awash** [ə'wɔʃ] *adj* : inundado

**away**[1] [ə'weɪ] *adv* **1** : de aquí, de allí ⟨it's 10 miles away (from here) : queda/está a 10 millas (de aquí)⟩ ⟨she's away from the office : está fuera de la oficina⟩ ⟨far away from home : lejos de casa⟩ ⟨go away! : ¡fuera de aquí!, ¡vete!⟩ ⟨he walked away : se alejó (caminando)⟩ ⟨she looked away : desvió la mirada⟩ ⟨stay away from the dog : no te acerques al perro⟩ **2** : en un lugar seguro ⟨she tucked it away in a drawer : lo guardó en un cajón⟩ ⟨the files are locked away : los archivos están guardados bajo llave⟩ **3** (*indicating a gradual diminishing*) ⟨to fade away : desvanecerse, apagarse⟩ ⟨to waste away (from illness) : consumirse (por enfermedad)⟩ **4** NONSTOP, STEADILY : sin parar, a un ritmo constante ⟨she was typing away at the computer : estaba tecleando en la computadora⟩ **5** : fuera de casa (en deportes) ⟨they played at home and away : jugaron en casa y fuera de casa⟩

**away**[2] *adj* **1** ABSENT : ausente ⟨away for the week : ausente por la semana⟩ **2 away game** : partido *m* fuera de casa

**awe**[1] ['ɔ] *vt* **awed; awing** : abrumar, asombrar, impresionar

**awe**[2] *n* : asombro *m*

**awesome** ['ɔsəm] *adj* **1** IMPOSING : imponente, formidable **2** AMAZING : asombroso

**awestruck** ['ɔˌstrʌk] *adj* : asombrado

**awful** ['ɔfəl] *adj* **1** AWESOME : asombroso **2** DREADFUL : horrible, terrible, atroz **3** ENORMOUS : enorme, tremendo ⟨an awful lot of people : muchísima gente, la mar de gente⟩

**awfully** ['ɔfəli] *adv* **1** EXTREMELY : terriblemente, extremadamente **2** BADLY : muy mal, espantosamente

**awhile** [ə'ʰwaɪl] *adv* : un rato, algún tiempo

**awkward** ['ɔkwərd] *adj* **1** CLUMSY : torpe, desmañado **2** EMBARRASSING : embarazoso, delicado ⟨an awkward position : una situación embarazosa⟩ — **awkwardly** *adv*

**awkwardness** ['ɔkwərdnəs] *n* **1** CLUMSINESS : torpeza *f* **2** INCONVENIENCE : incomodidad *f*

**awl** ['ɔl] *n* : punzón *m*

**awning** ['ɔnɪŋ] *n* : toldo *m*

**awry** [ə'raɪ] *adj* **1** ASKEW : torcido **2 to go awry** : salir mal, fracasar

**ax** *or* **axe** ['æks] *n* : hacha *m*

**axiom** ['æksiəm] *n* : axioma *m*

**axiomatic** [ˌæksiəˈmæʧɪk] *adj* : axiomático

**axis** ['æksɪs] *n, pl* **axes** [-ˌsiːz] : eje *m*

**axle** ['æksəl] *n* : eje *m*

**aye**[1] ['aɪ] *adv* : sí

**aye**[2] *n* : sí *m*

**azalea** [ə'zeɪljə] *n* : azalea *f*

**azimuth** ['æzəməθ] *n* : azimut *m*, acimut *m*

**Aztec** ['æzˌtɛk] *n* : azteca *mf*

**azure**[1] ['æʒər] *adj* : azur, celeste

**azure**[2] *n* : azur *m*

# B

**b** [ˈbiː] *n, pl* **b's** *or* **bs** [ˈbiːz] **1** : segunda letra del alfabeto inglés **2 B** : si *m* ⟨B sharp/flat : si sostenido/bemol⟩

**babble**[1] [ˈbæbəl] *vi* **-bled; -bling 1** PRATTLE : balbucear **2** CHATTER : parlotear *fam* **3** MURMUR : murmurar

**babble**[2] *n* : balbuceo *m* (de bebé), parloteo *m* (de adultos), murmullo *m* (de voces, de un arroyo)

**babe** [ˈbeɪb] *n* → **baby**[3]

**baboon** [bəˈbuːn] *n* : babuino *m*

**baby**[1] [ˈbeɪbi] *vt* **-bied; -bying** : mimar, consentir

**baby**[2] *adj* **1** : de niño ⟨a baby carriage : un cochecito⟩ ⟨baby talk : habla infantil⟩ **2** TINY : pequeño, minúsculo

**baby**[3] *n, pl* **-bies** : bebé *m*; niño *m*, -ña *f*; bebe *m*, -ba *f Arg, Uru*

**babyhood** [ˈbeɪbiˌhʊd] *n* : niñez *f*, primera infancia *f*

**babyish** [ˈbeɪbiɪʃ] *adj* : infantil, pueril

**baby–sit** [ˈbeɪbiˌsɪt] *vi* **-sat** [-ˌsæt]; **-sitting** : cuidar niños, hacer de canguro *Spain*

**baby–sitter** [ˈbeɪbiˌsɪtər] *n* : niñero *m*, -ra *f*; canguro *mf Spain*

**baccalaureate** [ˌbækəˈlɔriət] *n* : licenciatura *f*

**bachelor** [ˈbætʃələr] *n* **1** : soltero *m* **2** : licenciado *m*, -da *f* ⟨bachelor of arts degree : licenciatura en filosofía y letras⟩

**back**[1] [ˈbæk] *vt* **1** *or* **to back up** SUPPORT : apoyar, respaldar **2** *or* **to back up** REVERSE : dar marcha atrás a, dar reversa a *Col, Mex* (un vehículo) **3** : estar detrás de, formar el fondo de ⟨trees back the garden : detrás del jardín hay unos árboles⟩ **4** : apostar por (un caballo, etc.) **5** *or* **to back up** : acompañar (en música) **6 to back up** : hacer una copia de seguridad de (archivos, etc.) **7 to back up** BLOCK : atascar — *vi* **1** *or* **to back away/up** : echarse atrás **2** *or* **to back up** : dar marcha atrás, dar reversa *Col, Mex* (en un vehículo) **3 to back off** : dejar a alguien en paz **4 to back off/down** : volverse atrás, echarse para atrás **5 to back off/out** RENEGE : volverse atrás, echarse para atrás, rajarse *fam* **6 to back up** : hacer copias de seguridad

**back**[2] *adv* **1** : atrás, hacia atrás, detrás ⟨to move back : moverse atrás⟩ ⟨to step back : dar un paso atrás⟩ ⟨to lean back : reclinarse⟩ ⟨it's two miles back : queda dos millas atrás⟩ ⟨back and forth : de acá para allá⟩ **2** AGO : atrás, antes, ya ⟨some years back : unos años atrás, ya unos años⟩ ⟨10 months back : hace diez meses⟩ **3** : de vuelta, de regreso ⟨we're back : estamos de vuelta⟩ ⟨I'll be back soon : vuelvo enseguida⟩ ⟨she ran back : volvió corriendo⟩ ⟨he never went back : nunca regresó⟩ ⟨I forgot to put it back : me olvidé de devolverlo a su lugar⟩ **4** : como respuesta, en cambio ⟨to call back : llamar de nuevo⟩ ⟨he smiled back at me : me devolvió la sonrisa⟩ ⟨she gave the money back : devolvió el dinero⟩

**back**[3] *adj* **1** REAR : de atrás, posterior, trasero **2** OVERDUE : atrasado **3 back pay** : atrasos *mpl*

**back**[4] *n* **1** : espalda *f* (de un ser humano), lomo *m* (de un animal) **2** : respaldo *m* (de una silla), espalda *f* (de ropa) **3** REVERSE : reverso *m*, dorso *m*, revés *m* ⟨the back of an envelope : el reverso de un sobre⟩ **4** REAR : fondo *m*, parte *f* de atrás **5** : defensa *mf* (en deportes) **6 back to back** CONSECUTIVE : seguido **8 back to back** BACKWARD : al revés **9 behind someone's back** : a espaldas de alguien ⟨behind my back : a mis espaldas⟩ **10 in ~** : en la parte de atrás, al fondo **11 in back of** : detrás de **12 out ~** : detrás de la casa (etc.) **13 to turn one's back on someone** : volverle la espalda a alguien

**backache** [ˈbækˌeɪk] *n* : dolor *m* de espalda

**backbite** [ˈbækˌbaɪt] *v* **-bit** [-ˌbɪt]; **-bitten** [-ˌbɪtən]; **-biting** *vt* : calumniar, hablar mal de — *vi* : murmurar

**backbone** [ˈbækˌboːn] *n* **1** : columna *f* vertebral **2** FIRMNESS : firmeza *f*, carácter *m*

**backdrop** [ˈbækˌdrɑp] *n* : telón *m* de fondo

**backer** [ˈbækər] *n* **1** SUPPORTER : partidario *m*, -ria *f* **2** SPONSOR : patrocinador *m*, -dora *f*

**backfire**[1] [ˈbækˌfaɪr] *vi* **-fired; -firing 1** : petardear (dícese de un automóvil) **2** FAIL : fallar, salir el tiro por la culata

**backfire**[2] *n* : petardeo *m*, explosión *f*

**background** [ˈbækˌgraʊnd] *n* **1** : fondo *m* (de un cuadro, etc.) ⟨background color : color de fondo⟩ ⟨background noise/music : ruido/música de fondo⟩ **2** : segundo plano *m* ⟨a shy person who stays in the background : una persona tímida que permanece en (un) segundo plano⟩ ⟨the program runs in the background : el programa se ejecuta en segundo plano⟩ **3** *or* **background information** : antecedentes *mpl* (de una situación) **4** : historial *m*, antecedentes *mpl* (de una persona) ⟨family background : historial familiar⟩ ⟨professional background : experiencia profesional⟩ ⟨background check : verificación de antecedentes⟩

**backhand**[1] [ˈbækˌhænd] *adv* : de revés, con el revés

**backhand**[2] *n* : revés *m*

**backhanded** [ˈbækˌhændəd] *adj* **1** : dado con el revés, de revés **2** INDIRECT : indirecto, ambiguo

**backing** [ˈbækɪŋ] *n* **1** SUPPORT : apoyo *m*, respaldo *m* **2** REINFORCEMENT : refuerzo *m* **3** SUPPORTERS : partidarios *mpl*, -rias *fpl*

**backlash** [ˈbækˌlæʃ] *n* : reacción *f* violenta

**backlog** [ˈbækˌlɔg] *n* : atraso *m*, trabajo *m* acumulado

**backpack**[1] [ˈbækˌpæk] *vi* : viajar con mochila

**backpack**[2] *n* : mochila *f*

**backrest** [ˈbækˌrɛst] *n* : respaldo *m*

**backside** [ˈbækˌsaɪd] *n* : trasero *m*

**backslash** [ˈbækˌslæʃ] *n* : barra *f* invertida, barra *f* inversa

**backslide** [ˈbækˌslaɪd] *vi* **-slid** [-ˌslɪd]; **-slid** *or* **-slidden** [-ˌslɪdən]; **-sliding** : recaer, reincidir

**backstage** [ˌbækˈsteɪʤ, ˈbækˌ-] *adv & adj* : entre bastidores

**backstroke** [ˈbækˌstroːk] *n* : estilo *m* espalda, estilo *m* dorso *Mex*

**backtrack** [ˈbækˌtræk] *vi* : dar marcha atrás, volverse atrás

**backup** [ˈbækˌʌp] *n* **1** SUPPORT : respaldo *m*, apoyo *m* **2** : copia *f* de seguridad (de un archivo, etc.)

**backward**[1] [ˈbækwərd] *or* **backwards** [-wərdz] *adv* **1** : hacia atrás **2** : de espaldas ⟨he fell backwards : se cayó de espaldas⟩ **3** : al revés ⟨you're doing it backwards : lo estás haciendo al revés⟩ **4 to bend over backwards** : hacer todo lo posible

**backward**[2] *adj* **1** : hacia atrás ⟨a backward glance : una mirada hacia atrás⟩ **2** RETARDED : retrasado **3** SHY : tímido **4** UNDERDEVELOPED : atrasado

**backwardness** [ˈbækwərdnəs] *n* : atraso *m* (dícese de una región), retraso *m* (dícese de una persona)

**backwoods** [ˌbækˈwʊdz] *npl* : monte *m*, región *f* alejada

**backyard** [ˌbækˈjɑrd] *n* : jardín *m* trasero

**bacon** [ˈbeɪkən] *n* : tocino *m*, tocineta *f* *Col, Ven*, bacon *m Spain*

**bacterial** [bækˈtɪriəl] *adj* : bacteriano

**bacterium** [bækˈtɪriəm] *n, pl* **-ria** [-iə] : bacteria *f*

**bad**[1] [ˈbæd] *adv* → **badly**

**bad**[2] *adj* **1** POOR : malo ⟨a bad example : un mal ejemplo⟩ ⟨a bad idea : una mala idea⟩ ⟨in bad shape : en malas condiciones⟩ **2** UNPLEASANT, UNFAVORABLE : malo ⟨bad news : malas noticias⟩ ⟨bad luck : mala suerte⟩ ⟨bad reviews : mala crítica⟩ ⟨a bad dream : una pesadilla⟩ ⟨it smells/tastes bad : huele/sabe mal⟩ **3** UNSUITABLE : malo ⟨bad lighting : mala iluminación⟩ ⟨you've come at a bad time : llegas en mal momento⟩ **4** INCORRECT, FAULTY : malo ⟨bad spelling : mala ortografía⟩ ⟨a bad check : un cheque sin fondos⟩ **5** ROTTEN : podrido ⟨to go bad : echarse a perder⟩ **6** UNHEALTHY, SERIOUS : malo, grave ⟨to have bad eyesight : tener mala vista⟩ ⟨a bad injury : una herida grave⟩ ⟨he's in bad health, his health is bad : está mal de salud⟩ **7** HARMFUL : malo, perjudicial **8** CORRUPT, EVIL : malo, corrupto ⟨the bad guys : los malos⟩ **9** NAUGHTY : malo, travieso **10 from bad to worse** : de mal en peor **11 to be bad about something** : ser malo para algo **12 to be in a bad way** : estar mal **13 too bad!** : ¡qué lástima!

**bad**[3] *n* : lo malo ⟨the good and the bad : lo bueno y lo malo⟩

**bade** → **bid**

**badge** [ˈbæʤ] *n* : insignia *f*, botón *m*, chapa *f*

**badger**[1] [ˈbæʤər] *vt* : fastidiar, acosar, importunar

**badger**[2] *n* : tejón *m*

**badly** [ˈbædli] *adv* **1** : mal **2** URGENTLY : mucho, con urgencia **3** SEVERELY : gravemente

**bad–mannered** [ˈbædˈmænərd] *adj* : maleducado

**badminton** [ˈbædˌmɪntən, -ˌmɪt-] *n* : bádminton *m*

**badness** [ˈbædnəs] *n* : maldad *f*

**bad–tempered** [ˈbædˈtɛmpərd] *adj* : malhumorado

**baffle** [ˈbæfəl] *vi* **-fled; -fling** **1** PERPLEX : desconcertar, confundir **2** FRUSTRATE : frustrar

**bafflement** [ˈbæfəlmənt] *n* : desconcierto *m*, confusión *f*

**bag**[1] [ˈbæg] *v* **bagged; bagging** *vi* SAG : formar bolsas — *vt* **1** : ensacar, poner en una bolsa **2** : cobrar (en la caza), cazar

**bag**[2] *n* **1** : bolsa *f*, saco *m* **2** HANDBAG : cartera *f*, bolso *m*, bolsa *f Mex* **3** SUITCASE : maleta *f*, valija *f* **4 to have bags under one's eyes** : tener ojeras

**bagel** [ˈbeɪgəl] *n* : rosquilla *f* de pan

**baggage** [ˈbægɪʤ] *n* : equipaje *m*

**baggie** [ˈbægi] *n* : bolsita *f* de plástico

**baggy** [ˈbægi] *adj* **baggier; -est** : holgado, ancho

**bagpipe** [ˈbægˌpaɪp] *n or* **bagpipes** [ˈbægˌpaɪps] *npl* : gaita *f*

**baguette** [bæˈgɛt] *n* : baguette *f*, barra *f* de pan *Mex, Spain*

**bail**[1] [ˈbeɪl] *vt* **1** : achicar (agua de un bote) **2 to bail out** : poner en libertad (de una cárcel) bajo fianza **3 to bail out** EXTRICATE : sacar de apuros — *vi* **1** *or* **to bail out** *fam* : largarse *fam*, rajarse *fam* ⟨when things got difficult, she bailed (out on us) : cuando las cosas se pusieron difíciles, nos dejó colgados⟩ **2 to bail out** : tirarse en paracaídas (de un avión)

**bail**[2] *n* : fianza *f*, caución *f*

**bailiff** [ˈbeɪləf] *n* : alguacil *mf*

**bailiwick** [ˈbeɪliˌwɪk] *n* : dominio *m*

**bailout** [ˈbeɪlˌaʊt] *n* : rescate *m* (financiero)

**bait**[1] [ˈbeɪt] *vt* **1** : cebar (un anzuelo o cepo) **2** HARASS : acosar

**bait**[2] *n* : cebo *m*, carnada *f*

**bake**[1] [ˈbeɪk] *vt* **baked; baking** : hornear, hacer al horno

**bake**[2] *n* : fiesta con platos hechos al horno

**baker** [ˈbeɪkər] *n* : panadero *m*, -ra *f*

**baker's dozen** *n* : docena *f* de fraile

**bakery** [ˈbeɪkəri] *n, pl* **-ries** : panadería *f*

**bakeshop** [ˈbeɪkˌʃɑp] *n* : pastelería *f*, panadería *f*

**baking powder** *n* : levadura *f* en polvo
**baking soda** → **sodium bicarbonate**
**balaclava** [ˌbæləˈklɑvə, -ˈklæ-] *n* : pasamontañas *m*
**balance**[1] [ˈbælənʦ] *v* **-anced; -ancing** *vt* **1** : hacer el balance de (una cuenta) ⟨to balance the books : cuadrar las cuentas⟩ **2** EQUALIZE : balancear, equilibrar **3** HARMONIZE : armonizar — *vi* : balancearse
**balance**[2] *n* **1** SCALES : balanza *f*, báscula *f* **2** COUNTERBALANCE : contrapeso *m* **3** EQUILIBRIUM : equilibrio *m* ⟨to keep/lose one's balance : mantener/perder el equilibrio⟩ **4** REMAINDER : balance *m*, resto *m* **5 balance of trade** : balanza comercial **6 balance of payments** : balanza de pagos **7 to be/hang in the balance** : estar en el aire
**balanced** [ˈbælənʦt] *adj* : equilibrado, balanceado
**balboa** [bælˈboːə] *n* : balboa *f* (unidad monetaria)
**balcony** [ˈbælkəni] *n, pl* **-nies 1** : balcón *m*, terraza *f* (de un edificio) **2** : galería *f* (de un teatro)
**bald** [ˈbɔld] *adj* **1** : calvo, pelado, pelón **2** PLAIN : simple, puro ⟨the bald truth : la pura verdad⟩
**balding** [ˈbɔldɪŋ] *adj* : quedándose calvo
**baldly** [ˈbɔldli] *adv* : sin reparos, sin rodeos, francamente
**baldness** [ˈbɔldnəs] *n* : calvicie *f*
**bale**[1] [ˈbeɪl] *vt* **baled; baling** : empacar, hacer balas de
**bale**[2] *n* : bala *f*, fardo *m*, paca *f*
**baleful** [ˈbeɪlfəl] *adj* **1** DEADLY : mortífero **2** SINISTER : siniestro, funesto, torvo ⟨a baleful glance : una mirada torva⟩
**balk**[1] [ˈbɔk] *vt* : obstaculizar, impedir — *vi* **1** : plantarse *fam* (dícese de un caballo, etc.) **2 to balk at** : resistirse a, mostrarse reacio a
**balk**[2] *n* : obstáculo *m*
**Balkan** [ˈbɔlkən] *adj* : balcánico
**balky** [ˈbɔki] *adj* **balkier; -est** : reacio, obstinado, terco
**ball**[1] [ˈbɔl] *vt* : apelotonar, ovillar
**ball**[2] *n* **1** : pelota *f*, bola *f*, balón *m*, bollo *m* *Arg, Uru* ⟨ball of yarn : ovillo de lana⟩ **2** DANCE : baile *m* (de etiqueta) **3** : bola *f*, bola *f* mala (en béisbol) **4** : parte *f* anterior de la planta (de un pie) **5 balls** *npl usu vulgar* : cojones *mpl, usu vulgar*; huevos *mpl, usu vulgar*; testículos *mpl* **6 balls** *npl* GUTS : cojones *mpl, usu vulgar*; agallas *fpl fam* **7 on the ball** : espabilado, alerta **8 the ball is in your/his (etc.) court** ⟨the ball is in your court : ahora te corresponde a ti⟩ **9 to drop the ball** : cometer un gran error **10 to get/set/start the ball rolling** : poner las cosas en marcha **11 to keep the ball rolling** : mantener el impulso **12 to play ball** : jugar al béisbol/baloncesto (etc.) **13 to play ball** COOPERATE : cooperar
**ballad** [ˈbæləd] *n* : romance *m*, balada *f*
**balladeer** [ˌbæləˈdɪr] *n* : cantante *mf* de baladas
**ballast**[1] [ˈbæləst] *vt* : lastrar
**ballast**[2] *n* : lastre *m*
**ball bearing** *n* : cojinete *m* de bola
**ballerina** [ˌbæləˈriːnə] *n* : bailarina *f* ⟨prima ballerina : primera bailarina⟩
**ballet** [bæˈleɪ, ˈbæˌleɪ] *n* : ballet *m*
**ballet dancer** *n* : bailarín *m*, -rina *f*
**ball game** *n* : partido *m* de beisbol
**ballistic** [bəˈlɪstɪk] *adj* : balístico
**ballistics** [bəˈlɪstɪks] *ns & pl* : balística *f*
**balloon**[1] [bəˈluːn] *vi* **1** : viajar en globo **2** SWELL : hincharse, inflarse
**balloon**[2] *n* : globo *m*
**balloonist** [bəˈluːnɪst] *n* : aeróstata *mf*
**ballot**[1] [ˈbælət] *vi* : votar
**ballot**[2] *n* **1** : papeleta *f* (de voto), boleta *f* electoral **2** BALLOTING : votación *f* **3** VOTE : voto *m*
**ballot box** *n* : urna *f*
**ballpoint pen** [ˈbɔlˌpɔɪnt] *n* : bolígrafo *m*
**ballroom** [ˈbɔlˌruːm, -ˌrʊm] *n* : sala *f* de baile
**ballyhoo** [ˈbæliˌhuː] *n* : propaganda *f*, publicidad *f*, bombo *m fam*
**balm** [ˈbɑm, ˈbɑlm] *n* : bálsamo *m*, ungüento *m*
**balmy** [ˈbɑmi, ˈbɑl-] *adj* **balmier; -est 1** MILD : templado, agradable **2** SOOTHING : balsámico **3** CRAZY : chiflado *fam*, chalado *fam*
**baloney** [bəˈloːni] *n* NONSENSE : tonterías *fpl*, estupideces *fpl*
**balsa** [ˈbɔlsə] *n* : balsa *f*
**balsam** [ˈbɔlsəm] *n or* **balsam fir** : abeto *m* balsámico
**Baltic** [ˈbɔltɪk] *adj* : báltico
**balustrade** [ˈbæləˌstreɪd] *n* : balaustrada *f*
**bam**[1] [ˈbæm] *n* BANG : explosión *f*, estallido *m*, estampido *m*
**bam**[2] *interj* : ¡zas!
**bamboo** [bæmˈbuː] *n* : bambú *m*
**bamboozle** [bæmˈbuːzəl] *vt* **-zled; -zling** : engañar, embaucar
**ban**[1] [ˈbæn] *vt* **banned; banning** : prohibir, proscribir
**ban**[2] *n* : prohibición *f*, proscripción *f*
**banal** [bəˈnɑl, bəˈnæl, ˈbeɪnəl] *adj* : banal, trivial
**banality** [bəˈnæləʧi] *n, pl* **-ties** : banalidad *f*, trivialidad *f*
**banana** [bəˈnænə] *n* : banano *m*, plátano *m*, banana *f*, cambur *m Ven*, guineo *m Car*
**band**[1] [ˈbænd] *vt* **1** BIND : fajar, atar **2 to band together** : unirse, juntarse
**band**[2] *n* **1** STRIP : banda *f*, cinta *f* (de un sombrero, etc.) **2** STRIPE : franja *f* **3** : banda *f* (de radiofrecuencia) **4** RING : anillo *m* **5** GROUP : banda *f*, grupo *m*, conjunto *m* ⟨jazz band : conjunto de jazz⟩
**bandage**[1] [ˈbændɪʤ] *vt* **-daged; -daging** : vendar
**bandage**[2] *n* : vendaje *m*, venda *f*
**Band–Aid** [ˈbændˈeɪd] *trademark* se usa para una venda adhesiva
**bandanna** *or* **bandana** [bænˈdænə] *n* : pañuelo *m* (de colores)
**bandit** [ˈbændət] *n* : bandido *m*, -da *f*; bandolero *m*, -ra *f*

**bandstand** [ˈbænd͵stænd] *n* : quiosco *m* de música
**bandwagon** [ˈbænd͵wægən] *n* **1** : carroza *f* de músicos **2 to jump on the bandwagon** : subirse al carro, seguir la moda
**bandwidth** [ˈbænd͵wɪdθ] *n* : ancho *m* de banda
**bandy** [ˈbændi] *vt* **-died; -dying 1** EXCHANGE : intercambiar **2 to bandy about** : circular, propagar
**bane** [ˈbeɪn] *n* **1** POISON : veneno *m* **2** RUIN : ruina *f*, pesadilla *f*
**baneful** [ˈbeɪnfəl] *adj* : nefasto, funesto
**bang¹** [ˈbæŋ] *vt* **1** STRIKE : golpear, darse ⟨he banged his elbow against the door : se dio con el codo en la puerta⟩ **2** SLAM : cerrar (la puerta) con/de un portazo **3 to bang up** : rayar o abollar (algo), dejar (a alguien) con moretones — *vi* **1** SLAM : cerrarse de un golpe **2 to bang on** : aporrear, golpear ⟨she was banging on the table : aporreaba la mesa⟩
**bang²** *adv* : directamente, exactamente
**bang³** *n* **1** BLOW : golpe *m*, porrazo *m*, trancazo *m* **2** EXPLOSION : explosión *f*, estallido *m*, estampido *m* **3** SLAM : portazo *m* **4 bangs** *npl* : flequillo *m*, fleco *m*
**bang⁴** *interj* : ¡pum!
**bangle** [ˈbæŋgəl] *n* : brazalete *m*, pulsera *f*
**banish** [ˈbænɪʃ] *vt* **1** EXILE : desterrar, exiliar **2** EXPEL : expulsar
**banishment** [ˈbænɪʃmənt] *n* **1** EXILE : destierro *m*, exilio *m* **2** EXPULSION : expulsión *f*
**banister** [ˈbænəstər] *n* HANDRAIL : pasamanos *m*, barandilla *f*, barandal *m*
**banjo** [ˈbæn͵ʤoː] *n, pl* **-jos** : banjo *m*
**bank¹** [ˈbæŋk] *vt* **1** TILT : peraltar (una carretera), ladear (un avión) **2** HEAP : amontonar **3** : cubrir (un fuego) **4** : depositar (dinero en un banco) — *vi* **1** : ladearse (dícese de un avión) **2** : tener una cuenta (en un banco) **3 to bank on** : contar con
**bank²** *n* **1** MASS : montón *m*, montículo *m*, masa *f* **2** : orilla *f*, ribera *f* (de un río) **3** : peralte *m* (de una carretera) **4** : banco *m* ⟨World Bank : Banco Mundial⟩ ⟨blood bank : banco de sangre⟩ **5** : banca *f* (en juegos)
**bankbook** [ˈbæŋk͵bʊk] *n* : libreta *f* bancaria, libreta *f* de ahorros
**banker** [ˈbæŋkər] *n* : banquero *m*, -ra *f*
**banking** [ˈbæŋkɪŋ] *n* : banca *f*
**banknote** *n* : billete *m* de banco
**bankrupt¹** [ˈbæŋ͵krʌpt] *vt* : hacer quebrar, llevar a la quiebra, arruinar
**bankrupt²** *adj* **1** : en bancarrota, en quiebra **2 ~ of** LACKING : carente de, falto de
**bankrupt³** *n* : fallido *m*, -da *f*; quebrado *m*, -da *f*
**bankruptcy** [ˈbæŋ͵krʌptsi] *n, pl* **-cies** : ruina *f*, quiebra *f*, bancarrota *f*
**bank statement → statement**
**bank teller → teller**
**banner¹** [ˈbænər] *adj* : excelente
**banner²** *n* : estandarte *m*, bandera *f*
**banns** [ˈbænz] *npl* : amonestaciones *fpl*
**banquet¹** [ˈbæŋkwət] *vi* : celebrar un banquete
**banquet²** *n* : banquete *m*
**banter¹** [ˈbæntər] *vi* : bromear, hacer bromas
**banter²** *n* : bromas *fpl*
**baptism** [ˈbæp͵tɪzəm] *n* : bautismo *m*
**baptismal** [bæpˈtɪzməl] *adj* : bautismal
**baptismal font → font**
**Baptist** [ˈbæptɪst] *n* : bautista *mf*, baptista *mf* — **Baptist** *adj*
**baptize** [bæpˈtaɪz, ˈbæp͵taɪz] *vt* **-tized; -tizing** : bautizar
**bar¹** [ˈbɑr] *vt* **barred; barring 1** OBSTRUCT : obstruir, bloquear **2** EXCLUDE : excluir **3** PROHIBIT : prohibir **4** SECURE : atrancar, asegurar ⟨bar the door! : ¡atranca la puerta!⟩
**bar²** *n* **1** : barra *f*, barrote *m* (de una ventana), tranca *f* (de una puerta) ⟨behind bars : entre rejas⟩ **2** BARRIER : barrera *f*, obstáculo *m* **3** LAW : abogacía *f* **4** STRIPE : franja *f* **5** COUNTER : mostrador *m*, barra *f* **6** TAVERN : bar *m*, taberna *f* **7** MEASURE : compás *m* (en música)
**bar³** *prep* **1** : excepto, con excepción de **2 bar none** : sin excepción
**barb** [ˈbɑrb] *n* **1** POINT : púa *f*, lengüeta *f* **2** GIBE : pulla *f*
**barbarian¹** [bɑrˈbæriən] *adj* **1** : bárbaro **2** CRUDE : tosco, bruto
**barbarian²** *n* : bárbaro *m*, -ra *f*
**barbaric** [bɑrˈbærɪk] *adj* **1** PRIMITIVE : primitivo **2** CRUEL : brutal, cruel
**barbarity** [bɑrˈbærəṭi] *n, pl* **-ties** : barbaridad *f*
**barbarous** [ˈbɑrbərəs] *adj* **1** UNCIVILIZED : bárbaro **2** MERCILESS : despiadado, cruel
**barbarously** [ˈbɑrbərəsli] *adv* : bárbaramente
**barbecue¹** [ˈbɑrbi͵kjuː] *vt* **-cued; -cuing** : asar a la parrilla
**barbecue²** *n* : barbacoa *f*, parrillada *f*
**barbed** [ˈbɑrbd] *adj* **1** : con púas ⟨barbed wire : alambre de púas⟩ **2** BITING : mordaz
**barber** [ˈbɑrbər] *n* : barbero *m*, -ra *f*
**barbershop** [ˈbɑrbər͵ʃɑp] *n* : peluquería *f*, barbería *f*
**barbiturate** [bɑrˈbɪtʃərət] *n* : barbitúrico *m*
**bar code** *n* : código *m* de barras
**bard** [ˈbɑrd] *n* : bardo *m*
**bare¹** [ˈbær] *vt* **bared; baring** : desnudar
**bare²** *adj* **1** NAKED : desnudo **2** EXPOSED : descubierto, sin protección **3** EMPTY : desprovisto, vacío **4** MINIMUM : mero, mínimo ⟨the bare necessities : las necesidades mínimas⟩ **5** PLAIN : puro, sencillo
**bareback** [ˈbær͵bæk] *or* **barebacked** [-͵bækt] *adv & adj* : a pelo
**barefaced** [ˈbær͵feɪst] *adj* : descarado
**barefoot** [ˈbær͵fʊt] *or* **barefooted** [-͵fʊṭəd] *adv & adj* : descalzo

**bareheaded** ['bærˈhɛdəd] *adv & adj* : sin sombrero, con la cabeza descubierta
**barely** ['bærli] *adv* : apenas, por poco
**bareness** ['bærnəs] *n* : desnudez *f*
**barf**[1] ['bɑrf] *v fam* → **vomit**[1]
**barf**[2] *n fam* → **vomit**[2]
**bargain**[1] ['bɑrgən] *vi* HAGGLE : regatear, negociar — *vt* BARTER : trocar, cambiar
**bargain**[2] *n* **1** AGREEMENT : acuerdo *m*, convenio *m* ⟨to strike a bargain : cerrar un trato⟩ ⟨in/into the bargain : además, encima⟩ **2** : ganga *f* ⟨bargain price : precio de ganga⟩
**bargaining** *n* : regateo *m*, negociación *f*
**barge**[1] ['bɑrʤ] *vi* **barged; barging** **1** : mover con torpeza **2 to barge in** : entrometerse, interrumpir
**barge**[2] *n* : barcaza *f*, gabarra *f*
**bar graph** *n* : gráfico *m* de barras
**baritone** ['bærəˌto:n] *n* : barítono *m*
**bark**[1] ['bɑrk] *vi* : ladrar — *vt or* **to bark out** : gritar ⟨to bark out an order : dar una orden a gritos⟩
**bark**[2] *n* **1** : ladrido *m* (de un perro) **2** : corteza *f* (de un árbol) **3** *or* **barque** : tipo de embarcación con velas de proa y popa
**barley** ['bɑrli] *n* : cebada *f*
**barmaid** ['bɑrˌmeɪd] *n* : camarera *f*
**barman** ['bɑrˌmən] *n, pl* **-men** [-mən, -ˌmɛn] → **bartender**
**barn** ['bɑrn] *n* : granero *m* (para cosechas), establo *m* (para ganado)
**barnacle** ['bɑrnɪkəl] *n* : percebe *m*
**barnyard** ['bɑrnˌjɑrd] *n* : corral *m*
**barometer** [bəˈrɑmətər] *n* : barómetro *m*
**barometric** [ˌbærəˈmɛtrɪk] *adj* : barométrico
**baron** ['bærən] *n* **1** : barón *m* **2** TYCOON : magnate *mf*
**baroness** ['bærənɪs, -nəs, -ˌnɛs] *n* : baronesa *f*
**baronial** [bəˈro:niəl] *adj* **1** : de barón **2** STATELY : señorial, majestuoso
**baroque** [bəˈro:k, -ˈrɑk] *adj* : barroco
**barracks** ['bærəks] *ns & pl* : cuartel *m*
**barracuda** [ˌbɑrəˈku:də] *n, pl* **-da** *or* **-das** : barracuda *f*
**barrage** [bəˈrɑʒ, -ˈrɑʤ] *n* **1** : descarga *f* (de artillería) **2** DELUGE : aluvión *m* ⟨a barrage of questions : un aluvión de preguntas⟩
**barred** ['bɑrd] *adj* : excluido, prohibido
**barrel**[1] ['bærəl] *v* **-reled** *or* **-relled; -reling** *or* **-relling** *vi* : ir disparado
**barrel**[2] *n* **1** : barril *m*, tonel *m* **2** : cañón *m* (de un arma de fuego), cilindro *m* (de una cerradura)
**barren** ['bærən] *adj* **1** STERILE : estéril (dícese de las plantas o la mujer), árido (dícese del suelo) **2** DESERTED : yermo, desierto
**barrette** [bɑˈrɛt, bə-] *n* : pasador *m*, broche *m* para el cabello
**barricade**[1] ['bærəˌkeɪd, ˌbærəˈ-] *vt* **-caded; -cading** : cerrar con barricadas
**barricade**[2] *n* : barricada *f*
**barrier** ['bæriər] *n* **1** : barrera *f* **2** OBSTACLE : obstáculo *m*, impedimento *m*
**barring** ['bɑrɪŋ] *prep* : excepto, salvo, a excepción de
**barrio** ['bɑrio, 'bær-] *n* : barrio *m*
**barroom** ['bɑrˌru:m, -ˌrʊm] *n* : bar *m*
**barrow** ['bærˌo:] → **wheelbarrow**
**bartender** ['bɑrˌtɛndər] *n* : camarero *m*, -ra *f*; barman *m*
**barter**[1] ['bɑrtər] *vt* : cambiar, trocar
**barter**[2] *n* : trueque *m*, permuta *f*
**basalt** [bəˈsɔlt, 'beɪˌ-] *n* : basalto *m*
**base**[1] ['beɪs] *vt* **based; basing** : basar, fundamentar, establecer
**base**[2] *adj* **baser; basest** **1** : de baja ley (dícese de un metal) **2** CONTEMPTIBLE : vil, despreciable
**base**[3] *n, pl* **bases** **1** : base *f* **2** : pie *m* (de una montaña, una estatua, etc.)
**baseball** ['beɪsˌbɔl] *n* : beisbol *m*, béisbol *m*
**baseball cap** *n* : gorra *f* de visera, gorra *f* de beisbol
**baseless** ['beɪsləs] *adj* : infundado
**basely** ['beɪsli] *adv* : vilmente
**basement** ['beɪsmənt] *n* : sótano *m*
**baseness** ['beɪsnəs] *n* : vileza *f*, bajeza *f*
**bash**[1] ['bæʃ] *vt* : golpear violentamente
**bash**[2] *n* **1** BLOW : golpe *m*, porrazo *m*, madrazo *m Mex fam* **2** PARTY : fiesta *f*, juerga *f fam*
**bashful** ['bæʃfəl] *adj* : tímido, vergonzoso, penoso
**bashfulness** ['bæʃfəlnəs] *n* : timidez *f*
**basic**[1] ['beɪsɪk] *adj* **1** FUNDAMENTAL : básico, fundamental **2** RUDIMENTARY : básico, elemental **3** : básico (en química)
**basic**[2] *n* : fundamento *m*, rudimento *m*
**basically** ['beɪsɪkli] *adv* : fundamentalmente
**basil** ['beɪzəl, 'bæzəl] *n* : albahaca *f*
**basilica** [bəˈsɪlɪkə] *n* : basílica *f*
**basin** ['beɪsən] *n* **1** WASHBOWL : palangana *f*, lavamanos *m*, lavabo *m* **2** : cuenca *f* (de un río)
**basis** ['beɪsəs] *n, pl* **bases** [-ˌsi:z] **1** BASE : base *f*, pilar *m* **2** FOUNDATION : fundamento *m*, base *f* **3 on a weekly basis** : semanalmente
**bask** ['bæsk] *vi* : disfrutar, deleitarse ⟨to bask in the sun : disfrutar del sol⟩
**basket** ['bæskət] *n* : cesta *f*, cesto *m*, canasta *f*
**basketball** ['bæskətˌbɔl] *n* : baloncesto *m*, basquetbol *m*, basket *m*
**Basque** ['bæsk, 'bɑsk] *n* : Basque *mf* — **Basque** *adj*
**bas-relief** [ˌbɑrɪˈli:f] *n* : bajorrelieve *m*
**bass**[1] ['beɪs] *adj* : de bajo (dícese de una voz, etc.) ⟨bass clef : clave de fa⟩ ⟨bass string : bordón⟩
**bass**[2] ['bæs] *n, pl* **bass** *or* **basses** : róbalo *m* (pesca)
**bass**[3] ['beɪs] *n* **1** : bajó *m* (tono, voz, cantante) **2** → **bass guitar** **3** → **double bass**
**bass drum** *n* : bombo *m*
**basset hound** ['bæsətˌhɑʊnd] *n* : basset *m*
**bass guitar** *n* : bajo *m* (guitarra)
**bassinet** [ˌbæsəˈnɛt] *n* : moisés *m*, cuna *f*
**bassist** ['beɪsɪst] *n* : bajista *mf*

**bassoon** [bəˈsu:n, bæ-] *n* : fagot *m*
**bass viol** [ˈbeɪsˈvaɪəl, -ˌo:l] → **double bass**
**bastard**[1] [ˈbæstərd] *adj* : bastardo
**bastard**[2] *n* **1** *usu offensive* : bastardo *m*, -da *f* **2** *offensive* : hijo *m* de puta *sometimes offensive*; cabrón *m Mex, Spain offensive* **3** *sometimes offensive* : tipo *m* ⟨the poor bastard : el pobre diablo⟩ ⟨what a lucky bastard! : ¡qué suertudo!⟩
**bastardize** [ˈbæstərˌdaɪz] *vt* **-ized; -izing** DEBASE : degradar, envilecer
**baste** [ˈbeɪst] *vt* **basted; basting 1** STITCH : hilvanar **2** : bañar (con su jugo durante la cocción)
**bastion** [ˈbæstʃən] *n* : bastión *m*, baluarte *m*
**bat**[1] [ˈbæt] *vt* **batted; batting 1** HIT : batear **2 without batting an eye** : sin pestañear
**bat**[2] *n* **1** : murciélago *m* (animal) **2** : bate *m* ⟨baseball bat : bate de beisbol⟩
**batch** [ˈbætʃ] *n* : hornada *f*, tanda *f*, grupo *m*, cantidad *f*
**bate** [ˈbeɪt] *vt* **bated; bating 1** : aminorar, reducir **2 with bated breath** : con ansiedad, aguantando la respiración
**bath** [ˈbæθ, ˈbaθ] *n, pl* **baths** [ˈbæðz, ˈbæθs, ˈbaðz, ˈbaθs] **1** BATHING : baño *m* ⟨to take a bath : bañarse⟩ **2** : baño *m* (en fotografía, etc.) **3** BATHROOM : baño *m*, cuarto *m* de baño **4** SPA : balneario *m* **5** LOSS : pérdida *f*
**bathe** [ˈbeɪð] *v* **bathed; bathing** *vt* **1** WASH : bañar, lavar **2** SOAK : poner en remojo **3** FLOOD : inundar ⟨to bathe with light : inundar de luz⟩ — *vi* : bañarse, ducharse
**bather** [ˈbeɪðər] *n* : bañista *mf*
**bathing suit** → **swimsuit**
**bathrobe** [ˈbæθˌro:b] *n* : bata *f* (de baño)
**bathroom** [ˈbæθˌru:m, -ˌrʊm] *n* : baño *m*, cuarto *m* de baño
**bathroom tissue** → **toilet paper**
**bathtub** [ˈbæθˌtʌb] *n* : bañera *f*, tina *f* (de baño)
**baton** [bəˈtɑn] *n* : batuta *f*, bastón *m*
**battalion** [bəˈtæljən] *n* : batallón *m*
**batten** [ˈbætən] *vt* **to batten down the hatches** : cerrar las escotillas
**batter**[1] [ˈbætər] *vt* **1** BEAT : aporrear, golpear **2** MISTREAT : maltratar
**batter**[2] *n* **1** : masa *f* para rebozar **2** HITTER : bateador *m*, -dora *f*
**battered** [ˈbætərd] *adj* **1** ABUSED : maltratado **2** DAMAGED : maltrecho **3** INJURED : apaleado, aporreado
**battering ram** *n* : ariete *m*
**battery** [ˈbætəri] *n, pl* **-teries 1** : lesiones *fpl* ⟨assault and battery : agresión con lesiones⟩ **2** ARTILLERY : batería *f* **3** : batería *f*, pila *f* (de electricidad) **4** SERIES : serie *f*
**batting** [ˈbæɪɪŋ] *n* **1** *or* **cotton batting** : algodón *m* en láminas **2** : bateo *m* (en beisbol)
**battle**[1] [ˈbætəl] *vi* **-tled; -tling** : luchar, pelear
**battle**[2] *n* : batalla *f*, lucha *f*, pelea *f*
**battle–ax** [ˈbætəlˌæks] *n* : hacha *f* de guerra
**battlefield** [ˈbætəlˌfi:ld] *n* : campo *m* de batalla
**battleship** [ˈbætəlˌʃɪp] *n* : acorazado *m*
**batty** [ˈbæti] *adj* **battier; -est** : chiflado *fam*, chalado *fam*
**bauble** [ˈbɔbəl] *n* : chucheria *f*, baratija *f*
**Bavarian** [bəˈvɛriən] *n* : bávaro *m*, -ra *f* — **Bavarian** *adj*
**bawdiness** [ˈbɔdinəs] *n* : picardía *f*
**bawdy** [ˈbɔdi] *adj* **bawdier; -est** : subido de tono, verde, colorado *Mex*
**bawl**[1] [ˈbɔl] *vi* : llorar a gritos
**bawl**[2] *n* : grito *m*, alarido *m*
**bawl out** *vt* SCOLD : regañar
**bay**[1] [ˈbeɪ] *vi* HOWL : aullar
**bay**[2] *adj* : castaño, zaino (dícese de los caballos)
**bay**[3] *n* **1** : bahía *f* ⟨Bay of Campeche : Bahía de Campeche⟩ **2** *or* **bay horse** : caballo *m* castaño **3** LAUREL : laurel *m* (en cocina) ⟨bay leaf : hoja de laurel⟩ **4** HOWL : aullido *m* **5** : saliente *m* ⟨bay window : ventana en saliente⟩ **6** COMPARTMENT : área *f*, compartimento *m* **7 at ~** : acorralado
**bayonet**[1] [ˌbeɪəˈnɛt, ˈbeɪəˌnɛt] *vt* **-neted; -neting** : herir *o* matar) con bayoneta
**bayonet**[2] *n* : bayoneta *f*
**bayou** [ˈbaɪˌu:, -ˌo:] *n* : pantano *m*
**bazaar** [bəˈzɑr] *n* **1** : bazar *m* **2** SALE : venta *f* benéfica
**bazooka** [bəˈzu:kə] *n* : bazuca *f*
**BB** [ˈbi:bi] *n* : balín *m*
**bcc** [ˌbi:ˌsi:ˈsi:] *vt* **bcc'd; bcc'ing** : enviarle una copia oculta a (alguien), enviar una copia oculta de (un mensaje)
**be** [ˈbi:] *v* **was** [ˈwəz, ˈwɑz]; **were** [ˈwər]; **been** [ˈbɪn]; **being; am** [ˈæm]; **is** [ˈɪz]; **are** [ˈɑr] *vi* **1** (*expressing identity or category*) : ser ⟨José is a doctor : José es doctor⟩ ⟨I'm Ann's sister : soy la hermana de Ann⟩ ⟨who is it? it's me : ¿quién es? soy yo⟩ ⟨apes are mammals : los simios son mamíferos⟩ ⟨if I were you : yo en tu lugar, yo que tú⟩ **2** (*expressing a quality*) : ser ⟨the dress is red : el vestido es rojo⟩ ⟨she's very intelligent : ella es muy inteligente⟩ ⟨she's 10 years old : tiene 10 años⟩ ⟨you're so silly! : ¡qué tonto eres!⟩ ⟨I want you to be happy : quiero que seas feliz⟩ **3** (*expressing origin or possession*) : ser ⟨she's from Managua : es de Managua⟩ ⟨it's mine : es mío⟩ **4** (*expressing location*) : estar, quedar ⟨he's not at home : no está en casa⟩ ⟨the cups are on the table : las tazas están en la mesa⟩ ⟨it's ten miles away : está/queda diez millas de aquí⟩ **5** EXIST : ser, existir ⟨to be or not to be : ser, o no ser⟩ ⟨I think, therefore I am : pienso, luego existo⟩ **6** COME, GO : estar, ir, venir ⟨have you been to Paris? : ¿has estado en París?, ¿has ido a París?⟩ ⟨she's been and gone : llegó y se fue⟩ **7** (*expressing a state of being*) : estar, tener ⟨how are you? : ¿cómo estás?⟩ ⟨I'm cold/hungry : tengo frío/hambre⟩ ⟨they're sick : están enfermos⟩ ⟨she's angry : está enojada⟩ ⟨to be

frank : para serte franco〉 **8** COST : ser, costar 〈it's $5 : cuesta $5〉 **9** EQUAL : ser (igual a) 〈two plus two is four : dos más dos son cuatro〉 **10** OCCUR : ser 〈the concert is (on) Sunday : el concierto es el domingo〉 — *v impers* **1** (*indicating time*) : ser 〈it's eight o'clock : son las ocho〉 〈it's Friday : hoy es viernes〉 **2** (*indicating a condition*) : hacer, estar 〈it's sunny : hace sol〉 〈it's very dark in here : está muy oscuro aquí dentro〉 **3** (*used with* **there**) : haber 〈there's a book on the table : hay un libro en la mesa〉 〈there was an accident : hubo un accidente〉 〈there's someone at the door : llaman a la puerta〉 — *v aux* **1** (*expressing progression*) : estar 〈I'm working : estoy trabajando〉 〈what were you saying? : ¿qué estabas diciendo?〉 〈it's snowing : está nevando〉 〈we've been waiting : hemos estado esperando〉 **2** (*expressing future action*) 〈I'm seeing him tonight : voy a verlo esta noche〉 〈are you coming tomorrow? : ¿vienes mañana?〉 〈she was never/not to see him again : nunca volvería a verlo〉 〈the best is yet to come : lo mejor está por venir〉 **3** (*used in passive constructions*) : ser 〈it was finished yesterday : fue acabado ayer, se acabó ayer〉 **4** (*expressing possibility*) : poderse 〈can she be trusted? : ¿se puede confiar en ella?〉 〈it was nowhere to be found : no se pudo encontrar por ninguna parte〉 〈you're not to blame : no tienes la culpa〉 **5** (*expressing obligation*) : deber 〈you are to stay here : debes quedarte aquí〉 〈he was to come yesterday : se esperaba que viniese ayer〉 **6 to be oneself** : ser uno mismo 〈be yourself : sé tú mismo〉

**beach¹** [ˈbiːtʃ] *vt* : hacer varar, hacer encallar

**beach²** *n* : playa *f*

**beachcomber** [ˈbiːtʃˌkoːmər] *n* : raquero *m*, -ra *f*

**beachhead** [ˈbiːtʃˌhɛd] *n* : cabeza *f* de playa

**beacon** [ˈbiːkən] *n* : faro *m*

**bead¹** [ˈbiːd] *vi* : formarse en gotas

**bead²** *n* **1** : cuenta *f* **2** DROP : gota *f* **3 beads** *npl* NECKLACE : collar *m*

**beady** [ˈbiːdi] *adj* **beadier; -est** **1** : de forma de cuenta **2 beady eyes** : ojos *mpl* pequeños y brillantes

**beagle** [ˈbiːgəl] *n* : beagle *m*

**beak** [ˈbiːk] *n* : pico *m*

**beaker** [ˈbiːkər] *n* **1** CUP : taza *f* alta **2** : vaso *m* de precipitados (en un laboratorio)

**beam¹** [ˈbiːm] *vi* **1** SHINE : brillar **2** SMILE : sonreír radiantemente — *vt* BROADCAST : transmitir, emitir

**beam²** *n* **1** : viga *f*, barra *f* **2** RAY : rayo *m*, haz *m* de luz **3** : haz *m* de radiofaro (para guiar pilotos, etc.)

**bean** [ˈbiːn] *n* **1** : habichuela *f*, frijol *m* **2 broad bean** : haba *f* **3 string bean** : judía *f*

**bear¹** [ˈbær] *v* **bore** [ˈbor]; **borne** [ˈbɔrn]; **bearing** *vt* **1** CARRY : llevar, portar **2** : dar a luz a (un niño) **3** PRODUCE : dar (frutas, cosechas) **4** ENDURE, SUPPORT : soportar, resistir, aguantar **5** SHOW : llevar, tener 〈to bear a resemblance to : tener una similitud con (algo), tener un parecido con (alguien)〉 **6 to bear out** : corroborar — *vi* **1** TURN : doblar, dar la vuelta, girar 〈bear right : doble a la derecha〉 **2 to bear up** : resistir **3 to bear with** : tener paciencia con

**bear²** *n, pl* **bears** *or* **bear** : oso *m*, osa *f*

**bearable** [ˈbærəbəl] *adj* : soportable

**beard** [ˈbɪrd] *n* **1** : barba *f* **2** : arista *f* (de plantas)

**bearded** [ˈbɪrdəd] *adj* : barbudo, de barba

**bearer** [ˈbærər] *n* : portador *m*, -dora *f*

**bearing** [ˈbæriŋ] *n* **1** CONDUCT, MANNERS : comportamiento *m*, modales *mpl* **2** SUPPORT : soporte *f* **3** SIGNIFICANCE : relación *f*, importancia *f* 〈to have no bearing on : no tener nada que ver con〉 **4** : cojinete *m*, rodamiento *m* (de una máquina) **5** COURSE, DIRECTION : dirección *f*, rumbo *m* 〈to get one's bearings : orientarse〉

**beast** [ˈbiːst] *n* **1** : bestia *f*, fiera *f* 〈beast of burden : animal de carga〉 **2** BRUTE : bruto *m*, -ta *f*; bestia *mf*

**beastly** [ˈbiːstli] *adj* : detestable, repugnante

**beat¹** [ˈbiːt] *v* **beat; beaten** [ˈbiːtən] *or* **beat; beating** *vt* **1** STRIKE : golpear, pegar, darle una paliza (a alguien) **2** DEFEAT : vencer, derrotar (a un rival, etc.), batir (un récord) **3** : superar, ser mejor que 〈nothing beats a nice, hot bath : no hay nada mejor que un baño caliente〉 **4** AVOID : anticiparse a, evitar 〈to beat the crowd : evitar el gentío〉 **5** STIR, WHIP : batir **6** : batir (alas) **7 beat it!** *fam* : ¡lárgate! **8 it beats me** : no sé **9 to beat down** : echar abajo (una puerta) **10 to beat out** DEFEAT : vencer, derrotar **11 to beat up** : darle una paliza (a alguien) **12 to beat up on** : darle frecuentes palizas (a alguien) — *vi* **1** : batir **2** THROB : palpitar, latir **3 to beat down** : pegar fuerte, caer a plomo (dícese del sol)

**beat²** *adj* EXHAUSTED : derrengado, muy cansado 〈I'm beat! : ¡estoy molido!〉

**beat³** *n* **1** : golpe *m*, redoble *m* (de un tambor), latido *m* (del corazón) **2** RHYTHM : ritmo *m*, tiempo *m*

**beater** [ˈbiːtər] *n* **1** : batidor *m*, -dora *f* **2** EGGBEATER : batidor *m*

**beatific** [ˌbiːəˈtɪfɪk] *adj* : beatífico

**beating** [ˈbiːtɪŋ] *n* **1** : paliza *f* **2** DEFEAT : derrota *f*

**beau** [ˈboː] *n, pl* **beaux** *or* **beaus** : pretendiente *m*, galán *m*

**beautician** [bjuːˈtɪʃən] *n* : esteticista *mf*

**beautification** [ˌbjuːtəfəˈkeɪʃən] *n* : embellecimiento *m*

**beautiful** [ˈbjuːtɪfəl] *adj* : hermoso, bello, lindo, precioso

**beautifully** [ˈbjuːtɪfəli] *adv* **1** ATTRACTIVELY : hermosamente **2** EXCELLENTLY : maravillosamente, excelentemente

**beautify** [ˈbjuːtəˌfaɪ] *vt* **-fied; -fying** : embellecer

**beauty** [ˈbjuːti] *n, pl* **-ties** : belleza *f*, hermosura *f*, beldad *f*
**beauty shop** *or* **beauty parlor** *or* **beauty salon** *n* : salón *m* de belleza
**beauty spot** *n* : lunar *m*
**beaver** [ˈbiːvər] *n* : castor *m*
**because** [bɪˈkʌz, -ˈkɔz] *conj* : porque
**because of** *prep* : por, a causa de, debido a
**beck** [ˈbɛk] *n* **to be at the beck and call of** : estar a la entera disposición de, estar sometido a la voluntad de
**beckon** [ˈbɛkən] *vi* **to beckon to someone** : hacerle señas a alguien
**become** [bɪˈkʌm] *v* **-came** [-ˈkeɪm]; **-come; -coming** *vi* : hacerse, volverse, ponerse ⟨he became famous : se hizo famoso⟩ ⟨to become sad : ponerse triste⟩ ⟨to become accustomed to : acostumbrarse a⟩ — *vt* **1** BEFIT : ser apropiado para **2** SUIT : favorecer, quedarle bien (a alguien) ⟨that dress becomes you : ese vestido te favorece⟩
**becoming** [bɪˈkʌmɪŋ] *adj* **1** SUITABLE : apropiado **2** FLATTERING : favorecedor
**bed**[1] [ˈbɛd] *v* **bedded; bedding** *vt* : acostar — *vi* : acostarse
**bed**[2] *n* **1** : cama *f*, lecho *m* ⟨to make the bed : hacer la cama⟩ ⟨to go to bed : acostarse⟩ ⟨to be time for bed : ser hora de acostarse⟩ **2** : cauce *m* (de un río), fondo *m* (del mar) **3** : arriate *m* (para plantas) **4** LAYER, STRATUM : capa *f*, estrato *m* **5** : caja *f* (de una camioneta)
**bed and breakfast** *n* : pensión *f* con desayuno
**bedbug** [ˈbɛdˌbʌg] *n* : chinche *f*
**bedclothes** [ˈbɛdˌkloːðz, -ˌkloːz] *npl* : ropa *f* de cama, sábanas *fpl*
**bedding** [ˈbɛdɪŋ] *n* **1** → **bedclothes** **2** : cama *f* (para animales)
**bedeck** [bɪˈdɛk] *vt* : adornar, engalanar
**bedevil** [bɪˈdɛvəl] *vt* **-iled** *or* **-illed; -iling** *or* **-illing** : acosar, plagar
**bedlam** [ˈbɛdləm] *n* : locura *f*, caos *m*, alboroto *m*
**bedraggled** [bɪˈdrægəld] *adj* : desaliñado, despeinado
**bedridden** [ˈbɛdˌrɪdən] *adj* : postrado en cama
**bedrock** [ˈbɛdˌrɑk] *n* : lecho *m* de roca
**bedroom** [ˈbɛdˌruːm, -ˌrʊm] *n* : dormitorio *m*, habitación *f*, pieza *f*, recámara *f* *Col, Mex, Pan*
**bedsheet** → **sheet**
**bedside table** [ˈbɛdˌsaɪd-] *n* : mesita *f* de noche
**bedspread** [ˈbɛdˌspred] *n* : cubrecama *m*, colcha *f*, cobertor *m*
**bedtime** [ˈbɛdˌtaɪm] *n* : hora *f* de acostarse
**bee** [ˈbiː] *n* **1** : abeja *f* (insecto) **2** GATHERING : círculo *m*, reunión *f*
**beech** [ˈbiːtʃ] *n, pl* **beeches** *or* **beech** : haya *f*
**beechnut** [ˈbiːtʃˌnʌt] *n* : hayuco *m*
**beef**[1] [ˈbiːf] *vt* **to beef up** : fortalecer, reforzar — *vi* COMPLAIN : quejarse
**beef**[2] *n, pl* **beefs** [ˈbiːfs] *or* **beeves** [ˈbiːvz] : carne *f* de vaca, carne *f* de res *CA, Mex*
**beefsteak** [ˈbiːfˌsteɪk] *n* : filete *m*, bistec *m*
**beehive** [ˈbiːˌhaɪv] *n* : colmena *f*
**beekeeper** [ˈbiːˌkiːpər] *n* : apicultor *m*, -tora *f*
**beekeeping** [ˈbiːˌkiːpɪŋ] *n* : apicultura *f*
**beeline** [ˈbiːˌlaɪn] *n* **to make a beeline for** : ir derecho a, ir directo hacia
**been** → **be**
**beep**[1] [ˈbiːp] *v* : pitar
**beep**[2] *n* : pitido *m*
**beeper** [ˈbiːpər] *n* : buscapersonas *m*, busca *m* *Spain*
**beer** [ˈbɪr] *n* : cerveza *f*
**beeswax** [ˈbiːzˌwæks] *n* : cera *f* de abejas
**beet** [ˈbiːt] *n* : remolacha *f*, betabel *m* *Mex*
**beetle** [ˈbiːtəl] *n* : escarabajo *m*
**befall** [bɪˈfɔl] *v* **-fell** [-ˈfɛl]; **-fallen** [-ˈfɔlən] *vt* : sucederle a, acontecerle a — *vi* : acontecer
**befit** [bɪˈfɪt] *vt* **-fitted; -fitting** : convenir a, ser apropiado para
**before**[1] [bɪˈfɔr] *adv* **1** : antes ⟨before and after : antes y después⟩ **2** : anterior ⟨the month before : el mes anterior⟩
**before**[2] *conj* : antes que ⟨he would die before surrendering : moriría antes que rendirse⟩
**before**[3] *prep* **1** : antes de ⟨before eating : antes de comer⟩ **2** : delante de, ante ⟨I stood before the house : estaba parada delante de la casa⟩ ⟨before the judge : ante el juez⟩
**beforehand** [bɪˈfɔrˌhænd] *adv* : antes, por adelantado, de antemano, con anticipación
**befriend** [bɪˈfrend] *vt* : hacerse amigo de
**befuddle** [bɪˈfʌdəl] *vt* **-dled; -dling** : aturdir, ofuscar, confundir
**beg** [ˈbɛg] *v* **begged; begging** *vt* **1** : mendigar, pedir (dinero, etc.) **2** : pedir, suplicar ⟨I begged him to go : le supliqué que fuera⟩ — *vi* **1** : mendigar, pedir limosna **2 to beg for** : implorar, suplicar ⟨she begged for mercy : imploró clemencia⟩
**beget** [bɪˈgɛt] *vt* **-got** [-ˈgɑt]; **-gotten** [-ˈgɑtən] *or* **-got; -getting** : engendrar
**beggar** [ˈbɛgər] *n* : mendigo *m*, -ga *f*; pordiosero *m*, -ra *f*
**begin** [bɪˈgɪn] *v* **-gan** [-ˈgæn]; **-gun** [-ˈgʌn]; **-ginning** *vt* : empezar, comenzar, iniciar ⟨she began to work, she began working : empezó a trabajar⟩ — *vi* **1** START : empezar, comenzar, iniciarse **2** ORIGINATE : nacer, originarse **3 to begin with** : en primer lugar, para empezar
**beginner** [bɪˈgɪnər] *n* : principiante *mf*
**beginning** [bɪˈgɪnɪŋ] *n* : principio *m*, comienzo *m* ⟨at the beginning of the week : a principios de la semana⟩
**begone** [biˈgɔn] *interj* : ¡fuera de aquí!
**begonia** [biˈgoːnjə] *n* : begonia *f*
**begrudge** [bɪˈgrʌdʒ] *vt* **-grudged; -grudging** **1** : dar/hacer (etc.) de mala gana ⟨he did the work, but he begrudged every minute of it : hizo el trabajo, pero de muy mala gana⟩ ⟨I don't begrudge the money I spent : no me molesta el dinero que gasté⟩ **2** (*indicating disapproval*)

⟨he begrudges (her) her success : a él le molesta que ella tenga éxito⟩

**beguile** [bɪˈgaɪl] *vt* **-guiled; -guiling** **1** DECEIVE : engañar **2** AMUSE : divertir, entretener

**behalf** [bɪˈhæf, -ˈhaf] *n* **1** : favor *m*, beneficio *m*, parte *f* **2 on behalf of** *or* **in behalf of** : de parte de, en nombre de

**behave** [bɪˈheɪv] *vi* **-haved; -having** : comportarse, portarse

**behavior** [bɪˈheɪvjər] *n* : comportamiento *m*, conducta *f*

**behead** [bɪˈhɛd] *vt* : decapitar

**behest** [bɪˈhɛst] *n* **1** : mandato *m*, orden *f* **2 at the behest of** : a instancia de

**behind**[1] [bɪˈhaɪnd] *adv* : atrás, detrás ⟨to fall behind : quedarse atrás⟩

**behind**[2] *prep* **1** : atrás de, detrás de, tras ⟨behind the house : detrás de la casa⟩ ⟨one behind another : uno tras otro⟩ **2** : atrasado con, después de ⟨behind schedule : atrasado con el trabajo⟩ ⟨I arrived behind the others : llegué después de los otros⟩ **3** SUPPORTING : en apoyo de, detrás ⟨we're behind you all the way! : ¡tienes todo nuestro apoyo!⟩

**behind**[3] [bɪˈhaɪnd, ˈbiːˌhaɪnd] *n* : trasero *m*

**behold** [bɪˈhoːld] *vt* **-held; -holding** : contemplar

**beholder** [bɪˈhoːldər] *n* : observador *m*, -dora *f*

**behoove** [bɪˈhuːv] *vt* **-hooved; -hooving** : convenirle a, corresponderle a ⟨it behooves us to help him : nos conviene ayudarlo⟩

**beige**[1] [ˈbeɪʒ] *adj* : beige

**beige**[2] *n* : beige *m*

**being** [ˈbiːɪŋ] *n* **1** EXISTENCE : ser *m*, existencia *f* **2** CREATURE : ser *m*, ente *m*

**belabor** [bɪˈleɪbər] *vt* **to belabor the point** : extenderse sobre el tema

**belated** [bɪˈleɪtəd] *adj* : tardío, retrasado

**belch**[1] [ˈbɛltʃ] *vi* **1** BURP : eructar **2** EXPEL : expulsar, arrojar

**belch**[2] *n* : eructo *m*

**beleaguer** [bɪˈliːgər] *vt* **1** BESIEGE : asediar, sitiar **2** HARASS : fastidiar, molestar

**belfry** [ˈbɛlfri] *n, pl* **-fries** : campanario *m*

**Belgian** [ˈbɛlʤən] *n* : belga *mf* — **Belgian** *adj*

**belie** [bɪˈlaɪ] *vt* **-lied; -lying** **1** MISREPRESENT : falsear, ocultar **2** CONTRADICT : contradecir, desmentir

**belief** [bəˈliːf] *n* **1** TRUST : confianza *f* **2** CONVICTION : creencia *f*, convicción *f* **3** FAITH : fe *f*

**believable** [bəˈliːvəbəl] *adj* : verosímil, creíble

**believe** [bəˈliːv] *v* **-lieved; -lieving** *vt* : creer ⟨I don't believe it! : ¡no puedo creerlo!⟩ ⟨believe it or not : aunque no lo creas, lo creas o no⟩ ⟨I can't believe my eyes : si no lo veo, no lo creo⟩ ⟨you'd better believe it! : ¡ya lo creo!, ¡por supuesto!⟩ — *vi* : creer

**believer** [bəˈliːvər] *n* **1** : creyente *mf* **2** : partidario *m*, -ria *f*; entusiasta *mf* ⟨she's a great believer in vitamins : ella es una gran partidaria de las vitaminas⟩

**belittle** [bɪˈlɪṭəl] *vt* **-littled; -littling** **1** DISPARAGE : menospreciar, denigrar, rebajar **2** MINIMIZE : minimizar, quitar importancia a

**bell**[1] [ˈbɛl] *vt* : ponerle un cascabel a

**bell**[2] *n* : campana *f*, cencerro *m* (para una vaca o cabra), cascabel *m* (para un gato), timbre *m* (de teléfono, de la puerta)

**belle** [ˈbɛl] *n* : belleza *f*, beldad *f*

**bellhop** [ˈbɛlˌhap] *n* : botones *m*

**bellicose** [ˈbɛlɪˌkoːs] *adj* : belicoso *m*

**belligerence** [bəˈlɪʤərənʦ] *n* : agresividad *f*, beligerancia *f*

**belligerent**[1] [bəˈlɪʤərənt] *adj* : agresivo, beligerante

**belligerent**[2] *n* : beligerante *mf*

**bellow**[1] [ˈbɛˌloː] *vi* : bramar, mugir — *vt* : gritar

**bellow**[2] *n* : bramido *m*, grito *m*

**bellows** [ˈbɛˌloːz] *ns & pl* : fuelle *m*

**bellwether** [ˈbɛlˌwɛðər] *n* : líder *mf*

**belly**[1] [ˈbɛli] *vi* **-lied; -lying** SWELL : hincharse, inflarse

**belly**[2] *n, pl* **-lies** : abdomen *m*, vientre *m*, barriga *f*, panza *f*

**bellyache**[1] [ˈbɛliˌeɪk] *vi fam* → **grouse**[1]

**bellyache**[2] → **stomachache**

**belly button** *n* : ombligo *m*

**belong** [bɪˈlɔŋ] *vi* **1** : pertenecer (a), ser propiedad (de) ⟨it belongs to her : pertenece a ella, es suyo, es de ella⟩ **2** : ser parte (de), ser miembro (de) ⟨he belongs to the club : es miembro del club⟩ **3** : deber estar, ir ⟨your coat belongs in the closet : tu abrigo va en el ropero⟩

**belongings** [bɪˈlɔŋɪŋz] *npl* : pertenencias *fpl*, efectos *mpl* personales

**beloved**[1] [bɪˈlʌvəd, -ˈlʌvd] *adj* : querido, amado

**beloved**[2] *n* : amado *m*, -da *f*; enamorado *m*, -da *f*; amor *m*

**below**[1] [bɪˈloː] *adv* **1** : abajo ⟨the floor below : el piso de abajo⟩ ⟨the pilot looked at the ground below : el piloto miraba el suelo allá abajo⟩ ⟨from below : desde abajo⟩ **2** : más abajo ⟨as stated below : como se indica más abajo⟩ **3** UNDER, LOWER : más bajo ⟨children age 10 and below : niños menores de los 10 años⟩ **4** : abajo (en un navío) **5** : bajo cero (dícese de temperaturas)

**below**[2] *prep* **1** : abajo de, debajo de ⟨below the window : debajo de la ventana⟩ **2** : por debajo de, bajo ⟨below average : por debajo del promedio⟩ ⟨5 degrees below zero : 5 grados bajo cero⟩

**belt**[1] [ˈbɛlt] *vt* **1** : ceñir con un cinturón, ponerle un cinturón a **2** THRASH : darle una paliza a, darle un trancazo a

**belt**[2] *n* **1** : cinturón *m*, cinto *m* (para el talle) **2** BAND, STRAP : cinta *f*, correa *f*, banda *f Mex* **3** AREA : frente *m*, zona *f*

**beltway** [ˈbɛltˌweɪ] *n* : carretera *f* de circunvalación; periférico *m CA, Mex*; libramiento *m Mex*

**bemoan** [bɪˈmoːn] *vt* : lamentarse de

**bemuse** [bɪˈmjuːz] *vt* **-mused; -musing** **1** BEWILDER : confundir, desconcertar **2** ENGROSS : absorber

**bench** [ˈbɛntʃ] *n* **1** SEAT : banco *m*, escaño *m*, banca *f* **2** : estrado *m* (de un juez) **3** COURT : tribunal *m* **4** : banca *f* (en deportes)

**bend**[1] [ˈbɛnd] *v* **bent** [ˈbɛnt]; **bending** *vt* : torcer, doblar, curvar, flexionar — *vi* **1** : torcerse, agacharse ⟨to bend over : inclinarse⟩ **2** TURN : torcer, hacer una curva **3 on bended knee** : de rodillas, de hinojos

**bend**[2] *n* **1** TURN : vuelta *f*, recodo *m* **2** CURVE : curva *f*, ángulo *m*, codo *m*

**beneath**[1] [bɪˈniːθ] *adv* : bajo, abajo, debajo

**beneath**[2] *prep* : bajo de, abajo de, por debajo de

**benediction** [ˌbɛnəˈdɪkʃən] *n* : bendición *f*

**benefactor** [ˈbɛnəˌfæktər] *n* : benefactor *m*, -tora *f*

**benefactress** [ˈbɛnəˌfæktrɪs] *n* : benefactora *f*

**beneficial** [ˌbɛnəˈfɪʃəl] *adj* : beneficioso, provechoso — **beneficially** *adv*

**beneficiary** [ˌbɛnəˈfɪʃiˌɛri, -ˈfɪʃəri] *n, pl* **-ries** : beneficiario *m*, -ria *f*

**benefit**[1] [ˈbɛnəfɪt] *vt* : beneficiar — *vi* : beneficiarse

**benefit**[2] *n* **1** ADVANTAGE : beneficio *m*, ventaja *f*, provecho *m* **2** AID : asistencia *f*, beneficio *m* **3** : función *f* benéfica (para recaudar fondos)

**benevolence** [bəˈnɛvələnts] *n* : bondad *f*, benevolencia *f*

**benevolent** [bəˈnɛvələnt] *adj* : benévolo, bondadoso — **benevolently** *adv*

**benign** [bɪˈnaɪn] *adj* **1** GENTLE, KIND : benévolo, amable **2** FAVORABLE : propicio, favorable **3** MILD : benigno ⟨a benign tumor : un tumor benigno⟩

**bent** [ˈbɛnt] *n* : aptitud *f*, inclinación *f*

**benumb** [bɪˈnʌm] *vt* : entumecer

**bequeath** [bɪˈkwiːθ, -ˈkwiːð] *vt* : legar, dejar en testamento

**bequest** [bɪˈkwɛst] *n* : legado *m*

**berate** [bɪˈreɪt] *vt* **-rated; -rating** : reprender, regañar

**bereaved**[1] [bɪˈriːvd] *adj* : que está de luto, afligido (por la muerte de alguien)

**bereaved**[2] *n* **the bereaved** : los deudos del difunto (o de la difunta)

**bereavement** [bɪˈriːvmənt] *n* **1** SORROW : dolor *m*, pesar *m* **2** LOSS : pérdida *f*

**bereft** [bɪˈrɛft] *adj* : privado, desprovisto

**beret** [bəˈreɪ] *n* : boina *f*

**berm** [ˈbɜrm] *n* : arcén *m*

**Bermuda shorts** [bərˈmjuːdə-] *npl* : bermudas *fpl*

**berry** [ˈbɛri] *n, pl* **-ries** : baya *f*

**berserk** [bərˈsɜrk, -ˈzɜrk] *adj* **1** : enloquecido **2 to go beserk** : volverse loco

**berth**[1] [ˈbərθ] *vi* : atracar

**berth**[2] *n* **1** DOCK : atracadero *m* **2** ACCOMMODATION : litera *f*, camarote *m* **3** POSITION : trabajo *m*, puesto *m*

**beseech** [bɪˈsiːtʃ] *vt* **-seeched** *or* **-sought** [-ˈsɔt]; **-seeching** : suplicar, implorar, rogar

**beset** [bɪˈsɛt] *vt* **-set; -setting** **1** HARASS : acosar **2** SURROUND : rodear

**beside** [bɪˈsaɪd] *prep* : al lado de, junto a ⟨the car beside mine : el coche al lado del mío⟩ ⟨that's beside the point : eso no tiene nada que ver, eso no viene al caso⟩

**besides**[1] [bɪˈsaɪdz] *adv* **1** ALSO : además, también, aparte **2** MOREOVER : además, por otra parte

**besides**[2] *prep* **1** : además de, aparte de ⟨six others besides you : seis otros además de ti⟩ **2** EXCEPT : excepto, fuera de, aparte de

**besiege** [bɪˈsiːdʒ] *vt* **-sieged; -sieging** : asediar, sitiar, cercar

**besmirch** [bɪˈsmərtʃ] *vt* : ensuciar, mancillar

**besotted** [bɪˈsɑtəd] *adj* : enamorado

**best**[1] [ˈbɛst] *vt* : superar, ganar a

**best**[2] *adv* (*superlative of* WELL) : mejor ⟨as best I can : lo mejor que puedo⟩

**best**[3] *adj* (*superlative of* GOOD) : mejor ⟨my best friend : mi mejor amigo⟩

**best**[4] *n* **1 the best** : lo mejor, el mejor, la mejor, los mejores, las mejores **2 at ~** : a lo más **3 to do one's best** : hacer todo lo posible **4 to make the best of** ⟨I'll just have to make the best of it : tendré que arreglármelas como pueda⟩

**best-case** *adj* **a/the best-case scenario** : el mejor de los casos

**bestial** [ˈbɛstʃəl, ˈbiːs-] *adj* **1** : bestial **2** BRUTISH : brutal, salvaje

**bestie** [ˈbɛsti] *n fam* : mejor amigo *m*, mejor amiga *f*

**best man** *n* : padrino *m*

**bestow** [bɪˈstoː] *vt* : conferir, otorgar, conceder

**bestowal** [bɪˈstoːəl] *n* : concesión *f*, otorgamiento *m*

**best seller** *n* : best-seller *m*

**bet**[1] [ˈbɛt] *v* **bet; betting** *vt* : apostar — *vi* **1 to bet on** : apostarle a **2 you bet!** : ¡ya lo creo!, ¡por supuesto!

**bet**[2] *n* : apuesta *f*

**beta** [ˈbeɪtə] *n* : beta *f* (software)

**betoken** [bɪˈtoːkən] *vt* : denotar, ser indicio de

**betray** [bɪˈtreɪ] *vt* **1** : traicionar ⟨to betray one's country : traicionar uno a su patria⟩ **2** DIVULGE, REVEAL : delatar, revelar ⟨to betray a secret : revelar un secreto⟩

**betrayal** [bɪˈtreɪəl] *n* : traición *f*, delación *f*, revelación *f* ⟨betrayal of trust : abuso de confianza⟩

**betrothal** [bɪˈtroːðəl, -ˈtrɔ-] *n* : esponsales *mpl*, compromiso *m*

**betrothed** [bɪˈtroːðd, -ˈtrɔθt] *n* FIANCÉ : prometido *m*, -da *f*

**better**[1] [ˈbɛtər] *vt* **1** IMPROVE : mejorar **2** SURPASS : superar

**better**[2] *adv* (*comparative of* WELL) **1** : mejor **2** MORE : más ⟨better than 50 miles : más de 50 millas⟩

**better**[3] *adj* (*comparative of* GOOD) **1** : mejor ⟨the weather is better today : hace mejor tiempo hoy⟩ ⟨I was sick, but now I'm better : estuve enfermo, pero ahora estoy mejor⟩ **2** : mayor ⟨the better part of a month : la mayor parte de un mes⟩

**better**[4] *n* **1** : el mejor, la mejor ⟨the better of the two : el mejor de los dos⟩ **2 to**

**get the better of** : vencer a, quedar por encima de, superar

**betterment** [ˈbɛtɚmənt] *n* : mejoramiento *m*, mejora *f*

**better off** *adj* (*comparative of* WELL OFF) **1** : mejor ⟨to be better off : salir ganando, venirle mejor a uno⟩ **2** WEALTHIER : más adinerado

**betting** [ˈbɛtɪŋ] *n* : apuestas *fpl*

**bettor** *or* **better** [ˈbɛtɚ] *n* : apostador *m*, -dora *f*

**between**[1] [bɪˈtwiːn] *adv* **1** : en medio, por lo medio **2 in ~** : intermedio

**between**[2] *prep* : entre ⟨between the chair and the wall : entre la silla y la pared⟩ ⟨between now and then : de aquí a entonces⟩ ⟨between nine and ten o'clock : entre las nueve y las diez⟩ ⟨between five and ten people : entre cinco y diez personas⟩ ⟨between you and me : entre nosotros⟩ ⟨they divided it between them : se lo dividieron entre ellos/sí⟩ ⟨the difference between the two brands : la diferencia entre las dos marcas⟩ ⟨to choose between two options : escoger entre dos opciones⟩

**bevel**[1] [ˈbɛvəl] *v* **-eled** *or* **-elled; -eling** *or* **-elling** *vt* : biselar — *vi* INCLINE : inclinarse

**bevel**[2] *n* : bisel *m*

**beverage** [ˈbɛvrɪʤ, ˈbɛvə-] *n* : bebida *f*

**bevy** [ˈbɛvi] *n, pl* **bevies** : grupo *m* (de personas), bandada *f* (de pájaros)

**bewail** [bɪˈweɪl] *vt* : lamentarse de, llorar

**beware** [bɪˈwær] *vi* **to beware of** : tener cuidado con ⟨beware of the dog! : ¡cuidado con el perro!⟩ — *vt* : guardarse de, cuidarse de

**bewilder** [bɪˈwɪldɚ] *vt* : desconcertar, dejar perplejo

**bewilderment** [bɪˈwɪldɚmənt] *n* : desconcierto *m*, perplejidad *f*

**bewitch** [bɪˈwɪtʃ] *vt* **1** : hechizar, embrujar **2** CHARM : cautivar, encantar

**bewitchment** [bɪˈwɪtʃmənt] *n* : hechizo *m*

**beyond**[1] [biˈjɑnd] *adv* **1** FARTHER, LATER : más allá, más lejos (en el espacio), más adelante (en el tiempo) **2** MORE : más ⟨$50 and beyond : $50 o más⟩

**beyond**[2] *n* **the beyond** : el más allá, lo desconocido

**beyond**[3] *prep* **1** : más allá de ⟨beyond the frontier : más allá de la frontera⟩ **2** : fuera de ⟨beyond one's reach : fuera de su alcance⟩ **3** BESIDES : además de

**BFF** [ˌbiːˌɛfˈɛf] *n* (*B*est *F*riends *F*orever) : amigo *m* íntimo, amiga *f* íntima

**bi-** *pref* : bi-

**biannual** [ˌbaɪˈænjʊəl] *adj* : bianual — **biannually** *adv*

**bias**[1] [ˈbaɪəs] *vt* **-ased** *or* **-assed; -asing** *or* **-assing** **1** : predisponer, sesgar, influir en, afectar **2 to be biased against** : tener prejuicio contra

**bias**[2] *n* **1** : sesgo *m*, bies *m* (en la costura) **2** PREJUDICE : prejuicio *m* **3** TENDENCY : inclinación *f*, tendencia *f*

**biased** [ˈbaɪəst] *adj* : tendencioso, parcial

**bib** [ˈbɪb] *n* **1** : peto *m* **2** : babero *m* (para niños)

**Bible** [ˈbaɪbəl] *n* : Biblia *f*

**biblical** [ˈbɪblɪkəl] *adj* : bíblico

**bibliographer** [ˌbɪbliˈɑgrəfɚ] *n* : bibliógrafo *m*, -fa *f*

**bibliography** [ˌbɪbliˈɑgrəfi] *n, pl* **-phies** : bibliografía *f* — **bibliographic** [ˌbɪbliəˈgræfɪk] *adj*

**bicameral** [ˌbaɪˈkæmərəl] *adj* : bicameral

**bicarbonate** [ˌbaɪˈkɑrbənət, -ˌneɪt] *n* : bicarbonato *m*

**bicentennial** [ˌbaɪsɛnˈtɛniəl] *n* : bicentenario *m*

**biceps** [ˈbaɪˌsɛps] *ns & pl* : bíceps *m*

**bicker**[1] [ˈbɪkɚ] *vi* : pelear, discutir, reñir

**bicker**[2] *n* : pelea *f*, riña *f*, discusión *f*

**bicuspid** [baɪˈkʌspɪd] *n* : premolar *m*

**bicycle**[1] [ˈbaɪsɪkəl, -ˌsɪ-] *vi* **-cled; -cling** : ir en bicicleta

**bicycle**[2] *n* : bicicleta *f*

**bicycling** [ˈbaɪsɪkəlɪŋ] *n* : ciclismo *m*

**bicyclist** [ˈbaɪsɪkəlɪst] *n* : ciclista *mf*

**bid**[1] [ˈbɪd] *vt* **bade** [ˈbæd, ˈbeɪd] *or* **bid; bidden** [ˈbɪdən] *or* **bid; bidding** **1** ORDER : pedir, mandar **2** INVITE : invitar **3** SAY : dar, decir ⟨to bid good evening : dar las buenas noches⟩ ⟨to bid farewell to : decir adiós a⟩ **4** : ofrecer (en una subasta), declarar (en juegos de cartas)

**bid**[2] *n* **1** OFFER : oferta *f* (en una subasta), declaración *f* (en juegos de cartas) **2** INVITATION : invitación *f* **3** ATTEMPT : intento *m*, tentativa *f*

**bidder** [ˈbɪdɚ] *n* : postor *m*, -tora *f*

**bide** [ˈbaɪd] *v* **bode** [ˈboːd] *or* **bided; bided; biding** *vt* : esperar, aguardar ⟨to bide one's time : esperar el momento oportuno⟩ — *vi* DWELL : morar, vivir

**bidet** [biˈdeɪ] *n* : bidé *m*, bidet *m*

**biennial** [baɪˈɛniəl] *adj* : bienal — **biennially** *adv*

**bier** [ˈbɪr] *n* **1** STAND : andas *fpl* **2** COFFIN : ataúd *m*, féretro *m*

**bifocals** [ˈbaɪˌfoːkəlz] *npl* : lentes *mpl* bifocales, bifocales *mpl* — **bifocal** [ˈbaɪˌfoːkəl] *adj*

**big** [ˈbɪg] *adj* **bigger; biggest** **1** LARGE : grande ⟨a big guy : un tipo grande⟩ ⟨a great big house : una casa grandísima⟩ ⟨a big group : un grupo grande/numeroso⟩ ⟨big words : palabras difíciles⟩ **2** (*indicating degree*) ⟨to be a big eater : ser un comelón⟩ ⟨to be a big believer in something : ser un gran partidario de algo⟩ **3** IMPORTANT, MAJOR : importante, grande ⟨a big decision : una gran decisión⟩ **4** POPULAR : popular, famoso, conocido ⟨the next big thing : el próximo exitazo⟩ **5** KIND : generoso ⟨it was very big of him : fue muy generoso de su parte⟩ **6 to be big on** : ser entusiasta de

**bigamist** [ˈbɪgəmɪst] *n* : bígamo *m*, -ma *f*

**bigamous** [ˈbɪgəməs] *adj* : bígamo

**bigamy** [ˈbɪgəmi] *n* : bigamia *f*

**Big Dipper** → **dipper**

**big–headed** [ˈbɪgˈhɛdəd] *adj fam* : creído

**bighorn** [ˈbɪgˌhɔrn] *n, pl* **-horn** *or* **-horns** *or* **bighorn sheep** : oveja *f* salvaje de las montañas

**bight** [ˈbaɪt] *n* : bahía *f*, ensenada *f*, golfo *m*

**bigot** [ˈbɪgət] *n* : intolerante *mf*

**bigoted** [ˈbɪgəɾəd] *adj* : intolerante, prejuiciado, fanático

**bigotry** [ˈbɪgətri] *n, pl* **-tries** : intolerancia *f*

**big picture** *n* **to look at the big picture** : ver las cosas desde una perspectiva global

**big shot** *n* : pez *m* gordo *fam*, mandamás *mf*

**big toe** *n* : dedo *m* gordo (del pie)

**bigwig** [ˈbɪgˌwɪg] → **big shot**

**bike** [ˈbaɪk] *n* **1** : bicicleta *f*, bici *f fam* **2** : motocicleta *f*, moto *f*

**bike lane** *or* **bicycle lane** *n* : carril *m* para bicicletas

**bikini** [bəˈkiːni] *n* : bikini *m*

**bilateral** [baɪˈlæt̬ərəl] *adj* : bilateral — **bilaterally** *adv*

**bile** [ˈbaɪl] *n* **1** : bilis *f* **2** IRRITABILITY : mal genio *m*

**bilingual** [baɪˈlɪŋgwəl] *adj* : bilingüe

**bilk** [ˈbɪlk] *vt* : burlar, estafar, defraudar

**bill**[1] [ˈbɪl] *vt* : pasarle la cuenta a — *vi* : acariciar ⟨to bill and coo : acariciarse⟩

**bill**[2] *n* **1** LAW : proyecto *m* de ley, ley *f* **2** INVOICE : cuenta *f*, factura *f* **3** POSTER : cartel *m* **4** PROGRAM : programa *m* (del teatro) **5** : billete *m* ⟨a five-dollar bill : un billete de cinco dólares⟩ **6** BEAK : pico *m*

**billboard** [ˈbɪlˌbɔrd] *n* : cartelera *f*

**billet**[1] [ˈbɪlət] *vt* : acuartelar, alojar

**billet**[2] *n* : alojamiento *m*

**billfold** [ˈbɪlˌfoːld] *n* : billetera *f*, cartera *f*

**billiard** [ˈbɪljərd] *adj* : de billar ⟨billiard ball : bola de billar⟩

**billiards** [ˈbɪljərdz] *n* : billar *m*

**billion** [ˈbɪljən] *n, pl* **billions** *or* **billion** : mil millones *mpl*

**billionth** [ˈbɪljənθ] *n* : milmillonésimo *m* — **billionth** *adj*

**billow**[1] [ˈbɪlo] *vi* : hincharse, inflarse

**billow**[2] *n* **1** WAVE : ola *f* **2** CLOUD : nube *f* ⟨a billow of smoke : un nube de humo⟩

**billowy** [ˈbɪlowi] *adj* : ondulante

**billy goat** [ˈbɪliˌgoːt] *n* : macho *m* cabrío

**bimonthly** [baɪˈmʌnθli] *adj* **1** SEMIMONTHLY : bimensual, quincenal **2** : bimestral

**bin** [ˈbɪn] *n* : cubo *m*, cajón *m*

**binary** [ˈbaɪnəri, -ˌnɛri] *adj* : binario *m*

**binational** [ˌbaɪˈnæʃənəl] *adj* : binacional

**bind** [ˈbaɪnd] *vt* **bound** [ˈbaʊnd]; **binding** **1** TIE : atar, amarrar **2** OBLIGATE : obligar **3** UNITE : aglutinar, ligar, unir **4** BANDAGE : vendar **5** : encuadernar (un libro)

**binder** [ˈbaɪndər] *n* **1** FOLDER : carpeta *f* **2** : encuadernador *m*, -dora *f* (de libros)

**binding** [ˈbaɪndɪŋ] *n* **1** : encuadernación *f* (de libros) **2** COVER : cubierta *f*, forro *m*

**binge** [ˈbɪnʤ] *n* : juerga *f*, parranda *f fam*

**bingo** [ˈbɪŋˌgoː] *n, pl* **-gos** : bingo *m*

**binocular** [baɪˈnɑkjələr, bə-] *adj* : binocular

**binoculars** [bəˈnɑkjələrz, baɪ-] *npl* : binoculares *mpl*

**bio-** *pref* : bio- ⟨biochemistry : bioquímica⟩

**biochemical**[1] [ˌbaɪoˈkɛmɪkəl] *adj* : bioquímico

**biochemical**[2] *n* : bioquímico *m*

**biochemist** [ˌbaɪoˈkɛmɪst] *n* : bioquímico *m*, -ca *f*

**biochemistry** [ˌbaɪoˈkɛməstri] *n* : bioquímica *f*

**biodegradable** [ˌbaɪodɪˈgreɪdəbəl] *adj* : biodegradable

**biodiversity** [ˌbaɪodəˈvərsəɾi, -daɪ-] *n, pl* **-ties** : biodiversidad *f*

**biographer** [baɪˈɑgrəfər] *n* : biógrafo *m*, -fa *f*

**biographical** [ˌbaɪəˈgræfɪkəl] *adj* : biográfico

**biography** [baɪˈɑgrəfi, biː-] *n, pl* **-phies** : biografía *f*

**biologic** [ˌbaɪəˈlɑʤɪk] *or* **biological** [-ʤɪkəl] *adj* : biológico

**biological weapon** *n* : arma *f* biológica

**biologist** [baɪˈɑləʤɪst] *n* : biólogo *m*, -ga *f*

**biology** [baɪˈɑləʤi] *n* : biología *f*

**biopsy** [ˈbaɪˌɑpsi] *n, pl* **-sies** : biopsia *f*

**biosphere** [ˈbaɪəˌsfɪr] *n* : biosfera *f*, biósfera *f*

**biotechnology** [ˌbaɪotɛkˈnɑləʤi] *n* : biotecnología *f* — **biotechnological** [ˌbaɪoˌtɛknəˈlɑʤɪkəl] *adj*

**bipartisan** [baɪˈpɑrt̬əzən, -sən] *adj* : bipartidista, de dos partidas

**biped** [ˈbaɪˌpɛd] *n* : bípedo *m*

**birch** [ˈbərtʃ] *n* : abedul *m*

**bird** [ˈbərd] *n* : pájaro *m* (pequeño), ave *f* (grande)

**birdbath** [ˈbərdˌbæθ, -ˌbaθ] *n* : pila *f* para pájaros

**bird dog** *n* : perro *m*, -rra *f* de caza

**bird of prey** *n* : ave *f* rapaz, ave *f* de presa

**birdseed** [ˈbərdˌsiːd] *n* : alpiste *m*

**bird's-eye** [ˈbərdzˌaɪ] *adj* **1** : visto desde arriba ⟨bird's-eye view : vista aérea⟩ **2** CURSORY : rápido, somero

**birdwatching** [ˈbərdˌwɑtʃɪŋ] *n* : observación *f* de aves

**biretta** [bəˈrɛt̬ə] *n* : birrete *m*

**birth** [ˈbərθ] *n* **1** : nacimiento *m*, parto *m* **2** ORIGIN : origen *m*, nacimiento *m*

**birth certificate** *n* : partida *f* de nacimiento, acta *f* de nacimiento, certificado *m* de nacimiento

**birth control** *n* : control *m* de natalidad

**birthday** [ˈbərθˌdeɪ] *n* : cumpleaños *m*, aniversario *m* ⟨birthday boy/girl : cumpleañero/cumpleañera⟩

**birthmark** [ˈbərθˌmɑrk] *n* : mancha *f* de nacimiento

**birthplace** [ˈbərθˌpleɪs] *n* : lugar *m* de nacimiento

**birthrate** [ˈbərθˌreɪt] *n* : índice *m* de natalidad

**birthright** [ˈbərθˌraɪt] *n* : derecho *m* de nacimiento

**biscuit** [ˈbɪskət] *n* : bizcocho *m*

**bisect** [ˈbaɪˌsɛkt, ˌbaɪˈ-] *vt* : bisecar

**bisexual** [ˌbaɪˈsɛkʃʊəl] *adj* : bisexual — **bisexuality** [ˌbaɪˌsɛkʃʊˈæləti] *n*

**bishop** [ˈbɪʃəp] *n* **1** : obispo *m* **2** : alfil *m* (en ajedrez)
**bishopric** [ˈbɪʃəprɪk] *n* : obispado *m*
**bison** [ˈbaɪzən, -sən] *ns & pl* : bisonte *m*
**bistro** [ˈbiːstro, ˈbɪs-] *n, pl* **-tros** : bar *m*, restaurante *m* pequeño
**bit** [ˈbɪt] *n* **1** FRAGMENT, PIECE : pedazo *m*, trozo *m* ⟨he smashed it to bits : lo hizo pedazos⟩ **2** : freno *m*, bocado *m* (de una brida) **3** : broca *f* (de un taladro) **4** : bit *m* (de información) **5** : rato *m*, momento *m* ⟨stay a bit (longer) : quédate un ratito⟩ **6** SKETCH : sketch *m* (en teatro, etc.) **7 a bit** SOMEWHAT : un poco **8 a bit of** : un poco de **9 bit by bit** : poco a poco **10 every bit as . . . as** : tan . . . como **11 quite a bit** : bastante
**bitch**[1] [ˈbɪtʃ] *vi* COMPLAIN : quejarse, reclamar
**bitch**[2] *n* **1** : perra *f* **2** *fam offensive* : bruja *f*; cabrona *f Spain, Mex offensive* **3** *fam* : cosa *f* difícil ⟨the exam was a bitch : el examen fue dificilísimo⟩ ⟨life's a bitch : la vida es dura⟩
**Bitcoin** [ˈbɪtˌkɔɪn] *n* : bitcoin *m*
**bite**[1] [ˈbaɪt] *v* **bit** [ˈbɪt]; **bitten** [ˈbɪtən]; **biting** *vt* **1** : morder **2** STING : picar **3** PUNCTURE : punzar, pinchar **4** GRIP : agarrar **5 to bite one's tongue** : morderse la lengua **6 to bite someone's head off** : explotar, perder los estribos (sin provocación) **7 to bite the bullet** : hacer de tripas corazón **8 to bite the dust** : morder el polvo (dícese de una persona), pasar a mejor vida (dícese de una cosa) — *vi* **1** : morder ⟨that dog bites : ese perro muerde⟩ **2** STING : picar (dícese de un insecto), cortar (dícese del viento) **3** : picar ⟨the fish are biting now : ya están picando los peces⟩ **4** GRAB : agarrarse
**bite**[2] *n* **1** BITING : mordisco *m*, dentellada *f* **2** SNACK : bocado *m* ⟨a bite to eat : algo de comer⟩ **3** : picadura *f* (de un insecto), mordedura *f* (de un animal) **4** SHARPNESS : mordacidad *f*, penetración *f*
**biting** [ˈbaɪtɪŋ] *adj* **1** PENETRATING : cortante, penetrante **2** CAUSTIC : mordaz, sarcástico
**bit part** *n* : papel *m* secundario
**bitter** [ˈbɪtər] *adj* **1** ACRID : amargo, acre **2** PENETRATING : cortante, penetrante ⟨bitter cold : frío glacial⟩ **3** HARSH : duro, amargo ⟨to the bitter end : hasta el final⟩ **4** INTENSE, RELENTLESS : intenso, extremo, implacable ⟨bitter hatred : odio implacable⟩
**bitterly** [ˈbɪtərli] *adv* : amargamente
**bitterness** [ˈbɪtərnəs] *n* : amargura *f*
**bittersweet** [ˈbɪtərˌswiːt] *adj* : agridulce
**bizarre** [bəˈzɑr] *adj* : extraño, singular, estrafalario, estrambótico — **bizarrely** *adv*
**blab** [ˈblæb] *vi* **blabbed; blabbing** : parlotear *fam*, cotorrear *fam*
**blabbermouth** [ˈblæbərˌmaʊθ] *n fam* : bocón *m*, -cona *f fam*
**black**[1] [ˈblæk] *vt* : ennegrecer
**black**[2] *adj* **1** : negro (color, raza) **2** SOILED : sucio **3** DARK : oscuro, negro **4** WICKED : malvado, perverso, malo **5** GLOOMY : negro, sombrío, deprimente
**black**[3] *n* **1** : negro *m* (color) **2** : negro *m*, -gra *f* (persona)
**black–and–blue** [ˌblækənˈbluː] *adj* : amoratado
**blackball** [ˈblækˌbɔl] *vt* **1** OSTRACIZE : hacerle el vacío a, aislar **2** BOYCOTT : boicotear
**blackberry** [ˈblækˌberi] *n, pl* **-ries** : mora *f*
**blackbird** [ˈblækˌbərd] *n* : mirlo *m*
**blackboard** [ˈblækˌbɔrd] *n* : pizarra *f*, pizarrón *m*
**black box** *n* : caja *f* negra
**blacken** [ˈblækən] *vt* **1** BLACK : ennegrecer **2** DEFAME : deshonrar, difamar, manchar
**black eye** *n* : ojo *m* morado
**blackhead** [ˈblækˌhɛd] *n* : espinilla *f*, punto *m* negro
**black hole** *n* : agujero *m* negro
**blackish** [ˈblækɪʃ] *adj* : negruzco
**blackjack** [ˈblækˌjæk] *n* **1** : cachiporra *f* (arma) **2** : veintiuna *f* (juego de cartas)
**blacklist**[1] [ˈblækˌlɪst] *vt* : poner en la lista negra
**blacklist**[2] *n* : lista *f* negra
**blackmail**[1] [ˈblækˌmeɪl] *vt* : chantajear, hacer chantaje a
**blackmail**[2] *n* : chantaje *m*
**blackmailer** [ˈblækˌmeɪlər] *n* : chantajista *mf*
**blackness** [ˈblæknəs] *n* : negrura *f*
**blackout** [ˈblækˌaʊt] *n* **1** : apagón *m* (de poder eléctrico) **2** FAINT : desmayo *m*, desvanecimiento *m*
**black out** *vt* : dejar sin luz — *vi* FAINT : perder el conocimiento, desmayarse
**black sheep** *n* : oveja *f* negra
**blacksmith** [ˈblækˌsmɪθ] *n* : herrero *m*
**blacktop** [ˈblækˌtɑp] *n* : asfalto *m*
**bladder** [ˈblædər] *n* : vejiga *f*
**blade** [ˈbleɪd] *n* : hoja *f* (de un cuchillo), cuchilla *f* (de un patín), pala *f* (de un remo o una hélice), brizna *f* (de hierba)
**blamable** [ˈbleɪməbəl] *adj* : culpable
**blame**[1] [ˈbleɪm] *vt* **blamed; blaming** : culpar, echar la culpa a
**blame**[2] *n* : culpa *f*
**blameless** [ˈbleɪmləs] *adj* : intachable, sin culpa, inocente — **blamelessly** *adv*
**blameworthiness** [ˈbleɪmˌwərðinəs] *n* : culpa *f*, culpabilidad *f*
**blameworthy** [ˈbleɪmˌwərði] *adj* : culpable, reprochable, censurable
**blanch** [ˈblæntʃ] *vt* WHITEN : blanquear — *vi* PALE : palidecer
**bland** [ˈblænd] *adj* : soso, insulso, desabrido ⟨a bland smile : una sonrisa insulsa⟩ ⟨a bland diet : una dieta fácil de digerir⟩
**blandishments** [ˈblændɪʃmənts] *npl* : lisonjas *fpl*, halagos *mpl*
**blandly** [ˈblændli] *adv* : de manera insulsa
**blandness** [ˈblændnəs] *n* : lo insulso, lo desabrido
**blank**[1] [ˈblæŋk] *vt* OBLITERATE : borrar
**blank**[2] *adj* **1** DAZED : perplejo, desconcertado **2** EXPRESSIONLESS : sin expre-

sión, inexpresivo **3** : en blanco (dícese de un papel), liso (dícese de una pared) **4** EMPTY : vacío, en blanco ⟨a blank stare : una mirada vacía⟩ ⟨his mind went blank : se quedó en blanco⟩

**blank³** *n* **1** SPACE : espacio *m* en blanco **2** FORM : formulario *m* **3** CARTRIDGE : cartucho *m* de fogueo **4** *or* **blank key** : llave *f* ciega

**blank check** *n* **1** : cheque *m* en blanco **2** CARTE BLANCHE : carta *f* blanca

**blanket¹** [ˈblæŋkət] *vt* : cubrir

**blanket²** *adj* : global

**blanket³** *n* : manta *f*, cobija *f*, frazada *f*

**blankly** [ˈblænkli] *adv* : sin comprender

**blankness** [ˈblænknəs] *n* **1** PERPLEXITY : desconcierto *m*, perplejidad *f* **2** EMPTINESS : vacío *m*, vacuidad *f*

**blare¹** [ˈblær] *vi* **blared; blaring** : resonar

**blare²** *n* : estruendo *m*

**blarney** [ˈblɑrni] *n* : labia *f fam*

**blasé** [blɑˈzeɪ] *adj* : displicente, indiferente

**blaspheme** [blæsˈfiːm, ˈblæsˌ-] *vi* **-phemed; -pheming** : blasfemar

**blasphemer** [blæsˈfiːmər, ˈblæsˌ-] *n* : blasfemo *m*, -ma *f*

**blasphemous** [ˈblæsfəməs] *adj* : blasfemo

**blasphemy** [ˈblæsfəmi] *n, pl* **-mies** : blasfemia *f*

**blast¹** [ˈblæst] *vt* **1** BLOW UP : volar, hacer volar **2** ATTACK : atacar, arremeter contra

**blast²** *n* **1** GUST : ráfaga *f* **2** EXPLOSION : explosión *f*

**blast–off** [ˈblæstˌɔf] *n* : despegue *m*

**blast off** *vi* : despegar

**blatant** [ˈbleɪtənt] *adj* : descarado — **blatantly** [ˈbleɪtəntli] *adv*

**blaze¹** [ˈbleɪz] *v* **blazed; blazing** *vi* SHINE : arder, brillar, resplandecer — *vt* MARK : marcar, señalar ⟨to blaze a trail : abrir un camino⟩

**blaze²** *n* **1** FIRE : fuego *m* **2** BRIGHTNESS : resplandor *m*, brillantez *f* **3** OUTBURST : arranque *m* ⟨a blaze of anger : un arranque de cólera⟩ **4** DISPLAY : alarde *m*, llamarada *f* ⟨a blaze of color : un derroche de color⟩

**blazer** [ˈbleɪzər] *n* : chaqueta *f* deportiva, blazer *m*

**bleach¹** [ˈbliːtʃ] *vt* : blanquear, decolorar

**bleach²** *n* : lejía *f*, blanqueador *m*

**bleachers** [ˈbliːtʃərz] *ns & pl* : gradas *fpl*, tribuna *f* descubierta

**bleak** [ˈbliːk] *adj* **1** DESOLATE : inhóspito, sombrío, desolado **2** DEPRESSING : deprimente, triste, sombrío

**bleakly** [ˈbliːkli] *adv* : sombríamente

**bleakness** [ˈbliːknəs] *n* : lo inhóspito, lo sombrío

**blear** [ˈblɪr] *adj* : empañado, nublado

**bleary** [ˈblɪri] *adj* **1** : adormilado, fatigado **2** **bleary–eyed** : con los ojos nublados

**bleat¹** [ˈbliːt] *vi* : balar

**bleat²** *n* : balido *m*

**bleed** [ˈbliːd] *v* **bled** [ˈbɛld]; **bleeding** *vi* **1** : sangrar **2** GRIEVE : sufrir, afligirse **3** EXUDE : exudar (dícese de una planta), correrse (dícese de los colores) — *vt* **1** : sangrar (a una persona), purgar (frenos) **2** **to bleed someone dry** : sacarle todo el dinero a alguien

**blemish¹** [ˈblɛmɪʃ] *vt* : manchar, marcar

**blemish²** *n* : imperfección *f*, mancha *f*, marca *f*

**blend¹** [ˈblɛnd] *vt* **1** MIX : mezclar **2** COMBINE : combinar, aunar

**blend²** *n* : mezcla *f*, combinación *f*

**blender** [ˈblɛndər] *n* : licuadora *f*

**bless** [ˈblɛs] *vt* **blessed** [ˈblɛst]; **blessing** **1** : bendecir ⟨God bless you! : ¡que Dios te bendiga!⟩ ⟨you did the dishes? bless you! : ¿lavaste los trastes? ¡mil gracias!⟩ ⟨he's a little forgetful, bless his heart : es un poco olvidadizo, el pobre⟩ **2** **bless you!** (*said to someone who has sneezed*) : ¡salud! **3** **to bless with** : dotar de **4** **to bless oneself** : santiguarse

**blessed** [ˈblɛsəd] *or* **blest** [ˈblɛst] *adj* : bienaventurado, bendito, dichoso

**blessedly** [ˈblɛsədli] *adv* : felizmente, alegremente, afortunadamente

**blessing** [ˈblɛsɪŋ] *n* **1** : bendición *f* **2** APPROVAL : aprobación *f*, consentimiento *m*

**blew** → **blow**

**blight¹** [ˈblaɪt] *vt* : arruinar, infestar

**blight²** *n* **1** : añublo *m* **2** PLAGUE : peste *f*, plaga *f* **3** DECAY : deterioro *m*, ruina *f*

**blimp** [ˈblɪmp] *n* : dirigible *m*

**blind¹** [ˈblaɪnd] *vt* **1** : cegar, dejar ciego **2** DAZZLE : deslumbrar

**blind²** *adj* **1** SIGHTLESS : ciego ⟨to go blind : quedarse ciego⟩ **2** INSENSITIVE : ciego, insensible, sin razón **3** CLOSED : sin salida ⟨blind alley : callejón sin salida⟩

**blind³** *n* **1** : persiana *f* (para una ventana) **2** COVER : escondite *m*, escondrijo *m*

**blind carbon copy** *n* : copia *f* oculta

**blind date** *n* : cita *f* a ciegas

**blinders** [ˈblaɪndərz] *npl* : anteojeras *fpl*

**blindfold¹** [ˈblaɪndˌfoːld] *vt* : vendar los ojos

**blindfold²** *n* : venda *f* (para los ojos)

**blinding** [ˈblaɪndɪŋ] *adj* : enceguecedor, cegador ⟨with blinding speed : con una rapidez inusitada⟩

**blindly** [ˈblaɪndli] *adv* : a ciegas, ciegamente

**blindness** [ˈblaɪndnəs] *n* : ceguera *f*

**blind spot** *n* **1** : ángulo *m* muerto (de un vehículo) **2** WEAKNESS : punto *m* débil

**blink¹** [ˈblɪŋk] *vi* **1** WINK : pestañear, parpadear **2** : brillar intermitentemente

**blink²** *n* : pestañeo *m*, parpadeo *m*

**blinker** [ˈblɪŋkər] *n* : intermitente *m*, direccional *f*

**bliss** [ˈblɪs] *n* **1** HAPPINESS : dicha *f*, felicidad *f* absoluta **2** PARADISE : paraíso *m*

**blissful** [ˈblɪsfəl] *adj* : dichoso, feliz — **blissfully** *adv*

**blister¹** [ˈblɪstər] *vi* : ampollarse

**blister²** *n* : ampolla *f* (en la piel o una superficie), burbuja *f* (en una superficie)

**blithe** [ˈblaɪθ, ˈblaɪð] *adj* **blither; blithest** **1** CAREFREE : despreocupado **2** CHEERFUL : alegre, risueño — **blithely** *adv*

**blitz**[1] ['blɪts] *vt* **1** BOMBARD : bombardear **2** : atacar con rapidez

**blitz**[2] *n* **1** : bombardeo *m* aéreo **2** CAMPAIGN : ataque *m*, acometida *f*

**blizzard** ['blɪzərd] *n* : tormenta *f* de nieve, ventisca *f*

**bloat** ['blo:t] *vi* : hincharse, inflarse

**blob** ['blɑb] *n* : gota *f*, mancha *f*, borrón *m*

**bloc** ['blɑk] *n* : bloque *m*

**block**[1] ['blɑk] *vt* **1** OBSTRUCT : bloquear (una calle, una arteria, etc.) ⟨you're blocking my light : me estás tapando la luz⟩ **2** *or* **to block up** CLOG : obstruir, atascar, atorar (una tubería, etc.) **3** IMPEDE : bloquear, impedir **4** : bloquear (en deportes) **5 to block in** : cerrarle el paso a (un vehículo) **6 to block off** BARRICADE : cortar (una calle) **7 to block out** : tapar (el sol, etc.) **8 to block out** FORGET, IGNORE : borrar de la mente

**block**[2] *n* **1** PIECE : bloque *m* ⟨building blocks : cubos de construcción⟩ ⟨auction block : plataforma de subastas⟩ ⟨starting block : taco de salida⟩ **2** OBSTRUCTION : obstrucción *f*, bloqueo *m* ⟨mental block : bloqueo mental⟩ **3** : cuadra *f*, manzana *f* (de edificios) ⟨to go around the block : dar la vuelta a la cuadra⟩ **4** BUILDING : edificio *m* (de apartamentos, oficinas, etc.) **5** SERIES, GROUP : serie *f*, grupo *m* ⟨a block of tickets : una serie de entradas⟩ **6 block and tackle** : aparejo *m* de poleas

**blockade**[1] [blɑ'keɪd] *vt* **-aded; -ading** : bloquear

**blockade**[2] *n* : bloqueo *m*

**blockage** ['blɑkɪʤ] *n* : bloqueo *m*, obstrucción *f*

**blockbuster** ['blɑkˌbʌstər] *n* : gran éxito *m* (de taquilla)

**blockhead** ['blɑkˌhɛd] *n* : bruto *m*, -ta *f*; estúpido *m*, -da *f*

**block letters** *npl* : letras *fpl* de molde/imprenta (mayúsculas)

**blog** ['blɔg, 'blɑg] *n* : blog *m*, bitácora *f*

**blond**[1] *or* **blonde** ['blɑnd] *adj* : rubio, güero *Mex*, claro (dícese de la madera)

**blond**[2] *or* **blonde** *n* : rubio *m*, -bia *f*; güero *m*, -ra *f Mex*

**blood** ['blʌd] *n* **1** : sangre *f* ⟨to draw blood : sacar sangre⟩ **2** LIFEBLOOD : vida *f*, alma *f* **3** LINEAGE : linaje *m*, sangre *f* ⟨blood relatives : parientes consanguíneos⟩ **4 in cold blood** : a sangre fría

**blood bank** *n* : banco *m* de sangre

**bloodbath** ['blʌdˌbæθ, -ˌbaθ] *n* : masacre *f*, baño *m* de sangre

**bloodcurdling** ['blʌdˌkərdəlɪŋ] *adj* : espeluznante, aterrador

**blood donor** *n* : donador *m*, -dora *f* de sangre; donante *mf* de sangre

**blooded** ['blʌdəd] *adj* : de sangre ⟨cold-blooded animal : animal de sangre fría⟩

**blood group** *n* : grupo *m* sanguíneo

**bloodhound** ['blʌdˌhaʊnd] *n* : sabueso *m*

**bloodless** ['blʌdləs] *adj* **1** : incruento, sin derramamiento de sangre **2** LIFELESS : desanimado, insípido, sin vida

**bloodmobile** ['blʌdmoˌbi:l] *n* : unidad *f* móvil para donantes de sangre

**blood pressure** *n* : tensión *f*, presión *f* (arterial)

**bloodshed** ['blʌdˌʃɛd] *n* : derramamiento *m* de sangre

**bloodshot** ['blʌdˌʃɑt] *adj* : inyectado de sangre

**bloodstain** ['blʌdˌsteɪn] *n* : mancha *f* de sangre

**bloodstained** ['blʌdˌsteɪnd] *adj* : manchado de sangre

**bloodstream** ['blʌdˌstri:m] *n* : torrente *m* sanguíneo, corriente *f* sanguínea

**bloodsucker** ['blʌdˌsʌkər] *n* : sanguijuela *f*

**blood test** *n* : análisis *m* de sangre

**bloodthirsty** ['blʌdˌθərsti] *adj* : sanguinario

**blood transfusion** *n* : transfusión *f* de sangre

**blood vessel** *n* : vaso *m* sanguíneo

**bloody** ['blʌdi] *adj* **bloodier; -est** : ensangrentado, sangriento

**bloom**[1] ['blu:m] *vi* **1** FLOWER : florecer **2** MATURE : madurar

**bloom**[2] *n* **1** FLOWER : flor *f* ⟨to be in bloom : estar en flor⟩ **2** FLOWERING : floración *f* ⟨in full bloom : en plena floración⟩ **3** : rubor *m* (de la tez) ⟨in the bloom of youth : en plena juventud, en la flor de la vida⟩

**bloomers** ['blu:mərz] *npl* : bombachos *mpl*

**blooper** ['blu:pər] *n* : metedura *f* de pata *fam*

**blossom**[1] ['blɑsəm] *vi* : florecer, dar flor

**blossom**[2] *n* : flor *f*

**blot**[1] ['blɑt] *vt* **blotted; blotting 1** SPOT : emborronar, borronear **2** DRY : secar

**blot**[2] *n* **1** STAIN : mancha *f*, borrón *m* **2** BLEMISH : mancha *f*, tacha *f*

**blotch**[1] ['blɑtʃ] *vt* : emborronar, borronear

**blotch**[2] *n* : mancha *f*, borrón *m*

**blotchy** ['blɑtʃi] *adj* **blotchier; -est** : lleno de manchas

**blotter** ['blɑʧər] *n* : hoja *f* de papel secante, secante *m*

**blouse** ['blaʊs, 'blaʊz] *n* : blusa *f*

**blow**[1] ['blo:] *v* **blew** ['blu:]; **blown** ['blo:n]; **blowing** *vi* **1** : soplar (dícese del viento) **2** : agitarse (etc.) con el viento ⟨to blow open/shut : abrirse/cerrarse⟩ ⟨to blow off/away : volar⟩ **3** SOUND : sonar (dícese de un silbato, etc.) **4 to blow off** *fam* : dejar plantado (a alguien) *fam*, no ir a (una cita, etc.) **5 to blow out** : fundirse (dícese de un fusible eléctrico); reventarse (dícese de una llanta) **6 to blow over** : pasar, dispersarse (dícese de una tormenta) **7 to blow over** : pasar, calmarse, caer en el olvido (dícese de una situación) — *vt* **1** : soplar, echar ⟨to blow smoke : echar humo⟩ **2** SOUND : tocar, sonar **3** SHAPE : soplar, dar forma a (vidrio, etc.) **4** BUNGLE : echar a perder **5 to blow one's nose** : sonarse la nariz

**blow**[2] *n* **1** PUFF : soplo *m*, soplido *m* **2** GALE : vendaval *f* **3** HIT, STROKE : golpe *m* **4** CALAMITY : golpe *m*, desastre *m* **5 to come to blows** : llegar a las manos

**blow–dry** [ˈbloːˌdraɪ] *n, pl* **-dries** : secado *m* (de pelo)

**blower** [ˈbloːər] *n* FAN : ventilador *m*

**blowout** [ˈbloːˌaʊt] *n* : reventón *m*

**blowtorch** [ˈbloːˌtɔrtʃ] *n* : soplete *m*

**blow up** *vi* EXPLODE : estallar, hacer explosión — *vt* BLAST : volar, hacer volar

**blubber**[1] [ˈblʌbər] *vi* : lloriquear

**blubber**[2] *n* : esperma *f* de ballena

**bludgeon** [ˈblʌʤən] *vt* : aporrear

**blue**[1] [ˈbluː] *adj* **bluer; bluest 1** : azul **2** MELANCHOLY : melancólico, triste

**blue**[2] *n* : azul *m*

**bluebell** [ˈbluːˌbɛl] *n* : campanilla *f*

**blueberry** [ˈbluːˌbɛri] *n, pl* **-ries** : arándano *m*

**bluebird** [ˈbluːˌbərd] *n* : azulejo *m*

**blue cheese** *n* : queso *m* azul

**blue–collar** [ˈbluːˈkɑlər] *adj* : obrero

**blueprint** [ˈbluːˌprɪnt] *n* **1** : plano *m*, proyecto *m*, cianotipo *m* **2** PLAN : anteproyecto *m*, programa *m*

**blues** [ˈbluːz] *npl* **1** DEPRESSION : depresión *f*, melancolía *f* **2** : blues *m* ⟨to sing the blues : cantar blues⟩

**bluff**[1] [ˈblʌf] *vi* : hacer un farol, blofear *Col, Mex*

**bluff**[2] *adj* **1** STEEP : escarpado **2** FRANK : campechano, franco, directo

**bluff**[3] *n* **1** : farol *m*; blof *m Col, Mex* **2** CLIFF : acantilado *m*, risco *m*

**bluing** [ˈbluːɪŋ] *or* **blueing** *n* : añil *m*, azulete *m*

**bluish** [ˈbluːɪʃ] *adj* : azulado

**blunder**[1] [ˈblʌndər] *vi* **1** STUMBLE : tropezar, dar traspiés **2** ERR : cometer un error, tropezar, meter la pata *fam*

**blunder**[2] *n* : error *m*, fallo *m* garrafal, metedura *f* de pata *fam*

**blunderbuss** [ˈblʌndərˌbʌs] *n* : trabuco *m*

**blunt**[1] [ˈblʌnt] *vt* **1** : despuntar (un lápiz, etc.), desafilar (un cuchillo, etc.) **2** : embotar (la mente, etc.), suavizar (críticas)

**blunt**[2] *adj* **1** DULL : desafilado, despuntado **2** DIRECT : directo, franco, categórico

**bluntly** [ˈblʌntli] *adv* : sin rodeos, francamente, bruscamente

**bluntness** [ˈblʌntnəs] *n* **1** DULLNESS : falta *f* de filo **2** FRANKNESS : franqueza *f*

**blur**[1] [ˈblər] *vt* **blurred; blurring** : desdibujar, hacer borroso

**blur**[2] *n* **1** SMEAR : mancha *f*, borrón *m* **2** : aspecto *m* borroso ⟨everything was just a blur : todo se volvió borroso⟩

**blurb** [ˈblərb] *n* : propaganda *f*, nota *f* publicitaria

**blurred** [ˈblərd] *adj* : borroso

**blurry** [ˈbləri] *adj* : borroso

**blurt** [ˈblərt] *vt* : espetar, decir impulsivamente

**blush**[1] [ˈblʌʃ] *vi* : ruborizarse, sonrojarse, hacerse colorado

**blush**[2] *n* : rubor *m*, sonrojo *m*

**bluster**[1] [ˈblʌstər] *vi* **1** BLOW : soplar con fuerza **2** BOAST : fanfarronear, echar bravatas

**bluster**[2] *n* : fanfarronada *f*, bravatas *fpl*

**blustery** [ˈblʌstəri] *adj* : borrascoso, tempestuoso

**boa** [ˈboːə] *n* : boa *f*

**boar** [ˈbor] *n* : cerdo *m* macho, verraco *m*

**board**[1] [ˈbord] *vt* **1** : embarcarse en, subir a bordo de (una nave o un avión), subir a (un tren o carro) **2** LODGE : hospedar, dar hospedaje con comidas a **3 to board up** : cerrar con tablas

**board**[2] *n* **1 PLANK** : tabla *f*, tablón *m* **2** : tablero *m* ⟨chessboard : tablero de ajedrez⟩ **3** → **cardboard 4** → **bulletin board 5** → **blackboard 6** → **surfboard 7** MEALS : comida *f* ⟨board and lodging : comida y alojamiento⟩ **8** COMMITTEE, COUNCIL : junta *f*, consejo *m* **9 across the board** : en general, para todos **10 on** ~ → **aboard 11 on** ~ ⟨to get someone on board : conseguir el apoyo de alguien⟩ ⟨to be on board : apoyar algo, apoyar a alguien⟩

**boarder** [ˈbordər] *n* LODGER : huésped *m*, -peda *f*

**board game** *n* : juego *m* de mesa

**boardinghouse** [ˈbordɪŋˌhaʊs] *n* : casa *f* de huéspedes

**boarding school** *n* : internado *m*

**boardroom** [ˈbordˌruːm, -ˌrʊm] *n* : sala *f* de juntas

**boardwalk** [ˈbordˌwɔk] *n* : paseo *m* marítimo

**boast**[1] [ˈboːst] *vi* : alardear, presumir, jactarse

**boast**[2] *n* : jactancia *f*, alarde *m*

**boaster** [ˈboːstər] *n* : presumido *m*, -da *f*; fanfarrón *m*, -rrona *f fam*

**boastful** [ˈboːstfəl] *adj* : jactancioso, fanfarrón *fam*

**boastfully** [ˈboːstfəli] *adv* : de manera jactanciosa

**boastfulness** [ˈboːstfəlnəs] *n* : jactancia *f*

**boat**[1] [ˈboːt] *vt* : transportar en barco, poner a bordo

**boat**[2] *n* : barco *m*, embarcación *f*, bote *m*, barca *f*

**boatman** [ˈboːtmən] *n, pl* **-men** [-mən, -ˌmɛn] : barquero *m*

**boat person** *n* : balsero *m*, -ra *f*

**boatwoman** [ˈboːtˌwʊmən] *n, pl* **-women** [-ˌwɪmən] : barquera *f*

**bob**[1] [ˈbɑb] *v* **bobbed; bobbing** *vi* **1** : balancearse, mecerse ⟨to bob up and down : subir y bajar⟩ **2** *or* **to bob up** APPEAR : presentarse, surgir — *vt* **1** : inclinar (la cabeza o el cuerpo) **2** CUT : cortar, recortar ⟨she bobbed her hair : se cortó el pelo⟩

**bob**[2] *n* **1** : inclinación *f* (de la cabeza, del cuerpo), sacudida *f* **2** FLOAT : flotador *m*, corcho *m* (de pesca) **3** : pelo *m* corto

**bobbin** [ˈbɑbən] *n* : bobina *f*, carrete *m* (de una máquina de coser)

**bobby pin** [ˈbɑbiˌpɪn] *n* : horquilla *f*

**bobcat** [ˈbɑbˌkæt] *n* : lince *m* rojo

**bobolink** [ˈbɑbəˌlɪŋk] *n* : tordo *m* arrocero

**bobsled** [ˈbɑbˌslɛd] *n* : bobsleigh *m*

**bobwhite** [ˈbɑbˈhwaɪt] *n* : codorniz *m* (del Nuevo Mundo)

**bode**[1] [ˈbo:d] *v* **boded; boding** *vt* : presagiar, augurar — *vi* **to bode well** : ser de buen agüero
**bode**[2] → **bide**
**bodice** [ˈbɑdəs] *n* : corpiño *m*
**bodied** [ˈbɑdid] *adj* : de cuerpo ⟨lean-bodied : de cuerpo delgado⟩ ⟨able-bodied : no discapacitado⟩
**bodiless** [ˈbɑdiləs, ˈbɑdələs] *adj* : incorpóreo
**bodily**[1] [ˈbɑdəli] *adv* : en peso ⟨to lift someone bodily : levantar a alguien en peso⟩
**bodily**[2] *adj* : corporal, del cuerpo ⟨bodily harm : daños corporales⟩
**body** [ˈbɑdi] *n, pl* **bodies** **1** : cuerpo *m*, organismo *m* **2** CORPSE : cadáver *m* **3** PERSON : persona *f*, ser *m* humano **4** : nave *f* (de una iglesia), carrocería (de un automóvil), fuselaje *m* (de un avión), casco *m* (de una nave) **5** COLLECTION, MASS : conjunto *m*, grupo *m*, masa *f* ⟨in a body : todos juntos, en masa⟩ **6** ORGANIZATION : organismo *m*, organización *f*
**bodybuilding** [ˈbɑdiˌbɪldɪŋ] *n* : culturismo *m*
**bodyguard** [ˈbɑdiˌgɑrd] *n* : guardaespaldas *mf*
**bodywork** [ˈbɑdiˌwərk] *n* : carrocería *f*
**bog**[1] [ˈbɑg, ˈbɔg] *v* **bogged; bogging** *vt* **1 to bog down** SWAMP : empantanar, inundar ⟨to get bogged down : quedar empantanado⟩ **2** STALL : estancar, paralizar — *vi* **to bog down** **1** STICK : embarrancar, empantanarse **2** STALL : estancarse, empantanarse
**bog**[2] *n* : lodazal *m*, ciénaga *f*, cenagal *m*
**bogey** [ˈbʊgi, ˈbo:-] *n* **1** : bogey *m* (en golf) **2** → **bugaboo**
**bogeyman** [ˈbʊgiˌmæn, ˈbo:-] *n, pl* **-men** [-mən] : coco *m fam*; cuco *m Arg, Chile, Peru, Uru fam* ⟨the bogeyman will get you! : ¡viene el coco!⟩ ⟨he's the bogeyman of conservatives : es el coco de los conservativos⟩
**boggle** [ˈbɑgəl] *vi* **-gled; -gling** : quedarse atónito, quedarse pasmado ⟨the mind boggles! : ¡es increíble!⟩
**boggy** [ˈbɑgi, ˈbɔ-] *adj* **boggier; -est** : cenagoso
**bogus** [ˈbo:gəs] *adj* : falso, fingido, falaz
**bohemian** [bo:ˈhi:miən] *n* : bohemio *m*, -mia *f* — **bohemian** *adj*
**boil**[1] [ˈbɔɪl] *vi* **1** : hervir **2 to boil down to** : reducirse a **3 to make one's blood boil** : hervirle la sangre a uno — *vt* **1** : hervir, hacer hervir ⟨to boil water : hervir agua⟩ **2** : cocer, hervir ⟨to boil potatoes : cocer papas⟩ **3 to boil something down to** : reducir algo a
**boil**[2] *n* **1** BOILING : hervor *m* **2** : forúnculo *m* (en medicina)
**boiler** [ˈbɔɪlər] *n* : caldera *f*
**boiling** [ˈbɔɪlɪŋ] *adj* **1** : hirviendo **2** HOT : caliente ⟨I'm boiling : me muero de calor⟩
**boiling point** *n* : punto *m* de ebullición
**boisterous** [ˈbɔɪstərəs] *adj* : bullicioso, escandaloso — **boisterously** *adv*
**bold**[1] [ˈbo:ld] *adj* **1** COURAGEOUS : valiente **2** INSOLENT : insolente, descarado **3** DARING : atrevido, audaz — **boldly** *adv*
**bold**[2] → **boldface**
**boldface** [ˈbo:ldˌfeɪs] *or* **boldface type** *n* : negrita *f*
**boldness** [ˈbo:ldnəs] *n* **1** COURAGE : valor *m*, coraje *m* **2** INSOLENCE : atrevimiento *m*, insolencia *f*, descaro *m* **3** DARING : audacia *f*
**bolero** [bəˈleɪro] *n, pl* **-ros** : bolero *m*
**bolivar** [bəˈli:ˌvɑr, ˈbɑləvər] *n* : bolívar *m* (unidad monetaria)
**Bolivian** [bəˈlɪviən] *n* : boliviano *m*, -na *f* — **Bolivian** *adj*
**boliviano** [bəˌlɪviˈano] *n* : boliviano *m* (unidad monetaria)
**boll** [ˈbo:l] *n* : cápsula *f* (del algodón)
**boll weevil** *n* : gorgojo *m* del algodón
**bologna** [bəˈlo:nə] *n* : salchicha *f* ahumada
**Bolshevik** [ˈbo:lʃəˌvɪk, ˈbɔl-] *n* : bolchevique *nmf* — **Bolshevik** *adj*
**bolster**[1] [ˈbo:lstər] *vt* **-stered; -stering** : reforzar, reafirmar ⟨to bolster morale : levantar la moral⟩
**bolster**[2] *n* : cabezal *m*, almohadón *m*
**bolt**[1] [ˈbo:lt] *vt* **1** : atornillar, sujetar con pernos ⟨bolted to the floor : sujetado con pernos al suelo⟩ **2** : cerrar con pestillo, echar el cerrojo a ⟨to bolt the door : echar el cerrojo a la puerta⟩ **3 to bolt down** : engullir ⟨she bolted down her dinner : engulló su comida⟩ — *vi* : echar a correr, salir corriendo ⟨he bolted from the room : salió corriendo de la sala⟩
**bolt**[2] *n* **1** LATCH : pestillo *m*, cerrojo *m* **2** : tornillo *m*, perno *m* ⟨nuts and bolts : tuercas y tornillos⟩ **3** : rollo *m* ⟨a bolt of cloth : un rollo de tela⟩ **4 lightning bolt** : relámpago *m*, rayo *m*
**bomb**[1] [ˈbɑm] *vt* : bombardear
**bomb**[2] *n* **1** : bomba *f* **2** FAILURE : desastre *m*
**bombard** [bɑmˈbɑrd, bəm-] *vt* : bombardear
**bombardment** [bɑmˈbɑrdmənt] *n* : bombardeo *m*
**bombast** [ˈbɑmˌbæst] *n* : grandilocuencia *f*, ampulosidad *f*
**bombastic** [bɑmˈbæstɪk] *adj* : grandilocuente, ampuloso, bombástico
**bomber** [ˈbɑmər] *n* : bombardero *m*
**bombing** [ˈbɑmɪŋ] *n* : bombardeo *m*
**bombproof** [ˈbɑmˌpru:f] *adj* : a prueba de bombas
**bombshell** [ˈbɑmˌʃɛl] *n* : bomba *f* ⟨a political bombshell : una bomba política⟩
**bona fide** [ˈbo:nəˌfaɪd, ˈbɑ-:, ˌbo:nəˈfaɪdi] *adj* **1** : de buena fe ⟨a bona fide offer : una oferta de buena fe⟩ **2** GENUINE : genuino, auténtico
**bonanza** [bəˈnænzə] *n* : bonanza *f*
**bon appétit** [ˈbɑnəpəˈti:] *interj* : ¡buen provecho!
**bonbon** [ˈbɑnˌbɑn] *n* : bombón *m*
**bond**[1] [ˈbɑnd] *vt* **1** INSURE : dar fianza a, asegurar **2** STICK : adherir, pegar — *vi* : adherirse, pegarse
**bond**[2] *n* **1** LINK, TIE : vínculo *m*, lazo *m* **2** BAIL : fianza *f*, caución *f* **3** : bono

*m* ⟨stocks and bonds : acciones y bonos⟩ **4 bonds** *npl* FETTERS : cadenas *fpl*

**bondage** [ˈbɑndɪʤ] *n* : esclavitud *f*

**bondholder** [ˈbɑndˌhoːldər] *n* : tenedor *m*, -dora *f* de bonos

**bondsman** [ˈbɑndzmən] *n, pl* **-men** [-mən, -ˌmɛn] **1** SLAVE : esclavo *m* **2** SURETY : fiador *m*, -dora *f*

**bone¹** [ˈboːn] *vt* **boned; boning 1** : deshuesar **2 to bone up on** *fam* : estudiar

**bone²** *n* **1** : hueso *m* **2 to feel it in one's bones** : tener un presentimiento **3 to have a bone to pick with someone** : tener que arreglar cuentas con alguien **4 to the bone** : muchísimo ⟨it chilled me to the bone : se me heló la sangre⟩ **5 to throw someone a bone** : hacerle una pequeña concesión a alguien

**boneless** [ˈboːnləs] *adj* : sin huesos, sin espinas

**boner** [ˈboːnər] *n* : metedura *f* de pata, metida *f* de pata

**bonfire** [ˈbɑnˌfaɪr] *n* : hoguera *f*, fogata *f*, fogón *m*

**bongo** [ˈbɑŋgo, ˈbɔŋ-] *n* : bongó *m*, bongo *m*

**bonito** [bəˈniːto] *n, pl* **-tos** *or* **-to** : bonito *m*

**bonnet** [ˈbɑnət] *n* : sombrero *m* (de mujer), gorra *f* (de niño)

**bonus** [ˈboːnəs] *n* **1** : prima *f*, bonificación *f* (pagado al empleado) **2** ADVANTAGE, BENEFIT : beneficio *m*, provecho *m*

**bony** [ˈboːni] *adj* **bonier; -est** : huesudo

**boo¹** [ˈbuː] *vt* : abuchear

**boo²** *n, pl* **boos** : abucheo *m*

**booby** [ˈbuːbi] *n, pl* **-bies** FOOL : bobo *m*, -ba *f*; tonto *m*, -ta *f*

**boogeyman** [ˈbʊgiˌmæn] *n, pl* **-men** [-mən, -ˌmɛn] → **bogeyman**

**book¹** [ˈbʊk] *vt* : reservar ⟨to book a flight : reservar un vuelo⟩ — *vi* : hacer una reservación

**book²** *n* **1** : libro *m* **2 the Book** : la Biblia **3 by the book** : según las reglas

**bookcase** [ˈbʊkˌkeɪs] *n* : estantería *f*, librero *m Mex*, biblioteca *f*

**bookend** [ˈbʊkˌɛnd] *n* : sujetalibros *m*

**bookie** [ˈbʊki] → **bookmaker**

**bookish** [ˈbʊkɪʃ] *adj* : libresco

**bookkeeper** [ˈbʊkˌkiːpər] *n* : tenedor *m*, -dora *f* de libros; contable *mf Spain*

**bookkeeping** [ˈbʊkˌkiːpɪŋ] *n* : contabilidad *f*, teneduría *f* de libros

**booklet** [ˈbʊklət] *n* : folleto *m*

**bookmaker** [ˈbʊkˌmeɪkər] *n* : corredor *m*, -dora *f* de apuestas

**bookmark¹** [ˈbʊkˌmɑrk] *n* **1** : señalador *m* de libros, marcador *m* de libros **2** : marcador *m* (de Internet)

**bookmark²** *vt* : marcar (una página web)

**bookseller** [ˈbʊkˌsɛlər] *n* : librero *m*, -ra *f*

**bookshelf** [ˈbʊkˌʃɛlf] *n, pl* **-shelves 1** : estante *m* **2 bookshelves** *npl* : estantería *f*

**bookstore** [ˈbʊkˌstor] *n* : librería *f*

**bookworm** [ˈbʊkˌwərm] *n* : ratón *m* de biblioteca *fam*

**boom¹** [ˈbuːm] *vi* **1** THUNDER : tronar, resonar **2** FLOURISH, PROSPER : estar en auge, prosperar

**boom²** *n* **1** BOOMING : bramido *m*, estruendo *m* **2** FLOURISHING : auge *m* ⟨population boom : auge de población⟩

**boomerang** [ˈbuːməˌræŋ] *n* : bumerán *m*

**boon¹** [ˈbuːn] *adj* **boon companion** : amigo *m*, -ga *f* del alma

**boon²** *n* : ayuda *f*, beneficio *m*, adelanto *m*

**boondocks** [ˈbuːnˌdɑks] *npl* : área *f* rural remota, región *f* alejada

**boor** [ˈbʊr] *n* : grosero *m*, -ra *f*

**boorish** [ˈbʊrɪʃ] *adj* : grosero

**boost¹** [ˈbuːst] *vt* **1** LIFT : levantar, alzar **2** INCREASE : aumentar, incrementar **3** PROMOTE : promover, fomentar, hacer publicidad por

**boost²** *n* **1** THRUST : impulso *m*, empujón *m* **2** ENCOURAGEMENT : estímulo *m*, aliento *m* **3** INCREASE : aumento *m*, incremento *m*

**booster** [ˈbuːstər] *n* **1** SUPPORTER : partidario *m*, -ria *f* **2 booster rocket** : cohete *m* propulsor **3 booster shot** : vacuna *f* de refuerzo

**boot¹** [ˈbuːt] *vt* KICK : dar una patada a, patear

**boot²** *n* **1** : bota *f*, botín *m* **2** KICK : puntapié *m*, patada *f*

**bootee** *or* **bootie** [ˈbuːti] *n* : botita *f*, botín *m*

**booth** [ˈbuːθ] *n, pl* **booths** [ˈbuːðz, ˈbuːθs] : cabina *f* (de teléfono, de votar), caseta *f* (de información), barraca *f* (a una feria)

**bootleg¹** [ˈbuːtˌlɛg] *adj* : pirata ⟨bootleg software : software pirata⟩

**bootleg²** *vt* : piratear (un video, etc.)

**bootlegger** [ˈbuːtˌlɛgər] *n* : contrabandista *mf* del alcohol

**bootlegging** [ˈbuːtˌlɛgɪŋ] *n* : piratería *f*

**booty** [ˈbuːti] *n, pl* **-ties** : botín *m*

**booze** [ˈbuːz] *n fam* : alcohol *m*

**border¹** [ˈbɔrdər] *vt* **1** EDGE : ribetear, bordear **2** BOUND : limitar con, lindar con — *vi* VERGE : rayar, lindar ⟨that borders on absurdity : eso raya en el absurdo⟩

**border²** *n* **1** EDGE : borde *m*, orilla *f* **2** TRIM : ribete *m* **3** FRONTIER : frontera *f*

**borderline¹** [ˈbɔrdərˌlaɪn] *adj* : dudoso

**borderline²** *n* : límite *m*

**bore¹** [ˈbɔr] *vt* **bored; boring 1** PIERCE : taladrar, perforar ⟨to bore metals : taladrar metales⟩ **2** OPEN : hacer, abrir ⟨to bore a tunnel : abrir un túnel⟩ **3** WEARY : aburrir

**bore²** → **bear¹**

**bore³** *n* **1** : pesado *m*, -da *f* (persona aburrida) **2** TEDIOUSNESS : pesadez *f*, lo aburrido **3** DIAMETER : calibre *m*

**bored** [ˈbɔrd] *adj* : aburrido ⟨to be bored stiff, to be bored to tears/death : aburrirse como una ostra⟩

**boredom** [ˈbɔrdəm] *n* : aburrimiento *m*

**boring** [ˈbɔrɪŋ] *adj* : aburrido, pesado

**born** [ˈbɔrn] *adj* **1** : nacido **2** : nato ⟨she's a born singer : es una cantante nata⟩ ⟨he's a born leader : nació para mandar⟩

**borne** *pp* → **bear**[1]

**borough** [ˈbʌro] *n* : distrito *m* municipal

**borrow** [ˈbɑro] *vt* **1** : pedir prestado, tomar prestado **2** APPROPRIATE : apropiarse de, adoptar

**borrower** [ˈbɑrəwər] *n* : prestatario *m*, -ria *f*

**borrowing** [ˈbɑrəwɪŋ] *n* : préstamo *m* (en lingüística)

**Bosnian** [ˈbɑznɪən, ˈbɔz-] *n* : bosnio *m*, -nia *f* — **Bosnian** *adj*

**bosom**[1] [ˈbʊzəm, ˈbu:-] *adj* : íntimo

**bosom**[2] *n* **1** CHEST : pecho *m* **2** BREAST : pecho *m*, seno *m* **3** CLOSENESS : seno *m* ⟨in the bosom of her family : en el seno de su familia⟩

**bosomed** [ˈbʊzəmd, ˈbu:-] *adj* : con busto ⟨big-bosomed : con mucho busto⟩

**boss**[1] [ˈbɔs] *vt* **1** SUPERVISE : dirigir, supervisar **2 to boss around** : mandonear *fam*, mangonear *fam*

**boss**[2] *n* : jefe *m*, -fa *f*; patrón *m*, -trona *f*

**bossy** [ˈbɔsi] *adj* **bossier; -est** : mandón *fam*, autoritario, dominante

**bot** [ˈbɑt] *n* : bot *m*

**botanist** [ˈbɑtənɪst] *n* : botánico *m*, -ca *f*

**botany** [ˈbɑtəni] *n* : botánica *f* — **botanical** [bəˈtænɪkəl] *adj*

**botch**[1] [ˈbɑtʃ] *vt* : hacer una chapuza de, estropear

**botch**[2] *n* : chapuza *f*

**both**[1] [ˈbo:θ] *adj* : ambos, ambas; los dos, las dos ⟨both classes : ambas clases, las dos clases⟩

**both**[2] *conj* : tanto como ⟨both Ann and her mother are tall : tanto Ana como su madre son altas⟩

**both**[3] *pron* : ambos ambas; los dos, las dos ⟨both of the women laughed : ambas mujeres rieron, las dos mujeres rieron⟩ ⟨we both went : fuimos los dos⟩ ⟨he knows both of my sisters : conoce a mis dos hermanas⟩

**bother**[1] [ˈbɑðər] *vt* **1** IRK : preocupar ⟨nothing's bothering me : nada me preocupa⟩ ⟨what's bothering him? : ¿qué le pasa?⟩ **2** PESTER : molestar, fastidiar — *vi* **to bother to** : molestarse en, tomar la molestia de

**bother**[2] *n* **1** TROUBLE : molestia *f*, problemas *mpl* **2** ANNOYANCE : molestia *f*, fastidio *m*

**bothersome** [ˈbɑðərsəm] *adj* : molesto, fastidioso

**bottle**[1] [ˈbɑtəl] *vt* **bottled; bottling** : embotellar, envasar

**bottle**[2] *n* : botella *f*, frasco *m*

**bottleneck** [ˈbɑtəlˌnɛk] *n* **1** : cuello *m* de botella (en un camino) **2** : embotellamiento *m*, atasco *m* (de tráfico) **3** OBSTACLE : obstáculo *m*

**bottle opener** *n* : abrebotellas *m*

**bottom**[1] [ˈbɑtəm] *adj* : más bajo, inferior, de abajo

**bottom**[2] *n* **1** : fondo *m* (de una caja, de una taza, del mar), pie *m* (de una escalera, una página, una montaña), asiento *m* (de una silla), parte *f* de abajo (de una pila) **2** CAUSE : origen *m*, causa *f* ⟨to get to the bottom of : llegar al fondo de⟩ **3** BUTTOCKS : trasero *m*, nalgas *fpl*

**bottomless** [ˈbɑtəmləs] *adj* : sin fondo, sin límites

**bottom line** *n* **1** : balance *m* final (en contabilidad) **2 the bottom line** : lo esencial, lo más importante **3 the bottom line** : el resultado final

**botulism** [ˈbɑtʃəˌlɪzəm] *n* : botulismo *m*

**boudoir** [bɔˈdwɑr, bʊ-; ˈbu:ˌr-, ˈbʊ-] *n* : tocador *m*

**bough** [ˈbɑʊ] *n* : rama *f*

**bought** → **buy**[1]

**bouillon** [ˈbu:ˌjɑn;, ˈbʊlˌjɑn, -jən] *n* : caldo *m*

**boulder** [ˈbo:ldər] *n* : canto *m* rodado, roca *f* grande

**boulevard** [ˈbʊləˌvɑrd, ˈbu:-] *n* : bulevar *m*, boulevard *m*

**bounce**[1] [ˈbɑʊnts] *v* **bounced; bouncing** *vt* **1** : hacer rebotar **2 to bounce a check** : emitir un cheque sin fondos — *vi* **1** : rebotar **2** : ser devuelto (dícese de un cheque)

**bounce**[2] *n* : rebote *m*

**bouncer** [ˈbɑʊnt͡sər] *n* : portero *m*; patovica *m Arg, Uru fam*; gorila *m Spain fam*

**bouncy** [ˈbɑʊnt͡si] *adj* **bouncier; -est** **1** LIVELY : vivo, exuberante, animado **2** RESILIENT : elástico, flexible **3** : que rebota (dícese de una pelota)

**bound**[1] [ˈbɑʊnd] *vt* : delimitar, rodear — *vi* LEAP : saltar, dar brincos

**bound**[2] *adj* **1** OBLIGED : obligado **2** : encuadernado, empastado ⟨a book bound in leather : un libro encuadernado en cuero⟩ **3** DETERMINED : decidido, empeñado **4 to be bound to** : ser seguro que, tener que, no caber duda que ⟨it was bound to happen : tenía que suceder⟩ **5 bound for** : con rumbo a ⟨bound for Chicago : con rumbo a Chicago⟩ ⟨to be homeward bound : ir camino a casa⟩

**bound**[3] *n* **1** LIMIT : límite *m* **2** LEAP : salto *m*, brinco *m*

**boundary** [ˈbɑʊndri, -dəri] *n, pl* **-aries** : límite *m*, línea *f* divisoria, linde *mf*

**boundless** [ˈbɑʊndləs] *adj* : sin límites, infinito

**bounteous** [ˈbɑʊntiəs] *adj* **1** GENEROUS : generoso **2** ABUNDANT : copioso, abundante — **bounteously** *adv*

**bountiful** [ˈbɑʊntɪfəl] *adj* **1** GENEROUS, LIBERAL : pródigo, generoso **2** ABUNDANT : copioso, abundante

**bounty** [ˈbɑʊnti] *n, pl* **-ties** **1** GENEROSITY : generosidad *f* **2** REWARD : recompensa *f*

**bouquet** [bo:ˈkeɪ, bu:-] *n* **1** : ramo *m*, ramillete *m* **2** FRAGRANCE : bouquet *m*, aroma *m*

**bourbon** [ˈbərbən, ˈbʊr-] *n* : bourbon *m*, whisky *m* americano

**bourgeois**[1] [ˈbʊrʒˌwɑ, bʊrʒˈwɑ] *adj* : burgués

**bourgeois**[2] *n* : burgués *m*, -guesa *f*

**bourgeoisie** [ˌbʊrʒˌwɑˈzi] *n* : burguesía *f*

**bout** [ˈbɑʊt] *n* **1** : encuentro *m*, combate *m* (en deportes) **2** ATTACK : ataque *m* (de una enfermedad) **3** PERIOD, SPELL : período *m* (de actividad)

**boutique** [buːˈtiːk] *n* : boutique *f*

**bovine**[1] [ˈboːˌvaɪn, -ˌviːn] *adj* : bovino, vacuno

**bovine**[2] *n* : bovino *m*

**bow**[1] [ˈbaʊ] *vi* **1** : hacer una reverencia, inclinarse **2** SUBMIT : ceder, resignarse, someterse — *vt* **1** LOWER : inclinar, bajar **2** BEND : doblar

**bow**[2] [ˈbaʊ] *n* **1** BOWING : reverencia *f*, inclinación *f* **2** : proa *f* (de un barco)

**bow**[3] [ˈboː] *vi* CURVE : arquearse, doblarse

**bow**[4] [ˈboː] *n* **1** ARCH, CURVE : arco *m*, curva *f* **2** : arco *m* (arma o vara para tocar varios instrumentos de música) **3** : lazo *m*, moño *m* ⟨to tie a bow : hacer un moño⟩

**bowel** [ˈbaʊəl] *n* **1** INTESTINE : intestino *m* ⟨to move one's bowels, to have a bowel movement : evacuar (el vientre)⟩ **2 the bowels** : las entrañas ⟨in the bowels of the earth : en las entrañas de la tierra⟩

**bower** [ˈbaʊər] *n* : enramada *f*

**bowl**[1] [ˈboːl] *vi* : jugar a los bolos

**bowl**[2] *n* : tazón *m*, cuenco *m*, bol *m* ⟨salad bowl : ensaladera⟩

**bowler** [ˈboːlər] *n* : jugador *m*, -dora *f* de bolos

**bowling** [ˈboːlɪŋ] *n* : bolos *mpl*

**bowling alley** *n* : bolera *f*, boliche *m*

**bowling pin** *n* : bolo *m*

**bow tie** *n* : corbata *f* de moño, pajarita *f* *Spain*

**box**[1] [ˈbɑks] *vt* **1** PACK : empaquetar, embalar, encajonar **2** SLAP : bofetear, cachetear — *vi* : boxear

**box**[2] *n* **1** CONTAINER : caja *f*, cajón *m* **2** COMPARTMENT : compartimento *m*, palco *m* (en el teatro) **3** SLAP : bofetada *f*, cachetada *f*

**boxcar** [ˈbɑksˌkɑr] *n* : vagón *m* de carga, furgón *m*

**boxer** [ˈbɑksər] *n* **1** : boxeador *m*, -dora *f* **2 boxers** *pl* → **boxer shorts**

**boxer shorts** *n* : boxers *mpl*, calzoncillos *mpl*, calzones *mpl*

**boxing** [ˈbɑksɪŋ] *n* : boxeo *m*

**box–office** [ˈbɑksˈɔfəs] *adj* : taquillero

**box office** *n* : taquilla *f*, boletería *f*

**box spring** *n* : somier *m*

**boy** [ˈbɔɪ] *n* **1** : chico *m*, muchacho *m* **2** *or* **little boy** : niño *m*, chico *m* **3** SON : hijo *m*

**boycott**[1] [ˈbɔɪˌkɑt] *vt* : boicotear

**boycott**[2] *n* : boicot *m*

**boyfriend** [ˈbɔɪˌfrend] *n* **1** FRIEND : amigo *m* **2** SWEETHEART : novio *m*

**boyhood** [ˈbɔɪˌhʊd] *n* : niñez *f*

**boyish** [ˈbɔɪʃ] *adj* : de niño, juvenil

**bra** [ˈbrɑ] → **brassiere**

**brace**[1] [ˈbreɪs] *v* **braced; bracing** *vt* **1** PROP UP, SUPPORT : apuntalar, apoyar, sostener **2** INVIGORATE : vigorizar **3** REINFORCE : reforzar — *vi* **to brace oneself** PREPARE : prepararse

**brace**[2] *n* **1** CLAMP, REINFORCEMENT : abrazadera *f*, refuerzo *m* **2** → **curly brace** **3 braces** *npl* : aparatos *mpl* (de ortodoncia), frenos *mpl* *Mex*

**bracelet** [ˈbreɪslət] *n* : brazalete *m*, pulsera *f*

**bracken** [ˈbrækən] *n* : helecho *m*

**bracket**[1] [ˈbrækət] *vt* **1** SUPPORT : asegurar, apuntalar **2** : poner entre corchetes **3** CATEGORIZE, GROUP : catalogar, agrupar

**bracket**[2] *n* **1** SUPPORT : soporte *m* **2** : corchete *m* (marca de puntuación) **3** CATEGORY, CLASS : clase *f*, categoría *f*

**brackish** [ˈbrækɪʃ] *adj* : salobre

**brad** [ˈbræd] *n* : clavo *m* con cabeza pequeña, clavito *m*

**brag**[1] [ˈbræg] *vi* **bragged; bragging** : alardear, fanfarronear, jactarse

**brag**[2] *n* : alarde *m*, jactancia *f*, fanfarronada *f*

**braggart** [ˈbrægərt] *n* : fanfarrón *m*, -rrona *f* *fam*; jactancioso *m*, -sa *f*

**braid**[1] [ˈbreɪd] *vt* : trenzar

**braid**[2] *n* : trenza *f*

**braille** [ˈbreɪl] *n* : braille *m*

**brain**[1] [ˈbreɪn] *vt* : romper la crisma a, aplastar el cráneo a

**brain**[2] *n* **1** : cerebro *m* **2 brains** *npl* INTELLECT : inteligencia *f*, sesos *mpl*

**brainchild** [ˈbreɪnˌtʃaɪld] *n* IDEA : creación *f*, invento *m*

**brainless** [ˈbreɪnləs] *adj* : estúpido, tonto

**brainstorm** [ˈbreɪnˌstɔrm] *n* : idea *f* brillante, idea *f* genial

**brainy** [ˈbreɪnɪ] *adj* **brainier; -est** : inteligente, listo

**braise** [ˈbreɪz] *vt* **braised; braising** : cocer a fuego lento, estofar

**brake**[1] [ˈbreɪk] *v* **braked; braking** : frenar

**brake**[2] *n* : freno *m*

**bramble** [ˈbræmbəl] *n* : zarza *f*, zarzamora *f*

**bran** [ˈbræn] *n* : salvado *m*

**branch**[1] [ˈbrɑntʃ] *vi* **1** : echar ramas (dícese de una planta) **2** *or* **to branch off** DIVERGE : ramificarse, separarse **3 to branch out** : diversificarse

**branch**[2] *n* **1** : rama *f* (de una planta) **2** EXTENSION : ramal *m* (de un camino, un ferrocarril, un río), brazo (de un río), rama *f* (de una familia o un campo de estudio), sucursal *f* (de una empresa), agencia *f* (del gobierno)

**brand**[1] [ˈbrænd] *vt* **1** : marcar (ganado) **2** LABEL : tachar, tildar ⟨they branded him as a liar : lo tacharon de mentiroso⟩

**brand**[2] *n* **1** : marca *f* (de ganado) **2** STIGMA : estigma *m* **3** MAKE : marca *f*

**brandish** [ˈbrændɪʃ] *vt* : blandir

**brand–name** [ˈbrændˈneɪm] *adj* : de marca

**brand name** *n* : marca *f*

**brand–new** [ˈbrændˈnuː, -ˈnjuː] *adj* : nuevo, flamante

**brandy** [ˈbrændi] *n, pl* **-dies** : brandy *m*

**brash** [ˈbræʃ] *adj* **1** IMPULSIVE : impulsivo, impetuoso **2** BRAZEN : excesivamente desenvuelto, descarado

**brass** [ˈbræs] *n* **1** : latón *m* **2** GALL, NERVE : descaro *m*, cara *f* *fam* **3** OFFICERS : mandamases *mpl* *fam* **4** : metal *m*, metales *mpl* (de una orquesta)

**brass band** *n* : banda *f* de metales

**brassiere** [brəˈzɪr, brɑ-] *n* : sostén *m*, brasier *m* *Col, Mex*

**brassy** ['bræsi] *adj* **brassier; -est** : dorado
**brat** ['bræt] *n disparaging* : mocoso *m*, -sa *f disparaging*; niño *m* mimado, niña *f* mimada
**bravado** [brə'vɑdo] *n, pl* **-does** *or* **-dos** : bravuconadas *fpl*, bravatas *fpl*
**brave**[1] ['breɪv] *vt* **braved; braving** : afrontar, hacer frente a
**brave**[2] *adj* **braver; bravest** : valiente, valeroso — **bravely** *adv*
**brave**[3] *n* : guerrero *m* (nativo americano)
**bravery** ['breɪvəri] *n* : valor *m*, valentía *f*
**bravo** ['brɑˌvo:] *n, pl* **-vos** : bravo *m*
**brawl**[1] ['brɔl] *vi* : pelearse, pegarse
**brawl**[2] *n* : pelea *f*, reyerta *f*
**brawn** ['brɔn] *n* : fuerza *f* muscular
**brawny** ['brɔni] *adj* **brawnier; -est** : musculoso
**bray**[1] ['breɪ] *vi* : rebuznar
**bray**[2] *n* : rebuzno *m*
**brazen** ['breɪzən] *adj* **1** : de latón **2** BOLD : descarado, directo
**brazenly** ['breɪzənli] *adv* : descaradamente, insolentemente
**brazenness** ['breɪzənnəs] *n* : descaro *m*, atrevimiento *m*
**brazier** ['breɪʒər] *n* : brasero *m*
**Brazilian** [brə'zɪljən] *n* : brasileño *m*, -ña *f* — **Brazilian** *adj*
**Brazil nut** [brə'zɪlˌnʌt] *n* : nuez *f* de Brasil
**breach**[1] ['bri:tʃ] *vt* **1** PENETRATE : abrir una brecha en, penetrar **2** VIOLATE : infringir, violar
**breach**[2] *n* **1** VIOLATION : infracción *f*, violación *f* ⟨breach of trust : abuso de confianza⟩ ⟨breach of contract : incumplimiento de contrato⟩ **2** GAP, OPENING : brecha *f*
**bread**[1] ['brɛd] *vt* : empanar
**bread**[2] *n* : pan *m*
**bread box** *n* : panera *f*
**breadstick** ['brɛdˌstɪk] *n* : palito *m* de pan; grisín *m Arg, Uru*; colín *m Spain*
**breadth** ['brɛtθ] *n* : ancho *m*, anchura *f*
**breadwinner** ['brɛdˌwɪnər] *n* : sostén *m* de la familia
**break**[1] ['breɪk] *v* **broke** ['bro:k]; **broken** ['bro:kən]; **breaking** *vt* **1** : romper, quebrar (cristales, un hueso, etc.) ⟨to break something in two : partir algo en dos⟩ **2** : descomponer, romper (un aparato, etc.) **3** *or* **to break up** DIVIDE, SPLIT : dividir, separar **4** : abrir (la piel), salir a (la superficie) **5** : romper (el suelo) **6** VIOLATE : infringir, violar (la ley, etc.), romper (un contrato), faltar a (una promesa) ⟨to break the speed limit : exceder el límite de velocidad⟩ **7** SURPASS : batir (un récord), superar **8** CRUSH, RUIN : arruinar, deshacer, destrozar ⟨to break someone's spirit : quebrantar el espíritu de alguien⟩ **9** *or* **to break in** TAME : domar **10** : dar, comunicar ⟨to break the news to someone : darle la noticia a alguien⟩ **11** INTERRUPT, END : interrumpir, cortar (un circuito), romper (el silencio), hacer perder (la concentración), perder (una mala costumbre), superar (un punto muerto) **12** *or* **to break up** DISRUPT : romper (la monotonía, etc.) **13** SLOW : amortiguar (una caída) ⟨without breaking (one's) stride : sin cambiar el paso⟩ **14** SOLVE : esclarecer (un caso), descifrar (un código) **15** : cambiar ⟨to break a twenty : cambiar un billete de veinte dólares⟩ **16 to break down** KNOCK DOWN : derribar, romper **17 to break down** DIVIDE : desglosar (gastos, etc.), dividir **18 to break in** : ablandar (zapatos) **19 to break in** TRAIN : capacitar (a un nuevo empleado, etc.) **20 to break off** : partir, romper, separar (un pedazo) **21 to break open** : forzar (una puerta, etc.) **22 to break someone of something** : quitarle a alguien la costumbre de hacer algo **23 to break up** STOP : poner fin a, disolver (una manifestación, etc.), detener (una pelea) **24 to break up** : hacer pedazos (algo), deshacer (grumos, etc.) — *vi* **1** : romperse, quebrarse ⟨my computer broke : se me rompió la computadora⟩ **2** DISSIPATE : disiparse **3** DIVIDE, SPLIT : dividirse **4** : desatarse (dícese de una tormenta), romper (dícese del día) **5** : romper (dícese de olas) **6** CHANGE : cambiar (dícese de la voz), acabarse (dícese del calor, etc.) **7** FALTER : entrecortarse (dícese de la voz) **8** : no poder resistir ⟨he broke under the strain : no pudo con el estrés⟩ **9** DECREASE : bajar ⟨my fever broke : me bajó la fiebre⟩ **10** PAUSE : parar, hacer una pausa **11** : divulgarse, revelarse ⟨the news broke : la noticia se divulgó⟩ **12 to break away** : separarse **13 to break down** SEPARATE : descomponerse **14 to break down** MALFUNCTION : averiarse, descomponerse, estropearse **15 to break down** : perder el control ⟨she broke down in tears : rompió a llorar⟩ **16 to break even** : alcanzar su punto de equilibrio (financiero) **17 to break free/loose** : soltarse **18 to break in** : entrar (por la fuerza) **19 to break into** : entrar a (una casa, etc.) para robar **20 to break off** DETACH : romperse, desprenderse **21 to break off** END : romper (relaciones, etc.) ⟨she broke off in the middle of a sentence : se detuvo en la mitad de una frase⟩ **22 to break out** ERUPT : desencadenarse **23 to break out in** : salirle a uno (un sarpullido, etc.) **24 to break out of** : escaparse de **25 to break through** : penetrar **26 to break up** FRAGMENT : hacerse pedazos **27 to break up** DISPERSE : disolverse **28 to break up** : separarse ⟨they broke up : se separaron⟩ ⟨she broke up with him : rompió con él⟩
**break**[2] *n* **1** : ruptura *f*, rotura *f*, fractura *f* (de un hueso), claro *m* (entre las nubes), cambio *m* (del tiempo) **2** CHANCE : oportunidad *f* ⟨a lucky break : un golpe de suerte⟩ **3** REST : descanso *m* ⟨to take a break : tomar(se) un descanso⟩ **4** : corte *m*, pausa *f* ⟨commercial break : corte comercial/publicitaria, pausa publicitaria/comercial⟩

**breakable** [ˈbreɪkəbəl] *adj* : quebradizo, frágil

**breakage** [ˈbreɪkɪʤ] *n* **1** BREAKING : rotura *f* **2** DAMAGE : destrozos *mpl*, daños *mpl*

**breakdown** [ˈbreɪkˌdaʊn] *n* **1** : avería *f* (de máquinas), interrupción *f* (de comunicaciones), fracaso *m* (de negociaciones) **2** ANALYSIS : análisis *m*, desglose *m* **3** *or* **nervous breakdown** : crisis *f* nerviosa

**break down** *vi* **1** : estropearse, descomponerse ⟨the machine broke down : la máquina se descompuso⟩ **2** FAIL : fracasar **3** CRY : echarse a llorar — *vt* **1** DESTROY : derribar, echar abajo **2** OVERCOME : vencer (la resistencia), disipar (sospechas) **3** ANALYZE : analizar, descomponer

**breaker** [ˈbreɪkər] *n* **1** WAVE : ola *f* grande **2** : interruptor *m* automático (de electricidad)

**breakfast**[1] [ˈbrɛkfəst] *vi* : desayunar

**breakfast**[2] *n* : desayuno *m*

**break–in** [ˈbreɪkˌɪn] *n* : robo *m*

**breakneck** [ˈbreɪkˌnɛk] *adj* **at breakneck speed** : a una velocidad vertiginosa

**break out** *vi* **1** : salirse ⟨she broke out in spots : le salieron granos⟩ **2** ERUPT : estallar (dícese de una guerra, la violencia, etc.) **3** ESCAPE : fugarse, escaparse

**breakthrough** [ˈbreɪkˌθruː] *n* : avance *m* (importante)

**breakup** [ˈbreɪkˌəp] *n* **1** DIVISION : desintegración *f* **2** : ruptura *f*

**break up** *vt* **1** DIVIDE : dividir **2** : disolver (una muchedumbre, una pelea, etc.) — *vi* **1** BREAK : romperse **2** SEPARATE : deshacerse, separarse ⟨I broke up with him : terminé con él⟩

**breakwater** [ˈbreɪkˌwɔṭər, -ˌwɑ-] *n* : rompeolas *m*, malecón *m*, espigón *m*

**breast** [ˈbrɛst] *n* **1** : pecho *m*, seno *m* (de una mujer) **2** CHEST : pecho *m*

**breastbone** [ˈbrɛstˌboːn] *n* : esternón *m*

**breast–feed** [ˈbrɛstˌfiːd] *vt* **-fed** [-ˌfɛd]; **-feeding** : amamantar, darle de mamar (a un niño)

**breaststroke** [ˈbrɛstˌstroːk] *adj* : estilo *m* (de) pecho, estilo *m* braza *Spain*

**breath** [ˈbrɛθ] *n* **1** BREATHING : aliento *m* ⟨to hold one's breath : aguantar la respiración⟩ ⟨she was short of breath : le faltaba el aire⟩ **2** BREEZE : soplo *m* ⟨a breath of fresh air : un soplo de aire fresco⟩ **3 under one's breath** : entre dientes, en voz baja

**breathe** [ˈbriːð] *v* **breathed; breathing** *vi* **1** : respirar **2** LIVE : vivir, respirar **3 to breathe in** : aspirar **4 to breathe out** : espirar — *vt* **1** : respirar, aspirar ⟨to breathe fresh air : respirar el aire fresco⟩ ⟨to breathe a sigh of relief : suspirar aliviado⟩ **2** UTTER : decir ⟨I won't breathe a word of this : no diré nada de esto⟩ **3 to breathe in** : aspirar (aire, etc.) **4 to breathe out** : espirar (aire, etc.)

**breather** [ˈbriːðər] *n* : respiro *m*, resuello *m*

**breathing** [ˈbriːðɪŋ] *n* : respiración *f*

**breathless** [ˈbrɛθləs] *adj* : sin aliento, jadeante

**breathlessly** [ˈbrɛθləsli] *adv* : entrecortadamente, jadeando

**breathlessness** [ˈbrɛθləsnəs] *n* : dificultad *f* al respirar

**breathtaking** [ˈbrɛθˌteɪkɪŋ] *adj* IMPRESSIVE : impresionante, imponente

**breeches** [ˈbrɪtʃəz, ˈbriː-] *npl* : pantalones *mpl*, calzones *mpl*, bombachos *mpl*

**breed**[1] [ˈbriːd] *v* **bred** [ˈbrɛd]; **breeding** *vt* **1** : criar (animales) **2** ENGENDER : engendrar, producir ⟨familiarity breeds contempt : la confianza hace perder el respeto⟩ **3** RAISE, REAR : criar, educar — *vi* REPRODUCE : reproducirse

**breed**[2] *n* **1** : variedad *f* (de plantas), raza *f* (de animales) **2** CLASS : clase *f*, tipo *m*

**breeder** [ˈbriːdər] *n* : criador *m*, -dora *f* (de animales); cultivador *m*, -dora *f* (de plantas)

**breeze**[1] [ˈbriːz] *vi* **breezed; breezing** : pasar con ligereza ⟨to breeze in : entrar como si nada⟩

**breeze**[2] *n* : brisa *f*, soplo *m* (de aire)

**breezy** [ˈbriːzi] *adj* **breezier; -est** **1** AIRY, WINDY : aireado, ventoso **2** LIVELY : animado, alegre **3** NONCHALANT : despreocupado

**brethren** → **brother**

**brevity** [ˈbrɛvəṭi] *n, pl* **-ties** : brevedad *f*, concisión *f*

**brew**[1] [ˈbruː] *vt* **1** : fabricar, elaborar (cerveza) **2** FOMENT : tramar, maquinar, fomentar — *vi* **1** : fabricar cerveza **2** : amenazar ⟨a storm is brewing : una tormenta amenaza⟩

**brew**[2] *n* **1** BEER : cerveza *f* **2** POTION : brebaje *m*

**brewer** [ˈbruːər] *n* : cervecero *m*, -ra *f*

**brewery** [ˈbruːəri, ˈbrʊri] *n, pl* **-eries** : cervecería *f*

**briar** [ˈbraɪər] → **brier**

**bribe**[1] [ˈbraɪb] *vt* **bribed; bribing** : sobornar, cohechar, coimear *Arg, Chile, Peru*

**bribe**[2] *n* : soborno *m*, cohecho *m*, coima *f* *Arg, Chile, Peru*, mordida *f CA, Mex*

**bribery** [ˈbraɪbəri] *n, pl* **-eries** : soborno *m*, cohecho *m*, coima *f*, mordida *f CA, Mex*

**bric–a–brac** [ˈbrɪkəˌbræk] *npl* : baratijas *fpl*, chucherías *fpl*

**brick**[1] [ˈbrɪk] *vt* **to brick up** : tabicar, tapiar

**brick**[2] *n* : ladrillo *m*

**bricklayer** [ˈbrɪkˌleɪər] *n* : albañil *mf*

**bricklaying** [ˈbrɪkˌleɪɪŋ] *n* : albañilería *f*

**bridal** [ˈbraɪdəl] *adj* : nupcial, de novia

**bride** [ˈbraɪd] *n* : novia *f*

**bridegroom** [ˈbraɪdˌgruːm] *n* : novio *m*

**bridesmaid** [ˈbraɪdzˌmeɪd] *n* : dama *f* de honor

**bridge**[1] [ˈbrɪʤ] *vt* **bridged; bridging** **1** : tender un puente sobre **2 to bridge the gap** : salvar las diferencias

**bridge**[2] *n* **1** : puente *m* **2** : caballete *m* (de la nariz) **3** : puente *m* de mando (de un barco) **4** : puente *m* (dental) **5** : bridge *m* (juego de naipes)

**bridle**[1] ['braɪdəl] *v* **-dled; -dling** *vt* **1** : embridar (un caballo) **2** RESTRAIN : refrenar, dominar, contener — *vi* **to bridle at** : molestarse por, picarse por

**bridle**[2] *n* : brida *f*

**brief**[1] ['bri:f] *vt* : dar órdenes a, instruir

**brief**[2] *adj* : breve, sucinto, conciso

**brief**[3] *n* **1** : resumen *m*, sumario *m* **2 briefs** *npl* : calzoncillos *mpl*

**briefcase** ['bri:f,keɪs] *n* : portafolio *m*, maletín *m*

**briefing** ['bri:fɪŋ] *n* : reunión *f* informativa

**briefly** ['bri:fli] *adv* : brevemente, por poco tiempo

**brier** ['braɪər] *n* **1** BRAMBLE : zarza *f*, rosal *m* silvestre **2** HEATH : brezo *m* veteado

**brig** ['brɪg] *n* **1** : bergantín *m* (barco) **2** : calabozo *m* (en un barco)

**brigade** [brɪ'geɪd] *n* : brigada *f*

**brigadier** [,brɪgə'dɪr] *n* : brigadier *m*

**brigadier general** [,brɪgə'dɪr] *n* : general *m* de brigada

**brigand** ['brɪgənd] *n* : bandolero *m*, -ra *f*; forajido *m*, -da *f*

**bright** ['braɪt] *adj* **1** : brillante (dícese del sol, de los ojos), vivo (dícese de un color), claro, fuerte **2** CHEERFUL : alegre, animado ⟨bright and early : muy temprano⟩ **3** INTELLIGENT : listo, inteligente ⟨a bright idea : una idea luminosa⟩

**brighten** ['braɪtən] *vt* **1** ILLUMINATE : iluminar **2** ENLIVEN : alegrar, animar — *vi* **1** : hacerse más brillante **2 to brighten up** : animarse, alegrarse, mejorar

**brightly** ['braɪtli] *adv* : vivamente, intensamente, alegremente

**brightness** ['braɪtnəs] *n* **1** LUMINOSITY : luminosidad *f*, brillantez *f*, resplandor *m*, brillo *m* **2** CHEERFULNESS : alegría *f*, ánimo *m*

**brilliance** ['brɪljənʦ] *n* **1** BRIGHTNESS : resplandor *m*, fulgor *m*, brillo *m*, brillantez *f* **2** INTELLIGENCE : inteligencia *f*, brillantez *f*

**brilliancy** ['brɪljənʦi] → **brilliance**

**brilliant** ['brɪljənt] *adj* : brillante

**brilliantly** ['brɪljəntli] *adv* : brillantemente, con brillantez

**brim**[1] ['brɪm] *vi* **brimmed; brimming** **1** *or* **to brim over** : desbordarse, rebosar **2 to brim with tears** : llenarse de lágrimas

**brim**[2] *n* **1** : ala *f* (de un sombrero) **2** : borde *m* (de una taza o un vaso)

**brimful** ['brɪm'ful] *adj* : lleno hasta el borde, repleto, rebosante

**brimless** ['brɪmləs] *adj* : sin ala

**brimstone** ['brɪm,sto:n] *n* : azufre *m*

**brindled** ['brɪndəld] *adj* : manchado, pinto

**brine** ['braɪn] *n* **1** : salmuera *f*, escabeche *m* (para encurtir) **2** OCEAN : océano *m*, mar *m*

**bring** ['brɪŋ] *vt* **brought** ['brɔt]; **bringing** **1** : traer, llevar ⟨bring me some coffee : tráigame un café⟩ **2** ATTRACT : traer, atraer **3** : traer (problemas), conseguir (la paz), dar (alegría), obtener (ganancias) ⟨it brought him fame : lo lanzó a la fama⟩ ⟨it brought a smile to her face : la hizo sonreír⟩ **4** : llevar (a un estado) ⟨bring it to a boil : dejarlo hervir⟩ **5** YIELD : rendir, alcanzar ⟨to bring a good price : alcanzar un precio alto⟩ **6** : aportar (experiencia, etc.) **7** : presentar (cargos, etc.) **8** : llevar (a un tema) **9 to bring about** : ocasionar, provocar **10 to bring around** CONVINCE : convencer **11 to bring back** RETURN : devolver **12 to bring back** REINSTATE, REINTRODUCE : restablecer, reintroducir **13 to bring back** : traer (de otro lugar) **14 to bring back** : recordar, traer (recuerdos) **15 to bring down** LOWER : hacer bajar **16 to bring down** OVERTHROW : derrocar **17 to bring down** : derribar (a balazos, etc.) **18 to bring forth** PRODUCE : producir **19 to bring in** : invitar a (expertos), atraer (clientes) **20 to bring in** : ganar (dinero), obtener (ganancias) **21 to bring on** : provocar ⟨you brought this on yourself : te la buscaste⟩ **22 to bring oneself to** : animarse a (hacer algo) **23 to bring out** : sacar, publicar (un libro, etc.) **24 to bring out** EMPHASIZE : hacer resaltar **25 to bring to** REVIVE : resucitar **26 to bring up** REAR : criar **27 to bring up** MENTION : sacar, mencionar

**brininess** ['braɪninəs] *n* : salinidad *f*

**brink** ['brɪŋk] *n* : borde *m*

**briny** ['braɪni] *adj* **brinier; -est** : salobre

**brisk** ['brɪsk] *adj* **1** LIVELY : rápido, enérgico, brioso **2** INVIGORATING : fresco, estimulante

**brisket** ['brɪskət] *n* : falda *f*

**briskly** ['brɪskli] *adv* : rápidamente, enérgicamente, con brío

**briskness** ['brɪsknəs] *n* : brío *m*, rapidez *f*

**bristle**[1] ['brɪsəl] *vi* **-tled; -tling** **1** : erizarse, ponerse de punta **2** : enfurecerse, enojarse ⟨she bristled at the suggestion : se enfureció ante tal sugerencia⟩ **3** : estar plagado, estar repleto ⟨a city bristling with tourists : una ciudad repleta de turistas⟩

**bristle**[2] *n* : cerda *f* (de un animal), pelo *m* (de una planta)

**bristly** ['brɪsli] *adj* **bristlier; -est** : áspero y erizado

**British**[1] ['brɪtɪʃ] *adj* : británico

**British**[2] *n* **the British** (*used with a plural verb*) : los británicos

**brittle** ['brɪtəl] *adj* **brittler; brittlest** : frágil, quebradizo

**brittleness** ['brɪtəlnəs] *n* : fragilidad *f*

**broach** ['bro:tʃ] *vt* BRING UP : mencionar, abordar, sacar

**broad** ['brɔd] *adj* **1** WIDE : ancho **2** SPACIOUS : amplio, extenso **3** FULL : pleno ⟨in broad daylight : en pleno día⟩ **4** OBVIOUS : claro, evidente **5** TOLERANT : tolerante, liberal **6** GENERAL : general **7** ESSENTIAL : principal, esencial ⟨the broad outline : los rasgos esenciales⟩

**broadband**[1] ['brɔd,bænd] *adj* : de banda ancha

**broadband**[2] *n* : banda *f* ancha

**broad bean** *n* : haba *f*
**broadcast**[1] ['brɔdˌkæst] *vt* **-cast; -casting** 1 SCATTER : esparcir, diseminar 2 CIRCULATE, SPREAD : divulgar, difundir, propagar 3 TRANSMIT : transmitir, emitir
**broadcast**[2] *n* 1 TRANSMISSION : transmisión *f*, emisión *f* 2 PROGRAM : programa *m*, emisión *f*
**broadcaster** ['brɔdˌkæstər] *n* : presentador *m*, -dora *f*; locutor *m*, -tora *f*
**broadcloth** ['brɔdˌklɔθ] *n* : paño *m* fino
**broaden** ['brɔdən] *vt* : ampliar, ensanchar — *vi* : ampliarse, ensancharse
**broadloom** ['brɔdˌlu:m] *adj* : tejido en telar ancho
**broadly** ['brɔdli] *adv* 1 GENERALLY : en general, aproximadamente 2 WIDELY : extensivamente
**broad–minded** ['brɔdˈmaɪndəd] *adj* : tolerante, de amplias miras
**broad–mindedness** [brɔdˈmaɪndədnəs] *n* : tolerancia *f*
**broadside** ['brɔdˌsaɪd] *n* 1 VOLLEY : andanada *f* 2 ATTACK : ataque *m*, invectiva *f*, andanada *f*
**brocade** [broˈkeɪd] *n* : brocado *m*
**broccoli** ['brɑkəli] *n* : brócoli *m*
**brochure** [broˈʃʊr] *n* : folleto *m*
**brogue** ['bro:g] *n* : acento *m* irlandés
**broil**[1] ['brɔɪl] *vt* : asar a la parrilla
**broil**[2] *n* : asado *m*
**broiler** ['brɔɪlər] *n* 1 GRILL : parrilla *f* 2 : pollo *m* para asar
**broke**[1] ['bro:k] → **break**[1]
**broke**[2] *adj* : pelado, arruinado ⟨to go broke : arruinarse, quebrar⟩
**broken** ['bro:kən] *adj* 1 DAMAGED, SHATTERED : roto, quebrado, fracturado 2 IRREGULAR, UNEVEN : accidentado, irregular, recortado 3 VIOLATED : roto, quebrantado 4 INTERRUPTED : interrumpido, discontinuo 5 CRUSHED : abatido, quebrantado ⟨a broken man : un hombre destrozado⟩ 6 IMPERFECT : mal ⟨to speak broken English : hablar el inglés con dificultad⟩
**brokenhearted** [ˌbro:kənˈhɑrṭəd] *adj* : descorazonado, desconsolado
**broker**[1] ['bro:kər] *vt* : hacer corretaje de
**broker**[2] *n* 1 : agente *mf*; corredor *m*, -dora *f* 2 → **stockbroker**
**brokerage** ['bro:kərɪʤ] *n* : corretaje *m*, agencia *f* de corredores
**bromine** ['bro:ˌmi:n] *n* : bromo *m*
**bronchial** ['brɑŋkiəl] *adj* : bronquial
**bronchitis** [brɑŋˈkaɪṭəs, brɑŋ-] *n* : bronquitis *f*
**bronze**[1] ['brɑnz] *vt* **bronzed; bronzing** : broncear
**bronze**[2] *n* : bronce *m*
**brooch** ['bro:ʧ, 'bru:ʧ] *n* : broche *m*, prendedor *m*
**brood**[1] ['bru:d] *vt* 1 INCUBATE : empollar, incubar 2 PONDER : sopesar, considerar — *vi* 1 INCUBATE : empollar 2 REFLECT : rumiar, reflexionar 3 WORRY : ponerse melancólico, inquietarse
**brood**[2] *adj* : de cría
**brood**[3] *n* : nidada *f* (de pájaros), camada *f* (de mamíferos)
**brooder** ['bru:dər] *n* 1 THINKER : pensador *m*, -dora *f* 2 INCUBATOR : incubadora *f*
**brook**[1] ['brʊk] *vt* TOLERATE : tolerar, admitir
**brook**[2] *n* : arroyo *m*
**broom** ['bru:m, 'brʊm] *n* 1 : retama *f*, hiniesta *f* 2 : escoba *f* (para barrer)
**broomstick** ['bru:mˌstɪk, 'brʊm-] *n* : palo *m* de escoba
**broth** ['brɔθ] *n, pl* **broths** ['brɔθs, 'brɔðz] : caldo *m*
**brothel** ['brɑθəl, 'brɔ-] *n* : burdel *m*
**brother** ['brʌðər] *n, pl* **brothers** *also* **brethren** ['brðrən, -ðərn] 1 : hermano *m* 2 KINSMAN : pariente *m*, familiar *m*
**brotherhood** ['brʌðərˌhʊd] *n* 1 FELLOWSHIP : fraternidad *f* 2 ASSOCIATION : hermandad *f*
**brother–in–law** ['brʌðərɪnˌlɔ] *n, pl* **brothers–in–law** : cuñado *m*
**brotherly** ['brʌðərli] *adj* : fraternal
**brought** → **bring**
**brow** ['braʊ] *n* 1 EYEBROW : ceja *f* 2 FOREHEAD : frente *f* 3 : cima *f* ⟨the brow of a hill : la cima de una colina⟩
**browbeat** ['braʊˌbi:t] *vt* **-beat; -beaten** [-ˌbi:tən] *or* **-beat; -beating** : intimidar
**brown**[1] ['braʊn] *vt* 1 : dorar (en cocina) 2 TAN : broncear — *vi* 1 : dorarse (en cocina) 2 TAN : broncearse
**brown**[2] *adj* : marrón, café, castaño (dícese del pelo), moreno (dícese de la piel)
**brown**[3] *n* : marrón *m*, café *m*
**brown bread** *n* 1 : pan *m* integral 2 : pan *m* negro (dulce)
**brownie** ['braʊni] *n* : bizcocho *m* de chocolate y nueces
**brownish** ['braʊnɪʃ] *adj* : pardo
**brown rice** *n* : arroz *m* integral
**browse** ['braʊz] *v* **browsed; browsing** *vt* 1 LOOK : mirar 2 : explorar (la Internet) — *vi* 1 GRAZE : pacer 2 LOOK : mirar, echar un vistazo 3 : navegar (en/por Internet)
**browser** ['braʊzər] *or* **Web browser** *n* : navegador *m* (web)
**bruin** ['bru:ɪn] *n* BEAR : oso *m*
**bruise**[1] ['bru:z] *vt* **bruised; bruising** 1 : contusionar, machucar, magullar (a una persona) 2 DAMAGE : magullar, dañar (frutas) 3 CRUSH : majar 4 HURT : herir (los sentimientos)
**bruise**[2] *n* : moretón *m*, cardenal *m*, magulladura *f* (dícese de frutas)
**brunch** ['brʌnʃ] *n* : combinación *f* de desayuno y almuerzo
**brunet**[1] *or* **brunette** [bru:ˈnɛt] *adj* : moreno
**brunet**[2] *or* **brunette** *n* : moreno *m*, -na *f*
**brunt** ['brʌnt] *n* **to bear the brunt of** : llevar el peso de, aguantar el mayor impacto de
**brush**[1] ['brʌʃ] *vt* 1 : cepillar ⟨I brushed my teeth : me cepillé los dientes⟩ 2 SWEEP : quitar, sacudir ⟨he brushed the dirt off his pants : se sacudió el polvo de los pantalones⟩ 3 PAINT, APPLY : pintar 4 GRAZE : rozar 5 **to brush off** DISREGARD : hacer caso omiso de (algo), no

hacerle caso (a alguien) — *vi* **to brush up (on)** : repasar, refrescar, dar un repaso a
**brush²** *n* **1** *or* **brushwood** [ˈbrʌʃˌwʊd] : broza *f* **2** SCRUB, UNDERBRUSH : maleza *f* **3** : cepillo *m*, pincel *m* (de artista), brocha *f* (de pintor) **4** TOUCH : roce *m* **5** SKIRMISH : escaramuza *f*
**brush–off** [ˈbrʌʃˌɔf] *n* **to give the brush–off to** : dar calabazas a
**brushstroke** [ˈbrʌʃˌstro:k] *n* : pincelada *f*
**brusque** [ˈbrʌsk] *adj* : brusco — **brusquely** *adv*
**brusqueness** [ˈbrʌsknəs] *n* : brusquedad *f*
**brussels sprout** [ˈbrʌsəlzˌspraʊt] *n* : col *f* de Bruselas
**brutal** [ˈbru:təl] *adj* : brutal, cruel, salvaje — **brutally** *adv*
**brutality** [bru:ˈtælətɪ] *n, pl* **-ties** : brutalidad *f*
**brutalize** [ˈbru:təlˌaɪz] *vt* **-ized; -izing** : brutalizar, maltratar
**brute¹** [ˈbru:t] *adj* : bruto ⟨brute force : fuerza bruta⟩
**brute²** *n* **1** BEAST : bestia *f*, animal *m* **2** : bruto *m*, -ta *f*; bestia *mf* (persona)
**brutish** [ˈbru:tɪʃ] *adj* **1** : de animal **2** CRUEL : brutal, salvaje **3** STUPID : bruto, estúpido
**bubble¹** [ˈbʌbəl] *vi* **-bled; -bling** : burbujear ⟨to bubble over with joy : rebosar de alegría⟩
**bubble²** *n* : burbuja *f*
**bubble bath** *n* **1** : baño *m* de espuma/burbujas **2** : espuma *f* de baño (jabón)
**bubble gum** *n* : chicle *m* (de) globo, chicle *m* (de) bomba
**bubbly** [ˈbʌbəlɪ] *adj* **bubblier; -est 1** BUBBLING : burbujeante **2** LIVELY : vivaz, lleno de vida
**bubonic plague** [bu:ˈbɑnɪk-, ˈbju:-] *n* : peste *f* bubónica
**buccaneer** [ˌbʌkəˈnɪr] *n* : bucanero *m*
**buck¹** [ˈbʌk] *vi* **1** : corcovear (dícese de un caballo o un burro) **2** JOLT : dar sacudidas **3 to buck against** : resistirse a, rebelarse contra **4 to buck up** : animarse, levantar el ánimo — *vt* OPPOSE : oponerse a, ir en contra de
**buck²** *n, pl* **buck** *or* **bucks 1** : animal *m* macho, ciervo *m* (macho) **2** DOLLAR : dólar *m* **3 to pass the buck** *fam* : pasar la pelota *fam*
**bucket** [ˈbʌkət] *n* : balde *m*, cubo *m*, cubeta *f Mex*
**bucketful** [ˈbʌkətˌfʊl] *n* : balde *m* lleno
**buckle¹** [ˈbʌkəl] *v* **-led; -ling** *vt* **1** FASTEN : abrochar **2** BEND, TWIST : combar, torcer — *vi* **1** BEND, TWIST : combarse, torcerse, doblarse (dícese de las rodillas) **2 to buckle down** : ponerse a trabajar con esmero **3 to buckle up** : abrocharse
**buckle²** *n* **1** : hebilla *f* **2** TWISTING : torcedura *f*
**buckshot** [ˈbʌkˌʃɑt] *n* : perdigón *m*
**buckskin** [ˈbʌkˌskɪn] *n* : gamuza *f*
**buck tooth** *n* : diente *m* saliente, diente *m* salido
**bucktoothed** [ˈbʌkˌtu:θt] *adj* : de dientes salientes, de dientes salidos
**buckwheat** [ˈbʌkˌhwi:t] *n* : alforfón *m*, trigo *m* sarraceno
**bucolic** [bju:ˈkɑlɪk] *adj* : bucólico
**bud¹** [ˈbʌd] *v* **budded; budding** *vt* GRAFT : injertar — *vi* : brotar, hacer brotes
**bud²** *n* : brote *m*, yema *f*, capullo *m* (de una flor)
**Buddhism** [ˈbu:ˌdɪzəm, ˈbʊ-] *n* : budismo *m*
**Buddhist** [ˈbu:dɪst, ˈbʊ-] *n* : budista *mf* — **Buddhist** *adj*
**budding** [ˈbʌdɪŋ] *adj* : en ciernes
**buddy** [ˈbʌdɪ] *n, pl* **-dies** *fam* : amigo *m*, -ga *f*; compinche *mf fam*; cuate *m*, -ta *f Mex fam*
**budge** [ˈbʌʤ] *vi* **budged; budging 1** MOVE : moverse, desplazarse **2** YIELD : ceder
**budget¹** [ˈbʌʤət] *vt* : presupuestar (gastos), asignar (dinero) — *vi* : presupuestar, planear el presupuesto
**budget²** *n* : presupuesto
**budgetary** [ˈbʌʤəˌterɪ] *adj* : presupuestario
**buff¹** [ˈbʌf] *vt* POLISH : pulir, sacar brillo a, lustrar
**buff²** *adj* : beige, amarillento
**buff³** *n* **1** : beige *m*, amarillento *m* **2** ENTHUSIAST : aficionado *m*, -da *f*; entusiasta *mf*
**buffalo** [ˈbʌfəˌlo:] *n, pl* **-lo** *or* **-loes 1** : búfalo *m* **2** BISON : bisonte *m*
**buffer** [ˈbʌfər] *n* **1** BARRIER : barrera *f* ⟨buffer state : estado tapón⟩ **2** SHOCK ABSORBER : amortiguador *m*
**buffet¹** [ˈbʌfət] *vt* : golpear, zarandear, sacudir
**buffet²** *n* BLOW : golpe *m*
**buffet³** [ˌbʌˈfeɪ, ˌbu:-] *n* **1** : bufete *m*, bufé *m* (comida) **2** SIDEBOARD : aparador *m*
**buffoon** [ˌbʌˈfu:n] *n* : bufón *m*, -fona *f*; payaso *m*, -sa *f*
**bug¹** [ˈbʌg] *vt* **bugged; bugging 1** PESTER : fastidiar, molestar **2** : ocultar micrófonos en
**bug²** *n* **1** INSECT : bicho *m*, insecto *m* **2** DEFECT : defecto *m*, falla *f*, problema *m* **3** GERM : microbio *m*, virus *m* **4** MICROPHONE : micrófono *m*
**bugaboo** [ˈbʌgəˌbu:] : pesadilla *f*, terror *m*, coco *m*
**bugbear** [ˈbʌgˌbær] *n* : problema *m*, obstáculo *f*
**buggy** [ˈbʌgɪ] *n, pl* **-gies 1** : calesa *f* (tirada por caballos) **2** : cochecito *m* (para niños)
**bugle** [ˈbju:gəl] *n* : clarín *m*, corneta *f*
**bugler** [ˈbju:gələr] *n* : corneta *mf*
**build¹** [ˈbɪld] *v* **built** [ˈbɪlt]; **building** *vt* **1** CONSTRUCT : construir, edificar, ensamblar, levantar **2** DEVELOP : desarrollar, elaborar, forjar **3** INCREASE : incrementar, aumentar — *vi* **1 to build on** : ampliar (conocimientos, etc.) **2 to build up** : aumentar, intensificar
**build²** *n* PHYSIQUE : físico *m*, complexión *f*
**builder** [ˈbɪldər] *n* : constructor *m*, -tora *f*; contratista *mf*
**building** [ˈbɪldɪŋ] *n* **1** EDIFICE : edificio *m* **2** CONSTRUCTION : construcción *f*

**buildup** [ˈbɪldˌʌp] *n* : acumulación *f*

**built–in** [ˈbɪltˈɪn] *adj* **1** : empotrado ⟨built-in cabinets : armarios empotrados⟩ **2** INHERENT : incorporado, intrínseco

**built–up** [ˈbɪltˌʌp] *adj* : urbanizado

**bulb** [ˈbʌlb] *n* **1** : bulbo *m* (de una planta), cabeza *f* (de ajo), cubeta *f* (de un termómetro) **2** LIGHTBULB : bombilla *f*, foco *m*, bombillo *m CA, Col, Ven*

**bulbous** [ˈbʌlbəs] *adj* : bulboso

**Bulgarian** [bʌlˈgæriən, bʊl-] *n* **1** : búlgaro *m*, -ra *f* **2** : búlgaro *m* (idioma) — **Bulgarian** *adj*

**bulge**[1] [ˈbʌldʒ] *vi* **bulged; bulging** : abultar, sobresalir

**bulge**[2] *n* : bulto *m*, protuberancia *f*

**bulk**[1] [ˈbʌlk] *vt* : hinchar — *vi* EXPAND, SWELL : ampliarse, hincharse

**bulk**[2] *n* **1** SIZE, VOLUME : volumen *m*, tamaño *m* **2** FIBER : fibra *f* **3** MASS : mole *f* **4 the bulk of** : la mayor parte de **5 in ~** : en grandes cantidades

**bulkhead** [ˈbʌlkˌhɛd] *n* : mamparo *m*

**bulky** [ˈbʌlki] *adj* **bulkier; -est** : voluminoso, grande

**bull**[1] [ˈbʊl] *adj* : macho

**bull**[2] *n* **1** : toro *m*, macho *m* (de ciertas especies) **2** : bula *f* (papal) **3** DECREE : decreto *m*, edicto *m*

**bulldog** [ˈbʊlˌdɔg] *n* : bulldog *m*

**bulldoze** [ˈbʊlˌdɔz] *vt* **-dozed; -dozing 1** LEVEL : nivelar (el terreno), derribar (un edificio) **2** FORCE : forzar ⟨he bulldozed his way through : se abrió paso a codazos⟩

**bulldozer** [ˈbʊlˌdɔːzər] *n* : bulldozer *m*

**bullet** [ˈbʊlət] *n* : bala *f*

**bulletin** [ˈbʊlətən, -lətɪn] *n* **1** *or* **news bulletin** : boletín *m* informativo, boletín *m* de noticias **2** NEWSLETTER : boletín *m*

**bulletin board** *n* : tablón *m* de anuncios

**bulletproof** [ˈbʊlətˌpruːf] *adj* : antibalas, a prueba de balas

**bullfight** [ˈbʊlˌfaɪt] *n* : corrida *f* (de toros)

**bullfighter** [ˈbʊlˌfaɪtər] *n* : torero *m*, -ra *f*; matador *m*

**bullfighting** [ˈbʊlˌfaɪtɪŋ] *n* : lidia *f*, toreo *m*

**bullfrog** [ˈbʊlˌfrɔg] *n* : rana *f* toro

**bullheaded** [ˈbʊlˈhɛdəd] *adj* : testarudo

**bullion** [ˈbʊljən] *n* : oro *m* en lingotes, plata *f* en lingotes

**bullish** [ˈbʊlɪʃ] *adj* : alcista

**bullock** [ˈbʊlək] *n* **1** STEER : buey *m*, toro *m* castrado **2** : toro *m* joven, novillo *m*

**bullring** [ˈbʊlˌrɪŋ] *n* : plaza *f* de toros, redondel *m*, ruedo *m*

**bull's–eye** [ˈbʊlzˌaɪ] *n, pl* **bull's–eyes** : diana *f*, blanco *m*

**bully**[1] [ˈbʊli] *vt* **-lied; -lying** : intimidar, amedrentar, mangonear

**bully**[2] *n, pl* **-lies** : matón *m*; bravucón *m*, -cona *f*

**bullying** [ˈbʊliɪŋ] *n* : bullying *m*, acoso *m* ⟨school bullying : bullying/acoso escolar⟩

**bulrush** [ˈbʊlˌrʌʃ] *n* : especie *f* de junco

**bulwark** [ˈbʊlˌwərk, -ˌwɔrk;, ˈbʌlˌwərk] *n* : baluarte *m*, bastión *f*

**bum**[1] [ˈbʌm] *v* **bummed; bumming** *vi* **to bum around** : vagabundear, vagar — *vt* : gorronear *fam*, sablear *fam*

**bum**[2] *adj* : inútil, malo ⟨a bum rap : una acusación falsa⟩

**bum**[3] *n* **1** LOAFER : vago *m*, -ga *f* **2** HOBO, TRAMP : vagabundo *m*, -da *f*

**bumblebee** [ˈbʌmbəlˌbiː] *n* : abejorro *m*

**bump**[1] [ˈbʌmp] *vt* : chocar contra, golpear contra, dar ⟨to bump one's head : darse (un golpe) en la cabeza⟩ — *vi* **to bump into** MEET : encontrarse con, tropezarse con

**bump**[2] *n* **1** BULGE : bulto *m*, protuberancia *f* **2** IMPACT : golpe *m*, choque *m* **3** JOLT : sacudida *f*

**bumper**[1] [ˈbʌmpər] *adj* : extraordinario, récord ⟨a bumper crop : una cosecha abundante⟩

**bumper**[2] *n* : parachoques *mpl*

**bumpkin** [ˈbʌmpkən] *n* : palurdo *m*, -da *f*

**bumpy** [ˈbʌmpi] *adj* **bumpier; -est** : desigual, lleno de baches (dícese de un camino), agitado (dícese de un vuelo en avión)

**bun** [ˈbʌn] *n* **1** : bollo *m* (dulce) **2** ROLL : panecito *m* **3** CHIGNON : moño *m*, chongo *m Mex*

**bunch**[1] [ˈbʌntʃ] *vt* : agrupar, amontonar — *vi* **to bunch up** : amontonarse, agruparse, fruncirse (dícese de una tela)

**bunch**[2] *n* : grupo *m*, montón *m*, ramo *m* (de flores)

**bundle**[1] [ˈbʌndəl] *vt* **-dled; -dling** : liar, atar

**bundle**[2] *n* **1** : fardo *m*, atado *m*, bulto *m*, haz *m* (de palos) **2** PARCEL : paquete *m* **3** LOAD : montón *m* ⟨a bundle of money : un montón de dinero⟩

**bungalow** [ˈbʌŋgəˌloː] *n* : tipo de casa de un solo piso

**bungle**[1] [ˈbʌŋgəl] *vt* **-gled; -gling** : echar a perder, malograr

**bungle**[2] *n* : chapuza *f*, desatino *m*

**bungler** [ˈbʌŋgələr] *n* : chapucero *m*, -ra *f*; inepto *m*, -ta *f*

**bunion** [ˈbʌnjən] *n* : juanete *m*

**bunk**[1] [ˈbʌŋk] *vi* : dormir (en una litera)

**bunk**[2] *n* **1** *or* **bunk bed** : litera *f* **2** NONSENSE : tonterías *fpl*, bobadas *fpl*

**bunker** [ˈbʌŋkər] *n* **1** : carbonera *f* (en un barco) **2** SHELTER : búnker *m*

**bunny** [ˈbʌni] *n, pl* **-nies** : conejo *m*, -ja *f*

**buoy**[1] [ˈbuːi, ˈbɔɪ] *vt* **to buoy up 1** : mantener a flote **2** CHEER, HEARTEN : animar, levantar el ánimo a

**buoy**[2] *n* : boya *f*

**buoyancy** [ˈbɔɪənt͡si, ˈbuːjən-] *n* **1** : flotabilidad *f* **2** OPTIMISM : confianza *f*, optimismo *m*

**buoyant** [ˈbɔɪənt, ˈbuːjənt] *adj* : boyante, flotante

**bur** *or* **burr** [ˈbər] *n* : abrojo *m* (de una planta)

**burden**[1] [ˈbərdən] *vt* : cargar, oprimir

**burden**[2] *n* : carga *f*, peso *m*

**burdensome** [ˈbərdənsəm] *adj* : oneroso

**bureau** [ˈbjʊro] *n* **1** CHEST OF DRAWERS : cómoda *f* **2** DEPARTMENT : departamento *m* (del gobierno) **3** AGENCY : agencia *f* ⟨travel bureau : agencia de viajes⟩

**bureaucracy** [bjʊˈrɑkrəsi] *n, pl* **-cies** : burocracia *f*

**bureaucrat** [ˈbjʊrəˌkræt] *n* : burócrata *mf*
**bureaucratic** [ˌbjʊrəˈkræţɪk] *adj* : burocrático
**burgeon** [ˈbərʤən] *vi* : florecer, retoñar, crecer
**burger** [ˈbərgər] *n* **1 → hamburger 2** PATTY : hamburguesa *f* ⟨a turkey burger : una hamburguesa de pavo⟩
**burglar** [ˈbərglər] *n* **1** : ladrón *m*, -drona *f*
**burglar alarm** *n* : alarma *f* antirrobo
**burglarize** [ˈbərgləˌraɪz] *vt* **-ized; -izing** : robar
**burglary** [ˈbərglərɪ] *n, pl* **-glaries** : robo *m*
**burgle** [ˈbərgəl] *vt* **-gled; -gling** : robar
**burgundy** [ˈbərgəndɪ] *n, pl* **-dies** : borgoña *m*, vino *m* de Borgoña
**burial** [ˈbɛrɪəl] *n* : entierro *m*, sepelio *m*
**burlap** [ˈbərˌlæp] *n* : arpillera *f*
**burlesque**[1] [bərˈlɛsk] *vt* **-lesqued; -lesquing** : parodiar
**burlesque**[2] *n* **1** PARODY : parodia *f* **2** REVUE : revista *f* (musical)
**burly** [ˈbərlɪ] *adj* **burlier; -est** : fornido, corpulento, musculoso
**Burmese** [ˌbərˈmiːz, -ˈmiːs] *n* : birmano *m*, -na *f* — **Burmese** *adj*
**burn**[1] [ˈbərn] *v* **burned** [ˈbərnd, ˈbərnt] *or* **burnt** [ˈbərnt]; **burning** *vt* **1** : quemar (leña, etc.) ⟨to burn a candle : encender una vela⟩ **2** : quemar (piel, ropa, etc.) ⟨I burned my hand : me quemé la mano⟩ ⟨to burn a hole in something : quemar algo (haciendo un agujero)⟩ **3** STING : hacer escocer **4** OVERCOOK : quemar **5** CONSUME : usar, gastar ⟨a gas-burning engine : un motor que funciona con gas⟩ ⟨to burn (up) calories : quemar calorías⟩ **6** CHEAT : estafar, timar **7** RECORD, WRITE : quemar (un DVD, etc.) **8** *or* **to burn down** : quemar, incendiar (un edificio) **9 to burn out** : quemar (un motor, etc.) **10 to burn up** : quemar, incendiar ⟨the fire burned up homes and forests : el incendio arrasó con casas y bosques⟩ — *vi* **1** : arder (dícese de un fuego o un edificio), quemarse ⟨I smell something burning : huele a quemado⟩ ⟨the house burned to the ground : la casa fue arrasada por el incendio⟩ **2** : estar prendido, estar encendido ⟨we left the lights burning : dejamos las luces encendidas⟩ **3** STING : arder **4** : quemarse (dícese de la comida) **5** *or* **to burn up** : tener fiebre ⟨you're burning (up)! : ¡estás hirviendo!⟩ **6** : arder (dícese de las mejillas, etc.) **7 to burn down** : incendiarse, quemarse **8 to burn off** : disiparse (dícese de la niebla, etc.) **9 to burn out** : consumirse, apagarse **10 to burn out** : quemarse (dícese de un motor, etc.) **11 to burn out** : quemarse, agotarse (dícese de una persona) **12 to burn to death** : morir quemado **13 to burn up** : desintegrarse (dícese de un asteroide, etc.) **14 to burn with** : arder de ⟨he was burning with jealousy : ardía de celos⟩
**burn**[2] *n* : quemadura *f*
**burned out** *or* **burnt out** *adj* **1** : con el interior destruido (dícese de un edificio) **2** : quemado, agotado (dícese de una persona)
**burner** [ˈbərnər] *n* : quemador *m*
**burnish** [ˈbərnɪʃ] *vt* : bruñir
**burp**[1] [ˈbərp] *vi* : eructar — *vt* : hacer eructar
**burp**[2] *n* : eructo *m*
**burr → bur**
**burrito** [bəˈriːţo] *n, pl* **-tos** : burrito *m*
**burro** [ˈbəro, ˈbʊr-] *n, pl* **-os** : burro *m*
**burrow**[1] [ˈbəro] *vi* **1** : cavar, hacer una madriguera **2 to burrow into** : hurgar en — *vt* : cavar, excavar
**burrow**[2] *n* : madriguera *f*, conejera *f* (de un conejo)
**bursar** [ˈbərsər] *n* : administrador *m*, -dora *f*
**burst**[1] [ˈbərst] *v* **burst; bursting** *vi* **1** : reventarse (dícese de una llanta o un globo), estallar (dícese de obuses o fuegos artificiales), romperse (dícese de un dique) **2 to burst in** : irrumpir en **3 to burst into (something)** *or* **to burst out in (something)** : empezar a (hacer algo), echar a (hacer algo) ⟨to burst into tears : echarse a llorar⟩ — *vt* : reventar
**burst**[2] *n* **1** EXPLOSION : estallido *m*, explosión *f*, reventón *m* (de una llanta) **2** OUTBURST : arranque *m* (de actividad, de velocidad), arrebato *m* (de ira), salva *f* (de aplausos)
**bury** [ˈbɛrɪ] *vt* **buried; burying 1** INTER : enterrar, sepultar **2** HIDE : esconder, ocultar **3 to bury oneself in** : enfrascarse en
**bus**[1] [ˈbʌs] *v* **bused** *or* **bussed** [ˈbʌst]; **busing** *or* **bussing** [ˈbʌsɪŋ] *vt* : transportar en autobús — *vi* : viajar en autobús
**bus**[2] *n* : autobús *m*, bus *m*, camión *m* *Mex*, colectivo *m Arg, Bol, Peru*
**busboy** [ˈbʌsˌbɔɪ] *n* : ayudante *mf* de camarero
**bus driver** *n* : chofer *mf* (de autobús); conductor *m*, -tora *f* (de autobús); busero *m*, -ra *f CA*; camionero *m*, -ra *f Mex*; colectivero *m*, -ra *f Arg*
**bush** [ˈbʊʃ] *n* **1** SHRUB : arbusto *m*, mata *f* **2** THICKET : maleza *f*, matorral *m*
**bushel** [ˈbʊʃəl] *n* : medida de áridos igual a 35.24 litros
**bushing** [ˈbʊʃɪŋ] *n* : cojinete *m*
**bushy** [ˈbʊʃɪ] *adj* **bushier; -est** : espeso, poblado ⟨bushy eyebrows : cejas pobladas⟩
**busily** [ˈbɪzəlɪ] *adv* : afanosamente, diligentemente
**business** [ˈbɪznəs, -nəz] *n* **1** OCCUPATION : ocupación *f*, oficio *m* **2** DUTY, MISSION : misión *f*, deber *m*, responsabilidad *f* **3** ESTABLISHMENT, FIRM : empresa *f*, firma *f*, negocio *m*, comercio *m* **4** COMMERCE : negocios *mpl*, comercio *m* ⟨to go out of business : cerrar⟩ ⟨to open for business : abrir al público⟩ ⟨business hours : horas de atención al público⟩ ⟨business meeting/trip : reunión/viaje de negocios⟩ **5** AFFAIR, MATTER : asunto *m*, cuestión *f*, cosa *f* ⟨it's none of your business : no es asunto tuyo⟩ ⟨to have no business doing something : no tener derecho a hacer algo⟩

**business class** *n* : clase *f* ejecutiva, clase *f* preferente *Spain*
**business day** *n* : día *m* hábil, día *m* laborable
**businesslike** [ˈbɪznəsˌlaɪk, -nəz-] *n* : profesional
**businessman** [ˈbɪznəsˌmæn, -nəz-] *n, pl* **-men** [-mən, -ˌmɛn] : empresario *m*, hombre *m* de negocios
**businesswoman** [ˈbɪznəsˌwʊmən, -nəz-] *n, pl* **-women** [-ˌwɪmən] : empresaria *f*, mujer *f* de negocios
**bus shelter** *n* : marquesina *f*
**bus station** *n* : estación *f* de autobús, terminal *f* de autobús
**bus stop** *n* : parada *f* de autobús
**bust**[1] [ˈbʌst] *vt* **1** BREAK, SMASH : romper, estropear, destrozar **2** TAME : domar, amansar (un caballo) — *vi* : romperse, estropearse
**bust**[2] *n* **1** : busto *m* (en la escultura) **2** BREASTS : pecho *m*, senos *mpl*, busto *m*
**bustle**[1] [ˈbʌsəl] *vi* **-tied; -tling to bustle about** : ir y venir, trajinar, ajetrearse
**bustle**[2] *n* **1** *or* **hustle and bustle** : bullicio *m*, ajetreo *m* **2** : polisón *m* (en la ropa femenina)
**busy**[1] [ˈbɪzi] *vt* **busied; busying to busy oneself with** : ocuparse con, ponerse a, entretenerse con
**busy**[2] *adj* **busier; -est 1** OCCUPIED : ocupado, atareado ⟨he's busy working : está ocupado en su trabajo⟩ ⟨the telephone was busy : el teléfono estaba ocupado⟩ **2** BUSTLING : concurrido, animado ⟨a busy street : una calle concurrida, una calle con mucho tránsito⟩
**busybody** [ˈbɪziˌbɑdi] *n, pl* **-bodies** : entrometido *m*, -da *f*; metiche *mf fam*; metomentodo *mf*
**busy signal** *n* : tono *m* de ocupado, señal *f* de comunicando *Spain*
**but**[1] [ˈbʌt] *conj* **1** NEVERTHELESS : pero, no obstante, sin embargo ⟨I called her but she didn't answer : la llamé pero no contestó⟩ **2** EXCEPT : pero ⟨I'd do it, but I don't have time : lo haría pero no me da tiempo⟩ ⟨I had no choice but to leave : no tuve más remedio que irme⟩ ⟨they do nothing but argue : no hacen más que discutir⟩ **3** (*used for emphasis*) : pero ⟨but it's not fair! : ¡pero no es justo!⟩ **4** THAT : que ⟨there is no doubt but he is lazy : no cabe duda que es perezoso⟩ **5** WITHOUT : sin que **6** YET : pero ⟨he was poor but proud : era pobre pero orgulloso⟩ **7 but then** HOWEVER : pero
**but**[2] *prep* **1** EXCEPT : excepto, menos ⟨everyone but Charles : todos menos Charles⟩ ⟨no one but you would think that : sólo a ti te ocurriría eso⟩ ⟨we've had nothing but rain : no hace más que llover⟩ ⟨the last but one : el penúltimo⟩ **2 but for** : si no fuera por
**butcher**[1] [ˈbʊtʃər] *vt* **1** SLAUGHTER : matar (animales) **2** KILL : matar, asesinar, masacrar **3** BOTCH : estropear, hacer una chapuza
**butcher**[2] *n* **1** : carnicero *m*, -ra *f* **2** KILLER : asesino *m*, -na *f* **3** BUNGLER : chapucero *m*, -ra *f*
**butcher shop** *n* : carnicería *f*
**butler** [ˈbʌtlər] *n* : mayordomo *m*
**butt**[1] [ˈbʌt] *vt* **1** : embestir (con los cuernos), darle un cabezazo a **2** ABUT : colindar con, bordear — *vi* **to butt in 1** INTERRUPT : interrumpir **2** MEDDLE : entrometerse, meterse
**butt**[2] *n* **1** BUTTING : embestida *f* (de cuernos), cabezazo *m* **2** TARGET : blanco *m* ⟨the butt of their jokes : el blanco de sus bromas⟩ **3** BOTTOM, END : extremo *m*, culata *f* (de un rifle), colilla *f* (de un cigarrillo)
**butte** [ˈbjuːt] *n* : colina *f* empinada y aislada
**butter**[1] [ˈbʌtər] *vt* **1** : untar con mantequilla **2 to butter up** : halagar
**butter**[2] *n* : mantequilla *f*
**buttercup** [ˈbʌtərˌkʌp] *n* : ranúnculo *m*
**butterfat** [ˈbʌtərˌfæt] *n* : grasa *f* de la leche
**butterfly** [ˈbʌtərˌflaɪ] *n, pl* **-flies** : mariposa *f*
**buttermilk** [ˈbʌtərˌmɪlk] *n* : suero *m* de mantequilla/manteca
**butternut** [ˈbʌtərˌnʌt] *n* : nogal *m* ceniciento (árbol)
**butterscotch** [ˈbʌtərˌskɑtʃ] *n* : caramelo *m* duro hecho con mantequilla
**buttery** [ˈbʌtəri] *adj* : mantecoso
**buttock** [ˈbʌtək, -ˌtɑk] *n* : nalga *f*
**button**[1] [ˈbʌtən] *vt* : abrochar, abotonar — *vi* : abrocharse, abotonarse
**button**[2] *n* : botón *m*
**buttonhole**[1] [ˈbʌtənˌhoːl] *vt* **-holed; -holing** : acorralar
**buttonhole**[2] *n* : ojal *m*
**buttress**[1] [ˈbʌtrəs] *vt* : apoyar, reforzar
**buttress**[2] *n* **1** : contrafuerte *m* (en la arquitectura) **2** SUPPORT : apoyo *m*, sostén *m*
**buxom** [ˈbʌksəm] *adj* : con mucho busto, con mucho pecho
**buy**[1] [ˈbaɪ] *v* **bought** [ˈbɔt]; **buying** *vt* **1** : comprar **2** BELIEVE : tragarse **3** BRIBE : comprar **4 to buy into** : comprar acciones de **5 to buy into** BELIEVE : tragarse **6 to buy off** BRIBE : comprar **7 to buy out** : comprar la parte de **8 to buy time** : ganar tiempo **9 to buy up** : comprar (en grandes cantidades) — *vi* : comprar
**buy**[2] *n* BARGAIN : compra *f*, ganga *f*
**buyer** [ˈbaɪər] *n* : comprador *m*, -dora *f*
**buzz**[1] [ˈbʌz] *vi* : zumbar (dícese de un insecto), sonar (dícese de un teléfono o un despertador)
**buzz**[2] *n* **1** : zumbido *m* (de insectos) **2** : murmullo *m*, rumor *m* (de voces)
**buzzard** [ˈbʌzərd] *n* VULTURE : buitre *m*, zopilote *m CA, Mex*
**buzzer** [ˈbʌzər] *n* : timbre *m*, chicharra *f*
**buzzword** [ˈbʌzˌwərd] *n* : palabra *f* de moda
**by**[1] [ˈbaɪ] *adv* **1** NEAR : cerca ⟨he lives close by : vive muy cerca⟩ **2** PAST : pasando ⟨the train went by : pasó el tren⟩ ⟨they rushed by : pasaron corriendo⟩

⟨as time goes by : con el paso del tiempo⟩ **3 by and by** : poco después, dentro de poco **4 by and large** : en general **5 to put by** : reservar, poner a un lado, apartar **6 to stop by** : pasar por casa, hacer una visita

**by²** *prep* **1** NEAR : cerca de, al lado de, junto a ⟨she was standing by the window : estaba parada al lado de la ventana⟩ **2** PAST : por, por delante de ⟨they walked by him : pasaron por delante de él⟩ **3** VIA : por ⟨she left by the back door : salió por la puerta trasera⟩ **4** (*indicating manner*) ⟨made by hand : hecho a mano⟩ ⟨he took her by the hand : la tomó de la mano⟩ ⟨you learn by making mistakes : uno aprende equivocándose⟩ ⟨I know her by sight/name : la conozco de vista/nombre⟩ ⟨she read by candlelight : leía a la luz de una vela⟩ ⟨to travel by train : viajar en tren⟩ ⟨to pay by credit card : pagar con tarjeta de crédito⟩ **5** (*indicating cause or agent*) ⟨built by the Romans : construido por los romanos⟩ ⟨a book by Borges : un libro de Borges⟩ ⟨I was surprised by the result : el resultado me sorprendió⟩ **6** AT : por ⟨stop/come by my house tonight : pásate por casa esta noche⟩ **7** DURING : de, durante ⟨by night : de noche⟩ **8** (*in expressions of time*) : para ⟨we'll be there by ten : estaremos allí para las diez⟩ ⟨by then : para entonces⟩ **9** : por ⟨I swear by all that's sacred : te lo juro por todo lo sagrado⟩ ⟨he said he'd do it, and by God, he did it! : dijo que lo haría y, efectivamente, lo hizo⟩ **10** : con ⟨what do you mean by that? : ¿qué quieres decir con eso?⟩ **11** (*with numbers, rates, and amounts*) : por ⟨to pay by the hour : pagar por hora⟩ ⟨it was reduced by 10 percent : se redujo (en) un 10 por ciento⟩ ⟨by a narrow margin : por un estrecho margen⟩ ⟨10 feet by 20 feet : 10 pies por 20 pies⟩ ⟨divide 100 by 10 : dividir 100 por/entre 10⟩ **12** : según ⟨by my watch, it's ten o'clock : según mi reloj, son las diez⟩ ⟨that's fine by me : por mí no hay problema⟩ ⟨to play by the rules : respetar las reglas⟩ **13** : a ⟨little by little : poco a poco⟩ **14** : por ⟨one by one : uno por uno⟩ ⟨two by two : de dos en dos⟩ **15 by oneself** : solo

**by and by** *adv* : dentro de poco

**bye** [ˈbaɪ] *interj fam* : ¡adiós!, ¡chao!, ¡hasta luego!

**bygone¹** [ˈbaɪˌgɔn] *adj* : pasado

**bygone²** *n* **let bygones be bygones** : lo pasado, pasado está

**bylaw** *or* **byelaw** [ˈbaɪˌlɔ] *n* : norma *f*, reglamento *m*

**byline** [ˈbaɪˌlaɪn] *n* : data *f*

**bypass¹** [ˈbaɪˌpæs] *vt* : evitar

**bypass²** *n* **1** BELTWAY : carretera *f* de circunvalación **2** DETOUR : desvío *m*

**by–product** [ˈbaɪˌprɑdəkt] *n* : subproducto *m*, producto *m* derivado

**bystander** [ˈbaɪˌstændər] *n* : espectador *m*, -dora *f*

**byte** [ˈbaɪt] *n* : byte *m*

**byway** [ˈbaɪˌweɪ] *n* : camino *m* (apartado), carretera *f* secundaria

**byword** [ˈbaɪˌwərd] *n* **1** PROVERB : proverbio *m*, refrán *m* **2 to be a byword for** : ser sinónimo de

# C

**c** [ˈsiː] *n, pl* **c's** *or* **cs** **1** : tercera letra del alfabeto inglés — **2 C** : do *m* ⟨C sharp/flat : do sostenido/bemol⟩

**cab** [ˈkæb] *n* **1** TAXI : taxi *m* **2** : cabina *f* (de un camión o una locomotora) **3** CARRIAGE : coche *m* de caballos

**cabal** [kəˈbɑl, -ˈbæl] *n* **1** INTRIGUE, PLOT : conspiración *f*, complot *m*, intriga *f* **2** : grupo *m* de conspiradores

**cabaret** [ˌkæbəˈreɪ] *n* : cabaret *m*

**cabbage** [ˈkæbɪʤ] *n* : col *f*, repollo *m*

**cabbie** *or* **cabby** [ˈkæbi] *n* : taxista *mf*

**cabin** [ˈkæbən] *n* **1** HUT : cabaña *f*, choza *f*, barraca *f* **2** STATEROOM : camarote *m* **3** : cabina *f* (de un automóvil o avión)

**cabinet** [ˈkæbnət] *n* **1** CUPBOARD : armario *m* **2** : gabinete *m*, consejo *m* de ministros **3 medicine cabinet** : botiquín *m*

**cabinetmaker** [ˈkæbnətˌmeɪkər] *n* : ebanista *mf*

**cable¹** [ˈkeɪbəl] *vt* **-bled; -bling** : enviar un cable, telegrafiar

**cable²** *n* **1** : cable *m* (para colgar o sostener algo) **2** : cable *m* eléctrico **3** → **cable television**

**cable car** *n* **1** → **streetcar** **2** : funicular *m* (en una montaña), teleférico *m*

**cable television** *n* : cable *m*, televisión *f* por cable

**caboose** [kəˈbuːs] *n* : furgón *m* de cola, cabús *m Mex*

**cabstand** [ˈkæbˌstænd] *n* : parada *f* de taxis

**cacao** [kəˈkaʊ, -ˈkeɪo] *n, pl* **cacaos** : cacao *m*

**cache¹** [ˈkæʃ] *vt* **cached; caching** : esconder, guardar en un escondrijo

**cache²** *n* **1** : escondite *m*, escondrijo *m* ⟨cache of weapons : escondite de armas⟩ **2** : cache *m* ⟨cache memory : memoria cache⟩

**cachet** [kæˈʃeɪ] *n* : caché *m*, prestigio *m*

**cackle¹** [ˈkækəl] *vi* **-led; -ling** **1** CLUCK : cacarear **2** : reírse o carcajearse estridentemente ⟨he was cackling with delight : estaba carcajeándose de gusto⟩

**cackle²** *n* **1** : cacareo *m* (de una polla) **2** LAUGH : risa *f* estridente

**cacophony** [kæˈkɑfəni, -ˈkɔ-] *n, pl* **-nies** : cacofonía *f*

**cactus** [ˈkæktəs] *n, pl* **cacti** [-ˌtaɪ] *or* **-tuses** : cacto *m*, cactus *m*
**cadaver** [kəˈdævər] *n* : cadáver *m*
**cadaveric** [kəˈdævərɪk] *adj* : cadavérico (en medicina)
**cadaverous** [kəˈdævərəs] *adj* : cadavérico
**caddie**[1] *or* **caddy** [ˈkædi] *vi* **caddied; caddying** : trabajar de caddie, hacer de caddie
**caddie**[2] *or* **caddy** *n, pl* **-dies** : caddie *mf*
**caddy** [ˈkædi] *n, pl* **-dies** : cajita *f* para té
**cadence** [ˈkeɪdən(t)s] *n* : cadencia *f*, ritmo *m*
**cadenced** [ˈkeɪdən(t)st] *adj* : cadencioso, rítmico
**cadet** [kəˈdɛt] *n* : cadete *mf*
**cadmium** [ˈkædmiəm] *n* : cadmio *m*
**cadre** [ˈkæˌdreɪ, ˈkɑ-, -ˌdri:] *n* : cuadro *m* (de expertos)
**café** [kæˈfeɪ, kə-] *n* : café *m*, cafetería *f*
**cafeteria** [ˌkæfəˈtɪriə] *n* : cafetería *f*, restaurante *m* de autoservicio
**caffeinated** [ˈkæfəˌneɪtəd] *adj* : con cafeína
**caffeine** [kæˈfi:n] *n* : cafeína *f*
**cage**[1] [ˈkeɪʤ] *vt* **caged; caging** : enjaular
**cage**[2] *n* : jaula *f*
**cagey** [ˈkeɪʤi] *adj* **cagier; -est** 1 CAUTIOUS : cauteloso, reservado 2 SHREWD : astuto, vivo — **cagily** [-ʤəli] *adv*
**cahoots** [kəˈhu:ts] *n* **to be in cahoots** *fam* : estar confabulado
**caisson** [ˈkeɪˌsɑn, -sən] *n* 1 : cajón *m* de municiones 2 : cajón *m* hidráulico
**cajole** [kəˈʤo:l] *vt* **-joled; -joling** : engatusar
**cake**[1] [ˈkeɪk] *v* **caked; caking** *vt* : cubrir ⟨caked with mud : cubierto de barro⟩ — *vi* : endurecerse
**cake**[2] *n* 1 : torta *f*, bizcocho *m*, pastel *m* 2 : pastilla *f* (de jabón) 3 **to take the cake** : llevarse la palma, ser el colmo
**calabash** [ˈkæləˌbæʃ] *n* : calabaza *f*
**calamari** [ˌkɑləˈmɑri] *ns & pl* : calamares *mpl*
**calamine** [ˈkæləˌmaɪn] *n* : calamina *f* ⟨calamine lotion : loción de calamina⟩
**calamitous** [kəˈlæmətəs] *adj* : desastroso, catastrófico, calamitoso — **calamitously** *adv*
**calamity** [kəˈlæmətɨi] *n, pl* **-ties** : desastre *m*, desgracia *f*, calamidad *f*
**calcium** [ˈkælsiəm] *n* : calcio *m*
**calculate** [ˈkælkjəˌleɪt] *v* **-lated; -lating** *vt* 1 COMPUTE : calcular, computar 2 ESTIMATE : calcular, creer 3 INTEND : planear, tener la intención de ⟨I calculated on spending $100 : planeaba gastar $100⟩ — *vi* : calcular, hacer cálculos
**calculated** [ˈkælkjəˌleɪtəd] *adj* 1 ESTIMATED : calculado 2 DELIBERATE : intencional, premeditado, deliberado
**calculating** [ˈkælkjəˌleɪtɪŋ] *adj* SHREWD : calculador, astuto
**calculation** [ˌkælkjəˈleɪʃən] *n* : cálculo *m*
**calculator** [ˈkælkjəˌleɪtər] *n* : calculadora *f*
**calculus** [ˈkælkjələs] *n, pl* **-li** [-ˌlaɪ] 1 : cálculo *m* ⟨differential calculus : cálculo diferencial⟩ 2 TARTAR : sarro *m* (dental)
**caldron** [ˈkɔldrən] → **cauldron**
**calendar** [ˈkæləndər] *n* 1 : calendario *m* 2 SCHEDULE : calendario *m*, programa *m*, agenda *f*
**calf** [ˈkæf, ˈkaf] *n, pl* **calves** [ˈkævz, ˈkavz] 1 : becerro *m*, -rra *f*; ternero *m*, -ra *f* (de vacunos) 2 : cría *f* (de otros mamíferos) 3 : pantorrilla *f* (de la pierna)
**calfskin** [ˈkæfˌskɪn] *n* : piel *f* de becerro
**caliber** *or* **calibre** [ˈkæləbər] *n* 1 : calibre *m* ⟨a .38 caliber gun : una pistola de calibre .38⟩ 2 ABILITY : calibre *m*, valor *m*, capacidad *f*
**calibrate** [ˈkæləˌbreɪt] *vt* **-brated; -brating** : calibrar (armas), graduar (termómetros)
**calibration** [ˌkæləˈbreɪʃən] *n* : calibrado *m*, calibración *f*
**calico** [ˈkæliˌko:] *n, pl* **-coes** *or* **-cos** 1 : calicó *m*, percal *m* (estampado) 2 *or* **calico cat** : gato *m* manchado
**calipers** [ˈkæləpərz] *npl* : calibrador *m*
**caliph** *or* **calif** [ˈkeɪlɔf, ˈkæ-] *n* : califa *m*
**calisthenics** [ˌkæləsˈθɛnɪks] *ns & pl* : calistenia *f*
**calk** [ˈkɔk] → **caulk**
**call**[1] [ˈkɔl] *vi* 1 CRY, SHOUT : llamar, gritar ⟨she called to me from upstairs : me llamó desde arriba⟩ 2 VISIT : hacer (una) visita, visitar 3 SING : cantar (dícese de las aves) 4 **to call back** : volver a llamar (por teléfono) 5 **to call for** : exigir, requerir, necesitar ⟨it calls for patience : requiere mucha paciencia⟩ 6 **to call for** SUMMON : llamar 7 **to call for** DEMAND : pedir 8 **to call in** : llamar ⟨to call in sick : reportarse enfermo⟩ 9 **to call on** VISIT : visitar 10 **to call on** IMPLORE : intimar, apelar — *vt* 1 SUMMON : llamar (un perro, un taxi, a una persona, etc.) ⟨he called her name : la llamó⟩ ⟨I was called away : tuve que ausentarme⟩ 2 *or* **to call up** TELEPHONE : llamar (por teléfono), telefonear ⟨she called me (up) at work : me llamó al trabajo⟩ ⟨he called 911 : llamó al 911⟩ 3 NAME : llamar ⟨what do you call this? : ¿cómo se llama esto?⟩ ⟨call me Kathy : llámeme Kathy⟩ ⟨to call someone names : insultar a alguien⟩ 4 ANNOUNCE, READ : anunciar, leer ⟨to call roll : pasar lista⟩ 5 CONSIDER : considerar ⟨call me crazy, but . . . : quizá esté loco, pero . . .⟩ ⟨give me a dollar and we'll call it even : dame un dólar y estamos en paz⟩ ⟨let's call it a day : basta por hoy⟩ 6 PREDICT : pronosticar 7 : convocar (elecciones, etc.) 8 CANCEL : cancelar (un partido) 9 : cobrar (un penal, etc.) 10 **to call down** REPRIMAND : reprender, reñir 11 **to call in a favor** : cobrar un favor 12 **to call in an order** : llamar para hacer un pedido 13 **to call into question/doubt** : poner en duda 14 **to call off** CANCEL : cancelar 15 **to call off** : llamar (un perro) 16 **to call someone on something** *fam* ⟨he's rude, but no one calls him on it : es maleducado, pero

nadie le dice nada〉 **17 to call up** DRAFT : llamar a filas

**call**[2] *n* **1** SHOUT : grito *m*, llamada *f* **2** : grito *m* (de un animal), reclamo *m* (de un pájaro) **3** SUMMONS : llamada *f* 〈call to action : llamada a la acción〉 **4** DEMAND : llamado *m*, petición *f* **5** VISIT : visita *f* 〈to pay a call on someone : hacerle una visita a alguien〉 **6** DECISION : decisión *f* (en deportes) **7** ANNOUNCEMENT : llamada *f*, aviso *m* (para pasajeros, etc.) **8** : llamada *f* 〈telephone/phone call : llamada (telefónica) 〉 〈video call : videollamada〉 〈to return someone's call : devolverle la llamada a alguien〉 **9 to be on call** : estar de guardia

**call center** *n* : centro *m* de atención (telefónica), centro *m* de llamadas

**caller** [ˈkɔlər] *n* **1** VISITOR : visita *f* **2** : persona *f* que llama (por teléfono)

**calligraphy** [kəˈlɪgrəfi] *n, pl* **-phies** : caligrafía *f*

**calling** [ˈkɔlɪŋ] *n* : vocación *f*, profesión *f*

**calliope** [kəˈlaɪəˌpiː, ˈkæliˌoːp] *n* : órgano *m* de vapor

**callous** [ˈkæləs] *adj* **1** CALLUSED : calloso, encallecido **2** UNFEELING : insensible, desalmado, cruel

**callously** [ˈkæləsli] *adv* : cruelmente, insensiblemente

**callousness** [ˈkæləsnəs] *n* : insensibilidad *f*, crueldad *f*

**callow** [ˈkælo] *adj* : inexperto, inmaduro

**callus** [ˈkæləs] *n* : callo *m*

**callused** [ˈkæləst] *adj* : encallecido, calloso

**calm**[1] [ˈkɑm, ˈkɑlm] *vt* : tranquilizar, calmar, sosegar — *vi or* **to calm down** : tranquilizarse, calmarse 〈calm down! : ¡tranquilízate!〉

**calm**[2] *adj* **1** TRANQUIL : calmo, tranquilo, sereno, ecuánime **2** STILL : en calma (dícese del mar), sin viento (dícese del aire)

**calm**[3] *n* : tranquilidad *f*, calma *f*

**calmly** [ˈkɑmli, ˈkɑlm-] *adv* : con calma, tranquilamente

**calmness** [ˈkɑmnəs, ˈkɑlm-] *n* : calma *f*, tranquilidad *f*

**caloric** [kəˈlɔrɪk] *adj* : calórico (dícese de los alimentos), calorífico (dícese de la energía)

**calorie** [ˈkæləri] *n* : caloría *f*

**calumniate** [kəˈlʌmniˌeɪt] *vt* **-ated; -ating** : calumniar, difamar

**calumny** [ˈkæləmni] *n, pl* **-nies** : calumnia *f*, difamación *f*

**calve** [ˈkæv, ˈkav] *vi* **calved; calving** : parir (dícese de los mamíferos)

**calves** → **calf**

**calypso** [kəˈlɪpˌsoː] *n, pl* **-sos** : calipso *m*

**calyx** [ˈkeɪlɪks, ˈkæ-] *n, pl* **-lyxes** *or* **-lyces** [-ləˌsiːz] : cáliz *m*

**cam** [ˈkæm] *n* : leva *f*

**camaraderie** [ˌkɑmˈrɑdəri, ˌkæm-ˌ, ˌkɑməˈrɑ-] *n* : compañerismo *m*, camaradería *f*

**Cambodian** [kæmˈboːdiən] *n* : camboyano *m*, -na *f* — **Cambodian** *adj*

**camcorder** [ˈkæmˌkɔrdər] *n* : videocámara *f*

**came** → **come**

**camel** [ˈkæməl] *n* : camello *m*

**cameo** [ˈkæmiˌoː] *n, pl* **-eos** **1** : camafeo *m* **2** *or* **cameo performance** : actuación *f* especial

**camera** [ˈkæmrə, ˈkæmərə] *n* : cámara *f*, máquina *f* fotográfica

**cameraman** [ˈkæmrəˌmæn, ˈkæmərə-] *n, pl* **-men** [-mən, -ˌmɛn] : cámara *m*

**camerawoman** [ˈkæmrəˌwʊmən, ˈkæmərə-] *n, pl* **-women** [ˌwɪmən] : cámara *f*

**camouflage**[1] [ˈkæməˌflɑʒ, -ˌflɑdʒ] *vt* **-flaged; -flaging** : camuflajear, camuflar

**camouflage**[2] *n* : camuflaje *m*

**camp**[1] [ˈkæmp] *vi* : acampar, ir de camping

**camp**[2] *n* **1** : campamento *m* **2** FACTION : campo *m*, bando *m* 〈in the same camp : del mismo bando〉 **3 to pitch camp** : acampar, poner el campamento **4 to break camp** : levantar el campamento

**campaign**[1] [kæmˈpeɪn] *vi* : hacer (una) campaña

**campaign**[2] *n* : campaña *f*

**campaigner** [kæmˈpeɪnər] *n* : defensor *m*, -sora *f* 〈civil rights campaigners : defensores de los derechos civiles〉

**campanile** [ˌkæmpəˈniːˌliː, -ˈniːl] *n, pl* **-niles** *or* **-nili** [-ˈniːˌliː] : campanario *m*

**camp bed** *n* : cama *f* plegable

**camper** [ˈkæmpər] *n* **1** : campista *mf* (persona) **2** : cámper *m* (vehículo)

**campfire** [ˈkæmpˌfaɪr] *n* : fogata *f*, hoguera *f*, fogón *m*

**campground** [ˈkæmpˌɡraʊnd] *n* : campamento *m*, camping *m*

**camphor** [ˈkæmpfər] *n* : alcanfor *m*

**camping** [ˈkæmpɪŋ] *n* : camping *m*

**campsite** [ˈkæmpˌsaɪt] *n* : campamento *m*, camping *m*

**campus** [ˈkæmpəs] *n* : campus *m*, recinto *m* universitario

**can**[1] [ˈkæn] *v aux, past* **could** [ˈkʊd] *present s & pl* **can** **1** (*referring to ability*) : poder 〈I can't hear you : no te oigo〉 〈I can do it myself : puedo hacerlo yo mismo〉 〈I can't decide : no me decido〉 〈it can withstand high temperatures : puede soportar altas temperaturas〉 **2** (*referring to knowledge*) : saber 〈he can already read and write : ya sabe leer y escribir〉 **3** MAY : poder 〈can I sit down? : ¿puedo sentarme?〉 **4** (*expressing possibility*) : poder 〈can/could you help me? : ¿podría ayudarme?〉 〈sorry, I can't : lo siento pero no puedo〉 〈I'll do what I can : haré lo que pueda〉 〈she can't come : no puede venir〉 〈he can be annoying : a veces es pesado〉 〈it can get crowded : a veces se llena de gente〉 〈it can't be! : ¡no puede ser!〉 〈you can't be serious! : ¡no lo dirás en serio!〉 〈where can they be? : ¿dónde estarán?〉 〈we were as happy as can be : estábamos contentísimos〉 **5** (*used to suggest or demand*) : poder 〈why can't you be more romantic? : ¿por qué no puedes ser más romántico?〉 〈you can always ask for help : siempre puedes pedir ayuda〉 〈you can't leave so soon! : ¡no te vayas tan pronto!〉 **6 no can do** *fam* : no puedo

**can²** [ˈkæn] *vt* **canned; canning** **1** : enlatar, envasar 〈to can tomatoes : enlatar tomates〉 **2** DISMISS, FIRE : despedir, echar

**can³** *n* : lata *f*, envase *m*, cubo *m* 〈a can of beer : una lata de cerveza〉 〈garbage can : cubo de basura〉

**Canadian** [kəˈneɪdiən] *n* : canadiense *mf* — **Canadian** *adj*

**canal** [kəˈnæl] *n* **1** : canal *m*, tubo *m* 〈alimentary canal : tubo digestivo〉 **2** : canal *m* 〈Panama Canal : Canal de Panamá〉

**canapé** [ˈkænəpi, -ˌpeɪ] *n* : canapé *m*

**canary** [kəˈnɛri] *n, pl* **-naries** : canario *m*

**cancel** [ˈkænt͡səl] *vt* **-celed** *or* **-celled; -celing** *or* **-celling** **1** : cancelar **2 to cancel out** : anular

**cancellation** [ˌkænt͡səˈleɪʃən] *n* : cancelación *f*

**cancer** [ˈkænt͡sər] *n* : cáncer *m*

**Cancer** *n* **1** : Cáncer *m* (signo o constelación) **2** : Cáncer *mf* (persona)

**cancerous** [ˈkænt͡sərəs] *adj* : canceroso

**candelabrum** [ˌkændəˈlɑbrəm, -ˈlæ-] *or* **candelabra** [-brə] *n, pl* **-bra** *or* **-bras** : candelabro *m*

**candid** [ˈkændɪd] *adj* **1** FRANK : franco, sincero, abierto **2** : natural, espontáneo (en la fotografía)

**candidacy** [ˈkændədəsi] *n, pl* **-cies** : candidatura *f*

**candidate** [ˈkændəˌdeɪt, -dət] *n* : candidato *m*, -ta *f*

**candidly** [ˈkændɪdli] *adv* : con franqueza

**candied** [ˈkændid] *adj* : confitado

**candle** [ˈkændəl] *n* : vela *f*, candela *f*, cirio *m* (ceremonial)

**candlelight** [ˈkændəlˌlaɪt] *n* **by ~** : a la luz de una vela

**candlestick** [ˈkændəlˌstɪk] *n* : candelero *m*

**candor** [ˈkændər] *n* : franqueza *f*

**candy** [ˈkændi] *n, pl* **-dies** : dulce *m*, caramelo *m*

**cane¹** [ˈkeɪn] *vt* **caned; caning** **1** : tapizar (muebles) con mimbre **2** FLOG : azotar con una vara

**cane²** *n* **1** : bastón *m* (para andar), vara *f* (para castigar) **2** REED : caña *f*, mimbre *m* (para muebles)

**canine¹** [ˈkeɪˌnaɪn] *adj* : canino

**canine²** *n* **1** DOG : canino *m*; perro *m*, -rra *f* **2** *or* **canine tooth** : colmillo *m*, diente *m* canino

**canister** [ˈkænəstər] *n* : lata *f*, bote *m*

**canker** [ˈkæŋkər] *n* : úlcera *f* bucal

**cannabis** [ˈkænəbɪs] *n* : cannabis *m*

**cannelloni** [ˌkænəˈloːni] *n* : canelones *mpl*

**cannery** [ˈkænəri] *n, pl* **-ries** : fábrica *f* de conservas

**cannibal** [ˈkænəbəl] *n* : caníbal *mf*; antropófago *m*, -ga *f*

**cannibalism** [ˈkænəbəˌlɪzəm] *n* : canibalismo *m*, antropofagia *f*

**cannibalistic** [ˌkænəbəˈlɪstɪk] *adj* : antropófago, caníbal

**cannily** [ˈkænəli] *adv* : astutamente, sagazmente

**cannon** [ˈkænən] *n, pl* **-nons** *or* **-non** : cañón *m*

**cannot (can not)** [ˈkænˌɑt, kəˈnɑt] → **can¹**

**canny** [ˈkæni] *adj* **-nier; -est** SHREWD : astuto, sagaz

**canoe¹** [kəˈnuː] *vt* **-noed; -noeing** : ir en canoa

**canoe²** *n* : canoa *f*, piragua *f*

**canoeing** [kəˈnuːɪŋ] *n* : piragüismo *m*

**canoeist** [kəˈnuːɪst] *or* **canoer** [kəˈnuːər] *n* : piragüista *mf*

**canon** [ˈkænən] *n* **1** : canon *m* 〈canon law : derecho canónico〉 **2** WORKS : canon *m* 〈the canon of American literature : el canon de la literatura americana〉 **3** : canónigo *m* (de una catedral) **4** STANDARD : canon *m*, norma *f*

**canonical** [kəˈnɑnɪkəl] *adj* : canónico

**canonize** [ˈkænəˌnaɪz] *vt* **-ized; -izing** : canonizar

**can opener** *n* : abrelatas *m*

**canopy** [ˈkænəpi] *n, pl* **-pies** : dosel *m*, toldo *m*

**cant¹** [ˈkænt] *vt* TILT : ladear, inclinar — *vi* **1** SLANT : ladearse, inclinarse, escorar (dícese de un barco) **2** : hablar insinceramente

**cant²** *n* **1** SLANT : plano *m* inclinado **2** JARGON : jerga *f* **3** : palabras *fpl* insinceras

**can't** [ˈkænt, ˈkant] *contraction of* CAN NOT → **can¹**

**cantaloupe** [ˈkæntəlˌoːp] *n* : melón *m*, cantalupo *m*

**cantankerous** [kænˈtæŋkərəs] *adj* : irritable, irascible — **cantankerously** *adv*

**cantankerousness** [kænˈtæŋkərəsnəs] *n* : irritabilidad *f*, irascibilidad *f*

**cantata** [kɑnˈtɑtə] *n* : cantata *f*

**canteen** [kænˈtiːn] *n* **1** FLASK : cantimplora *f* **2** CAFETERIA : cantina *f*, comedor *m* **3** : club *m* para actividades sociales y recreativas

**canter¹** [ˈkæntər] *vi* : ir a medio galope

**canter²** *n* : medio galope *m*

**cantilever** [ˈkæntəˌliːvər, -ˌlɛvər] *n* **1** : viga *f* voladiza **2 cantilever bridge** : puente *m* voladizo

**canto** [ˈkænˌtoː] *n, pl* **-tos** : canto *m*

**canton** [ˈkæntən, -ˌtɑn] *n* : cantón *m*

**Cantonese** [ˌkæntənˈiːz, -ˈiːs] *n* **1** : cantonés *m*, -nesa *f* **2** : cantonés *m* (idioma) — **Cantonese** *adj*

**cantor** [ˈkæntər] *n* : solista *mf*

**canvas** [ˈkænvəs] *n* **1** : lona *f* **2** SAILS : velas *fpl* (de un barco) **3** : lienzo *m*, tela *f* (de pintar) **4** PAINTING : pintura *f*, óleo *m*, cuadro *m*

**canvass¹** [ˈkænvəs] *vt* **1** SOLICIT : solicitar votos o pedidos de, hacer campaña entre **2** SOUND OUT : sondear (opiniones, etc.)

**canvass²** *n* SURVEY : sondeo *m*, encuesta *f*

**canyon** [ˈkænjən] *n* : cañón *m*

**cap¹** [ˈkæp] *vt* **capped; capping** **1** COVER : tapar (un recipiente), enfundar (un diente), cubrir (una montaña) **2** CLIMAX : coronar, ser el punto culminante de 〈to cap it all off : para colmo〉 **3** LIMIT : limitar, poner un tope a

**cap**[2] *n* **1** : gorra *f*, gorro *m*, cachucha *f Mex* ⟨baseball cap : gorra de béisbol⟩ **2** COVER, TOP : tapa *f*, tapón *m* (de botellas), corcholata *f Mex* **3** LIMIT : tope *m*, límite *m*

**capability** [ˌkeɪpəˈbɪləṭi] *n, pl* **-ties** : capacidad *f*, habilidad *f*, competencia *f*

**capable** [ˈkeɪpəbəl] *adj* : competente, capaz, hábil — **capably** [-bli] *adv*

**capacious** [kəˈpeɪʃəs] *adj* : amplio, espacioso, de gran capacidad

**capacity**[1] [kəˈpæsəṭi] *adj* : completo, total ⟨a capacity crowd : un lleno completo⟩

**capacity**[2] *n, pl* **-ties** **1** ROOM, SPACE : capacidad *f*, cabida *f*, espacio *m* **2** CAPABILITY : habilidad *f*, competencia *f* **3** FUNCTION, ROLE : calidad *f*, función *f* ⟨in his capacity as ambassador : en su calidad de embajador⟩

**cape** [ˈkeɪp] *n* **1** : capa *f* **2** : cabo *m* ⟨Cape Horn : el Cabo de Hornos⟩

**caper**[1] [ˈkeɪpər] *vi* : dar saltos, correr y brincar

**caper**[2] *n* **1** : alcaparra *f* ⟨olives and capers : aceitunas y alcaparras⟩ **2** ANTIC, PRANK : broma *f*, travesura *f* **3** LEAP : brinco *m*, salto *m*

**capful** [ˈkæpˌfʊl] *n* : tapa *f*, tapita *f*

**capillary**[1] [ˈkæpəˌlɛri] *adj* : capilar

**capillary**[2] *n, pl* **-ries** : capilar *m*

**capital**[1] [ˈkæpəṭəl] *adj* **1** : capital ⟨capital punishment : pena capital⟩ **2** : mayúsculo (dícese de las letras) **3** : de capital ⟨capital assets : activo fijo⟩ ⟨capital gain : ganancia de capital, plusvalía⟩ **4** EXCELLENT : excelente, estupendo

**capital**[2] *n* **1** *or* **capital city** : capital *f*, sede *f* del gobierno **2** WEALTH : capital *m* **3** *or* **capital letter** : mayúscula *f* **4** : capitel *m* (de una columna)

**capitalism** [ˈkæpəṭəlˌɪzəm] *n* : capitalismo *m*

**capitalist**[1] [ˈkæpəṭəlɪst] *or* **capitalistic** [ˌkæpəṭəlˈɪstɪk] *adj* : capitalista

**capitalist**[2] *n* : capitalista *mf*

**capitalization** [ˌkæpəṭələˈzeɪʃən] *n* : capitalización *f*

**capitalize** [ˈkæpəṭəlˌaɪz] *v* **-ized; -izing** *vt* **1** FINANCE : capitalizar, financiar **2** : escribir con mayúscula — *vi* **to capitalize on** : sacar partido de, aprovechar

**capitol** [ˈkæpəṭəl] *n* : capitolio *m*

**capitulate** [kəˈpɪtʃəˌleɪt] *vi* **-lated; -lating** : capitular

**capitulation** [kəˌpɪtʃəˈleɪʃən] *n* : capitulación *f*

**capon** [ˈkeɪpɑn, -pən] *n* : capón *m*

**cappuccino** [ˌkɑpəˈtʃiːnoː] *n* : capuchino *m* (café)

**caprice** [kəˈpriːs] *n* : capricho *m*, antojo *m*

**capricious** [kəˈprɪʃəs, -ˈpriː-] *adj* : caprichoso — **capriciously** *adv*

**Capricorn** [ˈkæprɪˌkɔrn] *n* **1** : Capricornio *m* (signo o constelación) **2** : Capricornio *mf* (persona)

**capsize** [ˈkæpˌsaɪz, kæpˈsaɪz] *v* **-sized; -sizing** *vi* : volcar, volcarse — *vt* : hacer volcar

**capsule** [ˈkæpsəl, -ˌsuːl] *n* **1** : cápsula *f* (en la farmacéutica y botánica) **2** **space capsule** : cápsula *f* espacial

**captain**[1] [ˈkæptən] *vt* : capitanear

**captain**[2] *n* **1** : capitán *m*, -tana *f* **2** HEADWAITER : jefe *m*, -fa *f* de comedor **3** **captain of industry** : magnate *mf*

**caption**[1] [ˈkæpʃən] *vt* : ponerle una leyenda a (una ilustración), titular (un artículo), subtitular (una película)

**caption**[2] *n* **1** HEADING : titular *m*, encabezamiento *m* **2** : leyenda *f* (al pie de una ilustración) **3** SUBTITLE : subtítulo *m*

**captivate** [ˈkæpṭəˌveɪṭ] *vt* **-vated; -vating** CHARM : cautivar, hechizar, encantar

**captivating** [ˈkæpṭəˌveɪṭɪŋ] *adj* : cautivador, hechicero, encantador

**captive**[1] [ˈkæpṭɪv] *adj* : cautivo

**captive**[2] *n* : cautivo *m*, -va *f*

**captivity** [kæpˈṭɪvəṭi] *n* : cautiverio *m*

**captor** [ˈkæpṭər] *n* : captor *m*, -tora *f*

**capture**[1] [ˈkæpʃər] *vt* **-tured; -turing** **1** SEIZE : capturar, apresar **2** CATCH : captar ⟨to capture one's interest : captar el interés de uno⟩

**capture**[2] *n* : captura *f*, apresamiento *m*

**car** [ˈkɑr] *n* **1** AUTOMOBILE : automóvil *m*, carro *m*, coche *m* **2** : vagón *m*, coche *m* (de un tren) **3** : cabina *f* (de un ascensor)

**carafe** [kəˈræf, -ˈrɑf] *n* : garrafa *f*

**caramel** [ˈkɑrməl;, ˈkærəməl, -ˌmɛl] *n* **1** : caramelo *m*, azúcar *f* quemada **2** *or* **caramel candy** : caramelo *m*, dulce *m* de leche

**carat** [ˈkærət] *n* : quilate *m*

**caravan** [ˈkærəˌvæn] *n* : caravana *f*

**caraway** [ˈkærəˌweɪ] *n* : alcaravea *f*

**carb** [ˈkɑrb] *n fam* → **carbohydrate**

**carbine** [ˈkɑrˌbaɪn, -ˌbiːn] *n* : carabina *f*

**carbohydrate** [ˌkɑrboˈhaɪˌdreɪṭ, -drəṭ] *n* : carbohidrato *m*, hidrato *m* de carbono

**car bomb** *n* : carro *m* bomba, coche *m* bomba, auto *m* bomba *Chile*

**carbon** [ˈkɑrbən] *n* **1** : carbono *m* **2** → **carbon paper** **3** → **carbon copy**

**carbonated** [ˈkɑrbəˌneɪṭəd] *adj* : carbonatado (dícese del agua), gaseoso (dícese de las bebidas)

**carbon copy** *n* **1** : copia *f* al carbón **2** DUPLICATE : duplicado *m*, copia *f* exacta

**carbon dioxide** [-daɪˈɑkˌsaɪd] *n* : dióxido *m* de carbono

**carbon footprint** *n* : huella *f* de carbono

**carbon monoxide** [-maˈnɑkˌsaɪd] *n* : monóxido *m* de carbono

**carbon paper** *n* : papel *m* carbón

**carburetor** [ˈkɑrbəˌreɪṭər, -bjə-] *n* : carburador *m*

**carcass** [ˈkɑrkəs] *n* : cuerpo *m* (de un animal muerto)

**carcinogen** [kɑrˈsɪnəʤən, ˈkɑrsənəˌʤɛn] *n* : carcinógeno *m*, cancerígeno *m*

**carcinogenic** [ˌkɑrsənoˈʤɛnɪk] *adj* : carcinogénico

**carcinoma** [ˌkɑrsəˈnoːmə] *n* : carcinoma *m*

**card**[1] [ˈkɑrd] *vt* : cardar (fibras)

**card**[2] *n* **1** : carta *f*, naipe *m* ⟨to play cards : jugar a las cartas⟩ ⟨a deck of cards

: una baraja⟩ **2** : tarjeta *f* ⟨birthday card : tarjeta de cumpleaños⟩ ⟨business card : tarjeta (de visita)⟩ **3** : tarjeta *f* (bancaria) ⟨credit/debit card : tarjeta de crédito/débito⟩ **4** : tarjeta *f* (de memoria, etc.) **5 to be in the cards** : estar escrito ⟨it just wasn't in the cards : estaba escrito que no iba a pasar⟩

**cardboard** [ˈkɑrdˌbɔrd] *n* : cartón *m*, cartulina *f*

**cardiac** [ˈkɑrdiˌæk] *adj* : cardíaco, cardiaco

**cardigan** [ˈkɑrdɪgən] *n* : cárdigan *m*, chaqueta *f* de punto

**cardinal**[1] [ˈkɑrdənəl] *adj* FUNDAMENTAL : cardinal, fundamental

**cardinal**[2] *n* : cardenal *m*

**cardinal number** *n* : número *m* cardinal

**cardinal point** *n* : punto *m* cardinal

**cardiologist** [ˌkɑrdiˈɑlədʒɪst] *n* : cardiólogo *m*, -ga *f*

**cardiology** [ˌkɑrdiˈɑlədʒi] *n* : cardiología *f*

**cardiopulmonary resuscitation** [ˌkɑrdioˈpulmənɛri-, -ˈpʌl-] *n* → **CPR**

**cardiovascular** [ˌkɑrdioˈvæskjələr] *adj* : cardiovascular

**care**[1] [ˈkær] *v* **cared; caring** *vi* **1** : importarle a uno ⟨they don't care : no les importa⟩ ⟨I could/couldn't care less : (no) me importa un bledo/comino⟩ ⟨see if I care! : ¡me tiene sin cuidado!⟩ ⟨who cares? : ¿y qué?, ¿qué importa?⟩ **2** LOVE : querer ⟨show her that you care (about her) : demuéstrale que la quieres⟩ **3** : preocuparse, inquietarse ⟨she cares about the poor : se preocupa por los pobres⟩ **4 to care for** TEND : cuidar (de), atender, encargarse de **5 to care for** LOVE : querer, sentir cariño por **6 to care for** LIKE : gustarle (algo a uno) ⟨I don't care for your attitude : tu actitud no me agrada⟩ — *vt* **1** WISH : desear, querer ⟨if you care to go : si deseas ir⟩ **2** : importarle a uno ⟨I don't care what happens to her : a mí no me importa lo que le pase⟩ ⟨for all I care, he can quit right now : por mí, puede renunciarse ahora mismo⟩ ⟨what does she care? : ¿a ella qué le importa?⟩

**care**[2] *n* **1** ANXIETY : inquietud *f*, preocupación *f* ⟨to be without a care in the world : no tener ninguna preocupación⟩ **2** CAREFULNESS : cuidado *m*, atención *f* ⟨handle with care : manejar con cuidado⟩ **3** : cargo *m*, cuidado *m* ⟨medical care : asistencia médica⟩ ⟨hair care : el cuidado del cabello/pelo⟩ ⟨the children are in my care : los niños están a mi cuidado/cargo⟩ **4 care of** : a casa de (en una carta) **5 take care!** : ¡cuídate! **6 to take care** : tener cuidado **7 to take care of** CARE FOR : cuidar (de), atender **8 to take care of** DEAL WITH : encargarse de

**careen** [kəˈriːn] *vi* **1** SWAY : oscilar, balancearse **2** CAREER : ir a toda velocidad

**career**[1] [kəˈrɪr] *vi* : ir a toda velocidad

**career**[2] *n* VOCATION : vocación *f*, profesión *f*, carrera *f*

**carefree** [ˈkærˌfriː, ˌkærˈ-] *adj* : despreocupado

**careful** [ˈkærfəl] *adj* **1** CAUTIOUS : cuidadoso, cauteloso ⟨be careful : ten cuidado⟩ ⟨you can't be too careful : toda prudencia es poca⟩ **2** PAINSTAKING : cuidadoso, esmerado, meticuloso ⟨after careful consideration : después de considerarlo detenidamente⟩

**carefully** [ˈkærfəli] *adv* : con cuidado, cuidadosamente

**carefulness** [ˈkærfəlnəs] *n* **1** CAUTION : cuidado *m*, cautela *f* **2** METICULOUSNESS : esmero *m*, meticulosidad *f*

**caregiver** [ˈkærˌɡɪvər] *n* : persona *f* que cuida a niños o enfermos

**careless** [ˈkærləs] *adj* : descuidado, negligente — **carelessly** *adv*

**carelessness** [ˈkærləsnəs] *n* : descuido *m*, negligencia *f*

**caress**[1] [kəˈrɛs] *vt* : acariciar

**caress**[2] *n* : caricia *f*

**caret** [ˈkærət] *n* : signo *m* de intercalación

**caretaker** [ˈkɛrˌteɪkər] *n* : conserje *mf*; velador *m*, -dora *f*

**cargo** [ˈkɑrˌɡoː] *n, pl* **-goes** *or* **-gos** : cargamento *m*, carga *f*

**Caribbean** [kæroˈbiːən, kəˈrɪbiən] *adj* : caribeño ⟨the Caribbean Sea : el mar Caribe⟩

**caribou** [ˈkærəˌbuː] *n, pl* **-bou** *or* **-bous** : caribú *m*

**caricature**[1] [ˈkærɪkəˌtʃʊr] *vt* **-tured; -turing** : caricaturizar

**caricature**[2] *n* : caricatura *f*

**caricaturist** [ˈkærɪkəˌtʃʊrɪst] *n* : caricaturista *mf*

**caries** [ˈkærˌiːz] *ns & pl* : caries *f*

**caring** [ˈkæriŋ] *n* **1** AFFECTIONATE : cariñoso, solícito **2** KIND : bondadoso

**carjacking** [ˈkɑrˌdʒækɪŋ] *n* : robo *m* de un vehículo (por asalto)

**carmine** [ˈkɑrmən, -ˌmaɪn] *n* : carmín *m*

**carnage** [ˈkɑrnɪdʒ] *n* : matanza *f*, carnicería *f*

**carnal** [ˈkɑrnəl] *adj* : carnal

**carnation** [kɑrˈneɪʃən] *n* : clavel *m*

**carnival** [ˈkɑrnəvəl] *n* : carnaval *m*, feria *f*

**carnivore** [ˈkɑrnəˌvɔr] *n* : carnívoro *m*

**carnivorous** [kɑrˈnɪvərəs] *adj* : carnívoro

**carol**[1] [ˈkærəl] *vi* **-oled** *or* **-olled; -oling** *or* **-olling** : cantar villancicos

**carol**[2] *n* : villancico *m*

**caroler** *or* **caroller** [ˈkærələr] *n* : persona *f* que canta villancicos

**carom**[1] [ˈkærəm] *vi* **1** REBOUND : rebotar ⟨the bullet caromed off the wall : la bala rebotó contra el muro⟩ **2** : hacer carambola (en billar)

**carom**[2] *n* : carambola *f*

**carouse** [kəˈraʊz] *vt* **-roused; -rousing** : irse de parranda, irse de juerga

**carousel** *or* **carrousel** [ˌkærəˈsɛl, ˈkærəˌ-] *n* : carrusel *m*, tiovivo *m*

**carouser** [kəˈraʊzər] *n* : juerguista *mf*

**carp**[1] [ˈkɑrp] *vi* **1** COMPLAIN : quejarse **2 to carp at** : criticar

**carp**[2] *n, pl* **carp** *or* **carps** : carpa *f*

**carpenter** [ˈkɑrpəntər] *n* : carpintero *m*, -ra *f*

**carpentry** [ˈkɑrpəntri] *n* : carpintería *f*

**carpet**[1] [ˈkɑrpət] *vt* : alfombrar

**carpet**[2] *n* : alfombra *f*
**carpeting** [ˈkɑrpətɪŋ] *n* : alfombrado *m*
**carport** [ˈkɑrˌpɔrt] *n* : cochera *f*, garaje *m* abierto
**carriage** [ˈkærɪʤ] *n* **1** TRANSPORT : transporte *m* **2** POSTURE : porte *m*, postura *f* **3** *or* **horse–drawn carriage** : carruaje *m*, coche *m* **4** *or* **baby carriage** : cochecito *m*
**carrier** [ˈkæriər] *n* **1** : transportista *mf*, empresa *f* de transportes **2** : portador *m*, -dora *f* (de una enfermedad) **3 aircraft carrier** : portaaviones *m*
**carrier pigeon** : paloma *f* mensajera
**carrion** [ˈkæriən] *n* : carroña *f*
**carrot** [ˈkærət] *n* : zanahoria *f*
**carry** [ˈkæri] *v* **-ried; -rying** *vt* **1** : llevar, cargar, transportar (cargamento) ⟨to carry a bag : cargar una bolsa⟩ ⟨to carry money : llevar dinero encima, traer dinero consigo⟩ **2** : llevar (sangre, agua, etc.) **3** HAVE : tener (una garantía, etc.), llevar (una advertencia) **4** BEAR : soportar, aguantar, resistir (peso) **5** STOCK : vender, tener en abasto **6** ENTAIL : llevar, implicar, acarrear **7** WIN, PASS : ganar (una elección o competición), aprobar (una moción) **8** : estar embarazada de (un hijo) **9** : portar, ser portador de (un virus, etc.) **10** : llevar (en matemáticas) **11 to be/get carried away** : pasarse, excederse ⟨to be/get carried away by something : dejarse llevar por algo⟩ **12 to carry a tune** : cantar bien **13 to carry off** ACHIEVE : conseguir, lograr **14 to carry off** TAKE : llevarse **15 to carry on** CONTINUE : seguir con, continuar con **16 to carry on** CONDUCT : realizar, ejercer, mantener ⟨to carry on research : realizar investigaciones⟩ ⟨to carry on a correspondence : mantener una correspondencia⟩ **17 to carry oneself** : portarse, comportarse ⟨he carried himself honorably : se comportó dignamente⟩ **18 to carry out** COMPLETE : llevar a cabo, realizar, efectuar **19 to carry out** FULFILL : cumplir (una orden, etc.) **20 to carry through** SUSTAIN : sustentar, sostener — *vi* **1** : oírse, proyectarse ⟨her voice carries well : su voz se puede oír desde lejos⟩ **2 to carry on** CONTINUE : seguir, continuar **3 to carry on** : portarse de manera escandalosa o inapropiada ⟨it's embarrassing how he carries on : su manera de comportarse da vergüenza⟩
**carryall** [ˈkæriˌɔl] *n* : bolsa *f* de viaje
**carsick** [ˈkɑrˌsɪk] *adj* : mareado (de ir en coche)
**cart**[1] [ˈkɑrt] *vt* : acarrear, llevar
**cart**[2] *n* : carreta *f*, carro *m*
**carte blanche** [ˈkɑrtˈblɑnch] *n* : carta *f* blanca
**cartel** [kɑrˈtɛl] *n* : cártel *m*
**cartilage** [ˈkɑrtəlɪʤ] *n* : cartílago *m*
**cartographer** [kɑrˈtɑgrəfər] *n* : cartógrafo *m*, -fa *f*
**cartography** [kɑrˈtɑgrəfi] *n* : cartografía *f*
**carton** [ˈkɑrtən] *n* : caja *f* de cartón
**cartoon** [kɑrˈtu:n] *n* **1** : chiste *m* (gráfico), caricatura *f* ⟨a political cartoon : un chiste político⟩ **2** COMIC STRIP : tira *f* cómica, historieta *f* **3** : dibujo *m* animado ⟨to watch cartoons : mirar dibujos animados⟩
**cartoonist** [kɑrˈtu:nɪst] *n* : caricaturista *mf*, dibujante *mf* (de chistes)
**cartridge** [ˈkɑrtrɪʤ] *n* : cartucho *m*
**cartwheel** [ˈkɑrtˌhwi:l] *n* : voltereta *f* lateral
**carve** [ˈkɑrv] *vt* **carved; carving** **1** : tallar (madera), esculpir (piedra), grabar ⟨he carved his name in the bark : grabó su nombre en la corteza⟩ **2** SLICE : cortar, trinchar (carne) **3 to carve out** : hacerse, conquistar
**carving** [ˈkɑrvɪŋ] *n* : talla *f*, escultura *f* (de madera, piedra, etc.)
**cascade**[1] [kæsˈkeɪd] *vi* **-caded; -cading** : caer en cascada
**cascade**[2] *n* : cascada *f*, salto *m* de agua
**case**[1] [ˈkeɪs] *vt* **cased; casing** **1** BOX, PACK : embalar, encajonar **2** INSPECT : observar, inspeccionar (antes de cometer un delito)
**case**[2] *n* **1** : caso *m* ⟨an unusual case : un caso insólito⟩ ⟨a case of the flu : un caso de gripe⟩ ⟨a murder case : un caso de asesinato⟩ **2** BOX : caja *f* **3** CONTAINER : funda *f*, estuche *m* **4** SUITCASE : maleta *f*, valija *f* **5** ARGUMENT : argumento *m* ⟨to make a case for : presentar argumentos a favor de⟩ **6** : caso *m* (en gramática) **7 in any case** : de todos modos, en cualquier caso **8 in ~** : como precaución ⟨just in case : por si acaso⟩ **9 in case of** : en caso de **10 in that case** : en ese caso
**casement** [ˈkeɪsmənt] *n* : ventana *f* con bisagras
**cash**[1] [ˈkæʃ] *vt* : convertir en efectivo, cobrar, cambiar (un cheque) — *vi* **to cash in on** : sacar partido de
**cash**[2] *n* : efectivo *m*, dinero *m* en efectivo ⟨cash on delivery : entrega contra reembolso⟩ ⟨hard/cold cash : dinero contante y sonante⟩
**cashew** [ˈkæˌʃu:, kəˈʃu:] *n* : anacardo *m*
**cashier**[1] [kæˈʃɪr] *vt* : destituir, despedir
**cashier**[2] *n* : cajero *m*, -ra *f*
**cashmere** [ˈkæʒˌmɪr, ˈkæʃ-] *n* : cachemir *m*
**cash register** *n* : caja *f* registradora
**casing** [ˈkeɪsɪŋ] *n* **1** : caja *f*, cubierta *f* **2** : casquillo *m* (de una bala, etc.) **3** FRAME : marco *m* (de una puerta o ventana)
**casino** [kəˈsi:ˌno:] *n*, *pl* **-nos** : casino *m*
**cask** [ˈkæsk] *n* : tonel *m*, barrica *f*, barril *m*
**casket** [ˈkæskət] *n* COFFIN : ataúd *m*, féretro *m*
**cassava** [kəˈsɑvə] *n* : mandioca *f*, yuca *f*
**casserole** [ˈkæsəˌro:l] *n* **1** : cazuela *f* **2** : guiso *m*, guisado *m* ⟨tuna casserole : guiso de atún⟩
**cassette** [kəˈsɛt, kæ-] *n* : cassette *mf*
**cassock** [ˈkæsək] *n* : sotana *f*
**cast**[1] [ˈkæst] *vt* **cast; casting** **1** THROW : tirar, echar, arrojar ⟨the die is cast : la

suerte está echada⟩ **2** DIRECT : echar ⟨he cast a glance at the door : echó una mirada a la puerta⟩ **3** : depositar (un voto) **4** : asignar ⟨to cast a role : asignar un papel⟩ ⟨to cast someone as : asignarle a alguien el papel de⟩ **5** MOLD : moldear, fundir, vaciar **6** : proyectar (luz, etc.) ⟨to cast a shadow : proyectar una sombra⟩ ⟨to cast a shadow/pall on : ensombrecer⟩ **7 to be cast away** : quedarse varado (en un lugar remoto tras naufragar) **8 to cast adrift** : dejar a la deriva **9 to cast aside** : desechar (las preocupaciones, etc.) **10 to cast a spell on** : hechizar **11 to cast off** GET RID OF : deshacerse de **12 to cast out** EXPEL : expulsar — *vi* **1 to cast about/around for** : tratar de encontrar **2 to cast off** : desamarrar, soltar (las) amarras **3 to cast off** : cerrar (puntos) **4 to cast on** : montar puntos

**cast**[2] *n* **1** THROW : lance *m*, lanzamiento *m* **2** APPEARANCE : aspecto *m*, forma *f* **3** : elenco *m*, reparto *m* (de una obra de teatro) **4** MOLD : molde *m* **5** : yeso *m*, escayola *f Spain* (en medicina)

**castanet** [ˌkæstəˈnɛt] *n* : castañuela *f*

**castaway**[1] [ˈkæstəˌweɪ] *adj* : náufrago

**castaway**[2] *n* : náufrago *m*, -ga *f*

**caste** [ˈkæst] *n* : casta *f*

**caster** [ˈkæstər] *n* : ruedita *f* (de un mueble)

**castigate** [ˈkæstəˌgeɪt] *vt* **-gated; -gating** : castigar severamente, censurar, reprobar

**Castilian** [kæˈstɪljən] *n* **1** : castellano *m*, -na *f* **2** : castellano *m* (idioma) — **Castilian** *adj*

**cast iron** *n* : hierro *m* fundido

**castle** [ˈkæsəl] *n* **1** : castillo *m* **2** : torre *f* (en ajedrez)

**cast–off** [ˈkæstˌɔf] *adj* : desechado

**castoff** [ˈkæstˌɔf] *n* : desecho *m*

**castor oil** [ˈkæstər-] *n* : aceite *m* de ricino

**castrate** [ˈkæsˌtreɪt] *vt* **-trated; -trating** : castrar

**castration** [kæˈstreɪʃən] *n* : castración *f*

**casual** [ˈkæʒʊəl] *adj* **1** FORTUITOUS : casual, fortuito **2** INDIFFERENT : indiferente, despreocupado **3** INFORMAL : informal **4** IRREGULAR, OCCASIONAL : eventual, ocasional — **casually** [ˈkæʒʰʊəli, ˈkæʒəli] *adv*

**casualness** [ˈkæʒʊəlnəs] *n* **1** INDIFFERENCE : indiferencia *f*, despreocupación *f* **2** INFORMALITY : informalidad *f*

**casualty** [ˈkæʒʊəlti, ˈkæʒəl-] *n, pl* **-ties** **1** ACCIDENT : accidente *m* serio, desastre *m* **2** VICTIM : víctima *f*; baja *f*; herido *m*, -da *f*

**cat** [ˈkæt] *n* : gato *m*, -ta *f*

**cataclysm** [ˈkætəˌklɪzəm] *n* : cataclismo *m*

**cataclysmal** [ˌkætəˈklɪzməl] *or* **cataclysmic** [ˌkætəˈklɪzmɪk] *adj* : catastrófico

**catacombs** [ˈkætəˌkoːmz] *npl* : catacumbas *fpl*

**Catalan** [ˈkætələn, -ˌlæn] *n* **1** : catalán *m*, catalana *f* **2** : catalán *m* (idioma) — **Catalan** *adj*

**catalog**[1] *or* **catalogue** [ˈkætəˌlɔg] *vt* **-loged** *or* **-logued; -loging** *or* **-loguing** : catalogar

**catalog**[2] *n* : catálogo *m*

**catalyst** [ˈkætələst] *n* : catalizador *m*

**catalytic converter** [ˌkætəlˈɪtɪk-] *n* : catalizador *m*, convertidor *m* catalítico

**catamaran** [ˌkætəməˈræn, ˈkætəmə-ˌræn] *n* : catamarán *m*

**catapult**[1] [ˈkætəˌpʌlt, -ˌpʊlt] *vt* : catapultar

**catapult**[2] *n* : catapulta *f*

**cataract** [ˈkætəˌrækt] *n* : catarata *f*

**catarrh** [kəˈtɑr] *n* : catarro *m*

**catastrophe** [kəˈtæstrəˌfiː] *n* : catástrofe *f*

**catastrophic** [ˌkætəˈstrɑfɪk] *adj* : catastrófico — **catastrophically** [-fɪkli] *adv*

**catcall** [ˈkætˌkɔl] *n* : rechifla *f*, abucheo *m*

**catch**[1] [ˈkætʃ, ˈkɛtʃ] *v* **caught** [ˈkɔt]; **catching** *vt* **1** GRASP : agarrar, coger *Spain* **2** CAPTURE, TRAP : capturar, agarrar, atrapar, coger *Spain* **3** SURPRISE, INTERRUPT : agarrar, pillar *fam*, coger *Spain* ⟨they caught him red-handed : lo pillaron con las manos en la masa⟩ ⟨to catch by surprise : tomar por sorpresa⟩ ⟨we got caught in the rain : nos agarró la lluvia⟩ ⟨you've caught me at a bad time : llegas en mal momento⟩ ⟨I caught her just as she was leaving : llegué justo cuando ella salía⟩ **4** ENTANGLE : enganchar, enredar ⟨to get caught up in something : quedarse enredado en algo⟩ **5** MAKE : alcanzar (un tren, etc.) **6** TAKE : tomar (un tren, etc.) **7** : contagiarse de ⟨to catch a cold : contagiarse de un resfriado, resfriarse⟩ **8** ATTRACT : llamar (la atención), captar (el interés) **9** UNDERSTAND : captar ⟨if you catch my drift : si me entiendes⟩ **10** PERCEIVE : percibir ⟨to catch a glimpse of : alcanzar a ver⟩ **11** NOTICE, DETECT : darse cuenta de, detectar **12** : ver (una película), ir a (un concierto, etc.) — *vi* **1** GRASP : agarrar **2** HOOK : engancharse **3** IGNITE : prender, agarrar **4 to catch on** : hacerse popular **5 to catch on** LEARN : agarrarle la onda **6 to catch on** UNDERSTAND : entender, darse cuenta **7 to catch up** : ponerse al día ⟨to catch up on the news : ponerse al día con las noticias⟩ **8 to catch up to/with** : alcanzar

**catch**[2] *n* **1** CATCHING : captura *f*, atrapada *f*, parada *f* (de una pelota) **2** : redada *f* (de pescado), presa *f* (de caza) ⟨he's a good catch : es un buen partido⟩ **3** LATCH : pestillo *m*, pasador *m* **4** DIFFICULTY, TRICK : problema *m*, trampa *f*, truco *m*

**catcher** [ˈkætʃər, ˈkɛ-] *n* : catcher *mf*; receptor *m*, -tora *f* (en béisbol)

**catching** [ˈkætʃɪŋ, ˈkɛ-] *adj* : contagioso

**catchphrase** [ˈkætʃˌfreɪz, ˈkɛtʃ-] *n* : eslogan *m*, lema *m*

**catchup** [ˈkætʃəp, ˈkɛ-] → **ketchup**

**catchword** [ˈkætʃˌwərd, ˈkɛtʃ-] *n* : eslogan *m*, lema *m*

**catchy** [ˈkætʃi, ˈkɛ-] *adj* **catchier; -est** : pegajoso ⟨a catchy song : una canción pegajosa⟩

**catechism** [ˈkætəˌkɪzəm] *n* : catecismo *m*
**categorical** [ˌkætəˈgɔrɪkəl] *adj* : categórico, absoluto, rotundo — **categorically** [-kli] *adv*
**categorize** [ˈkæṭɪgəˌraɪz] *vt* **-rized; -rizing** : clasificar, catalogar
**category** [ˈkæṭəˌgori] *n, pl* **-ries** : categoría *f*, género *m*, clase *f*
**cater** [ˈkeɪṭər] *vi* **1** : proveer servicio de alimentos (para fiestas, bodas, etc.) **2 to cater to** : atender a ⟨to cater to all tastes : atender a todos los gustos⟩ — *vt* : proveer servicio de alimentos para
**catercorner**[1] [ˈkæṭiˌkɔrnər, ˈkæṭə-, ˈkɪṭi-] *or* **cater–cornered** [-ˌkɔrnərd] *adv* : diagonalmente, en diagonal
**catercorner**[2] *or* **cater–cornered** *adj* : diagonal
**caterer** [ˈkeɪṭərər] *n* : proveedor *m*, -dora *f* de comida
**catering** [ˈkeɪṭərɪŋ] *n* : servicio *m* de alimentos, catering *m*
**caterpillar** [ˈkæṭərˌpɪlər] *n* : oruga *f*
**catfish** [ˈkætˌfɪʃ] *n* : bagre *m*
**catgut** [ˈkætˌgʌt] *n* : cuerda *f* de tripa
**catharsis** [kəˈθɑrsɪs] *n, pl* **catharses** [-ˌsiːz] : catarsis *f*
**cathartic**[1] [kəˈθɑrṭɪk] *adj* : catártico
**cathartic**[2] *n* : purgante *m*
**cathedral** [kəˈθiːdrəl] *n* : catedral *f*
**catheter** [ˈkæθəṭər] *n* : catéter *m*, sonda *f*
**cathode** [ˈkæˌθoːd] *n* : cátodo *m*
**catholic** [ˈkæθəlɪk] *adj* **1** BROAD, UNIVERSAL : liberal, universal **2 Catholic** : católico
**Catholic** *n* : católico *m*, -ca *f*
**Catholicism** [kəˈθɑləˌsɪzəm] *n* : catolicismo *m*
**catlike** [ˈkætˌlaɪk] *adj* : felino
**catnap**[1] [ˈkætˌnæp] *vi* **-napped; -napping** : tomarse una siestecita
**catnap**[2] *n* : siesta *f* breve, siestecita *f*
**catnip** [ˈkætˌnɪp] *n* : nébeda *f*
**catsup** [ˈkeṭʃəp, ˈkætsəp] → **ketchup**
**cattail** [ˈkætˌteɪl] *n* : espadaña *f*, anea *f*
**cattiness** [ˈkæṭinəs] *n* : malicia *f*
**cattle** [ˈkæṭəl] *npl* : ganado *m*, reses *fpl*
**cattleman** [ˈkæṭəlmən, -ˌmæn] *n, pl* **-men** [-mən, -ˌmɛn] : ganadero *m*
**catty** [ˈkæṭi] *adj* **cattier; -est** : malicioso, malintencionado
**catwalk** [ˈkætˌwɔk] *n* : pasarela *f*
**Caucasian**[1] [kɔˈkeɪʒən] *adj* : caucásico
**Caucasian**[2] *n* : caucásico *m*, -ca *f*
**caucus** [ˈkɔkəs] *n* : junta *f* de políticos
**caught** → **catch**
**cauldron** [ˈkɔldrən] *n* : caldera *f*
**cauliflower** [ˈkɑlɪˌflaʊər, ˈkɔ-] *n* : coliflor *f*
**caulk**[1] [ˈkɔk] *vt* : enmasillar (una grieta)
**caulk**[2] *n* : masilla *f*
**causal** [ˈkɔzəl] *adj* : causal — **causality** [kɔˈzæləṭi] *n*
**cause**[1] [ˈkɔz] *vt* **caused; causing** : causar, provocar, ocasionar
**cause**[2] *n* **1** ORIGIN : causa *f*, origen *m* **2** REASON : causa *f*, razón *f*, motivo *m* **3** LAWSUIT : litigio *m*, pleito *m* **4** MOVEMENT : causa *f*, movimiento *m*
**causeless** [ˈkɔzləs] *adj* : sin causa
**causeway** [ˈkɔzˌweɪ] *n* : camino *m* elevado
**caustic** [ˈkɔstɪk] *adj* **1** CORROSIVE : cáustico, corrosivo **2** BITING : mordaz, sarcástico
**cauterize** [ˈkɔṭəˌraɪz] *vt* **-ized; -izing** : cauterizar
**caution**[1] [ˈkɔʃən] *vt* : advertir
**caution**[2] *n* **1** WARNING : advertencia *f*, aviso *m* **2** CARE, PRUDENCE : precaución *f*, cuidado *m*, cautela *f*
**cautionary** [ˈkɔʃəˌnɛri] *adj* : admonitorio ⟨cautionary tale : cuento moral⟩
**cautious** [ˈkɔʃəs] *adj* : cauteloso, cuidadoso, precavido
**cautiously** [ˈkɔʃəsli] *adv* : cautelosamente, con precaución
**cautiousness** [ˈkɔʃəsnəs] *n* : cautela *f*, precaución *f*
**cavalcade** [ˌkævəlˈkeɪd, ˈkævəlˌ-] *n* **1** : cabalgata *f* **2** SERIES : serie *f*
**cavalier**[1] [ˌkævəˈlɪr] *adj* : altivo, desdeñoso — **cavalierly** *adv*
**cavalier**[2] *n* : caballero *m*
**cavalry** [ˈkævəlri] *n, pl* **-ries** : caballería *f*
**cave**[1] [ˈkeɪv] *vi* **caved; caving** *or* **to cave in** : derrumbarse
**cave**[2] *n* : cueva *f*
**caveman** [ˈkeɪvˌmæn] *n, pl* **-men** [-mən, -ˌmɛn] : cavernícola *m*
**cavern** [ˈkævərn] *n* : caverna *f*
**cavernous** [ˈkævərnəs] *adj* : cavernoso — **cavernously** *adv*
**cavewoman** [ˈkeɪvˌwʊmən] *n, pl* **-women** [-ˌwɪmən] : cavernícola *f*
**caviar** *or* **caviare** [ˈkæviˌɑr, ˈkɑ-] *n* : caviar *m*
**cavity** [ˈkævəṭi] *n, pl* **-ties** **1** HOLE : cavidad *f*, hueco *m* **2** CARIES : caries *f*
**cavort** [kəˈvɔrt] *vi* : brincar, hacer cabriolas
**caw**[1] [ˈkɔ] *vi* : graznar
**caw**[2] *n* : graznido *m*
**cayenne pepper** [ˌkaɪˈɛn, ˌkeɪ-] *n* : pimienta *f* cayena, pimentón *m*
**cc** [ˌsiːˈsiː] *vt* **cc'd; cc'ing** : enviarle una copia a (alguien), enviar una copia de (un email, etc.)
**CD** [ˌsiːˈdiː] *n* : CD *m*, disco *m* compacto
**CD–ROM** [ˌsiːˌdiːˈrɑm] *n* : CD-ROM *m*
**cease** [ˈsiːs] *v* **ceased; ceasing** *vt* : dejar de ⟨they ceased bickering : dejaron de discutir⟩ — *vi* : cesar, pasarse
**cease–fire** [ˈsiːsˈfaɪr] *n* : alto *m* el fuego, cese *m* del fuego
**ceaseless** [ˈsiːsləs] *adj* : incesante, continuo
**cedar** [ˈsiːdər] *n* : cedro *m*
**cede** [ˈsiːd] *vt* **ceded; ceding** : ceder, conceder
**ceiling** [ˈsiːlɪŋ] *n* **1** : techo *m*, cielo *m* raso **2** LIMIT : límite *m*, tope *m*
**celebrant** [ˈsɛləbrənt] *n* : celebrante *mf*, oficiante *mf*
**celebrate** [ˈsɛləˌbreɪt] *v* **-brated; -brating** *vt* **1** : celebrar, oficiar ⟨to celebrate Mass : celebrar la misa⟩ **2** : celebrar, festejar ⟨we're celebrating our anniversary : estamos celebrando nuestro aniversario⟩ **3** EXTOL : alabar, ensalzar, exaltar — *vi* : estar de fiesta, divertirse

**celebrated** [ˈsɛləˌbreɪtəd] *adj* : célebre, famoso, renombrado
**celebration** [ˌsɛləˈbreɪʃən] *n* : celebración *f*, festejos *mpl*
**celebrity** [səˈlɛbrəṭi] *n, pl* **-ties** **1** RENOWN : fama *f*, renombre *m*, celebridad *f* **2** PERSONALITY : celebridad *f*, personaje *m*
**celery** [ˈsɛlərɪ] *n, pl* **-eries** : apio *m*
**celestial** [səˈlɛstʃəl, -ˈlstiəl] *adj* **1** : celeste **2** HEAVENLY : celestial, paradisiaco
**celibacy** [ˈsɛləbəsi] *n* : celibato *m*
**celibate**[1] [ˈsɛləbət] *adj* : célibe
**celibate**[2] *n* : célibe *mf*
**cell** [ˈsɛl] *n* **1** : célula *f* (de un organismo) **2** : celda *f* (en una cárcel, etc.) **3** : elemento *m* (de una pila)
**cellar** [ˈsɛlər] *n* **1** BASEMENT : sótano *m* **2** : bodega *f* (de vinos)
**cellist** [ˈtʃɛlɪst] *n* : violonchelista *mf*
**cello** [ˈtʃɛˌlo:] *n, pl* **-los** : chelo *m*, violonchelo *m*
**cellophane** [ˈsɛləˌfeɪn] *n* : celofán *m*
**cell phone** *n* : teléfono *m* celular
**cellular** [ˈsɛljələr] *adj* : celular
**cellulite** [ˈsɛljəˌlaɪt] *n* : celulitis *f*
**celluloid** [ˈsɛljəˌlɔɪd] *n* : celuloide
**cellulose** [ˈsɛljəˌlo:s] *n* : celulosa *f*
**Celsius** [ˈsɛlsiəs] *adj* : centígrado ⟨100 degrees Celsius : 100 grados centígrados⟩
**Celt** [ˈkɛlt, ˈsɛlt] *n* : celta *mf*
**Celtic**[1] [ˈkɛltɪk, ˈsɛl-] *adj* : celta
**Celtic**[2] *n* : celta *m*
**cement**[1] [sɪˈmɛnt] *vi* : unir o cubrir algo con cemento, cementar
**cement**[2] *n* **1** : cemento *m* **2** GLUE : pegamento *m*
**cement mixer** *n* : hormigonera *f*
**cemetery** [ˈsɛməˌteri] *n, pl* **-teries** : cementerio *m*, panteón *m*
**censer** [ˈsɛnʦər] *n* : incensario *m*
**censor**[1] [ˈsɛnʦər] *vt* : censurar
**censor**[2] *n* : censor *m*, -sora *f*
**censorious** [sɛnˈsoriəs] *adj* : de censura, crítico
**censorship** [ˈsɛnʦərˌʃɪp] *n* : censura *f*
**censure**[1] [ˈsɛnʦʃər] *vt* **-sured; -suring** : censurar, criticar, reprobar — **censurable** [-ʧərəbəl] *adj*
**censure**[2] *n* : censura *f*, reproche *m* oficial
**census** [ˈsɛnʦəs] *n* : censo *m*
**cent** [ˈsɛnt] *n* **1** : centavo *m* **2** : céntimo *m* (fracción del euro)
**centaur** [ˈsɛnˌʦər] *n* : centauro *m*
**centavo** [sɛnˈʦɑvo] *n* : centavo *m* (unidad monetaria)
**centennial**[1] [sɛnˈʦɛniəl] *adj* : del centenario
**centennial**[2] *n* : centenario *m*
**center**[1] [ˈsɛntər] *vt* **1** : centrar **2** CONCENTRATE : concentrar, fijar, enfocar — *vi* : centrarse, enfocarse
**center**[2] *n* **1** : centro *m* ⟨center of gravity : centro de gravedad⟩ **2** : centro *mf* (en futbol americano), pívot *mf* (en basquetbol)
**centerpiece** [ˈsɛntərˌpi:s] *n* : centro *m* de mesa
**centesimo** [sɛnˈʦɛsəˌmo] *n* : centésimo *m* (unidad monetaria)
**centi-** [ˈsɛntə] *pref* : centi-
**centigrade** [ˈsɛntəˌgreɪd, ˈsɑn-] *adj* : centígrado
**centigram** [ˈsɛntəˌgræm, ˈsɑn-] *n* : centigramo *m*
**centime** [ˈsɑnˌti:m] *n* : céntimo *m* (unidad monetaria en varios países de habla francesa y portuguesa)
**centimeter** [ˈsɛntəˌmi:ṭər, ˈsɑn-] *n* : centímetro *m*
**centimo** [ˈsɛntəmo] *n* : céntimo *m* (unidad monetaria en varios países de habla española y portuguesa)
**centipede** [ˈsɛntəˌpi:d] *n* : ciempiés *m*
**central** [ˈsɛntrəl] *adj* **1** : céntrico, central ⟨in a central location : en un lugar céntrico⟩ **2** MAIN, PRINCIPAL : central, fundamental, principal
**Central American**[1] *adj* : centroamericano
**Central American**[2] *n* : centroamericano *m*, -na *f*
**centralist** [ˈsɛntrəlɪst] *n* : centralista *mf* — **centralist** *adj*
**centralization** [ˌsɛntrələˈzeɪʃən] *n* : centralización *f*
**centralize** [ˈsɛntrəˌlaɪz] *vt* **-ized; -izing** : centralizar
**centrally** [ˈsɛntrəli] *adv* **1** **centrally heated** : con calefacción central **2** **centrally located** : céntrico, en un lugar céntrico
**centre** [ˈsɛntər] → **center**
**centrifugal force** [sɛnˈtrɪfəgəl-, -ˈtrɪfɪ-] *n* : fuerza *f* centrífuga
**centrist** [ˈsɛntrɪst] *n* : centrista *mf* — **centrist** *adj*
**century** [ˈsɛntʃəri] *n, pl* **-ries** : siglo *m*
**CEO** [ˌsi:ˌi:ˈo:] *n* (chief executive officer) : director *m*, -tora *f* general (de una compañía)
**ceramic**[1] [səˈræmɪk] *adj* : de cerámica
**ceramic**[2] *n* **1** : objeto *m* de cerámica, cerámica *f* **2** **ceramics** *npl* : cerámica *f*
**cereal**[1] [ˈsɪriəl] *adj* : cereal
**cereal**[2] *n* : cereal *m*
**cerebellum** [ˌsɛrəˈbɛləm] *n, pl* **-bellums** *or* **-bella** [-ˈbɛlə] : cerebelo *m*
**cerebral** [səˈri:brəl, ˈsɛrə-] *adj* : cerebral
**cerebral palsy** *n* : parálisis *f* cerebral
**cerebrum** [səˈri:brəm, ˈsɛrə-] *n, pl* **-brums** *or* **-bra** [-brə] : cerebro *m*
**ceremonial**[1] [ˌsɛrəˈmo:niəl] *adj* : ceremonial
**ceremonial**[2] *n* : ceremonial *m*
**ceremonious** [ˌsɛrəˈmo:niəs] *adj* **1** FORMAL : ceremonioso, formal **2** CEREMONIAL : ceremonial
**ceremony** [ˈsɛrəˌmo:ni] *n, pl* **-nies** : ceremonia *f* ⟨without ceremony : sin ceremonias⟩ ⟨not to stand on ceremony : dejarse de ceremonias⟩
**cerise** [səˈri:s] *n* : rojo *m* cereza
**certain**[1] [ˈsərṭən] *adj* **1** DEFINITE : cierto, determinado ⟨a certain percentage : un porcentaje determinado⟩ **2** TRUE : cierto, con certeza ⟨I don't know for certain : no sé exactamente⟩ **3** : cierto, alguno ⟨it has a certain charm : tiene cierta gracia⟩ **4** INEVITABLE : seguro, inevitable **5** ASSURED : seguro, asegu-

rado ⟨she's certain to do well : seguro que le irá bien⟩

**certain**[2] *pron* SOME : ciertos, algunos ⟨certain of my friends : algunos de mis amigos⟩

**certainly** [ˈsərtənli] *adv* 1 DEFINITELY : ciertamente, seguramente 2 OF COURSE : por supuesto

**certainty** [ˈsərtənti] *n, pl* **-ties** : certeza *f*, certidumbre *f*, seguridad *f*

**certifiable** [ˌsərtəˈfaɪəbəl] *adj* : certificable

**certificate** [səɾˈtɪfɪkət] *n* : certificado *m*, acta *f* ⟨birth certificate : partida/acta/certificado de nacimiento⟩

**certification** [ˌsərtəfəˈkeɪʃən] *n* : certificación *f*

**certified** [ˈsərtəˌfaɪd] *adj* 1 ACCREDITED : acreditado, certificado, diplomado, titulado 2 VERIFIED : certificado 3 *fam* REAL : verdadero, auténtico

**certify** [ˈsərtəˌfaɪ] *vt* **-fied; -fying** 1 VERIFY : certificar, verificar, confirmar, constatar 2 ENDORSE : endosar, aprobar oficialmente 3 ACCREDIT, LICENSE : acreditar, autorizar

**certitude** [ˈsərtəˌtuːd, -ˌtjuːd] *n* : certeza *f*, certidumbre *f*

**cervical** [ˈsərvɪkəl] *adj* 1 : cervical (dícese del cuello) 2 : del cuello del útero

**cervix** [ˈsərvɪks] *n, pl* **-vices** [-və-ˌsiːz] *or* **-vixes** : cuello *m* del útero

**cesarean**[1] [siˈzæriən] *adj* : cesáreo

**cesarean**[2] *or* **cesarean section** *n* : cesárea *f*

**cesium** [ˈsiːziəm] *n* : cesio *m*

**cessation** [seˈseɪʃən] *n* : cesación *f*, cese *m*

**cesspool** [ˈsesˌpuːl] *n* : pozo *m* séptico

**chafe** [ˈtʃeɪf] *v* **chafed; chafing** *vi* : enojarse, irritarse — *vt* : rozar

**chaff** [ˈtʃæf] *n* 1 : barcia *f*, granzas *fpl* 2 **to separate the wheat from the chaff** : separar el grano de la paja

**chagrin**[1] [ʃəˈgrɪn] *vt* : desilusionar, avergonzar

**chagrin**[2] *n* : desilusión *f*, disgusto *m*

**chain**[1] [ˈtʃeɪn] *vt* : encadenar

**chain**[2] *n* 1 : cadena *f* ⟨steel chain : cadena de acero⟩ ⟨restaurant chain : cadena de restaurantes⟩ 2 SERIES : serie *f* ⟨chain of events : serie de eventos⟩ 3 **chains** *npl* FETTERS : grillos *mpl*

**chain–smoke** [ˈtʃeɪnˈsmoːk] *n* : fumar un cigarrillo tras otro

**chair**[1] [ˈtʃɛr] *vt* : presidir, moderar

**chair**[2] *n* 1 : silla *f* 2 CHAIRMANSHIP : presidencia *f* 3 → **chairman, chairwoman, chairperson** 4 *or* **department chair** : catedrático *m*, -ca *f* (de una universidad)

**chairlift** [ˈtʃɛrˌlɪft] *n* : telesilla *mf*

**chairman** [ˈtʃɛrmən] *n, pl* **-men** [-mən, -ˌmɛn] : presidente *m*

**chairmanship** [ˈtʃɛrmənˌʃɪp] *n* : presidencia *f*

**chairperson** [ˈtʃɛrˌpərsən] *n* : presidente *mf*, presidenta *f*

**chairwoman** [ˈtʃɛrˌwʊmən] *n, pl* **-women** [-ˌwɪmən] : presidenta *f*

**chalet** [ʃæˈleɪ] *n* : chalet *m*, chalé *m*

**chalice** [ˈtʃælɪs] *n* : cáliz *m*

**chalk**[1] [ˈtʃɔk] *vt* : escribir con tiza

**chalk**[2] *n* 1 LIMESTONE : creta *f*, caliza *f* 2 : tiza *f*, gis *m Mex* (para escribir)

**chalkboard** [ˈtʃɔkˌbɔrd] → **blackboard**

**chalk up** *vt* 1 ASCRIBE : atribuir, adscribir 2 SCORE : apuntarse, anotarse (una victoria, etc.)

**chalky** [ˈtʃɔki] *adj* **chalkier; -est** 1 PALE : pálido 2 POWDERY : polvoriento

**challenge**[1] [ˈtʃælɪnʤ] *vt* **-lenged; -lenging** 1 DISPUTE : disputar, cuestionar, poner en duda 2 DARE : desafiar, retar 3 STIMULATE : estimular, incentivar

**challenge**[2] *n* : reto *m*, desafío *m*

**challenger** [ˈtʃælɪnʤər] *n* : retador *m*, -dora *f*; contendiente *mf*

**challenging** [ˈtʃælɪnʤɪŋ] *adj* 1 DEMANDING : exigente 2 DEFIANT : desafiante, de desafío 3 STIMULATING : estimulante, provocador

**chamber** [ˈtʃeɪmbər] *n* 1 ROOM : cámara *f*, sala *f* ⟨the senate chamber : la cámara del senado⟩ 2 : recámara *f* (de un arma de fuego), cámara *f* (de combustión) 3 : cámara *f* ⟨chamber of commerce : cámara de comercio⟩ 4 **chambers** *npl or* **judge's chambers** : despacho *m* del juez

**chambermaid** [ˈtʃeɪmbərˌmeɪd] *n* : camarera *f*

**chamber music** *n* : música *f* de cámara

**chamber pot** *n* : bacinica *f*

**chameleon** [kəˈmiːljən, -liən] *n* : camaleón *m*

**chamois** [ˈʃæmi] *n, pl* **chamois** [-mi, -miz] : gamuza *f*

**chamomile** [ˈkæməˌmaɪl, -ˌmiːl] *n* 1 : manzanilla *f*, camomila *f* 2 **chamomile tea** : manzanilla *f*

**champ**[1] [ˈtʃæmp, ˈtʃʊmp] *vi* 1 : masticar ruidosamente 2 **to champ at the bit** : impacientarse, comerle a uno la impaciencia

**champ**[2] [ˈtʃæmp] *n* : campeón *m*, -peona *f*

**champagne** [ʃæmˈpeɪn] *n* : champaña *m*, champán *m*

**champion**[1] [ˈtʃæmpiən] *vt* : defender, luchar por (una causa)

**champion**[2] *n* 1 ADVOCATE, DEFENDER : paladín *m*; campeón *m*, -peona *f*; defensor *m*, -sora *f* 2 WINNER : campeón *m*, -peona *f* ⟨world champion : campeón mundial⟩

**championship** [ˈtʃæmpiənˌʃɪp] *n* : campeonato *m*

**chance**[1] [ˈtʃæns] *v* **chanced; chancing** *vi* 1 HAPPEN : ocurrir por casualidad 2 **to chance upon** : encontrar por casualidad — *vt* RISK : arriesgarse a (hacer algo) ⟨we can't chance it : no podemos arriesgarnos⟩

**chance**[2] *adj* : fortuito, casual ⟨a chance encounter : un encuentro casual⟩

**chance**[3] *n* 1 FATE, LUCK : azar *m*, suerte *f*, fortuna *f* 2 OPPORTUNITY : oportunidad *f*, ocasión *f* 3 PROBABILITY : probabilidad *f*, posibilidad *f* 4 RISK : riesgo *m* **5** : boleto *m* (de una rifa o lotería) **6 by chance** : por casualidad

**chancellor** [ˈtʃænsələr] *n* **1** : canciller *m* **2** : rector *m*, -tora *f* (de una universidad)

**chancy** [ˈtʃænsi] *adj* **chancier; -est** : riesgoso, arriesgado

**chandelier** [ˌʃændəˈlɪr] *n* : araña *f* de luces

**change**[1] [ˈtʃeɪnʤ] *v* **changed; changing** *vt* **1** ALTER : cambiar ⟨to change one's mind : cambiar de idea/opinión⟩ ⟨to change direction : cambiar de dirección⟩ **2** EXCHANGE, REPLACE : cambiar (pilas, etc.), cambiar de ⟨he changed the subject : cambió de tema⟩ ⟨to change jobs : cambiar de trabajo⟩ ⟨to change places : cambiar de sitio⟩ **3** : cambiar (dinero) ⟨can you change a twenty? : ¿me puedes cambiar un billete de veinte dólares?⟩ ⟨to change dollars into yen : cambiar dólares a yen⟩ **4** : cambiar ⟨I changed the baby, I changed the baby's diaper : le cambié el pañal al bebé⟩ ⟨to change the bed/sheets : cambiar las sábanas⟩ ⟨to change one's clothes : cambiarse (de ropa)⟩ **5 to change hands** : cambiar de manos/dueño — *vi* **1** : cambiar ⟨you haven't changed : no has cambiado⟩ **2** : cambiarse (de ropa) **3 to change over to** : cambiar a (otro sistema, etc.)

**change**[2] *n* **1** ALTERATION : cambio *m* ⟨a change for the better/worse : un cambio para mejor/peor⟩ ⟨for a change : para variar⟩ ⟨to make changes to : hacerle cambios a⟩ **2** REPLACEMENT, EXCHANGE : cambio *m* ⟨an oil change : un cambio de aceite⟩ ⟨a change of address : un cambio de dirección⟩ ⟨a change of scenery : un cambio de aire(s)⟩ ⟨a change of clothes : una muda de ropa⟩ **3** : cambio *m*, vuelto *m* ⟨two dollars change : dos dólares de vuelto⟩ ⟨do you have change for a twenty? : ¿tienes cambio de veinte dólares?⟩ **4** COINS : cambio *m*, monedas *fpl* ⟨loose change : dinero suelto⟩

**changeable** [ˈtʃeɪnʤəbəl] *adj* : cambiante, variable

**changeless** [ˈtʃeɪnʤləs] *adj* : invariable, constante

**changeover** [ˈtʃeɪnʤˌoːvər] *n* : cambio *m*

**changing** [ˈtʃeɪnʤɪŋ] *adj* : cambiante, variable

**changing room** *n* FITTING ROOM : probador *m*

**changing table** *n* : cambiador *m*

**channel**[1] [ˈtʃænəl] *vt* **-neled** *or* **-nelled; -neling** *or* **-nelling** : encauzar, canalizar

**channel**[2] *n* **1** RIVERBED : cauce *m* **2** STRAIT : canal *m*, estrecho *m* ⟨English Channel : Canal de la Mancha⟩ **3** COURSE, MEANS : vía *f*, conducto *m* ⟨the usual channels : las vías normales⟩ **4** : canal *m* (de televisión)

**channel surfing** *n* : zapping *m*

**chant**[1] [ˈtʃænt] *v* : salmodiar, cantar

**chant**[2] *n* **1** : salmodia *f* **2 Gregorian chant** : canto *m* gregoriano

**Chanukah** [ˈxɑnəkə, ˈhɑ-] → **Hanukkah**

**chaos** [ˈkeɪˌɑs] *n* : caos *m*

**chaotic** [keɪˈɑɪtɪk] *adj* : caótico — **chaotically** [-tɪkli] *adv*

**chap** *n* FELLOW : tipo *m*, hombre *m*

**chapel** [ˈtʃæpəl] *n* : capilla *f*

**chaperon**[1] *or* **chaperone** [ˈtʃæpəˌroːn] *vt* **-oned; -oning** : ir de chaperón, acompañar

**chaperon**[2] *or* **chaperone** *n* : chaperón *m*, -rona *f*; acompañante *mf*

**chaplain** [ˈtʃæplɪn] *n* : capellán *m*

**chapped** [ˈtʃæpt] *adj* : agrietado ⟨chapped lips : labios agrietados⟩

**chapter** [ˈtʃæptər] *n* **1** : capítulo *m* (de un libro) **2** BRANCH : sección *f*, división *f* (de una organización)

**char** [ˈtʃɑr] *v* **charred; charring** *vt* **1** BURN : carbonizar **2** SCORCH : chamuscar — *vi* **1** : carbonizarse **2** : chamuscarse

**character** [ˈkærɪktər] *n* **1** LETTER, SYMBOL : carácter *m* ⟨Chinese characters : caracteres chinos⟩ **2** DISPOSITION : carácter *m*, personalidad *f* ⟨of good character : de buena reputación⟩ ⟨to build character : forjar el carácter⟩ **3** REPUTATION : carácter *m*, reputación *f* ⟨character attacks : ataques personales⟩ **4** NATURE, QUALITIES : carácter *m* ⟨the national character : el carácter nacional⟩ ⟨the character of the wine : el carácter del vino⟩ ⟨the room has no character : la habitación no tiene carácter⟩ **5** : tipo *m*, personaje *m* peculiar ⟨he's quite a character! : ¡él es algo serio!⟩ **6** : personaje *m* (ficticio) **7 to be in character** : ser típico de alguien **8 to be out of character** : no ser típico de alguien

**characteristic**[1] [ˌkærɪktəˈrɪstɪk] *adj* : característico, típico — **characteristically** [-tɪkli] *adv*

**characteristic**[2] *n* : característica *f*

**characterization** [ˌkærɪktərəˈzeɪʃən] *n* : caracterización *f*

**characterize** [ˈkærɪktəˌraɪz] *vt* **-ized; -izing** : caracterizar

**charades** [ʃəˈreɪdz] *ns & pl* : charada *f*

**charcoal** [ˈtʃɑrˌkoːl] *n* : carbón *m*

**chard** [ˈtʃɑrd] → **Swiss chard**

**charge**[1] [ˈtʃɑrʤ] *v* **charged; charging** *vt* **1** : cargar ⟨to charge the batteries : cargar las pilas⟩ **2** ENTRUST : encomendar, encargar **3** COMMAND : ordenar, mandar **4** ACCUSE : acusar ⟨charged with robbery : acusado de robo⟩ **5** : cargar a una cuenta, comprar a crédito — *vi* **1** : cargar (contra el enemigo) ⟨charge! : ¡a la carga!⟩ **2** : cobrar ⟨they charge too much : cobran demasiado⟩

**charge**[2] *n* **1** : carga *f* (eléctrica) **2** : carga *f* (de dinamita, etc.) **3** BURDEN : carga *f*, peso *m* **4** RESPONSIBILITY : cargo *m*, responsabilidad *f* ⟨to take charge of : hacerse cargo de⟩ ⟨to be in charge : ser el responsable⟩ ⟨to be in charge of : tener a su cargo⟩ **5** : persona *f* al cuidado de alguien ⟨her young charges : los niños que están a su cargo⟩ **6** ACCUSATION : cargo *m*, acusación *f* ⟨to press charges : presentar cargos⟩ **7** COST : costo *m*, cargo *m*, precio *m* ⟨free of charge : gratis⟩ ⟨they gave it to us free of charge : nos lo regalaron gratuitamente⟩ **8** ATTACK : carga *f*, ataque *m* **9 to get a charge out of** ENJOY : disfrutar de, deleitarse con

**chargeable** [ˈtʃɑrʤəbəl] *adj* **1** : perseguible (dícese de un delito) **2 ~ to** : a cargo de (una cuenta)

**charge card** → **credit card**

**charger** [ˈtʃɑrʤər] *n* : corcel *m*, caballo *m* (de guerra)

**chariot** [ˈtʃæriət] *n* : carro *m* (de guerra)

**charisma** [kəˈrɪzmə] *n* : carisma *m*

**charismatic** [ˌkærəzˈmætɪk] *adj* : carismático

**charitable** [ˈtʃærət̬əbəl] *adj* **1** GENEROUS : caritativo ⟨a charitable organization : una organización benéfica⟩ **2** KIND, UNDERSTANDING : generoso, benévolo, comprensivo — **charitably** [-bli] *adv*

**charitableness** [ˈtʃærət̬əbəlnəs] *n* : caridad *f*

**charity** [ˈtʃærət̬i] *n, pl* **-ties** **1** GENEROSITY : caridad *f* **2** ALMS : caridad *f*, limosna *f* **3** : organización *f* benéfica, obra *f* de beneficencia

**charlatan** [ˈʃɑrlət̬ən] *n* : charlatán *m*, -tana *f*; farsante *mf*

**charley horse** [ˈtʃɑrli,hɔrs] *n* : calambre *m*

**charm**[1] [ˈtʃɑrm] *vt* : encantar, cautivar, fascinar

**charm**[2] *n* **1** AMULET : amuleto *m*, talismán *m* **2** ATTRACTION : encanto *m*, atractivo *m* ⟨it has a certain charm : tiene cierto atractivo⟩ **3** : dije *m*, colgante *m* ⟨charm bracelet : pulsera de dijes⟩

**charmer** [ˈtʃɑrmər] *n* : persona *f* encantadora

**charming** [ˈtʃɑrmɪŋ] *adj* : encantador, fascinante

**chart**[1] [ˈtʃɑrt] *vt* **1** : trazar un mapa de, hacer un gráfico de **2** PLAN : trazar, planear ⟨to chart a course : trazar un derrotero⟩

**chart**[2] *n* **1** MAP : carta *f*, mapa *m* **2** DIAGRAM : gráfico *m*, cuadro *m*, tabla *f*

**charter**[1] [ˈtʃɑrt̬ər] *vt* **1** : establecer los estatutos de (una organización) **2** RENT : alquilar, fletar

**charter**[2] *adj* : chárter ⟨a charter flight : un vuelo chárter⟩

**charter**[3] *n* **1** STATUTES : estatutos *mpl* **2** CONSTITUTION : carta *f*, constitución *f*

**chartreuse** [ʃɑrˈtruːz, -ˈtruːs] *n* : color *m* verde-amarillo intenso

**chary** [ˈtʃæri] *adj* **charier; -est** **1** WARY : cauteloso, precavido **2** SPARING : parco

**chase**[1] [ˈtʃeɪs] *vt* **chased; chasing** **1** PURSUE : perseguir, ir a la caza de **2** DRIVE : ahuyentar, echar ⟨he chased the dog from the garden : ahuyentó al perro del jardín⟩ **3** : grabar (metales)

**chase**[2] *n* **1** PURSUIT : persecución *f*, caza *f* **2 the chase** HUNTING : caza *f*

**chaser** [ˈtʃeɪsər] *n* **1** PURSUER : perseguidor *m*, -dora *f* **2** : bebida *f* que se toma después de un trago de licor

**chasm** [ˈkæzəm] *n* : abismo *m*, sima *f*

**chassis** [ˈtʃæsi, ˈʃæsi] *n, pl* **chassis** [-siz] : chasis *m*, armazón *m*

**chaste** [ˈtʃeɪst] *adj* **chaster; -est** **1** : casto **2** MODEST : modesto, puro **3** AUSTERE : austero, sobrio

**chastely** [ˈtʃeɪstli] *adv* : castamente

**chasten** [ˈtʃeɪsən] *vt* : castigar, sancionar

**chasteness** [ˈtʃeɪstnəs] *n* **1** MODESTY : modestia *f*, castidad *f* **2** AUSTERITY : sobriedad *f*, austeridad *f*

**chastise** [ˈtʃæs,taɪz, tʃæsˈ-] *vt* **-tised; -tising** **1** REPRIMAND : reprender, corregir, reprobar **2** PUNISH : castigar

**chastisement** [ˈtʃæs,taɪzmənt, tʃæsˈtaɪz-, ˈtʃæstəz-] *n* : castigo *m*, corrección *f*

**chastity** [ˈtʃæstət̬i] *n* : castidad *f*, decencia *f*, modestia *f*

**chat**[1] [ˈtʃæt] *vi* **chatted; chatting** : charlar, platicar

**chat**[2] *n* : charla *f*, plática *f*

**château** [ʃæˈtoː] *n, pl* **-teaus** [-ˈtoːz] *or* **-teaux** [-ˈtoː, -ˈtoːz] : mansión *f* campestre

**chat room** *n* : chat *m*, sala *f* de chat

**chattel** [ˈtʃæt̬əl] *n* : bienes *fpl* muebles, enseres *mpl*

**chatter**[1] [ˈtʃæt̬ər] *vi* **1** : castañetear (dícese de los dientes) **2** GAB : parlotear *fam*, cotorrear *fam*

**chatter**[2] *n* **1** CHATTERING : castañeteo *m* (de dientes) **2** GABBING : parloteo *m fam*, cotorreo *m fam*, cháchara *f fam*

**chatterbox** [ˈtʃæt̬ər,bɑks] *n, pl* : parlanchín *m*, -china *f*; charlatán *m*, -tana *f*; hablador *m*, -dora *f*

**chatty** [ˈtʃæt̬i] *adj* **chattier; -est** **1** TALKATIVE : parlanchín, charlatán **2** CONVERSATIONAL : familiar, conversador ⟨a chatty letter : una carta llena de noticias⟩

**chauffeur**[1] [ˈʃoːfər, ʃoˈfər] *vi* : trabajar de chofer privado — *vt* : hacer de chofer para

**chauffeur**[2] *n* : chofer *m* privado

**chauvinism** [ˈʃoːvəˌnɪzəm] *n* : chauvinismo *m*, patriotería *f*

**chauvinist** [ˈʃoːvənɪst] *n* : chauvinista *mf*; patriotero *m*, -ra *f*

**chauvinistic** [ˌʃoːvəˈnɪstɪk] *adj* : chauvinista, patriotero

**cheap**[1] [ˈtʃiːp] *adv* : barato ⟨to sell cheap : vender barato⟩

**cheap**[2] *adj* **1** INEXPENSIVE : barato, económico **2** SHODDY : barato, mal hecho **3** STINGY : tacaño, agarrado *fam*, codo *Mex*

**cheapen** [ˈtʃiːpən] *vt* : degradar, rebajar

**cheaply** [ˈtʃiːpli] *adv* : barato, a precio bajo

**cheapness** [ˈtʃiːpnəs] *n* **1** : precio *m* bajo **2** STINGINESS : tacañería *f*

**cheapskate** [ˈtʃiːpˌskeɪt] *n* : tacaño *m*, -ña *f*; codo *m*, -da *f Mex*

**cheat**[1] [ˈtʃiːt] *vt* **1** : defraudar, estafar, engañar **2 to cheat on** : engañar (a un/una amante) — *vi* : hacer trampa

**cheat**[2] *n* **1** CHEATING : engaño *m*, fraude *m*, trampa *f* **2** → **cheater**

**cheater** [ˈtʃiːtər] *n* : estafador *m*, -dora *f*; tramposo *m*, -sa *f*

**check**[1] [ˈtʃɛk] *vt* **1** VERIFY : verificar, comprobar (la ortografía, etc.) **2** INSPECT : revisar, chequear, inspeccionar **3** CONSULT : consultar, chequear ⟨let me check the files : déjame chequear los archivos⟩ **4** HALT : frenar, parar, detener **5** RESTRAIN : refrenar, contener, reprimir **6** MARK : marcar, señalar **7** *or* **to check in** : chequear, facturar (maletas, equipaje) **8** CHECKER : marcar con cuadros **9 to check off** : marcar (algo en una lista) **10 to check out** INVESTIGATE : investigar **11 to check out** *fam* LOOK AT : mirar **12 to check out** SIGN OUT : sacar (libros) **13 to check out** RING UP : cobrar (en una tienda) — *vi* **1** VERIFY : comprobar, verificar **2 to check back with** *fam* : volver a contactar ⟨I'll check back with you later : te llamaré/hablaré (etc.) más tarde⟩ **3 to check in** : registrarse (en un hotel) **4 to check into** INVESTIGATE : investigar **5 to check off on** APPROVE : aprobar **6 to check on** : ir a ver, visitar, llamar ⟨she checks on the patients regularly : visita a los pacientes regularmente⟩ **7 to check out** : pagar e irse (de un hotel) **8 to check out** SQUARE : cuadrar **9 to check up on** : vigilar, controlar **10 to check with** : consultar

**check**[2] *n* **1** HALT : detención *f* súbita, parada *f* **2** RESTRAINT : control *m*, freno *m* **3** INSPECTION : verificación *f*, comprobación *f*, inspección *f*, chequeo *m* ⟨she gave the list a quick check : le echó una ojeada a la lista⟩ ⟨security/background check : verificación de identidad/antecedentes⟩ ⟨system check : comprobación del sistema⟩ ⟨sound check : prueba de sonido⟩ **4** : cheque *m* ⟨to pay by check : pagar con cheque⟩ **5** VOUCHER : resguardo *m*, comprobante *m* **6** BILL : cuenta *f* (en un restaurante) **7** : jaque *m* (en ajedrez) **8** *or* **check mark** : marca *f* **9** *or* **check pattern** : dibujo *m* a/de cuadros

**checkbook** [ˈtʃɛkˌbʊk] *n* : chequera *f*

**checked** *adj* : a/de cuadros

**checker**[1] [ˈtʃɛkər] *vt* : marcar con cuadros

**checker**[2] *n* **1** : pieza *f* (en el juego de damas) **2** : verificador *m*, -dora *f* **3** CASHIER : cajero *m*, -ra *f*

**checkerboard** [ˈtʃɛkərˌbɔrd] *n* : tablero *m* de damas

**checkered** *adj* **1** → **checked 2** TROUBLED : accidentado

**checkers** [ˈtʃɛkərz] *n* : damas *fpl*

**check–in** [ˈtʃɛkˌɪn] *n* **1** : facturación *f* **2** *or* **check–in desk/counter** : mostrador *m* de facturación

**checking account** *n* : cuenta *f* corriente

**checklist** [ˈtʃɛkˌlɪst] *n* : lista *f* de control

**checkmate**[1] [ˈtʃɛkˌmeɪt] *vt* **-mated; -mating 1** : dar jaque mate a (en ajedrez) **2** THWART : frustrar, arruinar

**checkmate**[2] *n* : jaque mate *m*

**checkout** [ˈtʃɛkˌaʊt] *n or* **checkout counter** : caja *f*

**checkpoint** [ˈtʃɛkˌpɔɪnt] *n* : puesto *m* de control

**checkroom** [ˈtʃɛkˌruːm, -ˌrʊm] *n* : guardarropa *m*

**checkup** [ˈtʃɛkˌʌp] *n* : examen *m* médico, chequeo *m*

**cheddar** [ˈtʃɛdər] *n* : queso *m* Cheddar

**cheek** [ˈtʃiːk] *n* **1** : mejilla *f*, cachete *m* **2** IMPUDENCE : insolencia *f*, descaro *m*

**cheekbone** [ˈtʃiːkˌboːn] *n* : pómulo *m*

**cheeked** [ˈtʃiːkt] *adj* (*used in combination*) : de mejillas ⟨rosy-cheeked : de mejillas sonrosadas⟩

**cheeky** [ˈtʃiːki] *adj* **cheekier; -est** : descarado, insolente, atrevido

**cheep**[1] [ˈtʃiːp] *vi* : piar

**cheep**[2] *n* : pío *m*

**cheer**[1] [ˈtʃɪr] *vt* **1** ENCOURAGE : alentar, animar **2** GLADDEN : alegrar, levantar el ánimo a **3** ACCLAIM : aclamar, vitorear, echar porras a

**cheer**[2] *n* **1** CHEERFULNESS : alegría *f*, buen humor *m*, jovialidad *f* **2** APPLAUSE : aclamación *f*, ovación *f*, aplausos *mpl* ⟨three cheers for the chief! : ¡viva el jefe!⟩ **3 cheers!** : ¡salud!

**cheerful** [ˈtʃɪrfəl] *adj* : alegre, de buen humor

**cheerfully** [ˈtʃɪrfəli] *adv* : alegremente, jovialmente

**cheerfulness** [ˈtʃɪrfəlnəs] *n* : buen humor *m*, alegría *f*

**cheerily** [ˈtʃɪrəli] *adv* : alegremente

**cheeriness** [ˈtʃɪrinəs] *n* : buen humor *m*, alegría *f*

**cheerleader** [ˈtʃɪrˌliːdər] *n* : porrista *mf*

**cheerless** [ˈtʃɪrləs] *adj* BLEAK : triste, sombrío

**cheery** [ˈtʃɪri] *adj* **cheerier; -est** : alegre, de buen humor

**cheese** [ˈtʃiːz] *n* : queso *m*

**cheeseburger** [ˈtʃiːzˌbərgər] *n* : hamburguesa *f* con queso

**cheesecake** [ˈtʃiːzˌkeɪk] *n* : tarta *f* de queso

**cheesecloth** [ˈtʃiːzˌklɔθ] *n* : estopilla *f*

**cheesy** [ˈtʃiːzi] *adj* **cheesier; -est 1** : a queso **2** : que contiene queso **3** CHEAP : barato, de mala calidad

**cheetah** [ˈtʃiːtə] *n* : guepardo *m*

**chef** [ˈʃɛf] *n* : chef *m*

**chemical**[1] [ˈkɛmɪkəl] *adj* : químico — **chemically** [-mɪkli] *adv*

**chemical**[2] *n* : sustancia *f* química

**chemical weapon** *n* : arma *f* química

**chemise** [ʃəˈmiːz] *n* **1** : camiseta *f*, prenda *f* interior de una pieza **2** : vestido *m* holgado

**chemist** [ˈkɛmɪst] *n* : químico *m*, -ca *f*

**chemistry** [ˈkɛmɪstri] *n, pl* **-tries** : química *f*

**chemotherapy** [ˌkiːmoˈθɛrəpi, ˌkɛmo-] *n, pl* **-pies** : quimioterapia *f*

**cherish** [ˈtʃɛrɪʃ] *vt* **1** VALUE : apreciar, valorar **2** HARBOR : abrigar, albergar

**cherry** [ˈtʃɛri] *n, pl* **-ries 1** : cereza *f* (fruta) **2** : cerezo *m* (árbol)

**cherub** [ˈtʃɛrəb] *n* **1** *pl* **-ubim** [ˈtʃɛrəˌbɪm, ˈtʃɛrjə-] ANGEL : ángel *m*, querubín *m* **2**

*pl* **-ubs** : niño *m* regordete, niña *f* regordeta

**cherubic** [tʃəˈruːbɪk] *adj* : querúbico, angelical

**chess** [ˈtʃɛs] *n* : ajedrez *m*

**chessboard** [ˈtʃɛsˌbɔrd] *n* : tablero *m* de ajedrez

**chessman** [ˈtʃɛsmən, -ˌmæn] *n, pl* **-men** [-mən, -ˌmɛn] : pieza *f* de ajedrez

**chest** [ˈtʃɛst] *n* **1** : cofre *m*, baúl *m* **2** : pecho *m* ⟨chest pains : dolores de pecho⟩

**chestnut** [ˈtʃɛsˌnʌt] *n* **1** : castaña *f* (fruto) **2** : castaño *m* (árbol)

**chest of drawers** *n* : cómoda *f*

**chevron** [ˈʃɛvrən] *n* : galón *m* (de un oficial militar)

**chew**[1] [ˈtʃuː] *vt* **1** : masticar, mascar **2 to chew out** SCOLD : regañar **3 to chew the fat** CHAT : charlar, platicar **4 to chew up** : destrozar a mordiscos **5 to chew up** DESTROY : destrozar — *vi* **to chew on/over** THINK OVER : pensar

**chew**[2] *n* : algo que se masca (como tabaco)

**chewing gum** *n* : goma *f* de mascar, chicle *m*

**chewy** [ˈtʃuːi] *adj* **chewier; -est** **1** : fibroso (dícese de las carnes o los vegetales) **2** : pegajoso, chicloso (dícese de los dulces)

**chic**[1] [ˈʃiːk] *adj* : chic, elegante, de moda

**chic**[2] *n* : chic *m*, elegancia *f*

**Chicana** [tʃɪˈkɑnə] *n* : chicana *f*

**Chicano** [tʃɪˈkɑno] *n* : chicano *m*, -na *f* — **Chicano** *adj*

**chick** [ˈtʃɪk] *n* **1** : pollito *m*, -ta *f*; polluelo *m* **2** *fam, sometimes offensive* : chica *f*; mujer *f*

**chicken**[1] [ˈtʃɪkən] *adj* : miedoso, cobarde

**chicken**[2] *n* **1** FOWL : pollo *m* **2** COWARD : cobarde *mf*

**chickenhearted** [ˈtʃɪkənˌhɑrt̬əd] *adj* : miedoso, cobarde

**chicken out** *vi fam* : acobardarse, rajarse

**chicken pox** *n* : varicela *f*

**chickpea** [ˈtʃɪkˌpiː] *n* : garbanzo *m*

**chicle** [ˈtʃɪkəl] *n* : chicle *m* (resina)

**chicory** [ˈtʃɪkɔri] *n, pl* **-ries** **1** : endibia *f* (para ensaladas) **2** : achicoria *f* (aditivo de café)

**chide** [ˈtʃaɪd] *vt* **chid** [ˈtʃɪd] *or* **chided; chid** *or* **chidden** [ˈtʃɪdən] *or* **chided; chiding** [ˈtʃaɪdɪŋ] : regañar, reprender

**chief**[1] [ˈtʃiːf] *adj* : principal, capital ⟨chief negotiator : negociador en jefe⟩ — **chiefly** *adv*

**chief**[2] *n* : jefe *m*, -fa *f* ⟨fire/police chief : jefe de bomberos/policía⟩

**chief executive officer** *n* → **CEO**

**chieftain** [ˈtʃiːftən] *n* : jefe *m*, -fa *f* (de una tribu)

**chiffon** [ʃɪˈfɑn, ˈʃɪˌ-] *n* : chifón *m*

**chigger** [ˈtʃɪgər] *n* : nigua *f*

**chignon** [ˈʃiːnˌjɑn, -ˌjɔn] *n* : moño *m*, chongo *m Mex*

**child** [ˈtʃaɪld] *n, pl* **children** [ˈtʃɪldrən] **1** BABY, YOUNGSTER : niño *m*, -ña *f*; criatura *f* **2 children** *npl* OFFSPRING : hijo *m*, -ja *f*; progenie *f*

**childbearing**[1] [ˈtʃaɪlbɛrɪŋ] *adj* : relativo al parto ⟨of childbearing age : en edad fértil⟩

**childbearing**[2] → **childbirth**

**childbirth** [ˈtʃaɪldˌbərθ] *n* : parto *m*

**childcare** [ˈtʃaɪldˌkær] *n* : cuidado *m* de los niños, puericultura *f*

**childhood** [ˈtʃaɪldˌhʊd] *n* : infancia *f*, niñez *f*

**childish** [ˈtʃaɪldɪʃ] *adj* : infantil, inmaduro — **childishly** *adv*

**childishness** [ˈtʃaɪldɪʃnəs] *n* : inmadurez *f*

**childless** [ˈtʃaɪldləs] *adj* : sin hijos

**childlike** [ˈtʃaɪldˌlaɪk] *adj* : infantil, inocente ⟨a childlike imagination : una imaginación infantil⟩

**childproof** [ˈtʃaɪldˌpruːf] *adj* : a prueba de niños

**Chilean** [ˈtʃɪliən, tʃɪˈleɪən] *n* : chileno *m*, -na *f* — **Chilean** *adj*

**chili** *or* **chile** *or* **chilli** [ˈtʃɪli] *n, pl* **chilies** *or* **chiles** *or* **chillies** **1** *or* **chili pepper** : chile *m*, ají *m* **2** : chile *m* con carne

**chill**[1] [ˈtʃɪl] *v* : enfriar

**chill**[2] *adj* : frío, gélido ⟨a chill wind : un viento frío⟩

**chill**[3] *n* **1** CHILLINESS : fresco *m*, frío *m* **2** SHIVER : escalofrío *m* **3** DAMPER : enfriamiento *m*, frío *m* ⟨to cast a chill over : enfriar⟩

**chilliness** [ˈtʃɪlinəs] *n* : frío *m*, fresco *m*

**chilly** [ˈtʃɪli] *adj* **chillier; -est** : frío ⟨it's chilly tonight : hace frío esta noche⟩

**chime**[1] [ˈtʃaɪm] *v* **chimed; chiming** *vt* : hacer sonar (una campana) — *vi* : sonar una campana, dar campanadas

**chime**[2] *n* **1** BELLS : juego *m* de campanitas sintonizadas, carillón *m* **2** PEAL : tañido *m*, campanada *f*

**chime in** *vi* : meterse en una conversación

**chimera** *or* **chimaera** [kaɪˈmɪrə, kə-] *n* : quimera *f*

**chimney** [ˈtʃɪmni] *n, pl* **-neys** : chimenea *f*

**chimney sweep** *n* : deshollinador *m*, -dora *f*

**chimp** [ˈtʃɪmp, ˈʃɪmp] → **chimpanzee**

**chimpanzee** [ˌtʃɪmˌpænˈziː, ˌʃɪm-; ˌtʃɪmˈpænzi, ʃɪm-] *n* : chimpancé *m*

**chin** [ˈtʃɪn] *n* : barbilla *f*, mentón *m*, barba *f*, pera *f Arg, Chile, Uru*

**china** [ˈtʃaɪnə] *n* **1** PORCELAIN : porcelana *f*, loza *f* **2** CROCKERY, TABLEWARE : loza *f*, vajilla *f*

**chinchilla** [tʃɪnˈtʃɪlə] *n* : chinchilla *f*

**Chinese**[1] [ˈtʃaɪˈniːz, -ˈniːs] *adj* : chino

**Chinese**[2] *n* **1** : chino *m* (idioma) **2 the Chinese** (*used with a plural verb*) : los chinos

**chink** [ˈtʃɪŋk] *n* : grieta *f*, abertura *f*

**chintz** [ˈtʃɪnts] *n* : chintz *m*, chinz *m*

**chip**[1] [ˈtʃɪp] *v* **chipped; chipping** *vt* : desportillar, desconchar, astillar (madera) — *vi* : desportillarse, desconcharse, descascararse (dícese de la pintura, etc.)

**chip**[2] *n* **1** : astilla *f* (de madera o vidrio), lasca *f* (de piedra) ⟨he's a chip off the old block : de tal palo, tal astilla⟩ **2** : bocado *m* pequeño (en rodajas o rebanadas) ⟨tortilla chips : totopos, tortillitas tostadas〉 **3** : ficha *f* (de póker, etc.) **4** NICK : mella *f* **5** : chip *m* 〈memory chip : chip de memoria〉

**chip in** *v* CONTRIBUTE : contribuir

**chipmunk** [ˈtʃɪpˌmʌŋk] *n* : ardilla *f* listada

**chipotle** [tʃəˈpoːtleɪ, tʃi-] *n* : chipotle *m*

**chipper** [ˈtʃɪpər] *adj* : alegre y vivaz

**chiropodist** [kəˈrɑpədɪst, ʃə-] *n* : podólogo *m*, -ga *f*

**chiropody** [kəˈrɑpədi, ʃə-] *n* : podología *f*

**chiropractic** [ˈkaɪrəˌpræktɪk] *n* : quiropráctica *f*

**chiropractor** [ˈkaɪrəˌpræktər] *n* : quiropráctico *m*, -ca *f*

**chirp**[1] [ˈtʃərp] *vi* : gorjear (dícese de los pájaros), chirriar (dícese de los grillos)

**chirp**[2] *n* : gorjeo *m* (de un pájaro), chirrido *m* (de un grillo)

**chisel**[1] [ˈtʃɪzəl] *vt* **-eled** *or* **-elled; -eling** *or* **-elling** **1** : cincelar, tallar, labrar **2** CHEAT : estafar, defraudar

**chisel**[2] *n* : cincel *m* (para piedras y metales), escoplo *m* (para madera), formón *m*

**chiseler** [ˈtʃɪzələr] *n* SWINDLER : estafador *m*, -dora *f*; fraude *mf*

**chit** [ˈtʃɪt] *n* : resguardo *m*, recibo *m*

**chitchat** [ˈtʃɪtˌtʃæt] *n* : cotorreo *m*, charla *f*

**chivalric** [ʃəˈvælrɪk] → **chivalrous**

**chivalrous** [ˈʃɪvəlrəs] *adj* **1** KNIGHTLY : caballeresco, relativo a la caballería **2** GENTLEMANLY : caballeroso, honesto, cortés

**chivalrousness** [ˈʃɪvəlrəsnəs] *n* : caballerosidad *f*, cortesía *f*

**chivalry** [ˈʃɪvəlri] *n, pl* **-ries** **1** KNIGHTHOOD : caballería *f* **2** CHIVALROUSNESS : caballerosidad *f*, nobleza *f*, cortesía *f*

**chive** [ˈtʃaɪv] *n* : cebollino *m*

**chloride** [ˈklorˌaɪd] *n* : cloruro *m*

**chlorinate** [ˈklorəˌneɪt] *vt* **-nated; -nating** : clorar

**chlorination** [ˌklorəˈneɪʃən] *n* : cloración *f*

**chlorine** [ˈklorˌiːn] *n* : cloro *m*

**chloroform** [ˈklorəˌfɔrm] *n* : cloroformo *m*

**chlorophyll** [ˈklorəˌfɪl] *n* : clorofila *f*

**chock-full** [ˈtʃɑkˈfʊl, ˈtʃʌk-] *adj* : colmado, repleto

**chocolate** [ˈtʃɑkələt, ˈtʃɔk-] *n* **1** : chocolate *m* **2** BONBON : bombón *m* **3** : color *m* chocolate, marrón *m*

**choice**[1] [ˈtʃɔɪs] *adj* **choicer; choicest** : selecto, escogido, de primera calidad

**choice**[2] *n* **1** CHOOSING : elección *f*, selección *f* **2** OPTION : elección *f*, opción *f* 〈I have no choice : no tengo alternativa〉 **3** PREFERENCE : preferencia *f*, elección *f* **4** VARIETY : surtido *m*, selección *f* 〈a wide choice : un gran surtido〉

**choir** [ˈkwaɪr] *n* : coro *m*

**choirboy** [ˈkwaɪrˌbɔɪ] *n* : niño *m* de coro

**choke**[1] [ˈtʃoːk] *v* **choked; choking** *vt* **1** ASPHYXIATE, STRANGLE : sofocar, asfixiar, ahogar, estrangular **2** BLOCK : tapar, obstruir — *vi* **1** SUFFOCATE : asfixiarse, sofocarse, ahogarse 〈to choke on food : atragantarse con comida〉 **2** CLOG : taparse, obstruirse

**choke**[2] *n* **1** CHOKING : estrangulación *f* **2** : choke *m*, estárter *m* (de un motor)

**choker** [ˈtʃoːkər] *n* : gargantilla *f*

**cholera** [ˈkɑlərə] *n* : cólera *m*

**cholesterol** [kəˈlestəˌrɔl] *n* : colesterol *m*

**choose** [ˈtʃuːz] *v* **chose** [ˈtʃoːz]; **chosen** [ˈtʃoːzən]; **choosing** *vt* **1** SELECT : escoger, elegir 〈choose only one : escoja sólo uno〉 **2** DECIDE : decidir 〈he chose to leave : decidió irse〉 **3** PREFER : preferir 〈which one do you choose? : ¿cuál prefiere?〉 — *vi* : escoger 〈much to choose from : mucho de donde escoger〉

**choosy** *or* **choosey** [ˈtʃuːzi] *adj* **choosier; -est** : exigente, remilgado

**chop**[1] [ˈtʃɑp] *vt* **chopped; chopping** **1** MINCE : picar, cortar, moler (carne) **2 to chop down** : cortar, talar (un árbol)

**chop**[2] *n* **1** CUT : hachazo *m* (con una hacha), tajo *m* (con una cuchilla) **2** BLOW : golpe *m* (penetrante) 〈karate chop : golpe de karate〉 **3** : chuleta *f* 〈pork chops : chuletas de cerdo〉

**chopper** [ˈtʃɑpər] → **helicopter**

**choppy** [ˈtʃɑpi] *adj* **choppier; -est** **1** : agitado, picado (dícese del mar) **2** DISCONNECTED : incoherente, inconexo

**chops** [ˈtʃɑps] *npl* **1** : quijada *f*, mandíbula *f*, boca *f* (de una persona) **2 to lick one's chops** : relamerse

**chopsticks** [ˈtʃɑpˌstɪks] *npl* : palillos *mpl*

**choral** [ˈkorəl] *adj* : coral

**chorale** [kəˈræl, -ˈrɑl] *n* **1** : coral *f* (composición musical vocal) **2** CHOIR, CHORUS : coral *f*, coro *m*

**chord** [ˈkɔrd] *n* **1** : acorde *m* (en música) **2** : cuerda *f* (en anatomía o geometría)

**chore** [ˈtʃor] *n* **1** TASK : tarea *f* rutinaria **2** BOTHER, NUISANCE : lata *f* *fam*, fastidio *m* **3 chores** *npl* WORK : quehaceres *mpl*, faenas *fpl*

**choreograph** [ˈkoriəˌgræf] *vt* : coreografiar

**choreographer** [ˌkoriˈɑgrəfər] *n* : coreógrafo *m*, -fa *f*

**choreographic** [ˌkoriəˈgræfɪk] *adj* : coreográfico

**choreography** [ˌkoriˈɑgrəfi] *n, pl* **-phies** : coreografía *f*

**chorister** [ˈkorəstər] *n* : corista *mf*

**chorizo** [tʃəˈriːzo, -so] *n* : chorizo *m*

**chortle**[1] [ˈtʃɔrtəl] *vi* **-tled; -tling** : reírse (con satisfacción o júbilo)

**chortle**[2] *n* : risa *f* (de satisfacción o júbilo)

**chorus**[1] [ˈkorəs] *vt* : corear

**chorus**[2] *n* **1** : coro *m* (grupo o composición musical) **2** REFRAIN : coro *m*, estribillo *m*

**chose** → **choose**

**chosen** [ˈtʃoːzən] *adj* : elegido, selecto

**chow** [ˈtʃaʊ] *n* **1** FOOD : comida *f* **2** : chow-chow *mf* (perro)

**chowder** [ˈtʃaʊdər] *n* : sopa *f* de pescado

**Christ** [ˈkraɪst] *n* **1** : Cristo *m* **2 for Christ's sake** : ¡por Dios!

**christen** [ˈkrɪsən] *vt* **1** BAPTIZE : bautizar **2** NAME : bautizar con el nombre de

**Christendom** [ˈkrɪsəndəm] *n* : cristiandad *f*

**christening** [ˈkrɪsənɪŋ] *n* : bautismo *m*, bautizo *m*
**Christian**[1] [ˈkrɪstʃən] *adj* : cristiano
**Christian**[2] *n* : cristiano *m*, -na *f*
**Christianity** [ˌkrɪstʃiˈænəṭi, ˌkrɪsˈtʃæ-] *n* : cristianismo *m*
**Christian name** *n* : nombre *m* de pila
**Christmas** [ˈkrɪsməs] *n* : Navidad *f* ⟨Christmas season : las Navidades⟩
**Christmas carol** *n* → **carol**[2]
**Christmas eve** *n* : Nochebuena *f*
**chromatic** [kroːˈmæṭɪk] *adj* : cromático ⟨chromatic scale : escala cromática⟩
**chrome** [ˈkroːm] *n* : cromo *m* (metal)
**chromium** [ˈkroːmiəm] *n* : cromo *m* (elemento)
**chromosome** [ˈkroːməˌsoːm, -ˌzoːm] *n* : cromosoma *m*
**chronic** [ˈkrɑnɪk] *adj* : crónico — **chronically** [-nɪkli] *adv*
**chronicle**[1] [ˈkrɑnɪkəl] *vt* **-cled; -cling** : escribir (una crónica o historia)
**chronicle**[2] *n* : crónica *f*, historia *f*
**chronicler** [ˈkrɑnɪklər] *n* : historiador *m*, -dora *f*; cronista *mf*
**chronological** [ˌkrɑnəˈlɑʤɪkəl] *adj* : cronológico — **chronologically** [-kli] *adv*
**chronology** [krəˈnɑləʤi] *n, pl* **-gies** : cronología *f*
**chronometer** [krəˈnɑməṭər] *n* : cronómetro *m*
**chrysalis** [ˈkrɪsələs] *n, pl* **chrysalides** [krɪˈsæləˌdiːz] *or* **chrysalises** : crisálida *f*
**chrysanthemum** [krɪˈsænθəməm] *n* : crisantemo *m*
**chubbiness** [ˈtʃʌbinəs] *n* : gordura *f*
**chubby** [ˈtʃʌbi] *adj* **chubbier; -est** : gordito, regordete, rechoncho
**chuck**[1] [ˈtʃʌk] *vt* **1** TOSS : tirar, lanzar, aventar *Col, Mex* **2 to chuck under the chin** : hacer la mamola
**chuck**[2] *n* **1** PAT : mamola *f*, palmada *f* **2** TOSS : lanzamiento *m* **3** *or* **chuck steak** : corte *m* de carne de res
**chuckle**[1] [ˈtʃʌkəl] *vi* **-led; -ling** : reírse entre dientes
**chuckle**[2] *n* : risita *f*, risa *f* ahogada
**chug** [ˈtʃʌg] *vi* **chugged; chugging** : resoplar, traquetear
**chum**[1] [ˈtʃʌm] *vi* **chummed; chumming** : ser camaradas, ser cuates *Mex fam*
**chum**[2] *n* : amigo *m*, -ga *f*; camarada *mf*; compinche *mf fam*
**chummy** [ˈtʃʌmi] *adj* **chummier; -est** : amistoso ⟨they're very chummy : son muy amigos⟩
**chump** [ˈtʃʌmp] *n* : tonto *m*, -ta *f*; idiota *mf*
**chunk** [ˈtʃʌnk] *n* **1** PIECE : cacho *m*, pedazo *m*, trozo *m* **2** : cantidad *f* grande ⟨a chunk of money : mucho dinero⟩
**chunky** [ˈtʃʌnki] *adj* **chunkier; -est 1** STOCKY : fornido, robusto **2** : que contiene pedazos
**church** [ˈtʃərtʃ] *n* **1** : iglesia *f* ⟨to go to church : ir a la iglesia⟩ **2** CHRISTIANS : iglesia *f*, conjunto *m* de fieles cristianos **3** DENOMINATION : confesión *f*, secta *f* **4** CONGREGATION : feligreses *mpl*, fieles *mpl*
**churchgoer** [ˈtʃərtʃˌgoːər] *n* : practicante *mf*
**churchyard** [ˈtʃərtʃˌjɑrd] *n* : cementerio *m* (junto a una iglesia)
**churn**[1] [ˈtʃərn] *vt* **1** : batir (crema), hacer (mantequilla) **2** : agitar con fuerza, revolver **3 to churn out** : producir en masa — *vi* : agitarse, arremolinarse
**churn**[2] *n* : mantequera *f*
**chute** [ˈʃuːt] *n* : conducto *m* inclinado, vertedero *m* (para basuras)
**chutney** [ˈtʃʌtni] *n, pl* **-neys** : chutney *m*
**chutzpah** [ˈhʊtspə, ˈxʊt-, -ˌspɑ] *n* : descaro *m*, frescura *f*, cara *f fam*
**cicada** [səˈkeɪdə, -ˈkɑ-] *n* : cigarra *f*, chicharra *f*
**cider** [ˈsaɪdər] *n* **1** : jugo *m* (de manzana, etc.) **2 hard cider** : sidra *f*
**cigar** [sɪˈɡɑr] *n* : puro *m*, cigarro *m*
**cigarette** [ˌsɪɡəˈrɛt, ˈsɪɡəˌrɛt] *n* : cigarrillo *m*, cigarro *m*
**cilantro** [sɪˈlɑntroː, -ˈlæn-] *n* : cilantro *m*
**cinch**[1] [ˈsɪntʃ] *vt* **1** : cinchar (un caballo) **2** ASSURE : asegurar
**cinch**[2] *n* **1** : cincha *f* (para caballos) **2** : algo fácil o seguro ⟨it's a cinch : es bien fácil, es pan comido⟩
**cinchona** [sɪŋˈkoːnə] *n* : quino *m*
**cinder** [ˈsɪndər] *n* **1** EMBER : brasa *f*, ascua *f* **2 cinders** *npl* ASHES : cenizas *fpl*
**cinema** [ˈsɪnəmə] *n* : cine *m*
**cinematic** [ˌsɪnəˈmæṭɪk] *adj* : cinematográfico
**cinematography** [ˌsɪnəməˈtɑɡrəfi] *n* : cinematografía *f*
**cinephile** [ˈsɪnəˌfaɪl] *n* : cinéfilo *m*, -fila *f*
**cinnamon** [ˈsɪnəmən] *n* : canela *f*
**cipher** [ˈsaɪfər] *n* **1** ZERO : cero *m* **2** CODE : cifra *f*, clave *f*
**circa** [ˈsərkə] *prep* : alrededor de, hacia ⟨circa 1800 : hacia el año 1800⟩
**circle**[1] [ˈsərkəl] *v* **-cled; -cling** *vt* **1** : encerrar en un círculo, poner un círculo alrededor de **2** : girar alrededor de, dar vueltas a ⟨we circled the building twice : le dimos vueltas al edificio dos veces⟩ — *vi* : dar vueltas
**circle**[2] *n* **1** : círculo *m* **2** CYCLE : ciclo *m* ⟨to come full circle : volver al punto de partida⟩ **3** GROUP : círculo *m*, grupo *m* (social) **4 to have (dark) circles under one's eyes** : tener ojeras
**circuit** [ˈsərkəṭ] *n* **1** BOUNDARY : circuito *m*, perímetro *m* (de una zona o un territorio) **2** TOUR : circuito *m*, recorrido *m*, tour *m* **3** : circuito *m* (eléctrico) ⟨a short circuit : un cortocircuito⟩
**circuitous** [ˌsərˈkjuːəṭəs] *adj* : sinuoso, tortuoso
**circuitry** [ˈsərkəṭri] *n, pl* **-ries** : sistema *m* de circuitos
**circular**[1] [ˈsərkjələr] *adj* ROUND : circular, redondo
**circular**[2] *n* : circular *f*
**circulate** [ˈsərkjəˌleɪt] *v* **-lated; -lating** *vi* : circular — *vt* **1** : circular (noticias, etc.) **2** DISSEMINATE : hacer circular, divulgar
**circulation** [ˌsərkjəˈleɪʃən] *n* : circulación *f*

**circulatory** [ˈsərkjələˌtori] *adj* : circulatorio
**circumcise** [ˈsərkəmˌsaɪz] *vt* **-cised; -cising** : circuncidar
**circumcision** [ˌsərkəmˈsɪʒən, ˈsərkəmˌ-] *n* : circuncisión *f*
**circumference** [sərˈkʌmpfrənts] *n* : circunferencia *f*
**circumflex** [ˈsərkəmˌfleks] *n* : acento *m* circunflejo
**circumlocution** [ˌsərkəmloˈkjuːʃən] *n* : circunlocución *f*
**circumnavigate** [ˌsərkəmˈnævəˌgeɪt] *vt* **-gated; -gating** : circunnavegar
**circumscribe** [ˈsərkəmˌskraɪb] *vt* **-scribed; -scribing** **1** : circunscribir, trazar una figura alrededor de **2** LIMIT : circunscribir, limitar
**circumspect** [ˈsərkəmˌspɛkt] *adj* : circunspecto, prudente, cauto
**circumstance** [ˈsərkəmˌstænts] *n* **1** EVENT : circunstancia *f*, acontecimiento *m* **2 circumstances** *npl* SITUATION : circunstancias *fpl*, situación *f* ⟨under the circumstances : dadas las circunstancias⟩ ⟨under no circumstances : de ninguna manera, bajo ningún concepto⟩ **3 circumstances** *npl* : situación *f* económica
**circumstantial** [ˌsərkəmˈstænt͡ʃəl] *adj* : circunstancial
**circumvent** [ˌsərkəmˈvɛnt] *vt* : evadir, burlar (una ley o regla), sortear (una responsabilidad o dificultad)
**circumvention** [ˌsərkəmˈvɛnt͡ʃən] *n* : evasión *f*
**circus** [ˈsərkəs] *n* : circo *m*
**cirrhosis** [səˈroːsɪs] *n, pl* **-rhoses** [-ˈroːˌ-siːz] : cirrosis *f*
**cis** [ˈsɪs] → **cisgender**
**cisgender** [(ˌ)sɪsˈd͡ʒɛndər] *adj* : cisgénero ⟨cisgender people : las personas cisgénero⟩
**cistern** [ˈsɪstərn] *n* : cisterna *f*, aljibe *m*
**citadel** [ˈsɪt͡ədəl, -ˌdɛl] *n* FORTRESS : ciudadela *f*, fortaleza *f*
**citation** [saɪˈteɪʃən] *n* **1** SUMMONS : emplazamiento *m*, citación *f*, convocatoria *f* (judicial) **2** QUOTATION : cita *f* **3** COMMENDATION : elogio *m*, mención *f* (de honor)
**cite** [ˈsaɪt] *vt* **cited; citing** **1** ARRAIGN, SUBPOENA : emplazar, citar, hacer comparecer (ante un tribunal) **2** QUOTE : citar **3** COMMEND : elogiar, honrar (oficialmente)
**citizen** [ˈsɪt͡əzən] *n* : ciudadano *m*, -na *f*
**citizenry** [ˈsɪt͡əzənri] *n, pl* **-ries** : ciudadanía *f*, conjunto *m* de ciudadanos
**citizenship** [ˈsɪt͡əzənˌʃɪp] *n* : ciudadanía *f* ⟨Nicaraguan citizenship : ciudadanía nicaragüense⟩
**citrus** [ˈsɪtrəs] *n, pl* **-rus** *or* **-ruses** : cítrico *m*
**city** [ˈsɪt͡i] *n, pl* **cities** : ciudad *f*
**civic** [ˈsɪvɪk] *adj* : cívico
**civic–minded** [ˌsɪvɪkˈmaɪndəd] *adj* : cívico
**civics** [ˈsɪvɪks] *ns & pl* : civismo *m*
**civil** [ˈsɪvəl] *adj* **1** : civil ⟨civil law : derecho civil⟩ **2** POLITE : civil, cortés
**civilian** [səˈvɪlj͡ən] *n* : civil *mf* ⟨soldiers and civilians : soldados y civiles⟩
**civility** [səˈvɪlət͡i] *n, pl* **-ties** : cortesía *f*, educación *f*
**civilization** [ˌsɪvələˈzeɪʃən] *n* : civilización *f*
**civilize** [ˈsɪvəˌlaɪz] *vt* **-lized; -lizing** : civilizar — **civilized** *adj*
**civil liberties** *npl* : derechos *mpl* civiles
**civilly** [ˈsɪvəli] *adv* : cortésmente
**civil rights** *npl* : derechos *mpl* civiles
**civil servant** *n* : funcionario *m*, -ria *f*
**civil service** *n* : administración *f* pública
**civil war** *n* : guerra *f* civil
**clack**[1] [ˈklæk] *vi* : tabletear
**clack**[2] *n* : tableteo *m*
**clad** [ˈklæd] *adj* **1** CLOTHED : vestido **2** COVERED : cubierto
**claim**[1] [ˈkleɪm] *vt* **1** DEMAND : reclamar, reivindicar ⟨she claimed her rights : reclamó sus derechos⟩ **2** MAINTAIN : afirmar, sostener ⟨they claim it's theirs : sostienen que es suyo⟩
**claim**[2] *n* **1** DEMAND : demanda *f*, reclamación *f* **2** DECLARATION : declaración *f*, afirmación *f* **3 to stake a claim** : reclamar, reivindicar
**claimant** [ˈkleɪmənt] *n* : demandante *mf* (ante un juez), pretendiente *mf* (al trono, etc.)
**clairvoyance** [klærˈvɔɪənts] *n* : clarividencia *f*
**clairvoyant**[1] [klærˈvɔɪənt] *adj* : clarividente
**clairvoyant**[2] *n* : clarividente *mf*
**clam** [ˈklæm] *n* : almeja *f*
**clamber** [ˈklæmbər] *vi* : treparse o subirse torpemente
**clammy** [ˈklæmi] *adj* **clammier; -est** : húmedo y algo frío
**clamor**[1] [ˈklæmər] *vi* : gritar, clamar
**clamor**[2] *n* : clamor *m*
**clamorous** [ˈklæmərəs] *adj* : clamoroso, ruidoso, estrepitoso
**clamp**[1] [ˈklæmp] *vt* : sujetar con abrazaderas
**clamp**[2] *n* : abrazadera *f*
**clam up** *vi fam* : callarse, negarse a hablar
**clan** [ˈklæn] *n* : clan *m*
**clandestine** [klænˈdɛstɪn] *adj* : clandestino, secreto
**clang**[1] [ˈklæŋ] *vi* : hacer resonar (dícese de un objeto metálico)
**clang**[2] *n* : ruido *m* metálico fuerte
**clangor** [ˈklæŋər, -gər] *n* : estruendo *m* metálico
**clank**[1] [ˈklæŋk] *vi* : producir un ruido metálico seco
**clank**[2] *n* : ruido *m* metálico seco
**clap**[1] [ˈklæp] *v* **clapped; clapping** *vt* **1** SLAP, STRIKE : golpear ruidosamente, dar una palmada ⟨to clap one's hands : batir palmas, dar palmadas⟩ **2** APPLAUD : aplaudir — *vi* APPLAUD : aplaudir
**clap**[2] *n* **1** SLAP : palmada *f*, golpecito *m* **2** NOISE : ruido *m* seco ⟨a clap of thunder : un trueno⟩
**clapboard** [ˈklæbərd, ˈklæpˌbɔrd] *n* : tabla *f* de madera (para revestir muros)

**clapper** [ˈklæpər] *n* : badajo *m* (de una campana)
**clapping** [ˈklæpɪŋ] *n* : aplausos *mpl*
**clarification** [ˌklærəfəˈkeɪʃən] *n* : clarificación *f*
**clarify** [ˈklærəˌfaɪ] *vt* **-fied; -fying** **1** EXPLAIN : aclarar **2** : clarificar (un líquido)
**clarinet** [ˌklærəˈnɛt] *n* : clarinete *m*
**clarion** [ˈklæriən] *adj* : claro y sonoro
**clarity** [ˈklærəṭi] *n* : claridad *f*, nitidez *f*
**clash**[1] [ˈklæʃ] *vi* **1** : sonar, chocarse ⟨the cymbals clashed : los platillos sonaron⟩ **2** : chocar, enfrentarse ⟨the students clashed with the police : los estudiantes se enfrentaron con la policía⟩ **3** CONFLICT : estar en conflicto, oponerse **4** : desentonar (dícese de los colores), coincidir (dícese de los datos)
**clash**[2] *n* **1** : ruido *m* (producido por un choque) **2** CONFLICT, CONFRONTATION : enfrentamiento *m*, conflicto *m*, choque *m*
**clasp**[1] [ˈklæsp] *vt* **1** FASTEN : sujetar, abrochar **2** EMBRACE, GRASP : agarrar, sujetar, abrazar
**clasp**[2] *n* **1** FASTENING : broche *m*, cierre *m* **2** EMBRACE, SQUEEZE : apretón *m*, abrazo *m*
**class**[1] [ˈklæs] *vt* : clasificar, catalogar
**class**[2] *n* **1** KIND, TYPE : clase *f*, tipo *m*, especie *f* **2** : clase *f*, rango *m* social ⟨the working class : la clase obrera⟩ **3** LESSON : clase *f*, curso *m* ⟨English class : clase de inglés⟩ ⟨to take a class : tomar/hacer un curso⟩ **4** : clase *f* ⟨she told the whole class : se lo dijo a toda la clase⟩ ⟨the class of '97 : la promoción del 97⟩ **5** STYLE : clase *f*, estilo *m* **6** : clase *f* (en un vuelo) ⟨business class : clase ejecutiva⟩
**classic**[1] [ˈklæsɪk] *adj* : clásico
**classic**[2] *n* : clásico *m*, obra *f* clásica
**classical** [ˈklæsɪkəl] *adj* : clásico — **classically** [-kli] *adv*
**classicism** [ˈklæsəˌsɪzəm] *n* : clasicismo *m*
**classification** [ˌklæsəfəˈkeɪʃən] *n* : clasificación *f*
**classified** [ˈklæsəˌfaɪd] *adj* **1** : clasificado ⟨classified ads : avisos clasificados⟩ **2** RESTRICTED : confidencial, secreto ⟨classified documents : documentos secretos⟩
**classify** [ˈklæsəˌfaɪ] *vt* **-fied; -fying** : clasificar, catalogar
**classless** [ˈklæsləs] *adj* : sin clases
**classmate** [ˈklæsˌmeɪt] *n* : compañero *m*, -ra *f* de clase
**classroom** [ˈklæsˌruːm] *n* : aula *f*, salón *m* de clase
**classy** [ˈklæsi] *adj* **classier; -est** : con clase
**clatter**[1] [ˈklæṭər] *vi* : traquetear, hacer ruido
**clatter**[2] *n* : traqueteo *m*, ruido *m*, estrépito *m*
**clause** [ˈklɔz] *n* : cláusula *f*
**claustrophobia** [ˌklɔstrəˈfoːbiə] *n* : claustrofobia *f*
**claustrophobic** [ˌklɔstrəˈfoːbɪk] *adj* : claustrofóbico
**clavicle** [ˈklævɪkəl] *n* : clavícula *f*
**claw**[1] [ˈklɔ] *v* : arañar
**claw**[2] *n* : garra *f*, uña *f* (de un gato), pinza *f* (de un crustáceo)
**clay** [ˈkleɪ] *n* : arcilla *f*, barro *m*
**clean**[1] [ˈkliːn] *vt* **1** *or* **to clean up** : limpiar ⟨to clean oneself up : lavarse⟩ **2** : limpiar (pescado, etc.) **3 to clean one's plate** : comérselo todo **4 to clean out** : limpiar y ordenar (un lugar) **5 to clean out** : dejar pelado, limpiar, robarle todo — *vi* **1** *or* **to clean up** : limpiar ⟨to clean up after dinner : lavar los platos/trastes⟩ ⟨I'm not cleaning up after you : no voy a limpiar lo que tú ensucias⟩ **2 to clean up** : hacerse su agosto, enriquecerse
**clean**[2] *adv* : limpio, limpiamente ⟨to play clean : jugar limpio⟩
**clean**[3] *adj* **1** : limpio **2** UNADULTERATED : puro ⟨clean water : agua pura⟩ **3** IRREPROACHABLE : intachable, sin mancha ⟨to have a clean record : no tener antecedentes penales⟩ **4** GREEN : limpio ⟨clean energy : energía limpia⟩ **5** CLEAR, SHARP : claro, nítido ⟨clean lines : líneas sencillas/puras⟩ **6** DECENT : decente **7** COMPLETE : completo, absoluto ⟨a clean break with the past : un corte radical con el pasado⟩
**cleaner** [ˈkliːnər] *n* **1** : limpiador *m*, -dora *f* **2** : producto *m* de limpieza ⟨glass/window cleaner : limpiavidrios⟩ **3** DRY CLEANER : tintorería *f* ⟨the cleaner/cleaner's/cleaners : la tintorería⟩
**cleaning** [ˈkliːnɪŋ] *n* : limpieza *f*
**cleanliness** [ˈklɛnlinəs] *n* : limpieza *f*, aseo *m*
**cleanly**[1] [ˈkliːnli] *adv* : limpiamente, con limpieza
**cleanly**[2] [ˈklɛnli] *adj* **cleanlier; -est** : limpio, pulcro
**cleanness** [ˈkliːnnəs] *n* : limpieza *f*
**cleanse** [ˈklɛnz] *vt* **cleansed; cleansing** : limpiar, purificar
**cleanser** [ˈklɛnzər] *n* : limpiador *m*, purificador *m*
**clean sweep** *n* : barrida *f* (en una competencia)
**clear**[1] [ˈklɪr] *vt* **1** CLARIFY : aclarar, clarificar (un líquido) **2** : despejar (una superficie), desatascar (un tubo), desmontar (una selva) ⟨to clear the table : levantar la mesa⟩ ⟨to clear a path : abrir un camino⟩ ⟨to clear a space for : hacer lugar para⟩ ⟨to clear one's throat : carraspear, aclararse la voz⟩ **3** EMPTY, EVACUATE : vaciar, evacuar **4** EXONERATE : absolver, limpiar el nombre de **5** EARN : ganar, sacar (una ganancia de) **6** : pasar sin tocar ⟨he cleared the hurdle : saltó por encima de la valla⟩ **7** AUTHORIZE : autorizar **8 to clear away** : poner en su sitio **9 to clear off** : quitar de ⟨let me clear (the papers) off the table : déjame quitar los papeles de la mesa⟩ **10 to clear out** : ordenar **11 to clear up** RESOLVE : aclarar, resolver, esclarecer

— *vi* **1** DISPERSE : irse, despejarse, disiparse **2** : ser compensado (dícese de un cheque) **3 to clear up** : despejar (dícese del tiempo), mejorarse (dícese de una enfermedad)

**clear**[2] *adv* : claro, claramente

**clear**[3] *adj* **1** BRIGHT : claro, lúcido **2** FAIR : claro, despejado **3** TRANSPARENT : transparente, translúcido **4** EVIDENT, UNMISTAKABLE : claro, evidente, obvio ⟨a clear explanation : una explicación clara⟩ ⟨is that clear?, do I make myself clear? : ¿está claro?⟩ ⟨I want to be clear : (quiero) que quede claro⟩ **5** SHARP : claro, nítido **6** CERTAIN : seguro ⟨to be clear on something : entender algo⟩ **7** ALERT : despejado, lúcido ⟨to have a clear head : estar despejado⟩ **8** : despejado (dícese de las vías, etc.) ⟨keep the area clear of clutter : mantener la zona libre de objetos⟩

**clear**[4] *n* **1 in the clear** : inocente, libre de toda sospecha **2 in the clear** SAFE : fuera de peligro

**clearance** [ˈklɪrənʦ] *n* **1** CLEARING : despeje *m* **2** SPACE : espacio *m* (libre), margen *m* **3** AUTHORIZATION : autorización *f*, despacho *m* (de la aduana)

**clear–cut** [ˈklɪrˈkʌt] *adj* : bien definido

**clearing** [ˈklɪrɪŋ] *n* : claro *m* (de un bosque)

**clearly** [ˈklɪrli] *adv* **1** DISTINCTLY : claramente, directamente **2** OBVIOUSLY : obviamente, evidentemente

**cleat** [ˈkli:t] *n* **1** : taco *m* **2 cleats** *npl* : zapatos *mpl* deportivos (con tacos)

**cleavage** [ˈkli:vɪʤ] *n* **1** CLEFT : hendidura *f*, raja *f* **2** : escote *m* (del busto)

**cleave**[1] [ˈkli:v] *vi* **cleaved** [ˈkli:vd] *or* **clove** [ˈklo:v]; **cleaving** ADHERE : adherirse, unirse

**cleave**[2] *vt* **cleaved; cleaving** SPLIT : hender, dividir, partir

**cleaver** [ˈkli:vər] *n* : cuchilla *f* de carnicero

**clef** [ˈklef] *n* : clave *f*

**cleft** [ˈklɛft] *n* : hendidura *f*, raja *f*, grieta *f*

**clemency** [ˈklɛmənʦi] *n* : clemencia *f*

**clement** [ˈklɛmənt] *adj* **1** MERCIFUL : clemente, piadoso **2** MILD : clemente, apacible

**clench** [ˈklɛnʧ] *vt* **1** CLUTCH : agarrar **2** TIGHTEN : apretar (el puño, los dientes)

**clergy** [ˈklərʤi] *n, pl* **-gies** : clero *m*

**clergyman** [ˈklərʤimən] *n, pl* **-men** [-mən, -ˌmɛn] : clérigo *m*

**cleric** [ˈklɛrɪk] *n* : clérigo *m*, -ga *f*

**clerical** [ˈklɛrɪkəl] *adj* **1** : clerical ⟨a clerical collar : un alzacuello⟩ **2** : de oficina ⟨clerical staff : personal de oficina⟩

**clerk**[1] [ˈklərk, Brit ˈklɑrk] *vi* : trabajar de oficinista, trabajar de dependiente

**clerk**[2] *n* **1** : funcionario *m*, -ria *f* (de una oficina gubernamental) **2** : oficinista *mf*, empleado *m*, -da *f* de oficina **3** SALESPERSON : dependiente *m*, -ta *f*

**clever** [ˈklɛvər] *adj* **1** SKILLFUL : ingenioso, hábil **2** SMART : listo, inteligente, astuto

**cleverly** [ˈklɛvərli] *adv* **1** SKILLFULLY : ingeniosamente, hábilmente **2** INTELLIGENTLY : inteligentemente

**cleverness** [ˈklɛvərnəs] *n* **1** SKILL : ingenio *m*, habilidad *f* **2** INTELLIGENCE : inteligencia *f*

**clew** [ˈklu:] → **clue**

**cliché** [kliˈʃeɪ] *n* : cliché *m*, tópico *m*

**click**[1] [ˈklɪk] *vt* **1** : chasquear (los dedos, etc.) ⟨to click one's heels : dar un taconazo⟩ **2** : hacer clic/click en (un botón, etc.) — *vi* **1** : hacer clic/click **2** SNAP : chasquear **3** SUCCEED : tener éxito **4** GET ALONG : congeniar, llevarse bien

**click**[2] *n* **1** : chasquido *m* (de los dedos, etc.) **2** : clic *m*, click *m* (de un botón, etc.)

**client** [ˈklaɪənt] *n* : cliente *m*, -ta *f*

**clientele** [ˌklaɪənˈtɛl, ˌkli:-] *n* : clientela *f*

**cliff** [ˈklɪf] *n* : acantilado *m*, precipicio *m*, risco *m*

**climate** [ˈklaɪmət] *n* : clima *m*

**climatic** [klaɪˈmæṭɪk, klə-] *adj* : climático

**climax**[1] [ˈklaɪˌmæks] *vi* : llegar al punto culminante, culminar — *vt* : ser el punto culminante de

**climax**[2] *n* : clímax *m*, punto *m* culminante

**climb**[1] [ˈklaɪm] *vt* : escalar, trepar a, subir a ⟨to climb a mountain : escalar una montaña⟩ — *vi* **1** RISE : subir, ascender ⟨prices are climbing : los precios están subiendo⟩ **2** : subirse, treparse ⟨to climb up a tree : treparse a un árbol⟩

**climb**[2] *n* : ascenso *m*, subida *f*

**climber** [ˈklaɪmər] *n* **1** : escalador *m*, -dora *f* ⟨a mountain climber : un alpinista⟩ **2** : trepadora *f* (planta)

**climbing** [ˈklaɪmɪŋ] *n* MOUNTAINEERING : montañismo *m*, alpinismo *m*

**clinch**[1] [ˈklɪnʧ] *vt* **1** FASTEN, SECURE : remachar (un clavo), afianzar, abrochar **2** SETTLE : decidir, cerrar ⟨to clinch the title : ganar el título⟩

**clinch**[2] *n* : abrazo *m*, clinch *m* (en el boxeo)

**clincher** [ˈklɪnʧər] *n* : argumento *m* decisivo

**cling** [ˈklɪŋ] *vi* **clung** [ˈklʌŋ]; **clinging 1** STICK : adherirse, pegarse **2** : aferrarse, agarrarse ⟨he clung to the railing : se aferró a la barandilla⟩

**clingy** [ˈklɪŋi] *adj* **clingier; -est 1** : ajustado, ceñido (dícese de la ropa) **2** : pegajoso (dícese de una persona)

**clinic** [ˈklɪnɪk] *n* : clínica *f*

**clinical** [ˈklɪnɪkəl] *adj* : clínico — **clinically** [-kli] *adv*

**clink**[1] [ˈklɪŋk] *vi* : tintinear

**clink**[2] *n* : tintineo *m*

**clip**[1] [ˈklɪp] *vt* **clipped; clipping 1** CUT : cortar, recortar **2** HIT : golpear, dar un puñetazo a **3** FASTEN : sujetar (con un clip)

**clip**[2] *n* **1** → **clippers 2** BLOW : golpe *m*, puñetazo *m* **3** PACE : paso *m* rápido **4** FASTENER : clip *m* ⟨a paper clip : un sujetapapeles⟩

**clipper** [ˈklɪpər] *n* **1** : clíper *m* (buque de vela) **2 clippers** *npl* : tijeras *fpl* ⟨nail clippers : cortaúñas⟩

**clipping** [ˈklɪpɪŋ] *n* **1** : recorte *m* (de un periódico) **2** BIT : pedazo *m*, trozo *m* (de uña, etc.), recorte *m* (de pasto, etc.)
**clique** [ˈkliːk, ˈklɪk] *n* : grupo *m* exclusivo, camarilla *f* (de políticos)
**clitoris** [ˈklɪtərəs, klɪˈtɔrəs] *n, pl* **clitorides** [-ˈtɔrəˌdiːz] : clítoris *m*
**cloak**[1] [ˈkloːk] *vt* : encubrir, envolver (en un manto de)
**cloak**[2] *n* : capa *f*, capote *m*, manto *m* ⟨under the cloak of darkness : al amparo de la oscuridad⟩
**cloakroom** [ˈkloːkˌruːm, -ˌrʊm] *n* : guardarropa *m*
**clobber** [ˈklɑbər] *vt* : dar una paliza a
**clock**[1] [ˈklɑk] *vt* **1** : cronometrar **2 to clock in/out** : fichar (al entrar/salir)
**clock**[2] *n* **1** : reloj *m* (de pared), cronómetro *m* (en deportes o competencias) **2 around the clock** : las veinticuatro horas
**clockmaker** [ˈklɑkˌmeɪkər] *n* : relojero *m*, -ra *f*
**clockmaking** [ˈklɑkˌmeɪkɪŋ] *n* : relojería *f*
**clockwise** [ˈklɑkˌwaɪz] *adv & adj* : en la dirección de las manecillas del reloj
**clockwork** [ˈklɑkˌwərk] *n* : mecanismo *m* de relojería
**clod** [ˈklɑd] *n* **1** : terrón *m* **2** OAF : zoquete *mf*
**clog**[1] [ˈklɑg] *v* **clogged; clogging** *vt* **1** HINDER : estorbar, impedir **2** BLOCK : atascar, tapar — *vi* : atascarse, taparse
**clog**[2] *n* **1** OBSTACLE : traba *f*, impedimento *m*, estorbo *m* **2** : zueco *m* (zapato)
**cloister** [ˈklɔɪstər] *n* : claustro *m*
**clone**[1] [ˈkloːn] *vt* : clonar
**clone**[2] *n* **1** : clon *m* (de un organismo) **2** COPY : copia *f*, reproducción *f*
**close**[1] [ˈkloːz] *v* **closed; closing** *vt* **1** : cerrar (una puerta, un libro, un archivo, etc.) ⟨to close one's eyes : cerrar los ojos⟩ **2** *or* **to close up** : cerrar (una empresa, etc.) ⟨they close the store at five o'clock : cierran la tienda a las cinco⟩ **3** *or* **to close down** : cerrar (una empresa, etc.) ⟨they had to close the restaurant : tuvieron que cerrar el restaurante⟩ **4** *or* **to close off** : cerrar (una calle) **5** *or* **to close out** : cerrar (una cuenta) **6** *or* **to close out** END : concluir, terminar **7** : hacer, cerrar (un trato) **8** REDUCE : cerrar, reducir (una distancia) **9 to close up** : cerrar (una casa, etc.) — *vi* **1** : cerrarse, cerrar ⟨the door closed behind her : la puerta se cerró tras ella⟩ ⟨they close on Sundays : cierran los domingos⟩ **2** TERMINATE : concluirse, terminar **3 to close at (a price)** : cotizar a (un precio) al cierre **4 to close down** : cerrar (dícese de una empresa, etc.) **5 to close in** APPROACH : acercarse, aproximarse **6 to close on** : cerrar (un trato), cerrar la compra/venta de (una casa)
**close**[2] [ˈkloːs] *adv* : cerca, de cerca
**close**[3] *adj* **closer; closest** **1** NEAR : cercano, próximo ⟨stay close to me : no te separes de mi lado⟩ ⟨don't get too close to the fire : no te acerques al fuego⟩ ⟨we must be getting close by now : ya estaremos muy cerca⟩ ⟨Christmas is getting close : se acerca la Navidad⟩ ⟨at close range/quarters : de cerca⟩ ⟨to live in close quarters : vivir muy apretados⟩ **2** SIMILAR : parecido, similar ⟨they're close in age : tienen casi la misma edad⟩ ⟨close in size : de tamaño parecido⟩ ⟨to bear a close resemblance to : tener un gran parecido con/a⟩ **3** (*indicating approximation*) ⟨did I guess right? — no, but you're close : ¿acerté? — no, pero casi⟩ ⟨not even close : ni por asomo⟩ ⟨close, but no cigar : casi, pero no⟩ **4** (*indicating that something nearly did or didn't happen*) ⟨that was close!, that was a close one/call/shave! : ¡nos salvamos por los pelos!⟩ ⟨we won, but it was close : ganamos por los pelos⟩ **5** STRICT : estricto, detallado ⟨keep a close eye/watch on him : vigílalo bien⟩ ⟨to pay close attention to : prestar mucha atención a⟩ **6** STUFFY : de aire viciado o sofocante (dícese de un lugar) **7** TIGHT : apretado, entallado, ceñido ⟨it's a close fit : es muy apretado⟩ **8** : cercano ⟨close relatives : parientes cercanos⟩ **9** INTIMATE : íntimo ⟨close friends : amigos íntimos⟩ ⟨those close to the president : los allegados del presidente⟩ **10** ACCURATE : fiel, exacto **11** : reñido ⟨a close election : una elección muy reñida⟩ ⟨she came in a close second : quedó en segundo lugar por una diferencia mínima⟩ **12 to be close to** : estar a punto de, estar al borde de ⟨he was close to crying/tears : estaba a punto de llorar, estaba a punto de las lágrimas⟩ ⟨to be close to death : estar al borde de la muerte⟩
**close–knit** [ˈkloːsˈnɪt] *adj* : unido, íntimo
**closely** [ˈkloːsli] *adv* : cerca, de cerca
**closeness** [ˈkloːsnəs] *n* **1** NEARNESS : cercanía *f*, proximidad *f* **2** INTIMACY : intimidad *f*
**closet**[1] [ˈklɑzət] *vt* **to be closeted with** : estar encerrado con
**closet**[2] *n* : armario *m*, guardarropa *f*, clóset *m*
**close–up** [ˈkloːsˌʌp] *n* : primer plano *m*
**closure** [ˈkloːʒər] *n* **1** CLOSING, END : cierre *m*, clausura *f*, fin *m* **2** FASTENER : cierre *m*
**clot**[1] [ˈklɑt] *v* **clotted; clotting** *vt* : coagular, cuajar — *vi* : cuajarse, coagularse
**clot**[2] *n* : coágulo *m*
**cloth** [ˈklɔθ] *n, pl* **cloths** [ˈklɔðz, ˈklɔθs] **1** FABRIC : tela *f* **2** RAG : trapo *m* **3** TABLECLOTH : mantel *m*
**clothe** [ˈkloːð] *vt* **clothed** *or* **clad** [ˈklæd]; **clothing** DRESS : vestir, arropar, ataviar
**clothes** [ˈkloːz, ˈkloːðz] *npl* **1** CLOTHING : ropa *f* **2** BEDCLOTHES : ropa *f* de cama
**clothesline** [ˈkloːzˌlaɪn] *n* : tendedero *m*
**clothespin** [ˈkloːzˌpɪn] *n* : pinza *f* (para la ropa)
**clothing** [ˈkloːðɪŋ] *n* : ropa *f*, indumentaria *f*

**cloud**[1] [ˈklaʊd] *vt* : nublar, oscurecer — *vi* **to cloud over** : nublarse
**cloud**[2] *n* **1** : nube *f* ⟨to have one's head in the clouds : andar en las nubes⟩ **2** : nube *f* (de polvo, etc.) **3** : nube *f* ⟨cloud computing : computación en la nube⟩
**cloudburst** [ˈklaʊdˌbərst] *n* : chaparrón *m*, aguacero *m*
**cloudiness** [ˈklaʊdinəs] *n* : nubosidad *f*
**cloudless** [ˈklaʊdləs] *adj* : despejado, claro
**cloudy** [ˈklaʊdi] *adj* **cloudier; -est** : nublado, nuboso
**clout**[1] [ˈklaʊt] *vt* : bofetear, dar un tortazo a
**clout**[2] *n* **1** BLOW : golpe *m*, tortazo *m* *fam* **2** INFLUENCE : influencia *f*, palanca *f fam*
**clove**[1] [ˈkloːv] *n* **1** : diente *m* (de ajo) **2** : clavo *m* (especia)
**clove**[2] → **cleave**
**cloven hoof** [ˈkloːvən] *n* : pezuña *f* hendida
**clover** [ˈkloːvər] *n* : trébol *m*
**cloverleaf** [ˈkloːvərˌliːf] *n, pl* **-leafs** *or* **-leaves** [-ˌliːvz] : intersección *f* en trébol
**clown**[1] [ˈklaʊn] *vi* : payasear, bromear ⟨stop clowning around : déjate de payasadas⟩
**clown**[2] *n* : payaso *m*, -sa *f*
**clownish** [ˈklaʊnɪʃ] *adj* **1** : de payaso **2** BOORISH : grosero — **clownishly** *adv*
**cloying** [ˈkloɪɪŋ] *adj* : empalagoso, meloso
**club**[1] [ˈklʌb] *vt* **clubbed; clubbing** : aporrear, dar garrotazos a
**club**[2] *n* **1** CUDGEL : garrote *m*, porra *f* **2** : palo *m* ⟨golf club : palo de golf⟩ **3** : trébol *m*, basto *m* (en la baraja española) **4** ASSOCIATION : club *m*
**clubfoot** [ˈklʌbˌfʊt] *n, pl* **-feet** : pie *m* deforme
**clubhouse** [ˈklʌbˌhaʊs] *n* : sede *f* de un club
**cluck**[1] [ˈklʌk] *vi* : cloquear, cacarear
**cluck**[2] *n* : cloqueo *m*, cacareo *m*
**clue**[1] [ˈkluː] *vt* **clued; clueing** *or* **cluing** *or* **to clue in** : dar una pista a, informar
**clue**[2] *n* : pista *f*, indicio *m*
**clump**[1] [ˈklʌmp] *vi* **1** : caminar con pisadas fuertes **2** LUMP : agruparse, aglutinarse — *vt* : amontonar
**clump**[2] *n* **1** : grupo *m* (de arbustos o árboles), terrón *m* (de tierra) **2** : pisada *f* fuerte
**clumsily** [ˈklʌmzəli] *adv* : torpemente, sin gracia
**clumsiness** [ˈklʌmzinəs] *n* : torpeza *f*
**clumsy** [ˈklʌmzi] *adj* **clumsier; -est 1** AWKWARD : torpe, desmañado **2** TACTLESS : carente de tacto, poco delicado
**clung** → **cling**
**clunky** [ˈklʌŋki] *adj* : torpe, poco elegante
**cluster**[1] [ˈklʌstər] *vt* : agrupar, juntar — *vi* : agruparse, apiñarse, arracimarse
**cluster**[2] *n* : grupo *m*, conjunto *m*, racimo *m* (de uvas)
**clutch**[1] [ˈklʌtʃ] *vt* : agarrar, asir — *vi* **to clutch at** : tratar de agarrar
**clutch**[2] *n* **1** GRASP, GRIP : agarre *m*, apretón *m* **2** : embrague *m*, clutch *m* (de una máquina) **3 clutches** *npl* : garras *fpl* ⟨he fell into their clutches : cayó en sus garras⟩
**clutter**[1] [ˈklʌtər] *vt* : atiborrar o atestar de cosas, llenar desordenadamente
**clutter**[2] *n* : desorden *m*, revoltijo *m*
**coach**[1] [ˈkoːtʃ] *vt* : entrenar (atletas, artistas), preparar (alumnos)
**coach**[2] *n* **1** CARRIAGE : coche *m*, carruaje *m*, carroza *f* **2** : vagón *m* de pasajeros (de un tren) **3** BUS : autobús *m*, ómnibus *m* **4** : pasaje *m* aéreo de segunda clase **5** TRAINER : entrenador *m*, -dora *f*
**coagulate** [koˈægjəˌleɪt] *v* **-lated; -lating** *vt* : coagular, cuajar — *vi* : coagularse, cuajarse
**coal** [ˈkoːl] *n* **1** EMBER : ascua *f*, brasa *f* **2** : carbón *m* ⟨a coal mine : una mina de carbón⟩
**coalesce** [ˌkoːəˈlɛs] *vi* **-alesced; -alescing** : unirse
**coalition** [ˌkoːəˈlɪʃən] *n* : coalición *f*
**coarse** [ˈkors] *adj* **coarser; coarsest 1** : grueso (dícese de la arena o la sal), basto (dícese de las telas), áspero (dícese de la piel) **2** CRUDE, ROUGH : basto, tosco, ordinario **3** VULGAR : grosero — **coarsely** *adv*
**coarsen** [ˈkorsən] *vt* : hacer áspero o basto — *vi* : volverse áspero o basto
**coarseness** [ˈkorsnəs] *n* : aspereza *f*, tosquedad *f*
**coast**[1] [ˈkoːst] *vi* : deslizarse, rodar sin impulso
**coast**[2] *n* : costa *f*, litoral *m*
**coastal** [ˈkoːstəl] *adj* : costero
**coaster** [ˈkoːstər] *n* : posavasos *m*
**coast guard** *n* : guardia *f* costera, guardacostas *mpl*
**coastline** [ˈkoːstˌlaɪn] *n* : costa *f*
**coat**[1] [ˈkoːt] *vt* : cubrir, revestir, bañar (en un líquido)
**coat**[2] *n* **1** : abrigo *m* ⟨a sport coat : una chaqueta, un saco⟩ **2** : pelaje *m* (de animales) **3** LAYER : capa *f*, mano *f* (de pintura)
**coat check** *n* : guardarropa *m*
**coat hanger** *n* : percha *f*, gancho *m*
**coating** [ˈkoːɪŋ] *n* : capa *f*
**coat of arms** *n* : escudo *m* de armas
**coatrack** [ˈkoːtˌræk] *n* : percha *f*, perchero *m*
**coax** [ˈkoːks] *vt* : engatusar, persuadir
**cob** [ˈkɑb] → **corncob**
**cobalt** [ˈkoːˌbɔlt] *n* : cobalto *m*
**cobble** [ˈkɑbəl] *vt* **cobbled; cobbling 1** : fabricar o remendar (zapatos) **2 to cobble together** : improvisar, hacer apresuradamente
**cobbler** [ˈkɑblər] *n* **1** SHOEMAKER : zapatero *m*, -ra *f* **2 fruit cobbler** : tarta *f* de fruta
**cobblestone** [ˈkɑbəlˌstoːn] *n* : adoquín *m*
**cobra** [ˈkoːbrə] *n* : cobra *f*
**cobweb** [ˈkɑbˌwɛb] *n* : telaraña *f*
**coca** [ˈkoːkə] *n* : coca *f*
**cocaine** [koːˈkeɪn, ˈkoːˌkeɪn] *n* : cocaína *f*
**cock**[1] [ˈkɑk] *vt* **1** : ladear ⟨to cock one's head : ladear la cabeza⟩ **2** : montar, amartillar (un arma de fuego)

**cock**[2] *n* **1** ROOSTER : gallo *m* **2** FAUCET : grifo *m*, llave *f* **3** : martillo *m* (de un arma de fuego)
**cockatoo** [ˈkɑkəˌtu:] *n, pl* **-toos** : cacatúa *f*
**cockeyed** [ˈkɑkˌaɪd] *adj* **1** ASKEW : ladeado, torcido, chueco **2** ABSURD : disparatado, absurdo
**cockfight** [ˈkɑkˌfaɪt] *n* : pelea *f* de gallos
**cockiness** [ˈkɑkinəs] *n* : arrogancia *f*
**cockle** [ˈkɑkəl] *n* : berberecho *m*
**cockpit** [ˈkɑkˌpɪt] *n* : cabina *f*
**cockroach** [ˈkɑkˌro:tʃ] *n* : cucaracha *f*
**cocktail** [ˈkɑkˌteɪl] *n* **1** : coctel *m*, cóctel *m* **2** APPETIZER : aperitivo *m*
**cocky** [ˈkɑki] *adj* **cockier; -est** : creído, engreído
**cocoa** [ˈko:ˌko:] *n* **1** CACAO : cacao *m* **2** : cocoa *f*, chocolate *m* (bebida)
**coconut** [ˈko:kəˌnʌt] *n* : coco *m*
**cocoon** [kəˈku:n] *n* : capullo *m*
**cod** [ˈkɑd] *n, pl* **cod** : bacalao *m*
**coddle** [ˈkɑdəl] *vt* **-dled; -dling** : mimar, consentir
**code**[1] [ˈko:d] *vt* **coded; coding** **1** ENCODE : cifrar (mensajes, etc.) **2** ENCODE : codificar (datos, etc.) **3** MARK : codificar
**code**[2] *n* **1** : código *m* ⟨civil code : código civil⟩ **2** : código *m*, clave *f* ⟨secret code : clave secreta⟩
**codeine** [ˈko:ˌdi:n] *n* : codeína *f*
**codex** [ˈko:ˌdɛksˌ] *n, pl* **-dexes** [-ˌdɛksəˌz] *or* **-dices** [-dəˌsi:z] : códice *m*
**codger** [ˈkɑʤər] *n* : viejo *m*, vejete *m*
**codify** [ˈkɑdəˌfaɪ, ˈko:-] *vt* **-fied; -fying** : codificar
**coeducational** [ˌko:ˌɛʤəˈkeɪʃənəl] *adj* : mixto
**coefficient** [ˌko:əˈfɪʃənt] *n* : coeficiente *m*
**coerce** [koˈərs] *vt* **-erced; -ercing** : coaccionar, forzar, obligar
**coercion** [koˈərʒən, -ʃən] *n* : coacción *f*
**coercive** [koˈərsɪv] *adj* : coactivo
**coexist** [ˌko:ɪgˈzɪst] *vi* : coexistir
**coexistence** [ˌko:ɪgˈzɪstəntˌs] *n* : coexistencia *f*
**coffee** [ˈkɔfi] *n* : café *m*
**coffeemaker** [ˈkɔfiˌmeɪkər] *n* : cafetera *f*
**coffeepot** [ˈkɔfiˌpɑt] *n* : cafetera *f*
**coffee table** *n* : mesa *f* de centro
**coffer** [ˈkɔfər] *n* : cofre *m*
**coffin** [ˈkɔfən] *n* : ataúd *m*, féretro *m*
**cog** [ˈkɑg] *n* : diente *m* (de una rueda dentada)
**cogent** [ˈko:ʤənt] *adj* : convincente, persuasivo
**cogitate** [ˈkɑʤəˌteɪt] *vi* **-tated; -tating** : reflexionar, meditar, discurrir
**cogitation** [ˌkɑʤəˈteɪʃən] *n* : reflexión *f*, meditación *f*
**cognac** [ˈko:nˌjæk] *n* : coñac *m*
**cognate** [ˈkɑgˌneɪt] *adj* : relacionado, afín
**cognition** [kɑgˈnɪʃən] *n* : cognición *f*
**cognitive** [ˈkɑgnəɪtɪv] *adj* : cognitivo
**cogwheel** [ˈkɑgˌhwi:l] *n* : rueda *f* dentada
**cohabit** [ˌko:ˈhæbəɪt] *vi* : cohabitar — **cohabitation** [ˌko:ˌhæbəˈteɪʃən] *n*
**cohere** [koˈhɪr] *vi* **-hered; -hering** **1** ADHERE : adherirse, pegarse **2** : ser coherente o congruente
**coherence** [koˈhɪrənt̬s] *n* : coherencia *f*, congruencia *f*
**coherent** [koˈhɪrənt] *adj* : coherente, congruente — **coherently** *adv*
**cohesion** [koˈhi:ʒən] *n* : cohesión *f*
**cohesive** [ko:ˈhi:sɪv, -zɪv] *adj* : cohesivo
**cohort** [ˈko:ˌhɔrt] *n* **1** : cohorte *f* (de soldados) **2** COMPANION : compañero *m*, -ra *f*; colega *mf*
**coiffure** [kwɑˈfjʊr] *n* : peinado *m*
**coil**[1] [ˈkɔɪl] *vt* : enrollar — *vi* : enrollarse, enroscarse
**coil**[2] *n* **1** : rollo *m* (de cuerda, etc.), espiral *f* (de humo) **2** : bobina *f* (eléctrica)
**coin**[1] [ˈkɔɪn] *vt* **1** MINT : acuñar (moneda) **2** INVENT : acuñar, crear, inventar ⟨to coin a phrase : como se suele decir⟩
**coin**[2] *n* : moneda *f*
**coincide** [ˌko:ɪnˈsaɪd, ˈko:ɪnˌsaɪd] *vi* **-cided; -ciding** : coincidir
**coincidence** [koˈɪnt̬səd̬ənt̬s] *n* : coincidencia *f*, casualidad *f* ⟨what a coincidence! : ¡qué casualidad!⟩
**coincident** [koˈɪnt̬səd̬ənt] *adj* : coincidente, concurrente
**coincidental** [ko,ɪnt̬sə'dɛntəl] *adj* : casual, accidental, fortuito
**coitus** [ˈko:əʧəs] *n* : coito *m*
**coke** [ˈko:k] *n* : coque *m*
**Coke** [ˈko:k] *trademark* se usa para un refresco de cola
**cola** [ˈko:lə] *n* : refresco *m* de cola
**colander** [ˈkɑləndər, ˈkʌ-] *n* : colador *m*
**cold**[1] [ˈko:ld] *adj* : frío ⟨it's cold out : hace frío⟩ ⟨a cold reception : una fría recepción⟩ ⟨in cold blood : a sangre fría⟩
**cold**[2] *n* **1** : frío *m* ⟨to feel the cold : sentir frío⟩ **2** : resfriado *m*, catarro *m* ⟨to catch a cold : resfriarse⟩
**cold–blooded** [ˈko:ldˈblʌdəd] *adj* **1** CRUEL : cruel, despiadado **2** : de sangre fría (dícese de los reptiles, etc.)
**cold cuts** *npl* : fiambres *mpl*
**coldly** [ˈko:ldli] *adv* : fríamente, con frialdad
**coldness** [ˈko:ldnəs] *n* : frialdad *f* (de una persona o una actitud), frío *m* (de la temperatura)
**cold sore** *n* : fuego *m*, calentura *f*
**coleslaw** [ˈko:lˌslɔ] *n* : ensalada *f* de col
**colic** [ˈkɑlɪk] *n* : cólico *m*
**coliseum** [ˌkɑləˈsi:əm] *n* : coliseo *m*, arena *f*
**collaborate** [kəˈlæbəˌreɪt] *vi* **-rated; -rating** : colaborar
**collaboration** [kəˌlæbəˈreɪʃə n] *n* : colaboración *f*
**collaborator** [kəˈlæbəˌreɪʧər] *n* **1** COLLEAGUE : colaborador *m*, -dora *f* **2** TRAITOR : colaboracionista *mf*
**collage** [kəˈlɑʒ] *n* : collage *m*
**collapse**[1] [kəˈlæps] *vi* **-lapsed; -lapsing** **1** : derrumbarse, desplomarse, hundirse ⟨the building collapsed : el edificio se derrumbó⟩ **2** FALL : desplomarse, caerse ⟨he collapsed on the bed : se desplomó en la cama⟩ ⟨to collapse with laughter : morirse de risa⟩ **3** FAIL : fracasar, quebrar, arruinarse **4** FOLD : plegarse

**collapse**[2] *n* **1** FALL : derrumbe *m*, desplome *m* **2** BREAKDOWN, FAILURE : fracaso *m*, colapso *m* (físico), quiebra *f* (económica)
**collapsible** [kəˈlæpsəbəl] *adj* : plegable
**collar**[1] [ˈkɑlər] *vt* : agarrar, atrapar
**collar**[2] *n* **1** : cuello *m* **2** : collar *m* (para un animal)
**collarbone** [ˈkɑlərˌboːn] *n* : clavícula *f*
**collate** [kəˈleɪt;, ˈkɑˌleɪt, ˈkoː-] *vt* **-lated; -lating** **1** COMPARE : cotejar, comparar **2** : ordenar, recopilar (páginas)
**collateral**[1] [kəˈlæṭərəl] *adj* : colateral
**collateral**[2] *n* : garantía *f*, fianza *f*, prenda *f*
**colleague** [ˈkɑˌliːg] *n* : colega *mf*; compañero *m*, -ra *f*
**collect**[1] [kəˈlɛkt] *vt* **1** GATHER : recopilar, reunir, recoger ⟨she collected her thoughts : puso en orden sus ideas⟩ **2** : coleccionar, juntar ⟨to collect stamps : coleccionar timbres⟩ **3** : cobrar (una deuda), recaudar (un impuesto) **4** PICK UP : recoger, ir a buscar **5** DRAW : cobrar, percibir (un sueldo, etc.) — *vi* **1** ACCUMULATE : acumularse, juntarse **2** CONGREGATE : congregarse, reunirse
**collect**[2] *adv & adj* : por cobrar, a cobro revertido
**collectible** *or* **collectable** [kəˈlɛktəbəl] *adj* : coleccionable
**collection** [kəˈlɛkʃən] *n* **1** COLLECTING : colecta *f* (de contribuciones), cobro *m* (de deudas), recaudación *f* (de impuestos) **2** GROUP : colección *f* (de objetos), grupo *m* (de personas)
**collective**[1] [kəˈlɛktɪv] *adj* : colectivo — **collectively** *adv*
**collective**[2] *n* : colectivo *m*
**collector** [kəˈlɛktər] *n* **1** : coleccionista *mf* (de objetos) **2** : cobrador *m*, -dora *f* (de deudas)
**college** [ˈkɑlɪʤ] *n* **1** : universidad *f* **2** : colegio *m* (de electores o profesionales)
**collegiate** [kəˈliːʤət] *adj* : universitario
**collide** [kəˈlaɪd] *vi* **-lided; -liding** : chocar, colisionar, estrellarse
**collie** [ˈkɑli] *n* : collie *mf*
**collision** [kəˈliʒən] *n* : choque *m*, colisión *f*
**colloquial** [kəˈloːkwiəl] *adj* : coloquial
**colloquialism** [kəˈloːkwiəˌlɪzəm] *n* : expresión *f* coloquial
**collusion** [kəˈluːʒən] *n* : colusión *f*
**cologne** [kəˈloːn] *n* : colonia *f*
**Colombian** [kəˈlʌmbiən] *n* : colombiano *m*, -na *f* — **Colombian** *adj*
**colon**[1] [ˈkoːlən] *n, pl* **colons** *or* **cola** [-lə] : colon *m* (de los intestinos)
**colon**[2] *n, pl* **colons** : dos puntos *mpl* (signo ortográfico)
**colón** [kəˈloːn] *n, pl* **-lones** [-ˈloːˌneɪs] : colón *m* (unidad monetaria)
**colonel** [ˈkərnəl] *n* : coronel *m*
**colonial**[1] [kəˈloːniəl] *adj* : colonial
**colonial**[2] *n* : colono *m*, -na *f*
**colonist** [ˈkɑlənɪst] *n* : colono *m*, -na *f*; colonizador *m*, -dora *f*
**colonization** [ˌkɑlənəˈzeɪʃən] *n* : colonización *f*
**colonize** [ˈkɑləˌnaɪz] *vt* **-nized; -nizing** **1** : establecer una colonia en **2** SETTLE : colonizar
**colonnade** [ˌkɑləˈneɪd] *n* : columnata *f*
**colony** [ˈkɑləni] *n, pl* **-nies** : colonia *f*
**color**[1] [ˈkʌlər] *vt* **1** : colorear, pintar **2** INFLUENCE : influir en, influenciar — *vi* BLUSH : sonrojarse, ruborizarse
**color**[2] *n* **1** : color *m* ⟨primary colors : colores primarios⟩ **2** INTEREST, VIVIDNESS : color *m*, colorido *m* ⟨local color : color local⟩
**coloration** [kələˈreɪʃən] *n* : coloración *f*
**color–blind** [ˈkʌlərˌblaɪnd] *adj* : daltónico
**color blindness** *n* : daltonismo *m*
**colored** [ˈkʌlərd] *adj* **1** : de color **2** *dated, now offensive* : de color *dated, now offensive*; negro (dícese de las personas)
**colorfast** [ˈkʌlərˌfæst] *adj* : que no se destiñe
**colorful** [ˈkʌlərfəl] *adj* **1** : lleno de colorido, de colores vivos **2** PICTURESQUE, STRIKING : pintoresco, llamativo
**coloring** [ˈkələrɪŋ] *n* **1** : color *m*, colorido *m* **2 food coloring** : colorante *m*
**colorless** [ˈkʌlərləs] *adj* **1** : incoloro, sin color **2** DULL : soso, aburrido
**color scheme** *n* : combinación *f* de colores, tonalidad *f*
**colossal** [kəˈlɑsəl] *adj* : colosal
**colossus** [kəˈlɑsəs] *n, pl* **-si** [-ˌsaɪ] : coloso *m*
**colt** [ˈkoːlt] *n* : potro *m*, potranco *m*
**column** [ˈkɑləm] *n* : columna *f*
**columnist** [ˈkɑləmnɪst, -ləmɪst] *n* : columnista *mf*
**coma** [ˈkoːmə] *n* : coma *m*, estado *m* de coma
**Comanche** [kəˈmæntʃi] *n* : comanche *mf* — **Comanche** *adj*
**comatose** [ˈkoːməˌtoːs, ˈkɑ-] *adj* : comatoso, en estado de coma
**comb**[1] [ˈkoːm] *vt* **1** : peinar (el pelo) **2** SEARCH : peinar, rastrear, registrar a fondo
**comb**[2] *n* **1** : peine *m* **2** : cresta *f* (de un gallo)
**combat**[1] [kəmˈbæt, ˈkɑmˌbæt] *vt* **-bated** *or* **-batted; -bating** *or* **-batting** : combatir, luchar contra
**combat**[2] [ˈkɑmˌbæt] *n* : combate *m*, lucha *f*
**combatant** [kəmˈbætənt] *n* : combatiente *mf*
**combative** [kəmˈbæṭɪv] *adj* : combativo
**combination** [ˌkɑmbəˈneɪʃən] *n* : combinación *f*
**combine**[1] [kəmˈbaɪn] *v* **-bined; -bining** *vt* : combinar, aunar — *vi* : combinarse, mezclarse
**combine**[2] [ˈkɑmˌbaɪn] *n* **1** ALLIANCE : alianza *f* comercial o política **2** HARVESTER : cosechadora *f*
**combustible** [kəmˈbʌstəbəl] *adj* : inflamable, combustible
**combustion** [kəmˈbʌstʃən] *n* : combustión *f*
**come** [ˈkʌm] *vi* **came** [ˈkeɪm]; **come; coming** **1** APPROACH : venir, aproximarse ⟨here he comes : acá viene⟩ **2** ARRIVE : venir, llegar ⟨she came yesterday

: vino ayer⟩ ⟨did the mail come? : ¿llegó el correo?⟩ **3** : venir (a un lugar, una reunión, etc.) ⟨come with me : ven conmigo⟩ ⟨are you coming to the wedding? : ¿vienes a la boda?⟩ ⟨come (and) visit us! : ¡ven a visitarnos!⟩ ⟨I'm coming! : ¡voy!⟩ **4** HAPPEN : ocurrir, pasar ⟨to come at a bad time : llegar en mal momento⟩ **5** : venir ⟨it comes in three colors : viene en tres colores⟩ **6** : estar, ir (en una serie) ⟨*B* comes after *A* : la *B* va después de la *A*⟩ **7 come again?** : ¿cómo? **8 come on!** (*used to encourage or urge*) : ¡vamos! **9 come on!** (*expressing surprise, disbelief, etc.*) : ¡anda! **10 come to think of it** : ahora que lo pienso **11 come what may** : pase lo que pase **12 if it comes to that** : si es necesario **13 to be coming up** : acercarse (dícese de una fecha, etc.) ⟨her birthday is coming up : falta poco para su cumpleaños⟩ **14 to come about** HAPPEN : ocurrir, pasar **15 to come across** FIND : tropezarse con, dar con **16 to come across as** : dar la impresión de ser, parecer ser **17 to come along** APPEAR, ARRIVE : aparecer, llegar **18 to come along** : venir con alguien ⟨would you like to come along? : ¿quieres venir conmigo?⟩ **19 to come along** PROGRESS : ir ⟨how's the project coming along? : ¿qué tal va el proyecto?⟩ **20 to come apart** : deshacerse **21 to come around** : convencerse al final **22 to come around** : venir, pasar ⟨why don't you come around to my place tonight? : ¿por qué no pasas por casa esta noche?⟩ **23 to come back** RETURN : volver ⟨come back here! : ¡vuelve acá!⟩ ⟨that style's coming back : ese estilo está volviendo⟩ **24 to come back** RETORT : replicar, contestar **25 to come between** : interponerse entre **26 to come by** STOP BY : pasar por casa **27 to come by** GET, OBTAIN : conseguir **28 to come clean** : confesar, desahogar la conciencia **29 to come down** : caer (dícese de la lluvia, etc.), bajar (dícese de los precios, etc.) **30 to come down hard on** : ser duro con **31 to come down to** : reducirse a **32 to come down with** : caer enfermo de **33 to come forward** : presentarse **34 to come from** : venir de (un lugar, etc.) **35 to come in** ENTER : entrar, pasar **36 to come in** ARRIVE : llegar **37 to come in** : desempeñar una función ⟨that's where you come in : ahí es donde entras tú⟩ ⟨to come in handy : venir bien, ser útil⟩ **38 to come into** ACQUIRE : adquirir ⟨to come into a fortune : heredar una fortuna⟩ **39 to come of** : resultar de **40 to come off** DETACH : soltarse, desprenderse **41 to come off** SUCCEED : tener éxito, ser un éxito **42 to come off as** : dar la impresión de ser, parecer ser **43 to come off well/poorly** : irle bien/mal a uno ⟨he came off poorly in the debate : le fue mal en el debate⟩ **44 to come on** TURN ON : encenderse **45 to come on** BEGIN : empezar **46 to come on to someone** : insinuársele a alguien **47 to come out** : salir, aparecer, publicarse **48 to come out** : declararse ⟨to come out in favor of : declararse a favor de⟩ **49 to come out** : declararse homosexual **50 to come out and say** : decir sin rodeos **51 to come over** STOP BY : pasar por casa **52 to come over someone** : sobrevenirle (una emoción) a alguien ⟨I don't know what came over her : no sé qué le pasó⟩ **53 to come through** : pasar por, sobrevivir a **54 to come through** SHOW : ser evidente **55 to come through** : recibirse (dícese de una señal, etc.), llegar **56 to come to** REVIVE : recobrar el conocimiento, volver en sí **57 to come to** : llegar a (un lugar) **58 to come to** : llegar a, ascender a (una cantidad) **59 to come to** REACH : llegar a, alcanzar (un acuerdo, etc.) ⟨to come to an end : llegar a su fin⟩ ⟨to come to a boil : empezar a hervir⟩ **60 to come to** : ocurrírsele (a alguien) ⟨the answer came to me : la respuesta me vino, se me ocurrió la respuesta⟩ **61 to come to be/believe (etc.)** : llegar a ser/creer (etc.) **62 to come to pass** HAPPEN : acontecer **63 to come to terms** : llegar a un acuerdo **64 to come under** ⟨to come under attack/criticism : ser atacado/criticado⟩ ⟨to come under the control of : quedar bajo el control de⟩ **65 to come under** : ir bajo (una categoría, etc.) **66 to come undone** : desatarse, desabrocharse **67 to come up** ARISE : surgir **68 to come up** RISE, APPEAR : salir **69 to come up** : resultar, salir, quedar ⟨the shot came up short : el tiro se quedó corto⟩ ⟨to come up heads/tails : salir cara/cruz⟩ **70 to come up against** : enfrentarse a, tropezar con **71 to come up to someone** : acercarse a alguien **72 to come up with** : encontrar (una solución), idear (un plan), conseguir (dinero) ⟨we couldn't come up with a better idea : no se nos ocurrió nada mejor⟩ **73 to have it coming** : tenerlo merecido **74 what's coming to someone** ⟨one day he'll get what's coming to him : algún día recibirá su merecido⟩ **75 when it comes to** : en cuanto a, cuando se trata de ⟨when it comes to chess, he's the best : cuando se trata de ajedrez, él es el mejor⟩

**comeback** [ˈkʌmˌbæk] *n* **1** RETORT : réplica *f*, respuesta *f* **2** RETURN : retorno *m*, regreso *m* ⟨the champion announced his comeback : el campeón anunció su regreso⟩

**comedian** [kəˈmiːdiən] *n* : cómico *m*, -ca *f*; humorista *mf*

**comedienne** [kəˌmiːdiˈɛn] *n* : cómica *f*, humorista *f*

**comedy** [ˈkɑmədi] *n, pl* **-dies** : comedia *f*

**comely** [ˈkʌmli] *adj* **comelier; -est** : bello, bonito

**comet** [ˈkɑmət] *n* : cometa *m*

**comfort**[1] [ˈkʌmpfərt] *vt* **1** CHEER : confortar, alentar **2** CONSOLE : consolar

**comfort**[2] *n* **1** CONSOLATION : consuelo *m* **2** WELL-BEING : confort *m*, bienestar *m* **3** CONVENIENCE : comodidad *f* ⟨the comforts of home : las comodidades del hogar⟩

**comfortable** [ˈkʌmpfərtəbəl, ˈkʌmpftə-] *adj* : cómodo, confortable — **comfortably** [ˈkʌmpfərtəbli, ˈkʌmpftə-] *adv*

**comforter** [ˈkʌmpfərtər] *n* QUILT : edredón *m*, cobertor *m*

**comic**[1] [ˈkɑmɪk] *adj* : cómico, humorístico

**comic**[2] *n* **1** COMEDIAN : cómico *m*, -ca *f*; humorista *mf* **2** *or* **comic book** : historieta *f*, cómic *m*

**comical** [ˈkɑmɪkəl] *adj* : cómico, gracioso, chistoso

**comic strip** *n* : tira *f* cómica, historieta *f*

**coming**[1] [ˈkʌmɪŋ] *adj* : siguiente, próximo, que viene

**coming**[2] *n* **1** ARRIVAL : llegada *f* **2 comings and goings** : idas y venidas *fpl*

**comma** [ˈkɑmə] *n* : coma *f*

**command**[1] [kəˈmænd] *vt* **1** ORDER : ordenar, mandar **2** CONTROL, DIRECT : comandar, tener el mando de — *vi* **1** : dar órdenes **2** GOVERN : estar al mando *m*, gobernar

**command**[2] *n* **1** CONTROL, LEADERSHIP : mando *m*, control *m*, dirección *f* **2** ORDER : orden *f*, mandato *m* **3** MASTERY : maestría *f*, destreza *f*, dominio *m* **4** : tropa *f* asignada a un comandante

**commandant** [ˈkɑmənˌdɑnt, -ˌdænt] *n* : comandante *mf*

**commandeer** [ˌkɑmənˈdɪr] *vt* : piratear, secuestrar (un vehículo, etc.)

**commander** [kəˈmændər] *n* : comandante *mf*

**commanding** [kəˈmændɪŋ] *adj* AUTHORITATIVE : autoritario, imperativo, imperioso

**commandment** [kəˈmændmənt] *n* : mandamiento *m*, orden *f* ⟨the Ten Commandments : los diez mandamientos⟩

**commando** [kəˈmændoː] *n* : comando *m*

**commemorate** [kəˈmɛməˌreɪt] *vt* **-rated; -rating** : conmemorar

**commemoration** [kəˌmɛməˈreɪʃən] *n* : conmemoración *f*

**commemorative** [kəˈmɛmərətɪv, -ˈmɛməˌreɪtɪv] *adj* : conmemorativo

**commence** [kəˈmɛnts] *v* **-menced; -mencing** *vt* : iniciar, comenzar — *vi* : iniciarse, comenzar

**commencement** [kəˈmɛntsmənt] *n* **1** BEGINNING : inicio *m*, comienzo *m* **2** : ceremonia *f* de graduación

**commend** [kəˈmɛnd] *vt* **1** ENTRUST : encomendar **2** RECOMMEND : recomendar **3** PRAISE : elogiar, alabar

**commendable** [kəˈmɛndəbəl] *adj* : loable, meritorio, encomiable

**commendation** [ˌkɑmənˈdeɪʃən, -ˌmɛn-] *n* : elogio *m*, encomio *m*

**commensurate** [kəˈmɛnsərət, -ˈmɛnʃərət] *adj* : proporcionado ⟨commensurate with : en proporción a⟩

**comment**[1] [ˈkɑˌmɛnt] *vi* **1** : hacer comentarios **2 to comment on** : comentar, hacer observaciones sobre — **commenter** *n*

**comment**[2] *n* : comentario *m*, observación *f*

**commentary** [ˈkɑmənˌtɛri] *n, pl* **-taries** : comentario *m*, crónica *f* (deportiva)

**commentator** [ˈkɑmənˌteɪtər] *n* **1** HOST, ANCHOR : comentarista *mf*, cronista *mf* (de deportes) **2** : comentarista *mf* ⟨political commentators : comentaristas políticos⟩

**commerce** [ˈkɑmərs] *n* : comercio *m*

**commercial**[1] [kəˈmərʃəl] *adj* : comercial — **commercially** *adv*

**commercial**[2] *n* : comercial *m*

**commercialize** [kəˈmərʃəˌlaɪz] *vt* **-ized; -izing** : comercializar

**commiserate** [kəˈmɪzəˌreɪt] *vi* **-ated; -ating** : compadecerse, consolarse

**commiseration** [kəˌmɪzəˈreɪʃən] *n* : conmiseración *f*

**commission**[1] [kəˈmɪʃən] *vt* **1** : nombrar (un oficial) **2** : comisionar, encargar ⟨to commission a painting : encargar una pintura⟩

**commission**[2] *n* **1** : nombramiento *m* (al grado de oficial) **2** COMMITTEE : comisión *f*, comité *m* **3** COMMITTING : comisión *f*, realización *f* (de un acto) **4** PERCENTAGE : comisión *f* ⟨sales commissions : comisiones de venta⟩

**commissioned officer** *n* : oficial *mf*

**commissioner** [kəˈmɪʃənər] *n* **1** : comisionado *m*, -da *f*; miembro *m* de una comisión **2** : comisario *m*, -ria *f* (de policía, etc.)

**commit** [kəˈmɪt] *vt* **-mitted; -mitting 1** ENTRUST : encomendar, confiar **2** CONFINE : internar (en un hospital), encarcelar (en una prisión) **3** PERPETRATE : cometer ⟨to commit a crime : cometer un crimen⟩ **4 to commit oneself** : comprometerse

**commitment** [kəˈmɪtmənt] *n* **1** RESPONSIBILITY : compromiso *m*, responsabilidad *f* **2** DEDICATION : dedicación *f*, devoción *f* ⟨commitment to the cause : devoción a la causa⟩

**committee** [kəˈmɪti] *n* : comité *m*

**commodious** [kəˈmoːdiəs] *adj* SPACIOUS : amplio, espacioso

**commodity** [kəˈmɑdəti] *n, pl* **-ties** : artículo *m* de comercio, mercancía *f*, mercadería *f*

**commodore** [ˈkɑməˌdor] *n* : comodoro *m*

**common**[1] [ˈkɑmən] *adj* **1** PUBLIC : común, público ⟨the common good : el bien común⟩ **2** SHARED : común ⟨a common interest : un interés común⟩ **3** GENERAL : común, general ⟨it's common knowledge : todo el mundo lo sabe⟩ **4** ORDINARY : ordinario, común y corriente ⟨the common man : el hombre medio, el hombre de la calle⟩

**common**[2] *n* **1** : tierra *f* comunal **2 in ~** : en común

**common cold** *n* : resfriado *m* común

**common denominator** *n* : denominador *m* común

**commoner** [ˈkɑmənər] *n* : plebeyo *m*, -ya *f*

**common law** *n* : derecho *m* consuetudinario

**commonly** [ˈkɑmənli] *adv* **1** FREQUENTLY : comúnmente, frecuentemente **2** USUALLY : normalmente

**common noun** *n* : nombre *m* común

**commonplace**[1] [ˈkɑmənˌpleɪs] *adj* : común, ordinario

**commonplace**[2] *n* : cliché *m*, tópico *m*

**common sense** *n* : sentido *m* común

**commonwealth** [ˈkɑmənˌwelθ] *n* : entidad *f* política ⟨the British Commonwealth : la Mancomunidad Británica⟩

**commotion** [kəˈmoːʃən] *n* **1** RUCKUS : alboroto *m*, jaleo *m*, escándalo *m* **2** STIR, UPSET : revuelo *m*, conmoción *f*

**communal** [kəˈmjuːnəl] *adj* : comunal

**commune**[1] [kəˈmjuːn] *vi* **-muned; -muning** : estar en comunión

**commune**[2] [ˈkɑˌmjuːn, kəˈmjuːn] *n* : comuna *f*

**communicable** [kəˈmjuːnɪkəbəl] *adj* CONTAGIOUS : transmisible, contagioso

**communicate** [kəˈmjuːnəˌkeɪt] *v* **-cated; -cating** *vt* **1** CONVEY : comunicar, expresar, hacer saber **2** TRANSMIT : transmitir (una enfermedad), contagiar — *vi* : comunicarse, expresarse

**communication** [kəˌmjuːnəˈkeɪʃən] *n* : comunicación *f*

**communicative** [kəˈmjuːnɪˌkeɪt̬ɪv, -kət̬ɪv] *adj* : comunicativo

**communion** [kəˈmjuːnjən] *n* **1** SHARING : comunión *f* **2 Communion** : comunión *f*, eucaristía *f*

**communiqué** [kəˈmjuːnəˌkeɪ, -ˌmjuːnəˈkeɪ] *n* : comunicado *m*

**communism** *or* **Communism** [ˈkɑmjə-ˌnɪzəm] *n* : comunismo *m*

**communist**[1] *or* **Communist** [ˈkɑmjəˌnɪst] *adj* : comunista ⟨the Communist Party : el Partido Comunista⟩

**communist**[2] *or* **Communist** *n* : comunista *mf*

**communistic** *or* **Communistic** [ˌkɑmjəˈnɪstɪk] *adj* : comunista

**community**[1] [kəˈmjuːnət̬i] *n, pl* **-ties** : comunidad *f*

**community**[2] *adj* : comunitario

**commute** [kəˈmjuːt] *v* **-muted; -muting** *vt* REDUCE : conmutar, reducir (una sentencia) — *vi* : viajar de la residencia al trabajo

**commuter** [kəˈmjuːt̬ər] *n* : persona *f* que viaja diariamente al trabajo

**compact**[1] [kəmˈpækt, ˈkɑmˌpækt] *vt* : compactar, consolidar, comprimir

**compact**[2] [kəmˈpækt, ˈkɑmˌpækt] *adj* **1** DENSE, SOLID : compacto, macizo, denso **2** CONCISE : breve, conciso

**compact**[3] [ˈkɑmˌpækt] *n* **1** AGREEMENT : acuerdo *m*, pacto *m* **2** : polvera *f*, estuche *m* de maquillaje **3** *or* **compact car** : auto *m* compacto

**compact disc** [ˈkɑmˌpækt ˈdɪsk] *n* : disco *m* compacto, compact disc *m*

**compactly** [kəmˈpæktli, ˈkɑmˌpækt-] *adv* **1** DENSELY : densamente **2** CONCISELY : concisamente, brevemente

**companion** [kəmˈpænjən] *n* **1** COMRADE : compañero *m*, -ra *f*; acompañante *mf* **2** MATE : pareja *f* (de un zapato, etc.)

**companionable** [kəmˈpænjənəbəl] *adj* : sociable, amigable

**companionship** [kəmˈpænjənˌʃɪp] *n* : compañerismo *m*, camaradería *f*

**company** [ˈkʌmpəni] *n, pl* **-nies** **1** FIRM : compañía *f*, empresa *f* **2** GROUP : compañía *f* (de actores o soldados) **3** GUESTS : visita *f* ⟨we have company : tenemos visita⟩ **4** COMPANIONSHIP : compañía *f* ⟨to keep someone company : hacerle compañía a alguien⟩ ⟨I enjoy her company : me gusta estar con ella⟩ **5 to be in good company** : no ser el único

**comparable** [ˈkɑmpərəbəl] *adj* : comparable, parecido

**comparative**[1] [kəmˈpærət̬ɪv] *adj* RELATIVE : comparativo, relativo — **comparatively** *adv*

**comparative**[2] *n* : comparativo *m*

**compare**[1] [kəmˈpær] *v* **-pared; -paring** *vt* : comparar — *vi* **to compare with** : poder comparar con, tener comparación con

**compare**[2] *n* : comparación *f* ⟨beyond compare : sin igual, sin par⟩

**comparison** [kəmˈpærəsən] *n* : comparación *f*

**compartment** [kəmˈpɑrtmənt] *n* : compartimento *m*, compartimiento *m*

**compass** [ˈkʌmpəs, ˈkɑm-] *n* **1** RANGE, SCOPE : alcance *m*, extensión *f*, límites *mpl* **2** : compás *m* (para trazar circunferencias) **3** : compás *m*, brújula *f* ⟨the points of the compass : los puntos cardinales⟩

**compassion** [kəmˈpæʃən] *n* : compasión *f*, piedad *f*, misericordia *f*

**compassionate** [kəmˈpæʃənət] *adj* : compasivo

**compatibility** [kəmˌpæt̬əˈbɪlət̬i] *n* : compatibilidad *f*

**compatible** [kəmˈpæt̬əbəl] *adj* : compatible, afín

**compatriot** [kəmˈpeɪtriət, -ˈpæ-] *n* : compatriota *mf*; paisano *m*, -na *f*

**compel** [kəmˈpel] *vt* **-pelled; -pelling** : obligar, compeler

**compelling** [kəmˈpelɪŋ] *adj* **1** FORCEFUL : fuerte **2** ENGAGING : absorbente **3** PERSUASIVE : persuasivo, convincente

**compendium** [kəmˈpendiəm] *n, pl* **-diums** *or* **-dia** [-diə] : compendio *m*

**compensate** [ˈkɑmpənˌseɪt] *v* **-sated; -sating** *vi* **to compensate for** : compensar — *vt* : indemnizar, compensar

**compensation** [ˌkɑmpənˈseɪʃən] *n* : compensación *f*, indemnización *f*

**compensatory** [kəmˈpensəˌtori] *adj* : compensatorio

**compete** [kəmˈpiːt] *vi* **-peted; -peting** : competir, contender, rivalizar

**competence** [ˈkɑmpət̬ənt̬s] *n* : competencia *f*, aptitud *f*

**competency** [ˈkɑmpət̬ənt̬si] → **competence**

**competent** [ˈkɑmpət̬ənt] *adj* : competente, capaz

**competition** [ˌkɑmpəˈtɪʃən] *n* : competencia *f*, concurso *m*
**competitive** [kəmˈpɛtəṭɪv] *adj* : competitivo
**competitively** [kəmˈpɛtəṭɪvlɪ] *adv* : competitivamente ⟨competitively priced : a precios competitivos⟩
**competitiveness** [kəmˈpɛtəṭɪvnəs] *n* : competitividad *f*
**competitor** [kəmˈpɛtəṭər] *n* : competidor *m*, -dora *f*
**compilation** [ˌkɑmpəˈleɪʃən] *n* : recopilación *f*, compilación *f*
**compile** [kəmˈpaɪl] *vt* **-piled; -piling** : compilar, recopilar
**complacency** [kəmˈpleɪsənʦi] *n* : satisfacción *f* consigo mismo, suficiencia *f*
**complacent** [kəmˈpleɪsənt] *adj* : satisfecho de sí mismo, suficiente
**complain** [kəmˈpleɪn] *vi* **1** GRIPE : quejarse, regañar, rezongar **2** PROTEST : reclamar, protestar
**complaint** [kəmˈpleɪnt] *n* **1** GRIPE : queja *f* **2** AILMENT : afección *f*, dolencia *f* **3** ACCUSATION : reclamo *m*, acusación *f*
**complement**[1] [ˈkɑmpləˌmɛnt] *vt* : complementar
**complement**[2] [ˈkɑmpləmənt] *n* : complemento *m*
**complementary** [ˌkɑmpləˈmɛntərɪ] *adj* : complementario
**complete**[1] [kəmˈpliːt] *vt* **-pleted; -pleting** **1** : completar, hacer entero ⟨this piece completes the collection : esta pieza completa la colección⟩ **2** FINISH : completar, acabar, terminar ⟨she completed her studies : completó sus estudios⟩
**complete**[2] *adj* **completer; -est** **1** WHOLE : completo, entero, íntegro **2** FINISHED : terminado, acabado **3** TOTAL : completo, total, absoluto
**completely** [kəmˈpliːtlɪ] *adv* : completamente, totalmente
**completion** [kəmˈpliːʃən] *n* : finalización *f*, cumplimiento *m*
**complex**[1] [kɑmˈplɛks, kəm-; ˈkɑmˌplɛks] *adj* : complejo, complicado
**complex**[2] [ˈkɑmˌplɛks] *n* : complejo *m*
**complexion** [kəmˈplɛkʃən] *n* : cutis *m*, tez *f* ⟨of dark complexion : de tez morena⟩
**complexity** [kəmˈplɛksəṭɪ, kɑm-] *n, pl* **-ties** : complejidad *f*
**compliance** [kəmˈplaɪənʦ] *n* : conformidad *f* ⟨in compliance with the law : conforme a la ley⟩
**compliant** [kəmˈplaɪənt] *adj* : dócil, sumiso
**complicate** [ˈkɑmpləˌkeɪṭ] *vt* **-cated; -cating** : complicar
**complicated** [ˈkɑmpləˌkeɪṭəd] *adj* : complicado
**complication** [ˌkɑmpləˈkeɪʃən] *n* : complicación *f*
**complicity** [kəmˈplɪsəṭɪ] *n, pl* **-ties** : complicidad *f*
**compliment**[1] [ˈkɑmpləˌmɛnt] *vt* : halagar, florear *Mex*
**compliment**[2] [ˈkɑmpləmənt] *n* **1** : halago *m*, cumplido *m* **2** **compliments** *npl* : saludos *mpl* ⟨give them my compliments : déles saludos de mi parte⟩
**complimentary** [ˌkɑmpləˈmɛntərɪ] *adj* **1** FLATTERING : halagador, halagüeño **2** FREE : de cortesía, gratis
**comply** [kəmˈplaɪ] *vi* **-plied; -plying** : cumplir, acceder, obedecer
**component**[1] [kəmˈpoːnənt, ˈkɑmˌpoː-] *adj* : componente
**component**[2] *n* : componente *m*, elemento *m*, pieza *f*
**compose** [kəmˈpoːz] *vt* **-posed; -posing** **1** : componer, crear ⟨to compose a melody : componer una melodía⟩ **2** CALM : calmar, serenar ⟨to compose oneself : serenarse⟩ **3** CONSTITUTE : constar, componer ⟨to be composed of : constar de⟩ **4** : componer (un texto a imprimirse)
**composed** [kəmˈpoːzd] *adj* : tranquilo
**composer** [kəmˈpoːzər] *n* : compositor *m*, -tora *f*
**composite**[1] [kɑmˈpɑzət, kəm-; ˈkɑmpəzət] *adj* : compuesto (de varias partes)
**composite**[2] *n* : compuesto *m*, mezcla *f*
**composition** [ˌkɑmpəˈzɪʃən] *n* **1** MAKEUP : composición *f* **2** ESSAY : ensayo *m*, trabajo *m*
**compost** [ˈkɑmˌpoːst] *n* : abono *m* vegetal
**composure** [kəmˈpoːʒər] *n* : compostura *f*, serenidad *f*
**compote** [ˈkɑmˌpoːt] *n* : compota *f*
**compound**[1] [kɑmˈpɑʊnd, kəm-;, ˈkɑmˌpɑʊnd] *vt* **1** COMBINE, COMPOSE : combinar, componer **2** AUGMENT : agravar, aumentar ⟨to compound a problem : agravar un problema⟩
**compound**[2] [ˈkɑmˌpɑʊnd;, kɑmˈpɑʊnd, kəm-] *adj* : compuesto ⟨compound interest : interés compuesto⟩
**compound**[3] [ˈkɑmˌpɑʊnd] *n* **1** MIXTURE : compuesto *m*, mezcla *f* **2** ENCLOSURE : recinto *m* (de residencias, etc.)
**comprehend** [ˌkɑmprɪˈhɛnd] *vt* **1** UNDERSTAND : comprender, entender **2** INCLUDE : comprender, incluir, abarcar
**comprehensible** [ˌkɑmprɪˈhɛnʦəbəl] *adj* : comprensible
**comprehension** [ˌkɑmprɪˈhɛnʃən] *n* : comprensión *f*
**comprehensive** [ˌkɑmprɪˈhɛnʦɪv] *adj* **1** INCLUSIVE : inclusivo, exhaustivo **2** BROAD : extenso, amplio
**compress**[1] [kəmˈprɛs] *vt* : comprimir
**compress**[2] [ˈkɑmˌprɛs] *n* : compresa *f*
**compression** [kəmˈprɛʃən] *n* : compresión *f*
**compressor** [kəmˈprɛsər] *n* : compresor *m*
**comprise** [kəmˈpraɪz] *vt* **-prised; -prising** **1** INCLUDE : comprender, incluir **2** : componerse de, constar de ⟨the installation comprises several buildings : la instalación está compuesta de varios edificios⟩
**compromise**[1] [ˈkɑmprəˌmaɪz] *v* **-mised; -mising** *vi* : transigir, avenirse — *vt* JEOPARDIZE : comprometer, poner en peligro

**compromise**[2] *n* : acuerdo *m* mutuo, compromiso *m*
**comptroller** [kənˈtroːlər, ˈkɑmpˌtroː-] *n* : contralor *m*, -lora *f*; interventor *m*, -tora *f*
**compulsion** [kəmˈpʌlʃən] *n* **1** COERCION : coacción *f* **2** URGE : compulsión *f*, impulso *m*
**compulsive** [kəmˈpʌlsɪv] *adj* : compulsivo
**compulsory** [kəmˈpʌlsərɪ] *adj* : obligatorio
**compunction** [kəmˈpʌŋkʃən] *n* **1** QUALM : reparo *m*, escrúpulo *m* **2** REMORSE : remordimiento *m*
**computation** [ˌkɑmpjuˈteɪʃən] *n* : cálculo *m*, cómputo *m*
**compute** [kəmˈpjuːt] *vt* **-puted; -puting** : computar, calcular
**computer** [kəmˈpjuːtər] *n* : computadora *f*, computador *m*, ordenador *m Spain*
**computerization** [kəmˌpjuːtərəˈzeɪʃən] *n* : informatización *f*
**computerize** [kəmˈpjuːtəˌraɪz] *vt* **-ized; -izing** : computarizar, informatizar
**computer programmer** → **programmer**
**computer programming** → **programming**
**computer science** *n* : informática *f*
**computing** [kəmˈpjuːtɪŋ] *n* : informática *f*
**comrade** [ˈkɑmˌræd] *n* : camarada *mf*; compañero *m*, -ra *f*
**con**[1] [ˈkɑn] *vt* **conned; conning** SWINDLE : estafar, timar
**con**[2] *adv* : contra
**con**[3] *n* : contra *m* ⟨the pros and cons : los pros y los contras⟩
**concave** [kɑnˈkeɪv, ˈkɑnˌkeɪv] *adj* : cóncavo
**conceal** [kənˈsiːl] *vt* : esconder, ocultar, disimular
**concealment** [kənˈsiːlmənt] *n* : ocultación *f*
**concede** [kənˈsiːd] *vt* **-ceded; -ceding 1** ALLOW, GRANT : conceder **2** ADMIT : conceder, reconocer ⟨to concede defeat : reconocer la derrota⟩
**conceit** [kənˈsiːt] *n* : engreimiento *m*, presunción *f*
**conceited** [kənˈsiːtəd] *adj* : presumido, engreído, presuntuoso
**conceivable** [kənˈsiːvəbəl] *adj* : concebible, imaginable
**conceivably** [kənˈsiːvəbli] *adv* : posiblemente, de manera concebible
**conceive** [kənˈsiːv] *v* **-ceived; -ceiving** *vi* : concebir, embarazarse — *vt* IMAGINE : concebir, imaginar
**concentrate**[1] [ˈkɑnt͡sənˌtreɪt] *v* **-trated; -trating** *vt* : concentrar — *vi* : concentrarse
**concentrate**[2] *n* : concentrado *m*
**concentration** [ˌkɑnt͡sənˈtreɪʃən] *n* : concentración *f*
**concentration camp** *n* : campo *m* de concentración
**concentric** [kənˈsɛntrɪk] *adj* : concéntrico
**concept** [ˈkɑnˌsɛpt] *n* : concepto *m*, idea *f*
**conception** [kənˈsɛpʃən] *n* **1** : concepción *f* (de un bebé) **2** IDEA : concepto *m*, idea *f*
**conceptual** [kənˈsɛptʃəwəl] *adj* : conceptual — **conceptually** *adv*
**conceptualize** [kənˈsɛptʃəwəˌlaɪz] *vt* **-ized; -izing** : conceptualizar, formarse un concepto de — **conceptualization** [kənˈsɛptʃəwələˈzeɪʃən] *n*
**concern**[1] [kənˈsərn] *vt* **1** : tratarse de, tener que ver con ⟨the novel concerns a sailor : la novela se trata de un marinero⟩ **2** INVOLVE : concernir, incumbir a, afectar ⟨that does not concern me : eso no me incumbe⟩
**concern**[2] *n* **1** AFFAIR : asunto *m* **2** WORRY : inquietud *f*, preocupación *f* **3** BUSINESS : negocio *m*
**concerned** [kənˈsərnd] *adj* **1** ANXIOUS : preocupado, ansioso **2** INTERESTED, INVOLVED : interesado, afectado
**concerning** [kənˈsərnɪŋ] *prep* REGARDING : con respecto a, acerca de, sobre
**concert** [ˈkɑnˌsərt] *n* **1** AGREEMENT : concierto *m*, acuerdo *m* **2** : concierto *m* (musical)
**concerted** [kənˈsərt̬əd] *adj* : concertado, coordinado ⟨to make a concerted effort : coordinar los esfuerzos⟩
**concerto** [kənˈt͡ʃɛrt̬oː] *n, pl* **-ti** [-t̬i, -ˌtiː] *or* **-tos** : concierto *m* ⟨violin concerto : concierto para violín⟩
**concession** [kənˈsɛʃən] *n* : concesión *f*
**conch** [ˈkɑŋk, ˈkɑnt͡ʃ] *n, pl* **conchs** [ˈkɑŋks] *or* **conches** [ˈkɑnt͡ʃəz] : caracol *m* (animal), caracola *f* (concha)
**conciliatory** [kənˈsɪliəˌtorɪ] *adj* : conciliador, conciliatorio
**concise** [kənˈsaɪs] *adj* : conciso, breve — **concisely** *adv*
**conclave** [ˈkɑnˌkleɪv] *n* : cónclave *m*
**conclude** [kənˈkluːd] *v* **-cluded; -cluding** *vt* **1** END : concluir, finalizar ⟨to conclude a meeting : concluir una reunión⟩ **2** DECIDE : concluir, llegar a la conclusión de — *vi* END : concluir, terminar
**conclusion** [kənˈkluːʒən] *n* **1** INFERENCE : conclusión *f* **2** END : fin *m*, final *m*
**conclusive** [kənˈkluːsɪv] *adj* : concluyente, decisivo — **conclusively** *adv*
**concoct** [kənˈkɑkt, kɑn-] *vt* **1** PREPARE : preparar, confeccionar **2** DEVISE : inventar, tramar
**concoction** [kənˈkɑkʃən] *n* : invención *f*, mejunje *m*, brebaje *m*
**concord** [ˈkɑnˌkɔrd, ˈkɑŋ-] *n* **1** HARMONY : concordia *f*, armonía *f* **2** AGREEMENT : acuerdo *m*
**concordance** [kənˈkɔrdən̪t͡s] *n* : concordancia *f*
**concourse** [ˈkɑnˌkɔrs] *n* : explanada *f*, salón *m* (para pasajeros)
**concrete**[1] [kɑnˈkriːt, ˈkɑnˌkriːt] *adj* **1** REAL : concreto ⟨concrete objects : objetos concretos⟩ **2** SPECIFIC : determinado, específico **3** : de concreto, de hormigón ⟨concrete walls : paredes de concreto⟩

**concrete**[2] [ˈkɑnˌkriːt, kɑnˈkriːt] *n* : concreto *m*, hormigón *m*

**concur** [kənˈkər] *vi* **concurred; concurring** **1** COINCIDE : concurrir, coincidir **2** AGREE : concurrir, estar de acuerdo

**concurrence** [kənˈkərənts] *n* **1** AGREEMENT : coincidencia *f* **2** COINCIDENCE : concurrencia *f*, concurso *m*, coincidencia *f*

**concurrent** [kənˈkərənt] *adj* : concurrente, simultáneo

**concussion** [kənˈkʌʃən] *n* : conmoción *f* cerebral

**condemn** [kənˈdɛm] *vt* **1** CENSURE : condenar, reprobar, censurar **2** : declarar insalubre (alimentos), declarar ruinoso (un edificio) **3** SENTENCE : condenar ⟨condemned to death : condenado a muerte⟩

**condemnation** [ˌkɑnˌdɛmˈneɪʃən] *n* : condena *f*, reprobación *f*

**condensation** [ˌkɑnˌdɛnˈseɪʃən, -dən-] *n* : condensación *f*

**condense** [kənˈdɛnts] *v* **-densed; -densing** *vt* **1** ABRIDGE : condensar, resumir **2** : condensar (vapor, etc.) — *vi* : condensarse

**condescend** [ˌkɑndɪˈsɛnd] *vi* **1** DEIGN : condescender, dignarse **2 to condescend to someone** : tratar a alguien con condescendencia

**condescending** [ˌkɑndɪˈsɛndɪŋ] *adj* : condescendiente

**condescension** [ˌkɑndɪˈsɛnʃən] *n* : condescendencia *f*

**condiment** [ˈkɑndəmənt] *n* : condimento *m*

**condition**[1] [kənˈdɪʃən] *vt* **1** DETERMINE : condicionar, determinar **2** : acondicionar (el pelo o el aire), poner en forma (el cuerpo)

**condition**[2] *n* **1** STIPULATION : condición *f*, estipulación *f* ⟨on the condition that : a condición de que⟩ **2** STATE : condición *f*, estado *m* ⟨in good/poor condition : en buenas/malas condiciones⟩ ⟨he's in good condition : está en buena forma⟩ ⟨he's out of condition : no está en forma⟩ **3 conditions** *npl* : condiciones *fpl*, situación *f* ⟨working conditions : condiciones del trabajo⟩

**conditional** [kənˈdɪʃənəl] *adj* : condicional — **conditionally** *adv*

**conditioner** [kənˈdɪʃənər] *n* : acondicionador *m*

**condo** [ˈkɑndoː] → **condominium**

**condolence** [kənˈdoːlənts] *n* **1** SYMPATHY : condolencia *f* **2 condolences** *npl* : pésame *m*

**condom** [ˈkɑndəm] *n* : condón *m*

**condominium** [ˌkɑndəˈmɪniəm] *n, pl* **-ums** : condominio *m*

**condone** [kənˈdoːn] *vt* **-doned; -doning** : aprobar, perdonar, tolerar

**condor** [ˈkɑndər, -ˌdɔr] *n* : cóndor *m*

**conducive** [kənˈduːsɪv, -ˈdjuː-] *adj* : propicio, favorable

**conduct**[1] [kənˈdʌkt] *vt* **1** GUIDE : guiar, conducir ⟨to conduct a tour : guiar una visita⟩ **2** DIRECT : conducir, dirigir ⟨to conduct an orchestra : dirigir una orquesta⟩ **3** CARRY OUT : realizar, llevar a cabo ⟨to conduct an investigation : llevar a cabo una investigación⟩ **4** TRANSMIT : conducir, transmitir (calor, electricidad, etc.) **5 to conduct oneself** BEHAVE : conducirse, comportarse

**conduct**[2] [ˈkɑnˌdʌkt] *n* **1** MANAGEMENT : conducción *f*, dirección *f*, manejo *m* ⟨the conduct of foreign affairs : la conducción de asuntos exteriores⟩ **2** BEHAVIOR : conducta *f*, comportamiento *m*

**conduction** [kənˈdʌkʃən] *n* : conducción *f*

**conductivity** [ˌkɑnˌdʌkˈtɪvəṭi] *n, pl* **-ties** : conductividad *f*

**conductor** [kənˈdʌktər] *n* **1** : conductor *m*, -tora *f*; revisor *m*, -sora *f* (en un tren); cobrador *m*, -dora *f* (en un bus); director *m*, -tora *f* (de una orquesta) **2** : conductor *m* (de electricidad, etc.)

**conduit** [ˈkɑnˌduːət, -ˌdjuː-] *n* : conducto *m*, canal *m*, vía *f*

**cone** [ˈkoːn] *n* **1** : piña *f* (fruto de las coníferas) **2** : cono *m* (en geometría) **3 ice–cream cone** : cono *m*, barquillo *m*, cucurucho *m*

**confection** [kənˈfɛkʃən] *n* : dulce *m*

**confectioner** [kənˈfɛkʃənər] *n* : confitero *m*, -ra *f*

**confectionery** [kənˈfɛkʃəˌnɛri] *n, pl* **-eries** **1** : dulces *mpl*, golosinas *fpl* **2** *or* **confectionery shop** : confitería *f* (tienda)

**confederacy** [kənˈfɛdərəsi] *n, pl* **-cies** : confederación *f*

**confederate**[1] [kənˈfɛdəˌreɪt] *v* **-ated; -ating** *vt* : unir, confederar — *vi* : confederarse, aliarse

**confederate**[2] [kənˈfɛdərət] *adj* : confederado

**confederate**[3] *n* : cómplice *mf*; aliado *m*, -da *f*

**confederation** [kənˌfɛdəˈreɪʃən] *n* : confederación *f*, alianza *f*

**confer** [kənˈfər] *v* **-ferred; -ferring** *vt* : conferir, otorgar — *vi* **to confer with** : consultar

**conference** [ˈkɑnfrənts, -fərənts] *n* : conferencia *f* ⟨press conference : conferencia de prensa⟩

**confess** [kənˈfɛs] *vt* : confesar — *vi* **1** : confesar ⟨the prisoner confessed : el detenido confesó⟩ **2** : confesarse (en religión)

**confession** [kənˈfɛʃən] *n* : confesión *f*

**confessional** [kənˈfɛʃənəl] *n* : confesionario *m*

**confessor** [kənˈfɛsər] *n* : confesor *m*

**confetti** [kənˈfɛṭi] *n* : confeti *m*

**confidant** [ˈkɑnfəˌdɑnt, -ˌdænt] *n* : confidente *mf*

**confidante** [ˈkɑnfəˌdɑnt, -ˌdænt] *n* : confidente *f*

**confide** [kənˈfaɪd] *v* **-fided; -fiding** : confiar

**confidence** [ˈkɑnfədənts] *n* **1** TRUST : confianza *f* **2** SELF-ASSURANCE : confianza *f* en sí mismo, seguridad *f* en sí mismo **3** SECRET : confidencia *f*, secreto *m*

**confident** [ˈkɑnfədənt] *adj* **1** SURE : seguro **2** SELF-ASSURED : confiado, seguro de sí mismo

**confidential** [ˌkɑnfəˈdɛnʧəl] *adj* : confidencial — **confidentially** [ˌkɑnfəˈdɛnʧəli] *adv*

**confidentiality** [ˌkɑnfəˌdɛnʧiˈæləṭi] *n* : confidencialidad *f*

**confidently** [ˈkɑnfədəntli] *adv* : con seguridad, con confianza

**configuration** [kənˌfɪgjəˈreɪʃən] *n* : configuración *f*

**configure** [kənˈfɪgjər] *vt* : configurar (un sistema, etc.)

**confine** [kənˈfaɪn] *vt* **-fined; -fining 1** LIMIT : confinar, restringir, limitar **2** IMPRISON : recluir, encarcelar, encerrar

**confined** [kənˈfaɪnd] *adj* SMALL : limitado ⟨confined spaces : espacios limitados⟩

**confinement** [kənˈfaɪnmənt] *n* : confinamiento *m*, reclusión *f*, encierro *m*

**confines** [ˈkɑnˌfaɪnz] *npl* : límites *mpl*, confines *mpl*

**confirm** [kənˈfərm] *vt* **1** RATIFY : ratificar **2** VERIFY : confirmar, verificar **3** : confirmar (en religión)

**confirmation** [ˌkɑnfərˈmeɪʃən] *n* : confirmación *f*

**confiscate** [ˈkɑnfəˌskeɪt] *vt* **-cated; -cating** : confiscar, incautar, decomisar

**confiscation** [ˌkɑnfəˈskeɪʃən] *n* : confiscación *f*, incautación *f*, decomiso *m*

**conflagration** [ˌkɑnfləˈgreɪʃən] *n* : conflagración *f*

**conflict**[1] [kənˈflɪkt] *vi* : estar en conflicto, oponerse

**conflict**[2] [ˈkɑnˌflɪkt] *n* : conflicto *m* ⟨to be in conflict : estar en desacuerdo⟩

**confluence** [ˈkɑnˌfluːənʦ, kənˈfluːənʦ] *n* : confluencia *f*

**conform** [kənˈfɔrm] *vi* **1** ACCORD, COMPLY : ajustarse, adaptarse, conformarse ⟨it conforms with our standards : se ajusta a nuestras normas⟩ **2** CORRESPOND : corresponder, encajar ⟨to conform to the truth : corresponder a la verdad⟩

**conformity** [kənˈfɔrməṭi] *n, pl* **-ties** : conformidad *f*

**confound** [kənˈfaʊnd, kɑn-] *vt* : confundir, desconcertar

**confront** [kənˈfrʌnt] *vt* : afrontar, enfrentarse a, encarar

**confrontation** [ˌkɑnfrənˈteɪʃən] *n* : enfrentamiento *m*, confrontación *f*

**confuse** [kənˈfjuːz] *vt* **-fused; -fusing 1** PUZZLE : confundir, enturbiar **2** COMPLICATE : confundir, enredar, complicar ⟨to confuse the issue : complicar las cosas⟩

**confused** [kənˈfjuːzd] *adj* **1** : confundido (dícese de una persona) **2** : confuso (dícese de una explicación, etc.)

**confusing** [kənˈfjuːzɪŋ] *adj* : complicado, que confunde

**confusion** [kənˈfjuːʒən] *n* **1** PERPLEXITY : confusión *f* **2** MESS, TURMOIL : confusión *f*, embrollo *m*, lío *m fam*

**congeal** [kənˈʤiːl] *vi* **1** FREEZE : congelarse **2** COAGULATE, CURDLE : coagularse, cuajarse

**congenial** [kənˈʤiːniəl] *adj* : agradable, simpático

**congenital** [kənˈʤɛnəṭəl] *adj* : congénito

**congest** [kənˈʤɛst] *vt* **1** : congestionar (en la medicina) **2** CROWD : abarrotar, atestar, congestionar (el tráfico) — *vi* : congestionarse

**congested** [kənˈʤɛstəd] *adj* : congestionado

**congestion** [kənˈʤɛstʃən] *n* : congestión *f*

**conglomerate**[1] [kənˈglɑmərəṭ] *adj* : conglomerado

**conglomerate**[2] [kənˈglɑmərəṭ] *n* : conglomerado *m*

**conglomeration** [kənˌglɑməˈreɪʃən] *n* : conglomerado *m*, acumulación *f*

**Congolese** [ˌkɑŋgəˈliːz, -ˈliːs] *n* : congoleño *m*, -ña *f* — **Congolese** *adj*

**congratulate** [kənˈgræʧəˌleɪt, -ˈgrætʃə-] *vt* **-lated; -lating** : felicitar

**congratulation** [kənˌgræʧəˈleɪʃən, -ˌgrætʃə-] *n* : felicitación *f* ⟨congratulations! : ¡felicidades!, ¡enhorabuena!⟩

**congregate** [ˈkɑŋgrɪˌgeɪt] *v* **-gated; -gating** *vt* : congregar, reunir — *vi* : congregarse, reunirse

**congregation** [ˌkɑŋgrɪˈgeɪʃən] *n* **1** GATHERING : congregación *f*, fieles *mpl* (a un servicio religioso) **2** PARISHIONERS : feligreses *mpl*

**congress** [ˈkɑŋgrəs] *n* : congreso *m*

**congressional** [kənˈgrɛʃənəl, kɑn-] *adj* : del congreso

**congressman** [ˈkɑŋgrəsmən] *n, pl* **-men** [-mən, -ˌmɛn] : congresista *m*, diputado *m*

**congresswoman** [ˈkɑŋgrəsˌwʊmən] *n, pl* **-women** [-ˌwɪmən] : congresista *f*, diputada *f*

**congruence** [kənˈgruːənʦ, ˈkɑŋgrʊ-ənʦ] *n* : congruencia *f*

**congruent** [kənˈgruːənt, ˈkɑŋgrʊənt] *adj* : congruente

**conic** [ˈkɑnɪk] → **conical**

**conical** [ˈkɑnɪkəl] *adj* : cónico

**conifer** [ˈkɑnəfər, ˈkoː-] *n* : conífera *f*

**coniferous** [koːˈnɪfərəs, kə-] *adj* : conífero

**conjecture**[1] [kənˈʤɛkʧər] *v* **-tured; -turing** : conjeturar

**conjecture**[2] *n* : conjetura *f*, presunción *f*

**conjugal** [ˈkɑnʤɪgəl, kənˈʤuː-] *adj* : conyugal

**conjugate** [ˈkɑnʤəˌgeɪt] *vt* **-gated; -gating** : conjugar

**conjugation** [ˌkɑnʤəˈgeɪʃən] *n* : conjugación *f*

**conjunction** [kənˈʤʌŋkʃən] *n* : conjunción *f* ⟨in conjunction with : en combinación con⟩

**conjunctivitis** [kənˌʤʌŋktiˈvaɪṭəs] *n* : conjuntivitis *f*

**conjure** [ˈkɑnʤər, ˈkʌn-] *v* **-jured; -juring** *vt* **1** ENTREAT : rogar, suplicar **2 to conjure up** : hacer aparecer (apariciones), evocar (memorias, etc.) — *vi* : practicar la magia

**conjurer** *or* **conjuror** [ˈkɑnʤərər, ˈkʌn-] *n* : mago *m*, -ga *f*; prestidigitador *m*, -dora *f*

**con man** *n* : timador *m*

**connect** [kəˈnɛkt] *vt* **1** JOIN, LINK : conectar (cables, etc.), comunicar (habitaciones) **2** RELATE : relacionar, asociar (ideas) ⟨evidence that connects him with the crime : evidencias que lo vinculan con el crimen⟩ — *vi* **1** : conectar, comunicarse ⟨to connect to the Internet : conectar a la Internet⟩ **2 to connect with someone** : sintonizar con alguien

**connection** [kəˈnɛkʃən] *n* : conexión *f*, enlace *m* ⟨professional connections : relaciones profesionales⟩

**connective** [kəˈnɛktɪv] *adj* : conectivo, conjuntivo ⟨connective tissue : tejido conjuntivo⟩ — **connectivity** *n*

**connector** [kəˈnɛktər] *n* : conector *m*

**connivance** [kəˈnaɪvənts] *n* : connivencia *f*, complicidad *f*

**connive** [kəˈnaɪv] *vi* **-nived; -niving** CONSPIRE, PLOT : actuar en connivencia, confabularse, conspirar

**connoisseur** [ˌkɑnəˈsər, -ˈsʊr] *n* : conocedor *m*, -dora *f*; entendido *m*, -da *f*

**connotation** [ˌkɑnəˈteɪʃən] *n* : connotación *f*

**connote** [kəˈno:t] *vt* **-noted; -noting** : connotar

**conquer** [ˈkɑŋkər] *vt* : conquistar, vencer

**conqueror** [ˈkɑŋkərər] *n* : conquistador *m*, -dora *f*

**conquest** [ˈkɑnˌkwɛst, ˈkɑŋ-] *n* : conquista *f*

**conscience** [ˈkɑnʃənts] *n* : conciencia *f*, consciencia *f* ⟨to have a clear conscience : tener la conciencia limpia⟩

**conscientious** [ˌkɑnʃiˈɛnʃəs] *adj* : concienzudo — **conscientiously** *adv*

**conscious** [ˈkɑnʃəs] *adj* **1** AWARE : consciente ⟨to become conscious of : darse cuenta de⟩ **2** ALERT, AWAKE : consciente **3** INTENTIONAL : intencional, deliberado

**consciously** [ˈkɑnʃəsli] *adv* INTENTIONALLY : intencionalmente, deliberadamente, a propósito

**consciousness** [ˈkɑnʃəsnəs] *n* **1** AWARENESS : conciencia *f*, consciencia *f* **2** : conocimiento *m* ⟨to lose consciousness : perder el conocimiento⟩

**conscript**[1] [kənˈskrɪpt] *vt* : reclutar, alistar, enrolar

**conscript**[2] [ˈkɑnˌskrɪpt] *n* : conscripto *m*, -ta *f*; recluta *mf*

**conscription** [kənˈskrɪpʃən] *n* : conscripción *f*

**consecrate** [ˈkɑntsəˌkreɪt] *vt* **-crated; -crating** : consagrar

**consecration** [ˌkɑntsəˈkreɪʃən] *n* : consagración *f*, dedicación *f*

**consecutive** [kənˈsɛkjʊtɪv] *adj* : consecutivo, seguido ⟨on five consecutive days : cinco días seguidos⟩

**consecutively** [kənˈsɛkjʊtɪvli] *adv* : consecutivamente

**consensus** [kənˈsɛntsəs] *n* : consenso *m*

**consent**[1] [kənˈsɛnt] *vi* **1** AGREE : acceder, ponerse de acuerdo **2 to consent to do something** : consentir en hacer algo

**consent**[2] *n* : consentimiento *m*, permiso *m* ⟨by common consent : de común acuerdo⟩

**consequence** [ˈkɑntsəˌkwɛnts, -kwənts] *n* **1** RESULT : consecuencia *f*, secuela *f* **2** IMPORTANCE : importancia *f*, trascendencia *f*

**consequent** [ˈkɑntsəkwənt, -ˌkwɛnt] *adj* : consiguiente

**consequential** [ˌkɑntsəˈkwɛnʃəl] *adj* **1** CONSEQUENT : consiguiente **2** IMPORTANT : importante, trascendente, trascendental

**consequently** [ˈkɑntsəkwəntli, -ˌkwɛnt-] *adv* : por consiguiente, por ende, por lo tanto

**conservation** [ˌkɑntsərˈveɪʃən] *n* : conservación *f*, protección *f*

**conservationist** [ˌkɑntsərˈveɪʃənɪst] *n* : conservacionista *mf*

**conservatism** [kənˈsərvəˌtɪzəm] *n* : conservadurismo *m*

**conservative**[1] [kənˈsərvətɪv] *adj* **1** : conservador **2** CAUTIOUS : moderado, cauteloso ⟨a conservative estimate : un cálculo moderado⟩

**conservative**[2] *n* : conservador *m*, -dora *f*

**conservatory** [kənˈsərvəˌtori] *n, pl* **-ries** : conservatorio *m*

**conserve**[1] [kənˈsərv] *vt* **-served; -serving** : conservar, preservar

**conserve**[2] [ˈkɑnˌsərv] *n* PRESERVES : confitura *f*

**consider** [kənˈsɪdər] *vt* **1** CONTEMPLATE : considerar, pensar en ⟨we'd considered attending : habíamos pensado en asistir⟩ **2** : considerar, tener en cuenta ⟨consider the consequences : considera las consecuencias⟩ **3** JUDGE, REGARD : considerar, estimar

**considerable** [kənˈsɪdərəbəl] *adj* : considerable — **considerably** [-bli] *adv*

**considerate** [kənˈsɪdərət] *adj* : considerado, atento

**consideration** [kənˌsɪdəˈreɪʃən] *n* : consideración *f* ⟨to take into consideration : tener en cuenta⟩

**considering** [kənˈsɪdərɪŋ] *prep* : teniendo en cuenta, visto

**consign** [kənˈsaɪn] *vt* **1** COMMIT, ENTRUST : confiar, encomendar **2** TRANSFER : consignar, transferir **3** SEND : consignar, enviar (mercancía)

**consignment** [kənˈsaɪnmənt] *n* **1** : envío *m*, remesa *f* **2 on ~** : en consignación

**consist** [kənˈsɪst] *vi* **1** LIE : consistir ⟨success consists in hard work : el éxito consiste en trabajar duro⟩ **2** : constar, componerse ⟨the set consists of 5 pieces : el juego se compone de 5 piezas⟩

**consistency** [kənˈsɪstənts] *n, pl* **-cies** **1** : consistencia *f* (de una mezcla o sustancia) **2** COHERENCE : coherencia *f* **3** UNIFORMITY : regularidad *f*, uniformidad *f*

**consistent** [kənˈsɪstənt] *adj* **1** COMPATIBLE : compatible, coincidente ⟨consistent with policy : coincidente con la política⟩ **2** UNIFORM : uniforme, constante, regular — **consistently** [kənˈsɪstəntli] *adv*

**consolation** [ˌkɑnʧsəˈleɪʃə n] *n* **1** : consuelo *m* **2 consolation prize** : premio *m* de consolación

**console**[1] [kənˈsoːl] *vt* **-soled; -soling** : consolar

**console**[2] [ˈkɑnˌsoːl] *n* : consola *f*

**consolidate** [kənˈsɑləˌdeɪt] *vt* **-dated; -dating** : consolidar, unir

**consolidation** [kənˌsɑləˈdeɪʃən] *n* : consolidación *f*

**consommé** [ˌkɑnʧsəˈmeɪ] *n* : consomé *m*

**consonant** [ˈkɑnʧsənənt] *n* : consonante *m*

**consort**[1] [kənˈsɔrt] *vi* : asociarse, relacionarse, tener trato ⟨to consort with criminals : tener trato con criminales⟩

**consort**[2] [ˈkɑnˌsɔrt] *n* : consorte *mf*

**consortium** [kənˈsɔrʃəm] *n, pl* **-tia** [-ʃə] *or* **-tiums** [-ʃəmz] : consorcio *m*

**conspicuous** [kənˈspɪkjʊəs] *adj* **1** OBVIOUS : visible, evidente **2** STRIKING : llamativo

**conspicuously** [kənˈspɪkjʊəsli] *adv* : de manera llamativa

**conspiracy** [kənˈspɪrəsi] *n, pl* **-cies** : conspiración *f*, complot *m*, confabulación *f*

**conspirator** [kənˈspɪrəʧər] *n* : conspirador *m*, -dora *f*

**conspire** [kənˈspaɪr] *vi* **-spired; -spiring** : conspirar, confabularse

**constable** [ˈkɑnʧstəbəl, ˈkʌnʧstə-] *n* : agente *mf* de policía (en un pueblo)

**constancy** [ˈkɑnʧstənʧsi] *n, pl* **-cies** : constancia *f*

**constant**[1] [ˈkɑnʧstənt] *adj* **1** FAITHFUL : leal, fiel **2** INVARIABLE : constante, invariable **3** CONTINUAL : constante, continuo

**constant**[2] *n* : constante *f*

**constantly** [ˈkɑnʧstəntli] *adv* : constantemente, continuamente

**constellation** [ˌkɑnʧstəˈleɪʃən] *n* : constelación *f*

**consternation** [ˌkɑnʧstərˈneɪʃən] *n* : consternación *f*

**constipate** [ˈkɑnʧstəˌpeɪt] *vt* **-pated; -pating** : estreñir

**constipated** [ˈkɑnʧstəˌpeɪtəd] *adj* : estreñido

**constipation** [ˌkɑnʧstəˈpeɪʃən] *n* : estreñimiento *m*, constipación *f* (de vientre)

**constituency** [kənˈstɪtʃʊənʧsi] *n, pl* **-cies** **1** : distrito *m* electoral **2** : residentes *mpl* de un distrito electoral

**constituent**[1] [kənˈstɪtʃʊənt] *adj* **1** COMPONENT : constituyente, componente **2** : constituyente, constitutivo ⟨a constituent assembly : una asamblea constituyente⟩

**constituent**[2] *n* **1** COMPONENT : componente *m* **2** VOTER : elector *m*, -tora *f*; votante *mf*

**constitute** [ˈkɑnʧstəˌtuːt, -ˌtjuːt] *vt* **-tuted; -tuting** **1** ESTABLISH : constituir, establecer **2** COMPOSE, FORM : constituir, componer

**constitution** [ˌkɑnʧstəˈtuːʃən, -ˈtjuː-] *n* : constitución *f*

**constitutional** [ˌkɑnʧstəˈtuːʃənəl, -ˈtjuː-] *adj* : constitucional

**constitutionality** [ˌkɑnʧstəˌtuːʃəˈnæləti, -ˌtjuː-] *n* : constitucionalidad *f*

**constrain** [kənˈstreɪn] *vt* **1** COMPEL : constreñir, obligar **2** CONFINE : constreñir, limitar, restringir **3** RESTRAIN : contener, refrenar

**constraint** [kənˈstreɪnt] *n* : restricción *f*, limitación *f*

**constrict** [kənˈstrɪkt] *vt* : estrechar, apretar, comprimir

**constriction** [kənˈstrɪkʃən] *n* : estrechamiento *m*, compresión *f*

**construct** [kənˈstrʌkt] *vt* : construir

**construction** [kənˈstrʌkʃən] *n* : construcción *f*

**constructive** [kənˈstrʌktɪv] *adj* : constructivo

**construe** [kənˈstruː] *vt* **-strued; -struing** : interpretar

**consul** [ˈkɑnʧsəl] *n* : cónsul *mf*

**consular** [ˈkɑnʧsələr] *adj* : consular

**consulate** [ˈkɑnʧsələt] *n* : consulado *m*

**consult** [kənˈsʌlt] *vt* : consultar — *vi* **to consult with** : consultar con, solicitar la opinión de

**consultancy** [kənˈsʌltənʧsi] *n, pl* **-cies** : consultoría *f*

**consultant** [kənˈsʌltənt] *n* : consultor *m*, -tora *f*; asesor *m*, -sora *f*

**consultation** [ˌkɑnʧsəlˈteɪʃən] *n* : consulta *f*

**consumable** [kənˈsuːməbəl] *adj* : consumible

**consume** [kənˈsuːm] *vt* **-sumed; -suming** : consumir, usar, gastar

**consumer** [kənˈsuːmər] *n* : consumidor *m*, -dora *f*

**consumerism** [kənˈsuːməˌrɪzəm] *n* : consumismo *m*

**consummate**[1] [ˈkɑnʧsəˌmeɪt] *vt* **-mated; -mating** : consumar

**consummate**[2] [kənˈsʌmət, ˈkɑnʧsə-mət] *adj* : consumado, perfecto

**consummation** [ˌkɑnʧsəˈmeɪʃən] *n* : consumación *f*

**consumption** [kənˈsʌmpʃən] *n* USE : consumo *m*, uso *m* ⟨consumption of electricity : consumo de electricidad⟩

**contact**[1] [ˈkɑnˌtækt, kənˈ-] *vt* : ponerse en contacto con, contactar (con)

**contact**[2] [ˈkɑnˌtækt] *n* **1** TOUCHING : contacto *m* ⟨to come into contact with : entrar en contacto con⟩ **2** TOUCH : contacto *m*, comunicación *f* ⟨to lose contact with : perder contacto con⟩ **3** CONNECTION : contacto *m* (en negocios) **4 → contact lens**

**contact lens** [ˈkɑnˌtæktˈlenz] *n* : lente *mf* de contacto, pupilente *m Mex*

**contagion** [kənˈteɪʤən] *n* : contagio *m*

**contagious** [kənˈteɪʤəs] *adj* : contagioso

**contain** [kənˈteɪn] *vt* **1** : contener **2 to contain oneself** : contenerse

**container** [kənˈteɪnər] *n* : recipiente *m*, envase *m*

**containment** [kənˈteɪnmənt] *n* : contención *f*

**contaminant** [kənˈtæmənənt] *n* : contaminante *m*

**contaminate** [kənˈtæməˌneɪt] *vt* **-nated; -nating** : contaminar

**contamination** [kənˌtæməˈneɪʃən] *n* : contaminación *f*
**contemplate** [ˈkɑntəmˌpleɪt] *v* **-plated; -plating** *vt* **1** VIEW : contemplar **2** PONDER : contemplar, considerar **3** CONSIDER, PROPOSE : proponerse, proyectar, pensar en ⟨to contemplate a trip : pensar en viajar⟩ — *vi* MEDITATE : meditar
**contemplation** [ˌkɑntəmˈpleɪʃən] *n* : contemplación *f*
**contemplative** [kənˈtɛmpləṭɪv, ˈkɑntəmˌpleɪṭɪv] *adj* : contemplativo
**contemporaneous** [kənˌtɛmpəˈreɪniəs] *adj* → **contemporary**[1]
**contemporary**[1] [kənˈtɛmpəˌrɛri] *adj* : contemporáneo
**contemporary**[2] *n, pl* **-raries** : contemporáneo *m*, -nea *f*
**contempt** [kənˈtɛmpt] *n* **1** DISDAIN : desprecio *m*, desdén *m* ⟨to hold in contempt : despreciar⟩ **2** : desacato *m* (ante un tribunal)
**contemptible** [kənˈtɛmptəbəl] *adj* : despreciable, vil
**contemptuous** [kənˈtɛmptʃuəs] *adj* : despectivo, despreciativo, desdeñoso
**contemptuously** [kənˈtɛmptʃuəsli] *adv* : despectivamente, con desprecio
**contend** [kənˈtɛnd] *vi* **1** STRUGGLE : luchar, lidiar, contender ⟨to contend with a problem : lidiar con un problema⟩ **2** COMPETE : competir ⟨to contend for a position : competir por un puesto⟩ — *vt* **1** ARGUE, MAINTAIN : argüir, sostener, afirmar ⟨he contended that he was right : afirmó que tenía razón⟩ **2** CONTEST : protestar contra (una decisión, etc.), disputar
**contender** [kənˈtɛndər] *n* : contendiente *mf*; aspirante *mf*; competidor *m*, -dora *f*
**content**[1] [kənˈtɛnt] *vt* SATISFY : contentar, satisfacer
**content**[2] *adj* : conforme, contento, satisfecho
**content**[3] *n* CONTENTMENT : contento *m*, satisfacción *f* ⟨to one's heart's content : hasta quedar satisfecho, a más no poder⟩
**content**[4] [ˈkɑnˌtɛnt] *n* **1** MEANING : contenido *m*, significado *m* **2** PROPORTION : contenido *m*, proporción *f* ⟨fat content : contenido de grasa⟩ **3 contents** *npl* : contenido *m*, sumario *m* (de un libro) ⟨table of contents : índice de materias⟩
**contented** [kənˈtɛntəd] *adj* : conforme, satisfecho ⟨a contented smile : una sonrisa de satisfacción⟩
**contentedly** [kənˈtɛntədli] *adv* : con satisfacción
**contention** [kənˈtɛnʃən] *n* **1** DISPUTE : disputa *f*, discusión *f* **2** COMPETITION : competencia *f*, contienda *f* **3** OPINION : argumento *m*, opinión *f*
**contentious** [kənˈtɛnʃəs] *adj* **1** CONTROVERSIAL : controvertido **2** DEBATED : discutido **3** ARGUMENTATIVE : discutidor
**contentment** [kənˈtɛntmənt] *n* : satisfacción *f*, contento *m*
**contest**[1] [kənˈtɛst] *vt* : disputar, cuestionar, impugnar ⟨to contest a will : impugnar un testamento⟩
**contest**[2] [ˈkɑnˌtɛst] *n* **1** STRUGGLE : lucha *f*, contienda *f* **2** GAME : concurso *m*, competencia *f*
**contestable** [kənˈtɛstəbəl] *adj* : discutible, cuestionable
**contestant** [kənˈtɛstənt] *n* : concursante *mf*; competidor *m*, -dora *f*
**context** [ˈkɑnˌtɛkst] *n* : contexto *m*
**contiguous** [kənˈtɪgjuəs] *adj* : contiguo
**continent**[1] [ˈkɑntənənt] *adj* : continente
**continent**[2] *n* : continente *m* — **continental** [ˌkɑntənˈɛntəl] *adj*
**contingency** [kənˈtɪnʤənsi] *n, pl* **-cies** : contingencia *f*, eventualidad *f* ⟨contingency plan : plan de emergencia⟩
**contingent**[1] [kənˈtɪnʤənt] *adj* **1** POSSIBLE : contingente, eventual **2** ACCIDENTAL : fortuito, accidental **3 to be contingent on** : depender de, estar sujeto a
**contingent**[2] *n* : contingente *m*
**continual** [kənˈtɪnjuəl] *adj* : continuo, constante — **continually** [kən-ˈtɪnjuəli, -ˈtɪnjəli] *adv*
**continuance** [kənˈtɪnjuənts] *n* **1** CONTINUATION : continuación *f* **2** DURATION : duración *f* **3** : aplazamiento *m* (de un proceso)
**continuation** [kənˌtɪnjuˈeɪʃən] *n* : continuación *f*, prolongación *f*
**continue** [kənˈtɪnju:] *v* **-tinued; -tinuing** *vi* **1** CARRY ON : continuar, seguir, proseguir ⟨please continue : continúe, por favor⟩ **2** ENDURE, LAST : continuar, prolongarse, durar **3** RESUME : continuar, reanudarse — *vt* **1** : continuar, seguir ⟨she continued writing : continuó escribiendo⟩ **2** RESUME : continuar, reanudar **3** EXTEND, PROLONG : continuar, prolongar
**continuity** [ˌkɑntə-ˈnu:əṭi, -ˈnju:-] *n, pl* **-ties** : continuidad *f*
**continuous** [kənˈtɪnjuəs] *adj* : continuo — **continuously** *adv*
**contort** [kənˈtɔrt] *vt* : torcer, retorcer, contraer (el rostro) — *vi* : contraerse, demudarse
**contortion** [kənˈtɔrʃən] *n* : contorsión *f*
**contour** [ˈkɑnˌtʊr] *n* **1** OUTLINE : contorno *m* **2 contours** *npl* SHAPE : forma *f*, curvas *fpl* **3 contour map** : mapa *m* topográfico
**contraband** [ˈkɑntrəˌbænd] *n* : contrabando *m*
**contraception** [ˌkɑntrəˈsɛpʃən] *n* : anticoncepción *f*, contracepción *f*
**contraceptive**[1] [ˌkɑntrəˈsɛpṭɪv] *adj* : anticonceptivo, contraceptivo
**contraceptive**[2] *n* : anticonceptivo *m*, contraceptivo *m*
**contract**[1] [kənˈtrækt, 1 usu ˈkɑn-ˌtrækt] *vt* **1** : contratar (servicios profesionales) **2** : contraer (una enfermedad, una deuda) **3** TIGHTEN : contraer (un músculo) **4** SHORTEN : contraer (una palabra) — *vi* : contraerse, reducirse
**contract**[2] [ˈkɑnˌtrækt] *n* : contrato *m*

**contraction** [kənˈtrækʃən] *n* : contracción *f*
**contractor** [ˈkɑnˌtræktər, kənˈtræk-] *n* : contratista *mf*
**contractual** [kənˈtræktʃuəl] *adj* : contractual — **contractually** *adv*
**contradict** [ˌkɑntrəˈdɪkt] *vt* : contradecir, desmentir
**contradiction** [ˌkɑntrəˈdɪkʃən] *n* : contradicción *f*
**contradictory** [ˌkɑntrəˈdɪktəri] *adj* : contradictorio
**contralto** [kənˈtrælˌto:] *n, pl* **-tos** : contralto *m* (voz), contralto *mf* (vocalista)
**contraption** [kənˈtræpʃən] *n* DEVICE : aparato *m*, artefacto *m*
**contrary**[1] [ˈkɑnˌtreri, 2 often kənˈtrɛri] *adj* **1** OPPOSITE : contrario, opuesto **2** BALKY, STUBBORN : terco, testarudo **3 contrary to** : al contrario de, en contra de ⟨contrary to the facts : en contra de los hechos⟩
**contrary**[2] [ˈkɑnˌtrɛri] *n, pl* **-traries** **1** OPPOSITE : lo contrario, lo opuesto **2 on the contrary** : al contrario, todo lo contrario
**contrast**[1] [kənˈtræst] *vi* DIFFER : contrastar, diferir — *vt* COMPARE : contrastar, comparar
**contrast**[2] [ˈkɑnˌtræst] *n* : contraste *m*
**contravene** [ˌkɑntrəˈvi:n] *vt* **-vened; -vening** : contravenir, infringir
**contribute** [kənˈtrɪbjət] *v* **-uted; -uting** *vt* : contribuir, aportar (dinero, bienes, etc.) — *vi* : contribuir
**contribution** [ˌkɑntrəˈbju:ʃən] *n* : contribución *f*
**contributor** [kənˈtrɪbjəṭər] *n* : contribuidor *m*, -dora *f*; colaborador *m*, -dora *f* (en periodismo)
**contrite** [ˈkɑnˌtraɪt, kənˈtraɪt] *adj* REPENTANT : contrito, arrepentido
**contrition** [kənˈtrɪʃən] *n* : contrición *f*, arrepentimiento *m*
**contrivance** [kənˈtraɪvənts] *n* **1** DEVICE : aparato *m*, artefacto *m* **2** SCHEME : artimaña *f*, treta *f*, ardid *m*
**contrive** [kənˈtraɪv] *vt* **-trived; -triving** **1** DEVISE : idear, ingeniar, maquinar **2** MANAGE : lograr, ingeniárselas para ⟨she contrived a way out of the mess : se las ingenió para salir del enredo⟩
**control**[1] [kənˈtro:l] *vt* **-trolled; -trolling** : controlar — **controllable** [kənˈtro:ləbəl] *adj*
**control**[2] *n* **1** : control *m*, dominio *m*, mando *m* ⟨to be under control : estar bajo control⟩ ⟨to be out of control : estar fuera de control⟩ ⟨he likes to be in control : le gusta mandar⟩ ⟨to be in control of : controlar⟩ ⟨to lose control : perder el control⟩ ⟨it's beyond my control : no está en mis manos⟩ ⟨for reasons beyond our control : por causas ajenas a nuestra voluntad⟩ **2** RESTRAINT : control *m*, limitación *f* ⟨birth control : control natal⟩ ⟨gun control : control de armas⟩ **3** : control *m*, dispositivo *m* de mando ⟨remote control : control remoto⟩
**controller** [kənˈtro:lər, ˈkɑnˌ-] *n* **1** → **comptroller** **2** : controlador *m*, -dora *f* ⟨air traffic controller : controlador aéreo⟩
**controversial** [ˌkɑntrəˈvərʃəl, -siəl] *adj* : controvertido ⟨a controversial decision : una decisión controvertida⟩
**controversy** [ˈkɑntrəˌvərsi] *n, pl* **-sies** : controversia *f*
**controvert** [ˈkɑntrəˌvərt, ˌkɑntrəˈ-] *vt* : controvertir, contradecir
**contusion** [kənˈtu:ʒən, -tju:-] *n* BRUISE : contusión *f*, moretón *m*
**conundrum** [kəˈnʌndrəm] *n* RIDDLE : acertijo *m*, adivinanza *f*
**convalesce** [ˌkɑnvəˈlɛs] *vi* **-lesced; -lescing** : convalecer
**convalescence** [ˌkɑnvəˈlɛsənts] *n* : convalecencia *f*
**convalescent**[1] [ˌkɑnvəˈlɛsənt] *adj* : convaleciente
**convalescent**[2] *n* : convaleciente *mf*
**convection** [kənˈvɛkʃən] *n* : convección *f*
**convene** [kənˈvi:n] *v* **-vened; -vening** *vt* : convocar — *vi* : reunirse
**convenience** [kənˈvi:njənts] *n* **1** : conveniencia *f* ⟨at your convenience : cuando le resulte conveniente⟩ **2** AMENITY : comodidad *f* ⟨modern conveniences : comodidades modernas⟩
**convenience store** *n* : tienda *f* de conveniencia
**convenient** [kənˈvi:njənt] *adj* : conveniente, cómodo — **conveniently** *adv*
**convent** [ˈkɑnvənt, -ˌvɛnt] *n* : convento *m*
**convention** [kənˈvɛnʃən] *n* **1** PACT : convención *f*, convenio *m*, pacto *m* ⟨the Geneva Convention : la Convención de Ginebra⟩ **2** MEETING : convención *f*, congreso *m* **3** CUSTOM : convención *f*
**conventional** [kənˈvɛnʃənəl] *adj* : convencional — **conventionally** *adv*
**converge** [kənˈvərʤ] *vi* **-verged; -verging** : converger, convergir
**convergence** [kənˈvərʤənts] *n* : convergencia *f*
**convergent** [kənˈvərʤənt] *adj* : convergente
**conversant** [kənˈvərsənt] *adj* **conversant with** : versado con, experto en
**conversation** [ˌkɑnvərˈseɪʃən] *n* : conversación *f*
**conversational** [ˌkɑnvərˈseɪʃənəl] *adj* : familiar ⟨a conversational style : un estilo familiar⟩
**conversationalist** [ˌkɑnvərˈseɪʃənəlɪst] *n* : conversador *m*, -dora *f*
**converse**[1] [kənˈvərs] *vi* **-versed; -versing** : conversar
**converse**[2] [kənˈvərs, ˈkɑnˌvərs] *adj* : contrario, opuesto, inverso
**conversely** [kənˈvərsli, ˈkɑnˌvərs-] *adv* : a la inversa
**conversion** [kənˈvərʒən] *n* **1** CHANGE : conversión *f*, transformación *f*, cambio *m* **2** : conversión *f* (a una religión)
**convert**[1] [kənˈvərt] *vt* **1** : convertir (a una religión o un partido) **2** CHANGE : convertir, cambiar — *vi* : convertirse

**convert**[2] [ˈkɑnˌvərt] *n* : converso *m*, -sa *f*
**converter** *or* **convertor** [kənˈvərtər] *n* : convertidor *m*
**convertible**[1] [kənˈvərtəbəl] *adj* : convertible
**convertible**[2] *n* : convertible *m*, descapotable *m*
**convex** [kɑnˈvɛks, ˈkɑnˌ-, kənˈ-] *adj* : convexo
**convey** [kənˈveɪ] *vt* **1** TRANSPORT : transportar, conducir **2** TRANSMIT : transmitir, comunicar, expresar (noticias, ideas, etc.)
**conveyance** [kənˈveɪənʦ] *n* **1** TRANSPORT : transporte *m*, transportación *f* **2** COMMUNICATION : transmisión *f*, comunicación *f* **3** TRANSFER : transferencia *f*, traspaso *m* (de una propiedad)
**conveyor** [kənˈveɪər] *n* : transportador *m*, -dora *f* ⟨conveyor belt : cinta transportadora⟩
**convict**[1] [kənˈvɪkt] *vt* : declarar culpable
**convict**[2] [ˈkɑnˌvɪkt] *n* : preso *m*, -sa *f*; presidiario *m*, -ria *f*; recluso *m*, -sa *f*
**conviction** [kənˈvɪkʃən] *n* **1** : condena *f* (de un acusado) **2** BELIEF : convicción *f*, creencia *f*
**convince** [kənˈvɪnʦ] *vt* **-vinced; -vincing** : convencer
**convincing** [kənˈvɪnʦɪŋ] *adj* : convincente, persuasivo
**convincingly** [kənˈvɪnʦɪŋli] *adv* : de forma convincente
**convivial** [kənˈvɪvjəl, -ˈvɪviəl] *adj* : jovial, festivo, alegre
**conviviality** [kənˌvɪviˈæləṭi] *n, pl* **-ties** : jovialidad *f*
**convoke** [kənˈvoːk] *vt* **-voked; -voking** : convocar
**convoluted** [ˈkɑnvəˌluːṭəd] *adj* : intrincado, complicado
**convoy** [ˈkɑnˌvɔɪ] *n* : convoy *m*
**convulse** [kənˈvʌls] *v* **-vulsed; -vulsing** *vt* : convulsionar ⟨convulsed with laughter : muerto de risa⟩ — *vi* : sufrir convulsiones
**convulsion** [kənˈvʌlʃən] *n* : convulsión *f*
**convulsive** [kənˈvʌlsɪv] *adj* : convulsivo — **convulsively** *adv*
**coo**[1] [ˈkuː] *vi* : arrullar
**coo**[2] *n* : arrullo *m* (de una paloma)
**cook**[1] [ˈkʊk] *vi* : cocinar — *vt* **1** : preparar (comida) **2 to cook up** CONCOCT : inventar, tramar
**cook**[2] *n* : cocinero *m*, -ra *f*
**cookbook** [ˈkʊkˌbʊk] *n* : libro *m* de cocina
**cookery** [ˈkʊkəri] *n, pl* **-eries** : cocina *f*
**cookie** *or* **cooky** [ˈkʊki] *n, pl* **-ies** : galleta *f* (dulce)
**cooking** [ˈkʊkɪŋ] *n* **1** COOKERY : cocina *f* **2** : cocción *f*, cocimiento *m* ⟨cooking time : tiempo de cocción⟩
**cookout** [ˈkʊkˌaʊt] *n* : comida *f* al aire libre
**cool**[1] [ˈkuːl] *vt* : refrescar, enfriar — *vi* **1** : refrescarse, enfriarse ⟨the pie is cooling : el pastel se está enfriando⟩ **2** : calmarse, tranquilizarse ⟨his anger cooled : su ira se calmó⟩
**cool**[2] *adj* **1** : fresco, frío ⟨cool weather : tiempo fresco⟩ **2** CALM : tranquilo, sereno **3** ALOOF : frío, distante **4** *fam* EXCELLENT, TRENDY : muy en la onda *fam*; chévere *fam*; bacán *Chile, Ecua, Uru fam*; bacano *Col fam*; guay *Spain fam*; chido *Mex fam*
**cool**[3] *n* **1** : fresco *m* ⟨the cool of the evening : el fresco de la tarde⟩ **2** COMPOSURE : calma *f*, serenidad *f*
**coolant** [ˈkuːlənt] *n* : refrigerante *m*
**cooler** [ˈkuːlər] *n* : nevera *f* portátil
**coolly** [ˈkuːlli] *adv* **1** CALMLY : con calma, tranquilamente **2** COLDLY : fríamente, con frialdad
**coolness** [ˈkuːlnəs] *n* **1** : frescura *f*, frescor *m* ⟨the coolness of the evening : el frescor de la noche⟩ **2** CALMNESS : tranquilidad *f*, serenidad *f* **3** COLDNESS, INDIFFERENCE : frialdad *f*, indiferencia
**coop**[1] [ˈkuːp, ˈkʊp] *vt or* **to coop up** : encerrar ⟨cooped up in the house : encerrado en la casa⟩
**coop**[2] *n* : gallinero *m*
**co–op** [ˈkoːˌɑp] *n* → **cooperative**[2]
**cooperate** [koˈɑpəˌreɪt] *vi* **-ated; -ating** : cooperar, colaborar
**cooperation** [koˌɑpəˈreɪʃən] *n* : cooperación *f*, colaboración *f*
**cooperative**[1] [koˈɑpərəṭɪv] *adj* : cooperativo
**cooperative**[2] *n* : cooperativa *f*
**co–opt** [koˈɑpt] *vt* **1** : nombrar como miembro, cooptar **2** APPROPRIATE : apropiarse de
**coordinate**[1] [koˈɔrdənˌeɪt] *v* **-nated; -nating** *vt* : coordinar — *vi* : coordinarse, combinar, acordar
**coordinate**[2] [koˈɔrdənət] *adj* **1** COORDINATED : coordinado **2** EQUAL : igual, semejante
**coordinate**[3] [koˈɔrdənət] *n* : coordenada *f*
**coordination** [koˌɔrdənˈeɪʃən] *n* : coordinación *f*
**coordinator** [koˈɔrdənˌeɪṭər] *n* : coordinador *m*, -dora *f*
**cop** [ˈkɑp] → **police officer**
**cope** [ˈkoːp] *vi* **coped; coping** **1** : arreglárselas **2 to cope with** : hacer frente a, poder con ⟨I can't cope with all this! : ¡no puedo con todo esto!⟩
**copier** [ˈkɑpiər] *n* : copiadora *f*, fotocopiadora *f*
**copilot** [ˈkoːˌpaɪlət] *n* : copiloto *m*
**copious** [ˈkoːpiəs] *adj* : copioso, abundante — **copiously** *adv*
**copiousness** [ˈkoːpiəsnəs] *n* : abundancia *f*
**copper** [ˈkɑpər] *n* : cobre *m*
**coppery** [ˈkɑpəri] *adj* : cobrizo
**copse** [ˈkɑps] *n* THICKET : soto *m*, matorral *m*
**copulate** [ˈkɑpjəˌleɪt] *vi* **-lated; -lating** : copular
**copulation** [ˌkɑpjəˈleɪʃən] *n* : cópula *f*, relaciones *fpl* sexuales
**copy**[1] [ˈkɑpi] *vt* **copied; copying** **1** DUPLICATE : hacer una copia de, duplicar, reproducir **2** IMITATE : copiar, imitar

**copy**[2] *n, pl* **copies** **1** : copia *f*, duplicado *m* (de un documento), reproducción *f* (de una obra de arte) **2** : ejemplar *m* (de un libro), número *m* (de una revista) **3** TEXT : manuscrito *m*, texto *m*

**copycat** ['kɑpiˌkæt] *n* : copión *m*, -piona *f*

**copyright**[1] ['kɑpiˌraɪt] *vt* : registrar los derechos de

**copyright**[2] *n* : derechos *mpl* de autor

**coral**[1] ['kɔrəl] *adj* : de coral ⟨a coral reef : un arrecife de coral⟩

**coral**[2] *n* : coral *m*

**coral snake** *n* : serpiente *f* de coral

**cord** ['kɔrd] *n* **1** ROPE, STRING : cuerda *f*, cordón *m*, cordel *m* **2** : cuerda *f*, cordón *m*, médula *f* (en la anatomía) ⟨vocal cords : cuerdas vocales⟩ **3** : cuerda *f* ⟨a cord of firewood : una cuerda de leña⟩ **4** *or* **electric cord** : cable *m* eléctrico

**cordial**[1] ['kɔrdʒəl] *adj* : cordial — **cordially** *adv*

**cordial**[2] *n* : cordial *m*

**cordiality** [ˌkɔrdʒiˈæləṭi] *n* : cordialidad *f*

**cordless** ['kɔrdləs] *adj* : inalámbrico

**córdoba** ['kɔrdəbə] *n* : córdoba *f* (unidad monetaria)

**cordon**[1] ['kɔrdən] *vt* **to cordon off** : acordonar

**cordon**[2] *n* : cordón *m*

**corduroy** ['kɔrdəˌrɔi] *n* **1** : pana *f* **2** **corduroys** *npl* : pantalones *mpl* de pana

**core**[1] ['kɔr] *vt* **cored; coring** : quitar el corazón a (una fruta)

**core**[2] *n* **1** : corazón *m*, centro *m* (de algunas frutas) **2** CENTER : núcleo *m*, centro *m* **3** ESSENCE : núcleo *m*, meollo *m* ⟨to the core : hasta la médula⟩

**coriander** ['kɔriˌændər] *n* : cilantro *m*

**cork**[1] ['kɔrk] *vt* : ponerle un corcho a

**cork**[2] *n* : corcho *m*

**corkscrew** ['kɔrkˌskru:] *n* : tirabuzón *m*, sacacorchos *m*

**cormorant** ['kɔrmərənt, -ˌrænt] *n* : cormorán *m*

**corn**[1] ['kɔrn] *vt* : conservar en salmuera ⟨corned beef : carne en conserva⟩

**corn**[2] *n* **1** GRAIN : grano *m* **2** : maíz *m*, choclo *m*, elote *m Mex* ⟨corn tortillas : tortillas de maíz⟩ **3** : callo *m* ⟨corn plaster : emplasto para callos⟩

**corncob** ['kɔrnˌkɑb] *n* : mazorca *f* (de maíz), choclo *m*, elote *m CA, Mex*

**cornea** ['kɔrniə] *n* : córnea *f*

**corner**[1] ['kɔrnər] *vt* **1** TRAP : acorralar, arrinconar **2** MONOPOLIZE : monopolizar, acaparar (un mercado) — *vi* : tomar una curva, doblar una esquina (en un automóvil)

**corner**[2] *n* **1** ANGLE : rincón *m*, esquina *f* (de una mesa, etc.), ángulo *m* (de una página) ⟨the corner of a room : el rincón de una habitación⟩ ⟨all corners of the world : todos los rincones del mundo⟩ **2** INTERSECTION : esquina *f* **3** BEND : curva *f* (en una carretera) **4** PREDICAMENT, IMPASSE : aprieto *m*, impasse *m* ⟨to be backed into a corner : estar acorralado⟩ **5 corner of the eye** : lagrimal *m*, rabillo *m* **6 corner of the mouth** : comisura *f* de los labios **7 to cut corners** : economizar esfuerzos

**corner kick** *n* : córner *m*

**cornerstone** ['kɔrnərˌsto:n] *n* : piedra *f* angular

**cornet** [kɔr'nɛt] *n* : corneta *f*

**cornfield** ['kɔrnˌfi:ld] *n* : maizal *m*; milpa *f CA, Mex*

**cornflakes** ['kɔrnˌfleɪks] *npl* : copos *mpl* de maíz

**cornice** ['kɔrnɪs] *n* : cornisa *f*

**cornmeal** ['kɔrnˌmi:l] *n* : harina *f* de maíz

**cornstalk** ['kɔrnˌstɔk] *n* : tallo *m* del maíz

**cornstarch** ['kɔrnˌstɑrtʃ] *n* : maicena *f*, almidón *m* de maíz

**cornucopia** [ˌkɔrnə'ko:piə, -njə-] *n* : cornucopia *f*

**corny** ['kɔrni] *adj* **cornier; -est** **1** SENTIMENTAL : sentimental, cursi **2** SILLY : tonto (dícese de un chiste, etc.)

**corolla** [kə'rɑlə] *n* : corola *f*

**corollary** ['kɔrəˌleri] *n, pl* **-laries** : corolario *m*

**corona** [kə'ro:nə] *n* : corona *f* (del sol)

**coronary**[1] ['kɔrəˌneri] *adj* : coronario

**coronary**[2] *n, pl* **-naries** **1** : trombosis *f* coronaria **2** HEART ATTACK : infarto *m*, ataque *m* al corazón

**coronation** [ˌkɔrə'neɪʃən] *n* : coronación *f*

**coroner** ['kɔrənər] *n* : médico *m* forense

**corporal**[1] ['kɔrpərəl] *adj* : corporal ⟨corporal punishment : castigos corporales⟩

**corporal**[2] *n* : cabo *m*

**corporate** ['kɔrpərət] *adj* : corporativo, empresarial

**corporation** [ˌkɔrpə'reɪʃən] *n* : sociedad *f* anónima, corporación *f*, empresa *f*

**corporeal** [kɔr'poriəl] *adj* **1** PHYSICAL : corpóreo **2** MATERIAL : material, tangible — **corporeally** *adv*

**corps** ['kɔr] *n, pl* **corps** ['kɔrz] : cuerpo *m* ⟨medical corps : cuerpo médico⟩ ⟨diplomatic corps : cuerpo diplomático⟩

**corpse** ['kɔrps] *n* : cadáver *m*

**corpulence** ['kɔrpjələnts] *n* : obesidad *f*, gordura *f*

**corpulent** ['kɔrpjələnt] *adj* : obeso, gordo

**corpuscle** ['kɔrˌpʌsəl] *n* : corpúsculo *m*, glóbulo *m* (sanguíneo)

**corral**[1] [kə'ræl] *vt* **-ralled; -ralling** : acorralar (ganado)

**corral**[2] *n* : corral *m*

**correct**[1] [kə'rɛkt] *vt* **1** RECTIFY : corregir, rectificar **2** REPRIMAND : corregir, reprender

**correct**[2] *adj* **1** ACCURATE, RIGHT : correcto, exacto ⟨to be correct : estar en lo cierto⟩ **2** PROPER : correcto, apropiado

**correction** [kə'rɛkʃən] *n* : corrección *f*

**corrective** [kə'rɛktɪv] *adj* : correctivo

**correctly** [kə'rɛktli] *adv* : correctamente

**correctness** [kə'rɛk(t)nəs] *n* **1** ACCURACY : exactitud *f* **2** PROPRIETY : corrección *f*

**correlate** ['kɔrəˌleɪt] *vt* **-lated; -lating** : relacionar, poner en correlación

**correlation** [ˌkɔrə'leɪʃən] *n* : correlación *f*

**correspond** [ˌkɔrə'spɑnd] *vi* **1** MATCH : corresponder, concordar, coincidir **2** WRITE : corresponderse, escribirse

**correspondence** [ˌkɔrəˈspɑndənts] *n* : correspondencia *f*
**correspondent** [ˌkɔrəˈspɑndənt] *n* : corresponsal *mf*
**corresponding** [kɔrəˈspɑndɪŋ, kɑr-] *adj* : correspondiente
**correspondingly** [ˌkɔrəˈspɑndɪŋli] *adv* : en consecuencia, de la misma manera
**corridor** [ˈkɔrədər, -ˌdɔr] *n* : corredor *m*, pasillo *m*
**corroborate** [kəˈrɑbəˌreɪt] *vt* **-rated; -rating** : corroborar
**corroboration** [kəˌrɑbəˈreɪʃən] *n* : corroboración *f*
**corrode** [kəˈroːd] *v* **-roded; -roding** *vt* : corroer — *vi* : corroerse
**corrosion** [kəˈroːʒən] *n* : corrosión *f*
**corrosive** [kəˈroːsɪv] *adj* : corrosivo
**corrugate** [ˈkɔrəˌgeɪt] *vt* **-gated; -gating** : ondular, acanalar, corrugar
**corrugated** [ˈkɔrəˌgeɪtəd] *adj* : ondulado, acanalado ⟨corrugated cardboard : cartón ondulado⟩
**corrupt**[1] [kəˈrʌpt] *vt* **1** PERVERT : corromper, pervertir, degradar (información) **2** BRIBE : sobornar
**corrupt**[2] *adj* : corrupto, corrompido
**corruptible** [kəˈrʌptəbəl] *adj* : corruptible
**corruption** [kəˈrʌpʃən] *n* : corrupción *f*
**corsage** [kɔrˈsɑʒ, -ˈsɑdʒ] *n* : ramillete *m* que se lleva como adorno
**corset** [ˈkɔrsət] *n* : corsé *m*
**cortex** [ˈkɔrˌtɛks] *n, pl* **-tices** [ˈkɔrtəˌsiːz] *or* **-texes** : corteza *f* ⟨cerebral cortex : corteza cerebral⟩
**cortisone** [ˈkɔrtəˌsoːn, -zoːn] *n* : cortisona *f*
**cosmetic**[1] [kɑzˈmɛtɪk] *adj* : cosmético ⟨cosmetic surgery : cirugía estética⟩
**cosmetic**[2] *n* : cosmético *m*
**cosmic** [ˈkɑzmɪk] *adj* **1** : cósmico ⟨cosmic ray : rayo cósmico⟩ **2** VAST : grandioso, inmenso, vasto
**cosmonaut** [ˈkɑzməˌnɔt] *n* : cosmonauta *mf*
**cosmopolitan**[1] [ˌkɑzməˈpɑlətən] *adj* : cosmopolita
**cosmopolitan**[2] *n* : cosmopolita *mf*
**cosmos** [ˈkɑzməs, -ˌmoːs, -ˌmɑs] *n* : cosmos *m*, universo *m*
**cost**[1] [ˈkɔst] *v* **cost; costing** *vt* : costar ⟨how much does it cost? : ¿cuánto cuesta?, ¿cuánto vale?⟩ — *vi* : costar ⟨these cost more : éstos cuestan más⟩
**cost**[2] *n* : costo *m*, precio *m*, coste *m* ⟨cost of living : costo de vida⟩ ⟨victory at all costs : victoria a toda costa⟩
**co–star** [ˈkoːˌstɑr] *n* : coprotagonista *mf*
**Costa Rican**[1] [ˌkɔstəˈriːkən] *adj* : costarricense
**Costa Rican**[2] *n* : costarricense *mf*
**costly** [ˈkɔstli] *adj* : costoso, caro
**costume** [ˈkɑsˌtuːm, -ˌtjuːm] *n* **1** : traje *m* ⟨national costume : traje típico⟩ **2** : disfraz *m* ⟨costume party : fiesta de disfraces⟩ **3** OUTFIT : vestimenta *f*, traje *m*, conjunto *m*
**costume jewelry** *n* : bisutería *f*
**cosy** [ˈkoːzi] → **cozy**
**cot** [ˈkɑt] *n* : catre *m*
**coterie** [ˈkoːtəˌri, ˌkoːtəˈ-] *n* : tertulia *f*, círculo *m* (social)
**cottage** [ˈkɑtɪdʒ] *n* : casita *f* (de campo)
**cottage cheese** *n* : requesón *m*
**cotton** [ˈkɑtən] *n* : algodón *m*
**cotton batting** → **batting**
**cotton candy** *n* : algodón *m* de azúcar
**cottonmouth** [ˈkɑtənˌmɑʊθ] → **moccasin**
**cottonseed** [ˈkɑtənˌsiːd] *n* : semilla *f* de algodón
**cotton swab** → **swab**
**cottontail** [ˈkɑtənˌteɪl] *n* : conejo *m* de cola blanca
**couch**[1] [ˈkɑʊtʃ] *vt* : expresar, formular ⟨couched in strong language : expresado en lenguaje enérgico⟩
**couch**[2] *n* SOFA : sofá *m*
**couch potato** *n* : haragán *m*, -gana *f*; vago *m*, -ga *f*
**cougar** [ˈkuːgər] *n* : puma *m*
**cough**[1] [ˈkɔf] *vi* : toser
**cough**[2] *n* : tos *f*
**could** [ˈkʊd] → **can**
**council** [ˈkɑʊnts̄əl] *n* **1** : concejo *m* ⟨city council : concejo municipal, ayuntamiento⟩ **2** MEETING : concejo *m*, junta *f* **3** BOARD : consejo *m* **4** : concilio *m* (eclesiástico)
**councillor** *or* **councilor** [ˈkɑʊnts̄ələr] *n* : concejal *m*, -jala *f*
**councilman** [ˈkɑʊnts̄əlmən] *n, pl* **-men** [-mən, -ˌmɛn] : concejal *m*
**councilwoman** [ˈkɑʊnts̄əlˌwʊmən] *n, pl* **-women** [-ˌwɪmən] : concejala *f*
**counsel**[1] [ˈkɑʊnts̄əl] *v* **-seled** *or* **-selled; -seling** *or* **-selling** *vt* ADVISE : aconsejar, asesorar, recomendar — *vi* CONSULT : consultar
**counsel**[2] *n* **1** ADVICE : consejo *m*, recomendación *f* **2** CONSULTATION : consulta *f* **3 counsel** *ns & pl* LAWYER : abogado *m*, -da *f*
**counselor** *or* **counsellor** [ˈkɑʊnts̄ələr] *n* : consejero *m*, -ra *f*; consultor *m*, -tora *f*; asesor *m*, -sora *f*
**count**[1] [ˈkɑʊnt] *vt* **1** : contar **2** INCLUDE : contar **3** CONSIDER : considerar ⟨count yourself (as) lucky : considérate afortunado⟩ **4 to count down** : contar los días (etc.) que faltan **5 to count in/out** ⟨count me in : cuenta conmigo, yo me apunto⟩ ⟨count me out : no cuentes conmigo⟩ — *vi* **1** : contar ⟨to count out loud : contar en voz alta⟩ **2** MATTER : contar, valer, importar ⟨that's what counts : eso es lo que cuenta⟩ **3 to count on** : contar con **4 to count towards** : contar para
**count**[2] *n* **1** COMPUTATION : cómputo *m*, recuento *m*, cuenta *f* ⟨to lose count : perder la cuenta⟩ **2** CHARGE : cargo *m* ⟨two counts of robbery : dos cargos de robo⟩ **3** POINT : punto *m*, aspecto *m* ⟨you're wrong on all counts : se equivoca en todo lo que dice⟩ **4** : conde *m* (noble)
**countable** [ˈkɑʊntəbəl] *adj* : numerable
**countdown** [ˈkɑʊntˌdɑʊn] *n* : cuenta *f* atrás
**countenance**[1] [ˈkɑʊntənənts̄] *vt* **-nanced; -nancing** : permitir, tolerar

**countenance**[2] *n* FACE : semblante *m*, rostro *m*
**counter**[1] [ˈkaʊntər] *vt* **1** → **counteract 2** OPPOSE : oponerse a, resistir — *vi* RETALIATE : responder, contraatacar
**counter**[2] *adv* **counter to** : contrario a, en contra de
**counter**[3] *adj* : contrario, opuesto
**counter**[4] *n* **1** PIECE : ficha *f* (de un juego) **2** : mostrador *m* (de un negocio), ventanilla *f* (en un banco) **3** : contador *m* (aparato) **4** COUNTERBALANCE : fuerza *f* opuesta, contrapeso *m*
**counter-** *pref* : contra- ⟨counterattack : contraataque⟩
**counteract** [ˌkaʊntərˈækt] *vt* : contrarrestar
**counterattack** [ˈkaʊntərəˌtæk] *n* : contraataque *m*
**counterbalance**[1] [ˌkaʊntərˈbælənts] *vt* **-anced; -ancing** : contrapesar
**counterbalance**[2] [ˈkaʊntərˌbælənts] *n* : contrapeso *m*
**counterclockwise** [ˌkaʊntərˈklɑk-ˌwaɪz] *adv & adj* : en el sentido opuesto al de las manecillas del reloj
**counterfeit**[1] [ˈkaʊntərˌfɪt] *vt* **1** : falsificar (dinero) **2** PRETEND : fingir, aparentar
**counterfeit**[2] *adj* : falso, inauténtico
**counterfeit**[3] *n* : falsificación *f*
**counterfeiter** [ˈkaʊntərˌfɪtər] *n* : falsificador *m*, -dora *f*
**countermand** [ˈkaʊntərˌmænd, ˌkaʊntərˈ-] *vt* : contramandar
**countermeasure** [ˈkaʊntərˌmɛʒər] *n* : contramedida *f*
**counterpart** [ˈkaʊntərˌpɑrt] *n* : homólogo *m*, contraparte *f Mex*
**counterpoint** [ˈkaʊntərˌpɔɪnt] *n* : contrapunto *m*
**counterproductive** [ˌkaʊntərprəˈdʌktɪv] *adj* : contraproducente
**counterrevolution** [ˌkaʊntərˌrɛvəˈluːʃən] *n* : contrarrevolución *f*
**counterrevolutionary**[1] [ˌkaʊntərˌrɛvəˈluːʃənˌɛri] *adj* : contrarrevolucionario
**counterrevolutionary**[2] *n, pl* **-ries** : contrarrevolucionario *m*, -ria *f*
**countersign** [ˈkaʊntərˌsaɪn] *n* : contraseña *f*
**countess** [ˈkaʊntɪs] *n* : condesa *f*
**countless** [ˈkaʊntləs] *adj* : incontable, innumerable
**country**[1] [ˈkʌntri] *adj* : campestre, rural
**country**[2] *n, pl* **-tries 1** NATION : país *m*, nación *f*, patria *f* ⟨country of origin : país de origen⟩ ⟨love of one's country : amor a la patria⟩ **2** : campo *m* ⟨they left the city for the country : se fueron de la ciudad al campo⟩
**countryman** [ˈkʌntrimən] *n, pl* **-men** [-mən, -ˌmɛn] : compatriota *mf*; paisano *m*, -na *f*
**countryside** [ˈkʌntriˌsaɪd] *n* : campo *m*, campiña *f*
**county** [ˈkaʊnti] *n, pl* **-ties** : condado *m*
**coup** [ˈkuː] *n, pl* **coups** [ˈkuːz] **1** : golpe *m* maestro **2** → **coup d'état**
**coup de grâce** *or* **coup de grace** [ˌkuːdəˈgrɑs] *ns & pl* : tiro *m* de gracia, golpe *m* de gracia
**coup d'état** *or* **coup d'etat** [ˌkuːdeɪˈtɑ] *n, pl* **coups d'état** *or* **coups d'etat** [ˌkuːdeɪˈtɑ] : golpe *m* (de estado), cuartelazo *m*
**coupe** [ˈkuːp] *n* : cupé *m*
**couple**[1] [ˈkʌpəl] *vt* **-pled; -pling** : acoplar, enganchar, conectar
**couple**[2] *n* **1** PAIR : par *m* ⟨a couple of hours : un par de horas, unas dos horas⟩ **2** : pareja *f* ⟨a young couple : una pareja joven⟩
**coupling** [ˈkʌplɪŋ] *n* : acoplamiento *m*
**coupon** [ˈkuːˌpɑn, ˈkjuː-] *n* : cupón *m*
**courage** [ˈkərɪʤ] *n* : valor *m*, valentía *f*, coraje *m*
**courageous** [kəˈreɪʤəs] *adj* : valiente, valeroso
**courageously** [kəˈreɪʤəsli] *adv* : con valor, con coraje
**courier** [ˈkʊriər, ˈkəriər] *n* : mensajero *m*, -ra *f*
**course**[1] [ˈkɔrs] *vi* **coursed; coursing** : correr (a toda velocidad)
**course**[2] *n* **1** PROGRESS : curso *m*, transcurso *m* ⟨to run its course : seguir su curso⟩ ⟨to follow the normal course : seguir su curso normal⟩ ⟨in due course : a su debido tiempo⟩ ⟨in/during the course of : en/durante el transcurso de⟩ **2** DIRECTION : rumbo *m* (de un avión), derrota *f*, derrotero *m* (de un barco) ⟨to stay on course : mantener el rumbo⟩ ⟨to go off course : desviarse de su rumbo⟩ **3** PATH, WAY : camino *m*, vía *f* **4** : plato *m* (de una cena) ⟨the main course : el plato principal⟩ **5** : curso *m* (académico) **6** : pista *f* (de carreras, de esquí, de obstáculos), campo *m* (de golf) **7 course of action** : línea *f* de conducta **8 of course** : desde luego, por supuesto ⟨yes, of course! : ¡claro que sí!⟩
**court**[1] [ˈkɔrt] *vt* WOO : cortejar, galantear
**court**[2] *n* **1** PALACE : palacio *m* **2** RETINUE : corte *f*, séquito *m* **3** COURTYARD : patio *m* **4** : cancha *f* (de tenis, baloncesto, etc.) **5** TRIBUNAL : corte *f*, tribunal *m* ⟨the Supreme Court : la Corte Suprema⟩
**courteous** [ˈkərʧiəs] *adj* : cortés, atento, educado — **courteously** *adv*
**courtesan** [ˈkɔrʧəzən, ˈkər-] *n* : cortesana *f*
**courtesy** [ˈkərʧəsi] *n, pl* **-sies** : cortesía *f*
**courthouse** [ˈkɔrtˌhaʊs] *n* : palacio *m* de justicia, juzgado *m*
**courtier** [ˈkɔrʧiər, ˈkɔrtjər] *n* : cortesano *m*, -na *f*
**courtly** [ˈkɔrtli] *adj* **courtlier; -est** : distinguido, elegante, cortés
**court–martial**[1] [ˈkɔrtˌmarʃəl] *vt* : someter a consejo de guerra
**court–martial**[2] *n, pl* **courts–martial** [ˈkɔrtsˌmarʃəl] : consejo *m* de guerra
**court order** *n* : mandamiento *m* judicial
**courtroom** [ˈkɔrtˌruːm] *n* : tribunal *m*, corte *f*
**courtship** [ˈkɔrtˌʃɪp] *n* : cortejo *m*, noviazgo *m*
**courtyard** [ˈkɔrtˌjɑrd] *n* : patio *m*
**cousin** [ˈkʌzən] *n* : primo *m*, -ma *f*

**couture** [kuːˈtʊr] *n* : industria *f* de la moda ⟨haute couture : alta costura⟩
**cove** [ˈkoːv] *n* : ensenada *f*, cala *f*
**covenant** [ˈkʌvənənt] *n* : pacto *m*, contrato *m*
**cover¹** [ˈkʌvər] *vt* **1** : cubrir, tapar ⟨cover your head : cúbrete la cabeza⟩ ⟨cover your eyes : tápate los ojos⟩ ⟨cover the pot : tapa la olla, ponle la tapa a la olla⟩ ⟨covered with mud : cubierto de lodo⟩ **2** : tratar (un tema), cubrir (noticias) **3** INSURE : cubrir, asegurar **4** GUARD, PROTECT : cubrir **5** : cubrir (gastos) **6** TRAVEL : recorrer, cubrir **7 to cover one's ass/butt** *fam* : cubrirse las espaldas **8 to cover up** : cubrir, tapar **9 to cover up** HIDE : ocultar — *vi* **1 to cover for** REPLACE : sustituir a **2 to cover for** PROTECT : encubrir a
**cover²** *n* **1** SHELTER : cubierta *f*, abrigo *m*, refugio *m* ⟨to take cover : ponerse a cubierto⟩ ⟨under cover of darkness : al amparo de la oscuridad⟩ **2** LID, TOP : cubierta *f*, tapa *f* **3** : cubierta *f* (de un libro), portada *f* (de una revista) ⟨to read from cover to cover : leer de principio a fin⟩ **4** : funda *f* (protectora) **5** FRONT, FACADE : fachada *f* **6 covers** *npl* BEDCLOTHES : ropa *f* de cama, cobijas *fpl*, mantas *fpl*
**coverage** [ˈkʌvərɪʤ] *n* : cobertura *f*
**coveralls** [ˈkʌvərˌɔlz] *npl* : overol *m* (con mangas)
**covering** [ˈkʌvərɪŋ] *n* : cubierta *f*
**coverlet** [ˈkʌvərlət] *n* : cobertor *m*
**cover letter** *n* : carta *f* de presentación
**covert¹** [ˈkoːˌvərt, ˈkʌvərt] *adj* : encubierto, secreto ⟨covert operations : operaciones encubiertas⟩
**covert²** [ˈkʌvərt, ˈkoː-] *n* THICKET : espesura *f*, maleza *f*
**cover–up** [ˈkʌvərˌʌp] *n* : encubrimiento *m* (de algo ilícito)
**covet** [ˈkʌvət] *vt* : codiciar
**covetous** [ˈkʌvəʧəs] *adj* : codicioso
**covey** [ˈkʌvi] *n, pl* **-eys** **1** : bandada *f* pequeña (de codornices, etc.) **2** GROUP : grupo *m*
**cow¹** [ˈkaʊ] *vt* : intimidar, acobardar
**cow²** *n* : vaca *f*, hembra *f* (de ciertas especies)
**coward** [ˈkaʊərd] *n* : cobarde *mf*
**cowardice** [ˈkaʊərdɪs] *n* : cobardía *f*
**cowardly** [ˈkaʊərdli] *adj* : cobarde
**cowbell** [ˈkaʊˌbɛl] *n* : cencerro *m*, esquila *f*
**cowboy** [ˈkaʊˌbɔɪ] *n* : vaquero *m*, cowboy *m*
**cower** [ˈkaʊər] *vi* : encogerse (de miedo), acobardarse
**cowgirl** [ˈkaʊˌgərl] *n* : vaquera *f*
**cowherd** [ˈkaʊˌhərd] *n* : vaquero *m*, -ra *f*
**cowhide** [ˈkaʊˌhaɪd] *n* : cuero *m*, piel *f* de vaca
**cowl** [ˈkaʊl] *n* : capucha *f* (de un monje)
**cowlick** [ˈkaʊˌlɪk] *n* : remolino *m*
**coworker** [ˈkoːˌwərkər] *n* : colega *mf*; compañero *m*, -ra *f* de trabajo
**cowpuncher** [ˈkaʊˌpʌntʃər] → **cowboy**
**cowslip** [ˈkaʊˌslɪp] *n* : prímula *f*, primavera *f*
**coxswain** [ˈkɑksən, -ˌsweɪn] *n* : timonel *m*
**coy** [ˈkɔɪ] *adj* **1** SHY : tímido, cohibido **2** FLIRTATIOUS : coqueto
**coyote** [kaɪˈoːti, ˈkaɪˌoːt] *n, pl* **coyotes** *or* **coyote** : coyote *m*
**cozy** [ˈkoːzi] *adj* **cozier; -est** : acogedor, cómodo
**CPR** [ˌsiːˌpiːˈɑr] *n* (*c*ardio*p*ulmonary *r*esuscitation) : resucitación *f* cardiopulmonar
**CPU** [ˌsiːˌpiːˈjuː] *n* (central *p*rocessing *u*nit) : CPU *mf*, UPC *mf*, UCP *mf*
**crab** [ˈkræb] *n* : cangrejo *m*, jaiba *f*
**crabby** [ˈkræbi] *adj* **crabbier; -est** : gruñón, malhumorado
**crabgrass** [ˈkræbˌgræs] *n* : digitaria *f*, gramilla *f*
**crack¹** [ˈkræk] *vt* **1** : chasquear, hacer restallar (un látigo, etc.) ⟨to crack one's knuckles : hacer crujir los nudillos⟩ **2** SPLIT : rajar, agrietar, resquebrajar **3** BREAK : romper (un huevo), cascar (nueces), forzar (una caja fuerte) **4** OPEN : abrir (un libro), dejar entreabierta (una puerta, etc.) **5** SOLVE : resolver, descifrar (un código) **6 to crack a smile** : sonreír — *vi* **1** : restallar ⟨the whip cracked : el látigo restalló⟩ **2** SPLIT : rajarse, resquebrajarse, agrietarse **3** : quebrarse (dícese de la voz) **4** : dejar de resistirse (en un interrogatorio, etc.) ⟨he cracked under the strain : sufrió una crisis nerviosa⟩ **5 to crack down on** : tomar medidas severas contra **6 to crack up** : echarse a reír **7 to get cracking** : ponerse manos a la obra
**crack²** *adj* FIRST-RATE : buenísimo, de primera
**crack³** *n* **1** : chasquido *m*, restallido *m*, estallido *m* (de un arma de fuego), crujido *m* (de huesos) ⟨a crack of thunder : un trueno⟩ **2** WISECRACK : chiste *m*, ocurrencia *f*, salida *f* **3** CREVICE : raja *f*, grieta *f*, fisura *f* **4** BLOW : golpe *m* **5** ATTEMPT : intento *m*
**crackdown** [ˈkrækˌdaʊn] *n* : medidas *fpl* enérgicas
**crack down** *vt* : tomar medidas enérgicas
**cracker** [ˈkrækər] *n* : galleta *f* (de soda, etc.)
**crackle¹** [ˈkrækəl] *vi* **-led; -ling** : chisporrotear, crujir
**crackle²** *n* : crujido *m*
**crackpot** [ˈkrækˌpɑt] *n* : excéntrico *m*, -ca *f*; chiflado *m*, -da *f*
**crack–up** [ˈkrækˌʌp] *n* **1** CRASH : choque *m*, estrellamiento *m* **2** BREAKDOWN : crisis *f* nerviosa
**crack up** *vt* **1** : estrellar (un vehículo) **2** : hacer reír **3** : elogiar ⟨it isn't all that it's cracked up to be : no es tan bueno como se dice⟩ — *vi* **1** : estrellarse **2** LAUGH : echarse a reír
**cradle¹** [ˈkreɪdəl] *vt* **-dled; -dling** : acunar, mecer (a un niño)
**cradle²** *n* : cuna *f*
**craft** [ˈkræft] *n* **1** TRADE : oficio *m* ⟨the craft of carpentry : el oficio de carpintero⟩ **2** CRAFTSMANSHIP, SKILL : arte *m*, artesanía *f*, destreza *f* **3** CRAFTINESS

: astucia *f*, maña *f* **4** *pl usually* **craft** BOAT : barco *m*, embarcación *f* **5** *pl usually* **craft** AIRCRAFT : avión *m*, aeronave *f*

**craftiness** [ˈkræftinəs] *n* : astucia *f*, maña *f*

**craftsman** [ˈkræftsmən] *n, pl* **-men** [-mən, -ˌmɛn] : artesano *m*, -na *f*

**craftsmanship** [ˈkræftsmənˌʃɪp] *n* : artesanía *f*, destreza *f*

**crafty** [ˈkræfti] *adj* **craftier; -est** : astuto, taimado

**crag** [ˈkræg] *n* : peñasco *m*

**craggy** [ˈkrægi] *adj* **craggier; -est** : peñascoso

**cram** [ˈkræm] *v* **crammed; cramming** *vt* **1** JAM : embutir, meter **2** STUFF : atiborrar, abarrotar ⟨crammed with people : atiborrado de gente⟩ — *vi* : estudiar a última hora, memorizar (para un examen)

**cramp¹** [ˈkræmp] *vt* **1** : dar calambre en **2** RESTRICT : limitar, restringir, entorpecer ⟨to cramp someone's style : cortarle el vuelo a alguien⟩ — *vi or* **to cramp up** : acalambrarse

**cramp²** *n* **1** SPASM : calambre *m*, espasmo *m* (de los músculos) **2 cramps** *npl* : retorcijones *mpl* ⟨stomach cramps : retorcijones de estómago⟩

**cranberry** [ˈkrænˌberi] *n, pl* **-berries** : arándano *m* (rojo y agrio)

**crane¹** [ˈkreɪn] *vt* **craned; craning** : estirar ⟨to crane one's neck : estirar el cuello⟩

**crane²** *n* **1** : grulla *f* (ave) **2** : grúa *f* (máquina)

**cranial** [ˈkreɪniəl] *adj* : craneal, craneano

**cranium** [ˈkreɪniəm] *n, pl* **-niums** *or* **-nia** [-niə] : cráneo *m*

**crank¹** [ˈkræŋk] *vt or* **to crank up** : arrancar (con una manivela)

**crank²** *n* **1** : manivela *f*, manubrio *m* **2** ECCENTRIC : excéntrico *m*, -ca *f*

**cranky** [ˈkræŋki] *adj* **crankier; -est** : irritable, malhumorado

**cranny** [ˈkræni] *n, pl* **-nies** : grieta *f* ⟨every nook and cranny : todos los rincones⟩

**crash¹** [ˈkræʃ] *vi* **1** SMASH : caerse con estrépito, estrellarse **2** COLLIDE : estrellarse, chocar **3** BOOM, RESOUND : retumbar, resonar — *vt* **1** SMASH : estrellar **2 to crash a party** : colarse en una fiesta **3 to crash one's car** : tener un accidente

**crash²** *n* **1** DIN : estrépito *m* **2** COLLISION : choque *m*, colisión *f* ⟨car crash : accidente automovilístico⟩ **3** FAILURE : quiebra *f* (de un negocio), crac *m* (de la bolsa)

**crash course** *n* : curso *m* intensivo

**crash helmet** *n* : casco *m*

**crass** [ˈkræs] *adj* : grosero, de mal gusto

**crate¹** [ˈkreɪt] *vt* **crated; crating** : empacar en un cajón

**crate²** *n* : cajón *m* (de madera)

**crater** [ˈkreɪtər] *n* : cráter *m*

**cravat** [krəˈvæt] *n* : corbata *f*

**crave** [ˈkreɪv] *vt* **craved; craving** : ansiar, apetecer, tener muchas ganas de

**craven** [ˈkreɪvən] *adj* : cobarde, pusilánime

**craving** [ˈkreɪvɪŋ] *n* : ansia *f*, antojo *m*, deseo *m*

**crawfish** [ˈkrɔˌfɪʃ] → **crayfish**

**crawl¹** [ˈkrɔl] *vi* **1** CREEP : arrastrarse, gatear (dícese de un bebé) **2** TEEM : estar plagado

**crawl²** *n* **1** : paso *m* lento **2** : crol *m* (en natación)

**crayfish** [ˈkreɪˌfɪʃ] *n* **1** : ástaco *m* (de agua dulce) **2** : langostino *m* (de mar)

**crayon** [ˈkreɪˌɑn, -ən] *n* : crayón *m*

**craze** [ˈkreɪz] *n* : moda *f* pasajera, manía *f*

**crazed** [ˈkreɪzd] *adj* : enloquecido

**crazily** [ˈkreɪzəli] *adv* : locamente, erráticamente, insensatamente

**craziness** [ˈkreɪzinəs] *n* : locura *f*, demencia *f*

**crazy** [ˈkreɪzi] *adj* **crazier; -est** **1** *usu offensive* INSANE : loco, demente ⟨to go crazy : volverse loco⟩ **2** ABSURD, FOOLISH : loco, insensato, absurdo **3** WEIRD, OUTLANDISH : extraño, raro **4** WILD : loco ⟨the team won and the crowd went crazy : el equipo ganó y el público se enloqueció⟩ **5 like crazy** : como loco **6 to be crazy about** : estar loco por **7 to drive/make someone crazy** : sacar a alguien de quicio

**creak¹** [ˈkriːk] *vi* : chirriar, rechinar, crujir

**creak²** *n* : chirrido *m*, crujido *m*

**creaky** [ˈkriːki] *adj* **creakier; -est** : chirriante, que cruje

**cream¹** [ˈkriːm] *vt* **1** BEAT, MIX : batir, mezclar (azúcar y mantequilla, etc.) **2** : preparar (alimentos) con crema

**cream²** *n* **1** : crema *f*, nata *f Spain* (de leche) ⟨whipped cream : crema batida, nata montada⟩ **2** LOTION : crema *f*, loción *f* **3** ELITE : crema *f*, elite *f* ⟨the cream of the crop : la crema y nata, lo mejor⟩

**cream cheese** *n* : queso *m* crema

**creamery** [ˈkriːməri] *n, pl* **-eries** : fábrica *f* de productos lácteos

**creamy** [ˈkriːmi] *adj* **creamier; -est** : cremoso

**crease¹** [ˈkriːs] *vt* **creased; creasing** **1** : plegar, poner una raya en (pantalones) **2** WRINKLE : arrugar

**crease²** *n* : pliegue *m*, doblez *m*, raya *f* (de pantalones)

**create** [kriˈeɪt] *vt* **-ated; -ating** : crear, hacer

**creation** [kriˈeɪʃən] *n* : creación *f*

**creative** [kriˈeɪtɪv] *adj* : creativo, original ⟨creative people : personas creativas⟩ ⟨a creative work : un obra original⟩

**creatively** [kriˈeɪtɪvli] *adv* : creativamente, con originalidad

**creativity** [ˌkriːeɪˈtɪvəṭi] *n* : creatividad *f*

**creator** [kriˈeɪtər] *n* : creador *m*, -dora *f*

**creature** [ˈkriːtʃər] *n* : ser *m* viviente, criatura *f*, animal *m*

**créche** [ˈkreʃ, ˈkreɪʃ] *n* : nacimiento *m*

**credence** [ˈkriːdənʌs] *n* : crédito *m*

**credentials** [krɪˈdɛnʃəlz] *npl* : referencias *fpl* oficiales, cartas *fpl* credenciales

**credibility** [ˌkredəˈbɪləṭi] *n* : credibilidad *f*

**credible** [ˈkrɛdəbəl] *adj* : creíble

**credit**[1] [ˈkrɛdɪt] *vt* **1** BELIEVE : creer, dar crédito a **2** : ingresar, abonar ⟨to credit $100 to an account : ingresar $100 en (una) cuenta⟩ **3** ATTRIBUTE : atribuir ⟨they credit the invention to him : a él se le atribuye el invento⟩

**credit**[2] *n* **1** : saldo *m* positivo, saldo *m* a favor (de una cuenta) **2** : crédito *m* ⟨to buy on credit : comprar a crédito⟩ ⟨credit card : tarjeta de crédito⟩ ⟨credit limit : límite de crédito⟩ ⟨credit history : historial crediticio⟩ **3** CREDENCE : crédito *m* ⟨I gave credit to everything he said : di crédito a todo lo que dijo⟩ **4** RECOGNITION : reconocimiento *m* ⟨he deserves all the credit : todo el mérito es suyo⟩ ⟨to get/take the credit for : llevarse/atribuirse el mérito de⟩ **5** : orgullo *m*, honor *m* ⟨she's a credit to the school : ella es el orgullo de la escuela⟩ **6** : crédito *m* ⟨a course worth three credits : un curso de tres créditos⟩ ⟨extra credit : puntos extras⟩ **7 credits** *npl* : créditos *mpl* (de una película)

**creditable** [ˈkrɛdɪtəbəl] *adj* : encomiable, loable — **creditably** [-bli] *adv*

**credit card** *n* : tarjeta de crédito

**creditor** [ˈkrɛdɪtər] *n* : acreedor *m*, -dora *f*

**credo** [ˈkriːdoː, ˈkreɪ-] *n* : credo *m*

**credulity** [krɪˈduːləti, -ˈdjuː-] *n* : credulidad *f*

**credulous** [ˈkrɛdʒələs] *adj* : crédulo

**creed** [ˈkriːd] *n* : credo *m*

**creek** [ˈkriːk, ˈkrɪk] *n* : arroyo *m*, riachuelo *m*

**creel** [ˈkriːl] *n* : nasa *f*, cesta *f* (de pescador)

**creep**[1] [ˈkriːp] *vi* **crept** [ˈkrɛpt]; **creeping** **1** CRAWL : arrastrarse, gatear **2** : moverse lentamente o sigilosamente ⟨he crept out of the house : salió sigilosamente de la casa⟩ **3** SPREAD : trepar (dícese de una planta)

**creep**[2] *n* **1** CRAWL : paso *m* lento **2** : asqueroso *m*, -sa *f* **3 creeps** *npl* : escalofríos *mpl* ⟨that gives me the creeps : eso me da escalofríos⟩

**creeper** [ˈkriːpər] *n* : planta *f* trepadora, trepadora *f*

**creepy** [ˈkriːpi] *adj* **1** SPOOKY : que da miedo, espeluznante **2** UNPLEASANT : asqueroso

**cremate** [krɪˈˌmeɪt] *vt* **-mated; -mating** : cremar

**cremation** [krɪˈmeɪʃən] *n* : cremación *f*

**crematorium** [ˌkriːməˈtoriəm, ˌkrɛ-] *n* : crematorio *m*

**Creole** [ˈkriːˌoːl] *n* **1** : criollo *m*, criolla *f* **2** : criollo *m* (idioma) — **Creole** *adj*

**crepe** *or* **crêpe** [ˈkreɪp] *n* **1** : crespón *m* (tela) **2** PANCAKE : crepe *mf*, crepa *f Mex*

**crepe paper** *n* : papel *m* crepé

**crescendo** [krɪˈʃɛnˌdoː] *n, pl* **-dos** *or* **-does** : crescendo *m*

**crescent** [ˈkrɛsənt] *n* : creciente *m*

**crest** [ˈkrɛst] *n* **1** : cresta *f*, penacho *m* (de un ave) **2** PEAK, TOP : cresta *f* (de una ola), cima *f* (de una colina) **3** : emblema *m* (sobre un escudo de armas)

**crestfallen** [ˈkrɛstˌfɔlən] *adj* : alicaído, abatido

**cretin** [ˈkriːtən] *n* **1** *often offensive* : cretino *m*, -na *f* (en medicina) **2** : cretino *m*, -na *f*; imbécil *mf*

**crevasse** [krɪˈvæs] *n* : grieta *f*, fisura *f*

**crevice** [ˈkrɛvɪs] *n* : grieta *f*, hendidura *f*

**crew** [ˈkruː] *n* **1** : tripulación *f* (de una nave) **2** TEAM : equipo *m* (de trabajadores o atletas)

**crew cut** *n* : pelo *m* al rape, casquete *m* corto *Mex*

**crib** [ˈkrɪb] *n* **1** MANGER : pesebre *m* **2** GRANARY : granero *m* **3** : cuna *f* (de un bebé)

**crick** [ˈkrɪk] *n* : calambre *m*, espasmo *m* muscular

**cricket** [ˈkrɪkət] *n* **1** : grillo *m* (insecto) **2** : críquet *m* (juego)

**crime** [ˈkraɪm] *n* **1** : crimen *m*, delito *m* ⟨to commit a crime : cometer un delito⟩ **2** : crimen *m*, delincuencia *f* ⟨organized crime : crimen organizado⟩

**criminal**[1] [ˈkrɪmənəl] *adj* : criminal

**criminal**[2] *n* : criminal *mf*, delincuente *mf*

**crimp** [ˈkrɪmp] *vt* : ondular, rizar (el pelo), arrugar (una tela, etc.)

**crimson** [ˈkrɪmzən] *n* : carmesí *m*

**cringe** [ˈkrɪnʤ] *vi* **cringed; cringing** : encogerse

**crinkle**[1] [ˈkrɪŋkəl] *v* **-kled; -kling** *vt* : arrugar — *vi* : arrugarse

**crinkle**[2] *n* : arruga *f*

**crinkly** [ˈkrɪŋkəli] *adj* : arrugado

**cripple**[1] [ˈkrɪpəl] *vt* **-pled; -pling** **1** DISABLE : lisiar, dejar inválido **2** INCAPACITATE : inutilizar, incapacitar

**cripple**[2] *n offensive* : lisiado *m*, -da *f offensive*

**crisis** [ˈkraɪsɪs] *n, pl* **crises** [-ˌsiːz] : crisis *f*

**crisp**[1] [ˈkrɪsp] *vt* : tostar, hacer crujiente

**crisp**[2] *adj* **1** CRUNCHY : crujiente, crocante **2** FIRM, FRESH : firme, fresco ⟨crisp lettuce : lechuga fresca⟩ **3** LIVELY : vivaz, alegre ⟨a crisp tempo : un ritmo alegre⟩ **4** INVIGORATING : fresco, vigorizante ⟨the crisp autumn air : el fresco aire otoñal⟩ — **crisply** *adv*

**crisp**[3] *n* : postre *m* de fruta (con pedacitos de masa dulce por encima)

**crispy** [ˈkrɪspi] *adj* **crispier; -est** : crujiente ⟨crispy potato chips : papitas crujientes⟩

**crisscross** [ˈkrɪsˌkrɔs] *vt* : entrecruzar

**criterion** [kraɪˈtɪriən] *n, pl* **-ria** [-iə] : criterio *m*

**critic** [ˈkrɪtɪk] *n* **1** : crítico *m*, -ca *f* (de las artes) **2** FAULTFINDER : detractor *m*, -tora *f*; criticón *m*, -cona *f*

**critical** [ˈkrɪtɪkəl] *adj* : crítico

**critically** [ˈkrɪtɪkli] *adv* : críticamente ⟨critically ill : gravemente enfermo⟩

**criticism** [ˈkrɪtəˌsɪzəm] *n* : crítica *f*

**criticize** [krɪtəˌsaɪz] *vt* **-cized; -cizing** **1** EVALUATE, JUDGE : criticar, analizar, evaluar **2** CENSURE : criticar, reprobar

**critique** [krɪˈtiːk] *n* : crítica *f*, evaluación *f*

**croak**[1] [ˈkroːk] *vi* : croar

**croak**[2] *n* : croar *m*, canto *m* (de la rana)

**Croatian** [kroˈeɪʃən] *n* : croata *mf* — **Croatian** *adj*
**crochet**[1] [kroːˈʃeɪ] *v* : tejer al croché
**crochet**[2] *n* : croché *m*, crochet *m*
**crock** [ˈkrɑk] *n* : vasija *f* de barro
**crockery** [ˈkrɑkəri] *n* : vajilla *f* (de barro)
**crocodile** [ˈkrɑkəˌdaɪl] *n* : cocodrilo *m*
**crocus** [ˈkroːkəs] *n, pl* **-cuses** : azafrán *m*
**croissant** [krəˈsɑnt] *n* : croissant *m*
**crone** [ˈkroːn] *n* : vieja *f* bruja
**crony** [ˈkroːni] *n, pl* **-nies** : amigote *m fam*; compinche *mf fam*
**crook**[1] [ˈkrʊk] *vt* : doblar (el brazo o el dedo)
**crook**[2] *n* **1** STAFF : cayado *m* (de pastor), báculo *m* (de obispo) **2** THIEF : ratero *m*, -ra *f*; ladrón *m*, -drona *f*
**crooked** [ˈkrʊkəd] *adj* **1** BENT : chueco, torcido **2** DISHONEST : deshonesto
**crookedness** [ˈkrʊkədnəs] *n* **1** : lo torcido, lo chueco **2** DISHONESTY : falta *f* de honradez
**croon** [ˈkruːn] *v* : cantar suavemente
**crop**[1] [ˈkrɑp] *v* **cropped; cropping** *vt* TRIM : recortar, cortar — *vi* **to crop up** : aparecer, surgir ⟨these problems keep cropping up : estos problemas no cesan de surgir⟩
**crop**[2] *n* **1** : buche *m* (de un ave o insecto) **2** WHIP : fusta *f* (de jinete) **3** HARVEST : cosecha *f*, cultivo *m*
**croquet** [ˌkroːˈkeɪ] *n* : croquet *m*
**croquette** [ˌkroːˈkɛt] *n* : croqueta *f*
**cross**[1] [ˈkrɔs] *vt* **1** : cruzar, atravesar ⟨to cross the street : cruzar la calle⟩ ⟨several canals cross the city : varios canales atraviesan la ciudad⟩ **2** : cruzar (los brazos, los dedos, las piernas) **3** INTERBREED : cruzar (en genética) **4 cross my heart** : te lo juro **5 to cross off/out** : tachar ⟨he crossed his name off the list : tachó su nombre de la planilla⟩ ⟨he crossed off/out his name : tachó su nombre⟩ **6 to cross one's mind** : ocurrírsele a uno **7 to cross paths** : cruzarse con alguien ⟨I crossed paths with him, we crossed paths : me crucé con él⟩
**cross**[2] *adj* **1** : que atraviesa ⟨cross ventilation : ventilación que atraviesa un cuarto⟩ **2** CONTRARY : contrario, opuesto ⟨cross purposes : objetivos opuestos⟩ **3** ANGRY : enojado, de mal humor
**cross**[3] *n* **1** : cruz *f* ⟨the sign of the cross : la señal de la cruz⟩ **2** : cruza *f* (en biología)
**crossbar** [ˈkrɔsˌbɑr] *n* : travesaño *m*, tranca *f*
**crossbones** [ˈkrɔsˌboːnz] *npl* **1** : huesos *mpl* cruzados **2 → skull**
**crossbow** [ˈkrɔsˌboː] *n* : ballesta *f*
**crossbreed** [ˈkrɔsˌbriːd] *vt* **-bred** [-ˌbrɛd]; **-breeding** : cruzar
**cross–country** [ˈkrɔsˈkʌntri] *n* : cross *m*
**crosscurrent** [ˈkrɔsˌkərənt] *n* : contracorriente *f*
**cross–examination** [ˌkrɔsɪgˌzæməˈneɪʃən] *n* : repreguntas *fpl*, interrogatorio *m*
**cross–examine** [ˌkrɔsɪgˈzæmən] *vt* **-ined; -ining** : repreguntar
**cross–eyed** [ˈkrɔsˌaɪd] *adj* : bizco
**crossfire** [ˈkrɔsˌfaɪr] *n* : fuego *m* cruzado
**crossing** [ˈkrɔsɪŋ] *n* **1** INTERSECTION : cruce *m*, paso *m* ⟨pedestrian crossing : paso de peatones⟩ **2** VOYAGE : travesía *f* (del mar)
**cross–legged** [ˈkrɔsˌlɛgəd] *adv* : con las piernas cruzadas
**crossly** [ˈkrɔsli] *adv* : con enojo, con enfado
**crosspiece** [ˈkrɔsˌpiːs] *n* : travesaño *m*
**cross–reference** [ˌkrɔsˈrɛfrənts, -ˈrɛfərənts] *n* : referencia *f*, remisión *f*
**crossroads** [ˈkrɔsˌroːdz] *n* : cruce *m*, encrucijada *f*, crucero *m Mex*
**cross section** *n* **1** SECTION : corte *m* transversal **2** SAMPLE : muestra *f* representativa ⟨a cross section of the population : una muestra representativa de la población⟩
**crosswalk** [ˈkrɔsˌwɔk] *n* : cruce *m* peatonal, paso *m* de peatones
**crossways** [ˈkrɔsˌweɪz] → **crosswise**
**crosswise**[1] [ˈkrɔsˌwaɪz] *adv* : transversalmente, diagonalmente
**crosswise**[2] *adj* : transversal, diagonal
**crossword** [ˈkrɔsˌwərd] *or* **crossword puzzle** *n* : crucigrama *m*
**crotch** [ˈkrɑtʃ] *n* : entrepierna *f*
**crotchety** [ˈkrɑtʃəti] *adj* CRANKY : malhumorado, irritable, enojadizo
**crouch** [ˈkraʊtʃ] *vi* : agacharse, ponerse de cuclillas
**croup** [ˈkruːp] *n* : crup *m*
**crouton** [ˈkruːˌtɑn] *n* : crutón *m*
**crow**[1] [ˈkroː] *vi* **1** : cacarear, cantar (como un cuervo) **2** BRAG : alardear, presumir
**crow**[2] *n* **1** : cuervo *m* (ave) **2** : cantar *m* (del gallo)
**crowbar** [ˈkroːˌbɑr] *n* : palanca *f*
**crowd**[1] [ˈkraʊd] *vi* : aglomerarse, amontonarse — *vt* : atestar, atiborrar, llenar
**crowd**[2] *n* : multitud *f*, muchedumbre *f*, gentío *m*
**crowded** [ˈkraʊdəd] *adj* : repleto, atestado, abarrotado
**crown**[1] [ˈkraʊn] *vt* : coronar
**crown**[2] *n* : corona *f*
**crow's–feet** *npl* : patas *fpl* de gallo
**crucial** [ˈkruːʃəl] *adj* : crucial, decisivo
**crucible** [ˈkruːsəbəl] *n* : crisol *m*
**crucifix** [ˈkruːsəˌfɪks] *n* : crucifijo *m*
**crucifixion** [ˌkruːsəˈfɪkʃən] *n* : crucifixión *f*
**crucify** [ˈkruːsəˌfaɪ] *vt* **-fied; -fying** : crucificar
**crude** [ˈkruːd] *adj* **cruder; -est 1** RAW, UNREFINED : crudo, sin refinar ⟨crude oil : petróleo crudo⟩ **2** VULGAR : grosero, de mal gusto **3** ROUGH : tosco, burdo, rudo
**crudely** [ˈkruːdli] *adv* **1** VULGARLY : groseramente **2** ROUGHLY : burdamente, de manera rudimentaria
**crudity** [ˈkruːdəti] *n, pl* **-ties 1** VULGARITY : grosería *f* **2** COARSENESS, ROUGHNESS : tosquedad *f*, rudeza *f*
**cruel** [ˈkruːəl] *adj* **crueler** *or* **crueller; cruelest** *or* **cruellest** : cruel

**cruelly** [ˈkruːəli] *adv* : cruelmente
**cruelty** [ˈkruːəlti] *n, pl* **-ties** : crueldad *f* ⟨the tyrant's cruelty : la crueldad del tirano⟩ ⟨the cruelties of war : las crueldades de la guerra⟩
**cruet** [ˈkruːit] *n* : vinagrera *f*, aceitera *f*
**cruise**[1] [ˈkruːz] *vi* **cruised; cruising** **1** : hacer un crucero **2** : navegar o conducir a una velocidad constante ⟨cruising speed : velocidad de crucero⟩
**cruise**[2] *n* : crucero *m*
**cruiser** [ˈkruːzər] *n* **1** WARSHIP : crucero *m*, buque *m* de guerra **2** : patrulla *f* (de policía)
**crumb** [ˈkrʌm] *n* : miga *f*, migaja *f* ⟨bread crumbs : migas de pan, pan rallado⟩
**crumble** [ˈkrʌmbəl] *v* **-bled; -bling** *vt* : desmigajar, desmenuzar — *vi* : desmigajarse, desmoronarse, desmenuzarse
**crumbly** [ˈkrʌmbli] *adj* : que se desmenuza fácilmente
**crummy** [ˈkrʌmi] *adj* **crummier; -est** *fam* : malo
**crumple** [ˈkrʌmpəl] *v* **-pled; -pling** *vt* RUMPLE : arrugar — *vi* **1** WRINKLE : arrugarse **2** COLLAPSE : desplomarse
**crunch**[1] [ˈkrʌntʃ] *vt* **1** : ronzar (con los dientes) **2** : hacer crujir (con los pies, etc.) — *vi* : crujir
**crunch**[2] *n* : crujido *m*
**crunchy** [ˈkrʌntʃi] *adj* **crunchier; -est** : crujiente
**crusade**[1] [kruːˈseɪd] *vi* **-saded; -sading** : hacer una campaña (a favor de o contra algo)
**crusade**[2] *n* **1** : campaña *f* (de reforma, etc.) **2 Crusade** : cruzada *f*
**crusader** [kruːˈseɪdər] *n* **1** : cruzado *m* (en la Edad Media) **2** : campeón *m*, -peona *f* (de una causa)
**crush**[1] [ˈkrʌʃ] *vt* **1** SQUASH : aplastar, apachurrar **2** GRIND, PULVERIZE : triturar, machacar **3** SUPPRESS : aplastar, suprimir **4** DEFEAT : darle una paliza a
**crush**[2] *n* **1** CROWD, MOB : gentío *m*, multitud *f*, aglomeración *f* **2** INFATUATION : enamoramiento *m*
**crushing** [ˈkrʌʃɪŋ] *adj* : aplastante, abrumador
**crust** [ˈkrʌst] *n* **1** : corteza *f*, costra *f* (de pan) **2** : tapa *f* de masa, pasta *f* (de un pastel) **3** LAYER : capa *f*, corteza *f* ⟨the earth's crust : la corteza terrestre⟩
**crustacean** [ˌkrʌsˈteɪʃən] *n* : crustáceo *m*
**crusty** [ˈkrʌsti] *adj* **crustier; -est** **1** : de corteza dura **2** CROSS, GRUMPY : enojado, malhumorado
**crutch** [ˈkrʌtʃ] *n* : muleta *f*
**crux** [ˈkrʌks, ˈkrʊks] *n, pl* **cruxes** : quid *m*, esencia *f*, meollo *m* ⟨the crux of the problem : el quid del problema⟩
**cry**[1] [ˈkraɪ] *vi* **cried; crying** **1** SHOUT : gritar **2** WEEP : llorar **3 to cry for** DEMAND : pedir a gritos, clamar por **4 to cry out** : gritar (de dolor, etc.) **5 to cry out against** : clamar contra **6 to cry over** : llorar por
**cry**[2] *n, pl* **cries** **1** SHOUT : grito *m* **2** WEEPING : llanto *m* **3** : chillido *m* (de un animal)
**crybaby** [ˈkraɪˌbeɪbi] *n, pl* **-bies** : llorón *m*, -rona *f*
**crypt** [ˈkrɪpt] *n* : cripta *f*
**cryptic** [ˈkrɪptɪk] *adj* : enigmático, críptico
**cryptocurrency** [ˌkrɪptoˈkərənsi] *n, pl* **-cies** : criptomoneda *f*, criptodivisa *f*
**crystal** [ˈkrɪstəl] *n* : cristal *m*
**crystalline** [ˈkrɪstəlɪn] *adj* : cristalino
**crystallize** [ˈkrɪstəˌlaɪz] *v* **-lized; -lizing** *vt* : cristalizar, materializar ⟨to crystallize one's thoughts : cristalizar uno sus pensamientos⟩ — *vi* : cristalizarse
**C–section** [ˈsiːˌsɛkʃən] → **cesarean**[2]
**cub** [ˈkʌb] *n* : cachorro *m*
**Cuban** [ˈkjuːbən] *n* : cubano *m*, -na *f* — **Cuban** *adj*
**cubbyhole** [ˈkʌbiˌhoːl] *n* : chiribitil *m*
**cube**[1] [ˈkjuːb] *vt* **cubed; cubing** **1** : elevar (un número) al cubo **2** : cortar en cubos
**cube**[2] *n* **1** : cubo *m* **2 ice cube** : cubito *m* de hielo **3 sugar cube** : terrón *m* de azúcar
**cubic** [ˈkjuːbɪk] *adj* : cúbico
**cubicle** [ˈkjuːbɪkəl] *n* : cubículo *m*
**cuckoo**[1] [ˈkuːˌkuː, ˈkʊ-] *adj* : loco, chiflado
**cuckoo**[2] *n, pl* **-oos** : cuco *m*, cuclillo *m*
**cucumber** [ˈkjuːˌkʌmbər] *n* : pepino *m*
**cud** [ˈkʌd] *n* **to chew the cud** : rumiar
**cuddle**[1] [ˈkʌdəl] *v* **-dled; -dling** *vi* : abrazarse tiernamente, acurrucarse — *vt* : abrazar
**cuddle**[2] *n* : abrazo *m*
**cudgel**[1] [ˈkʌʤəl] *vt* **-geled** *or* **-gelled; -geling** *or* **-gelling** : apalear, aporrear
**cudgel**[2] *n* : garrote *m*, porra *f*
**cue**[1] [ˈkjuː] *vt* **cued; cuing** *or* **cueing** : darle el pie a, darle la señal a
**cue**[2] *n* **1** SIGNAL : señal *f*, pie *m* (en teatro), entrada *f* (en música) **2** : taco *m* (de billar)
**cuff**[1] [ˈkʌf] *vt* : bofetear, cachetear
**cuff**[2] *n* **1** : puño *m* (de una camisa), vuelta *f* (de pantalones) **2** SLAP : bofetada *f*, cachetada *f* **3 cuffs** *npl* HANDCUFFS : esposas *fpl*
**cuff link** *n* : gemelo *m*
**cuisine** [kwɪˈziːn] *n* : cocina *f* ⟨Mexican cuisine : la cocina mexicana⟩
**cul–de–sac** [ˈkʌldɪˌsæk] *n* : calle *f* sin salida
**culinary** [ˈkʌləˌnɛri, ˈkjuːlə-] *adj* : culinario
**cull** [ˈkʌl] *vt* : seleccionar
**culminate** [ˈkʌlməˌneɪt] *vi* **-nated; -nating** : culminar
**culmination** [ˌkʌlməˈneɪʃən] *n* : culminación *f*, punto *m* culminante
**culpable** [ˈkʌlpəbəl] *adj* : culpable
**culprit** [ˈkʌlprɪt] *n* : culpable *mf*
**cult** [ˈkʌlt] *n* : culto *m*
**cultivate** [ˈkʌltəˌveɪt] *vt* **-vated; -vating** **1** TILL : cultivar, labrar **2** FOSTER : cultivar, fomentar **3** REFINE : cultivar, refinar ⟨to cultivate the mind : cultivar la mente⟩
**cultivation** [ˌkʌltəˈveɪʃən] *n* **1** : cultivo *m* ⟨under cultivation : en cultivo⟩ **2** CUL-

TURE, REFINEMENT : cultura *f*, refinamiento *m*

**cultural** [ˈkʌltʃərəl] *adj* : cultural — **culturally** *adv*

**culture** [ˈkʌltʃər] *n* **1** CULTIVATION : cultivo *m* **2** REFINEMENT : cultura *f*, educación *f*, refinamiento *m* **3** CIVILIZATION : cultura *f*, civilización *f* ⟨the Incan culture : la cultura inca⟩

**cultured** [ˈkʌltʃərd] *adj* **1** EDUCATED, REFINED : culto, educado, refinado **2** : de cultivo, cultivado ⟨cultured pearls : perlas de cultivo⟩

**culvert** [ˈkʌlvərt] *n* : alcantarilla *f*

**cumbersome** [ˈkʌmbərsəm] *adj* : torpe y pesado, difícil de manejar

**cumin** [ˈkʌmən] *n* : comino *m*

**cumulative** [ˈkjuːmjələtɪv, -ˌleɪtɪv] *adj* : acumulativo

**cumulus** [ˈkjuːmjələs] *n, pl* **-li** [-ˌlaɪ, -ˌliː] : cúmulo *m*

**cunning**[1] [ˈkʌnɪŋ] *adj* **1** CRAFTY : astuto, taimado **2** CLEVER : ingenioso, hábil **3** CUTE : mono, gracioso, lindo

**cunning**[2] *n* **1** SKILL : habilidad *f* **2** CRAFTINESS : astucia *f*, maña *f*

**cup**[1] [ˈkʌp] *vt* **cupped; cupping** : ahuecar (las manos)

**cup**[2] *n* **1** : taza *f* ⟨a cup of coffee : una taza de café⟩ **2** CUPFUL : taza *f* **3** : media pinta *f* (unidad de medida) **4** GOBLET : copa *f* **5** TROPHY : copa *f*, trofeo *m*

**cupboard** [ˈkʌbərd] *n* : alacena *f*, armario *m*

**cupcake** [ˈkʌpˌkeɪk] *n* : pastelito *m*

**cupful** [ˈkʌpˌfʊl] *n* : taza *f*

**cupola** [ˈkjuːpələ, -ˌloː] *n* : cúpula *f*

**cur** [ˈkər] *n* : perro *m* callejero, perro *m* corriente *Mex*

**curate** [ˈkjʊrət] *n* : cura *m*, párroco *m*

**curator** [ˈkjʊrˌeɪtər, kjʊˈreɪtər] *n* : conservador *m*, -dora *f* (de un museo); director *m*, -tora *f* (de un zoológico)

**curb**[1] [ˈkərb] *vt* : refrenar, restringir, controlar

**curb**[2] *n* **1** RESTRAINT : freno *m*, control *m* **2** : borde *m* de la acera

**curd** [ˈkərd] *n* : cuajada *f*

**curdle** [ˈkərdəl] *v* **-dled; -dling** *vi* : cuajarse — *vt* : cuajar ⟨to curdle one's blood : helarle la sangre a uno⟩

**curdled** [ˈkərdəld] *adj* : cortado (dícese de la leche, etc.)

**cure**[1] [ˈkjʊr] *vt* **cured; curing** **1** HEAL : curar, sanar **2** REMEDY : remediar **3** PROCESS : curar (alimentos, etc.)

**cure**[2] *n* **1** RECOVERY : curación *f*, recuperación *f* **2** REMEDY : cura *f*, remedio *m*

**curfew** [ˈkərˌfjuː] *n* : toque *m* de queda

**curio** [ˈkjʊriˌoː] *n, pl* **-rios** : curiosidad *f*, objeto *m* curioso

**curiosity** [ˌkjʊriˈɑsəṭi] *n, pl* **-ties** : curiosidad *f*

**curious** [ˈkjʊriəs] *adj* **1** INQUISITIVE : curioso **2** STRANGE : curioso, raro

**curl**[1] [ˈkərl] *vt* **1** : rizar, ondular (el pelo) **2** COIL : enrollar **3** TWIST : torcer ⟨to curl one's lip : hacer una mueca⟩ — *vi* **1** : rizarse, ondularse **2 to curl up** : acurrucarse (con un libro, etc.)

**curl**[2] *n* **1** RINGLET : rizo *m* **2** COIL : espiral *f*, rosca *f*

**curler** [ˈkərlər] *n* : rulo *m*

**curlew** [ˈkərˌluː, ˈkərlˌjuː] *n, pl* **-lews** *or* **-lew** : zarapito *m*

**curly** [ˈkərli] *adj* **curlier; -est** : rizado, crespo

**curly brace** *or* **curly bracket** *n* : llave *f* (signo de puntuación)

**currant** [ˈkərənt] *n* **1** : grosella *f* (fruta) ⟨black currant : grosella negra⟩ ⟨red currant : grosella roja⟩ **2** RAISIN : pasa *f* de Corinto

**currency** [ˈkərənsi] *n, pl* **-cies** **1** PREVALENCE, USE : uso *m*, aceptación *f*, difusión *f* ⟨to be in currency : estar en uso⟩ **2** MONEY : moneda *f*, dinero *m*

**current**[1] [ˈkərənt] *adj* **1** PRESENT : actual ⟨current events : actualidades⟩ **2** PREVALENT : corriente, común — **currently** *adv*

**current**[2] *n* : corriente *f*

**curriculum** [kəˈrɪkjələm] *n, pl* **-la** [-lə] : currículum *m*, currículo *m*, programa *m* de estudio

**curriculum vitae** [ˈviːˌtaɪ, ˈvaɪṭi] *n, pl* **curricula vitae** : currículum *m*, currículo *m*

**curry**[1] [ˈkəri] *vt* **-ried; -rying** **1** GROOM : almohazar (un caballo) **2** : condimentar con curry **3 to curry favor** : congraciarse (con alguien)

**curry**[2] *n, pl* **-ries** : curry *m*

**curse**[1] [ˈkərs] *v* **cursed; cursing** *vt* **1** DAMN : maldecir **2** INSULT : injuriar, insultar, decir malas palabras a **3** AFFLICT : afligir — *vi* : maldecir, decir malas palabras

**curse**[2] *n* **1** : maldición *f* ⟨to put a curse on someone : echarle una maldición a alguien⟩ **2** AFFLICTION : maldición *f*, aflicción *f*, cruz *f*

**cursor** [ˈkərsər] *n* : cursor *m*

**cursory** [ˈkərsəri] *adj* : rápido, superficial, somero

**curt** [ˈkərt] *adj* : cortante, brusco, seco — **curtly** *adv*

**curtail** [kərˈteɪl] *vt* : acortar, limitar, restringir

**curtailment** [kərˈteɪlmənt] *n* : restricción *f*, limitación *f*

**curtain** [ˈkərtən] *n* : cortina *f* (de una ventana), telón *m* (en un teatro)

**curtness** [ˈkərtnəs] *n* : brusquedad *f*, sequedad *f*

**curtsy**[1] *or* **curtsey** [ˈkərtsi] *vt* **-sied** *or* **-seyed; -sying** *or* **-seying** : hacer una reverencia

**curtsy**[2] *or* **curtsey** *n, pl* **-sies** *or* **-seys** : reverencia *f*

**curvature** [ˈkərvəˌtʃʊr] *n* : curvatura *f*

**curve**[1] [ˈkərv] *v* **curved; curving** *vi* : torcerse, describir una curva — *vt* : encorvar

**curve**[2] *n* : curva *f*

**curvy** [ˈkərvi] **curvier; -est** *adj* **1** : con muchas curvas, sinuoso **2** SHAPELY : curvilíneo

**cushion**[1] [ˈkʊʃən] *vt* **1** : poner cojines o almohadones a **2** SOFTEN : amortiguar, mitigar, suavizar ⟨to cushion a blow : amortiguar un golpe⟩

**cushion**[2] *n* **1** : cojín *m*, almohadón *m* **2** PROTECTION : colchón *m*, protección *f*

**cusp** [ˈkʌsp] *n* : cúspide *f* (de un diente), cuerno *m* (de la luna)

**cuspid** [ˈkʌspɪd] *n* : diente *m* canino, colmillo *m*

**custard** [ˈkʌstərd] *n* : natillas *fpl*

**custodian** [ˌkʌstoːdiən] *n* : custodio *m*, -dia *f*; guardián, -diana *f*

**custody** [ˈkʌstədi] *n, pl* **-dies** : custodia *f*, cuidado *m* ⟨to be in custody : estar detenido⟩

**custom**[1] [ˈkʌstəm] *adj* : a la medida, a la orden

**custom**[2] *n* **1** : costumbre *f*, tradición *f* **2 customs** *npl* : aduana *f* ⟨customs officer : agente de aduanas⟩

**customarily** [ˌkʌstəˈmɛrəli] *adv* : habitualmente, normalmente, de costumbre

**customary** [ˈkʌstəˌmɛri] *adj* **1** TRADITIONAL : tradicional **2** USUAL : habitual, de costumbre

**customer** [ˈkʌstəmər] *n* : cliente *m*, -ta *f*

**customize** [ˈkʌstəˌmaɪz] *vt* **-ized; -izing** : adaptar (algo) a los requisitos de alguien, personalizar — **customization** [ˌkʌstəməˈzeɪʃən] *n*

**custom–made** [ˈkʌstəmˈmeɪd] *adj* : hecho a la medida

**cut**[1] [ˈkʌt] *v* **cut; cutting** *vt* **1** : cortar ⟨to cut paper : cortar papel⟩ ⟨cut the meat into strips : cortar la carne en tiras⟩ ⟨cut the apple in half : cortar la manzana por la mitad⟩ ⟨to cut a hole in : hacer un agujero en⟩ ⟨to cut (off) a piece : cortar un trozo⟩ **2** : cortarse ⟨to cut one's finger : cortarse uno el dedo⟩ **3** TRIM : cortar, recortar ⟨to have one's hair cut : cortarse el pelo⟩ **4** INTERSECT : cruzar, atravesar **5** SHORTEN : acortar, abreviar **6** REDUCE : reducir, rebajar ⟨to cut prices : rebajar los precios⟩ **7** : cortar (en informática) ⟨to cut and paste : cortar y pegar⟩ **8** : cortar (una baraja) **9** : sacar (de un equipo, etc.) **10** SKIP : faltar a (clase) **11** TURN OFF : apagar **12** DILUTE : cortar (drogas) **13 cut it out!** : ¡basta ya! **14 not to cut it** : no ser lo suficientemente bueno **15 to cut a deal** : hacer/cerrar un trato **16 to cut away** : cortar **17 to cut back** PRUNE : podar **18 to cut back** REDUCE : reducir (gastos, etc.) **19 to cut down** FELL : cortar, talar **20 to cut down** REDUCE : reducir **21 to cut down** KILL : matar **22 to cut in** : cortar y mezclar (mantequilla, etc.) **23 to cut off** : cortar (una rama, una pierna, etc.) **24 to cut off** : cortar (el acceso, etc.) **25 to cut off** INTERRUPT : interrumpir **26 to cut off** ISOLATE : aislar **27 to cut off** : cortarle el paso a (un vehículo, etc.) **28 to cut one's teeth** : salirle los dientes a uno **29 to cut out** CLIP : recortar **30 to cut out** EXCLUDE : excluir **31 to cut up** : cortar en pedazos — *vi* **1** : cortar, cortarse **2 to cut back** : hacer economías **3 to cut down** : moderarse **4 to cut in** : entrometerse **5 to cut in line** : colarse **6 to cut up** CLOWN AROUND : hacer payasadas

**cut**[2] *n* **1** : corte *m* ⟨a cut of meat : un corte de carne⟩ **2** SLASH : tajo *m*, corte *m*, cortadura *f* **3** REDUCTION : rebaja *f*, reducción *f* ⟨a cut in the rates : una rebaja en las tarifas⟩

**cutaneous** [kjuˈteɪniəs] *adj* : cutáneo

**cutback** [ˈkʌtˌbæk] *n* : recorte *m*, reducción *f*

**cute** [ˈkjuːt] *adj* **cuter; cutest** : mono *fam*, lindo

**cuticle** [ˈkjuːtɪkəl] *n* : cutícula *f*

**cutlass** [ˈkʌtləs] *n* : alfanje *m*

**cutlery** [ˈkʌtləri] *n* : cubiertos *mpl*

**cutlet** [ˈkʌtlət] *n* : chuleta *f*

**cutoff** [ˈkʌtˌɔf] *n* **1** INTERRUPTION : corte *m*, interrupción *f* **2** DEADLINE : fecha *f* límite, fecha *f* tope **3 cutoffs** *npl* : shorts *mpl* de mezclilla

**cut–rate** [ˈkʌtˌreɪt] *adj* : a precio rebajado

**cutter** [ˈkʌt̬ər] *n* **1** : cortadora *f* (implemento) **2** : cortador *m*, -dora *f* (persona) **3** : cúter *m* (embarcación)

**cutthroat** [ˈkʌtˌθroːt] *adj* : despiadado, desalmado ⟨cutthroat competition : competencia feroz⟩

**cutting**[1] [ˈkʌt̬ɪŋ] *adj* **1** : cortante ⟨a cutting wind : un viento cortante⟩ **2** CAUSTIC : mordaz

**cutting**[2] *n* : esqueje *m* (de una planta)

**cuttlefish** [ˈkʌt̬lˌfɪʃ] *n, pl* **-fish** *or* **-fishes** : jibia *f*, sepia *f*

**cyanide** [ˈsaɪəˌnaɪd, -nɪd] *n* : cianuro *m*

**cyber-** [ˈsaɪbər-] *pref* : ciber- *m*

**cyberbullying** [ˈsaɪbərˌbʊlɪŋ] *n* : ciberacoso *m*

**cybernetic** [ˌsaɪbərˈnɛtɪk] *adj* : cibernético

**cycle**[1] [ˈsaɪkəl] *vi* **-cled; -cling** : andar en bicicleta, ir en bicicleta

**cycle**[2] *n* **1** : ciclo *m* ⟨life cycle : ciclo de vida, ciclo vital⟩ **2** BICYCLE : bicicleta *f* **3** MOTORCYCLE : motocicleta *f*

**cyclic** [ˈsaɪklɪk, ˈsɪ-] *or* **cyclical** [-klɪkəl] *adj* : cíclico

**cycling** [ˈsaɪklɪŋ] *n* : ciclismo *m*

**cyclist** [ˈsaɪklɪst] *n* : ciclista *mf*

**cyclone** [ˈsaɪˌkloːn] *n* **1** : ciclón *m* **2** TORNADO : tornado *m*

**cyclopedia** *or* **cyclopaedia** [ˌsaɪklə-ˈpiːdiə] → **encyclopedia**

**cylinder** [ˈsɪləndər] *n* : cilindro *m*

**cylindrical** [səˈlɪndrɪkəl] *adj* : cilíndrico

**cymbal** [ˈsɪmbəl] *n* : platillo *m*, címbalo *m*

**cynic** [ˈsɪnɪk] *n* : cínico *m*, -ca *f*

**cynical** [ˈsɪnɪkəl] *adj* : cínico

**cynicism** [ˈsɪnəˌsɪzəm] *n* : cinismo *m*

**cypress** [ˈsaɪprəs] *n* : ciprés *m*

**cyst** [ˈsɪst] *n* : quiste *m*

**czar** [ˈzɑr, ˈsɑr] *n* : zar *m*

**czarina** [zɑˈriːnə, sɑ-] *n* : zarina *f*

**Czech** [ˈtʃɛk] *n* **1** : checo *m*, -ca *f* **2** : checo *m* (idioma) — **Czech** *adj*

**Czechoslovak** [ˌtʃɛkəˈsloːˌvɑk, -ˌvæk] *or* **Czechoslovakian** [-sloˈvɑkiən, -ˈvæ-] *n* : checoslovaco *m*, -ca *f* — **Czechoslovak** *or* **Czechoslovakian** *adj*

# D

**d** [ˈdiː] *n, pl* **d's** *or* **ds** [ˈdiːz] **1** : cuarta letra del alfabeto inglés **2** : re *m* ⟨D sharp/flat : re sostenido/bemol⟩

**dab¹** [ˈdæb] *vt* **dabbed; dabbing** : darle toques ligeros a, aplicar suavemente

**dab²** *n* **1** BIT : toque *m*, pizca *f*, poco *m* ⟨a dab of ointment : un toque de ungüento⟩ **2** PAT : toque *m* ligero, golpecito *m*

**dabble** [ˈdæbəl] *v* **-bled; -bling** *vt* SPATTER : salpicar — *vi* **1** SPLASH : chapotear **2** TRIFLE : jugar, interesarse superficialmente

**dabbler** [ˈdæbələr] *n* : diletante *mf*

**dachshund** [ˈdɑksˌhʊnt, -ˌhʊnd;, ˈdɑksənt, -sənd] *n* : perro *m* salchicha

**dad** [ˈdæd] *n* : papá *m fam*

**daddy** [ˈdædi] *n, pl* **-dies** : papi *m fam*

**daddy longlegs** [-ˈlɔŋˌleɡz] *n, pl* **daddy longlegs** : segador *m* (insecto)

**daffodil** [ˈdæfəˌdɪl] *n* : narciso *m*

**daft** [ˈdæft] *adj* : tonto, bobo

**dagger** [ˈdæɡər] *n* : daga *f*, puñal *m*

**dahlia** [ˈdæljə, ˈdɑl-, ˈdeɪl-] *n* : dalia *f*

**daily¹** [ˈdeɪli] *adv* : a diario, diariamente

**daily²** *adj* : diario, cotidiano

**daily³** *n, pl* **-lies** : diario *m*, periódico *m*

**daintily** [ˈdeɪntəli] *adv* : delicadamente, con delicadeza

**daintiness** [ˈdeɪntinəs] *n* : delicadeza *f*, finura *f*

**dainty¹** [ˈdeɪnti] *adj* **daintier; -est** **1** DELICATE : delicado **2** FASTIDIOUS : remilgado, melindroso **3** DELICIOUS : exquisito, sabroso

**dainty²** *n, pl* **-ties** DELICACY : exquisitez *f*, manjar *m*

**dairy¹** [ˈdæri] *adj* : lácteo ⟨dairy products : productos lácteos⟩

**dairy²** *n, pl* **-ries** **1** *or* **dairy store** : lechería *f* **2** *or* **dairy farm** : granja *f* lechera **3** : (productos *mpl*) lácteos *mpl* ⟨she stopped eating dairy : dejó los lácteos⟩

**dairymaid** [ˈdæriˌmeɪd] *n* : lechera *f*

**dairyman** [ˈdærimən, -ˌmæn] *n, pl* **-men** [-mən, -ˌmɛn] : lechero *m*

**dais** [ˈdeɪəs] *n* : tarima *f*, estrado *m*

**daisy** [ˈdeɪzi] *n, pl* **-sies** : margarita *f*

**dale** [ˈdeɪl] *n* : valle *m*

**dally** [ˈdæli] *vi* **-lied; -lying** **1** TRIFLE : juguetear **2** DAWDLE : entretenerse, perder tiempo

**dalmatian** [dælˈmeɪʃən, dɔl-] *n* : dálmata *m*

**dam¹** [ˈdæm] *vt* **dammed; damming** : represar

**dam²** *n* **1** : represa *f*, dique *m* **2** : madre *f* (de animales domésticos)

**damage¹** [ˈdæmɪʤ] *vt* **-aged; -aging** : dañar (un objeto o una máquina), perjudicar (la salud o una reputación)

**damage²** *n* **1** : daño *m*, perjuicio *m* ⟨to cause damage to : ocasionar daños a⟩ **2** **damages** *npl* : daños y perjuicios *mpl*

**damaging** [ˈdæməʤɪŋ] *adj* : perjudicial

**damask** [ˈdæməsk] *n* : damasco *m*

**dame** [ˈdeɪm] *n* LADY : dama *f*, señora *f*

**damn¹** [ˈdæm] *vt* **1** CONDEMN : condenar **2** CURSE : maldecir

**damn²** *or* **damned** [ˈdæmd] *adj* : condenado *fam*, maldito *fam*

**damn³** *n* : pito *m*, bledo *m*, comino *m* ⟨it's not worth a damn : no vale un pito⟩ ⟨I don't give a damn : me importa un comino⟩

**damnable** [ˈdæmnəbəl] *adj* : condenable, detestable

**damnation** [dæmˈneɪʃən] *n* : condenación *f*

**damned¹** [ˈdæmd] *adv* VERY : muy

**damned²** *adj* **1** → **damnable** **2** REMARKABLE : extraordinario

**damning** [ˈdæmɪŋ] *adj* : condenatorio

**damp¹** [ˈdæmp] *vt* → **dampen**

**damp²** *adj* : húmedo

**damp³** *n* MOISTURE : humedad *f*

**dampen** [ˈdæmpən] *vt* **1** MOISTEN : humedecer **2** DISCOURAGE : desalentar, desanimar

**damper** [ˈdæmpər] *n* **1** : regulador *m* de tiro (de una chimenea) **2** : sordina *f* (de un piano) **3 to put a damper on** : desanimar, apagar (el entusiasmo), enfriar

**dampness** [ˈdæmpnəs] *n* : humedad *f*

**damsel** [ˈdæmzəl] *n* : damisela *f*

**dance¹** [ˈdæns] *v* **danced; dancing** : bailar

**dance²** *n* : baile *m*

**dancer** [ˈdænsər] *n* : bailarín *m*, -rina *f*

**dandelion** [ˈdændəlˌaɪən] *n* : diente *m* de león

**dandruff** [ˈdændrəf] *n* : caspa *f*

**dandy¹** [ˈdændi] *adj* **dandier; -est** : excelente, magnífico, macanudo *fam*

**dandy²** *n, pl* **-dies** **1** : dandi *m* **2** : algo *m* excelente ⟨this new program is a dandy : este programa nuevo es algo excelente⟩

**Dane** [ˈdeɪn] *n* : danés *m*, -nesa *f*

**danger** [ˈdeɪnʤər] *n* : peligro *m*

**dangerous** [ˈdeɪnʤərəs] *adj* : peligroso

**dangle** [ˈdæŋɡəl] *v* **-gled; -gling** *vi* HANG : colgar, pender — *vt* **1** SWING : hacer oscilar **2** PROFFER : ofrecer (como incentivo) **3 to keep someone dangling** : dejar a alguien en suspenso

**Danish¹** [ˈdeɪnɪʃ] *adj* : danés

**Danish²** *n* : danés *m* (idioma)

**dank** [ˈdæŋk] *adj* : frío y húmedo

**dapper** [ˈdæpər] *adj* : pulcro, atildado

**dappled** [ˈdæpəld] *adj* : moteado ⟨a dappled horse : un caballo rodado⟩

**dare¹** [ˈdær] *v* **dared; daring** *vi* : osar, atreverse ⟨how dare you! : ¡cómo te atreves!⟩ — *vt* **1** CHALLENGE : desafiar, retar **2 to dare to do something** : atreverse a hacer algo, osar hacer algo

**dare²** *n* : desafío *m*, reto *m*

**daredevil** [ˈdærˌdɛvəl] *n* : persona *f* temeraria

**daring¹** [ˈdærɪŋ] *adj* : osado, atrevido, audaz

**daring²** *n* : arrojo *m*, coraje *m*, audacia *f*

**dark¹** [ˈdɑrk] *adj* **1** : oscuro (dícese del ambiente o de los colores), moreno (dícese del pelo o de la piel) ⟨it's getting dark : está oscureciendo⟩ **2** SOMBER : sombrío, triste

**dark²** *n* **1** : oscuridad *f*, tinieblas *f* ⟨to be afraid of the dark : tenerle miedo a la oscuridad⟩ **2** NIGHT : noche ⟨before dark : antes del anochecer⟩

**dark chocolate** *n* : chocolate *m* oscuro, chocolate *m* amargo, chocolate *m* negro

**darken** [ˈdɑrkən] *vt* **1** DIM : oscurecer **2** SADDEN : entristecer — *vi* : ensombrecerse, nublarse

**darkly** [ˈdɑrkli] *adv* **1** DIMLY : oscuramente **2** GLOOMILY : tristemente **3** MYSTERIOUSLY : misteriosamente, enigmáticamente

**darkness** [ˈdɑrknəs] *n* : oscuridad *f*, tinieblas *f*

**darkroom** [ˈdɑrkˌruːm, -ˌrʊm] *n* : cuarto *m* oscuro

**darling¹** [ˈdɑrlɪŋ] *adj* **1** BELOVED : querido, amado **2** CHARMING : encantador, mono *fam*

**darling²** *n* **1** BELOVED : querido *m*, -da *f*; amado *m*, -da *f*; cariño *m*, -ña *f* **2** FAVORITE : preferido *m*, -da *f*; favorito *m*, -ta *f*

**darn¹** [ˈdɑrn] *vt* : zurcir

**darn²** *n* **1** : zurcido *m* **2** → **damn³**

**dart¹** [ˈdɑrt] *vt* THROW : lanzar, tirar — *vi* DASH : lanzarse, precipitarse

**dart²** *n* **1** : dardo *m* **2 darts** *npl* : juego *m* de dardos

**dash¹** [ˈdæʃ] *vt* **1** SMASH : romper, estrellar **2** HURL : arrojar, lanzar **3** SPLASH : salpicar **4** FRUSTRATE : frustrar **5 to dash off** : hacer (algo) rápidamente — *vi* **1** SMASH : romperse, estrellarse **2** DART : lanzarse, irse apresuradamente

**dash²** *n* **1** BURST, SPLASH : arranque *m*, salpicadura *f* (de aguas) **2** : guión *m* largo (signo de puntuación) **3** DROP : gota *f*, pizca *f* **4** VERVE : brío *m* **5** RACE : carrera *f* ⟨a 100-meter dash : una carrera de 100 metros⟩ **6 to make a dash for it** : precipitarse (hacia), echarse a correr **7** → **dashboard**

**dashboard** [ˈdæʃˌbɔrd] *n* : tablero *m* de instrumentos

**dashing** [ˈdæʃɪŋ] *adj* : gallardo, apuesto

**data** [ˈdeɪtə, ˈdæ-, ˈdɑ-] *ns & pl* : datos *mpl*, información *f*

**data bank** *n* : banco *m* de datos

**database** [ˈdeɪtəˌbeɪs, ˈdæ-, ˈdɑ-] *n* : base *f* de datos

**data processing** *n* : procesamiento *m* de datos

**date¹** [ˈdeɪt] *v* **dated; dating** *vt* **1** : fechar (una carta, etc.), datar (un objeto) ⟨it was dated June 9 : estaba fechada el 9 de junio⟩ **2** : salir con ⟨she's dating my brother : sale con mi hermano⟩ — *vi* : datar

**date²** *n* **1** : fecha *f* ⟨to date : hasta la fecha⟩ **2** EPOCH, PERIOD : época *f*, período *m* **3** APPOINTMENT : cita *f* **4** COMPANION : acompañante *mf* **5** : dátil *m* (fruta)

**dated** [ˈdeɪtəd] *adj* OUT-OF-DATE : anticuado, pasado de moda

**datum** [ˈdeɪtəm, ˈdæ-, ˈdɑ-] *n, pl* **-ta** [-tə] *or* **-tums** : dato *m*

**daub¹** [ˈdɔb] *vt* : embadurnar

**daub²** *n* : mancha *f*

**daughter** [ˈdɔtər] *n* : hija *f*

**daughter–in–law** [ˈdɔtərɪnˌlɔ] *n, pl* **daughters–in–law** : nuera *f*, hija *f* política

**daunt** [ˈdɔnt] *vt* : amilanar, acobardar, intimidar

**daunting** [ˈdɔntɪŋ] *adj* : desalentador

**dauntless** [ˈdɔntləs] *adj* : intrépido, impávido

**dawdle** [ˈdɔdəl] *vi* **-dled; -dling** **1** DALLY : demorarse, entretenerse, perder tiempo **2** LOITER : vagar, holgazanear, haraganear

**dawn¹** [ˈdɔn] *vi* **1** : amanecer, alborear, despuntar ⟨Saturday dawned clear and bright : el sábado amaneció claro y luminoso⟩ **2 to dawn on** : hacerse obvio ⟨it dawned on me that she was right : me di cuenta de que tenía razón⟩

**dawn²** *n* **1** DAYBREAK : amanecer *m*, alba *f* **2** BEGINNING : albor *m*, comienzo *m* ⟨the dawn of history : los albores de la historia⟩ **3 from dawn to dusk** : de sol a sol

**day** [ˈdeɪ] *n* **1** : día *m* ⟨the day after tomorrow : pasado mañana⟩ ⟨the day before yesterday : anteayer⟩ ⟨the other day : el otro día⟩ ⟨twice a day, two times a day : dos veces al día⟩ ⟨every day : todos los días⟩ ⟨all day : todo el día⟩ **2** DATE : fecha *f* ⟨what day is (it) today? : ¿qué día es hoy?⟩ **3** TIME : día *m*, tiempo *m* ⟨in those days : en aquellos tiempos⟩ ⟨in my day : en mis tiempos⟩ ⟨to the present day : hasta nuestros días⟩ ⟨to this day : hasta el día de hoy⟩ **4** WORKDAY : jornada *f* laboral **5 any day now** SOON : cualquier día de estos **6 in this day and age** : hoy (en) día **7 one day** SOMEDAY : algún día **8 the good old days** : los viejos tiempos **9 these days** : hoy (en) día **10 to make someone's day** : alegrarle el día a alguien

**daybreak** [ˈdeɪˌbreɪk] *n* : alba *f*, amanecer *m*

**day care** *n* : servicio *m* de guardería infantil

**daydream¹** [ˈdeɪˌdriːm] *vi* : soñar despierto, fantasear

**daydream²** *n* : ensueño *m*, ensoñación *f*, fantasía *f*

**daylight** [ˈdeɪˌlaɪt] *n* **1** : luz *f* del día ⟨in broad daylight : a plena luz del día⟩ **2** → **daybreak** **3** → **daytime**

**daylight saving time** *n* : hora *f* de verano

**daytime** [ˈdeɪˌtaɪm] *n* : horas *fpl* diurnas, día *m*

**day–to–day** *adj* : diario, cotidiano

**daze¹** [ˈdeɪz] *vt* **dazed; dazing** **1** STUN : aturdir **2** DAZZLE : deslumbrar, ofuscar

**daze²** *n* **1** : aturdimiento *m* **2 in a daze** : aturdido, atontado

**dazzle¹** [ˈdæzəl] *vt* **-zled; -zling** : deslumbrar, ofuscar

**dazzle²** *n* : resplandor *m*, brillo *m*

**dazzling** [ˈdæzəlɪŋ] *adj* : deslumbrante

**de-** *pref* : des-
**deacon** [ˈdiːkən] *n* : diácono *m*
**deaconess** [ˈdiːkənəs] *n* : diaconisa *f*
**deactivate** [diˈæktəˌveɪt] *vt* **-vated; -vating** : desactivar
**dead**[1] [ˈdɛd] *adv* **1** ABRUPTLY : repentinamente, súbitamente ⟨to stop dead : parar en seco⟩ **2** ABSOLUTELY : absolutamente ⟨I'm dead certain : estoy absolutamente seguro⟩ **3** DIRECTLY : justo ⟨dead ahead : justo adelante⟩
**dead**[2] *adj* **1** LIFELESS : muerto ⟨to drop dead : caerse muerto⟩ **2** NUMB : entumecido, dormido **3** INDIFFERENT : indiferente, frío **4** INACTIVE : inactivo ⟨a dead volcano : un volcán inactivo⟩ **5** : desconectado (dícese de un teléfono), descargado (dícese de una batería) **6** EXHAUSTED : agotado, derrengado, muerto **7** OBSOLETE : obsoleto, muerto ⟨a dead language : una lengua muerta⟩ **8** EXACT : exacto ⟨(in the) dead center : justo en el blanco⟩ **9** QUIET, SLOW : muerto (dícese de una fiesta, etc.), de poco movimiento (comercial) **10** : perdido ⟨if she catches you, you're dead : si te agarra, te mata⟩ **11 drop dead!** : ¡vete al infierno! **12 to be caught dead in** ⟨I wouldn't be caught dead in that outfit : no me pondría ese conjunto ni muerta⟩
**dead**[3] *n* **1 the dead** : los muertos **2 in the dead of night** : a las altas horas de la noche **3 in the dead of winter** : en pleno invierno
**deadbeat** [ˈdɛdˌbiːt] *n* **1** LOAFER : vago *m*, -ga *f*; holgazán *m*, -zana *f* **2** FREELOADER : gorrón *m*, -rrona *f fam*; gorrero *m*, -ra *f fam*
**deaden** [ˈdɛdən] *vt* **1** : atenuar (un dolor), entorpecer (sensaciones) **2** DULL : deslustrar **3** DISPIRIT : desanimar **4** MUFFLE : amortiguar, reducir (sonidos)
**dead–end** [ˈdɛdˈɛnd] *adj* **1** : sin salida ⟨dead-end street : calle sin salida⟩ **2** : sin futuro ⟨a dead-end job : un trabajo sin porvenir⟩
**dead end** *n* : callejón *m* sin salida
**dead heat** *n* : empate *m*
**deadline** [ˈdɛdˌlaɪn] *n* : fecha *f* límite, fecha *f* tope, plazo *m* (determinado)
**deadlock**[1] [ˈdɛdˌlɑk] *vt* : estancar — *vi* : estancarse, llegar a punto muerto
**deadlock**[2] *n* : punto *m* muerto, impasse *m*
**deadly**[1] [ˈdɛdli] *adv* : extremadamente, sumamente ⟨deadly serious : muy en serio⟩
**deadly**[2] *adj* **deadlier; -est** **1** LETHAL : mortal, letal, mortífero **2** ACCURATE : certero, preciso ⟨with deadly aim : con puntería infalible⟩ **3** CAPITAL : capital ⟨the seven deadly sins : los siete pecados capitales⟩ **4** DULL : funesto, aburrido **5** EXTREME : extremo, absoluto ⟨a deadly calm : una calma absoluta⟩
**deadpan**[1] [ˈdɛdˌpæn] *adv* : de manera inexpresiva, sin expresión
**deadpan**[2] *adj* : inexpresivo, impasible
**deaf** [ˈdɛf] *adj* : sordo
**deafen** [ˈdɛfən] *vt* **-ened; -ening** : ensordecer
**deafening** [ˈdɛfənɪŋ] *adj* : ensordecedor
**deaf–mute** [ˈdɛfˈmjuːt] *n often offensive* : sordomudo *m*, -da *f offensive*
**deafness** [ˈdɛfnəs] *n* : sordera *f*
**deal**[1] [ˈdiːl] *v* **dealt; dealing** *vt* **1** *or* **to deal out** APPORTION : repartir ⟨to deal justice : repartir la justicia⟩ **2** DISTRIBUTE : repartir, dar (naipes) **3** DELIVER : asestar, propinar ⟨to deal a blow : asestar un golpe⟩ — *vi* **1** : dar, repartir (en juegos de naipes) **2 to deal in** : comerciar en, traficar con (drogas) **3 to deal with** CONCERN : tratar de, tener que ver con ⟨the book deals with poverty : el libro trata de la pobreza⟩ **4 to deal with** HANDLE : tratar (con), encargarse de **5 to deal with** TREAT : tratar ⟨the judge dealt with him severely : el juez lo trató con severidad⟩ **6 to deal with** ACCEPT : aceptar (una situación o desgracia)
**deal**[2] *n* **1** : reparto *m* (de naipes) **2** AGREEMENT, TRANSACTION : trato *m*, acuerdo *m*, transacción *f* ⟨to cut/make/strike a deal : hacer un trato⟩ **3** TREATMENT : trato *m* ⟨he got a raw deal : le hicieron una injusticia⟩ **4** BARGAIN : ganga *f*, oferta *f* ⟨she got a good deal on the car : consiguió el coche a un precio barato⟩ **5 a good/great deal** : mucho, una gran cantidad **6 big deal** : cosa *f* importante ⟨don't worry, it's no big deal : no te preocupes, no tiene importancia⟩ ⟨so what? big deal! : ¿a quién le importa?⟩ **7 the real deal** ⟨to be the real deal : ser auténtico, ser de verdad⟩
**dealer** [ˈdiːlər] *n* : comerciante *mf*, traficante *mf*
**dealership** [ˈdiːlərˌʃɪp] *n* : concesión *f*
**dealings** [ˈdiːlɪŋz] *npl* **1** : relaciones *fpl* (personales) **2** TRANSACTIONS : negocios *mpl*, transacciones *fpl*
**dean** [ˈdiːn] *n* **1** : deán *m* (del clero) **2** : decano *m*, -na *f* (de una facultad o profesión)
**dear**[1] [ˈdɪr] *adj* **1** ESTEEMED, LOVED : querido, estimado ⟨a dear friend : un amigo querido⟩ ⟨Dear Sir : Estimado Señor⟩ **2** COSTLY : caro, costoso
**dear**[2] *n* : querido *m*, -da *f*; amado *m*, -da *f*
**dearly** [ˈdɪrli] *adv* **1** : mucho ⟨I love them dearly : los quiero mucho⟩ **2** : caro ⟨to pay dearly : pagar caro⟩
**dearth** [ˈdərθ] *n* : escasez *f*, carestía *f*
**death** [ˈdɛθ] *n* **1** : muerte *f*, fallecimiento *m* ⟨to be the death of : matar⟩ **2** FATALITY : víctima *f* (mortal); muerto *m*, -ta *f* **3** END : fin *m* ⟨the death of civilization : el fin de la civilización⟩
**deathbed** [ˈdɛθˌbɛd] *n* : lecho *m* de muerte
**deathblow** [ˈdɛθˌbloː] *n* : golpe *m* mortal
**death certificate** *n* : certificado *m* de defunción, acta *f* de defunción
**deathless** [ˈdɛθləs] *adj* : eterno, inmortal
**deathly** [ˈdɛθli] *adj* : de muerte, sepulcral (dícese del silencio), cadavérico (dícese de la palidez)
**death penalty** *n* : pena *f* de muerte
**death trap** *n* : trampa *f* mortal, vehículo *m* (o edificio *m*, etc.) peligroso

**debacle** [dɪˈbɑkəl, -ˈbæ-] *n* : desastre *m*, debacle *m*, fiasco *m*
**debar** [diˈbɑr] *vt* **-barred; -barring** : excluir, prohibir
**debase** [diˈbeɪs] *vt* **-based; -basing** : degradar, envilecer
**debatable** [diˈbeɪtəbəl] *adj* : discutible
**debate**[1] [diˈbeɪt] *vt* **-bated; -bating** : debatir, discutir
**debate**[2] *n* : debate *m*, discusión *f*
**debauch** [diˈbɔtʃ] *vt* : pervertir, corromper
**debauchery** [diˈbɔtʃəri] *n, pl* **-eries** : libertinaje *m*, intemperancia *f*
**debilitate** [diˈbɪləˌteɪt] *vt* **-tated; -tating** : debilitar
**debility** [diˈbɪləti] *n, pl* **-ties** : debilidad *f*
**debit**[1] [ˈdɛbɪt] *vt* : adeudar, cargar, debitar
**debit**[2] *n* : débito *m*, cargo *m*, debe *m*
**debit card** *n* : tarjeta *f* de débito
**debonair** [ˌdɛbəˈnær] *adj* : elegante y desenvuelto, apuesto
**debris** [dəˈbri:, deɪ-:, ˈdeɪˌbri:] *n, pl* **-bris** [-ˈbri:z, -ˌbri:z] **1** RUBBLE, RUINS : escombros *mpl*, ruinas *fpl*, restos *mpl* **2** RUBBISH : basura *f*, desechos *mpl*
**debt** [ˈdɛt] *n* **1** : deuda *f* ⟨to pay a debt : saldar una deuda⟩ **2** INDEBTEDNESS : endeudamiento *m*
**debtor** [ˈdɛtər] *n* : deudor *m*, -dora *f*
**debunk** [diˈbʌŋk] *vt* DISCREDIT : desacreditar, desprestigiar
**debut**[1] [deɪˈbju:, ˈdeɪˌbju:] *vi* : debutar
**debut**[2] *n* **1** : debut *m* (de un actor), estreno *m* (de una obra) **2** : debut *m*, presentación *f* (en sociedad)
**debutante** [ˈdɛbjuˌtɑnt] *n* : debutante *f*
**decade** [ˈdɛˌkeɪd, dɛˈkeɪd] *n* : década *f*
**decadence** [ˈdɛkədənts] *n* : decadencia *f*
**decadent** [ˈdɛkədənt] *adj* : decadente
**decaf**[1] [ˈdi:ˌkæf] → **decaffeinated**
**decaf**[2] *n* : café *m* descafeinado
**decaffeinated** [diˈkæfəˌneɪtəd] *adj* : descafeinado
**decal** [ˈdi:ˌkæl, diˈkæl] *n* : calcomanía *f*
**decamp** [diˈkæmp] *vi* : irse, largarse *fam*
**decanter** [diˈkæntər] *n* : licorera *f*, garrafa *f*
**decapitate** [diˈkæpəˌteɪt] *vt* **-tated; -tating** : decapitar
**decay**[1] [diˈkeɪ] *vi* **1** DECOMPOSE : descomponerse, pudrirse **2** DETERIORATE : deteriorarse **3** : cariarse (dícese de los dientes)
**decay**[2] *n* **1** DECOMPOSITION : descomposición *f* **2** DECLINE, DETERIORATION : decadencia *f*, deterioro *m* **3** : caries *f* (de los dientes)
**decease**[1] [diˈsi:s] *vi* **-ceased; -ceasing** : morir, fallecer
**decease**[2] *n* : fallecimiento *m*, defunción *f*, deceso *m*
**deceased** *n* : difunto *m*, -ta *f*
**deceit** [diˈsi:t] *n* **1** DECEPTION : engaño *m* **2** DISHONESTY : deshonestidad *f*
**deceitful** [diˈsi:tfəl] *adj* : falso, embustero, engañoso, mentiroso
**deceitfully** [diˈsi:tfəli] *adv* : con engaño, con falsedad
**deceitfulness** [diˈsi:tfəlnəs] *n* : falsedad *f*, engaño *m*
**deceive** [diˈsi:v] *vt* **-ceived; -ceiving** : engañar, burlar
**deceiver** [diˈsi:vər] *n* : impostor *m*, -tora *f*
**decelerate** [diˈsɛləˌreɪt] *vi* **-ated; -ating** : reducir la velocidad, desacelerar
**December** [diˈsɛmbər] *n* : diciembre *m* ⟨they arrived on the 18th of December, they arrived on December 18th : llegaron el 18 de diciembre⟩
**decency** [ˈdisənt̬si] *n, pl* **-cies** : decencia *f*, decoro *m*
**decent** [ˈdi:sənt] *adj* **1** CORRECT, PROPER : decente, decoroso, correcto **2** CLOTHED : vestido, presentable **3** MODEST : púdico, modesto **4** ADEQUATE : decente, adecuado ⟨decent wages : paga adecuada⟩
**decently** [ˈdi:səntli] *adv* : decentemente
**decentralize** [diˈsɛntrəˌlaɪz] *v* **-lized** [-ˌlaɪzd]; **-lizing** [-ˌlaɪzɪŋ] *vt* : descentralizar — *vi* : descentralizarse
**deception** [diˈsɛpʃən] *n* : engaño *m*
**deceptive** [diˈsɛptɪv] *adj* : engañoso, falaz — **deceptively** *adv*
**decibel** [ˈdɛsəbəl, -ˌbɛl] *n* : decibelio *m*
**decide** [diˈsaɪd] *v* **-cided; -ciding** *vt* **1** CONCLUDE : decidir, llegar a la conclusión de ⟨he decided what to do : decidió qué iba a hacer⟩ **2** DETERMINE : decidir, determinar ⟨one blow decided the fight : un solo golpe determinó la pelea⟩ **3** CONVINCE : decidir ⟨her pleas decided me to help : sus súplicas me decidieron a ayudarla⟩ **4** RESOLVE : resolver — *vi* : decidirse
**decided** [diˈsaɪdəd] *adj* **1** UNQUESTIONABLE : indudable **2** RESOLUTE : decidido, resuelto — **decidedly** *adv*
**deciduous** [diˈsɪdʒuəs] *adj* : caduco, de hoja caduca
**decimal**[1] [ˈdɛsəməl] *adj* : decimal
**decimal**[2] *n* : número *m* decimal
**decimal point** *n* : punto *m* decimal, coma *f* decimal
**decipher** [diˈsaɪfər] *vt* : descifrar — **decipherable** [-əbəl] *adj*
**decision** [dɪˈsɪʒən] *n* : decisión *f*, determinación *f* ⟨to make a decision : tomar una decisión⟩
**decisive** [dɪˈsaɪsɪv] *adj* **1** DECIDING : decisivo ⟨the decisive vote : el voto decisivo⟩ **2** CONCLUSIVE : decisivo, concluyente, contundente ⟨a decisive victory : una victoria contundente⟩ **3** RESOLUTE : decidido, resuelto, firme
**decisively** [dɪˈsaɪsɪvli] *adv* : con decisión, de manera decisiva
**decisiveness** [dɪˈsaɪsɪvnəs] *n* **1** FORCEFULNESS : contundencia *f* **2** RESOLUTION : firmeza *f*, decisión *f*, determinación *f*
**deck**[1] [ˈdɛk] *vt* **1** FLOOR : tumbar, derribar ⟨she decked him with one blow : lo tumbó de un solo golpe⟩ **2 to deck out** : adornar, engalanar
**deck**[2] *n* **1** : cubierta *f* (de un barco) **2** *or* **deck of cards** : baraja *f* (de naipes)
**deck chair** *n* : silla *f* de playa
**declaim** [diˈkleɪm] *v* : declamar
**declaration** [ˌdɛkləˈreɪʃən] *n* : declaración *f*, pronunciamiento *m* (oficial)

**declare** [diˈklær] *vt* **-clared; -claring** : declarar, manifestar ⟨to declare war : declarar la guerra⟩ ⟨they declared their support : manifestaron su apoyo⟩

**declassify** [diˈklæsəˌfaɪ] *vt* **-fied; -fying** : desclasificar

**decline**[1] [diˈklaɪn] *v* **-clined; -clining** *vi* **1** DESCEND : descender **2** DETERIORATE : deteriorarse, decaer ⟨her health is declining : su salud se está deteriorando⟩ **3** DECREASE : disminuir, decrecer, decaer **4** REFUSE : rehusar — *vt* **1** INFLECT : declinar **2** REFUSE, TURN DOWN : declinar, rehusar

**decline**[2] *n* **1** DETERIORATION : decadencia *f*, deterioro *m* **2** DECREASE : disminución *f*, descenso *m* **3** SLOPE : declive *m*, pendiente *f*

**decode** [diˈkoːd] *vt* **-coded; -coding** : descifrar (un mensaje), descodificar (una señal)

**decoder** [diˈkoːdər] *n* : decodificador *m*

**decompose** [ˌdiːkəmˈpoːz] *v* **-posed; -posing** *vt* **1** BREAK DOWN : descomponer **2** ROT : descomponer, pudrir — *vi* : descomponerse, pudrirse

**decomposition** [ˌdiːˌkɑmpəˈzɪʃən] *n* : descomposición *f*

**decongestant** [ˌdiːkənˈʤestənt] *n* : descongestionante *m*

**decontaminate** [ˌdiːkənˈtæməˌneɪt] *vt* **-nated; -nating** : descontaminar — **decontamination** [ˌdiːkənˌtæməˈneɪʃən] *n*

**decor** *or* **décor** [deɪˈkɔr, ˈdeɪˌkɔr] *n* : decoración *f*

**decorate** [ˈdɛkəˌreɪt] *vt* **-rated; -rating** **1** ADORN : decorar, adornar **2** : condecorar ⟨he was decorated for bravery : lo condecoraron por valor⟩

**decoration** [ˌdɛkəˈreɪʃən] *n* **1** ADORNMENT : decoración *f*, adorno *m* **2** : condecoración *f* (de honor)

**decorative** [ˈdɛkərəṭɪv, -ˌreɪ-] *adj* : decorativo, ornamental, de adorno

**decorator** [ˈdɛkəˌreɪṭər] *n* : decorador *m*, -dora *f*

**decorum** [diˈkorəm] *n* : decoro *m*

**decoy**[1] [ˈdiːˌkɔɪ, diˈ-] *vt* : atraer (con señuelo)

**decoy**[2] *n* : señuelo *m*, reclamo *m*

**decrease**[1] [diˈkriːs] *v* **-creased; -creasing** *vi* : decrecer, disminuir, bajar — *vt* : reducir, disminuir

**decrease**[2] [ˈdiːˌkriːs] *n* : disminución *f*, descenso *m*, bajada *f*

**decree**[1] [diˈkriː] *vt* **-creed; -creeing** : decretar

**decree**[2] *n* : decreto *m*

**decrepit** [diˈkrɛpɪt] *adj* **1** FEEBLE : decrépito, débil **2** DILAPIDATED : deteriorado, ruinoso

**decry** [diˈkraɪ] *vt* **-cried; -crying** : censurar, criticar

**dedicate** [ˈdɛdɪˌkeɪt] *vt* **-cated; -cating** **1** : dedicar ⟨she dedicated the book to Carlos : le dedicó el libro a Carlos⟩ **2** : consagrar, dedicar ⟨to dedicate one's life : consagrar uno su vida⟩

**dedication** [ˌdɛdɪˈkeɪʃən] *n* **1** DEVOTION : dedicación *f*, devoción *f* **2** : dedicatoria *f* (de un libro, una canción, etc.) **3** CONSECRATION : dedicación *f*

**deduce** [diˈduːs, -ˈdjuːs] *vt* **-duced; -ducing** : deducir, inferir

**deduct** [diˈdʌkt] *vt* : deducir, descontar, restar

**deductible** [diˈdʌktəbəl] *adj* : deducible

**deduction** [diˈdʌkʃən] *n* : deducción *f*

**deed**[1] [ˈdiːd] *vt* : ceder, transferir

**deed**[2] *n* **1** ACT : acto *m*, acción *f*, hecho *m* ⟨a good deed : una buena acción⟩ **2** FEAT : hazaña *f*, proeza *f* **3** TITLE : escritura *f*, título *m*

**deem** [ˈdiːm] *vt* : considerar, juzgar

**deep**[1] [ˈdiːp] *adv* : hondo, profundamente ⟨to dig deep : cavar hondo⟩

**deep**[2] *adj* **1** : hondo, profundo ⟨the deep end : la parte honda⟩ ⟨a deep wound : una herida profunda⟩ ⟨take a deep breath : respire hondo⟩ **2** : de fondo, de profundidad ⟨the shelf is six inches deep : el estante mide seis pulgadas de fondo⟩ ⟨the lake is 50 meters deep : el lago tiene 50 metros de profundidad⟩ **3** INTENSE : profundo, intenso ⟨with deep regret : con profundo pesar⟩ **4** SERIOUS : grave, serio ⟨to be in deep trouble : estar en serios aprietos⟩ **5** DARK : intenso, subido ⟨deep red : rojo subido⟩ **6** LOW : profundo ⟨a deep tone : un tono profundo⟩ **7** ABSORBED : absorto ⟨deep in thought : absorto en la meditación⟩

**deep**[3] *n* **1 the deep** : lo profundo, el piélago **2 the deep of night** : lo más profundo de la noche

**deepen** [ˈdiːpən] *vt* **1** : ahondar, profundizar **2** INTENSIFY : intensificar — *vi* **1** : hacerse más profundo **2** INTENSIFY : intensificarse

**deeply** [ˈdiːpli] *adv* : hondo, profundamente ⟨I'm deeply sorry : lo siento sinceramente⟩

**deep–rooted** [ˈdiːpˈruːṭəd, -ˈrʊ-] *adj* : profundamente arraigado, enraizado

**deep–seated** [ˈdiːpˈsiːṭəd] *adj* **1 → deep-rooted** **2** : profundo (dícese de un miedo, etc.)

**deer** [ˈdɪr] *ns & pl* : ciervo *m*, venado *m*

**deerskin** [ˈdɪrˌskɪn] *n* : piel *f* de venado

**deface** [diˈfeɪs] *vt* **-faced; -facing** MAR : desfigurar

**defamation** [ˌdɛfəˈmeɪʃən] *n* : difamación *f*

**defamatory** [diˈfæməˌtori] *adj* : difamatorio

**defame** [diˈfeɪm] *vt* **-famed; -faming** : difamar, calumniar

**default**[1] [diˈfɔlt, ˈdiːˌfɔlt] *vi* **1** : no cumplir (con una obligación), no pagar **2** : no presentarse (en un tribunal)

**default**[2] *n* **1** NEGLECT : omisión *f*, negligencia *f* **2** NONPAYMENT : impago *m*, falta *f* de pago **3 to win by default** : ganar por abandono

**defaulter** [diˈfɔltər] *n* : moroso *m*, -sa *f*; rebelde *mf* (en un tribunal)

**defeat**[1] [diˈfiːt] *vt* **1** FRUSTRATE : frustrar **2** BEAT : vencer, derrotar

**defeat**[2] *n* : derrota *f*, rechazo *m* (de legislación), fracaso *m* (de planes, etc.)

**defeatist** [diˈfiːtɪst] *n* : derrotista *mf* — **defeatist** *adj*
**defecate** [ˈdɛfɪˌkeɪt] *vi* **-cated; -cating** : defecar
**defect**[1] [diˈfɛkt] *vi* : desertar
**defect**[2] [ˈdiːˌfɛkt, diˈfɛkt] *n* : defecto *m*
**defection** [diˈfɛkʃən] *n* : deserción *f*
**defective** [diˈfɛktɪv] *adj* **1** FAULTY : defectuoso **2** DEFICIENT : deficiente
**defector** [diˈfɛktər] *n* : desertor *m*, -tora *f*
**defend** [diˈfɛnd] *vt* : defender
**defendant** [diˈfɛndənt] *n* : acusado *m*, -da *f*; demandado *m*, -da *f*
**defender** [diˈfɛndər] *n* **1** ADVOCATE : defensor *m*, -sora *f* **2** : defensa *mf* (en deportes)
**defense** [diˈfɛnts, ˈdiːˌfɛnts] *n* : defensa *f*
**defenseless** [diˈfɛntsləs] *adj* : indefenso
**defenselessness** [diˈfɛntsləsnəs] *n* : indefensión *f*
**defensive**[1] [diˈfɛntsɪv] *adj* : defensivo
**defensive**[2] *n* **on the defensive** : a la defensiva
**defer** [diˈfər] *v* **-ferred; -ferring** *vt* POSTPONE : diferir, aplazar, posponer — *vi* **to defer to** : deferir a
**deference** [ˈdɛfərənts] *n* : deferencia *f*
**deferential** [ˌdɛfəˈrɛnt͡ʃəl] *adj* : respetuoso
**deferment** [diˈfərmənt] *n* : aplazamiento *m*
**defiance** [diˈfaɪənts] *n* : desafío *m*
**defiant** [diˈfaɪənt] *adj* : desafiante, insolente
**deficiency** [diˈfɪʃənt͡si] *n, pl* **-cies** : deficiencia *f*, carencia *f*
**deficient** [diˈfɪʃənt] *adj* : deficiente, carente
**deficit** [ˈdɛfəsɪt] *n* : déficit *m*
**defile** [diˈfaɪl] *vt* **-filed; -filing** **1** DIRTY : ensuciar, manchar **2** CORRUPT : corromper **3** DESECRATE, PROFANE : profanar **4** DISHONOR : deshonrar
**defilement** [diˈfaɪlmənt] *n* **1** DESECRATION : profanación *f* **2** CORRUPTION : corrupción *f* **3** CONTAMINATION : contaminación *f*
**define** [diˈfaɪn] *vt* **-fined; -fining** **1** BOUND : delimitar, demarcar **2** CLARIFY : aclarar, definir **3** : definir ⟨to define a word : definir una palabra⟩
**definite** [ˈdɛfənɪt] *adj* **1** CERTAIN : definido, determinado **2** CLEAR : claro, explícito **3** UNQUESTIONABLE : seguro, incuestionable
**definite article** *n* : artículo *m* definido
**definitely** [ˈdɛfənɪtli] *adv* **1** DOUBTLESSLY : indudablemente, sin duda **2** DEFINITIVELY : definitivamente, seguramente
**definition** [ˌdɛfəˈnɪʃən] *n* : definición *f*
**definitive** [diˈfɪnəɡɪv] *adj* **1** CONCLUSIVE : definitivo, decisivo **2** AUTHORITATIVE : de autoridad, autorizado — **definitively** *adv*
**deflate** [diˈfleɪt] *v* **-flated; -flating** *vt* **1** : desinflar (una llanta, etc.) **2** REDUCE : rebajar ⟨to deflate one's ego : bajarle los humos a uno⟩ — *vi* : desinflarse
**deflation** [diˈfleɪʃən] *n* : deflación *f* (económica)
**deflect** [diˈflɛkt] *vt* : desviar — *vi* : desviarse
**deforestation** [diˌfɔrəˈsteɪʃən] *n* : deforestación *f*
**deform** [diˈfɔrm] *vt* : deformar
**deformation** [ˌdiːˌfɔrˈmeɪʃən] *n* : deformación *f*
**deformed** [diˈfɔrmd] *adj* : deforme
**deformity** [diˈfɔrməti] *n, pl* **-ties** : deformidad *f*
**defraud** [diˈfrɔd] *vt* : estafar, defraudar
**defray** [diˈfreɪ] *vt* : sufragar, costear
**defrost** [diˈfrɔst] *vt* : descongelar, deshelar — *vi* : descongelarse, deshelarse
**deft** [ˈdɛft] *adj* : hábil, diestro — **deftly** *adv*
**defunct** [diˈfʌŋkt] *adj* **1** DECEASED : difunto, fallecido **2** EXTINCT : extinto, fenecido
**defuse** [diˈfjuːz] *vt* : desactivar ⟨to defuse the situation : reducir las tensiones⟩
**defy** [diˈfaɪ] *vt* **-fied; -fying** **1** CHALLENGE : desafiar, retar **2** DISOBEY : desobedecer **3** RESIST : resistir, hacer imposible, hacer inútil ⟨to defy understanding/explanation : ser incomprensible/inexplicable⟩ ⟨to defy all reason : ir en contra de toda lógica⟩
**degenerate**[1] [diˈdʒɛnəˌreɪt] *vi* **-ated; -ating** : degenerar
**degenerate**[2] [diˈdʒɛnərət] *adj* : degenerado
**degeneration** [diˌdʒɛnəˈreɪʃən] *n* : degeneración *f*
**degenerative** [diˈdʒɛnərətɪv] *adj* : degenerativo
**degradation** [ˌdɛɡrəˈdeɪʃən] *n* : degradación *f*
**degrade** [diˈɡreɪd] *vt* **-graded; -grading** **1** : degradar, envilecer **2 to degrade oneself** : rebajarse
**degrading** [diˈɡreɪdɪŋ] *adj* : degradante
**degree** [diˈɡriː] *n* **1** EXTENT : grado *m* ⟨a third degree burn : una quemadura de tercer grado⟩ **2** : título *m* (de enseñanza superior) **3** : grado *m* (de un círculo, de la temperatura) **4 by degrees** : gradualmente, poco a poco
**dehydrate** [diˈhaɪˌdreɪt] *v* **-drated; -drating** *vt* : deshidratar — *vi* : deshidratarse
**dehydration** [ˌdiːhaɪˈdreɪʃən] *n* : deshidratación *f*
**deice** [ˌdiːˈaɪs] *vt* **-iced; -icing** : deshelar, descongelar
**deify** [ˈdiːəˌfaɪ, ˈdeɪ-] *vt* **-fied; -fying** : deificar
**deign** [ˈdeɪn] *vi* : dignarse, condescender
**deity** [ˈdiːəti, ˈdeɪ-] *n, pl* **-ties** **1 the Deity** : Dios *m* **2** GOD, GODDESS : deidad *f*; dios *m*, diosa *f*
**dejected** [diˈdʒɛktəd] *adj* : abatido, desalentado, desanimado
**dejection** [diˈdʒɛkʃən] *n* : abatimiento *m*, desaliento *m*, desánimo *m*
**delay**[1] [diˈleɪ] *vt* **1** POSTPONE : posponer, postergar **2** HOLD UP : retrasar, demorar — *vi* : tardar, demorar
**delay**[2] *n* **1** LATENESS : tardanza *f* **2** HOLDUP : demora *f*, retraso *m*
**delectable** [diˈlɛktəbəl] *adj* **1** DELICIOUS : delicioso, exquisito **2** DELIGHTFUL : encantador

**delegate**[1] [ˈdɛlɪˌgeɪt] *v* **-gated; -gating** : delegar

**delegate**[2] [ˈdɛlɪgət, -ˌgeɪt] *n* : delegado *m*, -da *f*

**delegation** [ˌdɛlɪˈgeɪʃən] *n* : delegación *f*

**delete** [diˈli:t] *vt* **-leted; -leting** **1** : suprimir, tachar, eliminar **2** : borrar (en informática)

**delete key** *n* : tecla *f* de borrar, tecla *f* de borrado

**deletion** [diˈli:ʃən] *n* : supresión *f*, tachadura *f*, eliminación *f*

**deli** [ˈdɛli] → **delicatessen**

**deliberate**[1] [dɪˈlɪbəˌreɪt] *v* **-ated; -ating** *vt* : deliberar sobre, reflexionar sobre, considerar — *vi* : deliberar

**deliberate**[2] [dɪˈlɪbərət] *adj* **1** CONSIDERED : reflexionado, premeditado **2** INTENTIONAL : deliberado, intencional **3** SLOW : lento, pausado

**deliberately** [dɪˈlɪbərətli] *adv* **1** INTENTIONALLY : adrede, a propósito **2** SLOWLY : pausadamente, lentamente

**deliberation** [dɪˌlɪbəˈreɪʃən] *n* **1** CONSIDERATION : deliberación *f*, consideración *f* **2** SLOWNESS : lentitud *f*

**delicacy** [ˈdɛlɪkəsi] *n, pl* **-cies** **1** : manjar *m*, exquisitez *f* ⟨caviar is a real delicacy⟩ : el caviar es un verdadero manjar⟩ **2** FINENESS : delicadeza *f* **3** FRAGILITY : fragilidad *f*

**delicate** [ˈdɛlɪkət] *adj* **1** SUBTLE : delicado ⟨a delicate fragrance : una fragancia delicada⟩ **2** DAINTY : delicado, primoroso, fino **3** FRAGILE : frágil **4** SENSITIVE : delicado ⟨a delicate matter : un asunto delicado⟩

**delicately** [ˈdɛlɪkətli] *adv* : delicadamente, con delicadeza

**delicatessen** [ˌdɛlɪkəˈtɛsən] *n* : charcutería *f*, fiambrería *f*, salchichonería *f Mex*

**delicious** [diˈlɪʃəs] *adj* : delicioso, exquisito, rico — **deliciously** *adv*

**delight**[1] [dɪˈlaɪt] *vt* : deleitar, encantar — *vi* **to delight in** : deleitarse con, complacerse en

**delight**[2] *n* **1** JOY : placer *m*, deleite *m*, gozo *m* **2** : encanto *m* ⟨your garden is a delight : su jardín es un encanto⟩

**delighted** [dɪˈlaɪtəd] *adj* : encantado ⟨I'm delighted to meet you : estoy encantada de conocerlo⟩

**delightful** [dɪˈlaɪtfəl] *adj* : delicioso, encantador

**delightfully** [dɪˈlaɪtfəli] *adv* : de manera encantadora, de maravilla

**delineate** [diˈlɪniˌeɪt] *vt* **-eated; -eating** : delinear, trazar, bosquejar

**delinquency** [diˈlɪŋkwənsi] *n, pl* **-cies** : delincuencia *f*

**delinquent**[1] [diˈlɪŋkwənt] *adj* **1** : delincuente **2** OVERDUE : vencido y sin pagar, moroso

**delinquent**[2] *n* : delincuente *mf* ⟨juvenile delinquent : delincuente juvenil⟩

**delirious** [diˈlɪriəs] *adj* : delirante ⟨delirious with joy : loco de alegría⟩

**delirium** [diˈlɪriəm] *n* : delirio *m*, desvarío *m*

**deliver** [diˈlɪvər] *vt* **1** FREE : liberar, librar **2** DISTRIBUTE : entregar, repartir (periódicos, etc.) **3** : asistir en el parto de (un niño) **4** : pronunciar ⟨to deliver a speech : pronunciar un discurso⟩ **5** PROJECT : despachar, lanzar ⟨he delivered a fast ball : lanzó una pelota rápida⟩ **6** DEAL : propinar, asestar ⟨to deliver a blow : asestar un golpe⟩ — *vi* **1** : hacer entregas **2** : cumplir ⟨to deliver on one's promise : cumplir (con) su promesa⟩

**deliverance** [diˈlɪvərənts] *n* : liberación *f*, rescate *m*, salvación *f*

**deliverer** [diˈlɪvərər] *n* RESCUER : libertador *m*, -dora *f*; salvador *m*, -dora *f*

**delivery** [diˈlɪvəri] *n, pl* **-eries** **1** LIBERATION : liberación *f* **2** : entrega *f*, reparto *m* ⟨cash on delivery : entrega contra reembolso⟩ ⟨home delivery : servicio a domicilio⟩ **3** CHILDBIRTH : parto *m*, alumbramiento *m* **4** SPEECH : expresión *f* oral, modo *m* de hablar **5** THROW : lanzamiento *m*

**dell** [ˈdɛl] *n* : hondonada *f*, valle *m* pequeño

**delta** [ˈdɛltə] *n* : delta *m*

**delude** [diˈlu:d] *vt* **-luded; -luding** **1** : engañar **2 to delude oneself** : engañarse

**deluge**[1] [ˈdɛlˌju:ʤ, -ˌju:ʒ] *vt* **-uged; -uging** **1** FLOOD : inundar **2** OVERWHELM : abrumar ⟨deluged with requests : abrumado de pedidos⟩

**deluge**[2] *n* **1** FLOOD : inundación *f* **2** DOWNPOUR : aguacero *m* **3** BARRAGE : aluvión *m*

**delusion** [diˈlu:ʒən] *n* **1** : ilusión *f* (falsa) **2 delusions of grandeur** : delirios *mpl* de grandeza

**deluxe** [diˈlʌks, -ˈlʊks] *adj* : de lujo

**delve** [ˈdɛlv] *vi* **delved; delving** **1** DIG : escarbar **2 to delve into** PROBE : cavar en, ahondar en

**demagogue** [ˈdɛməˌgɑg] *n* : demagogo *m*, demagoga *f*

**demand**[1] [diˈmænd] *vt* : demandar, exigir, reclamar

**demand**[2] *n* **1** REQUEST : petición *f*, pedido *m*, demanda *f* ⟨by popular demand : a petición del público⟩ **2** CLAIM : reclamación *f*, exigencia *f* **3** MARKET : demanda *f* ⟨supply and demand : la oferta y la demanda⟩

**demanding** [diˈmændɪŋ] *adj* : exigente

**demarcate** [dɪˈmarˌkeɪt, ˈdi:ˌmar-] *vt* **-cated; -cating** : demarcar, delimitar

**demarcation** [ˌdi:ˌmarˈkeɪʃən] *n* : demarcación *f*, deslinde *m*

**demean** [diˈmi:n] *vt* : degradar, rebajar

**demeaning** [diˈmi:nɪŋ] *adj* : degradante

**demeanor** [diˈmi:nər] *n* : comportamiento *m*, conducta *f*

**demented** [diˈmɛntəd] *adj* : demente, loco

**dementia** [diˈmɛnʃə] *n* : demencia *f*

**demerit** [diˈmɛrət] *n* : demérito *m*

**demigod** [ˈdɛmiˌgɑd, -ˌgɔd] *n* : semidiós *m*

**demilitarize** [diˈmɪləṭəˌraɪz] *vt* **-rized; -rizing** : desmilitarizar

**demise** [dɪˈmaɪz] *n* **1** DEATH : fallecimiento *m*, deceso *m* **2** END : hundimiento *m*, desaparición *f* (de una institución, etc.)

**demitasse** [ˈdɛmiˌtæs, -ˌtɑs] *n* : taza *f* pequeña (de café)

**demo** [ˈdɛmo] *n* **1** DEMONSTRATION : demostración *f* (de productos, etc.) **2** *or* **demo product/version (etc.)** : demo *f*, producto *m* (o versión *f*, etc.) de demostración **3** *or* **demo tape** : demo *f*, cinta *f* de demostración

**demobilization** [diˌmoːbələˈzeɪʃən] *n* : desmovilización *f*

**demobilize** [diˈmoːbəˌlaɪz] *vt* **-lized; -lizing** : desmovilizar

**democracy** [diˈmɑkrəsi] *n, pl* **-cies** : democracia *f*

**democrat** [ˈdɛməˌkræt] *n* : demócrata *mf*

**democratic** [ˌdɛməˈkræʈɪk] *adj* : democrático — **democratically** [-ʈɪkli] *adv*

**democratize** [diˈmɑkrəˌtaɪz] *vt* **-tized; -tizing** : democratizar — **democratization** [diˈmɑkrətəˈzeɪʃən] *n*

**demographic**[1] [dɛməˈgræfɪk] *adj* : demográfico

**demographic**[2] *n* **1** : perfil *m* demográfico **2 demographics** *npl* : estadísticas *fpl* demográficas, demografía *f*

**demography** [diˈmɑgrəfi] *n* : demografía *f*

**demolish** [diˈmɑlɪʃ] *vt* **1** RAZE : demoler, derribar, arrasar **2** DESTROY : destruir, destrozar

**demolition** [ˌdɛməˈlɪʃən, ˌdiː-] *n* : demolición *f*, derribo *m*

**demon** [ˈdiːmən] *n* : demonio *m*, diablo *m*

**demoniac** [diˈmoːniˌæk] *or* **demoniacal** [diːməˈnaɪəkəl] → **demonic**

**demonic** [diˈmɑnɪk] *adj* : demoníaco

**demonstrably** [diˈmɑnʈrəbli] *adv* : manifiestamente, claramente

**demonstrate** [ˈdɛmənˌstreɪt] *vt* **-strated; -strating 1** SHOW : demostrar **2** PROVE : probar, demostrar **3** EXPLAIN : explicar, ilustrar — *vi* : manifestarse ⟨to demonstrate for something : manifestarse a favor de algo⟩ ⟨to demonstrate against something : manifestarse en contra de algo⟩

**demonstration** [ˌdɛmənˈstreɪʃən] *n* **1** SHOW : muestra *f*, demostración *f* **2** RALLY : manifestación *f*

**demonstrative** [diˈmɑnʈrəʈɪv] *adj* **1** EFFUSIVE : efusivo, expresivo, demostrativo **2** : demostrativo (en lingüística) ⟨demonstrative pronoun : pronombre demostrativo⟩

**demonstrator** [ˈdɛmənˌstreɪʈər] *n* PROTESTER : manifestante *mf*

**demoralize** [diˈmɔrəˌlaɪz] *vt* **-ized; -izing** : desmoralizar

**demoralizing** [diˈmɔrəˌlaɪzɪŋ] *adj* : desmoralizador, desmoralizante

**demote** [diˈmoːt] *vt* **-moted; -moting** : degradar, bajar de categoría

**demotion** [diˈmoːʃən] *n* : degradación *f*, descenso *m* de categoría

**demur** [diˈmər] *vi* **-murred; -murring 1** OBJECT : oponerse **2 to demur at** : ponerle objeciones a (algo)

**demure** [diˈmjʊr] *adj* : recatado, modesto — **demurely** *adv*

**demystify** [diˈmɪstəˌfaɪ] *vi* **-fied; -fying** : desmitificar

**den** [ˈdɛn] *n* **1** LAIR : cubil *m*, madriguera *f* **2** HIDEOUT : guarida *f* **3** STUDY : estudio *m*, gabinete *m*

**denature** [diˈneɪʈʃər] *vt* **-tured; -turing** : desnaturalizar

**dengue** [ˈdɛŋgi, -ˌgeɪ] *n* : dengue *m*

**denial** [diˈnaɪəl] *n* **1** REFUSAL : rechazo *m*, denegación *f*, negativa *f* **2** REPUDIATION : negación *f* (de una creencia, etc.), rechazo *m*

**denigrate** [ˈdɛnɪˌgreɪt] *vt* **-grated; -grating** : denigrar

**denim** [ˈdɛnəm] *n* **1** : tela *f* vaquera, mezclilla *f Chile, Mex* **2 denims** *npl* → **jeans**

**denizen** [ˈdɛnəzən] *n* : habitante *mf*; morador *m*, -dora *f*

**denomination** [diˌnɑməˈneɪʃən] *n* **1** FAITH : confesión *f*, fe *f* **2** VALUE : denominación *f*, valor *m* (de una moneda)

**denominator** [diˈnɑməˌneɪʈər] *n* : denominador *m*

**denote** [diˈnoːt] *vt* **-noted; -noting 1** INDICATE, MARK : indicar, denotar, señalar **2** MEAN : significar

**denouement** [ˌdeɪˌnuːˈmɑ] *n* : desenlace *m*

**denounce** [diˈnaʊnʈs] *vt* **-nounced; -nouncing 1** CENSURE : denunciar, censurar **2** ACCUSE : denunciar, acusar, delatar

**dense** [ˈdɛnʈs] *adj* **denser; -est 1** THICK : espeso, denso ⟨dense vegetation : vegetación densa⟩ ⟨a dense fog : una niebla espesa⟩ **2** STUPID : estúpido, burro *fam*

**densely** [ˈdɛnʈsli] *adv* **1** THICKLY : densamente **2** STUPIDLY : torpemente

**denseness** [ˈdɛnʈsnəs] *n* **1** → **density 2** STUPIDITY : estupidez *f*

**density** [ˈdɛnʈsəʈi] *n, pl* **-ties** : densidad *f*

**dent**[1] [ˈdɛnt] *vt* : abollar, mellar

**dent**[2] *n* : abolladura *f*, mella *f*

**dental** [ˈdɛntəl] *adj* : dental

**dental floss** *n* : hilo *m* dental

**dental surgeon** *n* : odontólogo *m*, -ga *f*

**dentifrice** [ˈdɛntəfrɪs] *n* : dentífrico *m*, pasta *f* de dientes

**dentist** [ˈdɛntɪst] *n* : dentista *mf*

**dentistry** [ˈdɛntɪstri] *n* : odontología *f*

**dentures** [ˈdɛnʈʃərz] *npl* : dentadura *f* postiza

**denude** [diˈnuːd, -ˈnjuːd] *vt* **-nuded; -nuding** STRIP : desnudar, despojar

**denunciation** [diˌnʌnʃiˈeɪʃən] *n* : denuncia *f*, acusación *f*

**deny** [diˈnaɪ] *vt* **-nied; -nying 1** REFUTE : desmentir, negar **2** DISOWN, REPUDIATE : negar, renegar de **3** REFUSE : denegar **4 to deny oneself** : privarse, sacrificarse

**deodorant** [diˈoːdərənt] *n* : desodorante *m*

**deodorize** [diˈoːdəˌraɪz] *vt* **-ized; -izing** : eliminar los malos olores

**depart** [diˈpɑrt] *vt* : salirse de — *vi* **1** LEAVE : salir, partir, irse **2** DIE : morir

**department** [diˈpɑrtmənt] *n* **1** DIVISION : sección *f* (de una tienda, una organización, etc.), departamento *m* (de una empresa, una universidad, etc.), ministerio *m* (del gobierno) **2** PROVINCE,

SPHERE : esfera *f*, campo *m*, competencia *f*

**departmental** [di,pɑrtˈmɛntəl, ˌdi:-] *adj* : departamental

**department chair** → **chair**[2]

**department store** *n* : grandes almacenes *mpl*

**departure** [diˈpɑrtʃər] *n* **1** LEAVING : salida *f*, partida *f* **2** DEVIATION : desviación *f*

**depend** [diˈpɛnd] *vi* **1** RELY : contar (con), confiar (en) ⟨depend on me! : ¡cuenta conmigo!⟩ **2 to depend on** : depender de ⟨success depends on hard work : el éxito depende de trabajar duro⟩ **3 that depends** : según, eso depende

**dependable** [diˈpɛndəbəl] *adj* : responsable, digno de confianza, fiable

**dependence** [diˈpɛndənts] *n* : dependencia *f*

**dependency** [diˈpɛndəntsi] *n, pl* **-cies 1** → **dependence 2** : posesión *f* (de una unidad política)

**dependent**[1] [diˈpɛndənt] *adj* : dependiente

**dependent**[2] *n* : persona *f* a cargo de alguien

**depict** [diˈpɪkt] *vt* **1** PORTRAY : representar **2** DESCRIBE : describir

**depiction** [diˈpɪkʃən] *n* : representación *f*, descripción *f*

**deplete** [diˈpli:t] *vt* **-pleted; -pleting 1** EXHAUST : agotar **2** REDUCE : reducir

**depletion** [diˈpli:ʃən] *n* **1** EXHAUSTION : agotamiento *m* **2** REDUCTION : reducción *f*, disminución *f*

**deplorable** [diˈplorəbəl] *adj* **1** CONTEMPTIBLE : deplorable, despreciable **2** LAMENTABLE : lamentable

**deplore** [diˈplor] *vt* **-plored; -ploring 1** REGRET : deplorar, lamentar **2** CONDEMN : condenar, deplorar

**deploy** [diˈplɔɪ] *vt* : desplegar

**deployment** [diˈplɔɪmənt] *n* : despliegue *m*

**deport** [diˈport] *vt* **1** EXPEL : deportar, expulsar (de un país) **2 to deport oneself** BEHAVE : comportarse

**deportation** [ˌdi:ˌporˈteɪʃən] *n* : deportación *f*

**depose** [diˈpo:z] *vt* **-posed; -posing** : deponer

**deposit**[1] [diˈpɑzət] *vt* **-ited; -iting** : depositar

**deposit**[2] *n* **1** : depósito *m* (en el banco) **2** DOWN PAYMENT : entrega *f* inicial **3** : depósito *m*, yacimiento *m* (en geología)

**deposition** [ˌdɛpəˈzɪʃən] *n* TESTIMONY : deposición *f*

**depository** [diˈpɑzəˌtori] *n, pl* **-ries** : almacén *m*, depósito *m*

**depot** [in sense 1 usu ˈdɛˌpo:, 2 usu ˈdi:-] *n* **1** STOREHOUSE : almacén *m*, depósito *m* **2** STATION, TERMINAL : terminal *mf*, estación *f* (de autobuses, ferrocarriles, etc.)

**deprave** [diˈprɛɪv] *vt* **-praved; -praving** : depravar, pervertir

**depraved** [diˈprɛɪvd] *adj* : depravado, degenerado

**depravity** [diˈprævəti] *n, pl* **-ties** : depravación *f*

**depreciate** [diˈpri:ʃiˌeɪt] *v* **-ated; -ating** *vt* **1** DEVALUE : depreciar, devaluar **2** DISPARAGE : menospreciar, despreciar — *vi* : depreciarse, devaluarse

**depreciation** [diˌpri:ʃiˈeɪʃən] *n* : depreciación *f*, devaluación *f*

**depress** [diˈprɛs] *vt* **1** PRESS, PUSH : apretar, presionar, pulsar **2** REDUCE : reducir, hacer bajar (precios, ventas, etc.) **3** SADDEN : deprimir, abatir, entristecer **4** DEVALUE : depreciar

**depressant** *n* : depresivo *m*

**depressed** [diˈprɛst] *adj* **1** DEJECTED : deprimido, abatido **2** : deprimido, en crisis (dícese de la economía)

**depressing** [diˈprɛsɪŋ] *adj* : deprimente, triste

**depression** [diˈprɛʃən] *n* **1** DESPONDENCY : depresión *f*, abatimiento *m* **2** : depresión (en una superficie) **3** RECESSION : depresión *f* económica, crisis *f*

**deprivation** [ˌdɛprəˈveɪʃən] *n* : privación *f*

**deprive** [diˈpraɪv] *vt* **-prived; -priving** : privar

**depth** [ˈdɛpθ] *n, pl* **depths** [ˈdɛpθs, ˈdɛps] **1** : profundidad *f* **2 depths** *npl* ⟨in the depths of winter : en pleno invierno⟩ ⟨in the depths of despair : en la más profunda desesperación⟩ **3 in depth** : a fondo **4 out of one's depth** : perdido ⟨I'm out of my depth : esto es demasiado difícil/especializado (etc.) para mí⟩

**deputation** [ˌdɛpjəˈteɪʃən] *n* : diputación *f*

**deputize** [ˈdɛpjuˌtaɪz] *vt* **-tized; -tizing** : nombrar como segundo

**deputy** [ˈdɛpjuti] *n, pl* **-ties** : suplente *mf*; sustituto *m*, -ta *f*

**derail** [diˈreɪl] *v* : descarrilar

**derailment** [diˈreɪlmənt] *n* : descarrilamiento *m*

**derange** [diˈreɪnʤ] *vt* **-ranged; -ranging 1** DISARRANGE : desarreglar, desordenar **2** DISTURB, UPSET : trastornar, perturbar **3** MADDEN : enloquecer, volver loco

**deranged** [diˈreɪnʤd] *adj* DISTURBED, INSANE : trastornado, perturbado

**derangement** [diˈreɪnʤmənt] *n* **1** DISTURBANCE, UPSET : trastorno *m* **2** INSANITY : locura *f*, perturbación *f* mental

**derby** [ˈdərbi] *n, pl* **-bies 1** : derby *m* ⟨the Kentucky Derby : el Derby de Kentucky⟩ **2** : sombrero *m* hongo, bombín *m*

**deregulate** [diˈrɛgjuˌleɪt] *vt* **-lated; -lating** : desregular

**deregulation** [diˌrɛgjuˈleɪʃən] *n* : desregulación *f*

**derelict**[1] [ˈdɛrəˌlɪkt] *adj* **1** ABANDONED : abandonado, en ruinas **2** REMISS : negligente, remiso

**derelict**[2] *n* **1** : propiedad *f* abandonada **2** VAGRANT : vagabundo *m*, -da *f*

**deride** [diˈraɪd] *vt* **-rided; -riding** : ridiculizar, burlarse de

**derision** [diˈrɪʒən] *n* : escarnio *m*, irrisión *f*, mofa *f*
**derisive** [diˈraɪsɪv] *adj* : burlón
**derisory** [diˈraɪsəri, -zə-] *adj* **1** → **derisive** **2** PALTRY, MEAGER : irrisorio, mísero ⟨a derisory price : un precio irrisorio⟩
**derivation** [ˌdɛrəˈveɪʃən] *n* : derivación *f*
**derivative**[1] [diˈrɪvəʊtɪv] *adj* **1** DERIVED : derivado **2** BANAL : carente de originalidad, banal
**derivative**[2] *n* : derivado *m*
**derive** [diˈraɪv] *v* **-rived; -riving** *vt* **1** OBTAIN : obtener, sacar **2** DEDUCE : deducir, inferir — *vi* : provenir, derivar, proceder
**dermatologist** [ˌdərməˈtɑlədʒɪst] *n* : dermatólogo *m*, -ga *f*
**dermatology** [ˌdərməˈtɑlədʒi] *n* : dermatología *f*
**derogatory** [diˈrɑgəˌtori] *adj* : despectivo, despreciativo
**derrick** [ˈdɛrɪk] *n* **1** CRANE : grúa *f* **2** : torre *f* de perforación (sobre un pozo de petróleo)
**descend** [diˈsɛnd] *vt* : descender, bajar — *vi* **1** : descender, bajar ⟨he descended from the platform : descendió del estrado⟩ **2** DERIVE : descender, provenir **3** STOOP : rebajarse ⟨I descended to his level : me rebajé a su nivel⟩ **4 to descend upon** : caer sobre, invadir
**descendant**[1] [diˈsɛndənt] *adj* : descendente
**descendant**[2] *n* : descendiente *mf*
**descent** [diˈsɛnt] *n* **1** : bajada *f*, descenso *m* ⟨the descent from the mountain : el descenso de la montaña⟩ **2** ANCESTRY : ascendencia *f*, linaje *f* **3** SLOPE : pendiente *f*, cuesta *f* **4** FALL : caída *f* **5** ATTACK : incursión *f*, ataque *m*
**describe** [diˈskraɪb] *vt* **-scribed; -scribing** : describir
**description** [diˈskrɪpʃən] *n* : descripción *f*
**descriptive** [diˈskrɪptɪv] *adj* : descriptivo ⟨descriptive adjective : adjetivo calificativo⟩
**desecrate** [ˈdɛsɪˌkreɪt] *vt* **-crated; -crating** : profanar
**desecration** [ˌdɛsɪˈkreɪʃən] *n* : profanación *f*
**desegregate** [diˈsɛgrəˌgeɪt] *vt* **-gated; -gating** : eliminar la segregación racial de
**desegregation** [diˌsɛgrəˈgeɪʃən] *n* : eliminación *f* de la segregación racial
**desert**[1] [diˈzərt] *vt* : abandonar (una persona o un lugar), desertar de (una causa, etc.) — *vi* : desertar
**desert**[2] [ˈdɛzərt] *adj* : desierto ⟨a desert island : una isla desierta⟩
**desert**[3] *n* **1** [ˈdɛzərt] : desierto *m* (en geografía) **2** [diˈzərt] → **deserts**
**deserted** [diˈzərtəd] *adj* : desierto
**deserter** [diˈzərtər] *n* : desertor *m*, -tora *f*
**desertion** [diˈzərʃən] *n* : abandono *m*, deserción *f* (militar)
**deserts** [diˈzərts] *npl* : merecido *m* ⟨to get one's just deserts : llevarse uno su merecido⟩
**deserve** [diˈzərv] *vt* **-served; -serving** : merecer
**deservedly** [diˈzərvədli] *adv* : merecidamente
**deserving** [diˈzərvɪŋ] *adj* : meritorio ⟨deserving of : digno de⟩
**desiccate** [ˈdɛsɪˌkeɪt] *vt* **-cated; -cating** : desecar, deshidratar
**design**[1] [diˈzaɪn] *vt* **1** DEVISE : diseñar, concebir, idear **2** PLAN : proyectar **3** SKETCH : trazar, bosquejar
**design**[2] *n* **1** PLAN, SCHEME : plan *m*, proyecto *m* ⟨by design : a propósito, intencionalmente⟩ **2** SKETCH : diseño *m*, bosquejo *m* **3** PATTERN, STYLE : diseño *m*, estilo *m* **4 designs** *npl* INTENTIONS : propósitos *mpl*, designios *mpl*
**designate** [ˈdɛzɪgˌneɪt] *vt* **-nated; -nating** **1** INDICATE, SPECIFY : indicar, especificar **2** APPOINT : nombrar, designar
**designation** [ˌdɛzɪgˈneɪʃən] *n* **1** NAMING : designación *f* **2** NAME : denominación *f*, nombre *m* **3** APPOINTMENT : designación *f*, nombramiento *m*
**designer**[1] [diˈzaɪnər] *adj* : de diseño, de marca
**designer**[2] *n* : diseñador *m*, -dora *f*
**desirability** [diˌzaɪrəˈbɪləṭi] *n, pl* **-ties** **1** ADVISABILITY : conveniencia *f* **2** ATTRACTIVENESS : atractivo *m*
**desirable** [diˈzaɪrəbəl] *adj* **1** ADVISABLE : conveniente, aconsejable **2** ATTRACTIVE : deseable, atractivo
**desire**[1] [diˈzaɪr] *vt* **-sired; -siring** **1** WANT : desear **2** REQUEST : rogar, solicitar
**desire**[2] *n* : deseo *m*, anhelo *m*, ansia *m*
**desist** [diˈsɪst, -ˈzɪst] *vi* **to desist from** : desistir de, abstenerse de
**desk** [ˈdɛsk] *n* : escritorio *m*, pupitre *m* (en la escuela)
**desktop**[1] [ˈdɛskˌtɑp] *adj* : de escritorio
**desktop**[2] *or* **desktop computer** *n* : computadora *f*, computador *m*, ordenador *m* *Spain* (no portátil)
**desktop publishing** *n* : autoedición *f*
**desolate**[1] [ˈdɛsəˌleɪt, -zə-] *vt* **-lated; -lating** : devastar, desolar
**desolate**[2] [ˈdɛsələt, -zə-] *adj* **1** BARREN : desolado, desierto, yermo **2** DISCONSOLATE : desconsolado, desolado
**desolation** [ˌdɛsəˈleɪʃən, -zə-] *n* : desolación *f*
**despair**[1] [diˈspær] *vi* : desesperar, perder las esperanzas
**despair**[2] *n* : desesperación *f*, desesperanza *f*
**despairing** *adj* : desesperado
**desperate** [ˈdɛspərət] *adj* **1** HOPELESS : desesperado, sin esperanzas **2** RASH : desesperado, precipitado **3** SERIOUS, URGENT : grave, urgente, apremiante ⟨a desperate need : una necesidad apremiante⟩
**desperately** [ˈdɛspərətli] *adv* : desesperadamente, urgentemente
**desperation** [ˌdɛspəˈreɪʃən] *n* : desesperación *f*
**despicable** [diˈspɪkəbəl, ˈdɛspɪ-] *adj* : vil, despreciable, infame

**despise** [diˈspaɪz] *vt* **-spised; -spising** : despreciar
**despite** [dəˈspaɪt] *prep* : a pesar de, aún con
**despoil** [diˈspɔɪl] *vt* : saquear
**despondency** [diˈspɑndənʧsi] *n* : desaliento *m*, desánimo *m*, depresión *f*
**despondent** [diˈspɑndənt] *adj* : desalentado, desanimado
**despot** [ˈdɛspɑt, -ˌpʌt] *n* : déspota *mf*; tirano *m*, -na *f*
**despotic** [dɛsˈpɑṭɪk] *adj* : despótico
**despotism** [ˈdɛspəˌtɪzəm] *n* : despotismo *m*
**dessert** [diˈzərt] *n* : postre *m*
**dessertspoon** [diˈzərtˌspu:n] *n* : cuchara *f* de postre
**destination** [ˌdɛstəˈneɪʃən] *n* : destino *m*, destinación *f*
**destined** [ˈdɛstənd] *adj* **1** FATED : predestinado **2** BOUND : destinado, con destino (a), con rumbo (a)
**destiny** [ˈdɛstəni] *n, pl* **-nies** : destino *m*
**destitute** [ˈdɛstəˌtu:t, -ˌtju:t] *adj* **1** LACKING : carente, desprovisto **2** POOR : indigente, en miseria
**destitution** [ˌdɛstəˈtu:ʃən, -ˈtju:-] *n* : indigencia *f*, miseria *f*
**destroy** [diˈstrɔɪ] *vt* **1** KILL : matar **2** DEMOLISH : destruir, destrozar
**destroyer** [diˈstrɔɪər] *n* : destructor *m* (buque)
**destruction** [diˈstrʌkʃən] *n* : destrucción *f*, ruina *f*
**destructive** [diˈstrʌktɪv] *adj* : destructor, destructivo
**desultory** [ˈdɛsəlˌtori] *adj* **1** AIMLESS : sin rumbo, sin objeto **2** DISCONNECTED : inconexo
**detach** [diˈtætʃ] *vt* : separar, quitar, desprender
**detached** [diˈtætʃt] *adj* **1** SEPARATE : separado, suelto **2** ALOOF : distante, indiferente **3** IMPARTIAL : imparcial, objetivo
**detachment** [diˈtætʃmənt] *n* **1** SEPARATION : separación *f* **2** DETAIL : destacamento *m* (de tropas) **3** ALOOFNESS : reserva *f*, indiferencia *f* **4** IMPARTIALITY : imparcialidad *f*
**detail**[1] [diˈteɪl, ˈdi:ˌteɪl] *vt* : detallar, exponer en detalle
**detail**[2] *n* **1** : detalle *m*, pormenor *m* ⟨to go into detail : entrar en detalles⟩ ⟨in detail : con/en detalle, detalladamente⟩ **2** : destacamento *m* (de tropas)
**detailed** [diˈteɪld, ˈdi:ˌteɪld] *adj* : detallado, minucioso
**detain** [diˈteɪn] *vt* **1** HOLD : detener **2** DELAY : entretener, demorar, retrasar
**detect** [diˈtɛkt] *vt* : detectar, descubrir
**detection** [diˈtɛkʃən] *n* : descubrimiento *m*
**detective** [diˈtɛktɪv] *n* : detective *mf* ⟨private detective : detective privado⟩ ⟨detective novel : novela policial/policíaca⟩ ⟨detective work : investigación⟩
**detector** [diˈtɛktər] *n* : detector *m*
**detention** [diˈtɛnʃən] *n* : detención *m*
**deter** [diˈtər] *vt* **-terred; -terring** : disuadir, impedir
**detergent** [diˈtərʤənt] *n* : detergente *m*
**deteriorate** [diˈtɪriəˌreɪt] *vi* **-rated; -rating** : deteriorarse, empeorar
**deterioration** [diˌtɪriəˈreɪʃən] *n* : deterioro *m*, empeoramiento *m*
**determinant**[1] [diˈtərmənənt] *adj* : determinante
**determinant**[2] *n* **1** : factor *m* determinante **2** : determinante *m* (en matemáticas)
**determination** [dɪˌtərməˈneɪʃən] *n* **1** DECISION : determinación *f*, decisión *f* **2** RESOLUTION : resolución *f*, determinación *f* ⟨with grim determination : con una firme resolución⟩
**determine** [diˈtərmən] *vt* **-mined; -mining** **1** ESTABLISH : determinar, establecer **2** SETTLE : decidir **3** FIND OUT : averiguar **4** BRING ABOUT : determinar
**determined** [diˈtərmənd] *adj* RESOLUTE : decidido, resuelto
**deterrence** [diˈtərənʦ] *n* : disuasión *f*
**deterrent** [diˈtərənt] *n* : medida *f* disuasiva
**detest** [diˈtɛst] *vt* : detestar, odiar, aborrecer
**detestable** [diˈtɛstəbəl] *adj* : detestable, odioso, aborrecible
**dethrone** [diˈθro:n] *vt* **-throned; -throning** : destronar
**detonate** [ˈdɛtənˌeɪt] *v* **-nated; -nating** *vt* : hacer detonar — *vi* : detonar, estallar
**detonation** [ˌdɛtəˈneɪʃən] *n* : detonación *f*
**detonator** [ˈdɛtənˌeɪṭər] *n* : detonador *m*
**detour**[1] [ˈdi:ˌtʊr, diˈtʊr] *vi* : desviarse
**detour**[2] *n* : desvío *m*, rodeo *m*
**detox**[1] [ˈdi:ˌtɑks, diˈtɑks] *vt fam* : desintoxicar — *vi fam* : desintoxicarse
**detox**[2] *n fam* : desintoxicación *f* ⟨she's in detox : está en el proceso de desintoxicación (de drogas, etc.)⟩
**detoxify** [diˈtɑksəˌfaɪ] *vt* **-fied; -fying** : desintoxicar — **detoxification** [diˌtɑksəfəˈkeɪʃən] *n*
**detract** [diˈtrækt] *vi* **to detract from** : restarle valor a, quitarle méritos a
**detractor** [diˈtræktər] *n* : detractor *m*, -tora *f*
**detriment** [ˈdɛtrəmənt] *n* : detrimento *m*, perjuicio *m*
**detrimental** [ˌdɛtrəˈmɛntəl] *adj* : perjudicial — **detrimentally** *adv*
**devaluation** [diˌvæljuˈeɪʃən] *n* : devaluación *f*
**devalue** [diˈvælˌju:] *vt* **-ued; -uing** : devaluar, depreciar
**devastate** [ˈdɛvəˌsteɪt] *vt* **-tated; -tating** : devastar, arrasar, asolar
**devastating** [ˈdɛvəˌsteɪṭɪŋ] *adj* **1** DESTRUCTIVE, PAINFUL : devastador **2** CUTTING, POWERFUL : demoledor, aplastante, arrollador
**devastation** [ˌdɛvəˈsteɪʃən] *n* : devastación *f*, estragos *mpl*
**develop** [diˈvɛləp] *vt* **1** FORM, MAKE : desarrollar, elaborar, formar **2** : revelar (en fotografía) **3** FOSTER : desarrollar, fomentar **4** EXPLOIT : explotar (recursos), urbanizar (un área) **5** ACQUIRE : adquirir ⟨to develop an interest : ad-

quirir un interés〉 **6** CONTRACT : contraer (una enfermedad) — *vi* **1** GROW : desarrollarse **2** ARISE : aparecer, surgir

**developed** [diˈvɛləpt] *adj* : avanzado, desarrollado

**developer** [diˈvɛləpər] *n* **1** : inmobiliaria *f*, urbanizadora *f* **2** : revelador *m* (en fotografía)

**developing** [diˈvɛləpɪŋ] *adj* : en vías de desarrollo (dícese de países)

**development** [diˈvɛləpmənt] *n* **1** : desarrollo *m* 〈physical development : desarrollo físico〉 **2** : urbanización *f* (de un área), explotación *f* (de recursos), creación *f* (de inventos) **3** EVENT : acontecimiento *m*, suceso *m* 〈to await developments : esperar acontecimientos〉

**deviant** [ˈdiːviənt] *adj* : desviado, anormal

**deviate** [ˈdiːviˌeɪt] *v* **-ated; -ating** *vi* : desviarse, apartarse — *vt* : desviar

**deviation** [ˌdiːviˈeɪʃən] *n* : desviación *f*

**device** [diˈvaɪs] *n* **1** MECHANISM : dispositivo *m*, aparato *m*, mecanismo *m* **2** EMBLEM : emblema *m*

**devil**[1] [ˈdɛvəl] *vt* **-iled** *or* **-illed; -iling** *or* **-illing** **1** : sazonar con picante y especias **2** PESTER : molestar

**devil**[2] *n* **1** SATAN : el diablo, Satanás *m* **2** DEMON : diablo *m*, demonio *m* **3** FIEND : persona *f* diabólica; malvado *m*, -da *f* **4** FELLOW : persona *f* 〈you lucky devil! : ¡vaya suerte que tienes!〉 〈poor devil : pobre diablo〉

**devilish** [ˈdɛvəlɪʃ] *adj* : diabólico

**devilry** [ˈdɛvəlri] *n, pl* **-ries** : diabluras *fpl*, travesuras *fpl*

**devious** [ˈdiːviəs] *adj* **1** CRAFTY : taimado, artero **2** WINDING : tortuoso, sinuoso

**devise** [diˈvaɪz] *vt* **-vised; -vising** **1** INVENT : idear, concebir, inventar **2** PLOT : tramar

**devoid** [diˈvɔɪd] *adj* ~ **of** : carente de, desprovisto de

**devote** [diˈvoːt] *vt* **-voted; -voting** **1** DEDICATE : consagrar, dedicar 〈to devote one's life : dedicar uno su vida〉 **2 to devote oneself** : dedicarse

**devoted** [diˈvoːtəd] *adj* **1** FAITHFUL : leal, fiel **2 to be devoted to someone** : tenerle mucho cariño a alguien

**devotee** [ˌdɛvəˈtiː, -ˈteɪ] *n* : devoto *m*, -ta *f*

**devotion** [diˈvoːʃən] *n* **1** DEDICATION : dedicación *f*, devoción *f* **2 devotions** PRAYERS : oraciones *fpl*, devociones *fpl*

**devour** [diˈvaʊər] *vt* : devorar

**devout** [diˈvaʊt] *adj* **1** PIOUS : devoto, piadoso **2** EARNEST, SINCERE : sincero, ferviente — **devoutly** *adv*

**devoutness** [diˈvaʊtnəs] *n* : devoción *f*, piedad *f*

**dew** [ˈduː, ˈdjuː] *n* : rocío *m*

**dewlap** [ˈduˌlæp, ˈdjuː-] *n* : papada *f*

**dew point** *n* : punto *m* de condensación

**dewy** [ˈduːi, ˈdjuːi] *adj* **dewier; -est** : cubierto de rocío

**dexterity** [dɛkˈstɛrəti] *n, pl* **-ties** : destreza *f*, habilidad *f*

**dexterous** [ˈdɛkstrəs] *adj* : diestro, hábil

**dexterously** [ˈdɛkstrəsli] *adv* : con destreza, con habilidad, hábilmente

**diabetes** [ˌdaɪəˈbiːtiz] *n* : diabetes *f*

**diabetic**[1] [ˌdaɪəˈbɛtɪk] *adj* : diabético

**diabetic**[2] *n* : diabético *m*, -ca *f*

**diabolic** [ˌdaɪəˈbɑlɪk] *or* **diabolical** [-lɪkəl] *adj* : diabólico, satánico

**diacritic** [ˌdaɪəˈkrɪtɪk] *n* : diacrítico *m*

**diacritical** [ˌdaɪəˈkrɪtɪkəl] *or* **diacritic** *adj* : diacrítico

**diadem** [ˈdaɪəˌdɛm, -dəm] *n* : diadema *f*

**diagnose** [ˈdaɪɪgˌnoːs, ˌdaɪɪgˈnoːs] *vt* **-nosed; -nosing** : diagnosticar

**diagnosis** [ˌdaɪɪgˈnoːsɪs] *n, pl* **-noses** [-ˈnoːˌsiːz] : diagnóstico *m*

**diagnostic** [ˌdaɪɪgˈnɑstɪk] *adj* : diagnóstico

**diagonal**[1] [daɪˈægənəl] *adj* : diagonal, en diagonal

**diagonal**[2] *n* : diagonal *f*

**diagonally** [daɪˈægənəli] *adv* : diagonalmente, en diagonal

**diagram**[1] [ˈdaɪəˌgræm] *vt* **-gramed** *or* **-grammed; -graming** *or* **-gramming** : hacer un diagrama de

**diagram**[2] *n* : diagrama *m*, gráfico *m*, esquema *m*

**dial**[1] [ˈdaɪl] *v* **dialed** *or* **dialled; dialing** *or* **dialling** : marcar, discar

**dial**[2] *n* : esfera *f* (de un reloj), dial *m* (de un radio), disco *m* (de un teléfono)

**dialect** [ˈdaɪəˌlɛkt] *n* : dialecto *m*

**dialogue** [ˈdaɪəˌlɔg] *n* : diálogo *m*

**dial tone** *n* : tono *m* (de marcar/marcado/discar)

**diameter** [daɪˈæmətər] *n* : diámetro *m*

**diamond** [ˈdaɪmənd, ˈdaɪə-] *n* **1** : diamante *m*, brillante *m* 〈a diamond necklace : un collar de brillantes〉 **2** : rombo *m*, forma *f* de rombo **3** : diamante *m* (naipe) **4** INFIELD : cuadro *m*, diamante *m* (en béisbol)

**diaper** [ˈdaɪpər, ˈdaɪə-] *n* : pañal *m*

**diaphragm** [ˈdaɪəˌfræm] *n* : diafragma *m*

**diarrhea** [ˌdaɪəˈriːə] *n* : diarrea *f*

**diary** [ˈdaɪəri] *n, pl* **-ries** : diario *m*

**diatribe** [ˈdaɪəˌtraɪb] *n* : diatriba *f*

**dice**[1] [ˈdaɪs] *vt* **diced; dicing** : cortar en cubos

**dice**[2] *ns & pl* **1** → **die**[2] **2** : dados *mpl* (juego)

**dicker** [ˈdɪkər] *vt* : regatear

**dictate**[1] [ˈdɪkˌteɪt, dɪkˈteɪt] *v* **-tated; -tating** *vt* **1** : dictar 〈to dictate a letter : dictar una carta〉 **2** ORDER : mandar, ordenar — *vi* : dar órdenes

**dictate**[2] [ˈdɪkˌteɪt] *n* **1** : mandato *m*, orden *f* **2 dictates** *npl* : dictados *mpl* 〈the dictates of conscience : los dictados de la conciencia〉

**dictation** [dɪkˈteɪʃən] *n* : dictado *m*

**dictator** [ˈdɪkˌteɪtər] *n* : dictador *m*, -dora *f*

**dictatorial** [ˌdɪktəˈtoriəl] *adj* : dictatorial — **dictatorially** *adv*

**dictatorship** [dɪkˈteɪtərˌʃɪp, ˈdɪkˌ-] *n* : dictadura *f*

**diction** [ˈdɪkʃən] *n* **1** : lenguaje *m*, estilo *m* **2** ENUNCIATION : dicción *f*, articulación *f*

**dictionary** [ˈdɪkʃəˌnɛri] *n, pl* **-naries** : diccionario *m*
**did** → **do**
**didactic** [daɪˈdæktɪk] *adj* : didáctico
**die**[1] [ˈdaɪ] *vi* **died** [ˈdaɪd]; **dying** [ˈdaɪɪŋ] **1** : morir, morirse **2** CEASE : morir, morirse ⟨a dying civilization : una civilización moribunda⟩ **3** STOP : apagarse, dejar de funcionar ⟨the motor died : el motor se apagó⟩ **4 to be dying for/to** : morirse por ⟨I'm dying for a coffee : me muero por un café⟩ ⟨I'm dying to leave : me muero por irme⟩ **5 to die away** FADE : irse apagando, disminuir (dícese de un sonido) **6 to die down** SUBSIDE : disminuir, amainar (dícese del viento, etc.), irse apagando (dícese de los aplausos, las llamas, etc.), calmarse (dícese de un escándalo, etc.) **7 to die laughing** : morirse de risa **8 to die of** : morir de, morirse de ⟨he died of old age : murió de viejo⟩ **9 to die out** : extinguirse
**die**[2] [ˈdaɪ] *n, pl* **dice** [ˈdaɪs] : dado *m*
**die**[3] *n, pl* **dies** [ˈdaɪz] **1** STAMP : troquel *m*, cuño *m* **2** MOLD : matriz *f*, molde *m*
**diehard** [ˈdaɪˌhɑrd] *adj* : fanático
**diesel** [ˈdiːzəl, -səl] *n* : diesel *m*
**diet**[1] [ˈdaɪət] *vi* : ponerse a régimen, hacer dieta
**diet**[2] *n* : régimen *m*, dieta *f*
**dietary** [ˈdaɪəˌtɛri] *adj* : alimenticio, dietético
**dietitian** *or* **dietician** [ˌdaɪəˈtɪʃən] *n* : dietista *mf*
**differ** [ˈdɪfər] *vi* **-ferred; -ferring 1** : diferir, diferenciarse **2** VARY : variar **3** DISAGREE : discrepar, diferir, no estar de acuerdo
**difference** [ˈdɪfrənts, ˈdɪfərənts] *n* **1** : diferencia *f* ⟨to tell/notice the difference : notar/ver la diferencia⟩ **2** DISCREPANCY : diferencia *f* ⟨to split the difference : dividirse la diferencia (en partes iguales)⟩ **3** DISAGREEMENT : diferencia *f*, desacuerdo *m* ⟨to resolve/settle one's differences : resolver/saldar sus diferencias⟩ **4 same difference!** : ¡es casi lo mismo! **5 to make a difference** MATTER : importar ⟨what difference does it make? : ¿qué importa?⟩ ⟨it makes no difference to me : me da igual⟩ **6 to make a difference in** AFFECT : afectar, influir en
**different** [ˈdɪfrənt, ˈdɪfərənt] *adj* : distinto, diferente
**differential**[1] [ˌdɪfəˈrɛnt͡ʃəl] *adj* : diferencial
**differential**[2] *n* : diferencial *m*
**differentiate** [ˌdɪfəˈrɛnt͡ʃiˌeɪt] *v* **-ated; -ating** *vt* **1** : hacer diferente **2** DISTINGUISH : distinguir, diferenciar — *vi* : distinguir
**differentiation** [ˌdɪfəˌrɛnt͡ʃiˈeɪʃən] *n* : diferenciación *f*
**differently** [ˈdɪfrəntli, ˈdɪfərənt-] *adv* : de otra manera, de otro modo, distintamente
**difficult** [ˈdɪfɪˌkʌlt] *adj* : difícil
**difficulty** [ˈdɪfɪˌkʌlti] *n, pl* **-ties 1** : dificultad *f* **2** PROBLEM : problema *f*, dificultad *f*
**diffidence** [ˈdɪfədənts] *n* **1** SHYNESS : retraimiento *m*, timidez *f*, apocamiento *m* **2** RETICENCE : reticencia *f*
**diffident** [ˈdɪfədənt] *adj* **1** SHY : tímido, apocado, inseguro **2** RESERVED : reservado
**diffuse**[1] [dɪˈfjuːz] *v* **-fused; -fusing** *vt* : difundir, esparcir — *vi* : difundirse, esparcirse
**diffuse**[2] [dɪˈfjuːs] *adj* **1** WORDY : prolijo, verboso **2** WIDESPREAD : difuso
**diffusion** [dɪfˈjuːʒən] *n* : difusión *f*
**dig**[1] [ˈdɪg] *v* **dug** [ˈdʌg]; **digging** *vt* **1** : cavar, excavar ⟨to dig a hole : cavar un hoyo⟩ **2** EXTRACT : sacar ⟨to dig up potatoes : sacar papas del suelo⟩ **3** POKE, THRUST : clavar, hincar ⟨he dug me in the ribs : me dio un codazo en las costillas⟩ **4 to dig out** RETRIEVE, EXTRACT : sacar **5 to dig up** DISCOVER : descubrir, sacar a luz — *vi* **1** : cavar, excavar **2** *or* **to dig around** RUMMAGE : hurgar (en los bolsillos, etc.) ⟨I dug (around) in my purse for my keys : hurgué en el bolso buscando las llaves⟩ **3 to dig for** : buscar ⟨to dig for gold : buscar oro (cavando en el suelo)⟩ ⟨to dig for clues : buscar pistas, investigar⟩ **4 to dig in** : atrincherarse **5 to dig in** : empezar a comer ⟨dig in! : ¡a comer!⟩ **6 to dig into** POKE : clavarse en **7 to dig into** INVESTIGATE : investigar
**dig**[2] *n* **1** POKE : codazo *m* **2** GIBE : pulla *f* **3** EXCAVATION : excavación *f*
**digest**[1] [daɪˈd͡ʒest, dɪ-] *vt* **1** ASSIMILATE : digerir, asimilar **2** : digerir (comida) **3** SUMMARIZE : compendiar, resumir
**digest**[2] [ˈdaɪˌd͡ʒest] *n* : compendio *m*, resumen *m*
**digestible** [daɪˈd͡ʒestəbəl, dɪ-] *adj* : digerible
**digestion** [daɪˈd͡ʒest͡ʃən, dɪ-] *n* : digestión *f*
**digestive** [daɪˈd͡ʒestɪv, dɪ-] *adj* : digestivo ⟨the digestive system : el sistema digestivo⟩
**digit** [ˈdɪd͡ʒət] *n* **1** NUMERAL : dígito *m*, número *m* **2** FINGER, TOE : dedo *m*
**digital** [ˈdɪd͡ʒət͡əl] *adj* : digital ⟨digital camera : cámara digital⟩ — **digitally** *adv*
**digitalize** [ˈdɪd͡ʒət͡əˌlaɪz] *vt* **-ized; -izing** : digitalizar
**dignified** [ˈdɪgnəˌfaɪd] *adj* : digno, decoroso
**dignify** [ˈdɪgnəˌfaɪ] *vt* **-fied; -fying** : dignificar, honrar
**dignitary** [ˈdɪgnəˌtɛri] *n, pl* **-taries** : dignatario *m*, -ria *f*
**dignity** [ˈdɪgnət͡i] *n, pl* **-ties** : dignidad *f*
**digress** [daɪˈgrɛs, də-] *vi* : desviarse del tema, divagar
**digression** [daɪˈgrɛʃən, də-] *n* : digresión *f*
**dike** *or* **dyke** [ˈdaɪk] *n* : dique *m*
**dilapidated** [dəˈlæpəˌdeɪt͡əd] *adj* : ruinoso, desvencijado, destartalado
**dilapidation** [dəˌlæpəˈdeɪʃən] *n* : deterioro *m*, estado *m* ruinoso
**dilate** [daɪˈleɪt, ˈdaɪˌleɪt] *v* **-lated; -lating** *vt* : dilatar — *vi* : dilatarse

**dilemma** [dɪˈlɛmə] *n* : dilema *m*

**dilettante** [ˈdɪləˌtɑnt, -ˌtænt] *n, pl* **-tantes** [-ˌtɑnts, -ˌtænts] *or* **-tanti** [ˌdɪləˈtɑnti, -ˈtæn-] : diletante *mf*

**diligence** [ˈdɪləʤənʦ] *n* : diligencia *f*, aplicación *f*

**diligent** [ˈdɪləʤənt] *adj* : diligente ⟨a diligent search : una búsqueda minuciosa⟩ — **diligently** *adv*

**dill** [ˈdɪl] *n* : eneldo *m*

**dillydally** [ˈdɪliˌdæli] *vi* **-lied; -lying** : demorarse, perder tiempo

**dilute** [daɪˈlu:t, də-] *vt* **-luted; -luting** : diluir, aguar

**dilution** [daɪˈlu:ʃən, də-] *n* : dilución *f*

**dim¹** [ˈdɪm] *v* **dimmed; dimming** *vt* : atenuar (la luz), nublar (la vista), borrar (la memoria), opacar (una superficie) — *vi* : oscurecerse, apagarse

**dim²** *adj* **dimmer; dimmest** **1** FAINT : oscuro, tenue (dícese de la luz), nublado (dícese de la vista), borrado (dícese de la memoria) **2** STUPID : tonto, torpe **3 to take a dim view of** : ver con malos ojos

**dime** [ˈdaɪm] *n* : moneda *f* de diez centavos

**dimension** [dəˈmɛnʃən, daɪ-] *n* **1** : dimensión *f* **2 dimensions** *npl* EXTENT, SCOPE : dimensiones *fpl*, extensión *f*, medida *f*

**diminish** [dəˈmɪnɪʃ] *vt* LESSEN : disminuir, reducir, amainar — *vi* DWINDLE, WANE : menguar, reducirse

**diminutive** [dəˈmɪnjuʊtɪv] *adj* : diminutivo, minúsculo

**dimly** [ˈdɪmli] *adv* : indistintamente, débilmente

**dimmer** [ˈdɪmər] *n* : potenciómetro *m*, conmutador *m* de luces (en automóviles)

**dimness** [ˈdɪmnəs] *n* : oscuridad *f*, debilidad *f* (de la vista), imprecisión *f* (de la memoria)

**dimple** [ˈdɪmpəl] *n* : hoyuelo *m*

**din** [ˈdɪn] *n* : estrépito *m*, estruendo *m*

**dine** [ˈdaɪn] *vi* **dined; dining** : cenar

**diner** [ˈdaɪnər] *n* **1** : comensal *mf* (persona) **2** : vagón *m* restaurante (en un tren) **3** : cafetería *f*, restaurante *m* barato

**dinghy** [ˈdɪŋi, ˈdɪŋgi, ˈdɪŋki] *n, pl* **-ghies** : bote *m*

**dinginess** [ˈdɪnʤinəs] *n* **1** DIRTINESS : suciedad *f* **2** SHABBINESS : lo gastado, lo deslucido

**dingy** [ˈdɪnʤi] *adj* **dingier; -est** **1** DIRTY : sucio **2** SHABBY : gastado, deslucido

**dining car** *n* : coche *m* comedor (de un tren)

**dining room** *n* : comedor *m*

**dinner** [ˈdɪnər] *n* **1** : cena *f*, comida *f* **2** BANQUET : cena *f*, banquete *m*

**dinner jacket** *n* : esmoquin *m* (chaqueta)

**dinosaur** [ˈdaɪnəˌsɔr] *n* : dinosaurio *m*

**dint** [ˈdɪnt] *n* **by dint of** : a fuerza de

**diocese** [ˈdaɪəsəs, -ˌsi:z, -ˌsi:s] *n, pl* **-ceses** [ˈdaɪəsəsəz] : diócesis *f*

**dip¹** [ˈdɪp] *v* **dipped; dipping** *vt* **1** DUNK, PLUNGE : sumergir, mojar, meter **2** LADLE : servir con cucharón **3** LOWER : bajar, arriar (una bandera) — *vi* **1** DESCEND, DROP : bajar en picada, descender **2** SLOPE : bajar, inclinarse

**dip²** *n* **1** SWIM : chapuzón *m* **2** DROP : descenso *m*, caída *f* **3** SLOPE : cuesta *f*, declive *m* **4** SAUCE : salsa *f*

**diphtheria** [dɪfˈθɪriə] *n* : difteria *f*

**diphthong** [ˈdɪfˌθɔŋ] *n* : diptongo *m*

**diploma** [dəˈplo:mə] *n, pl* **-mas** : diploma *m*

**diplomacy** [dəˈplo:məsi] *n* **1** : diplomacia *f* **2** TACT : tacto *m*, discreción *f*

**diplomat** [ˈdɪpləˌmæt] *n* **1** : diplomático *m*, -ca *f* (en relaciones internacionales) **2** : persona *f* diplomática

**diplomatic** [ˌdɪpləˈmæʧɪk] *adj* : diplomático ⟨diplomatic immunity : inmunidad diplomática⟩

**dipper** [ˈdɪpər] *n* **1** LADLE : cucharón *m*, cazo *m* **2 Big Dipper** : Osa *f* Mayor **3 Little Dipper** : Osa *f* Menor

**dipstick** [ˈdɪpˌstɪk] *n* : varilla *f* de medición (del aceite)

**dire** [ˈdaɪr] *adj* **direr; direst** **1** HORRIBLE : espantoso, terrible, horrendo **2** EXTREME : extremo ⟨dire poverty : pobreza extrema⟩

**direct¹** [dəˈrɛkt, daɪ-] *vt* **1** ADDRESS : dirigir, mandar **2** AIM, POINT : dirigir **3** GUIDE : indicarle el camino (a alguien), orientar **4** MANAGE : dirigir ⟨to direct a film : dirigir una película⟩ **5** COMMAND : ordenar, mandar

**direct²** *adv* : directamente

**direct³** *adj* **1** STRAIGHT : directo **2** FRANK : franco

**direct debit** *n* : débito *m* automático

**direct current** *n* : corriente *f* continua

**direction** [dəˈrɛkʃən, daɪ-] *n* **1** SUPERVISION : dirección *f* **2** INSTRUCTION, ORDER : instrucción *f*, orden *f* **3** COURSE : dirección *f*, rumbo *m* ⟨to change direction : cambiar de dirección⟩ **4 to ask directions** : pedir indicaciones

**directional** [dəˈrɛkʃənəl, daɪ-] *adj* : direccional

**directive** [dəˈrɛktɪv, daɪ-] *n* : directiva *f*

**directly** [dəˈrɛktli, daɪ-] *adv* **1** STRAIGHT : directamente ⟨directly north : directamente al norte⟩ **2** FRANKLY : francamente **3** EXACTLY : exactamente, justo ⟨directly opposite : justo enfrente⟩ **4** IMMEDIATELY : en seguida, inmediatamente

**directness** [dəˈrɛktnəs, daɪ-] *n* : franqueza *f*

**director** [dəˈrɛktər, daɪ-] *n* **1** : director *m*, -tora *f* **2 board of directors** : junta *f* directiva, directorio *m*

**directory** [dəˈrɛktəri, daɪ-] *n, pl* **-ries** : guía *f*, directorio *m* ⟨telephone directory : directorio telefónico⟩ ⟨directory assistance : servicio de información (telefónica)⟩

**dirge** [ˈdərʤ] *n* : canto *m* fúnebre

**dirigible** [ˈdɪrəʤəbəl, dəˈrɪʤə-] *n* : dirigible *m*, zepelín *m*

**dirt** [ˈdərt] *n* **1** FILTH : suciedad *f*, mugre *f*, porquería *f* **2** SOIL : tierra *f*

**dirt cheap** *adj* : baratísimo, regalado

**dirtiness** [ˈdərtinəs] *n* : suciedad *f*
**dirty**[1] [ˈdərtɨi] *vt* **dirtied; dirtying** : ensuciar, manchar
**dirty**[2] *adj* **dirtier; -est** 1 SOILED, STAINED : sucio, manchado 2 DISHONEST : sucio, deshonesto ⟨a dirty player : un jugador tramposo⟩ ⟨a dirty trick : una mala pasada⟩ 3 INDECENT : indecente, cochino ⟨a dirty joke : un chiste verde⟩
**dis-** *pref* : des-
**disability** [ˌdɪsəˈbɪlət̬ɨi] *n, pl* **-ties** : minusvalía *f*, discapacidad *f*, invalidez *f*
**disable** [dɪsˈeɪbəl] *vt* **-abled; -abling** : dejar inválido, inutilizar, incapacitar
**disabled** [dɪsˈeɪbəld] *adj* : minusválido, discapacitado
**disabuse** [ˌdɪsəˈbju:z] *vt* **-bused; -busing** : desengañar, sacar del error
**disadvantage** [ˌdɪsədˈvæntɪʤ] *n* : desventaja *f*
**disadvantageous** [ˌdɪsˌæd̬vænˈteɪ-ʤəs] *adj* : desventajoso, desfavorable
**disagree** [ˌdɪsəˈgri:] *vi* 1 DIFFER : discrepar, no coincidir 2 DISSENT : disentir, discrepar, no estar de acuerdo ⟨I disagree (with you) : no estoy de acuerdo (contigo)⟩ **3 to disagree with someone** : sentarle mal a alguien (dícese de comida, etc.)
**disagreeable** [ˌdɪsəˈgri:əbəl] *adj* : desagradable
**disagreement** [ˌdɪsəˈgri:mənt] *n* 1 : desacuerdo *m* 2 DISCREPANCY : discrepancia *f* 3 ARGUMENT : discusión *f*, altercado *m*, disputa *f*
**disallow** [ˌdɪsəˈlaʊ] *vt* 1 : rechazar, desestimar 2 : anular (en deportes)
**disappear** [ˌdɪsəˈpɪr] *vi* : desaparecer, desvanecerse ⟨to disappear from view : perderse de vista⟩
**disappearance** [ˌdɪsəˈpɪrən̩ts] *n* : desaparición *f*
**disappoint** [ˌdɪsəˈpɔɪnt] *vt* : decepcionar, defraudar, fallar
**disappointing** [ˌdɪsəˈpɔɪntɪŋ] *adj* : decepcionante
**disappointment** [ˌdɪsəˈpɔɪntmənt] *n* : decepción *f*, desilusión *f*, chasco *m*
**disapproval** [ˌdɪsəˈpru:vəl] *n* : desaprobación *f*
**disapprove** [ˌdɪsəˈpru:v] *vi* **-proved; -proving** : desaprobar, estar en contra
**disapprovingly** [ˌdɪsəˈpru:vɪŋli] *adv* : con desaprobación
**disarm** [dɪsˈɑrm] *vt* : desarmar
**disarmament** [dɪsˈɑrməmənt] *n* : desarme *m* ⟨nuclear disarmament : desarme nuclear⟩
**disarrange** [ˌdɪsəˈreɪnʤ] *vt* **-ranged; -ranging** : desarreglar, desordenar
**disarray** [ˌdɪsəˈreɪ] *n* : desorden *m*, confusión *f*, desorganización *f*
**disassemble** [ˌdɪsəˈsɛmbəl] *v* **-bled; -bling** *vt* : desarmar, desmontar — *vi* : desarmarse, desmontarse
**disassociate → dissociate**
**disaster** [dɪˈzæstər] *n* : desastre *m*, catástrofe *f*
**disastrous** [dɪˈzæstrəs] *adj* : desastroso
**disband** [dɪsˈbænd] *vt* : disolver — *vi* : disolverse, dispersarse
**disbar** [dɪsˈbɑr] *vt* **-barred; -barring** : prohibir de ejercer la abogacía
**disbelief** [ˌdɪsbɪˈli:f] *n* : incredulidad *f*
**disbelieve** [ˌdɪsbɪˈli:v] *v* **-lieved; -lieving** : no creer, dudar
**disburse** [dɪsˈbərs] *vt* **-bursed; -bursing** : desembolsar
**disbursement** [dɪsˈbərsmənt] *n* : desembolso *m*
**disc → disk**
**discard** [dɪsˈkɑrd, ˈdɪsˌkɑrd] *vt* : desechar, deshacerse de, botar — *vi* : descartarse (en juegos de naipes)
**discern** [dɪˈsərn, -ˈzərn] *vt* : discernir, distinguir, percibir
**discernible** [dɪˈsərnəbəl, -ˈzər-] *adj* : perceptible, visible
**discerning** [dɪˈsərnɪŋ, -ˈzər-] *adj* : refinado (dícese del gusto), perspicaz, sagaz
**discernment** [dɪˈsərnmənt, -ˈzərn-] *n* : discernimiento *m*, criterio *m*
**discharge**[1] [dɪsˈtʃɑrʤ, ˈdɪsˌ-] *v* **-charged; -charging** 1 UNLOAD : descargar (carga), desembarcar (pasajeros) 2 SHOOT : descargar, disparar 3 FREE : liberar, poner en libertad 4 DISMISS : despedir 5 EMIT : despedir (humo, etc.), descargar (electricidad) 6 : cumplir con (una obligación), saldar (una deuda) — *vi* 1 : descargarse (dícese de una batería) 2 OOZE : supurar
**discharge**[2] [ˈdɪsˌtʃɑrʤ, dɪsˈ-] *n* 1 EMISSION : descarga *f* (de electricidad), emisión *f* (de gases) 2 DISMISSAL : despido *m* (del empleo), baja *f* (del ejército) 3 SECRETION : secreción *f*
**disciple** [dɪˈsaɪpəl] *n* : discípulo *m*, -la *f*
**discipline**[1] [ˈdɪsəplən] *vt* **-plined; -plining** 1 PUNISH : castigar, sancionar (a los empleados) 2 CONTROL : disciplinar 3 **to discipline oneself** : disciplinarse
**discipline**[2] *n* 1 FIELD : disciplina *f*, campo *m* 2 TRAINING : disciplina *f* 3 PUNISHMENT : castigo *m* 4 SELF-CONTROL : dominio *m* de sí mismo
**disc jockey** *n* : disc jockey *mf*
**disclaim** [dɪsˈkleɪm] *vt* DENY : negar
**disclose** [dɪsˈklo:z] *vt* **-closed; -closing** : revelar, poner en evidencia
**disclosure** [dɪsˈklo:ʒər] *n* : revelación *f*
**disco** [ˈdɪsko:] *n* 1 → **discotheque** 2 *or* **disco music** : disco *f*, música *f* disco
**discolor** [dɪsˈkʌlər] *vt* 1 BLEACH : decolorar 2 FADE : desteñir 3 STAIN : manchar — *vi* : decolorarse, desteñirse
**discoloration** [dɪsˌkʌləˈreɪʃən] *n* STAIN : mancha *f*
**discomfort** [dɪsˈkʌmfərt] *n* 1 PAIN : molestia *f*, malestar *m* 2 UNEASINESS : inquietud *f*
**disconcert** [ˌdɪskənˈsərt] *vt* : desconcertar
**disconcerting** [ˌdɪskənˈsərtɪŋ] *adj* : desconcertante
**disconnect** [ˌdɪskəˈnɛkt] *vt* : desconectar
**disconnected** [ˌdɪskəˈnɛkt̬əd] *adj* : inconexo
**disconsolate** [dɪsˈkɑnt̬sələt] *adj* : desconsolado
**discontent** [ˌdɪskənˈtɛnt] *n* : descontento *m*

**discontented** [ˌdɪskənˈtɛntəd] *adj* : descontento

**discontinue** [ˌdɪskənˈtɪnˌju:] *vt* **-ued; -uing** : suspender, descontinuar

**discontinuity** [dɪsˌkɑntəˈnu:əṭi, -ˈnju:-] *n, pl* **-ties** : discontinuidad *f*

**discontinuous** [ˌdɪskənˈtɪnjəwəs] *adj* : discontinuo

**discord** [ˈdɪsˌkɔrd] *n* **1** STRIFE : discordia *f*, discordancia *f* **2** : disonancia *f* (en música)

**discordant** [dɪsˈkɔrdənt] *adj* : discordante — **discordantly** *adv*

**discotheque** [ˈdɪskəˌtɛk, ˌdɪskəˈtɛk] *n* : discoteca *f*

**discount**[1] [ˈdɪsˌkaʊnt, dɪsˈ-] *vt* **1** REDUCE : descontar, rebajar (precios) **2** DISREGARD : descartar, ignorar

**discount**[2] [ˈdɪsˌkaʊnt] *n* : descuento *m*, rebaja *f*

**discourage** [dɪsˈkərɪʤ] *vt* **-aged; -aging** **1** DISHEARTEN : desalentar, desanimar **2** DISSUADE : disuadir **3** DETER : impedir

**discouragement** [dɪsˈkərɪʤmənt] *n* : desánimo *m*, desaliento *m*

**discouraging** [dɪsˈkərəʤɪŋ] *adj* : desalentador

**discourse**[1] [dɪsˈkɔrs] *vi* **-coursed; -coursing** : disertar, conversar

**discourse**[2] [ˈdɪsˌkɔrs] *n* **1** TALK : conversación *f* **2** SPEECH, TREATISE : discurso *m*, tratado *m*

**discourteous** [dɪsˈkərʧəs] *adj* : descortés — **discourteously** *adv*

**discourtesy** [dɪsˈkərʧəsi] *n, pl* **-sies** : descortesía *f*

**discover** [dɪsˈkʌvər] *vt* : descubrir

**discoverer** [dɪsˈkʌvərər] *n* : descubridor *m*, -dora *f*

**discovery** [dɪsˈkʌvəri] *n, pl* **-ries** : descubrimiento *m*

**discredit**[1] [dɪsˈkrɛdət] *vt* **1** DISBELIEVE : no creer, dudar **2** : desacreditar, desprestigiar, poner en duda ⟨they discredited his research : desacreditaron sus investigaciones⟩

**discredit**[2] *n* **1** DISREPUTE : descrédito *m*, desprestigio *m* **2** DOUBT : duda *f*

**discreet** [dɪsˈkri:t] *adj* : discreto — **discreetly** *adv*

**discrepancy** [dɪsˈkrɛpənsi] *n, pl* **-cies** : discrepancia *f*

**discretion** [dɪsˈkrɛʃən] *n* **1** : discreción *f* **2** JUDGMENT : discernimiento *m*, criterio *m*

**discretionary** [dɪsˈkrɛʃəˌnɛri] *adj* : discrecional

**discriminate** [dɪsˈkrɪməˌneɪt] *v* **-nated; -nating** *vt* DISTINGUISH : distinguir, discriminar, diferenciar — *vi* : discriminar ⟨to discriminate against women : discriminar a las mujeres⟩

**discriminating** [dɪsˈkrɪməˌneɪṭɪŋ] *adj* : refinado (dícese del gusto), entendido (dícese de personas)

**discrimination** [dɪsˌkrɪməˈneɪʃən] *n* **1** PREJUDICE : discriminación *f* **2** DISCERNMENT : discernimiento *m*

**discriminatory** [dɪsˈkrɪmənəˌtori] *adj* : discriminatorio

**discus** [ˈdɪskəs] *n, pl* **-cuses** [-kəsəz] : disco *m*

**discuss** [dɪsˈkʌs] *vt* : hablar de, discutir, tratar (de)

**discussion** [dɪsˈkʌʃən] *n* : discusión *f*, debate *m*, conversación *f*

**disdain**[1] [dɪsˈdeɪn] *vt* : desdeñar, despreciar ⟨they disdained to reply : no se dignaron a responder⟩

**disdain**[2] *n* : desdén *m*

**disdainful** [dɪsˈdeɪnfəl] *adj* : desdeñoso — **disdainfully** *adv*

**disease** [dɪˈzi:z] *n* : enfermedad *f*, mal *m*, dolencia *f*

**diseased** [dɪˈzi:zd] *adj* : enfermo

**disembark** [ˌdɪsɪmˈbɑrk] *v* : desembarcar

**disembarkation** [dɪsˌɛmˌbɑrˈkeɪʃən] *n* : desembarco *m*, desembarque *m*

**disembodied** [ˌdɪsɪmˈbɑdɪd] *adj* : incorpóreo

**disenchant** [ˌdɪsɪnˈʧænt] *vt* : desilusionar, desencantar, desengañar

**disenchanted** [ˌdɪsɪnˈʧæntəd] *adj* : desilusionado, desencantado

**disenchantment** [ˌdɪsɪnˈʧæntmənt] *n* : desencanto *m*, desilusión *f*

**disenfranchise** [dɪsɪnˈfrænˌʧaɪz] *vt* **-chised; -chising** : privar del derecho a votar

**disengage** [ˌdɪsɪnˈgeɪʤ] *vt* **-gaged; -gaging** : soltar, desconectar (un mecanismo)

**disentangle** [ˌdɪsɪnˈtæŋgəl] *vt* **-gled; -gling** UNTANGLE : desenredar, desenmarañar

**disfavor** [dɪsˈfeɪvər] *n* : desaprobación *f*

**disfigure** [dɪsˈfɪgjər] *vt* **-ured; -uring** : desfigurar (a una persona), afear (un edificio, un área)

**disgrace**[1] [dɪˈskreɪs] *vt* **-graced; -gracing** : deshonrar

**disgrace**[2] *n* **1** DISHONOR : desgracia *f*, deshonra *f* **2** SHAME : vergüenza *f* ⟨he's a disgrace to his family : es una vergüenza para su familia⟩

**disgraceful** [dɪˈskreɪsfəl] *adj* : vergonzoso, deshonroso, ignominioso

**disgracefully** [dɪˈskreɪsfəli] *adv* : vergonzosamente

**disgruntle** [dɪsˈgrʌntəl] *vt* **-tled; -tling** : enfadar, contrariar

**disgruntled** [dɪsˈgrʌntəld] *adj* : descontento, contrariado

**disguise**[1] [dɪˈskaɪz] *vt* **-guised; -guising** **1** : disfrazar, enmascarar (el aspecto) **2** CONCEAL : encubrir, disimular

**disguise**[2] *n* : disfraz *m*

**disgust**[1] [dɪˈskʌst] *vt* : darle asco (a alguien), asquear, repugnar ⟨that disgusts me : eso me da asco⟩

**disgust**[2] *n* : asco *m*, repugnancia *f*

**disgusting** [dɪˈskʌstɪŋ] *adj* : asqueroso, repugnante — **disgustingly** *adv*

**dish**[1] [ˈdɪʃ] *vt* **1** *or* **to dish out/up** SERVE : servir **2** *or* **to dish out** DISPENSE : repartir (dinero, etc.), dar (consejos) **3 to dish it out** : criticar

**dish**[2] *n* **1** : plato *m* ⟨the national dish : el plato nacional⟩ **2** PLATE : plato *m* ⟨to wash the dishes : lavar los platos⟩ **3 serving dish** : fuente *f*

**dishcloth** [ˈdɪʃˌklɔθ] *n* : paño *m* de cocina (para secar), trapo *m* de fregar (para lavar)
**dishearten** [dɪsˈhɑrtən] *vt* : desanimar, desalentar
**dishevel** [dɪˈʃɛvəl] *vt* **-eled** *or* **-elled; -eling** *or* **-elling** : desarreglar, despeinar (el pelo)
**disheveled** *or* **dishevelled** [dɪˈʃɛvəld] *adj* : despeinado (dícese del pelo), desarreglado, desaliñado
**dishonest** [dɪˈsɑnəst] *adj* : deshonesto, fraudulento — **dishonestly** *adv*
**dishonesty** [dɪˈsɑnəsti] *n, pl* **-ties** : deshonestidad *f*, falta *f* de honradez
**dishonor**[1] [dɪˈsɑnər] *vt* : deshonrar
**dishonor**[2] *n* : deshonra *f*
**dishonorable** [dɪˈsɑnərəbəl] *adj* : deshonroso — **dishonorably** [-bli] *adv*
**dishrag** [ˈdɪʃˌræɡ] → **dishcloth**
**dishtowel** [ˈdɪʃˌtaʊəl] → **dishcloth**
**dishwasher** [ˈdɪʃˌwɔʃər] *n* : lavaplatos *m*, lavavajillas *m*
**disillusion** [ˌdɪsəˈluːʒən] *vt* : desilusionar, desencantar, desengañar
**disillusionment** [ˌdɪsəˈluːʒənmənt] *n* : desilusión *f*, desencanto *m*
**disinclination** [dɪsˌɪnkləˈneɪʃən, -ˌɪŋ-] *n* : aversión *f*
**disinclined** [ˌdɪsɪnˈklaɪnd] *adv* : poco dispuesto
**disinfect** [ˌdɪsɪnˈfɛkt] *vt* : desinfectar
**disinfectant**[1] [ˌdɪsɪnˈfɛktənt] *adj* : desinfectante
**disinfectant**[2] *n* : desinfectante *m*
**disinherit** [ˌdɪsɪnˈhɛrət] *vt* : desheredar
**disintegrate** [dɪsˈɪntəˌɡreɪt] *v* **-grated; -grating** *vt* : desintegrar, deshacer — *vi* : desintegrarse, deshacerse
**disintegration** [dɪsˌɪntəˈɡreɪʃən] *n* : desintegración *f*
**disinterested** [dɪsˈɪntərəstəd, -ˌrɛs-] *adj* **1** INDIFFERENT : indiferente **2** IMPARTIAL : imparcial, desinteresado
**disinterestedness** [dɪsˈɪntərəstədnəs, -ˌrɛs-] *n* : desinterés *m*
**disjointed** [dɪsˈdʒɔɪntəd] *adj* : inconexo, incoherente
**disk** *or* **disc** [ˈdɪsk] *n* : disco *m*
**diskette** [ˌdɪsˈkɛt] *n* : diskette *m*, disquete *m*
**dislike**[1] [dɪsˈlaɪk] *vt* **-liked; -liking** : tenerle aversión a (algo), tenerle antipatía (a alguien), no gustarle (algo a uno)
**dislike**[2] *n* : aversión *f*, antipatía *f* ⟨to take a dislike to : tomarle antipatía a⟩
**dislocate** [ˈdɪsloˌkeɪt, dɪsˈloː-] *vt* **-cated; -cating** : dislocar
**dislocation** [ˌdɪsloˈkeɪʃən] *n* : dislocación *f*
**dislodge** [dɪsˈlɑdʒ] *vt* **-lodged; -lodging** : sacar, desalojar, desplazar
**disloyal** [dɪsˈlɔɪəl] *adj* : desleal
**disloyalty** [dɪsˈlɔɪəlti] *n, pl* **-ties** : deslealtad *f*
**dismal** [ˈdɪzməl] *adj* **1** GLOOMY : sombrío, lúgubre, tétrico **2** DEPRESSING : deprimente, triste
**dismantle** [dɪsˈmæntəl] *vt* **-tled; -tling** : desmantelar, desmontar, desarmar
**dismay**[1] [dɪsˈmeɪ] *vt* : consternar
**dismay**[2] *n* : consternación *f*
**dismember** [dɪsˈmɛmbər] *vt* : desmembrar
**dismiss** [dɪsˈmɪs] *vt* **1** : dejar salir, darle permiso (a alguien) para retirarse **2** DISCHARGE : despedir, destituir **3** REJECT : descartar, desechar, rechazar
**dismissal** [dɪsˈmɪsəl] *n* **1** : permiso *m* para retirarse **2** DISCHARGE : despido *m* (de un empleado), destitución *f* (de un funcionario) **3** REJECTION : rechazo *m*
**dismount** [dɪsˈmaʊnt] *vi* : desmontar, bajarse, apearse
**disobedience** [ˌdɪsəˈbiːdiəns] *n* : desobediencia *f* — **disobedient** [-ənt] *adj*
**disobey** [ˌdɪsəˈbeɪ] *v* : desobedecer
**disorder**[1] [dɪsˈɔrdər] *vt* : desordenar, desarreglar
**disorder**[2] *n* **1** DISARRAY : desorden *m* **2** UNREST : disturbios *mpl*, desórdenes *mpl* **3** AILMENT : afección *f*, indisposición *f*, dolencia *f*
**disorderly** [dɪsˈɔrdərli] *adj* **1** UNTIDY : desordenado, desarreglado **2** UNRULY : indisciplinado, alborotado **3** **disorderly conduct** : conducta *f* escandalosa
**disorganization** [dɪsˌɔrɡənəˈzeɪʃən] *n* : desorganización *f*
**disorganize** [dɪsˈɔrɡəˌnaɪz] *vt* **-nized; -nizing** : desorganizar
**disorient** [dɪsˈoriˌɛnt] *vt* : desorientar
**disown** [dɪsˈoːn] *vt* : renegar de, repudiar
**disparage** [dɪsˈpærɪdʒ] *vt* **-aged; -aging** : menospreciar, denigrar
**disparagement** [dɪsˈpærɪdʒmənt] *n* : menosprecio *m*
**disparate** [ˈdɪspərət, dɪsˈpærət] *adj* : dispar, diferente
**disparity** [dɪsˈpærəti] *n, pl* **-ties** : disparidad *f*
**dispassionate** [dɪsˈpæʃənət] *adj* : desapasionado, imparcial — **dispassionately** *adv*
**dispatch**[1] [dɪsˈpætʃ] *vt* **1** SEND : despachar, enviar **2** KILL : despachar, matar **3** HANDLE : despachar
**dispatch**[2] *n* **1** SENDING : envío *m*, despacho *m* **2** MESSAGE : despacho *m*, reportaje *m* (de un periodista), parte *m* (en el ejército) **3** PROMPTNESS : prontitud *f*, rapidez *f*
**dispel** [dɪsˈpɛl] *vt* **-pelled; -pelling** : disipar, desvanecer
**dispensable** [dɪˈspɛnsəbəl] *adj* : prescindible
**dispensary** [dɪˈspɛnsəri] *n, pl* **-ries** : dispensario *m*
**dispensation** [ˌdɪspɛnˈseɪʃən] *n* EXEMPTION : exención *m*, dispensa *f*
**dispense** [dɪsˈpɛns] *v* **-pensed; -pensing** *vt* **1** DISTRIBUTE : repartir, distribuir, dar **2** ADMINISTER, BESTOW : administrar (justicia), conceder (favores, etc.) **3** : preparar y despachar (medicamentos) — *vi* **to dispense with** : prescindir de
**dispenser** [dɪsˈpɛnsər] *n* : dispensador *m*, distribuidor *m* automático
**dispersal** [dɪsˈpərsəl] *n* : dispersión *f*
**disperse** [dɪsˈpərs] *v* **-persed; -persing** *vt* : dispersar, diseminar — *vi* : dispersarse

**dispersion** [dɪˈspərʒən] *n* : dispersión *f*
**dispirit** [dɪˈspɪrət] *vt* : desalentar, desanimar
**dispirited** [dɪˈspɪrətəd] *adj* : desanimado
**displace** [dɪsˈpleɪs] *vt* **-placed; -placing** **1** : desplazar (un líquido, etc.) **2** REPLACE : reemplazar
**displacement** [dɪsˈpleɪsmənt] *n* **1** : desplazamiento *m* (de personas) **2** REPLACEMENT : sustitución *f*, reemplazo *m*
**display**[1] [dɪsˈpleɪ] *vt* : exponer, exhibir, mostrar
**display**[2] *n* **1** : muestra *f*, exposición *f*, alarde *m* **2** : visualizador *m* (de un aparato)
**displease** [dɪsˈpliːz] *vt* **-pleased; -pleasing** : desagradar a, disgustar, contrariar
**displeasure** [dɪsˈpleʒər] *n* : desagrado *m*
**disposable** [dɪsˈpoːzəbəl] *adj* **1** : desechable ⟨disposable diapers : pañales desechables⟩ **2** AVAILABLE : disponible
**disposal** [dɪsˈpoːzəl] *n* **1** PLACEMENT : disposición *f*, colocación *f* **2** REMOVAL : eliminación *f* **3** → **garbage disposal** **4 to have at one's disposal** : disponer de, tener a su disposición
**dispose** [dɪsˈpoːz] *v* **-posed; -posing** *vt* **1** ARRANGE : disponer, colocar **2** INCLINE : predisponer — *vi* **1 to dispose of** DISCARD : desechar, deshacerse de **2 to dispose of** HANDLE : despachar **3 to be disposed to do something** : estar dispuesto a hacer algo
**disposition** [ˌdɪspəˈzɪʃən] *n* **1** ARRANGEMENT : disposición *f* **2** TENDENCY : predisposición *f*, inclinación *f* **3** TEMPERAMENT : temperamento *m*, carácter *m*
**dispossess** [ˌdɪspəˈzɛs] *vt* : desposeer
**disproportion** [ˌdɪsprəˈpoːrʃən] *n* : desproporción *f*
**disproportionate** [ˌdɪsprəˈpoːrʃənət] *adj* : desproporcionado — **disproportionately** *adv*
**disprove** [dɪsˈpruːv] *vt* **-proved; -proving** : rebatir, refutar
**disputable** [dɪsˈpjuːtəbəl, ˈdɪspjʊtəbəl] *adj* : discutible
**dispute**[1] [dɪsˈpjuːt] *v* **-puted; -puting** *vt* **1** QUESTION : discutir, cuestionar **2** OPPOSE : combatir, resistir — *vi* ARGUE, DEBATE : discutir
**dispute**[2] *n* **1** DEBATE : debate *m*, discusión *f* **2** QUARREL : disputa *f*, discusión *f*
**disqualification** [dɪsˌkwɑləfəˈkeɪʃən] *n* : descalificación *f*
**disqualify** [dɪsˈkwɑləˌfaɪ] *vt* **-fied; -fying** : descalificar, inhabilitar
**disquiet**[1] [dɪsˈkwaɪət] *vt* : inquietar
**disquiet**[2] *n* : ansiedad *f*, inquietud *f*
**disregard**[1] [ˌdɪsrɪˈgɑrd] *vt* : ignorar, no prestar atención a
**disregard**[2] *n* : indiferencia *f*
**disrepair** [ˌdɪsrɪˈpær] *n* : mal estado *m*
**disreputable** [dɪsˈrɛpjʊtəbəl] *adj* : de mala fama (dícese de una persona o un lugar), vergonzoso (dícese de la conducta)
**disreputably** [dɪsˈrɛpjʊtəbli] *adv* : vergonzosamente
**disrepute** [ˌdɪsrɪˈpjuːt] *n* : descrédito *m*, mala fama *f*, deshonra *f*
**disrespect** [ˌdɪsrɪˈspɛkt] *n* : falta *f* de respeto
**disrespectful** [ˌdɪsrɪˈspɛktfəl] *adj* : irrespetuoso — **disrespectfully** *adv*
**disrobe** [dɪsˈroːb] *v* **-robed; -robing** *vt* : desvestir, desnudar — *vi* : desvestirse, desnudarse
**disrupt** [dɪsˈrʌpt] *vt* : trastornar, perturbar
**disruption** [dɪsˈrʌpʃən] *n* : trastorno *m*
**disruptive** [dɪsˈrʌptɪv] *adj* : perjudicial, perturbador — **disruptively** *adv*
**dissatisfaction** [dɪsˌsætəsˈfækʃən] *n* : descontento *m*, insatisfacción *f*
**dissatisfied** [dɪsˈsætəsˌfaɪd] *adj* : descontento, insatisfecho
**dissatisfy** [dɪsˈsætəsˌfaɪ] *vt* **-fied; -fying** : no contentar, no satisfacer
**dissect** [dɪˈsɛkt] *vt* : disecar
**dissection** [dɪˈsɛkʃən] *n* : disección *f*
**dissemble** [dɪˈsɛmbəl] *v* **-bled; -bling** *vt* HIDE : ocultar, disimular — *vi* PRETEND : fingir, disimular
**disseminate** [dɪˈsɛməˌneɪt] *vt* **-nated; -nating** : diseminar, difundir, divulgar
**dissemination** [dɪˌsɛməˈneɪʃən] *n* : diseminación *f*, difusión *f*
**dissension** [dɪˈsɛnʃən] *n* : disensión *f*, desacuerdo *m*
**dissent**[1] [dɪˈsɛnt] *vi* : disentir
**dissent**[2] *n* : disentimiento *m*, disensión *f*, disenso *m*
**dissertation** [ˌdɪsərˈteɪʃən] *n* **1** DISCOURSE : disertación *f*, discurso *m* **2** THESIS : tesis *f*
**disservice** [dɪsˈsərvɪs] *n* : perjuicio *m*
**dissident**[1] [ˈdɪsədənt] *adj* : disidente
**dissident**[2] *n* : disidente *mf*
**dissimilar** [dɪˈsɪmələr] *adj* : distinto, diferente, disímil
**dissipate** [ˈdɪsəˌpeɪt] *vt* **-pated; -pating** **1** DISPERSE : disipar, dispersar **2** SQUANDER : malgastar, desperdiciar, derrochar, disipar
**dissipation** [ˌdɪsəˈpeɪʃən] *n* : libertinaje *m*
**dissociate** [dɪˈsoːʃiˌeɪt, -si-] *or* **disassociate** [ˌdɪsəˈsoːʃiˌeɪt, -si-] *v* **-ated** [-ˌeɪtəd]; **-ating** [-ˌeɪtɪŋ] *vt* : disociar ⟨to dissociate oneself : disociarse⟩ — *vi* : disociarse
**dissociation** [dɪˌsoːʃiˈeɪʃən, -si-] *n* : disociación *f*
**dissolute** [ˈdɪsəˌluːt] *adj* : disoluto
**dissolution** [ˌdɪsəˈluːʃən] *n* : disolución *f*
**dissolve** [dɪˈzɑlv] *v* **-solved; -solving** *vt* : disolver — *vi* : disolverse
**dissonance** [ˈdɪsənənts] *n* : disonancia *f*
**dissuade** [dɪˈsweɪd] *vt* **-suaded; -suading** : disuadir
**distance**[1] [ˈdɪstəns] *vt* **-tanced** [-təns̩t]; **-tancing** [-təns̩ɪŋ] **to distance oneself** : distanciarse
**distance**[2] *n* **1** : distancia *f* ⟨the distance between two points : la distancia entre dos puntos⟩ ⟨in the distance : a lo lejos⟩ **2** RESERVE : actitud *f* distante, reserva *f* ⟨to keep one's distance : guardar las distancias⟩

**distant** [ˈdɪstənt] *adj* **1** FAR : distante, lejano **2** REMOTE : distante, lejano, remoto **3** ALOOF : distante, frío

**distantly** [ˈdɪstəntli] *adv* **1** LOOSELY : aproximadamente, vagamente **2** COLDLY : fríamente, con frialdad

**distaste** [dɪsˈteɪst] *n* : desagrado *m*, aversión *f*

**distasteful** [dɪsˈteɪstfəl] *adj* : desagradable, de mal gusto

**distemper** [dɪsˈtempər] *n* : moquillo *m*

**distend** [dɪsˈtend] *vt* : dilatar, hinchar — *vi* : dilatarse, hincharse

**distill** [dɪˈstɪl] *vt* : destilar

**distillation** [ˌdɪstəˈleɪʃən] *n* : destilación *f*

**distiller** [dɪˈstɪlər] *n* : destilador *m*, -dora *f*

**distillery** [dɪˈstɪləri] *n, pl* **-ries** [-riz] : destilería *f*

**distinct** [dɪˈstɪŋkt] *adj* **1** DIFFERENT : distinto, diferente **2** CLEAR, UNMISTAKABLE : marcado, claro, evidente ⟨a distinct possibility : una clara posibilidad⟩

**distinction** [dɪˈstɪŋkʃən] *n* **1** DIFFERENTIATION : distinción *f* **2** DIFFERENCE : diferencia *f* **3** EXCELLENCE : distinción *f*, excelencia *f* ⟨a writer of distinction : un escritor destacado⟩

**distinctive** [dɪˈstɪŋktɪv] *adj* : distintivo, característico — **distinctively** *adv*

**distinctiveness** [dɪˈstɪŋktɪvnəs] *n* : peculiaridad *f*

**distinctly** [dɪˈstɪŋktli] *adv* : claramente, con claridad

**distinguish** [dɪsˈtɪŋgwɪʃ] *vt* **1** DIFFERENTIATE : distinguir, diferenciar **2** DISCERN : distinguir ⟨he distinguished the sound of the piano : distinguió el sonido del piano⟩ **3 to distinguish oneself** : señalarse, distinguirse — *vi* DISCRIMINATE : distinguir

**distinguishable** [dɪsˈtɪŋgwɪʃəbəl] *adj* : distinguible

**distinguished** [dɪsˈtɪŋgwɪʃt] *adj* : distinguido

**distinguishing** [dɪsˈtɪŋgwɪʃɪŋ] *adj* : distintivo

**distort** [dɪˈstɔrt] *vt* **1** MISREPRESENT : distorsionar, tergiversar **2** DEFORM : distorsionar, deformar

**distortion** [dɪˈstɔrʃən] *n* : distorsión *f*, deformación *f*, tergiversación *f*

**distract** [dɪˈstrækt] *vt* : distraer, entretener

**distracted** [dɪˈstræktəd] *adj* : distraído

**distraction** [dɪˈstrækʃən] *n* **1** INTERRUPTION : distracción *f*, interrupción *f* **2** CONFUSION : confusión *f* **3** AMUSEMENT : diversión *f*, entretenimiento *m*, distracción *f*

**distraught** [dɪˈstrɔt] *adj* : afligido, turbado

**distress**[1] [dɪˈstɛrs] *vt* : afligir, darle pena (a alguien), hacer sufrir

**distress**[2] *n* **1** SORROW : dolor *m*, angustia *f*, aflicción *f* **2** PAIN : dolor *m* **3 in ~** : en peligro

**distressful** [dɪˈstrɛsfəl] *adj* : doloroso, penoso

**distressing** [dɪˈstrɛsɪŋ] *adj* : angustioso

**distribute** [dɪˈstrɪˌbjuːt, -bjʊt] *vt* **-uted; -uting** : distribuir, repartir

**distribution** [ˌdɪstrəˈbjuːʃən] *n* : distribución *f*, reparto *m*

**distributive** [dɪˈstrɪbjʊtɪv] *adj* : distributivo

**distributor** [dɪˈstrɪbjʊtər] *n* : distribuidor *m*, -dora *f*

**district** [ˈdɪsˌtrɪkt] *n* **1** REGION : región *f*, zona *f*, barrio *m* (de una ciudad) **2** : distrito *m* (zona política)

**district attorney** *n* : fiscal *mf* (del distrito)

**distrust**[1] [dɪsˈtrʌst] *vt* : desconfiar de

**distrust**[2] *n* : desconfianza *f*, recelo *m*

**distrustful** [dɪsˈtrʌstfəl] *adj* : desconfiado, receloso, suspicaz

**disturb** [dɪˈstərb] *vt* **1** BOTHER : molestar, perturbar ⟨sorry to disturb you : perdone la molestia⟩ **2** DISARRANGE : desordenar **3** WORRY : inquietar, preocupar **4 to disturb the peace** : alterar el orden público

**disturbance** [dɪˈstərbənʌs] *n* **1** COMMOTION : alboroto *m*, disturbio *m* **2** INTERRUPTION : interrupción *f*

**disturbed** [dɪˈstərbd] *adj* **1** : trastornado ⟨mentally/emotionally disturbed : con trastornos mentales/emocionales⟩ **2** WORRIED, UNSETTLED : inquieto, agitado

**disturbing** [dɪˈstərbɪŋ] *adj* : inquietante

**disuse** [dɪsˈjuːs] *n* : desuso *m*

**disused** [dɪsˈjuːzd] *adj* **1** ABANDONED : abandonado **2** ANTIQUATED : desusado

**ditch**[1] [ˈdɪtʃ] *vt* **1** : cavar zanjas en **2** DISCARD : deshacerse de, botar

**ditch**[2] *n* : zanja *f*, fosa *f*, cuneta *f* (en una carretera)

**dither** [ˈdɪðər] *n* **to be in a dither** : estar nervioso, ponerse como loco

**ditto** [ˈdɪtoː] *n, pl* **-tos** **1** : lo mismo, ídem *m* **2 ditto marks** : comillas *fpl*

**ditty** [ˈdɪti] *n, pl* **-ties** : canción *f* corta y simple

**diurnal** [daɪˈərnəl] *adj* **1** DAILY : diario, cotidiano **2** : diurno ⟨a diurnal animal : un animal diurno⟩

**diva** [ˈdiːvə] *n* : diva *f*

**divan** [ˈdaɪˌvæn, dɪˈ-] *n* : diván *m*

**dive**[1] [ˈdaɪv] *vi* **dived** *or* **dove** [ˈdoːv]; **dived; diving** **1** PLUNGE : tirarse al agua, zambullirse, dar un clavado **2** SUBMERGE : sumergirse **3** DROP : bajar en picada (dícese de un avión), caer en picada **4** : bucear, hacer submarinismo ⟨to dive for pearls : bucear buscando perlas⟩

**dive**[2] *n* **1** PLUNGE : zambullida *f*, clavado *m* (en el agua) **2** DESCENT : descenso *m* en picada **3** BAR, JOINT : antro *m*

**diver** [ˈdaɪvər] *n* **1** : saltador *m*, -dora *f*; clavadista *mf* **2** : buceador *m*, -dora *f*; buzo *mf*; submarinista *mf*

**diverge** [dəˈvərdʒ, daɪ-] *vi* **-verged; -verging** **1** SEPARATE : divergir, separarse **2** DIFFER : divergir, discrepar

**divergence** [dəˈvərdʒənʌs, daɪ-] *n* : divergencia *f* — **divergent** [-ənt] *adj*

**diverse** [daɪˈvərs, də-, ˈdaɪˌvərs] *adj* : diverso, variado

**diversification** [daɪˌvərsəfəˈkeɪʃən, də-] *n* : diversificación *f*
**diversify** [daɪˈvərsəˌfaɪ, də-] *vt* **-fied; -fying** : diversificar, variar
**diversion** [daɪˈvərʒən, də-] *n* **1** DEVIATION : desviación *f* **2** AMUSEMENT, DISTRACTION : diversión *f*, distracción *f*, entretenimiento *m*
**diversity** [daɪˈvərsəṭi, də-] *n, pl* **-ties** : diversidad *f*
**divert** [dəˈvərt, daɪ-] *vt* **1** DEFLECT : desviar **2** DISTRACT : distraer **3** AMUSE : divertir, entretener
**divest** [daɪˈvest, də-] *vt* **1** UNDRESS : desnudar, desvestir **2 to divest of** : despojar de
**divide** [dəˈvaɪd] *v* **-vided; -viding** *vt* **1** HALVE : dividir, partir por la mitad **2** SHARE : repartir, dividir ⟨to divide between/among : dividir entre⟩ **3** : dividir (números) ⟨to divide by : dividir por⟩ — *vi* : dividirse, dividir (en matemáticas)
**dividend** [ˈdɪvəˌdend, -dənd] *n* **1** : dividendo *m* (en finanzas) **2** ADVANTAGE, BENEFIT : beneficio *m*, provecho *m* ⟨to pay dividends : reportar beneficios⟩ **3** : dividendo *m* (en matemáticas)
**divider** [dɪˈvaɪdər] *n* **1** : separador *m* (para ficheros, etc.) **2** *or* **room divider** : mampara *f*, biombo *m*
**divination** [ˌdɪvəˈneɪʃən] *n* : adivinación *f*
**divine**[1] [dəˈvaɪn] *adj* **diviner; -est 1** : divino **2** SUPERB : divino, espléndido — **divinely** *adv*
**divine**[2] *n* : clérigo *m*, eclesiástico *m*
**diving** [ˈdaɪvɪŋ] *n* **1** : clavados *mpl* **2** : buceo *m*, submarinismo *m*
**diving board** *n* : trampolín *m*
**divinity** [dəˈvɪnəṭi] *n, pl* **-ties** : divinidad *f*
**divisible** [dɪˈvɪzəbəl] *adj* : divisible
**division** [dɪˈvɪʒən] *n* **1** DISTRIBUTION : división *f*, reparto *m* ⟨division of labor : distribución del trabajo⟩ **2** PART : división *f*, sección *f* **3** : división *f* (en matemáticas)
**divisive** [dəˈvaɪsɪv] *adj* : divisivo
**divisor** [dɪˈvaɪzər] *n* : divisor *m*
**divorce**[1] [dəˈvɔrs] *v* **-vorced; -vorcing** *vt* : divorciar — *vi* : divorciarse
**divorce**[2] *n* : divorcio *m*
**divorcé** [dɪˌvɔrˈseɪ, -ˈsi:, -ˈvɔrˌ-] *n* : divorciado *m*
**divorcée** [dɪˌvɔrˈseɪ, -ˈsi:, -ˈvɔrˌ-] *n* : divorciada *f*
**divorced** *adj* : divorciado
**divulge** [dəˈvʌlʤ, daɪ-] *vt* **-vulged; -vulging** : revelar, divulgar
**DIY**[1] [ˌdi:ˌaɪˈwaɪ] → **do-it-yourself**[1]
**DIY**[2] → **do-it-yourself**[2]
**dizzily** [ˈdɪzəli] *adv* : vertiginosamente
**dizziness** [ˈdɪzinəs] *n* : mareo *m*, vahído *m*, vértigo *m*
**dizzy** [ˈdɪzi] *adj* **dizzier; -est 1** : mareado ⟨I feel dizzy : estoy mareado⟩ **2** DIZZYING : vertiginoso ⟨a dizzy speed : una velocidad vertiginosa⟩
**dizzying** [ˈdɪzɪŋ] *adj* : vertiginoso
**DNA** [ˌdi:ˌɛnˈeɪ] *n* (*de*oxyribo*n*ucleic *a*cid) : ADN *m*

**do**[1] [ˈdu:] *v* **did** [ˈdɪd]; **done** [ˈdʌn]; **doing; does** [ˈdʌz] *vt* **1** CARRY OUT, PERFORM : hacer, realizar, llevar a cabo ⟨she did her best : hizo todo lo posible⟩ ⟨I didn't do it! : ¡no fui yo!⟩ ⟨do something! : ¡haz algo!⟩ ⟨I did something to my knee : me lastimé la rodilla⟩ ⟨she did nothing to help : no hizo nada para ayudar⟩ ⟨I have nothing to do : no tengo nada que hacer⟩ ⟨are you doing anything tonight? : ¿haces algo esta noche?⟩ ⟨what can I do for you? : ¿en qué puedo servirle?⟩ ⟨to do the chores : hacer los quehaceres⟩ ⟨to do the right thing : hacer lo correcto⟩ ⟨to do someone a favor : hacerle un favor a alguien⟩ **2** : dedicarse a, trabajar en ⟨what do you do (for a living)? : ¿a qué te dedicas?⟩ **3** COMPLETE : hacer ⟨did you do your homework? : ¿hiciste la tarea?⟩ **4** PREPARE : hacer, preparar (comida) **5** ARRANGE : arreglar, peinar (el pelo) ⟨to do one's hair : peinarse⟩ ⟨to do one's makeup/face : maquillarse⟩ **6** GO : ir a (una velocidad) ⟨he was doing 90 (miles per hour) : iba a 90 millas por hora⟩ **7** VISIT : visitar (un lugar) **8** : hacer ⟨the change will do you good : el cambio te hará bien⟩ ⟨that color does nothing for you : ese color no te queda bien⟩ ⟨that song does nothing for me : esa canción no me dice nada⟩ **9** CREATE, PRODUCE : hacer **10** WASH, CLEAN : lavar, limpiar ⟨to do laundry : lavar la ropa⟩ **11** DECORATE : pintar, decorar **12 to do in** RUIN : estropear, arruinar **13 to do in** KILL : matar, liquidar *fam* **14 to do in** TIRE, EXHAUST : agotar **15 to do lunch/dinner (etc.)** : juntarse a almorzar/cenar (etc.) **16 to do over** : volver a hacer **17 to do up** FASTEN : atar, abrochar **18 what is/are . . . doing . . . ?** (*expressing surprise or annoyance*) ⟨what are you doing here? : ¿qué haces aquí?⟩ ⟨what is my coat doing on the floor? : ¿qué hace mi abrigo en el suelo?⟩ — *vi* **1** : hacer ⟨you did well : hiciste bien⟩ **2** FARE : estar, ir, andar ⟨how are you doing? : ¿cómo estás?, ¿cómo te va?⟩ **3** SERVE : servir, ser suficiente, alcanzar ⟨this will do for now : esto servirá por el momento⟩ **4 could do with** ⟨I could do with a cup of coffee : un café no me vendría mal⟩ **5 to do away with** ABOLISH : abolir, suprimir **6 to do away with** KILL : eliminar, matar **7 to do by** TREAT : tratar ⟨he does well by her : él la trata bien⟩ **8 to do well to** : hacer bien en **9 to do without** MANAGE : arreglárselas **10 to do without something** : pasar sin algo, prescindir de algo **11 to have to do with** : tener que ver con ⟨that has nothing to do with it : eso no tiene nada que ver (con el asunto)⟩ ⟨I didn't have anything to do with it : no tuve nada que ver con eso⟩ **12 to want nothing to do with** : hacerle la cruz a — *v aux* **1** (*used in questions and negative statements*) ⟨do you know her? : ¿la conoces?⟩ ⟨I don't like that : a mí no me gusta eso⟩ ⟨I don't know : no sé⟩ ⟨do not touch : no tocar⟩ **2** (*used for emphasis*) ⟨I do hope you'll come : espero que vengas⟩ **3** (*used as a substitute verb to avoid repetition*) ⟨do you speak English? — yes, I do : ¿habla inglés? — sí⟩ ⟨so do I : yo también⟩

**do²** [ˈdo:] *n* : do *m* (en el canto)

**docile** [ˈdɑsəl] *adj* : dócil, sumiso

**dock¹** [ˈdɑk] *vt* **1** CUT : cortar **2** : descontar dinero de (un sueldo) — *vi* ANCHOR, LAND : fondear, atracar

**dock²** *n* **1** PIER : atracadero *m* **2** WHARF : muelle *m* **3** : banquillo *m* de los acusados (en un tribunal)

**dockworker** [ˈdɑkˌwərkər] *n* : estibador *m*, -dora *f*

**dockyard** [ˈdɑkˌjɑrd] *n* : astillero *m*

**doctor¹** [ˈdɑktər] *vt* **1** TREAT : tratar, curar **2** ALTER : adulterar, alterar, falsificar (un documento)

**doctor²** *n* **1** : doctor *m*, -tora *f* ⟨Doctor of Philosophy : doctor en filosofía⟩ **2** PHYSICIAN : médico *m*, -ca *f*; doctor *m*, -tora *f*

**doctorate** [ˈdɑktərət] *n* : doctorado *m*

**doctrine** [ˈdɑktrɪn] *n* : doctrina *f*

**document¹** [ˈdɑkjəˌmɛnt] *vt* : documentar

**document²** [ˈdɑkjəmənt] *n* : documento *m*

**documentary¹** [ˌdɑkjəˈmɛntəri] *adj* : documental

**documentary²** *n, pl* **-ries** : documental *m*

**documentation** [ˌdɑkjəmənˈteɪʃən] *n* : documentación *f*

**dodge¹** [ˈdɑʤ] *v* **dodged; dodging** *vt* : esquivar, eludir, evadir (impuestos) — *vi* : echarse a un lado

**dodge²** *n* **1** RUSE : truco *m*, treta *f*, artimaña *f* **2** EVASION : regate *m*, evasión *f*

**doe** [ˈdo:] *n, pl* **does** *or* **doe** : gama *f*, cierva *f*

**doer** [ˈdu:ər] *n* : hacedor *m*, -dora *f*

**does → do**

**doesn't** [ˈdʌzənt] *contraction of* DOES NOT **→ do**

**doff** [ˈdɑf, ˈdɔf] *vt* : quitarse ⟨to doff one's hat : quitarse el sombrero⟩

**dog¹** [ˈdɔg, ˈdɑg] *vt* **dogged; dogging** : seguir de cerca, perseguir, acosar ⟨to dog someone's footsteps : seguir los pasos de alguien⟩ ⟨dogged by bad luck : perseguido por la mala suerte⟩

**dog²** *n* **1** : perro *m*, -rra *f* **2 → hot dog** **3** (*offensive*) : mujer *f* fea **4 sick as a dog** : muy enfermo **5 to let sleeping dogs lie** : no remover el avispero

**dogcatcher** [ˈdɔgˌkætʃər] *n* : perrero *m*, -ra *f*

**dog–eared** [ˈdɔgˌɪrd] *adj* : con las esquinas dobladas

**dogged** [ˈdɔgəd] *adj* : tenaz, terco, obstinado

**doggy** [ˈdɔgi] *n, pl* **doggies** : perrito *m*, -ta *f*

**doghouse** [ˈdɔgˌhaʊs] *n* : casita *f* de perro

**dogma** [ˈdɔgmə] *n* : dogma *m*

**dogmatic** [dɔgˈmæṭɪk] *adj* : dogmático

**dogmatism** [ˈdɔgməˌtɪzəm] *n* : dogmatismo *m*

**dogwood** [ˈdɔgˌwʊd] *n* : cornejo *m*

**doily** [ˈdɔɪli] *n, pl* **-lies** : pañito *m*

**doings** [ˈdu:ɪŋz] *npl* : eventos *mpl*, actividades *fpl*

**do–it–yourself¹** *n* : bricolaje *m*

**do–it–yourself²** *adj* : de bricolaje

**doldrums** [ˈdo:ldrəmz, ˈdɑl-] *npl* **1** : zona *f* de las calmas ecuatoriales **2 to be in the doldrums** : estar abatido (dícese de una persona), estar estancado (dícese de una empresa)

**dole** [ˈdo:l] *n* **1** ALMS : distribución *f* a los necesitados, limosna *f* **2** : subsidios *mpl* de desempleo

**doleful** [ˈdo:lfəl] *adj* : triste, lúgubre

**dolefully** [ˈdo:lfəli] *adv* : con pesar, de manera triste

**dole out** *vt* **doled out; doling out** : repartir

**doll** [ˈdɑl, ˈdɔl] *n* : muñeco *m*, -ca *f*

**dollar** [ˈdɑlər] *n* : dólar *m*

**dolly** [ˈdɑli] *n, pl* **-lies** **1 → doll** **2** : plataforma *f* rodante

**dolphin** [ˈdɑlfən, ˈdɔl-] *n* : delfín *m*

**dolt** [ˈdo:lt] *n* : imbécil *mf*; tonto *m*, -ta *f*

**domain** [doˈmeɪn, də-] *n* **1** TERRITORY : dominio *m*, territorio *m* **2** FIELD : campo *m*, esfera *f*, ámbito *m* ⟨the domain of art : el ámbito de las artes⟩

**dome** [ˈdo:m] *n* : cúpula *f*, bóveda *f*

**domestic¹** [dəˈmɛstɪk] *adj* **1** HOUSEHOLD : doméstico, casero **2** : nacional, interno ⟨domestic policy : política interna⟩ **3** TAME : domesticado

**domestic²** *n* : empleado *m* doméstico, empleada *f* doméstica

**domestically** [dəˈmɛstɪkli] *adv* : domésticamente

**domesticate** [dəˈmɛstɪˌkeɪt] *vt* **-cated; -cating** : domesticar

**domicile** [ˈdɑməˌsaɪl, ˈdo:-;, ˈdɑməsɪl] *n* : domicilio *m*

**dominance** [ˈdɑmənənʦ] *n* : dominio *m*, dominación *f*

**dominant** [ˈdɑmənənt] *adj* : dominante

**dominate** [ˈdɑməˌneɪt] *v* **-nated; -nating** : dominar

**domination** [ˌdɑməˈneɪʃən] *n* : dominación *f*

**domineer** [ˌdɑməˈnɪr] *vt* : dominar sobre, avasallar, tiranizar

**domineering** [ˌdɑməˈnɪrɪŋ] *adj* : dominante

**Dominican¹** [dəˈmɪnɪkən] *adj* **1** : dominicano **2** : dominico (en religión)

**Dominican²** *n* **1** : dominicano *m*, -na *f* **2** : dominico *m*, -ca *f* (en religión)

**dominion** [dəˈmɪnjən] *n* **1** POWER : dominio *m* **2** DOMAIN, TERRITORY : dominio *m*, territorio *m*

**domino** [ˈdɑməˌno:] *n, pl* **-noes** *or* **-nos** **1** : dominó *m* **2 dominoes** *npl* : dominó *m* (juego)

**don** [ˈdɑn] *vt* **donned; donning** : ponerse

**donate** [ˈdo:ˌneɪt, do:ˈ-] *vt* **-nated; -nating** : donar, hacer un donativo de

**donation** [do:ˈneɪʃən] *n* : donación *f*, donativo *m*

**done¹** [ˈdʌn] **→ do**

**done²** *adj* **1** FINISHED : terminado, acabado, concluido ⟨now I'm done : ya terminé〉 **2** COOKED : cocinado **3** **done in** : agotado, derrengado **4** **done for** : perdido, frito *Arg, Chile, Peru, Uru fam*

**donkey** [ˈdɑŋki, ˈdʌŋ-] *n, pl* **-keys** : burro *m*, asno *m*

**donor** [ˈdo:nər] *n* : donante *mf*; donador *m*, -dora *f*

**don't** [ˈdo:nt] *contraction of* DO NOT → **do**

**donut** → **doughnut**

**doodle¹** [ˈdu:dəl] *v* **-dled; -dling** : garabatear

**doodle²** *n* : garabato *m*

**doom¹** [ˈdu:m] *vt* : condenar 〈to be doomed (to failure) : estar condenado al fracaso〉

**doom²** *n* **1** JUDGMENT : sentencia *f*, condena *f* **2** DEATH : muerte *f* **3** FATE : destino *m* **4** RUIN : perdición *f*, ruina *f*

**door** [ˈdor] *n* **1** : puerta *f* 〈there's someone at the door : llaman a la puerta〉 〈to answer the door : abrir la puerta〉 〈can you get the door for me? : ¿me abres/cierras la puerta?〉 〈garage/refrigerator door : puerta del garaje/refrigerador〉 **2** ENTRANCE : entrada *f*

**doorbell** [ˈdorˌbɛl] *n* : timbre *m*

**doorknob** [ˈdorˌnɑb] *n* : pomo *m*, perilla *f*

**doorman** [ˈdormən] *n, pl* **-men** [-mən, -ˌmɛn] : portero *m*

**doormat** [ˈdorˌmæt] : felpudo *m*

**doorstep** [ˈdorˌstɛp] *n* : umbral *m*

**doorstop** [ˈdorˌstɑp] *n* : tope *m* de puerta

**doorway** [ˈdorˌweɪ] *n* : entrada *f*, portal *m*

**do-over** [ˈdu:ˌo:vər] *n* : otra oportunidad *f*, otro intento *m*

**dope¹** [ˈdo:p] *vt* **doped; doping** : drogar, narcotizar

**dope²** *n* **1** DRUG : droga *f*, estupefaciente *m*, narcótico *m* **2** IDIOT : idiota *mf*; tonto *m*, -ta *f* **3** INFORMATION : información *f*

**dopey** [ˈdo:pi] *adj* **1** GROGGY : atontado, grogui *fam* **2** FOOLISH : tonto **3** DRUGGED : drogado

**doping** *n* : doping *m* (en deportes)

**dormant** [ˈdɔrmənt] *adj* : inactivo, latente

**dormer** [ˈdɔrmər] *n* : buhardilla *f*

**dormitory** [ˈdɔrmɪˌtori] *n, pl* **-ries** : dormitorio *m*, residencia *f* de estudiantes

**dormouse** [ˈdɔrˌmaʊs] *n* : lirón *m*

**dorsal** [ˈdɔrsəl] *adj* : dorsal — **dorsally** *adv*

**dory** [ˈdori] *n, pl* **-ries** : bote *m* de fondo plano

**dosage** [ˈdo:sɪʤ] *n* : dosis *f*

**dose¹** [ˈdo:s] *vt* **dosed; dosing** : medicinar

**dose²** *n* : dosis *f*

**dossier** [ˈdɑsˌjeɪ, ˈdɑs-] *n* : dossier *m*

**dot¹** [ˈdɑt] *vt* **dotted; dotting** **1** : poner el punto sobre (una letra) **2** SCATTER : esparcir, salpicar

**dot²** *n* : punto *m* 〈at six on the dot : a las seis en punto〉 〈dots and dashes : puntos y rayas〉

**dot-com** [ˈdɑtˌkɑm] *n* : puntocom *m*

**dote** [ˈdo:t] *vi* **doted; doting** : chochear

**double¹** [ˈdʌbəl] *v* **-bled; -bling** *vt* **1** : doblar, duplicar (una cantidad), redoblar (esfuerzos) **2** FOLD : doblar, plegar **3** **to double one's fist** : apretar el puño — *vi* **1** : doblarse, duplicarse **2** **to double over** : retorcerse

**double²** *adj* : doble — **doubly** *adv*

**double³** *n* : doble *mf*

**double-barreled** *or* **double-barrelled** [ˌdʌbəlˈbærəld] *adj* **1** : de dos cañones (dícese de un arma de fuego) **2** TWOFOLD : doble

**double bass** *n* : contrabajo *m*

**double bed** *n* : cama *f* de matrimonio

**double-breasted** [ˌdʌbəlˈbrɛstəd] *adj* : cruzado

**double-check** [ˌdʌbəlˈtʃɛk] *vt* : verificar dos veces

**double chin** *n* : papada *f*

**double-click** [ˌdʌbəlˈklɪk] *vi* : hacer doble clic

**double-cross** [ˌdʌbəlˈkrɔs] *vt* : traicionar

**double-crosser** [ˌdʌbəlˈkrɔsər] *n* : traidor *m*, -dora *f*

**double entendre** [ˈdʌbəlɑnˈtɑndrə] *n* : doble sentido *m*

**double-glazed** [ˌdʌbəlˈgleɪzd] *n* : con doble acristalamiento

**double-jointed** [ˌdʌbəlˈʤɔɪntəd] *adj* : con articulaciones dobles

**double-spaced** [ˌdʌbəlˈspeɪst] *n* : a doble espacio

**double-talk** [ˈdʌbəlˌtɔk] *n* : ambigüedades *fpl*, lenguaje *m* con doble sentido

**doubt¹** [ˈdaʊt] *vt* **1** QUESTION : dudar de, cuestionar **2** DISTRUST : desconfiar de **3** : dudar, creer poco probable 〈I doubt it very much : lo dudo mucho〉

**doubt²** *n* **1** UNCERTAINTY : duda *f*, incertidumbre *f* 〈to cast/throw doubt on, to cast/throw/call into doubt, to raise doubts about : poner en duda/cuestión〉 **2** DISTRUST : desconfianza *f* **3** SKEPTICISM : duda *f*, escepticismo *m* **4** **beyond doubt** : sin lugar a duda 〈beyond any/all doubt : fuera de toda duda〉 〈beyond a reasonable doubt : más allá de toda duda razonable〉 **5** **in doubt** : en duda 〈if/when in doubt : en/ante la duda〉 〈the outcome remains in doubt : aún no se conoce el resultado〉 **6** **no doubt** DOUBTLESS : sin duda 〈there's no doubt about it : no hay/cabe duda〉 **7** **without (a) doubt** : sin duda 〈without a shadow of a doubt : sin el menor asomo de duda〉

**doubtful** [ˈdaʊtfəl] *adj* **1** QUESTIONABLE : dudoso **2** UNCERTAIN : dudoso, incierto

**doubtfully** [ˈdaʊtfəli] *adv* : dudosamente, sin estar convencido

**doubtless** [ˈdaʊtləs] *or* **doubtlessly** *adv* : sin duda

**douche¹** [ˈdu:ʃ] *vt* **douched; douching** : irrigar

**douche²** *n* : ducha *f*, irrigación *f*

**dough** [ˈdo:] *n* : masa *f*

**doughnut** *or* **donut** [ˈdo:ˌnʌt] *n* : rosquilla *f*, dona *f Mex*

**doughty** [ˈdaʊti] *adj* **doughtier; -est** : fuerte, valiente

**doughy** [ˈdo:i] *adj* **doughier; -est** **1** : pastoso **2** PALE : pálido

**dour** [ˈdaʊər, ˈdʊr] *adj* **1** STERN : severo, adusto **2** SULLEN : hosco, taciturno — **dourly** *adv*

**douse** [ˈdaʊs, ˈdaʊz] *vt* **doused; dousing 1** DRENCH : empapar, mojar **2** EXTINGUISH : extinguir, apagar

**dove**[1] [ˈdo:v] → **dive**

**dove**[2] [ˈdʌv] *n* : paloma *f*

**dovetail** [ˈdʌvˌteɪl] *vi* : encajar, enlazar

**dowdy** [ˈdaʊdi] *adj* **dowdier; -est** : sin gracia, poco elegante

**dowel** [ˈdaʊəl] *n* : clavija *f*

**down**[1] [ˈdaʊn] *vt* **1** FELL : tumbar, derribar, abatir **2** DEFEAT : derrotar

**down**[2] *adv* **1** DOWNWARD : hacia abajo ⟨to bend down : agacharse⟩ ⟨to fall down : caer, caerse⟩ ⟨to look down : mirar (hacia) abajo⟩ ⟨she came down to say hello : bajó a saludarnos⟩ ⟨put it down on the table : ponlo en la mesa⟩ ⟨they knocked the wall down : tiraron abajo la pared⟩ **2** BELOW : abajo ⟨we keep it down in the basement : lo guardamos abajo en el sótano⟩ ⟨what's going on down there? : ¿qué pasa allí abajo?⟩ **3** LOWERED : bajado ⟨keep down! : ¡no te levantes!⟩ **4** : a, hacia ⟨he went down to the store : fue a la tienda⟩ ⟨come down and see us! : ¡ven a visitarnos!⟩ **5** : hacia el sur ⟨we went down to Florida : fuimos a Florida⟩ **6** AWAY, OVER : hacia el fondo/lado (etc.) ⟨move down so I can sit : córrete un poco para que pueda sentarme⟩ **7** (*indicating reduction*) ⟨she turned the volume down : bajó el volumen⟩ **8** THOROUGHLY : bien, completamente ⟨to hose down : lavar (con manguera)⟩ **9** (*indicating restriction of motion*) ⟨tie it down : átalo⟩ **10** (*indicating following to a place or source*) ⟨were you able to track her down? : ¿pudiste localizarla?⟩ ⟨they couldn't pin down the cause : no pudieron averiguar la causa⟩ **11** (*indicating lesser importance in a series, etc.*) ⟨it's pretty far/low down on my list : no es muy importante para mí⟩ **12** : en el estómago ⟨to keep food down : retener comida⟩ **13 down to** INCLUDING : hasta ⟨down to the last detail : hasta el último detalle⟩ **14 down with . . . !** : abajo . . . ! ⟨down with racism! : ¡abajo el racismo!⟩ **15 to hand/pass down** : transmitir (cuentos, etc.), pasar ⟨it was handed down to me by my grandmother : lo heredé de mi abuela⟩ **16 to lie down** : acostarse, echarse **17 to put down** ⟨to put down money, to put down a deposit : pagar un depósito⟩ **18 to sit down** : sentarse **19 to take/write down** : apuntar, anotar

**down**[3] *adj* **1** DESCENDING : de bajada ⟨the down elevator : el ascensor de bajada⟩ **2** : abajo ⟨it's down on the bottom shelf : está en el estante de abajo⟩ ⟨it's further down : está más abajo⟩ ⟨I'm down here : estoy aquí abajo⟩ **3** LOWERED : bajado **4** REDUCED : reducido, rebajado ⟨attendance is down : la concurrencia ha disminuido⟩ ⟨to keep prices down : mantener los precios bajos⟩ **5** DOWNCAST : abatido, deprimido ⟨to feel down : andar deprimido⟩ **6** INOPERATIVE : inoperante ⟨the system is down : el sistema no funciona⟩ **7** BEHIND : perdiendo ⟨they're down (by) ten points : van perdiendo por diez puntos⟩ **8** COMPLETED : hecho, acabado ⟨two down, one to go : dos menos, falta uno⟩

**down**[4] *n* **1** : plumón *m* **2 ups and downs** : altibajos *mpl*

**down**[5] *prep* **1** : (hacia) abajo ⟨down the mountain : montaña abajo⟩ ⟨I walked down the stairs : bajé por la escalera⟩ **2** ALONG : por, a lo largo de ⟨we ran down the beach : corrimos por la playa⟩ **3** : a través de ⟨down the years : a través de los años⟩

**down–and–out** *adj* : indigente

**downcast** [ˈdaʊnˌkæst] *adj* **1** SAD : triste, abatido **2 with downcast eyes** : con los ojos bajos, con los ojos mirando al suelo

**downfall** [ˈdaʊnˌfɔl] *n* : ruina *f*, perdición *f*

**downgrade**[1] [ˈdaʊnˌgreɪd] *vt* **-graded; -grading** : bajar de categoría

**downgrade**[2] *n* : bajada *f*

**downhearted** [ˈdaʊnˌhɑrtəd] *adj* : desanimado, descorazonado

**downhill** [ˈdaʊnˈhɪl] *adv & adj* : cuesta abajo

**download**[1] [ˈdaʊnˌlo:d] *vt* : descargar, bajar (en informática)

**download**[2] *n* : descarga *f* (de archivos, etc.)

**downloadable** *adj* : descargable

**down payment** *n* : entrega *f* inicial

**downplay** [ˈdaʊnˌpleɪ] *vt* : minimizar

**downpour** [ˈdaʊnˌpɔr] *n* : aguacero *m*, chaparrón *m*

**downright**[1] [ˈdaʊnˌraɪt] *adv* THOROUGHLY : absolutamente, completamente

**downright**[2] *adj* : patente, manifiesto, absoluto ⟨a downright refusal : un rechazo categórico⟩

**downside** [ˈdaʊnˌsaɪd] *n* : desventaja *f*

**downsize** [ˈdaʊnˌsaɪz] *vt* **-sized; -sizing** : recortar, reducir

**downstairs**[1] [ˈdaʊnˈstærz] *adv* : abajo

**downstairs**[2] [ˈdaʊnˌstærz] *adj* : del piso de abajo

**downstairs**[3] [ˈdaʊnˈstærz, -ˌstærz] *n* : planta *f* baja

**downstream** [ˈdaʊnˈstri:m] *adv* : río abajo

**Down syndrome** *or* **Down's syndrome** *n* : síndrome *m* de Down

**down–to–earth** [ˌdaʊntuˈərth] *adj* : práctico, realista

**downtown**[1] [ˌdaʊnˈtaʊn] *adv* : hacia el centro, al centro, en el centro (de la ciudad)

**downtown**[2] *adj* : del centro (de la ciudad) ⟨downtown Chicago : el centro de Chicago⟩

**downtown**[3] [ˌdaʊnˈtaʊn, ˈdaʊnˌtaʊn] *n* : centro *m* (de la ciudad)

**downtrodden** [ˈdaʊnˌtrɑdən] *adj* : oprimido

**downward** [ˈdaʊnwərd] *or* **downwards** [-wərdz] *adv & adj* : hacia abajo

**downwind** [ˈdaʊnˈwɪnd] *adv & adj* : en la dirección del viento
**downy** [ˈdaʊni] *adj* **downier; -est** **1** : cubierto de plumón, plumoso **2** VELVETY : aterciopelado, velloso
**dowry** [ˈdaʊri] *n, pl* **-ries** : dote *f*
**doze**[1] [ˈdoːz] *vi* **dozed; dozing** : dormitar
**doze**[2] *n* : sueño *m* ligero, cabezada *f*
**dozen** [ˈdʌzən] *n, pl* **dozens** *or* **dozen** : docena *f* ⟨a dozen eggs : una docena de huevos⟩ ⟨ten dozen : diez docenas⟩ ⟨dozens (and dozens) : decenas, montones⟩
**drab** [ˈdræb] *adj* **drabber; drabbest** **1** BROWNISH : pardo **2** DULL, LACKLUSTER : monótono, gris, deslustrado
**draft**[1] [ˈdræft, ˈdraft] *vt* **1** CONSCRIPT : reclutar **2** COMPOSE, SKETCH : hacer el borrador de, redactar
**draft**[2] *adj* **1** : de barril ⟨draft beer : cerveza de barril⟩ **2** : de tiro ⟨draft horses : caballos de tiro⟩
**draft**[3] *n* **1** HAULAGE : tiro *m* **2** DRINK, GULP : trago *m* **3** OUTLINE, SKETCH : bosquejo *m*, borrador *m*, versión *f* **4** : corriente *f* de aire, chiflón *m*, tiro *m* (de una chimenea) **5** CONSCRIPTION : conscripción *f* **6 bank draft** : giro *m* bancario, letra *f* de cambio
**draftee** [dræfˈtiː] *n* : recluta *mf*
**draftsman** [ˈdræftsmən] *n, pl* **-men** [-mən, -ˌmɛn] : dibujante *mf*
**draftswoman** [ˈdræftsˌwʊmən] *n, pl* **-women** [-ˌwɪmən] : dibujante *f*
**drafty** [ˈdræfti] *adj* **draftier; -est** : con corrientes de aire
**drag**[1] [ˈdræg] *v* **dragged; dragging** *vt* **1** HAUL, TRAIL : arrastrar ⟨I could barely drag myself out of bed : me costó levantarme de la cama⟩ **2** DREDGE : dragar **3** INVOLVE : meter, involucrar ⟨don't drag me into this : no me metas en esto⟩ **4 to drag one's feet/heels** : dar largas a algo ⟨they're still dragging their feet (on the issue) : siguen dando largas al asunto⟩ **5 to drag out** PROLONG : alargar, dilatar — *vi* **1** TRAIL : arrastrarse **2** LAG : rezagarse **3** : hacerse pesado/largo ⟨the day dragged on : el día se hizo largo⟩
**drag**[2] *n* **1** RESISTANCE : resistencia *f* (aerodinámica) **2** HINDRANCE : traba *f*, estorbo *m* **3** BORE : pesadez *f*, plomo *m* *fam* **4** : chupada *f* (de un cigarillo)
**dragnet** [ˈdrægˌnɛt] *n* **1** : red *f* barredera (en pesca) **2** : operativo *m* policial de captura
**dragon** [ˈdrægən] *n* : dragón *m*
**dragonfly** [ˈdrægənˌflaɪ] *n, pl* **-flies** : libélula *f*
**drain**[1] [ˈdreɪn] *vt* **1** EMPTY : vaciar, drenar **2** EXHAUST : agotar, consumir — *vi* **1** : escurrir, escurrirse ⟨the dishes are draining : los platos están escurriéndose⟩ **2** EMPTY : desaguar **3 to drain away** : irse agotando
**drain**[2] *n* **1** : desagüe *m* **2** SEWER : alcantarilla *f* **3** GRATING : sumidero *m*, resumidero *m*, rejilla *f* **4** EXHAUSTION : agotamiento *m*, disminución *f* (de energía, etc.) ⟨to be a drain on : agotar, consumir⟩ **5 to throw down the drain** : tirar por la ventana
**drainage** [ˈdreɪnɪdʒ] *n* : desagüe *m*, drenaje *m*
**drainpipe** [ˈdreɪnˌpaɪp] *n* : tubo *m* de desagüe, caño *m*
**drake** [ˈdreɪk] *n* : pato *m* (macho)
**drama** [ˈdrɑmə, ˈdræ-] *n* **1** THEATER : drama *m*, teatro *m* **2** PLAY : obra *f* de teatro, drama *m*
**dramatic** [drəˈmætɪk] *adj* : dramático — **dramatically** [-tɪkli] *adv*
**dramatist** [ˈdræmətɪst, ˈdrɑ-] *n* : dramaturgo *m*, -ga *f*
**dramatization** [ˌdræmətəˈzeɪʃən, ˌdrɑ-] *n* : dramatización *f*
**dramatize** [ˈdræməˌtaɪz, ˈdrɑ-] *vt* **-tized; -tizing** : dramatizar
**drank** → **drink**
**drape**[1] [ˈdreɪp] *vt* **draped; draping** **1** COVER : cubrir (con tela) **2** HANG : disponer los pliegues de
**drape**[2] *n* **1** HANG : caída *f* **2 drapes** *npl* : cortinas *fpl*
**drapery** [ˈdreɪpəri] *n, pl* **-eries** **1** CLOTH : pañería *f*, tela *f* para cortinas **2 draperies** *npl* : cortinas *fpl*
**drastic** [ˈdræstɪk] *adj* **1** HARSH, SEVERE : drástico, severo **2** EXTREME : radical, excepcional — **drastically** [-tɪkli] *adv*
**draught** [ˈdræft, ˈdraft] *n* → **draft**[3]
**draughty** [ˈdrɑfti] → **drafty**
**draw**[1] [ˈdrɔ] *v* **drew** [ˈdruː]; **drawn** [ˈdrɔn]; **drawing** *vt* **1** PULL : tirar de, jalar, correr (cortinas) **2** ATTRACT : atraer ⟨to feel drawn to : sentirse atraído por⟩ ⟨to draw attention : llamar la atención⟩ **3** PROVOKE, ELICIT : provocar, suscitar (críticas, etc.) ⟨to draw cheers/applause : arrancar vítores/aplausos⟩ **4** INHALE : aspirar ⟨to draw breath : respirar⟩ **5** EXTRACT : sacar (agua, sangre, etc.) ⟨to draw a gun : sacar una pistola⟩ **6** TAKE : sacar ⟨to draw a number : sacar un número⟩ **7** WITHDRAW : retirar, sacar (dinero) ⟨he drew a hundred dollars from his account : sacó cien dólares de su cuenta⟩ **8** WRITE : hacer, extender (un cheque) **9** COLLECT : cobrar, percibir (un sueldo, etc.) **10** BEND : tensar (un arco) **11** SKETCH : dibujar, trazar ⟨to draw a picture : dibujar algo, hacer un dibujo⟩ **12** FORMULATE : sacar, formular, llegar a ⟨to draw a conclusion : llegar a una conclusión⟩ **13** MAKE : hacer (una distinción, una comparación) **14 to draw oneself up** : erguirse **15 to draw out** : hacer hablar (sobre algo), hacer salir de sí mismo **16 to draw out** PROLONG : prolongar, alargar, extender **17 to draw up** DRAFT : redactar — *vi* **1** SKETCH : dibujar **2** TUG : tirar, jalar **3 to draw away** : alejarse **4 to draw near** : acercarse **5 to draw on/upon** USE : hacer uso de (información, etc.) **6 to draw to a close** : terminar, finalizar **7 to draw up** STOP : parar
**draw**[2] *n* **1** DRAWING, RAFFLE : sorteo *m* **2** TIE : empate *m* **3** ATTRACTION

: atracción *f* **4** PUFF : chupada *f* (de un cigarrillo, etc.)

**drawback** [ˈdrɔˌbæk] *n* : desventaja *f*, inconveniente *m*

**drawbridge** [ˈdrɔˌbrɪʤ] *n* : puente *m* levadizo

**drawer** [ˈdrɔr, ˈdrɔər] *n* **1** ILLUSTRATOR : dibujante *mf* **2** : gaveta *f*, cajón *m* (en un mueble) **3 drawers** *npl* UNDERPANTS : calzones *mpl*

**drawing** [ˈdrɔɪŋ] *n* **1** LOTTERY : sorteo *m*, lotería *f* **2** SKETCH : dibujo *m*, bosquejo *m*

**drawing room** *n* : salón *m*

**drawl**[1] [ˈdrɔl] *vi* : hablar arrastrando las palabras

**drawl**[2] *n* : habla *f* lenta y con vocales prolongadas

**dread**[1] [ˈdrɛd] *vt* : tenerle pavor a, temer

**dread**[2] *adj* : pavoroso, aterrado

**dread**[3] *n* : pavor *m*, temor *m*

**dreadful** [ˈdrɛdfəl] *adj* **1** DREAD : pavoroso **2** TERRIBLE : espantoso, atroz, terrible — **dreadfully** *adv*

**dream**[1] [ˈdri:m] *v* **dreamed** [ˈdrɛmpt, ˈdri:md] *or* **dreamt** [ˈdrɛmpt]; **dreaming** *vi* **1** : soñar ⟨to dream about : soñar con⟩ **2** FANTASIZE : fantasear — *vt* **1** : soñar **2** IMAGINE : imaginarse **3 to dream up** : inventar, idear

**dream**[2] *n* **1** : sueño *m*, ensueño *m* **2 bad dream** NIGHTMARE : pesadilla *f*

**dreamer** [ˈdri:mər] *n* : soñador *m*, -dora *f*

**dreamlike** [ˈdri:mˌlaɪk] *adj* : de ensueño

**dreamy** [ˈdri:mi] *adj* **dreamier; -est** **1** DISTRACTED : soñador, distraído **2** DREAMLIKE : de ensueño **3** MARVELOUS : maravilloso

**drearily** [ˈdrɪrəli] *adv* : sombríamente

**dreary** [ˈdrɪri] *adj* **drearier; -est** : deprimente, lóbrego, sombrío

**dredge**[1] [ˈdrɛʤ] *vt* **dredged; dredging** **1** DIG : dragar **2** COAT : espolvorear, enharinar

**dredge**[2] *n* : draga *f*

**dredger** [ˈdrɛʤər] *n* : draga *f*

**dregs** [ˈdrɛgz] *npl* **1** LEES : posos *mpl*, heces *fpl* (de un líquido) **2** : heces *fpl*, escoria *f* ⟨the dregs of society : la escoria de la sociedad⟩

**drench** [ˈdrɛntʃ] *vt* : empapar, mojar, calar

**dress**[1] [ˈdrɛs] *vt* **1** CLOTHE : vestir ⟨she was dressed in red : iba (vestida) de rojo⟩ **2** DECORATE : decorar, adornar **3** : preparar (pollo o pescado), aliñar (ensalada) **4** : curar, vendar (una herida) **5** FERTILIZE : abonar (la tierra) **6 to dress down** SCOLD : regañar **7 to dress up** EMBELLISH : adornar, engalanar **8 to dress up** DISGUISE : disfrazar — *vi* **1** : vestirse ⟨to dress well/badly : vestir bien/mal⟩ **2 to dress down** : vestirse informalmente **3 to dress up** : ataviarse, engalanarse, ponerse de etiqueta **4 to dress up** : disfrazarse, vestirse ⟨we dressed up as ghosts : nos disfrazamos de fantasmas⟩

**dress**[2] *n* **1** APPAREL : indumentaria *f*, ropa *f* **2** : vestido *m*, traje *m* (de mujer)

**dresser** [ˈdrɛsər] *n* : cómoda *f* con espejo

**dressing** [ˈdrɛsɪŋ] *n* **1** : vestirse *m* **2 *or* salad dressing** : aderezo *m*, aliño *m* **3** STUFFING : relleno *m* (de pollo, etc.) **4** : apósito *m*, vendaje *m*, gasa *f* (para una herida)

**dressing gown** *n* : bata *f*

**dressing room** *n* **1** FITTING ROOM : probador *m* **2** : camerino *m* (en un teatro)

**dressing table** *n* : tocador *m*

**dressmaker** [ˈdrɛsˌmeɪkər] *n* : modista *mf*

**dressmaking** [ˈdrɛsˌmeɪkɪŋ] *n* : costura *f*

**dress rehearsal** *n* : ensayo *m* general

**dressy** [ˈdrɛsi] *adj* **dressier; -est** : de mucho vestir, elegante

**drew → draw**

**dribble**[1] [ˈdrɪbəl] *vi* **-bled; -bling** **1** DRIP : gotear **2** DROOL : babear **3** : driblar (en basquetbol)

**dribble**[2] *n* **1** TRICKLE : goteo *m*, hilo *m* **2** DROOL : baba *f* **3** : drible *m* (en basquetbol)

**drier → dry**[2]**, dryer**

**driest** *adj* **→ dry**[2]

**drift**[1] [ˈdrɪft] *vi* **1** : dejarse llevar por la corriente, ir a la deriva (dícese de un bote), ir sin rumbo (dícese de una persona) **2** ACCUMULATE : amontonarse, acumularse, apilarse

**drift**[2] *n* **1** DRIFTING : deriva *f* **2** HEAP, MASS : montón *m* (de arena, etc.), ventisquero *m* (de nieve) **3** MEANING : sentido *m*

**drifter** [ˈdrɪftər] *n* : vagabundo *m*, -da *f*

**driftwood** [ˈdrɪftˌwʊd] *n* : madera *f* flotante

**drill**[1] [ˈdrɪl] *vt* **1** BORE : perforar, taladrar **2** INSTRUCT : instruir por repetición — *vi* **1** TRAIN : entrenarse **2 to drill for oil** : perforar en busca de petróleo

**drill**[2] *n* **1** : taladro *m*, barrena *f* **2** EXERCISE, PRACTICE : ejercicio *m*, instrucción *f*

**drily → dryly**

**drink**[1] [ˈdrɪŋk] *v* **drank** [ˈdræŋk]; **drunk** [ˈdrʌŋk] *or* **drank; drinking** *vt* **1** IMBIBE : beber, tomar **2 to drink up** ABSORB : absorber — *vi* **1** : beber **2** : beber alcohol, tomar

**drink**[2] *n* **1** : bebida *f* ⟨food and drink : comida y bebida⟩ **2** : bebida *f* alcohólica ⟨to drive someone to drink : llevar a alguien a la bebida⟩

**drinkable** [ˈdrɪŋkəbəl] *adj* : potable

**drinker** [ˈdrɪŋkər] *n* : bebedor *m*, -dora *f*

**drinking water** *n* : agua *f* potable

**drinking straw → straw**

**drip**[1] [ˈdrɪp] *vi* **dripped; dripping** : gotear, chorrear

**drip**[2] *n* **1** DROP : gota *f* **2** DRIPPING : goteo *m*

**drip–dry** [ˈdrɪpˌdraɪ] *adj* : de lavar y poner

**drippings** *npl* : pringue *m*, jugo *m*

**drive**[1] [ˈdraɪv] *v* **drove** [ˈdro:v]; **driven** [ˈdrɪvən]; **driving** *vt* **1** : manejar, conducir (un vehículo) **2** : llevar (en un automóvil) ⟨she drove me home : me llevó a casa⟩ **3** IMPEL : llevar, impulsar, impeler ⟨to drive someone to do something : llevar a alguien a hacer algo⟩ **4**

COMPEL : obligar, forzar **5** : arrear (ganado) **6** POWER : hacer funcionar **7** PROPEL : impeler, impulsar **8** : clavar, hincar ⟨to drive a stake into : clavar una estaca en⟩ **9** : hacer trabajar mucho, exigir mucho ⟨he drives himself too hard : se exige demasiado⟩ **10** : lanzar (una pelota) **11 to drive away/off/out** : ahuyentar, echar, expulsar **12 to drive back** REPEL : hacer retroceder **13 to drive crazy** : volver loco **14 to drive up/down** : hacer subir/bajar (dícese de precios, etc.) — *vi* **1** : manejar, conducir ⟨do you know how to drive? : ¿sabes manejar?⟩ **2** : viajar (en auto) **3 to drive at** : querer decir, insinuar **4 to drive away/off** : alejarse (en un auto) ⟨they drove off : su auto se alejó⟩

**drive²** *n* **1** RIDE : viaje *m*, paseo *m* (en un automóvil) ⟨a two-hour drive : un viaje de dos horas⟩ **2** CAMPAIGN : campaña *f* ⟨fund-raising drive : campaña para recaudar fondos⟩ **3** DRIVEWAY : camino *m* de entrada, entrada *f* **4** TRANSMISSION : transmisión *f* ⟨front-wheel drive : tracción delantera⟩ **5** ENERGY : dinamismo *m*, energía *f* **6** INSTINCT, NEED : instinto *m*, necesidad *f* básica **7** AMBITION, INITIATIVE : empuje *m*, iniciativa *f* **8** : disparo *m* fuerte, tiro *m* fuerte (en deportes) **9** : ofensiva *f* (militar) **10** STREET : calle *f* ⟨she lives on Oak Drive : vive en la calle Oak⟩ **11** : marcha *f* ⟨to put a car in/into drive : poner en marcha un auto⟩ **12** : unidad *f* ⟨flash drive : unidad (de memoria) flash⟩

**drive-in** *n* : autocine *m*

**drivel** [ˈdrɪvəl] *n* : tontería *f*, estupidez *f*

**driver** [ˈdraɪvər] *n* : conductor *m*, -tora *f*; chofer *m*

**driveway** [ˈdraɪvˌweɪ] *n* : camino *m* de entrada, entrada *f* (para coches)

**driving** [ˈdraɪvɪŋ] *adj* : torrencial (dícese de la lluvia), que azota (dícese del viento) ⟨the driving force behind the reform : el principal impulsor de la reforma⟩

**drizzle¹** [ˈdrɪzəl] *vi* **-zled; -zling** : lloviznar, garuar

**drizzle²** *n* : llovizna *f*, garúa *f*

**droll** [ˈdroːl] *adj* : cómico, gracioso, chistoso — **drolly** *adv*

**dromedary** [ˈdrɑməˌdɛri] *n, pl* **-daries** : dromedario *m*

**drone¹** [ˈdroːn] *vi* **droned; droning 1** BUZZ : zumbar **2** MURMUR : hablar con monotonía, murmurar

**drone²** *n* **1** : zángano *m* (abeja) **2** BUZZ, HUM : zumbido *m*, murmullo *m*

**drool¹** [ˈdruːl] *vi* : babear

**drool²** *n* : baba *f*

**droop¹** [ˈdruːp] *vi* **1** HANG : inclinarse (dícese de la cabeza), encorvarse (dícese de los escombros), marchitarse (dícese de las flores) **2** FLAG : decaer, flaquear ⟨his spirits drooped : se desanimó⟩

**droop²** *n* : inclinación *f*, caída *f*

**drop¹** [ˈdrɑp] *v* **dropped; dropping** *vt* **1** : dejar caer, soltar ⟨she dropped the glass : se le cayó el vaso⟩ **2** SEND : mandar ⟨drop me a line : mándame unas líneas⟩ **3** ABANDON : abandonar, dejar ⟨to drop the subject : cambiar de tema⟩ **4** LOWER : bajar ⟨he dropped his voice : bajó la voz⟩ **5** OMIT : omitir **6** REDUCE : reducir, rebajar (precios, etc.) **7** *fam* : perder (peso) **8** *fam* SPEND : gastar **9** : dejar caer (una noticia, etc.) ⟨to drop a hint : lanzar una indirecta⟩ **10 to drop off** : dejar ⟨I dropped her off at the store : la dejé en la tienda⟩ — *vi* **1** DRIP : gotear **2** FALL : caer(se) ⟨to drop to the ground : caer al suelo⟩ ⟨to drop out of sight : perderse de vista⟩ **3** *or* **to drop off** DECREASE, DESCEND : bajar, descender ⟨the wind dropped off : amainó el viento⟩ **4 to drop back/behind** : rezagarse, quedarse atrás **5 to drop by/in** : pasar ⟨he dropped by for a visit : pasó a visitarnos⟩ **6 to drop off** : quedarse dormido **7 to drop out (of something)** : abandonar algo ⟨he dropped out (of school) : abandonó los estudios⟩

**drop²** *n* **1** : gota *f* (de líquido) **2** DECLINE : caída *f*, bajada *f*, descenso *m* **3** INCLINE : caída *f*, pendiente *f* ⟨a 20-foot drop : una caída de 20 pies⟩ **4** SWEET : pastilla *f*, dulce *m* **5 drops** *npl* : gotas *fpl* (de medicina)

**droplet** [ˈdrɑplət] *n* : gotita *f*

**dropper** [ˈdrɑpər] *n* : gotero *m*, cuentagotas *m*

**dross** [ˈdrɑs, ˈdrɔs] *n* : escoria *f*

**drought** [ˈdraʊt] *n* : sequía *f*

**drove¹** → **drive**

**drove²** [ˈdroːv] *n* : multitud *f*, gentío *m*, manada *f* (de ganado) ⟨in droves : en manada⟩

**drown** [ˈdraʊn] *vt* **1** : ahogar **2** INUNDATE : anegar, inundar **3 to drown out** : ahogar — *vi* : ahogarse

**drowse¹** [ˈdraʊz] *vi* **drowsed; drowsing** DOZE : dormitar

**drowse²** *n* : sueño *m* ligero, cabezada *f*

**drowsiness** [ˈdraʊzinəs] *n* : somnolencia *f*, adormecimiento *m*

**drowsy** [ˈdraʊzi] *adj* **drowsier; -est** : somnoliento, soñoliento

**drub** [ˈdrʌb] *vt* **drubbed; drubbing 1** BEAT, THRASH : golpear, apalear **2** DEFEAT : derrotar por completo

**drudge¹** [ˈdrʌʤ] *vi* **drudged; drudging** : trabajar como esclavo, trabajar duro

**drudge²** *n* : esclavo *m*, -va *f* del trabajo

**drudgery** [ˈdrʌʤəri] *n, pl* **-eries** : trabajo *m* pesado

**drug¹** [ˈdrʌg] *vt* **drugged; drugging** : drogar, narcotizar

**drug²** *n* **1** MEDICATION : droga *f*, medicina *f*, medicamento *m* **2** NARCOTIC : narcótico *m*, estupefaciente *m*, droga *f*

**drug addict** → **addict**

**druggist** [ˈdrʌgɪst] *n* : farmacéutico *m*, -ca *f*

**drug pusher** → **pusher**

**drugstore** [ˈdrʌgˌstor] *n* : farmacia *f*, botica *f*, droguería *f*

**drum¹** [ˈdrʌm] *v* **drummed; drumming** *vt* **1** : meter a fuerza ⟨he drummed it into my head : me lo metió en la cabeza a fuerza⟩ **2 to drum up** : conseguir, obtener (apoyo, etc.) — *vi* : tocar el tambor

**drum²** *n* **1** : tambor *m* **2** : bidón *m* ⟨oil drum : bidón de petróleo⟩

**drummer** [ˈdrʌmər] *n* : baterista *mf*

**drumstick** [ˈdrʌmˌstɪk] *n* **1** : palillo *m* (de tambor), baqueta *f* **2** : muslo *m* de pollo

**drunk¹** *pp* → **drink¹**

**drunk²** [ˈdrʌŋk] *adj* : borracho, embriagado, ebrio

**drunk³** *n* : borracho *m*, -cha *f*

**drunkard** [ˈdrʌŋkərd] *n* : borracho *m*, -cha *f*

**drunken** [ˈdrʌŋkən] *adj* : borracho, ebrio ⟨drunken driver : conductor ebrio⟩ ⟨drunken brawl : pleito de borrachos⟩

**drunkenly** [ˈdrʌŋkənli] *adv* : como un borracho

**drunkenness** [ˈdrʌŋkənnəs] *n* : borrachera *f*, embriaguez *f*, ebriedad *f*

**dry¹** [ˈdraɪ] *v* **dried; drying** *vt* : secar ⟨to dry the dishes : secar los platos⟩ ⟨to dry one's eyes : secarse las lágrimas⟩ — *vi* **1** *or* **to dry out/up** : secarse **2 to dry up** RUN OUT : agotarse

**dry²** *adj* **drier; driest 1** : seco ⟨the well went dry : el pozo se secó⟩ ⟨to have a dry mouth : tener la boca seca⟩ ⟨there was not a dry eye in the house : no hubo quien no llorara⟩ **2** THIRSTY : sediento **3** : donde la venta de bebidas alcohólicas está prohibida ⟨a dry county : un condado seco⟩ **4** : seco, sin alcohol ⟨a dry party : una fiesta seca⟩ **5** DULL : aburrido, árido ⟨a dry class : una clase aburrida⟩ **6** : sutil e irónico (dícese de un sentido de humor)

**dry–clean** [ˈdraɪˌkliːn] *v* : limpiar en seco

**dry cleaner** *n* : tintorería *f* (servicio) ⟨the dry cleaner/cleaner's/cleaners : la tintorería⟩

**dry cleaning** *n* : limpieza *f* en seco

**dryer** [ˈdraɪər] *n* **1** *or* **hair dryer** : secador *m*, secadora *f Mex* **2** *or* **clothes dryer** : secadora *f*

**dry goods** *npl* : artículos *mpl* de confección

**dry ice** *n* : hielo *m* seco

**dryly** [ˈdraɪli] *adv* : secamente

**dryness** [ˈdraɪnəs] *n* : sequedad *f*, aridez *f*

**dual** [ˈduːəl, ˈdjuː-] *adj* : doble

**dualism** [ˈduːəˌlɪzəm] *n* : dualismo *m*

**duality** [duːˈæləti] *n, pl* **-ties** : dualidad *f*

**dub** [ˈdʌb] *vt* **dubbed; dubbing 1** CALL : apodar **2** : doblar (una película), mezclar (una grabación)

**dubious** [ˈduːbiəs, ˈdjuː-] *adj* **1** UNCERTAIN : dudoso, indeciso **2** QUESTIONABLE : sospechoso, dudoso, discutible

**dubiously** [ˈduːbiəsli, ˈdjuː-] *adv* **1** UNCERTAINLY : dudosamente, con desconfianza **2** SUSPICIOUSLY : de modo sospechoso, con recelo

**duchess** [ˈdʌtʃəs] *n* : duquesa *f*

**duck¹** [ˈdʌk] *vt* **1** LOWER : agachar, bajar (la cabeza) **2** PLUNGE : zambullir **3** EVADE : eludir, evadir — *vi* **to duck down** : agacharse

**duck²** *n, pl* **duck** *or* **ducks** : pato *m*, -ta *f*

**duckling** [ˈdʌklɪŋ] *n* : patito *m*, -ta *f*

**duct** [ˈdʌkt] *n* : conducto *m*

**dud¹** [ˈdʌd] *adj* : que fracasa, que no funciona ⟨a dud movie : un fracaso de taquilla⟩ ⟨a dud grenade : una granada que no estalla⟩

**dud²** *n* **1** : fracaso *m* ⟨a box-office dud : un fracaso de taquilla⟩ **2** : cosa *f* que no funciona ⟨this match is a dud : este fósforo no prende⟩ **3 duds** *npl fam* : trapos *mpl fam*, ropa *f*

**dude** [ˈduːd, ˈdjuːd] *n* GUY : tipo *m*

**due¹** [ˈduː, ˈdjuː] *adv* : justo a, derecho hacia ⟨due north : derecho hacia el norte⟩

**due²** *adj* **1** PAYABLE : pagadero, sin pagar ⟨the rent is due : hay que pagar el alquiler⟩ **2** APPROPRIATE : debido, apropiado ⟨after due consideration : con las debidas consideraciones⟩ ⟨with all due respect : con el debido respeto⟩ **3** EXPECTED : esperado ⟨the train is due soon : esperamos el tren muy pronto, el tren debe llegar pronto⟩ ⟨the movie is due out in April : la película sale en abril⟩ **4 due to** : debido a, por

**due³** *n* **1 to give someone his (her) due** : darle a alguien su merecido **2 dues** *npl* : cuota *f*

**duel¹** [ˈduːəl, ˈdjuː-] *vi* : batirse en duelo

**duel²** *n* : duelo *m*

**duet** [duˈɛt, dju-] *n* : dúo *m*

**due to** *prep* : debido a

**duffel bag** *or* **duffle bag** *n* : bolso *m* (deportivo)

**duffle coat** *or* **duffel coat** *n* : chaqueta *f* de lana (con capucha), trenca *f Spain*

**dug** → **dig**

**dugout** [ˈdʌgˌaʊt] *n* **1** CANOE : piragua *f* **2** SHELTER : refugio *m* subterráneo

**duke** [ˈduːk, ˈdjuːk] *n* : duque *m*

**dull¹** [ˈdʌl] *vt* **1** DIM : opacar, quitarle el brillo a, deslustrar **2** BLUNT : desafilar (un filo), despuntar (un lápiz, etc.) **3** BLUNT : entorpecer (los sentidos), embotar (la mente), aliviar (el dolor), amortiguar (sonidos)

**dull²** *adj* **1** STUPID : torpe, lerdo, lento **2** BLUNT : desafilado, despuntado **3** LACKLUSTER : sin brillo, deslustrado **4** BORING : aburrido, soso, pesado — **dully** *adv*

**dullness** [ˈdʌlnəs] *n* **1** STUPIDITY : estupidez *f* **2** MONOTONY : monotonía *f*, lo aburrido **3** : falta *f* de brillo **4** BLUNTNESS : falta *f* de filo

**duly** [ˈduːli, ˈdjuː-] *adv* PROPERLY : debidamente, a su debido tiempo

**dumb** [ˈdʌm] *adj* **1** *now often offensive* MUTE : mudo **2** STUPID : estúpido, tonto, bobo — **dumbly** *adv*

**dumbbell** [ˈdʌmˌbɛl] *n* **1** WEIGHT : pesa *f* **2** : estúpido *m*, -da *f*

**dumbfound** *or* **dumfound** [ˌdʌm-ˈfaʊnd] *vt* : dejar atónito, dejar sin habla

**dummy¹** [ˈdʌmi] *adj* : falso, de imitación, artificial

**dummy²** *n, pl* **-mies 1** SHAM : imitación *f*, sustituto *m* **2** PUPPET : muñeco *m* **3** MANNEQUIN : maniquí *m* **4** IDIOT : tonto *m*, -ta *f*; idiota *mf*

**dump**[1] [ˈdʌmp] *vt* : descargar, verter
**dump**[2] *n* **1** : vertedero *m*, basural *m*, basurero *m*, botadero *m*, tiradero *m* *Mex* **2 down in the dumps** : triste, deprimido
**dumpling** [ˈdʌmplɪŋ] *n* : bola *f* de masa hervida
**Dumpster** *trademark* se usa para un contenedor de basura
**dumpy** [ˈdʌmpi] *adj* **dumpier; -est** : rechoncho, regordete
**dun**[1] [ˈdʌn] *vt* **dunned; dunning** : apremiar (a un deudor)
**dun**[2] *adj* : pardo (color)
**dunce** [ˈdʌnts] *n* : estúpido *m*, -da *f*; burro *m*, -rra *f fam*
**dune** [ˈduːn, ˈdjuːn] *n* : duna *f* (de arena)
**dung** [ˈdʌŋ] *n* **1** FECES : excrementos *mpl* **2** MANURE : estiércol *m*
**dungarees** [ˌdʌŋgəˈriːz] *n* **1 → jeans 2 → overalls**
**dungeon** [ˈdʌnʤən] *n* : mazmorra *f*, calabozo *m*
**dunk** [ˈdʌŋk] *vt* : mojar, ensopar
**duo** [ˈduːoː, ˈdjuː-] *n, pl* **duos** : dúo *m*, par *m*
**dupe**[1] [ˈduːp, djuːp] *vt* **duped; duping** : engañar, embaucar
**dupe**[2] *n* : inocentón *m*, -tona *f*; simple *mf*
**duplex**[1] [ˈduːˌplɛks, ˈdjuː-] *adj* : doble
**duplex**[2] *n* : casa *f* de dos viviendas, dúplex *m*
**duplicate**[1] [ˈduːplɪˌkeɪt, ˈdjuː-] *vt* **-cated; -cating 1** COPY : duplicar, hacer copias de **2** REPEAT : repetir, reproducir
**duplicate**[2] [ˈduːplɪkət, ˈdjuː-] *adj* : duplicado ⟨a duplicate invoice : una factura por duplicado⟩
**duplicate**[3] [ˈduːplɪkət, ˈdjuː-] *n* : duplicado *m*, copia *f*
**duplication** [ˌduːplɪˈkeɪʃən, ˌdjuː-] *n* **1** DUPLICATING : duplicación *f*, repetición *f* (de esfuerzos) **2** DUPLICATE : copia *f*, duplicado *m*
**duplicity** [duːˈplɪsəṭi, ˌdjuː-] *n, pl* **-ties** : duplicidad *f*
**durability** [ˌdʊrəˈbɪləṭi, ˌdjʊr-] *n* : durabilidad *f* (de un producto), permanencia *f*
**durable** [ˈdʊrəbəl, ˈdjʊr-] *adj* : duradero
**duration** [duːˈreɪʃən, djʊ-] *n* : duración *f*
**duress** [duːˈrɛs, djʊ-] *n* : coacción *f*
**during** [ˈdʊrɪŋ, ˈdjʊr-] *prep* : durante
**dusk** [ˈdʌsk] *n* : anochecer *m*, crepúsculo *m*
**dusky** [ˈdʌski] *adj* **duskier; -est** : oscuro (dícese de los colores)
**dust**[1] [ˈdʌst] *vt* **1** : quitar el polvo de **2** SPRINKLE : espolvorear
**dust**[2] *n* : polvo *m*
**dustcover** [ˈdʌstˌkʌvər] *n* **1** : guardapolvo *m*, funda *f* **2 → dust jacket**
**duster** [ˈdʌstər] *n* **1** *or* **dust cloth** : trapo *m* de polvo **2** HOUSECOAT : guardapolvo *m* **3 feather duster** : plumero *m*
**dust jacket** *n* : sobrecubierta *f*
**dustpan** [ˈdʌstˌpæn] *n* : recogedor *m*
**dusty** [ˈdʌsti] *adj* **dustier; -est** : cubierto de polvo, polvoriento
**Dutch**[1] [ˈdʌtʃ] *adj* : holandés
**Dutch**[2] *n* **1** : holandés *m* (idioma) **2 the Dutch** (*used with a plural verb*) : los holandeses
**Dutchman** [ˈdʌtʃmən] *n, pl* **-men** [-mən, -ˌmɛn] : holandés *m* (persona)
**Dutch treat** *n* : invitación o pago a escote
**Dutchwoman** [ˈdʌtʃˌwʊmən] *n, pl* **-women** [-ˌwɪmən] : holandesa *f* (persona)
**dutiful** [ˈduːṭɪfəl, ˈdjuː-] *adj* : motivado por sus deberes, responsable
**duty** [ˈduːṭi, ˈdjuː-] *n, pl* **-ties 1** OBLIGATION : deber *m*, obligación *f*, responsabilidad *f* **2** TAX : impuesto *m*, arancel *m*
**duty-free** [ˌduːṭiˈfriː, ˌdjuː-] *adj* : libre de impuestos
**duvet** [duˈveɪ, ˈduːˌveɪ] *n* : edredón *m*, cobertor *m*
**DVD** [ˌdiːˌviːˈdiː] *n* : DVD *m* ⟨DVD player/recorder : reproductor/grabador de DVD⟩
**dwarf**[1] [ˈdwɔrf] *vt* **1** STUNT : arrestar el crecimiento de **2** : hacer parecer pequeño
**dwarf**[2] *n, pl* **dwarfs** [ˈdwɔrfs] *or* **dwarves** [ˈdwɔrvz] **1** : enano *m*, -na *f* (en cuentos) **2** *sometimes offensive* : enano *m*, -na *feminine sometimes offensive*
**dwell** [ˈdwɛl] *vi* **dwelled** *or* **dwelt** [ˈdwɛlt]; **dwelling 1** RESIDE : residir, morar, vivir **2 to dwell on** : pensar demasiado en, insistir en
**dweller** [ˈdwɛlər] *n* : habitante *mf*
**dwelling** [ˈdwɛlɪŋ] *n* : morada *f*, vivienda *f*, residencia *f*
**dwindle** [ˈdwɪndəl] *vi* **-dled; -dling** : menguar, reducirse, disminuir
**dye**[1] [ˈdaɪ] *vt* **dyed; dyeing** : teñir
**dye**[2] *n* : tintura *f*, tinte *m*
**dying → die**
**dyke → dike**
**dynamic** [daɪˈnæmɪk] *adj* : dinámico
**dynamics** [daɪˈnæmɪks] *npl* : dinámica *f*
**dynamite**[1] [ˈdaɪnəˌmaɪt] *vt* **-mited; -miting** : dinamitar
**dynamite**[2] *n* : dinamita *f*
**dynamo** [ˈdaɪnəˌmoː] *n, pl* **-mos** : dínamo *m*, generador *m* de electricidad
**dynasty** [ˈdaɪnəsti, -ˌnæs-] *n, pl* **-ties** : dinastía *f*
**dysentery** [ˈdɪsənˌtɛri] *n, pl* **-teries** : disentería *f*
**dysfunction** [dɪsˈfʌŋkʃən] *n* : disfunción *f* — **dysfunctional** [dɪsˈfʌŋkʃənəl] *adj*
**dyslexia** [dɪsˈlɛksiə] *n* : dislexia *f* — **dyslexic** [dɪsˈlɛksɪk] *adj*
**dystrophy** [ˈdɪstrəfi] *n, pl* **-phies 1** : distrofia *f* **2 → muscular dystrophy**

# E

**e** [ˈi:] *n, pl* **e's** *or* **es** [ˈi:z] **1** : quinta letra del alfabeto inglés **2 E** : mi *m* ⟨E sharp/flat : mi sostenido/bemol⟩

**e-** *pref* : electrónico ⟨e-mail : email, correo electrónico⟩

**each**[1] [ˈi:tʃ] *adv* : cada uno ⟨they cost $10 each : cuestan $10 cada uno⟩

**each**[2] *adj* : cada ⟨each student : cada estudiante⟩ ⟨each and every one : todos sin excepción⟩

**each**[3] *pron* **1** : cada uno, cada una ⟨each of us : cada uno de nosotros⟩ ⟨each of the cities : cada una de las ciudades⟩ **2 each other** : el uno al otro ⟨we are helping each other : nos ayudamos el uno al otro⟩ ⟨they all looked at each other : todos se miraron unos a otros⟩ ⟨they love each other : se quieren⟩

**eager** [ˈi:gər] *adj* **1** ENTHUSIASTIC : entusiasta, ávido, deseoso **2** ANXIOUS : ansioso, impaciente ⟨she's eager to meet you : está ansiosa de/por conocerte⟩ ⟨to be eager for change : tener deseos de cambio⟩

**eagerly** [ˈi:gərli] *adv* : con entusiasmo, ansiosamente

**eagerness** [ˈi:gərnəs] *n* : entusiasmo *m*, deseo *m*, impaciencia *f*

**eagle** [ˈi:gəl] *n* : águila *f*

**ear** [ˈɪr] *n* **1** : oído *m*, oreja *f* ⟨inner ear : oído interno⟩ ⟨big ears : orejas grandes⟩ **2 ear of corn** : mazorca *f*, choclo *m* **3 to play by ear** : tocar de oído **4 to play it by ear** : improvisar

**earache** [ˈɪrˌeɪk] *n* : dolor *m* de oído(s)

**earbud** [ˈɪrˌbʌd] *n* : auricular *m* de tapón

**eardrum** [ˈɪrˌdrʌm] *n* : tímpano *m*

**earl** [ˈərl] *n* : conde *m*

**earldom** [ˈərldəm] *n* : condado *m*

**earliest** [ˈərliəst] *n* **at the earliest** ⟨it won't happen until next year at the earliest : lo más pronto que podría ocurrir sería el año que viene⟩

**earliness** [ˈərlinəs] *n* : lo temprano

**earlobe** [ˈɪrˌlo:b] *n* : lóbulo *m* de la oreja, perilla *f* de la oreja

**early**[1] [ˈərli] *adv* **earlier; -est** **1** : temprano ⟨he arrived early : llegó temprano, llegó antes de la hora⟩ ⟨she bought the tickets a month early : compró las entradas con un mes de antelación⟩ **2** SOON : pronto ⟨why didn't you tell me earlier? : ¿por qué no me lo dijiste antes?⟩ ⟨as early as possible : lo más pronto posible, cuanto antes⟩ **3** (*long ago*) ⟨as early as the 1960's : ya en los años sesenta⟩ **4** *or* **~ on** : al principio ⟨early (on) in his career : al principio de su carrera⟩

**early**[2] *adj* **earlier; -est** **1** (*referring to a beginning*) : primero ⟨the early stages/hours : las primeras etapas/horas⟩ ⟨the earliest example : el primer ejemplo⟩ ⟨in early May : a principios de mayo⟩ ⟨early in the morning : por la mañana temprano⟩ **2** (*referring to antiquity*) : primitivo, antiguo ⟨early man : el hombre primitivo⟩ ⟨early painting : la pintura antigua⟩ ⟨in earlier times : antiguamente, en épocas anteriores⟩ **3** (*referring to a designated time*) : temprano, antes de la hora, prematuro ⟨he was early : llegó temprano⟩ ⟨early fruit : frutas tempraneras⟩ ⟨an early death : una muerte prematura⟩ ⟨early retirement : jubilación anticipada⟩ ⟨an earlier version : una versión anterior⟩

**earmark** [ˈɪrˌmɑrk] *vt* : destinar ⟨funds earmarked for education : fondos destinados a la educación⟩

**earn** [ˈərn] *vt* **1** : ganar ⟨to earn money : ganar dinero⟩ **2** DESERVE : ganarse

**earner** [ˈərnər] *n or* **wage earner** : asalariado *m*, -da *f*

**earnest**[1] [ˈərnəst] *adj* : serio, sincero

**earnest**[2] *n* **in ~** : en serio, de verdad ⟨we began in earnest : empezamos de verdad⟩

**earnestly** [ˈərnəstli] *adv* **1** SERIOUSLY : con seriedad, en serio **2** FERVENTLY : de todo corazón

**earnestness** [ˈərnəstnəs] *n* : seriedad *f*, sinceridad *f*

**earnings** [ˈərnɪŋz] *npl* : ingresos *mpl*, ganancias *fpl*, utilidades *fpl*

**earphone** [ˈɪrˌfo:n] *n* : audífono *m*, auricular *m*

**earplug** [ˈɪrˌplʌg] *n* : tapón *m* para el oído

**earring** [ˈɪrˌrɪŋ] *n* : zarcillo *m*, arete *m*, aro *m Arg, Chile, Uru*, pendiente *m Spain*

**earshot** [ˈɪrˌʃat] *n* : alcance *m* del oído ⟨out of earshot : demasiado lejos para oír⟩

**earth** [ˈərθ] *n* **1** LAND, SOIL : tierra *f*, suelo *m* **2 the Earth** : la Tierra **3 on ~** : en el mundo ⟨what on earth . . . ? : ¿qué demonios/diablos . . . ?⟩

**earthen** [ˈərθən, -ðən] *adj* : de tierra, de barro

**earthenware** [ˈərθənˌwær, -ðən-] *n* : loza *f*, vajilla *f* de barro

**earthly** [ˈərθli] *adj* : terrenal, mundano

**earthquake** [ˈərθˌkweɪk] *n* : terremoto *m*, sismo *m*

**earthworm** [ˈərθˌwərm] *n* : lombriz *f* (de tierra)

**earthy** [ˈərθi] *adj* **earthier; -est** **1** : terroso ⟨earthy colors : colores terrosos⟩ **2** DOWN-TO-EARTH : realista, práctico, llano **3** COARSE, CRUDE : basto, grosero, tosco ⟨earthy jokes : chistes groseros⟩

**earwax** [ˈɪrˌwæks] *n* → **wax**[2]

**earwig** [ˈɪrˌwɪg] *n* : tijereta *f*

**ease**[1] [ˈi:z] *v* **eased; easing** *vt* **1** ALLEVIATE : aliviar, calmar ⟨it eased her mind : la tranquilizó⟩ **2** REDUCE : paliar (un problema), reducir (tensiones), aligerar (una carga) **3** LOOSEN, RELAX : aflojar (una cuerda), relajar (restricciones) **4** : mover con cuidado ⟨I eased myself into the chair : me senté con cuidado en la silla⟩ — *vi* **1** : moverse con cuidado **2 to ease off/up** : calmarse (dícese del dolor), amainar (dícese del viento) **3 to ease up on** : aflojar (una cuerda), moderarse con (la comida, etc.), no ser tan duro con (alguien)

**ease**[2] *n* **1** CALM, RELIEF : tranquilidad *f*, comodidad *f*, desahogo *m* **2** FACILITY : facilidad *f* ⟨with ease : con facilidad⟩ **3 at ~** : relajado, cómodo ⟨to put someone at ease : tranquilizar a alguien⟩ ⟨at ease! : ¡descansen!⟩

**easel** [ˈiːzəl] *n* : caballete *m*

**easily** [ˈiːzəli] *adv* **1** : fácilmente, con facilidad **2** UNQUESTIONABLY : con mucho, de lejos

**easiness** [ˈiːzinəs] *n* : facilidad *f*, soltura *f*

**east**[1] [ˈiːst] *adv* : al este ⟨to travel east : viajar hacia el este⟩

**east**[2] *adj* : este, del este, oriental ⟨east winds : vientos del este⟩

**east**[3] *n* **1** : este *m* **2 the East** : el Oriente

**eastbound** [ˈiːstˌbaʊnd] *adj* : que va hacia el este

**Easter** [ˈiːstər] *n* **1** : Pascua *f* (de Resurrección) **2** *or* **Easter Sunday** : Domingo *m* de Pascua, Domingo *m* de Resurrección

**Easter egg** *n* : huevo *m* de Pascua (pintado)

**easterly** [ˈiːstərli] *adv & adj* : del este

**eastern** [ˈiːstərn] *adj* **1** : Oriental, del Este ⟨Eastern Europe : Europa del Este⟩ **2** : oriental, este

**Easterner** [ˈiːstərnər] *n* : habitante *mf* del este

**eastward** [ˈiːstwərd] *adv & adj* : hacia el este

**easy**[1] [ˈiːzi] *adj* **easier; -est 1** : fácil ⟨easy to use : fácil de usar⟩ ⟨it's easy to see why : es fácil ver por qué⟩ ⟨to make something easier : facilitar algo⟩ **2** COMFORTABLE : fácil, cómodo **3** RELAXED : relajado **4 to be easy on the eye(s)** : ser agradable a la vista

**easy**[2] *adv* **easier; -est 1 to come easy** : ser fácil de conseguir **2 to go easy on** : no ser muy duro con (alguien), no pasarse con (algo) **3 to take it easy** RELAX : relajarse **4 to take it easy** CALM DOWN : tranquilizarse, calmarse

**easy chair** *n* : sillón *m*, butaca *f*

**easygoing** [ˌiːziˈɡoːɪŋ] *adj* : tolerante, poco exigente

**eat** [ˈiːt] *v* **ate** [ˈeɪt]; **eaten** [ˈiːtən]; **eating** *vt* **1** : comer ⟨eat it up! : ¡cómetelo!⟩ **2** CORRODE : corroer **3** *or* **to eat up** CONSUME : comerse (comida, ganancias), consumir (tiempo, recursos), gastar (combustible) — *vi* **1** : comer **2 to eat away at** *or* **to eat into** : comerse, consumir, corroer **3 to eat out** : comer fuera

**eatable**[1] [ˈiːtəbəl] *adj* : comestible, comible *fam*

**eatable**[2] *n* **1** : algo para comer **2 eatables** *npl* : comestibles *mpl*, alimentos *mpl*

**eater** [ˈiːtər] *n* : persona *f* o animal *m* que come ⟨a big eater : un comelón⟩ ⟨meat/plant eaters : carnívoros/herbívoros⟩

**eaves** [ˈiːvz] *npl* : alero *m*

**eavesdrop** [ˈiːvzˌdrɑp] *vi* **-dropped; -dropping** : escuchar a escondidas ⟨he was eavesdropping on us : nos escuchaba a escondidas⟩

**eavesdropper** [ˈiːvzˌdrɑpər] *n* : persona *f* que escucha a escondidas

**ebb**[1] [ˈɛb] *vi* **1** : bajar (dícese de la marea) **2** DECLINE : menguar, decaer, disminuir

**ebb**[2] *n* **1** : reflujo *m* (de la marea) **2** DECLINE : decadencia *f*, declive *m*, disminución *f* ⟨to be at a low ebb : tocar fondo⟩ **3 the ebb and flow** : el flujo y reflujo

**ebony**[1] [ˈɛbəni] *adj* **1** : de ébano **2** BLACK : de color ébano, negro

**ebony**[2] *n, pl* **-nies** : ébano *m*

**e–book** [ˈiːˌbʊk] *n* : libro *m* electrónico, e-book *m*

**ebullience** [ɪˈbʊljənts, -ˈbʌl-] *n* : efervescencia *f*, vivacidad *f*

**ebullient** [ɪˈbʊljənt, -ˈbʌl-] *adj* : efervescente, vivaz

**eccentric**[1] [ɪkˈsɛntrɪk] *adj* **1** : excéntrico ⟨an eccentric wheel : una rueda excéntrica⟩ **2** ODD, SINGULAR : excéntrico, extraño, raro — **eccentrically** [-trɪkli] *adv*

**eccentric**[2] *n* : excéntrico *m*, -ca *f*

**eccentricity** [ˌkˌsɛnˈtrɪsəti] *n, pl* **-ties** : excentricidad *f*

**ecclesiastic** [ɪˌkliːziˈæstɪk] *n* : eclesiástico *m*, clérigo *m*

**ecclesiastical** [ɪˌkliːziˈæstɪkəl] *or* **ecclesiastic** *adj* : eclesiástico — **ecclesiastically** *adv*

**echelon** [ˈɛʃəˌlɑn] *n* **1** : escalón *m* (de tropas o aviones) **2** LEVEL : nivel *m*, esfera *f*, estrato *m*

**echo**[1] [ˈɛˌkoː] *v* **echoed; echoing** *vi* : hacer eco, resonar — *vt* : repetir, hacerse eco de

**echo**[2] *n, pl* **echoes** : eco *m*

**e–cigarette** [ˈiːˌsɪɡəˈrɛt] → **electronic cigarette**

**éclair** [eɪˈklɛr, i-] *n* : pastel *m* relleno de crema

**eclectic** [ɛˈklɛktɪk, ɪ-] *adj* : ecléctico

**eclipse**[1] [ɪˈklɪps] *vt* **eclipsed; eclipsing** : eclipsar

**eclipse**[2] *n* : eclipse *m*

**eco-** [ˈiko] *pref* : eco-, ecológico, ecológicamente

**eco–friendly** [ˈikoˌfrɛndli] *adj* : ecológico

**ecological** [ˌiːkəˈlɑdʒɪkəl, ˌɛkə-] *adj* : ecológico — **ecologically** *adv*

**ecologist** [iˈkɑləʤɪst, ɛ-] *n* : ecólogo *m*, -ga *f*

**ecology** [iˈkɑləʤi, ɛ-] *n, pl* **-gies** : ecología *f*

**e–commerce** [ˈiːˌkɑmərs] *n* : comercio *m* electrónico

**economic** [ˌiːkəˈnɑmɪk, ˌɛkə-] *adj* : económico

**economical** [ˌiːkəˈnɑmɪkəl, ˌɛkə-] *adj* : económico — **economically** *adv*

**economics** [ˌiːkəˈnɑmɪks, ˌɛkə-] *n* **1** : economía *f* **2 the economics of** : el aspecto *m* económico de

**economist** [iˈkɑnəmɪst] *n* : economista *mf*

**economize** [iˈkɑnəˌmaɪz] *v* **-mized; -mizing** : economizar, ahorrar ⟨to economize on something : economizar algo⟩

**economy** [iˈkɑnəmi] *n, pl* **-mies** **1** : economía *f*, sistema *m* económico **2** THRIFT : economía *f*, ahorro *m*
**ecosystem** [ˈiːkoˌsɪstəm] *n* : ecosistema *m*
**ecotourism** [ˌiːkoˈtʊrˌɪzəm] *n* : ecoturismo *m*
**ecru** [ˈɛˌkruː, ˈeɪ-] *n* : color *m* crudo
**ecstasy** [ˈɛkstəsi] *n, pl* **-sies** **1** : éxtasis *m* **2 Ecstasy** : éxtasis *m* (droga)
**ecstatic** [ɛkˈstætɪk, ɪk-] *adj* : extático ⟨to be ecstatic about : estar muy entusiasmado con⟩
**ecstatically** [ɛkˈstætɪkli, ɪk-] *adv* : con éxtasis, con gran entusiasmo
**Ecuadoran** [ˌɛkwəˈdorən] *or* **Ecuadorean** *or* **Ecuadorian** [-ˈdoriən] *n* : ecuatoriano *m*, -na *f* — **Ecuadorean** *or* **Ecuadorian** *adj*
**ecumenical** [ˌɛkjuˈmnɪkəl] *adj* : ecuménico
**eczema** [ɪgˈziːmə, ˈɛgzəmə, ˈɛksə-] *n* : eczema *m*
**edamame** [ˌɛdəˈmɑmeɪ] *n* : edamame *m*, habas *fpl* de soya/soja
**eddy**[1] [ˈɛdi] *vi* **eddied; eddying** : arremolinarse, formar remolinos
**eddy**[2] *n, pl* **-dies** : remolino *m*
**edema** [ɪˈdiːmə] *n* : edema *m*
**Eden** [ˈiːdən] *n* : Edén *m*
**edge**[1] [ˈɛʤ] *v* **edged; edging** *vt* **1** BORDER : bordear, ribetear, orlar ⟨edged with lace : con borde de encaje⟩ **2** SHARPEN : afilar, aguzar **3** *or* **to edge one's way** : avanzar poco a poco **3 to edge away/closer** : alejarse/acercarse poco a poco **4 to edge out** : derrotar por muy poco — *vi* ADVANCE : ir avanzando (poco a poco)
**edge**[2] *n* **1** : borde *m* (de una cama, etc.), filo *m* (de un cuchillo), margen *m* (de una página) **2** BORDER : borde *m*, orilla *f*, margen *f* ⟨at the water's edge : a la orilla del agua⟩ **3** ADVANTAGE : ventaja *f* **4 to be on edge** : tener los nervios de punta **5 to be on the edge of** : estar al borde de (la guerra, etc.)
**edgewise** [ˈɛʤˌwaɪz] *adv* SIDEWAYS : de lado, de canto
**edginess** [ˈɛʤinəs] *n* : tensión *f*, nerviosismo *m*
**edging** [ˈɛʤɪŋ] *n* : borde *m*
**edgy** [ˈɛʤi] *adj* **edgier; -est** : tenso, nervioso
**edible** [ˈɛdəbəl] *adj* : comestible, comible *fam*
**edict** [ˈiːˌdɪkt] *n* : edicto *m*, mandato *m*, orden *f*
**edification** [ˌɛdəfəˈkeɪʃən] *n* : edificación *f*, instrucción *f*
**edifice** [ˈɛdəfɪs] *n* : edificio *m*
**edify** [ˈɛdəˌfaɪ] *vt* **-fied; -fying** : edificar
**edit** [ˈɛdɪt] *vt* **1** : editar (un texto, una película, etc.), corregir (un texto) **2** MANAGE : dirigir (un periódico, etc.) **3** *or* **to edit out** DELETE : recortar, cortar
**edition** [ɪˈdɪʃən] *n* : edición *f*
**editor** [ˈɛdɪʧər] *n* **1** : editor *m*, -tora *f* (de libros, artículos, etc.); redactor *m*, -tora *f* (de artículos) **2** : director *m*, -tora *f* (de un periódico, etc.) **3** : editor *m*, -tora *f* (de una película, etc.) **4** : editor *m* (software)
**editorial**[1] [ˌɛdɪˈtoriəl] *adj* **1** : de redacción **2** : editorial ⟨an editorial comment : un comentario editorial⟩
**editorial**[2] *n* : editorial *m*
**editorship** [ˈɛdəʧərˌʃɪp] *n* : dirección *f*
**educate** [ˈɛʤəˌkeɪt] *vt* **-cated; -cating** **1** TEACH : educar, enseñar **2** INSTRUCT : formar, educar, instruir **3** INFORM : informar, concientizar
**educated** [ˈɛʤəˌkeɪtəd] *adj* : culto
**education** [ˌɛʤəˈkeɪʃən] *n* : educación *f*
**educational** [ˌɛʤəˈkeɪʃənəl] *adj* **1** : docente, de enseñanza ⟨an educational institution : una institución docente⟩ **2** PEDAGOGICAL : pedagógico **3** INSTRUCTIONAL : educativo, instructivo ⟨an educational film : una película educativa⟩
**educator** [ˈɛʤəˌkeɪʧər] *n* : educador *m*, -dora *f*
**eel** [ˈiːl] *n* : anguila *f*
**eerie** [ˈɪri] *adj* **eerier; -est** **1** SPOOKY : que da miedo, espeluznante **2** GHOSTLY : fantasmagórico
**eerily** [ˈɪrəli] *adv* : de manera extraña y misteriosa
**efface** [ɪˈfeɪs, ɛ-] *vt* **-faced; -facing** : borrar
**effect**[1] [ɪˈfɛkt] *vt* **1** CARRY OUT : efectuar, llevar a cabo **2** ACHIEVE : lograr, realizar
**effect**[2] *n* **1** RESULT : efecto *m*, resultado *m*, consecuencia *f* ⟨to no effect : sin resultado⟩ ⟨to have an effect : producir/surtir efecto⟩ **2** MEANING : sentido *m* ⟨something to that effect : algo por el estilo⟩ **3** INFLUENCE : efecto *m*, influencia *f* **4 effects** *npl* : efectos *mpl* ⟨sound effects : efectos de sonido⟩ **5 effects** *npl* BELONGINGS : efectos *mpl*, pertenencias *fpl* **6 to come/go into effect** *or* **to take effect** : entrar en vigor **7 for ~** : para impresionar ⟨he paused for effect : hizo una pausa dramática⟩ **8 in ~** REALLY : en realidad, de hecho
**effective** [ɪˈfɛktɪv] *adj* **1** EFFECTUAL : efectivo, eficaz **2** OPERATIVE : vigente **3** REAL : efectivo
**effectively** [ɪˈfɛktɪvli] **1** : eficazmente, con eficacia **2** IN EFFECT : en realidad, de hecho
**effectiveness** [ɪˈfɛktɪvnəs] *n* : eficacia *f*, efectividad *f*
**effectual** [ɪˈfɛkʧʊəl] *adj* : eficaz, efectivo — **effectually** *adv*
**effeminate** [əˈfɛmənət] *adj* : afeminado
**effervesce** [ˌɛfərˈvɛs] *vi* **-vesced; -vescing** **1** : estar en efervescencia, burbujear (dícese de líquidos) **2** : estar eufórico, estar muy animado (dícese de las personas)
**effervescence** [ˌɛfərˈvɛsənʦ] *n* : efervescencia *f* — **effervescent** [ˌɛfərˈvɛsənt] *adj*
**effete** [ˈɛfiːt, ɪ-] *adj* **1** WORN-OUT : desgastado, agotado **2** DECADENT : decadente **3** EFFEMINATE : afeminado
**efficacious** [ˌɛfəˈkeɪʃəs] *adj* : eficaz, efectivo

**efficacy** [ˈɛfɪkəsi] *n, pl* **-cies** : eficacia *f*
**efficiency** [ɪˈfɪʃənt͡si] *n, pl* **-cies** **1** : eficiencia *f* **2** YIELD : rendimiento *m*
**efficient** [ɪˈfɪʃənt] *adj* **1** : eficiente **2** : de alto rendimiento (dícese de una máquina) — **efficiently** *adv*
**effigy** [ˈɛfə͡ʤi] *n, pl* **-gies** : efigie *f*
**effluent** [ˈɛˌfluːənt, ɛˈflu:-] *n* : efluentes *mpl*
**effort** [ˈɛfərt] *n* **1** EXERTION : esfuerzo *m* **2** ATTEMPT : tentativa *f*, intento *m* ⟨it's not worth the effort : no vale la pena⟩ ⟨to make an/the effort to do something : hacer un/el esfuerzo para hacer algo⟩ ⟨to make no effort to do something : no molestarse en hacer algo⟩
**effortless** [ˈɛfərtləs] *adj* : sin esfuerzo, natural
**effortlessly** [ˈɛfərtləsli] *adv* : sin esfuerzo
**effrontery** [ɪˈfrʌntəri] *n, pl* **-teries** : insolencia *f*, desfachatez *f*, descaro *m*
**effusive** [ɪˈfjuːsɪv, ɛ-] *adj* : efusivo — **effusively** *adv*
**effusiveness** [ɪˈfjuːsɪvnəs, ɛ-] *n* : efusión *f*
**EFL** [ˌiːˌɛfˈɛl] *n* (*E*nglish as a *f*oreign *l*anguage) : inglés *m* como lengua extranjera
**egalitarian** [ɪˌgæləˈtæriən] *adj* : igualitario
**egg**[1] [ˈɛg] *vt* **to egg on** : incitar, azuzar
**egg**[2] *n* **1** : huevo *m* ⟨egg white/yolk : clara/yema de huevo⟩ **2** OVUM : óvulo *m*
**eggbeater** [ˈɛgˌbiːt͡ər] *n* : batidor *m* (de huevos)
**eggnog** [ˈɛgˌnɑg] *n* : ponche *m* de huevo, rompope *m CA, Mex*
**eggplant** [ˈɛgˌplænt] *n* : berenjena *f*
**eggshell** [ˈɛgˌʃl] *n* : cascarón *m*
**ego** [ˈiːˌgoː] *n, pl* **egos** **1** SELF-ESTEEM : amor *m* propio, ego *m* **2** SELF : ego *m*, yo *m*
**egocentric** [ˌiːgoˈsɛntrɪk] *adj* : egocéntrico
**egoism** [ˈiːgoˌwɪzəm] *n* : egoísmo *m*
**egoist** [ˈiːgowɪst] *n* : egoísta *mf*
**egoistic** [ˌiːˌgoˈwɪstɪk] *adj* : egoísta
**egotism** [ˈiːgəˌtɪzəm] *n* : egotismo *m*
**egotist** [ˈiːgət͡ɪst] *n* : egotista *mf*
**egotistic** [ˌiːgəˈt͡ɪstɪk] *or* **egotistical** [-ˈt͡ɪstɪkəl] *adj* : egotista — **egotistically** *adv*
**egregious** [ɪˈgriːʤəs] *adj* : atroz, flagrante, mayúsculo — **egregiously** *adv*
**egress** [ˈiːˌgrɛs] *n* : salida *f*
**egret** [ˈiːgrət, -ˌgrɛt] *n* : garceta *f*
**Egyptian** [ɪˈʤɪpʃən] *n* **1** : egipcio *m*, -cia *f* **2** : egipcio *m* (idioma) — **Egyptian** *adj*
**eh** [ˈeɪ, ˈɛ] *interj* **1** WHAT : ¿eh?, ¿qué? **2** : ¿eh?, ¿no? ⟨pretty clever, eh? : qué listo, ¿no?⟩
**eiderdown** [ˈaɪdərˌdaʊn] *n* **1** : plumón *m* **2** COMFORTER : edredón *m*
**eight**[1] [ˈeɪt] *adj* : ocho ⟨she's eight (years old) : tiene ocho años⟩
**eight**[2] *n* : ocho *m* ⟨the eight of hearts : el ocho de corazones⟩
**eight**[3] *pron* : ocho ⟨there are eight of us : somos ocho⟩ ⟨it's eight (o'clock) : son las ocho⟩
**eighteen**[1] [eitˈtiːn] *adj & pron* : dieciocho
**eighteen**[2] *n* : dieciocho *m*
**eighteenth**[1] [eɪtˈtiːnθ] *adj* : decimoctavo
**eighteenth**[2] *n* **1** : decimoctavo *m*, -va *f* (en una serie) **2** : dieciochoavo *m*, dieciochoava parte *f*
**eighth**[1] [ˈeɪtθ] *adv* : en octavo lugar
**eighth**[2] *adj* : octavo
**eighth**[3] *n* **1** : octavo *m*, -va *f* (en una serie) ⟨(on) the eighth of May : el ocho de mayo⟩ **2** : octavo *m*, octava parte *f*
**eight hundred**[1] *adj & pron* : ochocientos
**eight hundred**[2] *n* : ochocientos *m*
**eightieth**[1] [ˈeɪtiəθ] *adj* : octogésimo
**eightieth**[2] *n* **1** : octogésimo *m*, -ma *f* (en una serie) **2** : ochentavo *m*, ochentava parte *f*
**eighty**[1] [ˈeɪti] *adj & pron* : ochenta
**eighty**[2] *n, pl* **eighties** **1** : ochenta *m* **2** **the eighties** : los ochenta
**either**[1] [ˈiːðər, ˈaɪ-] *adv* : tampoco ⟨she doesn't believe it and he doesn't, either : ella no lo cree y él tampoco⟩ ⟨me either! : ¡yo tampoco!⟩
**either**[2] *adj* **1** : cualquiera (de los dos) ⟨we can watch either movie : podemos ver cualquiera de las dos películas⟩ **2** : ninguno de los dos ⟨she wasn't in either room : no estaba en ninguna de las dos salas⟩ **3** EACH : cada ⟨on either side of : a cada lado de, a ambos lados de⟩
**either**[3] *pron* **1** : cualquiera (de los dos) ⟨either of the answers is correct : cualquiera de las dos respuestas es correcta⟩ **2** : ninguno (de los dos) ⟨which of the two do you want? I don't like either : ¿cuál de las dos quieres? no me gusta ninguna⟩ **3** : alguno ⟨is either of you interested? : ¿está alguno de ustedes (dos) interesado?⟩
**either**[4] *conj* **1** : o, u ⟨either David or Daniel could go : puede ir (o) David o Daniel⟩ **2** : ni ⟨he didn't call either yesterday or today : no llamó ni ayer ni hoy⟩
**ejaculate** [iˈʤækjəˌleɪt] *v* **-lated; -lating** *vt* **1** : eyacular **2** EXCLAIM : exclamar — *vi* : eyacular
**ejaculation** [iˌʤækjəˈleɪʃən] *n* **1** : eyaculación *f* (en fisiología) **2** EXCLAMATION : exclamación *f*
**eject** [iˈʤɛkt] *vt* **1** : expulsar (a alguien) **2** : expulsar (un CD, etc.), expeler (un gas) — *vi* : expulsarse
**ejection** [iˈʤɛkʃən] *n* : expulsión *f*
**eke out** [ˈiːk-] *vt* **eked out; eking out** **1** STRETCH : estirar (provisiones, etc.) **2** **to eke out a living** : ganarse la vida a duras penas
**EKG** [ˌiːkeɪˈʤiː] *n, pl* **EKGs** **1** → **electrocardiogram** **2** → **electrocardiograph**
**elaborate**[1] [iˈlæbəˌreɪt] *v* **-rated; -rating** *vt* : elaborar (una teoría, etc.) — *vi* **to elaborate on** : ampliar, entrar en detalles sobre
**elaborate**[2] [iˈlæbərət] *adj* **1** DETAILED : detallado, minucioso, muy elaborado **2** COMPLICATED : complicado, muy elaborado — **elaborately** *adv*
**elaboration** [iˌlæbəˈreɪʃən] *n* : elaboración *f*

**elapse** [iˈlæps] *vi* **elapsed; elapsing** : transcurrir, pasar
**elastic**[1] [iˈlæstɪk] *adj* **1** : elástico **2** : (de) elástico, elastizado (dícese de una cintura, etc.)
**elastic**[2] *n* **1** : elástico *m* **2** *or* **elastic band** → **rubber band**
**elasticity** [iˌlæsˈtɪsəṭi, ˌiːˌlæs-] *n, pl* **-ties** : elasticidad *f*
**elated** [iˈleɪtəd] *adj* : eufórico
**elation** [iˈleɪʃən] *n* : euforia *f*, júbilo *m*, alborozo *m*
**elbow**[1] [ˈɛlˌbo:] *vt* : darle un codazo a
**elbow**[2] *n* : codo *m*
**elder**[1] [ˈɛldər] *adj* : mayor
**elder**[2] *n* **1** : anciano *m*, -na *f* ⟨the tribal elders : los ancianos de la tribu⟩ **2** : miembro *m* del consejo (en varias religiones) **3** : mayor *mf* ⟨she's my elder by one year : es un año mayor que yo⟩
**elderberry** [ˈɛldərˌbɛri] *n, pl* **-berries** : baya *f* de saúco (fruta), saúco *m* (árbol)
**elderly** [ˈɛldərli] *adj* : mayor, de edad, anciano ⟨the elderly : las personas mayores, los ancianos⟩
**eldest** [ˈɛldəst] *adj* : mayor ⟨the eldest : el/la mayor, el/la de más edad⟩
**elect**[1] [iˈlɛkt] *vt* **1** : elegir ⟨she was elected President : la eligieron Presidenta⟩ **2** : elegir (hacer algo)
**elect**[2] *adj* : electo ⟨the president-elect : el presidente electo⟩
**elect**[3] *npl* **the elect** : los elegidos *mpl*
**election** [iˈlɛkʃən] *n* : elección *f* ⟨an election campaign : una campaña electoral⟩
**elective**[1] [iˈlɛktɪv] *adj* **1** : electivo **2** OPTIONAL : facultativo, optativo
**elective**[2] *n* : asignatura *f* electiva
**electoral** [iˈlɛktərəl] *adj* : electoral
**electorate** [iˈlɛktərəṭ] *n* : electorado *m*
**electric** [iˈlɛktrɪk] *adj* **1** *or* **electrical** [-trɪkəl] : eléctrico **2** THRILLING : electrizante, emocionante
**electric cord** → **cord**
**electrician** [iˌlɛkˈtrɪʃən] *n* : electricista *mf*
**electricity** [iˌlɛkˈtrɪsəṭi] *n, pl* **-ties** **1** : electricidad *f* **2** CURRENT : corriente *m* eléctrica
**electric razor** → **razor**
**electric shock** → **shock**[2]
**electric socket** → **socket**
**electrification** [iˌlɛktrəfəˈkeɪʃən] *n* : electrificación *f*
**electrify** [iˈlɛktrəˌfaɪ] *vt* **-fied; -fying** **1** : electrificar **2** THRILL : electrizar, emocionar
**electrocardiogram** [iˌlɛktroˈkɑrdiəˌgræm] *n* : electrocardiograma *m*
**electrocardiograph** [iˌlɛktroˈkɑrdiəˌgræf] *n* : electrocardiógrafo *m*
**electrocute** [iˈlɛktrəˌkju:t] *vt* **-cuted; -cuting** : electrocutar
**electrocution** [iˌlɛktrəˈkju:ʃən] *n* : electrocución *f*
**electrode** [iˈlɛkˌtro:d] *n* : electrodo *m*
**electrolysis** [iˌlɛkˈtrɑləsɪs] *n* : electrólisis *f*
**electrolyte** [iˈlɛktrəˌlaɪt] *n* : electrolito *m*
**electromagnet** [iˌlɛktroˈmægnəṭ] *n* : electroimán *m*
**electromagnetic** [iˌlɛktromægˈnṭɪk] *adj* : electromagnético — **electromagnetically** [-ṭikli] *adv*
**electromagnetism** [iˌlɛktroˈmægnəˌtɪzəm] *n* : electromagnetismo *m*
**electron** [iˈlɛkˌtrɑn] *n* : electrón *m*
**electronic** [iˌlɛkˈtrɑnɪk] *adj* : electrónico ⟨electronic devices : aparatos electrónicos⟩ — **electronically** [-nɪkli] *adv*
**electronic cigarette** *n* : cigarillo *m* electrónico, vaporizador *m*, vaporeador *m*
**electronic mail** *n* : correo *m* electrónico
**electronics** [iˌlɛkˈtrɑnɪks] *n* **1** : electrónica *f* **2** : sistema *m* electrónico (de un aparato)
**electroplate** [iˈlɛktrəˌpleɪt] *vt* **-plated; -plating** : galvanizar mediante electrólisis
**elegance** [ˈɛlɪgənʦ] *n* : elegancia *f*
**elegant** [ˈɛlɪgənt] *adj* : elegante — **elegantly** *adv*
**elegiac** [ˌɛləˈʤaɪək] *adj* : elegíaco
**elegy** [ˈɛləʤi] *n, pl* **-gies** : elegía *f*
**element** [ˈɛləmənt] *n* **1** COMPONENT : elemento *m*, factor *m* ⟨the element of surprise : el factor sorpresa⟩ ⟨an element of risk : un factor de riesgo⟩ **2** : elemento *m* (en la química) **3** MILIEU : elemento *m*, medio *m* ⟨to be in one's element : estar en su elemento⟩ **4** GROUP : elemento *m*, grupo *m* ⟨criminal elements : elementos criminales⟩ **5 elements** *npl* RUDIMENTS : elementos *mpl* (básicos), rudimentos *mpl* **6 the elements** WEATHER : los elementos *mpl* **7** *or* **heating element** : resistencia *f*
**elemental** [ˌɛləˈmɛntəl] *adj* **1** BASIC : elemental, primario **2** : elemental (dícese de los elementos químicos)
**elementary** [ˌɛləˈmɛntri] *adj* **1** SIMPLE : elemental **2** : de enseñanza primaria ⟨elementary (school) teachers : maestros de enseñanza primaria⟩ ⟨elementary school/education : escuela/educación primaria⟩
**elephant** [ˈɛləfənt] *n* : elefante *m*, -ta *f*
**elevate** [ˈɛləˌveɪt] *vt* **-vated; -vating** **1** RAISE : elevar, levantar, alzar **2** PROMOTE : elevar, ascender **3** UPLIFT : elevar, levantar (el espíritu, etc.) **4** INCREASE : aumentar, elevar (niveles, etc.)
**elevation** [ˌɛləˈveɪʃən] *n* **1** : elevación *f* **2** ALTITUDE : altura *f*, altitud *f* **3** PROMOTION : ascenso *m*
**elevator** [ˈɛləˌveɪṭər] *n* **1** : ascensor *m*, elevador *m* **2** *or* **freight elevator** : montacargas *m*
**eleven**[1] [iˈlɛvən] *adj & pron* : once
**eleven**[2] *n* : once *m*
**eleventh**[1] [iˈlɛvənʧθ] *adj* : undécimo
**eleventh**[2] *n* **1** : undécimo *m*, -ma *f* (en una serie) **2** : onceavo *m*, onceava parte *f*
**elf** [ˈɛlf] *n, pl* **elves** [ˈɛlvz] : elfo *m*, duende *m*
**elfin** [ˈɛlfən] *adj* **1** : de elfo, menudo **2** ENCHANTING, MAGIC : mágico, encantador
**elfish** [ˈɛlfɪʃ] *adj* **1** : de elfo **2** MISCHIEVOUS : travieso

**elicit** [ɪˈlɪsət] *vt* : provocar (una reacción), obtener (una respuesta)

**eligibility** [ˌɛləʤəˈbɪləṭi] *n, pl* **-ties** : elegibilidad *f*

**eligible** [ˈɛləʤəbəl] *adj* **1** QUALIFIED : que reúne los requisitos, elegible ⟨to be eligible for benefits : tener derecho a recibir prestaciones⟩ ⟨eligible voters : votantes habilitados⟩ **2** SUITABLE : idóneo ⟨an eligible bachelor : un buen partido⟩

**eliminate** [ɪˈlɪməˌneɪt] *vt* **-nated; -nating** **1** : eliminar **2** RULE OUT : eliminar, descartar

**elimination** [ɪˌlɪməˈneɪʃən] *n* : eliminación *f*

**elite**[1] [eɪˈliːt, i-] *n* : elite *f*, élite *f*

**elite**[2] *n* : de elite, de élite

**elitist** [eɪˈliːtɪst, i-] *n* : elitista *mf* — **elitist** *adj*

**elixir** [iˈlɪksər] *n* : elixir *m*

**elk** [ˈɛlk] *n* : alce *m* (de Europa), uapití *m* (de América)

**ellipse** [ɪˈlɪps, ɛ-] *n* : elipse *f*

**ellipsis** [ɪˈlɪpsəs, ɛ-] *n, pl* **-lipses** [-ˌsiːz] **1** : elipsis *f* **2** : puntos *mpl* suspensivos (en la puntuación)

**elliptical** [ɪˈlɪptɪkəl, ɛ-] *or* **elliptic** [-tɪk] *adj* : elíptico

**elm** [ˈɛlm] *n* : olmo *m*

**elocution** [ˌɛləˈkjuːʃən] *n* : elocución *f*

**elongate** [iˈlɔŋˌgeɪt] *vt* **-gated; -gating** : alargar

**elongation** [ˌiːˌlɔŋˈgeɪʃən] *n* : alargamiento *m*

**elope** [iˈloːp] *vi* **eloped; eloping** : fugarse

**elopement** [iˈloːpmənt] *n* : fuga *f*

**eloquence** [ˈɛləkwənʦ] *n* : elocuencia *f*

**eloquent** [ˈɛləkwənt] *adj* : elocuente — **eloquently** *adv*

**El Salvadoran** [ˌɛlˌsælvəˈdorən] *n* : salvadoreño *m*, -ña *f* — **El Salvadoran** *adj*

**else**[1] [ˈɛls] *adv* **1** (*indicating an alternative or addition*) ⟨how else? : ¿de qué otro modo?⟩ ⟨when else? : ¿a qué otra hora?, ¿en qué otro día? (etc.)⟩ ⟨where else? : ¿en qué otro lugar?⟩ ⟨to go someplace else : ir a otro sitio⟩ **2 or else** OTHERWISE : si no, de lo contrario

**else**[2] *adj* **1** OTHER : otro ⟨anyone else : cualquier otro⟩ ⟨someone else : otro, otra persona⟩ ⟨everyone else : todo lo demás⟩ ⟨nobody else : ningún otro, nadie más⟩ ⟨somebody else : otra persona⟩ **2** MORE : más ⟨nothing else : nada más⟩ ⟨anything else? : ¿algo más?⟩ ⟨what else? : ¿qué más?⟩

**elsewhere** [ˈɛlsˌhwɛr] *adv* : en/a otra parte, en/a otro sitio/lugar ⟨to go elsewhere : ir a otro lugar⟩ ⟨elsewhere in the book : en otra parte del libro⟩

**elucidate** [iˈluːsəˌdeɪt] *vt* **-dated; -dating** : dilucidar, elucidar, esclarecer

**elucidation** [iˌluːsəˈdeɪʃən] *n* : elucidación *f*, esclarecimiento *m*

**elude** [iˈluːd] *vt* **eluded; eluding** : eludir, evadir

**elusive** [iˈluːsɪv] *adj* **1** : esquivo, escurridizo (dícese de una presa, etc.) ⟨an elusive goal : una meta difícil de alcanzar⟩ **2** : difícil de precisar (dícese de una cualidad, etc.)

**elusively** [iˈluːsɪvli] *adv* : de manera esquiva

**elves** → **elf**

**em-** → **en-**

**'em** [əm] → **them**

**emaciate** [iˈmeɪʃiˌeɪt] *vt* **-ated; -ating** : enflaquecer

**e-mail**[1] *or* **email** [ˈiːˌmeɪl] *vt* : enviarle/mandarle un email a (alguien), enviarle/mandarle un correo electrónico a (alguien), enviar/mandar (algo) por email, enviar/mandar (algo) por correo electrónico — *vi* : enviar/mandar un email, enviar/mandar un correo electrónico

**e-mail**[2] *or* **email** *n* : email *m*, correo *m* electrónico ⟨e-mail address : dirección de correo electrónico, dirección de email⟩

**emanate** [ˈɛməˌneɪt] *v* **-nated; -nating** *vi* : emanar, provenir, proceder — *vt* : emanar

**emanation** [ˌɛməˈneɪʃən] *n* : emanación *f*

**emancipate** [iˈmænʦəˌpeɪt] *vt* **-pated; -pating** : emancipar

**emancipation** [iˌmænʦəˈpeɪʃən] *n* : emancipación *f*

**embalm** [imˈbɑm, ɛm-, -ˈbɑlm] *vt* : embalsamar

**embankment** [imˈbæŋkmənt, ɛm-] *n* : terraplén *m*, muro *m* de contención

**embargo**[1] [imˈbɑrgo, ɛm-] *vt* **-goed; -going** : imponer un embargo sobre

**embargo**[2] *n, pl* **-goes** : embargo *m*

**embark** [imˈbɑrk, ɛm-] *vt* : embarcar — *vi* **1** : embarcarse **2 to embark on** START : emprender, embarcarse en

**embarkation** [ˌɛmˌbɑrˈkeɪʃən] *n* : embarque *m*, embarco *m*

**embarrass** [imˈbærəs, ɛm-] *vt* : avergonzar, abochornar ⟨you embarrassed me : me hiciste pasar vergüenza⟩

**embarrassed** [imˈbærəst ɛm-] *adj* : embarazoso, violento ⟨I'm embarrassed (about it) : me da vergüenza⟩ ⟨an embarrassed silence : un silencio embarazoso⟩

**embarrassing** [imˈbærəsɪŋ, ɛm-] *adj* : embarazoso, violento ⟨how embarrassing! : ¡qué vergüenza!⟩

**embarrassment** [imˈbærəsmənt, ɛm-] *n* : vergüenza *f*, bochorno *m*, pena *f* ⟨to be an embarrassment to someone : ser una vergüenza para alguien⟩

**embassy** [ˈɛmbəsi] *n, pl* **-sies** : embajada *f*

**embed** [imˈbɛd, ɛm-] *vt* **-bedded; -bedding** : incrustar, empotrar (en una pared, etc.), grabar (en la memoria) ⟨a firmly embedded belief : una creencia arraigada⟩

**embellish** [imˈbɛlɪʃ, ɛm-] *vt* : adornar, embellecer

**embellishment** [imˈbɛlɪʃmənt, ɛm-] *n* : adorno *m*

**ember** [ˈɛmbər] *n* : ascua *f*, brasa *f*

**embezzle** [imˈbɛzəl, ɛm-] *vt* **-zled; -zling** : desfalcar, malversar

**embezzlement** [imˈbɛzəlmənt, ɛm-] *n* : desfalco *m*, malversación *f*

**embezzler** [ɪmˈbɛzələr, ɛm-] *n* : desfalcador *m*, -dora *f*; malversador *m*, -dora *f*
**embitter** [ɪmˈbɪtər, ɛm-] *vt* : amargar
**emblem** [ˈɛmbləm] *n* : emblema *m*, símbolo *m*
**emblematic** [ˌɛmbləˈmætɪk] *adj* : emblemático, simbólico
**embodiment** [ɪmˈbɑdɪmənt, ɛm-] *n* : encarnación *f*, personificación *f*
**embody** [ɪmˈbɑdi, ɛm-] *vt* **-bodied; -bodying** **1** PERSONIFY : encarnar, personificar **2** INCLUDE : incorporar
**embolism** [ˈɛmbəˌlɪzəm] *n* : embolia *f*
**emboss** [ɪmˈbɑs, ɛm-, -ˈbɔs] *vt* : repujar (metal o cuero), grabar en relieve ⟨embossed lettering : caracteres en relieve⟩
**embrace**[1] [ɪmˈbreɪs, ɛm-] *v* **-braced; -bracing** *vt* **1** HUG : abrazar **2** ADOPT : adoptar, abrazar (una causa), aceptar (un cambio) **3** WELCOME : aprovechar (una oportunidad) **4** INCLUDE : abarcar — *vi* : abrazarse
**embrace**[2] *n* : abrazo *m*
**embroider** [ɪmˈbrɔɪdər, ɛm-] *vt* : bordar (una tela), adornar (una historia)
**embroidery** [ɪmˈbrɔɪdəri, ɛm-] *n, pl* **-deries** : bordado *m*
**embroil** [ɪmˈbrɔɪl, ɛm-] *vt* : enredar ⟨to become embroiled in something : enredarse en algo⟩
**embryo** [ˈɛmbriˌoː] *n, pl* **embryos** : embrión *m*
**embryonic** [ˌɛmbriˈɑnɪk] *adj* : embrionario
**emend** [iˈmɛnd] *vt* : enmendar, corregir
**emendation** [ˌiːˌmɛnˈdeɪʃən] *n* : enmienda *f*
**emerald**[1] [ˈɛmrəld, ˈɛmə-] *adj* : verde esmeralda
**emerald**[2] *n* : esmeralda *f*
**emerge** [iˈmərʤ] *vi* **emerged; emerging** **1** : salir, emerger ⟨to emerge from : salir de⟩ **2** ARISE, DEVELOP : surgir **3** : revelarse (dícese de la verdad, etc.) **4 to emerge victorious** : salir victorioso
**emergence** [iˈmərʤənʦ] *n* : aparición *f*, surgimiento *m*
**emergency** [iˈmərʤənʦi] *n, pl* **-cies** **1** : emergencia *f* ⟨in case of emergency : en caso de emergencia⟩ ⟨emergency exit/landing/vehicle : salida/aterrizaje/vehículo de emergencia⟩ **2** : urgencia *f*, emergencia *f* (en medicina)
**emergency brake** *n* HANDBRAKE : freno *m* de mano
**emergency room** *n* : sala *f* de urgencia(s), sala *f* de emergencia(s)
**emergent** [iˈmərʤənt] *adj* : emergente
**emery** [ˈɛməri] *n, pl* **-eries** : esmeril *m*
**emery board** *n* : lima *f* de uñas (de esmeril)
**emigrant** [ˈɛmɪgrənt] *n* : emigrante *mf*
**emigrate** [ˈɛməˌgreɪt] *vi* **-grated; -grating** : emigrar
**emigration** [ˌɛməˈgreɪʃən] *n* : emigración *f*
**eminence** [ˈɛmənənʦ] *n* **1** PROMINENCE : eminencia *f*, prestigio *m*, renombre *m* **2** DIGNITARY : eminencia *f*; dignatario *m*, -ria *f* ⟨Your Eminence : Su Eminencia⟩
**eminent** [ˈɛmənənt] *adj* : eminente, ilustre
**eminently** [ˈɛmənəntli] *adv* : sumamente
**emissary** [ˈɛmɪˌsɛri] *n, pl* **-saries** : emisario *m*, -ria *f*
**emission** [iˈmɪʃən] *n* : emisión *f*
**emit** [iˈmɪt] *vt* **emitted; emitting** : emitir, despedir, producir
**emoji** [iˈmoːdʒi] *n, pl* **emoji** *or* **emojis** : emoji *m*
**emote** [iˈmoːt] *vi* **emoted; emoting** : exteriorizar las emociones
**emoticon** [iˈmotiˌkɑn] *n* : emoticono *m*, emoticón *m*
**emotion** [iˈmoːʃən] *n* : emoción *f*, sentimiento *m*
**emotional** [iˈmoːʃənəl] *adj* **1** : emocional, afectivo ⟨an emotional reaction : una reacción emocional⟩ **2** SENSITIVE : emotivo, sensible **3** MOVING : emotivo, conmovedor, emocionante **4 to get emotional** : emocionarse
**emotionally** [iˈmoːʃənəli] *adv* : emocionalmente
**empathize** [ˈɛmpəθaɪz] *vi* **-thized; -thizing** : sentir empatía ⟨to empathize with : identificarse con⟩
**empathy** [ˈɛmpəθi] *n* : empatía *f*
**emperor** [ˈɛmpərər] *n* : emperador *m*
**emphasis** [ˈɛmfəsɪs] *n, pl* **-phases** [-ˌsiːz] **1** : énfasis *m*, hincapié *m* ⟨to put/place/lay emphasis on : poner énfasis en, hacer hincapié en⟩ **2** : acento *m*, énfasis *m* (en lingüística)
**emphasize** [ˈɛmfəˌsaɪz] *vt* **-sized; -sizing** **1** : enfatizar, subrayar, recalcar **2** : acentuar, enfatizar (en lingüística) **3** ACCENTUATE : acentuar, (hacer) resaltar
**emphatic** [ɪmˈfætɪk, ɛm-] *adj* **1** : enfático, enérgico, categórico ⟨an emphatic "no" : un "no" rotundo⟩ ⟨an emphatic victory : una victoria aplastante⟩ **2 to be emphatic about** : poner mucho énfasis en — **emphatically** [-ɪkli] *adv*
**empire** [ˈɛmˌpaɪr] *n* : imperio *m*
**empirical** [ɪmˈpɪrɪkəl, ɛm-] *adj* : empírico — **empirically** [-ɪkli] *adv*
**employ**[1] [ɪmˈplɔɪ, ɛm-] *vt* **1** USE : usar, utilizar, emplear **2** HIRE : contratar, emplear **3** : emplear, dar empleo a ⟨they employ 20 people : emplean a 20 personas⟩ **4** OCCUPY : ocupar, dedicar, emplear
**employ**[2] [ɪmˈplɔɪ, ɛm-;, ˈɪmˌ-, ˈɛmˌ-] *n* **1** : puesto *m*, cargo *m*, ocupación *f* **2 to be in the employ of** : estar al servicio de, trabajar para
**employee** [ɪmˌplɔɪˈiː, ɛm-, -ˈplɔɪˌiː] *n* : empleado *m*, -da *f*
**employer** [ɪmˈplɔɪər, ɛm-] *n* : patrón *m*, -trona *f*; empleador *m*, -dora *f*
**employment** [ɪmˈplɔɪmənt, ɛm-] *n* : trabajo *m*, empleo *m*
**employment agency** *n* : agencia *f* de colocación, agencia *f* de trabajo
**empower** [ɪmˈpaʊər, ɛm-] *vt* : facultar, autorizar, conferirle poder a
**empowerment** [ɪmˈpaʊərmənt, ɛm-] *n* : autorización *f*
**empress** [ˈɛmprəs] *n* : emperatriz *f*
**emptiness** [ˈɛmptɪnəs] *n* : vacío *m*, vacuidad *f*

**empty**[1] [ˈempti] *v* **-tied; -tying** *vt* : vaciar ⟨to empty (out) your pockets : vaciar sus bolsillos⟩ — *vi* **1** *or* **to empty out** : vaciarse (dícese de un lugar) **2 to empty into** : desaguar en (dícese de un río)

**empty**[2] *adj* **emptier; -est 1** : vacío **2** VACANT : desocupado, libre **3** MEANINGLESS : vacío, hueco, vano

**empty**[3] *n, pl* **-ties** : envase *m* vacío

**empty–handed** [ˌemptiˈhændəd] *adj* : con las manos vacías

**empty–headed** [ˌemptiˈhɛdəd] *adj* : cabeza hueca, tonto

**emu** [ˈiːˌmjuː] *n* : emú *m*

**emulate** [ˈemjəˌleɪt] *vt* **-lated; -lating** : emular

**emulation** [ˌemjəˈleɪʃən] *n* : emulación *f*

**emulsifier** [ɪˈmʌlsəˌfaɪər] *n* : emulsionante *m*

**emulsify** [ɪˈmʌlsəˌfaɪ] *vt* **-fied; -fying** : emulsionar

**emulsion** [ɪˈmʌlʃən] *n* : emulsión *f*

**en-** *or* **em-** *pref* : en-, em- ⟨entangle : enredar⟩ ⟨empathy : empatía⟩

**enable** [ɪˈneɪbəl, ɛ-] *vt* **-abled; -abling 1** PERMIT : permitir, hacer posible, posibilitar ⟨to enable someone to do something : permitirle a alguien hacer algo⟩ **2** ACTIVATE : activar, habilitar

**enact** [ɪˈnækt, ɛ-] *vt* **1** : promulgar (un ley o decreto) **2** : representar (un papel en el teatro)

**enactment** [ɪˈnæktmənt, ɛ-] *n* : promulgación *f*

**enamel**[1] [ɪˈnæməl] *vt* **-eled** *or* **-elled; -eling** *or* **-elling** : esmaltar

**enamel**[2] *n* : esmalte *m*

**enamor** [ɪˈnæmər] *vt* **1** : enamorar **2 to be enamored of** : estar enamorado de (una persona), estar entusiasmado con (algo)

**encamp** [ɪnˈkæmp, ɛn-] *vi* : acampar

**encampment** [ɪnˈkæmpmənt, ɛn-] *n* : campamento *m*

**encase** [ɪnˈkeɪs, ɛn-] *vt* **-cased; -casing** : encerrar, revestir

**-ence** *suf* : -encia ⟨independence : independencia⟩

**encephalitis** [ɪnˌsfəˈlaɪtəs, ɛn-] *n, pl* **-litides** [ˈlɪtəˌdiːz] : encefalitis *f*

**enchant** [ɪnˈtʃænt, ɛn-] *vt* **1** BEWITCH : hechizar, encantar, embrujar **2** CHARM, FASCINATE : cautivar, fascinar, encantar

**enchanting** [ɪnˈtʃæntɪŋ, ɛn-] *adj* : encantador

**enchanter** [ɪnˈtʃæntər, ɛn-] *n* SORCERER : mago *m*, encantador *m*

**enchantment** [ɪnˈtʃæntmənt, ɛn-] *n* **1** SPELL : encanto *m*, hechizo *m* **2** CHARM : encanto *m*

**enchantress** [ɪnˈtʃæntrəs, ɛn-] *n* **1** SORCERESS : maga *f*, hechicera *f* **2** CHARMER : mujer *f* cautivadora

**enchilada** [ˌɛntʃəˈlɑdə] *n* : enchilada *f*

**encircle** [ɪnˈsərkəl, ɛn-] *vt* **-cled; -cling** : rodear, ceñir, cercar

**enclose** [ɪnˈkloːz, ɛn-] *vt* **-closed; -closing 1** SURROUND : encerrar, cercar, rodear **2** INCLUDE : incluir, adjuntar, acompañar ⟨please find enclosed : le(s) envío adjunto⟩

**enclosure** [ɪnˈkloːʒər, ɛn-] *n* **1** ENCLOSING : encierro *m* **2** : cercado *m* (de terreno), recinto *m* ⟨an enclosure for the press : un recinto para la prensa⟩ **3** : anexo *m* (de una carta), documento *m* adjunto

**encode** [ɪnˈkoːd, ɛn-] *vt* **1** : cifrar (mensajes, etc.) **2** : codificar (datos, etc.) **3** : codificar (tarjetas de crédito, etc.)

**encompass** [ɪnˈkʌmpəs, ɛn-, -ˈkɑm-] *vt* **1** SURROUND : circundar, rodear **2** INCLUDE : abarcar, comprender

**encore** [ˈɑnˌkor] *n* : bis *m* ⟨encore! : ¡otra!⟩

**encounter**[1] [ɪnˈkaʊntər, ɛn-] *vt* **1** MEET : encontrar, encontrarse con, toparse con, tropezar con **2** FIGHT : combatir, luchar contra

**encounter**[2] *n* : encuentro *m*

**encourage** [ɪnˈkərɪʤ, ɛn-] *vt* **-aged; -aging 1** : animar, alentar ⟨she encouraged me to participate : me animó a participar⟩ **2** FOSTER : fomentar, promover

**encouragement** [ɪnˈkərɪʤmənt, ɛn-] *n* : ánimo *m*, aliento *m*

**encouraging** [ɪnˈkərəʤɪŋ, ɛn-] *adj* : alentador, esperanzador

**encroach** [ɪnˈkroːʧ, ɛn-] *vi* **to encroach on/upon** : invadir (territorio), abusar (derechos), quitar (tiempo)

**encroachment** [ɪnˈkroːʧmənt, ɛn-] *n* : invasión *f*, usurpación *f*

**encrust** [ɪnˈkrʌst, ɛn-] *vt* **1** : recubrir con una costra **2** INLAY : incrustar ⟨encrusted with gems : incrustado de gemas⟩

**encrypt** [ɪnˈkrɪpt, ɛn-] *vt* : cifrar, encriptar (datos, etc.)

**encumber** [ɪnˈkʌmbər, ɛn-] *vt* **1** BLOCK : obstruir, estorbar **2** BURDEN : cargar, gravar

**encumbrance** [ɪnˈkʌmbrənʦ, ɛn-] *n* : estorbo *m*, carga *f*, gravamen *m*

**encyclopedia** [ɪnˌsaɪkləˈpiːdiə, ɛn-] *n* : enciclopedia *f*

**encyclopedic** [ɪnˌsaɪkləˈpiːdɪk, ɛn-] *adj* : enciclopédico

**end**[1] [ˈend] *vt* **1** STOP : terminar, poner fin a, acabar con **2** CONCLUDE : concluir, terminar — *vi* **1** : terminar(se), acabar, concluir(se) **2 to end up doing something** : acabar/terminar haciendo algo, acabar/terminar por hacer algo

**end**[2] *n* **1** : extremo *m* (de una cuerda, etc.), punta *f* (de un lápiz, etc.), final *m* (de una calle, etc.) ⟨I'm at the end of my rope : no puedo aguantar más⟩ **2** CONCLUSION : fin *m*, final *m* ⟨to bring something to an end : terminar algo, poner fin a algo⟩ ⟨to come to an end : llegar a su fin⟩ ⟨to put an end to : acabar con, poner fin a⟩ **3** AIM : fin *m*, objetivo *m* **4** : ala *f* (en fútbol americano) ⟨tight end : ala cerrada⟩ **5 at the end** : al fin, al final ⟨at the end of April : a fines/finales de abril⟩ **6 end to end** : juntados por los extremos **7 in the end** : al final **8 on end** : parado, (en posición) vertical ⟨my hair stood on end : se me pusieron los pelos de punta⟩ **9 on end** : sin parar ⟨he read for hours on end : pasaba horas enteras leyendo⟩

**endanger** [ɪnˈdeɪnʤər, ɛn-] *vt* : poner en peligro

**endangered** [ɪnˈdeɪnʤərd, ɛn-] *adj* : en peligro

**endear** [ɪnˈdɪr, ɛn-] *vt* **to endear oneself to** : ganarse la simpatía de, granjearse el cariño de

**endearing** [ɪnˈdɪrɪŋ, ɛn-] *adj* : encantador

**endearment** [ɪnˈdɪrmənt, ɛn-] *n* : expresión *f* de cariño

**endeavor**[1] [ɪnˈdɛvər, ɛn-] *vt* : intentar, esforzarse por ⟨he endeavored to improve his work : intentó mejorar su trabajo⟩

**endeavor**[2] *n* : intento *m*, esfuerzo *m*

**ending** [ˈɛndɪŋ] *n* **1** CONCLUSION : final *m*, desenlace *m* **2** SUFFIX : sufijo *m*, terminación *f*

**endive** [ˈɛnˌdaɪv, ˌɑnˈdi:v] *n* : endibia *f*, endivia *f*

**endless** [ˈɛndləs] *adj* **1** INTERMINABLE : interminable, inacabable, sin fin ⟨endless hours : horas interminables⟩ ⟨endless prairie : praderas interminables⟩ ⟨an endless source of : una fuente inagotable de⟩ ⟨with endless patience : con paciencia infinita⟩ **2** COUNTLESS : innumerable, incontable ⟨endless possibilities : posibilidades infinitas⟩ ⟨endless questions : preguntas incesantes⟩

**endlessly** [ˈɛndləsli] *adv* : interminablemente, eternamente, sin parar

**endocrine** [ˈɛndəkrən, -ˌkraɪn, -ˌkri:n] *adj* : endocrino

**endorse** [ɪnˈdɔrs, ɛn-] *vt* **-dorsed; -dorsing** **1** SIGN : endosar, firmar **2** APPROVE, SUPPORT : aprobar, respaldar **3** PROMOTE : promocionar

**endorsement** [ɪnˈdɔrsmənt, ɛn-] *n* **1** SIGNATURE : endoso *m*, firma *f* **2** APPROVAL, SUPPORT : aprobación *f*, aval *m*

**endow** [ɪnˈdaʊ, ɛn-] *vt* : dotar ⟨to be endowed with : estar dotado de⟩

**endowment** [ɪnˈdaʊmənt, ɛn-] *n* **1** FUNDING : dotación *f* **2** DONATION : donación *f*, legado *m* **3** ATTRIBUTE, GIFT : atributo *m*, dotes *fpl*

**endurable** [ɪnˈdʊrəbəl, ɛn-, -ˈdjʊr-] *adj* : tolerable, soportable

**endurance** [ɪnˈdʊrənʦ, ɛn-, -ˈdjʊr-] *n* : resistencia *f*, aguante *m*

**endure** [ɪnˈdʊr, ɛn-, -ˈdjʊr] *v* **-dured; -during** *vt* **1** BEAR : resistir, soportar, aguantar **2** TOLERATE : tolerar, soportar — *vi* LAST : durar, perdurar

**enema** [ˈɛnəmə] *n* : enema *m*, lavativa *f*

**enemy** [ˈɛnəmi] *n, pl* **-mies** : enemigo *m*, -ga *f*

**energetic** [ˌɛnərˈʤɛɪk] *adj* : enérgico, vigoroso — **energetically** [-ɪkli] *adv*

**energize** [ˈɛnərˌʤaɪz] *vt* **-gized; -gizing** **1** ACTIVATE : activar **2** INVIGORATE : vigorizar

**energy** [ˈɛnərʤi] *n, pl* **-gies** **1** : energía *f* **2** EFFORT : energías *fpl*, esfuerzo *m*

**enervate** [ˈɛnərˌveɪt] *vt* **-vated; -vating** : enervar, debilitar

**enfold** [ɪnˈfo:ld, ɛn-] *vt* : envolver

**enforce** [ɪnˈfɔrs, ɛn-] *vt* **-forced; -forcing** **1** : hacer respetar, hacer cumplir (una ley, etc.) **2** IMPOSE : imponer ⟨to enforce one's will : imponer su voluntad⟩

**enforcement** [ɪnˈfɔrsmənt, ɛn-] *n* : imposición *f*

**enfranchise** [ɪnˈfræn,tʃaɪz, ɛn-] *vt* **-chised; -chising** : conceder el voto a

**enfranchisement** [ɪnˈfræn,tʃaɪzmənt, ɛn-] *n* : concesión *f* del voto

**engage** [ɪnˈgeɪʤ, ɛn-] *v* **-gaged; -gaging** *vt* **1** ABSORB : captar (la atención, etc.) ⟨to engage someone in conversation : entablar conversación con alguien⟩ **2** : engranar ⟨to engage the clutch : embragar⟩ **3** HIRE : contratar **4** : entablar combate con (un enemigo) — *vi* **1** MESH, INTERLOCK : engranar **2 to engage in** PURSUE : dedicarse a (una actividad) **3 to engage in** INITIATE : entablar

**engaged** [ɪnˈgeɪʤd, ɛn-] *adj* **1** BETROTHED : comprometido, prometido ⟨to get engaged (to someone) : comprometerse (con alguien), prometerse (a alguien)⟩ **2 to be engaged in** : dedicarse a (una actividad)

**engagement** [ɪnˈgeɪʤmənt, ɛn-] *n* **1** APPOINTMENT : compromiso *m*, cita *f* **2** BETROTHAL : compromiso *m* (acto), noviazgo *m* (período) ⟨engagement ring : anillo de compromiso⟩

**engaging** [ɪnˈgeɪʤɪŋ, ɛn-] *adj* : atractivo, encantador, interesante

**engender** [ɪnˈʤndər, ɛn-] *vt* **-dered; -dering** : engendrar

**engine** [ˈɛnʤən] *n* **1** MOTOR : motor *m* **2** LOCOMOTIVE : locomotora *f*, máquina *f*

**engineer**[1] [ˌɛnʤəˈnɪr] *vt* **1** : diseñar, construir (un sistema, un mecanismo, etc.) **2** CONTRIVE : maquinar, tramar, fraguar

**engineer**[2] *n* **1** : ingeniero *m*, -ra *f* **2** : maquinista *mf* (de locomotoras)

**engineering** [ˌɛnʤəˈnɪrɪŋ] *n* : ingeniería *f*

**English**[1] [ˈɪŋgɪlɪʃ, ˈɪŋlɪʃ] *adj* : inglés ⟨the English language : la lengua inglesa⟩ ⟨an English teacher : un profesor de inglés⟩

**English**[2] *n* **1** : inglés *m* (idioma) **2 the English** (*used with a plural verb*) : los ingleses

**Englishman** [ˈɪŋgɪlɪʃmən, ˈɪŋlɪʃ-] *n, pl* **-men** [-mən, -ˌmɛn] : inglés *m*

**English muffin** *n* : panecillo *m* (que se parte en dos y se come tostado)

**Englishwoman** [ˈɪŋgɪlɪʃˌwʊmən, ˈɪŋlɪʃ-] *n, pl* **-women** [-ˌwɪmən] : inglesa *f*

**engrave** [ɪnˈgreɪv, ɛn-] *vt* **-graved; -graving** : grabar

**engraver** [ɪnˈgreɪvər, ɛn-] *n* : grabador *m*, -dora *f*

**engraving** [ɪnˈgreɪvɪŋ, ɛn-] *n* : grabado *m*

**engross** [ɪnˈgro:s, ɛn-] *vt* : absorber ⟨to be engrossed in something : estar absorto en algo⟩

**engrossed** [ɪnˈgro:st, ɛn-] *adj* : absorto

**engrossing** [ɪnˈgro:sɪŋ, ɛn-] *adj* : fascinante, absorbente

**engulf** [ɪnˈgʌlf, ɛn-] *vt* : envolver, sepultar
**enhance** [ɪnˈhæns, ɛn-] *vt* **-hanced; -hancing** : realzar, aumentar, mejorar
**enhancement** [ɪnˈhænsmənt, ɛn-] *n* : mejora *f*, realce *m*, aumento *m*
**enigma** [ɪˈnɪgmə] *n* : enigma *m*
**enigmatic** [ˌɛnɪgˈmætɪk, ˌiːnɪg-] *adj* : enigmático — **enigmatically** [-ɪkli] *adv*
**enjoin** [ɪnˈʤɔɪn, ɛn-] *vt* **1** COMMAND : ordenar, imponer **2** FORBID : prohibir, vedar
**enjoy** [ɪnˈʤɔɪ, ɛn-] *vt* **1** : disfrutar, gozar de ⟨did you enjoy the book? : ¿te gustó el libro?⟩ ⟨to enjoy good health : gozar de buena salud⟩ **2 to enjoy oneself** : divertirse, pasarlo bien
**enjoyable** [ɪnˈʤɔɪəbəl, ɛn-] *adj* : agradable, placentero, divertido
**enjoyment** [ɪnˈʤɔɪmənt, ɛn-] *n* : placer *m*, goce *m*, disfrute *m*, deleite *m*
**enlarge** [ɪnˈlɑrʤ, ɛn-] *v* **-larged; -larging** *vt* : ampliar (una foto, etc.), agrandar (un espacio) — *vi* **1** : ampliarse **2 to enlarge upon** : extenderse sobre, entrar en detalles sobre
**enlargement** [ɪnˈlɑrʤmənt, ɛn-] *n* : expansión *f*, ampliación *f* (dícese de fotografías)
**enlighten** [ɪnˈlaɪtən, ɛn-] *vt* **1** INSTRUCT : ilustrar **2** : iluminar (en religión)
**enlightenment** [ɪnˈlaɪtənmənt, ɛn-] *n* **1** : ilustración *f* ⟨the Enlightenment : la Ilustración⟩ **2** CLARIFICATION : aclaración *f*
**enlist** [ɪnˈlɪst, ɛn-] *vt* **1** ENROLL : alistar, reclutar **2** SECURE : conseguir ⟨to enlist the support of : conseguir el apoyo de⟩ — *vi* : alistarse
**enlisted man** [ɪnˈlɪstəd, ɛn-] *n* : soldado *m* raso
**enlistment** [ɪnˈlɪstmənt, ɛn-] *n* : alistamiento *m*, reclutamiento *m*
**enliven** [ɪnˈlaɪvən, ɛn-] *vt* : animar, alegrar, darle vida a
**en masse** [ɑnˈmæs, -ˈmɑs, ɛn-] *adv* : en masa, masivamente
**enmity** [ˈɛnmətɪ] *n, pl* **-ties** : enemistad *f*, animadversión *f*
**ennoble** [ɪˈnoːbəl, ɛ-] *vt* **-bled; -bling** : ennoblecer
**ennui** [ˌɑnˈwiː] *n* : hastío *m*, tedio *m*, fastidio *m*, aburrimiento *m*
**enormity** [ɪˈnɔrmətɪ] *n, pl* **-ties** **1** ATROCITY : atrocidad *f*, barbaridad *f* **2** IMMENSITY : enormidad *f*, inmensidad *f*
**enormous** [ɪˈnɔrməs] *adj* : enorme, inmenso, tremendo — **enormously** *adv*
**enough**[1] [ɪˈnʌf] *adv* **1** : bastante, suficientemente ⟨it's small enough to fit in a briefcase : es lo bastante pequeño como para caber en un maletín⟩ **2** QUITE : bastante ⟨it seems simple enough : parece bastante sencillo⟩ **3 fair enough!** : ¡está bien!, ¡de acuerdo! **4 strangely/oddly enough** : por extraño que parezca **5 sure enough** : en efecto, sin duda alguna **6 well enough** : muy bien, bastante bien
**enough**[2] *adj* : bastante, suficiente ⟨do we have enough chairs? : ¿tenemos suficientes sillas?⟩
**enough**[3] *pron* : (lo) suficiente, (lo) bastante ⟨enough to eat : lo suficiente para comer⟩ ⟨it's more than enough : basta y sobra, es más que suficiente⟩ ⟨it's not enough : no basta⟩ ⟨I've had enough! : ¡estoy harto!, ¡está bueno ya!⟩ ⟨(that's) enough! : ¡basta ya!⟩
**enquire** [ɪnˈkwaɪr, ɛn-], **enquiry** [ˈɪnˌkwaɪri, ˈɛn-, -kwəri:, ɪnˈkwaɪri, ɛnˈ-] → **inquire, inquiry**
**enrage** [ɪnˈreɪʤ, ɛn-] *vt* **-raged; -raging** : enfurecer, encolerizar
**enraged** [ɪnˈreɪʤd, ɛn-] *adj* : enfurecido, furioso
**enrapture** [ɪnˈræptʃər, ɛn-] *vt* **-tured; -turing** : cautivar, arrobar
**enrich** [ɪnˈrɪtʃ, ɛn-] *vt* : enriquecer
**enrichment** [ɪnˈrɪtʃmənt, ɛn-] *n* : enriquecimiento *m*
**enroll** *or* **enrol** [ɪnˈroːl, ɛn-] *v* **-rolled; -rolling** *vt* : matricular, inscribir — *vi* : matricularse, inscribirse
**enrollment** [ɪnˈroːlmənt, ɛn-] *n* : matrícula *f*, inscripción *f*
**en route** [ɑˈruːt, ɛnˈraʊt] *adv* : de camino, por el camino
**ensconce** [ɪnˈskɑnʦ, ɛn-] *vt* **-sconced; -sconcing** : acomodar, instalar, establecer cómodamente
**ensemble** [ɑnˈsɑmbəl] *n* : conjunto *m*
**enshrine** [ɪnˈʃraɪn, ɛn-] *vt* **-shrined; -shrining** : conservar religiosamente, preservar
**ensign** [ˈɛnʦən, ˈɛnˌsaɪn] *n* **1** FLAG : enseña *f*, pabellón *m* **2** : alférez *mf* (de fragata)
**enslave** [ɪnˈsleɪv, ɛn-] *vt* **-slaved; -slaving** : esclavizar
**enslavement** [ɪnˈsleɪvmənt, ɛn-] *n* : esclavización *f*
**ensnare** [ɪnˈsnær, ɛn-] *vt* **-snared; -snaring** : atrapar
**ensue** [ɪnˈsuː, ɛn-] *vi* **-sued; -suing** : seguir, resultar ⟨in the ensuing weeks : en las semanas siguientes⟩
**ensure** [ɪnˈʃʊr, ɛn-] *vt* **-sured; -suring** : asegurar, garantizar
**entail** [ɪnˈteɪl, ɛn-] *vt* : implicar, suponer, conllevar
**entangle** [ɪnˈtæŋgəl, ɛn-] *vt* **-gled; -gling** : enredar
**entanglement** [ɪnˈtæŋgəlmənt, ɛn-] *n* : enredo *m*
**enter** [ˈɛntər] *vt* **1** : entrar en/a **2** JOIN : entrar en/a, incorporarse a, ingresar a **3** : entrar en/a (un debate, una profesión, etc.) **4** BEGIN : entrar en (una etapa, etc.) **5** RECORD : anotar, inscribir **6** INPUT : introducir, dar entrada a **7** : presentar (una queja, etc.) ⟨she entered a guilty plea : se declaró culpable⟩ **8** : presentarse a (un concurso, etc.), inscribirse en (una carrera, etc.) — *vi* **1** : entrar **2 to enter into** : entrar en, establecer (un acuerdo), entablar (negociaciones, etc.) **3 to enter into** AFFECT, INFLUENCE : incidir en, influir en

**enterprise** [ˈɛntərˌpraɪz] *n* **1** UNDERTAKING : empresa *f* **2** BUSINESS : empresa *f*, firma *f* **3** INITIATIVE : iniciativa *f*, empuje *m*

**enterprising** [ˈɛntərˌpraɪzɪŋ] *adj* : emprendedor

**entertain** [ˌɛntərˈteɪn] *vt* **1** : recibir, agasajar ⟨to entertain guests : tener invitados⟩ **2** CONSIDER : considerar, contemplar **3** AMUSE : entretener, divertir — *vi* : tener invitados

**entertainer** [ˌɛntərˈteɪnər] *n* : artista *mf*

**entertaining** [ˌɛntərˈteɪnɪŋ] *adj* : entretenido, divertido

**entertainment** [ˌɛntərˈteɪnmənt] *n* **1** : entretenimiento *m*, diversión *f* **2** SHOW : espectáculo *m*

**enthrall** *or* **enthral** [ɪnˈθrɔl, ɛn-] *vt* **-thralled; -thralling** : cautivar, embelesar

**enthuse** [ɪnˈθuiz, ɛn-] *v* **-thused; -thusing** *vt* **1** EXCITE : entusiasmar **2** : decir con entusiasmo — *vi* **to enthuse over** : hablar con entusiasmo sobre

**enthusiasm** [ɪnˈθuːziˌæzəm, ɛn-, -ˈθjuː-] *n* : entusiasmo *m*

**enthusiast** [ɪnˈθuːziˌæst, ɛn-, -ˈθjuː-, -əst] *n* : entusiasta *mf*; aficionado *m*, -da *f*

**enthusiastic** [ɪnˌθuːziˈæstɪk, ɛn-, -ˌθjuː-] *adj* : entusiasta, aficionado ⟨to be enthusiastic about something : estar entusiasmado con algo⟩

**enthusiastically** [ɪnˌθuːziˈæstɪkli, ɛn-, -ˌθjuː-] *adv* : con entusiasmo

**entice** [ɪnˈtaɪs, ɛn-] *vt* **-ticed; -ticing** : atraer, tentar

**enticement** [ɪnˈtaɪsmənt, ɛn-] *n* : tentación *f*, atracción *f*, señuelo *m*

**entire** [ɪnˈtaɪr, ɛn-] *adj* : entero, completo ⟨the entire family : toda la familia⟩

**entirely** [ɪnˈtaɪrli, ɛn-] *adv* : completamente, totalmente

**entirety** [ɪnˈtaɪrɪti, ɛn-, -ˈtaɪrətɪ] *n, pl* **-ties** : totalidad *f* ⟨in its entirety : en su totalidad⟩

**entitle** [ɪnˈtaɪtəl, ɛn-] *vt* **-tled; -tling** **1** : titular, intitular ⟨a book entitled "My Life" : un libro titulado "Mi vida"⟩ **2** : dar derecho a ⟨it entitles you to participate : le da derecho a participar⟩ **3 to be entitled to** : tener derecho a

**entitlement** [ɪnˈtaɪtəlmənt, ɛn-] *n* RIGHT : derecho *m*

**entity** [ˈɛntətɪ] *n, pl* **-ties** : entidad *f*, ente *m*

**entomologist** [ˌɛntəˈmɑlədʒɪst] *n* : entomólogo *m*, -ga *f*

**entomology** [ˌɛntəˈmɑlədʒi] *n* : entomología *f*

**entourage** [ˌɑntuˈrɑʒ] *n* : séquito *m*

**entrails** [ˈɛnˌtreɪlz, -trəlz] *npl* : entrañas *fpl*, vísceras *fpl*

**entrance**[1] [ɪnˈtræns, ɛn-] *vt* **-tranced; -trancing** : encantar, embelesar, fascinar

**entrance**[2] [ˈɛntrəns] *n* **1** ENTERING : entrada *f* ⟨to make an entrance : entrar en escena⟩ **2** ENTRY : entrada *f* ⟨the main entrance : la entrada principal⟩ **3** ADMISSION : entrada *f*, ingreso *m* ⟨entrance examination : examen de ingreso⟩

**entrant** [ˈɛntrənt] *n* : candidato *m*, -ta *f* (en un examen); participante *mf* (en un concurso)

**entrap** [ɪnˈtræp, ɛn-] *vt* **-trapped; -trapping** : atrapar, entrampar, hacer caer en una trampa

**entrapment** [ɪnˈtræpmənt, ɛn-] *n* : captura *f*

**entreat** [ɪnˈtriːt, ɛn-] *vt* : suplicar, rogar

**entreaty** [ɪnˈtriːti, ɛn-] *n, pl* **-treaties** : ruego *m*, súplica *f*

**entrée** *or* **entree** [ˈɑnˌtreɪ, ˌɑnˈ-] *n* : plato *m* principal

**entrench** [ɪnˈtrɛntʃ, ɛn-] *vt* **1** FORTIFY : atrincherar (una posición militar) **2** : consolidar, afianzar ⟨firmly entrenched in his job : afianzado en su puesto⟩

**entrepreneur** [ˌɑntrəprəˈnər, -ˈnjʊr] *n* : empresario *m*, -ria *f*

**entrust** [ɪnˈtrʌst, ɛn-] *vt* **to entrust something to someone** *or* **to entrust someone with something** : confiarle/encomendarle algo a alguien

**entry** [ˈɛntri] *n, pl* **-tries** **1** ENTRANCE : entrada *f* ⟨a side entry : una entrada lateral⟩ **2** ENTERING : entrada *f* ⟨after her entry into politics : después de su entrada en política⟩ **3** ADMISSION : entrada *f*, ingreso *m* **4** : entrada *f* (en un diccionario, etc.), anotación *f* (en un diario), partida *f* (en contabilidad) **5** PARTICIPANT : participante *mf*

**entwine** [ɪnˈtwaɪn, ɛn-] *vt* **-twined; -twining** : entrelazar, entretejer, entrecruzar

**enumerate** [ɪˈnuːməˌreɪt, ɛ-, -ˈnjuː-] *vt* **-ated; -ating** **1** LIST : enumerar **2** COUNT : contar, enumerar

**enumeration** [ɪˌnuːməˈreɪʃən, ɛ-, -ˌnjuː-] *n* : enumeración *f*, lista *f*

**enunciate** [iˈnʌnsiˌeɪt, ɛ-] *vt* **-ated; -ating** **1** STATE : enunciar, decir **2** PRONOUNCE : articular, pronunciar

**enunciation** [iˌnʌnsiˈeɪʃən, ɛ-] *n* **1** STATEMENT : enunciación *f*, declaración *f* **2** ARTICULATION : articulación *f*, pronunciación *f*, dicción *f*

**envelop** [ɪnˈvləp, ɛn-] *vt* : envolver, cubrir

**envelope** [ˈɛnvəˌloːp, ˈɑn-] *n* : sobre *m*

**enviable** [ˈɛnviəbəl] *adj* : envidiable

**envious** [ˈɛnviəs] *adj* : envidioso ⟨an envious look : una mirada de envidia⟩ ⟨to be envious of : envidiar⟩ — **enviously** *adv*

**environment** [ɪnˈvaɪrənmənt, ɛn-, -ˈvaɪərn-] *n* **1** : ambiente *m*, entorno *m* ⟨her home environment : su ambiente/entorno familiar⟩ **2 the environment** : el medio *m* ambiente

**environmental** [ɪnˌvaɪrənˈmɛntəl, ɛn-, -ˌvaɪərn-] *adj* : ambiental, medioambiental ⟨environmental protection : protección del medio ambiente⟩

**environmentalism** [-ˌlɪzəm] *n* : ecologismo *m*

**environmentalist** [ɪnˌvaɪrənˈmɛntəlɪst, ɛn-, -ˌvaɪərn-] *n* : ecologista *mf*

**environmentally** [ɪnˌvaɪrənˈmɛntəli, ɛn-, -ˌvaɪərn-] *adv* : ecológicamente ⟨environmentally friendly : verde, ecológico⟩

**environs** [ɪnˈvaɪrənz, ɛn-, -ˈvaɪərnz] *npl*

: alrededores *mpl*, entorno *m*, inmediaciones *fpl*

**envisage** [ɪnˈvɪzɪʤ, ɛn-] *vt* **-aged; -aging** **1** IMAGINE : imaginarse, concebir **2** FORESEE : prever

**envision** [ɪnˈvɪʒən, ɛn-] *vt* : imaginar

**envoy** [ˈɛnˌvɔɪ, ˈɑn-] *n* : enviado *m*, -da *f*

**envy**[1] [ˈɛnvi] *vt* **-vied; -vying** : envidiar

**envy**[2] *n, pl* **envies** : envidia *f*

**enzyme** [ˈɛnˌzaɪm] *n* : enzima *f*

**eon** [ˈiːən, iːˌɑn] → **aeon**

**epaulet** [ˌɛpəˈlɛt] *n* : charretera *f*

**ephemeral** [ɪˈfɛmərəl, -ˈfiː-] *adj* : efímero, fugaz

**epic**[1] [ˈɛpɪk] *adj* : épico ⟨an epic film : una (película) épica⟩

**epic**[2] *n* : poema *m* épico, epopeya *f*

**epicenter** [ˈɛpɪˌsɛntər] *n* : epicentro *m*

**epicure** [ˈɛpɪˌkjʊr] *n* : epicúreo *m*, -rea *f*; gastrónomo *m*, -ma *f*

**epicurean** [ˌɛpɪkjʊˈriːən, -ˈkjʊriən] *adj* : epicúreo

**epidemic**[1] [ˌɛpəˈdɛmɪk] *adj* : epidémico

**epidemic**[2] *n* : epidemia *f*

**epidemiology** [ˌɛpəˌdiːmiˈɑlǝʤi] *n* : epidemiología *f* — **epidemiologic** [ˌɛpəˌdiːmiəˈlɑʤɪk] *or* **epidemiological** [-ˈlɑʤɪkəl] *adj*

**epigram** [ˈɛpəˌgræm] *n* : epigrama *m*

**epilepsy** [ˈɛpəˌlɛpsi] *n, pl* **-sies** : epilepsia *f*

**epileptic**[1] [ˌɛpəˈlɛptɪk] *adj* : epiléptico

**epileptic**[2] *n* : epiléptico *m*, -ca *f*

**epilogue** [ˈɛpəˌlɔg, -ˌlɑg] *n* : epílogo *m*

**epiphany** [ɪˈpɪfəni] *n, pl* **-nies** **1** **Epiphany** : Epifanía *f* **2** **to have an epiphany** : tener una revelación

**episcopal** [ɪˈpɪskəpəl] *adj* : episcopal

**Episcopalian** [ɪˌpɪskəˈpeɪljən] *n* : episcopaliano *m*, -na *f*

**episode** [ˈɛpəˌsoːd] *n* : episodio *m*

**episodic** [ˌɛpəˈsɑdɪk] *adj* : episódico

**epistle** [ɪˈpɪsəl] *n* : epístola *f*, carta *f*

**epitaph** [ˈɛpəˌtæf] *n* : epitafio *m*

**epithet** [ˈɛpəˌθɛt, -θət] *n* : epíteto *m*

**epitome** [ɪˈpɪʧəmi] *n* **1** SUMMARY : epítome *m*, resumen *m* **2** EMBODIMENT : personificación *f*

**epitomize** [ɪˈpɪʧəˌmaɪz] *vt* **-mized; -mizing** **1** SUMMARIZE : resumir **2** EMBODY : ser la personificación de (dícese de una persona), ser representativo de

**epoch** [ˈɛpək, ˈɛˌpɑk, ˈiːˌpɑk] *n* : época *f*, era *f*

**epoxy** [ɪˈpɑksi] *n, pl* **epoxies** : resina *f* epoxídica

**equable** [ˈɛkwəbəl, ˈiː-] *adj* **1** CALM, STEADY : ecuánime **2** UNIFORM : estable (dícese de la temperatura), constante (dícese del clima), uniforme

**equably** [ˈɛkwəbli, ˈiː-] *adv* : con ecuanimidad

**equal**[1] [ˈiːkwəl] *vt* **equaled** *or* **equalled; equaling** *or* **equalling** **1** : ser igual a ⟨two plus three equals five : dos más tres es igual a cinco⟩ **2** MATCH : igualar

**equal**[2] *adj* **1** SAME : igual **2** ADEQUATE : adecuado, capaz ⟨she's equal to the task : es capaz de hacerlo⟩

**equal**[3] *n* : igual *mf*

**equality** [ɪˈkwɑləʧi] *n, pl* **-ties** : igualdad *f*

**equalize** [ˈiːkwəˌlaɪz] *v* **-ized; -izing** *vt* **1** : igualar (oportunidades), equiparar (salarios) **2** : igualar (la presión) — *vi* **1** : igualar **2** *Brit* TIE : empatar (en deportes)

**equalizer** [ˈiːkwəˌlaɪzər] *n* : gol *m* del empate

**equally** [ˈiːkwəli] *adv* **1** : igualmente, por igual ⟨to treat everyone equally : tratar a todos (por) igual⟩ ⟨equally quickly : con la misma rapidez⟩ **2** EVENLY : por igual ⟨to divide equally : dividir en/a partes iguales⟩

**equal opportunity employer** *n* : empresa *f* con una política de igualdad de oportunidades

**equal sign** *n* : signo *m* de igual

**equanimity** [ˌiːkwəˈnɪməʧi, ˌɛ-] *n, pl* **-ties** : ecuanimidad *f*

**equate** [ɪˈkweɪt] *vt* **equated; equating** **1** : equiparar, identificar **2** **to equate to** : equivaler a, ser igual a

**equation** [ɪˈkweɪʒən] *n* : ecuación *f*

**equator** [ɪˈkweɪʧər] *n* **the Equator** : el ecuador

**equatorial** [ˌiːkwəˈtoriəl, ˌɛ-] *adj* : ecuatorial

**equestrian**[1] [ɪˈkwɛstriən, ɛ-] *adj* : ecuestre

**equestrian**[2] *n* : jinete *mf*, caballista *mf*

**equilateral** [ˌiːkwəˈlæʧərəl, ˌɛ-] *adj* : equilátero

**equilibrium** [ˌiːkwəˈlɪbriəm, ˌɛ-] *n, pl* **-riums** *or* **-ria** [-briə] : equilibrio *m*

**equine** [ˈiːˌkwaɪn, ˈɛ-] *adj* : equino, hípico

**equinox** [ˈiːkwəˌnɑks, ˈɛ-] *n* : equinoccio *m*

**equip** [ɪˈkwɪp] *vt* **equipped; equipping** **1** FURNISH : equipar ⟨to equip someone with something : proveer a alguien de algo⟩ **2** PREPARE : preparar

**equipment** [ɪˈkwɪpmənt] *n* : equipo *m* ⟨sports equipment : artículos deportivos⟩

**equitable** [ˈɛkwəʧəbəl] *adj* : equitativo, justo, imparcial

**equity** [ˈɛkwəʧi] *n, pl* **-ties** **1** FAIRNESS : equidad *f*, imparcialidad *f* **2** VALUE : valor *m* líquido

**equivalence** [ɪˈkwɪvələnʦ] *n* : equivalencia *f*

**equivalent**[1] [ɪˈkwɪvələnt] *adj* : equivalente ⟨to be equivalent to : equivaler a⟩

**equivalent**[2] *n* : equivalente *m*

**equivocal** [ɪˈkwɪvəkəl] *adj* **1** AMBIGUOUS : equívoco, ambiguo **2** QUESTIONABLE : incierto, dudoso, sospechoso

**equivocate** [ɪˈkwɪvəˌkeɪt] *vi* **-cated; -cating** : usar lenguaje equívoco, contestar con evasivas

**equivocation** [ɪˌkwɪvəˈkeɪʃən] *n* : evasiva *f*, subterfugio *m*

**-er** *suf* **1** : -ador *m*, -adora *f* ⟨worker : trabajador(a)⟩ ⟨adapter : adaptador⟩ **2** : más ⟨hotter : más caliente⟩

**era** [ˈɪrə, ˈɛrə, ˈiːrə] *n* : era *f*, época *f*

**eradicate** [ɪˈrædəˌkeɪt] *vt* **-cated; -cating** : erradicar

**erase** [ɪˈreɪs] *vt* **erased; erasing** : borrar

**eraser** [ɪˈreɪsər] *n* : goma *f* de borrar, borrador *m*

**erasure** [ɪˈreɪʃər] *n* : tachadura *f*
**ere**[1] [ˈɛr] *conj* : antes de que
**ere**[2] *prep* **1** : antes de **2 ere long** : dentro de poco
**e-reader** [ˈiːˌriːdər] *n* : lector *m* electrónico, lector *m* de libros electrónicos
**erect**[1] [ɪˈrɛkt] *vt* **1** CONSTRUCT : levantar, erigir (un monumento, etc.) **2** RAISE : levantar, armar
**erect**[2] *adj* : erguido, derecho, erecto
**erection** [ɪˈrɛkʃən] *n* **1** : erección *f* (en fisiología) **2** BUILDING : construcción *f*
**ergonomics** [ˌərgəˈnɑmɪks] *npl* : ergonomía *f*
**ermine** [ˈərmən] *n* : armiño *m*
**erode** [ɪˈroːd] *v* **eroded; eroding** *vt* : erosionar (el suelo), corroer (metales) ⟨to erode someone's confidence : minar la confianza de alguien⟩ — *vi* : erosionarse, corroerse ⟨his popular support eroded : perdió el apoyo popular⟩
**erosion** [ɪˈroːʒən] *n* **1** : erosión *f*, corrosión *f* **2** DETERIORATION : deterioro *m*
**erotic** [ɪˈrɑtɪk] *adj* : erótico — **erotically** [-tɪkli] *adv*
**eroticism** [ɪˈrɑtəˌsɪzəm] *n* : erotismo *m*
**err** [ˈɛr, ˈər] *vi* : equivocarse, errar
**errand** [ˈɛrənd] *n* : mandado *m*, encargo *m*, recado *m Spain* ⟨to run an errand (for somebody) : hacer(le) un mandado (a alguien)⟩
**errant** [ˈerənt] *adj* **1** WANDERING : errante **2** ASTRAY : descarriado
**erratic** [ɪˈræt̬ɪk] *adj* **1** INCONSISTENT : errático, irregular, inconsistente **2** ECCENTRIC : excéntrico, raro
**erratically** [ɪˈræt̬ɪkli] *adv* : erráticamente, de manera irregular
**erroneous** [ɪˈroːniəs, ɛ-] *adj* : erróneo — **erroneously** *adv*
**error** [ˈɛrər] *n* : error *m*, equivocación *f* ⟨to be in error : estar en un error⟩ ⟨to do something in error : hacer algo por equivocación⟩ ⟨to make an error : cometer un error⟩ ⟨spelling error : falta de ortografía⟩
**ersatz** [ˈɛrˌsɑts, ˈərˌsæts] *adj* : artificial, sustituto
**erstwhile** [ˈərstˌhwaɪl] *adj* : antiguo
**erudite** [ˈɛrəˌdaɪt, ˈerjʊ-] *adj* : erudito, letrado
**erudition** [ˌɛrəˈdɪʃən, ˌerjʊ-] *n* : erudición *f*
**erupt** [ɪˈrʌpt] *vi* **1** : hacer erupción, entrar en erupción (dícese de un volcán) **2** : estallar (dícese de la violencia, etc.)
**eruption** [ɪˈrʌpʃən] *n* **1** : erupción *f* **2** OUTBREAK : estallido *m*, brote *m*
**eruptive** [ɪˈrʌptɪv] *adj* : eruptivo
**escalate** [ˈɛskəˌleɪt] *v* **-lated; -lating** *vt* : intensificar (un conflicto), aumentar (precios) — *vi* : intensificarse, aumentarse
**escalation** [ˌɛskəˈleɪʃən] *n* : intensificación *f*, escalada *f*, aumento *m*, subida *f*
**escalator** [ˈɛskəˌleɪtər] *n* : escalera *f* mecánica
**escapade** [ˈɛskəˌpeɪd] *n* : aventura *f*
**escape**[1] [ɪˈskeɪp, ɛ-] *v* **-caped; -caping** *vt* **1** : escaparse de (la policía, etc.) ⟨the name escapes me : el nombre se me escapa⟩ ⟨nothing escapes her (notice) : nada se le escapa⟩ **2** AVOID : escapar a, librarse de (un castigo), salvarse de (la muerte) — *vi* **1** : escaparse **2** SURVIVE : salvarse
**escape**[2] *n* **1** FLIGHT : fuga *f*, huida *f*, escapada *f* **2** LEAKAGE : escape *m*, fuga *f* **3** : escapatoria *f*, evasión *f* ⟨to have no escape : no tener escapatoria⟩ ⟨escape from reality : evasión de la realidad⟩
**escapee** [ˌɪˌskeɪˈpiː, ˌɛ-] *n* : fugitivo *m*, -va *f*
**escapism** [ɪˈskeɪpˌɪzəm] *n* : escapismo *m* — **escapist** [ɪˈskeɪpɪst] *adj*
**escarole** [ˈɛskəˌroːl] *n* : escarola *f*
**escarpment** [ɪsˈkɑrpmənt, ɛs-] *n* : escarpa *f*
**eschew** [ɛˈʃuː, ɪsˈtʃuː] *vt* : evitar, rehuir, abstenerse de
**escort**[1] [ɪˈskɔrt, ɛ-] *vt* **1** : escoltar **2** : llevar (a un prisionero) **3** ACCOMPANY : acompañar
**escort**[2] [ˈɛsˌkɔrt] *n* **1** : escolta *f* ⟨under armed/police escort : con escolta armada/policial⟩ **2** COMPANION : acompañante *mf*
**escrow** [ˈɛsˌkroː] *n* **in escrow** : en depósito, en custodia de un tercero
**Eskimo** [ˈɛskəˌmoː] *n* **1** *now sometimes offensive* : esquimal *mf* **2** : esquimal *m* (idioma) — **Eskimo** *adj*
**ESL** [ˌiːˌɛsˈɛl] *n* (*E*nglish as a *s*econd *l*anguage) : inglés *m* como lengua extranjera
**esophagus** [ɪˈsɑfəgəs, iː-] *n, pl* **-gi** [-ˌgaɪ, -ˌdʒaɪ] : esófago *m*
**esoteric** [ˌɛsəˈtɛrɪk] *adj* : esotérico, hermético
**espadrille** [ˈɛspəˌdrɪl] *n* : alpargata *f Arg, Spain, Uru, Ven*; sandalia *f*
**especially** [ɪˈspeʃəli] *adv* **1** : especialmente, particularmente **2** SPECIFICALLY : expresamente, especialmente
**espionage** [ˈɛspiəˌnɑʒ, -ˌnɑdʒ] *n* : espionaje *m*
**espouse** [ɪˈspaʊz, ɛ-] *vt* **espoused; espousing** **1** MARRY : casarse con **2** ADOPT, ADVOCATE : apoyar, adherirse a, adoptar
**espresso** [ˈɛsprɛˌsoː] *n, pl* **-sos** : café *m* exprés
**essay**[1] [ˈɛseɪ, ˈɛˌseɪ] *vt* : intentar, tratar
**essay**[2] [ˈɛˌseɪ] *n* **1** ensayo *m* (publicado) **2** COMPOSITION, PAPER : redacción *f*, trabajo *m* **3** ATTEMPT : intento *m*
**essayist** [ˈɛˌseɪɪst] *n* : ensayista *mf*
**essence** [ˈɛsənts] *n* **1** CORE : esencia *f*, núcleo *m*, meollo *m* ⟨in essence : esencialmente⟩ **2** EXTRACT : esencia *f*, extracto *m* **3** PERFUME : esencia *f*, perfume *m*
**essential**[1] [ɪˈsɛnʃəl] *adj* : esencial ⟨to be essential to : ser esencial para⟩ — **essentially** *adv*
**essential**[2] *n* : elemento *m* esencial ⟨the (bare) essentials : lo imprescindible⟩
**-est** *suf* : (el/la/los/las) más ⟨the biggest : el/la más grande, los/las más grandes⟩
**establish** [ɪˈstæblɪʃ, ɛ-] *vt* **1** FOUND : establecer, fundar **2** SET UP : establecer,

instaurar, instituir **3** PROVE : establecer, demostrar

**established** [ɪˈstæblɪʃt, ɛ-] *adj* **1** ACCEPTED : establecido **2** : de amplia trayectoria (dícese de una empresa, etc.) **3** OFFICIAL : oficial

**establishment** [ɪˈstæblɪʃmənt, ɛ-] *n* **1** ESTABLISHING : establecimiento *m*, fundación *f*, instauración *f* **2** BUSINESS : negocio *m*, establecimiento *m* **3 the Establishment** : la clase dirigente

**estate** [ɪˈsteɪt, ɛ-] *n* **1** POSSESSIONS : bienes *mpl*, propiedad *f*, patrimonio *m* ⟨the estate of the deceased : la sucesión del difunto⟩ **2** PROPERTY : hacienda *f*, finca *f*, propiedad *f*

**esteem**[1] [ɪˈsti:m, ɛ-] *vt* : estimar, apreciar

**esteem**[2] *n* : estima *f*, aprecio *m*

**esthetic** [ɛsˈθɛtɪk] → **aesthetic**

**estimable** [ˈɛstəməbəl] *adj* : estimable

**estimate**[1] [ˈɛstəˌmeɪt] *vt* **-mated; -mating** : calcular, estimar

**estimate**[2] [ˈɛstəmət] *n* **1** : cálculo *m* aproximado ⟨to make an estimate : hacer un cálculo⟩ **2** ASSESSMENT : valoración *f*, estimación *f* **3** QUOTE : presupuesto *m*

**estimation** [ˌɛstəˈmeɪʃən] *n* **1** JUDGMENT : juicio *m*, opinión *f* ⟨in my estimation : en mi opinión, a mi juicio⟩ **2** ESTIMATE : cálculo *m* aproximado

**estimator** [ˈɛstəˌmeɪtər] *n* : tasador *m*, -dora *f*

**Estonian** [ɛˈsto:niən] *n* : estonio *m*, -nia *f* — **Estonian** *adj*

**estrange** [ɪˈstreɪnʤ, ɛ-] *vt* **-tranged; -tranging** : enajenar, apartar, alejar ⟨he is estranged from his wife : está separado de su mujer⟩

**estrangement** [ɪˈstreɪnʤmənt, ɛ-] *n* : alejamiento *m*, distanciamiento *m*

**estrogen** [ˈɛstrəʤən] *n* : estrógeno *m*

**estrus** [ˈɛstrəs] *n* : celo *m*

**estuary** [ˈɛstʃuˌweri] *n, pl* **-aries** : estuario *m*

**et cetera** [ɛtˈsɛtərə, -ˈsɛtrə] : etcétera

**etch** [ˈɛtʃ] *v* : grabar al aguafuerte

**etching** [ˈɛtʃɪŋ] *n* : aguafuerte *m*, grabado *m* al aguafuerte

**eternal** [ɪˈtərnəl, i:-] *adj* **1** EVERLASTING : eterno **2** INTERMINABLE : constante, incesante

**eternally** [ɪˈtərnəli, i:-] *adv* : eternamente, para siempre

**eternity** [ɪˈtərnəṭi, i:-] *n, pl* **-ties** : eternidad *f*

**ethanol** [ˈɛθəˌnɔl, -ˌno:l] *n* : etanol *m*

**ether** [ˈi:θər] *n* : éter *m*

**ethereal** [ɪˈθɪriəl, i:-] *adj* **1** CELESTIAL : etéreo, celeste **2** DELICATE : delicado

**ethical** [ˈɛθɪkəl] *adj* : ético ⟨ethical code/question : código/cuestión de ética⟩ — **ethically** *adv*

**ethics** [ˈɛθɪks] *ns & pl* **1** : ética *f* **2** MORALITY : ética *f*, moralidad *f*

**Ethiopian** [ˌi:θiˈo:piən] *n* : etíope *mf* — **Ethiopian** *adj*

**ethnic** [ˈɛθnɪk] *adj* : étnico ⟨ethnic group : etnia, grupo étnico⟩ ⟨ethnic cleansing : limpieza étnica⟩

**etiquette** [ˈɛṭɪkət, -ˌkɛt] *n* : etiqueta *f*, protocolo *m*

**etymological** [ˌɛṭəməˈlɑʤɪkəl] *adj* : etimológico

**etymology** [ˌɛṭəˈmɑləʤi] *n, pl* **-gies** : etimología *f*

**eucalyptus** [ˌju:kəˈlɪptəs] *n, pl* **-ti** [-ˌtaɪ] *or* **-tuses** [-təsəz] : eucalipto *m*

**Eucharist** [ˈju:kərɪst] *n* : Eucaristía *f*

**eulogize** [ˈju:ləˌʤaɪz] *vt* **-gized; -gizing** : elogiar, encomiar

**eulogy** [ˈju:ləʤi] *n, pl* **-gies** : panegírico *m* (pronunciado en los funerales)

**eunuch** [ˈju:nək] *n* : eunuco *m*

**euphemism** [ˈju:fəˌmɪzəm] *n* : eufemismo *m*

**euphemistic** [ˌju:fəˈmɪstɪk] *adj* : eufemístico

**euphoria** [juˈforiə] *n* : euforia *f*

**euphoric** [juˈforɪk] *adj* : eufórico

**euro** [ˈjʊrˌo:] *n, pl* **euros** *or* **euro** : euro *m*

**European**[1] [ˌjʊrəˈpi:ən] *adj* : europeo ⟨European Union : Unión Europea⟩

**European**[2] *n* : europeo *m*, -pea *f*

**euthanasia** [ˌju:θəˈneɪʒə, -ʒiə] *n* : eutanasia *f*

**euthanize** [ˈju:θəˌnaɪz] *n* **-nized; -nizing** : sacrificar (un perro, etc.)

**evacuate** [ɪˈvækjʊˌeɪt] *v* **-ated; -ating** *vt* VACATE : evacuar, desalojar — *vi* WITHDRAW : retirarse

**evacuation** [ɪˌvækjʊˈeɪʃən] *n* : evacuación *f*, desalojo *m*

**evade** [ɪˈveɪd] *vt* **evaded; evading** : eludir ⟨to evade taxes : evadir impuestos⟩

**evaluate** [ɪˈvæljʊˌeɪt] *vt* **-ated; -ating** : evaluar, valorar, tasar

**evaluation** [ɪˌvæljʊˈeɪʃən] *n* : evaluación *f*, valoración *f*, tasación *f*

**evangelical** [ˌi:ˌvænˈʤɛlɪkəl, ˌɛvən-] *adj* : evangélico

**evangelism** [ɪˈvænʤəˌlɪzəm] *n* : evangelismo *m*

**evangelist** [ɪˈvænʤəlɪst] *n* **1** : evangelista *m* **2** PREACHER : predicador *m*, -dora *f*

**evaporate** [ɪˈvæpəˌreɪt] *vi* **-rated; -rating** **1** VAPORIZE : evaporarse **2** VANISH : evaporarse, desvanecerse, esfumarse

**evaporated milk** *n* : leche *f* evaporada

**evaporation** [ɪˌvæpəˈreɪʃən] *n* : evaporación *f*

**evasion** [ɪˈveɪʒən] *n* : evasión *f*

**evasive** [ɪˈveɪsɪv] *adj* : evasivo

**evasiveness** [ɪˈveɪsɪvnəs] *n* : carácter *m* evasivo

**eve** [ˈi:v] *n* **1** : víspera *f* ⟨on the eve of the festivities : en vísperas de las festividades⟩ **2** → **evening**

**even**[1] [ˈi:vən] *vt* **1** LEVEL : allanar, nivelar, emparejar **2** EQUALIZE : igualar, equilibrar **3 to even out** : nivelar, emparejar — *vi* **to even out** : nivelarse, emparejarse

**even**[2] *adv* **1** : hasta, incluso ⟨even a child can do it : hasta un niño puede hacerlo⟩ ⟨he looked content, even happy : se le veía satisfecho, incluso feliz⟩ **2** (*in negative constructions*) : ni siquiera ⟨he didn't even try : ni siquiera lo intentó⟩ **3**

(*in comparisons*) : aún, todavía ⟨even better : aún mejor, todavía mejor⟩ **4 even if** : aunque **5 even so** : aun así **6 even though** : aun cuando, a pesar de que, aunque

**even**[3] *adj* **1** SMOOTH : uniforme, liso, parejo **2** FLAT : plano, llano **3** EQUAL : igual, igualado ⟨an even score : un marcador igualado⟩ **4** REGULAR : regular, constante ⟨an even pace : un ritmo constante⟩ **5** EXACT : exacto, justo **6** : par ⟨even number : número par⟩ **7 to be even** : estar en paz, estar a mano **8 to get even** : desquitarse, vengarse

**evening** [ˈiːvnɪŋ] *n* **1** : tarde *f*, noche *f* ⟨good evening : buenas tardes/noches⟩ ⟨in the evening : por la noche⟩ ⟨evening class : clase nocturna⟩ **2** : velada *f* ⟨an evening of music : una velada musical⟩

**evening gown** *or* **evening dress** *n* : traje *m* de noche

**evenings** [ˈiːvnɪŋz] *adv* : por las noches

**evenly** [ˈiːvənli] *adv* **1** UNIFORMLY : de modo uniforme, de manera constante **2** FAIRLY : igualmente, equitativamente

**evenness** [ˈiːvənnəs] *n* : uniformidad *f*, igualdad *f*, regularidad *f*

**event** [ɪˈvɛnt] *n* **1** : acontecimiento *m*, suceso *m*, prueba *f* (en deportes) **2 in any event** *or* **at all events** : de cualquier modo **3 in the event that** : en caso de que

**even–tempered** [ˈiːvənˈtɛmpərd] *adj* : ecuánime

**eventful** [ɪˈvɛntfəl] *adj* : lleno de incidentes, memorable

**eventual** [ɪˈvɛntʃʊəl] *adj* : final, consiguiente

**eventuality** [ɪˌvɛntʃʊˈæləṭi] *n, pl* **-ties** : eventualidad *f*

**eventually** [ɪˈvɛntʃʊəli] *adv* : finalmente, al fin, con el tiempo

**ever** [ˈɛvər] *adv* **1** ALWAYS : siempre ⟨as ever : como siempre⟩ ⟨ever since (then) : desde entonces⟩ ⟨ever since we met : desde que nos conocimos⟩ **2** (*in questions*) : alguna vez, algún día ⟨have you ever been to Mexico? : ¿has estado en México alguna vez?⟩ ⟨do you ever plan to go back? : ¿piensas volver algún día?⟩ **3** (*in negative constructions*) : nunca ⟨doesn't he ever work? : ¿es que nunca trabaja?⟩ ⟨nobody ever helps me : nadie nunca me ayuda⟩ ⟨we hardly ever speak : casi nunca hablamos⟩ **4** (*in comparisons*) : nunca ⟨better than ever : mejor que nunca⟩ ⟨the best song I ever heard : la mejor canción que he oído nunca⟩ **5** (*as intensifier*) ⟨I'm ever so happy! : ¡estoy tan y tan feliz!⟩ ⟨he looks ever so angry : parece estar muy enojado⟩

**evergreen**[1] [ˈɛvərˌgriːn] *adj* : de hoja perenne

**evergreen**[2] *n* : planta *f* de hoja perenne

**everlasting** [ˌɛvərˈlæstɪŋ] *adj* : eterno, perpetuo, imperecedero

**evermore** [ˌɛvərˈmor] *adv* : eternamente

**every** [ˈɛvri] *adj* **1** EACH : cada ⟨every time : cada vez⟩ ⟨every other house : cada dos casas⟩ **2** ALL : todo ⟨every month : todos los meses⟩ ⟨every other year : un año sí y otro no, cada dos años⟩ ⟨every woman : toda mujer, todas las mujeres⟩ **3** COMPLETE : pleno, entero ⟨to have every confidence : tener plena confianza⟩ **4 every now and then** *or* **every once in a while** *or* **every so often** : de vez en cuando

**everybody** [ˈɛvriˌbɑdi, -ˌbə-] *pron* : todos, todo el mundo

**everyday** [ˌɛvriˈdeɪ, ˈɛvriˌ-] *adj* : cotidiano, diario, corriente ⟨everyday clothes : ropa de todos los días⟩

**everyone** [ˈɛvriˌwʌn] → **everybody**

**everything** [ˈɛvriˌθɪŋ] *pron* : todo

**everywhere** [ˈɛvriˌhwɛr] *adv* : en todas partes, por todas partes, dondequiera ⟨I looked everywhere : busqué en/por todas partes⟩ ⟨everywhere we go : dondequiera que vayamos⟩

**evict** [ɪˈvɪkt] *vt* : desalojar, desahuciar

**eviction** [ɪˈvɪkʃən] *n* : desalojo *m*, desahucio *m*

**evidence** [ˈɛvədənʦ] *n* **1** INDICATIONS : indicios *mpl*, señales *mpl* ⟨to be in evidence : estar a la vista⟩ **2** PROOF : evidencia *f*, prueba *f* **3** TESTIMONY : testimonio *m*, declaración *f* ⟨to give evidence : declarar como testigo, prestar declaración⟩

**evident** [ˈɛvidənt] *adj* : evidente, patente, manifiesto

**evidently** [ˈɛvidəntli, ˌɛviˈdɛntli] *adv* **1** CLEARLY : claramente, obviamente **2** APPARENTLY : aparentemente, evidentemente, al parecer

**evil**[1] [ˈiːvəl, -vɪl] *adj* **eviler** *or* **evilier; evilest** *or* **evillest** : malvado (dícese de las personas), maligno (dícese de los espíritus), maléfico (dícese de las influencias) ⟨evil deeds : malas acciones, maldades⟩ ⟨an evil spell : una maldición⟩

**evil**[2] *n* **1** WICKEDNESS : mal *m*, maldad *f* **2** MISFORTUNE : desgracia *f*, mal *m*

**evildoer** [ˌiːvəlˈduːər, ˌiːvɪl-] *n* : malhechor *m*, -chora *f*; malvado *m*, -da *f*

**evil eye** *n* **the evil eye** : el mal de ojo

**evince** [ɪˈvɪnʦ] *vt* **evinced; evincing** : mostrar, manifestar, revelar

**eviscerate** [ɪˈvɪsəˌrɛɪt] *vt* **-ated; -ating** : eviscerar

**evocation** [ˌiːvoˈkeɪʃən, ˌɛ-] *n* : evocación *f*

**evocative** [iˈvɑkəṭɪv] *adj* : evocador

**evoke** [iˈvoːk] *vt* **evoked; evoking** : evocar, provocar

**evolution** [ˌɛvəˈluːʃən, ˌiː-] *n* : evolución *f*, desarrollo *m*

**evolutionary** [ˌɛvəˈluːʃəˌnɛri, ˌiː-] *adj* : evolutivo

**evolve** [iˈvɑlv] *vi* **evolved; evolving** : evolucionar, desarrollarse

**ewe** [ˈjuː] *n* : oveja *f* (hembra)

**ex** [ˈɛks] *n* : ex *mf*

**ex-** [ˈɛks] *pref* : ex-, ex ⟨ex-wife : exesposa, ex esposa⟩

**exacerbate** [ɪgˈzæsərˌbeɪt] *vt* **-bated; -bating** : exacerbar

**exact**[1] [ɪgˈzækt, ɛ-] *vt* : exigir, imponer, arrancar

**exact**[2] *adj* : exacto, preciso
**exacting** [ˈɪˈzæktɪŋ, ɛg-] *adj* : exigente, riguroso
**exactitude** [ɪgˈzæktəˌtu:d, ɛg-, -ˌtju:d] *n* : exactitud *f*, precisión *f*
**exactly** [ɪgˈzæktli, ɛ-] *adv* : exactamente ⟨it's exactly six o'clock : son las seis en punto⟩ ⟨exactly! : ¡exacto!⟩
**exaggerate** [ɪgˈzædʒəˌreɪt, ɛg-] *v* **-ated; -ating** : exagerar
**exaggerated** [ɪgˈzædʒəˌreɪtəd, ɛg-] *adj* : exagerado — **exaggeratedly** *adv*
**exaggeration** [ɪgˌzædʒəˈreɪʃən, ɛg-] *n* : exageración *f*
**exalt** [ɪgˈzɔlt, ɛg-] *vt* : exaltar, ensalzar, glorificar
**exaltation** [ˌɛgˌzɔlˈteɪʃən, ˌɛkˌsɔl-] *n* : exaltación *f*
**exam** [ɪgˈzæm, ɛg-] → **examination**
**examination** [ɪgˌzæməˈneɪʃən, ɛg-] *n* **1** TEST : examen *m* **2** INSPECTION : inspección *f*, revisión *f* **3** : reconocimiento *m*, examen *m* (en medicina) **4** INVESTIGATION : examen *m*, estudio *m*
**examine** [ɪgˈzæmən, ɛg-] *vt* **-ined; -ining** **1** TEST : examinar **2** INSPECT : inspeccionar, revisar **3** : examinar, revisar (en medicina) **4** STUDY : examinar
**example** [ɪgˈzæmpəl, ɛg-] *n* : ejemplo *m* ⟨for example : por ejemplo⟩ ⟨to set an example : dar ejemplo⟩ ⟨to make an example of someone : darle un castigo ejemplar a alguien⟩
**exasperate** [ɪgˈzæspəˌreɪt, ɛg-] *vt* **-ated; -ating** : exasperar, sacar de quicio
**exasperation** [ɪgˌzæspəˈreɪʃən, ɛg-] *n* : exasperación *f*
**excavate** [ˈɛkskəˌveɪt] *vt* **-vated; -vating** : excavar
**excavation** [ˌɛkskəˈveɪʃən] *n* : excavación *f*
**excavator** [ˈɛkskəˌveɪtər] *n* : excavadora *f*
**exceed** [ɪkˈsi:d, ɛk-] *vt* **1** : exceder de, sobrepasar (un límite, etc.) **2 to exceed expectations** : superar las expectativas **3 to exceed one's authority** : excederse en sus facultades
**exceedingly** [ɪkˈsi:dɪŋli, ɛk-] *adv* : extremadamente, sumamente
**excel** [ɪkˈsɛl, ɛk-] *v* **-celled; -celling** *vi* : destacar, sobresalir ⟨to excel at/in something : destacar(se) en algo⟩ — *vt* : superar
**excellence** [ˈɛksələnts] *n* : excelencia *f*
**excellency** [ˈɛksələntsi] *n, pl* **-cies** : excelencia *f* ⟨His Excellency : Su Excelencia⟩
**excellent** [ˈɛksələnt] *adj* : excelente, sobresaliente — **excellently** *adv*
**except**[1] [ɪkˈsɛpt] *vt* : exceptuar, excluir
**except**[2] *conj* : pero, si no fuera por
**except**[3] *prep* : excepto, menos, salvo ⟨everyone except Carlos : todos menos Carlos⟩
**except for** → **except**[3]
**exception** [ɪkˈsɛpʃən] *n* **1** : excepción *f* **2 to take exception to** : ofenderse por, objetar a **3 with the exeption of** : a/con excepción de
**exceptional** [ɪkˈsɛpʃənəl] *adj* : excepcional, extraordinario — **exceptionally** *adv*
**excerpt**[1] [ɛkˈsərpt, ɛgˈzərpt, ˈɛkˌr-, ˈɛgˌr-] *vt* : escoger, seleccionar
**excerpt**[2] [ˈɛkˌsərpt, ˈɛgˌzərpt] *n* : pasaje *m*, selección *f*
**excess**[1] [ˈɛkˌsɛs, ɪkˈsɛs] *adj* **1** : excesivo, de sobra **2 excess baggage** : exceso *m* de equipaje
**excess**[2] [ɪkˈsɛs, ˈɛkˌsɛs] *n* **1** SUPERFLUITY : exceso *m*, superfluidad *f* ⟨an excess of energy : un exceso de energía⟩ **2** SURPLUS : excedente *m*, sobrante *m* ⟨in excess of : superior a⟩
**excessive** [ɪkˈsɛsɪv, ɛk-] *adj* : excesivo, exagerado, desmesurado — **excessively** *adv*
**exchange**[1] [ɪksˈtʃeɪnʤ, ɛks-;, ˈɛksˌtʃeɪnʤ] *vt* **-changed; -changing** : cambiar, intercambiar, canjear ⟨to exchange something for something : cambiar algo por algo⟩
**exchange**[2] *n* **1** : cambio *m*, intercambio *m*, canje *m* ⟨in exchange for : a cambio de⟩ **2 stock exchange** : bolsa *f* (de valores) **3** *or* **telephone exchange** : central *f* telefónica
**exchangeable** [ɪksˈtʃeɪnʤəbəl, ɛks-] *adj* : canjeable
**exchange rate** *n* : tasa *f* de cambio
**exchequer** [ˈɛksˌtʃɛkər, ɪksˈtʃɛkər] *n* TREASURY : erario *m*, tesoro *m*, fisco *m*
**excise**[1] [ɪkˈsaɪz, ɛk-] *vt* **-cised; -cising** : extirpar
**excise**[2] [ˈɛkˌsaɪz] *n* **excise tax** : impuesto *m* interno, impuesto *m* sobre el consumo
**excitability** [ɪkˌsaɪtəˈbɪləti, ɛk-] *n* : excitabilidad *f*
**excitable** [ɪkˈsaɪtəbəl, ɛk-] *adj* : nervioso
**excitation** [ˌɛkˌsaɪˈteɪʃən] *n* : excitación *f*
**excite** [ɪkˈsaɪt, ɛk-] *vt* **-cited; -citing** **1** AROUSE, STIMULATE : excitar, mover, estimular **2** ANIMATE : entusiasmar, animar **3** EVOKE, PROVOKE : provocar, despertar, suscitar ⟨to excite curiosity : despertar la curiosidad⟩
**excited** [ɪkˈsaɪtəd, ɛk-] *adj* **1** STIMULATED : excitado **2** ENTHUSIASTIC : entusiasmado, emocionado
**excitedly** [ɪkˈsaɪtəɪdli, ɛk-] *adv* : con excitación, con entusiasmo
**excitement** [ɪkˈsaɪtmənt, ɛk-] *n* **1** ENTHUSIASM : entusiasmo *m*, emoción *f* **2** AGITATION : agitación *f*, alboroto *m*, conmoción *f* **3** AROUSAL : excitación *f*
**exciting** [ɪkˈsaɪtɪŋ, ɛk-] *adj* **1** : emocionante **2** AROUSING : excitante
**exclaim** [ɪksˈkleɪm, ɛk-] *v* : exclamar
**exclamation** [ˌɛkskləˈmeɪʃən] *n* : exclamación *f*
**exclamation point** *n* : signo *m* de admiración
**exclude** [ɪksˈklu:d, ɛks-] *vt* **-cluded; -cluding** **1** LEAVE OUT : excluir **2** RULE OUT : excluir, descartar **3** BAR : no admitir
**excluding** [ɪksˈklu:dɪŋ, ɛks-] *prep* : excluyendo, sin incluir
**exclusion** [ɪksˈklu:ʒən, ɛks-] *n* : exclusión *f*
**exclusive**[1] [ɪksˈklu:sɪv, ɛks-] *adj* **1** SOLE : exclusivo, único **2** SELECT : exclusivo, selecto **3 exclusive of** → **excluding**

**exclusive**[2] *n* : exclusiva *f*
**exclusively** [ɪksˈkluːsɪvli, ɛks-] *adv* : exclusivamente, únicamente
**exclusiveness** [ɪksˈkluːsɪvnəs, ɛks-] *n* : exclusividad *f*
**excommunicate** [ˌɛkskəˈmjuːnəˌkeɪt] *vt* **-cated; -cating** : excomulgar
**excommunication** [ˌɛkskəˌmjuːnəˈkeɪʃən] *n* : excomunión *f*
**excrement** [ˈɛkskrəmənt] *n* : excremento *m*
**excrete** [ɪkˈskriːt, ɛk-] *vt* **-creted; -creting** : excretar
**excretion** [ɪkˈskriːʃən, ɛk-] *n* : excreción *f*
**excruciating** [ɪkˈskruːʃiˌeɪtɪŋ, ɛk-] *adj* : insoportable, atroz, terrible — **excruciatingly** *adv*
**exculpate** [ˈɛkskəlˌpeɪt] *vt* **-pated; -pating** : exculpar
**excursion** [ɪkˈskərʒən, ɛk-] *n* 1 OUTING : excursión *f*, paseo *m* 2 DIGRESSION : digresión *f*
**excusable** [ɪkˈskjuːzəbəl, ɛk-] *adj* : disculpable
**excuse**[1] [ɪkˈskjuːz, ɛk-] *vt* **-cused; -cusing** 1 PARDON : disculpar, perdonar ⟨excuse me : con permiso, perdóneme, perdón⟩ 2 DISMISS : dejar salir ⟨may I be excused? : ¿puedo ir?⟩ 3 EXEMPT : disculpar, eximir 4 JUSTIFY : excusar, justificar 5 **to excuse yourself** : excusarse
**excuse**[2] [ɪkˈskjuːs, ɛk-] *n* 1 JUSTIFICATION : excusa *f*, justificación *f* 2 PRETEXT : pretexto *m* 3 **to make excuses** : poner excusas 4 **to make one's excuses to someone** : pedirle disculpas a alguien
**execute** [ˈɛksɪˌkjuːt] *vt* **-cuted; -cuting** 1 CARRY OUT : ejecutar, llevar a cabo, desempeñar 2 ENFORCE : ejecutar, cumplir (un testamento, etc.) 3 KILL : ejecutar, ajusticiar
**execution** [ˌɛksɪˈkjuːʃən] *n* 1 PERFORMANCE : ejecución *f*, desempeño *m* 2 IMPLEMENTATION : cumplimiento *m* 3 : ejecución *f* (por un delito)
**executioner** [ˌɛksɪˈkjuːʃənər] *n* : verdugo *m*
**executive**[1] [ɪgˈzɛkjətɪv, ɛg-] *adj* : ejecutivo
**executive**[2] *n* : ejecutivo *m*, -va *f*
**executor** [ɪgˈzɛkjətər, ɛg-] *n* : albacea *mf*, testamentario *m*, -ria *f*
**executrix** [ɪgˈzɛkjəˌtrɪks, ɛg-] *n, pl* **executrices** [-ˌzɛkjəˈtraɪˌsiːz] *or* **executrixes** [-ˈzɛkjəˌtrɪksəz] : albacea *f*, testamentaria *f*
**exemplary** [ɪgˈzɛmpləri, ɛg-] *adj* : ejemplar
**exemplify** [ɪgˈzɛmpləˌfaɪ, ɛg-] *vt* **-fied; -fying** : ejemplificar, ilustrar, demostrar
**exempt**[1] [ɪgˈzɛmpt, ɛg-] *vt* : eximir ⟨to exempt someone from something : eximir a alguien de algo⟩
**exempt**[2] *adj* : exento ⟨to be exempt from : estar exento de⟩
**exemption** [ɪgˈzɛmpʃən, ɛg-] *n* : exención *f*
**exercise**[1] [ˈɛksərˌsaɪz] *v* **-cised; -cising** *vt* 1 : ejercitar (el cuerpo) 2 : ejercitar (un caballo), sacar a pasear (un perro) 3 USE : ejercer, hacer uso de ⟨to exercise caution/restraint : obrar con cautela/moderación⟩ — *vi* : hacer ejercicio
**exercise**[2] *n* 1 : ejercicio *m* ⟨to get exercise : hacer ejercicio⟩ ⟨arm exercises : ejercicios para los brazos⟩ 2 : ejercicio *m* ⟨math exercises : ejercicios de matemáticas⟩ 3 MANEUVER : ejercicio *m*, maniobra *f* 4 USE : ejercicio *m* 5 **exercises** *npl* CEREMONY : ceremonia *f*
**exert** [ɪgˈzərt, ɛg-] *vt* 1 : ejercer, emplear 2 **to exert oneself** : esforzarse
**exertion** [ɪgˈzərʃən, ɛg-] *n* 1 USE : ejercicio *m* (de autoridad, etc.), uso *m* (de fuerza, etc.) 2 EFFORT : esfuerzo *m*, empeño *m*
**exhalation** [ˌɛksəˈleɪʃən, ˌɛkshə-] *n* : exhalación *f*
**exhale** [ɛksˈheɪl] *v* **-haled; -haling** *vt* 1 : exhalar, espirar 2 EMIT : exhalar, despedir, emitir — *vi* : espirar
**exhaust**[1] [ɪgˈzɔst, ɛg-] *vt* 1 DEPLETE : agotar 2 TIRE : cansar, fatigar, agotar 3 EMPTY : vaciar
**exhaust**[2] *n* 1 *or* **exhaust fumes** : gases *mpl* de escape 2 *or* **exhaust pipe** : tubo *m* de escape, caño *m* de escape *Arg, Uru* 3 *or* **exhaust system** : sistema *m* de escape
**exhausted** [ɪgˈzɔstəd, ɛg-] *adj* : agotado, derrengado
**exhausting** [ɪgˈzɔstɪŋ, ɛg-] *adj* : extenuante, agotador
**exhaustion** [ɪgˈzɔstʃən, ɛg-] *n* : agotamiento *m*
**exhaustive** [ɪgˈzɔstɪv, ɛg-] *adj* : exhaustivo
**exhibit**[1] [ɪgˈzɪbət, ɛg-] *vt* 1 DISPLAY : exhibir, exponer 2 PRODUCE, SHOW : mostrar, presentar
**exhibit**[2] *n* 1 OBJECT : objeto *m* expuesto 2 EXHIBITION : exposición *f*, exhibición *f* 3 EVIDENCE : prueba *f* instrumental 4 **to be on exhibit** : estar expuesto
**exhibition** [ˌɛksəˈbɪʃən] *n* 1 : exposición *f*, exhibición *f* 2 **to make an exhibition of oneself** : dar el espectáculo, hacer el ridículo
**exhibitor** [ɪgˈzɪbətər] *n* : expositor *m*, -tora *f*
**exhilarate** [ɪgˈzɪləˌreɪt, ɛg-] *vt* **-rated; -rating** 1 : animar mucho, llenar de alegría 2 STIMULATE : estimular
**exhilaration** [ɪgˌzɪləˈreɪʃən, ɛg-] *n* : alegría *f*, regocijo *m*, júbilo *m*
**exhort** [ɪgˈzɔrt, ɛg-] *vt* : exhortar
**exhortation** [ˌɛkˌsɔrˈteɪʃən, -sər-; ˌɛgˌzɔr-] *n* : exhortación *f*
**exhumation** [ˌɛksjuˈmeɪʃən, -hju-; ˌɛgzu-, -zju-] *n* : exhumación *f*
**exhume** [ɪgˈzuːm, -ˈzjuːm; ɪksˈjuːm, -ˈhjuːm] *vt* **-humed; -huming** : exhumar, desenterrar
**ex–husband** [ˈɛksˈhʌzbənd] *n* : ex marido *m*
**exigencies** [ˈɛksɪdʒənsiz, ɪgˈzɪdʒənˌsiːz] *npl* : exigencias *fpl*
**exile**[1] [ˈɛgˌzaɪl, ˈɛkˌsaɪl] *vt* **exiled; exiling** : exiliar, desterrar

**exile**[2] *n* **1** BANISHMENT : exilio *m*, destierro *m* **2** OUTCAST : exiliado *m*, -da *f*; desterrado *m*, -da *f*
**exist** [ɪɡˈzɪst, ɛɡ-] *vi* **1** BE : existir **2** LIVE : subsistir, vivir
**existence** [ɪɡˈzɪstənts, ɛɡ-] *n* : existencia *f*
**existent** [ɪɡˈzɪstənt, ɛɡ-] *adj* : existente
**existing** [ɪɡˈzɪstɪŋ] *adj* : existente
**exit**[1] [ˈɛɡzət, ˈɛksət] *vi* : salir, hacer mutis (en el teatro) — *vt* : salir de ⟨to exit the building : salir del edificio⟩ ⟨to exit a program : salir de un programa⟩
**exit**[2] *n* **1** DEPARTURE : salida *f*, partida *f* **2** EGRESS : salida *f* ⟨emergency exit : salida de emergencia⟩
**exodus** [ˈɛksədəs] *n* : éxodo *m*
**exonerate** [ɪɡˈzɑnəˌreɪt, ɛɡ-] *vt* **-ated; -ating** : exonerar, disculpar, absolver
**exoneration** [ɪɡˌzɑnəˈreɪʃən, ɛɡ-] *n* : exoneración *f*
**exorbitant** [ɪɡˈzɔrbətənt, ɛɡ-] *adj* : exorbitante, excesivo
**exorcise** [ˈɛkˌsɔrˌsaɪz, -sər-] *vt* **-cised; -cising** : exorcizar
**exorcism** [ˈɛksɔrˌsɪzəm] *n* : exorcismo *m*
**exotic**[1] [ɪɡˈzɑtɪk, ɛɡ-] *adj* : exótico — **exotically** [-ɪkli] *adv*
**exotic**[2] *n* : planta *f* exótica
**expand** [ɪkˈspænd, ɛk-] *vt* **1** ENLARGE : expandir, ampliar **2** BROADEN, EXTEND : ampliar, extender — *vi* **1** ENLARGE : ampliarse, extenderse **2** : expandirse, dilatarse (dícese de los metales, gases, etc.) **3 to expand on/upon** : extenderse en/sobre, explayarse en/sobre
**expanse** [ɪkˈspænts, ɛk-] *n* : extensión *f*
**expansion** [ɪkˈspænʃən, ɛk-] *n* **1** ENLARGEMENT : expansión *f*, ampliación *f* **2** EXPANSE : extensión *f*
**expansive** [ɪkˈspænsɪv, ɛk-] *adj* **1** : expansivo **2** OUTGOING : expansivo, comunicativo **3** AMPLE : ancho, amplio — **expansively** *adv*
**expatriate**[1] [ɛksˈpeɪtriˌeɪt] *vt* **-ated; -ating** : expatriar
**expatriate**[2] [ɛksˈpeɪtriət, -ˌeɪt] *adj* : expatriado
**expatriate**[3] [ɛksˈpeɪtriət, -ˌeɪt] *n* : expatriado *m*, -da *f*
**expect** [ɪkˈspɛkt, ɛk-] *vt* **1** SUPPOSE : suponer, imaginarse ⟨I expect so : supongo que sí⟩ **2** ANTICIPATE : esperar ⟨we're expecting company : esperamos visita⟩ ⟨rain is expected : se pronostican lluvias⟩ ⟨I expect to win : espero ganar⟩ **3** COUNT ON, REQUIRE : contar con, esperar ⟨I expect you to come : cuento con que vengas⟩ ⟨we expected more of/from you : esperábamos otra cosa de ti⟩ — *vi* **to be expecting** : estar embarazada
**expectancy** [ɪkˈspɛktənt͡si, ɛk-] *n, pl* **-cies** **1** : expectación *f*, expectativa *f* **2** → **life expectancy**
**expectant** [ɪkˈspɛktənt, ɛk-] *adj* **1** ANTICIPATING : expectante **2** EXPECTING : futuro ⟨expectant mother : futura madre⟩
**expectantly** [ɪkˈspɛktəntli, ɛk-] *adv* : con expectación
**expectation** [ˌɛkˌspɛkˈteɪʃən] *n* **1** ANTICIPATION : expectación *f* ⟨to have every expectation of : tener muchas esperanzas de⟩ **2** EXPECTANCY : expectativa *f* ⟨it didn't live up to expectations : no estaba a la altura de las expectativas⟩
**expedient**[1] [ɪkˈspiːdiənt, ɛk-] *adj* : conveniente, oportuno
**expedient**[2] *n* : expediente *m*, recurso *m*
**expedite** [ˈɛkspəˌdaɪt] *vt* **-dited; -diting** **1** FACILITATE : facilitar, dar curso a **2** HASTEN : acelerar
**expedition** [ˌɛkspəˈdɪʃən] *n* : expedición *f*
**expeditious** [ˌɛkspəˈdɪʃəs] *adj* : pronto, rápido
**expel** [ɪkˈspɛl, ɛk-] *vt* **-pelled; -pelling** **1** : expulsar (a alguien) **2** : expulsar, expeler (aire, etc.)
**expend** [ɪkˈspɛnd, ɛk-] *vt* **1** DISBURSE : gastar, desembolsar **2** CONSUME : consumir, agotar
**expendable** [ɪkˈspɛndəbəl, ɛk-] *adj* : prescindible
**expenditure** [ɪkˈspɛndɪtʃər, ɛk-, -ˌtʃʊr] *n* : gasto *m*
**expense** [ɪkˈspɛnts, ɛk-] *n* **1** COST : gasto *m* **2 expenses** *npl* : gastos *mpl*, expensas *fpl* **3 at the expense of** : a costa de, a expensas de
**expensive** [ɪkˈspɛntsɪv, ɛk-] *adj* : costoso, caro — **expensively** *adv*
**experience**[1] [ɪkˈspɪriənts, ɛk-] *vt* **-enced; -encing** : experimentar (sentimientos), tener (dificultades), sufrir (una pérdida)
**experience**[2] *n* : experiencia *f*
**experienced** [ɪkˈspɪriənˌst, ɛk-] *adj* : con experiencia, experimentado
**experiment**[1] [ɪkˈspɛrəmənt, ɛk-, -ˈspɪr-] *vi* **to experiment on/with** : experimentar con, hacer experimentos con
**experiment**[2] *n* : experimento *m*
**experimental** [ɪkˌspɛrəˈmɪntəl, ɛk-, -ˌspɪr-] *adj* : experimental — **experimentally** *adv*
**experimentation** [ɪkˌspɛrəmənˈteɪʃən, ɛk-, -ˌspɪr-] *n* : experimentación *f*
**expert**[1] [ˈɛkˌspərt, ɪkˈspərt] *adj* : experto, de experto ⟨expert testimony : testimonio pericial⟩ ⟨expert at (doing) something : experto en (hacer) algo⟩ — **expertly** *adv*
**expert**[2] [ˈɛkˌspərt] *n* : experto *m*, -ta *f*; perito *m*, -ta *f*
**expertise** [ˌɛkspərˈtiːz] *n* : pericia *f*, competencia *f*
**expiate** [ˈɛkspiˌeɪt] *vt* **-ated; -ating** : expiar
**expiation** [ˌɛkspiˈeɪʃən] *n* : expiación *f*
**expiration** [ˌɛkspəˈreɪʃən] *n* **1** EXHALATION : exhalación *f*, espiración *f* **2** DEATH : muerte *f* **3** TERMINATION : vencimiento *m*, caducidad *f*
**expire** [ɪkˈspaɪr, ɛk-] *vi* **-pired; -piring** **1** EXHALE : espirar **2** DIE : expirar, morir **3** TERMINATE : caducar, vencer
**explain** [ɪkˈsplem, ɛk-] *vt* **1** : explicar **2 to explain yourself** : explicarse — **explainable** [ɪkˈspleməbəl, ɛk-] *adj*
**explanation** [ˌɛksplɑˈneɪʃən] *n* : explicación *f*
**explanatory** [ɪkˈsplænəˌtori, ɛk-] *adj* : explicativo, aclaratorio

**expletive** [ˈɛksplətɪv] *n* : improperio *m*, palabrota *f fam*, grosería *f*
**explicable** [ɛkˈsplɪkəbəl, ˈɛksplɪ-] *adj* : explicable
**explicit** [ɪkˈsplɪsət, ɛk-] *adj* : explícito, claro, categórico, rotundo — **explicitly** *adv*
**explicitness** [ɪkˈsplɪsətnəs, ɛk-] *n* : claridad *f*, carácter *m* explícito
**explode** [ɪkˈsploːd, ɛk-] *v* **-ploded; -ploding** *vt* **1** BURST : hacer explosionar, hacer explotar **2** REFUTE : rebatir, refutar, desmentir — *vi* **1** BURST : explotar, estallar, reventar **2** SKYROCKET : dispararse
**exploit¹** [ɪkˈsplɔɪt, ɛk-] *vt* : explotar, aprovecharse de
**exploit²** [ˈɛkˌsplɔɪt] *n* : hazaña *f*, proeza *f*
**exploitation** [ˌɛkˌsplɔɪˈteɪʃən] *n* : explotación *f*
**exploration** [ˌɛkspləˈreɪʃən] *n* : exploración *f*
**exploratory** [ɪkˈsplorəˌtori, ɛk-] *adj* : exploratorio
**explore** [ɪkˈsplor, ɛk-] *vt* **-plored; -ploring** : explorar, investigar, examinar
**explorer** [ɪkˈsplorər, ɛk-] *n* : explorador *m*, -dora *f*
**explosion** [ɪkˈsploːʒən, ɛk-] *n* : explosión *f*, estallido *m*
**explosive¹** [ɪkˈsploːsɪv, ɛk-] *adj* : explosivo, fulminante — **explosively** *adv*
**explosive²** *n* : explosivo *m*
**exponent** [ɪkˈspoːnənt, ˈɛkˌspoː-] *n* **1** : exponente *m* **2** ADVOCATE : defensor *m*, -sora *f*; partidario *m*, -ria *f*
**exponential** [ˌɛkspəˈnɛnʃəl] *adj* : exponencial — **exponentially** *adv*
**export¹** [ɛkˈsport, ˈɛkˌsport] *vt* : exportar
**export²** [ˈɛkˌsport] *n* **1** : artículo *m* de exportación **2** → **exportation**
**exportation** [ˌɛkˌsporˈteɪʃən] *n* : exportación *f*
**exporter** [ɛkˈsporṭər, ˈɛkˌspor-] *n* : exportador *m*, -dora *f*
**expose** [ɪkˈspoːz, ɛk-] *vt* **-posed; -posing** **1** : exponer (al peligro, a los elementos, a una enfermedad) **2** : exponer (una película a la luz) **3** DISCLOSE : revelar, develar, sacar a la luz **4** UNMASK : desenmascarar ⟨to expose someone as a fraud : demostrar que alguien es un farsante⟩
**exposé** *or* **expose** [ˌɛkspoˈzeɪ] *n* : exposición *f* (de hechos), revelación *f* (de un escándalo)
**exposed** [ɪkˈspoːzd, ɛk-] *adj* : expuesto, al descubierto ⟨exposed brick : ladrillo a la vista⟩
**exposition** [ˌɛkspəˈzɪʃən] *n* : exposición *f*
**exposure** [ɪkˈspoːʒər, ɛk-] *n* **1** : exposición *f* (a la luz, a enfermedades, etc.) **2** : congelación *f* (en medicina) **3** DISCLOSURE : revelación *f* **4** PUBLICITY : publicidad *f* **5** ORIENTATION : orientación *f* ⟨a room with a northern exposure : una sala orientada al norte⟩ **6** : exposición *f* (en fotografía)
**expound** [ɪkˈspaʊnd, ɛk-] *vt* : exponer, explicar — *vi* : hacer comentarios detallados
**express¹** [ɪkˈsprɛs, ɛk-] *vt* **1** : expresar ⟨to express oneself : expresarse⟩ **2** : mandar/enviar (una carta, etc.) por correo expreso
**express²** *adv* : por correo expreso, por correo urgente
**express³** *adj* **1** EXPLICIT : expreso, explícito **2** SPECIFIC : específico ⟨for that express purpose : con ese fin específico⟩ **3** RAPID : expreso, rápido — **expressly** *adv*
**express⁴** *n* **1** *or* **express mail** : expreso *m*, correo *m* expreso/urgente **2** : expreso *m*, tren *m* expreso
**expression** [ɪkˈsprɛʃən, ɛk-] *n* **1** UTTERANCE : expresión *f* ⟨freedom of expression : libertad de expresión⟩ **2** : expresión *f* (en la matemática) **3** PHRASE : frase *f*, expresión *f* **4** LOOK : expresión *f*, cara *f*, gesto *m* ⟨with a sad expression : con un gesto de tristeza⟩
**expressionless** [ɪkˈsprɛʃənləs, ɛk-] *adj* : inexpresivo
**expressive** [ɪkˈsprɛsɪv, ɛk-] *adj* : expresivo
**expressway** [ɪkˈsprɛsˌweɪ, ɛk-] *n* : autopista *f*
**expropriate** [ɛkˈsproːpriˌeɪt] *vt* **-ated; -ating** : expropiar
**expulsion** [ɪkˈspʌlʃən, ɛk-] *n* : expulsión *f*
**expurgate** [ˈɛkspərˌgeɪt] *vt* **-gated; -gating** : expurgar
**exquisite** [ɛkˈskwɪzət, ˈɛkˌskwɪ-] *adj* **1** FINE : exquisito, primoroso ⟨in exquisite detail : con todo lujo de detalles⟩ **2** EXTREME : intenso (dícese del dolor, etc.), exquisito
**exquisiteness** [ɛkˈskwɪzətnəs, ˈɛkˌskwɪ-] *n* : exquisitez *f*
**extant** [ˈɛkstənt, ɛkˈstænt] *adj* : existente
**extemporaneous** [ɛkˌstɛmpəˈreɪniəs] *adj* : improvisado — **extemporaneously** *adv*
**extend** [ɪkˈstɛnd, ɛk-] *vt* **1** STRETCH : extender, tender **2** PROLONG : prolongar (una visita, etc.), prorrogar (un plazo) **3** ENLARGE : agrandar, ampliar **4** PROFFER : dar (una bienvenida), presentar (disculpas) ⟨to extend an invitation : invitar⟩ — *vi* : extenderse
**extendable** *adj* : extensible
**extended** [ɪkˈstɛndəd, ɛk-] *adj* LENGTHY : prolongado, largo ⟨extended warranty : garantía extendida⟩
**extension** [ɪkˈstɛnʃən, ɛk-] *n* **1** EXTENDING : extensión *f*, ampliación *f* (de un edificio), prórroga *f* (de un plazo), prolongación *f* (de una visita) **2** ADDITION, ANNEX : ampliación *f*, anexo *m* **3** LINE : extensión *f*, interno *m*
**extension cord** *n* : extensión *f*; alargador *m*; alargue *m Arg, Uru*
**extensive** [ɪkˈstɛnsɪv, ɛk-] *adj* **1** BROAD : extenso, amplio ⟨extensive damage : cuantiosos daños⟩ **2** THOROUGH : exhaustivo — **extensively** *adv*
**extent** [ɪkˈstɛnt, ɛk-] *n* **1** SIZE : extensión *f*, magnitud *f* **2** DEGREE, SCOPE : alcance *m*, grado *m* ⟨to a certain extent : hasta cierto punto⟩ ⟨to a great extent : en gran parte⟩

**extenuate** [ɪkˈstɛnjəˌweɪt, ɛk-] *vt* **-ated; -ating** : atenuar, aminorar, mitigar ⟨extenuating circumstances : ⟨circunstancias⟩ atenuantes⟩

**exterior**[1] [ɛkˈstɪrɪər] *adj* : exterior

**exterior**[2] *n* : exterior *m*

**exterminate** [ɪkˈstərməˌneɪt, ɛk-] *vt* **-nated; -nating** : exterminar

**extermination** [ɪkˌstərməˈneɪʃən, ɛk-] *n* : exterminación *f*, exterminio *m*

**exterminator** [ɪkˈstərməˌneɪtər, ɛk-] *n* : exterminador *m*, -dora *f* de plagas; fumigador *m*, -dora *f*

**external** [ɪkˈstərnəl, ɛk-] *adj* : externo, exterior — **externally** *adv*

**extinct** [ɪkˈstɪŋkt, ɛk-] *adj* : extinto

**extinction** [ɪkˈstɪŋkʃən, ɛk-] *n* : extinción *f*

**extinguish** [ɪkˈstɪŋgwɪʃ, ɛk-] *vt* : extinguir, apagar

**extinguisher** [ɪkˈstɪŋgwɪʃər, ɛk-] *n* : extinguidor *m*, extintor *m*

**extirpate** [ˈɛkstərˌpeɪt] *vt* **-pated; -pating** : extirpar, exterminar

**extol** [ɪkˈstoːl, ɛk-] *vt* **-tolled; -tolling** : exaltar, ensalzar, alabar

**extort** [ɪkˈstɔrt, ɛk-] *vt* : extorsionar

**extortion** [ɪkˈstɔrʃən, ɛk-] *n* : extorsión *f*

**extra**[1] [ˈɛkstrə] *adv* **1** : extra, más, super ⟨extra special : super especial⟩ ⟨to pay extra for : pagar más/extra por⟩ **2** : excepcionalmente ⟨to be extra careful : tener especial cuidado⟩

**extra**[2] *adj* **1** ADDITIONAL : adicional, suplementario, de más ⟨to be/cost extra : no estar incluido en el precio⟩ ⟨at no extra charge : sin costo adicional⟩ **2** SUPERIOR : superior

**extra**[3] *n* **1** : extra *m* **2** : extra *mf* (en películas)

**extra-** *pref* : extra-

**extract**[1] [ɪkˈstrækt, ɛk-] *vt* : extraer, sacar

**extract**[2] [ˈɛkˌstrækt] *n* **1** EXCERPT : pasaje *m*, selección *f*, trozo *m* **2** : extracto *m* ⟨vanilla extract : extracto de vainilla⟩

**extraction** [ɪkˈstrækʃən, ɛk-] *n* : extracción *f*

**extractor** [ɪkˈstræktər, ɛk-] *n* : extractor *m*

**extracurricular** [ˌɛkstrəkəˈrɪkjələr] *adj* : extracurricular

**extradite** [ˈɛkstrəˌdaɪt] *vt* **-dited; -diting** : extraditar

**extradition** [ˌɛkstrəˈdɪʃən] *n* : extradición *f*

**extramarital** [ˌɛkstrəˈmærətəl] *adj* : extramatrimonial

**extraneous** [ɛkˈstreɪnɪəs] *adj* **1** OUTSIDE : externo **2** SUPERFLUOUS : superfluo, ajeno — **extraneously** *adv*

**extraordinary** [ɪkˈstrɔrdənˌeri, ˌɛkstrəˈɔrd-] *adj* : extraordinario, excepcional — **extraordinarily** [ɪkˌstrɔrdənˈerəli, ˌɛkstrəˌɔrd-] *adv*

**extrapolate** [ɪkˈstræpəˌleɪt] *v* **-lated; -lating** *vt* : extrapolar — *vi* : hacer una extrapolación — **extrapolation** [ɪkˌstræpəˈleɪʃən] *n*

**extrasensory** [ˌɛkstrəˈsɛnsəri] *adj* : extrasensorial

**extraterrestrial**[1] [ˌɛkstrətəˈrɛstriəl] *adj* : extraterrestre

**extraterrestrial**[2] *n* : extraterrestre *mf*

**extravagance** [ɪkˈstrævɪgənts, ɛk-] *n* **1** EXCESS : exceso *m*, extravagancia *f* **2** WASTEFULNESS : derroche *m*, despilfarro *m* **3** LUXURY : lujo *m*

**extravagant** [ɪkˈstrævɪgənt, ɛk-] *adj* **1** EXCESSIVE : excesivo, exagerado, extravagante **2** WASTEFUL : despilfarrador, derrochador, gastador **3** EXORBITANT : costoso, exorbitante

**extravagantly** [ɪkˈstrævɪgəntli, ɛk-] *adv* **1** LAVISHLY : a lo grande **2** EXCESSIVELY : exageradamente, desmesuradamente

**extravaganza** [ɪkˌstrævəˈgænzə, ɛk-] *n* : gran espectáculo *m*

**extreme**[1] [ɪkˈstriːm, ɛk-] *adj* **1** : extremo ⟨extreme cold : frío extremo⟩ ⟨of extreme importance : de suma importancia⟩ **2** : extremo, extremista ⟨extreme views : opiniones extremas⟩ **3** SEVERE, DRASTIC : extremo ⟨extreme conditions : condiciones extremas⟩ ⟨extreme measures : medidas excepcionales, medidas drásticas⟩ **4** : más lejos ⟨the extreme north : el extremo norte/septentrional⟩ **5** : extremo ⟨extreme sports : deportes extremos⟩

**extreme**[2] *n* **1** : extremo *m* **2 in the extreme** : en extremo, en sumo grado

**extremely** [ɪkˈstriːmli, ɛk-] *adv* : sumamente, extremadamente, terriblemente ⟨extremely large : grandísimo⟩

**extremist** [ɪkˈstriːmɪst, ɛk-] *n* : extremista *mf* — **extremist** *adj*

**extremity** [ɪkˈstrɛmətɪ, ɛk-] *n, pl* **-ties** **1** EXTREME : extremo *m* **2 extremities** *npl* LIMBS : extremidades *fpl*

**extricate** [ˈɛkstrəˌkeɪt] *vt* **-cated; -cating** : librar, sacar

**extrovert** [ˈɛkstrəˌvərt] *n* : extrovertido *m*, -da *f*

**extroverted** [ˈɛkstrəˌvərtəd] *adj* : extrovertido

**extrude** [ɪkˈstruːd, ɛk-] *vt* **-truded; -truding** : extrudir, expulsar

**exuberance** [ɪgˈzuːbərənts, ɛg-] *n* **1** JOYOUSNESS : euforia *f*, exaltación *f* **2** VIGOR : exuberancia *f*, vigor *m*

**exuberant** [ɪgˈzuːbərənt, ɛg-] *adj* **1** JOYOUS : eufórico **2** LUSH : exuberante — **exuberantly** *adv*

**exude** [ɪgˈzuːd, ɛg-] *vt* **-uded; -uding** **1** OOZE : rezumar, exudar **2** EMANATE : emanar, irradiar

**exult** [ɪgˈzʌlt, ɛg-] *vi* : exultar, regocijarse

**exultant** [ɪgˈzʌltənt, ɛg-] *adj* : exultante, jubiloso — **exultantly** *adv*

**exultation** [ˌɛksəlˈteɪʃən, ˌɛgzəl-] *n* : exultación *f*, júbilo *m*, alborozo *m*

**ex–wife** [ˈɛksˈwaɪf] *n* : ex esposa *f*

**eye**[1] [ˈaɪ] *vt* **eyed; eyeing** *or* **eying** : mirar, observar

**eye**[2] *n* **1** : ojo *m* **2** VISION : visión *f*, vista *f*, ojo *m* ⟨to have a good eye for bargains : tener un buen ojo para las gangas⟩ **3** GAZE : mirada *f*, ojeada *f* ⟨before my (very) eyes : ante mis propios ojos⟩ ⟨keep an eye on him : vigílalo⟩ ⟨keep an eye out for her : fíjate a ver si la ves⟩ ⟨don't take your eyes off the road : no apartes la vista de la carretera〉 **4** ATTENTION : atención *f* 〈to catch one's eye : llamar la atención〉 **5** POINT OF VIEW : punto *m* de vista 〈in the eyes of the law : según la ley〉 **6** : ojo *m* (de una aguja, una papa, una tormenta)

**eyeball** [ˈaɪˌbɔl] *n* : globo *m* ocular

**eyebrow** [ˈaɪˌbraʊ] *n* : ceja *f* 〈to raise an eyebrow at : asombrarse ante〉

**eye–catching** [ˈaɪˌkatʃɪŋ, -ˌke-] *adj* : llamativo

**eyed** [ˈaɪˌd] *adj* (*used in combination*) : de ojos 〈blue-eyed : de ojos azules〉 〈wide-eyed : con los ojos muy abiertos〉 〈cross-eyed : bizco〉 〈one-eyed : tuerto〉

**eyedropper** [ˈaɪˌdrɑpər] *n* : cuentagotas *f*

**eyedrops** [ˈaɪˌdrɑps] *npl* : colirio *m*

**eyeglasses** [ˈaɪˌglæsəz] *npl* : anteojos *mpl*, lentes *mpl*, espejuelos *mpl*, gafas *fpl*

**eyelash** [ˈaɪˌlæʃ] *n* : pestaña *f*

**eyelet** [ˈaɪlət] *n* : ojete *m*

**eyelid** [ˈaɪˌlɪd] *n* : párpado *m*

**eyeliner** [ˈaɪˌlaɪnər] *n* : delineador *m* (de ojos)

**eye–opener** [ˈaɪˌoːpənər] *n* : revelación *f*, sorpresa *f*

**eye–opening** [ˈaɪˌoːpənɪŋ] *adj* : revelador

**eyepiece** [ˈaɪˌpiːs] *n* : ocular *m*

**eye shadow** *n* : sombra *f* de ojos

**eyesight** [ˈaɪˌsaɪt] *n* : vista *f*, visión *f*

**eyesore** [ˈaɪˌsɔr] *n* : monstruosidad *f*, adefesio *m*

**eyestrain** [ˈaɪˌstreɪn] *n* : fatiga *f* visual, vista *f* cansada

**eyetooth** [ˈaɪˌtuːθ] *n* : colmillo *m*

**eyewitness** [ˈaɪˈwɪtnəs] *n* : testigo *mf* ocular, testigo *mf* presencial

**eyrie** [ˈaɪrɪ] → **aerie**

# F

**f** [ˈɛf] *n, pl* **f's** *or* **fs** [ˈɛfs] **1** : sexta letra del alfabeto inglés **2 F** : fa *m* 〈F sharp/flat : fa sostenido/bemol〉 **3 F** : insuficiente *m* (calificación)

**fa** [ˈfé] *n* : fa *m* (en el canto)

**fable** [ˈfeɪbəl] *n* : fábula *f*

**fabled** [ˈfeɪbəld] *adj* : legendario, fabuloso

**fabric** [ˈfæbrɪk] *n* **1** MATERIAL : tela *f*, tejido *m* **2** STRUCTURE : estructura *f* 〈the fabric of society : la estructura de la sociedad〉

**fabricate** [ˈfæbrɪˌkeɪt] *vt* **-cated; -cating 1** CONSTRUCT, MANUFACTURE : construir, fabricar **2** INVENT : inventar (excusas o mentiras)

**fabrication** [ˌfæbrɪˈkeɪʃən] *n* **1** LIE : mentira *f*, invención *f* **2** MANUFACTURE : fabricación *f*

**fabulous** [ˈfæbjələs] *adj* **1** LEGENDARY : fabuloso, legendario **2** INCREDIBLE : increíble, fabuloso 〈fabulous wealth : riqueza fabulosa〉 **3** WONDERFUL : magnífico, estupendo, fabuloso — **fabulously** *adv*

**facade** [fəˈsédˌ] *n* : fachada *f*

**face**[1] [ˈfeɪs] *v* **faced; facing** *vt* **1** LINE : recubrir (una superficie), forrar (ropa) **2** CONFRONT : enfrentarse a, afrontar, hacer frente a 〈to face the music : afrontar las consecuencias〉 〈to face the facts : aceptar la realidad〉 **3** : estar de cara a, estar enfrente de 〈she's facing her brother : está de cara a su hermano〉 **4** OVERLOOK : dar a — *vi* : mirar (hacia), estar orientado (a) **5 to face up to** CONFRONT : hacer frente a

**face**[2] *n* **1** : cara *f*, rostro *m* 〈he told me to my face : me lo dijo a la cara〉 〈face to face : cara a cara〉 **2** EXPRESSION : cara *f*, expresión *f* 〈to make a face : poner mala cara〉 〈he couldn't keep a straight face : no pudo aguantarse la risa〉 〈to put on a brave face : no demostrar uno el miedo que tiene〉 **3** GRIMACE : mueca *f* 〈to make faces : hacer muecas〉 **4** APPEARANCE : fisonomía *f*, aspecto *m* 〈the face of society : la fisonomía de la sociedad〉 〈on the face of it : aparentemente, a primera vista〉 **5** PERSON : cara *f* **6** PRESTIGE : prestigio *m* 〈to lose face : desprestigiarse〉 〈to save face : salvar las apariencias〉 **7** FRONT, SIDE : cara *f* (de una moneda), esfera *f* (de un reloj), fachada *f* (de un edificio), pared *f* (de una montaña) **8** SURFACE : superficie *f*, faz *f* (de la tierra), cara *f* (de la luna) **9 in the face of** DESPITE : en medio de, en visto de, ante **10 to be/get in someone's face** *fam* : gritarle a alguien, regañarle a alguien **11 to fly in the face of** : hacer caso omiso de algo

**facedown** [ˈfeɪsˌdaʊn] *adv* : boca abajo

**face–first** [ˌfeɪsˈfərst] *adv* : de bruces

**faceless** [ˈfeɪsləs] *adj* ANONYMOUS : anónimo

**face–lift** [ˈfeɪsˌlɪft] *n* **1** : estiramiento *m* facial **2** RENOVATION : renovación *f*, remozamiento *m*

**face–off** [ˈfeɪsˌɔf] *n* : confrontación *f*, careo *m*

**facet** [ˈfæsət] *n* **1** : faceta *f* (de una piedra) **2** ASPECT : faceta *f*, aspecto *m*

**facetious** [fəˈsiːʃəs] *adj* : gracioso, burlón, bromista

**facetiously** [fəˈsiːʃəslɪ] *adv* : en tono de burla

**facetiousness** [fəˈsiːʃəsnəs] *n* : jocosidad *f*

**face–to–face** *adv & adj* : cara a cara

**faceup** [ˈfeɪsˈʌp] *adv* : boca arriba

**face value** *n* : valor *m* nominal

**facial**[1] [ˈfeɪʃəl] *adj* : de la cara, facial

**facial**[2] *n* : tratamiento *m* facial, limpieza *f* de cutis

**facile** [ˈfæsəl] *adj* SUPERFICIAL : superficial, simplista

**facilitate** [fəˈsɪləˌteɪt] *vt* **-tated; -tating** : facilitar — **facilitator** [fəˈsɪləˌteɪtər] *n*

**facility** [fəˈsɪləṭi] *n, pl* **-ties** **1** EASE : facilidad *f* **2** CENTER, COMPLEX : centro *m*, complejo *m* **3 facilities** *npl* AMENITIES : comodidades *fpl*, servicios *mpl*

**facing** [ˈfeɪsɪŋ] *n* **1** LINING : entretela *f* (de una prenda) **2** : revestimiento *m* (de un edificio)

**facsimile** [fækˈsɪməli] *n* : facsímil *m*

**fact** [ˈfækt] *n* **1** : hecho *m* ⟨as a matter of fact : de hecho⟩ **2** INFORMATION : información *f*, datos *mpl* ⟨facts and figures : datos y cifras⟩ **3** REALITY : realidad *f* ⟨in fact : en realidad⟩

**faction** [ˈfækʃən] *n* : facción *m*, bando *m*

**factional** [ˈfækʃənəl] *adj* : entre facciones

**factor** [ˈfæktər] *n* : factor *m*

**factory** [ˈfæktəri] *n, pl* **-ries** : fábrica *f*

**factual** [ˈfæktʃʊəl] *adj* : basado en hechos, objetivo

**factually** [ˈfæktʃʊəli] *adv* : en cuanto a los hechos

**faculty** [ˈfækəlti] *n, pl* **-ties** **1** : facultad *f* ⟨the faculty of sight : las facultades visuales, el sentido de la vista⟩ **2** APTITUDE : aptitud *f*, facilidad *f* **3** TEACHERS : cuerpo *m* docente

**fad** [ˈfæd] *n* : moda *f* pasajera, manía *f*

**fade** [ˈfeɪd] *v* **faded; fading** *vi* **1** WITHER : debilitarse (dícese de las personas), marchitarse (dícese de las flores y las plantas) **2** DISCOLOR : desteñirse, decolorarse **3** DIM : apagarse (dícese de la luz), perderse (dícese de los sonidos), fundirse (dícese de las imágenes) **4** VANISH : desvanecerse, decaer — *vt* DISCOLOR : desteñir

**fag** [ˈfæg] *vt* **fagged; fagging** EXHAUST : cansar, fatigar

**fagot** *or* **faggot** [ˈfægət] *n* : haz *m* de leña

**Fahrenheit** [ˈfærənˌhaɪt] *adj* : Fahrenheit

**fail**[1] [ˈfeɪl] *vi* **1** WEAKEN : fallar, deteriorarse **2** STOP : fallar, detenerse ⟨his heart failed : le falló el corazón⟩ **3** : fracasar, fallar ⟨her plan failed : su plan fracasó⟩ ⟨the crops failed : se perdió la cosecha⟩ ⟨if all else fails : como último recurso⟩ **4** : quebrar ⟨a business about to fail : una empresa a punto de quebrar⟩ **5 to fail in** : faltar a, no cumplir con ⟨to fail in one's duties : faltar a sus deberes⟩ — *vt* **1** FLUNK : reprobar (un examen) **2** : fallar ⟨words fail me : las palabras me fallan, no encuentro palabras⟩ **3** DISAPPOINT : fallar, decepcionar ⟨don't fail me! : ¡no me falles!⟩

**fail**[2] *n* : fracaso *m*

**failing** [ˈfeɪlɪŋ] *n* : defecto *m*

**failure** [ˈfeɪljər] *n* **1** : fracaso *m*, malogro *m* ⟨crop failure : pérdida de la cosecha⟩ ⟨heart failure : insuficiencia cardíaca⟩ ⟨engine failure : falla mecánica⟩ **2** BANKRUPTCY : bancarrota *f*, quiebra *f* **3** : fracaso *m* (persona) ⟨he was a failure as a manager : como gerente, fue un fracaso⟩

**faint**[1] [ˈfeɪnt] *vi* : desmayarse

**faint**[2] *adj* **1** COWARDLY, TIMID : cobarde, tímido **2** DIZZY : mareado ⟨faint with hunger : desfallecido de hambre⟩ **3** SLIGHT : leve, ligero, vago ⟨I haven't the faintest idea : no tengo la más mínima idea⟩ **4** INDISTINCT : tenue, indistinto, apenas perceptible

**faint**[3] *n* : desmayo *m*

**fainthearted** [ˈfeɪntˈhɑrṭəd] *adj* : cobarde, pusilánime

**faintly** [ˈfeɪntli] *adv* : débilmente, ligeramente, levemente

**faintness** [ˈfeɪntnəs] *n* **1** INDISTINCTNESS : lo débil, falta *f* de claridad **2** FAINTING : desmayo *m*, desfallecimiento *m*

**fair**[1] [ˈfær] *adj* **1** ATTRACTIVE, BEAUTIFUL : bello, hermoso, atractivo **2** (*relating to weather*) : bueno, despejado **3** JUST : justo (dícese de personas, precios, etc.) ⟨fair elections : elecciones limpias⟩ ⟨one's fair share : lo que a uno le corresponde⟩ ⟨give her a fair chance : dale una oportunidad⟩ ⟨to be fair, . . . : en honor a la verdad, . . .⟩ **4** ADEQUATE : adecuado, aceptable ⟨fair to middling : mediano, regular⟩ ⟨he's in fair condition : se encuentra en estado estable⟩ ⟨a fair number : un buen número⟩ ⟨I have a fair idea of how it works : tengo una idea de como funciona⟩ ⟨they have a fair chance of winning : tienen (bastantes) posibilidades de ganar⟩ **5** BLOND, LIGHT : rubio (dícese del pelo), blanco (dícese de la tez) **6 all's fair in love and war** : en el amor y en la guerra todo vale **7 fair and square** : con todas las de la ley, en buena ley **8 fair enough** : de acuerdo, me parece razonable **9 fair's fair** : lo justo es justo **10 fair game** : presa *f* fácil **11 to play fair** : jugar limpio

**fair**[2] *n* : feria *f*

**fairground** [ˈfærˌgraʊnd] *n* : parque *m* de diversiones

**fair–haired** [ˈfærˈhærd] *adj* : rubio

**fairly** [ˈfærli] *adv* **1** IMPARTIALLY : imparcialmente, limpiamente, equitativamente **2** QUITE : bastante **3** MODERATELY : medianamente

**fairness** [ˈfærnəs] *n* **1** IMPARTIALITY : imparcialidad *f*, justicia *f* **2** LIGHTNESS : blancura *f* (de la piel), lo rubio (del pelo)

**fairy** [ˈfæri] *n, pl* **fairies** **1** : hada *f* **2 fairy tale** : cuento *m* de hadas

**fairyland** [ˈfæriˌlænd] *n* **1** : país *m* de las hadas **2** : lugar *m* encantador

**faith** [ˈfeɪθ] *n, pl* **faiths** [ˈfeɪθs, ˈfeɪðz] **1** BELIEF : fe *f* **2** ALLEGIANCE : lealtad *f* **3** CONFIDENCE, TRUST : confianza *f*, fe *f* **4** RELIGION : religión *f*

**faithful** [ˈfeɪθfəl] *adj* : fiel — **faithfully** *adv*

**faithfulness** [ˈfeɪθfəlnəs] *n* : fidelidad *f*

**faithless** [ˈfeɪθləs] *adj* **1** DISLOYAL : desleal **2** : infiel (en la religión) — **faithlessly** *adv*

**faithlessness** [ˈfeɪθləsnəs] *n* : deslealtad *f*

**fake**[1] [ˈfeɪk] *v* **faked; faking** *vt* **1** FALSIFY : falsificar, falsear **2** FEIGN : fingir — *vi* **1** PRETEND : fingir **2** : hacer un engaño, hacer una finta (en deportes)

**fake**[2] *adj* : falso, fingido, postizo

**fake**[3] *n* **1** IMITATION : imitación *f*, falsificación *f* **2** IMPOSTOR : impostor *m*,

-tora *f*; charlatán *m*, -tana *f*; farsante *mf* **3** FEINT : engaño *m*, finta *f* (en deportes)

**faker** [ˈfeɪkər] *n* : impostor *m*, -tora *f*; charlatán *m*, -tana *f*; farsante *mf*

**falcon** [ˈfælkən, ˈfɔl-] *n* : halcón *m*

**fall**[1] [ˈfɔl] *vi* **fell** [ˈfɛl]; **fallen** [fɔlən]; **falling** **1** : caer, caerse ⟨the rain was falling : caía la lluvia⟩ ⟨a vase fell off the shelf : un jarrón se cayó del estante⟩ **2** : caerse, caer ⟨she tripped and fell down the stairs : tropezó y se cayó por las escaleras⟩ **3** HANG : caer **4** : caer (dícese de la noche) **5** DROP, LOWER : caer (dícese de los ingresos, etc.), bajar (dícese de los precios, las temperaturas, etc.), reducirse (dícese de la voz) ⟨her face fell : se le descompuso la cara⟩ **6** BECOME : volverse, quedarse ⟨to fall silent : callarse, quedarse callado⟩ ⟨to fall in love : enamorarse⟩ **7** : caer (ante un enemigo), rendirse ⟨the city fell : la ciudad se rindió⟩ **8** : caer ⟨to fall in battle : caer en combate⟩ **9** OCCUR : caer ⟨Christmas falls on a Friday : la Navidad cae en viernes⟩ **10 to fall (all) over oneself to** : desvivirse por **11 to fall apart** : deshacerse **12 to fall asleep** : dormirse, quedarse dormido **13 to fall away** : decaer, disminuir **14 to fall back** RETREAT : retirarse **15 to fall behind** : quedarse atrás **16 to fall behind on/with** : atrasarse en, retrasarse en **17 to fall down** : caerse **18 to fall down on the job** : no cumplir con su deber **19 to fall flat** : no ser bien recibido (dícese de un chiste, etc.), no dar resultado **20 to fall for** : enamorarse de **21 to fall for** BELIEVE : tragarse **22 to fall in** COLLAPSE : hundirse **23 to fall in** : formar filas **24 to fall into place** : ir bien, aclararse **25 to fall into the hands of** : caer en manos de **26 to fall in with** : juntarse con **27 to fall off** LESSEN : disminuir **28 to fall off** DETACH : desprenderse, caerse **29 to fall on** ATTACK : atacar, caer sobre **30 to fall out** : caerse (dícese del pelo, etc.) **31 to fall out** ARGUE : pelearse **32 to fall out** : romper filas **33 to fall out of favor** : caer en desgracia **34 to fall out of use** : caer en desuso **35 to fall over** : caerse **36 to fall sick** : caer enfermo, enfermarse **37 to fall through** : fracasar, caer en la nada **38 to fall to** : tocar a, corresponder a ⟨the task fell to him : le tocó a él hacerlo⟩

**fall**[2] *n* **1** TUMBLE : caída *f* ⟨to break one's fall : frenar uno su caída⟩ ⟨a fall of three feet : una caída de tres pies⟩ **2** FALLING : derrumbe *m* (de rocas), aguacero *m* (de lluvia), nevada *f* (de nieve), bajada *f* (de precios), disminución *f* (de cantidades) **3** AUTUMN : otoño *m* **4** DOWNFALL : caída *f*, ruina *f* **5 falls** *npl* WATERFALL : cascada *f*, catarata *f*

**fallacious** [fəˈleɪʃəs] *adj* : erróneo, engañoso, falaz

**fallacy** [ˈfæləsi] *n, pl* **-cies** : falacia *f*

**fall back** *vi* **1** RETREAT : retirarse, replegarse **2 to fall back on** : recurrir a

**fall guy** *n* SCAPEGOAT : chivo *m* expiatorio

**fallible** [ˈfæləbəl] *adj* : falible

**fallout** [ˈfɔlˌaʊt] *n* **1** : lluvia *f* radioactiva **2** CONSEQUENCES : secuelas *fpl*, consecuencias *fpl*

**fallow**[1] [ˈfæloː] *adj* **to lie fallow** : estar en barbecho

**fallow**[2] *n* : barbecho *m*

**false** [ˈfɔls] *adj* **falser; falsest** **1** UNTRUE : falso ⟨true or false? : ¿verdadero o falso?⟩ ⟨a false name : un nombre falso/ficticio⟩ **2** ERRONEOUS, MISTAKEN : erróneo, equivocado ⟨false hopes : falsas expectativas⟩ ⟨false alarm : falsa alarma⟩ **3** FAKE : falso, postizo ⟨false teeth : dentadura postiza⟩ **4** UNFAITHFUL : infiel **5** INSINCERE, FEIGNED : falso **6** FRAUDULENT : fraudulento ⟨under false pretenses : por fraude⟩ **7 false move** : movimiento *m* en falso

**falsehood** [ˈfɔlsˌhʊd] *n* : mentira *f*, falsedad *f*

**falsely** [ˈfɔlsli] *adv* : falsamente, con falsedad

**falseness** [ˈfɔlsnəs] *n* : falsedad *f*

**falsetto** [fɔlˈsɛtoː] *n, pl* **-tos** : falsete *m*

**falsification** [ˌfɔlsəfəˈkeɪʃən] *n* : falsificación *f*

**falsify** [ˈfɔlsəˌfaɪ] *vt* **-fied; fying** : falsificar, falsear

**falsity** [ˈfɔlsəti] *n, pl* **-ties** : falsedad *f*

**falter** [ˈfɔltər] *vi* **-tered; -tering** **1** TOTTER : tambalearse **2** STAMMER : titubear, tartamudear **3** WAVER : vacilar

**faltering** [ˈfɔltərɪŋ] *adj* : titubeante, vacilante — **falteringly** *adv*

**fame** [ˈfeɪm] *n* : fama *f*

**famed** [ˈfeɪmd] *adj* : famoso, célebre, afamado

**familial** [fəˈmɪljəl, -liəl] *adj* : familiar

**familiar**[1] [fəˈmɪljər] *adj* **1** KNOWN : familiar, conocido ⟨to be familiar with : estar familiarizado con⟩ **2** INFORMAL : familiar, informal **3** INTIMATE : íntimo, de confianza **4** FORWARD : confianzudo, atrevido — **familiarly** *adv*

**familiar**[2] *n* : espíritu *m* guardián

**familiarity** [fəˌmɪliˈærəti, -ˌmɪlˈjær-] *n, pl* **-ties** **1** KNOWLEDGE : conocimiento *m*, familiaridad *f* **2** INFORMALITY, INTIMACY : confianza *f*, familiaridad *f* **3** FORWARDNESS : exceso *m* de confianza, descaro *m*

**familiarize** [fəˈmɪljəˌraɪz] *vt* **-ized; -izing** **1** : familiarizar **2 to familiarize oneself** : familiarizarse

**family** [ˈfæmli, ˈfæmə-] *n, pl* **-lies** : familia *f*

**family name** *n* SURNAME : apellido *m*

**family room** *n* : living *m*, sala *f* (informal)

**family tree** *n* : árbol *m* genealógico

**famine** [ˈfæmən] *n* : hambre *f*, hambruna *f*

**famish** [ˈfæmɪʃ] *vi* **to be famished** : estar famélico, estar hambriento, morir de hambre *fam*

**famous** [ˈfeɪməs] *adj* : famoso

**famously** [ˈfeɪməsli] *adv* **to get on famously** : llevarse de maravilla

**fan**[1] [ˈfæn] *vt* **fanned; fanning** **1** : abanicar (a una persona), avivar (un fuego) **2** STIMULATE : avivar, estimular

**fan**[2] *n* **1** : ventilador *m*, abanico *m* **2** ADMIRER, ENTHUSIAST : aficionado *m*, -da *f*; entusiasta *mf*; admirador *m*, -dora *f*

**fanatic**[1] [fəˈnæt̬ɪk] *or* **fanatical** [-t̬ɪ-kəl] *adj* : fanático

**fanatic**[2] *n* : fanático *m*, -ca *f*

**fanaticism** [fəˈnæt̬əˌsɪzəm] *n* : fanatismo *m*

**fan belt** *n* : correa *f* del ventilador

**fanciful** [ˈfænt͡sɪfəl] *adj* **1** CAPRICIOUS : caprichoso, fantástico, extravagante **2** IMAGINATIVE : imaginativo — **fancifully** *adv*

**fancy**[1] [ˈfænt͡si] *vt* **-cied; -cying** **1** IMAGINE : imaginarse, figurarse ⟨fancy that! : ¡figúrate!, ¡imagínate!⟩ **2** CRAVE : apetecer, tener ganas de

**fancy**[2] *adj* **fancier; -est** **1** ELABORATE : elaborado **2** LUXURIOUS : lujoso, elegante — **fancily** [ˈfænt͡səli] *adv*

**fancy**[3] *n, pl* **-cies** **1** LIKING : gusto *m*, afición *f* **2** WHIM : antojo *m*, capricho *m* **3** IMAGINATION : fantasía *f*, imaginación *f*

**fandango** [fænˈdæŋgo] *n, pl* **-gos** : fandango *m*

**fanfare** [ˈfænˌfær] *n* : fanfarria *f*

**fang** [ˈfæŋ] *n* : colmillo *m* (de un animal), diente *m* (de una serpiente)

**fanlight** [ˈfænˌlaɪt] *n* : tragaluz *m*

**fantasia** [fænˈteɪʒə, -ziə; ˌfæntə-ˈziːə] *n* : fantasía *f*

**fantasize** [ˈfæntəˌsaɪz] *vi* **-sized; -sizing** : fantasear

**fantastic** [fænˈtæstɪk] *adj* **1** UNBELIEVABLE : fantástico, increíble, extraño **2** ENORMOUS : fabuloso, inmenso ⟨fantastic sums : sumas fabulosas⟩ **3** WONDERFUL : estupendo, fantástico, bárbaro *fam*, macanudo *fam* — **fantastically** [-tɪkli] *adv*

**fantasy** [ˈfæntəsi] *n, pl* **-sies** : fantasía *f*

**FAQ** [ˈfæk, ˌɛfˌeɪˈkjuː] *n, pl* **FAQs** (*f*requently *a*sked *q*uestion, *f*requently *a*sked *q*uestions) : FAQ *m* (lista de preguntas)

**far**[1] [ˈfɑr] *adv* **farther** [ˈfɑrðər] *or* **further** [ˈfər-]; **farthest** *or* **furthest** [-ðəst] **1** : lejos ⟨far from here : lejos de aquí⟩ ⟨to go far : llegar lejos⟩ ⟨far away : a lo lejos⟩ ⟨in the far distant future : en un futuro lejano⟩ ⟨her birthday isn't far off/away : falta poco para su cumpleaños⟩ **2** MUCH : muy, mucho ⟨far bigger : mucho más grande⟩ ⟨far better : mucho mejor⟩ ⟨far different : muy distinto/diferente⟩ ⟨far too expensive : demasiado caro⟩ **3** (*indicating a particular point, degree, or extent*) ⟨we got as far as Chicago : llegamos hasta Chicago⟩ ⟨as far north as Toronto : tan al norte como Toronto⟩ ⟨to go so far as to say : decir tanto como⟩ ⟨as far as I know : que yo sepa⟩ **4** (*indicating an advanced point or extent*) : lejos ⟨to go far (in life) : llegar lejos (en la vida)⟩ ⟨not to go far enough : quedarse corto⟩ ⟨we've come too far to quit now : hemos llegado demasiado lejos para dejarlo ahora⟩ ⟨we still have far to go : aún nos queda un largo camino por recorrer⟩ ⟨to take something too far : llevar algo demasiado lejos⟩ **5 as/so far as** WITH REGARD TO : en lo que respecta a **6 as/so far as** (*expressing an opinion*) ⟨as far as I'm concerned : en lo que a mí respecta, por mí⟩ **7 by far** : con mucho, de lejos ⟨it's by far the best : es con mucho el mejor⟩ **8 far and wide** : por todas partes **9 far from it!** : ¡todo lo contrario! **10 far off** : muy errado **11 so far** : hasta ahora, todavía

**far**[2] *adj* **farther** *or* **further; farthest** *or* **furthest** **1** DISTANT, REMOTE : lejano, remoto ⟨the far horizon : el horizonte lejano⟩ ⟨the far reaches of outer space : los confines del espacio exterior⟩ ⟨the Far East : el Lejano Oriente, el Extremo Oriente⟩ ⟨in the far future : en el/un futuro lejano/remoto⟩ **2** : más lejano ⟨on the far side of the lake : en el otro lado del lago⟩ ⟨at the far end of the room : en el otro extremo de la sala⟩ **3 the far left/right** : la extrema izquierda/derecha (en la política)

**faraway** [ˈfɑrəˌweɪ] *adj* : remoto, lejano

**farce** [ˈfɑrs] *n* : farsa *f*

**farcical** [ˈfɑrsɪkəl] *adj* : absurdo, ridículo

**fare**[1] [ˈfær] *vi* **fared; faring** : ir, salir ⟨how did you fare? : ¿cómo te fue?⟩

**fare**[2] *n* **1** : pasaje *m*, billete *m*, boleto *m* ⟨half fare : medio pasaje⟩ **2** FOOD : comida *f*

**farewell**[1] [færˈwɛl] *adj* : de despedida

**farewell**[2] *n* : despedida *f*

**far-fetched** [ˈfɑrˈfɛt͡ʃt] *adj* : improbable, exagerado

**farina** [fəˈriːnə] *n* : harina *f*

**farm**[1] [ˈfɑrm] *vt* **1** : cultivar, labrar **2** : criar (animales) — *vi* : ser agricultor

**farm**[2] *n* : granja *f*, hacienda *f*, finca *f*, estancia *f*

**farmer** [ˈfɑrmər] *n* : agricultor *m*, granjero *m*

**farmhand** [ˈfɑrmˌhænd] *n* : peón *m*

**farmhouse** [ˈfɑrmˌhaʊs] *n* : granja *f*, vivienda *f* del granjero, casa *f* de hacienda

**farming** [ˈfɑrmɪŋ] *n* : labranza *f*, cultivo *m*, crianza *f* (de animales)

**farmland** [ˈfɑrmˌlænd] *n* : tierras *fpl* de labranza

**farmyard** [ˈfɑrmˌjɑrd] *n* : corral *m*

**far-off** [ˈfɑrˌɔf, -ˈɔf] *adj* : remoto, distante, lejano

**far-reaching** [ˈfɑrˈriːt͡ʃɪŋ] *adj* : de gran alcance

**farsighted** [ˈfɑrˌsaɪt̬əd] *adj* **1** : hipermétrope **2** JUDICIOUS : con visión de futuro, previsor, precavido

**farsightedness** [ˈfɑrˌsaɪt̬ədnəs] *n* **1** : hipermetropía *f* **2** PRUDENCE : previsión *f*

**fart**[1] [ˈfɑrt] *vi often vulgar* : tirarse un pedo *fam*

**fart**[2] *n often vulgar* **1** : pedo *m fam* **2 old fart** : viejo *m*, -ja *f*

**farther**[1] [ˈfɑrðər] *adv* **1** AHEAD : más lejos (en el espacio), más adelante (en el tiempo) **2** MORE : más

**farther**[2] *adj* : más lejano, más remoto
**farthermost** [ˈfɑrðərˌmoːst] *adj* : (el) más lejano
**farthest**[1] [ˈfɑrðəst] *adv* **1** : lo más lejos ⟨I jumped farthest : salté lo más lejos⟩ **2** : lo más avanzado ⟨he progressed farthest : progresó al punto más avanzado⟩ **3** : más ⟨the farthest developed plan : el plan más desarrollado⟩
**farthest**[2] *adj* : más lejano
**fascinate** [ˈfæsənˌeɪt] *vt* **-nated; -nating** : fascinar, cautivar
**fascinating** [ˈfæsənˌeɪtɪŋ] *adj* : fascinante
**fascination** [ˌfæsənˈeɪʃən] *n* : fascinación *f*
**fascism** [ˈfæʃˌɪzəm] *n* : fascismo *m*
**fascist**[1] [ˈfæʃɪst] *adj* : fascista
**fascist**[2] *n* : fascista *mf*
**fashion**[1] [ˈfæʃən] *vt* : formar, moldear
**fashion**[2] *n* **1** MANNER : manera *f*, modo *m* **2** CUSTOM : costumbre *f* **3** STYLE : moda *f*
**fashionable** [ˈfæʃənəbəl] *adj* : de moda, chic
**fashionably** [ˈfæʃənəbli] *adv* : a la moda
**fashion show** *n* : desfile *m* de modelos
**fast**[1] [ˈfæst] *vi* : ayunar
**fast**[2] *adv* **1** SECURELY : firmemente, seguramente ⟨to hold fast : agarrarse bien⟩ **2** RAPIDLY : rápidamente, rápido, de prisa **3 to run fast** : ir adelantado (dícese de un reloj) **4** SOUNDLY : profundamente ⟨fast asleep : profundamente dormido⟩
**fast**[3] *adj* **1** SECURE : firme, seguro ⟨to make fast : amarrar (un barco)⟩ **2** FAITHFUL : leal ⟨fast friends : amigos leales⟩ **3** RAPID : rápido, veloz **4** : adelantado ⟨my watch is fast : tengo el reloj adelantado⟩ **5** DEEP : profundo ⟨a fast sleep : un sueño profundo⟩ **6** COLORFAST : inalterable, que no destiñe **7** DISSOLUTE : extravagante, disipado, disoluto
**fast**[4] *n* : ayuno *m*
**fasten** [ˈfæsən] *vt* **1** ATTACH : sujetar, atar **2** FIX : fijar ⟨to fasten one's eyes on : fijar los ojos en⟩ **3** SECURE : abrochar (ropa o cinturones), atar (cordones), cerrar (una maleta) — *vi* : abrocharse, cerrar
**fastener** [ˈfæsənər] *n* : cierre *m*, sujetador *m*
**fastening** [ˈfæsənɪŋ] *n* : cierre *m*, sujetador *m*
**fast food** *n* : comida *f* rápida
**fastidious** [fæsˈtɪdiəs] *adj* : quisquilloso, exigente — **fastidiously** *adv*
**fat**[1] [ˈfæt] *adj* **fatter; fattest 1** OBESE : gordo, obeso **2** THICK : grueso
**fat**[2] *n* : grasa *f*
**fatal** [ˈfeɪtəl] *adj* **1** DEADLY : mortal **2** ILL-FATED : malhadado, fatal **3** MOMENTOUS : fatídico
**fatalism** [ˈfeɪtəˌlɪzəm] *n* : fatalismo *m*
**fatalist** [ˈfeɪtəlɪst] *n* : fatalista *mf*
**fatalistic** [ˌfeɪtəlˈɪstɪk] *adj* : fatalista
**fatality** [feɪˈtæləṭi, fə-] *n, pl* **-ties** : víctima *f* mortal
**fatally** [ˈfeɪtəli] *adv* : mortalmente
**fate** [ˈfeɪt] *n* **1** DESTINY : destino *m* **2** END, LOT : final *m*, suerte *f*
**fated** [ˈfeɪṭəd] *adj* : predestinado
**fateful** [ˈfeɪtfəl] *adj* **1** MOMENTOUS : fatídico, aciago **2** PROPHETIC : profético — **fatefully** *adv*
**father**[1] [ˈfɑðər] *vt* : engendrar
**father**[2] *n* **1** : padre *m* ⟨my father and my mother : mi padre y mi madre⟩ ⟨Father Smith : el padre Smith⟩ **2 the Father** GOD : el Padre, Dios *m*
**fatherhood** [ˈfɑðərˌhʊd] *n* : paternidad *f*
**father–in–law** [ˈfɑðərɪnˌlɔ] *n, pl* **fathers–in–law** : suegro *m*
**fatherland** [ˈfɑðərˌlænd] *n* : patria *f*
**fatherless** [ˈfɑðərləs] *adj* : huérfano de padre, sin padre
**fatherly** [ˈfɑðərli] *adj* : paternal
**fathom**[1] [ˈfæðəm] *vt* UNDERSTAND : entender, comprender
**fathom**[2] *n* : braza *f*
**fatigue**[1] [fəˈtiːg] *vt* **-tigued; -tiguing** : fatigar, cansar
**fatigue**[2] *n* : fatiga *f*
**fatness** [ˈfætnəs] *n* : gordura *f* (de una persona o un animal), grosor *m* (de un objeto)
**fatten** [ˈfætən] *vt* : engordar, cebar
**fattening** [ˈfætnɪŋ] *adj* : que engorda
**fatty** [ˈfæṭi] *adj* **fattier; -est** : graso, grasoso
**fatuous** [ˈfætʃʊəs] *adj* : necio, fatuo — **fatuously** *adv*
**faucet** [ˈfɔsət] *n* : llave *f*, canilla *f Arg, Uru*, grifo *m*
**fault**[1] [ˈfɔlt] *vt* : encontrar defectos a
**fault**[2] *n* **1** SHORTCOMING : defecto *m*, falta *f* **2** DEFECT : falta *f*, defecto *m*, falla *f* ⟨to find fault with : encontrarle defectos a, criticar⟩ **3** BLAME : culpa *f* ⟨to be at fault : tener la culpa⟩ **4** FRACTURE : falla *f* (geológica)
**faultfinder** [ˈfɔltˌfaɪndər] *n* : criticón *m*, -cona *f*
**faultfinding** [ˈfɔltˌfaɪndɪŋ] *n* : crítica *f*
**faultless** [ˈfɔltləs] *adj* : sin culpa, sin imperfecciones, impecable
**faultlessly** [ˈfɔltləsli] *adv* : impecablemente, perfectamente
**faulty** [ˈfɔlti] *adj* **faultier; -est** : defectuoso, imperfecto — **faultily** [ˈfɔltəli] *adv*
**fauna** [ˈfɔnə] *n* : fauna *f*
**faux** [ˈfoː] *adj* : de imitación
**faux pas** [ˌfoːˈpɑ] *n, pl* **faux pas** [same or -ˈpɑz] : metedura *f* de pata *fam*
**favor**[1] [ˈfeɪvər] *vt* **1** SUPPORT : estar a favor de, ser partidario de, apoyar **2** OBLIGE : hacerle un favor a **3** PREFER : preferir **4** RESEMBLE : parecerse a, salir a
**favor**[2] *n* : favor *m* ⟨in favor of : a favor de⟩ ⟨an error in his favor : un error a su favor⟩
**favorable** [ˈfeɪvərəbəl] *adj* : favorable, propicio
**favorably** [ˈfeɪvərəbli] *adv* : favorablemente, bien
**favorite**[1] [ˈfeɪvərət] *adj* : favorito, preferido
**favorite**[2] *n* : favorito *m*, -ta *f*; preferido *m*, -da *f*
**favoritism** [ˈfeɪvərəˌṭɪzəm] *n* : favoritismo *m*

**fawn**[1] [ˈfɔn] *vi* : adular, lisonjear
**fawn**[2] *n* : cervato *m*
**fax**[1] [ˈfæks] *n* : facsímil *m*, facsímile *m*
**fax**[2] *vt* **1** : mandarle un fax a **2** : enviar por fax
**faze** [ˈfeɪz] *vt* **fazed; fazing** : desconcertar, perturbar
**fear**[1] [ˈfɪr] *vt* : temer, tener miedo de — *vi* : temer
**fear**[2] *n* : miedo *m*, temor *m* ⟨for fear of : por temor a⟩
**fearful** [ˈfɪrfəl] *adj* **1** FRIGHTENING : espantoso, aterrador, horrible **2** FRIGHTENED : temeroso, miedoso
**fearfully** [ˈfɪrfəli] *adv* **1** EXTREMELY : extremadamente, terriblemente **2** TIMIDLY : con temor
**fearless** [ˈfɪrləs] *adj* : intrépido, impávido
**fearlessly** [ˈfɪrləsli] *adv* : sin temor
**fearlessness** [ˈfɪrləsnəs] *n* : intrepidez *f*, impavidez *f*
**fearsome** [ˈfɪrsəm] *adj* : aterrador
**feasibility** [ˌfi:zəˈbɪləti] *n* : viabilidad *f*, factibilidad *f*
**feasible** [ˈfi:zəbəl] *adj* : viable, factible, realizable
**feast**[1] [ˈfi:st] *vi* : banquetear — *vt* **1** : agasajar, festejar **2 to feast one's eyes on** : regalarse la vista con
**feast**[2] *n* **1** BANQUET : banquete *m*, festín *m* **2** FESTIVAL : fiesta *f*
**feat** [ˈfi:t] *n* : proeza *f*, hazaña *f*
**feather**[1] [ˈfeðər] *vt* **to feather one's nest** : hacer su agosto
**feather**[2] *n* **1** : pluma *f* **2 a feather in one's cap** : un triunfo personal
**feathered** [ˈfeðərd] *adj* : con plumas
**feathery** [ˈfeðəri] *adj* **1** DOWNY : plumoso **2** LIGHT : liviano
**feature**[1] [ˈfi:tʃər] *v* **-tured; -turing** *vt* **1** IMAGINE : imaginarse **2** PRESENT : presentar — *vi* : figurar
**feature**[2] *n* **1** CHARACTERISTIC : característica *f*, rasgo *m* **2** : largometraje *m* (en el cine), artículo *m* (en un periódico), documental *m* (en la televisión) **3 features** *npl* : rasgos *mpl*, facciones *fpl* ⟨delicate features : facciones delicadas⟩
**February** [ˈfebjuˌɛri, ˈfebə-, ˈfebru-] *n* ; febrero *m* ⟨they arrived on the 21st of February, they arrived on February 21st : llegaron el 21 de febrero⟩
**fecal** [ˈfi:kəl] *adj* : fecal
**feces** [ˈfi:ˌsi:z] *npl* : heces *fpl*, excrementos *mpl*
**feckless** [ˈfɛkləs] *adj* : irresponsable
**fecund** [ˈfɛkənd, ˈfi:-] *adj* : fecundo
**fecundity** [fɪˈkʌndəti, fɛ-] *n* : fecundidad *f*
**federal** [ˈfedrəl, -dərəl] *adj* : federal
**federalism** [ˈfedrəˌlɪzəm, -dərə-] *n* : federalismo *m*
**federalist**[1] [ˈfedrəlɪst, -dərə-] *adj* : federalista
**federalist**[2] *n* : federalista *mf*
**federate** [ˈfedəˌreɪt] *vt* **-ated; -ating** : federar
**federation** [ˌfedəˈreɪʃən] *n* : federación *f*
**fedora** [fɪˈdorə] *n* : sombrero *m* flexible de fieltro
**fed up** *adj* : harto
**fee** [ˈfi:] *n* **1** : honorarios *mpl* (a un médico, un abogado, etc.) **2 entrance fee** : entrada *f*
**feeble** [ˈfi:bəl] *adj* **feebler; feeblest** **1** WEAK : débil, endeble **2** INEFFECTIVE : flojo, pobre, poco convincente
**feebleminded** [ˌfi:bəlˈmaɪndəd] *adj* **1** *often offensive* : débil mental **2** FOOLISH, STUPID : imbécil, tonto
**feebleness** [ˈfi:bəlnəs] *n* : debilidad *f*
**feebly** [ˈfi:bli] *adv* : débilmente
**feed**[1] [ˈfi:d] *v* **fed** [ˈfed]; **feeding** *vt* **1** : dar de comer a, nutrir, alimentar (a una persona) **2** : alimentar (un fuego o una máquina), proveer (información), introducir (datos) — *vi* : comer, alimentarse
**feed**[2] *n* **1** NOURISHMENT : alimento *m* **2** FODDER : pienso *m* **3** : alimentación *f* ⟨paper feed : (mecanismo de) alimentación de papel⟩ **4** : transmisión *f* (de video, etc.) **5** : fuente *f* (de noticias), canal *m* (en una red social)
**feedback** [ˈfi:dˌbæk] *n* **1** : retroalimentación *f* (electrónica) **2** RESPONSE : reacción *f*
**feeder** [ˈfi:dər] *n* : comedero *m* (para animales)
**feel**[1] [ˈfi:l] *v* **felt** [ˈfɛlt]; **feeling** *vi* **1** : sentirse, encontrarse ⟨I feel tired : me siento cansada⟩ ⟨he feels hungry/cold : tiene hambre/frío⟩ ⟨she feels like a fool : se siente como una idiota⟩ ⟨to feel like doing something : tener ganas de hacer algo⟩ **2** SEEM : parecer ⟨it feels like spring : parece primavera⟩ ⟨it feels like rain : parece que va a llover⟩ ⟨it feels smooth : es suave al tacto⟩ **3** THINK : parecerse, opinar, pensar ⟨how does he feel about that? : ¿qué opina él de eso?⟩ **4 to feel (around) for** : buscar a tientas **5 to feel for** PITY : compadecer — *vt* **1** TOUCH : tocar, palpar ⟨to feel one's way : tantear, ir a tientas⟩ **2** SENSE : sentir ⟨to feel the cold : sentir el frío⟩ **3** CONSIDER : sentir, creer, considerar ⟨I didn't feel it necessary to inform him : no creí necesario informarle⟩ **4 to feel out** : tantear **5 to feel up** *fam* : manosear, meterle mano a *fam*
**feel**[2] *n* **1** SENSATION, TOUCH : sensación *f*, tacto *m* **2** ATMOSPHERE : ambiente *m*, atmósfera *f* **3 to have a feel for** : tener un talento especial para
**feeler** [ˈfi:lər] *n* : antena *f*, tentáculo *m*
**feeling** [ˈfi:lɪŋ] *n* **1** SENSATION : sensación *f*, sensibilidad *f* **2** EMOTION : sentimiento *m* **3** HUNCH, INTUITION : sensación *f* **4** OPINION : opinión *f* **5 feelings** *npl* SENSIBILITIES : sentimientos *mpl* ⟨to hurt/spare someone's feelings : herir/no herir los sentimientos de alguien⟩ ⟨no hard feelings, right? : no me guardas rencor, ¿verdad?⟩ ⟨to have feelings for someone : tener sentimientos por alguien⟩
**feet → foot**
**feign** [ˈfeɪn] *vt* : simular, aparentar, fingir
**feint**[1] [ˈfeɪnt] *vi* : fintar, fintear
**feint**[2] *n* : finta *f*
**felicitate** [fɪˈlɪsəˌteɪt] *vt* **-tated; -tating** : felicitar, congratular

**felicitation** [fɪˌlɪsəˈteɪʃən] *n* : felicitación *f*
**felicitous** [fɪˈlɪsəṭəs] *adj* : acertado, oportuno
**feline**[1] [ˈfiːˌlaɪn] *adj* : felino
**feline**[2] *n* : felino *m*, -na *f*
**fell**[1] [ˈfɛl] *vt* : talar (un árbol), derribar (a una persona)
**fell**[2] → **fall**
**fellow**[1] [ˈfɛˌloː] *adj* ⟨his fellow students : sus compañeros de estudios⟩ ⟨fellow citizen : conciudadano, paisano⟩
**fellow**[2] *n* **1** COMPANION : compañero *m*, -ra *f*; camarada *mf* **2** ASSOCIATE : socio *m*, -cia *f* **3** MAN : tipo *m*, hombre *m*
**fellowman** [ˌfɛloˈmæn] *n, pl* **-men** : prójimo *m*, semejante *m*
**fellowship** [ˈfɛloˌʃɪp] *n* **1** COMPANIONSHIP : camaradería *f*, compañerismo *m* **2** ASSOCIATION : fraternidad *f* **3** GRANT : beca *f* (de investigación)
**felon** [ˈfɛlən] *n* : malhechor *m*, -chora *f*; criminal *mf*
**felonious** [fəˈloːnɪəs] *adj* : criminal
**felony** [ˈfɛləni] *n, pl* **-nies** : delito *m* grave
**felt**[1] [ˈfɛlt] *n* : fieltro *m*
**felt**[2] → **feel**
**felt–tip** [ˈfɛltˌtɪp-] *or* **felt–tip pen** *n* : marcador *m*, rotulador *m Spain*
**female**[1] [ˈfiːˌmeɪl] *adj* : femenino
**female**[2] *n* **1** : hembra *f* (de animal) **2** WOMAN : mujer *f*
**feminine** [ˈfɛmənən] *adj* : femenino
**femininity** [ˌfɛməˈnɪnəṭi] *n* : feminidad *f*, femineidad *f*
**feminism** [ˈfɛməˌnɪzəm] *n* : feminismo *m*
**feminist**[1] [ˈfɛmənɪst] *adj* : feminista
**feminist**[2] *n* : feminista *mf*
**femoral** [ˈfɛmərəl] *adj* : femoral
**femur** [ˈfiːmər] *n, pl* **femurs** *or* **femora** [ˈfɛmərə] : fémur *m*
**fence**[1] [ˈfɛnʦ] *v* **fenced; fencing** *vt* : vallar, cercar — *vi* : hacer esgrima
**fence**[2] *n* : cerca *f*, valla *f*, cerco *m*, barda *f Mex*
**fencer** [ˈfɛnʦər] *n* : esgrimista *mf*
**fencing** [ˈfɛnʦɪŋ] *n* **1** : esgrima *m* (deporte) **2** : materiales *mpl* para cercas **3** ENCLOSURE : cercado *m*
**fend** [ˈfɛnd] *vt* **to fend off** : rechazar (un enemigo), parar (un golpe), eludir (una pregunta) — *vi* **to fend for oneself** : arreglárselas sólo, valerse por sí mismo
**fender** [ˈfɛndər] *n* : guardabarros *mpl*, salpicadera *f Mex*
**fennel** [ˈfɛnəl] *n* : hinojo *m*
**ferment**[1] [fərˈmɛnt] *v* : fermentar
**ferment**[2] [ˈfərˌmɛnt] *n* **1** : fermento *m* (en la química) **2** TURMOIL : agitación *f*, conmoción *f*
**fermentation** [ˌfərmənˈteɪʃən, -ˌmɛn-] *n* : fermentación *f*
**fern** [ˈfərn] *n* : helecho *m*
**ferocious** [fəˈroːʃəs] *adj* : feroz — **ferociously** *adv*
**ferociousness** [fəˈroːʃəsnəs] *n* : ferocidad *f*
**ferocity** [fəˈrɑsəṭi] *n* : ferocidad *f*
**ferret**[1] [ˈfɛrət] *vi* SNOOP : hurgar, husmear — *vt* **to ferret out** : descubrir
**ferret**[2] *n* : hurón *m*
**Ferris wheel** [ˈfɛrɪs] *n* : noria *f*
**ferry**[1] [ˈfɛri] *vt* **-ried; -rying** : llevar, transportar
**ferry**[2] *n, pl* **-ries** : transbordador *m*, ferry *m*
**ferryboat** [ˈfɛriˌboːt] *n* : transbordador *m*, ferry *m*
**fertile** [ˈfərṭəl] *adj* : fértil, fecundo
**fertility** [fərˈtɪləṭi] *n* : fertilidad *f*
**fertilization** [ˌfərṭələˈzeɪʃən] *n* : fertilización *f* (del suelo), fecundación (de un huevo)
**fertilize** [ˈfərṭəlˌaɪz] *vt* **-ized; -izing** **1** : fecundar (un huevo) **2** : fertilizar, abonar (el suelo)
**fertilizer** [ˈfərṭəlˌaɪzər] *n* : fertilizante *m*, abono *m*
**fervent** [ˈfərvənt] *adj* : ferviente, fervoroso, ardiente — **fervently** *adv*
**fervid** [ˈfərvɪd] *adj* : ardiente, apasionado — **fervidly** *adv*
**fervor** [ˈfərvər] *n* : fervor *m*, ardor *m*
**fester** [ˈfɛstər] *vi* : enconarse, supurar
**festival** [ˈfɛstəvəl] *n* : fiesta *f*, festividad *f*, festival *m*
**festive** [ˈfɛstɪv] *adj* : festivo — **festively** *adv*
**festivity** [fɛsˈtɪvəṭi] *n, pl* **-ties** : festividad *f*, celebración *f*
**festoon**[1] [fɛsˈtuːn] *vt* : adornar, engalanar
**festoon**[2] *n* GARLAND : guirnalda *f*
**fetal** [ˈfiːṭəl] *adj* : fetal
**fetch** [ˈfɛʧ] *vt* **1** BRING : traer, recoger, ir a buscar **2** REALIZE : realizar, venderse por ⟨the jewelry fetched $10,000 : las joyas se vendieron por $10,000⟩
**fetching** [ˈfɛʧɪŋ] *adj* : atractivo, encantador
**fête**[1] [ˈfeɪt, ˈfɛt] *vt* **fêted; fêting** : festejar, agasajar
**fête**[2] *n* : fiesta *f*
**fetid** [ˈfeṭəd] *adj* : fétido
**fetish** [ˈfeṭɪʃ] *n* : fetiche *m*
**fetlock** [ˈfɛtˌlɑk] *n* : espolón *m*
**fetter** [ˈfeṭər] *vt* : encadenar, poner grillos a
**fetters** [ˈfeṭərz] *npl* : grillos *mpl*, grilletes *mpl*, cadenas *fpl*
**fettle** [ˈfeṭəl] *n* **in fine fettle** : en buena forma, en plena forma
**fetus** [ˈfiːṭəs] *n* : feto *m*
**feud**[1] [ˈfjuːd] *vi* : pelear, contender
**feud**[2] *n* : contienda *f*, enemistad *f* (heredada)
**feudal** [ˈfjuːdəl] *adj* : feudal
**feudalism** [ˈfjuːdəlˌɪzəm] *n* : feudalismo *m*
**fever** [ˈfiːvər] *n* : fiebre *f*, calentura *f*
**feverish** [ˈfiːvərɪʃ] *adj* **1** : afiebrado, con fiebre, febril **2** FRANTIC : febril, frenético
**few**[1] [ˈfjuː] *adj* **fewer; fewest** : pocos ⟨with few exceptions : con pocas excepciones⟩ ⟨a few times : varias veces⟩ ⟨fewer people : menos gente⟩ ⟨the fewest (number of) points : el menor número de puntos⟩
**few**[2] *pron* **fewer; fewest** **1** : pocos ⟨few (of them) were ready : pocos estaban listos⟩ ⟨the fewer, the better : cuantos menos mejor⟩ ⟨our group is the fewest in number : nuestro grupo tiene el menor

número de personas⟩ **2 a few** : algunos, unos cuantos ⟨a few of the women came : algunas de las mujeres vinieron⟩ ⟨I read a few (of them) : leí algunos, leí unos cuantos⟩ **3 few and far between** : contados

**fiancé** [ˌfiːˌɑnˈseɪ, ˌfiːˈɑnˌseɪ] *n* : prometido *m*, novio *m*

**fiancée** [ˌfiːˌɑnˈseɪ, ˌfiːˈɑnˌseɪ] *n* : prometida *f*, novia *f*

**fiasco** [fiˈæsˌko:] *n, pl* **-coes** : fiasco *m*, fracaso *m*

**fiat** [ˈfiːˌɑt, -ˌæt, -ət;, ˈfaɪət, -ˌæt] *n* : decreto *m*, orden *m*

**fib**[1] [ˈfɪb] *vi* **fibbed; fibbing** *fam* : decir bolas

**fib**[2] *n fam* : bola *f fam*, mentira *f*

**fibber** [ˈfɪbər] *n* : mentirosillo *m*, -lla *f*; cuentista *mf fam*

**fiber** *or* **fibre** [ˈfaɪbər] *n* : fibra *f*

**fiberboard** [ˈfaɪbərˌbɔrd] *n* : cartón *m* madera

**fiberglass** [ˈfaɪbərˌglæs] *n* : fibra *f* de vidrio

**fibrous** [ˈfaɪbrəs] *adj* : fibroso

**fibula** [ˈfɪbjələ] *n, pl* **-lae** [-ˌliː, -ˌlaɪ] *or* **-las** : peroné *m*

**fickle** [ˈfɪkəl] *adj* : inconstante, voluble, veleidoso

**fickleness** [ˈfɪkəlnəs] *n* : volubilidad *f*, inconstancia *f*, veleidad *f*

**fiction** [ˈfɪkʃən] *n* : ficción *f*

**fictional** [ˈfɪkʃənəl] *adj* : ficticio

**fictitious** [fɪkˈtɪʃəs] *adj* **1** IMAGINARY : ficticio, imaginario **2** FALSE : falso, ficticio

**fiddle**[1] [ˈfɪdəl] *vi* **-dled; -dling** **1** : tocar el violín **2 to fiddle with** : juguetear con, toquetear

**fiddle**[2] *n* : violín *m*

**fiddler** [ˈfɪdlər, ˈfɪdələr] *n* : violinista *mf*

**fiddlesticks** [ˈfɪdəlˌstɪks] *interj* : ¡tonterías!

**fidelity** [fəˈdɛləti, faɪ-] *n, pl* **-ties** : fidelidad *f*

**fidget**[1] [ˈfɪʤət] *vi* **1** : moverse, estarse inquieto **2 to fidget with** : juguetear con

**fidget**[2] *n* **1** : persona *f* inquieta **2 fidgets** *npl* RESTLESSNESS : inquietud *f*

**fidgety** [ˈfɪʤəti] *adj* : inquieto

**fiduciary**[1] [fəˈduːʃiˌɛri, -ˈdjuː-, -ʃəri] *adj* : fiduciario

**fiduciary**[2] *n, pl* **-ries** : fiduciario *m*, -ria *f*

**field**[1] [ˈfiːld] *vt* : interceptar y devolver (una pelota), presentar (un candidato), sortear (una pregunta)

**field**[2] *adj* : de campaña, de campo ⟨field hospital : hospital de campaña⟩ ⟨field goal : gol de campo⟩ ⟨field trip : viaje de estudio⟩

**field**[3] *n* **1** : campo *m* (de cosechas, de batalla, de magnetismo) **2** : campo *m*, cancha *f* (en deportes) ⟨baseball field : campo de beisbol⟩ ⟨left/right/center field : jardín izquierdo/derecho/central⟩ **3** : campo *m* (de trabajo), esfera *f* (de actividades) ⟨the field of economics : el campo de la economía⟩

**fielder** [ˈfiːldər] *n* : jugador *m*, -dora *f* de campo; fildeador *m*, -dora *f*

**field glasses** *n* : binoculares *mpl*, gemelos *mpl*

**field hockey** *n* : hockey *m* sobre césped

**fiend** [ˈfiːnd] *n* **1** DEMON : demonio *m* **2** EVILDOER : persona *f* maligna; malvado *m*, -da *f* **3** FANATIC : fanático *m*, -ca *f*

**fiendish** [ˈfiːndɪʃ] *adj* : diabólico — **fiendishly** *adv*

**fierce** [ˈfɪrs] *adj* **fiercer; -est** **1** FEROCIOUS : fiero, feroz **2** HEATED : acalorado **3** INTENSE : intenso, violento, fuerte — **fiercely** *adv*

**fierceness** [ˈfɪrsnəs] *n* **1** FEROCITY : ferocidad *f*, fiereza *f* **2** INTENSITY : intensidad *f*, violencia *f*

**fieriness** [ˈfaɪərinəs] *n* : pasión *f*, ardor *m*

**fiery** [ˈfaɪəri] *adj* **fierier; -est** **1** BURNING : ardiente, llameante **2** GLOWING : encendido **3** PASSIONATE : acalorado, ardiente, fogoso

**fiesta** [fiˈɛstə] *n* : fiesta *f*

**fife** [ˈfaɪf] *n* : pífano *m*

**fifteen**[1] [fɪfˈtiːn] *adj & pron* : quince

**fifteen**[2] *n* : quince *m*

**fifteenth**[1] [fɪfˈtiːnθ] *adj* : decimoquinto

**fifteenth**[2] *n* **1** : decimoquinto *m*, -ta *f* (en una serie) **2** : quinceavo *m*, quinceava parte *f*

**fifth**[1] [ˈfɪfθ] *adv* : en quinto lugar

**fifth**[2] *adj* : quinto ⟨(on) the fifth of June : el cinco de junio⟩

**fifth**[3] *n* **1** : quinto *m*, -ta *f* (en una serie) **2** : quinto *m*, quinta parte *f* **3** : quinta *f* (en la música) **4** *or* **fifth gear** : quinta *f*

**fiftieth**[1] [ˈfɪftiəθ] *adj* : quincuagésimo

**fiftieth**[2] *n* **1** : quincuagésimo *m*, -ma *f* (en una serie) **2** : cincuentavo *m*, cincuentava parte *f*

**fifty**[1] [ˈfɪfti] *adj & pron* : cincuenta

**fifty**[2] *n, pl* **-ties** : cincuenta *m*

**fifty–fifty**[1] [ˌfɪftiˈfɪfti] *adv* : a medias, mitad y mitad

**fifty–fifty**[2] *adj* **to have a fifty–fifty chance** : tener un cincuenta por ciento de posibilidades

**fig** [ˈfɪg] *n* : higo *m*

**fight**[1] [ˈfaɪt] *v* **fought** [ˈfɔt]; **fighting** *vi* **1** : luchar, combatir, pelear ⟨to fight to the death : pelear a muerte⟩ ⟨to fight for one's life : debatirse entre la vida y la muerte⟩ **2 to fight back** : defenderse **3 to fight about/over** : discutir por **4 to fight on** : seguir luchando — *vt* **1** : luchar contra, combatir contra **2 to fight back** SUPPRESS : reprimir, contener **3 to fight off** : rechazar, combatir

**fight**[2] *n* **1** COMBAT : lucha *f*, pelea *f*, combate *m* **2** MATCH : pelea *f*, combate *m* (en boxeo) **3** QUARREL : disputa *f*, pelea *f*, pleito *m*

**fighter** [ˈfaɪtər] *n* **1** COMBATANT : luchador *m*, -dora *f*; combatiente *mf* **2** BOXER : boxeador *m*, -dora *f*

**figment** [ˈfɪgmənt] *n* **figment of the imagination** : producto *m* de la imaginación

**figurative** [ˈfɪgjərəṭɪv, -gə-] *adj* : figurado, metafórico

**figuratively** [ˈfɪgjərəṭɪvli, -gə-] *adv* : en sentido figurado, de manera metafórica

**figure**[1] [ˈfɪgjər, -gər] *v* **-ured; -uring** *vt* **1** CALCULATE : calcular **2** ESTIMATE : figurarse, calcular ⟨he figured it was possible : se figuró que era posible⟩ **3 to figure in** : incluir en los cálculos **4 to figure out** : entender — *vi* **1** FEATURE, STAND OUT : figurar, destacar **2 that figures!** : ¡obvio!, ¡no me extraña nada! **3 to figure on** : contar con, tener en cuenta **4 to figure on doing something** : pensar hacer algo

**figure**[2] *n* **1** DIGIT : número *m*, cifra *f* **2** PRICE : precio *m*, cifra *f* **3** PERSONAGE : figura *f*, personaje *m* **4** : figura *f*, tipo *m*, físico *m* ⟨to have a good figure : tener buen tipo, tener un buen físico⟩ **5** DESIGN, OUTLINE : figura *f* **6 figures** *npl* : aritmética *f*

**figurehead** [ˈfɪgjərˌhɛd, -gər-] *n* : testaferro *m*, líder *mf* sin poder

**figure of speech** *n* : figura *f* retórica, figura *f* de hablar

**figure out** *vt* **1** UNDERSTAND : entender **2** RESOLVE : resolver (un problema, etc.)

**figurine** [ˌfɪgjəˈriːn] *n* : estatuilla *f*

**filament** [ˈfɪləmənt] *n* : filamento *m*

**filbert** [ˈfɪlbərt] *n* : avellana *f*

**filch** [ˈfɪltʃ] *vt* : hurtar, birlar *fam*

**file**[1] [ˈfaɪl] *v* **filed; filing** *vt* **1** CLASSIFY : clasificar **2** : archivar (documentos) **3** SUBMIT : presentar ⟨to file charges : presentar cargos⟩ **4** SMOOTH : limar — *vi* : desfilar, entrar (o salir) en fila

**file**[2] *n* **1** : lima *f* ⟨nail file : lima de uñas⟩ **2** DOCUMENTS : archivo *m* **3** LINE : fila *f* **4** : archivo *m* (de una computadora)

**filial** [ˈfɪliəl, ˈfɪljəl] *adj* : filial

**filibuster** [ˈfɪləˌbʌstərər] *vi* : practicar el obstruccionismo

**filibuster**[2] *n* : obstruccionismo *m*

**filibusterer** [ˈfɪləˌbʌstərər] *n* : obstruccionista *mf*

**filigree** [ˈfɪləˌgriː] *n* : filigrana *f*

**filing cabinet** *n* : archivador *m*

**Filipino** [ˌfɪləˈpiːnoː] *n* : filipino *m*, -na *f* — **Filipino** *adj*

**fill**[1] [ˈfɪl] *vt* **1** : llenar, ocupar ⟨to fill a cup : llenar una taza⟩ ⟨to fill a room : ocupar una sala⟩ **2** STUFF : rellenar **3** PLUG : tapar, rellenar, empastar (un diente) **4** SATISFY : cumplir con, satisfacer **5** *or* **to fill in/out** : rellenar, llenar ⟨fill (in) the blanks : rellene los espacios⟩ ⟨to fill out a form : rellenar un formulario⟩ **6 to fill someone in on** : poner a alguien al corriente de **7 to fill up** : llenar (hasta arriba) — *vi or* **to fill up** : llenarse ⟨her eyes filled with tears : se le llenaron los ojos de lágrimas⟩

**fill**[2] *n* **1** FILLING, STUFFING : relleno *m* **2 to eat one's fill** : comer lo suficiente **3 to have one's fill of** : estar harto de

**filler** [ˈfɪlər] *n* : relleno *m*

**fillet**[1] [ˈfɪlət, fɪˈleɪ, ˈfɪˌleɪ] *vt* : cortar en filetes

**fillet**[2] *n* : filete *m*

**fill in** *vt* INFORM : informar, poner al corriente — *vi* **to fill in for** : reemplazar a

**filling** [ˈfɪlɪŋ] *n* **1** : relleno *m* **2** : empaste *m* (de un diente)

**filling station** → **gas station**

**filly** [ˈfɪli] *n, pl* **-lies** : potra *f*, potranca *f*

**film**[1] [ˈfɪlm] *vt* : filmar — *vi* : rodar

**film**[2] *n* **1** COATING : capa *f*, película *f* **2** : película *f* (fotográfica) **3** MOVIE : película *f*, filme *m*

**filmmaker** [ˈfɪlmˌmeɪkər] *n* : cineasta *mf*

**filmy** [ˈfɪlmi] *adj* **filmier; -est** **1** GAUZY : diáfano, vaporoso **2** : cubierto de una película

**filter**[1] [ˈfɪltər] *vt* : filtrar

**filter**[2] *n* : filtro *m*

**filth** [ˈfɪlθ] *n* : mugre *f*, porquería *f*, roña *f*

**filthiness** [ˈfɪlθinəs] *n* : suciedad *f*

**filthy** [ˈfɪlθi] *adj* **filthier; -est** **1** DIRTY : mugriento, sucio **2** OBSCENE : obsceno, indecente

**filtration** [fɪlˈtreɪʃən] *n* : filtración *f*

**fin** [ˈfɪn] *n* **1** : aleta *f* **2** : alerón *m* (de un automóvil o un avión)

**finagle** [fəˈneɪgəl] *vt* **-gled; -gling** : arreglárselas para conseguir

**final**[1] [ˈfaɪnəl] *adj* **1** DEFINITIVE : definitivo, final, inapelable **2** ULTIMATE : final **3** LAST : último, final

**final**[2] *n* **1** : final *f* (en deportes) **2 finals** *npl* : exámenes *mpl* finales

**finale** [fɪˈnæli, -ˈnɑ-] *n* : final *m* ⟨grand finale : final triunfal⟩

**finalist** [ˈfaɪnəlɪst] *n* : finalista *mf*

**finality** [faɪˈnæləṭi, fə-] *n, pl* **-ties** : finalidad *f*

**finalize** [ˈfaɪnəlˌaɪz] *vt* **-ized; -izing** : finalizar

**finally** [ˈfaɪnəli] *adv* **1** LASTLY : por último, finalmente **2** EVENTUALLY : por fin, al final **3** DEFINITIVELY : definitivamente

**finance**[1] [fəˈnænʧ, ˈfaɪˌnænʧ] *vt* **-nanced; -nancing** : financiar

**finance**[2] *n* **1** : finanzas *fpl* **2 finances** *npl* RESOURCES : recursos *mpl* financieros

**financial** [fəˈnænʧəl, faɪ-] *adj* : financiero, económico

**financially** [fəˈnænʧəli, faɪ-] *adv* : económicamente

**financier** [ˌfɪnənˈsɪr, ˌfaɪˌnæn-] *n* : financiero *m*, -ra *f*; financista *mf*

**financing** [fəˈnænʧɪŋ, ˈfaɪˌnænʧɪŋ] *n* : financiación *f*, financiamiento *m*

**finch** [ˈfɪnʧ] *n* : pinzón *m*

**find**[1] [ˈfaɪnd] *vt* **found** [ˈfaʊnd]; **finding** **1** LOCATE : encontrar ⟨I can't find it : no lo encuentro⟩ ⟨he was nowhere to be found : no se lo encontraba por ninguna parte⟩ **2** CHANCE UPON : encontrar (por casualidad) ⟨I found a dollar : encontré un dólar⟩ **3** LEARN : encontrar, descubrir ⟨to find the answer : encontrar la solución⟩ ⟨we found that . . . : descubrimos que . . .⟩ **4** GET : encontrar, obtener ⟨to find the time to do something : encontrar el tiempo para hacer algo⟩ ⟨to find satisfaction in : obtener satisfacción de⟩ **5** PERCEIVE : encontrar ⟨I find it strange/difficult : lo encuentro raro/difícil, me resulta raro/difícil⟩ **6** DECLARE : declarar, hallar ⟨they found him guilty : lo declararon culpable⟩ **7 to find fault** : criticar **8 to find favor/approval** : ser bien recibido **9 to find oneself** ⟨she found herself in an unfamiliar place : se encontró en un lugar desconocido⟩ ⟨he found himself in a bad situation : se vio en apuros⟩ ⟨I found myself thinking about her : me di cuenta de que estaba pensando en ella⟩ **10 to find oneself** ⟨he left to find himself : se fue para encontrarse a sí mismo⟩ **11 to find one's way** : encontrar el camino, orientarse **12 to find out** : descubrir, averiguar

**find**[2] *n* : hallazgo *m*

**finder** [ˈfaɪndər] *n* : descubridor *m*, -dora *f*

**finding** [ˈfaɪndɪŋ] *n* **1** FIND : hallazgo *m* **2 findings** *npl* : conclusiones *fpl*

**find out** *vt* DISCOVER : descubrir, averiguar — *vi* LEARN : enterarse

**fine**[1] [ˈfaɪn] *vt* **fined; fining** : multar

**fine**[2] *adj* **finer; finest 1** PURE : puro (dícese del oro y de la plata) **2** THIN : fino, delgado **3** : fino ⟨fine sand : arena fina⟩ **4** SMALL : pequeño, minúsculo ⟨fine print : letras minúsculas⟩ **5** SUBTLE : sutil, delicado **6** EXCELLENT : excelente, magnífico, selecto **7** FAIR : bueno ⟨it's a fine day : hace buen tiempo⟩ **8** EXQUISITE : exquisito, delicado, fino **9 fine arts** : bellas artes *fpl*

**fine**[3] *n* : multa *f*

**finely** [ˈfaɪnli] *adv* **1** EXCELLENTLY : con arte **2** ELEGANTLY : elegantemente **3** PRECISELY : con precisión **4 to chop finely** : picar muy fino, picar en trozos pequeños

**fineness** [ˈfaɪnnəs] *n* **1** EXCELLENCE : excelencia *f* **2** ELEGANCE : elegancia *f*, refinamiento *m* **3** DELICACY : delicadeza *f*, lo fino **4** PRECISION : precisión *f* **5** SUBTLETY : sutileza *f* **6** PURITY : ley *f* (de oro y plata)

**finery** [ˈfaɪnəri] *n* : galas *fpl*, adornos *mpl*

**finesse**[1] [fəˈnɛs] *vt* **-nessed; -nessing** : ingeniar

**finesse**[2] *n* **1** REFINEMENT : refinamiento *m*, finura *f* **2** TACT : delicadeza *f*, tacto *m*, diplomacia *f* **3** CRAFTINESS : astucia *f*

**fine–tune** [ˈfaɪnˈtuːn] *vt* **1** : poner a punto (un motor), ajustar **2** REFINE : afinar, ajustar

**finger**[1] [ˈfɪŋgər] *vt* **1** HANDLE : tocar, toquetear **2** ACCUSE : acusar, delatar

**finger**[2] *n* : dedo *m* ⟨to lay a finger on someone : ponerle a alguien la mano encima⟩ ⟨not to lift a finger : no mover un dedo, no hacer nada⟩ ⟨to point a finger at someone : culpar a alguien⟩ ⟨to put one's finger on it : dar en el clavo⟩ ⟨to work one's fingers to the bone : deslomarse trabajando⟩

**fingerling** [ˈfɪŋgərlɪŋ] *n* : pez *m* pequeño y joven

**fingernail** [ˈfɪŋgərˌneɪl] *n* : uña *f*

**fingerprint**[1] [ˈfɪŋgərˌprɪnt] *vt* : tomar las huellas digitales a

**fingerprint**[2] *n* : huella *f* digital

**fingertip** [ˈfɪŋgərˌtɪp] *n* : punta *f* del dedo, yema *f* del dedo

**finicky** [ˈfɪnɪki] *adj* : maniático, melindroso, mañoso

**finish**[1] [ˈfɪnɪʃ] *vt* **1** COMPLETE : acabar, terminar **2** : aplicar un acabado a (muebles, etc.) **3** RUIN, DESTROY : acabar con **4 to finish off** : terminar **5 to finish up** : terminar — *vi* **1** : terminar **2 to finish up** : terminar, acabar

**finish**[2] *n* **1** END : fin *m*, final *m* **2** REFINEMENT : refinamiento *m* **3** : acabado *m* ⟨a glossy finish : un acabado brillante⟩

**finish line** *n* : línea *f* de meta

**finite** [ˈfaɪˌnaɪt] *adj* : finito

**fink**[1] [ˈfɪŋk] *vi fam* **to fink on someone** : delatar a alguien

**fink**[2] *n fam* : mequetrefe *mf fam*

**Finn** [ˈfɪn] *n* : finlandés *m*, -desa *f*

**Finnish**[1] [ˈfɪnɪʃ] *adj* : finlandés

**Finnish**[2] *n* : finlandés *m* (idioma)

**fiord** [fiˈɔrd] → **fjord**

**fir** [ˈfər] *n* : abeto *m*

**fire**[1] [ˈfaɪr] *vt* **fired; firing 1** IGNITE, KINDLE : encender **2** ENLIVEN : animar, avivar **3** DISMISS : despedir ⟨I was fired : me despidieron⟩ **4** SHOOT : disparar ⟨to fire a gun at someone : dispararle a alguien (con un arma de fuego)⟩ **5** BAKE : cocer (cerámica) **6 to fire off** : disparar (un arma, etc.) **7 to fire off** : lanzar (preguntas) **8 to fire up** ENERGIZE, MOTIVATE : entusiasmar **9 to fire up** START : arrancar, poner en marcha (un motor, etc.) — *vi* SHOOT : disparar ⟨to fire at someone : dispararle a alguien, disparar contra alguien⟩

**fire**[2] *n* **1** : fuego *m* **2** BURNING : incendio *m* ⟨forest fire : incendio forestal⟩ ⟨fire alarm : alarma contra incendios⟩ ⟨to be on fire : estar en llamas⟩ ⟨to catch (on) fire : prender fuego⟩ ⟨to set fire to : prenderle fuego a⟩ **3** ENTHUSIASM : ardor *m*, entusiasmo *m* **4** SHOOTING : fuego *m*, disparos *mpl* ⟨to open fire : abrir fuego⟩ ⟨to hold one's fire : hacer alto el fuego⟩ ⟨to come under enemy fire : ser sometido al fuego enemigo⟩ **5 to come under fire** : ser blanco de críticas

**firearm** [ˈfaɪrˌɑrm] *n* : arma *f* de fuego

**fireball** [ˈfaɪrˌbɔl] *n* **1** : bola *f* de fuego **2** METEOR : bólido *m*

**firebreak** [ˈfaɪrˌbreɪk] *n* : cortafuegos *m*

**firebug** [ˈfaɪrˌbʌg] *n* : pirómano *m*, -na *f*; incendiario *m*, -ria *f*

**firecracker** [ˈfaɪrˌkrækər] *n* : petardo *m*

**fire door** *n* : puerta *f* cortafuegos

**fire engine** *n* : coche *m* de bomberos, autobomba *f*

**fire escape** *n* : escalera *f* de incendios

**fire exit** *n* : salida *f* de incendios

**fire extinguisher** *n* : extinguidor *m* de incendios

**firefighter** [ˈfaɪrˌfaɪtər] *n* : bombero *m*, -ra *f*

**firefly** [ˈfaɪrˌflaɪ] *n, pl* **-flies** : luciérnaga *f*
**fireman** [ˈfaɪrmən] *n, pl* **-men** [-mən, -ˌmɛn] FIREFIGHTER : bombero *m*
**fireplace** [ˈfaɪrˌpleɪs] *n* : hogar *m*, chimenea *f*
**fireproof**[1] [ˈfaɪrˌpruːf] *vt* : hacer incombustible
**fireproof**[2] *adj* : incombustible, ignífugo
**fireside**[1] [ˈfaɪrˌsaɪd] *adj* : informal ⟨fireside chat : charla informal⟩
**fireside**[2] *n* **1** HEARTH : chimenea *f*, hogar *m* **2** HOME : hogar *m*, casa *f*
**fire station** *n* : estación *f* de bomberos
**fire truck** *n* → **fire engine**
**firewall** [ˈfaɪrˌwɔl] *n* : cortafuegos *m*
**firewood** [ˈfaɪrˌwʊd] *n* : leña *f*
**fireworks** [ˈfaɪrˌwɜrks] *npl* : fuegos *mpl* artificiales, pirotecnia *f*
**firing squad** *n* : pelotón *m* de ejecución
**firm**[1] [ˈfɜrm] *vt or* **to firm up** : endurecer
**firm**[2] *adj* **1** VIGOROUS : fuerte, vigoroso **2** SOLID, UNYIELDING : firme, duro, sólido **3** UNCHANGING : firme, inalterable **4** RESOLUTE : firme, resuelto
**firm**[3] *n* : empresa *f*, firma *f*, compañía *f*
**firmament** [ˈfɜrməmənt] *n* : firmamento *m*
**firmly** [ˈfɜrmli] *adv* : firmemente
**firmness** [ˈfɜrmnəs] *n* : firmeza *f*
**first**[1] [ˈfɜrst] *adv* **1** : primero ⟨finish your homework first : primero termina tu tarea⟩ ⟨first and foremost : ante todo⟩ ⟨first of all : en primer lugar⟩ **2** : por primera vez ⟨I saw it first in Boston : lo vi por primera vez en Boston⟩
**first**[2] *adj & pron* **1** : primero ⟨the first time : la primera vez⟩ ⟨the first of many : el primero de muchos, la primera de muchas⟩ ⟨at first sight : a primera vista⟩ ⟨in the first place : en primer lugar⟩ ⟨the first ten applicants : los diez primeros candidatos⟩ ⟨that's the first I've heard of it! : ¡(es la) primera noticia (que tengo)!, ¡ahora me entero!⟩ **2** FOREMOST : principal, primero ⟨first tenor : tenor principal⟩
**first**[3] *n* **1** : primero *m*, -ra *f* ⟨the first of April : el primero/uno de abril⟩ **2** *or* **first base** : primera base *f* **3** *or* **first gear** : primera *f* **4 at ~** : al principio
**first aid** *n* : primeros auxilios *mpl* ⟨first aid kit : botiquín⟩
**firstborn** *n* : primogénito *m*, -ta *f* — **first-born** *adj*
**first-class**[1] [ˈfɜrstˈklæs] *adv* : en primera ⟨to travel first-class : viajar en primera⟩
**first-class**[2] *adj* : de primera
**first class** *n* : primera clase *f*
**firsthand**[1] [ˈfɜrstˈhænd] *adv* : directamente
**firsthand**[2] *adj* : de primera mano
**first lady** *n* : primera dama *f*
**first lieutenant** *n* : teniente *mf*; teniente primero *m*, teniente primera *f*
**firstly** [ˈfɜrstli] *adv* : primeramente, principalmente, en primer lugar
**first name** *n* : nombre *m* de pila
**first-rate**[1] [ˈfɜrstˈreɪt] *adv* : muy bien
**first-rate**[2] *adj* : de primera, de primera clase
**first sergeant** *n* : sargento *mf*
**firth** [ˈfərθ] *n* : estuario *m*
**fiscal** [ˈfɪskəl] *adj* : fiscal — **fiscally** *adv*
**fish**[1] [ˈfɪʃ] *vi* **1** : pescar **2 to fish for** SEEK : buscar, rebuscar ⟨to fish for compliments : andar a la caza de cumplidos⟩ — *vt* : pescar
**fish**[2] *n, pl* **fish** *or* **fishes** : pez *m* (vivo), pescado *m* (para comer)
**fishbowl** [ˈfɪʃˌboːl] *n* : pecera *f*
**fisherman** [ˈfɪʃərmən] *n, pl* **-men** [-mən, -ˌmɛn] : pescador *m*
**fisherwoman** [ˈfɪʃərˌwʊmən] *n, pl* **-women** [-ˌwɪmən] : pescadora *f*
**fishery** [ˈfɪʃəri] *n, pl* **-eries** **1 → fishing** **2** : zona *f* pesquera, pesquería *f*
**fishhook** [ˈfɪʃˌhʊk] *n* : anzuelo *m*
**fishing** [ˈfɪʃɪŋ] *n* : pesca *f*, industria *f* pesquera
**fishing pole** *or* **fishing rod** *n* : caña *f* de pescar
**fish market** *n* : pescadería *f*
**fish sticks** *npl* : palitos *mpl* de pescado
**fishy** [ˈfɪʃi] *adj* **fishier; -est** **1** : a pescado ⟨a fishy taste : un sabor a pescado⟩ **2** QUESTIONABLE : dudoso, sospechoso ⟨there's something fishy going on : aquí hay gato encerrado⟩
**fission** [ˈfɪʃən, -ʒən] *n* : fisión *f*
**fissure** [ˈfɪʃər] *n* : fisura *f*, hendidura *f*
**fist** [ˈfɪst] *n* : puño *m*
**fist bump** *n* : choque *m* de puños
**fistful** [ˈfɪstˌfʊl] *n* : puñado *m*
**fisticuffs** [ˈfɪstiˌkʌfs] *npl* : lucha *f* a puñetazos
**fist pump** *n* : acto *m* de batir un puño en el aire (para celebrar una victoria, etc.)
**fit**[1] [ˈfɪt] *v* **fitted; fitting** *vt* **1** MATCH : corresponder a, coincidir con ⟨the punishment fits the crime : el castigo corresponde al crimen⟩ **2** : quedar ⟨the dress doesn't fit me : el vestido no me queda⟩ **3** GO : caber, encajar en ⟨her key fits the lock : su llave encaja en la cerradura⟩ **4** INSERT, INSTALL : poner, colocar **5** ADAPT : adecuar, ajustar, adaptar **6** *or* **to fit out** EQUIP : equipar **7 to fit in** : acomodar — *vi* **1** : quedar, entallar ⟨these pants don't fit : estos pantalones no me quedan⟩ **2** CONFORM : encajar, cuadrar **3 to fit in** : encajar, estar integrado **4 to fit in** : adaptarse (dícese de una persona)
**fit**[2] *adj* **fitter; fittest** **1** SUITABLE : adecuado, apropiado, conveniente ⟨do as you see/think fit : haz lo que creas conveniente⟩ ⟨she didn't see fit to mention it : no juzgó necesario mencionarlo⟩ **2** QUALIFIED : calificado, competente **3** HEALTHY : sano, en forma ⟨to get/keep fit : ponerse/mantenerse en forma⟩
**fit**[3] *n* **1** ATTACK : ataque *m*, acceso *m*, arranque *m* **2 to be a good fit** : quedar bien **3 to be a tight fit** : ser muy entallado (de ropa), estar apretado (de espacios)
**fitful** [ˈfɪtfəl] *adj* : irregular, intermitente — **fitfully** *adv*
**fitness** [ˈfɪtnəs] *n* **1** HEALTH : salud *f*, buena forma *f* (física) **2** SUITABILITY : idoneidad *f*

**fitting**[1] [ˈfɪtɪŋ] *adj* : adecuado, apropiado
**fitting**[2] *n* : accesorio *m*
**fitting room** *n* : probador *m*
**five**[1] [ˈfaɪv] *adj* : cinco ⟨the child is five (years old) : el niño tiene cinco años⟩
**five**[2] *n* : cinco *m* ⟨the five of hearts : el cinco de corazones⟩ ⟨it's five (o'clock) : son las cinco⟩
**five**[3] *pron* : cinco ⟨there are five of us : somos cinco⟩
**five hundred**[1] *adj & pron* : quinientos
**five hundred**[2] *n* : quinientos *m*
**fiver** [ˈfaɪvɚ] *n fam* : billete *m* de cinco dólares
**fix**[1] [ˈfɪks] *vt* **1** ATTACH, SECURE : sujetar, asegurar, fijar **2** ESTABLISH, SET : fijar (precios, fechas, etc.), concretar (planes, etc.) **3** : fijar (los ojos, la mirada, etc.) **4** REPAIR : arreglar, reparar **5** SOLVE : resolver, solucionar **6** PREPARE : preparar ⟨to fix dinner : preparar la cena⟩ **7** RIG : arreglar, amañar ⟨to fix a race : arreglar una carrera⟩ **8** ARRANGE : arreglar ⟨to fix one's hair/face : peinarse/maquillarse⟩ ⟨she fixed it so we won't have to pay : lo arregló para que no tengamos que pagar⟩ **9** PUNISH : castigar ⟨I'll fix him! : ¡se las verá conmigo!⟩ **10 to fix oneself up** : arreglarse **11 to fix someone up** : arreglarle una cita a alguien **12 to fix someone up** ⟨I'll fix you up : te lo arreglaré todo⟩ ⟨they fixed us up with a rental car : nos consiguió un auto/carro/coche de alquiler⟩ **13 to fix up** : arreglar (una casa, etc.)
**fix**[2] *n* **1** PREDICAMENT : aprieto *m*, apuro *m* **2** : posición *f* ⟨to get a fix on : establecer la posición de⟩
**fixate** [ˈfɪksˌeɪt] *vi* **-ated; -ating** : obsesionarse
**fixation** [fɪksˈseɪʃən] *n* : fijación *f*, obsesión *f*
**fixed** [ˈfɪkst] *adj* **1** STATIONARY : estacionario, inmóvil **2** UNCHANGING : fijo, inalterable **3** INTENT : fijo ⟨a fixed stare : una mirada fija⟩ **4 to be comfortably fixed** : estar en posición acomodada
**fixedly** [ˈfɪksədli] *adv* : fijamente
**fixedness** [ˈfɪksədnəs, ˈfikst-] *n* : rigidez *f*
**fixture** [ˈfɪkstʃɚ] *n* **1** : parte *f* integrante, elemento *m* fijo **2 fixtures** *npl* : instalaciones *fpl* (de una casa)
**fizz**[1] [ˈfɪz] *vi* : burbujear
**fizz**[2] *n* : efervescencia *f*
**fizzle**[1] [ˈfɪzəl] *vi* **-zled; -zling** **1** FIZZ : burbujear **2** FAIL : fracasar
**fizzle**[2] *n* : fracaso *m*, fiasco *m*
**fizzy** [ˈfɪzi] *adj* **fizzier; -est** : gaseoso, efervescente
**fjord** [fiˈɔrd] *n* : fiordo *m*
**flab** [ˈflæb] *n* : gordura *f*
**flabbergast** [ˈflæbɚˌgæst] *vt* : asombrar, pasmar, dejar atónito
**flabby** [ˈflæbi] *adj* **flabbier; -est** : blando, fofo, aguado *CA, Col, Mex*
**flaccid** [ˈflæksəd, ˈflæsəd] *adj* : fláccido
**flag**[1] [ˈflæg] *vi* **flagged; flagging** **1** : hacer señales con banderas **2** WEAKEN : flaquear, desfallecer
**flag**[2] *n* : bandera *f*, pabellón *m*, estandarte *m*
**flagon** [ˈflægən] *n* : jarra *f* grande
**flagpole** [ˈflægˌpoːl] *n* : asta *f*, mástil *m*
**flagrant** [ˈfleɪgrənt] *adj* : flagrante — **flagrantly** *adv*
**flagship** [ˈflægˌʃɪp] *n* : buque *m* insignia
**flagstaff** [ˈflægˌstæf] → **flagpole**
**flagstone** [ˈflægˌstoːn] *n* : losa *f*, piedra *f*
**flail** [ˈfleɪl] *vt* **1** : trillar (grano) **2** : sacudir, agitar (los brazos)
**flair** [ˈflæɚ] *n* : don *m*, facilidad *f*
**flak** [ˈflæk] *ns & pl* **1** : fuego *m* antiaéreo **2** CRITICISM : críticas *fpl*
**flake**[1] [ˈfleɪk] *vi* **flaked; flaking** : desmenuzarse, pelarse (dícese de la piel)
**flake**[2] *n* : copo *m* (de nieve), escama *f* (de la piel), astilla *f* (de madera)
**flamboyance** [flæmˈbɔɪənts] *n* : extravagancia *f*
**flamboyant** [flæmˈbɔɪənt] *adj* : exuberante, extravagante, rimbombante
**flame**[1] [ˈfleɪm] *vi* **flamed; flaming** **1** BLAZE : arder, llamear **2** GLOW : brillar, encenderse
**flame**[2] *n* BLAZE : llama *f* ⟨to burst into flames : estallar en llamas⟩ ⟨to go up in flame : incendiarse⟩
**flamenco** [fləˈmɛŋko] *n* : flamenco *m* (música o baile) — **flamenco** *adj*
**flamethrower** [ˈfleɪmˌθroːɚ] *n* : lanzallamas *m*
**flamingo** [fləˈmɪŋgo] *n, pl* **-gos** : flamenco *m*
**flammable** [ˈflæməbəl] *adj* : inflamable, flamable
**flan** [ˈflæn, ˈflɑn] *n* : flan *m*
**flange** [ˈflænʤ] *n* : reborde *m*, pestaña *f*
**flank**[1] [ˈflæŋk] *vt* **1** : flanquear (para defender o atacar) **2** BORDER, LINE : bordear
**flank**[2] *n* : ijada *f* (de un animal), costado *m* (de una persona), falda *f* (de una colina), flanco *m* (de un cuerpo de soldados)
**flannel** [ˈflænəl] *n* : franela *f*
**flap**[1] [ˈflæp] *v* **flapped; flapping** *vi* **1** : aletear ⟨the bird was flapping (its wings) : el pájaro aleteaba⟩ **2** FLUTTER : ondear, agitarse — *vt* : batir, agitar
**flap**[2] *n* **1** FLAPPING : aleteo *m* **2** : soplada *f* (de un sobre), hoja *f* (de una mesa), faldón *m* (de una chaqueta)
**flapjack** [ˈflæpˌʤæk] → **pancake**
**flare**[1] [ˈflæɚ] *vi* **flared; flaring** **1** FLAME, SHINE : llamear, brillar **2** *or* **to flare up** : estallar, explotar (de cólera) ⟨tempers flared : se encendieron los ánimos⟩ **3 to flare up** : recrudecerse (dícese de una enfermedad)
**flare**[2] *n* **1** FLASH : destello *m* **2** SIGNAL : (luz *f* de) bengala *f* **3 solar flare** : erupción *f* solar
**flare–up** [ˈflæɚˌʌp] *n* **1** : llamarada *f* **2** OUTBREAK : estallido *m*, brote *m* **3** : empeoramiento *m* (de una enfermedad)
**flash**[1] [ˈflæʃ] *vi* **1** SHINE, SPARKLE : destellar, brillar, relampaguear **2** : pasar como un relámpago ⟨an idea

flashed through my mind : una idea me cruzó la mente como un relámpago〉 — *vt* : despedir, lanzar (una luz), transmitir (un mensaje)

**flash**[2] *adj* SUDDEN : repentino

**flash**[3] *n* **1** : destello *m* (de luz), fogonazo *m* (de una explosión) **2 flash of lightning** : relámpago *m* **3 in a flash** : de repente, de un abrir y cerrar los ojos

**flashback** [ˈflæʃˌbæk] *n* : flashback *m*

**flash drive** *n* : unidad *f* (de memoria) flash

**flashiness** [ˈflæʃinəs] *n* : ostentación *f*

**flashlight** [ˈflæʃˌlaɪt] *n* : linterna *f*

**flash memory** *n* : memoria *f* flash

**flashy** [ˈflæʃi] *adj* **flashier; -est** : llamativo, ostentoso

**flask** [ˈflæsk] *n* : frasco *m*

**flat**[1] [ˈflæt] *vt* **flatted; flatting** **1** FLATTEN : aplanar, achatar **2** : bajar de tono (en música)

**flat**[2] *adv* **1** EXACTLY : exactamente 〈in ten minutes flat : en diez minutos exactos〉 **2** : desafinado, demasiado bajo (en la música) 〈to sing flat : cantar desafinado〉 **3** HORIZONTALLY 〈she fell flat on her back/face : cayó de espaldas/bruces〉 〈lay the map flat on the desk : extiende el mapa sobre el escritorio〉 **4** COMPLETELY : completamente 〈I'm flat broke : estoy pelado〉

**flat**[3] *adj* **flatter; flattest** **1** EVEN, LEVEL : plano, llano **2** SMOOTH : liso **3** LOW : bajo (dícese de los zapatos, etc.) **4** SPREAD : tendido (dícese de una persona), extendido (dícese de una cosa) **5** DEFINITE : categórico, rotundo, explícito 〈a flat refusal : una negativa categórica〉 **6** : plano 〈flat rate : tarifa plana〉 **7** DULL : aburrido, soso, monótono (dícese de la voz) **8** DEFLATED : desinflado, pinchado, ponchado *Mex* **9** : bemol (en música) **10** : sin efervescencia **11** MATTE : mate

**flat**[4] *n* **1** PLAIN : llano *m*, terreno *m* llano **2** : bemol *m* (en la música) **3** APARTMENT : apartamento *m*, departamento *m* **4** *or* **flat tire** : pinchazo *m*, ponchadura *f Mex* **5 flats** *npl* : zapatos *mpl* bajos

**flatbed** [ˈflætˌbɛd] *n* : camión *m* de plataforma

**flatcar** [ˈflætˌkɑr] *n* : vagón *m* abierto

**flatfish** [ˈflætˌfɪʃ] *n* : platija *f*

**flat-footed** [ˈflætˌfʊtəd, ˌflætˈ-] *adj* : de pies planos

**flatly** [ˈflætli] *adv* DEFINITELY : categóricamente, rotundamente

**flatness** [ˈflætnəs] *n* **1** EVENNESS : lo llano, lisura *f*, uniformidad *f* **2** DULLNESS : monotonía *f*

**flat-out** [ˈflætˈaʊt] *adj* **1** : frenético, a toda máquina 〈a flat-out effort : un esfuerzo frenético〉 **2** CATEGORICAL : descarado, rotundo, categórico

**flatten** [ˈflætən] *vt* : aplanar, achatar

**flatter** [ˈflætər] *vt* **1** OVERPRAISE : adular **2** COMPLIMENT : halagar **3** : favorecer 〈the photo flatters you : la foto te favorece〉

**flatterer** [ˈflætərər] *n* : adulador *m*, -dora *f*

**flattering** [ˈflætərɪŋ] *adj* **1** COMPLIMENTARY : halagador **2** BECOMING : favorecedor

**flattery** [ˈflætəri] *n, pl* **-ries** : halagos *mpl*

**flatulence** [ˈflætʃələnts] *n* : flatulencia *f*, ventosidad *f*

**flatulent** [ˈflætʃələnt] *adj* : flatulento

**flatware** [ˈflætˌwɛr] *n* : cubertería *f*, cubiertos *mpl*

**flaunt**[1] [ˈflɔnt] *vt* : alardear, hacer alarde de

**flaunt**[2] *n* : alarde *m*, ostentación *f*

**flavor**[1] [ˈfleɪvər] *vt* : dar sabor a, sazonar

**flavor**[2] *n* **1** : gusto *m*, sabor *m* **2** → **flavoring**

**flavored** [ˈfleɪvərd] *adj* : con sabor

**flavorful** [ˈfleɪvərfəl] *adj* : sabroso

**flavoring** [ˈfleɪvərɪŋ] *n* : condimento *m*, sazón *f* 〈artificial flavoring : saborizante artificial〉

**flavorless** [ˈfleɪvərləs] *adj* : sin sabor

**flaw** [ˈflɔ] *n* : falla *f*, defecto *m*, imperfección *f*

**flawed** [ˈflɔd] *adj* : imperfecto, con defectos

**flawless** [ˈflɔləs] *adj* : impecable, perfecto — **flawlessly** *adv*

**flax** [ˈflæks] *n* : lino *m*

**flaxen** [ˈflæksən] *adj* : rubio, blondo (dícese del pelo)

**flay** [ˈfleɪ] *vt* **1** SKIN : desollar, despellejar **2** VILIFY : criticar con dureza, vilipendiar

**flea** [ˈfli:] *n* : pulga *f*

**flea market** *n* : mercado *m* de pulgas, tianguis *m Mex*, mercadillo *m Spain*

**fleck**[1] [ˈflɛk] *vt* : salpicar

**fleck**[2] *n* : mota *f*, pinta *f*

**fledgling** [ˈflɛdʒlɪŋ] *n* : polluelo *m*, pollito *m*

**flee** [ˈfli:] *v* **fled** [ˈflɛd]; **fleeing** *vi* : huir, escapar(se) — *vt* : huir de

**fleece**[1] [ˈfli:s] *vt* **fleeced; fleecing** **1** SHEAR : esquilar, trasquilar **2** SWINDLE : estafar, defraudar

**fleece**[2] *n* : lana *f*, vellón *m*

**fleet**[1] [ˈfli:t] *vi* : moverse con rapidez

**fleet**[2] *adj* SWIFT : rápido, veloz

**fleet**[3] *n* : flota *f*

**fleet admiral** *n* : almirante *mf*

**fleeting** [ˈfli:tɪŋ] *adj* : fugaz, breve

**Fleming** [ˈflɛmɪŋ] *n* : flamenco *m*, -ca *f*

**Flemish** [ˈflɛmɪʃ] *n* **1 the Flemish** (*used with a plural verb*) : los flamencos *mpl* — **2** : flamenco *m* (idioma) — **Flemish** *adj*

**flesh** [ˈflɛʃ] *n* **1** : carne *f* (de seres humanos y animales) **2** : pulpa *f* (de frutas)

**flesh out** *vt* : desarrollar, darle cuerpo a

**fleshy** [ˈflɛʃi] *adj* **fleshier; -est** : gordo (dícese de las personas), carnoso (dícese de la fruta)

**flew** → **fly**

**flex** [ˈflɛks] *vt* : doblar, flexionar

**flexibility** [ˌflɛksəˈbɪləti] *n, pl* **-ties** : flexibilidad *f*, elasticidad *f*

**flexible** [ˈflɛksəbəl] *adj* : flexible — **flexibly** [-bli] *adv*

**flextime** [ˈflɛksˌtaɪm] *n* : horario *m* flexible

**flick**[1] [ˈflɪk] *vt* : dar un capirotazo a (con el

dedo) ⟨to flick a switch : darle al interruptor⟩ — *vi* **1** FLIT : revolotear **2 to flick through** : hojear (un libro)

**flick**[2] *n* : coletazo *m* (de una cola), capirotazo *m* (de un dedo)

**flicker**[1] [ˈflɪkər] *vi* **1** FLUTTER : revolotear, aletear **2** BLINK, TWINKLE : parpadear, titilar

**flicker**[2] *n* **1** : parpadeo *m*, titileo *m* **2** HINT, TRACE : indicio *m*, rastro *m* ⟨a flicker of hope : un rayo de esperanza⟩

**flier** [ˈflaɪər] *n* **1** AVIATOR : aviador *m*, -dora *f* **2** CIRCULAR : folleto *m* publicitario, circular *f*

**flight** [ˈflaɪt] *n* **1** : vuelo *m* (de aves o aviones), trayectoria *f* (de proyectiles) **2** TRIP : vuelo *m* **3** FLOCK, SQUADRON : bandada *f* (de pájaros), escuadrilla *f* (de aviones) **4** ESCAPE : huida *f*, fuga *f* **5 flight of fancy** : ilusiones *fpl*, fantasía *f* **6 flight of stairs** : tramo *m*

**flight attendant** *n* : auxiliar *mf* de vuelo

**flightless** [ˈflaɪtləs] *adj* : no volador

**flighty** [ˈflaɪṭi] *adj* **flightier; -est** : caprichoso, frívolo

**flimsy** [flɪmzi] *adj* **flimsier; -est 1** LIGHT, THIN : ligero, fino **2** WEAK : endeble, poco sólido **3** IMPLAUSIBLE : pobre, flojo, poco convincente ⟨a flimsy excuse : una excusa floja⟩

**flinch** [ˈflɪnʧ] *vi* **1** WINCE : estremecerse **2** RECOIL : recular, retroceder

**fling**[1] [ˈflɪŋ] *vt* **flung** [ˈflʌŋ]; **flinging 1** THROW : lanzar, tirar, arrojar **2 to fling oneself** : lanzarse, tirarse, precipitarse

**fling**[2] *n* **1** THROW : lanzamiento *m* **2** ATTEMPT : intento *m* **3** AFFAIR : aventura *f* **4** BINGE : juerga *f*

**flint** [ˈflɪnt] *n* : pedernal *m*

**flinty** [ˈflɪnti] *adj* **flintier; -est 1** : de pedernal **2** STERN, UNYIELDING : severo, inflexible

**flip**[1] [ˈflɪp] *v* **flipped; flipping** *vt* **1** TOSS : tirar ⟨to flip a coin : echar a cara o cruz⟩ **2** OVERTURN : dar la vuelta a, voltear — *vi* **1** : moverse bruscamente **2 to flip through** : hojear (un libro)

**flip**[2] *adj* : insolente, descarado

**flip**[3] *n* **1** FLICK : capirotazo *m*, golpe *m* ligero **2** SOMERSAULT : voltereta *f*

**flip–flop** [ˈflɪpˌflɑp] *n* **1** REVERSAL : giro *m* radical **2** THONG : chancla *f*, chancleta *f*

**flippancy** [ˈflɪpənʧsi] *n, pl* **-cies** : ligereza *f*, falta *f* de seriedad

**flippant** [ˈflɪpənt] *adj* : ligero, frívolo, poco serio

**flipper** [ˈflɪpər] *n* : aleta *f*

**flirt**[1] [ˈflərt] *vi* **1** : coquetear, flirtear **2** TRIFLE : jugar ⟨to flirt with death : jugar con la muerte⟩

**flirt**[2] *n* : coqueto *m*, -ta *f*

**flirtation** [ˌflərˈteɪʃən] *n* : devaneo *m*, coqueteo *m*

**flirtatious** [ˌflərˈteɪʃəs] *adj* : insinuante, coqueto

**flit** [ˈflɪt] *vi* **flitted; flitting 1** : revolotear **2 to flit about** : ir y venir rápidamente

**float**[1] [ˈflo:t] *vi* **1** : flotar **2** WANDER : vagar, errar — *vt* **1** : poner a flote, hacer flotar (un barco) **2** LAUNCH : hacer flotar (una empresa) **3** ISSUE : emitir (acciones en la bolsa)

**float**[2] *n* **1** : flotador *m*, corcho *m* (para pescar) **2** BUOY : boya *f* **3** : carroza *f* (en un desfile)

**floating** [ˈflo:ṭɪŋ] *adj* : flotante

**flock**[1] [ˈflɑk] *vi* **1** : moverse en rebaño **2** CONGREGATE : congregarse, reunirse

**flock**[2] *n* : rebaño *m* (de ovejas), bandada *f* (de pájaros)

**floe** [ˈflo:] *n* : témpano *m* de hielo

**flog** [ˈflɑg] *vt* **flogged; flogging** : azotar, fustigar

**flood**[1] [ˈflʌd] *vt* : inundar, anegar

**flood**[2] *n* **1** INUNDATION : inundación *f* **2** TORRENT : avalancha *f*, diluvio *m*, torrente *m* ⟨a flood of tears : un mar de lágrimas⟩

**floodgate** [ˈflʌdˌgeɪt] *n* : compuerta *f*, esclusa *f* ⟨to open the floodgates for/to : abrirle las puertas a, desatar una ola de⟩

**flooding** [ˈflʌdɪŋ] *n* : inundación *f*

**floodlight** [ˈflʌdˌlaɪt] *n* : foco *m*

**floodwater** [ˈflʌdˌwɔṭər] *n* : crecida *f*, creciente *f*

**floor**[1] [ˈflor] *vt* **1** : solar, poner suelo a (una casa o una sala) **2** KNOCK DOWN : derribar, echar al suelo **3** NONPLUS : desconcertar, confundir, dejar perplejo

**floor**[2] *n* **1** : suelo *m*, piso *m* ⟨dance floor : pista de baile⟩ **2** STORY : piso *m*, planta *f* ⟨ground floor : planta baja⟩ ⟨second floor : primer piso⟩ **3** : mínimo *m* (de sueldos, precios, etc.)

**floorboard** [ˈflorˌbɔrd] *n* : tabla *f* del suelo, suelo *m*, piso *m*

**flooring** [ˈflorɪŋ] *n* : entarimado *m*

**floor show** *n* : espectáculo *m* (en un cabaret, etc.)

**floor tile** → **tile**[2]

**flop**[1] [ˈflɑp] *vi* **flopped; flopping 1** FLAP : golpearse, agitarse **2** COLLAPSE : dejarse caer, desplomarse **3** FAIL : fracasar

**flop**[2] *n* **1** FAILURE : fracaso *m* **2 to take a flop** : caerse

**floppy** [ˈflɑpi] *adj* **floppier; -est 1** : blando, flexible **2 floppy disk** : diskette *m*, disquete *m*

**flora** [ˈflorə] *n* : flora *f*

**floral** [ˈflorəl] *adj* : floral, floreado

**florid** [ˈflorɪd] *adj* **1** FLOWERY : florido **2** REDDISH : rojizo

**florist** [ˈflorɪst] *n* : florista *mf*

**floss**[1] [ˈflɔs] *vi* : limpiarse los dientes con hilo dental

**floss**[2] *n* **1** : hilo *m* de seda (de bordar) **2** → **dental floss**

**flotation** [floˈteɪʃən] *n* : flotación *f*

**flotilla** [floˈtɪlə] *n* : flotilla *f*

**flotsam** [ˈflɑtsəm] *n* **1** : restos *mpl* flotantes (en el mar) **2 flotsam and jetsam** : desechos *mpl*, restos *mpl*

**flounce**[1] [ˈflaʊnʧ] *vi* **flounced; flouncing** : moverse haciendo aspavientos ⟨she flounced into the room : entró en la sala haciendo aspavientos⟩

**flounce**[2] *n* **1** RUFFLE : volante *m* **2** FLOURISH : aspaviento *m*

**flounder**[1] [ˈflaʊndər] *vi* **1** STRUGGLE : forcejear **2** STUMBLE : no saber qué hacer o decir, perder el hilo (en un discurso)

**flounder**[2] *n, pl* **flounder** *or* **flounders** : platija *f*

**flour**[1] [ˈflaʊər] *vt* : enharinar

**flour**[2] *n* : harina *f*

**flourish**[1] [ˈflərɪʃ] *vi* THRIVE : florecer, prosperar, crecer (dícese de las plantas) — *vt* BRANDISH : blandir

**flourish**[2] *n* : floritura *f*, floreo *m*

**flourishing** [ˈflərɪʃɪŋ] *adj* : floreciente, próspero

**flout** [ˈflaʊt] *vt* : desobedecer (una regla, etc.) descaradamente

**flow**[1] [ˈflo:] *vi* **1** COURSE : fluir, manar, correr **2** CIRCULATE : circular, correr ⟨traffic is flowing smoothly : el tránsito está circulando con fluidez⟩

**flow**[2] *n* **1** FLOWING : flujo *m*, circulación *f* **2** STREAM : corriente *f*, chorro *m*

**flow chart** *n* : diagrama *m*, organigrama *m*

**flower**[1] [ˈflaʊər] *vi* : florecer, florear

**flower**[2] *n* : flor *f*

**flowerbed** [ˈflaʊərˌbɛd] *n* : arriate *m Mex, Spain*; cantero *m*

**flowered** [ˈflaʊərd] *adj* : florido, floreado

**floweriness** [ˈflaʊərinəs] *n* : floritura *f*

**flowering**[1] [ˈflaʊərɪŋ] *adj* : floreciente

**flowering**[2] *n* : floración *f*, florecimiento *m*

**flowerpot** [ˈflaʊərˌpɑt] *n* : maceta *f*, tiesto *m*, macetero *m*

**flowery** [ˈflaʊəri] *adj* **1** : florido **2** FLOWERED : floreado, de flores

**flowing** [ˈflo:ɪŋ] *adj* : fluido, corriente

**flown** → **fly**

**flu** [ˈflu:] *n* : gripe *f*, gripa *f Col, Mex*

**fluctuate** [ˈflʌktʃʊˌeɪt] *vi* **-ated; -ating** : fluctuar

**fluctuation** [ˌflʌktʃʊˈeɪʃən] *n* : fluctuación *f*

**flue** [ˈflu:] *n* : tiro *m*, salida *f* de humos

**fluency** [ˈflu:ənʧsi] *n* : fluidez *f*, soltura *f*

**fluent** [ˈflu:ənt] *adj* : fluido

**fluently** [ˈflu:əntli] *adv* : con soltura, con fluidez

**fluff**[1] [ˈflʌf] *vt* **1** : ahuecar (una almohada, etc.) **2** BUNGLE : echar a perder, equivocarse

**fluff**[2] *n* **1** FUZZ : pelusa *f* **2** DOWN : plumón *m*

**fluffy** [ˈflʌfi] *adj* **fluffier; -est** **1** DOWNY : lleno de pelusa, velloso **2** SPONGY : esponjoso

**fluid**[1] [ˈflu:ɪd] *adj* : fluido

**fluid**[2] *n* : fluido *m*, líquido *m*

**fluidity** [flu'ɪdəti] *n* : fluidez *f*

**fluid ounce** *n* : onza *f* líquida (29.57 mililitros)

**fluke** [ˈflu:k] *n* : golpe *m* de suerte, chiripa *f*, casualidad *f*

**flummox** [ˈflʌməks] *vt* CONFUSE : desconcertar

**flung** → **fling**

**flunk** [ˈflʌŋk] *vt* FAIL : reprobar — *vi* : salir reprobando

**fluorescence** [ˌflʊrˈɛsənts, ˌflɔr-] *n* : fluorescencia — **fluorescent** [ˌflʊrˈɛsənt, ˌflɔr-] *adj* ⟨fluorescent light : (luz) fluorescente⟩

**fluoride** [ˈflɔrˌaɪd, ˈflʊr-] *n* : fluoruro *m*

**fluorine** [ˈflʊrˌi:n] *n* : flúor *m*

**flurry** [ˈfləri] *n, pl* **-ries** **1** GUST : ráfaga *f* **2** SNOWFALL : nevisca *f* **3** BUSTLE : frenesí *m*, bullicio *m* **4** BARRAGE : aluvión *m*, oleada *f* ⟨a flurry of questions : un aluvión de preguntas⟩

**flush**[1] [ˈflʌʃ] *vt* **1** : limpiar con agua ⟨to flush the toilet : jalar la cadena⟩ **2** RAISE : hacer salir, levantar (en la caza) — *vi* BLUSH : ruborizarse, sonrojarse

**flush**[2] *adv* : al mismo nivel, a ras

**flush**[3] *adj* **1** *or* **flushed** [ˈflʌʃt] : colorado, rojo, encendido (dícese de la cara) **2** FILLED : lleno a rebosar **3** ABUNDANT : copioso, abundante **4** AFFLUENT : adinerado **5** ALIGNED, SMOOTH : alineado, liso **6 flush against** : pegado a, contra

**flush**[4] *n* **1** FLOW, JET : chorro *m*, flujo *m* rápido **2** SURGE : arrebato *m*, arranque *m* ⟨a flush of anger : un arrebato de cólera⟩ **3** BLUSH : rubor *m*, sonrojo *m* **4** GLOW : resplandor *m*, flor *f* ⟨the flush of youth : la flor de la juventud⟩ ⟨in the flush of victory : en la euforia del triunfo⟩

**fluster**[1] [ˈflʌstər] *vt* : poner nervioso, aturdir

**fluster**[2] *n* : agitación *f*, confusión *f*

**flute** [ˈflu:t] *n* : flauta *f*

**fluted** [ˈflu:ʧəd] *adj* **1** GROOVED : acanalado **2** WAVY : ondulado

**fluting** [ˈflu:ʧɪŋ] *n* : estrías *fpl*

**flutist** [ˈflu:ʧɪst] *n* : flautista *mf*

**flutter**[1] [ˈflʌʧər] *vi* **1** : revolotear (dícese de un pájaro), ondear (dícese de una bandera), palpitar con fuerza (dícese del corazón) **2 to flutter about** : ir y venir, revolotear — *vt* : sacudir, batir

**flutter**[2] *n* **1** FLUTTERING : revoloteo *m*, aleteo *m* **2** COMMOTION, STIR : revuelo *m*, agitación *f*

**flux** [ˈflʌks] *n* **1** : flujo *m* (en física y medicina) **2** CHANGE : cambio *m* ⟨to be in a state of flux : estar cambiando continuamente⟩

**fly**[1] [ˈflaɪ] *v* **flew** [ˈflu:]; **flown** [ˈflo:n]; **flying** *vi* **1** : volar ⟨the birds flew off/away : los pájaros se echaron a volar⟩ **2** TRAVEL : volar ⟨we flew to Europe : volamos a Europa, fuimos en avión a Europa⟩ **3** SOAR, SAIL : volar ⟨he tripped and went flying : se tropezó y salió volando⟩ ⟨clouds flew across the sky : las nubes pasaban rápido por el cielo⟩ ⟨bullets were flying in all directions : las balas silbaban en todas direcciones⟩ **4** : ondear (dícese de una bandera, etc.) **5** FLEE : huir, escapar **6** RUSH : correr, irse volando **7** : correr (dícese de rumores), lanzarse (dícese de insultos) **8** PASS : pasar (volando) ⟨how time flies! : ¡cómo pasa el tiempo!⟩ ⟨our vacation flew by : las vacaciones se nos pasaron volando⟩ **9 to fly open** : abrir de golpe

— *vt* **1** : pilotar (un avión), hacer volar (una cometa) **2** : transportar, llevar (en avión)

**fly²** *n, pl* **flies** **1** : mosca *f* ⟨to drop like flies : caer como moscas⟩ **2** : bragueta *f* (de pantalones, etc.)

**flyer** → **flier**

**flying saucer** *n* : platillo *m* volador

**flypaper** [ˈflaɪˌpeɪpər] *n* : papel *m* matamoscas

**flyswatter** [ˈflaɪˌswɑtər] *n* : matamoscas *m*

**flywheel** [ˈflaɪˌhwiːl] *n* : volante *m*

**foal¹** [ˈfoːl] *vi* : parir

**foal²** *n* : potro *m*, -tra *f*

**foam¹** [ˈfoːm] *vi* : hacer espuma

**foam²** *n* : espuma *f*

**foam rubber** *n* : goma *f* espuma, hule *m* espuma *Mex*

**foamy** [ˈfoːmi] *adj* **foamier; -est** : espumoso

**focal** [ˈfoːkəl] *adj* **1** : focal, central **2 focal point** : foco *m*, punto *m* de referencia

**fo'c'sle** [ˈfoːksəl] → **forecastle**

**focus¹** [ˈfoːkəs] *v* **-cused** *or* **-cussed; -cusing** *or* **-cussing** *vt* **1** : enfocar (un instrumento) **2** CONCENTRATE : concentrar, centrar — *vi* : enfocar, fijar la vista

**focus²** *n, pl* **-ci** [ˈfoːˌsaɪ, -ˌkaɪ] **1** : foco *m* ⟨to be in focus : estar enfocado⟩ **2** FOCUSING : enfoque *m* **3** CENTER : centro *m*, foco *m*

**fodder** [ˈfɑdər] *n* : pienso *m*, forraje *m*

**foe** [ˈfoː] *n* : enemigo *m*, -ga *f*

**fog¹** [ˈfɔg, ˈfɑg] *v* **fogged; fogging** *vt* : empañar — *vi* **to fog up** : empañarse

**fog²** *n* : niebla *f*, neblina *f*

**foggy** [ˈfɔgi, ˈfɑ-] *adj* **foggier; -est** : nebuloso, brumoso

**foghorn** [ˈfɔgˌhɔrn, ˈfɑg-] *n* : sirena *f* de niebla

**fogy** [ˈfoːgi] *n, pl* **-gies** : carca *mf fam*, persona *f* chapada a la antigua

**foible** [ˈfɔɪbəl] *n* : flaqueza *f*, debilidad *f*

**foil¹** [ˈfɔɪl] *vt* : frustrar, hacer fracasar

**foil²** *n* **1** : lámina *f* de metal, papel *m* de aluminio **2** CONTRAST : contraste *m*, complemento *m* **3** SWORD : florete *m* (en esgrima)

**foist** [ˈfɔɪst] *vt* : encajar, endilgar *fam*, colocar

**fold¹** [ˈfoːld] *vt* **1** BEND : doblar, plegar **2** CLASP : cruzar (brazos), enlazar (manos), plegar (alas) **3** EMBRACE : estrechar, abrazar **4 to fold in** : incorporar ⟨fold in the cream : incorpore la crema⟩ **5 to fold up** : doblar, plegar — *vi* **1** FAIL : fracasar, venirse abajo **2 to fold up** : doblarse, plegarse

**fold²** *n* **1** SHEEPFOLD : redil *m* (para ovejas) **2** FLOCK : rebaño *m* ⟨to return to the fold : volver al redil⟩ **3** CREASE : pliegue *m*, doblez *m*

**-fold** [ˌfoːld] *suf* **1** : (multiplicado) por ⟨to increase fourfold : multiplicarse por cuatro, cuadruplicarse⟩ ⟨there's been a tenfold increase in thefts : el número de robos se ha multiplicado por diez⟩ **2** (*indicating a number of parts*) ⟨a threefold problem : un problema que tiene tres aspectos⟩

**folder** [ˈfoːldər] *n* **1** CIRCULAR : circular *f*, folleto *m* **2** BINDER : carpeta *f* **3** : carpeta *f*, directorio *m* (en informática)

**foliage** [ˈfoːliɪʤ, -liʤ] *n* : follaje *m*

**folio** [ˈfoːliˌoː] *n, pl* **-lios** : folio *m*

**folk¹** [ˈfoːk] *adj* : popular, folklórico ⟨folk customs : costumbres populares⟩ ⟨folk dance : danza folklórica⟩ ⟨folk music : (música) folk⟩

**folk²** *n, pl* **folk** *or* **folks** **1** PEOPLE : gente *f* **2** : folk *m*, música *f* folk **3 folks** *npl* : familia *f*, padres *mpl*

**folklore** [ˈfoːkˌlor] *n* : folklore *m*

**folksy** [ˈfoːksi] *adj* **folksier; -est** : campechano

**follicle** [ˈfɑlɪkəl] *n* : folículo *m*

**follow** [ˈfɑlo] *vt* **1** : seguir (un camino, a una persona, etc.) **2** PURSUE : seguir, perseguir **3** : venir después de, seguir a (en una serie, etc.) **4** OBEY : seguir (instrucciones, etc.), cumplir (la ley, etc.) **5** MONITOR : seguir **6** UNDERSTAND : entender ⟨I don't follow you : no (te) entiendo⟩ **7 to follow suit** : hacer lo mismo **8 to follow up** : darle seguimiento a (un caso, etc.), seguir (una pista) — *vi* **1** : seguir **2** UNDERSTAND : entender **3 as follows** ⟨it reads as follows . . . : dice lo siguiente . . . , dice así . . .⟩ **4 it follows that . . .** : se deduce que . . . **5 to follow through** : continuar con algo **6 to follow through on/with** : continuar con (un plan, etc.), cumplir (una promesa, etc.) **7 to follow up** : dar seguimiento ⟨to follow up (on) a lead : seguir una pista⟩ ⟨he followed up with us later : nos contactó después⟩ ⟨she followed up with another best seller : después sacó otro best-seller⟩

**follower** [ˈfɑloər] *n* : seguidor *m*, -dora *f*

**following¹** [ˈfɑloɪŋ] *adj* NEXT : siguiente

**following²** *n* FOLLOWERS : seguidores *mpl*

**following³** *prep* AFTER : después de

**follow–up** [ˈfɑloˌʌp] *n* : continuación *f*, seguimiento *m*

**folly** [ˈfɑli] *n, pl* **-lies** : locura *f*, desatino *m*

**foment** [foˈmɛnt] *vt* : fomentar

**fond** [ˈfɑnd] *adj* **1** LOVING : cariñoso, tierno **2** PARTIAL : aficionado **3** FERVENT : ferviente, fervoroso

**fondle** [ˈfɑndəl] *vt* **-dled; -dling** : acariciar

**fondly** [ˈfɑndli] *adv* : cariñosamente, afectuosamente

**fondness** [ˈfɑndnəs] *n* **1** LOVE : cariño *m* **2** LIKING : afición *f*

**fondue** [fɑnˈduː, -ˈdjuː] *n* : fondue *f*

**font** [ˈfɑnt] *n* **1** *or* **baptismal font** : pila *f* bautismal **2** FOUNTAIN : fuente *f*

**food** [ˈfuːd] *n* : comida *f*, alimento *m*

**food chain** *n* : cadena *f* alimenticia

**food poisoning** *n* : intoxicación *f* alimenticia

**food processor** *n* : robot *m* de cocina

**foodstuff** [ˈfuːdˌstʌf] *n* : comestible *m*, producto *m* alimenticio

**fool¹** [ˈfuːl] *vi* **1** JOKE : bromear, hacer el tonto ⟨I was only fooling : sólo estaba bromeando⟩ **2** *or* **to fool around** TOY

: jugar, juguetear ⟨don't fool (around) with the computer : no juegues con la computadora⟩ **3 to fool around** : perder el tiempo ⟨he fools around instead of working : pierde el tiempo en vez de trabajar⟩ **4 to fool around** : tener líos (amorosos) — *vt* DECEIVE : engañar, burlar ⟨he had me fooled : me tenía convencido⟩ ⟨he fooled me into thinking that . . . : me hizo creer que . . .⟩ ⟨stop fooling yourself! : ¡desengáñate!⟩

**fool**[2] *n* **1** IDIOT : idiota *mf*; tonto *m*, -ta *f*; bobo *m*, -ba *f* **2** JESTER : bufón *m*, -fona *f* **3 to make a fool of** : poner/dejar en ridículo, hacer quedar en ridículo ⟨to make a fool of oneself : hacer el ridículo, quedar en ridículo⟩

**foolhardiness** [ˈfuːlˌhɑrdinəs] *n* : imprudencia *f*

**foolhardy** [ˈfuːlˌhɑrdi] *adj* RASH : imprudente, temerario, precipitado

**foolish** [ˈfuːlɪʃ] *adj* **1** STUPID : insensato, estúpido **2** SILLY : idiota, tonto

**foolishly** [ˈfuːlɪʃli] *adv* : tontamente

**foolishness** [ˈfuːlɪʃnəs] *n* : insensatez *f*, estupidez *f*, tontería *f*

**foolproof** [ˈfuːlˌpruːf] *adj* : infalible

**foot** [ˈfʊt] *n, pl* **feet** [ˈfiːt] **1** : pie *m* ⟨to go on foot : ir a pie⟩ ⟨to be on one's feet : estar de pie⟩ **2 to get/start off on the wrong foot** : empezar con mal pie **3 to put one's best foot forward** : tratar de dejar una buena impresión **4 to put one's foot down** : no ceder **5 to put one's foot in one's mouth** : meter la pata **6 to stand on one's own two feet** : valerse por sí mismo **7 to think on one's feet** : pensar con rapidez

**footage** [ˈfʊtɪʤ] *n* : medida *f* en pies, metraje *m* (en el cine)

**football** [ˈfʊtˌbɔl] *n* : futbol *m* americano, fútbol *m* americano

**footbridge** [ˈfʊtˌbrɪʤ] *n* : pasarela *f*, puente *m* peatonal

**foothills** [ˈfʊtˌhɪlz] *npl* : estribaciones *fpl*

**foothold** [ˈfʊtˌhoːld] *n* **1** : punto *m* de apoyo **2 to gain a foothold** : afianzarse en una posición

**footing** [ˈfʊtɪŋ] *n* **1** BALANCE : equilibrio *m* **2** FOOTHOLD : punto *m* de apoyo **3** BASIS : base *f* ⟨on an equal footing : en igualdad⟩

**footlights** [ˈfʊtˌlaɪts] *npl* : candilejas *fpl*

**footlocker** [ˈfʊtˌlɑkər] *n* : baúl *m* pequeño, cofre *m*

**footloose** [ˈfʊtˌluːs] *adj* : libre y sin compromiso

**footman** [ˈfʊtmən] *n, pl* **-men** [-mən, -ˌmɛn] : lacayo *m*

**footnote** [ˈfʊtˌnoːt] *n* : nota *f* al pie de la página

**footpath** [ˈfʊtˌpæθ] *n* : sendero *m*, senda *f*, vereda *f*

**footprint** [ˈfʊtˌprɪnt] *n* : huella *f*

**footrace** [ˈfʊtˌreɪs] *n* : carrera *f* pedestre

**footrest** [ˈfʊtˌrɛst] *n* : apoyapiés *m*, reposapiés *m*

**footstep** [ˈfʊtˌstɛp] *n* **1** STEP : paso *m* **2** FOOTPRINT : huella *f*

**footstool** [ˈfʊtˌstuːl] *n* : taburete *m*, escabel *m*

**footwear** [ˈfʊtˌwɛr] *n* : calzado *m*

**footwork** [ˈfʊtˌwərk] *n* : juego *m* de piernas, juego *m* de pies

**for**[1] [ˈfɔr] *conj* : puesto que, porque

**for**[2] *prep* **1** (*indicating purpose*) : para, de, por ⟨the food for the party : la comida para la fiesta⟩ ⟨clothes for children : ropa para niños⟩ ⟨it's time for dinner : es la hora de comer⟩ ⟨to travel for pleasure : viajar por placer⟩ ⟨what's that for? : ¿para qué es/sirve eso?⟩ **2** (*indicating a recipient*) : para ⟨a gift for you : un regalo para ti⟩ **3** (*indicating an object of thoughts or feelings*) : por ⟨his admiration for her : su admiración por ella⟩ ⟨I feel sorry for him : le tengo lástima⟩ **4** BECAUSE OF : por ⟨fear for of : por miedo de⟩ ⟨to jump for joy : saltar de alegría⟩ **5** : por, en beneficio de ⟨he fought for his country : luchó por su patria⟩ ⟨I did it for you : lo hice por ti⟩ ⟨for your own good : por tu propio bien⟩ **6** (*indicating to whom a statement applies*) : para ⟨it's difficult for me : me es difícil, es difícil para mí⟩ ⟨it's time for us to go : es hora de irnos⟩ ⟨I'd hate for you to miss it : sería una lástima que te lo perdieras⟩ **7** IN FAVOR OF : a favor de **8** (*indicating a goal*) : para ⟨to study for a test : estudiar para un examen⟩ ⟨a cure for cancer : una cura para el cáncer⟩ ⟨for more information, call . . . : para más información, llame al . . .⟩ ⟨they ran for safety : corrieron para ponerse a salvo⟩ **9** TOWARDS, TO : para ⟨he left for the office : salió para la oficina⟩ ⟨the train for London : el tren para Londres⟩ **10** (*indicating correspondence or exchange*) : por, para ⟨I bought it for $5 : lo compré por $5⟩ ⟨a lot of trouble for nothing : mucha molestia para nada⟩ **11** AS FOR : para, con respecto a **12** (*indicating duration*) : por, durante ⟨he's going for two years : se va por dos años⟩ ⟨I spoke for ten minutes : hablé (durante) diez minutos⟩ ⟨she has known it for three months : lo sabe desde hace tres meses⟩ ⟨they won't arrive for hours yet : tardarán horas en llegar⟩ ⟨he drove for 100 miles : hizo 100 millas⟩ **13** (*indicating a particular time*) : para, por ⟨the wedding is planned for April : la boda está prevista para abril⟩ ⟨that's enough for now : basta por ahora⟩ **14** INSTEAD OF, ON BEHALF OF : por ⟨to speak for someone : hablar por alguien⟩ ⟨say hello for me : dales saludos de mi parte⟩ **15** (*indicating association*) : para ⟨he works for the university : trabaja para la universidad⟩ **16** (*used in listing items*) : para ⟨for one thing . . . : para empezar . . .⟩ **17** : para (una enfermedad) ⟨for colds and flu : para resfriados y gripe⟩ **18** (*indicating amount or value*) : por, de ⟨a check for $100 : un cheque por/de $100⟩ **19** (*indicating meaning*) ⟨The French word for "good" is "bon" : en francés la palabra "bon" significa "bueno"> ⟨what's the word for "taxi" in Japanese? : ¿como se dice "taxi" en japonés?⟩ **20** (*used in comparisons*) : para ⟨he's tall for his age : es alto para su edad⟩ **21** (*used in comparing numbers or amounts*) : por ⟨for every dollar invested, there's a return of five dollars : por cada dólar invertido, hay un retorno de cinco dólares⟩ **22** (*used for emphasis*) : por ⟨for crying out loud! : ¡por el amor de Dios!⟩ **23** : para, con ocasión de ⟨a gift for his birthday : un regalo para su cumpleaños⟩ **24 for all** IN SPITE OF : a pesar de **25 for all** : por ⟨she can go now for all I care : por mí que se vaya ahora⟩ ⟨for all I know : que yo sepa⟩ **26 for breakfast/lunch/dinner (etc.)** ⟨we had eggs for breakfast : desayunamos huevos⟩ ⟨what's for dinner/dessert? : ¿qué hay de comer/postre?⟩ **27 in for** ⟨he's in for a surprise : se va a llevar una sorpresa⟩ **28 in for it** ⟨if mom finds out, you're in for it : si mamá se entera, te mata⟩ **29 not for** ⟨it's not for you to say she can't go : no te corresponde a ti decir que no vaya⟩

**forage** [ˈfɔrɪʤ] *v* **-aged; -aging** *vi* : hurgar (en busca de alimento) — *vt* : buscar (provisiones)

**foray** [ˈfɔrˌeɪ] *n* : incursión *f*

**forbear**[1] [fɔrˈbær] *vi* **-bore** [-ˈbɔr]; **-borne** [-ˈbɔrn]; **-bearing** **1** ABSTAIN : abstenerse **2** : tener paciencia

**forbear**[2] → **forbear**

**forbearance** [fɔrˈbærənʦ] *n* **1** ABSTAINING : abstención *f* **2** PATIENCE : paciencia *f*

**forbid** [fərˈbɪd] *vt* **-bade** [-ˈbæd, -ˈbeɪd]; **-bidden** [-ˈbɪdən]; **-bidding** **1** PROHIBIT : prohibir **2** PREVENT : impedir

**forbidden** [fərˈbɪdən] *adj* : prohibido

**forbidding** [fərˈbɪdɪŋ] *adj* **1** IMPOSING : imponente **2** DISAGREEABLE : desagradable, ingrato **3** GRIM : severo

**force**[1] [ˈfɔrs] *vt* **forced; forcing** **1** COMPEL : obligar, forzar **2** : forzar ⟨to force open the window : forzar la ventana⟩ ⟨to force a lock : forzar una cerradura⟩ **3** IMPOSE : imponer, obligar

**force**[2] *n* **1** : fuerza *f* ⟨brute force : fuerza bruta⟩ ⟨the force of gravity : la fuerza de la gravedad⟩ ⟨force of habit : la fuerza de la costumbre⟩ ⟨security forces : fuerzas de seguridad⟩ **2 by force** : por la fuerza **3 in force** : en vigor/vigencia

**forced** [ˈfɔrst] *adj* : forzado, forzoso

**forceful** [ˈfɔrsfəl] *adj* : fuerte, energético, contundente

**forcefully** [ˈfɔrsfəli] *adv* : con energía, con fuerza

**forcefulness** [ˈfɔrsfəlnəs] *n* : contundencia *f*, fuerza *f*

**forceps** [ˈfɔrsəps, -ˌseps] *ns & pl* : fórceps *m*

**forcible** [ˈfɔrsəbəl] *adj* **1** FORCED : forzoso **2** CONVINCING : contundente, convincente — **forcibly** [-bli] *adv*

**ford**[1] [ˈford] *vt* : vadear

**ford**[2] *n* : vado *m*

**fore**[1] [ˈfɔr] *adv* **1** FORWARD : hacia adelante **2 fore and aft** : de popa a proa

**fore**[2] *adj* **1** FORWARD : delantero, de adelante **2** FORMER : anterior

**fore**[3] *n* **1** : frente *m*, delantera *f* **2 to come to the fore** : empezar a destacar, saltar a primera plana

**fore–and–aft** [ˈfɔrənˈæft, -ənd-] *adj* : longitudinal

**forearm** [ˈfɔrˌɑrm] *n* : antebrazo *m*

**forebear** [ˈfɔrˌbær] *n* : antepasado *m*, -da *f*

**foreboding** [fɔrˈboːdɪŋ] *n* : premonición *f*, presentimiento *m*

**forecast**[1] [ˈfɔrˌkæst] *vt* **-cast; -casting** : pronosticar, predecir

**forecast**[2] *n* : predicción *f*, pronóstico *m* ⟨weather forecast : pronóstico del tiempo, parte meteorológico⟩

**forecastle** [ˈfoːksəl] *n* : castillo *m* de proa

**foreclose** [fɔrˈkloːz] *vt* **-closed; -closing** : ejecutar (una hipoteca)

**forefather** [ˈfɔrˌfɑðər] *n* : antepasado *m*, ancestro *m*

**forefinger** [ˈfɔrˌfɪŋgər] *n* : índice *m*, dedo *m* índice

**forefoot** [ˈfɔrˌfʊt] *n* : pata *f* delantera

**forefront** [ˈfɔrˌfrʌnt] *n* : frente *m*, vanguardia *f* ⟨in the forefront : a la vanguardia⟩

**forego** [fɔrˈgoː] *vt* **-went; -gone; -going** **1** PRECEDE : preceder **2** → **forgo**

**foregoing** [fɔrˈgoːɪŋ] *adj* : precedente, anterior

**foregone** [fɔrˈgɔn] *adj* : previsto ⟨a foregone conclusion : un resultado inevitable⟩

**foreground** [ˈfɔrˌgraʊnd] *n* : primer plano *m*

**forehand**[1] [ˈfɔrˌhænd] *adj* : directo, derecho

**forehand**[2] *n* : golpe *m* del derecho

**forehead** [ˈfɔrəd, ˈfɔrˌhed] *n* : frente *f*

**foreign** [ˈfɔrən] *adj* **1** : extranjero, exterior ⟨foreign countries : países extranjeros⟩ ⟨foreign trade : comercio exterior⟩ **2** ALIEN : ajeno, extraño ⟨foreign to their nature : ajeno a su carácter⟩ ⟨a foreign body : un cuerpo extraño⟩

**foreigner** [ˈfɔrənər] *n* : extranjero *m*, -ra *f*

**foreknowledge** [fɔrˈnɑlɪʤ] *n* : conocimiento *m* previo

**foreleg** [ˈfɔrˌleɡ] *n* : pata *f* delantera

**foreman** [ˈfɔrmən] *n, pl* **-men** [-mən, -ˌmɛn] : capataz *mf* ⟨foreman of the jury : presidente del jurado⟩

**foremost**[1] [ˈfɔrˌmoːst] *adv* : en primer lugar

**foremost**[2] *adj* : más importante, principal, grande

**forenoon** [ˈfɔrˌnuːn] *n* : mañana *m*

**forensic** [fəˈrɛnʦɪk] *adj* **1** RHETORICAL : retórico, de argumentación **2** : forense ⟨forensic medicine : medicina forense⟩

**foreordain** [ˌfɔrərˈdeɪn] *vt* : predestinar, predeterminar

**forequarter** [ˈfɔrˌkwɔrʧər] *n* : cuarto *m* delantero

**forerunner** [ˈfɔrˌrʌnər] *n* : precursor *m*, -sora *f*

**foresee** [fɔrˈsiː] *vt* **-saw; -seen; -seeing** : prever

**foreseeable** [fɔrˈsiːəbəl] *adj* : previsible ⟨in the foreseeable future : en el futuro inmediato⟩

**foreshadow** [fɔrˈʃædoː] *vt* : anunciar, prefigurar
**foresight** [ˈfɔrˌsaɪt] *n* : previsión *f*
**foresighted** [ˈfɔrˌsaɪtəd] *adj* : previsto
**forest** [ˈfɔrəst] *n* : bosque *m* (en zonas templadas), selva *f* (en zonas tropicales)
**forestall** [fɔrˈstɔl] *vt* **1** PREVENT : prevenir, impedir **2** PREEMPT : adelantarse a
**forested** [ˈfɔrəstəd] *adj* : arbolado
**forester** [ˈfɔrəstər] *n* : silvicultor *m*, -tora *f*
**forestland** [ˈfɔrəstˌlænd] *n* : zona *f* boscosa
**forest ranger** → **ranger**
**forestry** [ˈfɔrəstri] *n* : silvicultura *f*, ingeniería *f* forestal
**foreswear** → **forswear**
**foretaste**[1] [ˈfɔrˌteɪst] *vt* **-tasted; -tasting** : anticipar
**foretaste**[2] *n* : anticipo *m*
**foretell** [fɔrˈtɛl] *vt* **-told; -telling** : predecir, pronosticar, profetizar
**forethought** [ˈfɔrˌθɔt] *n* : previsión *f*, reflexión *f* previa
**forever** [fɔrˈɛvər] *adv* **1** PERPETUALLY : para siempre, eternamente **2** CONTINUALLY : siempre, constantemente
**forevermore** [fɔrˌɛvərˈmor] *adv* : por siempre jamás
**forewarn** [forˈwɔrn] *vt* : prevenir, advertir
**forewoman** [ˈfɔrˌwʊmən] *n, pl* **-women** [-ˌwɪmən] : capataz *f*, capataza *f* ⟨forewoman of the jury : presidente/presidenta del jurado⟩
**foreword** [ˈforwərd] *n* : prólogo *m*
**forfeit**[1] [ˈfɔrfət] *vt* : perder el derecho a
**forfeit**[2] *n* **1** FINE, PENALTY : multa *f* **2** : prenda *f* (en un juego)
**forge**[1] [ˈfɔrʤ] *v* **forged; forging** *vt* **1** : forjar (metal o un plan) **2** COUNTERFEIT : falsificar — *vi* **to forge ahead** : avanzar, seguir adelante
**forge**[2] *n* : forja *f*
**forger** [ˈfɔrʤər] *n* : falsificador *m*, -dora *f*
**forgery** [ˈfɔrʤəri] *n, pl* **-eries** : falsificación *f*
**forget** [fərˈgɛt] *v* **-got** [-ˈgɑt]; **-gotten** [-ˈgɑtən] *or* **-got; -getting** *vt* : olvidar — *vi* **to forget about** : olvidarse de, no acordarse de
**forgetful** [fərˈgɛtfəl] *adj* : olvidadizo
**forgetfulness** [fərˈgɛtfəlnəs] *n* : olvido *m*, mala memoria *f*
**forget–me–not** [fərˈgɛtmiˌnɑt] *n* : nomeolvides *mf*
**forgettable** [fərˈgɛʧəbəl] *adj* : poco memorable
**forgivable** [fərˈgɪvəbəl] *adj* : perdonable
**forgive** [fərˈgɪv] *vt* **-gave** [-ˈgeɪv]; **-given** [-ˈgɪvən]; **-giving** : perdonar
**forgiveness** [fərˈgɪvnəs] *n* : perdón *m*
**forgiving** [fərˈgɪvɪŋ] *adj* : indulgente, comprensivo, clemente
**forgo** *or* **forego** [forˈgoː] *vt* **-went; -gone; -going** : privarse de, renunciar a
**fork**[1] [ˈfɔrk] *vi* : ramificarse, bifurcarse — *vt* **1** : levantar (con un tenedor, una horca, etc.) **2 to fork out/over** : desembolsar
**fork**[2] *n* **1** : tenedor *m* (utensilio de cocina) **2** PITCHFORK : horca *f*, horquilla *f* **3** : bifurcación *f* (de un río o camino), horqueta *f* (de un árbol)
**forked** [ˈfɔrkt, ˈfɔrkəd] *adj* : bífido, ahorquillado
**forklift** [ˈfɔrkˌlɪft] *n* : carretilla *f* elevadora
**forlorn** [fərˈlɔrn] *adj* **1** DESOLATE : abandonado, desolado, desamparado **2** SAD : triste **3** DESPERATE : desesperado
**forlornly** [fərˈlɔrnli] *adv* **1** SADLY : con tristeza **2** HALFHEARTEDLY : sin ánimo
**form**[1] [ˈfɔrm] *vt* **1** FASHION, MAKE : formar **2** DEVELOP : moldear, desarrollar **3** CONSTITUTE : constituir, formar **4** ACQUIRE : adquirir (un hábito), formar (una idea) — *vi* : tomar forma, formarse
**form**[2] *n* **1** SHAPE : forma *f*, figura *f* ⟨in the form of : en forma de⟩ **2** MANNER : manera *f*, forma *f* **3** DOCUMENT : formulario *m* ⟨tax form : formulario de declaración de renta⟩ ⟨to fill out a form : rellenar/llenar un formulario⟩ **4** : forma *f* ⟨in good form : en buena forma⟩ ⟨true to form : fiel a su costumbre⟩ **5** MOLD : molde *m* **6** KIND, VARIETY : clase *f*, tipo *m* ⟨some form of : algún tipo de⟩ **7** : forma *f* (en gramática) ⟨plural forms : formas plurales⟩
**formal**[1] [ˈfɔrməl] *adj* **1** CEREMONIOUS : formal, de etiqueta, ceremonioso **2** OFFICIAL : formal, oficial, de forma
**formal**[2] *n* **1** BALL : baile *m* formal, baile *m* de etiqueta **2** *or* **formal dress** : traje *m* de etiqueta
**formaldehyde** [fɔrˈmældəˌhaɪd] *n* : formaldehído *m*
**formality** [fɔrˈmæləṭi] *n, pl* **-ties** : formalidad *f*
**formalize** [ˈfɔrməˌlaɪz] *vt* **-ized; -izing** : formalizar
**formally** [ˈfɔrməli] *adv* : formalmente
**format**[1] [ˈfɔrˌmæt] *vt* **-matted; -matting** : formatear
**format**[2] *n* : formato *m*
**formation** [fɔrˈmeɪʃən] *n* **1** FORMING : formación *f* **2** SHAPE : forma *f* **3 in formation** : en formación
**formative** [ˈfɔrməṭɪv] *adj* : formativo
**former** [ˈfɔrmər] *adj* **1** PREVIOUS : antiguo, anterior ⟨the former president : el antiguo presidente⟩ **2** : primero (de dos)
**formerly** [ˈfɔrmərli] *adv* : anteriormente, antes
**formidable** [ˈfɔrmədəbəl, fərˈmɪdə-] *adj* : formidable — **formidably** *adv*
**formless** [ˈfɔrmləs] *adj* : informe, amorfo
**formula** [ˈfɔrmjələ] *n, pl* **-las** *or* **-lae** [-ˌliː, -ˌlaɪ] **1** : fórmula *f* **2 baby formula** : preparado *m* para biberón
**formulate** [ˈfɔrmjəˌleɪt] *vt* **-lated; -lating** : formular, hacer
**formulation** [ˌfɔrmjəˈleɪʃən] *n* : formulación *f*
**fornicate** [ˈfɔrnəˌkeɪt] *vi* **-cated; -cating** : fornicar
**fornication** [ˌfɔrnəˈkeɪʃən] *n* : fornicación *f*
**forsake** [fərˈseɪk] *vt* **-sook** [-ˈsʊk]; **-saken** [-ˈseɪkən]; **-saking** **1** ABANDON : aban-

donar, desamparar **2** RELINQUISH : renunciar a

**forswear** [fɔr'swær] *v* **-swore; -sworn; -swearing** *vt* RENOUNCE : renunciar a — *vi* : perjurar

**forsythia** [fɔr'sɪθiə] *n* : forsitia *f*

**fort** ['fɔrt] *n* **1** STRONGHOLD : fuerte *m*, fortaleza *f*, fortín *m* **2** BASE : base *f* militar

**forte** ['fɔrt, 'fɔrˌteɪ] *n* : fuerte *m*

**forth** ['fɔrθ] *adv* **1** : adelante ⟨from this day forth : de hoy en adelante⟩ **2 and so forth** : etcétera

**forthcoming** [fɔrθ'kʌmɪŋ, 'fɔrθˌ-] *adj* **1** COMING : próximo **2** DIRECT, OPEN : directo, franco, comunicativo

**forthright** ['fɔrθˌraɪt] *adj* : directo, franco — **forthrightly** *adv*

**forthrightness** ['fɔrθˌraɪtnəs] *n* : franqueza *f*

**forthwith** [fɔrθ'wɪθ, -'wɪð] *adv* : inmediatamente, en el acto, enseguida

**fortieth**[1] ['fɔrtiəθ] *adj* : cuadragésimo

**fortieth**[2] *n* **1** : cuadragésimo *m*, -ma *f* (en una serie) **2** : cuarentavo *m*, cuarentava parte *f*

**fortification** [ˌfɔrtəfə'keɪʃən] *n* : fortificación *f*

**fortify** ['fɔrtəˌfaɪ] *vt* **-fied; -fying** : fortificar

**fortitude** ['fɔrtəˌtu:d, -ˌtju:d] *n* : fortaleza *f*, valor *m*

**fortnight** ['fɔrtˌnaɪt] *n* : quince días *mpl*, dos semanas *fpl*

**fortnightly**[1] ['fɔrtˌnaɪtli] *adv* : cada quince días

**fortnightly**[2] *adj* : quincenal

**fortress** ['fɔrtrəs] *n* : fortaleza *f*

**fortuitous** [fɔr'tu:təs, -'tju:-] *adj* : fortuito, accidental

**fortunate** ['fɔrtʃənət] *adj* : afortunado

**fortunately** ['fɔrtʃənətli] *adv* : afortunadamente, con suerte

**fortune** ['fɔrtʃən] *n* **1** : fortuna *f* ⟨to seek one's fortune : buscar uno su fortuna⟩ **2** LUCK : suerte *f*, fortuna *f* **3** DESTINY, FUTURE : destino *m*, buenaventura *f* **4** : dineral *m*, platal *m* ⟨she spent a fortune : se gastó un dineral⟩

**fortune–teller** ['fɔrtʃənˌtɛlər] *n* : adivino *m*, -na *f*

**fortune–telling** ['fɔrtʃənˌtɛlɪŋ] *n* : adivinación *f*

**forty**[1] ['fɔrti] *adj & pron* : cuarenta

**forty**[2] *n, pl* **forties** : cuarenta *m*

**forum** ['fɔrəm] *n, pl* **-rums** : foro *m*

**forward**[1] ['fɔrwərd] *vt* **1** PROMOTE : promover, adelantar, fomentar **2** SEND : remitir, enviar

**forward**[2] *adv* **1** : adelante, hacia adelante ⟨to go forward : irse adelante⟩ **2 from this day forward** : de aquí en adelante

**forward**[3] *adj* **1** : hacia adelante, delantero **2** BRASH : atrevido, descarado

**forward**[4] *n* : delantero *m*, -ra *f* (en deportes)

**forwardness** ['fɔrwərdnəs] *n* : atrevimiento *m*, descaro *m*

**forwards** ['fɔrwərdz] *adv* → **forward**[2]

**fossil**[1] ['fɑsəl] *adj* : fósil

**fossil**[2] *n* : fósil *m*

**fossilize** ['fɑsəˌlaɪz] *vt* **-ized; -izing** : fosilizar — *vi* : fosilizarse

**foster**[1] ['fɔstər] *vt* : promover, fomentar

**foster**[2] *adj* : adoptivo ⟨foster child : niño adoptivo⟩

**fought** → **fight**

**foul**[1] ['faʊl] *vi* : cometer faltas (en deportes) — *vt* **1** DIRTY, POLLUTE : contaminar, ensuciar **2** TANGLE : enredar

**foul**[2] *adv* **1** → **foully** **2** : contra las reglas

**foul**[3] *adj* **1** REPULSIVE : asqueroso, repugnante **2** CLOGGED : atascado, obstruido **3** TANGLED : enredado **4** OBSCENE : obsceno **5** BAD : malo ⟨foul weather : mal tiempo⟩ **6** : antirreglamentario (en deportes)

**foul**[4] *n* : falta *f*, faul *m*

**foully** ['faʊli] *adv* : asquerosamente

**foulmouthed** ['faʊlˌmæu:ðd, -ˌmaʊθt] *adj* : malhablado

**foulness** ['faʊlnəs] *n* **1** DIRTINESS : suciedad *f* **2** INCLEMENCY : inclemencia *f* **3** OBSCENITY : obscenidad *f*, grosería *f*

**foul play** *n* : actos *mpl* criminales

**foul shot** *n* → **free throw**

**foul–up** ['faʊlˌʌp] *n* : lío *m*, confusión *f*, desastre *m*

**foul up** *vt* SPOIL : estropear, arruinar — *vi* BUNGLE : echar todo a perder

**found**[1] → **find**

**found**[2] ['faʊnd] *vt* : fundar, establecer

**foundation** [faʊn'deɪʃən] *n* **1** FOUNDING : fundación *f* **2** BASIS : fundamento *m*, base *f* **3** INSTITUTION : fundación *f* **4** : cimientos *mpl* (de un edificio) **5** *or* **foundation makeup** : base *f* de maquillaje

**founder**[1] ['faʊndər] *vi* SINK : hundirse, irse a pique

**founder**[2] *n* : fundador *m*, -dora *f*

**founding** ['faʊndɪŋ] *adj* : fundador ⟨the founding fathers : los fundadores⟩

**foundling** ['faʊndlɪŋ] *n* : expósito *m*, -ta *f*

**foundry** ['faʊndri] *n, pl* **-dries** : fundición *f*

**fount** ['faʊnt] *n* SOURCE : fuente *f*, origen *m*

**fountain** ['faʊntən] *n* **1** SPRING : fuente *f*, manantial *m* **2** SOURCE : fuente *f*, origen *m* **3** JET : chorro *m* (de agua), surtidor *m*

**fountain pen** *n* : pluma *f* fuente, estilográfica *f*

**four**[1] ['fɔr] *adj* : cuatro ⟨the child is four (years old) : la niña tiene cinco años⟩

**four**[2] *n* **1** : cuatro *m* ⟨the four of hearts : el cuatro de corazones⟩ ⟨it's four o'clock : son las cuatro⟩ **2 on all fours** : a gatas

**four**[3] *pron* : cuatro ⟨there are four of us : somos cuatro⟩

**four hundred**[1] *adj & pron* : cuatrocientos

**four hundred**[2] *n* : cuatrocientos *m*

**four–poster** [ˌfɔr'pɔstər] *n* : cama *f* de (cuatro) columnas

**fourscore** ['fɔr'skɔr] *adj* EIGHTY : ochenta

**fourteen**[1] [fɔr'ti:n] *adj & pron* : catorce

**fourteen**[2] *n* : catorce *m*

**fourteenth**[1] [fɔrˈtiːnθ] *adj* : decimocuarto
**fourteenth**[2] *n* 1 : decimocuarto *m*, -ta *f* (en una serie) 2 : catorceavo *m*, catorceava parte *f*
**fourth**[1] [ˈfɔrθ] *adv* : en cuarto lugar
**fourth**[2] *adj* : cuarto
**fourth**[3] *n* 1 : cuarto *m*, -ta *f* (en una serie) ⟨(on) the fourth of August : el cuatro de agosto⟩ 2 : cuarto *m*, cuarta parte *f* 3 *or* **fourth gear** : cuarta *f*
**fowl** [ˈfaʊl] *n, pl* **fowl** *or* **fowls** 1 BIRD : ave *f* 2 CHICKEN : pollo *m*
**fox**[1] [ˈfɑks] *vt* 1 TRICK : engañar 2 BAFFLE : confundir
**fox**[2] *n, pl* **foxes** : zorro *m*, -ra *f*
**foxglove** [ˈfɑksˌglʌv] *n* : dedalera *f*, digital *f*
**foxhole** [ˈfɑksˌhoːl] *n* : hoyo *m* para atrincherarse, trinchera *f* individual
**foxy** [ˈfɑksi] *adj* **foxier; -est** SHREWD : astuto
**foyer** [ˈfɔɪər, ˈfɔɪˌeɪ] *n* : vestíbulo *m*
**fracas** [ˈfreɪkəs, ˈfræ-] *n, pl* **-cases** [-kəsəz] : altercado *m*, pelea *f*, reyerta *f*
**fracking** [ˈfrækɪŋ] *n* : fracking *m*; fractura *f* hidráulica; fracturación *f* hidráulica; estimulación *f* hidráulica *Arg, Col*
**fraction** [ˈfrækʃən] *n* 1 : fracción *f*, quebrado *m* 2 PORTION : porción *f*, parte *f*
**fractional** [ˈfrækʃənəl] *adj* 1 : fraccionario 2 TINY : minúsculo, mínimo, insignificante
**fractious** [ˈfrækʃəs] *adj* 1 UNRULY : rebelde 2 IRRITABLE : malhumorado, irritable
**fracture**[1] [ˈfræktʃər] *vt* **-tured; -turing** : fracturar
**fracture**[2] *n* 1 : fractura *f* (de un hueso) 2 CRACK : fisura *f*, grieta *f*, falla *f* (geológica)
**fragile** [ˈfrædʒəl, -ˌdʒaɪl] *adj* : frágil
**fragility** [frəˈdʒɪləti] *n, pl* **-ties** : fragilidad *f*
**fragment**[1] [ˈfrægˌment] *vt* : fragmentar — *vi* : fragmentarse, hacerse añicos
**fragment**[2] [ˈfrægmənt] *n* : fragmento *m*, trozo *m*, pedazo *m*
**fragmentary** [ˈfrægmənˌteri] *adj* : fragmentario, incompleto
**fragmentation** [ˌfrægmənˈteɪʃən, -ˌmn-] *n* : fragmentación *f*
**fragrance** [ˈfreɪgrənts] *n* : fragancia *f*, aroma *m*
**fragrant** [ˈfreɪgrənt] *adj* : fragante, aromático — **fragrantly** *adv*
**frail** [ˈfreɪl] *adj* : débil, delicado
**frailty** [ˈfreɪlti] *n, pl* **-ties** : debilidad *f*, flaqueza *f*
**frame**[1] [ˈfreɪm] *vt* **framed; framing** 1 FORMULATE : formular, elaborar 2 BORDER : enmarcar, encuadrar 3 INCRIMINATE : incriminar
**frame**[2] *n* 1 BODY : cuerpo *m* 2 : armazón *f* (de un edificio, un barco, o un avión), bastidor *m* (de un automóvil), cuadro *m* (de una bicicleta), marco *m* (de un cuadro, una ventana, una puerta, etc.) 3 **frames** *npl* : armazón *mf*, montura *f* (para anteojos) 4 **frame of mind** : estado *m* de ánimo
**framework** [ˈfreɪmˌwərk] *n* 1 SKELETON, STRUCTURE : armazón *f*, estructura *f* 2 BASIS : marco *m*
**franc** [ˈfræŋk] *n* : franco *m*
**franchise** [ˈfrænˌtʃaɪz] *n* 1 LICENSE : licencia *f* exclusiva, concesión *f* (en comercio) 2 SUFFRAGE : sufragio *m*
**franchisee** [ˌfrænˌtʃaɪˈziː, -tʃə-] *n* : concesionario *m*, -ria *f*
**Franciscan** [frænˈsɪskən] *n* : franciscano *m*, -na *f* — **Franciscan** *adj*
**frank**[1] [ˈfræŋk] *vt* : franquear
**frank**[2] *adj* : franco, sincero, cándido — **frankly** *adv*
**frank**[3] *n* : franqueo *m* (de correo)
**frankfurter** [ˈfræŋkfərtər, -ˌfər-] *or* **frankfurt** [-fərt] *n* : salchicha *f* (de Frankfurt, de Viena), perro *m* caliente
**frankincense** [ˈfræŋkənˌsents] *n* : incienso *m*
**frankness** [ˈfræŋknəs] *n* : franqueza *f*, sinceridad *f*, candidez *f*
**frantic** [ˈfræntɪk] *adj* : frenético, desesperado — **frantically** *adv*
**fraternal** [frəˈtərnəl] *adj* : fraterno, fraternal
**fraternity** [frəˈtərnəti] *n, pl* **-ties** : fraternidad *f*
**fraternization** [ˌfrætərnəˈzeɪʃən] *n* : fraternización *f*, confraternización *f*
**fraternize** [ˈfrætərˌnaɪz] *vi* **-nized; -nizing** : fraternizar, confraternizar
**fraud** [ˈfrɔd] *n* 1 DECEPTION, SWINDLE : fraude *m*, estafa *f*, engaño *m* 2 IMPOSTOR : impostor *m*, -tora *f*; farsante *mf*
**fraudulent** [ˈfrɔdʒələnt] *adj* : fraudulento — **fraudulently** *adv*
**fraught** [ˈfrɔt] *adj* **fraught with** : lleno de, cargado de
**fray**[1] [ˈfreɪ] *vt* 1 WEAR : desgastar, deshilachar 2 IRRITATE : crispar, irritar (los nervios) — *vi* : desgastarse, deshilacharse
**fray**[2] *n* : pelea *f* ⟨to join the fray : salir a la palestra⟩ ⟨to return to the fray : volver a la carga⟩
**frazzle**[1] [ˈfræzəl] *vt* **-zled; -zling** 1 FRAY : desgastar, deshilachar 2 EXHAUST : agotar, fatigar
**frazzle**[2] *n* EXHAUSTION : agotamiento *m*
**freak** [ˈfriːk] *n* 1 ODDITY : ejemplar *m* anormal, fenómeno *m*, rareza *f* 2 ENTHUSIAST : entusiasta *mf*
**freakish** [ˈfriːkɪʃ] *adj* : extraño, estrafalario, raro
**freak out** *vi* : ponerse como loco — *vt* : darle un ataque (a alguien)
**freckle**[1] [ˈfrɛkəl] *vi* **-led; -ling** : cubrirse de pecas
**freckle**[2] *n* : peca *f*
**free**[1] [ˈfriː] *vt* **freed; freeing** 1 LIBERATE : libertar, liberar, poner en libertad 2 RELIEVE, RID : librar, eximir 3 RELEASE, UNTIE : desatar, soltar 4 UNCLOG : desatascar, destapar
**free**[2] *adv* 1 FREELY : libremente 2 GRATIS : gratuitamente, gratis
**free**[3] *adj* **freer; freest** 1 : gratuito, gratis ⟨free tickets : entradas gratuitas⟩ ⟨it's free : es gratis⟩ 2 : libre ⟨to set free : liberar, dejar/poner en libertad⟩ ⟨to get

free : escaparse〉 **3** PERMITTED : libre 〈to be free to do something : ser libre de hacer algo〉 **4** : libre (dícese de un país, etc.) 〈free speech : libertad de expresión〉 〈free trade : libre comercio〉 **5** EXEMPT : libre 〈tax-free : libre de impuestos〉 **6** VOLUNTARY : espontáneo, voluntario, libre **7** UNOCCUPIED : libre, desocupado 〈I'm free tomorrow : mañana estoy libre〉 〈a free seat : un asiento libre〉 〈he waved with his free hand : nos saludó con su mano libre〉 **8** LOOSE : suelto **9** : generoso 〈they were very free with their money : fueron muy generosos con su dinero〉 **10 for free** : gratis **11 free from/of** : libre de

**freeborn** [ˈfriːˌbɔrn] *adj* : nacido libre

**freedom** [ˈfriːdəm] *n* : libertad *f*

**free enterprise** *n* : libre empresa *f*

**free–for–all** [ˈfriːfərˌɔl] *n* : pelea *f*, batalla *f* campal

**free gift** *n* : obsequio *m*

**freehand** [ˈfriːˌhænd] *adj* : a pulso, a mano alzada

**free kick** *n* : tiro *m* libre

**freelance**[1] [ˈfriːˌlænts] *vi* **-lanced; -lancing** : trabajar por cuenta propia

**freelance**[2] *adj* : por cuenta propia, freelance

**freelancer** [ˈfriːˌlænsər] *n* : trabajador *m*, -dora *f* por cuenta propia; freelance *mf*

**freeload** [ˈfriːˌloːd] *vi* : gorronear *fam*, gorrear *fam*

**freeloader** [ˈfriːˌloːdər] *n* : gorrón *m*, -rrona *f*; gorrero *m*, -ra *f*; vividor *m*, -dora *f*

**freely** [ˈfriːli] *adv* **1** FREE : libremente **2** GRATIS : gratis, gratuitamente

**Freemason** [ˈfriːˈmeɪsən] *n* : francmasón *m*, masón *m*

**Freemasonry** [ˈfriːˈmeɪsənri] *n* : francmasonería *f*, masonería *f*

**free–range** [ˈfriːˌreɪnʤ] *adj* : de granja

**freestanding** [ˈfriːˈstændɪŋ] *adj* : de pie, no empotrado, independiente

**free throw** *n* : tiro *m* libre (en baloncesto)

**freeway** [ˈfriːˌweɪ] *n* : autopista *f*

**freewill** [ˈfriːˌwɪl] *adj* : de propia voluntad

**free will** *n* : libre albedrío *m*, propia voluntad *f*

**freeze**[1] [ˈfriːz] *v* **froze** [ˈfroːz]; **frozen** [ˈfroːzən]; **freezing** *vi* **1** : congelarse, helarse 〈the water froze in the lake : el agua se congeló en el lago〉 〈my blood froze : se me heló la sangre〉 〈I'm freezing : me estoy helando〉 **2** STOP : quedarse inmóvil **3** : bloquearse (dícese de una computadora) — *vt* : helar, congelar (líquidos), congelar (alimentos, precios, activos), bloquear (cuentas, etc.)

**freeze**[2] *n* **1** FROST : helada *f* **2** FREEZING : congelación *f*, congelamiento *m*

**freeze–dried** [ˈfriːzˈdraɪd] *adj* : liofilizado

**freeze–dry** [ˈfriːzˈdraɪ] *vt* **-dried; -drying** : liofilizar

**freezer** [ˈfriːzər] *n* : congelador *m*

**freezing** [ˈfriːzɪŋ] *adj* : helando 〈it's freezing! : ¡hace un frío espantoso!〉

**freezing point** *n* : punto *m* de congelación

**freight**[1] [ˈfreɪt] *vt* : enviar como carga

**freight**[2] *n* **1** SHIPPING, TRANSPORT : transporte *m*, porte *m*, flete *m* **2** GOODS : mercancías *fpl*, carga *f*

**freighter** [ˈfreɪtər] *n* : carguero *m*, buque *m* de carga

**freight train** *n* : tren *m* de carga, tren *m* de mercancías

**French**[1] [ˈfrɛntʃ] *adj* : francés

**French**[2] *n* **1** : francés *m* (idioma) **2 the French** (*used with a plural verb*) : los franceses

**French doors** *npl* : puerta *f* ventana

**French dressing** *n* **1** : aderezo *m* cremoso con sabor a tomate **2** *Brit* VINAIGRETTE : vinagreta *f*

**french fries** [ˈfrɛntʃˌfraɪz] *npl* : papas *fpl* fritas, papas *fpl* a la francesa *Mexico, Colombia*

**Frenchman** [ˈfrɛntʃmən] *n, pl* **-men** [-mən, -ˌmɛn] : francés *m*

**French toast** *n* : torreja *f*, torrija *f Spain*

**French windows** *npl* → **French doors**

**Frenchwoman** [ˈfrɛntʃˌwʊmən] *n, pl* **-women** [-ˌwɪmən] : francesa *f*

**frenemy** [ˈfrɛnəmi] *n, pl* **-mies** : amienemigo *m*, -ga *f fam*

**frenetic** [frɪˈnɛṭɪk] *adj* : frenético — **frenetically** [-ṭɪkli] *adv*

**frenzied** [ˈfrɛnzid] *adj* : frenético

**frenzy** [ˈfrɛnzi] *n, pl* **-zies** : frenesí *m*

**frequency** [ˈfriːkwənʧsi] *n, pl* **-cies** : frecuencia *f*

**frequent**[1] [friˈkwɛnt, ˈfriːkwənt] *vt* : frecuentar

**frequent**[2] [ˈfriːkwənt] *adj* : frecuente — **frequently** *adv*

**fresco** [ˈfrɛsˌkoː] *n, pl* **-coes** : fresco *m*

**fresh** [ˈfrɛʃ] *adj* **1** : dulce 〈freshwater : agua dulce〉 **2** PURE : puro **3** : fresco 〈fresh fruits : frutas frescas〉 **4** CLEAN, NEW : limpio, nuevo 〈fresh clothes : ropa limpia〉 〈fresh evidence : evidencia nueva〉 **5** REFRESHED : fresco, descansado **6** IMPERTINENT : descarado, impertinente

**freshen** [ˈfrɛʃən] *vt* : refrescar, arreglar — *vi* **to freshen up** : arreglarse, lavarse

**freshet** [ˈfrɛʃət] *n* : arroyo *m* desbordado

**freshly** [ˈfrɛʃli] *adv* : recientemente, recién

**freshman** [ˈfrɛʃmən] *n, pl* **-men** [-mən, -ˌmɛn] : estudiante *mf* de primer año universitario

**freshness** [ˈfrɛʃnəs] *n* : frescura *f*

**freshwater** [ˈfrɛʃˌwoṭər] *n* : agua *f* dulce

**fret**[1] [ˈfrɛt] *vi* **fretted; fretting** : preocuparse, inquietarse

**fret**[2] *n* **1** VEXATION : irritación *f*, molestia *f* **2** WORRY : preocupación *f* **3** : traste *m* (de un instrumento musical)

**fretful** [ˈfrɛtfəl] *adj* : fastidioso, quejoso, neurótico

**fretfully** [ˈfrɛtfəli] *adv* : ansiosamente, fastidiosamente, inquieto

**fretfulness** [ˈfrɛtfəlnəs] *n* : inquietud *f*, irritabilidad *f*

**friar** [ˈfraɪər] *n* : fraile *m*

**friction** [ˈfrɪkʃən] *n* **1** RUBBING : fricción *f* **2** CONFLICT : fricción *f*, roce *m*

**Friday** [ˈfraɪˌdeɪ, -di] *n* : viernes *m* 〈today is Friday : hoy es viernes〉 〈(on) Friday

: el viernes› ‹(on) Fridays : los viernes› ‹last Friday : el viernes pasado› ‹next Friday : el viernes que viene› ‹every other Friday : cada dos viernes› ‹Friday afternoon/morning : viernes por la tarde/mañana›

**fridge** [ˈfrɪʤ] → **refrigerator**

**fried** [ˈfraɪd] *adj* : frito

**friend**[1] [ˈfrɛnd] *n* : amigo *m*, -ga *f* ‹to be/make friends with : ser/hacerse amigo de›

**friend**[2] *vt* : agregar (a alguien) a su lista de amigos ‹he friended me on Facebook : me agregó (como amigo) en Facebook›

**friendless** [ˈfrɛndləs] *adj* : sin amigos

**friendliness** [ˈfrɛndlinəs] *n* : simpatía *f*, amabilidad *f*

**friendly** [ˈfrɛndli] *adj* **friendlier; -est** **1** : simpático, amable, de amigo ‹a friendly child : un niño simpático› ‹friendly advice : consejo de amigo› **2** : agradable, acogedor ‹a friendly atmosphere : un ambiente agradable› **3** GOOD-NATURED : amigable, amistoso ‹friendly competition : competencia amistosa›

**friendship** [frɛndˌʃɪp] *n* : amistad *f*

**frieze** [ˈfriːz] *n* : friso *m*

**frigate** [ˈfrɪgət] *n* : fragata *f*

**fright** [ˈfraɪt] *n* : miedo *m*, susto *m*

**frighten** [ˈfraɪtən] *vt* : asustar, espantar

**frightened** [ˈfraɪtənd] *adj* : asustado, temeroso

**frightening** [ˈfraɪtənɪŋ] *adj* : espantoso, aterrador

**frightful** [ˈfraɪtfəl] *adj* **1** → **frightening** **2** TREMENDOUS : espantoso, tremendo

**frightfully** [ˈfraɪtfəli] *adv* : terriblemente, tremendamente

**frigid** [ˈfrɪʤɪd] *adj* : glacial, extremadamente frío

**frigidity** [frɪˈʤɪdəṭi] *n* **1** COLDNESS : frialdad *f* **2** : frigidez *f* (sexual)

**frill** [ˈfrɪl] *n* **1** RUFFLE : volante *m* **2** EMBELLISHMENT : floritura *f*, adorno *m*

**frilly** [ˈfrɪli] *adj* **frillier; -est** **1** RUFFLY : con volantes **2** OVERDONE : recargado

**fringe**[1] [ˈfrɪnʤ] *vt* **fringed; fringing** : orlar, bordear

**fringe**[2] *n* **1** BORDER : fleco *m*, orla *f* **2** EDGE : periferia *f*, margen *m* **3 fringe benefits** : incentivos *mpl*, extras *mpl*

**Frisbee** [ˈfrɪzbi] *trademark* se usa para un disco volador que se lanza de un jugador a otro

**frisk** [ˈfrɪsk] *vi* FROLIC : retozar, juguetear — *vt* SEARCH : cachear, registrar

**friskiness** [ˈfrɪskinəs] *n* : vivacidad *f*

**frisky** [ˈfrɪski] *adj* **friskier; -est** : retozón, juguetón

**fritter**[1] [ˈfrɪṭər] *vt* : desperdiciar, malgastar ‹I frittered away the money : malgasté el dinero›

**fritter**[2] *n* : buñuelo *m*

**frivolity** [frɪˈvɑləṭi] *n, pl* **-ties** : frivolidad *f*

**frivolous** [ˈfrɪvələs] *adj* : frívolo, de poca importancia

**frivolously** [ˈfrɪvələsli] *adv* : frívolamente, a la ligera

**frizz**[1] [ˈfrɪz] *vi* : rizarse, encresparse, ponerse chino *Mex*

**frizz**[2] *n* : rizos *mpl* muy apretados

**frizzy** [ˈfrɪzi] *adj* **frizzier; -est** : rizado, crespo, chino *Mex*

**fro** [ˈfroː] *adv* **to and fro** : de aquí para allá, de un lado para otro

**frock** [ˈfrɑk] *n* DRESS : vestido *m*

**frog** [ˈfrɔg, ˈfrɑg] *n* **1** : rana *f* **2 to have a frog in one's throat** : tener carraspera

**frogman** [ˈfrɔgˌmæn, ˈfrɑg-, -mən] *n, pl* **-men** [-mən, -ˌmɛn] : hombre *m* rana, submarinista *mf*

**frolic**[1] [ˈfrɑlɪk] *vi* **-icked; -icking** : retozar, juguetear

**frolic**[2] *n* FUN : diversión *f*

**frolicsome** [ˈfrɑlɪksəm] *adj* : juguetón

**from** [ˈfrʌm, ˈfrəm] *prep* **1** (*indicating a starting, central, or lowest point*) : desde, de, a partir de ‹from Cali to Bogota : de Cali a Bogotá› ‹where are you from? : ¿de dónde eres?› ‹he watched us from above : nos miraba desde arriba› ‹from that time onward : desde entonces› ‹from January to March : de enero a marzo, desde enero hasta marzo› ‹from tomorrow : a partir de mañana› ‹they cost from 5 to 10 dollars : cuestan entre 5 y 10 dólares› ‹to speak from the heart : hablar con el corazón› **2** OFF, OUT OF : de ‹she took it from the drawer : lo sacó del cajón› **3** (*indicating a source or sender*) : de ‹a letter from my friend : una carta de mi amiga› ‹a quote from Shakespeare : una cita de Shakespeare› **4** (*indicating distance*) : de ‹10 feet from the entrance : a 10 pies de la entrada› ‹we got separated from the group : nos vimos separados del grupo› **5** (*indicating a cause*) : de ‹red from crying : rojos de llorar› ‹he died from the cold : murió del frío› **6** (*indicating material*) : de ‹made from wood : (hecho) de madera› **7** (*indicating blocking, removal, etc.*) : de ‹to protect from : proteger de› ‹to provide relief from : aliviar› ‹to refrain from : abstenerse de› ‹to omit from : omitir de› ‹she was excluded from the club : no la admitieron en el club› **8** (*indicating a change*) : de ‹from bad to worse : de mal en peor› **9** (*in mathematics*) : de ‹to deduct something from something : deducir/descontar algo de algo› ‹to subtract 10 from 30 : restarle 10 a 30, restar 10 de 30› **10** (*indicating alternatives*) : de ‹to choose from (among) : elegir de (entre)›

**frond** [ˈfrɑnd] *n* : fronda *f*, hoja *f*

**front**[1] [ˈfrʌnt] *vi* **1** FACE : dar, estar orientado ‹the house fronts north : la casa da al norte› **2** : servir de pantalla ‹he fronts for his boss : sirve de pantalla para su jefe›

**front**[2] *adj* : delantero, de adelante, primero ‹the front row : la primera fila› ‹the front door : la puerta principal› ‹it appeared on the front page : salió en primera plana›

**front**[3] *n* **1** : frente *m*, parte *f* de adelante, delantera *f* ‹the front of the class : el frente de la clase› ‹at the front of the train : en la parte delantera del tren⟩ **2** AREA, ZONE : frente *m*, zona *f* ⟨the Eastern front : el frente oriental⟩ ⟨on the educational front : en el frente de la enseñanza⟩ **3** FACADE : fachada *f* (de un edificio o una persona) **4** : frente *m* (en meteorología)

**frontage** [ˈfrʌntɪdʒ] *n* : fachada *f*, frente *m*

**frontal** [ˈfrʌntəl] *adj* : frontal, de frente

**frontier** [ˌfrʌnˈtɪr] *n* : frontera *f*

**frontiersman** [ˌfrʌnˈtɪrzmən] *n, pl* **-men** [-mən, -ˌmɛn] : hombre *m* de la frontera

**front–wheel drive** [ˈfrʌntˈhwiːl-] *n* : tracción *f* delantera

**frost**[1] [ˈfrɔst] *vt* **1** FREEZE : helar **2** ICE : bañar (pasteles)

**frost**[2] *n* **1** : helada *f* (en meteorología) **2** : escarcha *f* ⟨frost on the window : escarcha en la ventana⟩

**frostbite** [ˈfrɔstˌbaɪt] *n* : congelación *f*

**frostbitten** [ˈfrɔstˌbɪtən] *adj* : congelado (dícese de una persona), quemado (dícese de una planta)

**frosting** [ˈfrɔstɪŋ] *n* ICING : baño *m*, glaseado *m*, betún *m Mex*

**frosty** [ˈfrɔsti] *adj* **frostier; -est 1** CHILLY : helado, frío **2** COOL, UNFRIENDLY : frío, glacial

**froth** [ˈfrɔθ] *n, pl* **froths** [ˈfrɔθs, ˈfrɔðz] : espuma *f*

**frothy** [ˈfrɔθi] *adj* **frothier; -est** : espumoso

**frown**[1] [ˈfraʊn] *vi* **1** : fruncir el ceño, fruncir el entrecejo **2 to frown at** : mirar (algo) con ceño, mirar (a alguien) con ceño **2 to frown on/upon** : desaprobar

**frown**[2] *n* : ceño *m* (fruncido)

**froze** → **freeze**

**frozen** → **freeze**

**frugal** [ˈfruːgəl] *adj* : frugal, ahorrativo, parco — **frugally** *adv*

**frugality** [fruˈgæləṭi] *n* : frugalidad *f*

**fruit**[1] [ˈfruːt] *vi* : dar fruto

**fruit**[2] *n* **1** : fruta *f* (término genérico), fruto *m* (término particular) **2 fruits** *npl* REWARDS : frutos *mpl* ⟨the fruits of his labor : los frutos de su trabajo⟩

**fruitcake** [ˈfruːtˌkeɪk] *n* : pastel *m* de frutas

**fruitful** [ˈfruːtfəl] *adj* : fructífero, provechoso

**fruition** [fruˈɪʃən] *n* **1** : cumplimiento *m*, realización *f* **2 to bring to fruition** : realizar

**fruitless** [ˈfruːtləs] *adj* : infructuoso, inútil — **fruitlessly** *adv*

**fruit salad** *n* : ensalada *f* de frutas

**fruity** [ˈfruːṭi] *adj* **fruitier; -est** : (con sabor) a fruta

**frumpy** [ˈfrʌmpi] *adj* **frumpier; -est** : anticuado y sin atractivo

**frustrate** [ˈfrʌsˌtreɪt] *vt* **-trated; -trating** : frustrar

**frustrating** [ˈfrʌsˌtreɪṭɪŋ] *adj* : frustrante — **frustratingly** *adv*

**frustration** [ˌfrʌsˈtreɪʃən] *n* : frustración *f*

**fry**[1] [ˈfraɪ] *vt* **fried; frying** : freír

**fry**[2] *n, pl* **fries 1** : fritura *f*, plato *m* frito **2** : fiesta *f* en que se sirven frituras **3** *pl* **fry** : alevín *m* (pez) **4 fries** *npl* → **French fries**

**frying pan** *n* : sartén *mf*

**fuchsia** [ˈfjuːʃə] *n* **1** : fucsia *f* (planta) **2** : fucsia *m* (color)

**fuddle** [ˈfʌdəl] *vt* **-dled; -dling** : confundir, atontar

**fuddy–duddy** [ˈfʌdiˌdʌdi] *n, pl* **-dies** : persona *f* chapada a la antigua, carca *mf*

**fudge**[1] [ˈfʌdʒ] *vt* **fudged; fudging 1** FALSIFY : amañar, falsificar **2** DODGE : esquivar

**fudge**[2] *n* : dulce *m* blando de chocolate y leche

**fuel**[1] [ˈfjuːəl] *vt* **-eled** *or* **-elled; -eling** *or* **-elling 1** : abastecer de combustible **2** STIMULATE : estimular

**fuel**[2] *n* : combustible *m*, carburante *m* (para motores)

**fugitive**[1] [ˈfjuːdʒəṭɪv] *adj* **1** RUNAWAY : fugitivo **2** FLEETING : efímero, pasajero, fugaz

**fugitive**[2] *n* : fugitivo *m*, -va *f*

**fugue** [ˈfjuːg] *n* : fuga *f*

**fulcrum** [ˈfʊlkrəm, ˈfʌl-] *n, pl* **-crums** *or* **-cra** [-krə] : fulcro *m*

**fulfill** *or* **fulfil** [fʊlˈfɪl] *vt* **-filled; -filling 1** PERFORM : cumplir con, realizar, llevar a cabo **2** SATISFY : satisfacer

**fulfillment** [fʊlˈfɪlmənt] *n* **1** PERFORMANCE : cumplimiento *m*, ejecución *f* **2** SATISFACTION : satisfacción *f*, realización *f*

**full**[1] [ˈfʊl, ˈfʌl] *adv* **1** VERY : muy ⟨full well : muy bien, perfectamente⟩ **2** ENTIRELY : completamente ⟨she swung full around : giró completamente⟩ **3** DIRECTLY : de lleno, directamente ⟨he looked me full in the face : me miró directamente a la cara⟩

**full**[2] *adj* **1** FILLED : lleno ⟨a full glass : un vaso lleno⟩ ⟨I'm full : estoy lleno⟩ ⟨full of holes : lleno de agujeros⟩ **2** COMPLETE : completo, detallado ⟨two full weeks : dos semanas completas⟩ ⟨a full report : un informe detallado⟩ **3** MAXIMUM : todo, pleno ⟨at full speed : a toda velocidad⟩ ⟨in full bloom : en plena flor⟩ **4** PLUMP : redondo, llenito *fam* ⟨a full face : una cara redonda⟩ ⟨a full figure : un cuerpo llenito⟩ **5** AMPLE : amplio ⟨a full skirt : una falda amplia⟩

**full**[3] *n* **1 to pay in full** : pagar en su totalidad **2 to the full** : al máximo

**full–fledged** [ˈfʊlˈflɛdʒd] *adj* : hecho y derecho

**full–length** [ˈfʊlˌlɛŋkθ] *adj* **1** : de cuerpo entero (dícese de un espejo, etc.) **2** : largo (dícese de un vestido, etc.) **3** : de extensión normal ⟨full-length film : largometraje⟩

**full moon** *n* : luna *f* llena

**fullness** [ˈfʊlnəs] *n* **1** ABUNDANCE : plenitud *f*, abundancia *f* **2** : amplitud *f* (de una falda)

**full–scale** [ˈfʊlˌskeɪl] *adj* **1** : a escala natural **2** COMPLETE : total ⟨full-scale war : guerra total⟩ ⟨a full-scale investigation : una investigación rigurosa⟩

**full–time**[1] [ˈfʊlˌtaɪm] *adv* : a/de tiempo completo
**full–time**[2] *adj* : de tiempo completo
**fully** [ˈfʊli] *adv* **1** COMPLETELY : completamente, totalmente **2** : al menos, por lo menos ⟨fully half of them : al menos la mitad de ellos⟩
**fulsome** [ˈfʊlsəm] *adj* : excesivo, exagerado, efusivo
**fumble**[1] [ˈfʌmbəl] *v* **-bled; -bling** *vt* **1** : dejar caer, fumblear **2 to fumble one's way** : ir a tientas — *vi* **1** GROPE : hurgar, tantear **2 to fumble with** : manejar con torpeza
**fumble**[2] *n* : fumble *m* (en futbol americano)
**fume**[1] [ˈfju:m] *vi* **fumed; fuming 1** SMOKE : echar humo, humear **2** : estar furioso
**fume**[2] *n* : gas *m*, humo *m*, vapor *m*
**fumigate** [ˈfju:məˌgeɪt] *vt* **-gated; -gating** : fumigar
**fumigation** [ˌfju:məˈgeɪʃən] *n* : fumigación *m*
**fun**[1] [ˈfʌn] *adj* : divertido, entretenido
**fun**[2] *n* **1** AMUSEMENT : diversión *f*, entretenimiento *m* ⟨the party was really fun : la fiesta fue muy divertida⟩ ⟨for fun : por diversión⟩ **2** ENJOYMENT : disfrute *m* **3 to have fun** : divertirse **4 to make fun of** : reírse de, burlarse de
**function**[1] [ˈfʌŋkʃən] *vi* : funcionar, desempeñarse, servir
**function**[2] *n* **1** PURPOSE : función *f* **2** GATHERING : reunión *f* social, recepción *f* **3** CEREMONY : ceremonia *f*, acto *m*
**functional** [ˈfʌŋkʃənəl] *adj* : funcional — **functionally** *adv*
**functionary** [ˈfʌŋkʃəˌnɛri] *n, pl* **-aries** : funcionario *m*, -ria *f*
**fund**[1] [ˈfʌnd] *vt* : financiar
**fund**[2] *n* **1** SUPPLY : reserva *f*, cúmulo *m* **2** : fondo *m* ⟨investment fund : fondo de inversiones⟩ **3 funds** *npl* RESOURCES : fondos *mpl*
**fundamental**[1] [ˌfʌndəˈmɛntəl] *adj* **1** BASIC : fundamental, básico **2** PRINCIPAL : esencial, principal **3** INNATE : innato, intrínseco
**fundamental**[2] *n* : fundamento *m*
**fundamentalism** [ˌfʌndəˈmɛntəlˌɪzəm] *n* : integrismo *m*, fundamentalismo *m*
**fundamentalist** [ˌfʌndəˈmɛntəlɪst] *n* : integrista *mf*, fundamentalista *mf* — **fundamentalist** *adj*
**fundamentally** [ˌfʌndəˈmɛntəli] *adv* : fundamentalmente, básicamente
**funding** [ˈfʌndɪŋ] *n* : financiación *f*
**fund–raiser** [ˈfʌndˌreɪzər] *n* : función *f* para recaudar fondos
**funeral**[1] [ˈfju:nərəl] *adj* **1** : funeral, funerario, fúnebre ⟨funeral procession : cortejo fúnebre⟩ **2 funeral home/parlor** : funeraria *f*
**funeral**[2] *n* : funeral *m*, funerales *mpl*
**funereal** [fju:ˈnɪriəl] *adj* : fúnebre
**fungicide** [ˈfʌnʤəˌsaɪd, ˈfʌŋgə-] *n* : fungicida *m*
**fungus** [ˈfʌŋgəs] *n, pl* **fungi** [ˈfʌnˌʤaɪ, ˈfʌŋˌgaɪ] : hongo *m*
**funk** [ˈfʌŋk] *n* **1** FEAR : miedo *m* **2** DEPRESSION : depresión *f*
**funky** [ˈfʌŋki] *adj* **funkier; -est** ODD, QUAINT : raro, extraño, original
**funnel**[1] [ˈfʌnəl] *vt* **-neled; -neling** CHANNEL : canalizar, encauzar
**funnel**[2] *n* **1** : embudo *m* **2** SMOKESTACK : chimenea *f* (de un barco o vapor)
**funnies** [ˈfʌniz] *npl* : tiras *fpl* cómicas
**funny** [ˈfʌni] *adj* **funnier; -est 1** AMUSING : divertido, cómico **2** STRANGE : extraño, raro
**fur**[1] [ˈfər] *adj* : de piel
**fur**[2] *n* **1** : pelaje *m*, piel *f* **2** : prenda *f* de piel
**furbish** [ˈfərbɪʃ] *vt* : pulir, limpiar
**furious** [ˈfjʊriəs] *adj* **1** ANGRY : furioso **2** FRANTIC : violento, frenético, vertiginoso (dícese de la velocidad)
**furiously** [ˈfjʊriəsli] *adv* **1** ANGRILY : furiosamente **2** FRANTICALLY : frenéticamente
**furlong** [ˈfərˌlɔŋ] *n* : estadio *m* (201.2 m)
**furlough**[1] [ˈfərˌlo:] *vt* : dar permiso a, dar licencia a
**furlough**[2] *n* LEAVE : permiso *m*, licencia *f*
**furnace** [ˈfərnəs] *n* : horno *m*
**furnish** [ˈfərnɪʃ] *vt* **1** SUPPLY : proveer, suministrar **2** : amueblar ⟨furnished apartment : departamento amueblado⟩
**furnishings** [ˈfərnɪʃɪŋz] *npl* **1** ACCESSORIES : accesorios *mpl* **2** FURNITURE : muebles *mpl*, mobiliario *m*
**furniture** [ˈfərnɪtʃər] *n* : muebles *mpl*, mobiliario *m*
**furor** [ˈfjʊrˌɔr, -ər] *n* **1** RAGE : furia *f*, rabia *f* **2** UPROAR : escándalo *m*, jaleo *m*, alboroto *m*
**furrier** [ˈfəriər] *n* : peletero *m*, -ra *f*
**furrow**[1] [ˈfəro:] *vt* **1** : surcar **2 to furrow one's brow** : fruncir el ceño
**furrow**[2] *n* **1** GROOVE : surco *m* **2** WRINKLE : arruga *f*, surco *m*
**furry** [ˈfəri] *adj* **furrier; -est** : peludo (dícese de un animal), peluche (dícese de un objeto)
**further**[1] [ˈfərðər] *vt* : promover, fomentar
**further**[2] *adv* **1** FARTHER : más lejos, más adelante **2** MOREOVER : además **3** MORE : más ⟨I'll consider it further in the morning : lo consideraré más en la mañana⟩
**further**[3] *adj* **1** FARTHER : más lejano **2** ADDITIONAL : adicional, más
**furtherance** [ˈfərðərənʦ] *n* : promoción *f*, fomento *m*, adelantamiento *m*
**furthermore** [ˈfərðərˌmor] *adv* : además
**furthermost** [ˈfərðərˌmo:st] *adj* : más lejano, más distante
**furthest** [ˈfərðəst] → **farthest**[1], **farthest**[2]
**furtive** [ˈfərʦɪv] *adj* : furtivo, sigiloso — **furtively** *adv*
**furtiveness** [ˈfərʦɪvnəs] *n* STEALTH : sigilo *m*
**fury** [ˈfjʊri] *n, pl* **-ries 1** RAGE : furia *f*, ira *f* **2** VIOLENCE : furia *f*, furor *m*
**fuse**[1] [ˈfju:z] *or* **fuze** *vt* **fused** *or* **fuzed; fusing** *or* **fuzing** : equipar con un fusible
**fuse**[2] *v* **fused; fusing** *vt* **1** SMELT : fundir **2** MERGE : fusionar, fundir — *vi* : fundirse, fusionarse

**fuse**[3] *n* : fusible *m*
**fuselage** [ˈfjuːsəˌlɑʒ, -zə-] *n* : fuselaje *m*
**fusillade** [ˈfjuːsəˌlɑd, -ˌleɪd, ˌfjuːsəˈ-, -zə-] *n* : descarga *f* de fusilería
**fusion** [ˈfjuːʒən] *n* : fusión *f*
**fuss**[1] [ˈfʌs] *vi* **1** WORRY : preocuparse **2 to fuss with** : juguetear con, toquetear **3 to fuss over** : mimar
**fuss**[2] *n* **1** COMMOTION : alboroto *m*, escándalo *m* **2** ATTENTION : atenciones *fpl* **3** COMPLAINT : quejas *fpl*
**fussbudget** [ˈfʌsˌbʌʤət] *n* : quisquilloso *m*, -sa *f*; melindroso *m*, -sa *f*
**fussiness** [ˈfʌsinəs] *n* **1** IRRITABILITY : irritabilidad *f* **2** : lo recargado (dícese de la decoración, etc.) **3** METICULOUSNESS : meticulosidad *f*
**fussy** [ˈfʌsi] *adj* **fussier; -est 1** IRRITABLE : irritable, nervioso **2** OVERELABORATE : recargado **3** METICULOUS : meticuloso **4** FASTIDIOUS : quisquilloso, exigente
**futile** [ˈfjuːtəl, ˈfjuːˌtaɪl] *adj* : inútil, vano
**futility** [fjuˈtɪləti] *n, pl* **-ties** : inutilidad *f*
**futon** [ˈfuːˌtɑn] *n* : futón *m*
**future**[1] [ˈfjuːtʃər] *adj* : futuro
**future**[2] *n* : futuro *m* ⟨in the future : en el futuro⟩ ⟨a job with a future : un trabajo con futuro⟩
**futuristic** [ˌfjuːtʃəˈrɪstɪk] *adj* : futurista
**fuze** → **fuse**[1]
**fuzz** [ˈfʌz] *n* : pelusa *f*
**fuzziness** [ˈfʌzinəs] *n* **1** : vellosidad *f* **2** INDISTINCTNESS : falta *f* de claridad
**fuzzy** [ˈfʌzi] *adj* **fuzzier; -est 1** FLUFFY, FURRY : con pelusa, peludo **2** INDISTINCT : indistinto, borroso ⟨a fuzzy image : una imagen borrosa⟩

# G

**g** [ˈʤiː] *n, pl* **g's** *or* **gs** [ˈʤiːz] **1** : séptima letra del alfabeto inglés — **2** : sol *m* ⟨G sharp/flat : sol sostenido/bemol⟩
**gab**[1] [ˈgæb] *vi* **gabbed; gabbing** : charlar, cotorrear *fam*, parlotear *fam*
**gab**[2] *n* CHATTER : cotorreo *m fam*, parloteo *m fam*
**gabardine** [ˈgæbərˌdiːn] *n* : gabardina *f*
**gabby** [ˈgæbi] *adj* **gabbier; -est** : hablador, parlanchín
**gable** [ˈgeɪbəl] *n* : gablete *m*, aguilón *m*
**Gabonese** [ˌgæbəˈnɪːz, -ˈnɪːs] *n* : gabonés *m*, -nesa *f* — **Gabonese** *adj*
**gad** [ˈgæd] *vi* **gadded; gadding** WANDER : deambular, vagar, callejear
**gadfly** [ˈgædˌflaɪ] *n, pl* **-flies 1** : tábano *m* (insecto) **2** FAULTFINDER : criticón *m*, -cona *f fam*
**gadget** [ˈgæʤət] *n* : artilugio *m*, aparato *m*
**gadgetry** [ˈgæʤətri] *n* : artilugios *mpl*, aparatos *mpl*
**Gaelic** [ˈgeɪlɪk, ˈgæ] *n* : gaélico *m* (idioma) — **Gaelic** *adj*
**gaff** [ˈgæf] *n* **1** : garfio *m* **2** → **gaffe**
**gaffe** [ˈgæf] *n* : metedura *f* de pata *fam*
**gag**[1] [ˈgæg] *v* **gagged; gagging** *vt* : amordazar ⟨to tie up and gag : atar y amordazar⟩ — *vi* **1** CHOKE : atragantarse **2** RETCH : hacer arcadas
**gag**[2] *n* **1** : mordaza *f* (para la boca) **2** JOKE : chiste *m*
**gage** → **gauge**
**gaggle** [ˈgægəl] *n* : bandada *f*, manada *f* (de gansos)
**gaiety** [ˈgeɪəti] *n, pl* **-eties 1** MERRYMAKING : juerga *f* **2** MERRIMENT : alegría *f*, regocijo *m*
**gaily** [ˈgeɪli] *adv* : alegremente
**gain**[1] [ˈgeɪn] *vt* **1** ACQUIRE, OBTAIN : ganar, obtener, adquirir, conseguir ⟨to gain knowledge : adquirir conocimientos⟩ ⟨to gain a victory : obtener una victoria⟩ **2** REACH : alcanzar, llegar a **3** INCREASE : ganar, aumentar ⟨to gain weight : aumentar de peso⟩ **4** : adelantarse, ganar ⟨the watch gains two minutes a day : el reloj se adelanta dos minutos por día⟩ **5 to gain on someone** : ganarle terreno a alguien — *vi* **1** PROFIT : beneficiarse **2** INCREASE : aumentar
**gain**[2] *n* **1** PROFIT : beneficio *m*, ganancia *f*, lucro *m*, provecho *m* **2** INCREASE : aumento *m*
**gainful** [ˈgeɪnfəl] *adj* : lucrativo, beneficioso, provechoso ⟨gainful employment : trabajo remunerado⟩
**gait** [ˈgeɪt] *n* : paso *m*, andar *m*, manera *f* de caminar
**gal** [ˈgæl] *n* : muchacha *f*
**gala**[1] [ˈgeɪlə, ˈgæ-, ˈgɑ-] *adj* : de gala
**gala**[2] *n* : gala *f*, fiesta *f*
**galactic** [gəˈlæktɪk] *adj* : galáctico
**galaxy** [ˈgæləksi] *n, pl* **-axies** : galaxia *f*
**gale** [ˈgeɪl] *n* **1** WIND : vendaval *f*, viento *m* fuerte **2 gales of laughter** : carcajadas *fpl*
**Galician** [gəˈlɪʃən] *n* : gallego *m*, -ga *f* — **Galician** *adj*
**gall**[1] [ˈgɔl] *vt* **1** CHAFE : rozar **2** IRRITATE, VEX : irritar, molestar
**gall**[2] *n* **1** BILE : bilis *f*, hiel *f* **2** INSOLENCE : audacia *f*, insolencia *f*, descaro *m* **3** SORE : rozadura *f* (de un caballo) **4** : agalla *f* (de una planta)
**gallant** [ˈgælənt] *adj* **1** BRAVE : valiente, gallardo **2** CHIVALROUS, POLITE : galante, cortés
**gallantry** [ˈgæləntri] *n, pl* **-ries** : galantería *f*, caballerosidad *f*
**gallbladder** [ˈgɔlˌblædər] *n* : vesícula *f* biliar
**galleon** [ˈgæljən] *n* : galeón *m*
**gallery** [ˈgæləri] *n, pl* **-leries 1** BALCONY : galería *f* (para espectadores) **2** CORRIDOR : pasillo *m*, galería *f*, corredor *m* **3** *or* **art gallery** : galería *f* (para exposiciones)

**galley** [ˈgæli] *n, pl* **-leys** : galera *f*
**gallium** [ˈgæliəm] *n* : galio *m*
**gallivant** [ˈgælə,vænt] *vi* : callejear
**gallon** [ˈgælən] *n* : galón *m*
**gallop**[1] [ˈgæləp] *vi* : galopar
**gallop**[2] *n* : galope *m*
**gallows** [ˈgæ,loːz] *n, pl* **-lows** *or* **-lowses** [-,loːzəz] : horca *f*
**gallstone** [ˈgɔl,stoːn] *n* : cálculo *m* biliar
**galore** [gəˈlor] *adj* : en abundancia ⟨bargains galore : muchísimas gangas⟩
**galoshes** [gəˈlɑʃəz] *npl* : galochas *fpl*, chanclos *mpl*
**galvanize** [ˈgælvən,aɪz] *vt* **-nized; -nizing** **1** STIMULATE : estimular, excitar, impulsar **2** : galvanizar (metales)
**Gambian** [ˈgæmbiən] *n* : gambiano *m*, -na *f* — **Gambian** *adj*
**gambit** [ˈgæmbɪt] *n* **1** : gambito *m* (en ajedrez) **2** STRATAGEM : estratagema *f*, táctica *f*
**gamble**[1] [ˈgæmbəl] *v* **-bled; -bling** *vi* : jugar, arriesgarse — *vt* **1** BET, WAGER : apostar, jugarse **2** RISK : arriesgar
**gamble**[2] *n* **1** BET : apuesta *f* **2** RISK : riesgo *m*
**gambler** [ˈgæmbələr] *n* : jugador *m*, -dora *f*
**gambling** [ˈgæmbəlɪŋ] *n* : juego *m*
**gambol** [ˈgæmbəl] *vi* **-boled** *or* **-bolled; -boling** *or* **-bolling** FROLIC : retozar, juguetear
**game**[1] [ˈgeɪm] *adj* **1** READY : listo, dispuesto ⟨we're game for anything : estamos listos para lo que sea⟩ **2** LAME : cojo
**game**[2] *n* **1** : juego *m* ⟨card game : juego de cartas/naipes⟩ ⟨board game : juego de mesa⟩ ⟨video game : videojuego⟩ **2** MATCH : partido *m* (de fútbol, ajedrez, etc.), partida *f* (de ajedrez, etc.) **3** ROUND : juego *m* **4** : caza *f* ⟨big game : caza mayor⟩ **5 early in the game** : al principio **6 late in the game** : tarde ⟨it's a little late in the game for that : ya es tarde para eso⟩ **7 to be ahead of the game** : llevar la delantera **8 to beat someone at their own game** : vencer a alguien con sus propias armas **9 to be on/off one's game** : estar/no estar en forma **10 to play games (with someone)** : jugar con alguien, manipular a alguien
**gamecock** [ˈgeɪm,kɑk] *n* : gallo *m* de pelea
**gamekeeper** [ˈgeɪm,kiːpər] *n* : guardabosque *mf*
**gamely** [ˈgeɪmli] *adv* : animosamente
**gamer** [ˈgeɪmər] *n* : videojugador *m*, -dora *f*
**gaming** [ˈgeɪmɪŋ] *n* **1** GAMBLING : juego *m* **2** : juegos *mpl* ⟨online gaming : juegos en línea⟩
**gamma ray** [ˈgæmə] *n* : rayo *m* gamma
**gamut** [ˈgæmət] *n* : gama *f*, espectro *m* ⟨to run the gamut : pasar por toda la gama⟩
**gamy** *or* **gamey** [ˈgeɪmi] *adj* **gamier; -est** : con sabor de animal de caza, fuerte
**gander** [ˈgændər] *n* **1** : ganso *m* (animal) **2** GLANCE : mirada *f*, vistazo *m*, ojeada *f*
**gang**[1] [ˈgæŋ] *vi* **to gang up** : agruparse, unirse
**gang**[2] *n* : banda *f*, pandilla *f*
**gangland** [ˈgæŋ,lænd] *n* : hampa *f*
**gangling** [ˈgæŋglɪŋ] *adj* LANKY : larguirucho *fam*
**ganglion** [ˈgæŋgliən] *n, pl* **-glia** [-gliə] : ganglio *m*
**gangplank** [ˈgæŋ,plæŋk] *n* : pasarela *f*
**gangrene** [ˈgæŋ,griːn, ˈgæn-ˌ, gænˈ-, gænˈ-] *n* : gangrena *f*
**gangster** [ˈgæŋstər] *n* : gángster *mf*
**gangway** [ˈgæŋ,weɪ] *n* **1** : pasarela *f* **2** **gangway!** : ¡abran paso!
**gap** [ˈgæp] *n* **1** BREACH, OPENING : espacio *m*, brecha *f*, abertura *f* **2** GORGE : desfiladero *m*, barranco *m* **3** : laguna *f* ⟨a gap in my education : una laguna en mi educación⟩ **4** INTERVAL : pausa *f*, intervalo *m* **5** DISPARITY : brecha *f*, disparidad *f*
**gape**[1] [ˈgeɪp] *vi* **gaped; gaping** **1** OPEN : abrirse, estar abierto **2** STARE : mirar fijamente con la boca abierta, mirar boquiabierto
**gape**[2] *n* **1** OPENING : abertura *f*, brecha *f* **2** STARE : mirada *f* boquiabierta
**garage**[1] [gəˈrɑʒ, -ˈrɑdʒ] *vt* **-raged; -raging** : dejar en un garaje
**garage**[2] *n* : garaje *m*, cochera *f*
**garb**[1] [ˈgɑrb] *vt* : vestir, ataviar
**garb**[2] *n* : vestimenta *f*, atuendo *f*
**garbage** [ˈgɑrbɪdʒ] *n* : basura *f*, desechos *mpl*
**garbage can** *n* : bote *m* de basura *CA, Mex*; basurero *m Mex*; caneca *f Col*; cubo *m* de (la) basura *Spain*; tacho *m* de basura *Arg, Chile, Ecua, Peru, Uru*; tarro *m* de (la) basura *Arg, Chile, CoRi, Uru*
**garbage disposal** *n* : trituradora *f* de basura
**garbageman** [ˈgɑrbɪdʒmən] *n, pl* **-men** [-mən, -ˌmen] : basurero *m*
**garbage truck** *n* : camión *m* de la basura
**garble** [ˈgɑrbəl] *vt* **-bled; -bling** : tergiversar, distorsionar
**garbled** [ˈgɑrbəld] *adj* : incoherente, incomprensible
**garden**[1] [ˈgɑrdən] *vi* : trabajar en el jardín
**garden**[2] *n* : jardín *m* ⟨vegetable garden : huerto⟩
**garden center** *n* : centro *m* de jardinería *f*
**gardener** [ˈgɑrdənər] *n* : jardinero *m*, -ra *f*
**gardenia** [gɑrˈdiːnjə] *n* : gardenia *f*
**gardening** [ˈgɑrdənɪŋ] *n* : jardinería *f*
**gargantuan** [gɑrˈgæntʃuən] *adj* : gigantesco, colosal
**gargle**[1] [ˈgɑrgəl] *vi* **-gled; -gling** : hacer gárgaras, gargarizar
**gargle**[2] *n* : gárgara *f*
**gargoyle** [ˈgɑr,gɔɪl] *n* : gárgola *f*
**garish** [ˈgærɪʃ] *adj* GAUDY : llamativo, chillón, charro — **garishly** *adv*
**garland**[1] [ˈgɑrlənd] *vt* : adornar con guirnaldas
**garland**[2] *n* : guirnalda *f*
**garlic** [ˈgɑrlɪk] *n* : ajo *m*
**garment** [ˈgɑrmənt] *n* : prenda *f*
**garner** [ˈgɑrnər] *vt* : recoger, cosechar
**garnet** [ˈgɑrnət] *n* : granate *m*

**garnish**[1] ['gɑrnɪʃ] *vt* : aderezar, guarnecer
**garnish**[2] *n* : aderezo *m*, guarnición *f*
**garret** ['gærət] *n* : buhardilla *f*, desván *m*
**garrison**[1] ['gærəsən] *vt* **1** QUARTER : acuartelar (tropas) **2** OCCUPY : guarnecer, ocupar (con tropas)
**garrison**[2] *n* **1** : guarnición *f* (ciudad) **2** FORT : fortaleza *f*, poste *m* militar
**garrulous** ['gærələs] *adj* : charlatán, parlanchín
**garter** ['gɑrtər] *n* : liga *f*
**gas**[1] ['gæs] *v* **gassed; gassing** *vt* : gasear — *vi* **to gas up** : llenar el tanque con gasolina
**gas**[2] *n, pl* **gases** ['gæsəz] **1** : gas *m* ⟨tear gas : gas lacrimógeno⟩ **2 → gasoline**
**gaseous** ['gæʃəs, 'gæsiəs] *adj* : gaseoso
**gash**[1] ['gæʃ] *vt* : hacer un tajo en, cortar
**gash**[2] *n* : cuchillada *f*, tajo *m*
**gasket** ['gæskət] *n* : junta *f*
**gas mask** *n* : máscara *f* antigás
**gasoline** ['gæsə,li:n, ,gæsə'-] *n* : gasolina *f*, nafta *f*, bencina *f Chile*
**gasp**[1] ['gæsp] *vi* **1** : boquear ⟨to gasp with surprise : gritar de asombro⟩ **2** PANT : jadear, respirar con dificultad
**gasp**[2] *n* **1** : boqueada *f* ⟨a gasp of surprise : un grito sofocado⟩ **2** PANTING : jadeo *m*
**gas pedal** *n* : acelerador *m*
**gas station** *n* : estación *f* de servicio; gasolinera *f*; bencinera *f Chile*; bomba *f Chile, CoRi, Ven*
**gas tank** *n* : tanque *m*, depósito *m* (de gasolina/bencina/nafta)
**gastric** ['gæstrɪk] *adj* : gástrico ⟨gastric juice : jugo gástrico⟩
**gastronomic** [,gæstrə'nɑmɪk] *adj* : gastronómico
**gastronomy** [gæs'trɑnəmi] *n* : gastronomía *f*
**gate** ['geɪt] *n* : portón *m*, verja *f*, puerta *f*
**gatekeeper** ['geɪt,ki:pər] *n* : guarda *mf*; guardián *m*, -diana *f*
**gateway** ['geɪt,weɪ] *n* : puerta *f* (de acceso), entrada *f*
**gather** ['gæðər] *vt* **1** ASSEMBLE, COLLECT : juntar, recoger, reunir ⟨to gather dust : acumular polvo⟩ **2** HARVEST : recoger, cosechar **3** : fruncir (una tela) **4** INFER : deducir, suponer — *vi* : reunirse, congregarse, acumularse
**gathering** ['gæðərɪŋ] *n* : reunión *f*
**gauche** ['go:ʃ] *adj* : torpe, falto de tacto
**gaucho** ['gaʊtʃo] *n* : gaucho *m*
**gaudy** ['gɔdi] *adj* **gaudier; -est** : chillón, llamativo
**gauge**[1] ['geɪʤ] *vt* **gauged; gauging** **1** MEASURE : medir **2** ESTIMATE, JUDGE : estimar, evaluar, juzgar
**gauge**[2] *n* **1** : indicador *m* ⟨pressure gauge : indicador de presión⟩ **2** CALIBER : calibre *m* **3** INDICATION : indicio *m*, muestra *f*
**gaunt** ['gɔnt] *adj* : demacrado, descarnado
**gauntlet** ['gɔntlət] *n* : guante *m* ⟨to run the gauntlet of : exponerse a⟩
**gauze** ['gɔz] *n* : gasa *f*
**gauzy** ['gɔzi] *adj* **gauzier; -est** : diáfano, vaporoso
**gave → give**
**gavel** ['gævəl] *n* : martillo *m* (de un juez, un subastador, etc.)
**gawk** ['gɔk] *vi* GAPE : mirar boquiabierto
**gawker** ['gɔkər] *n* : mirón *m*, -rona *f*
**gawky** ['gɔki] *adj* **gawkier; -est** : desmañado, torpe, desgarbado
**gay**[1] ['geɪ] *adj* **1** MERRY : alegre **2** BRIGHT, COLORFUL : vistoso, vivo **3** HOMOSEXUAL : homosexual
**gay**[2] *n* HOMOSEXUAL : homosexual *mf*
**gaze**[1] ['geɪz] *vi* **gazed; gazing** : mirar (fijamente)
**gaze**[2] *n* : mirada *f* (fija)
**gazebo** [gə'zi:bo] *n* : pabellón *m*, cenador *m*, glorieta *f*
**gazelle** [gə'zɛl] *n* : gacela *f*
**gazette** [gə'zɛt] *n* : gaceta *f*
**gazetteer** [,gæzə'tɪr] *n* : diccionario *m* geográfico
**gazpacho** [gəz'pɑtʃo, gə'spɑ-] *n* : gazpacho *m*
**gear**[1] ['gɪr] *vt* ADAPT, ORIENT : adaptar, ajustar, orientar ⟨a book geared to children : un libro adaptado a los niños⟩ — *vi* **to gear up** : prepararse
**gear**[2] *n* **1** CLOTHING : ropa *f* **2** BELONGINGS : efectos *mpl* personales **3** EQUIPMENT, TOOLS : equipo *m*, aparejo *m*, herramientas *fpl* ⟨fishing gear : aparejo de pescar⟩ ⟨landing gear : tren de aterrizaje⟩ **4** COGWHEEL : rueda *f* dentada **5** : marcha *f*, velocidad *f* (de un vehículo) ⟨to put in gear : poner en marcha⟩ ⟨to change gear(s) : cambiar de velocidad⟩
**gearbox** ['gɪr,bɑks] *n* : caja *f* de cambios
**gearshift** ['gɪr,ʃɪft] *n* TRANSMISSION : palanca *f* de cambio, palanca *f* de velocidad
**geek** ['gi:k] *n fam* **1** : intelectual *mf* (en general); fanático *m* -ca *f* (de algo específico) ⟨a computer geek : un genio informático⟩ **2** MISFIT : inadaptado *m*, -da *f*
**geese → goose**
**Geiger counter** ['gaɪgər,kaʊntər] *n* : contador *m* Geiger
**gel** ['ʤɛl] *n* : gel *m*
**gelatin** ['ʤɛlətən] *n* : gelatina *f*
**gem** ['ʤɛm] *n* : joya *f*, gema *f*, alhaja *f*
**Gemini** ['ʤɛmə,naɪ] *n* **1** : Géminis *m* (signo o constelación) **2** : Géminis *mf* (persona)
**gemstone** ['ʤɛm,sto:n] *n* : piedra *f* (semipreciosa o preciosa), gema *f*
**gender** ['ʤɛndər] *n* **1** SEX : sexo *m*, género *m* (de una persona) **2** : género *m* (en la gramática)
**gender identity** *n* : identidad *f* de género
**gender–neutral** *adj* : de género neutro
**gene** ['ʤi:n] *n* : gen *m*, gene *m*
**genealogical** [,ʤi:niə'lɑʤɪkəl] *adj* : genealógico
**genealogy** [,ʤi:ni'ɑləʤi, ,ʤɛ-, -'æ-] *n, pl* **-gies** : genealogía *f*
**genera → genus**
**general**[1] ['ʤɛnrəl, 'ʤɛnə-] *adj* : general ⟨in general : en general, por lo general⟩ ⟨general election : elecciones generales⟩ ⟨general knowledge : cultura general⟩

**general**[2] *n* : general *mf*

**generality** [ˌdʒɛnəˈræləṭi] *n, pl* **-ties** : generalidad *f*

**generalization** [ˌdʒɛnrələˈzeɪʃən, ˌdʒɛnərə-] *n* : generalización *f*

**generalize** [ˈdʒɛnrəˌlaɪz, ˈdʒɛnərə-] *v* **-ized; -izing** : generalizar

**generally** [ˈdʒɛnrəli, ˈdʒɛnərə-] *adv* : generalmente, por lo general, en general

**general practitioner** *n* : médico *m*, -ca *f* de cabecera

**generate** [ˈdʒɛnəˌreɪt] *vt* **-ated; -ating** : generar, producir

**generation** [ˌdʒɛnəˈreɪʃən] *n* : generación *f* — **generational** [ˌdʒɛnəˈreɪʃənəl] *adj*

**generator** [ˈdʒɛnəˌreɪṭər] *n* : generador *m*

**generic** [dʒəˈnɛrɪk] *adj* : genérico

**generosity** [ˌdʒɛnəˈrɑsəṭi] *n, pl* **-ties** : generosidad *f*

**generous** [ˈdʒɛnərəs] *adj* **1** OPENHANDED : generoso, dadivoso, desprendido **2** ABUNDANT, AMPLE : abundante, amplio, generoso — **generously** *adv*

**genetic** [dʒəˈnɛṭɪk] *adj* : genético — **genetically** [-ṭɪkli] *adv*

**genetically modified** *adj* : transgénico

**geneticist** [dʒəˈnɛṭəsɪst] *n* : genetista *mf*

**genetics** [dʒəˈnɛṭɪks] *n* : genética *f*

**genial** [ˈdʒiːniəl] *adj* GRACIOUS : simpático, cordial, afable — **genially** *adv*

**geniality** [ˌdʒiːniˈæləṭi] *n* : simpatía *f*, afabilidad *f*

**genie** [ˈdʒiːni] *n* : genio *m*

**genital** [ˈdʒɛnəṭəl] *adj* : genital

**genitals** [ˈdʒɛnəṭəlz] *npl* : genitales *mpl*

**genius** [ˈdʒiːnjəs] *n* : genio *m*

**genocide** [ˈdʒɛnəˌsaɪd] *n* : genocidio *m*

**genre** [ˈʒɑnrə, ˈʒɑr] *n* : género *m*

**genteel** [dʒɛnˈtiːl] *adj* : cortés, fino, refinado

**gentile**[1] [ˈdʒɛnˌtaɪl] *adj* : gentil

**gentile**[2] *n* : gentil *mf*

**gentility** [dʒɛnˈtɪləṭi] *n, pl* **-ties** **1** : nobleza *f* (de nacimiento) **2** POLITENESS, REFINEMENT : cortesía *f*, refinamiento *m*

**gentle** [ˈdʒɛntəl] *adj* **gentler; gentlest** **1** NOBLE : bien nacido, noble **2** DOCILE : dócil, manso **3** KINDLY : bondadoso, amable **4** MILD : suave, apacible ⟨a gentle breeze : una brisa suave⟩ **5** SOFT : suave (dícese de un sonido), ligero (dícese del tacto) **6** MODERATE : moderado, gradual ⟨a gentle slope : una cuesta gradual⟩

**gentleman** [ˈdʒɛntəlmən] *n, pl* **-men** [-mən, -ˌmɛn] : caballero *m*, señor *m*

**gentlemanly** [ˈdʒɛntəlmənli] *adj* : caballeroso

**gentleness** [ˈdʒɛntəlnəs] *n* : delicadeza *f*, suavidad *f*, ternura *f*

**gentlewoman** [ˈdʒɛntəlˌwʊmən] *n, pl* **-women** [-ˌwɪmən] : dama *f*, señora *f*

**gently** [ˈdʒɛntli] *adv* **1** CAREFULLY, SOFTLY : con cuidado, suavemente, ligeramente **2** KINDLY : amablemente, con delicadeza

**gentry** [ˈdʒɛntri] *n, pl* **-tries** : aristocracia *f*

**genuflect** [ˈdʒɛnjuˌflɛkt] *vi* : doblar la rodilla, hacer una genuflexión

**genuflection** [ˌdʒɛnjuˈflɛkʃən] *n* : genuflexión *f*

**genuine** [ˈdʒɛnjuwən] *adj* **1** AUTHENTIC, REAL : genuino, verdadero, auténtico **2** SINCERE : sincero — **genuinely** *adv*

**genus** [ˈdʒiːnəs] *n, pl* **genera** [ˈdʒ-nərə] : género *m*

**geographer** [dʒiˈɑgrəfər] *n* : geógrafo *m*, -fa *f*

**geographical** [ˌdʒiːəˈgræfɪkəl] *or* **geographic** [-fɪk] *adj* : geográfico — **geographically** [-fɪkli] *adv*

**geography** [dʒiˈɑgrəfi] *n, pl* **-phies** : geografía *f*

**geologic** [ˌdʒiːəˈlɑdʒɪk] *or* **geological** [-dʒɪkəl] *adj* : geológico — **geologically** [-dʒɪkli] *adv*

**geologist** [dʒiˈɑlədʒɪst] *n* : geólogo *m*, -ga *f*

**geology** [dʒiˈɑlədʒi] *n* : geología *f*

**geometric** [ˌdʒiːəˈmɛtrɪk] *or* **geometrical** [-trɪkəl] *adj* : geométrico

**geometry** [dʒiˈɑmətri] *n, pl* **-tries** : geometría *f*

**geopolitical** [ˌdʒiːopəˈlɪṭɪkəl] *adj* : geopolítico

**Georgian** [ˈdʒɔrdʒən] *n* **1** : georgiano *m* (idioma) **2** : georgiano *m*, -na *f* — **Georgian** *adj*

**geranium** [dʒəˈreɪniəm] *n* : geranio *m*

**gerbil** [ˈdʒərbəl] *n* : jerbo *m*, gerbo *m*

**geriatric** [ˌdʒeriˈætrɪk] *adj* : geriátrico

**geriatrics** [ˌdʒeriˈætrɪks] *n* : geriatría *f*

**germ** [ˈdʒərm] *n* **1** MICROORGANISM : microbio *m*, germen *m* **2** BEGINNING : germen *m*, principio *m*

**German** [ˈdʒərmən] *n* **1** : alemán *m*, -mana *f* **2** : alemán *m* (idioma) — **German** *adj*

**germane** [dʒərˈmeɪn] *adj* : relevante, pertinente

**Germanic** [dʒərˈmænɪk] *adj* : germano

**germanium** [dʒərˈmeɪniəm] *n* : germanio *m*

**German measles** *n* : rubéola *f*

**German shepherd** *n* : pastor *m* alemán

**germ cell** *n* : célula *f* germen

**germicide** [ˈdʒərməˌsaɪd] *n* : germicida *m*

**germinate** [ˈdʒərməˌneɪt] *v* **-nated; -nating** *vi* : germinar — *vt* : hacer germinar

**germination** [ˌdʒərməˈneɪʃən] *n* : germinación *f*

**gerund** [ˈdʒerənd] *n* : gerundio *m*

**gestation** [dʒɛˈsteɪʃən] *n* : gestación *f*

**gesticulate** [dʒɛˈstɪkjəˌleɪt] *vi* **-lated; -lating** : gesticular — **gesticulation** [dʒɛˌstɪkjəˈleɪʃən] *n*

**gesture**[1] [ˈdʒestʃər] *vi* **-tured; -turing** : gesticular, hacer gestos

**gesture**[2] *n* **1** : gesto *m*, ademán *m* **2** SIGN, TOKEN : gesto *m*, señal *f* ⟨a gesture of friendship : una señal de amistad⟩

**get** [ˈgɛt] *v* **got** [ˈgɑt]; **got** *or* **gotten** [ˈgɑtən]; **getting** *vt* **1** OBTAIN : conseguir, obtener, adquirir ⟨to get a job : conseguir trabajo⟩ ⟨she got the dress on sale : compró el vestido rebajado⟩ ⟨to get someone's attention : atraer la atención de alguien⟩ ⟨to get a good night's sleep : dormir bien⟩ **2** RECEIVE : recibir ⟨to get a letter : recibir una carta⟩

⟨we've been getting a lot of rain : ha llovido mucho⟩ **3** EARN : ganar ⟨he gets $10 an hour : gana $10 por hora⟩ **4** FETCH : traer ⟨get me my book : tráeme el libro⟩ ⟨go (and) get your coat : vete a buscar tu abrigo⟩ **5** CATCH : tomar (un tren, etc.), agarrar (una pelota, etc.) **6** SEIZE, GRASP : agarrar ⟨he got me by the arm : me agarró del brazo⟩ **7** CAPTURE : agarrar, capturar **8** SEND : mandar, hacer llegar ⟨we got a message to her : le hicimos llegar un mensaje⟩ **9** TAKE : llevar ⟨we got him to the hospital : lo llevamos al hospital⟩ **10** : hacer ir/mover (etc.) ⟨he got them out of bed : los sacó de la cama⟩ ⟨we got ourselves through customs : pasamos por la aduana⟩ **11** : hacer progresar ⟨flattery will get you nowhere : con halagos no conseguirás nada⟩ **12** FIT : hacer entrar/pasar (etc.) ⟨can you get it into this box? : ¿puedes meterlo en esta caja?⟩ ⟨I can't get the key into the lock : la llave no entra en la cerradura⟩ ⟨can you get it through the door? : ¿va a pasar por la puerta?⟩ **13** CONTRACT : contagiarse de, contraer ⟨she got the measles from him : (a ella) le dio el sarampión⟩ **14** SUFFER, SUSTAIN : sufrir (una herida, etc.) **15** PREPARE : preparar (una comida) **16** : tener (una impresión, etc.) ⟨where did you get that idea? : ¿de dónde sacaste esa idea?⟩ **17** CAUSE, ELICIT : causar, provocar ⟨to get a laugh : hacer reír⟩ **18** (*to cause to do something*) ⟨I can't get them to behave : no puedo hacer que se porten bien⟩ ⟨I got him to agree : logré convencerlo⟩ ⟨she got the computer working, she got the computer to work : hizo funcionar la computadora⟩ **19** (*to cause to be*) ⟨I got my feet wet : me mojé los pies⟩ ⟨to get one's hair cut : cortarse el pelo⟩ ⟨he got himself ready to go : se prepararó para ir⟩ ⟨let me get this straight : a ver si te entiendo⟩ **20** ANSWER : contestar (el teléfono), abrir (la puerta) **21** *fam* BOTHER : molestar, irritar ⟨what really gets me is . . . : lo que más me molesta es . . .⟩ **22** UNDERSTAND : entender ⟨now I get it! : ¡ya entiendo!⟩ ⟨I didn't get your name : no oí su nombre⟩ **23** NOTICE : notar, ver **24** STUMP : agarrar, pillar **25** TRICK : engañar **26** MOVE, SADDEN : conmover **27** RECEIVE : captar, recibir (un canal, etc.) **28** HIT : dar ⟨it got him in the leg : le dio en la pierna⟩ **29** KILL : matar, acabar con **30 to get across** : comunicar, hacer entender **31 to get back** : recuperar (dinero, etc.) **32 to get someone back** : vengarse de alguien **33 to get down** : bajar (de un estante, etc.) **34 to get down** SWALLOW : tragar **35 to get down** DEPRESS, SADDEN : deprimir **36 to get down** WRITE DOWN : anotar **37 to get in** SUBMIT, DELIVER : entregar **38 to get in** : hacer (un comentario, etc.), dar (un golpe, etc.) ⟨to get a word in edgewise : meter baza⟩ **39 to get in** : arreglárselas para hacer ⟨we got in a visit to the museum : pudimos visitar el museo⟩ **40 to get into** : meter (a alguien) en (un asunto) ⟨to get oneself into trouble : meterse en un lío⟩ **41 to get off** REMOVE : quitar **42 to get off** : librar de, salvar de (un castigo) **43 to get off** SEND : mandar, enviar **44 to get out** EXTRACT, REMOVE : sacar, quitar **45 to get something out of someone** : sacarle algo a alguien **46 to get something over with** : quitarse algo de encima **47 to get through** : hacer llegar (un mensaje, etc.) **48 to get through** SUSTAIN : mantener, sustentar **49 to get through** LAST : alcanzar **50 to get together** COLLECT : juntar, reunir ⟨to get oneself together : organizarse⟩ **51 to get up** RAISE, LIFT : subir **52 to get up** MUSTER : armarse de (valor), cobrar (fuerzas) **53 to get up** : organizar (una petición, etc.) **54 to have got** : tener ⟨I've got a headache : tengo un dolor de cabeza⟩ **55 to have got to** : tener que ⟨you've got to come : tienes que venir⟩ — *vi* **1** BECOME : ponerse, volverse, hacerse ⟨to get angry : ponerse furioso, enojarse⟩ ⟨to get wet/dirty : mojarse/ensuciarse⟩ ⟨to get dressed : vestirse⟩ ⟨to get used to something : acostumbrarse a algo⟩ ⟨to get lost : perderse⟩ ⟨it's getting late : se hace tarde⟩ **2** GO, MOVE : ir, avanzar ⟨he didn't get far : no avanzó mucho⟩ **3** PROGRESS : progresar, avanzar ⟨now we're getting somewhere! : ¡ahora sí que estamos progresando!⟩ **4** ARRIVE : llegar ⟨to get home : llegar a casa⟩ ⟨she got to the last page : llegó a la última página⟩ **5 get out (of here)!** (*expressing surprise or disbelief*) : ¡anda!, ¡qué va! **6 to get across** COMMUNICATE : comunicarse, hacerse entender **7 to get after** *fam* NAG : estar encima de/a **8 to get ahead** : adelantarse, progresar **9 to get along** : llevarse bien (con alguien), congeniar **10 to get along** MANAGE : arreglárselas **11 to get along** PROGRESS : marchar, progresar **12 to get around** SPREAD, CIRCULATE : difundirse ⟨word got around that . . . : se corrió la voz de que . . .⟩ **13 to get around** CIRCUMVENT : evitar, vencer **14 to get around** WALK : caminar, andar **15 to get around** TRAVEL : viajar **16 to get around to doing something** : encontrar el tiempo para hacer algo **17 to get at** REACH : llegar a, alcanzar **18 to get at** DISCOVER : descubrir **19 to get at** IMPLY : insinuar **20 to get away** : salir ⟨I can't get away until later : no puedo salir hasta más tarde⟩ **21 to get away** ESCAPE : escaparse **22 to get away** : ir de vacaciones **23 to get away** MANAGE : arreglárselas (con/sin algo) **24 to get away with** ⟨to get away with a crime : salir impune de un delito⟩ ⟨how does he get away with being so rude? : ¿cómo se le permite ser tan grosero?⟩ **25 to get back** RETURN : volver **26 to get**

**back** RETREAT : echarse atrás **27 to get back at someone** : vengarse de alguien **28 to get back to** : volver a, reanudar (una actividad) **29 to get back to** : volver a contactar **30 to get behind** : atrasarse **31 to get behind** SUPPORT : apoyar **32 to get by** MANAGE : arreglárselas **33 to get down to something** : ponerse a hacer algo **34 to get going** LEAVE : irse **35 to get going** : ponerse a hablar **36 to get going on something** : ponerse a hacer algo **37 to get in** ENTER : entrar ⟨it got in through the window : entró por la ventana⟩ **38 to get in** ARRIVE : llegar **39 to get in** : entrar, ser aceptado **40 to get into** : entrar en/a (una universidad, etc) **41 to get into** : meterse en (una situación) ⟨to get into trouble : meterse en un lío⟩ ⟨to get into an argument : empezar a discutir⟩ **42 to get into** : entusiasmarse con, interesarse en **43 to get into** : afectar a ⟨what's gotten into him? : ¿qué le pasa?⟩ **44 to get into** : llegar a (un lugar) **45 to get into** : ponerse ⟨I can't get into these jeans : estos jeans no me entran⟩ **46 to get in/into** BOARD : subir (a) **47 to get it** ⟨when mom finds out, you're going to get it! : cuando mamá se entere, ¡te mata!⟩ **48 to get off** : quedar impune ⟨to get off with a warning : librarse con sólo una amonestación⟩ **49 to get off** : salir (del trabajo) **50 to get off** : salirse de (un tema, etc.) **51 to get off (of)** EXIT : bajarse (de) **52 to get on** : llevarse bien (con alguien) **53 to get on** ⟨how are you getting on? : ¿qué tal te va?⟩ **54 to get on** SUCCEED : tener éxito **55 to get on** : ocuparse de ⟨I'll get right on it : lo haré ahora mismo⟩ **56 to get on/onto** MOUNT : montarse (a) **57 to get on/onto** BOARD : subirse (a) **58 to get onto** : empezar a hablar de (un tema) **59 to get on with** : seguir con (una actividad) **60 to get out** LEAVE : salir **61 to get out** LEAK : difundirse, filtrarse **62 to get out (of)** EXIT : bajarse (de) **63 to get out of** : escapar de **64 to get out of** : salvarse de **65 to get over** : recuperarse de (una enfermedad, etc.), superar (el miedo, etc.), aceptar (una situación), no guardar (rencor), olvidar a (un amante), consolarse de (una pérdida) **66 to get through** : sobrevivir (el invierno), superar (una crisis, etc.) **67 to get through** : aprobar (un examen) **68 to get through** : comunicar (por teléfono) **69 to get through** : hacer entender ⟨I think I finally got through (to him) : creo que por fin lo hice entender⟩ **70 to get through (with)** FINISH : terminar, acabar **71 to get to** BOTHER : molestar, irritar **72 to get to be** BECOME : llegar a ser **73 to get together** MEET : reunirse **74 to get together** UNITE : unirse, juntarse **75 to get up** : levantarse **76 to get up on** : subirse a **77 to get up to** : hacer (travesuras, etc.) **78 to get up to** REACH : alcanzar, llegar hasta — *v aux* ⟨I got paid : me pagaron⟩ ⟨they got married : se casaron⟩

**getaway** [ˈgɛtəˌweɪ] *n* ESCAPE : fuga *f*, huida *f*, escapada *f*

**get–go** [ˈgɪtˌgoː, ˈgɛt-] *n* **from the get–go** : desde el primer momento

**get–together** [ˈgɛttəˌgɛðər] *n* : reunión *f* (informal)

**geyser** [ˈgaɪzər] *n* : géiser *m*

**Ghanaian** [ˈgɑnɪən, ˈgæ-] *n* : ghanés *m*, -nesa *f* — **Ghanaian** *adj*

**ghastly** [ˈgæstlɪ] *adj* **ghastlier; -est** 1 HORRIBLE : horrible, espantoso 2 PALE : pálido, cadavérico

**gherkin** [ˈgərkən] *n* : pepinillo *m*

**ghetto** [ˈgɛtoː] *n, pl* **-tos** *or* **-toes** : gueto *m*

**ghost** [ˈgoːst] *n* 1 : fantasma *m*, espectro *m* 2 **the Holy Ghost** : el Espíritu Santo

**ghostly** [ˈgoːstlɪ] *adv* : fantasmal

**ghoul** [ˈguːl] *n* 1 : demonio *m* (que come cadáveres) 2 : persona *f* de gustos macabros

**GI** [ˌʤiːˈaɪ] *n, pl* **GI's** *or* **GIs** : soldado *m* estadounidense

**giant**[1] [ˈʤaɪənt] *adj* : gigante, gigantesco, enorme

**giant**[2] *n* : gigante *m*, -ta *f*

**gibberish** [ˈʤɪbərɪʃ] *n* : galimatías *m*, jerigonza *f*

**gibbon** [ˈgɪbən] *n* : gibón *m*

**gibe**[1] [ˈʤaɪb] *vi* **gibed; gibing** : mofarse, burlarse

**gibe**[2] *n* : pulla *f*, burla *f*, mofa *f*

**giblets** [ˈʤɪbləts] *npl* : menudos *mpl*, menudencias *fpl*

**giddiness** [ˈgɪdinəs] *n* 1 DIZZINESS : vértigo *m*, mareo *m* 2 SILLINESS : frivolidad *f*, estupidez *f*

**giddy** [ˈgɪdɪ] *adj* **giddier; -est** 1 DIZZY : mareado, vertiginoso 2 FRIVOLOUS, SILLY : frívolo, tonto

**gift** [ˈgɪft] *n* 1 TALENT : don *m*, talento *m*, dotes *fpl* 2 PRESENT : regalo *m*, obsequio *m*

**gift card** *n* : tarjeta *f* de regalo, tarjeta *f* regalo

**gift certificate** *n* : certificado *m* de regalo

**gifted** [ˈgɪftəd] *adj* TALENTED : talentoso

**gig**[1] [ˈgɪg] *n* : trabajo *m* (de duración limitada) ⟨to play a gig : tocar en un concierto⟩

**gig**[2] *n fam* : giga *mf fam*, gigabyte *m*

**gigabyte** [ˈʤɪgəˌbaɪt, ˈgɪ-] *n* : gigabyte *m*

**gigantic** [ʤaɪˈgæntɪk] *adj* : gigantesco, enorme, colosal

**giggle**[1] [ˈgɪgəl] *vi* **-gled; -gling** : reírse tontamente

**giggle**[2] *n* : risita *f*, risa *f* tonta

**gild** [ˈgɪld] *vt* **gilded** *or* **gilt** [ˈgɪlt]; **gilding** : dorar

**gill**[1] [ˈgɪl] *n* : agalla *f*, branquia *f*

**gilt**[1] [ˈgɪlt] *adj* : dorado

**gilt**[2] *n* : dorado *m*

**gimlet** [ˈgɪmlət] *n* 1 : barrena *f* (herramienta) 2 : bebida *f* de vodka o ginebra y limón

**gimmick** [ˈgɪmɪk] *n* 1 GADGET : artilugio *m* 2 CATCH : engaño *m*, trampa *f* 3 SCHEME, TRICK : ardid *m*, truco *m*

**gin** [ˈʤɪn] *n* : ginebra *f* (bebida alcohólica)
**ginger** [ˈʤɪnʤər] *n* : jengibre *m*
**ginger ale** *n* : gaseosa *f* de jengibre
**gingerbread** [ˈʤɪnʤərˌbrɛd] *n* : pan *m* de jengibre
**gingerly** [ˈʤɪnʤərli] *adv* : con cuidado, cautelosamente
**gingham** [ˈgɪŋəm] *n* : guinga *f*
**ginseng** [ˈʤɪnˌsɪŋ, -ˌsɛŋ] *n* : ginseng *m*
**giraffe** [ʤəˈræf] *n* : jirafa *f*
**gird** [ˈgərd] *vt* **girded** *or* **girt** [ˈgərt]; **girding** **1** BIND : ceñir, atar **2** ENCIRCLE : rodear **3 to gird oneself** : prepararse
**girder** [ˈgərdər] *n* : viga *f*
**girdle**[1] [ˈgərdəl] *vt* **-dled; -dling** **1** GIRD : ceñir, atar **2** SURROUND : rodear, circundar
**girdle**[2] *n* : faja *f*
**girl** [ˈgərl] *n* **1** : chica *f*, muchacha *f* **2** *or* **little girl** : niña *f*, chica *f* **3** SWEETHEART : novia *f* **4** DAUGHTER : hija *f*
**girlfriend** [ˈgərlˌfrɛnd] *n* : novia *f*, amiga *f*
**girlhood** [ˈgərlˌhʊd] *n* : niñez *f*, juventud *f* (de una muchacha)
**girlish** [ˈgərlɪʃ] *adj* : de niña
**girth** [ˈgərθ] *n* **1** : circunferencia *f* (de un árbol, etc.), cintura *f* (de una persona) **2** CINCH : cincha *f* (para caballos, etc.)
**gist** [ˈʤɪst] *n* : quid *m*, meollo *m*
**give**[1] [ˈgɪv] *v* **gave** [ˈgeɪv]; **given** [ˈgɪvən]; **giving** *vt* **1** HAND : dar, entregar ⟨give it to me : dámelo⟩ **2** PRESENT : dar, regalar ⟨they gave him a gold watch : le regalaron un reloj de oro⟩ **3** DONATE : dar, donar ⟨to give blood : dar sangre⟩ ⟨to give money to charity : dar dinero a organizaciones benéficas⟩ **4** PAY : dar, pagar ⟨I'll give you $10 for the blue one : te daré $10 por el azul⟩ **5** : dar (un grito, un salto, etc.) ⟨she gave me a kiss : me dio un beso⟩ ⟨he gave us the signal : nos dio la señal⟩ **6** ADMINISTER : dar (un castigo, una inyección, etc.) **7** OFFER : dar ⟨he gave me his hand : me dio la mano⟩ ⟨she didn't give a reason : no dijo por qué⟩ **8** PROVIDE : dar ⟨to give one's word : dar uno su palabra⟩ ⟨she gave me a ride to work : me llevó a la oficina⟩ ⟨cows give milk : las vacas dan leche⟩ **9** ATTRIBUTE : dar ⟨to give credit to someone : darle el mérito a alguien⟩ **10** PRONOUNCE : dictar (una sentencia) **11** CAUSE : dar, causar, ocasionar ⟨to give trouble : causar problemas⟩ ⟨to give someone to understand : darle a entender a alguien⟩ **12** GRANT : dar, otorgar ⟨to give permission : dar permiso⟩ **13 to give away** : regalar **14 to give away** REVEAL : revelar **15 to give away** : llevar (una novia) al altar **16 to give away** BETRAY : delatar **17 to give back** RETURN : devolver **18 to give in (to)** : ceder (a) **19 to give off** EMIT : despedir **20 to give oneself (over) to** : entregarse a **21 to give out** DISTRIBUTE : distribuir **22 to give up** : dejar, renunciar a, abandonar ⟨to give up smoking : dejar de fumar⟩ — *vi* **1** : hacer regalos **2** *or* **to give way** YIELD : ceder, romperse ⟨it gave under the weight of the crowd : cedió bajo el peso de la muchedumbre⟩ **3 to give in/up** SURRENDER : rendirse, entregarse **4 to give out** RUN OUT : agotarse, acabarse
**give**[2] *n* FLEXIBILITY : flexibilidad *f*, elasticidad *f*
**give–and–take** *n* : toma y daca *m*
**giveaway** [ˈgɪvəˌweɪ] *n* **1** : revelación *f* involuntaria **2** GIFT : regalo *m*, obsequio *m*
**given** [ˈgɪvən] *adj* **1** INCLINED : dado, inclinado ⟨he's given to quarreling : es muy dado a discutir⟩ **2** SPECIFIC : dado, determinado ⟨at a given time : en un momento dado⟩
**given name** *n* : nombre *m* de pila
**give or take** *adv* APPROXIMATELY : más o menos
**gizzard** [ˈgɪzərd] *n* : molleja *f*
**glacial** [ˈgleɪʃəl] *adj* : glacial — **glacially** *adv*
**glacier** [ˈgleɪʃər] *n* : glaciar *m*
**glad** [ˈglæd] *adj* **gladder; gladdest** **1** PLEASED : alegre, contento ⟨she was glad I came : se alegró de que haya venido⟩ ⟨glad to meet you! : ¡mucho gusto!⟩ **2** HAPPY, PLEASING : feliz, agradable ⟨glad tidings : buenas nuevas⟩ **3** WILLING : dispuesto, gustoso ⟨I'll be glad to do it : lo haré con mucho gusto⟩
**gladden** [ˈglædən] *vt* : alegrar
**glade** [ˈgleɪd] *n* : claro *m*
**gladiator** [ˈglædiˌeɪtər] *n* : gladiador *m*
**gladiolus** [ˌglædiˈoːləs] *n, pl* **-li** [-li, -ˌlaɪ] : gladiolo *m*, gladíolo *m*
**gladly** [ˈglædli] *adv* : con mucho gusto
**gladness** [ˈglædnəs] *n* : alegría *f*, gozo *m*
**glamor** *or* **glamour** [ˈglæmər] *n* : atractivo *m*, hechizo *m*, encanto *m*
**glamorous** [ˈglæmərəs] *adj* : atractivo, encantador
**glamping** [ˈglæmpɪŋ] *n* : glamping *m fam*, camping *m* de lujo
**glance**[1] [ˈglænʦ] *vi* **glanced; glancing** **1** RICOCHET : rebotar ⟨it glanced off the wall : rebotó en la pared⟩ **2 to glance at** : mirar, echar un vistazo a **3 to glance away** : apartar los ojos
**glance**[2] *n* : mirada *f*, vistazo *m*, ojeada *f*
**gland** [ˈglænd] *n* : glándula *f*
**glandular** [ˈglænʤʊlər] *adj* : glandular
**glare**[1] [ˈglær] *vi* **glared; glaring** **1** SHINE : brillar, relumbrar **2** STARE : mirar con ira, lanzar una mirada feroz
**glare**[2] *n* **1** BRIGHTNESS : resplandor *m*, luz *f* deslumbrante **2** : mirada *f* feroz
**glaring** [ˈglærɪŋ] *adj* **1** BRIGHT : deslumbrante, brillante **2** FLAGRANT, OBVIOUS : flagrante, manifiesto ⟨a glaring error : un error que salta a la vista⟩
**glaringly** [ˈglærɪŋli] *adv* ⟨to be glaringly obvious : saltar a la vista⟩
**glass** [ˈglæs] *n* **1** : vidrio *m*, cristal *m* (de una ventana etc.) **2** : vaso *m* ⟨a glass of milk : un vaso de leche⟩ **3 glasses** *npl* SPECTACLES : gafas *fpl*, anteojos *mpl*, lentes *mpl*, espejuelos *mpl*
**glassblowing** [ˈglæsˌbloːɪŋ] *n* : soplado *m* del vidrio

**glassful** [ˈglæsˌfʊl] *n* : vaso *m*, copa *f*
**glassware** [ˈglæsˌwɛr] *n* : cristalería *f*
**glassy** [ˈglæsi] *adj* **glassier; -est** **1** : vítreo **2** : vidrioso ⟨glassy eyes : ojos vidriosos⟩
**glaucoma** [glɑʊˈkoːmə, glɔ-] *n* : glaucoma *m*
**glaze**[1] [ˈgleɪz] *vt* **glazed; glazing** **1** : ponerle vidrios a (una ventana, etc.) **2** : vidriar (cerámica) **3** : glasear (papel, verduras, etc.)
**glaze**[2] *n* : vidriado *m*, glaseado *m*, barniz *m*
**glazier** [ˈgleɪʒər] *n* : vidriero *m*, -ra *f*
**glazing** [ˈgleɪzɪŋ] *n* : vidrios *mpl*, acristalamiento *m* *Spain* ⟨double-glazing : doble vidrio, doble acristalamiento⟩
**gleam**[1] [ˈgliːm] *vi* : brillar, destellar, relucir
**gleam**[2] *n* **1** LIGHT : luz *f* (oscura) **2** GLINT : destello *m* **3** GLIMMER : rayo *m*, vislumbre *f* ⟨a gleam of hope : un rayo de esperanza⟩
**glean** [ˈgliːn] *vt* : recoger, espigar
**glee** [ˈgliː] *n* : alegría *f*, júbilo *m*, regocijo *m*
**gleeful** [ˈgliːfəl] *adj* : lleno de alegría
**glen** [ˈglɛn] *n* : cañada *f*
**glib** [ˈglɪb] *adj* **glibber; glibbest** **1** : simplista ⟨a glib reply : una respuesta simplista⟩ **2** : con mucha labia (dícese de una persona)
**glibly** [ˈglɪbli] *adv* : con mucha labia
**glide**[1] [ˈglaɪd] *vi* **glided; gliding** : deslizarse (en una superficie), planear (en el aire)
**glide**[2] *n* : planeo *m*
**glider** [ˈglaɪdər] *n* **1** : planeador *m* (aeronave) **2** : mecedor *m* (tipo de columpio)
**glimmer**[1] [ˈglɪmər] *vi* : brillar con luz trémula
**glimmer**[2] *n* **1** : luz *f* trémula, luz *f* tenue **2** GLEAM : rayo *m*, vislumbre *f* ⟨a glimmer of understanding : un rayo de entendimiento⟩
**glimpse**[1] [ˈglɪmps] *vt* **glimpsed; glimpsing** : vislumbrar, entrever
**glimpse**[2] *n* : mirada *f* breve ⟨to catch a glimpse of : alcanzar a ver, vislumbrar⟩
**glint**[1] [ˈglɪnt] *vi* GLEAM, SPARKLE : destellar
**glint**[2] *n* **1** SPARKLE : destello *m*, centelleo *m* **2 to have a glint in one's eye** : chispearle los ojos a uno
**glisten**[1] [ˈglɪsən] *vi* : brillar, centellear
**glisten**[2] *n* : brillo *m*, centelleo *m*
**glitch** [ˈglɪtʃ] *n* **1** MALFUNCTION : mal funcionamiento *m* **2** SNAG : problema *m*, complicación *f*
**glitter**[1] [ˈglɪtər] *vi* **1** SPARKLE : destellar, relucir, brillar **2** FLASH : relampaguear ⟨his eyes glittered in anger : le relampagueaban los ojos de ira⟩
**glitter**[2] *n* **1** BRIGHTNESS : brillo *m* **2** : purpurina *f* (para decoración)
**glitz** [ˈglɪts] *n* : oropel *m*
**gloat** [ˈgloːt] *vi* **to gloat over** : regodearse en
**glob** [ˈglɑb] *n* : plasta *f*, masa *f*, grumo *m*
**global** [ˈgloːbəl] *adj* **1** FULL, COMPREHENSIVE : global **2** WORLDWIDE : global, mundial — **globally** *adv* — **globalization** [ˌgloːbələˈzeɪʃən] *n*
**global warming** *n* : calentamiento *m* global
**globe** [ˈgloːb] *n* **1** SPHERE : esfera *f*, globo *m* **2** EARTH : globo *m*, Tierra *f* **3** : globo *m* terráqueo (modelo de la Tierra)
**globe–trotter** [ˈgloːbˌtrɑtər] *n* : trotamundos *mf*
**globule** [ˈglɑˌbjuːl] *n* : glóbulo *m*
**gloom** [ˈgluːm] *n* **1** DARKNESS : penumbra *f*, oscuridad *f* **2** MELANCHOLY : melancolía *f*, tristeza *f*
**gloomily** [ˈgluːməli] *adv* : tristemente
**gloomy** [ˈgluːmi] *adj* **gloomier; -est** **1** DARK : oscuro, tenebroso ⟨gloomy weather : tiempo gris⟩ **2** MELANCHOLY : melancólico **3** PESSIMISTIC : pesimista **4** DEPRESSING : deprimente, lúgubre
**glorification** [ˌglorəfəˈkeɪʃən] *n* : glorificación *f*
**glorify** [ˈglorəˌfaɪ] *vt* **-fied; -fying** : glorificar
**glorious** [ˈgloriəs] *adj* **1** ILLUSTRIOUS : glorioso, ilustre **2** MAGNIFICENT : magnífico, espléndido, maravilloso — **gloriously** *adv*
**glory**[1] [ˈglori] *vi* **-ried; -rying** EXULT : exultar, regocijarse
**glory**[2] *n, pl* **-ries** **1** RENOWN : gloria *f*, fama *f*, honor *m* **2** PRAISE : gloria *f* ⟨glory to God : gloria a Dios⟩ **3** MAGNIFICENCE : magnificencia *f*, esplendor *m*, gloria *f* **4 to be in one's glory** : estar uno en su gloria
**gloss**[1] [ˈglɔs, ˈglɑs] *vt* **1** EXPLAIN : glosar, explicar **2** POLISH : lustrar, pulir **3 to gloss over** : quitarle importancia a, minimizar
**gloss**[2] *n* **1** SHINE : lustre *m*, brillo *m* **2** EXPLANATION : glosa *f*, explicación *f* breve **3** → **glossary**
**glossary** [ˈglɔsəri, ˈglɑ-] *n, pl* **-ries** : glosario *m*
**glossy** [ˈglɔsi, ˈglɑ-] *adj* **glossier; -est** : brillante, lustroso, satinado (dícese del papel)
**glove** [ˈglʌv] *n* : guante *m* ⟨boxing glove : guante de boxeo⟩
**glove compartment** *n* : guantera *f*
**glow**[1] [ˈgloː] *vi* **1** SHINE : brillar, resplandecer **2** BRIM : rebosar ⟨to glow with health : rebosar de salud⟩
**glow**[2] *n* **1** BRIGHTNESS : resplandor *m*, brillo *m*, luminosidad *f* **2** FEELING : sensación *f* (de bienestar), oleada *f* (de sentimiento) **3** INCANDESCENCE : incandescencia *f*
**glower** [ˈglɑʊər] *vi* : fruncir el ceño
**glowworm** [ˈgloːˌwɜrm] *n* : luciérnaga *f*
**glucose** [ˈgluːˌkoːs] *n* : glucosa *f*
**glue**[1] [ˈgluː] *vt* **glued; gluing** *or* **glueing** : pegar con cola
**glue**[2] *n* : pegamento *m*, cola *f*
**gluey** [ˈgluːi] *adj* **gluier; -est** : pegajoso
**glum** [ˈglʌm] *adj* **glummer; glummest** **1** SULLEN : hosco, sombrío **2** DREARY, GLOOMY : sombrío, triste, melancólico

**glut**[1] [ˈglʌt] *vt* **glutted; glutting** **1** SATIATE : saciar, hartar **2** : inundar (el mercado)

**glut**[2] *n* : exceso *m*, superabundancia *f*

**glutinous** [ˈglu:tənəs] *adj* STICKY : pegajoso, glutinoso

**glutton** [ˈglʌtən] *n* : glotón *m*, -tona *f*

**gluttonous** [ˈglʌtənəs] *adj* : glotón

**gluttony** [ˈglʌtəni] *n, pl* **-tonies** : glotonería *f*, gula *f*

**glycerin** *or* **glycerine** [ˈglɪsrən, ˈglɪ-] *n* : glicerina *f*

**gnarled** [ˈnɑrld] *adj* **1** KNOTTY : nudoso **2** TWISTED : retorcido

**gnash** [ˈnæʃ] *vt* : hacer rechinar (los dientes)

**gnat** [ˈnæt] *n* : jején *m*

**gnaw** [ˈnɔ] *vt* : roer

**gnome** [ˈno:m] *n* : gnomo *m*

**gnu** [ˈnu:, ˈnju:] *n, pl* **gnu** *or* **gnus** : ñu *m*

**go**[1] [ˈgo:] *v* **went** [ˈwɛnt]; **gone** [ˈgɔn ˈgɑn]; **going; goes** [ˈgo:z] *vi* **1** : ir ⟨to go slow : ir despacio⟩ ⟨to go shopping : ir de compras⟩ ⟨to go to work : ir a trabajar⟩ ⟨to go to school : ir a la escuela⟩ ⟨we went to Spain : fuimos a España⟩ ⟨we went to see a movie : fuimos a ver una película⟩ ⟨you should go (to/and) see her : deberías ir a verla⟩ ⟨we went up/down to the mountains : fuimos a las montañas, fuimos al norte/sur a ver las montañas⟩ ⟨to go for a drive : ir a dar una vuelta en coche⟩ ⟨to go on foot : ir a pie⟩ **2** (*used figuratively*) : ir ⟨she'll go far : llegará lejos⟩ ⟨I wouldn't go so far as to say that . . . : no diría tanto como que . . .⟩ ⟨this time he's gone too far : esta vez se ha pasado⟩ ⟨to go a long way towards : ayudar en gran medida a⟩ **3** LEAVE : irse, marcharse, salir ⟨let's go! : ¡vámonos!⟩ ⟨the train went on time : el tren salió a tiempo⟩ **4** DISAPPEAR : pasarse, irse ⟨her fear is gone : se le ha pasado el miedo⟩ ⟨those days have gone : esos días ya pasaron⟩ **5** DIE : morir **6** EXTEND : ir, extenderse, llegar ⟨this road goes to the river : este camino se extiende hasta el río⟩ ⟨to go from top to bottom : ir de arriba abajo⟩ **7** LEAD, CONNECT : dar ⟨that door goes to the cellar : esa puerta da al sótano⟩ **8** FUNCTION : funcionar, marchar ⟨the car won't go : el coche no funciona⟩ ⟨to get something going : poner algo en marcha⟩ **9** SELL : venderse ⟨it goes for $15 : se vende por $15⟩ **10** (*to be disposed of*) ⟨that one can go : podemos deshacernos de ése⟩ **11** FAIL : fallarse (dícese de la vista, etc.), gastarse (dícese de pilas, etc.), estropearse (dícese de un motor, etc.) **12** GIVE WAY : ceder, romperse (dícese de un dique, etc.) **13** PROGRESS : ir, andar, seguir ⟨my exam went well : me fue bien en el examen⟩ ⟨how did the meeting go? : ¿qué tal la reunión?⟩ **14** BECOME : volverse, quedarse ⟨to go crazy : volverse loco⟩ ⟨he's going bald : se está quedando calvo⟩ ⟨the tire went flat : la llanta se desinfló⟩ **15** (*describing a condition*) ⟨to go hungry : pasar hambre⟩ ⟨to go barefoot : ir descalzo⟩ ⟨to go unnoticed : pasar desapercibido⟩ **16** (*describing a story, song, etc.*) ⟨how does the story go? : ¿qué pasa en el cuento?⟩ ⟨how does the song go? — it goes like this: . . . : ¿cómo es la canción? — es así: . . .⟩ ⟨the legend goes that . . . : cuenta la leyenda que . . . , según (dice) la leyenda . . .⟩ **17** FIT : caber ⟨it will go through the door : cabe por la puerta⟩ **18** : pasar (dícese del tiempo) ⟨the time went quickly : el tiempo pasó rápidamente⟩ **19** SOUND : sonar **20 anything goes!** : ¡todo vale! **21 to be good/ready to go** : estar listo **22 to go** : faltar ⟨only 10 days to go : faltan sólo 10 días⟩ ⟨we still have a long way to go : aún nos queda mucho camino por recorrer⟩ **23 to go** : para llevar (dícese de comida, etc.) **24 to go about** DO : hacer **25 to go about** APPROACH, TACKLE : abordar, emprender **26 to go after** PURSUE : perseguir **27 to go against** : ir en contra de **28 to go against** : jugar contra (en deportes) **29 to go ahead** (*to proceed without delay or hesitation*) ⟨go ahead and start without me : empiecen sin mí⟩ ⟨I went ahead and bought it : me decidí y lo compré⟩ ⟨sure, go (right) ahead! : ¡por supuesto!⟩ **30 to go ahead (with)** : seguir adelante (con) **31 to go all out** : hacer lo máximo ⟨he went all out for his wife's birthday : en el cumpleaños de su esposa tiró la casa por la ventana⟩ **32 to go along** PROCEED : ir, marchar **33 to go along** ACQUIESCE : acceder ⟨to go along with something : acceder a algo, aceptar algo⟩ ⟨to go along with someone : cooperar con alguien⟩ **34 to go along with** ⟨the stress that goes along with the job : el estrés que conlleva el trabajo⟩ **35 to go around** : correr (dícese de un rumor, etc.), circular ⟨there's a bug going around : hay un virus dando vueltas por ahí⟩ **36 to go around** ⟨there's enough/plenty to go around : hay para todos⟩ **37 to go at** ATTACK : atacar **38 to go at** : atacar, abordar (un problema, etc.) **39 to go at it** ARGUE, FIGHT : discutir, pelearse **40 to go away** LEAVE : irse **41 to go away** DISAPPEAR : desaparecer **42 to go back** RETURN : volver (a un lugar, un tema, etc.) ⟨he never went back : nunca volvió⟩ ⟨to go back to school : volver a la escuela⟩ **43 to go back** : remontarse ⟨the records go back to 1900 : los registros se remontan a 1900⟩ ⟨we go back a long way : nos conocemos desde hace muchos años⟩ **44 to go back on** : faltar uno a (su promesa) **45 to go back to (doing) something** : volver a hacer algo, reanudar algo ⟨to go back to sleep : volver a dormir⟩ ⟨she went back to work : reanudó el trabajo⟩ ⟨afterwards he went back to reading : después siguió leyendo⟩ **46 to go bad** SPOIL : estropearse, echarse a perder **47 to go beyond** : ir más allá de **48 to go by** PASS

: pasar **49 to go by** : guiarse por (una regla, etc.), juzgar por (las apariencias, etc.) **50 to go by** : hacerse llamar ⟨he goes by "Ed" : se hace llamar "Ed"⟩ **51 to go by** STOP BY : pasar por **52 to go down** : hundirse (dícese de un barco), caer (dícese de un avión), caerse (dícese de una persona) **53 to go down** DECREASE : bajar, disminuir **54 to go down** : dejar de funcionar (dícese de un sistema, etc.) **55 to go down** : caer (dícese de un gobierno, etc.) **56 to go down** SET : ponerse (dícese del sol) **57 to go down** : pasar (dícese de comida) ⟨it went down the wrong way : se me atragantó, se me fue por mal camino⟩ **58 to go down in history → history** **59 to go down well/badly** : caer bien/mal, tener una buena/mala acogida **60 to go for** : interesarse uno en, gustarle a uno (algo, alguien) ⟨I don't go for that : eso no me interesa⟩ **61 to go for** SELECT : decidirse por **62 to go for** ACCEPT : aceptar **63 to go for** ATTACK : atacar **64 to go for** PURSUE : ir tras, ir a por *Spain* **65 to go for** : ir por ⟨that goes for you, too! : ¡también va por ti!⟩ **66 to go in** : esconderse (dícese del sol o de la luna) **67 to go in on** ⟨we both/all went in on the gift together : el regalo lo compramos a medias/entre todos⟩ **68 to go in for** LIKE : interesarse uno en, gustarle a uno (algo) **69 to go into** : entrar en ⟨to go into action/effect : entrar en acción/vigor⟩ ⟨to go into hiding : esconderse⟩ **70 to go into** DISCUSS : entrar en **71 to go into** LOOK INTO : investigar **72 to go into** : dedicarse a (una profesión) **73 to go off** : estallar, explotar (dícese de una bomba, etc.), dispararse (dícese de una pistola, etc.) **74 to go off** SOUND : sonar **75 to go off** : echarse a perder (dícese de la comida, etc.) **76 to go off** TURN OFF : apagarse **77 to go off on** *fam* SCOLD : regañar **78 to go on** CONTINUE : seguir, continuar ⟨life goes on : la vida sigue⟩ ⟨we can't go on like this : no podemos seguir así⟩ ⟨we went on to Chicago : seguimos el viaje a Chicago, continuamos nuestro camino a Chicago⟩ ⟨she went on working : siguió trabajando⟩ ⟨she went on to say that . . . : pasó a decir que . . .⟩ ⟨to go on to become : llegar/pasar a ser⟩ **79 to go on** LAST : durar **80 to go on** HAPPEN : pasar, ocurrir ⟨what's going on? : ¿qué pasa?⟩ **81 to go on** RAMBLE : no parar de hablar **82 to go on** : guiarse por (pruebas, etc.) **83 to go on (ahead)** : ir adelante, adelantarse **84 to go out** LEAVE : salir **85 to go out** : apagarse ⟨the power went out : se fue la electricidad⟩ **86 to go out** : bajar (dícese de la marea) **87 to go out** : emitirse (dícese de un anuncio, etc.) **88 to go out with** DATE : salir con **89 to go over** EXAMINE, REVIEW : examinar, repasar **90 to go over to** : pasarse a (la competencia, etc.) **91 to go over to** APPROACH : acercarse a **92 to go over well/badly** : caer bien/mal, tener una buena/mala acogida **93 to go there** *fam* ⟨let's not go there : no quiero hablar/pensar de eso⟩ **94 to go through** PIERCE : penetrar, atravesar **95 to go through** USE UP : gastar, agotar **96 to go through** SEARCH : registrar, revolver en **97 to go through** : pasar por (dificultades, etapas, etc.) **98 to go through** PERFORM : hacer **99 to go through** : ser aprobado (dícese de un proyecto de ley, etc.) **100 to go through someone's head/mind** : pasársele por la cabeza/mente a alguien **101 to go through with** : llevar a cabo **102 to go to** : otorgarse a, transmitirse a ⟨the prize went to . . . : el premio se lo llevó . . .⟩ **103 to go to** (*to begin to be in*) ⟨to go to sleep : dormirse⟩ ⟨to go to war : entrar en guerra⟩ **104 to go together** MATCH : combinar, hacer juego, armonizar **105 to go to show/prove** : demostrar **106 to go to trouble/expense (etc.)** ⟨he went to a lot of trouble : se esmeró mucho⟩ ⟨they went to great expense : gastaron mucho⟩ **107 to go towards** : contribuir a **108 to go under** FOUNDER : hundirse **109 to go up** RISE, INCREASE : subir **110 to go up** : levantarse (dícese de un edificio) **111 to go with** MATCH : armonizar con, hacer juego con, ir bien con **112 to go with** CHOOSE : elegir, decidirse por **113 to go without** MAKE DO : arreglárselas (sin algo) **114 to go without something** : prescindir de algo — *v aux* **to be going to** : ir a ⟨I'm going to write a letter : voy a escribir una carta⟩ ⟨it's not going to last : no va a durar⟩

**go**[2] *n, pl* **goes** **1** ATTEMPT : intento *m* ⟨to have a go at : intentar, probar⟩ **2** SUCCESS : éxito *m* **3** ENERGY : energía *f*, empuje *m* ⟨to be on the go : no parar, no descansar⟩

**goad**[1] [ˈgoːd] *vt* : aguijonear (un animal), incitar (a una persona)

**goad**[2] *n* : aguijón *m*

**go–ahead** *n* APPROVAL : luz *f* verde

**goal** [ˈgoːl] *n* **1** : portería *f*, arco *m*, marco *m* (en deportes) **2** : gol *m* (en deportes) ⟨to score a goal : anotar un gol⟩ **3** AIM, OBJECTIVE : meta *m*, objetivo *m*

**goalie** [ˈgoːli] → **goalkeeper**

**goalkeeper** [ˈgoːlˌkiːpər] *n* : portero *m*, -ra *f*; guardameta *mf*; arquero *m*, -ra *f*

**goalpost** [ˈgoːlˌpoːst] *n* : poste *m* (de la portería)

**goaltender** [ˈgoːlˌtɛndər] → **goalkeeper**

**goat** [ˈgoːt] *n* **1** : cabra *f* (hembra) **2 billy goat** : macho *m* cabrío, chivo *m*

**goatee** [gɔːˈtiː] *n* : barbita *f* de chivo; perilla *f*; pera *f Arg, Chile, Uru*; piocha *f Mex*

**goatskin** [ˈgoːtˌskɪn] *n* : piel *f* de cabra

**gob** [ˈgɑb] *n* : masa *f*, grumo *m*

**gobble** [ˈgɑbəl] *v* **-bled; -bling** *vt* **to gobble up/down** : tragar, engullir — *vi* : hacer ruidos de pavo

**gobbledygook** [ˈgɑbəldiˌgʊk, -ˌgu:k] *n* GIBBERISH : jerigonza *f*
**go–between** [ˈgo:bɪˌtwi:n] *n* : intermediario *m*, -ria *f*; mediador *m*, -dora *f*
**goblet** [ˈgɑblət] *n* : copa *f*
**goblin** [ˈgɑblən] *n* : duende *m*, trasgo *m*
**god** [ˈgɑd, ˈgɔd] *n* **1** : dios *m* **2 God** : Dios *m*
**godchild** [ˈgɑdˌtʃaɪld, ˈgɔd-] *n, pl* **-children** : ahijado *m*, -da *f*
**goddaughter** [ˈgɑdˌdɔtər, ˈgɔd-] *n* : ahijada *f*
**goddess** [ˈgɑdəs, ˈgɔ-] *n* : diosa *f*
**godfather** [ˈgɑdˌfɑðər, ˈgɔd-] *n* : padrino *m*
**godless** [ˈgɑdləs, ˈgɔd-] *adj* : ateo
**godlike** [ˈgɑdˌlaɪk, ˈgɔd-] *adj* : divino
**godly** [ˈgɑdli, ˈgɔd-] *adj* **godlier; -est 1** DIVINE : divino **2** DEVOUT, PIOUS : piadoso, devoto, beato
**godmother** [ˈgɑdˌmʌðər, ˈgɔd-] *n* : madrina *f*
**godparent** [ˈgɑdˌpærənt, ˈgɔd-] *n* : padrino *m*, madrina *f* ⟨her godparents : sus padrinos⟩
**godsend** [ˈgɑdˌsɛnd, ˈgɔd-] *n* : bendición *f*, regalo *m* divino
**godson** [ˈgɑdˌsʌn, ˈgɔd-] *n* : ahijado *m*
**goes → go**
**go–getter** [ˈgo:ˌgɛtər] *n* : persona *f* ambiciosa, buscavidas *mf fam*
**goggle** [ˈgɑgəl] *vi* **-gled; -gling** : mirar con ojos desorbitados
**goggles** [ˈgɑgəlz] *npl* : gafas *fpl* (protectoras), anteojos *mpl*
**going** [ˌgo:ɪŋ] *n* **1** DEPARTURE : salida *f*, partida *f* **2** (*describing progress*) ⟨it's been slow going : las cosas van despacio⟩ ⟨it's going to be tough going : va a ser difícil⟩ **3 comings and goings → coming²**
**goings–on** [ˌgo:ɪŋzˈɑn, -ˈɔn] *npl* : sucesos *mpl*, ocurrencias *fpl*
**goiter** [ˈgɔɪtər] *n* : bocio *m*
**gold¹** [ˈgo:ld] *adj* **1** : (hecho) de oro **2** : dorado, de color oro
**gold²** *n* : oro *m*
**golden** [ˈgo:ldən] *adj* **1** : (hecho) de oro **2** : dorado, de color oro ⟨golden hair : pelo rubio⟩ **3** FLOURISHING, PROSPEROUS : dorado, próspero ⟨golden years : años dorados⟩ **4** FAVORABLE : favorable, excelente ⟨a golden opportunity : una excelente oportunidad⟩
**goldenrod** [ˈgo:ldənˌrɑd] *n* : vara *f* de oro
**golden rule** *n* : regla *f* de oro
**goldfinch** [ˈgo:ldˌfɪntʃ] *n* : jilguero *m*
**goldfish** [ˈgo:ldˌfɪʃ] *n* : pez *m* de colores
**gold mine** *n* : mina *f* de oro
**goldsmith** [ˈgo:ldˌsmɪθ] *n* : orífice *mf*, orfebre *mf*
**golf¹** [ˈgɑlf, ˈgɔlf] *vi* : jugar (al) golf
**golf²** *n* : golf *m*
**golf ball** *n* : pelota *f* de golf
**golf cart** *n* : carrito *m* de golf
**golf club** *n* **1** : palo *m* de golf (implemento) **2** : club *m* de golf (organización)
**golf course** *n* : campo *m* de golf, cancha *f* de golf
**golfer** [ˈgɑlfər, ˈgɔl-] *n* : golfista *mf*
**gondola** [ˈgɑndələ, gɑnˈdo:lə] *n* : góndola *f*
**gone** [ˈgɔn] *adj* **1** DEAD : muerto **2** PAST : pasado, ido ⟨those days are gone : esos días ya pasaron⟩ ⟨her fear is gone : se le ha pasado el miedo⟩ **3** LOST : perdido, desaparecido ⟨my car is gone! : ¡mi coche no está!⟩ **4 to be far gone** : estar muy avanzado **5 to be gone on** : estar loco por
**goner** [ˈgɔnər] *n* **to be a goner** : estar en las últimas
**gong** [ˈgɔŋ, ˈgɑŋ] *n* : gong *m*
**gonorrhea** [ˌgɑnəˈri:ə] *n* : gonorrea *f*
**good¹** [ˈgʊd] *adv* **1** (*used as an intensifier*) : bien ⟨a good strong rope : una cuerda bien fuerte⟩ **2** WELL : bien
**good²** *adj* **better** [ˈbɛtər]; **best** [ˈbɛst] **1** (*of high quality*) : bueno ⟨a good restaurant : un buen restaurante⟩ ⟨the book is no good : el libro es malísimo⟩ ⟨in good condition : en buenas condiciones⟩ ⟨keep up the good work! : ¡buen trabajo! sigue así⟩ **2** ACCEPTABLE : aceptable **3** PLEASANT : bueno, agradable ⟨good weather : buen tiempo⟩ ⟨the sauce is good : la salsa está buena⟩ ⟨that dress looks good on you : ese vestido te queda bien⟩ ⟨to have a good time : divertirse⟩ ⟨have a good day! : ¡qué te vaya bien!⟩ **4** FORTUNATE : bueno ⟨good news : buenas noticias⟩ ⟨good luck : buena suerte⟩ ⟨it's a good thing that . . . : menos mal que . . .⟩ **5** SUITABLE : bueno ⟨a good day for a picnic : un buen día para ir de picnic⟩ ⟨these tires are no good : estas llantas no sirven⟩ **6** SOUND : bueno, sensato ⟨good advice : buenos consejos⟩ ⟨with good reason : con razón⟩ **7** PROMISING : bueno ⟨a good deal : un buen negocio⟩ ⟨a good bet : una apuesta segura⟩ **8** HEALTHY : bueno ⟨good for a cold : bueno para los resfriados⟩ ⟨it's good for you : es bueno para uno⟩ ⟨a good diet : una buena alimentación⟩ ⟨to be in good health : estar bien de salud⟩ ⟨I'm not feeling very good : no me siento bien⟩ **9** FULL : completo, entero ⟨a good hour : una hora entera⟩ ⟨to get a good night's sleep : dormir por la noche⟩ **10** THOROUGH : bueno ⟨a good kick : una buena patada⟩ ⟨take a good look at it : míralo bien⟩ ⟨we had a good laugh : nos reímos mucho⟩ **11** CONSIDERABLE : bueno, bastante ⟨a good many people : muchísima gente, un buen número de gente⟩ **12** ATTRACTIVE, DESIRABLE : bueno ⟨a good salary/price : un buen sueldo/precio⟩ **13** (*referring to status*) : bueno ⟨a good family : una buena familia⟩ **14** APPROVING : bueno ⟨good reviews : buena crítica⟩ **15** KIND, VIRTUOUS : bueno, amable ⟨she's a good person : es buena gente⟩ ⟨that's good of you! : ¡qué amable!⟩ ⟨good deeds : buenas obras⟩ ⟨the good guys : los buenos⟩ **16** CLOSE : íntimo ⟨we're good friends : somos muy amigos⟩ **17** WELL-BEHAVED : bueno

⟨be good : sé bueno⟩ **18** LOYAL, FAITHFUL : bueno, fiel **19** (*within bounds*) : bueno (en deportes) **20** SKILLED : bueno, hábil ⟨to be good at : tener facilidad para⟩ ⟨a good cook : un buen cocinero⟩ ⟨he's good with children : es bueno con los niños⟩ **21** PLEASED, CHEERFUL : bueno ⟨in a good mood : de buen humor⟩ ⟨helping others makes me feel good : me siento bien ayudando a los demás⟩ **22** SATISFIED : satisfecho ⟨no thanks — I'm good : no, gracias — estoy bien⟩ **23** FRESH : fresco **24** FUNNY : gracioso ⟨she's always good for a laugh : es muy divertida⟩ ⟨he said he didn't know? that's a good one : ¿dijo que no lo sabía? no me hagas reír⟩ **25** (*in greetings*) : bueno ⟨good morning : buenos días⟩ ⟨good afternoon/evening : buenas tardes⟩ ⟨good night : buenas noches⟩ **26** (*used as a response*) ⟨I'm ready — good, let's go : estoy listo — bueno, vamos⟩ **27 as good as** NEARLY : casi **28 as good as it gets** *fam* ⟨this is as good as it gets : mejor imposible, no hay mejor⟩ **29 good and** (*used for emphasis*) ⟨good and hot : muy caliente⟩ ⟨I hit him good and hard : le pegué bien duro⟩ ⟨when I'm good and ready : cuando me dé la gana⟩ **30 good God/heavens!** : ¡Dios mío! **31 good old** : el bueno de, la buena de ⟨good old Carl : el bueno de Carl⟩ **32 to be good about** ⟨she's very good about calling us : nunca se olvida de llamarnos⟩ ⟨I'm trying to be better about exercising : estoy tratando de hacer más ejercicio⟩ **33 to be good for** *fam* ⟨he's good for the money : seguro que te pagará⟩ **34 to be good (for/until)** : valer (por/hasta) ⟨good for one free meal : vale por una comida gratis⟩ ⟨the car is good for a few more years : al carro le quedan unos años más⟩ **35 to be good to go** *fam* : estar listo **36 too good to be true** : demasiado bueno para ser cierto **37 to make good** : tener éxito **38 to make good on** : cumplir con

**good³** *n* **1** RIGHT : bien *m* ⟨to do good : hacer el bien⟩ ⟨to be up to no good : estar tramando algo⟩ **2** GOODNESS : bondad *f* **3** BENEFIT : bien *m*, provecho *m* ⟨it's for your own good : es por tu propio bien⟩ ⟨for the common good : por el bien común⟩ **4 goods** *npl* PROPERTY : efectos *mpl* personales, posesiones *fpl* **5 goods** *npl* WARES : mercancía *f*, mercadería *f*, artículos *mpl* ⟨consumer goods : bienes de consumo⟩ **6 for ~** : para siempre **7 the good** : los buenos **8 to be in good with someone** *fam* : estar a bien con alguien **9 to be no good** : no servir (para nada) **10 to deliver the goods** *fam* : cumplir con lo prometido **11 to get/have the goods on** *fam* : obtener/tener pruebas contra

**good–bye** *or* **good–by** [gʊdˈbaɪ] *n* : adiós *m*

**good–for–nothing** [ˈgʊdfərˌnʌθɪŋ] *n* : inútil *mf*; haragán *m*, -gana *f*; holgazán *m*, -zana *f*

**Good Friday** *n* : Viernes *m* Santo

**good–hearted** [ˈgʊdˈhɑrt̬əd] *adj* : bondadoso, benévolo, de buen corazón

**good–looking** [ˈgʊdˈlʊkɪŋ] *adj* : bello, bonito, guapo

**goodly** [ˈgʊdli] *adj* **goodlier; -est** : considerable, importante ⟨a goodly number : un número considerable⟩

**good–natured** [ˈgʊdˈneɪt͡ʃərd] *adj* : amigable, amistoso, bonachón *fam*

**goodness** [ˈgʊdnəs] *n* **1** : bondad *f* **2 thank goodness!** : ¡gracias a Dios!, ¡menos mal!

**good–tempered** [ˈgʊdˈtɛmpərd] *adj* : de buen genio

**goodwill** [ˌgʊdˈwɪl] *n* **1** BENEVOLENCE : benevolencia *f*, buena voluntad *f* **2** : buen nombre *m* (de comercios), renombre *m* comercial

**goody** [ˈgʊdi] *n, pl* **goodies** : cosa *f* rica para comer, golosina *f*

**gooey** [ˈgu:i] *adj* **gooier; gooiest** : pegajoso

**goof¹** [ˈgu:f] *vi fam* **1** *or* **to goof up** BLUNDER : cometer un error, equivocarse **2 to goof off** : holgazanear **3 to goof around** : hacer tonterías

**goof²** *n* **1** *fam* : bobo *m*, -ba *f*; tonto *m*, -ta *f* **2** BLUNDER : error *m*, planchazo *m fam*

**goofy** [ˈgu:fi] *adj* **goofier; -est** SILLY : tonto, bobo

**google** *or* **Google** [ˈgu:gəl] *vt* **-gled; -gling** (*Google*, trademark) : googlear

**goose** [ˈgu:s] *n, pl* **geese** [ˈgi:s] : ganso *m*, -sa *f*; ánsar *m*; oca *f*

**gooseberry** [ˈgu:sˌberi:, ˈgu:z-] *n, pl* **-berries** : grosella *f* espinosa

**goose bumps** *npl* : carne *f* de gallina

**gooseflesh** [ˈgu:sˌflɛʃ] → **goose bumps**

**goose pimples** → **goose bumps**

**gopher** [ˈgo:fər] *n* : taltuza *f*

**gore¹** [ˈgɔr] *vt* **gored; goring** : cornear

**gore²** *n* BLOOD : sangre *f*

**gorge¹** [ˈgɔrd͡ʒ] *vt* **gorged; gorging** **1** SATIATE : saciar, hartar **2 to gorge oneself** : hartarse, atiborrarse, atracarse *fam*

**gorge²** *n* RAVINE : desfiladero *m*

**gorgeous** [ˈgɔrd͡ʒəs] *adj* : hermoso, espléndido, magnífico

**gorilla** [gəˈrɪlə] *n* : gorila *m*

**gory** [ˈgori] *adj* **gorier; -est** BLOODY : sangriento

**gosh** [ˈgɑʃ, ˈgɔʃ] *interj* : ¡caramba!

**gosling** [ˈgɑzlɪŋ, ˈgɔz-] *n* : ansarino *m*

**gospel** [ˈgɑspəl] *n* **1** *or* **Gospel** : evangelio *m* ⟨the four Gospels : los cuatro evangelios⟩ **2 the gospel truth** : el evangelio, la pura verdad

**gossamer** [ˈgɑsəmər, ˈgɑzə-] *adj* : tenue, sutil ⟨gossamer wings : alas tenues⟩

**gossip¹** [ˈgɑsɪp] *vi* : chismear, contar chismes

**gossip²** *n* **1** : chismoso *m*, -sa *f*; cotilla *mf Spain fam* (persona) **2** RUMOR : chisme *m*, rumor *m*

**gossiper** [ˈgɑsɪpər] *n* GOSSIP : chismoso *m*, -sa *f*; cotilla *mf Spain fam*

**gossipy** [ˈgɑsɪpi] *adj* : chismoso
**got** → **get**
**Gothic** [ˈgɑθɪk] *adj* : gótico
**gotten** → **get**
**gouge¹** [ˈgaʊʤ] *vt* **gouged; gouging 1** : excavar **2** SWINDLE : estafar, extorsionar
**gouge²** *n* **1** CHISEL : formón *m* **2** GROOVE : ranura *f*, hoyo *m* (hecho por un formón)
**goulash** [ˈgu:ˌlɑʃ, -ˌlæʃ] *n* : estofado *m*, guiso *m* al estilo húngaro
**gourd** [ˈgɔrd, ˈgʊrd] *n* : calabaza *f*
**gourmand** [ˈgʊrˌmɑnd] *n* **1** GLUTTON : glotón *m*, -tona *f* **2** → **gourmet**
**gourmet** [ˈgʊrˌmeɪ, gʊrˈmeɪ] *n* : gourmet *mf*; gastrónomo *m*, -ma *f*
**gout** [ˈgaʊt] *n* : gota *f*
**govern** [ˈgʌvərn] *vt* **1** RULE : gobernar **2** CONTROL, DETERMINE : determinar, controlar, guiar **3** RESTRAIN : dominar (las emociones, etc.) — *vi* : gobernar
**governess** [ˈgʌvərnəs] *n* : institutriz *f*
**government** [ˈgʌvərmənt] *n* : gobierno *m*
**governmental** [ˌgʌvərˈmɛntəl] *adj* : gubernamental, gubernativo
**governor** [ˈgʌvənər, ˈgʌvərnər] *n* **1** : gobernador *m*, -dora *f* (de un estado, etc.) **2** : regulador *m* (de una máquina)
**governorship** [ˈgʌvənərˌʃɪp, ˈgʌvərnər-] *n* : cargo *m* de gobernador
**gown** [ˈgaʊn] *n* **1** : vestido *m* ⟨evening gown : traje de fiesta⟩ **2** : toga *f* (de magistrados, clérigos, etc.)
**GPS** [ˌdʒi:ˈpi:ˈɛs] *n* (*G*lobal *P*ositioning *S*ystem) : GPS *m*
**grab¹** [ˈgræb] *v* **grabbed; grabbing** *vt* SNATCH : agarrar, arrebatar — *vi* : agarrarse
**grab²** *n* **1 to make a grab for** : tratar de agarrar **2 up for grabs** : disponible, libre
**grace¹** [ˈgreɪs] *vt* **graced; gracing 1** HONOR : honrar **2** ADORN : adornar, embellecer
**grace²** *n* **1** : gracia *f* ⟨by the grace of God : por la gracia de Dios⟩ **2** BLESSING : bendición *f* (de la mesa) **3** RESPITE : plazo *m*, gracia *f* ⟨a five days' grace (period) : un plazo de cinco días, un período de gracia de cinco días⟩ **4** GRACIOUSNESS : gentileza *f*, cortesía *f* **5** ELEGANCE : elegancia *f*, gracia *f* **6 to be in the good graces of** : estar en buenas relaciones con **7 with good grace** : de buena gana
**graceful** [ˈgreɪsfəl] *adj* : lleno de gracia, garboso, grácil
**gracefully** [ˈgreɪsfəli] *adv* : con gracia, con garbo
**gracefulness** [ˈgreɪsfəlnəs] *n* : gracilidad *f*, apostura *f*, gallardía *f*
**graceless** [ˈgreɪsləs] *adj* **1** DISCOURTEOUS : descortés **2** CLUMSY, INELEGANT : torpe, desgarbado, poco elegante
**gracious** [ˈgreɪʃəs] *adj* : cortés, gentil, cordial
**graciously** [ˈgreɪʃəsli] *adv* : gentilmente
**graciousness** [ˈgreɪʃəsnəs] *n* : gentileza *f*
**gradation** [greɪˈdeɪʃən, grə-] *n* : gradación *f*
**grade¹** [ˈgreɪd] *vt* **graded; grading 1** SORT : clasificar **2** LEVEL : nivelar **3** : calificar (exámenes, alumnos)
**grade²** *n* **1** QUALITY : categoría *f*, calidad *f* **2** RANK : grado *m*, rango *m* (militar) **3** YEAR : grado *m*, curso *m*, año *m* ⟨sixth grade : el sexto grado⟩ **4** MARK : nota *f*, calificación *f* (en educación) **5** SLOPE : cuesta *f*, pendiente *f*, gradiente *f*
**grade school** → **elementary school**
**gradient** [ˈgreɪdiənt] *n* : gradiente *f*
**gradual** [ˈgræʤʊəl] *adj* : gradual, paulatino
**gradually** [ˈgræʤʊəli, ˈgræʤəli] *adv* : gradualmente, poco a poco
**graduate¹** [ˈgræʤʊˌeɪt] *v* **-ated; -ating** *vi* : graduarse, licenciarse — *vt* : graduar ⟨a graduated thermometer : un termómetro graduado⟩
**graduate²** [ˈgræʤʊət] *adj* : de postgrado ⟨graduate course : curso de postgrado⟩
**graduate³** *n* **1** : licenciado *m*, -da *f*; graduado *m*, -da *f* (de la universidad) **2** : bachiller *mf* (de la escuela secundaria)
**graduate student** *n* : postgraduado *m*, -da *f*
**graduation** [ˌgræʤʊˈeɪʃən] *n* : graduación *f*
**graffiti** [grəˈfi:ti, græ-] *npl* : pintadas *fpl*, graffiti *mpl*
**graft¹** [ˈgræft] *vt* : injertar
**graft²** *n* **1** : injerto *m* ⟨skin graft : injerto cutáneo⟩ **2** CORRUPTION : soborno *m* (político), ganancia *f* ilegal
**grain** [ˈgreɪn] *n* **1** : grano *m* ⟨a grain of corn : un grano de maíz⟩ ⟨like a grain of sand : como grano de arena⟩ **2** CEREALS : cereales *mpl* **3** : veta *f*, vena *f*, grano *m* (de madera) **4** SPECK, TRACE : pizca *f*, ápice *m* ⟨a grain of truth : una pizca de verdad⟩ **5** grano *m* (unidad de peso) **6 to go against the grain** ir a contrapelo
**grainy** [ˈgreɪni] *adj* **grainier; -est** : granuloso, granulado, granular
**gram** [ˈgræm] *n* : gramo *m*
**grammar** [ˈgræmər] *n* : gramática *f*
**grammar school** → **elementary school**
**grammatical** [grəˈmæṭɪkəl] *adj* : gramatical — **grammatically** [-kli] *adv*
**gran** [ˈgræn] → **grandma**
**granary** [ˈgreɪnəri, ˈgræ-] *n, pl* **-ries** : granero *m*
**grand** [ˈgrænd] *adj* **1** FOREMOST : grande **2** IMPRESSIVE : impresionante, magnífico ⟨a grand view : una vista magnífica⟩ **3** LAVISH : grandioso, suntuoso, lujoso ⟨to live in a grand manner : vivir a lo grande⟩ **4** FABULOUS : fabuloso, magnífico ⟨to have a grand time : pasarlo estupendamente, pasarlo en grande⟩ **5 grand total** : total *m*, suma *f* total
**grandchild** [ˈgrænd,tʃaɪld] *n, pl* **-children** : nieto *m*, -ta *f*
**granddad** [ˈgrænd,dæd] → **grandpa**
**granddaughter** [ˈgrænd,dɔṭər] *n* : nieta *f*
**grandeur** [ˈgrænʤər] *n* : grandiosidad *f*, esplendor *m*

**grandfather** ['grænd,fɑðər] *n* : abuelo *m*
**grandiose** ['grændi,oːs, ,grændiˈ-] *adj* **1** IMPOSING : imponente, grandioso **2** POMPOUS : pomposo, presuntuoso
**grandma** ['græn,mɑ, -,mɔ] *n fam* : abuelita *f fam*, nana *f fam*, yaya *f fam*
**grandmother** ['grænd,mʌðər] *n* : abuela *f*
**grandpa** ['græm,pɑ, -,pɔ] *n fam* : abuelito *m fam*, yayo *m fam*
**grandparents** ['grænd,pærənts] *npl* : abuelos *mpl*
**grand piano** *n* : piano *m* de cola
**grandson** ['grænd,sʌn] *n* : nieto *m*
**grandstand** ['grænd,stænd] *n* : tribuna *f*
**granite** ['grænɪt] *n* : granito *m*
**granny** ['græni] *n, pl* **-nies** → **grandma**
**grant**[1] ['grænt] *vt* **1** ALLOW : conceder ⟨to grant a request : conceder una petición⟩ **2** BESTOW : conceder, dar, otorgar ⟨to grant a favor : otorgar un favor⟩ **3** ADMIT : reconocer, admitir ⟨I'll grant that he's clever : reconozco que es listo⟩ **4 to take for granted** : dar (algo) por sentado
**grant**[2] *n* **1** GRANTING : concesión *f*, otorgamiento *m* **2** SCHOLARSHIP : beca *f* **3** SUBSIDY : subvención *f*
**granular** ['grænjʊlər] *adj* : granular
**granulated** ['grænjʊ,leɪtəd] *adj* : granulado
**grape** ['greɪp] *n* : uva *f*
**grapefruit** ['greɪp,fruːt] *n* : toronja *f*, pomelo *m*
**grapevine** ['greɪp,vaɪn] *n* **1** : vid *f*, parra *f* **2 through the grapevine** : por vías secretas ⟨I heard it through the grapevine : me lo contaron⟩
**graph** ['græf] *n* : gráfica *f*, gráfico *m*
**graphic**[1] ['græfɪk] *adj* VIVID : vívido, gráfico
**graphic**[2] *n* **1** GRAPH, CHART : gráfica *f*, gráfico *m* **2 graphics** *npl* : gráficos *mpl*, infografía *f*
**graphically** ['græfɪkli] *adv* : gráficamente
**graphic arts** *npl* : artes *fpl* gráficas
**graphite** ['græ,faɪt] *n* : grafito *m*
**grapple** ['græpəl] *v* **-pled; -pling** *vt* GRIP : agarrar (con un garfio) — *vi* STRUGGLE : forcejear, luchar (con un problema, etc.)
**grasp**[1] ['græsp] *vt* **1** GRIP, SEIZE : agarrar, asir **2** COMPREHEND : entender, comprender — *vi* **to grasp at** : aprovechar
**grasp**[2] *n* **1** GRIP : agarre *m* **2** CONTROL : control *m*, garras *fpl* **3** REACH : alcance *m* ⟨within your grasp : a su alcance⟩ **4** UNDERSTANDING : comprensión *f*, entendimiento *m*
**grasping** ['græspɪŋ] *adj* : avaricioso
**grass** ['græs] *n* **1** : hierba *f* (planta) **2** PASTURE : pasto *m*, zacate *m CA, Mex* **3** LAWN : césped *m*, pasto *m*
**grasshopper** ['græs,hɑpər] *n* : saltamontes *m*
**grassland** ['græs,lænd] *n* : pradera *f*
**grassroots** ['græs,ruːts, -,rʊts] *adj* : de base ⟨at the grassroots level : a nivel de base⟩ ⟨a grassroots movement : un movimiento de base⟩
**grass roots** *npl* : las bases ⟨the party's grass roots : las bases del partido⟩
**grassy** ['græsi] *adj* **grassier; -est** : cubierto de hierba
**grate**[1] ['greɪt] *v* **grated; -ing** *vt* **1** : rallar (en cocina) **2** SCRAPE : rascar **3 to grate one's teeth** : hacer rechinar los dientes — *vi* **1** RASP, SQUEAK : chirriar **2** IRRITATE : irritar ⟨it grates on me : me crispa⟩ ⟨to grate on one's nerves : crisparle los nervios a uno⟩
**grate**[2] *n* **1** : parrilla *f* (para cocinar) **2** GRATING : reja *f*, rejilla *f*, verja *f* (en una ventana)
**grateful** ['greɪtfəl] *adj* : agradecido
**gratefully** ['greɪtfəli] *adv* : con agradecimiento
**gratefulness** ['greɪtfəlnəs] *n* : gratitud *f*, agradecimiento *m*
**grater** ['greɪtər] *n* : rallador *m*
**gratification** [,grætəfəˈkeɪʃən] *n* : gratificación *f*
**gratify** ['grætə,faɪ] *vt* **-fied; -fying** **1** PLEASE : complacer **2** SATISFY : satisfacer, gratificar
**grating** ['greɪtɪŋ] *n* : reja *f*, rejilla *f*
**gratis**[1] ['grætəs, ˈgreɪ-] *adv* : gratis, gratuitamente
**gratis**[2] *adj* : gratis, gratuito
**gratitude** ['grætə,tuːd, -,tjuːd] *n* : gratitud *f*, agradecimiento *m*
**gratuitous** [grəˈtuːətəs] *adj* UNWARRANTED : gratuito, injustificado — **gratuitously** [grəˈtuːətəsli] *adv*
**gratuity** [grəˈtuːəti] *n, pl* **-ities** TIP : propina *f*
**grave**[1] ['greɪv] *adj* **graver; gravest** **1** IMPORTANT : grave, de mucha gravedad **2** SERIOUS, SOLEMN : grave, serio
**grave**[2] *n* : tumba *f*, sepultura *f*
**gravel** ['grævəl] *n* : grava *f*, gravilla *f*
**gravelly** ['grævəli] *adj* **1** : de grava **2** HARSH : áspero (dícese de la voz)
**gravely** ['greɪvli] *adv* : gravemente
**gravestone** ['greɪv,stoːn] *n* : lápida *f*
**graveyard** ['greɪv,jɑrd] *n* CEMETERY : cementerio *m*, panteón *m*, camposanto *m*
**gravitate** ['grævə,teɪt] *vi* **-tated; -tating** : gravitar
**gravitation** [,grævəˈteɪʃən] *n* : gravitación *f*
**gravitational** [,grævəˈteɪʃənəl] *adj* : gravitacional
**gravity** ['grævəti] *n, pl* **-ties** **1** SERIOUSNESS : gravedad *f*, seriedad *f* **2** : gravedad *f* ⟨the law of gravity : la ley de la gravedad⟩
**gravy** ['greɪvi] *n, pl* **-vies** : salsa *f* (preparada con el jugo de la carne asada)
**gray**[1] ['greɪ] *vt* : hacer gris — *vi* : encanecer, ponerse gris
**gray**[2] *adj* **1** : gris (dícese del color) **2** : cano, canoso ⟨gray hair : pelo canoso⟩ ⟨to go gray : volverse cano⟩ **3** DISMAL, GLOOMY : gris, triste
**gray**[3] *n* : gris *m*
**grayish** ['greɪɪʃ] *adj* : grisáceo
**graze** ['greɪz] *v* **grazed; grazing** *vi* : pastar, pacer — *vt* **1** : pastorear (ganado) **2** BRUSH : rozar **3** SCRATCH : raspar

**grease¹** [ˈgriːs, ˈgriːz] *vt* **greased; greasing** : engrasar, lubricar
**grease²** [ˈgriːs] *n* : grasa *f*
**greasy** [ˈgriːsi, -zi] *adj* **greasier; -est 1** : grasiento **2** OILY : graso, grasoso
**great** [ˈgreɪt] *adj* **1** LARGE : grande ⟨a great mountain : una montaña grande⟩ ⟨a great crowd : una gran muchedumbre⟩ ⟨a great big house : una casa grandísima⟩ ⟨a great success : un gran éxito⟩ **2** EXTREME, INTENSE : grande, intenso, fuerte ⟨with great care/difficulty : con gran cuidado/dificultad⟩ ⟨in great pain : muy dolorido⟩ ⟨there's no great hurry : no hay prisa⟩ ⟨a great admirer of : un gran admirador de⟩ **3** IMPORTANT : grande ⟨a great poet : un gran poeta⟩ ⟨great works of art : grandes obras de arte⟩ **4** EXCELLENT, TERRIFIC : excelente, estupendo, fabuloso ⟨to have a great time : pasarlo en grande⟩ ⟨a great movie : una película estupenda⟩ ⟨he's great at soccer : juega muy bien al fútbol⟩ ⟨you look great! : ¡te ves muy bien!⟩ **5** : bis- ⟨great-grandson : bisabuelo/bisnieto⟩ ⟨great niece : sobrina nieta⟩ ⟨great-great-grandmother : tatarabuela⟩ **6 a great deal (of)** : mucho, un montón (de) **7 a great while** : mucho tiempo **8 great!** : ¡qué bien!
**great–aunt** [ˌgreɪtˈænt, -ˈant] *n* : tía *f* abuela
**greater** [ˈgreɪtɚr] (*comparative of* GREAT) : mayor
**greatest** [ˈgreɪtəst] (*superlative of* GREAT) : el mayor, la mayor
**great–grandchild** [ˌgreɪtˈgrænd-ˌtʃaɪld] *n, pl* **-children** [-ˌtʃɪldrən] : bisnieto *m*, -ta *f*
**great–grandfather** [ˌgreɪtˈgrænd-ˌfɑðər] *n* : bisabuelo *m*
**great–grandmother** [ˌgreɪtˈgrænd-ˌmʌðər] *n* : bisabuela *f*
**greatly** [ˈgreɪtli] *adv* **1** MUCH : mucho, sumamente ⟨to be greatly improved : haber mejorado mucho⟩ **2** VERY : muy ⟨greatly superior : muy superior⟩
**greatness** [ˈgreɪtnəs] *n* : grandeza *f*
**great–uncle** [ˌgreɪtˈʌŋkəl] *n* : tío *m* abuelo
**grebe** [ˈgriːb] *n* : somorgujo *m*
**greed** [ˈgriːd] *n* **1** AVARICE : avaricia *f*, codicia *f* **2** GLUTTONY : glotonería *f*, gula *f*
**greedily** [ˈgriːdəli] *adv* : con avaricia, con gula
**greediness** [ˈgriːdinəs] → **greed**
**greedy** [ˈgriːdi] *adj* **greedier; -est 1** AVARICIOUS : codicioso, avaricioso **2** GLUTTONOUS : glotón
**Greek** [ˈgriːk] *n* **1** : griego *m*, -ga *f* **2** : griego *m* (idioma) — **Greek** *adj*
**green¹** [ˈgriːn] *adj* **1** : verde (dícese del color) **2** UNRIPE : verde, inmaduro **3** INEXPERIENCED : verde, novato
**green²** *n* **1** : verde *m* **2 greens** *npl* VEGETABLES : verduras *fpl*
**greenback** [ˈgriːnˌbæk] *n fam* : billete *m* (dinero)
**green card** *n* : permiso *m* de residencia y trabajo
**greenery** [ˈgriːnəri] *n, pl* **-eries** : plantas *fpl* verdes, vegetación *f*
**greengrocer** [ˈgriːnˌgroːsər] *n* : verdulero *m*, -ra *f*
**greenhorn** [ˈgriːnˌhɔrn] *n* : novato *m*, -ta *f*
**greenhouse** [ˈgriːnˌhaʊs] *n* : invernadero *m*
**greenhouse effect** : efecto *m* invernadero
**greenish** [ˈgriːnɪʃ] *adj* : verdoso
**Greenlander** [ˈgriːnlən̩dər, -ˌlæn-] *n* : groenlandés *m*, -desa *f*
**greenness** [ˈgriːnnəs] *n* **1** : verdor *m* **2** INEXPERIENCE : inexperiencia *f*
**green thumb** *n* **to have a green thumb** : tener buena mano para las plantas
**greet** [ˈgriːt] *vt* **1** : saludar ⟨to greet a friend : saludar a un amigo⟩ **2** : acoger, recibir ⟨they greeted him with boos : lo recibieron con abucheos⟩
**greeting** [ˈgriːtɪŋ] *n* **1** : saludo *m* **2 greetings** *npl* REGARDS : saludos *mpl*, recuerdos *mpl*
**greeting card** *n* : tarjeta *f* de felicitación
**gregarious** [grɪˈgæriəs] *adj* : gregario (dícese de los animales), sociable (dícese de las personas) — **gregariously** *adv*
**gregariousness** [grɪˈgæriəsnəs] *n* : sociabilidad *f*
**gremlin** [ˈgrɛmlən] *n* : duende *m*
**grenade** [grəˈneɪd] *n* : granada *f*
**Grenadian** [grəˈneɪdiən] *n* : granadino *m*, -na *f* — **Grenadian** *adj*
**grew** → **grow**
**grey** → **gray**
**greyhound** [ˈgreɪˌhaʊnd] *n* : galgo *m*
**grid** [ˈgrɪd] *n* **1** GRATING : rejilla *f* **2** NETWORK : red *f* (de electricidad, etc.) **3** : cuadriculado *m* (de un mapa)
**griddle** [ˈgrɪdəl] *n* : plancha *f*
**griddle cake** → **pancake**
**gridiron** [ˈgrɪdˌaɪərn] *n* **1** GRILL : parrilla *f* **2** : campo *m* de futbol americano
**gridlock** [ˈgrɪdˌlɑk] *n* : atasco *m* completo (de una red de calles)
**grief** [ˈgriːf] *n* **1** SORROW : dolor *m*, pena *f* **2** ANNOYANCE, TROUBLE : problemas *mpl*, molestia *f*
**grief–stricken** *adj* : afligido, desconsolado
**grievance** [ˈgriːvənʦ] *n* COMPLAINT : queja *f*
**grieve** [ˈgriːv] *v* **grieved; grieving** *vt* DISTRESS : afligir, entristecer, apenar — *vi* **1** : sufrir, afligirse **2 to grieve for** *or* **to grieve over** : llorar, lamentar
**grievous** [ˈgriːvəs] *adj* **1** OPPRESSIVE : gravoso, opresivo, severo **2** GRAVE, SERIOUS : grave, severo, doloroso
**grievously** [ˈgriːvəsli] *adv* : gravemente, de gravedad
**grill¹** [ˈgrɪl] *vt* **1** : asar (a la parrilla) **2** INTERROGATE : interrogar
**grill²** *n* **1** : parrilla *f* (para cocinar) **2** : parrillada *f* (comida) **3** : parrilla *f* (restaurante)
**grille** *or* **grill** [ˈgrɪl] *n* : reja *f*, enrejado *m*
**grim** [ˈgrɪm] *adj* **grimmer; grimmest 1** CRUEL : cruel, feroz **2** STERN : adusto, severo ⟨a grim expression : un gesto severo⟩ **3** GLOOMY : sombrío, deprimente **4** SINISTER : macabro, siniestro

tro **5** UNYIELDING : inflexible, persistente ⟨with grim determination : con una voluntad de hierro⟩

**grimace**[1] [ˈgrɪməs, grɪˈmeɪs] *vi* **-maced; -macing** : hacer muecas

**grimace**[2] *n* : mueca *f*

**grime** [ˈgraɪm] *n* : mugre *f*, suciedad *f*

**grimly** [ˈgrɪmli] *adv* **1** STERNLY : severamente **2** RESOLUTELY : inexorablemente

**grimy** [ˈgraɪmi] *adj* **grimier; -est** : mugriento, sucio

**grin**[1] [ˈgrɪn] *vi* **grinned; grinning** : sonreír abiertamente

**grin**[2] *n* : sonrisa *f* abierta

**grind**[1] [ˈgraɪnd] *v* **ground** [ˈgraʊnd]; **grinding** *vt* **1** CRUSH : moler, machacar, triturar **2** SHARPEN : afilar **3** POLISH : pulir **4 to grind one's teeth** : rechinarle los dientes a uno **5 to grind down** OPPRESS : oprimir, agobiar — *vi* **1** : funcionar con dificultad, rechinar ⟨to grind to a halt : pararse poco a poco, llegar a un punto muerto⟩ **2** STUDY : estudiar mucho

**grind**[2] *n* : trabajo *m* pesado ⟨the daily grind : la rutina diaria⟩

**grinder** [ˈgraɪndər] *n* : molinillo *m* ⟨coffee grinder : molinillo de café⟩

**grindstone** [ˈgraɪndˌsto:n] *n* : piedra *m* de afilar

**gringo** [ˈgrɪŋgo] *n often disparaging* : gringo *m*, -ga *feminine often disparaging*

**grip**[1] [ˈgrɪp] *vt* **gripped; gripping 1** GRASP : agarrar, asir **2** HOLD, INTEREST : captar el interés de

**grip**[2] *n* **1** GRASP : agarre *m*, asidero *m* ⟨to have a firm grip on something : agarrarse bien de algo⟩ **2** CONTROL, HOLD : control *m*, dominio *m* ⟨to lose one's grip on : perder el control de⟩ ⟨inflation tightened its grip on the economy : la inflación se afianzó en su dominio de la economía⟩ ⟨to get a grip on oneself : controlarse, calmarse⟩ **3** UNDERSTANDING : comprensión *f*, entendimiento *m* ⟨to come to grips with : llegar a entender⟩ **4** HANDLE : asidero *m*, empuñadura *f* (de un arma)

**gripe**[1] [ˈgraɪp] *v* **griped; griping** *vt* IRRITATE, VEX : irritar, fastidiar, molestar — *vi* COMPLAIN : quejarse, rezongar

**gripe**[2] *n* : queja *f*

**grippe** [ˈgrɪp] *n* : influenza *f*, gripe *f*, gripa *f Col, Mex*

**gripping** [ˈgrɪpɪŋ] *adj* : apasionante

**grisly** [ˈgrɪzli] *adj* **grislier; -est** : horripilante, horroroso, truculento

**grist** [ˈgrɪst] *n* : molienda *f* ⟨it's all grist for the mill : todo ayuda, todo es provechoso⟩

**gristle** [ˈgrɪsəl] *n* : cartílago *m*

**gristly** [ˈgrɪsli] *adj* **gristlier; -est** : duro, con mucho cartílago

**grit**[1] [ˈgrɪt] *vt* **gritted; gritting** : hacer rechinar (los dientes, etc.)

**grit**[2] *n* **1** SAND : arena *f* **2** GRAVEL : grava *f* **3** COURAGE : valor *m*, coraje *m* **4 grits** *npl* : sémola *f* de maíz

**gritty** [ˈgrɪti] *adj* **grittier; -est 1** : arenoso ⟨a gritty surface : una superficie arenosa⟩ **2** PLUCKY : valiente

**grizzled** [ˈgrɪzəld] *adj* : entrecano

**grizzly bear** [ˈgrɪzli] *n* : oso *m* pardo

**groan**[1] [ˈgro:n] *vi* **1** MOAN : gemir, quejarse **2** CREAK : crujir

**groan**[2] *n* **1** MOAN : gemido *m*, quejido *m* **2** CREAK : crujido *m*

**grocer** [ˈgro:sər] *n* : tendero *m*, -ra *f*

**grocery** [ˈgro:səri, -ʃəri] *n, pl* **-ceries 1** *or* **grocery store** : tienda *f* de comestibles, tienda *f* de abarrotes **2 groceries** *npl* : comestibles *mpl*, abarrotes *mpl*

**groggy** [ˈgrɑgi] *adj* **groggier; -est** : atontado, grogui, tambaleante

**groin** [ˈgrɔɪn] *n* : ingle *f*

**grommet** [ˈgrɑmət, ˈgrʌ-] *n* : arandela *f*

**groom**[1] [ˈgru:m, ˈgrʊm] *vt* **1** : cepillar, almohazar (un animal) **2** : arreglar, cuidar ⟨well-groomed : bien arreglado⟩ **3** PREPARE : preparar

**groom**[2] *n* **1** : mozo *m*, -za *f* de cuadra **2** BRIDEGROOM : novio *m*

**groove**[1] [ˈgru:v] *vt* **grooved; grooving** : acanalar, hacer ranuras en, surcar

**groove**[2] *n* **1** FURROW, SLOT : ranura *f*, surco *m* **2** RUT : rutina *f*

**grope** [ˈgro:p] *v* **groped; groping** *vi* : andar a tientas, tantear ⟨he groped for the switch : buscó el interruptor a tientas⟩ — *vt* **to grope one's way** : avanzar a tientas

**gross**[1] [ˈgro:s] *vt* : tener entrada bruta de, recaudar en bruto

**gross**[2] *adj* **1** FLAGRANT : flagrante, grave ⟨a gross error : un error flagrante⟩ ⟨a gross injustice : una injusticia grave⟩ **2** FAT : muy gordo, obeso **3** : bruto ⟨gross national product : producto nacional bruto⟩ **4** COARSE, VULGAR : grosero, basto **5** *fam* DISGUSTING : asqueroso

**gross**[3] *n* **1** *pl* **gross** : gruesa *f* (12 docenas) **2** *or* **gross income** : ingresos *mpl* brutos

**grossly** [ˈgro:sli] *adv* **1** EXTREMELY : extremadamente ⟨grossly unfair : totalmente injusto⟩ **2** CRUDELY : groseramente

**grotesque** [gro:ˈtɛsk] *adj* : grotesco

**grotesquely** [gro:ˈtɛsklɪ] *adv* : de forma grotesca

**grotto** [ˈgrɑto:] *n, pl* **-toes** : gruta *f*

**grouch**[1] [ˈgraʊtʃ] *vi* : refunfuñar, rezongar

**grouch**[2] *n* **1** COMPLAINT : queja *f* **2** GRUMBLER : gruñón *m*, -ñona *f*; cascarrabias *mf fam*

**grouchy** [ˈgraʊtʃi] *adj* **grouchier; -est** : malhumorado, gruñón

**ground**[1] [ˈgraʊnd] *vt* **1** BASE : fundar, basar **2** INSTRUCT : enseñar los conocimientos básicos a ⟨to be well grounded in : ser muy entendido en⟩ **3** : conectar a tierra (un aparato eléctrico) **4** : varar, hacer encallar (un barco) **5** : restringir (un avión o un piloto) a la tierra **6** *fam* : no dejar salir (como castigo)

**ground**[2] *n* **1** EARTH, SOIL : suelo *m*, tierra *f* ⟨to dig (in) the ground : cavar la tierra⟩ ⟨to fall to the ground : caerse al suelo⟩ **2** LAND, TERRAIN : terreno *m* ⟨high ground : terreno alto⟩ ⟨to be on solid/firm ground : pisar terreno firme⟩ **3** BASIS, REASON : razón *f*, motivo *m* ⟨grounds for complaint : motivos de queja⟩ **4** INFORMATION : información *f* ⟨we've covered a lot of ground : hemos abarcado muchos temas/puntos⟩ ⟨familiar ground : terreno conocido⟩ **5** VIEWS : terreno *m* ⟨to find a common/middle ground : encontrar un terreno común⟩ **6** BACKGROUND : fondo *m* **7** FIELD : campo *m*, plaza *f* ⟨parade ground : plaza de armas⟩ **8** : tierra *f* (para electricidad) **9 grounds** *npl* PREMISES : recinto *m*, terreno *m* **10 grounds** *npl* DREGS : posos *mpl* (de café) **11 from the ground up** COMPLETELY : completamente, radicalmente **12 from the ground up** FRESH : de cero ⟨to build/start from the ground up : construir/empezar de cero⟩ **13 into the ground** ⟨he ran the business into the ground : llevó la empresa a la ruina⟩ ⟨she's working herself into the ground : se mata trabajando⟩ **14 to break new ground** : abrir nuevos caminos **15 to gain/lose ground** : ganar/perder terreno **16 to get off the ground** : llegar a concretarse **17 to hold/stand one's ground** : no ceder terreno

**ground**[3] → **grind**

**groundhog** [ˈgraʊnd,hɔg] *n* : marmota *f* (de América)

**grounding** [ˈgraʊndɪŋ] *n* : conocimientos *mpl* básicos

**groundless** [ˈgraʊndləs] *adj* : infundado

**groundwork** [ˈgraʊnd,wərk] *n* **1** FOUNDATION : fundamento *m*, base *f* **2** PREPARATION : trabajo *m* preparatorio

**group**[1] [ˈgru:p] *vt* : agrupar

**group**[2] *n* : grupo *m*, agrupación *f*, conjunto *m*, compañía *f*

**grouper** [ˈgru:pər] *n* : mero *m*

**grouse**[1] [ˈgraʊs] *vi* **groused; grousing** : quejarse, rezongar, refunfuñar

**grouse**[2] *n, pl* **grouse** *or* **grouses** : urogallo *m* (ave)

**grout** [ˈgraʊt] *n* : lechada *f*

**grove** [ˈgro:v] *n* : bosquecillo *m*, arboleda *f*, soto *m*

**grovel** [ˈgrɑvəl, ˈgrʌ-] *vi* **-eled** *or* **-elled; -eling** *or* **-elling** **1** CRAWL : arrastrarse **2** : humillarse, postrarse ⟨to grovel before someone : postrarse ante alguien⟩

**grow** [ˈgro:] *v* **grew** [ˈgru:]; **grown** [ˈgro:n]; **growing** *vi* **1** : crecer ⟨palm trees grow on the islands : en las islas crecen palmas⟩ ⟨my hair grows very fast : mi pelo crece muy rápido⟩ **2** DEVELOP, MATURE : desarrollarse, madurar **3** INCREASE : crecer, aumentar **4** BECOME : hacerse, volverse, ponerse ⟨she was growing angry : se estaba poniendo furiosa⟩ ⟨to grow dark : oscurecerse⟩ **5 to grow apart** : distanciarse **6 to grow from** : nacer de **7 to grow into** BECOME : convertirse en **8 to grow on someone** : empezar a gustarle a alguien **9 to grow out of** : dejar atrás (las cosas de la niñez) **10 to grow to** : llegar a ⟨I grew to love the city : aprendí a amar la ciudad⟩ **11 to grow up** : hacerse mayor ⟨grow up! : ¡no seas niño!⟩ — *vt* **1** CULTIVATE, RAISE : cultivar **2** : dejar crecer ⟨to grow one's hair : dejarse crecer el pelo⟩ **3** EXPAND, DEVELOP : expansionar, desarrollar (una empresa, etc.)

**grower** [ˈgro:ər] *n* : cultivador *m*, -dora *f*

**growl**[1] [ˈgraʊl] *vi* : gruñir (dícese de un animal), refunfuñar (dícese de una persona)

**growl**[2] *n* : gruñido *m*

**grown** [ˈgro:n] → **grown-up**[1]

**grown–up**[1] [ˈgro:n,ʌp] *adj* : adulto, mayor

**grown–up**[2] *n* : adulto *m*, -ta *f*; persona *f* mayor

**growth** [ˈgro:θ] *n* **1** : crecimiento *m* ⟨to stunt one's growth : detener el crecimiento⟩ **2** INCREASE : aumento *m*, crecimiento *m*, expansión *f* **3** DEVELOPMENT : desarrollo *m* ⟨economic growth : desarrollo económico⟩ ⟨a five days' growth of beard : una barba de cinco días⟩ **4** LUMP, TUMOR : bulto *m*, tumor *m*

**grub**[1] [ˈgrʌb] *vi* **grubbed; grubbing** **1** DIG : escarbar **2** RUMMAGE : hurgar, buscar **3** DRUDGE : trabajar duro

**grub**[2] *n* **1** : larva *f* ⟨beetle grub : larva del escarabajo⟩ **2** DRUDGE : esclavo *m*, -va *f* del trabajo **3** FOOD : comida *f*

**grubby** [ˈgrʌbi] *adj* **grubbier; -est** : mugriento, sucio

**grudge**[1] [ˈgrʌʤ] *vt* **grudged; grudging** : dar/hacer (etc.) de mala gana ⟨I don't grudge the money I spent : no me molesta el dinero que gasté⟩

**grudge**[2] *n* : rencor *m*, resentimiento *m* ⟨to hold a grudge : guardar rencor⟩ ⟨to hold a grudge against someone for something : guardarle rencor a alguien por algo⟩

**grueling** *or* **gruelling** [ˈgru:lɪŋ, ˈgru:ə-] *adj* : extenuante, agotador, duro

**gruesome** [ˈgru:səm] *adj* : horripilante, truculento, horroroso

**gruff** [ˈgrʌf] *adj* **1** BRUSQUE : brusco ⟨a gruff reply : una respuesta brusca⟩ **2** HOARSE : ronco — **gruffly** *adv*

**grumble**[1] [ˈgrʌmbəl] *vi* **-bled; -bling** **1** COMPLAIN : refunfuñar, rezongar, quejarse **2** RUMBLE : hacer un ruido sordo, retumbar (dícese del trueno)

**grumble**[2] *n* **1** COMPLAINT : queja *f* **2** RUMBLE : ruido *m* sordo, estruendo *m*

**grumbler** [ˈgrʌmbələr] *n* : gruñón *m*, -ñona *f*

**grumpy** [ˈgrʌmpi] *adj* **grumpier; -est** : malhumorado, gruñón

**grungy** [ˈgrʌnʤi] *adj* : sucio

**grunt**[1] [ˈgrʌnt] *vi* : gruñir

**grunt**[2] *n* : gruñido *m*

**guacamole** [ˌgwɑkəˈmo:li] *n* : guacamole *m*, guacamol *m*

**guanaco** [gwəˈnɑko] *n* : guanaco *m*

**guano** [ˈgwɑno] *n* : guano *m*

**guarani** [ˌgwɑrəˈni:] *n, pl* **-nies** *or* **-nis** : guaraní *m* (unidad monetaria)

**Guarani** [ˌgwɑrəˈni:] *n* **1** : guaraní *m* (idioma) **2** *pl* **-ni** *or* **-nis** : guaraní *mf* (persona)

**guarantee**[1] [ˌgærənˈtiː] *vt* **-teed; -teeing** **1** PROMISE : asegurar, prometer **2** : poner bajo garantía, garantizar (un producto o servicio)

**guarantee**[2] *n* **1** PROMISE : garantía *f*, promesa *f* ⟨lifetime guarantee : garantía de por vida⟩ **2** → **guarantor**

**guarantor** [ˌgærənˈtɔr] *n* : garante *mf*; fiador *m*, -dora *f*

**guaranty** [ˌgærənˈtiː] → **guarantee**

**guard**[1] [ˈgɑrd] *vt* **1** DEFEND, PROTECT : defender, proteger **2** : guardar, vigilar, custodiar ⟨to guard the frontier : vigilar la frontera⟩ ⟨she guarded my secret well : guardó bien mi secreto⟩ — *vi* **to guard against** : protegerse contra, evitar

**guard**[2] *n* **1** WATCHMAN : guarda *mf* ⟨security guard : guarda de seguridad⟩ **2** SOLDIERS : guardia *f* **3** VIGILANCE : guardia *f*, vigilancia *f* ⟨to be on guard : estar en guardia⟩ ⟨to let one's guard down : bajar la guardia⟩ ⟨to catch someone off guard : agarrar a alguien desprevenido⟩ ⟨to keep under guard : vigilar⟩ **4** SAFEGUARD : salvaguardia *f*, dispositivo *m* de seguridad (en una máquina) **5** PRECAUTION : precaución *f*, protección *f* **6** : guardia *mf* (en deportes)

**guard dog** *n* : perro *m* guardián

**guarded** [ˈgɑrdəd] *adj* : cauteloso

**guardhouse** [ˈgɑrdˌhaʊs] *n* : cuartel *m* de la guardia

**guardian** [ˈgɑrdiən] *n* **1** PROTECTOR : guardián *m*, -diana *f*; custodio *m*, -dia *f* ⟨guardian angel : ángel de la guarda⟩ **2** : tutor *m*, -tora *f* (de un niño)

**guardianship** [ˈgɑrdiənˌʃɪp] *n* : custodia *f*, tutela *f*

**guardrail** [ˈgɑrdˌreɪl] *n* **1** : antepecho *m* (de un puente, etc.) **2** : barrera *f* de contención (de una carretera)

**Guatemalan** [ˌgwɑtəˈmɑlən] *n* : guatemalteco *m*, -ca *f* — **Guatemalan** *adj*

**guava** [ˈgwɑvə] *n* : guayaba *f*

**gubernatorial** [ˌguːbənəˈtoriːəl, ˌgjuː-] *adj* : del gobernador

**guerrilla** *or* **guerilla** [gəˈrɪlə] *n* : guerrillero *m*, -ra *f*

**guess**[1] [ˈgɛs] *vt* **1** CONJECTURE : adivinar, conjeturar ⟨guess what happened! : ¡adivina lo que pasó!⟩ **2** SUPPOSE : pensar, creer, suponer ⟨I guess so : supongo que sí⟩ **3** : adivinar correctamente, acertar ⟨to guess the answer : acertar la respuesta⟩ — *vi* : adivinar

**guess**[2] *n* : conjetura *f*, suposición *f*

**guesswork** [ˈgɛsˌwərk] *n* : suposiciones *fpl*, conjeturas *fpl*

**guest** [ˈgɛst] *n* : huésped *mf*; invitado *m*, -da *f*

**guffaw**[1] [gəˈfɔ] *vi* : reírse a carcajadas, carcajearse *fam*

**guffaw**[2] [gəˈfɔ, ˈgʌˌfɔ] *n* : carcajada *f*, risotada *f*

**guidance** [ˈgaɪdənʦ] *n* : orientación *f*, consejos *mpl*

**guide**[1] [ˈgaɪd] *vt* **guided; guiding** **1** DIRECT, LEAD : guiar, dirigir, conducir **2** ADVISE, COUNSEL : aconsejar, orientar

**guide**[2] *n* : guía *f*

**guidebook** [ˈgaɪdˌbʊk] *n* : guía *f* (para viajeros)

**guide dog** *n* : perro *m* guía, perro *m* lazarillo

**guideline** [ˈgaɪdˌlaɪn] *n* : pauta *f*, directriz *f*

**guild** [ˈgɪld] *n* : gremio *m*, sindicato *m*, asociación *f*

**guile** [ˈgaɪl] *n* : astucia *f*, engaño *m*

**guileless** [ˈgaɪlləs] *adj* : inocente, cándido, sin malicia

**guillotine**[1] [ˈgɪləˌtiːn, ˈgiːjəˌ-] *vt* **-tined; -tining** : guillotinar

**guillotine**[2] *n* : guillotina *f*

**guilt** [ˈgɪlt] *n* : culpa *f*, culpabilidad *f*

**guilty** [ˈgɪlti] *adj* **guiltier; -est** : culpable

**guinea fowl** [ˈgɪni] *n* : gallina *f* de Guinea

**guinea pig** *n* : conejillo *m* de Indias, cobaya *f*

**guise** [ˈgaɪz] *n* : apariencia *f*, aspecto *m*, forma *f*

**guitar** [gəˈtɑr, gɪ-] *n* : guitarra *f*

**guitarist** [gəˈtɑrɪst, gɪ-] *n* : guitarrista *mf*

**gulch** [ˈgʌlʧ] *n* : barranco *m*, quebrada *f*

**gulf** [ˈgʌlf] *n* **1** : golfo *m* ⟨the Gulf of Mexico : el Golfo de México⟩ **2** GAP : brecha *f* ⟨the gulf between generations : la brecha entre las generaciones⟩ **3** CHASM : abismo *m*

**gull** [ˈgʌl] *n* : gaviota *f*

**gullet** [ˈgʌlət] *n* : garganta *f*

**gullible** [ˈgʌlɪbəl] *adj* : crédulo

**gully** [ˈgʌli] *n, pl* **-lies** : barranco *m*, hondonada *f*

**gulp**[1] [ˈgʌlp] *vt* **1** : engullir, tragar ⟨he gulped down the whiskey : engulló el whisky⟩ **2** SUPPRESS : suprimir, reprimir, tragar ⟨to gulp down a sob : reprimir un sollozo⟩ — *vi* : tragar saliva, tener un nudo en la garganta

**gulp**[2] *n* : trago *m*

**gum** [ˈgʌm] *n* **1** CHEWING GUM : goma *f* de mascar, chicle *m* **2 gums** *npl* : encías *fpl*

**gumbo** [ˈgʌmˌboː] *n* : sopa *f* de quingombó

**gumdrop** [ˈgʌmˌdrɑp] *n* : pastilla *f* de goma

**gummy** [ˈgʌmi] *adj* **gummier; -est** : gomoso

**gumption** [ˈgʌmpʃən] *n* : iniciativa *f*, agallas *fpl fam*

**gun**[1] [ˈgʌn] *vt* **gunned; gunning** **1** *or* **to gun down** : matar a tiros, asesinar **2** : acelerar (rápidamente) ⟨to gun the engine : acelerar el motor⟩

**gun**[2] *n* **1** CANNON : cañón *m* **2** FIREARM : arma *f* de fuego **3** SPRAY GUN : pistola *f* **4 to jump the gun** : adelantarse, salir antes de tiempo

**gunboat** [ˈgʌnˌboːt] *n* : cañonero *m*

**gunfight** [ˈgʌnˌfaɪt] *n* : tiroteo *m*, balacera *f*

**gunfire** [ˈgʌnˌfaɪr] *n* : disparos *mpl*

**gunman** [ˈgʌnmən] *n, pl* **-men** [-mən, -ˌmɛn] : pistolero *m*, gatillero *m Mex*

**gunner** [ˈgʌnər] *n* : artillero *m*, -ra *f*

**gunnysack** [ˈgʌniˌsæk] *n* : saco *m* de yute

**gunpoint** [ˈgʌnˌpɔɪnt] *n* **at ~** : a punta de pistola

**gunpowder** [ˈgʌnˌpaʊdər] *n* : pólvora *f*

**gunshot** [ˈgʌnˌʃɑt] *n* : disparo *m*, tiro *m*, balazo *m*
**gunsmith** [ˈgʌnˌsmɪθ] *n* : armero *m*, -ra *f*
**gunwale** [ˈgʌnəl] *n* : borda *f*
**guppy** [ˈgʌpi] *n, pl* **-pies** : guppy *m*
**gurgle**[1] [ˈgərgəl] *vi* **-gled; -gling** **1** : borbotar, gorgotear (dícese de un líquido) **2** : gorjear (dícese de un niño)
**gurgle**[2] *n* **1** : borboteo *m*, gorgoteo *m* (de un líquido) **2** : gorjeo *m* (de un niño)
**gush** [ˈgʌʃ] *vi* **1** SPOUT : surgir, salir a chorros, chorrear **2** : hablar con entusiasmo efusivo ⟨she gushed with praise : se deshizo en elogios⟩
**gust** [ˈgʌst] *n* : ráfaga *f*, racha *f*
**gusto** [ˈgʌsˌto:] *n, pl* **gustoes** : entusiasmo *m* ⟨with gusto : con deleite, con ganas⟩
**gusty** [ˈgʌsti] *adj* **gustier; -est** : racheado
**gut**[1] [ˈgʌt] *vt* **gutted; gutting** **1** EVISCERATE : limpiar (un pollo, un pescado, etc.) **2** : destruir el interior de (un edificio)
**gut**[2] *n* **1** INTESTINE : intestino *m* **2 guts** *npl* INNARDS : tripas *fpl fam*, entrañas *fpl* **3 guts** *npl* COURAGE : valentía *f*, agallas *fpl*
**gutter** [ˈgʌtər] *n* **1** : canal *mf*, canaleta *f* (de un techo) **2** : cuneta *f*, arroyo *m* (de una calle)
**guttural** [ˈgʌtərəl] *adj* : gutural
**guy** [ˈgaɪ] *n* **1** → **guyline** **2** FELLOW : tipo *m*, hombre *m*
**guyline** [ˈgaɪˌlaɪn] *n* : cable *m* tensor
**guzzle** [ˈgʌzəl] *vt* **-zled; -zling** : chupar, tragarse
**gym** [ˈʤɪm] → **gymnasium**
**gymnasium** [ʤɪmˈneɪziəm, -ʒəm] *n, pl* **-siums** *or* **-sia** [-ziːə, -ʒə] : gimnasio *m*
**gymnast** [ˈʤɪmnəst, -ˌnæst] *n* : gimnasta *mf*
**gymnastic** [ʤɪmˈnæstɪk] *adj* : gimnástico
**gymnastics** [ʤɪmˈnæstɪks] *ns & pl* : gimnasia *f*
**gynecologic** [ˌgaɪnəkəˈlɑʤɪk, ˌʤɪnə-] *or* **gynecological** [ˌgaɪnəkəˈlɑʤɪkəl, ˌʤɪnə-] *adj* : ginecológico
**gynecologist** [ˌgaɪnəˈkɑləʤɪst, ˌʤɪnə-] *n* : ginecólogo *m*, -ga *f*
**gynecology** [ˌgaɪnəˈkɑləʤi, ˌʤɪnə-] *n* : ginecología *f*
**gyp**[1] [ˈʤɪp] *vt* **gypped; gypping** *fam, now sometimes offensive* : estafar, timar
**gyp**[2] *n fam, now sometimes offensive* **1** SWINDLER : estafador *m*, -dora *f* **2** FRAUD, SWINDLE : estafa *f*, timo *m fam*
**gypsum** [ˈʤɪpsəm] *n* : yeso *m*
**Gypsy** [ˈʤɪpsi] *n, pl* **-sies** *sometimes offensive* : gitano *m*, -na *f*
**gyrate** [ˈʤaɪˌreɪt] *vi* **-rated; -rating** : girar, rotar
**gyration** [ʤaɪˈreɪʃən] *n* : giro *m*, rotación *f*
**gyroscope** [ˈʤaɪrəˌskoːp] *n* : giroscopio *m*, giróscopo *m*

# H

**h** [ˈeɪtʃ] *n, pl* **h's** *or* **hs** [ˈeɪtʃəz] : octava letra del alfabeto inglés
**ha** [ˈhɑ] *interj* : ¡ja!
**haberdashery** [ˈhæbərˌdæʃəri] *n, pl* **-eries** : tienda *f* de ropa para caballeros
**habit** [ˈhæbɪt] *n* **1** CUSTOM : hábito *m*, costumbre *f* ⟨to break/kick a bad habit : perder una mala costumbre⟩ ⟨to be in the habit of doing something : acostumbrar/soler hacer algo, tener la costumbre de hacer algo⟩ ⟨she got into the habit of sleeping in : se le hizo costumbre dormir hasta tarde⟩ ⟨to make a habit of doing something : tomar el costumbre de hacer algo⟩ ⟨don't make a habit of it : que no se repita⟩ **2** : hábito *m* (de un monje o una religiosa) **3** ADDICTION : dependencia *f*, adicción *f* ⟨to have a drug habit : ser drogadicto⟩ ⟨to kick the habit : dejar el vicio⟩
**habitable** [ˈhæbɪtəbəl] *adj* : habitable
**habitat** [ˈhæbɪˌtæt] *n* : hábitat *m*
**habitation** [ˌhæbɪˈteɪʃən] *n* **1** OCCUPANCY : habitación *f* **2** RESIDENCE : residencia *f*, morada *f*
**habit–forming** [ˈhæbɪtˌfɔrmɪŋ] *adj* : que crea dependencia
**habitual** [həˈbɪtʃʊəl] *adj* **1** CUSTOMARY : habitual, acostumbrado **2** INVETERATE : incorregible, empedernido — **habitually** *adv*
**habituate** [həˈbɪtʃʊˌeɪt] *vt* **-ated; -ating** : habituar, acostumbrar
**hack**[1] [ˈhæk] *vt* **1** : cortar, tajear (a hachazos, etc.) ⟨to hack one's way : abrirse paso⟩ **2** : entrar en, hackear *fam* (un sistema, etc.) — *vi* **1** : hacer tajos **2** COUGH : toser **3 to hack into** : entrar en, hackear *fam*
**hack**[2] *n* **1** CHOP : hachazo *m*, tajo *m* **2** HORSE : caballo *m* de alquiler **3** WRITER : escritor *m*, -tora *f* a sueldo; escritorzuelo *m*, -la *f* **4** COUGH : tos *f* seca
**hacker** [ˈhækər] *n* : pirata *m* informático, pirata *f* informática; hacker *mf fam*
**hackles** [ˈhækəlz] *npl* **1** : pluma *f* erizada (de un ave), pelo *m* erizado (de un perro, etc.) **2 to get one's hackles up** : ponerse furioso
**hackney** [ˈhækni] *n, pl* **-neys** : caballo *m* de silla, caballo *m* de tiro
**hackneyed** [ˈhæknid] *adj* TRITE : trillado, gastado
**hacksaw** [ˈhækˌsɔ] *n* : sierra *f* para metales
**had** → **have**
**haddock** [ˈhædək] *ns & pl* : eglefino *m*
**hadn't** [ˈhædənt] *contraction of* HAD NOT → **have**
**hag** [ˈhæg] *n offensive* : bruja *f*, vieja *f* fea
**haggard** [ˈhægərd] *adj* : demacrado, macilento — **haggardly** *adv*

**haggle** [ˈhægəl] *vi* **-gled; -gling** : regatear
**ha–ha** *or* **ha ha** [ˌhɑˈhɑ, ˈhɑˈhɑ] *interj* : ¡ja, ja!
**hail**[1] [ˈheɪl] *vt* **1** GREET : saludar **2** SUMMON : llamar ⟨to hail a taxi : llamar un taxi⟩ **3** WELCOME : aclamar — *vi* : granizar (en meteorología)
**hail**[2] *n* **1** : granizo *m* **2** BARRAGE : aluvión *m*, lluvia *f*
**hail**[3] *interj* : ¡salve!
**hailstone** [ˈheɪlˌsto:n] *n* : granizo *m*, piedra *f* de granizo
**hailstorm** [ˈheɪlˌstɔrm] *n* : granizada *f*
**hair** [ˈhær] *n* **1** : pelo *m*, cabello *m* ⟨to get one's hair cut : cortarse el pelo⟩ **2** : vello *m* (en las piernas, etc.)
**hairbreadth** [ˈhærˌbrɛdθ] *or* **hairsbreadth** [ˈhærz-] *n* **by a hairbreadth** : por un pelo
**hairbrush** [ˈhærˌbrʌʃ] *n* : cepillo *m* (para el pelo)
**haircut** [ˈhærˌkʌt] *n* : corte *m* de pelo
**hairdo** [ˈhærˌdu:] *n, pl* **-dos** : peinado *m*
**hairdresser** [ˈhærˌdrɛsər] *n* **1** : peluquero *m*, -ra *f* **2 the hairdresser's** : la peluquería
**hairdressing** [ˈhærˌdrɛsɪŋ] *n* : peluquería *f* (profesión o actividad)
**haired** [ˈhærd] *adj* (*used in combination*) : de pelo ⟨long-haired : de pelo largo⟩ ⟨red-haired : pelirrojo⟩
**hairiness** [ˈhærinəs] *n* : vellosidad *f*
**hairless** [ˈhærləs] *adj* : sin pelo, calvo, pelón
**hairline** [ˈhærˌlaɪn] *n* **1** : línea *f* delgada **2** : nacimiento *m* del pelo ⟨to have a receding hairline : tener entradas⟩
**hairpiece** [ˈhærˌpi:s] *n* : bisoñé *m*, peluquín *m*
**hairpin** [ˈhærˌpɪn] *n* : horquilla *f*
**hair–raising** [ˈhærˌreɪzɪŋ] *adj* : espeluznante
**hair spray** *n* : laca *f*, fijador *m* (para el pelo)
**hairstyle** [ˈhærˌstaɪl] *n* : peinado *m*
**hairy** [ˈhæri] *adj* **hairier; -est** : peludo, velludo
**Haitian** [ˈheɪʃən, ˈheɪtiən] *n* : haitiano *m*, -na *f* — **Haitian** *adj*
**hake** [ˈheɪk] *n* : merluza *f*
**hale**[1] [ˈheɪl] *vt* **haled; haling** : arrastrar, halar ⟨to hale to court : arrastrar al tribunal⟩
**hale**[2] *adj* : saludable, robusto
**half**[1] [ˈhæf, ˈhaf] *adv* **1** PARTIALLY : medio, a medias ⟨half cooked : medio cocido⟩ ⟨half closed/open : entreabierto⟩ ⟨she was half asleep : estaba medio dormida⟩ **2** : medio ⟨half full : medio lleno⟩ ⟨it's half past eleven (o'clock) : son las once y media⟩ ⟨she's half Mexican : es medio mexicana⟩ **3 half off** : a mitad de precio
**half**[2] *adj* : medio, a medias ⟨a half hour : una media hora⟩ ⟨a half truth : una verdad a medias⟩
**half**[3] *n, pl* **halves** [ˈhævz, ˈhavz] **1** : mitad *f* ⟨to cut in half, to cut into halves : cortar por la mitad⟩ **2** : tiempo *m* (en deportes)
**half**[4] *pron* : la mitad ⟨half of my friends : la mitad de mis amigos⟩ ⟨do you want half? : ¿quieres la mitad?⟩ ⟨half a million people : medio millón de personas⟩
**half brother** *n* : medio hermano *m*, hermanastro *m*
**halfhearted** [ˈhæfˈhɑrtəd] *adj* : sin ánimo, poco entusiasta
**halfheartedly** [ˈhæfˈhɑrtəɗli] *adv* : con poco entusiasmo, sin ánimo
**half–life** [ˈhæfˌlaɪf] *n, pl* **half–lives** : media vida *f*
**half–mast** [ˈhæfˈmæst] *n* **at ~** : a media asta
**half–moon** [ˈhæfˌmu:n] *n, pl* **half–moons** : media luna *f*
**half note** *n* : blanca *f* (en música)
**half–price** [ˈhæfˌpraɪs] *adj & adv* : a mitad de precio ⟨a half-price sale : rebajas de 50 por ciento⟩
**half price** *n* : mitad *f* de precio ⟨to buy at half price, to pay half price for : comprar a mitad de precio⟩
**half sister** *n* : media hermana *f*, hermanastra *f*
**halftime** [ˈhæfˌtaɪm] *n* : descanso *m*, medio tiempo *m* (en deportes)
**half–truth** [ˈhæfˌtru:θ] *n* : verdad *f* a medias
**halfway**[1] [ˈhæfˈweɪ] *adv* : a medio camino, a mitad de camino
**halfway**[2] *adj* : medio, intermedio ⟨a halfway point : un punto intermedio⟩
**half–wit** [ˈhæfˌwɪt] *n* : tonto *m*, -ta *f*; imbécil *mf*
**half–witted** [ˈhæfˌwɪtəd] *adj* : estúpido
**halibut** [ˈhælɪbət] *ns & pl* : halibut *m*
**hall** [ˈhɔl] *n* **1** BUILDING : residencia *f* estudiantil, facultad *f* (de una universidad) **2** VESTIBULE : entrada *f*, vestíbulo *m*, zaguán *m* **3** CORRIDOR : corredor *m*, pasillo *m* **4** AUDITORIUM : sala *f*, salón *m* ⟨concert hall : sala de conciertos⟩ **5 city hall** : ayuntamiento *m*
**hallelujah** [ˌhæləˈlu:jə, ˌhɑ-] *interj* : ¡aleluya!
**hallmark** [ˈhɔlˌmɑrk] *n* : sello *m* (distintivo)
**hallow** [ˈhæˌlo:] *vt* : santificar, consagrar
**hallowed** [ˈhæˌlo:d, ˈhæˌlo:əd, ˈhɑˌlo:d] *adj* : sagrado
**Halloween** [ˌhæləˈwi:n, ˌhɑ-] *n* : víspera *f* de Todos los Santos
**hallucinate** [hæˈlu:sənˌeɪt] *vi* **-nated; -nating** : alucinar
**hallucination** [həˌlu:sənˈeɪʃən] *n* : alucinación *f*
**hallucinatory** [həˈlu:sənəˌtori] *adj* : alucinante
**hallucinogen** [həˈlu:sənəʤən] *n* : alucinógeno *m*
**hallucinogenic** [həˌlu:sənəˈʤɛnɪk] *adj* : alucinógeno
**hallway** [ˈhɔlˌweɪ] *n* **1** ENTRANCE : entrada *f* **2** CORRIDOR : corredor *m*, pasillo *m*
**halo** [ˈheɪˌlo:] *n, pl* **-los** *or* **-loes** : aureola *f*, halo *m*
**halt**[1] [ˈhɔlt] *vi* : detenerse, pararse — *vt* **1** STOP : detener, parar (a una persona) **2** INTERRUPT : interrumpir (una actividad)
**halt**[2] *n* **1** : alto *m*, parada *f* **2 to come to a halt** : pararse, detenerse

**halter** [ˈhɔltər] *n* **1** : cabestro *m*, ronzal *m* (para un animal) **2** : blusa *f* sin espalda
**halting** [ˈhɔltɪŋ] *adj* HESITANT : vacilante, titubeante — **haltingly** *adv*
**halve** [ˈhæv, ˈhav] *vt* **halved; halving 1** DIVIDE : partir por la mitad **2** REDUCE : reducir a la mitad
**halves** → **half**
**ham** [ˈhæm] *n* **1** : jamón *m* **2** : payaso *m*, -sa *f*; persona *f* graciosa **3** *or* **ham radio operator** : radioaficionado *m*, -da *f* **4 hams** *npl* HAUNCHES : ancas *fpl*
**hamburger** [ˈhæmˌbərgər] *or* **hamburg** [-ˌbərg] *n* **1** : carne *f* molida **2** : hamburguesa *f* (emparedado)
**hamlet** [ˈhæmlət] *n* VILLAGE : aldea *f*, poblado *m*
**hammer**[1] [ˈhæmər] *vt* **1** STRIKE : clavar, golpear **2** NAIL : clavar, martillar **3** DEFEAT : darle una paliza a **4 to hammer out** NEGOTIATE : elaborar, negociar, llegar a — *vi* : martillar, golpear
**hammer**[2] *n* **1** : martillo *m* **2** : percusor *m*, percutor *m* (de un arma de fuego)
**hammock** [ˈhæmək] *n* : hamaca *f*
**hamper**[1] [ˈhæmpər] *vt* : obstaculizar, dificultar
**hamper**[2] *n* : cesto *m*, canasta *f*
**hamster** [ˈhæmpstər] *n* : hámster *m*
**hamstring** [ˈhæmˌstrɪŋ] *vt* **-strung** [-ˌstrʌŋ]; **-stringing 1** : cortarle el tendón del corvejón a (un animal) **2** INCAPACITATE : incapacitar, inutilizar
**hand**[1] [ˈhænd] *vt* **1** : pasar, dar, entregar **2 to hand back** RETURN : devolver **3 to hand down** : dejar en herencia **4 to hand in** SUBMIT : entregar, presentar **5 to hand it to** *fam* : aplaudir, felicitar ⟨I've got to hand it to you — you did a great job! : ¡tengo que reconocer que hiciste muy bien!⟩ **6 to hand out** DISTRIBUTE : distribuir **7 to hand over** SURRENDER : entregar
**hand**[2] *n* **1** : mano *f* ⟨made by hand : hecho a mano⟩ ⟨hand in hand : tomados de la mano⟩ ⟨to hold hands : ir tomados de la mano⟩ ⟨to raise one's hand : levantar la mano⟩ ⟨to join hands : darse las manos⟩ **2** POINTER : manecilla *f*, aguja *f* (de un reloj o instrumento) **3** SIDE : lado *m* ⟨on the one hand . . . on the other hand . . . : por un lado . . . por otro lado . . .⟩ **4** HANDWRITING : letra *f*, escritura *f* **5** APPLAUSE : aplauso *m* ⟨let's give them all a hand! : ¡aplausos para todos!⟩ **6** : mano *f*, cartas *fpl* (en juegos de naipes) **7** WORKER : obrero *m*, -ra *f*; trabajador *m*, -dora *f* **8 hands** *npl* CONTROL : manos *fpl* ⟨to fall into the hands of : caer en manos de⟩ ⟨it's out of my hands : no está en mis manos⟩ **9 at hand** NEAR : a mano ⟨to keep close at hand : tener a mano⟩ ⟨the problem at hand : el problema más acuciante⟩ **10 on hand** AVAILABLE : a mano, disponible **11 on hand** PRESENT, NEAR : presente, cerca **12 on one's hands** ⟨I had some time on my hands : tenía un rato libre⟩ ⟨she has all that work on her hands : tiene tanto trabajo que hacer⟩ **13 on one's hands and knees** : a gatas **14 out of hand** : descontrolado ⟨the situation is getting out of hand : la situación se les/nos (etc.) va de las manos⟩ **15 out of hand** IMMEDIATELY : sin miramientos **16 to ask for someone's hand (in marriage)** : pedir la mano de alguien **17 to give/lend a hand** : echar una mano **18 to go hand in hand** : ir de la mano **19 to have a hand in** : tener parte en **20 to have one's hands full** : estar muy ocupado **21 to have one's hands tied** : tener las manos atadas **22 to live from hand to mouth** : vivir al día **23 to try one's hand at** : probar a hacer **24 to wait on someone hand and foot** : hacerle de sirviente/sirvienta a alguien
**handbag** [ˈhænd,bæg] *n* : cartera *f*, bolso *m*, bolsa *f Mex*
**handball** [ˈhænd,bɔl] *n* : frontón *m*, pelota *f*
**handbill** [ˈhænd,bɪl] *n* : folleto *m*, volante *m*
**handbook** [ˈhænd,bʊk] *n* : manual *m*
**handbrake** [ˈhænd,breɪk] *n* : freno *m* de mano
**handcuff** [ˈhænd,kʌf] *vt* : esposar, ponerle esposas (a alguien)
**handcuffs** [ˈhænd,kʌfs] *npl* : esposas *fpl*
**handful** [ˈhænd,fʊl] *n* : puñado *m*
**handgun** [ˈhænd,gʌn] *n* : pistola *f*, revólver *m*
**handheld** [ˈhænd,hɛld] *adj* : de mano
**handicap**[1] [ˈhændiˌkæp] *vt* **-capped; -capping 1** : asignar un handicap a (en deportes) **2** HAMPER : obstaculizar, poner en desventaja
**handicap**[2] *n* **1** *sometimes offensive* DISABILITY : minusvalía *f*, discapacidad *f* **2** DISADVANTAGE : desventaja *f*, handicap *m* (en deportes)
**handicapped** [ˈhændiˌkæpt] *adj sometimes offensive* DISABLED : minusválido, discapacitado
**handicraft** [ˈhændiˌkræft] *n* : artesanía *f*
**handily** [ˈhændəli] *adv* EASILY : fácilmente, con facilidad
**handiwork** [ˈhændiˌwɜrk] *n* **1** WORK : trabajo *m* **2** CRAFTS : artesanías *fpl*
**handkerchief** [ˈhæŋkərtʃəf, -ˌtʃiːf] *n, pl* **-chiefs** : pañuelo *m*
**handle**[1] [ˈhændəl] *v* **-dled; -dling** *vt* **1** TOUCH : tocar **2** MANAGE : tratar, manejar, despachar **3** SELL : comerciar con, vender — *vi* : responder, conducirse (dícese de un vehículo)
**handle**[2] *n* : asa *m*, asidero *m*, mango *m* (de un cuchillo, etc.), pomo *m* (de una puerta), tirador *m* (de un cajón)
**handlebars** [ˈhændəlˌbʊrz] *npl* : manubrio *m*, manillar *m*
**handler** [ˈhændələr] *n* : cuidador *m*, -dora *f*
**handling** [ˈhændəlɪŋ] *n* **1** MANAGEMENT : manejo *m* **2** TOUCHING : manoseo *m* **3 shipping and handling** : porte *m*, transporte *m*
**handmade** [ˈhændˌmeɪd] *adj* : hecho a mano

**hand–me–downs** [ˈhænd*d*miˌdaʊnz] *npl* : ropa *f* usada
**handout** [ˈhændˌaʊt] *n* **1** AID : dádiva *f*, limosna *f* **2** LEAFLET : folleto *m*
**handpick** [ˈhændˈpɪk] *vt* : seleccionar con cuidado
**handrail** [ˈhændˌreɪl] *n* : pasamanos *m*, barandilla *f*, barandal *m*
**handsaw** [ˈhændˌsɔ] *n* : serrucho *m*
**hands down** *adv* **1** EASILY : con facilidad **2** UNQUESTIONABLY : con mucho, de lejos
**hands–free** [ˈhændzˈfriː] *adj* : (de) manos libres
**handshake** [ˈhændˌʃeɪk] *n* : apretón *m* de manos
**handsome** [ˈhæn*t*səm] *adj* **handsomer; -est 1** ATTRACTIVE : apuesto, guapo, atractivo **2** GENEROUS : generoso **3** SIZABLE : considerable
**handsomely** [ˈhæn*t*səmli] *adv* **1** ELEGANTLY : elegantemente **2** GENEROUSLY : con generosidad
**handspring** [ˈhændˌsprɪŋ] *n* : voltereta *f*
**handstand** [ˈhændˌstænd] *n* **to do a handstand** : pararse de manos
**hand–to–hand** [ˈhæn*d*təˈhænd] *adj* : cuerpo a cuerpo
**hand truck → truck²**
**handwriting** [ˈhændˌraɪtɪŋ] *n* : letra *f*, escritura *f*
**handwritten** [ˈhændˌrɪtən] *adj* : escrito a mano
**handy** [ˈhændi] *adj* **handier; -est 1** NEARBY : a mano, cercano **2** USEFUL : útil, práctico **3** DEXTEROUS : hábil
**handyman** [ˈhændiˌmæn] *n, pl* **-men** [-mən, -ˌmɛn] : hombre *m* que hace pequeños arreglos del hogar, manitas *m Spain*
**handywoman** [ˈhændiˌwʊmən] *n, pl* **-women** [-ˌwɪmən] : mujer *f* que hace pequeños arreglos del hogar, manitas *f Spain*
**hang¹** [ˈhæŋ] *v* **hung** [ˈhʌŋ]; **hanging** *vt* **1** SUSPEND : colgar, tender (ropa lavada), colocar (una pintura, etc.) **2** *past tense often* **hanged** EXECUTE : colgar, ahorcar **3 to hang one's head** : bajar la cabeza — *vi* **1** FALL : caer (dícese de las telas y la ropa) **2** DANGLE : colgar **3** HOVER : flotar, sostenerse en el aire **4** : ser ahorcado **5** DROOP : inclinarse **6 to hang around** *fam* : pasar el rato **7 to hang back** : quedar atrás **8 to hang in there** : seguir adelante **9 to hang on** : WAIT esperar **10 to hang on (to)** : agarrarse (a) **6 to hang out** *fam* : pasar el rato **11 to hang out with someone** : andar con alguien **12 to be hanging over one** *or* **to be hanging over one's head** : tener pendiente, quedarle a alguien por resolver/terminar (etc.) ⟨I can't relax with this test hanging over me : no puedo relajarme hasta que me quite de encima este examen⟩ **13 to hang tight** : seguir adelante **14 to hang tough** : mantenerse firme **15 to hang up** : colgar ⟨he hung up on me : me colgó⟩
**hang²** *n* **1** DRAPE : caída *f* **2 to get the hang of something** : agarrarle la onda a algo
**hangar** [ˈhæŋər, ˈhæŋgər] *n* : hangar *m*
**hanger** [ˈhæŋər] *n* : percha *f*, gancho *m* (para ropa)
**hang glider** [ˈhæŋˌglaɪdər] *n* : ala *f* delta (vehículo), deslizador *m Mex*
**hang gliding** [ˈhæŋˌglaɪdɪŋ] *n* : ala *f* delta (deporte), aladeltismo *m*
**hangman** [ˈhæŋmən] *n, pl* **-men** [-mən, -ˌmɛn] : verdugo *m*
**hangnail** [ˈhæŋˌneɪl] *n* : padrastro *m*
**hangout** [ˈhæŋˌaʊt] *n* : lugar *m* popular, sitio *m* muy frecuentado
**hangover** [ˈhæŋˌoːvər] *n* : resaca *f*
**hank** [ˈhæŋk] *n* : madeja *f*
**hanker** [ˈhæŋkər] *vi* **to hanker for** : tener ansias de, tener ganas de
**hankering** [ˈhæŋkərɪŋ] *n* : ansia *f*, anhelo *m*
**hankie** *or* **hanky** [ˈhæŋki] *n, pl* **-kies** : pañuelo *m*
**Hanukkah** [ˈxɑnəkə, ˈhɑ-] *n* : Janucá, Januká, Hanukkah
**haphazard** [hæpˈhæzərd] *adj* : casual, fortuito, al azar — **haphazardly** *adv*
**hapless** [ˈhæpləs] *adj* UNFORTUNATE : desafortunado, desventurado — **haplessly** *adv*
**happen** [ˈhæpən] *vi* **1** OCCUR : pasar, ocurrir, suceder, tener lugar **2** BEFALL : pasar, acontecer ⟨what happened to her? : ¿qué le ha pasado?⟩ **3** CHANCE : resultar, ocurrir por casualidad ⟨it happened that I wasn't home : resulta que estaba fuera de casa⟩ ⟨he happens to be right : da la casualidad de que tiene razón⟩
**happening** [ˈhæpənɪŋ] *n* : suceso *m*, acontecimiento *m*
**happiness** [ˈhæpinəs] *n* : felicidad *f*, dicha *f*
**happy** [ˈhæpi] *adj* **happier; -est 1** JOYFUL : feliz, contento, alegre ⟨I'm happy for you : me alegro por ti⟩ ⟨a happy smile : una sonrisa de alegría⟩ **2** FORTUNATE : afortunado, feliz — **happily** [-pəli] *adv*
**happy–go–lucky** [ˈhæpigoːˈlʌki] *adj* : despreocupado
**harangue¹** [həˈræŋ] *vt* **-rangued; -ranguing** : arengar
**harangue²** *n* : arenga *f*
**harass** [həˈræs, ˈhærəs] *vt* **1** BESIEGE, HOUND : acosar, asediar, hostigar **2** ANNOY : molestar
**harassment** [həˈræsmənt, ˈhærəsmənt] *n* : acoso *m*, hostigamiento *m* ⟨sexual harassment : acoso sexual⟩
**harbinger** [ˈhɑrbɪnʤər] *n* **1** HERALD : heraldo *m*, precursor *m* **2** OMEN : presagio *m*
**harbor¹** [ˈhɑrbər] *vt* **1** SHELTER : dar refugio a, albergar **2** CHERISH, KEEP : abrigar, guardar, albergar ⟨to harbor doubts : guardar dudas⟩
**harbor²** *n* **1** REFUGE : refugio *m* **2** PORT : puerto *m*
**hard¹** [ˈhɑrd] *adv* **1** FORCEFULLY : fuerte, con fuerza ⟨the wind blew hard : el viento

sopló fuerte〉 **2** STRENUOUSLY : duro, mucho 〈to work hard : trabajar duro〉 **3 to take something hard** : tomarse algo muy mal, estar muy afectado por algo

**hard²** *adj* **1** FIRM, SOLID : duro, firme, sólido **2** DIFFICULT : difícil, arduo **3** SEVERE : severo, duro 〈a hard winter : un invierno severo〉 **4** UNFEELING : insensible, duro **5** DILIGENT : diligente 〈to be a hard worker : ser muy trabajador〉 **6** FORCEFUL : fuerte (dícese de un golpe, etc.) **7** HARSH : fuerte (dícese de una luz), definido (dícese de una línea) **8 hard liquor** : bebidas *fpl* fuertes **9 hard water** : agua *f* dura **10 to be hard on** *fam* CRITICIZE, PUNISH : ser duro con **11 to be hard on** *fam* HARM : ser malo para **12 to be hard on** *fam* STRESS : ser difícil para **13 to be hard up** *fam* : estar/andar mal de dinero **14 to be hard up for** *fam* : andar escaso de **15 to have a hard time** *fam* : pasarlo mal **16 to have a hard time with/doing something** *fam* : costarle a uno hacer algo **17 to learn the hard way** *fam* : aprender a las malas **18 to do something the hard way** *fam* : complicar las cosas

**hardback** [ˈhɑrdˌbæk] *n* : libro *m* de tapa dura

**hardball** [ˈhɑrdˌbɔl] *n* **1** → **baseball 2 to play hardball** : ser agresivo, jugar sucio

**hard–boiled** [ˈhɑrdˌbɔɪld] *adj* : duro (dícese de un huevo)

**hard copy** *n* : copia *f* impresa

**hardcover¹** [ˈhɑrdˌkʌvər] *adj* : de pasta dura, de tapa dura

**hardcover²** *n* : libro *m* de pasta/tapa dura

**hard disk** *n* : disco *m* duro

**hard drive** **1** → **hard disk 2** : (unidad *f* de) disco *m* duro

**harden** [ˈhɑrdən] *vt* **1** SOLIDIFY, CONGEAL : endurecer **2** : endurecer, hacer duro (a una persona) 〈to harden someone's heart : endurecerle el corazón a alguien〉 **3** : reforzar, fortalecer (la determinación, etc.) — *vi* **1** SOLIDIFY, CONGEAL : endurecerse **2** : reforzarse, fortalecerse **3** : endurecerse, hacerse duro (dícese de la voz, etc.)

**hard–fought** [ˈhɑrdˈfɔt] *adj* : muy reñido

**hardheaded** [ˌhɑrdˈhɛdəd] *adj* **1** STUBBORN : testarudo, terco **2** REALISTIC : realista, práctico — **hardheadedly** *adv*

**hard–hearted** [ˌhɑrdˈhɑrṭəd] *adj* : despiadado, insensible — **hard–heartedly** *adv*

**hard–heartedness** [ˌhɑrdˈhɑrṭədnəs] *n* : dureza *f* de corazón

**hardly** [ˈhɑrdli] *adv* **1** SCARCELY : apenas, casi 〈I hardly knew her : apenas la conocía〉 〈hardly ever : casi nunca〉 **2** NOT : difícilmente, poco, no 〈they can hardly blame me! : ¡difícilmente pueden echarme la culpa!〉 〈it's hardly likely : es poco probable〉

**hardness** [ˈhɑrdnəs] *n* **1** FIRMNESS : dureza *f* **2** DIFFICULTY : dificultad *f* **3** SEVERITY : severidad *f*

**hardship** [ˈhɑrdˌʃɪp] *n* : dificultad *f*, privación *f*

**hardware** [ˈhɑrdˌwɛr] *n* **1** : ferretería *f* **2** : hardware *m* (de una computadora)

**hardware store** *n* : ferretería *f*

**hardwired** [ˈhɑrdˌwaɪrd] *adj* **1** : integrado (dícese de un sistema, etc.) **2** : mentalmente programado

**hardwood** [ˈhɑrdˌwʊd] *n* : madera *f* dura, madera *f* noble

**hardworking** [ˈhɑrdˈwərkɪŋ] *adj* : trabajador

**hardy** [ˈhɑrdi] *adj* **hardier; -est** : fuerte, robusto, resistente (dícese de las plantas) — **hardily** [-dəli] *adv*

**hare** [ˈhær] *n, pl* **hare** *or* **hares** : liebre *f*

**harebrained** [ˈhærˌbreɪnd] *adj* : estúpido, absurdo, disparatado

**harem** [ˈhærəm] *n* : harén *m*

**hark** [ˈhɑrk] *vi* **1** (*used only in the imperative*) LISTEN : escuchar **2 hark back** RETURN : volver **3 hark back** RECALL : recordar

**harlequin** [ˈhɑrlɪkən, -kwən] *n* : arlequín *m*

**harlot** [ˈhɑrlət] *n* : ramera *f*

**harm¹** [ˈhɑrm] *vt* : hacerle daño a, perjudicar

**harm²** *n* **1** : daño *m*, perjuicio *m* 〈I meant no harm : no lo dije/hice (etc.) con mala intención〉 〈to do more harm than good : hacer más mal/daño que bien〉 〈there's no harm in asking : con preguntar no se pierde nada〉 **2 in harm's way** : en peligro **3 no harm done** *fam* : no fue nada, no pasó nada

**harmful** [ˈhɑrmfəl] *adj* : dañino, perjudicial — **harmfully** *adv*

**harmless** [ˈhɑrmləs] *adj* : inofensivo, inocuo — **harmlessly** *adv*

**harmlessness** [ˈhɑrmləsnəs] *n* : inocuidad *f*

**harmonic** [hɑrˈmɑnɪk] *adj* : armónico — **harmonically** [-nɪkli] *adv*

**harmonica** [hɑrˈmɑnɪkə] *n* : armónica *f*

**harmonious** [hɑrˈmoːniəs] *adj* : armonioso — **harmoniously** *adv*

**harmonize** [ˈhɑrməˌnaɪz] *v* **-nized; -nizing** : armonizar

**harmony** [ˈhɑrməni] *n, pl* **-nies** : armonía *f*

**harness¹** [ˈhɑrnəs] *vt* **1** : enjaezar (un animal) **2** UTILIZE : utilizar, aprovechar

**harness²** *n* : arreos *mpl*, guarniciones *fpl*, arnés *m*

**harp¹** [ˈhɑrp] *vi* **to harp on** : insistir sobre, machacar sobre

**harp²** *n* : arpa *m*

**harpist** [ˈhɑrpɪst] *n* : arpista *mf*

**harpoon¹** [hɑrˈpuːn] *vt* : arponear

**harpoon²** *n* : arpón *m*

**harpsichord** [ˈhɑrpsɪˌkɔrd] *n* : clavicémbalo *m*

**harrow¹** [ˈhærˌoː] *vt* **1** CULTIVATE : gradar, labrar (la tierra) **2** TORMENT : atormentar

**harrow²** *n* : grada *f*, rastra *f*

**harry** [ˈhæri] *vt* **-ried; -rying** HARASS : acosar, hostigar

**harsh** [ˈhɑrʃ] *adj* **1** ROUGH : áspero **2** SEVERE : duro, severo **3** : discordante (dícese de los sonidos) — **harshly** *adv*

**harshness** [ˈhɑrʃnəs] *n* **1** ROUGHNESS : aspereza *f* **2** SEVERITY : dureza *f*, severidad *f*
**harvest**[1] [ˈhɑrvəst] *v* : cosechar
**harvest**[2] *n* **1** HARVESTING : siega *f*, recolección *f* **2** CROP : cosecha *f*
**harvester** [ˈhɑrvəstər] *n* : segador *m*, -dora *f*; cosechadora *f* (máquina)
**has** → **have**
**has–been** [ˈhæzˌbɪn, -ˌbɛn] *n* : vieja gloria *f*
**hash**[1] [ˈhæʃ] *vt* **1** MINCE : picar **2 to hash over** DISCUSS : discutir, repasar
**hash**[2] *n* **1** : picadillo *m* (comida) **2** JUMBLE : revoltijo *m*, fárrago *m*
**hashish** [ˈhæˌʃiːʃ, hæˈʃiːʃ] *n* : hachís *m*
**hashtag** [ˈhæʃˌtæg] *n* : hashtag *m*, etiqueta *f* (en las redes sociales)
**hasn't** [ˈhæzənt] *contraction of* HAS NOT → **has**
**hasp** [ˈhæsp] *n* : picaporte *m*, pestillo *m*
**hassle**[1] [ˈhæsəl] *vt* **-sled; -sling** : fastidiar, molestar
**hassle**[2] *n* **1** ARGUMENT : discusión *f*, disputa *f*, bronca *f* **2** FIGHT : pelea *f*, riña *f* **3** BOTHER, TROUBLE : problemas *mpl*, lío *m*
**hassock** [ˈhæsək] *n* **1** CUSHION : almohadón *m*, cojín *m* **2** FOOTSTOOL : escabel *m*
**haste** [ˈheɪst] *n* **1** : prisa *f*, apuro *m* **2 to make haste** : darse prisa, apurarse
**hasten** [ˈheɪsən] *vt* : acelerar, precipitar — *vi* : apresurarse, apurarse
**hasty** [ˈheɪsti] *adj* **hastier; -est 1** HURRIED, QUICK : rápido, apresurado, apurado **2** RASH : precipitado — **hastily** [-təli] *adv*
**hat** [ˈhæt] *n* : sombrero *m*
**hatch**[1] [ˈhætʃ] *vt* **1** : incubar, empollar (huevos) **2** DEVISE : idear, tramar — *vi* : salir del cascarón
**hatch**[2] *n* : escotilla *f*
**hatchback** [ˈhætʃˌbæk] *n* **1** : hatchback *m* (automóvil) **2** : puerta *f* trasera
**hatchery** [ˈhætʃərɪ] *n, pl* **-ries** : criadero *m*
**hatchet** [ˈhætʃət] *n* : hacha *f*
**hatchway** [ˈhætʃˌweɪ] *n* : escotilla *f*
**hate**[1] [ˈheɪt] *vt* **hated; hating** : odiar, aborrecer, detestar
**hate**[2] *n* : odio *m*
**hateful** [ˈheɪtfəl] *adj* : odioso, aborrecible, detestable — **hatefully** *adv*
**hatred** [ˈheɪtrəd] *n* : odio *m*
**hatter** [ˈhætər] *n* : sombrerero *m*, -ra *f*
**haughtiness** [ˈhɔtɪnəs] *n* : altanería *f*, altivez *f*
**haughty** [ˈhɔtɪ] *adj* **haughtier; -est** : altanero, altivo — **haughtily** [-təli] *adv*
**haul**[1] [ˈhɔl] *vt* **1 DRAG, PULL** : arrastrar, jalar **2** TRANSPORT : transportar
**haul**[2] *n* **1** PULL : tirón *m*, jalón *m* **2** CATCH : redada *f* **3** JOURNEY : viaje *m*, trayecto *m* ⟨it's a long haul : es un trayecto largo⟩
**haulage** [ˈhɔlɪʤ] *n* : transporte *m*, tiro *m*
**hauler** [ˈhɔlər] *n* : transportista *mf*
**haunch** [ˈhɔntʃ] *n* **1** HIP : cadera *f* **2 haunches** *npl* HINDQUARTERS : ancas *fpl*, cuartos *mpl* traseros
**haunt**[1] [ˈhɔnt] *vt* **1** : rondar, habitar (dícese de un fantasma) **2** FREQUENT : frecuentar, rondar **3** PREOCCUPY : perseguir, obsesionar
**haunt**[2] *n* : guarida *f* (de animales o ladrones), lugar *m* predilecto
**haunted** [ˈhɔntəd] *adj* : embrujado, encantado (dícese de una casa, etc.)
**haunting** [ˈhɔntɪŋ] *adj* : inolvidable (por ser hermoso o triste) — **hauntingly** *adv*
**haute** [ˈoːt] *adj* **1** : de moda, de categoría **2 haute couture** [ˌoːtkuˈtʊr] : alta costura *f* **3 haute cuisine** [ˌoːtkwɪˈziːn] : alta cocina *f*
**have** [ˈhæv, in sense 7 as an auxiliary verb usu ˈhəf] *v* **had** [ˈhæd]; **having; has** [ˈhæz, in sense 7 as an auxiliary verb usu ˈhəz] *vt* **1** POSSESS : tener ⟨she has long hair : tiene el pelo largo⟩ ⟨they have three children : tienen tres hijos⟩ ⟨do you have change? : ¿tienes cambio?⟩ ⟨you can have it : te lo doy⟩ **2** OBTAIN : conseguir ⟨I must have it! : ¡no puedo sin ello!⟩ **3** (*indicating availability*) : tener ⟨when you have a minute : cuando tengas un momento⟩ **4** : tener (en casa) ⟨we have guests : tenemos visita⟩ **5** EXPERIENCE, UNDERGO : tener ⟨I have a toothache : tengo un dolor de muelas⟩ ⟨to have surgery : operarse⟩ ⟨to have a good time : pasarlo bien⟩ **6** : tener (una idea, una opinión, etc.) **7** INCLUDE : tener, incluir ⟨April has 30 days : abril tiene 30 días⟩ **8** CONSUME : comer, tomar **9** RECEIVE : tener, recibir ⟨he had my permission : tenía mi permiso⟩ **10** ALLOW : permitir, tolerar ⟨I won't have it! : ¡no lo permitiré!⟩ **11** HOLD : hacer ⟨to have a party : dar una fiesta⟩ ⟨to have a meeting : celebrar una reunión⟩ **12** DO : hacer ⟨to have a nap : echarse una siesta⟩ ⟨to have a look at : mirar⟩ ⟨I'll have a talk with him : hablaré con él⟩ **13** HOLD : tener ⟨he had me in his power : me tenía en su poder⟩ ⟨she had me by the arm : me tenía agarrado del brazo⟩ **14** BEAR : tener (niños) **15** (*indicating causation*) ⟨she had a dress made : mandó hacer un vestido⟩ ⟨to have one's hair cut : cortarse el pelo⟩ ⟨have her call me : dile que me llame⟩ ⟨he had it ready : lo tenía listo⟩ **16** (*indicating loss, damage, etc.*) ⟨she had her car stolen : le robaron el auto⟩ **17 to be had** : ser engañado ⟨I've been had! : ¡me han engañado!⟩ **18 to be had** ⟨there were none to be had : no había disponibles⟩ **19 to have back** ⟨can I have my book back? : ¿me puedes devolver el libro?⟩ **20 to have back** : volver a invitar ⟨we must have you back : tienes que volver a visitarnos⟩ **21 to have back** ⟨it's good to have you back! : ¡qué gusto volver a verte por aquí!⟩ **22 to have it easy/rough (etc.)** : tenerlo todo muy fácil/difícil (etc.) **23 to have it in for** : tenerle manía a **24 to have it in one** : ser capaz ⟨she doesn't have it in her to be cruel : no es capaz de ser cruel⟩ **25 to have it out (with)**

: aclarar(le) las cosas (a) **26 to have off** : tener (un día, etc.) libre **27 to have on** WEAR : llevar **28 to have over** : invitar (a casa) **29 to have on one** : tener/llevar encima ⟨I don't have it on me : no lo tengo encima⟩ **30 to have with one** : traer (a alguien), tener/llevar (algo) encima — *v aux* **1** : haber ⟨she has been very busy : ha estado muy ocupada⟩ ⟨I've lived here three years : hace tres años que vivo aquí⟩ **2** (*used in tags*) ⟨you've finished, haven't you? : ha terminado, ¿no?⟩ **3 to have got** (*used in the present tense*) *fam* : tener ⟨I've got an idea : tengo una idea⟩ ⟨we've got to leave : tenemos que salir⟩ **4 you've got me!** : ¡no sé!, ¡ni idea! **5 to have had it** : no dar para más (dícese de una cosa) **6 to have had it (with someone/something)** : estar harto (de alguien/algo) **7 to have to** : deber, tener que ⟨we have to leave : tenemos que salir⟩

**haven** [ˈheɪvən] *n* : refugio *m*

**havoc** [ˈhævək] *n* **1** DESTRUCTION : estragos *mpl*, destrucción *f* **2** CHAOS, DISORDER : desorden *m*, caos *m*

**Hawaiian¹** [hɔˈwaɪən] *adj* : hawaiano

**Hawaiian²** *n* : hawaiano *m*, -na *f*

**hawk¹** [ˈhɔk] *vt* : pregonar, vender (mercancías) en la calle

**hawk²** *n* : halcón *m*

**hawker** [ˈhɔkər] *n* : vendedor *m*, -dora *f* ambulante

**hawthorn** [ˈhɔˌθɔrn] *n* : espino *m*

**hay** [ˈheɪ] *n* : heno *m*

**hay fever** *n* : fiebre *f* del heno

**hayloft** [ˈheɪˌlɔft] *n* : pajar *m*

**hayseed** [ˈheɪˌsi:d] *n* : palurdo *m*, -da *f*

**haystack** [ˈheɪˌstæk] *n* : almiar *m*

**haywire** [ˈheɪˌwaɪr] *adj* : descompuesto, desbaratado ⟨to go haywire : estropearse⟩

**hazard¹** [ˈhæzərd] *vt* : arriesgar, aventurar

**hazard²** *n* **1** DANGER : peligro *m*, riesgo *m* **2** CHANCE : azar *m*

**hazardous** [ˈhæzərdəs] *adj* : arriesgado, peligroso

**haze¹** [ˈheɪz] *vt* **hazed; hazing** : abrumar, acosar

**haze²** *n* : bruma *f*, neblina *f*

**hazel** [ˈheɪzəl] *n* **1** : avellano *m* (árbol) **2** : color *m* avellana

**hazelnut** [ˈheɪzəlˌnʌt] *n* : avellana *f*

**haziness** [ˈheɪzinəs] *n* **1** MISTINESS : nebulosidad *f* **2** VAGUENESS : vaguedad *f*

**hazy** [ˈheɪzi] *adj* **hazier; -est** **1** MISTY : brumoso, neblinoso, nebuloso **2** VAGUE : vago, confuso

**he** [ˈhi:] *pron* : él

**head¹** [ˈhed] *vt* **1** LEAD : encabezar **2** DIRECT : dirigir — *vi* : dirigirse

**head²** *adj* MAIN : principal ⟨the head office : la oficina central, la sede⟩ ⟨head of state/government : jefe de estado/gobierno⟩

**head³** *n* **1** : cabeza *f* ⟨from head to foot : de pies a cabeza⟩ ⟨to stand on one's head : pararse de cabeza⟩ ⟨to nod one's head : asentir con la cabeza⟩ **2** MIND : mente *f*, cabeza *f* ⟨use your head! : ¡usa la cabeza!⟩ ⟨to add in one's head : sumar mentalmente⟩ ⟨it's all in your head : es pura imaginación tuya⟩ ⟨to come into one's head : venirle a la cabeza⟩ ⟨to enter one's head : pasársele por la cabeza⟩ ⟨to put something out of your head : sacarse algo de la cabeza⟩ ⟨don't put ideas in his head! : ¡no le metas ideas a la cabeza!⟩ ⟨she's gotten it into her head that . . . : se le ha metido en la cabeza que . . .⟩ **3** TIP, TOP : cabeza *f* (de un clavo, un martillo, etc.), cabecera *f* (de una mesa o un río), punta *f* (de una flecha), flor *m* (de un repollo, etc.), encabezamiento *m* (de una carta, etc.), espuma *f* (de cerveza) **4** DIRECTOR, LEADER : director *m*, -tora *f*; jefe *m*, -fa *f*; cabeza *f* (de una familia) ⟨head of state/government : jefe de Estado/gobierno⟩ **5** : cara *f* (de una moneda) ⟨heads or tails : cara o cruz⟩ **6** : cabeza *f* ⟨500 head of cattle : 500 cabezas de ganado⟩ ⟨$10 a head : $10 por cabeza⟩ **7 to come to a head** : llegar a un punto crítico **8 heads or/nor tails** ⟨I can't make heads nor tails of it : para mí no tiene ni pies ni cabeza⟩ **9 heads will roll** : van a rodar cabezas **10 over one's head** ⟨it's over my head : no alcanzo a entenderlo⟩ ⟨the joke went over his head : no entendió el chiste⟩ **11 to be head over heels (in love)** : estar perdidamente enamorado **12 to be out of one's head** : estar como una cabra **13 to go to someone's head** : subírsele a la cabeza a alguien **14 to have a good head on one's shoulders** : tener cabeza **15 to hold one's head high** : ir con la cabeza bien alta **16 to keep/lose one's head** : mantener/perder la calma **17 to keep one's head above water** : mantenerse a flote **18 to keep one's head down** : mantenerse al margen **19 to rear its (ugly) head** : aparecer

**headache** [ˈhedˌeɪk] *n* : dolor *m* de cabeza, jaqueca *f*

**headband** [ˈhedˌbænd] *n* : cinta *f* del pelo

**headboard** [ˈhedˌbɔrd] *n* : cabecera *f*

**headdress** [ˈhedˌdrɛs] *n* : tocado *m*

**headfirst** [ˈhedˈfərst] *adv* : de cabeza

**headgear** [ˈhedˌgɪr] *n* : gorro *m*, casco *m*, sombrero *m*

**heading** [ˈhedɪŋ] *n* **1** DIRECTION : dirección *f* **2** TITLE : encabezamiento *m*, título *m* **3** : membrete *m* (de una carta)

**headland** [ˈhedlənd, -ˌlænd] *n* : cabo *m*

**headlight** [ˈhedˌlaɪt] *n* : faro *m*, foco *m*, farol *m Mex*

**headline** [ˈhedˌlaɪn] *n* : titular *m*

**headlong¹** [ˈhedˈlɔŋ] *adv* **1** HEADFIRST : de cabeza **2** HASTILY : precipitadamente

**headlong²** [ˈhedˌlɔŋ] *adj* : precipitado

**headmaster** [ˈhedˌmæstər] *n* : director *m*

**headmistress** [ˈhedˌmɪstrəs, -ˈmɪs-] *n* : directora *f*

**head–on** [ˈhedˈɑn, -ˈɔn] *adv & adj* : de frente

**headphones** [ˈhɛdˌfoːnz] *npl* : audífonos *mpl*, cascos *mpl*
**headquarters** [ˈhɛdˌkwɔrtərz] *ns & pl* **1** SEAT : oficina *f* central, sede *f* **2** : cuartel *m* general (de los militares)
**headrest** [ˈhɛdˌrɛst] *n* : apoyacabezas *m*
**headroom** [ˈhɛdˌruːm, -ˌrʊm] *n* : espacio *m* libre entre la cabeza y el techo (de un coche, etc.)
**headset** [ˈhɛdˌsɛt] *n* : audífonos *mpl*, cascos *mpl*
**headship** [ˈhɛdˌʃɪp] *n* : dirección *f*
**head start** *n* : ventaja *f*
**headstone** [ˈhɛdˌstoːn] *n* : lápida *f*
**headstrong** [ˈhɛdˈstrɔŋ] *adj* : testarudo, obstinado, empecinado
**heads–up** [ˈhɛdzˈʌp] *n fam* WARNING : aviso *m* ⟨to give someone a heads-up : avisarle/advertirle a alguien⟩
**headwaiter** [ˈhɛdˈweɪtər] *n* : jefe *m*, -fa *f* de comedor
**headwaters** [ˈhɛdˌwɔtərz, -ˌwɑ-] *npl* : cabecera *f*
**headway** [ˈhɛdˌweɪ] *n* : progreso *m* ⟨to make headway against : avanzar contra⟩
**heady** [ˈhɛdi] *adj* **headier; -est** **1** INTOXICATING : embriagador, excitante **2** SHREWD : astuto, sagaz
**heal** [ˈhiːl] *vt* : curar, sanar — *vi* **1** : sanar, curarse **2 to heal up** : cicatrizarse
**healer** [ˈhiːlər] *n* **1** : curandero *m*, -dera *f* **2** : curador *m*, -dora *f* (cosa)
**health** [ˈhɛlθ] *n* : salud *f* ⟨health care : asistencia médica⟩ ⟨health center : centro sanitario⟩ ⟨health food : alimentos naturales⟩
**healthful** [ˈhɛlθfəl] *adj* : saludable, salubre — **healthfully** *adv*
**healthiness** [ˈhɛlθinəs] *n* : lozanía *f*
**healthy** [ˈhɛlθi] *adj* **healthier; -est** : sano, bien — **healthily** [-θəli] *adv*
**heap**[1] [ˈhiːp] *vt* **1** PILE : amontonar, apilar **2** SHOWER : colmar
**heap**[2] *n* : montón *m*, pila *f*
**hear** [ˈhɪr] *v* **heard** [ˈhərd]; **hearing** *vt* **1** : oír ⟨do you hear me? : ¿me oyes?⟩ ⟨I can't hear myself think : no puedo pensar con tanto ruido⟩ **2** HEED : oír, prestar atención a **3** LEARN : oír, enterarse de **4 to hear out** : escuchar hasta el final — *vi* **1** : oír ⟨to hear about : oír hablar de⟩ **2 to hear from** : tener noticias de **3 to hear of** : oír hablar de ⟨I've heard of him : lo conozco de oídas⟩ **4 not to hear of** : no permitir ⟨I won't hear of it! : ¡no lo permitiré!, ¡ni hablar!⟩ **5 not/never to hear the end of** ⟨I'll never hear the end of it, she'll never let me hear the end of it : nunca me lo dejará olvidar⟩
**hearing** [ˈhɪrɪŋ] *n* **1** : oído *m* ⟨hard of hearing : duro de oído⟩ **2** : vista *f* (en un tribunal) **3** ATTENTION : consideración *f*, oportunidad *f* de expresarse **4** EARSHOT : alcance *m* del oído
**hearing aid** *n* : audífono *m*
**hearken** [ˈhɑrkən] *vt* : escuchar
**hearsay** [ˈhɪrˌseɪ] *n* : rumores *mpl*
**hearse** [ˈhərs] *n* : coche *m* fúnebre
**heart** [ˈhɑrt] *n* **1** : corazón *m* ⟨heart rate : ritmo cardíaco⟩ ⟨heart disease : enfermedades cardíacas⟩ ⟨heart surgery : cirugía cardíaca⟩ ⟨heart murmur : soplo en el corazón⟩ **2** CENTER, CORE : corazón *m*, centro *m* ⟨the heart of the matter : el meollo del asunto⟩ **3** FEELINGS : corazón *m*, sentimientos *mpl* ⟨a broken heart : un corazón destrozado⟩ ⟨to have a good heart : tener buen corazón⟩ ⟨to take something to heart : tomarse algo a pecho⟩ ⟨from the heart : con toda sinceridad⟩ ⟨to be close to one's heart : significar mucho a alguien⟩ ⟨with a light heart : con el corazón alegre⟩ ⟨with a heavy heart : deprimido, acongojado⟩ ⟨my heart sank : se me cayó el alma a los pies⟩ **4** COURAGE : valor *m*, corazón *m* ⟨to take heart : animarse, cobrar ánimos⟩ **5** : corazón *m* (naipe) **6 at heart** : en el fondo **7 by heart** : de memoria **8 to one's heart's content** : a voluntad, todo lo que quiere
**heartache** [ˈhɑrtˌeɪk] *n* : pena *f*, angustia *f*
**heart attack** *n* : infarto *m*, ataque *m* al corazón
**heartbeat** [ˈhɑrtˌbiːt] *n* : latido *m* (del corazón)
**heartbreak** [ˈhɑrtˌbreɪk] *n* : congoja *f*, angustia *f*
**heartbreaker** [ˈhɑrtˌbreɪkər] *n* : rompecorazones *mf*
**heartbreaking** [ˈhɑrtˌbreɪkɪŋ] *adj* : desgarrador, que parte el corazón
**heartbroken** [ˈhɑrtˌbroːkən] *adj* : desconsolado, destrozado
**heartburn** [ˈhɑrtˌbərn] *n* : acidez *f* estomacal
**hearten** [ˈhɑrtən] *vt* : alentar, animar
**heartfelt** [ˈhɑrtˌfɛlt] *adj* : sentido
**hearth** [ˈhɑrθ] *n* : hogar *m*, chimenea *f*
**heartily** [ˈhɑrtəli] *adv* **1** ENTHUSIASTICALLY : de buena gana, con entusiasmo **2** TOTALLY : totalmente, completamente
**heartless** [ˈhɑrtləs] *adj* : desalmado, despiadado, cruel
**heart of palm** *n* : palmito *m*
**heartsick** [ˈhɑrtˌsɪk] *adj* : abatido, desconsolado
**heartstrings** [ˈhɑrtˌstrɪŋz] *npl* : fibras *fpl* del corazón
**heartwarming** [ˈhɑrtˌwɔrmɪŋ] *adj* : conmovedor, emocionante
**hearty** [ˈhɑrti] *adj* **heartier; -est** **1** CORDIAL, WARM : cordial, caluroso **2** STRONG : fuerte ⟨to have a hearty appetite : ser de buen comer⟩ **3** SUBSTANTIAL : abundante, sustancioso ⟨a hearty breakfast : un desayuno abundante⟩
**heat**[1] [ˈhiːt] *vt* : calentar
**heat**[2] *n* **1** WARMTH : calor *m* **2** HEATING : calefacción *f* **3** EXCITEMENT : calor *m*, entusiasmo *m* ⟨in the heat of the moment : en el calor del momento⟩ **4** ESTRUS : celo *m*
**heated** [ˈhiːtəd] *adj* **1** WARMED : calentado **2** IMPASSIONED : acalorado, apasionado
**heater** [ˈhiːtər] *n* : calentador *m*, estufa *f*, calefactor *m*
**heath** [ˈhiːθ] *n* **1** MOOR : páramo *m* **2** HEATHER : brezo *m*

**heathen**[1] [ˈhiːðən] *adj often offensive* : pagano
**heathen**[2] *n, pl* **-thens** *or* **-then** *often offensive* : pagano *m*, -na *f*; infiel *mf*
**heather** [ˈheðər] *n* : brezo *m*
**heating** [ˈhiːtɪŋ] *n* : calefacción *f*
**heat wave** *n* : ola *f* de calor
**heave**[1] [ˈhiːv] *v* **heaved** *or* **hove** [ˈhoːv]; **heaving** *vt* **1** LIFT, RAISE : levantar con esfuerzo **2** HURL : lanzar, tirar **3 to heave a sigh** : echar un suspiro, suspirar — *vi* **1** : subir y bajar, palpitar (dícese del pecho) **2 to heave up** RISE : levantarse
**heave**[2] *n* **1** EFFORT : gran esfuerzo *m* (para levantar algo) **2** THROW : lanzamiento *m*
**heaven** [ˈhevən] *n* **1** : cielo *m* ⟨for heaven's sake : por Dios⟩ **2 heavens** *npl* SKY : cielo *m* ⟨the heavens opened up : empezó a llover a cántaros⟩
**heavenly** [ˈhevənli] *adj* **1** : celestial, celeste **2** DELIGHTFUL : divino, encantador
**heavily** [ˈhevəli] *adv* **1** : mucho, muy ⟨heavily salted foods : comidas muy saladas⟩ ⟨he relies heavily on her : depende mucho de ella⟩ ⟨to smoke/drink heavily : fumar/beber mucho⟩ **2** LABORIOUSLY : pesadamente
**heaviness** [ˈhevinəs] *n* : peso *m*, pesadez *f*
**heavy** [ˈhevi] *adj* **heavier; -est 1** WEIGHTY : pesado ⟨to be heavy : pesar mucho, ser pesado⟩ ⟨how heavy is it? : ¿cuánto pesa?⟩ **2** DENSE, THICK : denso, espeso, grueso ⟨a heavy coat : un grueso abrigo⟩ ⟨a heavy beard : una barba poblada⟩ **3** LARGE, HIGH : grande, alto ⟨heavy turnout : alta concurrencia⟩ **4** INTENSE : intenso ⟨heavy traffic : denso tráfico⟩ ⟨heavy trading : mucha actividad (en la bolsa, etc.)⟩ **5** FORCEFUL : fuerte **6** SEVERE : severo ⟨heavy losses : grandes pérdidas⟩ **7** SERIOUS, IMPORTANT : serio, importante **8** PROFOUND : profundo ⟨to be a heavy sleeper : tener el sueño pesado⟩ **9** FILLING : pesado, fuerte **10** SLUGGISH : lento, tardo **11** STOUT : corpulento
**heavy–duty** [ˈhevɪˈduːti, -ˈdjuː-] *adj* : muy resistente, fuerte
**heavyweight** [ˈhevɪˌweɪt] *n* : peso *m* pesado (en deportes)
**Hebrew**[1] [ˈhiːˌbruː] *adj* : hebreo
**Hebrew**[2] *n* **1** : hebreo *m*, -brea *f* **2** : hebreo *m* (idioma)
**heck** [ˈhek] *n* : ¡caramba!, ¡caray! ⟨a heck of a lot : un montón⟩ ⟨what the heck is . . . ? : ¿que diablos es . . . ?⟩
**heckle** [ˈhekəl] *vt* **-led; -ling** : interrumpir (a un orador)
**hectare** [ˈhekˌtær] *n* : hectárea *f*
**hectic** [ˈhektɪk] *adj* : agitado, ajetreado — **hectically** [-tɪkli] *adv*
**he'd** [ˈhiːd] *contraction of* HE HAD *or* HE WOULD → **have, would**
**hedge**[1] [ˈhedʒ] *v* **hedged; hedging** *vt* **1** : cercar con un seto **2 to hedge one's bet** : cubrirse — *vi* **1** : dar rodeos, contestar con evasivas **2 to hedge against** : cubrirse contra, protegerse contra
**hedge**[2] *n* **1** : seto *m* vivo **2** SAFEGUARD : salvaguardia *f*, protección *f*
**hedgehog** [ˈhedʒˌhɔg, -hɑg] *n* : erizo *m*
**heed**[1] [ˈhiːd] *vt* : prestar atención a, hacer caso de
**heed**[2] *n* : atención *f*
**heedless** [ˈhiːdləs] *adj* : descuidado, despreocupado, inconsciente ⟨to be heedless of : hacer caso omiso de⟩ — **heedlessly** *adv*
**heel**[1] [ˈhiːl] *vi* : inclinarse
**heel**[2] *n* **1** : talón *m* (del pie), tacón *m* (de calzado) **2 to be close/hard/hot on the heels of** : ir pisándole los talones (a alguien), seguir (algo) inmediatamente **3 to cool one's heels** *fam* : esperar **4 to dig one's heels in** : no ceder
**heft** [ˈheft] *vt* : sopesar
**hefty** [ˈhefti] *adj* **heftier; -est** : robusto, fornido, pesado
**hegemony** [hɪˈdʒeməni] *n, pl* **-nies** : hegemonía *f*
**heifer** [ˈhefər] *n* : novilla *f*
**height** [ˈhaɪt] *n* **1** PEAK : cumbre *f*, cima *f*, punto *m* alto ⟨at the height of her career : en la cumbre de su carrera⟩ ⟨the height of stupidity : el colmo de la estupidez⟩ **2** : estatura *f* (de una persona), altura *f* (de un objeto) **3** ALTITUDE : altura *f*
**heighten** [ˈhaɪtən] *vt* **1** : hacer más alto **2** INTENSIFY : aumentar, intensificar — *vi* : aumentarse, intensificarse
**heinous** [ˈheɪnəs] *adj* : atroz, abominable, nefando
**heir** [ˈær] *n* : heredero *m*, -ra *f*
**heiress** [ˈærəs] *n* : heredera *f*
**heirloom** [ˈærˌluːm] *n* : reliquia *f* de familia
**heist** [ˈhaɪst] *n* : golpe *m*, asalto *m*, atraco *m* ⟨to pull a heist : dar un golpe⟩
**held** → **hold**
**helicopter** [ˈheləˌkɑptər] *n* : helicóptero *m*
**heliport** [ˈheləˌpɔrt] *n* : helipuerto *m*
**helium** [ˈhiːliəm] *n* : helio *m*
**helix** [ˈhiːlɪks] *n, pl* **helices** [ˈheləˌsiːz, ˈhiː-] *or* **helixes** [ˈhiːlɪksəz] : hélice *f*
**hell** [ˈhel] *n* **1** : infierno *m* **2** (*referring to a bad situation*) ⟨a living hell : un auténtico infierno⟩ ⟨to go through hell : vivir un infierno, pasar las de Caín⟩ ⟨all hell broke loose : se armó la gorda⟩ **3** *fam* (*used for emphasis*) ⟨she was mad as hell : estaba que echaba chispas⟩ ⟨a/one hell of a (nice) guy : un tipo genial⟩ ⟨it hurts like hell : duele muchísimo⟩ ⟨to run like hell : correr como loco⟩ ⟨what (in) the hell . . . ? : ¿que diablos/demonios . . . ?⟩ ⟨you scared the hell out of me! : ¡qué susto me pegaste!⟩ **4 come hell or high water** *fam* : sea como sea, pase lo que pase **5 go to hell!** *fam* : ¡vete al infierno! **6 (just) for the hell of it** *fam* : sólo por divertirse **7 like hell** *fam* : malísimo ⟨you look like hell : tienes muy mala cara⟩ **8 like hell I did/will (etc.)!** *fam* : ¡y un cuerno! **9 there will be hell to pay** *fam* : se va a armar la gorda **10 to catch hell** *fam* ⟨she caught

hell from the boss : el jefe le echó la bronca〉 **11 to give someone hell** *fam* : echarle la bronca a alguien **12 to raise hell** *fam* : armar un buen lío, armar jarana

**he'll** ['hi:l, 'hɪl] *contraction of* HE SHALL *or* HE WILL → **shall, will**

**hellhole** ['helˌho:l] *n* : infierno *m*

**hellish** ['helɪʃ] *adj* : horroroso, infernal

**hello** [hə'lo:, hɛ-] *interj* : ¡hola!

**helm** ['helm] *n* **1** : timón *m* **2 to take the helm** : tomar el mando

**helmet** ['helmət] *n* : casco *m*

**help¹** ['help] *vt* **1** : ayudar 〈can I help you? : ¿en qué puedo servirle?〉 **2** ALLEVIATE : aliviar **3** SERVE : servir 〈help yourself! : ¡sírvete!〉 **4** AVOID : evitar 〈it can't be helped : no lo podemos evitar, no hay más remedio〉 〈I couldn't help smiling : no pude menos que sonreír〉 **5 to help out** : echarle una mano a — *vi* **1** : ayudar 〈I was only trying to help : sólo quería ayudar〉 **2 to help out** : echar una mano

**help²** *n* **1** ASSISTANCE : ayuda *f* 〈help! : ¡socorro!, ¡auxilio!〉 〈to call for help : pedir ayuda〉 〈to go for help : ir a buscar ayuda〉 〈she was a big help : me ayudó mucho〉 〈she's no help : no me ayuda en absoluto〉 〈thanks for your help : gracias por ayudarme〉 〈help menu/screen : menú/pantalla de ayuda〉 **2** STAFF : personal *m* (en una oficina), servicio *m* doméstico 〈help wanted : se necesita personal〉

**help desk** *n* : servicio *m* de asistencia (técnica), soporte *m* técnico

**helper** ['helpər] *n* : ayudante *mf*

**helpful** ['helpfəl] *adj* **1** OBLIGING : servicial, amable, atento **2** USEFUL : útil, práctico — **helpfully** *adv*

**helpfulness** ['helpfəlnəs] *n* **1** KINDNESS : bondad *f*, amabilidad *f* **2** USEFULNESS : utilidad *f*

**helping** ['helpɪŋ] *n* : porción *f*

**helpless** ['helpləs] *adj* **1** POWERLESS : incapaz, impotente **2** DEFENSELESS : indefenso

**helplessly** ['helpləsli] *adv* : en vano, inútilmente

**helplessness** ['helpləsnəs] *n* POWERLESSNESS : incapacidad *f*, impotencia *f*

**helter–skelter** [ˌheltər'skeltər] *adv* : atropelladamente, precipitadamente

**hem¹** ['hem] *vt* **hemmed; hemming 1** : hacerle el dobladillo a **2 to hem in** : encerrar

**hem²** *n* : dobladillo *m*

**he–man** ['hiːˌmæn] *n, pl* **-men** [-mən, -ˌmɛn] : macho *m*, machote *m*

**hematoma** [ˌhiːmə'to:mə] *n* : hematoma *m*

**hemisphere** ['heməˌsfɪr] *n* : hemisferio *m*

**hemispheric** [ˌhemə'sfɪrɪk, -'sfɛr-] *or* **hemispherical** [-ɪkəl] *adj* : hemisférico

**hemline** ['hemˌlaɪn] *n* : bajo *m* (de un vestido, etc.)

**hemlock** ['hemˌlɑk] *n* : cicuta *f*

**hemoglobin** ['hiːmə,glo:bən] *n* : hemoglobina *f*

**hemophilia** [ˌhiːmə'fɪliə] *n* : hemofilia *f*

**hemophiliac** [ˌhiːmə'fɪliˌæk] *n* : hemofílico *m*, -ca *f* — **hemophiliac** *adj*

**hemorrhage¹** ['hemərɪdʒ] *vi* **-rhaged; -rhaging** : sufrir una hemorragia

**hemorrhage²** *n* : hemorragia *f*

**hemorrhoids** ['heməˌroɪdz, 'hem-ˌroɪdz] *npl* : hemorroides *fpl*, almorranas *fpl*

**hemp** ['hemp] *n* : cáñamo *m*

**hen** ['hɛn] *n* : gallina *f*

**hence** ['hɛnts] *adv* **1** : de aquí, de ahí 〈10 years hence : de aquí a 10 años〉 〈a dog bit me, hence my dislike of animals : un perro me mordió, de ahí mi aversión a los animales〉 **2** THEREFORE : por lo tanto, por consiguiente

**henceforth** ['hɛntsˌforθ, ˌhɛntsˈ-] *adv* : de ahora en adelante

**henchman** ['hɛntʃmən] *n, pl* **-men** [-mən, -ˌmɛn] : secuaz *mf*, esbirro *m*

**henpeck** ['hɛnˌpk] *vt* : dominar (al marido)

**hepatitis** [ˌhepə'taɪtəs] *n, pl* **-titides** [-'tɪtəˌdi:z] : hepatitis *f*

**her¹** ['hər, ər] *adj* : su, sus, de ella 〈her house : su casa, la casa de ella〉

**her²** *pron* **1** (*used as direct object*) : la 〈I saw her yesterday : la vi ayer〉 〈I like her : me gusta〉 **2** (*used as indirect object*) : le, se 〈he gave her the book : le dio el libro〉 〈he sent it to her : se lo mandó〉 **3** (*used as object of a preposition*) : ella 〈we did it for her : lo hicimos por ella〉 〈taller than her : más alto que ella〉

**herald¹** ['hɛrəld] *vt* ANNOUNCE : anunciar, proclamar

**herald²** *n* **1** MESSENGER : heraldo *m* **2** HARBINGER : precursor *m*

**heraldic** [he'rældɪk, hə-] *adj* : heráldico

**heraldry** ['herəldri] *n, pl* **-ries** : heráldica *f*

**herb** ['ərb, 'hərb] *n* : hierba *f*

**herbal** ['ərbəl, 'hər-] *adj* : herbario

**herbicide** ['ərbəˌsaɪd, 'hər-] *n* : herbicida *m*

**herbivore** ['ərbəˌvor, 'hər-] *n* : herbívoro *m*

**herbivorous** [ˌər'bɪvərəs, ˌhər-] *adj* : herbívoro

**herculean** [ˌhərkjə'liːən, ˌhər'kjuːliən] *adj* : hercúleo, sobrehumano

**herd¹** ['hərd] *vt* : reunir en manada, conducir en manada — *vi* : ir en manada (dícese de los animales), apiñarse (dícese de la gente)

**herd²** *n* : manada *f*

**herder** ['hərdər] → **herdsman**

**herdsman** ['hərdzmən] *n, pl* **-men** [-mən, -ˌmɛn] : vaquero *m* (de ganado), pastor *m* (de ovejas)

**here** ['hɪr] *adv* **1** : aquí, acá 〈come here! : ¡ven acá!〉 〈right here : aquí mismo〉 〈she's not here : no está〉 **2** NOW : en este momento, ahora, ya 〈here he comes : ya viene〉 〈here it's three o'clock (already) : ahora son las tres〉 **3** : en este punto 〈here we agree : estamos de acuerdo en este punto〉 **4 here and now** : ahora mismo, en este mismo momento **5 here and there** : aquí y allá **6 here (you are/go)!** : ¡toma! **7 the here**

**and now** : el presente, el momento **8 to be neither here nor there** : no venir al caso

**hereabouts** [ˈhɪrəˌbaʊts] *or* **hereabout** [-ˌbaʊt] *adv* : por aquí (cerca)

**hereafter**[1] [hɪrˈæftər] *adv* **1** : de aquí en adelante, a continuación **2** : en el futuro

**hereafter**[2] *n* **the hereafter** : el más allá

**hereby** [hɪrˈbaɪ] *adv* : por este medio

**hereditary** [həˈrɛdəˌtɛri] *adj* : hereditario

**heredity** [həˈrɛdəṭi] *n* : herencia *f*

**herein** [hɪrˈɪn] *adv* : aquí

**hereof** [hɪrˈʌv] *adv* : de aquí

**hereon** [hɪrˈɑn, -ˈɔn] *adv* : sobre esto

**heresy** [ˈhɛrəsi] *n, pl* **-sies** : herejía *f*

**heretic** [ˈhɛrəˌtɪk] *n* : hereje *mf*

**heretical** [həˈrɛṭɪkəl] *adj* : herético

**hereto** [hɪrˈtuː] *adv* : a esto

**heretofore** [ˈhɪrṭəˌfɔr] *adv* HITHERTO : hasta ahora

**hereunder** [hɪrˈʌndər] *adv* : a continuación, abajo

**hereupon** [hɪrəˈpɑn, -ˈpɔn] *adv* : con esto, en ese momento

**herewith** [hɪrˈwɪθ] *adv* : adjunto

**heritage** [ˈhɛrəṭɪʤ] *n* : patrimonio *m* (nacional)

**hermaphrodite** [hərˈmæfrəˌdaɪt] *n* : hermafrodita *mf*

**hermetic** [hərˈmeṭɪk] *adj* : hermético — **hermetically** [-ṭɪkli] *adv*

**hermit** [ˈhərmət] *n* : ermitaño *m*, -ña *f*; eremita *mf*

**hernia** [ˈhərniə] *n, pl* **-nias** *or* **-niae** [-niˌiː, -niˌaɪ] : hernia *f*

**hero** [ˈhiːˌroː, ˈhɪrˌoː] *n, pl* **-roes** **1** : héroe *m* **2** PROTAGONIST : protagonista *mf*

**heroic** [hɪˈroːɪk] *adj* : heroico — **heroically** [-ɪkli] *adv*

**heroics** [hɪˈroːɪks] *npl* : actos *mpl* heroicos

**heroin** [ˈhɛroən] *n* : heroína *f*

**heroine** [ˈhɛroən] *n* **1** : heroína *f* **2** PROTAGONIST : protagonista *f*

**heroism** [ˈhɛroˌɪzəm] *n* : heroísmo *m*

**heron** [ˈhɛrən] *n* : garza *f*

**herpes** [ˈhərˌpiːz] *n* : herpes *m*

**herring** [ˈhɛrɪŋ] *n, pl* **-ring** *or* **-rings** : arenque *m*

**hers** [ˈhərz] *pron* : suyo, de ella ⟨these suitcases are hers : estas maletas son suyas⟩ ⟨hers are bigger : los de ella son más grandes⟩

**herself** [hərˈslf] *pron* **1** (*used reflexively*) : se ⟨she dressed herself : se vistió⟩ **2** (*used emphatically*) : ella misma ⟨she fixed it herself : lo arregló ella misma, lo arregló por sí sola⟩

**hertz** [ˈhərts, ˈhrts] *ns & pl* : hercio *m*

**he's** [ˈhiːz] *contraction of* HE IS *or* HE HAS → **be, have**

**hesitancy** [ˈhɛzəṭənṭsi] *n, pl* **-cies** : vacilación *f*, titubeo *m*, indecisión *f*

**hesitant** [ˈhɛzəṭənt] *adj* : titubeante, vacilante — **hesitantly** *adv*

**hesitate** [ˈhɛzəˌteɪt] *vi* **-tated; -tating** : vacilar, titubear

**hesitation** [ˌhɛzəˈteɪʃən] *n* : vacilación *f*, indecisión *f*, titubeo *m*

**heterogeneous** [ˌhɛṭərəˈdʒiːniəs, -njəs] *adj* : heterogéneo

**heterosexual**[1] [ˌhɛṭərəˈskʃʊəl] *adj* : heterosexual

**heterosexual**[2] *n* : heterosexual *mf*

**heterosexuality** [ˌhɛṭərəˌskʃʊˈæləṭi] *n* : heterosexualidad *f*

**hew** [ˈhjuː] *v* **hewed; hewed** *or* **hewn** [ˈhjuːn]; **hewing** *vt* **1** CUT : cortar, talar (árboles) **2** SHAPE : labrar, tallar — *vi* CONFORM : conformarse, ceñirse

**hex**[1] [ˈhɛks] *vt* : hacerle un maleficio (a alguien)

**hex**[2] *n* : maleficio *m*

**hexagon** [ˈhɛksəˌgɑn] *n* : hexágono *m*

**hexagonal** [hɛkˈsægənəl] *adj* : hexagonal

**hey** [ˈheɪ] *interj* : ¡eh!, ¡oye!

**heyday** [ˈheɪˌdeɪ] *n* : auge *m*, apogeo *m*

**hi** [ˈhaɪ] *interj* : ¡hola!

**hiatus** [haɪˈeɪṭəs] *n* **1** : hiato *m* **2** PAUSE : pausa *f*

**hibernate** [ˈhaɪbərˌneɪt] *vi* **-nated; -nating** : hibernar, invernar

**hibernation** [ˌhaɪbərˈneɪʃən] *n* : hibernación *f*

**hiccup**[1] [ˈhɪkəp] *vi* **-cuped; -cuping** : hipar, tener hipo

**hiccup**[2] *n* : hipo *m* ⟨to have the hiccups : tener hipo⟩

**hick** [ˈhɪk] *n* BUMPKIN : palurdo *m*, -da *f*

**hickory** [ˈhɪkəri] *n, pl* **-ries** : nogal *m* americano

**hidden** [ˈhɪdən] *adj* : oculto

**hide**[1] [ˈhaɪd] *v* **hid** [ˈhɪd]; **hidden** [ˈhɪdən] *or* **hid; hiding** *vt* **1** : esconder ⟨to be in hiding : estar escondido⟩ **2** : ocultar (los sentimientos, etc.) **3** SCREEN : tapar, no dejar ver — *vi* : esconderse

**hide**[2] *n* : piel *f*, cuero *m* ⟨to save one's hide : salvar el pellejo⟩

**hide–and–seek** [ˈhaɪdənd*ˈsiːk] *n* **to play hide–and–seek** : jugar a las escondidas

**hidebound** [ˈhaɪdˌbaʊnd] *adj* : rígido, conservador

**hideous** [ˈhɪdiəs] *adj* : horrible, horroroso, espantoso — **hideously** *adv*

**hideout** [ˈhaɪdˌaʊt] *n* : guarida *f*, escondrijo *m*

**hiding** [ˈhaɪdɪŋ] *n* **1** *chiefly Brit fam* : paliza *f* **2 to be in hiding** : estar escondido

**hierarchical** [ˌhaɪəˈrɑrkɪkəl] *adj* : jerárquico

**hierarchy** [ˈhaɪəˌrɑrki] *n, pl* **-chies** : jerarquía *f*

**hieroglyphic** [ˌhaɪərəˈglɪfɪk] *n* : jeroglífico *m*

**hi–fi** [ˈhaɪˈfaɪ] *n* **1** → **high fidelity** **2** : equipo *m* de alta fidelidad

**high**[1] [ˈhaɪ] *adv* **1** : alto ⟨to aim high : apuntar alto⟩ **2 high and low** : por todas partes **3 to leave high and dry** : dejar tirado

**high**[2] *adj* **1** TALL : alto ⟨a high wall : un muro alto⟩ ⟨it's two feet high : tiene dos pies de altura⟩ ⟨waist-high : que llega hasta la cintura⟩ ⟨the highest mountain : la montaña más alta⟩ **2** ELEVATED : alto, elevado ⟨high ground : terreno elevado⟩ ⟨high prices : precios elevados⟩ ⟨high blood pressure : presión alta⟩ ⟨at a high rate of speed : a gran velocidad⟩ **3** GREAT : grande ⟨a high number : un número grande⟩ ⟨high hopes : grandes esperanzas⟩ **4** GOOD, FAVORABLE : bueno, favorable ⟨in high esteem : en gran estima⟩ ⟨on a high note : con una nota de optimismo⟩ ⟨the high point of the trip : el mejor momento del viaje⟩ **5** STRONG : fuerte ⟨high winds : fuertes vientos⟩ **6** : alto ⟨high society : alta sociedad⟩ ⟨high-ranking : alto, de alto rango⟩ ⟨the high life : la gran vida⟩ **7** : alto (en música) **8** : pleno ⟨in high summer : en pleno verano⟩ **9** INTOXICATED : borracho, drogado

**high³** *n* **1** : récord *m*, punto *m* máximo ⟨to reach an all-time high : batir el récord⟩ **2** : zona *f* de alta presión (en meteorología) **3** *or* **high gear** : directa *f* **4 on high** : en las alturas

**highbrow** ['haɪˌbraʊ] *n* : intelectual *mf*

**high chair** *n* : silla *f* alta (para bebé), periquera *f Mex*, trona *f Spain*

**high–definition** ['haɪˌdefəˈnɪʃən] *adj* : de alta definición (dícese de una televisión)

**high–end** ['haɪˈend] : de lujo

**higher** ['haɪər] *adj* : superior ⟨higher education : enseñanza superior⟩

**high fidelity** *n* : alta fidelidad *f*

**high–flown** ['haɪˈfloːn] *adj* : altisonante

**high–handed** ['haɪˈhændəd] *adj* : arbitrario

**high–heeled** ['haɪˈhiːld] *adj* : de tacón alto

**highlands** ['haɪlən̩dz] *npl* : tierras *fpl* altas, altiplano *m*

**high–level** ['haɪˈlevəl] *adj* : de alta nivel

**highlight¹** ['haɪˌlaɪt] *vt* **1** EMPHASIZE : destacar, poner en relieve, subrayar **2** : ser el punto culminante de

**highlight²** *n* : punto *m* culminante

**highlighter** ['haɪˌlaɪtər] *n* : marcador *m*, rotulador *m Spain*

**highly** ['haɪli] *adv* **1** VERY : muy, sumamente **2** FAVORABLY : muy bien ⟨to speak highly of : hablar muy bien de⟩ ⟨to think highly of : tener en mucho a⟩

**highness** ['haɪnəs] *n* **1** HEIGHT : altura *f* **2 Highness** : Alteza *f* ⟨Your Royal Highness : Su Alteza Real⟩

**high–pitched** ['haɪˈpɪtʃt] *adj* : agudo

**high–rise** ['haɪˌraɪz] *adj* : alto, de muchas plantas

**high school** *n* : escuela *f* superior, escuela *f* secundaria

**high seas** *npl* : alta mar *f*

**high–speed** ['haɪˈspiːd] *adj* : de alta velocidad

**high–spirited** ['haɪˈspɪrəṭəd] *adj* : vivaz, muy animado, brioso

**high–strung** [ˌhaɪˈstrʌŋ] *adj* : nervioso

**high–tech** ['haɪˈtek] *adj* : de alta tecnología

**high–tension** ['haɪˈtenṭʃən] *adj* : de alta tensión

**high–voltage** ['haɪˈvoːltɪdʒ] *adj* : de alto voltaje

**highway** ['haɪˌweɪ] *n* : carretera *f*

**highwayman** ['haɪˌweɪmən] *n, pl* **-men** [- mən, -ˌmen] : salteador *m* (de caminos), bandido *m*

**hijab** [hiˈdʒɑb] *n* : hiyab *m*, hijab *m*

**hijack¹** ['haɪˌʤæk] *vt* : secuestrar

**hijack²** *n* : secuestro *m*

**hijacker** ['haɪˌʤækər] *n* : secuestrador *m*, -dora *f*

**hike¹** ['haɪk] *v* **hiked; hiking** *vi* : hacer una caminata — *vt* RAISE : subir

**hike²** *n* **1** : caminata *f*, excursión *f* **2** INCREASE : subida *f* (de precios)

**hiker** ['haɪkər] *n* : excursionista *mf*

**hilarious** [hɪˈlæriəs, haɪˈ-] *adj* : muy divertido, hilarante

**hilarity** [hɪˈlærəṭi, haɪ-] *n* : hilaridad *f*

**hill** ['hɪl] *n* **1** : colina *f*, cerro *m* **2** SLOPE : cuesta *f*, pendiente *f*

**hillbilly** ['hɪlˌbɪli] *n, pl* **-lies** *often disparaging + offensive* : palurdo *m*, -da *f* (de las montañas)

**hillock** ['hɪlək] *n* : loma *f*, altozano *m*, otero *m*

**hillside** ['hɪlˌsaɪd] *n* : ladera *f*, cuesta *f*

**hilltop** ['hɪlˌtɑp] *n* : cima *f*, cumbre *f*

**hilly** ['hɪli] *adj* **hillier; -est** : montañoso, accidentado

**hilt** ['hɪlt] *n* : puño *m*, empuñadura *f*

**him** ['hɪm, əm] *pron* **1** (*used as direct object*) : lo ⟨I found him : lo encontré⟩ **2** (*used as indirect object*) : le, se ⟨we gave him a present : le dimos un regalo⟩ ⟨I sent it to him : se lo mandé⟩ **3** (*used as object of a preposition*) : él ⟨she was thinking of him : pensaba en él⟩ ⟨younger than him : más joven que él⟩

**himself** [hɪmˈself] *pron* **1** (*used reflexively*) : se ⟨he washed himself : se lavó⟩ **2** (*used emphatically*) : él mismo ⟨he did it himself : lo hizo él mismo, lo hizo por sí solo⟩

**hind¹** ['haɪnd] *adj* : trasero, posterior ⟨hind legs : patas traseras⟩

**hind²** *n* : cierva *f*

**hinder** ['hɪndər] *vt* : dificultar, impedir, estorbar

**Hindi** ['hɪndiː] *n* : hindi *m*

**hindquarters** ['haɪndˌkwɔrṭərz] *npl* : cuartos *mpl* traseros

**hindrance** ['hɪndrən̩ʧs] *n* : estorbo *m*, obstáculo *m*, impedimento *m*

**hindsight** ['haɪndˌsaɪt] *n* : retrospectiva *f* ⟨with the benefit of hindsight : en retrospectiva, con la perspectiva que da la experiencia⟩

**Hindu¹** ['hɪnˌduː] *adj* : hindú

**Hindu²** *n* : hindú *mf*

**Hinduism** ['hɪndʊˌɪzəm] *n* : hinduismo *m*

**hinge¹** ['hɪnʤ] *v* **hinged; hinging** *vt* : unir con bisagras — *vi* **to hinge on/upon** : depender de

**hinge²** *n* : bisagra *f*, gozne *m*

**hint¹** ['hɪnt] *vt* : insinuar, dar a entender — *vi* : soltar indirectas

**hint²** *n* **1** INSINUATION : insinuación *f*, indirecta *f* **2** TIP : consejo *m*, sugerencia *f* **3** TRACE : pizca *f*, indicio *m*

**hinterland** ['hɪntərˌlænd, -lənd] *n* : interior *m* (de un país)

**hip** ['hɪp] *n* : cadera *f*

**hip–hop** ['hɪpˌhɑp] *n* : hip-hop *m*

**hippie** ['hɪpi] *n* : hippie *mf*, hippy *mf*

**hippo** ['hɪpoː] *n, pl* **hippos** → **hippopotamus**

**hippopotamus** [ˌhɪpəˈpɑtəməs] *n, pl* **-muses** *or* **-mi** [-ˌmaɪ] : hipopótamo *m*

**hire**[1] [ˈhaɪr] *vt* **hired; hiring** **1** EMPLOY : contratar, emplear **2** RENT : alquilar, arrendar

**hire**[2] *n* **1** RENT : alquiler *m* ⟨for hire : se alquila⟩ **2** WAGES : paga *f*, sueldo *m* **3** EMPLOYEE : empleado *m*, -da *f*

**his**[1] [ˈhɪz, ɪz] *adj* : su, sus, de él ⟨his hat : su sombrero, el sombrero de él⟩

**his**[2] *pron* : suyo, de él ⟨the decision is his : la decisión es suya⟩ ⟨it's his, not hers : es de él, no de ella⟩

**Hispanic**[1] [hɪˈspænɪk] *adj* : hispano, hispánico

**Hispanic**[2] *n* : hispano *m*, -na *f*; hispánico *m*, -ca *f*

**hiss**[1] [ˈhɪs] *vi* : sisear, silbar — *vt* : decir entre dientes

**hiss**[2] *n* : siseo *m*, silbido *m*

**historian** [hɪˈstɔriən] *n* : historiador *m*, -dora *f*

**historic** [hɪˈstɔrɪk] *or* **historical** [-ɪkəl] *adj* : histórico — **historically** [-ɪkli] *adv*

**history** [ˈhɪstəri] *n, pl* **-ries** **1** : historia *f* **2** RECORD : historial *m* ⟨family history : historial personal⟩ **3 to go down in history** : pasar a la historia **4 to go down in history** : hacer historia

**histrionics** [ˌhɪstriˈanɪks] *ns & pl* : histrionismo *m*

**hit**[1] [ˈhɪt] *v* **hit; hitting** *vt* **1** STRIKE : golpear (algo), pegarle a (alguien), batear (una pelota) ⟨he hit the dog : le pegó al perro⟩ **2** : chocar contra, dar con, dar en (el blanco) ⟨the car hit a tree : el coche chocó contra un árbol⟩ ⟨it hit me in the face : me dio en la cara⟩ ⟨he hit his head against the door : se dio con la cabeza contra la puerta⟩ **3** *fam* OPERATE : apretar (un botón), darle a (un freno, un interruptor, etc.) **4** ATTACK : atacar **5** AFFECT : afectar ⟨the news hit us hard : la noticia nos afectó mucho⟩ **6** ENCOUNTER : tropezar con, toparse con ⟨to hit a snag : tropezar con un obstáculo⟩ **7** : ocurrírsele a uno ⟨it hit me that . . . : se me ocurrió que . . . , me di cuenta de que . . .⟩ **8** REACH : llegar a, alcanzar ⟨the price hit $10 a pound : el precio alcanzó los $10 dólares por libra⟩ ⟨to hit the headlines : ser noticia⟩ **9** ARRIVE AT : llegar a ⟨to hit town : llegar a la ciudad⟩ ⟨let's hit the beach! : ¡vamos a la playa!⟩ **10** MAKE : hacer ⟨to hit a home run : hacer un jonrón⟩ **11 to hit it off (with)** : congeniar (con) **12 to hit someone up for something** : pedirle algo a alguien **13 to hit the ceiling/roof** *fam* : poner el grito en el cielo **14 to hit the hay/sack** *fam* : irse al catre, acostarse **15 to hit the nail on the head** *fam* : dar en el clavo **16 to hit the road** *fam* : ponerse en marcha — *vi* **1** : golpear **2 to hit back** : devolver el golpe **3 to hit on** *fam* : tratar de ligarse a **4 to hit on/upon** : dar con (una solución, etc.)

**hit**[2] *n* **1** BLOW : golpe *m* **2** : impacto *m* (de un árma) **3** SUCCESS : éxito *m* **4** : visita *f* (a un sitio Web)

**hit-and-run** [ˌhɪtənˈrʌn] *adj* **1** : en que el conductor culpable se da a la fuga (dícese de un accidente de tránsito) **2** : fugitivo (dícese de un conductor)

**hitch**[1] [ˈhɪtʃ] *vt* **1** : mover con sacudidas **2** ATTACH : enganchar, atar, amarrar **3 to hitch up** : subirse (los pantalones, etc.) — *vi* → **hitchhike**

**hitch**[2] *n* **1** JERK : tirón *m*, jalón *m* **2** OBSTACLE : obstáculo *m*, impedimento *m*, tropiezo *m*

**hitchhike** [ˈhɪtʃˌhaɪk] *vi* **-hiked; -hiking** : hacer autostop, ir de aventón *Col, Mex fam*

**hitchhiker** [ˈhɪtʃˌhaɪkər] *n* : autostopista *mf*

**hither** [ˈhɪðər] *adv* : acá, por aquí

**hitherto** [ˈhɪðərˌtuː, ˌhɪðərˈ-] *adv* : hasta ahora

**hit man** *n* : sicario *m*, -ria *f*; asesino *m*, -na *f*

**hitter** [ˈhɪtər] *n* BATTER : bateador *m*, -dora *f*

**HIV** [ˌeɪtʃˌaɪˈviː] *n* (*h*uman *i*mmunodeficiency *v*irus) : VIH *m*, virus *m* del sida ⟨HIV negative/positive : VIH negativo/positivo⟩

**hive** [ˈhaɪv] *n* **1** : colmena *f* **2** SWARM : enjambre *m* **3** : lugar *m* muy activo ⟨a hive of activity : un hervidero de actividad⟩

**hives** [ˈhaɪvz] *ns & pl* : urticaria *f*

**hoard**[1] [ˈhɔrd] *vt* : acumular, atesorar

**hoard**[2] *n* : tesoro *m*, reserva *f*, provisión *f*

**hoarfrost** [ˈhɔrˌfrɔst] *n* : escarcha *f*

**hoarse** [ˈhɔrs] *adj* **hoarser; hoarsest** : ronco — **hoarsely** *adv*

**hoarseness** [ˈhɔrsnəs] *n* : ronquera *f*

**hoary** [ˈhɔri] *adj* **hoarier; -est** **1** : cano, canoso **2** OLD : vetusto, antiguo

**hoax**[1] [ˈhoːks] *vt* : engañar, embaucar, bromear

**hoax**[2] *n* : engaño *m*, broma *f*

**hobble**[1] [ˈhɑbəl] *v* **-bled; -bling** *vi* LIMP : cojear, renguear

**hobble**[2] *n* LIMP : cojera *f*, rengo *m*

**hobby** [ˈhɑbi] *n, pl* **-bies** : pasatiempo *m*, afición *f*

**hobgoblin** [ˈhɑbˌgɑblən] *n* : duende *m*

**hobnail** [ˈhɑbˌneɪl] *n* : tachuela *f*

**hobnob** [ˈhɑbˌnɑb] *vi* **-nobbed; -nobbing** : codearse

**hobo** [ˈhoːˌboː] *n, pl* **-boes** : vagabundo *m*, -da *f*

**hock**[1] [ˈhɑk] *vt* PAWN : empeñar

**hock**[2] *n* **in hock** : empeñado

**hockey** [ˈhɑki] *n* : hockey *m*

**hodgepodge** [ˈhɑʤˌpɑʤ] *n* : mezcolanza *f*

**hoe**[1] [ˈhoː] *vt* **hoed; hoeing** : remover con una azada

**hoe**[2] *n* : azada *f*

**hog**[1] [ˈhɔg, ˈhɑg] *vt* **hogged; hogging** : acaparar, monopolizar

**hog**[2] *n* **1** PIG : cerdo *m*, -da *f* **2** GLUTTON : glotón *m*, -tona *f*

**hogshead** [ˈhɔgzˌhɛd, ˈhɑgz-] *n* : tonel *m*

**hoist**[1] [ˈhɔɪst] *vt* : levantar, alzar, izar (una bandera, una vela)

**hoist**[2] *n* : grúa *f*

**hold**[1] [ˈhoːld] *v* **held** [ˈhɛld]; **holding** *vt* **1** POSSESS : tener ⟨to hold office : ocupar un puesto⟩ **2** RESTRAIN : detener, controlar ⟨to hold one's temper : controlar su mal genio⟩ **3** CLASP, GRASP : agarrar, coger ⟨to hold hands : agarrarse de la mano⟩ ⟨hold it tightly : agárralo fuerte⟩ **4** CARRY : llevar, tener (en la mano o las manos) **5** : sujetar, mantener fijo ⟨hold this nail for me : sujétame este clavo⟩ ⟨hold it upright : mantenlo derecho⟩ ⟨hold the door : sostén la puerta⟩ **6** CONTAIN : dar cabida a, tener capacidad para (personas, etc.), tener una capacidad de (litros, etc.) **7** *or* **to hold in store** : deparar **8** SUPPORT : aguantar, sostener **9** REGARD : considerar, tener ⟨he held me responsible : me consideró responsable⟩ **10** CONDUCT : celebrar (una reunión, una elección), realizar (un evento), mantener (una conversación) **11** KEEP, RESERVE : guardar **12** MAINTAIN : mantener **13** DETAIN : detener **14 to hold against** : tomar en cuenta, guardar rencor por **15 to hold back** REPRESS, CONTAIN : reprimir, contener **16 to hold back** WITHHOLD : retener, ocultar (información) **17 to hold down** : conservar (un trabajo) **18 to hold in** CONTAIN : contener **19 to hold off** RESIST : resistir **20 to hold one's liquor** : ser de buen beber **21 to hold one's tongue** : callarse **22 to hold out** : extender, tender (la mano, etc.), dar (esperanzas) **23 to hold over** POSTPONE : postergar, aplazar **24 to hold up** DELAY : retrasar **25 to hold up** LIFT : levantar **26 to hold up** *fam* ROB : robarle (a alguien), atracar, asaltar — *vi* **1** : aguantar, resistir ⟨the rope will hold : la cuerda resistirá⟩ **2** : ser válido, valer ⟨my offer still holds : mi oferta todavía es válida⟩ **3 to hold forth** : perorar, arengar **4 to hold off** WAIT : esperar, aguantar **5 to hold off (on)** DELAY : retrasar **6 to hold on** WAIT : esperar, aguantar **7 to hold on to** : agarrarse a **8 to hold out** LAST : aguantar, durar **9 to hold out** RESIST : resistir **10 to hold out for** AWAIT : esperar (algo mejor) **11 to hold to** : mantenerse firme en **12 to hold together** : mantenerse unidos **13 to hold up** : aguantar ⟨how are you holding up? : ¿cómo estás?, ¿cómo lo estás llevando?⟩ **14 to hold with** : estar de acuerdo con

**hold**[2] *n* **1** GRIP : agarre *m*, llave *f* (en deportes) **2** CONTROL : control *m*, dominio *m* ⟨to get hold of oneself : controlarse⟩ **3** DELAY : demora *f* **4** : bodega *f* (en un barco o un avión) **5 on hold** DELAYED : suspendido ⟨to put on hold : suspender temporalmente⟩ **6 on hold** : en espera (en el teléfono) ⟨to be/put on hold : estar/poner en espera⟩ **7 no holds barred** : sin restricciones **8 to get hold of** : conseguir, localizar **9 to take hold** : establecerse **10 to take hold of** GRASP : agarrar

**holder** [ˈhoːldər] *n* : poseedor *m*, -dora *f*; titular *mf*

**holdings** [ˈhoːldɪŋz] *npl* : propiedades *fpl*

**holdup** [ˈhoːldˌʌp] *n* **1** ROBBERY : atraco *m* **2** DELAY : retraso *m*, demora *f*

**hole** [ˈhoːl] *n* : agujero *m*, hoyo *m*

**holiday** [ˈhɑləˌdeɪ] *n* **1** : día *m* feriado, fiesta *f* ⟨happy holidays : felices fiestas⟩ **2** VACATION : vacaciones *fpl*

**holiness** [ˈhoːlinəs] *n* **1** : santidad *f* **2 His Holiness** : Su Santidad

**holistic** [hoːˈlɪstɪk] *adj* : holístico

**holler**[1] [ˈhɑlər] *vi* : gritar, chillar

**holler**[2] *n* : grito *m*, chillido *m*

**hollow**[1] [ˈhɑˌloː] *vt or* **to hollow out** : ahuecar

**hollow**[2] *adj* **hollower; -est 1** : hueco, hundido (dícese de las mejillas, etc.), cavernoso (dícese de un sonido) **2** EMPTY, FALSE : vacío, falso

**hollow**[3] *n* **1** CAVITY : hueco *m*, depresión *f*, cavidad *f* **2** VALLEY : hondonada *f*, valle *m*

**hollowness** [ˈhɑˌloːnəs] *n* **1** HOLLOW : hueco *m*, cavidad *f* **2** FALSENESS : falsedad *f* **3** EMPTINESS : vacuidad *f*

**holly** [ˈhɑli] *n, pl* **-lies** : acebo *m*

**holocaust** [ˈhɑləˌkɔst, ˈhoː-, ˈhɔ-] *n* : holocausto *m*

**hologram** [ˈhoːləˌgræm, ˈhɑ-] *n* : holograma *m*

**holster** [ˈhoːlstər] *n* : pistolera *f*

**holy** [ˈhoːli] *adj* **holier; -est** : santo, sagrado

**Holy Ghost** → **Holy Spirit**

**holy orders** → **order**[2]

**Holy Spirit** *n* **the Holy Spirit** : el Espíritu Santo

**homage** [ˈɑmɪʤ, ˈhɑ-] *n* : homenaje *m*

**home** [ˈhoːm] *n* **1** : hogar *m*, casa *f* ⟨home sweet home : hogar dulce hogar⟩ ⟨there's no place like home : como en casa no se está en ningún sitio⟩ ⟨to leave home : irse de casa⟩ ⟨to hit close to home : tocar muy de cerca⟩ **2** HOUSE, RESIDENCE : casa *f*, domicilio *m* ⟨to own one's own home : tener casa propia⟩ ⟨a home away from home : una segunda casa⟩ **3** SEAT : sede *f* **4** HABITAT : hábitat *m* **5** INSTITUTION : residencia *f*, asilo *m* **6** → **home plate** **7 at home** : en casa ⟨is Julia at home? : ¿está Julia (en casa)?⟩ **8 at home** : cómodo ⟨make yourself at home : estás en tu casa⟩ **9 to play at home** : jugar en casa

**homebody** [ˈhoːmˌbɑdi] *n, pl* **-dies** : persona *f* hogareña

**homecoming** [ˈhoːmˌkʌmɪŋ] *n* : regreso *m* (a casa)

**home game** *n* : partido *m* en casa

**homegrown** [ˈhoːmˈgroːn] *adj* **1** : de cosecha propia **2** LOCAL : local

**homeland** [ˈhoːmˌlænd] *n* : patria *f*, tierra *f* natal, terruño *m*

**homeless** [ˈhoːmləs] *adj* : sin hogar, sin techo

**homely** [ˈhoːmli] *adj* **homelier; -est 1** DOMESTIC : casero, hogareño **2** UGLY : feo, poco atractivo

**homemade** [ˈhoːmˈmeɪd] *adj* : casero, hecho en casa

**homemaker** [ˈhoːmˌmeɪkər] *n* : ama *f* de casa, persona *f* que se ocupa de la casa
**homeopathy** [ˌhoːmiˈɑpəθi] *n* : homeopatía *f* — **homeopathic** *adj*
**home page** *n* : página *f* de inicio
**home plate** *n* : base *f* del bateador
**home run** *n* : jonrón *m*
**homesick** [ˈhoːmˌsɪk] *adj* : nostálgico ⟨to be homesick : echar de menos a la familia⟩
**homesickness** [ˈhoːmˌsɪknəs] *n* : nostalgia *f*, morriña *f*
**homespun** [ˈhoːmˌspʌn] *adj* : simple, sencillo
**homestead** [ˈhoːmˌsted] *n* : estancia *f*, hacienda *f*
**hometown** [ˈhoːmˌtaʊn] *n* : ciudad *f* natal, pueblo *m* natal
**homeward**[1] [ˈhoːmwərd] *or* **homewards** [-wərdz] *adv* : de vuelta a casa, hacia casa
**homeward**[2] *adj* : de vuelta, de regreso
**homework** [ˈhoːmˌwərk] *n* : tarea *f*, deberes *mpl Spain*, asignación *f PRi*
**homey** [ˈhoːmi] *adj* **homier; -est** : hogareño
**homicidal** [ˌhɑməˈsaɪdəl, ˌhoː-] *adj* : homicida
**homicide** [ˈhɑməˌsaɪd, ˈhoː-] *n* : homicidio *m*
**homily** [ˈhɑməli] *n, pl* **-lies** : homilía *f*
**hominy** [ˈhɑməni] *n* : maíz *m* descascarado
**homogeneity** [ˌhoːmədʒəˈniːəṭi, -ˈneɪ-] *n, pl* **-ties** : homogeneidad *f*
**homogeneous** [ˌhoːməˈdʒiːniəs, -njəs] *adj* : homogéneo — **homogeneously** *adv*
**homogenize** [hoːˈmɑdʒəˌnaɪz, hə-] *vt* **-nized; -nizing** : homogeneizar
**homograph** [ˈhɑməˌgræf, ˈhoː-] *n* : homógrafo *m*
**homologous** [hoːˈmɑləgəs, hə-] *adj* : homólogo
**homonym** [ˈhɑməˌnɪm, ˈhoː-] *n* : homónimo *m*
**homophone** [ˈhɑməˌfoːn, ˈhoː-] *n* : homófono *m*
**homosexual**[1] [ˌhoːməˈsɛkʃʊəl] *adj* : homosexual
**homosexual**[2] *n* : homosexual *mf*
**homosexuality** [ˌhoːməˌsɛkʃʊˈæləṭi] *n* : homosexualidad *f*
**honcho** [ˈhɑnˌtʃoː] *n* : pez *m* gordo ⟨the head honcho : el jefe⟩
**Honduran** [hɑnˈdʊrən, -ˈdjʊr-] *n* : hondureño *m*, -ña *f* — **Honduran** *adj*
**hone** [ˈhoːn] *vt* **honed; honing** : afilar
**honest** [ˈɑnəst] *adj* : honesto, honrado — **honestly** *adv*
**honesty** [ˈɑnəsti] *n, pl* **-ties** : honestidad *f*, honradez *f*
**honey** [ˈhʌni] *n, pl* **-eys** : miel *f*
**honeybee** [ˈhʌniˌbiː] *n* : abeja *f*
**honeycomb** [ˈhʌniˌkoːm] *n* : panal *m*
**honeymoon**[1] [ˈhʌniˌmuːn] *vi* : pasar la luna de miel
**honeymoon**[2] *n* : luna *f* de miel
**honeysuckle** [ˈhʌniˌsʌkəl] *n* : madreselva *f*
**honk**[1] [ˈhɑŋk, ˈhɔŋk] *vi* **1** : graznar (dícese del ganso) **2** : tocar la bocina (dícese de un vehículo), pitar
**honk**[2] *n* : graznido *m* (del ganso), bocinazo *m* (de un vehículo)
**honor**[1] [ˈɑnər] *vt* **1** RESPECT : honrar **2** : cumplir con ⟨to honor one's word : cumplir con su palabra⟩ **3** : aceptar (un cheque, etc.)
**honor**[2] *n* **1** : honor *m* ⟨in honor of : en honor de⟩ ⟨a man of honor : un hombre de honor/palabra⟩ ⟨guest of honor : invitado de honor⟩ **2 honors** *npl* AWARDS : honores *mpl*, condecoraciones *fpl* **3 on my honor** : juro por mi honor **4 to do someone the honor of** : hacerle a alguien el honor de **5 to do the honors** : hacer los honores **6 Your Honor** : Su Señoría
**honorable** [ˈɑnərəbəl] *adj* : honorable, honroso — **honorably** [-bli] *adv*
**honorary** [ˈɑnəˌrɛri] *adj* : honorario
**hood** [ˈhʊd] *n* **1** : capucha *f* **2** : capó *m*, bonete *m Car* (de un automóvil)
**hooded** [ˈhʊdəd] *adj* : encapuchado
**hoodie** [ˈhʊdi] *n* : sudadera *f* (con capucha); buzo *m Arg, Col*
**hoodlum** [ˈhʊdləm, ˈhuːd-] *n* THUG : maleante *mf*, matón *m*
**hoodwink** [ˈhʊdˌwɪŋk] *vt* : engañar
**hoof** [ˈhʊf, ˈhuːf] *n, pl* **hooves** [ˈhʊvz, ˈhuːvz] *or* **hoofs** : pezuña *f*, casco *m*
**hoofed** [ˈhʊft, ˈhuːft] *adj* : ungulado
**hook**[1] [ˈhʊk] *vt* **1** : enganchar **2** CATCH : pescar **3 to hook up** CONNECT : conectar (algo a algo) **4 to hook up** *fam* ⟨don't worry — I'll hook you up : no te preocupes, te lo arreglaré todo⟩ — *vi* **1** : abrocharse, engancharse **2 to hook up** *fam* MEET : reunirse **3 to hook up** *fam* JOIN, UNITE : juntarse, unirse **4 to hook up** *fam* : tener sexo
**hook**[2] *n* **1** : gancho *m*, percha *f* **2 to let someone off the hook** : dejar a alguien ir sin castigo
**hooked** [ˈhʊkt] *adj* **1** : en forma de gancho **2 to be hooked on** : estar enganchado a
**hooker** [ˈhʊkər] *n* : prostituta *f*, fulana *f fam*
**hookworm** [ˈhʊkˌwərm] *n* : anquilostoma *m*
**hooligan** [ˈhuːlɪgən] *n* : gamberro *m*, -rra *f*
**hoop** [ˈhuːp] *n* : aro *m*
**hooray** [huˈreɪ] → **hurrah**
**hoot**[1] [ˈhuːt] *vi* **1** SHOUT : gritar **2** : ulular (dícese de un búho), tocar la bocina (dícese de un vehículo), silbar (dícese de un tren o un barco) **3** *or* **to hoot with laughter** : reírse a carcajadas
**hoot**[2] *n* **1** : ululato *m* (de un búho), silbido *m* (de un tren), bocinazo *m* (de un vehículo) **2** GUFFAW : carcajada *f*, risotada *f* **3 I don't give a hoot** : me vale un comino, me importa un pito
**hop**[1] [ˈhɑp] *vi* **hopped; hopping** : brincar, saltar
**hop**[2] *n* **1** LEAP : salto *m*, brinco *m* **2** FLIGHT : vuelo *m* corto **3** : lúpulo *m* (planta)

**hope**[1] [ˈhoːp] *v* **hoped; hoping** *vi* : esperar — *vt* : esperar que ⟨we hope she comes : esperamos que venga⟩ ⟨I hope so/not : espero que sí/no⟩

**hope**[2] *n* : esperanza *f* ⟨to have high hopes of : tener muchas esperanzas de⟩ ⟨to get one's hopes up : hacerse ilusiones⟩ ⟨in the hope of : con la esperanza de⟩ ⟨in the hope that : con la esperanza de que⟩

**hopeful** [ˈhoːpfəl] *adj* : esperanzado

**hopefully** [ˈhoːpfəli] *adj* **1** : con esperanza ⟨"it's a good sign," she said hopefully : "es buena señal," dijo esperanzada⟩ **2** ⟨hopefully, it won't rain : ojalá no llueva, espero que no llueva⟩ ⟨the rain will hopefully continue : se espera que las lluvias continúen⟩

**hopeless** [ˈhoːpləs] *adj* **1** DESPAIRING : desesperado **2** IMPOSSIBLE : imposible ⟨a hopeless case : un caso perdido⟩

**hopelessly** [ˈhoːpləsli] *adv* **1** : sin esperanzas, desesperadamente **2** COMPLETELY : totalmente, completamente **3** IMPOSSIBLY : imposiblemente

**hopelessness** [ˈhoːpləsnəs] *n* : desesperanza *f*

**hopper** [ˈhɑpər] *n* : tolva *f*

**hopping**[1] *adv* **to be hopping mad** : estar furioso

**hopping**[2] *adj* BUSY : animado, concurrido

**hopscotch** [ˈhɑpˌskɑtʃ] *n* : tejo *m*

**horde** [ˈhɔrd] *n* : horda *f*, multitud *f*

**horizon** [həˈraɪzən] *n* : horizonte *m*

**horizontal** [ˌhɔrəˈzɑntəl] *adj* : horizontal — **horizontally** *adv*

**hormone** [ˈhɔrˌmoːn] *n* : hormona *f* — **hormonal** [hɔrˈmoːnəl] *adj*

**horn** [ˈhɔrn] *n* **1** : cuerno *m* (de un toro, una vaca, etc.) **2** : cuerno *m*, trompa *f* (instrumento musical) **3** : bocina *f*, claxon *m* (de un vehículo)

**horned** [ˈhɔrnd, ˈhɔrnəd] *adj* : cornudo, astado, con cuernos

**hornet** [ˈhɔrnət] *n* : avispón *m*

**horny** [ˈhɔrni] *adj* **hornier; -est** **1** CALLOUS : calloso **2** LUSTFUL *fam* : caliente *fam*

**horoscope** [ˈhɔrəˌskoːp] *n* : horóscopo *m*

**horrendous** [hɔˈrɛndəs] *adj* : horrendo, horroroso, atroz

**horrible** [ˈhɔrəbəl] *adj* : horrible, espantoso, horroroso — **horribly** [-bli] *adv*

**horrid** [ˈhɔrɪd] *adj* : horroroso, horrible — **horridly** *adv*

**horrific** [hɔˈrɪfɪk] *adj* : terrorífico, horroroso

**horrify** [ˈhɔrəˌfaɪ] *vt* **-fied; -fying** : horrorizar

**horrifying** [ˈhɔrəˌfaɪɪŋ] *adj* : horripilante, horroroso

**horror** [ˈhɔrər] *n* : horror *m*

**hors d'oeuvre** [ɔrˈdərv] *n, pl* **hors d'oeuvres** [-ˈdərvz] : entremés *m*

**horse** [ˈhɔrs] *n* **1** : caballo *m* **2 a horse of a different color** : harina de otro costal **3 from the horse's mouth** ⟨I heard it straight from the horse's mouth : me lo dijo él mismo, me lo dijo ella misma⟩ **4 hold your horses** : un momentito

**horseback** [ˈhɔrsˌbæk] *n* **on ~** : a caballo

**horseback riding** *n* : equitación *f*

**horse chestnut** *n* : castaña *f* de Indias

**horsefly** [ˈhɔrsˌflaɪ] *n, pl* **-flies** : tábano *m*

**horsehair** [ˈhɔrsˌhær] *n* : crin *f*

**horseman** [ˈhɔrsmən] *n, pl* **-men** [-mən, -ˌmɛn] : jinete *m*, caballista *m*

**horsemanship** [ˈhɔrsmənˌʃɪp] *n* : equitación *f*

**horseplay** [ˈhɔrsˌpleɪ] *n* : payasadas *fpl*

**horsepower** [ˈhɔrsˌpaʊər] *n* : caballo *m* de fuerza

**horse racing** *n* : carreras *fpl* de caballos

**horseradish** [ˈhɔrsˌrædɪʃ] *n* : rábano *m* picante

**horseshoe** [ˈhɔrsˌʃuː] *n* : herradura *f*

**horsewhip** [ˈhɔrsˌhwɪp] *vt* **-whipped; -whipping** : azotar

**horsewoman** [ˈhɔrsˌwʊmən] *n, pl* **-women** [-ˌwɪmən] : amazona *f*, jinete *f*, caballista *f*

**horsey** *or* **horsy** [ˈhɔrsi] *adj* **horsier; -est** : relacionado a los caballos, caballar

**horticultural** [ˌhɔrtəˈkʌltʃərəl] *adj* : hortícola

**horticulture** [ˈhɔrtəˌkʌltʃər] *n* : horticultura *f*

**hose**[1] [ˈhoːz] *vt* **hosed; hosing** : regar o lavar con manguera

**hose**[2] *n* **1** *pl* **hose** SOCKS : calcetines *mpl*, medias *fpl* **2** *pl* **hose** STOCKINGS : medias *fpl* **3** *pl* **hoses** : manguera *f*, manga *f*

**hosiery** [ˈhoːʒəri, ˈhoːzə-] *n* : calcetería *f*, medias *fpl*

**hospice** [ˈhɑspəs] *n* : centro *m* de cuidados paliativos

**hospitable** [hɑˈspɪtəbəl, ˈhɑsˌpɪ-] *adj* : hospitalario — **hospitably** [-bli] *adv*

**hospital** [ˈhɑsˌpɪtəl] *n* : hospital *m*

**hospitality** [ˌhɑspəˈtæləti] *n, pl* **-ties** : hospitalidad *f*

**hospitalization** [ˌhɑsˌpɪtələˈzeɪʃən] *n* : hospitalización *f*

**hospitalize** [ˈhɑsˌpɪtəlˌaɪz] *vt* **-ized; -izing** : hospitalizar

**host**[1] [ˈhoːst] *vt* : presentar (un programa de televisión, etc.)

**host**[2] *n* **1** : anfitrión *m*, -triona *f* (en la casa, a un evento); presentador *m*, -dora *f* (de un programa de televisión, etc.) **2** *or* **host organism** : huésped *m* **3** TROOPS : huestes *fpl* **4** MULTITUDE : multitud *f* ⟨for a host of reasons : por muchas razones⟩ **5** EUCHARIST : hostia *f*, Eucaristía *f*

**hostage** [ˈhɑstɪʤ] *n* : rehén *m*

**hostel** [ˈhɑstəl] *n* : albergue *m* juvenil

**hostess** [ˈhoːstɪs] *n* : anfitriona *f* (en la casa), presentadora *f* (de un programa)

**hostile** [ˈhɑstəl, -ˌtaɪl] *adj* : hostil — **hostilely** *adv*

**hostility** [hɑsˈtɪləti] *n, pl* **-ties** : hostilidad *f*

**hot** [ˈhɑt] *adj* **hotter; hottest** **1** : caliente, cálido, caluroso ⟨hot water : agua caliente⟩ ⟨a hot climate : un clima cálido⟩ ⟨a hot day : un día caluroso⟩ ⟨it's hot in here : hace calor aquí dentro⟩ **2** ARDENT, FIERY : ardiente, acalorado ⟨to have a hot temper : tener mal genio〉 **3** SPICY : picante **4** FRESH : reciente, nuevo 〈hot news : noticias de última hora〉 〈hot off the press : de último momento〉 **5** EAGER : ávido **6** STOLEN : robado **7** *fam* SEXY : guapo, bueno *fam* **8 hot and bothered** *or* **hot under the collar** : enojado — **hotly** *adv*

**hot air** *n* : palabrería *f*

**hotbed** [ˈhɑtˌbɛd] *n* **1** : semillero *m* (de plantas) **2** : hervidero *m*, semillero *m* (de crimen, etc.)

**hot chocolate** *n* COCOA : chocolate *m*, cocoa *f*, cacao *m* (bebida)

**hot dog** *n* : perro *m* caliente; pancho *m* *Arg, Uru*

**hotel** [hoːˈtɛl] *n* : hotel *m*

**hotelier** [hoːˈtɛljər, ˌoːtəlˈjɛɪ] *n* : hotelero *m*, -ra *f*

**hot flash** *n* : bochorno *m*, sofoco *m* (de la menopausia)

**hothead** [ˈhɑtˌhɛd] *n* : exaltado *m*, -da *f*

**hotheaded** [ˈhɑtˈhɛdəd] *adj* : exaltado

**hothouse** [ˈhɑtˌhɑʊs] *n* : invernadero *m*

**hot plate** *n* : placa *f* (de cocina)

**hot rod** *n* : coche *m* con motor modificado

**hot tub** *n* : bañera *f* de hidromasaje

**hot water** *n* **to get into hot water** : meterse en un lío

**hot–water bottle** *n* : bolsa *f* de agua caliente

**hound**[1] [ˈhɑʊnd] *vt* : acosar, perseguir

**hound**[2] *n* : perro *m* (de caza)

**hour** [ˈɑʊər] *n* **1** : hora *f* 〈on the hour : a la hora en punto〉 〈60 miles an/per hour : 60 millas por hora〉 〈by the hour : por hora(s)〉 〈at all hours : a todas horas〉 〈until all hours : hasta las tantas, hasta muy tarde〉 〈open 24 hours (a day) : abierto 24 horas (al día)〉 **2 hours** *npl* : horas *pl*, horario *m* (de una empresa, etc.) **3 the wee hours** 〈in/until the wee hours (of the morning/night) : a/hasta las altas horas de la madrugada/noche〉

**hourglass** [ˈɑʊərˌglæs] *n* : reloj *m* de arena

**hourly** [ˈɑʊərli] *adv & adj* : cada hora, por hora

**house**[1] [ˈhɑʊz] *vt* **housed; housing** : albergar, alojar, hospedar

**house**[2] [ˈhɑʊs] *n, pl* **houses** [ˈhɑʊzəz, -səz] **1** HOME : casa *f* 〈come (over) to my house : ven a mi casa〉 〈house pet : animal doméstico〉 〈house painter : pintor de casas〉 **2** : cámara *f* (del gobierno) **3** BUSINESS : casa *f*, empresa *f* **4 on the house** : gratis 〈it's on the house : invita la casa〉 **5 to bring the house down** : ser muy aplaudido **6 to clean house** : limpiar la casa **7 to get/put/set one's house in order** : poner sus asuntos en orden, ordenar sus asuntos **8 to keep house** : ocuparse de la casa **9 to play house** : jugar a las casitas **10 to set up house** : poner casa

**houseboat** [ˈhɑʊsˌboːt] *n* : casa *f* flotante

**housebroken** [ˈhɑʊsˌbroːkən] *adj* : enseñado

**housecoat** [ˈhɑʊsˌkoːt] *n* : bata *f*, guardapolvo *m*

**housefly** [ˈhɑʊsˌflɑɪ] *n, pl* **-flies** : mosca *f* común

**household**[1] [ˈhɑʊsˌhoːld] *adj* **1** DOMESTIC : doméstico, de la casa **2** FAMILIAR : conocido por todos

**household**[2] *n* : casa *f*, familia *f*

**householder** [ˈhɑʊsˌhoːldər] *n* : dueño *m*, -ña *f* de casa

**housekeeper** [ˈhɑʊsˌkiːpər] *n* : ama *f* de llaves

**housekeeping** [ˈhɑʊsˌkiːpɪŋ] *n* : gobierno *m* de la casa, quehaceres *mpl* domésticos

**housemaid** [ˈhɑʊsˌmeɪd] *n* : criada *f*, mucama *f*, muchacha *f*, sirvienta *f*

**houseplant** [ˈhɑʊsˌplænt] *n* : planta *f* de interior

**housewarming** [ˈhɑʊsˌwɔrmɪŋ] *n* : fiesta *f* de estreno de una casa

**housewife** [ˈhɑʊsˌwɑɪf] *n, pl* **-wives** : ama *f* de casa

**housework** [ˈhɑʊsˌwərk] *n* : faenas *fpl* domésticas, quehaceres *mpl* domésticos

**housing** [ˈhɑʊzɪŋ] *n* **1** HOUSES : vivienda *f* **2** COVERING : caja *f* protectora

**hove** → **heave**

**hovel** [ˈhʌvəl, ˈhɑ-] *n* : casucha *f*, tugurio *m*

**hover** [ˈhʌvər, ˈhɑ-] *vi* **1** : cernerse, sostenerse en el aire **2 to hover about** : rondar

**hovercraft** [ˈhʌvərˌkræft] *n* : aerodeslizador *m*

**how** [ˈhɑʊ] *adv* **1** : cómo 〈how are you? : ¿cómo estás?〉 〈I don't know how to fix it : no sé cómo arreglarlo〉 〈how do I look? : ¿cómo estoy?〉 〈how big is it? : ¿cómo es de grande?, ¿qué tan grande es?〉 〈how bad is it? : ¿de qué gravedad es?, ¿qué tan grave es?〉 〈how do you do : mucho gusto〉 **2** (*used for emphasis*) : qué 〈how beautiful! : ¡qué bonito!〉 〈how right you are! : ¡cuánta razón tiene!〉 〈I can't tell you how grateful I am : no puedo decirte lo agradecida que estoy〉 **3** : cuánto 〈how old are you? : ¿cuántos años tienes?〉 〈how many people are here? : ¿cuánta gente está aquí?〉 **4 and how!** : ¡y cómo! **5 how about . . . ?** : ¿qué te parece . . . ? **6 how come?** *fam* : ¿cómo es eso?, ¿por qué? **7 how come . . . ?** *fam* : ¿cómo es que . . . ?, ¿por qué . . . ? **8 how much** : cuánto **9 how so?** : ¿por qué dice(s) eso? **10 how's that?** *fam* : ¿qué?, ¿cómo?

**however**[1] [hɑʊˈɛvər] *adv* **1** : por mucho que, por más que 〈however hot it is : por mucho calor que haga〉 **2** NEVERTHELESS : sin embargo, no obstante

**however**[2] *conj* : comoquiera que, de cualquier manera que

**howl**[1] [ˈhɑʊl] *vi* : aullar

**howl**[2] *n* : aullido *m*, alarido *m*

**hub** [ˈhʌb] *n* **1** CENTER : centro *m* **2** : cubo *m* (de una rueda)

**hubbub** [ˈhʌˌbʌb] *n* : algarabía *f*, alboroto *m*, jaleo *m*

**hubcap** [ˈhʌbˌkæp] *n* : tapacubos *m*

**huckster** [ˈhʌkstər] *n* : buhonero *m*, -ra *f*; vendedor *m*, -dora *f* ambulante

**huddle**[1] [ˈhʌdəl] *vi* **-dled; -dling** **1** : apiñarse, amontonarse **2 to huddle together** : acurrucarse

**huddle**[2] *n* : grupo *m* (cerrado) ⟨to go into a huddle : discutir en secreto⟩

**hue** [ˈhjuː] *n* : color *m*, tono *m*

**huff** [ˈhʌf] *n* : enojo *m*, enfado *m* ⟨to be in a huff : estar enojado⟩

**huffy** [ˈhʌfi] *adj* **huffier; -est** : enojado, enfadado

**hug**[1] [ˈhʌg] *vt* **hugged; hugging** **1** EMBRACE : abrazar **2** : ir pegado a ⟨the road hugs the river : el camino está pegado al río⟩

**hug**[2] *n* : abrazo *m*

**huge** [ˈhjuːʤ] *adj* **huger; hugest** : inmenso, enorme — **hugely** *adv*

**hugeness** [ˈhjuːʤnəs] *n* : lo grande

**huh** [ˈhʌ] *interj* **1** WHAT : ¿eh?, ¿qué? **2** : ¿eh?, ¿no? ⟨not bad, huh? : no está mal, ¿eh?⟩ **3** (*expressing surprise or disbelief*) : ¡vaya!, ¡anda! **4** (*expressing disapproval*) : ¡bah!

**hulk** [ˈhʌlk] *n* **1** : persona *f* fornida **2** : casco *m* (barco), armatoste *m* (edificio, etc.)

**hulking** [ˈhʌlkɪŋ] *adj* : grande, pesado

**hull**[1] [ˈhʌl] *vt* : pelar

**hull**[2] *n* **1** HUSK : cáscara *f* **2** : casco *m* (de un barco, un avión, etc.)

**hullabaloo** [ˈhʌləbəˌluː] *n, pl* **-loos** : alboroto *m*, jaleo *m*

**hum**[1] [ˈhʌm] *v* **hummed; humming** *vi* **1** BUZZ : zumbar **2** : estar muy activo, moverse ⟨to hum with activity : bullir de actividad⟩ — *vt* : tararear (una melodía)

**hum**[2] *n* : zumbido *m*, murmullo *m*

**human**[1] [ˈhjuːmən, ˈjuː-] *adj* : humano ⟨human rights : derechos humanos⟩ — **humanly** *adv*

**human**[2] *n* : humano *m*

**human being** *n* : ser *m* humano

**humane** [hjuːˈmeɪn, ˈjuː-] *adj* : humano, humanitario — **humanely** *adv*

**humanism** [ˈhjuːməˌnɪzəm, ˈjuː-] *n* : humanismo *m*

**humanist**[1] [ˈhjuːmənɪst, ˈjuː-] *n* : humanista *mf*

**humanist**[2] *or* **humanistic** [ˌhjuːməˈnɪstɪk, ˌjuː-] *adj* : humanístico

**humanitarian**[1] [hjuːˌmænəˈtriən, juː-] *adj* : humanitario

**humanitarian**[2] *n* : humanitario *m*, -ria *f*

**humanity** [hjuːˈmænəṭi, juː-] *n, pl* **-ties** : humanidad *f*

**humanize** [ˈhjuːməˌnaɪz, ˈjuː-] *vt* **-ized; -izing** : humanizar

**humankind** [ˈhjuːmənˈkaɪnd, ˈjuː-] *n* : género *m* humano

**humble**[1] [ˈhʌmbəl] *vt* **-bled; -bling** **1** : humillar **2 to humble oneself** : humillarse

**humble**[2] *adj* **humbler; humblest** : humilde, modesto — **humbly** [ˈhʌmbli] *adv*

**humbug** [ˈhʌmˌbʌg] *n* **1** FRAUD : charlatán *m*, -tana *f*; farsante *mf* **2** NONSENSE : patrañas *fpl*, tonterías *fpl*

**humdrum** [ˈhʌmˌdrʌm] *adj* : monótono, rutinario

**humid** [ˈhjuːməd, ˈjuː-] *adj* : húmedo

**humidifier** [hjuːˈmɪdəˌfaɪər, juː-] *n* : humidificador *m*

**humidify** [hjuːˈmɪdəˌfaɪ, juː-] *vt* **-fied; -fying** : humidificar

**humidity** [hjuːˈmɪdəṭi, juː-] *n, pl* **-ties** : humedad *f*

**humiliate** [hjuːˈmɪliˌeɪt, juː-] *vt* **-ated; -ating** : humillar

**humiliating** [hjuːˈmɪliˌeɪṭɪŋ, juː-] *adj* : humillante

**humiliation** [hjuːˌmɪliˈeɪʃən, juː-] *n* : humillación *f*

**humility** [hjuːˈmɪləṭi, juː-] *n* : humildad *f*

**hummingbird** [ˈhʌmɪŋˌbərd] *n* : colibrí *m*, picaflor *m*

**hummock** [ˈhʌmək] *n* : montículo *m*

**humor**[1] [ˈhjuːmər, ˈjuː-] *vt* : seguir el humor a, complacer

**humor**[2] *n* : humor *m*

**humorist** [ˈhjuːmərɪst, ˈjuː-] *n* : humorista *mf*

**humorless** [ˈhjuːmərləs, ˈjuː-] *adj* : sin sentido del humor ⟨a humorless smile : una sonrisa forzada⟩

**humorous** [ˈhjuːmərəs, ˈjuː-] *adj* : humorístico, cómico — **humorously** *adv*

**hump** [ˈhʌmp] *n* : joroba *f*, giba *f*

**humpback** [ˈhʌmpˌbæk] *n* **1** HUMP, HUNCHBACK : joroba *f*, giba *f* **2** *offensive* HUNCHBACK : jorobado *m*, -da *f*; giboso *m*, -sa *f* (persona) **3** *or* **humpback whale** : ballena *f* jorobada , yubarta *f*

**humpbacked** [ˈhʌmpˌbækt] *adj* : jorobado, giboso

**humus** [ˈhjuːməs, ˈjuː-] *n* : humus *m*

**hunch**[1] [ˈhʌnʃ] *vt* : encorvar — *vi or* **to hunch up** : encorvarse

**hunch**[2] *n* PREMONITION : presentimiento *m*

**hunchback** [ˈhʌnʃˌbæk] *n* **1** HUMP, HUMPBACK : joroba *f*, giba *f* **2** *offensive* HUMPBACK : jorobado *m*, -da *f*; giboso *m*, -sa *f* (persona)

**hunchbacked** [ˈhʌnʃˌbækt] *adj* : jorobado, giboso

**hundred**[1] [ˈhʌndrəd] *adj* : cien, ciento

**hundred**[2] *n, pl* **-dreds** *or* **-dred** **1** : cien *m*, ciento *m* ⟨a/one hundred : cien⟩ ⟨a/one hundred (and) one : ciento uno⟩ ⟨hundreds of people : cientos de personas⟩ ⟨hundreds of times : cientos de veces⟩ **2** : billete *m* de cien dólares

**hundredth**[1] [ˈhʌndrəd θ] *adv* : en centésimo lugar

**hundredth**[2] *adj* : centésimo

**hundredth**[3] *n* **1** : centésimo *m*, -ma *f* (en una serie) **2** : centésimo *m*, centésima parte *f*

**hundredweight** [ˈhʌndrədˌweɪt] *n* : quintal *m*

**hung** → **hang**

**Hungarian** [hʌŋˈgæriən] *n* **1** : húngaro *m*, -ra *f* **2** : húngaro *m* (idioma) — **Hungarian** *adj*

**hunger**[1] [ˈhʌŋgər] *vi* **1** : tener hambre **2 to hunger after/for** : ansiar, anhelar

**hunger**[2] *n* : hambre *m*

**hungrily** [ˈhʌŋgrəli] *adv* : ávidamente

**hungry** [ˈhʌŋgri] *adj* **hungrier; -est** **1** : hambriento **2 to be hungry** : tener hambre

**hunk** [ˈhʌŋk] *n* : trozo *m*, pedazo *m*

**hunt**[1] [ˈhʌnt] *vt* **1** PURSUE : cazar **2 to hunt for** : buscar

**hunt**[2] *n* **1** PURSUIT : caza *f*, cacería *f* **2** SEARCH : búsqueda *f*, busca *f*

**hunter** [ˈhʌntər] *n* : cazador *m*, -dora *f*

**hunting** [ˈhʌntɪŋ] *n* : caza *f* ⟨to go hunting : ir de caza⟩

**hurdle**[1] [ˈhərdəl] *vt* **-dled; -dling** : saltar, salvar (un obstáculo)

**hurdle**[2] *n* : valla *f* (en deportes), obstáculo *m*

**hurl** [ˈhərl] *vt* : arrojar, tirar, lanzar

**hurrah** [huˈrɑ, -ˈrɔ] *interj* : ¡hurra!

**hurricane** [ˈhərəˌkeɪn] *n* : huracán *m*

**hurried** [ˈhərɪd] *adj* : apresurado, precipitado

**hurriedly** [ˈhərədli] *adv* : apresuradamente, de prisa

**hurry**[1] [ˈhəri] *v* **-ried; -rying** *vi* : apurarse, darse prisa, apresurarse — *vt* : apurar, darle prisa (a alguien)

**hurry**[2] *n* : prisa *f*, apuro *f*

**hurt**[1] [ˈhərt] *v* **hurt; hurting** *vt* **1** INJURE : hacer daño a, herir, lastimar ⟨to hurt oneself : hacerse daño⟩ **2** DISTRESS, OFFEND : hacer sufrir, ofender, herir — *vi* : doler ⟨my foot hurts : me duele el pie⟩

**hurt**[2] *n* **1** INJURY : herida *f* **2** DISTRESS, PAIN : dolor *m*, pena *f*

**hurtful** [ˈhərtfəl] *adj* : hiriente, doloroso

**hurtle** [ˈhərtəl] *vi* **-tled; -tling** : lanzarse, precipitarse

**husband**[1] [ˈhʌzbənd] *vt* : economizar, bien administrar

**husband**[2] *n* : esposo *m*, marido *m*

**husbandry** [ˈhʌzbəndri] *n* **1** MANAGEMENT, THRIFT : economía *f*, buena administración *f* **2** AGRICULTURE : agricultura *f* ⟨animal husbandry : cría de animales⟩

**hush**[1] [ˈhʌʃ] *vt* **1** SILENCE : hacer callar, acallar **2** CALM : calmar, apaciguar

**hush**[2] *n* : silencio *m*

**hush–hush** [ˈhʌʃˌhʌʃ, ˌhʌʃˈhʌʃ] *adj* : muy secreto, confidencial

**husk**[1] [ˈhʌsk] *vt* : descascarar

**husk**[2] *n* : cáscara *f*

**huskily** [ˈhʌskəli] *adv* : con voz ronca

**husky**[1] [ˈhʌski] *adj* **huskier; -est 1** HOARSE : ronco **2** BURLY : fornido

**husky**[2] *n, pl* **-kies** : perro *m*, -rra *f* esquimal

**hustle**[1] [ˈhəsəl] *v* **-tled; -tling** *vt* : darle prisa (a alguien), apurar ⟨they hustled me in : me hicieron entrar a empujones⟩ — *vi* : apurarse, ajetrearse

**hustle**[2] *n or* **hustle and bustle** : bullicio *m*, ajetreo *m*

**hut** [ˈhʌt] *n* : cabaña *f*, choza *f*, barraca *f*, bohío *m*

**hutch** [ˈhʌtʃ] *n* **1** CUPBOARD : alacena *f* **2 rabbit hutch** : conejera *f*

**hyacinth** [ˈhaɪəˌsɪnθ] *n* : jacinto *m*

**hybrid**[1] [ˈhaɪbrɪd] *adj* : híbrido

**hybrid**[2] *n* : híbrido *m*

**hydrant** [ˈhaɪdrənt] *n* : boca *f* de riego, hidrante *m CA, Col* ⟨fire hydrant : boca de incendios⟩

**hydraulic** [haɪˈdrɔlɪk] *adj* : hidráulico — **hydraulically** *adv*

**hydrocarbon** [ˌhaɪdroˈkɑrbən] *n* : hidrocarburo *m*

**hydrochloric acid** [ˌhaɪdroˈklorɪk] *n* : ácido *m* clorhídrico

**hydroelectric** [ˌhaɪdroɪˈlɛktrɪk] *adj* : hidroeléctrico

**hydrofoil** [ˈhaɪdrəˌfɔɪl] *n* : hidroala *m*, aliscafo *m*

**hydrogen** [ˈhaɪdrəʤən] *n* : hidrógeno *m*

**hydrogen bomb** *n* : bomba *f* de hidrógeno

**hydrogen peroxide** *n* : agua *f* oxigenada, peróxido *m* de hidrógeno

**hydrophobia** [ˌhaɪdrəˈfoːbiə] *n* : hidrofobia *f*, rabia *f*

**hydroplane** [ˈhaɪdrəˌpleɪn] *n* : hidroplano *m*

**hyena** [haɪˈiːnə] *n* : hiena *f*

**hygiene** [ˈhaɪˌʤiːn] *n* : higiene *f*

**hygienic** [haɪˈʤɛnɪk, -ˈʤiː-;, ˌhaɪ-ʤiˈnɪk] *adj* : higiénico — **hygienically** [-nɪkli] *adv*

**hygienist** [haɪˈʤiːnɪst, -ˈʤɛ-;, ˈhaɪ-ˌʤiː-] *n* : higienista *mf*

**hygrometer** [haɪˈgrɑmətər] *n* : higrómetro *m*

**hymn** [ˈhɪm] *n* : himno *m*

**hymnal** [ˈhɪmnəl] *n* : himnario *m*

**hype**[1] [ˈhaɪp] *n* : bombo *m* publicitario

**hype**[2] *vt* **hyped; hyping** : promocionar con bombos y platillos

**hyperactive** [ˌhaɪpərˈæktɪv] *adj* : hiperactivo

**hyperactivity** [ˌhaɪpərˌækˈtɪvəṭi] *n, pl* **-ties** : hiperactividad *f*

**hyperbole** [haɪˈpərbəli] *n* : hipérbole *f*

**hyperbolic** [ˌhaɪpərˈbɑlɪk] *adj* : hiperbólico

**hypercritical** [ˌhaɪpərˈkrɪṭəkəl] *adj* : hipercrítico

**hyperlink** [ˈhaɪpərˌlɪŋk] *n* : hiperenlace *m*

**hypermarket** [ˈhaɪpərˌmɑrkəṭ] *n* : hipermercado *m*

**hypersensitivity** [ˌhaɪpərˌsɛnsəˈtɪ-vəṭi] *n* : hipersensibilidad *f*

**hypertension** [ˈhaɪpərˌtɛnʃən] *n* : hipertensión *f*

**hyphen** [ˈhaɪfən] *n* : guión *m*

**hyphenate** [ˈhaɪfənˌeɪt] *vt* **-ated; -ating** : escribir con guión

**hypnosis** [hɪpˈnoːsɪs] *n, pl* **-noses** [-ˌsiːz] : hipnosis *f*

**hypnotic** [hɪpˈnɑṭɪk] *adj* : hipnótico, hipnotizador

**hypnotism** [ˈhɪpnəˌtɪzəm] *n* : hipnotismo *m*

**hypnotist** [ˈhɪpnəˌtɪst] *n* : hipnotizador *m*, -dora *f*

**hypnotize** [ˈhɪpnəˌtaɪz] *vt* **-tized; -tizing** : hipnotizar

**hypochondria** [ˌhaɪpəˈkɑndriə] *n* : hipocondría *f*

**hypochondriac** [ˌhaɪpəˈkɑndriˌæk] *n* : hipocondríaco *m*, -ca *f*

**hypocrisy** [hɪpˈɑkrəsi] *n, pl* **-sies** : hipocresía *f*

**hypocrite** [ˈhɪpəˌkrɪt] *n* : hipócrita *mf*

**hypocritical** [ˌhɪpəˈkrɪṭɪkəl] *adj* : hipócrita

**hypodermic**[1] [ˌhaɪpəˈdərmɪk] *adj* : hipodérmico

**hypodermic**[2] *n* : aguja *f* hipodérmica

**hypotenuse** [haɪˈpɑtənˌu:s, -ˌu:z, -ˌju:s, -ˌju:z] *n* : hipotenusa *f*
**hypothermia** [ˌhaɪpoˈθərmiə] *n* : hipotermia *f*
**hypothesis** [haɪˈpɑθəsɪs] *n, pl* **-eses** [-ˌsi:z] : hipótesis *f*
**hypothetical** [ˌhaɪpəˈθeɾɪkəl] *adj* : hipotético — **hypothetically** [-ɾɪkli] *adv*
**hysterectomy** [ˌhɪstəˈrektəmi] *n, pl* **-mies** : histerectomía *f*
**hysteria** [hɪsˈteriə, -tɪr-] *n* : histeria *f*, histerismo *m*
**hysterical** [hɪsˈterɪkəl] *adj* : histérico — **hysterically** [-ɪkli] *adv*
**hysterics** [hɪsˈterɪks] *n* : histeria *f*, histerismo *m*

# I

**i** [ˈaɪ] *n, pl* **i's** *or* **is** [ˈaɪz] : novena letra del alfabeto inglés
**I** [ˈaɪ] *pron* : yo
**Iberian** [aɪˈbɪriən] *adj* : ibérico
**-ible** *suf* : -ible
**ice¹** [ˈaɪs] *v* **iced; icing** *vt* **1** FREEZE : congelar, helar **2** CHILL : enfriar **3 to ice a cake** : bañar un pastel — *vi* : helarse, congelarse
**ice²** *n* **1** : hielo *m* ⟨ice cube : cubito de hielo⟩ **2** SHERBET : sorbete *m*; nieve *f* *Cuba, Mex, PRi*
**iceberg** [ˈaɪsˌbərg] *n* : iceberg *m*
**icebox** [ˈaɪsˌbɑks] → **refrigerator**
**icebreaker** [ˈaɪsˌbreɪkər] *n* : rompehielos *m*
**ice cap** *n* : casquete *m* glaciar ⟨polar ice cap : casquete polar⟩
**ice–cold** [ˈaɪsˈko:ld] *adj* : helado
**ice cream** *n* : helado *m*, mantecado *m* *PRi*
**ice–cream soda** → **soda**
**ice hockey** *n* : hockey *m* sobre hielo
**Icelander** [ˈaɪsˌlændər, -lən-] *n* : islandés *m*, -desa *f*
**Icelandic¹** [aɪsˈlændɪk] *adj* : islandés
**Icelandic²** *n* : islandés *m* (idioma)
**ice–skate** [ˈaɪsˌskeɪt] *vi* **-skated; -skating** : patinar
**ice skater** *n* : patinador *m*, -dora *f*
**icicle** [ˈaɪˌsɪkəl] *n* : carámbano *m*
**icily** [ˈaɪsəli] *adv* : fríamente, con frialdad ⟨he stared at me icily : me fijó la mirada con mucha frialdad⟩
**icing** [ˈaɪsɪŋ] *n* : baño *m*, glaseado *m*, betún *m* *Mex*
**icon** [ˈaɪˌkɑn, -kən] *n* : icono *m*
**iconoclasm** [aɪˈkɑnəˌklæzəm] *n* : iconoclasia *f*
**iconoclast** [aɪˈkɑnəˌklæst] *n* : iconoclasta *mf*
**icy** [ˈaɪsi] *adj* **icier; -est** **1** : cubierto de hielo ⟨an icy road : una carretera cubierta de hielo⟩ **2** FREEZING : helado, gélido, glacial **3** ALOOF : frío, distante
**id** [ˈɪd] *n* : id *m*
**I'd** [ˈaɪd] *contraction of* I SHOULD *or* I HAD *or* I WOULD → **should, have, would**
**ID** [ˈaɪˈdi:] *n, pl* **ID's** *or* **IDs** → **identification**
**ID card** → **identification card**
**idea** [aɪˈdi:ə] *n* : idea *f* ⟨to have an idea about something : tener idea de algo⟩ ⟨to have no idea : no tener (ni) idea⟩ ⟨to get the idea : captar la idea⟩ ⟨that's not a bad idea : no es mala idea⟩
**ideal¹** [aɪˈdi:əl] *adj* : ideal
**ideal²** *n* : ideal *m*
**idealism** [aɪˈdi:əˌlɪzəm] *n* : idealismo *m*
**idealist** [aɪˈdi:əlɪst] *n* : idealista *mf*
**idealistic** [aɪˌdi:əˈlɪstɪk] *adj* : idealista
**idealistically** [aɪˌdi:əˈlɪstɪkli] *adv* : con idealismo
**idealization** [aɪˌdi:ələˈzeɪʃən] *n* : idealización *f*
**idealize** [aɪˈdi:əˌlaɪz] *vt* **-ized; -izing** : idealizar
**ideally** [aɪˈdi:əli] *adv* : perfectamente
**identical** [aɪˈdentɪkəl] *adj* : idéntico — **identically** [-tɪkli] *adv*
**identifiable** [aɪˌdentəˈfaɪəbəl] *adj* : identificable
**identification** [aɪˌdentəfəˈkeɪʃən] *n* : identificación *f*
**identification card** *n* : carnet *m* (de identidad), cédula *f* de identidad, tarjeta *f* de identificación/identidad
**identify** [aɪˈdentəˌfaɪ] *v* **-fied; -fying** *vt* : identificar — *vi* **to identify with** : identificarse con
**identity** [aɪˈdentəti] *n, pl* **-ties** : identidad *f*
**identity card** → **identification card**
**identity theft** *n* : robo *m* de identidad, suplantación *f* de identidad
**ideological** [ˌaɪdiəˈlɑdʒɪkəl, ˌɪ-] *adj* : ideológico — **ideologically** [-dʒɪkli] *adv*
**ideologue** [ˈaɪdi:əˌlɔg, -ˌlɑg] *n* : ideólogo *m*, -ga *f*
**ideology** [ˌaɪdiˈɑlədʒi, ˌɪ-] *n, pl* **-gies** : ideología *f*
**idiocy** [ˈɪdiəsi] *n, pl* **-cies** **1** *dated, now offensive* : idiotez *f* **2** NONSENSE : estupidez *f*, tontería *f*
**idiom** [ˈɪdiəm] *n* **1** LANGUAGE : lenguaje *m* **2** EXPRESSION : modismo *m*, expresión *f* idiomática
**idiomatic** [ˌidiəˈmæɾɪk] *adj* : idiomático
**idiosyncrasy** [ˌidioˈsɪŋkrəsi] *n, pl* **-sies** : idiosincrasia *f*
**idiosyncratic** [ˌidiosɪnˈkræɾɪk] *adj* : idiosincrásico — **idiosyncratically** [-tɪkli] *adv*
**idiot** [ˈidiət] *n* **1** *dated, now offensive* : idiota *mf* (en medicina) *dated, now offensive* **2** FOOL : idiota *mf*; tonto *m*, -ta *f*; imbécil *mf* *fam*
**idiotic** [ˌidiˈɑɾɪk] *adj* : estúpido, idiota
**idiotically** [ˌidiˈɑɾɪkli] *adv* : estúpidamente
**idle¹** [ˈaɪdəl] *v* **idled; idling** *vi* **1** LOAF : holgazanear, flojear, haraganear **2** : andar al ralentí (dícese de un au-

tomóvil), marchar en vacío (dícese de una máquina) — *vt* : dejar sin trabajo

**idle**[2] *adj* **idler; idlest** **1** VAIN : frívolo, vano, infundado ⟨idle curiosity : pura curiosidad⟩ **2** INACTIVE : inactivo, parado, desocupado **3** LAZY : holgazán, haragán, perezoso

**idleness** [ˈaɪdəlnəs] *n* **1** INACTIVITY : inactividad *f*, ociosidad *f* **2** LAZINESS : holgazanería *f*, flojera *f*, pereza *f*

**idler** [ˈaɪdələr] *n* : haragán *m*, -gana *f*; holgazán *m*, -zana *f*

**idly** [ˈaɪdəli] *adv* : ociosamente

**idol** [ˈaɪdəl] *n* : ídolo *m*

**idolater** *or* **idolator** [aɪˈdɑlətər] *n* : idólatra *mf*

**idolatrous** [aɪˈdɑlətrəs] *adj* : idólatra

**idolatry** [aɪˈdɑlətri] *n, pl* **-tries** : idolatría *f*

**idolize** [ˈaɪdəˌlaɪz] *vt* **-ized; -izing** : idolatrar

**idyll** [ˈaɪdəl] *n* : idilio *m*

**idyllic** [aɪˈdɪlɪk] *adj* : idílico

**if** [ˈɪf] *conj* **1** : si ⟨I would do it if I could : lo haría si pudiera⟩ ⟨if so : si es así⟩ ⟨as if : como si⟩ ⟨if I were you : yo que tú⟩ ⟨if not : si no, de lo contrario⟩ ⟨if only it were true! : ¡si fuera verdad!⟩ **2** WHETHER : si ⟨I don't know if they're ready : no sé si están listos⟩ **3** THOUGH : aunque, si bien ⟨it's pretty, if somewhat old-fashioned : es lindo aunque algo anticuado⟩

**igloo** [ˈɪˌglu:] *n, pl* **-loos** : iglú *m*

**ignite** [ɪgˈnaɪt] *v* **-nited; -niting** *vt* : prenderle fuego a, encender — *vi* : prender, encenderse

**ignition** [ɪgˈnɪʃən] *n* **1** IGNITING : ignición *f*, encendido *m* **2** *or* **ignition switch** : encendido *m*, arranque *m* ⟨to turn on the ignition : arrancar el motor⟩

**ignoble** [ɪgˈno:bəl] *adj* : innoble — **ignobly** *adv*

**ignominious** [ˌɪgnəˈmɪniəs] *adj* : ignominioso, deshonroso — **ignominiously** *adv*

**ignominy** [ˈɪgnəˌmɪni] *n, pl* **-nies** : ignominia *f*

**ignoramus** [ˌɪgnəˈreɪməs] *n* : ignorante *mf*; bestia *mf*; bruto *m*, -ta *f*

**ignorance** [ˈɪgnərəns] *n* : ignorancia *f*

**ignorant** [ˈɪgnərənt] *adj* **1** : ignorante **2 to be ignorant of** : no ser consciente de, desconocer, ignorar

**ignorantly** [ˈɪgnərəntli] *adv* : ignorantemente, con ignorancia

**ignore** [ɪgˈnor] *vt* **-nored; -noring** : ignorar, hacer caso omiso de (algo), no hacer caso de (algo), no hacerle caso (a alguien)

**iguana** [ɪˈgwɑnə] *n* : iguana *f*, garrobo *f* *CA*

**il-** → **in-**

**ilk** [ˈɪlk] *n* : tipo *m*, clase *f*, índole *f*

**ill**[1] [ˈɪl] *adv* **worse** [ˈwərs]; **worst** [ˈwərst] : mal ⟨to speak ill of : hablar mal de⟩ ⟨he can ill afford to fail : mal puede permitirse el lujo de fracasar⟩

**ill**[2] *adj* **worse; worst** **1** SICK : enfermo **2** BAD : malo ⟨ill luck : mala suerte⟩

**ill**[3] *n* **1** EVIL : mal *m* **2** MISFORTUNE : mal *m*, desgracia *f* **3** AILMENT : enfermedad *f*

**I'll** [ˈaɪl] *contraction of* I SHALL *or* I WILL → **shall, will**

**ill–advised** [ˌɪlədˈvaɪzd] *adj* : poco aconsejable, imprudente

**ill at ease** *adj* : incómodo

**ill–bred** [ˌɪlˈbrɛd] *adj* : malcriado

**illegal** [ɪlˈli:gəl] *adj* : ilegal — **illegally** *adv*

**illegality** [ɪliˈgæləti] *n* : ilegalidad *f*

**illegibility** [ɪlˌlɛʤəˈbɪləti] *n, pl* **-ties** : ilegibilidad *f*

**illegible** [ɪlˈlɛʤəbəl] *adj* : ilegible — **illegibly** [-bli] *adv*

**illegitimacy** [ˌɪlɪˈʤɪtəməsi] *n* : ilegitimidad *f*

**illegitimate** [ˌɪlɪˈʤɪtəmət] *adj* **1** BASTARD : ilegítimo, bastardo **2** UNLAWFUL : ilegítimo, ilegal — **illegitimately** *adv*

**ill–fated** [ˈɪlˈfeɪtəd] *adj* : malhadado, infortunado, desventurado

**ill–gotten** [ˈɪlˈgɑtən] *adj* : mal habido

**illicit** [ɪlˈlɪsət] *adj* : ilícito — **illicitly** *adv*

**illiteracy** [ɪlˈlɪtərəsi] *n, pl* **-cies** : analfabetismo *m*

**illiterate**[1] [ɪlˈlɪtərət] *adj* : analfabeto

**illiterate**[2] *n* : analfabeto *m*, -ta *f*

**ill–mannered** [ˌɪlˈmænərd] *adj* : descortés, maleducado

**ill–natured** [ˌɪlˈneɪtʃərd] *adj* : desagradable, de mal genio

**ill–naturedly** [ˌɪlˈneɪtʃərdli] *adv* : desagradablemente

**illness** [ˈɪlnəs] *n* : enfermedad *f*

**illogical** [ɪlˈlɑʤɪkəl] *adj* : ilógico — **illogically** [-kli] *adv*

**ill–tempered** [ˌɪlˈtɛmpərd] → **ill–natured**

**ill–treat** [ˌɪlˈtri:t] *vt* : maltratar

**ill–treatment** [ˌɪlˈtri:tmənt] *n* : maltrato *m*

**illuminate** [ɪˈlu:məˌneɪt] *vt* **-nated; -nating** **1** : iluminar, alumbrar **2** ELUCIDATE : esclarecer, elucidar

**illumination** [ɪˌlu:məˈneɪʃən] *n* **1** LIGHTING : iluminación *f*, luz *f* **2** ELUCIDATION : esclarecimiento *m*, elucidación *f*

**ill–use** [ˈɪlˈju:z] → **ill–treat**

**illusion** [ɪˈlu:ʒən] *n* : ilusión *f*

**illusory** [ɪˈlu:səri, -zəri] *adj* : engañoso, ilusorio

**illustrate** [ˈɪləsˌtreɪt] *v* **-trated; -trating** : ilustrar

**illustration** [ˌɪləˈstreɪʃən] *n* **1** PICTURE : ilustración *f* **2** EXAMPLE : ejemplo *m*, ilustración *f*

**illustrative** [ɪˈlʌstrəṭɪv, ˈɪləˌstreɪṭɪv] *adj* : ilustrativo — **illustratively** *adv*

**illustrator** [ˈɪləˌstreɪṭər] *n* : ilustrador *m*, -dora *f*; dibujante *mf*

**illustrious** [ɪˈlʌstriəs] *adj* : ilustre, eminente, glorioso

**illustriousness** [ɪˈlʌstriəsnəs] *n* : eminencia *f*, prestigio *m*

**ill will** *n* : animosidad *f*, malquerencia *f*, mala voluntad *f*

**IM** [ˈaɪˈɛm] *v* **IM'd; IM'ing** (*instant message*) *vt* : enviarle un mensaje instantáneo a — *vi* : enviar un mensaje instantáneo

**I'm** [ˈaɪm] *contraction of* I AM → **be**

**im-** → **in-**

**image**[1] [ˈɪmɪʤ] *vt* **-aged; -aging** : imaginar, crear una imagen de

**image**[2] *n* : imagen *f*

**imagery** [ˈɪmɪʤri] *n, pl* **-eries** **1** IMAGES : imágenes *fpl* **2** : imaginería *f* (en el arte)
**imaginable** [ɪˈmæʤənəbəl] *adj* : imaginable — **imaginably** [-bli] *adv*
**imaginary** [ɪˈmæʤəˌnɛri] *adj* : imaginario
**imagination** [ɪˌmæʤəˈneɪʃən] *n* : imaginación *f*
**imaginative** [ɪˈmæʤənəˌtɪv, -ˌneɪtɪv] *adj* : imaginativo — **imaginatively** *adv*
**imagine** [ɪˈmæʤən] *vt* **-ined; -ining** **1** : imaginar(se) ⟨try to imagine it : trata de imaginarlo⟩ ⟨imagine that! : ¡imagínate!⟩ ⟨I can't imagine why : no me imagino por qué⟩ **2** : imaginar, creer (equivocadamente) ⟨she imagines herself to be charming : se cree encantadora⟩ ⟨you're imagining things : son imaginaciones tuyas⟩ **3** BELIEVE : imaginarse, creer ⟨I imagine so : me imagino que sí⟩
**imbalance** [ɪmˈbælənʦ] *n* : desajuste *m*, desbalance *m*, desequilibrio *m*
**imbecile**[1] [ˈɪmbəsəl, -ˌsɪl] *or* **imbecilic** [ˌɪmbəˈsɪlɪk] *adj* : imbécil, estúpido
**imbecile**[2] *n* **1** *dated, now offensive* : imbécil *mf* (en medicina) *dated, now offensive* **2** FOOL : idiota *mf*; imbécil *mf fam*; estúpido *m*, -da *f*
**imbecility** [ˌɪmbəˈsɪləʧi] *n, pl* **-ties** **1** *dated, now offensive* : imbecilidad *f* (en medicina) **2** FOOLISHNESS: imbecilidad
**imbibe** [ɪmˈbaɪb] *v* **-bibed; -bibing** *vt* **1** DRINK : beber **2** ABSORB : absorber, embeber — *vi* : beber
**imbue** [ɪmˈbju:] *vt* **-bued; -buing** : imbuir
**imitate** [ˈɪməˌteɪt] *vt* **-tated; -tating** : imitar, remedar
**imitation**[1] [ˌɪməˈteɪʃən] *adj* : de imitación, artificial
**imitation**[2] *n* : imitación *f*
**imitative** [ˈɪməˌteɪʧɪv] *adj* : imitativo, imitador, poco original
**imitator** [ˈɪməˌteɪʧər] *n* : imitador *m*, -dora *f*
**immaculate** [ɪˈmækjələt] *adj* **1** PURE : inmaculado, puro **2** FLAWLESS : impecable, intachable — **immaculately** *adv*
**immaterial** [ˌɪməˈtɪriəl] *adj* **1** INCORPOREAL : incorpóreo **2** UNIMPORTANT : irrelevante, sin importancia
**immature** [ˌɪməˈtʃʊr, -ˈtjʊr, -ˈtʊr] *adj* : inmaduro, verde (dícese de la fruta)
**immaturity** [ˌɪməˈtʃʊrəʧi, -ˈtjʊr-, -ˈtʊr-] *n, pl* **-ties** : inmadurez *f*, falta *f* de madurez
**immeasurable** [ɪˈmɛʒərəbəl] *adj* : inconmensurable, incalculable — **immeasurably** [-bli] *adv*
**immediacy** [ɪˈmi:diəsi] *n* : inmediatez *f*
**immediate** [ɪˈmi:diət] *adj* **1** INSTANT : inmediato, instantáneo ⟨immediate relief : alivio instantáneo⟩ **2** DIRECT : inmediato, directo ⟨the immediate cause of death : la causa directa de la muerte⟩ **3** URGENT : urgente, apremiante **4** CLOSE : cercano, próximo, inmediato ⟨her immediate family : sus familiares más cercanos⟩ ⟨in the immediate vicinity : en los alrededores, en las inmediaciones⟩
**immediately** [ɪˈmi:diətli] *adv* : inmediatamente, enseguida
**immemorial** [ˌɪməˈmoriəl] *adj* : inmemorial
**immense** [ɪˈmɛnʦ] *adj* : inmenso, enorme — **immensely** *adv*
**immensity** [ɪˈmɛnʦəʧi] *n, pl* **-ties** : inmensidad *f*
**immerse** [ɪˈmərs] *vt* **-mersed; -mersing** **1** SUBMERGE : sumergir **2 to immerse oneself in** : enfrascarse en
**immersion** [ɪˈmərʒən] *n* **1** : inmersión *f* (en un líquido) **2** : absorción *f* (en una actividad)
**immigrant** [ˈɪmɪgrənt] *n* : inmigrante *mf*
**immigrate** [ˈɪməˌgreɪt] *vi* **-grated; -grating** : inmigrar
**immigration** [ˌɪməˈgreɪʃən] *n* : inmigración *f*
**imminence** [ˈɪmənənʦ] *n* : inminencia *f*
**imminent** [ˈɪmənənt] *adj* : inminente — **imminently** *adv*
**immobile** [ɪˈmo:bəl] *adj* **1** FIXED, IMMOVABLE : inmovible, fijo **2** MOTIONLESS : inmóvil
**immobility** [ˌɪmoˈbɪləʧi] *n, pl* **-ties** : inmovilidad *f*
**immobilize** [ɪˈmo:bəˌlaɪz] *vt* **-lized; -lizing** : inmovilizar, paralizar — **immobilization** *n*
**immoderate** [ɪˈmɑdərət] *adj* : inmoderado, desmesurado, desmedido, excesivo — **immoderately** *adv*
**immodest** [ɪˈmɑdəst] *adj* **1** INDECENT : inmodesto, indecente, impúdico **2** CONCEITED : inmodesto, presuntuoso, engreído — **immodestly** *adv*
**immodesty** [ɪˈmɑdəsti] *n* : inmodestia *f*
**immoral** [ɪˈmɔrəl] *adj* : inmoral
**immorality** [ˌɪmɔˈræləʧi, ˌɪmə-] *n, pl* **-ties** : inmoralidad *f*
**immorally** [ɪˈmɔrəli] *adv* : de manera inmoral
**immortal**[1] [ɪˈmɔrʧəl] *adj* : inmortal
**immortal**[2] *n* : inmortal *mf*
**immortality** [ˌɪˌmɔrˈʧæləʧi] *n* : inmortalidad *f*
**immortalize** [ɪˈmɔrʧəlˌaɪz] *vt* **-ized; -izing** : inmortalizar
**immovable** [ɪˈmu:vəbəl] *adj* **1** FIXED : fijo, inmovible **2** UNYIELDING : inflexible
**immune** [ɪˈmju:n] *adj* **1** : inmune ⟨immune to smallpox : inmune a la viruela⟩ **2** EXEMPT : exento, inmune
**immune system** *n* : sistema *m* inmunológico
**immunity** [ɪˈmju:nəʧi] *n, pl* **-ties** **1** : inmunidad *f* **2** EXEMPTION : exención *f*
**immunization** [ˌɪmjənəˈzeɪʃən] *n* : inmunización *f*
**immunize** [ˈɪmjəˌnaɪz] *vt* **-nized; -nizing** : inmunizar
**immunology** [ˌɪmjəˈnɑləʤi] *n* : inmunología *f*
**immutable** [ɪˈmju:ʧəbəl] *adj* : inmutable
**imp** [ˈɪmp] *n* RASCAL : diablillo *m*; pillo *m*, -lla *f*
**impact**[1] [ɪmˈpækʧ] *vt* **1** STRIKE : chocar con, impactar **2** AFFECT : afectar, impactar, impresionar — *vi* **1** STRIKE : hacer impacto, golpear **2 to impact on** : tener un impacto sobre

**impact**[2] [ˈɪmˌpækt] *n* **1** COLLISION : impacto *m*, choque *m*, colisión *f* **2** EFFECT : efecto *m*, impacto *m*, consecuencias *fpl*
**impacted** [ɪmˈpæktəd] *adj* : impactado, incrustado (dícese de los dientes)
**impair** [ɪmˈpær] *vt* : perjudicar, dañar, afectar
**impairment** [ɪmˈpærmənt] *n* : perjuicio *m*, daño *m*
**impala** [ɪmˈpɑlə, -ˈpæ-] *n, pl* **impalas** *or* **impala** : impala *m*
**impale** [ɪmˈpeɪl] *vt* **-paled; -paling** : empalar
**impalpable** [ɪmˈpælpəbəl] *adj* : impalpable, intangible
**impanel** [ɪmˈpænəl] *vt* **-eled** *or* **-elled; -eling** *or* **-elling** : elegir (un jurado)
**impart** [ɪmˈpɑrt] *vt* **1** CONVEY : impartir, dar, conferir **2** DISCLOSE : revelar, divulgar
**impartial** [ɪmˈpɑrʃəl] *adj* : imparcial — **impartially** *adv*
**impartiality** [ɪmˌpɑrʃiˈælətɪ] *n, pl* **-ties** : imparcialidad *f*
**impassable** [ɪmˈpæsəbəl] *adj* : infranqueable, intransitable — **impassably** [-bli] *adv*
**impasse** [ˈɪmˌpæs] *n* **1** DEADLOCK : impasse *m*, punto *m* muerto **2** DEAD END : callejón *m* sin salida
**impassioned** [ɪmˈpæʃənd] *adj* : apasionado, vehemente
**impassive** [ɪmˈpæsɪv] *adj* : impasible, indiferente
**impassively** [ɪmˈpæsɪvlɪ] *adv* : impasiblemente, sin emoción
**impatience** [ɪmˈpeɪʃənts] *n* : impaciencia *f*
**impatient** [ɪmˈpeɪʃənt] *adj* : impaciente — **impatiently** *adv*
**impeach** [ɪmˈpiːtʃ] *vt* : destituir (a un funcionario) de su cargo
**impeachment** [ɪmˈpiːtʃmənt] *n* **1** ACCUSATION : acusación *f* **2** DISMISSAL : destitución *f*
**impeccable** [ɪmˈpɛkəbəl] *adj* : impecable — **impeccably** [-bli] *adv*
**impecunious** [ˌɪmpɪˈkjuːniəs] *adj* : falto de dinero
**impede** [ɪmˈpiːd] *vt* **-peded; -peding** : impedir, dificultar, obstaculizar
**impediment** [ɪmˈpɛdəmənt] *n* **1** HINDRANCE : impedimento *m*, obstáculo *m* **2 speech impediment** : defecto *m* del habla
**impel** [ɪmˈpɛl] *vt* **-pelled; -pelling** : impeler
**impending** [ɪmˈpɛndɪŋ] *adj* : inminente
**impenetrable** [ɪmˈpɛnətrəbəl] *adj* **1** : impenetrable ⟨an impenetrable forest : una selva impenetrable⟩ **2** INSCRUTABLE : incomprensible, inescrutable, impenetrable — **impenetrably** [-bli] *adv*
**imperative**[1] [ɪmˈpɛrətɪv] *adj* **1** AUTHORITATIVE : imperativo, imperioso **2** NECESSARY : imprescindible — **imperatively** *adv*
**imperative**[2] *n* : imperativo *m*
**imperceptible** [ˌɪmpərˈsɛptəbəl] *adj* : imperceptible — **imperceptibly** [-bli] *adv*
**imperfect** [ɪmˈpərfɪkt] *adj* : imperfecto, defectuoso — **imperfectly** *adv*
**imperfection** [ɪmˌpərˈfkʃən] *n* : imperfección *f*, defecto *m*
**imperial** [ɪmˈpɪrɪəl] *adj* **1** : imperial **2** SOVEREIGN : soberano **3** IMPERIOUS : imperioso, señorial
**imperialism** [ɪmˈpɪrɪəˌlɪzəm] *n* : imperialismo *m*
**imperialist**[1] [ɪmˈpɪrɪəlɪst] *adj* : imperialista
**imperialist**[2] *n* : imperialista *mf*
**imperialistic** [ɪmˌpɪrɪːəˈlɪstɪk] *adj* : imperialista
**imperil** [ɪmˈpɛrəl] *vt* **-iled** *or* **-illed; -iling** *or* **-illing** : poner en peligro
**imperious** [ɪmˈpɪrɪəs] *adj* : imperioso — **imperiously** *adv*
**imperishable** [ɪmˈpɛrɪʃəbəl] *adj* : imperecedero
**impermanent** [ɪmˈpərmənənt] *adj* : pasajero, inestable, efímero — **impermanently** *adv*
**impermeable** [ɪmˈpərmiəbəl] *adj* : impermeable
**impersonal** [ɪmˈpərsənəl] *adj* : impersonal — **impersonally** *adv*
**impersonate** [ɪmˈpərsənˌeɪt] *vt* **-ated; -ating** : hacerse pasar por, imitar
**impersonation** [ɪmˌpərsənˈeɪʃən] *n* : imitación *f*
**impersonator** [ɪmˈpərsənˌeɪtər] *n* : imitador *m*, -dora *f*
**impertinence** [ɪmˈpərtənənts] *n* : impertinencia *f*
**impertinent** [ɪmˈpərtənənt] *adj* **1** IRRELEVANT : impertinente, irrelevante **2** INSOLENT : impertinente, insolente
**impertinently** [ɪmˈpərtənəntlɪ] *adv* : con impertinencia, impertinentemente
**imperturbable** [ˌɪmpərˈtərbəbəl] *adj* : imperturbable
**impervious** [ɪmˈpərviəs] *adj* **1** IMPENETRABLE : impermeable **2** INSENSITIVE : insensible ⟨impervious to criticism : insensible a la crítica⟩
**impetuous** [ɪmˈpɛtʃuəs] *adj* : impetuoso, impulsivo
**impetuously** [ɪmˈpɛtʃuəslɪ] *adv* : de manera impulsiva, impetuosamente
**impetus** [ˈɪmpətəs] *n* : ímpetu *m*, impulso *m*
**impiety** [ɪmˈpaɪətɪ] *n, pl* **-ties** : impiedad *f*
**impinge** [ɪmˈpɪnʤ] *vi* **-pinged; -pinging 1 to impinge on** AFFECT : afectar a, incidir en **2 to impinge on** VIOLATE : violar, vulnerar
**impious** [ˈɪmpɪəs, ɪmˈpaɪəs] *adj* : impío, irreverente
**impish** [ˈɪmpɪʃ] *adj* MISCHIEVOUS : pícaro, travieso
**impishly** [ˈɪmpɪʃlɪ] *adv* : con picardía
**implacable** [ɪmˈplækəbəl] *adj* : implacable — **implacably** [-bli] *adv*
**implant**[1] [ɪmˈplænt] *vt* **1** INCULCATE, INSTILL : inculcar, implantar **2** INSERT : implantar, insertar
**implant**[2] [ˈɪmˌplænt] *n* : implante *m* (de pelo), injerto *m* (de piel)
**implantation** [ˌɪmˌplænˈteɪʃən] *n* : implantación *f*

**implausibility** [ɪmˌplɔzəˈbɪləṭi] *n, pl* **-ties** : inverosimilitud *f*
**implausible** [ɪmˈplɔzəbəl] *adj* : inverosímil, poco convincente
**implement**[1] [ˈɪmpləˌmɛnt] *vt* : poner en práctica, implementar
**implement**[2] [ˈɪmpləmənt] *n* : utensilio *m*, instrumento *m*, implemento *m*
**implementation** [ˌɪmpləmənˈteɪʃən] *n* : implementación *f*, ejecución *f*, cumplimiento *m*
**implicate** [ˈɪmpləˌkeɪt] *vt* **-cated; -cating** : implicar, involucrar
**implication** [ˌɪmpləˈkeɪʃən] *n* **1** CONSEQUENCE : implicación *f*, consecuencia *f* **2** INFERENCE : insinuación *f*, inferencia *f*
**implicit** [ɪmˈplɪsət] *adj* **1** IMPLIED : implícito, tácito **2** ABSOLUTE : absoluto, completo ⟨implicit faith : fe ciega⟩ — **implicitly** *adv*
**implied** [ɪmˈplaɪd] *adj* : implícito, tácito
**implode** [ɪmˈploːd] *vi* **-ploded; -ploding** : implosionar
**implore** [ɪmˈplor] *vt* **-plored; -ploring** : implorar, suplicar
**implosion** [ɪmˈploːʒən] *n* : implosión *f*
**imply** [ɪmˈplaɪ] *vt* **-plied; -plying** **1** SUGGEST : insinuar, dar a entender **2** INVOLVE : implicar, suponer ⟨rights imply obligations : los derechos implican unas obligaciones⟩
**impolite** [ˌɪmpəˈlaɪt] *adj* : descortés, maleducado
**impoliteness** [ˌɪmpəˈlaɪtnəs] *n* : descortesía *f*, falta *f* de educación
**impolitic** [ɪmˈpaləˌṭɪk] *adj* : imprudente, poco político
**imponderable**[1] [ɪmˈpɑndərəbəl] *adj* : imponderable
**imponderable**[2] *n* : imponderable *m*
**import**[1] [ɪmˈport] *vt* **1** SIGNIFY : significar **2** : importar ⟨to import foreign cars : importar autos extranjeros⟩ **3** : importar (en informática)
**import**[2] [ˈɪmˌport] *n* **1** SIGNIFICANCE : importancia *f*, significación *f* **2** → **importation**
**importance** [ɪmˈpɔrṭənṭs] *n* : importancia *f*
**important** [ɪmˈpɔrṭənt] *adj* : importante
**importantly** [ɪmˈpɔrṭəntli] *adv* **1** : con importancia **2 more importantly** : lo que es más importante
**importation** [ˌɪmˌpɔrˈteɪʃən] *n* : importación *f*
**importer** [ɪmˈporṭər] *n* : importador *m*, -dora *f*
**importune** [ˌɪmpərˈtuːn, -ˈtjuːn; ɪmˈpɔrṭʃən] *vt* **-tuned; -tuning** : importunar, implorar
**impose** [ɪmˈpoːz] *v* **-posed; -posing** *vt* : imponer ⟨to impose a tax : imponer un impuesto⟩ — *vi* **to impose on** : abusar de, molestar ⟨to impose on her kindness : abusar de su bondad⟩
**imposing** [ɪmˈpoːzɪŋ] *adj* : imponente, impresionante
**imposition** [ˌɪmpəˈzɪʃən] *n* : imposición *f*
**impossibility** [ɪmˌpɑsəˈbɪləṭi] *n, pl* **-ties** : imposibilidad *f*
**impossible** [ɪmˈpɑsəbəl] *adj* **1** : imposible ⟨an impossible task : una tarea imposible⟩ ⟨to make life impossible for : hacerle la vida imposible a⟩ **2** UNACCEPTABLE : inaceptable
**impossibly** [ɪmˈpɑsəbli] *adv* : imposiblemente, increíblemente
**impostor** *or* **imposter** [ɪmˈpɑstər] *n* : impostor *m*, -tora *f*
**impotence** [ˈɪmpətənṭs] *n* : impotencia *f*
**impotency** [ˈɪmpətənṭsi] → **impotence**
**impotent** [ˈɪmpətənt] *adj* : impotente
**impound** [ɪmˈpaʊnd] *vt* : incautar, embargar, confiscar
**impoverish** [ɪmˈpɑvərɪʃ] *vt* : empobrecer
**impoverished** [ɪmˈpɑvərɪʃt] *adj* : empobrecido
**impoverishment** [ɪmˈpɑvərɪʃmənt] *n* : empobrecimiento *m*
**impracticable** [ɪmˈpræktɪkəbəl] *adj* : impracticable
**impractical** [ɪmˈpræktɪkəl] *adj* : poco práctico
**imprecise** [ˌɪmprɪˈsaɪs] *adj* : impreciso
**imprecisely** [ˌɪmprɪˈsaɪsli] *adv* : con imprecisión
**impreciseness** [ˌɪmprɪˈsaɪsnəs] → **imprecision**
**imprecision** [ˌɪmprɪˈsɪʒən] *n* : imprecisión *f*, falta de precisión *f*
**impregnable** [ɪmˈprɛgnəbəl] *adj* : inexpugnable, impenetrable, inconquistable
**impregnate** [ɪmˈprɛgˌneɪt] *vt* **-nated; -nating** **1** FERTILIZE : fecundar **2** PERMEATE, SATURATE : impregnar, empapar, saturar
**impresario** [ˌɪmprəˈsɑriˌo, -ˈsær-] *n, pl* **-rios** : empresario *m*, -ria *f*
**impress** [ɪmˈprɛs] *vt* **1** IMPRINT : imprimir, estampar **2** : impresionar, causar impresión a ⟨I was not impressed : no me hizo buena impresión⟩ **3 to impress (something) on someone** : recalcarle (algo) a alguien — *vi* : impresionar, hacer una impresión
**impression** [ɪmˈprɛʃən] *n* **1** IMPRINT : marca *f*, huella *f*, molde *m* (de los dientes) **2** EFFECT : impresión *f*, efecto *m*, impacto *m* ⟨to make a good/bad impression on someone : causarle (una) buena/mala impresión a alguien⟩ **3** PRINTING : impresión *f* **4** NOTION : impresión *f*, noción *f* ⟨to give the impression that : dar la impresión de que⟩ ⟨to have the impression that, to be under the impression that : tener la impresión de que⟩
**impressionable** [ɪmˈprɛʃənəbəl] *adj* : impresionable
**impressionism** [ɪmˈprɛʃəˌnɪzəm] *n* : impresionismo *m*
**impressionist** [ɪmˈprɛʃənɪst] *n* : impresionista *mf* — **impressionist** *adj*
**impressive** [ɪmˈprɛsɪv] *adj* : impresionante — **impressively** *adv*
**impressiveness** [ɪmˈprɛsɪvnəs] *n* : calidad de ser impresionante
**imprint**[1] [ɪmˈprɪnt, ˈɪmˌ-] *vt* : imprimir, estampar
**imprint**[2] [ˈɪmˌprɪnt] *n* : marca *f*, huella *f*

**imprison** [ɪmˈprɪzən] *vt* **1** JAIL : encarcelar, aprisionar **2** CONFINE : recluir, encerrar

**imprisonment** [ɪmˈprɪzənmənt] *n* : encarcelamiento *m*

**improbability** [ɪmˌprɑbəˈbɪləṭi] *n, pl* **-ties** : improbabilidad *f*, inverosimilitud *f*

**improbable** [ɪmˈprɑbəbəl] *adj* : improbable, inverosímil

**impromptu**[1] [ɪmˈprɑmpˌtu:, -ˌtju:] *adv* : sin preparación, espontáneamente

**impromptu**[2] *adj* : espontáneo, improvisado

**impromptu**[3] *n* : improvisación *f*

**improper** [ɪmˈprɑpər] *adj* **1** INCORRECT : incorrecto, impropio **2** INDECOROUS : indecoroso

**improperly** [ɪmˈprɑpərli] *adv* : incorrectamente, indebidamente

**impropriety** [ˌɪmprəˈpraɪəṭi] *n, pl* **-eties** **1** INDECOROUSNESS : indecoro *m*, falta *f* de decoro **2** ERROR : impropiedad *f*, incorrección *f*

**improve** [ɪmˈpru:v] *v* **-proved; -proving** : mejorar

**improvement** [ɪmˈpru:vmənt] *n* : mejoramiento *m*, mejora *f*

**improvidence** [ɪmˈprɑvədənʦ] *n* : imprevisión *f*

**improvisation** [ɪmˌprɑvəˈzeɪʃən, ˌɪmprəvə-] *n* : improvisación *f*

**improvise** [ˈɪmprəˌvaɪz] *v* **-vised; -vising** : improvisar

**imprudence** [ɪmˈpru:dənʦ] *n* : imprudencia *f*, indiscreción *f*

**imprudent** [ɪmˈpru:dənt] *adj* : imprudente, indiscreto

**impudence** [ˈɪmpjədənʦ] *n* : insolencia *f*, descaro *m*

**impudent** [ˈɪmpjədənt] *adj* : insolente, descarado — **impudently** *adv*

**impugn** [ɪmˈpju:n] *vt* : impugnar

**impulse** [ˈɪmˌpʌls] *n* **1** : impulso *m* **2 on impulse** : sin reflexionar

**impulsive** [ɪmˈpʌlsɪv] *adj* : impulsivo — **impulsively** *adv*

**impulsiveness** [ɪmˈpʌlsɪvnəs] *n* : impulsividad *f*

**impunity** [ɪmˈpju:nəṭi] *n* **1** : impunidad *f* **2 with impunity** : impunemente

**impure** [ɪmˈpjʊr] *adj* **1** : impuro ⟨impure thoughts : pensamientos impuros⟩ **2** CONTAMINATED : con impurezas, impuro

**impurity** [ɪmˈpjʊrəṭi] *n, pl* **-ties** : impureza *f*

**impute** [ɪmˈpju:t] *vt* **-puted; -puting** ATTRIBUTE : imputar, atribuir

**in**[1] [ˈɪn] *adv* **1** INSIDE : dentro, adentro ⟨let's go in : vamos adentro⟩ ⟨the burglars broke in through the window : los ladrones entraron por la ventana⟩ **2** (*to or towards a place*) ⟨they flew in yesterday : llegaron ayer (en avión)⟩ ⟨she leaned farther in : se inclinó más (hacia adelante)⟩ **3** (*indicating a union*) ⟨mix the flour in : añade la harina⟩ **4** (*indicating containment*) ⟨to shut in : encerrar⟩ **5** PARTICIPATING ⟨count me in : yo me apunto⟩ **6** (*to a job or position*) ⟨she was voted in : fue elegida, ganó las elecciones⟩ **7** COLLECTED ⟨the crops are in : las cosechas ya están recogidas⟩ ⟨are all the votes in? : ¿tenemos todos los votos?⟩ ⟨the results are in : se conocen los resultados⟩ **8** (*within bounds*) : dentro (en deportes) **9 in that** : en el sentido de que **10 to be in** : estar ⟨is Linda in? : ¿está Linda?⟩ ⟨is the train in? : ¿ha llegado el tren?⟩ **11 to be in** : estar en poder ⟨the Democrats are in : los demócratas están en el poder⟩ **12 to be in for** ⟨they're in for a treat : les va a encantar⟩ ⟨he's in for a surprise : se va a llevar una sorpresa⟩ **13 to be in on** : participar en, tomar parte en **14 to be in with someone** : ser muy amigo de alguien **15 to get in good/bad with someone** : quedar bien/mal con alguien

**in**[2] *adj* **1** INSIDE : interior ⟨the in part : la parte interior⟩ **2** FASHIONABLE : de moda

**in**[3] *prep* **1** (*indicating location or position*) ⟨in the lake : en el lago⟩ ⟨a pain in the leg : un dolor en la pierna⟩ ⟨in the sun : al sol⟩ ⟨in the rain : bajo la lluvia⟩ **2** (*with superlatives*) : de ⟨the best in the world : el mejor del mundo⟩ **3** INTO : en, a ⟨he broke it in pieces : lo rompió en pedazos⟩ ⟨she went in the house : se metió a la casa⟩ **4** DURING : por, en, durante ⟨in the afternoon : por la tarde⟩ **5** WITHIN : dentro de ⟨I'll be back in a week : vuelvo dentro de una semana⟩ **6** (*indicating belonging*) : en, de ⟨she plays in a band : toca en una banda⟩ ⟨the first scene in the movie : la primera escena de la película⟩ **7** (*indicating manner or form*) : en, con, de ⟨in Spanish : en español⟩ ⟨written in pencil : escrito con lápiz⟩ ⟨in this way : de esta manera⟩ ⟨in some respects : en algún sentido⟩ ⟨in a circle : en un círculo⟩ ⟨in height : de altura⟩ ⟨in theory : en teoría⟩ ⟨she was in uniform : llevaba uniforme⟩ ⟨she was (dressed) in blue : iba (vestido) de azul⟩ **8** (*indicating states or circumstances*) ⟨to be in luck : tener suerte⟩ ⟨to be in love : estar enamorado⟩ ⟨to be in a hurry : tener prisa⟩ ⟨to be/get in trouble : estar/meterse en un lío⟩ **9** (*indicating purpose*) : en ⟨in reply : en respuesta, como réplica⟩ **10** (*with regard to*) : en ⟨do you believe in ghosts? : ¿crees en los fantasmas?⟩ **11** : en (un campo) ⟨he works in insurance : trabaja en seguros⟩ **12** (*in approximations*) ⟨she's in her thirties : tiene treinta y tantos años⟩ ⟨in the 1940's : en los años cuarenta⟩ **13** (*indicating a ratio*) : de ⟨one in five : uno de cada cinco⟩

**in**[4] *n* **ins and outs** : pormenores *mpl*

**in-** *or* **im-** *or* **il-** *pref* : in-, im-, i- ⟨inexact : inexacto⟩ ⟨imperfect : imperfecto⟩ ⟨illegal : ilegal⟩

**inability** [ˌɪnəˈbɪləṭi] *n, pl* **-ties** : incapacidad *f*

**inaccessibility** [ˌɪnɪkˌsɛsəˈbɪləṭi] *n, pl* **-ties** : inaccesibilidad *f*

**inaccessible** [ˌɪnɪkˈsɛsəbəl] *adj* : inaccesible

**inaccuracy** [ɪnˈækjərəsi] *n, pl* **-cies** **1** : inexactitud *f* **2** MISTAKE : error *m*
**inaccurate** [ɪnˈækjərət] *n* : inexacto, erróneo, incorrecto
**inaccurately** [ɪnˈækjərətli] *adv* : incorrectamente, con inexactitud
**inaction** [ɪnˈækʃən] *n* : inactividad *f*, inacción *f*
**inactive** [ɪnˈæktɪv] *adj* : inactivo
**inactivity** [ˌɪnˌækˈtɪvəṭi] *n, pl* **-ties** : inactividad *f*, ociosidad *f*
**inadequacy** [ɪnˈædɪkwəsi] *n, pl* **-cies** **1** INSUFFICIENCY : insuficiencia *f* **2** INCOMPETENCE : ineptitud *f*, incompetencia *f*
**inadequate** [ɪnˈædɪkwət] *adj* **1** INSUFFICIENT : insuficiente, inadecuado **2** INCOMPETENT : inepto, incompetente
**inadmissible** [ˌɪnædˈmɪsəbəl] *adj* : inadmisible
**inadvertent** [ˌɪnədˈvərtənt] *adj* : inadvertido, involuntario — **inadvertently** *adv*
**inadvisable** [ˌɪnædˈvaɪzəbəl] *adj* : desaconsejable
**inalienable** [ɪnˈeɪljənəbəl, -ˈeɪliənə-] *adj* : inalienable
**inane** [ɪˈneɪn] *adj* **inaner; -est** : estúpido, idiota, necio
**inanimate** [ɪnˈænəmət] *adj* : inanimado, exánime
**inanity** [ɪˈnænəṭi] *n, pl* **-ties** **1** STUPIDITY : estupidez *f* **2** NONSENSE : idiotez *f*, disparate *m*
**inapplicable** [ɪnˈæplɪkəbəl, ˌɪnə-ˈplɪkəbəl] *adj* IRRELEVANT : inaplicable, irrelevante
**inappropriate** [ˌɪnəˈpro:priət] *adj* : inapropiado, inadecuado, impropio
**inappropriateness** [ˌɪnəˈpro:priətnəs] *n* : lo inapropiado, impropiedad *f*
**inapt** [ɪnˈæpt] *adj* **1** UNSUITABLE : inadecuado, inapropiado **2** INEPT : inepto
**inarticulate** [ˌɪnɑrˈtɪkjələt] *adj* : inarticulado, incapaz de expresarse
**inarticulately** [ˌɪnɑrˈtɪkjələtli] *adv* : inarticuladamente
**inasmuch as** [ˌɪnæzˈmʌtʃæz] *conj* : ya que, dado que, puesto que
**inattention** [ˌɪnəˈtɛnʃən] *n* : falta *f* de atención, distracción *f*
**inattentive** [ˌɪnəˈtɛntɪv] *adj* : distraído, despistado
**inattentively** [ˌɪnəˈtɛntɪvli] *adv* : distraídamente, sin prestar atención
**inaudible** [ɪnˈɔdəbəl] *adj* : inaudible
**inaudibly** [ɪnˈɔdəbli] *adv* : de forma inaudible
**inaugural**[1] [ɪˈnɔgjərəl, -gərəl] *adj* : inaugural, de investidura
**inaugural**[2] *n* **1** *or* **inaugural address** : discurso *m* de investidura **2** INAUGURATION : investidura *f* (de una persona)
**inaugurate** [ɪˈnɔgjəˌreɪt, -gə-] *vt* **-rated; -rating** **1** BEGIN : inaugurar **2** INDUCT : investir ⟨to inaugurate the president : investir al presidente⟩
**inauguration** [ɪˌnɔgjəˈreɪʃən, -gə-] *n* **1** : inauguración *f* (de un edificio, un sistema, etc.) **2** : investidura *f* (de una persona)
**inauspicious** [ˌɪnɔˈspɪʃəs] *adj* : desfavorable, poco propicio
**inauthentic** [ˌɪnɔˈθɛntɪk] *adj* : inauténtico
**inborn** [ˈɪnˌbɔrn] *adj* **1** CONGENITAL, INNATE : innato, congénito **2** HEREDITARY : hereditario
**inbound** [ˈɪnˌbaʊnd] *adj* : que llega, de llegada
**in–box** [ˈɪnˌbɑks] *n* : bandeja *f* de entrada
**inbred** [ˈɪnˌbrɛd] *adj* **1** : engendrado por endogamia **2** INNATE : innato
**inbreed** [ˈɪnˌbri:d] *vt* **-bred; -breeding** : engendrar por endogamia
**inbreeding** [ˈɪnˌbri:dɪŋ] *n* : endogamia *f*
**Inca** [ˈɪŋkə] *n* : inca *mf*
**incalculable** [ɪnˈkælkjələbəl] *adj* : incalculable — **incalculably** [-bli] *adv*
**Incan** [ˈɪŋkən] *adj* : incaico
**incandescence** [ˌɪnkənˈdɛsənṭs] *n* : incandescencia *f*
**incandescent** [ˌɪnkənˈdɛsənṭ] *adj* **1** : incandescente **2** BRILLIANT : brillante
**incantation** [ˌɪnˌkænˈteɪʃən] *n* : conjuro *m*, ensalmo *m*
**incapable** [ɪnˈkeɪpəbəl] *adj* : incapaz
**incapacitate** [ˌɪnkəˈpæsəˌteɪt] *vt* **-tated; -tating** : incapacitar
**incapacity** [ˌɪnkəˈpæsəṭi] *n, pl* **-ties** : incapacidad *f*
**incarcerate** [ɪnˈkɑrsəˌreɪt] *vt* **-ated; -ating** : encarcelar
**incarceration** [ɪnˌkɑrsəˈreɪʃən] *n* : encarcelamiento *m*, encarcelación *f*
**incarnate**[1] [ɪnˈkɑrˌneɪt] *vt* **-nated; -nating** : encarnar
**incarnate**[2] [ɪnˈkɑrnət, -ˌneɪt] *adj* : encarnado
**incarnation** [ˌɪnˌkɑrˈneɪʃən] *n* : encarnación *f*
**incendiary**[1] [ɪnˈsɛndiˌri] *adj* : incendiario
**incendiary**[2] *n, pl* **-aries** : incendiario *m*, -ria *f*; pirómano *m*, -na *f*
**incense**[1] [ɪnˈsɛnṭs] *vt* **-censed; -censing** : indignar, enfadar, enfurecer
**incense**[2] [ˈɪnˌsɛnṭs] *n* : incienso *m*
**incentive** [ɪnˈsɛntɪv] *n* : incentivo *m*, aliciente *m*, motivación *f*, acicate *m*
**inception** [ɪnˈsɛpʃən] *n* : comienzo *m*, principio *m*
**incessant** [ɪnˈsɛsənt] *adj* : incesante, continuo — **incessantly** *adv*
**incest** [ˈɪnˌsɛst] *n* : incesto *m*
**incestuous** [ɪnˈsɛstʃʊəs] *adj* : incestuoso
**inch**[1] [ˈɪntʃ] *v* : avanzar poco a poco
**inch**[2] *n* **1** : pulgada *f* **2 every inch** : absoluto, seguro ⟨every inch a winner : un seguro ganador⟩ **3 within an inch of** : a punto de
**incidence** [ˈɪnʌsədənṭs] *n* **1** FREQUENCY : frecuencia *f*, índice *m* ⟨a high incidence of crime : un alto índice de crímenes⟩ **2 angle of incidence** : ángulo *m* de incidencia
**incident**[1] [ˈɪnʌsədənt] *adj* : incidente
**incident**[2] *n* : incidente *m*, incidencia *f*, episodio *m* (en una obra de ficción)
**incidental**[1] [ˌɪnʌsəˈdɛntəl] *adj* **1** SECONDARY : incidental, secundario **2** ACCIDENTAL : casual, fortuito

**incidental**[2] *n* **1** : algo incidental **2 incidentals** *npl* : imprevistos *mpl*
**incidentally** [ˌɪnsəˈdɛntəli, -ˈdɛntli] *adv* **1** BY CHANCE : incidentalmente, casualmente **2** BY THE WAY : a propósito, por cierto
**incinerate** [ɪnˈsɪnəˌreɪt] *vt* **-ated; -ating** : incinerar
**incinerator** [ɪnˈsɪnəˌreɪtɚ] *n* : incinerador *m*
**incipient** [ɪnˈsɪpiənt] *adj* : incipiente, naciente
**incise** [ɪnˈsaɪz] *vt* **-cised; -cising 1** ENGRAVE : grabar, cincelar, inscribir **2** : hacer una incisión en
**incision** [ɪnˈsɪʒən] *n* : incisión *f*
**incisive** [ɪnˈsaɪsɪv] *adj* : incisivo, penetrante
**incisively** [ɪnˈsaɪsɪvli] *adv* : con agudeza
**incisor** [ɪnˈsaɪzər] *n* : incisivo *m*
**incite** [ɪnˈsaɪt] *vt* **-cited; -citing** : incitar, instigar
**incitement** [ɪnˈsaɪtmənt] *n* : incitación *f*
**inclemency** [ɪnˈklɛmənt͡si] *n, pl* **-cies** : inclemencia *f*
**inclement** [ɪnˈklɛmənt] *adj* : inclemente, tormentoso
**inclination** [ˌɪnklɔˈneɪʃən] *n* **1** PROPENSITY : inclinación *f*, tendencia *f* **2** DESIRE : deseo *m*, ganas *fpl* **3** BOW : inclinación *f*
**incline**[1] [ɪnˈklaɪn] *v* **-cined; -cining** *vi* **1** SLOPE : inclinarse **2** TEND : inclinarse, tender ⟨he is inclined to be late : tiende a llegar tarde⟩ — *vt* **1** LOWER : inclinar, bajar ⟨to incline one's head : bajar la cabeza⟩ **2** SLANT : inclinar **3** PREDISPOSE : predisponer
**incline**[2] [ˈɪnˌklaɪn] *n* : inclinación *f*, pendiente *f*
**inclined** [ɪnˈklaɪnd] *adj* **1** SLOPING : inclinado **2** PRONE : prono, dispuesto, dado
**inclose, inclosure** → **enclose, enclosure**
**include** [ɪnˈklu:d] *vt* **-cluded; -cluding** : incluir, comprender
**including** [ɪnˈklu:dɪŋ] *prep* : incluyendo ⟨including tax : (con) impuestos incluidos⟩ ⟨without including expenses : sin incluir los gastos⟩ ⟨up to and including . . . : hasta . . . inclusive⟩
**inclusion** [ɪnˈklu:ʒən] *n* : inclusión *f*
**inclusive** [ɪnˈklu:sɪv] *adj* : inclusivo
**incognito** [ˌɪnkɑgˈni:ˌto, ɪnˈkɑgnəˌto:] *adv & adj* : de incógnito
**incoherence** [ˌɪnkoˈhɪrənt͡s, -ˈhɛr-] *n* : incoherencia *f*
**incoherent** [ˌɪnkoˈhɪrənt, -ˈhɛr-] *adj* : incoherente — **incoherently** *adv*
**incombustible** [ˌɪnkəmˈbʌstəbəl] *adj* : incombustible
**income** [ˈɪnˌkʌm] *n* : ingresos *mpl*, entradas *fpl*
**income tax** *n* : impuesto *m* sobre la renta
**incoming** [ˈɪnˌkʌmɪŋ] *adj* **1** ARRIVING : que se recibe (dícese del correo), que llega (dícese de las personas), ascendente (dícese de la marea) **2** NEW : nuevo, entrante ⟨the incoming president : el nuevo presidente⟩ ⟨the incoming year : el año entrante⟩
**incommunicado** [ˌɪnkəˌmju:nəˈkado] *adj* : incomunicado
**incomparable** [ɪnˈkɑmpərəbəl] *adj* : incomparable, sin igual
**incompatibility** [ˌɪnkəmˌpæt͡əˈbɪləti] *n, pl* **-ties** : incompatibilidad *f*
**incompatible** [ˌɪnkəmˈpæt͡əbəl] *adj* : incompatible
**incompetence** [ɪnˈkɑmpət͡ənt͡s] *n* : incompetencia *f*, impericia *f*, ineptitud *f*
**incompetent** [ɪnˈkɑmpət͡ənt] *n* : incompetente *mf*; inepto *m*, -ta *f* — **incompetent** *adj*
**incomplete** [ˌɪnkəmˈpli:t] *adj* : incompleto — **incompletely** *adv*
**incomprehensible** [ˌɪnˌkɑmpriˈhɛnt͡səbəl] *adj* : incomprensible
**incomprehension** [ˌɪnˌkɑmpriˈhɛnt͡ʃən] *n* : incomprensión *f*
**inconceivable** [ˌɪnkənˈsi:vəbəl] *adj* **1** INCOMPREHENSIBLE : incomprensible **2** UNBELIEVABLE : inconcebible, increíble
**inconceivably** [ˌɪnkənˈsi:vəbli] *adv* : inconcebiblemente, increíblemente
**inconclusive** [ˌɪnkənˈklu:sɪv] *adj* : no concluyente, no decisivo
**incongruity** [ˌɪnkənˈgru:əti, -ˌkɑn-] *n, pl* **-ties** : incongruencia *f*
**incongruous** [ɪnˈkɑŋgruəs] *adj* : incongruente, inapropiado, fuera de lugar
**incongruously** [ɪnˈkɑŋgruəsli] *adv* : de manera incongruente, inapropiadamente
**inconsequential** [ˌɪnˌkɑnsəˈkwɛnt͡ʃəl] *adj* : intrascendente, de poco importancia
**inconsiderable** [ˌɪnkənˈsɪdərəbəl] *adj* : insignificante
**inconsiderate** [ˌɪnkənˈsɪdərət] *adj* : desconsiderado, sin consideración — **inconsiderately** *adv*
**inconsistency** [ˌɪnkənˈsɪstənt͡si] *n, pl* **-cies** : inconsecuencia *f*, inconsistencia *f*
**inconsistent** [ˌɪnkənˈsɪstənt] *adj* : inconsecuente, inconsistente
**inconsolable** [ˌɪnkənˈso:ləbəl] *adj* : inconsolable — **inconsolably** [-bli] *adv*
**inconspicuous** [ˌɪnkənˈspɪkjuəs] *adj* : discreto, no conspicuo, que no llama la atención
**inconspicuously** [ˌɪnkənˈspɪkjuəsli] *adv* : discretamente, sin llamar la atención
**incontestable** [ˌɪnkənˈt͡ɛstəbəl] *adj* : incontestable, indiscutible — **incontestably** [-bli] *adv*
**incontinence** [ɪnˈkɑntənənt͡s] *n* : incontinencia *f*
**incontinent** [ɪnˈkɑntənənt] *adj* : incontinente
**inconvenience**[1] [ˌɪnkənˈvi:njənt͡s] *vt* **-nienced; -niencing** : importunar, incomodar, molestar
**inconvenience**[2] *n* : incomodidad *f*, molestia *f*
**inconvenient** [ˌɪnkənˈvi:njənt] *adj* : inconveniente, importuno, incómodo — **inconveniently** *adv*
**incorporate** [ɪnˈkɔrpəˌreɪt] *vt* **-rated; -rating 1** INCLUDE : incorporar, incluir **2** : incorporar, constituir en sociedad (dícese de un negocio)
**incorporation** [ɪnˌkɔrpəˈreɪʃən] *n* : incorporación *f*

**incorporeal** [ˌɪnkɔrˈporiəl] *adj* : incorpóreo
**incorrect** [ˌɪnkəˈrɛkt] *adj* **1** INACCURATE : incorrecto **2** WRONG : equivocado, erróneo **3** IMPROPER : impropio — **incorrectly** *adv*
**incorrigible** [ɪnˈkɔrəʤəbəl] *adj* : incorregible
**incorruptible** [ˌɪnkəˈrʌptəbəl] *adj* : incorruptible
**increase**[1] [ɪnˈkri:s, ˈɪnˌkri:s] *v* **-creased; -creasing** *vi* GROW : aumentar, crecer, subir (dícese de los precios) — *vt* AUGMENT : aumentar, acrecentar
**increase**[2] [ˈɪnˌkri:s, ɪnˈkri:s] *n* : aumento *m*, incremento *m*, subida *f* (de precios)
**increasing** [ɪnˈkri:sɪŋ, ˈɪnˌkri:sɪŋ] *adj* : creciente
**increasingly** [ɪnˈkri:sɪŋli] *adv* : cada vez más
**incredible** [ɪnˈkrɛdəbəl] *adj* : increíble — **incredibly** [-bli] *adv*
**incredulity** [ˌɪnkrɪˈdu:ləti, -ˈdju:-] *n* : incredulidad *f*
**incredulous** [ɪnˈkrɛʤələs] *adj* : incrédulo, escéptico
**incredulously** [ɪnˈkrɛʤələsli] *adv* : con incredulidad
**increment** [ˈɪŋkrəmənt, ˈɪn-] *n* : incremento *m*, aumento *m*
**incremental** [ˌɪŋkrəˈmɛntəl, ˌɪn-] *adj* : de incremento
**incriminate** [ɪnˈkrɪməˌneɪt] *vt* **-nated; -nating** : incriminar
**incrimination** [ɪnˌkrɪməˈneɪʃən] *n* : incriminación *f*
**incriminatory** [ɪnˈkrɪmənəˌtori] *adj* : incriminatorio
**incubate** [ˈɪŋkjəˌbeɪt, ˈɪn-] *v* **-bated; -bating** *vt* : incubar, empollar — *vi* : incubar(se), empollar
**incubation** [ˌɪŋkjəˈbeɪʃən, ˌɪn-] *n* : incubación *f*
**incubator** [ˈɪŋkjəˌbeɪtər, ˈɪn-] *n* : incubadora *f*
**inculcate** [ɪnˈkʌlˌkeɪt, ˈɪnˌkʌl-] *vt* **-cated; -cating** : inculcar
**incumbency** [ɪnˈkʌmbənsi] *n, pl* **-cies** **1** OBLIGATION : incumbencia *f* **2** : mandato *m* (en la política)
**incumbent**[1] [ɪnˈkʌmbənt] *adj* : obligatorio
**incumbent**[2] *n* : titular *mf*
**incur** [ɪnˈkər] *vt* **incurred; incurring** : provocar (al enojo), incurrir en (gastos, obligaciones)
**incurable** [ɪnˈkjʊrəbəl] *adj* : incurable, sin remedio
**incursion** [ɪnˈkərʒən] *n* : incursión *f*
**indebted** [ɪnˈdɛṭəd] *adj* **1** : endeudado **2 to be indebted to** : estar en deuda con, estarle agradecido a
**indebtedness** [ɪnˈdɛṭədnəs] *n* : endeudamiento *m*
**indecency** [ɪnˈdi:sənsi] *n, pl* **-cies** : indecencia *f*
**indecent** [ɪnˈdi:sənt] *adj* : indecente — **indecently** *adv*
**indecipherable** [ˌɪndɪˈsaɪfərəbəl] *adj* : indescifrable
**indecision** [ˌɪndɪˈsɪʒən] *n* : indecisión *f*, irresolución *f*
**indecisive** [ˌɪndɪˈsaɪsɪv] *adj* **1** INCONCLUSIVE : indeciso, que no es decisivo **2** IRRESOLUTE : indeciso, irresoluto, vacilante **3** INDEFINITE : indefinido — **indecisively** *adv*
**indecorous** [ɪnˈdɛkərəs, ˌɪndɪˈkorəs] *adj* : indecoroso — **indecorously** *adv*
**indecorousness** [ɪnˈdkərəsnəs, ˌɪndɪˈkorəs-] *n* : indecoro *m*
**indeed** [ɪnˈdi:d] *adv* **1** (*emphasizing the truth of a statement*) : efectivamente ⟨yes, indeed : sí, efectivamente⟩ ⟨it's a very serious problem indeed : esto sí que es un problema muy grave⟩ ⟨thank you very much indeed : muchísimas gracias⟩ **2** (*expressing surprise or doubt*) ⟨indeed? : ¿ah, sí?, ¿de veras?, ¡no me digas!⟩ **3** (*strengthening a previous statement*) ⟨it is possible — indeed, probable — that . . . : es posible, e incluso probable, que . . .⟩ **4** (*emphasizing that one does not know the answer*) ⟨how can we help them? how, indeed! : ¿cómo podemos ayudarlos? ¡buena pregunta!⟩
**indefatigable** [ˌɪndɪˈfæṭɪgəbəl] *adj* : incansable, infatigable — **indefatigably** [-bli] *adv*
**indefensible** [ˌɪndɪˈfɛnsəbəl] *adj* **1** VULNERABLE : indefendible, vulnerable **2** INEXCUSABLE : inexcusable
**indefinable** [ˌɪndɪˈfaɪnəbəl] *adj* : indefinible
**indefinite** [ɪnˈdɛfənət] *adj* **1** : indefinido, indeterminado **2** : indefinido (en lingüística) ⟨indefinite pronouns/articles : pronombres/artículos indefinidos⟩ **3** VAGUE : vago, impreciso
**indefinitely** [ɪnˈdɛfənətli] *adv* : indefinidamente, por un tiempo indefinido
**indelible** [ɪnˈdɛləbəl] *adj* : indeleble, imborrable — **indelibly** [-bli] *adv*
**indelicacy** [ɪnˈdɛləkəsi] *n* : falta *f* de delicadeza
**indelicate** [ɪnˈdɛlɪkət] *adj* **1** IMPROPER : indelicado, indecoroso **2** TACTLESS : indiscreto, falto de tacto
**indemnify** [ɪnˈdɛmnəˌfaɪ] *vt* **-fied; -fying** **1** INSURE : asegurar **2** COMPENSATE : indemnizar, compensar
**indemnity** [ɪnˈdɛmnəṭi] *n, pl* **-ties** **1** INSURANCE : indemnidad *f* **2** COMPENSATION : indemnización *f*
**indent** [ɪnˈdɛnt] *vt* : sangrar (un párrafo)
**indentation** [ˌɪnˌdɛnˈteɪʃən] *n* **1** NOTCH : muesca *f*, mella *f* **2** INDENTING : sangría *f* (de un párrafo)
**indenture**[1] [ɪnˈdɛnʧər] *vt* **-tured; -turing** : ligar por contrato
**indenture**[2] *n* : contrato de aprendizaje
**independence** [ˌɪndəˈpɛndənʦ] *n* : independencia *f*
**Independence Day** *n* : día *m* de la Independencia (4 de julio en los EEUU.)
**independent**[1] [ˌɪndəˈpɛndənt] *adj* : independiente — **independently** *adv*
**independent**[2] *n* : independiente *mf*
**in–depth** *adj* : a fondo, exhaustivo

**indescribable** [ˌɪndɪˈskraɪbəbəl] *adj* : indescriptible, incalificable — **indescribably** [-bli] *adv*
**indestructible** [ˌɪndɪˈstrʌktəbəl] *adj* : indestructible
**indeterminate** [ˌɪndɪˈtərmənət] *adj* **1** VAGUE : vago, impreciso, indeterminado **2** INDEFINITE : indeterminado, indefinido
**index**[1] [ˈɪnˌdeks] *vt* **1** : ponerle un índice a (un libro o una revista) **2** : incluir en un índice ⟨all proper names are indexed : todos los nombres propios están incluidos en el índice⟩ **3** INDICATE : indicar, señalar **4** REGULATE : indexar, indiciar ⟨to index prices : indiciar los precios⟩
**index**[2] *n, pl* **-dexes** *or* **-dices** [ˈɪndəˌsiːz] **1** : índice *m* (de un libro, de precios) **2** INDICATION : indicio *m*, índice *m*, señal *f* ⟨an index of her character : una señal de su carácter⟩
**index finger** *n* FOREFINGER : dedo *m* índice
**Indian** [ˈɪndiən] *n* **1** : indio *m*, -dia *f* **2** *often offensive* → **Native American** — **Indian** *adj*
**indicate** [ˈɪndəˌkeɪt] *vt* **-cated; -cating** **1** POINT OUT : indicar, señalar **2** SHOW, SUGGEST : ser indicio de, ser señal de **3** EXPRESS : expresar, señalar **4** REGISTER : marcar, poner (una medida, etc.)
**indication** [ˌɪndəˈkeɪʃən] *n* : indicio *m*, señal *f*
**indicative** [ɪnˈdɪkəṭɪv] *adj* : indicativo
**indicator** [ˈɪndəˌkeɪṭər] *n* : indicador *m*
**indict** [ɪnˈdaɪt] *vt* : acusar, procesar (por un crimen)
**indictment** [ɪnˈdaɪtmənt] *n* : acusación *f*
**indifference** [ɪnˈdɪfrənʦ, -ˈdɪfə-] *n* : indiferencia *f*
**indifferent** [ɪnˈdɪfrənt, -ˈdɪfə-] *adj* **1** UNCONCERNED : indiferente **2** MEDIOCRE : mediocre
**indifferently** [ɪnˈdɪfrəntli, -ˈdɪfə-] *adv* **1** : con indiferencia, indiferentemente **2** SO-SO : de modo regular, más o menos
**indigence** [ˈɪndɪʤənʦ] *n* : indigencia *f*
**indigenous** [ɪnˈdɪʤənəs] *adj* : indígena, nativo
**indigent** [ˈɪndɪʤənt] *adj* : indigente, pobre
**indigestible** [ˌɪndaɪˈʤɛstəbəl, -dɪ-] *adj* : difícil de digerir
**indigestion** [ˌɪndaɪˈʤɛstʃən, -dɪ-] *n* : indigestión *f*, empacho *m*
**indignant** [ɪnˈdɪgnənt] *adj* : indignado
**indignantly** [ɪnˈdɪgnəntli] *adv* : con indignación
**indignation** [ˌɪndɪgˈneɪʃən] *n* : indignación *f*
**indignity** [ɪnˈdɪgnəṭi] *n, pl* **-ties** : indignidad *f*
**indigo** [ˈɪndɪˌgoː] *n, pl* **-gos** *or* **-goes** : añil *m*, indigo *m*
**indirect** [ˌɪndəˈrɛkt, -daɪ-] *adj* : indirecto — **indirectly** *adv*
**indiscernible** [ˌɪndɪˈsərnəbəl, -ˈzər-] *adj* : imperceptible
**indiscreet** [ˌɪndɪˈskriːt] *adj* : indiscreto — **indiscreetly** *adv*
**indiscretion** [ˌɪndɪˈskrɛʃən] *n* : indiscreción *f*
**indiscriminate** [ˌɪndɪˈskrɪmənət] *adj* : indiscriminado
**indiscriminately** [ˌɪndɪˈskrɪmənətli] *adv* : sin discriminación, sin discernimiento
**indispensable** [ˌɪndɪˈspɛnʦəbəl] *adj* : indispensable, necesario, imprescindible — **indispensably** [-bli] *adv*
**indisposed** [ˌɪndɪˈspoːzd] *adj* **1** ILL : indispuesto, enfermo **2** AVERSE, DISINCLINED : opuesto, reacio ⟨to be indisposed toward working : no tener ganas de trabajar⟩
**indisputable** [ˌɪndɪˈspjuːṭəbəl, ɪnˈdɪspjuṭə-] *adj* : indiscutible, incuestionable, incontestable — **indisputably** [-bli] *adv*
**indistinct** [ˌɪndɪˈstɪŋkt] *adj* : indistinto — **indistinctly** *adv*
**indistinctness** [ˌɪndɪˈstɪŋktnəs] *n* : falta *f* de claridad
**indistinguishable** [ˌɪndɪˈstɪŋgwɪʃəbəl] *adj* : indistinguible
**individual**[1] [ˌɪndəˈvɪʤʊəl] *adj* **1** PERSONAL : individual, personal ⟨individual traits : características personales⟩ **2** SEPARATE : individual, separado **3** PARTICULAR : particular, propio
**individual**[2] *n* : individuo *m*
**individualism** [ˌɪndəˈvɪʤəwəˌlɪzəm] *n* : individualismo *m*
**individualist** [ˌɪndəˈvɪʤʊəlɪst] *n* : individualista *mf*
**individualistic** [ˌɪndəˌvɪʤʊəˈlɪstɪk] *adj* : individualista
**individuality** [ˌɪndəˌvɪʤʊˈæləṭi] *n, pl* **-ties** : individualidad *f*
**individualize** [ˌɪndəˈvɪʤʊəˌlaɪz] *vt* **-ized; -izing** : individualizar
**individually** [ˌɪndəˈvɪʤʊəli, -ʤəli] *adv* : individualmente
**indivisible** [ˌɪndɪˈvɪzəbəl] *adj* : indivisible
**indoctrinate** [ɪnˈdɑktrəˌneɪt] *vt* **-nated; -nating** **1** TEACH : enseñar, instruir **2** PROPAGANDIZE : adoctrinar
**indoctrination** [ɪnˌdɑktrəˈneɪʃən] *n* : adoctrinamiento *m*
**indolence** [ˈɪndələnʦ] *n* : indolencia *f*
**indolent** [ˈɪndələnt] *adj* : indolente
**indomitable** [ɪnˈdɑməṭəbəl] *adj* : invencible, indomable, indómito — **indomitably** [-bli] *adv*
**Indonesian** [ˌɪndoˈniːʒən, -ʃən] *n* : indonesio *m*, -sia *f* — **Indonesian** *adj*
**indoor** [ˈɪnˌdor] *adj* : interior (dícese de las plantas), para estar en casa (dícese de la ropa), cubierto (dícese de las piscinas, etc.), bajo techo (dícese de los deportes)
**indoors** [ˈɪnˈdorz] *adv* : adentro, dentro
**indubitable** [ɪnˈduːbəṭəbəl, -ˈdjuː-] *adj* : indudable, incuestionable, indiscutible
**indubitably** [ɪnˈduːbəṭəbli, -ˈdjuː-] *adv* : indudablemente
**induce** [ɪnˈduːs, -ˈdjuːs] *vt* **-duced; -ducing** **1** PERSUADE : persuadir, inducir **2** CAUSE : inducir, provocar ⟨to induce labor : provocar un parto⟩
**inducement** [ɪnˈduːsmənt, -ˈdjuːs-] *n* **1** INCENTIVE : incentivo *m*, aliciente *m* **2** : inducción *f*, provocación *f* (de un parto)

**induct** [ɪnˈdʌkt] *vt* **1** INSTALL : instalar, investir **2** ADMIT : admitir (como miembro) **3** CONSCRIPT : reclutar (al servicio militar)

**inductee** [ˌɪnˌdʌkˈtiː] *n* : recluta *mf*, conscripto *m*, -ta *f*

**induction** [ɪnˈdʌkʃən] *n* **1** INTRODUCTION : iniciación *f*, introducción *f* **2** : inducción *f* (en la lógica o la electricidad)

**inductive** [ɪnˈdʌktɪv] *adj* : inductivo

**indulge** [ɪnˈdʌlʤ] *v* **-dulged; -dulging** *vt* **1** GRATIFY : gratificar, satisfacer **2** SPOIL : consentir, mimar — *vi* **to indulge in** : permitirse

**indulgence** [ɪnˈdʌlʤənʦ] *n* **1** SATISFYING : satisfacción *f*, gratificación *f* **2** HUMORING : complacencia *f*, indulgencia *f* **3** SPOILING : consentimiento *m* **4** : indulgencia *f* (en la religión)

**indulgent** [ɪnˈdʌlʤənt] *adj* : indulgente, consentido — **indulgently** *adv*

**industrial** [ɪnˈdʌstriəl] *adj* : industrial — **industrially** *adv*

**industrialist** [ɪnˈdʌstriəlɪst] *n* : industrial *mf*

**industrialization** [ɪnˌdʌstriələˈzeɪ-ʃən] *n* : industrialización *f*

**industrialize** [ɪnˈdʌstriəˌlaɪz] *vt* **-ized; -izing** : industrializar

**industrious** [ɪnˈdʌstriəs] *adj* : diligente, industrioso, trabajador

**industriously** [ɪnˈdʌstriəsli] *adv* : con diligencia, con aplicación

**industriousness** [ɪnˈdʌstriəsnəs] *n* : diligencia *f*, aplicación *f*

**industry** [ˈɪndəstri] *n, pl* **-tries** **1** DILIGENCE : diligencia *f*, aplicación *f* **2** : industria *f* ⟨the steel industry : la industria siderúrgica⟩

**inebriated** [ɪˈniːbriˌeɪʧəd] *adj* : ebrio, embriagado

**inebriation** [ɪˌniːbriˈeɪʃən] *n* : ebriedad *f*, embriaguez *f*

**inedible** [ɪnˈɛdəbəl] *adj* : incomible

**ineffable** [ɪnˈɛfəbəl] *adj* : inefable — **ineffably** [-bli] *adv*

**ineffective** [ˌɪnɪˈfɛktɪv] *adj* **1** INEFFECTUAL : ineficaz, inútil **2** INCAPABLE : incompetente, ineficiente, incapaz

**ineffectively** [ˌɪnɪˈfɛktɪvli] *adv* : ineficazmente, infructuosamente

**ineffectual** [ˌɪnɪˈfɛkʧʊəl] *adj* : inútil, ineficaz — **ineffectually** *adv*

**inefficiency** [ˌɪnɪˈfɪʃənʦi] *n, pl* **-cies** : ineficiencia *f*, ineficacia *f*

**inefficient** [ˌɪnɪˈfɪʃənt] *adj* **1** : ineficiente, ineficaz **2** INCAPABLE, INCOMPETENT : incompetente, incapaz — **inefficiently** *adv*

**inelegance** [ɪnˈɛləgənʦ] *n* : inelegancia *f*

**inelegant** [ɪnˈɛləgənt] *adj* : inelegante, poco elegante

**ineligibility** [ɪnˌɛləʤəˈbɪləʧi] *n* : inelegibilidad *f*

**ineligible** [ɪnˈɛləʤəbəl] *adj* : inelegible

**inept** [ɪˈnɛnpt] *adj* : inepto ⟨inept at : incapaz para⟩

**ineptitude** [ɪˈnɛnpəˌtuːd, -ˌtjuːd] *n* : ineptitud *f*, incompetencia *f*, incapacidad *f*

**inequality** [ˌɪnɪˈkwɑləʧi] *n, pl* **-ties** : desigualdad *f*

**inequitable** [ɪnˈɛkwəʧəbəl] *adj* : inequitativo

**inequity** [ɪnˈɛkwəʧi] *n, pl* **-ties** : inequidad *f*

**inert** [ɪˈnərt] *adj* **1** INACTIVE : inerte, inactivo **2** SLUGGISH : lento

**inertia** [ɪˈnərʃə] *n* : inercia *f*

**inescapable** [ˌɪnɪˈskeɪpəbəl] *adj* : inevitable, ineludible — **inescapably** [-bli] *adv*

**inessential** [ˌɪnɪˈsɛnʃəl] *adj* : que no es esencial, innecesario

**inestimable** [ɪnˈɛstəməbəl] *adj* : inestimable, inapreciable

**inevitability** [ɪnˌɛvəʧəˈbɪləʧi] *n, pl* **-ties** : inevitabilidad *f*

**inevitable** [ɪnˈɛvəʧəbəl] *adj* : inevitable — **inevitably** [-bli] *adv*

**inexact** [ˌɪnɪgˈzɛkt] *adj* : inexacto

**inexactly** [ˌɪnɪgˈzɛktli] *adv* : sin exactitud

**inexcusable** [ˌɪnɪkˈskjuːzəbəl] *adj* : inexcusable, imperdonable — **inexcusably** [-bli] *adv*

**inexhaustible** [ˌɪnɪgˈzɔstəbəl] *adj* **1** INDEFATIGABLE : infatigable, incansable **2** ENDLESS : inagotable — **inexhaustibly** [-bli] *adv*

**inexorable** [ɪnˈɛksərəbəl] *adj* : inexorable — **inexorably** [-bli] *adv*

**inexpensive** [ˌɪnɪkˈspɛnʦɪv] *adj* : barato, económico

**inexperience** [ˌɪnɪkˈspɪriənʦ] *n* : inexperiencia *f*

**inexperienced** [ˌɪnɪkˈspɪriənʦt] *adj* : inexperto, novato

**inexplicable** [ˌɪnɪkˈsplɪkəbəl] *adj* : inexplicable — **inexplicably** [-bli] *adv*

**inexpressible** [ˌɪnɪkˈsprɛsəbəl] *adj* : inexpresable, inefable

**inextricable** [ˌɪnɪkˈstrɪkəbəl, ɪˈnɛk-ˌstrɪ-] *adj* : inextricable — **inextricably** [-bli] *adv*

**infallibility** [ɪnˌfæləˈbɪləʧi] *n* : infalibilidad *f*

**infallible** [ɪnˈfæləbəl] *adj* : infalible — **infallibly** [-bli] *adv*

**infamous** [ˈɪnfəməs] *adj* : infame — **infamously** *adv*

**infamy** [ˈɪnfəmi] *n, pl* **-mies** : infamia *f*

**infancy** [ˈɪnfənʦi] *n, pl* **-cies** : infancia *f*

**infant** [ˈɪnfənt] *n* : bebé *m*; niño *m*, -ña *f*

**infantile** [ˈɪnfənˌtaɪl, -təl, -ˌtiːl] *adj* : infantil, pueril

**infantile paralysis** → **poliomyelitis**

**infantry** [ˈɪnfəntri] *n, pl* **-tries** : infantería *f*

**infatuated** [ɪnˈfæʧʊˌeɪʧəd] *adj* **to be infatuated with** : estar encaprichado con

**infatuation** [ɪnˌfæʧʊˈeɪʃən] *n* : encaprichamiento *m*, enamoramiento *m*

**infect** [ɪnˈfɛkt] *vt* : infectar, contagiar

**infection** [ɪnˈfɛkʃən] *n* : infección *f*, contagio *m*

**infectious** [ɪnˈfɛkʃəs] *adj* : infeccioso, contagioso

**infer** [ɪnˈfər] *vt* **inferred; inferring** **1** DEDUCE : deducir, inferir **2** SURMISE : concluir, suponer, tener entendido **3** IMPLY : sugerir, insinuar

**inference** [ˈɪnfərənʦ] *n* : deducción *f*, inferencia *f*, conclusión *f*

**inferior**[1] [ɪnˈfɪrɪər] *adj* : inferior, malo
**inferior**[2] *n* : inferior *mf*
**inferiority** [ɪnˌfɪrɪˈɔrəṭi] *n, pl* **-ties** : inferioridad *f* ⟨inferiority complex : complejo de inferioridad⟩
**infernal** [ɪnˈfərnəl] *adj* **1** : infernal ⟨infernal fires : fuegos infernales⟩ **2** DIABOLICAL : infernal, diabólico **3** DAMNABLE : maldito, condenado
**inferno** [ɪnˈfərˌno:] *n, pl* **-nos** : infierno *m*
**infertile** [ɪnˈfərṭəl, -ˌtaɪl] *adj* : estéril, infecundo
**infertility** [ˌɪnfərˈtɪləṭi] *n* : esterilidad *f*, infecundidad *f*
**infest** [ɪnˈfɛst] *vt* : infestar, plagar
**infestation** [ˌɪnˌfɛsˈteɪʃən] *n* : infestación *f*, plaga *f*
**infidel** [ˈɪnfədəl, -ˌdɛl] *n* : infiel *mf*
**infidelity** [ˌɪnfəˈdɛləṭi, -faɪ-] *n, pl* **-ties** **1** UNFAITHFULNESS : infidelidad *f* **2** DISLOYALTY : deslealtad *f*
**infield** [ˈɪnˌfi:ld] *n* : cuadro *m*, diamante *m*
**infighting** [ˈɪnˌfaɪṭɪŋ] *n* : disputas *fpl* internas, luchas *fpl* internas
**infiltrate** [ˈɪnfɪlˌtreɪt, ˈɪnfɪl-] *v* **-trated; -trating** *vt* : infiltrar — *vi* : infiltrarse
**infiltration** [ˌɪnfɪlˈtreɪʃən] *n* : infiltración *f*
**infiltrator** [ɪnˈfɪlˌtreɪṭər, ˈɪnfɪl-] *n* : infiltrado *m*, -da *f*
**infinite** [ˈɪnfənəṭ] *adj* **1** LIMITLESS : infinito, sin límites **2** VAST : infinito, vasto, extenso
**infinitely** [ˈɪnfənəṭli] *adv* : infinitamente
**infinitesimal** [ˌɪnˌfɪnəˈtɛsəməl] *adj* : infinitesimal — **infinitesimally** *adv*
**infinitive** [ɪnˈfɪnəṭɪv] *n* : infinitivo *m*
**infinity** [ɪnˈfɪnəṭi] *n, pl* **-ties** **1** : infinito *m* (en matemáticas, etc.) **2** : infinidad *f* ⟨an infinity of stars : una infinidad de estrellas⟩
**infirm** [ɪnˈfərm] *adj* **1** FEEBLE : enfermizo, endeble **2** INSECURE : inseguro
**infirmary** [ɪnˈfərməri] *n, pl* **-ries** : enfermería *f*, hospital *m*
**infirmity** [ɪnˈfərməṭi] *n, pl* **-ties** **1** FRAILTY : debilidad *f* **2** AILMENT : enfermedad *f*, dolencia *f* ⟨the infirmities of age : los achaques de la vejez⟩
**inflame** [ɪnˈfleɪm] *v* **-flamed; -flaming** *vt* **1** KINDLE : inflamar, encender **2** : inflamar (una herida) **3** STIR UP : encender, provocar, inflamar — *vi* : inflamarse
**inflammable** [ɪnˈflæməbəl] *adj* **1** FLAMMABLE : inflamable **2** IRASCIBLE : irascible, explosivo
**inflammation** [ˌɪnfləˈmeɪʃən] *n* : inflamación *f*
**inflammatory** [ɪnˈflæməˌtori] *adj* : inflamatorio, incendiario
**inflatable** [ɪnˈfleɪṭəbəl] *adj* : inflable
**inflate** [ɪnˈfleɪt] *vt* **-flated; -flating** : inflar, hinchar
**inflation** [ɪnˈfleɪʃən] *n* : inflación *f*
**inflationary** [ɪnˈfleɪʃəˌneri] *adj* : inflacionario, inflacionista
**inflect** [ɪnˈflɛkt] *vt* **1** CONJUGATE, DECLINE : conjugar, declinar **2** MODULATE : modular (la voz)
**inflection** [ɪnˈflɛkʃən] *n* : inflexión *f*
**inflexibility** [ɪnˌflɛksəˈbɪləṭi] *n, pl* **-ties** : inflexibilidad *f*
**inflexible** [ɪnˈflɛksɪbəl] *adj* : inflexible
**inflict** [ɪnˈflɪkt] *vt* **1** : infligir, causar, imponer **2 to inflict oneself on** : imponer uno su presencia (a alguien)
**infliction** [ɪnˈflɪkʃən] *n* : imposición *f*
**influence**[1] [ˈɪnˌfluːənts, ɪnˈfluːənts] *vt* **-enced; -encing** : influenciar, influir en
**influence**[2] *n* **1** : influencia *f*, influjo *m* ⟨to exert influence over : ejercer influencia sobre⟩ ⟨the influence of gravity : el influjo de la gravedad⟩ **2 under the influence** : bajo la influencia del alcohol, embriagado
**influential** [ˌɪnfluˈɛnʃəl] *adj* : influyente
**influenza** [ˌɪnfluˈɛnzə] *n* : gripe *f*, influenza *f*, gripa *f Col, Mex*
**influx** [ˈɪnˌflʌks] *n* : afluencia *f* (de gente), entrada *f* (de mercancías), llegada *f* (de ideas)
**info** [ˈɪnfo] *n fam* → **information**
**inform** [ɪnˈfɔrm] *vt* : informar, notificar, avisar — *vi* **to inform on** : delatar, denunciar
**informal** [ɪnˈfɔrməl] *adj* **1** UNCEREMONIOUS : sin ceremonia, sin etiqueta **2** CASUAL : informal, familiar (dícese del lenguaje) **3** UNOFFICIAL : informal, extraoficial
**informality** [ˌɪnfɔrˈmæləṭi, -fər-] *n, pl* **-ties** : informalidad *f*, familiaridad *f*, falta *f* de ceremonia
**informally** [ɪnˈfɔrməli] *adv* : sin ceremonias, de manera informal, informalmente
**informant** [ɪnˈfɔrmənt] *n* : informante *mf*; informador *m*, -dora *f*
**information** [ˌɪnfərˈmeɪʃən] *n* : información *f*
**informational** [ˌɪnfərˈmeɪʃənəl] *adj* : informativo
**information technology** *n* : informática *f*
**informative** [ɪnˈfɔrməṭɪv] *adj* : informativo, instructivo
**informer** [ɪnˈfɔrmər] *n* : informante *mf*; informador *m*, -dora *f*
**infraction** [ɪnˈfrækʃən] *n* : infracción *f*, violación *f*, transgresión *f*
**infrared** [ˌɪnfrəˈrɛd] *adj* : infrarrojo
**infrastructure** [ˈɪnfrəˌstrʌktʃər] *n* : infraestructura *f*
**infrequent** [ɪnˈfri:kwənt] *adj* : infrecuente, raro
**infrequently** [ɪnˈfri:kwəntli] *adv* : raramente, con poca frecuencia
**infringe** [ɪnˈfrɪnʤ] *v* **-fringed; -fringing** *vt* : infringir, violar — *vi* **to infringe on** : abusar de, violar
**infringement** [ɪnˈfrɪnʤmənt] *n* **1** VIOLATION : violación *f* (de la ley), incumplimiento *m* (de un contrato) **2** ENCROACHMENT : usurpación *f* (de derechos, etc.)
**infuriate** [ɪnˈfjuriˌeɪt] *vt* **-ated; -ating** : enfurecer, poner furioso
**infuriating** [ɪnˈfjuriˌeɪṭɪŋ] *adj* : indignante, exasperante
**infuse** [ɪnˈfju:z] *vt* **-fused; -fusing** **1** INSTILL : infundir **2** STEEP : hacer una infusión de

**infusion** [ɪnˈfjuːʒən] *n* : infusión *f*
**ingenious** [ɪnˈʤiːnjəs] *adj* : ingenioso — **ingeniously** *adv*
**ingenue** *or* **ingénue** [ˈɑnʤəˌnuː, ˈæn-; ˈæʒə-, ˈɑ-] *n* : ingenua *f*
**ingenuity** [ˌɪnʤəˈnuːəṭi, -ˈnjuː-] *n, pl* **-ities** : ingenio *m*
**ingenuous** [ɪnˈʤɛnjʊəs] *adj* **1** FRANK : cándido, franco **2** NAIVE : ingenuo — **ingenuously** *adv*
**ingenuousness** [ɪnˈʤɛnjʊəsnəs] *n* **1** FRANKNESS : candidez *f*, candor *m* **2** NAÏVETÉ : ingenuidad *f*
**ingest** [ɪnˈʤɛst] *vt* : ingerir
**ingestion** [ɪnˈʤɛstʃən] *n* : ingestión *f*
**inglorious** [ɪnˈglorɪəs] *adj* : deshonroso, ignominioso
**ingot** [ˈɪŋgət] *n* : lingote *m*
**ingrained** [ɪnˈgreɪnd] *adj* : arraigado
**ingrate** [ˈɪnˌgreɪt] *n* : ingrato *m*, -ta *f*
**ingratiate** [ɪnˈgreɪʃiˌeɪt] *vt* **-ated; -ating** : conseguir la benevolencia de ⟨to ingratiate oneself with someone : congraciarse con alguien⟩
**ingratiating** [ɪnˈgreɪʃiˌeɪṭɪŋ] *adj* : halagador, zalamero, obsequioso
**ingratitude** [ɪnˈgrætəˌtuːd, -ˌtjuːd] *n* : ingratitud *f*
**ingredient** [ɪnˈgriːdiənt] *n* : ingrediente *m*, componente *m*
**ingrown** [ˈɪnˌgroʊn] *adj* **1** : crecido hacia adentro **2 ingrown toenail** : uña *f* encarnada
**inhabit** [ɪnˈhæbət] *vt* : vivir en, habitar, ocupar
**inhabitable** [ɪnˈhæbəṭəbəl] *adj* : habitable
**inhabitant** [ɪnˈhæbəṭənt] *n* : habitante *mf*
**inhalant** [ɪnˈheɪlənt] *n* : inhalante *m*
**inhalation** [ˌɪnhəˈleɪʃən, ˌɪnə-] *n* : inhalación *f*
**inhale** [ɪnˈheɪl] *v* **-haled; -haling** *vt* : inhalar, aspirar — *vi* : inspirar
**inhaler** [ɪnˈheɪlər] *n* : inhalador *m*
**inhere** [ɪnˈhɪr] *vi* **-hered; -hering** : ser inherente
**inherent** [ɪnˈhɪrənt, -ˈhɛr-] *adj* : inherente, intrínseco — **inherently** *adv*
**inherit** [ɪnˈhɛrəṭ] *vt* : heredar
**inheritance** [ɪnˈhɛrəṭənʌs] *n* : herencia *f*
**inheritor** [ɪnˈhɛrəṭər] *n* : heredero *m*, -ra *f*
**inhibit** [ɪnˈhɪbəṭ] *vt* IMPEDE : inhibir, impedir
**inhibition** [ˌɪnhəˈbɪʃən, ˌɪnə-] *n* : inhibición *f*, cohibición *f*
**inhospitable** [ˌɪnhaˈspɪṭəbəl, -ˈhɑsˌpɪ-] *adj* : inhóspito
**inhuman** [ɪnˈhjuːmən, -ˈjuː-] *adj* : inhumano, cruel — **inhumanly** *adv*
**inhumane** [ˌɪnhjuˈmeɪn, -ju-] *adj* INHUMAN : inhumano, cruel
**inhumanity** [ˌɪnhjuˈmænəṭi, -ju-] *n, pl* **-ties** : inhumanidad *f*, crueldad *f*
**inimical** [ɪˈnɪmɪkəl] *adj* **1** UNFAVORABLE : adverso, desfavorable **2** HOSTILE : hostil — **inimically** *adv*
**inimitable** [ɪˈnɪməṭəbəl] *adj* : inimitable
**iniquitous** [ɪˈnɪkwəṭəs] *adj* : inicuo, malvado
**iniquity** [ɪˈnɪkwəṭi] *n, pl* **-ties** : iniquidad *f*
**initial**[1] [ɪˈnɪʃəl] *vt* **-tialed** *or* **-tialled; -tialing** *or* **-tialling** : poner las iniciales a, firmar con las iniciales
**initial**[2] *adj* : inicial, primero — **initially** *adv*
**initial**[3] *n* : inicial *f*
**initiate**[1] [ɪˈnɪʃiˌeɪt] *vt* **-ated; -ating 1** BEGIN : comenzar, iniciar **2** INDUCT : instruir **3** INTRODUCE : introducir, instruir
**initiate**[2] [ɪˈnɪʃiət] *n* : iniciado *m*, -da *f*
**initiation** [ɪˌnɪʃiˈeɪʃən] *n* : iniciación *f*
**initiative** [ɪˈnɪʃəṭɪv] *n* : iniciativa *f*
**initiatory** [ɪˈnɪʃiəˌtori] *adj* **1** INTRODUCTORY : introductorio **2** : de iniciación ⟨initiatory rites : ritos de iniciación⟩
**inject** [ɪnˈʤɛkt] *vt* : inyectar
**injection** [ɪnˈʤɛkʃən] *n* : inyección *f*
**injudicious** [ˌɪnʤʊˈdɪʃəs] *adj* : imprudente, indiscreto, poco juicioso
**injunction** [ɪnˈʤʌŋkʃən] *n* **1** ORDER : orden *f*, mandato *m* **2** COURT ORDER : mandamiento *m* judicial
**injure** [ˈɪnʤər] *vt* **-jured; -juring 1** WOUND : herir, lesionar **2** HURT : lastimar, dañar, herir **3 to injure oneself** : hacerse daño
**injurious** [ɪnˈʤʊriəs] *adj* : perjudicial ⟨injurious to one's health : perjudicial a la salud⟩
**injury** [ˈɪnʤəri] *n, pl* **-ries 1** WRONG : mal *m*, injusticia *f* **2** DAMAGE, HARM : herida *f*, daño *m*, perjuicio *m*
**injustice** [ɪnˈʤʌstəs] *n* : injusticia *f*
**ink**[1] [ˈɪŋk] *vt* : entintar
**ink**[2] *n* : tinta *f*
**inkjet printer** [ˈɪŋkˈʤɛt-] *n* : impresora *f* de inyección de tinta
**inkling** [ˈɪŋklɪŋ] *n* : presentimiento *m*, indicio *m*, sospecha *f*
**ink pad** *n* : tampón *m* (para entintar)
**inkwell** [ˈɪŋkˌwɛl] *n* : tintero *m*
**inky** [ˈɪŋki] *adj* **1** : manchado de tinta **2** BLACK : negro, impenetrable ⟨inky darkness : negra oscuridad⟩
**inland**[1] [ˈɪnˌlænd, -lənd] *adv* : hacia el interior, tierra adentro
**inland**[2] *adj* : interior
**inland**[3] *n* : interior *m*
**in–law** [ˈɪnˌlɔ] *n* **1** : pariente *m* político **2 in–laws** *npl* : suegros *mpl*
**inlay**[1] [ɪnˈleɪ, ˈɪnˌleɪ] *vt* **-laid** [-ˈleɪd, -ˌleɪd]; **-laying** : incrustar
**inlay**[2] [ˈɪnˌleɪ] *n* **1** : incrustación *f* **2** : empaste *m* (de un diente)
**inlet** [ˈɪnˌlɛt, -lət] *n* : cala *f*, ensenada *f*, brazo *m* del mar
**in–line skate** [ˈɪnˌlaɪn-] *n* : patín *m* en línea
**inmate** [ˈɪnˌmeɪt] *n* : paciente *mf* (en un hospital); preso *m*, -sa *f* (en una prisión); interno *m*, -na *f* (en un asilo)
**in memoriam** [ˌɪnməˈmoriəm] *prep* : en memoria de
**inmost** [ˈɪnˌmoːst] → **innermost**
**inn** [ˈɪn] *n* **1** : posada *f*, hostería *f*, fonda *f* **2** TAVERN : taberna *f*
**innards** [ˈɪnərdz] *npl* : entrañas *fpl*, tripas *fpl fam*
**innate** [ɪˈneɪt] *adj* **1** INBORN : innato **2** INHERENT : inherente

**inner** [ˈɪnər] *adj* : interior, interno
**inner city** *n* : barrios *mpl* pobres (en el centro de una ciudad)
**innermost** [ˈɪnərˌmoːst] *adj* : más íntimo, más profundo
**innersole** [ˈɪnərˈsoːl] → **insole**
**inner tube** → **tube**
**inning** [ˈɪnɪŋ] *n* : entrada *f*
**innkeeper** [ˈɪnˌkiːpər] *n* : posadero *m*, -ra *f*
**innocence** [ˈɪnəsənʦ] *n* : inocencia *f*
**innocent**[1] [ˈɪnəsənt] *adj* : inocente — **innocently** *adv*
**innocent**[2] *n* : inocente *mf*
**innocuous** [ɪˈnɑkjəwəs] *adj* **1** HARMLESS : inocuo **2** INOFFENSIVE : inofensivo
**innovate** [ˈɪnəˌveɪt] *vi* **-vated; -vating** : innovar
**innovation** [ˌɪnəˈveɪʃən] *n* : innovación *f*, novedad *f*
**innovative** [ˈɪnəˌveɪʧɪv] *adj* : innovador
**innovator** [ˈɪnəˌveɪʧər] *n* : innovador *m*, -dora *f*
**innuendo** [ˌɪnjuˈendo] *n, pl* **-dos** *or* **-does** : insinuación *f*, indirecta *f*
**innumerable** [ɪˈnuːmərəbəl, -ˈnjuː-] *adj* : innumerable
**inoculate** [ɪˈnɑkjəˌleɪt] *vt* **-lated; -lating** : inocular
**inoculation** [ɪˌnɑkjəˈleɪʃən] *n* : inoculación *f*
**inoffensive** [ˌɪnəˈfɛnʦɪv] *adj* : inofensivo
**inoperable** [ɪnˈɑpərəbəl] *adj* : inoperable
**inoperative** [ɪnˈɑpərəʧɪv, -ˌreɪ-] *adj* : inoperante
**inopportune** [ɪnˌɑpərˈtuːn, -ˈtjuːn] *adj* : inoportuno — **inopportunely** *adv*
**inordinate** [ɪnˈɔrdənət] *adj* : excesivo, inmoderado, desmesurado — **inordinately** *adv*
**inorganic** [ˌɪnˌɔrˈgænɪk] *adj* : inorgánico
**inpatient** [ˈɪnˌpeɪʃənt] *n* : paciente *mf* hospitalizado
**input**[1] [ˈɪnˌpʊt] *vt* **inputted** *or* **input; inputting** : entrar (datos, información)
**input**[2] *n* **1** CONTRIBUTION : aportación *f*, contribución *f* **2** ENTRY : entrada *f* (de datos) **3** ADVICE, OPINION : consejos *mpl*, opinión *f*
**inquest** [ˈɪnˌkwɛst] *n* INQUIRY, INVESTIGATION : investigación *f*, pesquisa *f* (judicial), indagatoria *f*
**inquire** [ɪnˈkwaɪr] *v* **-quired; -quiring** *vt* : preguntar, informarse de, inquirir ⟨he inquired how to get in : preguntó como entrar⟩ — *vi* **1** ASK : preguntar, informarse ⟨to inquire about : informarse sobre⟩ ⟨to inquire after (someone) : preguntar por (alguien)⟩ **2 to inquire into** INVESTIGATE : investigar, inquirir sobre
**inquiringly** [ɪnˈkwaɪrɪŋli] *adv* : inquisitivamente
**inquiry** [ˈɪnˌkwaɪri, ɪnˈkwaɪri:, ˈɪnkwəri, ˈɪŋ-] *n, pl* **-ries** **1** QUESTION : pregunta *f* ⟨to make inquiries about : pedir información sobre⟩ **2** INVESTIGATION : investigación *f*, inquisición *f*, pesquisa *f*
**inquisition** [ˌɪnkwəˈzɪʃən, ˌɪŋ-] *n* **1** : inquisición *f*, interrogatorio *m*, investigación *f* **2 the Inquisition** : la Inquisición *f*
**inquisitive** [ɪnˈkwɪzəʧɪv] *adj* : inquisidor, inquisitivo, curioso — **inquisitively** *adv*
**inquisitiveness** [ɪnˈkwɪzəʧɪvnəs] *n* : curiosidad *f*
**inquisitor** [ɪnˈkwɪzəʧər] *n* : inquisidor *m*, -dora *f*; interrogador *m*, -dora *f*
**inroad** [ˈɪnˌroːd] *n* **1** ENCROACHMENT, INVASION : invasión *f*, incursión *f* **2 to make inroads into** : ocupar parte de (un tiempo), agotar parte de (ahorros, recursos), invadir (un territorio)
**insane** [ɪnˈseɪn] *adj* **1** MAD : loco, demente ⟨to go insane : volverse loco⟩ ⟨to drive someone insane : volver loco a alguien⟩ **2** ABSURD : absurdo, insensato ⟨an insane scheme : un proyecto insensato⟩
**insanely** [ɪnˈseɪnli] *adv* : como un loco ⟨insanely suspicious : loco de recelo⟩
**insanity** [ɪnˈsænəʧi] *n, pl* **-ties** **1** MADNESS : locura *f* **2** FOLLY : locura *f*, insensatez *f*
**insatiable** [ɪnˈseɪʃəbəl] *adj* : insaciable — **insatiably** [-bli] *adv*
**inscribe** [ɪnˈskraɪb] *vt* **-scribed; -scribing** **1** ENGRAVE : inscribir, grabar **2** ENROLL : inscribir **3** DEDICATE : dedicar (un libro)
**inscription** [ɪnˈskrɪpʃən] *n* : inscripción *f* (en un monumento), dedicación *f* (en un libro), leyenda *f* (de una ilustración, etc.)
**inscrutable** [ɪnˈskruːʧəbəl] *adj* : inescrutable, misterioso — **inscrutably** [-bli] *adv*
**inseam** [ˈɪnˌsiːm] *n* : entrepierna *f*
**insect** [ˈɪnˌsɛkt] *n* : insecto *m*
**insecticidal** [ɪnˌsɛktəˈsaɪdəl] *adj* : insecticida
**insecticide** [ɪnˈsɛktəˌsaɪd] *n* : insecticida *m*
**insecure** [ˌɪnsɪˈkjʊr] *adj* : inseguro, poco seguro
**insecurely** [ˌɪnsɪˈkjʊrli] *adv* : inseguramente
**insecurity** [ˌɪnsɪˈkjʊrəʧi] *n, pl* **-ties** : inseguridad *f*
**inseminate** [ɪnˈsɛməˌneɪt] *vt* **-nated; -nating** : inseminar
**insemination** [ɪnˌsɛməˈneɪʃən] *n* : inseminación *f*
**insensibility** [ɪnˌsɛnʦəˈbɪləʧi] *n, pl* **-ties** : insensibilidad *f*
**insensible** [ɪnˈsɛnʦəbəl] *adj* **1** UNCONSCIOUS : inconsciente, sin conocimiento **2** NUMB : insensible, entumecido **3** UNAWARE : inconsciente
**insensitive** [ɪnˈsɛnʦəʧɪv] *adj* : insensible
**insensitivity** [ɪnˌsɛnʦəˈʧɪvəʧi] *n, pl* **-ties** : insensibilidad *f*
**inseparable** [ɪnˈsɛpərəbəl] *adj* : inseparable
**insert**[1] [ɪnˈsərt] *vt* **1** : insertar, introducir, poner, meter ⟨insert your key in the lock : mete tu llave en la cerradura⟩ **2** INTERPOLATE : interpolar, intercalar
**insert**[2] [ˈɪnˌsərt] *n* : inserción *f*, hoja *f* insertada (en una revista, etc.)
**insertion** [ɪnˈsərʃən] *n* : inserción *f*
**inshore**[1] [ˈɪnˈʃor] *adv* : hacia la costa
**inshore**[2] *adj* : cercano a la costa, costero ⟨inshore fishing : pesca costera⟩

**inside**[1] [ɪnˈsaɪd, ˈɪnˌsaɪd] *adv* : adentro, dentro ⟨to run inside : correr para adentro⟩ ⟨inside and out : por dentro y por fuera⟩
**inside**[2] *adj* **1** : interior, de adentro, de dentro ⟨the inside lane : el carril interior⟩ **2** : confidencial ⟨inside information : información confidencial⟩
**inside**[3] *n* **1** : interior *m*, parte *f* de adentro ⟨the inside of the house : el interior de la casa⟩ **2 insides** *npl* BELLY, GUTS : tripas *fpl fam* **3 inside out** : al/del revés ⟨to turn something inside out : darle la vuelta a algo, volver/poner algo al/del revés, voltear algo⟩
**inside**[4] *prep* **1** INTO : al interior de **2** WITHIN : dentro de **3** (*referring to time*) : en menos de ⟨inside an hour : en menos de una hora⟩
**inside of** *prep* INSIDE : dentro de
**insider** [ɪnˈsaɪdər] *n* : persona *f* enterada
**insidious** [ɪnˈsɪdiəs] *adj* : insidioso — **insidiously** *adv*
**insidiousness** [ɪnˈsɪdiəsnəs] *n* : insidia *f*
**insight** [ˈɪnˌsaɪt] *n* : perspicacia *f*, penetración *f*
**insightful** [ɪnˈsaɪtfəl] *adj* : perspicaz
**insignia** [ɪnˈsɪgniə] *or* **insigne** [-ˌniː] *n, pl* **-nia** *or* **-nias** : insignia *f*, enseña *f*
**insignificance** [ˌɪnsɪgˈnɪfɪkənts] *n* : insignificancia *f*
**insignificant** [ˌɪnsɪgˈnɪfɪkənt] *adj* : insignificante
**insincere** [ˌɪnsɪnˈsɪr] *adj* : insincero, poco sincero
**insincerely** [ˌɪnsɪnˈsɪrli] *adv* : con poca sinceridad
**insincerity** [ˌɪnsɪnˈsɛrəṭi, -ˈsɪr-] *n, pl* **-ties** : insinceridad *f*
**insinuate** [ɪnˈsɪnjuˌeɪt] *vt* **-ated; -ating** : insinuar
**insinuation** [ɪnˌsɪnjuˈeɪʃən] *n* : insinuación *f*
**insipid** [ɪnˈsɪpəd] *adj* : insípido
**insist** [ɪnˈsɪst] *v* : insistir
**insistence** [ɪnˈsɪstənts] *n* : insistencia *f*
**insistent** [ɪnˈsɪstənt] *adj* : insistente — **insistently** *adv*
**insofar as** [ˌɪnsoˈfɑræz] *conj* : en la medida en que, en tanto que, en cuanto a
**insole** [ˈɪnˌsoːl] *n* : plantilla *f*
**insolence** [ˈɪntsələnts] *n* : insolencia *f*
**insolent** [ˈɪntsələnt] *adj* : insolente
**insolubility** [ɪnˌsaljuˈbɪləṭi] *n* : insolubilidad *f*
**insoluble** [ɪnˈsaljubəl] *adj* : insoluble
**insolvency** [ɪnˈsalvənts] *n, pl* **-cies** : insolvencia *f*
**insolvent** [ɪnˈsalvənt] *adj* : insolvente
**insomnia** [ɪnˈsamniə] *n* : insomnio *m*
**insomniac** [ɪnˈsamniˌæk] *n* : insomne *mf* — **insomniac** *adj*
**insomuch as** [ˌɪnsoˈmʌtʃæz] → **inasmuch as**
**insomuch that** *conj* SO : así que, de manera que
**inspect** [ɪnˈspɛkt] *vt* : inspeccionar, examinar, revisar
**inspection** [ɪnˈspɛkʃən] *n* : inspección *f*, examen *m*, revisión *f*, revista *f* (de tropas)
**inspector** [ɪnˈspɛktər] *n* : inspector *m*, -tora *f*
**inspiration** [ˌɪnɪspəˈreɪʃən] *n* : inspiración *f*
**inspirational** [ˌɪnɪspəˈreɪʃənəl] *adj* : inspirador
**inspire** [ɪnˈspaɪr] *v* **-spired; -spiring** *vt* **1** INHALE : inhalar, aspirar **2** STIMULATE : estimular, animar, inspirar **3** INSTILL : inspirar, infundir — *vi* : inspirar
**instability** [ˌɪntstəˈbɪləṭi] *n, pl* **-ties** : inestabilidad *f*
**install** [ɪnˈstɔl] *vt* **-stalled; -stalling** **1** : instalar ⟨to install a fan : montar un abanico⟩ **2** INDUCT : instalar, investir ⟨to install the new president : instalar el presidente nuevo⟩ **3 to install oneself** : instalarse
**installation** [ˌɪntstəˈleɪʃən] *n* : instalación *f*
**installment** [ɪnˈstɔlmənt] *n* **1** : plazo *m*, cuota *f* ⟨to pay in four installments : pagar a cuatro plazos⟩ **2** : entrega *f* (de una publicación o telenovela) **3** INSTALLATION : instalación *f*
**instance** [ˈɪntstənts] *n* **1** INSTIGATION : instancia *f* **2** EXAMPLE : ejemplo *m* ⟨for instance : por ejemplo⟩ **3** OCCASION : instancia *f*, caso *m*, ocasión *f* ⟨he prefers, in this instance, to remain anonymous : en este caso prefiere quedarse anónimo⟩
**instant**[1] [ˈɪntstənt] *adj* **1** IMMEDIATE : inmediato, instantáneo ⟨an instant reply : una respuesta inmediata⟩ **2** : instantáneo ⟨instant coffee : café instantáneo⟩
**instant**[2] *n* : momento *m*, instante *m*
**instantaneous** [ˌɪntstənˈteɪniəs] *adj* : instantáneo
**instantaneously** [ˌɪntstənˈteɪniəsli] *adv* : instantáneamente, al instante
**instantly** [ˈɪntstəntli] *adv* : al instante, instantáneamente
**instant message** *n* : mensaje *m* instantáneo
**instant messaging** *n* : mensajería *f* instantánea
**instead** [ɪnˈstɛd] *adv* **1** : en cambio, en lugar de eso, en su lugar ⟨Dad was going, but Mom went instead : papá iba a ir, pero mamá fue en su lugar⟩ **2** RATHER : al contrario
**instead of** *prep* : en vez de, en lugar de
**instep** [ˈɪnˌstɛp] *n* : empeine *m*
**instigate** [ˈɪnstəˌgeɪt] *vt* **-gated; -gating** INCITE, PROVOKE : instigar, incitar, provocar, fomentar
**instigation** [ˌɪnstəˈgeɪʃən] *n* : instancia *f*, incitación *f*
**instigator** [ˈɪnstəˌgeɪṭər] *n* : instigador *m*, -dora *f*; incitador *m*, -dora *f*
**instill** [ɪnˈstɪl] *vt* **-stilled; -stilling** : inculcar, infundir
**instinct** [ˈɪnˌstɪŋkt] *n* **1** TALENT : instinto *m*, don *m* ⟨an instinct for the right word : un don para escoger la palabra apropiada⟩ **2** : instinto *m* ⟨maternal instincts : instintos maternales⟩
**instinctive** [ɪnˈstɪŋktɪv] *adj* : instintivo
**instinctively** [ɪnˈstɪŋktɪvli] *adv* : instintivamente, por instinto

**instinctual** [ɪnˈstɪŋktʃʊəl] *adj* : instintivo
**institute**[1] [ˈɪnstəˌtu:t, -ˌtju:t] *vt* **-tuted; -tuting** 1 ESTABLISH : establecer, instituir, fundar 2 INITIATE : iniciar, empezar, entablar
**institute**[2] *n* : instituto *m*
**institution** [ˌɪnstəˈtu:ʃən, -ˈtju:-] *n* 1 ESTABLISHING : institución *f*, establecimiento *m* 2 CUSTOM : institución *f*, tradición *f* ⟨the institution of marriage : la institución del matrimonio⟩ 3 ORGANIZATION : institución *f*, organismo *m* 4 ASYLUM : asilo *m*
**institutional** [ˌɪnstəˈtu:ʃənəl, -ˈtju:-] *adj* : institucional
**institutionalize** [ˌɪnstəˈtu:ʃənəˌlaɪz, -ˈtju:-] *vt* **-ized; -izing** 1 : institucionalizar ⟨institutionalized values : valores institucionalizados⟩ 2 : internar ⟨institutionalized orphans : huérfanos internados⟩
**instruct** [ɪnˈstrʌkt] *vt* 1 TEACH, TRAIN : instruir, adiestrar, enseñar 2 COMMAND : mandar, ordenar, dar instrucciones a
**instruction** [ɪnˈstrʌkʃən] *n* 1 TEACHING : instrucción *f*, enseñanza *f* 2 COMMAND : orden *f*, instrucción *f* 3 **instructions** *npl* DIRECTIONS : instrucciones *fpl*, modo *m* de empleo
**instructional** [ɪnˈstrʌkʃənəl] *adj* : instructivo, educativo
**instructive** [ɪnˈstrʌktɪv] *adj* : instructivo
**instructor** [ɪnˈstrʌktər] *n* : instructor *m*, -tora *f*
**instrument** [ˈɪnstrəmənt] *n* 1 : instrumento *m* (musical) 2 TOOL, DEVICE : instrumento *m* 3 MEANS : instrumento *m*
**instrumental** [ˌɪnstrəˈmentəl] *adj* : instrumental
**instrumentalist** [ˌɪnstrəˈmentəlɪst] *n* : instrumentista *mf*
**insubordinate** [ˌɪnsəˈbɔrdənət] *adj* : insubordinado
**insubordination** [ˌɪnsəˌbɔrdənˈeɪʃən] *n* : insubordinación *f*
**insubstantial** [ˌɪnsəbˈstænʃəl] *adj* : insustancial, poco nutritivo (dícese de una comida), poco sólido (dícese de una estructura o un argumento)
**insufferable** [ɪnˈsʌfərəbəl] *adj* UNBEARABLE : insufrible, intolerable, inaguantable, insoportable — **insufferably** [-bli] *adv*
**insufficiency** [ˌɪnsəˈfɪʃənsi] *n, pl* **-cies** : insuficiencia *f*
**insufficient** [ˌɪnsəˈfɪʃənt] *adj* : insuficiente — **insufficiently** *adv*
**insular** [ˈɪnsʊlər, -sjʊ-] *adj* 1 : isleño (dícese de la gente), insular (dícese del clima) ⟨insular residents : residentes de la isla⟩ 2 NARROW-MINDED : de miras estrechas
**insularity** [ˌɪnsʊˈlærəti, -sjʊ-] *n* : insularidad *f*
**insulate** [ˈɪnsəˌleɪt] *vt* **-lated; -lating** : aislar
**insulation** [ˌɪnsəˈleɪʃən] *n* : aislamiento *m*
**insulator** [ˈɪnsəˌleɪtər] *n* : aislador *m* (pieza), aislante *m* (material)
**insulin** [ˈɪnsələn] *n* : insulina *f*
**insult**[1] [ɪnˈsʌlt] *vt* : insultar, ofender, injuriar
**insult**[2] [ˈɪnˌsʌlt] *n* : insulto *m*, injuria *f*, agravio *m*
**insulting** [ɪnˈsʌltɪŋ] *adj* : ofensivo, injurioso, insultante
**insultingly** [ɪnˈsʌltɪŋli] *adv* : ofensivamente, de manera insultante
**insurance** [ɪnˈʃʊrənts, ˈɪnˌʃʊr-] *n* : seguro *m* ⟨life insurance : seguro de vida⟩ ⟨insurance company/policy : compañía/póliza de seguros⟩
**insure** [ɪnˈʃʊr] *vt* **-sured; -suring** 1 UNDERWRITE : asegurar 2 ENSURE : asegurar, garantizar
**insured** [ɪnˈʃʊrd] *n* : asegurado *m*, -da *f*
**insurer** [ɪnˈʃʊrər] *n* : asegurador *m*, -dora *f*
**insurgent**[1] [ɪnˈsərʤənt] *adj* : insurgente
**insurgent**[2] *n* : insurgente *mf*
**insurmountable** [ˌɪnsərˈmaʊntəbəl] *adj* : insuperable, insalvable — **insurmountably** [-bli] *adv*
**insurrection** [ˌɪnsəˈrɛkʃən] *n* : insurrección *f*, levantamiento *m*, alzamiento *m*
**intact** [ɪnˈtækt] *adj* : intacto
**intake** [ˈɪnˌteɪk] *n* 1 OPENING : entrada *f*, toma *f* ⟨fuel intake : toma de combustible⟩ 2 : entrada *f* (de agua o aire), consumo *m* (de sustancias nutritivas) 3 **intake of breath** : inhalación *f*
**intangible** [ɪnˈtænʤəbəl] *adj* : intangible, impalpable — **intangibly** [-bli] *adv*
**integer** [ˈɪntəʤər] *n* : entero *m*
**integral** [ˈɪntɪgrəl] *adj* : integral, esencial
**integrate** [ˈɪntəˌgreɪt] *v* **-grated; -grating** *vt* 1 UNITE : integrar, unir 2 DESEGREGATE : eliminar la segregación de — *vi* : integrarse
**integration** [ˌɪntəˈgreɪʃən] *n* : integración *f*
**integrity** [ɪnˈtɛgrəti] *n* : integridad *f*
**intellect** [ˈɪntəlˌɛkt] *n* : intelecto *m*, inteligencia *f*, capacidad *f* intelectual
**intellectual**[1] [ˌɪntəˈlɛktʃʊəl] *adj* : intelectual — **intellectually** *adv*
**intellectual**[2] *n* : intelectual *mf*
**intelligence** [ɪnˈtɛləʤənts] *n* 1 : inteligencia *f* 2 INFORMATION, NEWS : inteligencia *f*, información *f*, noticias *fpl*
**intelligent** [ɪnˈtɛləʤənt] *adj* : inteligente — **intelligently** *adv*
**intelligentsia** [ɪnˌtɛləˈʤɛntsiə, -ˈʤɛn-] *ns & pl* : intelectualidad *f*
**intelligibility** [ɪnˌtɛləʤəˈbɪləti] *n* : inteligibilidad *f*
**intelligible** [ɪnˈtɛləʤəbəl] *adj* : inteligible, comprensible — **intelligibly** [-bli] *adv*
**intemperance** [ɪnˈtɛmpərənts] *n* : inmoderación *f*, intemperancia *f*
**intemperate** [ɪnˈtɛmpərət] *adj* : excesivo, inmoderado, desmedido
**intend** [ɪnˈtɛnd] *vt* 1 (*indicating goal or purpose*) : querer, tener la intención de ⟨I didn't intend to hurt you : no quería hacerte daño⟩ ⟨no insult was intended : no fue mi intención ofender⟩ ⟨it was intended as a warning : pretendía servir de advertencia⟩ ⟨she intended for him to

come : su intención era que viniera〉〈I intended it as a joke : lo dije en broma〉〈a film intended to educate : una película tendiente a educar〉 **2** MEAN, SIGNIFY : querer decir **3** PLAN : pensar, tener planeado, proyectar, proponerse 〈what do you intend to do? : ¿qué piensas hacer?〉〈I intend to finish by Thursday : me propongo acabar para el jueves〉〈if all goes as intended : si todo va según lo planeado〉 **4 to be intended for** : ser para, ir dirigido a (un público, etc.), estar destinado a (un fin), estar diseñado para (un uso)

**intended** [ɪnˈtɛndəd] *adj* **1** PLANNED : previsto, proyectado **2** INTENTIONAL : intencional, deliberado

**intense** [ɪnˈtɛnts] *adj* **1** EXTREME : intenso, extremo 〈intense pain : dolor intenso〉 **2** : profundo, intenso 〈to my intense relief : para mi alivio profundo〉〈intense enthusiasm : entusiasmo ardiente〉

**intensely** [ɪnˈtɛntsli] *adv* : sumamente, profundamente, intensamente

**intensification** [ɪnˌtɛntsəfəˈkeɪʃən] *n* : intensificación *f*

**intensifier** [ɪnˈtɛntsəˌfaɪər] *n* : intensificador *m* (en lingüística)

**intensify** [ɪnˈtɛntsəˌfaɪ] *v* **-fied; -fying** *vt* **1** STRENGTHEN : intensificar, redoblar 〈to intensify one's efforts : redoblar uno sus esfuerzos〉 **2** SHARPEN : intensificar, agudizar (dolor, ansiedad) — *vi* : intensificarse, hacerse más intenso

**intensity** [ɪnˈtɛntsəti] *n, pl* **-ties** : intensidad *f*

**intensive** [ɪnˈtɛntsɪv] *adj* : intensivo 〈intensive care : cuidados intensivos〉 — **intensively** *adv*

**intent**[1] [ɪnˈtɛnt] *adj* **1** FIXED : concentrado, fijo 〈an intent stare : una mirada fija〉 **2 intent on** *or* **intent upon** : resuelto a, atento a

**intent**[2] *n* **1** PURPOSE : intención *f*, propósito *m* **2 for all intents and purposes** : a todos los efectos, prácticamente

**intention** [ɪnˈtɛnʃən] *n* : intención *f*, propósito *m*

**intentional** [ɪnˈtɛnʃənəl] *adj* : intencional, deliberado

**intentionally** [ɪnˈtɛnʃənəli] *adv* : a propósito, adrede

**intently** [ɪnˈtɛntli] *adv* : atentamente, fijamente

**inter** [ɪnˈtər] *vt* **-terred; -terring** : enterrar, inhumar

**inter-** *pref* inter-

**interact** [ˌɪntərˈækt] *vi* : interactuar, actuar recíprocamente, relacionarse

**interaction** [ˌɪntərˈækʃən] *n* : interacción *f*, interrelación *f*

**interactive** [ˌɪntərˈæktɪv] *adj* : interactivo

**interbreed** [ˌɪntərˈbriːd] *v* **-bred** [-ˈbred]; **-breeding** *vt* : cruzar — *vi* : cruzarse

**intercede** [ˌɪntərˈsiːd] *vi* **-ceded; -ceding** : interceder

**intercept** [ˌɪntərˈsɛpt] *vt* : interceptar

**interception** [ˌɪntərˈsɛpʃən] *n* : intercepción *f*

**intercession** [ˌɪntərˈsɛʃən] *n* : intercesión *f*

**interchange**[1] [ˌɪntərˈtʃeɪnʤ] *vt* **-changed; -changing** : intercambiar

**interchange**[2] [ˈɪntərˌtʃeɪnʤ] *n* **1** EXCHANGE : intercambio *m*, cambio *m* **2** JUNCTION : empalme *m*, enlace *m* de carreteras

**interchangeable** [ˌɪntərˈtʃeɪnʤəbəl] *adj* : intercambiable

**intercity** [ˈɪntərˈsɪti] *adj* : interurbano

**intercollegiate** [ˌɪntərkəˈliːʤət, -ʤiət] *adj* : interuniversitario

**intercom** [ˈɪntərˌkɑm] *n* : interfono *m* *Spain*, interfón *m* *Mex*

**interconnect** [ˌɪntərkəˈnɛkt] *vt* **1** : conectar, interconectar (en tecnología) **2** RELATE : interrelacionar — *vi* **1** : conectar **2** : interrelacionarse

**intercontinental** [ˌɪntərˌkɑntənˈnɛtəl] *adj* : intercontinental

**intercourse** [ˈɪntərˌkɔrs] *n* **1** RELATIONS : relaciones *fpl*, trato *m* **2** COPULATION : acto *m* sexual, relaciones *fpl* sexuales, coito *m*

**interdenominational** [ˌɪntərdɪˌnɑmə-ˈneɪʃənəl] *adj* : interconfesional

**interdepartmental** [ˌɪntərdɪˌpɑrt-ˈmɛntəl, -ˌdiː-] *adj* : interdepartamental

**interdependence** [ˌɪntərdɪˈpɛndənts] *n* : interdependencia *f*

**interdependent** [ˌɪntərdɪˈpɛndənt] *adj* : interdependiente

**interdict** [ˌɪntərˈdɪkt] *vt* **1** PROHIBIT : prohibir **2** : cortar (las líneas de comunicación o provisión del enemigo)

**interdisciplinary** [ˌɪntərˈdɪsəplɛˌnɛri] *adj* : interdisciplinario

**interest**[1] [ˈɪntrəst, -təˌrɛst] *vt* : interesar

**interest**[2] *n* **1** SHARE, STAKE : interés *m*, participación *f* **2** BENEFIT : provecho *m*, beneficio *m*, interés *m* 〈in the public interest : en el interés público〉 **3** CHARGE : interés *m*, cargo *m* 〈compound interest : interés compuesto〉〈interest rate : tasa de interés〉 **4** CURIOSITY : interés *m*, curiosidad *f* 〈to take an interest in : interesarse por〉 〈to lose interest : perder interés〉 **5** COLOR : color *m*, interés *m* 〈places of local interest : lugares de color local〉 **6** HOBBY : afición *f*

**interested** [ˈɪntrəstəd, -təˌrɛstəd] *adj* : interesado

**interesting** [ˈɪntrəstɪŋ, -təˌrɛstɪŋ] *adj* : interesante — **interestingly** *adv*

**interface** [ˈɪntərˌfeɪs] *n* **1** : interfaz *f*, interfase *f* **2** : punto *m* de contacto (en la física, etc.)

**interfere** [ˌɪntərˈfɪr] *vi* **-fered; -fering** **1** INTERPOSE : interponerse, hacer interferencia 〈to interfere with a play : obstruir una jugada〉 **2** MEDDLE : entrometerse, interferir, intervenir **3 to interfere with** DISRUPT : afectar (una actividad), interferir (la transmisión de una señal) **4 to interfere with** TOUCH : tocar 〈someone interfered with my papers : alguien tocó mis papeles〉

**interference** [ˌɪntərˈfɪrənts] *n* : interferencia *f*, intromisión *f*

**intergalactic** [ˌɪntərgəˈlæktɪk] *adj* : intergaláctico
**intergovernmental** [ˌɪntərˌgʌvər-ˈmɛntəl, -vərn-] *adj* : intergubernamental
**interim**[1] [ˈɪntərəm] *adj* : interino, provisional
**interim**[2] *n* **1** : interín *m*, intervalo *m* **2 in the interim** : en el interín, mientras tanto
**interior**[1] [ɪnˈtɪriər] *adj* : interior
**interior**[2] *n* : interior *m*
**interject** [ˌɪntərˈdʒɛkt] *vt* : interponer, agregar
**interjection** [ˌɪntərˈdʒɛkʃən] *n* **1** : interjección *f* (en lingüística) **2** EXCLAMATION : exclamación *f* **3** INTERRUPTION : interrupción *f*
**interlace** [ˌɪntərˈleɪs] *vt* **-laced; -lacing 1** INTERWEAVE : entrelazar **2** INTERSPERSE : intercalar
**interlock** [ˌɪntərˈlɑk] *vt* **1** UNITE : trabar, unir **2** ENGAGE : engranar — *vi* : entrelazarse, trabarse
**interloper** [ˌɪntərˈlo:pər] *n* **1** INTRUDER : intruso *m*, -sa *f* **2** MEDDLER : entrometido *m*, -da *f*
**interlude** [ˈɪntərˌlu:d] *n* **1** INTERVAL : intervalo *m*, intermedio *m* (en el teatro) **2** : interludio *m* (en música)
**intermarriage** [ˌɪntərˈmæriʤ] *n* **1** : matrimonio *m* mixto (entre miembros de distintas razas o religiones) **2** : matrimonio *m* entre miembros del mismo grupo
**intermarry** [ˌɪntərˈmæri] *vi* **-married; -marrying 1** : casarse (con miembros de otros grupos) **2** : casarse entre sí (con miembros del mismo grupo)
**intermediary**[1] [ˌɪntərˈmi:diˌɛri] *adj* : intermediario
**intermediary**[2] *n, pl* **-aries** : intermediario *m*, -ria *f*
**intermediate**[1] [ˌɪntərˈmi:diət] *adj* : intermedio
**intermediate**[2] *n* GO-BETWEEN : intermediario *m*, -ria *f*; mediador *m*, -dora *f*
**interment** [ɪnˈtərmənt] *n* : entierro *m*
**interminable** [ɪnˈtərmənəbəl] *adj* : interminable, constante — **interminably** [-bli] *adv*
**intermingle** [ˌɪntərˈmɪŋgəl] *vt* **-mingled; -mingling** : entremezclar, mezclar — *vi* : entremezclarse
**intermission** [ˌɪntərˈmɪʃən] *n* : intermisión *f*, intervalo *m*, intermedio *m*
**intermittent** [ˌɪntərˈmɪtənt] *adj* : intermitente — **intermittently** *adv*
**intermix** [ˌɪntərˈmɪks] *vt* : entremezclar
**intern**[1] [ˈɪnˌtərn, ɪnˈtərn] *vt* : confinar (durante la guerra) — *vi* : servir de interno, hacer las prácticas
**intern**[2] [ˈɪnˌtərn] *n* : interno *m*, -na *f*
**internal** [ɪnˈtərnəl] *adj* : interno, interior ⟨internal bleeding : hemorragia interna⟩ ⟨internal affairs : asuntos interiores, asuntos domésticos⟩ — **internally** *adv*
**international** [ˌɪntərˈnæʃənəl] *adj* : internacional — **internationally** *adv*
**internationalize** [ˌɪntərˈnæʃənəˌlaɪz] *vt* **-ized; -izing** : internacionalizar
**internecine** [ˌɪntərˈnɛˌsi:n, ɪnˈtərnəˌsi:n] *adj* : intestino, interno
**Internet** [ˈɪntərˌnɛt] *n* : Internet *mf*
**Internet café** *n* : cibercafé *m*
**Internet service provider** → **ISP**
**internist** [ˈɪnˌtərnɪst] *n* : internista *mf*
**internment** [ɪˈtərnmənt] *n* : internamiento *m*
**interpersonal** [ˌɪntərˈpərsənəl] *adj* : interpersonal
**interplay** [ˈɪntərˌpleɪ] *n* : interacción *f*, juego *m*
**interpolate** [ɪnˈtərpəˌleɪt] *vt* **-lated; -lating** : interpolar
**interpose** [ˌɪntərˈpo:z] *v* **-posed; -posing** *vt* : interponer, interrumpir con — *vi* : interponerse
**interpret** [ɪnˈtərprət] *vt* : interpretar
**interpretation** [ɪnˌtərprəˈteɪʃən] *n* : interpretación *f*
**interpretative** [ɪnˈtərprəˌteɪtɪv] *adj* : interpretativo
**interpreter** [ɪnˈtərprətər] *n* : intérprete *mf*
**interpretive** [ɪnˈtərprətɪv] *adj* : interpretativo
**interracial** [ˌɪntərˈreɪʃəl] *adj* : interracial
**interrelate** [ˌɪntərˈleɪt] *v* **-related; -relating** : interrelacionar
**interrelationship** [ˌɪntərˈleɪʃənˌʃɪp] *n* : interrelación *f*
**interrogate** [ɪnˈterəˌgeɪt] *vt* **-gated; -gating** : interrogar, someter a un interrogatorio
**interrogation** [ɪnˌterəˈgeɪʃən] *n* : interrogatorio *m*, interrogación *f*
**interrogative**[1] [ˌɪntəˈrɑgətɪv] *adj* : interrogativo
**interrogative**[2] *n* : interrogativo *m*
**interrogator** [ɪnˈterəˌgeɪtər] *n* : interrogador *m*, -dora *f*
**interrogatory** [ˌɪntəˈrɑgəˌtɔri] *adj* → **interrogative**[1]
**interrupt** [ˌɪntəˈrʌpt] *v* : interrumpir
**interruption** [ˌɪntəˈrʌpʃən] *n* : interrupción *f*
**intersect** [ˌɪntərˈsɛkt] *vt* : cruzar, cortar — *vi* : cruzarse (dícese de los caminos), intersecarse (dícese de las líneas o figuras), cortarse
**intersection** [ˌɪntərˈsɛkʃən] *n* : intersección *f*, cruce *m*
**intersperse** [ˌɪntərˈspərs] *vt* **-spersed; -spersing** : intercalar, entremezclar
**interstate** [ˌɪntərˈsteɪt] *adj* : interestatal
**interstellar** [ˌɪntərˈstɛlər] *adj* : interestelar
**interstice** [ɪnˈtərstəs] *n, pl* **-stices** [-stəˌsi:z, -stəsəz] : intersticio *m*
**intertwine** [ˌɪntərˈtwaɪn] *vi* **-twined; -twining** : entrelazarse
**interval** [ˈɪntərvəl] *n* : intervalo *m*
**intervene** [ˌɪntərˈvi:n] *vi* **-vened; -vening 1** ELAPSE : transcurrir, pasar ⟨the intervening years : los años intermediarios⟩ **2** INTERCEDE : intervenir, interceder, mediar
**intervention** [ˌɪntərˈvɛnʃən] *n* : intervención *f*
**interview**[1] [ˈɪntərˌvju:] *vt* : entrevistar — *vi* : hacer entrevistas
**interview**[2] *n* : entrevista *f*

**interviewer** [ˈɪntər,vjuːər] *n* : entrevistador *m*, -dora *f*
**interweave** [ˌɪntərˈwiːv] *v* **-wove** [-ˈwoːv]; **-woven** [-ˈwoːvən]; **-weaving** *vt* : entretejer, entrelazar — *vi* INTERTWINE : entrelazarse, entretejerse
**interwoven** [ˌɪntərˈwoːvən] *adj* : entretejido
**intestate** [ɪnˈtɛsˌteɪt, -tət] *adj* : intestado
**intestinal** [ɪnˈtɛstənəl] *adj* : intestinal
**intestine** [ɪnˈtɛstən] *n* **1** : intestino *m* **2 small intestine** : intestino *m* delgado **3 large intestine** : intestino *m* grueso
**intimacy** [ˈɪntəməsi] *n, pl* **-cies 1** CLOSENESS : intimidad *f* **2** FAMILIARITY : familiaridad *f*
**intimate**[1] [ˈɪntəˌmeɪt] *vt* **-mated; -mating** : insinuar, dar a entender
**intimate**[2] [ˈɪntəmət] *adj* **1** CLOSE : íntimo, de confianza ⟨intimate friends : amigos íntimos⟩ **2** PRIVATE : íntimo, privado ⟨intimate clubs : clubes íntimos⟩ **3** INNERMOST, SECRET : íntimo, secreto ⟨intimate fantasies : fantasías secretas⟩
**intimate**[3] *n* : amigo *m* íntimo, amiga *f* íntima
**intimidate** [ɪnˈtɪməˌdeɪt] *vt* **-dated; -dating** : intimidar
**intimidation** [ɪnˌtɪməˈdeɪʃən] *n* : intimidación *f*
**into** [ˈɪnˌtuː] *prep* **1** (*indicating motion*) : en, a, contra, dentro de ⟨she got into bed : se metió en la cama⟩ ⟨to get into a plane : subir a un avión⟩ ⟨he crashed into the wall : chocó contra la pared⟩ ⟨looking into the sun : mirando al sol⟩ ⟨staring into space : mirando al vacío⟩ **2** (*indicating state or condition*) : a, en ⟨to burst into tears : echarse a llorar⟩ ⟨the water turned into ice : el agua se convirtió en hielo⟩ ⟨to translate into English : traducir al inglés⟩ **3** (*indicating time*) ⟨far into the night : hasta bien entrada la noche⟩ ⟨he's well into his eighties : tiene los ochenta bien cumplidos⟩ **4** (*in mathematics*) ⟨3 into 12 is 4 : 12 dividido por 3 es 4⟩ **5** *fam* (*indicating interest or involvement*) ⟨he's really into sports : le ha dado fuerte por los deportes⟩
**intolerable** [ɪnˈtɑlərəbəl] *adj* : intolerable — **intolerably** [-bli] *adv*
**intolerance** [ɪnˈtɑlərənts] *n* : intolerancia *f*
**intolerant** [ɪnˈtɑlərənt] *adj* : intolerante
**intonation** [ˌɪntoˈneɪʃən] *n* : entonación *f*
**intone** [ɪnˈtoːn] *vt* **-toned; -toning** : entonar
**intoxicant** [ɪnˈtɑksɪkənt] *n* : bebida *f* alcohólica
**intoxicate** [ɪnˈtɑksəˌkeɪt] *vt* **-cated; -cating** : emborrachar, embriagar
**intoxicated** [ɪnˈtɑksəˌkeɪtəd] *adj* : borracho, embriagado
**intoxicating** [ɪnˈtɑksəˌkeɪtɪŋ] *adj* : embriagador
**intoxication** [ɪnˌtɑksəˈkeɪʃən] *n* : embriaguez *f*
**intractable** [ɪnˈtræktəbəl] *adj* : obstinado, intratable
**intramural** [ˌɪntrəˈmjʊrəl] *adj* : interno, dentro de la universidad
**intransigence** [ɪnˈtrænsəʤənts, -ˈtrænzə-] *n* : intransigencia *f*
**intransigent** [ɪnˈtrænsəʤənt, -ˈtrænzə-] *adj* : intransigente
**intransitive** [ɪnˈtrænsətɪv, -ˈtrænzə-] *adj* : intransitivo
**intrauterine device** [ˌɪntrəˈjuːtərən-] *n* : dispositivo *m* intrauterino, DIU *m*
**intravenous** [ˌɪntrəˈviːnəs] *adj* : intravenoso — **intravenously** *adv*
**intrepid** [ɪnˈtrɛpəd] *adj* : intrépido
**intricacy** [ˈɪntrɪkəsi] *n, pl* **-cies** : complejidad *f*, lo intrincado
**intricate** [ˈɪntrɪkət] *adj* : intrincado, complicado — **intricately** *adv*
**intrigue**[1] [ɪnˈtriːg] *v* **-trigued; -triguing** : intrigar
**intrigue**[2] [ˈɪnˌtriːg, ɪnˈtriːg] *n* : intriga *f*
**intriguing** [ɪnˈtriːgɪŋ] *adj* : intrigante, fascinante
**intrinsic** [ɪnˈtrɪnzɪk, -ˈtrɪntsɪk] *adj* : intrínseco, esencial — **intrinsically** [-zɪkli, -sɪ-] *adv*
**intro** [ˈɪntro] *n fam* → **introduction**
**introduce** [ˌɪntrəˈduːs, -ˈdjuːs] *vt* **-duced; -ducing 1** : presentar ⟨let me introduce my father : permítame presentar a mi padre⟩ ⟨to introduce oneself : presentarse⟩ **2** : introducir (algo nuevo), lanzar (un producto), presentar (una ley), proponer (una idea o un tema)
**introduction** [ˌɪntrəˈdʌkʃən] *n* : introducción *f*, presentación *f*
**introductory** [ˌɪntrəˈdʌktəri] *adj* : introductorio, preliminar, de introducción
**introspection** [ˌɪntrəˈspɛkʃən] *n* : introspección *f*
**introspective** [ˌɪntrəˈspɛktɪv] *adj* : introspectivo — **introspectively** *adv*
**introvert** [ˈɪntrəˌvərt] *n* : introvertido *m*, -da *f*
**introverted** [ˈɪntrəˌvərtəd] *adj* : introvertido
**intrude** [ɪnˈtruːd] *v* **-truded; -truding** *vi* **1** INTERFERE : inmiscuirse, entrometerse **2** DISTURB, INTERRUPT : molestar, estorbar, interrumpir — *vt* : introducir por fuerza
**intruder** [ɪnˈtruːdər] *n* : intruso *m*, -sa *f*
**intrusion** [ɪnˈtruːʒən] *n* : intrusión *f*
**intrusive** [ɪnˈtruːsɪv] *adj* : intruso
**intuit** [ɪnˈtuːɪt, -ˈtjuː-] *vt* : intuir
**intuition** [ˌɪntuˈɪʃən, -tjuː-] *n* : intuición *f*
**intuitive** [ɪnˈtuːətɪv, -ˈtjuː-] *adj* : intuitivo — **intuitively** *adv*
**inundate** [ˈɪnənˌdeɪt] *vt* **-dated; -dating** : inundar
**inundation** [ˌɪnənˈdeɪʃən] *n* : inundación *f*
**inure** [ɪˈnʊr, -ˈnjʊr] *vt* **-ured; -uring** : acostumbrar, habituar
**invade** [ɪnˈveɪd] *vt* **-vaded; -vading** : invadir
**invader** [ɪnˈveɪdər] *n* : invasor *m*, -sora *f*
**invalid**[1] [ɪnˈvæləd] *adj* : inválido, nulo
**invalid**[2] [ˈɪnvələd] *adj* : inválido, discapacitado
**invalid**[3] [ˈɪnvələd] *n* : inválido *m*, -da *f*
**invalidate** [ɪnˈvæləˌdeɪt] *vt* **-dated; -dating** : invalidar

**invalidity** [ˌɪnvəˈlɪdəṭi] *n, pl* **-ties** : invalidez *f*, falta de validez *f*
**invaluable** [ɪnˈvæljəbəl, -ˈvæljuə-] *adj* : invalorable, inestimable, inapreciable
**invariable** [ɪnˈværiəbəl] *adj* : invariable, constante — **invariably** [-bli] *adv*
**invasion** [ɪnˈveɪʒən] *n* : invasión *f*
**invasive** [ɪnˈveɪsɪv] *adj* : invasivo
**invective** [ɪnˈvɛktɪv] *n* : invectiva *f*, improperio *m*
**inveigh** [ɪnˈveɪ] *vi* **to inveigh against** : arremeter contra, lanzar invectivas contra
**inveigle** [ɪnˈveɪgəl, -ˈvi:-] *vt* **-gled; -gling** : engatusar, embaucar, persuadir con engaños
**invent** [ɪnˈvɛnt] *vt* : inventar
**invention** [ɪnˈvɛnʃən] *n* : invención *f*, invento *m*
**inventive** [ɪnˈvɛntɪv] *adj* : inventivo
**inventiveness** [ɪnˈvɛntɪvnəs] *n* : ingenio *m*, inventiva *f*
**inventor** [ɪnˈvɛntər] *n* : inventor *m*, -tora *f*
**inventory**[1] [ˈɪnvənˌtori] *vt* **-ried; -rying** : inventariar
**inventory**[2] *n, pl* **-ries** **1** LIST : inventario *m* **2** STOCK : existencias *fpl*
**inverse**[1] [ɪnˈvərs, ˈɪnˌvərs] *adj* : inverso — **inversely** *adv*
**inverse**[2] *n* : inverso *m*
**inversion** [ɪnˈvərʒən] *n* : inversión *f*
**invert** [ɪnˈvərt] *vt* : invertir
**invertebrate**[1] [ɪnˈvərṭəbrət, -ˌbreɪt] *adj* : invertebrado
**invertebrate**[2] *n* : invertebrado *m*
**invest** [ɪnˈvɛst] *vt* **1** AUTHORIZE : investir, autorizar **2** CONFER : conferir **3** : invertir, dedicar ⟨he invested his savings in stocks : invirtió sus ahorros en acciones⟩ ⟨to invest one's time : dedicar uno su tiempo⟩
**investigate** [ɪnˈvɛstəˌgeɪt] *v* **-gated; -gating** : investigar
**investigation** [ɪnˌvɛstəˈgeɪʃən] *n* : investigación *f*, estudio *m*
**investigative** [ɪnˈvɛstəˌgeɪṭɪv] *adj* : investigador
**investigator** [ɪnˈvɛstəˌgeɪṭər] *n* : investigador *m*, -dora *f*
**investiture** [ɪnˈvɛstəˌtʃʊr, -tʃər] *n* : investidura *f*
**investment** [ɪnˈvɛstmənt] *n* : inversión *f*
**investor** [ɪnˈvɛstər] *n* : inversor *m*, -sora *f*; inversionista *mf*
**inveterate** [ɪnˈvɛṭərət] *adj* **1** DEEP-SEATED : inveterado, enraizado **2** HABITUAL : empedernido, incorregible
**invidious** [ɪnˈvɪdiəs] *adj* **1** OBNOXIOUS : repugnante, odioso **2** UNJUST : injusto — **invidiously** *adv*
**invigorate** [ɪnˈvɪgəˌreɪt] *vt* **-rated; -rating** : vigorizar, animar
**invigorating** [ɪnˈvɪgəˌreɪṭɪŋ] *adj* : vigorizante, estimulante
**invincibility** [ɪnˌvɪnʃəˈbɪləṭi] *n* : invencibilidad *f*
**invincible** [ɪnˈvɪnʃəbəl] *adj* : invencible — **invincibly** [-bli] *adv*
**inviolable** [ɪnˈvaɪələbəl] *adj* : inviolable
**inviolate** [ɪnˈvaɪələt] *adj* : inviolado, puro
**invisibility** [ɪnˌvɪzəˈbɪləṭi] *n* : invisibilidad *f*
**invisible** [ɪnˈvɪzəbəl] *adj* : invisible — **invisibly** [-bli] *adv*
**invitation** [ˌɪnvəˈteɪʃən] *n* : invitación *f*
**invite** [ɪnˈvaɪt] *vt* **-vited; -viting** **1** ATTRACT : atraer, tentar ⟨a book that invites interest : un libro que atrae el interés⟩ **2** PROVOKE : provocar, buscar ⟨to invite trouble : buscarse problemas⟩ **3** ASK : invitar ⟨we invited them for dinner : los invitamos a cenar⟩ **4** SOLICIT : solicitar, buscar (preguntas, comentarios, etc.)
**inviting** [ɪnˈvaɪṭɪŋ] *adj* : atractivo, atrayente
**invocation** [ˌɪnvəˈkeɪʃən] *n* : invocación *f*
**invoice**[1] [ˈɪnˌvɔɪs] *vt* **-voiced; -voicing** : facturar
**invoice**[2] *n* : factura *f*
**invoke** [ɪnˈvo:k] *vt* **-voked; -voking** **1** : invocar, apelar a ⟨she invoked our aid : apeló a nuestra ayuda⟩ **2** CITE : invocar, citar ⟨to invoke a precedent : invocar un precedente⟩ **3** CONJURE UP : hacer aparecer, invocar
**involuntary** [ɪnˈvɑlənˌtɛri] *adj* : involuntario — **involuntarily** [ɪnˌvɑlənˈtrəli] *adv*
**involve** [ɪnˈvɑlv] *vt* **-volved; -volving** **1** ENGAGE : ocupar (con una tarea, etc.) **2** IMPLICATE : involucrar, enredar, implicar ⟨to be involved in a crime : estar involucrado en un crimen⟩ **3** CONCERN : concernir, afectar **4** CONNECT : conectar, relacionar **5** ENTAIL, INCLUDE : suponer, incluir, consistir en ⟨what does the job involve? : ¿en qué consiste el trabajo?⟩ **6 to be involved with someone** : tener una relación (amorosa) con alguien
**involved** [ɪnˈvɑlvd] *adj* **1** COMPLEX, INTRICATE : complicado, complejo **2** CONCERNED : interesado, afectado
**involvement** [ɪnˈvɑlvmənt] *n* **1** PARTICIPATION : participación *f*, complicidad *f* **2** RELATIONSHIP : relación *f*
**invulnerable** [ɪnˈvʌlnərəbəl] *adj* : invulnerable
**inward**[1] [ˈɪnwərd] *or* **inwards** [-wərdz] *adv* : hacia adentro, hacia el interior
**inward**[2] *adj* INSIDE : interior, interno
**inwardly** [ˈɪnwərdli] *adv* **1** MENTALLY, SPIRITUALLY : por dentro **2** INTERNALLY : internamente, interiormente **3** PRIVATELY : para sus adentros, para sí
**iodine** [ˈaɪəˌdaɪn, -dən] *n* : yodo *m*, tintura *f* de yodo
**ion** [ˈaɪən, ˈaɪˌɑn] *n* : ion *m*
**ionic** [aɪˈɑnɪk] *adj* : iónico
**ionize** [ˈaɪəˌnaɪz] *v* **ionized; ionizing** : ionizar
**ionosphere** [aɪˈɑnəˌsfɪr] *n* : ionosfera *f*
**iota** [aɪˈo:ṭə] *n* : pizca *f*, ápice *m*
**IOU** [ˌaɪˌoˈju:] *n* : pagaré *m*, vale *m*
**IPA** [ˌaɪˌpi:ˈeɪ] *n* (*I*nternational *P*honetic *A*lphabet) : AFI *m*
**IQ** [ˌaɪˈkju:] *n* (*i*ntelligence *q*uotient) : CI *m*, coeficiente *m* intelectual
**Iranian** [ɪˈreɪniən, -ˈræ-, -ˈrɑ-;, aɪˈ-] *n* : iraní *mf* — **Iranian** *adj*

**Iraqi** [ɪˈrɑki:] *n* : iraquí *mf* — **Iraqi** *adj*
**irascibility** [ɪˌræsəˈbɪlət̬i] *n* : irascibilidad *f*
**irascible** [ɪˈræsəbəl] *adj* : irascible
**irate** [aɪˈreɪt] *adj* : furioso, airado, iracundo — **irately** *adv*
**ire** [ˈaɪr] *n* : ira *f*, cólera *f*
**iridescence** [ˌɪrəˈdɛsənt̬s] *n* : iridiscencia *f*
**iridescent** [ˌɪrəˈdɛsənt] *adj* : iridiscente
**iridium** [ɪˈrɪdiəm] *n* : iridio *m*
**iris** [ˈaɪrəs] *n, pl* **irises** *or* **irides** [ˈaɪrəˌdi:z, ˈɪr-] **1** : iris *m* (del ojo) **2** : lirio *m* (planta)
**Irish**[1] [ˈaɪrɪʃ] *adj* : irlandés
**Irish**[2] **1** : irlandés *m* (idioma) **2 the Irish** (*used with a plural verb*) : los irlandeses
**Irishman** [ˈaɪrɪʃmən] *n, pl* **-men** : irlandés *m*
**Irishwoman** [ˈaɪrɪʃˌwʊmən] *n, pl* **-women** : irlandesa *f*
**irk** [ˈərk] *vt* : fastidiar, irritar, preocupar
**irksome** [ˈərksəm] *adj* : irritante, fastidioso — **irksomely** *adv*
**iron**[1] [ˈaɪərn] *v* **1** : planchar **2 to iron out** : resolver
**iron**[2] *n* **1** : hierro *m*, fierro *m* ⟨a will of iron : una voluntad de hierro, una voluntad férrea⟩ **2** : plancha *f* (para planchar la ropa)
**ironclad** [ˈaɪərnˈklæd] *adj* **1** : acorazado, blindado **2** STRICT : riguroso, estricto
**ironic** [aɪˈrɑnɪk] *or* **ironical** [-nɪkəl] *adj* : irónico — **ironically** [-kli] *adv*
**ironing** [ˈaɪərnɪŋ] *n* **1** PRESSING : planchada *f* **2** : ropa *f* para planchar
**ironing board** *n* : tabla *f* (de planchar)
**ironwork** [ˈaɪərnˌwərk] *n* **1** : obra *f* de hierro **2 ironworks** *npl* : fundición *f*
**irony** [ˈaɪrəni] *n, pl* **-nies** : ironía *f*
**irradiate** [ɪˈreɪdiˌeɪt] *vt* **-ated; -ating** : irradiar, radiar
**irradiation** [ɪˌreɪdiˈeɪʃən] *n* : irradiación *f*, radiación *f*
**irrational** [ɪˈræʃənəl] *adj* : irracional — **irrationally** *adv*
**irrationality** [ɪˌræʃəˈnæləɾi] *n, pl* **-ties** : irracionalidad *f*
**irreconcilable** [ɪˌrɛkənˈsaɪləbəl] *adj* : irreconciliable
**irrecoverable** [ˌɪrɪˈkʌvərəbəl] *adj* : irrecuperable — **irrecoverably** [-bli] *adv*
**irredeemable** [ˌɪrɪˈdi:məbəl] *adj* **1** : irredimible (dícese de un bono) **2** HOPELESS : irremediable, irreparable
**irrefutable** [ˌɪrɪˈfju:t̬əbəl, ɪrˈrɛfjə-] *adj* : irrefutable
**irregular**[1] [ɪˈrɛgjələr] *adj* : irregular — **irregularly** *adv*
**irregular**[2] *n* **1** : soldado *m* irregular **2 irregulars** *npl* : artículos *mpl* defectuosos
**irregularity** [ɪˌrɛgjəˈlæɾəɾi] *n, pl* **-ties** : irregularidad *f*
**irrelevance** [ɪˈrɛləvənt̬s] *n* : irrelevancia *f*
**irrelevant** [ɪˈrɛləvənt] *adj* : irrelevante
**irreligious** [ˌɪrɪˈlɪʤəs] *adj* : irreligioso
**irreparable** [ɪˈrɛpərəbəl] *adj* : irreparable
**irreplaceable** [ˌɪrɪˈpleɪsəbəl] *adj* : irreemplazable, insustituible
**irrepressible** [ˌɪrɪˈprɛsəbəl] *adj* : incontenible, incontrolable
**irreproachable** [ɪrɪˈpro:t̬ʃəbəl] *adj* : irreprochable, intachable
**irresistible** [ˌɪrɪˈzɪst̬əbəl] *adj* : irresistible — **irresistibly** [-bli] *adv*
**irresolute** [ɪˈrɛzəˌlu:t] *adj* : irresoluto, indeciso
**irresolutely** [ɪˈrɛzəˌlu:tli, -ˌrzəˈlu:t-] *adv* : de manera indecisa
**irresolution** [ɪˌrɛzəˈlu:ʃən] *n* : irresolución *f*
**irrespective of** [ˌɪrɪˈspɛkt̬ɪvəv] *prep* : sin tomar en consideración, sin tener en cuenta
**irresponsibility** [ˌɪrɪˌspɑnt̬səˈbɪləɾi] *n, pl* **-ties** : irresponsabilidad *f*, falta *f* de responsabilidad
**irresponsible** [ˌɪrɪˈspɑnt̬səbəl] *adj* : irresponsable — **irresponsibly** [-bli] *adv*
**irretrievable** [ˌɪrɪˈtri:vəbəl] *adj* IRRECOVERABLE : irrecuperable
**irreverence** [ɪˈrɛvərənt̬s] *n* : irreverencia *f*, falta *f* de respeto
**irreverent** [ɪˈrɛvərənt] *adj* : irreverente, irrespetuoso
**irreversible** [ˌɪrɪˈvərsəbəl] *adj* : irreversible
**irrevocable** [ɪˈrɛvəkəbəl] *adj* : irrevocable — **irrevocably** [-bli] *adv*
**irrigate** [ˈɪrəˌgeɪt] *vt* **-gated; -gating** : irrigar, regar
**irrigation** [ˌɪrəˈgeɪʃən] *n* : irrigación *f*, riego *m*
**irritability** [ˌɪrət̬əˈbɪləɾi] *n, pl* **-ties** : irritabilidad *f*
**irritable** [ˈɪrət̬əbəl] *adj* : irritable, colérico
**irritably** [ˈɪrət̬əbli] *adv* : con irritación
**irritant**[1] [ˈɪrət̬ənt] *adj* : irritante
**irritant**[2] *n* : agente *m* irritante
**irritate** [ˈɪrəˌteɪt] *vt* **-tated; -tating 1** ANNOY : irritar, molestar **2** : irritar (en medicina)
**irritating** [ˈɪrəˌteɪɾɪŋ] *adj* : irritante
**irritatingly** [ˈɪrəˌteɪɾɪŋli] *adv* : de modo irritante, fastidiosamente
**irritation** [ˌɪrəˈteɪʃən] *n* : irritación *f*
**is → be**
**-ish** [ɪʃ] *suf* ALMOST, APPROXIMATELY ⟨grayish : grisáceo⟩ ⟨she's fiftyish : tiene unos cincuenta años⟩
**Islam** [ɪsˈlɑm, ɪz-, -ˈlæm:, ˈɪsˌlɑm, ˈɪz-, -ˌlæm] *n* : el Islam
**Islamic** [ɪsˈlɑmɪk, ɪz-, -ˈlæ-] *adj* : islámico
**Islamism** [ɪsˈlɑˌmɪzəm, ɪz-, -ˈlæ-:, ˈɪzlə-] *n* : islamismo *m* — **Islamist** *n*
**island** [ˈaɪlənd] *n* : isla *f*
**islander** [ˈaɪləndər] *n* : isleño *m*, -ña *f*
**isle** [ˈaɪl] *n* : isla *f*, islote *m*
**islet** [ˈaɪlət] *n* : islote *m*
**isn't** [ˈɪzənt] *contraction of* IS NOT → **be**
**isolate** [ˈaɪsəˌleɪt] *vt* **-lated; -lating** : aislar
**isolated** [ˈaɪsəˌleɪt̬əd] *adj* : aislado, solo
**isolation** [ˌaɪsəˈleɪʃən] *n* : aislamiento *m*
**isometric** [ˌaɪsəˈmɛtrɪk] *adj* : isométrico
**isometrics** [ˌaɪsəˈmɛtrɪks] *ns & pl* : isometría *f*
**isosceles** [aɪˈsɑsəˌli:z] *adj* : isósceles
**isotope** [ˈaɪsəˌto:p] *n* : isótopo *m*
**ISP** [ˌaɪˌɛsˈpi:] *n* (*I*nternet *s*ervice *p*rovider) : PSI *m*, proveedor *m* de servicios de Internet

**Israeli** [ɪzˈreɪli] *n* : israelí *mf* — **Israeli** *adj*

**issue¹** [ˈɪˌʃuː] *v* **-sued; -suing** *vi* **1** EMERGE : emerger, salir, fluir **2** DESCEND : descender (dícese de los padres o antepasados específicos) **3** EMANATE, RESULT : emanar, surgir, resultar — *vt* **1** EMIT : emitir **2** DISTRIBUTE : emitir, distribuir ⟨to issue a new stamp : emitir un sello nuevo⟩ **3** PUBLISH : publicar

**issue²** *n* **1** EMERGENCE, FLOW : emergencia *f*, flujo *m* **2** PROGENY : descendencia *f*, progenie *f* **3** OUTCOME, RESULT : desenlace *m*, resultado *m*, consecuencia *f* **4** MATTER, QUESTION : asunto *m*, cuestión *f* ⟨to avoid the issue : evitar el tema⟩ ⟨to make an issue of something : darle demasiada importancia a algo⟩ **5** PUBLICATION : publicación *f*, distribución *f*, emisión *f* **6** : número *m* (de un periódico o una revista)

**isthmus** [ˈɪsməs] *n* : istmo *m*

**it** [ˈɪt] *pron* **1** (*as subject; generally omitted*) : él, ella, ello ⟨it's a big building : es un edificio grande⟩ ⟨who was it? : ¿quién era?⟩ ⟨one more and that's it : uno más y se acabó⟩ **2** (*as indirect object*) : le ⟨I'll give it some water : voy a darle agua⟩ ⟨give it time : dale tiempo⟩ **3** (*as direct object*) : lo, la ⟨give it to me : dámelo⟩ ⟨I don't understand it : no lo entiendo⟩ ⟨stop it! : ¡basta!⟩ **4** (*as object of a preposition; generally omitted*) : él, ella, ello ⟨behind it : detrás, detrás de él⟩ **5** (*in impersonal constructions*) ⟨it's raining : está lloviendo⟩ ⟨what time is it? : ¿qué hora es?⟩ ⟨it's 8 o'clock : son las ocho⟩ ⟨it's hot/cold : hace calor/frío⟩ **6** (*as the implied subject or object of a verb*) ⟨it is necessary to study : es necesario estudiar⟩ ⟨it's good to see you : (me) da gusto verte⟩ ⟨it is known/said that . . . : se sabe/dice que . . .⟩ ⟨it would seem so : eso parece⟩ ⟨to give it all one's got : dar lo mejor de sí⟩

**Italian** [ɪtˈtæliən, aɪ-] *n* **1** : italiano *m*, -na *f* **2** : italiano *m* (idioma) — **Italian** *adj*

**italic¹** [ɪtˈtælɪk, aɪ-] *adj* : en cursiva, en bastardilla

**italic²** *n* : cursiva *f*, bastardilla *f*

**italicize** [ɪtˈtæləˌsaɪz, aɪ-] *vt* **-cized; -cizing** : poner en cursiva

**itch¹** [ˈɪtʃ] *vi* **1** : picar ⟨her arm itched : le pica el brazo⟩ **2** : morirse ⟨they were itching to go outside : se morían por salir⟩ — *vt* : dar picazón, hacer picar

**itch²** *n* **1** ITCHING : picazón *f*, picor *m*, comezón *f* **2** RASH : sarpullido *m*, erupción *f* **3** DESIRE : ansia *f*, deseo *m*

**itchiness** [ˈɪtʃinəs] *n* ITCHING : picazón *f*, picor *m*, comezón *f*

**itchy** [ˈɪtʃi] *adj* **itchier; -est** : que pica, que da comezón

**it'd** [ˈɪtəd] *contraction of* IT HAD *or* IT WOULD → **have, would**

**item** [ˈaɪtəm] *n* **1** OBJECT : artículo *m*, pieza *f* ⟨item of clothing : prenda de vestir⟩ **2** : punto *m* (en una agenda), número *m* (en el teatro), ítem *m* (en un documento) **3 news item** : noticia *f*

**itemization** [ˌaɪtəməˈzeɪʃən] *n* : desglose *m*

**itemize** [ˈaɪtəˌmaɪz] *vt* **-ized; -izing** : detallar, enumerar, listar

**itinerant** [aɪˈtɪnərənt] *adj* : itinerante, ambulante

**itinerary** [aɪˈtɪnəˌrɛri] *n, pl* **-aries** : itinerario *m*

**it'll** [ˈɪtəl] *contraction of* IT SHALL *or* IT WILL → **shall, will**

**its** [ˈɪts] *adj* : su, sus ⟨its kennel : su perrera⟩ ⟨a city and its inhabitants : una ciudad y sus habitantes⟩

**it's** [ˈɪts] *contraction of* IT IS *or* IT HAS → **be, have**

**itself** [ɪtˈsɛlf] *pron* **1** (*used reflexively*) : se ⟨the cat gave itself a bath : el gato se bañó⟩ **2** (*used for emphasis*) : (él) mismo, (ella) misma, sí (mismo), solo ⟨he is courtesy itself : es la misma cortesía⟩ ⟨in and of itself : por sí mismo⟩ ⟨it opened by itself : se abrió solo⟩

**IUD** [ˌaɪˌjuːˈdiː] *n* (*intrauterine device*) : DIU *m*, dispositivo *m* intrauterino

**I've** [ˈaɪv] *contraction of* I HAVE → **have**

**ivory** [ˈaɪvəri] *n, pl* **-ries** **1** : marfil *m* **2** : color *m* de marfil

**ivy** [ˈaɪvi] *n, pl* **ivies** **1** : hiedra *f*, yedra *f* **2** → **poison ivy**

# J

**j** [ˈdʒeɪ] *n, pl* **j's** *or* **js** [ˈdʒeɪz] : décima letra del alfabeto inglés

**jab¹** [ˈdʒæb] *v* **jabbed; jabbing** *vt* **1** PUNCTURE : clavar, pinchar **2** POKE : dar, golpear (con la punta de algo) ⟨he jabbed me in the ribs : me dio un codazo en las costillas⟩ — *vi* **to jab at** : dar, golpear

**jab²** *n* **1** PRICK : pinchazo *m* **2** POKE : golpe *m* abrupto

**jabber** [ˈdʒæbər] *v* : farfullar

**jack¹** [ˈdʒæk] *vt* **to jack up** **1** : levantar (con un gato) **2** INCREASE : subir, aumentar

**jack²** *n* **1** : gato *m*, cric *m* ⟨hydraulic jack : gato hidráulico⟩ **2** FLAG : pabellón *m* **3** SOCKET : enchufe *m* hembra **4** : jota *f*, valet *m* ⟨jack of hearts : jota de corazones⟩ **5 jacks** *npl* : cantillos *mpl*

**jackal** [ˈdʒækəl] *n* : chacal *m*

**jackass** [ˈdʒækˌæs] *n* : asno *m*, burro *m*

**jacket** [ˈdʒækət] *n* **1** : chaqueta *f* **2** COVER : sobrecubierta *f* (de un libro), carátula *f* (de un disco)

**jackhammer** [ˈdʒækˌhæmər] *n* : martillo *m* neumático

**jack–in–the–box** [ˈʤækɪnðəˌbɑks] *n* : caja *f* de sorpresa

**jackknife**[1] [ˈʤækˌnaɪf] *vi* **-knifed; -knifing** : doblarse como una navaja, plegarse

**jackknife**[2] *n* : navaja *f*

**jack–of–all–trades** *n* : persona *f* que sabe un poco de todo, persona *f* de muchos oficios

**jack–o'–lantern** [ˈʤækəˌlæntərn] *n* : linterna *f* hecha de una calabaza

**jackpot** [ˈʤækˌpɑt] *n* **1** : primer premio *m*, gordo *m* **2 to hit the jackpot** : sacarse la lotería, sacarse el gordo

**jackrabbit** [ˈʤækˌræbət] *n* : liebre *f* grande de Norteamérica

**Jacuzzi** [ʤəˈkuːzi] *trademark* se usa para una bañera de hidromasaje

**jade** [ˈʤeɪd] *n* : jade *m*

**jaded** [ˈʤeɪdəd] *adj* **1** TIRED : agotado **2** BORED : hastiado

**jagged** [ˈʤægəd] *adj* : dentado, mellado

**jaguar** [ˈʤægˌwɑr, ˈʤægjʊˌwɑr] *n* : jaguar *m*

**jai alai** [ˈhaɪˌlaɪ] *n* : jai alai *m*, pelota *f* vasca

**jail**[1] [ˈʤeɪl] *vt* : encarcelar

**jail**[2] *n* : cárcel *f*

**jailbreak** [ˈʤeɪlˌbreɪk] *n* : fuga *f*, huida *f* (de la cárcel)

**jailer** *or* **jailor** [ˈʤeɪlər] *n* : carcelero *m*, -ra *f*

**jalapeño** [ˌhɑləˈpeɪnjo, ˌhæ-, -ˈpiːno] *n* : jalapeño *m*

**jalopy** [ʤəˈlɑpi] *n, pl* **-lopies** : cacharro *m fam*, carro *m* destartalado

**jalousie** [ˈʤæləsi] *n* : celosía *f*

**jam**[1] [ˈʤæm] *v* **jammed; jamming** *vt* **1** CRAM : apiñar, embutir, atiborrar ⟨jammed with people : atestado de gente⟩ **2** STICK, THRUST : meter **3** BLOCK : atascar, atorar **4** : interferir (una señal, etc.) **5 to jam on the brakes** : frenar en seco — *vi* **1** : atascarse, atrancarse, bloquearse (dícese de un mecanismo) ⟨the copier has jammed : la fotocopiadora se ha bloqueado/atascado⟩ **2** PLAY *fam* : tocar

**jam**[2] *n* **1** *or* **traffic jam** : atasco *m*, embotellamiento *m* (de tráfico) **2** PREDICAMENT : lío *m*, aprieto *m*, apuro *m* **3** : mermelada *f* ⟨strawberry jam : mermelada de fresa⟩

**Jamaican** [ʤəˈmeɪkən] *n* : jamaiquino *m*, -na *f*; jamaicano *m*, -na *f* — **Jamaican** *adj*

**jamb** [ˈʤæm] *n* : jamba *f*

**jamboree** [ˌʤæmbəˈriː] *n* : fiesta *f* grande

**jam–packed** *adj* : repleto, hasta el tope (dícese de un recipiente), atestado (de gente)

**jangle**[1] [ˈʤæŋgəl] *v* **-gled; -gling** *vi* : hacer un ruido metálico — *vt* **1** : hacer sonar **2 to jangle one's nerves** : irritar, crispar

**jangle**[2] *n* : ruido *m* metálico

**janitor** [ˈʤænətər] *n* : portero *m*, -ra *f*; conserje *mf*

**January** [ˈʤænjoˌeri] *n* : enero *m* ⟨they arrived on January 12th, they arrived on the 12th of January : llegaron el 12 de enero⟩

**Japanese**[1] [ˌʤæpəˈniːz, -ˈniːs] *adj* : japonés

**Japanese**[2] *n* **1** : japonés *m* (idioma) **2 the Japanese** (*used with a plural verb*) : los japoneses

**jar**[1] [ˈʤɑr] *v* **jarred; jarring** *vi* **1** GRATE : chirriar **2** CLASH : desentonar **3** SHAKE : sacudirse **4 to jar on** : crispar, enervar — *vt* JOLT : sacudir

**jar**[2] *n* **1** GRATING : chirrido *m* **2** JOLT : vibración *f*, sacudida *f* **3** : tarro *m*, bote *m*, pote *m* ⟨a jar of honey : un tarro de miel⟩

**jargon** [ˈʤɑrgən] *n* : jerga *f*

**jasmine** [ˈʤæzmən] *n* : jazmín *m*

**jasper** [ˈʤæspər] *n* : jaspe *m*

**jaundice** [ˈʤɔndɪs] *n* : ictericia *f*

**jaundiced** [ˈʤɔndɪst] *adj* **1** : ictérico **2** EMBITTERED, RESENTFUL : amargado, resentido, negativo ⟨with a jaundiced eye : con una actitud de cinismo⟩

**jaunt** [ˈʤɔnt] *n* : excursión *f*, paseo *m*

**jauntily** [ˈʤɔntəli] *adv* : animadamente

**jauntiness** [ˈʤɔntinəs] *n* : animación *f*, vivacidad *f*

**jaunty** [ˈʤɔnti] *adj* **jauntier; -est** **1** SPRIGHTLY : animado, alegre **2** RAKISH : desenvuelto, desenfadado

**java** [ˈʤævə] *n fam* → **coffee**

**Javanese** [ˌʤævəˈniːz, ˌʤɑ-, -ˈniːs] *n* **1** : javanés *m* (idioma) **2** : javanés *m*, -nesa *f* — **Javanese** *adj*

**javelin** [ˈʤævələn] *n* : jabalina *f*

**jaw**[1] [ˈʤɔ] *vi* GAB : cotorrear *fam*, parlotear *fam*

**jaw**[2] *n* **1** : mandíbula *f*, quijada *f* **2** : mordaza *f* (de una herramienta) **3 the jaws of death** : las garras *f* de la muerte

**jawbone** [ˈʤɔˌboːn] *n* : mandíbula *f*

**jay** [ˈʤeɪ] *n* : arrendajo *m*, chara *f Mex*, azulejo *m Mex*

**jaybird** [ˈʤeɪˌbərd] → **jay**

**jaywalk** [ˈʤeɪˌwɔk] *vi* : cruzar la calle sin prudencia

**jaywalker** [ˈʤeɪˌwɔkər] *n* : peatón *m* imprudente

**jazz**[1] [ˈʤæz] *vt* **to jazz up** : animar, alegrar

**jazz**[2] *n* : jazz *m*

**jazzy** [ˈʤæzi] *adj* **jazzier; -est** **1** : con ritmo de jazz **2** FLASHY SHOWY : llamativo, ostentoso

**jealous** [ˈʤɛləs] *adj* : celoso, envidioso — **jealously** *adv*

**jealousy** [ˈʤɛləsi] *n* : celos *mpl*, envidia *f*

**jeans** [ˈʤiːnz] *npl* : jeans *mpl*; vaqueros *mpl*; tejanos *mpl*; pantalones *mpl* de mezclilla *Chile, Mex*

**jeep** [ˈʤiːp] *n* : jeep *m* (vehículo militar)

**Jeep** *trademark* se usa para un camión pequeño

**jeer**[1] [ˈʤɪr] *vi* **1** BOO : abuchear **2** SCOFF : mofarse, burlarse — *vt* RIDICULE : mofarse de, burlarse de

**jeer**[2] *n* **1** : abucheo *m* **2** TAUNT : mofa *f*, burla *f*

**Jehovah** [ʤɪˈhoːvə] *n* : Jehová *m*

**jell** [ˈʤɛl] *vi* **1** SET : gelificarse, cuajar **2** FORM : cuajar, formarse (una idea, etc.)

**Jell–O** [ˈʤɛˌloː] *trademark* se usa para gelatina con sabor a frutas, etc.

**jelly** *n, pl* **-lies** **1** : jalea *f* **2** GELATIN : gelatina *f*

**jellyfish** ['ʤɛliˌfɪʃ] *n* : medusa *f*

**jeopardize** ['ʤɛpərˌdaɪz] *vt* **-dized; -dizing** : arriesgar, poner en peligro

**jeopardy** ['ʤɛpərdi] *n* : peligro *m*, riesgo *m*

**jerk**[1] ['ʤərk] *vt* **1** JOLT : sacudir **2** TUG, YANK : darle un tirón a — *vi* JOLT : dar sacudidas ⟨the train jerked along : el tren iba moviéndose a sacudidas⟩

**jerk**[2] *n* **1** TUG : tirón *m*, jalón *m* **2** JOLT : sacudida *f* brusca **3** FOOL : estúpido *m*, -da *f*; idiota *mf*

**jerkin** ['ʤərkən] *n* : chaqueta *f* sin mangas, chaleco *m*

**jerky**[1] ['ʤərki] *adj* **jerkier; -est** **1** : espasmódico (dícese de los movimientos) **2** CHOPPY : inconexo (dícese de la prosa) — **jerkily** [-kəli] *adv*

**jerky**[2] *n* : cecina *f*; tasajo *m*; charqui *m* *Chile, Peru*

**jerry–built** ['ʤɛriˌbɪlt] *adj* : mal construido, chapucero

**jersey** ['ʤərzi] *n, pl* **-seys** : jersey *m*

**jest**[1] ['ʤɛst] *vi* : bromear

**jest**[2] *n* : broma *f*, chiste *m*

**jester** ['ʤɛstər] *n* : bufón *m*, -fona *f*

**Jesuit** ['ʤɛzuət] *n* : jesuita *m* — **Jesuit** *adj*

**Jesus** ['ʤi:zəs, -zəz] *n* **1** : Jesús *m* **2 Jesus Christ** : Jesucristo *m* **3 Jesus (Christ)!** *fam* : ¡por Dios!

**jet**[1] ['ʤɛt] *v* **jetted; jetting** *vt* SPOUT : arrojar a chorros — *vi* **1** GUSH : salir a chorros, chorrear **2** FLY : viajar en avión, volar

**jet**[2] *n* **1** STREAM : chorro *m* **2** *or* **jet airplane** : avión *m* a reacción, reactor *m* **3** : azabache *m* (mineral)

**jet–black** *adj* : negro azabache

**jet black** *n* : negro *m* azabache

**jet engine** *n* : reactor *m*, motor *m* a reacción

**jet lag** *n* : desfase *m* (de) horario

**jet–propelled** *adj* : a reacción

**jetsam** ['ʤɛtsəm] *n* **flotsam and jetsam** : restos *mpl*, desechos *mpl*

**jettison** ['ʤɛtəsən] *vt* **1** : echar al mar **2** DISCARD : desechar, deshacerse de

**jetty** ['ʤɛti] *n, pl* **-ties** **1** PIER, WHARF : embarcadero *m*, muelle *m* **2** BREAKWATER : maleción *m*, rompeolas *m*

**Jew** ['ʤu:] *n* : judío *m*, -día *f*

**jewel** ['ʤu:əl] *n* **1** : joya *f*, alhaja *f* **2** GEM : piedra *f* preciosa, gema *f* **3** : rubí *m* (de un reloj) **4** TREASURE : joya *f*, tesoro *m*

**jeweler** *or* **jeweller** ['ʤu:ələr] *n* : joyero *m*, -ra *f*

**jewelry** ['ʤu:əlri] *n* : joyas *fpl*, alhajas *fpl* ⟨jewelry store : joyería⟩ ⟨jewelry box : alhajero, joyero⟩

**Jewish** ['ʤu:ɪʃ] *adj* : judío

**jibe** ['ʤaɪb] *vi* **jibed; jibing** AGREE : concordar

**jicama** ['hi:kəmə] *n* : jícama *f*

**jiffy** ['ʤɪfi] *n, pl* **-fies** : santiamén *m*, segundo *m*, momento *m*

**jig**[1] ['ʤɪg] *vi* **jigged; jigging** : bailar la giga

**jig**[2] *n* **1** : giga *f* **2 the jig is up** : se acabó la fiesta

**jigger** ['ʤɪgər] *n* : medida de 1 a 2 onzas (para licores)

**jiggle**[1] ['ʤɪgəl] *v* **-gled; -gling** *vt* : agitar o sacudir ligeramente — *vi* : agitarse, vibrar

**jiggle**[2] *n* : sacudida *f*, vibración *f*

**jigsaw** ['ʤɪgˌsɔ] *n* **1** : sierra *f* de vaivén **2 jigsaw puzzle** : rompecabezas *m*

**jihad** [ʤɪ'hɑd] *n* : yihad *mf*, jihad *mf* — **jihadist** [ʤɪ'hɑdɪst] *n*

**jilt** ['ʤɪlt] *vt* : dejar plantado, dar calabazas a

**jimmy**[1] ['ʤɪmi] *vt* **-mied; -mying** : forzar con una palanqueta

**jimmy**[2] *n, pl* **-mies** : palanqueta *f*

**jingle**[1] ['ʤɪŋgəl] *v* **-gled; -gling** *vi* : tintinear — *vt* : hacer sonar

**jingle**[2] *n* **1** TINKLE : tintineo *m*, retintín *m* **2** : canción *f* rimada

**jingoism** ['ʤɪŋgoˌɪzəm] *n* : jingoísmo *m*, patriotería *f*

**jingoistic** [ˌʤɪŋgo'ɪstɪk] *or* **jingoist** ['ʤɪŋgoɪst] *adj* : jingoísta, patriotero

**jinx**[1] ['ʤɪŋks] *vt* : traer mala suerte a, salar *CoRi, Mex*

**jinx**[2] *n* **1** : cenizo *m*, -za *f* **2 to put a jinx on** : echarle el mal de ojo a

**jitters** ['ʤɪtərz] *npl* : nervios *mpl* ⟨he got the jitters : se puso nervioso⟩

**jittery** ['ʤɪtəri] *adj* : nervioso

**Jivaro** ['hi:vəˌro:] *n* : jíbaro *m*, -ra *f*

**job** ['ʤɑb] *n* **1** : trabajo *m* ⟨he did odd jobs for her : le hizo algunos trabajos⟩ **2** CHORE, TASK : tarea *f*, quehacer *m* **3** EMPLOYMENT : trabajo *m*, empleo *m*, puesto *m*

**jobber** ['ʤɑbər] *n* MIDDLEMAN : intermediario *m*, -ria *f*

**jobless** ['ʤɑbləs] *adj* : desempleado

**jock** ['ʤɑk] *n* : deportista *mf*, atleta *mf*

**jockey**[1] ['ʤɑki] *v* **-eyed; -eying** *vt* **1** MANIPULATE : manipular **2** MANEUVER : maniobrar — *vi* **to jockey for position** : maniobrar para conseguir algo

**jockey**[2] *n, pl* **-eys** : jockey *mf*

**jocose** [ʤo'ko:s] *adj* : jocoso

**jocular** ['ʤɑkjʊlər] *adj* : jocoso — **jocularly** *adv*

**jocularity** [ˌʤɑkjʊ'lærəti] *n* : jocosidad *f*

**jodhpurs** ['ʤɑdpərz] *npl* : pantalones *mpl* de montar

**joe** ['ʤo:] *n fam* **1** GUY, FELLOW : tipo *m* *fam* ⟨an average joe : un hombre cualquiera⟩ **2 → coffee**

**jog**[1] ['ʤɑg] *v* **jogged; jogging** *vt* **1** NUDGE : dar, empujar, codear **2 to jog one's memory** : refrescar la memoria — *vi* **1** RUN : correr despacio, trotar, hacer footing (como ejercicio) **2** TRUDGE : andar a trote corto

**jog**[2] *n* **1** PUSH, SHAKE : empujoncito *m*, sacudida *f* leve **2** TROT : trote *m* corto, footing *m* (en deportes) **3** TWIST : recodo *m*, vuelta *f*, curva *f*

**jogger** ['ʤɑgər] *n* : persona *f* que hace footing

**jogging** ['ʤɑgɪŋ] *n* : footing *m*, jogging *m*

**john** [ˈʤɑn] *n fam* TOILET : inodoro *m*
**join¹** [ˈʤɔɪn] *vt* **1** CONNECT, LINK : unir, juntar ⟨to join in marriage : unir en matrimonio⟩ ⟨to join hands : tomarse de la mano⟩ **2** ADJOIN : lindar con, colindar con **3** MEET : reunirse con, encontrarse con ⟨we joined them for lunch : nos reunimos con ellos para almorzar⟩ ⟨may I join you? : ¿puedo sentarme aquí?⟩ **4** ACCOMPANY : acompañar **5** : hacerse socio de (una organización), afiliarse a (un partido), entrar en (una empresa) ⟨to join the ranks of : sumarse a las filas de⟩ — *vi* **1** UNITE : unirse **2** MERGE : empalmar (dícese de las carreteras), confluir (dícese de los ríos) **3** : hacerse socio, afiliarse, entrar **4 to join in** PARTICIPATE : participar, tomar parte **5 to join up** ENLIST : enrolarse, alistarse
**join²** *n* JUNCTURE : juntura *f*, unión *f*
**joiner** [ˈʤɔɪnər] *n* **1** CARPENTER : carpintero *m*, -ra *f* **2** : persona *f* que se une a varios grupos
**joint¹** [ˈʤɔɪnt] *adj* : conjunto, colectivo, mutuo ⟨a joint effort : un esfuerzo conjunto⟩ ⟨a joint account : una cuenta conjunta⟩ — **jointly** *adv*
**joint²** *n* **1** : articulación *f*, coyuntura *f* ⟨out of joint : dislocado⟩ **2** ROAST : asado *m* **3** JUNCTURE : juntura *f*, unión *f* **4** DIVE : antro *m*, tasca *f* **5** *fam* : porro *m*
**joist** [ˈʤɔɪst] *n* : viga *f*
**joke¹** [ˈʤo:k] *vi* **joked; joking** : bromear
**joke²** *n* **1** STORY : chiste *m* **2** PRANK : broma *f*
**joker** [ˈʤo:kər] *n* **1** PRANKSTER : bromista *mf* **2** : comodín *m* (en los naipes)
**jokingly** [ˈʤo:kɪŋli] *adv* : en broma
**jollity** [ˈʤɑləṭi] *n, pl* **-ties** MERRIMENT : alegría *f*, regocijo *m*
**jolly** [ˈʤɑli] *adj* **jollier; -est** : alegre, jovial
**jolt¹** [ˈʤo:lt] *vi* JERK : dar tumbos, dar sacudidas — *vt* : sacudir
**jolt²** *n* **1** JERK : sacudida *f* brusca **2** SHOCK : golpe *m* (emocional)
**jonquil** [ˈʤɑnkwɪl] *n* : junquillo *m*
**Jordanian** [ʤɔrˈdeɪnɪən] *n* : jordano *m*, -na *f* — **Jordanian** *adj*
**josh** [ˈʤɑʃ] *vt* TEASE : tomarle el pelo (a alguien) — *vi* JOKE : bromear
**jostle** [ˈʤɑsəl] *v* **-tled; -tling** *vi* **1** SHOVE : empujar, dar empellones **2** CONTEND : competir — *vt* **1** SHOVE : empujar **2 to jostle one's way** : abrirse paso a empellones
**jot¹** [ˈʤɑt] *vt* **jotted; jotting** : anotar, apuntar ⟨jot it down : apúntalo⟩
**jot²** *n* BIT : ápice *m*, jota *f*, pizca *f*
**jounce¹** [ˈʤæʊnʦ] *v* **jounced; jouncing** *vt* JOLT : sacudir — *vi* : dar tumbos, dar sacudidas
**jounce²** *n* JOLT : sacudida *f*, tumbo *m*
**journal** [ˈʤərnəl] *n* **1** DIARY : diario *m* **2** PERIODICAL : revista *f*, publicación *f* periódica **3** NEWSPAPER : periódico *m*, diario *m*
**journalism** [ˈʤərnəlˌɪzəm] *n* : periodismo *m*
**journalist** [ˈʤərnəlɪst] *n* : periodista *mf*
**journalistic** [ˌʤərnəlˈɪstɪk] *adj* : periodístico
**journey¹** [ˈʤərni] *vi* **-neyed; -neying** : viajar
**journey²** *n, pl* **-neys** : viaje *m*
**journeyman** [ˈʤərnɪmən] *n, pl* **-men** [-mən, -ˌmɛn] : oficial *m*
**joust¹** [ˈʤæʊst] *vi* : justar
**joust²** *n* : justa *f*
**jovial** [ˈʤo:viəl] *adj* : jovial — **jovially** *adv*
**joviality** [ˌʤo:viˈæləṭi] *n* : jovialidad *f*
**jowl** [ˈʤæʊl] *n* **1** JAW : mandíbula *f* **2** CHEEK : mejilla *f*, cachete *m*
**joy** [ˈʤɔɪ] *n* **1** HAPPINESS : gozo *m*, alegría *f*, felicidad *f* **2** DELIGHT : placer *m*, deleite *m* ⟨the child is a real joy : el niño es un verdadero placer⟩
**joyful** [ˈʤɔɪfəl] *adj* : gozoso, alegre, feliz — **joyfully** *adv*
**joyless** [ˈʤɔɪləs] *adj* : sin alegría, triste
**joyous** [ˈʤɔɪəs] *adj* : alegre, feliz, eufórico — **joyously** *adv*
**joyousness** [ˈʤɔɪəsnəs] *n* : alegría *f*, felicidad *f*, euforia *f*
**joyride** [ˈʤɔɪˌraɪd] *n* **1** : paseo *m* en coche a alta velocidad **2** : paseo *m* en un coche robado
**joyriding** [ˈʤɔɪˌraɪdɪŋ] *n* **to go joyriding 1** : pasear en coche a alta velocidad (por diversión) **2** : pasear en un coche robado
**joystick** [ˈʤɔɪˌstɪk] *n* : joystick *m*
**jubilant** [ˈʤu:bələnt] *adj* : jubiloso, alborozado — **jubilantly** *adv*
**jubilation** [ˌʤu:bəˈleɪʃən] *n* : júbilo *m*
**jubilee** [ˈʤu:bəˌli:] *n* **1** : quincuagésimo aniversario *m* **2** CELEBRATION : celebración *f*, festejos *mpl*
**Judaic** [ʤuˈdeɪɪk] *adj* : judaico
**Judaism** [ˈʤu:dəˌɪzəm, ˈʤu:di-, ˈʤu:ˌdeɪ-] *n* : judaísmo *m*
**judge¹** [ˈʤʌʤ] *vt* **judged; judging 1** ASSESS : evaluar, juzgar **2** DEEM : juzgar, considerar **3** TRY : juzgar (ante el tribunal) **4 judging by** : a juzgar por ⟨judging by the results : a juzgar por los resultados⟩
**judge²** *n* **1** : juez *mf*, jueza *f* **2** : jurado *mf* (en una competencia) **3 to be a good judge of** : saber juzgar a, entender mucho de
**judge's chambers** → **chamber**
**judgment** *or* **judgement** [ˈʤʌʤmənt] *n* **1** RULING : fallo *m*, sentencia *f* **2** OPINION : opinión *f* **3** DISCERNMENT : juicio *m*, discernimiento *m* ⟨against my better judgment, I agreed to go : aunque me pareció mala idea, consentí en ir⟩
**judgmental** [ˌʤʌʤˈmɛntəl] *adj* : crítico — **judgmentally** *adv*
**judicature** [ˈʤu:dɪkəˌtʃʊr] *n* : judicatura *f*
**judicial** [ʤuˈdɪʃəl] *adj* : judicial — **judicially** *adv*
**judiciary¹** [ʤuˈdɪʃiˌri, -ˈdɪʃəri] *adj* : judicial
**judiciary²** *n* **1** JUDICATURE : judicatura *f* **2** : poder *m* judicial
**judicious** [ʤuˈdɪʃəs] *adj* SOUND WISE : juicioso, sensato — **judiciously** *adv*
**judo** [ˈʤu:ˌdo:] *n* : judo *m*

**jug** [ˈʤʌg] *n* **1** : jarra *f*, jarro *m*, cántaro *m* **2** JAIL : cárcel *f*, chirona *f fam*

**juggernaut** [ˈʤʌgərˌnɔt] *n* : gigante *m*, fuerza *f* irresistible ⟨a political juggernaut : un gigante político⟩

**juggle** [ˈʤʌgəl] *v* **-gled; -gling** *vt* **1** : hacer juegos malabares con **2** MANIPULATE : manipular, jugar con — *vi* : hacer juegos malabares

**juggler** [ˈʤʌgələr] *n* : malabarista *mf*

**jugular** [ˈʤʌgjulər] *adj* : yugular ⟨jugular vein : vena yugular⟩

**juice** [ˈʤu:s] *n* **1** : jugo *m* (de carne, de frutas) *m*, zumo *m* (de frutas) **2** ELECTRICITY : electricidad *f*, luz *f*

**juicer** [ˈʤu:sər] *n* : exprimidor *m*

**juiciness** [ˈʤu:sinəs] *n* : jugosidad *f*

**juicy** [ˈʤu:si] *adj* **juicier; -est** **1** SUCCULENT : jugoso, suculento **2** PROFITABLE : jugoso, lucrativo **3** RACY : picante

**jukebox** [ˈʤu:kˌbɑks] *n* : rocola *f*, máquina *f* de discos

**julep** [ˈʤu:ləp] *n* : bebida *f* hecha con whisky americano y menta

**July** [ʤʊˈlai] *n* **1** : julio *m* ⟨they arrived on July 29th, they arrived on the 29th of July : llegaron el 29 de julio⟩ **2 the Fourth of July** INDEPENDENCE DAY : el 4 de julio (día festivo en los EEUU)

**jumble**[1] [ˈʤʌmbəl] *vt* **-bled; -bling** : mezclar, revolver

**jumble**[2] *n* : revoltijo *m*, fárrago *m*, embrollo *m*

**jumbo**[1] [ˈʤʌmˌbo:] *adj* : gigante, enorme, de tamaño extra grande

**jumbo**[2] *n, pl* **-bos** : coloso *m*, cosa *f* de tamaño extra grande

**jump**[1] [ˈʤʌmp] *vi* **1** LEAP : saltar, brincar **2** START : levantarse de un salto, sobresaltarse **3** MOVE, SHIFT : moverse, pasar ⟨to jump from job to job : pasar de un empleo a otro⟩ **4** INCREASE, RISE : dar un salto, aumentarse de golpe, subir bruscamente **5** BUSTLE : animarse, ajetrearse **6 to jump at** : no dejar escapar (una oportunidad) **7 to jump in** : meterse (en una conversación, etc.) **8 to jump on** ATTACK, CRITICIZE : atacar, criticar **9 to jump on** SCOLD : regañar, reprender, reñir **10 to jump out at** POUNCE ON : abalanzarse sobre **11 to jump out at** : llamar la atención de ⟨it jumps out at you : salta a la vista⟩ **12 to jump to conclusions** : sacar conclusiones precipitadas — *vt* **1** : saltar ⟨to jump a fence : saltar una valla⟩ **2** SKIP : saltarse **3** ATTACK : atacar, asaltar **5 to jump the gun** : precipitarse

**jump**[2] *n* **1** LEAP : salto *m* **2** START : sobresalto *m*, respingo *m* **3** INCREASE : subida *f* brusca, aumento *m* **4** ADVANTAGE : ventaja *f* ⟨we got the jump on them : les llevamos la ventaja⟩

**jumper** [ˈʤʌmpər] *n* **1** : saltador *m*, -dora *f* (en deportes) **2** : jumper *m*, vestido *m* sin mangas

**jumper cables** *npl* : cables *mpl* de arranque, cables *mpl* pasacorriente *Mex*

**jump–start** *vt* : arrancar haciendo puente

**jumpy** [ˈʤʌmpi] *adj* **jumpier; -est** : asustadizo, nervioso

**junction** [ˈʤʌŋkʃən] *n* **1** JOINING : unión *f* **2** : cruce *m* (de calles), empalme *m* (de un ferrocarril), confluencia *f* (de ríos)

**juncture** [ˈʤʌŋktʃər] *n* **1** UNION : juntura *f*, unión *f* **2** MOMENT POINT : coyuntura *f* ⟨at this juncture : en esta coyuntura, en este momento⟩

**June** [ˈʤu:n] *n* : junio *m* ⟨they arrived on the 15th of June, they arrived on June 15th : llegaron el 15 de junio⟩

**jungle** [ˈʤʌŋgəl] *n* : jungla *f*, selva *f*

**junior**[1] [ˈʤu:njər] *adj* **1** YOUNGER : más joven ⟨John Smith, Junior : John Smith, hijo⟩ **2** SUBORDINATE : subordinado, subalterno

**junior**[2] *n* **1** : persona *f* de menor edad ⟨she's my junior : es menor que yo⟩ **2** SUBORDINATE : subalterno *m*, -na *f*; subordinado *m*, -da *f* **3** : estudiante *mf* de penúltimo año

**junior high school** *n* : primer ciclo *m* de la educación secundaria en los EEUU

**juniper** [ˈʤu:nəpər] *n* : enebro *m*

**junk**[1] [ˈʤʌŋk] *vt* : echar a la basura

**junk**[2] *n* **1** RUBBISH : desechos *mpl*, desperdicios *mpl* **2** STUFF : trastos *mpl fam*, cachivaches *mpl fam* **3 piece of junk** : cacharro *m*, porquería *f*

**junket** [ˈʤʌŋkət] *n* : viaje *m* (pagado con dinero público)

**junk food** *n* : comida *f* basura, comida *f* chatarra

**junkie** [ˈʤʌŋki] *n* : drogadicto *m*, -ta *f*

**junk mail** *n* : correo *m* basura, propaganda *f*

**junta** [ˈhʊntə, ˈʤʌn-, ˈhʌn-] *n* : junta *f* militar

**Jupiter** [ˈʤu:pətər] *n* : Júpiter *m*

**jurisdiction** [ˌʤʊrəsˈdɪkʃən] *n* : jurisdicción *f* — **jurisdictional** [ˌʤʊrəsˈdɪkʃənəl] *adj*

**jurisprudence** [ˌʤʊrəsˈpru:dənʦ] *n* : jurisprudencia *f*

**jurist** [ˈʤʊrɪst] *n* : jurista *mf*; magistrado *m*, -da *f*

**juror** [ˈʤʊrər] *n* : jurado *m*, -da *f*

**jury** [ˈʤʊri] *n, pl* **-ries** : jurado *m*

**just**[1] [ˈʤʌst] *adv* **1** EXACTLY : justo, precisamente, exactamente ⟨it was just what she hoped for : fue exactamente lo que esperaba⟩ ⟨it is just what I need : es justo lo que necesito⟩ ⟨just as/when : justo cuando⟩ **2** POSSIBLY : posiblemente ⟨it just might work : tal vez resulte⟩ **3** BARELY : justo, apenas ⟨just in time : justo a tiempo⟩ ⟨I had just enough time : tenía el tiempo justo⟩ ⟨just over an hour : una hora larga, una hora y pico⟩ ⟨we just missed the plane : perdimos el avión por un pelo⟩ ⟨we just missed each other : no nos vimos por poco⟩ ⟨it's just around the corner : está a la vuelta de la esquina⟩ **4** ONLY : sólo, solamente, nada más ⟨just us : sólo nosotros⟩ ⟨just one more : sólo uno más⟩ ⟨she's just a child : es sólo una niña⟩ ⟨just for fun : sólo por diversión⟩ ⟨just a moment/minute, please : un momento, por favor⟩

⟨I'm just kidding : (sólo) estoy bromeando⟩ ⟨she's not just my friend, she's my lawyer : además de ser mi amiga, es mi abogada⟩ **5** (*used for emphasis*) ⟨it's just horrible! : ¡qué horrible!⟩ ⟨I just don't understand it : simplemente no lo entiendo⟩ ⟨I just knew it! : ¡ya me lo sospechaba!⟩ ⟨just imagine! : ¡imagínate!⟩ ⟨just tell him how you feel! : ¿por qué no le dices lo que sientes?⟩ ⟨don't just stand there — do something! : no te quedes ahí parado — ¡haz algo!⟩ **6 to have just done something** : acabar de hacer algo ⟨he just called : acaba de llamar⟩ **7 just about** ALMOST : casi **8 just about to** : al punto de **9 just as . . . as** : tan . . . como ⟨just as good as : tan bueno como⟩ **10 just as soon** RATHER ⟨I'd just as soon stay home : prefiero quedarme en casa⟩ **11 just as well (that)** : menos mal (que) **12 just like that** : de repente **13 just now** : hace un momento ⟨I saw him just now : acabo de verlo⟩ **14 just now** RIGHT NOW : ahora mismo **15 just so** PERFECT : perfecto **16 just the thing** ⟨just the thing for you : justo lo que necesitas⟩ **17 just yet** ⟨are you ready? — not just yet : ¿estás lista? — casi⟩ ⟨don't buy it just yet : no lo compres ahora mismo⟩

**just²** *adj* : justo — **justly** *adv*

**justice** [ˈʤʌstɪs] *n* **1** : justicia *f* ⟨to do justice to : hacerle justicia a⟩ **2** JUDGE : juez *mf*, jueza *f*

**justice of the peace** *n* : juez *mf* de paz, jueza *f* de paz

**justification** [ˌʤʌstəfəˈkeɪʃən] *n* : justificación *f*

**justify** [ˈʤʌstəˌfaɪ] *vt* **-fied; -fying** : justificar — **justifiable** [ˌʤʌstə-ˈfaɪəbəl] *adj*

**jut** [ˈʤʌt] *vi* **jutted; jutting** : sobresalir

**jute** [ˈʤu:t] *n* : yute *m*

**juvenile¹** [ˈʤu:vəˌnaɪl, -vənəl] *adj* **1** : juvenil ⟨juvenile delinquent : delincuente juvenil⟩ ⟨juvenile court : tribunal de menores⟩ **2** CHILDISH : infantil

**juvenile²** *n* : menor *mf*

**juxtapose** [ˈʤʌkstəˌpo:z] *vt* **-posed; -posing** : yuxtaponer

**juxtaposition** [ˌʤʌkstəpəˈzɪʃən] *n* : yuxtaposición *f*

# K

**k** [ˈkeɪ] *n, pl* **k's** *or* **ks** [ˈkeɪz] : undécima letra del alfabeto inglés

**kabob** [kəˈbɑb] → **kebab**

**kaiser** [ˈkaɪzər] *n* : káiser *m*

**kale** [ˈkeɪl] *n* : col *f* rizada

**kaleidoscope** [kəˈlaɪdəˌskо:p] *n* : caleidoscopio *m*

**kamikaze** [ˌkɑmɪˈkɑzi] *n* : kamikaze *m* — **kamikaze** *adj*

**kangaroo** [ˌkæŋgəˈru:] *n, pl* **-roos** : canguro *m*

**karaoke** [ˌkæriˈo:ki] *n* : karaoke *m*

**karat** [ˈkærət] *n* : quilate *m*

**karate** [kəˈrɑti] *n* : karate *m*

**katydid** [ˈkeɪtiˌdɪd] *n* : saltamontes *m*

**kayak** [ˈkaɪˌæk] *n* : kayac *m*, kayak *m*

**kebab** [kəˈbɑb] *n* : kebab *m*

**keel¹** [ˈki:l] *vi* **to keel over** : volcar (dícese de un barco), desplomarse (dícese de una persona)

**keel²** *n* : quilla *f*

**keen** [ˈki:n] *adj* **1** SHARP : afilado, filoso ⟨a keen blade : una hoja afilada⟩ **2** PENETRATING : cortante, penetrante ⟨a keen wind : un viento cortante⟩ **3** ENTHUSIASTIC : entusiasta **4** ACUTE : agudo, fino ⟨keen hearing : oído fino⟩ ⟨keen intelligence : inteligencia aguda⟩

**keenly** [ˈki:nli] *adv* **1** ENTHUSIASTICALLY : con entusiasmo **2** INTENSELY : vivamente, profundamente ⟨keenly aware of : muy consciente de⟩

**keenness** [ˈki:nnəs] *n* **1** SHARPNESS : lo afilado, lo filoso **2** ENTHUSIASM : entusiasmo *m* **3** ACUTENESS : agudeza *f*

**keep¹** [ˈki:p] *v* **kept** [ˈkɛpt]; **keeping** *vt* **1** RETAIN : guardar, conservar, quedarse con ⟨do you want to keep these papers? : ¿quieres guardar estos papeles?⟩ ⟨he kept the money : se quedó con el dinero⟩ ⟨to keep one's cool : mantener la calma⟩ **2** : mantener ⟨keep me informed : mantenme informado⟩ ⟨she keeps herself fit : se mantiene en forma⟩ ⟨he kept his coat on : se quedó con el abrigo puesto⟩ ⟨to keep something a secret : mantener algo en secreto⟩ **3** DETAIN : retener, detener ⟨I won't keep you any longer : no te entretengo más⟩ ⟨what kept you? : ¿por qué tardaste?⟩ **4** (*with a present participle*) ⟨don't keep her waiting : no la hagas esperar⟩ ⟨he kept the company going : mantuvo la compañía a flote⟩ **5** : cumplir (su palabra), acudir a (una cita) **6** PRESERVE : guardar ⟨to keep a secret : guardar un secreto⟩ ⟨he kept it to himself : no se lo contó a nadie⟩ **7** HIDE : ocultar ⟨he kept it from her : se lo ocultó, no se lo dijo⟩ **8** OBSERVE : observar (una fiesta) **9** STORE : guardar **10** RESERVE : guardar **11** GUARD : guardar, cuidar **12** : llevar, escribir (un diario, etc.) **13** SUPPORT : mantener (una familia) **14** RAISE : criar (animales) **15** : mantener (a un amante) **16 to keep after (school)** : hacer quedar después de clase **17 to keep back** : no dejar acercarse a **18 to keep back** : hacer repetir un año (a un estudiante) **19 to keep back** HIDE, REPRESS : ocultar, retener **20 to keep company** : hacerle compañía a **21 to keep company with** : andar en compañía de **22 to keep down** : mantener bajo ⟨to keep prices down : mantener los precios bajos⟩ **23**

**to keep down** : retener (en el estómago) **24 to keep in** : no dejar salir **25 to keep in** CONTAIN : contener **26 to keep it down** : no hacer tanto ruido **27 to keep off** : no dejar pisar, tocar, etc. ⟨keep the dog off the sofa : no dejes que el perro se suba al sofá⟩ **28 to keep off** : hacer evitar (un tema) **29 to keep weight off** ⟨he has kept the weight off : ha mantenido el peso (tras adelgazar)⟩ **30 to keep on** : mantener (a un empleado) en el puesto **31 to keep out** BLOCK : no dejar pasar **32 to keep up** CONTINUE : seguir con **33 to keep up** MAINTAIN : mantener **34 to keep up one's end of something** : cumplir (con) su parte de algo — *vi* **1** REMAIN, STAY : mantener ⟨to keep quiet : mantener silencio⟩ ⟨to keep still : estarse quieto⟩ ⟨to keep calm : mantener la calma⟩ ⟨she likes to keep busy : le gusta estar ocupada⟩ **2** : conservarse (dícese de los alimentos) ⟨the soup will keep for a week : la sopa se conserva una semana⟩ **3** *or* **to keep on** (*with a present participle*) CONTINUE : seguir, no dejar de ⟨keep going straight : sigue todo recto⟩ ⟨he keeps on pestering us : no deja de molestarnos⟩ **4 to keep after** NAG : estarle encima a ⟨he kept after me to quit smoking : me estaba encima para que deje de fumar⟩ **5 to keep at it** PERSIST : seguir dándole **6 to keep back** : no acercarse **7 to keep down** : no levantarse **8 to keep from** : abstenerse de ⟨I couldn't keep from laughing : no pude contener la risa⟩ **9 to keep off** : no pisar (el césped, etc.) **10 to keep off** AVOID : evitar (un tema) **11 to keep on** CONTINUE : seguir, continuar ⟨the rain kept on : seguía lloviendo⟩ **12 to keep out (of)** : no entrar (en) ⟨the sign says "keep out" : el letrero dice "prohibido el paso"⟩ ⟨to keep out of an argument : no meterse en una discusión⟩ **13 to keep to** : no apartarse de (un camino, etc.), quedarse dentro de (una casa, etc.) **14 to keep to** : ceñirse a (las reglas, un tema, etc.) **15 to keep to oneself** : ser muy reservado **16 to keep up** CONTINUE : seguir, continuar ⟨the rain kept up : seguía lloviendo⟩ **17 to keep up** : mantenerse al tanto/corriente (de las noticias, etc.) **18 to keep up (with)** : seguir/mantener el ritmo (de) ⟨I can't keep up (with him) : no puedo seguir su ritmo, no puedo seguirle el ritmo⟩ ⟨to keep up with the Joneses : no ser menos que el vecino⟩ **19 to keep up with someone** : mantener contacto con alguien

**keep²** *n* **1** TOWER : torreón *m* (de un castillo), torre *f* del homenaje **2** SUSTENANCE : manutención *f*, sustento *m* **3 for keeps** : para siempre

**keeper** [ˈkiːpər] *n* **1** : guarda *mf* (en un zoológico); conservador *m*, -dora *f* (en un museo) **2** GAMEKEEPER : guardabosque *mf*

**keeping** [ˈkiːpɪŋ] *n* **1** CONFORMITY : conformidad *f*, acuerdo *m* ⟨in keeping with : de acuerdo con⟩ **2** CARE : cuidado *m* ⟨in the keeping of : al cuidado de⟩

**keepsake** [ˈkiːpˌseɪk] *n* : recuerdo *m*

**keg** [ˈkɛɡ] *n* : barril *m*

**kelp** [ˈkɛlp] *n* : alga *f* marina

**ken** [ˈkɛn] *n* **1** SIGHT : vista *f*, alcance *m* de la vista **2** UNDERSTANDING : comprensión *f*, alcance *m* del conocimiento ⟨it's beyond his ken : no lo puede entender⟩

**kennel** [ˈkɛnəl] *n* : caseta *f* para perros, perrera *f*

**Kenyan** [ˈkɛnjən, ˈkiːn-] *n* : keniano *m*, -na *f* — **Kenyan** *adj*

**kept** → **keep**

**kerchief** [ˈkərtʃəf, -ˌtʃiːf] *n* : pañuelo *m*

**kernel** [ˈkərnəl] *n* **1** : almendra *f* (de semillas y nueces) **2** : grano *m* (de cereales) **3** CORE : meollo *m* ⟨a kernel of truth : un fondo de verdad⟩

**kerosene** *or* **kerosine** [ˈkɛrəˌsiːn, ˌkɛrəˈ-] *n* : queroseno *m*, kerosén *m*, kerosene *m*

**ketchup** [ˈkɛtʃəp, ˈkæ-] *n* : salsa *f* catsup

**kettle** [ˈkɛtəl] *n* **1** : hervidor *m*, pava *f* *Arg, Bol, Chile* **2** → **teakettle**

**kettledrum** [ˈkɛtəlˌdrʌm] *n* : timbal *m*

**key¹** [ˈkiː] *vt* **1** ATTUNE : adaptar, adecuar **2 to key up** : poner nervioso, inquietar

**key²** *adj* : clave, fundamental

**key³** *n* **1** : llave *f* **2** SOLUTION : clave *f*, soluciones *fpl* **3** : tecla *f* (de un piano o una máquina) **4** : tono *m*, tonalidad *f* (en la música) **5** ISLET, REEF : cayo *m*, islote *m*

**keyboard** [ˈkiːˌbɔrd] *n* : teclado *m*

**key chain** *n* : llavero *m*

**keyhole** [ˈkiːˌhoːl] *n* : bocallave *f*, ojo *m* (de una cerradura)

**keynote¹** [ˈkiːˌnoːt] *vt* **-noted; -noting** **1** : establecer la tónica de (en música) **2** : pronunciar el discurso principal de

**keynote²** *n* **1** : tónica *f* (en música) **2** : idea *f* fundamental

**keypad** [ˈkiːˌpæd] *n* : teclado *m* numérico

**key ring** *n* : llavero *m*

**keystroke** [ˈkiːˌstroːk] *n* : pulsación *f* (de tecla)

**khaki** [ˈkæki, ˈkɑ-] *n* : caqui *m*

**khan** [ˈkɑn, ˈkæn] *n* : kan *m*

**kibbutz** [kəˈbʊts, -ˈbuːts] *n, pl* **-butzim** [-ˌbʊtˈsiːm, -ˌbuːt-] : kibutz *m*

**kibitz** [ˈkɪbɪts] *vi* : dar consejos molestos

**kibitzer** [ˈkɪbɪtsər, kɪˈbɪt-] *n* : persona *f* que da consejos molestos

**kick¹** [ˈkɪk] *vi* **1** : dar patadas (dícese de una persona), cocear (dícese de un animal) **2** PROTEST : patalear, protestar **3** RECOIL : dar un culatazo (dícese de un arma de fuego) **4 to kick around** *fam* : andar dando vueltas (por), viajar (por) **5 to kick back** *fam* : relajarse **6 to kick in** *fam* : arrancar (dícese de un motor, etc.), hacer efecto (dícese de drogas), tener efecto (dícese de una ley) **7 to kick off** BEGIN : empezar, iniciar **8 to kick off** : hacer el saque inicial (en deportes) — *vt* **1** : patear, darle una patada (a alguien) ⟨to kick someone when they're down : pegarle a alguien en el suelo⟩ **2** : dejar, perder (un vicio) **3 to kick around** *fam* : considerar, barajar (ideas, etc.) **4 to kick in** *fam* CONTRIBUTE : contribuir, poner **5 to kick off** : empezar **6 to kick oneself** *fam* : castigarse, culparse **7 to kick out** EJECT : echar **8 to kick up** : levantar (polvo, etc.) **9 to kick up a fuss** *fam* : armar una bronca

**kick²** *n* **1** : patada *f*, puntapié *m*, coz *f* (de un animal) **2** RECOIL : culatazo *m* (de un arma de fuego) **3** : fuerza *f* ⟨a drink with a kick : una bebida fuerte⟩ **4 to get a kick out of** : disfrutar de, deleitarse con

**kicker** ['kɪkər] *n* : pateador *m*, -dora *f* (en deportes)

**kickoff** ['kɪkˌɔf] *n* : saque *m* (inicial)

**kid¹** ['kɪd] *v* **kidded; kidding** *vt* **1** FOOL : engañar **2** TEASE : tomarle el pelo (a alguien) **3 to kid oneself** : hacerse ilusiones — *vi* JOKE : bromear ⟨I'm only kidding : lo digo en broma⟩

**kid²** *n* **1** : chivo *m*, -va *f*; cabrito *m*, -ta *f* **2** CHILD : chico *m*, -ca *f*; niño *m*, -ña *f*

**kidder** ['kɪdər] *n* : bromista *mf*

**kiddingly** ['kɪdɪŋli] *adv* : en broma

**kidnap** ['kɪdˌnæp] *vt* **-napped** *or* **-naped** [-ˌnæpt]; **-napping** *or* **-naping** [-ˌnæpɪŋ] : secuestrar, raptar

**kidnapper** *or* **kidnaper** ['kɪdˌnæpər] *n* : secuestrador *m*, -dora *f*; raptor *m*, -tora *f*

**kidnapping** ['kɪdˌnæpɪŋ] *n* : secuestro *m*

**kidney** ['kɪdni] *n, pl* **-neys** : riñón *m*

**kidney bean** *n* : frijol *m*

**kill¹** ['kɪl] *vt* **1** : matar **2** END : acabar con, poner fin a **3 to kill off** : matar **4 to kill time** : matar el tiempo

**kill²** *n* **1** KILLING : matanza *f* **2** PREY : presa *f*

**killer** ['kɪlər] *n* : asesino *m*, -na *f*

**killer whale** *n* : orca *f*

**killing** ['kɪlɪŋ] *n* **1** : asesinato *m* (de alguien), matanza *f* (de un animal) **2 to make a killing** : enriquecerse, hacer una fortuna

**killjoy** ['kɪlˌʤɔɪ] *n* : aguafiestas *mf*

**kiln** ['kɪl, 'kɪln] *n* : horno *m*

**kilo** ['ki:ˌlo:] *n, pl* **-los** : kilo *m*

**kilobyte** ['kɪləˌbaɪt] *n* : kilobyte *m*

**kilocycle** ['kɪləˌsaɪkəl] *n* : kilociclo *m*

**kilogram** ['kɪləˌgræm, 'ki:-] *n* : kilogramo *m*

**kilohertz** ['kɪləˌhərts] *n* : kilohertzio *m*

**kilometer** [kɪ'lɑmətər, 'kɪləˌmi:-] *n* : kilómetro *m*

**kilowatt** ['kɪləˌwɑt] *n* : kilovatio *m*

**kilt** ['kɪlt] *n* : falda *f* escocesa

**kilter** ['kɪltər] *n* **1** ORDER : buen estado *m* **2 out of kilter** : descompuesto, estropeado

**kimono** [kə'mo:no, -nə] *n, pl* **-nos** : kimono *m*, quimono *m*

**kin** ['kɪn] *n* : familiares *mpl*, parientes *mpl*

**kind¹** ['kaɪnd] *adj* : amable, bondadoso, benévolo

**kind²** *n* **1** ESSENCE : esencia *f* ⟨a difference in degree, not in kind : una diferencia cuantitativa y no cualitativa⟩ **2** CATEGORY : especie *f*, género *m* **3** TYPE : clase *f*, tipo *m*, índole *f* ⟨they're two of a kind : son tal para cual⟩ ⟨of all kinds : de todo tipo⟩

**kindergarten** ['kɪndərˌgɑrtən, -dən] *n* : kinder *m*, kindergarten *m*, jardín *m* de infantes, jardín *m* de niños *Mex*

**kindhearted** [ˌkaɪnd'hɑrʧəd] *adj* : bondadoso, de buen corazón

**kindle** ['kɪndəl] *v* **-dled; -dling** *vt* **1** IGNITE : encender **2** AROUSE : despertar, suscitar — *vi* : encenderse

**kindliness** ['kaɪndlinəs] *n* : bondad *f*

**kindling** ['kɪndlɪŋ, 'kɪndlən] *n* : astillas *fpl*, leña *f*

**kindly¹** ['kaɪndli] *adv* **1** AMIABLY : amablemente, bondadosamente **2** COURTEOUSLY : cortésmente, con cortesía ⟨we kindly ask you not smoke : les rogamos que no fumen⟩ **3** PLEASE : por favor **4 to take kindly to** : aceptar de buena gana

**kindly²** *adj* **kindlier; -est** : bondadoso, amable

**kindness** ['kaɪndnəs] *n* : bondad *f*

**kind of** *adv* SOMEWHAT : un tanto, algo

**kindred¹** ['kɪndrəd] *adj* SIMILAR : similar, afín ⟨kindred spirits : almas gemelas⟩

**kindred²** *n* **1** FAMILY : familia *f*, parentela *f* **2 → kin**

**kinfolk** ['kɪnˌfo:k] *or* **kinfolks** [-ˌfo:ks] *npl* **→ kin**

**king** ['kɪŋ] *n* : rey *m*

**kingdom** ['kɪŋdəm] *n* : reino *m*

**kingfisher** ['kɪŋˌfɪʃər] *n* : martín *m* pescador

**kingly** ['kɪŋli] *adj* **kinglier; -est** : regio, real

**king-size** ['kɪŋˌsaɪz] *or* **king-sized** [-ˌsaɪzd] *adj* : de tamaño muy grande, extra largo (dícese de cigarrillos)

**kink** ['kɪŋk] *n* **1** : rizo *m* (en el pelo), vuelta *f* (en una cuerda) **2** CRAMP : calambre *m* ⟨to have a kink in the neck : tener tortícolis⟩

**kinky** ['kɪŋki] *adj* **kinkier; -est** : rizado (dícese del pelo), enroscado (dícese de una cuerda)

**kinship** ['kɪnˌʃɪp] *n* : parentesco *m*

**kinsman** ['kɪnzmən] *n, pl* **-men** [-mən, -ˌmɛn] : familiar *m*, pariente *m*

**kinswoman** ['kɪnzˌwʊmən] *n, pl* **-women** [-ˌwɪmən] : familiar *f*, pariente *f*

**kiosk** ['ki:ˌɑsk] *n* : quiosco *m*

**kipper** ['kɪpər] *n* : arenque *m* ahumado

**kiss¹** ['kɪs] *vt* : besar — *vi* : besarse

**kiss²** *n* : beso *m* ⟨to blow someone a kiss : tirarle un beso a alguien⟩

**kit** ['kɪt] *n* **1** SET : juego *m*, kit *m* **2** CASE : estuche *m*, caja *f* **3 first-aid kit** : botiquín *m* **4 → tool kit 5 travel kit** : neceser *m*

**kitchen** ['kɪtʃən] *n* : cocina *f*

**kitchenette** [ˌkɪtʃə'nɛt] *n* : cocineta *f*

**kite** ['kaɪt] *n* : cometa *f*, papalote *m Mex* ⟨to fly a kite : hacer volar una cometa⟩

**kith** ['kɪθ] *n* : amigos *mpl* ⟨kith and kin : amigos y parientes⟩

**kitten** ['kɪtən] *n* : gatito *m*, -ta *f*

**kitty** ['kɪti] *n, pl* **-ties** **1** FUND, POOL

: bote *m*, fondo *m* común **2** CAT : gato *m*, gatito *m*

**kitty–corner** [ˈkɪtiˌkɔrnər] *or* **kitty–cornered** [-nərd] → **catercorner**

**kiwi** [ˈkiːˌwiː] *or* **kiwifruit** [ˈkiːˌwiːˌfruːt] *n* : kiwi *m*

**Kleenex** [ˈkliːˌnɛks] *trademark* se usa para un pañuelo de papel

**kleptomania** [ˌklɛptəˈmeɪniə] *n* : cleptomanía *f*

**kleptomaniac** [ˌklɛptəˈmeɪniˌæk] *n* : cleptómano *m*, -na *f*

**klutz** [ˈklʌts] *n* : torpe *mf*

**knack** [ˈnæk] *n* : maña *f*, facilidad *f* ⟨to have a knack for something : tener habilidad para algo⟩ ⟨to get the knack of something : agarrarle la onda a algo⟩

**knapsack** [ˈnæpˌsæk] *n* : mochila *f*, morral *m*

**knave** [ˈneɪv] *n* : bellaco *m*, pícaro *m*

**knead** [ˈniːd] *vt* **1** : amasar, sobar **2** MASSAGE : masajear

**knee** [ˈniː] *n* : rodilla *f*

**kneecap** [ˈniːˌkæp] *n* : rótula *f*

**kneel** [ˈniːl] *vi* **knelt** [ˈnɛlt] *or* **kneeled** [ˈniːld]; **kneeling** : arrodillarse, ponerse de rodillas

**knell** [ˈnɛl] *n* : doble *m*, toque *m* ⟨death knell : toque de difuntos⟩

**knew** → **know**

**knickers** [ˈnɪkərz] *npl* : pantalones *mpl* bombachos de media pierna

**knickknack** [ˈnɪkˌnæk] *n* : chuchería *f*, baratija *f*

**knife**[1] [ˈnaɪf] *vt* **knifed** [ˈnaɪft]; **knifing** : acuchillar, apuñalar

**knife**[2] *n, pl* **knives** [ˈnaɪvz] : cuchillo *m*

**knight**[1] [ˈnaɪt] *vt* : conceder el título de *Sir* a

**knight**[2] *n* **1** : caballero *m* ⟨knight errant : caballero andante⟩ **2** : caballo *m* (en ajedrez) **3** : uno que tiene el título de *Sir*

**knighthood** [ˈnaɪtˌhʊd] *n* **1** : caballería *f* **2** : título *m* de *Sir*

**knightly** [ˈnaɪtli] *adj* : caballeresco

**knit**[1] [ˈnɪt] *v* **knit** *or* **knitted** [ˈnɪtəd]; **knitting** *vt* **1** UNITE : unir, enlazar **2** : tejer ⟨to knit a sweater : tejer un suéter⟩ **3 to knit one's brows** : fruncir el ceño — *vi* **1** : tejer **2** : soldarse (dícese de los huesos)

**knit**[2] *n* : prenda *f* tejida

**knitter** [ˈnɪtər] *n* : tejedor *m*, -dora *f*

**knitwear** [ˈnɪtˌwær] *n* : ropa *f* de punto

**knob** [ˈnɑb] *n* **1** LUMP : bulto *m*, protuberancia *f* **2** HANDLE : perilla *f*, tirador *m*, botón *m*

**knobbed** [ˈnɑbd] *adj* **1** KNOTTY : nudoso **2** : que tiene perilla o botón

**knobby** [ˈnɑbi] *adj* **knobbier; -est** **1** KNOTTY : nudoso **2 knobby knees** : rodillas *fpl* huesudas

**knock**[1] [ˈnɑk] *vt* **1** HIT, RAP : golpear, golpetear **2** : hacer chocar ⟨they knocked heads : se dieron en la cabeza⟩ **3** CRITICIZE : criticar **4 to knock around** *fam* BEAT : pegarle a **5 to knock back** *fam* DRINK : beberse, tomarse **6 to knock dead** *fam* STUN : dejar boquiabierto **7 to knock down** : derribar, echar abajo (una puerta, etc.), tirar al suelo (a una persona) **8 to knock off** *fam* KILL : asesinar, liquidar *fam* **9 to knock off** *fam* : quitar (puntos, etc.) ⟨he knocked 10% off the price : rebajó el precio un 10%⟩ **10 to knock off** *fam* RIP OFF : copiar (un diseño, etc.) ilegalmente **11 knock it off!** *fam* : ¡basta ya!, ¡déjala! **12 to knock out** : dejar sin sentido, dejar fuera de combate (en el boxeo) **13 to knock out** ELIMINATE : eliminar **14 to knock out** DESTROY : destruir (un edificio, etc.) ⟨the storm knocked out the power : la tormenta nos dejó sin luz⟩ **15 to knock oneself out** *fam* : matarse (trabajando, etc.) ⟨go ahead — knock yourself out! : ¡adelante!, ¡disfruta!⟩ **16 to knock over** OVERTURN : tirar, volcar **17 to knock over** *fam* ROB : robar **18 to knock up** *fam* : dejar embarazada — *vi* **1** RAP : dar un golpe, llamar (a la puerta) **2** COLLIDE : darse, chocar **3 to knock around in** *fam* : viajar por **4 to knock off** *fam* : salir del trabajo ⟨to knock off early : salir temprano⟩

**knock**[2] *n* : golpe *m*, llamada *f* (a la puerta), golpeteo *m* (de un motor)

**knocker** [ˈnɑkər] *n* : aldaba *f*, llamador *m*

**knock–kneed** [ˈnɑkˈniːd] *adj* : patizambo

**knockout** [ˈnɑkˌaʊt] *n* **1** : nocaut *m*, knockout *m* (en deportes) **2 to be a knockout** *fam* : estar bueno *fam*, ser muy guapo

**knoll** [ˈnoːl] *n* : loma *f*, otero *m*, montículo *m*

**knot**[1] [ˈnɑt] *v* **knotted; knotting** *vt* : anudar — *vi* : anudarse

**knot**[2] *n* **1** : nudo *m* (en cordel o madera), nódulo *m* (en los músculos) **2** CLUSTER : grupo *m* **3** : nudo *m* (unidad de velocidad)

**knotty** [ˈnɑti] *adj* **knottier; -est** **1** GNARLED : nudoso **2** COMPLEX : espinoso, enredado, complejo

**know** [ˈnoː] *v* **knew** [ˈnuː, ˈnjuː]; **known** [ˈnoːn]; **knowing** *vt* **1** : saber ⟨he knows French/the answer : sabe francés/la respuesta⟩ ⟨I might/should have known that . . . : debería haber sabido que . . .⟩ ⟨he made it known that . . . : hizo saber que . . .⟩ ⟨she let me know that . . . : me avisó que . . .⟩ ⟨to know something for a fact : constarse que algo es así⟩ **2** : conocer (a una persona, un lugar) ⟨do you know Julia? : ¿conoces a Julia?⟩ ⟨she knows the city well : conoce bien la ciudad⟩ ⟨he's better known as . . . : es más conocido por el nombre de . . .⟩ ⟨to be known for : conocerse por⟩ **3** RECOGNIZE : reconocer **4** DISCERN, DISTINGUISH : distinguir, discernir **5 before you know it** : antes de que te des cuenta **6 for all I know** : que yo sepa **7 God/heaven (only) knows** : quién sabe **8 if you know what I mean** : si me entiendes **9 not to know the first thing about** : no saber nada de, no tener ni idea de **10 to know how to do something**

: saber hacer algo **11 to know something inside out** *or* **to know something like the back of your hand** : saberse algo al dedillo **12 to know what's best** : saber lo que es lo mejor — *vi* **1** : saber ⟨yes, I know : sí, lo sé⟩ ⟨how should I know? : ¿qué sé yo?⟩ **2 to know best** : saber lo que es lo mejor **3 to know better** ⟨you're old enough to know better : a tu edad no debes hacer eso⟩ ⟨she doesn't know any better : es demasiado joven/novata (etc.) para saber lo que hace⟩ ⟨you know better than to ask : ya deberías saber que es mejor no preguntar⟩ **4 you know** (*used for emphasis*) ⟨you know, we really have to go : bueno, ya es hora de irnos⟩ ⟨it's cold out, you know : hace frío, ¿eh?⟩ **5 you know** (*expressing uncertainty*) ⟨we're going to, you know, hang out : vamos a . . . pues nada, pasar el rato⟩ **6 you never know** : nunca se sabe

**knowable** [ˈno:əbəl] *adj* : conocible

**know–how** [ˈno:ˌhaʊ] *n* EXPERTISE : pericia *f*

**knowing** [ˈno:ɪŋ] *adj* **1** KNOWLEDGEABLE : informado ⟨a knowing look : una mirada de complicidad⟩ **2** ASTUTE : astuto **3** DELIBERATE : deliberado, intencional

**knowingly** [ˈno:ɪŋli] *adv* **1** : con complicidad ⟨she smiled knowingly : sonrió con una mirada de complicidad⟩ **2** DELIBERATELY : a sabiendas, adrede, a propósito

**know–it–all** [ˈno:ɪtˌɔl] *n* : sabelotodo *mf fam*

**knowledge** [ˈnɑlɪʤ] *n* **1** AWARENESS : conocimiento *m* **2** LEARNING : conocimientos *mpl*, saber *m*

**knowledgeable** [ˈnɑlɪʤəbəl] *adj* : informado, entendido, enterado

**known** [ˈno:n] *adj* : conocido, familiar

**knuckle** [ˈnʌkəl] *n* : nudillo *m*

**KO**[1] [ˌkeɪˈo:, ˈkeɪˌo:] *vt* **KO'd; KO'ing** KNOCK OUT : noquear (en deportes)

**KO**[2] *n* KNOCKOUT : nocaut *m*, knockout *m* (en deportes)

**koala** [koˈwɑlə] *n* : koala *m*

**Koran** [kɔˈrɑn, -ˈræn] *n* **the Koran** : el Corán

**Korean** [kəˈri:ən] *n* **1** : coreano *m*, -na *f* **2** : coreano *m* (idioma) — **Korean** *adj*

**kosher** [ˈko:ʃər] *adj* : aprobado por la ley judía

**kowtow** [ˌkaʊˈtaʊ, ˈkaʊˌtaʊ] *vi* **to kowtow to** : humillarse ante, doblegarse ante

**krypton** [ˈkrɪpˌtɑn] *n* : criptón *m*

**kudos** [ˈkju:ˌdɑs, ˈku:-, -ˌdo:z] *n* : fama *f*, renombre *m*

**kumquat** [ˈkʌmˌkwɑt] *n* : naranjita *f* china

**Kurd** [ˈkʊrd, ˈkərd] *n* : kurdo *m*, -da *f*

**Kurdish** [ˈkʊrdɪʃ, ˈkər-] *adj* : kurdo

**Kuwaiti** [kuˈweɪti] *n* : kuwaití *mf* — **Kuwaiti** *adj*

# L

**l** [ˈɛl] *n, pl* **l's** *or* **ls** [ˈlz] : duodécima letra del alfabeto inglés

**la** [ˈlɑ] *n* : la *m* (en el canto)

**lab** [ˈlæb] → **laboratory**

**label**[1] [ˈleɪbəl] *vt* **-beled** *or* **-belled; -beling** *or* **-belling** **1** : etiquetar, poner etiqueta a **2** BRAND, CATEGORIZE : calificar, tildar, tachar ⟨they labeled him as a fraud : lo calificaron de farsante⟩

**label**[2] *n* **1** : etiqueta *f*, rótulo *m* **2** DESCRIPTION : calificación *f*, descripción *f* **3** BRAND : marca *f*

**labial** [ˈleɪbiəl] *adj* : labial

**labor**[1] [ˈleɪbər] *vi* **1** WORK : trabajar **2** STRUGGLE : avanzar penosamente (dícese de una persona), funcionar con dificultad (dícese de un motor) **3 to labor under a delusion** : hacerse ilusiones, tener una falsa impresión — *vt* BELABOR : insistir en, extenderse sobre

**labor**[2] *n* **1** EFFORT, WORK : trabajo *m*, esfuerzos *mpl* **2** : parto *m* ⟨to be in labor : estar de parto⟩ **3** TASK : tarea *f*, labor *m* **4** WORKERS : mano *f* de obra

**laboratory** [ˈlæbrəˌtori, ləˈbɔrə-] *n, pl* **-ries** : laboratorio *m*

**Labor Day** *n* : Día *m* del Trabajo

**laborer** [ˈleɪbərər] *n* : peón *m*; trabajador *m*, -dora *f*

**laborious** [ləˈboriəs] *adj* : laborioso, difícil

**laboriously** [ləˈboriəsli] *adv* : laboriosamente, trabajosamente

**labor union** → **union**

**labyrinth** [ˈlæbəˌrɪnθ] *n* : laberinto *m*

**labyrinthine** [ˌlæbəˈrɪnθən, -ˌθaɪn, -ˌθi:n] *adj* : laberíntico

**lace**[1] [ˈleɪs] *vt* **laced; lacing** **1** TIE : acordonar, atar los cordones de **2** : adornar de encaje ⟨I laced the dress in white : adorné el vestido de encaje blanco⟩ **3** SPIKE : echar licor a

**lace**[2] *n* **1** : encaje *m* **2** SHOELACE : cordón *m* (de zapatos), agujeta *f Mex*

**lacerate** [ˈlæsəˌreɪt] *vt* **-ated; -ating** : lacerar

**laceration** [ˌlæsəˈreɪʃən] *n* : laceración *f*

**lack**[1] [ˈlæk] *vt* : carecer de, no tener ⟨she lacks patience : carece de paciencia⟩ — *vi* : faltar ⟨they lack for nothing : no les falta nada⟩

**lack**[2] *n* : falta *f*, carencia *f*

**lackadaisical** [ˌlækəˈdeɪzɪkəl] *adj* : apático, indiferente, lánguido — **lackadaisically** [-kli] *adv*

**lackey** [ˈlæki] *n, pl* **-eys** **1** FOOTMAN : lacayo *m* **2** TOADY : adulador *m*, -dora *f*

**lackluster** [ˈlækˌlʌstər] *adj* **1** DULL : sin brillo, apagado, deslustrado **2** MEDIOCRE : deslucido, mediocre

**laconic** [ləˈkɑnɪk] *adj* : lacónico — **laconically** [-nɪkli] *adv*

**lacquer**[1] ['lækər] *vt* : laquear, pintar con laca
**lacquer**[2] *n* : laca *f*
**lacrosse** [lə'krɔs] *n* : lacrosse *m*
**lacy** ['leɪsi] *adj* **lacier; -est** : de encaje, como de encaje
**lad** ['læd] *n* : muchacho *m*, niño *m*
**ladder** ['lædər] *n* : escalera *f*
**laden** ['leɪdən] *adj* : cargado
**ladle**[1] ['leɪdəl] *vt* **-dled; -dling** : servir con cucharón
**ladle**[2] *n* : cucharón *m*, cazo *m*
**lady** ['leɪdi] *n, pl* **-dies** **1** : señora *f*, dama *f* **2** WOMAN : mujer *f*
**ladybird** ['leɪdiˌbərd] → **ladybug**
**ladybug** ['leɪdiˌbʌg] *n* : mariquita *f*
**lag**[1] ['læg] *vi* **lagged; lagging to lag behind** **1** : quedarse atrás, quedarse rezagado, ir a la zaga ⟨she lagged behind (the group) : se quedó atrás (del grupo), iba a la zaga (del grupo)⟩ ⟨we lag behind other countries : quedamos rezagados con respecto a otros países, vamos a la zaga de los otros países⟩ **2** : atrasarse, retrasarse (con respecto a un programa, etc.)
**lag**[2] *n* **1** DELAY : retraso *m*, demora *f* **2** INTERVAL : lapso *m*, intervalo *m*
**lager** ['lɑgər] *n* : cerveza *f* rubia
**laggard**[1] ['læɡərd] *adj* : retardado, retrasado
**laggard**[2] *n* : rezagado *m*, -da *f*
**lagoon** [lə'guːn] *n* : laguna *f*
**laid** → **lay**[1]
**laid–back** ['leɪd'bæk] *adj* : tranquilo, relajado
**lain** *pp* → **lie**[1]
**lair** ['lær] *n* : guarida *f*, madriguera *f*
**laissez–faire** [ˌlɛˌseɪ'fær, ˌleɪˌzeɪ-] *n* : liberalismo *m* económico
**laity** ['leɪəti] *n* **the laity** : los laicos, el laicado
**lake** ['leɪk] *n* : lago *m*
**lama** ['lɑmə] *n* : lama *m*
**lamb** ['læm] *n* **1** : cordero *m*, borrego *m* (animal) **2** : carne *f* de cordero
**lambaste** [læm'beɪst] *or* **lambast** [-'bæst] *vt* **-basted; -basting** **1** BEAT, THRASH : golpear, azotar, darle una paliza (a alguien) **2** CENSURE : arremeter contra, censurar
**lame**[1] ['leɪm] *vt* **lamed; laming** : lisiar, hacer cojo
**lame**[2] *adj* **lamer; lamest** **1** : cojo, renco, rengo **2** WEAK : pobre, débil, poco convincente ⟨a lame excuse : una excusa débil⟩
**lame duck** *n* : persona *f* sin poder ⟨a lame-duck President : un presidente saliente⟩
**lamely** ['leɪmli] *adv* : sin convicción
**lameness** ['leɪmnəs] *n* **1** : cojera *f*, renquera *f* **2** : falta *f* de convicción, debilidad *f*, pobreza *f* ⟨the lameness of her response : la pobreza de su respuesta⟩
**lament**[1] [lə'mɛnt] *vt* **1** MOURN : llorar, llorar por **2** DEPLORE : lamentar, deplorar — *vi* : llorar
**lament**[2] *n* : lamento *m*
**lamentable** ['læməntəbəl, lə'mɛntə-] *adj* : lamentable, deplorable — **lamentably** [-bli] *adv*
**lamentation** [ˌlæmən'teɪʃən] *n* : lamentación *f*, lamento *m*
**laminate**[1] ['læməˌneɪt] *vt* **-nated; -nating** : laminar
**laminate**[2] ['læmənət] *n* : laminado *m*
**laminated** ['læməˌneɪtəd] *adj* : laminado
**lamp** ['læmp] *n* : lámpara *f*
**lampoon**[1] [læm'puːn] *vt* : satirizar
**lampoon**[2] *n* : sátira *f*
**lamppost** ['læmpˌpoːst] *n* : farol *m*, farola *f*
**lamprey** ['læmpri] *n, pl* **-preys** : lamprea *f*
**lampshade** ['læmpˌʃeɪd] *n* : pantalla *f* (de lámpara)
**lance**[1] ['lænts] *vt* **lanced; lancing** : sajar
**lance**[2] *n* : lanza *f*
**lance corporal** *n* : cabo *m* interino, soldado *m* de primera clase
**land**[1] ['lænd] *vt* **1** : desembarcar (pasajeros de un barco), hacer aterrizar (un avión) **2** CATCH : pescar, sacar (un pez) del agua **3** GAIN, SECURE : conseguir, ganar ⟨to land a job : conseguir empleo⟩ **4** DELIVER : dar, asestar ⟨he landed a punch : asestó un puñetazo⟩ — *vi* **1** : aterrizar, tomar tierra, atracar ⟨the plane just landed : el avión acaba de aterrizar⟩ ⟨the ship landed an hour ago : el barco atracó hace una hora⟩ **2** ALIGHT : posarse, aterrizar ⟨to land on one's feet : caer de pie⟩ **3** FALL : caer **4** END UP, WIND UP : ir a parar
**land**[2] *n* **1** GROUND : tierra *f* ⟨dry land : tierra firme⟩ **2** TERRAIN : terreno *m* **3** NATION : país *m*, nación *f* **4** DOMAIN : mundo *m*, dominio *m* ⟨the land of dreams : el mundo de los sueños⟩
**landfill** ['lænd,fɪl] *n* : vertedero *m* (de basuras)
**landing** ['lændɪŋ] *n* **1** : aterrizaje *m* (de aviones), desembarco *m* (de barcos) **2** : descanso *m*, descansillo *m* *Spain* (de una escalera)
**landing field** *n* : campo *m* de aterrizaje
**landing pad** *n* : plataforma *f* de aterrizaje
**landing strip** → **airstrip**
**landlady** ['lænd,leɪdi] *n, pl* **-dies** : casera *f*, dueña *f*, arrendadora *f*
**landless** ['lændləs] *adj* : sin tierra
**landlocked** ['lænd,lɑkt] *adj* : sin salida al mar
**landlord** ['lænd,lɔrd] *n* : dueño *m*, casero *m*, arrendador *m*
**landlubber** ['lænd,lʌbər] *n* : marinero *m* de agua dulce
**landmark** ['lænd,mɑrk] *n* **1** : señal *f* (geográfica), punto *m* de referencia **2** MILESTONE : hito *m* ⟨a landmark in our history : un hito en nuestra historia⟩ **3** MONUMENT : monumento *m* histórico
**landowner** ['lænd,oːnər] *n* : hacendado *m*, -da *f*; terrateniente *mf*
**landscape**[1] ['lænd,skeɪp] *vt* **-scaped; -scaping** : ajardinar
**landscape**[2] *n* : paisaje *m*
**landscaper** ['lænd,skeɪpər] *n* : paisajista *mf*
**landscaping** ['lænd,skeɪpɪŋ] *n* : paisajismo *m*

**landslide** [ˈlænd͵slaɪd] *n* **1** : desprendimiento *m* de tierras, derrumbe *m* **2 landslide victory** : victoria *f* arrolladora

**landward** [ˈlændwərd] *adv* : en dirección de la tierra, hacia tierra

**lane** [ˈleɪn] *n* **1** PATH, WAY : camino *m*, sendero *m* **2** : carril *m* (de una carretera)

**language** [ˈlæŋgwɪʤ] *n* **1** : idioma *m*, lengua *f* ⟨the English language : el idioma inglés⟩ **2** : lenguaje *m* ⟨body language : lenguaje corporal⟩

**languid** [ˈlæŋgwɪd] *adj* : lánguido — **languidly** *adv*

**languish** [ˈlæŋgwɪʃ] *vi* **1** WEAKEN : languidecer, debilitarse **2** PINE : consumirse, suspirar (por) ⟨to languish for love : suspirar por el amor⟩ ⟨he languished in prison : estuvo pudriéndose en la cárcel⟩

**languor** [ˈlæŋgər] *n* : languidez *f*

**languorous** [ˈlæŋgərəs] *adj* : lánguido — **languorously** *adv*

**lank** [ˈlæŋk] *adj* **1** THIN : delgado, larguirucho *fam* **2** LIMP : lacio

**lanky** [ˈlæŋki] *adj* **lankier; -est** : delgado, larguirucho *fam*

**lanolin** [ˈlænəlɪn] *n* : lanolina *f*

**lantern** [ˈlæntərn] *n* : linterna *f*, farol *m*

**Laotian** [leɪˈoːʃən, ˈlaʊʃən] *n* : laosiano *m*, -na *f* — **Laotian** *adj*

**lap**[1] [ˈlæp] *v* **lapped; lapping** *vt* **1** FOLD : plegar, doblar **2** WRAP : envolver **3** : lamer, besar ⟨waves were lapping the shore : las olas lamían la orilla⟩ **4 to lap up** : beber a lengüetadas (como un gato) — *vi* OVERLAP : traslaparse

**lap**[2] *n* **1** : falda *f*, regazo *m* (del cuerpo) **2** OVERLAP : traslapo *m* **3** : vuelta *f* (en deportes) **4** STAGE : etapa *f* (de un viaje)

**lapdog** [ˈlæp͵dɔg] *n* : perro *m* faldero

**lapel** [laˈpɛl] *n* : solapa *f*

**lapp** [ˈlæp] *n* : lapón *m*, -pona *f* — **Lapp** *adj*

**lapse**[1] [ˈlæps] *vi* **lapsed; lapsing** **1** FALL SLIP : caer ⟨to lapse into bad habits : caer en malos hábitos⟩ ⟨to lapse into unconsciousness : perder el conocimiento⟩ ⟨to lapse into silence : quedarse callado⟩ **2** FADE : decaer, desvanecerse ⟨her dedication lapsed : su dedicación se desvaneció⟩ **3** CEASE : cancelarse, perderse **4** ELAPSE : transcurrir, pasar **5** EXPIRE : caducar

**lapse**[2] *n* **1** SLIP : lapsus *m*, desliz *m*, falla *f* ⟨a lapse of memory : una falla de memoria⟩ **2** INTERVAL : lapso *m*, intervalo *m*, período *m* **3** EXPIRATION : caducidad *f*

**laptop**[1] [ˈlæp͵tɑp] *adj* : portátil, laptop

**laptop**[2] *n* : laptop *m*

**larcenous** [ˈlɑrsənəs] *adj* : de robo

**larceny** [ˈlɑrsəni] *n, pl* **-nies** : robo *m*, hurto *m*

**larch** [ˈlɑrtʃ] *n* : alerce *m*

**lard** [ˈlɑrd] *n* : manteca *f* de cerdo

**larder** [ˈlɑrdər] *n* : despensa *f*, alacena *f*

**large** [ˈlɑrʤ] *adj* **larger; largest** **1** BIG : grande **2** COMPREHENSIVE : amplio, extenso **3 by and large** : por lo general **4 at large** : en general ⟨society at large : la sociedad en general⟩ **5 at large** FREE : prófugo, suelto ⟨the criminal is still at large : el criminal permanece prófugo⟩ **6 at large** : general, que habla/escribe (etc.) de diversos temas

**largely** [ˈlɑrʤli] *adv* : en gran parte, en su mayoría

**largeness** [ˈlɑrʤnəs] *n* : lo grande

**largesse** *or* **largess** [lɑrˈʒɛs, -ˈʤɛs] *n* : generosidad *f*, largueza *f*

**lariat** [ˈlæriət] *n* : lazo *m*

**lark** [ˈlɑrk] *n* **1** FUN : diversión *f* ⟨what a lark! : ¡qué divertido!⟩ **2** : alondra *f* (pájaro)

**larva** [ˈlɑrvə] *n, pl* **-vae** [-͵viː, -͵vaɪ] : larva *f* — **larval** [-vəl] *adj*

**laryngitis** [͵lærənˈʤaɪʧəs] *n* : laringitis *f*

**larynx** [ˈlærɪŋks] *n, pl* **-rynges** [ləˈrɪn͵ʤiːz] *or* **-ynxes** [ˈlærɪŋksəz] : laringe *f*

**lasagna** [ləˈzɑnjə] *n* : lasaña *f*

**lascivious** [ləˈsɪviəs] *adj* : lascivo

**lasciviousness** [ləˈsɪviəsnəs] *n* : lascivia *f*, lujuria *f*

**laser** [ˈleɪzər] *n* : láser *m*

**laser disc** *n* : disco *m* láser

**laser printer** *n* : impresora *f* láser

**lash**[1] [ˈlæʃ] *vt* **1** WHIP : azotar **2** BIND : atar, amarrar

**lash**[2] *n* **1** WHIP : látigo *m* **2** STROKE : latigazo *m* **3** EYELASH : pestaña *f*

**lass** [ˈlæs] *or* **lassie** [ˈlæsi] *n* : muchacha *f*, chica *f*

**lasso**[1] [ˈlæ͵soː, læˈsuː] *vt* : lazar

**lasso**[2] *n, pl* **-sos** *or* **-soes** : lazo *m*, reata *f* *Mex*

**last**[1] [ˈlæst] *vi* **1** CONTINUE : durar ⟨how long will it last? : ¿cuánto durará?⟩ **2** ENDURE : aguantar, durar **3** SURVIVE : durar, sobrevivir **4** SUFFICE : durar, bastar — *vt* **1** : durar ⟨it will last you a lifetime : te durará toda la vida⟩ **2 to last out** : aguantar

**last**[2] *adv* **1** : en último lugar, al último ⟨we came in last : llegamos en último lugar⟩ **2** : por última vez, la última vez ⟨I saw him last in Bogota : lo vi por última vez en Bogotá⟩ **3** FINALLY : por último, en conclusión ⟨last but not least : por último, pero no por ello menos importante⟩

**last**[3] *adj* **1** FINAL : último, final **2** PREVIOUS : pasado ⟨last year : el año pasado⟩

**last**[4] *n* **1** : el último, la última, lo último ⟨at last : por fin, al fin, finalmente⟩ **2** : horma *f* (de zapatero)

**last–ditch** [ˈlæstˈdɪʧ] *adj* : desesperado, último

**lasting** [ˈlæstɪŋ] *adj* : perdurable, duradero, estable

**lastly** [ˈlæstli] *adv* : por último, finalmente

**last–minute** [ˈlæstˈmɪnət] *adj* : de última hora

**latch**[1] [ˈlæʧ] *vt* **1** : cerrar con picaporte **2 to latch on to** *or* **to latch onto** GRAB : agarrarse de **3 to latch on to** *or* **to latch onto** : pegarse a (alguien), abrazar (una costumbre, etc.)

**latch**[2] *n* : picaporte *m*, pestillo *m*, pasador *m*

**late**[1] ['leɪt] *adv* **later; latest** **1** : tarde ⟨to arrive late : llegar tarde⟩ ⟨to sleep late : dormir hasta tarde⟩ ⟨I'm running late : voy a llegar tarde⟩ **2** : a última hora, a finales ⟨late in the evening : a últimas horas de la tarde⟩ ⟨late in the month : a finales del mes⟩ **3** RECENTLY : recién, últimamente ⟨as late as last year : todavía en el año pasado⟩ **4 of late → lately**

**late**[2] *adj* **later; latest** **1** TARDY : tardío ⟨I'm sorry I'm late : perdón por llegar tarde⟩ ⟨I was two hours late : llegué dos horas tarde⟩ ⟨the plane was two hours late : el avión llegó con dos horas de retraso⟩ ⟨we had a late start : salimos tarde⟩ ⟨the train's late arrival/departure : el retraso en la llegada/salida del tren⟩ **2** : avanzado ⟨because of the late hour : a causa de la hora avanzada⟩ ⟨he's in his late thirties : tiene cerca de cuarenta años⟩ **3** DECEASED : difunto, fallecido **4** RECENT : reciente, último ⟨our late quarrel : nuestra última pelea⟩ **5 it's getting late** : se hace tarde **6 late in the day** : tarde ⟨it's a little late in the day for an apology : ya es un poco tarde para pedir disculpas⟩

**latecomer** ['leɪtˌkʌmər] *n* : rezagado *m*, -da *f*

**lately** ['leɪtli] *adv* : recientemente, últimamente

**lateness** ['leɪtnəs] *n* **1** DELAY : retraso *m*, atraso *m*, tardanza *f* **2** : lo avanzado (de la hora)

**latent** ['leɪtənt] *adj* : latente — **latently** *adv*

**later**[1] ['leɪṭər] *adv* **1** : más tarde, después ⟨she returned later : volvió más tarde⟩ ⟨later in the week : a finales de la semana⟩ **2 later on** : más tarde, después **3 no later than** : a más tardar **4 see you later!** : ¡hasta luego!

**later**[2] *adj* **1** : posterior, ulterior ⟨his later works : sus obras posteriores⟩ ⟨in her later years : en su madurez⟩ **2 at a later time/date** : más tarde, más adelante

**lateral** ['lætərəl] *adj* : lateral — **laterally** *adv*

**latest**[1] ['leɪṭəst] *adj* : último

**latest**[2] *n* **1** : lo último **2 at the latest** : a más tardar

**latex** ['leɪˌteks] *n, pl* **-tices** ['leɪṭəˌsi:z, 'lætə-] *or* **-texes** : látex *m*

**lath** ['læθ, 'læð] *n, pl* **laths** *or* **lath** : listón *m*

**lathe** ['leɪð] *n* : torno *m*

**lather**[1] ['læðər] *vt* : enjabonar — *vi* : espumar, hacer espuma

**lather**[2] *n* **1** : espuma *f* (de jabón) **2** : sudor *m* (de caballo) **3 to get into a lather** : ponerse histérico

**Latin**[1] *adj* : latino

**Latin**[2] *n* **1** : latín *m* (idioma) **2 → Latin American**

**Latin-American** ['lætənə'mrikən] *adj* : latinoamericano

**Latin American** *n* : latinoamericano *m*, -na *f*

**latitude** ['læṭəˌtu:d, -ˌtju:d] *n* : latitud *f*

**latrine** [lə'tri:n] *n* : letrina *f*

**latte** ['lɑˌteɪ] *n* : café *m* con leche

**latter** ['læṭər] *adj* **1** SECOND : segundo **2** LAST : último **3 the latter** : éste, ésta, éstos *pl*, éstas *pl*

**lattice** ['læṭəs] *n* : enrejado *m*, celosía *f*

**Latvian** ['lætviən] *n* : letón *m*, -tona *f* — **Latvian** *adj*

**laud**[1] ['lɔd] *vt* : alabar, loar

**laud**[2] *n* : alabanza *f*, loa *f*

**laudable** ['lɔdəbəl] *adj* : loable — **laudably** [-bli] *adv*

**laugh**[1] ['læf] *vi* **1** : reír, reírse **2 to laugh at** : reírse de — *vt* **to laugh off** : tomar en/a broma

**laugh**[2] *n* **1** LAUGHTER : risa *f* **2** JOKE : chiste *m*, broma *f* ⟨he did it for a laugh : lo hizo en broma, lo hizo para divertirse⟩

**laughable** ['læfəbəl] *adj* : risible, de risa

**laughingstock** ['læfɪŋˌstɑk] *n* : hazmerreír *m*

**laughter** ['læftər] *n* : risa *f*, risas *fpl*

**launch**[1] ['lɔntʃ] *vt* **1** HURL : lanzar **2** : botar (un barco) **3** START : iniciar, empezar **4** : lanzar, abrir (un programa)

**launch**[2] *n* **1** : lancha *f* (bote) **2** LAUNCHING : lanzamiento *m*

**launchpad** ['lɔntʃˌpæd] *n* : plataforma *f* de lanzamiento

**launder** ['lɔndər] *vt* **1** : lavar y planchar (ropa) **2** : blanquear, lavar (dinero)

**launderer** ['lɔndərər] *n* : lavandero *m*, -ra *f*

**laundress** ['lɔndrəs] *n* : lavandera *f*

**laundry** ['lɔndri] *n, pl* **laundries** **1** : ropa *f* sucia, ropa *f* para lavar ⟨to do the laundry : lavar la ropa⟩ **2** : lavandería *f* (servicio de lavar)

**laureate** ['lɔriət] *n* : laureado *m*, -da *f* ⟨poet laureate : poeta laureado⟩

**laurel** ['lɔrəl] *n* **1** : laurel *m* (planta) **2 laurels** *npl* : laureles *mpl* ⟨to rest on one's laurels : dormirse uno en sus laureles⟩

**lava** ['lɑvə, 'læ-] *n* : lava *f*

**lavatory** ['lævəˌtori] *n, pl* **-ries** : baño *m*, cuarto *m* de baño

**lavender** ['lævəndər] *n* : lavanda *f*, espliego *m*

**lavish**[1] ['lævɪʃ] *vt* : prodigar (a), colmar (de)

**lavish**[2] *adj* **1** EXTRAVAGANT : pródigo, generoso, derrochador **2** ABUNDANT : abundante **3** LUXURIOUS : lujoso, espléndido

**lavishly** ['lævɪʃli] *adv* : con generosidad, espléndidamente ⟨to live lavishly : vivir a lo grande⟩

**lavishness** ['lævɪʃnəs] *n* : generosidad *f*, esplendidez *f*

**law** ['lɔ] *n* **1** : ley *f* ⟨to break the law : violar la ley⟩ **2** : derecho *m* ⟨criminal law : derecho criminal⟩ ⟨to study law : estudiar derecho⟩ ⟨law school : facultad de Derecho⟩ **3** : abogacía *f* ⟨to practice law : ejercer la abogacía⟩ **4** PRINCIPLE : ley *f* ⟨the laws of physics : las leyes de la física⟩ **5** RULE : ley *f* (en religión, etc.) **6 the law** POLICE : policía *f* ⟨to be in trouble with the law : tener problemas con la ley⟩

**law–abiding** [ˈlɔəˌbaɪdɪŋ] *adj* : observante de la ley

**lawbreaker** [ˈlɔˌbreɪkər] *n* : infractor *m*, -tora *f* de la ley

**lawful** [ˈlɔfəl] *adj* : legal, legítimo, lícito — **lawfully** *adv*

**lawgiver** [ˈlɔˌɡɪvər] *n* : legislador *m*, -dora *f*

**lawless** [ˈlɔləs] *adj* : anárquico, ingobernable — **lawlessly** *adv*

**lawlessness** [ˈlɔləsnəs] *n* : anarquía *f*, desorden *m*

**lawmaker** [ˈlɔˌmeɪkər] *n* : legislador *m*, -dora *f*

**lawman** [ˈlɔmən] *n, pl* **-men** [-mən, -ˌmɛn] : agente *m* del orden

**lawn** [ˈlɔn] *n* : césped *m*, pasto *m*

**lawn mower** *n* : cortadora *f* de césped

**lawsuit** [ˈlɔˌsuːt] *n* : pleito *m*, litigio *m*, demanda *f*

**lawyer** [ˈlɔɪər, ˈlɔjər] *n* : abogado *m*, -da *f*

**lax** [ˈlæks] *adj* : laxo, relajado — **laxly** *adv*

**laxative** [ˈlæksətɪv] *n* : laxante *m*

**laxity** [ˈlæksəṭi] *n* : relajación *f*, descuido *m*, falta *f* de rigor

**lay¹** [ˈleɪ] *v* **laid** [ˈleɪd]; **laying** *vt* **1** PLACE PUT : poner, colocar ⟨she laid it on the table : lo puso en la mesa⟩ ⟨to lay a hand/finger on someone : ponerle a alguien la mano encima⟩ **2** INSTALL : poner, colocar (ladrillos, etc.), tender (vías, cables, etc.) ⟨to lay the foundation : poner los cimientos⟩ **3** PREPARE : preparar ⟨to lay a trap : tender una trampa⟩ ⟨the best-laid plans : los planes mejor trazados⟩ **4** BET : apostar **5** PLACE : poner (énfasis, etc.) ⟨to lay the blame on : echarle la culpa a⟩ **6 to be laid over** : hacer escala **7 to be laid up** : estar enfermo, tener que guardar cama **8 to lay aside** : dejar a un lado **9 to lay aside/by** SAVE : guardar, ahorrar **10 to lay down** IMPOSE ESTABLISH : imponer, establecer **11 to lay down** : dejar, deponer (armas) **12 to lay eggs** : poner huevos **13 to lay in** STOCK : comprar, proveerse de **14 to lay it on (thick)** : exagerar, cargar las tintas **15 to lay out** PRESENT : presentar, exponer ⟨he laid out his plan : presentó su proyecto⟩ **16 to lay off** : despedir (a un empleado) **17 to lay out** DESIGN : diseñar (el trazado de) **18 to lay up** STORE : guardar, almacenar — *vi* **1 to lay into** ATTACK : arremeter contra **2 to lay off** : dejar (un vicio) **3 to lay off** : dejar en paz ⟨lay off him! : ¡déjalo en paz!⟩ ⟨lay off! : ¡basta ya!⟩ **4 to lay over** : hacer escala

**lay²** → **lie¹**

**lay³** *adj* SECULAR : laico, lego

**lay⁴** *n* **1** : disposición *f*, configuración *f* ⟨the lay of the land : la configuración del terreno⟩ **2** BALLAD : romance *m*, balada *f*

**layer** [ˈleɪər] *n* **1** : capa *f* (de pintura, etc.), estrato *m* (de roca) **2** : gallina *f* ponedora

**layman** [ˈleɪmən] *n, pl* **-men** [-mən, -ˌmɛn] **1** : laico *m*, lego *m*, seglar *mf* (en religión) **2** : profano *m*, -na *f*; lego *m*, -ga *f* ⟨in layman's terms : en lenguaje sencillo⟩

**layoff** [ˈleɪˌɔf] *n* : despido *m*

**layout** [ˈleɪˌaʊt] *n* : disposición *f*, distribución *f* (de una casa, etc.), trazado *m* (de una ciudad)

**layover** [ˈleɪˌoːvər] *n* STOPOVER : escala *f*

**layperson** [ˈleɪˌpərsən] *n* **1** : laico *m*, -ca *f*; lego *m*, -ga *f*; seglar *mf* (en religión) **2** : profano *m*, -na *f*; lego *m*, -ga *f*

**laywoman** [ˈleɪˌwʊmən] *n, pl* **-women** [-ˌwɪmən] : laica *f*, lega *f*

**laziness** [ˈleɪzinəs] *n* : pereza *f*, flojera *f*

**laze** [ˈleɪz] *v* **lazed; lazing** *vi or* **to laze around** : holgazanear — *vt* **to laze away** ⟨she lazed away the afternoon : pasó la tarde holgazaneando⟩

**lazy** [ˈleɪzi] *adj* **lazier; -est** : perezoso, holgazán — **lazily** [ˈleɪzəli] *adv*

**lazybones** [ˈleɪziˌboːnz] *n* : gandul *m*, -dula *f*

**LCD** [ˌɛlˌsiːˈdiː] *n* (*l*iquid *c*rystal *d*isplay) : LCD *m*, pantalla *f* de cristal líquido

**leach** [ˈliːtʃ] *vt* : filtrar

**lead¹** [ˈliːd] *v* **led** [ˈlɛd]; **leading** *vt* **1** GUIDE : conducir, llevar, guiar **2** DIRECT : dirigir **3** HEAD : encabezar, ir al frente de **4** : llevar (una vida) **5 to lead on** : engañar — *vi* **1 to lead to** : conducir a, llevar a **2 to lead to** : dar a (dícese de una puerta) **3** : ir a la cabeza, ir en cabeza (en una competición, etc.) ⟨they're leading by 20 points : van ganando por 20 puntos, tienen 20 puntos de ventaja⟩ **4 to lead to** : resultar en, llevar a ⟨it only leads to trouble : sólo resulta en problemas⟩ **5 to lead up to** PRECEDE : preceder a **6 to lead up to** INTRODUCE : introducir

**lead²** *n* **1** : delantera *f*, primer lugar *m* ⟨to take the lead : tomar la delantera⟩ ⟨to be in the lead : ir a la cabeza, ir en cabeza⟩ ⟨to follow someone's lead : seguir el ejemplo de alguien⟩ **2** *or* **lead actor** : primer actor *m*, primera actriz *f* **3** *or* **lead guitarist** : guitarrista *mf* principal **4** *or* **lead role** : papel *m* principal **5** *or* **lead singer** : cantante *mf* principal **6** *or* **lead story** : artículo *m* principal **7** CLUE : pista *f* **8** : correa *f* (de un perro)

**lead³** [ˈlɛd] *n* **1** : plomo *m* (metal) **2** : mina *f* (de lápiz) **3 lead poisoning** : saturnismo *m*

**leaden** [ˈlɛdən] *adj* **1** : plomizo ⟨a leaden sky : un cielo plomizo⟩ **2** HEAVY : pesado

**leader** [ˈliːdər] *n* : jefe *m*, -fa *f*; líder *mf*; dirigente *mf*; gobernante *mf*

**leadership** [ˈliːdərˌʃɪp] *n* : mando *m*, dirección *f*

**leading** [ˈliːdɪŋ] *adj* **1** IMPORTANT : principal, importante ⟨a leading expert : un destacado experto⟩ **2** FOREMOST : principal, más importante ⟨the leading cause of death : la principal causa de muerte⟩

**leaf¹** [ˈliːf] *vi* **1** : echar hojas (dícese de un

árbol) **2 to leaf through** : hojear (un libro)

**leaf²** *n, pl* **leaves** [ˈli:vz] **1** : hoja *f* (de plantas o libros) **2 to turn over a new leaf** : hacer borrón y cuenta nueva

**leafless** [ˈli:fləs] *adj* : sin hojas, pelado

**leaflet** [ˈli:flɒt] *n* : folleto *m*

**leafy** [ˈli:fi] *adj* **leafier; -est** : frondoso

**league¹** [ˈli:g] *v* **leagued; leaguing** *vt* : aliar, unir — *vi* : aliarse, unirse

**league²** *n* **1** : legua *f* (medida de distancia) **2** ASSOCIATION : alianza *f*, sociedad *f*, liga *f*

**leak¹** [ˈli:k] *vt* **1** : perder, dejar escapar (un líquido o un gas) **2** : filtrar (información) — *vi* **1** : gotear, escaparse, fugarse (dícese de un líquido o un gas) **2** : hacer agua (dícese de un bote) **3** : filtrarse, divulgarse (dícese de información)

**leak²** *n* **1** HOLE : agujero *m* (en recipientes), gotera *f* (en un tejado) **2** ESCAPE : fuga *f*, escape *m* **3** : filtración *f* (de información)

**leakage** [ˈli:kɪʤ] *n* : escape *m*, fuga *f*

**leaky** [ˈli:ki] *adj* **leakier; -est** : agujereado (dícese de un recipiente), que hace agua (dícese de un bote), con goteras (dícese de un tejado)

**lean¹** [ˈli:n] *vi* **1** BEND : inclinarse, ladearse **2** RECLINE : reclinarse **3** RELY : apoyarse (en), depender (de) **4** INCLINE TEND : inclinarse, tender — *vt* : apoyar

**lean²** *adj* **1** THIN : delgado, flaco **2** : sin grasa, magro (dícese de la carne)

**leaning** [ˈli:nɪŋ] *n* TENDENCY : inclinación *f*

**leanness** [ˈli:nnəs] *n* : delgadez *f*

**lean–to** [ˈli:nˌtu:] *n* : cobertizo *m*

**leap¹** [ˈli:p] *vi* **leaped** [ˈli:pt, ˈlɛpt] *or* **leapt; leaping** : saltar, brincar

**leap²** *n* : salto *m*, brinco *m*

**leap year** *n* : año *m* bisiesto

**learn** [ˈlərn] *vt* **1** : aprender ⟨to learn to sing : aprender a cantar⟩ **2** MEMORIZE : aprender de memoria **3** DISCOVER : saber, enterarse de — *vi* **1** : aprender ⟨to learn from experience : aprender por experiencia⟩ **2** FIND OUT : enterarse, saber

**learned** [ˈlərnəd] *adj* : erudito

**learner** [ˈlərnər] *n* : principiante *mf*, estudiante *mf*

**learning** [ˈlərnɪŋ] *n* : erudición *f*, saber *m*

**lease¹** [ˈli:s] *vt* **leased; leasing** : arrendar

**lease²** *n* : contrato *m* de arrendamiento

**leash** *n* : traílla *f*

**least¹** [ˈli:st] *adv* : menos ⟨when least expected : cuando menos se espera⟩

**least²** *adj* (*superlative of* LITTLE) : menor, más mínimo

**least³** *n* **1 at least** : al menos, por lo menos **2 the least** : lo menos ⟨it's the least I can do : es lo menos que puedo hacer⟩ ⟨it doesn't bother me in the least : no me molesta para nada⟩ **3 to say the least** : por no decir más

**leather** [ˈlɛðər] *n* : cuero *m*

**leathery** [ˈlɛðəri] *adj* : curtido (dícese de la piel), correoso (dícese de la carne)

**leave¹** [ˈli:v] *v* **left** [ˈlɛft]; **leaving** *vt* **1** DEPART : salir(se) de, ir(se) de ⟨she left the office/party : salió de la oficina/fiesta⟩ ⟨I left home after high school : me fui de casa después de terminar el colegio⟩ **2** : dejar ⟨we left her doing her work : la dejamos trabajando⟩ **3** : dejar (que alguien haga algo) ⟨leave the dishes for me : deja los trastes, los lavaré después⟩ ⟨we left all the arrangements to him : dejamos que él lo arreglara todo⟩ ⟨I'll leave it (up) to you (to decide) : te dejo a ti decidir⟩ ⟨leave it to me! : ¡yo me encargo!⟩ ⟨leave it to her to arrive early : llegó temprano, como siempre⟩ **4** ABANDON : dejar (uno a su familia, etc.) ⟨they left me to clean up : se fueron y me tocó a mi limpiar⟩ **5** QUIT, GIVE UP : dejar (un trabajo, etc.) **6** *or* **to leave behind** FORGET : dejar, olvidarse (en casa, etc.) **7** *or* **to leave behind** : dejar ⟨she left her home/family (behind) : dejó (atrás) su hogar/a su familia⟩ ⟨to leave the past behind : dejar atrás el pasado⟩ **8** DEPOSIT : dejar ⟨leave it on the table/with me : déjalo en la mesa/conmigo⟩ ⟨I left him at the airport : lo dejé en el aeropuerto⟩ ⟨to leave a message : dejar un mensaje⟩ **9** : dejar (en un estado) ⟨I left the lights on : dejé las luces encendidas⟩ ⟨he was left paralyzed : se quedó paralizado⟩ **10** ALLOW, RESERVE : dejar (espacio, etc.) **11** : dejar (una marca, etc.) **12** BEQUEATH : dejar, legar **13** : dejar ⟨he left (behind) a wife and child : dejó esposa y un hijo⟩ **14 to be left** : quedar ⟨it's all I have left : es todo lo que me queda⟩ **15 to be left over** : sobrar **16 to be/get left behind** : quedarse atrás **17 to leave off** : dejar de, parar de **18 to leave off/out** OMIT : omitir, excluir — *vi* : irse, salir, partir, marcharse ⟨she left yesterday morning : se fue ayer por la mañana⟩ ⟨they left for Paris : salieron para París⟩

**leave²** *n* **1** PERMISSION : permiso *m* ⟨by your leave : con su permiso⟩ **2** *or* **leave of absence** : permiso *m*, licencia *f* ⟨maternity leave : licencia por maternidad⟩ **3 to take one's leave** : despedirse

**leaven** [ˈlɛvən] *n* : levadura *f*

**leaves** → **leaf²**

**leaving** [ˈli:vɪŋ] *n* **1** : salida *f*, partida *f* **2 leavings** *npl* : restos *mpl*, sobras *fpl*

**Lebanese** [ˌlɛbəˈni:z, -ˈni:s] *n* : libanés *m*, -nesa *f* — **Lebanese** *adj*

**lecherous** [ˈlɛtʃərəs] *adj* : lascivo, libidinoso — **lecherously** *adv*

**lechery** [ˈlɛtʃəri] *n* : lascivia *f*, lujuria *f*

**lectern** [ˈlɛktərn] *n* : atril *m*

**lecture¹** [ˈlɛktʃər] *v* **-tured; -turing** *vi* : dar clase, dictar clase, dar una conferencia — *vt* SCOLD : sermonear, echar una reprimenda a, regañar

**lecture²** *n* **1** : conferencia *f* **2** REPRIMAND : reprimenda *f*

**lecturer** [ˈlɛktʃərər] *n* **1** SPEAKER : conferenciante *mf* **2** TEACHER : profesor *m*, -sora *f*

**led** → **lead¹**

**LED** [ˌɛlˌiːˈdiː] *n* (*light-emitting diode*) : LED *m*, led *m*

**ledge** [ˈlɛʤ] *n* : repisa *f* (de una pared), antepecho *m* (de una ventana), saliente *m* (de una montaña)

**ledger** [ˈlɛʤər] *n* : libro *m* mayor, libro *m* de contabilidad

**lee**[1] [ˈliː] *adj* : de sotavento

**lee**[2] *n* : sotavento *m*

**leech** [ˈliːʧ] *n* : sanguijuela *f*

**leek** [ˈliːk] *n* : puerro *m*

**leer**[1] [ˈlɪr] *vi* : mirar con lascivia

**leer**[2] *n* : mirada *f* lasciva

**leery** [ˈlɪri] *adj* : receloso

**lees** [ˈliːz] *npl* : posos *mpl*, heces *fpl*

**leeward**[1] [ˈliːwərd, ˈluːərd] *adj* : de sotavento

**leeward**[2] *n* : sotavento *m*

**leeway** [ˈliːˌweɪ] *n* : libertad *f*, margen *m*

**left**[1] [ˈlɛft] *adv* : hacia la izquierda

**left**[2] → **leave**[1]

**left**[3] *adj* : izquierdo

**left**[4] *n* : izquierda *f* ⟨on the left : a la izquierda⟩

**left–click** [ˈlɛftˈklɪk] *vi* : hacer clic/click izquierdo — *vt* : hacer clic/click izquierdo en

**left–hand** [ˈlɛftˈhand] *adj* **1** : de la izquierda **2** → **left-handed**

**left–handed** [ˈlɛftˈhandəd] *adj* **1** : zurdo (dícese de una persona) **2** : con doble sentido ⟨a left-handed compliment : un cumplido a medias⟩

**leftist** [ˈlɛftɪst] *n* : izquierdista *mf* — **leftist** *adj*

**leftover** [ˈlɛftˌoːvər] *adj* : sobrante, que sobra

**leftovers** [ˈlɛftˌoːvərz] *npl* : restos *mpl*, sobras *fpl*

**left wing** *n* **the left wing** : la izquierda

**left–winger** [ˈlɛftˈwɪŋər] *n* : izquierdista *mf*

**leg** [ˈlɛg] *n* **1** : pierna *f* (de una persona, de carne, de ropa), pata *f* (de un animal, de muebles) **2** STAGE : etapa *f* (de un viaje), vuelta *f* (de una carrera)

**legacy** [ˈlɛgəsi] *n, pl* **-cies** : legado *m*, herencia *f*

**legal** [ˈliːgəl] *adj* **1** : legal, jurídico ⟨legal advisor : asesor jurídico⟩ ⟨the legal profession : la abogacía⟩ **2** LAWFUL : legítimo, legal ⟨legal tender : moneda de curso legal⟩

**legalistic** [ˌliːgəˈlɪstɪk] *adj* : legalista

**legality** [liˈgæləṭi] *n, pl* **-ties** : legalidad *f*

**legalize** [ˈliːgəˌlaɪz] *vt* **-ized; -izing** : legalizar

**legally** [ˈliːgəli] *adv* : legalmente

**legate** [ˈlɛgət] *n* : legado *m*

**legation** [liˈgeɪʃən] *n* : legación *f*

**legend** [ˈlɛʤənd] *n* **1** STORY : leyenda *f* **2** INSCRIPTION : leyenda *f*, inscripción *f* **3** : signos *mpl* convencionales (en un mapa)

**legendary** [ˈlɛʤənˌdɛri] *adj* : legendario

**legerdemain** [ˌlɛʤərdəˈmeɪn] → **sleight of hand**

**leggings** [ˈlɛgɪnz, ˈlɛgənz] *npl* : mallas *fpl*

**legibility** [ˌlɛʤəˈbɪləṭi] *n* : legibilidad *f*

**legible** [ˈlɛʤəbəl] *adj* : legible

**legibly** [ˈlɛʤəbli] *adv* : de manera legible

**legion** [ˈliːʤən] *n* : legión *f*

**legionnaire** [ˌliːʤəˈnær] *n* : legionario *m*, -ria *f*

**legislate** [ˈlɛʤəsˌleɪt] *vi* **-lated; -lating** : legislar

**legislation** [ˌlɛʤəsˈleɪʃən] *n* : legislación *f*

**legislative** [ˈlɛʤəsˌleɪṭɪv] *adj* : legislativo, legislador

**legislator** [ˈlɛʤəsˌleɪṭər] *n* : legislador *m*, -dora *f*

**legislature** [ˈlɛʤəsˌleɪṭʃər] *n* : asamblea *f* legislativa

**legitimacy** [lɪˈʤɪṭəməsi] *n* : legitimidad *f*

**legitimate** [lɪˈʤɪṭəmət] *adj* **1** VALID : legítimo, válido, justificado **2** LAWFUL : legítimo, legal

**legitimately** [lɪˈʤɪṭəmətli] *adv* : legítimamente

**legitimize** [lɪˈʤɪṭəˌmaɪz] *vt* **-mized; -mizing** : legitimar, hacer legítimo

**legume** [ˈlɛˌgjuːm, lɪˈgjuːm] *n* : legumbre *f*

**leisure** [ˈliːʒər, ˈlɛ-] *n* **1** : ocio *m*, tiempo *m* libre ⟨a life of leisure : una vida de ocio⟩ **2 to take one's leisure** : reposar **3 at your leisure** : cuando te venga bien, cuando tengas tiempo

**leisurely** [ˈliːʒərli, ˈlɛ-] *adj & adv* : lento, sin prisas

**lemming** [ˈlɛmɪŋ] *n* : lemming *m*

**lemon** [ˈlɛmən] *n* : limón *m*

**lemonade** [ˌlɛməˈneɪd] *n* : limonada *f*

**lemony** [ˈlɛməni] *adj* : a limón

**lempira** [lɛmˈpɪrə] *n* : lempira *f* (unidad monetaria)

**lend** [ˈlɛnd] *vt* **lent** [ˈlɛnt]; **lending** **1** : prestar ⟨to lend money : prestar dinero⟩ **2** GIVE : dar ⟨it lends force to his criticism : da fuerza a su crítica⟩ ⟨to lend a hand to someone : echarle una mano a alguien⟩ **3 to lend oneself to** : prestarse a

**length** [ˈlɛŋkθ] *n* **1** : longitud *f*, largo *m* ⟨10 feet in length : 10 pies de largo⟩ **2** DURATION : duración *f* **3** : trozo *m* (de madera), corte *m* (de tela) **4 to go to any lengths** : hacer todo lo posible **5 at ~** : extensamente ⟨to speak at length : hablar largo y tendido⟩ **6 at ~** FINALLY : por fin

**lengthen** [ˈlɛŋkθən] *vt* **1** : alargar ⟨can they lengthen the dress? : ¿se puede alargar el vestido?⟩ **2** EXTEND, PROLONG : prolongar, extender — *vi* : alargarse, crecer ⟨the days are lengthening : los días están creciendo⟩

**lengthways** [ˈlɛŋkθˌweɪz] → **lengthwise**

**lengthwise** [ˈlɛŋkθˌwaɪz] *adv* : a lo largo, longitudinalmente

**lengthy** [ˈlɛŋkθi] *adj* **lengthier; -est** **1** OVERLONG : largo y pesado **2** EXTENDED : prolongado, largo

**leniency** [ˈliːniənsi] *n, pl* **-cies** : lenidad *f*, indulgencia *f*

**lenient** [ˈliːniənt] *adj* : indulgente, poco severo

**leniently** [ˈliːniəntli] *adv* : con lenidad, con indulgencia

**lens** [ˈlɛnz] *n* **1** : cristalino *m* (del ojo) **2** : lente *mf* (de un instrumento o una cámara) **3** → **contact lens**

**lent → lend**

**Lent** [ˈlɛnt] *n* : Cuaresma *f*

**lentil** [ˈlɛntəl] *n* : lenteja *f*

**Leo** [ˈli:o:] *n* **1** : Leo *m* (signo o constelación) **2** : Leo *mf* (persona)

**leopard** [ˈlɛpərd] *n* : leopardo *m*

**leotard** [ˈli:əˌtɑrd] *n* : leotardo *m*, malla *f*

**leper** [ˈlɛpər] *n* : leproso *m*, -sa *f*

**leprechaun** [ˈlɛprəˌkɑn] *n* : duende *m* (irlandés)

**leprosy** [ˈlɛprəsi] *n* : lepra *f* — **leprous** [ˈlɛprəs] *adj*

**lesbian**[1] [ˈlɛzbiən] *adj* : lesbiano

**lesbian**[2] *n* : lesbiana *f*

**lesbianism** [ˈlɛzbiəˌnɪzəm] *n* : lesbianismo *m*

**lesion** [ˈli:ʒən] *n* : lesión *f*

**less**[1] [ˈlɛs] *adv* (*comparative of* LITTLE[1]) : menos ⟨the less you know, the better : cuanto menos sepas, mejor⟩ ⟨less and less : cada vez menos⟩

**less**[2] *adj* (*comparative of* LITTLE[2]) : menos ⟨less than three : menos de tres⟩ ⟨less money : menos dinero⟩ ⟨nothing less than perfection : nada menos que la perfección⟩

**less**[3] *pron* : menos ⟨I'm earning less : estoy ganando menos⟩

**less**[4] *prep* : menos ⟨one month less two days : un mes menos dos días⟩

**-less** [ləs] *suf* : sin

**lessee** [lɛˈsi:] *n* : arrendatario *m*, -ria *f*

**lessen** [ˈlɛsən] *vt* : disminuir, reducir — *vi* : disminuir, reducirse

**lesser** [ˈlɛsər] *adj* : menor ⟨to a lesser degree : en menor grado⟩

**lesson** [ˈlɛsən] *n* **1** CLASS : clase *f*, curso *m* **2** : lección *f* ⟨the lessons of history : las lecciones de la historia⟩

**lessor** [ˈlɛˌsɔr, lˈsɔr] *n* : arrendador *m*, -dora *f*

**lest** [ˈlɛst] *conj* : para (que) no ⟨lest we forget : para que no olvidemos⟩

**let** [ˈlɛt] *v* **let; letting** *vt* **1** ALLOW : dejar, permitir ⟨let me see it : déjame verlo⟩ ⟨let it chill : dejarlo enfriar⟩ ⟨let him in/out : déjalo entrar/salir⟩ **2** MAKE : hacer ⟨let me know : házmelo saber, avísame⟩ ⟨let them wait! : ¡que esperen!⟩ **3** RENT : alquilar **4** (*used in the first person plural imperative*) ⟨let's go! : ¡vamos!, ¡vámonos!⟩ ⟨let us pray : oremos⟩ **5 let alone** : ni mucho menos, (y) menos aún ⟨I can barely understand it, let alone explain it : apenas puedo entenderlo, ni mucho menos explicarlo⟩ **6 to let down** LOWER : bajar **7 to let down** DISAPPOINT : fallar ⟨to let someone down gently : suavizarle el golpe a alguien⟩ **8 to let go** RELEASE, FREE : soltar ⟨let me go! : ¡suéltame!⟩ **9 to let oneself go** : dejarse, abandonarse **10 to let in on** ⟨to let someone in on a secret : contarle un secreto a alguien⟩ **11 to let off** FORGIVE : perdonar ⟨they let him off the hook : lo dejaron ir sin castigo⟩ ⟨they let her off lightly : la dieron un leve castigo⟩ **12 to let off** : echar (vapor), hacer estallar (un petardo, etc.) **13 to let oneself in for** : exponerse a (críticas), buscarse (problemas) ⟨I didn't know what I was letting myself in for : no sabía en la que me estaba metiendo⟩ **14 to let out** REVEAL : revelar **15 to let out** : soltar (un grito, etc.) **16 to let out** : ensanchar (un vestido, etc.) — *vi* **1 to let go** RELAX : soltarse el pelo **2 to let go (of)** : soltar ⟨let go (of me)! : ¡suélta(me)!⟩ **3 to let on** REVEAL, SHOW : revelar, demostrar ⟨don't let on! : ¡no digas nada!⟩ ⟨he didn't let on that he knew : hizo como si no lo supiera⟩ **4 to let on** PRETEND, SEEM : fingir, parecer **5 to let out** END : terminar ⟨school lets out in June : el año escolar termina en junio⟩ **6 to let up** ABATE : amainar, disminuir ⟨the pace never lets up : el ritmo nunca disminuye⟩ **7 to let up** STOP : parar **8 to let up on** : soltar (un freno, etc.), no ser tan duro con (alguien)

**letdown** [ˈlɛtˌdaʊn] *n* : chasco *m*, decepción *f*

**lethal** [ˈli:θəl] *adj* : letal — **lethally** *adv*

**lethargic** [lɪˈθɑrʤɪk] *adj* : letárgico

**lethargy** [ˈlɛθərʤi] *n* : letargo *m*

**let's** [ˈlɛts] *contraction of* LET US → **let**

**letter**[1] [ˈlɛtər] *vt* : marcar con letras, inscribir letras en

**letter**[2] *n* **1** : letra *f* (del alfabeto) **2** : carta *f* ⟨a letter to my mother : una carta a mi madre⟩ **3 letters** *npl* ARTS : letras *fpl* **4 to the letter** : al pie de la letra

**letter bomb** *n* : carta *f* bomba

**letterhead** [ˈlɛtərˌhɛd] *n* **1** : membrete *m* (de una carta) **2** : papel *m* con membrete

**lettering** [ˈlɛtərɪŋ] *n* : letra *f*

**lettuce** [ˈlɛtəs] *n* : lechuga *f*

**letup** [ˈlɛtˌʌp] *n* LULL : pausa *f*, respiro *m*

**leukemia** [lu:ˈki:miə] *n* : leucemia *f*

**levee** [ˈlevi] *n* : dique *m*

**level**[1] [ˈlɛvəl] *v* **-eled** *or* **-elled; -eling** *or* **-elling** *vt* **1** *or* **to level off** FLATTEN : nivelar, aplanar **2** AIM : apuntar (una pistola), dirigir (una acusación) **3** RAZE : rasar, arrasar — *vi* **1 to level off/out** : estabilizarse (dícese de los precios, etc.), nivelarse (dícese de un avión), allanarse (dícese del paisaje) **2 to level with someone** : ser sincero con alguien

**level**[2] *adj* **1** EVEN : llano, plano, parejo **2** CALM : tranquilo ⟨to keep a level head : no perder la cabeza⟩

**level**[3] *n* : nivel *m*

**leveler** [ˈlɛvələr] *n* : nivelador *m*, -dora *f*

**levelheaded** [ˈlɛvəlˈhɛdəd] *adj* : sensato, equilibrado

**levelly** [ˈlɛvəli] *adv* CALMLY : con ecuanimidad *f*, con calma

**levelness** [ˈlɛvəlnəs] *n* : uniformidad *f*

**lever** [ˈlɛvər, ˈli:-] *n* : palanca *f*

**leverage** [ˈlɛvərɪʤ, ˈli:-] *n* **1** : apalancamiento *m* (en física) **2** INFLUENCE : influencia *f*, palanca *f fam*

**leviathan** [lɪˈvaɪəθən] *n* : leviatán *m*, gigante *m*

**levitate** [ˈlɛvəˌteɪt] *vi* **-tated; -tating** : levitar — *vt* : hacer levitar

**levity** [ˈlɛvəti] *n* : ligereza *f*, frivolidad *f*
**levy**[1] [ˈlɛvi] *vt* **levied; levying** 1 IMPOSE : imponer, exigir, gravar (un impuesto) 2 COLLECT : recaudar (un impuesto)
**levy**[2] *n, pl* **levies** : impuesto *m*, gravamen *m*
**lewd** [ˈluːd] *adj* : lascivo — **lewdly** *adv*
**lewdness** [ˈluːdnəs] *n* : lascivia *f*
**lexical** [ˈlɛksikəl] *adj* : léxico
**lexicographer** [ˌlɛksəˈkɑgrəfər] *n* : lexicógrafo *m*, -fa *f*
**lexicographical** [ˌlɛksəkoˈgræfɪkəl] *or* **lexicographic** [-ˈgræfɪk] *adj* : lexicográfico
**lexicography** [ˌlɛksəˈkɑgrəfi] *n* : lexicografía *f*
**lexicon** [ˈlɛksɪˌkɑn] *n, pl* **-ica** [-kə] *or* **-icons** : léxico *m*
**liability** [ˌlaɪəˈbɪləti] *n, pl* **-ties** 1 RESPONSIBILITY : responsabilidad *f* 2 SUSCEPTIBILITY : propensión *f* 3 DRAWBACK : desventaja *f* 4 **liabilities** *npl* DEBTS : deudas *fpl*, pasivo *m*
**liable** [ˈlaɪəbəl] *adj* 1 RESPONSIBLE : responsable 2 SUSCEPTIBLE : propenso 3 PROBABLE : probable ⟨it's liable to happen : es probable que suceda⟩
**liaison** [ˈliːəˌzɑn, liˈeɪ-] *n* 1 CONNECTION : enlace *m*, relación *f* 2 AFFAIR : amorío *m*, aventura *f*
**liar** [ˈlaɪər] *n* : mentiroso *m*, -sa *f*; embustero *m*, -ra *f*
**libel**[1] [ˈlaɪbəl] *vt* **-beled** *or* **-belled; -beling** *or* **-belling** : difamar, calumniar
**libel**[2] *n* : difamación *f*, calumnia *f*
**libelous** *or* **libellous** [ˈlaɪbələs] *adj* : difamatorio, calumnioso, injurioso
**liberal**[1] [ˈlɪbrəl, ˈlɪbərəl] *adj* 1 TOLERANT : liberal, tolerante 2 GENEROUS : generoso 3 ABUNDANT : abundante 4 **liberal arts** : humanidades *fpl*, artes *fpl* liberales
**liberal**[2] *n* : liberal *mf*
**liberalism** [ˈlɪbrəˌlɪzəm, ˈlɪbərə-] *n* : liberalismo *m*
**liberality** [ˌlɪbəˈræləti] *n, pl* **-ties** : liberalidad *f*, generosidad *f*
**liberalize** [ˈlɪbrəˌlaɪz, ˈlɪbərə-] *vt* **-ized; -izing** : liberalizar
**liberally** [ˈlɪbrəli, ˈlɪbərə-] *adv* 1 GENEROUSLY : generosamente 2 ABUNDANTLY : abundantemente 3 FREELY : libremente
**liberate** [ˈlɪbəˌreɪt] *vt* **-ated; -ating** : liberar, libertar
**liberation** [ˌlɪbəˈreɪʃən] *n* : liberación *f*
**liberator** [ˈlɪbəˌreɪtər] *n* : libertador *m*, -dora *f*
**Liberian** [laɪˈbɪriən] *n* : liberiano *m*, -na *f* — **Liberian** *adj*
**libertarian** [ˌlɪbərˈtɛriən] *adj & n* : libertario *m*, -ria *f*
**libertine** [ˈlɪbərˌtiːn] *n* : libertino *m*, -na *f*
**liberty** [ˈlɪbərti] *n, pl* **-ties** 1 : libertad *f* 2 **to take the liberty of** : tomarse la libertad de 3 **to take liberties with** : tomarse confianzas con, tomarse libertades con
**libido** [ləˈbiːdoː, -ˈbaɪ-] *n, pl* **-dos** : libido *f* — **libidinous** [ləˈbɪdənəs] *adj*
**Libra** [ˈliːbrə] *n* 1 : Libra *m* (signo o constelación) 2 : Libra *mf* (persona)
**librarian** [laɪˈbrɛriən] *n* : bibliotecario *m*, -ria *f*
**library** [ˈlaɪˌbrɛri] *n, pl* **-braries** : biblioteca *f*
**librettist** [lɪˈbrɛtɪst] *n* : libretista *mf*
**libretto** [lɪˈbrɛto] *n, pl* **-tos** *or* **-ti** [-ti:] : libreto *m*
**Libyan** [ˈlɪbiən] *n* : libio *m*, -bia *f* — **Libyan** *adj*
**lice** → **louse**
**license**[1] [ˈlaɪsənts] *vt* **licensed; licensing** : licenciar, autorizar, dar permiso a
**license**[2] *or* **licence** *n* 1 PERMISSION : licencia *f*, permiso *m* 2 PERMIT : licencia *f*, carnet *m* *Spain* ⟨driver's license : licencia de conducir⟩ 3 FREEDOM : libertad *f* 4 LICENTIOUSNESS : libertinaje *m*
**licensed** *adj* CERTIFIED : autorizado, certificado, licenciado ⟨a licensed physician : un médico certificado⟩ ⟨a licensed driver : un conductor con licencia⟩
**license plate** *n* : placa *f* de matrícula; chapa *f* *Arg, Uru*; patente *f* *Arg, Chile, Uru*
**licentious** [laɪˈsɛnʃəs] *adj* : licencioso, disoluto — **licentiously** *adv*
**licentiousness** [laɪˈsɛnʃəsnəs] *n* : libertinaje *m*
**lichen** [ˈlaɪkən] *n* : liquen *m*
**licit** [ˈlɪsət] *adj* : lícito
**lick**[1] [ˈlɪk] *vt* 1 : lamer 2 BEAT : darle una paliza (a alguien)
**lick**[2] *n* 1 : lamida *f*, lengüetada *f* ⟨a lick of paint : una mano de pintura⟩ 2 BIT : pizca *f*, ápice *m* 3 **a lick and a promise** : una lavada a la carrera
**licorice** [ˈlɪkərɪʃ, -rəs] *n* : regaliz *m*, dulce *m* de regaliz
**lid** [ˈlɪd] *n* 1 COVER : tapa *f* 2 EYELID : párpado *m*
**lie**[1] [ˈlaɪ] *vi* **lay** [ˈleɪ]; **lain** [ˈleɪn]; **lying** [ˈlaɪɪŋ] 1 *or* **to lie down** : acostarse, echarse, tumbarse, tenderse ⟨I lay down on the bed : me acosté en la cama⟩ ⟨lie on your back : acuéstate boca arriba⟩ ⟨he was lying unconscious on the floor : estaba tendido en el suelo sin sentido⟩ ⟨to take something lying down : dejar pasar algo sin protestar⟩ 2 : estar, estar situado, encontrarse ⟨the book lay on the table : el libro estaba en la mesa⟩ ⟨the city lies to the south : la ciudad se encuentra al sur⟩ ⟨there were papers lying around : había papeles tirados por todos lados⟩ 3 CONSIST : consistir 4 **to lie ahead** AWAIT : estar por venir 5 **to lie around** RELAX : holgazanear 6 **to lie back** : reclinarse 7 **to lie down on the job** : no cumplir 8 **to lie in/with** : residir en ⟨the power lies in the people : el poder reside en el pueblo⟩ 9 **to lie low** : tratar de no llamar la atención
**lie**[2] *vi* **lied; lying** [ˈlaɪɪŋ] : mentir
**lie**[3] *n* 1 UNTRUTH : mentira *f* ⟨to tell lies : decir mentiras⟩ 2 POSITION : posición *f*
**liege** [ˈliːdʒ] *n* : señor *m* feudal
**lien** [ˈliːn, ˈliːən] *n* : derecho *m* de retención

**lieu** [ˈluː] *n* **in lieu of** : en lugar de
**lieutenant** [luːˈtɛnənt] *n* : teniente *mf*
**life** [ˈlaɪf] *n, pl* **lives** [ˈlaɪvz] **1** : vida *f* ⟨plant life : la vida vegetal⟩ **2** EXISTENCE : vida *f* ⟨early/late in life : en la juventud/vejez⟩ ⟨later in life : a una edad más avanzada⟩ ⟨I've lived here my whole/entire life, I've lived here all my life : siempre he vivido aquí⟩ ⟨never in my life : (jamás) en la vida⟩ ⟨life of crime : vida delictiva⟩ ⟨way of life : estilo de vida⟩ **3** BIOGRAPHY : biografía *f*, vida *f* **4** DURATION : duración *f*, vida *f* **5** LIVELINESS : vivacidad *f*, animación *f* **6** *or* **life imprisonment** : cadena *f* perpetua **7 a matter of life and death** : una cuestión de vida o muerte **8 as big as life** : en carne y hueso **9 for dear life** : desesperadamente **10 for the life of me** : por nada del mundo **11 not on your life** : ni pensarlo **12 that's life** : así es la vida **13 the life of the party** : el alma de la fiesta **14 to bring back to life** : resucitar **15 to come to life** : animarse **16 to claim/take someone's life** : matar a alguien **17 to frighten/scare the life out of** : darle/pegarle un susto mortal a **18 to lose one's life** : perder la vida **19 to risk life and limb** : arriesgar la vida **20 to save someone's life** : salvarse la vida **21 to take one's own life** : suicidarse **22 true to life** : verosímil
**lifeblood** [ˈlaɪfˌblʌd] *n* : parte *f* vital, sustento *m*
**lifeboat** [ˈlaɪfˌboːt] *n* : bote *m* salvavidas
**life cycle** *n* : ciclo *m* vital
**life expectancy** *n* : esperanza *f* de vida, expectativa *f* de vida, expectativas *fpl* de vida
**lifeguard** [ˈlaɪfˌɡɑrd] *n* : socorrista *mf*; salvavidas *mf*; bañero *m*, -ra *f Arg, Uru*
**life insurance** *n* : seguro *m* de vida
**life jacket** *n* : chaleco *m* salvavidas
**lifeless** [ˈlaɪfləs] *adj* : sin vida, muerto
**lifelike** [ˈlaɪfˌlaɪk] *adj* : que parece vivo, natural, verosímil
**lifeline** [ˈlaɪfˌlaɪn] *n* **1** : cuerda *f* de salvamento **2** : sustento *m*
**lifelong** [ˈlaɪfˈlɔŋ] *adj* : de toda la vida ⟨a lifelong friend : un amigo de toda la vida⟩
**life preserver** *n* : salvavidas *m*
**lifesaver** [ˈlaɪfˌseɪvər] *n* **1** : salvación *f* **2** → **lifeguard**
**lifesaving** [ˈlaɪfˌseɪvɪŋ] *n* : socorrismo *m*
**life sentence** *n* : cadena *f* perpetua
**life–size** [ˈlaɪfˈsaɪz] *or* **life–sized** [ˈlaɪfˈsaɪzd] *adj* : de tamaño natural
**lifespan** [ˈlaɪfˌspæn] *n* : vida *f*
**lifestyle** [ˈlaɪfˌstaɪl] *n* : estilo *m* de vida
**lifetime** [ˈlaɪfˌtaɪm] *n* : vida *f*, curso *m* de la vida
**lift**[1] [ˈlɪft] *vt* **1** RAISE : levantar, alzar, subir **2** END : levantar ⟨to lift a ban : levantar una prohibición⟩ — *vi* **1** RISE : levantarse, alzarse **2** CLEAR UP : despejar ⟨the fog lifted : se disipó la niebla⟩
**lift**[2] *n* **1** LIFTING : levantamiento *m*, alzamiento *m* **2** BOOST : impulso *m*, estímulo *m* **3 to give someone a lift** : llevar en coche a alguien
**liftoff** [ˈlɪftˌɔf] *n* : despegue *m*
**ligament** [ˈlɪɡəmənt] *n* : ligamento *m*
**ligature** [ˈlɪɡəˌtʃʊr, -tʃər] *n* : ligadura *f*
**light**[1] [ˈlaɪt] *v* **lit** [ˈlɪt] *or* **lighted; lighting** *vt* **1** ILLUMINATE : iluminar, alumbrar **2** IGNITE : encender, prenderle fuego a — *vi* : encenderse, prender
**light**[2] *vi* **lighted** *or* **lit** [ˈlɪt]; **lighting** **1** LAND, SETTLE : posarse **2** DISMOUNT : bajarse, apearse
**light**[3] [ˈlaɪt] *adv* **1** LIGHTLY : suavemente, ligeramente **2 to travel light** : viajar con poco equipaje
**light**[4] *adj* **1** LIGHTWEIGHT : ligero, liviano, poco pesado **2** EASY : fácil, ligero, liviano ⟨light reading : lectura fácil⟩ ⟨light work : trabajo liviano⟩ **3** GENTLE, MILD : fino, suave, leve ⟨a light breeze : una brisa suave⟩ ⟨a light rain : una lluvia fina⟩ **4** DELICATE : leve, ligero ⟨she wore light makeup : llevaba poco maquillaje⟩ **5** LOW : bajo ⟨light turnout : baja asistencia⟩ ⟨light trading : poco movimiento (en los mercados)⟩ ⟨traffic was light : había poco tráfico⟩ **6** MINOR, SUPERFICIAL : de poca importancia, superficial **7** BRIGHT : brillante (dícese de una luz), luminosa (dícese de una habitación) ⟨to be light out : ser de día⟩ ⟨to get light out : amanecer⟩ **8** PALE : claro (dícese de los colores), rubio (dícese del pelo) **9** *or* **lite** : light
**light**[5] *n* **1** ILLUMINATION : luz *f* **2** DAYLIGHT : luz *f* del día **3** DAWN : amanecer *m*, madrugada *f* **4** LAMP : lámpara *f* ⟨to turn off the light : apagar la luz⟩ **5** ASPECT : aspecto *m* ⟨in a new light : con otros ojos⟩ ⟨to show in a good/bad light : dar una imagen positiva/negativa a⟩ ⟨in (the) light of : en vista de, a la luz de⟩ **6** MATCH : fósforo *m*, cerillo *m* **7 the light at the end of the tunnel** : la luz al final del túnel **8 the light of someone's life** : la niña de los ojos de alguien **9 to be out like a light** : dormirse como un tronco **10 to bring to light** : sacar a (la) luz **11 to cast/shed/throw light on** : arrojar luz sobre **12 to come to light** : salir a (la) luz **13 to see the light** : abrir los ojos
**lightbulb** [ˈlaɪtˌbʌlb] *n* : bombilla *f*; foco *m*; bombillo *m CA, Col, Ven*; bombita *f Arg, Uru*
**lighten** [ˈlaɪtən] *vt* **1** ILLUMINATE : iluminar, dar más luz a **2** : aclararse (el pelo) **3** : aligerar (una carga, etc.) **4** RELIEVE : aliviar **5** GLADDEN : alegrar ⟨it lightened his heart : alegró su corazón⟩
**lighter** [ˈlaɪtər] *n* : encendedor *m*
**light–headed** [ˈlaɪtˌhɛdəd] *adj* : mareado
**lighthearted** [ˈlaɪtˌhɑrtəd] *adj* : alegre, despreocupado, desenfadado — **lightheartedly** *adv*
**lightheartedness** [ˈlaɪtˌhɑrtədnəs] *n* : desenfado *m*, alegría *f*
**lighthouse** [ˈlaɪtˌhaʊs] *n* : faro *m*
**lighting** [ˈlaɪtɪŋ] *n* : iluminación *f*

**lightly** [ˈlaɪtli] *adv* **1** GENTLY : suavemente **2** SLIGHTLY : ligeramente **3** FRIVOLOUSLY : a la ligera **4 to let off lightly** : tratar con indulgencia

**lightness** [ˈlaɪtnəs] *n* **1** BRIGHTNESS : luminosidad *f*, claridad *f* **2** GENTLENESS : ligereza *f*, suavidad *f*, delicadeza *f* **3** : ligereza *f*, liviandad *f* (de peso)

**lightning** [ˈlaɪtnɪŋ] *n* : relámpago *m*, rayo *m*

**lightning bug → firefly**

**lightproof** [ˈlaɪtˌpruːf] *adj* : impenetrable por la luz, opaco

**lightweight**[1] [ˈlaɪtˌweɪt] *adj* : ligero, liviano, de poco peso

**lightweight**[2] *n* : peso *m* ligero (en deportes)

**light–year** [ˈlaɪtˌjɪr] *n* : año *m* luz

**likable** *or* **likeable** [ˈlaɪkəbəl] *adj* : simpático, agradable

**like**[1] [ˈlaɪk] *v* **liked; liking** *vt* **1** : gustarle (algo a uno) ⟨she likes rice : le gusta el arroz⟩ ⟨she doesn't like flowers : a ella no le gustan las flores⟩ ⟨I like you : me caes bien⟩ **2** WANT : querer, desear ⟨I'd like a hamburger : quiero una hamburguesa⟩ ⟨he would like more help : le gustaría tener más ayuda⟩ ⟨I'd like to come : quiero venir⟩ ⟨I'd like to think (that) . . . : quiero creer que . . .⟩ — *vi* : querer ⟨do as you like : haz lo que quieras⟩ ⟨if you like : si quieres, si te parece⟩ ⟨whenever you like : cuando quieras⟩

**like**[2] *adj* : parecido, semejante, similar

**like**[3] *n* **1** PREFERENCE : preferencia *f*, gusto *m* **2 the like** : cosa *f* parecida, cosas *fpl* por el estilo ⟨I've never seen the like : nunca he visto cosa parecida⟩

**like**[4] *conj* **1** AS IF : como si ⟨they looked at me like I was crazy : se me quedaron mirando como si estuviera loca⟩ **2** AS : como, igual que ⟨she doesn't love you like I do : ella no te quiere como yo⟩

**like**[5] *prep* **1** : como, parecido a ⟨she acts like my mother : se comporta como mi madre⟩ ⟨he looks like me : se parece a mí⟩ **2** : propio de, típico de ⟨that's just like her : eso es muy típico de ella⟩ **3** : como ⟨animals like cows : animales como vacas⟩ **4 like this like that** : así ⟨do it like that : hazlo así⟩

**-like** [ˈlaɪk] *suf* **1** : como, parecido a ⟨catlike : como un gato, parecido a un gato, felino⟩ **2** : propio de ⟨ladylike : propio de una dama⟩

**likelihood** [ˈlaɪkliˌhʊd] *n* : probabilidad *f* ⟨in all likelihood : con toda probabilidad⟩

**likely**[1] [ˈlaɪkli] *adv* : probablemente ⟨most likely he's sick : lo más probable es que esté enfermo⟩ ⟨they're likely to come : es probable que vengan⟩

**likely**[2] *adj* **likelier; -est** **1** PROBABLE : probable ⟨to be likely to : ser muy probable que⟩ **2** SUITABLE : apropiado, adecuado **3** BELIEVABLE : verosímil, creíble **4** PROMISING : prometedor

**liken** [ˈlaɪkən] *vt* : comparar

**likeness** [ˈlaɪknəs] *n* **1** SIMILARITY : semejanza *f*, parecido *m* **2** PORTRAIT : retrato *m*

**likewise** [ˈlaɪkˌwaɪz] *adv* **1** SIMILARLY : de la misma manera, asimismo **2** ALSO : también, además, asimismo

**liking** [ˈlaɪkɪŋ] *n* **1** FONDNESS : afición *f* (por una cosa), simpatía *f* (por una persona) **2** TASTE : gusto *m* ⟨is it to your liking? : ¿te gusta?⟩ ⟨to take a liking to : tomarle el gusto a algo⟩

**lilac** [ˈlaɪlək, -ˌlæk, -ˌlʊk] *n* : lila *f* — **lilac** *adj*

**lilt** [ˈlɪlt] *n* : cadencia *f*, ritmo *m* alegre

**lily** [ˈlɪli] *n, pl* **lilies** **1** : lirio *m*, azucena *f* **2 lily of the valley** : lirio *m* de los valles, muguete *m*

**lily pad** *n* : hoja *f* grande (de un nenúfar)

**lima bean** [ˈlaɪmə] *n* : frijol *m* de media luna

**limb** [ˈlɪm] *n* **1** APPENDAGE : miembro *m*, extremidad *f* **2** BRANCH : rama *f*

**limber**[1] [ˈlɪmbər] *vi or* **to limber up** : calentarse, prepararse

**limber**[2] *adj* : ágil (dícese de las personas), flexible (dícese de los objetos)

**limbo** [ˈlɪmˌboː] *n, pl* **-bos** **1** : limbo *m* (en religión) **2** OBLIVION : olvido *m* ⟨the project is in limbo : el proyecto ha caído en el olvido⟩

**lime** [ˈlaɪm] *n* **1** : cal *f* (óxido) **2** : lima *f* (fruta), limón *m* verde *Mex*

**limelight** [ˈlaɪmˌlaɪt] *n* **to be in the limelight** : ser el centro de atención, estar en el candelero

**limerick** [ˈlɪmərɪk] *n* : poema *m* jocoso de cinco versos

**limestone** [ˈlaɪmˌstoːn] *n* : piedra *f* caliza, caliza *f*

**limit**[1] [ˈlɪmət] *vt* : limitar, restringir

**limit**[2] *n* **1** MAXIMUM : límite *m*, máximo *m* ⟨speed limit : límite de velocidad⟩ **2 limits** *npl* : límites *mpl*, confines *mpl* ⟨city limits : límites de la ciudad⟩ **3 that's the limit!** : ¡eso es el colmo!

**limitation** [ˌlɪməˈteɪʃən] *n* : limitación *f*, restricción *f*

**limited** [ˈlɪmət̬əd] *adj* : limitado, restringido

**limitless** [ˈlɪmətləs] *adj* : ilimitado, sin límites

**limousine** [ˈlɪməˌziːn, ˌlɪməˈ-] *n* : limusina *f*

**limp**[1] [ˈlɪmp] *vi* : cojear

**limp**[2] *adj* **1** FLACCID : fláccido **2** LANK : lacio (dícese del pelo) **3** WEAK : débil ⟨to feel limp : sentirse desfallecer, sentirse sin fuerzas⟩

**limp**[3] *n* : cojera *f*

**limpet** [ˈlɪmpət] *n* : lapa *f*

**limpid** [ˈlɪmpəd] *adj* : límpido, claro

**limply** [ˈlɪmpli] *adv* : sin fuerzas

**limpness** [ˈlɪmpnəs] *n* : flaccidez *f*, debilidad *f*

**limy** [ˈlaɪmi] *adj* : calizo

**linden** [ˈlɪndən] *n* : tilo *m*

**line**[1] [ˈlaɪn] *v* **lined; lining** *vt* **1** : forrar, cubrir ⟨to line a dress : forrar un vestido⟩ ⟨to line the walls : cubrir las paredes⟩ **2** MARK : rayar, trazar líneas en **3** BORDER : bordear **4** *or* **to line up** ALIGN : alinear **5 to line up** : organizar — *vi* **to line up** : ponerse en fila, hacer cola

**line**[2] *n* **1** MARK : línea *f*, raya *f* ⟨straight line : (línea) recta⟩ ⟨dotted line : línea de puntos⟩ **2** BOUNDARY : línea *f*, límite *m* ⟨dividing line : línea divisoria⟩ ⟨property line : límite de la propiedad⟩ ⟨to draw the line : fijar límites⟩ ⟨to draw the line at something : no tolerar algo⟩ **3** ROW : fila *f*, hilera *f* **4** QUEUE : cola *f* ⟨to wait in line : hacer cola⟩ **5 lines** *npl* SILHOUETTE : líneas *fpl* **6** CORD, ROPE : cuerda *f* **7 → pipeline** **8** WIRE : cable *m* ⟨power line : cable eléctrico⟩ **9** : línea *f* (de teléfono) ⟨the line is busy : está ocupado⟩ ⟨the boss is on the line : te llama el jefe⟩ **10** : línea *f* (de texto), verso *m* (de poesía) **11** NOTE : nota *f*, líneas *fpl* ⟨drop me a line : mándame unas líneas⟩ **12 lines** *npl* : diálogo *m* (de un actor) **13** COMMENT : comentario *m* **14** WRINKLE : línea *f*, arruga *f* (de la cara) **15** PATH : línea *f* ⟨line of fire : línea de fuego⟩ **16** SERVICE : línea *f* ⟨bus line : línea de autobuses⟩ **17** : línea *f*, cadena *f* ⟨production line : línea de producción⟩ **18** SERIES : serie *f* (de problemas, etc.) **19** LINEAGE : línea *f*, linaje *m* **20** MANNER : línea *f* ⟨line of inquiry : línea de investigación⟩ ⟨to take a firm line on : ponerse firme sobre⟩ **21** POSITION : línea *f* ⟨the party line : la línea del partido⟩ **22** OCCUPATION : ocupación *f*, rama *f*, especialidad *f* **23 lines** *npl* RANKS : líneas *fpl*, filas *fpl* ⟨behind enemy lines : tras las líneas enemigas⟩ **24** RANGE : línea *f* ⟨product line : línea de productos⟩ **25** AGREEMENT : conformidad *f* ⟨to be in line with : estar conforme con⟩ ⟨to fall into line : conformarse⟩ **26 along the line** ⟨somewhere along the line : en algún momento⟩ **27 along the lines of** : por el estilo de **28 down the line** : en el futuro **29 in line** ⟨he's in line for a promotion : lo consideran para un ascenso⟩ ⟨first/next in line to succeed the President : primero en la línea de sucesión a la presidencia⟩ **30 in line** ⟨to keep someone in line : mantener a alguien a raya⟩ **31 on the line** ENDANGERED : en peligro **32 out of line** DISRESPECTFUL : fuera de lugar (dícese de un comentario) ⟨you're out of line : te has pasado de la raya⟩ **33 to lay it on the line** : no andarse con rodeos **34 to read between the lines** : leer entre líneas

**lineage** [ˈlɪniɪʤ] *n* : linaje *m*, abolengo *m*

**lineal** [ˈlɪniəl] *adj* : en línea directa

**lineaments** [ˈlɪniəmənts] *npl* : facciones *fpl* (de la cara), rasgos *mpl*

**linear** [ˈlɪniər] *adj* : lineal

**lined** [ˈlaɪnd] *adj* **1** : de rayas (dícese de papel, etc.) **2** WRINKLY : arrugado (dícese de la cara)

**linen** [ˈlɪnən] *n* **1** : lino *m* **2** *or* **bed linen** : ropa *f* de cama **3** *or* **table linen** : mantelería *f*

**liner** [ˈlaɪnər] *n* **1** LINING : forro *m* **2** SHIP : buque *m*, transatlántico *m*

**lineup** [ˈlaɪnˌəp] *n* **1** : fila *f* de sospechosos **2** : formación *f* (en deportes) **3** ALIGNMENT : alineación *f*

**linger** [ˈlɪŋgər] *vi* **1** TARRY : quedarse, entretenerse, rezagarse **2** PERSIST : persistir, sobrevivir

**lingerie** [ˌlɑnʤəˈreɪ, ˌlænʤəˈriː] *n* : ropa *f* íntima femenina, lencería *f*

**lingo** [ˈlɪŋgo] *n, pl* **-goes** **1** LANGUAGE : idioma *m* **2** JARGON : jerga *f*

**linguist** [ˈlɪŋgwɪst] *n* : lingüista *mf*

**linguistic** [lɪŋˈgwɪstɪk] *adj* : lingüístico

**linguistics** [lɪŋˈgwɪstɪks] *n* : lingüística *f*

**liniment** [ˈlɪnəmənt] *n* : linimento *m*

**lining** [ˈlaɪnɪŋ] *n* : forro *m*

**link**[1] [ˈlɪŋk] *vt* : unir, enlazar, conectar — *vi* **to link up** : unirse, conectar

**link**[2] *n* **1** : eslabón *m* (de una cadena) **2** BOND : conexión *f*, lazo *m*, vínculo *m* **3** HYPERLINK : enlace *m*, vínculo *m*

**linkage** [ˈlɪŋkɪʤ] *n* : conexión *f*, unión *f*, enlace *m*

**links** [ˈlɪŋks] *n* : campo *m* de golf, cancha *f* de golf

**linoleum** [ləˈnoːliəm] *n* : linóleo *m*

**lint** [ˈlɪnt] *n* : pelusa *f*

**lintel** [ˈlɪntəl] *n* : dintel *m*

**lion** [ˈlaɪən] *n* : león *m*

**lioness** [ˈlaɪənɪs] *n* : leona *f*

**lionize** [ˈlaɪəˌnaɪz] *vt* **-ized; -izing** : tratar a una persona como muy importante

**lip** [ˈlɪp] *n* **1** : labio *m* **2** : pico *m* (de una jarra), borde *m* (de una taza)

**lip–read** [ˈlɪpˌriːd] *vi* : leer los labios

**lipreading** [ˈlɪpˌriːdɪŋ] *n* : lectura *f* de los labios

**lipstick** [ˈlɪpˌstɪk] *n* : lápiz *m* labial, barra *f* de labios

**liquefy** [ˈlɪkwəˌfaɪ] *v* **-fied; -fying** *vt* : licuar — *vi* : licuarse

**liqueur** [lɪˈkʊr, -ˈkər, -ˈkjʊr] *n* : licor *m*

**liquid**[1] [ˈlɪkwəd] *adj* : líquido

**liquid**[2] *n* : líquido *m*

**liquidate** [ˈlɪkwəˌdeɪt] *vt* **-dated; -dating** : liquidar

**liquidation** [ˌlɪkwəˈdeɪʃən] *n* : liquidación *f*

**liquidity** [lɪkˈwɪdəṭi] *n* : liquidez *f*

**liquor** [ˈlɪkər] *n* : alcohol *m*, bebidas *fpl* alcohólicas, licor *m*

**lisp**[1] [ˈlɪsp] *vi* : cecear

**lisp**[2] *n* : ceceo *m*

**lissome** [ˈlɪsəm] *adj* **1** FLEXIBLE : flexible **2** LITHE : ágil y grácil

**list**[1] [ˈlɪst] *vt* **1** ENUMERATE : hacer una lista de, enumerar **2** INCLUDE : poner en una lista, incluir — *vi* : escorar (dícese de un barco)

**list**[2] *n* : lista *f* ⟨he's first/last on the list : es el primero/último de la lista⟩

**listen** [ˈlɪsən] *vi* **1** : escuchar, oír **2 to listen to** HEED : escuchar, prestar atención a, hacer caso de (algo), hacerle caso (a alguien) **3 to listen to reason** : atender a razones

**listener** [ˈlɪsənər] *n* : oyente *mf*, persona *f* que sabe escuchar

**listless** [ˈlɪstləs] *adj* : lánguido, apático — **listlessly** *adv*

**listlessness** [ˈlɪstləsnəs] *n* : apatía *f*, languidez *f*, desgana *f*

**lit** [ˈlɪt] → **light**

**litany** [ˈlɪtənɪ] *n, pl* **-nies** : letanía *f*

**liter** [ˈliːtər] *n* : litro *m*

**literacy** [ˈlɪtərəsɪ] *n* : alfabetismo *m*

**literal** [ˈlɪtərəl] *adj* : literal — **literally** *adv*

**literary** [ˈlɪtəˌrɪ] *adj* : literario

**literate** [ˈlɪtərət] *adj* : alfabetizado

**literature** [ˈlɪtərəˌtʃʊr, -tʃər] *n* : literatura *f*

**lithe** [ˈlaɪð, ˈlaɪθ] *adj* : ágil y grácil

**lithesome** [ˈlaɪðsəm, ˈlaɪθ-] → **lissome**

**lithium** [ˈlɪθiəm] *n* : litio *m*

**lithograph** [ˈlɪθəˌgræf] *n* : litografía *f*

**lithographer** [lɪˈθɑgrəfər, ˈlɪθə-ˌgræfər] *n* : litógrafo *m*, -fa *f*

**lithography** [lɪˈθɑgrəfɪ] *n* : litografía *f*

**lithosphere** [ˈlɪθəˌsfɪr] *n* : litosfera *f*

**Lithuanian** [ˌlɪθəˈweɪnɪən] *n* **1** : lituano *m* (idioma) **2** : lituano *m*, -na *f* — **Lithuanian** *adj*

**litigant** [ˈlɪtɪgənt] *n* : litigante *mf*

**litigate** [ˈlɪtəˌgeɪt] *vi* **-gated; -gating** : litigar

**litigation** [ˌlɪtəˈgeɪʃən] *n* : litigio *m*

**litmus** [ˈlɪtməs] *n* : tornasol *m*

**litmus paper** *n* : papel *m* de tornasol

**litmus test** *n* : prueba *f* decisiva

**litter**[1] [ˈlɪtər] *vt* : tirar basura en, ensuciar — *vi* : tirar basura

**litter**[2] *n* **1** : camada *f*, cría *f* ⟨a litter of kittens : una cría de gatitos⟩ **2** STRETCHER : camilla *f* **3** RUBBISH : basura *f* **4** : arena *f* higiénica (para gatos)

**little**[1] [ˈlɪtəl] *adv* **less** [ˈlɛs]; **least** [ˈliːst] **1** : poco ⟨she sings very little : canta muy poco⟩ **2 little did I know that . . .** : no tenía la menor idea de que . . . **3 as little as possible** : lo menos posible

**little**[2] *adj* **littler** *or* **less** [ˈlɛs] *or* **lesser** [ˈlɛsər]; **littlest** *or* **least** [ˈliːst] **1** SMALL : pequeño **2** : poco ⟨they speak little Spanish : hablan poco español⟩ ⟨little by little : poco a poco⟩ ⟨a little bit : un poco⟩ ⟨a little while : un ratito⟩ **3** TRIVIAL : sin importancia, trivial

**little**[3] *n* **1** : poco *m* ⟨little has changed : poco ha cambiado⟩ **2 a little** : un poco, algo ⟨it's a little surprising : es algo sorprendente⟩

**Little Dipper** → **dipper**

**little person** *n, pl* **little people** **1** : persona *f* pequeña; enano *m*, -na *f* **2 the little people** : la gente común

**liturgical** [ləˈtərdʒɪkəl] *adj* : litúrgico — **liturgically** [-kli] *adv*

**liturgy** [ˈlɪtərdʒɪ] *n, pl* **-gies** : liturgia *f*

**livable** [ˈlɪvəbəl] *adj* : habitable

**live**[1] [ˈlɪv] *v* **lived; living** *vi* **1** EXIST : vivir ⟨as long as I live : mientras viva⟩ ⟨to live from day to day : vivir al día⟩ ⟨long live the Queen/King! : ¡viva el rey/la reina!⟩ **2** : llevar una vida, vivir ⟨he lived simply : llevó una vida sencilla⟩ ⟨they lived happily ever after : vivieron felices (y comieron perdices)⟩ **3** SUBSIST : vivir, mantenerse ⟨to live within/beyond one's means : vivir dentro/fuera de sus posibilidades⟩ **4** RESIDE : vivir, residir ⟨where do you live? : ¿dónde vives?⟩ **5 live and let live** : vive y deja vivir a los demás **6 to live down** ⟨they'll never let you live it down, you'll never live it down : nunca te dejarán olvidarlo⟩ **7 to live off** : vivir de (algo), vivir a costa de (alguien) **8 to live on** : vivir de (un sueldo, etc.), alimentarse de (comida) ⟨they live on less than a dollar a day : viven con menos de un dólar por día⟩ **9 to live on** PERSIST : permanecer **10 to live out one's life** : vivir toda su vida **11 to live through** SURVIVE : sobrevivir **12 to live together** : vivir juntos **13 to live up to** : estar a la altura de (las expectativas, etc.) **14 to live up to** : cumplir (su palabra, etc.) **15 to live with** : vivir con (alguien) **16 to live with** ACCEPT : aceptar — *vt* : llevar, vivir ⟨he lived a simple life : llevó una vida sencilla⟩ ⟨to live the good life : vivir la buena vida⟩

**live**[2] [ˈlaɪv] *adj* **1** LIVING : vivo **2** BURNING : encendido ⟨a live coal : una brasa⟩ **3** : con corriente ⟨live wires : cables con corriente⟩ **4** : cargado, sin estallar ⟨a live bomb : una bomba sin estallar⟩ **5** CURRENT : de actualidad ⟨a live issue : un asunto de actualidad⟩ **6** : en vivo, en directo ⟨a live interview : una entrevista en vivo⟩

**livelihood** [ˈlaɪvlɪˌhʊd] *n* : sustento *m*, vida *f*, medio *m* de vida

**liveliness** [ˈlaɪvlɪnəs] *n* : animación *f*, vivacidad *f*

**livelong** [ˈlɪvˈlɔŋ] *adj* : entero, completo

**lively** [ˈlaɪvlɪ] *adj* **livelier; -est** : animado, vivaz, vivo, enérgico

**liven** [ˈlaɪvən] *vt* : animar — *vi* : animarse

**liver** [ˈlɪvər] *n* : hígado *m*

**livery** [ˈlɪvərɪ] *n, pl* **-eries** : librea *f*

**lives** → **life**

**livestock** [ˈlaɪvˌstɑk] *n* : ganado *m*

**livestream**[1] [ˈlaɪvˌstriːm] *vi* : hacer (un) streaming en vivo

**livestream**[2] : streaming *m* en vivo

**live wire** *n* : persona *f* vivaz y muy activa

**livid** [ˈlɪvəd] *adj* **1** BLACK-AND-BLUE : amoratado **2** PALE : lívido **3** ENRAGED : furioso

**living**[1] [ˈlɪvɪŋ] *adj* : vivo

**living**[2] *n* **to make a living** : ganarse la vida

**living room** *n* : living *m*, sala *f* de estar

**lizard** [ˈlɪzərd] *n* : lagarto *m*

**llama** [ˈlɑmə, ˈjɑ-] *n* : llama *f*

**load**[1] [ˈloːd] *vt* **1** : cargar, embarcar (vehículos, cargamento, etc.) **2** : embarcar (pasajeros) **3** : cargar (una pistola, etc.) **4** : cargar (un programa, etc.) **5** : cargar, sobrecargar ⟨she loaded (up) her plate with food : llenó el plato de comida⟩ **6 to load down with** BURDEN : cargar de ⟨to be loaded down with debt : estar agobiado por las deudas⟩ — *vi* **1** : cargar **2 to load up on** : pasarse con (la comida, etc.)

**load**[2] *n* **1** CARGO : carga *f* **2** WEIGHT : peso *m* **3** BURDEN : carga *f*, peso *m* **4 loads** *npl* : montón *m*, pila *f*, cantidad *f* ⟨loads of work : un montón de trabajo⟩

**loaded** [ˈloːdəd] *adj* **1** : cargado (dícese de una pistola, una cámara, etc.) **2** WEIGHTED : cargado ⟨loaded dice : dados cargados〉 **3** : cargado (de conotaciones) 〈a loaded question : una pregunta capciosa〉 **4** RICH : muy rico **5** *fam* DRUNK : borracho, chupado *fam* **6 to be loaded with** : estar repleto de

**loaf**[1] ['lo:f] *vi* : holgazanear, flojear, haraganear

**loaf**[2] *n, pl* **loaves** ['lo:vz] **1** : pan *m*, pan *m* de molde, barra *f* de pan **2 meat loaf** : pan *m* de carne

**loafer** ['lo:fər] *n* : holgazán *m*, -zana *f*; haragán *m*, -gana *f*; vago *m*, -ga *f*

**loan**[1] ['lo:n] *vt* : prestar

**loan**[2] *n* : préstamo *m*, empréstito *m* (del banco)

**loanword** ['lo:nˌwərd] *n* : préstamo *m*, barbarismo *m*

**loath** ['lo:θ, 'lo:ð] *adj* : poco dispuesto 〈I am loath to say it : me resisto a decirlo〉

**loathe** ['lo:ð] *vt* **loathed; loathing** : odiar, aborrecer

**loathing** ['lo:ðɪŋ] *n* : aversión *f*, odio *m*, aborrecimiento *m*

**loathsome** ['lo:θsəm, 'lo:ð-] *adj* : odioso, repugnante

**lob**[1] ['lɑb] *vt* **lobbed; lobbing** : hacerle un globo (a otro jugador)

**lob**[2] *n* : globo *m* (en deportes)

**lobby**[1] ['lɑbi] *v* **-bied; -bying** *vt* : presionar, ejercer presión sobre — *vi* **to lobby for** : presionar para (lograr algo)

**lobby**[2] *n, pl* **-bies 1** FOYER : vestíbulo *m* **2** LOBBYISTS : grupo *m* de presión, lobby *m*

**lobbyist** ['lɑbɪɪst] *n* : miembro *m* de un lobby

**lobe** ['lo:b] *n* : lóbulo *m*

**lobed** ['lo:bd] *adj* : lobulado

**lobotomy** [lə'bɑtəmi, lo-] *n, pl* **-mies** : lobotomía *f*

**lobster** ['lɑbstər] *n* : langosta *f*

**local**[1] ['lo:kəl] *adj* : local

**local**[2] *n* **1** : anestesia *f* local **2 the locals** : los vecinos del lugar, los habitantes

**locale** [lo'kæl] *n* : lugar *m*, escenario *m*

**locality** [lo'kælətɪ] *n, pl* **-ties** : localidad *f*

**localization** [ˌlo:kələ'zeɪʃən] *n* POSITION : localización *f*

**localize** ['lo:kəˌlaɪz] *vt* **-ized; -izing** : localizar

**locally** ['lo:kəli] *adv* : en la localidad, en la zona

**locate** ['lo:ˌkeɪt, lo'keɪt] *v* **-cated; -cating** *vt* **1** POSITION : situar, ubicar **2** FIND : localizar, ubicar — *vi* SETTLE : establecerse

**location** [lo'keɪʃən] *n* **1** POSITION : posición *f*, emplazamiento *m*, ubicación *f* **2** PLACE : lugar *m*, sitio *m*

**loch** ['lɑk] *n* : lago *m*

**lock**[1] ['lɑk] *vt* **1** FASTEN : cerrar (con llave) **2** CONFINE : encerrar 〈they locked me in the room : me encerraron en la habitación〉 **3** IMMOBILIZE : bloquear (una rueda) **4 to lock away/up** : encerrar (a alguien), guardar (algo) bajo llave **5 to lock out** : dejar fuera a, cerrar la puerta a 〈I locked myself out : me quedé fuera (sin llaves)〉 — *vi* **1** *or* **to lock up** : cerrar (con llave) **2** : cerrarse (dícese de una puerta) **3** : trabarse, bloquearse (dícese de una rueda) **4 to lock horns** : chocar, pelearse **5 to lock on/onto** TARGET : fijar (el blanco)

**lock**[2] *n* **1** : mechón *m* (de pelo) **2** FASTENER : cerradura *f*, cerrojo *m*, chapa *f* **3** : esclusa *f* (de un canal)

**locker** ['lɑkər] *n* : armario *m*, cajón *m* con llave, lócker *m*

**locker room** *n* : vestuario *m*; camarín *m* *Chile, Peru, Uru*

**locket** ['lɑkət] *n* : medallón *m*, guardapelo *m*, relicario *m*

**lockjaw** ['lɑkˌjɔ] *n* : tétano *m*

**lockout** ['lɑkˌaʊt] *n* : cierre *m* patronal

**locksmith** ['lɑkˌsmɪθ] *n* : cerrajero *m*, -ra *f*

**lockup** ['lɑkˌʌp] *n* JAIL : cárcel *f*

**locomotion** [ˌlo:kə'mo:ʃən] *n* : locomoción *f*

**locomotive**[1] [ˌlo:kə'mo:ɪɪv] *adj* : locomotor

**locomotive**[2] *n* : locomotora *f*

**locust** ['lo:kəst] *n* **1** : langosta *f*, chapulín *m* *CA, Mex* **2** CICADA : cigarra *f*, chicharra *f* **3** : acacia *f* blanca (árbol)

**locution** [lo'kju:ʃən] *n* : locución *f*

**lode** ['lo:d] *n* : veta *f*, vena *f*, filón *m*

**lodestar** ['lo:dˌstɑr] *n* : estrella *f* polar

**lodestone** ['lo:dˌsto:n] *n* : piedra *f* imán

**lodge**[1] ['lɑʤ] *v* **lodged; lodging** *vt* **1** HOUSE : hospedar, alojar **2** FILE : presentar 〈to lodge a complaint : presentar una demanda〉 — *vi* **1** : posarse, meterse 〈the bullet lodged in the door : la bala se incrustó en la puerta〉 **2** STAY : hospedarse, alojarse

**lodge**[2] *n* **1** : pabellón *m*, casa *f* de campo 〈hunting lodge : refugio de caza〉 **2** : madriguera *f* (de un castor) **3** : logia *f* 〈Masonic lodge : logia masónica〉

**lodger** ['lɑʤər] *n* : inquilino *m*, -na *f*; huésped *m*, -peda *f*

**lodging** ['lɑʤɪŋ] *n* **1** : alojamiento *m* **2 lodgings** *npl* ROOMS : habitaciones *fpl*

**loft** ['lɔft] *n* **1** ATTIC : desván *m*, ático *m*, buhardilla *f* **2** : piso *m* superior (de un depósito comercial) 〈a converted loft : un depósito convertido en apartamentos〉 **3** HAYLOFT : pajar *m* **4** : galería *f* 〈choir loft : galería del coro〉

**loftily** ['lɔftəli] *adv* : altaneramente, con altivez

**loftiness** ['lɔftinəs] *n* **1** NOBILITY : nobleza *f* **2** ARROGANCE : altanería *f*, arrogancia *f* **3** HEIGHT : altura *f*, elevación *f*

**lofty** ['lɔfti] *adj* **loftier; -est 1** NOBLE : noble, elevado **2** HAUGHTY : altivo, arrogante, altanero **3** HIGH : majestuoso, elevado

**log**[1] ['lɔg, 'lɑg] *vi* **logged; logging 1** : talar (árboles) **2** RECORD : registrar, anotar **3 to log in** *or* **to log on** : entrar (al sistema), iniciar (la) sesión **4 to log off** *or* **to log out** : salir (del sistema), cerrar (la) sesión

**log**[2] *n* **1** : tronco *m*, leño *m* **2** RECORD : diario *m*

**logarithm** [ˈlɔgəˌrɪðəm, ˈlɑ-] *n* : logaritmo *m*

**logger** [ˈlɔgər, ˈlɑ-] *n* : leñador *m*, -dora *f*

**loggerhead** [ˈlɔgərˌhd, ˈlɑ-] *n* **1** : tortuga *f* boba **2 to be at loggerheads** : estar en pugna, estar en desacuerdo

**logic** [ˈlɑdʒɪk] *n* : lógica *f* — **logical** [ˈlɑdʒɪkəl] *adj* — **logically** [-kli] *adv*

**login** [ˈlɔgˌɪn, ˈlag-] *n* **1** *or* **logon** [ˈlɔgˌɔn, ˈlagˌɑn] : inicio *m* de sesión, login *m* **2** *or* **login credentials** : login *m*, credenciales *fpl* de acceso/usuario

**logistic** [ləˈdʒɪstɪk, lo-] *adj* : logístico

**logistics** [ləˈdʒɪstɪks, lo-] *ns & pl* : logística *f*

**logo** [ˈloːˌgoː] *n, pl* **logos** [-ˌgoːz] : logotipo *m*

**loin** [ˈlɔɪn] *n* **1** : lomo *m* ⟨pork loin : lomo de cerdo⟩ **2 loins** *npl* : lomos *mpl* ⟨to gird one's loins : prepararse para la lucha⟩

**loincloth** [ˈlɔɪnˌklɔθ] *n* : taparrabos *m*

**loiter** [ˈlɔɪtər] *vi* : vagar, perder el tiempo

**loll** [ˈlal] *vi* **1** SLOUCH : repantigarse **2** IDLE : holgazanear, hacer el vago

**lollipop** *or* **lollypop** [ˈlɑliˌpɑp] *n* : dulce *m* en palito, chupete *m* *Chile, Peru*, paleta *f* *CA, Mex*

**Londoner** [ˈlʌndənər] *n* : londinense *mf*

**lone** [ˈloːn] *adj* **1** SOLITARY : solitario **2** ONLY : único

**loneliness** [ˈloːnlɪnəs] *n* : soledad *f*

**lonely** [ˈloːnli] *adj* **lonelier; -est** **1** SOLITARY : solitario, aislado **2** LONESOME : solo ⟨to feel lonely : sentirse muy solo⟩

**loner** [ˈloːnər] *n* : solitario *m*, -ria *f*; recluso *m*, -sa *f*

**lonesome** [ˈloːnsəm] *adj* : solo, solitario

**long**[1] [ˈlɔŋ] *vi* **1 to long for** : añorar, desear, anhelar **2 to long to** : anhelar, estar deseando ⟨they longed to see her : estaban deseando verla, tenían muchas ganas de verla⟩

**long**[2] *adv* **1** : mucho, mucho tiempo ⟨it didn't take long : no llevó mucho tiempo⟩ ⟨will it last long? : ¿va a durar mucho?⟩ ⟨will you be long? : ¿tardarás mucho?⟩ ⟨a (little) bit longer : un poco más (tiempo)⟩ ⟨I didn't have long enough to visit : no me alcanzó el tiempo para visitar⟩ **2 all day long** : todo el día **3 as/so long as** IF : mientras, con tal (de) que **4 as/so long as** SINCE : ya que **5 as/so long as** WHILE : mientras **6 before long** : antes de poco **7 long ago** : hace mucho tiempo **8 long before/after** : mucho antes/después **9 long gone** ⟨that building is long gone : ese edificio se desapareció hace mucho⟩ **10 long since** : hace mucho **11 no longer** *or* **(not) any longer** ⟨it's no longer needed : ya no hace falta⟩ ⟨I can't wait any longer : no puedo esperar más⟩ **12 so long!** : ¡hasta luego!, ¡adiós!

**long**[3] *adj* **longer** [ˈlɔŋgər]; **longest** [ˈlɔŋgəst] **1** (*indicating length*) : largo ⟨long hair : pelo largo⟩ ⟨the dress is too long : el vestido es demasiado largo⟩ ⟨the book is two hundred pages long : el libro tiene doscientas páginas⟩ ⟨a long way from : bastante lejos de⟩ **2** (*indicating time*) : largo, prolongado ⟨a long illness : una enfermedad prolongada⟩ ⟨a long walk : un paseo largo⟩ ⟨a long time ago : hace mucho (tiempo)⟩ ⟨I've known him for a long time : lo conozco desde hace mucho⟩ ⟨the drive is five hours long : el viaje dura cinco horas⟩ ⟨at long last : por fin⟩ ⟨in the long run : a la larga⟩ **3 to be long on** : estar cargado de

**long**[4] *n* **1 before long** : dentro de poco **2 the long and (the) short of it** : lo esencial, lo fundamental

**long–distance** [ˈlɔŋˈdɪstənʌs] *adj* **1** : de larga distancia ⟨long-distance call : llamada de larga distancia, llamada interurbana⟩ ⟨long-distance trip : viaje de largo recorrido⟩ ⟨long-distance runner : fondista⟩ **2** : a larga distancia ⟨a long-distance romance : una relación a (larga) distancia⟩

**longevity** [lɑnˈdʒvəti] *n* : longevidad *f*

**long–haired** [ˈlɔŋˈhærd] *adj* : melenudo

**longhand** [ˈlɔŋˌhænd] *n* : escritura *f* a mano, escritura *f* cursiva

**long–haul** [ˈlɔŋˈhɔl] *adj* : de larga distancia

**longing** [ˈlɔŋɪŋ] *n* : vivo deseo *m*, ansia *f*, anhelo *m*

**longingly** [lɔŋɪŋli] *adv* : ansiosamente, con ansia

**longitude** [ˈlɑndʒəˌtuːd, -ˌtjuːd] *n* : longitud *f*

**longitudinal** [ˌlɑndʒəˈtuːdənəl, -ˈtjuː-] *adj* : longitudinal — **longitudinally** *adv*

**long jump** *n* : salto *m* de longitud, salto *m* (en) largo

**long–lived** [ˈlɔŋˈlɪvd, -ˈlaɪvd] *adj* : longevo

**long–range** [ˈlɔŋˈreɪndʒ] *adj* **1** : de largo alcance (dícese de un avión, etc.) **2** : a largo plazo (dícese de un plan, etc.)

**longshoreman** [ˈlɔŋˈʃormən] *n, pl* **-men** [-mən, -ˌmɛn] : estibador *m*, -dora *f*

**longshorewoman** [ˈlɔŋˈʃorˌwʊmən] *n, pl* **-women** [-ˌwɪmən] : cargadora *f*

**long–standing** [ˈlɔŋˈstændɪŋ] *adj* : de larga data

**long–suffering** [ˈlɔŋˈsʌfərɪŋ] *adj* : paciente, sufrido

**long–term** [ˈlɔŋˈtərm] *adj* : a largo plazo (dícese de un plan, etc.)

**long–winded** [ˌlɔŋˈwɪndəd] *adj* : prolijo

**look**[1] [ˈlʊk] *vi* **1** : mirar ⟨to look out the window : mirar por la ventana⟩ ⟨to look ahead/back : mirar hacia adelante/atrás⟩ ⟨look around you : mira a tu alrededor⟩ ⟨look! there he is : ¡mira! ahí está⟩ **2** INVESTIGATE : buscar, mirar ⟨look in the closet : busca en el clóset⟩ ⟨look before you leap : mira lo que haces⟩ **3** SEEM : parecer ⟨he looks happy : parece estar contento⟩ ⟨you look very nice! : ¡estás guapísima!⟩ ⟨she looked (to be) about forty : parecía tener alrededor de cuarenta años⟩ **4** (*used to warn, express anger, etc.*) ⟨look, it's not going to work : mira, no va a funcionar⟩ ⟨now look what you've done! : ¡mira lo que has hecho!⟩ ⟨(now) look here! : ¡oye!⟩ **5** FACE, POINT : dar a **6 to look**

**after** TAKE CARE OF : cuidar, cuidar de (personas o animales), encargarse de (una empresa, etc.) **7 to look ahead** : mirar hacia el futuro **8 to look around** EXPLORE : mirar, echar un vistazo a **9 to look around for** : buscar **10 to look as if/though** : parecer que ⟨it looks as if it will rain : parece que va llover⟩ **11 to look at** : mirar **12 to look at** CONSIDER : considerar **13 to look at** EXAMINE : examinar **14 to look at** FACE : estar frente a, enfrentarse a (problemas, etc.) **15 to look back** : mirar hacia el pasado **16 to look down on** : despreciar, menospreciar **17 to look for** EXPECT : esperar **18 to look for** SEEK : buscar **19 to look forward to** ANTICIPATE : estar ansioso de (hacer algo), estar ansioso de que llegue(n) (una fecha, etc.) **20 to look in on** : ir a ver (a alguien) **21 to look into** INVESTIGATE : investigar **22 to look like** : parecer, parecerse ⟨it looks like a large bird : parece un pájaro grande⟩ ⟨it looks like (it will) rain : parece que va a llover⟩ ⟨I look like my mother : me parezco a mi madre⟩ **23 to look on** WATCH : mirar **24 to look on** CONSIDER : considerar ⟨I look on her as a friend : la considero una amiga⟩ ⟨he looked on his accomplishments with pride : sus logros lo llenaba de orgullo⟩ **25 to look out** : tener cuidado **26 to look out for** WATCH FOR : estar alerta por **27 to look out for** PROTECT : mirar por ⟨she only looks out for number one : sólo piensa en sí misma⟩ **28 to look the other way** : hacer la vista gorda **29 to look through** : hojear (una revista, etc.) **30 to look to . . . for . . .** ⟨to look to someone for something : recurrir a alguien para hacer algo⟩ ⟨they looked to history for an answer : buscaron la solución en la historia⟩ **31 to look up** IMPROVE : mejorar **32 to look up to** ADMIRE : respetar, admirar — *vt* **1** : mirar ⟨look what I found! : ¡mira lo que encontré!⟩ **2** HOPE, EXPECT : esperar ⟨we look to have a good year, we're looking to have a good year : esperamos tener un buen año⟩ **3 to look over/through** EXAMINE : revisar **4 to look up** : buscar (en un diccionario, etc.) **5 to look up** CALL, VISIT : llamar, visitar

**look²** *n* **1** GLANCE : mirada *f* ⟨to take a look at : mirar⟩ **2** EXPRESSION : cara *f* ⟨a look of disapproval : una cara de desaprobación⟩ **3** ASPECT : aspecto *m*, apariencia *f*, aire *m* **4 looks** *npl* : belleza *f*

**looker** [ˈlʊkər] *n* **to be a looker** : ser guapísimo

**looking** [ˈlʊkɪŋ] *adj* (*used in combination*) : de aspecto ⟨nice-looking : (de aspecto) atractivo⟩

**lookout** [ˈlʊkˌaʊt] *n* **1** : centinela *mf*, vigía *mf* **2 to be on the lookout for** : estar al acecho de, andar a la caza de

**loom¹** [ˈluːm] *vi* **1** : aparecer, surgir ⟨the city loomed up in the distance : la ciudad surgió en la distancia⟩ **2** MENACE APPROACH : amenazar, ser inminente **3 to loom large** : cobrar mucha importancia

**loom²** *n* : telar *m*

**loon** [ˈluːn] *n* : somorgujo *m*, somormujo *m*

**loony** *or* **looney** [ˈluːni] *adj* **loonier; -est** : loco, chiflado *fam*

**loop¹** [ˈluːp] *vt* **1** : hacer lazadas con **2 to loop around** : pasar alrededor de — *vi* **1** : rizar el rizo (dícese de un avión) **2** : serpentear (dícese de una carretera)

**loop²** *n* **1** : lazada *f* (en hilo o cuerda) **2** BEND : curva *f* **3** CIRCUIT : circuito *m* cerrado **4** : rizo *m* (en la aviación) ⟨to loop the loop : rizar el rizo⟩

**loophole** [ˈluːpˌhoːl] *n* : escapatoria *f*, pretexto *m*

**loose¹** [ˈluːs] *vt* **loosed; loosing** **1** RELEASE : poner en libertad, soltar **2** UNTIE : deshacer, desatar **3** DISCHARGE, UNLEASH : descargar, desatar

**loose²** → **loosely**

**loose³** *adj* **looser; -est** **1** INSECURE : flojo, suelto, poco seguro ⟨a loose tooth : un diente flojo⟩ **2** ROOMY : suelto, holgado ⟨loose clothing : ropa holgada⟩ **3** OPEN : suelto, abierto ⟨loose soil : suelo suelto⟩ ⟨a loose weave : una tejida abierta⟩ **4** FREE : suelto ⟨to break loose : soltarse⟩ ⟨to let loose : soltar⟩ ⟨loose sheets of paper : papeles sueltos⟩ ⟨loose change : dinero suelto⟩ **5** SLACK : flojo, flexible **6** APPROXIMATE : libre, aproximado ⟨a loose translation : una traducción aproximada⟩

**loosely** [ˈluːsli] *adv* **1** : sin apretar **2** ROUGHLY : aproximadamente, más o menos

**loose–leaf** [ˈluːsˈliːf] *adj* : de hojas sueltas

**loosen** [ˈluːsən] *vt* **1** : aflojar **2 to loosen up** RELAX : relajar — *vi* **1** : aflojarse **2 to loosen up** RELAX : relajarse

**looseness** [ˈluːsnəs] *n* **1** : holgura *f* (de ropa) **2** IMPRECISION : imprecisión *f*

**loot¹** [ˈluːt] *vt* : saquear, robar

**loot²** *n* : botín *m*

**looter** [ˈluːtər] *n* : saqueador *m*, -dora *f*

**lop** [ˈlɑp] *vt* **lopped; lopping** : cortar, podar

**lope¹** [ˈloːp] *vi* **loped; loping** : correr a paso largo

**lope²** *n* : paso *m* largo

**lopsided** [ˈlɑpˌsaɪdəd] *adj* **1** CROOKED : torcido, chueco, ladeado **2** ASYMMETRICAL : asimétrico

**loquacious** [loˈkweɪʃəs] *adj* : locuaz

**lord** [ˈlɔrd] *n* **1** : señor *m*, noble *m* **2** : lord *m* (en la Gran Bretaña) **3 the Lord** : el Señor **4 (good) Lord!** : ¡Dios mío!

**lordly** [ˈlɔrdli] *adj* **lordlier; -est** HAUGHTY : arrogante, altanero

**lordship** [ˈlɔrdˌʃɪp] *n* : señoría *f*

**Lord's Supper** *n* : Eucaristía *f*

**lore** [ˈlɔr] *n* : saber *m* popular, tradición *f*

**lose** [ˈluːz] *v* **lost** [ˈlɔst]; **losing** [ˈluːzɪŋ] *vt* **1** MISLAY : perder ⟨I lost my umbrella : perdí mi paraguas〉 **2** : perder (un partido, etc.) **3** (*to fail to keep*) : perder 〈to lose blood : perder sangre〉 〈to lose one's appetite : perder el apetito〉 〈to lose track of the time : perder la noción del tiempo〉 〈to have nothing to lose : no tener nada que perder〉 〈to lose sight of : perder de vista〉 **4** : perder (dinero) **5** (*to be deprived of*) : perder 〈they lost everything : lo perdieron todo〉 〈we lost power : se cortó la luz〉 〈to lose one's voice : quedarse afónico〉 〈she lost her husband : perdió a su esposo〉 〈we're sorry to lose you! : ¡qué pena que te vayas!〉 **6** (*to gradually have less of*) : perder (peso, interés, etc.) **7** : perder (valor) **8** WASTE : perder 〈there's no time to lose : no hay tiempo que perder〉 **9** : perder (la calma, el control, etc.) 〈to lose one's temper : perder los estribos, enojarse, enfadarse〉 〈to lose one's nerve : perder el valor〉 **10** : costar, hacer perder 〈the errors lost him his job : los errores le costaron su empleo〉 **11** : atrasar 〈my watch loses 5 minutes a day : mi reloj se atrasa 5 minutos por día〉 **12** CONFUSE : confundir **13** GET RID OF : deshacerse de **14** GET AWAY FROM : deshacerse de **15 to lose oneself** : perderse, ensimismarse **16 to lose one's way** : perderse — *vi* : perder 〈we lost to the other team : perdimos contra el otro equipo〉

**loser** [ˈluːzər] *n* : perdedor *m*, -dora *f*

**loss** [ˈlɔs] *n* **1** LOSING : pérdida *f* 〈loss of memory : pérdida de memoria〉 〈to sell at a loss : vender con pérdida〉 〈to cut one's losses : reducir las pérdidas (económicas)〉 〈to be at a loss to : no saber cómo〉 〈to be at a loss for words : no saber qué decir〉 **2** DEFEAT : derrota *f*, juego *m* perdido **3 losses** *npl* DEATHS : muertos *mpl*

**lost** [ˈlɔst] *adj* **1** : perdido 〈a lost cause : una causa perdida〉 〈lost in thought : absorto〉 **2 to get lost** : perderse **3 to make up for lost time** : recuperar el tiempo perdido

**lot** [ˈlɑt] *n* **1** DRAWING : sorteo *m* 〈by lot : por sorteo〉 **2** SHARE : parte *f*, porción *f* **3** FATE : suerte *f* **4** LAND, PLOT : terreno *m*, solar *m*, lote *m*, parcela *f* 〈parking lot : estacionamiento〉 **5 a lot** : mucho 〈I liked it a lot : me gustó mucho〉 〈she doesn't travel a lot : no viaja mucho〉 **6 a lot** *or* **lots** : mucho 〈a lot better : mucho mejor〉 〈thanks a lot : muchas gracias〉 〈there's lots to do : hay mucho que hacer〉 **7 a lot of** *or* **lots of** : mucho, un montón de, bastante 〈lots of books : un montón de libros, muchos libros〉 〈a lot of people : mucha gente〉

**loth** [ˈloːθ, ˈloːð] → **loath**

**lotion** [ˈloːʃən] *n* : loción *f*

**lottery** [ˈlɑtʃəri] *n, pl* **-teries** : lotería *f*

**lotus** [ˈloːtəs] *n* : loto *m*

**loud**[1] [ˈlɑʊd] *adv* : alto, fuerte 〈out loud : en voz alta〉

**loud**[2] *adj* **1** : alto, fuerte 〈a loud voice : una voz alta〉 **2** NOISY : ruidoso 〈a loud party : una fiesta ruidosa〉 **3** FLASHY : llamativo, chillón

**loudly** [ˈlɑʊdli] *adv* : alto, fuerte, en voz alta

**loudmouth** [ˈlɑʊdˌmɑʊθ] *n* : bocón *m*, -cona *f*

**loudness** [ˈlɑʊdnəs] *n* : volumen *m*, fuerza *f* (del ruido)

**loudspeaker** [ˈlɑʊdˌspiːkər] *n* : altavoz *m*, altoparlante *m*

**lounge**[1] [ˈlɑʊnʤ] *vi* **lounged; lounging** : holgazanear, gandulear

**lounge**[2] *n* : salón *m*, sala *f* de estar

**louse** [ˈlɑʊs] *n, pl* **lice** [ˈlɑɪs] : piojo *m*

**lousy** [ˈlɑʊzi] *adj* **lousier; -est** **1** : piojoso, lleno de piojos **2** BAD : pésimo, muy malo

**lout** [ˈlɑʊt] *n* : bruto *m*, patán *m*

**louver** *or* **louvre** [ˈluːvər] *n* : persiana *f*, listón *m* de persiana

**lovable** [ˈlʌvəbəl] *adj* : adorable, amoroso, encantador

**love**[1] [ˈlʌv] *v* **loved; loving** *vt* **1** : querer, amar 〈I love you : te quiero〉 **2** ENJOY : encantarle a alguien, ser (muy) aficionado a, gustarle mucho a uno (algo) 〈she loves flowers : le encantan las flores〉 〈he loves golf : es muy aficionado al golf〉 〈I'd love to go with you : me gustaría mucho acompañarte〉 — *vi* : querer, amar

**love**[2] *n* **1** : amor *m*, cariño *m* 〈to be in love with : estar enamorado de〉 〈to fall in love with : enamorarse de〉 〈to fall out of love with : dejar de querer a〉 〈love affair : aventura〉 〈love life : vida amorosa〉 **2** ENTHUSIASM, INTEREST : amor *m*, afición *m*, gusto *m* 〈love of music : afición a la música〉 **3** BELOVED : amor *m*; amado *m*, -da *f*; enamorado *m*, -da *f* 〈yes, my love : sí, mi amor〉 **4** REGARDS : recuerdos *mpl* 〈Love, Brian : cariños, Brian〉 **5 love at first sight** : amor a primera vista **6 no/little love lost** 〈there is no love lost between them : no se pueden ver〉 **7 not for love or money** : por nada del mundo **8 to make love** : hacer el amor

**loveless** [ˈlʌvləs] *adj* : sin amor

**loveliness** [ˈlʌvlinəs] *n* : belleza *f*, hermosura *f*

**lovelorn** [ˈlʌvˌlɔrn] *adj* : herido de amor, perdidamente enamorado

**lovely** [ˈlʌvli] *adj* **lovelier; -est** : hermoso, bello, lindo, precioso

**lover** [ˈlʌvər] *n* : amante *mf* (de personas); aficionado *m*, -da *f* (a alguna actividad)

**loving** [ˈlʌvɪŋ] *adj* : amoroso, cariñoso

**lovingly** [ˈlʌvɪŋli] *adv* : cariñosamente

**low**[1] [ˈloː] *vi* : mugir

**low**[2] *adv* : bajo, profundo 〈to aim low : apuntar bajo〉 〈to lie low : mantenerse escondido〉 〈to turn the lights down low : bajar las luces〉

**low**[3] *adj* **lower** [ˈloːər]; **lowest** **1** : bajo 〈a low building : un edificio bajo〉 〈a low bow : una profunda reverencia〉 **2** : bajo 〈low temperatures/speeds : bajas temperaturas/velocidades〉 〈low-calorie/low-fat : bajo en calorías/grasas⟩ **3** SHALLOW : bajo, poco profundo **4** WEAK, GENTLE : flojo (dícese del viento), tenue (dícese de la luz) ⟨over low heat : a fuego lento⟩ **5** SOFT : bajo, suave ⟨in a low voice : en voz baja⟩ **6** DEEP : grave, profundo (dícese de la voz, etc.) **7** HUMBLE : humilde, modesto **8** DEPRESSED : deprimido, bajo de moral **9** INFERIOR : bajo, inferior **10** UNFAVORABLE : mal ⟨she has a low opinion of him : tiene un mal concepto de él⟩ **11** LOW-CUT : escotado **12 to be low on** : tener poco de, estar escaso de ⟨we're low on gas : nos queda muy poca gasolina⟩

**low**[4] *n* **1** : punto *m* bajo ⟨to reach an all-time low : estar más bajo que nunca⟩ **2** *or* **low gear** : primera velocidad *f* **3** : mugido *m* (de una vaca)

**lowbrow** [ˈloːˌbraʊ] *n* : persona *f* inculta

**low–class** [ˈloːˈklæs] *adj* → **lower-class**

**low–cut** [ˈloːˈkʌt] *adj* : escotado

**lower**[1] [ˈloːər] *vt* **1** DROP : bajar ⟨to lower one's voice : bajar la voz⟩ **2** : arriar, bajar ⟨to lower the flag : arriar la bandera⟩ **3** REDUCE : reducir, bajar **4 to lower oneself** : rebajarse

**lower**[2] [ˈloːər] *adj* : inferior, más bajo, de abajo

**lowercase**[1] [ˌloːərˈkeɪs] *adj* : minúsculo

**lowercase**[2] *n* **in lowercase** : en minúsculas

**lower–class** [ˌloːərˈklæs] *adj* : de clase baja

**lower class** *n* : clase *f* baja

**low–key** [ˈloːˈkiː] *adj* : informal, sin ceremonias

**lowland** [ˈloːlənd, -ˌlænd] *n* : tierras *fpl* bajas

**lowliness** [ˈloːlinəs] *n* : humildad *f*, bajeza *f*

**lowly** [ˈloːli] *adj* **lowlier; -est** : humilde, modesto

**loyal** [ˈlɔɪəl] *adj* : leal, fiel — **loyally** *adv*

**loyalist** [ˈlɔɪəlɪst] *n* : partidario *m*, -ria *f* del régimen

**loyalty** [ˈlɔɪəlti] *n, pl* **-ties** : lealtad *f*, fidelidad *f*

**loyalty card** *n* : tarjeta *f* de cliente

**lozenge** [ˈlɑzəndʒ] *n* : pastilla *f*

**LSD** [ˌɛlˌɛsˈdiː] *n* : LSD *m*

**lubricant** [ˈluːbrɪkənt] *n* : lubricante *m*

**lubricate** [ˈluːbrɪˌkeɪt] *vt* **-cated; -cating** : lubricar — **lubrication** [ˌluːbrɪˈkeɪʃən] *n*

**lucid** [ˈluːsəd] *adj* : lúcido, claro — **lucidly** *adv*

**lucidity** [luːˈsɪdəti] *n* : lucidez *f*

**luck** [ˈlʌk] *n* **1** : suerte *f* ⟨hard luck : mala suerte⟩ **2 as luck would have it** : quiso la suerte que **3 good luck!** : ¡(buena) suerte! **4 the luck of the draw** ⟨to depend on the luck of the draw : ser cuestión de suerte⟩ **5 to be down on one's luck** : estar de mala racha **6 to be in luck** : estar de suerte **7 to be out of luck** : no estar de suerte **8 to have bad luck** : tener mala suerte **9 to press/push one's luck** : desafiar a la suerte **10 to try one's luck** : probar suerte **11 with any luck** : con un poco de suerte

**luckily** [ˈlʌkəli] *adv* : afortunadamente, por suerte

**luckless** [ˈlʌkləs] *adj* : desafortunado

**lucky** [ˈlʌki] *adj* **luckier; -est** **1** : afortunado, que tiene suerte ⟨a lucky woman : una mujer afortunada⟩ **2** FORTUITOUS : fortuito, de suerte **3** OPPORTUNE : oportuno **4** : de (la) suerte ⟨lucky number : número de la suerte⟩

**lucrative** [ˈluːkrətɪv] *adj* : lucrativo, provechoso — **lucratively** *adv*

**ludicrous** [ˈluːdəkrəs] *adj* : ridículo, absurdo — **ludicrously** *adv*

**ludicrousness** [ˈluːdəkrəsnəs] *n* : ridiculez *f*, absurdo *m*

**lug** [ˈlʌg] *vt* **lugged; lugging** : arrastrar, transportar con dificultad

**luggage** [ˈlʌgɪdʒ] *n* : equipaje *m*

**lugubrious** [luˈguːbriəs] *adj* : lúgubre — **lugubriously** *adv*

**lukewarm** [ˈluːkˈwɔrm] *adj* **1** TEPID : tibio **2** HALFHEARTED : poco entusiasta

**lull**[1] [ˈlʌl] *vt* **1** CALM, SOOTHE : calmar, sosegar **2 to lull to sleep** : arrullar, adormecer

**lull**[2] *n* : calma *f*, pausa *f*

**lullaby** [ˈlʌləˌbaɪ] *n, pl* **-bies** : canción *f* de cuna, arrullo *m*, nana *f*

**lumbago** [ˌlʌmˈbeɪgo] *n* : lumbago *m*

**lumbar** [ˈlʌmbər, -ˌbɑr] *adj* : lumbar

**lumber**[1] [ˈlʌmbər] *vt* : aserrar (madera) — *vi* : moverse pesadamente

**lumber**[2] *n* : madera *f*

**lumberjack** [ˈlʌmbərˌdʒæk] *n* : leñador *m*, -dora *f*

**lumberyard** [ˈlʌmbərˌjɑrd] *n* : almacén *m* de maderas

**luminary** [ˈluːməˌnɛri] *n, pl* **-naries** : lumbrera *f*, luminaria *f*

**luminescence** [ˌluːməˈnɛsənts] *n* : luminiscencia *f* — **luminescent** [-ˈnɛs-ənt] *adj*

**luminosity** [ˌluːməˈnɑsəti] *n, pl* **-ties** : luminosidad *f*

**luminous** [ˈluːmənəs] *adj* : luminoso — **luminously** *adv*

**lump**[1] [ˈlʌmp] *vt or* **to lump together** : juntar, agrupar, amontonar — *vi* CLUMP : agruparse, aglutinarse

**lump**[2] *n* **1** GLOB : grumo *m* **2** PIECE : pedazo *m*, trozo *m*, terrón *m* ⟨a lump of coal : un trozo de carbón⟩ ⟨a lump of sugar : un terrón de azúcar⟩ **3** SWELLING : bulto *m*, hinchazón *f*, protuberancia *f* **4 to have a lump in one's throat** : tener un nudo en la garganta

**lump sum** *n* : cantidad *f* global, pago *m* único

**lumpy** [ˈlʌmpi] *adj* **lumpier; -est** **1** : lleno de grumos (dícese de una salsa) **2** UNEVEN : desigual, disparejo

**lunacy** [ˈluːnəsi] *n, pl* **-cies** : locura *f*

**lunar** [ˈluːnər] *adj* : lunar

**lunatic**[1] [ˈluːnəˌtɪk] *adj sometimes offensive* : lunático, loco

**lunatic**[2] *n sometimes offensive* : loco *m*, -ca *f*

**lunch**[1] [ˈlʌntʃ] *vi* : almorzar, comer

**lunch**[2] *n* : almuerzo *m*, comida *f*, lonche *m Mex*

**luncheon** [ˈlʌntʃən] *n* **1** : comida *f*, almuerzo *m* **2 luncheon meat** : fiambres *fpl*

**lunchroom** [ˈlʌntʃˌru:m, -ˌrʊm] *n* : merendero *m*, cafetería *f*

**lunchtime** [ˈlʌntʃˌtaɪm] *n* : hora *f* del almuerzo

**lung** [ˈlʌŋ] *n* : pulmón *m*

**lunge**[1] [ˈlʌnʤ] *vi* **lunged; lunging 1** THRUST : atacar (en la esgrima) **2 to lunge forward** : arremeter, lanzarse

**lunge**[2] *n* **1** : arremetida *f*, embestida *f* **2** : estocada *f* (en la esgrima)

**lurch**[1] [ˈlərtʃ] *vi* **1** PITCH : cabecear, dar bandazos, dar sacudidas **2** STAGGER : tambalearse

**lurch**[2] *n* **1** : sacudida *f*, bandazo *m* (de un vehículo) **2** : tambaleo *m* (de una persona)

**lure**[1] [ˈlʊr] *vt* **lured; luring** : atraer

**lure**[2] *n* **1** ATTRACTION : atractivo *m* **2** ENTICEMENT : señuelo *m*, aliciente *m* **3** BAIT : cebo *m* artificial (en la pesca)

**lurid** [ˈlʊrəd] *adj* **1** GRUESOME : espeluznante, horripilante **2** SENSATIONAL : sensacionalista, chocante **3** GAUDY : chillón

**lurk** [ˈlərk] *vi* : estar al acecho

**luscious** [ˈlʌʃəs] *adj* **1** DELICIOUS : delicioso, exquisito **2** SEDUCTIVE : seductor, cautivador

**lush** [ˈlʌʃ] *adj* **1** LUXURIANT : exuberante, lozano **2** LUXURIOUS : suntuoso, lujoso — **lushness** [ˈlʌʃnəs] *n*

**lust**[1] [ˈlʌst] *vi* **to lust after** : desear (a una persona), codiciar (riquezas, etc.)

**lust**[2] *n* **1** LASCIVIOUSNESS : lujuria *f*, lascivia *f* **2** CRAVING : deseo *m*, ansia *f*, anhelo *m*

**luster** *or* **lustre** [ˈlʌstər] *n* **1** GLOSS, SHEEN : lustre *m*, brillo *m* **2** SPLENDOR : lustre *m*, esplendor *m*

**lusterless** [ˈlʌstərləs] *adj* : deslustrado, sin brillo

**lustful** [ˈlʌstfəl] *adj* : lujurioso, lascivo, lleno de deseo

**lustrous** [ˈlʌstrəs] *adj* : brillante, brilloso, lustroso

**lusty** [ˈlʌsti] *adj* **lustier; -est** : fuerte, robusto, vigoroso — **lustily** [ˈlʌstəli] *adv*

**lute** [ˈlu:t] *n* : laúd *m*

**luxuriance** [ˌlʌgˈʒʊriənʌs, ˌlʌkˈʃʊr-] *n* : lozanía *f*, exuberancia *f*

**luxuriant** [ˌlʌgˈʒʊriənt, ˌlʌkˈʃʊr-] *adj* **1** : exuberante, lozano (dícese de las plantas) **2** : abundante y hermoso (dícese del pelo) — **luxuriantly** *adv*

**luxuriate** [ˌlʌgˈʒʊriˌeɪt, ˌlʌkˈʃʊr-] *vi* **-ated; -ating 1** : disfrutar **2 to luxuriate in** : deleitarse con

**luxurious** [ˌlʌgˈʒʊriəs, ˌlʌkˈʃʊr-] *adj* : lujoso, suntuoso — **luxuriously** *adv*

**luxury** [ˈlʌkʃəri, ˈlʌgʒə-] *n, pl* **-ries** : lujo *m*

**-ly** [li] *suf* : -mente ⟨frequently : frecuentemente⟩

**lye** [ˈlaɪ] *n* : lejía *f*

**lying** → **lie**[1], **lie**[2]

**lymph** [ˈlɪmpf] *n* : linfa *f*

**lymphatic** [lɪmˈfæṭɪk] *adj* : linfático

**lynch** [ˈlɪntʃ] *vt* : linchar

**lynx** [ˈlɪŋks] *n, pl* **lynx** *or* **lynxes** : lince *m*

**lyre** [ˈlaɪr] *n* : lira *f*

**lyric**[1] [ˈlɪrɪk] *adj* : lírico

**lyric**[2] *n* **1** : poema *m* lírico **2 lyrics** *npl* : letra *f* (de una canción)

**lyrical** [ˈlɪrɪkəl] *adj* : lírico, elocuente

**lyricist** [ˈlɪrɪsɪst] *n* : letrista *mf*

# M

**m** [ˈɛm] *n, pl* **m's** *or* **ms** [ˈɛmz] : decimotercera letra del alfabeto inglés

**ma'am** [ˈmæm] → **madam**

**macabre** [məˈkɑb, -ˈkɑbər, -ˈkʊbrə] *adj* : macabro

**macadam** [məˈkædəm] *n* : macadán *m*

**macaroni** [ˌmækəˈro:ni] *n* : macarrones *mpl*

**macaroon** [ˌmækəˈru:n] *n* : macarrón *m*, mostachón *m*

**macaw** [məˈkɔ] *n* : guacamayo *m*

**mace** [ˈmeɪs] *n* **1** : maza *f* (arma o símbolo) **2** : macis *f* (especia)

**machete** [məˈʃɛṭi] *n* : machete *m*

**machination** [ˌmækəˈneɪʃən, ˌmæʃə-] *n* : maquinación *f*, intriga *f*

**machine**[1] [məˈʃi:n] *vt* **-chined; -chining** : trabajar a máquina

**machine**[2] *n* **1** : máquina *f* ⟨machine shop : taller de máquinas⟩ **2** : aparato *m*, maquinaria *f* (en política)

**machine gun** *n* : ametralladora *f*

**machinery** [məˈʃi:nəri] *n, pl* **-eries 1** : maquinaria *f* **2** WORKS : mecanismo *m*

**machinist** [məˈʃi:nɪst] *n* : maquinista *mf*

**machismo** [mɑˈtʃi:zmo:] *n* : machismo *m*, masculinidad *f*

**macho** [ˈmɑtʃo:] *adj* : machote, macho

**mackerel** [ˈmækərəl] *n, pl* **-el** *or* **-els** : caballa *f*

**mad** [ˈmæd] *adj* **madder; maddest 1** INSANE : loco, demente **2** RABID : rabioso **3** FOOLISH : tonto, insensato **4** ANGRY : enojado, furioso **5** CRAZY : loco ⟨I'm mad about you : estoy loco por ti⟩

**Madagascan** [ˌmædəˈgæskən] *n* : malgache *mf* — **Madagascan** *adj*

**madam** [ˈmædəm] *n, pl* **mesdames** [meɪˈdɑm, -ˈdæm] : señora *f*

**madcap**[1] [ˈmædˌkæp] *adj* ZANY : alocado, disparatado

**madcap**[2] *n* : alocado *m*, -da *f*

**madden** [ˈmædən] *vt* : enloquecer, enfurecer

**maddening** [ˈmædənɪŋ] *adj* : enloquecedor, exasperante ⟨I find it maddening : me saca de quicio⟩

**made → make**[1]

**made–to–measure** *adj* : hecho a la medida

**made–up** *adj* **1** : maquillado **2** INVENTED : inventado

**madhouse** [ˈmædˌhaʊs] *n fam* **1** : INSANE ASYLUM *now often offensive* : manicomio *m fam* **2** (*used figuratively*) : manicomio *m fam*, casa *f* de locos

**madly** [ˈmædli] *adv* : como un loco, locamente

**madman** [ˈmædˌmæn, -mən] *n, pl* **-men** [-mən, -ˌmɛn] : loco *m*, demente *m*

**madness** [ˈmædnəs] *n* : locura *f*, demencia *f*

**madwoman** [ˈmædˌwʊmən] *n, pl* **-women** [-ˌwɪmən] : loca *f*, demente *f*

**maelstrom** [ˈmeɪlstrəm] *n* : remolino *m*, vorágine *f*

**maestro** [ˈmaɪˌstroː] *n, pl* **-stros** *or* **-stri** [-ˌstriː] : maestro *m*

**Mafia** [ˈmɑfiə] *n* : Mafia *f*

**mafioso** [ˌmɑfiˈoːso] *n* : mafioso *m*, -sa *f*

**magazine** [ˈmægəˌziːn] *n* **1** STOREHOUSE : almacén *m*, polvorín *m* (de explosivos) **2** PERIODICAL : revista *f* **3** : cargador *m* (de un arma de fuego)

**magenta** [məˈʤɛntə] *n* : magenta *f*, color *m* magenta

**maggot** [ˈmægət] *n* : gusano *m*

**Magi** [ˈmeɪˌʤaɪ, ˈmæ-] *npl* **the Magi** : los Reyes Magos

**magic**[1] [ˈmæʤɪk] *or* **magical** [ˈmæʤɪkəl] *adj* : mágico

**magic**[2] *n* : magia *f*

**magically** [ˈmæʤɪkli] *adv* : mágicamente ⟨they magically appeared : aparecieron como por arte de magia⟩

**magician** [məˈʤɪʃən] *n* **1** SORCERER : mago *m*, -ga *f* **2** CONJURER : prestidigitador *m*, -dora *f*; mago *m*, -ga *f*

**magistrate** [ˈmæʤəˌstreɪt] *n* : magistrado *m*, -da *f*

**magma** [ˈmægmə] *n* : magma *m*

**magnanimity** [ˌmægnəˈnɪmətɪ] *n, pl* **-ties** : magnanimidad *f*

**magnanimous** [mægˈnænəməs] *adj* : magnánimo, generoso — **magnanimously** *adv*

**magnate** [ˈmægˌneɪt, -nət] *n* : magnate *mf*

**magnesium** [mægˈniːziəm, -ʒəm] *n* : magnesio *m*

**magnet** [ˈmægnət] *n* : imán *m*

**magnetic** [mægˈnɛtɪk] *adj* : magnético — **magnetically** [-tɪkli] *adv*

**magnetic field** *n* : campo *m* magnético

**magnetism** [ˈmægnəˌtɪzəm] *n* : magnetismo *m*

**magnetize** [ˈmægnəˌtaɪz] *vt* **-tized; -tizing** **1** : magnetizar, imantar **2** ATTRACT : magnetizar, atraer

**magnification** [ˌmægnəfəˈkeɪʃən] *n* : aumento *m*, ampliación *f*

**magnificence** [mægˈnɪfəsənʦ] *n* : magnificencia *f*

**magnificent** [mægˈnɪfəsənt] *adj* : magnífico — **magnificently** *adv*

**magnify** [ˈmægnəˌfaɪ] *vt* **-fied; -fying** **1** ENLARGE : ampliar **2** EXAGGERATE : magnificar, exagerar

**magnifying glass** *n* : lupa *f*

**magnitude** [ˈmægnəˌtuːd, -ˌtjuːd] *n* **1** GREATNESS : magnitud *f*, grandeza *f* **2** QUANTITY : cantidad *f* **3** IMPORTANCE : magnitud *f*, envergadura *f*

**magnolia** [mægˈnoːljə] *n* : magnolia *f* (flor), magnolio *m* (árbol)

**magpie** [ˈmægˌpaɪ] *n* : urraca *f*

**maguey** [maˈgeɪ] *n* : maguey *m*

**mahogany** [məˈhɑgəni] *n, pl* **-nies** : caoba *f*

**maid** [ˈmeɪd] *n* **1** MAIDEN : doncella *f* **2** *or* **maidservant** [ˈmeɪdˌsərvənt] : sirvienta *f*, muchacha *f*, mucama *f*, criada *f*

**maiden**[1] [ˈmeɪdən] *adj* **1** UNMARRIED : soltera **2** FIRST : primero ⟨maiden voyage : primera travesía⟩

**maiden**[2] *n* : doncella *f*

**maiden name** *n* : nombre *m* de soltera

**mail**[1] [ˈmeɪl] *vt* : enviar por correo, echar al correo

**mail**[2] *n* **1** : correo *m* **2** : malla *f* ⟨coat of mail : cota de malla⟩

**mailbox** [ˈmeɪlˌbɑks] *n* : buzón *m*

**mailing list** *n* : lista *f* de correo(s), lista *f* de direcciones

**mailman** [ˈmeɪlˌmæn, -mən] *n, pl* **-men** [-mən, -ˌmɛn] : cartero *m*

**mail order** *n* : venta *f* por correo

**maim** [ˈmeɪm] *vt* : mutilar, desfigurar, lisiar

**main**[1] [ˈmeɪn] *adj* : principal, central ⟨the main office : la oficina central⟩ ⟨main course : plato principal/fuerte⟩ ⟨main road : carretera principal⟩

**main**[2] *n* **1** HIGH SEAS : alta mar *f* **2** : tubería *f* principal (de agua o gas), cable *m* principal (de un circuito) **3 with might and main** : con todas sus fuerzas

**mainframe** [ˈmeɪnˌfreɪm] *n* : mainframe *m*, computadora *f* central

**mainland** [ˈmeɪnˌlænd, -lənd] *n* : continente *m*

**mainly** [ˈmeɪnli] *adv* **1** PRINCIPALLY : principalmente, en primer lugar **2** MOSTLY : principalmente, en la mayor parte

**mainstay** [ˈmeɪnˌsteɪ] *n* : pilar *m*, sostén *m* principal

**mainstream**[1] [ˈmeɪnˌstriːm] *adj* : dominante, corriente, convencional

**mainstream**[2] *n* : corriente *f* principal

**maintain** [meɪnˈteɪn] *vt* **1** SERVICE : dar mantenimiento a (una máquina) **2** PRESERVE : mantener, conservar ⟨to maintain silence : guardar silencio⟩ **3** SUPPORT : mantener, sostener **4** ASSERT : mantener, sostener, afirmar

**maintenance** [ˈmeɪntənənʦ] *n* : mantenimiento *m*

**maize** [ˈmeɪz] *n* : maíz *m*

**majestic** [məˈʤɛstɪk] *adj* : majestuoso — **majestically** [-tɪkli] *adv*

**majesty** [ˈmæʤəsti] *n, pl* **-ties** **1** : majestad *f* ⟨Your Majesty : su Majestad⟩ **2** SPLENDOR : majestuosidad *f*, esplendor *m*

**major**[1] [ˈmeɪʤər] *vi* **-jored; -joring** : especializarse

**major**[2] *adj* **1** GREATER : mayor **2** NOTEWORTHY : mayor, notable **3** SERIOUS : grave **4** : mayor (en la música)

**major**[3] *n* **1** : mayor *mf*, comandante *mf* (en las fuerzas armadas) **2** : especialidad *f* (universitaria)

**Majorcan** [maˈʤɔrkən, mə-, -ˈjɔr-] *n* : mallorquín *m*, -quina *f* — **Majorcan** *adj*

**major general** *n* : general *mf* de división

**majority** [məˈʤɔrəṭi] *n, pl* **-ties** **1** ADULTHOOD : mayoría *f* de edad **2** : mayoría *f*, mayor parte *f* ⟨the vast majority : la inmensa mayoría⟩

**make**[1] [ˈmeɪk] *v* **made** [ˈmeɪd]; **making** *vt* **1** CREATE, PRODUCE : hacer, fabricar (máquinas, etc.), promulgar (leyes) ⟨she made a dress : hizo un vestido⟩ ⟨to make a fire : hacer un fuego⟩ ⟨to make a movie : hacer una película⟩ ⟨the milk is made into cheese : con la leche se hace queso⟩ ⟨to be made from : hacerse de⟩ ⟨made (out) of stone : hecho de piedra⟩ **2** CAUSE, PRODUCE : hacer (ruido, etc.) ⟨to make trouble : hacer problemas⟩ ⟨to make a mistake : cometer un error⟩ ⟨to make room for : hacer lugar para⟩ **3** ARRANGE : hacer (planes, etc.) ⟨to make an appointment : hacer/pedir/concertar una cita, pedir hora⟩ **4** PREPARE : hacer (una cama, etc.), preparar (una comida, etc.) **5** RENDER : hacer, poner ⟨it makes him nervous : lo pone nervioso⟩ ⟨it made me happy : me hizo feliz, me alegró⟩ ⟨it made me sad : me dio pena⟩ ⟨it made her famous : la hizo famosa⟩ **6** : hacer, convertir en ⟨it'll make a man of you : te hará hombre⟩ ⟨to make a fool of : dejar en ridículo⟩ ⟨to make a big deal of : hacer un problema por⟩ ⟨to make a mess of things : meter la pata⟩ ⟨wait — make that a cheeseburger : o mejor, dame una hamburguesa con queso⟩ **7** BE, BECOME : ser ⟨you'll make a fine doctor : serás una médica buenísima⟩ **8** EQUAL : ser ⟨two plus two makes four : dos y dos son cuatro⟩ ⟨that makes two of us! : ¡ya somos dos!⟩ **9** SCORE : hacer, marcar **10** PERFORM : hacer ⟨to make a gesture : hacer un gesto⟩ ⟨to make a speech : pronunciar un discurso⟩ **11** : no perder (un vuelo, etc.), cumplir con (una fecha de entrega) **12** REACH : llegar a (un lugar, etc.) ⟨they made the finals : llegaron a las finales⟩ **13** ATTEND : asistir a **14** COMPEL : hacer, forzar, obligar **15** EARN : hacer (dinero, amigos) ⟨to make a living : ganarse la vida⟩ **16 to make do (with something)** : arreglárselas (con algo) **17 to make into** : convertir en **18 to make it** SUCCEED : tener éxito en la vida **19 to make it** SURVIVE : vivir, sobrevivir **20 to make it** : llegar ⟨we made it home safely : llegamos bien a casa⟩ ⟨I'm glad you could make it! : ¡me alegro de que hayas podido venir!⟩ **21 to make it up to someone** ⟨I'll make it up to you : te lo compensaré⟩ **22 to make of** : pensar de ⟨I don't know what to make of him/it : no sé qué pensar de él/ello⟩ ⟨I can't make anything of it : no lo entiendo⟩ **23 to make or break** : ser el éxito o la ruina de **24 to make out** DISCERN : distinguir **25 to make out** : comprender, entender (a alguien) **26 to make out** WRITE : hacer (una lista, etc.) ⟨to make a check out to : extender un cheque a nombre de⟩ **27 to make out** PORTRAY : pintar, hacer parecer **28 to make over** : transformar, maquillar (a alguien), redecorar (una habitación) **29 to make someone's day** : alegrarle el día a alguien **30 to make up** INVENT : inventar **31 to make up** PREPARE : preparar **32 to make up** FORM : formar, constituir **33 to make up** : compensar (tiempo) **34 to make up one's mind** : decidirse — *vi* **1** HEAD : ir, dirigirse ⟨we made for home : nos fuimos a casa⟩ **2 to make away with** : escaparse con **3 to make do** : arreglárselas **4 to make for** HEAD FOR : dirigirse a **5 to make for** PROMOTE : contribuir a **6 to make good** REPAY : pagar **7 to make good** SUCCEED : tener éxito **8 to make off** : salir corriendo **9 to make off with** : escaparse con **10 to make out** *fam* : besuquearse ⟨to make out with someone : besar y acariciar a alguien⟩ **11 to make up for** : compensar

**make**[2] *n* BRAND : marca *f*

**make–believe**[1] [ˌmeɪkbəˈliːv] *adj* : imaginario

**make–believe**[2] *n* : fantasía *f*, invención *f* ⟨a world of make-believe : un mundo de ensueño⟩

**make out** *vt* **1** WRITE : hacer (un cheque) **2** DISCERN : distinguir, divisar **3** UNDERSTAND : comprender, entender — *vi* : arreglárselas ⟨how did you make out? : ¿qué tal te fue?⟩

**makeover** [ˈmeɪkˌoːvər] *n* **1** : cambio *m* de imagen **2** REMODELING : reformas *fpl*, remodelación *f*

**maker** [ˈmeɪkər] *n* : fabricante *mf*

**makeshift** [ˈmeɪkˌʃɪft] *adj* : provisional, improvisado

**makeup** [ˈmeɪkˌʌp] *n* **1** COMPOSITION : composición *f* **2** CHARACTER : carácter *m*, temperamento *m* **3** COSMETICS : maquillaje *m*

**make up** *vt* **1** INVENT : inventar **2** : recuperar ⟨she made up the time : recuperó las horas perdidas⟩ — *vi* RECONCILE : hacer las paces, reconciliarse

**making** [ˈmeɪkɪŋ] *n* **1** : creación *f*, producción *f* ⟨in the making : en ciernes⟩ **2 to have the makings of** : tener madera de (dícese de personas), tener los ingredientes para

**maladjusted** [ˌmæləˈʤʌstəd] *adj* : inadaptado

**maladjustment** [ˌmæləˈʤʌstmənt] *n* : desajuste *m*

**malady** [ˈmælədi] *n, pl* **-dies** : dolencia *f*, enfermedad *f*, mal *m*

**malaise** [məˈleɪz, mæ-] *n* : malestar *m*

**malaria** [məˈleriə] *n* : malaria *f*, paludismo *m*

**Malawian** [məˈlɑwiən] *n* : malauiano *m*, -na *f* — **Malawian** *adj*

**Malay** [məˈleɪ, ˈmeɪˌleɪ] *n* **1** *or* **Malayan** [məˈleɪən, meɪ-, ˈmeɪˌleɪən] : malayo *m*,

-ya *f* **2** : malayo *m* (idioma) — **Malay** *or* **Malayan** *adj*

**Malaysian** [mə'leɪʒən, -ʃən] *n* : malasio *m*, -sia *f*; malaisio *m*, -sia *f* — **Malaysian** *adj*

**male**[1] ['meɪl] *adj* **1** : macho **2** MASCULINE : masculino

**male**[2] *n* : macho *m* (de animales o plantas), varón *m* (de personas)

**malefactor** ['mælə,fæktər] *n* : malhechor *m*, -chora *f*

**maleness** ['meɪlnəs] *n* : masculinidad *f*

**malevolence** [mə'levələnts] *n* : malevolencia *f*

**malevolent** [mə'levələnt] *adj* : malévolo

**malformation** [,mælfɔr'meɪʃən] *n* : malformación *f*

**malformed** [mæl'fɔrmd] *adj* : mal formado, deforme

**malfunction**[1] [mæl'fʌŋkʃən] *vi* : funcionar mal

**malfunction**[2] *n* : mal funcionamiento *m*

**malice** ['mælɪs] *n* **1** : malicia *f*, malevolencia *f* **2 with malice aforethought** : con premeditación

**malicious** [mə'lɪʃəs] *adj* : malicioso, malévolo — **maliciously** *adv*

**malign**[1] [mə'laɪn] *vt* : calumniar, difamar

**malign**[2] *adj* : maligno

**malignancy** [mə'lɪgnənt̬si] *n, pl* **-cies** : malignidad *f*

**malignant** [mə'lɪgnənt] *adj* : maligno

**malinger** [mə'lɪŋgər] *vi* : fingirse enfermo

**malingerer** [mə'lɪŋgərər] *n* : uno que se finge enfermo

**mall** ['mɔl] *n* **1** PROMENADE : alameda *f*, paseo *m* (arbolado) **2** : centro *m* comercial ⟨shopping mall : galería comercial⟩

**mallard** ['mælərd] *n, pl* **-lard** *or* **-lards** : pato *m* real, ánade *mf* real

**malleable** ['mæliəbəl] *adj* : maleable

**mallet** ['mælət] *n* : mazo *m*

**malnourished** [mæl'nərɪʃt] *adj* : desnutrido, malnutrido

**malnutrition** [,mælnʊ'trɪʃən, -njʊ-] *n* : desnutrición *f*, malnutrición *f*

**malodorous** [mæl'o:dərəs] *adj* : maloliente

**malpractice** [,mæl'præktəs] *n* : mala práctica *f*, negligencia *f*

**malt** ['mɔlt] *n* : malta *f*

**maltreat** [mæl'tri:t] *vt* : maltratar

**malware** ['mæl,wær] *n* : malware *m*

**mama** *or* **mamma** ['mɑmə] *n* : mamá *f*

**mambo** ['mɑmbo] *n* : mambo *m*

**mammal** ['mæməl] *n* : mamífero *m*

**mammalian** [mə'meɪliən, mæ-] *adj* : mamífero

**mammary** ['mæmərɪ] *adj* **1** : mamario **2 mammary gland** : glándula mamaria

**mammogram** ['mæmə,græm] *n* : mamografía *f*

**mammoth**[1] ['mæmɵ] *adj* : colosal, gigantesco

**mammoth**[2] *n* : mamut *m*

**man**[1] ['mæn] *vt* **manned; manning** : tripular (un barco o avión), encargarse de (un servicio)

**man**[2] *n, pl* **men** ['mɛn] **1** PERSON : hombre *m*, persona *f* ⟨the man in the street : el hombre de la calle⟩ ⟨to a man : todos sin excepción⟩ ⟨every man for himself : sálvese quien pueda⟩ ⟨to be one's own man : ser independiente⟩ **2** MALE : hombre *m* **3** MANKIND : humanidad *f* **4** HUSBAND, BOYFRIEND : marido *m*, novio *m* **5 men** *npl* : trabajadores *mpl* (de una empresa), soldados *mpl* (en el ejército) **6 hey, man** *fam* : hola amigo

**manacles** ['mænɪkəlz] *npl* HANDCUFFS : esposas *fpl*

**manage** ['mænɪʤ] *v* **-aged; -aging** *vt* **1** HANDLE : controlar, manejar **2** DIRECT : administrar, dirigir ⟨to manage one's life : organizar uno su vida⟩ **3** CONTRIVE : lograr, ingeniárselas para ⟨I managed to do it : pude hacerlo⟩ — *vi* COPE : arreglárselas

**manageable** ['mænɪʤəbəl] *adj* : manejable

**management** ['mænɪʤmənt] *n* **1** DIRECTION : administración *f*, gestión *f*, dirección *f* **2** HANDLING : manejo *m* **3** MANAGERS : dirección *f*, gerencia *f*

**manager** ['mænɪʤər] *n* : director *m*, -tora *f*; gerente *mf*; administrador *m*, -dora *f*

**managerial** [,mænə'ʤɪriəl] *adj* : directivo, gerencial

**managing director** *n* : director *m* gerente, directora *f* gerente

**manatee** ['mænə,ti:] *n* : manatí *m*

**mandarin** ['mændərən] *n* **1** : mandarín *m* **2** *or* **mandarin orange** : mandarina *f*

**mandate** ['mæn,deɪt] *n* : mandato *m*

**mandatory** ['mændə,tori] *adj* : obligatorio

**mandible** ['mændəbəl] *n* : mandíbula *f*

**mandolin** [,mændə'lɪn, 'mændələn] *n* : mandolina *f*

**mane** ['meɪn] *n* : crin *f* (de un caballo), melena *f* (de un león o una persona)

**maneuver**[1] [mə'nu:vər, -'nju:-] *vt* **1** PLACE, POSITION : maniobrar, posicionar, colocar **2** MANIPULATE : manipular, maniobrar — *vi* : maniobrar

**maneuver**[2] *n* : maniobra *f*

**manfully** ['mænfəli] *adj* : valientemente

**manganese** ['mæŋgə,ni:z, -,ni:s] *n* : manganeso *m*

**mange** ['meɪnʤ] *n* : sarna *f*

**manger** ['meɪnʤər] *n* : pesebre *m*

**mangle** ['mæŋgəl] *vt* **-gled; -gling** **1** CRUSH, DESTROY : aplastar, despedazar, destrozar **2** MUTILATE : mutilar ⟨to mangle a text : mutilar un texto⟩

**mango** ['mæŋ,go:] *n, pl* **-goes** : mango *m*

**mangrove** ['mæn,gro:v, 'mæŋ-] *n* : mangle *m*

**mangy** ['meɪnʤi] *adj* **mangier; -est** **1** : sarnoso **2** SHABBY : gastado

**manhandle** ['mæn,hændəl] *vt* **-dled; -dling** : maltratar, tratar con poco cuidado

**manhole** ['mæn,ho:l] *n* : boca *f* de alcantarilla

**manhood** ['mæn,hʊd] *n* **1** : madurez *f* (de un hombre) **2** COURAGE, MANLINESS : hombría *f*, valor *m* **3** MEN : hombres *mpl*

**manhunt** ['mæn,hʌnt] *n* : búsqueda *f* (de un criminal)

**mania** [ˈmeɪnɪə, -njə] *n* : manía *f*
**maniac** [ˈmeɪniˌæk] *n* : maníaco *m*, -ca *f*; maniático *m*, -ca *f*
**maniacal** [məˈnaɪəkəl] *adj fam* : maníaco, maniaco
**manic** [ˈmænɪk] *adj* : maníaco, maniaco
**manicure**[1] [ˈmænəˌkjʊr] *vt* **-cured; -curing** **1** : hacer la manicura a **2** TRIM : recortar
**manicure**[2] *n* : manicura *f*
**manicurist** [ˈmænəˌkjʊrɪst] *n* : manicuro *m*, -ra *f*
**manifest**[1] [ˈmænəˌfɛst] *vt* : manifestar
**manifest**[2] *adj* : manifiesto, patente — **manifestly** *adv*
**manifestation** [ˌmænəfəˈsteɪʃən] *n* : manifestación *f*
**manifesto** [ˌmænəˈfɛsˌto:] *n, pl* **-tos** *or* **-toes** : manifiesto *m*
**manifold**[1] [ˈmænəˌfo:ld] *adj* : diverso, variado
**manifold**[2] *n* : colector *m* (de escape)
**manioc** [ˈmæniˌɑk] *n* : mandioca *f*, yuca *f*
**manipulate** [məˈnɪpjəˌleɪt] *vt* **-lated; -lating** : manipular
**manipulation** [məˌnɪpjəˈleɪʃən] *n* : manipulación *f*
**manipulative** [məˈnɪpjəˌleɪtɪv, -lətɪv] *adj* : manipulador
**manipulator** [məˈnɪpjəˌleɪtər] *n* : manipulador *m*, -dora *f*
**mankind** [ˈmænˈkaɪnd, -ˌkaɪnd] *n* : género *m* humano, humanidad *f*
**manliness** [ˈmænlinəs] *n* : hombría *f*, masculinidad *f*
**manly** [ˈmænli] *adj* **manlier; -est** : varonil, viril
**man–made** [ˈmænˈmeɪd] *adj* : artificial ⟨man-made fabrics : telas sintéticas⟩
**manna** [ˈmænə] *n* : maná *m*
**mannequin** [ˈmænɪkən] *n* **1** DUMMY : maniquí *m* **2** MODEL : modelo *mf*
**manner** [ˈmænər] *n* **1** KIND, SORT : tipo *m*, clase *f* **2** WAY : manera *f*, modo *m* **3** STYLE : estilo *m* (artístico) **4 manners** *npl* CUSTOMS : costumbres *fpl* **5 manners** *npl* ETIQUETTE : modales *mpl*, educación *f*, etiqueta *f* ⟨good manners : buenos modales⟩
**mannered** [ˈmænərd] *adj* **1** AFFECTED, ARTIFICIAL : amanerado, afectado **2 well–mannered** : educado, cortés **3** → **ill-mannered**
**mannerism** [ˈmænəˌrɪzəm] *n* : peculiaridad *f*, gesto *m* particular
**mannish** [ˈmænɪʃ] *adj* : masculino, hombruno
**man–of–war** [ˌmænəˈwɔr, -əvˈwɔr] *n, pl* **men–of–war** [ˌmɛn-] WARSHIP : buque *m* de guerra
**manor** [ˈmænər] *n* **1** : casa *f* solariega, casa *f* señorial **2** ESTATE : señorío *m*
**manpower** [ˈmænˌpaʊər] *n* : personal *m*, mano *f* de obra
**mansion** [ˈmænʃən] *n* : mansión *f*
**manslaughter** [ˈmænˌslɔtər] *n* : homicidio *m* sin premeditación
**mantel** [ˈmæntəl] *n* : repisa *f* de chimenea
**mantelpiece** [ˈmæntəlˌpi:s] → **mantel**
**mantis** [ˈmæntəs] *n, pl* **-tises** *or* **-tes** [ˈmænˌti:z] : mantis *f* religiosa
**mantle** [ˈmæntəl] *n* : manto *m*
**manual**[1] [ˈmænjʊəl] *adj* : manual — **manually** *adv*
**manual**[2] *n* : manual *m*
**manufacture**[1] [ˌmænjəˈfæktʃər] *vt* **-tured; -turing** : fabricar, manufacturar, confeccionar (ropa), elaborar (comestibles)
**manufacture**[2] *n* : manufactura *f*, fabricación *f*, confección *f* (de ropa), elaboración *f* (de comestibles)
**manufacturer** [ˌmænjəˈfæktʃərər] *n* : fabricante *m*; manufacturero *m*, -ra *f*
**manure** [məˈnʊr, -ˈnjʊr] *n* : estiércol *m*
**manuscript** [ˈmænjəˌskrɪpt] *n* : manuscrito *m*
**many**[1] [ˈmɛni] *adj* **more** [ˈmor]; **most** [ˈmo:st] **1** : muchos ⟨for many years : durante muchos años⟩ ⟨many years ago : hace muchos años⟩ ⟨so/too many ideas : tantas/demasiadas ideas⟩ ⟨I don't have that many employees : no tengo tantos empleados⟩ ⟨a good/great many people : muchísima gente⟩ ⟨one of her many interests : uno de sus muchos intereses⟩ **2 as many** ⟨I have as many books as she does : tengo tantos libros como ella⟩ ⟨take as many books as you want : llévate cuantos libros quieras⟩ ⟨we saw three plays in as many days : vimos tres obras en el mismo número de días⟩ **3 how many** : cuántos, cuántas ⟨how many people were there? : ¿cuánta gente había?⟩
**many**[2] *pron* **1** : muchos ⟨many of them : muchos de ellos⟩ ⟨many of the novels : muchas de las novelas⟩ ⟨some stayed, but many left : algunos se quedaron, pero muchos se fueron⟩ ⟨I don't have that many : no tengo tantos⟩ **2 as many as** ⟨I have as many as she does : tengo tantos como ella⟩ ⟨as many as a hundred people : hasta cien personas⟩ ⟨take as many as you want : llévate cuantos quieras⟩ **3 many a/an** ⟨many a time : muchas veces⟩ **4 the many** : la mayoría
**map**[1] [ˈmæp] *vt* **mapped; mapping** **1** : trazar el mapa de **2** PLAN : planear, proyectar ⟨to map out a program : planear un programa⟩
**map**[2] *n* : mapa *m*
**maple** [ˈmeɪpəl] *n* : arce *m*
**mar** [ˈmɑr] *vt* **marred; marring** **1** SPOIL : estropear, echar a perder **2** DEFACE : desfigurar
**maraca** [məˈrɑkə] *n* : maraca *f*
**maraschino** [ˌmærəˈski:no:, -ˈʃi:-] *n, pl* **-nos** : cereza *f* al marrasquino
**marathon** [ˈmærəˌθɑn] *n* **1** RACE : maratón *m* **2** CONTEST : competencia *f* de resistencia
**maraud** [məˈrɔd] *vi* : merodear
**marauder** [məˈrɔdər] *n* : merodeador *m*, -dora *f*
**marble** [ˈmɑrbəl] *n* **1** : mármol *m* **2** : canica *f*, bolita *f* ⟨to play marbles : jugar a las canicas⟩
**march**[1] [ˈmɑrtʃ] *vi* **1** : marchar, desfilar ⟨they marched past the grandstand

: desfilaron ante la tribuna〉 **2** : caminar con resolución 〈she marched right up to him : se le acercó sin vacilación〉

**march²** *n* **1** MARCHING : marcha *f* **2** PASSAGE : paso *m* (del tiempo) **3** PROGRESS : avance *m*, progreso *m* **4** : marcha *f* (en música)

**March** [ˈmɑrtʃ] *n* : marzo *m* 〈they arrived on the 13th of March, they arrived on March 13th : llegaron el trece de marzo〉

**marchioness** [ˈmɑrʃənɪs] *n* : marquesa *f*

**Mardi Gras** [ˈmɑrdiˌɡrɑ] *n* : martes *m* de Carnaval

**mare** [ˈmær] *n* : yegua *f*

**margarine** [ˈmɑrdʒərən] *n* : margarina *f*

**margarita** [ˌmɑrɡəˈriːtə] *n* : margarita *f* (cóctel)

**margin** [ˈmɑrdʒən] *n* : margen *m*

**marginal** [ˈmɑrdʒənəl] *adj* **1** : marginal **2** MINIMAL : mínimo — **marginally** *adv*

**marginalization** [ˌmɑrdʒənələˈzeɪʃən] *n* : marginación *f*

**mariachi** [ˌmɑriˈɑtʃi, ˌmæ-] *n* **1** *or* **mariachi band** : mariachi *m* (grupo) **2** *or* **mariachi musician** : mariachi *m* (músico) **3 mariachi music** : mariachi *m*, música *f* de mariachi

**marigold** [ˈmærəˌɡoːld] *n* : maravilla *f*, caléndula *f*

**marijuana** *or* **marihuana** [ˌmærəˈhwɑnə] *n* : marihuana *f*

**marimba** [məˈrɪmbə] *n* : marimba *f*

**marina** [məˈriːnə] *n* : puerto *m* deportivo

**marinade** [ˌmærəˈnɑd] *n* : adobo *m*, marinada *f*

**marinate** [ˈmærəˌneɪt] *vt* **-nated; -nating** : marinar

**marine¹** [məˈriːn] *adj* **1** : marino 〈marine life : vida marina〉 **2** NAUTICAL : náutico, marítimo **3** : de la infantería de marina

**marine²** *n* : soldado *m* de marina

**mariner** [ˈmærɪnər] *n* : marinero *m*, marino *m*

**marionette** [ˌmæriəˈnɛt] *n* : marioneta *f*, títere *m*

**marital** [ˈmærətəl] *adj* **1** : matrimonial **2 marital status** : estado *m* civil

**maritime** [ˈmærəˌtaɪm] *adj* : marítimo

**marjoram** [ˈmɑrdʒərəm] *n* : mejorana *f*

**mark¹** [ˈmɑrk] *vt* **1** : marcar **2** MAR : dejar marca en **3** CHARACTERIZE : caracterizar **4** SIGNAL : señalar, marcar **5** GRADE : corregir (exámenes, etc.) **6 mark my words!** : ¡acuérdate de lo que te digo! **7 to mark down** : rebajar **8 to mark off** : demarcar, delimitar **9 to mark up** : anotar (un manuscrito, etc.) **10 to mark up** : aumentar el precio de

**mark²** *n* **1** TARGET : blanco *m* 〈to miss the mark, to be wide of the mark : no dar en el blanco〉 **2** : marca *f*, señal *f* 〈put a mark where you left off : pon una señal donde terminaste〉 **3** INDICATION : señal *f*, indicio *m* 〈a mark of respect : una señal de respeto〉 **4** GRADE : nota *f* **5** LEVEL : nivel *m* 〈to reach the halfway mark : llegar al ecuador〉 〈we've topped the one million dollar mark : hemos superado el millón de dólares〉 **6** IMPRINT : huella *f*, marca *f* **7** BLEMISH : marca *f*, imperfección *f* **8 on your mark(s), get set, go!** : en sus marcas, listos, ¡ya!; en sus marcas, listos, ¡fuera! *Mex*; preparados, listos, ¡ya! *Spain* **9 to fall short of the mark** : quedarse corto **10 to make/leave one's mark** : dejar su impronta **11 to miss the mark** ERR, FAIL : errar, fracasar

**marked** [ˈmɑrkt] *adj* : marcado, notable — **markedly** [ˈmɑrkədli] *adv*

**marker** [ˈmɑrkər] *n* : marcador *m*

**market¹** [ˈmɑrkət] *vt* : poner en venta, comercializar

**market²** *n* **1** MARKETPLACE : mercado *m* 〈the open market : el mercado libre〉 **2** DEMAND : demanda *f*, mercado *m* **3** STORE : tienda *f* **4 → stock market**

**marketable** [ˈmɑrkəɾəbəl] *adj* : vendible

**marketing** [ˈmɑrkəɾɪŋ] *n* : mercadotecnia *f*, mercadeo *m*

**marketplace** [ˈmɑrkətˌpleɪs] *n* : mercado *m*

**market research** *n* : estudio *m* de mercado

**marking** *n* **1** : corrección *f* (de exámenes, etc.) **2** : marca *f*, señal *f* **3** : pinta *f*, mancha *f* (de un animal) **4 to have all the markings of** : tener madera de (dícese de personas), tener los ingredientes para

**marksman** [ˈmɑrksmən] *n, pl* **-men** [-mən, -ˌmɛn] : tirador *m*

**marksmanship** [ˈmɑrksmənˌʃɪp] *n* : puntería *f*

**markswoman** [ˈmɑrksˌwʊmən] *n, pl* **-women** [-ˌwɪmən] : tiradora *f*

**marmalade** [ˈmɑrməˌleɪd] *n* : mermelada *f*

**marmoset** [ˈmɑrməˌsɛt] *n* : tití *m*

**marmot** [ˈmɑrmət] *n* : marmota *f*

**maroon¹** [məˈruːn] *vt* : abandonar, aislar

**maroon²** *n* : rojo *m* oscuro, granate *m*

**marquee** [mɑrˈkiː] *n* : marquesina *f*

**marquess** [ˈmɑrkwɪs] *or* **marquis** [ˈmɑrkwɪs, mɑrˈkiː] *n, pl* **-quesses** *or* **-quises** [-ˈkiːz, -ˈkiːzəz] *or* **-quis** [-ˈkiː, -ˈkiːz] : marqués *m*

**marquise** [mɑrˈkiːz] **→ marchioness**

**marriage** [ˈmærɪdʒ] *n* **1** : matrimonio *m* **2** WEDDING : casamiento *m*, boda *f*

**marriageable** [ˈmærɪdʒəbəl] *adj* **of marriageable age** : de edad de casarse

**marriage certificate** *n* : certificado *m* de matrimonio, acta *f* de matrimonio

**married** [ˈmærɪd] *adj* **1** : casado **2 to get married** : casarse

**marrow** [ˈmæroː] *n* : médula *f*, tuétano *m*

**marry** [ˈmæri] *vt* **-ried; -rying** **1** : casar 〈the priest married them : el cura los casó〉 **2** : casarse con 〈she married John : se casó con John〉

**Mars** [ˈmɑrz] *n* : Marte *m*

**marsh** [ˈmɑrʃ] *n* **1** : pantano *m* **2 salt marsh** : marisma *f*

**marshal¹** [ˈmɑrʃəl] *vt* **-shaled** *or* **-shalled; -shaling** *or* **-shalling** **1** : poner en orden, reunir **2** USHER : conducir

**marshal²** *n* **1** : maestro *m* de ceremonias **2** : mariscal *m* (en el ejército); jefe *m*, -fa *f* (de la policía, de los bomberos, etc.)

**marshmallow** [ˈmɑrʃˌmɛlo:, -ˌmælo:] *n* : malvavisco *m*

**marshy** [ˈmɑrʃi] *adj* **marshier; -est** : pantanoso

**marsupial** [mɑrˈsu:piəl] *n* : marsupial *m*

**mart** [ˈmɑrt] *n* MARKET : mercado *m*

**marten** [ˈmɑrtən] *n, pl* **-ten** *or* **-tens** : marta *f*

**martial** [ˈmɑrʃəl] *adj* : marcial ⟨martial arts : artes marciales⟩ ⟨martial law : ley marcial⟩

**Martian** [ˈmɑrʃən] *n* : marciano *m*, -na *f* — **Martian** *adj*

**martin** [ˈmɑrtən] *n* **1** SWALLOW : golondrina *f* **2** SWIFT : vencejo *m*

**martyr**[1] [ˈmɑrtɚ] *vt* : martirizar

**martyr**[2] *n* : mártir *mf*

**martyrdom** [ˈmɑrtɚdəm] *n* : martirio *m*

**marvel**[1] [ˈmɑrvəl] *vi* **-veled** *or* **-velled; -veling** *or* **-velling** : maravillarse

**marvel**[2] *n* : maravilla *f*

**marvelous** [ˈmɑrvələs] *or* **marvellous** *adj* : maravilloso — **marvelously** *adv*

**Marxism** [ˈmɑrkˌsɪzəm] *n* : marxismo *m*

**Marxist**[1] [ˈmɑrksɪst] *adj* : marxista

**Marxist**[2] *n* : marxista *mf*

**marzipan** [ˈmɑrtsəˌpɑn, ˈmɑrzəˌpæn] *n* : mazapán *m*

**mascara** [mæsˈkærə] *n* : rímel *m*, rimel *m*

**mascot** [ˈmæsˌkɑt, -kət] *n* : mascota *f*

**masculine** [ˈmæskjələn] *adj* : masculino

**masculinity** [ˌmæskjəˈlɪnəṭi] *n* : masculinidad *f*

**mash**[1] [ˈmæʃ] *vt* **1** : hacer puré de (papas, etc.) **2** CRUSH : aplastar, majar

**mash**[2] *n* **1** FEED : afrecho *m* **2** : malta *f* (para hacer bebidas alcohólicas) **3** PASTE, PULP : papilla *f*, pasta *f*

**mask**[1] [ˈmæsk] *vt* **1** CONCEAL, DISGUISE : enmascarar, ocultar **2** COVER : cubrir, tapar

**mask**[2] *n* **1** : máscara *f*, careta *f*, mascarilla *f* (de un cirujano o dentista) **2** *or* **facial mask** : mascarilla *f* (facial)

**masochism** [ˈmæsəˌkɪzəm, ˈmæzə-] *n* : masoquismo *m*

**masochist** [ˈmæsəˌkɪst, ˈmæzə-] *n* : masoquista *mf*

**masochistic** [ˌmæsəˈkɪstɪk, ˌmæzə-] *adj* : masoquista

**mason** [ˈmeɪsən] *n* **1** BRICKLAYER : albañil *mf* **2** *or* **stonemason** [ˈsto:nˌ-] : mampostero *m*, cantero *m* **3 Mason** → **freemason**

**Masonic** [məˈsɑnɪk] *adj* : masónico

**masonry** [ˈmeɪsənri] *n, pl* **-ries** **1** BRICKLAYING : albañilería *f* **2** *or* **stonemasonry** [ˈsto:nˌ-] : mampostería *f*

**masquerade**[1] [ˌmæskəˈreɪd] *vi* **-aded; -ading** **1** : disfrazarse (de), hacerse pasar (por) **2** : asistir a una mascarada

**masquerade**[2] *n* **1** : mascarada *f*, baile *m* de disfraces **2** FACADE : farsa *f*, fachada *f*

**mass**[1] [ˈmæs] *vi* : concentrarse, juntarse en masa — *vt* : concentrar

**mass**[2] *n* **1** : masa *f* ⟨atomic mass : masa atómica⟩ **2** BULK : mole *f*, volumen *m* **3** MULTITUDE : cantidad *f*, montón *m* (de cosas), multitud *f* (de gente) **4 the masses** : las masas, el pueblo, el populacho

**Mass** [ˈmæs] *n* : misa *f*

**massacre**[1] [ˈmæsɪkər] *vt* **-cred; -cring** : masacrar

**massacre**[2] *n* : masacre *f*

**massage**[1] [məˈsɑʒ, -ˈsɑdʒ] *vt* **-saged; -saging** : masajear

**massage**[2] *n* : masaje *m*

**masseur** [mæˈsər] *n* : masajista *m*

**masseuse** [mæˈsøz, -ˈsu:z] *n* : masajista *f*

**massive** [ˈmæsɪv] *adj* **1** BULKY : voluminoso, macizo **2** HUGE : masivo, enorme — **massively** *adv*

**mass media** *npl* : medios *mpl* de comunicación masiva, medios *mpl* de comunicación de masas

**mass–produce** *vt* : producir en masa, fabricar en serie

**mass production** *n* : producción *f* en masa, fabricación *f* en serie

**mass transit** *n* : transporte *m* público

**mast** [ˈmæst] *n* : mástil *m*, palo *m*

**master**[1] [ˈmæstər] *vt* **1** SUBDUE : dominar **2** : llegar a dominar ⟨she mastered French : llegó a dominar el francés⟩

**master**[2] *n* **1** TEACHER : maestro *m*, profesor *m* **2** EXPERT : experto *m*, -ta *f*; maestro *m*, -tra *f* **3** : amo *m* (de animales o esclavos), señor *m* (de la casa) **4 master's degree** : maestría *f*

**masterful** [ˈmæstərfəl] *adj* **1** IMPERIOUS : autoritario, imperioso, dominante **2** SKILLFUL : magistral — **masterfully** *adv*

**masterly** [ˈmæstərli] *adj* : magistral

**mastermind**[1] [ˈmæstərˌmaɪnd] *n* : cerebro *m*, artífice *mf*

**mastermind**[2] *vt* : ser el cerebro de, planear, organizar

**masterpiece** [ˈmæstərˌpi:s] *n* : obra *f* maestra

**masterwork** [ˈmæstərˌwərk] → **masterpiece**

**mastery** [ˈmæstəri] *n* **1** DOMINION : dominio *m*, autoridad *f* **2** SUPERIORITY : superioridad *f* **3** EXPERTISE : maestría *f*

**masticate** [ˈmæstəˌkeɪt] *v* **-cated; -cating** : masticar

**mastiff** [ˈmæstɪf] *n* : mastín *m*

**mastodon** [ˈmæstəˌdɑn] *n* : mastodonte *m*

**masturbate** [ˈmæstərˌbeɪt] *vi* **-bated; -bating** : masturbarse

**masturbation** [ˌmæstərˈbeɪʃən] *n* : masturbación *f*

**mat**[1] [ˈmæt] *v* **matted; matting** *vt* TANGLE : enmarañar — *vi* : enmarañarse

**mat**[2] *n* **1** : estera *f* **2** TANGLE : maraña *f* **3** PAD : colchoneta *f* (de gimnasia) **4** *or* **matt** *or* **matte** [ˈmæt] FRAME : marco *m* (de cartón)

**mat**[3] → **matte**

**matador** [ˈmæṭəˌdɔr] *n* : matador *m*

**match**[1] [ˈmætʃ] *vt* **1** PIT : enfrentar, oponer **2** EQUAL, FIT : igualar, corresponder a, coincidir con **3** : combinar con, hacer juego con ⟨her shoes match her dress : sus zapatos hacen juego con su vestido⟩ — *vi* **1** CORRESPOND : concordar, coincidir **2** : hacer juego ⟨with a tie to match : con una corbata que hace juego⟩

**match²** *n* **1** EQUAL : igual *mf* ⟨he's no match for her : no puede competir con ella⟩ **2** FIGHT, GAME : partido *m*, combate *m* (en boxeo) **3** MARRIAGE : matrimonio *m*, casamiento *m* **4** : fósforo *m*, cerilla *f*, cerillo *m* (*in various countries*) ⟨he lit a match : encendió un fósforo⟩ **5 to be a good match** : hacer buena pareja (dícese de las personas), hacer juego (dícese de la ropa)

**matchbox** [ˈmætʃˌbɑks] *n* : caja *f* de cerillas

**matchless** [ˈmætʃləs] *adj* : sin igual, sin par

**matchmaker** [ˈmætʃˌmeɪkər] *n* : casamentero *m*, -ra *f*

**mate¹** [ˈmeɪt] *v* **mated; mating** *vi* **1** FIT : encajar **2** PAIR : emparejarse **3** (*relating to animals*) : aparearse, copular — *vt* : aparear, acoplar (animales)

**mate²** *n* **1** COMPANION : compañero *m*, -ra *f*; camarada *mf* **2** : macho *m*, hembra *f* (de animales) **3** : oficial *mf* (de un barco) ⟨first mate : primer oficial⟩ **4** : compañero *m*, -ra *f*; pareja *f* (de un zapato, etc.)

**maté** [ˈmɑˌteɪ] *n* : yerba *f*, mate *m*

**material¹** [məˈtɪriəl] *adj* **1** PHYSICAL : material, físico ⟨the material world : el mundo material⟩ ⟨material needs : necesidades materiales⟩ **2** IMPORTANT : importante, esencial **3 material evidence** : prueba *f* sustancial

**material²** *n* **1** : material *m* **2** CLOTH : tejido *m*, tela *f*

**materialism** [məˈtɪriəˌlɪzəm] *n* : materialismo *m*

**materialist** [məˈtɪriəlɪst] *n* : materialista *mf*

**materialistic** [məˌtɪriəˈlɪstɪk] *adj* : materialista

**materialize** [məˈtɪriəˌlaɪz] *v* **-ized; -izing** *vt* : materializar, hacer aparecer — *vi* : materializarse, aparecer

**maternal** [məˈtərnəl] *adj* MOTHERLY : maternal — **maternally** *adv*

**maternity¹** [məˈtərnəṭi] *adj* : de maternidad ⟨maternity clothes : ropa de futura mamá⟩ ⟨maternity leave : licencia por maternidad⟩

**maternity²** *n, pl* **-ties** : maternidad *f*

**math** [ˈmæθ] → **mathematics**

**mathematical** [ˌmæθəˈmæṭɪkəl] *adj* : matemático — **mathematically** *adv*

**mathematician** [ˌmæθəməˈtɪʃən] *n* : matemático *m*, -ca *f*

**mathematics** [ˌmæθəˈmæṭɪks] *ns & pl* : matemáticas *fpl*, matemática *f*

**matinee** *or* **matinée** [ˌmæṭənˈeɪ] *n* : matiné *f*

**matriarch** [ˈmeɪtriˌɑrk] *n* : matriarca *f*

**matriarchy** [ˈmeɪtriˌɑrki] *n, pl* **-chies** : matriarcado *m*

**matriculate** [məˈtrɪkjəˌleɪt] *v* **-lated; -lating** *vt* : matricular — *vi* : matricularse

**matriculation** [məˌtrɪkjəˈleɪʃən] *n* : matrícula *f*, matriculación *f*

**matrimony** [ˈmætrəˌmoːni] *n* : matrimonio *m* — **matrimonial** [ˌmætrəˈmoːniəl] *adj*

**matrix** [ˈmeɪtrɪks] *n, pl* **-trices** [ˈmeɪtrəˌsiːz, ˈmæ-] *or* **-trixes** [ˈmeɪtrɪksəz] : matriz *f*

**matron** [ˈmeɪtrən] *n* : matrona *f*

**matronly** [ˈmeɪtrənli] *adj* : de matrona, matronal

**matte** [ˈmæt] *adj* : mate, de acabado mate

**matter¹** [ˈmæṭər] *vi* : importar ⟨it doesn't matter : no importa⟩

**matter²** *n* **1** QUESTION : asunto *m*, cuestión *f* ⟨a matter of taste/opinion/time : una cuestión de gusto/opiniones/tiempo⟩ **2** SUBSTANCE : materia *f*, sustancia *f* **3 matters** *npl* CIRCUMSTANCES : situación *f*, cosas *fpl* ⟨to make matters worse : para colmo de males⟩ **4 as a matter of course** : automáticamente **5 as a matter of fact** : en efecto, en realidad **6 for that matter** : de hecho **7 no matter how much** : por mucho que **8 the fact/truth of the matter** : la verdad **9 to be no laughing matter** : no ser motivo de risa **10 to be the matter** : pasar ⟨what's the matter? : ¿qué pasa?⟩

**matter–of–fact** [ˈmæṭərəvˈfækt] *adj* : práctico, realista

**mattress** [ˈmætrəs] *n* : colchón *m*

**mature¹** [məˈtʊr, -ˈtjʊr, -ˈtʃʊr] *vi* **-tured; -turing** **1** : madurar **2** : vencer ⟨when does the loan mature? : ¿cuándo vence el préstamo?⟩

**mature²** *adj* **maturer; -est** **1** : maduro **2** DUE : vencido

**maturity** [məˈtʊrəṭi, -ˈtjʊr-, -ˈtʃʊr-] *n* : madurez *f*

**maudlin** [ˈmɔdlɪn] *adj* : sensiblero

**maul¹** [ˈmɔl] *vt* **1** BEAT : golpear, pegar **2** MANGLE : mutilar **3** MANHANDLE : maltratar

**maul²** *n* MALLET : mazo *m*

**Mauritanian** [ˌmɔrəˈteɪniən] *n* : mauritano *m*, -na *f* — **Mauritanian** *adj*

**mausoleum** [ˌmɔsəˈliːəm, ˌmɔzə-] *n, pl* **-leums** *or* **-lea** [-ˈliːə] : mausoleo *m*

**mauve** [ˈmoːv, ˈmɔv] *n* : malva *m*

**maven** *or* **mavin** [ˈmeɪvən] *n* EXPERT : experto *m*, -ta *f*

**maverick** [ˈmævrɪk, ˈmævə-] *n* **1** : ternero *m* sin marcar **2** NONCONFORMIST : inconformista *mf*, disidente *mf*

**maw** [ˈmɔ] *n* : fauces *fpl*

**mawkish** [ˈmɔkɪʃ] *adj* : sensiblero

**maxim** [ˈmæksəm] *n* : máxima *f*

**maximize** [ˈmæksəˌmaɪz] *vt* **-mized; -mizing** **1** : maximizar, llevar al máximo **2** : maximizar (en informática)

**maximum¹** [ˈmæksəməm] *adj* : máximo

**maximum²** *n, pl* **-ma** [ˈmæksəmə] *or* **-mums** : máximo *m*

**may** [ˈmeɪ] *v aux, past* **might** [ˈmaɪt] *present s & pl* **may** **1** (*expressing permission*) : poder ⟨you may go : puedes ir⟩ ⟨if I may : si me lo permites⟩ **2** (*expressing possibility or probability*) : poder ⟨you may be right : puede que tengas razón⟩ ⟨it may happen occasionally : puede pasar de vez en cuando⟩ ⟨be that as it may : sea como sea⟩ **3** (*expressing desires, intentions, or contingencies*) ⟨may the best man win : que gane el mejor⟩ ⟨I laugh that I may not weep : me río para no llorar⟩ ⟨come what may : pase lo que pase⟩

**May** [ˈmeɪ] *n* : mayo *m* ⟨they arrived on the 20th of May, they arrived on May 20th : llegaron el 20 de mayo⟩

**Maya** [ˈmaɪə] *or* **Mayan** [ˈmaɪən] *n* : maya *mf* — **Maya** *or* **Mayan** *adj*

**maybe** [ˈmeɪbi] *adv* PERHAPS : quizás, tal vez

**mayfly** [ˈmeɪˌflaɪ] *n, pl* **-flies** : efímera *f*

**mayhem** [ˈmeɪˌhem, ˈmeɪəm] *n* **1** MUTILATION : mutilación *f* **2** DEVASTATION : estragos *mpl*

**mayonnaise** [ˈmeɪəˌneɪz] *n* : mayonesa *f*

**mayor** [ˈmeɪər, ˈmɛr] *n* : alcalde *m*, -desa *f*

**mayoral** [ˈmeɪərəl, ˈmɛrəl] *adj* : de alcalde

**maze** [ˈmeɪz] *n* : laberinto *m*

**me** [ˈmiː] *pron* **1** : me ⟨she called me : me llamó⟩ ⟨give it to me : dámelo⟩ **2** (*after a preposition*) : mí ⟨for me : para mí⟩ ⟨with me : conmigo⟩ **3** (*after conjunctions and verbs*) : yo ⟨it's me : soy yo⟩ ⟨as big as me : tan grande como yo⟩ **4** (*emphatic use*) : yo ⟨me, too! : ¡yo también!⟩ ⟨who, me? : ¿quién, yo?⟩

**meadow** [ˈmɛdoː] *n* : prado *m*, pradera *f*

**meadowland** [ˈmɛdoˌlænd] *n* : pradera *f*

**meadowlark** [ˈmɛdoˌlɑrk] *n* : pájaro *m* cantor con el pecho amarillo

**meager** *or* **meagre** [ˈmiːgər] *adj* **1** THIN : magro, flaco **2** POOR SCANTY : exiguo, escaso, pobre

**meagerly** [ˈmiːgərli] *adv* : pobremente

**meagerness** [ˈmiːgərnəs] *n* : escasez *f*, pobreza *f*

**meal** [ˈmiːl] *n* **1** : comida *f* ⟨a hearty meal : una comida sustanciosa⟩ **2** : harina *f* (de maíz, etc.)

**mealtime** [ˈmiːlˌtaɪm] *n* : hora *f* de comer

**mean**[1] [ˈmiːn] *vt* **meant** [ˈmɛnt]; **meaning** **1** INTEND : querer, pensar, tener la intención de ⟨I didn't mean to do it : lo hice sin querer⟩ ⟨what do you mean to do? : ¿qué piensas hacer?⟩ ⟨I don't mean you any harm : no quiero hacerte daño⟩ ⟨she meant for him to come : su intención era que viniera⟩ **2** : querer decir ⟨what do you mean? : ¿qué quieres decir?⟩ ⟨if you know what I mean : si me entiendes⟩ ⟨I meant it : lo dije en serio⟩ ⟨she meant it as a compliment : lo dijo como un cumplido⟩ **3** SIGNIFY : querer decir, significar ⟨what does that mean? : ¿qué quiere decir eso?⟩ ⟨that means nothing to me : no significa nada para mí⟩ ⟨that means trouble : eso supone problemas⟩ **4** : importar ⟨health means everything : lo que más importa es la salud⟩ ⟨she means the world to me : ella es muy importante para mí⟩ **5 to mean well** : tener buenas intenciones

**mean**[2] *adj* **1** HUMBLE : humilde **2** NEGLIGIBLE : despreciable ⟨it's no mean feat : no es poca cosa⟩ **3** STINGY : mezquino, tacaño **4** CRUEL : malo, cruel ⟨to be mean to someone : tratar mal a alguien⟩ **5** AVERAGE, MEDIAN : medio

**mean**[3] *n* **1** MIDPOINT : término *m* medio **2** AVERAGE : promedio *m*, media *f* aritmética **3 means** *npl* WAY : medio *m*, manera *f*, vía *f* **4 means** *npl* RESOURCES : medios *mpl*, recursos *mpl* **5 by all means** : por supuesto, cómo no **6 by means of** : por medio de **7 by no means** : de ninguna manera, de ningún modo

**meander** [miˈændər] *vi* **-dered; -dering** **1** WIND : serpentear **2** WANDER : vagar, andar sin rumbo fijo

**meaning** [ˈmiːnɪŋ] *n* **1** : significado *m*, sentido *m* ⟨double meaning : doble sentido⟩ **2** INTENT : intención *f*, propósito *m*

**meaningful** [ˈmiːnɪŋfəl] *adj* : significativo — **meaningfully** *adv*

**meaningless** [ˈmiːnɪŋləs] *adj* : sin sentido

**meanness** [ˈmiːnnəs] *n* **1** CRUELTY : crueldad *f*, mezquindad *f* **2** STINGINESS : tacañería *f*

**meantime**[1] [ˈmiːnˌtaɪm] *adv* → **meanwhile**[1]

**meantime**[2] *n* **1** : interín *m* **2 in the meantime** : entretanto, mientras tanto

**meanwhile**[1] [ˈmiːnˌhwaɪl] *adv* : entretanto, mientras tanto

**meanwhile**[2] *n* → **meantime**[2]

**measles** [ˈmiːzəlz] *ns & pl* : sarampión *m*

**measly** [ˈmiːzli] *adj* **measlier; -est** : miserable, mezquino

**measurable** [ˈmɛʒərəbəl, ˈmeɪ-] *adj* : mensurable — **measurably** [-bli] *adv*

**measure**[1] [ˈmɛʒər, ˈmeɪ-] *v* **-sured; -suring** : medir ⟨he measured the table : midió la mesa⟩ ⟨it measures 15 feet tall : mide 15 pies de altura⟩

**measure**[2] *n* **1** AMOUNT : medida *f*, cantidad *f* ⟨in large measure : en gran medida⟩ ⟨a full measure : una cantidad exacta⟩ ⟨a measure of proficiency : una cierta competencia⟩ ⟨for good measure : de ñapa, por añadidura⟩ **2** DIMENSIONS, SIZE : medida *f*, tamaño *m* **3** RULER : regla *f* ⟨tape measure : cinta métrica⟩ **4** MEASUREMENT : medida *f* ⟨cubic measure : medida de capacidad⟩ **5** MEASURING : medición *f* **6 measures** *npl* : medidas *fpl* ⟨security measures : medidas de seguridad⟩

**measureless** [ˈmɛʒərləs, ˈmeɪ-] *adj* : inmensurable

**measurement** [ˈmɛʒərmənt, ˈmeɪ-] *n* **1** MEASURING : medición *f* **2** DIMENSION : medida *f*

**measure up** *vi* **to measure up to** : estar a la altura de

**meat** [ˈmiːt] *n* **1** FOOD : comida *f* **2** : carne *f* ⟨meat and fish : carne y pescado⟩ **3** SUBSTANCE : sustancia *f*, esencia *f* ⟨the meat of the story : la sustancia del cuento⟩

**meatball** [ˈmiːtˌbɔl] *n* : albóndiga *f*

**meaty** [ˈmiːti] *adj* **meatier; -est** : con mucha carne, carnoso

**mechanic** [mɪˈkænɪk] *n* : mecánico *m*, -ca *f*

**mechanical** [mɪˈkænɪkəl] *adj* : mecánico — **mechanically** *adv*

**mechanics** [mɪˈkænɪks] *ns & pl* **1** : mecánica *f* ⟨fluid mechanics : la mecánica de fluidos〉 **2** MECHANISMS : mecanismos *mpl*, aspectos *mpl* prácticos

**mechanism** [ˈmɛkəˌnɪzəm] *n* : mecanismo *m*

**mechanization** [ˌmɛkənəˈzeɪʃən] *n* : mecanización *f*

**mechanize** [ˈmɛkəˌnaɪz] *vt* **-nized; -nizing** : mecanizar

**medal** [ˈmɛdəl] *n* : medalla *f*, condecoración *f*

**medalist** [ˈmɛdəlɪst] *or* **medallist** *n* : medallista *mf*

**medallion** [məˈdæljən] *n* : medallón *m*

**meddle** [ˈmɛdəl] *vi* **-dled; -dling** : meterse, entrometerse

**meddler** [ˈmɛdələr] *n* : entrometido *m*, -da *f*

**meddlesome** [ˈmɛdəlsəm] *adj* : entrometido

**media** [ˈmiːdiə] *npl* : medios *mpl* de comunicación 〈social media : redes/medios sociales〉

**median**[1] [ˈmiːdiən] *adj* : medio

**median**[2] *n* : valor *m* medio

**mediate** [ˈmiːdiˌeɪt] *vi* **-ated; -ating** : mediar

**mediation** [ˌmiːdiˈeɪʃən] *n* : mediación *f*

**mediator** [ˈmiːdiˌeɪtər] *n* : mediador *m*, -dora *f*

**medical** [ˈmɛdɪkəl] *adj* : médico

**medicate** [ˈmɛdəˌkeɪt] *vt* **-cated; -cating** : medicar 〈medicated powder : polvos medicinales〉

**medication** [ˌmɛdəˈkeɪʃən] *n* **1** TREATMENT : tratamiento *m*, medicación *f* **2** MEDICINE : medicamento *m* 〈to be on medication : estar medicado〉

**medicinal** [məˈdɪsənəl] *adj* : medicinal

**medicine** [ˈmɛdəsən] *n* **1** MEDICATION : medicina *f*, medicamento *m* **2** : medicina *f* 〈he's studying medicine : estudia medicina〉

**medicine man** *n* : hechicero *m*

**medieval** *or* **mediaeval** [miˈdiːvəl, ˌmiː-, ˌmɪ-, -diˈiːvəl] *adj* : medieval

**mediocre** [ˌmiːdiˈoːkər] *adj* : mediocre

**mediocrity** [ˌmiːdiˈakrəṭi] *n, pl* **-ties** : mediocridad *f*

**meditate** [ˈmɛdəˌteɪt] *vi* **-tated; -tating** : meditar

**meditation** [ˌmɛdəˈteɪʃən] *n* : meditación *f*

**meditative** [ˈmɛdəˌteɪṭɪv] *adj* : meditabundo

**Mediterranean** [ˌmɛdəṭəˈreɪniən] *adj* : mediterráneo

**medium**[1] [ˈmiːdiəm] *adj* : mediano 〈of medium height : de estatura mediana, de estatura regular〉 〈medium-sized : de tamaño mediano〉

**medium**[2] *n, pl* **-diums** *or* **-dia** [ˈmiː-diə] **1** MEAN : punto *m* medio, término *m* medio 〈happy medium : justo medio〉 **2** MEANS : medio *m* **3** SUBSTANCE : medio *m*, sustancia *f* 〈a viscous medium : un medio viscoso〉 **4** : medio *m* de comunicación **5** : medio *m* (artístico) **6** *pl* **mediums** : médium *mf* (persona)

**medley** [ˈmɛdli] *n, pl* **-leys** : popurrí *m* (de canciones)

**meek** [ˈmiːk] *adj* **1** LONG-SUFFERING : paciente, sufrido **2** SUBMISSIVE : sumiso, dócil, manso

**meekly** [ˈmiːkli] *adv* : dócilmente

**meekness** [ˈmiːknəs] *n* : mansedumbre *f*, docilidad *f*

**meet**[1] [ˈmiːt] *v* **met** [ˈmɛt]; **meeting** *vt* **1** ENCOUNTER : encontrarse con 〈he met me at the park : nos encontramos en el parque〉 **2** JOIN : unirse con **3** CONFRONT : enfrentarse a **4** ENCOUNTER : encontrar **5** SATISFY : satisfacer, cumplir con 〈to meet costs : cubrir los gastos〉 **6** REACH : alcanzar (una meta, etc.) **7** MATCH : igualar **8** : conocer 〈I met his sister : conocí a su hermana〉 **9 to meet someone halfway** : llegar a un arreglo con alguien **10 to meet someone's eyes/gaze** : mirarlo a la cara a alguien — *vi* **1** : encontrarse 〈I hope we meet again : espero que nos volvamos a encontrar〉 **2** ASSEMBLE : reunirse, congregarse **3** COMPETE, BATTLE : enfrentarse **4** : conocerse **5** JOIN : unirse **6** : encontrarse (dícese de los ojos) **7** : cerrarse (dícese de una chaqueta, etc.), tocar (dícese de dos extremos) **8 to meet up** : encontrarse **9 to meet with** : reunirse con **10 to meet with** RECEIVE : ser recibido con

**meet**[2] *n* : encuentro *m*

**meeting** [ˈmiːṭɪŋ] *n* **1** : reunión *f* 〈to open the meeting : abrir la sesión〉 **2** ENCOUNTER : encuentro *m* **3** : entrevista *f* (formal)

**meetinghouse** [ˈmiːṭɪŋˌhaʊs] *n* : iglesia *f* (de ciertas confesiones protestantes)

**megabyte** [ˈmɛgəˌbaɪt] *n* : megabyte *m*

**megahertz** [ˈmɛgəˌhərts, -ˌhrts] *n* : megahercio *m*

**megaphone** [ˈmɛgəˌfoːn] *n* : megáfono *m*

**megaton** [ˈmɛgəˌtʌn] *n* : megatón *m*

**megawatt** [ˈmɛgəˌwaṭ] *n* : megavatio *m*

**melancholy**[1] [ˈmɛlənˌkɑli] *adj* : melancólico, triste, sombrío

**melancholy**[2] *n, pl* **-cholies** : melancolía *f*

**melanoma** [ˌmɛləˈnoːmə] *n, pl* **-mas** : melanoma *m*

**meld** [ˈmɛld] *vt* : fusionar, unir — *vi* : fusionarse, unirse

**melee** [ˈmeɪˌleɪ, meɪˈleɪ] *n* BRAWL : reyerta *f*, riña *f*, pelea *f*

**meliorate** [ˈmiːljəˌreɪt, ˈmiːliə-] → **ameliorate**

**mellow**[1] [ˈmɛloː] *vt* : suavizar, endulzar — *vi* : suavizarse, endulzarse

**mellow**[2] *adj* **1** RIPE : maduro **2** MILD : apacible 〈a mellow character : un carácter apacible〉 〈mellow wines : vinos añejos〉 **3** : suave, dulce 〈mellow colors : colores suaves〉 〈mellow tones : tonos dulces〉

**mellowness** [ˈmɛloːnəs] *n* : suavidad *f*, dulzura *f*

**melodic** [məˈlɑdɪk] *adj* : melódico — **melodically** [-dɪkli] *adv*

**melodious** [məˈloːdiəs] *adj* : melodioso — **melodiously** *adv*

**melodiousness** [məˈloːdiəsnəs] *n* : calidad *f* de melódico

**melodrama** [ˈmɛləˌdrɑmə, -ˌdræ-] *n* : melodrama *m*

**melodramatic** [ˌmɛlədrəˈmæṭɪk] *adj* : melodramático — **melodramatically** [-ṭɪkli] *adv*

**melody** [ˈmɛlədi] *n, pl* **-dies** : melodía *f*, tonada *f*

**melon** [ˈmɛlən] *n* : melón *m*

**melt** [ˈmɛlt] *vt* **1** : derretir, disolver **2** SOFTEN : ablandar ⟨it melted his heart : ablandó su corazón⟩ **3 to melt down** : fundir — *vi* **1** : derretirse, disolverse **2** SOFTEN : ablandarse **3** DISAPPEAR : desvanecerse, esfumarse ⟨the clouds melted away : las nubes se desvanecieron⟩

**melting point** *n* : punto *m* de fusión

**member** [ˈmɛmbər] *n* **1** LIMB : miembro *m* **2** : miembro *m* (de un grupo); socio *m*, -cia *f* (de un club) **3** PART : miembro *m*, parte *f*

**membership** [ˈmɛmbərˌʃɪp] *n* **1** : membresía *f* ⟨application for membership : solicitud de entrada⟩ **2** MEMBERS : membresía *f*, miembros *mpl*, socios *mpl*

**membrane** [ˈmɛmˌbreɪn] *n* : membrana *f* — **membranous** [ˈmɛmbrə-nəs] *adj*

**memento** [miˈmɛnˌto:] *n, pl* **-tos** *or* **-toes** : recuerdo *m*

**memo** [ˈmɛmo:] *n, pl* **memos** : memorándum *m*

**memoirs** [ˈmɛmˌwɑrz] *npl* : memorias *fpl*, autobiografía *f*

**memorabilia** [ˌmɛmərəˈbiliə, -ˈbɪljə] *npl* **1** : objetos *mpl* de interés histórico **2** MEMENTOS : recuerdos *mpl*

**memorable** [ˈmɛmərəbəl] *adj* : memorable, notable — **memorably** [-bli] *adv*

**memorandum** [ˌmɛməˈrændəm] *n, pl* **-dums** *or* **-da** [-də] : memorándum *m*

**memorial**[1] [məˈmoriəl] *adj* : conmemorativo

**memorial**[2] *n* : monumento *m* conmemorativo

**Memorial Day** *n* : el último lunes de mayo (observado en Estados Unidos como día feriado para conmemorar a los caídos en guerra)

**memorialize** [məˈmoriəˌlaɪz] *vt* **-ized; -izing** COMMEMORATE : conmemorar

**memorization** [ˌmɛməərəˈzeɪʃən] *n* : memorización *f*

**memorize** [ˈmɛməˌraɪz] *vt* **-rized; -rizing** : memorizar, aprender de memoria

**memory** [ˈmɛmri, ˈmɛmə-] *n, pl* **-ries** **1** : memoria *f* ⟨he has a good memory : tiene buena memoria⟩ **2** RECOLLECTION : recuerdo *m* **3** COMMEMORATION : memoria *f*, conmemoración *f* **4** : memoria *f* (en informática)

**men** → **man**[2]

**menace**[1] [ˈmɛnəs] *vt* **-aced; -acing** **1** THREATEN : amenazar **2** ENDANGER : poner en peligro

**menace**[2] *n* : amenaza *f*

**menacing** [ˈmɛnəsɪŋ] *adj* : amenazador, amenazante

**menagerie** [məˈnædʒəri, -ˈnæʒəri] *n* : colección *f* de animales salvajes

**mend**[1] [ˈmɛnd] *vt* **1** CORRECT : enmendar, corregir ⟨to mend one's ways : enmendarse⟩ **2** REPAIR : remendar, arreglar, reparar — *vi* HEAL : curarse

**mend**[2] *n* : remiendo *m*

**mendicant** [ˈmɛndɪkənt] *n* BEGGAR : mendigo *m*, -ga *f*

**menhaden** [mɛnˈheɪdən, mən-] *ns & pl* : pez *m* de la misma familia que los arenques

**menial**[1] [ˈmi:niəl] *adj* : servil, bajo

**menial**[2] *n* : sirviente *m*, -ta *f*

**meningitis** [ˌmɛnənˈdʒaɪṭəs] *n, pl* **-gitides** [-ˈdʒɪṭəˌdi:z] : meningitis *f*

**menopausal** [ˌmɛnəˈpɔzəl] *adj* : menopáusico

**menopause** [ˈmɛnəˌpɔz] *n* : menopausia *f*

**menorah** [məˈnorə] *n* : candelabro *m* (usado en los oficios religiosos judíos)

**men's room** *n* : servicios *mpl* de caballeros

**menstrual** [ˈmɛnʧrʊəl] *adj* : menstrual

**menstruate** [ˈmɛnʧrʊˌeɪt] *vi* **-ated; -ating** : menstruar

**menstruation** [ˌmɛnʧrʊˈeɪʃən] *n* : menstruación *f*

**menswear** [ˈmɛnzˌwær] *n* : ropa *f* de caballero

**-ment** [mənt] *suf* : -miento ⟨entertainment : entretenimiento⟩

**mental** [ˈmɛnṭəl] *adj* : mental ⟨mental hospital : hospital psiquiátrico⟩ ⟨mental block : bloqueo mental⟩ — **mentally** *adv*

**mentality** [mɛnˈtæləṭi] *n, pl* **-ties** : mentalidad *f*

**mental retardation** [ˌri:ˌtɑrˈdeɪʃən] *n dated, now sometimes offensive* : retraso *m* mental *dated, now sometimes offensive*

**menthol** [ˈmɛnˌθɔl, -ˌθo:l] *n* : mentol *m* — **mentholated** [ˌmɛnˈθoˌleɪṭəd] *adj*

**mention**[1] [ˈmɛnʃən] *vt* : mencionar, mentar, referirse a ⟨don't mention it! : ¡de nada!, ¡no hay de qué!⟩

**mention**[2] *n* : mención *f*

**mentor** [ˈmɛnˌtɔr, ˈmɛntər] *n* : mentor *m*

**menu** [ˈmɛnˌju:] *n* **1** : menú *m*, carta *f* (en un restaurante) **2** : menú *m* (en informática)

**meow**[1] [mi:ˈaʊ] *vi* : maullar

**meow**[2] *n* : maullido *m*, miau *m*

**mercantile** [ˈmərkənˌti:l, -ˌtaɪl] *adj* : mercantil

**mercenary**[1] [ˈmərsəneˌri] *adj* : mercenario

**mercenary**[2] *n, pl* **-naries** : mercenario *m*, -ria *f*

**merchandise** [ˈmərʧənˌdaɪz, -ˌdaɪs] *n* : mercancía *f*, mercadería *f*

**merchandiser** [ˈmərʧənˌdaɪzər] *n* : comerciante *mf*; vendedor *m*, -dora *f*

**merchant** [ˈmərʧənt] *n* : comerciante *mf*

**merchant marine** *n* : marina *f* mercante

**merciful** [ˈmərsɪfəl] *adj* : misericordioso, clemente

**mercifully** [ˈmərsɪfli] *adv* **1** : con misericordia, con compasión **2** FORTUNATELY : afortunadamente

**merciless** [ˈmərsɪləs] *adj* : despiadado — **mercilessly** *adv*

**mercurial** [ˌmərˈkjʊriəl] *adj* TEMPERAMENTAL : temperamental, volátil

**mercury** [ˈmərkjəri] *n, pl* **-ries** : mercurio *m*

**Mercury** *n* : Mercurio *m*
**mercy** [ˈmərsi] *n, pl* **-cies** **1** CLEMENCY : misericordia *f*, clemencia *f* **2** BLESSING : bendición *f*
**mere** [ˈmɪr] *adj, superlative* **merest** : mero, simple
**merely** [ˈmɪrli] *adv* : solamente, simplemente
**merengue** [məˈrɛŋˌgeɪ] *n* : merengue *m* (música o baile)
**merge** [ˈmərʤ] *v* **merged; merging** *vi* : unirse, fusionarse (dícese de las compañías), confluir (dícese de los ríos, las calles, etc.) — *vt* : unir, fusionar, combinar
**merger** [ˈmərʤər] *n* : unión *f*, fusión *f*
**meridian** [məˈrɪdiən] *n* : meridiano *m*
**meringue** [məˈrɛŋ] *n* : merengue *m*
**merit**[1] [ˈmɛrət] *vt* : merecer, ser digno de
**merit**[2] *n* : mérito *m*, valor *m*
**meritorious** [ˌmɛrəˈtoriəs] *adj* : meritorio
**mermaid** [ˈmərˌmeɪd] *n* : sirena *f*
**merriment** [ˈmɛrɪmənt] *n* : alegría *f*, júbilo *m*, regocijo *m*
**merry** [ˈmɛri] *adj* **merrier; -est** : alegre — **merrily** [ˈmɛrəli] *adv*
**merry–go–round** [ˈmɛrigoˌraʊnd] *n* : carrusel *m*, tiovivo *m*
**merrymaker** [ˈmɛriˌmeɪkər] *n* : juerguista *mf*
**merrymaking** [ˈmɛriˌmeɪkɪŋ] *n* : juerga *f*
**mesa** [ˈmeɪsə] *n* : mesa *f*
**mesdames → madam, Mrs.**
**mesh**[1] [ˈmɛʃ] *vi* **1** ENGAGE : engranar (dícese de las piezas mecánicas) **2** TANGLE : enredarse **3** COORDINATE : coordinarse, combinar
**mesh**[2] *n* **1** : malla *f* ⟨wire mesh : malla metálica⟩ **2** NETWORK : red *f* **3** MESHING : engranaje *m* ⟨in mesh : engranado⟩
**mesmerize** [ˈmɛzməˌraɪz] *vt* **-ized; -izing** **1** HYPNOTIZE : hipnotizar **2** FASCINATE : cautivar, embelesar, fascinar
**mess**[1] [ˈmɛs] *vt* **1 to mess up** DISARRANGE : desordenar, desarreglar **2 to mess up** BUNGLE : echar a perder — *vi* **1 to mess around** HANG OUT : pasar el rato, entretenerse **2 to mess around** : tener líos (amorosos) **3 to mess (around) with** : tocar, jugar con ⟨don't mess with my things! : ¡no toques mis cosas!⟩ **4 to mess with** PROVOKE : meterse con
**mess**[2] *n* **1** : rancho *m* (para soldados, etc.) **2** DISORDER : desorden *m* ⟨your room is a mess : tienes el cuarto hecho un desastre⟩ **3** CONFUSION, TURMOIL : confusión *f*, embrollo *m*, lío *m fam*
**message**[1] [ˈmɛsʤ] *v* **-saged; -saging** : mensajear
**message**[2] *n* : mensaje *m*, recado *m*
**messaging** [ˈmɛsʤɪŋ] *n* : mensajería *f*
**messenger** [ˈmɛsənʤər] *n* : mensajero *m*, -ra *f*
**Messiah** [məˈsaɪə] *n* : Mesías *m*
**Messrs.** → **Mr.**
**messy** [ˈmɛsi] *adj* **messier; -est** UNTIDY : desordenado, sucio — **messily** *adv*
**mestizo** [mɛˈsti:zo] *n* : mestizo *m*, -za *f*; ladino *m*, -na *f CA, Mex* — **mestizo** *adj*
**met → meet**
**metabolic** [ˌmɛtəˈbɑlɪk] *adj* : metabólico
**metabolism** [məˈtæbəˌlɪzəm] *n* : metabolismo *m*
**metabolize** [məˈtæbəˌlaɪz] *vt* **-lized; -lizing** : metabolizar
**metal** [ˈmɛtəl] *n* : metal *m*
**metallic** [məˈtælɪk] *adj* : metálico
**metallurgical** [ˌmɛtəlˈərʤɪkəl] *adj* : metalúrgico
**metallurgy** [ˈmɛtəlˌərʤi] *n* : metalurgia *f*
**metalwork** [ˈmɛtəlˌwərk] *n* : objeto *m* de metal
**metalworker** [ˈmɛtəlˌwərkər] *n* : metalúrgico *m*, -ca *f*
**metalworking** [ˈmɛtəlˌwərkɪŋ] *n* : metalistería *f*
**metamorphosis** [ˌmɛtəˈmɔrfəsɪs] *n, pl* **-phoses** [-ˌsi:z] : metamorfosis *f*
**metaphor** [ˈmɛtəˌfɔr, -fər] *n* : metáfora *f*
**metaphoric** [ˌmɛtəˈfɔrɪk] *or* **metaphorical** [-ɪkəl] *adj* : metafórico
**metaphysical** [ˌmɛtəˈfɪzəkəl] *adj* : metafísico
**metaphysics** [ˌmɛtəˈfɪzɪks] *n* : metafísica *f*
**mete** [ˈmi:t] *vt* **meted; meting** ALLOT : repartir, distribuir ⟨to mete out punishment : imponer castigos⟩
**meteor** [ˈmi:tiər, -ti:ˌɔr] *n* : meteoro *m*
**meteoric** [ˌmi:tiˈɪɔrɪk] *adj* : meteórico
**meteorite** [ˈmi:tiəˌraɪt] *n* : meteorito *m*
**meteorologic** [ˌmi:tiˌɔrəˈlɑʤɪk] *or* **meteorological** [-ˈlɑʤɪkəl] *adj* : meteorológico
**meteorologist** [ˌmi:tiəˈrɑləʤɪst] *n* : meteorólogo *m*, -ga *f*
**meteorology** [ˌmi:tiəˈrɑləʤi] *n* : meteorología *f*
**meter** [ˈmi:tər] *n* **1** : metro *m* ⟨it measures 2 meters : mide 2 metros⟩ **2** : contador *m*, medidor *m* (de electricidad, etc.) ⟨parking meter : parquímetro⟩ **3** : metro *m* (en literatura o música)
**methane** [ˈmɛˌθeɪn] *n* : metano *m*
**method** [ˈmɛθəd] *n* : método *m*
**methodical** [məˈθɑdɪkəl] *adj* : metódico — **methodically** *adv*
**Methodist** [ˈmɛθədɪst] *n* : metodista *mf* — **Methodist** *adj*
**methodology** [ˌmɛθəˈdɑləʤi] *n, pl* **-gies** : metodología *f*
**meticulous** [məˈtɪkjələs] *adj* : meticuloso — **meticulously** *adv*
**meticulousness** [məˈtɪkjələsnəs] *n* : meticulosidad *f*
**metric** [ˈmɛtrɪk] *or* **metrical** [-trɪkəl] *adj* : métrico
**metric system** *n* : sistema *m* métrico
**metro** [ˈmɛtro] *n* SUBWAY : metro *m*; subterráneo *m Arg, Uru*
**metronome** [ˈmɛtrəˌno:m] *n* : metrónomo *m*
**metropolis** [məˈtrɑpələs] *n* : metrópoli *f*, metrópolis *f*
**metropolitan** [ˌmɛtrəˈpɑlətən] *adj* : metropolitano
**mettle** [ˈmɛtəl] *n* : temple *m*, valor *m* ⟨on one's mettle : dispuesto a mostrar su valía⟩
**Mexican** [ˈmɛksɪkən] *n* : mexicano *m*, -na *f* — **Mexican** *adj*

**mezzanine** [ˈmɛzəˌniːn, ˌmɛzəˈniːn] *n* **1** : entrepiso *m* **2** : primer piso *m* (de un teatro)
**mi** [ˈmiː] *n* : mi *m* (en el canto)
**miasma** [maɪˈæzmə] *n* : miasma *m*
**mica** [ˈmaɪkə] *n* : mica *f*
**mice** → **mouse**
**micro** [ˈmaɪkro] *adj* : muy pequeño, microscópico
**micro-** *pref* : micro-
**microbe** [ˈmaɪˌkroːb] *n* : microbio *m*
**microbiology** [ˌmaɪkrobaɪˈɑlədʒi] *n* : microbiología *f*
**microchip** [ˈmaɪkroˌtʃɪp] *n* : microchip *m*
**microcomputer** [ˈmaɪkrokəmˌpjuːtər] *n* : microcomputadora *f*
**microcosm** [ˈmaɪkroˌkɑzəm] *n* : microcosmos *m*
**microfilm** [ˈmaɪkroˌfɪlm] *n* : microfilm *m*
**micrometer** [ˈmaɪkroˌmiːtər] *n* : micrómetro *m*
**microorganism** [ˌmaɪkroˈɔrgəˌnɪzəm] *n* : microorganismo *m*, microbio *m*
**microphone** [ˈmaɪkrəˌfoːn] *n* : micrófono *m*
**microprocessor** [ˌmaɪkroˌpraˈsɛsər] *n* : microprocesador *m*
**microscope** [ˈmaɪkrəˌskoːp] *n* : microscopio *m*
**microscopic** [ˌmaɪkrəˈskɑpɪk] *adj* : microscópico
**microwave** [ˈmaɪkrəˌweɪv] *n* **1** : microonda *f* **2** *or* **microwave oven** : microondas *m*
**mid** [ˈmɪd] *adj* : medio ⟨mid morning : a media mañana⟩ ⟨in mid-August : a mediados de agosto⟩ ⟨in mid ocean : en alta mar⟩
**midair** [ˈmɪdˈær] *n* **in ~** : en el aire ⟨to catch in midair : agarrar al vuelo⟩
**midday** [ˈmɪdˈdeɪ] *n* NOON : mediodía *m*
**middle**[1] [ˈmɪdəl] *adj* **1** CENTRAL : medio, del medio, de en medio **2** INTERMEDIATE : intermedio, mediano ⟨middle age : la mediana edad⟩
**middle**[2] *n* **1** CENTER : medio *m*, centro *m* ⟨fold it down the middle : dóblalo por la mitad⟩ **2 in the middle of** : en medio de (un espacio), a mitad de (una actividad) ⟨in the middle of the month : a mediados del mes⟩
**Middle Ages** *npl* : Edad *f* Media
**middle–class** *adj* : de clase media
**middle class** *n* : clase *f* media
**middleman** [ˈmɪdəlˌmæn] *n, pl* **-men** [-mən, -ˌmɛn] : intermediario *m*, -ria *f*
**middle school** *n* : colegio *m* para niños de 10 a 14 años
**middling** [ˈmɪdlɪŋ, -lən] *adj* **1** MEDIUM, MIDDLE : mediano **2** MEDIOCRE : mediocre, regular
**midfielder** [ˈmɪdˌfiːldər] *n* : mediocampista *mf*
**midge** [ˈmɪdʒ] *n* : mosca *f* pequeña
**midget** [ˈmɪdʒət] *n* **1** *sometimes offensive* : enano *m*, -na *f* (persona) *sometimes offensive* **2** : cosa *f* diminuta
**midland** [ˈmɪdlənd, -ˌlænd] *n* : región *f* central (de un país)
**midnight** [ˈmɪdˌnaɪt] *n* : medianoche *f*
**midpoint** [ˈmɪdˌpɔɪnt] *n* : punto *m* medio, término *m* medio
**midriff** [ˈmɪdˌrɪf] *n* : diafragma *m*
**midshipman** [ˈmɪdˌʃɪpmən, ˌmɪdˈʃɪp-] *n, pl* **-men** [-mən, -ˌmɛn] : guardiamarina *m*
**midst**[1] [ˈmɪdst] *n* : medio *m* ⟨in our midst : entre nosotros⟩ ⟨in the midst of : en medio de⟩
**midst**[2] *prep* : entre
**midstream** [ˈmɪdˈstriːm, -ˌstriːm] *n* : medio *m* de la corriente ⟨in the midstream of his career : en medio de su carrera⟩
**midsummer** [ˈmɪdˈsʌmər, -ˌsʌ-] *n* : pleno verano *m*
**midtown** [ˈmɪdˌtaʊn] *n* : centro *m* (de una ciudad)
**midway** [ˈmɪdˌweɪ] *adv* HALFWAY : a mitad de camino
**midweek** [ˈmɪdˌwiːk] *n* : medio *m* de la semana ⟨in midweek : a media semana⟩
**midwife** [ˈmɪdˌwaɪf] *n, pl* **-wives** [-ˌwaɪvz] : partera *f*, comadrona *f*
**midwinter** [ˈmɪdˈwɪntər, -ˌwɪn-] *n* : pleno invierno *m*
**midyear** [ˈmɪdˌjɪr] *n* : medio *m* del año ⟨at midyear : a mediados del año⟩
**mien** [ˈmiːn] *n* : aspecto *m*, porte *m*, semblante *m*
**miff** [ˈmɪf] *vt* : ofender
**might**[1] [ˈmaɪt] (*used to express permission or possibility or as a polite alternative to* **may**) → **may** ⟨it might be true : podría ser verdad⟩ ⟨might I speak with Sarah? : ¿se puede hablar con Sarah?⟩
**might**[2] *n* : fuerza *f*, poder *m*
**mightily** [ˈmaɪtəli] *adv* : con mucha fuerza, poderosamente
**mighty**[1] [ˈmaɪti] *adv* VERY : muy ⟨mighty good : muy bueno, buenísimo⟩
**mighty**[2] *adj* **mightier; -est 1** POWERFUL : poderoso, potente **2** GREAT : grande, imponente
**migraine** [ˈmaɪˌgreɪn] *n* : jaqueca *f*, migraña *f*
**migrant** [ˈmaɪgrənt] *n* : trabajador *m*, -dora *f* ambulante
**migrate** [ˈmaɪˌgreɪt] *vi* **-grated; -grating** : emigrar, migrar
**migration** [maɪˈgreɪʃən] *n* : migración *f*
**migratory** [ˈmaɪgrəˌtori] *adj* : migratorio
**mike** [ˈmaɪk] *n fam* → **microphone**
**mild** [ˈmaɪld] *adj* **1** GENTLE : apacible, suave ⟨a mild disposition : un temperamento suave⟩ **2** LIGHT : leve, ligero ⟨a mild punishment : un castigo leve, un castigo poco severo⟩ **3** TEMPERATE : templado (dícese del clima) — **mildly** *adv*
**mildew**[1] [ˈmɪlˌduː, -ˌdjuː] *vi* : enmohecerse
**mildew**[2] *n* : moho *m*
**mildness** [ˈmaɪldnəs] *n* : suavidad *f*
**mile** [ˈmaɪl] *n* : milla *f*
**mileage** [ˈmaɪlɪdʒ] *n* **1** ALLOWANCE : viáticos *mpl* (pagados por milla recorrida) **2** : distancia *f* recorrida (en millas), kilometraje *m*
**milestone** [ˈmaɪlˌstoːn] *n* LANDMARK : hito *m*, jalón *m* ⟨a milestone in his life : un hito en su vida⟩
**milieu** [miːlˈjuː, -ˈjə] *n, pl* **-lieus** *or* **-lieux**

[-ˈju:z, -ˈjə] SURROUNDINGS : entorno *m*, medio *m*, ambiente *m*

**militancy** [ˈmɪlətənt͡sɪ] *n, pl* **-cies** : militancia *f*

**militant**[1] [ˈmɪlətənt] *adj* : militante, combativo

**militant**[2] *n* : militante *mf*

**militarism** [ˈmɪlətəˌrɪzəm] *n* : militarismo *m*

**militaristic** [ˌmɪlətəˈrɪstɪk] *adj* : militarista

**militarize** [ˈmɪlətəˌraɪz] *vt* **-rized; -rizing** : militarizar

**military**[1] [ˈmɪləˌtɛri] *adj* : militar

**military**[2] *n* **the military** : las fuerzas armadas

**militia** [məˈlɪʃə] *n* : milicia *f*

**milk**[1] [ˈmɪlk] *vt* **1** : ordeñar (una vaca, etc.) **2** EXPLOIT : explotar

**milk**[2] *n* **1** : leche *f* **2** : leche *f* (de una planta)

**milk chocolate** *n* : chocolate *m* con leche

**milkman** [ˈmɪlkˌmæn, -mən] *n, pl* **-men** [-mən, -ˌmɛn] : lechero *m*

**milk of magnesia** *n* : leche *f* de magnesia

**milk shake** *n* : batido *m*, licuado *m*

**milkweed** [ˈmɪlkˌwi:d] *n* : algodoncillo *m*

**milky** [ˈmɪlki] *adj* **milkier; -est** : lechoso

**Milky Way** *n* : Vía *f* Láctea

**mill**[1] [ˈmɪl] *vt* : moler (granos), acordonar (monedas) — *vi* **to mill about/around** : arremolinarse

**mill**[2] *n* **1** : molino *m* (para moler granos) **2** FACTORY : fábrica *f* ⟨textile mill : fábrica textil⟩ **3** GRINDER : molinillo *m*

**millennial**[1] [məˈlɛniəl] *adj* : milenario

**millennial**[2] *n* : milenario *m*, -ria *f*; milenial *mf* (persona nacida entre 1980 y 2000)

**millennium** [məˈlɛniəm] *n, pl* **-nia** [-niə] *or* **-niums** : milenio *m*

**miller** [ˈmɪlər] *n* : molinero *m*, -ra *f*

**millet** [ˈmɪlət] *n* : mijo *m*

**milligram** [ˈmɪləˌgræm] *n* : miligramo *m*

**milliliter** [ˈmɪləˌli:tər] *n* : mililitro *m*

**millimeter** [ˈmɪləˌmi:tər] *n* : milímetro *m*

**milliner** [ˈmɪlənər] *n* : sombrerero *m*, -ra *f* (de señoras)

**millinery** [ˈmɪləˌnɛri] *n* : sombreros *mpl* de señora

**million**[1] [ˈmɪljən] *adj* **a million** : un millón de

**million**[2] *n, pl* **millions** *or* **million** : millón *m*

**millionaire** [ˌmɪljəˈnær, ˈmɪljəˌnær] *n* : millonario *m*, -ria *f*

**millionth**[1] [ˈmɪljənθ] *adj* : millonésimo

**millionth**[2] *n* : millonésimo *m*

**millipede** [ˈmɪləˌpi:d] *n* : milpiés *m*

**millstone** [ˈmɪlˌsto:n] *n* : rueda *f* de molino, muela *f*

**mime**[1] [ˈmaɪm] *v* **mimed; miming** *vt* MIMIC : imitar, remedar — *vi* PANTOMIME : hacer la mímica

**mime**[2] *n* **1** : mimo *mf* **2** PANTOMIME : pantomima *f*

**mimeograph** [ˈmɪmiəˌgræf] *n* : mimeógrafo *m*

**mimic**[1] [ˈmɪmɪk] *vt* **-icked; -icking** : imitar, remedar

**mimic**[2] *n* : imitador *m*, -dora *f*

**mimicry** [ˈmɪmɪkri] *n, pl* **-ries** : mímica *f*, imitación *f*

**minaret** [ˌmɪnəˈrɛt] *n* : alminar *m*, minarete *m*

**mince** [ˈmɪnt͡s] *v* **minced; mincing** *vt* **1** CHOP : picar, moler (carne) **2 not to mince one's words** : no tener uno pelos en la lengua — *vi* : caminar de manera afectada

**mincemeat** [ˈmɪnt͡sˌmi:t] *n* : mezcla *f* de fruta picada, sebo, y especias

**mind**[1] [ˈmaɪnd] *vt* **1** TEND : cuidar, atender ⟨mind the children : cuida a los niños⟩ **2** OBEY : obedecer **3** : preocuparse por, sentirse molestado por ⟨I don't mind his jokes : sus bromas no me molestan⟩ ⟨if you don't mind my saying so : si me permites⟩ ⟨never mind him : no le hagas caso⟩ **4** : tener cuidado con ⟨mind the ladder! : ¡cuidado con la escalera!⟩ **5 never mind** LET ALONE : ni mucho menos, (y) menos aún ⟨I can barely understand it, never mind explain it : apenas puedo entenderlo, ni mucho menos explicarlo⟩ — *vi* **1** OBEY : obedecer **2** CARE : importarle a uno ⟨I don't mind : no me importa, me es igual⟩ — **3 never mind** : no importa, no se preocupe

**mind**[2] *n* **1** : mente *f* ⟨the mind and the body : la mente y el cuerpo⟩ ⟨it's all in your mind : es pura imaginación tuya⟩ ⟨what's on your mind? : ¿qué te preocupa?⟩ **2** INTENTION : intención *f*, propósito *m* **3** : razón *f* ⟨he's out of his mind : está loco⟩ **4** OPINION : opinión *f* ⟨in/to my mind : a mi parecer⟩ **5** INTELLECT : mente *f* ⟨she has a brilliant mind : tiene una mente brillante⟩ **6** ATTENTION : atención *f* ⟨pay him no mind : no le hagas caso⟩ **7 at/in the back of one's mind** : en el fondo **8 great minds think alike** : los genios pensamos igual **9 state of mind** : estado *m* de ánimo **10 to be of one mind** *or* **to be of the same mind** : estar de acuerdo **11 to be of two minds about** : estar indeciso sobre **12 to blow someone's mind** *fam* : maravillar a alguien **13 to call/bring to mind** : recordar, traer a la memoria **14 to change one's mind** : cambiar de opinión **15 to change someone's mind** : hacerle a alguien cambiar de opinión **16 to come/leap/spring to mind** : ocurrírsele a alguien **17 to cross someone's mind** : pasársele a alguien por la cabeza **18 to give someone a piece of one's mind** : cantarle las cuarentas a alguien **19 to have a good mind to** *or* **to have half a mind to** : tener ganas de (regañar a alguien, etc.) **20 to have a mind of one's own** : ser independiente **21 to have in mind** : tener (algo, a alguien) en mente, tener pensado (hacer algo) ⟨what did you have in mind? : ¿qué tenías en mente?⟩ **22 to have one's mind set on** : estar empeñado en **23 to keep an open mind** : mantener la mente abierta **24 to keep/bear in mind** : tener en cuenta **25 to keep**

**one's mind on** : concentrarse en **26 to lose one's mind** : perder la razón **27 to make up one's mind** : decidirse **28 to put/set one's mind to** : poner empeño en **29 to put someone in mind of something** : recordarle algo a alguien **30 to speak one's mind** : hablar sin rodeos **31 to take a load/weight off one's mind** : quitarse un peso de encima

**minded** [ˈmaɪndəd] *adj* **1** (*used in combination*) ⟨narrow-minded : de mentalidad cerrada⟩ ⟨health-minded : preocupado por la salud⟩ **2** INCLINED : inclinado

**mindful** [ˈmaɪndfəl] *adj* AWARE : consciente — **mindfully** *adv*

**mindless** [ˈmaɪndləs] *adj* **1** SENSELESS : estúpido, sin sentido ⟨mindless violence : violencia sin sentido⟩ **2** HEEDLESS : inconsciente

**mindlessly** [ˈmaɪndləslɪ] *adv* **1** SENSELESSLY : sin sentido **2** HEEDLESSLY : inconscientemente

**mine**[1] [ˈmaɪn] *vt* **mined; mining 1** : extraer (oro, etc.) **2** : minar (con artefactos explosivos)

**mine**[2] *n* : mina *f* ⟨gold mine : mina de oro⟩

**mine**[3] *pron* : mío ⟨that one's mine : ése es el mío, ésa es la mía⟩ ⟨some friends of mine : unos amigos míos⟩

**minefield** [ˈmaɪnˌfiːld] *n* : campo *m* de minas

**miner** [ˈmaɪnər] *n* : minero *m*, -ra *f*

**mineral** [ˈmɪnərəl] *n* : mineral *m* — **mineral** *adj*

**mineralogy** [ˌmɪnəˈrɑlədʒɪ, -ˈræ-] *n* : mineralogía *f*

**mine shaft** → **shaft**

**mingle** [ˈmɪŋgəl] *v* **-gled; -gling** *vt* MIX : mezclar — *vi* **1** MIX : mezclarse **2** CIRCULATE : circular

**mini-** *pref* : mini-

**miniature**[1] [ˈmɪnɪəˌtʃʊr, ˈmɪnɪˌtʃʊr, -tʃər] *adj* : en miniatura, diminuto

**miniature**[2] *n* : miniatura *f*

**minibus** [ˈmɪnɪˌbʌs] *n* : microbús *m*; pesera *f Mex*; buseta *f Col, CoRi, Ecua, Ven*

**minicomputer** [ˈmɪnɪkəmˌpjuːtər] *n* : minicomputadora *f*

**minimal** [ˈmɪnəməl] *adj* : mínimo

**minimally** [ˈmɪnəməlɪ] *adv* : en grado mínimo

**minimize** [ˈmɪnəˌmaɪz] *vt* **-mized; -mizing 1** : minimizar (un riesgo, etc.) **2** : minimizar (en informática)

**minimum**[1] [ˈmɪnəməm] *adj* : mínimo

**minimum**[2] *n, pl* **-ma** [ˈmɪnəmə] *or* **-mums** : mínimo *m*

**mining** [ˈmaɪnɪŋ] *n* : minería *f*

**miniseries** [ˈmɪnɪˌsɪriːz] *n* : miniserie *f*

**miniskirt** [ˈmɪnɪˌskərt] *n* : minifalda *f*

**minister**[1] [ˈmɪnəstər] *vi* **to minister to** : cuidar (de), atender a

**minister**[2] *n* **1** : pastor *m*, -tora *f* (de una iglesia) **2** : ministro *m*, -tra *f* (en política)

**ministerial** [ˌmɪnəˈstɪriəl] *adj* : ministerial

**ministry** [ˈmɪnəstrɪ] *n, pl* **-tries 1** : ministerio *m* (en política) **2** : sacerdocio *m* (en el catolicismo), clerecía *f* (en el protestantismo)

**minivan** [ˈmɪnɪˌvæn] *n* : minivan *f*

**mink** [ˈmɪŋk] *n, pl* **mink** *or* **minks** : visón *m*

**minnow** [ˈmɪnoː] *n, pl* **-nows** : pececillo *m* de agua dulce

**minor**[1] [ˈmaɪnər] *adj* : menor

**minor**[2] *n* **1** : menor *mf* (de edad) **2** : asignatura *f* secundaria (de estudios)

**minority** [məˈnɔrəṭɪ, maɪ-] *n, pl* **-ties** : minoría *f*

**minstrel** [ˈmɪnˌstrəl] *n* : juglar *m*, trovador *m* (en el medioevo)

**mint**[1] [ˈmɪnt] *vt* : acuñar

**mint**[2] *adj* : sin usar ⟨in mint condition : como nuevo⟩

**mint**[3] *n* **1** : menta *f* ⟨mint tea : té de menta⟩ **2** : pastilla *f* de menta **3** : casa *f* de la moneda ⟨the U.S. Mint : la casa de la moneda de los EEUU⟩ **4** FORTUNE : dineral *m*, fortuna *f*

**minuet** [ˌmɪnjuˈɛt] *n* : minué *m*

**minus**[1] [ˈmaɪnəs] *n* **1** : cantidad *f* negativa **2 minus sign** : signo *m* de menos

**minus**[2] *prep* **1** : menos ⟨four minus two : cuatro menos dos⟩ **2** WITHOUT : sin ⟨minus his hat : sin su sombrero⟩

**minuscule** *or* **miniscule** [ˈmɪnəsˌkjuːl, mɪˈnʌs-] *adj* : minúsculo

**minute**[1] [maɪˈnuːt, mɪ-, -ˈnjuːt] *adj* **minuter; -est 1** TINY : diminuto, minúsculo **2** DETAILED : minucioso

**minute**[2] [ˈmɪnət] *n* **1** : minuto *m* **2** MOMENT : momento *m* ⟨at any minute : en cualquier momento⟩ **3 minutes** *npl* : actas *fpl* (de una reunión) **4 at the last minute** : a último momento, a última hora **5 hang/hold on a minute** *or* **wait a minute** : espera un momento **6 just a minute** : un momento **7 this minute** : ahora mismo, inmediatamente

**minute hand** *n* : minutero *m*

**minutely** [maɪˈnuːtlɪ, mɪ-, -ˈnjuːt-] *adv* : minuciosamente

**miracle** [ˈmɪrɪkəl] *n* : milagro *m*

**miraculous** [məˈrækjələs] *adj* : milagroso — **miraculously** *adv*

**mirage** [mɪˈrɑʒ, chiefly Brit ˈmɪrˌɑʒ] *n* : espejismo *m*

**mire**[1] [ˈmaɪr] *vi* **mired; miring** : atascarse

**mire**[2] *n* **1** MUD : barro *m*, lodo *m* **2** : atolladero *m* ⟨stuck in a mire of debt : agobiado por la deuda⟩

**mirror**[1] [ˈmɪrər] *vt* : reflejar

**mirror**[2] *n* : espejo *m*

**mirth** [ˈmərθ] *n* : alegría *f*, regocijo *m*

**mirthful** [ˈmərθfəl] *adj* : alegre, regocijado

**misadventure** [ˌmɪsədˈvɛnʧər] *n* : malaventura *f*, desventura *f*

**misanthrope** [ˈmɪsənˌθroːp] *n* : misántropo *m*, -pa *f*

**misanthropic** [ˌmɪsənˈθrɑpɪk] *adj* : misantrópico

**misanthropy** [mɪˈsænθrəpɪ] *n* : misantropía *f*

**misapprehend** [ˌmɪsˌæprəˈhɛnd] *vt* : entender mal

**misapprehension** [ˌmɪsˌæprəˈhɛnʧən] *n* : malentendido *m*

**misappropriate** [ˌmɪsəˈpro:priˌeɪt] *vt* **-ated; -ating** : malversar

**misappropriation** [ˌmɪsəˌpro:priˈeɪʃən] *n* : malversación *f*

**misbegotten** [ˌmɪsbiˈgɑtən] *adj* **1** ILLEGITIMATE : ilegítimo **2** : mal concebido ⟨misbegotten laws : leyes mal concebidas⟩

**misbehave** [ˌmɪsbiˈheɪv] *vi* **-haved; -having** : portarse mal

**misbehavior** [ˌmɪsbiˈheɪvjər] *n* : mala conducta *f*

**miscalculate** [mɪsˈkælkjəˌleɪt] *v* **-lated; -lating** : calcular mal

**miscalculation** [mɪsˌkælkjəˈleɪʃən] *n* : error *m* de cálculo, mal cálculo *m*

**miscarriage** [ˌmɪsˈkærɪʤ, ˈmɪsˌkærɪʤ] *n* **1** : aborto *m* **2** FAILURE : fracaso *m*, malogro *m* ⟨a miscarriage of justice : una injusticia, un error judicial⟩

**miscarry** [ˌmɪsˈkæri, ˈmɪsˌkæri] *vi* **-ried; -rying** **1** ABORT : abortar **2** FAIL : malograrse, fracasar

**miscellaneous** [ˌmɪsəˈleɪnɪəs] *adj* : misceláneo

**miscellany** [ˈmɪsəˌleɪni] *n, pl* **-nies** : miscelánea *f*

**mischance** [mɪsˈʧænʦ] *n* : desgracia *f*, infortunio *m*, mala suerte *f*

**mischief** [ˈmɪstʃəf] *n* : diabluras *fpl*, travesuras *fpl*

**mischievous** [ˈmɪstʃəvəs] *adj* : travieso, pícaro

**mischievously** [ˈmɪstʃəvəsli] *adv* : de manera traviesa

**misconception** [ˌmɪskənˈsɛpʃən] *n* : concepto *m* erróneo, idea *f* falsa

**misconduct** [mɪsˈkɑndəkt] *n* : mala conducta *f*

**misconstrue** [ˌmɪskənˈstru:] *vt* **-strued; -struing** : malinterpretar

**misdeed** [mɪsˈdi:d] *n* : fechoría *f*

**misdemeanor** [ˌmɪsdɪˈmi:nər] *n* : delito *m* menor

**miser** [ˈmaɪzər] *n* : avaro *m*, -ra *f*; tacaño *m*, -ña *f*

**miserable** [ˈmɪzərəbəl] *adj* **1** UNHAPPY : triste, desdichado **2** WRETCHED : miserable, desgraciado ⟨a miserable hut : una choza miserable⟩ **3** UNPLEASANT : desagradable, malo ⟨miserable weather : tiempo malísimo⟩ **4** CONTEMPTIBLE : despreciable, mísero ⟨for a miserable $10 : por unos míseros diez dólares⟩

**miserably** [ˈmɪzərəbli] *adv* **1** SADLY : tristemente **2** WRETCHEDLY : miserablemente, lamentablemente **3** UNFORTUNATELY : desgraciadamente

**miserly** [ˈmaɪzərli] *adj* : avaro, tacaño

**misery** [ˈmɪzəri] *n, pl* **-eries** : miseria *f*, sufrimiento *m*

**misfire** [mɪsˈfaɪr] *vi* **-fired; -firing** : fallar

**misfit** [ˈmɪsˌfɪt] *n* : inadaptado *m*, -da *f*

**misfortune** [mɪsˈfɔrʧən] *n* : desgracia *f*, desventura *f*, infortunio *m*

**misgiving** [mɪsˈgɪvɪŋ] *n* : duda *f*, recelo *m*

**misguided** [mɪsˈgaɪdəd] *adj* : desacertado, equivocado, mal informado

**mishap** [ˈmɪsˌhæp] *n* : contratiempo *m*, percance *m*, accidente *m*

**misinform** [ˌmɪsɪnˈfɔrm] *vt* : informar mal

**misinterpret** [ˌmɪsɪnˈtərprət] *vt* : malinterpretar

**misinterpretation** [ˌmɪsɪnˌtərprəˈteɪ-ʃən] *n* : mala interpretación *f*, malentendido *m*

**misjudge** [mɪsˈʤʌʤ] *vt* **-judged; -judging** : juzgar mal

**mislay** [mɪsˈleɪ] *vt* **-laid** [-ˈleɪd]; **-laying** : extraviar, perder

**mislead** [mɪsˈli:d] *vt* **-led** [-ˈled]; **-leading** : engañar

**misleading** [mɪsˈli:dɪŋ] *adj* : engañoso

**mismanage** [mɪsˈmænɪʤ] *vt* **-aged; -aging** : administrar mal

**mismanagement** [mɪsˈmænɪʤmənt] *n* : mala administración *f*

**misnomer** [mɪsˈno:mər] *n* : nombre *m* inapropiado

**misogynist** [mɪˈsɑʤənɪst] *n* : misógino *m*

**misogyny** [məˈsɑʤəni] *n* : misoginia *f*

**misplace** [mɪsˈpleɪs] *vt* **-placed; -placing** : extraviar, perder

**misprint** [ˈmɪsˌprɪnt, mɪsˈ-] *n* : errata *f*, error *m* de imprenta

**mispronounce** [ˌmɪsprəˈnaʊnʦ] *vt* **-nounced; -nouncing** : pronunciar mal

**mispronunciation** [ˌmɪsprəˌnʌnʦiˈeɪʃən] *n* : pronunciación *f* incorrecta

**misquote** [mɪsˈkwo:t] *vt* **-quoted; -quoting** : citar incorrectamente

**misread** [mɪsˈri:d] *vt* **-read** [-ˈred]; **-reading** **1** : leer mal ⟨she misread the sentence : leyó mal la frase⟩ **2** MISUNDERSTAND : malinterpretar ⟨they misread his intention : malinterpretaron su intención⟩

**misrepresent** [ˌmɪsˌrɛprɪˈzɛnt] *vt* : distorsionar, falsear, tergiversar

**miss**[1] [ˈmɪs] *vt* **1** : errar, faltar ⟨to miss the target : no dar en el blanco⟩ **2** : no encontrar, perder ⟨they missed each other : no se encontraron⟩ ⟨I missed the plane : perdí el avión⟩ **3** : echar de menos, extrañar ⟨we miss him a lot : lo echamos mucho de menos⟩ **4** OVERLOOK : pasar por alto ⟨to miss the point : no entender algo⟩ ⟨you can't miss it : no puedes dejar de verlo⟩ **5** : no enterarse de (una noticia), no oír (palabras habladas) **6** : perderse (una oportunidad, etc.) **7** PASS UP : pasar por alto **8** : faltar a (una reunión, etc.) **9** AVOID : evitar ⟨they just missed hitting the tree : por muy poco chocan contra el árbol⟩ **10** OMIT : saltarse ⟨he missed breakfast : se saltó el desayuno⟩ **11 to be missing** : faltarle (algo a uno) ⟨he's missing two teeth : le faltan dos dientes⟩ **12 to miss out on** : perderse (una oportunidad, etc.)

**miss**[2] *n* **1** : fallo *m* (de un tiro, etc.) **2** FAILURE : fracaso *m* **3** : señorita *f* ⟨Miss Jones called us : nos llamó la señorita Jones⟩ ⟨excuse me, miss : perdone, señorita⟩

**misshapen** [mɪˈʃeɪpən] *adj* : deforme

**missile** [ˈmɪsəl] *n* **1** : misil *m* ⟨guided missile : misil guiado⟩ **2** PROJECTILE : proyectil *m*

**missing** [ˈmɪsɪŋ] *adj* **1** ABSENT : ausente ⟨who's missing? : ¿quién falta?⟩ **2** LOST

: perdido, desaparecido ⟨missing persons : los desaparecidos⟩

**mission** [ˈmɪʃən] *n* **1** : misión *f* (mandada por una iglesia) **2** DELEGATION : misión *f*, delegación *f*, embajada *f* **3** TASK : misión *f*

**missionary¹** [ˈmɪʃəˌnɛrɪ] *adj* : misionero

**missionary²** *n, pl* **-aries** : misionero *m*, -ra *f*

**missive** [ˈmɪsɪv] *n* : misiva *f*

**misspell** [mɪsˈspɛl] *vt* : escribir mal

**misspelling** [mɪsˈspɛlɪŋ] *n* : falta *f* de ortografía

**misstep** [ˈmɪsˌstɛp] *n* : traspié *m*, tropezón *m*

**mist** [ˈmɪst] *n* **1** HAZE : neblina *f*, niebla *f* **2** SPRAY : rocío *m*

**mistake¹** [mɪˈstɛɪk] *vt* **-took** [-ˈstʊk]; **-taken** [-ˈstɛɪkən]; **-taking** **1** MISINTERPRET : malinterpretar **2** CONFUSE : confundir ⟨he mistook her for Clara : la confundió con Clara⟩

**mistake²** *n* **1** MISUNDERSTANDING : malentendido *m*, confusión *f* **2** ERROR : error *m* ⟨I made a mistake : me equivoqué, cometí un error⟩

**mistaken** [mɪˈstɛɪkən] *adj* WRONG : equivocado — **mistakenly** *adv*

**mister** [ˈmɪstər] *n* : señor *m* ⟨watch out, mister : cuidado, señor⟩

**mistiness** [ˈmɪstɪnəs] *n* : nebulosidad *f*

**mistletoe** [ˈmɪsəlˌto:] *n* : muérdago *m*

**mistreat** [mɪsˈtri:t] *vt* : maltratar

**mistreatment** [mɪsˈtri:tmənt] *n* : maltrato *m*, abuso *m*

**mistress** [ˈmɪstrəs] *n* **1** : dueña *f*, señora *f* (de una casa) **2** LOVER : amante *f*

**mistrust¹** [mɪsˈtrʌst] *vt* : desconfiar de

**mistrust²** *n* : desconfianza *f*

**mistrustful** [mɪsˈtrʌstfəl] *adj* : desconfiado

**misty** [ˈmɪstɪ] *adj* **mistier; -est** **1** : neblinoso, nebuloso **2** TEARFUL : lloroso

**misunderstand** [ˌmɪsˌʌndərˈstænd] *vt* **-stood** [-ˈstʊd]; **-standing** **1** : entender mal **2** MISINTERPRET : malinterpretar ⟨don't misunderstand me : no me malinterpretes⟩

**misunderstanding** [ˌmɪsˌʌndərˈstændɪŋ] *n* **1** MISINTERPRETATION : malentendido *m* **2** DISAGREEMENT, QUARREL : disputa *f*, discusión *f*

**misuse¹** [mɪsˈju:z] *vt* **-used; -using** **1** : emplear mal **2** ABUSE, MISTREAT : abusar de, maltratar

**misuse²** [mɪsˈju:s] *n* **1** : mal empleo *m*, mal uso *m* **2** WASTE : derroche *m*, despilfarro *m* **3** ABUSE : abuso *m*

**mite** [ˈmaɪt] *n* **1** : ácaro *m* **2** BIT : poco *m* ⟨a mite tired : un poquito cansado⟩

**miter** *or* **mitre** [ˈmaɪtər] *n* **1** : mitra *f* (de un obispo) **2** *or* **miter joint** : inglete *m*

**mitigate** [ˈmɪtəˌgeɪt] *vt* **-gated; -gating** : mitigar, aliviar

**mitigation** [ˌmɪtəˈgeɪʃən] *n* : mitigación *f*, alivio *m*

**mitosis** [maɪˈto:sɪs] *n, pl* **-toses** [-ˌsi:z] : mitosis *f*

**mitt** [ˈmɪt] *n* **1** : manopla *f*, guante *m* (de béisbol) **2** HAND : mano *f*, manaza *f*

**mitten** [ˈmɪtən] *n* : manopla *f*

**mix¹** [ˈmɪks] *vt* **1** COMBINE : mezclar **2** STIR : remover, revolver **3 to mix up** CONFUSE : confundir **4 to mix up** COMBINE : mezclar — *vi* : mezclarse

**mix²** *n* : mezcla *f*

**mixed** *adj* : mezclado, variado

**mixed–up** *adj* **1** CONFUSED, TROUBLED : confundido, con problemas **2** CONFUSING : confuso

**mixer** [ˈmɪksər] *n* **1** : batidora *f* (de la cocina) **2 cement mixer** : hormigonera *f*

**mixture** [ˈmɪkstʃər] *n* : mezcla *f*

**mix–up** [ˈmɪksˌʌp] *n* CONFUSION : confusión *f*, lío *m fam*

**mnemonic** [nɪˈmɑnɪk] *adj* : mnemónico

**moan¹** [ˈmo:n] *vi* : gemir

**moan²** *n* : gemido *m*

**moat** [ˈmo:t] *n* : foso *m*

**mob¹** [ˈmɑb] *vt* **mobbed; mobbing** **1** ATTACK : atacar en masa **2** HOUND : acosar, rodear

**mob²** *n* **1** THRONG : multitud *f*, turba *f*, muchedumbre *f* **2** GANG : pandilla *f*

**mobile¹** [ˈmo:bəl, -ˌbi:l, -ˌbaɪl] *adj* : móvil ⟨mobile home : caravana, casa rodante⟩

**mobile²** [ˈmo:ˌbi:l] *n* : móvil *m*

**mobile phone** → **cell phone**

**mobility** [moˈbɪləṭi] *n* : movilidad *f*

**mobilize** [ˈmo:bəˌlaɪz] *vt* **-lized; -lizing** : movilizar

**moccasin** [ˈmɑkəsən] *n* **1** : mocasín *m* **2** *or* **water moccasin** : serpiente *f* venenosa de Norteamérica

**mocha** [ˈmo:kə] *n* **1** : mezcla *f* de café y chocolate **2** : color *m* chocolate

**mock¹** [ˈmɑk, ˈmɔk] *vt* **1** RIDICULE : burlarse de, mofarse de **2** MIMIC : imitar, remedar (de manera burlona)

**mock²** *adj* **1** SIMULATED : simulado **2** PHONY : falso

**mockery** [ˈmɑkərɪ, ˈmɔ-] *n, pl* **-eries** **1** JEER TAUNT : burla *f*, mofa *f* ⟨to make a mockery of : burlarse de⟩ **2** FAKE : imitación *f* (burlona)

**mockingbird** [ˈmɑkɪŋˌbərd, ˈmɔ-] *n* : sinsonte *m*

**mode** [ˈmo:d] *n* **1** FORM : modo *m*, forma *f* **2** MANNER : modo *m*, manera *f*, estilo *m* **3** FASHION : moda *f*

**model¹** [ˈmɑdəl] *v* **-eled** *or* **-elled; -eling** *or* **-elling** *vt* SHAPE : modelar — *vi* : trabajar de modelo

**model²** *adj* **1** EXEMPLARY : modelo, ejemplar ⟨a model student : un estudiante modelo⟩ **2** MINIATURE : en miniatura

**model³** *n* **1** PATTERN : modelo *m* **2** MINIATURE : modelo *m*, miniatura *f* **3** EXAMPLE : modelo *m*, ejemplo *m* **4** MANNEQUIN : modelo *mf* **5** DESIGN : modelo *m* ⟨the '97 model : el modelo '97⟩

**modem** [ˈmo:dəm, -ˌdɛm] *n* : módem *m*

**moderate¹** [ˈmɑdəˌreɪt] *v* **-ated; -ating** *vt* : moderar, temperar — *vi* **1** CALM : moderarse, calmarse **2** : fungir como moderador (en un debate, etc.)

**moderate²** [ˈmɑdərət] *adj* : moderado

**moderate³** [ˈmɑdərət] *n* : moderado *m*, -da *f*

**moderately** [ˈmɑdərətli] *adv* **1** : con moderación **2** FAIRLY : medianamente
**moderation** [ˌmɑdəˈreɪʃən] *n* : moderación *f*
**moderator** [ˈmɑdəˌreɪtər] *n* : moderador *m*, -dora *f*
**modern** [ˈmɑdərn] *adj* : moderno
**modernism** [ˈmɑdərˌnɪzəm] *n* : modernismo *m*
**modernist** [ˈmɑdərnɪst] *n* : modernista *mf* — **modernist** *adj*
**modernity** [mɑˈdərnəti] *n* : modernidad *f*
**modernization** [ˌmɑdərnəˈzeɪʃən] *n* : modernización *f*
**modernize** [ˈmɑdərˌnaɪz] *v* **-ized; -izing** *vt* : modernizar — *vi* : modernizarse
**modest** [ˈmɑdəst] *adj* **1** HUMBLE : modesto **2** DEMURE : recatado, pudoroso **3** MODERATE : modesto, moderado — **modestly** *adv*
**modesty** [ˈmɑdəsti] *n* : modestia *f*
**modicum** [ˈmɑdɪkəm] *n* : mínimo *m*, pizca *f*
**modification** [ˌmɑdəfəˈkeɪʃən] *n* : modificación *f*
**modifier** [ˈmɑdəˌfaɪər] *n* : modificante *m*, modificador *m*
**modify** [ˈmɑdəˌfaɪ] *vt* **-fied; -fying** : modificar, calificar (en gramática)
**modish** [ˈmoːdɪʃ] *adj* STYLISH : a la moda, de moda
**modular** [ˈmɑʤələr] *adj* : modular
**modulate** [ˈmɑʤəˌleɪt] *vt* **-lated; -lating** : modular
**modulation** [ˌmɑʤəˈleɪʃən] *n* : modulación *f*
**module** [ˈmɑˌʤuːl] *n* : módulo *m*
**mogul** [ˈmoːgəl] *n* : magnate *mf*; potentado *m*, -da *f*
**moist** [ˈmɔɪst] *adj* : húmedo
**moisten** [ˈmɔɪsən] *vt* : humedecer
**moistness** [ˈmɔɪstnəs] *n* : humedad *f*
**moisture** [ˈmɔɪstʃər] *n* : humedad *f*
**moisturize** [ˈmɔɪstʃəˌraɪz] *vt* **-ized; -izing** : humedecer (el aire), hidratar (la piel)
**moisturizer** [ˈmɔɪstʃəˌraɪzər] *n* : crema *f* hidratante, crema *f* humectante
**molar** [ˈmoːlər] *n* : muela *f*, molar *m*
**molasses** [məˈlæsəz] *n* : melaza *f*
**mold**[1] [ˈmoːld] *vt* : moldear, formar (carácter, etc.) — *vi* : enmohecerse ⟨the bread will mold : el pan se enmohecerá⟩
**mold**[2] *n* **1** FORM : molde *m* ⟨to break the mold : romper el molde⟩ **2** FUNGUS : moho *m*
**molder** [ˈmoːldər] *vi* CRUMBLE : desmoronarse
**molding** [ˈmoːldɪŋ] *n* : moldura *f* (en arquitectura)
**moldy** [ˈmoːldi] *adj* **moldier; -est** : mohoso
**mole** [ˈmoːl] *n* **1** : lunar *m* (en la piel) **2** : topo *m* (animal)
**molecule** [ˈmɑlɪˌkjuːl] *n* : molécula *f* — **molecular** [məˈlekjələr] *adj*
**molehill** [ˈmoːlˌhɪl] *n* **to make a mountain out of a molehill** : ahogarse en un vaso de agua
**molest** [məˈlest] *vt* **1** ANNOY, DISTURB : molestar **2** : abusar (sexualmente)
**mollify** [ˈmɑləˌfaɪ] *vt* **-fied; -fying** : apaciguar, aplacar
**mollusk** *or* **mollusc** [ˈmɑləsk] *n* : molusco *m*
**mollycoddle** [ˈmɑliˌkɑdəl] *vt* **-dled; -dling** PAMPER : consentir, mimar
**molt** [ˈmoːlt] *vi* : mudar, hacer la muda
**molten** [ˈmoːltən] *adj* : fundido
**mom** [ˈmɑm, ˈmʌm] *n* : mamá *f*
**moment** [ˈmoːmənt] *n* **1** INSTANT : momento *m* ⟨one moment, please : un momento, por favor⟩ **2** TIME : momento *m* ⟨from that moment : desde entonces⟩ **3 at any moment** : de un momento a otro **4 at the moment** : de momento, actualmente **5 for the moment** : de momento, por el momento **6 the moment of truth** : la hora de la verdad
**momentarily** [ˌmoːmənˈterəli] *adv* **1** : momentáneamente **2** SOON : dentro de poco, pronto
**momentary** [ˈmoːmənˌteri] *adj* : momentáneo
**momentous** [moˈmentəs] *adj* : de suma importancia, fatídico
**momentum** [moˈmentəm] *n, pl* **-ta** [-tə] *or* **-tums** **1** : momento *m* (en física) **2** IMPETUS : ímpetu *m*, impulso *m*
**mommy** [ˈmɑmi, ˈmʌ-] *n* : mami *f*
**monarch** [ˈmɑˌnɑrk, -nərk] *n* : monarca *mf*
**monarchist** [ˈmɑˌnɑrkɪst, -nər-] *n* : monárquico *m*, -ca *f*
**monarchy** [ˈmɑˌnɑrki, -nər-] *n, pl* **-chies** : monarquía *f*
**monastery** [ˈmɑnəˌsteri] *n, pl* **-teries** : monasterio *m*
**monastic** [məˈnæstɪk] *adj* : monástico — **monastically** [-tɪkli] *adv*
**Monday** [ˈmʌnˌdeɪ, -di] *n* : lunes *m* ⟨today is Monday : hoy es lunes⟩ ⟨(on) Monday : el lunes⟩ ⟨(on) Mondays : los lunes⟩ ⟨last Monday : el lunes pasado⟩ ⟨next Monday : el lunes que viene⟩ ⟨every other Monday : cada dos lunes⟩ ⟨Monday afternoon/morning : lunes por la tarde/mañana⟩
**monetary** [ˈmɑnəˌteri, ˈmʌnə-] *adj* : monetario
**money** [ˈmʌni] *n, pl* **-eys** *or* **-ies** [ˈmʌniz] **1** : dinero *m*, plata *f* ⟨to make/lose money : ganar/perder dinero⟩ **2 monies** *npl* : sumas *fpl* de dinero **3 for my money** : en mi opinión, para mí **4 money talks** : poderoso caballero es don Dinero **5 on the money** : exacto, correcto
**money changer** [-ˈtʃeɪnʤər] *n* : cambista *mf* (de dinero)
**moneyed** [ˈmʌnɪd] *adj* : adinerado
**moneylender** [ˈmʌniˌlendər] *n* : prestamista *mf*
**money order** *n* : giro *m* postal
**Mongol** [ˈmɑŋgəl, -ˌgoːl] → **Mongolian**
**Mongolian** [mɑnˈgoːliən, mɑŋ-] *n* : mongol *m*, -gola *f* — **Mongolian** *adj*
**mongoose** [ˈmɑnˌguːs, ˈmɑŋ-] *n, pl* **-gooses** : mangosta *f*
**mongrel** [ˈmɑŋgrəl, ˈmʌŋ-] *n* **1** : perro *m* mestizo, perro *m* corriente *Mex* **2** HYBRID : híbrido *m*

**monitor**[1] [ˈmɑnəɡtər] *vt* : controlar, monitorear
**monitor**[2] *n* **1** : ayudante *mf* (en una escuela) **2** : monitor *m* (de una computadora, etc.)
**monk** [ˈmʌŋk] *n* : monje *m*
**monkey**[1] [ˈmʌŋki] *vi* **-keyed; -keying 1 to monkey around** : hacer payasadas, payasear **2 to monkey with** : juguetear con
**monkey**[2] *n, pl* **-keys** : mono *m*, -na *f*
**monkeyshines** [ˈmʌŋkiˌʃaɪnz] *npl* PRANKS : picardías *fpl*, travesuras *fpl*
**monkey wrench** *n* → **wrench**[2]
**monocle** [ˈmɑnɪkəl] *n* : monóculo *m*
**monogamous** [məˈnɑɡəməs] *adj* : monógamo
**monogamy** [məˈnɑɡəmi] *n* : monogamia *f*
**monogram**[1] [ˈmɑnəˌɡræm] *vt* **-grammed; -gramming** : marcar con monograma ⟨monogrammed towels : toallas con monograma⟩
**monogram**[2] *n* : monograma *m*
**monograph** [ˈmɑnəˌɡræf] *n* : monografía *f*
**monolingual** [ˌmɑnəˈlɪŋɡwəl] *adj* : monolingüe
**monolith** [ˈmɑnəˌlɪθ] *n* : monolito *m*
**monolithic** [ˌmɑnəˈlɪθɪk] *adj* : monolítico
**monologue** [ˈmɑnəˌlɔɡ] *n* : monólogo *m*
**monopolize** [məˈnɑpəˌlaɪz] *vt* **-lized; -lizing** : monopolizar
**monopoly** [məˈnɑpəli] *n, pl* **-lies** : monopolio *m*
**monosyllabic** [ˌmɑnəsəˈlæbɪk] *adj* : monosilábico
**monosyllable** [ˈmɑnəˌsɪləbəl] *n* : monosílabo *m*
**monotheism** [ˈmɑnəθiːˌɪzəm] *n* : monoteísmo *m* — **monotheist** *n*
**monotheistic** [ˌmɑnəθiːˈɪstɪk] *adj* : monoteísta
**monotone** [ˈmɑnəˌtoːn] *n* : voz *f* monótona
**monotonous** [məˈnɑtənəs] *adj* : monótono — **monotonously** *adv*
**monotony** [məˈnɑtəni] *n* : monotonía *f*, uniformidad *f*
**monsignor** [mɑnˈsiːnjər] *n* : monseñor *m*
**monsoon** [mɑnˈsuːn] *n* : monzón *m*
**monster** [ˈmɑnʃtər] *n* : monstruo *m*
**monstrosity** [mɑnˈstrɑsəti] *n, pl* **-ties** : monstruosidad *f*
**monstrous** [ˈmɑnʃtrəs] *adj* : monstruoso — **monstrously** *adv*
**montage** [mɑnˈtɑʒ] *n* : montaje *m*
**month** [ˈmʌnθ] *n* : mes *m*
**monthly**[1] [ˈmʌnθli] *adv* : mensualmente
**monthly**[2] *adj* : mensual
**monthly**[3] *n, pl* **-lies** : publicación *f* mensual
**monument** [ˈmɑnjəmənt] *n* : monumento *m*
**monumental** [ˌmɑnjəˈmɛntəl] *adj* : monumental — **monumentally** *adv*
**moo**[1] [ˈmuː] *vi* : mugir
**moo**[2] *n* : mugido *m*
**mood** [ˈmuːd] *n* : humor *m* ⟨to be in a good mood : estar de buen humor⟩ ⟨to be in the mood for : tener ganas de⟩ ⟨to be in no mood for : no estar para⟩
**moodiness** [ˈmuːdinəs] *n* **1** SADNESS : melancolía *f*, tristeza *f* **2** : cambios *mpl* de humor, carácter *m* temperamental
**moody** [ˈmuːdi] *adj* **moodier; -est 1** GLOOMY : melancólico, deprimido **2** TEMPERAMENTAL : temperamental, de humor variable
**moon** [ˈmuːn] *n* : luna *f*
**moonbeam** [ˈmuːnˌbiːm] *n* : rayo *m* de luna
**moonlight**[1] [ˈmuːnˌlaɪt] *vi* : estar pluriempleado
**moonlight**[2] *n* : claro *m* de luna, luz *f* de la luna
**moonlit** [ˈmuːnˌlɪt] *adj* : iluminado por la luna ⟨a moonlit night : una noche de luna⟩
**moonshine** [ˈmuːnˌʃaɪn] *n* **1** MOONLIGHT : luz *f* de la luna **2** NONSENSE : disparates *mpl*, tonterías *fpl* **3** : whisky *m* destilado ilegalmente
**moor**[1] [ˈmʊr, ˈmɔr] *vt* : amarrar
**moor**[2] *n* : páramo *m*
**Moor** [ˈmʊr] *n* : moro *m*, -ra *f*
**mooring** [ˈmʊrɪŋ, ˈmɔr-] *n* DOCK : atracadero *m*
**Moorish** [ˈmʊrɪʃ] *adj* : moro
**moose** [ˈmuːs] *ns & pl* : alce *m* (norteamericano)
**moot** [ˈmuːt] *adj* DEBATABLE : discutible
**mop**[1] [ˈmɑp] *v* **mopped; mopping** *vt* **1** : trapear **2 to mop up** : limpiar (un líquido) **3 to mop up** FINISH : terminar, acabar — *vi* **1** : trapear el suelo **2 to mop up** FINISH : terminar, acabar
**mop**[2] *n* : trapeador *m*
**mope** [ˈmoːp] *vi* **moped; moping** : andar deprimido, quedar abatido
**moped** [ˈmoːˌpɛd] *n* : ciclomotor *m*
**moraine** [məˈreɪn] *n* : morena *f*
**moral**[1] [ˈmɔrəl] *adj* : moral ⟨moral judgment : juicio moral⟩ ⟨moral support : apoyo moral⟩ — **morally** *adv*
**moral**[2] *n* **1** : moraleja *f* (de un cuento, etc.) **2 morals** *npl* : moral *f*, moralidad *f*
**morale** [məˈræl] *n* : moral *f*
**moralist** [ˈmɔrəlɪst] *n* : moralista *mf*
**moralistic** [ˌmɔrəˈlɪstɪk] *adj* : moralista
**morality** [məˈræləti] *n, pl* **-ties** : moralidad *f*
**morass** [məˈræs] *n* **1** SWAMP : ciénaga *f*, pantano *m* **2** CONFUSION, MESS : lío *m fam*, embrollo *m*
**moratorium** [ˌmɔrəˈtoriəm] *n, pl* **-riums** *or* **-ria** [-iə] : moratoria *f*
**moray** [ˈmɔrˌeɪ, məˈreɪ] *n* : morena *f*
**morbid** [ˈmɔrbɪd] *adj* **1** : mórbido, morboso (en medicina) **2** GRUESOME : morboso, horripilante
**morbidity** [mɔrˈbɪdəti] *n, pl* **-ties** : morbosidad *f*
**more**[1] [ˈmɔr] *adv* **1** : más ⟨what more can I say? : ¿qué más puedo decir?⟩ ⟨you need to exercise more : debes hacer más ejercicio⟩ ⟨more important : más importante⟩ ⟨once more : una vez más⟩ ⟨more and more difficult : cada vez más difícil⟩ **2 more or less** : más o menos **3 more than** VERY : muy, bastante ⟨I'm

more than happy to help you : te ayudo encantado⟩ **4 more than a little** ⟨I was more than a little surprised : me sorprendió bastante⟩

**more**[2] *adj* : más ⟨nothing more than that : nada más que eso⟩ ⟨more than a hundred : más de cien⟩ ⟨more work : más trabajo⟩

**more**[3] *n* : más *m* ⟨the more you eat, the more you want : cuanto más comes, tanto más quieres⟩

**more**[4] *pron* **1** : más ⟨more were found : se encontraron más⟩ ⟨I don't want any more : no quiero más⟩ ⟨it costs more : cuesta más⟩ ⟨no more, no less : ni más ni menos⟩ ⟨more and more of them : un número cada vez mayor de ellos⟩ ⟨and what's more : y lo que es más⟩ ⟨we see more of each other now : ahora nos vemos más⟩ **2 more of** : más bien ⟨it's more of a maroon than a red : es más bien granate que rojo⟩

**morello** [mə'rɛlo] *n* : guinda *f*

**moreover** [mor'o:vər] *adv* : además

**mores** ['mɔr,eɪz, -i:z] *npl* CUSTOMS : costumbres *fpl*, tradiciones *fpl*

**morgue** ['mɔrg] *n* : morgue *f*

**moribund** ['mɔrə,bʌnd] *adj* : moribundo

**Mormon** ['mɔrmən] *n* : mormón *m*, -mona *f* — **Mormon** *adj*

**morn** ['mɔrn] → **morning**

**morning** ['mɔrnɪŋ] *n* : mañana *f* ⟨good morning! : ¡buenos días!⟩

**morning sickness** *n* : náuseas *fpl* matutinas (del embarazo)

**Moroccan** [mə'rɑkən] *n* : marroquí *mf* — **Moroccan** *adj*

**moron** ['mor,ɑn] *n* **1** *dated, now offensive* : retrasado *m*, -da *f* mental *dated, now offensive* **2** DUNCE : estúpido *m*, -da *f*; tonto *m*, -ta *f*

**morose** [mə'ro:s] *adj* : hosco, sombrío — **morosely** *adv*

**moroseness** [mə'ro:snəs] *n* : malhumor *m*

**morphine** ['mɔr,fi:n] *n* : morfina *f*

**morphology** [mɔr'fɑləʤi] *n, pl* **-gies** : morfología *f*

**morrow** ['mɑro:] *n* : día *m* siguiente

**Morse code** ['mɔrs] *n* : código *m* morse

**morsel** ['mɔrsəl] *n* **1** BITE : bocado *m* **2** FRAGMENT : pedazo *m*

**mortadella** [,mɔrtə'dɛlə] *n* : mortadela *f*

**mortal**[1] ['mɔrtəl] *adj* : mortal ⟨mortal blow : golpe mortal⟩ ⟨mortal fear : miedo mortal⟩ — **mortally** *adv*

**mortal**[2] *n* : mortal *mf*

**mortality** [mɔr'tæləti] *n* : mortalidad *f*

**mortar** ['mɔrtər] *n* **1** : mortero *m*, molcajete *m Mex* ⟨mortar and pestle : mortero y maja⟩ **2** : mortero *m* ⟨mortar shell : granada de mortero⟩ **3** CEMENT : mortero *m*, argamasa *f*

**mortarboard** ['mɔrtər,bɔrd] *n* : bonete *m*, birrete *m*

**mortgage**[1] ['mɔrgɪʤ] *vt* **-gaged; -gaging** : hipotecar

**mortgage**[2] *n* : hipoteca *f*

**mortification** [,mɔrtəfə'keɪʃən] *n* **1** : mortificación *f* **2** HUMILIATION : humillación *f*, vergüenza *f*

**mortify** ['mɔrtə,faɪ] *vt* **-fied; -fying** **1** : mortificar (en religión) **2** HUMILIATE : humillar, avergonzar

**mortuary** ['mɔrtʃə,weri] *n, pl* **-aries** FUNERAL HOME : funeraria *f*

**mosaic** [mo'zeɪnk] *n* : mosaico *m*

**Moslem** ['mɑzləm] → **Muslim**

**mosque** ['mɑsk] *n* : mezquita *f*

**mosquito** [mə'ski:to] *n, pl* **-toes** : mosquito *m*, zancudo *m*

**moss** ['mɔs] *n* : musgo *m*

**mossy** ['mɔsi] *adj* **mossier; -est** : musgoso

**most**[1] ['mo:st] *adv* : más ⟨the most interesting book : el libro más interesante⟩ ⟨most certainly : con toda seguridad⟩ ⟨most often : más a menudo⟩

**most**[2] *adj* **1** : la mayoría de, la mayor parte de ⟨most people : la mayoría de la gente⟩ **2** GREATEST : más (dícese de los números), mayor (dícese de las cantidades) ⟨the most ability : la mayor capacidad⟩

**most**[3] *n* : más *m*, máximo *m* ⟨the most I can do : lo más que puedo hacer⟩ ⟨he did the most : hizo más que nadie⟩ ⟨three weeks at (the) most : tres semanas como máximo⟩ ⟨to make the most of something : sacar el mejor provecho/partido posible de algo⟩

**most**[4] *pron* : la mayoría, la mayor parte ⟨most will go : la mayoría irá⟩ ⟨most of : la mayoría de⟩ ⟨most of the time : la mayor parte del tiempo⟩

**mostly** ['mo:stli] *adv* MAINLY : en su mayor parte, principalmente

**mote** ['mo:t] *n* SPECK : mota *f*

**motel** [mo'tɛl] *n* : motel *m*

**moth** ['mɔθ] *n* : palomilla *f*, polilla *f*

**mothball** ['mɔθ,bɔl] *n* : bola *f* de naftalina

**mother**[1] ['mʌðər] *vt* **1** BEAR : dar a luz a **2** PROTECT : cuidar de, proteger

**mother**[2] *n* : madre *f*

**motherhood** ['mʌðər,hʊd] *n* : maternidad *f*

**mother–in–law** ['mʌðərɪn,lɔ] *n, pl* **mothers–in–law** : suegra *f*

**motherland** ['mʌðər,lænd] *n* : patria *f*

**motherly** ['mʌðərli] *adj* : maternal

**mother–of–pearl** [,mʌðərəv'pɔrl] *n* : nácar *m*, madreperla *f*

**mother–to–be** *n* : futura madre *f*

**mother tongue** *n* : lengua *f* materna

**motif** [mo'ti:f] *n* : motivo *m*

**motion**[1] ['mo:ʃən] *vt* : hacerle señas (a alguien) ⟨she motioned us to come in : nos hizo señas para que entráramos⟩

**motion**[2] *n* **1** MOVEMENT : movimiento *m* ⟨to set in motion : poner en marcha⟩ **2** PROPOSAL : moción *f* ⟨to second a motion : apoyar una moción⟩

**motionless** ['mo:ʃənləs] *adj* : inmóvil, quieto

**motion picture** *n* MOVIE : película *f*

**motivate** ['mo:tə,veɪt] *vt* **-vated; -vating** : motivar, mover, inducir

**motivation** [,mo:tə'veɪʃən] *n* : motivación *f*

**motive**[1] ['mo:tɪv] *adj* : motor ⟨motive power : fuerza motriz⟩

**motive²** *n* : motivo *m*, móvil *m*
**motley** ['mɑtli] *adj* : abigarrado, variopinto
**motor¹** ['mo:tər] *vi* : viajar en coche
**motor²** *n* : motor *m*
**motorbike** ['mo:tərˌbaɪk] *n* : motocicleta *f* (pequeña), moto *f*
**motorboat** ['mo:tərˌbo:t] *n* : bote *m* a motor, lancha *f* motora
**motorcar** ['mo:tərˌkɑr] *n* : automóvil *m*
**motorcycle** ['mo:tərˌsaɪkəl] *n* : motocicleta *f*
**motorcycling** ['mo:tərˌsaɪklɪŋ] *n* : motociclismo *m*
**motorcyclist** ['mo:tərˌsaɪklɪst] *n* : motociclista *mf*
**motorist** ['mo:tərɪst] *n* : automovilista *mf*, motorista *mf*
**motorized** ['mo:təraɪzd] *adj* : motorizado
**motor racing** *n* : carreras *fpl* de coches
**motor vehicle** → **vehicle**
**mottled** ['mɑtəld] *adj* : manchado, moteado ⟨mottled skin : piel manchada⟩ ⟨a mottled surface : una superficie moteada⟩
**motto** ['mɑto:] *n, pl* **-toes** : lema *m*
**mould** ['mo:ld] → **mold**
**mound** ['maʊnd] *n* **1** PILE : montón *m* **2** KNOLL : montículo *m* **3 burial mound** : túmulo *m*
**mount¹** ['maʊnt] *vt* **1** : montar a (un caballo), montar en (una bicicleta), subir a **2** : montar (artillería, etc.) — *vi* INCREASE : aumentar
**mount²** *n* **1** SUPPORT : soporte *m* **2** HORSE : caballería *f*, montura *f* **3** MOUNTAIN : monte *m*, montaña *f*
**mountain** ['maʊntən] *n* **1** : montaña *f* **2 to make a mountain out of a molehill** → **molehill**
**mountain bike** *n* : bicicleta *f* de montaña
**mountaineer** [ˌmaʊntən'ɪr] *n* : alpinista *mf*; montañero *m*, -ra *f*
**mountaineering** [ˌmaʊntən'ɪrɪŋ] *n* : montañismo *m*, alpinismo *m*
**mountainous** ['maʊntənəs] *adj* : montañoso
**mountaintop** ['maʊntənˌtɑp] *n* : cima *f*, cumbre *f*
**mourn** ['morn] *vt* : llorar (por), lamentar ⟨to mourn the death of : llorar la muerte de⟩ — *vi* : llorar, estar de luto
**mourner** ['mornər] *n* : doliente *mf*
**mournful** ['mornfəl] *adj* **1** SORROWFUL : lloroso, plañidero, triste **2** GLOOMY : deprimente — **mournfully** *adv*
**mourning** ['mornɪŋ] *n* : duelo *m*, luto *m*
**mouse** ['maʊs] *n, pl* **mice** ['maɪs] **1** : ratón *m*, -tona *f* **2** : ratón *m* (de una computadora)
**mouse pad** *n* : alfombrilla *f* de/para ratón, almohadilla *f* de/para ratón
**mousetrap** ['maʊsˌtræp] *n* : ratonera *f*
**mousse** ['mu:s] *n* : mousse *mf*
**mustache** ['mʌˌstæʃ, məˈstæʃ] → **mustache**
**mouth¹** ['maʊð] *vt* **1** : decir con poca sinceridad, repetir sin comprensión **2** : articular en silencio ⟨she mouthed the words : formó las palabras con los labios⟩
**mouth²** ['maʊθ] *n* : boca *f* (de una persona o un animal), entrada *f* (de un túnel), desembocadura *f* (de un río)
**mouthed** ['maʊðd, 'maʊθt] *adj* (*used in combination*) : de boca ⟨a large-mouthed jar : un tarro de boca grande⟩
**mouthful** ['maʊθˌfʊl] *n* : bocado *m* (de comida), bocanada *f* (de líquido o humo)
**mouth organ** *n* → **harmonica**
**mouthpiece** ['maʊθˌpi:s] *n* : boquilla *f* (de un instrumento musical)
**mouth–to–mouth resuscitation** *or* **mouth–to–mouth** *n* : respiración *f* boca a boca, el boca a boca
**mouthwash** [ˈmaʊθˌwɔʃ, -ˌwɑʃ] *n* : enjuague *m* bucal
**mouth–watering** ['maʊθˌwɔtərɪŋ, -ˌwɑ-] *n* : delicioso
**movable** ['mu:vəbəl] *or* **moveable** *adj* : movible, móvil
**move¹** ['mu:v] *v* **moved; moving** *vi* **1** GO : ir ⟨to move closer : acercarse⟩ ⟨to move forward/back : echarse (hacia) adelante/atrás⟩ **2** RELOCATE : mudarse, trasladarse **3** STIR : moverse ⟨don't move! : ¡no te muevas!⟩ **4** ACT : actuar **5 to move aside** : hacerse a un lado **6 to move along** PROCEED : circular **7 to move away** LEAVE : marcharse **8 to move away** STEP BACK : apartarse **9 to move heaven and earth** : hacer todo lo posible **10 to move in** : mudarse (a un lugar) ⟨to move in with someone : irse a vivir con alguien⟩ **11 to move on** LEAVE : marcharse **12 to move on** CONTINUE : pasar **13 to move out** : mudarse (de un lugar) **14 to move over** : hacer sitio **15 to move up** : subir — *vt* **1** : mover ⟨he kept moving his feet : no dejaba de mover los pies⟩ ⟨move it forward/back : muévalo hacia adelante/atrás⟩ ⟨move it over there : ponlo allí⟩ **2** RELOCATE : trasladar **3** INDUCE, PERSUADE : inducir, persuadir, mover **4** TOUCH : conmover ⟨it moved him to tears : lo hizo llorar⟩ **5** PROPOSE : proponer **6 to move along** : dispersar, hacer circular **7 to move up** : adelantar (una fecha)
**move²** *n* **1** MOVEMENT : movimiento *m* **2** RELOCATION : mudanza *f* (de casa), traslado *m* **3** STEP : paso *m* ⟨a good move : un paso acertado⟩
**movement** ['mu:vmənt] *n* : movimiento *m*
**mover** ['mu:vər] *n* : persona *f* que hace mudanzas
**movie** ['mu:vi] *n* **1** : película *f* **2 movies** *npl* : cine *m*
**movie theater** *n* : cine *m*
**moving** ['mu:vɪŋ] *adj* **1** : en movimiento ⟨a moving target : un blanco móvil⟩ **2** TOUCHING : conmovedor, emocionante
**mow¹** ['mo:] *vt* **mowed; mowed** *or* **mown** ['mo:n]; **mowing 1** : cortar (la hierba) **2 mow down** SHOOT : acribillar
**mow²** ['maʊ] *n* : pajar *m*
**mower** ['mo:ər] → **lawn mower**
**MP3** [ˌɛmˌpi:ˈθri:] *n* : MP3 *m*
**Mr.** ['mɪstər] *n, pl* **Messrs.** ['mɛsərz] : señor *m*

**Mrs.** [ˈmɪsəz, -səs, esp South ˈmɪzəz, -zəs] *n, pl* **Mesdames** [meɪˈdɑm, -ˈdæm] : señora *f*

**Ms.** [ˈmɪz] *n* : señora *f*, señorita *f*

**much¹** [ˈmʌtʃ] *adv* **more** [ˈmor]; **most** [ˈmo:st] **1** : mucho ⟨I'm much happier : estoy mucho más contenta⟩ ⟨she talks as much as I do : habla tanto como yo⟩ ⟨do you travel much? : ¿viajas mucho?⟩ ⟨I like it very much : me gusta mucho⟩ ⟨thank you very much : muchas gracias⟩ **2** VERY : muy ⟨he's not much good at golf : no es muy bueno para el golf⟩ **3** NEARLY : casi ⟨the town looks much the same : el pueblo no ha cambiado mucho, el pueblo es casi igual que antes⟩ **4** LONG : mucho ⟨not much before noon : poco antes del mediodía⟩ **5 as much** : lo mismo ⟨she'd do as much for me : haría lo mismo para mí⟩ ⟨I thought as much : ya me lo imaginaba⟩ **6 as much as** : tanto como **7 as much as** NEARLY : casi **8 much as** ALTHOUGH : aunque **9 very much** (*used for emphasis*) ENTIRELY, UNQUESTIONABLY : totalmente, indudablemente

**much²** *adj* **more; most** : mucho ⟨there isn't much difference : no hay mucha diferencia⟩ ⟨he doesn't know much French : no sabe mucho francés⟩ ⟨she wasn't much help : no nos ayudó mucho⟩ ⟨was there much food? : ¿había mucha comida?⟩ ⟨we spent so much money : gastamos tanto dinero⟩ ⟨too much time : demasiado tiempo⟩ ⟨it was all too much for him : no podía con todo⟩

**much³** *pron* **1** : mucho ⟨I don't need much : no necesito mucho⟩ ⟨there was food, but not much : había comida, pero poca cantidad⟩ ⟨I don't see much of them : no los veo mucho⟩ ⟨it doesn't amount to much : no es gran cosa⟩ ⟨much of the time : una buena parte del tiempo⟩ ⟨too much : demasiado⟩ **2 as much as** : tanto como **3 not much of a** ⟨he's not much of a cook : no cocina muy bien⟩ ⟨it wasn't much of a vacation : mis vacaciones no fueron nada especial⟩ **4 not much on** ⟨she's not much on studying : no estudia mucho⟩ ⟨he's not much on looks : no es muy guapo⟩

**mucilage** [ˈmju:səlɪʤ] *n* : mucílago *m*

**muck** [ˈmʌk] *n* **1** MANURE : estiércol *m* **2** DIRT, FILTH : mugre *f*, suciedad *f* **3** MIRE, MUD : barro *m*, fango *m*, lodo *m*

**mucous** [ˈmju:kəs] *adj* : mucoso ⟨mucous membrane : membrana mucosa⟩

**mucus** [ˈmju:kəs] *n* : mucosidad *f*

**mud** [ˈmʌd] *n* : barro *m*, fango *m*, lodo *m*

**muddle¹** [ˈmʌdəl] *v* **-dled; -dling** *vt* **1** CONFUSE : confundir (a alguien) **2** *or* **to muddle up** MIX UP : confundir ⟨I always get them muddled up in my mind : siempre los confundo⟩ — *vi* : andar confundido ⟨to muddle through : arreglárselas⟩

**muddle²** *n* : confusión *f*, embrollo *m*, lío *m*

**muddleheaded** [ˌmʌdəlˈhɛdəd, ˈmʌdəlˌ-] *adj* CONFUSED : confuso, despistado

**muddy¹** [ˈmʌdi] *vt* **-died; -dying** : llenar de barro

**muddy²** *adj* **muddier; -est** : barroso, fangoso, lodoso, enlodado ⟨you're all muddy : estás cubierto de barro⟩

**mudguard** [ˈmʌdˌgɑrd] *n* : guardabarros *m*

**muff¹** [ˈmʌf] *vt* BUNGLE : echar a perder, fallar (un tiro, etc.)

**muff²** *n* : manguito *m*

**muffin** [ˈmʌfən] *n* : magdalena *f*

**muffle** [ˈmʌfəl] *vt* **-fled; -fling** **1** ENVELOP : cubrir, tapar **2** DEADEN : amortiguar (un sonido)

**muffler** [ˈmʌflər] *n* **1** SCARF : bufanda *f* **2** : silenciador *m*; mofle *m CA, Mex* (de un automóvil)

**mug¹** [ˈmʌg] *v* **mugged; mugging** *vi* : posar (con afectación), hacer muecas ⟨mugging for the camera : haciendo muecas para la cámara⟩ — *vt* ASSAULT : asaltar, atracar

**mug²** *n* CUP : tazón *m*

**mugger** [ˈmʌgər] *n* : atracador *m*, -dora *f*

**mugginess** [ˈmʌgɪnəs] *n* : bochorno *m*

**mugging** [ˈmʌgɪŋ] *n* : atraco *m*

**muggy** [ˈmʌgi] *adj* **muggier; -est** : bochornoso

**mulatto** [muˈlɑto, -ˈlæ-] *n, pl* **-toes** *or* **-tos** *now sometimes offensive* : mulato *m*, -ta *f*

**mulberry** [ˈmʌlˌbɛri] *n, pl* **-ries** : morera *f* (árbol), mora *f* (fruta)

**mulch¹** [ˈmʌltʃ] *vt* : cubrir con pajote

**mulch²** *n* : pajote *m*

**mule** [ˈmju:l] *n* **1** : mula *f* **2** : obstinado *m*, -da *f*; terco *m*, -ca *f*

**mulish** [ˈmju:lɪʃ] *adj* : obstinado, terco

**mull** [ˈmʌl] *vt* **to mull over** : reflexionar sobre

**mullet** [ˈmʌlət] *n, pl* **-let** *or* **-lets** : mújol *m*

**multi-** [ˌmʌlti-, ˌmʌltaɪ-] *pref* : multi-

**multicolored** [ˌmʌltiˈkʌlərd, ˌmʌltaɪ-] *adj* : multicolor, abigarrado

**multicultural** [ˌmʌltiˈkʌltʃərəl] *adj* : multicultural — **multiculturalism** [ˌmʌltiˈkʌltʃərəˌlɪzəm] *n*

**multidisciplinary** [ˌmʌltiˈdɪsəplɑˌnɛri] *adj* : multidisciplinario

**multifaceted** [ˌmʌltiˈfæsəṭəd, ˌmʌltaɪ-] *adj* : multifacético

**multifamily** [ˌmʌltiˈfæmli, ˌmʌltaɪ-] *adj* : multifamiliar

**multifarious** [ˌmʌltəˈfɛriəs] *adj* DIVERSE : diverso, variado

**multilateral** [ˌmʌltiˈlæṭərəl, ˌmʌltaɪ-] *adj* : multilateral

**multimedia** [ˌmʌltiˈmi:diə, ˌmʌltaɪ-] *adj* : multimedia

**multimillionaire** [ˌmʌlti,mɪljəˈnær, ˌmʌltaɪ-, -ˈmɪljəˌnær] *adj* : multimillonario

**multinational** [ˌmʌltiˈnæʃənəl, ˌmʌltaɪ-] *adj* : multinacional

**multiple¹** [ˈmʌltəpəl] *adj* : múltiple

**multiple²** *n* : múltiplo *m*

**multiple sclerosis** [sklɪˈro:sɪs] *n* : esclerosis *f* múltiple

**multiplex** [ˈmʌltəˌplɛks] *n* : multicine *m*

**multiplication** [ˌmʌltəplɪˈkeɪʃən] *n* : multiplicación *f*

**multiplicity** [ˌmʌltəˈplɪsəṭi] *n, pl* **-ties** : multiplicidad *f*

**multiply** [ˈmʌltəˌplaɪ] *v* **-plied; -plying** *vt* : multiplicar — *vi* : multiplicarse
**multipurpose** [ˌmʌltiˈpərpəs, ˌmʌltaɪ-] *adj* : multiuso
**multistory** [ˌmʌltiˈstori, ˌmʌltaɪ-] *adj* : de varias plantas, de varios pisos
**multitask** [ˈmʌltiˌtæsk] *vi* : hacer multitarea
**multitasking** [ˈmʌltiˌtæskɪŋ] *n* : multitarea *f*
**multitude** [ˈmʌltəˌtuːd, -ˌtjuːd] *n* **1** CROWD : multitud *f*, muchedumbre *f* **2** HOST : multitud *f*, gran cantidad *f* ⟨a multitude of ideas : numerosas ideas⟩
**multivitamin** [ˌmʌltiˈvaɪtəmən, ˌmʌltaɪ-] *adj* : multivitamínico
**mum¹** [ˈmʌm] *adj* SILENT : callado
**mum²** *n* → **chrysanthemum**
**mumble¹** [ˈmʌmbəl] *v* **-bled; -bling** *vt* : mascullar, musitar — *vi* : mascullar, hablar entre dientes, murmurar
**mumble²** *n* **to speak in a mumble** : hablar entre dientes
**mumbo jumbo** [ˌmʌmboˈdʒʌmbo] *n* : jerigonza *f*
**mummy** [ˈmʌmi] *n, pl* **-mies** : momia *f*
**mumps** [ˈmʌmps] *ns & pl* : paperas *fpl*
**munch** [ˈmʌntʃ] *v* : mascar, masticar
**mundane** [ˌmʌnˈdeɪn, ˈmʌnˌ-] *adj* **1** EARTHLY, WORLDLY : mundano, terrenal **2** COMMONPLACE : rutinario, ordinario
**municipal** [mjuˈnɪsəpəl] *adj* : municipal
**municipality** [mjuˌnɪsəˈpæləṭi] *n, pl* **-ties** : municipio *m*
**munitions** [mjuˈnɪʃənz] *npl* : municiones *fpl*
**mural¹** [ˈmjʊrəl] *adj* : mural
**mural²** *n* : mural *m*
**murder¹** [ˈmərdər] *vt* : asesinar, matar — *vi* : matar
**murder²** *n* : asesinato *m*, homicidio *m*
**murderer** [ˈmərdərər] *n* : asesino *m*, -na *f*; homicida *mf*
**murderess** [ˈmərdərəs] *n* : asesina *f*, homicida *f*
**murderous** [ˈmərdərəs] *adj* : asesino, homicida
**murk** [ˈmərk] *n* DARKNESS : oscuridad *f*, tinieblas *fpl*
**murkiness** [ˈmərkinəs] *n* : oscuridad *f*, tenebrosidad *f*
**murky** [ˈmərki] *adj* **murkier; -est** : oscuro, tenebroso
**murmur¹** [ˈmərmər] *vi* **1** DRONE : murmurar **2** GRUMBLE : refunfuñar, regañar, rezongar — *vt* MUMBLE : murmurar
**murmur²** *n* **1** COMPLAINT : queja *f* **2** DRONE : murmullo *m*, rumor *m*
**muscle¹** [ˈmʌsəl] *vi* **-cled; -cling** : meterse ⟨to muscle in on : meterse por la fuerza en, entrometerse en⟩
**muscle²** *n* **1** : músculo *m* **2** STRENGTH : fuerza *f*
**muscular** [ˈmʌskjələr] *adj* **1** : muscular ⟨muscular tissue : tejido muscular⟩ **2** BRAWNY : musculoso
**muscular dystrophy** *n* : distrofia *f* muscular
**musculature** [ˈmʌskjələˌtʃʊr, -tʃər] *n* : musculatura *f*
**muse¹** [ˈmjuːz] *vi* **mused; musing** PONDER, REFLECT : cavilar, meditar, reflexionar
**muse²** *n* : musa *f*
**museum** [mjuˈziːəm] *n* : museo *m*
**mush** [ˈmʌʃ] *n* **1** : gachas *fpl* (de maíz) **2** SENTIMENTALITY : sensiblería *f*
**mushroom¹** [ˈmʌʃˌruːm, -ˌrʊm] *vi* GROW, MULTIPLY : crecer rápidamente, multiplicarse
**mushroom²** *n* : hongo *m*, champiñón *m*, seta *f*, callampa *f Chile*
**mushy** [ˈmʌʃi] *adj* **mushier; -est** **1** SOFT : blando **2** MAWKISH : sensiblero
**music** [ˈmjuːzɪk] *n* : música *f*
**musical¹** [ˈmjuːzɪkəl] *adj* : musical, de música ⟨musical instrument : instrumento musical⟩ — **musically** *adv*
**musical²** *n* : comedia *f* musical
**music box** *n* : cajita *f* de música
**musician** [mjuˈzɪʃən] *n* : músico *m*, -ca *f*
**musk** [ˈmʌsk] *n* : almizcle *m*
**musket** [ˈmʌskət] *n* : mosquete *m*
**musketeer** [ˌmʌskəˈtɪr] *n* : mosquetero *m*
**muskrat** [ˈmʌskˌræt] *n, pl* **-rat** *or* **-rats** : rata *f* almizclera
**Muslim¹** [ˈmʌzləm, ˈmʊs-, ˈmʊz-] *adj* : musulmán
**Muslim²** *n* : musulmán *m*, -mana *f*
**muslin** [ˈmʌzlən] *n* : muselina *f*
**muss¹** [ˈmʌs] *vt* : desordenar, despeinar (el pelo)
**muss²** *n* : desorden *m*
**mussel** [ˈmʌsəl] *n* : mejillón *m*
**must¹** [ˈmʌst] *v aux* **1** (*expressing obligation or necessity*) : deber, tener que ⟨you must stop : debes parar⟩ ⟨we must obey : tenemos que obedecer⟩ **2** (*expressing probability*) : deber (de), haber de ⟨you must be tired : debes de estar cansado⟩ ⟨it must be late : ha de ser tarde⟩
**must²** *n* **1** : necesidad *f* ⟨to be a must : ser imprescindible⟩ **2** : mosto *m*
**mustache** [ˈmʌˌstæʃ, mʌˈstæʃ] *n* : bigote *m*, bigotes *mpl*
**mustang** [ˈmʌˌstæŋ] *n* : caballo *m* mesteño
**mustard** [ˈmʌstərd] *n* : mostaza *f*
**muster¹** [ˈmʌstər] *vt* **1** ASSEMBLE : reunir **2 to muster up** : armarse de, cobrar (valor, fuerzas, etc.)
**muster²** *n* **1** INSPECTION : revista *f* (de tropas) ⟨it didn't pass muster : no resistió un examen minucioso⟩ **2** COLLECTION : colección *f*
**mustiness** [ˈmʌstinəs] *n* : lo mohoso
**musty** [ˈmʌsti] *adj* **mustier; -est** : mohoso, que huele a moho, que huele a encerrado
**mutant¹** [ˈmjuːtənt] *adj* : mutante
**mutant²** *n* : mutante *m*
**mutate** [ˈmjuːˌteɪt] *vi* **-tated; -tating** **1** : mutar (genéticamente) **2** CHANGE : transformarse
**mutation** [mjuːˈteɪʃən] *n* : mutación *f* (genética)
**mute¹** [ˈmjuːt] *vt* **muted; muting** MUFFLE : amortiguar, ponerle sordina a (un instrumento musical)
**mute²** *adj* **muter; mutest** : mudo — **mutely** *adv*

**mute**[3] *n* **1** *sometimes offensive* : mudo *m*, -da *f* (persona) **2** : sordina *f* (para un instrumento musical)
**muted** *adj* **1** : apagado (dícese de colores, la voz, etc.), sordo (dícese de sonidos) **2** RESTRAINED, WEAK : contenido, débil
**mutilate** [ˈmjuːtˌleɪt] *vt* **-lated; -lating** : mutilar
**mutilation** [ˌmjuːtˈleɪʃən] *n* : mutilación *f*
**mutineer** [ˌmjuːtənˈɪr] *n* : amotinado *m*, -da *f*
**mutinous** [ˈmjuːtənəs] *adj* : amotinado
**mutiny**[1] [ˈmjuːtəni] *vi* **-nied; -nying** : amotinarse
**mutiny**[2] *n, pl* **-nies** : amotinamiento *m*, motín *m*
**mutt** [ˈmʌt] *n* MONGREL : perro *m* mestizo, perro *m* corriente *Mex*
**mutter** [ˈmʌtər] *vi* **1** MUMBLE : mascullar, hablar entre dientes, murmurar **2** GRUMBLE : refunfuñar, regañar, rezongar
**mutton** [ˈmʌtən] *n* : carne *f* de carnero
**mutual** [ˈmjuːtʃʊəl] *adj* **1** : mutuo ⟨mutual respect : respeto mutuo⟩ **2** COMMON : común ⟨a mutual friend : un amigo común⟩
**mutually** [ˈmjuːtʃʊəli, -tʃəli] *adv* **1** : mutuamente ⟨mutually beneficial : mutuamente beneficioso⟩ **2** JOINTLY : conjuntamente
**muzzle**[1] [ˈmʌzəl] *vt* **-zled; -zling** : ponerle un bozal a (un animal), amordazar
**muzzle**[2] *n* **1** SNOUT : hocico *m* **2** : bozal *m* (para un perro, etc.) **3** : boca *f* (de un arma de fuego)
**my**[1] [ˈmaɪ] *adj* : mi ⟨my parents : mis padres⟩
**my**[2] *interj* : ¡caramba!, ¡Dios mío!
**myopia** [maɪˈoːpiə] *n* : miopía *f*
**myopic** [maɪˈoːpɪk, -ˈɑ-] *adj* : miope
**myriad**[1] [ˈmɪriəd] *adj* INNUMERABLE : innumerable
**myriad**[2] *n* : miríada *f*
**myrrh** [ˈmər] *n* : mirra *f*
**myrtle** [ˈmərtəl] *n* : mirto *m*, arrayán *m*
**myself** [maɪˈsɛlf] *pron* **1** (*used reflexively*) : me ⟨I washed myself : me lavé⟩ **2** (*used for emphasis*) : yo mismo, yo misma ⟨I did it myself : lo hice yo mismo⟩
**mysterious** [mɪˈstɪriəs] *adj* : misterioso — **mysteriously** *adv*
**mysteriousness** [mɪˈstɪriəsnəs] *n* : lo misterioso
**mystery** [ˈmɪstəri] *n, pl* **-teries** : misterio *m*
**mystic**[1] [ˈmɪstɪk] *adj* : místico
**mystic**[2] *n* : místico *m*, -ca *f*
**mystical** [ˈmɪstɪkəl] *adj* : místico — **mystically** *adv*
**mysticism** [ˈmɪstəˌsɪzəm] *n* : misticismo *m*
**mystify** [ˈmɪstəˌfaɪ] *vt* **-fied; -fying** : dejar perplejo, confundir
**mystique** [mɪˈstiːk] *n* : aura *f* de misterio
**myth** [ˈmɪθ] *n* : mito *m*
**mythic** [ˈmɪθɪk] *adj* : mítico
**mythical** [ˈmɪθɪkəl] *adj* : mítico
**mythological** [ˌmɪθəˈlɑdʒɪkəl] *adj* : mitológico
**mythology** [mɪˈθɑlədʒi] *n, pl* **-gies** : mitología *f*

# N

**n** [ˈɛn] *n, pl* **n's** *or* **ns** [ˈɛnz] : decimocuarta letra del alfabeto inglés
**nab** [ˈnæb] *vt* **nabbed; nabbing** : prender, pillar *fam*, pescar *fam*
**nadir** [ˈneɪdər, ˈneɪˌdɪr] *n* : nadir *m*, punto *m* más bajo
**nag**[1] [ˈnæg] *v* **nagged; nagging** *vi* **1** COMPLAIN : quejarse, rezongar **2 to nag at** HASSLE : molestar, darle (la) lata (a alguien) — *vt* **1** PESTER : molestar, fastidiar **2** SCOLD : regañar, estarle encima a *fam*
**nag**[2] *n* **1** GRUMBLER : gruñón *m*, -ñona *f* **2** HORSE : jamelgo *m*
**nail**[1] [ˈneɪl] *vt* : clavar, sujetar con clavos
**nail**[2] *n* **1** FINGERNAIL : uña *f* ⟨nail file : lima (de uñas)⟩ ⟨nail polish : laca de uñas⟩ **2** : clavo *m* ⟨to hit the nail on the head : dar en el clavo⟩
**naive** *or* **naïve** [nɑˈiːv] *adj* **naiver; -est** **1** INGENUOUS : ingenuo, cándido **2** GULLIBLE : crédulo
**naively** [nɑˈiːvli] *adv* : ingenuamente
**naïveté** [ˌnɑˌiːvəˈteɪ, nɑˈiːvəˌ-] *n* : ingenuidad *f*
**naked** [ˈneɪkəd] *adj* **1** UNCLOTHED : desnudo **2** UNCOVERED : desenvainado (dícese de una espada), pelado (dícese de los árboles), expuesto al aire (dícese de una llama) **3** OBVIOUS, PLAIN : manifiesto, puro, desnudo ⟨the naked truth : la pura verdad⟩ **4 to the naked eye** : a simple vista
**nakedly** [ˈneɪkədli] *adv* : manifiestamente
**nakedness** [ˈneɪkədnəs] *n* : desnudez *f*
**name**[1] [ˈneɪm] *vt* **named; naming** **1** CALL : llamar, bautizar, ponerle nombre a ⟨they named the baby after his father : le pusieron al niño el nombre de su padre⟩ **2** MENTION : mentar, mencionar, dar el nombre de ⟨they have named a suspect : han dado el nombre de un sospechoso⟩ **3** APPOINT : nombrar **4 to name a price** : fijar un precio
**name**[2] *adj* PROMINENT : de renombre, de prestigio
**name**[3] *n* **1** : nombre *m* ⟨what is your name? : ¿cómo se llama?⟩ ⟨my name is Ted : me llamo Ted⟩ ⟨first name : nombre de pila⟩ ⟨middle name : segundo nombre⟩ ⟨last name : apellido⟩ ⟨full name : nombre completo, nombre y apellido(s)⟩ ⟨she wasn't mentioned by name : no dieron su nombre⟩ **2** EPITHET : epíteto *m* ⟨to call somebody names : insultar a alguien⟩ **3** REPUTA-

TION : fama *f*, reputación *f* ⟨to make a name for oneself : darse a conocer, hacerse famoso⟩ ⟨to have a good name : tener buena fama⟩ **5 in all/everything but name** : a todos los efectos **6 in name only** : sólo de nombre **7 in the name of** : en nombre de **8 to drop names** : mencionar a gente importante

**name–brand** [ˈneɪmˌbrænd] *adj* : de marca conocida

**name brand** *n* : marca *f* conocida

**nameless** [ˈneɪmləs] *adj* **1** ANONYMOUS : anónimo **2** INDESCRIBABLE : indecible, indescriptible

**namelessly** [ˈneɪmləsli] *adv* : anónimamente

**namely** [ˈneɪmli] *adv* : a saber

**namesake** [ˈneɪmˌseɪk] *n* : tocayo *m*, -ya *f*; homónimo *m*, -ma *f*

**Namibian** [nəˈmɪbiən] *n* : namibio *m*, -bia *f* — **Namibian** *adj*

**nanny** [ˈnæni] *n, pl* **nannies** : niñera *f*; nana *f CA, Col, Mex, Ven*

**nanotechnology** [ˌnænotɛkˈnɑlədʒi] *n, pl* **-gies** : nanotecnología *f*

**nap¹** [ˈnæp] *vi* **napped; napping 1** : dormir, dormir la siesta **2 to be caught napping** : estar desprevenido

**nap²** *n* **1** SLEEP : siesta *f* ⟨to take a nap : echarse una siesta⟩ **2** FUZZ, PILE : pelo *m*, pelusa *f* (de telas)

**nape** [ˈneɪp, ˈnæp] *n* : nuca *f*, cerviz *f*, cogote *m*

**naphtha** [ˈnæfθə] *n* : nafta *f*

**napkin** [ˈnæpkən] *n* : servilleta *f*

**narcissism** [ˈnɑrsəˌsɪzəm] *n* : narcisismo *m*

**narcissist** [ˈnɑrsəsɪst] *n* : narcisista *mf*

**narcissistic** [ˌnɑrsəˈsɪstɪk] *adj* : narcisista

**narcissus** [nɑrˈsɪsəs] *n, pl* **-cissus** *or* **-cissuses** *or* **-cissi** [-ˈsɪˌsaɪ, -ˈsiː] : narciso *m*

**narcotic¹** [nɑrˈkɑtɪk] *adj* : narcótico

**narcotic²** *n* : narcótico *m*, estupefaciente *m*

**narrate** [ˈnærˌeɪt] *vt* **-rated; -rating** : narrar, relatar

**narration** [naˈreɪʃən] *n* : narración *f*

**narrative¹** [ˈnærəṭɪv] *adj* : narrativo

**narrative²** *n* : narración *f*, narrativa *f*, relato *m*

**narrator** [ˈnærˌeɪṭər] *n* : narrador *m*, -dora *f*

**narrow¹** [ˈnæroː] *vi* : estrecharse, angostarse ⟨the river narrowed : el río se estrechó⟩ — *vt* **1** : estrechar, angostar **2** LIMIT : restringir, limitar ⟨to narrow the search : limitar la búsqueda⟩

**narrow²** *adj* **1** : estrecho, angosto **2** LIMITED : estricto, limitado ⟨in the narrowest sense of the word : en el sentido más estricto de la palabra⟩ **3 to have a narrow escape** : escapar por un pelo

**narrowly** [ˈnæroli] *adv* **1** BARELY : por poco **2** CLOSELY : de cerca

**narrow–minded** [ˌnæroˈmaɪndəd] *adj* : de miras estrechas

**narrowness** [ˈnæronəs] *n* : estrechez *f*

**narrows** [ˈnæroːz] *npl* STRAIT : estrecho *m*

**nasal** [ˈneɪzəl] *adj* : nasal

**nasally** [ˈneɪzəli] *adv* **1** : por la nariz **2** : con voz nasal

**nastily** [ˈnæstəli] *adv* : con maldad, cruelmente

**nastiness** [ˈnæstinəs] *n* : porquería *f*

**nasty** [ˈnæsti] *adj* **nastier; -est 1** FILTHY : sucio, mugriento **2** OBSCENE : obsceno **3** MEAN, SPITEFUL : malo, malicioso **4** UNPLEASANT : desagradable, feo **5** REPUGNANT : asqueroso, repugnante ⟨a nasty smell : un olor asqueroso⟩

**natal** [ˈneɪṭəl] *adj* : natal

**nation** [ˈneɪʃən] *n* : nación *f*

**national¹** [ˈnæʃənəl] *adj* : nacional

**national²** *n* : ciudadano *m*, -na *f*; nacional *mf*

**national anthem** *n* : himno *m* nacional

**nationalism** [ˈnæʃənəˌlɪzəm] *n* : nacionalismo *m*

**nationalist¹** [ˈnæʃənəlɪst] *adj* : nacionalista

**nationalist²** *n* : nacionalista *mf*

**nationalistic** [ˌnæʃənəˈlɪstɪk] *adj* : nacionalista

**nationality** [ˌnæʃəˈnæləṭi] *n, pl* **-ties** : nacionalidad *f*

**nationalization** [ˌnæʃənələˈzeɪʃən] *n* : nacionalización *f*

**nationalize** [ˈnæʃənəˌlaɪz] *vt* **-ized; -izing** : nacionalizar

**nationally** [ˈnæʃənəli] *adv* : a escala nacional, a nivel nacional

**national park** *n* : parque *m* nacional

**nationwide** [ˈneɪʃənˈwaɪd] *adj* : en toda la nación, por todo el país

**native¹** [ˈneɪṭɪv] *adj* **1** INNATE : innato **2** : natal ⟨her native city : su ciudad natal⟩ ⟨native speaker : hablante nativo/nativa⟩ ⟨native language : lengua materna⟩ **3** INDIGENOUS : indígena, autóctono

**native²** *n* **1** ABORIGINE : nativo *m*, -va *f*; indígena *mf* **2** : natural *m* ⟨he's a native of Mexico : es natural de México⟩

**Native American** *n* : nativo *m* americano, nativa *f* americana; indígena *m* (americano), indígena *f* (americana) — **Native American** *adj*

**nativity** [nəˈtɪvəṭi, neɪ-] *n, pl* **-ties 1** BIRTH : navidad *f* **2 the Nativity** : la Natividad, la Navidad

**natty** [ˈnæṭi] *adj* **nattier; -est** : elegante, garboso

**natural¹** [ˈnætʃərəl] *adj* **1** : natural, de la naturaleza ⟨natural woodlands : bosques naturales⟩ ⟨natural childbirth : parto natural⟩ **2** INNATE : innato, natural **3** UNAFFECTED : natural, sin afectación **4** LIFELIKE : natural, vivo

**natural²** *n* **to be a natural** : tener un talento innato (para algo)

**natural gas** *n* : gas *m* natural

**natural history** *n* : historia *f* natural

**naturalism** [ˈnætʃərəˌlɪzəm] *n* : naturalismo *m*

**naturalist** [ˈnætʃərəlɪst] *n* : naturalista *mf* — **naturalist** *adj*

**naturalistic** [ˌnætʃərəˈlɪstɪk] *adj* : naturalista

**naturalization** [ˌnætʃərələˈzeɪʃən] *n* : naturalización *f*

**naturalize** [ˈnætʃərəˌlaɪz] *vt* **-ized; -izing** : naturalizar

**naturally** [ˈnætʃərəli] *adv* **1** INHERENTLY : naturalmente, intrínsecamente **2** UNAFFECTEDLY : de manera natural **3** OF COURSE : por supuesto, naturalmente

**naturalness** [ˈnætʃərəlnəs] *n* : naturalidad *f*

**natural science** *n* : ciencias *fpl* naturales

**nature** [ˈneɪtʃər] *n* **1** : naturaleza *f* ⟨the laws of nature : las leyes de la naturaleza⟩ **2** KIND, SORT : índole *f*, clase *f* ⟨things of this nature : cosas de esta índole⟩ **3** DISPOSITION : carácter *m*, natural *m*, naturaleza *f* ⟨it is his nature to be friendly : es de natural simpático⟩ ⟨human nature : la naturaleza humana⟩

**naught** [ˈnɔt] *n* **1** : nada *f* ⟨to come to naught : reducirse a nada, fracasar⟩ **2** ZERO : cero *m*

**naughtily** [ˈnɔtəli] *adv* : traviesamente, con malicia

**naughtiness** [ˈnɔtinəs] *n* : mala conducta *f*, travesuras *fpl*, malicia *f*

**naughty** [ˈnɔti] *adj* **naughtier; -est** **1** MISCHIEVOUS : travieso, pícaro **2** RISQUÉ : picante, subido de tono

**nausea** [ˈnɔziə, ˈnɔʃə] *n* **1** SICKNESS : náuseas *fpl* **2** DISGUST : asco *m*

**nauseate** [ˈnɔziˌeɪt, -ʒi-, -si-, -ʃi-] *vt* **-ated; -ating** **1** SICKEN : darle náuseas (a alguien) **2** DISGUST : asquear, darle asco (a alguien)

**nauseating** *adj* : nauseabundo, repugnante

**nauseatingly** [ˈnɔziˌeɪtɪŋli, -ʒi-, -si-, -ʃi-] *adv* : hasta el punto de dar asco ⟨nauseatingly sweet : tan dulce que da asco⟩

**nauseous** [ˈnɔʃəs, -ziəs] *adj* **1** SICK : mareado, con náuseas **2** SICKENING : nauseabundo

**nautical** [ˈnɔtɪkəl] *adj* : náutico

**nautilus** [ˈnɔtələs] *n, pl* **-luses** *or* **-li** [-ˌlaɪ, -ˌliː] : nautilo *m*

**Navajo** [ˈnævəˌhoː, ˈnɑ-] *n* : navajo *m*, -ja *f* — **Navajo** *adj*

**naval** [ˈneɪvəl] *adj* : naval

**nave** [ˈneɪv] *n* : nave *f*

**navel** [ˈneɪvəl] *n* : ombligo *m*

**navigability** [ˌnævɪgəˈbɪləti] *n* : navegabilidad *f*

**navigable** [ˈnævɪgəbəl] *adj* : navegable

**navigate** [ˈnævəˌgeɪt] *v* **-gated; -gating** *vi* : navegar — *vt* **1** STEER : gobernar (un barco), pilotar (un avión) **2** : navegar por (un río, etc.)

**navigation** [ˌnævəˈgeɪʃən] *n* : navegación *f*

**navigator** [ˈnævəˌgeɪtər] *n* : navegante *mf*

**navy** [ˈneɪvi] *n, pl* **-vies** **1** FLEET : flota *f* **2** : marina *f* de guerra, armada *f* ⟨the United States Navy : la armada de los Estados Unidos⟩ **3** *or* **navy blue** : azul *m* marino

**nay**[1] [ˈneɪ] *adv* : no

**nay**[2] *n* : no *m*, voto *m* en contra

**Nazi** [ˈnɑtsi, ˈnæt-] *n* : nazi *mf*

**Nazism** [ˈnɑtˌsɪzəm, ˈnæt-] *or* **Naziism** [ˈnɑtsiˌɪzəm, ˈnæt-] *n* : nazismo *m*

**Neanderthal** [niˈændərˌθɔl, -ˌtɔl] *n* **1** *or* **Neanderthal man** : Neandertal *m*, hombre *m* de Neandertal **2** *fam* : neandertal *m*

**near**[1] [ˈnɪr] *vt* **1** : acercarse a ⟨the ship is nearing port : el barco se está acercando al puerto⟩ **2** : estar a punto de ⟨she is nearing graduation : está a punto de graduarse⟩

**near**[2] *adv* **1** CLOSE : cerca ⟨my family lives quite near : mi familia vive muy cerca⟩ ⟨the day of the wedding was drawing near : se acercaba el día de la boda⟩ **2** NEARLY : casi ⟨near perfect/impossible : casi perfecto/imposible⟩ **3 (as) near as I can tell/figure** : según parece, por lo visto **4 nowhere near** → **nowhere**[1]

**near**[3] *adj* **1** CLOSE : cercano, próximo ⟨the nearest pharmacy : la farmacia más cercana/próxima⟩ ⟨in the near future : en un/el futuro próximo/cercano⟩ **2** CLOSER : más cercano, más próximo ⟨the near side/end : el lado/extremo más cercano/próximo, el lado/extremo de acá⟩ **3** (*close to or similar to being*) ⟨they had a near win : perdieron por poco⟩ ⟨a near miracle : casi un milagro⟩ ⟨the nearest thing to : lo más parecido a⟩ **4** : cercano (dícese de un pariente) **5** : cercano (de grado, etc.) ⟨his nearest rival : su más cercano rival⟩ **6 near and dear** ⟨my nearest and dearest friend : mi amigo más íntimo⟩ **7 to the nearest** ⟨it's rounded to the nearest dollar : se redondea al dólar más cercano⟩

**near**[4] *prep* : cerca de ⟨near the store : cerca de la tienda⟩ ⟨she lives near here : vive cerca de aquí, vive aquí cerca⟩ ⟨it was near midnight : era casi medianoche⟩ ⟨near the end : casi al final⟩ ⟨near death : al borde de la muerte⟩ ⟨to go near someone/something : acercarse a alguien/algo⟩

**nearby**[1] [nɪrˈbaɪ, ˈnɪrˌbaɪ] *adv* : cerca

**nearby**[2] *adj* : cercano

**nearly** [ˈnɪrli] *adv* **1** ALMOST : casi ⟨nearly asleep : casi dormido⟩ **2 not nearly** : ni con mucho, ni mucho menos ⟨it was not nearly so bad as I had expected : no fue ni con mucho tan malo como esperaba⟩

**nearness** [ˈnɪrnəs] *n* : proximidad *f*

**nearsighted** [ˈnɪrˌsaɪtəd] *adj* : miope, corto de vista

**nearsightedly** [ˈnɪrˌsaɪtədli] *adv* : con miopía

**nearsightedness** [ˈnɪrˌsaɪtədnəs] *n* : miopía *f*

**neat** [ˈniːt] *adj* **1** CLEAN, ORDERLY : ordenado, pulcro, limpio **2** UNDILUTED : solo, sin diluir **3** SIMPLE, TASTEFUL : sencillo y de buen gusto **4** CLEVER : hábil, ingenioso ⟨a neat trick : un truco ingenioso⟩ **5** GREAT, TERRIFIC : genial, estupendo

**neaten** [ˈniːtən] *vt* : arreglar, ordenar, poner en orden — *vi* **to neaten up** : poner las cosas en orden

**neatly** [ˈniːtli] *adv* **1** TIDILY : ordenadamente **2** CLEVERLY : ingeniosamente

**neatness** [ˈniːtnəs] *n* : pulcritud *f*, limpieza *f*, orden *m*

**nebula** [ˈnɛbjʊlə] *n, pl* **-lae** [-ˌli:, -ˌlaɪ] : nebulosa *f*
**nebulous** [ˈnɛbjʊləs] *adj* : nebuloso, vago
**necessarily** [ˌnɛsəˈsɛrəli] *adv* : necesariamente, forzosamente
**necessary¹** [ˈnɛsəˌsɛri] *adj* **1** INEVITABLE : inevitable **2** COMPULSORY : necesario, obligatorio **3** ESSENTIAL : imprescindible, preciso, necesario
**necessary²** *n, pl* **-saries** : lo esencial, lo necesario
**necessitate** [nɪˈsɛsəˌteɪt] *vt* **-tated; -tating** : necesitar, requerir
**necessity** [nɪˈsɛsəṭi] *n, pl* **-ties** **1** NEED : necesidad *f* **2** REQUIREMENT : requisito *m* indispensable **3** POVERTY : indigencia *f*, necesidad *f* **4** INEVITABILITY : inevitabilidad *f*
**neck¹** [ˈnɛk] *vi* : besuquearse
**neck²** *n* **1** : cuello *m* (de una persona), pescuezo *m* (de un animal) **2** COLLAR : cuello *m* **3** : cuello *m* (de una botella), mástil *m* (de una guitarra)
**necklace** [ˈnɛkləs] *n* : collar *m*
**neckline** [ˈnɛkˌlaɪn] *n* : escote *m*
**necktie** [ˈnɛkˌtaɪ] *n* : corbata *f*
**nectar** [ˈnɛktər] *n* : néctar *m*
**nectarine** [ˌnɛktəˈri:n] *n* : nectarina *f*
**née** *or* **nee** [ˈneɪ] *adj* : de soltera ⟨Mrs. Smith, née Whitman : la señora Smith, de soltera Whitman⟩
**need¹** [ˈni:d] *vt* **1** : necesitar ⟨I need your help : necesito su ayuda⟩ ⟨I need money : me falta dinero⟩ **2** REQUIRE : requerir, exigir ⟨that job needs patience : ese trabajo exige paciencia⟩ **3 to need to** : tener que ⟨he needs to study : tiene que estudiar⟩ ⟨they need to be scolded : hay que reprenderlos⟩ — *v aux* **1** MUST : tener que, deber ⟨need you shout? : ¿tienes que gritar?⟩ **2 to be needed** : hacer falta ⟨you needn't worry : no hace falta que te preocupes, no hay por qué preocuparse⟩
**need²** *n* **1** NECESSITY : necesidad *f* ⟨in case of need : en caso de necesidad⟩ **2** LACK : falta *f* ⟨the need for better training : la falta de mejor capacitación⟩ ⟨to be in need : necesitar⟩ **3** POVERTY : necesidad *f*, indigencia *f* **4 needs** *npl* : requisitos *mpl*, carencias *fpl*
**needful** [ˈni:dfəl] *adj* : necesario
**needle¹** [ˈni:dəl] *vt* **-dled; -dling** : pinchar
**needle²** *n* **1** : aguja *f* ⟨to thread a needle : enhebrar una aguja⟩ ⟨knitting needle : aguja de tejer⟩ **2** POINTER : aguja *f*, indicador *m*
**needlepoint** [ˈni:dəlˌpɔɪnt] *n* **1** LACE : encaje *m* de mano **2** EMBROIDERY : bordado *m*
**needless** [ˈni:dləs] *adj* : innecesario
**needlessly** [ˈni:dləsli] *adv* : sin ninguna necesidad, innecesariamente
**needlework** [ˈni:dəlˌwərk] *n* : bordado *m*
**needn't** [ˈni:dənt] *contraction of* NEED NOT → **need**
**needy¹** [ˈni:di] *adj* **needier; -est** : necesitado
**needy²** *n* **the needy** : los necesitados *mpl*
**nefarious** [nɪˈfæriəs] *adj* : nefario, nefando, infame
**negate** [nɪˈgeɪt] *vt* **-gated; -gating** **1** DENY : negar **2** NULLIFY : invalidar, anular
**negation** [nɪˈgeɪʃən] *n* : negación *f*
**negative¹** [ˈnɛgəṭɪv] *adj* : negativo
**negative²** *n* **1** : negación *f* (en lingüística) **2** : negativa *f* ⟨to answer in the negative : contestar con una negativa⟩ **3** : término *m* negativo (en matemáticas) **4** : negativo *m*, imagen *f* en negativo (en fotografía)
**negatively** [ˈnɛgəṭɪvli] *adv* : negativamente
**neglect¹** [nɪˈglɛkt] *vt* **1** : desatender, descuidar ⟨to neglect one's health : descuidar la salud⟩ **2** : no cumplir con, faltar a ⟨to neglect one's obligations : faltar uno a sus obligaciones⟩ ⟨he neglected to tell me : omitió decírmelo⟩
**neglect²** *n* **1** : negligencia *f*, descuido *m*, incumplimiento *m* ⟨through neglect : por negligencia⟩ ⟨neglect of duty : incumplimiento del deber⟩ **2 in a state of neglect** : abandonado, descuidado
**neglected** [nɪˈglɛktəd] *adj* : abandonado, descuidado
**neglectful** [nɪˈglɛktfəl] *adj* : descuidado *m*
**negligee** [ˌnɛgləˈʒeɪ] *n* : negligé *m*
**negligence** [ˈnɛglɪʤənṭs] *n* : descuido *m*, negligencia *f*
**negligent** [ˈnɛglɪʤənt] *adj* : negligente, descuidado — **negligently** *adv*
**negligible** [ˈnɛglɪʤəbəl] *adj* : insignificante, despreciable
**negotiable** [nɪˈgo:ʃəbəl, -ʃiə-] *adj* : negociable
**negotiate** [nɪˈgo:ʃiˌeɪt] *v* **-ated; -ating** *vi* : negociar — *vt* **1** : negociar, gestionar ⟨to negotiate a treaty : negociar un trato⟩ **2** : salvar, franquear ⟨they negotiated the obstacles : salvaron los obstáculos⟩ ⟨to negotiate a turn : tomar una curva⟩
**negotiation** [nɪˌgo:ʃiˈeɪʃən, -siˈeɪ-] *n* : negociación *f*
**negotiator** [nɪˈgo:ʃiˌeɪṭər, -siˌeɪ-] *n* : negociador *m*, -dora *f*
**Negro** [ˈni:ˌgro:] *n, pl* **-groes** *dated, now sometimes offensive* : negro *m*, -gra *f*
**neigh¹** [ˈneɪ] *vi* : relinchar
**neigh²** *n* : relincho *m*
**neighbor¹** [ˈneɪbər] *vt* : ser vecino de, estar junto a ⟨her house neighbors mine : su casa está junto a la mía⟩ — *vi* : estar cercano, lindar, colindar ⟨her land neighbors on mine : sus tierras lindan con las mías⟩
**neighbor²** *n* **1** : vecino *m*, -na *f* **2 love thy neighbor** : ama a tu prójimo
**neighborhood** [ˈneɪbərˌhʊd] *n* **1** : barrio *m*, vecindad *f*, vecindario *m* **2 in the neighborhood of** : alrededor de, cerca de
**neighboring** [ˈneɪbərɪŋ] *adj* : vecino
**neighborly** [ˈneɪbərli] *adv* : amable, de buena vecindad
**neither¹** [ˈni:ðər, ˈnaɪ-] *adj* : ninguno (de los dos)

**neither**[2] *conj* **1** : ni ⟨neither asleep nor awake : ni dormido ni despierto⟩ **2** NOR : ni (tampoco) ⟨I'm not asleep — neither am I : no estoy dormido — ni yo tampoco⟩

**neither**[3] *pron* : ninguno ⟨which do you want? neither : ¿cuál quieres? ninguno⟩ ⟨neither of the two sisters : ninguna de las dos hermanas⟩

**nemesis** [ˈnɛməsɪs] *n, pl* **-eses** [-ˌsiːz] **1** RIVAL : rival *mf* **2** RETRIBUTION : justo castigo *m*

**neologism** [niˈɑləˌdʒɪzəm] *n* : neologismo *m*

**neon**[1] [ˈniːˌɑn] *adj* : de neón ⟨neon sign : letrero de neón⟩

**neon**[2] *n* : neón *m*

**neophyte** [ˈniːəˌfaɪt] *n* : neófito *m*, -ta *f*

**Nepali** [nəˈpɔli, -ˈpɑ-, -ˈpæ-] *n* : nepalés *m*, -lesa *f* — **Nepali** *adj*

**nephew** [ˈnɛˌfjuː, chiefly Brit ˈnɛˌvjuː] *n* : sobrino *m*

**nepotism** [ˈnɛpəˌtɪzəm] *n* : nepotismo *m*

**Neptune** [ˈnɛpˌtuːn, -ˌtjuːn] *n* : Neptuno *m*

**nerd** [ˈnərd] *n* : ganso *m*, -sa *f*

**nerve** [ˈnərv] *n* **1** : nervio *m* **2** COURAGE : coraje *m*, valor *m*, fuerza *f* de la voluntad ⟨to lose one's nerve : perder el valor⟩ **3** AUDACITY, GALL : atrevimiento *m*, descaro *m* ⟨of all the nerve!, some/what nerve! : ¡qué descaro!⟩ ⟨you have a lot of nerve! : ¡qué cara tienes!⟩ **4 nerves** *npl* : nervios *mpl* ⟨to be a bag/bundle of nerves : ser un manojo de nervios⟩ ⟨to calm one's nerves : calmarse (los nervios)⟩ ⟨to get on someone's nerves : crisparle los nervios a alguien⟩ ⟨to have a (bad) case of nerves : estar nerviosísimo⟩ ⟨to have nerves of steel : tener nervios de acero⟩ ⟨to have one's nerves on edge : tener los nervios de punta⟩ ⟨a war of nerves : una guerra de nervios⟩ **5 to hit/strike/touch a nerve** : poner el dedo en la llaga

**nerve–racking** *or* **nerve–wracking** [ˈnərvˌrækɪŋ] *adj* : estresante, desesperante, angustioso

**nervous** [ˈnərvəs] *adj* **1** : nervioso ⟨the nervous system : el sistema nervioso⟩ **2** EXCITABLE : nervioso ⟨to get nervous : excitarse, ponerse nervioso⟩ **3** FEARFUL : miedoso, temeroso

**nervous breakdown** *n* → **breakdown**

**nervously** [ˈnərvəsli] *adv* : nerviosamente

**nervousness** [ˈnərvəsnəs] *n* : nerviosismo *m*, nerviosidad *f*, ansiedad *f*

**nervy** [ˈnərvi] *adj* **nervier; -est** **1** COURAGEOUS : valiente **2** IMPUDENT : atrevido, descarado, fresco *fam* **3** NERVOUS : nervioso

**nest**[1] [ˈnɛst] *vi* : anidar

**nest**[2] *n* **1** : nido *m* (de un ave), avispero *m* (de una avispa), madriguera *f* (de un animal) **2** REFUGE : nido *m*, refugio *m* **3** SET : juego *m* ⟨a nest of tables : un juego de mesitas⟩

**nestle** [ˈnɛsəl] *vi* **-tled; -tling** : acurrucarse, arrimarse cómodamente

**net**[1] [ˈnɛt] *vt* **netted; netting** **1** CATCH : pescar, atrapar con una red **2** CLEAR : ganar neto ⟨they netted $5000 : ganaron $5000 netos⟩ **3** YIELD : producir neto

**net**[2] *adj* : neto ⟨net weight : peso neto⟩ ⟨net gain : ganancia neta⟩

**net**[3] *n* : red *f*, malla *f*

**nether** [ˈnɛðər] *adj* **1** : inferior, más bajo **2 the nether regions** : el infierno

**nettle**[1] [ˈnɛtəl] *vt* **-tled; -tling** : irritar, provocar, molestar

**nettle**[2] *n* : ortiga *f*

**network** [ˈnɛtˌwərk] *n* **1** SYSTEM : red *f* ⟨social network : red social⟩ **2** CHAIN : cadena *f* ⟨a network of supermarkets : una cadena de supermercados⟩

**neural** [ˈnʊrəl, ˈnjʊr-] *adj* : neural

**neuralgia** [nʊˈrɑldʒə, njʊ-] *n* : neuralgia *f*

**neuritis** [nʊˈraɪtəs, njʊ-] *n, pl* **-ritides** [-ˈrɪtəˌdiːz] *or* **-ritises** : neuritis *f*

**neurological** [ˌnʊrəˈlɑdʒɪkəl, ˌnjʊr-] *or* **neurologic** [ˌnʊrəˈlɑdʒɪk, ˌnjʊr-] *adj* : neurológico

**neurologist** [nʊˈrɑlədʒɪst, njʊ-] *n* : neurólogo *m*, -ga *f*

**neurology** [nʊˈrɑlədʒi, njʊ-] *n* : neurología *f*

**neurosis** [nʊˈroːsɪs, njʊ-] *n, pl* **-roses** [-ˌsiːz] : neurosis *f*

**neurotic**[1] [nʊˈrɑtɪk, njʊ-] *adj* : neurótico

**neurotic**[2] *n* : neurótico *m*, -ca *f*

**neuter**[1] [ˈnuːtər, ˈnjuː-] *vt* : castrar

**neuter**[2] *adj* : neutro

**neutral**[1] [ˈnuːtrəl, ˈnjuː-] *adj* **1** IMPARTIAL : neutral, imparcial ⟨to remain neutral : permanecer neutral⟩ **2** : neutro ⟨a neutral color : un color neutro⟩ **3** : neutro (en la química o la electricidad)

**neutral**[2] *n* : punto *m* muerto (de un automóvil)

**neutrality** [nuːˈtrælətiː, njuː-] *n* : neutralidad *f*

**neutralization** [ˌnuːtrələˈzeɪʃən, ˌnjuː-] *n* : neutralización *f*

**neutralize** [ˈnuːtrəˌlaɪz, ˈnjuː-] *vt* **-ized; -izing** : neutralizar

**neutron** [ˈnuːˌtrɑn, ˈnjuː-] *n* : neutrón *m*

**never** [ˈnɛvər] *adv* **1** : nunca, jamás ⟨he never studies : nunca estudia⟩ **2 never again** : nunca más, nunca jamás **3 never mind** : no importa

**never–ending** [ˈnɛvərˈɛndɪŋ] *adj* ENDLESS : interminable, inacabable, sin fin

**nevermore** [ˌnɛvərˈmor] *adv* : nunca más

**nevertheless** [ˌnɛvərðəˈlɛs] *adv* : sin embargo, no obstante

**new** [ˈnuː, ˈnjuː] *adj* **1** : nuevo ⟨a new dress : un vestido nuevo⟩ **2** RECENT : nuevo, reciente ⟨what's new? : ¿qué hay de nuevo?⟩ ⟨a new arrival : un recién llegado⟩ **3** DIFFERENT : nuevo, distinto ⟨this problem is new : este problema es distinto⟩ ⟨new ideas : ideas nuevas⟩ **4 like new** : como nuevo

**newborn** [ˈnuːˌbɔrn, ˈnjuː-] *adj* : recién nacido

**newcomer** [ˈnuːˌkʌmər, ˈnjuː-] *n* : recién llegado *m*, recién llegada *f*

**newfangled** [ˈnuːˈfæŋgəld, ˈnjuː-] *adj* : novedoso

**newfound** [ˈnuːˈfaʊnd, ˈnjuː-] *adj* : recién descubierto

**newly** [ˈnu:li, ˈnju:-] *adv* : recién, recientemente

**newlywed** [ˈnu:liˌwɛd, ˈnju:-] *n* : recién casado *m*, -da *f*

**new moon** *n* : luna *f* nueva

**newness** [ˈnu:nəs, ˈnju:-] *n* : novedad *f*

**news** [ˈnu:z, ˈnju:z] *n* **1** INFORMATION : noticias *fpl* ⟨good/bad news : buenas/malas noticias⟩ ⟨to break the news to someone : darle la noticia a alguien⟩ ⟨further news : más noticias⟩ ⟨that's news to me! : ¡(es la) primera noticia (que tengo)!⟩ ⟨no news is good news : (el) que no haya noticias es (una) buena noticia⟩ **2** : noticias *fpl* ⟨local/international news : noticias locales/internacionales⟩ ⟨to be in the news : salir en las noticias⟩ **3** NEWSCAST : noticias *fpl*, noticiero *m*, informativo *m*, noticiario *m* ⟨the nightly news : el noticiero nocturno⟩ ⟨I saw it on the news : lo vi en las noticias⟩

**newscast** [ˈnu:zˌkæst, ˈnju:z-] *n* : noticiero *m*, informativo *m*, noticiario *m*

**newscaster** [ˈnu:zˌkæstər, ˈnju:z-] *n* : presentador *m*, -dora *f*; locutor *m*, -tora *f*

**newsgroup** [ˈnu:zˌgru:p, ˈnju:z-] *n* : grupo *m* de noticias

**newsletter** [ˈnu:zˌlɛtər, ˈnju:z-] *n* : boletín *m* informativo

**newsman** [ˈnu:zmən, ˈnju:z-, -ˌmæn] *n, pl* **-men** [-mən, -ˌmɛn] : periodista *m*, reportero *m*

**newspaper** [ˈnu:zˌpeɪpər, ˈnju:z-] *n* **1** : periódico *m*, diario *m* ⟨newspaper articles : artículos periodísticos⟩ ⟨newspaper reporter : periodista⟩ **2** : papel *m* de periódico

**newspaperman** [ˈnu:zˌpeɪpərˌmæn, ˈnju:z-] *n, pl* **-men** [-mən, -ˌmɛn] **1** REPORTER : periodista *m*, reportero *m* **2** : dueño *m* de un periódico

**newsprint** [ˈnu:zˌprɪnt, ˈnju:z-] *n* : papel *m* de prensa

**newsstand** [ˈnu:zˌstænd, ˈnju:z-] *n* : quiosco *m*, puesto *m* de periódicos

**newswoman** [ˈnu:zˌwʊmən, ˈnju:z-] *n, pl* **-women** [-ˌwɪmən] : periodista *f*, reportera *f*

**newsworthy** [ˈnu:zˌwərði, ˈnju:z-] *adj* : de interés periodístico

**newsy** [ˈnu:zi:, ˈnju:-] *adj* **newsier; -est** : lleno de noticias

**newt** [ˈnu:t, ˈnju:t] *n* : tritón *m*

**New Testament** *n* : Nuevo Testamento *m*

**New Year** *n* : Año *m* Nuevo

**New Year's Day** *n* : día *m* del Año Nuevo

**New Year's Eve** *n* : noche *f* de Fin de Año, Nochevieja *f*

**New Yorker** [nu:ˈjɔrkər, nju:-] *n* : neoyorquino *m*, -na *f*

**New Zealander** [nu:ˈzi:ləndər, nju:-] *n* : neozelandés *m*, -desa *f*

**next**[1] [ˈnɛkst] *adv* **1** AFTERWARD : después, luego ⟨what will you do next? : ¿qué harás después?⟩ **2** NOW : después, ahora, entonces ⟨next I will sing a song : ahora voy a cantar una canción⟩ **3** : la próxima vez ⟨when next we meet : la próxima vez que nos encontremos⟩

**next**[2] *adj* **1** ADJACENT : contiguo, de al lado **2** COMING : que viene, próximo ⟨next Friday : el viernes que viene⟩ **3** FOLLOWING : siguiente ⟨the next year : el año siguiente⟩

**next–door** [ˈnɛkstˈdor] *adj* : de al lado

**next–of–kin** *n, pl* **next–of–kin** : familiar *m* más cercano, pariente *m* más cercano

**next to**[1] *adv* ALMOST : casi, prácticamente ⟨next to impossible : casi imposible⟩

**next to**[2] *prep* : junto a, al lado de

**nexus** [ˈnɛksəs] *n* : nexo *m*

**nib** [ˈnɪb] *n* : plumilla *f*

**nibble**[1] [ˈnɪbəl] *v* **-bled; -bling** *vt* : pellizcar, mordisquear, picar — *vi* : picar

**nibble**[2] *n* : mordisco *m*

**Nicaraguan** [ˌnɪkəˈrɑgwən] *n* : nicaragüense *mf* — **Nicaraguan** *adj*

**nice** [ˈnaɪs] *adj* **nicer; nicest** **1** REFINED : pulido, refinado **2** SUBTLE : fino, sutil **3** PLEASING : agradable, bueno, lindo ⟨nice weather : buen tiempo⟩ **4** RESPECTABLE : bueno, decente **5 nice and** : bien, muy ⟨nice and hot : bien caliente⟩ ⟨nice and slow : despacito⟩

**nicely** [ˈnaɪsli] *adv* **1** KINDLY : amablemente **2** POLITELY : con buenos modales **3** ATTRACTIVELY : de buen gusto

**niceness** [ˈnaɪsnəs] *n* : simpatía *f*, amabilidad *f*

**nicety** [ˈnaɪsəṭi] *n, pl* **-ties** **1** DETAIL, SUBTLETY : sutileza *f*, detalle *m* **2 niceties** *npl* : lujos *mpl*, detalles *mpl*

**niche** [ˈnɪtʃ] *n* **1** RECESS : nicho *m*, hornacina *f* **2** : nicho *m*, hueco *m* ⟨to make a niche for oneself : hacerse un hueco, encontrarse una buena posición⟩

**nick**[1] [ˈnɪk] *vt* : cortar, hacer una muesca en

**nick**[2] *n* **1** CUT : corte *m*, muesca *f* **2 in the nick of time** : en el momento crítico, justo a tiempo

**nickel** [ˈnɪkəl] *n* **1** : níquel *m* **2** : moneda *f* de cinco centavos

**nickname**[1] [ˈnɪkˌneɪm] *vt* **-named; -naming** : apodar

**nickname**[2] *n* : apodo *m*, mote *m*, sobrenombre *m*

**nicotine** [ˈnɪkəˌti:n] *n* : nicotina *f*

**niece** [ˈni:s] *n* : sobrina *f*

**Nigerian** [naɪˈʤɪriən] *n* : nigeriano *m*, -na *f* — **Nigerian** *adj*

**niggardly** [ˈnɪgərdli] *adj* : mezquino, tacaño

**niggling** [ˈnɪgəlɪŋ] *adj* **1** PETTY : insignificante **2** PERSISTENT : constante, persistente ⟨a niggling doubt : una duda constante⟩

**nigh**[1] [ˈnaɪ] *adv* **1** NEARLY : casi **2 to draw nigh** : acercarse, avecinarse

**nigh**[2] *adj* : cercano, próximo

**night**[1] [ˈnaɪt] *adj* : nocturno, de la noche ⟨the night sky : el cielo nocturno⟩ ⟨night shift : turno de la noche⟩

**night**[2] *n* **1** EVENING : noche *f* ⟨at night : de noche⟩ ⟨last night : anoche⟩ ⟨tomorrow night : mañana por la noche⟩ **2** DARKNESS : noche *f*, oscuridad *f* ⟨night fell : cayó la noche⟩

**nightclothes** [ˈnaɪtˌklo:ðz, -ˌklo:z] *npl* : ropa *f* de dormir

**nightclub** [ˈnaɪtˌklʌb] *n* : cabaret *m*; club *m* nocturno; boliche *m Arg, Uru*
**night crawler** [ˈnaɪtˌkrɔlər] *n* EARTHWORM : lombriz *f* (de tierra)
**nightdress** [ˈnaɪtˌdrɛs] → **nightgown**
**nightfall** [ˈnaɪtˌfɔl] *n* : anochecer *m*
**nightgown** [ˈnaɪtˌgaʊn] *n* : camisón *m* (de noche)
**nightie** [ˈnaɪɾi] *n* : camisón *m* corto (de noche)
**nightingale** [ˈnaɪtənˌɡeɪl, ˈnaɪɾɪŋ-] *n* : ruiseñor *m*
**nightlife** [ˈnaɪtˌlaɪf] *n* : vida *f* nocturna
**nightly**[1] [ˈnaɪtli] *adv* : cada noche, todas las noches
**nightly**[2] *adj* : de todas las noches
**nightmare** [ˈnaɪtˌmær] *n* : pesadilla *f*
**nightmarish** [ˈnaɪtˌmæriʃ] *adj* : de pesadilla
**night owl** *n* : noctámbulo *m*, -la *f*
**night school** *n* : escuela *f* nocturna, clases *fpl* nocturnas
**nightshade** [ˈnaɪtˌʃeɪd] *n* : hierba *f* mora
**nightshirt** [ˈnaɪtˌʃərt] *n* : camisa *f* de dormir
**nightstick** [ˈnaɪtˌstɪk] *n* : porra *f*
**night table** *or* **nightstand** [ˈnaɪtˌstænd] *n* : mesita *f*, mesilla *f Spain* (de noche)
**nighttime** [ˈnaɪtˌtaɪm] *n* : noche *f*
**nihilism** [ˈnaɪəˌlɪzəm] *n* : nihilismo *m*
**nil** [ˈnɪl] *n* : nada *f*, cero *m*
**nimble** [ˈnɪmbəl] *adj* **nimbler; -blest** 1 AGILE : ágil 2 CLEVER : hábil, ingenioso
**nimbleness** [ˈnɪmbəlnəs] *n* : agilidad *f*
**nimbly** [ˈnɪmbli] *adv* : con agilidad, ágilmente
**nincompoop** [ˈnɪnkəmˌpuːp, ˈnɪŋ-] *n* FOOL : tonto *m*, -ta *f*; bobo *m*, -ba *f*
**nine**[1] [ˈnaɪn] *adj* 1 : nueve ⟨he's nine (years old) : tiene nueve años⟩ 2 **nine times out of ten** : casi siempre
**nine**[2] *n* : nueve *m* ⟨the nine of hearts : el nueve de corazones⟩
**nine**[3] *pron* : nueve ⟨it's nine (o'clock) : son las nueve⟩ ⟨there are nine of us : somos nueve⟩
**nine hundred**[1] *adj* : novecientos
**nine hundred**[2] *n* : novecientos *m*
**ninepins** [ˈnaɪnˌpɪnz] *n* : bolos *mpl*
**nineteen**[1] [naɪnˈtiːn] *adj & pron* : diecinueve
**nineteen**[2] *n* : diecinueve *m*
**nineteenth**[1] [naɪnˈtiːnθ] *adj* : decimonoveno, decimonono ⟨the nineteenth century : el siglo diecinueve⟩
**nineteenth**[2] *n* 1 : decimonoveno *m*, -na *f*; decimonono *m*, -na *f* (en una serie) 2 : diecinueveavo *m*, diecinueveava parte *f*
**ninetieth**[1] [ˈnaɪnɾiəθ] *adj* : nonagésimo
**ninetieth**[2] *n* 1 : nonagésimo *m*, -ma *f* (en una serie) 2 : noventavo *m*, noventava parte *f*
**ninety**[1] [ˈnaɪnɾi] *adj & pron* : noventa
**ninety**[2] *n, pl* **-ties** : noventa *m*
**ninny** [ˈnɪni] *n, pl* **ninnies** FOOL : tonto *m*, -ta *f*; bobo *m*, -ba *f*
**ninth**[1] [ˈnaɪnθ] *adv* : en noveno lugar
**ninth**[2] *adj* : noveno
**ninth**[3] *n* 1 : noveno *m*, -na *f* (en una serie) ⟨(on) the ninth of June : el nueve de junio⟩ 2 : noveno *m*, novena parte *f*
**nip**[1] [ˈnɪp] *vt* **nipped; nipping** 1 PINCH : pellizcar 2 BITE : morder, mordisquear 3 **to nip in the bud** : cortar de raíz
**nip**[2] *n* 1 TANG : sabor *m* fuerte 2 PINCH : pellizco *m* 3 NIBBLE : mordisco *m* 4 SWALLOW : trago *m*, traguito *m* 5 **there's a nip in the air** : hace fresco
**nipple** [ˈnɪpəl] *n* : pezón *m* (de una mujer), tetilla *f* (de un hombre)
**nippy** [ˈnɪpi] *adj* **nippier; -est** 1 SHARP : fuerte, picante 2 CHILLY : frío ⟨it's nippy today : hoy hace frío⟩
**nit** [ˈnɪt] *n* : liendre *f*
**nitrate** [ˈnaɪˌtreɪt] *n* : nitrato *m*
**nitric acid** [ˈnaɪtrɪk] *n* : ácido *m* nítrico
**nitrogen** [ˈnaɪtrəʤən] *n* : nitrógeno *m*
**nitroglycerin** *or* **nitroglycerine** [ˌnaɪtroˈɡlɪsərən] *n* : nitroglicerina *f*
**nitwit** [ˈnɪtˌwɪt] *n* : zonzo *m*, -za *f*; bobo *m*, -ba *f*
**no**[1] [ˈnoː] *adv* : no ⟨are you leaving? — no : ¿te vas? — no⟩ ⟨no less than : no menos de⟩ ⟨to say no : decir que no⟩ ⟨like it or no : quieras o no quieras⟩
**no**[2] *adj* 1 : ninguno ⟨it's no trouble : no es ningún problema⟩ ⟨she has no money : no tiene dinero⟩ ⟨with little or no experience : con poca o ninguna experiencia⟩ ⟨the sign says "no smoking" : el letrero dice "no fumar"⟩ ⟨there's no arguing with him : no se puede discutir con él⟩ 2 (*indicating a small amount*) ⟨we'll be there in no time : enseguida llegamos⟩ 3 (*expressing that someone or something is not the kind of person or thing being described*) ⟨he's no liar : no es mentiroso⟩ ⟨that's no excuse : eso no es ninguna excusa⟩
**no**[3] *n, pl* **noes** *or* **nos** [ˈnoːz] 1 DENIAL : no *m* ⟨I won't take no for an answer : no aceptaré un no por respuesta⟩ 2 : voto *f* en contra ⟨the noes have it : se ha rechazado la moción⟩
**nobility** [noˈbɪləɾi] *n* : nobleza *f*
**noble**[1] [ˈnoːbəl] *adj* **nobler; -blest** 1 ILLUSTRIOUS : noble, glorioso 2 ARISTOCRATIC : noble 3 STATELY : majestuoso, magnífico 4 LOFTY : noble, elevado ⟨noble sentiments : sentimientos elevados⟩
**noble**[2] *n* : noble *mf*, aristócrata *mf*
**nobleman** [ˈnoːbəlmən] *n, pl* **-men** [-mən, -ˌmɛn] : noble *m*, aristócrata *m*
**nobleness** [ˈnoːbəlnəs] *n* : nobleza *f*
**noblewoman** [ˈnoːbəlˌwʊmən] *n, pl* **-women** [-ˌwɪmən] : noble *f*, aristócrata *f*
**nobly** [ˈnoːbli] *adv* : noblemente
**nobody**[1] [ˈnoːbədi, -ˌbɑdi] *n, pl* **-bodies** : don nadie *m* ⟨he's a mere nobody : es un don nadie⟩
**nobody**[2] *pron* : nadie
**nocturnal** [nɑkˈtərnəl] *adj* : nocturno
**nocturne** [ˈnɑkˌtərn] *n* : nocturno *m*
**nod**[1] [ˈnɑd] *v* **nodded; nodding** *vi* 1 : saludar con la cabeza, asentir con la cabeza 2 **to nod off** : dormirse, quedarse dormido — *vt* : inclinar (la cabeza) ⟨to nod one's head in agreement : asentir con la cabeza⟩
**nod**[2] *n* : saludo *m* con la cabeza, señal *m* con la cabeza, señal *m* de asentimiento

**node** [ˈnoːd] *n* : nudo *m* (de una planta)
**nodule** [ˈnɑˌʤuːl] *n* : nódulo *m*
**noel** [noˈɛl] *n* **1** CAROL : villancico *m* de Navidad **2 Noel** CHRISTMAS : Navidad *f*
**noes** → **no**[3]
**noise** *n* : ruido *m*
**noiseless** [ˈnɔɪzləs] *adj* : silencioso, sin ruido
**noiselessly** [ˈnɔɪzləsli] *adv* : silenciosamente
**noisemaker** [ˈnɔɪzˌmeɪkər] *n* : matraca *f*
**noisiness** [ˈnɔɪzinəs] *n* : ruido *m*
**noisy** [ˈnɔɪzi] *adj* **noisier; -est** : ruidoso — **noisily** [ˈnɔɪzəli] *adv*
**nomad**[1] [ˈnoːˌmæd] → **nomadic**
**nomad**[2] *n* : nómada *mf*
**nomadic** [noˈmædɪk] *adj* : nómada
**nomenclature** [ˈnoːmənˌkleɪtʃər] *n* : nomenclatura *f*
**nominal** [ˈnɑmənəl] *adj* **1** : nominal ⟨the nominal head of his party : el jefe nominal de su partido⟩ **2** TRIFLING : insignificante
**nominally** [ˈnɑmənəli] *adv* : sólo de nombre, nominalmente
**nominate** [ˈnɑməˌneɪt] *vt* **-nated; -nating 1** PROPOSE : proponer (como candidato), nominar **2** APPOINT : nombrar
**nomination** [ˌnɑməˈneɪʃən] *n* **1** PROPOSAL : propuesta *f*, postulación *f* **2** APPOINTMENT : nombramiento *m*
**nominative**[1] [ˈnɑmənəṭɪv] *adj* : nominativo
**nominative**[2] *n or* **nominative case** : nominativo *m*
**nominee** [ˌnɑməˈniː] *n* : candidato *m*, -ta *f*
**non-** [ˌnɑn] *pref* : no ⟨non-smoker : no fumador⟩
**nonaddictive** [ˌnɑnəˈdɪktɪv] *adj* : que no crea dependencia
**nonalcoholic** [ˌnɑnˌælkəˈhɔlɪk] *adj* : sin alcohol, no alcohólico
**nonaligned** [ˌnɑnəˈlaɪnd] *adj* : no alineado
**nonbeliever** [ˌnɑnbəˈliːvər] *n* : no creyente *mf*
**nonbreakable** [ˌnɑnˈbreɪkəbəl] *adj* : irrompible
**nonce** [ˈnɑnʦ] *n* **for the nonce** : por el momento
**nonchalance** [ˌnɑnʃəˈlɑnʦ] *n* : indiferencia *f*, despreocupación *f*
**nonchalant** [ˌnɑnʃəˈlɑnt] *adj* : indiferente, despreocupado, impasible
**nonchalantly** [ˌnɑnʃəˈlɑntli] *adv* : con aire despreocupado, con indiferencia
**noncombatant** [ˌnɑnkəmˈbætənt, -ˈkɑmbə-] *n* : no combatiente *mf*
**noncommissioned officer** [ˌnɑnkəˈmɪʃənd] *n* : suboficial *mf*
**noncommittal** [ˌnɑnkəˈmɪṭəl] *adj* : evasivo, que no se compromete
**nonconductor** [ˌnɑnkənˈdʌktər] *n* : aislante *m*
**nonconformist** [ˌnɑnkənˈfɔrmɪst] *n* : inconformista *mf*, inconforme *mf*
**nonconformity** [ˌnɑnkənˈfɔrməṭi] *n* : inconformidad *f*, no conformidad *f*
**noncontagious** [ˌnɑnkənˈteɪʤəs] *adj* : no contagioso
**nondenominational** [ˌnɑndɪˌnɑməˈneɪʃənəl] *adj* : no sectario
**nondescript** [ˌnɑndɪˈskrɪpt] *adj* : anodino, soso
**nondiscriminatory** [ˌnɑndɪˈskrɪmənəˌtori] *adj* : no discriminatorio
**nondrinker** [ˌnɑnˈdrɪŋkər] *n* : abstemio *m*, -mia *f*
**none**[1] [ˈnʌn] *adv* : de ninguna manera, de ningún modo, nada ⟨he was none too happy : no se sintió nada contento⟩ ⟨I'm none the worse for it : no estoy peor por ello⟩ ⟨none too soon : a buena hora⟩
**none**[2] *pron* **1** (*not one*) : ninguno ⟨there's none left : no queda ninguno/ninguna⟩ ⟨none of the cities : ninguna de las ciudades⟩ ⟨do you have any ideas? none whatsoever : ¿se te ocurre algo? no, nada⟩ **2** (*no amount or part*) : nada, ninguna parte ⟨there's none left : no queda nada⟩ ⟨none of it makes any sense : no tiene ningún sentido⟩ ⟨it's none of your business : no es asunto tuyo⟩ **3 to have none of** : no permitir, no aceptar **4 ~ but** : sólo, solamente **5 none other than** : ni más ni menos que **6 second to none** : insuperable
**nonentity** [ˌnɑnˈɛnṭəṭi] *n, pl* **-ties** : persona *f* insignificante, nulidad *f*
**nonessential** [ˌnɑnɪˈsɛnʃəl] *adj* : secundario, no esencial
**nonessentials** [ˌnɑnɪˈsɛnʃəlz] *npl* : cosas *fpl* secundarias, cosas *fpl* accesorias
**nonetheless** [ˌnʌnðəˈlɛs] *adv* : sin embargo, no obstante
**nonexistence** [ˌnɑnɪgˈzɪstən*ʦ*] *n* : inexistencia *f*
**nonexistent** [ˌnɑnɪgˈzɪstənt] *adj* : inexistente
**nonfat** [ˌnɑnˈfæt] *adj* : sin grasa
**nonfattening** [ˌnɑnˈfætənɪŋ] *adj* : que no engorda
**nonfiction** [ˌnɑnˈfɪkʃən] *n* : no ficción *f*
**nonflammable** [ˌnɑnˈflæməbəl] *adj* : no inflamable
**nonintervention** [ˌnɑnˌɪntərˈvɛnʃən] *n* : no intervención *f*
**noninvasive** [ˌnɑnɪnˈveɪsɪv] *adj* : no invasivo
**nonmalignant** [ˌnɑnməˈlɪgnənt] *adj* : no maligno, benigno
**nonnegotiable** [ˌnɑnnɪˈgoːʃəbəl, -ʃiə-] *adj* : no negociable
**nonpareil**[1] [ˌnɑnpəˈrɛl] *adj* : sin parangón, sin par
**nonpareil**[2] *n* : persona *f* sin igual, cosa *f* sin par
**nonpartisan** [ˌnɑnˈpɑrṭəzən, -sən] *adj* : imparcial
**nonpaying** [ˌnɑnˈpeɪɪŋ] *adj* : que no paga
**nonpayment** [ˌnɑnˈpeɪmənt] *n* : impago *m*, falta *f* de pago
**nonperson** [ˌnɑnˈpərsən] *n* : persona *f* sin derechos
**nonplus** [ˌnɑnˈplʌs] *vt* **-plussed; -plussing** : confundir, desconcertar, dejar perplejo
**nonprescription** [ˌnɑnprɪˈskrɪpʃən] *adj* : disponible sin receta del médico
**nonproductive** [ˌnɑnprəˈdʌktɪv] *adj* : improductivo

**nonprofit** [ˌnɑnˈprɑfət] *adj* : sin fines lucrativos
**nonproliferation** [ˌnɑnprəˌlɪfəˈreɪʃən] *adj* : no proliferación
**nonresident** [ˌnɑnˈrɛzədənt, -ˌdɛnt] *n* : no residente *mf*
**nonscheduled** [ˌnɑnˈskɛˌʤu:ld] *adj* : no programado, no regular
**nonsectarian** [ˌnɑnˌsɛkˈtæriən] *adj* : no sectario
**nonsense** [ˈnɑnˌsɛnts, ˈnɑntsənts] *n* : tonterías *fpl*, disparates *mpl*
**nonsensical** [nɑnˈsɛntsɪkəl] *adj* ABSURD : absurdo, disparatado — **nonsensically** [-kli] *adv*
**nonsmoker** [ˌnɑnˈsmo:kər] *n* : no fumador *m*, -dora *f*; persona *f* que no fuma
**nonsmoking** [nɑnˈsmo:kɪŋ] *adj* **1** → **nosmoking** **2** : que no fuma, no fumador (dícese de una persona)
**nonstandard** [ˌnɑnˈstændərd] *adj* : no regular, no estándar
**nonstick** [ˌnɑnˈstɪk] *adj* : antiadherente
**nonstop**[1] [ˌnɑnˈstɑp] *adv* : sin parar ⟨he talked nonstop : habló sin parar⟩
**nonstop**[2] *adj* : directo, sin escalas ⟨nonstop flight : vuelo directo⟩
**nonsupport** [ˌnɑnsəˈpɔrt] *n* : falta *f* de manutención
**nontaxable** [ˌnɑnˈtæksəbəl] *adj* : exento de impuestos
**nontoxic** [ˌnɑnˈtɑksɪk] *adj* : no tóxico
**nontransferable** [ˌnɑnˌtrænts'fərəbəl] *adj* : intransferible
**nonviolence** [ˌnɑnˈvaɪlənts, -ˈvaɪə-] *n* : no violencia *f*
**nonviolent** [ˌnɑnˈvaɪlənt, -ˈvaɪə-] *adj* : pacífico, no violento
**noodle** [ˈnu:dəl] *n* : fideo *m*, tallarín *m*
**nook** [ˈnʊk] *n* : rincón *m*, recoveco *m*, escondrijo *m* ⟨in every nook and cranny : en todos los rincones⟩
**noon** [ˈnu:n] *n* : mediodía *m*
**noonday** [ˈnu:nˌdeɪ] *n* : mediodía *m* ⟨the noonday sun : el sol de mediodía⟩
**no one** *pron* NOBODY : nadie
**noontime** [ˈnu:nˌtaɪm] *n* : mediodía *m*
**noose** [ˈnu:s] *n* **1** LASSO : lazo *m*, cuerda *f* (con un nudo corredizo) **2 hangman's noose** : soga *f*
**nope** [ˈno:p] *adv fam* → **no**[1]
**nor** [ˈnɔr] *conj* : ni ⟨neither good nor bad : ni bueno ni malo⟩ ⟨nor I! : ¡ni yo tampoco!⟩
**Nordic** [ˈnɔrdɪk] *adj* : nórdico
**norm** [ˈnɔrm] *n* **1** STANDARD : norma *f*, modelo *m* **2** CUSTOM, RULE : regla *f* general, lo normal
**normal** [ˈnɔrməl] *adj* : normal — **normally** *adv*
**normalcy** [ˈnɔrməlsi] *n* : normalidad *f*
**normality** [nɔrˈmæləti] *n* : normalidad *f*
**normalization** [ˌnɔrmələˈzeɪʃən] *n* : normalización *f*, regularización *f*
**normalize** [ˈnɔrməˌlaɪz] *vt* : normalizar
**Norse** [ˈnɔrs] *adj* : nórdico
**north**[1] [ˈnɔrθ] *adv* : al norte
**north**[2] *adj* : norte, del norte ⟨the north coast : la costa del norte⟩
**north**[3] *n* **1** : norte *m* **2 the North** : el Norte *m*
**North American** *n* : norteamericano *m*, -na *f* — **North American** *adj*
**northbound**[1] [ˈnɔrθˌbaʊnd] *adv* : con rumbo al norte
**northbound**[2] *adj* : que va hacia el norte
**northeast**[1] [nɔrˈθi:st] *adv* : hacia el nordeste
**northeast**[2] *adj* : nordeste, del nordeste
**northeast**[3] *n* : nordeste *m*, noreste *m*
**northeasterly**[1] [nɔrˈθi:stərli] *adv* : hacia el nordeste
**northeasterly**[2] *adj* : nordeste, del nordeste
**northeastern** [nɔrˈθi:stərn] *adj* : nordeste, del nordeste
**northerly**[1] [ˈnɔrðərli] *adv* : hacia el norte
**northerly**[2] *adj* : del norte ⟨a northerly wind : un viento del norte⟩
**northern** [ˈnɔrðərn] *adj* : norte, norteño, septentrional
**Northerner** [ˈnɔrðərnər] *n* : norteño *m*, -ña *f*
**northern lights** → **aurora borealis**
**North Pole** : Polo *m* Norte
**North Star** *n* : estrella *f* polar
**northward** [ˈnɔrθwərd] *adv* & *adj* : hacia el norte
**northwest**[1] [nɔrˈθwɛst] *adv* : hacia el noroeste
**northwest**[2] *adj* : del noroeste
**northwest**[3] *n* : noroeste *m*
**northwesterly**[1] [nɔrˈθwɛstərli] *adv* : hacia el noroeste
**northwesterly**[2] *adj* : del noroeste
**northwestern** [nɔrˈθwɛstərn] *adj* : noroeste, del noroeste
**Norwegian** [nɔrˈwi:ʤən] *n* **1** : noruego *m*, -ga *f* **2** : noruego *m* (idioma) — **Norwegian** *adj*
**nose**[1] [ˈno:z] *v* **nosed; nosing** *vt* **1** SMELL : olfatear **2** : empujar con el hocico ⟨the dog nosed open the bag : el perro abrió el saco con el hocico⟩ **3** EDGE, MOVE : mover poco a poco — *vi* **1** PRY : entrometerse, meter las narices **2** EDGE : avanzar poco a poco
**nose**[2] *n* **1** : nariz *f* (de una persona), hocico *m* (de un animal) ⟨to blow one's nose : sonarse las narices⟩ **2** SMELL : olfato *m*, sentido *m* del olfato **3** FRONT : parte *f* delantera, nariz *f* (de un avión), proa *f* (de un barco) **4 to be right on the nose** : dar en el clavo **5 to follow one's nose** : dejarse guiar por el instinto **6 to look down one's nose at someone** : mirar a alguien por encima del hombro **7 to pay through the nose** : pagar un ojo de la cara **8 to poke/stick one's nose in** : meter las narices en **9 to turn up one's nose at** : hacerle ascos a **10 to win by a nose** : ganar por un pelo **11 under one's nose** : delante de las narices
**nosebleed** [ˈno:zˌbli:d] *n* : hemorragia *f* nasal
**nosed** [ˈno:zd] *adj* : de nariz ⟨big-nosed : de nariz grande, narigón⟩
**nosedive** [ˈno:zˌdaɪv] *n* **1** : descenso *m* en picada (de un avión) **2** : caída *f* súbita (de precios, etc.)

**nose–dive** [ˈnoːzˌdaɪv] *vi* : descender en picada, caer en picada

**no–smoking** *adj* : de no fumar, de/para no fumadores (dícese de un área, etc.)

**nostalgia** [nɑˈstælʤə, nə-] *n* : nostalgia *f*

**nostalgic** [nɑˈstælʤɪk, nə-] *adj* : nostálgico

**nostril** [ˈnɑstrəl] *n* : ventana *f* de la nariz

**nostrum** [ˈnɑstrəm] *n* : panacea *f*

**nosy** *or* **nosey** [ˈnoːzi] *adj* **nosier; -est** : entrometido

**not** [ˈnɑt] *adv* **1** (*used to form a negative*) : no ⟨she is not tired : no está cansada⟩ ⟨not many came : no vinieron muchos⟩ ⟨not to say something would be wrong : no decir nada sería injusto⟩ ⟨not at all : en absoluto⟩ ⟨not a chance : de ninguna manera⟩ ⟨not only . . . but also . . . : no sólo . . . sino también . . .⟩ **2** (*used to replace a negative clause*) : no ⟨are we going or not? : ¿vamos a ir o no?⟩ ⟨of course not! : ¡claro que no!⟩ ⟨I hope/think not : espero/creo que no⟩ ⟨believe it or not : aunque no lo creas⟩ **3** : menos de ⟨not six inches away : a menos de seis pulgadas⟩ ⟨not all of us agree : no todos estamos de acuerdo⟩

**notable**[1] [ˈnoːtəbəl] *adj* **1** NOTEWORTHY : notable, de notar **2** DISTINGUISHED, PROMINENT : distinguido, destacado

**notable**[2] *n* : persona *f* importante, personaje *m*

**notably** [ˈnoːtəbli] *adv* : notablemente, particularmente

**notarize** [ˈnoːtəˌraɪz] *vt* **-rized; -rizing** : autenticar, autorizar

**notary** [ˈnoːtəri] *or* **notary public** *n, pl* **notaries** *or* **notaries public** *or* **notary publics** : notario *m*, -ria *f*; escribano *m*, -na *f*

**notation** [noˈteɪʃən] *n* **1** NOTE : anotación *f*, nota *f* **2** : notación *f* ⟨musical notation : notación musical⟩

**notch**[1] [ˈnɑtʃ] *vt* : hacer una muesca en, cortar

**notch**[2] *n* : muesca *f*, corte *m*

**note**[1] [ˈnoːt] *vt* **noted; noting 1** NOTICE : notar, observar, tomar nota de **2** RECORD : anotar, apuntar

**note**[2] *n* **1** : nota *f* (musical) **2** COMMENT : nota *f*, comentario *m* **3** ANNOTATION : nota *f*, apunte *m* ⟨to take notes : tomar notas/apuntes⟩ ⟨to compare notes : cambiar impresiones⟩ ⟨I'll make a note of it : lo apuntaré⟩ **4** LETTER : nota *f*, cartita *f* ⟨to leave a note : dejar una nota⟩ **5** PROMINENCE : prestigio *m* ⟨a musician of note : un músico destacado⟩ **6** ATTENTION : atención *f* ⟨to take note of : tomar nota de, prestar atención a⟩ **7** TOUCH : nota *f*, dejo *m* **8 on a high note** : con una nota de optimismo

**notebook** [ˈnoːtˌbʊk] *n* **1** : libreta *f*, cuaderno *m* **2** : notebook *m* (computadora)

**noted** [ˈnoːtəd] *adj* EMINENT : renombrado, eminente, celebrado

**notepad** [ˈnoːtˌpæd] *n* : bloc *m* de notas

**notepaper** [ˈnoːtˌpeɪpər] *n* : papel *m* de escribir

**noteworthy** [ˈnoːtˌwərði] *adj* : notable, de notar, de interés

**nothing**[1] [ˈnʌθɪŋ] *adv* **1** : de ninguna manera ⟨nothing daunted, we carried on : sin amilanarnos, seguimos adelante⟩ **2 nothing like** : no . . . en nada ⟨he's nothing like his brother : no se parece en nada a su hermano⟩

**nothing**[2] *n* **1** NOTHINGNESS : nada *f* **2** ZERO : cero *m* **3** : persona *f* de poca importancia, cero *m* **4** TRIFLE : nimiedad *f*

**nothing**[3] *pron* : nada ⟨there's nothing better : no hay nada mejor⟩ ⟨there's nothing like . . . : no hay nada como . . .⟩ ⟨there's nothing to it : es facilísimo⟩ ⟨nothing else : nada más⟩ ⟨nothing but : solamente⟩ ⟨they're nothing but trouble : no traen más que problemas⟩ ⟨they mean nothing to me : ellos me son indiferentes⟩ ⟨I got it for nothing : me lo dieron gratis⟩ ⟨it was all for nothing : todo fue en vano⟩ ⟨are you hurt? it's nothing : ¿te hiciste daño? no es nada⟩ ⟨he's nothing if not polite : es muy cortés⟩

**nothingness** [ˈnʌθɪŋnəs] *n* **1** VOID : vacío *m*, nada *f* **2** NONEXISTENCE : inexistencia *f* **3** TRIFLE : nimiedad *f*

**notice**[1] [ˈnoːtɪs] *vt* **-ticed; -ticing** : notar, observar, advertir, darse cuenta de

**notice**[2] *n* **1** NOTIFICATION : aviso *m*, notificación *f* ⟨at/on short notice, at a moment's notice : con poca antelación⟩ ⟨until further notice : hasta nuevo aviso⟩ ⟨without notice : sin previo aviso⟩ ⟨to give notice : presentar la renuncia⟩ **2** ATTENTION : atención *f* ⟨to take notice of : prestar atención a⟩ ⟨to make someone sit up and take notice : hacer que alguien preste atención⟩

**noticeable** [ˈnoːtɪsəbəl] *adj* : evidente, perceptible — **noticeably** [-bli] *adv*

**notification** [ˌnoːtəfəˈkeɪʃən] *n* : notificación *f*, aviso *m*

**notify** [ˈnoːtəˌfaɪ] *vt* **-fied; -fying** : notificar, avisar

**notion** [ˈnoːʃən] *n* **1** IDEA : idea *f*, noción *f* **2** WHIM : capricho *m*, antojo *m* **3 notions** *npl* : artículos *mpl* de mercería

**notoriety** [ˌnoːtəˈraɪəti] *n* : mala fama *f*, notoriedad *f*

**notorious** [noˈtoːriəs] *adj* : de mala fama, célebre, bien conocido

**notwithstanding**[1] [ˌnɑtwɪθˈstændɪŋ, -wɪð-] *adv* NEVERTHELESS : no obstante, sin embargo

**notwithstanding**[2] *conj* : a pesar de que

**notwithstanding**[3] *prep* : a pesar de, no obstante

**nougat** [ˈnuːgət] *n* : turrón *m*

**nought** [ˈnɔt, ˈnɑt] → **naught**

**noun** [ˈnaʊn] *n* : nombre *m*, sustantivo *m*

**nourish** [ˈnərɪʃ] *vt* **1** FEED : alimentar, nutrir, sustentar **2** FOSTER : fomentar, alentar

**nourishing** [ˈnərɪʃɪŋ] *adj* : alimenticio, nutritivo

**nourishment** [ˈnərɪʃmənt] *n* : nutrición *f*, alimento *m*, sustento *m*

**novel**[1] [ˈnɑvəl] *adj* : original, novedoso
**novel**[2] *n* : novela *f*
**novelist** [ˈnɑvəlɪst] *n* : novelista *mf*
**novelty** [ˈnɑvəlti] *n, pl* **-ties** **1** : novedad *f* **2 novelties** *npl* TRINKETS : baratijas *fpl*, chucherías *fpl*
**November** [noˈvɛmbər] *n* : noviembre *m* ⟨they arrived on the 18th of November, they arrived on November 18th : llegaron el 18 de noviembre⟩
**novena** [noˈviːnə] *n* : novena *f*
**novice** [ˈnɑvɪs] *n* : novato *m*, -ta *f*; principiante *mf*; novicio *m*, -cia *f*
**novocaine** [ˈnoːvəˌkeɪn] *n* : novocaína *f*
**now**[1] [ˈnaʊ] *adv* **1** PRESENTLY : ahora, ya, actualmente ⟨from now on : de ahora en adelante⟩ ⟨for now : por ahora⟩ ⟨for several months now : desde hace varios meses⟩ ⟨between now and . . . , from now until . . . : de aquí a . . .⟩ ⟨long before now : ya hace tiempo⟩ ⟨now or never : ahora o nunca⟩ **2** SOON : dentro de poco, pronto ⟨any day now : cualquier día de estos⟩ ⟨they'll be here any minute now : estarán por caer⟩ **3** : ahora, como están las cosas ⟨do you believe me now? : ¿ahora me crees?⟩ **4** IMMEDIATELY : ahora (mismo), inmediatamente ⟨do it right now! : ¡hazlo ahora mismo!⟩ **5** THEN : ya, entonces ⟨now they were ready : ya estaban listos⟩ **6** (*used to introduce a statement, a question, a command, or a transition*) ⟨now hear this! : ¡presten atención!⟩ ⟨now what do you think of that? : ¿qué piensas de eso?⟩ **7 now and then** : de vez en cuando **8 now, now** : vamos, vamos
**now**[2] *n* (*indicating the present time*) ⟨until now : hasta ahora⟩ ⟨by now : ya⟩ ⟨ten years from now : dentro de 10 años⟩
**now**[3] *conj* **now that** : ahora que, ya que
**nowadays** [ˈnaʊəˌdeɪz] *adv* : hoy en día, actualmente, en la actualidad
**nowhere**[1] [ˈnoːˌhwɛr] *adv* **1** : en ninguna parte, a ningún lado ⟨nowhere to be found : en ninguna parte, por ningún lado⟩ ⟨you're going nowhere : no estás yendo a ningún lado, no estás yendo a ninguna parte⟩ **2 nowhere near** : ni con mucho, nada cerca ⟨it's nowhere near here : no está nada cerca de aquí⟩ ⟨it's nowhere near finished : no está terminado ni mucho menos⟩
**nowhere**[2] *n* **1** : ninguna parte *f* **2 out of nowhere** : de la nada
**noxious** [ˈnɑkʃəs] *adj* : nocivo, dañino, tóxico
**nozzle** [ˈnɑzəl] *n* : boca *f*, boquilla *f*
**nth** [ˈɛnθ] *adj* **1** : enésimo ⟨for the nth time : por enésima vez⟩ **2 to the nth degree** EXTREMELY : al máximo, sumamente
**nuance** [ˈnuːˌɑnʊs, ˈnjuː-] *n* : matiz *m*
**nub** [ˈnʌb] *n* **1** KNOB, LUMP : protuberancia *f*, nudo *m* **2** GIST : quid *m*, meollo *m*
**nuclear** [ˈnuːkliər, ˈnjuː-] *adj* : nuclear
**nucleus** [ˈnuːkliəs, ˈnjuː-] *n, pl* **-clei** [-kliˌaɪ] : núcleo *m*
**nude**[1] [ˈnuːd, ˈnjuːd] *adj* **nuder; nudest** : desnudo
**nude**[2] *n* : desnudo *m*
**nudge**[1] [ˈnʌdʒ] *vt* **nudged; nudging** : darle con el codo (a alguien)
**nudge**[2] *n* : toque *m* que se da con el codo
**nudism** [ˈnuːˌdɪzəm, ˈnjuː-] *n* : nudismo *m*
**nudist** [ˈnuːdɪst, ˈnjuː-] *n* : nudista *mf*
**nudity** [ˈnuːdəti, ˈnjuː-] *n* : desnudez *f*
**nugget** [ˈnʌgət] *n* : pepita *f*
**nuisance** [ˈnuːsənʊs, ˈnjuː-] *n* **1** BOTHER : fastidio *m*, molestia *f*, lata *f* **2** PEST : pesado *m*, -da *f fam*
**nuke**[1] [ˈnuːk, ˈnjuːk] *vt* **nuked; nuking** *fam* **1** : atacar con armas nucleares **2** : cocinar en el microondas
**nuke**[2] *n fam* : arma *m* nuclear
**null** [ˈnʌl] *adj* : nulo ⟨null and void : nulo y sin efecto⟩
**nullify** [ˈnʌləˌfaɪ] *vt* **-fied; -fying** : invalidar, anular
**nullity** [ˈnʌləti] *n, pl* **-ties** : nulidad *f*
**numb**[1] [ˈnʌm] *vt* : entumecer, adormecer
**numb**[2] *adj* : entumecido, dormido ⟨numb with fear : paralizado de miedo⟩
**number**[1] [ˈnʌmbər] *vt* **1** COUNT, INCLUDE : contar, incluir **2** : numerar ⟨number the pages : numera las páginas⟩ **3** TOTAL : ascender a, sumar
**number**[2] *n* **1** : número *m* ⟨in round numbers : en números redondos⟩ **2** *or* **telephone number** *or* **phone number** : número *m* (de teléfono) **3 a number of** : varios, unos pocos, unos cuantos **4 any number of** : una cantidad de **5 to look out for number one** : pensar ante todo en el propio interés
**numberless** [ˈnʌmbərləs] *adj* : innumerable, sin número
**numbness** [ˈnʌmnəs] *n* : entumecimiento *m*
**numeral** [ˈnuːmərəl, ˈnjuː-] *n* : número *m* ⟨Roman numeral : número romano⟩
**numerator** [ˈnuːməˌreɪtər, ˈnjuː-] *n* : numerador *m*
**numeric** [noˈmɛrɪk, njʊ-] *adj* : numérico
**numerical** [noˈmɛrɪkəl, njʊ-] *adj* : numérico — **numerically** [-kli] *adv*
**numerous** [ˈnuːmərəs, ˈnjuː-] *adj* : numeroso
**numismatics** [ˌnuːməzˈmæṭɪks, ˌnjuː-] *n* : numismática *f*
**numskull** [ˈnʌmˌskʌl] *n* : tonto *m*, -ta *f*; mentecato *m*, -ta *f*; zoquete *m fam*
**nun** [ˈnʌn] *n* : monja *f*
**nuptial** [ˈnʌpʃəl] *adj* : nupcial
**nuptials** [ˈnʌpʃəlz] *npl* WEDDING : nupcias *fpl*, boda *f*
**nurse**[1] [ˈnərs] *vt* **nursed; nursing** **1** SUCKLE : amamantar **2** : cuidar (de), atender ⟨to nurse the sick : cuidar a los enfermos⟩ ⟨to nurse a cold : curarse de un resfriado⟩
**nurse**[2] *n* **1** : enfermero *m*, -ra *f* **2** → **nursemaid**
**nursemaid** [ˈnərsˌmeɪd] *n* : niñera *f*
**nursery** [ˈnərsəri] *n, pl* **-eries** **1** *or* **day nursery** : guardería *f* **2** : vivero *m* (de plantas)
**nursery rhyme** *n* : canción *f* infantil
**nursery school** *n* : parvulario *m*
**nursing** [ˈnərsɪŋ] *n* : profesión *f* de enfermero

**nursing home** *n* : hogar *m* de ancianos, clínica *f* de reposo

**nurture**[1] ['nərtʃər] *vt* **-tured; -turing** **1** FEED, NOURISH : nutrir, alimentar **2** EDUCATE : criar, educar **3** FOSTER : alimentar, fomentar

**nurture**[2] *n* **1** UPBRINGING : crianza *f*, educación *f* **2** FOOD : alimento *m*

**nut** ['nʌt] *n* **1** : nuez *f* **2** : tuerca *f* ⟨nuts and bolts : tuercas y tornillos⟩ **3** LUNATIC : loco *m*, -ca *f*; chiflado *m*, -da *f* *fam* **4** ENTHUSIAST : fanático *m*, -ca *f*; entusiasta *mf*

**nutcracker** ['nʌtˌkrækər] *n* : cascanueces *m*

**nuthatch** ['nʌtˌhætʃ] *n* : trepador *m*

**nutmeg** ['nʌtˌmɛg] *n* : nuez *f* moscada

**nutria** ['nu:triə, 'nju:-] *n* : nutria *f*

**nutrient** ['nu:triənt, 'nju:-] *n* : nutriente *m*, alimento *m* nutritivo

**nutriment** ['nu:trəmənt, 'nju:-] *n* : nutrimento *m*

**nutrition** [nu'trɪʃən, nju-] *n* : nutrición *f*

**nutritional** [nu'trɪʃənəl, nju-] *adj* : alimenticio

**nutritionist** [nu'trɪʃənɪst, nju-] *n* : nutricionista *mf*

**nutritious** [nu'trɪʃəs, nju-] *adj* : nutritivo, alimenticio

**nuts** ['nʌts] *adj* **1** FANATICAL : fanático **2** CRAZY : loco, chiflado *fam*

**nutshell** ['nʌtˌʃɛl] *n* **1** : cáscara *f* de nuez **2 in a nutshell** : en pocas palabras

**nutty** ['nʌti] *adj* **nuttier; -est** : loco, chiflado *fam*

**nuzzle** ['nʌzəl] *v* **-zled; -zling** *vi* NESTLE : acurrucarse, arrimarse — *vt* : acariciar con el hocico

**nylon** ['naɪˌlɑn] *n* **1** : nilón *m* **2 nylons** *npl* : medias *fpl* de nilón

**nymph** ['nɪmpf] *n* : ninfa *f*

# O

**o** ['o:] *n, pl* **o's** *or* **os** ['o:z] **1** : decimoquinta letra del alfabeto inglés **2** ZERO : cero *m*

**O** ['o:] → **oh**

**oaf** ['o:f] *n* : zoquete *m*; bruto *m*, -ta *f*

**oafish** ['o:fɪʃ] *adj* : torpe, lerdo

**oak** ['o:k] *n, pl* **oaks** *or* **oak** : roble *m*

**oaken** ['o:kən] *adj* : de roble

**oar** ['or] *n* : remo *m*

**oarlock** ['orˌlɑk] *n* : tolete *m*

**oasis** [o'eɪsɪs] *n, pl* **oases** [-ˌsi:z] : oasis *m*

**oat** ['o:t] *n* : avena *f*

**oath** ['o:θ] *n, pl* **oaths** ['o:ðz, 'o:θs] **1** : juramento *m* ⟨to take an oath : prestar juramento⟩ **2** SWEARWORD : mala palabra *f*, palabrota *f*

**oatmeal** ['o:tˌmi:l] *n* : avena *f* ⟨instant oatmeal : avena instantánea⟩

**obdurate** ['ɑbdʊrət, -djʊ-] *adj* : inflexible, firme, obstinado

**obedience** [o'bi:diənts] *n* : obediencia *f*

**obedient** [o'bi:diənt] *adj* : obediente — **obediently** *adv*

**obelisk** ['ɑbəˌlɪsk] *n* : obelisco *m*

**obese** [o'bi:s] *adj* : obeso

**obesity** [o'bi:səti] *n* : obesidad *f*

**obey** [o'beɪ] *v* **obeyed; obeying** : obedecer ⟨to obey the law : cumplir la ley⟩

**obfuscate** ['ɑbfəˌskeɪt] *vt* **-cated; -cating** : ofuscar, confundir

**obituary** [ə'bɪtʃuˌɛri] *n, pl* **-aries** : obituario *m*, necrología *f*

**object**[1] [əb'ʤɛkt] *vt* : objetar — *vi* : oponerse, poner reparos, hacer objeciones

**object**[2] ['ɑbʤɪkt] *n* **1** : objeto *m* **2** OBJECTIVE, PURPOSE : objetivo *m*, propósito *m* **3** : complemento *m* (en gramática)

**objection** [əb'ʤɛkʃən] *n* : objeción *f*

**objectionable** [əb'ʤɛkʃənəbəl] *adj* : ofensivo, indeseable — **objectionably** [-bli] *adv*

**objective**[1] [əb'ʤɛktɪv] *adj* **1** IMPARTIAL : objetivo, imparcial **2** : de complemento, directo (en gramática)

**objective**[2] *n* **1** : objetivo *m* **2** *or* **objective case** : acusativo *m*

**objectively** [əb'ʤɛktɪvli] *adv* : objetivamente

**objectivity** [ˌɑbˌʤɛk'tɪvəti] *n, pl* **-ties** : objetividad *f*

**objector** [əb'ʤɛktər] *n* : objetor *m*, -tora *f* ⟨conscientious objector : objetor de conciencia⟩

**obligate** ['ɑbləˌgeɪt] *vt* **-gated; -gating** : obligar

**obligation** [ˌɑbləˈgeɪʃən] *n* : obligación *f*

**obligatory** [ə'blɪgəˌtori] *adj* : obligatorio

**oblige** [ə'blaɪʤ] *vt* **obliged; obliging** **1** COMPEL : obligar **2** : hacerle un favor (a alguien), complacer ⟨to oblige a friend : hacerle un favor a un amigo⟩ **3 to be much obliged** : estar muy agradecido

**obliging** [ə'blaɪʤɪŋ] *adj* : servicial, complaciente — **obligingly** *adv*

**oblique** [o'bli:k] *adj* **1** SLANTING : oblicuo **2** INDIRECT : indirecto — **obliquely** *adv*

**obliterate** [ə'blɪtəˌreɪt] *vt* **-ated; -ating** **1** ERASE : obliterar, borrar **2** DESTROY : destruir, eliminar

**obliteration** [əˌblɪtəˈreɪʃən] *n* : obliteración *f*

**oblivion** [ə'blɪviən] *n* : olvido *m*

**oblivious** [ə'blɪviəs] *adj* : inconsciente — **obliviously** *adv*

**oblong**[1] ['ɑˌblɔŋ] *adj* : oblongo

**oblong**[2] *n* : figura *f* oblonga, rectángulo *m*

**obnoxious** [ɑb'nɑkʃəs, əb-] *adj* : repugnante, odioso — **obnoxiously** *adv*

**oboe** ['o:ˌbo:] *n* : oboe *m*

**oboist** ['oˌboɪst] *n* : oboe *mf*

**obscene** [ɑb'si:n, əb-] *adj* : obsceno, indecente — **obscenely** *adv*

**obscenity** [əbˈsɛnəṭi, əb-] *n, pl* **-ties** : obscenidad *f*

**obscure**[1] [əbˈskjʊr, əb-] *vt* **-scured; -scuring** **1** CLOUD, DIM : oscurecer, nublar **2** HIDE : ocultar

**obscure**[2] *adj* **1** DIM : oscuro **2** REMOTE, SECLUDED : recóndito **3** VAGUE : oscuro, confuso, vago **4** UNKNOWN : desconocido ⟨an obscure poet : un poeta desconocido⟩ — **obscurely** *adv*

**obscurity** [əbˈskjʊrəṭi, əb-] *n, pl* **-ties** : oscuridad *f*

**obsequious** [əbˈsiːkwiəs] *adj* : servil, excesivamente atento

**observable** [əbˈzərvəbəl] *adj* : observable, perceptible

**observance** [əbˈzərvənts] *n* **1** FULFILLMENT : observancia *f*, cumplimiento *m* **2** PRACTICE : práctica *f*

**observant** [əbˈzərvənt] *adj* : observador

**observation** [ˌɑbsərˈveɪʃən, -zər-] *n* : observación *f*

**observatory** [əbˈzərvəˌtori] *n, pl* **-ries** : observatorio *m*

**observe** [əbˈzərv] *v* **-served; -serving** *vt* **1** OBEY : observar, obedecer **2** CELEBRATE : celebrar, guardar (una práctica religiosa) **3** WATCH : observar, mirar **4** REMARK : observar, comentar — *vi* LOOK : mirar

**observer** [əbˈzərvər] *n* : observador *m*, -dora *f*

**obsess** [əbˈsɛs] *vt* : obsesionar

**obsession** [əbˈseʃən, əb-] *n* : obsesión *f*

**obsessive** [əbˈsɛsɪv, əb-] *adj* : obsesivo — **obsessively** *adv*

**obsolescence** [ˌɑbsəˈlɛsənts] *n* : obsolescencia *f*

**obsolescent** [ˌɑbsəˈlɛsənt] *adj* : obsolescente ⟨to become obsolescent : caer en desuso⟩

**obsolete** [ˌɑbsəˈliːt, ˈɑbsəˌ-] *adj* : obsoleto, anticuado

**obstacle** [ˈɑbstɪkəl] *n* : obstáculo *m*, impedimento *m*

**obstetric** [əbˈstɛtrɪk] *or* **obstetrical** [-trɪkəl] *adj* : obstétrico

**obstetrician** [ˌɑbstəˈtrɪʃən] *n* : obstetra *mf*; tocólogo *m*, -ga *f*

**obstetrics** [əbˈstɛtrɪks] *ns & pl* : obstetricia *f*, tocología *f*

**obstinacy** [ˈɑbstənəsi] *n, pl* **-cies** : obstinación *f*, terquedad *f*

**obstinate** [ˈɑbstənət] *adj* : obstinado, terco — **obstinately** *adv*

**obstreperous** [əbˈstrɛpərəs] *adj* **1** CLAMOROUS : ruidoso, clamoroso **2** UNRULY : rebelde, indisciplinado

**obstruct** [əbˈstrʌkt] *vt* : obstruir, bloquear

**obstruction** [əbˈstrʌkʃən] *n* : obstrucción *f*, bloqueo *m*

**obstructive** [əbˈstrʌktɪv] *adj* : obstructor

**obtain** [əbˈteɪn] *vt* : obtener, conseguir — *vi* PREVAIL : imperar, prevalecer

**obtainable** [əbˈteɪnəbəl] *adj* : obtenible, asequible

**obtrusive** [əbˈtruːsɪv] *adj* **1** IMPERTINENT, MEDDLESOME : impertinente, entrometido **2** PROTRUDING : prominente

**obtuse** [ɑbˈtuːs, əb-, -ˈtjuːs] *adj* : obtuso, torpe

**obtuse angle** *n* : ángulo obtuso

**obvious** [ˈɑbviəs] *adj* : obvio, evidente, manifiesto

**obviously** [ˈɑbviəsli] *adv* **1** CLEARLY : obviamente, evidentemente **2** OF COURSE : claro, por supuesto

**occasion**[1] [əˈkeɪʒən] *vt* : ocasionar, causar

**occasion**[2] *n* **1** OPPORTUNITY : oportunidad *f*, ocasión *f* **2** CAUSE : motivo *m*, razón *f* **3** INSTANCE : ocasión *f* **4** EVENT : ocasión *f*, acontecimiento *m* **5 on ~** : de vez en cuando, ocasionalmente

**occasional** [əˈkeɪʒənəl] *adj* : ocasional

**occasionally** [əˈkeɪʒənəli] *adv* : de vez en cuando, ocasionalmente

**occult**[1] [əˈkʌlt, ˈɑˌkʌlt] *adj* **1** HIDDEN, SECRET : oculto, secreto **2** ARCANE : arcano, esotérico

**occult**[2] *n* **the occult** : las ciencias ocultas

**occupancy** [ˈɑkjəpənts] *n, pl* **-cies** : ocupación *f*, habitación *f*

**occupant** [ˈɑkjəpənt] *n* : ocupante *mf*

**occupation** [ˌɑkjəˈpeɪʃən] *n* : ocupación *f*, profesión *f*, oficio *m*

**occupational** [ˌɑkjəˈpeɪʃənəl] *adj* : ocupacional

**occupier** [ˈɑkjəˌpaɪər] *n* : ocupante *mf*

**occupy** [ˈɑkjəˌpaɪ] *vt* **-pied; -pying** : ocupar

**occur** [əˈkər] *vi* **occurred; occurring** **1** EXIST : encontrarse, existir **2** HAPPEN : ocurrir, acontecer, suceder, tener lugar **3** : ocurrirse ⟨it occurred to him that . . . : se le ocurrió que . . .⟩

**occurrence** [əˈkərənts] *n* : acontecimiento *m*, suceso *m*, ocurrencia *f*

**ocean** [ˈoːʃən] *n* : océano *m*

**oceanic** [ˌoːʃiˈænɪk] *adj* : oceánico

**oceanography** [ˌoːʃəˈnɑgrəfi] *n* : oceanografía *f* — **oceanographic** *adj*

**ocelot** [ˈɑsəˌlɑt, ˈoː-] *n* : ocelote *m*

**ocher** *or* **ochre** [ˈoːkər] *n* : ocre *m*

**o'clock** [əˈklɑk] *adv* (*used in telling time*) ⟨it's ten o'clock : son las diez⟩ ⟨at six o'clock : à las seis⟩

**octagon** [ˈɑktəˌgɑn] *n* : octágono *m*

**octagonal** [ɑkˈtægənəl] *adj* : octagonal

**octave** [ˈɑktɪv] *n* : octava *f*

**October** [ɑkˈtoːbər] *n* : octubre *m* ⟨they arrived on the 13th of October, they arrived on October 13th : llegaron el 13 de octubre⟩

**octopus** [ˈɑktəˌpʊs, -pəs] *n, pl* **-puses** *or* **-pi** [-ˌpaɪ] : pulpo *m*

**ocular** [ˈɑkjələr] *adj* : ocular

**oculist** [ˈɑkjəlɪst] *n* **1** OPHTHALMOLOGIST : oftalmólogo *m*, -ga *f*; oculista *mf* **2** OPTOMETRIST : optometrista *mf*

**odd** [ˈɑd] *adj* **1** : sin pareja, suelto ⟨an odd sock : un calcetín sin pareja⟩ **2** UNEVEN : impar ⟨odd numbers : números impares⟩ **3** : y pico, y tantos ⟨forty-odd years ago : hace cuarenta y pico años⟩ **4** : alguno, uno que otro ⟨odd jobs : algunos trabajos⟩ **5** STRANGE : extraño, raro

**oddball** [ˈɑdˌbɔl] *n* : excéntrico *m*, -ca *f*; persona *f* rara

**oddity** [ˈɑdəti] *n, pl* **-ties** : rareza *f*, cosa *f* rara
**oddly** [ˈɑdli] *adv* : de manera extraña
**oddness** [ˈɑdnəs] *n* : rareza *f*, excentricidad *f*
**odds** [ˈɑdz] *npl* **1** CHANCES : probabilidades *fpl* ⟨against all odds : contra viento y marea⟩ **2** : puntos *mpl* de ventaja (de una apuesta) **3 to be at odds** : estar en desacuerdo
**odds and ends** *npl* : costillas *fpl*, cosas *fpl* sueltas, cachivaches *mpl*
**ode** [ˈoːd] *n* : oda *f*
**odious** [ˈoːdiəs] *adj* : odioso — **odiously** *adv*
**odometer** [oˈdɑmətər] *n* : cuentakilómetros *m*, odómetro *m*
**odor** [ˈoːdər] *n* : olor *m*
**odorless** [ˈoːdərləs] *adj* : inodoro, sin olor
**odyssey** [ˈɑdəsi] *n, pl* **-seys** : odisea *f*
**o'er** [ˈor] → **over**
**of** [ˈʌv, ˈəv] *prep* **1** FROM : de ⟨a man of the city : un hombre de la ciudad⟩ **2** (*indicating a quality or characteristic*) : de ⟨a woman of great ability : una mujer de gran capacidad⟩ ⟨a boy of twelve : un niño de doce años⟩ ⟨her husband of 30 years : su marido, con quien lleva 30 años de casada⟩ **3** (*describing behavior*) : de parte de (alguien) ⟨that was very nice of you : fue muy amable de tu parte⟩ **4** (*indicating cause*) : de ⟨he died of the flu : murió de la gripe⟩ **5** BY : de ⟨the works of Shakespeare : las obras de Shakespeare⟩ **6** (*indicating contents, material, or quantity*) : de ⟨a house of wood : una casa de madera⟩ ⟨a glass of water : un vaso de agua⟩ ⟨thousands of people : miles de personas⟩ **7** (*indicating belonging or connection*) : de ⟨the front of the house : el frente de la casa⟩ ⟨a friend of mine : un amigo mío⟩ ⟨the President of the United States : el presidente de los Estados Unidos⟩ ⟨the best of intentions : las mejores intenciones⟩ **8** (*indicating belonging to a group*) : de ⟨one of my friends : uno de mis amigos⟩ ⟨the four of us went : fuimos los cuatro⟩ ⟨two of which : dos de los/las cuales⟩ **9** ABOUT : sobre, de ⟨tales of the West : los cuentos del Oeste⟩ **10** (*indicating a particular example*) : de ⟨the city of Caracas : la ciudad de Caracas⟩ **11** FOR : por, a ⟨love of country : amor por la patria⟩ **12** (*indicating time or date*) ⟨five minutes of ten : las diez menos cinco⟩ ⟨the eighth of April : el ocho de abril⟩
**off**[1] [ˈɔf] *adv* **1** (*indicating change of position or state*) ⟨to march off : marcharse⟩ ⟨he dozed off : se puso a dormir⟩ **2** (*indicating distance in space or time*) ⟨some miles off : a varias millas⟩ ⟨the holiday is three weeks off : faltan tres semanas para la fiesta⟩ **3** (*indicating removal*) ⟨the knob came off : se le cayó el pomo⟩ ⟨he took off his coat : se quitó el abrigo⟩ **4** (*indicating termination*) ⟨shut the television off : apaga la televisión⟩ ⟨to finish off : terminar, acabar⟩ **5** (*indicating suspension of work*) ⟨to take a day off : tomarse un día de descanso⟩ **6 off and on** : de vez en cuando
**off**[2] *adj* **1** FARTHER : más remoto, distante ⟨the off side of the building : el lado distante del edificio⟩ **2** STARTED : empezado ⟨to be off on a spree : irse de juerga⟩ **3** OUT : apagado ⟨the light is off : la luz está apagada⟩ **4** CANCELED : cancelado, suspendido **5** INCORRECT : erróneo, incorrecto **6** REMOTE : remoto, lejano ⟨an off chance : una posibilidad remota⟩ **7** FREE : libre ⟨I'm off today : hoy estoy libre⟩ **8** SPOILED : estropeado, cortado **9 to be well off** : vivir con desahogo, tener bastante dinero
**off**[3] *prep* **1** (*indicating physical separation*) : de ⟨she took it off the table : lo tomó de la mesa⟩ ⟨a shop off the main street : una tienda al lado de la calle principal⟩ **2** : a la costa de, a expensas de ⟨he lives off his sister : vive a expensas de su hermana⟩ **3** (*indicating the suspension of an activity*) ⟨to be off duty : estar libre⟩ ⟨he's off liquor : ha dejado el alcohol⟩ **4** BELOW : por debajo de ⟨he's off his game : está por debajo de su juego normal⟩
**offal** [ˈɔfəl] *n* **1** RUBBISH, WASTE : desechos *mpl*, desperdicios *mpl* **2** VISCERA : vísceras *fpl*, asaduras *fpl*
**off–balance** [ˈɔfˈbælənts] *adj* : desequilibrado
**off–color** [ˈɔfˈkʌlər] *adj* : subido de tono, pícaro, picante
**offend** [əˈfɛnd] *vt* **1** VIOLATE : violar, atentar contra **2** HURT : ofender ⟨to be easily offended : ser muy susceptible⟩
**offender** [əˈfɛndər] *n* : delincuente *mf*; infractor *m*, -tora *f*
**offense** *or* **offence** [əˈfɛnts, ˈɔˌfɛnts] *n* **1** INSULT : ofensa *f*, injuria *f*, agravio *m* ⟨to take offense : ofenderse⟩ **2** ASSAULT : ataque *m* **3** : ofensiva *f* (en deportes) **4** CRIME, INFRACTION : infracción *f*, delito *m*
**offensive**[1] [əˈfɛntsɪv, ˈɔˌfɛnt-] *adj* : ofensivo — **offensively** *adv*
**offensive**[2] *n* : ofensiva *f*
**offer**[1] [ˈɔfər] *vt* **1** : ofrecer ⟨they offered him the job : le ofrecieron el puesto⟩ **2** PROPOSE : proponer, sugerir **3** SHOW : ofrecer, mostrar ⟨to offer resistance : ofrecer resistencia⟩
**offer**[2] *n* : oferta *f*, ofrecimiento *m*, propuesta *f*
**offering** [ˈɔfərɪŋ] *n* : ofrenda *f*
**offhand**[1] [ˈɔfˈhænd] *adv* : sin preparación, sin pensarlo
**offhand**[2] *adj* **1** IMPROMPTU : improvisado **2** ABRUPT : brusco
**office** [ˈɔfəs] *n* **1** : cargo *m* ⟨to run for office : presentarse como candidato⟩ **2** : oficina *f*, despacho *m*, gabinete *m* (en la casa)
**officeholder** [ˈɔfəsˌhoːldər] *n* : titular *mf*
**office hours** *n* : horas *fpl* de oficina
**officer** [ˈɔfəsər] *n* **1** → **police officer** **2** OFFICIAL : oficial *mf*; funcionario *m*, -ria *f*; director *m*, -tora *f* (en una empresa) **3** COMMISSIONED OFFICER : oficial *mf*

**office worker** *n* : oficinista *mf*
**official**[1] [əˈfɪʃəl] *adj* : oficial — **officially** *adv*
**official**[2] *n* : funcionario *m*, -ria *f*; oficial *mf*
**officiate** [əˈfɪʃiˌeɪt] *v* **-ated; -ating** *vi* **1** : arbitrar (en deportes) **2 to officiate at** : oficiar, celebrar — *vt* : arbitrar
**officious** [əˈfɪʃəs] *adj* : oficioso
**offing** [ˈɔfɪŋ] *n* **in the offing** : en perspectiva
**off-key** [ˈɔfˈki:] *adj* : desafinado
**off-line** [ˈɔfˈlaɪn] *adj* : fuera de línea
**off-peak** [ˈɔfˈpi:k] *adj* : fuera de las horas pico
**off-putting** [ˈɔfˌpʊṭɪŋ] *adj* : desagradable, repelente
**offset** [ˈɔfˌsɛt] *vt* **-set; -setting** : compensar
**offshoot** [ˈɔfˌʃu:t] *n* **1** OUTGROWTH : producto *m*, resultado *m* **2** BRANCH, SHOOT : retoño *m*, rama *f*, vástago *m* (de una planta)
**offshore**[1] [ˈɔfˈʃor] *adv* : a una distancia de la costa
**offshore**[2] *adj* **1** : de (la) tierra ⟨an offshore wind : un viento que sopla de tierra⟩ **2** : (de) costa afuera, cercano a la costa ⟨an offshore island : una isla costera⟩
**offside** [ˈɔfˈsaɪd] *adj* : fuera de juego (en deportes)
**offspring** [ˈɔfˌsprɪŋ] *ns & pl* **1** YOUNG : crías *fpl* (de los animales) **2** PROGENY : prole *f*, progenie *f*
**off-white** [ˈɔfˈhwaɪt] *adj* : blancuzco
**often** [ˈɔfən, ˈɔftən] *adv* : muchas veces, a menudo, seguido
**oftentimes** [ˈɔfənˌtaɪmz, ˈɔftən-] *or* **oft-times** [ˈɔftˌtaɪmz] → **often**
**ogle** [ˈo:gəl] *vt* **ogled; ogling** : comerse con los ojos, quedarse mirando a
**ogre** [ˈo:gər] *n* : ogro *m*
**oh** [ˈo:] *interj* : ¡oh!, ¡ah!, ¡ay! ⟨oh, of course : ah, por supuesto⟩ ⟨oh no! : ¡ay no!⟩ ⟨oh really? : ¿de veras?⟩
**ohm** [ˈo:m] *n* : ohm *m*, ohmio *m*
**oil**[1] [ˈɔɪl] *vt* : lubricar, engrasar, aceitar
**oil**[2] *n* **1** : aceite *m* **2** PETROLEUM : petróleo *m* **3** *or* **oil painting** : óleo *m*, pintura *f* al óleo **4** *or* **oil paint(s)** : óleo *m*
**oilcan** [ˈɔɪlˌkæn] *n* : aceitera *f*
**oilcloth** [ˈɔɪlˌklɔθ] *n* : hule *m*
**oiliness** [ˈɔɪlinəs] *n* : lo aceitoso
**oil rig** → **rig**[2]
**oilskin** [ˈɔɪlˌskɪn] *n* **1** : hule *m* **2 oil-skins** *npl* : impermeable *m*
**oil slick** *n* : marea *f* negra
**oil well** *n* : pozo *m* petrolero
**oily** [ˈɔɪli] *adj* **oilier; -est** : aceitoso, grasiento, grasoso ⟨oily fingers : dedos grasientos⟩
**ointment** [ˈɔɪntmənt] *n* : ungüento *m*, pomada *f*
**OK**[1] [ˌo:ˈkeɪ] *vt* **OK'd** *or* **okayed** [ˌo:ˈkeɪd]; **OK'ing** *or* **okaying** APPROVE, AUTHORIZE : dar el visto bueno a, autorizar, aprobar
**OK**[2] *or* **okay** [ˌo:ˈkeɪ] *adv* **1** WELL : bien **2** YES : sí, por supuesto
**OK**[3] *adj* : bien ⟨he's OK : está bien⟩ ⟨it's OK with me : estoy de acuerdo⟩
**OK**[4] *n* : autorización *f*, visto *m* bueno
**okra** [ˈo:krə, South also -ri] *n* : quingombó *m*
**old**[1] [ˈo:ld] *adj* **1** ANCIENT : antiguo ⟨old civilizations : civilizaciones antiguas⟩ **2** FAMILIAR : viejo ⟨old friends : viejos amigos⟩ ⟨the same old story : la misma historia de siempre⟩ **3** (*indicating a certain age*) ⟨how old is he? : ¿cuántos años tiene?⟩ ⟨he's ten years old : tiene diez años (de edad)⟩ ⟨he's a year older than I am : es un año mayor que yo⟩ ⟨she's my older sister : es mi hermana mayor⟩ ⟨our oldest daughter : nuestra hija mayor⟩ **4** AGED : viejo, anciano ⟨an old woman : una anciana⟩ **5** FORMER : antiguo ⟨her old neighborhood : su antiguo barrio⟩ **6** WORN-OUT : viejo, gastado **7 any old** *fam* : cualquier
**old**[2] *n* **1 the old** : los viejos, los ancianos **2 in the days of old** : antaño, en los tiempos antiguos
**old age** *n* : vejez *f*
**olden** [ˈo:ldən] *adj* : de antaño, de antigüedad
**old-fashioned** [ˈo:ldˈfæʃənd] *adj* : anticuado, pasado de moda
**old maid** *n offensive* SPINSTER : solterona *f*
**Old Testament** *n* : Antiguo Testamento *m*
**old-time** [ˈo:ldˈtaɪm] *adj* : antiguo
**old-timer** [ˈo:ldˈtaɪmər] *n* **1** VETERAN : veterano *m*, -na *f* **2** *or* **oldster** : anciano *m*, -na *f*
**old-world** [ˈo:ldˈwərld] *adj* : pintoresco (de antaño)
**oleander** [ˈo:liˌændər] *n* : adelfa *f*
**oleomargarine** [ˌo:lioˈmarʤərən] → **margarine**
**olfactory** [alˈfæktəri, ol-] *adj* : olfativo
**oligarchy** [ˈaləˌgarki, ˈo:lə-] *n, pl* **-chies** : oligarquía *f*
**olive** [ˈalɪv, -ləv] *n* **1** : aceituna *f*, oliva *f* (fruta) **2** : olivo *m* (árbol) **3** *or* **olive green** : color *m* aceituna, verde *m* oliva
**olive oil** *n* : aceite *m* de oliva
**Olmec** [ˈalˌmɛk, ˈo:l-] *n* : olmeca *mf* — **Olmec** *adj*
**Olympiad** [əˈlɪmpiˌæd, o-] *n* : olimpiada *f*
**Olympic** [əˈlɪmpɪk, o-] *adj* : olímpico
**Olympic Games** *npl* : Juegos *mpl* Olímpicos
**Olympics** [əˈlɪmpɪks, o-] *npl* : olimpiadas *fpl*
**Omani** [oˈmɑni, -ˈmæ-] *n* : omaní *mf* — **Omani** *adj*
**ombudsman** [ˈɑmˌbʊdzmən, ɑm-ˈbʊdz-] *n, pl* **-men** [-mən, -ˌmɛn] : ombudsman *m*
**omelet** *or* **omelette** [ˈɑmlət, ˈɑmə-] *n* : omelette *mf*, tortilla *f* (de huevo)
**omen** [ˈo:mən] *n* : presagio *m*, augurio *m*, agüero *m*
**ominous** [ˈɑmənəs] *adj* : ominoso, agorero, de mal agüero
**ominously** [ˈɑmənəsli] *adv* : de manera amenazadora
**omission** [oˈmɪʃən] *n* : omisión *f*
**omit** [oˈmɪt] *vt* **omitted; omitting** **1** LEAVE OUT : omitir, excluir **2** NEGLECT

: omitir ⟨they omitted to tell us : omitieron decírnoslo⟩

**omnipotence** [ɑmˈnɪpət̬ənt̬s] *n* : omnipotencia *f* — **omnipotent** [ɑm-ˈnɪpət̬ənt] *adj*

**omnipresence** [ˌɑmnɪˈprɛzənt̬s] *n* : omnipresencia *f*

**omnipresent** [ˌɑmnɪˈprɛzənt] *adj* : omnipresente

**omniscient** [ɑmˈnɪʃənt] *adj* : omnisciente

**omnivorous** [ɑmˈnɪvərəs] *adj* **1** : omnívoro **2** AVID : ávido, voraz

**on¹** [ˈɑn, ˈɔn] *adv* **1** (*indicating contact with a surface*) ⟨put the top on : pon la tapa⟩ ⟨he has a hat on : lleva un sombrero puesto⟩ **2** (*indicating forward movement*) ⟨from that moment on : a partir de ese momento⟩ ⟨farther on : más adelante⟩ **3** (*indicating operation or an operating position*) ⟨turn the light on : prende la luz⟩

**on²** *adj* **1** (*being in operation*) ⟨the radio is on : el radio está prendido⟩ **2** (*taking place*) ⟨the game is on : el juego ha comenzado⟩ **3 to be on to** : estar enterado de

**on³** *prep* **1** (*indicating location or position*) : en, sobre, encima de ⟨on the table : en/sobre la mesa, encima de la mesa⟩ ⟨shadows on the wall : sombras en la pared⟩ ⟨on foot/horseback : a pie/caballo⟩ ⟨on one's hands and knees : a gatas⟩ ⟨she kissed him on the cheek : lo besó en la mejilla⟩ ⟨on page 102 : en la página 102⟩ ⟨on a Web site : en un sitio web⟩ **2** BY, BESIDE : junto a, al lado de ⟨a house on the lake : una casa junto al lago⟩ **3** AT, TO : a ⟨it's on the right : está a la derecha⟩ **4** ABOARD IN : en, a ⟨on the plane : en el avión⟩ ⟨he got on the train : subió al tren⟩ **5** (*indicating time*) ⟨she worked on Saturdays : trabajaba los sábados⟩ ⟨every hour on the hour : cada hora en punto⟩ **6** (*indicating means or agency*) : por ⟨he cut himself on a tin can : se cortó con una lata⟩ ⟨to talk on the telephone : hablar por teléfono⟩ **7** (*indicating source*) : de ⟨to live on a salary : vivir de un sueldo⟩ ⟨it runs on diesel : funciona con diesel⟩ ⟨based on fact : basado en hechos reales⟩ **8** ACCORDING TO : de, según ⟨on good authority : de buena fuente⟩ **9** (*indicating a state or process*) : en ⟨on fire : en llamas⟩ ⟨on the increase : en aumento⟩ ⟨on sale : rebajado⟩ **10** (*indicating connection or membership*) : en ⟨on a committee : en una comisión⟩ **11** (*indicating an activity*) ⟨on vacation : de vacaciones⟩ ⟨on a diet : a dieta⟩ **12** ABOUT, CONCERNING : sobre ⟨a book on insects : un libro sobre insectos⟩ ⟨reflect on that : reflexiona sobre eso⟩ **13** : tomando ⟨to be on medication : tomar medicamentos⟩ ⟨to be on drugs : drogarse⟩ **14 on it** *fam* ⟨don't worry — I'm on it : no te preocupes, yo me encargo de eso⟩ **15 on one** : encima ⟨I don't have it on me : no lo llevo/tengo encima⟩ **16 on someone** : por cuenta de alguien ⟨drinks are on the house : invita la casa⟩

**once¹** [ˈwʌn̩t̬s] *adv* **1** : una vez ⟨once a month : una vez al mes⟩ ⟨once and for all : de una vez por todas⟩ ⟨once in a while : de vez en cuando⟩ ⟨once or twice : alguna que otra vez⟩ ⟨for once : por una vez⟩ **2** EVER : alguna vez **3** FORMERLY : antes, anteriormente

**once²** *adj* FORMER : antiguo

**once³** *n* **1** : una vez **2 (all) at ~** : de una vez, de un golpe, de un tirón **3 at ~** SIMULTANEOUSLY : al mismo tiempo, simultáneamente **4 at ~** IMMEDIATELY : inmediatamente, en seguida

**once⁴** *conj* : una vez que, tan pronto como

**once–over** [ˌwʌn̩t̬sˈoːvər, ˈwʌn̩t̬sˌ-] *n* **to give someone the once–over** : echarle un vistazo a alguien

**oncoming** [ˈɑnˌkʌmɪŋ, ˈɔn-] *adj* : que viene

**one¹** [ˈwʌn] *adj* **1** (*being a single unit*) : un, una ⟨he only wants one apple : sólo quiere una manzana⟩ **2** (*being a particular one*) : un, una ⟨he arrived early one morning : llegó temprano una mañana⟩ **3** (*being the same*) : mismo, misma ⟨they're all members of one team : todos son miembros del mismo equipo⟩ ⟨one and the same thing : la misma cosa⟩ **4** SOME : alguno, alguna; un, una ⟨I'll see you again one day : algún día te veré otra vez⟩ ⟨at one time or another : en una u otra ocasión⟩

**one²** *n* **1** : uno *m* (número) **2** (*indicating the first of a set or series*) ⟨from day one : desde el primer momento⟩ **3** (*indicating a single person or thing*) ⟨the one (girl) on the right : la de la derecha⟩ ⟨he has the one but needs the other : tiene uno pero necesita el otro⟩

**one³** *pron* **1** : uno ⟨it's one (o'clock) : es la una⟩ ⟨one of his friends : una de sus amigas⟩ ⟨one never knows : uno nunca sabe, nunca se sabe⟩ ⟨to cut one's finger : cortarse el dedo⟩ **2 one and all** : todos, todo el mundo **3 one another** : el uno al otro, se ⟨they loved one another : se amaban⟩ **4 that one** : aquél, aquella **5 which one?** : ¿cuál?

**one–handed** [ˌwʌnˈhændəd] *adj & adv* : con una sola mano

**one–on–one** [wʌnɔnˈwʌn, -ɑn-] *adj* : uno a uno — **one–on–one** *adv*

**onerous** [ˈɑnərəs, ˈoːnə-] *adj* : oneroso, gravoso

**oneself** [ˌwʌnˈsɛlf] *pron* **1** (*used reflexively or for emphasis*) : se, sí mismo, uno mismo ⟨to control oneself : controlarse⟩ ⟨to talk to oneself : hablarse a sí mismo⟩ ⟨to do it oneself : hacérselo uno mismo⟩ **2 by ~** : solo

**one–sided** [ˈwʌnˈsaɪdəd] *adj* **1** : de un solo lado **2** LOPSIDED : asimétrico **3** BIASED : parcial, tendencioso **4** UNILATERAL : unilateral

**onetime** [ˈwʌnˈtaɪm] *adj* FORMER : antiguo

**one–way** [ˈwʌnˈweɪ] *adj* **1** : de sentido único, de una sola dirección ⟨a one-way street : una calle de sentido único⟩ **2**

: de ida, sencillo ⟨a one-way ticket : un boleto de ida⟩

**one–way mirror** *n* : espejo *m* polarizado

**ongoing** [ˈɑnˌgoːɪŋ] *adj* **1** CONTINUING : en curso, corriente **2** DEVELOPING : en desarrollo

**onion** [ˈʌnjən] *n* : cebolla *f*

**online** [ˈɔnˈlaɪn, ˈɑn-] *adj & adv* : en línea, online

**onlooker** [ˈɔnˌlʊkər, ˈɑn-] *n* : espectador *m*, -dora *f*, circunstante *mf*

**only**[1] [ˈoːnli] *adv* **1** MERELY : sólo, solamente, nomás ⟨for only two dollars : por tan sólo dos dólares⟩ ⟨only once : sólo una vez, no más de una vez⟩ ⟨I only did it to help : lo hice por ayudar nomás⟩ **2** SOLELY : únicamente, sólo, solamente ⟨only he knows it : solamente él lo sabe⟩ ⟨only because you asked me to : sólo porque tú me lo pediste⟩ **3** ASSUMING : sólo, solamente ⟨I'll go only if he goes with me : iré sólo si él me acompaña⟩ **4** (*indicating a result*) ⟨it will only cause him problems : no hará más que crearle problemas⟩ **5** (*used for emphasis*) ⟨I only hope it will work! : ¡espero que resulte!⟩ **6** (*indicating that something was recent*) ⟨it seems like only yesterday : parece que fue ayer⟩ **7 if only** : ojalá, por lo menos ⟨if only it were true! : ¡ojalá sea cierto!⟩ ⟨if he could only dance : si por lo menos pudiera bailar⟩ **8 not only . . . but also . . .** : no sólo . . . sino también **9 only just** BARELY : apenas ⟨we've only just begun : acabamos de empezar⟩ ⟨I only just missed the flight : perdí el vuelo por un pelo⟩

**only**[2] *adj* : único ⟨an only child : un hijo único⟩ ⟨the only chance : la única oportunidad⟩

**only**[3] *conj* BUT : pero ⟨I would go, only I'm sick : iría, pero estoy enfermo⟩

**onset** [ˈɑnˌsɛt] *n* : comienzo *m*, llegada *f*

**onslaught** [ˈɑnˌslɔt, ˈɔn-] *n* : arremetida *f*, embestida *f*, embate *m*

**onto** [ˈɑnˌtuː, ˈɔn-] *prep* **1** : sobre **2** (*indicating knowledge or awareness*) ⟨the police are onto them : la policía anda tras ellos⟩ ⟨I think you're onto something : creo que has dado con algo interesante/importante⟩ ⟨the scientists were onto something big : los científicos estaban a punto de descubrir algo importante⟩

**onus** [ˈoːnəs] *n* : responsabilidad *f*, carga *f*

**onward**[1] [ˈɑnwərd, ˈɔn-] *or* **onwards** *adv* FORWARD : adelante, hacia adelante

**onward**[2] *adj* : hacia adelante

**onyx** [ˈɑnɪks] *n* : ónix *m*

**oops** [ˈʊps, ˈwʊps] *interj* : ¡huy! ⟨oops! I goofed : ¡huy! me equivoqué⟩

**ooze**[1] [ˈuːz] *v* **oozed; oozing** *vi* : rezumar — *vt* **1** : rezumar **2** EXUDE : irradiar, rebosar ⟨to ooze confidence : irradiar confianza⟩

**ooze**[2] *n* SLIME : cieno *m*, limo *m*

**opacity** [oˈpæsəṭi] *n, pl* **-ties** : opacidad *f*

**opal** [ˈoːpəl] *n* : ópalo *m*

**opaque** [oˈpeɪk] *adj* **1** : opaco **2** UNCLEAR : poco claro

**open**[1] [ˈoːpən] *vt* **1** : abrir ⟨open the door : abre la puerta⟩ ⟨open your books : abran sus libros⟩ **2** UNCOVER : abrir, destapar (una botella, etc.) **3** UNFOLD : abrir, desplegar **4** CLEAR : abrir (un camino, etc.) **5** INAUGURATE : abrir (una tienda), inaugurar (una exposición, etc.) **6** INITIATE : iniciar, entablar, abrir ⟨to open the meeting : abrir la sesión⟩ ⟨to open a discussion : entablar un debate⟩ ⟨to open a document : abrir un documento⟩ **7 to open fire (on)** : abrir fuego (sobre) **8 to open up** : abrir — *vi* **1** : abrirse **2** BEGIN : empezar, comenzar **3 to open onto** : dar a **4 to open up** : abrirse **5 to open up** : abrir (dícese de una empresa, etc.)

**open**[2] *adj* **1** : abierto ⟨an open window : una ventana abierta⟩ **2** FRANK : abierto, franco, directo ⟨to be open with : ser sincero/franco con⟩ **3** UNCOVERED : abierto, descubierto ⟨an open box : una caja abierta⟩ **4** EXTENDED : abierto, extendido ⟨with open arms : con los brazos abiertos⟩ **5** UNRESTRICTED : libre, abierto ⟨in the open air : al aire libre⟩ ⟨open to the public : abierto al público⟩ ⟨open admission : entrada libre⟩ ⟨an open letter : una carta abierta⟩ **6** : abierto (dícese de una tienda, etc.) **7** UNDECIDED : pendiente, por decidir, sin resolver ⟨an open question : una cuestión pendiente⟩ **8** AVAILABLE : vacante, libre ⟨the job is open : el puesto está vacante⟩ **9** EXPOSED, VULNERABLE : expuesto, vulnerable ⟨he has left himself open to criticism : se ha expuesto a las críticas⟩ ⟨to be open to abuse : prestarse al abuso⟩ ⟨to be open to doubt/question : ser discutible⟩

**open**[3] *n* **in the open** **1** OUTDOORS : al aire libre **2** KNOWN : conocido, sacado a la luz

**open–air** [ˈoːpənˈær] *adj* OUTDOOR : al aire libre

**open–and–shut** [ˈoːpənənd͡ˈʃʌt] *adj* : claro, evidente ⟨an open-and-shut case : un caso muy claro⟩

**opener** [ˈoːpənər] *n* : destapador *m*, abrelatas *m*, abridor *m*

**openhanded** [ˌoːpənˈhændəd] *adj* : generoso, liberal

**open–heart** [ˈoːpənˈhɑrt] *adj* : de corazón abierto

**openhearted** [ˌoːpənˈhɑrṭəd] *adj* **1** FRANK : franco, sincero **2** : generoso, de gran corazón

**opening** [ˈoːpənɪŋ] *n* **1** BEGINNING : comienzo *m*, principio *m*, apertura *f* **2** APERTURE : abertura *f*, brecha *f*, claro *m* (en el bosque) **3** OPPORTUNITY : oportunidad *f*

**openly** [ˈoːpənli] *adv* **1** FRANKLY : abiertamente, francamente **2** PUBLICLY : públicamente, declaradamente

**open–minded** [ˌoːpənˈmaɪndəd] *adj* : sin prejuicios, de actitud abierta

**open–mouthed** [ˌoːpənˈmaʊðd, -ˈmaʊθt] *adj* : boquiabierto

**openness** [ˈoːpənnəs] *n* : franqueza *f*

**opera** [ˈɑprə, ˈɑpərə] *n* **1** : ópera *f* **2** → **opus**

**opera glasses** *npl* : gemelos *mpl* de teatro

**operate** [ˈɑpəˌreɪt] *v* **-ated; -ating** *vi* **1** ACT, FUNCTION : operar, funcionar, actuar **2 to operate on (someone)** : operar a (alguien) — *vt* **1** WORK : operar, manejar, hacer funcionar (una máquina) **2** MANAGE : manejar, administrar (un negocio)

**operatic** [ˌɑpəˈræṭɪk] *adj* : operístico

**operating room** *n* : quirófano *m*

**operation** [ˌɑpəˈreɪʃən] *n* **1** FUNCTIONING : funcionamiento *m* **2** USE : uso *m*, manejo *m* (de máquinas) **3** SURGERY : operación *f*, intervención *f* quirúrgica

**operational** [ˌɑpəˈreɪʃənəl] *adj* : operacional, de operación

**operative** [ˈɑpərəṭɪv, -ˌreɪ-] *adj* **1** OPERATING : vigente, en vigor **2** WORKING : operativo **3** SURGICAL : quirúrgico

**operator** [ˈɑpəˌreɪṭər] *n* : operador *m*, -dora *f*

**operetta** [ˌɑpəˈrɛṭə] *n* : opereta *f*

**ophthalmologist** [ˌɑfˌθælˈmɑlə̇ʤɪst, -θəˈmɑ-] *n* : oftalmólogo *m*, -ga *f*

**ophthalmology** [ˌɑfˌθælˈmɑlə̇ʤi, -θəˈmɑ-] *n* : oftalmología *f*

**opiate** [ˈoːpiət, -piˌeɪt] *n* : opiato *m*

**opine** [oˈpaɪn] *v* : opinar

**opinion** [əˈpɪnjən] *n* : opinión *f*

**opinionated** [əˈpɪnjəˌneɪṭəd] *adj* : testarudo, dogmático

**opinion poll** *n* SURVEY : sondeo *m*, encuesta *f* de opinión

**opium** [ˈoːpiəm] *n* : opio *m*

**opossum** [əˈpɑsəm] *n* : zarigüeya *f*, opossum *m*

**opponent** [əˈpoːnənt] *n* : oponente *mf*; opositor *m*, -tora *f*; contrincante *mf* (en deportes)

**opportune** [ˌɑpərˈtuːn, -ˈtjuːn] *adj* : oportuno — **opportunely** *adv*

**opportunism** [ˌɑpərˈtuːˌnɪzəm, -ˈtjuː-] *n* : oportunismo *m*

**opportunist** [ˌɑpərˈtuːnɪst, -ˈtjuː-] *n* : oportunista *mf*

**opportunistic** [ˌɑpərtuˈnɪstɪk, -tju-] *adj* : oportunista *mf*

**opportunity** [ˌɑpərˈtuːnəṭi, -ˈtjuː-] *n, pl* **-ties** : oportunidad *f*, ocasión *f*, chance *m*, posibilidades *fpl*

**oppose** [əˈpoːz] *vt* **-posed; -posing** **1** : ir en contra de, oponerse a ⟨good opposes evil : el bien se opone al mal⟩ **2** COMBAT : luchar contra, combatir, resistir

**opposite**[1] [ˈɑpəzət] *adv* : enfrente

**opposite**[2] *adj* **1** FACING : de enfrente ⟨the opposite side : el lado de enfrente⟩ **2** CONTRARY : opuesto, contrario ⟨in opposite directions : en direcciones contrarias⟩ ⟨the opposite sex : el sexo opuesto, el otro sexo⟩

**opposite**[3] *n* : lo contrario, lo opuesto

**opposite**[4] *prep* : enfrente de, frente a

**opposition** [ˌɑpəˈzɪʃən] *n* **1** : oposición *f*, resistencia *f* **2 in opposition to** AGAINST : en contra de

**oppress** [əˈprɛs] *vt* **1** PERSECUTE : oprimir, perseguir **2** BURDEN : oprimir, agobiar

**oppression** [əˈprɛʃən] *n* : opresión *f*

**oppressive** [əˈprɛsɪv] *adj* **1** HARSH : opresivo, severo **2** STIFLING : agobiante, sofocante ⟨oppressive heat : calor sofocante⟩

**oppressor** [əˈprɛsər] *n* : opresor *m*, -sora *f*

**opprobrium** [əˈproːbriəm] *n* : oprobio *m*

**opt** [ˈɑpt] *vi* **1** : optar **2 to opt for** : optar por **3 to opt in** : decidir participar **4 to opt into** : decidir participar en **5 to opt out (of)** : decidir no participar (en)

**optic** [ˈɑptɪk] *or* **optical** [-tɪkəl] *adj* : óptico

**optical disk** *n* : disco *m* óptico

**optician** [ɑpˈtɪʃən] *n* : óptico *m*, -ca *f*

**optics** [ˈɑptɪks] *npl* : óptica *f*

**optimal** [ˈɑptəməl] *adj* : óptimo

**optimism** [ˈɑptəˌmɪzəm] *n* : optimismo *m*

**optimist** [ˈɑptəmɪst] *n* : optimista *mf*

**optimistic** [ˌɑptəˈmɪstɪk] *adj* : optimista

**optimistically** [ˌɑptəˈmɪstɪkli] *adv* : con optimismo, positivamente

**optimum**[1] [ˈɑptəməm] *adj* → **optimal**

**optimum**[2] *n, pl* **-ma** [ˈɑptəmə] : lo óptimo, lo ideal

**option** [ˈɑpʃən] *n* : opción *f* ⟨she has no option : no tiene más remedio⟩

**optional** [ˈɑpʃənəl] *adj* : facultativo, optativo

**optometrist** [ɑpˈtɑməṭrɪst] *n* : optometrista *mf*

**optometry** [ɑpˈtɑməṭri] *n* : optometría *f*

**opulence** [ˈɑpjə̇lə̇nṭs] *n* : opulencia *f*

**opulent** [ˈɑpjə̇lə̇nt] *adj* : opulento

**opus** [ˈoːpəs] *n, pl* **opera** [ˈoːpərə, ˈɑpə-] : opus *m*, obra *f* (de música)

**or** [ˈɔr] *conj* **1** (*indicating an alternative*) : o (**u** *before words beginning with o or ho*) ⟨coffee or tea : café o té⟩ ⟨one day or another : un día u otro⟩ **2** (*following a negative*) : ni ⟨he didn't have his keys or his wallet : no llevaba ni sus llaves ni su billetera⟩

**oracle** [ˈɔrəkəl] *n* : oráculo *m*

**oral** [ˈɔrəl] *adj* : oral — **orally** *adv*

**orange** [ˈɔrɪnʤ] *n* **1** : naranja *f*, china *f* *PRi* (fruto) **2** : naranja *m* (color), color *m* de china *PRi*

**orangeade** [ˌɔrɪnʤˈeɪd] *n* : naranjada *f*

**orangutan** [əˈreɪŋəˌtæŋ, -ˈræŋgə-, -ˌtæn] *n* : orangután *m*

**oration** [əˈreɪʃən] *n* : oración *f*, discurso *m*

**orator** [ˈɔrəṭər] *n* : orador *m*, -dora *f*

**oratorio** [ˌɔrəˈtoriˌoː] *n, pl* **-rios** : oratorio *m*

**oratory** [ˈɔrəˌtori] *n, pl* **-ries** : oratoria *f*

**orb** [ˈɔrb] *n* : orbe *m*

**orbit**[1] [ˈɔrbəṭ] *vt* **1** CIRCLE : girar alrededor de, orbitar **2** : poner en órbita (un satélite, etc.) — *vi* : orbitar

**orbit**[2] *n* : órbita *f*

**orbital** [ˈɔrbəṭəl] *adj* : orbital

**orca** [ˈɔrkə] *n* : orca *f*

**orchard** [ˈɔrṭʃərd] *n* : huerto *m*

**orchestra** [ˈɔrkəstrə] *n* : orquesta *f*

**orchestral** [ɔrˈkɛstrəl] *adj* : orquestal

**orchestrate** [ˈɔrkəˌstreɪt] *vt* **-trated; -trating** **1** : orquestar, instrumentar (en música) **2** ORGANIZE : arreglar, organizar
**orchestration** [ˌɔrkəˈstreɪʃən] *n* : orquestación *f*
**orchid** [ˈɔrkɪd] *n* : orquídea *f*
**ordain** [ɔrˈdeɪn] *vt* **1** : ordenar (en religión) **2** DECREE : decretar, ordenar
**ordeal** [ɔrˈdiːl, ˈɔrˌdiːl] *n* : prueba *f* dura, experiencia *f* terrible
**order**[1] [ˈɔrdər] *vt* **1** ORGANIZE : arreglar, ordenar, poner en orden **2** COMMAND : ordenar, mandar **3** REQUEST : pedir, encargar ⟨to order a meal : pedir algo de comer⟩ — *vi* : hacer un pedido
**order**[2] *n* **1** : orden *f* ⟨a religious order : una orden religiosa⟩ **2** COMMAND : orden *f*, mandato *m* ⟨to give an order : dar una orden⟩ ⟨to give the order to do something : dar orden de hacer algo⟩ ⟨by order of : por orden de⟩ **3** REQUEST : orden *f*, pedido *m* ⟨purchase order : orden de compra⟩ ⟨to place/take an order : hacer/tomar un pedido⟩ ⟨to be on order : estar pedido⟩ **4** SERVING : porción *f*, ración *f* ⟨an order of fries : una porción de papas fritas⟩ **5** ARRANGEMENT : orden *m* ⟨in chronological order : por orden cronológico⟩ ⟨out of order : desordenado⟩ ⟨everything seems to be in order : parece que todo está en orden⟩ **6** DISCIPLINE : orden *m* ⟨law and order : el orden público⟩ ⟨to keep order : mantener el orden⟩ **7 in order for** : para que ⟨in order for this to work : para que esto funcione⟩ **8 in order that** : para que ⟨in order that others might live : para que otros puedan vivir⟩ **9 in order to** : para **10 in (working) order** : funcionando **11 out of order** BROKEN : descompuesto, averiado **12 orders** *npl or* **holy orders** : órdenes *fpl* sagradas
**orderliness** [ˈɔrdərlinəs] *n* : orden *m*
**orderly**[1] [ˈɔrdərli] *adj* **1** METHODICAL : ordenado, metódico **2** PEACEFUL : pacífico, disciplinado
**orderly**[2] *n, pl* **-lies** **1** : ordenanza *m* (en el ejército) **2** : camillero *m* (en un hospital)
**ordinal** [ˈɔrdənəl] *n or* **ordinal number** : ordinal *m*, número *m* ordinal
**ordinance** [ˈɔrdənənts] *n* : ordenanza *f*, reglamento *m*
**ordinarily** [ˌɔrdənˈɛrəli] *adv* : ordinariamente, por lo general
**ordinary** [ˈɔrdənˌɛri] *adj* **1** NORMAL USUAL : normal, usual **2** AVERAGE : común y corriente, normal **3** MEDIOCRE : mediocre, ordinario
**ordination** [ˌɔrdənˈeɪʃən] *n* : ordenación *f*
**ordnance** [ˈɔrdnənts] *n* : artillería *f*
**ore** [ˈɔr] *n* : mineral *m* (metálico), mena *f*
**oregano** [əˈrɛgəˌnoː] *n* : orégano *m*
**organ** [ˈɔrgən] *n* **1** : órgano *m* (instrumento) **2** : órgano *m* (del cuerpo) **3** PERIODICAL : publicación *f* periódica, órgano *m*
**organic** [ɔrˈgænɪk] *adj* : orgánico — **organically** *adv*
**organism** [ˈɔrgəˌnɪzəm] *n* : organismo *m*
**organist** [ˈɔrgənɪst] *n* : organista *mf*
**organization** [ˌɔrgənəˈzeɪʃən] *n* **1** ORGANIZING : organización *f* **2** BODY : organización *f*, organismo *m*
**organizational** [ˌɔrgənəˈzeɪʃənəl] *adj* : organizativo
**organize** [ˈɔrgəˌnaɪz] *vt* **-nized; -nizing** : organizar, arreglar, poner en orden
**organizer** [ˈɔrgəˌnaɪzər] *n* : organizador *m*, -dora *f*
**orgasm** [ˈɔrˌgæzəm] *n* : orgasmo *m*
**orgy** [ˈɔrʤi] *n, pl* **-gies** : orgía *f*
**orient** [ˈɔriˌɛnt] *vt* : orientar
**Orient** *n* **the Orient** : el Oriente
**oriental** [ˌɔriˈɛntəl] *adj dated, now usu offensive when used of people* : del Oriente, oriental *dated, now sometimes offensive when used of people*
**Oriental** *n dated, now usu offensive* : oriental *masculine or feminine dated, now sometimes offensive*
**orientation** [ˌɔriənˈteɪʃən] *n* : orientación *f*
**orifice** [ˈɔrəfəs] *n* : orificio *m*
**origin** [ˈɔrəʤən] *n* **1** ANCESTRY : origen *m*, ascendencia *f* **2** SOURCE : origen *m*, raíz *f*, fuente *f*
**original**[1] [əˈrɪʤənəl] *adj* : original
**original**[2] *n* : original *m*
**originality** [əˌrɪʤəˈnæləti] *n* : originalidad *f*
**originally** [əˈrɪʤənəli] *adv* **1** AT FIRST : al principio, originariamente **2** CREATIVELY : originalmente, con originalidad
**originate** [əˈrɪʤəˌneɪt] *v* **-nated; -nating** *vt* : originar, iniciar, crear — *vi* **1** BEGIN : originarse, empezar **2** COME : provenir, proceder, derivarse
**originator** [əˈrɪʤəˌneɪtər] *n* : creador *m*, -dora *f*; inventor *m*, -tora *f*
**oriole** [ˈɔriˌoːl, -iəl] *n* : oropéndola *f*
**ornament**[1] [ˈɔrnəmənt] *vt* : adornar, decorar, ornamentar
**ornament**[2] *n* : ornamento *m*, adorno *m*, decoración *f*
**ornamental** [ˌɔrnəˈmɛntəl] *adj* : ornamental, de adorno, decorativo
**ornamentation** [ˌɔrnəmənˈteɪʃən, -mɛn-] *n* : ornamentación *f*
**ornate** [ɔrˈneɪt] *adj* : elaborado, recargado
**ornery** [ˈɔrnəri, ˈɑrnəri] *adj* **ornerier; -est** : de mal genio, malhumorado
**ornithologist** [ˌɔrnəˈθɑləʤɪst] *n* : ornitólogo *m*, -ga *f*
**ornithology** [ˌɔrnəˈθɑləʤi] *n, pl* **-gies** : ornitología *f*
**orphan**[1] [ˈɔrfən] *vt* : dejar huérfano
**orphan**[2] *n* : huérfano *m*, -na *f*
**orphanage** [ˈɔrfənɪʤ] *n* : orfelinato *m*, orfanato *m*
**orthodontics** [ˌɔrθəˈdɑntɪks] *n* : ortodoncia *f*
**orthodontist** [ˌɔrθəˈdɑntɪst] *n* : ortodoncista *mf*
**orthodox** [ˈɔrθəˌdɑks] *adj* : ortodoxo
**orthodoxy** [ˈɔrθəˌdɑksi] *n, pl* **-doxies** : ortodoxia *f*
**orthographic** [ˌɔrθəˈgræfɪk] *adj* : ortográfico

**orthography** [ɔrˈθɑgrəfi] *n, pl* **-phies** SPELLING : ortografía *f*
**orthopedic** [ˌɔrθəˈpiːdɪk] *adj* : ortopédico
**orthopedics** [ˌɔrθəˈpiːdɪks] *ns & pl* : ortopedia *f*
**orthopedist** [ˌɔrθəˈpiːdɪst] *n* : ortopedista *mf*
**oscillate** [ˈɑsəˌleɪt] *vi* **-lated; -lating** : oscilar
**oscillation** [ˌɑsəˈleɪʃən] *n* : oscilación *f*
**osmosis** [ɑzˈmoːsɪs, ɑs-] *n* : ósmosis *f*, osmosis *f*
**osprey** [ˈɑspri, -ˌpreɪ] *n* : pigargo *m*
**ostensible** [ɑˈstɛntsəbəl] *adj* APPARENT : aparente, ostensible — **ostensibly** [-bli] *adv*
**ostentation** [ˌɑstənˈteɪʃən] *n* : ostentación *f*, boato *m*
**ostentatious** [ˌɑstənˈteɪʃəs] *adj* : ostentoso — **ostentatiously** *adv*
**osteopath** [ˈɑstiəˌpæθ] *n* : osteópata *f*
**osteopathy** [ˌɑstiˈɑpəθi] *n* : osteopatía *f*
**osteoporosis** [ˌɑstiopəˈroːsɪs] *n, pl* **-roses** [-ˌsiːz] : osteoporosis *f*
**ostracism** [ˈɑstrəˌsɪzəm] *n* : ostracismo *m*
**ostracize** [ˈɑstrəˌsaɪz] *vt* **-cized; -cizing** : condenar al ostracismo, marginar, aislar
**ostrich** [ˈɑstrɪtʃ, ˈɔs-] *n* : avestruz *m*
**other**[1] [ˈʌðər] *adv* **other than** : aparte de, fuera de
**other**[2] *adj* **1** : otro ⟨the other boys : los otros muchachos⟩ ⟨smarter than other people : más inteligente que los demás⟩ ⟨on the other hand : por otra parte, por otro lado⟩ **2 every other** : cada dos ⟨every other day : cada dos días⟩
**other**[3] *pron* **1** : otro ⟨one in front of the other : uno tras otro⟩ ⟨either one or the other : uno u otro⟩ ⟨myself and three others : yo y tres otros/más⟩ ⟨this class and three others : esta clase y tres otras/más⟩ ⟨from one extreme to the other : de un extremo al otro⟩ ⟨somewhere or other : en alguna parte⟩ ⟨somehow or other : de alguna manera⟩ **2 the others** : los otros, los demás ⟨this class and the others : esta clase y las otras⟩
**otherwise**[1] [ˈʌðərˌwaɪz] *adv* **1** DIFFERENTLY : de otro modo, de manera distinta ⟨he could not act otherwise : no pudo actuar de manera distinta⟩ **2** : eso aparte, por lo demás ⟨I'm dizzy, but otherwise I'm fine : estoy mareado pero, por lo demás, estoy bien⟩ **3** OR ELSE : de lo contrario, si no ⟨do what I tell you, otherwise you'll be sorry : haz lo que te digo, de lo contrario, te arrepentirás⟩
**otherwise**[2] *adj* : diferente, distinto ⟨the facts are otherwise : la realidad es diferente⟩
**otitis** [oˈtaɪtəs] *n* : otitis *f*
**otter** [ˈɑtər] *n* : nutria *f*
**Ottoman** [ˈɑtəmən] *n* **1** : otomano *m*, -na *f* **2** : otomana *f* (mueble) — **Ottoman** *adj*
**ouch** [ˈaʊtʃ] *interj* : ¡ay!, ¡huy!
**ought** [ˈɔt] *v aux* : deber ⟨you ought to take care of yourself : deberías cuidarte⟩
**oughtn't** [ˈɔtənt] *contraction of* OUGHT NOT → **ought**
**ounce** [ˈaʊnts] *n* : onza *f*
**our** [ˈɑr, ˈaʊr] *adj* : nuestro
**ours** [ˈaʊrz, ˈɑrz] *pron* : nuestro ⟨a cousin of ours : un primo nuestro, una prima nuestra⟩
**ourselves** [ɑrˈsɛlvz, aʊr-] *pron* **1** (*used reflexively*) : nos, nosotros, nosotras ⟨we amused ourselves : nos divertimos⟩ ⟨we were always thinking of ourselves : siempre pensábamos en nosotros⟩ **2** (*used for emphasis*) : nosotros mismos, nosotras mismas ⟨we did it ourselves : lo hicimos nosotros mismos⟩
**oust** [ˈaʊst] *vt* : desbancar, expulsar
**ouster** [ˈaʊstər] *n* : expulsión *f* (de un país, etc.), destitución *f* (de un puesto)
**out**[1] [ˈaʊt] *vi* : revelarse, hacerse conocido
**out**[2] *adv* **1** (*indicating direction or movement*) OUTSIDE : para afuera ⟨she opened the door and looked out : abrió la puerta y miró para afuera⟩ ⟨he went out to the garden : salió al jardín⟩ ⟨she took the dog out : sacó al perro⟩ **2** (*indicating location*) OUTSIDE : fuera, afuera ⟨out in the garden : afuera en el jardín⟩ ⟨it's sunny out : hace sol⟩ ⟨your shirt is hanging out : tienes la camisa afuera⟩ **3** (*indicating outward movement*) ⟨they flew out yesterday : salieron ayer (en avión)⟩ ⟨out to sea : mar adentro⟩ **4** (*indicating distance*) ⟨they live out in the country : viven en el campo⟩ **5** (*indicating omission*) ⟨you left out a comma : omitiste una coma⟩ ⟨count me out : no cuentes conmigo⟩ **6** (*indicating removal, loss, or incorrect placement*) ⟨they voted him out : no lo reeligieron⟩ ⟨his hair is falling out : se le está cayendo el pelo⟩ ⟨she threw out her shoulder : se lastimó el hombro⟩ **7** (*indicating drawing from a group*) ⟨she picked out a shirt : escogió una camisa⟩ **8** (*indicating a location away from home or work*) : fuera, afuera ⟨to eat out : comer afuera⟩ ⟨he asked her out : la invitó a salir⟩ **9** (*indicating loss of control or possession*) ⟨they let the secret out : sacaron el secreto a la luz⟩ **10** (*indicating ending or stopping*) ⟨his money ran out : se le acabó el dinero⟩ ⟨to turn out the light : apagar la luz⟩ **11** (*indicating completion*) ⟨to fill out a form : rellenar un formulario⟩ **12** ALOUD : en voz alta, en alto ⟨to cry out : gritar⟩ **13** UNCONSCIOUS : inconsciente **14** : abiertamente homosexual **15 → out-of-bounds 16 to be out for** : estar buscando (venganza, etc.) **17 to be out to** : querer (vengarse, etc.) ⟨he's out to get me : me la tiene jurada⟩
**out**[3] *adj* **1** EXTERNAL : externo, exterior **2** OUTLYING : alejado, distante ⟨the out islands : las islas distantes⟩ **3** ABSENT : ausente **4** UNFASHIONABLE : fuera de moda **5** EXTINGUISHED : apagado **6 to be out and about** : estar andando por ahí
**out**[4] *prep* **1** (*used to indicate an outward movement*) : por ⟨I looked out the window : miré por la ventana⟩ ⟨she ran out

the door : corrió por la puerta〉 **2** → **out of**

**out–and–out** [ˈaʊtənˈaʊt] *adj* UTTER : redomado, absoluto

**outback** [ˈaʊtˌbæk] *n* **the outback** : el interior (de Australia)

**outboard motor** [ˈaʊtˌbɔrd] *n* : motor *m* fuera de borde

**outbound** [ˈaʊtˌbaʊnd] *adj* : que sale, de salida

**out–box** [ˈaʊtˌbɑks] *n* : bandeja *f* de salida

**outbreak** [ˈaʊtˌbreɪk] *n* : brote *m* (de una enfermedad), comienzo *m* (de guerra), ola *f* (de violencia), erupción *f* (de granos)

**outbuilding** [ˈaʊtˌbɪldɪŋ] *n* : edificio *m* anexo

**outburst** [ˈaʊtˌbərst] *n* : arranque *m*, arrebato *m*

**outcast** [ˈaʊtˌkæst] *n* : marginado *m*, -da *f*; paria *mf*

**outcome** [ˈaʊtˌkʌm] *n* : resultado *m*, desenlace *m*, consecuencia *f*

**outcry** [ˈaʊtˌkraɪ] *n, pl* **-cries** : clamor *m*, protesta *f*

**outdated** [ˌaʊtˈdeɪtəd] *adj* : anticuado, fuera de moda

**outdistance** [ˌaʊtˈdɪstənʃs] *vt* **-tanced; -tancing** : aventajar, dejar atrás

**outdo** [ˌaʊtˈduː] *vt* **-did** [-ˈdɪd]; **-done** [-ˈdʌn]; **-doing; -does** [-ˈdʌz] : superar

**outdoor** [ˈaʊtˌdor] *adj* : al aire libre 〈outdoor sports : deportes al aire libre〉 〈outdoor clothing : ropa de calle〉

**outdoors**[1] [ˈaʊtˈdorz] *adv* : afuera, al aire libre

**outdoors**[2] *n* : aire *m* libre

**outer** [ˈaʊtər] *adj* **1** : exterior, externo **2** **outer space** : espacio *m* exterior

**outermost** [ˈaʊtərˌmoːst] *adj* : más remoto, más exterior, extremo

**outfield** [ˈaʊtˌfiːld] *n* **the outfield** : los jardines

**outfielder** [ˈaʊtˌfiːldər] *n* : jardinero *m*, -ra *f*

**outfit**[1] [ˈaʊtˌfɪt] *vt* **-fitted; -fitting** EQUIP : equipar

**outfit**[2] *n* **1** EQUIPMENT : equipo *m* **2** COSTUME, ENSEMBLE : traje *m*, conjunto *m* **3** GROUP : conjunto *m*

**outgo** [ˈaʊtˌgoː] *n, pl* **outgoes** : gasto *m*

**outgoing** [ˈaʊtˌgoːɪŋ] *adj* **1** OUTBOUND : que sale **2** DEPARTING : saliente 〈an outgoing president : un presidente saliente〉 **3** EXTROVERTED : extrovertido, expansivo

**outgrow** [ˌaʊtˈgroː] *vt* **-grew** [-ˈgruː]; **-grown** [-ˈgroːn]; **-growing** **1** : crecer más que 〈that tree outgrew all the others : ese árbol creció más que todos los otros〉 **2** **to outgrow one's clothes** : quedarle pequeña la ropa a uno

**outgrowth** [ˈaʊtˌgroːθ] *n* **1** OFFSHOOT : brote *m*, vástago *m* (de una planta) **2** CONSEQUENCE : consecuencia *f*, producto *m*, resultado *m*

**outing** [ˈaʊtɪŋ] *n* : excursión *f*

**outlandish** [aʊtˈlændɪʃ] *adj* : descabellado, muy extraño

**outlast** [ˌaʊtˈlæst] *vt* : durar más que

**outlaw**[1] [ˈaʊtˌlɔ] *vt* : hacerse ilegal, declarar fuera de la ley, prohibir

**outlaw**[2] *n* : bandido *m*, -da *f*; bandolero *m*, -ra *f*; forajido *m*, -da *f*

**outlay** [ˈaʊtˌleɪ] *n* : gasto *m*, desembolso *m*

**outlet** [ˈaʊtˌlet, -lət] *n* **1** EXIT : salida *f*, escape *m* 〈electrical outlet : toma de corriente〉 **2** RELIEF : desahogo *m* **3** MARKET : mercado *m*, salida *f*

**outline**[1] [ˈaʊtˌlaɪn] *vt* **-lined; -lining** **1** SKETCH : diseñar, esbozar, bosquejar **2** DEFINE EXPLAIN : perfilar, delinear, explicar 〈she outlined our responsibilities : delineó nuestras responsabilidades〉

**outline**[2] *n* **1** PROFILE : perfil *m*, silueta *f*, contorno *m* **2** SKETCH : bosquejo *m*, boceto *m* **3** SUMMARY : esquema *m*, resumen *m*, sinopsis *m* 〈an outline of world history : un esquema de la historia mundial〉

**outlive** [ˌaʊtˈlɪv] *vt* **-lived; -living** : sobrevivir a

**outlook** [ˈaʊtˌlʊk] *n* **1** VIEW : vista *f*, panorama *f* **2** POINT OF VIEW : punto *m* de vista **3** PROSPECTS : perspectivas *fpl*

**outlying** [ˈaʊtˌlaɪɪŋ] *adj* : alejado, distante, remoto 〈the outlying areas : las afueras〉

**outmoded** [ˌaʊtˈmoːdəd] *adj* : pasado de moda, anticuado

**outnumber** [ˌaʊtˈnʌmbər] *vt* : superar en número a, ser más numeroso de

**out of** *prep* **1** (*indicating direction or movement from within*) : de, por 〈we ran out of the house : salimos corriendo de la casa〉 〈to look out of the window : mirar por la ventana〉 **2** (*being beyond the limits of*) 〈out of control : fuera de control〉 〈to be out of sight : desaparecer de vista〉 **3** OF : de 〈one out of four : uno de cada cuatro〉 **4** (*indicating absence or loss*) : sin 〈out of money : sin dinero〉 〈we're out of matches : nos hemos quedado sin fósforos〉 **5** BECAUSE OF : por 〈out of curiosity : por curiosidad〉 **6** FROM : de 〈made out of plastic : hecho de plástico〉

**out–of–bounds** [ˌaʊtəvˈbaʊndz] *adj* : fuera de juego

**out–of–date** [ˌaʊtəvˈdeɪt] *adj* : anticuado, obsoleto, pasado de moda

**out–of–door** [ˌaʊtəvˈdor] *or* **out–of–doors** [-ˈdorz] → **outdoor**

**out–of–doors** *n* → **outdoors**[2]

**out–of–the–way** [ˌaʊtəvðəˈweɪ] *adj* : alejado, distante, remoto

**outpatient** [ˈaʊtˌpeɪʃənt] *n* : paciente *m* externo, paciente *f* externa

**outpost** [ˈaʊtˌpoːst] *n* : puesto *m* avanzado

**output**[1] [ˈaʊtˌpʊt] *vt* **-putted** *or* **-put; -putting** : producir

**output**[2] *n* : producción *f* (de una fábrica), rendimiento *m* (de una máquina), productividad *f* (de una persona)

**outrage**[1] [ˈaʊtˌreɪʤ] *vt* **-raged; -raging** **1** INSULT : ultrajar, injuriar **2** INFURIATE : indignar, enfurecer

**outrage**[2] *n* **1** ATROCITY : atropello *m*, atrocidad *f*, atentado *m* **2** SCANDAL : escándalo *m* **3** ANGER : ira *f*, furia *f*

**outrageous** [ˌaʊtˈreɪʤəs] *adj* **1** SCANDALOUS : escandaloso, ofensivo, atroz **2**

UNCONVENTIONAL : poco convencional, extravagante **3** EXORBITANT : exorbitante, excesivo (dícese de los precios, etc.)

**outright**[1] [ˌaʊtˈraɪt] *adv* **1** COMPLETELY : por completo, totalmente ⟨to sell outright : vender por completo⟩ ⟨he refused it outright : lo rechazó rotundamente⟩ **2** DIRECTLY : directamente, sin reserva **3** INSTANTLY : al instante, en el acto

**outright**[2] [ˈaʊtˌraɪt] *adj* **1** COMPLETE : completo, absoluto, categórico ⟨an outright lie : una mentira absoluta⟩ **2** : sin reservas ⟨an outright gift : un regalo sin reservas⟩

**outset** [ˈaʊtˌsɛt] *n* : comienzo *m*, principio *m*

**outshine** [ˌaʊtˈʃaɪn] *vt* **-shone** [-ˈʃoːn, -ˈʃɑn] *or* **-shined; -shining** : eclipsar

**outside**[1] [ˌaʊtˈsaɪd, ˈaʊtˌ-] *adv* : fuera, afuera

**outside**[2] *adj* **1** : exterior, externo ⟨the outside edge : el borde exterior⟩ ⟨outside influences : influencias externas⟩ **2** REMOTE : remoto ⟨an outside chance : una posibilidad remota⟩

**outside**[3] *n* **1** EXTERIOR : parte *f* de afuera, exterior *m* **2** MOST : máximo *m* ⟨three weeks at the outside : tres semanas como máximo⟩ **3 from the outside** : desde afuera, desde fuera

**outside**[4] *prep* : fuera de, afuera de ⟨outside my window : fuera de mi ventana⟩ ⟨outside regular hours : fuera del horario normal⟩ ⟨outside the law : afuera de la ley⟩

**outside of** *prep* **1** → **outside**[4] **2** → **besides**[2]

**outsider** [ˌaʊtˈsaɪdər] *n* : forastero *m*, -ra *f*

**outsize** [ˈaʊtˌsaɪz] *also* **outsized** [ˈaʊtˌsaɪzd] *adj* : enorme

**outskirts** [ˈaʊtˌskərts] *npl* : afueras *fpl*, alrededores *mpl*

**outsmart** [ˌaʊtˈsmɑrt] → **outwit**

**outsource** [ˈaʊtˌsɔrs] *vt* : externalizar

**outsourcing** [ˈaʊtˌsɔrsɪŋ] *n* : externalización *f*

**outspoken** [ˌaʊtˈspoːkən] *adj* : franco, directo

**outstanding** [ˌaʊtˈstændɪŋ] *adj* **1** UNPAID : pendiente **2** NOTABLE : destacado, notable, excepcional, sobresaliente

**outstandingly** [ˌaʊtˈstændɪŋli] *adv* : excepcionalmente

**outstretched** [ˌaʊtˈstrɛtʃt] *adj* : extendido

**outstrip** [ˌaʊtˈstrɪp] *vt* **-stripped** *or* **-stript** [-ˈstrɪpt]; **-stripping** **1** : aventajar, dejar atrás ⟨he outstripped the other runners : aventajó a los otros corredores⟩ **2** SURPASS : aventajar, sobrepasar

**outward**[1] [ˈaʊtwərd] *or* **outwards** [-wərdz] *adv* : hacia afuera, hacia el exterior

**outward**[2] *adj* **1** : hacia afuera ⟨an outward flow : un flujo hacia afuera⟩ **2** : externo ⟨outward beauty : belleza externa⟩

**outwardly** [ˈaʊtwərdli] *adv* **1** EXTERNALLY : exteriormente **2** APPARENTLY : aparentemente ⟨outwardly friendly : aparentemente simpático⟩

**outweigh** [ˌaʊtˈweɪ] *vt* **1** : pesar más que **2** : ser mayor que ⟨the benefit outweighs the risk : el beneficio es mayor que el riesgo⟩

**outwit** [ˌaʊtˈwɪt] *vt* **-witted; -witting** : ser más listo que

**ova** → **ovum**

**oval**[1] [ˈoːvəl] *adj* : ovalado, oval

**oval**[2] *n* : óvalo *m*

**ovarian** [oˈværiən] *adj* : ovárico

**ovary** [ˈoːvəri] *n, pl* **-ries** : ovario *m*

**ovation** [oˈveɪʃən] *n* : ovación *f*

**oven** [ˈʌvən] *n* : horno *m*

**over**[1] [ˈoːvər] *adv* **1** (*indicating movement across*) ⟨he flew over to London : voló a Londres⟩ ⟨come on over! : ¡ven acá!⟩ ⟨we crossed over to the other side : cruzamos al otro lado⟩ **2** (*indicating movement from an upright position*) ⟨to fall over : caerse⟩ ⟨to push someone over : tirar a alguien al suelo⟩ **3** (*indicating reversal of position*) ⟨to turn/flip something over : darle la vuelta a algo, voltear algo⟩ ⟨roll over, please : date la vuelta, por favor⟩ **4** (*indicating an additional amount*) ⟨the show ran 10 minutes over : el espectáculo terminó 10 minutos tarde⟩ ⟨there's a lot of food left over : sobra/queda mucha comida⟩ ⟨women 65 and over : mujeres de 65 años en adelante⟩ ⟨parties of six or over : grupos de seis o más⟩ **5** (*indicating a later time*) ⟨to sleep over : quedarse a dormir⟩ ⟨some money to tide him over : un poco de dinero para sacarlo del apuro⟩ **6** (*indicating covering*) ⟨the sky clouded over : se nubló⟩ **7** THOROUGHLY : bien ⟨read it over : léelo bien⟩ **8** ABOVE, OVERHEAD : por encima **9** (*indicating repetition*) ⟨over and over : una y otra vez⟩ ⟨to start over : volver a empezar⟩ ⟨twice over : dos veces⟩ ⟨many times over : muchas veces⟩ **10 all over** EVERYWHERE : por todas partes **11 over (and done) with** ⟨I want to get this over (and done) with : quiero quitarme esto de encima⟩ **12 over and out** (*in radio transmissions*) : cambio y corto/fuera, corto y cambio

**over**[2] *adj* **1** HIGHER, UPPER : superior **2** REMAINING : sobrante, que sobra **3** ENDED : terminado, acabado ⟨the work is over : el trabajo está terminado⟩

**over**[3] *prep* **1** ABOVE : encima de, arriba de, sobre ⟨over the fireplace : encima de la chimenea⟩ ⟨the hawk flew over the hills : el halcón voló sobre los cerros⟩ **2** : más de ⟨over $50 : más de $50⟩ **3** ALONG : por, sobre ⟨to glide over the ice : deslizarse sobre el hielo⟩ **4** (*indicating motion through a place or thing*) ⟨they showed me over the house : me mostraron la casa⟩ **5** ACROSS : por encima de, sobre ⟨he jumped over the ditch : saltó por encima de la zanja⟩ ⟨we crossed over the border : cruzamos la frontera⟩ **6** BEYOND : más allá de ⟨just over that hill : un poco más allá de esa colina⟩ **7** OFF : por ⟨she fell over the side of the boat : se cayó por la borda del barco⟩ **8** (*indicating direction*) : por ⟨it's over here somewhere : está por acá⟩ ⟨look over there! : ¡mira allí!⟩ **9** UPON : sobre ⟨a cape over my shoulders : una capa sobre los hombros⟩ ⟨she hit him over the head : le dio en la cabeza⟩ **10** ON : por ⟨to speak over the phone : hablar por teléfono⟩ ⟨over the radio : por la radio⟩ **11** DURING : en, durante ⟨over the past 25 years : durante los últimos 25 años⟩ **12** PAST, THROUGH : terminado con ⟨we're over the worst of it : hemos pasado lo peor⟩ **13** BECAUSE OF : por ⟨they fought over the money : se pelearon por el dinero⟩ ⟨to laugh over something : reírse por algo⟩ **14** CONCERNING : sobre **15** (*indicating comparison*) ⟨to be an improvement over : ser mejor que⟩ ⟨to choose one thing over another : elegir una cosa en lugar de otra⟩ ⟨to have an advantage over : tener una ventaja sobre⟩ **16** DESPITE : a pesar de (objeciones, etc.) **17** (*indicating omission*) ⟨to skip over something : saltarse algo⟩ **18** (*referring to power or authority*) : por encima de, sobre ⟨those over you : los que están por encima de ti⟩ ⟨to have control over : tener control sobre⟩ **19 all over** ⟨there was water all over the floor : había agua por todo el suelo⟩ ⟨all over the place : por todas partes⟩ **20 over and above** : además de

**over-** *pref* : demasiado, excesivamente

**overabundance** [ˌo:vərəˈbʌndənʧs] *n* : superabundancia *f*

**overabundant** [ˌo:vərəˈbʌndənt] *adj* : superabundante

**overactive** [ˌo:vərˈæktɪv] *adj* : hiperactivo

**overall** [ˌo:vərˈɔl] *adj* : total, global, de conjunto

**overalls** [ˈo:vərˌɔlz] *npl* : overol *m*

**overawe** [ˌo:vərˈɔ] *vt* **-awed; -awing** : intimidar, impresionar

**overbearing** [ˌo:vərˈbærɪŋ] *adj* : dominante, imperioso, prepotente

**overblown** [ˌo:vərˈblo:n] *adj* **1** INFLATED : inflado, exagerado **2** BOMBASTIC : grandilocuente, rimbombante

**overboard** [ˈo:vərˌbord] *adv* : por la borda, al agua

**overburden** [ˌo:vərˈbərdən] *vt* : sobrecargar, agobiar

**overcast** [ˈo:vərˌkæst] *adj* CLOUDY : nublado

**overcharge** [ˌo:vərˈtʃɑrʤ] *vt* **-charged; -charging** : cobrarle de más (a alguien)

**overcoat** [ˈo:vərˌko:t] *n* : abrigo *m*

**overcome** [ˌo:vərˈkʌm] *v* **-came** [-ˈkeɪm]; **-come; -coming** *vt* **1** CONQUER : vencer, derrotar, superar **2** OVERWHELM : abrumar, agobiar — *vi* : vencer

**overconfidence** [ˌo:vərˈkɑnfədənʧs] *n* : exceso *m* de confianza

**overconfident** [ˌo:vərˈkɑnfədənt] *adj* : demasiado confiado

**overcook** [ˌo:vərˈkʊk] *vt* : recocer, cocer demasiado

**overcrowded** [ˌo:vərˈkraʊdəd] *adj* **1** PACKED : abarrotado, atestado de gente **2** OVERPOPULATED : superpoblado

**overcrowding** [ˌo:vərˈkraʊdɪŋ] *n* **1** : hacinamiento *m*, masificación *f* *Spain* **2** OVERPOPULATION : superpoblación *f*

**overdo** [ˌo:vərˈdu:] *vt* **-did** [-ˈdɪd] **-done** [-ˈdʌn]; **-doing; -does** [-ˈdʌz] **1** : hacer demasiado **2** EXAGGERATE : exagerar **3** OVERCOOK : recocer

**overdose** [ˈo:vərˌdo:s] *n* : sobredosis *f*

**overdraft** [ˈo:vərˌdræft] *n* : sobregiro *m*, descubierto *m*

**overdraw** [ˌo:vərˈdrɔ] *vt* **-drew** [-ˈdru:]; **-drawn** [-ˈdrɔn]; **-drawing** **1** : sobregirar ⟨my account is overdrawn : tengo la cuenta en descubierto⟩ **2** EXAGGERATE : exagerar

**overdue** [ˌo:vərˈdu:] *adj* **1** UNPAID : vencido y sin pagar **2** TARDY : de retraso, tardío

**overeat** [ˌo:vərˈi:t] *vi* **-ate** [-ˈeɪt]; **-eaten** [-ˈi:tən]; **-eating** : comer demasiado

**overelaborate** [ˌo:vərɪˈlæbərət] *adj* : recargado

**overestimate** [ˌo:vərˈɛstəˌmeɪt] *vt* **-mated; -mating** : sobreestimar

**overexcited** [ˌo:vərɪkˈsaɪtəd] *adj* : sobreexcitado

**overexpose** [ˌo:vərɪkˈspo:z] *vt* **-posed; -posing** : sobreexponer

**overfeed** [ˌo:vərˈfi:d] *vt* **-fed** [-ˈfɛd]; **-feeding** : sobrealimentar

**overflow**[1] [ˌo:vərˈflo:] *vt* **1** : desbordar **2** INUNDATE : inundar — *vi* : desbordarse, rebosar

**overflow**[2] [ˈo:vərˌflo:] *n* **1** : derrame *m*, desbordamiento *m* (de un río) **2** SURPLUS : exceso *m*, excedente *m*

**overfly** [ˌo:vərˈflaɪ] *vt* **-flew** [-ˈflu:]; **-flown** [-ˈflo:n]; **-flying** : sobrevolar

**overgrown** [ˌo:vərˈgro:n] *adj* **1** : cubierto ⟨overgrown with weeds : cubierto de malas hierbas⟩ **2** : demasiado grande

**overhand**[1] [ˈo:vərˌhænd] *adv* : por encima de la cabeza

**overhand**[2] *adj* : por lo alto (tirada)

**overhang**[1] [ˌo:vərˈhæŋ] *v* **-hung** [-ˈhʌŋ]; **-hanging** *vt* **1** : sobresalir por encima de **2** THREATEN : amenazar — *vi* : sobresalir

**overhang**[2] [ˈo:vərˌhæŋ] *n* : saliente *mf*

**overhaul** [ˌo:vərˈhɔl] *vt* **1** : revisar ⟨to overhaul an engine : revisar un motor⟩ **2** OVERTAKE : adelantar

**overhead**[1] [ˌo:vərˈhɛd] *adv* : por encima, arriba, por lo alto

**overhead**[2] [ˈo:vərˌhɛd] *adj* : de arriba

**overhead**[3] [ˈo:vərˌhɛd] *n* : gastos *mpl* generales

**overhear** [ˌo:vərˈhɪr] *vt* **-heard** [-ˈhərd]; **-hearing** : oír por casualidad

**overheat** [ˌo:vərˈhi:t] *vt* : recalentar, sobrecalentar, calentar demasiado

**overjoyed** [ˌo:vərˈʤɔɪd] *adj* : rebosante de alegría

**overkill** [ˈo:vərˌkɪl] *n* : exceso *m*, excedente *m*

**overland**[1] [ˈo:vərˌlænd, -lənd] *adv* : por tierra

**overland**[2] *adj* : terrestre, por tierra
**overlap**[1] [ˌoːvərˈlæp] *v* **-lapped; -lapping** *vt* : traslapar — *vi* : traslaparse, solaparse
**overlap**[2] [ˈoːvərˌlæp] *n* : traslapo *m*
**overlay**[1] [ˌoːvərˈleɪ] *vt* **-laid** [-ˈleɪd]; **-laying** : recubrir, revestir
**overlay**[2] [ˈoːvərˌleɪ] *n* : revestimiento *m*
**overload** [ˌoːvərˈloːd] *vt* : sobrecargar
**overlong** [ˌoːvərˈlɔŋ] *adj* : excesivamente largo, largo y pesado
**overlook** [ˌoːvərˈlʊk] *vt* **1** INSPECT : inspeccionar, revisar **2** : tener vista a, dar a ⟨a house overlooking the valley : una casa que tiene vista al valle⟩ **3** MISS : pasar por alto **4** EXCUSE : dejar pasar, disculpar
**overly** [ˈoːvərli] *adv* : demasiado
**overnight**[1] [ˌoːvərˈnaɪt] *adv* **1** : por la noche, durante la noche **2** : de la noche a la mañana ⟨we can't do it overnight : no podemos hacerlo de la noche a la mañana⟩
**overnight**[2] [ˈoːvərˌnaɪt] *adj* **1** : de noche ⟨an overnight stay : una estancia de una noche⟩ ⟨an overnight bag : una bolsa de viaje⟩ **2** SUDDEN : repentino
**overpass** [ˈoːvərˌpæs] *n* : paso *m* elevado, paso *m* a desnivel *Mex*
**overpay** [ˌoːvərˈpeɪ] *v* **-paid** [-ˈpeɪd]; **-paying** *vt* : pagarle demasiado a (alguien) — *vi* : pagar demasiado
**overpopulated** [ˌoːvərˈpɑpjəˌleɪʧəd] *adj* : superpoblado, sobrepoblado
**overpopulation** [ˌoːvərˌpɑpjəˈleɪʃən] *n* : superpoblación *f*, sobrepoblación *f*
**overpower** [ˌoːvərˈpaʊər] *vt* **1** CONQUER, SUBDUE : vencer, superar **2** OVERWHELM : abrumar, agobiar ⟨overpowered by the heat : sofocado por el calor⟩
**overpraise** [ˌoːvərˈpreɪz] *vt* **-praised; -praising** : adular
**overprotective** [ˌoːvərprəˈtɛktɪv] *adj* : sobreprotector
**overrate** [ˌoːvərˈreɪt] *vt* **-rated; -rating** : sobrevalorar, sobrevaluar
**overreact** [ˌoːvərriˈækt] *vi* : reaccionar de forma exagerada
**override** [ˌoːvərˈraɪd] *vt* **-rode** [-ˈroːd]; **-ridden** [-ˈrɪdən]; **-riding** **1** : predominar sobre, contar más que ⟨hunger overrode our manners : el hambre predominó sobre los modales⟩ **2** ANNUL : anular, invalidar ⟨to override a veto : anular un veto⟩
**overripe** [ˌoːvərˈraɪp] *adj* : pasado
**overrule** [ˌoːvərˈruːl] *vt* **-ruled; -ruling** : anular (una decisión), desautorizar (una persona), denegar (un pedido)
**overrun** [ˌoːvərˈrʌn] *v* **-ran** [-ˈræn]; **-running** *vt* **1** INVADE : invadir **2** INFEST : infestar, plagar **3** EXCEED : exceder, rebasar — *vi* : rebasar el tiempo previsto
**overseas**[1] [ˌoːvərˈsiːz] *adv* : en el extranjero ⟨to travel overseas : viajar al extranjero⟩
**overseas**[2] [ˈoːvərˌsiːz] *adj* : extranjero, exterior
**oversee** [ˌoːvərˈsiː] *vt* **-saw** [-ˈsɔ]; **-seen** [-ˈsiːn]; **-seeing** SUPERVISE : supervisar
**overseer** [ˈoːvərˌsiːər] *n* : supervisor *m*, -sora *f*; capataz *mf*
**oversell** [ˌoːvərˈsɛl] *vt* : sobrevender
**overshadow** [ˌoːvərˈʃæˌdoː] *vt* **1** DARKEN : oscurecer, ensombrecer **2** ECLIPSE, OUTSHINE : eclipsar
**overshoe** [ˈoːvərˌfuː] *n* : chanclo *m*
**overshoot** [ˌoːvərˈʃuːt] *vt* **-shot** [-ˈʃɑt]; **-shooting** : pasarse de ⟨to overshoot the mark : pasarse de la raya⟩
**oversight** [ˈoːvərˌsaɪt] *n* : descuido *m*, inadvertencia *f*
**oversleep** [ˌoːvərˈsliːp] *vi* **-slept** [-ˈslɛpt]; **-sleeping** : no despertarse a tiempo, quedarse dormido
**overspread** [ˌoːvərˈspred] *vt* **-spread; -spreading** : extenderse sobre
**overstaffed** [ˌoːvərˈstæft] *adj* : con exceso de personal
**overstate** [ˌoːvərˈsteɪt] *vt* **-stated; -stating** EXAGGERATE : exagerar
**overstatement** [ˌoːvərˈsteɪtmənt] *n* : exageración *f*
**overstep** [ˌoːvərˈstɛp] *vt* **-stepped; -stepping** EXCEED : sobrepasar, traspasar, exceder
**overt** [oˈvərt, ˈoːˌvərt] *adj* : evidente, manifiesto, patente
**overtake** [ˌoːvərˈteɪk] *vt* **-took** [-ˈtʊk]; **-taken** [-ˈteɪkən]; **-taking** : pasar, adelantar, rebasar *Mex*
**overthrow**[1] [ˌoːvərˈθroː] *vt* **-threw** [-ˈθruː]; **-thrown** [-ˈθroːn]; **-throwing** **1** OVERTURN : dar la vuelta a, volcar **2** DEFEAT, TOPPLE : derrocar, derribar, deponer
**overthrow**[2] [ˈoːvərˌθroː] *n* : derrocamiento *m*, caída *f*
**overtime** [ˈoːvərˌtaɪm] *n* **1** : horas *fpl* extras (de trabajo) **2** : prórroga *f*; alargue *m Arg, Chile, Uru* (en deportes)
**overtly** [oˈvərtli, ˈoːˌvərt-] *adv* OPENLY : abiertamente
**overtone** [ˈoːvərˌtoːn] *n* **1** : armónico *m* (en música) **2** HINT SUGGESTION : tinte *m*, insinuación *f*
**overture** [ˈoːvərˌtʃʊr, -tʃər] *n* **1** PROPOSAL : propuesta *f* **2** : obertura *f* (en música)
**overturn** [ˌoːvərˈtərn] *vt* **1** UPSET : dar la vuelta a, volcar **2** NULLIFY : anular, invalidar — *vi* TURN OVER : volcar, dar un vuelco
**overuse** [ˌoːvərˈjuːz] *vt* **-used; -using** : abusar de
**overview** [ˈoːvərˌvjuː] *n* : resumen *m*, visión *f* general
**overweening** [ˌoːvərˈwiːnɪŋ] *adj* **1** ARROGANT : arrogante, soberbio **2** IMMODERATE : desmesurado
**overweight** [ˌoːvərˈweɪt] *adj* : demasiado gordo, demasiado pesado
**overwhelm** [ˌoːvərˈhwɛlm] *vt* **1** CRUSH, DEFEAT : aplastar, arrollar **2** SUBMERGE : inundar, sumergir **3** OVERPOWER : abrumar, agobiar ⟨overwhelmed by remorse : abrumado de remordimiento⟩
**overwhelming** [ˌoːvərˈhwɛlmɪŋ] *adj* **1** CRUSHING : abrumador, apabullante **2** SWEEPING : arrollador, aplastante ⟨an overwhelming majority : una mayoría aplastante⟩

**overwork** [ˌoːvərˈwərk] *vt* **1** : hacer trabajar demasiado **2** OVERUSE : abusar de — *vi* : trabajar demasiado

**overwrought** [ˌoːvərˈrɔt] *adj* : alterado, sobreexcitado

**ovoid** [ˈoːˌvɔɪd] *or* **ovoidal** [oˈvɔɪdəl] *adj* : ovoide

**ovulate** [ˈɑvjəˌleɪt, ˈoː-] *vi* **-lated; -lating** : ovular

**ovulation** [ˌɑvjəˈleɪʃən, ˌoː-] *n* : ovulación *f*

**ovum** [ˈoːvəm] *n, pl* **ova** [-və] : óvulo *m*

**ow** [ˈaʊ] *interj* : ¡ay!, ¡huy!, ¡uy!

**owe** [ˈoː] *vt* **owed; owing** : deber ⟨you owe me $10 : me debes $10⟩ ⟨he owes his wealth to his father : le debe su riqueza a su padre⟩

**owing to** *prep* : debido a

**owl** [ˈaʊl] *n* : búho *m*, lechuza *f*, tecolote *m Mex*

**own**[1] [ˈoːn] *vt* **1** POSSESS : poseer, tener, ser dueño de **2** ADMIT : reconocer, admitir — *vi* **to own up** : reconocer (algo), admitir (algo)

**own**[2] *adj* : propio, personal, particular ⟨his own car : su propio coche⟩

**own**[3] *pron* **1** (*used with a possessive*) ⟨the book is his own : el libro es suyo, el libro lo escribió él⟩ ⟨money of your own : tu/su propio dinero⟩ ⟨I want an apartment to call my own : quiero un apartamento para mí solo⟩ ⟨she has a style all her own : tiene un estilo muy particular⟩ ⟨to each his own : cada uno a lo suyo⟩ **2 on one's own** : solo ⟨we did it on our own : lo hicimos solos⟩ ⟨they left her on her own : la dejaron sola⟩

**owner** [ˈoːnər] *n* : dueño *m*, -ña *f*; propietario *m*, -ria *f*

**ownership** [ˈoːnərˌʃɪp] *n* : propiedad *f*

**ox** [ˈɑks] *n, pl* **oxen** [ˈɑksən] : buey *m*

**oxidation** [ˌɑksəˈdeɪʃən] *n* : oxidación *f*

**oxide** [ˈɑkˌsaɪd] *n* : óxido *m*

**oxidize** [ˈɑksəˌdaɪz] *vt* **-dized; -dizing** : oxidar

**oxygen** [ˈɑksɪʤən] *n* : oxígeno *m*

**oxygenate** [ˈɑksɪʤəˌneɪt] *vt* **-nated; -nating** : oxigenar

**oyster** [ˈɔɪstər] *n* : ostra *f*, ostión *m Mex*

**ozone** [ˈoːˌzoːn] *n* : ozono *m* ⟨ozone layer : capa de ozono⟩

# P

**p** [ˈpiː] *n, pl* **p's** *or* **ps** [ˈpiːz] : decimosexta letra del alfabeto inglés

**PA** [ˌpiːˈeɪ] *n* (*public address* system) : altavoces *mpl*, altoparlantes *mpl*

**pace**[1] [ˈpeɪs] *v* **paced; pacing** *vi* : caminar, ir y venir — *vt* **1** : caminar por ⟨she paced the floor : caminaba de un lado a otro del cuarto⟩ **2 to pace a runner** : marcarle el ritmo a un corredor

**pace**[2] *n* **1** STEP : paso *m* **2** RATE : paso *m*, ritmo *m* ⟨to set the pace : marcar el paso, marcar la pauta⟩

**pacemaker** [ˈpeɪsˌmeɪkər] *n* : marcapasos *m*

**pacific** [pəˈsɪfɪk] *adj* : pacífico

**pacifier** [ˈpæsəˌfaɪər] *n* : chupete *m*, chupón *m*, mamila *f Mex*

**pacifism** [ˈpæsəˌfɪzəm] *n* : pacifismo *m*

**pacifist** [ˈpæsəfɪst] *n* : pacifista *mf*

**pacify** [ˈpæsəˌfaɪ] *vt* **-fied; -fying** **1** SOOTHE : apaciguar, pacificar **2** : pacificar (un país, una región, etc.) — **pacification** *n*

**pack**[1] [ˈpæk] *vt* **1** PACKAGE : empaquetar, embalar, envasar **2** : empacar, meter (en una maleta) ⟨to pack one's bags : hacer las maletas⟩ **3** FILL : llenar, abarrotar ⟨a packed theater : un teatro abarrotado⟩ **4** TAMP : apisonar (tierra), compactar (nieve) ⟨firmly packed brown sugar : azúcar morena bien compacta⟩ **5 to pack in** LEAVE : dejar **6 to pack in/into** : meter en ⟨they packed us all into one room : nos metieron a todos en una sala⟩ ⟨to pack them in : atraer una multitud⟩ **7 to pack it in** *fam* QUIT STOP : parar **8 to pack off** SEND : mandar **9 to pack up** : recoger, guardar (para llevar) — *vi or* **to pack up** : empacar, hacer las maletas

**pack**[2] *n* **1** BUNDLE : bulto *m*, fardo *m* **2** BACKPACK : mochila *f* **3** PACKAGE : paquete *m*, cajetilla *f* (de cigarrillos, etc.) **4** : manada *f* (de lobos, etc.), jauría *f* (de perros) ⟨a pack of thieves : una pandilla de ladrones⟩ **5** : baraja *f* (de naipes)

**package**[1] [ˈpækɪʤ] *vt* **-aged; -aging** : empaquetar, embalar

**package**[2] *n* : paquete *m*, bulto *m*

**packaging** [ˈpækɪʤɪŋ] *n* **1** : embalaje *m* **2** WRAPPING : envoltorio *m*

**packer** [ˈpækər] *n* : empacador *m*, -dora *f*

**packet** [ˈpækət] *n* : paquete *m*

**packing** [ˈpækɪŋ] *n* : embalaje *m*

**pact** [ˈpækt] *n* : pacto *m*, acuerdo *m*

**pad**[1] [ˈpæd] *vt* **padded; padding** **1** FILL, STUFF : rellenar, acolchar (una silla, una pared) **2** : meter paja en, rellenar ⟨to pad a speech : rellenar un discurso⟩

**pad**[2] *n* **1** CUSHION : almohadilla *f* ⟨a shoulder pad : una hombrera⟩ **2** TABLET : bloc *m* (de papel) **3 → lily pad** **4 → ink pad** **5 → launchpad** **6 → landing pad**

**padding** [ˈpædɪŋ] *n* **1** FILLING : relleno *m* **2** : paja *f* (en un discurso, etc.)

**paddle**[1] [ˈpædəl] *v* **-dled; -dling** *vt* **1** : hacer avanzar (una canoa) con canalete **2** HIT : azotar, darle nalgadas a (con una pala o paleta) — *vi* **1** : remar (en una canoa) **2** SPLASH : chapotear, mojarse los pies

**paddle**[2] *n* **1** : canalete *m*, zagual *m* (de una canoa, etc.) **2** : pala *f*, paleta *f* (en deportes)

**paddock** [ˈpædək] *n* **1** PASTURE : potrero *m* **2** : paddock *m*, cercado *m* (en un hipódromo)

**paddy** [ˈpædi] *n, pl* **-dies** : arrozal *m*

**padlock**[1] [ˈpædˌlɑk] *vt* : cerrar con candado

**padlock**[2] *n* : candado *m*

**paella** [pɑˈelə, -ˈeɪljə, -ˈeɪə] *n* : paella *f*

**pagan**[1] [ˈpeɪgən] *adj* : pagano

**pagan**[2] *n* : pagano *m*, -na *f*

**paganism** [ˈpeɪgənˌɪzəm] *n* : paganismo *m*

**page**[1] [ˈpeɪʤ] *vt* **paged; paging** : llamar por altavoz

**page**[2] *n* **1** BELLHOP : botones *m* **2** : página *f* (de un libro, etc.) ⟨page six : la página seis⟩

**pageant** [ˈpæʤənt] *n* **1** SPECTACLE : espectáculo *m* **2** PROCESSION : desfile *m*

**pageantry** [ˈpæʤəntri] *n* : pompa *f*, fausto *m*

**pager** [ˈpeɪʤər] *n* BEEPER : buscapersonas *m*

**pagoda** [pəˈgoːdə] *n* : pagoda *f*

**paid** → **pay**

**pail** [ˈpeɪl] *n* : balde *m*, cubo *m*, cubeta *f Mex*

**pailful** [ˈpeɪlˌfʊl] *n* : balde *m*, cubo *m*, cubeta *f Mex*

**pain**[1] [ˈpeɪn] *vt* : doler

**pain**[2] *n* **1** PENALTY : pena *f* ⟨under pain of death : so pena de muerte⟩ **2** SUFFERING : dolor *m*, malestar *m*, pena *f* (mental) **3 pains** *npl* EFFORT : esmero *m*, esfuerzo *m* ⟨to take pains : esmerarse⟩ **4** ANNOYANCE : molestia *f*, fastidio *m* ⟨he's a pain in the neck : es un pesado⟩

**painful** [ˈpeɪnfəl] *adj* : doloroso — **painfully** *adv*

**painkiller** [ˈpeɪnˌkɪlər] *n* : analgésico *m*

**painless** [ˈpeɪnləs] *adj* : indoloro, sin dolor

**painlessly** [ˈpeɪnləsli] *adv* : sin dolor

**painstaking** [ˈpeɪnˌsteɪkɪŋ] *adj* : esmerado, cuidadoso, meticuloso — **painstakingly** *adv*

**paint**[1] [ˈpeɪnt] *v* : pintar

**paint**[2] *n* : pintura *f*

**paintbrush** [ˈpeɪntˌbrʌʃ] *n* : pincel *m* (de un artista), brocha *f* (para pintar casas, etc.)

**painter** [ˈpeɪntər] *n* : pintor *m*, -tora *f*

**painting** [ˈpeɪntɪŋ] *n* : pintura *f*

**pair**[1] [ˈpær] *vt* : emparejar, poner en parejas — *vi* : emparejarse

**pair**[2] *n* : par *m* (de objetos), pareja *f* (de personas o animales) ⟨a pair of scissors : unas tijeras⟩

**pajamas** [pəˈʤɑməz, -ˈʤæ-] *npl* : pijama *m*, piyama *mf*

**Pakistani** [ˌpækɪˈstæni, ˌpɑkɪˈstɑni] *n* : paquistaní *mf* — **Pakistani** *adj*

**pal** [ˈpæl] *n* : amigo *m*, -ga *f*; compinche *mf fam*; chamo *m*, -ma *feminine Venezuela familiar*; cuate *m*, -ta *f Mex*

**palace** [ˈpæləs] *n* : palacio *m*

**palatable** [ˈpælətəbəl] *adj* : sabroso

**palate** [ˈpælət] *n* **1** : paladar *m* (de la boca) **2** TASTE : paladar *m*, gusto *m*

**palatial** [pəˈleɪʃəl] *adj* : suntuoso, espléndido

**palaver** [pəˈlævər, -ˈlɑ-] *n* : palabrería *f*

**pale**[1] [ˈpeɪl] *v* **paled; paling** *vi* : palidecer — *vt* : hacer pálido

**pale**[2] *adj* **paler; palest** **1** : pálido ⟨to turn pale : palidecer, ponerse pálido⟩ **2** : claro (dícese de los colores)

**paleness** [ˈpeɪlnəs] *n* : palidez *f*

**paleontologist** [ˌpeɪliˌɑnˈtɑləʤɪst] *n* : paleontólogo *m*, -ga *f*

**paleontology** [ˌpeɪliˌɑnˈtɑləʤi] *n* : paleontología *f*

**Palestinian** [ˌpæləˈstɪniən] *n* : palestino *m*, -na *f* — **Palestinian** *adj*

**palette** [ˈpælət] *n* : paleta *f* (para mezclar pigmentos)

**palisade** [ˌpæləˈseɪd] *n* **1** FENCE : empalizada *f*, estacada *f* **2** CLIFFS : acantilado *m*

**pall**[1] [ˈpɔl] *vi* : perder su sabor, dejar de gustar

**pall**[2] *n* **1** : paño *m* funerario (sobre un ataúd) **2** COVER : cortina *f* (de humo, etc.) **3 to cast a pall over** : ensombrecer

**pallbearer** [ˈpɔlˌbɛrər] *n* : portador *m*, -dora *f* del féretro

**pallet** [ˈpælət] *n* **1** BED : camastro *m* **2** PLATFORM : plataforma *f* de carga

**palliative** [ˈpæliˌeɪtɪv, ˈpæljəɪtɪv] *adj* : paliativo ⟨palliative care : cuidados paliativos⟩

**pallid** [ˈpælɪd] *adj* : pálido

**pallor** [ˈpælər] *n* : palidez *f*

**palm**[1] [ˈpɑm, ˈpɑlm] *vt* **1** CONCEAL : escamotear (un naipe, etc.) **2 to palm off** : encajar, endilgar *fam* ⟨he palmed it off on me : me lo endilgó⟩

**palm**[2] *n* **1** *or* **palm tree** : palmera *f* **2** : palma *f* (de la mano)

**palmistry** [ˈpɑmɔstri, ˈpɑlmə-] *n* : quiromancia *f*

**Palm Sunday** *n* : Domingo *m* de Ramos

**palomino** [ˌpæləˈmiːˌnoː] *n, pl* **-nos** : caballo *m* de color dorado

**palpable** [ˈpælpəbəl] *adj* : palpable — **palpably** [-bli] *adv*

**palpitate** [ˈpælpəˌteɪt] *vi* **-tated; -tating** : palpitar

**palpitation** [ˌpælpəˈteɪʃən] *n* : palpitación *f*

**palsy** [ˈpɔlzi] *n, pl* **-sies** **1** : parálisis *f* **2** → **cerebral palsy**

**paltry** [ˈpɔltri] *adj* **paltrier; -est** : mísero, mezquino, insignificante ⟨a paltry excuse : una mala excusa⟩

**pampas** [ˈpæmpəz, ˈpɑmpəs] *npl* : pampa *f*

**pamper** [ˈpæmpər] *vt* : mimar, consentir, chiquear *Mex*

**pamphlet** [ˈpæmpflət] *n* : panfleto *m*, folleto *m*

**pan**[1] [ˈpæn] *vt* **panned; panning** CRITICIZE : poner por los suelos — *vi* **1 to pan for gold** : cribar el oro con batea, lavar oro **2 to pan out** : resultar, salir

**pan**[2] *n* **1** : cacerola *f*, cazuela *f* **2 frying pan** : sartén *mf*, freidera *f Mex*

**pan-** *pref* : pan- ⟨panacea : panacea⟩

**panacea** [ˌpænəˈsiːə] *n* : panacea *f*

**Panamanian** [ˌpænəˈmeɪniən] *n* : panameño *m*, -ña *f* — **Panamanian** *adj*

**pancake** [ˈpænˌkeɪk] *n* : panqueque *m*
**pancreas** [ˈpæŋkriəs, ˈpæn-] *n* : páncreas *m*
**panda** [ˈpændə] *n* : panda *mf*
**pandemonium** [ˌpændəˈmoːniəm] *n* : pandemonio *m*, pandemónium *m*
**pander** [ˈpændər] *vi* **to pander to** : satisfacer, complacer (a alguien) ⟨to pander to popular taste : satisfacer el gusto popular⟩
**pane** [ˈpeɪn] *n* : cristal *m*, vidrio *m*
**panel**[1] [ˈpænəl] *vt* **-eled** *or* **-elled; -eling** *or* **-elling** : adornar con paneles
**panel**[2] *n* **1** : lista *f* de nombres (de un jurado, etc.) **2** GROUP : grupo *m*, panel *m* (de discusión), jurado *m* (de un concurso, etc.) **3** : panel *m* (de una pared, etc.) **4** : tablero *m* ⟨control panel : tablero de control⟩
**paneling** [ˈpænəlɪŋ] *n* : paneles *mpl*
**pang** [ˈpæŋ] *n* : puntada *f*, punzada *f*
**panhandler** [ˈpænˌhændlər] *n* : mendigo *m*, -ga *f*
**panic**[1] [ˈpænɪk] *v* **-icked; -icking** *vt* : llenar de pánico — *vi* : ser presa de pánico
**panic**[2] *n* : pánico *m*
**panicky** [ˈpænɪki] *adj* : presa del pánico
**panic–stricken** *adj* : presa del pánico ⟨to be panic-stricken : ser presa del pánico⟩
**panini** [pəˈniːni] *n, pl* **-ni** *or* **-nis** : panini *m*
**panorama** [ˌpænəˈræmə, -ˈrɑ-] *n* : panorama *m*
**panoramic** [ˌpænəˈræmɪk, -ˈrɑ-] *adj* : panorámico
**pansexual** [ˌpænˈsɛkʃʊəl] *adj* : pansexual ⟨pansexual people : las personas pansexuales⟩
**pansy** [ˈpænzi] *n, pl* **-sies** : pensamiento *m*
**pant**[1] [ˈpænt] *vi* : jadear, resoplar
**pant**[2] *adj* : del pantalón
**pant**[3] *n* : jadeo *m*, resoplo *m*
**pantaloons** [ˌpæntəˈluːnz] → **pants**
**pantheon** [ˈpænθiˌɑn, -ən] *n* : panteón *m*
**panther** [ˈpænθər] *n* : pantera *f*
**panties** [ˈpæntiz] *npl* : calzones *mpl*; panteletas *fpl Mex, Ven*; bombacha *f Arg, Uru*; panties *mfpl CA, Car*; bragas *fpl Spain*
**pantomime**[1] [ˈpæntəˌmaɪm] *v* **-mimed; -miming** *vt* : representar mediante la pantomima — *vi* : hacer la mímica
**pantomime**[2] *n* : pantomima *f*
**pantry** [ˈpæntri] *n, pl* **-tries** : despensa *f*
**pants** [ˈpænts] *npl* **1** TROUSERS : pantalón *m*, pantalones *mpl* **2** → **panties**
**pantsuit** [ˈpæntˌsuːt] *n* : traje *m* pantalón
**panty hose** [ˈpænti] *ns & pl* : medias *fpl*, panties *mfpl Spain*, pantimedias *fpl Mex*
**pap** [ˈpæp] *n* : papilla *f* (para bebés, etc.)
**papa** [ˈpɑpə] *n* : papá *m*
**papal** [ˈpeɪpəl] *adj* : papal
**papaya** [pəˈpaɪə] *n* : papaya *f* (fruta)
**paper**[1] [ˈpeɪpər] *vt* WALLPAPER : empapelar
**paper**[2] *adj* : de papel
**paper**[3] *n* **1** : papel *m* ⟨a piece of paper : un papel⟩ **2** DOCUMENT : papel *m*, documento *m* **3** NEWSPAPER : periódico *m*, diario *m* **4** ESSAY : ensayo *m*
**paperback** [ˈpeɪpərˌbæk] *n* : libro *m* en rústica
**paper clip** *n* : clip *m*, sujetapapeles *m*
**paperweight** [ˈpeɪpərˌweɪt] *n* : pisapapeles *m*
**paperwork** [ˈpeɪpərˌwərk] *n* : papeleo *m*
**papery** [ˈpeɪpəri] *adj* : parecido al papel
**papier–mâché** [ˌpeɪpərmɑˈʃeɪ, ˌpæˌpjeɪmæˈʃeɪ] *n* : papel *m* maché
**paprika** [pəˈpriːkə, pæ-] *n* : pimentón *m*, paprika *f*
**Pap smear** [ˈpæp-] *n* : Papanicolau *m*
**papyrus** [pəˈpaɪrəs] *n, pl* **-ruses** *or* **-ri** [-ri, -ˌraɪ] : papiro *m*
**par** [ˈpɑr] *n* **1** VALUE : valor *m* (nominal), par *f* ⟨below par : debajo de la par⟩ **2** EQUALITY : igualdad *f* ⟨to be on a par with : estar al mismo nivel que⟩ **3** : par *m* (en golf)
**parable** [ˈpærəbəl] *n* : parábola *f*
**parabola** [pəˈræbələ] *n* : parábola *f* (en matemáticas)
**parachute**[1] [ˈpærəˌʃuːt] *vi* **-chuted; -chuting** : lanzarse en paracaídas
**parachute**[2] *n* : paracaídas *m*
**parachutist** [ˈpærəˌʃuːtɪst] *n* : paracaidista *mf*
**parade**[1] [pəˈreɪd] *vi* **-raded; -rading** **1** MARCH : desfilar **2** SHOW OFF : pavonearse, lucirse
**parade**[2] *n* **1** PROCESSION : desfile *m* **2** DISPLAY : alarde *m*
**paradigm** [ˈpærəˌdaɪm] *n* : paradigma *m*
**paradise** [ˈpærəˌdaɪs, -ˌdaɪz] *n* : paraíso *m*
**paradox** [ˈpærəˌdɑks] *n* : paradoja *f*
**paradoxical** [ˌpærəˈdɑksɪkəl] *adj* : paradójico — **paradoxically** *adv*
**paraffin** [ˈpærəfən] *n* : parafina *f*
**paragliding** [ˈpærəˌglaɪdɪŋ] *n* : parapente *m*
**paragon** [ˈpærəˌgɑn, -gən] *n* : dechado *m*
**paragraph**[1] [ˈpærəˌgræf] *vt* : dividir en párrafos
**paragraph**[2] *n* : párrafo *m*, acápite *m*
**Paraguayan** [ˌpærəˈgwaɪən, -ˈgweɪ-] *n* : paraguayo *m*, -ya *f* — **Paraguayan** *adj*
**parakeet** [ˈpærəˌkiːt] *n* : periquito *m*
**paralegal** [ˌpærəˈliːgəl] *n* : asistente *mf* de abogado
**parallel**[1] [ˈpærəˌlɛl, -ləl] *vt* **1** MATCH, RESEMBLE : ser paralelo a, ser análogo a, corresponder con **2** : extenderse en línea paralela con ⟨the road parallels the river : el camino se extiende a lo largo del río⟩
**parallel**[2] *adj* : paralelo
**parallel**[3] *n* **1** : línea *f* paralela, superficie *f* paralela **2** : paralelo *m* (en geografía) **3** SIMILARITY : paralelismo *m*, semejanza *f*
**parallelogram** [ˌpærəˈlɛləˌgræm] *n* : paralelogramo *m*
**paralysis** [pəˈræləsɪs] *n, pl* **-yses** [-ˌsiːz] : parálisis *f*
**paralyze** [ˈpærəˌlaɪz] *vt* **-lyzed; -lyzing** : paralizar
**paramedic** [ˌpærəˈmɛdɪk] *n* : paramédico *m*, -ca *f*
**parameter** [pəˈræmətər] *n* : parámetro *m*
**paramount** [ˈpærəˌmaʊnt] *adj* : supremo ⟨of paramount importance : de suma importancia⟩

**paranoia** [ˌpærəˈnɔɪə] *n* : paranoia *f*
**paranoid** [ˈpærəˌnɔɪd] *adj* : paranoico
**paranormal** [ˌpærəˈnɔrməl] *adj* : paranormal
**parapet** [ˈpærəpət, -ˌpɛt] *n* : parapeto *m*
**paraphernalia** [ˌpærəfəˈneɪljə, -fər-] *ns & pl* : parafernalia *f*
**paraphrase**[1] [ˈpærəˌfreɪz] *vt* **-phrased; -phrasing** : parafrasear
**paraphrase**[2] *n* : parafrasis *f*
**paraplegic**[1] [ˌpærəˈpliːdʒɪk] *adj* : parapléjico
**paraplegic**[2] *n* : parapléjico *m*, -ca *f*
**parasite** [ˈpærəˌsaɪt] *n* : parásito *m*
**parasitic** [ˌpærəˈsɪtɪk] *adj* : parasitario
**parasol** [ˈpærəˌsɔl] *n* : sombrilla *f*, quitasol *m*, parasol *m*
**paratrooper** [ˈpærəˌtruːpər] *n* : paracaidista *mf* (militar)
**parboil** [ˈpɑrˌbɔɪl] *vt* : sancochar, cocer a medias
**parcel**[1] [ˈpɑrsəl] *vt* **-celed** *or* **-celled; -celing** *or* **-celling** *or* **to parcel out** : repartir, parcelar (tierras)
**parcel**[2] *n* **1** LOT : parcela *f*, lote *m* **2** PACKAGE : paquete *m*, bulto *m*
**parch** [ˈpɑrtʃ] *vt* : resecar
**parched** *adj* **1** DRY : muy seco, quemado **2** THIRSTY : seco
**parchment** [ˈpɑrtʃmənt] *n* : pergamino *m*
**pardon**[1] [ˈpɑrdən] *vt* **1** FORGIVE : perdonar, disculpar ⟨pardon me! : ¡perdone!, ¡disculpe la molestia!⟩ **2** REPRIEVE : indultar (a un delincuente)
**pardon**[2] *n* **1** FORGIVENESS : perdón *m* **2** REPRIEVE : indulto *m*
**pardonable** [ˈpɑrdənəbəl] *adj* : perdonable
**pare** [ˈpær] *vt* **pared; paring 1** PEEL : pelar **2** TRIM : recortar **3** REDUCE : reducir ⟨he pared it (down) to 50 pages : lo redujo a 50 páginas⟩
**parent** [ˈpærənt] *n* **1** : madre *f*, padre *m* **2 parents** *npl* : padres *mpl*
**parentage** [ˈpærəntɪdʒ] *n* : linaje *m*, abolengo *m*, origen *m*
**parental** [pəˈrɛntəl] *adj* : de los padres
**parenthesis** [pəˈrɛnθəsɪs] *n, pl* **-theses** [-ˌsiːz] : paréntesis *m*
**parenthetic** [ˌpærənˈθɛtɪk] *or* **parenthetical** [-tɪkəl] *adj* : parentético — **parenthetically** [-tɪkli] *adv*
**parenthood** [ˈpærəntˌhʊd] *n* : paternidad *f*
**parfait** [pɑrˈfeɪ] *n* : postre *m* elaborado con frutas y helado
**pariah** [pəˈraɪə] *n* : paria *mf*
**parish** [ˈpærɪʃ] *n* : parroquia *f*
**parishioner** [pəˈrɪʃənər] *n* : feligrés *m*, -gresa *f*
**parity** [ˈpærəṭi] *n, pl* **-ties** : paridad *f*
**park**[1] [ˈpɑrk] *vt* : estacionar, parquear, aparcar *Spain* — *vi* : estacionarse, parquearse, aparcar *Spain*
**park**[2] *n* : parque *m*
**parka** [ˈpɑrkə] *n* : parka *f*
**parking** [ˈpɑrkɪŋ] *n* : estacionamiento *m*, aparcamiento *m Spain*
**parking lot** *n* : estacionamiento *m*, parking *m*, aparcamiento *m Spain* (lugar)
**parking meter** *n* : parquímetro *m*
**parking ticket** *n* : multa *f* (de parquímetro o por estacionarse mal)
**parkour** [pɑrˈkʊr] *n* : parkour *m*
**parkway** [ˈpɑrkˌweɪ] *n* : carretera *f* ajardinada, bulevar *m*
**parley**[1] [ˈpɑrli] *vi* : parlamentar, negociar
**parley**[2] *n, pl* **-leys** : negociación *f*, parlamento *m*
**parliament** [ˈpɑrləmənt, ˈpɑrljə-] *n* : parlamento *m*
**parliamentary** [ˌpɑrləˈmɛntəri, ˌpɑrljə-] *adj* : parlamentario
**parlor** [ˈpɑrlər] *n* **1** : sala *f*, salón *m* (en una casa) **2** : salón *m* ⟨beauty parlor : salón de belleza⟩ **3 funeral parlor** : funeraria *f*
**parochial** [pəˈroːkiəl] *adj* **1** : parroquial **2** PROVINCIAL : pueblerino, de miras estrechas
**parody**[1] [ˈpærədi] *vt* **-died; -dying** : parodiar
**parody**[2] *n, pl* **-dies** : parodia *f*
**parole** [pəˈroːl] *n* : libertad *f* condicional
**paroxysm** [ˈpærəkˌsɪzəm, pəˈrɑk-] *n* : paroxismo *m*
**parquet** [ˈpɑrˌkeɪ, pɑrˈkeɪ] *n* : parquet *m*, parqué *m*
**parrakeet** → **parakeet**
**parrot** [ˈpærət] *n* : loro *m*, papagayo *m*
**parry**[1] [ˈpæri] *v* **-ried; -rying** *vi* : parar un golpe — *vt* EVADE : esquivar (una pregunta, etc.)
**parry**[2] *n, pl* **-ries** : parada *f*
**parsimonious** [ˌpɑrsəˈmoːniəs] *adj* : tacaño, mezquino
**parsley** [ˈpɑrsli] *n* : perejil *m*
**parsnip** [ˈpɑrsnɪp] *n* : chirivía *f*
**parson** [ˈpɑrsən] *n* : pastor *m*, -tora *f*; clérigo *m*
**parsonage** [ˈpɑrsənɪdʒ] *n* : rectoría *f*, casa *f* del párroco
**part**[1] [ˈpɑrt] *vi* **1** SEPARATE : separarse, despedirse ⟨we should part as friends : debemos separarnos amistosamente⟩ **2** OPEN : abrirse ⟨the curtains parted : las cortinas se abrieron⟩ **3 to part with** : deshacerse de — *vt* **1** SEPARATE : separar **2 to part one's hair** : hacerse la raya, peinarse con raya
**part**[2] *n* **1** SECTION, SEGMENT : parte *f*, sección *f* ⟨for the better part of a year : durante casi un año⟩ ⟨in the latter part of the century : hacia finales de siglo⟩ ⟨the western part of the state : la parte oeste del estado⟩ ⟨the best/worst part is that . . . : lo mejor/peor es que . . .⟩ **2** PIECE : pieza *f* (de una máquina, etc.) **3** ROLE : papel *m* (en teatro, etc.) ⟨to play a part : hacer un papel⟩ ⟨to look the part : tener el aspecto para el papel⟩ **4** ROLE, INFLUENCE : papel *m* ⟨to play a part : jugar un papel⟩ ⟨to want no part of/in : no querer tener nada que ver con⟩ **5** : raya *f* (del pelo) **6 for my/his (etc.) part** : por mí/su (etc.) parte **7 for the most part** MOSTLY : en su mayoría, en su mayor parte **8 for the most part** USUALLY : en general **9 in part** : en parte **10 in these parts** : por aquí **11 on the part of** : de/por parte de **12 to**

**take part (in)** : tomar parte (en), participar (en)

**partake** [pɑrˈteɪk, pər-] *vi* **-took** [-ˈtʊk]; **-taken** [-ˈteɪkən]; **-taking 1 to partake of** CONSUME : comer, beber, tomar **2 to partake in** : participar en (una actividad, etc.)

**partial** [ˈpɑrʃəl] *adj* **1** BIASED : parcial, tendencioso **2** INCOMPLETE : parcial, incompleto **3 to be partial to** : ser aficionado a

**partiality** [ˌpɑrʃiˈæləṭi] *n, pl* **-ties** : parcialidad *f*

**partially** [ˈpɑrʃəli] *adv* : parcialmente

**participant** [pərˈtɪsəpənt, pɑr-] *n* : participante *mf*

**participate** [pərˈtɪsəˌpeɪt, pɑr-] *vi* **-pated; -pating** : participar

**participation** [pərˌtɪsəˈpeɪʃən, pɑr-] *n* : participación *f*

**participle** [ˈpɑrṭəˌsɪpəl] *n* : participio *m*

**particle** [ˈpɑrṭɪkəl] *n* : partícula *f*

**particular**[1] [pərˈtɪkjələr] *adj* **1** SPECIFIC : particular, en particular ⟨this particular person : esta persona en particular⟩ **2** SPECIAL : particular, especial ⟨with particular emphasis : con un énfasis especial⟩ **3** FUSSY : exigente, maniático ⟨to be very particular : ser muy especial⟩ ⟨I'm not particular : me da igual⟩

**particular**[2] *n* **1** DETAIL : detalle *m*, sentido *m* **2 in particular** : en particular, en especial

**particularly** [pərˈtɪkjələrli] *adv* **1** ESPECIALLY : particularmente, especialmente **2** SPECIFICALLY : específicamente, en especial

**partisan** [ˈpɑrṭəzən, -sən] *n* **1** ADHERENT : partidario *m*, -ria *f* **2** GUERRILLA : partisano *m*, -na *f*; guerrillero *m*, -ra *f*

**partition**[1] [pərˈtɪʃən, pɑr-] *vt* : dividir ⟨to partition off (a room) : dividir (una habitación) con un tabique⟩

**partition**[2] *n* **1** DISTRIBUTION : partición *f*, división *f*, reparto *m* **2** DIVIDER : tabique *m*, mampara *f*, biombo *m*

**partly** [ˈpɑrṭli] *adv* : en parte, parcialmente

**partner** [ˈpɑrṭnər] *n* **1** COMPANION : compañero *m*, -ra *f* **2** : pareja *f* (en un juego, etc.) ⟨dancing partner : pareja de baile⟩ **3** MATE : pareja *f*; compañero *m*, -ra *f* ⟨(marital) partner : cónyuge⟩ **4** : socio *m*, -cia *f*; asociado *m*, -da *f* ⟨business/senior partner : socio comercial/mayoritario⟩

**partnership** [ˈpɑrṭnərˌʃɪp] *n* **1** ASSOCIATION : asociación *f*, compañerismo *m* **2** : sociedad *f* (de negociantes) ⟨to form a partnership : asociarse⟩

**part of speech** : categoría *f* gramatical

**partridge** [ˈpɑrṭrɪʤ] *n, pl* **-tridge** *or* **-tridges** : perdiz *f*

**part–time**[1] [ˈpɑrṭˈtaɪm] *adv* : medio tiempo, a tiempo parcial

**part–time**[2] *adj* : de medio tiempo, a tiempo parcial

**party** [ˈpɑrṭi] *n, pl* **-ties 1** : partido *m* (político) **2** PARTICIPANT : parte *f*, participante *mf* **3** GROUP : grupo *m* (de personas) **4** GATHERING : fiesta *f* ⟨to throw a party : dar una fiesta⟩

**parvenu** [ˈpɑrvəˌnu:, -ˌnju:] *n* : advenedizo *m*, -za *f*

**pass**[1] [ˈpæs] *vi* **1** : pasar, cruzarse ⟨a plane passed overhead : pasó un avión⟩ ⟨we passed in the hallway : nos cruzamos en el pasillo⟩ **2** CEASE : pasarse ⟨the pain passed : se pasó el dolor⟩ **3** ELAPSE : pasar, transcurrir **4** PROCEED : pasar ⟨let me pass : déjame pasar⟩ **5** HAPPEN : pasar, ocurrir **6** : pasar, aprobar (en un examen) **7** *or* **to pass down** : pasar ⟨the throne passed to his son : el trono pasó a su hijo⟩ **8 to pass as** : pasar por **9 to pass away/on** DIE : fallecer, morir **10 to pass by** : pasar **11 to pass out** FAINT : desmayarse — *vt* **1** : pasar por (un lugar) **2** OVERTAKE : pasar, adelantar **3** SPEND : pasar (tiempo) **4** HAND : pasar ⟨pass me the salt : pásame la sal⟩ **5** : aprobar (un examen) **6** : aprobar (a un estudiante) **7** APPROVE : aprobar (una ley) **8 to let pass** OVERLOOK, IGNORE : pasar por alto, dejar pasar **9 to pass by** : escapársele a (alguien) ⟨don't let life pass you by : no dejes que la vida se te pase⟩ **10 to pass off as** : hacer pasar por ⟨to pass oneself off as : hacerse pasar por⟩ **11 to pass on** TRANSMIT, RELAY : pasar **12 to pass over** SKIP, OMIT : pasar por alto **13 to pass up** DECLINE : dejar pasar **14 to pass the time** : pasar el rato

**pass**[2] *n* **1** CROSSING, GAP : paso *m*, desfiladero *m*, puerto *m* ⟨mountain pass : puerto de montaña⟩ **2** PERMIT : pase *m*, permiso *m* **3** : pase *m* (en deportes) **4** SITUATION : situación *f* (difícil) ⟨how did we come to such a pass? : ¿cómo llegamos a tal extremo?⟩

**passable** [ˈpæsəbəl] *adj* **1** ADEQUATE : adecuado, pasable **2** : transitable (dícese de un camino, etc.)

**passably** [ˈpæsəbli] *adv* : pasablemente

**passage** [ˈpæsɪʤ] *n* **1** PASSING : paso *m* ⟨the passage of time : el paso del tiempo⟩ **2** PASSAGEWAY :, pasillo *m* (dentro de un edificio), pasaje *m* (entre edificios) **3** VOYAGE : travesía *f* (por el mar), viaje *m* ⟨to grant safe passage : dar un salvoconducto⟩ **4** SECTION : pasaje *m* (en música o literatura) **5** APPROVAL : aprobación *f* (de un proyecto de ley, etc.)

**passageway** [ˈpæsɪʤˌweɪ] *n* : pasillo *m*, pasadizo *m*, corredor *m*

**passbook** [ˈpæsˌbʊk] *n* BANKBOOK : libreta *f* de ahorros

**passé** [pæˈseɪ] *adj* : pasado de moda

**passenger** [ˈpæsənʤər] *n* : pasajero *m*, -ra *f*

**passerby** [ˌpæsərˈbaɪ, ˈpæsərˌ-] *n, pl* **passersby** : transeúnte *mf*

**passing**[1] *adj* **1** : que pasa ⟨he saw a passing train : vio un tren que pasaba⟩ ⟨with each passing day/year : con cada día/año que pasa⟩ **2** TRANSIENT : pasajero **3**

CURSORY : somero ⟨to make a passing reference to : referirse de pasada a⟩ **4** SLIGHT, SUPERFICIAL : ligero (dícese de un parecido), superficial (dícese de un conocimiento, un interés, etc.) **5** SATISFACTORY : satisfactorio ⟨to get a passing grade : aprobar (en un examen, etc.)⟩

**passing**[2] [ˈpæsɪŋ] *n* **1** DEATH : fallecimiento *m* **2** PASSAGE, MOVEMENT : paso *m* (del tiempo, etc.) **3** PASSAGE, APPROVAL : aprobación *f* **4 in passing** : de pasada

**passion** [ˈpæʃən] *n* : pasión *f*, ardor *m*

**passionate** [ˈpæʃənət] *adj* **1** IRASCIBLE : irascible, iracundo **2** ARDENT : apasionado, ardiente, ferviente, fogoso

**passionately** [ˈpæʃənətli] *adv* : apasionadamente, fervientemente, con pasión

**passionflower** [ˈpæʃən,flauər] *n* : pasionaria *f*, pasiflora *f*

**passive**[1] [ˈpæsɪv] *adj* : pasivo — **passively** *adv*

**passive**[2] *n* : voz *f* pasiva (en gramática)

**Passover** [ˈpæs,o:vər] *n* : Pascua *f* (en el judaísmo)

**passport** [ˈpæs,pɔrt] *n* : pasaporte *m*

**password** [ˈpæs,wərd] *n* : contraseña *f*

**past**[1] [ˈpæst] *adv* : por delante ⟨he drove past : pasamos en coche⟩

**past**[2] *adj* **1** AGO : hace ⟨10 years past : hace 10 años⟩ **2** LAST : último ⟨the past few months : los últimos meses⟩ **3** BYGONE : pasado ⟨in past times : en tiempos pasados⟩ **4** : pasado (en gramática)

**past**[3] *n* : pasado *m*

**past**[4] *prep* **1** BY : por, por delante de ⟨he ran past the house : pasó por la casa corriendo⟩ **2** BEYOND : más allá de ⟨just past the corner : un poco más allá de la esquina⟩ ⟨we went past the exit : pasamos la salida⟩ **3** AFTER : después de ⟨past noon : después del mediodía⟩ ⟨half past two : las dos y media⟩

**pasta** [ˈpastə, ˈpæs-] *n* : pasta *f*

**paste**[1] [ˈpeɪst] *vt* **pasted; pasting** **1** : pegar (con engrudo) **2** : pegar (en un documento electrónico)

**paste**[2] *n* **1** : pasta *f* ⟨tomato paste : pasta de tomate⟩ **2** : engrudo *m* (para pegar)

**pasteboard** [ˈpeɪst,bɔrd] *n* : cartón *m*, cartulina *f*

**pastel** [pæˈstɛl] *n* : pastel *m* — **pastel** *adj*

**pasteurization** [,pæstʃərəˈzeɪʃən, ,pæstjə-] *n* : pasteurización *f*

**pasteurize** [ˈpæstʃə,raɪz, ˈpæstjə-] *vt* **-ized; -izing** : pasteurizar

**pastime** [ˈpæs,taɪm] *n* : pasatiempo *m*

**pastor** [ˈpæstər] *n* : pastor *m*, -tora *f*

**pastoral** [ˈpæstərəl] *adj* : pastoral

**past participle** *n* : participio *m* pasado

**pastry** [ˈpeɪstri] *n, pl* **-ries** **1** DOUGH : pasta *f*, masa *f* **2 pastries** *npl* : pasteles *mpl*

**pasture**[1] [ˈpæstʃər] *v* **-tured; -turing** *vi* GRAZE : pacer, pastar — *vt* : apacentar, pastar

**pasture**[2] *n* : pastizal *m*, potrero *m*, pasto *m*

**pasty** [ˈpeɪsti] *adj* **pastier; -est** **1** : pastoso (en consistencia) **2** PALLID : pálido

**pat**[1] [ˈpæt] *vt* **patted; patting** : dar palmaditas a, tocar

**pat**[2] *adv* : de memoria ⟨to have down pat : saberse de memoria⟩

**pat**[3] *adj* **1** APT : apto, apropiado **2** GLIB : fácil **3** UNYIELDING : firme ⟨to stand pat : mantenerse firme⟩

**pat**[4] *n* **1** TAP : golpecito *m*, palmadita *f* ⟨a pat on the back : una palmadita en la espalda⟩ **2** CARESS : caricia *f* **3** : porción *f* ⟨a pat of butter : una porción de mantequilla⟩

**patch**[1] [ˈpætʃ] *vt* **1** MEND, REPAIR : remendar, parchar, ponerle un parche a **2 to patch together** IMPROVISE : confeccionar, improvisar **3 to patch up** : arreglar ⟨they patched things up : hicieron las paces⟩

**patch**[2] *n* **1** : parche *m*, remiendo *m* (para la ropa) ⟨eye patch : parche para el ojo⟩ **2** PIECE : mancha *f*, trozo *m* ⟨a patch of sky : un trozo de cielo⟩ **3** PLOT : parcela *f*, terreno *m* ⟨cabbage patch : parcela de repollos⟩ **4** : período *m* ⟨to go through a bad/rough patch : pasar una mala racha⟩ **5** : parche *m* (para el software)

**patchwork** [ˈpætʃ,wərk] *n* : labor *f* de retazos

**patchy** [ˈpætʃi] *adj* **patchier; -est** **1** IRREGULAR : irregular, desigual **2** INCOMPLETE : parcial, incompleto

**pâté** [pɑˈteɪ, pæ-] *n* : paté *m*

**patent**[1] [ˈpætənt] *vt* : patentar

**patent**[2] [ˈpætənt, ˈpeɪt-] *adj* **1** OBVIOUS : patente, evidente **2** [ˈpæt-] PATENTED : patentado

**patent**[3] [ˈpætənt] *n* : patente *f*

**patent leather** [ˈpætənt-] *n* : charol *m*

**patently** [ˈpætəntli] *adv* : patentemente, evidentemente

**paternal** [pəˈtɜrnəl] *adj* **1** FATHERLY : paternal **2** : paterno ⟨paternal grandfather : abuelo paterno⟩

**paternity** [pəˈtɜrnəṭi] *n* : paternidad *f* ⟨paternity leave : licencia por paternidad⟩

**path** [ˈpæθ, ˈpaθ] *n* **1** TRACK, TRAIL : camino *m*, sendero *m*, senda *f* **2** COURSE, ROUTE : recorrido *m*, trayecto *m*, trayectoria *f*

**pathetic** [pəˈθeṭɪk] *adj* : patético — **pathetically** [-ṭɪkli] *adv*

**pathological** [,pæθəˈlɑdʒɪkəl] *adj* : patológico

**pathologist** [pəˈθɑlədʒɪst] *n* : patólogo *m*, -ga *f*

**pathology** [pəˈθɑlədʒi] *n, pl* **-gies** : patología *f*

**pathos** [ˈpeɪ,θɑs, ˈpæ-, -,θɔs] *n* : patetismo *m*

**pathway** [ˈpæθ,weɪ] *n* : camino *m*, sendero *m*, senda *f*, vereda *f*

**patience** [ˈpeɪʃənʃs] *n* : paciencia *f*

**patient**[1] [ˈpeɪʃənt] *adj* : paciente — **patiently** *adv*

**patient**[2] *n* : paciente *mf*

**patina** [pəˈti:nə, ˈpætənə] *n* : pátina *f*

**patio** [ˈpæṭi,o:] *n, pl* **-tios** : patio *m*

**patriarch** [ˈpeɪtri,ɑrk] *n* : patriarca *m*

**patriarchy** [ˈpeɪtri,ɑrki] *n, pl* **-chies** : patriarcado *m*

**patrimony** [ˈpætrəˌmoːni] *n, pl* **-nies** : patrimonio *m*

**patriot** [ˈpeɪtriət] *n* : patriota *mf*

**patriotic** [ˌpeɪtriˈɑɾɪk] *adj* : patriótico — **patriotically** *adv*

**patriotism** [ˈpeɪtriəˌtɪzəm] *n* : patriotismo *m*

**patrol**[1] [pəˈtroːl] *v* **-trolled; -trolling** : patrullar

**patrol**[2] *n* : patrulla *f*

**patrol car** *n* : patrulla *f*, patrullero *m* (automóvil)

**patrolman** [pəˈtroːlmən] *n, pl* **-men** [-mən, -ˌmɛn] : policía *mf*, guardia *mf*

**patron** [ˈpeɪtrən] *n* **1** SPONSOR : patrocinador *m*, -dora *f* **2** CUSTOMER : cliente *m*, -ta *f* **3** *or* **patron saint** : patrono *m*, -na *f*

**patronage** [ˈpeɪtrənɪʤ, ˈpæ-] *n* **1** SPONSORSHIP : patrocinio *m* **2** CLIENTELE : clientela *f* **3** : influencia *f* (política)

**patronize** [ˈpeɪtrəˌnaɪz, ˈpæ-] *vt* **-ized; -izing** **1** SPONSOR : patrocinar **2** : ser cliente de (un negocio) **3** : tratar con condescendencia

**patronizing** *adj* : condescendiente

**patter**[1] [ˈpæʧɚ] *vi* TAP : golpetear, tamborilear (dícese de la lluvia)

**patter**[2] *n* **1** TAPPING : golpeteo *m*, tamborileo *m* (de la lluvia), correteo *m* (de pies) **2** CHATTER : palabrería *f*, parloteo *m fam*

**pattern**[1] [ˈpæʧɚn] *vt* **1** BASE : basar (en un modelo) **2 to pattern after** : hacer imitación de

**pattern**[2] *n* **1** MODEL : modelo *m*, patrón *m* (de costura) **2** DESIGN : diseño *m*, dibujo *m*, estampado *m* (de tela) **3** NORM, STANDARD : pauta *f*, norma *f*, patrón *m*

**patty** [ˈpæʧi] *n, pl* **-ties** : porción *f* de carne picada (u otro alimento) en forma de ruedita ⟨a hamburger patty : una hamburguesa⟩ ⟨a turkey patty : una hamburguesa de pavo⟩

**paucity** [ˈpɔsəʧi] *n* : escasez *f*

**paunch** [ˈpɔnʧ] *n* : panza *f*, barriga *f*

**pauper** [ˈpɔpɚ] *n* : pobre *mf*, indigente *mf*

**pause**[1] [ˈpɔz] *vi* **paused; pausing** : hacer una pausa, pararse (brevemente)

**pause**[2] *n* : pausa *f*

**pave** [ˈpeɪv] *vt* **paved; paving** : pavimentar ⟨to pave with stones : empedrar⟩

**pavement** [ˈpeɪvmənt] *n* : pavimento *m*, empedrado *m*

**pavilion** [pəˈvɪljən] *n* : pabellón *m*

**paving** [ˈpeɪvɪŋ] → **pavement**

**paw**[1] [ˈpɔ] *vt* : tocar, manosear, sobar

**paw**[2] *n* : pata *f*, garra *f*, zarpa *f*

**pawn**[1] [ˈpɔn] *vt* : empeñar, prendar

**pawn**[2] *n* **1** PLEDGE, SECURITY : prenda *f* **2** PAWNING : empeño *m* **3** : peón *m* (en ajedrez)

**pawnbroker** [ˈpɔnˌbroːkɚ] *n* : prestamista *mf*

**pawnshop** [ˈpɔnˌʃɑp] *n* : casa *f* de empeños, monte *m* de piedad

**pay**[1] [ˈpeɪ] *v* **paid** [ˈpeɪd]; **paying** *vt* **1** : pagar ⟨she paid the bill/rent : pagó la cuenta/renta⟩ ⟨he paid $200 for the bike : pagó $200 por la bici⟩ ⟨they paid her to mow the lawn : la pagaron para cortar el pasto⟩ **2 to pay attention** : poner atención, prestar atención, hacer caso **3 to pay a visit** : hacer una visita **4 to pay back** : pagar (un préstamo), devolver (dinero) ⟨she paid them back : les devolvió el dinero⟩ ⟨I'll pay you back for what you did! : ¡me las pagarás!⟩ **5 to pay off** SETTLE : saldar, cancelar (una deuda, etc.) **6 to pay one's respects** : presentar uno sus respetos — *vi* **1** : pagar ⟨to pay in cash : pagar en efectivo⟩ ⟨the job pays well : el trabajo está bien pagado⟩ **2** : valer la pena ⟨crime doesn't pay : no hay crimen sin castigo⟩ **3 to pay for** : pagar ⟨he paid for our dinner : nos pagó la comida⟩ ⟨she paid dearly for her mistakes : pagó caro sus errores⟩ ⟨you'll pay for this! : ¡me las pagarás!⟩ **4 to pay one's (own) way** ⟨she paid her way through college : se pagó los estudios⟩ ⟨he paid his own way at dinner : pagó su parte de la cena⟩ **5 to pay up** : pagar

**pay**[2] *n* : paga *f*

**payable** [ˈpeɪəbəl] *adj* DUE : pagadero

**paycheck** [ˈpeɪˌʧɛk] *n* : sueldo *m*, cheque *m* del sueldo

**payday** [ˈpeɪˌdeɪ] *n* : día *m* de pago/paga

**payee** [peɪˈiː] *n* : beneficiario *m*, -ria *f* (de un cheque, etc.)

**payer** [ˈpeɪɚ] *n* : pagador *m*, -dora *f*

**payment** [ˈpeɪmənt] *n* **1** : pago *m* **2** INSTALLMENT : plazo *m*, cuota *f* **3** REWARD : recompensa *f*

**payoff** [ˈpeɪˌɔf] *n* **1** REWARD : recompensa *f* **2** PROFIT : ganancia *f* **3** BRIBE : soborno *m*

**pay phone** *n* : teléfono *m* público

**payroll** [ˈpeɪˌroːl] *n* : nómina *f*

**PC** [ˌpiːˈsiː] *n, pl* **PCs** *or* **PC's** : PC *mf*, computadora *f* personal

**PDA** [ˌpiːˌdiːˈeɪ] *n, pl* **PDAs** *or* **PDA's** (*p*ersonal *d*igital *a*ssistant) : PDA *m*

**pea** [ˈpiː] *n* : chícharo *m*, guisante *m*, arveja *f*

**peace** [ˈpiːs] *n* **1** : paz *f* ⟨peace treaty : tratado de paz⟩ ⟨peace and tranquillity : paz y tranquilidad⟩ **2** ORDER : orden *m* (público)

**peaceable** [ˈpiːsəbəl] *adj* : pacífico — **peaceably** [-bli] *adv*

**peaceful** [ˈpiːsfəl] *adj* **1** PEACEABLE : pacífico **2** CALM, QUIET : tranquilo, sosegado — **peacefully** *adv*

**peacemaker** [ˈpiːsˌmeɪkɚ] *n* : conciliador *m*, -dora *f*; mediador *m*, -dora *f*

**peacetime** [ˈpiːsˌtaɪm] *n* : tiempos *mpl* de paz

**peach** [ˈpiːʧ] *n* : durazno *m*, melocotón *m*

**peacock** [ˈpiːˌkɑk] *n* : pavo *m* real

**peak**[1] [ˈpiːk] *vi* : alcanzar su nivel máximo

**peak**[2] *adj* : máximo

**peak**[3] *n* **1** POINT : punta *f* **2** CREST, SUMMIT : cima *f*, cumbre *f* **3** APEX : cúspide *f*, apogeo *m*, nivel *m* máximo

**peaked** [ˈpiːkəd] *adj* SICKLY : pálido

**peal**[1] [ˈpiːl] *vi* : repicar

**peal**[2] *n* : repique *m*, tañido *m* (de campanada) ⟨peals of laughter : carcajadas⟩

**peanut** [ˈpiːˌnʌt] *n* : maní *m*, cacahuate *m Mex*, cacahuete *m Spain*
**peanut butter** *n* : mantequilla/crema *f* de maní, manteca *f* de maní *Arg*, crema/mantequilla *f* de cacahuate *Mex*, mantequilla/crema *f* de cacahuete *Spain*
**pear** [ˈpær] *n* : pera *f*
**pearl** [ˈpərl] *n* : perla *f*
**pearly** [ˈpərli] *adj* **pearlier; -est** : nacarado
**peasant** [ˈpɛzənt] *n* : campesino *m*, -na *f*
**peat** [ˈpiːt] *n* : turba *f*
**pebble** [ˈpɛbəl] *n* : guijarro *m*, piedrecita *f*, piedrita *f*
**pecan** [pɪˈkɑn, -ˈkæn, ˈpiːˌkæn] *n* : pacana *f*, nuez *f Mex*
**peccary** [ˈpɛkəri] *n, pl* **-ries** : pécari *m*, pecarí *m*
**peck¹** [ˈpɛk] *vt* : picar, picotear
**peck²** *n* **1** : medida *f* de áridos equivalente a 8.810 litros **2** : picotazo *m* (de un pájaro) ⟨a peck on the cheek : un besito en la mejilla⟩
**pectoral** [ˈpɛktərəl] *adj* : pectoral
**peculiar** [pɪˈkjuːljər] *adj* **1** DISTINCTIVE : propio, peculiar, característico ⟨peculiar to this area : propio de esta zona⟩ **2** STRANGE : extraño, raro — **peculiarly** *adv*
**peculiarity** [pɪˌkjuːlˈjærəṭi, -ˌkjuːliˈær-] *n, pl* **-ties** **1** DISTINCTIVENESS : peculiaridad *f* **2** ODDITY, QUIRK : rareza *f*, idiosincrasia *f*, excentricidad *f*
**pecuniary** [pɪˈkjuːniˌɛri] *adj* : pecuniario
**pedagogical** [ˌpɛdəˈɡɑdʒɪkəl, -ˈɡoː-] *or* **pedagogic** [ˌpɛdəˈɡɑdʒɪk, -ˈɡoː-] *adj* : pedagógico
**pedagogy** [ˈpɛdəˌɡoːdʒi, -ˌɡɑ-] *n* : pedagogía *f*
**pedal¹** [ˈpɛdəl] *v* **-aled** *or* **-alled; -aling** *or* **-alling** *vi* : pedalear — *vt* : darle a los pedales de
**pedal²** *n* : pedal *m*
**pedant** [ˈpɛdənt] *n* : pedante *mf*
**pedantic** [pɪˈdæntɪk] *adj* : pedante
**pedantry** [ˈpɛdəntri] *n, pl* **-ries** : pedantería *f*
**peddle** [ˈpɛdəl] *vt* **-dled; -dling** : vender (en las calles)
**peddler** [ˈpɛdlər] *n* : vendedor *m*, -dora *f* ambulante; mercachifle *m*
**pedestal** [ˈpɛdəstəl] *n* : pedestal *m*
**pedestrian¹** [pəˈdɛstriən] *adj* **1** COMMONPLACE : pedestre, ordinario **2** : de peatón, peatonal ⟨pedestrian crossing : paso de peatones⟩
**pedestrian²** *n* : peatón *m*, -tona *f*
**pediatric** [ˌpiːdiˈætrɪk] *adj* : pediátrico
**pediatrician** [ˌpiːdiəˈtrɪʃən] *n* : pediatra *mf*
**pediatrics** [ˌpiːdiˈætrɪks] *ns & pl* : pediatría *f*
**pedigree** [ˈpɛdəˌɡri:] *n* **1** FAMILY TREE : árbol *m* genealógico **2** LINEAGE : pedigrí *m* (de un animal), linaje *m* (de una persona)
**pee¹** [ˈpiː] *vi fam* URINATE : hacer pipí *fam*
**pee²** *n fam* : pipí *m fam* ⟨to take a pee : hacer pipí⟩
**peek¹** [ˈpiːk] *vi* **1** PEEP : espiar, mirar furtivamente **2** GLANCE : echar un vistazo
**peek²** *n* **1** : miradita *f* (furtiva) **2** GLANCE : vistazo *m*, ojeada *f*
**peel¹** [ˈpiːl] *vt* **1** : pelar (fruta, etc.) **2** *or* **to peel away** : quitar — *vi* : pelarse (dícese de la piel), desconcharse (dícese de la pintura)
**peel²** *n* : cáscara *f*
**peeler** [ˈpiːlər] *n* : pelador *m*, pelapapas *mpl*
**peep¹** [ˈpiːp] *vi* **1** PEEK : espiar, mirar furtivamente **2** CHEEP : piar **3 to peep out** SHOW : asomarse
**peep²** *n* **1** CHEEP : pío *m* (de un pajarito) **2** GLANCE : vistazo *m*, ojeada *f*
**peer¹** [ˈpɪr] *vi* : mirar detenidamente, mirar con atención
**peer²** *n* **1** EQUAL : par *m*, igual *mf* ⟨peer group : grupo paritario⟩ **2** NOBLE : noble *mf*
**peerage** [ˈpɪrɪdʒ] *n* : nobleza *f*
**peerless** [ˈpɪrləs]*-adj* : sin par, incomparable
**peeve¹** [ˈpiːv] *vt* **peeved; peeving** : fastidiar, irritar, molestar
**peeve²** *n* : queja *f*
**peevish** [ˈpiːvɪʃ] *adj* : quejoso, fastidioso — **peevishly** *adv*
**peevishness** [ˈpiːvɪʃnəs] *n* : irritabilidad *f*
**peg¹** [ˈpɛg] *vt* **pegged; pegging** **1** PLUG : tapar (con una clavija) **2** FASTEN, FIX : sujetar (con estaquillas) **3 to peg out** MARK : marcar (con estaquillas)
**peg²** *n* : estaquilla *f* (para clavar), clavija *f* (para tapar)
**pejorative** [pɪˈdʒɔrəṭɪv] *adj* : peyorativo — **pejoratively** *adv*
**pelican** [ˈpɛlɪkən] *n* : pelícano *m*
**pellagra** [pəˈlæɡrə, -ˈleɪ-] *n* : pelagra *f*
**pellet** [ˈpɛlət] *n* **1** BALL : bolita *f* ⟨food pellet : bolita de comida⟩ **2** SHOT : perdigón *m*
**pell-mell** [ˈpɛlˈmɛl] *adv* : desordenadamente, atropelladamente
**pelt¹** [ˈpɛlt] *vt* **1** THROW : lanzar, tirar (algo a alguien) **2 to pelt with stones** : apedrear — *vi* **1** BEAT : golpear con fuerza ⟨the rain was pelting down : llovía a cántaros⟩ **2** : ir a todo correr
**pelt²** *n* : piel *f*, pellejo *m*
**pelvic** [ˈpɛlvɪk] *adj* : pélvico
**pelvis** [ˈpɛlvɪs] *n, pl* **-vises** *or* **-ves** [ˈpɛlˌviːz] : pelvis *f*
**pen¹** [ˈpɛn] *vt* **penned; penning** **1** *or* **pen in** : encerrar (animales) **2** WRITE : escribir
**pen²** *n* **1** CORRAL : corral *m*, redil *m* (para ovejas) **2** : pluma *f* ⟨fountain pen : pluma fuente⟩ ⟨ballpoint pen : bolígrafo⟩
**penal** [ˈpiːnəl] *adj* : penal
**penalize** [ˈpiːnəlˌaɪz, ˈpɛn-] *vt* **-ized; -izing** : penalizar, sancionar, penar
**penalty** [ˈpɛnəlti] *n, pl* **-ties** **1** PUNISHMENT : pena *f*, castigo *m* **2** DISADVANTAGE : desventaja *f*, castigo *m*, penalty *m* (en deportes) **3** FINE : multa *f*
**penance** [ˈpɛnənṭs] *n* : penitencia *f*
**pence** → **penny**
**penchant** [ˈpɛnʧənt] *n* : inclinación *f*, afición *f*

**pencil**[1] ['pɛnʧəl] *vt* **-ciled** *or* **-cilled; -ciling** *or* **-cilling** : escribir con lápiz, dibujar con lápiz
**pencil**[2] *n* : lápiz *m*
**pencil case** *n* : estuche *m* (para lápices)
**pencil sharpener** *n* : sacapuntas *m*
**pencil skirt** *n* : falda *f* de tubo
**pendant** ['pɛndənt] *n* : colgante *m*
**pending**[1] ['pɛndɪŋ] *adj* : pendiente
**pending**[2] *prep* **1** DURING : durante **2** AWAITING : en espera de
**pendulum** ['pɛnʤələm, -djuləm] *n* : péndulo *m*
**penetrate** ['pɛnəˌtreɪt] *vt* **-trated; -trating** : penetrar
**penetrating** ['pɛnəˌtreɪṭɪŋ] *adj* : penetrante, cortante
**penetration** [ˌpɛnəˈtreɪʃən] *n* : penetración *f*
**penguin** ['pɛŋgwɪn, 'pɛn-] *n* : pingüino *m*
**penicillin** [ˌpɛnəˈsɪlən] *n* : penicilina *f*
**peninsula** [pəˈnɪnʧələ, -ˈnɪnʃʊlə] *n* : península *f*
**penis** ['pi:nəs] *n, pl* **-nes** [-ˌni:z] *or* **-nises** : pene *m*
**penitence** ['pɛnəṭənʧs] *n* : arrepentimiento *m*, penitencia *f*
**penitent**[1] ['pɛnəṭənt] *adj* : arrepentido, penitente
**penitent**[2] *n* : penitente *mf*
**penitentiary** [ˌpɛnəˈtɛnʧəri] *n, pl* **-ries** : penitenciaría *f*, prisión *m*, presidio *m*
**penknife** ['pɛnˌnaɪf] *n* : navaja *f*
**penmanship** ['pɛnmənˌʃɪp] *n* : escritura *f*, caligrafía *f*
**pen name** *n* : seudónimo *m*
**pennant** ['pɛnənt] *n* : gallardete *m* (de un barco), banderín *m*
**penniless** ['pɛnɪləs] *adj* : sin un centavo
**penny** ['pɛni] *n, pl* **-nies** *or* **pence** ['pɛnʧs] **1** : penique *m* (del Reino Unido) **2** *pl* **-nies** CENT : centavo *m* (de los Estados Unidos)
**pen pal** *n* : amigo *m*, -ga *f* por correspondencia
**pension**[1] ['pɛnʃən] *vt* *or* **to pension off** : jubilar
**pension**[2] *n* : pensión *m*, jubilación *f*
**pensioner** ['pɛnʃənər] *n* : pensionista *mf*
**pensive** ['pɛnʧsɪv] *adj* : pensativo, meditabundo — **pensively** *adv*
**pentagon** ['pɛntəˌgɑn] *n* : pentágono *m*
**pentagonal** [pɛnˈtægənəl] *adj* : pentagonal
**penthouse** ['pɛntˌhaʊs] *n* : ático *m*, penthouse *m*
**pent-up** ['pɛntˈʌp] *adj* : encerrado ⟨pent-up feelings : emociones reprimidas⟩
**penultimate** [pɪˈnʌltəmət] *adj* : penúltimo
**penury** ['pɛnʃəri] *n* : penuria *f*, miseria *f*
**peon** ['pi:ˌɑn, -ən] *n, pl* **-ons** *or* **-ones** [peɪˈo:ni:z] : peón *m*
**peony** ['pi:əni] *n, pl* **-nies** : peonía *f*
**people**[1] ['pi:pəl] *vt* **-pled; -pling** : poblar
**people**[2] *ns & pl* **1 people** *npl* : gente *f*, personas *fpl* ⟨people like him : él le cae bien ⟨a la gente⟩ ⟨many people : mucha gente, muchas personas⟩ ⟨young/old people : los jóvenes/ancianos⟩ **2** *pl* **peoples** : pueblo *m* ⟨the Cuban people : el pueblo cubano⟩
**pep**[1] ['pɛp] *vt* **pepped; pepping** *or* **to pep up** : animar
**pep**[2] *n* : energía *f*, vigor *m*
**pepper**[1] ['pɛpər] *vt* **1** : añadir pimienta a **2** RIDDLE : acribillar (a balazos) **3** SPRINKLE : salpicar ⟨peppered with quotations : salpicado de citas⟩
**pepper**[2] *n* **1** : pimienta *f* (condimento) **2** : pimiento *m*, pimentón *m* (fruta) **3** → **chili**
**peppermint** ['pɛpərˌmɪnt] *n* : menta *f*
**pepper shaker** → **shaker**
**peppery** ['pɛpəri] *adj* : picante
**peppy** ['pɛpi] *adj* **peppier; -est** : lleno de energía, vivaz
**pep rally** *n* : reunión *f* (para animar a un equipo antes de un partido)
**pep talk** *n* : plática *f*, charla *f* (para animar a un equipo, etc.) ⟨to give someone a pep talk : animar a alguien⟩
**peptic** ['pɛpṭɪk] *adj* **peptic ulcer** : úlcera *f* estomacal
**per** ['pər] *prep* **1** : por ⟨miles per hour : millas por hora⟩ **2** ACCORDING TO : según ⟨per his specifications : según sus especificaciones⟩
**per annum** [pərˈænəm] *adv* : al año, por año
**percale** [ˌpərˈkeɪl, ˈpər-ˌ;, ˌpərˈkæl] *n* : percal *m*
**per capita** [pərˈkæpɪṭə] *adv & adj* : per cápita
**perceive** [pərˈsi:v] *vt* **-ceived; -ceiving 1** REALIZE : percatarse de, concientizarse de, darse cuenta de **2** NOTE : percibir, notar
**percent**[1] [pərˈsɛnt] *adv* : por ciento
**percent**[2] *n, pl* **-cent** *or* **-cents 1** : por ciento ⟨10 percent of the population : el 10 por ciento de la población⟩ **2** → **percentage**
**percentage** [pərˈsɛntɪʤ] *n* : porcentaje *m*
**perceptible** [pərˈsɛpṭəbəl] *adj* : perceptible — **perceptibly** [-bli] *adv*
**perception** [pərˈsɛpʃən] *n* **1** : percepción *f* ⟨color perception : la percepción de los colores⟩ **2** INSIGHT : perspicacia *f* **3** IDEA : idea *f*, imagen *f*
**perceptive** [pərˈsɛpṭɪv] *adj* : perspicaz
**perceptively** [pərˈsɛpṭɪvli] *adv* : con perspicacia
**perch**[1] ['pərʧ] *vi* **1** ROOST : posarse **2** SIT : sentarse (en un sitio elevado) — *vt* PLACE : posar, colocar
**perch**[2] *n* **1** ROOST : percha *f* (para los pájaros) **2** *pl* **perch** *or* **perches** : perca *f* (pez)
**percolate** ['pərkəˌleɪt] *vi* **-lated; -lating** : colarse, filtrarse ⟨percolated coffee : café filtrado⟩
**percolator** ['pərkəˌleɪṭər] *n* : cafetera *f* de filtro
**percussion** [pərˈkʌʃən] *n* **1** STRIKING : percusión *f* **2** *or* **percussion instruments** : instrumentos *mpl* de percusión
**peremptory** [pəˈrɛmptəri] *adj* : perentorio
**perennial**[1] [pəˈrɛniəl] *adj* **1** : perenne, vivaz ⟨perennial flowers : flores perennes⟩ **2** RECURRENT : perenne, con-

tinuo ⟨a perennial problem : un problema eterno⟩

**perennial**[2] *n* : planta *f* perenne, planta *f* vivaz

**perfect**[1] [pərˈfɛkt] *vt* : perfeccionar

**perfect**[2] [ˈpərfɪkt] *adj* : perfecto — **perfectly** *adv*

**perfection** [pərˈfɛkʃən] *n* : perfección *f*

**perfectionism** [pərˈfɛkʃəˌnɪzəm] *n* : perfeccionismo *m*

**perfectionist** [pərˈfɛkʃənɪst] *n* : perfeccionista *mf*

**perfidious** [pərˈfɪdiəs] *adj* : pérfido

**perforate** [ˈpərfəˌreɪt] *vt* **-rated; -rating** : perforar

**perforation** [ˌpərfəˈreɪʃən] *n* : perforación *f*

**perform** [pərˈfɔrm] *vt* **1** CARRY OUT : realizar, hacer, desempeñar **2** PRESENT : representar, dar (una obra teatral, etc.) — *vi* **1** : actuar (en una obra teatral), cantar (en una ópera, etc.), tocar (en un concierto, etc.), bailar (en un ballet, etc.) **2** : funcionar

**performance** [pərˈfɔrmənts] *n* **1** EXECUTION : ejecución *f*, realización *f*, desempeño *m*, rendimiento *m* **2** INTERPRETATION : interpretación *f* ⟨his performance of Hamlet⟩ **3** PRESENTATION : representación *f* (de una obra teatral), función *f*

**performer** [pərˈfɔrmər] *n* : artista *mf*; actor *m*, -triz *f*; intérprete *mf* (de música)

**perfume**[1] [pərˈfjuːm, ˈpərˌ-] *vt* **-fumed; -fuming** : perfumar

**perfume**[2] [ˈpərˌfjuːm, pərˈ-] *n* : perfume *m*

**perfunctory** [pərˈfʌŋktəri] *adj* : mecánico, superficial, somero

**perhaps** [pərˈhæps] *adv* : tal vez, quizá, quizás, a lo mejor ⟨perhaps so/not : tal vez sí/no⟩ ⟨perhaps he didn't know : quizá(s) no lo sabía⟩ ⟨perhaps I'm wrong : a lo mejor me equivoco⟩ ⟨perhaps I can go tomorrow : quizá(s) pueda ir mañana⟩

**peril** [ˈpɛrəl] *n* : peligro *m*

**perilous** [ˈpɛrələs] *adj* : peligroso — **perilously** *adv*

**perimeter** [pəˈrɪmətər] *n* : perímetro *m*

**period** [ˈpɪriəd] *n* **1** : punto *m* (en puntuación) **2** : período *m* ⟨a two-hour period : un período de dos horas⟩ **3** STAGE : época *f* (histórica), fase *f*, etapa *f* **4** MENSTRUATION : período *m*, regla *f* ⟨to have one's period : tener el período, tener la regla⟩ **5** : hora *f* (de clase)

**periodic** [ˌpɪriˈɑdɪk] *or* **periodical** [-dɪkəl] *adj* : periódico — **periodically** [-dɪkli] *adv*

**periodical** [ˌpɪriˈɑdɪkəl] *n* : publicación *f* periódica, revista *f*

**peripheral** [pəˈrɪfərəl] *adj* : periférico

**periphery** [pəˈrɪfəri] *n, pl* **-eries** : periferia *f*

**periscope** [ˈpɛrəˌskoːp] *n* : periscopio *m*

**perish** [ˈpɛrɪʃ] *vi* DIE : perecer, morirse

**perishable**[1] [ˈpɛrɪʃəbəl] *adj* : perecedero

**perishable**[2] *n* : producto *m* perecedero

**perjure** [ˈpərʤər] *vt* **-jured; -juring** (*used in law*) **to perjure oneself** : perjurar, perjurarse

**perjury** [ˈpərʤəri] *n* : perjurio *m*

**perk**[1] [ˈpərk] *vt* **1** : levantar (las orejas, etc.) **2** *or* **to perk up** FRESHEN : arreglar — *vi* **to perk up** : animarse, reanimarse

**perk**[2] *n* : extra *m*

**perky** [ˈpərki] *adj* **perkier; -est** : animado, alegre, lleno de vida

**perm** [ˈpərm] *n* : permanente *f*

**permanence** [ˈpərmənənts] *n* : permanencia *f*

**permanent**[1] [ˈpərmənənt] *adj* : permanente — **permanently** *adv*

**permanent**[2] *n* : permanente *f*

**permeability** [ˌpərmiəˈbɪləti] *n* : permeabilidad *f*

**permeable** [ˈpərmiəbəl] *adj* : permeable

**permeate** [ˈpərmiˌeɪt] *v* **-ated; -ating** *vt* **1** PENETRATE : penetrar, impregnar **2** PERVADE : penetrar, difundirse por — *vi* : penetrar

**permissible** [pərˈmɪsəbəl] *adj* : permisible, lícito

**permission** [pərˈmɪʃən] *n* : permiso *m*

**permissive** [pərˈmɪsɪv] *adj* : permisivo

**permissiveness** [pərˈmɪsɪvnəs] *adj* : permisividad *f*

**permit**[1] [pərˈmɪt] *vt* **-mitted; -mitting** : permitir, dejar ⟨weather permitting : si el tiempo lo permite⟩

**permit**[2] [ˈpərˌmɪt, pərˈ-] *n* : permiso *m*, licencia *f*

**permutation** [ˌpərmjuˈteɪʃən] *n* : permutación *f*

**pernicious** [pərˈnɪʃəs] *adj* : pernicioso

**peroxide** [pəˈrɑkˌsaɪd] *n* **1** : peróxido *m* **2** → **hydrogen peroxide**

**perpendicular**[1] [ˌpərpənˈdɪkjələr] *adj* **1** VERTICAL : vertical **2** : perpendicular ⟨perpendicular lines : líneas perpendiculares⟩ — **perpendicularly** *adv*

**perpendicular**[2] *n* : perpendicular *f*

**perpetrate** [ˈpərpəˌtreɪt] *vt* **-trated; -trating** : perpetrar, cometer (un delito)

**perpetrator** [ˈpərpəˌtreɪtər] *n* : autor *m*, -tora *f* (de un delito)

**perpetual** [pərˈpɛtʃuəl] *adj* **1** EVERLASTING : perpetuo, eterno **2** CONTINUAL : perpetuo, continuo, constante

**perpetually** [pərˈpɛtʃuəli, -tʃəli] *adv* : para siempre, eternamente

**perpetuate** [pərˈpɛtʃuˌeɪt] *vt* **-ated; -ating** : perpetuar

**perpetuity** [ˌpərpəˈtuːəti, -ˈtjuː-] *n, pl* **-ties** : perpetuidad *f*

**perplex** [pərˈplɛks] *vt* : dejar perplejo, confundir

**perplexed** [pərˈplɛkst] *adj* : perplejo

**perplexity** [pərˈplɛksəti] *n, pl* **-ties** : perplejidad *f*, confusión *f*

**per se** [pərˈseɪ] *adv* : per se, de por sí, en sí

**persecute** [ˈpərsɪˌkjuːt] *vt* **-cuted; -cuting** : perseguir

**persecution** [ˌpərsɪˈkjuːʃən] *n* : persecución *f*

**persecutor** [ˈpərsɪˌkjuːtər] *n* : perseguidor *m*, -dora *f*

**perseverance** [ˌpərsəˈvɪrənts] *n* : perseverancia *f*

**persevere** [ˌpərsəˈvɪr] *vi* **-vered; -vering** : perseverar
**Persian** [ˈpərʒən] *n* **1** : persa *mf* **2** : persa *m* (idioma) — **Persian** *adj*
**persist** [pərˈsɪst] *vi* : persistir
**persistence** [pərˈsɪstənts] *n* **1** CONTINUATION : persistencia *f* **2** TENACITY : perseverancia *f*, tenacidad *f*
**persistent** [pərˈsɪstənt] *adj* : persistente — **persistently** *adv*
**person** [ˈpərsən] *n* **1** *pl* **people** *or* **persons** HUMAN, INDIVIDUAL : persona *f*, individuo *m*, ser *m* humano **2** : persona *f* (en gramática) **3 in person** : en persona
**personable** [ˈpərsənəbəl] *adj* : agradable
**personage** [ˈpərsənɪʤ] *n* : personaje *m*
**personal** [ˈpərsənəl] *adj* **1** OWN, PRIVATE : personal, particular, privado ⟨for personal reasons : por razones personales⟩ **2** : en persona ⟨to make a personal appearance : presentarse en persona, hacerse acto de presencia⟩ **3** : íntimo, personal ⟨personal hygiene : higiene personal⟩ **4** INDISCREET, PRYING : indiscreto, personal
**personal assistant** *n* : secretario *m*, -ria *f* personal
**personal computer** *n* : computadora *f* personal, ordenador *m* personal *Spain*
**personality** [ˌpərsənˈæləṭi] *n, pl* **-ties** **1** DISPOSITION : personalidad *f*, temperamento *m* **2** CELEBRITY : personalidad *f*, personaje *m*, celebridad *f*
**personalize** [ˈpərsənəˌlaɪz] *vt* **-ized; -izing** : personalizar
**personally** [ˈpərsənəli] *adv* **1** : personalmente, en persona ⟨I'll do it personally : lo haré personalmente⟩ **2** : como persona ⟨personally she's very amiable : como persona es muy amable⟩ **3** : personalmente ⟨personally, I don't believe it : yo, personalmente, no me lo creo⟩
**personification** [pərˌsɑnəfəˈkeɪʃən] *n* : personificación *f*
**personify** [pərˈsɑnəˌfaɪ] *vt* **-fied; -fying** : personificar
**personnel** [ˌpərsənˈɛl] *n* : personal *m*
**perspective** [pərˈspɛktɪv] *n* : perspectiva *f*
**perspicacious** [ˌpərspəˈkeɪʃəs] *adj* : perspicaz
**perspicacity** [ˌpərspəˈkæsəṭi] *n* : clarividencia *f*, perspicacia *f*
**perspiration** [ˌpərspəˈreɪʃən] *n* : transpiración *f*, sudor *m*
**perspire** [pərˈspaɪr] *vi* **-spired; -spiring** : transpirar, sudar
**persuade** [pərˈsweɪd] *vt* **-suaded; -suading** : persuadir, convencer
**persuasion** [pərˈsweɪʒən] *n* : persuasión *f*
**persuasive** [pərˈsweɪsɪv, -zɪv] *adj* : persuasivo — **persuasively** *adv*
**persuasiveness** [pərˈsweɪsɪvnəs, -zɪv-] *n* : persuasión *f*
**pert** [ˈpərt] *adj* **1** SAUCY : descarado, impertinente **2** JAUNTY : alegre, animado ⟨a pert little hat : un sombrero coqueto⟩
**pertain** [pərˈteɪn] *vi* **1** BELONG : pertenecer (a) **2** RELATE : estar relacionado (con)
**pertinence** [ˈpərtənənts] *n* : pertinencia *f*
**pertinent** [ˈpərtənənt] *adj* : pertinente
**perturb** [pərˈtərb] *vt* : perturbar
**perusal** [pəˈruːzəl] *n* : lectura *f* cuidadosa
**peruse** [pəˈruːz] *vt* **-rused; -rusing** **1** READ : leer con cuidado **2** SCAN : recorrer con la vista ⟨he perused the newspaper : echó un vistazo al periódico⟩
**Peruvian** [pəˈruːviən] *n* : peruano *m*, -na *f* — **Peruvian** *adj*
**pervade** [pərˈveɪd] *vt* **-vaded; -vading** : penetrar, difundirse por
**pervasive** [pərˈveɪsɪv, -zɪv] *adj* : penetrante
**perverse** [pərˈvərs] *adj* **1** CORRUPT : perverso, corrompido **2** STUBBORN : obstinado, porfiado, terco (sin razón) — **perversely** *adv*
**perversion** [pərˈvərʒən] *n* : perversión *f*
**perversity** [pərˈvərsəṭi] *n, pl* **-ties** **1** CORRUPTION : corrupción *f* **2** STUBBORNNESS : obstinación *f*, terquedad *f*
**pervert**[1] [pərˈvərt] *vt* **1** DISTORT : pervertir, distorsionar **2** CORRUPT : pervertir, corromper
**pervert**[2] [ˈpərˌvərt] *n* : pervertido *m*, -da *f*
**peseta** [pəˈseɪṭə] *n* : peseta *f*
**pesky** [ˈpɛski] *adj* : molestoso, molesto
**peso** [ˈpeɪˌsoː] *n, pl* **-sos** : peso *m* (unidad monetaria)
**pessimism** [ˈpɛsəˌmɪzəm] *n* : pesimismo *m*
**pessimist** [ˈpɛsəmɪst] *n* : pesimista *mf*
**pessimistic** [ˌpɛsəˈmɪstɪk] *adj* : pesimista
**pest** [ˈpɛst] *n* **1** NUISANCE : peste *f*; latoso *m*, -sa *f fam* ⟨to be a pest : dar (la) lata⟩ **2** : insecto *m* nocivo, animal *m* nocivo ⟨the squirrels were pests : las ardillas eran una plaga⟩
**pester** [ˈpɛstər] *vt* **-tered; -tering** : molestar, fastidiar
**pesticide** [ˈpɛstəˌsaɪd] *n* : pesticida *m*
**pestilence** [ˈpɛstələnts] *n* : pestilencia *f*, peste *f*
**pestle** [ˈpɛsəl, ˈpɛstəl] *n* : mano *f* de mortero, mazo *m*, maja *f*
**pet**[1] [ˈpɛt] *vt* **petted; petting** : acariciar
**pet**[2] *n* **1** : animal *m* doméstico, mascota *f* ⟨pet store : tienda de mascotas⟩ ⟨pet food : alimento para mascotas⟩ **2** FAVORITE : favorito *m*, -ta *f*
**pet**[3] *adj* : preferido, favorito ⟨her pet theory : su teoría preferida⟩ ⟨his pet project : su proyecto favorito⟩ ⟨pet name : apodo (cariñoso)⟩
**petal** [ˈpɛṭəl] *n* : pétalo *m*
**peter** [ˈpiːṭər] *vi* **to peter out** : agotarse, apagarse, disminuir (poco a poco)
**petite** [pəˈtiːt] *adj* : pequeña, menuda, chiquita
**petition**[1] [pəˈtɪʃən] *vt* : peticionar
**petition**[2] *n* : petición *f*
**petitioner** [pəˈtɪʃənər] *n* : peticionario *m*, -ria *f*
**petrify** [ˈpɛtrəˌfaɪ] *vt* **-fied; -fying** : petrificar
**petroleum** [pəˈtroːliəm] *n* : petróleo *m*
**petroleum jelly** *n* : vaselina *f*
**petticoat** [ˈpɛṭiˌkoːt] *n* : enagua *f*, fondo *m* *Mex*

**pettiness** [ˈpɛtɪnəs] *n* **1** INSIGNIFICANCE : insignificancia *f* **2** MEANNESS : mezquindad *f*

**petty** [ˈpɛtɪ] *adj* **pettier; -est 1** MINOR : menor ⟨petty cash : dinero para gastos menores⟩ **2** INSIGNIFICANT : insignificante, trivial, nimio **3** MEAN : mezquino

**petty officer** *n* : suboficial *mf*

**petulance** [ˈpɛtʃələnts] *n* : irritabilidad *f*, mal genio *m*

**petulant** [ˈpɛtʃələnt] *adj* : irritable, de mal genio

**petunia** [pɪˈtuːnjə, -ˈtjuː-] *n* : petunia *f*

**pew** [ˈpjuː] *n* : banco *m* (de iglesia)

**pewter** [ˈpjuːtər] *n* : peltre *m*

**pH** [ˌpiːˈeɪtʃ] *n* : pH *m*

**phallic** [ˈfælɪk] *adj* : fálico

**phallus** [ˈfæləs] *n, pl* **-li** [ˈfæˌlaɪ] *or* **-luses** : falo *m*

**phantasy** [ˈfæntəsi] → **fantasy**

**phantom** [ˈfæntəm] *n* : fantasma *m*

**pharaoh** [ˈfɛrˌoː, ˈfeɪˌroː] *n* : faraón *m*

**pharmaceutical** [ˌfɑrməˈsuːtɪkəl] *adj* : farmacéutico

**pharmacist** [ˈfɑrməsɪst] *n* : farmacéutico *m*, -ca *f*

**pharmacology** [ˌfɑrməˈkɑlədʒi] *n* : farmacología *f*

**pharmacy** [ˈfɑrməsi] *n, pl* **-cies** : farmacia *f*

**pharynx** [ˈfærɪŋks] *n, pl* **pharynges** [fəˈrɪnˌdʒiːz] : faringe *f*

**phase**[1] [ˈfeɪz] *vt* **phased; phasing 1** SYNCHRONIZE : sincronizar, poner en fase **2** STAGGER : escalonar **3 to phase in** : introducir progresivamente **4 to phase out** : retirar progresivamente, dejar de producir

**phase**[2] *n* **1** : fase *f* (de la luna, etc.) **2** STAGE : fase *f*, etapa *f*

**pheasant** [ˈfɛzənt] *n, pl* **-ant** *or* **-ants** : faisán *m*

**phenomenal** [fɪˈnɑmənəl] *adj* : extraordinario, excepcional

**phenomenon** [fɪˈnɑməˌnɑn, -nən] *n, pl* **-na** [-nə] *or* **-nons 1** : fenómeno *m* **2** *pl* **-nons** PRODIGY : fenómeno *m*, prodigio *m*

**phew** [ˈfjuː] *interj* : ¡uf!

**philanthropic** [ˌfɪlənˈθrɑpɪk] *adj* : filantrópico

**philanthropist** [fəˈlænθrəpɪst] *n* : filántropo *m*, -pa *f*

**philanthropy** [fəˈlænθrəpi] *n, pl* **-pies** : filantropía *f*

**philately** [fəˈlætəli] *n* : filatelia *f*

**philharmonic** [ˌfɪlərˈmɑnɪk] *n* : filarmónica *f*

**philosopher** [fəˈlɑsəfər] *n* : filósofo *m*, -fa *f*

**philosophic** [ˌfɪləˈsɑfɪk] *or* **philosophical** [-fɪkəl] *adj* : filosófico — **philosophically** [-klɪ] *adv*

**philosophize** [fəˈlɑsəˌfaɪz] *vi* **-phized; -phizing** : filosofar

**philosophy** [fəˈlɑsəfi] *n, pl* **-phies** : filosofía *f*

**phishing** [ˈfɪʃɪŋ] *n* : phishing *m*, suplantación *f* de identidad (en Internet)

**phlegm** [ˈflɛm] *n* : flema *f*

**phlegmatic** [flɛgˈmætɪk] *adj* : flemático

**phlox** [ˈflɑks] *n, pl* **phlox** *or* **phloxes** : polemonio *m*

**phobia** [ˈfoːbiə] *n* : fobia *f*

**phoenix** [ˈfiːnɪks] *n* : fénix *m*

**phone**[1] [ˈfoːn] *v* → **telephone**[1]

**phone**[2] *n* → **telephone**[2]

**phone book** *n* : guía *f* telefónica

**phone call** → **call**[2]

**phone card** *n* : tarjeta *f* telefónica

**phoneme** [ˈfoːˌniːm] *n* : fonema *m*

**phone number** → **number**[2]

**phonetic** [fəˈnɛtɪk] *adj* : fonético

**phonetics** [fəˈnɛtɪks] *n* : fonética *f*

**phonics** [ˈfɑnɪks] *n* : método *m* fonético de aprender a leer

**phony**[1] *or* **phoney** [ˈfoːni] *adj* **phonier; -est** : falso

**phony**[2] *or* **phoney** *n, pl* **-nies** : farsante *mf*; charlatán *m*, -tana *f*

**phosphate** [ˈfɑsˌfeɪt] *n* : fosfato *m*

**phosphorescence** [ˌfɑsfəˈrɛsənts] *n* : fosforescencia *f*

**phosphorescent** [ˌfɑsfəˈrɛsənt] *adj* : fosforescente — **phosphorescently** *adv*

**phosphorus** [ˈfɑsfərəs] *n* : fósforo *m*

**photo** [ˈfoːtoː] *n, pl* **-tos** : foto *f*

**photocopier** [ˈfoːtoˌkɑpiər] *n* : fotocopiadora *f*

**photocopy**[1] [ˈfoːtoˌkɑpi] *vt* **-copied; -copying** : fotocopiar

**photocopy**[2] *n, pl* **-copies** : fotocopia *f*

**photoelectric** [ˌfoːtoɪˈlɛktrɪk] *adj* : fotoeléctrico

**photogenic** [ˌfoːtəˈdʒɛnɪk] *adj* : fotogénico

**photograph**[1] [ˈfoːtəˌgræf] *vt* : fotografiar

**photograph**[2] *n* : fotografía *f*, foto *f* ⟨to take a photograph of : tomarle una fotografía a, tomar una fotografía de⟩

**photographer** [fəˈtɑgrəfər] *n* : fotógrafo *m*, -fa *f*

**photographic** [ˌfoːtəˈgræfɪk] *adj* : fotográfico — **photographically** [-fɪklɪ] *adv*

**photography** [fəˈtɑgrəfi] *n* : fotografía *f*

**photojournalist** [ˌfoːtoˈdʒərnəlɪst] *n* : reportero *m* gráfico, reportera *f* gráfica

**photoshop** *or* **Photoshop** [ˈfoːtoˌʃɑp] *vt* (*Photoshop*, trademark) : editar (con un editor de imágenes)

**photosynthesis** [ˌfoːtoˈsɪnθəsɪs] *n* : fotosíntesis *f*

**phrasal verb** *n* : verbo *m* con partícula(s)

**phrase**[1] [ˈfreɪz] *vt* **phrased; phrasing** : expresar

**phrase**[2] *n* : frase *f*, locución *f* ⟨to coin a phrase : para decirlo así⟩

**phrase book** *n* : guía *f* de conversación

**phylum** [ˈfaɪləm] *n, pl* **-la** [-lə] : phylum *m*

**phys ed** [ˈfɪzˈɛd] *n fam* → **physical education**

**physical**[1] [ˈfɪzɪkəl] *adj* **1** : físico ⟨physical laws : leyes físicas⟩ **2** MATERIAL : material, físico **3** BODILY : físico, corpóreo — **physically** [-klɪ] *adv*

**physical**[2] *n* CHECKUP : chequeo *m*, reconocimiento *m* médico

**physical education** *n* : educación *f* física

**physical therapist** *n* : fisioterapeuta *mf*

**physical therapy** *n* : fisioterapia *f*
**physician** [fəˈzɪʃən] *n* : médico *m*, -ca *f*
**physicist** [ˈfɪzəsɪst] *n* : físico *m*, -ca *f*
**physics** [ˈfɪzɪks] *ns & pl* : física *f*
**physiognomy** [ˌfɪziˈɑgnəmi] *n, pl* **-mies** : fisonomía *f*
**physiological** [ˈfɪziəˈlɑʤɪkəl] *or* **physiologic** [-ʤɪk] *adj* : fisiológico
**physiologist** [ˌfɪziˈɑləʤɪst] *n* : fisiólogo *m*, -ga *f*
**physiology** [ˌfɪziˈɑləʤi] *n* : fisiología *f*
**physique** [fəˈziːk] *n* : físico *m*
**pi** [ˈpaɪ] *n, pl* **pis** [ˈpaɪz] : pi *f*
**pianist** [piˈænɪst, ˈpiːənɪst] *n* : pianista *mf*
**piano** [piˈæno:] *n, pl* **-anos** : piano *m*
**piazza** [piˈæzə, -ˈɑtsə] *n, pl* **-zas** *or* **-ze** [-ˈɑtˌseɪ] : plaza *f*
**picador** [ˈpɪkəˌdɔr] *n* : picador *m*, -dora *f*
**picaresque** [ˌpɪkəˈrɛsk, ˌpiː-] *adj* : picaresco
**picayune** [ˌpɪkiˈjuːn] *adj* : trivial, nimio, insignificante
**piccolo** [ˈpɪkəˌloː] *n, pl* **-los** : flautín *m*
**pick**[1] [ˈpɪk] *vt* **1** SELECT : escoger, elegir ⟨pick a card : elige una carta⟩ **2** : quitar, sacar (poco a poco) ⟨to pick meat off the bones : quitar pedazos de carne de los huesos⟩ **3** : recoger, arrancar (frutas, flores, etc.) **4** PROVOKE : provocar ⟨to pick a fight : buscar pelea⟩ **5** : hurgarse (la nariz), escarbarse (los dientes) **6 to pick a lock** : forzar una cerradura **7 to pick out** CHOOSE : escoger **8 to pick out** IDENTIFY : identificar, distinguir **9 to pick someone's pocket** : robarle a alguien la cartera (etc.) del bolsillo **10 to pick up** LIFT : levantar **11 to pick up** TIDY : ordenar (una habitación, etc.), recoger (juguetes, etc.) **12 to pick up** FETCH : (ir a) recoger **13 to pick up** LOAD : recoger (pasajeros), cargar **14 to pick up** BUY, GET : comprar, conseguir **15 to pick up** LEARN : aprender (un idioma, etc.), adquirir (una costumbre) **16 to pick up** RESUME : continuar **17 to pick up** : captar (una señal) **18 to pick up** DETECT : detectar **19 to pick up speed** : ganar velocidad **20 to pick up the pace** : ir/trabajar (etc.) más rápido **21 to pick up the tab/bill/check** : cargar con la cuenta — *vi* **1** NIBBLE : picar, picotear **2 to pick and choose** : ser exigente **3 to pick at** : tocar, rascarse (una herida, etc.) **4 to pick on** TEASE : mofarse de, atormentar **5 to pick up** IMPROVE : mejorar **6 to pick up** : levantarse (dícese del viento), acelerarse (dícese de un ritmo, etc.) **7 to pick up** ANSWER : contestar (el teléfono) **8 to pick up** TIDY : ordenar ⟨pick up after yourself : ordena lo que has desordenado⟩ **9 to pick up** RESUME : continuar ⟨let's pick up where we left off : retomemos donde lo dejamos⟩ **10 to pick up on** : darse cuenta de
**pick**[2] *n* **1** CHOICE : selección *f* **2** BEST : lo mejor ⟨the pick of the crop : la crema y nata⟩ **3 → pickax** **4** : púa *f* (para una guitarra, etc.)
**pickax** [ˈpɪkˌæks] *n* : pico *m*, zapapico *m*, piqueta *f*
**pickerel** [ˈpɪkərəl] *n, pl* **-el** *or* **-els** : lucio *m* pequeño
**picket**[1] [ˈpɪkət] *v* : piquetear
**picket**[2] *n* **1** STAKE : estaca *f* **2** STRIKER : huelguista *mf*, integrante *mf* de un piquete
**picketer** [ˈpɪkəʧər] *n* : piquete *nm*
**pickle**[1] [ˈpɪkəl] *vt* **-led; -ling** : encurtir, escabechar
**pickle**[2] *n* **1** BRINE : escabeche *m* **2** GHERKIN : pepinillo *m* (encurtido) **3** JAM, TROUBLE : lío *m*, apuro *m*
**pickpocket** [ˈpɪkˌpɑkət] *n* : carterista *mf*
**pickup** [ˈpɪkˌəp] *n* **1** IMPROVEMENT : mejora *f* **2** *or* **pickup truck** : camioneta *f*
**picky** [ˈpɪki] *adj* : quisquilloso, melindroso, mañoso ⟨he's a picky eater : es muy quisquilloso para comer⟩
**picnic**[1] [ˈpɪkˌnɪk] *vi* **-nicked; -nicking** : ir de picnic
**picnic**[2] *n* : picnic *m*
**pictorial** [pɪkˈtoriəl] *adj* : pictórico
**picture**[1] [ˈpɪktʃər] *vt* **-tured; -turing** **1** DEPICT : representar **2** IMAGINE : imaginarse ⟨can you picture it? : ¿te lo puedes imaginar?⟩
**picture**[2] *n* **1** : cuadro *m* (pintado o dibujado), ilustración *f*, fotografía *f* **2** DESCRIPTION : descripción *f* **3** IMAGE : imagen *f* ⟨he's the picture of his father : es la viva imagen de su padre⟩ **4** MOVIE : película *f* **5** IMAGE : imagen *f* (de una pantalla) **6** : idea *f* ⟨now I get the picture : ahora lo entiendo⟩ **7** : situación *f* ⟨the economic picture : la situación económica⟩ ⟨marriage never entered the picture : nunca pensaron en casarse⟩ ⟨her old boyfriend is back in the picture : ha vuelto a salir con su antiguo novio⟩ **8 → big picture**
**picturesque** [ˌpɪktʃəˈrɛsk] *adj* : pintoresco
**pie** [ˈpaɪ] *n* : pastel *m* (con fruta o carne), empanada *f* (con carne)
**piece**[1] [ˈpiːs] *vt* **pieced; piecing** **1** PATCH : parchar, arreglar **2 to piece together** : construir pieza por pieza
**piece**[2] *n* **1** FRAGMENT : pedazo *m* ⟨to rip/tear something to pieces : hacer pedazos algo, romper algo en pedazos⟩ ⟨to fall to pieces : hacerse pedazos⟩ ⟨in pieces : en pedazos⟩ ⟨in one piece : intacto⟩ **2** SEGMENT : pedazo *m*, trozo *m* (de pan, carne, cordel, etc.) **3** COMPONENT : pieza *f* ⟨a three-piece suit : un traje de tres piezas⟩ **4** UNIT : pieza *f* ⟨a piece of fruit : una (pieza de) fruta⟩ ⟨a piece of clothing : una prenda⟩ ⟨a piece of paper : un papel⟩ **5** (*indicating an instance of something*) ⟨a piece of advice : un consejo⟩ ⟨a piece of news : una noticia⟩ ⟨a nice piece of work : un buen trabajo⟩ **6** WORK : obra *f*, pieza *f* (de música, etc.) **7** (*in board games*) : ficha *f*, pieza *f*, figura *f* (en ajedrez) **8** ARTICLE : artículo *m* **9** COIN : moneda *f*, pieza *f* **10** *fam* GUN : pistola *f* **11** *fam* DISTANCE : trecho *m* **12 in one piece**

SAFE : sano y salvo **13 to fall/go to pieces** : venirse abajo **14 to give someone a piece of one's mind** : cantarle las cuarenta a alguien **15 to pick up the pieces** : sacarse las castañas del fuego **16 to pieces** : mucho, muy ⟨she was thrilled to pieces : estaba contentísima⟩ ⟨he loves her to pieces : la quiere muchísimo⟩

**piecemeal¹** [ˈpiːsˌmiːl] *adv* : poco a poco, por partes

**piecemeal²** *adj* : hecho poco a poco, poco sistemático

**piecework** [ˈpiːsˌwərk] *n* : trabajo *m* a destajo

**pied** [ˈpaɪd] *adj* : pío

**pier** [ˈpɪr] *n* **1** : pila *f* (de un puente) **2** WHARF : muelle *m*, atracadero *m*, embarcadero *m* **3** PILLAR : pilar *m*

**pierce** [ˈpɪrs] *vt* **pierced; piercing** **1** PENETRATE : atravesar, traspasar, penetrar (en) ⟨the bullet pierced his leg : la bala le atravesó la pierna⟩ ⟨to pierce one's heart : traspasarle el corazón a uno⟩ **2** PERFORATE : perforar, agujerear (las orejas, etc.) **3 to pierce the silence** : desgarrar el silencio

**piety** [ˈpaɪəṭi] *n, pl* **-eties** : piedad *f*

**pig** [ˈpɪg] *n* **1** HOG, SWINE : cerdo *m*, -da *f*; puerco *m*, -ca *f* **2** SLOB : persona *f* desaliñada; cerdo *m*, -da *f* **3** GLUTTON : glotón *m*, -tona *f* **4** *or* **pig iron** : lingote *m* de hierro

**pigeon** [ˈpɪʤən] *n* : paloma *f*

**pigeonhole** [ˈpɪʤənˌho:l] *n* : casilla *f*

**piggish** [ˈpɪgɪʃ] *adj* **1** GREEDY : glotón **2** DIRTY : cochino, sucio

**piggyback** [ˈpɪgiˌbæk] *adv & adj* : a cuestas

**piggy bank** *n* : alcancía *f*

**pigheaded** [ˈpɪgˌhɛdəd] *adj* : terco, obstinado

**piglet** [ˈpɪglət] *n* : cochinillo *m*; lechón *m*, -chona *f*

**pigment** [ˈpɪgmənt] *n* : pigmento *m*

**pigmentation** [ˌpɪgmənˈteɪʃən] *n* : pigmentación *f*

**pigmy** → **pygmy**

**pig out** *vi* **to pig out (on)** : darse un atracón (de)

**pigpen** [ˈpɪgˌpɛn] *n* : chiquero *m*, pocilga *f*

**pigsty** [ˈpɪgˌstaɪ] → **pigpen**

**pigtail** [ˈpɪgˌteɪl] *n* : coleta *f*, trenza *f*

**pike** [ˈpaɪk] *n, pl* **pike** *or* **pikes** **1** : lucio *m* (pez) **2** LANCE : pica *f* **3** → **turnpike**

**pile¹** [ˈpaɪl] *v* **piled; piling** *vt* : amontonar, apilar — *vi* **to pile up** : amontonarse, acumularse

**pile²** *n* **1** STAKE : pilote *m* **2** HEAP : montón *m*, pila *f* **3** NAP : pelo *m* (de telas)

**pileup** [ˈpaɪlˌʌp] *n* : choque *m* en cadena

**piles** [ˈpaɪlz] *npl* HEMORRHOIDS : hemorroides *fpl*, almorranas *fpl*

**pilfer** [ˈpɪlfər] *vt* : robar (cosas pequeñas), ratear

**pilgrim** [ˈpɪlgrəm] *n* : peregrino *m*, -na *f*

**pilgrimage** [ˈpɪlgrəmɪʤ] *n* : peregrinación *f*

**pill** [ˈpɪl] *n* : pastilla *f*, píldora *f* ⟨to be on the pill, to be on birth control pills : tomar la píldora (anticonceptiva)⟩

**pillage¹** [ˈpɪlɪʤ] *vt* **-laged; -laging** : saquear

**pillage²** *n* : saqueo *m*

**pillar** [ˈpɪlər] *n* : pilar *m*, columna *f*

**pillory** [ˈpɪlərɪ] *n, pl* **-ries** : picota *f*

**pillow** [ˈpɪˌlo:] *n* : almohada *f*

**pillowcase** [ˈpɪˌlo:ˌkeɪs] *n* : funda *f*

**pilot¹** [ˈpaɪlət] *vt* : pilotar, pilotear

**pilot²** *n* : piloto *mf*

**pilot light** *n* : piloto *m*

**pimento** [pəˈmɛnˌto:] → **pimiento**

**pimiento** [pəˈmɛnˌto:, -ˈmjɛn-] *n, pl* **-tos** : pimiento *m* morrón

**pimp** [ˈpɪmp] *n* : proxeneta *m*

**pimple** [ˈpɪmpəl] *n* : grano *m*

**pimply** [ˈpɪmpəlɪ] *adj* **pimplier; -est** : cubierto de granos

**pin¹** [ˈpɪn] *vt* **pinned; pinning** **1** FASTEN : prender, sujetar (con alfileres) **2** HOLD, IMMOBILIZE : inmovilizar, sujetar **3 to pin one's hopes on** : poner sus esperanzas en **4 to pin down** : identificar, determinar, definir

**pin²** *n* **1** : alfiler *m* ⟨safety pin : alfiler de gancho⟩ ⟨a bobby pin : una horquilla⟩ **2** BROOCH : alfiler *m*, broche *m*, prendedor *m* **3** → **bowling pin**

**pinafore** [ˈpɪnəˌfor] *n* : delantal *m*

**piñata** [pinˈjaṭə] *n* : piñata *f*

**pinball** [ˈpɪnˌbɔl] *n* : pinball *m*

**pincer** [ˈpɪnsər] *n* **1** CLAW : pinza *f* (de una langosta, etc.) **2 pincers** *npl* : pinzas *fpl*, tenazas *fpl*, tenaza *f*

**pinch¹** [ˈpɪntʃ] *vt* **1** : pellizcar ⟨she pinched my cheek : me pellizcó el cachete⟩ **2** STEAL : robar — *vi* : apretar ⟨my shoes pinch : me aprietan los zapatos⟩

**pinch²** *n* **1** EMERGENCY : emergencia *f* ⟨in a pinch : en caso necesario⟩ **2** PAIN : dolor *m*, tormento *m* **3** SQUEEZE : pellizco *m* (con los dedos) **4** BIT : pizca *f*, pellizco *m* ⟨a pinch of cinnamon : una pizca de canela⟩

**pinch hitter** *n* **1** SUBSTITUTE : sustituto *m*, -ta *f* **2** : bateador *m* emergente (en beisbol)

**pincushion** [ˈpɪnˌkʊʃən] *n* : acerico *m*, alfiletero *m*

**pine¹** [ˈpaɪn] *vi* **pined; pining** **1 to pine away** : languidecer, consumirse **2 to pine for** : añorar, suspirar por

**pine²** *n* **1** : pino *m* (árbol) **2** : madera *f* de pino

**pineapple** [ˈpaɪnˌæpəl] *n* : piña *f*, ananá *m*, ananás *m*

**pine cone** *n* : piña *f*

**ping** [ˈpɪŋ] *n* : sonido *m* metálico

**Ping–Pong** [ˈpɪŋˌpɑŋ, -ˌpɔŋ] *trademark* se usa para tenis de mesa

**pinion¹** [ˈpɪnjən] *vt* : sujetar los brazos de, inmovilizar

**pinion²** *n* : piñón *m*

**pink¹** [ˈpɪŋk] *adj* : rosa, rosado

**pink²** *n* **1** : clavelito *m* (flor) **2** : rosa *m*, rosado *m* (color) **3 to be in the pink** : estar en plena forma, rebosar de salud

**pinkeye** [ˈpɪŋkˌaɪ] *n* : conjuntivitis *f* aguda
**pinkie** *or* **pinky** [ˈpɪŋki] *n* : meñique *m*
**pinkish** [ˈpɪŋkɪʃ] *adj* : rosáceo
**pinnacle** [ˈpɪnɪkəl] *n* **1** : pináculo *m* (de un edificio) **2** PEAK : cima *f*, cumbre *f* (de una montaña) **3** ACME : pináculo *m*, cúspide *f*, apogeo *m*
**pinpoint** [ˈpɪnˌpɔɪnt] *vt* : precisar, localizar con precisión
**pint** [ˈpaɪnt] *n* : pinta *f*
**pinto** [ˈpɪnˌto:] *n, pl* **pintos** : caballo *m* pinto
**pinworm** [ˈpɪnˌwərm] *n* : oxiuro *m*
**pioneer**[1] [ˌpaɪəˈnɪr] *vt* : promover, iniciar, introducir
**pioneer**[2] *n* : pionero *m*, -ra *f*
**pious** [ˈpaɪəs] *adj* **1** DEVOUT : piadoso, devoto **2** SANCTIMONIOUS : beato, santurrón — **piously** [ˈpaɪəsli] *adv*
**pip** [ˈpɪp] *n* : pepita *f*
**pipe**[1] [ˈpaɪp] *v* **piped; piping** *vi* : hablar en voz chillona — *vt* **1** PLAY : tocar (el caramillo o la flauta) **2** : conducir por tuberías ⟨to pipe water : transportar el agua por tubería⟩
**pipe**[2] *n* **1** : caramillo *m* (instrumento musical) **2** BAGPIPE : gaita *f* **3** : tubo *m*, caño *m* ⟨gas pipes : tubería de gas⟩ **4** : pipa *f* (para fumar)
**pipe dream** *n* : quimera *f*, sueño *m* imposible
**pipeline** [ˈpaɪpˌlaɪn] *n* **1** : conducto *m*, oleoducto *m* (para petróleo), gasoducto *m* (para gas) **2** CONDUIT : vía *f* (de información, etc.)
**piper** [ˈpaɪpər] *n* : músico *m*, -ca *f* que toca el caramillo o la gaita
**piping** [ˈpaɪpɪŋ] *n* **1** : música *f* del caramillo o de la gaita **2** TRIM : cordoncillo *m*, ribete *m* con cordón
**piping hot** *adj* : muy caliente
**piquant** [ˈpi:kənt, ˈpɪkwənt] *adj* **1** SPICY : picante **2** INTRIGUING : intrigante, estimulante
**pique**[1] [ˈpi:k] *vt* **piqued; piquing** **1** IRRITATE : picar, irritar **2** AROUSE : despertar (la curiosidad, etc.)
**pique**[2] *n* : pique *m*, resentimiento *m*
**piracy** [ˈpaɪrəsi] *n, pl* **-cies** : piratería *f*
**piranha** [pəˈranə, -ˈranjə, -ˈrænjə] *n* : piraña *f*
**pirate**[1] [ˈpaɪrət] *n* : pirata *mf*
**pirate**[2] *vt* **-rated; -rating** : piratear (software, etc.)
**pirouette** [ˌpɪrəˈwɛt] *n* : pirueta *f*
**pis → pi**
**Pisces** [ˈpaɪˌsi:z, ˈpɪ-;, ˈpɪsˌkeɪs] *n* **1** : Piscis *m* (signo o constelación) **2** : Piscis *mf* (persona)
**piss**[1] [ˈpɪs] *vi usu vulgar* : mear *usu vulgar* — *vt fam* **to piss off** ANGER : enojar, enfadar
**piss**[2] *n usu vulgar* **1** URINE : meados *mpl*, *usu vulgar*; pipí *m fam*; pis *m fam* **2 to take a piss** : mear *usu vulgar*, hacer pipí/pis *fam*
**pistachio** [pəˈstaʃiˌo:, -ˈstɑ-] *n, pl* **-chios** : pistacho *m*
**pistil** [ˈpɪstəl] *n* : pistilo *m*
**pistol** [ˈpɪstəl] *n* : pistola *f*
**piston** [ˈpɪstən] *n* : pistón *m*, émbolo *m*
**pit**[1] [ˈpɪt] *v* **pitted; pitting** *vt* **1** : marcar de hoyos, picar (una superficie) **2** : deshuesar (una fruta) **3 to pit against** : enfrentar a, oponer a — *vi* : quedar marcado
**pit**[2] *n* **1** HOLE : fosa *f*, hoyo *m* ⟨a bottomless pit : un pozo sin fondo⟩ **2** MINE : mina *f* **3** : foso *m* ⟨orchestra pit : foso orquestal⟩ **4** POCKMARK : marca *f* (en la cara), cicatriz *f* de viruela **5** STONE : hueso *m*, pepa *f* (de una fruta) **6 pit of the stomach** : boca *f* del estómago
**pita** [ˈpi:tə] *or* **pita bread** *n* : pita *f*; pan *m* pita; pan *m* árabe *Arg, Ven, Uru*
**pitch**[1] [ˈpɪtʃ] *vt* **1** SET UP : montar, armar (una tienda) **2** THROW : lanzar, arrojar **3** ADJUST, SET : dar el tono de (un discurso, un instrumento musical) — *vi* **1** *or* **to pitch forward** FALL : caerse **2** LURCH : cabecear (dícese de un barco o un avión), dar bandazos **3 to pitch in** : arrimar el hombro
**pitch**[2] *n* **1** LURCHING : cabezada *f*, cabeceo *m* (de un barco o un avión) **2** SLOPE : (grado de) inclinación *f*, pendiente *f* **3** : tono *m* (en música) ⟨perfect pitch : oído absoluto⟩ **4** THROW : lanzamiento *m* **5** DEGREE : grado *m*, nivel *m*, punto *m* ⟨the excitement reached a high pitch : la excitación llegó a un punto culminante⟩ **6** *or* **sales pitch** : presentación *f* (de un vendedor) **7** TAR : pez *f*, brea *f*
**pitch–black** [ˈpɪtʃˈblæk] *adj* : muy oscuro, oscuro como boca de lobo *fam*
**pitcher** [ˈpɪtʃər] *n* **1** JUG : jarra *f*, jarro *m*, cántaro *m*, pichel *m* **2** : lanzador *m*, -dora *f* (en béisbol, etc.)
**pitchfork** [ˈpɪtʃˌfɔrk] *n* : horquilla *f*, horca *f*
**piteous** [ˈpɪtiəs] *adj* : lastimoso, lastimero — **piteously** *adv*
**pitfall** [ˈpɪtˌfɔl] *n* : peligro *m* (poco obvio), dificultad *f*
**pith** [ˈpɪθ] *n* **1** : médula *f* (de una planta) **2** CORE : meollo *m*, entraña *f*
**pithy** [ˈpɪθi] *adj* **pithier; -est** : conciso y sustancioso ⟨pithy comments : comentarios sucintos⟩
**pitiable** [ˈpɪtiəbəl] → **pitiful**
**pitiful** [ˈpɪtiˌfəl] *adj* **1** LAMENTABLE : lastimero, lastimoso, lamentable **2** CONTEMPTIBLE : despreciable, lamentable — **pitifully** [-fli] *adv*
**pitiless** [ˈpɪtiˌlɪs] *adj* : despiadado — **pitilessly** *adv*
**pittance** [ˈpɪtənts] *n* : miseria *f*
**pituitary** [pəˈtu:ˌɪtɛri, -ˈtju:-] *adj* : pituitario
**pity**[1] [ˈpɪti] *vt* **pitied; pitying** : compadecer, compadecerse de
**pity**[2] *n, pl* **pities** **1** COMPASSION : compasión *f*, piedad *f* **2** SHAME : lástima *f*, pena *f* ⟨what a pity! : ¡qué lástima!⟩
**pivot**[1] [ˈpɪvət] *vi* **1** : girar sobre un eje **2 to pivot on** : girar sobre, depender de
**pivot**[2] *n* : pivote *m*
**pivotal** [ˈpɪvəṭəl] *adj* : fundamental, central

**pixie** *or* **pixy** [ˈpɪksi] *n, pl* **pixies** : elfo *m*, hada *f*
**pizza** [ˈpiːtsə] *n* : pizza *f*
**pizzazz** *or* **pizazz** [pəˈzæz] *n* **1** GLAMOR : encanto *m* **2** VITALITY : animación *f*, vitalidad *f*
**pizzeria** [ˌpiːtsəˈriːə] *n* : pizzería *f*
**placard** [ˈplækərd, -ˌkɑrd] *n* POSTER : cartel *m*, póster *m*, afiche *m*
**piacate** [ˈpleɪˌkeɪt, ˈplæ-] *vt* **-cated; -cating** : aplacar, apaciguar
**place**[1] [ˈpleɪs] *vt* **placed; placing 1** PUT SET : poner, colocar ⟨she carefully placed the book on the table : colocó el libro con cuidado sobre la mesa⟩ **2** SITUATE : situar, ubicar, emplazar ⟨to be well placed : estar bien situado⟩ ⟨to place in a job : colocar en un trabajo⟩ **3** IDENTIFY RECALL : identificar, ubicar, recordar ⟨I can't place him : no lo ubico⟩ **4 to place an order** : hacer un pedido
**place**[2] *n* **1** SPACE : sitio *m*, lugar *m* ⟨there's no place to sit : no hay sitio para sentarse⟩ **2** LOCATION : lugar *m*, sitio *m*, parte *f* ⟨place of work : lugar de trabajo⟩ ⟨faraway places : lugares remotos⟩ ⟨all over the place : por todas partes⟩ **3** HOME : casa *f* ⟨our summer place : nuestra casa de verano⟩ **4** POSITION, SPOT : lugar *m*, sitio *m* ⟨everything in its place : todo en su lugar⟩ ⟨to hold in place : sujetar⟩ ⟨I got distracted and lost my place : me distraje y ya no sé por donde iba⟩ **5** SEAT, SPOT : asiento *m*, sitio *m* ⟨she changed places with him : le cambió el asiento⟩ ⟨would you hold/save my place? : ¿me guardas el asiento?⟩ **6** *or* **place setting** : cubierto *m* **7** RANK : lugar *m*, puesto *m* ⟨he took first place : ganó el primer lugar⟩ **8** JOB : puesto *m* **9** ROLE : lugar *m*, papel *m* ⟨to trade places with someone : cambiarse por alguien, cambiarle el lugar a alguien⟩ ⟨put yourself in my place : ponte en mi lugar⟩ ⟨she put him in his place : lo puso en su lugar⟩ **10** : lugar *m* ⟨the ones/tens place : el lugar de las unidades/decenas⟩ ⟨a decimal place : un decimal⟩ **11 in place** : en marcha ⟨to put a plan/system in place : poner en marcha un plan/sistema⟩ **12 in place of** : en lugar de **13 in the first place** : para empezar **14 in the first/second place** : en primer/segundo lugar **15 out of place** : fuera de lugar **16 to go places** : tener éxito, llegar lejos **17 to take place** : tener lugar **18 to take the place of** : sustituir a
**placebo** [pləˈsiːˌboː] *n, pl* **-bos** : placebo *m*
**place mat** *n* : individual *m*, mantel *m* individual
**placement** [ˈpleɪsmənt] *n* : colocación *f*
**placenta** [pləˈsɛntə] *n, pl* **-tas** *or* **-tae** [-ti, -ˌtaɪ] : placenta *f*
**placid** [ˈplæsəd] *adj* : plácido, tranquilo — **placidly** *adv*
**plagiarism** [ˈpleɪʤəˌrɪzəm] *n* : plagio *m*
**plagiarist** [ˈpleɪʤərɪst] *n* : plagiario *m*, -ria *f*
**plagiarize** [ˈpleɪʤəˌraɪz] *vt* **-rized; -rizing** : plagiar
**plague**[1] [ˈpleɪg] *vt* **plagued; plaguing 1** AFFLICT : plagar, afligir ⟨plagued with problems : plagado de problemas⟩ **2** DISTRESS : acosar, atormentar ⟨plagued by doubts : acosado por dudas⟩
**plague**[2] *n* **1** : plaga *f* (de insectos, etc.) **2** : peste *f* (en medicina)
**plaid**[1] [ˈplæd] *adj* : escocés, de cuadros ⟨a plaid skirt : una falda escocesa⟩
**plaid**[2] *n* TARTAN : tela *f* escocesa, tartán *m*
**plain**[1] [ˈpleɪn] *adj* **1** SIMPLE, UNADORNED : liso, sencillo, sin adornos **2** CLEAR : claro ⟨in plain language : en palabras claras⟩ ⟨to make something plain : dejar algo (en) claro⟩ **3** FRANK : franco, puro ⟨the plain truth : la pura verdad⟩ **4** HOMELY : ordinario, poco atractivo **5 in plain sight** : a la vista de todos
**plain**[2] *n* : llanura *f*, llano *m*, planicie *f*
**plainclothes** [ˈpleɪnˈkloːz, -ˈkloːðz] *adj* : de civil; de paisano; de particular *Arg, Uru* (dícese de un policía, etc.)
**plainly** [ˈpleɪnli] *adv* **1** CLEARLY : claramente **2** FRANKLY : francamente, con franqueza **3** SIMPLY : sencillamente
**plaintiff** [ˈpleɪntɪf] *n* : demandante *mf*
**plaintive** [ˈpleɪntɪv] *adj* MOURNFUL : lastimero, plañidero
**plait**[1] [ˈpleɪt, ˈplæt] *vt* **1** PLEAT : plisar **2** BRAID : trenzar
**plait**[2] *n* **1** PLEAT : pliegue *m* **2** BRAID : trenza *f*
**plan**[1] [ˈplæn] *v* **planned; planning** *vt* **1** : planear, proyectar, planificar ⟨to plan a trip : planear un viaje⟩ ⟨to plan a city : planificar una ciudad⟩ **2** INTEND : tener planeado, proyectar — *vi* : hacer planes
**plan**[2] *n* **1** DIAGRAM : plano *m*, esquema *m* **2** SCHEME : plan *m*, proyecto *m*, programa *m* ⟨to draw up a plan : elaborar un proyecto⟩
**plane**[1] [ˈpleɪn] *vt* **planed; planing** : cepillar (madera)
**plane**[2] *adj* : plano
**plane**[3] *n* **1** : plano *m* (en matemáticas, etc.) **2** LEVEL : nivel *m* **3** : cepillo *m* (de carpintero) **4 → airplane**
**planet** [ˈplænət] *n* : planeta *f*
**planetarium** [ˌplænəˈtɛriəm] *n, pl* **-iums** *or* **-ia** [-iə] : planetario *m*
**planetary** [ˈplænəˌtɛri] *adj* : planetario
**plank** [ˈplæŋk] *n* **1** BOARD : tablón *m*, tabla *f* **2** : artículo *m*, punto *m* (de una plataforma política)
**plankton** [ˈplæŋktən] *n* : plancton *m*
**planner** [ˈplænər] *n* : planificador *m*, -dora *f* ⟨wedding planner : organizador de bodas⟩ ⟨financial planner : asesor financiero⟩
**plant**[1] [ˈplænt] *vt* **1** : plantar, sembrar (semillas) ⟨planted with flowers : plantado de flores⟩ **2** PLACE : plantar, colocar ⟨to plant an idea : inculcar una idea⟩
**plant**[2] *n* **1** : planta *f* ⟨leafy plants : plantas frondosas⟩ **2** FACTORY : planta *f*, fábrica *f* ⟨hydroelectric plant : planta hidroeléctrica⟩ **3** MACHINERY : maquinaria *f*, equipo *m*

**plantain** [ˈplæntən] *n* **1** : llantén *m* (mala hierba) **2** : plátano *m*, plátano *m* macho *Mex* (fruta)

**plantation** [plænˈteɪʃən] *n* : plantación *f*, hacienda *f* ⟨a coffee plantation : un cafetal⟩

**planter** [ˈplæntər] *n* **1** : hacendado *m*, -da *f* (de una hacienda) **2** FLOWERPOT : tiesto *m*, maceta *f*

**plaque** [ˈplæk] *n* **1** TABLET : placa *f* **2** : placa *f* (dental)

**plasma** [ˈplæzmə] *n* : plasma *m*

**plaster**[1] [ˈplæstər] *vt* **1** : enyesar, revocar (con yeso) **2** COVER : cubrir, llenar ⟨a wall plastered with notices : una pared cubierta de avisos⟩

**plaster**[2] *n* **1** : yeso *m*, revoque *m* (para paredes, etc.) **2** : escayola *f*, yeso *m* (en medicina) **3 plaster of Paris** [ˈpærɪs] : yeso *m* mate

**plastered** [ˈplæstərd] *adj* INTOXICATED : colocado

**plastic**[1] [ˈplæstɪk] *adj* **1** : de plástico **2** PLIABLE : plástico, flexible

**plastic**[2] *n* : plástico *m*

**plasticity** [plæˈstɪsəṭi] *n, pl* **-ties** : plasticidad *f*

**plastic surgery** *n* : cirugía *f* plástica

**plastic wrap** *n* : papel *m* film

**plate**[1] [ˈpleɪt] *vt* **plated; plating** : chapar (en metal)

**plate**[2] *n* **1** PLAQUE, SHEET : placa *f* ⟨a steel plate : una placa de acero⟩ **2** UTENSILS : vajilla *f* (de metal) ⟨silver plate : vajilla de plata⟩ **3** DISH : plato *m* **4** DENTURES : dentadura *f* postiza **5** ILLUSTRATION : lámina *f* (en un libro) **6 license plate** : matrícula *f*, placa *f* de matrícula

**plateau** [plæˈto:] *n, pl* **-teaus** *or* **-teaux** [-ˈto:z] : meseta *f*

**platform** [ˈplæt,fɔrm] *n* **1** STAGE : plataforma *f*, estrado *m*, tribuna *f* **2** : andén *m* (de una estación de ferrocarril) **3 political platform** : plataforma *f* política, programa *m* electoral

**plating** [ˈpleɪṭɪŋ] *n* **1** : enchapado *m* **2 silver plating** : plateado *m*

**platinum** [ˈplæṭənəm] *n* : platino *m*

**platitude** [ˈplæṭə,tu:d, -,tju:d] *n* : lugar *m* común, perogrullada *f*

**platonic** [pləˈtɑnɪk] *adj* : platónico

**platoon** [pləˈtu:n] *n* : sección *f* (en el ejército)

**platter** [ˈplæṭər] *n* : fuente *f*

**platypus** [ˈplæṭɪpəs, -,pʊs] *n, pl* **platypuses** *or* **platypi** [-,paɪ, -,pi:] : ornitorrinco *m*

**plausibility** [,plɔzəˈbɪləṭi] *n, pl* **-ties** : credibilidad *f*, verosimilitud *f*

**plausible** [ˈplɔzəbəl] *adj* : creíble, convincente, verosímil — **plausibly** [-bli] *adv*

**play**[1] [ˈpleɪ] *vi* **1** : jugar ⟨the children were playing in the yard : los niños jugaban en el jardín⟩ ⟨she plays on the basketball team : juega con el equipo de baloncesto⟩ ⟨he plays for the Red Sox : juega para los Red Sox⟩ ⟨we play for fun : jugamos por diversión⟩ ⟨they're playing against the Yankees : juegan contra los Yanquis⟩ ⟨it's your turn to play : te toca a ti jugar⟩ ⟨to play with a doll : jugar con una muñeca⟩ ⟨to play with an idea : darle vueltas a una idea⟩ **2** *or* **to play around** FIDDLE, TOY : jugar, juguetear ⟨don't play (around) with your food : no juegues con la comida⟩ **3** *or* **to play around** JOKE : bromear, hacer el tonto ⟨I was only playing (around) : sólo estaba bromeando⟩ **4** : tocar ⟨to play in a band : tocar en un grupo⟩ **5** : sonar (en la radio, etc.) **6** : actuar (en una obra de teatro) **7** SHOW ⟨what's playing at the movies/theatre? : ¿qué dan/ponen en el cine?⟩ **8** BEHAVE ⟨to play fair/dirty : jugar limpio/sucio⟩ ⟨to play by the rules : respetar las reglas⟩ **9** ACT : hacerse ⟨to play dumb/dead : hacerse el tonto/muerto⟩ **10 to play along (with someone)** : seguirle la corriente a alguien, hacerle el juego a alguien **11 to play around** : perder el tiempo ⟨he plays around instead of working : pierde el tiempo en vez de trabajar⟩ **12 to play around** : tener líos (amorosos) **13 to play for time** STALL : tratar de ganar tiempo **14 to play hard to get** : hacerse (de) rogar **15 to play into** SUPPORT : dar crédito a **16 to play into the hands of** : dárselo en bandeja a **17 to play off** COMPLEMENT : complementar **18 to play on** EXPLOIT : explotar, aprovecharse de **19 to play out** DEVELOP UNFOLD : desarrollarse, desenvolverse — *vt* **1** : jugar (un deporte, etc.), jugar a (un juego), jugar contra (un contrincante) ⟨he wouldn't play her at chess : no quiso jugar (al) ajedrez con ella⟩ ⟨the Yankees are playing the Red Sox : los Yanquis juegan contra los Red Sox⟩ ⟨he plays shortstop : juega de/como torpedero⟩ ⟨to play house : jugar a las casitas, jugar a papás y mamás⟩ **2** : tirar (una carta), mover (una pieza), tirar/patear (etc.) (una pelota) ⟨to play a shot : hacer un tiro⟩ **3** : tocar (música o un instrumento), tocar en (un lugar) **4** : poner (un DVD, etc.), poner/pasar (una canción en la radio, etc.) ⟨he plays his music too loud : pone la música demasiado alta/fuerte⟩ **5** SHOW : dar, poner (una película) **6** : jugar a (la lotería, etc.) **7** PERFORM : interpretar, hacer el papel de (un carácter), representar (una obra de teatro) ⟨she plays the lead : hace el papel principal⟩ **8** CARRY OUT : jugar, desempeñar ⟨she played an important role in the negotiations : jugó un papel importante en las negociaciones⟩ **9** ACT : hacerse ⟨to play the fool : hacerse el tonto⟩ **10** BEHAVE ⟨to play it cool : (actuar) como si nada⟩ ⟨to play it safe : ir a la segura, ir a lo seguro⟩ **11** MANIPULATE : manipular ⟨to play someone for a fool : engañar a alguien⟩ **12** : hacer, gastar ⟨he played a joke on her : le hizo/gastó una broma⟩ ⟨to play a dirty trick on : jugarle una mala pasada a⟩ **13 to play back** : poner (una grabación) **14 to play down** : minimizar **15 to play God** : jugar a ser Dios **16 to play out** : realizar, vivir (un sueño, etc.) ⟨this scene plays itself out every day : esta situación ocurre cada día⟩ **17 to play up** EMPHASIZE : resaltar

**play**[2] *n* **1** GAME, RECREATION : juego *m* ⟨children at play : niños jugando⟩ ⟨a play on words : un juego de palabras⟩ **2** ACTION : juego *m* ⟨rain held up play for an hour : el partido tuvo una hora de retraso por lluvia⟩ ⟨the ball is in play : la pelota está en juego⟩ ⟨to bring into play : poner en juego⟩ **3** DRAMA : obra *f* de teatro, pieza *f* (de teatro) ⟨to put on a play : presentar/representar una obra⟩ **4** MOVEMENT : juego *m* (de la luz, una brisa, etc.) **5** SLACK : juego *m* ⟨there's not enough play in the wheel : la rueda no da lo suficiente⟩

**playacting** ['pleɪˌæktɪŋ] *n* : actuación *f*, teatro *m*

**playboy** ['pleɪˌbɔɪ] *n* : playboy *m*

**player** ['pleɪər] *n* **1** : jugador *m*, -dora *f* (en un juego) **2** ACTOR : actor *m*, actriz *f* **3** MUSICIAN : músico *m*, -ca *f* **4** : reproductor *m* (de DVD, etc.)

**playful** ['pleɪfəl] *adj* **1** FROLICSOME : juguetón **2** JOCULAR : jocoso — **playfully** *adv*

**playfulness** ['pleɪfəlnəs] *n* : lo juguetón, jocosidad *f*, alegría *f*

**playground** ['pleɪˌgraʊnd] *n* : patio *m* de recreo, jardín *m* para jugar

**playgroup** ['pleɪˌgruːp] *n* : grupo *m* de recreo para niños

**playhouse** ['pleɪˌhaʊs] *n* **1** THEATER : teatro *m* **2** : casita *f* de juguete

**playing card** *n* : naipe *m*, carta *f*

**playing field** *n* : campo *m* de juego

**playmate** ['pleɪˌmeɪt] *n* : compañero *m*, -ra *f* de juego

**play–off** ['pleɪˌɔf] *n* : desempate *m*

**playpen** ['pleɪˌpen] *n* : corral *m* (para niños)

**playroom** ['pleɪˌruːm] *n* : cuarto *m* de juegos

**plaything** ['pleɪˌθɪŋ] *n* : juguete *m*

**playtime** ['pleɪˌtaɪm] *n* : hora *f* de recreo

**playwright** ['pleɪˌraɪt] *n* : dramaturgo *m*, -ga *f*

**plaza** ['plæzə, 'plɑ-] *n* **1** SQUARE : plaza *f* **2 shopping plaza** MALL : centro *m* comercial

**plea** ['pliː] *n* **1** : acto *m* de declararse ⟨he entered a plea of guilty : se declaró culpable⟩ **2** APPEAL : ruego *m*, súplica *f*

**plead** ['pliːd] *v* **pleaded** *or* **pled** ['pled]; **pleading** *vi* **1** : declararse (culpable o inocente) **2 to plead for** : suplicar, implorar **3 to plead with** : implorarle, suplicarle (a alguien) — *vt* **1** : alegar, pretextar ⟨he pleaded illness : pretextó la enfermedad⟩ **2 to plead a case** : defender un caso

**pleasant** ['pleɪzənt] *adj* : agradable, grato, bueno — **pleasantly** *adv*

**pleasantness** ['pleɪzəntnəs] *n* : lo agradable, amenidad *f*

**pleasantries** ['pleɪzəntriz] *npl* : cumplidos *mpl*, cortesías *fpl* ⟨to exchange pleasantries : intercambiar cumplidos⟩

**please**[1] ['pliːz] *v* **pleased; pleasing** *vt* **1** GRATIFY : complacer ⟨please yourself! : ¡cómo quieras!⟩ **2** SATISFY : contentar, satisfacer — *vi* **1** SATISFY : complacer, agradar ⟨anxious to please : deseoso de complacer⟩ **2** LIKE : querer ⟨do as you please : haz lo que quieras, haz lo que te parezca⟩

**please**[2] *adv* : por favor

**pleased** ['pliːzd] *adj* : contento, satisfecho, alegre ⟨to be pleased about/with : estar contento por/con⟩ ⟨pleased to meet you! : ¡mucho gusto!⟩

**pleasing** ['pliːzɪŋ] *adj* : agradable — **pleasingly** *adv*

**pleasurable** ['pleʒərəbəl] *adj* PLEASANT : agradable

**pleasure** ['pleʒər] *n* **1** WISH : deseo *m*, voluntad *f* ⟨at your pleasure : cuando guste⟩ **2** ENJOYMENT : placer *m*, disfrute *m*, goce *m* ⟨with pleasure : con mucho gusto⟩ **3** : placer *m*, gusto *m* ⟨it's a pleasure to be here : me da gusto estar aquí⟩ ⟨the pleasures of reading : los placeres de leer⟩

**pleat**[1] ['pliːt] *vt* : plisar

**pleat**[2] *n* : pliegue *m*

**plebeian** [plɪ'biən] *adj* : ordinario, plebeyo

**pledge**[1] ['pledʒ] *vt* **pledged; pledging** **1** PAWN : empeñar, prendar **2** PROMISE : prometer, jurar

**pledge**[2] *n* **1** SECURITY : garantía *f*, prenda *f* **2** PROMISE : promesa *f*

**plenteous** ['plentiəs] *adj* : copioso, abundante

**plentiful** ['plentɪfəl] *adj* : abundante — **plentifully** [-fli] *adv*

**plenty** ['plenti] *n* : abundancia *f* ⟨plenty of time : tiempo de sobra⟩ ⟨plenty of visitors : muchos visitantes⟩

**plethora** ['pleθərə] *n* : plétora *f*

**pleurisy** ['plʊrəsi] *n* : pleuresía *f*

**plexiglass** ['pleksɪˌglæs] *n* (*Plexiglas*, trademark) : acrílico *m*, plexiglás *m* *Spain*

**pliable** ['plaɪəbəl] *adj* : flexible, maleable

**pliant** ['plaɪənt] → **pliable**

**pliers** ['plaɪərz] *npl* : alicates *mpl*, pinzas *fpl*

**plight** ['plaɪt] *n* : situación *f* difícil, apuro *m*

**plod** ['plɑd] *vi* **plodded; plodding** **1** TRUDGE : caminar pesadamente y lentamente **2** DRUDGE : trabajar laboriosamente

**plonk** → **plunk**

**plot**[1] ['plɑt] *v* **plotted; plotting** *vt* **1** DEVISE : tramar **2 to plot out** : trazar, determinar (una posición, etc.) — *vi* CONSPIRE : conspirar

**plot**[2] *n* **1** LOT : terreno *m*, parcela *f*, lote *m* **2** STORY : argumento *m* (en el teatro), trama *f* (en un libro, etc.) **3** CONSPIRACY, INTRIGUE : complot *m*, intriga *f*

**plotter** ['plɑtər] *n* : conspirador *m*, -dora *f*; intrigante *mf*

**plow¹** *or* **plough** [ˈplaʊ] *vt* **1** : arar (la tierra) **2 to plow the seas** : surcar los mares

**plow²** *or* **plough** *n* **1** : arado *m* **2** → **snowplow**

**plowshare** [ˈplaʊˌʃɛr] *n* : reja *f* del arado

**ploy** [ˈplɔɪ] *n* : estratagema *f*, maniobra *f*

**pluck¹** [ˈplʌk] *vt* **1** PICK : arrancar **2** : desplumar (un pollo, etc.) — *vi* **to pluck at** : tirar de

**pluck²** *n* **1** TUG : tirón *m* **2** COURAGE, SPIRIT : valor *m*, ánimo *m*

**plucky** [ˈplʌki] *adj* **pluckier; -est** : valiente, animoso

**plug¹** [ˈplʌg] *vt* **plugged; plugging 1** BLOCK : tapar **2** PROMOTE : hacerle publicidad a, promocionar **3 to plug in** : enchufar

**plug²** *n* **1** STOPPER : tapón *m* **2** : enchufe *m* (eléctrico) **3** ADVERTISEMENT : publicidad *f*, propaganda *f*

**plum** [ˈplʌm] *n* **1** : ciruela *f* (fruta) **2** : color *m* ciruela **3** PRIZE : premio *m*, algo muy atractivo

**plumage** [ˈpluːmɪʤ] *n* : plumaje *m*

**plumb¹** [ˈplʌm] *vt* **1** : aplomar ⟨to plumb a wall : aplomar una pared⟩ **2** SOUND : sondear, sondar

**plumb²** *adv* **1** VERTICALLY : a plomo, verticalmente **2** EXACTLY : justo, exactamente **3** COMPLETELY : completamente, absolutamente ⟨plumb crazy : loco de remate⟩

**plumb³** *adj* : a plomo

**plumb⁴** *n or* **plumb line** : plomada *f*

**plumber** [ˈplʌmər] *n* : plomero *m*, -ra *f*; fontanero *m*, -ra *f*

**plumbing** [ˈplʌmɪŋ] *n* **1** : plomería *f*, fontanería *f* (trabajo del plomero) **2** PIPES : cañería *f*, tubería *f*

**plume** [ˈpluːm] *n* **1** FEATHER : pluma *f* **2** TUFT : penacho *m* (en un sombrero, etc.)

**plumed** [ˈpluːmd] *adj* : con plumas ⟨white-plumed birds : aves de plumaje blanco⟩

**plummet** [ˈplʌmət] *vi* : caer en picada, desplomarse

**plump¹** [ˈplʌmp] *vi or* **to plump down** : dejarse caer (pesadamente)

**plump²** *adv* **1** STRAIGHT : a plomo **2** DIRECTLY : directamente, sin rodeos ⟨he ran plump into the door : dio de cara con la puerta⟩

**plump³** *adj* : llenito *fam*, regordete *fam*, rechoncho *fam*

**plumpness** [ˈplʌmpnəs] *n* : gordura *f*

**plunder¹** [ˈplʌndər] *vi* : saquear, robar

**plunder²** *n* : botín *m*

**plunderer** [ˈplʌndərər] *n* : saqueador *m*, -dora *f*

**plunge¹** [ˈplʌnʤ] *v* **plunged; plunging** *vt* **1** IMMERSE : sumergir **2** THRUST : hundir, clavar — *vi* **1** DIVE : zambullirse (en el agua) **2** : meterse precipitadamente o violentamente ⟨they plunged into war : se enfrascaron en una guerra⟩ ⟨he plunged into depression : cayó en la depresión⟩ **3** DESCEND : descender en picada ⟨the road plunges dizzily : la calle desciende vertiginosamente⟩

**plunge²** *n* **1** DIVE : zambullida *f* **2** DROP : descenso *m* abrupto ⟨the plunge in prices : el desplome de los precios⟩

**plunger** [ˈplʌnʤər] *n* : desatorador *m*, desatascador *m Spain*, destapacaños *m Mex*, bomba *f* (destapacaños) *Mex*, sopapa *f Arg*

**plunk** [ˈplʌŋk] *or* **plonk** [ˈplɑŋk] *vt* **1** : dejar caer **2 to plunk down** : gastar (dinero) — *vi* **to plunk down** : dejarse caer

**pluperfect** [ˌpluːˈpərfɪkt] *n* : pluscuamperfecto *m*

**plural¹** [ˈplʊrəl] *adj* : plural

**plural²** *n* : plural *m*

**plurality** [plʊˈræləṭi] *n, pl* **-ties** : pluralidad *f*

**pluralize** [ˈplʊrəˌlaɪz] *vt* **-ized; -izing** : pluralizar

**plus¹** [ˈplʌs] *adj* **1** POSITIVE : positivo ⟨a plus factor : un factor positivo⟩ **2** (*indicating a quantity in addition*) ⟨a grade of C plus : una calificación entre C y B⟩ ⟨a salary of $30,000 plus : un sueldo de más de $30,000⟩

**plus²** *n* **1** *or* **plus sign** : más *m*, signo *m* de más **2** ADVANTAGE : ventaja *f*

**plus³** *prep* : más (en matemáticas)

**plus⁴** *conj* AND : y

**plush¹** [ˈplʌʃ] *adj* **1** : afelpado **2** LUXURIOUS : lujoso

**plush²** *n* : felpa *f*, peluche *m*

**plushy** [ˈplʌʃi] *adj* **plushier; -est** : lujoso

**plus–size** [ˈplʌsˌsaɪz] *adj* : de talla grande

**Pluto** [ˈpluːṭoː] *n* : Plutón *m*

**plutocracy** [pluːˈṭɑkrəsi] *n, pl* **-cies** : plutocracia *f*

**plutonium** [pluːˈtoːniəm] *n* : plutonio *m*

**ply¹** [ˈplaɪ] *v* **plied; plying** *vt* **1** USE, WIELD : manejar ⟨to ply an ax : manejar un hacha⟩ **2** PRACTICE : ejercer ⟨to ply a trade : ejercer un oficio⟩ **3 to ply with questions** : acosar con preguntas

**ply²** *n, pl* **plies** **1** LAYER : chapa *f* (de madera), capa *f* (de papel) **2** STRAND : cabo *m* (de hilo, etc.)

**plywood** [ˈplaɪˌwʊd] *n* : contrachapado *m*

**PMS** [ˌpiːˌɛmˈɛs] → **premenstrual syndrome**

**pneumatic** [nʊˈmæṭɪk, njʊ-] *adj* : neumático

**pneumonia** [nʊˈmoːnjə, njʊ-] *n* : pulmonía *f*, neumonía *f*

**poach** [ˈpoːʧ] *vt* **1** : cocer a fuego lento ⟨to poach an egg : escalfar un huevo⟩ **2 to poach game** : cazar ilegalmente — *vi* : cazar ilegalmente

**poacher** [ˈpoːʧər] *n* : cazador *m* furtivo, cazadora *f* furtiva

**P.O. Box** *n* (*Post Office Box*) : apartado *m* postal, casilla *f* de correos *Arg*

**pock** [ˈpɑk] *n* **1** PUSTULE : pústula *f* **2** → **pockmark**

**pocket¹** [ˈpɑkəṭ] *vt* **1** : meterse en el bolsillo ⟨he pocketed the pen : se metió la pluma en el bolsillo⟩ **2** STEAL : embolsarse

**pocket²** *n* **1** : bolsillo *m*, bolsa *f Mex* ⟨a coat pocket : el bolsillo de un abrigo⟩ ⟨air pockets : bolsas/baches de aire⟩ **2**

CENTER : foco *m*, centro *m* ⟨a pocket of resistance : un foco de resistencia⟩

**pocketbook** [ˈpɑkət͵bʊk] *n* **1** PURSE : cartera *f*, bolso *m*, bolsa *f Mex* **2** MEANS : recursos *mpl*

**pocketknife** [ˈpɑkət͵naɪf] *n, pl* **-knives** : navaja *f*

**pocket money** *n* : dinero *m* de bolsillo

**pocket–size** [ˈpɑkətˈsaɪz] *adj* : de bolsillo

**pockmark** [ˈpɑk͵mɑrk] *n* : cicatriz *f* de viruela, viruela *f*

**pod** [ˈpɑd] *n* : vaina *f* ⟨pea pod : vaina de guisantes⟩

**podcast** [ˈpɑd͵kæst] *n* : podcast *m*

**podiatrist** [pəˈdaɪətrɪst, po-] *n* : podólogo *m*, -ga *f*

**podiatry** [pəˈdaɪətri, po-] *n* : podología *f*, podiatría *f*

**podium** [ˈpoːdiəm] *n, pl* **-diums** *or* **-dia** [-diə] : podio *m*, estrado *m*, tarima *f*

**poem** [ˈpoːəm] *n* : poema *m*, poesía *f*

**poet** [ˈpoːət] *n* : poeta *mf*

**poetess** [ˈpoːətəs] *n* : poetisa *f*

**poetic** [poˈɛt̬ɪk] *or* **poetical** [-t̬ɪkəl] *adj* : poético

**poetry** [ˈpoːətri] *n* : poesía *f*

**pogrom** [ˈpoːgrəm, pəˈgrɑm, ˈpɑgrəm] *n* : pogrom *m*

**poignancy** [ˈpɔɪnjən/si] *n, pl* **-cies** : lo conmovedor

**poignant** [ˈpɔɪnjənt] *adj* **1** PAINFUL : penoso, doloroso ⟨poignant grief : profundo dolor⟩ **2** TOUCHING : conmovedor, emocionante

**poinsettia** [pɔɪnˈsɛt̬iə, -ˈsɛt̬ə] *n* : flor *f* de Nochebuena

**point¹** [ˈpɔɪnt] *vt* **1** : apuntar (una pistola, etc.), señalar con (el dedo) **2** DIRECT : encaminar ⟨can you point me towards the highway? : ¿me puedes indicar cómo llegar a la carretera?⟩ **3** INDICATE : señalar, indicar ⟨to point the way : señalar el camino⟩ **4** SHARPEN : afilar (la punta de) **5 to point out** : señalar, indicar — *vi* **1** : señalar (con el dedo) **2** : apuntar ⟨the needle points north : la aguja apunta hacia el norte⟩ **3** : apuntar (en una pantalla, etc.) ⟨to point and click : apuntar y hacer clic⟩ **4 to point at/to** : señalar (con el dedo) **5 to point to** REFERENCE : señalar **6 to point to/toward** INDICATE : señalar, indicar

**point²** *n* **1** ITEM : punto *m* ⟨the main points : los puntos principales⟩ **2** : argumento *m*, observación *f* ⟨what's your point? : ¿qué quieres decir?⟩ ⟨that's a good point : es cierto⟩ ⟨point taken : te entiendo⟩ ⟨to have a point : tener razón⟩ ⟨to make a point : hacer una observación⟩ ⟨to get one's point across : hacerse entender⟩ **3 the point** (*indicating the chief idea or meaning*) ⟨to get to the point : ir al grano⟩ ⟨to be beside the point : no venir al caso⟩ ⟨to stick to the point : no salirse del tema⟩ **4** PURPOSE : fin *m*, propósito *m* ⟨there's no point to it : no vale la pena, no sirve para nada⟩ ⟨to make a point of doing something : proponerse hacer algo⟩ **5** QUALITY : cualidad *f* ⟨her good points : sus buenas cualidades⟩ ⟨it's not his strong point : no es su (punto) fuerte⟩ **6** PLACE : punto *m*, lugar *m* ⟨points of interest : puntos interesantes⟩ **7** : punto *m* (en una escala) ⟨boiling point : punto de ebullición⟩ **8** MOMENT : momento *m*, coyuntura *f* ⟨at this point : en este momento⟩ **9** TIP : punta *f* **10** HEADLAND : punta *f*, cabo *m* **11** PERIOD : punto *m* (marca de puntuación) **12** UNIT : punto *m* ⟨he scored 15 points : ganó 15 puntos⟩ ⟨shares fell 10 points : las acciones bajaron 10 enteros⟩ **13 → decimal point 14 compass points** : puntos *mpl* cardinales **15 sore point** : asunto *m* delicado

**point–blank¹** [ˈpɔɪntˈblæŋk] *adv* **1** : a quemarropa ⟨to shoot point-blank : disparar a quemarropa⟩ **2** BLUNTLY, DIRECTLY : a bocajarro, sin rodeos, francamente

**point–blank²** *adj* **1** : a quemarropa ⟨point-blank shots : disparos a quemarropa⟩ **2** BLUNT DIRECT : directo, franco

**pointed** [ˈpɔɪntəd] *adj* **1** POINTY : puntiagudo **2** PERTINENT : atinado **3** CONSPICUOUS : marcado, manifiesto

**pointedly** [ˈpɔɪntədli] *adv* : intencionadamente, directamente

**pointer** [ˈpɔɪntər] *n* **1** STICK : puntero *m* (para maestros, etc.) **2** INDICATOR, NEEDLE : indicador *m*, aguja *f* **3** : perro *m* de muestra **4** HINT, TIP : consejo *m*

**pointless** [ˈpɔɪntləs] *adj* : inútil, ocioso, vano ⟨it's pointless to continue : no tiene sentido continuar⟩

**point of view** *n* : perspectiva *f*, punto *m* de vista

**pointy** [ˈpɔɪnti] *adj* : puntiagudo

**poise¹** [ˈpɔɪz] *vt* **poised; poising** BALANCE : equilibrar, balancear

**poise²** *n* : aplomo *m*, compostura *f*

**poison¹** [ˈpɔɪzən] *vt* **1** : envenenar, intoxicar **2** CORRUPT : corromper

**poison²** *n* : veneno *m*

**poisoning** *n* : envenenamiento *m*

**poison ivy** *n* : hiedra *f* venenosa

**poisonous** [ˈpɔɪzənəs] *adj* : venenoso, tóxico, ponzoñoso

**poke¹** [ˈpoːk] *v* **poked; poking** *vt* **1** JAB : golpear (con la punta de algo), dar ⟨he poked me with his finger : me dio con el dedo⟩ **2** THRUST : introducir, asomar ⟨I poked my head out the window : asomé la cabeza por la ventana⟩ — *vi* **1 to poke around** RUMMAGE : hurgar **2 to poke along** DAWDLE : demorarse, entretenerse **3 to poke out of** : asomar por, sobresalir por

**poke²** *n* : golpe *m* abrupto (con la punta de algo)

**poker** [ˈpoːkər] *n* **1** : atizador *m* (para el fuego) **2** : póker *m*, poker *m* (juego de naipes)

**poky** [ˈpoːki] *adj fam* **1** SLOW : lento **2** TINY : diminuto

**polar** [ˈpoːlər] *adj* : polar

**polar bear** *n* : oso *m* blanco

**Polaris** [poˈlærɪs, -ˈlɑr-] **→ North Star**

**polarize** [ˈpoːlə͵raɪz] *vt* **-ized; -izing** : polarizar

**Polaroid** [ˈpoːləˌrɔɪd] *trademark* se usa para una cámara que produce fotos reveladas o para las fotos así producidas
**pole** [ˈpoːl] *n* **1** : palo *m*, poste *m*, vara *f* ⟨telephone pole : poste de teléfonos⟩ **2** : polo *m* ⟨the South Pole : el Polo Sur⟩ **3** : polo *m* (eléctrico o magnético)
**Pole** [ˈpoːl] *n* : polaco *m*, -ca *f*
**polecat** [ˈpoːlˌkæt] *n, pl* **polecats** *or* **polecat** **1** : turón *m* (de Europa) **2** SKUNK : mofeta *f*, zorrillo *m*
**polemical** [pəˈlɛmɪkəl] *adj* : polémico
**polemics** [pəˈlɛmɪks] *ns & pl* : polémica *f*
**polestar** [ˈpoːlˌstɑr] → **North Star**
**pole vault** *n* : salto *m* con/de pértiga, salto *m* con/de garrocha
**police**[1] [pəˈliːs] *vt* **-liced; -licing** : mantener el orden en ⟨to police the streets : patrullar las calles⟩
**police**[2] *ns & pl* **1** : policía *f* (organización) **2** POLICE OFFICERS : policías *mfpl*
**police car** *n* : patrulla *f*, patrullero *m*
**police force** *n* : fuerza *f* policial, cuerpo *m* policial
**policeman** [pəˈliːsmən] *n, pl* **-men** [-mən, -ˌmɛn] : policía *m*
**police officer** *n* : policía *mf*, agente *mf* de policía
**police station** *n* : comisaría *f*
**policewoman** [pəˈliːsˌwʊmən] *n, pl* **-women** [-ˌwɪmən] : policía *f*, mujer *f* policía
**policy** [ˈpɑləsi] *n, pl* **-cies** **1** : política *f* ⟨foreign policy : política exterior⟩ **2** *or* **insurance policy** : póliza *f* de seguros, seguro *m*
**polio**[1] [ˈpoːliˌoː] *adj* : de polio ⟨polio vaccine : vacuna contra la polio⟩
**polio**[2] *n* → **poliomyelitis**
**poliomyelitis** [ˌpoːliˌoːˌmaɪəˈlaɪt̬əs] *n* : poliomielitis *f*, polio *f*
**polish**[1] [ˈpɑlɪʃ] *vt* **1** : pulir, lustrar, sacar brillo a ⟨to polish one's nails : pintarse las uñas⟩ **2** REFINE : pulir, perfeccionar **3 to polish off** : despacharse (comida)
**polish**[2] *n* **1** LUSTER : brillo *m*, lustre *m* **2** REFINEMENT : refinamiento *m* **3** : betún *m* (para zapatos), cera *f* (para suelos y muebles), esmalte *m* (para las uñas)
**Polish**[1] [ˈpoːlɪʃ] *adj* : polaco
**Polish**[2] *n* : polaco *m* (idioma)
**polite** [pəˈlaɪt] *adj* **politer; -est** : cortés, correcto, educado
**politely** [pəˈlaɪtli] *adv* : cortésmente, correctamente, con buenos modales
**politeness** [pəˈlaɪtnəs] *n* : cortesía *f*
**politic** [ˈpɑləˌtɪk] *adj* : diplomático, prudente
**political** [pəˈlɪt̬ɪkəl] *adj* : político — **politically** [-t̬ɪkli] *adv*
**politically correct** *adj* : políticamente correcto
**politician** [ˌpɑləˈtɪʃən] *n* : político *m*, -ca *f*
**politics** [ˈpɑləˌtɪks] *ns & pl* : política *f*
**polka** [ˈpoːlkə, ˈpoːkə] *n* : polka *f*
**polka dot** [ˈpoːkəˌdɑt] *n* : lunar *m* (en un diseño)
**poll**[1] [ˈpoːl] *vt* **1** : obtener (votos) ⟨she polled over 1000 votes : obtuvo más de 1000 votos⟩ **2** CANVASS : encuestar, sondear — *vi* : obtener votos
**poll**[2] *n* **1** SURVEY : encuesta *f*, sondeo *m* **2 polls** *npl* : urnas *fpl* ⟨to go to the polls : acudir a las urnas, ir a votar⟩
**pollen** [ˈpɑlən] *n* : polen *m*
**pollinate** [ˈpɑləˌneɪt] *vt* **-nated; -nating** : polinizar
**pollination** [ˌpɑləˈneɪʃən] *n* : polinización *f*
**polling place** *n* : centro *m* de votación
**pollster** [ˈpoːlstər] *n* : encuestador *m*, -dora *f*
**pollutant** [pəˈluːtənt] *n* : contaminante *m*
**pollute** [pəˈluːt] *vt* **-luted; -luting** : contaminar
**pollution** [pəˈluːʃən] *n* : contaminación *f*
**pollywog** *or* **polliwog** [ˈpɑliˌwɔɡ] *n* TADPOLE : renacuajo *m*
**polo** [ˈpoːˌloː] *n* **1** : polo *m* (deporte) **2** *or* **polo shirt** : polo *m*
**poltergeist** [ˈpoːlt̬ərˌɡaɪst] *n* : fantasma *m* travieso
**polyester** [ˈpɑliˌestər, ˌpɑliˈ-] *n* : poliéster *m*
**polygamist** [pəˈlɪɡəmɪst] *n* : polígamo *m*, -ma *f*
**polygamous** [pəˈlɪɡəməs] *adj* : polígamo
**polygamy** [pəˈlɪɡəmi] *n* : poligamia *f*
**polygon** [ˈpɑliˌɡɑn] *n* : polígono *m* — **polygonal** [pəˈlɪɡənəl] *adj*
**polymer** [ˈpɑləmər] *n* : polímero *m*
**Polynesian** [ˌpɑləˈniːʒən, -ʃən] *n* : polinesio *m*, -sia *f* — **Polynesian** *adj*
**polytheism** [ˈpɑliˌθiːˌɪzəm] *n* : politeísmo *m*
**polyunsaturated** [ˌpɑliˌʌnˈsætʃəˌreɪt̬əd] *adj* : poliinsaturado
**pomegranate** [ˈpɑməˌɡrænət, ˈpɑmˌɡrænət] *n* : granada *f* (fruta)
**pommel**[1] [ˈpʌməl] *vt* → **pummel**
**pommel**[2] [ˈpʌməl, ˈpɑ-] *n* **1** : pomo *m* (de una espada) **2** : perilla *f* (de una silla de montar)
**pomp** [ˈpɑmp] *n* **1** SPLENDOR : pompa *f*, esplendor *m* **2** OSTENTATION : boato *m*, ostentación *f*
**pom–pom** [ˈpɑmˌpɑm] *n* : borla *f*, pompón *m*
**pomposity** [pɑmˈpɑsət̬i] *n, pl* **-ties** : pomposidad *f*
**pompous** [ˈpɑmpəs] *adj* : pomposo — **pompously** *adv*
**poncho** [ˈpɑnˌtʃoː] *n, pl* **-chos** : poncho *m*
**pond** [ˈpɑnd] *n* : charca *f* (natural), estanque *m* (artificial)
**ponder** [ˈpɑndər] *vt* : reflexionar, considerar — *vi* **to ponder over** : reflexionar sobre, sopesar
**ponderous** [ˈpɑndərəs] *adj* : pesado
**pontiff** [ˈpɑntɪf] *n* POPE : pontífice *m*
**pontificate** [pɑnˈtɪfəˌkeɪt] *vi* **-cated; -cating** : pontificar
**pontoon** [pɑnˈtuːn] *n* : pontón *m*
**pony** [ˈpoːni] *n, pl* **-nies** : poni *m*, poney *m*, jaca *f*
**ponytail** [ˈpoːniˌteɪl] *n* : cola *f* de caballo, coleta *f*

**poodle** [ˈpuːdəl] *n* : caniche *m*

**pool**[1] [ˈpuːl] *vt* : mancomunar (recursos), hacer un fondo común de (dinero) — *vi* : encharcarse

**pool**[2] *n* **1** : charca *f* ⟨a swimming pool : una piscina⟩ **2** PUDDLE : charco *m* **3** RESERVE SUPPLY : fondo *m* común (de recursos), reserva *f* **4** : billar *m* (juego)

**poop**[1] [ˈpuːp] *vi fam* : hacerse caca — *vt fam* **to poop one's pants/diaper (etc.)** : hacerse caca

**poop**[2] *n fam* : caca *f*

**poor** [ˈpʊr, ˈpɔr] *adj* **1** : pobre ⟨poor people : los pobres⟩ **2** SCANTY : pobre, escaso ⟨poor attendance : baja asistencia⟩ **3** UNFORTUNATE : pobre ⟨poor thing! : ¡pobrecito!⟩ **4** BAD : malo ⟨to be in poor health : estar mal de salud⟩

**poorly** [ˈpʊrli, ˈpɔr-] *adv* : mal

**pop**[1] [ˈpɑp] *v* **popped; popping** *vi* **1** BURST : reventarse, estallar **2** : saltar (dícese de un corcho) **3** : ir, venir, o aparecer abruptamente ⟨he popped into the house : se metió en la casa⟩ ⟨a menu pops up : aparece un menú⟩ **4 to pop out** PROTRUDE : salirse, saltarse ⟨my eyes popped out of my head : se me saltaban los ojos⟩ **5 to pop the question** *fam* : proponerle matrimonio a alguien — *vt* **1** BURST : reventar **2** : sacar o meter abruptamente ⟨he popped it into his mouth : se lo metió en la boca⟩ ⟨she popped her head out the window : sacó la cabeza por la ventana⟩

**pop**[2] *adj* : popular ⟨pop music : música popular⟩ ⟨pop star : estrella de música popular⟩

**pop**[3] *n* **1** : estallido *m* pequeño (de un globo, etc.) **2** SODA : refresco *m*, gaseosa *f*

**popcorn** [ˈpɑpˌkɔrn] *n* : palomitas *fpl* (de maíz)

**pope** [ˈpoːp] *n* : papa *m* ⟨Pope John : el Papa Juan⟩

**poplar** [ˈpɑplər] *n* : álamo *m*

**poplin** [ˈpɑplɪn] *n* : popelín *m*, popelina *f*

**poppy** [ˈpɑpi] *n, pl* **-pies** : amapola *f*

**Popsicle** [ˈpɑpˌsɪkəl] *trademark* se usa para una paleta helada

**populace** [ˈpɑpjələs] *n* **1** MASSES : pueblo *m* **2** POPULATION : población *f*

**popular** [ˈpɑpjələr] *adj* **1** : popular ⟨the popular vote : el voto popular⟩ **2** COMMON : generalizado, común ⟨popular beliefs : creencias generalizadas⟩ **3** : popular, de gran popularidad ⟨a popular singer : un cantante popular⟩

**popularity** [ˌpɑpjəˈlærəṭi] *n* : popularidad *f*

**popularize** [ˈpɑpjələˌraɪz] *vt* **-ized; -izing** : popularizar

**popularly** [ˈpɑpjələrli] *adv* : popularmente, vulgarmente

**populate** [ˈpɑpjəˌleɪt] *vt* **-lated; -lating** : poblar

**population** [ˌpɑpjəˈleɪʃən] *n* : población *f*

**populist** [ˈpɑpjəlɪst] *n* : populista *mf* — **populist** *adj*

**populous** [ˈpɑpjələs] *adj* : populoso

**pop–up** [ˈpɑpˌʌp] *n* : ventana *f* emergente (de una página web)

**porcelain** [ˈpɔrsələn] *n* : porcelana *f*

**porch** [ˈpɔrtʃ] *n* : porche *m*

**porcupine** [ˈpɔrkjəˌpaɪn] *n* : puerco *m* espín

**pore**[1] [ˈpɔr] *vi* **pored; poring** **1** GAZE : mirar (con atención) **2 to pore over** : leer detenidamente, estudiar

**pore**[2] *n* : poro *m*

**pork** [ˈpɔrk] *n* : carne *f* de cerdo, carne *f* de puerco ⟨pork chop : chuleta de cerdo⟩

**pornographic** [ˌpɔrnəˈgræfɪk] *adj* : pornográfico

**pornography** [pɔrˈnɑgrəfi] *n* : pornografía *f*

**porous** [ˈpɔrəs] *adj* : poroso

**porpoise** [ˈpɔrpəs] *n* **1** : marsopa *f* **2** DOLPHIN : delfín *m*

**porridge** [ˈpɔrɪʤ] *n* : sopa *f* espesa de harina, gachas *fpl*

**port**[1] [ˈpɔrt] *adj* : de babor ⟨on the port side : a babor⟩

**port**[2] *n* **1** HARBOR : puerto *m* **2** ORIFICE : orificio *m* (de una válvula, etc.) **3** : puerto *m* (de una computadora) **4** PORTHOLE : portilla *f* **5** *or* **port side** : babor *m* (de un barco) **6** : oporto *m* (vino)

**portable** [ˈpɔrṭəbəl] *adj* : portátil

**portal** [ˈpɔrṭəl] *n* : portal *m*

**portend** [pɔrˈtɛnd] *vt* : presagiar, augurar

**portent** [ˈpɔrˌtɛnt] *n* : presagio *m*, augurio *m*

**portentous** [pɔrˈtɛntəs] *adj* : profético, que presagia

**porter** [ˈpɔrṭər] *n* : maletero *m*, mozo *m* (de estación)

**portfolio** [pɔrtˈfoːliˌo] *n, pl* **-lios** **1** FOLDER : cartera *f* (para llevar papeles), carpeta *f* **2** : cartera *f* (diplomática) **3 investment portfolio** : cartera de inversiones

**porthole** [ˈpɔrtˌhoːl] *n* : portilla *f* (de un barco), ventanilla *f* (de un avión)

**portico** [ˈpɔrṭiˌko] *n, pl* **-coes** *or* **-cos** : pórtico *m*

**portion**[1] [ˈpɔrʃən] *vt* DISTRIBUTE : repartir

**portion**[2] *n* PART, SHARE : porción *f*, parte *f*

**portly** [ˈpɔrtli] *adj* **portlier; -est** : corpulento

**portrait** [ˈpɔrtrət, -ˌtreɪt] *n* : retrato *m*

**portray** [pɔrˈtreɪ] *vt* **1** DEPICT : representar, retratar **2** DESCRIBE : describir **3** PLAY : interpretar (un personaje)

**portrayal** [pɔrˈtreɪəl] *n* **1** REPRESENTATION : representación *f* **2** PORTRAIT : retrato *m*

**Portuguese**[1] [ˌpɔrtʃəˈgiːz, -ˈgiːs] *adj* : portugués

**Portuguese**[2] *n* **1** : portugués *m* (idioma) **2 the Portuguese** (*used with a plural verb*) : los portugueses

**pose**[1] [ˈpoːz] *v* **posed; posing** *vt* PRESENT : plantear (una pregunta, etc.), representar (una amenaza) — *vi* **1** : posar (para una foto, etc.) **2 to pose as** : hacerse pasar por

**pose**[2] *n* **1** : pose *f* ⟨to strike a pose : asumir una pose⟩ **2** PRETENSE : pose *f*, afectación *f*

**posh** [ˈpɑʃ] *adj* : elegante, de lujo

**position**[1] [pəˈzɪʃən] *vt* : colocar, situar, ubicar

**position**[2] *n* **1** LOCATION : posición *f*, ubicación *f* **2** : posición *f*, postura *f* (del cuerpo) **3** OPINION, STANCE : posición *f*, postura *f*, planteamiento *m* **4** STATUS : posición *f* (en una jerarquía) **5** JOB : puesto *m* **6** : posición *f* (en un equipo) **7** SITUATION : situación *f* ⟨to be in no position to do something : no estar en condiciones de hacer algo⟩

**positive** [ˈpɑzəṭɪv] *adj* **1** DEFINITE : incuestionable, inequívoco ⟨positive evidence : pruebas irrefutables⟩ **2** CONFIDENT : seguro **3** : positivo (en gramática, matemáticas, y física) **4** AFFIRMATIVE : positivo, afirmativo ⟨a positive response : una respuesta positiva⟩

**positively** [ˈpɑzəṭɪvli] *adv* **1** FAVORABLY : favorablemente **2** OPTIMISTICALLY : positivamente **3** DEFINITELY : definitivamente, en forma concluyente **4** (*used for emphasis*) : realmente, verdaderamente ⟨it's positively awful! : ¡es verdaderamente malo!⟩

**posse** [ˈpɑsi] *n* **1** : partida *f*, patrulla *f* **2** *fam* GANG, ENTOURAGE : grupo *m* de amigos/seguidores (etc.) **3** *fam* GROUP : grupo *m*

**possess** [pəˈzɛs] *vt* **1** HAVE, OWN : poseer, tener **2** SEIZE : apoderarse de ⟨he was possessed by fear : el miedo se apoderó de él⟩

**possession** [pəˈzɛʃən] *n* **1** POSSESSING : posesión *f* **2** : posesión *f* (por un demonio, etc.) **3 possessions** *npl* PROPERTY : bienes *mpl*, propiedad *f*

**possessive**[1] [pəˈzɛsɪv] *adj* **1** : posesivo (en gramática) **2** JEALOUS : posesivo, celoso

**possessive**[2] *n or* **possessive case** : posesivo *m*

**possessor** [pəˈzɛsər] *n* : poseedor *m*, -dora *f*

**possibility** [ˌpɑsəˈbɪləṭi] *n, pl* **-ties** : posibilidad *f*

**possible** [ˈpɑsəbəl] *adj* : posible ⟨as soon as possible : lo antes posible⟩ ⟨as much as possible : lo más posible⟩ ⟨if possible : si es posible⟩

**possibly** [ˈpɑsəbli] *adv* **1** CONCEIVABLY : posiblemente ⟨it can't possibly be true! : ¡no puede ser!⟩ ⟨I can't possibly do that : me es imposible, no puedo hacerlo de ninguna manera⟩ **2** PERHAPS : quizás, posiblemente

**possum** [ˈpɑsəm] → **opossum**

**post**[1] [ˈpo:st] *vt* **1** MAIL : echar al correo, mandar por correo **2** : postear *fam*, publicar en la red **3** ANNOUNCE : anunciar ⟨they've posted the grades : han anunciado las notas⟩ **4** AFFIX : fijar, poner (noticias, etc.) **5** STATION : apostar **6 to keep (someone) posted** : tener al corriente (a alguien)

**post**[2] *n* **1** POLE : poste *m*, palo *m* **2** STATION : puesto *m* **3** CAMP : puesto *m* (militar) **4** JOB, POSITION : puesto *m*, empleo *m*, cargo *m* **5** : post *m*, posteo *m*, mensaje *m* en Internet

**post-** [ˈpo:st] *pref* : pos-, post- ⟨postpone : posponer⟩ ⟨postgraduate : postgraduado⟩

**postage** [ˈpo:stɪʤ] *n* : franqueo *m*

**postage stamp** → **stamp**[2]

**postal** [ˈpo:stəl] *adj* : postal

**postcard** [ˈpo:stˌkɑrd] *n* : postal *f*, tarjeta *f* postal

**postdate** [ˌpo:stˈdeɪt] *vt* **-dated; -dating** : posfechar

**poster** [ˈpo:stər] *n* : póster *m*, cartel *m*, afiche *m*

**posterior**[1] [pɑˈstɪriər, po-] *adj* : posterior

**posterior**[2] *n* BUTTOCKS : trasero *m*, nalgas *fpl*, asentaderas *fpl*

**posterity** [pɑˈstɛrəṭi] *n* : posteridad *f*

**postgraduate**[1] [ˌpo:stˈgrɑeʤʊət] *adj* : de postgrado

**postgraduate**[2] *n* : postgraduado *m*, -da *f*

**posthaste** [ˈpo:stˈheɪst] *adv* : a toda prisa

**posthumous** [ˈpɑstʃəməs] *adj* : póstumo — **posthumously** *adv*

**Post-it** [ˈpo:stˌɪt] *trademark* se usa para un papelito con borde adhesivo

**postman** [ˈpo:stmən, -ˌmæn] *n, pl* **-men** [-mən, -ˌmɛn] → **mailman**

**postmark**[1] [ˈpo:stˌmɑrk] *vt* : matasellar

**postmark**[2] *n* : matasellos *m*

**postmaster** [ˈpo:stˌmæstər] *n* : administrador *m*, -dora *f* de correos

**postmodern** [ˌpo:stˈmɑdərn] *adj* : posmoderno

**postmortem** [ˌpo:stˈmɔrṭəm] *n* : autopsia *f*

**postnatal** [ˌpo:stˈneɪṭəl] *adj* : postnatal

**postnatal depression** → **postpartum depression**

**post office** *n* : correo *m*, oficina *f* de correos

**post office box** → **P.O. Box**

**postoperative** [ˌpo:stˈɑpərəṭɪv, -ˌreɪ-] *adj* : posoperatorio

**postpaid** [ˌpo:stˈpeɪd] *adv* : con franqueo pagado

**postpartum depression** [ˌpo:stˈpɑrṭəm-] *n* : depresión *f* posparto

**postpone** [ˌpo:stˈpo:n] *vt* **-poned; -poning** : postergar, aplazar, posponer

**postponement** [ˌpo:stˈpo:nmənt] *n* : postergación *f*, aplazamiento *m*

**postscript** [ˈpo:stˌskrɪpt] *n* : postdata *f*, posdata *f*

**postulate** [ˈpɑstʃəˌleɪt] *vt* **-lated; -lating** : postular

**posture**[1] [ˈpɑstʃər] *vi* **-tured; -turing** : posar, asumir una pose

**posture**[2] *n* : postura *f*

**postwar** [ˌpo:stˈwɔr] *adj* : de (la) posguerra

**posy** [ˈpo:zi] *n, pl* **-sies** **1** FLOWER : flor *f* **2** BOUQUET : ramo *m*, ramillete *m*

**pot**[1] [ˈpɑt] *vt* **potted; potting** : plantar (en una maceta)

**pot**[2] *n* **1** : olla *f* (de cocina) **2 pots and pans** : cacharros *mpl* **3 to go to pot** : echarse a perder

**potable** [ˈpoːtəbəl] *adj* : potable
**potash** [ˈpɑtˌæʃ] *n* : potasa *f*
**potassium** [pəˈtæsiəm] *n* : potasio *m*
**potato** [pəˈteɪto] *n, pl* **-toes** : papa *f*, patata *f Spain*
**potato chips** *npl* : papas *fpl* fritas (de bolsa)
**potbellied** [ˈpɑtˌbɛlɪd] *adj* : panzón, barrigón *fam*
**potbelly** [ˈpɑtˌbɛli] *n* : panza *f*, barriga *f*
**potency** [ˈpoːtənsi] *n, pl* **-cies** **1** POWER : fuerza *f*, potencia *f* **2** EFFECTIVENESS : eficacia *f*
**potent** [ˈpoːtənt] *adj* **1** POWERFUL : potente, poderoso **2** EFFECTIVE : eficaz ⟨a potent medicine : una medicina bien fuerte⟩
**potential**[1] [pəˈtɛnʃəl] *adj* : potencial, posible
**potential**[2] *n* **1** : potencial *m* ⟨growth potential : potencial de crecimiento⟩ ⟨a child with potential : un niño que promete⟩ **2** : potencial *m* (eléctrico) — **potentially** *adv*
**potful** [ˈpɑtˌfʊl] *n* : contenido *m* de una olla ⟨a potful of water : una olla de agua⟩
**pothole** [ˈpɑtˌhoːl] *n* : bache *m*
**potion** [ˈpoːʃən] *n* : brebaje *m*, poción *f*
**potluck** [ˈpɑtˌlʌk] *n* **to take potluck** : tomar lo que haya
**potpourri** [ˌpoːpoˈriː] *n* : popurrí *m*
**potshot** [ˈpɑtˌʃɑt] *n* **1** : tiro *m* al azar ⟨to take potshots at : disparar al azar a⟩ **2** CRITICISM : crítica *f* (hecha al azar)
**potter**[1] [ˈpɑtər] *n* : alfarero *m*, -ra *f*
**potter**[2] → **putter**
**pottery** [ˈpɑtəri] *n, pl* **-teries** : cerámica *f*
**potty** [ˈpɑti] *n fam* **1** : bacinica *f* (para niños) **2 to go potty** : hacer pipí, hacer popó
**pouch** [ˈpaʊtʃ] *n* **1** BAG : bolsa *f* pequeña **2** : bolsa *f* (de un animal)
**poultice** [ˈpoːltəs] *n* : emplasto *m*, cataplasma *f*
**poultry** [ˈpoːltri] *n* : aves *fpl* de corral
**pounce** [ˈpaʊnts] *vi* **pounced; pouncing** : abalanzarse
**pound**[1] [ˈpaʊnd] *vt* **1** CRUSH : machacar, machucar, majar **2** BEAT : golpear, machacar ⟨she pounded the lessons into them : les machacaba las lecciones⟩ ⟨he pounded home his point : les hizo entender su razonamiento⟩ — *vi* **1** BEAT : palpitar (dícese del corazón) **2** RESOUND : retumbar, resonar **3** : andar con paso pesado ⟨we pounded through the mud : caminamos pesadamente por el barro⟩
**pound**[2] *n* **1** : libra *f* (unidad de peso) **2** : libra *f* (unidad monetaria) **3 dog pound** : perrera *f*
**pour** [ˈpor] *vt* **1** : echar, verter, servir (bebidas) ⟨pour it into a pot : viértalo en una olla⟩ **2** : proveer con abundancia ⟨they poured money into it : le invirtieron mucho dinero⟩ **3 to pour out** : dar salida a ⟨he poured out his feelings to her : se desahogó con ella⟩ — *vi* **1** FLOW : manar, fluir, salir ⟨blood was pouring from the wound : la sangre le manaba de la herida⟩ ⟨people poured out of the subway : la gente salía del metro a raudales⟩ ⟨the orders came pouring in : había un aluvión de pedidos⟩ **2 it's pouring (outside)** : está lloviendo a cántaros
**pout**[1] [ˈpaʊt] *vi* : hacer pucheros
**pout**[2] *n* : puchero *m*
**poverty** [ˈpɑvərti] *n* : pobreza *f*, indigencia *f*
**poverty–stricken** *adj* : necesitado, paupérrimo
**powder**[1] [ˈpaʊdər] *vt* **1** : empolvar ⟨to powder one's face : empolvarse la cara⟩ **2** PULVERIZE : pulverizar
**powder**[2] *n* : polvo *m*, polvos *mpl*
**powdery** [ˈpaʊdəri] *adj* : polvoriento, como polvo
**power**[1] [ˈpaʊər] *vt* : impulsar, propulsar
**power**[2] *n* **1** CONTROL, AUTHORITY : poder *m*, autoridad *f* ⟨executive powers : poderes ejecutivos⟩ ⟨power struggle : lucha por el poder⟩ ⟨to have power over somebody : tener poder sobre alguien⟩ ⟨to come to power : llegar al poder⟩ ⟨to be in power : estar en el poder⟩ **2** ABILITY : capacidad *f*, poder *m* ⟨the power of speech : el habla⟩ ⟨I'll do everything in my power : haré todo lo que pueda⟩ ⟨it's not within my power : no está en mis manos⟩ **3** : potencia *f* (política) ⟨foreign powers : potencias extranjeras⟩ **4** STRENGTH : fuerza *f*, poder *m* ⟨the power of love : la fuerza del amor⟩ **5** : potencia *f* (en física y matemáticas) **6** : electricidad *f*, luz *f* ⟨power failure : corte de luz, corte de energía eléctrica, apagón⟩
**powerboat** [ˈpaʊərˌboːt] *n* **1** → **motorboat** **2** → **speedboat**
**powerful** [ˈpaʊərfəl] *adj* : poderoso, potente — **powerfully** *adv*
**powerhouse** [ˈpaʊərˌhaʊs] *n* : persona *f* dinámica
**powerless** [ˈpaʊərləs] *adj* : impotente
**powerlessness** [ˈpaʊərləsnəs] *n* : impotencia *f*
**power plant** *n* : central *f* eléctrica
**powwow** [ˈpaʊˌwaʊ] *n* : conferencia *f*
**pox** [ˈpɑks] *n, pl* **pox** *or* **poxes** **1** CHICKEN POX : varicela *f* **2** SYPHILIS : sífilis *f*
**PR** [ˈpiːˈar] → **public relations**
**practicable** [ˈpræktɪkəbəl] *adj* : practicable, viable, factible
**practical** [ˈpræktɪkəl] *adj* : práctico
**practicality** [ˌpræktɪˈkæləti] *n, pl* **-ties** : factibilidad *f*, viabilidad *f*
**practical joke** *n* : broma *f* (pesada)
**practically** [ˈpræktɪkli] *adv* **1** : de manera práctica **2** ALMOST : casi, prácticamente
**practice**[1] *or* **practise** [ˈpræktəs] *vt* **-ticed** *or* **-tised; -ticing** *or* **-tising** **1** : practicar, ensayar, entrenar ⟨he practiced his German on us : practicó el alemán con nosotros⟩ ⟨to practice politeness : practicar la cortesía⟩ **2** : ejercer ⟨to practice medicine : ejercer la medicina⟩
**practice**[2] *n* **1** USE : práctica *f* ⟨to put into practice : poner en práctica⟩ **2**

CUSTOM : costumbre *f* ⟨it's a common practice here : por aquí se acostumbra hacerlo⟩ **3** TRAINING : práctica *f* ⟨she's out of practice : le falta práctica⟩ ⟨practice makes perfect : la práctica hace al maestro⟩ **4** : ejercicio *m* (de una profesión)

**practitioner** [præk'tɪʃənər] *n* **1** : profesional *mf* **2 general practitioner** : médico *m*, -ca *f*

**pragmatic** [præg'mætɪk] *adj* : pragmático — **pragmatically** *adv*

**pragmatism** ['prægmə,tɪzəm] *n* : pragmatismo

**prairie** ['prɛri] *n* : pradera *f*, llanura *f*

**praise**[1] ['preɪz] *vt* **praised; praising** : elogiar, alabar ⟨to praise God : alabar a Dios⟩

**praise**[2] *n* : elogio *m*, alabanza *f*

**praiseworthy** ['preɪz,wərði] *adj* : digno de alabanza, loable

**prance**[1] ['prænʧ] *vi* **pranced; prancing** **1** : hacer cabriolas, cabriolar ⟨a prancing horse : un caballo haciendo cabriolas⟩ **2** SWAGGER : pavonearse

**prance**[2] *n* : cabriola *f*

**prank** ['præŋk] *n* : broma *f*, travesura *f*

**prankster** ['præŋkstər] *n* : bromista *mf*

**prattle**[1] ['prætəl] *vt* **-tled; -tling** : parlotear *fam*, cotorrear *fam*, balbucear (como un niño)

**prattle**[2] *n* : parloteo *m fam*, cotorreo *m fam*, cháchara *f fam*

**prawn** ['prɔn] *n* : langostino *m*, camarón *m*, gamba *f*

**pray** ['preɪ] *vt* ENTREAT : rogar, suplicar — *vi* : rezar

**prayer** ['prɛr] *n* **1** : plegaria *f*, oración *f* ⟨to say one's prayers : orar, rezar⟩ ⟨the Lord's Prayer : el Padrenuestro⟩ **2** PRAYING : rezo *m*, oración *f* ⟨to kneel in prayer : arrodillarse para rezar⟩

**praying mantis** → **mantis**

**pre-** [,pri] *pref* **1** : antes de **2** : con antelación

**preach** ['pri:ʧ] *vi* : predicar — *vt* ADVOCATE : abogar por ⟨to preach cooperation : promover la cooperación⟩

**preacher** ['pri:ʧər] *n* **1** : predicador *m*, -dora *f* **2** MINISTER : pastor *m*, -tora *f*

**preamble** ['pri:,æmbəl] *n* : preámbulo *m*

**prearrange** [,pri:ə'reɪnʤ] *vt* **-ranged; -ranging** : arreglar de antemano

**precarious** [pri'kæriəs] *adj* : precario — **precariously** *adv*

**precariousness** [pri'kæriəsnəs] *n* : precariedad *f*

**precaution** [pri'kɔʃən] *n* : precaución *f*

**precautionary** [pri'kɔʃə,nɛri] *adj* : preventivo, cautelar, precautorio

**precede** [pri'si:d] *v* **-ceded; -ceding** : preceder a

**precedence** ['prɛsədənʦ, pri'si:dənʦ] *n* : precedencia *f*

**precedent** ['prɛsədənt] *n* : precedente *m*

**precept** ['pri:,sɛpt] *n* : precepto *m*

**precinct** ['pri:,sɪŋkt] *n* **1** DISTRICT : distrito *m* (policial, electoral, etc.) **2 precincts** *npl* PREMISES : recinto *m*, predio *m*, límites *mpl* (de una ciudad)

**precious** ['prɛʃəs] *adj* **1** : precioso ⟨precious gems : piedras preciosas⟩ **2** DEAR : querido **3** AFFECTED : afectado

**precipice** ['prɛsəpəs] *n* : precipicio *m*

**precipitate** [pri'sɪpə,teɪt] *v* **-tated; -tating** *vt* **1** HASTEN, PROVOKE : precipitar, provocar **2** HURL : arrojar **3** : precipitar (en química) — *vi* : precipitarse (en química), condensarse (en meteorología)

**precipitation** [pri,sɪpə'teɪʃən] *n* **1** HASTE : precipitación *f*, prisa *f* **2** : precipitaciones *fpl* (en meteorología)

**precipitous** [pri'sɪpəʧəs] *adj* **1** HASTY, RASH : precipitado **2** STEEP : escarpado, empinado ⟨a precipitous drop : una caída vertiginosa⟩

**précis** [preɪ'si:] *n, pl* **précis** [-'si:z] : resumen *m*

**precise** [pri'saɪs] *adj* **1** DEFINITE : preciso, explícito **2** EXACT : exacto, preciso ⟨precise calculations : cálculos precisos⟩ — **precisely** *adv*

**preciseness** [pri'saɪsnəs] *n* : precisión *f*, exactitud *f*

**precision** [pri'sɪʒən] *n* : precisión *f*

**preclude** [pri'klu:d] *vt* **-cluded; -cluding** : evitar, impedir, excluir (una posibilidad, etc.)

**precocious** [pri'ko:ʃəs] *adj* : precoz — **precociously** *adv*

**precocity** [pri'kɑsəʧi] *n* : precocidad *f*

**preconceived** [,pri:kən'si:vd] *adj* : preconcebido

**preconception** [,pri:kən'spʃən] *n* : idea *f* preconcebida

**precondition** [,pri:kən'dɪʃən] *n* : precondición *f*, condición *f* previa

**precook** [,pri:'kʊk] *vt* : precocinar

**precursor** [pri'kərsər] *n* : precursor *m*, -sora *f*

**predator** ['prɛdəʧər] *n* : depredador *m*, -dora *f*

**predatory** ['prɛdə,tori] *adj* : depredador

**predecessor** ['prɛdə,sɛsər, 'pri:-] *n* : antecesor *m*, -sora *f*; predecesor *m*, -sora *f*

**predestination** [pri,dɛstə'neɪʃən] *n* : predestinación *f*

**predestine** [pri'dɛstən] *vt* **-tined; -tining** : predestinar

**predetermine** [,pri:di'tərmən] *vt* **-mined; -mining** : predeterminar

**predicament** [pri'dɪkəmənt] *n* : apuro *m*, aprieto *m*

**predicate**[1] ['prɛdə,keɪt] *vt* **-cated; -cating** **1** AFFIRM : afirmar, aseverar **2 to be predicated on** : estar basado en

**predicate**[2] ['prɛdɪkət] *n* : predicado *m*

**predict** [pri'dɪkt] *vt* : pronosticar, predecir

**predictable** [pri'dɪktəbəl] *adj* : previsible — **predictably** [-bli] *adv*

**prediction** [pri'dɪkʃən] *n* : pronóstico *m*, predicción *f*

**predilection** [,prɛdəl'ɛkʃən, ,pri:-] *n* : predilección *f*

**predispose** [,pri:dɪ'spo:z] *vt* **-posed; -posing** : predisponer

**predisposition** [,pri:,dɪspə'zɪʃən] *n* : predisposición *f*

**predominance** [pri'dɑmənənʦ] *n* : predominio *m*

**predominant** [pri'dɑmənənt] *adj* : predominante — **predominantly** *adv*

**predominate** [pri'dɑmə,neɪt] *vi* **-nated; -nating** **1** : predominar (en cantidad) **2** PREVAIL : prevalecer

**preeminence** [pri'ɛmənənts] *n* : preeminencia *f*

**preeminent** [pri'ɛmənənt] *adj* : preeminente

**preeminently** [pri'ɛmənəntli] *adv* : especialmente

**preempt** [pri'ɛmpt] *vt* **1** APPROPRIATE : apoderarse de, apropiarse de **2** : reemplazar (un programa de televisión, etc.) **3** FORESTALL : adelantarse a (un ataque, etc.)

**preemptive** [pri'ɛmptɪv] *adj* : preventivo

**preen** ['pri:n] *vt* : arreglarse (el pelo, las plumas, etc.)

**prefabricated** [,pri:'fæbrə,keɪtəd] *adj* : prefabricado

**preface** ['prɛfəs] *n* : prefacio *m*, prólogo *m*

**prefatory** ['prɛfə,tori] *adj* : preliminar

**prefect** ['pri:,fɛkt] *n* **1** : prefecto *m* (oficial) **2** : monitor *m*, -tora *f* (estudiante)

**prefer** [pri'fər] *vt* **-ferred; -ferring** **1** : preferir ⟨I prefer coffee : prefiero café⟩ **2 to prefer charges against** : presentar cargos contra

**preferable** ['prɛfərəbəl] *adj* : preferible

**preferably** ['prɛfərəbli] *adv* : preferentemente, de preferencia

**preference** ['prɛfrənts, 'prɛfər-] *n* : preferencia *f*, gusto *m*

**preferential** [,prɛfə'rɛnʃəl] *adj* : preferencial, preferente

**prefigure** [pri'fɪgjər] *vt* **-ured; -uring** FORESHADOW : prefigurar, anunciar

**prefix** ['pri:,fɪks] *n* : prefijo *m*

**pregnancy** ['prɛgnənsi] *n, pl* **-cies** : embarazo *m*, preñez *f*

**pregnant** ['prɛgnənt] *adj* **1** : embarazada (dícese de una mujer), preñada (dícese de un animal) **2** MEANINGFUL : significativo

**preheat** [,pri:'hi:t] *vt* : precalentar

**prehensile** [pri'hɛnsəl, -'hɛn,saɪl] *adj* : prensil

**prehistoric** [,pri:hɪs'tɔrɪk] *or* **prehistorical** [-ɪkəl] *adj* : prehistórico

**prejudge** [,pri:'dʒʌdʒ] *vt* **-judged; -judging** : prejuzgar

**prejudice**[1] ['prɛdʒədəs] *vt* **-diced; -dicing** **1** DAMAGE : perjudicar **2** BIAS : predisponer, influir en

**prejudice**[2] *n* **1** DAMAGE : perjuicio *m* (en derecho) **2** BIAS : prejuicio *m*

**prelate** ['prɛlət] *n* : prelado *m*

**preliminary**[1] [pri'lɪmə,nɛri] *adj* : preliminar

**preliminary**[2] *n, pl* **-naries** **1** : preámbulo *m*, preludio *m* **2 preliminaries** *npl* : preliminares *mpl*

**prelude** ['prɛ,lu:d, 'prɛl,ju:d;, 'prei,lu:d, 'pri:-] *n* : preludio *m*

**premarital** [,pri:'mærətəl] *adj* : prematrimonial

**premature** [,pri:mə'tʊr, -'tjʊr, -'tʃʊr] *adj* : prematuro — **prematurely** *adv*

**premeditate** [pri'mɛdə,teɪt] *vt* **-tated; -tating** : premeditar

**premeditation** [pri,mɛdə'teɪʃən] *n* : premeditación *f*

**premenstrual** [pri'mɛnstrʊəl] *adj* : premenstrual

**premenstrual syndrome** *n* : síndrome *m* premenstrual, SPM *m*

**premier**[1] [pri'mɪr, -'mjɪr;, 'pri:miər] *adj* : principal

**premier**[2] *n* PRIME MINISTER : primer ministro *m*, primera ministra *f*

**premiere**[1] [pri'mjɛr, -'mɪr] *vt* **-miered; -miering** : estrenar

**premiere**[2] *n* : estreno *m*

**premise** ['prɛmɪs] *n* **1** : premisa *f* ⟨the premise of his arguments : la premisa de sus argumentos⟩ **2 premises** *npl* : recinto *m*, local *m*

**premium** ['pri:miəm] *n* **1** BONUS : prima *f* **2** SURCHARGE : recargo *m* ⟨to sell at a premium : vender (algo) muy caro⟩ **3 insurance premium** : prima *f* (de seguros) **4 to set a premium on** : darle un gran valor (a algo)

**premonition** [,pri:mə'nɪʃən, ,prɛmə-] *n* : presentimiento *m*, premonición *f*

**prenatal** [,pri:'neɪtəl] *adj* : prenatal

**preoccupation** [pri,ɑkjə'peɪʃən] *n* : preocupación *f*

**preoccupied** [pri'ɑkjə,paɪd] *adj* : abstraído, ensimismado, preocupado

**preoccupy** [pri'ɑkjə,paɪ] *vt* **-pied; -pying** : preocupar

**preparation** [,prɛpə'reɪʃən] *n* **1** PREPARING : preparación *f* **2** MIXTURE : preparado *m* ⟨a preparation for burns : un preparado para quemaduras⟩ **3 preparations** *npl* ARRANGEMENTS : preparativos *mpl*

**preparatory** [pri'pærə,tori] *adj* : preparatorio

**preparatory school** → **prep school**

**prepare** [pri'pær] *v* **-pared; -paring** *vt* : preparar — *vi* : prepararse

**prepay** [,pri:'peɪ] *vt* **-paid; -paying** : pagar por adelantado

**preponderance** [pri'pɑndərənts] *n* : preponderancia *f*

**preponderant** [pri'pɑndərənt] *adj* : preponderante — **preponderantly** *adv*

**preposition** [,prɛpə'zɪʃən] *n* : preposición *f*

**prepositional** [,prɛpə'zɪʃənəl] *adj* : preposicional

**prepossessing** [,pri:pə'zɛsɪŋ] *adj* : atractivo, agradable

**preposterous** [pri'pɑstərəs] *adj* : absurdo, ridículo

**prep school** ['prɛp-] *n* : escuela *f* secundaria privada

**prerecorded** [,pri:rɪ'kɔrdəd] *adj* : pregrabado

**prerequisite**[1] [pri'rɛkwəzət] *adj* : necesario, esencial

**prerequisite**[2] *n* : condición *f* necesario, requisito *m* previo

**prerogative** [pri'rɑgətɪv] *n* : prerrogativa *f*

**presage** ['prɛsɪdʒ, pri'seɪdʒ] *vt* **-saged; -saging** : presagiar

**preschool** [ˈpriˌskuːl] *adj* : preescolar
**preschooler** [ˈpriˌskuːlər] *n* : párvulo *m*, -la *f*; estudiante *mf* de preescolar
**prescient** [ˈprɛʃiənt] *adj* : profético
**prescribe** [priˈskraɪb] *vt* **-scribed; -scribing** **1** ORDAIN : prescribir, ordenar **2** : recetar (medicinas, etc.)
**prescription** [priˈskrɪpʃən] *n* : receta *f*
**presence** [ˈprɛzənts] *n* : presencia *f*
**presence of mind** *n* : aplomo *m*
**present¹** [priˈzɛnt] *vt* **1** INTRODUCE : presentar ⟨to present oneself : presentarse⟩ **2** : presentar (una obra de teatro, etc.) **3** GIVE : entregar (un regalo, etc.), regalar, obsequiar **4** SHOW : presentar, ofrecer ⟨it presents a lovely view : ofrece una vista muy linda⟩
**present²** [ˈprɛzənt] *adj* **1** : actual ⟨present conditions : condiciones actuales⟩ **2** : presente ⟨all the students were present : todos los estudiantes estaban presentes⟩
**present³** [ˈprɛzənt] *n* **1** GIFT : regalo *m*, obsequio *m* **2** : presente *m* ⟨at present : en este momento⟩ **3** *or* **present tense** : presente *m*
**presentable** [priˈzɛntəbəl] *adj* : presentable
**presentation** [ˌpriːˌzɛnˈteɪʃən, ˌprɛzən-] *n* : presentación *f* ⟨presentation ceremony : ceremonia de entrega⟩
**present–day** [ˈprɛzəntˈdeɪ] *adj* : actual, de hoy en día
**presenter** [priˈzɛntər] *n* : presentador *m*, -dora *f*
**presentiment** [priˈzɛntəmənt] *n* : presentimiento *m*, premonición *f*
**presently** [ˈprɛzəntli] *adv* **1** SOON : pronto, dentro de poco **2** NOW : actualmente, ahora
**present participle** *n* : participio *m* presente, participio *m* activo
**preservation** [ˌprɛzərˈveɪʃən] *n* : conservación *f*, preservación *f*
**preservative** [priˈzərvətɪv] *n* : conservante *m*
**preserve¹** [priˈzərv] *vt* **-served; -serving** **1** PROTECT : proteger, preservar **2** : conservar (los alimentos, etc.) **3** MAINTAIN : conservar, mantener
**preserve²** *n* **1** *or* **preserves** *npl* : conserva *f* ⟨peach preserves : duraznos en conserva⟩ **2** : coto *m* ⟨game preserve : coto de caza⟩
**preside** [priˈzaɪd] *vi* **-sided; -siding** **1 to preside over** : presidir ⟨he presided over the meeting : presidió la reunión⟩ **2 to preside over** : supervisar ⟨she presides over the department : dirige el departamento⟩
**presidency** [ˈprɛzədənt͡si] *n, pl* **-cies** : presidencia *f*
**president** [ˈprɛzədənt] *n* : presidente *m*, -ta *f*
**presidential** [ˌprɛzəˈdɛnʃəl] *adj* : presidencial
**press¹** [ˈprɛs] *vt* **1** PUSH : apretar (un botón, etc.) **2** SQUEEZE : apretar, prensar (frutas, flores, etc.) **3** IRON : planchar (ropa) **4** URGE : instar, apremiar ⟨he pressed me to come : insistió en que viniera⟩ **5** STRESS : recalcar ⟨to press the point/issue : insistir⟩ **6** IMPOSE : imponer **7 to press charges against** : demandar a **8 to press the flesh** *fam* : estrechar manos — *vi* **1** PUSH : apretar ⟨press hard : aprieta con fuerza⟩ **2** CROWD : apiñarse **3** : abrirse paso ⟨I pressed through the crowd : me abrí paso entre el gentío⟩ **4** URGE : presionar **5 to press ahead/on/forward** : seguir adelante **6 to press for** DEMAND : exigir, presionar para
**press²** *n* **1** CROWD : multitud *f* **2** : imprenta *f*, prensa *f* ⟨to go to press : entrar en prensa⟩ **3** URGENCY : urgencia *f*, prisa *f* **4** PRINTER, PUBLISHER : imprenta *f*, editorial *f* **5 the press** : la prensa ⟨freedom of the press : libertad de prensa⟩
**press conference** *n* : conferencia *f* de prensa, rueda *f* de prensa
**pressing** [ˈprɛsɪŋ] *adj* URGENT : urgente
**press release** *n* : boletín *m* de prensa
**pressure¹** [ˈprɛʃər] *vt* **-sured; -suring** : presionar, apremiar
**pressure²** *n* **1** : presión *f* ⟨to be under pressure : estar bajo presión⟩ **2** → **blood pressure**
**pressure cooker** *n* : olla *f* a presión
**pressure group** *n* : grupo *m* de presión
**pressurize** [ˈprɛʃəˌraɪz] *vt* **-ized; -izing** : presurizar
**prestige** [prɛˈstiːʒ, -ˈstiːdʒ] *n* : prestigio *m*
**prestigious** [prɛˈstɪdʒəs] *adj* : prestigioso
**presto** [ˈprɛsˌtoː] *adv* : de pronto
**presumably** [priˈzuːməbli] *adv* : es de suponer, supuestamente ⟨presumably, he's guilty : supone que es culpable⟩
**presume** [priˈzuːm] *vt* **-sumed; -suming** **1** ASSUME, SUPPOSE : suponer, asumir, presumir **2 to presume to** : atreverse a, osar
**presumption** [priˈzʌmpʃən] *n* **1** AUDACITY : atrevimiento *m*, osadía *f* **2** ASSUMPTION : presunción *f*, suposición *f*
**presumptuous** [priˈzʌmptʃʊəs] *adj* : descarado, atrevido
**presuppose** [ˌpriːsəˈpoːz] *vt* **-posed; -posing** : presuponer
**preteen** [ˈpriːˈtiːn] *n* : preadolescente *nmf*
**pretend** [priˈtɛnd] *vt* **1** CLAIM : pretender ⟨I won't pretend to understand it : no voy a pretender comprenderlo⟩ **2** FEIGN : fingir, simular ⟨to pretend to do something : fingir hacer algo⟩ ⟨he pretended everything was fine : fingía que todo estaba bien⟩ ⟨she pretended not to hear me : hacía como si no me oyera⟩ — *vi* : fingir
**pretender** [priˈtɛndər] *n* : pretendiente *mf* (al trono, etc.)
**pretense** *or* **pretence** [ˈpriːˌtɛnts, priˈtɛnts] *n* **1** CLAIM : afirmación *f* (falsa), pretensión *f* **2** FEIGNING : fingimiento *m*, simulación *f* ⟨to make a pretense of doing something : fingir hacer algo⟩ ⟨a pretense of order : una apariencia de orden⟩ **3** PRETEXT : pretexto *m* ⟨under false pretenses : con pretextos falsos, de manera fraudulenta⟩

**pretension** [priˈtɛnʃən] *n* **1** CLAIM : pretensión *f*, afirmación *f* **2** ASPIRATION : aspiración *f*, ambición *f* **3** PRETENTIOUSNESS : pretensiones *fpl*, presunción *f*

**pretentious** [priˈtɛnʃəs] *adj* : pretencioso

**pretentiousness** [priˈtɛnʃəsnəs] *n* : presunción *f*, pretensiones *fpl*

**preterit** [ˈprɛtərət] *nm* : pretérito *m*

**pretext** [ˈpriːˌtɛkst] *n* : pretexto *m*, excusa *f*

**prettily** [ˈprɪtəli] *adv* : atractivamente

**prettiness** [ˈprɪtinəs] *n* : lindeza *f*

**pretty**[1] [ˈprɪti] *adv* : bastante, bien ⟨it's pretty obvious : está bien claro⟩ ⟨it's pretty much the same : es más o menos igual⟩

**pretty**[2] *adj* **prettier; -est** : bonito, lindo, guapo ⟨a pretty girl : una muchacha guapa⟩ ⟨what a pretty dress! : ¡qué vestido más lindo!⟩

**pretzel** [ˈprɛtsəl] *n* : galleta *f* salada (en forma de nudo)

**prevail** [priˈveɪl] *vi* **1** TRIUMPH : prevalecer **2** PREDOMINATE : predominar **3 to prevail upon** : persuadir, convencer ⟨I prevailed upon her to sing : la convencí para que cantara⟩

**prevailing** [priˈveɪlɪŋ] *adj* : imperante, prevaleciente

**prevalence** [ˈprɛvələnts] *n* : preponderancia *f*, predominio *m*

**prevalent** [ˈprɛvələnt] *adj* **1** COMMON : común y corriente, general **2** WIDESPREAD : extendido

**prevaricate** [priˈværəˌkeɪt] *vi* **-cated; -cating** LIE : mentir

**prevarication** [priˌværəˈkeɪʃən] *n* : mentira *f*

**prevent** [priˈvɛnt] *vt* **1** AVOID : prevenir, evitar ⟨steps to prevent war : medidas para evitar la guerra⟩ **2** HINDER : impedir

**preventable** [priˈvɛntəbəl] *adj* : evitable

**preventative** [priˈvɛntəṭɪv] → **preventive**

**prevention** [priˈvɛnʃən] *n* : prevención *f*

**preventive** [priˈvɛntɪv] *adj* : preventivo

**preview** [ˈpriːˌvju] *n* : preestreno *m*

**previous** [ˈpriːviəs] *adj* : previo, anterior ⟨previous knowledge : conocimientos previos⟩ ⟨the previous day : el día anterior⟩ ⟨in the previous year : en el año pasado⟩

**previously** [ˈpriːviəsli] *adv* : antes

**prewar** [ˌpriːˈwɔr] *adj* : de antes de la guerra

**prey** [ˈpreɪ] *n, pl* **preys** : presa *f*

**prey on** *vt* **1** : cazar, alimentarse de ⟨it preys on fish : se alimenta de peces⟩ **2 to prey on one's mind** : hacer presa en alguien, atormentar a alguien

**price**[1] [ˈpraɪs] *vt* **priced; pricing** : poner un precio a ⟨to be reasonably/competitively priced : tener precios razonables/competitivos⟩

**price**[2] *n* **1** : precio *m* ⟨to pay the price for something : pagar el precio de algo⟩ ⟨price tag : etiqueta de precio⟩ ⟨price range : gama de precios⟩ ⟨to go up/down in price : subir/bajar de precio⟩ ⟨price cut : rebaja en el precio⟩ **2 at any price** : a toda costa

**priceless** [ˈpraɪsləs] *adj* : inestimable, inapreciable

**pricey** [ˈpraɪsi] *adj* : caro

**prick**[1] [ˈprɪk] *vt* **1** : pinchar **2 to prick up one's ears** : levantar las orejas — *vi* : pinchar

**prick**[2] *n* **1** STAB : pinchazo *m* ⟨a prick of conscience : un remordimiento⟩ **2** → **pricker**

**pricker** [ˈprɪkər] *n* THORN : espina *f*

**prickle**[1] [ˈprɪkəl] *vi* **-led; -ling** : sentir un cosquilleo, tener un hormigueo

**prickle**[2] *n* **1** : espina *f* (de una planta) **2** TINGLE : cosquilleo *m*, hormigueo *m*

**prickly** [ˈprɪkəli] *adj* **1** THORNY : espinoso **2** : que pica ⟨a prickly sensation : un hormigueo⟩

**prickly pear** *n* **1** : nopal *m*, tuna *f* (planta) **2** : tuna *f*, higo *m* chumbo (fruta)

**pride**[1] [ˈpraɪd] *vt* **prided; priding** : estar orgulloso de, ⟨to pride oneself on : preciarse de, enorgullecerse de⟩

**pride**[2] *n* : orgullo *m*

**priest** [ˈpriːst] *n* : sacerdote *m*, cura *m*

**priestess** [ˈpriːstɪs] *n* : sacerdotisa *f*

**priesthood** [ˈpriːstˌhʊd] *n* : sacerdocio *m*

**priestly** [ˈpriːstli] *adj* : sacerdotal

**prig** [ˈprɪg] *n* : mojigato *m*, -ta *f*; gazmoño *m*, -ña *f*

**prim** [ˈprɪm] *adj* **primmer; primmest 1** PRISSY : remilgado **2** PRUDISH : mojigato, gazmoño

**prima ballerina** [ˈpriːmə-] *n* : prima bailarina *f*

**prima donna** [ˌprɪmə̀ˈdɑnə, ˌpriː-] *n* : divo *m*, diva *f*

**primarily** [praɪˈmɛrəli] *adv* : principalmente, fundamentalmente

**primary**[1] [ˈpraɪˌmɛri, ˈpraɪməri] *adj* **1** FIRST : primario **2** PRINCIPAL : principal **3** BASIC : fundamental

**primary**[2] *n, pl* **-ries** : elección *f* primaria

**primary color** *n* : color *m* primario

**primary school** → **elementary school**

**primate** *n* **1** [ˈpraɪˌmeɪt, -məṭ] : primado *m* (obispo) **2** [-ˌmeɪt] : primate *m* (animal)

**prime**[1] [ˈpraɪm] *vt* **primed; priming 1** : cebar ⟨to prime a pump : cebar una bomba⟩ **2** PREPARE : preparar (una superficie para pintar) **3** COACH : preparar (a un testigo, etc.)

**prime**[2] *adj* **1** CHIEF, MAIN : principal, primero **2** EXCELLENT : de primera (categoría), excelente

**prime**[3] *n* **the prime of one's life** : la flor de la vida

**prime minister** *n* : primer ministro *m*, primera ministra *f*

**prime number** *n* : número *m* primo

**primer**[1] [ˈprɪmər] *n* **1** READER : cartilla *f* **2** MANUAL : manual *m*

**primer**[2] [ˈpraɪmər] *n* **1** : cebo *m* (para explosivos) **2** : base *f* (de pintura)

**prime time** *n* : horas *fpl* de mayor audiencia

**primeval** [praɪˈmiːvəl] *adj* : primitivo, primigenio

**primitive** [ˈprɪmətɪv] *adj* : primitivo
**primly** [ˈprɪmlɪ] *adv* : mojigatamente
**primness** [ˈprɪmnəs] *n* : mojigatería *f*, gazmoñería *f*
**primordial** [praɪˈmɔrdiəl] *adj* : primordial, fundamental
**primp** [ˈprɪmp] *vi* : arreglarse, acicalarse
**primrose** [ˈprɪmˌroːz] *n* : primavera *f*, prímula *f*
**prince** [ˈprɪnts] *n* : príncipe *m*
**princely** [ˈprɪntslɪ] *adj* : principesco
**princess** [ˈprɪntsəs, ˈprɪnˌses] *n* : princesa *f*
**principal**[1] [ˈprɪntsəpəl] *adj* : principal — **principally** *adv*
**principal**[2] *n* **1** PROTAGONIST : protagonista *mf* **2** : director *m*, -tora *f* (de una escuela) **3** CAPITAL : principal *m*, capital *m* (en finanzas)
**principality** [ˌprɪntsəˈpælətɪ] *n, pl* **-ties** : principado *m*
**principle** [ˈprɪntsəpəl] *n* **1** : principio *m* ⟨it's against my principles : va en contra de mis principios⟩ ⟨it's a matter of principle : es una cuestión de principios⟩ **2 as a matter of principle** : por principio **3 in principle** : en principio **4 on principle** : por principio
**print**[1] [ˈprɪnt] *vt* **1** : imprimir (libros, etc.) **2** : publicar **3** : estampar (tela) **4 to print out** : imprimir — *vi* : escribir con letra de molde/imprenta
**print**[2] *n* **1** IMPRESSION : marca *f*, huella *f*, impresión *f* **2** : texto *m* impreso ⟨to be out of print : estar agotado⟩ **3** LETTERING : letra *f* **4** ENGRAVING : grabado *m* **5** : copia *f* (en fotografía) **6** : estampado *m* (de tela)
**printer** [ˈprɪntər] *n* **1** : impresor *m*, -sora *f* (persona) **2** : impresora *f* (máquina)
**printing** [ˈprɪntɪŋ] *n* **1** : impresión *f* (acto) ⟨the third printing : la tercera tirada⟩ **2** : imprenta *f* (profesión) **3** LETTERING : letras *fpl* de molde
**printing press** *n* : prensa *f*
**print out** *vt* : imprimir (de una computadora)
**printout** [ˈprɪntˌaʊt] *n* : copia *f* impresa (de una computadora)
**prior**[1] [ˈpraɪər] *adj* **1** : previo ⟨prior engagement/commitment : compromiso previo⟩ ⟨without prior notice : sin previo aviso⟩ **2 prior to** : antes de
**prior**[2] *n* : prior *m*
**prioress** [ˈpraɪərəs] *n* : priora *f*
**priority** [praɪˈɔrətɪ] *n, pl* **-ties** : prioridad *f*
**priory** [ˈpraɪərɪ] *n, pl* **-ries** : priorato *m*
**prism** [ˈprɪzəm] *n* : prisma *m*
**prison** [ˈprɪzən] *n* : prisión *f*, cárcel *f* ⟨he's in prison : está preso, está en la cárcel⟩ ⟨they put him in prison : lo encarcelaron, lo metieron en la cárcel⟩ ⟨a prison sentence : una pena de prisión⟩ ⟨she was sentenced to ten years in prison : fue condenada a diez años de prisión⟩
**prisoner** [ˈprɪzənər] *n* : preso *m*, -sa *f*; recluso *m*, -sa *f* ⟨prisoner of war : prisionero de guerra⟩
**prison warden** → **warden**
**prissy** [ˈprɪsɪ] *adj* **prissier; -est** : remilgado, melindroso
**pristine** [ˈprɪsˌtiːn, prɪsˈ-] *adj* : puro, prístino
**privacy** [ˈpraɪvəsɪ] *n, pl* **-cies** : privacidad *f*
**private**[1] [ˈpraɪvət] *adj* **1** PERSONAL : privado, particular ⟨private property : propiedad privada⟩ **2** INDEPENDENT : privado, independiente ⟨private studies : estudios privados⟩ **3** SECRET : secreto **4** SECLUDED : aislado, privado **5** SHY : reservado — **privately** *adv*
**private**[2] *n* : soldado *m* raso
**private detective** → **private investigator**
**private enterprise** → **free enterprise**
**private eye** *fam* → **private investigator**
**private investigator** *n* : investigador *m* privado, investigadora *f* privada, detective *m* privado, detective *f* privada
**private school** *n* : escuela *f* privada
**privation** [praɪˈveɪʃən] *n* : privación *f*
**privatize** [ˈpraɪvəˌtaɪz] *vt* **-ized; -izing** : privatizar
**privilege** [ˈprɪvlɪʤ, ˈprɪvə-] *n* : privilegio *m*
**privileged** [ˈprɪvlɪʤd, ˈprɪvə-] *adj* : privilegiado
**privy**[1] [ˈprɪvɪ] *adj* **to be privy to** : estar enterado de
**privy**[2] *n, pl* **privies** : excusado *m*, retrete *m* (exterior)
**prize**[1] [ˈpraɪz] *vt* **prized; prizing** : valorar, apreciar
**prize**[2] *adj* **1** : premiado ⟨a prize stallion : un semental premiado⟩ **2** OUTSTANDING : de primera, excepcional
**prize**[3] *n* **1** AWARD : premio *m* ⟨third prize : el tercer premio⟩ **2** : joya *f*, tesoro *m* ⟨he's a real prize : es un tesoro⟩
**prizefighter** [ˈpraɪzˌfaɪtər] *n* : boxeador *m*, -dora *f* profesional
**prizewinner** [ˈpraɪzˌwɪnər] *n* : premiado *m*, -da *f*
**prizewinning** [ˈpraɪzˌwɪnɪŋ] *adj* : premiado, galardonado
**pro**[1] [ˈproː] *adv* : a favor
**pro**[2] *adj* → **professional**[1]
**pro**[3] *n* **1** : pro *m* ⟨the pros and cons : los pros y los contras⟩ **2** → **professional**[2]
**pro-** *pref* : pro-
**probability** [ˌprɑbəˈbɪlətɪ] *n, pl* **-ties** : probabilidad *f*
**probable** [ˈprɑbəbəl] *adj* : probable — **probably** [-blɪ] *adv*
**probate**[1] [ˈproːˌbeɪt] *vt* **-bated; -bating** : autenticar (un testamento)
**probate**[2] *n* : autenticación *f* (de un testamento)
**probation** [proˈbeɪʃən] *n* **1** : período *m* de prueba (para un empleado, etc.) **2** : libertad *f* condicional (para un preso) ⟨to put someone on probation : dejar/poner a alguien en libertad condicional⟩
**probationary** [proˈbeɪʃəˌnerɪ] *adj* : de prueba
**probe**[1] [ˈproːb] *vt* **probed; probing** **1** : sondar (en medicina y tecnología) **2** INVESTIGATE : investigar, sondear
**probe**[2] *n* **1** : sonda *f* (en medicina, etc.) ⟨space probe : sonda espacial⟩ **2** INVESTIGATION : investigación *f*, sondeo *m*

**probity** [ˈpro:bəti] *n* : probidad *f*
**problem**[1] [ˈprɑbləm] *adj* : difícil
**problem**[2] *n* : problema *m*
**problematic** [ˌprɑbləˈmætɪk] *or* **problematical** [-tɪkəl] *adj* : problemático
**proboscis** [prəˈbɑsɪs] *n, pl* **-cises** *also* **-cides** [-səˌdi:z] : trompa *f*, probóscide *f*
**procedural** [prəˈsi:dʒərəl] *adj* : de procedimiento
**procedure** [prəˈsi:dʒər] *n* : procedimiento *m* ⟨administrative procedures : trámites administrativos⟩
**proceed** [proˈsi:d] *vi* **1** : proceder ⟨to proceed to do something : proceder a hacer algo⟩ **2** CONTINUE : continuar, proseguir, seguir ⟨he proceeded to the next phase : pasó a la segunda fase⟩ **3** ADVANCE : avanzar ⟨as the conference proceeded : mientras seguía avanzando la conferencia⟩ ⟨the road proceeds south : la calle sigue hacia el sur⟩
**proceeding** [proˈsi:dɪŋ] *n* **1** PROCEDURE : procedimiento *m* **2 proceedings** *npl* EVENTS : acontecimientos *mpl* **3 proceedings** *npl* MINUTES : actas *fpl* (de una reunión, etc.)
**proceeds** [ˈpro:ˌsi:dz] *npl* : ganancias *fpl*
**process**[1] [ˈprɑˌsɛs, ˈpro:-] *vt* : procesar, tratar
**process**[2] *n, pl* **-cesses** [ˈprɑˌsɛsəz, ˈpro:-, -səsəz, -səˌsi:z] **1** : proceso *m* ⟨the process of elimination : el proceso de eliminación⟩ **2** METHOD : proceso *m*, método *m* ⟨manufacturing processes : procesos industriales⟩ **3** : acción *f* judicial ⟨due process of law : el debido proceso (de la ley)⟩ **4** SUMMONS : citación *f* **5** PROJECTION : protuberancia *f* (anatómica) **6 in the process of** : en vías de ⟨in the process of repair : en reparaciones⟩
**processing** *n* : procesamiento *m* (en informática)
**procession** [prəˈsɛʃən] *n* : procesión *f*, desfile *m* ⟨a funeral procession : un cortejo fúnebre⟩
**processional** [prəˈsɛʃənəl] *n* : himno *m* para una procesión
**processor** [ˈprɑˌsɛsər, ˈpro:-, -səsər] *n* **1** : procesador *m* (de una computadora) **2 food processor** : procesador *m* de alimentos
**proclaim** [proˈkleɪm] *vt* : proclamar
**proclamation** [ˌprɑkləˈmeɪʃən] *n* : proclamación *f*
**proclivity** [proˈklɪvəti] *n, pl* **-ties** : proclividad *f*
**procrastinate** [prəˈkræstəˌneɪt] *vi* **-nated; -nating** : demorar, aplazar las responsabilidades
**procrastination** [prəˌkræstəˈneɪʃən] *n* : aplazamiento *m*, demora *f*, dilación *f*
**procreate** [ˈpro:kriˌeɪt] *vi* **-ated; -ating** : procrear
**procreation** [ˌpro:kriˈeɪʃən] *n* : procreación *f*
**proctor**[1] [ˈprɑktər] *vt* : supervisar (un examen)
**proctor**[2] *n* : supervisor *m*, -sora *f* (de un examen)
**procure** [prəˈkjʊr] *vt* **-cured; -curing** **1** OBTAIN : procurar, obtener **2** BRING ABOUT : provocar, lograr, conseguir
**procurement** [prəˈkjʊrmənt] *n* : obtención *f*
**prod**[1] [ˈprɑd] *vt* **prodded; prodding** **1** JAB, POKE : pinchar, golpear (con la punta de algo) **2** GOAD : incitar, estimular
**prod**[2] *n* **1** JAB, POKE : golpe *m* (con la punta de algo), pinchazo *m* **2** STIMULUS : estímulo *m* **3 cattle prod** : picana *f*, aguijón *m*
**prodigal**[1] [ˈprɑdɪgəl] *adj* SPENDTHRIFT : pródigo, despilfarrador, derrochador
**prodigal**[2] *n* : pródigo *m*, -ga *f*; derrochador *m*, -dora *f*
**prodigious** [prəˈdɪdʒəs] *adj* **1** MARVELOUS : prodigioso, maravilloso **2** HUGE : enorme, vasto ⟨prodigious sums : muchísimo dinero⟩ — **prodigiously** *adv*
**prodigy** [ˈprɑdədʒi] *n, pl* **-gies** : prodigio *m* ⟨child prodigy : niño prodigio⟩
**produce**[1] [prəˈdu:s, -ˈdju:s] *vt* **-duced; -ducing** **1** EXHIBIT : presentar, mostrar **2** YIELD : producir **3** CAUSE : producir, causar **4** CREATE : producir ⟨to produce a poem : escribir un poema⟩ **5** : poner en escena (una obra de teatro), producir (una película)
**produce**[2] [ˈprɑˌdu:s, ˈpro:-, -ˌdju:s] *n* : productos *mpl* agrícolas
**producer** [prəˈdu:sər, -ˈdju:-] *n* : productor *m*, -tora *f*
**product** [ˈprɑˌdʌkt] *n* : producto *m*
**production** [prəˈdʌkʃən] *n* : producción *f*
**productive** [prəˈdʌktɪv] *adj* : productivo
**productivity** [ˌpro:ˌdʌkˈtɪvəti, ˌprɑ-] *n* : productividad *f*
**profane**[1] [proˈfeɪn] *vt* **-faned; -faning** : profanar
**profane**[2] *adj* **1** SECULAR : profano **2** IRREVERENT : irreverente, impío
**profanity** [proˈfænəti] *n, pl* **-ties** **1** IRREVERENCE : irreverencia *f*, impiedad *f* **2** : blasfemias *fpl*, obscenidades *fpl* ⟨don't use profanity : no digas blasfemias⟩
**profess** [prəˈfɛs] *vt* **1** DECLARE : declarar, manifestar **2** CLAIM : pretender **3** : profesar (una religión, etc.)
**professedly** [prəˈfɛsədli] *adv* **1** OPENLY : declaradamente **2** ALLEGEDLY : supuestamente
**profession** [prəˈfɛʃən] *n* : profesión *f*
**professional**[1] [prəˈfɛʃənəl] *adj* : profesional — **professionally** *adv*
**professional**[2] *n* : profesional *mf*
**professionalism** [prəˈfɛʃənəˌlizəm] *n* : profesionalismo *m*
**professor** [prəˈfɛsər] *n* : profesor *m* (universitario), profesora *f* (universitaria); catedrático *m*, -ca *f*
**professorship** [prəˈfɛsərˌʃɪp] *n* : cátedra *f*
**proffer** [ˈprɑfər] *vt* **-fered; -fering** : ofrecer, dar
**proficiency** [prəˈfɪʃənt͡si] *n* : competencia *f*, capacidad *f*
**proficient** [prəˈfɪʃənt] *adj* : competente, experto — **proficiently** *adv*

**profile** [ˈpro:ˌfaɪl] *n* : perfil *m* ⟨a portrait in profile : un retrato de perfil⟩ ⟨to keep a low profile : no llamar la atención, hacerse pasar desapercibido⟩

**profit**[1] [ˈprɑfət] *vi* : sacar provecho (de), beneficiarse (de)

**profit**[2] *n* **1** ADVANTAGE : provecho *m*, partido *m*, beneficio *m* **2** GAIN : beneficio *m*, utilidad *f*, ganancia *f* ⟨to make a profit : sacar beneficios⟩

**profitability** [ˌprɑfəʧəˈbɪləʧi] *n* : rentabilidad *f*

**profitable** [ˈprɑfəʧəbəl] *adj* : rentable, lucrativo — **profitably** [-bli] *adv*

**profitless** [ˈprɑfətləs] *adj* : infructuoso, inútil

**profligate** [ˈprɑflɪgət, -ˌgeɪt] *adj* **1** DISSOLUTE : disoluto, licencioso **2** SPENDTHRIFT : despilfarrador, derrochador, pródigo

**profound** [prəˈfaʊnd] *adj* : profundo

**profoundly** [prəˈfaʊndli] *adv* : profundamente, en profundidad

**profundity** [prəˈfʌndəʧi] *n, pl* **-ties** : profundidad *f*

**profuse** [prəˈfju:s] *adj* **1** COPIOUS : profuso, copioso **2** LAVISH : pródigo — **profusely** *adv*

**profusion** [prəˈfju:ʒən] *n* : abundancia *f*, profusión *f*

**progenitor** [proˈʤɛnəʧər] *n* : progenitor *m*, -tora *f*

**progeny** [ˈprɑʤəni] *n, pl* **-nies** : progenie *f*

**progesterone** [proˈʤɛstəˌro:n] *n* : progesterona *f*

**prognosis** [prɑgˈno:sɪs] *n, pl* **-noses** [-ˌsi:z] : pronóstico *m* (médico)

**program**[1] [ˈpro:ˌgræm, -grəm] *vt* **-grammed** *or* **-gramed; -gramming** *or* **-graming** : programar

**program**[2] *n* : programa *m*

**programmable** [ˈpro:ˌgræməbəl] *adj* : programable

**programmer** [ˈpro:ˌgræmər] *n* : programador *m*, -dora *f*

**programming** [ˈpro:ˌgræmɪŋ] *n* : programación *f*

**progress**[1] [prəˈgrɛs] *vi* **1** PROCEED : progresar, adelantar **2** IMPROVE : mejorar

**progress**[2] [ˈprɑgrəs, -ˌgrɛs] *n* **1** ADVANCE : progreso *m*, adelanto *m*, avance *m* ⟨to make progress : hacer progresos⟩ **2** BETTERMENT : mejora *f*, mejoramiento *m*

**progression** [prəˈgrɛʃən] *n* **1** ADVANCE : avance *m* **2** SEQUENCE : desarrollo *m* (de eventos)

**progressive** [prəˈgrɛsɪv] *adj* **1** : progresista ⟨a progressive society : una sociedad progresista⟩ **2** : progresivo ⟨a progressive disease : una enfermedad progresiva⟩ **3** *or* **Progressive** : progresista (en política) **4** : progresivo (en gramática)

**progressively** [prəˈgrɛsɪvli] *adv* : progresivamente, poco a poco

**prohibit** [proˈhɪbət] *vt* : prohibir

**prohibition** [ˌpro:əˈbɪʃən, ˌpro:hə-] *n* : prohibición *f*

**prohibitive** [proˈhɪbəʧɪv] *adj* : prohibitivo

**project**[1] [prəˈʤɛkt] *vt* **1** PLAN : proyectar, planear **2** : proyectar (imágenes, misiles, etc.) — *vi* PROTRUDE : sobresalir, salir

**project**[2] [ˈprɑˌʤɛkt, -ʤɪkt] *n* : proyecto *m*, trabajo *m* (de un estudiante) ⟨research project : proyecto de investigación⟩

**projectile** [prəˈʤɛktəl, -ˌtaɪl] *n* : proyectil *m*

**projection** [prəˈʤɛkʃən] *n* **1** PLAN : plan *m*, proyección *f* **2** : proyección *f* (de imágenes, misiles, etc.) **3** PROTRUSION : saliente *m*

**projectionist** [prəˈʤɛkʃənɪst] *n* : proyeccionista *mf*; operador *m*, -dora *f*

**projector** [prəˈʤɛktər] *n* : proyector *m*

**proletarian**[1] [ˌpro:ləˈtɛriən] *adj* : proletario

**proletarian**[2] *n* : proletario *m*, -ria *f*

**proletariat** [ˌpro:ləˈtɛriət] *n* : proletariado *m*

**proliferate** [prəˈlɪfəˌreɪt] *vi* **-ated; -ating** : proliferar

**proliferation** [prəˌlɪfəˈreɪʃən] *n* : proliferación *f*

**prolific** [prəˈlɪfɪk] *adj* : prolífico

**prologue** [ˈpro:ˌlɔg] *n* : prólogo *m*

**prolong** [prəˈlɔŋ] *vt* : prolongar

**prolongation** [ˌpro:ˌlɔŋˈgeɪʃən] *n* : prolongación *f*

**prom** [ˈprɑm] *n* : baile *m* formal (de un colegio)

**promenade**[1] [ˌprɑməˈneɪd, -ˈnɑd] *vi* **-naded; -nading** : pasear, pasearse, dar un paseo

**promenade**[2] *n* : paseo *m*

**prominence** [ˈprɑmənənʧs] *n* **1** PROJECTION : prominencia *f* **2** EMINENCE : eminencia *f*, prestigio *m*

**prominent** [ˈprɑmənənt] *adj* **1** OUTSTANDING : prominente, destacado **2** PROJECTING : prominente, saliente

**prominently** [ˈprɑmənəntli] *adv* : destacadamente, prominentemente

**promiscuity** [ˌprɑmɪsˈkju:əʧi] *n, pl* **-ties** : promiscuidad *f*

**promiscuous** [prəˈmɪskjuəs] *adj* : promiscuo — **promiscuously** *adv*

**promise**[1] [ˈprɑməs] *v* **-ised; -ising** : prometer

**promise**[2] *n* **1** : promesa *f* ⟨he kept his promise : cumplió su promesa⟩ **2 to show promise** : prometer

**promising** [ˈprɑməsɪŋ] *adj* : prometedor

**promissory** [ˈprɑməˌsori] *adj* : que promete ⟨a promissory note : un pagaré⟩

**promontory** [ˈprɑmənˌtori] *n, pl* **-ries** : promontorio *m*

**promote** [prəˈmo:t] *vt* **-moted; -moting** **1** : ascender (a un alumno o un empleado) **2** ADVERTISE : promocionar, hacerle publicidad a **3** FURTHER : promover, fomentar

**promoter** [prəˈmo:ʧər] *n* : promotor *m*, -tora *f*; empresario *m*, -ria *f* (en deportes)

**promotion** [prəˈmo:ʃən] *n* **1** : ascenso *m* (de un alumno o un empleado) **2** FURTHERING : promoción *f*, fomento *m* **3**

ADVERTISING : publicidad *f*, propaganda *f*

**promotional** [prə'moːʃənəl] *adj* : promocional

**prompt**[1] ['prɑmpt] *vt* **1** INDUCE : provocar (una cosa), inducir (a una persona) ⟨curiosity prompted me to ask you : la curiosidad me indujo a preguntarle⟩ **2** : apuntar (a un actor, etc.)

**prompt**[2] *adj* : pronto, rápido ⟨prompt payment : pago puntual⟩

**prompter** ['prɑmptər] *n* : apuntador *m*, -dora *f* (en teatro)

**promptly** ['prɑmptli] *adv* : inmediatamente, rápidamente

**promptness** ['prɑmptnəs] *n* : prontitud *f*, rapidez *f*

**promulgate** ['prɑməlˌgeɪt] *vt* **-gated; -gating** : promulgar

**prone** ['proːn] *adj* **1** LIABLE : propenso, proclive ⟨accident-prone : propenso a los accidentes⟩ **2** : boca abajo, decúbito prono ⟨in a prone position : en decúbito prono⟩

**prong** ['prɔŋ] *n* : punta *f*, diente *m*

**pronoun** ['proːˌnaʊn] *n* : pronombre *m*

**pronounce** [prə'naʊnts] *vt* **-nounced; -nouncing** **1** : pronunciar ⟨how do you pronounce your name? : ¿cómo se pronuncia su nombre?⟩ **2** DECLARE : declarar **3 to pronounce sentence** : dictar sentencia, pronunciar un fallo

**pronounced** [prə'naʊntst] *adj* MARKED : pronunciado, marcado

**pronouncement** [prə'naʊntsmənt] *n* : declaración *f*

**pronunciation** [prəˌnʌntsiˈeɪʃən] *n* : pronunciación *f*

**proof**[1] ['pruːf] *adj* : a prueba ⟨proof against tampering : a prueba de manipulación⟩

**proof**[2] *n* : prueba *f*

**proofread** ['pruːfˌriːd] *v* **-read; -reading** *vt* : corregir — *vi* : corregir pruebas

**proofreader** ['pruːfˌriːdər] *n* : corrector *m*, -tora *f* (de pruebas)

**prop**[1] ['prɑp] *vt* **propped; propping** **1 to prop against** : apoyar contra **2 to prop up** SUPPORT : apoyar, apuntalar, sostener **3 to prop up** SUSTAIN : alentar (a alguien), darle ánimo (a alguien)

**prop**[2] *n* **1** SUPPORT : puntal *m*, apoyo *m*, soporte *m* **2** : accesorio *m* (en teatro)

**propaganda** [ˌprɑpəˈgændə, ˌproː-] *n* : propaganda *f*

**propagandize** [ˌprɑpəˈgænˌdaɪz, ˌproː-] *v* **-dized; -dizing** *vt* : someter a propaganda — *vi* : hacer propaganda

**propagate** ['prɑpəˌgeɪt] *v* **-gated; -gating** *vi* : propagarse — *vt* : propagar

**propagation** [ˌprɑpəˈgeɪʃən] *n* : propagación *f*

**propane** ['proːˌpeɪn] *n* : propano *m*

**propel** [prə'pɛl] *vt* **-pelled; -pelling** : impulsar, propulsar, impeler

**propellant** *or* **propellent** [prə'pɛlənt] *n* : propulsor *m*

**propeller** [prə'pɛlər] *n* : hélice *f*

**propensity** [prə'pɛnʧəti] *n, pl* **-ties** : propensión *f*, tendencia *f*, inclinación *f*

**proper** ['prɑpər] *adj* **1** RIGHT, SUITABLE : apropiado, adecuado **2** : propio, mismo ⟨the city proper : la propia ciudad⟩ **3** CORRECT : correcto **4** GENTEEL : fino, refinado, cortés **5** OWN, SPECIAL : propio — **properly** *adv*

**proper noun** *or* **proper name** *n* : nombre *m* propio

**property** ['prɑpərti] *n, pl* **-ties** **1** CHARACTERISTIC : característica *f*, propiedad *f* **2** POSSESSIONS : propiedad *f* **3** BUILDING : inmueble *m* **4** LAND, LOT : terreno *m*, lote *m*, parcela *f* **5** PROP : accesorio *m* (en teatro)

**prophecy** ['prɑfəsi] *n, pl* **-cies** : profecía *f*, vaticinio *m*

**prophesy** ['prɑfəˌsaɪ] *v* **-sied; -sying** *vt* **1** FORETELL : profetizar (como profeta) **2** PREDICT : profetizar, predecir, vaticinar — *vi* : hacer profecías

**prophet** ['prɑfət] *n* : profeta *m*

**prophetic** [prə'fɛtɪk] *or* **prophetical** [-tɪkəl] *adj* : profético — **prophetically** [-tɪkli] *adv*

**propitiate** [proˈpɪʃiˌeɪt] *vt* **-ated; -ating** : propiciar

**propitious** [prə'pɪʃəs] *adj* : propicio

**proponent** [prə'poːnənt] *n* : defensor *m*, -sora *f*; partidario *m*, -ria *f*

**proportion**[1] [prə'porʃən] *vt* : proporcionar ⟨well-proportioned : de buenas proporciones⟩

**proportion**[2] *n* **1** RATIO : proporción *f* **2** SYMMETRY : proporción *f*, simetría *f* ⟨out of proportion : desproporcionado⟩ ⟨to keep things in proportion : no exagerar⟩ ⟨you're blowing things out of proportion : estás exagerando⟩ **3** PART, SHARE : parte *f* **4 proportions** *npl* SIZE : dimensiones *fpl*

**proportional** [prə'porʃənəl] *adj* : proporcional — **proportionally** *adv*

**proportionate** [prə'porʃənət] *adj* : proporcional — **proportionately** *adv*

**proposal** [prə'poːzəl] *n* **1** PROPOSITION : propuesta *f*, proposición *f* ⟨marriage proposal : propuesta de matrimonio⟩ **2** PLAN : proyecto *m*, propuesta *f*

**propose** [prə'poːz] *v* **-posed; -posing** *vi* : proponer matrimonio — *vt* **1** INTEND : pensar, proponerse **2** SUGGEST : proponer

**proposition** [ˌprɑpəˈzɪʃən] *n* **1** PROPOSAL : proposición *f*, propuesta *f* **2** STATEMENT : proposición *f*

**propound** [prə'paʊnd] *vt* : proponer, exponer

**proprietary** [prə'praɪəˌtɛri] *adj* : propietario, patentado

**proprietor** [prə'praɪətər] *n* : propietario *m*, -ria *f*

**propriety** [prə'praɪəti] *n, pl* **-eties** **1** DECORUM : decencia *f*, decoro *m* **2 proprieties** *npl* CONVENTIONS : convenciones *fpl*, cánones *mpl* sociales

**propulsion** [prə'pʌlʃən] *n* : propulsión *f*

**prosaic** [proˈzeɪnk] *adj* : prosaico

**proscribe** [proˈskraɪb] *vt* **-scribed; -scribing** : proscribir

**prose** ['proːz] *n* : prosa *f*

**prosecute** [ˈprɑsɪˌkju:t] *vt* **-cuted; -cuting** **1** CARRY OUT : llevar a cabo **2** : procesar, enjuiciar ⟨prosecuted for fraud : procesado por fraude⟩

**prosecution** [ˌprɑsɪˈkju:ʃən] *n* **1** : procesamiento *m* ⟨the prosecution of forgers : el procesamiento de falsificadores⟩ **2** PROSECUTORS : acusación *f* ⟨witness for the prosecution : testigo de cargo⟩

**prosecutor** [ˈprɑsɪˌkju:tər] *n* : acusador *m*, -dora *f*; fiscal *mf*

**prospect**[1] [ˈprɑˌspɛkt] *vi* : prospectar (el terreno) ⟨to prospect for gold : buscar oro⟩

**prospect**[2] *n* **1** VISTA : vista *f*, panorama *m* **2** OPPORTUNITY : posibilidad *f*, perspectiva *f* ⟨he has few prospects for employment : tiene pocas posibilidades/perspectivas de empleo⟩ **3** POSSIBILITY : posibilidad *f* ⟨the prospect of going to war : la posibilidad de entrar en guerra⟩ **4** CANDIDATE : candidato *m*, -ta *f* **5 in prospect** : en perspectiva

**prospective** [prəˈspɛktɪv, ˈprɑˌspɛk-] *adj* **1** EXPECTANT : futuro ⟨prospective mother : futura madre⟩ **2** POTENTIAL : potencial, posible ⟨prospective employee : posible empleado⟩

**prospector** [ˈprɑˌspɛktər, prɑˈspɛk-] *n* : prospector *m*, -tora *f*; explorador *m*, -dora *f*

**prospectus** [prəˈspɛktəs] *n* : prospecto *m*

**prosper** [ˈprɑspər] *vi* : prosperar

**prosperity** [prɑˈspɛrəṭi] *n* : prosperidad *f*

**prosperous** [ˈprɑspərəs] *adj* : próspero

**prostate** [ˈprɑˌstɛɪt] *n* : próstata *f*

**prosthesis** [prɑsˈθi:sɪs, ˈprɑsθə-] *n, pl* **-theses** [-ˌsi:z] : prótesis *f*

**prostitute**[1] [ˈprɑstəˌtu:t, -ˌtju:t] *vt* **-tuted; -tuting** **1** : prostituir **2 to prostitute oneself** : prostituirse

**prostitute**[2] *n* : prostituto *m*, -ta *f*

**prostitution** [ˌprɑstəˈtu:ʃən, -ˈtju:-] *n* : prostitución *f*

**prostrate**[1] [ˈprɑˌstreɪt] *vt* **-trated; -trating** **1** : postrar **2 to prostrate oneself** : postrarse

**prostrate**[2] *adj* : postrado

**prostration** [prɑˈstreɪʃən] *n* : postración *f*

**protagonist** [proˈtægənɪst] *n* : protagonista *mf*

**protect** [prəˈtɛkt] *vt* : proteger

**protection** [prəˈtɛkʃən] *n* : protección *f*

**protective** [prəˈtɛktɪv] *adj* : protector

**protector** [prəˈtɛktər] *n* **1** : protector *m*, -tora *f* (persona) **2** GUARD : protector *m* (aparato)

**protectorate** [prəˈtɛktərəṭ] *n* : protectorado *m*

**protégé** [ˈpro:ṭəˌʒeɪ] *n* : protegido *m*, -da *f*

**protein** [ˈpro:ˌti:n] *n* : proteína *f*

**protest**[1] [proˈtɛst, prə-] *vt* **1** ASSERT : afirmar, declarar **2** : protestar ⟨they protested the decision : protestaron (por) la decisión⟩ — *vi* **to protest against** : protestar contra

**protest**[2] [ˈpro:ˌtɛst] *n* **1** DEMONSTRATION : manifestación *f* (de protesta) ⟨a public protest : una manifestación pública⟩ **2** COMPLAINT : queja *f*, protesta *f*

**Protestant** [ˈprɑṭəstənt] *n* : protestante *mf*

**Protestantism** [ˈprɑṭəstənˌtɪzəm] *n* : protestantismo *m*

**protester** [proˈtɛstər, prə-] *n* : manifestante *mf*

**protocol** [ˈpro:ṭəˌkɔl] *n* : protocolo *m*

**proton** [ˈproˌtɑn] *n* : protón *m*

**protoplasm** [ˈpro:ṭəˌplæzəm] *n* : protoplasma *m*

**prototype** [ˈpro:ṭəˌtaɪp] *n* : prototipo *m*

**protract** [proˈtrækt] *vt* : prolongar

**protractor** [proˈtræktər] *n* : transportador *m* (instrumento)

**protrude** [proˈtru:d] *vi* **-truded; -truding** : salir, sobresalir

**protrusion** [proˈtru:ʒən] *n* : protuberancia *f*, saliente *m*

**protuberance** [proˈtu:bərənṭs, -ˈtju:-] *n* : protuberancia *f*

**proud** [ˈpraʊd] *adj* **1** HAUGHTY : altanero, orgulloso, arrogante **2** : orgulloso ⟨she was proud of her work : estaba orgullosa de su trabajo⟩ ⟨too proud to beg : demasiado orgulloso para rogar⟩ **3** GLORIOUS : glorioso — **proudly** *adv*

**provable** [ˈpru:vəbəl] *adj* : comprobable

**prove** [ˈpru:v] *v* **proved; proved** *or* **proven** [ˈpru:vən]; **proving** *vt* **1** TEST : probar **2** DEMONSTRATE : probar, demostrar ⟨this proves her guilt, this proves that she is guilty : esto prueba/demuestra que es culpable⟩ ⟨you've already proven your point : ya sé que tienes razón⟩ **3** (*show someone/something to be*) ⟨can you prove him wrong? : ¿puedes demostrar que está equivocado?⟩ ⟨evidence that proves her guilty : pruebas que demuestran que es culpable⟩ ⟨it has been proven effective : se ha demostrado ser eficaz⟩ — *vi* **1** : resultar ⟨it proved effective : resultó eficaz⟩ **2 to prove oneself** : demostrar sus cualidades

**Provençal** [ˌpro:vɑnˈsɑl, ˌprɑvən-] *n* **1** : provenzal *mf* **2** : provenzal *m* (idioma) — **Provençal** *adj*

**proverb** [ˈprɑˌvərb] *n* : proverbio *m*, refrán *m*

**proverbial** [prəˈvərbiəl] *adj* : proverbial

**provide** [prəˈvaɪd] *v* **-vided; -viding** *vt* **1** STIPULATE : estipular **2 to provide with** : proveer de, proporcionar — *vi* **1** : proveer ⟨the Lord will provide : el Señor proveerá⟩ **2 to provide for** SUPPORT : mantener **3 to provide for** ANTICIPATE : hacer previsiones para, prever

**provided** [prəˈvaɪdəd] *or* **provided that** *conj* : con tal (de) que, siempre que

**providence** [ˈprɑvədənṭs] *n* **1** PRUDENCE : previsión *f*, prudencia *f* **2** *or* **Providence** : providencia *f* ⟨divine providence : la Divina Providencia⟩ **3 Providence** GOD : Providencia *f*

**provident** [ˈprɑvədənt] *adj* **1** PRUDENT : previsor, prudente **2** FRUGAL : frugal, ahorrativo

**providential** [ˌprɑvəˈdɛnṭʃəl] *adj* : providencial

**provider** [prəˈvaɪdər] *n* **1** PURVEYOR : proveedor *m*, -dora *f* **2** BREADWINNER : sostén *m* (económico)

**providing that** → **provided**

**province** [ˈprɑvɪnts] *n* **1** : provincia *f* (de un país) ⟨to live in the provinces : vivir en las provincias⟩ **2** FIELD, SPHERE : campo *m*, competencia *f* ⟨it's not in my province : no es de mi competencia⟩

**provincial** [prəˈvɪnʃəl] *adj* **1** : provincial ⟨provincial government : gobierno provincial⟩ **2** : provinciano, pueblerino ⟨a provincial mentality : una mentalidad provinciana⟩

**provision**[1] [prəˈvɪʒən] *vt* : aprovisionar, abastecer

**provision**[2] *n* **1** PROVIDING : provisión *f*, suministro *m* **2** STIPULATION : condición *f*, salvedad *f*, estipulación *f* **3 provisions** *npl* : despensa *f*, víveres *mpl*, provisiones *fpl*

**provisional** [prəˈvɪʒənəl] *adj* : provisional, provisorio — **provisionally** *adv*

**proviso** [prəˈvaɪˌzoː] *n, pl* **-sos** *or* **-soes** : condición *f*, salvedad *f*, estipulación *f*

**provocation** [ˌprɑvəˈkeɪʃən] *n* : provocación *f*

**provocative** [prəˈvɑkəṭɪv] *adj* **1** INCITING : provocador **2** SUGGESTIVE : provocativo, insinuante **3** INTRIGUING : que hace pensar

**provoke** [prəˈvoːk] *vt* **-voked; -voking** : provocar

**prow** [ˈpraʊ] *n* : proa *f*

**prowess** [ˈpraʊəs] *n* **1** VALOR : valor *m*, valentía *f* **2** SKILL : habilidad *f*, destreza *f*

**prowl** [ˈpraʊl] *vi* : merodear, rondar — *vt* : rondar por

**prowler** [ˈpraʊlər] *n* : merodeador *m*, -dora *f*

**proximity** [prɑkˈsɪməṭi] *n* : proximidad *f*

**proxy** [ˈprɑksi] *n, pl* **proxies** **1** : poder *m* (de actuar en nombre de alguien) ⟨by proxy : por poder⟩ **2** AGENT : apoderado *m*, -da *f*; representante *mf*

**prude** [ˈpruːd] *n* : mojigato *m*, -ta *f*; gazmoño *m*, -ña *f*

**prudence** [ˈpruːdənts] *n* **1** SHREWDNESS : prudencia *f*, sagacidad *f* **2** CAUTION : prudencia *f*, cautela *f* **3** THRIFT : frugalidad *f*

**prudent** [ˈpruːdənt] *adj* **1** SHREWD : prudente, sagaz **2** CAUTIOUS, FARSIGHTED : prudente, previsor, precavido **3** THRIFTY : frugal, ahorrativo — **prudently** *adv*

**prudery** [ˈpruːdəri] *n, pl* **-eries** : mojigatería *f*, gazmoñería *f*

**prudish** [ˈpruːdɪʃ] *adj* : mojigato, gazmoño

**prune**[1] [ˈpruːn] *vt* **pruned; pruning** : podar (arbustos, etc.), acortar (un texto), recortar (gastos, etc.)

**prune**[2] *n* : ciruela *f* pasa

**prurient** [ˈprʊriənt] *adj* : lascivo

**pry** [ˈpraɪ] *v* **pried; prying** *vi* : curiosear, huronear ⟨to pry into other people's business : meterse uno en lo que no le importa⟩ — *vt or* **to pry open** : abrir (con una palanca), apalancar

**psalm** [ˈsɑm, ˈsɑlm] *n* : salmo *m*

**pseudonym** [ˈsuːdəˌnɪm] *n* : seudónimo *m*

**psoriasis** [səˈraɪəsɪs] *n* : soriasis *f*, psoriasis *f*

**psyche** [ˈsaɪki] *n* : psique *f*, psiquis *f*

**psychedelic**[1] [ˌsaɪkəˈdɛlɪk] *adj* psicodélico

**psychedelic**[2] *n* : droga *f* psicodélica

**psychiatric** [ˌsaɪkiˈætrɪk] *adj* : psiquiátrico, siquiátrico

**psychiatrist** [səˈkaɪətrɪst, saɪ-] *n* : psiquiatra *mf*, siquiatra *mf*

**psychiatry** [səˈkaɪətri, saɪ-] *n* : psiquiatría *f*, siquiatría *f*

**psychic**[1] [ˈsaɪkɪk] *adj* **1** : psíquico, síquico (en psicología) **2** CLAIRVOYANT : clarividente

**psychic**[2] *n* : vidente *mf*, clarividente *mf*

**psychoanalysis** [ˌsaɪkoəˈnæləsɪs] *n, pl* **-yses** : psicoanálisis *m*, sicoanálisis *m*

**psychoanalyst** [ˌsaɪkoˈænəlɪst] *n* : psicoanalista *mf*, sicoanalista *mf*

**psychoanalytic** [ˌsaɪkoˌænəlˈɪṭɪk] *adj* : psicoanalítico, sicoanalítico

**psychoanalyze** [ˌsaɪkoˈænəlˌaɪz] *vt* **-lyzed; -lyzing** : psicoanalizar, sicoanalizar

**psychological** [ˌsaɪkəˈlɑdʒɪkəl] *adj* : psicológico, sicológico — **psychologically** *adv*

**psychologist** [saɪˈkɑlədʒɪst] *n* : psicólogo *m*, -ga *f*; sicólogo *m*, -ga *f*

**psychology** [saɪˈkɑlədʒi] *n, pl* **-gies** : psicología *f*, sicología *f*

**psychopath** [ˈsaɪkəˌpæθ] *n* : psicópata *mf*, sicópata *mf*

**psychopathic** [ˌsaɪkəˈpæθɪk] *adj* : psicopático, sicopático

**psychosis** [saɪˈkoːsɪs] *n, pl* **-choses** [-ˈkoːˌsiːz] : psicosis *f*, sicosis *f*

**psychosomatic** [ˌsaɪkəsəˈmæṭɪk] *adj* : psicosomático, sicosomático

**psychotherapist** [ˌsaɪkoˈθɛrəpɪst] *n* : psicoterapeuta *mf*, sicoterapeuta *mf*

**psychotherapy** [ˌsaɪkoˈθɛrəpi] *n, pl* **-pies** : psicoterapia *f*, sicoterapia *f*

**psychotic**[1] [saɪˈkɑṭɪk] *adj* : psicótico, sicótico

**psychotic**[2] *n* : psicótico *m*, -ca *f*; sicótico *m*, -ca *f*

**pub** [ˈpʌb] *n* : cervecería *f*, taberna *m*, bar *m*

**puberty** [ˈpjuːbərṭi] *n* : pubertad *f*

**pubic** [ˈpjuːbɪk] *adj* : pubiano, púbico

**public**[1] [ˈpʌblɪk] *adj* **1** : público ⟨public opinion : opinión pública⟩ ⟨a public figure : un personaje público⟩ **2 to go public** : salir a la bolsa, comenzar/empezar a cotizar en (la) bolsa (dícese de una empresa) **3 to go public with** REVEAL : revelar — **publicly** *adv*

**public**[2] *n* : público *m*

**publication** [ˌpʌbləˈkeɪʃən] *n* : publicación *f*

**publicist** [ˈpʌbləsɪst] *n* : publicista *mf*

**publicity** [pəˈblɪsəṭi] *n* : publicidad *f*

**publicize** [ˈpʌbləˌsaɪz] *vt* **-cized; -cizing** : publicitar

**public relations** *npl* : relaciones *fpl* públicas

**public school** *n* : escuela *f* pública

**public–spirited** *adj* : de espíritu cívico

**public transit** *n* : transporte *m* público
**publish** [ˈpʌblɪʃ] *vt* : publicar
**publisher** [ˈpʌblɪʃər] *n* : casa *f* editorial (compañía); editor *m*, -tora *f* (persona)
**publishing** [ˈpʌblɪʃɪŋ] *n* : industria *f* editorial
**pucker**[1] [ˈpʌkər] *vt* : fruncir, arrugar — *vi* : arrugarse
**pucker**[2] *n* : arruga *f*, fruncido *m*
**pudding** [ˈpʊdɪŋ] *n* : budín *m*, pudín *m*
**puddle** [ˈpʌdəl] *n* : charco *m*
**pudgy** [ˈpʌdʒi] *adj* **pudgier; -est** : regordete *fam*, rechoncho *fam*, gordinflón *fam*
**puerile** [ˈpjʊrəl] *adj* : pueril
**Puerto Rican**[1] [ˌpwerṭəˈriːkən, ˌporṭə-] *adj* : puertorriqueño
**Puerto Rican**[2] *n* : puertorriqueño *m*, -ña *f*
**puff**[1] [ˈpʌf] *vi* **1** BLOW : soplar **2** PANT : resoplar, jadear **3 to puff up** SWELL : hincharse — *vt* **1** BLOW : soplar ⟨to puff smoke : echar humo⟩ **2** INFLATE : inflar, hinchar ⟨to puff out one's cheeks : inflar las mejillas⟩
**puff**[2] *n* **1** GUST : soplo *m*, ráfaga *f*, bocanada *f* (de humo) **2** DRAW : chupada *f* (a un cigarrillo) **3** SWELLING : hinchazón *f* **4 cream puff** : pastelito *m* de crema **5 powder puff** : borla *f*
**puff pastry** *n* : hojaldre *m*
**puffy** [ˈpʌfi] *adj* **puffier; -est** **1** SWOLLEN : hinchado, inflado **2** SPONGY : esponjoso, suave
**pug** [ˈpʌg] *n* **1** : doguillo *m* (perro) **2** *or* **pug nose** : nariz *f* achatada
**pugnacious** [ˌpʌgˈneɪʃəs] *adj* : pugnaz, agresivo
**pug–nosed** [ˈpʌgˌnoːzd] *adj* : de nariz chata
**puke** [ˈpjuːk] *vi* **puked; puking** *fam* : vomitar, devolver
**pull**[1] [ˈpʊl, ˈpʌl] *vt* **1** DRAW, TUG : tirar de, jalar **2** EXTRACT : sacar, extraer ⟨to pull teeth : sacar muelas⟩ ⟨to pull a gun on someone : amenazar a alguien con una pistola⟩ **3** TEAR : desgarrarse (un músculo, etc.) **4** DO : hacer (una broma, un turno, etc.) ⟨to pull a heist : dar un golpe⟩ ⟨to pull an all-nighter : trasnochar (estudiando, etc.)⟩ **5 to pull a fast one on** DECEIVE : engañar, jugarle una mala pasada a **6 to pull apart** SEPARATE, TEAR : separar, hacer pedazos **7 to pull aside** : llevar aparte, llevar a un lado **8 to pull down** : bajar, echar abajo, derribar (un edificio) **9 to pull in** ATTRACT : atraer (clientes, etc.) ⟨to pull in votes : conseguir votos⟩ **10 to pull off** REMOVE : sacar, quitar **11 to pull off** ACHIEVE : conseguir, lograr **12 to pull oneself together** : calmarse, tranquilizarse **13 to pull out** EXTRACT : sacar, arrancar **14 to pull out** RECALL, WITHDRAW : retirar **15 to pull over** : parar ⟨he was pulled over for speeding : lo pararon por exceso de velocidad⟩ **16 to pull through** SUSTAIN : sacar adelante **17 to pull up** RAISE : levantar, subir **18 to pull up** STOP : parar (un vehículo) — *vi* **1** DRAW, TUG : tirar, jalar **2** (*indicating movement of a vehicle in a specific direction*) ⟨he pulled off the highway : salió de la carretera⟩ ⟨they pulled in front of us : se nos metieron delante⟩ ⟨to pull to a stop : pararse⟩ **3 to pull ahead** : tomar la delantera **4 to pull at** : tirar, dar tirones de **5 to pull away** : alejarse **6 to pull back** : echarse atrás **7 to pull for** : apoyar a, alentar **8 to pull on** : tirar de, jalar **9 to pull on** DON : ponerse **10 to pull out** LEAVE : salir, arrancar (en un vehículo) **11 to pull out** WITHDRAW : retirarse **12 to pull over** : hacerse a un lado (en un vehículo) **13 to pull through** SURVIVE, ENDURE : sobrevivir, salir adelante **14 to pull together** COOPERATE : trabajar juntos, cooperar **15 to pull up** STOP : parar (en un vehículo)
**pull**[2] *n* **1** TUG : tirón *m*, jalón *m* ⟨he gave it a pull : le dio un tirón⟩ **2** ATTRACTION : atracción *f*, fuerza *f* ⟨the pull of gravity : la fuerza de la gravedad⟩ **3** INFLUENCE : influencia *f* **4** HANDLE : tirador *m* (de un cajón, etc.) **5 bell pull** : cuerda *f*
**pullet** [ˈpʊlət] *n* : polla *f*, gallina *f* (joven)
**pulley** [ˈpʊli] *n, pl* **-leys** : polea *f*
**pullover** [ˈpʊlˌoːvər] *n* : suéter *m*
**pulmonary** [ˈpʊlmə,neri, ˈpʌl-] *adj* : pulmonar
**pulp** [ˈpʌlp] *n* **1** : pulpa *f* (de una fruta, etc.) **2** MASH : papilla *f*, pasta *f* ⟨wood pulp : pasta de papel, pulpa de papel⟩ ⟨to beat to a pulp : hacer papilla (a alguien)⟩ **3** : pulpa *f* (de los dientes)
**pulpit** [ˈpʊlˌpɪt] *n* : púlpito *m*
**pulsate** [ˈpʌlˌseɪt] *vi* **-sated; -sating** **1** BEAT : latir, palpitar **2** VIBRATE : vibrar
**pulsation** [ˌpʌlˈseɪʃən] *n* : pulsación *f*
**pulse** [ˈpʌls] *n* : pulso *m*
**pulverize** [ˈpʌlvəˌraɪz] *vt* **-ized; -izing** : pulverizar
**puma** [ˈpuːmə, ˈpjuː-] *n* : puma *m*; león *m*, leona *f* (*in various countries*)
**pumice** [ˈpʌməs] *n* : piedra *f* pómez
**pummel** [ˈpʌməl] *vt* **-meled; -meling** : aporrear, apalear
**pump**[1] [ˈpʌmp] *vt* **1** : bombear ⟨to pump water : bombear agua⟩ ⟨to pump (up) a tire : inflar una llanta⟩ **2** : mover (una manivela, un pedal, etc.) de arriba abajo ⟨to pump someone's hand : darle un fuerte apretón de manos a alguien⟩ **3 to pump iron** : hacer pesas **4 to pump out** : sacar, vaciar (con una bomba) **5 to pump out** CHURN OUT : producir (en masa) — *vi* : bombear
**pump**[2] *n* **1** : bomba *f* ⟨water pump : bomba de agua⟩ **2** SHOE : zapato *m* de tacón
**pumpernickel** [ˈpʌmpərˌnɪkəl] *n* : pan *m* negro de centeno
**pumpkin** [ˈpʌmpkɪn, ˈpʌŋkən] *n* : calabaza *f*, zapallo *m Arg, Chile, Peru, Uru*
**pun**[1] [ˈpʌn] *vi* **punned; punning** : hacer juegos de palabras
**pun**[2] *n* : juego *m* de palabras, albur *m Mex*
**punch**[1] [ˈpʌntʃ] *vt* **1** HIT : darle un puñetazo (a alguien), golpear ⟨she

punched him in the nose : le dio un puñetazo en la nariz〉 **2** PERFORATE : perforar (papel, etc.), picar (un boleto)

**punch**[2] *n* **1** : perforadora *f* 〈paper punch : perforadora de papel〉 **2** BLOW : golpe *m*, puñetazo *m* **3** : ponche *m* 〈fruit punch : ponche de frutas〉

**punch line** *n* : remate *m*

**punctilious** [pəŋkˈtɪliəs] *adj* : puntilloso

**punctual** [ˈpʌŋktʃʊəl] *adj* : puntual

**punctuality** [ˌpʌŋktʃʊˈæləṭi] *n* : puntualidad *f*

**punctually** [ˈpʌŋktʃʊəli] *adv* : puntualmente, a tiempo

**punctuate** [ˈpʌŋktʃʊˌeɪt] *vt* **-ated; -ating** : puntuar

**punctuation** [ˌpʌŋktʃʊˈeɪʃən] *n* : puntuación *f*

**punctuation mark** *n* : signo *m* de puntuación

**puncture**[1] [ˈpʌŋktʃər] *vt* **-tured; -turing** : pinchar, punzar, perforar, ponchar *Mex*

**puncture**[2] *n* : pinchazo *m*, ponchadura *f* *Mex*

**pundit** [ˈpʌndɪt] *n* : experto *m*, -ta *f*

**pungency** [ˈpʌnʤənt͡si] *n* : acritud *f*, acrimonia *f*

**pungent** [ˈpʌnʤənt] *adj* : acre

**punish** [ˈpʌnɪʃ] *vt* : castigar

**punishable** [ˈpʌnɪʃəbəl] *adj* : punible

**punishment** [ˈpʌnɪʃmənt] *n* : castigo *m*

**punitive** [ˈpju:nəṭɪv] *adj* : punitivo

**punk**[1] [ˈpʌŋk] *adj* : punk

**punk**[2] *n* **1** *or* **punk rock** : punk *m* (música) **2** *or* **punk rocker** : punk *mf* **3** HOODLUM : matón *m*, maleante *mf*

**punt**[1] [ˈpʌnt] *vt* : impulsar (un barco) con una pértiga — *vi* : despejar (en deportes)

**punt**[2] *n* **1** : batea *f* (barco) **2** : patada *f* de despeje (en deportes)

**puny** [ˈpju:ni] *adj* **punier; -est** : enclenque, endeble

**pup** [ˈpʌp] *n* : cachorro *m*, -rra *f* (de un perro); cría *f* (de otros animales)

**pupa** [ˈpju:pə] *n, pl* **-pae** [-pi, -ˌpaɪ] *or* **-pas** : crisálida *f*, pupa *f*

**pupil** [ˈpju:pəl] *n* **1** : alumno *m*, -na *f* (de colegio) **2** : pupila *f* (del ojo)

**puppet** [ˈpʌpəṭ] *n* : títere *m*, marioneta *f*

**puppeteer** [ˌpʌpəˈtɪr] *n* : titiritero *m*, -ra *f*

**puppy** [ˈpʌpi] *n, pl* **-pies** : cachorro *m*, -rra *f*

**purchase**[1] [ˈpərtʃəs] *vt* **-chased; -chasing** : comprar — **purchaser** *n*

**purchase**[2] *n* **1** PURCHASING : compra *f*, adquisición *f* **2** : compra *f* 〈last-minute purchases : compras de última hora〉 **3** GRIP : agarre *m*, asidero *m* 〈she got a firm purchase on the wheel : se agarró bien del volante〉

**purchase order** *n* : orden *f* de compra

**pure** [ˈpjʊr] *adj* **purer; purest** : puro

**purebred** [ˈpjʊrˌbrɛd] *adj* : de pura raza

**puree**[1] [pjʊˈreɪ, -ˈri:] *vt* **-reed; -reeing** : hacer un puré con

**puree**[2] *n* : puré *m*

**purely** [ˈpjʊrli] *adv* **1** WHOLLY : puramente, completamente 〈purely by chance : por pura casualidad〉 **2** SIMPLY : sencillamente, meramente

**purgative** [ˈpərgəṭɪv] *n* : purgante *m*

**purgatory** [ˈpərgəˌtori] *n, pl* **-ries** : purgatorio *m*

**purge**[1] [ˈpərʤ] *vt* **purged; purging** : purgar

**purge**[2] *n* : purga *f*

**purification** [ˌpjʊrəfəˈkeɪʃən] *n* : purificación *f*

**purifier** [ˈpjʊrəˌfaɪər] *n* : purificador *m*

**purify** [ˈpjʊrəˌfaɪ] *vt* **-fied; -fying** : purificar

**puritan** [ˈpjʊrəṭən] *n* : puritano *m*, -na *f* — **puritan** *adj*

**puritanical** [ˌpju:rəˈtænɪkəl] *adj* : puritano

**purity** [ˈpjʊrəṭi] *n* : pureza *f*

**purl**[1] [ˈpərl] *v* : tejer al revés, tejer del revés

**purl**[2] *n* : punto *m* del revés

**purloin** [pərˈlɔɪn, ˈpərˌlɔɪn] *vt* : hurtar, robar

**purple** [ˈpərpəl] *n* : morado *m*, color *m* púrpura

**purport** [pərˈport] *vt* : pretender 〈to purport to be : pretender ser〉

**purpose** [ˈpərpəs] *n* **1** INTENTION : propósito *m*, intención *f* 〈on purpose : a propósito, adrede〉 〈for a purpose : por una razón〉 〈for all practical purposes : a efectos prácticos〉 **2** FUNCTION : función *f* 〈to serve a purpose : servir de algo〉 **3** RESOLUTION : resolución *f*, determinación *f* 〈to have a sense of purpose : tener un norte en la vida〉

**purposeful** [ˈpərpəsfəl] *adj* : determinado, decidido, resuelto

**purposefully** [ˈpərpəsfəli] *adv* : decididamente, resueltamente

**purposely** [ˈpərpəsli] *adv* : intencionadamente, a propósito, adrede

**purr**[1] [ˈpər] *vi* : ronronear

**purr**[2] *n* : ronroneo *m*

**purse**[1] [ˈpərs] *vt* **pursed; pursing** : fruncir 〈to purse one's lips : fruncir la boca〉

**purse**[2] *n* **1** HANDBAG : cartera *f*, bolso *m*, bolsa *f* *Mex* 〈a change purse : un monedero〉 **2** FUNDS : fondos *mpl* **3** PRIZE : premio *m*

**purser** [ˈpərsər] *n* : sobrecargo *mf*

**pursue** [pərˈsu:] *vt* **-sued; -suing** **1** CHASE : perseguir **2** SEEK : buscar, tratar de encontrar 〈to pursue pleasure : buscar el placer〉 **3** FOLLOW : seguir 〈the road pursues a northerly course : el camino sigue hacia el norte〉 **4** : dedicarse a 〈to pursue a hobby : dedicarse a un pasatiempo〉

**pursuer** [pərˈsu:ər] *n* : perseguidor *m*, -dora *f*

**pursuit** [pərˈsu:t] *n* **1** CHASE : persecución *f* **2** SEARCH : búsqueda *f*, busca *f* **3** ACTIVITY : actividad *f*, pasatiempo *m*

**purveyor** [pərˈveɪər] *n* : proveedor *m*, -dora *f*

**pus** [ˈpʌs] *n* : pus *m*

**push**[1] [ˈpʊʃ] *vt* **1** : empujar 〈he pushed the chair back/forward : empujó la silla hacia atrás/adelante〉 〈she pushed him aside : lo apartó (de un empujón)〉 **2** PRESS : apretar, pulsar (un botón, etc.) **3** PRESSURE, URGE : presionar 〈to push someone to do something : empujar a alguien a hacer algo〉 〈to push someone too hard : exigir demasiado de alguien〉 **4** STRESS : recalcar 〈to push the point/issue : insistir〉 **5** PROVOKE, PESTER : provocar, fastidiar 〈don't push him too far : no lo provoques〉 **6** FORCE : hacer cambiar 〈to push prices up/down : hacer subir/bajar los precios〉 **7** PROMOTE : promocionar **8** : pasar (drogas) **9** APPROACH : rayar, rozar (una edad, un número, un límite) **10 to push around** BULLY : intimidar, mangonear **11 to push back** : aplazar, postergar (una fecha) **12 to push it (too far)** : pasarse **13 to push through** : conseguir que se apruebe **14 to push one's luck** : tentar a la suerte **15 to push over** : echar abajo, tirar al suelo — *vi* **1** : empujar **2** INSIST : insistir, presionar **3 to push ahead/forward/on** : seguir adelante **4 to push for** DEMAND : exigir, presionar para **5 to push off** LEAVE : marcharse, irse, largarse *fam*

**push**[2] *n* **1** SHOVE : empujón *m* **2** DRIVE : empuje *m*, energía *f*, dinamismo *m* **3** EFFORT : esfuerzo *m*

**push–button** [ˈpʊʃˈbʌtən] *adj* : de botones

**pusher** [ˈpʊʃər] *n* : camello *m fam*

**push–up** [ˈpʊʃˌʌp] *n* : flexión *f*

**pushy** [ˈpʊʃi] *adj* **pushier; -est** : mandón, prepotente

**pussy** [ˈpʊsi] *n, pl* **pussies** : gatito *m*, -ta *f*; minino *m*, -na *f*

**pussy willow** *n* : sauce *m* blanco

**pustule** [ˈpʌsˌtʃu:l] *n* : pústula *f*

**put** [ˈpʊt] *v* **put; putting** *vt* **1** PLACE : poner, colocar 〈put it on the table : ponlo en la mesa〉 〈put the car in the garage : guarda el auto en el garaje〉 〈she put her arms around me : me abrazó〉 **2** INSERT : meter **3** : poner (en cierto estado) 〈it put her in a good mood : la puso de buen humor〉 〈to put into effect : poner en práctica〉 **4** IMPOSE : imponer 〈they put a tax on it : lo gravaron con un impuesto〉 **5** SUBJECT : someter, poner 〈to put to the test : poner a prueba〉 〈to put to death : ejecutar〉 **6** EXPRESS : expresar, decir 〈he put it simply : lo dijo sencillamente〉 **7** APPLY : aplicar 〈to put one's mind to something : proponerse hacer algo〉 **8** SET : poner 〈I put him to work : lo puse a trabajar〉 **9** ATTACH : dar 〈to put a high value on : dar gran valor a〉 **10** PRESENT : presentar, exponer 〈to put a question to someone : hacerle una pregunta a alguien〉 **11 to put across/over** : comunicar (un mensaje, etc.) **12 to put oneself across/over as** : dar la impresión de ser **13 to put aside** : dejar a un lado **14 to put aside** RESERVE : guardar, reservar **15 to put at** : calcular en 〈they put the number of deaths at 3,000 : calculan en 3000 la cifra de muertos〉 **16 to put away** SAVE : guardar **17 to put back/away** : volver a su sitio **18 to put before** : presentar a **19 to put behind one** : olvidar 〈to put the past behind you : olvidar el pasado〉 **20 to put down** DEPOSIT : dejar (en el suelo, etc.) **21 to put down** SUPPRESS : aplastar, suprimir **22 to put down** *fam* DISPARAGE : menospreciar **23 to put down** ATTRIBUTE : atribuir 〈she put it down to luck : lo atribuyó a la suerte〉 **24 to put down** : dejar (un depósito) **25 to put down** WRITE DOWN : escribir, apuntar **26 to put down** INSTALL, LAY : poner, colocar **27 to put down** EUTHANIZE : sacrificar **28 to put forth/forward** PROPOSE : proponer, presentar **29 to put in** INVEST : dedicar (tiempo), invertir (dinero) 〈to put in a lot of effort : esforzarse mucho〉 **30 to put in** DO : hacer, trabajar (horas extras, etc.) 〈to put in one's time : cumplir su condena〉 **31 to put in** PRESENT : presentar, hacer (una oferta, etc.) **32 to put in** INSTALL : instalar **33 to put in** MAKE : hacer (una llamada, etc.) 〈to put in an appearance : hacer acto de presencia〉 **34 to put in** INTERJECT : hacer (un comentario) **35 to put in a good word for** RECOMMEND, PRAISE : recomendar, hablar bien de **36 to put into** INVEST : dedicar (tiempo) a, invertir (dinero) en 〈to put effort into something : esforzarse en algo〉 〈to put thought into something : pensar algo〉 **37 to put off** DEFER : aplazar, posponer **38 to put off** STALL, DISTRACT : hacer esperar, distraer **39 to put off** DISSUADE, DISCOURAGE : disuadir, desalentar 〈it put him off his food : le quitó las ganas de comer〉 **40 to put on** DON : ponerse (ropa, etc.) **41 to put on** ASSUME : afectar, adoptar 〈to put on a brave face : ponerle buena cara a algo/alguien〉 **42 to put on** ADD, INCREASE : añadir, aumentar 〈to put on weight : engordar, ganar peso〉 **43 to put on** PRODUCE : presentar (una obra de teatro, etc.) **44 to put on** TURN ON, START : encender (luces, etc.), poner (música) 〈to put the water on (to boil) : poner el agua a calentar〉 **45 to put money (etc.) on** : apostar dinero (etc.) por **46 to put on** : poner en (una lista, un menú, etc.) **47 to put on** : poner a (régimen, etc.), recetarle (medicina) a **48 to put on (the phone)** 〈put Dad on (the phone) : pásame a papá〉 **49 to put someone on** *fam* TEASE : tomarle el pelo a alguien **50 to put out** : apagar (llamas, luces, etc.) **51 to put out** BOTHER, INCONVENIENCE : molestar, incomodar **52 to put out** : sacar (la basura, etc.) **53 to put out** DISPLAY : disponer **54 to put out** EXTEND : extender, tender (la mano) **55 to put out** PRODUCE : producir **56 to put out** RELEASE, ISSUE : sacar (un álbum, etc.), publicar (un estudio, etc.), emitir (un aviso, etc.) 〈to put word out that . . . : hacer correr la voz que . . .〉 **57 to put something/one over on** TRICK : engañar **58 to put through**

: pasar (una llamada) **59 to put through** : hacer pasar (dificultades, etc.) ⟨she put us through hell : nos hizo pasar las de Caín⟩ **60 to put someone through college** : pagarle los estudios a alguien **61 to put together** COMBINE : reunir, juntar **62 to put together** PREPARE : preparar, hacer **63 to put together** ASSEMBLE : armar, montar **64 to put up** RAISE : subir, levantar (la mano, etc.), izar (una bandera) ⟨to put up one's hair : recoger el pelo⟩ **65 to put up** PRESERVE : hacer conserva de **66 to put up** LODGE : alojar **67 to put up** BUILD, ERECT, ASSEMBLE : construir, levantar, montar **68 to put up** HANG : poner, colgar **69 to put up** : oponer ⟨to put up a fight/struggle : oponer resistencia⟩ ⟨to put up a fuss : armar un lío⟩ **70 to put up** OFFER UP : ofrecer ⟨to put up for sale : poner a la venta⟩ ⟨to put up for adoption : dar en adopción⟩ **71 to put up** PRESENT : presentar (argumentos), hacer (una propuesta) **72 to put up** PROVIDE : poner (dinero), ofrecer (una recompensa) **73 to put someone up to something** : incitar a alguien a algo, animar a alguien a hacer algo — *vi* **1 to put forth** : echar, extender **2 to put in for** REQUEST : solicitar (una promoción, etc.) **3 to put to sea** : hacerse a la mar **4 to put up with** : aguantar, soportar

**putrefy** [ˈpju:trəˌfaɪ] *v* **-fied; -fying** *vt* : pudrir — *vi* : pudrirse

**putrid** [ˈpju:trɪd] *adj* : putrefacto, pútrido

**putter** [ˈpʌt̬ər] *vi or* **to putter around** : entretenerse

**putty¹** [ˈpʌt̬i] *vt* **-tied; -tying** : poner masilla en

**putty²** *n, pl* **-ties** : masilla *f*

**puzzle¹** [ˈpʌzəl] *vt* **-zled; -zling** **1** CONFUSE : confundir, dejar perplejo **2 to puzzle out** : dar vueltas a, tratar de resolver

**puzzle²** *n* **1** : rompecabezas *m* ⟨a crossword puzzle : un crucigrama⟩ **2** MYSTERY : misterio *m*, enigma *m*

**puzzlement** [ˈpʌzəlmənt] *n* : desconcierto *m*, perplejidad *f*

**puzzling** *adj* : desconcertante

**pygmy** [ˈpɪgmi] *adj* : enano, pigmeo

**Pygmy** *n, pl* **-mies** : pigmeo *m*, -mea *f*

**pylon** [ˈpaɪˌlɑn, -lən] *n* **1** : torre *f* de conducta eléctrica **2** : pilón *m* (de un puente)

**pyramid** [ˈpɪrəˌmɪd] *n* : pirámide *f*

**pyre** [ˈpaɪr] *n* : pira *f*

**pyromania** [ˌpaɪroˈmeɪniə] *n* : piromanía *f*

**pyromaniac** [ˌpaɪroˈmeɪniˌæk] *n* : pirómano *m*, -na *f*

**pyrotechnics** [ˌpaɪrəˈtɛknɪks] *npl* **1** FIREWORKS : fuegos *mpl* artificiales **2** DISPLAY, SHOW : espectáculo *m*, muestra *f* de virtuosismo ⟨computer pyrotechnics : efectos especiales hechos por computadora⟩ — **pyrotechnic** *adj*

**Pyrrhic** [ˈpɪrɪk] *adj* : pírrico

**python** [ˈpaɪˌθɑn, -θən] *n* : pitón *f*, serpiente *f* pitón

# Q

**q** [ˈkju:] *n, pl* **q's** *or* **qs** [ˈkju:z] : decimoséptima letra del alfabeto inglés

**Q–tips** [ˈkju:ˌtɪps] *trademark* se usa para hisopos

**quack¹** [ˈkwæk] *vi* : graznar

**quack²** *n* **1** : graznido *m* (de pato) **2** CHARLATAN : curandero *m*, -ra *f*; matasanos *m fam*

**quad** [ˈkwɑd] → **quadrangle 1**

**quadrangle** [ˈkwɑˌdræŋgəl] *n* **1** COURTYARD : patio *m* interior (de una universidad, etc.) **2** → **quadrilateral**

**quadrant** [ˈkwɑdrənt] *n* : cuadrante *m*

**quadrilateral** [ˌkwɑdrəˈlæt̬ərəl] *n* : cuadrilátero *m*

**quadruple¹** [kwɑˈdru:pəl, -ˈdrʌ-:, ˈkwɑdrə-] *v* **-pled; -pling** *vt* : cuadruplicar — *vi* : cuadruplicarse

**quadruple²** *adj* : cuádruple

**quadruplet** [kwɑˈdru:plət, -ˈdrʌ-:, ˈkwɑdrə-] *n* : cuatrillizo *m*, -za *f*

**quagmire** [ˈkwægˌmaɪr, ˈkwɑg-] *n* **1** : lodazal *m*, barrizal *m* **2** PREDICAMENT : atolladero *m*

**quail** [ˈkweɪl] *n, pl* **quail** *or* **quails** : codorniz *f*

**quaint** [ˈkweɪnt] *adj* **1** ODD : extraño, curioso **2** PICTURESQUE : pintoresco — **quaintly** *adv*

**quake¹** [ˈkweɪk] *vi* **quaked; quaking** : temblar

**quake²** *n* : temblor *m*, terremoto *m*

**Quaker** [ˈkweɪkər] *n* : cuáquero *m*, -ra *f* — **Quaker** *adj*

**qualification** [ˌkwɑləfəˈkeɪʃən] *n* **1** LIMITATION, RESERVATION : reserva *f*, limitación *f* ⟨without qualification : sin reservas⟩ **2** REQUIREMENT : requisito *m* **3 qualifications** *npl* ABILITY : aptitud *f*, capacidad *f*

**qualified** [ˈkwɑləˌfaɪd] *adj* **1** : capacitado, habilitado ⟨to be qualified to : ser capacitado para⟩ ⟨she's qualified for the job : cumple los requisitos para el puesto⟩ **2** LIMITED : limitado

**qualifier** [ˈkwɑləˌfaɪər] *n* **1** : clasificado *m*, -da *f* (en deportes) **2** : calificativo *m* (en gramática)

**qualify** [ˈkwɑləˌfaɪ] *v* **-fied; -fying** *vt* **1** : matizar ⟨to qualify a statement : matizar una declaración⟩ **2** : calificar (en gramática) **3** : habilitar, capacitar ⟨the certificate qualified her to teach : el certificado la habilitó para enseñar⟩ — *vi* **1** : obtener el título, recibirse ⟨to qualify as an engineer : recibirse de ingeniero⟩ **2** : tener derecho ⟨to qualify for assistance : tener derecho a recibir ayuda⟩ **3** : clasificarse (en deportes)

**qualitative** [ˈkwɑləˌteɪtɪv] *adj* : cualitativo
**quality** [ˈkwɑləṭi] *n, pl* **-ties** **1** NATURE : carácter *m* **2** ATTRIBUTE : cualidad *f* **3** GRADE : calidad *f* ⟨of good quality : de buena calidad⟩
**qualm** [ˈkwɑm, ˈkwɑlm, ˈkwɔm] *n* **1** MISGIVING : duda *f*, aprensión *f* **2** RESERVATION, SCRUPLE : escrúpulo *m*, reparo *m*
**quandary** [ˈkwɑndri] *n, pl* **-ries** : dilema *m*
**quantify** [ˈkwɑntəfaɪ] *vt* **-fied; -fying** : cuantificar
**quantitative** [ˈkwɑntəˌteɪtɪv] *adj* : cuantitativo
**quantity** [ˈkwɑntəṭi] *n, pl* **-ties** : cantidad *f*
**quantum¹** [ˈkwɑntəm] *n* : cuanto *m* (en física)
**quantum²** *adj* : cuántico ⟨quantum theory : teoría cuántica⟩
**quarantine¹** [ˈkwɔrənˌtiːn] *vt* **-tined; -tining** : poner en cuarentena
**quarantine²** *n* : cuarentena *f*
**quarrel¹** [ˈkwɔrəl] *vi* **-reled** *or* **-relled; -reling** *or* **-relling** : pelearse, reñir, discutir
**quarrel²** *n* : pelea *f*, riña *f*, disputa *f*
**quarrelsome** [ˈkwɔrəlsəm] *adj* : pendenciero, discutidor
**quarry¹** [ˈkwɔri] *vt* **quarried; quarrying** **1** EXTRACT : extraer (mármol, etc.) **2** EXCAVATE : excavar (un cerro, etc.)
**quarry²** *n, pl* **quarries** **1** : cantera *f* **2** PREY : presa *f*
**quart** [ˈkwɔrt] *n* : cuarto *m* de galón
**quarter¹** [ˈkwɔrṭər] *vt* **1** : dividir en cuatro partes **2** LODGE : alojar, acuartelar (tropas)
**quarter²** *adj* : cuarto ⟨a quarter hour/mile : un cuarto de hora/milla⟩
**quarter³** *n* **1** : cuarto *m*, cuarta parte *f* ⟨a foot and a quarter : un pie y cuarto⟩ ⟨a quarter after three : las tres y cuarto⟩ **2** : moneda *f* de 25 centavos, cuarto *m* de dólar **3** DISTRICT : barrio *m* ⟨business quarter : barrio comercial⟩ **4** PLACE : parte *f* ⟨from all quarters : de todas partes⟩ ⟨at close quarters : de muy cerca⟩ **5** MERCY : clemencia *f*, cuartel *m* ⟨to give no quarter : no dar cuartel⟩ **6 quarters** *npl* LODGING : alojamiento *m*, cuartel *m* (militar)
**quarterback** [ˈkwɔrṭərˌbæk] *n* : mariscal *m* de campo
**quarterfinal** [ˌkwɔrṭərˈfaɪnəl] *n* : cuarto *m* de final
**quarterly¹** [ˈkwɔrṭərli] *adv* : cada tres meses, trimestralmente
**quarterly²** *adj* : trimestral
**quarterly³** *n, pl* **-lies** : publicación *f* trimestral
**quartermaster** [ˈkwɔrṭərˌmæstər] *n* : intendente *mf*
**quarter note** *n* : negra *f* (en música)
**quartet** [kwɔrˈtet] *n* : cuarteto *m*
**quartz** [ˈkwɔrts] *n* : cuarzo *m*
**quash** [ˈkwɑʃ, ˈkwɔʃ] *vt* **1** ANNUL : anular **2** QUELL : sofocar, aplastar
**quasi-** [ˈkweɪˌzaɪ, ˈkwɑzi] *pref* : cuasi-
**quaver¹** [ˈkweɪvər] *vi* **1** SHAKE : temblar ⟨her voice was quavering : le temblaba la voz⟩ **2** TRILL : trinar
**quaver²** *n* : temblor *m* (de la voz)
**quay** [ˈkiː, ˈkeɪ, ˈkweɪ] *n* : muelle *m*
**queasiness** [ˈkwiːzinəs] *n* : mareo *m*, náusea *f*
**queasy** [ˈkwiːzi] *adj* **queasier; -est** : mareado
**quebracho** *or* **quebracho tree** [keɪˈbrɑtʃoː, kɪ-] *n* : quebracho *m*
**queen** [ˈkwiːn] *n* : reina *f*
**queenly** [ˈkwiːnli] *adj* **queenlier; -est** : de reina, regio
**queer¹** [ˈkwɪr] *adj* **1** : extraño, raro, curioso **2** *sometimes disparaging + offensive* : queer
**queer²** *n sometimes disparaging + offensive* : queer *mf*
**quell** [ˈkwl] *vt* : aplastar, sofocar
**quench** [ˈkwɛntʃ] *vt* **1** EXTINGUISH : apagar, sofocar **2** SATISFY : saciar, satisfacer (la sed)
**query¹** [ˈkwɪri, ˈkwɛr-] *vt* **-ried; -rying** **1** ASK : preguntar, interrogar ⟨to query someone about something : preguntarle a alguien sobre algo⟩ **2** QUESTION, CHALLENGE : cuestionar
**query²** *n, pl* **-ries** **1** QUESTION : pregunta *f* **2** DOUBT : duda *f*
**quesadilla** [ˌkeɪsəˈdiːə] *n* : quesadilla *f*
**quest¹** [ˈkwɛst] *v* : buscar
**quest²** *n* : búsqueda *f*
**question¹** [ˈkwɛstʃən] *vt* **1** ASK : preguntar **2** DOUBT : poner en duda, cuestionar **3** INTERROGATE : interrogar — *vi* INQUIRE : inquirir, preguntar
**question²** *n* **1** QUERY : pregunta *f* ⟨to ask a question : hacer una pregunta⟩ **2** ISSUE : cuestión *f*, asunto *m*, problema *f* **3** POSSIBILITY : posibilidad *f* ⟨it's out of the question : es absolutamente imposible⟩ **4** DOUBT : duda *f* ⟨without question : sin duda⟩ ⟨to call into question : poner en duda⟩ ⟨there's no question about it : no cabe duda⟩ **5 in question** : en cuestión ⟨the book in question : el libro en cuestión⟩
**questionable** [ˈkwɛstʃənəbəl] *adj* : cuestionable
**questioner** [ˈkwɛstʃənər] *n* : interrogador *m*, -dora *f*
**questioning¹** [ˈkwɛstʃənɪŋ] *adj* : inquisitivo
**questioning²** *n* INTERROGATION : interrogatorio *m*, interrogación *f*
**question mark** *n* : signo *m* de interrogación
**questionnaire** [ˌkwɛstʃəˈnær] *n* : cuestionario *m*
**quetzal** [kɛtˈsɑl] *n, pl* **-zals** *or* **-zales** **1** : quetzal *m* (pájaro) **2** : quetzal *m* (unidad monetaria)
**queue¹** [ˈkjuː] *vi* **queued; queuing** *or* **queueing** : hacer cola
**queue²** *n* LINE : cola *f*, fila *f*
**quibble¹** [ˈkwɪbəl] *vi* **-bled; -bling** : quejarse por nimiedades ⟨to quibble about : quejarse por⟩ ⟨to quibble over : discutir sobre⟩
**quibble²** *n* : queja *f* (menor)
**quiche** [ˈkiːʃ] *n* : quiche *f* (pastel)
**quick¹** [ˈkwɪk] *adv* : rápidamente

**quick**[2] *adj* **1** RAPID : rápido ⟨make it quick : date prisa⟩ ⟨a quick fix : una solución rápida⟩ ⟨she was quick to criticize us : se apresuró a criticarnos⟩ **2** ALERT, CLEVER : listo, vivo, agudo ⟨to have a quick wit/mind : ser muy agudo⟩ **3 a quick temper** : un genio vivo

**quick**[3] *n* **1** FLESH : carne *f* viva **2 to cut someone to the quick** : herir a alguien en lo más vivo

**quicken** [ˈkwɪkən] *vt* **1** REVIVE : resucitar **2** AROUSE : estimular, despertar **3** HASTEN : acelerar (el paso, etc.)

**quickly** [ˈkwɪkli] *adv* : rápidamente, rápido

**quickness** [ˈkwɪknəs] *n* : rapidez *f*

**quicksand** [ˈkwɪkˌsænd] *n* : arena *f* movediza

**quick–tempered** [ˈkwɪkˈtɛmpərd] *adj* : de genio vivo

**quick–witted** [ˈkwɪkˈwɪt̬əd] *adj* : agudo

**quid** [ˈkwɪd] *n fam* POUND : libra *f* (unidad monetaria)

**quiet**[1] [ˈkwaɪət] *vt* **1** SILENCE : hacer callar, acallar **2** CALM : calmar, tranquilizar — *vi* **to quiet down** : calmarse, tranquilizarse

**quiet**[2] *adv* : silenciosamente

**quiet**[3] *adj* **1** : silencioso ⟨a quiet voice : una voz baja⟩ **2** CALM : tranquilo ⟨a quiet life : una vida tranquila⟩ **3** : callado ⟨be quiet! : ¡cállate!⟩ ⟨to keep quiet about : no decir nada de⟩ **4** MILD : sosegado, suave ⟨a quiet disposition : un temperamento sosegado⟩ **5** UNOBTRUSIVE : discreto **6** SECLUDED : aislado ⟨a quiet nook : un rincón aislado⟩ — **quietly** *adv*

**quiet**[4] *n* **1** CALM : calma *f*, tranquilidad *f* **2** SILENCE : silencio *m*

**quietness** [ˈkwaɪətnəs] *n* : suavidad *f* (de la voz, etc.), quietud *f* (de un lugar, etc.)

**quietude** [ˈkwaɪəˌtu:d, -ˌtju:d] *n* : quietud *f*, reposo *m*

**quill** [ˈkwɪl] *n* **1** : púa *f* (de un puerco espín) **2** : pluma *f* de ave (para escribir)

**quilt**[1] [ˈkwɪlt] *vt* : acolchar

**quilt**[2] *n* : colcha *f*, edredón *m*

**quince** [ˈkwɪnts] *n* : membrillo *m*

**quinine** [ˈkwaɪˌnaɪn] *n* : quinina *f*

**quintessence** [kwɪnˈtɛsənts] *n* : quintaesencia *f*

**quintessential** [ˌkwɪntəˈsɛtʃəl] *adj* : arquetípico

**quintet** [kwɪnˈtɛt] *n* : quinteto *m*

**quintuple** [kwɪnˈtu:pəl, -ˈtju:-, -ˈtʌ-;, ˈkwɪntə-] *adj* : quíntuplo

**quintuplet** [kwɪnˈtʌplət, -ˈtu:-, -ˈtju:-;, ˈkwɪntə-] *n* : quintillizo *m*, -za *f*

**quip**[1] [ˈkwɪp] *vi* **quipped; quipping** : bromear

**quip**[2] *n* : ocurrencia *f*, salida *f*

**quirk** [ˈkwɜrk] *n* : peculiaridad *f*, rareza *f* ⟨a quirk of fate : un capricho del destino⟩

**quirky** [ˈkwərki] *adj* **quirkier; -est** : peculiar, raro

**quit** [ˈkwɪt] *v* **quit; quitting** *vt* : dejar, abandonar ⟨to quit smoking : dejar de fumar⟩ ⟨quit complaining! : ¡deja de quejarte!⟩ ⟨quit it! : ¡basta ya!⟩ — *vi* **1** STOP : parar **2** RESIGN : dimitir, renunciar

**quite** [ˈkwaɪt] *adv* **1** VERY : muy, bastante ⟨quite near : bastante cerca⟩ ⟨quite ill : muy enfermo⟩ **2** COMPLETELY : completamente, totalmente ⟨I'm not quite sure : no estoy del todo seguro⟩ **3** EXACTLY : exactamente ⟨there's nothing quite like Paris : no hay como París⟩ **4** (*used as an intensifier*) ⟨that's quite enough! : ¡basta ya!⟩ ⟨that's quite all right : no fue nada⟩ ⟨I haven't seen her in quite a while : hace bastante tiempo que no la veo⟩ ⟨quite a few things : muchas cosas⟩ ⟨quite a lot/bit of money : bastante dinero⟩ ⟨quite a surprise : una gran sorpresa⟩ ⟨quite an experience : toda una experiencia⟩

**quits** [ˈkwɪts] *adj* **to call it quits** : quedar en paz

**quitter** [ˈkwɪt̬ər] *n* : derrotista *mf*

**quiver**[1] [ˈkwɪvər] *vi* : temblar, estremecerse, vibrar

**quiver**[2] *n* **1** : carcaj *m*, aljaba *f* (para flechas) **2** TREMBLING : temblor *m*, estremecimiento *m*

**quixotic** [kwɪkˈsɑt̬ɪk] *adj* : quijotesco

**quiz**[1] [ˈkwɪz] *vt* **quizzed; quizzing** **1** QUESTION : interrogar **2** TEST : hacerle una prueba a, examinar

**quiz**[2] *n, pl* **quizzes** : examen *m* corto, prueba *f*

**quizzical** [ˈkwɪzɪkəl] *adj* CURIOUS : curioso, interrogativo

**quorum** [ˈkworəm] *n* : quórum *m*

**quota** [ˈkwo:t̬ə] *n* : cuota *f*, cupo *m*

**quotable** [ˈkwo:t̬əbəl] *adj* : citable

**quotation** [kwoˈteɪʃən] *n* **1** CITATION : cita *f* **2** ESTIMATE : presupuesto *m*, estimación *f* **3** PRICE : cotización *f*

**quotation marks** *npl* : comillas *fpl*

**quote**[1] [ˈkwo:t] *vt* **quoted; quoting** **1** CITE : citar (un pasaje, a un autor, etc.) ⟨don't quote me on that : no lo repitas⟩ ⟨he said, (and I) quote, . . . : dijo textualmente: . . .⟩ **2** : cotizar (en finanzas)

**quote**[2] *n* **1** → **quotation** **2 quotes** *npl* → **quotation marks** **3** ESTIMATE : presupuesto *m*

**quotient** [ˈkwo:ʃənt] *n* : cociente *m*

**quotidian** [kwoˈtɪdiən] *adj* : cotidiano

**Quran** *or* **Qur'an** → **Koran**

# R

**r** [ˈɑr] *n, pl* **r's** *or* **rs** [ˈɑrz] : decimoctava letra del alfabeto inglés

**rabbi** [ˈræˌbaɪ] *n* : rabino *m*, -na *f*

**rabbit** [ˈræbət] *n, pl* **-bit** *or* **-bits** : conejo *m*, -ja *f*

**rabble** [ˈræbəl] *n* **1** MASSES : populacho *m* **2** RIFFRAFF : chusma *f*, gentuza *f*

**rabid** [ˈræbɪd] *adj* **1** : rabioso, afectado con la rabia **2** FURIOUS : furioso **3** FANATIC : fanático

**rabies** [ˈreɪbiːz] *ns & pl* : rabia *f*

**raccoon** [ræˈkuːn] *n, pl* **-coon** *or* **-coons** : mapache *m*

**race**[1] [ˈreɪs] *vi* **raced; racing 1** : correr, competir (en una carrera) **2** RUSH : ir a toda prisa, ir corriendo

**race**[2] *n* **1** CURRENT : corriente *f* (de agua) **2** : carrera *f* ⟨dog race : carrera de perros⟩ ⟨the presidential race : la carrera presidencial⟩ **3** : raza *f* ⟨all races and creeds : todas las razas y religiones⟩ ⟨the human race : el género humano⟩

**race car** *n* : carro/auto/coche *m* de carreras

**race course** *n* : pista *f* (de carreras)

**racehorse** [ˈreɪsˌhɔrs] *n* : caballo *m* de carreras

**racer** [ˈreɪsər] *n* : corredor *m*, -dora *f*

**racetrack** [ˈreɪsˌtræk] *n* : pista *f* (de carreras)

**racial** [ˈreɪʃəl] *adj* : racial ⟨racial discrimination : discriminación racial⟩ — **racially** *adv*

**racing** [ˈreɪsɪŋ] *n* : carreras *fpl*

**racing shell → shell**[2]

**racism** [ˈreɪˌsɪzəm] *n* : racismo *m*

**racist** [ˈreɪsɪst] *n* : racista *mf*

**rack**[1] [ˈræk] *vt* **1** : atormentar ⟨racked with pain : atormentado por el dolor⟩ **2 to rack one's brains** : devanarse los sesos

**rack**[2] *n* SHELF, STAND : estante *m* ⟨a luggage/roof rack : un portaequipajes, una baca⟩ ⟨a coatrack : un perchero, una percha⟩

**racket** [ˈrækət] *n* **1** *or* **racquet** : raqueta *f* (en deportes) **2** DIN : estruendo *m*, bulla *f*, jaleo *m fam* **3** SWINDLE : estafa *f*, timo *m fam*

**racketeer** [ˌrækəˈtɪr] *n* : estafador *m*, -dora *f*

**racy** [ˈreɪsɪ] *adj* **racier; -est** : subido de tono, picante

**radar** [ˈreɪˌdɑr] *n* : radar *m*

**radial** [ˈreɪdiəl] *adj* : radial

**radiance** [ˈreɪdiəns] *n* : resplandor *m*

**radiant** [ˈreɪdiənt] *adj* : radiante — **radiantly** *adv*

**radiate** [ˈreɪdiˌeɪt] *v* **-ated; -ating** *vt* : irradiar (calor), emitir (luz) ⟨to radiate happiness : rebosar de alegría⟩ — *vi* **1** : irradiar **2** *or* **to radiate out** SPREAD : extenderse, salir (de un centro)

**radiation** [ˌreɪdiˈeɪʃən] *n* : radiación *f*

**radiator** [ˈreɪdiˌeɪtər] *n* : radiador *m*

**radical**[1] [ˈrædɪkəl] *adj* : radical — **radically** [-kli] *adv*

**radical**[2] *n* : radical *mf*

**radicalism** [ˈrædɪkəˌlɪzəm] *n* : radicalismo *m*

**radii → radius**

**radio**[1] [ˈreɪdiˌoː] *v* : llamar por radio, transmitir por radio

**radio**[2] *n, pl* **-dios** : radio *m* (aparato), radio *f* (emisora, radiodifusión)

**radioactive** [ˈreɪdioˈæktɪv] *adj* : radiactivo, radioactivo

**radioactivity** [ˌreɪdioˌækˈtɪvəti] *n, pl* **-ties** : radiactividad *f*, radioactividad *f*

**radio-controlled** *adj* : teledirigido

**radiologist** [ˌreɪdiˈɑlədʒɪst] *n* : radiólogo *m*, -ga *f*

**radiology** [ˌreɪdiˈɑlədʒi] *n* : radiología *f*

**radio station** *n* : emisora *f*

**radish** [ˈrædɪʃ] *n* : rábano *m*

**radium** [ˈreɪdiəm] *n* : radio *m*

**radius** [ˈreɪdiəs] *n, pl* **radii** [-diˌaɪ] : radio *m*

**radon** [ˈreɪˌdɑn] *n* : radón *m*

**raffle**[1] [ˈræfəl] *vt* **-fled; -fling** : rifar, sortear

**raffle**[2] *n* : rifa *f*, sorteo *m*

**raft** [ˈræft] *n* **1** : balsa *f* ⟨rubber rafts : balsas de goma⟩ **2** LOT, SLEW : montón *m*

**rafter** [ˈræftər] *n* : par *m*, viga *f*

**rafting** [ˈræftɪŋ] *n* : rafting *m*

**rag** [ˈræg] *n* **1** CLOTH : trapo *m* ⟨rag doll : muñeca de trapo⟩ **2 rags** *npl* TATTERS : harapos *mpl*, andrajos *mpl*

**ragamuffin** [ˈrægəˌmʌfən] *n* : pilluelo *m*, -la *f*

**rage**[1] [ˈreɪdʒ] *vi* **raged; raging 1** : estar furioso, rabiar ⟨to rage against : clamar contra⟩ **2** : seguir de manera violenta ⟨the wind was raging : el viento bramaba⟩ ⟨the debate raged on : el debate continuaba desenfrenado⟩

**rage**[2] *n* **1** ANGER : furia *f*, ira *f*, cólera *f* ⟨to fly into a rage : enfurecerse⟩ **2** FAD : moda *f*, furor *m*

**ragged** [ˈrægəd] *adj* **1** UNEVEN : irregular, desigual **2** TORN : hecho jirones **3** TATTERED : andrajoso, harapiento

**ragtime** [ˈrægˌtaɪm] *n* : ragtime *m*

**raid**[1] [ˈreɪd] *vt* **1** : invadir, hacer una incursión en ⟨raided by enemy troops : invadido por tropas enemigas⟩ **2** : asaltar, atracar ⟨the gang raided the warehouse : la pandilla asaltó el almacén⟩ **3** : allanar, hacer una redada en ⟨police raided the house : la policía allanó la vivienda⟩

**raid**[2] *n* **1** : invasión *f* (militar) **2** : asalto *m* (por delincuentes) **3** : redada *f*, batida *f*, allanamiento *m* (por la policía)

**raider** [ˈreɪdər] *n* **1** ATTACKER : asaltante *mf*; invasor *m*, -sora *f* **2 corporate raider** : tiburón *m*

**rail**[1] [ˈreɪl] *vi* **1 to rail against** REVILE : denostar contra **2 to rail at** SCOLD : regañar, reprender

**rail**[2] *n* **1** BAR : barra *f*, barrera *f* **2** HANDRAIL : pasamanos *m*, barandilla *f* **3**

TRACK : riel *m* (para ferrocarriles) **4** RAILROAD : ferrocarril *m*

**railing** [ˈreɪlɪŋ] *n* **1** : baranda *f* (de un balcón, etc.) **2** RAILS : verja *f*

**raillery** [ˈreɪlərɪ] *n, pl* **-leries** : bromas *fpl*

**railroad** [ˈreɪlˌroːd] *n* : ferrocarril *m*

**railroad tie** → **tie**[2]

**railroad track** → **track**[2]

**railway** [ˈreɪlˌweɪ] → **railroad**

**raiment** [ˈreɪmənt] *n* : vestiduras *fpl*

**rain**[1] [ˈreɪn] *vi* **1** : llover ⟨it's raining : está lloviendo⟩ **2 to rain down** : llover ⟨insults rained down on him : le llovieron los insultos⟩

**rain**[2] *n* : lluvia *f*

**rainbow** [ˈreɪnˌboː] *n* : arco *m* iris

**raincoat** [ˈreɪnˌkoːt] *n* : impermeable *m*

**raindrop** [ˈreɪnˌdrɑp] *n* : gota *f* de lluvia

**rainfall** [ˈreɪnˌfɔl] *n* : lluvia *f*, precipitación *f*

**rain forest** *n* : bosque *m* tropical

**rainstorm** [ˈreɪnˌstɔrm] *n* : temporal *m* (de lluvia)

**rainwater** [ˈreɪnˌwɔtər] *n* : agua *f* de lluvia

**rainy** [ˈreɪnɪ] *adj* **rainier; -est** : lluvioso

**raise**[1] [ˈreɪz] *vt* **raised; raising** **1** LIFT : levantar, subir, alzar ⟨to raise someone's spirits : levantarle el ánimo a alguien⟩ **2** ERECT : levantar, erigir **3** COLLECT : recaudar ⟨to raise money : recaudar dinero⟩ **4** REAR : criar ⟨she raised her two children : crió a sus dos niños⟩ **5** GROW : cultivar **6** INCREASE : aumentar, subir ⟨to raise one's voice : levantar la voz⟩ **7** PROMOTE : ascender **8** PROVOKE : provocar ⟨it raised a laugh : provocó una risa⟩ **9** BRING UP : sacar (temas, objeciones, etc.)

**raise**[2] *n* : aumento *m*

**raisin** [ˈreɪzən] *n* : pasa *f*

**raja** *or* **rajah** [ˈrɑdʒə, -ˌdʒɑ, -ˌʒɑ] *n* : rajá *m*

**rake**[1] [ˈreɪk] *v* **raked; raking** *vt* **1** : rastrillar ⟨to rake (up) leaves : rastrillar las hojas⟩ **2** SWEEP : barrer ⟨raked with gunfire : barrido con balas⟩ **3 to rake it in** : hacer mucho dinero — *vi* **to rake through** : revolver, hurgar en

**rake**[2] *n* **1** : rastrillo *m* **2** LIBERTINE : libertino *m*, -na *f*; calavera *m*

**rakish** [ˈreɪkɪʃ] *adj* **1** JAUNTY : desenvuelto, desenfadado **2** DISSOLUTE : libertino, disoluto

**rally**[1] [ˈræli] *v* **-lied; -lying** *vi* **1** MEET, GATHER : reunirse, congregarse **2** RECOVER : recuperarse **3 to rally against** : unirse en contra de **4 to rally around** : juntarse para apoyar (algo/a alguien) **5 to rally for/behind** : unirse a favor de — *vt* **1** ASSEMBLE : reunir (tropas, etc.) **2** RECOVER : recobrar (la fuerza, el ánimo, etc.)

**rally**[2] *n, pl* **-lies** : reunión *f*, mitin *m*, manifestación *f*

**ram**[1] [ˈræm] *v* **rammed; ramming** *vt* **1** DRIVE : hincar, clavar ⟨he rammed it into the ground : lo hincó en la tierra⟩ **2** SMASH : estrellar, embestir — *vi* COLLIDE : chocar (contra), estrellarse

**ram**[2] *n* **1** : carnero *m* (animal) **2 battering ram** : ariete *m*

**RAM** [ˈræm] *n* : RAM *f*, memoria *f* de acceso aleatorio

**Ramadan** [ˈrɑməˌdɑn] *n* : Ramadán *m*

**ramble**[1] [ˈræmbəl] *vi* **-bled; -bling** **1** WANDER : pasear, deambular **2 to ramble on** : divagar, perder el hilo **3** SPREAD : trepar (dícese de una planta)

**ramble**[2] *n* : paseo *m*, excursión *f*

**rambler** [ˈræmblər] *n* **1** WALKER : excursionista *mf* **2** ROSE : rosa *f* trepadora

**rambling** [ˈræmblɪŋ] *adj* **1** : laberíntico **2** DISJOINTED : inconexo, incoherente

**rambunctious** [ræmˈbʌŋkʃəs] *adj* UNRULY : alborotado

**ramification** [ˌræməfəˈkeɪʃən] *n* : ramificación *f*

**ramp** [ˈræmp] *n* : rampa *f*

**rampage**[1] [ˈræmˌpeɪʤ, ræmˈpeɪʤ] *vi* **-paged; -paging** : andar arrasando todo, correr destrozando

**rampage**[2] [ˈræmˌpeɪʤ] *n* : alboroto *m*, frenesí *m* (de violencia)

**rampant** [ˈræmpənt] *adj* : desenfrenado

**rampart** [ˈræmˌpɑrt] *n* : terraplén *m*, muralla *f*

**ramrod** [ˈræmˌrɑd] *n* : baqueta *f*

**ramshackle** [ˈræmˌʃækəl] *adj* : destartalado

**ran** → **run**

**ranch**[1] [ˈræntʃ] *vi* : trabajar en una hacienda *f* — *vt* : criar (ganado)

**ranch**[2] *n* **1** : hacienda *f*, rancho *m*, finca *f* ganadera **2** *or* **ranch house** : casa *f* (en una hacienda) **3** *or* **ranch house** : casa *f* de una sola planta

**ranch dressing** *n* : aderezo *m* a base de leche de manteca, mayonesa, y hierbas

**rancher** [ˈræntʃər] *n* : estanciero *m*, -ra *f*; ranchero *m*, -ra *f*

**rancid** [ˈrænt͡sɪd] *adj* : rancio

**rancor** [ˈræŋkər] *n* : rencor *m* — **rancorous** [ˈræŋkərəs] *adj*

**random** [ˈrændəm] *adj* **1** : fortuito, aleatorio **2 at ~** : al azar — **randomly** *adv*

**random–access memory** *n* : memoria *f* de acceso aleatorio, RAM *f*

**rang** → **ring**

**range**[1] [ˈreɪnʤ] *v* **ranged; ranging** *vt* ARRANGE : alinear, ordenar, arreglar — *vi* **1** ROAM : deambular **2** EXTEND : extenderse ⟨the results range widely : los resultados se extienden mucho⟩ **3** VARY : variar ⟨discounts range from 20% to 40% : los descuentos varían entre 20% y 40%⟩

**range**[2] *n* **1** ROW : fila *f*, hilera *f* ⟨a mountain range : una cordillera⟩ **2** GRASSLAND : pradera *f*, pampa *f* **3** STOVE : cocina *f* **4** VARIETY : variedad *f*, gama *f* **5** SPHERE : ámbito *m*, esfera *f*, campo *m* **6** REACH : registro *m* (de la voz), alcance *m* (de un arma de fuego) ⟨out of range : fuera del alcance⟩ ⟨at close range : de cerca⟩ **7 shooting range** : campo *m* de tiro

**ranger** [ˈreɪnʤər] *n or* **forest ranger** : guardabosque *mf*

**rangy** [ˈreɪnʤɪ] *adj* **rangier; -est** : alto y delgado

**rank¹** [ˈræŋk] *vt* **1** RANGE : alinear, ordenar, poner en fila **2** CLASSIFY : clasificar — *vi* **1 to rank above** : ser superior a **2 to rank among** : encontrarse entre, figurar entre

**rank²** *adj* **1** SMELLY : fétido, maloliente **2** OUTRIGHT : completo, absoluto ⟨a rank injustice : una injusticia manifiesta⟩

**rank³** *n* **1** LINE, ROW : fila *f* ⟨to close ranks : cerrar filas⟩ **2** GRADE, POSITION : grado *m*, rango *m* (militar) ⟨to pull rank : abusar de su autoridad⟩ **3** CLASS : categoría *f*, clase *f* **4 ranks** *npl* : soldados *mpl* rasos

**rank and file** *n* **1** RANKS : soldados *mpl* rasos **2** : bases *fpl* (de un partido, etc.)

**rankle** [ˈræŋkəl] *v* **-kled; -kling** *vi* : doler — *vt* : irritar, herir

**ransack** [ˈræn,sæk] *vt* : revolver, desvalijar, registrar de arriba abajo

**ransom¹** [ˈræntsəm] *vt* : rescatar, pagar un rescate por

**ransom²** *n* : rescate *m*

**ransomware** [ˈræntsəm,wær] *n* : ransomware *m*, virus *m* de secuestro de datos

**rant** [ˈrænt] *vi or* **to rant and rave** : despotricar, desvariar

**rap¹** [ˈræp] *v* **rapped; rapping** *vt* **1** KNOCK : golpetear, dar un golpe en **2** CRITICIZE : criticar — *vi* **1** CHAT : charlar, cotorrear *fam* **2** KNOCK : dar un golpe

**rap²** *n* **1** BLOW, KNOCK : golpe *m*, golpecito *m* **2** CHAT : charla *f* **3** *or* **rap music** : rap *m* **4 to take the rap** : pagar el pato *fam*

**rapacious** [rəˈpeɪʃəs] *adj* GREEDY : avaricioso, codicioso

**rape¹** [ˈreɪp] *vt* **raped; raping** : violar

**rape²** *n* **1** : colza *f* (planta) **2** : violación *f* (de una persona)

**rapid** [ˈræpɪd] *adj* : rápido — **rapidly** *adv*

**rapidity** [rəˈpɪdəṭi] *n* : rapidez *f*

**rapids** [ˈræpɪdz] *npl* : rápidos *mpl*

**rapier** [ˈreɪpiər] *n* : estoque *m*

**rapist** [ˈreɪpɪst] *n* : violador *m*, -dora *f*

**rapper** [ˈræpər] *n* : cantante *mf* de rap; rapero *m*, -ra *f*

**rapport** [ræˈpor] *n* : relación *f* armoniosa, entendimiento *m*

**rapprochement** [ˌræˌproʊˈmɑnt] *n* : acercamiento *m*, aproximación *f*

**rapt** [ˈræpt] *adj* : absorto, embelesado

**rapture** [ˈræptʃər] *n* : éxtasis *m*

**rapturous** [ˈræptʃərəs] *adj* : extasiado, embelesado

**rare** [ˈrær] *adj* **rarer; rarest** **1** FINE : excelente, excepcional ⟨a rare talent : un talento excepcional⟩ **2** UNCOMMON : raro, poco común **3** : poco cocido (dícese de la carne)

**rarefy** [ˈræraˌfaɪ] *vt* **-fied; -fying** : enrarecer

**rarely** [ˈrærli] *adv* SELDOM : pocas veces, rara vez

**raring** [ˈrærən, -ɪŋ] *adj* : lleno de entusiasmo, con muchas ganas

**rarity** [ˈrærəṭi] *n, pl* **-ties** : rareza *f*

**rascal** [ˈræskəl] *n* : pillo *m*, -lla *f*; pícaro *m*, -ra *f*

**rash¹** [ˈræʃ] *adj* : imprudente, precipitado — **rashly** *adv*

**rash²** *n* : sarpullido *m*, erupción *f*

**rashness** [ˈræʃnəs] *n* : precipitación *f*

**rasp¹** [ˈræsp] *vt* **1** SCRAPE : raspar **2** : decir en voz áspera — *vi* : hacer un ruido áspero

**rasp²** *n* : escofina *f*

**raspberry** [ˈræzˌbɛri] *n, pl* **-ries** : frambuesa *f*

**rat** [ˈræt] *n* : rata *f*

**ratchet** [ˈrætʃəṭ] *n* : trinquete *m*

**rate¹** [ˈreɪt] *vt* **rated; rating** **1** CONSIDER, REGARD : considerar, estimar **2** DESERVE : merecer

**rate²** *n* **1** SPEED, PACE : velocidad *f*, ritmo *m* ⟨at this rate : a este paso⟩ **2** : índice *m*, tasa *f* ⟨birth rate : índice de natalidad⟩ ⟨interest rate : tasa de interés⟩ **3** CHARGE, PRICE : precio *m*, tarifa *f* **4 at any rate** ANYWAY : de todos modos **5 at any rate** AT LEAST : al menos, por lo menos

**rather** [ˈræðər, ˈrɑ-, ˈrɑ-] *adv* **1** (*indicating preference*) ⟨she would rather stay : preferiría quedarse⟩ ⟨I'd rather not : mejor que no⟩ **2** (*indicating preciseness*) ⟨my father, or rather, my stepfather : mi padre, o mejor dicho mi padrastro⟩ **3** INSTEAD : sino que, más que, al contrario ⟨I'm not pleased; rather, I'm disappointed : no estoy satisfecho, sino desilusionado⟩ **4** SOMEWHAT : algo, un tanto ⟨rather strange : un poco extraño⟩ **5** QUITE : bastante ⟨rather difficult : bastante difícil⟩ **6 ~ than** INSTEAD OF : en vez de

**ratification** [ˌræṭəfəˈkeɪʃən] *n* : ratificación *f*

**ratify** [ˈræṭəˌfaɪ] *vt* **-fied; -fying** : ratificar

**rating** [ˈreɪṭɪŋ] *n* **1** STANDING : clasificación *f*, posición *f* **2 ratings** *npl* : índice *m* de audiencia

**ratio** [ˈreɪʃio] *n, pl* **-tios** : proporción *f*, relación *f*

**ration¹** [ˈræʃən, ˈreɪʃən] *vt* : racionar

**ration²** *n* **1** : ración *f* **2 rations** *npl* PROVISIONS : víveres *mpl*

**rational** [ˈræʃənəl] *adj* **1** : racional **2** REASONABLE : razonable, racional — **rationally** *adv* — **rationality** [ˌræʃəˈnæləṭi] *n*

**rationale** [ˌræʃəˈnæl] *n* **1** EXPLANATION : explicación *f* **2** BASIS : base *f*, razones *fpl*

**rationalize** [ˈræʃənəˌlaɪz] *vt* **-ized; -izing** : racionalizar — **rationalization** [ˌræʃənələˈzeɪʃən] *n*

**rat race** *n* : competencia *f* laboral (excesiva)

**rattle¹** [ˈræṭəl] *v* **-tled; -tling** *vi* **1** CLATTER : traquetear, hacer ruido **2 to rattle on** CHATTER : parlotear *fam* — *vt* **1** : hacer sonar, agitar ⟨the wind rattled the door : el viento sacudió la puerta⟩ **2** DISCONCERT, WORRY : desconcertar, poner nervioso **3 to rattle off** : despachar, recitar, decir de corrido

**rattle²** *n* **1** CLATTER : traqueteo *m*, ruido *m* **2** : sonajero *m* (para bebés) **3** : cascabel *m* (de una culebra)

**rattler** [ˈræṭələr] → **rattlesnake**

**rattlesnake** [ˈræt̬əlˌsneɪk] *n* : serpiente *f* de cascabel
**ratty** [ˈræt̬i] *adj* **rattier; -est** : raído, andrajoso
**raucous** [ˈrɔkəs] *adj* **1** HOARSE : ronco **2** BOISTEROUS : escandaloso, bullicioso — **raucously** *adv*
**ravage**[1] [ˈrævɪʤ] *vt* **-aged; -aging** : devastar, arrasar, hacer estragos
**ravage**[2] *n* : destrozo *m*, destrucción *f* ⟨the ravages of war : los estragos de la guerra⟩
**rave** [ˈreɪv] *vi* **raved; raving 1** : delirar, desvariar **2 to rave about** : hablar con entusiasmo sobre, entusiasmarse por
**ravel** [ˈrævəl] *v* **-eled** *or* **-elled; -eling** *or* **-elling** *vt* UNRAVEL : desenredar, desenmarañar — *vi* FRAY : deshilacharse
**raven** [ˈreɪvən] *n* : cuervo *m*
**ravenous** [ˈrævənəs] *adj* : hambriento, voraz — **ravenously** *adv*
**ravine** [rəˈviːn] *n* : barranco *m*, quebrada *f*
**ravings** [ˈreɪvɪŋz] *npl* : desvaríos *mpl*, delirios *mpl*
**ravioli** [ˌrɑviˈoːli] *ns & pl* : raviolis *mpl*, ravioles *mpl*
**ravish** [ˈrævɪʃ] *vt* **1** PLUNDER : saquear **2** ENCHANT : embelesar, cautivar, encantar
**ravishing** [ˈrævɪʃɪŋ] *adj* : deslumbrante, impresionante (dícese de la belleza, etc.)
**raw** [ˈrɔ] *adj* **rawer; rawest 1** : crudo ⟨raw meat : carne cruda⟩ **2** UNTREATED : sin tratar, sin refinar, puro ⟨raw data : datos en bruto⟩ ⟨raw materials : materias primas⟩ **3** INEXPERIENCED : novato, inexperto **4** SORE, CHAFED : en carne viva **5** : frío y húmedo ⟨a raw day : un día crudo⟩ **6** UNFAIR : injusto ⟨a raw deal : un trato injusto, una injusticia⟩
**rawhide** [ˈrɔˌhaɪd] *n* : cuero *m* sin curtir
**ray** [ˈreɪ] *n* **1** : rayo *m* (de la luz, etc.) ⟨a ray of hope : un resquicio de esperanza⟩ **2** : raya *f* (pèz)
**rayon** [ˈreɪˌɑn] *n* : rayón *m*
**raze** [ˈreɪz] *vt* **razed; razing** : arrasar, demoler
**razor** [ˈreɪzər] *n* **1** *or* **straight razor** : navaja *f* (de afeitar) **2** *or* **safety razor** : maquinilla *f* de afeitar, rastrillo *m* *Mex* **3** *or* **electric razor** SHAVER : afeitadora *f*, rasuradora *f* **4** *or* **razor blade** : hoja *f* de afeitar, cuchilla *f* de afeitar
**re** [ˈreɪ] *n* : re *m* (en el canto)
**re-** [ˌriː] *pref* : re-
**reach**[1] [ˈriːtʃ] *vt* **1** EXTEND : extender, alargar ⟨to reach out one's hand : extender la mano⟩ **2** : alcanzar ⟨I couldn't reach the apple : no pude alcanzar la manzana⟩ **3** : llegar a/hasta ⟨the shadow reached the wall : la sombra llegó hasta la pared⟩ **4** CONTACT : contactar, ponerse en contacto con — *vi* **1** *or* **to reach out** : extender la mano **2** STRETCH : extenderse **3 to reach for** : tratar de agarrar
**reach**[2] *n* : alcance *m*, extensión *f* ⟨within reach : a mi/tu (etc.) alcance⟩ ⟨within reach of : al alcance de⟩ ⟨out of reach : fuera de mi/tu (etc.) alcance⟩
**react** [riˈækt] *vi* : reaccionar
**reaction** [riˈækʃən] *n* : reacción *f*
**reactionary**[1] [riˈækʃəˌnɛri] *adj* : reaccionario
**reactionary**[2] *n, pl* **-ries** : reaccionario *m*, -ria *f*
**reactivate** [riˈæktəˌveɪt] *vt* **-vated; -vating** : reactivar — **reactivation** *n*
**reactor** [riˈæktər] *n* : reactor *m* ⟨nuclear reactor : reactor nuclear⟩
**read**[1] [ˈriːd] *v* **read** [ˈrɛd]; **reading** *vt* **1** : leer ⟨to read a story : leer un cuento⟩ **2** INTERPRET : interpretar ⟨it can be read two ways : se puede interpretar de dos maneras⟩ **3** : decir, poner ⟨the sign read "No smoking" : el letrero decía "No Fumar"⟩ **4** : marcar ⟨the thermometer reads 70° : el termómetro marca 70°⟩ **5 to read aloud/out** : leer en voz alta **6 to read between the lines** : leer entre las líneas **7 to read into something** : buscarle el significado a algo ⟨don't read too much into it : no le des demasiada importancia⟩ **8 to read through/over** : leer (del principio al fin) **9 to read up on** : documentarse sobre — *vi* **1** : leer ⟨he can read : sabe leer⟩ **2** SAY : decir ⟨the list reads as follows : la lista dice lo siguiente⟩
**read**[2] *n* **to be a good read** : ser una lectura amena
**readable** [ˈriːdəbəl] *adj* : legible
**reader** [ˈriːdər] *n* : lector *m*, -tora *f*
**readership** [ˈriːdərˌʃɪp] *n* : lectores *mpl*
**readily** [ˈrɛdəli] *adv* **1** WILLINGLY : de buena gana, con gusto **2** EASILY : fácilmente, con facilidad
**readiness** [ˈrɛdinəs] *n* **1** WILLINGNESS : buena disposición *f* **2 to be in readiness** : estar preparado
**reading** [ˈriːdɪŋ] *n* : lectura *f*
**readjust** [ˌriːəˈʤʌst] *vt* : reajustar — *vi* : volverse a adaptar
**readjustment** [ˌriːəˈʤʌstmənt] *n* : reajuste *m*
**readout** [ˈriːdˌaʊt] *n* : lectura *f* (en informática)
**ready**[1] [ˈrɛdi] *vt* **readied; readying** : preparar
**ready**[2] *adj* **readier; -est 1** PREPARED : listo, preparado ⟨they'll be ready soon : enseguida están listos⟩ ⟨to be ready to : estar listo para⟩ ⟨to make ready : prepararse⟩ **2** WILLING : dispuesto ⟨ready and willing : dispuesto a todo⟩ **3** : a punto de ⟨ready to cry : a punto de llorar⟩ **4** AVAILABLE : disponible ⟨ready cash/money : efectivo⟩ **5** QUICK : vivo, agudo ⟨a ready wit : un ingenio agudo⟩
**ready–made** [ˈrɛdiˈmeɪd] *adj* : preparado, confeccionado
**reaffirm** [ˌriːəˈfɜrm] *vt* : reafirmar
**real**[1] [ˈriːl] *adv fam* VERY : muy ⟨we had a real good time : lo pasamos muy bien⟩
**real**[2] *adj* **1** : inmobiliario ⟨real property : bien inmueble, bien raíz⟩ **2** GENUINE : auténtico, genuino **3** ACTUAL, TRUE : real, verdadero ⟨a real friend : un verdadero amigo⟩ **4 for real** SERIOUSLY : de veras, de verdad **5 for real** GEN-

UINE, TRUE : auténtico, verdadero **6 for real** SINCERE : sincero ⟨is that guy for real? : ¿nos está tomando el pelo?⟩ **7 get real!** *fam* : ¡no te engañes! **8 to keep it real** *fam* : ser sincero, no darse aires

**real³** [rɪˈɑl] *n, pl* **reais** [ˈrɛɪʃ] *or* **reis** [ˈrɛɪʃ] : real *m* (unidad monetaria)

**real estate** *n* : propiedad *f* inmobiliaria, bienes *mpl* raíces

**real estate agent** *n* : agente *m* inmobiliario, agente *f* inmobiliaria

**realign** [ˌriːəˈlaɪn] *vt* : realinear — **realignment** [ˌriːəˈlaɪnmənt] *n*

**realism** [ˈriːəˌlɪzəm] *n* : realismo *m*

**realist** [ˈriːəlɪst] *n* : realista *mf*

**realistic** [ˌriːəˈlɪstɪk] *adj* : realista

**realistically** [ˌriːəˈlɪstɪkli] *adv* : de manera realista

**reality** [rɪˈæləṭi] *n, pl* **-ties** : realidad *f*

**reality TV** *or* **reality television** *n* : telerrealidad *f*

**realizable** [ˌriːəˈlaɪzəbəl] *adj* : realizable, asequible

**realization** [ˌriːələˈzeɪʃən] *n* : realización *f*

**realize** [ˈriːəˌlaɪz] *vt* **-ized; -izing** **1** UNDERSTAND : darse cuenta de, saber **2** FULFILL : realizar (sueños, etc.) ⟨my worst fears were realized : mis mayores temores se hicieron realidad⟩ **3** ACCOMPLISH : realizar, llevar a cabo **4** EARN : obtener, realizar

**really** [ˈrɪli, ˈriː-] *adv* **1** ACTUALLY : de verdad, en realidad ⟨really good : buenísimo⟩ **2** TRULY : verdaderamente, realmente ⟨I really don't care : la verdad es que no me importa⟩ **3** FRANKLY : francamente, en serio

**realm** [ˈrɛlm] *n* **1** KINGDOM : reino *m* **2** SPHERE : esfera *f*, campo *m*

**Realtor** [ˈriːltər, -ˌtɔr] *service mark* se usa para un agente inmobiliario autorizado

**ream** [ˈriːm] *n* **1** : resma *f* (de papel) **2** **reams** *npl* LOADS : montones *mpl*

**reap** [ˈriːp] *v* : cosechar

**reaper** [ˈriːpər] *n* **1** : cosechador *m*, -dora *f* (persona) ⟨the Grim Reaper : la muerte⟩ **2** : cosechadora *f* (máquina)

**reappear** [ˌriːəˈpɪr] *vi* : reaparecer

**reappearance** [ˌriːəˈpɪrənʦ] *n* : reaparición *f*

**rear¹** [ˈrɪr] *vt* **1** LIFT, RAISE : levantar **2** BREED, BRING UP : criar — *vi or* **to rear up** : encabritarse

**rear²** *adj* : trasero, posterior, de atrás

**rear³** *n* **1** BACK : parte *f* de atrás ⟨to bring up the rear : cerrar la marcha⟩ **2** *or* **rear end** : trasero *m*

**rear admiral** *n* : contraalmirante *mf*

**rearrange** [ˌriːəˈreɪnʤ] *vt* **-ranged; -ranging** : colocar de otra manera, volver a arreglar, reorganizar

**rearview mirror** [ˈrɪrˌvjuː-] *n* : retrovisor *m*

**reason¹** [ˈriːzən] *vt* THINK : pensar — *vi* : razonar ⟨I can't reason with her : no puedo razonar con ella⟩ — **reasoned** [ˈriːzənd] *adj*

**reason²** *n* **1** CAUSE, GROUND : razón *f*, motivo *m* ⟨the reason for his trip : el motivo de su viaje⟩ ⟨for this reason : por esta razón, por lo cual⟩ ⟨for no (good) reason : sin razón⟩ ⟨he's the champion for a reason : por algo es el campeón⟩ ⟨the reason why : la razón por la cual, el porqué⟩ ⟨to have reason to : tener motivos para⟩ **2** SENSE : razón *f* ⟨to listen to reason, to see reason : avenirse a razones⟩ ⟨to stand to reason : ser lógico⟩ ⟨within reason : dentro de lo razonable⟩

**reasonable** [ˈriːzənəbəl] *adj* **1** SENSIBLE : razonable **2** INEXPENSIVE : barato, económico

**reasonably** [ˈriːzənəbli] *adv* **1** SENSIBLY : razonablemente **2** FAIRLY : bastante

**reasoning** [ˈriːzənɪŋ] *n* : razonamiento *m*, raciocinio *m*, argumentos *mpl*

**reassess** [ˌriːəˈsɛs] *vt* : revaluar, reconsiderar

**reassurance** [ˌriːəˈʃʊrənʦ] *n* : consuelo *m*, palabras *fpl* alentadoras

**reassure** [ˌriːəˈʃʊr] *vt* **-sured; -suring** : tranquilizar

**reassuring** [ˌriːəˈʃʊrɪŋ] *adj* : tranquilizador

**reawaken** [ˌriːəˈweɪkən] *vt* : volver a despertar, reavivar

**rebate** [ˈriːˌbeɪt] *n* : reembolso *m*, devolución *f*

**rebel¹** [rɪˈbɛl] *vi* **-belled; -belling** : rebelarse, sublevarse

**rebel²** [ˈrɛbəl] *adj* : rebelde

**rebel³** [ˈrɛbəl] *n* : rebelde *mf*

**rebellion** [rɪˈbɛljən] *n* : rebelión *f*

**rebellious** [rɪˈbɛljəs] *adj* : rebelde

**rebelliousness** [rɪˈbɛljəsnəs] *n* : rebeldía *f*

**rebirth** [ˌriːˈbərθ] *n* : renacimiento *m*

**reboot** [riˈbuːt] *vt* : reiniciar (una computadora)

**reborn** [riːˈbɔrn] *adj* **to be reborn** : renacer

**rebound¹** [ˈriːˌbaʊnd, rɪˈbaʊnd] *vi* : rebotar

**rebound²** [ˈriːˌbaʊnd] *n* : rebote *m*

**rebuff¹** [rɪˈbʌf] *vt* : desairar, rechazar

**rebuff²** *n* : desaire *m*, rechazo *m*

**rebuild** [ˌriːˈbɪld] *vt* **-built** [-ˈbɪlt]; **-building** : reconstruir

**rebuke¹** [rɪˈbjuːk] *vt* **-buked; -buking** : reprender, regañar

**rebuke²** *n* : reprimenda *f*, reproche *m*

**rebut** [rɪˈbʌt] *vt* **-butted; -butting** : rebatir, refutar

**rebuttal** [rɪˈbʌʧəl] *n* : refutación *f*

**recalcitrant** [rɪˈkælsətrənt] *adj* : recalcitrante

**recall¹** [rɪˈkɔl] *vt* **1** : llamar, retirar ⟨recalled to active duty : llamado al servicio activo⟩ **2** REMEMBER : recordar, acordarse de **3** REVOKE : revocar

**recall²** [rɪˈkɔl, ˈriːˌkɔl] *n* **1** : retirada *f* (de personas o mercancías) **2** MEMORY : memoria *f* ⟨to have total recall : poder recordar todo⟩

**recant** [rɪˈkænt] *vt* : retractarse de — *vi* : retractarse, renegar

**recap¹** [ˈriːˌkæp] *v* **-capped; -capping** *fam* → **recapitulate**

**recap²** [ˈriːˌkæp] *n* SUMMARY : resumen *m*

**recapitulate** [ˌriːkəˈpɪtʃəˌleɪt] *v* **-lated; -lating** : resumir, recapitular

**recapture** [ˌriːˈkæptʃər] *vt* **-tured; -turing** **1** : volver a capturar **2** REGAIN : recuperar

**recast** [riːˈkæst] *vt* **-cast; -casting** **1** : cambiar el reparto de (una película, etc.), cambiarle el papel a (un actor) **2** REWRITE : refundir

**recede** [rɪˈsiːd] *vi* **-ceded; -ceding** **1** WITHDRAW : retirarse, retroceder **2** FADE : desvanecerse, alejarse **3** SLANT : inclinarse **4 to have a receding hairline** : tener entradas

**receipt** [rɪˈsiːt] *n* **1** : recibo *m*, boleta *f*, ticket *m* **2 receipts** *npl* : ingresos *mpl*, entradas *fpl*

**receivable** [rɪˈsiːvəbəl] *adj* **accounts receivable** : cuentas por cobrar

**receive** [rɪˈsiːv] *vt* **-ceived; -ceiving** **1** GET : recibir (una carta, un golpe, etc.) **2** WELCOME : acoger, recibir ⟨to receive guests : tener invitados⟩ **3** : recibir, captar (señales de radio)

**receiver** [rɪˈsiːvər] *n* **1** : receptor *m*, -tora *f* (en futbol americano) **2** : receptor *m* (de radio o televisión) **3** *or* **telephone receiver** : auricular *m*

**recent** [ˈriːsənt] *adj* : reciente — **recently** *adv*

**receptacle** [rɪˈsɛptɪkəl] *n* : receptáculo *m*, recipiente *m*

**reception** [rɪˈsɛpʃən] *n* : recepción *f* ⟨reception desk : recepción⟩ ⟨reception area : vestíbulo⟩

**receptionist** [rɪˈsɛpʃənɪst] *n* : recepcionista *mf*

**receptive** [rɪˈsɛptɪv] *adj* : receptivo — **receptivity** [ˌriːˌsɛpˈtɪvəṭi] *n*

**receptiveness** [rɪˈsɛptɪvnəs] *n* : receptividad *f*

**recess**[1] [ˈriːˌsɛs, rɪˈsɛs] *vt* ADJOURN : suspender, levantar

**recess**[2] *n* **1** ALCOVE : hueco *m*, nicho *m* **2** BREAK : receso *m*, descanso *m*, recreo *m* (en el colegio)

**recessed** [ˈriːˌsɛst, rɪˈsɛst] *adj* : empotrado

**recession** [rɪˈsɛʃən] *n* : recesión *f*, depresión *f* económica

**recessive** [rɪˈsɛsɪv] *adj* : recesivo

**recharge** [ˌriːˈtʃɑrʤ] *vt* **-charged; -charging** : recargar

**rechargeable** [ˌriːˈtʃɑrʤəbəl] *adj* : recargable

**recidivism** [rɪˈsɪdəˌvɪzəm] *n* : reincidencia *f*

**recidivist** [rɪˈsɪdəvɪst] *n* : reincidente *mf* — **recidivist** *adj*

**recipe** [ˈrɛsəˌpiː] *n* : receta *f*

**recipient** [rɪˈsɪpiənt] *n* : recipiente *mf*

**reciprocal** [rɪˈsɪprəkəl] *adj* : recíproco

**reciprocate** [rɪˈsɪprəˌkeɪt] *vi* **-cated; -cating** : reciprocar

**reciprocity** [ˌrɛsəˈprɑsəṭi] *n, pl* **-ties** : reciprocidad *f*

**recital** [rɪˈsaɪṭəl] *n* **1** PERFORMANCE : recital *m* **2** ENUMERATION : relato *m*, enumeración *f*

**recitation** [ˌrɛsəˈteɪʃən] *n* : recitación *f*

**recite** [rɪˈsaɪt] *vt* **-cited; -citing** **1** : recitar (un poema, etc.) **2** LIST : enumerar

**reckless** [ˈrɛkləs] *adj* : imprudente, temerario — **recklessly** *adv*

**recklessness** [ˈrɛkləsnəs] *n* : imprudencia *f*, temeridad *f*

**reckon** [ˈrɛkən] *vt* **1** *fam* THINK, SUPPOSE : creer ⟨I reckon so : creo que sí⟩ **2** CALCULATE : calcular, contar **3** CONSIDER : considerar **4 to reckon on/with** : contar con **5 to reckon with** : enfrentarse a ⟨they'll have me to reckon with : se las verán conmigo⟩ ⟨to be a force to be reckoned with : ser algo/alguien de temer⟩

**reckoning** [ˈrɛkənɪŋ] *n* **1** CALCULATION : cálculo *m* **2** SETTLEMENT : ajuste *m* de cuentas ⟨day of reckoning : día del juicio final⟩

**reclaim** [rɪˈkleɪm] *vt* **1** : ganar (tierra) ⟨to reclaim marshy land : sanear las tierras pantanosas⟩ **2** RECOVER : recobrar, reciclar ⟨to reclaim old tires : reciclar llantas desechadas⟩ **3** REGAIN : reclamar, recuperar ⟨to reclaim one's rights : reclamar uno sus derechos⟩

**recline** [rɪˈklaɪn] *vi* **-clined; -clining** **1** LEAN : reclinarse **2** REPOSE : recostarse

**reclining** [rɪˈklaɪnɪŋ] *adj* : reclinable

**recluse** [ˈrɛˌkluːs, rɪˈkluːs] *n* : solitario *m*, -ria *f*

**recognition** [ˌrɛkɪgˈnɪʃən] *n* : reconocimiento *m*

**recognizable** [ˈrɛkəgˌnaɪzəbəl] *adj* : reconocible

**recognize** [ˈrɛkɪgˌnaɪz] *vt* **-nized; -nizing** : reconocer

**recoil**[1] [rɪˈkɔɪl] *vi* : retroceder, dar un culatazo

**recoil**[2] [ˈriːˌkɔɪl, riˈ-] *n* : retroceso *m*, culatazo *m*

**recollect** [ˌrɛkəˈlɛkt] *v* : recordar

**recollection** [ˌrɛkəˈlɛkʃən] *n* : recuerdo *m*

**recommend** [ˌrɛkəˈmɛnd] *vt* **1** : recomendar **2** ADVISE, COUNSEL : aconsejar, recomendar

**recommendation** [ˌrɛkəmənˈdeɪʃən] *n* : recomendación *f*

**recompense**[1] [ˈrɛkəmˌpɛnṭs] *vt* **-pensed; -pensing** : indemnizar, recompensar

**recompense**[2] *n* : indemnización *f*, compensación *f*

**reconcile** [ˈrɛkənˌsaɪl] *v* **-ciled; -ciling** *vt* **1** : reconciliar (personas), conciliar (ideas, etc.) **2 to reconcile oneself to** : resignarse a — *vi* MAKE UP : reconciliarse, hacer las paces

**reconciliation** [ˌrɛkənˌsɪliˈeɪʃən] *n* : reconciliación *f* (con personas), conciliación *f* (con ideas, etc.)

**recondition** [ˌriːkənˈdɪʃən] *vt* : reacondicionar

**reconnaissance** [riˈkɑnəzənṭs, -sənṭs] *n* : reconocimiento *m*

**reconnoiter** *or* **reconnoitre** [ˌriːkəˈnɔɪṭər, ˌrɛkə-] *v* **-tered** *or* **-tred; -tering** *or* **-tring** *vt* : reconocer — *vi* : hacer un reconocimiento

**reconquer** [ˌriːˈkɑŋkər] *vt* : reconquistar

**reconquest** [ˌriːˈkɑnˌkwɛst, -ˈkaŋ-] *n* : reconquista *f*

**reconsider** [ˌriːkənˈsɪdər] *vt* : reconsiderar, repensar

**reconsideration** [ˌriːkənˌsɪdəˈreɪʃən] *n* : reconsideración *f*
**reconstruct** [ˌriːkənˈstrʌkt] *vt* : reconstruir
**reconstruction** [ˌriːkənˈstrʌkʃən] *n* : reconstrucción *f*
**reconstructive** [ˌriːkənˈstrʌktɪv] *adj* : reconstructivo
**record**[1] [rɪˈkɔrd] *vt* **1** WRITE DOWN : anotar, apuntar **2** REGISTER : registrar, hacer constar **3** INDICATE : marcar (una temperatura, etc.) **4** : grabar (audio o video)
**record**[2] [ˈrɛkərd] *adj* : récord
**record**[3] [ˈrɛkərd] *n* **1** DOCUMENT : registro *m*, documento *m* oficial **2** HISTORY : historial *m* ⟨a good academic record : un buen historial académico⟩ ⟨criminal record : antecedentes penales⟩ **3** : récord *m* ⟨the world record : el récord mundial⟩ **4** : disco *m* (de música, etc.) **5 for the record** : que conste **6 off the record** : extraoficialmente **7 on record** ⟨he is on record as saying . . . : dijo públicamente que . . .⟩ **8 on record** : registrado ⟨the highest on record : el más alto registrado⟩ **9 on the record** : oficialmente **10 to set the record straight** : poner las cosas en su lugar
**recorder** [rɪˈkɔrdər] *n* **1** : flauta *f* dulce (instrumento de viento) **2 tape recorder** : grabadora *f*
**recording** [rɪˈkɔrdɪŋ] *n* : grabación *f*
**record player** *n* : tocadiscos *m*
**recount**[1] [rɪˈkaʊnt] *vt* **1** NARRATE : narrar, relatar **2** : volver a contar (votos, etc.)
**recount**[2] [ˈriːˌkaʊnt, ˌriˈ-] *n* : recuento *m*
**recoup** [rɪˈkuːp] *vt* : recuperar, recobrar
**recourse** [ˈriːˌkɔrs, rɪˈ-] *n* : recurso *m* ⟨to have recourse to : recurrir a⟩
**recover** [rɪˈkʌvər] *vt* **1** REGAIN : recobrar, recuperar **2** : rescatar (algo robado o perdido) **3** RECOUP : recuperar — *vi* RECUPERATE : recuperarse
**recovery** [rɪˈkʌvərɪ] *n, pl* **-eries** : recuperación *f*
**re–create** [ˌriːkriˈeɪt] *vt* **-ated; -ating** : recrear — **re–creation** [ˌriːkriˈeɪʃən] *n*
**recreation** [ˌrɛkriˈeɪʃən] *n* : recreo *m*, esparcimiento *m*, diversión *f*
**recreational** [ˌrɛkriˈeɪʃənəl] *adj* : recreativo, de recreo
**recreational vehicle** *n* : vehículo *m* de recreo
**recrimination** [rɪˌkrɪməˈneɪʃən] *n* : recriminación *f*
**recruit**[1] [rɪˈkruːt] *vt* : reclutar
**recruit**[2] *n* : recluta *mf*
**recruitment** [rɪˈkruːtmənt] *n* : reclutamiento *m*, alistamiento *m*
**rectal** [ˈrɛktəl] *adj* : rectal
**rectangle** [ˈrɛkˌtæŋgəl] *n* : rectángulo *m*
**rectangular** [rɛkˈtæŋgjələr] *adj* : rectangular
**rectify** [ˈrɛktəˌfaɪ] *vt* **-fied; -fying** : rectificar — **rectification** [ˌrɛktəfəˈkeɪʃən] *n*
**rectitude** [ˈrɛktəˌtuːd, -ˌtjuːd] *n* : rectitud *f*
**rector** [ˈrɛktər] *n* : rector *m*, -tora *f*
**rectory** [ˈrɛktərɪ] *n, pl* **-ries** : rectoría *f*
**rectum** [ˈrɛktəm] *n, pl* **-tums** *or* **-ta** [-tə] : recto *m*
**recuperate** [rɪˈkuːpəˌreɪt, -ˈkjuː-] *v* **-ated; -ating** *vt* : recuperar — *vi* : recuperarse, restablecerse
**recuperation** [rɪˌkuːpəˈreɪʃən, -ˌkjuː-] *n* : recuperación *f*
**recur** [rɪˈkər] *vi* **-curred; -curring** : volver a ocurrir, volver a producirse, repetirse
**recurrence** [rɪˈkərənts] *n* : repetición *f*, reaparición *f*
**recurrent** [rɪˈkərənt] *adj* : recurrente, que se repite
**recyclable** [riˈsaɪkləbəl] *adj* : reciclable
**recycle** [riˈsaɪkəl] *vt* **-cled; -cling** : reciclar
**recycling** [riˈsaɪkəlɪŋ] *n* : reciclaje *m*
**red**[1] [ˈrɛd] *adj* **1** : rojo, colorado ⟨to be red in the face : ponerse colorado⟩ ⟨to have red hair : ser pelirrojo⟩ **2** COMMUNIST : rojo, comunista
**red**[2] *n* **1** : rojo *m*, colorado *m* **2 Red** COMMUNIST : comunista *mf*
**red blood cell** *n* : glóbulo *m* rojo
**red–blooded** [ˈrɛdˈblʌdəd] *adj* : vigoroso
**redden** [ˈrɛdən] *vt* : enrojecer — *vi* BLUSH : enrojecerse, ruborizarse
**reddish** [ˈrɛdɪʃ] *adj* : rojizo
**redecorate** [ˌriːˈdɛkəˌreɪt] *vt* **-rated; -rating** : renovar, pintar de nuevo
**redeem** [rɪˈdiːm] *vt* **1** RESCUE, SAVE : rescatar, salvar **2** : desempeñar ⟨she redeemed it from the pawnshop : lo desempeñó de la casa de empeños⟩ **3** : redimir (en religión) **4** : canjear, vender ⟨to redeem coupons : canjear cupones⟩
**redeemer** [rɪˈdiːmər] *n* : redentor *m*, -tora *f*
**redeeming** [rɪˈdiːmɪŋ] *adj* : positivo ⟨redeeming qualities : cualidades positivas⟩
**redefine** [ˌriːdɪˈfaɪn] *vt* : redefinir
**redemption** [rɪˈdɛmpʃən] *n* : redención *f*
**redesign** [ˌriːdiˈzaɪn] *vt* : rediseñar
**red–eye** [ˈrɛdˌaɪ] *or* **red–eye flight** *n* : vuelo *m* nocturno
**red–haired** [ˈrɛdˈhærd] *adj* : pelirrojo
**red–handed** [ˈrɛdˈhændəd] *adv* : in flagranti
**redhead** [ˈrɛdˌhɛd] *n* : pelirrojo *m*, -ja *f*
**redheaded** [ˈrɛdˌhɛdəd] → **red-haired**
**red herring** *n* : trampa *f* (para distraer la atención)
**red–hot** [ˈrɛdˈhɑt] *adj* **1** : al rojo vivo, candente **2** CURRENT : de candente actualidad **3** POPULAR : de gran popularidad
**redirect** [ˌriːdəˈrɛkt, -daɪ-] *vt* : desviar (tráfico, dinero, etc.)
**rediscover** [ˌriːdiˈskʌvər] *vt* : redescubrir
**redistribute** [ˌriːdiˈstrɪˌbjuːt] *vt* **-uted; -uting** : redistribuir
**red–letter day** [ˈrɛdˈlɛtər-] *n* : día *m* memorable
**redness** [ˈrɛdnəs] *n* : rojez *f*
**redo** [ˌriːˈduː] *vt* **-did** [-ˈdɪd]; **-done** [-ˈdʌn]; **-doing** **1** : hacer de nuevo **2** → **redecorate**
**redolence** [ˈrɛdələnts] *n* : fragancia *f*
**redolent** [ˈrɛdələnt] *adj* **1** FRAGRANT : fragante, oloroso **2** SUGGESTIVE : evocador

**redouble** [rɪˈdʌbəl] *vt* **-bled; -bling** : redoblar, intensificar (esfuerzos, etc.)
**redress** [rɪˈdrɛs] *vt* : reparar, remediar, enmendar
**red snapper** *n* : pargo *m*, huachinango *m Mex*
**red tape** *n* : papeleo *m*
**reduce** [rɪˈduːs, -ˈdjuːs] *v* **-duced; -ducing** *vt* **1** LESSEN : reducir, disminuir, rebajar (precios) **2** DEMOTE : bajar de categoría, degradar **3** : dejar reducir (un líquido) **4 to be reduced to** : quedar reducido a (escombros, etc.) **5 to be reduced to** : verse rebajado/forzado a **6 to reduce someone to tears** : hacer llorar a alguien — *vi* SLIM : adelgazar
**reduction** [rɪˈdʌkʃən] *n* : reducción *f*, rebaja *f*
**redundancy** [rɪˈdʌndənsi] *n, pl* **-cies 1** : superfluidad *f* **2** REPETITION : redundancia *f*
**redundant** [rɪˈdʌndənt] *adj* : superfluo, redundante
**redwood** [ˈredˌwʊd] *n* : secoya *f*
**reed** [ˈriːd] *n* **1** : caña *f*, carrizo *m*, junco *m* **2** : lengüeta *f* (para instrumentos de viento)
**reef** [ˈriːf] *n* : arrecife *m*, escollo *m*
**reek**[1] [ˈriːk] *vi* : apestar
**reek**[2] *n* : hedor *m*
**reel**[1] [ˈriːl] *vt* **1 to reel in** : enrollar, sacar (un pez) del agua **2 to reel off** : recitar de un tirón — *vi* **1** SPIN, WHIRL : girar, dar vueltas **2** STAGGER : tambalearse
**reel**[2] *n* **1** : carrete *m* (de película, etc.) ⟨fishing reel : carrete de pesca⟩ **2** : baile *m* escocés **3** STAGGER : tambaleo *m*
**reelect** [ˌriːɪˈlɛkt] *vt* : reelegir
**reenact** [ˌriːɪˈnækt] *vt* : representar de nuevo, reconstruir
**reenter** [ˌriːˈɛntər] *vt* : volver a entrar
**reestablish** [ˌriːɪˈstæblɪʃ] *vt* : restablecer — **reestablishment** [ˌriːɪˈstæblɪʃmənt] *n*
**reevaluate** [ˌriːɪˈvæljuˌeɪt] *vt* **-ated; -ating** : revaluar
**reevaluation** [ˌriːɪˌvæljuˈeɪʃən] *n* : revaluación *f*
**reexamine** [ˌriːɪgˈzæmən, -g-] *vt* **-ined; -ining** : volver a examinar, reexaminar
**ref** → **referee**[2]
**refer** [rɪˈfər] *v* **-ferred; -ferring** *vt* DIRECT, SEND : remitir, enviar ⟨to refer a patient to a specialist : enviar a un paciente a un especialista⟩ — *vi* **to refer to** MENTION : referirse a, aludir a
**referee**[1] [ˌrɛfəˈriː] *v* **-eed; -eeing** : arbitrar
**referee**[2] *n* : árbitro *m*, -tra *f*; réferi *mf*
**reference** [ˈrɛfrənts, ˈrɛfə-] *n* **1** ALLUSION : referencia *f*, alusión *f* ⟨to make reference to : hacer referencia a⟩ **2** CONSULTATION : consulta *f* ⟨for future reference : para futuras consultas⟩ **3** *or* **reference book** : libro *m* de consulta **4** TESTIMONIAL : informe *m*, referencia *f*, recomendación *f* **5 in/with reference to** : con referencia a
**referendum** [ˌrɛfəˈrɛndəm] *n, pl* **-da** [-də] *or* **-dums** : referéndum *m*
**refill**[1] [ˌriːˈfɪl] *vt* : rellenar
**refill**[2] [ˈriːˌfɪl] *n* : recambio *m*
**refinance** [ˌriːˈfaɪˌnænts] *vt* **-nanced; -nancing** : refinanciar
**refine** [rɪˈfaɪn] *vt* **-fined; -fining 1** : refinar (azúcar, petróleo, etc.) **2** PERFECT : perfeccionar, pulir
**refined** [rɪˈfaɪnd] *adj* **1** : refinado (dícese del azúcar, etc.) **2** CULTURED : culto, educado, refinado
**refinement** [rɪˈfaɪnmənt] *n* : refinamiento *m*, fineza *f*, finura *f*
**refinery** [rɪˈfaɪnəri] *n, pl* **-eries** : refinería *f*
**reflect** [rɪˈflɛkt] *vt* **1** : reflejar **2 to be reflected in** : reflejarse en **3 to reflect that** : pensar que, considerar que — *vi* **1** : reflejarse **2 to reflect on** : reflexionar sobre **3 to reflect badly on** : desacreditar, dejar mal parado
**reflection** [rɪˈflɛkʃən] *n* **1** : reflexión *f*, reflejo *m* (de la luz, de imágenes, etc.) **2** THOUGHT : reflexión *f*, meditación *f*
**reflective** [rɪˈflɛktɪv] *adj* **1** THOUGHTFUL : reflexivo, pensativo **2** : reflectante (en física)
**reflector** [rɪˈflɛktər] *n* : reflector *m*
**reflex** [ˈriːˌflɛks] *n* : reflejo *m*
**reflexive** [rɪˈflɛksɪv] *adj* : reflexivo ⟨a reflexive verb : un verbo reflexivo⟩
**reform**[1] [rɪˈfɔrm] *vt* : reformar — *vi* : reformarse
**reform**[2] *n* : reforma *f*
**reformation** [ˌrɛfərˈmeɪʃən] *n* : reforma *f* ⟨the Reformation : la Reforma⟩
**reform school** *n* : reformatorio *m*
**reformer** [rɪˈfɔrmər] *n* : reformador *m*, -dora *f*
**refract** [rɪˈfrækt] *vt* : refractar — *vi* : refractarse
**refraction** [rɪˈfrækʃən] *n* : refracción *f*
**refrain**[1] [rɪˈfreɪn] *vi* **to refrain from** : abstenerse de
**refrain**[2] *n* : estribillo *m* (en música)
**refresh** [rɪˈfrɛʃ] *vt* : refrescar ⟨to refresh one's memory : refrescarle la memoria a uno⟩
**refreshing** [rɪˈfrɛʃɪŋ] *adj* : refrescante ⟨a refreshing sleep : un sueño reparador⟩
**refreshment** [rɪˈfrɛʃmənt] *n* **1** : refresco *m* **2 refreshments** *npl* : refrigerio *m*
**refried** [ˈriːˌfraɪd] *adj* : refrito
**refrigerate** [rɪˈfrɪʤəˌreɪt] *vt* **-ated; -ating** : refrigerar
**refrigeration** [rɪˌfrɪʤəˈreɪʃən] *n* : refrigeración *f*
**refrigerator** [rɪˈfrɪʤəˌreɪtər] *n* : refrigerador *m*, -dora *f*; nevera *f*
**refuel** [rɪːˈfjuːəl] *v* **-eled** *or* **-elled; -eling** *or* **-elling** *vi* : repostar — *vt* : llenar de combustible
**refuge** [ˈrɛˌfjuːʤ] *n* : refugio *m*
**refugee** [ˌrɛfjuˈʤiː] *n* : refugiado *m*, -da *f*
**refund**[1] [rɪˈfʌnd, ˈriːˌfʌnd] *vt* : reembolsar, devolver
**refund**[2] [ˈriːˌfʌnd] *n* : reembolso *m*, devolución *f*
**refundable** [rɪˈfʌndəbəl] *adj* : reembolsable
**refurbish** [rɪˈfərbɪʃ] *vt* : renovar, restaurar
**refusal** [rɪˈfjuːzəl] *n* : negativa *f*, rechazo *m*, denegación *f* (de una petición)

**refuse¹** [rɪˈfjuːz] *vt* **-fused; -fusing** **1** REJECT : rechazar, rehusar **2** DENY : negar, rehusar, denegar ⟨to refuse permission : negar el permiso⟩ **3 to refuse to** : negarse a

**refuse²** [ˈrɛˌfjuːs, -ˌfjuːz] *n* : basura *f*, desechos *mpl*, desperdicios *mpl*

**refutation** [ˌrɛfjuˈteɪʃən] *n* : refutación *f*

**refute** [rɪˈfjuːt] *vt* **-futed; -futing** **1** DENY : desmentir, negar **2** DISPROVE : refutar, rebatir

**regain** [rɪˈgeɪn] *vt* **1** RECOVER : recuperar, recobrar **2** REACH : alcanzar ⟨to regain the shore : llegar a la tierra⟩

**regal** [ˈriːgəl] *adj* : real, regio

**regale** [rɪˈgeɪl] *vt* **-galed; -galing** **1** ENTERTAIN : agasajar, entretener **2** AMUSE, DELIGHT : deleitar, divertir

**regalia** [rɪˈgeɪljə] *n* : ropaje *m*, vestiduras *fpl*, adornos *mpl*

**regard¹** [rɪˈgɑrd] *vt* **1** OBSERVE : observar, mirar ⟨he regarded me with suspicion : me miró con recelo⟩ **2** HEED : tener en cuenta, hacer caso de **3** CONSIDER : considerar ⟨I regard her as a friend : la considero una amiga⟩ **4** RESPECT : respetar ⟨highly regarded : muy estimado⟩ **5 as regards** : en cuanto a, en lo que se refiere a

**regard²** *n* **1** CONSIDERATION : consideración *f* ⟨with no regard for : sin ninguna consideración por⟩ **2** ESTEEM : respeto *m*, estima *f* ⟨to hold someone in high regard : tener a alguien en gran estima⟩ **3** PARTICULAR : aspecto *m*, sentido *m* ⟨in this regard : en este sentido⟩ **4 regards** *npl* : saludos *mpl*, recuerdos *mpl* **5 with regard to** : con relación a, con respecto a

**regarding** [rɪˈgɑrdɪŋ] *prep* : con respecto a, en cuanto a

**regardless** [rɪˈgɑrdləs] *adv* : a pesar de todo

**regardless of** *prep* : a pesar de, sin tener en cuenta ⟨regardless of our mistakes : a pesar de nuestros errores⟩ ⟨regardless of age : sin tener en cuenta la edad⟩

**regatta** [rɪˈgɑtə] *n* : regata *f*

**regency** [ˈriːʤənt͡si] *n, pl* **-cies** : regencia *f*

**regenerate** [rɪˈʤɛnəˌreɪt] *v* **-ated; -ating** *vt* : regenerar — *vi* : regenerarse

**regeneration** [rɪˌʤɛnəˈreɪʃən] *n* : regeneración *f*

**regent** [ˈriːʤənt] *n* **1** RULER : regente *mf* **2** : miembro *m* de la junta directiva (de una universidad, etc.)

**reggae** [ˈrɛˌgeɪ, ˈreɪ-] *n* : reggae *m*

**regime** [reɪˈʒiːm, rɪ-] *n* : régimen *m*

**regimen** [ˈrɛʤəmən] *n* : régimen *m*

**regiment¹** [ˈrɛʤəˌmɛnt] *vt* : reglamentar

**regiment²** [ˈrɛʤəmənt] *n* : regimiento *m*

**region** [ˈriːʤən] *n* **1** : región *f* **2 in the region of** : alrededor de

**regional** [ˈriːʤənəl] *adj* : regional — **regionally** *adv*

**register¹** [ˈrɛʤəstər] *vt* **1** RECORD : registrar, inscribir, matricular (un vehículo) **2** INDICATE : marcar (temperatura, medidas, etc.) **3** SHOW : manifestar, acusar ⟨to register surprise : acusar sorpresa⟩ **4** : certificar (correo) — *vi* ENROLL : inscribirse, matricularse ⟨to register to vote : inscribirse para votar⟩

**register²** *n* : registro *m*

**registrar** [ˈrɛʤəˌstrɑr] *n* : registrador *m*, -dora *f* oficial

**registration** [ˌrɛʤəˈstreɪʃən] *n* **1** REGISTERING : inscripción *f*, matriculación *f*, registro *m* **2** *or* **registration number** : matrícula *f*, número *m* de matrícula

**registry** [ˈrɛʤəstri] *n, pl* **-tries** : registro *m*

**regress** [rɪˈgrɛs] *vi* : retroceder

**regression** [rɪˈgrɛʃən] *n* : retroceso *m*, regresión *f*

**regressive** [rɪˈgrɛsɪv] *adj* : regresivo

**regret¹** [rɪˈgrɛt] *vt* **-gretted; -gretting** : arrepentirse de, lamentar ⟨he regrets nothing : no se arrepiente de nada⟩ ⟨I regret to tell you : lamento decirle⟩

**regret²** *n* **1** REMORSE : arrepentimiento *m*, remordimientos *mpl* **2** SADNESS : pesar *m*, dolor *m* **3 regrets** *npl* : excusas *fpl* ⟨to send one's regrets : excusarse⟩

**regretful** [rɪˈgrɛtfəl] *adj* : arrepentido, pesaroso

**regretfully** [rɪˈgrɛtfəli] *adv* : con pesar

**regrettable** [rɪˈgrɛt̬əbəl] *adj* : lamentable — **regrettably** [-bli] *adv*

**regroup** [riˈgruːp] *vi* **1** : reagruparse **2** : tomarse un respiro (para prepararse, etc.)

**regular¹** [ˈrɛgjələr] *adj* **1** NORMAL : normal ⟨regular(-sized) : de tamaño normal⟩ ⟨at the regular time : a la hora de siempre⟩ **2** ORDINARY : normal **3** : regular ⟨a regular pace/pattern : un ritmo/dibujo regular⟩ ⟨on a regular basis : regularmente, con regularidad⟩ **4** : habitual ⟨a regular customer : un cliente habitual⟩ **5** : regular (en gramática) **6** REAL : verdadero

**regular²** *n* : cliente *mf* habitual

**regularity** [ˌrɛgjəˈlærəti] *n, pl* **-ties** : regularidad *f*

**regularly** [ˈrɛgjələrli] *adv* : regularmente, con regularidad

**regulate** [ˈrɛgjəˌleɪt] *vt* **-lated; -lating** : regular

**regulation** [ˌrɛgjəˈleɪʃən] *n* **1** REGULATING : regulación *f* **2** RULE : regla *f*, reglamento *m*, norma *f* ⟨safety regulations : reglas de seguridad⟩

**regulator** [ˈrɛgjəˌleɪtər] *n* **1** : regulador *m* (mecanismo) **2** : persona *f* que regula

**regulatory** [ˈrɛgjələˌtori] *adj* : regulador

**regurgitate** [riˈgərʤəˌteɪt] *v* **-tated; -tating** : regurgitar, vomitar

**rehabilitate** [ˌriːhəˈbɪləˌteɪt, ˌriːə-] *vt* **-tated; -tating** : rehabilitar

**rehabilitation** [ˌriːhəˌbɪləˈteɪʃən, ˌriːə-] *n* : rehabilitación *f*

**rehearsal** [rɪˈhərsəl] *n* : ensayo *m*

**rehearse** [rɪˈhərs] *v* **-hearsed; -hearsing** : ensayar

**reheat** [ˌriːˈhiːt] *vt* : recalentar

**reign¹** [ˈreɪn] *vi* **1** RULE : reinar **2** PREVAIL : reinar, predominar ⟨the reigning champion : el actual campeón⟩

**reign**[2] *n* : reinado *m*
**reimburse** [ˌriːəmˈbərs] *vt* **-bursed; -bursing** : reembolsar
**reimbursement** [ˌriːəmˈbərsmənt] *n* : reembolso *m*
**rein**[1] [ˈreɪn] *vt* : refrenar (un caballo)
**rein**[2] *n* **1** : rienda *f* ⟨to give free rein to : dar rienda suelta a⟩ **2** CHECK : control *m* ⟨to keep a tight rein on : llevar un estricto control de⟩
**reincarnation** [ˌriːɪnˌkɑrˈneɪʃən] *n* : reencarnación *f*
**reindeer** [ˈreɪnˌdɪr] *n* : reno *m*
**reinforce** [ˌriːənˈfɔrs] *vt* **-forced; -forcing** : reforzar
**reinforcement** [ˌriːənˈfɔrsmənt] *n* : refuerzo *m*
**reinstall** [ˌriːɪnˈstɔl] *vt* **-stalled; -stalling** : reinstalar
**reinstate** [ˌriːənˈsteɪt] *vt* **-stated; -stating** **1** : reintegrar, restituir (una persona) **2** RESTORE : restablecer (un servicio, etc.)
**reinstatement** [ˌriːənˈsteɪtmənt] *n* : reintegración *f*, restitución *f*, restablecimiento *m*
**reintegrate** [riˈɪntəˌgreɪt] *vt* **-ated; -ating** : reintegrar — **reintegration** [riˌɪntəˈgreɪʃən] *n*
**reintroduce** [riˌɪntrəˈduːs, -ˈdjuːs] *vt* **-duced; -ducing** : reintroducir (un animal, una política, etc.)
**reiterate** [riˈɪtəˌreɪt] *vt* **-ated; -ating** : reiterar, repetir
**reiteration** [riˌɪtəˈreɪʃən] *n* : reiteración *f*, repetición *f*
**reject**[1] [riˈdʒekt] *vt* : rechazar
**reject**[2] [ˈriːˌdʒekt] *n* : desecho *m* (cosa), persona *f* rechazada
**rejection** [riˈdʒekʃən] *n* : rechazo *m*
**rejoice** [riˈdʒɔɪs] *vi* **-joiced; -joicing** : alegrarse, regocijarse
**rejoin** [ˌriːˈdʒɔɪn] *vt* **1** : reincorporarse a, reintegrarse a ⟨he rejoined the firm : se reincorporó a la firma⟩ **2** [riˈ-] REPLY, RETORT : replicar
**rejoinder** [riˈdʒɔɪndər] *n* : réplica *f*
**rejuvenate** [riˈdʒuːvəˌneɪt] *vt* **-nated; -nating** : rejuvenecer
**rejuvenation** [riˌdʒuːvəˈneɪʃən] *n* : rejuvenecimiento *m*
**rekindle** [ˌriːˈkɪndəl] *vt* **-dled; -dling** : reavivar
**relapse**[1] [riˈlæps] *vi* **-lapsed; -lapsing** : recaer, volver a caer
**relapse**[2] [ˈriːˌlæps, riˈlæps] *n* : recaída *f*
**relate** [riˈleɪt] *v* **-lated; -lating** *vt* **1** TELL : relatar, contar **2** ASSOCIATE : relacionar, asociar ⟨to relate crime to poverty : relacionar la delincuencia con la pobreza⟩ — *vi* **1** INTERACT : relacionarse (con), llevarse bien (con) **2 relating to** : relacionado con **3 to be related (to)** : estar relacionado (con) **4 to relate to** UNDERSTAND : identificarse con, simpatizar con
**related** [riˈleɪtəd] *adj* : emparentado ⟨to be related to : ser pariente de⟩
**relation** [riˈleɪʃən] *n* **1** NARRATION : relato *m*, narración *f* **2** RELATIVE : pariente *mf*, familiar *mf* **3** RELATIONSHIP : relación *f* ⟨in relation to : en relación con, con relación a⟩ ⟨to have/bear no relation to : no tener nada que ver con⟩ **4 relations** *npl* : relaciones *fpl* ⟨public relations : relaciones públicas⟩
**relationship** [riˈleɪʃənˌʃɪp] *n* **1** CONNECTION : relación *f* **2** KINSHIP : parentesco *m*
**relative**[1] [ˈrɛlətɪv] *adj* **1** : relativo **2 relative to** CONCERNING : con relación a **3 relative to** : en comparación a — **relatively** *adv*
**relative**[2] *n* : pariente *mf*, familiar *mf*
**relativism** [ˈrɛlətɪˌvɪzəm] *n* : relativismo *m*
**relativity** [ˌrɛləˈtɪvəṭi] *n, pl* **-ties** : relatividad *f*
**relaunch** [riˈlɔntʃ] *v* : relanzar
**relax** [riˈlæks] *vt* : relajar, aflojar — *vi* : relajarse
**relaxation** [ˌriːˌlækˈseɪʃən] *n* **1** RELAXING : relajación *f* **2** DIVERSION : esparcimiento *m*, distracción *f*
**relaxing** [riˈlæksɪŋ] *adj* : relajante
**relay**[1] [ˈriːˌleɪ, riˈleɪ] *vt* **-layed; -laying** : transmitir
**relay**[2] [ˈriːˌleɪ] *n* **1** : relevo *m* **2** *or* **relay race** : carrera de relevos
**release**[1] [riˈliːs] *vt* **-leased; -leasing** **1** FREE : liberar, poner en libertad **2** LOOSEN : soltar, aflojar ⟨to release the brake : soltar el freno⟩ **3** GIVE OFF : despedir, emitir **4** DIVULGE : divulgar **5** RELINQUISH : renunciar a, ceder **6** ISSUE : publicar (un libro), estrenar (una película), sacar (un disco)
**release**[2] *n* **1** LIBERATION : liberación *f*, puesta *f* en libertad **2** RELINQUISHING : cesión *f* (de propiedad, etc.) **3** ISSUE : estreno *m* (de una película), puesta *f* en venta (de un disco), publicación *f* (de un libro) **4** ESCAPE : escape *m*, fuga *f* (de un gas)
**relegate** [ˈrɛləˌgeɪt] *vt* **-gated; -gating** : relegar
**relent** [riˈlɛnt] *vi* : ablandarse, ceder
**relentless** [riˈlɛntləs] *adj* : implacable, sin tregua
**relentlessly** [riˈlɛntləsli] *adv* : implacablemente
**relevance** [ˈrɛləvənts] *n* : pertinencia *f*, relación *f*
**relevant** [ˈrɛləvənt] *adj* : pertinente — **relevantly** *adv*
**reliability** [riˌlaɪəˈbɪləṭi] *n, pl* **-ties** **1** : fiabilidad *f*, seguridad *f* (de una cosa) **2** : formalidad *f*, seriedad *f* (de una persona)
**reliable** [riˈlaɪəbəl] *adj* : confiable, fiable, fidedigno, seguro
**reliably** [riˈlaɪəbli] *adv* : sin fallar ⟨to be reliably informed : saber (algo) de fuentes fidedignas⟩
**reliance** [riˈlaɪənts] *n* **1** DEPENDENCE : dependencia *f* **2** CONFIDENCE : confianza *f*
**reliant** [riˈlaɪənt] *adj* : dependiente
**relic** [ˈrɛlɪk] *n* **1** : reliquia *f* **2** VESTIGE : vestigio *m*
**relief** [riˈliːf] *n* **1** : alivio *m*, desahogo *m*

⟨what a relief! : ¡qué alivio!⟩ ⟨pain relief : alivio del dolor⟩ **2** AID, WELFARE : ayuda *f* (benéfica), asistencia *f* social **3** : relieve *m* ⟨relief map : mapa en relieve⟩ **4** REPLACEMENT : relevo *m*

**relieve** [rɪˈliːv] *vt* **-lieved; -lieving** **1** ALLEVIATE : aliviar, mitigar ⟨to feel relieved : sentirse aliviado⟩ **2** FREE : liberar **3** EXEMPT : eximir **4** REPLACE : relevar (a un centinela, etc.) **5** BREAK : romper ⟨to relieve the monotony : romper la monotonía⟩ **6 to relieve someone of** : relevar a alguien de (su cargo, etc.)

**religion** [rɪˈlɪdʒən] *n* : religión *f*

**religious** [rɪˈlɪdʒəs] *adj* : religioso — **religiously** *adv*

**relinquish** [rɪˈlɪŋkwɪʃ, -ˈlɪn-] *vt* **1** GIVE UP : renunciar a, abandonar **2** RELEASE : soltar

**relish**[1] [ˈrɛlɪʃ] *vt* : saborear (comida), disfrutar con (un reto, etc.) ⟨I don't relish the idea : no me entusiasma la idea⟩

**relish**[2] *n* **1** ENJOYMENT : gusto *m*, deleite *m* **2** : salsa *f* de pepinillos en vinagre

**relive** [ˌriːˈlɪv] *vt* **-lived; -living** : revivir

**reload** [ˌriːˈloːd] *vt* : recargar

**relocate** [ˌriːˈloːˌkeɪt, ˌriːloˈkeɪt] *v* **-cated; -cating** *vt* : reubicar, trasladar — *vi* : trasladarse

**relocation** [ˌriːloˈkeɪʃən] *n* : reubicación *f*, traslado *m*

**reluctance** [rɪˈlʌktənts] *n* : renuencia *f*, reticencia *f*, desgana *f*

**reluctant** [rɪˈlʌktənt] *adj* : renuente, reacio, reticente

**reluctantly** [rɪˈlʌktəntli] *adv* : a regañadientes

**rely** [rɪˈlaɪ] *vi* **-lied; -lying** **1** DEPEND : depender (de), contar (con) **2** TRUST : confiar (en)

**remain** [rɪˈmeɪn] *vi* **1** : quedar ⟨very little remains : queda muy poco⟩ ⟨the remaining 10 minutes : los 10 minutos que quedan⟩ **2** STAY : quedarse, permanecer **3** CONTINUE : seguir, continuar ⟨to remain the same : seguir siendo igual⟩ **4 to remain to** : quedar por ⟨to remain to be done : quedar por hacer⟩ ⟨it remains to be seen : está por ver⟩

**remainder** [rɪˈmeɪndər] *n* : resto *m*, remanente *m*

**remains** [rɪˈmeɪnz] *npl* : restos *mpl* ⟨mortal remains : restos mortales⟩

**remake**[1] [rɪːˈmeɪk] *vt* **-made; -making** **1** TRANSFORM : rehacer **2** : hacer una nueva versión de (una película, etc.)

**remake**[2] [ˈriːˌmeɪk] *n* : nueva versión *f*

**remand** [rɪˈmænd] *vt* **1** : devolver (un juicio) a otro tribunal **2 to remand someone into custody** : dictarle a alguien la prisión preventiva

**remark**[1] [rɪˈmɑrk] *vt* **1** NOTICE : observar **2** SAY : comentar, observar — *vi* **to remark on** : hacer observaciones sobre

**remark**[2] *n* : comentario *m*, observación *f*

**remarkable** [rɪˈmɑrkəbəl] *adj* : extraordinario, notable — **remarkably** [-bli] *adv*

**remarry** [ˌriːˈmæri] *v* **-ried; -rying** *vi* : volver a casarse — *vt* : volver a casarse con

**rematch** [ˈriːˌmætʃ] *n* : revancha *f*

**remedial** [rɪˈmiːdiəl] *adj* : correctivo ⟨remedial classes : clases para alumnos atrasados⟩

**remedy**[1] [ˈrɛmədi] *vt* **-died; -dying** : remediar

**remedy**[2] *n, pl* **-dies** : remedio *m*, medicamento *m*

**remember** [rɪˈmɛmbər] *vt* **1** RECOLLECT : acordarse de, recordar **2** : no olvidar ⟨remember my words : no olvides mis palabras⟩ ⟨to remember to : acordarse de⟩ **3** : dar saludos, dar recuerdos ⟨remember me to her : dale saludos de mi parte⟩ **4** COMMEMORATE : recordar, conmemorar

**remembrance** [rɪˈmɛmbrənts] *n* **1** RECOLLECTION : recuerdo *m* ⟨in remembrance of : en conmemoración de⟩ **2** MEMENTO : recuerdo *m*

**remind** [rɪˈmaɪnd] *vt* : recordar ⟨remind me to do it : recuérdame que lo haga⟩ ⟨she reminds me of Clara : me recuerda de Clara⟩

**reminder** [rɪˈmaɪndər] *n* : recuerdo *m*

**reminisce** [ˌrɛməˈnɪs] *vi* **-nisced; -niscing** : rememorar los viejos tiempos

**reminiscence** [ˌrɛməˈnɪsənts] *n* : recuerdo *m*, reminiscencia *f*

**reminiscent** [ˌrɛməˈnɪsənt] *adj* **1** NOSTALGIC : nostálgico **2** SUGGESTIVE : evocador, que recuerda — **reminiscently** *adv*

**remiss** [rɪˈmɪs] *adj* : negligente, descuidado, remiso

**remission** [rɪˈmɪʃən] *n* : remisión *f*

**remit** [rɪˈmɪt] *vt* **-mitted; -mitting** **1** PARDON : perdonar **2** SEND : remitir, enviar (dinero)

**remittance** [rɪˈmɪtənts] *n* : remesa *f*

**remnant** [ˈrɛmnənt] *n* : restos *mpl*, vestigio *m*

**remodel** [rɪˈmɑdəl] *vt* **-eled** *or* **-elled; -eling** *or* **-elling** : remodelar, reformar

**remonstrate** [rɪˈmɑnˌstreɪt] *vi* **-strated; -strating** : protestar ⟨to remonstrate with someone : quejarse a alguien⟩

**remorse** [rɪˈmɔrs] *n* : remordimiento *m*

**remorseful** [rɪˈmɔrsfəl] *adj* : arrepentido, lleno de remordimiento

**remorseless** [rɪˈmɔrsləs] *adj* **1** PITILESS : despiadado **2** RELENTLESS : implacable

**remote**[1] [rɪˈmoːt] *adj* **remoter; -est** **1** FAR-OFF : lejano, remoto ⟨remote countries : países remotos⟩ ⟨in the remote past : en el pasado lejano⟩ **2** SECLUDED : recóndito **3** : a distancia, remoto **4** SLIGHT : remoto **5** ALOOF : distante

**remote**[2] *or* **remote control** *n* : control *m* remoto

**remote–controlled** *adj* : teledirigido

**remotely** [rɪˈmoːtli] *adv* **1** SLIGHTLY : remotamente **2** DISTANTLY : en un lugar remoto, muy lejos

**remoteness** [rɪˈmoːtnəs] *n* : lejanía *f*

**removable** [rɪˈmuːvəbəl] *adj* : removible

**removal** [rɪˈmuːvəl] *n* : separación *f*, extracción *f*, supresión *f* (en algo escrito), eliminación *f* (de problemas, etc.)

**remove** [rɪˈmuːv] *vt* **-moved; -moving** **1** : quitar, quitarse ⟨remove the lid : quite la tapa⟩ ⟨to remove one's hat : quitarse el sombrero⟩ **2** EXTRACT : sacar, extraer ⟨to remove the contents of : sacar el contenido de⟩ **3** ELIMINATE : eliminar, disipar

**remover** [rɪˈmuːvər] *n* **1 nail polish remover** : quitaesmalte *m* **2 stain remover** : quitamanchas *m*

**remunerate** [rɪˈmjuːnəˌreɪt] *vt* **-ated; -ating** : remunerar

**remuneration** [rɪˌmjuːnəˈreɪʃən] *n* : remuneración *f*

**renaissance** [ˌrɛnəˈsɑnts, -ˈzɑnts;, ˈrɛnəˌ-] *n* : renacimiento *m* ⟨the Renaissance : el Renacimiento⟩

**renal** [ˈriːnəl] *adj* : renal

**rename** [ˌriːˈneɪm] *vt* **-named; -naming** : ponerle un nombre nuevo a

**rend** [ˈrɛnd] *vt* **rent** [ˈrɛnt]; **rending** : desgarrar

**render** [ˈrɛndər] *vt* **1** : derretir (manteca, etc.) **2** GIVE : prestar, dar ⟨to render aid : prestar ayuda⟩ **3** MAKE : hacer, volver, dejar ⟨it rendered him helpless : lo dejó incapacitado⟩ **4** TRANSLATE : traducir, verter ⟨to render into English : traducir al inglés⟩

**rendezvous** [ˈrɑndɪˌvuː, -deɪ-] *ns & pl* : encuentro *m*, cita *f*

**rendition** [rɛnˈdɪʃən] *n* : interpretación *f*

**renegade** [ˈrɛnɪˌgeɪd] *n* : renegado *m*, -da *f*

**renege** [rɪˈnɪg, -ˈnɛg] *vi* **-neged; -neging** **to renege on** : incumplir, no cumplir (una promesa, etc.)

**renew** [rɪˈnuː, -ˈnjuː] *vt* **1** REVIVE : renovar (esperanzas, etc.) **2** RESUME : reanudar **3** EXTEND : renovar ⟨to renew a subscription : renovar una suscripción⟩

**renewable** [rɪˈnuːəbəl, -ˈnjuː-] *adj* : renovable

**renewal** [rɪˈnuːəl, -ˈnjuː-] *n* : renovación *f*

**renounce** [rɪˈnaʊnts] *vt* **-nounced; -nouncing** : renunciar a

**renovate** [ˈrɛnəˌveɪt] *vt* **-vated; -vating** : restaurar, renovar

**renovation** [ˌrɛnəˈveɪʃən] *n* : restauración *f*, renovación *f*

**renown** [rɪˈnaʊn] *n* : renombre *m*, fama *f*, celebridad *f*

**renowned** [rɪˈnaʊnd] *adj* : renombrado, célebre, famoso

**rent**[1] [ˈrɛnt] *vt* : rentar, alquilar

**rent**[2] *n* **1** : renta *f*, alquiler *m* ⟨for rent : se alquila⟩ **2** RIP : rasgadura *f*

**rental**[1] [ˈrɛntəl] *adj* RENT : de alquiler

**rental**[2] *n* : alquiler *m*

**renter** [ˈrɛntər] *n* : arrendatario *m*, -ria *f*

**renunciation** [rɪˌnʌntsiˈeɪʃən] *n* : renuncia *f*

**reopen** [ˌriːˈoːpən] *vt* : volver a abrir

**reorganization** [ˌriːˌɔrgənəˈzeɪʃən] *n* : reorganización *f*

**reorganize** [ˌriːˈɔrgənˌaɪz] *vt* **-nized; -nizing** : reorganizar

**rep** [ˈrɛp] *n* → **representative**[2]

**repair**[1] [rɪˈpɛr] *vt* : reparar, arreglar, refaccionar

**repair**[2] *n* **1** : reparación *f*, arreglo *m* **2** CONDITION : estado *m* ⟨in bad repair : en mal estado⟩

**repairman** [rɪˈpɛrˌmæn, -mən] *n, pl* **-men** [-mən, -ˌmɛn] : mecánico *m*, técnico *m*

**reparation** [ˌrɛpəˈreɪʃən] *n* **1** AMENDS : reparación *f* **2 reparations** *npl* COMPENSATION : indemnización *f*

**repartee** [ˌrɛpərˈtiː, -ˌpɑr-, -ˈtɛɪ] *n* : intercambio *m* de réplicas ingeniosas

**repast** [rɪˈpæst, ˈriːˌpæst] *n* : comida *f*

**repatriate** [rɪˈpeɪtriˌeɪt] *vt* **-ated; -ating** : repatriar

**repay** [riˈpeɪ] *vt* **-paid; -paying** **1** : pagar (una deuda), devolver (dinero) **2** : pagar (un favor)

**repayment** [riˈpeɪmənt] *n* : pago *m*

**repeal**[1] [rɪˈpiːl] *vt* : abrogar, revocar

**repeal**[2] *n* : abrogación *f*, revocación *f*

**repeat**[1] [rɪˈpiːt] *vt* : repetir

**repeat**[2] *n* : repetición *f*

**repeatedly** [rɪˈpiːtəd̬li] *adv* : repetidamente, repetidas veces

**repel** [rɪˈpɛl] *vt* **-pelled; -pelling** **1** REPULSE : repeler (un enemigo, etc.) **2** RESIST : repeler **3** REJECT : rechazar, repeler **4** DISGUST : repugnar, darle asco (a alguien)

**repellent** *or* **repellant** [rɪˈpɛlənt] *n* : repelente *m*

**repent** [rɪˈpɛnt] *vi* : arrepentirse

**repentance** [rɪˈpɛntənts] *n* : arrepentimiento *m*

**repentant** [rɪˈpɛntənt] *adj* : arrepentido

**repercussion** [ˌriːpərˈkʌʃən, ˌrɛpər-] *n* : repercusión *f*

**repertoire** [ˈrɛpərˌtwɑr] *n* : repertorio *m*

**repertory** [ˈrɛpərˌtori] *n, pl* **-ries** : repertorio *m*

**repetition** [ˌrɛpəˈtɪʃən] *n* : repetición *f*

**repetitious** [ˌrɛpəˈtɪʃəs] *adj* : repetitivo, reiterativo — **repetitiously** *adv*

**repetitive** [rɪˈpɛt̬ɪtɪv] *adj* : repetitivo, reiterativo

**repetitive stress** *or* **repetitive strain** *n* : esfuerzo *m* repetitivo ⟨repetitive stress injury : lesión por esfuerzo repetitivo⟩

**rephrase** [rɪˈfreɪz] *vt* **-phrased; -phrasing** REWORD : expresar de otra forma

**replace** [rɪˈpleɪs] *vt* **-placed; -placing** **1** : volver a poner (en un lugar) **2** SUBSTITUTE : reemplazar, sustituir **3** : reponer ⟨to replace the worn carpet : reponer la alfombra raída⟩

**replaceable** [rɪˈpleɪsəbəl] *adj* : reemplazable

**replacement** [rɪˈpleɪsmənt] *n* **1** SUBSTITUTION : reemplazo *m*, sustitución *f* **2** SUBSTITUTE : sustituto *m*, -ta *f*; suplente *mf* (persona) **3 replacement part** : repuesto *m*, pieza *f* de recambio

**replay**[1] [riˈpleɪ] *vt* **1** : volver a poner (un video, etc.) **2** : volver a jugar (un partido)

**replay**[2] [ˈriːˌpleɪ] *n* : repetición *f*

**replenish** [rɪˈplɛnɪʃ] *vt* : rellenar, llenar de nuevo

**replenishment** [rɪˈplɛnɪʃmənt] *n* : reabastecimiento *m*

**replete** [rɪˈpliːt] *adj* : repleto, lleno

**replica** [ˈrɛplɪkə] *n* : réplica *f*, reproducción *f*
**replicate** [ˈrɛpləˌkeɪt] *v* **-cated; -cating** *vt* : duplicar, repetir — *vi* : duplicarse
**replication** [ˌrɛpləˈkeɪʃən] *n* **1** REPRODUCTION : reproducción *f* **2** REPETITION : repetición *f* **3** : replicación *f* (celular)
**reply**[1] [rɪˈplaɪ] *vi* **-plied; -plying** : contestar, responder
**reply**[2] *n, pl* **-plies** : respuesta *f*, contestación *f*
**report**[1] [rɪˈport] *vt* **1** : informar sobre (una noticia, etc.) **2** ANNOUNCE : anunciar **3** : decir, afirmar ⟨35% reported having voted : el 35% dijo haber votado⟩ **4** : dar parte de, reportar (un accidente, etc.), denunciar (un delito) — *vi* **1** : informar ⟨to report on : informar sobre⟩ **2 to report back** RETURN : volver (a la base, etc.) **3 to report back** : dar parte (a un jefe) **4 to report for duty** : presentarse, reportarse **5 to report to someone** : reportar a alguien
**report**[2] *n* **1** ACCOUNT : informe *m*, reportaje *m* (en un periódico, etc.) **2** RUMOR : rumor *m* **3** BANG : estallido *m* (de un arma de fuego)
**report card** *n* : boletín *m* de calificaciones, boletín *m* de notas, boleta *f* de calificaciones *Mex*
**reportedly** [rɪˈportəd̬li] *adv* : según se dice, según se informa
**reporter** [rɪˈportər] *n* : periodista *mf*; reportero *m*, -ra *f*
**repose**[1] [rɪˈpoːz] *vi* **-posed; -posing** : reposar, descansar
**repose**[2] *n* **1** : reposo *m*, descanso *m* **2** CALM : calma *f*, tranquilidad *f*
**repository** [rɪˈpɑzəˌtori] *n, pl* **-ries** : depósito *m*
**repossess** [ˌriːpəˈzɛs] *vt* : recuperar, recobrar la posesión de
**repost** [riˈpoːst] *vt* : repostear
**reprehensible** [ˌrɛprɪˈhɛnsəbəl] *adj* : reprensible — **reprehensibly** [-bli] *adv*
**represent** [ˌrɛprɪˈzɛnt] *vt* **1** SYMBOLIZE, EXEMPLIFY : representar **2** CONSTITUTE : representar **3** : representar (a un cliente, etc.), ser un representante de (una compañía, etc.) **4** PORTRAY : presentar ⟨he represents himself as a friend : se presenta como amigo⟩
**representation** [ˌrɛprɪˌzɛnˈteɪʃən, -zən-] *n* : representación *f*
**representative**[1] [ˌrɛprɪˈzɛntət̬ɪv] *adj* : representativo
**representative**[2] *n* **1** : representante *mf* **2** : diputado *m*, -da *f* (en la política)
**repress** [rɪˈprɛs] *vt* : reprimir
**repression** [rɪˈprɛʃən] *n* : represión *f*
**repressive** [rɪˈprɛsɪv] *adj* : represivo
**reprieve**[1] [rɪˈpriːv] *vt* **-prieved; -prieving** : indultar
**reprieve**[2] *n* : indulto *m*
**reprimand**[1] [ˈrɛprəˌmænd] *vt* : reprender
**reprimand**[2] *n* : reprimenda *f*
**reprint**[1] [riˈprɪnt] *vt* : reimprimir
**reprint**[2] [ˈriːˌprɪnt, riˈprɪnt] *n* : reedición *f*
**reprisal** [rɪˈpraɪzəl] *n* : represalia *f*
**reproach**[1] [rɪˈproːt͡ʃ] *vt* : reprochar
**reproach**[2] *n* **1** DISGRACE : deshonra *f* **2** REBUKE : reproche *m*, recriminación *f*
**reproachful** [rɪˈproːt͡ʃfəl] *adj* : de reproche
**reproduce** [ˌriːprəˈduːs, -ˈdjuːs] *v* **-duced; -ducing** *vt* : reproducir — *vi* BREED : reproducirse
**reproduction** [ˌriːprəˈdʌkʃən] *n* : reproducción *f*
**reproductive** [ˌriːprəˈdʌkt̬ɪv] *adj* : reproductor
**reproof** [rɪˈpruːf] *n* : reprobación *f*, reprimenda *f*, reproche *m*
**reprove** [rɪˈpruːv] *vt* **-proved; -proving** : reprender, censurar
**reptile** [ˈrɛpˌt̬aɪl] *n* : reptil *m*
**reptilian** [rɛpˈt̬ɪliən] *n* : reptil
**republic** [rɪˈpʌblɪk] *n* : república *f*
**republican**[1] [rɪˈpʌblɪkən] *adj* : republicano
**republican**[2] *n* : republicano *m*, -na *f* — **Republicanism** [rɪˈpʌblɪkəˌnɪzəm] *n*
**repudiate** [rɪˈpjuːdiˌeɪt] *vt* **-ated; -ating** **1** REJECT : rechazar **2** DISOWN : repudiar, renegar de
**repudiation** [rɪˌpjuːdiˈeɪʃən] *n* : rechazo *m*, repudio *m*
**repugnance** [rɪˈpʌgnənt͡s] *n* : repugnancia *f*
**repugnant** [rɪˈpʌgnənt] *adj* : repugnante, asqueroso
**repulse**[1] [rɪˈpʌls] *vt* **-pulsed; -pulsing** **1** REPEL : repeler **2** REBUFF : desairar, rechazar
**repulse**[2] *n* : rechazo *m*
**repulsive** [rɪˈpʌlsɪv] *adj* : repulsivo, repugnante, asqueroso — **repulsively** *adv*
**reputable** [ˈrɛpjət̬əbəl] *adj* : acreditado, de buena reputación
**reputation** [ˌrɛpjəˈt̬eɪʃən] *n* : reputación *f*, fama *f*
**repute** [rɪˈpjuːt] *n* : reputación *f*, fama *f*
**reputed** [rɪˈpjuːt̬əd] *adj* : reputado, supuesto ⟨she's reputed to be the best : tiene fama de ser la mejor⟩
**reputedly** [rɪˈpjuːt̬ədli] *adv* : supuestamente, según se dice
**request**[1] [rɪˈkwɛst] *vt* : pedir, solicitar, rogar ⟨to request information : solicitar/pedir información⟩ ⟨as requested : conforme a lo solicitado⟩
**request**[2] *n* : petición *f*, solicitud *f*, pedido *m*
**requiem** [ˈrɛkwiəm, ˈrɛɪ-] *n* : réquiem *m*
**require** [rɪˈkwaɪr] *vt* **-quired; -quiring** **1** CALL FOR, DEMAND : requerir, exigir ⟨if required : si se requiere⟩ ⟨to require that something be done : exigir que algo se haga⟩ **2** NEED : necesitar, requerir
**requirement** [rɪˈkwaɪrmənt] *n* **1** NECESSITY : necesidad *f* **2** DEMAND : requisito *m*, demanda *f*
**requisite**[1] [ˈrɛkwəzɪt] *adj* : esencial, necesario
**requisite**[2] *n* : requisito *m*, necesidad *f*
**requisition**[1] [ˌrɛkwəˈzɪʃən] *vt* : requisar
**requisition**[2] *n* : requisa *f*
**reread** [ˌriːˈriːd] *vt* **-read** [-ˈrɛd]; **-reading** : releer
**reroute** [ˌriːˈruːt, -ˈraʊt] *vt* **-routed; -routing** : desviar

**rerun**[1] [riˈrʌn] *vt* **-ran; -run; -running** : reponer (un programa televisivo)

**rerun**[2] [ˈriːˌrʌn] *n* **1** : reposición *f* (de un programa televisivo) **2** REPEAT : repetición *f*

**resale** [ˈriːˌseɪl, ˌriːˈseɪl] *n* : reventa *f*

**reschedule** [riˈskɛˌdʒuːl, -ʤəl, esp Brit -ˈʃɛdˌjuːl] *vt* **-duled; -duling** : cambiar la hora/fecha de (una cita, etc.)

**rescind** [rɪˈsɪnd] *vt* **1** CANCEL : rescindir, cancelar **2** REPEAL : abrogar, revocar

**rescue**[1] [ˈrɛsˌkjuː] *vt* **-cued; -cuing** : rescatar, salvar

**rescue**[2] *n* : rescate *m*

**rescuer** [ˈrɛsˌkjuːər] *n* : salvador *m*, -dora *f*

**research**[1] [rɪˈsərtʃ, ˈriːˌsərtʃ] *v* : investigar

**research**[2] *n* : investigación *f*

**researcher** [rɪˈsərtʃər, ˈriːˌ-] *n* : investigador *m*, -dora *f*

**resell** [riˈsɛl] *vt* **-sold** [-ˈsoːld]; **-selling** : revender

**resemblance** [rɪˈzɛmbləns] *n* : semejanza *f*, parecido *m*

**resemble** [rɪˈzɛmbəl] *vt* **-sembled; -sembling** : parecerse a, asemejarse a

**resent** [rɪˈzɛnt] *vt* : molestarse por (algo), ofenderse por (algo), guardarle rencor a (alguien)

**resentful** [rɪˈzɛntfəl] *adj* : resentido, rencoroso — **resentfully** *adv*

**resentment** [rɪˈzɛntmənt] *n* : resentimiento *m*

**reservation** [ˌrɛzərˈveɪʃən] *n* **1** : reservación *f*, reserva *f* ⟨to make a reservation : hacer una reservación⟩ **2** DOUBT, MISGIVING : reserva *f*, duda *f* ⟨without reservations : sin reservas⟩ **3** : reserva *f* (de indios americanos)

**reserve**[1] [rɪˈzərv] *vt* **-served; -serving** : reservar

**reserve**[2] *n* **1** STOCK : reserva *f* ⟨to keep in reserve : guardar en reserva⟩ **2** RESTRAINT : reserva *f*, moderación *f* **3 reserves** *npl* : reservas *fpl* (militares)

**reserved** [rɪˈzərvd] *adj* : reservado

**reservoir** [ˈrɛzərˌvwɑr, -ˌvwɔr, -ˌvɔr] *n* : embalse *m*

**reset** [ˌriːˈsɛt] *vt* **-set; -setting** : poner en hora (un reloj), poner a cero (un temporizador), reiniciar (una computadora), borrar (una contraseña)

**reside** [rɪˈzaɪd] *vi* **-sided; -siding** **1** DWELL : residir **2** LIE : radicar, residir ⟨the power resides in the presidency : el poder radica en la presidencia⟩

**residence** [ˈrɛzədənts] *n* : residencia *f*

**resident**[1] [ˈrɛzədənt] *adj* : residente

**resident**[2] *n* : residente *mf*

**residential** [ˌrɛzəˈdɛnʃəl] *adj* : residencial

**residual** [rɪˈzɪʤuəl] *adj* : residual

**residue** [ˈrɛzəˌduː, -ˌdjuː] *n* : residuo *m*, resto *m*

**resign** [rɪˈzaɪn] *vt* **1** QUIT : dimitir, renunciar **2 to resign oneself** : aguantarse, resignarse

**resignation** [ˌrɛzɪgˈneɪʃən] *n* : resignación *f*

**resilience** [rɪˈzɪljənts] *n* **1** : capacidad *f* de recuperación, adaptabilidad *f* **2** ELASTICITY : elasticidad *f*

**resiliency** [rɪˈzɪljənts] → **resilience**

**resilient** [rɪˈzɪljənt] *adj* **1** STRONG : resistente, fuerte **2** ELASTIC : elástico

**resin** [ˈrɛzən] *n* : resina *f*

**resist** [rɪˈzɪst] *vt* **1** : resistir (el calor, la tentación, etc.) **2** OPPOSE : oponerse a — *vi* **1** OPPOSE : resistir **2** : resistirse ⟨I couldn't resist : no me pude resistir⟩

**resistance** [rɪˈzɪstənts] *n* : resistencia *f*

**resistant** [rɪˈzɪstənt] *adj* : resistente

**resolute** [ˈrɛzəˌluːt] *adj* : firme, resuelto, decidido

**resolutely** [ˈrɛzəˌluːtli, ˌrɛzəˈ-] *adv* : resueltamente, firmemente

**resolution** [ˌrɛzəˈluːʃən] *n* **1** SOLUTION : solución *f* **2** RESOLVE : resolución *f*, determinación *f* **3** DECISION : propósito *m*, decisión *f* ⟨New Year's resolutions : propósitos para el Año Nuevo⟩ **4** MOTION, PROPOSAL : moción *f*, resolución *f* (legislativa)

**resolve**[1] [rɪˈzɑlv] *vt* **-solved; -solving** **1** SOLVE : resolver, solucionar **2** DECIDE : resolver ⟨she resolved to get more sleep : resolvió dormir más⟩

**resolve**[2] *n* : resolución *f*, determinación *f*

**resonance** [ˈrɛzənənts] *n* : resonancia *f*

**resonant** [ˈrɛzənənt] *adj* : resonante

**resort**[1] [rɪˈzɔrt] *vi* **to resort to** : recurrir a ⟨to resort to force : recurrir a la fuerza⟩

**resort**[2] *n* **1** RECOURSE : recurso *m* ⟨as a last resort : como último recurso⟩ **2** HANGOUT : lugar *m* popular, lugar *m* muy frecuentado **3** : lugar *m* de vacaciones ⟨tourist resort : centro turístico⟩

**resound** [rɪˈzaʊnd] *vi* : retumbar, resonar

**resounding** [rɪˈzaʊndɪŋ] *adj* **1** RESONANT : resonante **2** ABSOLUTE, CATEGORICAL : rotundo, tremendo ⟨a resounding success : un éxito rotundo⟩

**resource** [ˈriːˌsɔrs, riˈsɔrs] *n* **1** RESOURCEFULNESS : ingenio *m*, recursos *mpl* **2 resources** *npl* : recursos *mpl* ⟨natural resources : recursos naturales⟩ **3 resources** *npl* MEANS : recursos *mpl*, medios *mpl*, fondos *mpl*

**resourceful** [rɪˈsɔrsfəl, -ˈzɔrs-] *adj* : ingenioso

**resourcefulness** [riˈsɔrsfəlnəs, -ˈzɔrs-] *n* : ingenio *m*, recursos *mpl*, inventiva *f*

**respect**[1] [rɪˈspɛkt] *vt* : respetar, estimar

**respect**[2] *n* **1** REFERENCE : relación *f*, respecto *m* ⟨with respect to : en lo que respecta a⟩ **2** ESTEEM : respeto *m* **3** DETAIL, PARTICULAR : aspecto *m*, sentido *m*, respecto *m* ⟨in some respects : en algunos aspectos⟩ ⟨in this/that respect : en este/ese sentido⟩ **4 respects** *npl* : respetos *mpl* ⟨to pay one's respects : presentar uno sus respetos⟩

**respectability** [rɪˌspɛktəˈbɪləti] *n* : respetabilidad *f*

**respectable** [rɪˈspɛktəbəl] *adj* **1** PROPER : respetable, decente **2** CONSIDERABLE : considerable, respetable ⟨a respectable amount : una cantidad respetable⟩ — **respectably** [-bli] *adv*

**respectful** [rɪˈspɛktfəl] *adj* : respetuoso — **respectfully** *adv*
**respectfulness** [rɪˈspɛktfəlnəs] *n* : respetuosidad *f*
**respective** [rɪˈspɛktɪv] *adj* : respectivo ⟨their respective homes : sus casas respectivas⟩ — **respectively** *adv*
**respiration** [ˌrɛspəˈreɪʃən] *n* : respiración *f*
**respirator** [ˈrɛspəˌreɪtər] *n* : respirador *m*
**respiratory** [ˈrɛspərəˌtori, rɪˈspaɪrə-] *adj* : respiratorio
**respite** [ˈrɛspɪt, rɪˈspaɪt] *n* : respiro *m*, tregua *f*
**resplendent** [rɪˈsplɛndənt] *adj* : resplandeciente — **resplendently** *adv*
**respond** [rɪˈspɑnd] *vi* **1** ANSWER : contestar, responder **2** REACT : responder, reaccionar ⟨to respond to treatment : responder al tratamiento⟩
**response** [rɪˈspɑnts] *n* : respuesta *f*
**responsibility** [rɪˌspɑnsəˈbɪləṭi] *n, pl* **-ties** : responsabilidad *f*
**responsible** [rɪˈspɑnsəbəl] *adj* **1** : responsable **2 to be responsible for** CAUSE : ser el/la responsable de (dícese de una persona), ser la causa de **3 to be responsible for** MANAGE : ser responsable de (algo), tener (a alguien) a su cargo **4 to be responsible to** : ser responsable ante **5 to hold someone responsible for** : hacer responsable a alguien de — **responsibly** [-bli] *adv*
**responsive** [rɪˈspɑntsɪv] *adj* **1** ANSWERING : que responde **2** SENSITIVE : sensible, receptivo
**responsiveness** [rɪˈspɑntsɪvnəs] *n* : receptividad *f*, sensibilidad *f*
**rest**[1] [ˈrɛst] *vi* **1** : descansar ⟨to rest comfortably : descansar cómodamente⟩ **2** STOP : pararse, detenerse **3** DEPEND : basarse (en), descansar (sobre), depender (de) ⟨the decision rests with her : la decisión pesa sobre ella⟩ **4 to rest easy** : quedarse tranquilo **5 to rest on** : apoyarse en, descansar sobre ⟨to rest on one's arm : apoyarse en el brazo⟩ — *vt* **1** RELAX : descansar **2** SUPPORT : apoyar **3 to rest one's eyes on** : fijar la mirada en
**rest**[2] *n* **1** RELAXATION : descanso *m*, reposo *m* ⟨to get some rest : descansar⟩ **2** BREAK : descanso *m* **3** SUPPORT : soporte *m*, apoyo *m* **4** : silencio *m* (en música) **5** REMAINDER : resto *m* ⟨the rest (of us/them) : los demás⟩ **6 to come to rest** : pararse
**rest area** → **rest stop**
**restart** [rɪˈstɑrt] *vt* **1** : volver a empezar **2** RESUME : reanudar **3** : volver a arrancar (un motor), reiniciar (una computadora) — *vi* **1** : reanudarse **2** : volver a arrancar
**restate** [ˌriːˈsteɪt] *vt* **-stated; -stating** : replantear (una pregunta, etc.), repetir
**restatement** [ˌriːˈsteɪtmənt] *n* : repetición *f*
**restaurant** [ˈrɛstəˌrɑnt, -rənt] *n* : restaurante *m*
**restful** [ˈrɛstfəl] *adj* **1** RELAXING : relajante **2** PEACEFUL : tranquilo, sosegado
**rest home** → **nursing home**
**restitution** [ˌrɛstəˈtuːʃən, -ˈtjuː-] *n* : restitución *f*
**restive** [ˈrɛstɪv] *adj* : inquieto, nervioso
**restless** [ˈrɛstləs] *adj* **1** FIDGETY : inquieto, agitado **2** IMPATIENT : impaciente **3** SLEEPLESS : desvelado ⟨a restless night : una noche en blanco⟩
**restlessly** [ˈrɛstləsli] *adv* : nerviosamente
**restlessness** [ˈrɛstləsnəs] *n* : inquietud *f*, agitación *f*
**restoration** [ˌrɛstəˈreɪʃən] *n* : restauración *f*, restablecimiento *m*
**restore** [rɪˈstor] *vt* **-stored; -storing** **1** RETURN, GIVE BACK : devolver, restituir **2** REESTABLISH : restablecer (el orden, etc.), recuperar (la confianza, la salud, etc.), restaurar (una monarquía, etc.) **3** REPAIR : restaurar
**restrain** [rɪˈstreɪn] *vt* **1** : refrenar, contener **2 to restrain oneself** : contenerse
**restrained** [rɪˈstreɪnd] *adj* : comedido, templado, contenido
**restraint** [rɪˈstreɪnt] *n* **1** RESTRICTION : restricción *f*, limitación *f*, control *m* **2** CONFINEMENT : encierro *m* **3** RESERVE : reserva *f*, control *m* de sí mismo
**restrict** [rɪˈstrɪkt] *vt* : restringir, limitar, constreñir
**restricted** [rɪˈstrɪktəd] *adj* **1** LIMITED : limitado, restringido **2** CLASSIFIED : secreto, confidencial
**restriction** [rɪˈstrɪkʃən] *n* : restricción *f*
**restrictive** [rɪˈstrɪktɪv] *adj* : restrictivo — **restrictively** *adv*
**restroom** [ˈrɛstˌruːm, -ˌrʊm] *n* : servicios *mpl*, baño *m*
**restructure** [rɪˈstrʌktʃər] *vt* **-tured; -turing** : reestructurar
**rest stop** *n* : área *f* de descanso (en una carretera)
**result**[1] [rɪˈzʌlt] *vi* : resultar ⟨to result in : resultar en, tener por resultado⟩ ⟨to result from : resultar de⟩
**result**[2] *n* : resultado *m*, consecuencia *f* ⟨as a result of : como consecuencia de⟩
**resultant** [rɪˈzʌlṭənt] *adj* : resultante
**resume** [rɪˈzuːm] *v* **-sumed; -suming** *vt* : reanudar — *vi* : reanudarse
**résumé** *or* **resume** *or* **resumé** [ˈrɛzəˌmeɪ, ˌrɛzəˈ-] *n* **1** SUMMARY : resumen *m* **2** CURRICULUM VITAE : currículum *m*, currículo *m*
**resumption** [rɪˈzʌmpʃən] *n* : reanudación *f*
**resurface** [ˌriːˈsərfəs] *v* **-faced; -facing** *vt* : pavimentar (una carretera) de nuevo — *vi* **1** : volver a salir a la superficie **2** REAPPEAR : resurgir, reaparecer
**resurgence** [rɪˈsərdʒənts] *n* : resurgimiento *m*
**resurrect** [ˌrɛzəˈrɛkt] *vt* : resucitar, desempolvar
**resurrection** [ˌrɛzəˈrɛkʃən] *n* : resurrección *f*
**resuscitate** [rɪˈsʌsəˌteɪt] *vt* **-tated; -tating** : resucitar, revivir
**resuscitation** [rɪˌsʌsəˈteɪʃən] *n* : reanimación *f*, resucitación *f*
**retail**[1] [ˈriːˌteɪl] *vt* : vender al por menor, vender al detalle

**retail**[2] *adv* : al por menor, al detalle
**retail**[3] *adj* : detallista, minorista ⟨retail price : precio de venta al público⟩
**retail**[4] *n* : venta *f* al detalle, venta *f* al por menor
**retailer** [ˈriːˌteɪlər] *n* : detallista *mf*, minorista *mf*
**retain** [rɪˈteɪn] *vt* : retener, conservar, guardar
**retainer** [rɪˈteɪnər] *n* **1** SERVANT : criado *m*, -da *f* **2** ADVANCE : anticipo *m*
**retaliate** [rɪˈtæliˌeɪt] *vi* **-ated; -ating** : responder, contraatacar, tomar represalias
**retaliation** [rɪˌtæliˈeɪʃən] *n* : represalia *f*, retaliación *f*
**retard** [rɪˈtɑrd] *vt* : retardar, retrasar
**retardation** → **mental retardation**
**retarded** [rɪˈtɑrdəd] *adj dated, now usu offensive* : retrasado *dated, now usu offensive*
**retch** [ˈrɛtʃ] *vi* : hacer arcadas
**retention** [rɪˈtɛnʃən] *n* : retención *f*
**retentive** [rɪˈtɛntɪv] *adj* : retentivo
**rethink** [riːˈθɪŋk] *vt* **-thought; -thinking** : reconsiderar, repensar
**reticence** [ˈrɛtəsənts] *n* : reticencia *f*
**reticent** [ˈrɛtəsənt] *adj* : reticente
**retina** [ˈrɛtənə] *n, pl* **-nas** *or* **-nae** [-əni, -ənˌaɪ] : retina *f*
**retinue** [ˈrɛtənˌuː, -ˌjuː] *n* : séquito *m*, comitiva *f*, cortejo *m*
**retire** [rɪˈtaɪr] *vi* **-tired; -tiring 1** RETREAT, WITHDRAW : retirarse, retraerse **2** : retirarse, jubilarse (de su trabajo) **3** : acostarse, irse a dormir
**retiree** [rɪˌtaɪˈriː] *n* : jubilado *m*, -da *f*
**retirement** [rɪˈtaɪrmənt] *n* : jubilación *f*
**retiring** [rɪˈtaɪrɪŋ] *adj* SHY : retraído
**retort**[1] [rɪˈtɔrt] *vt* : replicar
**retort**[2] *n* : réplica *f*
**retrace** [ˌriːˈtreɪs] *vt* **-traced; -tracing** : volver sobre, desandar ⟨to retrace one's steps : volver uno sobre sus pasos⟩
**retract** [rɪˈtrækt] *vt* **1** TAKE BACK, WITHDRAW : retirar, retractarse de **2** : retraer (las garras) — *vi* : retractarse
**retractable** [rɪˈtræktəbəl] *adj* : retractable
**retraction** [rɪˈtrækʃən] *n* : retracción *f*, retractación *f*
**retrain** [ˌriːˈtreɪn] *vt* : reciclar, reconvertir
**retreat**[1] [rɪˈtriːt] *vi* : retirarse, batirse en retirada
**retreat**[2] *n* **1** : retirada *f* ⟨to beat a hasty retreat : salir huyendo⟩ **2** REFUGE : retiro *m* (espiritual), refugio *m*
**retrial** [ˌriːˈtraɪəl] *n* : nuevo juicio *m*
**retribution** [ˌrɛtrəˈbjuːʃən] *n* : castigo *m*
**retrieval** [rɪˈtriːvəl] *n* : recuperación *f* ⟨beyond retrieval : irrecuperable⟩ ⟨data retrieval : recuperación de datos⟩
**retrieve** [rɪˈtriːv] *vt* **-trieved; -trieving 1** RECOVER : recuperar **2** FETCH : ir a buscar, cobrar (la caza)
**retriever** [rɪˈtriːvər] *n* : perro *m* cobrador
**retroactive** [ˌrɛtroˈæktɪv] *adj* : retroactivo — **retroactively** *adv*
**retrograde** [ˈrɛtrəˌgreɪd] *adj* : retrógrado
**retrospect** [ˈrɛtrəˌspɛkt] *n* **in retrospect** : mirando hacia atrás, retrospectivamente
**retrospective** [ˌrɛtrəˈspɛktɪv] *adj* : retrospectivo
**return**[1] [rɪˈtərn] *vi* **1** : volver, regresar ⟨to return home : regresar a casa⟩ **2** REAPPEAR : reaparecer, resurgir **3** REVERT : volver (a un estado anterior) **4** : volver (a una actividad, un tema, etc.) **5** ANSWER : responder **6** : emitir (un veredicto) — *vt* **1** REPLACE, RESTORE : devolver, volver (a poner), restituir ⟨to return something to its place : volver a poner algo en su lugar⟩ **2** YIELD : producir, redituar, rendir **3** REPAY : devolver, corresponder a ⟨to return a compliment : devolver un cumplido⟩
**return**[2] *adj* : de vuelta
**return**[3] *n* **1** RETURNING : regreso *m*, vuelta *f*, retorno *m* **2** *or* **tax return** : declaración *f* de impuestos, declaración *f* de la renta **3** YIELD : rédito *m*, rendimiento *m*, ganancia *f* **4 returns** *npl* DATA, RESULTS : resultados *mpl*, datos *mpl* **5 in return (for)** : a cambio (de)
**retweet** [riˈtwiːt] *vt* : retuitear
**reunion** [riˈjuːnjən] *n* : reunión *f*, reencuentro *m*
**reunite** [ˌriːjuˈnaɪt] *v* **-nited; -niting** *vt* : (volver a) reunir — *vi* : (volver a) reunirse
**reusable** [riˈjuːzəbəl] *adj* : reutilizable
**reuse** [riˈjuːz] *vt* **-used; -using** : reutilizar, usar de nuevo
**rev**[1] [ˈrɛv] *v* **-revved; -revving** *vt* **1** *or* **to rev up** : acelerar (un motor) **2 to rev up** : impulsar (la economía), acelerar (un proceso, etc.) — *vi* **to rev up** : prepararse
**rev**[2] *n* : revolución *f* (de un motor)
**revamp** [ˌriˈvæmp] *vt* : renovar
**reveal** [rɪˈviːl] *vt* **1** DIVULGE : revelar, divulgar ⟨to reveal a secret : revelar un secreto⟩ **2** SHOW : manifestar, mostrar, dejar ver
**revealing** [rɪˈviːlɪŋ] *adj* : revelador
**reveille** [ˈrɛvəli] *n* : toque *m* de diana
**revel**[1] [ˈrɛvəl] *vi* **-eled** *or* **-elled; -eling** *or* **-elling 1** CAROUSE : ir de juerga **2 to revel in** : deleitarse en
**revel**[2] *n* : juerga *f*, parranda *f fam*
**revelation** [ˌrɛvəˈleɪʃən] *n* : revelación *f*
**reveler** *or* **reveller** [ˈrɛvələr] *n* : juerguista *mf*
**revelry** [ˈrɛvəlri] *n, pl* **-ries** : juerga *f*, parranda *f fam*, jarana *f fam*
**revenge**[1] [rɪˈvɛnʤ] *vt* **-venged; -venging to revenge oneself on** : vengarse de
**revenge**[2] *n* : venganza *f* ⟨to take (one's) revenge on : vengarse de⟩ ⟨in revenge for : como venganza por⟩
**revenue** [ˈrɛvəˌnuː, -ˌnjuː] *n* : ingresos *mpl*, rentas *fpl*
**reverberate** [rɪˈvərbəˌreɪt] *vi* **-ated; -ating** : reverberar
**reverberation** [rɪˌvərbəˈreɪʃən] *n* : reverberación *f*
**revere** [rɪˈvɪr] *vt* **-vered; -vering** : reverenciar, venerar
**reverence** [ˈrɛvərənts] *n* : reverencia *f*, veneración *f*
**reverend** [ˈrɛvərənd] *adj* : reverendo ⟨the

Reverend John Chapin : el reverendo John Chapin〉

**reverent** [ˈrɛvərənt] *adj* : reverente — **reverently** *adv*

**reverie** [ˈrɛvəri] *n, pl* **-eries** : ensueño *m*

**reversal** [rɪˈvərsəl] *n* **1** INVERSION : inversión *f* (del orden normal) **2** CHANGE : cambio *m* total **3** SETBACK : revés *m*, contratiempo *m*

**reverse**[1] [rɪˈvərs] *v* **-versed; -versing** *vt* **1** INVERT : invertir (el orden, los roles, etc.) **2** CHANGE : cambiar totalmente **3** UNDO : reparar (daño, etc.), revertir 〈to reverse a trend : revertir una tendencia〉 **4** ANNUL : revocar, revertir — *vi* : dar marcha atrás

**reverse**[2] *adj* **1** : inverso 〈in reverse order : en orden inverso〉 〈the reverse side : el reverso〉 **2** OPPOSITE : contrario, opuesto

**reverse**[3] *n* **1** BACK : reverso *m*, dorso *m*, revés *m* **2** SETBACK : revés *m*, contratiempo *m* **3 the reverse** : lo contrario, lo opuesto **4** *or* **reverse gear** : marcha *f* atrás; reversa *f Col, Mex* 〈to put a car in reverse : dar marcha atrás, dar reversa〉

**reversible** [rɪˈvərsəbəl] *adj* : reversible

**reversion** [rɪˈvərʒən] *n* : reversión *f*, vuelta *f*

**revert** [rɪˈvərt] *vi* **1** : revertir (a un propietario) **2** : volver (a un estado anterior)

**review**[1] [rɪˈvjuː] *vt* **1** REEXAMINE : volver a examinar, repasar (una lección) **2** CRITICIZE : reseñar, hacer una crítica de **3** EXAMINE : examinar, analizar 〈to review one's life : examinar su vida〉 **4 to review the troops** : pasar revista a las tropas

**review**[2] *n* **1** INSPECTION : revista *f* (de tropas) **2** ANALYSIS, OVERVIEW : resumen *m*, análisis *m* 〈a review of current affairs : un análisis de las actualidades〉 **3** CRITICISM : reseña *f*, crítica *f* (de un libro, etc.) **4** : repaso *m* (para un examen) **5** REVUE : revista *f* (musical)

**reviewer** [rɪˈvjuːər] *n* : crítico *m*, -ca *f*

**revile** [rɪˈvaɪl] *vt* **-viled; -viling** : injuriar, denostar

**revise** [rɪˈvaɪz] *vt* **-vised; -vising** : revisar, corregir, refundir 〈to revise a dictionary : corregir un diccionario〉

**revision** [rɪˈvɪʒən] *n* : revisión *f*

**revitalize** [riˈvaɪtəˌlaɪz] *vt* **-ized; -izing** : resucitar, revitalizar

**revival** [rɪˈvaɪvəl] *n* **1** : renacimiento *m* (de ideas, etc.), restablecimiento *m* (de costumbres, etc.), reactivación *f* (de la economía) **2** : reanimación *f*, resucitación *f* (en medicina) **3** *or* **revival meeting** : asamblea *f* evangelista

**revive** [rɪˈvaɪv] *v* **-vived; -viving** *vt* **1** REAWAKEN : reavivar, reanimar, reactivar (la economía), resucitar (a un paciente) **2** REESTABLISH : restablecer — *vi* **1** : renacer, reanimarse, reactivarse **2** COME TO : recobrar el sentido, volver en sí

**revoke** [rɪˈvoːk] *vt* **-voked; -voking** : revocar — **revocation** [ˌrɛvəˈkeɪʃən, rɪˌvoː-] *n*

**revolt**[1] [rɪˈvoːlt] *vi* **1** REBEL : rebelarse, sublevarse **2 to revolt at** : sentir repugnancia por — *vt* DISGUST : darle asco (a alguien), repugnar

**revolt**[2] *n* REBELLION : rebelión *f*, revuelta *f*, sublevación *f*

**revolting** [rɪˈvoːltɪŋ] *adj* : asqueroso, repugnante

**revolution** [ˌrɛvəˈluːʃən] *n* : revolución *f*

**revolutionary**[1] [ˌrɛvəˈluːʃəˌnɛri] *adj* : revolucionario

**revolutionary**[2] *n, pl* **-aries** : revolucionario *m*, -ria *f*

**revolutionize** [ˌrɛvəˈluːʃəˌnaɪz] *vt* **-ized; -izing** : cambiar radicalmente, revolucionar

**revolve** [rɪˈvɑlv] *v* **-volved; -volving** *vt* ROTATE : hacer girar — *vi* **1** ROTATE : girar 〈to revolve around : girar alrededor de〉 **2 to revolve in one's mind** : darle vueltas en la cabeza a alguien

**revolver** [rɪˈvɑlvər] *n* : revólver *m*

**revolving** [rɪˈvɑlvɪŋ] *adj* : giratorio 〈revolving door : puerta giratoria〉

**revue** [rɪˈvjuː] *n* : revista *f* (musical)

**revulsion** [rɪˈvʌlʃən] *n* : repugnancia *f*

**reward**[1] [rɪˈwɔrd] *vt* : recompensar, premiar

**reward**[2] *n* : recompensa *f*

**rewarding** [rɪˈwɔrdɪŋ] *adj* **1** : gratificante **2** PROFITABLE : rentable

**rewarm** [riˈwɔrm] *vt* : recalentar

**rewind** [ˌriːˈwaɪnd] *vt* : rebobinar

**reword** [ˌriːˈwərd] *vt* REPHRASE : expresar de otra forma

**rewrite** [ˌriːˈraɪt] *vt* **-wrote; -written; -writing** : escribir de nuevo, volver a escribir

**rhapsody** [ˈræpsədi] *n, pl* **-dies** **1** : elogio *m* excesivo 〈to go into rhapsodies over : extasiarse por〉 **2** : rapsodia *f* (en música)

**rhea** [ˈriːə] *n* : ñandú *m*

**rhetoric** [ˈrɛtərɪk] *n* : retórica *f*

**rhetorical** [rɪˈtɔrɪkəl] *adj* : retórico 〈rhetorical question : pregunta retórica〉

**rheumatic** [ruˈmæṭɪk] *adj* : reumático

**rheumatism** [ˈruːməˌtɪzəm, ˈrʊ-] *n* : reumatismo *m*

**rhinestone** [ˈraɪnˌstoːn] *n* : diamante *m* de imitación

**rhino** [ˈraɪˌnoː] *n, pl* **rhino** *or* **rhinos** → **rhinoceros**

**rhinoceros** [raɪˈnɑsərəs] *n, pl* **-eroses** *or* **-eros** *or* **-eri** [-ˌraɪ] : rinoceronte *m*

**rhododendron** [ˌroːdəˈdɛndrən] *n* : rododendro *m*

**rhombus** [ˈrɑmbəs] *n, pl* **-buses** *or* **-bi** [-ˌbaɪ, -bi] : rombo *m*

**rhubarb** [ˈruːˌbɑrb] *n* : ruibarbo *m*

**rhyme**[1] [ˈraɪm] *vi* **rhymed; rhyming** : rimar

**rhyme**[2] *n* **1** : rima *f* **2** VERSE : verso *m* (en rima)

**rhythm** [ˈrɪðəm] *n* : ritmo *m*

**rhythmic** [ˈrɪðmɪk] *or* **rhythmical** [-mɪkəl] *adj* : rítmico — **rhythmically** [-mɪkli] *adv*

**rib**[1] [ˈrɪb] *vt* **ribbed; ribbing** **1** : hacer en canalé 〈a ribbed sweater : un suéter en canalé〉 **2** TEASE : tomarle el pelo (a alguien)

**rib**[2] *n* **1** : costilla *f* (de una persona o un animal) **2** : nervio *m* (de una bóveda o una hoja), varilla *f* (de un paraguas), canalé *m* (de una prenda tejida)
**ribald** [ˈrɪbəld] *adj* : escabroso, procaz
**ribbon** [ˈrɪbən] *n* **1** : cinta *f* **2 to tear to ribbons** : hacer jirones
**rib cage** *n* : caja *f* torácica
**rice** [ˈraɪs] *n* : arroz *m*
**rich** [ˈrɪtʃ] *adj* **1** WEALTHY : rico **2** SUMPTUOUS : suntuoso, lujoso **3** : pesado ⟨rich foods : comidas pesadas⟩ **4** ABUNDANT : abundante **5** : vivo, intenso ⟨rich colors : colores vivos⟩ **6** FERTILE : fértil, rico
**riches** [ˈrɪtʃəz] *npl* : riquezas *fpl*
**richly** [ˈrɪtʃli] *adv* **1** SUMPTUOUSLY : suntuosamente, ricamente **2** ABUNDANTLY : abundantemente **3 richly deserved** : bien merecido
**richness** [ˈrɪtʃnəs] *n* : riqueza *f*
**rickets** [ˈrɪkəts] *n* : raquitismo *m*
**rickety** [ˈrɪkəṭi] *adj* : desvencijado, destartalado
**rickshaw** [ˈrɪkˌʃɔ] *n* : rickshaw *m*
**ricochet**[1] [ˈrɪkəˌʃeɪ] *vi* **-cheted** [-ˌʃeɪd] *or* **-chetted** [-ˌʃɛṭəd]; **-cheting** [-ˌʃeɪŋ] *or* **-chetting** [-ˌʃɛṭɪŋ] : rebotar
**ricochet**[2] *n* : rebote *m*
**rid** [ˈrɪd] *vt* **rid; ridding 1** FREE : librar ⟨to rid the city of thieves : librar la ciudad de ladrones⟩ **2 to get rid of** *or* **to rid oneself of** : deshacerse de, desembarazarse de
**riddance** [ˈrɪdənts] *n* : libramiento *m* ⟨good riddance! : ¡adiós y buen viaje!, ¡vete con viento fresco!⟩
**riddle**[1] [ˈrɪdəl] *vt* **-dled; -dling** : acribillar ⟨riddled with bullets : acribillado a balazos⟩ ⟨riddled with errors : lleno de errores⟩
**riddle**[2] *n* : acertijo *m*, adivinanza *f*
**ride**[1] [ˈraɪd] *v* **rode** [ˈroːd]; **ridden** [ˈrɪdən]; **riding** *vt* **1** : montar, ir, andar ⟨to ride a horse : montar a caballo⟩ ⟨to ride a bicycle : montar/andar en bicicleta⟩ ⟨to ride the bus/train : ir en autobús/tren⟩ **2** : recorrer ⟨he rode 5 miles : recorrió 5 millas⟩ ⟨we rode the trails : recorrimos los senderos⟩ **3** TEASE : burlarse de, ridiculizar **4 to ride out** WEATHER : capear ⟨they rode out the storm : capearon el temporal⟩ **5 to ride the waves** : surcar los mares — *vi* **1** : montar a caballo, cabalgar **2** TRAVEL : ir, viajar (en coche, en bicicleta, etc.) **3** RUN : andar, marchar ⟨the car rides well : el coche anda bien⟩ **4 to be riding high** : estar encantado de la vida **5 to be riding on** : depender de **6 to be riding for a fall** : ir camino al desastre **7 to let something ride** *fam* : dejar pasar algo **8 to ride herd on** *fam* : vigilar **9 to ride shotgun** *fam* : ir en el asiento del pasajero delantero **10 to ride up** : subírsele (dícese de la ropa)
**ride**[2] *n* **1** : paseo *m*, vuelta *f* (en coche, en bicicleta, a caballo) ⟨to go for a ride : dar una vuelta⟩ ⟨to give someone a ride : llevar en coche a alguien⟩ **2** : aparato *m*, juego *m* (en un parque de diversiones)
**rider** [ˈraɪdər] *n* **1** : jinete *mf* ⟨the rider fell off his horse : el jinete se cayó de su caballo⟩ **2** CYCLIST : ciclista *mf* **3** MOTORCYCLIST : motociclista *mf* **4** CLAUSE : cláusula *f* añadida
**ridge** [ˈrɪʤ] *n* **1** CHAIN : cadena *f* (de montañas o cerros) **2** : caballete *m* (de un techo), cresta *f* (de una ola o una montaña), cordoncillo *m* (de telas)
**ridicule**[1] [ˈrɪdəˌkjuːl] *vt* **-culed; -culing** : burlarse de, mofarse de, ridiculizar
**ridicule**[2] *n* : burlas *fpl*
**ridiculous** [rəˈdɪkjələs] *adj* : ridículo, absurdo
**ridiculously** [rəˈdɪkjələsli] *adv* : de forma ridícula
**rife** [ˈraɪf] *adj* : abundante, común ⟨to be rife with : estar plagado de⟩
**riffraff** [ˈrɪfˌræf] *n* : chusma *f*, gentuza *f*
**rifle**[1] [ˈraɪfəl] *v* **-fled; -fling** *vt* RANSACK : desvalijar, saquear — *vi* **to rifle through** : revolver
**rifle**[2] *n* : rifle *m*, fusil *m*
**rift** [ˈrɪft] *n* **1** FISSURE : grieta *f*, fisura *f* **2** BREAK : ruptura *f* (entre personas), división *f* (dentro de un grupo)
**rig**[1] [ˈrɪg] *vt* **rigged; rigging 1** : aparejar (un barco) **2** EQUIP : equipar **3** FIX : amañar (una elección, etc.) **4 to rig up** CONSTRUCT : construir, erigir **5 to rig oneself out as** : vestirse de
**rig**[2] *n* **1** : aparejo *m* (de un barco) **2** *or* **oil rig** : torre *f* de perforación, plataforma *f* petrolífera
**rigamarole** → **rigmarole**
**rigging** [ˈrɪgɪŋ, -gən] *n* : jarcia *f*, aparejo *m*
**right**[1] [ˈraɪt] *vt* **1** FIX, RESTORE : reparar **2** STRAIGHTEN : enderezar
**right**[2] *adv* **1** PRECISELY : justo ⟨right here : aquí mismo⟩ ⟨right on time : a la hora exacta⟩ **2** DIRECTLY, STRAIGHT : derecho, directamente ⟨to go right home : ir derecho a casa⟩ ⟨come right this way : pase por aquí⟩ **3** CORRECTLY : correctamente ⟨to guess right : acertar⟩ **4** WELL : bien ⟨to eat right : comer bien⟩ ⟨nothing is going right : nada está saliendo bien⟩ **5** IMMEDIATELY : inmediatamente ⟨right after class : inmediatamente después de la clase⟩ ⟨I'll be right with you : enseguida lo atiendo⟩ **6** COMPLETELY : completamente ⟨to feel right at home : sentirse completamente cómodo⟩ ⟨right from the start : desde el principio⟩ **7** : a la derecha ⟨to turn right : girar a la derecha⟩ **8 ~ away** : enseguida **9 ~ now** IMMEDIATELY : ahora mismo **10 ~ now** PRESENTLY : en este momento
**right**[3] *adj* **1** MORAL : justo ⟨to be right : ser justo⟩ ⟨to do the right thing : hacer lo correcto⟩ ⟨you were right to forgive him : hiciste bien en perdonarlo⟩ **2** CORRECT : correcto ⟨the right answer : la respuesta correcta⟩ ⟨you're right : tienes razón⟩ ⟨you know him, right? : lo conoces, ¿verdad?⟩ ⟨that's right : así es⟩ **3** APPROPRIATE : apropiado, adecuado

⟨the right man for the job : el hombre indicado para el trabajo⟩ ⟨the right moment : el momento oportuno⟩ ⟨if the price is right : si está bien de precio⟩ **4** (*used for emphasis*) : bien, bueno ⟨right — let's go : bueno, vamos⟩ **5** (*used ironically*) ⟨it's true! yeah, right : ¡es verdad! sí, claro⟩ **6** : derecho ⟨the right hand : la mano derecha⟩ **7** : bien ⟨I don't feel right : no me siento bien⟩ ⟨he's not in his right mind : no está bien de la cabeza⟩ **8 right side** : derecho *m* ⟨right side up : con el derecho para arriba⟩ ⟨right side out : del/al derecho⟩

**right**[4] *n* **1** GOOD : bien *m* ⟨you did right : hiciste bien⟩ ⟨to know right from wrong : saber la diferencia entre el bien y el mal⟩ **2** : derecha *f* ⟨on the right : a la derecha⟩ **3** : derecho *m* ⟨to have a right to : tener derecho a⟩ ⟨the right to vote : el derecho a votar⟩ ⟨women's rights : los derechos de la mujer⟩ **4 rights** *npl* : derechos *mpl* ⟨television rights : derechos televisivos⟩ **5 to take/make a right** : girar a la derecha ⟨take the next right : gire en la próxima a la derecha⟩ **6 the Right** : la derecha (en la política)

**right angle** *n* : ángulo *m* recto

**right–click** ['raɪtˈklɪk] *vi* : hacer clic/click derecho — *vt* : hacer clic/click derecho en

**righteous** ['raɪtʃəs] *adj* : recto, honrado — **righteously** *adv*

**righteousness** ['raɪtʃəsnəs] *n* : rectitud *f*, honradez *f*

**rightful** ['raɪtfəl] *adj* **1** JUST : justo **2** LAWFUL : legítimo — **rightfully** *adv*

**right–hand** ['raɪtˈhænd] *adj* **1** : situado a la derecha **2** RIGHT-HANDED : para la mano derecha, con la mano derecha **3 right–hand man** : brazo *m* derecho

**right–handed** ['raɪtˈhændəd] *adj* **1** : diestro ⟨a right-handed pitcher : un lanzador diestro⟩ **2** : para la mano derecha, con la mano derecha **3** CLOCKWISE : en la dirección de las manecillas del reloj

**rightist** ['raɪtɪst] *n* : derechista *mf* — **rightist** *adj*

**rightly** ['raɪtli] *adv* **1** JUSTLY : justamente, con razón **2** PROPERLY : debidamente, apropiadamente **3** CORRECTLY : correctamente

**right–of–way** ['raɪtəˈweɪ, -əv-] *n, pl* **rights–of–way** **1** : preferencia (del tráfico) **2** ACCESS : derecho *m* de paso

**right triangle** *n* : triángulo *m* rectángulo

**rightward** ['raɪtwərd] *adj* : a la derecha, hacia la derecha

**right–wing** ['raɪtˈwɪŋ] *adj* : derechista

**right wing** *n* **the right wing** : la derecha

**right–winger** ['raɪtˈwɪŋər] *n* : derechista *mf*

**rigid** ['rɪʤɪd] *adj* : rígido — **rigidly** *adv*

**rigidity** [rɪˈʤɪdəṭi] *n, pl* **-ties** : rigidez *f*

**rigmarole** ['rɪgməˌroːl, 'rɪgə-] *n* **1** NONSENSE : galimatías *m*, disparates *mpl* **2** PROCEDURES : trámites *mpl*

**rigor** ['rɪgər] *n* : rigor *m*

**rigor mortis** [ˌrɪgərˈmɔrṭəs] *n* : rigidez *f* cadavérica

**rigorous** ['rɪgərəs] *adj* : riguroso — **rigorously** *adv*

**rile** ['raɪl] *vt* **riled; riling** : irritar

**rill** ['rɪl] *n* : riachuelo *m*

**rim** ['rɪm] *n* **1** EDGE : borde *m* **2** : llanta *f*, rin *m Col, Mex* (de una rueda) **3** FRAME : montura *f* (de anteojos)

**rime** ['raɪm] *n* : escarcha *f*

**rind** ['raɪnd] *n* : corteza *f*

**ring**[1] ['rɪŋ] *v* **rang** ['ræŋ]; **rung** ['rʌŋ]; **ringing** *vi* **1** : sonar ⟨the doorbell rang : sonó el timbre⟩ ⟨to ring for : llamar⟩ **2** RESOUND : resonar **3** SEEM : parecer ⟨to ring true : parecer cierto⟩ **4 to ring out** : sonar, oírse — *vt* **1** : tocar, hacer sonar (un timbre, una alarma, etc.) ⟨the name rings a bell : el nombre me suena⟩ **2** SURROUND : cercar, rodear **3 to ring up** : cobrar (compras) **4 to ring in the New Year** : recibir el Año Nuevo

**ring**[2] *n* **1** : anillo *m*, sortija *f* ⟨wedding ring : anillo de matrimonio⟩ **2** BAND : aro *m*, anillo *m* ⟨key ring : llavero⟩ **3** CIRCLE : círculo *m* **4** ARENA : arena *f*, ruedo *m* ⟨a boxing ring : un cuadrilátero, un ring⟩ **5** GANG : banda *f* (de ladrones, etc.) **6** SOUND : timbre *m*, sonido *m* **7** CALL : llamada *f* (por teléfono)

**ringer** ['rɪŋər] *n* **to be a dead ringer for** : ser un vivo retrato de

**ringing** ['rɪŋɪŋ] *adj* **1** : de timbre, de campana (dícese de un sonido) **2** LOUD : sonoro **3** RESOUNDING : categórico

**ringleader** ['rɪŋˌliːdər] *n* : cabecilla *mf*

**ringlet** ['rɪŋlət] *n* : sortija *f*, rizo *m*

**ringtone** ['rɪŋˌtoːn] *n* : tono *m* de llamada, ringtone *m*

**ringworm** ['rɪŋˌwərm] *n* : tiña *f*

**rink** ['rɪŋk] *n* : pista *f* ⟨skating rink : pista de patinaje⟩

**rinse**[1] ['rɪnʦ] *vt* **rinsed; rinsing** : enjuagar ⟨to rinse out one's mouth : enjuagarse la boca⟩

**rinse**[2] *n* : enjuague *m*

**riot**[1] ['raɪət] *vi* : amotinarse

**riot**[2] *n* : motín *m*, tumulto *m*, alboroto *m*

**rioter** ['raɪəṭər] *n* : alborotador *m*, -dora *f*

**riotous** ['raɪəṭəs] *adj* **1** UNRULY, WILD : desenfrenado, alborotado **2** ABUNDANT : abundante

**rip**[1] ['rɪp] *v* **ripped; ripping** *vt* **1** : rasgar, arrancar, desgarrar **2 to rip apart** : destruir **3 to rip up** : hacer pedazos — *vi* : rasgarse, desgarrarse

**rip**[2] *n* : rasgón *m*, desgarrón *m*

**ripe** ['raɪp] *adj* **riper; ripest** **1** MATURE : maduro ⟨ripe fruit : fruta madura⟩ **2** READY : listo, preparado

**ripen** ['raɪpən] *v* : madurar

**ripeness** ['raɪpnəs] *n* : madurez *f*

**rip–off** ['rɪpˌɔf] *n* **1** THEFT : robo *m* **2** SWINDLE : estafa *f*, timo *m fam* **3** COPY : copia *f* (plagiada)

**rip off** *vt* **1** : rasgar, arrancar, desgarrar **2** SWINDLE *fam* : estafar, timar

**ripple**[1] ['rɪpəl] *v* **-pled; -pling** *vi* : rizarse, ondear, ondular — *vt* : rizar

**ripple**[2] *n* : onda *f*, ondulación *f*

**rise**[1] ['raɪz] *vi* **rose** ['roːz]; **risen** ['rɪzən]; **rising** **1** GET UP : levantarse ⟨to rise to one's feet : ponerse de pie⟩ **2** : elevarse, alzarse ⟨the mountains rose to the west : las montañas se elevaron al oeste⟩ **3** : salir (dícese del sol y de la luna) **4** : subir (dícese de las aguas, del humo, etc.) ⟨the river rose : las aguas del río subieron de nivel⟩ ⟨let the dough rise : dejar subir la masa⟩ ⟨my spirits rose : me animé⟩ **5** INCREASE : aumentar, subir **6** ORIGINATE : nacer, proceder **7 to rise in rank** : ascender **8 to rise to the occasion** : estar a la altura de las circunstancias **9 to rise up** REBEL : sublevarse, rebelarse

**rise²** *n* **1** ASCENT : ascensión *f*, subida *f* **2** ORIGIN : origen *m* **3** ELEVATION : elevación *f* **4** INCREASE : subida *f*, aumento *m*, alzamiento *m* ⟨on the rise : en alza, en ascenso⟩ **5** SLOPE : pendiente *f*, cuesta *f* **6 to get a rise out of** PROVOKE : provocar, fastidiar **7 to give rise to** CAUSE : causar, dar origen a

**riser** [ˈraɪzər] *n* **1** : contrahuella *f* (de una escalera) **2 early riser** : madrugador *m*, -dora *f* **3 late riser** : dormilón *m*, -lona *f*

**risk¹** [ˈrɪsk] *vt* : arriesgar, arriesgarse ⟨to risk one's life : arriesgar la vida⟩ ⟨to risk losing : arriesgarse a perder⟩ ⟨I won't risk it : no me arriesgo⟩

**risk²** *n* : riesgo *m*, peligro *m* ⟨at risk : en peligro⟩ ⟨at your own risk : por su cuenta y riesgo⟩ ⟨to take a risk : arriesgarse⟩ ⟨to run the risk of : arriesgarse a, correr el riesgo de⟩ ⟨at the risk of : a riesgo de⟩

**risky** [ˈrɪskɪ] *adj* **riskier; -est** : arriesgado, peligroso, riesgoso

**risqué** [rɪˈskeɪ] *adj* : escabroso, picante, subido de tono

**rite** [ˈraɪt] *n* : rito *m*

**ritual¹** [ˈrɪtʃʊəl] *adj* : ritual — **ritually** *adv*

**ritual²** *n* : ritual *m*

**rival¹** [ˈraɪvəl] *vt* **-valed** *or* **-valled; -valing** *or* **-valling** : rivalizar con, competir con

**rival²** *adj* : competidor, rival

**rival³** *n* : rival *mf*; competidor *m*, -dora *f*

**rivalry** [ˈraɪvəlrɪ] *n, pl* **-ries** : rivalidad *f*

**river** [ˈrɪvər] *n* : río *m*

**riverbank** [ˈrɪvərˌbæŋk] *n* : ribera *f*, orilla *f*

**riverbed** [ˈrɪvərˌbɛd] *n* : cauce *m*, lecho *m*

**riverside** [ˈrɪvərˌsaɪd] *n* : ribera *f*, orilla *f*

**rivet¹** [ˈrɪvət] *vt* **1** : remachar **2** FIX : fijar (los ojos, etc.) **3** FASCINATE : fascinar, cautivar

**rivet²** *n* : remache *m*

**riveting** [ˈrɪvətɪŋ] *adj* : fascinante

**rivulet** [ˈrɪvjələt] *n* : arroyo *m*, riachuelo *m* ⟨rivulets of sweat : gotas de sudor⟩

**roach** [ˈroːtʃ] → **cockroach**

**road** [ˈroːd] *n* **1** : carretera *f*, calle *f*, camino *m* ⟨road map : mapa de rutas⟩ ⟨road rage : agresividad al volante⟩ ⟨road safety : seguridad vial⟩ ⟨road trip : viaje en coche (de larga distancia)⟩ ⟨to hit the road : ponerse en marcha⟩ ⟨I've been on the road since six : llevo viajando desde las seis⟩ **2** PATH : camino *m*, sendero *m*, vía *f* ⟨on the road to a solution : en vías de una solución⟩

**roadblock** [ˈroːdˌblɑk] *n* : control *m*

**roadrunner** [ˈroːdˌrʌnər] *n* : correcaminos *m*

**roadside** [ˈroːdˌsaɪd] *n* : borde *m* de la carretera

**road sign** *n* : señal *f* de tráfico, señal *f* de tránsito

**roadway** [ˈroːdˌweɪ] *n* : carretera *f*, calzada *f*

**roadwork** [ˈroːdˌwərk] *n* : obras *fpl* (viales)

**roam** [ˈroːm] *vi* : vagar, deambular, errar — *vt* : vagar por

**roar¹** [ˈrɔr] *vi* : rugir, bramar ⟨to roar with laughter : reírse a carcajadas⟩ — *vt* : decir a gritos

**roar²** *n* **1** : rugido *m*, bramido *m* (de un animal) **2** DIN : clamor *m* (de gente), fragor *m* (del trueno), estruendo *m* (del tráfico, etc.)

**roaring** [ˈrɔrɪŋ] *adj* **1** THUNDEROUS : estruendoso, atronador **2** ACTIVE, STRONG : vivo (dícese de un fuego), caudaloso (dícese de un río), pujante (dícese de la economía) ⟨a roaring success : un gran éxito⟩

**roast¹** [ˈroːst] *vt* : asar (carne, papas), tostar (café, nueces) — *vi* : asarse

**roast²** *adj* **1** : asado ⟨roast chicken : pollo asado⟩ **2 roast beef** : rosbif *m*

**roast³** *n* : asado *m*

**roaster** [ˈroːstər] *n* **1** : asador *m* (para carne), tostador *m* (para café) **2** : pollo *m* (para asar)

**rob** [ˈrɑb] *v* **robbed; robbing** *vt* **1** STEAL : robar **2** DEPRIVE : privar, quitar — *vi* : robar

**robber** [ˈrɑbər] *n* : ladrón *m*, -drona *f*

**robbery** [ˈrɑbərɪ] *n, pl* **-beries** : robo *m*

**robe¹** [ˈroːb] *vt* **robed; robing** : vestirse

**robe²** *n* **1** : toga *f* (de magistrados, etc.), sotana *f* (de eclesiásticos) ⟨robe of office : traje de ceremonias⟩ **2** BATHROBE : bata *f*

**robin** [ˈrɑbən] *n* : petirrojo *m*

**robot** [ˈroːˌbɑt, -bət] *n* : robot *m* — **robotic** [roˈbɑtɪk] *adj*

**robotics** [roˈbɑtɪks] *ns & pl* : robótica *f*

**robust** [roˈbʌst, ˈroːˌbʌst] *adj* : robusto, fuerte — **robustly** *adv*

**robustness** [roˈbʌstnəs, ˈroːˌbʌst-] *n* : robustez *f*, lozanía *f*

**rock¹** [ˈrɑk] *vt* **1** : acunar (a un niño), mecer (una cuna) **2** SHAKE : sacudir **3** SHOCK : sacudir, conmocionar — *vi* SWAY : mecerse, balancearse

**rock²** *n* **1** : roca *f* (sustancia) ⟨rock climbing : escalada en roca⟩ **2** STONE : piedra *f* **3** ROCKING : balanceo *m* **4** *or* **rock music** : rock *m*, música *f* rock ⟨a rock band : una banda de rock⟩ **5 on the rocks** : con hielo **6 to be on the rocks** : andar mal

**rock and roll** *n* : rock and roll *m*

**rock bottom** *n* **to hit/reach rock bottom** : tocar fondo

**rocker** [ˈrɑkər] *n* **1** : balancín *m* **2** *or* **rocking chair** : mecedora *f*, balancín *m* **3 to be off one's rocker** : estar chiflado, estar loco

**rocket**[1] [ˈrɑkət] *vi* : dispararse, subir rápidamente
**rocket**[2] *n* : cohete *m*
**rocking horse** *n* : caballito *m* (de balancín)
**rock salt** *n* : sal *f* gema
**rocky** [ˈrɑki] *adj* **rockier; -est** **1** : rocoso, pedregoso **2** UNSTEADY : inestable
**rod** [ˈrɑd] *n* **1** BAR : barra *f*, varilla *f*, vara *f* (de madera) ⟨a fishing rod : una caña (de pescar)⟩ **2** : medida *f* de longitud equivalente a 5.03 metros (5 yardas)
**rode** → **ride**[1]
**rodent** [ˈro:dənt] *n* : roedor *m*
**rodeo** [ˈro:diˌo:, roˈdeiˌo:] *n, pl* **-deos** : rodeo *m*
**roe** [ˈro:] *n* : hueva *f*
**rogue** [ˈro:g] *n* SCOUNDREL : pícaro *m*, -ra *f*; pillo *m*, -lla *f*
**roguish** [ˈro:gɪʃ] *adj* : pícaro, travieso
**role** [ˈro:l] *n* : papel *m*, función *f*, rol *m*
**role model** *n* : modelo *m* de conducta
**roll**[1] [ˈro:l] *vi* **1** : rodar (dícese de una pelota, etc.) **2** SLIP : resbalar **3** : ir (en un vehículo) ⟨to roll to a stop : detenerse poco a poco⟩ ⟨to roll up : llegar⟩ **4** SWAY : balancearse **5** : tronar (dícese del trueno), redoblar (dícese de un tambor) **6** FILM : rodar **7** *or* **to get rolling** : ponerse en marcha **8** *or* **to roll over** : darse la vuelta ⟨to roll (over) onto one's back/stomach : ponerse boca arriba/abajo⟩ **9** *or* **to roll over** OVERTURN : volcarse **10** *or* **to roll up** CURL : enrollarse ⟨he rolled up into a ball : se hizo una bola⟩ **11 to be rolling in it** : ser ricachón **12 to roll around** THRASH : revolcarse **13 to roll around** : llegar (dícese de una fecha, etc.) **14 to roll by/past** : pasar — *vt* **1** : hacer rodar (una pelota, etc.) ⟨to roll the dice : echar los dados⟩ ⟨to roll one's eyes : poner los ojos en blanco⟩ **2** *fam* : hacer volcar ⟨he rolled his car : se volcó (en su auto)⟩ **3** : liar (un cigarrillo) **4** *or* **to roll up** : enrollar ⟨to roll something (up) into a ball : hacer una bola de algo⟩ **5** *or* **to roll out** FLATTEN : estirar (masa), laminar (metales) **6 to roll back** : rebajar (precios) **7 to roll back** : revertir (cambios, etc.) ⟨to roll back the clock : volver atrás⟩ **8 to roll down/up** : bajar/subir (una ventanilla, etc.) **9 to roll out** : lanzar (un producto) **10 to roll the cameras** : rodar **11 to roll up one's sleeves** : arremangarse
**roll**[2] *n* **1** LIST : lista *f* ⟨to call the roll : pasar lista⟩ ⟨to have on the roll : tener inscrito⟩ **2** BUN : panecito *m*, bolillo *m* *Mex* **3** : rollo *m* (de papel, de tela, etc.) ⟨a roll of film : un carrete⟩ ⟨a roll of bills : un fajo⟩ **4** : redoble *m* (de tambores), retumbo *m* (del trueno, etc.) **5** ROLLING, SWAYING : balanceo *m*
**roller** [ˈro:lər] *n* **1** : rodillo *m* **2** CURLER : rulo *m*
**Rollerblade** [ˈro:lərˌbleɪd] *trademark* se usa para patines en línea
**roller coaster** [ˈro:lərˌko:stər] *n* : montaña *f* rusa
**roller–skate** [ˈro:lərˌskeɪt] *vi* **-skated; -skating** : patinar (sobre ruedas)
**roller skate** *n* : patín *m* (de ruedas)
**rollicking** [ˈrɑlɪkɪŋ] *adj* : animado, alegre
**rolling** [ˈro:lɪŋ] *adj* : ondulante
**rolling pin** *n* : rodillo *m*
**ROM** [ˈrɑm] *n* : ROM *f*
**Roman**[1] [ˈro:mən] *adj* : romano
**Roman**[2] *n* : romano *m*, -na *f*
**Roman Catholic** *n* : católico *m*, -ca *f* — **Roman Catholic** *adj*
**Roman Catholicism** *n* : catolicismo *m*
**romance**[1] [roˈmænts, ˈroːˌmænts] *vi* **-manced; -mancing** FANTASIZE : fantasear
**romance**[2] *n* **1** : romance *m*, novela *f* de caballerías **2** : novela *f* de amor, novela *f* romántica **3** AFFAIR : romance *m*, amorío *m*
**Romanian** [roˈmeɪniən, ro-] *n* **1** : rumano *m*, -na *f* **2** : rumano *m* (idioma) — **Romanian** *adj*
**Roman numeral** *n* : número *m* romano
**romantic** [roˈmæntɪk] *adj* : romántico — **romantic** *n* — **romantically** [-tɪkli] *adv*
**romanticism** [roˈmæntəˌsɪzəm] *n* : romanticismo *m*
**romp**[1] [ˈrɑmp] *vi* FROLIC : retozar, juguetear
**romp**[2] *n* : retozo *m*
**roof**[1] [ˈru:f, ˈrʊf] *vt* : techar
**roof**[2] *n, pl* **roofs** [ˈru:fs, ˈrʊfs;, ˈru:vz, ˈrʊvz] **1** : techo *m*, tejado *m*, techado *m* **2 roof of the mouth** : paladar *m*
**roofing** [ˈru:fɪŋ, ˈrʊfɪŋ] *n* : techumbre *f*
**roof rack** *n* : portaequipajes *m*
**rooftop** [ˈru:fˌtɑp, ˈrʊf-] *n* ROOF : tejado *m*
**rook**[1] [ˈrʊk] *vt* CHEAT : defraudar, estafar, timar
**rook**[2] *n* **1** : grajo *m* (ave) **2** : torre *f* (en ajedrez)
**rookie** [ˈrʊki] *n* : novato *m*, -ta *f*
**room**[1] [ˈru:m, ˈrʊm] *vi* LODGE : alojarse, hospedarse
**room**[2] *n* **1** SPACE : espacio *m*, sitio *m*, lugar *m* ⟨to make room for : hacer lugar para⟩ **2** : cuarto *m*, habitación *f* (en una casa), sala *f* (para reuniones, etc.) **3** BEDROOM : dormitorio *m*, habitación *f*, pieza *f* **4** (*indicating possibility or opportunity*) ⟨room for improvement : posibilidad de mejorar⟩ ⟨there's no room for error : no hay lugar para errores⟩
**room divider** → **divider**
**roomer** [ˈru:mər, ˈrʊmər] *n* : inquilino *m*, -na *f*
**roomie** [ˈru:mi] *n fam* → **roommate**
**rooming house** *n* : pensión *f*
**roommate** [ˈru:mˌmeɪt, ˈrʊm-] *n* : compañero *m*, -ra *f* de cuarto
**room service** *n* : servicio *m* de habitaciones, servicio *m* a la habitación
**roomy** [ˈru:mi, ˈrʊmi] *adj* **roomier; -est** **1** SPACIOUS : espacioso, amplio **2** LOOSE : suelto, holgado ⟨a roomy blouse : una blusa holgada⟩
**roost**[1] [ˈru:st] *vi* : posarse, dormir (en una percha)
**roost**[2] *n* : percha *f*
**rooster** [ˈru:stər, ˈrʊs-] *n* : gallo *m*

**root¹** [ˈruːt, ˈrʊt] *vi* **1** : arraigar (en botánica) **2** : hozar (dícese de los cerdos) ⟨to root around in : hurgar en⟩ **3 to be rooted in** : estar basado en, tener su origen en **4 to be rooted to** : no poder moverse de (su silla, etc.) **5 to root for** : apoyar a, alentar — *vt* **to root out** : desarraigar (plantas), extirpar (problemas, etc.)

**root²** *n* **1** : raíz *f* (de una planta) **2** ORIGIN : origen *m*, raíz *f* **3** CORE : centro *m*, núcleo *m* ⟨to get to the root of the matter : ir al centro del asunto⟩ **4 to put down roots** SETTLE : afincarse **5 to take root** : arraigar, enraizar, echar raíces

**root beer** *n* : refresco *m* hecho de raíces e hierbas

**rootless** [ˈruːtləs, ˈrʊt-] *adj* : desarraigado

**rope¹** [ˈroːp] *vt* **roped; roping 1** TIE : amarrar, atar **2** LASSO : lazar **3 to rope in/into** ⟨they roped me into driving : me agarraron para manejar⟩ ⟨I didn't want to go, but I was roped in : no quería ir, pero me arrastraron⟩ **4 to rope off** : acordonar

**rope²** *n* : soga *f*, cuerda *f*

**rosary** [ˈroːzəri] *n, pl* **-ries** : rosario *m*

**rose¹** → **rise¹**

**rose²** [ˈroːz] *adj* : rosa, color de rosa

**rose³** *n* **1** : rosal *m* (planta), rosa *f* (flor) **2** : rosa *m* (color)

**rosé** [roːzeɪ] *n* : vino *m* rosado

**rosebush** [ˈroːzˌbʊʃ] *n* : rosal *m*

**rosemary** [ˈroːzˌmɛri] *n, pl* **-maries** : romero *m*

**rosette** [roˈzɛt] *n* : escarapela *f* (hecho de cintas), roseta *f* (en arquitectura)

**Rosh Hashanah** [ˌrɑʃhaˈʃanə, ˌroːʃ-] *n* : el Año Nuevo judío

**rosin** [ˈrɑzən] *n* : colofonia *f*

**roster** [ˈrɑstər] *n* : lista *f*

**rostrum** [ˈrɑstrəm] *n, pl* **-trums** *or* **-tra** [-trə] : tribuna *f*, estrado *m*

**rosy** [ˈroːzi] *adj* **rosier; -est 1** : sonrosado, de color rosa **2** PROMISING : prometedor

**rot¹** [ˈrɑt] *v* **rotted; rotting** *vi* : pudrirse, descomponerse — *vt* : pudrir, descomponer

**rot²** *n* : putrefacción *f*, descomposición *f*, podredumbre *f*

**rotary¹** [ˈroːtəri] *adj* : rotativo, rotatorio

**rotary²** *n, pl* **-ries 1** : máquina *f* rotativa **2** TRAFFIC CIRCLE : rotonda *f*, glorieta *f*

**rotate** [ˈroːˌteɪt] *v* **-tated; -tating** *vi* REVOLVE : girar, rotar — *vt* **1** TURN : hacer girar, darle vueltas a **2** ALTERNATE : alternar

**rotation** [roˈteɪʃən] *n* : rotación *f*

**rote** [ˈroːt] *n* **to learn by rote** : aprender de memoria

**rotisserie** [roˈtɪsri, -ˈtɪsəri] *n* SPIT : asador *m*

**rotor** [ˈroːtər] *n* : rotor *m*

**rotten** [ˈrɑtən] *adj* **1** PUTRID : podrido, putrefacto **2** CORRUPT : corrompido **3** BAD : malo ⟨a rotten day : un día malísimo⟩

**rottenness** [ˈrɑtənnəs] *n* : podredumbre *f*

**rotund** [roˈtʌnd] *adj* **1** ROUNDED : redondeado **2** PLUMP : regordete *fam*, llenito *fam*

**rotunda** [roˈtʌndə] *n* : rotonda *f*

**rouge** [ˈruːʒ, ˈruːdʒ] *n* : colorete *m*

**rough¹** [ˈrʌf] *vt* **1** ROUGHEN : poner áspero **2 to rough out** SKETCH : esbozar, bosquejar **3 to rough up** BEAT : darle una paliza (a alguien) **4 to rough it** : vivir sin comodidades

**rough²** *adj* **1** COARSE : áspero, basto **2** UNEVEN : desigual, escabroso, accidentado (dícese del terreno) **3** : agitado (dícese del mar), tempestuoso (dícese del tiempo), violento (dícese del viento) **4** VIOLENT : violento, brutal ⟨a rough neighborhood : un barrio peligroso⟩ **5** DIFFICULT : duro, difícil **6** CRUDE : rudo, tosco, burdo ⟨a rough cottage : una casita tosca⟩ ⟨a rough draft : un borrador⟩ ⟨a rough sketch : un bosquejo⟩ **7** APPROXIMATE : aproximado ⟨a rough idea : una idea aproximada⟩

**rough³** *n* **1 the rough** : el rough (en golf) **2 in the rough** : en borrador

**roughage** [ˈrʌfɪdʒ] *n* : fibra *f* (dietética)

**roughen** [ˈrʌfən] *vt* : poner áspero — *vi* : ponerse áspero

**roughly** [ˈrʌfli] *adv* **1** : bruscamente ⟨to treat roughly : maltratar⟩ **2** CRUDELY : burdamente **3** APPROXIMATELY : aproximadamente, más o menos

**roughneck** [ˈrʌfˌnɛk] *n* : matón *m*

**roughness** [ˈrʌfnəs] *n* : rudeza *f*, aspereza *f*

**roulette** [ruːˈlɛt] *n* : ruleta *f*

**round¹** [ˈraʊnd] *vt* **1** TURN : doblar ⟨to round the corner : dar la vuelta a la esquina⟩ **2** : redondear ⟨she rounded the edges : redondeó los bordes⟩ **3 to round off** : redondear (un número) **4 to round off/out** COMPLETE : rematar, terminar **5 to round up** GATHER : reunir (a personas), rodear (ganado), hacer una redada de (delincuentes) ⟨to round up suspects : detener a los sospechosos⟩ **6 to round up/down** : redondear (un número) por exceso/defecto

**round²** *adv* → **around¹**

**round³** *adj* **1** CIRCULAR, SPHERICAL : redondo ⟨a round table/face : una mesa/cara redonda⟩ **2** CYLINDRICAL : circular, cilíndrico **3** CURVED : redondeado ⟨round shoulders : espaldas cargadas⟩ **4 round number** : número *m* redondo **5 round trip** : viaje *m* de ida y vuelta

**round⁴** *n* **1** CIRCLE : círculo *m* ⟨cucumber rounds : rodajas de pepino⟩ **2** SERIES : serie *f*, sucesión *f* ⟨a round of talks : una ronda de negociaciones⟩ **3** : asalto *m* (en boxeo), recorrido *m* (en golf), vuelta *f* (en varios juegos) **4** : salva *f* (de aplausos) **5** : ronda *f* (de bebidas) **6** *or* **round of ammunition** : disparo *m*, cartucho *m* **7 rounds** *npl* : recorridos *mpl* (de un cartero), rondas *fpl* (de un vigilante), visitas *fpl* (de un médico) ⟨to make the rounds : hacer visitas⟩

**round**[5] *prep* → **around**[2]

**roundabout** [ˈraʊndəˌbaʊt] *adj* : indirecto ⟨to speak in a roundabout way : hablar con rodeos⟩

**roundly** [ˈraʊndli] *adv* **1** THOROUGHLY : completamente **2** BLUNTLY : francamente, rotundamente **3** VIGOROUSLY : con vigor

**roundness** [ˈraʊndnəs] *n* : redondez *f*

**round–shouldered** [ˈraʊndˌʃoːldərd] *adj* : cargado de hombros

**round–trip** [ˈraʊndˌtrɪp] *adj* : de ida y vuelta

**roundup** [ˈraʊndˌʌp] *n* **1** : rodeo *m* (de animales), redada *f* (de delincuentes, etc.) **2** SUMMARY : resumen *m*

**roundworm** [ˈraʊndˌwərm] *n* : lombriz *f* intestinal

**rouse** [ˈraʊz] *vt* **roused; rousing 1** AWAKE : despertar **2** EXCITE : excitar ⟨it roused him to fury : lo enfureció⟩

**rout**[1] [ˈraʊt] *vt* **1** DEFEAT : derrotar, aplastar **2 to rout out** : hacer salir

**rout**[2] *n* **1** DISPERSAL : desbandada *f*, dispersión *f* **2** DEFEAT : derrota *f* aplastante

**route**[1] [ˈruːt, ˈraʊt] *vt* **routed; routing** : dirigir, enviar, encaminar

**route**[2] *n* : camino *m*, ruta *f*, recorrido *m*

**router** [ˈraʊtər] *n* : router *m* (en informática)

**routine**[1] [ruːˈtiːn] *adj* : rutinario — **routinely** *adv*

**routine**[2] *n* : rutina *f*

**rove** [ˈroːv] *v* **roved; roving** *vi* : vagar, errar — *vt* : errar por

**rover** [ˈroːvər] *n* **1** : vagabundo *m*, -da *f* **2** : explorador *m* (robot)

**row**[1] [ˈroː] *vt* **1** : avanzar a remo ⟨to row a boat : remar⟩ **2** : llevar a remo ⟨he rowed me to shore : me llevó hasta la orilla⟩ — *vi* : remar

**row**[2] [ˈraʊ] *n* **1** : paseo *m* en barca ⟨to go for a row : salir a remar⟩ **2** LINE, RANK : fila *f*, hilera *f* **3** SERIES : serie *f* ⟨three days in a row : tres días seguidos⟩ **4** RACKET : estruendo *m*, bulla *f* **5** QUARREL : pelea *f*, riña *f*

**rowboat** [ˈroːˌboːt] *n* : bote *m* de remos

**rowdiness** [ˈraʊdinəs] *n* : bulla *f*

**rowdy**[1] [ˈraʊdi] *adj* **rowdier; -est** : escandaloso, alborotador

**rowdy**[2] *n, pl* **-dies** : alborotador *m*, -dora *f*

**rower** [ˈroːər] *n* : remero *m*, -ra *f*

**row house** *n* : casa *f* adosada

**royal**[1] [ˈrɔɪəl] *adj* : real — **royally** *adv*

**royal**[2] *n* : persona de linaje real, miembro de la familia real

**royalist** [ˈrɔɪəlɪst] *n* : realista *mf* — **royalism** [ˈrɔɪəˌlɪzəm] *n* — **royalist** *adj*

**royalty** [ˈrɔɪəlti] *n, pl* **-ties 1** : realeza *f* (posición) **2** : miembros *mpl* de la familia real **3 royalties** *npl* : derechos *mpl* de autor

**rub**[1] [ˈrʌb] *v* **rubbed; rubbing** *vt* **1** : frotar, restregar, friccionar ⟨to rub one's hands together : frotarse las manos⟩ ⟨rub the lotion into your skin : frote la loción en la piel⟩ **2** CHAFE : rozar **3** POLISH : frotar, pulir **4** SCRUB : fregar **5 to rub elbows with** : codearse con **6 to rub off on** ⟨the ink rubbed off on my fingers : se me mancharon los dedos de tinta⟩ ⟨his enthusiasm rubbed off on me : me contagió con su entusiasmo⟩ **7 to rub someone the wrong way** *fam* : crispar a alguien **8 to rub something in (someone's face)** *fam* : restregarle (en la cara) algo a alguien ⟨you don't have to rub it in : no tienes que restregármelo⟩ — *vi* **to rub against** : rozar

**rub**[2] *n* **1** RUBBING : fricción *f*, friega *f* **2 the rub** : el problema

**rubber** [ˈrʌbər] *n* **1** : goma *f*, caucho *m*, hule *m Mex* **2 rubbers** *npl* OVERSHOES : chanclos *mpl*

**rubber band** *n* : goma *f* (elástica), gomita *f*

**rubber–stamp** [ˈrʌbərˈstæmp] *vt* **1** APPROVE : aprobar, autorizar **2** STAMP : sellar

**rubber stamp** *n* : sello *m* (de goma)

**rubbery** [ˈrʌbəri] *adj* : gomoso

**rubbish** [ˈrʌbɪʃ] *n* : basura *f*, desechos *mpl*, desperdicios *mpl*

**rubble** [ˈrʌbəl] *n* : escombros *mpl*, ripio *m*

**rubella** [ruːˈbɛlə] *n* : rubéola *f*

**ruble** [ˈruːbəl] *n* : rublo *m*

**ruby** [ˈruːbi] *n, pl* **-bies 1** : rubí *m* (gema) **2** : color *m* de rubí

**rucksack** [ˈrʌkˌsæk, ˈrʊk-] *n* BACKPACK : mochila *f*

**ruckus** [ˈrʌkəs] *n* COMMOTION : alboroto *m*, bullicio *m*

**rudder** [ˈrʌdər] *n* : timón *m*

**ruddy** [ˈrʌdi] *adj* **ruddier; -est** : rubicundo (dícese del rostro, etc.), sanguíneo (dícese de la complexión)

**rude** [ˈruːd] *adj* **ruder; rudest 1** CRUDE : tosco, rústico **2** IMPOLITE : grosero, descortés, maleducado **3** ABRUPT : brusco ⟨a rude awakening : una sorpresa desagradable⟩

**rudely** [ˈruːdli] *adv* : groseramente

**rudeness** [ˈruːdnəs] *n* **1** IMPOLITENESS : grosería *f*, descortesía *f*, falta *f* de educación **2** ROUGHNESS : tosquedad *f* **3** SUDDENNESS : brusquedad *f*

**rudiment** [ˈruːdəmənt] *n* : rudimento *m*, noción *f* básica ⟨the rudiments of Spanish : los rudimentos del español⟩

**rudimentary** [ˌruːdəˈmɛntəri] *adj* : rudimentario, básico

**rue** [ˈruː] *vt* **rued; ruing** : lamentar, arrepentirse de

**rueful** [ˈruːfəl] *adj* **1** PITIFUL : lastimoso **2** REGRETFUL : arrepentido, pesaroso

**ruffian** [ˈrʌfiən] *n* : matón *m*

**ruffle**[1] [ˈrʌfəl] *vt* **-fled; -fling 1** AGITATE : agitar, rizar (agua) **2** RUMPLE : arrugar (ropa), despeinar (pelo) **3** ERECT : erizar (plumas) **4** VEX : alterar, irritar, perturbar **5** : fruncir volantes en (tela)

**ruffle**[2] *n* FLOUNCE : volante *m*

**ruffly** [ˈrʌfəli] *adj* : con volantes

**rug** [ˈrʌg] *n* : alfombra *f*, tapete *m*

**rugby** [ˈrʌgbi] *n* : rugby *m*

**rugged** [ˈrʌɡəd] *adj* **1** ROUGH, UNEVEN : accidentado, escabroso ⟨rugged mountains : montañas accidentadas⟩ **2** HARSH : duro, severo **3** ROBUST, STURDY : robusto, fuerte

**ruin**[1] [ˈruːən] *vt* **1** DESTROY : destruir, arruinar **2** BANKRUPT : arruinar, hacer quebrar

**ruin**[2] *n* **1** : ruina *f* ⟨to fall into ruin : caer en ruinas⟩ **2** : ruina *f*, perdición *f* ⟨to be the ruin of : ser la perdición de⟩ **3 ruins** *npl* : ruinas *fpl*, restos *mpl* ⟨the ruins of the ancient temple : las ruinas del templo antiguo⟩

**ruinous** [ˈruːənəs] *adj* : ruinoso

**rule**[1] [ˈruːl] *v* **ruled; ruling** *vt* **1** CONTROL, GOVERN : gobernar (un país), controlar (las emociones) **2** DECIDE : decidir, fallar ⟨the judge ruled that . . . : el juez falló que . . .⟩ **3** DRAW : trazar con una regla **4 to rule out** EXCLUDE : descartar — *vi* **1** GOVERN : gobernar, reinar **2** PREVAIL : prevalecer, imperar **3 to rule against** : fallar en contra de **4 to rule in favor of** : fallar a favor de **5 to rule on** : fallar en

**rule**[2] *n* **1** REGULATION : regla *f*, norma *f* ⟨to follow/break the rules : seguir/violar las reglas⟩ ⟨to be against the rules : ir en contra de las reglas⟩ **2** CUSTOM, HABIT : regla *f* general ⟨as a rule : por lo general⟩ **3** GOVERNMENT : gobierno *m*, dominio *m* ⟨to be under the rule of : estar bajo el dominio de⟩ **4** RULER : regla *f* (para medir)

**ruler** [ˈruːlər] *n* **1** LEADER, SOVEREIGN : gobernante *mf*; soberano *m*, -na *f* **2** : regla *f* (para medir)

**ruling** [ˈruːlɪŋ] *n* : resolución *f*, fallo *m*

**rum** [ˈrʌm] *n* : ron *m*

**Rumanian** [ruˈmeɪniən] → **Romanian**

**rumba** [ˈrʌmbə, ˈrʊm-, ˈruːm-] *n* : rumba *f*

**rumble**[1] [ˈrʌmbəl] *vi* **-bled; -bling** : retumbar, hacer ruidos (dícese del estómago)

**rumble**[2] *n* : estruendo *m*, ruido *m* sordo, retumbo *m*

**ruminant**[1] [ˈruːmənənt] *adj* : rumiante

**ruminant**[2] *n* : rumiante *m*

**ruminate** [ˈruːmə,neɪt] *vi* **-nated; -nating** **1** : rumiar (en zoología) **2** REFLECT : reflexionar, rumiar

**rummage** [ˈrʌmɪdʒ] *vi* **-maged; -maging** : hurgar ⟨to rummage (around) in, to rummage through : hurgar en⟩

**rummage sale** *n* : venta *f* de beneficencia (de objetos de segunda mano)

**rummy** [ˈrʌmi] *n* : rummy *m* (juego de naipes)

**rumor**[1] [ˈruːmər] *vt* : rumorear ⟨it is rumored that . . . : se rumorea que . . ., se dice que . . .⟩ ⟨her rumored resignation : su rumoreada dimisión⟩

**rumor**[2] *n* : rumor *m*

**rump** [ˈrʌmp] *n* **1** : ancas *fpl*, grupa *f* (de un animal) **2** : cadera *f* ⟨rump steak : filete de cadera⟩

**rumple** [ˈrʌmpəl] *vt* **-pled; -pling** : arrugar (ropa, etc.), despeinar (pelo)

**run**[1] [ˈrʌn] *v* **ran** [ˈræn]; **run; running** *vi* **1** : correr ⟨she ran to catch the bus : corrió para alcanzar el autobús⟩ ⟨run and fetch the doctor : corre a buscar al médico⟩ ⟨he ran to the store : salió rápido a la tienda⟩ ⟨to run after someone/something : correr tras alguien/algo⟩ **2** : circular, correr ⟨the train runs between Detroit and Chicago : el tren circula entre Detroit y Chicago⟩ ⟨to run on time : ser puntual⟩ **3** FUNCTION : funcionar, ir ⟨the engine runs on gasoline : el motor funciona con gasolina⟩ ⟨with the motor running : con el motor en marcha⟩ ⟨to run smoothly : ir bien⟩ **4** FLOW : correr, ir **5** LAST : durar ⟨the movie runs for two hours : la película dura dos horas⟩ ⟨the contract runs for three years : el contrato es válido por tres años⟩ **6** : desteñir, despintar (dícese de los colores) **7** EXTEND : correr, extenderse ⟨the path runs along the lake : el sendero bordea el lago⟩ **8** TRAVEL, SPREAD : correr, extenderse **9 to run away** : salir corriendo ⟨to run away from : fugarse de⟩ ⟨to run away from home : escaparse de casa⟩ **10 to run down** : agotarse, gastarse (dícese de pilas, etc.) **11 to run for office** : postularse, presentarse (como candidato) **12 to run out** : acabarse ⟨time is running out : se acaba el tiempo⟩ ⟨I ran out of money : se me acabó el dinero⟩ **13 to run over** OVERFLOW : rebosar — *vt* **1** : correr ⟨to run 10 miles : correr 10 millas⟩ ⟨to run errands : hacer los mandados⟩ ⟨to run out of town : hacer salir del pueblo⟩ **2** PASS : pasar ⟨she ran her fingers through her hair : se pasó la mano por el pelo⟩ **3** DRIVE : llevar (en coche) **4** OPERATE : hacer funcionar (un motor, etc.) **5** PERFORM : realizar (un análisis, etc.) **6** : echar ⟨to run water over : echarle agua a⟩ ⟨to run the water/faucet : abrir la llave (del agua)⟩ **7** MANAGE : dirigir, llevar (un negocio, etc.) **8** EXTEND : tender (un cable, etc.) **9 to run across** : encontrarse con **10 to run a risk** : correr un riesgo **11 to run down** USE UP : gastar, agotar **12 to run down/over** : atropellar **13 to run into** : encontrar **14 to run off** PRINT : tirar, sacar **15 to run through** : repasar, ensayar **16 to run up** : incurrir en **17 to run up against** : tropezar con

**run**[2] *n* **1** : carrera *f* ⟨at a run : a la carrera, corriendo⟩ ⟨to go for a run : ir a correr⟩ ⟨to make a run for it : huir corriendo⟩ ⟨to be on the run : estar fugitivo⟩ **2** TRIP : vuelta *f*, paseo *m* (en coche), viaje *m* (en avión) **3** SERIES : serie *f* ⟨a run of disappointments : una serie de desilusiones⟩ ⟨in the long run : a la larga⟩ ⟨in the short run : a corto plazo⟩ **4** DEMAND : gran demanda *f* ⟨a run on the banks : una corrida bancaria⟩ **5** (*used for theatrical productions and films*) ⟨to have a long run : mantenerse mucho tiempo en la cartelera⟩ **6** TYPE : tipo *m* ⟨the average run of students : el tipo más común de estudiante⟩ **7** : carrera *f* (en béisbol) **8** : carrera *f* (en una media) **9 to have the run of** : tener libre acceso de (una casa, etc.) **10 ski run** : pista *f* (de esquí)

**runaway**[1] [ˈrʌnəˌweɪ] *adj* **1** FUGITIVE : fugitivo **2** UNCONTROLLABLE : incontrolable, fuera de control ⟨runaway inflation : inflación desenfrenada⟩ ⟨a runaway success : un éxito aplastante⟩

**runaway**[2] *n* : fugitivo *m*, -va *f*

**rundown** [ˈrʌnˌdaʊn] *n* SUMMARY : resumen *m*

**run–down** [ˈrʌnˈdaʊn] *adj* **1** DILAPIDATED : ruinoso, destartalado **2** SICKLY, TIRED : cansado, débil

**rung**[1] *pp* → **ring**[1]

**rung**[2] [ˈrʌŋ] *n* : peldaño *m*, escalón *m*

**run–in** [ˈrʌnˌɪn] *n* : disputa *f*, altercado *m*

**runner** [ˈrʌnər] *n* **1** RACER : corredor *m*, -dora *f* **2** MESSENGER : mensajero *m*, -ra *f* **3** TRACK : riel *m* (de un cajón, etc.) **4** : patín *m* (de un trineo), cuchilla *f* (de un patín) **5** : estolón *m* (planta)

**runner–up** [ˌrʌnərˈʌp] *n, pl* **runners–up** : subcampeón *m*, -peona *f*

**running** [ˈrʌnɪŋ] *adj* **1** FLOWING : corriente ⟨running water : agua corriente⟩ **2** CONTINUOUS : continuo ⟨a running battle : una lucha continua⟩ **3** CONSECUTIVE : seguido ⟨six days running : por seis días seguidos⟩

**runny** [ˈrʌni] *adj* **runnier; -est** **1** WATERY : caldoso **2 to have a runny nose** : moquear

**run–of–the–mill** [ˌrʌnəvðəˈmɪl] *adj* : normal y corriente, común

**runt** [ˈrʌnt] *n* : animal *m* pequeño ⟨the runt of the litter : el más pequeño de la camada⟩

**runway** [ˈrʌnˌweɪ] *n* : pista *f* de aterrizaje

**rupee** [ruːˈpiː, ˈruːˌ-] *n* : rupia *f*

**rupture**[1] [ˈrʌptʃər] *v* **-tured; -turing** *vt* **1** BREAK, BURST : romper, reventar **2** : causar una hernia en — *vi* : reventarse

**rupture**[2] *n* **1** BREAK : ruptura *f* **2** HERNIA : hernia *f*

**rural** [ˈrʊrəl] *adj* : rural, campestre

**ruse** [ruːs, ˈruːz] *n* : treta *f*, ardid *m*, estratagema *f*

**rush**[1] [ˈrʌʃ] *vi* **1** : correr, ir de prisa ⟨to rush around : correr de un lado a otro⟩ ⟨to rush off/in/out : irse/entrar/salir corriendo⟩ ⟨let's not rush into it : no nos precipitemos⟩ **2** FLOW : correr con fuerza — *vt* **1** HURRY : apresurar, apurar ⟨don't rush me : no me apures⟩ ⟨to rush something : hacer algo apresuradamente⟩ ⟨she rushed me into making a decision : me hizo tomar una decisión apresurada⟩ **2** : llevar o enviar urgentemente ⟨he was rushed to the hospital : fue trasladado de urgencia al hospital⟩ **3** ATTACK : abalanzarse sobre, asaltar

**rush**[2] *adj* : urgente

**rush**[3] *n* **1** HASTE : prisa *f*, apuro *m* ⟨there's no rush : no hay ninguna prisa⟩ ⟨to be in a rush : tener prisa, estar/ir apurado⟩ **2** SURGE : ráfaga *f* (de aire), torrente *m* (de aguas), avalancha *f* (de gente) **3** DEMAND : demanda *f* ⟨a rush on sugar : una gran demanda para el azúcar⟩ **4** : carga *f* (en futbol americano) **5** : junco *m* (planta)

**rush hour** *n* : hora *f* pico

**russet** [ˈrʌsət] *n* : color *m* rojizo

**Russian** [ˈrʌʃən] *n* **1** : ruso *m*, -sa *f* **2** : ruso *m* (idioma) — **Russian** *adj*

**rust**[1] [ˈrʌst] *vi* : oxidarse — *vt* : oxidar

**rust**[2] *n* **1** : herrumbre *f*, orín *m*, óxido *m* (en los metales) **2** : roya *f* (en las plantas)

**rustic**[1] [ˈrʌstɪk] *adj* : rústico, campestre

**rustic**[2] *n* : rústico *m*, -ca *f*; campesino *m*, -na *f*

**rustle**[1] [ˈrʌsəl] *v* **rustled; rustling** *vt* **1** : hacer susurrar, hacer crujir ⟨to rustle a newspaper : hacer crujir un periódico⟩ **2** STEAL : robar (ganado) **3 to rustle up** : improvisar (una comida), conseguir (información, etc.) — *vi* : susurrar, crujir

**rustle**[2] *n* : murmullo *m*, susurro *m*, crujido *m*

**rustler** [ˈrʌsələr] *n* : ladrón *m*, -drona *f* de ganado

**rustproof** [ˈrʌstˌpruːf] *adj* : inoxidable

**rusty** [ˈrʌsti] *adj* **rustier; -est** : oxidado, herrumbroso

**rut** [ˈrʌt] *n* **1** GROOVE, TRACK : rodada *f*, surco *m* **2 to be in a rut** : ser esclavo de la rutina

**ruthless** [ˈruːθləs] *adj* : despiadado, cruel — **ruthlessly** *adv*

**ruthlessness** [ˈruːθləsnəs] *n* : crueldad *f*, falta *f* de piedad

**RV** [ˌɑrˈviː] → **recreational vehicle**

**Rwandan** [rʊˈandən] *n* : ruandés *m*, -desa *f* — **Rwandan** *adj*

**rye** [ˈraɪ] *n* **1** : centeno *m* **2** *or* **rye bread** : pan *m* de centeno **3** *or* **rye whiskey** : whisky *m* de centeno

# S

**s** [ˈɛs] *n, pl* **s's** *or* **ss** [ˈɛsəz] : decimonovena letra del alfabeto inglés

**Sabbath** [ˈsæbəθ] *n* **1** : sábado *m* (en el judaísmo) **2** : domingo *m* (en el cristianismo)

**sabbatical** [səˈbæt̬ɪkəl] *n* : sabático *m*

**saber** [ˈseɪbər] *n* : sable *m*

**sable** [ˈseɪbəl] *n* **1** BLACK : negro *m* **2** : marta *f* cebellina (animal)

**sabotage**[1] [ˈsæbəˌtɑʒ] *vt* **-taged; -taging** : sabotear

**sabotage**[2] *n* : sabotaje *m*

**saboteur** [ˌsæbəˈtɜr] *n* : saboteador *m*, -dora *f*

**sac** [ˈsæk] *n* : saco *m* (anatómico)

**saccharin** [ˈsækərən] *n* : sacarina *f*
**saccharine** [ˈsækərən, -ˌriːn, -ˌraɪn] *adj* : meloso, empalagoso
**sachet** [sæˈʃeɪ] *n* : bolsita *f* (perfumada)
**sack**[1] [ˈsæk] *vt* **1** FIRE : echar (del trabajo), despedir **2** PLUNDER : saquear
**sack**[2] *n* BAG : saco *m*
**sacrament** [ˈsækrəmənt] *n* : sacramento *m*
**sacramental** [ˌsækrəˈmɛntəl] *adj* : sacramental
**sacred** [ˈseɪkrəd] *adj* **1** RELIGIOUS : sagrado, sacro ⟨sacred texts : textos sagrados⟩ **2** HOLY : sagrado **3 sacred to** : consagrado a
**sacrifice**[1] [ˈsækrəˌfaɪs] *vt* **-ficed; -ficing 1** : sacrificar **2 to sacrifice oneself** : sacrificarse
**sacrifice**[2] *n* : sacrificio *m*
**sacrilege** [ˈsækrəlɪʤ] *n* : sacrilegio *m*
**sacrilegious** [ˌsækrəˈlɪʤəs, -ˈliː-] *adj* : sacrílego
**sacrosanct** [ˈsækroˌsæŋkt] *adj* : sacrosanto
**sad** [ˈsæd] *adj* **sadder; saddest** : triste — **sadly** *adv*
**sadden** [ˈsædən] *vt* : entristecer
**saddle**[1] [ˈsædəl] *vt* **-dled; -dling 1** : ensillar **2 to saddle someone with something** : cargar a alguien con algo, endilgarle algo a alguien
**saddle**[2] *n* : silla *f* (de montar)
**saddlebag** [ˈsædəlˌbæg] *n* : alforja *f*
**sadism** [ˈseɪˌdɪzəm, ˈsæ-] *n* : sadismo *m*
**sadist** [ˈseɪdɪst, ˈsæ-] *n* : sádico *m*, -ca *f*
**sadistic** [səˈdɪstɪk] *adj* : sádico — **sadistically** [-tɪklɪ] *adv*
**sadness** [ˈsædnəs] *n* : tristeza *f*
**safari** [səˈfɑri, -ˈfær-] *n* : safari *m*
**safe**[1] [ˈseɪf] *adj* **safer; safest 1** UNHARMED : ileso ⟨safe and sound : sano y salvo⟩ **2** SECURE, PROTECTED : seguro **3** : seguro (dícese de vehículos, actividades, etc.) ⟨have a safe trip! : ¡(que tengas un) buen viaje!⟩ **4** : seguro (dícese de medicamentos, etc.) ⟨safe to eat/drink : comestible/potable⟩ **5** PROTECTIVE : seguro ⟨a safe place : un lugar seguro⟩ ⟨at a safe distance : a una distancia prudencial⟩ **6** : seguro (dícese de inversiones, etc.) **7** CAREFUL : prudente ⟨a safe driver : un conductor responsable⟩ **8 (it's) better (to be) safe than sorry** : más vale prevenir que curar **9 it's safe to say that . . .** *or* **it's a safe bet that . . .** : se puede decir, sin temor a equivocarse, que . . . **10 to be on the safe side** : para mayor seguridad **11 to play it safe** : ir a la segura
**safe**[2] *n* : caja *f* fuerte
**safe–conduct** [ˈseɪfˈkɑnˌdʌkt] *n* : salvoconducto *m*
**safe–deposit box** *n* : caja *f* de seguridad
**safeguard**[1] [ˈseɪfˌgɑrd] *vt* : salvaguardar, proteger
**safeguard**[2] *n* : salvaguarda *f*, protección *f*
**safekeeping** [ˈseɪfˈkiːpɪŋ] *n* : custodia *f*, protección *f* ⟨to put into safekeeping : poner en buen recaudo⟩
**safely** [ˈseɪflɪ] *adv* **1** UNHARMED : sin incidentes, sin novedades ⟨they landed safely : aterrizaron sin novedades⟩ **2** SECURELY : con toda seguridad, sin peligro **3** : sin temor a equivocarse ⟨one can safely say that . . . : se puede decir, sin temor a equivocarse, que . . .⟩
**safety** [ˈseɪftɪ] *n, pl* **-ties** : seguridad *f*
**safety belt** *n* : cinturón *m* de seguridad
**safety net** *n* **1** : red *f* de seguridad **2** : protección *f*
**safety pin** *n* : alfiler *m* de gancho, alfiler *m* de seguridad, imperdible *m Spain*
**safety razor → razor**
**saffron** [ˈsæfrən] *n* : azafrán *m*
**sag**[1] [ˈsæg] *vi* **sagged; sagging 1** DROOP, SINK : combarse, hundirse, inclinarse **2** : colgar, caer ⟨his jowls sagged : le colgaban las mejillas⟩ **3** FLAG : flaquear, decaer ⟨his spirits sagged : se le flaqueó el ánimo⟩
**sag**[2] *n* : comba *f*
**saga** [ˈsɑgə, ˈsæ-] *n* : saga *f*
**sagacious** [səˈgeɪʃəs] *adj* : sagaz
**sage**[1] [ˈseɪʤ] *adj* **sager; sagest** : sabio — **sagely** *adv*
**sage**[2] *n* **1** : sabio *m*, -bia *f* **2** : salvia *f* (planta)
**sagebrush** [ˈseɪʤˌbrʌʃ] *n* : artemisa *f*
**Sagittarius** [ˌsæʤəˈtɛriəs] *n* **1** : Sagitario *m* (signo o constelación) **2** : Sagitario *mf* (persona)
**said → say**
**sail**[1] [ˈseɪl] *vi* **1** : navegar (en un barco) **2** : ir/marchar (etc.) fácilmente ⟨we sailed right in : entramos sin ningún problema⟩ ⟨she sailed through the exam : aprobó/pasó el examen sin problemas⟩ — *vt* **1** : gobernar (un barco) **2 to sail the seas** : cruzar los mares
**sail**[2] *n* **1** : vela *f* (de un barco) **2** : viaje *m* en velero ⟨to go for a sail : salir a navegar⟩
**sailboat** [ˈseɪlˌboːt] *n* : velero *m*, barco *m* de vela
**sailfish** [ˈseɪlˌfɪʃ] *n* : pez *m* vela
**sailing** [ˈseɪlɪŋ] *n* **1** : navegación *f* (de un barco de vela) **2** : vela *f* (deporte)
**sailing ship** *n* : barco *m* de vela
**sailor** [ˈseɪlər] *n* : marinero *m*
**saint** [ˈseɪnt, before a name ˌseɪnt, or sənt] *n* : santo *m*, -ta *f* ⟨Saint Francis : San Francisco⟩ ⟨Saint Rose : Santa Rosa⟩
**saintliness** [ˈseɪntlɪnəs] *n* : santidad *f*
**saintly** [ˈseɪntlɪ] *adj* **saintlier; -est** : santo
**sake** [ˈseɪk] *n* **1** BENEFIT : bien *m* ⟨for the children's sake : por el bien de los niños⟩ **2** (*indicating an end or a purpose*) ⟨art for art's sake : el arte por el arte⟩ ⟨let's say, for argument's sake, . . . : pongamos que . . .⟩ **3 for goodness' sake!** : ¡por (el amor de) Dios!
**salable** *or* **saleable** [ˈseɪləbəl] *adj* : vendible
**salacious** [səˈleɪʃəs] *adj* : salaz — **salaciously** *adv*
**salad** [ˈsæləd] *n* : ensalada *f*
**salad dressing → dressing**
**salamander** [ˈsæləˌmændər] *n* : salamandra *f*
**salami** [səˈlɑmi] *n* : salami *m*

**salary** [ˈsælərɪ] *n, pl* **-ries** : sueldo *m*

**sale** [ˈseɪl] *n* **1** SELLING : venta *f* **2** : liquidación *f*, rebajas *fpl* ⟨on sale : de rebaja⟩ **3 sales** *npl* : ventas *fpl* ⟨to work in sales : trabajar en ventas⟩

**salesman** [ˈseɪlzmən] *n, pl* **-men** [-mən, -ˌmɛn] **1** : vendedor *m*, dependiente *m* (en una tienda) **2 traveling salesman** : viajante *m*, representante *m*

**salesperson** [ˈseɪlzˌpərsən] *n* : vendedor *m*, -dora *f*; dependiente *m*, -ta *f* (en una tienda)

**sales pitch** → **pitch**[2]

**saleswoman** [ˈseɪlzˌwʊmən] *n, pl* **-women** [-ˌwɪmən] **1** : vendedora *f*, dependienta *f* (en una tienda) **2 traveling saleswoman** : viajante *f*, representante *f*

**salient** [ˈseɪlɪənt] *adj* : saliente, sobresaliente

**saline** [ˈseɪˌliːn, -ˌlaɪn] *adj* : salino

**salinity** [ˌsəɪˈlɪnəṭi, sə-] *n* : salinidad *f*

**saliva** [səˈlaɪvə] *n* : saliva *f*

**salivary** [ˈsælə,vɛrɪ] *adj* : salival ⟨salivary gland : glándula salival⟩

**salivate** [ˈsælə,veɪt] *vi* **-vated; -vating** : salivar

**sallow** [ˈsæloː] *adj* : amarillento

**sally**[1] [ˈsælɪ] *vi* **-lied; -lying** SET OUT : salir, hacer una salida

**sally**[2] *n, pl* **-lies** **1** : salida *f* (militar), misión *f* **2** QUIP : salida *f*, ocurrencia *f*

**salmon** [ˈsæmən] *ns & pl* **1** : salmón *m* (pez) **2** : color *m* salmón

**salon** [səˈlɑn, ˈsæˌlɑn, sæˈlɔ̃] *n* : salón *m* ⟨beauty salon : salón de belleza⟩

**saloon** [səˈluːn] *n* **1** HALL : salón *m* (en un barco) **2** BARROOM : bar *m*

**salsa** [ˈsɔlsə, ˈsal-] *n* : salsa *f* mexicana, salsa *f* picante

**salt**[1] [ˈsɔlt] *vt* : salar, echarle sal a

**salt**[2] *adj* : salado

**salt**[3] *n* : sal *f*

**saltiness** [ˈsɔlṭinəs] *adj* : lo salado, salinidad *f*

**salt shaker** → **shaker**

**saltwater** [ˈsɔltˌwɔṭər, -ˌwɑ-] *adj* : de agua salada

**salty** [ˈsɔlṭi] *adj* **saltier; -est** : salado

**salubrious** [səˈluːbriəs] *adj* : salubre

**salutary** [ˈsæljəˌtɛrɪ] *adj* : saludable, salubre

**salutation** [ˌsæljəˈteɪʃən] *n* : saludo *m*, salutación *f*

**salute**[1] [səˈluːt] *v* **-luted; -luting** *vt* **1** : saludar (con gestos o ceremonias) **2** ACCLAIM : reconocer, aclamar — *vi* : hacer un saludo

**salute**[2] *n* **1** : saludo *m* (gesto), salva *f* (de cañonazos) **2** TRIBUTE : reconocimiento *m*, homenaje *m*

**Salvadoran** [ˌsælvəˈdorən] → **El Salvadoran**

**salvage**[1] [ˈsælvɪʤ] *vt* **-vaged; -vaging** : salvar, rescatar

**salvage**[2] *n* **1** SALVAGING : salvamento *m*, rescate *m* **2** : objetos *mpl* salvados

**salvation** [sælˈveɪʃən] *n* : salvación *f*

**salve**[1] [ˈsæv, ˈsav] *vt* **salved; salving** : calmar, apaciguar ⟨to salve one's conscience : aliviarse la conciencia⟩

**salve**[2] *n* : ungüento *m*

**salvo** [ˈsælˌvoː] *n, pl* **-vos** *or* **-voes** : salva *f*

**samba** [ˈsæmbə, ˈsɑ-] *n* : samba *f*

**same**[1] [ˈseɪm] *adj* **1** : mismo ⟨he and I are from the same town : él y yo somos del mismo pueblo⟩ ⟨the same exact day, the exact/very same day : el mismísimo día⟩ ⟨they're one and the same person : son la misma persona⟩ **2** ALIKE, IDENTICAL : igual ⟨I have the same shirt : tengo una camisa igual a la tuya⟩ ⟨they're spelled the same way : se escriben igual⟩ **3** (*indicating repetition*) : mismo ⟨the same thing happened yesterday : ayer pasó lo mismo⟩ **4** (*indicating a shared characteristic*) : mismo ⟨they're the same age : tienen la misma edad⟩ ⟨she has the same eyes as her father : tiene los mismos ojos de su padre⟩ **5 the same old** ⟨it's always the same old thing : siempre pasa lo mismo⟩ ⟨the same old story : la misma historia de siempre⟩ **6 the same thing** ⟨it amounts to the same thing : viene a ser lo mismo⟩

**same**[2] *pron* **1 the same** : lo mismo ⟨it's all the same to me : me da lo mismo, me da igual⟩ ⟨the same to you! : ¡igualmente!⟩ ⟨the same goes for you : también va por ti⟩ ⟨you should do the same : deberías hacer lo mismo⟩ ⟨they're one and the same : son la misma persona/cosa⟩ ⟨I could say the same : podría decir lo mismo⟩ **2 the same** : igual ⟨the two cars are the same : los dos coches son iguales⟩ **3 the same** : igual (que antes) ⟨things are still the same : las cosas siguen igual⟩ ⟨he was never quite the same again : ya no era el mismo de antes⟩ **4 all/just the same** : de todos modos **5 same here** *fam* : yo también, a mí también

**sameness** [ˈseɪmnəs] *n* **1** SIMILARITY : identidad *f*, semejanza *f* **2** MONOTONY : monotonía *f*

**same–sex** [ˈseɪmˈsɛks] *adj* : del mismo sexo ⟨same-sex marriage : el matrimonio entre personas del mismo sexo⟩

**sample**[1] [ˈsæmpəl] *vt* **-pled; -pling** : probar

**sample**[2] *n* : muestra *f*, prueba *f*

**sampler** [ˈsæmplər] *n* **1** : dechado *m* (de bordado) **2** COLLECTION : colección *f* **3** ASSORTMENT : surtido *m*

**sanatorium** [ˌsænəˈtorɪəm] *n, pl* **-riums** *or* **-ria** [-iə] : sanatorio *m*

**sanctify** [ˈsæŋktəˌfaɪ] *vt* **-fied; -fying** : santificar

**sanctimonious** [ˌsæŋktəˈmoːniəs] *adj* : beato, santurrón

**sanction**[1] [ˈsæŋkʃən] *vt* : sancionar, aprobar

**sanction**[2] *n* **1** AUTHORIZATION : sanción *f*, autorización *f* **2 sanctions** *npl* : sanciones *fpl* ⟨to impose sanctions on : imponer sanciones a⟩

**sanctity** [ˈsæŋktəṭi] *n, pl* **-ties** : santidad *f*

**sanctuary** [ˈsæŋktʃoˌɛrɪ] *n, pl* **-aries** **1** : presbiterio *m* (en una iglesia) **2** REFUGE : refugio *m*, asilo *m*

**sand**[1] [ˈsænd] *vt* : lijar (madera)
**sand**[2] *n* : arena *f*
**sandal** [ˈsændəl] *n* : sandalia *f*
**sandalwood** [ˈsændəlˌwʊd] *n* : sándalo *m*
**sandbank** [ˈsændˌbæŋk] *n* : banco *m* de arena
**sandbar** [ˈsændˌbɑr] *n* : banco *m* de arena
**sandbox** [ˈsændˌbɑks] *n* : cajón *m* de arena
**sand castle** *n* : castillo *m* de arena
**sand dune** *n* → **dune**
**sandpaper** [ˈsændˌpeɪpər] *n* : papel *m* de lija
**sandstone** [ˈsændˌstoːn] *n* : arenisca *f*
**sandstorm** [ˈsændˌstɔrm] *n* : tormenta *f* de arena
**sandwich**[1] [ˈsændˌwɪtʃ] *vt* : intercalar, encajonar, meter (entre dos cosas)
**sandwich**[2] *n* : sandwich *m*, emparedado *m*, bocadillo *m Spain*
**sandy** [ˈsændi] *adj* **sandier; -est** : arenoso
**sane** [ˈseɪn] *adj* **saner; sanest** **1** : cuerdo **2** SENSIBLE : sensato, razonable
**sang** → **sing**
**sangria** [ˌsæŋˈgriːə, ˌsæn-] *n* : sangría *f*
**sanguine** [ˈsæŋgwən] *adj* **1** RUDDY : sanguíneo, rubicundo **2** HOPEFUL : optimista
**sanitarium** [ˌsænəˈtɛriəm] *n, pl* **-ium**s *or* **-ia** [-iə] → **sanatorium**
**sanitary** [ˈsænəˌtɛri] *adj* **1** : sanitario ⟨sanitary measures : medidas sanitarias⟩ **2** HYGIENIC : higiénico **3 sanitary napkin** : compresa *f*, paño *m* higiénico
**sanitation** [ˌsænəˈteɪʃən] *n* : sanidad *f*
**sanitize** [ˈsænəˌtaɪz] *vt* **-tized; -tizing** **1** : desinfectar **2** EXPURGATE : expurgar
**sanity** [ˈsænəti] *n* : cordura *f*, razón *f* ⟨to lose one's sanity : perder el juicio⟩
**sank** → **sink**
**Santa Claus** [ˈsæntəˌklɔz] *n* : Papá Noel, San Nicolás
**sap**[1] [ˈsæp] *vt* **sapped; sapping** **1** UNDERMINE : socavar **2** WEAKEN : minar, debilitar
**sap**[2] *n* **1** : savia *f* (de una planta) **2** SUCKER : inocentón *m*, -tona *f*
**sapling** [ˈsæplɪŋ] *n* : árbol *m* joven
**sapphire** [ˈsæˌfaɪr] *n* : zafiro *m*
**Saran Wrap** [səˈræn-] *trademark* se usa para papel film
**sarcasm** [ˈsɑrˌkæzəm] *n* : sarcasmo *m*
**sarcastic** [sɑrˈkæstɪk] *adj* : sarcástico — **sarcastically** [-tɪkli] *adv*
**sarcophagus** [sɑrˈkɑfəgəs] *n, pl* **-gi** [-ˌgaɪ, -ˌdʒaɪ] : sarcófago *m*
**sardine** [sɑrˈdiːn] *n* : sardina *f*
**sardonic** [sɑrˈdɑnɪk] *adj* : sardónico — **sardonically** [-nɪkli] *adv*
**sari** [ˈsɑri] *n* : sari *m*
**sarsaparilla** [ˌsæspəˈrɪlə, ˌsɑrs-] *n* : zarzaparrilla *f*
**sash** [ˈsæʃ] *n* **1** : faja *f* (de un vestido), fajín *m* (de un uniforme) **2** *pl* **sash** : marco *m* (de una ventana)
**sassafras** [ˈsæsəˌfræs] *n* : sasafrás *m*
**sassy** [ˈsæsi] *adj* **sassier; -est** **1** *fam* IMPERTINENT : fresco, descarado, impertinente **2** STYLISH : moderno, llamativo **3** VIVACIOUS : vivaz
**sat** → **sit**
**Satan** [ˈseɪtən] *n* : Satanás *m*, Satán *m*
**satanic** [səˈtænɪk, seɪ-] *adj* : satánico — **satanically** [-nɪkli] *adv*
**satchel** [ˈsætʃəl] *n* : cartera *f*, saco *m*
**sate** [ˈseɪt] *vt* **sated; sating** : saciar
**satellite** [ˈsætəˌlaɪt] *n* : satélite *m* ⟨spy satellite : satélite espía⟩
**satellite dish** *n* : antena *m* parabólica
**satiate** [ˈseɪʃiˌeɪt] *vt* **-ated; -ating** : saciar, hartar
**satin** [ˈsætən] *n* : raso *m*, satín *m*, satén *m*
**satire** [ˈsæˌtaɪr] *n* : sátira *f*
**satiric** [səˈtɪrɪk] *or* **satirical** [-ɪkəl] *adj* : satírico
**satirize** [ˈsætəˌraɪz] *vt* **-rized; -rizing** : satirizar
**satisfaction** [ˌsætəsˈfækʃən] *n* : satisfacción *f*
**satisfactory** [ˌsætəsˈfæktəri] *adj* : satisfactorio, bueno — **satisfactorily** [-rəli] *adv*
**satisfy** [ˈsætəsˌfaɪ] *v* **-fied; -fying** *vt* **1** PLEASE : satisfacer, contentar **2** CONVINCE : convencer **3** FULFILL : satisfacer, cumplir con, llenar **4** SETTLE : pagar, saldar (una cuenta) — *vi* SUFFICE : bastar
**satisfying** [ˈsætəsˌfaɪɪŋ] *adj* : satisfactorio
**saturate** [ˈsætʃəˌreɪt] *vt* **-rated; -rating** **1** SOAK : empapar **2** FILL : saturar
**saturation** [ˌsætʃəˈreɪʃən] *n* : saturación *f*
**Saturday** [ˈsætərˌdeɪ, -di] *n* : sábado *m* ⟨today is Saturday : hoy es sábado⟩ ⟨(on) Saturday : el sábado⟩ ⟨(on) Saturdays : los sábados⟩ ⟨last Saturday : el sábado pasado⟩ ⟨next Saturday : el sábado que viene⟩ ⟨every other Saturday : cada dos sábados⟩ ⟨Saturday afternoon/morning : sábado por la tarde/mañana⟩
**Saturn** [ˈsætərn] *n* : Saturno *m*
**satyr** [ˈseɪtər, ˈsæ-] *n* : sátiro *m*
**sauce** [ˈsɔs] *n* : salsa *f*
**saucepan** [ˈsɔsˌpæn] *n* : cacerola *f*, cazo *m*, cazuela *f*
**saucer** [ˈsɔsər] *n* : platillo *m*
**sauciness** [ˈsɔsinəs] *n* : descaro *m*, frescura *f*
**saucy** [ˈsɔsi] *adj* **saucier; -est** IMPUDENT : descarado, fresco *fam* — **saucily** *adv*
**Saudi** [ˈsɑudi, ˈsɔ-] → **Saudi Arabian**
**Saudi Arabian** *n* : saudita *mf*, saudí *mf* — **Saudi Arabian** *adj*
**sauna** [ˈsɔnə, ˈsɑunə] *n* : sauna *mf*
**saunter** [ˈsɔntər, ˈsɑn-] *vi* : pasear, pasearse
**sausage** [ˈsɔsɪdʒ] *n* : salchicha *f*, embutido *m*
**sauté** [sɔˈteɪ, soː-] *vt* **-téed** *or* **-téd; -téing** : saltear, sofreír
**savage**[1] [ˈsævɪdʒ] *adj* **1** *offensive* PRIMITIVE : salvaje **2** : salvaje, feroz — **savagely** *adv*
**savage**[2] *n* **1** *offensive* : salvaje *mf* **2** BEAST, BRUTE : salvaje *mf*
**savagery** [ˈsævɪdʒri, -dʒəri] *n, pl* **-ries** **1** FEROCITY : ferocidad *f* **2** ATROCITY : salvajada *f*, atrocidad *f*, crueldad *f* ⟨the savageries of war : las atrocidades de la guerra⟩

**savanna** [sə'vænə] *n* : sabana *f*

**save**[1] ['seɪv] *v* **saved; saving** *vt* **1** RESCUE : salvar, rescatar ⟨she saved him from drowning : lo salvó de morir ahogado⟩ ⟨you really saved my bacon/hide/neck/skin! : ¡me salvaste el pellejo!⟩ **2** PRESERVE : salvar, preservar, conservar ⟨he hopes to save his job : espera salvar su trabajo⟩ **3** KEEP : guardar, ahorrar (dinero), almacenar (alimentos) ⟨to save one's strength : guardarse las fuerzas⟩ **4** : guardar (en informática) **5** ECONOMIZE : ahorrar (tiempo, espacio, combustible, etc.) **6** SPARE : ahorrar ⟨you saved me a trip : me ahorraste el viaje⟩ **7 to save someone's life** : salvarle la vida a alguien **8 to save the day** : salvar la situación — *vi* : ahorrar ⟨to save for the future : ahorrar para el futuro⟩ ⟨you'll save on insurance : ahorrarás dinero en tu seguro⟩

**save**[2] *prep* EXCEPT : salvo, excepto, menos

**savings** ['seɪvɪŋz] *n* : ahorros *mpl*

**savings account** *n* : cuenta *f* de ahorro(s)

**savings bank** *n* : caja *f* de ahorros

**savior** ['seɪvjər] *n* **1** : salvador *m*, -dora *f* **2 the Savior** : el Salvador *m*

**savor**[1] ['seɪvər] *vt* : saborear

**savor**[2] *n* : sabor *m*

**savory** ['seɪvəri] *adj* : sabroso

**saw**[1] → **see**

**saw**[2] ['sɔ] *vt* **sawed; sawed** *or* **sawn** ['sɔn]; **sawing** : serrar, cortar (con sierra)

**saw**[3] *n* : sierra *f*

**sawdust** ['sɔˌdʌst] *n* : aserrín *m*, serrín *m*

**sawhorse** ['sɔˌhɔrs] *n* : caballete *m*, burro *m* (en carpintería)

**sawmill** ['sɔˌmɪl] *n* : aserradero *m*

**sax** ['sæks] *n* : saxo *m fam* (instrumento)

**saxophone** ['sæksəˌfo:n] *n* : saxofón *m* — **saxophonist** ['sæksəˌfo:nɪst] *n*

**say**[1] ['seɪ] *v* **said** ['sɛd]; **saying; says** ['sɛz] *vt* **1** EXPRESS, UTTER : decir, expresar ⟨to say yes/no : decir que sí/no⟩ ⟨to say again : repetir⟩ ⟨to say one's prayers : rezar⟩ ⟨she didn't say a word : no dijo ni una palabra⟩ **2** INDICATE : marcar (dícese de un reloj), poner (dícese de un letrero, etc.) **3** EXPRESS, REVEAL : decir, revelar ⟨her face says it all : su cara lo dice todo⟩ **4** OPINE : decir ⟨so they say : eso dicen⟩ **5** KNOW : decir, saber ⟨it's hard to say why : es difícil decir por qué⟩ **6** COMMAND : decir, mandar ⟨what she says goes : lo que ella dice va a misa⟩ ⟨do as I say : haz lo que te digo⟩ ⟨whatever you say : lo que tú digas⟩ **7** PRONOUNCE : decir, pronunciar **8** SUPPOSE : suponer, decir **9 if I say so myself** : modestia aparte **10 no sooner said than done** : dicho y hecho **11 that goes without saying** : ni que decir tiene **12 that is to say** : es decir **13 that said, . . . .** : dicho esto, . . . **14 to say the least** : y me quedo corto **15 when all is said and done** : al fin y al cabo **16 you can say that again!** *fam* : ¡y tanto! **17 you said it!** : ¡de acuerdo! — *vi* **1** : decir ⟨I couldn't say : no podría decirte⟩ **2 I'll say!** : ¡y tanto! **3 you don't say!** : ¡no me digas!

**say**[2] *n, pl* **says** ['seɪz] : voz *f*, opinión *f* ⟨to have no say : no tener ni voz ni voto⟩ ⟨to have one's say : dar uno su opinión⟩

**saying** ['seɪɪŋ] *n* : dicho *m*, refrán *m*

**scab** ['skæb] *n* **1** : costra *f*, postilla *f* (en una herida) **2** STRIKEBREAKER : rompehuelgas *mf*, esquirol *mf*

**scabbard** ['skæbərd] *n* : vaina *f* (de una espada), funda *f* (de un puñal, etc.)

**scabby** ['skæbi] *adj* **scabbier; -est** : lleno de costras

**scaffold** ['skæfəld, -ˌfo:ld] *n* **1** *or* **scaffolding** : andamio *m* (para obreros, etc.) **2** : patíbulo *m*, cadalso *m* (para ejecuciones)

**scald** ['skɔld] *vt* **1** BURN : escaldar **2** HEAT : calentar (hasta el punto de ebullición)

**scale**[1] ['skeɪl] *v* **scaled; scaling** *vt* **1** : escamar (un pescado) **2** CLIMB : escalar (un muro, etc.) **3 to scale down** : reducir — *vi* WEIGH : pesar ⟨he scaled in at 200 pounds : pesó 200 libras⟩

**scale**[2] *n* **1** *or* **scales** *npl* : balanza *f*, báscula *f* (para pesar), baremo *m* ⟨bathroom scale : báscula de baño⟩ ⟨kitchen scale : balanza de cocina⟩ ⟨to tip the scales in one's favor : inclinar la balanza a su favor⟩ **2** : escama *f* (de un pez, etc.) **3** EXTENT : escala *f*, proporción *f* ⟨on a worldwide scale : a escala mundial⟩ ⟨large-scale production : producción a gran escala⟩ **4** RANGE : escala *f* ⟨wage scale : escala salarial⟩ **5** : escala *f* (en cartografía, etc.) ⟨to draw to scale : dibujar a escala⟩ **6** : escala *f* (en música)

**scallion** ['skæljən] *n* : cebollino *m*, cebolleta *f*

**scallop** ['skɑləp, 'skæ-] *n* **1** : vieira *f* (molusco) **2** : festón *m* (decoración)

**scalp**[1] ['skælp] *vt* **1** : arrancar la cabellera a **2** : revender (ilegalmente)

**scalp**[2] *n* : cuero *m* cabelludo

**scalpel** ['skælpəl] *n* : bisturí *m*, escalpelo *m*

**scalper** ['skælpər] *n* : revendedor *m*, -dora *f* (de entradas)

**scaly** ['skeɪli] *adj* **scalier; -est** : escamoso

**scam** ['skæm] *n* : estafa *f*, timo *m fam*, chanchullo *m fam*

**scamp** ['skæmp] *n* : bribón *m*, -bona *f*; granuja *mf*; travieso *m*, -sa *f*

**scamper** ['skæmpər] *vi* : corretear

**scan**[1] ['skæn] *vt* **scanned; scanning** **1** : escandir (versos) **2** SCRUTINIZE : escudriñar, escrutar ⟨to scan the horizon : escudriñar el horizonte⟩ **3** PERUSE : echarle un vistazo a (un periódico, etc.) **4** EXPLORE : explorar (con radar), hacer un escáner de (en ecografía) **5** : escanear (una imagen)

**scan**[2] *n* **1** : ecografía *f*, examen *m* ultrasónico, escáner *m* (en medicina) **2** : imagen *f* escaneada (en una computadora)

**scandal** ['skændəl] *n* **1** DISGRACE, OUTRAGE : escándalo *m* **2** GOSSIP : habladurías *fpl*, chismes *mpl*

**scandalize** [ˈskændəlˌaɪz] *vt* **-ized; -izing** : escandalizar
**scandalous** [ˈskændələs] *adj* : de escándalo
**Scandinavian**[1] [ˌskændəˈneɪvɪən] *adj* : escandinavo
**Scandinavian**[2] *n* : escandinavo *m*, -va *f*
**scanner** [ˈskænər] *n* : escáner *m*, scanner *m*
**scant** [ˈskænt] *adj* : escaso
**scanty** [ˈskænti] *adj* **scantier; -est** : exiguo, escaso ⟨a scanty meal : una comida insuficiente⟩ — **scantily** [-təli] *adv*
**scapegoat** [ˈskeɪpˌgoːt] *n* : chivo *m* expiatorio, cabeza *f* de turco
**scapula** [ˈskæpjələ] *n, pl* **-lae** [-ˌliː, -ˌlaɪ] *or* **-las** → **shoulder blade**
**scar**[1] [ˈskɑr] *v* **scarred; scarring** *vt* : dejar una cicatriz en — *vi* : cicatrizar
**scar**[2] *n* : cicatriz *f*, marca *f*
**scarab** [ˈskærəb] *n* : escarabajo *m*
**scarce** [ˈskɛrs] *adj* **scarcer; -est** : escaso
**scarcely** [ˈskɛrsli] *adv* **1** BARELY : apenas **2** : ni mucho menos, ni nada que se le parezca ⟨he's scarcely an expert : ciertamente no es experto⟩
**scarcity** [ˈskɛrsəti] *n, pl* **-ties** : escasez *f*
**scare**[1] [ˈskɛr] *vt* **scared; scaring** **1** : asustar, espantar **2 to scare away/off** : ahuyentar
**scare**[2] *n* **1** FRIGHT : susto *m*, sobresalto *m* **2** ALARM : pánico *m*
**scarecrow** [ˈskɛrˌkroː] *n* : espantapájaros *m*, espantajo *m*
**scared** [ˈskɛrd] *n* : asustado ⟨to be scared stiff, to be scared to death : estar muerto de miedo⟩ ⟨I'm scared of snakes : las culebras me dan miedo⟩
**scarf** [ˈskɑrf] *n, pl* **scarves** [ˈskɑrvz] *or* **scarfs** **1** MUFFLER : bufanda *f* **2** KERCHIEF : pañuelo *m*
**scarlet** [ˈskɑrlət] *n* : escarlata *f* — **scarlet** *adj*
**scarlet fever** *n* : escarlatina *f*
**scary** [ˈskɛri] *adj* **scarier; -est** : espantoso, pavoroso
**scathing** [ˈskeɪðɪŋ] *adj* : mordaz, cáustico
**scatter** [ˈskætɚ] *vt* : esparcir, desparramar — *vi* DISPERSE : dispersarse
**scatterbrained** [ˈskætɚˌbreɪnd] *adj* : atolondrado, despistado, alocado
**scavenge** [ˈskævəndʒ] *v* **-venged; -venging** *vt* : rescatar (de la basura); pepenar *CA, Mex* — *vi* : rebuscar, hurgar en la basura ⟨to scavenge for food : andar buscando comida⟩
**scavenger** [ˈskævəndʒər] *n* **1** : persona *f* que rebusca en las basuras; pepenador *m*, -dora *f CA, Mex* **2** : carroñero *m*, -ra *f* (animal)
**scenario** [soˈnæriˌoː, -ˈnɑr-] *n, pl* **-ios** **1** PLOT : argumento *m* (en teatro), guión *m* (en cine) **2** SITUATION : situación *f* hipotética ⟨in the worst-case scenario : en el peor de los casos⟩
**scene** [ˈsiːn] *n* **1** : escena *f* (en una obra de teatro) **2** SCENERY : decorado *m* (en el teatro) ⟨behind the scenes : entre bastidores⟩ **3** VIEW : escena *f* **4** LOCALE, LOCATION : escena *f*, escenario *m* ⟨the scene where the movie was filmed : el lugar donde la película se filmó⟩ ⟨the scene of the crime : la escena del crimen⟩ ⟨police are on/at the scene : los policías están en el lugar⟩ **5** COMMOTION, FUSS : escándalo *m*, escena *f* ⟨to make a scene : armar un escándalo⟩ **6 to set the scene** : describir el escenario (de un cuento, etc.) **7 to set the scene for** : crear un ambiente propicio para
**scenery** [ˈsiːnəri] *n, pl* **-eries** **1** : decorado *m* (en el teatro) **2** LANDSCAPE : paisaje *m*
**scenic** [ˈsiːnɪk] *adj* : pintoresco
**scent**[1] [ˈsɛnt] *vt* **1** SMELL : oler, olfatear **2** PERFUME : perfumar **3** SENSE : sentir, percibir
**scent**[2] *n* **1** ODOR : olor *m*, aroma *m* **2** : olfato *m* ⟨a dog with a keen scent : un perro con un buen olfato⟩ **3** PERFUME : perfume *m*
**scented** [ˈsɛntəd] *adj* : perfumado
**scepter** [ˈsɛptər] *n* : cetro *m*
**sceptic** [ˈskɛptɪk] → **skeptic**
**schedule**[1] [ˈskɛˌdʒuːl, -dʒəl, esp Brit ˈʃɛdˌjuːl] *vt* **-uled; -uling** : planear, programar
**schedule**[2] *n* **1** PLAN : programa *m*, plan *m* ⟨on schedule : según lo previsto⟩ ⟨behind schedule : atrasado, con retraso⟩ **2** TIMETABLE : horario *m*
**schematic**[1] [skɪˈmæt̬ɪk] *adj* : esquemático
**schematic**[2] *n* : plano *m*, esquema *m*
**scheme**[1] [ˈskiːm] *vi* **schemed; scheming** : intrigar, conspirar
**scheme**[2] *n* **1** PLAN : plan *m*, proyecto *m* **2** PLOT, TRICK : intriga *f*, ardid *m* **3** FRAMEWORK : esquema *m* ⟨a color scheme : una combinación de colores⟩
**schemer** [ˈskiːmər] *n* : intrigante *mf*
**schism** [ˈsɪzəm, ˈskɪ-] *n* : cisma *m*
**schizophrenia** [ˌskɪtsəˈfriːniə, ˌskɪzə-, -ˈfrɛ-] *n* : esquizofrenia *f*
**schizophrenic** [ˌskɪtsəˈfrɛnɪk, ˌskɪzə-] *n* : esquizofrénico *m*, -ca *f* — **schizophrenic** *adj*
**scholar** [ˈskɑlər] *n* **1** STUDENT : escolar *mf*; alumno *m*, -na *f* **2** EXPERT : especialista *mf*
**scholarly** [ˈskɑlərli] *adj* : erudito
**scholarship** [ˈskɑlərˌʃɪp] *n* **1** LEARNING : erudición *f* **2** GRANT : beca *f*
**scholastic** [skəˈlæstɪk] *adj* : académico
**school**[1] [ˈskuːl] *vt* : instruir, enseñar
**school**[2] *n* **1** : escuela *f*, colegio *m* (institución) ⟨to go to school : ir a la escuela⟩ ⟨school district : distrito escolar⟩ ⟨law/medical school : facultad de derecho/medicina⟩ **2** : estudiantes y profesores (de una escuela) **3** : escuela *f* (en pintura, etc.) ⟨the Flemish school : la escuela flamenca⟩ **4 school of fish** : banco *m*, cardumen *m*
**schoolbook** [ˈskuːlˌbʊk] *n* : libro *m* de texto
**schoolboy** [ˈskuːlˌbɔɪ] *n* : escolar *m*, colegial *m*
**schoolchild** [ˈskuːlˌtʃaɪld] *n* : colegial *m*, -giala *f*; escolar *mf*
**schoolgirl** [ˈskuːlˌgərl] *n* : escolar *f*, colegiala *f*

**schoolhouse** [ˈskuːlˌhaʊs] *n* : escuela *f*
**schooling** [ˈskuːlɪŋ] *n* : educación *f* escolar
**schoolmate** [ˈskuːlˌmeɪt] *n* : compañero *m*, -ra *f* de escuela
**schoolroom** [ˈskuːlˌruːm, -ˌrʊm] → **classroom**
**schoolteacher** [ˈskuːlˌtiːtʃər] *n* : maestro *m*, -tra *f*; profesor *m*, -sora *f*
**schoolwork** [ˈskuːlˌwərk] *n* : trabajo *m* escolar
**schooner** [ˈskuːnər] *n* : goleta *f*
**science** [ˈsaɪənts] *n* : ciencia *f*
**science fiction** *n* : ciencia ficción *f*
**scientific** [ˌsaɪənˈtɪfɪk] *adj* : científico — **scientifically** [-fɪkli] *adv*
**scientist** [ˈsaɪəntɪst] *n* : científico *m*, -ca *f*
**sci–fi** [ˈsaɪˈfaɪ] *fam* → **science fiction**
**scintillating** [ˈsɪntəˌleɪtɪŋ] *adj* : chispeante, brillante
**scissors** [ˈsɪzərz] *npl* : tijeras *fpl*
**sclerosis** [sklɪˈroːsəs] *n, pl* **-roses** : esclerosis *f*
**scoff** [ˈskɑf] *vi* **to scoff at** : burlarse de, mofarse de
**scold** [ˈskoːld] *vt* : regañar, reprender, reñir
**scoop¹** [ˈskuːp] *vt* **1** : sacar (con pala o cucharón) **2 to scoop out** HOLLOW : vaciar, ahuecar
**scoop²** *n* **1** : pala *f* (para harina, etc.), cucharón *m* (para helado, etc.) **2** : bola *f* (de helado), cucharada *f*
**scoot** [ˈskuːt] *vi* : ir rápidamente ⟨she scooted around the corner : volvió la esquina a toda prisa⟩
**scooter** [ˈskuːtər] *n* : patineta *f*, monopatín *m*, patinete *m*
**scope** [ˈskoːp] *n* **1** RANGE : alcance *m*, ámbito *m*, extensión *f* **2** OPPORTUNITY : posibilidades *fpl*, libertad *f*
**scorch** [ˈskɔrtʃ] *vt* : chamuscar, quemar — *vi* : chamuscarse, quemarse
**score¹** [ˈskɔr] *v* **scored; scoring** *vt* **1** RECORD : anotar **2** MARK, SCRATCH : marcar, rayar **3** : marcar, meter (en deportes) **4** GAIN : ganar, apuntarse **5** GRADE : calificar (exámenes, etc.) **6** : instrumentar, orquestar (música) — *vi* **1** : marcar (en deportes) **2** : obtener una puntuación (en un examen)
**score²** *n, pl* **scores** **1** *or pl* **score** TWENTY : veintena *f* **2** LINE, SCRATCH : línea *f*, marca *f* **3** : resultado *m* (en deportes) ⟨what's the score? : ¿cómo va el marcador?⟩ ⟨to keep score : anotar los tantos⟩ **4** GRADE, POINTS : calificación *f* (en un examen), puntuación *f* (en un concurso) **5** ACCOUNT : cuenta *f* ⟨to settle a score : ajustar una cuenta⟩ ⟨on that score : a ese respecto⟩ **6** : partitura *f* (musical)
**scoreboard** [ˈskɔrˌbɔrd] *n* : marcador *m*, tanteador *m*, pizarra *f*
**scorer** [ˈskɔrər] *n* : anotador *m*, -dora *f*; goleador *m*, -dora *f* (de fútbol, etc.) ⟨the team's top scorer : el máximo anotador del equipo⟩
**scorn¹** [ˈskɔrn] *vt* : despreciar, menospreciar, desdeñar
**scorn²** *n* : desprecio *m*, menosprecio *m*, desdén *m*
**scornful** [ˈskɔrnfəl] *adj* : desdeñoso, despreciativo — **scornfully** *adv*
**Scorpio** [ˈskɔrpiˌoː] *n* **1** : Escorpio *m*, Escorpión *m* (signo o constelación) **2** : Escorpio *mf*, Escorpión *mf* (persona)
**scorpion** [ˈskɔrpiən] *n* : alacrán *m*, escorpión *m*
**Scot** [ˈskɑt] *n* : escocés *m*, -cesa *f*
**Scotch¹** [ˈskɑtʃ] *adj* → **Scottish¹**
**Scotch²** *npl* **the Scotch** (*used with a plural verb*) : los escoceses
**Scotch³** *trademark* se usa para un tipo de cinta adhesiva
**scot–free** [ˈskɑtˈfriː] *adj* **to get off scot–free** : salir impune, quedar sin castigo
**Scots** [ˈskɑts] *n* : escocés *m* (idioma)
**Scottish¹** [ˈskɑtɪʃ] *adj* : escocés
**Scottish²** *n* → **Scots**
**scoundrel** [ˈskaʊndrəl] *n* : sinvergüenza *mf*; bellaco *m*, -ca *f*
**scour** [ˈskaʊər] *vt* **1** EXAMINE, SEARCH : registrar (un área), revisar (documentos, etc.) **2** SCRUB : fregar, restregar
**scourge¹** [ˈskərdʒ] *vt* **scourged; scourging** : azotar
**scourge²** *n* : azote *m*
**scout¹** [ˈskaʊt] *vi* **1** RECONNOITER : reconocer **2 to scout around for** : explorar en busca de
**scout²** *n* **1** : explorador *m*, -dora *f* **2** *or* **talent scout** : cazatalentos *mf*
**scowl¹** [ˈskaʊl] *vi* : fruncir el ceño
**scowl²** *n* : ceño *m* fruncido
**scrabble** [ˈskræbəl] *vi* **scrabbled; -bling** : escarbar/hurgar (etc.) frenéticamente ⟨they scrabbled in the dirt : escarbaban en el suelo⟩ ⟨she scrabbled around in her handbag : hurgaba en el bolso⟩ ⟨he scrabbled at the rock : intentó agarrarse a la roca⟩
**scram** [ˈskræm] *vi* **scrammed; scramming** : largarse
**scramble¹** [ˈskræmbəl] *v* **scrambled; -bling** *vi* **1** : trepar, gatear (apresuradamente) ⟨he scrambled over the fence : se trepó a la cerca con rapidez⟩ **2** : hacer/ir (etc.) frenéticamente ⟨we scrambled for cover : corrimos a ponernos a cubierto⟩ **3** STRUGGLE : pelearse (por) ⟨they scrambled for seats : se pelearon por los asientos⟩ — *vt* **1** JUMBLE : mezclar **2** ENCODE, ENCRYPT : codificar, cifrar, encriptar **3 to scramble eggs** : hacer huevos revueltos
**scramble²** *n* : rebatiña *f*, pelea *f*
**scrambled eggs** *npl* : huevos *mpl* revueltos
**scrap¹** [ˈskræp] *v* **scrapped; scrapping** *vt* DISCARD : desechar — *vi* FIGHT : pelearse
**scrap²** *n* **1** FRAGMENT : pedazo *m*, trozo *m* ⟨a scrap of paper : un pedacito de papel, un papelito⟩ ⟨scraps of fabric : retazos⟩ **2** FIGHT : pelea *f* **3** *or* **scrap metal** : chatarra *f* **4 scraps** *npl* LEFTOVERS : restos *mpl*, sobras *fpl*
**scrapbook** [ˈskræpˌbʊk] *n* : álbum *m* de recortes

**scrape**[1] [ˈskreɪp] *v* **scraped; scraping** *vt* **1** GRAZE, SCRATCH : rozar, rascar ⟨to scrape one's knee : rasparse la rodilla⟩ **2** CLEAN : raspar (con un cuchillo, etc.) **3 to scrape off** : raspar (pintura, etc.) **4 to scrape up/together** : juntar, reunir poco a poco — *vi* **1** RUB : rozar **2 to scrape by/along** : arreglárselas, ir tirando **3 to scrape by/through** ⟨he just barely scraped by on the exam : aprobó el examen por los pelos⟩

**scrape**[2] *n* **1** SCRAPING : raspadura *f* **2** SCRATCH : rasguño *m* **3** PREDICAMENT : apuro *m*, aprieto *m*

**scraping** [ˈskreɪpɪŋ] *n* SHAVING : raspadura *f*

**scrap paper** *n* : papel para borrador, papel usado

**scratch**[1] [ˈskrætʃ] *vt* **1** : rascarse (la cabeza, etc.) ⟨to scratch an itch : rascarse⟩ **2** : arañar, rasguñar (con las uñas, etc.) **3** MARK : rayar, marcar **4 to scratch out** : tachar — *vi* **1** : rascarse **2** : arañar **3** : rayar **4 to scratch at** : arañar, rasguñar (una puerta, etc.)

**scratch**[2] *n* **1** : rasguño *m*, arañazo *m* (en la piel) **2** MARK : raya *f*, rayón *m* (en un mueble, etc.) **3** : sonido *m* rasposo ⟨I heard a scratch at the door : oí como que raspaban a la puerta⟩ **4 from ~** ⟨to start from scratch : empezar desde cero⟩ ⟨I made the cake from scratch : el pastel lo hice yo⟩ **5 to be up to scratch** : dar la talla

**scratchy** [ˈskrætʃi] *adj* **scratchier; -est** : áspero, que pica ⟨a scratchy sweater : un suéter que pica⟩

**scrawl**[1] [ˈskrɔl] *v* : garabatear

**scrawl**[2] *n* : garabato *m*

**scrawny** [ˈskrɔni] *adj* **scrawnier; -est** : flaco, escuálido

**scream**[1] [ˈskri:m] *vi* : chillar, gritar

**scream**[2] *n* : chillido *m*, grito *m*

**screech**[1] [ˈskri:tʃ] *vi* : chillar (dícese de las personas o de los animales), chirriar (dícese de los frenos, etc.)

**screech**[2] *n* **1** : chillido *m*, grito *m* (de una persona o un animal) **2** : chirrido *m* (de frenos, etc.)

**screen**[1] [ˈskri:n] *vt* **1** SHIELD : proteger **2** CONCEAL : tapar, ocultar **3** TEST : someter (a un paciente) a pruebas preventivas o de detección ⟨to screen for drugs/cancer : someter a una prueba de (detección de) drogas/cáncer⟩ **4** INSPECT : revisar (equipaje, etc.) **5** SELECT : seleccionar (candidatos, etc.), filtrar (llamadas, etc.) **6** SIEVE : cribar **7** : emitir (un programa de televisión), proyectar (una película)

**screen**[2] *n* **1** PARTITION : biombo *m*, pantalla *f* **2** SIEVE : criba *f* **3** : pantalla *f* (de un televisor, una computadora, etc.) **4** MOVIES : cine *m* **5** *or* **window screen** : ventana *f* de tela metálica

**screening** [ˈskri:nɪŋ] *n* **1** : proyección *f* (de una película), emisión *f* (de un programa de televisión) **2** TESTING : acto *m* de hacer pruebas médicas (preventivas o de drogas) **3** INSPECTION : control *m* (de pasajeros, equipaje), selección *f* (de candidatos)

**screenplay** [ˈskri:nˌpleɪ] *n* SCRIPT : guión *m*

**screen saver** *n* : protector *m* de pantalla, salvapantallas *m*

**screw**[1] [ˈskru:] *vt* **1** : atornillar (un tornillo) **2** : atornillar, sujetar (con tornillos) **3** : enroscar (una tapa) **4** *or* **to screw over** *fam* CHEAT, DECEIVE : estafar, engañar **5 to screw someone out of something** *fam* : quitarle algo a alguien (injustamente) — *vi* **1 to screw around** *fam* TOY : jugar, juguetear **2 to screw around** *fam* : perder el tiempo **3 to screw around** *fam* : tener líos (amorosos) **4 to screw in** : atornillarse **5 to screw up** *fam* : meter la pata

**screw**[2] *n* **1** : tornillo *m* (para fijar algo) **2** TWIST : vuelta *f* **3** PROPELLER : hélice *f*

**screwdriver** [ˈskru:ˌdraɪvər] *n* : destornillador *m*, desarmador *m Mex*

**scribble**[1] [ˈskrɪbəl] *v* **-bled; -bling** : garabatear

**scribble**[2] *n* : garabato *m*

**scribe** [ˈskraɪb] *n* : escriba *m*

**scrimmage** [ˈskrɪmɪʤ] *n* : escaramuza *f*

**scrimp** [ˈskrɪmp] *vi* **1 to scrimp on** : escatimar **2 to scrimp and save** : hacer economías

**script** [ˈskrɪpt] *n* **1** HANDWRITING : letra *f*, escritura *f* **2** : guión *m* (de una película, etc.)

**scriptural** [ˈskrɪptʃərəl] *adj* : bíblico

**scripture** [ˈskrɪptʃər] *n* **1** : escritos *mpl* sagrados (de una religión) **2 the Scriptures** *npl* : las Sagradas Escrituras

**scriptwriter** [ˈskrɪptˌraɪtər] *n* : guionista *mf*, libretista *mf*

**scroll**[1] [ˈskro:l] *n* **1** : rollo *m* (de pergamino, etc.) **2** : voluta *f* (adorno en arquitectura)

**scroll**[2] *vi* : desplazarse (en informática) — *vt* : desplazar (en informática)

**scrotum** [ˈskro:ṭəm] *n, pl* **scrota** [-ṭə] *or* **scrotums** : escroto *m*

**scrounge** [ˈskraʊnʤ] *v* **scrounged; scrounging** *vt* **1** BUM, SPONGE : gorrear *fam*, sablear *fam* (dinero) **2** *or* **to scrounge up** : conseguir, encontrar — *vi* **1 to scrounge off** : vivir a costa de **2 to scrounge around for** : buscar, andar a la busca de

**scrounger** [ˈskraʊnʤər] *n* : gorrón *m*, -rrona *f*

**scrub**[1] [ˈskrʌb] *vt* **scrubbed; scrubbing** : restregar, fregar

**scrub**[2] *n* **1** THICKET, UNDERBRUSH : maleza *f*, matorral *m*, matorrales *mpl* **2** SCRUBBING : fregado *m*, restregadura *f*

**scrubby** [ˈskrʌbi] *adj* **scrubbier; -est** **1** STUNTED : achaparrado **2** : cubierto de maleza

**scruff** [ˈskrʌf] *n* **by the scruff of the neck** : por el cogote, por el pescuezo

**scruffy** [ˈskrʌfi] *adj* **scruffier; -est** : dejado, desaliñado

**scrumptious** [ˈskrʌmpʃəs] *adj* : delicioso, muy rico
**scruple** [ˈskru:pəl] *n* : escrúpulo *m*
**scrupulous** [ˈskru:pjələs] *adj* : escrupuloso — **scrupulously** *adv*
**scrutinize** [ˈskru:tənˌaɪz] *vt* **-nized; -nizing** : escrutar, escudriñar
**scrutiny** [ˈskru:təni] *n, pl* **-nies** : escrutinio *m*, inspección *f*
**scuba** [ˈsku:bə] *n* 1 *or* **scuba gear** : equipo *m* de submarinismo 2 **scuba diver** : submarinista *mf* 3 **scuba diving** : submarinismo *m*
**scuff** [ˈskʌf] *vt* : rayar, raspar ⟨to scuff one's feet : arrastrar los pies⟩
**scuffle**[1] [ˈskʌfəl] *vi* **-fled; -fling** 1 TUSSLE : pelearse 2 SHUFFLE : caminar arrastrando los pies
**scuffle**[2] *n* 1 TUSSLE : refriega *f*, pelea *f* 2 SHUFFLE : arrastre *m* de los pies
**sculpt** [ˈskʌlpt] *v* : esculpir
**sculptor** [ˈskʌlptər] *n* : escultor *m*, -tora *f*
**sculptural** [ˈskʌlptʃərəl] *adj* : escultórico
**sculpture**[1] [ˈskʌlptʃər] *vt* **-tured; -turing** : esculpir
**sculpture**[2] *n* : escultura *f*
**scum** [ˈskʌm] *n* 1 FROTH : espuma *f*, nata *f* 2 : verdín *m* (encima de un líquido)
**scurrilous** [ˈskərələs] *adj* : difamatorio, calumnioso, injurioso
**scurry** [ˈskəri] *vi* **-ried; -rying** : corretear
**scurvy** [ˈskərvi] *n* : escorbuto *m*
**scuttle**[1] [ˈskʌtəl] *v* **-tled; -tling** *vt* : hundir (un barco) — *vi* SCAMPER : corretear
**scuttle**[2] *n* : cubo *m* (para carbón)
**scythe** [ˈsaɪð] *n* : guadaña *f*
**sea**[1] [ˈsi:] *adj* : del mar
**sea**[2] *n* 1 : mar *mf* ⟨the Black Sea : el Mar Negro⟩ ⟨on the high seas : en alta mar⟩ ⟨heavy seas : mar gruesa, mar agitada⟩ 2 MASS : mar *m*, multitud *f* ⟨a sea of faces : un mar de rostros⟩
**sea bass** [-ˈbæs] *n* : lubina *f*
**seabed** [ˈsi:ˌbɛd] *n* : fondo *m* del mar
**seabird** [ˈsi:ˌbərd] *n* : ave *f* marina
**seaboard** [ˈsi:ˌbord] *n* : litoral *m*
**seacoast** [ˈsi:ˌko:st] *n* : costa *f*, litoral *m*
**seafarer** [ˈsi:ˌfærər] *n* : marinero *m*
**seafaring**[1] [ˈsi:ˌfæriŋ] *adj* : marinero
**seafaring**[2] *n* : navegación *f*
**seafood** [ˈsi:ˌfu:d] *n* : mariscos *mpl*
**seafront** [ˈsi:ˌfrʌnt] *n* : paseo *m* marítimo ⟨a restaurant on the seafront : un restaurante frente al mar⟩
**seagull** [ˈsi:ˌgʌl] *n* : gaviota *f*
**sea horse** [ˈsi:ˌhɔrs] *n* : hipocampo *m*, caballito *m* de mar
**seal**[1] [ˈsi:l] *vt* 1 CLOSE : sellar, cerrar ⟨to seal a letter : cerrar una carta⟩ ⟨to seal an agreement : sellar un acuerdo⟩ 2 **to seal off** : acordonar, cerrar 3 **to seal up** : tapar, rellenar (una grieta, etc.)
**seal**[2] *n* 1 : foca *f* (animal) 2 : sello *m* ⟨seal of approval : sello de aprobación⟩ 3 CLOSURE : cierre *m*, precinto *m*
**sea level** *n* : nivel *m* del mar
**sea lion** *n* : león *m* marino
**sealskin** [ˈsi:lˌskɪn] *n* : piel *f* de foca
**seam**[1] [ˈsi:m] *vt* 1 STITCH : unir con costuras 2 MARK : marcar
**seam**[2] *n* 1 STITCHING : costura *f* 2 LODE, VEIN : veta *f*, filón *m*
**seaman** [ˈsi:mən] *n, pl* **-men** [-mən, -ˌmɛn] 1 SAILOR : marinero *m* 2 : marino *m* (en la armada)
**seamless** [ˈsi:mləs] *adj* 1 : sin costuras, de una pieza 2 : perfecto ⟨a seamless transition : una transición fluida⟩
**seamstress** [ˈsi:mpstrəs] *n* : costurera *f*
**seamy** [ˈsi:mi] *adj* **seamier; -est** : sórdido
**séance** [ˈseɪˌɑnʧ] *n* : sesión *f* de espiritismo
**seaplane** [ˈsi:ˌpleɪn] *n* : hidroavión *m*
**seaport** [ˈsi:ˌport] *n* : puerto *m* marítimo
**sear** [ˈsɪr] *vt* 1 PARCH, WITHER : secar, resecar 2 SCORCH : chamuscar, quemar
**search**[1] [ˈsərtʃ] *vt* : registrar (un edificio, un área), cachear (a una persona), buscar en — *vi* **to search for** : buscar
**search**[2] *n* 1 : búsqueda *f*, registro *m* (de un edificio, etc.), cacheo *m* (de una persona) 2 **in search of** : en busca de
**search engine** *n* : buscador *m*
**searching** [ˈsərtʃɪŋ] *adj* : inquisitivo, penetrante
**searchlight** [ˈsərtʃˌlaɪt] *n* : reflector *m*
**seashell** [ˈsi:ˌʃɛl] *n* : concha *f* (marina)
**seashore** [ˈsi:ˌʃor] *n* : orilla *f* del mar
**seasick** [ˈsi:ˌsɪk] *adj* : mareado ⟨to get seasick : marearse⟩
**seasickness** [ˈsi:ˌsɪknəs] *n* : mareo *m*
**seaside** → **seacoast**
**season**[1] [ˈsi:zən] *vt* 1 FLAVOR, SPICE : sazonar, condimentar 2 CURE : curar, secar (madera)
**season**[2] *n* 1 : estación *f* (del año) 2 : temporada *f* ⟨baseball season : la temporada de beisbol⟩ ⟨the holiday season : las fiestas⟩ ⟨in season : en temporada⟩ ⟨out of season : fuera de temporada⟩ 3 HEAT, ESTRUS : celo *m*
**seasonable** [ˈsi:zənəbəl] *adj* 1 : propio de la estación (dícese del tiempo, de las temperaturas, etc.) 2 TIMELY : oportuno
**seasonal** [ˈsi:zənəl] *adj* : estacional — **seasonally** *adv*
**seasoned** [ˈsi:zənd] *adj* 1 SPICED : condimentado, sazonado 2 EXPERIENCED : veterano ⟨a seasoned veteran : un veterano avezado⟩ 3 : curado, seco ⟨seasoned wood : madera curada/seca⟩
**seasoning** [ˈsi:zənɪŋ] *n* : condimento *m*, sazón *f*
**season ticket** *n* : abono *m*
**seat**[1] [ˈsi:t] *vt* 1 SIT : sentar ⟨please be seated : siéntense, por favor⟩ 2 HOLD : tener cabida para ⟨the stadium seats 40,000 : el estadio tiene 40,000 asientos⟩
**seat**[2] *n* 1 : asiento *m*, plaza *f* (en un vehículo) ⟨take a seat : tome asiento⟩ 2 : asiento *m* (de una silla) 3 BOTTOM : fondillos *mpl* (de la ropa), trasero *m* (del cuerpo) 4 : sede *f* (de un gobierno, del poder, etc.), centro *m* (de enseñanza, etc.)
**seat belt** *n* : cinturón *m* de seguridad
**seating** [ˈsi:tɪŋ] *n* 1 : asientos *mpl* ⟨is there enough seating for everyone? : ¿hay asientos para todos?⟩ ⟨seating ca-

pacity : aforo⟩ ⟨the seating plan/arrangement for the wedding reception : el plano de mesas para el banquete de bodas⟩ **2** SITTING : turno *m*

**sea urchin** *n* : erizo *m* de mar

**seawall** [ˈsiːˌwal] *n* : rompeolas *m*, dique *m* marítimo

**seawater** [ˈsiːˌwɔtər, -ˌwɑ-] *n* : agua *f* de mar

**seaweed** [ˈsiːˌwiːd] *n* : alga *f* marina

**seaworthy** [ˈsiːˌwərði] *adj* : en condiciones de navegar

**secede** [sɪˈsiːd] *vi* **-ceded; -ceding** : separarse (de una nación, etc.)

**seclude** [sɪˈkluːd] *vt* **-cluded; -cluding** : aislar

**seclusion** [sɪˈkluːʒən] *n* : aislamiento *m*

**second**[1] [ˈsɛkənd] *vt* : secundar, apoyar (una moción)

**second**[2] *or* **secondly** [ˈsɛkəndli] *adv* : en segundo lugar

**second**[3] *adj* **1** : segundo ⟨her second husband : su segundo marido⟩ ⟨the second house on the left : la segunda casa a la izquierda⟩ ⟨he took second place : ganó el segundo lugar⟩ **2** : otro ⟨a second chance/time : otra oportunidad/vez⟩ **3 every second** EVERY OTHER : cada dos ⟨every second month : cada dos meses⟩

**second**[4] *n* **1** : segundo *m*, -da *f* (en una serie) ⟨the second of July : el dos de julio⟩ **2** : segundo *m*, ayudante *m* (en deportes) **3** MOMENT : segundo *m*, momento *m* **4** *or* **second base** : segunda base *f* **5** *or* **second gear** : segunda *f* (de un automóvil) **6 seconds** *npl* : segunda ración *f* ⟨to have seconds : repetir⟩ ⟨who wants seconds? : ¿quién quiere más?⟩

**secondary** [ˈsɛkənˌdri] *adj* : secundario

**secondary school** *n* : escuela *f* de enseñanza secundaria

**second–class** [ˈsɛkəndˈklæs] *adj* : de segunda clase/categoría, mediocre

**secondhand** [ˈsɛkəndˈhænd] *adj* : de segunda mano

**second lieutenant** *n* : alférez *mf*, subteniente *mf*

**second–rate** [ˈsɛkəndˈreɪt] *adj* : mediocre, de segunda categoría

**second thought** *n* **1** : duda *f* ⟨later he had second thoughts about going : luego le entró la duda sobre si ir o no⟩ ⟨don't give it a second thought : no tiene importancia, no te preocupes⟩ **2 on second thought** : pensándolo bien **3 without a second thought** : sin pensarlo dos veces

**secrecy** [ˈsiːkrəsi] *n, pl* **-cies** : secreto *m*

**secret**[1] [ˈsiːkrət] *adj* **1** : secreto ⟨to keep a secret : guardar un secreto⟩ ⟨to make no secret of something : no ocultar/esconder algo⟩ ⟨in secret : en secreto⟩ **2** → **secretive** — **secretly** *adv*

**secret**[2] *n* : secreto *m*

**secretarial** [ˌsɛkrəˈtriəl] *adj* : de secretario, de oficina

**secretariat** [ˌsɛkrəˈtriət] *n* : secretaría *f*, secretariado *m*

**secretary** [ˈsɛkrəˌtri] *n, pl* **-taries** **1** : secretario *m*, -ria *f* (en una oficina, etc.) **2** : ministro *m*, -tra *f*; secretario *m*, -ria *f* ⟨Secretary of State : Secretario de Estado⟩

**secrete** [sɪˈkriːt] *vt* **-creted; -creting** **1** : secretar, segregar (en fisiología) **2** HIDE : ocultar

**secretion** [sɪˈkriːʃən] *n* : secreción *f*

**secretive** [ˈsiːkrətɪv, sɪˈkriːtɪv] *adj* : reservado, callado, secreto

**sect** [ˈsɛkt] *n* : secta *f*

**sectarian** [sɛkˈtriən] *adj* : sectario

**section**[1] [ˈsɛkʃən] *vt* **1** : dividir **2 to section off** : separar

**section**[2] *n* : sección *f*, parte *f* (de un mueble, etc.), sector *m* (de la población), barrio *m* (de una ciudad)

**sectional** [ˈsɛkʃənəl] *adj* **1** : en sección, en corte ⟨a sectional diagram : un gráfico en corte⟩ **2** FACTIONAL : de grupo, entre facciones **3** : modular ⟨sectional furniture : muebles modulares⟩

**sector** [ˈsɛktər] *n* : sector *m*

**secular** [ˈsɛkjələr] *adj* **1** : secular, laico ⟨secular life : la vida secular⟩ **2** : seglar (dícese de los sacerdotes, etc.)

**secure**[1] [sɪˈkjʊr] *vt* **-cured; -curing** **1** FASTEN : asegurar (una puerta, etc.), sujetar **2** GET : conseguir

**secure**[2] *adj* **securer; -est** : seguro — **securely** *adv*

**security** [sɪˈkjʊrəṭi] *n, pl* **-ties** **1** SAFETY : seguridad *f* **2** GUARANTEE : garantía *f* **3 securities** *npl* : valores *mpl*

**security guard** *n* : guardia *mf* de seguridad, guarda *mf* de seguridad

**sedan** [sɪˈdæn] *n* **1** *or* **sedan chair** : silla *f* de manos **2** : sedán *m* (automóvil)

**sedate**[1] [sɪˈdeɪt] *vt* **-dated; -dating** : sedar

**sedate**[2] *adj* : sosegado — **sedately** *adv*

**sedation** [sɪˈdeɪʃən] *n* : sedación *f*

**sedative**[1] [ˈsɛdəṭɪv] *adj* : sedante

**sedative**[2] *n* : sedante *m*, calmante *m*

**sedentary** [ˈsɛdənˌtɛri] *adj* : sedentario

**sedge** [ˈsɛdʒ] *n* : juncia *f*

**sediment** [ˈsɛdəmənt] *n* : sedimento *m* (geológico), poso *m* (en un líquido) — **sedimentary** [ˌsɛdəˈmɛntəri] *adj* — **sedimentation** [ˌsɛdəmənˈteɪʃən] *n*

**sedition** [sɪˈdɪʃən] *n* : sedición *f*

**seditious** [sɪˈdɪʃəs] *adj* : sedicioso

**seduce** [sɪˈduːs, -ˈdjuːs] *vt* **-duced; -ducing** : seducir

**seduction** [sɪˈdʌkʃən] *n* : seducción *f*

**seductive** [sɪˈdʌktɪv] *adj* : seductor, seductivo

**seducer** [sɪˈduːsər, -ˈdjuː-] *n* : seductor *m*, -tora *f*

**see**[1] [ˈsiː] *v* **saw** [ˈsɔ]; **seen** [ˈsiːn]; **seeing** *vt* **1** : ver ⟨I saw a dog : vi un perro⟩ ⟨see you later! : ¡hasta luego!⟩ ⟨I'll believe it when I see it : hasta que no lo vea, no lo creo⟩ ⟨so I see : ya veo⟩ ⟨did you see the game? : ¿viste el partido?⟩ ⟨see below : ver más abajo, véase más abajo⟩ **2** ASCERTAIN : ver ⟨see who's at the door : ve a abrir (la puerta)⟩ ⟨let's wait and see what happens : esperemos a ver qué pasa⟩ **3** READ : leer **4** EXPERIENCE : ver, conocer **5** UNDERSTAND

: ver, entender **6** CONSIDER : ver ⟨as I see it : a mi entender⟩ **7** IMAGINE : imaginar **8** FORESEE : ver **9** ENSURE : asegurarse de ⟨see that it's correct : asegúrese de que sea correcto⟩ **10** MEET, VISIT : ver **11** CONSULT : ver **12** ACCOMPANY : acompañar ⟨to see someone to the door : acompañar a alguien a la puerta⟩ **13 to be seeing someone** : salir con alguien **14 to see in someone** ⟨what does she see in him? : ¿qué le ve?⟩ **15 to see off** : despedir, despedirse de **16 to see out/through** COMPLETE : terminar **17 to see through** HELP : sacar adelante — *vi* **1** : ver ⟨seeing is believing : ver para creer⟩ **2** UNDERSTAND : entender, ver ⟨now I see! : ¡ya entiendo!⟩ **3** ASCERTAIN : ver ⟨can I go? we'll see : ¿puedo ir? vamos a ver⟩ ⟨you'll see : ya verás⟩ **4** CONSIDER : ver ⟨let's see : vamos a ver⟩ **5 see here!** : ¡oye!, ¡mira! **6 to see about** : ocuparse de (algo) **7 we'll see about that!** : ¡ya veremos! **8 to see after/to** : ocuparse de **9 to see through** : calar (a alguien)

**see**[2] *n* : sede *f* ⟨the Holy See : la Santa Sede⟩

**seed**[1] [ˈsiːd] *vt* **1** SOW : sembrar **2** : quitarle las semillas a

**seed**[2] *n, pl* **seed** *or* **seeds** **1** : semilla *f*, pepita *f* (de una fruta) **2** SOURCE : germen *m*, semilla *f*

**seedless** [ˈsiːdləs] *adj* : sin semillas

**seedling** [ˈsiːdlɪŋ] *n* : plantón *m*

**seedpod** [ˈsiːdˌpɑd] → **pod**

**seedy** [ˈsiːdi] *adj* **seedier; -est** **1** : lleno de semillas **2** SHABBY : raído (dícese de la ropa) **3** RUN-DOWN : ruinoso (dícese de los edificios, etc.), sórdido

**Seeing Eye** *trademark* se usa para un perro guía

**seek** [ˈsiːk] *v* **sought** [ˈsɔt]; **seeking** *vt* **1** : buscar ⟨to seek an answer : buscar una solución⟩ **2** REQUEST : solicitar, pedir **3 to seek to** : tratar de, intentar de — *vi* SEARCH : buscar

**seem** [ˈsiːm] *vi* : parecer

**seeming** [ˈsiːmɪŋ] *adj* : aparente, ostensible

**seemingly** [ˈsiːmɪŋli] *adv* : aparentemente, según parece

**seemly** [ˈsiːmli] *adj* **seemlier; -est** : apropiado, decoroso

**seep** [ˈsiːp] *vi* : filtrarse

**seer** [ˈsiːər] *n* : vidente *mf*, clarividente *mf*

**seesaw**[1] [ˈsiːˌsɔ] *vi* **1** : jugar en un subibaja **2** VACILLATE : vacilar, oscilar

**seesaw**[2] *n* : balancín *m*, subibaja *m*

**seethe** [ˈsiːð] *vi* **seethed; seething** **1** : bullir, hervir **2 to seethe with anger** : rabiar, estar furioso

**segment** [ˈsɛgmənt] *n* : segmento *m*

**segmented** [ˈsɛgˌmɛntəd, sɛgˈmɛn-] *adj* : segmentado

**segregate** [ˈsɛgrɪˌgeɪt] *vt* **-gated; -gating** : segregar

**segregation** [ˌsɛgrɪˈgeɪʃən] *n* : segregación *f*

**seismic** [ˈsaɪzmɪk, ˈsaɪs-] *adj* : sísmico

**seismograph** [ˈsaɪzməˌgræf, ˈsaɪs-] *n* : sismógrafo *m*

**seize** [ˈsiːz] *v* **seized; seizing** *vt* **1** CAPTURE : capturar, tomar, apoderarse de **2** ARREST : detener **3** CLUTCH, GRAB : agarrar, coger, aprovechar (una oportunidad) **4 to be seized with** : estar sobrecogido por — *vi or* **to seize up** : agarrotarse

**seizure** [ˈsiːʒər] *n* **1** CAPTURE : toma *f*, captura *f* **2** ARREST : detención *f* **3** : ataque *m* ⟨an epileptic seizure : un ataque epiléptico⟩

**seldom** [ˈsɛldəm] *adv* : pocas veces, rara vez, casi nunca

**select**[1] [səˈlɛkt] *vt* : escoger, elegir, seleccionar (a un candidato, etc.)

**select**[2] *adj* : selecto

**selection** [səˈlɛkʃən] *n* : selección *f*, elección *f*

**selective** [səˈlɛktɪv] *adj* : selectivo

**selenium** [səˈliːniəm] *n* : selenio *m*

**self** [ˈsɛlf] *n, pl* **selves** [ˈsɛlvz] **1** : ser *m*, persona *f* ⟨the self : el yo⟩ ⟨with his whole self : con todo su ser⟩ ⟨her own self : su propia persona⟩ **2** SIDE : lado (de la personalidad) ⟨his better self : su lado bueno⟩

**self-** [ˌsɛlf] *pref* : auto-

**self-addressed** [ˌsɛlfəˈdrɛst] *adj* : con la dirección del remitente ⟨include a self-addressed envelope : incluya un sobre con su nombre y dirección⟩

**self-appointed** [ˌsɛlfəˈpɔɪntəd] *adj* : autoproclamado, autonombrado

**self-assurance** [ˌsɛlfəˈʃʊrənts] *n* : seguridad *f* en sí mismo

**self-assured** [ˌsɛlfəˈʃʊrd] *adj* : seguro de sí mismo

**self-care** [ˌsɛlfˈkær] *n* : cuidado *m* personal

**self-centered** [ˌsɛlfˈsɛntərd] *adj* : egocéntrico

**self-confidence** [ˌsɛlfˈkɑnfədənts] *n* : confianza *f* en sí mismo

**self-confident** [ˌsɛlfˈkɑnfədənt] *adj* : seguro de sí mismo

**self-conscious** [ˌsɛlfˈkɑnʃəs] *adj* : cohibido, tímido

**self-consciously** [ˌsɛlfˈkɑnʃəsli] *adv* : de manera cohibida

**self-consciousness** [ˌsɛlfˈkɑnʃəsnəs] *n* : vergüenza *f*, timidez *f*

**self-contained** [ˌsɛlfkənˈteɪnd] *adj* **1** INDEPENDENT : independiente **2** RESERVED : reservado

**self-control** [ˌsɛlfkənˈtroːl] *n* : autocontrol *m*, control *m* de sí mismo

**self-defense** [ˌsɛlfdɪˈfɛnts] *n* : defensa *f* propia, defensa *f* personal ⟨to act in self-defense : actuar en defensa propia⟩ ⟨self-defense class : clase de defensa personal⟩

**self-denial** [ˌsɛlfdɪˈnaɪəl] *n* : abnegación *f*

**self-destructive** [ˌsɛlfdɪˈstrʌktɪv] *adj* : autodestructivo — **self-destruction** *n*

**self-determination** [ˌsɛlfdɪˌtərməˈneɪʃən] *n* : autodeterminación *f*

**self-discipline** [ˌsɛlfˈdɪsəplən] *n* : autodisciplina *f*

**self–employed** [ˌsɛlfɪmˈplɔɪd] *adj* : que trabaja por cuenta propia, autónomo
**self–esteem** [ˌsɛlfɪˈstiːm] *n* : autoestima *f*, amor *m* propio
**self–evident** [ˌsɛlfˈɛvədənt] *adj* : evidente, manifiesto
**self–explanatory** [ˌsɛlfɪkˈsplænəˌtori] *adj* : fácil de entender, evidente
**self–expression** [ˌsɛlfɪkˈsprʃən] *n* : expresión *f* personal
**self–government** [ˌsɛlfˈgʌvərmənt, -vərn-] *n* : autogobierno *m*
**self–help** [ˌsɛlfˈhɛlp] *n* : autoayuda *f*
**selfie** [ˈsɛlfi] *n, pl* **-fies** : selfie *m*, selfi *m*, autofoto *f*
**self–important** [ˌsɛlfɪmˈpɔrtənt] *adj* **1** VAIN : vanidoso, presumido **2** ARROGANT : arrogante
**self–indulgent** [ˌsɛlfɪnˈdʌldʒənt] *adj* : que se permite excesos
**self–inflicted** [ˌsɛlfɪnˈflɪktəd] *adj* : autoinfligido
**self–interest** [ˌsɛlfˈɪntrəst, -təˌrɛst] *n* : interés *m* personal
**selfish** [ˈsɛlfɪʃ] *adj* : egoísta
**selfishly** [ˈsɛlfɪʃli] *adv* : de manera egoísta
**selfishness** [ˈsɛlfɪʃnəs] *n* : egoísmo *m*
**selfless** [ˈsɛlfləs] *adj* UNSELFISH : desinteresado
**self–made** [ˌsɛlfˈmeɪd] *adj* : próspero gracias a sus propios esfuerzos
**self–pity** [ˌsɛlfˈpɪti] *n, pl* **-ties** : autocompasión *f*
**self–portrait** [ˌsɛlfˈpɔrtrət] *n* : autorretrato *m*
**self–proclaimed** [ˌsɛlfproˈkleɪmd] *adj* : autoproclamado
**self–propelled** [ˌsɛlfproˈpɛld] *adj* : autopropulsado
**self–reliance** [ˌsɛlfrɪˈlaɪənʃs] *n* : independencia *f*, autosuficiencia *f*
**self–respect** [ˌsɛlfrɪˈspɛkt] *n* : autoestima *f*, amor *m* propio
**self–restraint** [ˌsɛlfrɪˈstreɪnt] *n* : autocontrol *m*, moderación *f*
**self–righteous** [ˌsɛlfˈraɪtʃəs] *adj* : santurrón, moralista
**self–sacrifice** [ˌsɛlfˈsækrəˌfaɪs] *n* : abnegación *f*
**self–sacrificing** [ˌsɛlfˈsækrəˌfaɪsɪŋ] *adj* : abnegado
**selfsame** [ˈsɛlfˌseɪm] *adj* : mismo
**self–satisfaction** [ˌsɛlfˌsætəsˈfækʃən] *n* : suficiencia *f*
**self–satisfied** [ˌsɛlfˈsætəsˌfaɪd] *adj* : ufano *fam*
**self–seeking** [ˌsɛlfˈsiːkɪŋ] *adj* : interesado
**self–service** [ˌsɛlfˈsərvɪs] *adj* **1** : de autoservicio **2 self–service restaurant** : autoservicio *m*
**self–sufficiency** [ˌsɛlfsəˈfɪʃənsi] *n* : autosuficiencia *f*
**self–sufficient** [ˌsɛlfsəˈfɪʃənt] *adj* : autosuficiente
**self–taught** [ˌsɛlfˈtɔt] *adj* : autodidacta
**sell** [ˈsɛl] *v* **sold** [ˈsoːld]; **selling** *vt* **1** : vender ⟨to sell someone something, to sell something to someone : venderle algo a alguien⟩ **2 to sell at a loss** : vender con pérdidas **3 to sell off** : liquidar **4 to sell on** ⟨can you sell them on the project? : ¿puedes convencerles de los méritos del proyecto?⟩ ⟨she's not sold on the idea : la idea no la convence⟩ **5 to sell out** BETRAY : vender, traicionar a **6 to sell short** UNDERESTIMATE : subestimar, menospreciar — *vi* **1** : venderse ⟨this car sells well : este coche se vende bien⟩ **2 to sell out** : agotarse (dícese de entradas, etc.) **3 to sell out** : venderse (dícese de un músico, etc.)
**seller** [ˈsɛlər] *n* : vendedor *m*, -dora *f*
**selves** → **self**
**semantic** [sɪˈmæntɪk] *adj* : semántico
**semantics** [sɪˈmæntɪks] *ns & pl* : semántica *f*
**semaphore** [ˈsɛməˌfor] *n* : semáforo *m*
**semblance** [ˈsɛmbləns] *n* : apariencia *f*
**semen** [ˈsiːmən] *n* : semen *m*
**semester** [səˈmɛstər] *n* : semestre *m*
**semi-** [ˌsɛmi, ˈsɛmaɪ] *pref* : semi-
**semiannual** [ˌsɛmiˈænjuəl, ˈsɛmaɪ-] *adj* : semestral
**semicircle** [ˈsɛmiˌsərkəl, ˈsɛˌmaɪ-] *n* : semicírculo *m*
**semicolon** [ˈsɛmiˌkoːlən, ˈsɛˌmaɪ-] *n* : punto y coma *m*
**semiconductor** [ˈsɛmikənˌdʌktər, ˈsɛˌmaɪ-] *n* : semiconductor *m*
**semifinal** [ˈsɛmiˌfaɪnəl, ˈsɛˌmaɪ-] *n* : semifinal *f*
**semimonthly** [ˈsɛmiˌmʌnθli, ˈsɛˌmaɪ-] *adj* : bimensual, quincenal
**seminar** [ˈsɛməˌnɑr] *n* : seminario *m*
**seminary** [ˈsɛməˌneri] *n, pl* **-naries** : seminario *m*
**semiprecious** [ˈsɛmiˈpreʃəs, ˈsɛˌmaɪ-] *adj* : semiprecioso
**Semite** [ˈsɛˌmaɪt] *n* : semita *mf* — **Semitic** [səˈmɪtɪk] *adj*
**semolina** [ˌsɛməˈliːnə] *n* : sémola *f*
**senate** [ˈsɛnət] *n* : senado *m*
**senator** [ˈsɛnətər] *n* : senador *m*, -dora *f*
**send** [ˈsɛnd] *vt* **sent** [ˈsɛnt]; **sending** **1** : mandar, enviar ⟨to send a letter : mandar una carta⟩ ⟨to send word : avisar, mandar decir⟩ ⟨he was sent to prison : lo mandaron a la cárcel, lo encarcelaron⟩ **2** PROPEL : mandar, lanzar ⟨he sent it into left field : lo mandó al jardín izquierdo⟩ ⟨it sent a shiver down my spine : me dio un escalofrío⟩ ⟨to send up dust : levantar polvo⟩ **3 to send away for** : pedir (por correo) **4 to send back** RETURN : devolver, mandar de vuelta **5 to send for** SUMMON : mandar llamar **6 to send for** REQUEST : pedir (ayuda, refuerzos, etc.) **7 to send in** SUBMIT : enviar, mandar, presentar **8 to send in** : enviar, mandar (tropas, etc.) **9 to send into a rage** : poner furioso **10 to send off** : mandar, enviar (por correo, etc.) **11 to send on** : enviar por adelantado **12 to send out** : enviar, mandar (invitaciones, etc.) **13 to send out** EMIT : emitir
**sender** [ˈsɛndər] *n* : remitente *mf* (de una carta, etc.)
**send–off** [ˈsɛndˌɔf] *n* FAREWELL : despedida *f*

**Senegalese** [ˌsɛnəgəˈli:z, -ˈli:s] *n* : senegalés *m*, -lesa *f* — **Senegalese** *adj*
**senile** [ˈsi:ˌnaɪl] *adj* : senil
**senility** [siˈnɪləṭi] *n* : senilidad *f*
**senior**[1] [ˈsi:njər] *adj* 1 ELDER : mayor ⟨John Doe, Senior : John Doe, padre⟩ 2 : superior (en rango), más antiguo (en años de servicio) ⟨a senior official : un alto oficial⟩
**senior**[2] *n* 1 : superior *m* (en rango) 2 **to be someone's senior** : ser mayor que alguien ⟨she's two years my senior : me lleva dos años⟩
**senior citizen** *n* : persona *f* de la tercera edad
**seniority** [ˌsi:ˈnjɔrəṭi] *n* : antigüedad *f* (en años de servicio)
**sensation** [sɛnˈseɪʃən] *n* : sensación *f*
**sensational** [sɛnˈseɪʃənəl] *adj* : que causa sensación ⟨sensational stories : historias sensacionalistas⟩
**sensationalism** [sɛnˈseɪʃənəˌlɪzəm] *n* : sensacionalismo *m*
**sensationalist** [sɛnˈseɪʃənəlɪst] *or* **sensationalistic** [sɛnˌseɪʃənəˈlɪstɪk] *adj* : sensacionalista
**sense**[1] [ˈsɛnts] *vt* **sensed; sensing** : sentir ⟨he sensed danger : se dio cuenta del peligro⟩
**sense**[2] *n* 1 MEANING : sentido *m*, significado *m* 2 : sentido *m* ⟨the sense of smell : el sentido del olfato⟩ 3 : sentido *m* ⟨sense of humor : sentido del humor⟩ ⟨sense of duty : sentido del deber⟩ ⟨sense of direction : sentido de la orientación⟩ 4 FEELING : sensación *f* ⟨a huge sense of relief : un gran alivio⟩ ⟨his sense of accomplishment : su satisfacción (por haber logrado algo)⟩ 5 WISDOM : sensatez *f*, tino *m* ⟨he had the (good) sense to leave : tuvo la sensatez de retirarse⟩ ⟨common sense : sentido común⟩ ⟨to come to one's senses : entrar en razón⟩ ⟨there's no sense in arguing : no tiene sentido discutir⟩ 6 **to make sense** : tener sentido 7 **to make sense of** : entender
**senseless** [ˈsɛntsləs] *adj* 1 MEANINGLESS : sin sentido, sin razón 2 UNCONSCIOUS : inconsciente
**senselessly** [ˈsɛntsləsli] *adv* : sin sentido
**sensibility** [ˌsɛntsəˈbɪləṭi] *n, pl* **-ties** : sensibilidad *f*
**sensible** [ˈsɛntsəbəl] *adj* 1 PERCEPTIBLE : sensible, perceptible 2 AWARE : consciente 3 REASONABLE : sensato ⟨a sensible man : un hombre sensato⟩ ⟨sensible shoes : zapatos prácticos⟩ — **sensibly** [-bli] *adv*
**sensibleness** [ˈsɛntsəbəlnəs] *n* : sensatez *f*, solidez *f*
**sensitive** [ˈsɛntsəṭɪv] *adj* 1 : sensible, delicado ⟨sensitive skin : piel sensible⟩ 2 TOUCHY : susceptible, sensible ⟨to be sensitive to criticism : ser susceptible a las críticas⟩ ⟨to be sensitive about something : tener complejo por algo, preocuparse mucho por algo⟩ 3 AWARE : sensibilizado ⟨sensitive to something : sensibilizado sobre/con algo, sensibilizado frente a algo⟩ 4 : de mucha sensibilidad (dícese de un artista, una interpretación, etc.) 5 DELICATE : delicado 6 CONTROVERSIAL : controvertido 7 CONFIDENTIAL : confidencial
**sensitiveness** [ˈsɛntsəṭɪvnəs] → **sensitivity**
**sensitivity** [ˌsɛntsəˈtɪvəṭi] *n, pl* **-ties** : sensibilidad *f*
**sensitize** [ˈsɛntsəˌtaɪz] *vt* **-tized; -tizing** : sensibilizar
**sensor** [ˈsɛnˌsɔr, ˈsɛntsər] *n* : sensor *m*
**sensory** [ˈsɛntsəri] *adj* : sensorial
**sensual** [ˈsɛntʃʊəl] *adj* : sensual — **sensually** *adv*
**sensuality** [ˌsɛntʃəˈwæləṭi] *n, pl* **-ties** : sensualidad *f*
**sensuous** [ˈsɛntʃʊəs] *adj* : sensual
**sent** → **send**
**sentence**[1] [ˈsɛntənts, -əns] *vt* **-tenced; -tencing** : sentenciar
**sentence**[2] *n* 1 JUDGMENT : sentencia *f* 2 : oración *f*, frase *f* (en gramática)
**sentient** [ˈsɛntʃənt, -ʃiənt] *adj* : sensitivo, sensible
**sentiment** [ˈsɛntəmənt] *n* 1 BELIEF : opinión *f* 2 FEELING : sentimiento *m* 3 → **sentimentality**
**sentimental** [ˌsɛntəˈmɛntəl] *adj* : sentimental
**sentimentality** [ˌsɛntəˌmɛnˈtæləṭi] *n, pl* **-ties** : sentimentalismo *m*, sensiblería *f*
**sentinel** [ˈsɛntənəl] *n* : centinela *mf*, guardia *mf*
**sentry** [ˈsɛntri] *n, pl* **-tries** : centinela *mf*
**separate**[1] [ˈsɛpəˌreɪt] *v* **-rated; -rating** *vt* 1 DETACH, SEVER : separar 2 DISTINGUISH : diferenciar, distinguir — *vi* PART : separarse
**separate**[2] [ˈsɛprət, ˈsɛpə-] *adj* 1 INDIVIDUAL : separado, aparte ⟨a separate state : un estado separado⟩ ⟨in a separate envelope : en un sobre aparte⟩ 2 DISTINCT : distinto
**separately** [ˈsɛprətli, ˈsɛpə-] *adv* : por separado, separadamente, aparte
**separation** [ˌsɛpəˈreɪʃən] *n* : separación *f*
**sepia** [ˈsi:piə] *n* : color *m* sepia
**September** [sɛpˈtɛmbər] *n* : septiembre *m*, setiembre *m* ⟨they arrived on the 30th of September, they arrived on September 30th : llegaron el 30 de septiembre⟩
**septic** [ˈsɛpṭɪk] *adj* : séptico ⟨septic tank : fosa séptica⟩
**sepulchre** [ˈsɛpəlkər] *n* : sepulcro *m*
**sequel** [ˈsi:kwəl] *n* 1 CONSEQUENCE : secuela *f*, consecuencia *f* 2 : continuación *f* (de una película, etc.)
**sequence** [ˈsi:kwənts] *n* 1 SERIES : serie *f*, sucesión *f*, secuencia *f* (matemática o música) 2 ORDER : orden *m*
**sequester** [sɪˈkwɛstər] *vt* : aislar
**sequin** [ˈsi:kwən] *n* : lentejuela *f*
**sequoia** [sɪˈkwɔɪə] *n* : secoya *f*, secuoya *f*
**sera** → **serum**
**Serb** [ˈsərb] *or* **Serbian** [ˈsərbiən] *n* 1 : serbio *m*, -bia *f* 2 : serbio *m* (idioma) — **Serb** *or* **Serbian** *adj*
**Serbo–Croatian** [ˌsərbokroˈeɪʃən] *n* : serbocroata *m* (idioma) — **Serbo–Croatian** *adj*

**serenade**[1] [ˌsɛrəˈneɪd] *vt* **-naded; -nading** : darle una serenata (a alguien)
**serenade**[2] *n* : serenata *f*
**serene** [səˈriːn] *adj* : sereno — **serenely** *adv*
**serendipity** [ˌsɛrənˈdɪpəṭi] *n* : suerte *f*, fortuna *f* (de descubrir algo bueno por pura casualidad)
**serenity** [səˈrenəṭi] *n* : serenidad *f*
**serf** [ˈsərf] *n* : siervo *m*, -va *f*
**serge** [ˈsərdʒ] *n* : sarga *f*
**sergeant** [ˈsɑrdʒənt] *n* : sargento *mf*
**serial**[1] [ˈsɪrɪəl] *adj* : seriado
**serial**[2] *n* : serie *f*, serial *m* (de radio o televisión), publicación *f* por entregas
**serially** [ˈsɪrɪəli] *adv* : en serie
**serial number** *n* : número *m* de serie
**series** [ˈsɪrˌiːz] *n, pl* **series** : serie *f*, sucesión *f*
**serious** [ˈsɪriəs] *adj* **1** SOBER : serio **2** DEDICATED, EARNEST : serio, dedicado ⟨to be serious about something : tomar algo en serio⟩ **3** GRAVE : serio, grave ⟨serious problems : problemas graves⟩
**seriously** [ˈsɪriəsli] *adv* **1** EARNESTLY : seriamente, con seriedad, en serio ⟨to take seriously : tomar an serio⟩ **2** SEVERELY : gravemente ⟨seriously ill : gravemente enfermo⟩
**seriousness** [ˈsɪriəsnəs] *n* : seriedad *f*, gravedad *f*
**sermon** [ˈsərmən] *n* : sermón *m*
**serpent** [ˈsərpənt] *n* : serpiente *f*
**serrated** [səˈreɪṭəd, ˈsɛrˌeɪṭəd] *adj* : dentado, serrado
**serum** [ˈsɪrəm] *n, pl* **serums** *or* **sera** [ˈsɪrə] : suero *m*
**servant** [ˈsərvənt] *n* : criado *m*, -da *f*; sirviente *m*, -ta *f*
**serve** [ˈsərv] *v* **served; serving** *vi* **1** : servir ⟨to serve in the navy : servir en la armada⟩ ⟨to serve on a jury : ser miembro de un jurado⟩ **2** DO, FUNCTION : servir ⟨to serve as : servir de, servir como⟩ **3** : sacar (en deportes) — *vt* **1** : servir ⟨to serve God : servir a Dios⟩ **2** HELP : servir ⟨it serves no purpose : no sirve para nada⟩ ⟨it serves you right : te lo mereces⟩ **3** : servir (comida o bebida) ⟨dinner is served : la cena está servida⟩ **4** SUPPLY : abastecer **5** CARRY OUT : cumplir, hacer ⟨to serve time : servir una pena⟩ **6 to serve a summons** : entregar una citación
**server** [ˈsərvər] *n* **1** : camarero *m*, -ra *f*; mesero *m*, -ra *f* (en un restaurante) **2** *or* **serving dish** : fuente *f* (para servir comida) **3** : servidor *m* (en informática)
**service**[1] [ˈsərvəs] *vt* **-viced; -vicing** **1** MAINTAIN : darle mantenimiento a (una máquina), revisar **2** REPAIR : arreglar, reparar
**service**[2] *n* **1** HELP, USE : servicio *m* ⟨to do someone a service : hacerle un servicio a alguien⟩ ⟨at your service : a sus órdenes⟩ ⟨to be out of service : no funcionar⟩ **2** CEREMONY : oficio *m* (religioso) **3** DEPARTMENT, SYSTEM : servicio *m* ⟨social services : servicios sociales⟩ ⟨train service : servicio de trenes⟩ **4** SET : juego *m*, servicio *m* ⟨tea service : juego de té⟩ **5** MAINTENANCE : mantenimiento *m*, revisión *f*, servicio *m* **6** : servicio *m* (en un restaurante, etc.) ⟨customer service : atención al cliente⟩ **7** : saque *m* (en deportes) **8 armed services** : fuerzas *fpl* armadas
**serviceable** [ˈsərvəsəbəl] *adj* **1** USEFUL : útil **2** DURABLE : duradero
**service charge** *n* : servicio *m*
**serviceman** [ˈsərvəsˌmæn, -mən] *n, pl* **-men** [-mən, -ˌmɛn] : militar *m*
**service station** → **gas station**
**servicewoman** [ˈsərvəsˌwʊmən] *n, pl* **-women** [-ˌwɪmən] : militar *f*
**servile** [ˈsərvəl, -ˌvaɪl] *adj* : servil
**servility** [sərˈvɪləṭi] *n* : servilismo *m*
**serving** [ˈsərvɪŋ] *n* HELPING : porción *f*, ración *f*
**servitude** [ˈsərvəˌtuːd, -ˌtjuːd] *n* : servidumbre *f*
**sesame** [ˈsɛsəmi] *n* : ajonjolí *m*, sésamo *m*
**session** [ˈsɛʃən] *n* : sesión *f*
**set**[1] [ˈsɛt] *v* **set; setting** *vt* **1** *or* **to set down** PLACE : poner, colocar ⟨set the books (down) on the table : pon los libros en la mesa⟩ **2** INSTALL : poner, colocar (ladrillos, etc.) **3** MOUNT : engarzar, montar (un diamante, etc.) **4** ESTABLISH : fijar (una fecha, un precio, etc.), establecer (reglas, un récord, etc.) ⟨to set (oneself) a goal : fijarse una meta⟩ ⟨to set a precedent : sentar precedente⟩ ⟨to set a good/bad example : dar buen/mal ejemplo⟩ **5** PREPARE : tender (una trampa), poner (un freno de mano, etc.) ⟨to set the table : poner la mesa⟩ **6** ADJUST : poner (un reloj, etc.) **7** (*indicating the causing of a certain condition*) ⟨to set fire to : prenderle fuego a⟩ ⟨she set it free : lo soltó⟩ **8** MAKE, START : poner, hacer ⟨I set them working : los puse a trabajar⟩ ⟨it set me (to) thinking : me hizo pensar⟩ ⟨to set something in motion : poner algo en marcha⟩ **9** : ambientar ⟨the book is set in Chicago : el libro está ambientado en Chicago⟩ **10** : componer (un hueso roto, etc.) **11** : tensar (la mandíbula, la boca, etc.) **12** : marcar (el pelo) **13** : componer (texto) **14 to set about** BEGIN : comenzar **15 to set aside** RESERVE : reservar, dejar de lado **16 to set back** DELAY : retrasar, atrasar **17 to set off** PROVOKE : provocar **18 to set off** EXPLODE : hacer estallar (una bomba, etc.) **19 to set out** INTEND : proponerse **20 to set up** ASSEMBLE : montar, armar **21 to set up** ERECT : levantar, erigir **22 to set up** ESTABLISH : establecer, fundar, montar (un negocio) **23 to set up** CAUSE : armar ⟨they set up a clamor : armaron un alboroto⟩ — *vi* **1** SOLIDIFY : fraguar (dícese del cemento, etc.), cuajar (dícese de la gelatina, etc.) **2** : ponerse (dícese del sol o de la luna) **3 to set in** BEGIN : comenzar, empezar **4 to set off/forth** : salir **5 to set out** : salir (de viaje)
**set**[2] *adj* **1** ESTABLISHED, FIXED : fijo, es-

tablecido **2** RIGID : inflexible ⟨to be set in one's ways : tener costumbres muy arraigadas⟩ **3** READY : listo, preparado

**set**[3] *n* **1** COLLECTION : juego *m* ⟨a set of dishes : un juego de platos, una vajilla⟩ ⟨a tool set : una caja de herramientas⟩ **2** *or* **stage set** : decorado *m* (en el teatro), plató *m* (en el cine) **3** APPARATUS : aparato *m* ⟨a television set : un televisor⟩ **4** : conjunto *m* (en matemáticas)

**setback** [ˈsɛtˌbæk] *n* : revés *m*, contratiempo *m*

**settee** [sɛˈti:] *n* : sofá *m*

**setter** [ˈsɛtər] *n* **1** : setter *mf* ⟨Irish setter : setter irlandés⟩ **2** (*one that establishes*) ⟨record setter : persona que establece un récord⟩ ⟨style setter : persona que inicia una moda⟩

**setting** [ˈsɛtɪŋ] *n* **1** : posición *f*, ajuste *m* (de un control) **2** : montura *f* (de una gema) **3** SCENE : escenario *m* (de una novela, etc.) **4** SURROUNDINGS : ambiente *m*, entorno *m*, marco *m*

**settle** [ˈsɛtəl] *v* **settled; settling** *vi* **1** ALIGHT, LAND : posarse (dícese de las aves, una mirada, etc.), depositarse (dícese del polvo) **2** SINK : asentarse (dícese de los edificios) **3** : acomodarse ⟨he settled into the chair : se arrellanó en la silla⟩ **4** : resolver una disputa ⟨they settled out of court : resolvieron extrajudicialmente su disputa⟩ **5** DECIDE : decidir (un asunto) ⟨that settles it : ya está decidido⟩ **6** : instalarse (en una casa), establecerse (en una ciudad o región) **7 to settle down** : calmarse, tranquilizarse ⟨settle down! : ¡tranquilízate!, ¡cálmate!⟩ **8 to settle down** : sentar cabeza, hacerse sensato ⟨to marry and settle down : casarse y sentar cabeza⟩ **9 to settle for** : conformarse con **10 to settle in** : instalarse (en una casa, etc.), adaptarse (a un trabajo, etc.) **11 to settle up** : arreglar las cuentas — *vt* **1** ARRANGE, DECIDE : fijar, decidir, acordar (planes, etc.) **2** RESOLVE : resolver, solucionar ⟨to settle an argument : resolver una discusión⟩ **3** PAY : pagar ⟨to settle an account : saldar una cuenta⟩ **4** CALM : calmar (los nervios), asentar (el estómago) **5** : acomodar, poner ⟨he settled the baby into its crib : puso al bebé en su cuna⟩ **6** COLONIZE : colonizar **7 to settle oneself** : acomodarse, hacerse cómodo

**settlement** [ˈsɛtəlmənt] *n* **1** PAYMENT : pago *m*, liquidación *f* **2** COLONY : asentamiento *m* **3** RESOLUTION : acuerdo *m*

**settler** [ˈsɛtələr] *n* : poblador *m*, -dora *f*; colono *m*, -na *f*

**setup** [ˈsɛtˌʌp] *n* **1** ASSEMBLY : montaje *m*, ensamblaje *m* **2** ARRANGEMENT : disposición *f* **3** PREPARATION : preparación *f* **4** TRAP, TRICK : encerrona *f*

**seven**[1] [ˈsɛvən] *adj* : siete ⟨he's seven (years old) : tiene siete años⟩

**seven**[2] *n* : siete *m* ⟨the seven of hearts : el siete de corazones⟩

**seven**[3] *pron* : siete ⟨there are seven of us : somos siete⟩ ⟨it's seven (o'clock) : son las siete⟩

**seven hundred**[1] *adj & pron* : setecientos

**seven hundred**[2] *n* : setecientos *m*

**seventeen**[1] [ˌsɛvənˈti:n] *adj & pron* : diecisiete

**seventeen**[2] *n* : diecisiete *m*

**seventeenth**[1] [ˌsɛvənˈti:nθ] *adj* : decimoséptimo

**seventeenth**[2] *n* **1** : decimoséptimo *m*, -ma *f* (en una serie) **2** : diecisieteavo *m*, diecisieteava parte *f*

**seventh**[1] [ˈsɛvənθ] *adv* : en séptimo lugar

**seventh**[2] *adj* : séptimo

**seventh**[3] *n* **1** : séptimo *m*, -ma *f* (en una serie) **2** : séptimo *m*, séptima parte *f*

**seventieth**[1] [ˈsɛvəntiəθ] *adj* : septuagésimo

**seventieth**[2] *n* **1** : septuagésimo *m*, -ma *f* (en una serie) **2** : setentavo *m*, setentava parte *f*, septuagésima parte *f*

**seventy**[1] [ˈsɛvənti] *adj & pron* : setenta

**seventy**[2] *n, pl* **-ties** : setenta *m*

**sever** [ˈsɛvər] *vt* **-ered; -ering** : cortar, romper

**several**[1] [ˈsɛvrəl, ˈsɛvə-] *adj* **1** DISTINCT : distinto **2** SOME : varios ⟨several weeks : varias semanas⟩

**several**[2] *pron* : varios ⟨several of the novels : varias de las novelas⟩

**severance** [ˈsɛvrənts, ˈsɛvə-] *n* **1** : ruptura *f* (de relaciones, etc.) **2 severance pay** : indemnización *f* (por despido)

**severe** [səˈvɪr] *adj* **severer; -est** **1** STRICT : severo **2** AUSTERE : sobrio, austero **3** SERIOUS : grave ⟨a severe wound : una herida grave⟩ ⟨severe aches : dolores fuertes⟩ **4** DIFFICULT : duro, difícil — **severely** *adv*

**severity** [səˈvrəti] *n* **1** HARSHNESS : severidad *f* **2** AUSTERITY : sobriedad *f*, austeridad *f* **3** SERIOUSNESS : gravedad *f* (de una herida, etc.)

**sew** [ˈso:] *v* **sewed; sewn** [ˈso:n] *or* **sewed; sewing** : coser

**sewage** [ˈsu:ɪʤ] *n* : aguas *fpl* negras, aguas *fpl* residuales

**sewer**[1] [ˈso:ər] *n* : uno que cose

**sewer**[2] [ˈsu:ər] *n* : alcantarilla *f*, cloaca *f*

**sewing** [ˈso:ɪŋ] *n* : costura *f*

**sewing machine** *n* : máquina *f* de coser

**sex** [ˈsɛks] *n* **1** : sexo *m* ⟨the opposite sex : el sexo opuesto⟩ **2** COPULATION : relaciones *fpl* sexuales ⟨sex education : educación sexual⟩

**sexism** [ˈsɛkˌsɪzəm] *n* : sexismo *m*

**sexist**[1] [ˈsɛksɪst] *adj* : sexista

**sexist**[2] *n* : sexista *mf*

**sextant** [ˈsɛkstənt] *n* : sextante *m*

**sextet** [sɛkˈstɛt] *n* : sexteto *m*

**sexton** [ˈsɛkstən] *n* : sacristán *m*

**sexual** [ˈsɛkʃʊəl] *adj* : sexual ⟨sexual intercourse : relaciones sexuales⟩ ⟨sexual discrimination/harassment : discriminación/acoso sexual⟩ — **sexually** *adv*

**sexuality** [ˌsɛkʃʊˈæləti] *n* : sexualidad *f*

**sexy** [ˈsɛksi] *adj* **sexier; -est** : sexy

**sh** *or* **ssh** *or* **sssh** [*f*, often prolonged] *interj* : chis!, chist!

**shabbily** [ˈʃæbəli] *adv* **1** : pobremente ⟨shabbily dressed : pobremente vestido⟩ **2** UNFAIRLY : mal, injustamente
**shabbiness** [ˈʃæbinəs] *n* **1** : lo gastado (de ropa, etc.) **2** : lo mal vestido (de personas) **3** UNFAIRNESS : injusticia *f*
**shabby** [ˈʃæbi] *adj* **shabbier; -est** **1** : gastado (dícese de la ropa, etc.) **2** : mal vestido (dícese de las personas) **3** UNFAIR : malo, injusto ⟨shabby treatment : mal trato⟩
**shack** [ˈʃæk] *n* : choza *f*, rancho *m*
**shackle**[1] [ˈʃækəl] *vt* **-led; -ling** : ponerle grilletes (a alguien)
**shackle**[2] *n* : grillete *m*
**shad** [ˈʃæd] *n* : sábalo *m*
**shade**[1] [ˈʃeɪd] *v* **shaded; shading** *vt* **1** SHELTER : proteger (del sol o de la luz) **2** *or* **to shade in** : matizar los colores de — *vi* : convertirse gradualmente ⟨his irritation shaded into rage : su irritación iba convirtiéndose en furia⟩
**shade**[2] *n* **1** : sombra *f* ⟨to give shade : dar sombra⟩ **2** : tono *m* (de un color) **3** NUANCE : matiz *m* **4** : pantalla *f* (de una lámpara), persiana *f* (de una ventana)
**shadow**[1] [ˈʃædo:] *vt* **1** DARKEN : ensombrecer **2** TRAIL : seguir de cerca, seguirle la pista (a alguien)
**shadow**[2] *n* **1** : sombra *f* **2** DARKNESS : oscuridad *f* **3** TRACE : sombra *f*, atisbo *m*, indicio *m* ⟨without a shadow of a doubt : sin sombra de duda, sin lugar a dudas⟩ **4 to cast a shadow over** : ensombrecer
**shadowy** [ˈʃædowi] *adj* **1** INDISTINCT : vago, indistinto **2** DARK : oscuro
**shady** [ˈʃeɪdi] *adj* **shadier; -est** **1** : sombreado (dícese de un lugar), que da sombra (dícese de un árbol) **2** DISREPUTABLE : sospechoso (dícese de una persona), turbio (dícese de un negocio, etc.)
**shaft** [ˈʃæft] *n* **1** : asta *f* (de una lanza), astil *m* (de una flecha), mango *m* (de una herramienta) **2** *or* **mine shaft** : pozo *m*
**shaggy** [ˈʃægi] *adj* **shaggier; -est** **1** HAIRY : peludo ⟨a shaggy dog : un perro peludo⟩ **2** UNKEMPT : enmarañado, despeinado (dícese del pelo, de las barbas, etc.)
**shake**[1] [ˈʃeɪk] *v* **shook** [ˈʃʊk]; **shaken** [ˈʃeɪkən]; **shaking** *vt* **1** : sacudir, agitar, hacer temblar ⟨he shook his head : negó con la cabeza⟩ **2** WEAKEN : debilitar, hacer flaquear ⟨it shook her faith : debilitó su confianza⟩ **3** UPSET : afectar, alterar **4 to shake hands with someone** : darle/estrecharle la mano a alguien **5 to shake off** : deshacer **6 to shake up** : reestructurar, reorganizar — *vi* : temblar, sacudirse ⟨to shake with fear : temblar de miedo⟩
**shake**[2] *n* : sacudida *f*, apretón *m* (de manos)
**shaker** [ˈʃeɪkər] *n* **1 salt shaker** : salero *m* **2 pepper shaker** : pimentero *m* **3 cocktail shaker** : coctelera *f*
**shake–up** [ˈʃeɪkˌʌp] *n* : reorganización *f*
**shakily** [ˈʃeɪkəli] *adv* : temblorosamente
**shaky** [ˈʃeɪki] *adj* **shakier; -est** **1** SHAKING : tembloroso **2** UNSTABLE : poco firme, inestable **3** PRECARIOUS : precario, incierto **4** QUESTIONABLE : dudoso, cuestionable ⟨shaky arguments : argumentos discutibles⟩
**shale** [ˈʃeɪl] *n* : esquisto *m*
**shall** [ˈʃæl] *v aux, past* **should** [ˈʃʊd] *present s & pl* **shall** **1** (*used formally to express a command*) ⟨you shall do as I say : harás lo que te digo⟩ ⟨there shall be no talking during the test : se prohibe hablar durante el examen⟩ **2** (*used formally to request an opinion*) ⟨shall I call a taxi? : ¿quiere que llame un taxi?⟩ **3** (*used formally to express futurity*) ⟨we shall see : ya veremos⟩ ⟨when shall we expect you? : ¿cuándo te podemos esperar?⟩ ⟨I shall not mention it, I shan't mention it : no lo mencionaré⟩ **4** (*used formally to express determination*) ⟨you shall have the money : tendrás el dinero⟩
**shallow** [ˈʃælo:] *adj* **1** : poco profundo (dícese del agua, etc.) **2** SUPERFICIAL : superficial
**shallows** [ˈʃælo:z] *npl* : bajío *m*, bajos *mpl*
**sham**[1] [ˈʃæm] *v* **shammed; shamming** : fingir
**sham**[2] *adj* : falso, fingido
**sham**[3] *n* **1** FAKE, PRETENSE : farsa *f*, simulación *f*, imitación *f* **2** FAKER : impostor *m*, -tora *f*; farsante *mf*
**shamble** [ˈʃæmbəl] *vi* **-bled; -bling** : caminar arrastrando los pies
**shambles** [ˈʃæmbəlz] *ns & pl* : caos *m*, desorden *m*, confusión *f*
**shame**[1] [ˈʃeɪm] *vt* **shamed; shaming** **1** : avergonzar ⟨he was shamed by their words : sus palabras le dieron vergüenza⟩ **2** DISGRACE : deshonrar
**shame**[2] *n* **1** : vergüenza *f* ⟨to have no shame : no tener vergüenza⟩ **2** DISGRACE : vergüenza *f*, deshonra *f* **3** PITY : lástima *f*, pena *f* ⟨what a shame! : ¡qué pena!⟩
**shamefaced** [ˈʃeɪmˌfeɪst] *adj* : avergonzado
**shameful** [ˈʃeɪmfəl] *adj* : vergonzoso — **shamefully** *adv*
**shameless** [ˈʃeɪmləs] *adj* : descarado, desvergonzado — **shamelessly** *adv*
**shampoo**[1] [ʃæmˈpu:] *vt* : lavar (el pelo)
**shampoo**[2] *n, pl* **-poos** : champú *m*
**shamrock** [ˈʃæmˌrɑk] *n* : trébol *m*
**shank** [ˈʃæŋk] *n* : parte *f* baja de la pierna
**shan't** [ˈʃænt] *contraction of* SHALL NOT → **shall**
**shanty** [ˈʃænti] *n, pl* **-ties** : choza *f*, rancho *m*
**shantytown** [ˈʃænti,taʊn] *n* : barriada *f*, cinturón *m* de miseria, ciudad *f* perdida *Mex*, villa *f* miseria *Arg*, villa *f* de emergencia *Arg*, pueblo *m* joven *Peru*, población *f* callampa *Chile*, barrio *m* de invasión *Col*, barrio *m* de chabolas *Spain*
**shape**[1] [ˈʃeɪp] *v* **shaped; shaping** *vt* **1** : dar forma a, modelar (arcilla, etc.), tallar (madera, piedra), formar (carácter) ⟨to be shaped like : tener forma de⟩ **2**

DETERMINE : decidir, determinar — *vi* *or* **to shape up** : tomar forma⟩

**shape²** *n* **1** : forma *f*, figura *f* ⟨in the shape of a circle : en forma de círculo⟩ ⟨to take shape : tomar forma⟩ **2** CONDITION : estado *m*, condiciones *fpl*, forma *f* (física) ⟨to be in good shape : estar en forma⟩ ⟨to be in bad shape : no estar en forma⟩ ⟨to get in shape : ponerse en forma⟩

**-shaped** [ˌʃeɪpt] *suf* : en forma de

**shapeless** [ˈʃeɪpləs] *adj* : informe

**shapely** [ˈʃeɪpli] *adj* **shapelier; -est** : curvilíneo, bien proporcionado

**shard** [ˈʃɑrd] *n* : fragmento *m*, casco *m* (de cerámica, etc.)

**share¹** [ˈʃɛr] *v* **shared; sharing** *vt* **1** APPORTION : dividir, repartir **2** : compartir ⟨they share a room : comparten una habitación⟩ — *vi* : compartir

**share²** *n* **1** PORTION : parte *f*, porción *f* ⟨one's fair share : lo que le corresponde a uno⟩ **2** : acción *f* (en una compañía) ⟨to hold shares : tener acciones⟩

**sharecropper** [ˈʃɛrˌkrɑpər] *n* : aparcero *m*, -ra *f*

**shareholder** [ˈʃɛrˌhoːldər] *n* : accionista *mf*

**shark** [ˈʃɑrk] *n* : tiburón *m*

**sharp¹** [ˈʃɑrp] *adv* : en punto ⟨at two o'clock sharp : a las dos en punto⟩

**sharp²** *adj* **1** : afilado, filoso ⟨a sharp knife : un cuchillo afilado⟩ **2** PENETRATING : cortante, fuerte **3** CLEVER : agudo, listo, perspicaz **4** ACUTE : agudo ⟨sharp eyesight : vista aguda⟩ **5** HARSH, SEVERE : duro, severo, agudo ⟨a sharp rebuke : una reprimenda mordaz⟩ ⟨to have a sharp tongue : tener una lengua afilada⟩ **6** STRONG : fuerte ⟨sharp cheese : queso fuerte⟩ **7** ABRUPT : brusco, repentino **8** DISTINCT : nítido, definido ⟨a sharp image : una imagen bien definida⟩ **9** ANGULAR : anguloso (dícese de la cara) **10** : sostenido (en música)

**sharp³** *n* : sostenido *m* (en música)

**sharpen** [ˈʃɑrpən] *vt* : afilar, aguzar ⟨to sharpen a pencil : sacarle punta a un lápiz⟩ ⟨to sharpen one's wits : aguzar el ingenio⟩

**sharpener** [ˈʃɑrpənər] *n* : afilador *m* (para cuchillos, etc.), sacapuntas *m* (para lápices)

**sharply** [ˈʃɑrpli] *adv* **1** ABRUPTLY : bruscamente **2** DISTINCTLY : claramente, marcadamente

**sharpness** [ˈʃɑrpnəs] *n* **1** : lo afilado (de un cuchillo, etc.) **2** ACUTENESS : agudeza *f* (de los sentidos o de la mente) **3** INTENSITY : intensidad *f*, agudeza *f* (de dolores, etc.) **4** HARSHNESS : dureza *f*, severidad *f* **5** ABRUPTNESS : brusquedad *f* **6** CLARITY : nitidez *f*

**sharpshooter** [ˈʃɑrpˌʃuːtər] *n* : tirador *m*, -dora *f* de primera

**shatter** [ˈʃætər] *vt* **1** : hacer añicos ⟨to shatter the silence : romper el silencio⟩ **2 to be shattered by** : quedar destrozado por — *vi* : hacerse añicos, romperse en pedazos

**shave¹** [ˈʃeɪv] *v* **shaved; shaved** *or* **shaven** [ˈʃeɪvən]; **shaving** *vt* **1** : afeitar, rasurar ⟨she shaved her legs : se rasuró las piernas⟩ ⟨they shaved (off) his beard : le afeitaron la barba⟩ **2** SLICE : cortar (en pedazos finos) — *vi* : afeitarse, rasurarse

**shave²** *n* : afeitada *f*, rasurada *f*

**shaver** [ˈʃeɪvər] *n* : afeitadora *f*, máquina *f* de afeitar, rasuradora *f*

**shaving** [ˈʃeɪvɪŋ] *n* : viruta *f* ⟨wood shavings : virutas de madera⟩

**shaving cream** *n* : crema *f* de afeitar

**shawl** [ˈʃɔl] *n* : chal *m*, mantón *m*, rebozo *m*

**she** [ˈʃiː] *pron* : ella

**sheaf** [ˈʃiːf] *n, pl* **sheaves** [ˈʃiːvz] : gavilla *f* (de cereales), haz *m* (de flechas), fajo *m* (de papeles)

**shear** [ˈʃɪr] *vt* **sheared; sheared** *or* **shorn** [ˈʃɔrn]; **shearing** **1** : esquilar, trasquilar ⟨to shear sheep : trasquilar ovejas⟩ **2** CUT : cortar (el pelo, etc.)

**shears** [ˈʃɪrz] *npl* : tijeras *fpl* (grandes)

**sheath** [ˈʃiːθ] *n, pl* **sheaths** [ˈʃiːðz, ˈʃiːθs] : funda *f*, vaina *f*

**sheathe** [ˈʃiːð] *vt* **sheathed; sheathing** : envainar, enfundar

**shed¹** [ˈʃɛd] *vt* **shed; shedding** **1** : derramar (sangre o lágrimas) **2** EMIT : emitir (luz) ⟨to shed light on : aclarar⟩ **3** DISCARD : mudar (la piel, etc.) ⟨to shed one's clothes : quitarse uno la ropa⟩

**shed²** *n* : cobertizo *m*

**she'd** [ˈʃiːd] *contraction of* SHE HAD *or* SHE WOULD → **have, would**

**sheen** [ˈʃiːn] *n* : brillo *m*, lustre *m*

**sheep** [ˈʃiːp] *ns & pl* : oveja *f*

**sheepdog** [ˈʃiːpˌdɔɡ] *n* : perro *m* pastor

**sheepfold** [ˈʃiːpˌfoːld] *n* : redil *m*

**sheepish** [ˈʃiːpɪʃ] *adj* : avergonzado

**sheepskin** [ˈʃiːpˌskɪn] *n* : piel *f* de oveja, piel *f* de borrego

**sheer¹** [ˈʃɪr] *adv* **1** COMPLETELY : completamente, totalmente **2** VERTICALLY : verticalmente

**sheer²** *adj* **1** TRANSPARENT : vaporoso, transparente **2** ABSOLUTE, UTTER : puro ⟨by sheer luck : por pura suerte⟩ **3** STEEP : escarpado, vertical

**sheet** [ˈʃiːt] *n* **1** *or* **bedsheet** [ˈbɛdˌʃiːt] : sábana *f* **2** : hoja *f* (de papel) **3** : capa *f* (de hielo, etc.) **4** : lámina *f*, placa *f* (de vidrio, metal, etc.), plancha *f* (de metal, madera, etc.) ⟨baking sheet : placa de horno⟩

**sheikh** *or* **sheik** [ˈʃiːk, ˈʃeɪk] *n* : jeque *m*

**shelf** [ˈʃɛlf] *n, pl* **shelves** [ˈʃɛlvz] **1** : estante *m*, anaquel *m* (en una pared) **2** : banco *m*, arrecife *m* (en geología) ⟨continental shelf : plataforma continental⟩

**shell¹** [ˈʃɛl] *vt* **1** : pelar (nueces, etc.) **2** BOMBARD : bombardear

**shell²** *n* **1** SEASHELL : concha *f* **2** : cáscara *f* (de huevos, nueces, etc.), vaina *f* (de chícharos, etc.), caparazón *m* (de crustáceos, tortugas, etc.) **3** : cartucho *m*, casquillo *m* ⟨a .45 caliber shell : un cartucho calibre .45⟩ **4** *or* **racing shell** : bote *m* (para hacer regatas de remos)

**she'll** [ˈʃiːl, ˈʃɪl] *contraction of* SHE SHALL *or* SHE WILL → **shall, will**

**shellac**[1] [ʃəˈlæk] *vt* **-lacked; -lacking** **1** : laquear (madera, etc.) **2** DEFEAT : darle una paliza (a alguien), derrotar

**shellac**[2] *n* : laca *f*

**shellfish** [ˈʃɛlˌfɪʃ] *n* : marisco *m*

**shelter**[1] [ˈʃɛltər] *vt* **1** PROTECT : proteger, abrigar **2** HARBOR : dar refugio a, albergar

**shelter**[2] *n* : refugio *m*, abrigo *m* ⟨to take shelter : refugiarse⟩

**shelve** [ˈʃɛlv] *vt* **shelved; shelving** **1** : poner en estantes **2** DEFER : dar carpetazo a

**shenanigans** [ʃəˈnænɪgənz] *npl* **1** TRICKERY : artimañas *fpl* **2** MISCHIEF : travesuras *fpl*

**shepherd**[1] [ˈʃɛpərd] *vt* **1** : cuidar (ovejas, etc.) **2** GUIDE : conducir, guiar

**shepherd**[2] *n* : pastor *m*

**shepherdess** [ˈʃɛpərdəs] *n* : pastora *f*

**sherbet** [ˈʃərbət] *or* **sherbert** [-bərt] *n* : sorbete *m*; nieve *f Cuba, Mex, PRi*

**sheriff** [ˈʃɛrɪf] *n* : sheriff *mf*

**sherry** [ˈʃɛri] *n, pl* **-ries** : jerez *m*

**she's** [ˈʃiːz] *contraction of* SHE IS *or* SHE HAS → **be, have**

**Shia** *or* **Shi'a** [ˈʃiːˌɑ] *n* **1** : chiismo *m* **2** *pl* **Shia** *or* **Shi'a** *or* **Shias** *or* **Shi'as** SHIITE : chií *mf*, chiita *mf*

**shield**[1] [ˈʃiːld] *vt* **1** PROTECT : proteger **2** CONCEAL : ocultar ⟨to shield one's eyes : taparse los ojos⟩

**shield**[2] *n* **1** : escudo *m* (armadura) **2** PROTECTION : protección *f*, blindaje *m* (de un cable)

**shier, shiest** → **shy**

**shift**[1] [ˈʃɪft] *vt* **1** CHANGE : cambiar ⟨to shift gears : cambiar de velocidad⟩ **2** MOVE : mover **3** TRANSFER : transferir ⟨to shift the blame : echarle la culpa (a otro)⟩ — *vi* **1** CHANGE : cambiar **2** MOVE : moverse **3 to shift for oneself** : arreglárselas solo

**shift**[2] *n* **1** CHANGE, TRANSFER : cambio *m* ⟨a shift in priorities : un cambio de prioridades⟩ **2** : turno *m* ⟨night shift : turno de noche⟩ **3** DRESS : vestido *m* (suelto) **4** → **gearshift**

**shiftless** [ˈʃɪftləs] *adj* : perezoso, vago, holgazán

**shifty** [ˈʃɪfti] *adj* **shiftier; -est** : taimado, artero ⟨a shifty look : una mirada huidiza⟩

**Shiite** *or* **Shi'ite** [ˈʃiːˌaɪt] *n* SHIA : chií *mf*, chiita *mf* — **Shiite** *or* **Shi'ite** *adj*

**shilling** [ˈʃɪlɪŋ] *n* : chelín *m*

**shimmer** [ˈʃɪmər] *vi* GLIMMER : brillar con luz trémula

**shin**[1] [ˈʃɪn] *vi* **shinned; shinning** : trepar, subir ⟨she shinned up the pole : subió al poste⟩

**shin**[2] *n* : espinilla *f*, canilla *f*

**shine**[1] [ˈʃaɪn] *v* **shone** [ˈʃoːn] *or* **shined; shining** *vi* **1** : brillar, relucir ⟨the stars were shining : las estrellas brillaban⟩ **2** EXCEL : brillar, lucirse — *vt* **1** : alumbrar ⟨he shined the flashlight at it : lo alumbró con la linterna⟩ **2** POLISH : sacarle brillo a, lustrar

**shine**[2] *n* : brillo *m*, lustre *m*

**shingle**[1] [ˈʃɪŋgəl] *vt* **-gled; -gling** : techar

**shingle**[2] *n* : tablilla *f* (para techar)

**shingles** [ˈʃɪŋgəlz] *npl* : herpes *m*

**shinny** [ˈʃɪni] *vi* **-nied; -nying** → **shin**[1]

**shiny** [ˈʃaɪni] *adj* **shinier; -est** : brillante

**ship**[1] [ˈʃɪp] *vt* **shipped; shipping** **1** LOAD : embarcar (en un barco) **2** SEND : transportar (en barco), enviar ⟨to ship by air : enviar por avión⟩

**ship**[2] *n* **1** : barco *m*, buque *m* **2** → **spaceship**

**shipboard** [ˈʃɪpˌbɔrd] *n* **on ~** : a bordo

**shipbuilder** [ˈʃɪpˌbɪldər] *n* : constructor *m*, -tora *f* naval

**shipment** [ˈʃɪpmənt] *n* **1** SHIPPING : transporte *m*, embarque *m* **2** : envío *m*, remesa *f* ⟨a shipment of medicine : un envío de medicina⟩

**shipper** [ˈʃɪpər] *n* : exportador *m*, -dora *f*

**shipping** [ˈʃɪpɪŋ] *n* **1** SHIPS : barcos *mpl*, embarcaciones *fpl* **2** TRANSPORTATION : transporte *m* (de mercancías)

**shipshape** [ˈʃɪpˈʃeɪp] *adj* : ordenado

**shipwreck**[1] [ˈʃɪpˌrɛk] *vt* **to be shipwrecked** : naufragar

**shipwreck**[2] *n* : naufragio *m*

**shipyard** [ˈʃɪpˌjɑrd] *n* : astillero *m*

**shirk** [ˈʃərk] *vt* : eludir, rehuir ⟨to shirk one's responsibilities : esquivar uno sus responsabilidades⟩

**shirt** [ˈʃərt] *n* : camisa *f*

**shiver**[1] [ˈʃɪvər] *vi* **1** : tiritar (de frío) **2** TREMBLE : estremecerse, temblar

**shiver**[2] *n* : escalofrío *m*, estremecimiento *m*

**shoal** [ˈʃoːl] *n* : banco *m*, bajío *m*

**shock**[1] [ˈʃɑk] *vt* **1** UPSET : conmover, conmocionar **2** STARTLE : asustar, sobresaltar **3** SCANDALIZE : escandalizar **4** : darle una descarga eléctrica a

**shock**[2] *n* **1** COLLISION, JOLT : choque *m*, sacudida *f* **2** UPSET : shock *m*, choque *m*, golpe *m* (emocional) ⟨she's in for a shock : se va a llevar un shock⟩ ⟨it came as a shock to me : me sorprendió/afectó mucho⟩ **3** : shock *m*, choque *m* (en medicina) ⟨to be in shock : estar en estado de shock⟩ **4** *or* **electric shock** : descarga *f* eléctrica, calambre *m* **5** SHEAVES : gavillas *fpl* **6 shock of hair** : mata *f* de pelo

**shock absorber** *n* : amortiguador *m*

**shocker** [ˈʃɑkər] *n* : bomba *f*, bombazo *m*

**shocking** [ˈʃɑkɪŋ] *adj* **1** : chocante **2 shocking pink** : rosa *m* estridente

**shoddy** [ˈʃɑdi] *adj* **shoddier; -est** : de mala calidad ⟨a shoddy piece of work : un trabajo chapucero⟩

**shoe**[1] [ˈʃuː] *vt* **shod** [ˈʃɑd]; **shoeing** : herrar (un caballo)

**shoe**[2] *n* **1** : zapato *m* ⟨the shoe industry : la industria del calzado⟩ **2** HORSESHOE : herradura *f* **3 brake shoe** : zapata *f*

**shoehorn** [ˈʃuːˌhɔrn] *n* : calzador *m*

**shoelace** [ˈʃuːˌleɪs] *n* : cordón *m* (de zapatos)

**shoemaker** [ˈʃuːˌmeɪkər] *n* : zapatero *m*, -ra *f*

**shoe polish** *n* : betún *m*, grasa *f Mex*
**shoeshine** [ˈʃuːˌʃaɪn] *n* : acto *m* de limpiar o lustrar los zapatos ⟨shoeshine boy/girl : limpiabotas, lustrabotas, bolero/bolera⟩
**shoe store** *n* : zapatería *f*
**shone** → **shine**
**shoo** [ˈʃuː] *vt* **to shoo away/off/out (etc.)** : espantar, mandar a otra parte
**shook** → **shake**
**shoot**[1] [ˈʃuːt] *v* **shot** [ˈʃɑt]; **shooting** *vt* **1** : disparar, tirar ⟨to shoot a bullet/pistol : disparar una bala/pistola⟩ **2** : pegarle un tiro a, darle un balazo a, balacear, balear ⟨he shot her : le pegó un tiro⟩ ⟨to shoot oneself : pegarse un tiro⟩ ⟨to shoot and kill, to shoot dead/down : matar a balazos⟩ **3** THROW : lanzar (una pelota, una mirada, etc.) **4** SCORE : anotar ⟨to shoot a basket : encestar⟩ **5** PLAY : jugar a (los dados, etc.) **6** PHOTOGRAPH : fotografiar **7** FILM : filmar **8 to shoot down** : derribar (un avión) **9 to shoot down** DEFEAT : echar por tierra **10 to shoot oneself in the foot** *fam* : crearse problemas — *vi* **1** : disparar (con un arma de fuego) **2** DART : ir rápidamente ⟨it shot past : pasó como una bala⟩ **3** : disparar (en deportes) **4 to shoot for** : poner como objetivo ⟨let's shoot for Monday : intentémoslo para el lunes⟩ **5 to shoot up** : pincharse, inyectarse **6 to shoot up** INCREASE : dispararse
**shoot**[2] *n* : brote *m*, retoño *m*, vástago *m*
**shooting** [ˈʃuːtɪŋ] *n* : baleo *m*, tiroteo *m* ⟨shooting death : asesinato (con arma de fuego)⟩
**shooting star** *n* : estrella *f* fugaz
**shoot–out** [ˈʃuːtˌaʊt] *n* : balacera *f*, baleo *m*, tiroteo *m*
**shop**[1] [ˈʃɑp] *vi* **shopped; shopping** : hacer compras ⟨to go shopping : ir de compras⟩
**shop**[2] *n* **1** WORKSHOP : taller *m* **2** STORE : tienda *f*
**shopkeeper** [ˈʃɑpˌkiːpər] *n* : tendero *m*, -ra *f*
**shoplift** [ˈʃɑpˌlɪft] *vi* : hurtar mercancía (de una tienda) — *vt* : hurtar (de una tienda)
**shoplifter** [ˈʃɑpˌlɪftər] *n* : ladrón *m*, -drona *f* (que roba en una tienda)
**shopper** [ˈʃɑpər] *n* : comprador *m*, -dora *f*
**shopping bag** *n* : bolsa *f* (para las compras)
**shopping cart** *n* : carrito/carro *m* de compras; carrito *m* de la compra *Mex, Spain*; carro *m* de la compra *Spain*
**shopping center** *or* **shopping plaza** *n* : centro *m* comercial
**shopping mall** *n* : centro *m* comercial
**shop window** *n* : vitrina *f*, escaparate *m*, aparador *m*
**shore**[1] [ˈʃɔr] *vt* **shored; shoring** : apuntalar ⟨they shored up the wall : apuntalaron la pared⟩
**shore**[2] *n* **1** : orilla *f* (del mar, etc.) **2** PROP : puntal *m*
**shoreline** [ˈʃɔrˌlaɪn] *n* : orilla *f*
**shorn** → **shear**
**short**[1] [ˈʃɔrt] *v* → **short-circuit**
**short**[2] *adv* **1** ABRUPTLY : repentinamente, súbitamente ⟨the car stopped short : el carro se paró en seco⟩ ⟨the sight of it brought me up short : lo que vi me hizo parar en seco⟩ **2 to be running short** ⟨the food is running short, we're running short on food : se nos está acabando la comida⟩ **3 to cut short** : interrumpir **4 to fall short** : no alcanzar, quedarse corto ⟨to fall short of expectations : no estar a la altura de las expectativas⟩ **5 to stop short of doing something** : no llegar a hacer algo
**short**[3] *adj* **1** : corto (de medida), bajo (de estatura) ⟨a short distance away : a poca distancia⟩ **2** BRIEF : corto ⟨short and sweet : corto y bueno⟩ ⟨a short time ago : hace poco⟩ ⟨a short delay : una pequeña demora⟩ ⟨on short notice : con poca antelación⟩ **3** ABBREVIATED : abreviado ⟨to be short for : ser una forma breve de⟩ **4** CURT : brusco, cortante, seco **5** : corto (de dinero, etc.) ⟨I'm one dollar short : me falta un dólar⟩ ⟨to be short on/of time : andar corto de tiempo⟩ ⟨to be short of breath : quedarse sin aliento⟩ **6 nothing short of** : nada menos que, ni más ni menos que
**short**[4] *n* **1 shorts** *npl* : shorts *mpl*, pantalones *mpl* cortos **2** → **short circuit** **3** : cortometraje *m* (en el cine) **4 for short** : para abreviar **5 in short** : en resumen
**shortage** [ˈʃɔrtɪʤ] *n* : falta *f*, escasez *f*, carencia *f*
**shortbread** [ˈʃɔrtˌbrɛd] *n* : galleta *f* dulce de mantequilla, harina, y azúcar
**shortcake** [ˈʃɔrtˌkeɪk] *n* : tarta *f* de fruta
**shortchange** [ˈʃɔrtˈʧeɪnʤ] *vt* **-changed; -changing** : darle mal el cambio (a alguien)
**short–circuit** *vt* : provocar un cortocircuito en — *vi* **1** : provocar un cortocircuito **2** : hacer cortocircuito ⟨the lamp short-circuited : la lámpara hizo cortocircuito⟩
**short circuit** *n* : cortocircuito *m*, corto *m* (eléctrico)
**shortcoming** [ˈʃɔrtˌkʌmɪŋ] *n* : defecto *m*
**shortcut** [ˈʃɔrtˌkʌt] *n* **1** : atajo *m* ⟨to take a shortcut : cortar camino⟩ **2** : alternativa *f* fácil, método *m* rápido
**shorten** [ˈʃɔrtən] *vt* : acortar — *vi* : acortarse
**shortfall** [ˈʃɔrtˌfɔl] *n* : déficit *m*
**shorthand** [ˈʃɔrtˌhænd] *n* : taquigrafía *f*
**short list** *n* : lista *f* de candidatos finales
**short–lived** [ˈʃɔrtˈlɪvd, -ˈlaɪvd] *adj* : efímero
**shortly** [ˈʃɔrtli] *adv* **1** BRIEFLY : brevemente ⟨to put it shortly : para decirlo en pocas palabras⟩ **2** SOON : dentro de poco
**shortness** [ˈʃɔrtnəs] *n* **1** : lo corto ⟨shortness of stature : estatura baja⟩ **2** BREVITY : brevedad *f* **3** CURTNESS : brusquedad *f* **4** SHORTAGE : falta *f*, escasez *f*, carencia *f*

**shortsighted** [ˈʃɔrtˌsaɪt̬əd] → **nearsighted**
**short–sleeved** [ˈʃɔrtˌsliːvd] *adj* : de manga corta
**short–staffed** [ˈʃɔrtˌstæft] *adj* **to be short–staffed** : faltarle personal a
**shortstop** [ˈʃɔrtˌstɑp] *n* : torpedero *m*, -ra *f*; parador *m*, -dora *f* en corto *Car, Mex, Ven*
**short story** *n* : cuento *m*
**short–tempered** [ˈʃɔrtˌtɛmpərd] *adj* : de mal genio
**short–term** [ˈʃɔrtˌtərm] *adj* : a corto plazo
**shorty** [ˈʃɔrt̬i] *n* : enano *m*, -na *f*, *often disparaging*; petiso *m*, -sa *f* (persona)
**shot** [ˈʃɑt] *n* **1** : disparo *m*, tiro *m* ⟨to fire a shot : disparar⟩ **2** PELLETS : perdigones *mpl* **3** : tiro *m* (en deportes) **4** ATTEMPT : intento *m*, tentativa *f* ⟨to have/take a shot at : hacer un intento por⟩ **5** CHANCE : posibilidad *f*, chance *m* ⟨we have a shot at winning : tenemos posibilidades de ganar⟩ ⟨a long shot : una posibilidad remota⟩ **6** PHOTOGRAPH : foto *f* **7** INJECTION : inyección *f* **8** : trago *m* (de licor) **9** MARKSMAN : tirador *m*, -dora *f* ⟨a good/poor shot : un buen/mal tirador⟩
**shotgun** [ˈʃɑtˌgʌn] *n* : escopeta *f*
**shot put** *n* : lanzamiento *m* de bala
**should** [ˈʃʊ] *v aux* (*past of* **shall**) **1** (*expressing a condition*) ⟨if he should die : si muriera⟩ ⟨if they should call, tell me : si llaman, dímelo⟩ **2** (*indicating what is proper, required, or desirable*) ⟨they should be punished : deberían ser castigados⟩ ⟨what time should we meet? : ¿a qué hora nos encontramos?⟩ **3** (*indicating a preferred thing that did not happen*) ⟨I should have realized : tendría que haberme dado cuenta⟩ ⟨he shouldn't have said it : no debería haberlo dicho⟩ **4** (*expressing polite thanks*) ⟨you shouldn't have gone to all that trouble! : ¡no deberías haberte molestado tanto!⟩ **5** (*expressing a wish*) ⟨you should have seen her face! : ¡tendrías que haber visto la cara que puso!⟩ **6** (*requesting an opinion*) ⟨what should I do? : ¿qué hago?⟩ **7** (*expressing a feeling about someone's words or behavior*) ⟨(it's) funny you should say that — I was just thinking the same thing : ¡qué casualidad! estaba pensando lo mismo⟩ **8** (*emphasizing a belief, thought, or hope*) ⟨I should hope so/not! : ¡faltaría más!⟩ **9** (*expressing probability*) ⟨they should arrive soon : deben (de) llegar pronto⟩ ⟨why should he lie? : ¿porqué ha de mentir?⟩
**shoulder**[1] [ˈʃoːldər] *vt* **1** JOSTLE : empujar (con el hombro) **2** : ponerse al hombro (una mochila, etc.) **3** : cargar con (la responsabilidad, etc.)
**shoulder**[2] *n* **1** : hombro *m* ⟨to shrug one's shoulders : encogerse los hombros⟩ **2** : arcén *m*; banquina *f Arg, Uru*; berma *f Chile, Col, Ecua, Peru* (de una carretera)
**shoulder bag** *n* HANDBAG : cartera *f*, bolso *m*, bolsa *f Mex* (con correa)
**shoulder blade** *n* : omóplato *m*, omoplato *m*, escápula *f*
**shoulder–length** *n* : hasta los hombros
**shoulder strap** *n* : tirante *m*
**shouldn't** [ˈʃʊdənt] *contraction of* SHOULD NOT → **should**
**shout**[1] [ˈʃaʊt] *v* : gritar, vocear
**shout**[2] *n* : grito *m*
**shove**[1] [ˈʃʌv] *v* **shoved; shoving** : empujar bruscamente
**shove**[2] *n* : empujón *m*, empellón *m*
**shovel**[1] [ˈʃʌvəl] *vt* **-veled** *or* **-velled; -veling** *or* **-velling** **1** : mover con (una) pala ⟨they shoveled the dirt out : sacaron la tierra con palas⟩ **2** DIG : cavar (con una pala)
**shovel**[2] *n* : pala *f*
**show**[1] [ˈʃoː] *v* **showed; shown** [ˈʃoːn] *or* **showed; showing** *vt* **1** PRESENT, DISPLAY : mostrar, enseñar ⟨I showed him the photo : le mostré la foto⟩ **2** REVEAL : demostrar, manifestar, revelar ⟨he showed himself to be a coward : se reveló como cobarde⟩ ⟨to show signs of : dar muestras/señales/indicios de⟩ ⟨to show one's feelings : demostrar uno sus emociones⟩ **3** TEACH : enseñar ⟨show me how to do it : enséñame cómo hacerlo⟩ ⟨to show someone who's boss : demostrarle a alguien quién manda⟩ ⟨I'll show him! : ¡ya lo verá!⟩ **4** PROVE : demostrar, probar ⟨it just goes to show that . . . : esto demuestra que . . .⟩ **5** DEPICT : representar ⟨the photo shows children playing : la foto es de unos niños jugando⟩ **6** DISPLAY, READ : marcar **7** INDICATE : indicar **8** CONDUCT, LEAD : llevar, conducir ⟨to show someone the way : conducir a alguien⟩ ⟨to show someone out : acompañar a alguien a la puerta⟩ ⟨they showed us around their house : nos mostraron su casa⟩ **9** : proyectar (una película), dar (un programa de televisión) **10 to show off** : lucirse con **11 to show off** ACCENTUATE : hacer resaltar **12 to show up** EMBARRASS : hacer quedar mal — *vi* **1** : notarse, verse ⟨the stain doesn't show : la mancha no se ve⟩ **2** APPEAR : aparecer, dejarse ver **3 to show off** : lucirse
**show**[2] *n* **1** : demostración *f* ⟨a show of force/strength : una demostración de fuerza⟩ **2** EXHIBITION : exposición *f*, exhibición *f* ⟨flower show : exposición de flores⟩ ⟨to be on show : estar expuesto⟩ **3** : espectáculo *m* (teatral), programa *m* (de televisión, etc.) ⟨to go to a show : ir al teatro⟩ **4** APPEARANCE : apariencia *f* ⟨she put on a show of sympathy : fingió compasión⟩ ⟨his friendliness was all show : su simpatía era puro teatro⟩ **5 to run the show** : ser el/la que manda
**show business** *n* : mundo *m* del espectáculo
**showcase** [ˈʃoːˌkeɪs] *n* : vitrina *f*
**showdown** [ˈʃoːˌdaʊn] *n* : confrontación *f* (decisiva)
**shower**[1] [ˈʃaʊər] *vt* **1** SPRAY : regar, mojar **2** HEAP : colmar ⟨they showered

him with gifts : lo colmaron de regalos, le llovieron los regalos〉 — *vi* **1** BATHE : ducharse, darse una ducha **2** RAIN : llover

**shower**[2] *n* **1** : chaparrón *m*, chubasco *m* 〈a chance of showers : una posibilidad de chaparrones〉 **2** : ducha *f* 〈to take a shower : ducharse〉 **3** PARTY : fiesta *f* 〈a bridal shower : una despedida de soltera〉

**shower cap** *n* : gorro *m* de ducha

**showing** [ˈʃoʊɪŋ] *n* : exposición *f*

**show–off** [ˈʃoʊˌɔf] *n* : fanfarrón *m*, -rrona *f*

**show off** *vt* : hacer alarde de, ostentar — *vi* : lucirse

**showroom** [ˈʃoʊˌruːm, -ˌrʊm] *n* : sala *f* de exposición

**show up** *vi* APPEAR : aparecer — *vt* EXPOSE : revelar

**showy** [ˈʃoːi] *adj* **showier; -est** : llamativo, ostentoso — **showily** *adv*

**shrank → shrink**

**shrapnel** [ˈʃræpnəl] *ns & pl* : metralla *f*

**shred**[1] [ˈʃrɛd] *vt* **shredded; shredding** : hacer trizas, desmenuzar (con las manos), triturar (con una máquina) 〈to shred vegetables : cortar verduras en tiras〉

**shred**[2] *n* **1** STRIP : tira *f*, jirón *m* (de tela) 〈to tear to shreds : hacer trizas〉 **2** BIT : pizca *f* 〈not a shred of evidence : ni la más mínima prueba〉 〈not a shred of truth : ni pizca de verdad〉

**shredder** *n* : trituradora *f* 〈paper shredder : trituradora de papel〉

**shrew** [ˈʃruː] *n* **1** : musaraña *f* (animal) **2** : mujer *f* regañona

**shrewd** [ˈʃruːd] *adj* : astuto, inteligente, sagaz — **shrewdly** *adv*

**shrewdness** [ˈʃruːdnəs] *n* : astucia *f*

**shriek**[1] [ˈʃriːk] *vi* : chillar, gritar

**shriek**[2] *n* : chillido *m*, alarido *m*, grito *m*

**shrill** [ˈʃrɪl] *adj* : agudo, estridente

**shrilly** [ˈʃrɪli] *adv* : agudamente

**shrimp** [ˈʃrɪmp] *n* **1** : camarón *m*; langostino *m*; gamba *f Arg, Uru, Spain* **2** *usu disparaging* : enano *m*, -na *f, often disparaging*; petiso *m*, -sa *f* (persona)

**shrine** [ˈʃraɪn] *n* **1** TOMB : sepulcro *m* (de un santo) **2** SANCTUARY : lugar *m* sagrado, santuario *m*

**shrink** [ˈʃrɪŋk] *vi* **shrank** [ˈʃræŋk] *or* **shrunk** [ˈʃrʌŋk]; **shrunk** *or* **shrunken** [ˈʃrʌŋkən]; **shrinking** **1** RECOIL : retroceder 〈he shrank back : se echó para atrás〉 **2** : encogerse (dícese de la ropa) **3 to shrink from** AVOID : eludir

**shrinkage** [ˈʃrɪŋkɪʤ] *n* : encogimiento *m* (de ropa, etc.), contracción *f*, reducción *f*

**shrivel** [ˈʃrɪvəl] *vi* **-veled** *or* **-velled; -veling** *or* **-velling** : arrugarse, marchitarse

**shroud**[1] [ˈʃraʊd] *vt* : envolver

**shroud**[2] *n* **1** : sudario *m*, mortaja *f* **2** VEIL : velo *m* 〈wrapped in a shroud of mystery : envuelto en un aura de misterio〉

**shrub** [ˈʃrʌb] *n* : arbusto *m*, mata *f*

**shrubbery** [ˈʃrʌbəri] *n, pl* **-beries** : arbustos *mpl*, matas *fpl*

**shrug** [ˈʃrʌg] *vi* **shrugged; shrugging** : encogerse de hombros — *vt* **to shrug off** DISMISS : hacer caso omiso de

**shrunk → shrink**

**shuck** [ˈʃʌk] *vt* : pelar (mazorcas, etc.), abrir (almejas, etc.)

**shudder**[1] [ˈʃʌdər] *vi* : estremecerse

**shudder**[2] *n* : estremecimiento *m*, escalofrío *m*

**shuffle**[1] [ˈʃʌfəl] *v* **-fled; -fling** *vt* MIX : mezclar, revolver, barajar (naipes) — *vi* : caminar arrastrando los pies

**shuffle**[2] *n* **1** : acto *m* de revolver 〈each player gets a shuffle : a cada jugador le toca barajar〉 **2** JUMBLE : revoltijo *m* **3** : el arrastrar los pies

**shun** [ˈʃʌn] *vi* **shunned; shunning** : evitar, esquivar, eludir

**shunt** [ˈʃʌnt] *vt* : desviar, cambiar de vía (un tren)

**shut** [ˈʃʌt] *v* **shut; shutting** *vt* **1** CLOSE : cerrar (una puerta, los ojos, un libro, etc.) 〈shut the lid : tápalo〉 **2 to shut away/in** : encerrar **3 to shut down** CLOSE : cerrar (un negocio, etc.) **4 to shut down** TURN OFF : apagar **5 to shut off** TURN OFF : cortar (la electricidad), apagar (las luces, etc.) **6 to shut off** ISOLATE : aislar **7 to shut out** EXCLUDE : excluir, dejar fuera a (personas), no dejar que entre (luz, ruido, etc.) **8 to shut up** CLOSE : cerrar **9 to shut up** CONFINE : encerrar **10 to shut up** *fam* SILENCE : callar — *vi* **1** : cerrarse **2 to shut down** : cerrar, cerrar sus puertas (dícese de una empresa) **3 to shut up** *fam* : callarse 〈shut up! : ¡cállate (la boca)!〉

**shut–in** [ˈʃʌtˌɪn] *n* : inválido *m*, -da *f* (que no puede salir de casa)

**shutter** [ˈʃʌtər] *n* **1** : contraventana *f*, postigo *m* (de una ventana o puerta) **2** : obturador *m* (de una cámara)

**shuttle**[1] [ˈʃʌtəl] *v* **-tled; -tling** *vt* : transportar 〈she shuttled him back and forth : lo llevaba de acá para allá〉 — *vi* : ir y venir

**shuttle**[2] *n* **1** : lanzadera *f* (para tejer) **2** : vehículo *m* que hace recorridos cortos **3 → space shuttle**

**shuttlecock** [ˈʃʌtəlˌkɑk] *n* : volante *m*

**shy**[1] [ˈʃaɪ] *vi* **shied; shying** : retroceder, asustarse

**shy**[2] *adj* **shier** *or* **shyer** [ˈʃaɪər]; **shiest** *or* **shyest** [ˈʃaɪəst] **1** TIMID : tímido **2** WARY : cauteloso 〈he's not shy about asking : no vacila en preguntar〉 **3** SHORT : corto (de dinero, etc.) 〈I'm two dollars shy : me faltan dos dólares〉

**shyly** [ˈʃaɪli] *adv* : tímidamente

**shyness** [ˈʃaɪnəs] *n* : timidez *f*

**Siamese**[1] [ˌsaɪəˈmiːz, -ˈmiːs-] *adj* : siamés 〈Siamese twins : hermanos siameses〉

**Siamese**[2] *n* **1** : siamés *m*, -mesa *f* **2** : siamés *m* (idioma) **3** *or* **Siamese cat** : gato *m* siamés

**sibling** [ˈsɪblɪŋ] *n* : hermano *m*, hermana *f*

**Sicilian** [səˈsɪlɪən] *n* : siciliano *m*, -na *f* — **Sicilian** *adj*

**sick** [ˈsɪk] *adj* **1** : enfermo ⟨the baby is sick : el bebé está enfermo⟩ **2** NAUSEOUS : mareado, con náuseas ⟨to get sick : vomitar⟩ **3** : para uso de enfermos ⟨sick day : día de permiso (por enfermedad)⟩ **4 to be sick (and tired)** *of* : estar harto de, estar hasta la coronilla de

**sickbed** [ˈsɪkˌbɛd] *n* : lecho *m* de enfermo

**sicken** [ˈsɪkən] *vt* **1** : poner enfermo **2** REVOLT : darle asco (a alguien) — *vi* : enfermar(se), caer enfermo

**sickening** [ˈsɪkənɪŋ] *adj* : asqueroso, repugnante, nauseabundo

**sickle** [ˈsɪkəl] *n* : hoz *f*

**sick leave** *n* : baja *f* por enfermedad

**sickly** [ˈsɪkli] *adj* **sicklier; -est** **1** : enfermizo **2** → **sickening**

**sickness** [ˈsɪknəs] *n* **1** : enfermedad *f* **2** NAUSEA : náuseas *fpl*

**side**[1] [ˈsaɪd] *n* **1** : lado *m* (de un lago, una cama, una frontera, etc.) ⟨by the side of the road : al lado de la calle⟩ ⟨the far side : el otro lado⟩ ⟨on the left-hand side : a mano izquierda⟩ ⟨on both sides : a ambos lados⟩ ⟨on either side : a cada lado⟩ ⟨from side to side : de un lado a otro⟩ ⟨side by side : uno al lado del otro⟩ ⟨they attacked from all sides : atacaron desde todos los frentes⟩ ⟨there are mountains on all sides : todo alrededor hay montañas⟩ **2** : lado *m*, cara *f* (de una moneda, una caja, etc.) ⟨this side up : este lado hacia arriba⟩ **3** : falda *f* (de una montaña) **4** : lado *m*, costado *m* (de una persona), ijada *f* (de un animal) **5** *or* **side dish** : guarnición *f*, acompañamiento *m* ⟨with a side of fries : con papas fritas (como guarnición)⟩ **6** : lado *m*, parte *f* ⟨he's on my side : está de mi parte⟩ ⟨to take sides : tomar partido⟩ ⟨to listen to both sides (of the story) : escuchar las dos campanas⟩ **7** : aspecto *m* ⟨to look on the bright side : ver el aspecto positivo⟩ **8 on the side** SEPARATELY : aparte **9 on the side** : como segundo trabajo **10 on the side** ⟨a lover on the side : un/una amante (de una persona casada)⟩

**side**[2] *v* **sided; siding** *vt* : instalar revestimiento exterior en — *vi* **1 to side against** : ponerse en contra de **2 to side with** : ponerse de parte de

**sideboard** [ˈsaɪdˌbɔrd] *n* : aparador *m*

**sideburns** [ˈsaɪdˌbɔrnz] *npl* : patillas *fpl*

**sided** [ˈsaɪdəd] *adj* : que tiene lados ⟨one-sided : de un lado⟩

**side effect** *n* : efecto *m* secundario

**sideline** [ˈsaɪdˌlaɪn] *n* **1** : línea *f* de banda (en deportes) **2** : actividad *f* suplementaria (en negocios) **3 to be on the sidelines** : estar al margen

**sidelong** [ˈsaɪdˌlɔŋ] *adj* : de reojo, de soslayo

**sideshow** [ˈsaɪdˌʃoː] *n* : espectáculo *m* secundario, atracción *f* secundaria

**sidestep** [ˈsaɪdˌstɛp] *v* **-stepped; -stepping** *vi* : dar un paso hacia un lado — *vt* AVOID : esquivar, eludir

**side street** *n* : calle *f* lateral

**sidetrack** [ˈsaɪdˌtræk] *vt* : desviar (una conversación, etc.), distraer (a una persona)

**sidewalk** [ˈsaɪdˌwɔk] *n* : acera *f*; vereda *f*; andén *m CA, Col*; banqueta *f Mex*

**sideways**[1] [ˈsaɪdˌweɪz] *adv* **1** : hacia un lado ⟨it leaned sideways : se inclinaba hacia un lado⟩ **2** : de lado, de costado ⟨lie sideways : acuéstese de costado⟩

**sideways**[2] *adj* : hacia un lado ⟨a sideways glance : una mirada de reojo⟩

**siding** [ˈsaɪdɪŋ] *n* : revestimiento *m* exterior (de un edificio)

**sidle** [ˈsaɪdəl] *vi* **-dled; -dling** : moverse furtivamente

**siege** [ˈsiːʤ, ˈsiːʒ] *n* : sitio *m* ⟨to be under siege : estar sitiado⟩

**siesta** [siːˈɛstə] *n* : siesta *f*

**sieve** [ˈsɪv] *n* : tamiz *m*, cedazo *m*, criba *f* (en mineralogía)

**sift** [ˈsɪft] *vt* **1** : tamizar, cerner ⟨sift the flour : tamice la harina⟩ **2** *or* **to sift through** : examinar cuidadosamente, pasar por el tamiz

**sifter** [ˈsɪftər] *n* : tamiz *m*, cedazo *m*

**sigh**[1] [ˈsaɪ] *vi* : suspirar

**sigh**[2] *n* : suspiro *m*

**sight**[1] [ˈsaɪt] *vt* : ver (a una persona), divisar (la tierra, un barco)

**sight**[2] *n* **1** EYESIGHT : vista *f* (facultad) **2** VIEW : vista *f* ⟨out of sight : fuera de vista⟩ ⟨to come into sight : aparecer⟩ ⟨in plain sight : a plena vista⟩ **3** : algo visto ⟨it's a familiar sight : se ve con frecuencia⟩ ⟨she's a sight for sore eyes : da gusto verla⟩ **4** : lugar *m* de interés (para turistas, etc.) **5** : mira *f* (de un rifle, etc.) **6** GLIMPSE : mirada *f* breve ⟨at first sight : a primera vista⟩ ⟨I know him by sight : lo conozco de vista⟩ ⟨I caught sight of her : la divisé, alcancé a verla⟩ ⟨to lose sight of : perder de vista⟩ ⟨he faints at the sight of blood : cuando ve sangre se desmaya⟩ ⟨to shoot on sight : disparar sin previo aviso⟩

**sighting** [ˈsaɪtɪŋ] *n* : avistamiento *m*

**sightless** [ˈsaɪtləs] *adj* : invidente, ciego

**sightseeing** [ˈsaɪtˌsiːɪŋ] *n* : acto *m* de visitar los lugares de interés ⟨to go sightseeing : hacer turismo⟩ ⟨sightseeing tour : excursión, tour⟩

**sightseer** [ˈsaɪtˌsiːər] *n* : turista *mf*

**sign**[1] [ˈsaɪn] *vt* **1** : firmar ⟨to sign a check : firmar un cheque⟩ **2** *or* **to sign on/up** HIRE : contratar (a un empleado), fichar (a un jugador) **3 to sign in/out** : registrar la entrada/salida de — *vi* **1** : hacer una seña ⟨she signed for him to stop : le hizo una seña para que se parara⟩ **2** : comunicarse por señas **3 to sign for** : firmar el recibo de **4 to sign in/out** : firmar el registro (al entrar/salir), registrar la entrada/salida **5 to sign off** : despedirse (en una carta, etc.) **6 to sign off (on)** APPROVE : dar el visto bueno (a) **7 to sign up** : inscribirse, matricularse

**sign**[2] *n* **1** SYMBOL : símbolo *m*, signo *m* ⟨minus sign : signo de menos⟩ ⟨sign of the zodiac : signo del zodíaco⟩ **2** GES-

TURE : seña *f*, señal *f*, gesto *m* 3 : letrero *m*, cartel *m* ⟨neon sign : letrero de neón⟩ 4 TRACE : señal *f*, indicio *m*

**signage** [ˈsaɪnɪʤ] *n* : señalización *f*

**signal**[1] [ˈsɪɡnəl] *vt* **-naled** *or* **-nalled; -naling** *or* **-nalling** 1 : hacerle señas (a alguien) ⟨she signaled me to leave : me hizo señas para que saliera⟩ 2 INDICATE : señalar, indicar — *vi* : hacer señas, comunicar por señas

**signal**[2] *adj* NOTABLE : señalado, notable

**signal**[3] *n* : señal *f*

**signatory** [ˈsɪɡnəˌtori] *n, pl* **-ries** : firmante *mf*; signatario *m*, -ria *f*

**signature** [ˈsɪɡnəˌtʃʊr] *n* : firma *f*

**signer** [ˈsaɪnər] *n* : firmante *mf*

**signet** [ˈsɪɡnɪt] *n* : sello *m*

**significance** [sɪɡˈnɪfɪkənts] *n* 1 MEANING : significado *m* 2 IMPORTANCE : importancia *f*

**significant** [sɪɡˈnɪfɪkənt] *adj* 1 IMPORTANT : importante 2 MEANINGFUL : significativo — **significantly** *adv*

**signify** [ˈsɪɡnəˌfaɪ] *vt* **-fied; -fying** 1 : indicar ⟨he signified his desire for more : haciendo señas indicó que quería más⟩ 2 MEAN : significar

**sign language** *n* : lenguaje *m* por señas

**signpost** [ˈsaɪnˌpoːst] *n* : poste *m* indicador

**silence**[1] [ˈsaɪlənts] *vt* **-lenced; -lencing** : silenciar, acallar

**silence**[2] *n* : silencio *m*

**silencer** [ˈsaɪlənts͡ər] *n* : silenciador *m*

**silent** [ˈsaɪlənt] *adj* 1 : callado ⟨to remain silent : quedarse callado, guardar silencio⟩ 2 QUIET, STILL : silencioso 3 MUTE : mudo ⟨a silent letter : una letra muda⟩

**silently** [ˈsaɪlənt͡lɪ] *adv* : silenciosamente, calladamente

**silhouette**[1] [ˌsɪləˈwɛt] *vt* **-etted; -etting** : destacar la silueta de ⟨it was silhouetted against the sky : se perfilaba contra el cielo⟩

**silhouette**[2] *n* : silueta *f*

**silica** [ˈsɪlɪkə] *n* : sílice *f*

**silicon** [ˈsɪlɪkən, -ˌkɑn] *n* : silicio *m* ⟨silicon chip : chip de silicio⟩

**silk** [ˈsɪlk] *n* : seda *f*

**silk–cotton tree** *n* : ceiba *f*

**silken** [ˈsɪlkən] *adj* 1 : de seda ⟨a silken veil : un velo de seda⟩ 2 SILKY : sedoso ⟨silken hair : cabellos sedosos⟩

**silkworm** [ˈsɪlkˌwɔrm] *n* : gusano *m* de seda

**silky** [ˈsɪlki] *adj* **silkier; -est** : sedoso

**sill** [ˈsɪl] *n* : alféizar *m* (de una ventana), umbral *m* (de una puerta)

**silliness** [ˈsɪlinəs] *n* : tontería *f*, estupidez *f*

**silly** [ˈsɪli] *adj* **sillier; -est** : tonto, estúpido, ridículo

**silo** [ˈsaɪˌloː] *n, pl* **silos** : silo *m*

**silt** [ˈsɪlt] *n* : cieno *m*

**silver**[1] [ˈsɪlvər] *adj* 1 : de plata ⟨a silver spoon : una cuchara de plata⟩ 2 → **silvery**

**silver**[2] *n* 1 : plata *f* 2 COINS : monedas *fpl* 3 → **silverware** 4 : color *m* plata

**silver–plated** [ˈsɪlvərˈpleɪt͡əd] *adj* : plateado

**silversmith** [ˈsɪlvərˌsmɪθ] *n* : orfebre *mf*

**silverware** [ˈsɪlvərˌwær] *n* 1 : artículos *mpl* de plata, platería *f* 2 FLATWARE : cubertería *f*

**silvery** [ˈsɪlvəri] *adj* : plateado

**similar** [ˈsɪmələr] *adj* : similar, parecido, semejante

**similarity** [ˌsɪməˈlærət̬i] *n, pl* **-ties** : semejanza *f*, parecido *m*

**similarly** [ˈsɪmələrlɪ] *adv* : de manera similar

**simile** [ˈsɪməˌliː] *n* : símil *m*

**simmer** [ˈsɪmər] *v* : hervir a fuego lento

**simper**[1] [ˈsɪmpər] *vi* : sonreír como un tonto

**simper**[2] *n* : sonrisa *f* tonta

**simple** [ˈsɪmpəl] *adj* **simpler; simplest** 1 INNOCENT : inocente 2 PLAIN : sencillo, simple 3 EASY : simple, sencillo, fácil 4 STRAIGHTFORWARD : puro, simple ⟨the simple truth : la pura verdad⟩ 5 NAIVE : ingenuo, simple

**simpleminded** [ˌsɪmpəlˈmaɪndəd] *adj* : simple (dícese de una persona)

**simpleton** [ˈsɪmpəlt͡ən] *n* : bobo *m*, -ba *f*; tonto *m*, -ta *f*

**simplicity** [sɪmˈplɪsət̬i] *n* : simplicidad *f*, sencillez *f*

**simplification** [ˌsɪmpləfəˈkeɪʃən] *n* : simplificación *f*

**simplify** [ˈsɪmpləˌfaɪ] *vt* **-fied; -fying** : simplificar

**simplistic** [sɪmˈplɪsət̬ɪk] *n* : simplista

**simply** [ˈsɪmpli] *adv* 1 PLAINLY : sencillamente 2 SOLELY : simplemente, sólo 3 REALLY : absolutamente

**simulate** [ˈsɪmjəˌleɪt] *vt* **-lated; -lating** : simular

**simulation** [ˌsɪmjəˈleɪʃən] *n* : simulación *f*

**simultaneous** [ˌsaɪməlˈteɪnɪəs] *adj* : simultáneo — **simultaneously** *adv*

**sin**[1] [ˈsɪn] *vi* **sinned; sinning** : pecar

**sin**[2] *n* : pecado *m*

**since**[1] [ˈsɪnts] *adv* 1 : desde entonces ⟨they've been friends ever since : desde entonces han sido amigos⟩ ⟨she's since become mayor : más tarde se hizo alcalde⟩ 2 AGO : hace ⟨he's long since dead : murió hace mucho⟩

**since**[2] *conj* 1 : desde que ⟨since he was born : desde que nació⟩ 2 INASMUCH AS : ya que, puesto que, dado que

**since**[3] *prep* : desde

**sincere** [sɪnˈsɪr] *adj* **-cerer; -est** : sincero — **sincerely** *adv*

**sincerity** [sɪnˈsɛrət̬i] *n* : sinceridad *f*

**sinew** [ˈsɪnˌjuː, ˈsɪˌnuː] *n* 1 TENDON : tendón *m*, nervio *m* (en la carne) 2 POWER : fuerza *f*

**sinewy** [ˈsɪnjʊi, ˈsɪnʊi] *adj* 1 STRINGY : fibroso 2 STRONG, WIRY : fuerte, nervudo

**sinful** [ˈsɪnfəl] *adj* : pecador (dícese de las personas), pecaminoso

**sing** [ˈsɪŋ] *v* **sang** [ˈsæŋ] *or* **sung** [ˈsʌŋ]; **sung; singing** : cantar

**singe** [ˈsɪnʤ] *vt* **singed; singeing** : chamuscar, quemar

**singer** [ˈsɪŋər] *n* : cantante *mf*
**singer–songwriter** [ˈsɪŋərˈsɔŋˌraɪtər] *n* : cantautor *m*, -tora *f*
**single**[1] [ˈsɪŋgəl] *vt* **-gled; -gling** *or* **to single out** **1** SELECT : escoger **2** DISTINGUISH : señalar
**single**[2] *adj* **1** UNMARRIED : soltero ⟨a single parent : un padre soltero, una madre soltera⟩ **2** SOLE : solo ⟨a single survivor : un solo sobreviviente⟩ ⟨every single one : cada uno, todos⟩
**single**[3] *n* **1** : soltero *m*, -ra *f* ⟨for married couples and singles : para los matrimonios y los solteros⟩ **2** *or* **single room** : habitación *f* individual **3** DOLLAR : billete *m* de un dólar
**single file**[1] *adv* : en fila india
**single file**[2] **in single file** : en fila india
**single–handed** [ˈsɪŋgəlˈhændəd] *adj* : sin ayuda, solo
**single–minded** [ˈsɪŋgəlˈmaɪndəd] *adj* : resuelto
**singly** [ˈsɪŋgli] *adv* : individualmente, uno por uno
**singular**[1] [ˈsɪŋgjələr] *adj* **1** : singular (en gramática) **2** OUTSTANDING : singular, sobresaliente **3** STRANGE : singular, extraño
**singular**[2] *n* : singular *m*
**singularity** [ˌsɪŋgjəˈlærəṭi] *n, pl* **-ties** : singularidad *f*
**singularly** [ˈsɪŋgjələrli] *adv* : singularmente
**sinister** [ˈsɪnəstər] *adj* : siniestro
**sink**[1] [ˈsɪŋk] *v* **sank** [ˈsæŋk] *or* **sunk** [ˈsʌŋk]; **sunk; sinking** *vi* **1** : hundirse (dícese de un barco, etc.) ⟨his foot sank into the mud : su pie se hundió en el barro⟩ **2** DROP, FALL : descender, caer ⟨to sink into a chair : dejarse caer en una silla⟩ ⟨her heart sank : se le cayó el alma a los pies⟩ ⟨I had the sinking feeling that . . . : tenía un mal presentimiento de que . . .⟩ **3** DECREASE : bajar ⟨the company's stock sank : las acciones de la compañía cayeron en picada⟩ ⟨his voice sank to a whisper : su voz se redujo a un susurro⟩ **4** FOUNDER : hundirse, irse a pique (dícese de una compañía, etc.) **5** STOOP : rebajarse (a hacer algo) ⟨to sink so/that low : caer tan bajo⟩ **6 to sink in** : hacer mella — *vt* **1** : hundir (un barco, etc.) **2** EXCAVATE : excavar (un pozo para minar), perforar (un pozo de agua) **3** PLUNGE, STICK : clavar, hincar **4** INVEST : invertir (fondos) **5** : meter (en deportes) ⟨to sink a basket : encestar⟩
**sink**[2] *n* **1** *or* **kitchen sink** : fregadero *m*; lavaplatos *m Chile, Col, Mex* **2** *or* **bathroom sink** : lavabo *m*, lavamanos *m* **3** WEIGHT : plomo *m*, plomada *f*
**sinker** [ˈsɪŋkər] *n* WEIGHT : plomada *f*, plomo *m*
**sinner** [ˈsɪnər] *n* : pecador *m*, -dora *f*
**sinuous** [ˈsɪnjʊəs] *adj* : sinuoso — **sinuously** *adv*
**sinus** [ˈsaɪnəs] *n* : seno *m*
**sip**[1] [ˈsɪp] *v* **sipped; sipping** *vt* : sorber — *vi* : beber a sorbos
**sip**[2] *n* : sorbo *m*
**siphon**[1] [ˈsaɪfən] *vt* : sacar con sifón
**siphon**[2] *n* : sifón *m*
**sir** [ˈsər] *n* **1** (*in titles*) : sir *m* **2** (*as a form of address*) : señor *m* ⟨Dear Sir : Muy señor mío⟩ ⟨yes sir! : ¡sí, señor!⟩
**sire**[1] [ˈsaɪr] *vt* **sired; siring** : engendrar, ser el padre de
**sire**[2] *n* : padre *m*
**siren** [ˈsaɪrən] *n* : sirena *f*
**sirloin** [ˈsərˌlɔɪn] *n* : solomillo *m*
**sirup** → **syrup**
**sissy** [ˈsɪsi] *n, pl* **-sies** *fam* + *disparaging* : mariquita *f fam* + *disparaging*
**sister** [ˈsɪstər] *n* **1** : hermana *f* **2 Sister** : hermana *f*, Sor *f* ⟨Sister Mary : Sor María⟩
**sisterhood** [ˈsɪstərˌhʊd] *n* **1** : condición *f* de ser hermana **2** : sociedad *f* de mujeres
**sister–in–law** [ˈsɪstərɪnˌlɔ] *n, pl* **sisters–in–law** : cuñada *f*
**sisterly** [ˈsɪstərli] *adj* : de hermana
**sit** [ˈsɪt] *v* **sat** [ˈsæt]; **sitting** *vi* **1** : sentarse ⟨he sat down : se sentó⟩ ⟨he sat (down) in the chair : se sentó en la silla⟩ **2** : estar sentado ⟨she was sitting in the chair : estaba sentada en la silla⟩ ⟨they sat across from me : estaban sentados frente a mí⟩ **3** ROOST : posarse **4** : sesionar ⟨the legislature is sitting : la legislatura está en sesión⟩ **5** POSE : posar (para un retrato) **6** LIE, REST : estar (ubicado) ⟨the house sits on a hill : la casa está en una colina⟩ ⟨it was sitting right in front of me : lo tenía delante de las narices⟩ **7 to sit around** : relajarse, no hacer nada **8 to sit back** : relajarse **9 to sit in for** : sustituir a **10 to sit in on** : asistir a (como observador) **11 to sit on** : darle largas a (algo) **12 to sit out** ENDURE : aguantar **13 to sit out** : no participar en ⟨I'll sit this one out : no voy a bailar/jugar (etc.) esta vez⟩ **14 to sit through** : aguantar (un discurso, etc.) **15 to sit tight** : esperar **16 to sit up** : incorporarse **17 to sit up** : quedarse levantado ⟨we sat up talking : nos quedamos hablando hasta muy tarde⟩ — *vt* SEAT : sentar, colocar ⟨I sat him on the sofa : lo senté en el sofá⟩
**sitcom** [ˈsɪtˌkɑm] → **situation comedy**
**site** [ˈsaɪt] *n* **1** : sitio *m*, lugar *m* (en general), emplazamiento *m*, ubicación *f* (de un edificio, etc.) ⟨construction/building site : obra⟩ **2** SCENE : lugar *m*, escena *f* (de un accidente, etc.), escenario *m* (de una batalla) **3** → **Web site**
**sitter** [ˈsɪṭər] → **baby-sitter**
**sitting** [ˈsɪṭɪŋ] *n* **1** : turno *m* (de cena, etc.) **2** : sesión *f*
**sitting room** → **living room**
**situate** [ˈsɪtʃʊˌeɪṭ] *vt* **-ated; -ating** **1** ESTABLISH, LOCATE : situar, ubicar **2** PLACE : poner, colocar
**situated** [ˈsɪtʃʊˌeɪṭəd] *adj* LOCATED : ubicado, situado
**situation** [ˌsɪtʃʊˈeɪʃən] *n* **1** LOCATION : situación *f*, ubicación *f*, emplazamiento *m* **2** CIRCUMSTANCES : situación *f* **3** JOB : empleo *m*

**situation comedy** *n* : comedia *f* de situación
**six**[1] [ˈsɪks] *adj* : seis ⟨she's six (years old) : tiene seis años⟩
**six**[2] *n* : seis *m* ⟨the six of hearts : el seis de corazones⟩
**six**[3] *pron* : seis ⟨there are six of us : somos seis⟩ ⟨it's six (o'clock) : son las seis⟩
**six–gun** [ˈsɪksˌgʌn] *n* : revólver *m* (con seis cámaras)
**six hundred**[1] *adj & pron* : seiscientos
**six hundred**[2] *n* : seiscientos *m*
**six–shooter** [ˈsɪksˌʃuːtər] → **six-gun**
**sixteen**[1] [sɪksˈtiːn] *adj & pron* : dieciséis
**sixteen**[2] *n* : dieciséis *m*
**sixteenth**[1] [sɪksˈtiːnθ] *adj* : decimosexto
**sixteenth**[2] *n* **1** : decimosexto *m*, -ta *f* (en una serie) **2** : dieciseisavo *m*, dieciseisava parte *f*
**sixth**[1] [ˈsɪksθ, ˈsɪkst] *adv* : en sexto lugar
**sixth**[2] *adj* : sexto
**sixth**[3] *n* **1** : sexto *m*, -ta *f* (en una serie) **2** : sexto *m*, sexta parte *f*
**sixtieth**[1] [ˈsɪkstʃiəθ] *adj* : sexagésimo
**sixtieth**[2] *n* **1** : sexagésimo *m*, -ma *f* (en una serie) **2** : sesentavo *m*, sesentava parte *f*
**sixty**[1] [ˈsɪkstʃi] *adj & pron* : sesenta
**sixty**[2] *n, pl* **-ties** : sesenta *m*
**sizable** *or* **sizeable** [ˈsaɪzəbəl] *adj* : considerable
**size**[1] [ˈsaɪz] *vt* **sized; sizing** **1** : clasificar según el tamaño **2 to size up** : evaluar, apreciar
**size**[2] *n* **1** DIMENSIONS : tamaño *m*, talla *f* (de ropa), número *m* (de zapatos) **2** MAGNITUDE : magnitud *f*
**sized** [ˈsaɪzd] *adj* (*used in combination*) : de tamaño ⟨large-sized : (de tamaño) grande⟩
**sizzle** [ˈsɪzəl] *vi* **-zled; -zling** : chisporrotear
**skate**[1] [ˈskeɪt] *vi* **skated; skating** : patinar
**skate**[2] *n* **1** : patín *m* ⟨roller skate : patín de ruedas⟩ **2** : raya *f* (pez)
**skateboard** [ˈskeɪtˌbɔrd] *n* : monopatín *m*, patineta *f*, skateboard *m*
**skateboarding** [ˈskeɪtˌbɔrdɪŋ] *n* : monopatinaje *m*, skateboarding *m*
**skater** [ˈskeɪtər] *n* : patinador *m*, -dora *f*
**skating** [ˈskeɪtɪŋ] *n* : patinaje *m*
**skating rink** *n* : pista *f* de patinaje
**skein** [ˈskeɪn] *n* : madeja *f*
**skeletal** [ˈskɛlətəl] *adj* **1** : óseo (en anatomía) **2** EMACIATED : esquelético
**skeleton** [ˈskɛlətən] *n* **1** : esqueleto *m* (anatómico) **2** FRAMEWORK : armazón *mf*
**skeleton key** *n* : llave *f* maestra
**skeptic** [ˈskɛptɪk] *n* : escéptico *m*, -ca *f*
**skeptical** [ˈskɛptɪkəl] *adj* : escéptico
**skepticism** [ˈskɛptəˌsɪzəm] *n* : escepticismo *m*
**sketch**[1] [ˈskɛtʃ] *vt* : bosquejar — *vi* : hacer bosquejos
**sketch**[2] *n* **1** DRAWING, OUTLINE : esbozo *m*, bosquejo *m* **2** ESSAY : ensayo *m*
**sketchy** [ˈskɛtʃi] *adj* **sketchier; -est** : incompleto, poco detallado
**skewer**[1] [ˈskjuːər] *vt* : ensartar (carne, etc.)
**skewer**[2] *n* : brocheta *f*, broqueta *f*
**ski**[1] [ˈskiː] *vi* **skied; skiing** : esquiar
**ski**[2] *n, pl* **skis** : esquí *m*
**ski boot** *n* : bota *f* de esquiar
**skid**[1] [ˈskɪd] *vi* **skidded; skidding** : derrapar, patinar
**skid**[2] *n* : derrape *m*, patinazo *m*
**skier** [ˈskiːər] *n* : esquiador *m*, -dora *f*
**skiing** [ˈskiːɪŋ] *n* : esquí *m*
**ski jump** *n* : trampolín *m* (de esquí)
**ski lift** *n* : telesquí *m*, telesilla *f*
**skill** [ˈskɪl] *n* **1** DEXTERITY : habilidad *f*, destreza *f* **2** CAPABILITY : capacidad *f*, arte *m*, técnica *f* ⟨organizational skills : la capacidad para organizar⟩
**skilled** [ˈskɪld] *adj* : hábil, experto
**skillet** [ˈskɪlət] *n* : sartén *mf*
**skillful** [ˈskɪlfəl] *adj* : hábil, diestro
**skillfully** [ˈskɪlfəli] *adv* : con habilidad, con destreza
**skim**[1] [ˈskɪm] *v* **skimmed; skimming** *vt* **1** : espumar (sopa, etc.), quitar (grasa, etc.) ⟨I skimmed the broth to remove the fat, I skimmed the fat off/from the broth : le quité la grasa al caldo⟩ **2** : echarle un vistazo a (un libro, etc.) **3** : pasar rozando (una superficie) **4** *or* **to skim off** : embolsarse (dinero) — *vi* **to skim through/over** : echarle un vistazo a (un libro, etc.)
**skim**[2] *adj* : descremado ⟨skim milk : leche descremada⟩
**ski mask** *n* : pasamontañas *m*
**skimp** [ˈskɪmp] *vi* **to skimp on** : escatimar
**skimpy** [ˈskɪmpi] *adj* **skimpier; -est** : exiguo, escaso, raquítico
**skin**[1] [ˈskɪn] *vt* **skinned; skinning** : despellejar, desollar
**skin**[2] *n* **1** : piel *f*, cutis *m* (de la cara) ⟨dark skin : piel morena⟩ **2** RIND : piel *f*
**skin–deep** [ˈskɪnˈdiːp] *adj* : superficial
**skin diving** *n* : buceo *m*, submarinismo *m*
**skinflint** [ˈskɪnˌflɪnt] *n* : tacaño *m*, -ña *f*
**skinhead** [ˈskɪnˌhɛd] *n* : cabeza *mf* rapada
**skinned** [ˈskɪnd] *adj* (*used in combination*) : de piel ⟨tough-skinned : de piel dura⟩
**skinny** [ˈskɪni] *adj* **skinnier; -est** : flaco
**skip**[1] [ˈskɪp] *v* **skipped; skipping** *vi* : ir dando brincos — *vt* : saltarse
**skip**[2] *n* : brinco *m*, salto *m*
**skipper** [ˈskɪpər] *n* : capitán *m*, -tana *f*
**ski pole** *n* : bastón *m* (de esquí)
**skirmish**[1] [ˈskərmɪʃ] *vi* : escaramuzar
**skirmish**[2] *n* : escaramuza *f*, refriega *f*
**skirt**[1] [ˈskərt] *vt* **1** BORDER : bordear **2** EVADE : evadir, esquivar
**skirt**[2] *n* : falda *f*, pollera *f*
**skit** [ˈskɪt] *n* : sketch *m* (teatral)
**skittish** [ˈskɪtɪʃ] *adj* : asustadizo, nervioso
**skulk** [ˈskʌlk] *vi* : merodear
**skull** [ˈskʌl] *n* **1** : cráneo *m*, calavera *f* **2 skull and crossbones** : calavera *f* (bandera pirata)
**skullcap** [ˈskʌlˌkæp] *n* : casquete *m*
**skunk** [ˈskʌŋk] *n* : zorrillo *m*, mofeta *f*
**sky** [ˈskaɪ] *n, pl* **skies** : cielo *m*
**skylark** [ˈskaɪˌlɑrk] *n* : alondra *f*

**skylight** [ˈskaɪˌlaɪt] *n* : claraboya *f*, tragaluz *m*
**skyline** [ˈskaɪˌlaɪn] *n* : horizonte *m*
**skyrocket** [ˈskaɪˌrɑkət] *vi* : dispararse
**skyscraper** [ˈskaɪˌskreɪpər] *n* : rascacielos *m*
**slab** [ˈslæb] *n* : losa *f* (de piedra), tabla *f* (de madera), pedazo *m* grueso (de pan, etc.)
**slack¹** [ˈslæk] *adj* **1** CARELESS : descuidado, negligente **2** LOOSE : flojo **3** SLOW : de poco movimiento
**slack²** *n* **1** : parte *f* floja ⟨to take up the slack : tensar (una cuerda, etc.)⟩ **2 slacks** *npl* : pantalones *mpl*
**slacken** [ˈslækən] *vt* : aflojar — *vi* : aflojarse
**slacker** [ˈslækər] *n* : vago *m*, -ga *f*; holgazán *m*, -zana *f*
**slackness** [ˈslæknəs] *n* **1** LOOSENESS : soltura *f* **2** LAXITY : laxitud *f*
**slag** [ˈslæg] *n* : escoria *f*
**slain** → **slay**
**slake** [ˈsleɪk] *vt* **slaked; slaking** : saciar (la sed), satisfacer (la curiosidad)
**slam¹** [ˈslæm] *v* **slammed; slamming** *vt* **1** : cerrar de golpe ⟨he slammed the door : dio un portazo⟩ **2** : tirar o dejar caer de golpe ⟨he slammed down the book : dejó caer el libro de un golpe⟩ — *vi* **1** : cerrarse de golpe **2 to slam into** : chocar contra
**slam²** *n* : golpe *m*, portazo *m* (de una puerta)
**slam dunk** *n* : clavada *f*, mate *m*, donqueo *m*
**slander¹** [ˈslændər] *vt* : calumniar, difamar
**slander²** *n* : calumnia *f*, difamación *f*
**slanderous** [ˈslændərəs] *adj* : difamatorio, calumnioso
**slang** [ˈslæŋ] *n* : argot *m*, jerga *f*
**slant¹** [ˈslænt] *vi* : inclinarse, ladearse — *vt* **1** SLOPE : inclinar **2** ANGLE : sesgar, orientar, dirigir ⟨a story slanted towards youth : un artículo dirigido a los jóvenes⟩
**slant²** *n* **1** INCLINE : inclinación *f* **2** PERSPECTIVE : perspectiva *f*, enfoque *m*
**slap¹** [ˈslæp] *vt* **slapped; slapping** **1** : bofetear, cachetear ⟨she slapped him in/across the face, she slapped his face : le dio una bofetada⟩ ⟨to slap someone on the back : darle una palmada a alguien en la espalda⟩ **2** : golpear (dícese de las olas, etc.) **3** : tirar (con fuerza) ⟨she slapped the book (down) on the desk : tiró el libro en el escritorio⟩ **4** : poner (rápidamente) ⟨he slapped some butter on the bread : le puso mantequilla al pan⟩ ⟨she slapped some paint on it : le dio una pasada rápida de pintura⟩ **5 to slap around** : darle palizas a **6 to slap together** : preparar de prisa **7 to slap with** : ponerle (una multa, etc.) a
**slap²** *n* **1** : bofetada *f*, cachetada *f*, palmada *f* **2 slap in the face** INSULT : bofetada *f*
**slapdash** [ˈslæpˌdæʃ] *adj* : chapucero
**slapstick** [ˈslæpˌstɪk] *n* : payasadas *fpl*, bufonadas *fpl*
**slash¹** [ˈslæʃ] *vt* **1** GASH : cortar, hacer un tajo en **2** REDUCE : reducir, rebajar (precios)
**slash²** *n* **1** : tajo *m*, corte *m* **2** *or* **forward slash** : diagonal *f*, barra *f* (oblicua)
**slat** [ˈslæt] *n* : tablilla *f*, listón *m*
**slate** [ˈsleɪt] *n* **1** : pizarra *f* ⟨a slate roof : un techo de pizarra⟩ **2** : lista *f* de candidatos (políticos)
**slaughter¹** [ˈslɔtər] *vt* **1** BUTCHER : matar (animales) **2** MASSACRE : masacrar (personas)
**slaughter²** *n* **1** : matanza *f* (de animales) **2** MASSACRE : masacre *f*, carnicería *f*
**slaughterhouse** [ˈslɔtərˌhaʊs] *n* : matadero *m*
**Slav** [ˈslɑv, ˈslæv] *n* : eslavo *m*, -va *f*
**slave¹** [ˈsleɪv] *vi* **slaved; slaving** : trabajar como un burro
**slave²** *n* : esclavo *m*, -va *f*
**slaver** [ˈslævər, ˈsleɪ-] *vi* : babear
**slavery** [ˈsleɪvəri] *n* : esclavitud *f*
**Slavic** [ˈslɑvɪk, ˈslæ-] *adj* : eslavo
**slavish** [ˈsleɪvɪʃ] *adj* **1** SERVILE : servil **2** IMITATIVE : poco original
**slay** [ˈsleɪ] *vt* **slew** [ˈslu:]; **slain** [ˈsleɪn]; **slaying** : asesinar, matar
**slayer** [ˈsleɪər] *n* : asesino *m*, -na *f*
**sleazy** [ˈsli:zi] *adj* **sleazier; -est** **1** SHODDY : chapucero, de mala calidad **2** DILAPIDATED : ruinoso **3** DISREPUTABLE : de mala fama
**sled¹** [ˈslɛd] *v* **sledded; sledding** *vi* : ir en trineo — *vt* : transportar en trineo
**sled²** *n* : trineo *m*
**sledge** [ˈslɛdʒ] *n* **1** : trineo *m* (grande) **2** → **sledgehammer**
**sledgehammer** [ˈslɛdʒˌhæmər] *n* : almádena *f*; combo *m Chile, Peru*
**sleek¹** [ˈsli:k] *vt* SLICK : alisar
**sleek²** *adj* : liso y brillante
**sleep¹** [ˈsli:p] *vi* **slept** [ˈslɛpt]; **sleeping** **1** : dormir **2 to sleep in** : levantarse tarde **3 to sleep together** : acostarse, tener relaciones **4 to sleep with** : acostarse con
**sleep²** *n* **1** : sueño *m* **2** : legañas *fpl* (en los ojos) **3 to go to sleep** : dormirse
**sleeper** [ˈsli:pər] *n* **1** : durmiente *mf* ⟨to be a light sleeper : tener el sueño ligero⟩ **2** *or* **sleeping car** : coche *m* cama, coche *m* dormitorio
**sleepily** [ˈsli:pəli] *adv* : de manera somnolienta
**sleepiness** [ˈsli:pinəs] *n* : somnolencia *f*
**sleeping bag** *n* : saco *m* de dormir
**sleeping pill** *n* : pastilla *f* para dormir
**sleepless** [ˈsli:pləs] *adj* : sin dormir, desvelado ⟨to have a sleepless night : pasar la noche en blanco⟩
**sleepwalk** [ˈsli:pˌwɔk] *vi* : caminar dormido
**sleepwalker** [ˈsli:pˌwɔkər] *n* : sonámbulo *m*, -la *f*
**sleepwalking** [ˈsli:pˌwɔkɪŋ] *n* : sonambulismo *m*
**sleepy** [ˈsli:pi] *adj* **sleepier; -est** **1** DROWSY : somnoliento, soñoliento ⟨to

be sleepy : tener sueño〉 **2** LETHARGIC : aletargado, letárgico

**sleet**[1] [ˈsliːt] *vi* **to be sleeting** : caer aguanieve

**sleet**[2] *n* : aguanieve *f*

**sleeve** [ˈsliːv] *n* : manga *f* (de una camisa, etc.)

**sleeveless** [ˈsliːvləs] *adj* : sin mangas

**sleigh**[1] [ˈsleɪ] *vi* : ir en trineo

**sleigh**[2] *n* : trineo *m* (tirado por caballos)

**sleight of hand** [ˌslaɪtəvˈhænd] : prestidigitación *f*, juegos *mpl* de manos

**slender** [ˈslɛndər] *adj* **1** SLIM : esbelto, delgado **2** SCANTY : exiguo, escaso 〈a slender hope : una esperanza lejana〉

**sleuth** [ˈsluːθ] *n* : detective *mf*, sabueso *m*

**slew** → **slay**

**slice**[1] [ˈslaɪs] *vt* **sliced; slicing** : cortar

**slice**[2] *n* : rebanada *f*, tajada *f*, lonja *f* (de carne, etc.), rodaja *f* (de una verdura, fruta, etc.), trozo *m* (de pastel, etc.)

**slicer** [ˈslaɪsər] *n* : cortadora *f* (de fiambres, etc.), rebanadora *f* (de pan)

**slick**[1] [ˈslɪk] *vt* : alisar

**slick**[2] *adj* **1** SLIPPERY : resbaladizo, resbaloso **2** CRAFTY : astuto, taimado

**slicker** [ˈslɪkər] *n* : impermeable *m*

**slide**[1] [ˈslaɪd] *v* **slid** [ˈslɪd]; **sliding** [ˈslaɪdɪŋ] *vi* **1** SLIP : resbalar **2** GLIDE : deslizarse **3** DECLINE : bajar 〈to let things slide : dejar pasar las cosas〉 — *vt* : correr, deslizar

**slide**[2] *n* **1** SLIDING : deslizamiento *m* **2** SLIP : resbalón *m* **3** : tobogán *m* (para niños) **4** TRANSPARENCY : diapositiva *f* (fotográfica) **5** DECLINE : descenso *m*

**slider** [ˈslaɪdər] *n* **1** (*in baseball*) : slider *m* **2** : hamburguesa *f* pequeña, sandwich *m* pequeño

**slier, sliest** → **sly**

**slight**[1] [ˈslaɪt] *vt* : desairar, despreciar

**slight**[2] *adj* **1** SLENDER : esbelto, delgado **2** FLIMSY : endeble **3** TRIFLING : leve, insignificante 〈a slight pain : un leve dolor〉 **4** SMALL : pequeño, ligero 〈not in the slightest : en absoluto〉

**slight**[3] *n* SNUB : desaire *m*

**slightly** [ˈslaɪtli] *adv* : ligeramente, un poco

**slim**[1] [ˈslɪm] *v* **slimmed; slimming** : adelgazar

**slim**[2] *adj* **slimmer; slimmest** **1** SLENDER : esbelto, delgado **2** SCANTY : exiguo, escaso

**slime** [ˈslaɪm] *n* **1** : baba *f* (secretada por un animal) **2** MUD, SILT : fango *m*, cieno *m*

**slimy** [ˈslaɪmi] *adj* **slimier; -est** : viscoso

**sling**[1] [ˈslɪŋ] *vt* **slung** [ˈslʌŋ]; **slinging** **1** THROW : lanzar, tirar **2** HANG : colgar

**sling**[2] *n* **1** : honda *f* (arma) **2** : cabestrillo *m* 〈my arm is in a sling : llevo el brazo en cabestrillo〉

**slingshot** [ˈslɪŋˌʃɑt] *n* : tiragomas *m*, resortera *f Mex*

**slink** [ˈslɪŋk] *vi* **slunk** [ˈslʌŋk]; **slinking** : caminar furtivamente

**slip**[1] [ˈslɪp] *v* **slipped; slipping** *vi* **1** STEAL : ir sigilosamente 〈to slip away : escabullirse〉 〈to slip out the door : escaparse por la puerta〉 〈an error slipped through : se deslizó un error〉 **2** SLIDE : resbalarse, deslizarse 〈he slipped and fell : se resbaló y se cayó〉 **3** FALL, LAPSE : caer 〈she slipped into a coma : cayó en coma〉 **4** WORSEN, DECLINE : empeorar, bajar 〈I must be slipping : voy perdiendo facultades〉 **5 to let slip** : dejar escapar **6 to slip off** *or* **to slip out of** TAKE OFF : quitarse (una prenda) **7 to slip on/into** PUT ON : ponerse (una prenda) **8 to slip through one's fingers** : escaparse de las manos **9 to slip up** : meter la pata — *vt* **1** PUT : meter, poner **2** PASS : pasar 〈she slipped me a note : me pasó una nota〉 **3** ESCAPE : escaparse de **4 to slip one's mind** : olvidársele a uno

**slip**[2] *n* **1** PIER : atracadero *m* **2** MISHAP : percance *m*, contratiempo *m* **3** MISTAKE : error *m*, desliz *m* 〈a slip of the tongue : un lapsus〉 **4** PETTICOAT : enagua *f* **5** : injerto *m*, esqueje *m* (de una planta) **6** RECEIPT, TICKET : recibo *m*, boleta *f*, ticket *m* **7 slip of paper** : papelito *m* **8 to give someone the slip** : dar esquinazo a alguien

**slipknot** [ˈslɪpˌnɑt] *n* : nudo *m* corredizo

**slipper** [ˈslɪpər] *n* : zapatilla *f*, pantufla *f*

**slipperiness** [ˈslɪpərinəs] *n* **1** : lo resbaloso, lo resbaladizo **2** CRAFTINESS : astucia *f*

**slippery** [ˈslɪpəri] *adj* **slipperier; -est** **1** : resbaloso, resbaladizo 〈a slippery road : un camino resbaloso〉 **2** TRICKY : artero, astuto, taimado **3** ELUSIVE : huidizo, escurridizo

**slipshod** [ˈslɪpˌʃɑd] *adj* : descuidado, chapucero

**slipup** *n* ERROR : patinazo *m*

**slip up** *vi* : equivocarse

**slit**[1] [ˈslɪt] *vt* **slit; slitting** : cortar, abrir por lo largo

**slit**[2] *n* **1** OPENING : abertura *f*, rendija *f* **2** CUT : corte *m*, raja *f*, tajo *m*

**slither** [ˈslɪðər] *vi* : deslizarse

**sliver** [ˈslɪvər] *n* : astilla *f*

**slob** [ˈslɑb] *n* : persona *f* desaliñada 〈what a slob! : ¡qué cerdo!〉

**slobber**[1] [ˈslɑbər] *vi* : babear

**slobber**[2] *n* : baba *f*

**slog**[1] [ˈslɑg] *vi* : trabajar duro

**slog**[2] *n* : trabajo *m* largo y arduo

**slogan** [ˈsloːgən] *n* : lema *m*, eslogan *m*

**sloop** [ˈsluːp] *n* : balandra *f*

**slop**[1] [ˈslɑp] *v* **slopped; slopping** *vt* : derramar — *vi* : derramarse

**slop**[2] *n* : bazofia *f*

**slope**[1] [ˈsloːp] *vi* **sloped; sloping** : inclinarse 〈the road slopes upward : el camino sube (en pendiente)〉

**slope**[2] *n* : inclinación *f*, pendiente *f*, declive *m*

**sloppiness** [ˈslɑpinəs] *n* : falta *f* de cuidado (en el trabajo, etc.), desaliño *m* (de aspecto)

**sloppy** [ˈslɑpi] *adj* **sloppier; -est** **1** : que chorrea 〈a sloppy kiss : un beso baboso〉 **2** : descuidado (en el trabajo, etc.), desaliñado (de aspecto)

**slot** [ˈslɑt] *n* **1** : ranura *f* **2** *or* **time slot** : espacio *m* (de un programa de televisión, etc.)

**sloth** [ˈsloθ, ˈsloːθ] *n* **1** LAZINESS : pereza *f* **2** : perezoso *m* (animal)

**slot machine** *n* : tragamonedas *mf*, tragaperras *mf Spain*

**slotted spoon** [ˈslɑtəd-] *n* : espumadera *f*

**slouch**[1] [ˈslɑʊtʃ] *vi* : andar con los hombros caídos, repantigarse (en un sillón)

**slouch**[2] *n* **1** SLUMPING : mala postura *f* **2** BUNGLER, IDLER : haragán *m*, -gana *f*; inepto *m*, -ta *f* ⟨to be no slouch : no quedarse atrás⟩

**slough**[1] [ˈslʌf] *vt* : mudar de (piel)

**slough**[2] [ˈsluː, ˈslɑʊ] *n* SWAMP : ciénaga *f*

**Slovak** [ˈsloːˌvɑk, -ˌvæk] *or* **Slovakian** [sloːˈvɑkiən, -ˈvæ-] *n* : eslovaco *m*, -ca *f* — **Slovak** *or* **Slovakian** *adj*

**Slovene** [ˈsloːˌviːn] *or* **Slovenian** [sloːˈviːniən] *n* : esloveno *m*, -na *f* — **Slovene** *or* **Slovenian** *adj*

**slovenliness** [ˈslɑvənlinəs, ˈslʌv-] *adj* : falta *f* de cuidado (en el trabajo, etc.), desaliño *m* (de aspecto)

**slovenly** [ˈslɑvənli, ˈslʌv-] *adj* : descuidado (en el trabajo, etc.), desaliñado (de aspecto)

**slow**[1] [ˈsloː] *vt* : retrasar, reducir la marcha de — *vi* : ir más despacio

**slow**[2] *adv* : despacio, lentamente

**slow**[3] *adj* **1** : lento ⟨a slow process : un proceso lento⟩ **2** : atrasado ⟨my watch is slow : mi reloj está atrasado, mi reloj se atrasa⟩ **3** SLUGGISH : lento, poco activo **4** STUPID : lento, torpe, corto de alcances

**slow cooker** [-ˈkʊkər] *n* : olla *f* de cocción lenta, olla *f* de cocimiento lento

**slowly** [ˈsloːli] *adv* : lentamente, despacio

**slow motion** *n* : cámara *f* lenta ⟨in slow motion : a cámara lenta⟩

**slowness** [ˈsloːnəs] *n* : lentitud *f*, torpeza *f*

**slow–witted** [ˈsloːˈwɪtəd] *adj* : limitado, lento, lerdo

**sludge** [ˈslʌdʒ] *n* : aguas *fpl* negras, aguas *fpl* residuales

**slug**[1] [ˈslʌg] *vt* **slugged; slugging** : pegarle un porrazo (a alguien)

**slug**[2] *n* **1** : babosa *f* (molusco) **2** BULLET : bala *f* **3** TOKEN : ficha *f* **4** BLOW : porrazo *m*, puñetazo *m*

**sluggish** [ˈslʌgɪʃ] *adj* : aletargado, lento

**sluice**[1] [ˈsluːs] *vt* **sluiced; sluicing** : lavar en agua corriente

**sluice**[2] *n* : canal *m*

**slum** [ˈslʌm] *n* : barriada *f*, barrio *m* bajo

**slumber**[1] [ˈslʌmbər] *vi* : dormir

**slumber**[2] *n* : sueño *m*

**slump**[1] [ˈslʌmp] *vi* **1** DECLINE, DROP : disminuir, bajar **2** SLOUCH : encorvarse, dejarse caer (en una silla, etc.)

**slump**[2] *n* : bajón *m*, declive *m* (económico)

**slung** → **sling**

**slunk** → **sink**

**slur**[1] [ˈslər] *vt* **slurred; slurring** : ligar (notas musicales), tragarse (las palabras)

**slur**[2] *n* **1** : ligado *m* (en música), mala pronunciación *f* (de las palabras) **2** ASPERSION : calumnia *f*, difamación *f*

**slurp**[1] [ˈslərp] *vi* : beber o comer haciendo ruido — *vt* : sorber ruidosamente

**slurp**[2] *n* : sorbo *m* (ruidoso)

**slush** [ˈslʌʃ] *n* : nieve *f* medio derretida

**slut** [ˈslʌt] *n disparaging* + *offensive* : fulana *f disparaging*, ramera *f*

**sly** [ˈslaɪ] *adj* **slier** [ˈslaɪər]; **sliest** [ˈslaɪəst] **1** CUNNING : astuto, taimado **2** UNDERHANDED : solapado — **slyly** *adv*

**slyness** [ˈslaɪnəs] *n* : astucia *f*

**smack**[1] [ˈsmæk] *vi* **to smack of** : oler a, saber a — *vt* **1** KISS : besar, plantarle un beso (a alguien) **2** SLAP : pegarle una bofetada (a alguien) **3 to smack one's lips** : relamerse

**smack**[2] *adv* : justo, exactamente ⟨smack in the face : en plena cara⟩

**smack**[3] *n* **1** TASTE, TRACE : sabor *m*, indicio *m* **2** : chasquido *m* (de los labios) **3** SLAP : bofetada *f* **4** KISS : beso *m*

**small** [ˈsmɔl] *adj* **1** : pequeño, chico ⟨a small house : una casa pequeña⟩ ⟨small change : monedas de poco valor⟩ **2** TRIVIAL : pequeño, insignificante

**smallness** [ˈsmɔlnəs] *n* : pequeñez *f*

**smallpox** [ˈsmɔlˌpɑks] *n* : viruela *f*

**small talk** *n* **to make small talk** : hablar de cosas sin importancia

**smart**[1] [ˈsmɑrt] *vi* **1** STING : escocer, picar, arder **2** HURT : dolerse, resentirse ⟨to smart under a rejection : dolerse ante un rechazo⟩

**smart**[2] *adj* **1** BRIGHT : listo, vivo, inteligente **2** STYLISH : elegante — **smartly** *adv*

**smart**[3] *n* **1** PAIN : escozor *m*, dolor *m* **2 smarts** *npl* : inteligencia *f*

**smarten up** [ˈsmɑrtənˈʌp] *vt* : atildar, arreglar — *vi* : atildarse, arreglarse

**smartness** [ˈsmɑrtnəs] *n* **1** INTELLIGENCE : inteligencia *f* **2** ELEGANCE : elegancia *f*

**smartphone** [ˈsmɑrtˌfoːn] *n* : smartphone *m*, teléfono *m* inteligente

**smash**[1] [ˈsmæʃ] *vt* **1** BREAK : romper, quebrar, hacer pedazos **2** WRECK : destrozar, arruinar **3** CRASH : estrellar, chocar — *vi* **1** SHATTER : hacerse pedazos, hacerse añicos **2** COLLIDE, CRASH : estrellarse, chocar ⟨to smash against/into something : chocar contra algo⟩

**smash**[2] *n* **1** BLOW : golpe *m* **2** COLLISION : choque *m* **3** BANG, CRASH : estrépito *m* **4** HIT, SUCCESS : exitazo *m*

**smattering** [ˈsmætərɪŋ] *n* **1** : nociones *fpl* ⟨she has a smattering of programming : tiene nociones de programación⟩ **2** : un poco, unos cuantos ⟨a smattering of spectators : unos cuantos espectadores⟩

**smear**[1] [ˈsmɪr] *vt* **1** DAUB : embadurnar, untar (mantequilla, etc.) **2** SMUDGE : emborronar **3** SLANDER : calumniar, difamar

**smear**[2] *n* **1** SMUDGE : mancha *f* **2** SLANDER : calumnia *f*

**smell**[1] [ˈsmɛl] *v* **smelled** *or* **smelt** [ˈsmɛlt]; **smelling** *vt* : oler, olfatear ⟨to smell danger : olfatear el peligro⟩ — *vi* : oler ⟨to smell good : oler bien⟩

**smell**[2] *n* **1** : olfato *m*, sentido *m* del olfato **2** ODOR : olor *m*

**smelly** [ˈsmɛli] *adj* **smellier; -est** : maloliente

**smelt**[1] [ˈsmɛlt] *vt* : fundir

**smelt**[2] *n, pl* **smelts** *or* **smelt** : eperlano *m* (pez)

**smidgen** [ˈsmɪdʒən] *or* **smidge** [ˈsmɪdʒ] *or* **smidgeon** [ˈsmɪdʒən] *n* BIT : poquito *m*

**smile**[1] [ˈsmaɪl] *vi* **smiled; smiling** : sonreír

**smile**[2] *n* : sonrisa *f*

**smiley face** [ˈsmaɪli-] *n* : carita *f* sonriente (emoticono o dibujo)

**smirk**[1] [ˈsmɜrk] *vi* : sonreír con suficiencia

**smirk**[2] *n* : sonrisa *f* satisfecha

**smite** [ˈsmaɪt] *vt* **smote** [ˈsmo:t]; **smitten** [ˈsmɪtən] *or* **smote; smiting 1** STRIKE : golpear **2** AFFLICT : afligir

**smith** [ˈsmɪθ] *n* : herrero *m*, -ra *f*

**smithereens** [ˌsmɪðəˈri:nz] *npl* : añicos *mpl*

**smithy** [ˈsmɪθi] *n, pl* **smithies** : herrería *f*

**smock** [ˈsmɑk] *n* : bata *f*, blusón *m*

**smog** [ˈsmɑg, ˈsmɔg] *n* : smog *m*

**smoke**[1] [ˈsmo:k] *v* **smoked; smoking** *vi* **1** : echar humo, humear ⟨a smoking chimney : una chimenea que echa humo⟩ **2** : fumar ⟨I don't smoke : no fumo⟩ — *vt* : ahumar (carne, etc.)

**smoke**[2] *n* : humo *m*

**smoked** [ˈsmo:kt] *adj* : ahumado

**smoke detector** [dɪˈtɛktər] *n* : detector *m* de humo

**smoker** [ˈsmo:kər] *n* : fumador *m*, -dora *f*

**smokescreen** [ˈsmo:kˌskri:n] *n* : cortina *f* de humo

**smoke signal** *n* : señal *f* de humo

**smokestack** [ˈsmo:kˌstæk] *n* : chimenea *f*

**smoky** [ˈsmo:ki] *adj* **smokier; -est 1** SMOKING : humeante **2** : a humo ⟨a smoky flavor : un sabor a humo⟩ **3** : lleno de humo ⟨a smoky room : un cuarto lleno de humo⟩

**smolder** [ˈsmo:ldər] *vi* **1** : arder sin llama **2** : arder (en el corazón) ⟨his anger smoldered : su rabia ardía⟩

**smooch** [ˈsmu:tʃ] *vi* : besuquearse

**smooth**[1] [ˈsmu:ð] *vt* **1** : alisar ⟨she smoothed (down/back) her hair : alisó el pelo⟩ ⟨he smoothed (out) the tablecloth : alisó los pliegues del mantel⟩ **2** SPREAD : extender ⟨smooth the cream on/onto/over your skin : extienda la crema sobre la piel⟩ **3 to smooth away/over** REMOVE : allanar (dificultades, etc.) ⟨to smooth things over : limar asperezas⟩ **4 to smooth the way for** *or* **to smooth a path for** : allanarle el camino a

**smooth**[2] *adj* **1** : liso (dícese de una superficie) ⟨smooth skin : piel lisa⟩ **2** : suave (dícese de un movimiento) ⟨a smooth landing : un aterrizaje suave⟩ **3** : sin grumos ⟨a smooth sauce : una salsa sin grumos⟩ **4** : fluido ⟨smooth writing : escritura fluida⟩

**smoothly** [ˈsmu:ðli] *adv* **1** GENTLY, SOFTLY : suavemente **2** EASILY : con facilidad, sin problemas

**smoothness** [ˈsmu:ðnəs] *n* : suavidad *f*

**smother** [ˈsmʌðər] *vt* **1** SUFFOCATE : ahogar, sofocar **2** COVER : cubrir **3** SUPPRESS : contener — *vi* : asfixiarse

**smudge**[1] [ˈsmʌʤ] *v* **smudged; smudging** *vt* : emborronar — *vi* : correrse

**smudge**[2] *n* : mancha *f*, borrón *m*

**smug** [ˈsmʌg] *adj* **smugger; smuggest** : suficiente, pagado de sí mismo

**smuggle** [ˈsmʌgəl] *vt* **-gled; -gling** : contrabandear, pasar de contrabando

**smuggler** [ˈsmʌgələr] *n* : contrabandista *mf*

**smuggling** [ˈsmʌgəlɪŋ] *n* : contrabando *m* (acto)

**smugly** [ˈsmʌgli] *adv* : con suficiencia

**smut** [ˈsmʌt] *n* **1** SOOT : tizne *m*, hollín *m* **2** OBSCENITY : obscenidad *f*, inmundicia *f*

**smutty** [ˈsmʌṭi] *adj* **smuttier; -est 1** SOOTY : tiznado **2** OBSCENE : obsceno, indecente

**snack** [ˈsnæk] *n* : refrigerio *m*, bocado *m*, tentempié *m fam* ⟨an afternoon snack : una merienda⟩

**snack bar** *n* : cafetería *f*

**snag**[1] [ˈsnæg] *v* **snagged; snagging** *vt* : enganchar — *vi* : engancharse

**snag**[2] *n* : problema *m*, inconveniente *m*

**snail** [ˈsneɪl] *n* : caracol *m*

**snake** [ˈsneɪk] *n* : culebra *f*, serpiente *f*

**snakebite** [ˈsneɪkˌbaɪt] *n* : mordedura *f* de serpiente

**snap**[1] [ˈsnæp] *v* **snapped; snapping** *vi* **1** BREAK : romperse, quebrarse (haciendo un chasquido) ⟨the branch snapped : la rama se rompió⟩ **2** : intentar morder (dícese de un perro, etc.) **3** : hablar con severidad ⟨he snapped at me! : ¡me gritó!⟩ **4** : moverse de un golpe ⟨the trap snapped shut : la trampa se cerró de golpe⟩ ⟨the branch snapped back : la rama se volvió de golpe⟩ ⟨the pieces snap together : las piezas se encajan⟩ **5 to snap out of** *fam* : salir de (la depresión, el ensueño, etc.) ⟨snap out of it! : ¡anímate!, ¡espabílate!⟩ **6 to snap to it** *fam* : moverse, apurarse — *vt* **1** BREAK : partir (en dos), quebrar **2** : hacer (algo) de un golpe ⟨she snapped it open : lo abrió de golpe⟩ **3** RETORT : decir bruscamente **4** CLICK : chasquear ⟨to snap one's fingers : chasquear los dedos⟩ **5 to snap up** : no dejar escapar

**snap**[2] *n* **1** CLICK, CRACK : chasquido *m* **2** FASTENER : broche *m* **3** CINCH : cosa *f* fácil ⟨it's a snap : es facilísimo⟩

**snapdragon** [ˈsnæpˌdrægən] *n* : dragón *m* (flor)

**snapper** [ˈsnæpər] → **red snapper**

**snappy** [ˈsnæpi] *adj* **snappier; -est 1** FAST : rápido ⟨make it snappy! : ¡date prisa!⟩ **2** LIVELY : vivaz **3** CHILLY : frío **4** STYLISH : elegante

**snapshot** [ˈsnæpˌʃɑt] *n* : instantánea *f*

**snare**[1] [ˈsnær] *vt* **snared; snaring** : atrapar

**snare**[2] *n* : trampa *f*, red *f*

**snare drum** *n* : tambor *m* con bordón

**snarl**[1] [ˈsnɑrl] *vi* **1** TANGLE : enmarañar, enredar **2** GROWL : gruñir

**snarl**[2] *n* **1** TANGLE : enredo *m*, maraña *f* **2** GROWL : gruñido *m*
**snatch**[1] [ˈsnætʃ] *vt* : arrebatar
**snatch**[2] *n* : fragmento *m*
**sneak**[1] [ˈsniːk] *vi* : ir a hurtadillas ⟨to sneak in/out : entrar/salir a escondidas⟩ ⟨to sneak away : escabullirse⟩ — *vt* : hacer furtivamente ⟨to sneak a look : mirar con disimulo⟩ ⟨he sneaked a smoke : fumó un cigarrillo a escondidas⟩
**sneak**[2] *n* : soplón *m*, -plona *f*
**sneaker** [ˈsniːkərz] *npl* : tenis *m*, zapatilla *f* ⟨a pair of sneakers : un par de tenis/zapatillas⟩
**sneaky** [ˈsniːki] *adj* **sneakier; -est** : solapado
**sneer**[1] [ˈsnɪr] *vi* : sonreír con desprecio
**sneer**[2] *n* : sonrisa *f* de desprecio
**sneeze**[1] [ˈsniːz] *vi* **sneezed; sneezing** : estornudar
**sneeze**[2] *n* : estornudo *m*
**snicker**[1] [ˈsnɪkər] *vi* : reírse (disimuladamente)
**snicker**[2] *n* : risita *f*
**snide** [ˈsnaɪd] *adj* : sarcástico
**sniff**[1] [ˈsnɪf] *vi* **1** SMELL : oler, husmear (dícese de los animales) **2 to sniff at** : despreciar, desdeñar — *vt* **1** SMELL : oler **2 to sniff out** : olerse, husmear
**sniff**[2] *n* **1** SNIFFING : aspiración *f* por la nariz **2** SMELL : olor *m*
**sniffle** [ˈsnɪfəl] *vi* **-fled; -fling** : respirar con la nariz congestionada
**sniffles** [ˈsnɪfəlz] *npl* : resfriado *m*
**snigger**[1] [ˈsnɪgər] → **snicker**[1]
**snigger**[2] → **snicker**[2]
**snip**[1] [ˈsnɪp] *vt* **snipped; snipping** : cortar (con tijeras)
**snip**[2] *n* : tijeretada *f*, recorte *m*
**snipe**[1] [ˈsnaɪp] *vi* **sniped; sniping** : disparar
**snipe**[2] *n, pl* **snipes** *or* **snipe** : agachadiza *f*
**sniper** [ˈsnaɪpər] *n* : francotirador *m*, -dora *f*
**snippet** [ˈsnɪpət] *n* : fragmento *m* (de un texto, etc.)
**snitch**[1] [ˈsnɪtʃ] *v fam vi* : cantar (a la policía, etc.) ⟨to snitch on someone : acusar/delatar a alguien⟩ — *vt* STEAL : robar
**snitch**[2] *n fam* : chivato *m*, -ta *f*
**snivel** [ˈsnɪvəl] *vi* **-veled** *or* **-velled; -veling** *or* **-velling 1** → **snuffle 2** WHINE : lloriquear
**snob** [ˈsnɑb] *n* : esnob *mf*, snob *mf*
**snobbery** [ˈsnɑbəri] *n, pl* **-beries** : esnobismo *m*
**snobbish** [ˈsnɑbɪʃ] *adj* : esnob, snob
**snobbishness** [ˈsnɑbɪʃnəs] *n* : esnobismo *m*
**snoop**[1] [ˈsnuːp] *vi* : husmear, curiosear
**snoop**[2] *n* : fisgón *m*, -gona *f*
**snooty** [ˈsnuːti] *adj* **snootier; -est** *fam* HAUGHTY : esnob, snob, altanero, altivo
**snooze**[1] [ˈsnuːz] *vi* **snoozed; snoozing** : dormitar
**snooze**[2] *n* : siestecita *f*, siestita *f*
**snore**[1] [ˈsnor] *vi* **snored; snoring** : roncar
**snore**[2] *n* : ronquido *m*
**snorkel**[1] [ˈsnorkəl] *vi* : bucear con esnórquel
**snorkel**[2] *n* : esnórquel *m*, snorkel *m*, tubo *m* respiratorio/respirador
**snort**[1] [ˈsnɔrt] *vi* : bufar, resoplar
**snort**[2] *n* : bufido *m*, resoplo *m*
**snot** [ˈsnɑt] *n* : mocos *mpl*
**snotty** [ˈsnɑti] *adj* **snottier; -est 1** → **snooty 2** : lleno de mocos
**snout** [ˈsnaʊt] *n* : hocico *m*, morro *m*
**snow**[1] [ˈsnoː] *vi* **1** : nevar ⟨I'm snowed in : estoy aislado por la nieve⟩ **2 to be snowed under** : estar inundado
**snow**[2] *n* : nieve *f*
**snowball**[1] [ˈsnoːˌbɔl] *vi* : aumentar, agravarse (rápidamente)
**snowball**[2] *n* : bola *f* de nieve
**snowboard** [ˈsnoːˌbord] *n* : snowboard *m*
**snowboarding** [ˈsnoːˌbordɪŋ] *n* : snowboard *m* (deporte)
**snowcapped** [ˈsnoːˌkæpt] *adj* : nevado
**snowdrift** [ˈsnoːˌdrɪft] *n* : ventisquero *m*
**snowdrop** [ˈsnoːˌdrɑp] *n* : campanilla *f* blanca
**snowfall** [ˈsnoːˌfɔl] *n* : nevada *f*
**snowflake** [ˈsnoːˌfleɪk] *n* : copo *m* de nieve
**snowman** [ˈsnoːˌmæn] *n, pl* **-men** [-mən, -ˌmɛn] : muñeco *m* de nieve
**snowplow** [ˈsnoːˌplaʊ] *n* : quitanieves *m*
**snowshoe** [ˈsnoːˌʃuː] *n* : raqueta *f* (para nieve)
**snowstorm** [ˈsnoːˌstɔrm] *n* : tormenta *f* de nieve, ventisca *f*
**snow–white** *adj* : blanco como la nieve
**snowy** [ˈsnoːi] *adj* **snowier; -est** : nevoso ⟨a snowy road : un camino nevado⟩
**snub**[1] [ˈsnʌb] *vt* **snubbed; snubbing** : desairar
**snub**[2] *n* : desaire *m*
**snub–nosed** [ˈsnʌbˌnoːzd] *adj* : de nariz respingada
**snuff**[1] [ˈsnʌf] *vt* **1** : apagar (una vela) **2** : sorber (algo) por la nariz
**snuff**[2] *n* : rapé *m*
**snuffle** [ˈsnʌfəl] *vi* **-fled; -fling** : respirar con la nariz congestionada
**snug** [ˈsnʌg] *adj* **snugger; snuggest 1** COMFORTABLE : cómodo **2** TIGHT : ajustado, ceñido ⟨snug pants : pantalones ajustados⟩
**snuggle** [ˈsnʌgəl] *vi* **-gled; -gling** : acurrucarse ⟨to snuggle up to someone : arrimársele a alguien⟩
**snugly** [ˈsnʌgli] *adv* **1** COMFORTABLY : cómodamente **2** : de manera ajustada ⟨the shirt fits snugly : la camisa queda ajustada⟩
**so**[1] [ˈsoː] *adv* **1** (*indicating a stated or suggested degree*) : tan, tanto ⟨he'd never been so happy : nunca había estado tan contento⟩ ⟨she was so tired that she almost fell asleep : estaba tan cansada que casi se durmió⟩ ⟨would you be so kind as to help me? : ¿tendría la amabilidad de ayudarme?⟩ ⟨it's not so much a science as an art : no es tanto una ciencia como un arte⟩ ⟨all the more so because : tanto más cuanto que⟩ ⟨never more so

than : nunca más que〉 **2** VERY : tan, tanto 〈it's so much fun : es tan divertido〉 〈I'm so glad to meet you : me alegro tanto de conocerte〉 〈he loves her so : la quiere tanto〉 〈not so long ago : no hace mucho tiempo〉 〈thank you so much : muchísimas gracias〉 **3** ALSO : también 〈so do I : yo también〉 **4** THUS : así, de esta manera 〈and so it began : y así empezó〉 〈it so happened that . . . : resultó que . . .〉 **5** (*used for emphasis*) *fam* 〈it's so not fair : es totalmente injusto〉 〈I so wanted to go : tenía tantas ganas de ir〉 **6** CONSEQUENTLY : por lo tanto **7 and so forth/on** : etcétera **8 so much for** (*indicating that something has ended*) 〈so much for that idea : hasta ahí llegó esa idea〉 **9 so much so (that)** : tanto es así que **10 without so much as** : sin siquiera

**so²** *adj* : cierto, verdad 〈it's not so : no es cierto, no es verdad〉 〈is that so? : ¿ah, sí?〉

**so³** *conj* **1** THEREFORE : así que 〈he didn't answer, so I called again : no contestó, así que lo llamé otra vez〉 **2** *or* **so that** : para que, así que, de manera que 〈move over so I can sit down : córrete para que pueda sentarme〉 〈we left early so that we would arrive on time : salimos temprano para llegar a tiempo〉 **3 so what?** : ¿y qué?

**so⁴** *pron* **1** (*referring to something indicated or suggested*) 〈do you think so? : ¿tú crees?〉 〈so it would seem : eso/así parece〉 〈I told her so : se lo dije〉 〈he's ready, or so he says : según dice, está listo〉 〈do it like so : hazlo así〉 〈so be it : así sea〉 〈if so : si es así〉 〈I'm afraid so : me temo que sí〉 **2 or so** : más o menos 〈a week or so : una semana, más o menos〉

**soak¹** [ˈso:k] *vi* : estar en remojo — *vt* **1** : poner en remojo **2** DRENCH : empapar **3 to soak up** ABSORB : absorber

**soak²** *n* : remojo *m*

**so–and–so** *n* : fulano *m*, -na *f*

**soap¹** [ˈso:p] *vt* : enjabonar

**soap²** *n* **1** : jabón *m* **2** → **soap opera**

**soap opera** *n* : culebrón *m*, telenovela *f*

**soapsuds** [ˈso:pˌsʌdz] → **suds**

**soapy** [ˈso:pi] *adj* **soapier; -est** : jabonoso 〈a soapy taste : un gusto a jabón〉 〈a soapy texture : una textura de jabón〉

**soar** [ˈsor] *vi* **1** FLY : volar **2** RISE : remontar el vuelo (dícese de las aves) 〈her hopes soared : su esperanza renació〉 〈prices are soaring : los precios están subiendo vertiginosamente〉

**sob¹** [ˈsɑb] *vi* **sobbed; sobbing** : sollozar

**sob²** *n* : sollozo *m*

**sober¹** [ˈso:bər] *adj* **1** : sobrio 〈he's not sober enough to drive : está demasiado borracho para manejar〉 **2** SERIOUS : serio

**sober²** *vi* **1** SADDEN : entristecer **2 to sober up** : pasársele la borrachera

**soberly** [ˈso:bərli] *adv* **1** : sobriamente **2** SERIOUSLY : seriamente

**sobriety** [səˈbraiəṭi, so-] *n* **1** : sobriedad *f* 〈sobriety test : prueba de alcoholemia〉 **2** SERIOUSNESS : seriedad *f*

**so–called** [ˈso:ˈkɔld] *adj* : supuesto, presunto 〈the so-called experts : los expertos, así llamados〉

**soccer** [ˈsɑkər] *n* : futbol *m*, fútbol *m*

**sociability** [ˌso:ʃəˈbɪləṭi] *n* : sociabilidad *f*

**sociable** [ˈso:ʃəbəl] *adj* : sociable

**social¹** [ˈso:ʃəl] *adj* : social — **socially** *adv*

**social²** *n* : reunión *f* social

**socialism** [ˈso:ʃəˌlɪzəm] *n* : socialismo *m*

**socialist¹** [ˈso:ʃəlɪst] *adj* : socialista

**socialist²** *n* : socialista *mf*

**socialize** [ˈso:ʃəˌlaɪz] *v* **-ized; -izing** *vt* **1** NATIONALIZE : nacionalizar **2** : socializar (en psicología) — *vi* : alternar, circular 〈to socialize with friends : alternar con amigos〉

**social media** *ns & pl* : redes *fpl* sociales, medios *mpl* sociales

**social networking** *n* : establecimiento *m* y mantenimiento *m* de una red de contactos en línea 〈a social networking site : un sitio de redes sociales〉

**social security** *n* : seguridad *f* social

**social work** *n* : asistencia *f* social

**social worker** *n* : asistente *m*, -ta *f* social

**society** [səˈsaɪəṭi] *n, pl* **-eties** **1** COMPANIONSHIP : compañía *f* **2** : sociedad *f* 〈a democratic society : una sociedad democrática〉 〈high society : alta sociedad〉 **3** ASSOCIATION : sociedad *f*, asociación *f*

**socioeconomic** [ˌso:sioˌi:kəˈnɑmɪk, -ˌɛkə-] *adj* : socioeconómico

**sociological** [ˌso:siəˈlɑdʒɪkəl] *adj* : sociológico

**sociologist** [ˌso:siˈɑlədʒɪst] *n* : sociólogo *m*, -ga *f*

**sociology** [ˌso:siˈɑlədʒi] *n* : sociología *f*

**sock¹** [ˈsɑk] *vt* : pegar, golpear, darle un puñetazo a

**sock²** *n* **1** *pl* **socks** *or* **sox** [ˈsɑks] : calcetín *m*, media *f* 〈shoes and socks : zapatos y calcetines〉 **2** *pl* **socks** [ˈsɑks] PUNCH : puñetazo *m*

**socket** [ˈsɑkəṭ] *n* **1** *or* **electric socket** : enchufe *m*, toma *f* de corriente **2** : glena *f* (de una articulación) 〈shoulder socket : glena del hombro〉 **3 eye socket** : órbita *f*, cuenca *f*

**sod¹** [ˈsɑd] *vt* **sodded; sodding** : cubrir de césped

**sod²** *n* TURF : césped *m*, tepe *m*

**soda** [ˈso:də] *n* **1** *or* **soda water** : soda *f* **2** *or* **soda pop** : gaseosa *f*; refresco *m*; fresco *m*; soda *f CA, Car* **3** *or* **ice–cream soda** : refresco *m* con helado

**sodden** [ˈsɑdən] *adj* SOGGY : empapado

**sodium** [ˈso:diəm] *n* : sodio *m*

**sodium bicarbonate** *n* : bicarbonato *m* de soda

**sodium chloride** → **salt**

**sofa** [ˈso:fə] *n* : sofá *m*

**soft** [ˈsɔft] *adj* **1** : blando 〈a soft pillow : una almohada blanda〉 **2** SMOOTH : suave (dícese de las texturas, de los sonidos, etc.) **3** NONALCOHOLIC : no alcohólico 〈a soft drink : un refresco〉

**softball** [ˈsɔftˌbɔl] *n* : softbol *m*

**soft–boiled** [ˈsɔftˈbɔɪld] *adj* : pasado por agua

**soften** [ˈsɔfən] *vt* : ablandar (algo sólido), suavizar (la piel, un golpe, etc.), amortiguar (un impacto) — *vi* : ablandarse, suavizarse

**softener** [ˈsɔfənər] *n* : suavizante *m*

**softly** [ˈsɔftli] *adv* : suavemente ⟨she spoke softly : habló en voz baja⟩

**softness** [ˈsɔftnəs] *n* **1** : blandura *f*, lo blando (de una almohada, de la mantequilla, etc.) **2** SMOOTHNESS : suavidad *f*

**soft–spoken** [ˈsɔftˈspoːkən] *adj* : de voz suave

**software** [ˈsɔftˌwær] *n* : software *m*

**soggy** [ˈsɑgi] *adj* **soggier; -est** : empapado

**soil**[1] [ˈsɔɪl] *vt* : ensuciar — *vi* : ensuciarse

**soil**[2] *n* **1** DIRTINESS : suciedad *f* **2** DIRT, EARTH : suelo *m*, tierra *f* **3** COUNTRY : patria *f* ⟨her native soil : su tierra natal⟩

**sojourn**[1] [ˈsoːˌdʒərn, soːˈdʒərn] *vi* : pasar una temporada

**sojourn**[2] *n* : estadía *f*, estancia *f*, permanencia *f*

**sol** [ˈsoːl] *n* **1** : sol *m* (en el canto) **2** : sol *m* (unidad monetaria)

**solace** [ˈsɑləs] *n* : consuelo *m*

**solar** [ˈsoːlər] *adj* : solar ⟨the solar system : el sistema solar⟩ ⟨solar energy/power : energía solar⟩

**sold** → **sell**

**solder**[1] [ˈsɑdər, ˈsɔ-] *vt* : soldar

**solder**[2] *n* : soldadura *f*

**soldier**[1] [ˈsoːldʒər] *vi* : servir como soldado

**soldier**[2] *n* : soldado *mf*

**sole**[1] [ˈsoːl] *adj* : único

**sole**[2] *n* **1** : suela *f* (de un zapato) **2** : lenguado *m* (pez)

**solely** [ˈsoːli] *adv* : únicamente, sólo

**solemn** [ˈsɑləm] *adj* : solemne, serio — **solemnly** *adv*

**solemnity** [səˈlɛmnəti] *n, pl* **-ties** : solemnidad *f*

**sol–fa** [ˌsoːlˈfɑ] *n* : solfeo *m*

**solicit** [səˈlɪsət] *vt* : solicitar

**solicitous** [səˈlɪsətəs] *adj* : solícito

**solicitude** [səˈlɪsəˌtuːd, -ˌtjuːd] *n* : solicitud *f*

**solid**[1] [ˈsɑləd] *adj* **1** : macizo ⟨a solid rubber ball : una bola maciza de caucho⟩ **2** CUBIC : tridimensional **3** COMPACT : compacto, denso **4** STURDY : sólido **5** CONTINUOUS : seguido, continuo ⟨two solid hours : dos horas seguidas⟩ ⟨a solid line : una línea continua⟩ **6** UNANIMOUS : unánime **7** DEPENDABLE : serio, fiable **8** PURE : macizo, puro ⟨solid gold : oro macizo⟩

**solid**[2] *n* : sólido *m*

**solidarity** [ˌsɑləˈdærəti] *n* : solidaridad *f*

**solidify** [səˈlɪdəˌfaɪ] *v* **-fied; -fying** *vt* : solidificar — *vi* : solidificarse

**solidity** [səˈlɪdəti] *n, pl* **-ties** : solidez *f*

**solidly** [ˈsɑlədli] *adv* **1** : sólidamente **2** UNANIMOUSLY : unánimemente

**soliloquy** [səˈlɪləkwi] *n, pl* **-quies** : soliloquio *m*

**solitaire** [ˈsɑləˌtɛr] *n* : solitario *m*

**solitary** [ˈsɑləˌtɛri] *adj* **1** ALONE : solitario **2** SECLUDED : apartado, retirado **3** SINGLE : solo

**solitude** [ˈsɑləˌtuːd, -ˌtjuːd] *n* : soledad *f*

**solo**[1] [ˈsoːˌloː] *vi* : volar en solitario (dícese de un piloto)

**solo**[2] *adv & adj* : en solitario, a solas

**solo**[3] *n, pl* **solos** : solo *m*

**soloist** [ˈsoːloɪst] *n* : solista *mf*

**solstice** [ˈsɑlstɪs] *n* : solsticio *m*

**soluble** [ˈsɑljəbəl] *adj* : soluble

**solution** [səˈluːʃən] *n* : solución *f*

**solve** [ˈsɑlv] *vt* **solved; solving** : resolver, solucionar

**solvency** [ˈsɑlvənʧsi] *n* : solvencia *f*

**solvent** [ˈsɑlvənt] *n* : solvente *m*

**somber** [ˈsʌmbər] *adj* **1** DARK : sombrío, oscuro ⟨somber colors : colores oscuros⟩ **2** GRAVE : sombrío, serio **3** MELANCHOLY : sombrío, lúgubre

**sombrero** [səmˈbrɛrˌoː] *n, pl* **-ros** : sombrero *m* (mexicano)

**some**[1] [ˈsʌm] *adv* **1** : unos, unas ⟨some 80 people came, 80-some people came : unas 80 personas vinieron⟩ **2** : un poco ⟨he helped me some *fam* : me ayudó un poco⟩ ⟨I need to work on it some more : necesito pulirlo un poco más⟩

**some**[2] *adj* **1** : un, algún ⟨some lady stopped me : una mujer me detuvo⟩ ⟨some distant galaxy : alguna galaxia lejana⟩ ⟨there must be some mistake : debe de haber algún error⟩ **2** : algo de, un poco de ⟨he drank some water : tomó (un poco de) agua⟩ **3** : unos ⟨do you want some apples? : ¿quieres unas manzanas?⟩ ⟨some years ago : hace varios años⟩ **4** *fam* (*expressing approval*) ⟨that was some game! : ¡vaya partido!⟩ **5** *fam* (*expressing disapproval*) ⟨you've got some nerve! : ¡qué cara tienes!⟩ ⟨some friend he is! : ¡qué clase de amigo!⟩

**some**[3] *pron* **1** : algunos ⟨some went, others stayed : algunos se fueron, otros se quedaron⟩ ⟨some of my friends : algunos de mis amigos⟩ ⟨some of the movies : algunas de las películas⟩ **2** : un poco, algo ⟨there's some left : queda un poco⟩ ⟨some of the cake : parte del pastel⟩ ⟨I have gum; do you want some? : tengo chicle, ¿quieres?⟩

**somebody** [ˈsʌmbədi, -ˌbɑdi] *pron* : alguien

**someday** [ˈsʌmˌdeɪ] *adv* : algún día

**somehow** [ˈsʌmˌhaʊ] *adv* **1** : de alguna manera, de algún modo ⟨I'll do it somehow : lo haré de alguna manera⟩ **2** : por alguna razón ⟨somehow I don't trust her : por alguna razón no me fío de ella⟩

**someone** [ˈsʌmˌwʌn] *pron* : alguien

**someplace** [ˈsʌmˌpleɪs] → **somewhere**

**somersault**[1] [ˈsʌmərˌsɔlt] *vi* : dar volteretas, dar un salto mortal

**somersault**[2] *n* : voltereta *f*, salto *m* mortal

**something** [ˈsʌmθɪŋ] *pron* : algo ⟨I want something else : quiero otra cosa⟩ ⟨she's writing a novel or something : está escribiendo una novela o no sé qué⟩

**sometime** [ˈsʌmˌtaɪm] *adv* : algún día, en algún momento ⟨somethime next month : durante el mes que viene⟩

**sometimes** [ˈsʌmˌtaɪmz] *adv* : a veces, algunas veces, de vez en cuando

**somewhat** [ˈsʌmˌhwɑt, -ˌhwɑt] *adv* : algo, un tanto

**somewhere** [ˈsʌmˌhwɛr] *adv* **1** (*indicating location*) : en algún lugar ⟨it must be somewhere else : estará en otra parte⟩ **2** (*indicating destination*) : a algún lugar ⟨she went somewhere else : fue a otra parte⟩ **3** APPROXIMATELY : alrededor de ⟨somewhere around a thousand dollars : alrededor de mil dólares⟩ ⟨he's somewhere in his thirties : tiene unos treinta años, tiene treinta y tantos/pico⟩

**son** [ˈsʌn] *n* : hijo *m*

**sonar** [ˈsoːˌnɑr] *n* : sonar *m*

**sonata** [səˈnɑtə] *n* : sonata *f*

**song** [ˈsɔŋ] *n* : canción *f*, canto *m* (de un pájaro)

**songbird** [ˈsɔŋˌbərd] *n* : pájaro *m* cantor

**songbook** [ˈsɔŋˌbʊk] *n* : cancionero *m*

**songwriter** [ˈsɔŋˌraɪtər] *n* : compositor *m*, -tora *f*

**sonic** [ˈsɑnɪk] *adj* **1** : sónico **2 sonic boom** : estampido *m* sónico

**son–in–law** [ˈsʌnɪnˌlɔ] *n, pl* **sons–in–law** : yerno *m*, hijo *m* político

**sonnet** [ˈsɑnət] *n* : soneto *m*

**son of a bitch** *n, pl* **sons of bitches** *sometimes offensive* : hijo *m* de puta *sometimes offensive*

**sonorous** [ˈsɑnərəs, səˈnorəs] *adj* : sonoro

**soon** [ˈsuːn] *adv* **1** : pronto, dentro de poco ⟨he'll arrive soon : llegará pronto⟩ **2** QUICKLY : pronto ⟨as soon as possible : lo más pronto posible⟩ ⟨the sooner the better : cuanto antes mejor⟩ **3** : de buena gana ⟨I'd sooner walk : prefiero caminar⟩

**soot** [ˈsʊt, ˈsuːt, ˈsʌt] *n* : hollín *m*, tizne *m*

**soothe** [ˈsuːð] *vt* **soothed; soothing 1** CALM : calmar, tranquilizar **2** RELIEVE : aliviar

**soothsayer** [ˈsuːθˌseɪər] *n* : adivino *m*, -na *f*

**sooty** [ˈsʊṭi, ˈsuː-, ˈsʌ-] *adj* **sootier; -est** : cubierto de hollín, tiznado

**sop¹** [ˈsɑp] *vt* **sopped; sopping 1** DIP : mojar **2** SOAK : empapar **3 to sop up** : rebañar, absorber

**sop²** *n* **1** CONCESSION : concesión *f* **2** BRIBE : soborno *m*

**sophisticated** [səˈfɪstəˌkeɪṭəd] *adj* **1** : sofisticado **2** COMPLEX : complejo

**sophistication** [səˌfɪstəˈkeɪʃən] *n* **1** COMPLEXITY : complejidad *f* **2** : sofisticación *f*

**sophomore** [ˈsɑfˌmor, ˈsɑfəˌmor] *n* : estudiante *mf* de segundo año

**sophistry** [ˈsɑfəstri] *n* : sofistería *f*

**soporific** [ˌsɑpəˈrɪfɪk, ˌsoː-] *adj* : soporífero

**soprano** [səˈpræˌnoː] *n, pl* **-nos** : soprano *mf*

**sorbet** [ˌsɔrˈbeɪ] *n* : sorbete *m*

**sorcerer** [ˈsɔrsərər] *n* : hechicero *m*, brujo *m*, mago *m*

**sorceress** [ˈsɔrsərəs] *n* : hechicera *f*, bruja *f*, maga *f*

**sorcery** [ˈsɔrsəri] *n* : hechicería *f*, brujería *f*

**sordid** [ˈsɔrdɪd] *adj* : sórdido

**sore¹** [ˈsɔr] *adj* **sorer; sorest 1** PAINFUL : dolorido, doloroso ⟨I have a sore throat : me duele la garganta⟩ **2** ACUTE, SEVERE : extremo, grande ⟨in sore straits : en grandes apuros⟩ **3** ANGRY : enojado, enfadado

**sore²** *n* : llaga *f*

**sorely** [ˈsɔrli] *adv* : muchísimo ⟨it was sorely needed : se necesitaba urgentemente⟩ ⟨she was sorely missed : la echaban mucho de menos⟩

**soreness** [ˈsɔrnəs] *n* : dolor *m*

**sorghum** [ˈsɔrgəm] *n* : sorgo *m*

**sorority** [səˈrɔrəṭi] *n, pl* **-ties** : hermandad *f* (de estudiantes femeninas)

**sorrel** [ˈsɔrəl] *n* **1** : alazán *m* (color o animal) **2** : acedera *f* (hierba)

**sorrow** [ˈsɑrˌoː] *n* : pesar *m*, dolor *m*, pena *f*

**sorrowful** [ˈsɑrofəl] *adj* : triste, afligido, apenado

**sorrowfully** [ˈsɑrofəli] *adv* : con tristeza

**sorry** [ˈsɑri] *adj* **sorrier; -est 1** PITIFUL : lastimero, lastimoso ⟨to be a sorry sight : tener un aspecto lamentable/horrible⟩ **2 to be sorry** : sentir, lamentar ⟨I'm sorry : lo siento⟩ ⟨I'm sorry to have to tell you that . . . : siento tener que decirte que . . .⟩ ⟨I'm sorry, but I disagree : lo siento, pero no estoy de acuerdo⟩ ⟨I'm sorry to disturb you : siento molestarlo⟩ **3 to feel sorry for** : compadecer ⟨I feel sorry for him : me da pena⟩ ⟨to feel sorry for oneself : lamentarse de su suerte⟩

**sort¹** [ˈsɔrt] *vt* **1** : dividir en grupos **2** CLASSIFY : clasificar **3 to sort out** ORGANIZE : poner en orden **4 to sort out** RESOLVE : resolver

**sort²** *n* **1** KIND : tipo *m*, clase *f* ⟨a sort of writer : una especie de escritor⟩ ⟨all sorts of : todo tipo de⟩ **2** NATURE : índole *f* **3 of the sort** ⟨I said nothing of the sort : no dije nada semejante⟩ **4 of sorts** *or* **of a sort** ⟨he's a poet of sorts : es poeta, si se le puede llamar así⟩ **5 out of sorts** : de mal humor **6 sort of** : más o menos **7 sort of a** : una especie de

**sortie** [ˈsɔrṭi, sɔrˈtiː] *n* : salida *f*

**SOS** [ˌɛsˌoːˈsɛs] *n* : SOS *m*

**so–so** [ˈsoːˈsoː] *adj* & *adv* : así así, de modo regular

**soufflé** [suːˈfleɪ] *n* : suflé *m*

**sought** → **seek**

**soul** [ˈsoːl] *n* **1** SPIRIT : alma *f* **2** ESSENCE : esencia *f* **3** PERSON : persona *f*, alma *f*

**soulful** [ˈsoːlfəl] *adj* : conmovedor, lleno de emoción

**sound¹** [ˈsɑʊnd] *vt* **1** : sondar (en navegación) **2** *or* **to sound out** PROBE : sondear **3** : hacer sonar, tocar (una trompeta, etc.) — *vi* **1** : sonar ⟨the alarm sounded : la alarma sonó⟩ **2** SEEM : parecer

**sound²** *adj* **1** HEALTHY : sano ⟨safe and sound : sano y salvo⟩ ⟨of sound mind and body : en pleno uso de sus facultades⟩ **2** FIRM, SOLID : sólido **3** SENSIBLE : lógico, sensato **4** DEEP : profundo ⟨a sound sleep : un sueño profundo⟩

**sound³** *adv* : profundamente ⟨sound asleep : profundamente dormido⟩

**sound⁴** *n* **1** : sonido *m* ⟨the speed of sound : la velocidad del sonido⟩ **2** NOISE : sonido *m*, ruido *m* ⟨I heard a sound : oí un sonido⟩ **3** CHANNEL : brazo *m* de mar, canal *m* (ancho)

**soundless** [ˈsaʊndləs] *adj* : sordo

**soundlessly** [ˈsaʊndləslɪ] *adv* : silenciosamente

**soundly** [ˈsaʊndlɪ] *adv* **1** SOLIDLY : sólidamente **2** SENSIBLY : lógicamente, sensatamente **3** DEEPLY : profundamente ⟨sleeping soundly : durmiendo profundamente⟩

**soundness** [ˈsaʊndnəs] *n* **1** SOLIDITY : solidez *f* **2** SENSIBLENESS : sensatez *f*, solidez *f*

**soundproof** [ˈsaʊndˌpruːf] *adj* : insonorizado

**sound system** *n* : equipo *m* de sonido

**soundtrack** [ˈsaʊndˌtræk] *n* : banda *f* sonora

**sound wave** *n* : onda *f* sonora

**soup** [ˈsuːp] *n* : sopa *f*

**sour¹** [ˈsaʊər] *vi* : agriarse, cortarse (dícese de la leche) — *vt* : agriar, cortar (leche)

**sour²** *adj* **1** ACID : agrio, ácido (dícese de la fruta, etc.), cortado (dícese de la leche) **2** DISAGREEABLE : desagradable, agrio

**source** [ˈsɔrs] *n* : fuente *f*, origen *m*, nacimiento *m* (de un río)

**sourness** [ˈsaʊərnəs] *n* : acidez *f*

**soursop** [ˈsaʊərˌsɑp] *n* : guanábana *f*

**south¹** [ˈsaʊθ] *adv* : al sur, hacia el sur ⟨the window looks south : la ventana mira al sur⟩ ⟨she continued south : continuó hacia el sur⟩

**south²** *adj* : sur, del sur ⟨the south entrance : la entrada sur⟩ ⟨South America : Sudamérica, América del Sur⟩

**south³** *n* : sur *m*

**South African** *n* : sudafricano *m*, -na *f* — **South African** *adj*

**South American¹** *adj* : sudamericano, suramericano

**South American²** *n* : sudamericano *m*, -na *f*; suramericano *m*, -na *f*

**southbound** [ˈsaʊθˌbaʊnd] *adj* : con rumbo al sur

**southeast¹** [saʊˈθiːst] *adj* : sureste, sudeste, del sureste

**southeast²** *n* : sureste *m*, sudeste *m*

**southeasterly** [saʊˈθiːstərlɪ] *adv & adj* **1** : del sureste (dícese del viento) **2** : hacia el sureste

**southeastern** [saʊˈθiːstərn] *adj* → **southeast¹**

**southerly** [ˈsʌðərlɪ] *adv & adj* : del sur

**southern** [ˈsʌðərn] *adj* : sur, sureño, meridional, austral ⟨a southern city : una ciudad del sur del país, una ciudad meridional⟩ ⟨the southern side : el lado sur⟩

**Southerner** [ˈsʌðərnər] *n* : sureño *m*, -ña *f*

**South Pole** : Polo *m* Sur

**southward** [ˈsaʊθwərd] *or* **southwards** [-wərdz] *adv & adj* : hacia el sur

**southwest¹** [saʊθˈwɛst, as a nautical term often saʊˈwɛst] *adj* : suroeste, sudoeste, del suroeste

**southwest²** *n* : suroeste *m*, sudoeste *m*

**southwesterly** [saʊθˈwɛstərlɪ] *adv & adj* **1** : del suroeste (dícese del viento) **2** : hacia el suroeste

**southwestern** [saʊθˈwɛstərn] *adj* → **southwest¹**

**souvenir** [ˌsuːvəˈnɪr, ˈsuːvəˌr-] *n* : recuerdo *m*, souvenir *m*

**sovereign¹** [ˈsɑvərən] *adj* : soberano

**sovereign²** *n* **1** : soberano *m*, -na *f* (monarca) **2** : soberano *m* (moneda)

**sovereignty** [ˈsɑvərənti] *n, pl* **-ties** : soberanía *f*

**Soviet** [ˈsoːviˌɛt, ˈsɑ-, -viət] *adj* : soviético

**sow¹** [ˈsoː] *vt* **sowed; sown** [ˈsoːn] *or* **sowed; sowing 1** PLANT : sembrar **2** SCATTER : esparcir

**sow²** [ˈsaʊ] *n* : cerda *f*

**sox** → **sock**

**soy** [ˈsɔɪ] *n* : soya *f*, soja *f*

**soybean** [ˈsɔɪˌbiːn] *n* : soya *f*, soja *f*

**spa** [ˈspɑ] *n* : balneario *m*

**space¹** [ˈspeɪs] *vt* **spaced; spacing** : espaciar

**space²** *n* **1** PERIOD : espacio *m*, lapso *m*, período *m* **2** ROOM : espacio *m*, sitio *m*, lugar *m* ⟨is there space for me? : ¿hay sitio para mí?⟩ **3** : espacio *m* ⟨blank space : espacio en blanco⟩ **4** : espacio *m* (en física) **5** PLACE : plaza *f*, sitio *m* ⟨to reserve space : reservar plazas⟩ ⟨parking space : sitio para estacionarse⟩

**spacecraft** [ˈspeɪsˌkræft] *n* : nave *f* espacial

**spaceflight** [ˈspeɪsˌflaɪt] *n* : vuelo *m* espacial

**spaceman** [ˈspeɪsmən, -ˌmæn] *n, pl* **-men** [-mən, -ˌmɛn] : astronauta *m*, cosmonauta *m*

**spaceship** [ˈspeɪsˌʃɪp] *n* : nave *f* espacial

**space shuttle** *n* : transbordador *m* espacial

**space station** *n* : estación *f* espacial

**space suit** *n* : traje *m* espacial

**spacious** [ˈspeɪʃəs] *adj* : espacioso, amplio

**spade¹** [ˈspeɪd] *v* **spaded; spading** *vt* : palear — *vi* : usar una pala

**spade²** *n* **1** SHOVEL : pala *f* **2** : pica *f* (naipe)

**spaghetti** [spəˈgɛtɪ] *n* : espagueti *m*, espaguetis *mpl*, spaghetti *mpl*

**spam¹** [ˈspæm] *vt* **spammed; spamming** : enviarle spam a

**spam²** *n* : spam *m*, correo *m* electrónico no solicitado

**Spam** *trademark* se usa para un tipo de carne enlatada

**span¹** [ˈspæn] *vt* **spanned; spanning** : abarcar (un período de tiempo), extenderse sobre (un espacio)

**span²** *n* **1** : lapso *m*, espacio *m* (de tiempo) ⟨life span : duración de la vida⟩ **2** : luz *f* (entre dos soportes)

**spangle** [ˈspæŋgəl] *n* : lentejuela *f*
**Spaniard** [ˈspænjərd] *n* : español *m*, -ñola *f*
**spaniel** [ˈspænjəl] *n* : spaniel *m*
**Spanish**[1] [ˈspæniʃ] *adj* : español
**Spanish**[2] *n* **1** : español *m* (idioma) **2 the Spanish** (*used with a plural verb*) : los españoles
**spank** [ˈspæŋk] *vt* : darle nalgadas (a alguien)
**spar**[1] [ˈspɑr] *vi* **sparred; sparring** : entrenarse (en boxeo)
**spar**[2] *n* : palo *m*, verga *f* (de un barco)
**spare**[1] [ˈspɛr] *vt* **spared; sparing 1** : perdonar ⟨to spare someone's life : perdonarle la vida a alguien⟩ ⟨to spare someone's feelings : no herir los sentimientos de alguien⟩ ⟨the fire spared their house : su casa se salvó del fuego⟩ **2** SAVE : ahorrar, evitar ⟨he spared us the trouble/embarrassment : nos ahorró la molestia/vergüenza⟩ ⟨spare me the details : ahórrate los detalles⟩ ⟨she was spared (from) punishment : se libró del castigo⟩ **3** : prescindir de ⟨I can't spare her : no puedo prescindir de ella⟩ ⟨I can't spare the time : no me da el tiempo⟩ ⟨can you spare a dollar? : ¿me das un dólar?⟩ ⟨can you spare a minute? : ¿tienes un momento?⟩ **4** STINT : escatimar ⟨they spared no expense : no repararon en gastos⟩ **5 to spare** : de sobra
**spare**[2] *adj* **sparer; sparest 1** : de repuesto, de recambio ⟨spare tire : llanta de repuesto⟩ **2** EXCESS, EXTRA : de más, de sobra, libre ⟨spare time : tiempo libre⟩ ⟨spare room : cuarto de huéspedes⟩ **3** LEAN : delgado
**spare**[3] *n or* **spare part** : repuesto *m*, recambio *m*
**sparing** [ˈspɛrɪŋ] *adj* : parco, económico — **sparingly** *adv*
**spark**[1] [ˈspɑrk] *vi* : chispear, echar chispas — *vt* PROVOKE : despertar, provocar ⟨to spark interest : despertar interés⟩
**spark**[2] *n* **1** : chispa *f* ⟨to throw off sparks : echar chispas⟩ **2** GLIMMER, TRACE : destello *m*, pizca *f*
**sparkle**[1] [ˈspɑrkəl] *vi* **-kled; -kling 1** FLASH, SHINE : destellar, centellear, brillar **2** : estar muy animado (dícese de una conversación, etc.)
**sparkle**[2] *n* : destello *m*, centelleo *m*
**sparkler** [ˈspɑrklər] *n* : luz *f* de bengala
**spark plug** *n* : bujía *f*
**sparrow** [ˈspæroː] *n* : gorrión *m*
**sparse** [ˈspɑrs] *adj* **sparser; sparsest** : escaso — **sparsely** *adv*
**spasm** [ˈspæzəm] *n* **1** : espasmo *m* (muscular) **2** BURST, FIT : arrebato *m*
**spasmodic** [spæzˈmɑdɪk] *adj* **1** : espasmódico **2** SPORADIC : irregular, esporádico — **spasmodically** [-dɪkli] *adv*
**spastic** [ˈspæstɪk] *adj* : espástico
**spat**[1] → **spit**[1]
**spat**[2] [ˈspæt] *n* : discusión *f*, disputa *f*, pelea *f*
**spate** [ˈspeɪt] *n* : avalancha *f*, torrente *m*
**spatial** [ˈspeɪʃəl] *adj* : espacial
**spatter**[1] [ˈspætər] *v* : salpicar
**spatter**[2] *n* : salpicadura *f*
**spatula** [ˈspætʃələ] *n* : espátula *f*, paleta *f* (para servir)
**spawn**[1] [ˈspɔn] *vi* : desovar — *vt* GENERATE : generar, producir
**spawn**[2] *n* : hueva *f*
**spay** [ˈspeɪ] *vt* : esterilizar (una perra, etc.)
**speak** [ˈspiːk] *v* **spoke** [ˈspoːk]; **spoken** [ˈspoːkən]; **speaking** *vi* **1** TALK : hablar ⟨to speak to/with someone : hablar con alguien⟩ ⟨who's speaking? : ¿de parte de quien?⟩ ⟨so to speak : por así decirlo⟩ ⟨generally speaking : por lo general, generalmente⟩ ⟨they're not speaking (to each other) : no se hablan⟩ ⟨she spoke at the conference : habló en el congreso⟩ ⟨she spoke well of you : habló bien de ti⟩ **2 to be spoken for** : estar reservado (dícese de un asiento, etc.), estar comprometido (dícese de una persona) **3 to speak for** : hablar en nombre de ⟨speak for yourself! : ¡habla por ti mismo!⟩ **4 to speak of** SIGNIFICANT : significante, que merece comentario ⟨there's been no progress to speak of : no han avanzado nada⟩ **5 to speak of** MENTION : mencionar ⟨(and) speaking of which . . . : a propósito . . .⟩ **6 to speak out** : hablar claramente **7 to speak out against** : denunciar **8 to speak up** : hablar en voz alta **9 to speak up for** : defender — *vt* **1** SAY : decir ⟨she spoke her mind : habló con franqueza⟩ **2** : hablar (un idioma)
**speaker** [ˈspiːkər] *n* **1** : hablante *mf* ⟨a native speaker : un hablante nativo⟩ **2** : orador *m*, -dora *f* ⟨the keynote speaker : el orador principal⟩ **3** LOUDSPEAKER : altavoz *m*, altoparlante *m*
**spear**[1] [ˈspɪr] *vt* : atravesar con una lanza
**spear**[2] *n* : lanza *f*
**spearhead**[1] [ˈspɪrˌhɛd] *vt* : encabezar
**spearhead**[2] *n* : punta *f* de lanza
**spearmint** [ˈspɪrmɪnt] *n* : menta *f* verde
**special** [ˈspɛʃəl] *adj* : especial ⟨nothing special : nada en especial, nada en particular⟩ — **specially** *adv*
**special delivery** *n* : correo *m* urgente
**special effects** *npl* : efectos *mpl* especiales
**specialist** [ˈspɛʃəlɪst] *n* : especialista *mf*
**specialization** [ˌspɛʃələˈzeɪʃən] *n* : especialización *f*
**specialize** [ˈspɛʃəˌlaɪz] *vi* **-ized; -izing** : especializarse
**specialty** [ˈspɛʃəlti] *n, pl* **-ties** : especialidad *f*
**species** [ˈspiːˌʃiːz, -ˌsiːz] *ns & pl* : especie *f*
**specific** [spɪˈsɪfɪk] *adj* : específico, determinado — **specifically** [-fɪkli] *adv*
**specification** [ˌspɛsəfəˈkeɪʃən] *n* : especificación *f*
**specify** [ˈspɛsəˌfaɪ] *vt* **-fied; -fying** : especificar
**specimen** [ˈspɛsəmən] *n* **1** SAMPLE : espécimen *m*, muestra *f* **2** EXAMPLE : espécimen *m*, ejemplar *m*
**speck** [ˈspɛk] *n* **1** SPOT : manchita *f* **2** BIT, TRACE : mota *f*, pizca *f*, ápice *m*

**speckled** [ˈspɛkəld] *adj* : moteado
**spectacle** [ˈspɛktɪkəl] *n* **1** : espectáculo *m* **2 spectacles** *npl* GLASSES : lentes *fpl*, gafas *fpl*, anteojos *mpl*, espejuelos *mpl*
**spectacular** [spɛkˈtækjələr] *adj* : espectacular
**spectator** [ˈspɛkˌteɪtər] *n* : espectador *m*, -dora *f*
**specter** *or* **spectre** [ˈspɛktər] *n* : espectro *m*, fantasma *m*
**spectrum** [ˈspɛktrəm] *n, pl* **spectra** [-trə] *or* **spectrums** **1** : espectro *m* (de colores, etc.) **2** RANGE : gama *f*, abanico *m*
**speculate** [ˈspɛkjəˌleɪt] *vi* **-lated; -lating** **1** : especular (en finanzas) **2** WONDER : preguntarse, hacer conjeturas
**speculation** [ˌspɛkjəˈleɪʃən] *n* : especulación *f*
**speculative** [ˈspɛkjəˌleɪtɪv] *adj* : especulativo
**speculator** [ˈspɛkjəˌleɪtər] *n* : especulador *m*, -dora *f*
**speech** [ˈspiːtʃ] *n* **1** : habla *f*, modo *m* de hablar, expresión *f* **2** ADDRESS : discurso *m*
**speechless** [ˈspiːtʃləs] *adj* : enmudecido, estupefacto
**speed**[1] [ˈspiːd] *v* **sped** [ˈspɛd] *or* **speeded; speeding** *vi* **1** : ir a toda velocidad, correr a toda prisa ⟨he sped off : se fue a toda velocidad⟩ **2** : conducir a exceso de velocidad — *vt* **to speed up** : acelerar
**speed**[2] *n* **1** SWIFTNESS : rapidez *f* **2** VELOCITY : velocidad *f*
**speedboat** [ˈspiːdˌboːt] *n* : lancha *f* motora (rápida), deslizador *m*
**speed bump** *n* : badén *m*
**speeding** [ˈspiːdɪŋ] *n* : exceso *m* de velocidad ⟨he was stopped/ticketed for speeding : lo pararon/multaron por exceso de velocidad⟩
**speed limit** *n* : velocidad *f* máxima, límite *m* de velocidad
**speedometer** [spɪˈdɑmətər] *n* : velocímetro *m*
**speedup** [ˈspiːdˌʌp] *n* : aceleración *f*
**speedy** [ˈspiːdi] *adj* **speedier; -est** : rápido — **speedily** [-dəli] *adv*
**spell**[1] [ˈspɛl] *vt* **1** : escribir, deletrear (verbalmente) ⟨how do you spell it? : ¿cómo se escribe?, ¿cómo se deletrea?⟩ **2** MEAN : significar ⟨that could spell trouble : eso puede significar problemas⟩ **3** RELIEVE : relevar **4 to spell out** EXPLAIN : explicar en detalle — *vi* : escribir correctamente, deletrear (verbalmente)
**spell**[2] *n* **1** TURN : turno *m* **2** PERIOD, TIME : período *m* (de tiempo) ⟨a dry spell : un período de sequía⟩ ⟨a cold spell : una ola de frío⟩ **3** : condición *f* pasajera ⟨a fainting spell : un desmayo⟩ ⟨a dizzy spell : un mareo⟩ **4** ENCHANTMENT : encanto *m*, hechizo *m*, maleficio *m*
**spellbinding** [ˈspɛlˌbaɪndɪŋ] *adj* : hipnotizador
**spellbound** [ˈspɛlˌbaʊnd] *adj* : embelesado
**spell–check**[1] [ˈspɛlˌtʃɛk] *vt* : corregir (la ortografía de), pasar el corrector ortográfico a
**spell–check**[2] *n* : corrección *f* ortográfica
**spellchecker** [ˈspɛlˌtʃɛkər] *n* : corrector *m* ortográfico
**speller** [ˈspɛlər] *n* : persona *f* que escribe ⟨she's a good speller : tiene buena ortografía⟩
**spelling** [ˈspɛlɪŋ] *n* : ortografía *f*
**spend** [ˈspɛnd] *vt* **spent** [ˈspɛnt]; **spending** **1** : gastar (dinero, etc.) **2** PASS : pasar (el tiempo) ⟨to spend time on : dedicar tiempo a⟩
**spendthrift** [ˈspɛndˌθrɪft] *n* : derrochador *m*, -dora *f*; despilfarrador *m*, -dora *f*
**sperm** [ˈspərm] *n, pl* **sperm** *or* **sperms** : esperma *mf*
**sperm whale** *n* : cachalote *m*
**spew** [ˈspjuː] *vi* : salir a chorros — *vt* : vomitar, arrojar (lava, etc.)
**sphere** [ˈsfɪr] *n* : esfera *f*
**spherical** [ˈsfɪrɪkəl, ˈsfɛr-] *adj* : esférico
**sphinx** [ˈsfɪŋks] *n* : esfinge *f*
**spice**[1] [ˈspaɪs] *vt* **spiced; spicing** **1** SEASON : condimentar, sazonar **2** *or* **to spice up** : salpimentar, hacer más interesante
**spice**[2] *n* **1** : especia *f* **2** FLAVOR, INTEREST : sabor *m* ⟨the spice of life : la sal de la vida⟩
**spick–and–span** [ˈspɪkənˈdˈspæn] *adj* : limpio y ordenado
**spiciness** [ˈspaɪsinəs] *n* : picante *m*, lo picante
**spicy** [ˈspaɪsi] *adj* **spicier; -est** **1** SPICED : condimentado, sazonado **2** HOT : picante **3** RACY : picante
**spider** [ˈspaɪdər] *n* : araña *f*
**spiderweb** [ˈspaɪdərˌwɛb] *n* : telaraña *f*, tela *f* de araña
**spiel** [ˈspiːl] *n* : rollo *m*, perorata *f*
**spigot** [ˈspɪgət, -kət] *n* : llave *f*; grifo *m*; canilla *f Arg, Uru*
**spike**[1] [ˈspaɪk] *vt* **spiked; spiking** **1** FASTEN : clavar (con clavos grandes) **2** PIERCE : atravesar **3** : añadir alcohol a ⟨he spiked her drink with rum : le puso ron a la bebida⟩
**spike**[2] *n* **1** : clavo *m* grande **2** CLEAT : clavo *m* **3** : remache *m* (en voleibol) **4** PEAK : pico *m*
**spill**[1] [ˈspɪl] *vt* **1** SHED : derramar, verter ⟨to spill blood : derrame sangre⟩ **2** DIVULGE : revelar, divulgar — *vi* : derramarse
**spill**[2] *n* **1** SPILLING : derrame *m*, vertido *m* ⟨oil spill : derrame de petróleo⟩ **2** FALL : caída *f*
**spin**[1] [ˈspɪn] *v* **spun** [ˈspʌn]; **spinning** *vi* **1** : hilar **2** TURN : girar ⟨the car spun out of control : el auto giró fuera de control⟩ ⟨he spun around to look at me : se dio la vuelta para mirarme⟩ **3** REEL : dar vueltas ⟨my head is spinning : la cabeza me está dando vueltas⟩ — *vt* **1** : hilar (hilo, etc.) **2** : tejer ⟨to spin a web : tejer una telaraña⟩ **3** TWIRL : hacer girar **4** : darle un sesgo positivo a (en política) **5 to spin a yarn/tale** : contar un cuento **6 to spin one's wheels** *fam* STAGNATE : estancarse
**spin**[2] *n* : vuelta *f*, giro *m* ⟨to go for a spin : dar una vuelta (en coche)⟩

**spinach** ['spɪnɪtʃ] *n* : espinacas *fpl*, espinaca *f*
**spinal** ['spaɪnəl] *adj* : espinal
**spinal column** *n* BACKBONE : columna *f* vertebral
**spinal cord** *n* : médula *f* espinal
**spindle** ['spɪndəl] *n* **1** : huso *m* (para hilar) **2** : eje *m* (de un mecanismo)
**spindly** ['spɪndlɪ] *adj* : larguirucho *fam*, largo y débil (dícese de una planta)
**spin doctor** *n* : portavoz *mf*
**spine** ['spaɪn] *n* **1** BACKBONE : columna *f* vertebral, espina *f* dorsal **2** QUILL : púa *f* (de un animal) **3** THORN : espina *f* **4** : lomo *m* (de un libro)
**spineless** ['spaɪnləs] *adj* **1** : sin púas, sin espinas **2** INVERTEBRATE : invertebrado **3** WEAK : débil (de carácter)
**spinster** ['spɪnʃtər] *n* : soltera *f*
**spiny** ['spaɪnɪ] *adj* **spinier; -est** : con púas (dícese de los animales), espinoso (dícese de las plantas)
**spiral**[1] ['spaɪrəl] *vi* **-raled** *or* **-ralled; -raling** *or* **-ralling** : ir en espiral
**spiral**[2] *adj* : espiral, en espiral ⟨a spiral staircase : una escalera de caracol⟩
**spiral**[3] *n* : espiral *f*
**spire** ['spaɪr] *n* : aguja *f*
**spirit**[1] ['spɪrət] *vt* **to spirit away** : hacer desaparecer
**spirit**[2] *n* **1** : espíritu *m* ⟨body and spirit : cuerpo y espíritu⟩ **2** GHOST : espíritu *m*, fantasma *m* **3** MOOD : espíritu *m*, humor *m* ⟨in the spirit of friendship : en el espíritu de amistad⟩ ⟨to be in good spirits : estar de buen humor⟩ **4** ENTHUSIASM, VIVACITY : espíritu *m*, ánimo *m*, brío *m* **5 spirits** *npl* : licores *mpl*
**spirited** ['spɪrəṭəd] *adj* : animado, enérgético
**spiritless** ['spɪrətləs] *adj* : desanimado
**spiritual**[1] ['spɪrɪtʃʊəl, -tʃəl] *adj* : espiritual — **spiritually** *adv*
**spiritual**[2] *n* : espiritual *m* (canción)
**spiritualism** ['spɪrɪtʃʊəˌlɪzəm, -tʃə-] *n* : espiritismo *m*
**spiritualist** ['spɪrɪtʃʊəlɪst, -tʃə-] *n* : médium *mf*, espiritista *mf*
**spirituality** [ˌspɪrɪtʃʊˈæləṭɪ] *n, pl* **-ties** : espiritualidad *f*
**spit**[1] ['spɪt] *v* **spit** *or* **spat** ['spæt]; **spitting** : escupir
**spit**[2] *n* **1** SALIVA : saliva *f* **2** ROTISSERIE : asador *m* **3** POINT : lengua *f* (de tierra)
**spite**[1] ['spaɪt] *vt* **spited; spiting** : fastidiar, molestar
**spite**[2] *n* **1** : despecho *m*, rencor *m* **2 in spite of** : a pesar de (que), pese a (que)
**spiteful** ['spaɪtfəl] *adj* : malicioso, rencoroso
**spitting image** *n* **to be the spitting image of** : ser el vivo retrato de
**spittle** ['spɪṭəl] *n* : saliva *f*
**splash**[1] ['splæʃ] *vt* : salpicar — *vi* **1** : salpicar **2 to splash around** : chapotear
**splash**[2] *n* **1** SPLASHING : salpicadura *f* **2** SQUIRT : chorrito *m* **3** SPOT : mancha *f*
**splatter** ['splæṭər] → **spatter**
**splay** ['spleɪ] *vt* : extender (hacia afuera) ⟨to splay one's fingers : abrir los dedos⟩ — *vi* : extenderse (hacia afuera)
**spleen** ['spliːn] *n* **1** : bazo *m* (órgano) **2** ANGER, SPITE : ira *f*, rencor *m*
**splendid** ['splendəd] *adj* : espléndido — **splendidly** *adv*
**splendor** ['splendər] *n* : esplendor *m*
**splice**[1] ['splaɪs] *vt* **spliced; splicing** : empalmar, unir
**splice**[2] *n* : empalme *m*, unión *f*
**splint** ['splɪnt] *n* : tablilla *f*
**splinter**[1] ['splɪntər] *vt* : astillar — *vi* : astillarse
**splinter**[2] *n* : astilla *f*
**split**[1] ['splɪt] *v* **split; splitting** *vt* **1** CLEAVE : partir, hender ⟨to split wood : partir madera⟩ **2** BURST : romper, rajar ⟨to split open : abrir⟩ **3** DIVIDE, SHARE : dividir, repartir — *vi* **1** : partirse (dícese de la madera, etc.) **2** BURST, CRACK : romperse, rajarse **3** *or* **to split up** : dividirse
**split**[2] *n* **1** CRACK : rajadura *f* **2** TEAR : rotura *f* **3** DIVISION : división *f*, escisión *f*
**splurge**[1] ['splərdʒ] *v* **splurged; splurging** *vt* : derrochar — *vi* : derrochar dinero
**splurge**[2] *n* : derroche *m*
**splutter** ['splʌṭər] *vi* **1** : balbucear (dícese de una persona) **2** SPUTTER : petardear (dícese de un motor)
**spoil**[1] ['spɔɪl] *vt* **1** PILLAGE : saquear **2** RUIN : estropear, arruinar **3** PAMPER : consentir, mimar — *vi* : estropearse, echarse a perder
**spoil**[2] *n* PLUNDER : botín *m*
**spoiled** ['spɔɪld, 'spɔɪlt] *adj* **1** : estropeado, cortado (dícese de la comida) **2** PAMPERED : consentido
**spoilsport** ['spɔɪlˌspɔrt] *n* : aguafiestas *mf*
**spoke**[1] → **speak**
**spoke**[2] ['spoːk] *n* : rayo *m* (de una rueda)
**spoken** → **speak**
**spokesman** ['spoːksmən] *n, pl* **-men** [-mən, -ˌmɛn] : portavoz *mf*; vocero *m*, -ra *f*
**spokesperson** ['spoːksˌpərsən] *n* : portavoz *mf*; vocero *m*, -ra *f*
**spokeswoman** ['spoːksˌwʊmən] *n, pl* **-women** [-ˌwɪmən] : portavoz *f*, vocera *f*
**sponge**[1] ['spʌnʤ] *vt* **sponged; sponging 1** : limpiar con una esponja **2** BUM, SCROUNGE : gorrear *fam*, sablear *fam* (dinero) — *vi* **to sponge off someone** : vivir a costa de alguien
**sponge**[2] *n* : esponja *f*
**sponge cake** *n* : bizcocho *m*
**sponger** ['spʌnʤər] *n* : gorrero *m*, -ra *f fam*; vividor *m*, -dora *f*; sanguijuela *f*; arrimado *m*, -da *f Mex fam*
**spongy** ['spʌnʤɪ] *adj* **spongier; -est** : esponjoso
**sponsor**[1] ['spɑnʃər] *vt* : patrocinar, auspiciar, apadrinar (a una persona)
**sponsor**[2] *n* : patrocinador *m*, -dora *f*; padrino *m*, madrina *f*
**sponsorship** ['spɑnʃərˌʃɪp] *n* : patrocinio *m*
**spontaneity** [ˌspɑntəˈniːəṭɪ, -ˈneɪ-] *n* : espontaneidad *f*

**spontaneous** [spɑnˈteɪniəs] *adj* : espontáneo — **spontaneously** *adv*
**spoof** [ˈspu:f] *n* : burla *f*, parodia *f*
**spook**[1] [ˈspu:k] *vt* : asustar
**spook**[2] *n* : fantasma *m*, espíritu *m*, espectro *m*
**spooky** [ˈspu:ki] *adj* **spookier; -est** : que da miedo, espeluznante
**spool** [ˈspu:l] *n* : carrete *m*, bobina *f*
**spoon**[1] [ˈspu:n] *vt* : comer, servir, o echar con cuchara
**spoon**[2] *n* : cuchara *f*
**spoonful** [ˈspu:nˌful] *n* : cucharada *f* ⟨by the spoonful : a cucharadas⟩
**spoor** [ˈspʊr, ˈspɔr] *n* : rastro *m*, pista *f*
**sporadic** [spɔˈrædɪk] *adj* : esporádico — **sporadically** [-dɪkli] *adv*
**spore** [ˈspɔr] *n* : espora *f*
**sport**[1] [ˈsport] *vi* FROLIC : retozar, juguetear — *vt* SHOW OFF : lucir, ostentar
**sport**[2] *n* **1** : deporte *m* ⟨outdoor sports : deportes al aire libre⟩ **2** JEST : broma *f* **3 to be a good sport** : tener espíritu deportivo
**sporting** [ˈspɔrtɪŋ] *adj* : deportivo ⟨a sporting chance : buenas posibilidades⟩
**sports car** *n* : carro *m* sport, auto *m* sport, coche *m* deportivo
**sports center** *n* : centro *m* deportivo
**sportsman** [ˈspɔrtsmən] *n, pl* **-men** [-mən, -ˌmɛn] : deportista *m*
**sportsmanship** [ˈspɔrtsmənˌʃɪp] *n* : espíritu *m* deportivo, deportividad *f Spain*
**sportswear** [ˈspɔrtsˌwɛr] *n* : ropa *f* deportiva
**sportswoman** [ˈspɔrtsˌwʊmən] *n, pl* **-women** [-ˌwɪmən] : deportista *f*
**sport–utility vehicle** *n* → **SUV**
**sporty** [ˈspɔrti] *adj* **sportier; -est** : deportivo
**spot**[1] [ˈspɑt] *v* **spotted; spotting** *vt* **1** STAIN : manchar **2** RECOGNIZE, SEE : ver, reconocer ⟨to spot an error : descubrir un error⟩ — *vi* : mancharse
**spot**[2] *adj* : hecho al azar ⟨a spot check : un vistazo, un control aleatorio⟩
**spot**[3] *n* **1** STAIN : mancha *f* **2** DOT : punto *m* **3** PIMPLE : grano *m* ⟨to break out in spots : salirle granos a alguien⟩ **4** PREDICAMENT : apuro *m*, aprieto *m*, lío *m* ⟨in a tight spot : en apuros⟩ **5** PLACE : lugar *m*, sitio *m* ⟨to be on the spot : estar en el lugar⟩
**spotless** [ˈspɑtləs] *adj* : impecable, inmaculado — **spotlessly** *adv*
**spotlight**[1] [ˈspɑtˌlaɪt] *vt* **-lighted** *or* **-lit** [-ˌlɪt]; **-lighting** **1** LIGHT : iluminar (con un reflector) **2** HIGHLIGHT : destacar, poner en relieve
**spotlight**[2] *n* **1** : reflector *m*, foco *m* **2 to be in the spotlight** : ser el centro de atención
**spotty** [ˈspɑti] *adj* **spottier; -est** : irregular, desigual
**spouse** [ˈspaʊs] *n* : cónyuge *mf*
**spout**[1] [ˈspaʊt] *vt* **1** : lanzar chorros de **2** DECLAIM : declamar — *vi* : salir a chorros
**spout**[2] *n* **1** : pico *m* (de una jarra, etc.) **2** STREAM : chorro *m*
**sprain**[1] [ˈspreɪn] *vt* : sufrir un esguince en
**sprain**[2] *n* : esguince *m*, torcedura *f*
**sprawl**[1] [ˈsprɔl] *vi* **1** LIE : tumbarse, echarse, despatarrarse **2** EXTEND : extenderse
**sprawl**[2] *n* **1** : postura *f* despatarrada **2** SPREAD : extensión *f*, expansión *f*
**spray**[1] [ˈspreɪ] *vt* : rociar (una superficie), pulverizar (un líquido)
**spray**[2] *n* **1** BOUQUET : ramillete *m* **2** MIST : rocío *m* **3** ATOMIZER : atomizador *m*, pulverizador *m*
**spray gun** *n* : pistola *f*
**spread**[1] [ˈspred] *v* **spread; spreading** *vt* **1** *or* **to spread out** : desplegar, extender **2** SCATTER, STREW : esparcir **3** SMEAR : untar (mantequilla, etc.) **4** DISSEMINATE : difundir, sembrar, propagar — *vi* **1** : difundirse, correr, propagarse **2** EXTEND : extenderse
**spread**[2] *n* **1** EXTENSION : extensión *f*, difusión *f* (de noticias, etc.), propagación *f* (de enfermedades, etc.) **2** : colcha *f* (para una cama), mantel *m* (para una mesa) **3** PASTE : pasta *f* ⟨cheese spread : pasta de queso⟩
**spreadsheet** [ˈspredˌʃi:t] *n* : hoja *f* de cálculo
**spree** [ˈspri] *n* **1** : acción *f* desenfrenada ⟨to go on a shopping spree : comprar como loco⟩ **2** BINGE : parranda *f*, juerga *f* ⟨on a spree : de parranda, de juerga⟩
**sprig** [ˈsprɪg] *n* : ramita *f*, ramito *m*
**sprightly** [ˈspraɪtli] *adj* **sprightlier; -est** : vivo, animado ⟨with a sprightly step : con paso ligero⟩
**spring**[1] [ˈsprɪŋ] *v* **sprang** [ˈspræŋ] *or* **sprung** [ˈsprʌŋ]; **sprung; springing** *vi* **1** LEAP : saltar **2** : mover rápidamente ⟨the lid sprang shut : la tapa se cerró de un golpe⟩ ⟨he sprang to his feet : se paró de un salto⟩ **3 to spring up** : brotar (dícese de las plantas), surgir **4 to spring from** : surgir de — *vt* **1** RELEASE : soltar (de repente) ⟨to spring the news on someone : sorprender a alguien con las noticias⟩ ⟨to spring a trap : hacer saltar una trampa⟩ **2** ACTIVATE : accionar (un mecanismo) **3 to spring a leak** : hacer agua
**spring**[2] *n* **1** SOURCE : fuente *f*, origen *m* **2** : manantial *m*, fuente *f* ⟨hot spring : fuente termal⟩ **3** : primavera *f* ⟨spring and summer : la primavera y el verano⟩ **4** : resorte *m*, muelle *m* (de metal, etc.) **5** LEAP : salto *m*, brinco *m* **6** RESILIENCE : elasticidad *f*
**springboard** [ˈsprɪŋˌbɔrd] *n* : trampolín *m*
**spring cleaning** *n* : limpieza *f* a fondo
**springtime** [ˈsprɪŋˌtaɪm] *n* : primavera *f*
**springy** [ˈsprɪŋi] *adj* **springier; -est** **1** RESILIENT : elástico **2** LIVELY : enérgico
**sprinkle**[1] [ˈsprɪŋkəl] *vt* **-kled; -kling** : rociar (con agua), espolvorear (con azúcar, etc.), salpicar
**sprinkle**[2] *n* : llovizna *f*
**sprinkler** [ˈsprɪŋkələr] *n* : rociador *m*, aspersor *m*

**sprint**[1] ['sprɪnt] *vi* : echar la carrera, esprintar (en deportes)
**sprint**[2] *n* : esprint *m* (en deportes)
**sprinter** ['sprɪntər] *n* : esprínter *mf*
**sprite** ['spraɪt] *n* : hada *f*, elfo *m*
**sprocket** ['sprɑkət] *n* : diente *m* (de una rueda dentada)
**sprout**[1] ['spraʊt] *vi* : brotar
**sprout**[2] *n* : brote *m*, retoño *m*, vástago *m*
**spruce**[1] ['spru:s] *v* **spruced; sprucing** *vt* : arreglar — *vi or* **to spruce up** : arreglarse, acicalarse
**spruce**[2] *adj* **sprucer; sprucest** : pulcro, arreglado
**spruce**[3] *n* : picea *f* (árbol)
**spry** ['spraɪ] *adj* **sprier** *or* **spryer** ['spraɪər]; **spriest** *or* **spryest** ['spraɪəst] : ágil, activo
**spun** → **spin**
**spunk** ['spʌŋk] *n* : valor *m*, coraje *m*, agallas *fpl fam*
**spunky** ['spʌŋki] *adj* **spunkier; -est** : animoso, corajudo
**spur**[1] ['spər] *vt* **spurred; spurring** *or* **to spur on** : espolear (un caballo), motivar (a una persona, etc.)
**spur**[2] *n* **1** : espuela *f*, acicate *m* **2** STIMULUS : acicate *m* **3** : espolón *m* (de un gallo) **4** : ramal *m* (de una línea de ferrocarril)
**spurious** ['spjʊriəs] *adj* : espurio
**spurn** ['spərn] *vt* : desdeñar, rechazar
**spurt**[1] ['spərt] *vt* SQUIRT : lanzar un chorro de — *vi* SPOUT : salir a chorros
**spurt**[2] *n* **1** : actividad *f* repentina ⟨a spurt of energy : una explosión de energía⟩ ⟨to do in spurts : hacer por rachas⟩ **2** JET : chorro *m* (de agua, etc.)
**sputter**[1] ['spʌtər] *vi* **1** JABBER : farfullar **2** : petardear (dícese de un motor)
**sputter**[2] *n* : petardeo *m* (de un motor)
**spy**[1] ['spaɪ] *v* **spied; spying** *vt* SEE : ver, divisar — *vi* : espiar ⟨to spy on someone : espiar a alguien⟩
**spy**[2] *n* : espía *mf*
**squab** ['skwɑb] *n, pl* **squabs** *or* **squab** : pichón *m*
**squabble**[1] ['skwɑbəl] *vi* **-bled; -bling** : reñir, pelearse, discutir
**squabble**[2] *n* : riña *f*, pelea *f*, discusión *f*
**squad** ['skwɑd] *n* : pelotón *m* (militar), brigada *f* (de policías), cuadrilla *f* (de obreros, etc.)
**squadron** ['skwɑdrən] *n* : escuadrón *m* (de militares), escuadrilla *f* (de aviones), escuadra *f* (de naves)
**squalid** ['skwɑlɪd] *adj* : miserable
**squall** ['skwɔl] *n* **1** : aguacero *m* tormentoso, chubasco *m* tormentoso **2 snow squall** : tormenta *f* de nieve
**squalor** ['skwɑlər] *n* : miseria *f*
**squander** ['skwɑndər] *vt* : derrochar (dinero, etc.), desaprovechar (una oportunidad, etc.), desperdiciar (talentos, energías, etc.)
**square**[1] ['skwær] *vt* **squared; squaring 1** : cuadrar **2** : elevar al cuadrado (en matemáticas) **3** CONFORM : conciliar (con), ajustar (con) **4** SETTLE : saldar (una cuenta) ⟨I squared it with him : lo arreglé con él⟩
**square**[2] *adj* **squarer; -est 1** : cuadrado ⟨a square house : una casa cuadrada⟩ **2** : a escuadra, en ángulo recto (en carpintería, etc.) **3** : cuadrado (en matemáticas) ⟨a square mile : una milla cuadrada⟩ **4** HONEST : justo ⟨a square deal : un buen acuerdo⟩ ⟨fair and square : en buena lid⟩
**square**[3] *n* **1** : escuadra *f* (instrumento) **2** : cuadrado *m*, cuadro *m* ⟨to fold into squares : plegar en cuadrados⟩ **3** : plaza *f* (de una ciudad) **4** : cuadrado *m* (en matemáticas)
**squarely** ['skwærli] *adv* **1** EXACTLY : exactamente, directamente, justo **2** HONESTLY : honradamente, justamente
**square root** *n* : raíz *f* cuadrada
**squash**[1] ['skwɑʃ, 'skwɔʃ] *vt* **1** CRUSH : aplastar **2** SUPPRESS : acallar (protestas), sofocar (una rebelión)
**squash**[2] *n* **1** *pl* **squashes** *or* **squash** : calabaza *f* (vegetal) **2** *or* **squash racquets** : squash *m* (deporte)
**squat**[1] ['skwɑt] *vi* **squatted; squatting 1** CROUCH : agacharse, ponerse en cuclillas **2** : ocupar un lugar sin derecho
**squat**[2] *adj* **squatter; squattest** : bajo y ancho, rechoncho *fam* (dícese de una persona)
**squat**[3] *n* **1** : posición *f* en cuclillas, flexión *f* (en deportes) **2** : ocupación *f* ilegal (de un lugar)
**squatter** ['skwɑtər] *n* : okupa *mf*
**squawk**[1] ['skwɔk] *vi* : graznar (dícese de las aves), chillar
**squawk**[2] *n* : graznido *m* (de un ave), chillido *m*
**squeak**[1] ['skwi:k] *vi* : chillar (dícese de un animal), chirriar (dícese de un objeto)
**squeak**[2] *n* : chillido *m*, chirrido *m*
**squeaky** ['skwi:ki] *adj* **squeakier; -est** : chirriante ⟨a squeaky voice : una voz chillona⟩
**squeal**[1] ['skwi:l] *vi* **1** : chillar (dícese de las personas o los animales), chirriar (dícese de los frenos, etc.) **2** PROTEST : quejarse **3** *fam* SNITCH : cantar (a la policía, etc.) ⟨to squeal on someone : acusar/delatar a alguien⟩
**squeal**[2] *n* **1** : chillido *m* (de una persona o un animal) **2** SCREECH : chirrido *m* (de frenos, etc.)
**squeamish** ['skwi:mɪʃ] *adj* : impresionable, sensible ⟨he's squeamish about cockroaches : las cucarachas le dan asco⟩
**squeeze**[1] ['skwi:z] *vt* **squeezed; squeezing 1** PRESS : apretar, exprimir (naranjas, etc.) **2** EXTRACT : extraer (jugo, etc.) **3** : meter
**squeeze**[2] *n* : apretón *m*
**squelch** ['skwɛlʧ] *vt* : aplastar (una rebelión, etc.)
**squid** ['skwɪd] *n, pl* **squid** *or* **squids** : calamar *m*
**squint**[1] ['skwɪnt] *vi* : mirar con los ojos entornados
**squint**[2] *adj or* **squint–eyed** ['skwɪnt,aɪd] : bizco

**squint³** *n* : estrabismo *m*
**squire** [ˈskwaɪr] *n* : hacendado *m*, -da *f*; terrateniente *mf*
**squirm** [ˈskwərm] *vi* : retorcerse
**squirrel** [ˈskwərəl] *n* : ardilla *f*
**squirt¹** [ˈskwərt] *vt* : lanzar un chorro de — *vi* SPURT : salir a chorros
**squirt²** *n* : chorro *m*
**stab¹** [stæb] *vt* **stabbed; stabbing 1** KNIFE : acuchillar, apuñalar **2** STICK : clavar (con una aguja, etc.), golpear (con el dedo, etc.)
**stab²** *n* **1** : puñalada *f*, cuchillada *f* **2** JAB : pinchazo *m* (con una aguja, etc.), golpe *m* (con un dedo, etc.) **3 to take a stab at** : intentar
**stability** [stəˈbɪləṭi] *n, pl* **-ties** : estabilidad *f*
**stabilize** [ˈsteɪbəˌlaɪz] *v* **-lized; -lizing** *vt* : estabilizar — *vi* : estabilizarse — **stabilization** *n* — **stabilizer** *n*
**stable¹** [ˈsteɪbəl] *vt* **-bled; -bling** : poner (ganado) en un establo, poner (caballos) en una caballeriza
**stable²** *adj* **stabler; -blest 1** FIXED, STEADY : fijo, sólido, estable **2** LASTING : estable, perdurable ⟨a stable government : un gobierno estable⟩ **3** : estacionario (en medicina), equilibrado (en psicología)
**stable³** *n* : establo *m* (para ganado), caballeriza *f* o cuadra *f* (para caballos)
**staccato** [stəˈkaṭo:] *adj* : staccato
**stack¹** [ˈstæk] *vt* **1** PILE : amontonar, apilar **2** COVER : cubrir, llenar ⟨he stacked the table with books : cubrió la mesa de libros⟩
**stack²** *n* **1** PILE : montón *m*, pila *f* **2** SMOKESTACK : chimenea *f*
**stadium** [ˈsteɪdiəm] *n, pl* **-dia** [-diə] *or* **-diums** : estadio *m*
**staff¹** [ˈstæf] *vt* : proveer de personal
**staff²** *n, pl* **staffs** [ˈstæfs, ˈstævz] *or* **staves** [ˈstævz, ˈsteɪvz] **1** : bastón *m* (de mando), báculo *m* (de obispo) **2** *pl* **staffs** PERSONNEL : personal *m* **3** *or* **stave** : pentagrama *m* (en música)
**stag¹** [ˈstæg] *adv* : solo, sin pareja ⟨to go stag : ir solo⟩
**stag²** *adj* : sólo para hombres
**stag³** *n, pl* **stags** *or* **stag** : ciervo *m*, venado *m*
**stage¹** [ˈsteɪʤ] *vt* **staged; staging** : poner en escena (una obra de teatro)
**stage²** *n* **1** PLATFORM : estrado *m*, tablado *m*, escenario *m* (de un teatro) **2** PHASE, STEP : fase *f*, etapa *f* ⟨stage of development : fase de desarrollo⟩ ⟨in stages : por etapas⟩ **3 the stage** : el teatro *m*
**stagecoach** [ˈsteɪʤˌko:ʧ] *n* : diligencia *f*
**stage fright** *n* : miedo *m* escénico, pánico *m* escénico
**stage set** → **set³**
**stagger¹** [ˈstægər] *vi* TOTTER : tambalearse — *vt* **1** ALTERNATE : alternar, escalonar (turnos de trabajo) **2** : hacer tambalear ⟨to be staggered by : quedarse estupefacto por⟩
**stagger²** *n* : tambaleo *m*
**staggering** [ˈstægərɪŋ] *adj* : asombroso
**stagnant** [ˈstægnənt] *adj* : estancado
**stagnate** [ˈstægˌneɪt] *vi* **-nated; -nating** : estancarse
**stagnation** [stægˈneɪʃən] *n* : estancamiento *m*
**staid** [ˈsteɪd] *adj* : serio, sobrio
**stain¹** [ˈsteɪn] *vt* **1** DISCOLOR : manchar **2** DYE : teñir (madera, etc.) **3** SULLY : manchar, empañar
**stain²** *n* **1** SPOT : mancha *f* **2** DYE : tinte *m*, tintura *f* **3** BLEMISH : mancha *f*, mácula *f*
**stained glass** *n* : vidrio *m* de color ⟨stained-glass window : vidriera, vitral⟩
**stainless** [ˈsteɪnləs] *adj* : sin mancha ⟨stainless steel : acero inoxidable⟩
**stair** [ˈstær] *n* **1** STEP : escalón *m*, peldaño *m* **2 stairs** *npl* : escalera *f*, escaleras *fpl*
**staircase** [ˈstærˌkeɪs] *n* : escalera *f*, escaleras *fpl*
**stairway** [ˈstærˌweɪ] *n* : escalera *f*, escaleras *fpl*
**stairwell** [ˈstærˌwɛl] *n* : caja *f*, hueco *m* (de la escalera)
**stake¹** [ˈsteɪk] *vt* **staked; staking 1** : estacar, marcar con estacas (una propiedad) **2** BET : jugarse, apostar **3 to stake a claim to** : reclamar, reivindicar
**stake²** *n* **1** POST : estaca *f* **2** BET : apuesta *f* ⟨to be at stake : estar en juego⟩ **3** INTEREST, SHARE : interés *m*, participación *f*
**stalactite** [stəˈlækˌtaɪt] *n* : estalactita *f*
**stalagmite** [stəˈlægˌmaɪt] *n* : estalagmita *f*
**stale** [ˈsteɪl] *adj* **staler; stalest** : viejo ⟨stale bread : pan duro⟩ ⟨stale news : viejas noticias⟩
**stalemate** [ˈsteɪlˌmeɪt] *n* : punto *m* muerto, impasse *m*
**stalk¹** [ˈstɔk] *vt* : acechar — *vi* : caminar rígidamente (por orgullo, ira, etc.)
**stalk²** *n* : tallo *m* (de una planta)
**stall¹** [ˈstɔl] *vt* **1** : parar (un motor) **2** DELAY : entretener (a una persona), demorar — *vi* **1** : pararse (dícese de un motor) **2** DELAY : demorar, andar con rodeos ⟨to stall for time : tratar de ganar tiempo⟩
**stall²** *n* **1** : compartimiento *m* (de un establo) **2** : puesto *m* (en un mercado, etc.)
**stallion** [ˈstæljən] *n* : caballo *m* semental
**stalwart** [ˈstɔlwərt] *adj* **1** STRONG : fuerte ⟨a stalwart supporter : un firme partidario⟩ **2** BRAVE : valiente, valeroso
**stamen** [ˈsteɪmən] *n* : estambre *m*
**stamina** [ˈstæmənə] *n* : resistencia *f*
**stammer¹** [ˈstæmər] *vi* : tartamudear, titubear
**stammer²** *n* : tartamudeo *m*, titubeo *m*
**stamp¹** [ˈstæmp] *vt* **1** : pisotear (con los pies) ⟨to stamp one's feet : patear, dar una patada⟩ **2** IMPRESS, IMPRINT : sellar (una factura, etc.), acuñar (monedas) **3** : franquear, ponerle estampillas a (correo) **4 to stamp out** : aplastar, sofocar, erradicar
**stamp²** *n* **1** : sello *m* (para documentos, etc.) **2** DIE : cuño *m* (para monedas) **3**

*or* **postage stamp** : sello *m*, estampilla *f*, timbre *m CA, Mex*

**stampede**[1] [stæm'pi:d] *vi* **-peded; -peding** : salir en estampida

**stampede**[2] *n* : estampida *f*

**stance** ['stænʦ] *n* : postura *f*

**stanch** ['stɔntʃ, 'stɑntʃ] *vt* : detener, estancar (un líquido)

**stand**[1] ['stænd] *v* **stood** ['stʊd]; **standing** *vi* **1** : estar de pie, estar parado ⟨I was standing on the corner : estaba parada en la esquina⟩ ⟨to stand still : estarse quieto⟩ ⟨to stand in line : hacer cola⟩ ⟨to stand around waiting/watching : quedarse esperando/mirando (sin hacer nada)⟩ **2** MOVE : ponerse, pararse ⟨stand beside me : ponte a mi lado⟩ ⟨stand aside/back! : ¡apártate!⟩ **3** *or* **to stand up** : levantarse, pararse, ponerse de pie ⟨she stood up and left : se paró y se fue⟩ ⟨to stand up straight : ponerse derecho⟩ **4** (*indicating a specified position or location*) ⟨they stand third in the country : ocupan el tercer lugar en el país⟩ **5** (*referring to an opinion*) ⟨how does he stand on the matter? : ¿cuál es su postura respecto al asunto?⟩ **6** BE : estar ⟨the house stands on a hill : la casa está en una colina⟩ ⟨I won't stand in your way : no te lo voy a impedir⟩ **7** REMAIN : estar ⟨the machines are standing idle : las máquinas están paradas⟩ ⟨as things stand : tal (y) como están las cosas⟩ **8** CONTINUE : seguir ⟨the order still stands : el mandato sigue vigente⟩ **9** MEASURE : medir ⟨he stands six feet two (inches tall) : mide seis pies y dos pulgadas⟩ **10 to stand by** : estar listo, estar disponible **11 to stand by** SUPPORT : apoyar **12 to stand by** HONOR : cumplir con (una promesa, etc.) **13 to stand down** : bajar las armas (dícese de un soldado), retirarse (dícese de un ejército) **14 to stand firm** : mantenerse firme **15 to stand for** SIGNIFY, REPRESENT : significar, representar **16 to stand for** ALLOW : permitir **17 to stand guard** : hacer la guardia **18 to stand in (for)** : sustituir (a) **19 to stand on end** : ponerse de punta, pararse (dícese de los pelos) **20 to stand out** : resaltar **21 to stand out** EXCEL : destacarse **22 to stand up for** DEFEND : defender **23 to stand up to** WITHSTAND : resistir **24 to stand up to** CONFRONT : hacerle frente a — *vt* **1** PLACE, SET : poner, colocar ⟨he stood them in a row : los colocó en hilera⟩ **2** TOLERATE : aguantar, soportar ⟨he can't stand her : no la puede tragar⟩ **3** WITHSTAND : resistir **4** USE : beneficiarse de ⟨you could stand a nap : una siesta te vendría bien⟩ **5 to stand someone up** : dejar plantado a alguien

**stand**[2] *n* **1** RESISTANCE : resistencia *f* ⟨to make a stand against : resistir a⟩ **2** BOOTH, STALL : stand *m*, puesto *m*, quiosco *m* (para vender periódicos, etc.) **3** BASE : pie *m*, base *f* **4** : grupo *m* (de árboles, etc.) **5** POSITION : posición *f*, postura *f* **6 stands** *npl* GRANDSTAND : tribuna *f*

**standard**[1] ['stændərd] *adj* **1** ESTABLISHED : estándar, oficial ⟨standard measures : medidas oficiales⟩ ⟨standard English : el inglés estándar⟩ **2** NORMAL : normal, estándar, común **3** CLASSIC : estándar, clásico ⟨a standard work : una obra clásica⟩

**standard**[2] *n* **1** BANNER : estandarte *m* **2** CRITERION : criterio *m* **3** RULE : estándar *m*, norma *f*, regla *f* **4** LEVEL : nivel *m* ⟨standard of living : nivel de vida⟩ **5** SUPPORT : poste *m*, soporte *m*

**standard–bearer** ['stændərd,bærər] *n* : abanderado *m*, -da *f*

**standardization** [,stændərdə'zeɪʃən] *n* : estandarización *f*

**standardize** ['stændər,daɪz] *vt* **-ized; -izing** : estandarizar

**standard time** *n* : hora *f* oficial

**standby** ['stænd,baɪ] *n* **1** BACKUP ⟨we bought another as a standby : compramos otro de reserva/emergencia⟩ **2 to be on standby** : estar a la espera de órdenes, etc. ⟨the passengers who are on standby : los pasajeros que están en la lista de espera⟩

**stand by** *vt* : atenerse a, cumplir con (una promesa, etc.) — *vi* **1** : mantenerse aparte ⟨to stand by and do nothing : mirar sin hacer nada⟩ **2** : estar preparado, estar listo (para un anuncio, un ataque, etc.)

**stand for** *vt* **1** REPRESENT : significar **2** PERMIT, TOLERATE : permitir, tolerar

**stand–in** ['stænd,ɪn] *n* : doble *m*, sustituto *m*, -ta *f*

**standing**[1] ['stændɪŋ] *adj* **1** : de pie, parado ⟨in a standing position : en posición parada, (en posición) de pie⟩ **2** STAGNANT : estancado **3** ACTIVE : en pie (dícese de una oferta, etc.), fijo (dícese de un pedido) **4** PERMANENT : permanente

**standing**[2] *n* **1** POSITION, RANK : posición *f* **2** DURATION : duración *f*

**stand out** *vi* **1** : destacar(se) ⟨she stands out from the rest : se destaca entre los otros⟩ **2 to stand out against** RESIST : oponerse a

**standpoint** ['stænd,pɔint] *n* : punto *m* de vista

**standstill** ['stænd,stɪl] *n* **1** STOP : detención *f*, paro *m* ⟨to come to a standstill : pararse⟩ **2** DEADLOCK : punto *m* muerto, impasse *m*

**stand up** *vt* : dejar plantado ⟨he stood me up again : otra vez me dejó plantado⟩ — *vi* **1** ENDURE : durar, resistir **2 to stand up for** : defender **3 to stand up to** : hacerle frente (a alguien)

**stank** → **stink**

**stanza** ['stænzə] *n* : estrofa *f*

**staple**[1] ['steɪpəl] *vt* **-pled; -pling** : engrapar, grapar

**staple**[2] *adj* : principal, básico ⟨a staple food : un alimento básico⟩

**staple**[3] *n* **1** : producto *m* principal, producto *m* de primera necesidad **2** : grapa *f*, broche *m Arg* (para engrapar papeles)

**stapler** ['steɪplər] *n* : engrapadora *f*, grapadora *f*

**star**[1] [ˈstɑr] *v* **starred; starring** *vt* **1** : marcar con una estrella o un asterisco **2** FEATURE : estar protagonizado por — *vi* : tener el papel principal ⟨to star in : protagonizar⟩

**star**[2] *n* **1** : estrella *f* (en astronomía) **2** : estrella *f* (medalla, etc.), asterisco *m* (símbolo) **3** CELEBRITY : estrella *f* ⟨rock/movie star : estrella de rock/cine⟩ ⟨the star of the movie : el protagonista de la película⟩ ⟨our star player : la estrella de nuestro equipo⟩

**starboard** [ˈstɑrbərd] *n* : estribor *m*

**starch**[1] [ˈstɑrtʃ] *vt* : almidonar

**starch**[2] *n* : almidón *m*, fécula *f* (comida)

**starchy** [ˈstɑrtʃi] *adj* **starchier; -est** : lleno de almidón

**stardom** [ˈstɑrdəm] *n* : estrellato *m*

**stare**[1] [ˈstɛr] *vi* **stared; staring** : mirar fijamente

**stare**[2] *n* : mirada *f* fija

**starfish** [ˈstɑrˌfɪʃ] *n* : estrella *f* de mar

**stark**[1] [ˈstɑrk] *adv* : completamente ⟨stark raving mad : loco de remate⟩ ⟨stark naked : completamente desnudo⟩

**stark**[2] *adj* **1** ABSOLUTE : absoluto **2** BARREN, DESOLATE : desolado, desierto **3** BARE : desnudo **4** HARSH : severo, duro

**starlight** [ˈstɑrˌlaɪt] *n* : luz *f* de las estrellas

**starling** [ˈstɑrlɪŋ] *n* : estornino *m*

**starry** [ˈstɑri] *adj* **starrier; -est** : estrellado

**start**[1] [ˈstɑrt] *vi* **1** JUMP : sobresaltarse, dar un respingo **2** BEGIN : empezar, comenzar ⟨let's get started : empecemos⟩ ⟨she started (off/out) by thanking us : empezó por agradecernos⟩ ⟨he started (off/out) as a receptionist : empezó como recepcionista⟩ ⟨young couples who are just starting off/out : parejas jóvenes que acaban de casarse⟩ **3** *or* **to start off/out** SET OUT : salir (de viaje, etc.) **4** *or* **to start up** : arrancar (dícese de un motor, etc.) **5 to start from scratch** : empezar desde cero **6 to start in** : empezar ⟨after a break he started in again : tras un descanso empezó otra vez⟩ **7 to start over** : volver a empezar, empezar de nuevo — *vt* **1** BEGIN : empezar, comenzar, iniciar ⟨I started cleaning, I started to clean : empecé a limpiar⟩ ⟨she started (off/out) her speech with a joke : empezó su discurso con una broma⟩ **2** CAUSE : empezar (una discusión, etc.), provocar (un incendio, etc.), causar **3** SET : hacer, poner ⟨her questions started me thinking : sus preguntas me hicieron pensar⟩ ⟨I started them working : los puse a trabajar⟩ ⟨he started us (off) with some questions : para empezar nos hizo unas preguntas⟩ **4** ESTABLISH : fundar, montar, establecer ⟨to start (up) a business : montar un negocio⟩ **5** : arrancar, poner en marcha, encender ⟨to start (up) the car : arrancar el auto/carro/coche⟩ **6 to start a family** : tener hijos **7 to start over** : volver a empezar, empezar de nuevo

**start**[2] *n* **1** JUMP : sobresalto *m*, respingo *m* **2** BEGINNING : principio *m*, comienzo *m* ⟨to get an early start : salir temprano⟩

**starter** [ˈstɑrtər] *n* **1** : participante *mf* (en una carrera, etc.); jugador *m* titular, jugadora *f* titular (en beisbol, etc.) **2** APPETIZER : entremés *m*, aperitivo *m* **3** *or* **starter motor** : motor *m* de arranque

**starting point** *n* : punto *m* de partida

**startle** [ˈstɑrtəl] *vt* **-tled; -tling** : asustar, sobresaltar

**start–up** [ˈstɑrtˈʌp] *adj* : de puesta en marcha

**starvation** [stɑrˈveɪʃən] *n* : inanición *f*, hambre *f*

**starve** [ˈstɑrv] *v* **starved; starving** *vi* **1** : morirse de hambre ⟨starving children : niños hambrientos/famélicos⟩ **2 to be starved/starving** *fam* ⟨I'm starved/starving! : ¡me muero de hambre!⟩ **3 to be starved/starving for** *or* **to be starved of** : estar hambriento/sediento de (atención, cariño, etc.) — *vt* : privar de comida

**stash** [ˈstæʃ] *vt* : esconder, guardar (en un lugar secreto)

**stat** [ˈstæt] → **statistic**

**state**[1] [ˈsteɪt] *vt* **stated; stating** **1** REPORT : puntualizar, exponer (los hechos, etc.) ⟨state your name : diga su nombre⟩ **2** ESTABLISH, FIX : establecer, fijar

**state**[2] *n* **1** CONDITION : estado *m*, condición *f* ⟨a liquid state : un estado líquido⟩ ⟨state of mind : estado de ánimo⟩ ⟨in a bad state : en malas condiciones⟩ **2** NATION : estado *m*, nación *f* **3** : estado *m* (dentro de un país) ⟨the States : los Estados Unidos⟩

**stateliness** [ˈsteɪtlinəs] *n* : majestuosidad *f*

**stately** [ˈsteɪtli] *adj* **statelier; -est** : majestuoso

**statement** [ˈsteɪtmənt] *n* **1** DECLARATION : declaración *f*, afirmación *f* **2** *or* **bank statement** : estado *m* de cuenta

**stateroom** [ˈsteɪtˌruːm, -ˌrʊm] *n* : camarote *m*

**statesman** [ˈsteɪtsmən] *n, pl* **-men** [-mən, -ˌmɛn] : estadista *mf*

**static**[1] [ˈstætɪk] *adj* : estático

**static**[2] *n* : estática *f*, interferencia *f*

**station**[1] [ˈsteɪʃən] *vt* : apostar, estacionar

**station**[2] *n* **1** : estación *f* (de trenes, etc.) **2** RANK, STANDING : condición *f* (social) **3** : canal *m* (de televisión), estación *f* o emisora *f* (de radio) **4** → **police station** **5** → **fire station**

**stationary** [ˈsteɪʃəˌnɛri] *adj* **1** IMMOBILE : estacionario, inmovible **2** UNCHANGING : inmutable, inalterable

**stationery** [ˈsteɪʃəˌnɛri] *n* : papel y sobres (para correspondencia) ⟨stationery store : papelería⟩

**station wagon** *n* : camioneta *f* ranchera, camioneta *f* guayín *Mex*

**statistic** [stəˈtɪstɪk] *n* : estadística *f* ⟨according to statistics : según las estadísticas⟩

**statistical** [stəˈtɪstɪkəl] *adj* : estadístico

**statistician** [ˌstætəˈstɪʃən] *n* : estadístico *m*, -ca *f*

**statue** [ˈstæˌtʃuː] *n* : estatua *f*

**statuesque** [ˌstætʃʊˈɛsk] *adj* : escultural
**statuette** [ˌstætʃʊˈɛt] *n* : estatuilla *f*
**stature** [ˈstætʃər] *n* **1** HEIGHT : estatura *f*, talla *f* **2** PRESTIGE : talla *f*, prestigio *m*
**status** [ˈsteɪtəs, ˈstæ-] *n* : condición *f*, situación *f*, estatus *m* (social) ⟨marital status : estado civil⟩
**status quo** [-ˈkwo:] *n* : statu quo *m*
**status symbol** *n* : símbolo *m* de estatus
**statute** [ˈstæˌtʃu:t] *n* : ley *f*, estatuto *m*
**statutory** [ˈstæˌtʃəˌtori] *adj* : estatutario
**staunch** [ˈstɔntʃ] *adj* : acérrimo, incondicional, leal ⟨a staunch supporter : un partidario incondicional⟩ — **staunchly** *adv*
**stave** [ˈsteɪv] *vt* **staved** *or* **stove** [ˈsto:v]; **staving** **1 to stave in** : romper **2 to stave off** : evitar (un ataque), prevenir (un problema)
**staves** → **staff**
**stay**[1] [ˈsteɪ] *vi* **1** REMAIN : quedarse, permanecer ⟨she stayed after class : se quedó después de clase⟩ ⟨stay out of my room! : ¡no entres a/en mi cuarto!⟩ ⟨stay off the grass : no pisar el césped⟩ ⟨he stayed in the city : permaneció en la ciudad⟩ **2** CONTINUE : seguir, quedarse ⟨it stayed cloudy : seguía nublado⟩ ⟨to stay awake : mantenerse despierto⟩ ⟨stay in touch! : ¡mantente en contacto!⟩ ⟨they stayed friends : siguieron siendo amigos⟩ **3** LODGE : hospedarse, alojarse (en un hotel, etc.) **4 to stay away from** : no acercarse a (una persona, un lugar) ⟨I stay away from coffee : no puedo tomar café⟩ **5 to stay in** : quedarse en casa **6 to stay off** AVOID : evitar (un tema, etc.) ⟨to stay off drugs : no volver a tomar drogas⟩ **7 to stay on** : permanecer, quedarse (en un trabajo, etc.) **8 to stay out** : quedarse fuera **9 to stay out of** : no meterse en (problemas, una discusión, etc.) **10 to stay over** : quedarse a dormir **11 to stay up (late)** : quedarse levantado (hasta tarde) — *vt* **1** HALT : detener, suspender (una ejecución, etc.) **2 to stay the course** : aguantar hasta el final
**stay**[2] *n* **1** SOJOURN : estadía *f*, estancia *f*, permanencia *f* **2** SUSPENSION : suspensión *f* (de una sentencia) **3** SUPPORT : soporte *m*
**stead** [ˈstɛd] *n* **1** : lugar *m* ⟨she went in his stead : fue en su lugar⟩ **2 to stand (someone) in good stead** : ser muy útil a, servir de mucho a
**steadfast** [ˈstɛdˌfæst] *adj* : firme, resuelto ⟨a steadfast friend : un fiel amigo⟩ ⟨a steadfast refusal : una negativa categórica⟩
**steadily** [ˈstɛdəli] *adv* **1** CONSTANTLY : continuamente, sin parar **2** FIRMLY : con firmeza **3** FIXEDLY : fijamente
**steady**[1] [ˈstɛdi] *v* **steadied; steadying** *vt* : sujetar ⟨she steadied herself : recobró el equilibrio⟩ — *vi* : estabilizarse
**steady**[2] *adj* **steadier; -est** **1** FIRM, SURE : seguro, firme ⟨to have a steady hand : tener buen pulso⟩ **2** FIXED, REGULAR : fijo ⟨a steady income : ingresos fijos⟩ **3** CALM : tranquilo, ecuánime ⟨she has steady nerves : es imperturbable⟩ **4** DEPENDABLE : responsable, fiable **5** CONSTANT : constante
**steak** [ˈsteɪk] *n* : bistec *m*; filete *m*; churrasco *m*; bife *m Arg, Chile, Uru*
**steal** [ˈsti:l] *v* **stole** [ˈsto:l]; **stolen** [ˈsto:lən]; **stealing** *vt* : robar, hurtar — *vi* **1** : robar, hurtar **2** : ir sigilosamente ⟨to steal away : escabullirse⟩
**stealth** [ˈstɛlθ] *n* : sigilo *m*
**stealthily** [ˈstɛlθəli] *adv* : furtivamente
**stealthy** [ˈstɛlθi] *adj* **stealthier; -est** : furtivo, sigiloso
**steam**[1] [ˈsti:m] *vi* **1** : echar vapor ⟨to steam away/along (etc.) : moverse echando vapor⟩ **2 to steam up** : empañarse — *vt* **1** : cocer al vapor (en cocina) **2 to steam open** : abrir con vapor **3 to steam up** : empañar
**steam**[2] *n* **1** : vapor *m* **2 to let off steam** : desahogarse
**steamboat** [ˈsti:mˌbo:t] → **steamship**
**steamed** *adj* **1** : cocido al vapor **2** IRATE : furioso
**steam engine** *n* : motor *m* de vapor
**steamer** [ˈsti:mər] *n* **1** → **steamship** **2** : vaporera, olla vaporera (en cocina) **3** : almeja *f* de Nueva Inglaterra
**steaming** *adj* **1** *or* **steaming hot** : muy caliente **2** *or* **steaming mad** : furioso
**steamroller** [ˈsti:mˌro:lər] *n* : apisonadora *f*
**steamship** [ˈsti:mˌʃɪp] *n* : vapor *m*, barco *m* de vapor
**steamy** [ˈsti:mi] *adj* **steamier; -est** **1** : lleno de vapor **2** EROTIC : erótico ⟨a steamy romance : un tórrido romance⟩
**steed** [ˈsti:d] *n* : corcel *m*
**steel**[1] [ˈsti:l] *vt* **to steel oneself** : armarse de valor
**steel**[2] *adj* : de acero
**steel**[3] *n* : acero *m*
**steely** [ˈsti:li] *adj* **steelier; -est** : como acero ⟨a steely gaze : una mirada fría⟩ ⟨steely determination : determinación férrea⟩
**steep**[1] [ˈsti:p] *vt* : remojar, dejar (té, etc.) en infusión
**steep**[2] *adj* **1** : empinado, escarpado ⟨a steep cliff : un precipicio escarpado⟩ **2** CONSIDERABLE : considerable, marcado **3** EXCESSIVE : excesivo ⟨steep prices : precios muy altos⟩
**steeple** [ˈsti:pəl] *n* : aguja *f*, campanario *m*
**steeplechase** [ˈsti:pəlˌtʃeɪs] *n* : carrera *f* de obstáculos
**steeply** [ˈsti:pli] *adv* : abruptamente
**steer**[1] [ˈstɪr] *vt* **1** : manejar, conducir (un automóvil), gobernar (un barco) **2** GUIDE : dirigir, guiar — *vi* **to steer clear of** : evitar (algo, a alguien)
**steer**[2] *n* : buey *m*
**steering** [ˈstɪrɪŋ] *n* : dirección *f*
**steering wheel** → **wheel**
**stein** [ˈstaɪn] *n* : jarra *f* (para cerveza)
**stellar** [ˈstɛlər] *adj* : estelar
**stem**[1] [ˈstɛm] *v* **stemmed; stemming** *vt* : detener, contener, parar ⟨to stem the

tide : detener el curso〉 — *vi* **to stem from** : provenir de, ser el resultado de

**stem²** *n* : tallo *m* (de una planta)

**stem cell** *n* : célula *f* madre

**stench** [ˈstɛntʃ] *n* : hedor *m*, mal olor *m*

**stencil¹** [ˈstɛnsəl] *vt* **-ciled** *or* **-cilled; -ciling** *or* **-cilling** : marcar utilizando una plantilla

**stencil²** *n* : plantilla *f* (para marcar)

**stenographer** [stəˈnɑgrəfər] *n* : taquígrafo *m*, -fa *f*

**stenographic** [ˌstɛnəˈgræfɪk] *adj* : taquigráfico

**stenography** [stəˈnɑgrəfi] *n* : taquigrafía *f*

**step¹** [ˈstɛp] *v* **stepped; stepping** *vi* **1** : dar un paso 〈step this way, please : pase por aquí, por favor〉 〈step aside : apártate〉 〈to step forward/back : dar un paso (hacia) adelante/atrás〉 〈he stepped outside : salió〉 〈step right up! : ¡acérquense!〉 **2 to step back** : distanciarse **3 to step down** RESIGN : renunciar **4 to step in** INTERVENE : intervenir **5 to step on** : pisar **6 to step out** *fam* : salir **7 to step up** INCREASE : aumentar **8 to step up** *fam* : mejorarse, esforzarse más — *vt* **1 to step up** INCREASE : aumentar **2 to step up** *fam* IMPROVE : mejorar

**step²** *n* **1** : paso *m* 〈to take a step : dar un paso〉 **2** : paso *m* (distancia) 〈a few steps away : a unos pasos〉 **3** : paso *m* (sonido) **4** FOOTPRINT : huella *f* **5** STAIR : escalón *m*, peldaño *m* **6** RUNG : escalón *m*, travesaño *m* **7** RANK, DEGREE : peldaño *m*, escalón *m* 〈a step up : un ascenso〉 **8** MEASURE, MOVE : medida *f*, paso *m* 〈to take steps : tomar medidas〉 **9** STAGE : paso *m* 〈step by step : paso a paso〉 **10** STRIDE : paso *m* 〈with a quick step : con paso rápido〉 **11 to be a/one step ahead of** : llevarle ventaja a **12 to be in step** : llevar el paso **13 to watch one's step** : mirar uno donde camina **14 to watch one's step** BEWARE : andarse con cuidado

**stepbrother** [ˈstɛpˌbrʌðər] *n* : hermanastro *m*

**stepchild** [ˈstɛpˌtʃaɪld] *n* : hijastro *m*, -tra *f*; entenado *m*, -da *f Mex*

**stepdaughter** [ˈstɛpˌdɔtər] *n* : hijastra *f*

**stepfather** [ˈstɛpˌfɑðər, -ˌfɑ-] *n* : padrastro *m*

**stepladder** [ˈstɛpˌlædər] *n* : escalera *f* de tijera

**stepmother** [ˈstɛpˌmʌðər] *n* : madrastra *f*

**steppe** [ˈstɛp] *n* : estepa *f*

**stepping–stone** [ˈstɛpɪŋˌsto:n] *n* : **1** : piedra *f* (para cruzar un arroyo, etc.) **2** : trampolín *m* (al éxito)

**stepsister** [ˈstɛpˌsɪstər] *n* : hermanastra *f*

**stepson** [ˈstɛpˌsʌn] *n* : hijastro *m*

**step up** *vt* INCREASE : aumentar

**stereo¹** [ˈstɛriˌo:, ˈstɪr-] *adj* : estéreo

**stereo²** *n, pl* **stereos** : estéreo *m*

**stereophonic** [ˌstɛrioˈfɑnɪk, ˌstɪr-] *adj* : estereofónico

**stereotype¹** [ˈstɛrioˌtaɪp, ˈstɪr-] *vt* **-typed; -typing** : estereotipar

**stereotype²** *n* : estereotipo *m*

**sterile** [ˈstɛrəl] *adj* : estéril

**sterility** [stəˈrɪləṭi] *n* : esterilidad *f*

**sterilization** [ˌstɛrələˈzeɪʃən] *n* : esterilización *f*

**sterilize** [ˈstɛrəˌlaɪz] *vt* **-ized; -izing** : esterilizar

**sterling** [ˈstərlɪŋ] *adj* **1** : de ley 〈sterling silver : plata de ley〉 **2** EXCELLENT : excelente

**stern¹** [ˈstərn] *adj* : severo, adusto — **sternly** *adv*

**stern²** *n* : popa *f*

**sterness** [ˈstərnnəs] *n* : severidad *f*

**sternum** [ˈstərnəm] *n, pl* **sternums** *or* **sterna** [-nə] : esternón *m*

**steroid** [ˈstɪrˌɔɪd, ˈstɛr-] *n, pl* **steroids** : esteroide *m*

**stethoscope** [ˈstɛθəˌskoːp] *n* : estetoscopio *m*

**stevedore** [ˈsti:vəˌdor] *n* : estibador *m*, -dora *f*

**stew¹** [ˈstu:, ˈstju:] *vt* : estofar, guisar — *vi* **1** : cocer (dícese de la carne, etc.) **2** FRET : preocuparse

**stew²** *n* **1** : estofado *m*, guiso *m* **2 to be in a stew** : estar agitado

**steward** [ˈstu:ərd, ˈstju:-] *n* **1** MANAGER : administrador *m* **2** : auxiliar *m* de vuelo (en un avión), camarero *m* (en un barco)

**stewardess** [ˈstu:ərdəs, ˈstju:-] *n* **1** MANAGER : administradora *f* **2** : camarera *f* (en un barco) **3** : auxiliar *f* de vuelo, azafata *f*, aeromoza *f* (en un avión)

**stick¹** [ˈstɪk] *v* **stuck** [ˈstʌk]; **sticking** *vt* **1** STAB : clavar **2** ATTACH : pegar **3** PUT : poner, meter 〈she stuck the letter under the door : metió la carta por debajo de la puerta〉 〈stick 'em up! : ¡manos arriba!, ¡arriba las manos!〉 **4 to stick it to** : darle duro a **5 to stick out** : sacar (la lengua, etc.), extender (la mano) **6 to stick out** ENDURE : aguantar en **7 to stick someone with** : endilgarle (una responsabilidad) a alguien, dejar a alguien solo con (una persona) — *vi* **1** ADHERE : pegarse, adherirse **2** JAM : atascarse 〈the door sticks : la puerta se atasca〉 〈the song stuck in my head/mind : la canción se me grabó en la cabeza/mente〉 **3 to stick around** : quedarse **4 to stick by** : no abandonar **5 to stick out** PROJECT : sobresalir (de una superficie), asomar (por detrás o debajo de algo) **6 to stick out** STAND OUT : resaltar **7 to stick to** : no abandonar, no desviarse de 〈stick to your guns : manténgase firme〉 〈to stick to the rules : atenerse a las reglas〉 〈to stick to one's word : cumplir uno con su palabra〉 **8 to stick up** : estar parado (dícese del pelo, etc.), sobresalir (de una superficie) **9 to stick up for** : defender **10 to stick with** : serle fiel a (una persona), seguir con (una cosa) 〈I'll stick with what I know : prefiero lo conocido〉

**stick²** *n* **1** BRANCH, TWIG : ramita *f* **2** : palo *m*, vara *f* 〈a walking stick : un bastón〉

**sticker** [ˈstɪkər] *n* : etiqueta *f* adhesiva

**stick–in–the–mud** *n* : aguafiestas *mf*
**stickler** [ˈstɪklər] *n* : persona *f* exigente ⟨to be a stickler for : insistir mucho en⟩
**sticky** [ˈstɪki] *adj* **stickier; -est** 1 ADHESIVE : pegajoso, adhesivo 2 MUGGY : bochornoso 3 DIFFICULT : difícil
**stiff** [ˈstɪf] *adj* 1 RIGID : rígido, tieso ⟨a stiff dough : una masa firme⟩ 2 : agarrotado, entumecido ⟨stiff muscles : músculos entumecidos⟩ 3 STILTED : acartonado, poco natural 4 STRONG : fuerte (dícese del viento, etc.) 5 DIFFICULT, SEVERE : severo, difícil, duro
**stiffen** [ˈstɪfən] *vt* 1 STRENGTHEN : fortalecer, reforzar (tela, etc.) 2 : hacer más duro (un castigo, etc.) — *vi* 1 HARDEN : endurecerse 2 : entumecerse (dícese de los músculos)
**stiffly** [ˈstɪfli] *adv* 1 RIGIDLY : rígidamente 2 COLDLY : con frialdad
**stiffness** [ˈstɪfnəs] *n* 1 RIGIDITY : rigidez *f* 2 COLDNESS : frialdad *f* 3 SEVERITY : severidad *f*
**stifle** [ˈstaɪfəl] *vt* **-fled; -fling** SMOTHER, SUPPRESS : sofocar, reprimir, contener ⟨to stifle a yawn : reprimir un bostezo⟩
**stifling** [ˈstaɪfəlɪŋ] *adj* : sofocante
**stigma** [ˈstɪgmə] *n, pl* **stigmata** [stɪgˈmɑtə, ˈstɪgmətə] *or* **stigmas** : estigma *m*
**stigmatize** [ˈstɪgmə,taɪz] *vt* **-tized; -tizing** : estigmatizar
**stile** [ˈstaɪl] *n* : escalones *mpl* para cruzar un cerco
**stiletto** [stəˈle,to:] *n, pl* **-tos** *or* **-toes** : estilete *m*
**still**[1] [ˈstɪl] *vt* CALM : pacificar, apaciguar — *vi* : pacificarse, apaciguarse
**still**[2] *adv* 1 QUIETLY : quieto ⟨sit still! : ¡quédate quieto!⟩ 2 : de todos modos, aún, todavía ⟨she still lives there : aún vive allí⟩ ⟨it's still the same : sigue siendo lo mismo⟩ 3 IN ANY CASE : de todos modos, aún así ⟨he still has doubts : aún así le quedan dudas⟩ ⟨I still prefer that you stay : de todos modos prefiero que te quedes⟩
**still**[3] *adj* 1 MOTIONLESS : quieto, inmóvil 2 SILENT : callado
**still**[4] *n* 1 SILENCE : quietud *f*, calma *f* 2 : alambique *m* (para destilar alcohol)
**stillborn** [ˈstɪl,bɔrn] *adj* : nacido muerto
**still life** *n* : naturaleza *f* muerta, bodegón *m*
**stillness** [ˈstɪlnəs] *n* : calma *f*, silencio *m*
**stilt** [ˈstɪlt] *n* : zanco *m*
**stilted** [ˈstɪltəd] *adj* : afectado, poco natural
**stimulant** [ˈstɪmjələnt] *n* : estimulante *m* — **stimulant** *adj*
**stimulate** [ˈstɪmjə,leɪt] *vt* **-lated; -lating** : estimular
**stimulation** [,stɪmjəˈleɪʃən] *n* 1 STIMULATING : estimulación *f* 2 STIMULUS : estímulo *m*
**stimulus** [ˈstɪmjələs] *n, pl* **-li** [-,laɪ] 1 : estímulo *m* 2 INCENTIVE : acicate *m*
**sting**[1] [ˈstɪŋ] *v* **stung** [ˈstʌŋ]; **stinging** *vt* 1 : picar ⟨a bee stung him : le picó una abeja⟩ 2 HURT : hacer escocer (físicamente), herir (emocionalmente) — *vi* 1 : picar (dícese de las abejas, etc.) 2 SMART : escocer, arder
**sting**[2] *n* : picadura *f* (herida), escozor *m* (sensación)
**stinger** [ˈstɪŋər] *n* : aguijón *m* (de una abeja, etc.)
**stinginess** [ˈstɪnʤinəs] *n* : tacañería *f*
**stingy** [ˈstɪnʤi] *adj* **stingier; -est** 1 MISERLY : tacaño, avaro 2 PALTRY : mezquino, mísero
**stink**[1] [ˈstɪŋk] *vi* **stank** [ˈstæŋk] *or* **stunk** [ˈstʌŋk]; **stunk; stinking** : apestar, oler mal
**stink**[2] *n* : hedor *m*, mal olor *m*, peste *f*
**stint**[1] [ˈstɪnt] *vt* : escatimar ⟨to stint oneself of : privarse de⟩ — *vi* **to stint on** : escatimar
**stint**[2] *n* : período *m*
**stipend** [ˈstaɪ,pend, -pənd] *n* : estipendio *m*
**stipulate** [ˈstɪpjə,leɪt] *vt* **-lated; -lating** : estipular
**stipulation** [,stɪpjəˈleɪʃən] *n* : estipulación *f*
**stir**[1] [ˈstər] *v* **stirred; stirring** *vt* 1 AGITATE : mover, agitar 2 MIX : revolver, remover 3 INCITE : incitar, impulsar, motivar 4 *or* **to stir up** AROUSE : despertar (memorias, etc.), provocar (ira, etc.) — *vi* : moverse, agitarse
**stir**[2] *n* 1 MOTION : movimiento *m* 2 COMMOTION : revuelo *m*
**stirrup** [ˈstərəp, ˈstɪr-] *n* : estribo *m*
**stitch**[1] [ˈstɪtʃ] *vt* : coser, bordar (para decorar) — *vi* : coser
**stitch**[2] *n* 1 : puntada *f* 2 TWINGE : punzada *f*, puntada *f*
**stock**[1] [ˈstɑk] *vt* : surtir, abastecer, vender — *vi* **to stock up** : abastecerse
**stock**[2] *n* 1 SUPPLY : reserva *f*, existencias *fpl* (en comercio) ⟨to be out of stock : estar agotadas las existencias⟩ 2 SECURITIES : acciones *fpl*, valores *mpl* 3 LIVESTOCK : ganado *m* 4 ANCESTRY : linaje *m*, estirpe *f* 5 BROTH : caldo *m* 6 **to take stock (of)** : evaluar
**stockade** [stɑˈkeɪd] *n* : estacada *f*
**stockbroker** [ˈstɑk,bro:kər] *n* : corredor *m*, -dora *f* de bolsa
**stock exchange** *n* : bolsa *f*
**stockholder** [ˈstɑk,ho:ldər] *n* : accionista *mf*
**stocking** [ˈstɑkɪŋ] *n* : media *f* ⟨a pair of stockings : unas medias⟩
**stock market** *n* : mercado *m* de valores, bolsa *f* de valores
**stockpile**[1] [ˈstɑk,paɪl] *vt* **-piled; -piling** : acumular, almacenar
**stockpile**[2] *n* : reservas *fpl*
**stocky** [ˈstɑki] *adj* **stockier; -est** : robusto, fornido
**stockyard** [ˈstɑk,jɑrd] *n* : corral *m*
**stodgy** [ˈstɑʤi] *adj* **stodgier; -est** 1 DULL : aburrido, pesado 2 OLDFASHIONED : anticuado
**stoic**[1] [ˈsto:ɪk] *or* **stoical** [-ɪkəl] *adj* : estoico — **stoically** [-ɪkli] *adv*
**stoic**[2] *n* : estoico *m*, -ca *f*
**stoicism** [ˈsto:ə,sɪzəm] *n* : estoicismo *m*
**stoke** [ˈsto:k] *vt* **stoked; stoking** : atizar (un fuego), echarle carbón a (un horno)

**stole**[1] → **steal**
**stole**[2] ['stoːl] *n* : estola *f*
**stolen** → **steal**
**stolid** ['stɑlɪd] *adj* : impasible, imperturbable — **stolidly** *adv*
**stomach**[1] ['stʌmɪk] *vt* : aguantar, soportar
**stomach**[2] *n* **1** : estómago *m* **2** BELLY : vientre *m*, barriga *f*, panza *f* **3** DESIRE : ganas *fpl* ⟨he had no stomach for a fight : no quería pelea⟩
**stomachache** ['stʌmɪkˌeɪk] *n* : dolor *m* de estómago
**stomp** ['stɑmp, 'stɔmp] *vt* : pisotear — *vi* : pisar fuerte
**stone**[1] ['stoːn] *vt* **stoned; stoning** : apedrear, lapidar
**stone**[2] *n* **1** : piedra *f* **2** PIT : hueso *m*, pepa *f* (de una fruta)
**Stone Age** *n* : Edad *f* de Piedra
**stoned** ['stoːnd] *adj fam* : drogado
**stonemason** → **mason**
**stonemasonry** → **masonry**
**stony** ['stoːni] *adj* **stonier; -est 1** ROCKY : pedregoso **2** UNFEELING : insensible, frío ⟨a stony stare : una mirada glacial⟩
**stood** → **stand**
**stool** ['stuːl] *n* **1** SEAT : taburete *m*, banco *m* **2** FOOTSTOOL : escabel *m* **3** FECES : deposición *f* de heces
**stoop**[1] ['stuːp] *vi* **1** CROUCH : agacharse **2 to stoop to** : rebajarse a
**stoop**[2] *n* **1** : espaldas *fpl* encorvadas ⟨to have a stoop : ser encorvado⟩ **2** : entrada *f* (de una casa)
**stop**[1] ['stɑp] *v* **stopped; stopping** *vt* **1** *or* **to stop up** PLUG : tapar **2** PREVENT : impedir, evitar ⟨she stopped me from leaving : me impidió que saliera⟩ **3** HALT : parar, detener ⟨I was stopped by the police : me paró un policía⟩ ⟨he stopped the car : paró el carro⟩ **4** CEASE, QUIT : dejar de ⟨he stopped talking : dejó de hablar⟩ ⟨stop it! : ¡basta!⟩ **5** END : terminar (una pelea, etc.), detener (una hemorragia) ⟨we must stop the violence : tenemos que poner fin a la violencia⟩ **6 to stop (payment on) a check** : dar orden de no pago (a un cheque) — *vi* **1** HALT : detenerse, parar ⟨she stopped to watch : se detuvo a mirar⟩ ⟨we stopped for gas : paramos a poner gasolina⟩ ⟨he stopped dead : paró en seco⟩ ⟨stop! who goes there? : ¡alto! ¿quién va?⟩ **2** : detenerse, parar ⟨let's stop and take a break : paremos para descansar⟩ ⟨to stop to consider something : detenerse a pensar en algo⟩ **3** : pararse (dícese de un motor, etc.) ⟨his heart stopped : se le paró el corazón⟩ **4** CEASE, END : cesar, terminar ⟨the rain won't stop : no deja de llover⟩ **5** STAY : quedarse ⟨I can't stop for long : no puedo quedarme mucho tiempo⟩ **6 to stop by/in** : pasar a ver, visitar **7 to stop off** : hacer una parada **8 to stop over** : parar, quedarse **9 to stop over** : hacer escala (dícese de un avión)
**stop**[2] *n* **1** STOPPER : tapón *m* **2** HALT : parada *f*, alto *m* ⟨to come to a stop : pararse, detenerse⟩ ⟨to put a stop to : poner fin a⟩ **3** : parada *f* ⟨bus stop : parada de autobús⟩
**stopgap** ['stɑpˌgæp] *n* : arreglo *m* provisorio
**stoplight** ['stɑpˌlaɪt] *n* : semáforo *m*
**stopover** ['stɑpˌoːvər] *n* LAYOVER : escala *f*
**stoppage** ['stɑpɪʤ] *n* : acto *m* de parar ⟨a work stoppage : un paro⟩
**stopper** ['stɑpər] *n* : tapón *m*
**stopwatch** ['stɑpˌwɑtʃ] *n* : cronómetro *m*
**storage** ['storɪʤ] *n* : almacenamiento *m*, almacenaje *m*
**storage battery** *n* : acumulador *m*
**store**[1] ['stor] *vt* **stored; storing** : guardar, almacenar
**store**[2] *n* **1** RESERVE, SUPPLY : reserva *f* **2** SHOP : tienda *f* ⟨grocery store : tienda de comestibles⟩
**storehouse** ['storˌhaʊs] *n* : almacén *m*, depósito *m*
**storekeeper** ['storˌkiːpər] *n* : tendero *m*, -ra *f*
**storeroom** ['storˌruːm, -ˌrʊm] *n* : almacén *m*, depósito *m*
**stork** ['stɔrk] *n* : cigüeña *f*
**storm**[1] ['stɔrm] *vi* **1** : llover o nevar tormentosamente **2** RAGE : ponerse furioso, vociferar **3 to storm out** : salir echando pestes — *vt* ATTACK : asaltar
**storm**[2] *n* **1** : tormenta *f*, tempestad *f* **2** UPROAR : alboroto *m*, revuelo *m*, escándalo *m* ⟨a storm of abuse : un torrente de abusos⟩
**stormy** ['stɔrmi] *adj* **stormier; -est** : tormentoso — **stormily** *adv*
**story** ['stori] *n, pl* **stories 1** NARRATIVE, TALE : cuento *m*, relato *m* ⟨a bedtime story : un cuento para dormir⟩ **2** ACCOUNT : historia *f*, relato *m* ⟨it's a long story : es largo de contar⟩ ⟨to make a long story short : en pocas palabras⟩ **3** ARTICLE : artículo *m* **4** TALE, LIE : cuento *m*, mentira *f* **5** INFORMATION : información *f* ⟨what's his story? : ¿qué me puedes contar de él?⟩ ⟨the story behind the changes : la razón de los cambios⟩ **6** : piso *m*, planta *f* (de un edificio) ⟨first story : planta baja⟩
**stout** ['staʊt] *adj* **1** FIRM, RESOLUTE : firme, resuelto **2** STURDY : fuerte, robusto, sólido **3** FAT : corpulento, gordo
**stoutness** ['staʊtnəs] *n* **1** FIRMNESS : firmeza *f* **2** STURDINESS : fuerza *f*, robustez *f*, solidez *f* **3** FATNESS : corpulencia *f*, gordura *f*
**stove**[1] ['stoːv] *n* : cocina *f* (para cocinar), estufa *f* (para calentar)
**stove**[2] → **stave**[1]
**stow** ['stoː] *vt* **1** STORE : poner, meter, guardar **2** LOAD : cargar — *vi* **to stow away** : viajar de polizón
**stowaway** ['stoːəˌweɪ] *n* : polizón *m*
**straddle** ['strædəl] *vt* **-dled; -dling** : sentarse a horcajadas sobre
**straggle** ['strægəl] *vi* **-gled; -gling** : rezagarse, quedarse atrás
**straggler** ['strægələr] *n* : rezagado *m*, -da *f*

**straight**[1] ['streɪt] *adv* **1** : derecho, directamente ⟨go straight, then turn right : sigue derecho, luego gira a la derecha⟩ **2** HONESTLY : honestamente ⟨to go straight : enmendarse⟩ **3** CLEARLY : con claridad **4** FRANKLY : francamente, con franqueza

**straight**[2] *adj* **1** : recto (dícese de las líneas, etc.), derecho (dícese de algo vertical), lacio (dícese del pelo) **2** HONEST, JUST : honesto, justo **3** NEAT, ORDERLY : arreglado, ordenado **4** : solo (dícese de una bebida alcohólica)

**straightaway** [ˌstreɪtəˈweɪ] *adv* : inmediatamente

**straighten** ['streɪtən] *vt* **1** *or* **to straighten out** : enderezar, poner derecho **2 to straighten out/up** NEATEN : arreglar, ordenar ⟨he straightened up the house : arregló la casa⟩ ⟨I straightened out my papers : ordené los papeles⟩ **3 to straighten out** FIX : arreglar, resolver (problemas, etc.), poner (la vida) en orden **4 to straighten out** : enderezar, meter en vereda (a un niño rebelde, etc.) **5 to straighten out** ENLIGHTEN : aclararle las dudas (a alguien) — *vi* **1 to straighten up** : ponerse derecho **2 to straighten up/out** IMPROVE : enderezarse

**straightforward** [streɪtˈfɔrwərd] *adj* **1** FRANK : franco, sincero **2** CLEAR, PRECISE : puro, simple, claro

**straight razor** → **razor**

**strain**[1] ['streɪn] *vt* **1** EXERT : forzar (la vista, la voz) ⟨to strain oneself : hacer un gran esfuerzo⟩ **2** FILTER : colar, filtrar **3** INJURE : lastimarse, hacerse daño en ⟨to strain a muscle : sufrir un esguince⟩ — *vi* **to strain to do something** : esforzarse por hacer algo

**strain**[2] *n* **1** LINEAGE : linaje *m*, abolengo *m* **2** STREAK, TRACE : veta *f* **3** VARIETY : tipo *m*, variedad *f* **4** STRESS : tensión *f*, presión *f* **5** SPRAIN : esguince *m*, torcedura *f* (del tobillo, etc.) **6 strains** *npl* TUNE : melodía *f*, acordes *mpl*, compases *fpl*

**strained** ['streɪnd] *adj* **1** FORCED : forzado **2** ANXIOUS : preocupado **3** TIRED : cansado **4** TENSE : tenso

**strainer** ['streɪnər] *n* : colador *m*

**strait** ['streɪt] *n* **1** : estrecho *m* **2 straits** *npl* DISTRESS : aprietos *mpl*, apuros *mpl* ⟨in dire straits : en serios aprietos⟩

**straitened** ['streɪtənd] *adj* **in straitened circumstances** : en apuros económicos

**straitjacket** ['streɪtˌʤækət] *n* : camisa *f* de fuerza

**strand**[1] ['strænd] *vt* **1** : varar **2 to be left stranded** : quedar(se) varado, quedar colgado ⟨they left me stranded : me dejaron abandonado⟩

**strand**[2] *n* **1** : hebra *f* (de hilo, etc.) ⟨a strand of hair : un pelo⟩ **2** BEACH : playa *f*

**strange** ['streɪnʤ] *adj* **stranger; -est 1** QUEER, UNUSUAL : extraño, raro **2** UNFAMILIAR : desconocido, nuevo

**strangely** ['streɪnʤli] *adv* ODDLY : de manera extraña ⟨to behave strangely : portarse de una manera rara⟩ ⟨strangely, he didn't call : curiosamente, no llamó⟩

**strangeness** ['streɪnʤnəs] *n* **1** ODDNESS : rareza *f* **2** UNFAMILIARITY : lo desconocido

**stranger** ['streɪnʤər] *n* : desconocido *m*, -da *f*; extraño *m*, -ña *f*

**strangle** ['stræŋgəl] *vt* **-gled; -gling** : estrangular

**strangler** ['stræŋglər] *n* : estrangulador *m*, -dora *f*

**strangulation** [ˌstræŋgjəˈleɪʃən] *n* : estrangulamiento *m*

**strap**[1] ['stræp] *vt* **strapped; strapping 1** FASTEN : sujetar con una correa **2** FLOG : azotar (con una correa)

**strap**[2] *n* **1** : correa *f* **2 shoulder strap** : tirante *m*

**strapless** ['stræpləs] *n* : sin tirantes

**strapping** ['stræpɪŋ] *adj* : robusto, fornido

**stratagem** ['strætəʤəm, -ˌʤɛm] *n* : estratagema *f*, artimaña *f*

**strategic** [strəˈtiːʤɪk] *adj* : estratégico

**strategist** ['strætəʤɪst] *n* : estratega *mf*

**strategy** ['strætəʤi] *n, pl* **-gies** : estrategia *f*

**stratified** ['strætəˌfaɪd] *adj* : estratificado

**stratosphere** ['strætəˌsfɪr] *n* : estratosfera *f*

**stratospheric** [ˌstrætəˈsfɪrɪk, -ˈsfɛr-] *adj* : estratosférico

**stratum** ['streɪtəm, 'stræ-] *n, pl* **strata** [-tə] : estrato *m*, capa *f*

**straw** ['strɔ] *n* **1** : paja *f* ⟨the last straw : el colmo⟩ **2** *or* **drinking straw** : pajita *f*, popote *m Mex*

**strawberry** ['strɔˌbɛri] *n, pl* **-ries** : fresa *f*

**stray**[1] ['streɪ] *vi* **1** WANDER : alejarse, extraviarse ⟨the cattle strayed away : el ganado se descarrió⟩ **2** DIGRESS : desviarse, divagar

**stray**[2] *adj* : perdido, callejero (dícese de un perro o un gato), descarriado (dícese del ganado)

**stray**[3] *n* : animal *m* perdido, animal *m* callejero

**streak**[1] ['striːk] *vt* : hacer rayas en ⟨blue streaked with grey : azul veteado con gris⟩ — *vi* : ir como una flecha

**streak**[2] *n* **1** : raya *f*, veta *f* (en mármol, queso, etc.), mechón *m* (en el pelo) **2** : rayo *m* (de luz) **3** TRACE : veta *f* **4** : racha *f* ⟨a streak of luck : una racha de suerte⟩

**stream**[1] ['striːm] *vi* : correr, salir a chorros ⟨tears streamed from his eyes : las lágrimas brotaban de sus ojos⟩ — *vt* **1** : derramar, dejar correr ⟨to stream blood : derramar sangre⟩ **2** : transmitir (audio o video) en streaming **3** : ver (video) o escuchar (audio) en streaming

**stream**[2] *n* **1** BROOK : arroyo *m*, riachuelo *m* **2** RIVER : río *m* **3** FLOW : corriente *f*, chorro *m* **4** SERIES : serie *f*, sarta *f*

**streamer** ['striːmər] *n* **1** PENNANT : banderín *m* **2** RIBBON : serpentina *f* (de papel), cinta *f* (de tela)

**streaming**[1] ['stri:mɪŋ] *adj* : de streaming ⟨streaming video : video en streaming⟩
**streaming**[2] *n* : streaming *m*
**streamline** ['stri:mˌlaɪn] *vt* : racionalizar (un proceso, etc.)
**streamlined** ['stri:mˌlaɪnd] *adj* **1** : aerodinámico (dícese de los automóviles, etc.) **2** EFFICIENT : eficiente, racionalizado
**street** ['stri:t] *n* : calle *f*
**streetcar** ['stri:tˌkɑr] *n* : tranvía *m*
**streetlight** ['stri:tˌlaɪt] *or* **streetlamp** ['stri:tˌlæmp] *n* : farol *m*, farola *f*
**strength** ['streŋkθ] *n* **1** : fuerza *f* ⟨with all her strength : con toda(s) su(s) fuerza(s)⟩ ⟨to save one's strength : reservar uno sus energías⟩ **2** POWER : poder *m*, fuerza *f* ⟨economic/military strength : poder económico/militar⟩ ⟨there is strength in numbers : la unión hace la fuerza⟩ **3** FORTITUDE : fortaleza *f* ⟨strength of character : fortaleza/fuerza de carácter⟩ **4** SOLIDITY, TOUGHNESS : solidez *f*, resistencia *f*, dureza *f* (de un material) **5** INTENSITY : intensidad *f* (de emociones, etc.), fuerza *f* (del viento, etc.), lo fuerte (de un sabor, etc.) **6** CONCENTRATION : concentración *f* ⟨full strength : sin diluir⟩ **7** POTENCY : potencia *f* (de un medicamento) ⟨full/maximum strength : máxima potencia⟩ **8** : fuerte *m*, punto *m* fuerte ⟨strengths and weaknesses : virtudes y defectos⟩ **9** NUMBER : número *m*, complemento *m* ⟨in full strength : en gran número⟩
**strengthen** ['streŋkθən] *vt* **1** : fortalecer (los músculos, el espíritu, etc.) **2** REINFORCE : reforzar **3** INTENSIFY : intensificar, redoblar (esfuerzos, etc.) — *vi* **1** : fortalecerse, hacerse más fuerte **2** INTENSIFY : intensificarse
**strenuous** ['strenjuəs] *adj* **1** VIGOROUS : vigoroso, enérgico **2** ARDUOUS : duro, riguroso
**strenuously** ['strenjuəsli] *adv* : vigorosamente, duro
**stress**[1] ['stres] *vt* **1** : someter a tensión (física) **2** EMPHASIZE : enfatizar, recalcar **3 to stress out** : estresar
**stress**[2] *n* **1** : tensión *f* (en un material) **2** EMPHASIS : énfasis *m*, acento *m* (en lingüística) **3** TENSION : tensión *f* (nerviosa), estrés *m*
**stressful** ['stresfəl] *adj* : estresante
**stretch**[1] ['stretʃ] *vt* **1** : estirar (un suéter, un cable, etc.), extender (un lienzo, etc.), desplegar (alas) ⟨to stretch one's legs : estirar las piernas, caminar⟩ **2 to stretch the truth** : forzar la verdad, exagerar — *vi* **1** *or* **to stretch out** : estirarse **2** REACH : extenderse **3 to stretch back (in time)** : remontarse
**stretch**[2] *n* **1** STRETCHING : extensión *f*, estiramiento *m* (de músculos) **2** ELASTICITY : elasticidad *f* **3** EXPANSE : tramo *m*, trecho *m* ⟨the home stretch : la recta final⟩ **4** PERIOD : período *m* (de tiempo)
**stretcher** ['stretʃər] *n* : camilla *f*
**strew** ['stru:] *vt* **strewed; strewed** *or* **strewn** ['stru:n]; **strewing** **1** SCATTER : esparcir (semillas, etc.), desparramar (papeles, etc.) **2 to strew with** : cubrir de
**stricken** ['strɪkən] *adj* **stricken with** : aquejado de (una enfermedad), afligido por (tristeza, etc.)
**strict** ['strɪkt] *adj* : estricto — **strictly** *adv*
**strictness** ['strɪktnəs] *n* : severidad *f*, lo estricto
**stricture** ['strɪktʃər] *n* : crítica *f*, censura *f*
**stride**[1] ['straɪd] *vi* **strode** ['stro:d]; **stridden** ['strɪdən]; **striding** : ir dando trancos, ir dando zancadas
**stride**[2] *n* : tranco *m*, zancada *f*
**strident** ['straɪdənt] *adj* : estridente
**strife** ['straɪf] *n* : conflictos *mpl*, disensión *f*
**strike**[1] ['straɪk] *v* **struck** ['strʌk]; **striking** *vt* **1** HIT : golpear, pegarle (a una persona) ⟨the bullet struck him in the leg : la bala lo alcanzó en la pierna⟩ **2** HIT : chocar contra, dar contra ⟨the car struck a tree : el carro chocó contra un árbol⟩ **3** DELETE : suprimir, tachar **4** COIN, MINT : acuñar (monedas) **5** : dar (la hora) **6** AFFLICT : sobrevenir ⟨he was stricken with a fever : le sobrevino una fiebre⟩ **7** IMPRESS : impresionar, parecer ⟨her voice struck me : su voz me impresionó⟩ ⟨it struck him as funny : le pareció chistoso⟩ **8** : ocurrírsele a ⟨it struck me that . . . : se me ocurrió que . . .⟩ **9** : encender (un fósforo) **10** FIND : descubrir (oro, petróleo) **11** ADOPT : adoptar (una pose, etc.) **12** : tocar (en música) **13** REACH : llegar a, alcanzar (un acuerdo, etc.) **14 to strike a blow** : pegar un golpe **15 to strike down** : fulminar **16 to strike out** : tachar (palabras, etc.) **17 to strike up** : entablar (una conversación, una amistad), empezar a tocar (una canción) — *vi* **1** HIT : golpear ⟨to strike against : chocar contra⟩ **2** ATTACK : atacar **3** : declararse en huelga **4 to strike back at** : devolverle el golpe a **5 to strike out** : poncharse (en beisbol) **6 to strike out** FAIL : fracasar **7 to strike out at** ATTACK : arremeter contra **8 to strike out for** : emprender el camino hacia **9 to strike out on one's own** : emprender algo solo
**strike**[2] *n* **1** BLOW : golpe *m* **2** : huelga *f*, paro *m* ⟨to be on strike : estar en huelga⟩ **3** ATTACK : ataque *m*
**strikebreaker** ['straɪkˌbreɪkər] *n* : rompehuelgas *mf*, esquirol *mf*
**strike out** *vi* **1** HEAD : salir (para) **2** : ser ponchado (en béisbol) ⟨the batter struck out : poncharon al bateador⟩
**striker** ['straɪkər] *n* : huelguista *mf*
**strike up** *vt* START : entablar, empezar
**striking** ['straɪkɪŋ] *adj* : notable, sorprendente, llamativo ⟨a striking beauty : una belleza imponente⟩ — **strikingly** *adv*
**string**[1] ['strɪŋ] *vt* **strung** ['strʌŋ]; **stringing** **1** THREAD : ensartar ⟨to string beads : ensartar cuentas⟩ **2** HANG : colgar (con un cordel)
**string**[2] *n* **1** : cordel *m*, cuerda *f* **2** SERIES : serie *f*, sarta *f* (de insultos, etc.) **3**

**strings** *npl* : cuerdas *fpl* (en música) **4 strings** *npl* : influencias *fpl* ⟨to pull strings : utilizar sus influencias⟩ **5 strings** *npl* : compromisos *mpl* ⟨with no strings attached : sin compromiso(s)⟩

**string bean** *n* : judía *f*, ejote *m Mex*

**stringent** [ˈstrɪnʤənt] *adj* : estricto, severo

**stringy** [ˈstrɪŋi] *adj* **stringier; -est** : fibroso

**strip**[1] [ˈstrɪp] *v* **stripped; stripping** *vt* : quitar (ropa, pintura, etc.), desnudar, despojar — *vi* UNDRESS : desnudarse

**strip**[2] *n* : tira *f* ⟨a strip of land : una faja⟩

**stripe**[1] [ˈstraɪp] *vt* **striped** [ˈstraɪpt]; **striping** : marcar con rayas o listas

**stripe**[2] *n* **1** : raya *f*, lista *f* **2** BAND : franja *f*

**striped** [ˈstraɪpt, ˈstraɪpəd] *adj* : a rayas, de rayas, rayado, listado

**strive** [ˈstraɪv] *vi* **strove** [ˈstro:v]; **striven** [ˈstrɪvən] *or* **strived; striving 1 to strive for** : luchar por lograr **2 to strive to** : esforzarse por

**strode** → **stride**

**stroke**[1] [ˈstro:k] *vt* **stroked; stroking** : acariciar

**stroke**[2] *n* **1** : apoplejía *f*, derrame *m* cerebral (en medicina) **2** : pincelada *f*, trazo *m* (en el arte) **3** : estilo *m* (de nadar) **4** : movimiento *m*, batir *m* (de alas), brazada *f* (al nadar), remada *f* (al remar) **5** CARESS : caricia *f* **6** : golpe *m* (en beisbol, etc.) **7** ACT : golpe *m* ⟨in one stroke : de un golpe⟩ ⟨a stroke of genius/inspiration : una genialidad/inspiración⟩ **8** : golpe *m* ⟨a stroke of luck : un golpe de suerte⟩ **9** : campanada *f* (de un reloj)

**stroll**[1] [ˈstro:l] *vi* : pasear, pasearse, dar un paseo

**stroll**[2] *n* : paseo *m*

**stroller** [ˈstro:lər] *n* : cochecito *m* (para niños)

**strong** [ˈstrɔŋ] *adj* **1** : fuerte ⟨strong arms : brazos fuertes⟩ ⟨strong winds : vientos fuertes⟩ ⟨a strong odor : un olor fuerte⟩ ⟨strong coffee/medicine : café/medicina fuerte⟩ ⟨strong language : lenguaje fuerte⟩ ⟨a strong candidate/leader : un candidato/líder fuerte⟩ ⟨strong opposition : fuerte oposición⟩ ⟨of strong character : de carácter fuerte⟩ ⟨his strong point : su (punto) fuerte⟩ **2** DURABLE : resistente, fuerte **3** HEALTHY : sano **4** NOTICEABLE : marcado **5** FIRM : firme (dícese de convicciones, etc.) **6** PERSUASIVE : poderoso, convincente **7** CONCENTRATED : concentrado (dícese de detergente, etc.) **8** : con mucho aumento (dícese de lentes) **9** (*with numbers*) ⟨an organization five hundred people strong : una organización de quinientas personas⟩

**strongbox** [ˈstrɔŋˌbɑks] *n* : caja *f* fuerte

**stronghold** [ˈstrɔŋˌho:ld] *n* : fortaleza *f*, fuerte *m*, bastión *m* ⟨a cultural stronghold : un baluarte de la cultura⟩

**strongly** [ˈstrɔŋli] *adv* **1** POWERFULLY : fuerte, con fuerza **2** STURDILY : fuertemente, sólidamente **3** INTENSELY : intensamente, profundamente ⟨to feel strongly about something : tener ideas muy claras sobre algo⟩ ⟨to feel/believe strongly that . . . : estar totalmente convencido de que . . . , tener la convicción de que . . .⟩ ⟨I am strongly tempted : me siento muy tentada⟩ **4** WHOLEHEARTEDLY : totalmente ⟨I strongly agree : estoy totalmente de acuerdo⟩ ⟨I strongly disagree : estoy totalmente en desacuerdo⟩ **5** EMPHATICALLY : enérgicamente ⟨to criticize strongly : criticar duramente⟩ ⟨a strongly worded letter : una carta muy dura⟩ ⟨I strongly advise that you see a doctor : le recomiendo encarecidamente que vaya a un médico⟩ **6 to smell/taste strongly of** : oler/saber fuertemente a

**struck** → **strike**[1]

**structural** [ˈstrʌktʃərəl] *adj* : estructural

**structure**[1] [ˈstrʌktʃər] *vt* **-tured; -turing** : estructurar

**structure**[2] *n* **1** BUILDING : construcción *f* **2** ARRANGEMENT, FRAMEWORK : estructura *f*

**struggle**[1] [ˈstrʌgəl] *vi* **-gled; -gling 1** CONTEND : forcejear (físicamente), luchar, contender **2** : hacer con dificultad ⟨she struggled forward : avanzó con dificultad⟩

**struggle**[2] *n* : lucha *f*, pelea *f* (física)

**strum** [ˈstrʌm] *vt* **strummed; strumming** : rasguear

**strung** → **string**[1]

**strut**[1] [ˈstrʌt] *vi* **strutted; strutting** : pavonearse

**strut**[2] *n* **1** : pavoneo *m* ⟨he walked with a strut : se pavoneaba⟩ **2** : puntal *m* (en construcción, etc.)

**stub**[1] [ˈstʌb] *vt* **stubbed; stubbing 1 to stub one's toe** : darse en el dedo (del pie) **2 to stub out** : apagarse

**stub**[2] *n* : colilla *f* (de un cigarrillo), cabo *m* (de un lápiz, etc.), talón *m* (de un cheque)

**stubble** [ˈstʌbəl] *n* **1** : rastrojo *m* (de plantas) **2** BEARD : barba *f*

**stubborn** [ˈstʌbərn] *adj* **1** OBSTINATE : terco, obstinado, empecinado **2** PERSISTENT : pertinaz, persistente — **stubbornly** *adv*

**stubbornness** [ˈstʌbərnnəs] *n* **1** OBSTINACY : terquedad *f*, obstinación *f* **2** PERSISTENCE : persistencia *f*

**stubby** [ˈstʌbi] *adj* **stubbier; -est** : corto y grueso ⟨stubby fingers : dedos regordetes⟩

**stucco** [ˈstʌko:] *n, pl* **stuccos** *or* **stuccoes** : estuco *m*

**stuck** → **stick**[1]

**stuck–up** [ˈstʌkˈʌp] *adj* : engreído, creído *fam*

**stud**[1] [ˈstʌd] *vt* **studded; studding** : tachonar, salpicar

**stud**[2] *n* **1** *or* **stud horse** : semental *m* **2** : montante *m* (en construcción) **3** HOBNAIL : tachuela *f*, tachón *m*

**student** [ˈstu:dənt, ˈstju:-] *n* : estudiante *mf*; alumno *m*, -na *f* (de un colegio)

**studied** [ˈstʌdid] *adj* : intencionado, premeditado

**studio** [ˈstuːdiˌoː, ˈstjuː-] *n, pl* **studios** : estudio *m*

**studious** [ˈstuːdiəs, ˈstjuː-] *adj* : estudioso — **studiously** *adv*

**study**[1] [ˈstʌdi] *v* **studied; studying** **1** : estudiar **2** EXAMINE : examinar, estudiar

**study**[2] *n, pl* **studies** **1** STUDYING : estudio *m* **2** OFFICE : estudio *m*, gabinete *m* (en una casa) **3** RESEARCH : investigación *f*, estudio *m*

**stuff**[1] [ˈstʌf] *vt* : rellenar, llenar, atiborrar ⟨a stuffed toy : un juguete de peluche⟩

**stuff**[2] *n* **1** POSSESSIONS : cosas *fpl* ⟨my stuff : mis cosas⟩ **2** SUPPLIES, EQUIPMENT : cosas *fpl* ⟨baby stuff : cosas para bebés⟩ **3** *fam* : cosa *f*, cosas *fpl* ⟨some sticky stuff : una cosa pegajosa⟩ ⟨this stuff really works! : ¡esto funciona de maravilla!⟩ ⟨they're giving away free stuff : están regalando cosas⟩ ⟨and stuff (like that) : y cosas por el estilo⟩ **4** (*referring to something heard, read, etc.*) *fam* ⟨this is fascinating stuff : esto es fascinante⟩ ⟨the stuff he said isn't true : lo que dijo no es verdad⟩ **5** (*referring to behavior*) *fam* : cosas *fpl* ⟨she does stuff to bug me : hace cosas para fastidiarme⟩ ⟨how can he get away with that stuff? : ¿cómo es que siempre se sale con la suya?⟩ **6** ESSENCE : esencia *f* **7 to know your stuff** : ser experto

**stuffing** [ˈstʌfɪŋ] *n* : relleno *m*

**stuffy** [ˈstʌfi] *adj* **stuffier; -est** **1** CLOSE : viciado, cargado ⟨a stuffy room : una sala mal ventilada⟩ ⟨stuffy weather : tiempo bochornoso⟩ **2** : tapado (dícese de la nariz) **3** STODGY : pesado, aburrido

**stumble**[1] [ˈstʌmbəl] *vi* **-bled; -bling** **1** TRIP : tropezar, dar un traspié **2** FLOUNDER : quedarse sin saber qué hacer o decir **3 to stumble across** *or* **to stumble upon** : dar con, tropezar con

**stumble**[2] *n* : tropezón *m*, traspié *m*

**stumbling block** *n* : obstáculo *m*

**stump**[1] [ˈstʌmp] *vt* : dejar perplejo ⟨to be stumped : no tener respuesta⟩

**stump**[2] *n* **1** : muñón *m* (de un brazo o una pierna) **2** *or* **tree stump** : cepa *f*, tocón *m* **3** STUB : cabo *m*

**stun** [ˈstʌn] *vt* **stunned; stunning** **1** : aturdir (con un golpe) **2** ASTONISH, SHOCK : dejar estupefacto, dejar atónito, aturdir

**stung → sting**[1]

**stunk → stink**[1]

**stunning** [ˈstʌnɪŋ] *adj* **1** ASTONISHING : asombroso, pasmoso, increíble **2** STRIKING : imponente, impresionante (dícese de la belleza)

**stunt**[1] [ˈstʌnt] *vt* : atrofiar

**stunt**[2] *n* : proeza *f* (acrobática)

**stupefy** [ˈstuːpəˌfaɪ, ˈstjuː-] *vt* **-fied; -fying** **1** : aturdir, atontar (con drogas, etc.) **2** AMAZE : dejar estupefacto, dejar atónito

**stupendous** [stuˈpɛndəs, stjuˈ-] *adj* **1** MARVELOUS : estupendo, maravilloso **2** TREMENDOUS : tremendo — **stupendously** *adv*

**stupid** [ˈstuːpəd, ˈstjuː-] *adj* **1** IDIOTIC, SILLY : tonto, bobo, estúpido **2** DULL, OBTUSE : lento, torpe, lerdo

**stupidity** [stuˈpɪdəṭi, stjuˈ-] *n* : tontería *f*, estupidez *f*

**stupidly** [ˈstuːpədli, ˈstjuː-] *adv* **1** IDIOTICALLY : estúpidamente, tontamente **2** DENSELY : torpemente

**stupor** [ˈstuːpər, ˈstjuː-] *n* : estupor *m*

**sturdily** [ˈstərdəli] *adv* : sólidamente

**sturdiness** [ˈstərdinəs] *n* : solidez *f* (de muebles, etc.), robustez *f* (de una persona)

**sturdy** [ˈstərdi] *adj* **sturdier; -est** : fuerte, robusto, sólido

**sturgeon** [ˈstərdʒən] *n* : esturión *m*

**stutter**[1] [ˈstʌṭər] *vi* : tartamudear

**stutter**[2] *n* STAMMER : tartamudeo *m*

**sty** [ˈstaɪ] *n* **1** *pl* **sties** PIGPEN : chiquero *m*, pocilga *f* **2** *or* **stye** *pl* **sties** *or* **styes** : orzuelo *m* (en el ojo)

**style**[1] [ˈstaɪl] *vt* **styled; styling** **1** NAME : llamar **2** : peinar (pelo), diseñar (vestidos, etc.) ⟨carefully styled prose : prosa escrita con gran esmero⟩

**style**[2] *n* **1** : estilo *m* ⟨that's just his style : él es así⟩ ⟨to live in style : vivir a lo grande⟩ **2** FASHION : moda *f*

**stylish** [ˈstaɪlɪʃ] *adj* : de moda, elegante, chic

**stylishly** [ˈstaɪlɪʃli] *adv* : con estilo

**stylishness** [ˈstaɪlɪʃnəs] *n* : estilo *m*

**stylist** [ˈstaɪlɪst] *n* : estilista *mf*

**stylize** [ˈstaɪˌlaɪz, ˈstaɪəˌ-] *vt* : estilizar

**stylus** [ˈstaɪləs] *n, pl* **styli** [ˈstaɪˌlaɪ] **1** PEN : estilo *m* **2** NEEDLE : aguja *f* (de un tocadiscos)

**stymie** [ˈstaɪmi] *vt* **-mied; -mieing** : obstaculizar

**suave** [ˈswɑv] *adj* : fino, urbano

**sub**[1] [ˈsʌb] *vi* **subbed; subbing → substitute**[1]

**sub**[2] *n* **1 → substitute**[2] **2 → submarine**

**sub-** [ˌsʌb] *pref* : sub-

**subcommittee** [ˈsʌbkəˌmɪṭi] *n* : subcomité *m*

**subconscious**[1] [səbˈkɑnṭʃəs] *adj* : subconsciente — **subconsciously** *adv*

**subconscious**[2] *n* : subconsciente *m*

**subcontract** [ˌsʌbˈkɑnˌtrækt] *vt* : subcontratar

**subcontractor** [ˌsʌbˈkɑnˌtræktər] *n* : subcontratista *mf*

**subculture** [ˈsʌbˌkʌltʃər] *n* : subcultura *f*

**subdivide** [ˌsʌbdəˈvaɪd, ˈsʌbdəˌvaɪd] *vt* **-vided; -viding** : subdividir

**subdivision** [ˈsʌbdəˌvɪʒən] *n* : subdivisión *f*

**subdue** [səbˈduː, -ˈdjuː] *vt* **-dued; -duing** **1** OVERCOME : sojuzgar (a un enemigo), vencer, superar **2** CONTROL : dominar **3** SOFTEN : suavizar, atenuar (luz, etc.), moderar (lenguaje)

**subgroup** [ˈsʌbˌgruːp] *n* : subgrupo *m*

**subhead** [ˈsʌbˌhɛd] *or* **subheading** [-ˌhɛdɪŋ] *n* : subtítulo *m*

**subhuman** [ˌsʌbˈhjuːmən, -ˈjuː-] *adj* : infrahumano

**subject**[1] [səbˈdʒɛkt] *vt* **1** CONTROL, DOMINATE : controlar, dominar **2** : someter ⟨they subjected him to pressure : lo sometieron a presiones⟩

**subject**[2] [ˈsʌbdʒɪkt] *adj* **1** : subyugado, sometido ⟨a subject nation : una nación subyugada⟩ **2** PRONE : sujeto, propenso ⟨subject to colds : sujeto a resfriarse⟩ **3 subject to** : sujeto a ⟨subject to congressional approval : sujeto a la aprobación del congreso⟩

**subject**[3] [ˈsʌbdʒɪkt] *n* **1** : súbdito *m*, -ta *f* (de un gobierno) **2** *or* **subject matter** TOPIC : tema *m* **3** : sujeto *m* (en gramática)

**subjection** [səbˈdʒɛkʃən] *n* : sometimiento *m*

**subjective** [səbˈdʒɛktɪv] *adj* : subjetivo — **subjectively** *adv*

**subjectivity** [ˌsʌbˌdʒɛkˈtɪvəṭi] *n* : subjetividad *f*

**subjugate** [ˈsʌbdʒɪˌgeɪt] *vt* **-gated; -gating** : subyugar, someter, sojuzgar

**subjunctive** [səbˈdʒʌŋktɪv] *n* : subjuntivo *m* — **subjunctive** *adj*

**sublet** [ˈsʌbˌlɛt] *vt* **-let; -letting** : subarrendar

**sublimate** [ˈsʌbləˌmeɪt] *vt* **-mated; -mating** : sublimar — **sublimation** [ˌsʌbləˈmeɪʃən] *n*

**sublime** [səˈblaɪm] *adj* : sublime

**sublimely** [səˈblaɪmli] *adv* **1** : de manera sublime **2** UTTERLY : absolutamente, completamente

**submarine**[1] [ˈsʌbməˌriːn, ˌsʌbməˈ-] *adj* : submarino

**submarine**[2] *n* : submarino *m*

**submachine gun** [ˌsʌbməˈʃiːn-] *n* : metralleta *f*

**submerge** [səbˈmərdʒ] *v* **-merged; -merging** *vt* : sumergir — *vi* : sumergirse

**submission** [səbˈmɪʃən] *n* **1** YIELDING : sumisión *f* **2** PRESENTATION : presentación *f*

**submissive** [səbˈmɪsɪv] *adj* : sumiso, dócil

**submissiveness** [səbˈmɪsɪvnəs] *n* : sumisión *f*

**submit** [səbˈmɪt] *v* **-mitted; -mitting** *vi* YIELD : rendirse ⟨to submit to : someterse a⟩ — *vt* PRESENT : presentar

**submormal** [ˌsʌbˈnɔrməl] *adj* : por debajo de lo normal

**subordinate**[1] [səˈbɔrdənˌeɪt] *vt* **-nated; -nating** : subordinar

**subordinate**[2] [səˈbɔrdənət] *adj* : subordinado ⟨a subordinate clause : una oración subordinada⟩

**subordinate**[3] *n* : subordinado *m*, -da *f*; subalterno *m*, -na *f*

**subordination** [səˌbɔrdənˈeɪʃən] *n* : subordinación *f*

**subpoena**[1] [səˈpiːnə] *vt* **-naed; -naing** : citar

**subpoena**[2] *n* : citación *f*, citatorio *m*

**subscribe** [səbˈskraɪb] *vi* **-scribed; -scribing** **1** : suscribirse (a una revista, etc.) **2 to subscribe to** : suscribir (una opinión, etc.), estar de acuerdo con

**subscriber** [səbˈskraɪbər] *n* : suscriptor *m*, -tora *f* (de una revista, etc.); abonado *m*, -da *f* (de un servicio)

**subscription** [səbˈskrɪpʃən] *n* : suscripción *f*

**subsection** [ˈsʌbˌsɛkʃən] *n* : inciso *m* (de un artículo, etc.)

**subsequent** [ˈsʌbsɪkwənt, -səˌkwɛnt] *adj* : subsiguiente ⟨subsequent to : posterior a⟩

**subsequently** [ˈsʌbˌsɪkwɛntli, -kwənt-] *adv* : posteriormente

**subservient** [səbˈsərviənt] *adj* : servil

**subside** [səbˈsaɪd] *vi* **-sided; -siding** **1** SINK : hundirse, descender **2** ABATE : calmarse (dícese de las emociones), amainar (dícese del viento, etc.)

**subsidiary**[1] [səbˈsɪdiˌɛri] *adj* : secundario

**subsidiary**[2] *n, pl* **-ries** : filial *f*, subsidiaria *f*

**subsidize** [ˈsʌbsəˌdaɪz] *vt* **-dized; -dizing** : subvencionar, subsidiar

**subsidy** [ˈsʌbsədi] *n, pl* **-dies** : subvención *f*, subsidio *m*

**subsist** [səbˈsɪst] *vi* : subsistir, mantenerse, vivir

**subsistence** [səbˈsɪstənʌs] *n* : subsistencia *f*

**substance** [ˈsʌbstənʌs] *n* **1** ESSENCE : sustancia *f*, esencia *f* **2** : sustancia *f* ⟨a toxic substance : una sustancia tóxica⟩ **3** WEALTH : riqueza *f* ⟨a woman of substance : una mujer acaudalada⟩

**substandard** [ˌsʌbˈstændərd] *adj* : inferior, deficiente

**substantial** [səbˈstænʃəl] *adj* **1** ABUNDANT : sustancioso ⟨a substantial meal : una comida sustanciosa⟩ **2** CONSIDERABLE : considerable, apreciable **3** SOLID, STURDY : sólido

**substantially** [səbˈstænʃəli] *adv* : considerablemente

**substantiate** [səbˈstænʃiˌeɪt] *vt* **-ated; -ating** : confirmar, probar, justificar

**substitute**[1] [ˈsʌbstəˌtuːt, -ˌtjuːt] *v* **-tuted; -tuting** *vt* : sustituir — *vi* **to substitute for** : sustituir

**substitute**[2] *n* **1** : sustituto *m*, -ta *f*; suplente *mf* (persona) **2** : sucedáneo *m* ⟨sugar substitute : sucedáneo de azúcar⟩

**substitute teacher** *n* : profesor *m*, -sora *f* suplente

**substitution** [ˌsʌbstəˈtuːʃən, -ˈtjuː-] *n* : sustitución *f*

**subterfuge** [ˈsʌbtərˌfjuːdʒ] *n* : subterfugio *m*

**subterranean** [ˌsʌbtəˈreɪniən] *adj* : subterráneo

**subtitle** [ˈsʌbˌtaɪṭəl] *n* : subtítulo *m*

**subtle** [ˈsʌṭəl] *adj* **subtler; subtlest** **1** DELICATE, ELUSIVE : sutil, delicado **2** CLEVER : sutil, ingenioso

**subtlety** [ˈsʌṭəlti] *n, pl* **-ties** : sutileza *f*

**subtly** [ˈsʌṭəli] *adv* : sutilmente

**subtotal** [ˈsʌbˌtoːṭəl] *n* : subtotal *m*

**subtract** [səbˈtrækt] *vt* : restar, sustraer

**subtraction** [səbˈtrækʃən] *n* : resta *f*, sustracción *f*

**suburb** [ˈsʌˌbərb] *n* : municipio *m* periférico, suburbio *m*

**suburban** [səˈbərbən] *adj* : de las afueras (de una ciudad), suburbano

**suburbia** [səˈbərbiə] *n* : municipios *mpl* periféricos, suburbios *mpl*

**subversion** [səbˈvərʒən] *n* : subversión *f*
**subversive** [səbˈvərsɪv] *adj* : subversivo
**subvert** [səbˈvərt] *vt* : subvertir
**subway** [ˈsʌbˌweɪ] *n* : metro *m*; subterráneo *m Arg, Uru*
**succeed** [səkˈsiːd] *vt* FOLLOW : suceder a — *vi* **1** : tener éxito (dícese de las personas), dar resultado (dícese de los planes, etc.) ⟨she succeeded in finishing : logró terminar⟩ ⟨to succeed in life : triunfar en la vida⟩ **2** : subir, acceder ⟨to succeed to the throne : subir/acceder al trono⟩ — *vt* **1** : suceder a (algo) **2** : suceder (a alguien)
**success** [səkˈsɛs] *n* : éxito *m*
**successful** [səkˈsɛsfəl] *adj* : exitoso, logrado — **successfully** *adv*
**succession** [səkˈsɛʃən] *n* : sucesión *f* ⟨in succession : sucesivamente⟩
**successive** [səkˈsɛsɪv] *adj* : sucesivo, consecutivo — **successively** *adv*
**successor** [səkˈsɛsər] *n* : sucesor *m*, -sora *f*
**succinct** [səkˈsɪŋkt, saˈsɪŋkt] *adj* : sucinto — **succinctly** *adv*
**succor**[1] [ˈsʌkər] *vt* : socorrer
**succor**[2] *n* : socorro *m*
**succotash** [ˈsʌkəˌtæʃ] *n* : guiso *m* de maíz y frijoles
**succulent**[1] [ˈsʌkjələnt] *adj* : suculento, jugoso
**succulent**[2] *n* : suculenta *f* (planta)
**succumb** [saˈkʌm] *vi* : sucumbir
**such**[1] [ˈsʌtʃ] *adv* **1** (*used for emphasis*) : tan ⟨she's such a nice person! : ¡es tan amable!⟩ ⟨it's been such a long time! : ¡(hace) tanto tiempo!⟩ ⟨it's such a long trip : es un viaje tan largo, es un viaje larguísimo⟩ ⟨such tall buildings! : ¡qué edificios más grandes!⟩ ⟨he's not in such good shape : anda un poco mal⟩ **2** (*indicating degree*) : tan ⟨I've never seen such a large cat! : ¡nunca he visto un gato tan grande como ése!⟩ **3 such as** : como ⟨animals such as cows and sheep : animales como vacas y ovejas⟩
**such**[2] *adj* **1** : tal ⟨there's no such thing : no existe tal cosa⟩ ⟨there's no such person here : no hay nadie aquí con ese nombre⟩ ⟨in such cases : en tales casos⟩ ⟨to such a degree : hasta tal punto⟩ **2** (*indicating degree*) : tal . . . que, tanto . . . que ⟨where are you off to in such a rush? : ¿adónde vas con tanta prisa?⟩ ⟨I'm such a fool! : ¡qué tonto soy!⟩ **3 such that** : tal . . . que, tanto . . . que ⟨her excitement was such that . . . : tal/tanto era su entusiasmo que . . .⟩
**such**[3] *pron* **1** : tal ⟨such was the result : tal fue el resultado⟩ ⟨he's a child, and acts as such : es un niño, y se porta como tal⟩ **2** : algo o alguien semejante ⟨books, papers and such : libros, papeles y cosas por el estilo⟩
**such–and–such** *adj* : tal, cual ⟨at such-and-such (a) time : a tal tiempo⟩
**suck** [ˈsʌk] *vi* **1** : chupar **2** : aspirar (dícese de las máquinas) **3** SUCKLE : mamar **4** *fam* : apestar, ser una lata ⟨this sucks : qué lata⟩ **5** *fam* : ser malísimo ⟨I suck at sports : soy malísimo en los deportes⟩ **6 to suck on** : chupar **7 to suck up to** : dar coba a — *vt* **1** : sorber (bebidas), chupar (dulces, etc.) **2** PULL, DRAG : arrastrar **3** *or* **to suck up** ABSORB : absorber **4 to suck in** : meter (la panza), aspirar (aire) **5 to be/get sucked in** : dejarse engañar **6 to be/get sucked into** : verse envuelto en (un asunto)
**sucker** [ˈsʌkər] *n* **1** : ventosa *f* (de un insecto, etc.) **2** : chupón *m* (de una planta) **3** → **lollipop 4** FOOL : tonto *m*, -ta *f*; idiota *mf*
**suckle** [ˈsʌkəl] *v* **-led; -ling** *vt* : amamantar — *vi* : mamar
**suckling** [ˈsʌklɪŋ] *n* : lactante *mf*
**sucrose** [ˈsuːˌkroːs, -ˌkroːz] *n* : sacarosa *f*
**suction** [ˈsʌkʃən] *n* : succión *f*
**Sudanese**[1] [ˌsuːdənˈiːz, -ˈiːs] *adj* : sudanés
**Sudanese**[2] *n* **the Sudanese** (*used with a plural verb*) : los sudaneses
**sudden** [ˈsʌdən] *adj* **1** : repentino, súbito ⟨all of a sudden : de pronto, de repente⟩ **2** UNEXPECTED : inesperado, improviso **3** ABRUPT, HASTY : precipitado, brusco
**suddenly** [ˈsʌdənli] *adv* **1** : de repente, de pronto **2** ABRUPTLY : bruscamente
**suddenness** [ˈsʌdənnəs] *n* **1** : lo repentino **2** ABRUPTNESS : brusquedad *f* **3** HASTE : lo precipitado
**suds** [ˈsʌdz] *npl* : espuma *f* (de jabón)
**sue** [ˈsuː] *v* **sued; suing** *vt* : demandar — *vi* **to sue for** : demandar por (daños, etc.)
**suede** [ˈsweɪd] *n* : ante *m*, gamuza *f*
**suet** [ˈsuːət] *n* : sebo *m*
**suffer** [ˈsʌfər] *vi* : sufrir — *vt* **1** : sufrir, padecer (dolores, etc.) **2** PERMIT : permitir, dejar
**sufferer** [ˈsʌfərər] *n* : persona que padece (una enfermedad, etc.)
**suffering** [ˈsʌfərɪŋ] *n* : sufrimiento *m*
**suffice** [səˈfaɪs] *vi* **-ficed; -ficing** : ser suficiente, bastar
**sufficient** [səˈfɪʃənt] *adj* : suficiente
**sufficiently** [səˈfɪʃəntli] *adv* : (lo) suficientemente, bastante
**suffix** [ˈsʌˌfɪks] *n* : sufijo *m*
**suffocate** [ˈsʌfəˌkeɪt] *v* **-cated; -cating** *vt* : asfixiar, ahogar — *vi* : asfixiarse, ahogarse
**suffocation** [ˌsʌfəˈkeɪʃən] *n* : asfixia *f*, ahogo *m*
**suffrage** [ˈsʌfrɪʤ] *n* : sufragio *m*, derecho *m* al voto
**suffuse** [saˈfjuːz] *vt* **-fused; -fusing** : impregnar (de olores, etc.), bañar (de luz), teñir (de colores), llenar (de emociones)
**sugar**[1] [ˈʃʊgər] *vt* : azucarar
**sugar**[2] *n* : azúcar *mf*
**sugarcane** [ˈʃʊgərˌkeɪn] *n* : caña *f* de azúcar
**sugary** [ˈʃʊgəri] *adj* **1** : azucarado ⟨sugary desserts : postres azucarados⟩ **2** SACCHARINE : empalagoso
**suggest** [səgˈʤɛst, sə-] *vt* **1** PROPOSE : sugerir **2** IMPLY : indicar, dar a entender
**suggestible** [səgˈʤɛstəbəl, sə-] *adj* : influenciable

**suggestion** [səɡˈʤɛstʃən, sə-] *n* **1** PROPOSAL : sugerencia *f* **2** INDICATION : indicio *m* **3** INSINUATION : insinuación *f*

**suggestive** [səɡˈʤɛstɪv, sə-] *adj* : insinuante — **suggestively** *adv*

**suicidal** [ˌsu:əˈsaɪdəl] *adj* : suicida

**suicide** [ˈsu:əˌsaɪd] *n* **1** : suicidio *m* (acto) **2** : suicida *mf* (persona)

**suit**[1] [ˈsu:t] *vt* **1** ADAPT : adaptar **2** BEFIT : convenir a, ser apropiado a **3** BECOME : favorecer, quedarle bien (a alguien) ⟨the dress suits you : el vestido te queda bien⟩ **4** PLEASE : agradecer, satisfacer, convenirle bien (a alguien) ⟨does Friday suit you? : ¿le conviene el viernes?⟩ ⟨suit yourself! : ¡como quieras!⟩

**suit**[2] *n* **1** LAWSUIT : pleito *m*, litigio *m* **2** : traje *m* (ropa) **3** : palo *m* (de naipes)

**suitability** [ˌsu:ɨəˈbɪləɨi] *n* : idoneidad *f*, lo apropiado

**suitable** [ˈsu:ɨəbəl] *adj* : apropiado, idóneo — **suitably** [-bli] *adv*

**suitcase** [ˈsu:tˌkeɪs] *n* : maleta *f*, valija *f*, petaca *f Mex*

**suite** [ˈswi:t, for 2 also ˈsu:t] *n* **1** : suite *f* (de habitaciones) **2** SET : juego *m* (de muebles)

**suitor** [ˈsu:ɨər] *n* : pretendiente *m*

**sulfur** [ˈsʌlfər] *n* : azufre *m*

**sulfuric acid** [ˌsʌlˈfjʊrɪk] *adj* : ácido *m* sulfúrico

**sulk**[1] [ˈsʌlk] *vi* : estar de mal humor, enfurruñarse *fam*

**sulk**[2] *n* : mal humor *m*

**sulky** [ˈsʌlki] *adj* **sulkier; -est** : malhumorado, taimado *Chile*

**sullen** [ˈsʌlən] *adj* **1** MOROSE : hosco, taciturno **2** DREARY : sombrío, deprimente

**sullenly** [ˈsʌlənli] *adv* **1** MOROSELY : hoscamente **2** GLOOMILY : sombríamente

**sully** [ˈsʌli] *vt* **sullied; sullying** : manchar, empañar

**sultan** [ˈsʌltən] *n* : sultán *m*

**sultry** [ˈsʌltri] *adj* **sultrier; -est** **1** : bochornoso ⟨sultry weather : tiempo sofocante, tiempo bochornoso⟩ **2** SENSUAL : sensual, seductor

**sum**[1] [ˈsʌm] *vt* **summed; summing** **1** : sumar (números) **2** → **sum up**

**sum**[2] *n* **1** AMOUNT : suma *f*, cantidad *f* **2** TOTAL : suma *f*, total *f* **3** : suma *f*, adición *f* (en matemáticas)

**sumac** [ˈʃu:ˌmæk, ˈsu:-] *n* : zumaque *m*

**summarize** [ˈsʌməˌraɪz] *v* **-rized; -rizing** : resumir, compendiar

**summary**[1] [ˈsʌmər̩i] *adj* **1** CONCISE : breve, conciso **2** IMMEDIATE : inmediato ⟨a summary dismissal : un despido inmediato⟩ — **summarily** *adv*

**summary**[2] *n, pl* **-ries** : resumen *m*, compendio *m*

**summation** [səˈmeɪʃən] *n* : resumen *m*

**summer** [ˈsʌmər] *n* : verano *m*

**summertime** [ˈsʌmərˌtaɪm] *n* : verano *m*, estío *m*

**summery** [ˈsʌmər̩i] *adj* : veraniego

**summit** [ˈsʌmət] *n* **1** : cumbre *f*, cima *f* (de una montaña) **2** *or* **summit conference** : cumbre *f*

**summon** [ˈsʌmən] *vt* **1** CALL : convocar (una reunión, etc.), llamar (a una persona) **2** : citar (en derecho) **3 to summon up** : armarse de (valor, etc.) ⟨to summon up one's strength : reunir fuerzas⟩

**summons** [ˈsʌmənz] *n, pl* **summonses** **1** SUBPOENA : citación *f*, citatorio *m Mex* **2** CALL : llamada *f*, llamamiento *m*

**sumptuous** [ˈsʌmpʃʊəs] *adj* : suntuoso — **sumptuously** *adv*

**sum up** *vt* **1** SUMMARIZE : resumir **2** EVALUATE : evaluar — *vi* : recapitular

**sun**[1] [ˈsʌn] *vt* **sunned; sunning** **1** : poner al sol **2 to sun oneself** : asolearse, tomar el sol

**sun**[2] *n* **1** : sol *m* **2** SUNSHINE : luz *f* del sol

**sunbathe** [ˈsʌnˌbeɪð] *vi* **-bathed; -bathing** : asolearse, tomar el sol

**sunbeam** [ˈsʌnˌbi:m] *n* : rayo *m* de sol

**sunblock** [ˈsʌnˌblɑk] *n* : filtro *m* solar

**sunburn**[1] [ˈsʌnˌbərn] *vi* **-burned** [-ˌbərnd] *or* **-burnt** [-ˌbərnt]; **-burning** : quemarse por el sol

**sunburn**[2] *n* : quemadura *f* de sol

**sundae** [ˈsʌnˌdeɪ, -di] *n* : postre *m* de helado (con jarabe, crema batida, etc.)

**Sunday** [ˈsʌnˌdeɪ, -di] *n* : domingo *m* ⟨today is Sunday : hoy es domingo⟩ ⟨(on) Sunday : el domingo⟩ ⟨(on) Sundays : los domingos⟩ ⟨last Sunday : el domingo pasado⟩ ⟨next Sunday : el domingo que viene⟩ ⟨every other Sunday : cada dos domingos⟩ ⟨Sunday afternoon/morning : domingo por la tarde/mañana⟩

**sundial** [ˈsʌnˌdaɪl] *n* : reloj *m* de sol

**sundown** [ˈsʌnˌdaʊn] → **sunset**

**sundries** [ˈsʌndriz] *npl* : artículos *mpl* diversos

**sundry** [ˈsʌndri] *adj* : varios, diversos

**sunflower** [ˈsʌnˌflaʊər] *n* : girasol *m*, mirasol *m*

**sung** → **sing**

**sunglasses** [ˈsʌnˌglæsəz] *npl* : gafas *fpl* de sol, lentes *mpl* de sol

**sunk** → **sink**[1]

**sunken** [ˈsʌŋkən] *adj* : hundido

**sunlight** [ˈsʌnˌlaɪt] *n* : sol *m*, luz *f* del sol

**Sunni** [ˈsʊni] *n* : sunita *mf*

**sunny** [ˈsʌni] *adj* **sunnier; -est** : soleado

**sunrise** [ˈsʌnˌraɪz] *n* : salida *f* del sol

**sunroof** [ˈsʌnˌrʊf] *n* : techo *m* corredizo

**sunscreen** [ˈsʌnˌskri:n] *n* : filtro *m* solar

**sunset** [ˈsʌnˌset] *n* : puesta *f* del sol

**sunshine** [ˈsʌnˌʃaɪn] *n* : sol *m*, luz *f* del sol

**sunspot** [ˈsʌnˌspɑt] *n* : mancha *f* solar

**sunstroke** [ˈsʌnˌstro:k] *n* : insolación *f*

**suntan** [ˈsʌnˌtæn] *n* : bronceado *m* ⟨suntan lotion : bronceador⟩

**suntanned** [ˈsʌnˌtænd] *adj* : bronceado

**sup** [ˈsʌp] *vi* **supped; supping** : cenar

**super** [ˈsu:pər] *adj* : súper ⟨super! : ¡fantástico!⟩

**super-** [ˌsu:pər] *pref* : super-

**superb** [suˈpərb] *adj* : magnífico, espléndido — **superbly** *adv*

**supercilious** [ˌsuːpərˈsɪliəs] *adj* : altivo, altanero, desdeñoso
**supercomputer** [ˈsuːpərkəmˌpjuːtər] *n* : supercomputadora *f*
**superficial** [ˌsuːpərˈfɪʃəl] *adj* : superficial — **superficially** *adv* — **superficiality** *n*
**superfluous** [suˈpərfluəs] *adj* : superfluo — **superfluity** *n*
**superhighway** [ˈsuːpərˌhaɪˌweɪ, ˌsuːpərˈ-] *n* : autopista *f*
**superhuman** [ˌsuːpərˈhjuːmən] *adj* **1** SUPERNATURAL : sobrenatural **2** HERCULEAN : sobrehumano
**superimpose** [ˌsuːpərɪmˈpoːz] *vt* **-posed; -posing** : superponer, sobreponer
**superintend** [ˌsuːpərɪnˈtɛnd] *vt* : supervisar
**superintendent** [ˌsuːpərɪnˈtɛndənt] *n* : portero *m*, -ra *f* (de un edificio); director *m*, -tora *f* (de una escuela, etc.); superintendente *mf* (de policía)
**superior**[1] [suˈpɪriər] *adj* **1** BETTER : superior **2** HAUGHTY : altivo, altanero
**superior**[2] *n* : superior *m*
**superiority** [suˌpɪriˈɔrəṭi] *n, pl* **-ties** : superioridad *f*
**superlative**[1] [suˈpərləṭɪv] *adj* **1** : superlativo (en gramática) **2** SUPREME : supremo **3** EXCELLENT : excelente, excepcional
**superlative**[2] *n* : superlativo *m*
**supermarket** [ˈsuːpərˌmɑrkət] *n* : supermercado *m*
**supernatural** [ˌsuːpərˈnætʃərəl] *adj* : sobrenatural
**supernaturally** [ˌsuːpərˈnætʃərəli] *adv* : de manera sobrenatural
**superpower** [ˈsuːpərˌpaʊər] *n* : superpotencia *f*
**supersede** [ˌsuːpərˈsiːd] *vt* **-seded; -seding** : suplantar, reemplazar, sustituir
**supersonic** [ˌsuːpərˈsɑnɪk] *adj* : supersónico
**superstar** [ˈsuːpərˌstɑr] *n* : superestrella *f*
**superstition** [ˌsuːpərˈstɪʃən] *n* : superstición *f*
**superstitious** [ˌsuːpərˈstɪʃəs] *adj* : supersticioso
**superstore** [ˈsuːpərˌstor] *n* : hipermercado *m*
**superstructure** [ˈsuːpərˌstrʌktʃər] *n* : superestructura *f*
**supervise** [ˈsuːpərˌvaɪz] *vt* **-vised; -vising** : supervisar, dirigir
**supervision** [ˌsuːpərˈvɪʒən] *n* : supervisión *f*, dirección *f*
**supervisor** [ˈsuːpərˌvaɪzər] *n* : supervisor *m*, -sora *f*
**supervisory** [ˌsuːpərˈvaɪzəri] *adj* : de supervisor
**supine** [suˈpaɪn] *adj* **1** : en decúbito supino, en decúbito dorsal **2** ABJECT, INDIFFERENT : indiferente, apático
**supper** [ˈsʌpər] *n* : cena *f*, comida *f*
**supplant** [səˈplænt] *vt* : suplantar
**supple** [ˈsʌpəl] *adj* **suppler; supplest** : flexible
**supplement**[1] [ˈsʌpləmənt] *vt* : complementar, completar
**supplement**[2] [ˈsʌpləmənt] *n* **1** : complemento *m* ⟨dietary supplement : complemento alimenticio⟩ **2** : suplemento *m* (de un libro o periódico)
**supplementary** [ˌsʌpləˈmɛntəri] *adj* : suplementario
**supplicate** [ˈsʌpləˌkeɪt] *v* **-cated; -cating** *vi* : rezar — *vt* : suplicar
**supplier** [səˈplaɪər] *n* : proveedor *m*, -dora *f*; abastecedor *m*, -dora *f*
**supply**[1] [səˈplaɪ] *vt* **-plied; -plying** : suministrar, proveer de, proporcionar
**supply**[2] *n, pl* **-plies** **1** PROVISION : provisión *f*, suministro *m* ⟨supply and demand : la oferta y la demanda⟩ **2** STOCK : reserva *f*, existencias *fpl* (de un negocio) **3 supplies** *npl* PROVISIONS : provisiones *fpl*, víveres *mpl*, despensa *f*
**support**[1] [səˈport] *vt* **1** BACK : apoyar, respaldar **2** MAINTAIN : mantener, sostener, sustentar **3** PROP UP : sostener, apoyar, apuntalar, soportar
**support**[2] *n* **1** : apoyo *m* (moral), ayuda *f* (económica) **2** PROP : soporte *m*, apoyo *m*
**supporter** [səˈportər] *n* : partidario *m*, -ria *f*
**supportive** [səˈportɪv] *adj* : que apoya ⟨his family is very supportive : su familia lo apoya mucho⟩
**suppose** [səˈpoːz] *vt* **-posed; -posing** **1** ASSUME : suponer, imaginarse ⟨(let's) suppose that . . . : supongamos que . . .⟩ **2** BELIEVE : suponer, creer ⟨I suppose so/not : supongo que sí/no⟩ **3** (*used in polite requests*) ⟨I don't suppose you could help me? : ¿tú no podrías ayudarme?⟩ **4 to be supposed to** (*indicating expectation or intention*) ⟨he's supposed to arrive today : se supone que llegue hoy⟩ ⟨it was supposed to be a surprise : se suponía que iba a ser una sorpresa⟩ ⟨what's that supposed to mean? : ¿qué quieres decir con eso?⟩ **5 to be supposed to** (*indicating obligation or permission*) ⟨I'm supposed to study : (se supone que) tengo que estudiar⟩ ⟨you're not supposed to go : no deberías ir⟩ **6 to be supposed to** (*indicating what others say*) ⟨she's supposed to be the best : dicen que es la mejor⟩
**supposed** [səˈpoːzd, -ˈpoːzəd] *adj* : supuesto — **supposedly** [səˈpoːzədli] *adv*
**supposition** [ˌsʌpəˈzɪʃən] *n* : suposición *f*
**suppository** [səˈpɑzəˌtori] *n, pl* **-ries** : supositorio *m*
**suppress** [səˈprɛs] *vt* **1** SUBDUE : sofocar, suprimir, reprimir (una rebelión, etc.) **2** : suprimir, ocultar (información) **3** REPRESS : reprimir, contener ⟨to suppress a yawn : reprimir un bostezo⟩
**suppression** [səˈprɛʃən] *n* **1** SUBDUING : represión *f* **2** : supresión *f* (de información) **3** REPRESSION : represión *f*, inhibición *f*
**supremacy** [suˈprɛməsi] *n, pl* **-cies** : supremacía *f*
**supreme** [suˈpriːm] *adj* : supremo
**Supreme Being** *n* : Ser *m* Supremo

**supremely** [suˈpriːmli] *adv* : totalmente, sumamente

**surcharge** [ˈsərˌtʃɑrdʒ] *n* : recargo *m*

**sure**[1] [ˈʃʊr] *adv* **1** ALL RIGHT : por supuesto, claro **2** (*used as an intensifier*) ⟨it sure is hot! : ¡hace tanto calor!⟩ ⟨she sure is pretty! : ¡qué linda es!⟩

**sure**[2] *adj* **surer; -est 1** : seguro ⟨a sure sign : una clara señal⟩ ⟨a sure method : un método seguro⟩ ⟨it's a sure thing that . . . : seguro que . . .⟩ **2 for sure** ⟨to know for sure : saber a ciencia cierta, saber con certeza⟩ ⟨for sure! : ¡ya lo creo!⟩ ⟨that's for sure : eso es seguro⟩ **3 to be sure** ⟨to be sure (about/of something) : estar seguro (de algo)⟩ ⟨to be sure that . . . : estar seguro de que . . .⟩ ⟨to be sure of oneself : estar seguro de sí mismo⟩ ⟨I'm not sure why : no sé por qué⟩ ⟨be sure to call! : ¡no dejes de llamar!⟩ **4 to make sure** ⟨he made sure (that) the door was locked : se aseguró de que la puerta estaba cerrada con llave⟩ ⟨make sure to call! : ¡no dejes de llamar!⟩ ⟨make sure it doesn't happen again : que no vuelva a pasar⟩

**surely** [ˈʃʊrli] *adv* **1** CERTAINLY : seguramente **2** (*used as an intensifier*) ⟨you surely don't mean that! : ¡no me digas que estás hablando en serio!⟩

**sureness** [ˈʃʊrnəs] *n* : certeza *f*, seguridad *f*

**surety** [ˈʃʊrəti] *n, pl* **-ties** : fianza *f*, garantía *f*

**surf**[1] [ˈsərf] *vi* : hacer surf — *vt* : navegar ⟨to surf the Web : navegar por/en la web⟩

**surf**[2] *n* **1** WAVES : oleaje *m* **2** FOAM : espuma *f*

**surface**[1] [ˈsərfəs] *v* **-faced; -facing** *vi* : salir a la superficie — *vt* : revestir (una carretera)

**surface**[2] *n* **1** : superficie *f* **2 on the surface** : en apariencia

**surfboard** [ˈsərfˌbɔrd] *n* : tabla *f* de surf, tabla *f* de surfing

**surfeit** [ˈsərfət] *n* : exceso *m*

**surfer** [ˈsərfər] *n* : surfista *mf* ⟨Internet surfers : internautas⟩

**surfing** [ˈsərfɪŋ] *n* : surf *m*, surfing *m*

**surge**[1] [ˈsərdʒ] *vi* **surged; surging 1** : hincharse (dícese del mar), levantarse (dícese de las olas) **2** SWARM : salir en tropel (dícese de la gente, etc.)

**surge**[2] *n* **1** : oleaje *m* (del mar), oleada *f* (de gente) **2** FLUSH : arranque *m*, arrebato *m* (de ira, etc.) **3** INCREASE : aumento *m* (súbito)

**surgeon** [ˈsərdʒən] *n* : cirujano *m*, -na *f*

**surgery** [ˈsərdʒəri] *n, pl* **-geries** : cirugía *f*

**surgical** [ˈsərdʒɪkəl] *adj* : quirúrgico — **surgically** [-kli] *adv*

**surly** [ˈsərli] *adj* **surlier; -est** : hosco, arisco

**surmise**[1] [sərˈmaɪz] *vt* **-mised; -mising** : conjeturar, suponer, concluir

**surmise**[2] *n* : conjetura *f*

**surmount** [sərˈmaʊnt] *vt* **1** OVERCOME : superar, vencer, salvar **2** CLIMB : escalar **3** CAP, TOP : coronar

**surname** [ˈsərˌneɪm] *n* : apellido *m*

**surpass** [sərˈpæs] *vt* : superar, exceder, rebasar, sobrepasar

**surplus** [ˈsərˌplʌs] *n* : excedente *m*, sobrante *m*, superávit *m* (de dinero)

**surprise**[1] [səˈpraɪz, sər-] *vt* **-prised; -prising** : sorprender

**surprise**[2] *n* : sorpresa *f* ⟨to take by surprise : sorprender⟩

**surprising** [səˈpraɪzɪŋ, sər-] *adj* : sorprendente — **surprisingly** *adv*

**surreal** [səˈriːl] *adj* : surrealista

**surrealism** [səˈriːəˌlɪzəm] *n* : surrealismo *m*

**surrealist** [səˈriːəlɪst] *n* : surrealista *mf*

**surrealistic** [səˌriːəˈlɪstɪk] *adj* : surrealista

**surrender**[1] [səˈrɛndər] *vt* **1** : entregar, rendir **2 to surrender oneself** : entregarse — *vi* : rendirse

**surrender**[2] *n* : rendición *m* (de una ciudad, etc.), entrega *f* (de posesiones)

**surreptitious** [ˌsərəpˈtɪʃəs] *adj* : subrepticio — **surreptitiously** *adv*

**surrogate** [ˈsərəgət, -ˌgeɪt] *n* **1** : sustituto *m* **2** *or* **surrogate mother** : madre *f* de alquiler

**surround** [səˈraʊnd] *vt* : rodear

**surroundings** [səˈraʊndɪŋz] *npl* : ambiente *m*, entorno *m*

**surveillance** [sərˈveɪlənʃs, -ˈveɪljənʃs, -ˈveɪənʃs] *n* : vigilancia *f*

**survey**[1] [sərˈveɪ] *vt* **-veyed; -veying 1** : medir (un terreno) **2** EXAMINE : inspeccionar, examinar, revisar **3** POLL : hacer una encuesta de, sondear

**survey**[2] [ˈsərˌveɪ] *n, pl* **-veys 1** INSPECTION : inspección *f*, revisión *f* **2** : medición *f* (de un terreno) **3** POLL : encuesta *f*, sondeo *m*

**surveyor** [sərˈveɪər] *n* : agrimensor *m*, -sora *f*

**survival** [sərˈvaɪvəl] *n* : supervivencia *f*, sobrevivencia *f*

**survive** [sərˈvaɪv] *v* **-vived; -viving** *vi* : sobrevivir — *vt* OUTLIVE : sobrevivir a

**survivor** [sərˈvaɪvər] *n* : superviviente *mf*, sobreviviente *mf*

**susceptibility** [səˌsɛptəˈbɪləti] *n, pl* **-ties** : vulnerabilidad *f*, propensión *f* (a enfermedades, etc.)

**susceptible** [səˈsɛptəbəl] *adj* **1** VULNERABLE : vulnerable, sensible ⟨susceptible to flattery : sensible a halagos⟩ **2** PRONE : propenso ⟨susceptible to colds : propenso a resfriarse⟩

**suspect**[1] [səˈspɛkt] *vt* **1** DISTRUST : dudar de **2** : sospechar (algo), sospechar de (una persona) **3** IMAGINE, THINK : imaginarse, creer

**suspect**[2] [ˈsʌsˌpɛkt, səˈspɛkt] *adj* : sospechoso, dudoso, cuestionable

**suspect**[3] [ˈsʌsˌpɛkt] *n* : sospechoso *m*, -sa *f*

**suspend** [səˈspɛnd] *vt* : suspender

**suspenders** [səˈspɛndərz] *npl* : tirantes *mpl*

**suspense** [səˈspɛnʃs] *n* : incertidumbre *f*, suspenso *m* (en una película, etc.)

**suspenseful** [səˈspɛnʃsfəl] *adj* : de suspenso

**suspension** [səˈspɛnʃən] *n* : suspensión *f*
**suspension bridge** *n* : puente *m* colgante
**suspicion** [səˈspɪʃən] *n* **1** : sospecha *f* **2** TRACE : pizca *f*, atisbo *m*
**suspicious** [səˈspɪʃəs] *adj* **1** QUESTIONABLE : sospechoso, dudoso **2** DISTRUSTFUL : suspicaz, desconfiado
**suspiciously** [səˈspɪʃəsli] *adv* : de modo sospechoso, con recelo
**sustain** [səˈsteɪn] *vt* **1** NOURISH : sustentar **2** PROLONG : sostener **3** SUFFER : sufrir **4** SUPPORT, UPHOLD : apoyar, respaldar, sostener
**sustainable** [səˈsteɪnəbəl] *adj* : sostenible
**sustenance** [ˈsʌstənənts] *n* **1** NOURISHMENT : sustento *m* **2** SUPPORT : sostén *m*
**suture** [ˈsuːtʃər] *n* : sutura *f*
**SUV** [ˌɛsˌjuːˈviː] *n* : SUV *m*, vehículo *m* deportivo utilitario
**svelte** [ˈsfɛlt] *adj* : esbelto
**swab¹** [ˈswɑb] *vt* **swabbed; swabbing** **1** CLEAN : lavar, limpiar **2** : aplicar a (con hisopo)
**swab²** *n or* **cotton swab** : hisopo *m*, bastoncillo *m*, cotonete *m Mex*
**swaddle** [ˈswɑdəl] *vt* **-dled; -dling** [ˈswɑdəlɪŋ] : envolver (en pañales)
**swagger¹** [ˈswægər] *vi* : pavonearse
**swagger²** *n* : pavoneo *m*
**swallow¹** [ˈswɑloː] *vt* **1** : tragar (comida, etc.) **2** ENGULF : tragarse, envolver **3** REPRESS : tragarse (insultos, etc.) — *vi* : tragar
**swallow²** *n* **1** : golondrina *f* (pájaro) **2** GULP : trago *m*
**swam** → **swim¹**
**swamp¹** [ˈswɑmp] *vt* : inundar ⟨to swamp with : inundar de⟩
**swamp²** *n* : pantano *m*, ciénaga *f*
**swampy** [ˈswɑmpi] *adj* **swampier; -est** : pantanoso, cenagoso
**swan** [ˈswɑn] *n* : cisne *f*
**swap¹** [ˈswɑp] *vt* **swapped; swapping** : cambiar, intercambiar ⟨to swap places : cambiarse de sitio⟩
**swap²** *n* : cambio *m*, intercambio *m*
**swarm¹** [ˈswɔrm] *vi* : enjambrar
**swarm²** *n* : enjambre *m*
**swarthy** [ˈswɔrði, -θi] *adj* **swarthier; -est** : moreno
**swashbuckling** [ˈswɑʃˌbʌklɪŋ] *adj* : de aventurero
**swastika** [ˈswɑstɪskə] *n* : esvástica *f*
**swat¹** [ˈswɑt] *vt* **swatted; swatting** : aplastar (un insecto), darle una palmada (a alguien)
**swat²** *n* : palmada *f* (con la mano), golpe *m* (con un objeto)
**swatch** [ˈswɑtʃ] *n* : muestra *f*
**swath** [ˈswɑθ, ˈswɔθ] *or* **swathe** [ˈswɑð, ˈswɔð, ˈsweɪð] *n* : franja *f* (de grano segado)
**swathe** [ˈswɑð, ˈswɔð, ˈsweɪð] *vt* **swathed; swathing** : envolver
**swatter** [ˈswɑtər] → **flyswatter**
**sway¹** [ˈsweɪ] *vi* : balancearse, mecerse — *vt* INFLUENCE : influir en, convencer
**sway²** *n* **1** SWINGING : balanceo *m* **2** INFLUENCE : influjo *m*
**swear** [ˈswær] *v* **swore** [ˈswor]; **sworn** [ˈsworn]; **swearing** *vi* **1** VOW : jurar ⟨I could have sworn it was true : habría jurado que era verdad⟩ **2** CURSE : decir palabrotas — *vt* **1** : jurar ⟨I couldn't swear to it : no me atrevería a jurarlo⟩ **2 to swear in** : juramentar (a un testigo), investir (a un oficial)
**swearword** [ˈswærˌwərd] *n* : mala palabra *f*, palabrota *f*
**sweat¹** [ˈswɛt] *vi* **sweat** *or* **sweated; sweating** **1** PERSPIRE : sudar, transpirar **2** OOZE : rezumar **3 to sweat over** : sudar la gota gorda por
**sweat²** *n* : sudor *m*, transpiración *f*
**sweater** [ˈswɛʈər] *n* : suéter *m*, buzo *m Uru*
**sweatpants** [ˈswɛtˌpænts] *n* : pantalón *m* de ejercicio, jogging *m Arg*, pants *m Mex*
**sweatshirt** [ˈswɛtˌʃərt] *n* : sudadera *f*; buzo *m Arg, Col*; polerón *m Chile* (camisa)
**sweatsuit** [ˈswɛtˌsuːt] *n* : sudadera *f*; buzo *m Chile, Peru*; jogging *m Arg*; pants *m Mex*; chándal *m Spain* (traje)
**sweaty** [ˈswɛʈi] *adj* **sweatier; -est** : sudoroso, sudado, transpirado
**Swede** [ˈswiːd] *n* : sueco *m*, -ca *f*
**Swedish¹** [ˈswiːdɪʃ] *adj* : sueco
**Swedish²** *n* **1** : sueco *m* (idioma) **2 the Swedish** (*used with a plural verb*) : los suecos
**sweep¹** [ˈswiːp] *v* **swept** [ˈswɛpt]; **sweeping** *vt* **1** : barrer (el suelo, etc.), limpiar (la suciedad, etc.) ⟨he swept the books aside : apartó los libros de un manotazo⟩ **2** *or* **to sweep through** : extenderse por (dícese del fuego, etc.), azotar (dícese de una tormenta) ⟨a craze that's sweeping the nation : una moda que está haciendo furor en todo el país⟩ **3** DRAG : barrer, arrastrar **4** : recorrer ⟨her gaze swept the class : recorrió la clase con la mirada⟩ **5** SEARCH : peinar **6** : ir (dramáticamente) ⟨she swept into the room : entró a lo grande en la habitación⟩ **7** DEFEAT : barrer con (un rival, etc.) **8** : barrer en, arrasar en (elecciones, etc.) ⟨the team swept the series : el equipo barrió en la serie⟩ **9 to sweep aside** DISMISS : desechar **10 to sweep up** : recoger — *vi* **1** : barrer, limpiar **2** : extenderse (en una curva), describir una curva ⟨the sun swept across the sky : el sol describía una curva en el cielo⟩ **3 to sweep up** : barrer
**sweep²** *n* **1** : barrido *m*, barrida *f* (con una escoba) **2** : movimiento *m* circular **3** SCOPE : alcance *m*
**sweeper** [ˈswiːpər] *n* : barrendero *m*, -ra *f*
**sweeping** [ˈswiːpɪŋ] *adj* **1** WIDE : amplio (dícese de un movimiento) **2** EXTENSIVE : extenso, radical **3** INDISCRIMINATE : indiscriminado, demasiado general **4** OVERWHELMING : arrollador, aplastante
**sweepstakes** [ˈswiːpˌsteɪks] *ns & pl* **1** : carrera *f* (en que el ganador se lleva el premio entero) **2** LOTTERY : lotería *f*

**sweet¹** [ˈswiːt] *adj* **1** : dulce ⟨sweet desserts : postres dulces⟩ **2** FRESH : fresco **3** : sin sal (dícese de la mantequilla, etc.) **4** PLEASANT : dulce, agradable **5** DEAR : querido

**sweet²** *n* : dulce *m*

**sweet–and–sour** *adj* : agridulce

**sweeten** [ˈswiːtən] *vt* : endulzar

**sweetener** [ˈswiːtənər] *n* : endulzante *m*

**sweetheart** [ˈswiːtˌhɑrt] *n* : novio *m*, -via *f* ⟨thanks, sweetheart : gracias, cariño⟩

**sweetly** [ˈswiːtli] *adv* : dulcemente

**sweetness** [ˈswiːtnəs] *n* : dulzura *f*

**sweet potato** *n* : batata *f*, boniato *m*

**swell¹** [ˈswɛl] *vi* **swelled; swelled** *or* **swollen** [ˈswoːlən, ˈswɑl-]; **swelling 1** *or* **to swell up** : hincharse ⟨her ankle swelled : se le hinchó el tobillo⟩ **2** *or* **to swell out** : inflarse, hincharse (dícese de las velas, etc.) **3** INCREASE : aumentar, crecer

**swell²** *n* **1** : oleaje *m* (del mar) **2** → **swelling**

**swelling** [ˈswɛlɪŋ] *n* : hinchazón *f*

**swelter** [ˈsweltər] *vi* : sofocarse de calor

**swept** → **sweep¹**

**swerve¹** [ˈswərv] *vi* **swerved; swerving** : virar bruscamente

**swerve²** *n* : viraje *m* brusco

**swift¹** [ˈswɪft] *adj* **1** FAST : rápido, veloz **2** SUDDEN : repentino, súbito — **swiftly** *adv*

**swift²** *n* : vencejo *m* (pájaro)

**swiftness** [ˈswɪftnəs] *n* : rapidez *f*, velocidad *f*

**swig¹** [ˈswɪg] *vi* **swigged; swigging** : tomar a tragos, beber a tragos

**swig²** *n* : trago *m*

**swill¹** [ˈswɪl] *vt* : chupar, beber a tragos grandes

**swill²** *n* **1** SLOP : bazofia *f* **2** GARBAGE : basura *f*

**swim¹** [ˈswɪm] *vi* **swam** [ˈswæm]; **swum** [ˈswʌm]; **swimming 1** : nadar **2** FLOAT : flotar **3** REEL : dar vueltas ⟨his head was swimming : la cabeza le daba vueltas⟩

**swim²** *n* : baño *m*, chapuzón *m* ⟨to go for a swim : ir a nadar⟩

**swimmer** [ˈswɪmər] *n* : nadador *m*, -dora *f*

**swimming** [ˈswɪmɪŋ] *n* : natación *f* ⟨to go swimming : ir a nadar⟩

**swimming pool** *n* : piscina *f*

**swimming trunks** *n* : traje *m* de baño; malla *f* de baño *Arg, Uru*; bañador *m Spain* (de hombre)

**swimsuit** [ˈswɪmˌsuːt] *n* : traje *m* de baño; malla *f* de baño *Arg, Uru*; bañador *m Spain*

**swindle¹** [ˈswɪndəl] *vt* **-dled; -dling** : estafar, timar

**swindle²** *n* : estafa *f*, timo *m fam*

**swindler** [ˈswɪndələr] *n* : estafador *m*, -dora *f*; timador *m*, -dora *f*

**swine** [ˈswaɪn] *ns & pl* : cerdo *m*, -da *f*

**swing¹** [ˈswɪŋ] *v* **swung** [ˈswʌŋ]; **swinging** *vt* **1** : describir una curva con ⟨she swung the ax at the tree : le dio al árbol con el hacha⟩ ⟨he swung himself (up) into the truck : se subió al camión⟩ **2** : balancear (los brazos, etc.), hacer oscilar **3** SUSPEND : colgar **4** MANAGE : arreglar ⟨he'll come if he can swing it : vendrá si puede arreglarlo⟩ ⟨I can't swing a new car : no me alcanza para comprar un auto nuevo⟩ — *vi* **1** SWAY : balancearse (dícese de los brazos, etc.), oscilar (dícese de un objeto), columpiarse, mecerse (en un columpio) **2** SWIVEL : girar (en un pivote) ⟨the door swung shut : la puerta se cerró⟩ **3** CHANGE : virar, cambiar (dícese de las opiniones, etc.) **4** : intentar darle a algo/alguien ⟨he swung at me : intentó pegarme⟩ ⟨she swung (at the ball) but missed : bateó pero no conectó⟩ **5 to swing by** *fam* : pasar (por) ⟨I'll swing by later : pasaré a verte luego⟩ ⟨he'll swing by the store on his way home : pasará por la tienda de camino a casa⟩ **6 to swing into action** : entrar en acción

**swing²** *n* **1** SWINGING : vaivén *m*, balanceo *m* **2** CHANGE, SHIFT : viraje *m*, movimiento *m* **3** : columpio *m* (para niños) **4 to take a swing at someone** : intentar pegarle a alguien

**swipe¹** [ˈswaɪp] *vt* **swiped; swiping 1** STRIKE : dar, pegar (con un movimiento amplio) **2** WIPE : limpiar **3** STEAL : birlar *fam*, robar

**swipe²** *n* BLOW : golpe *m*

**swirl¹** [ˈswərl] *vi* : arremolinarse

**swirl²** *n* **1** EDDY : remolino *m* **2** SPIRAL : espiral *f*

**swish¹** [ˈswɪʃ] *vt* : mover (produciendo un sonido) ⟨she swished her skirt : movía la falda⟩ — *vi* : moverse (produciendo un sonido) ⟨the cars swished by : se oían pasar los coches⟩

**swish²** *n* : silbido *m* (de un látigo, etc.), susurro *m* (de agua), crujido *m* (de ropa, etc.)

**Swiss¹** [ˈswɪs] *adj* : suizo

**Swiss²** *n* **the Swiss** (*used with a plural verb*) : los suizos

**swiss chard** *n* : acelga *f*

**switch¹** [ˈswɪtʃ] *vt* **1** LASH, WHIP : azotar **2** CHANGE : cambiar de **3** EXCHANGE : intercambiar **4 to switch on** : encender, prender **5 to switch off** : apagar — *vi* **1** : moverse de un lado al otro **2** CHANGE : cambiar **3** SWAP : intercambiarse

**switch²** *n* **1** WHIP : vara *f* **2** CHANGE, SHIFT : cambio *m* **3** : interruptor *m*, llave *f* (de la luz, etc.)

**switchblade** [ˈswɪtʃˌbleɪd] *n* : navaja *f* de muelle

**switchboard** [ˈswɪtʃˌbɔrd] *n* : conmutador *m*, centralita *f*

**swivel¹** [ˈswɪvəl] *vi* **-veled** *or* **-velled; -veling** *or* **-velling** : girar (sobre un pivote)

**swivel²** *n* : base *f* giratoria

**swollen** *pp* → **swell¹**

**swoon¹** [ˈswuːn] *vi* : desvanecerse, desmayarse

**swoon²** *n* : desvanecimiento *m*, desmayo *m*

**swoop¹** [ˈswuːp] *vi* : abatirse (dícese de las aves), descender en picada (dícese de un avión)

**swoop**[2] *n* : descenso *m* en picada
**sword** [ˈsɔrd] *n* : espada *f*
**swordfish** [ˈsɔrdˌfɪʃ] *n* : pez *m* espada
**swore, sworn** → **swear**
**swum** *pp* → **swim**[1]
**swung** → **swing**[1]
**sycamore** [ˈsɪkəˌmor] *n* : sicomoro *m*
**sycophant** [ˈsɪkəfənt, -ˌfænt] *n* : adulador *m*, -dora *f*
**syllabic** [səˈlæbɪk] *adj* : silábico
**syllable** [ˈsɪləbəl] *n* : sílaba *f*
**syllabus** [ˈsɪləbəs] *n, pl* **-bi** [-ˌbaɪ] *or* **-buses** : programa *m* (de estudios)
**symbol** [ˈsɪmbəl] *n* : símbolo *m*
**symbolic** [sɪmˈbɑlɪk] *adj* : simbólico — **symbolically** [-klɪ] *adv*
**symbolism** [ˈsɪmbəˌlɪzəm] *n* : simbolismo *m*
**symbolize** [ˈsɪmbəˌlaɪz] *vt* **-ized; -izing** : simbolizar
**symmetrical** [səˈmɛtrɪkəl] *or* **symmetric** [-trɪk] *adj* : simétrico — **symmetrically** [-trɪklɪ] *adv*
**symmetry** [ˈsɪmətrɪ] *n, pl* **-tries** : simetría *f*
**sympathetic** [ˌsɪmpəˈθɛṭɪk] *adj* **1** PLEASING : agradable **2** RECEPTIVE : receptivo, favorable **3** COMPASSIONATE, UNDERSTANDING : comprensivo, compasivo
**sympathetically** [ˌsɪmpəˈθɛṭɪklɪ] *adv* : con compasión, con comprensión
**sympathize** [ˈsɪmpəˌθaɪz] *vi* **-thized; -thizing** : compadecer ⟨I sympathize with you : te compadezco⟩
**sympathizer** [ˈsɪmpəˌθaɪzər] *n* : simpatizante *mf*
**sympathy** [ˈsɪmpəθɪ] *n, pl* **-thies** **1** COMPASSION : compasión *f* **2** UNDERSTANDING : comprensión *f* **3** AGREEMENT : solidaridad *f* ⟨in sympathy with : de acuerdo con⟩ **4** CONDOLENCES : pésame *m*, condolencias *fpl*
**symphonic** [sɪmˈfɑnɪk] *adj* : sinfónico
**symphony** [ˈsɪmpfənɪ] *n, pl* **-nies** **1** : sinfonía *f* **2** *or* **symphony orchestra** : orquesta *f* sinfónica
**symposium** [sɪmˈpoːziəm] *n, pl* **-sia** [-ziə] *or* **-siums** : simposio *m*
**symptom** [ˈsɪmptəm] *n* : síntoma *m*
**symptomatic** [ˌsɪmptəˈmæṭɪk] *adj* : sintomático
**synagogue** [ˈsɪnəˌgɑg, -ˌgɔg] *n* : sinagoga *f*
**sync** [ˈsɪŋk] *n* : sincronización *f* ⟨in sync : sincronizado⟩
**synchronize** [ˈsɪŋkrəˌnaɪz, ˈsɪn-] *v* **-nized; -nizing** *vi* : estar sincronizado — *vt* : sincronizar
**syncopate** [ˈsɪŋkəˌpeɪt, ˈsɪn-] *vt* **-pated; -pating** : sincopar
**syncopation** [ˌsɪŋkəˈpeɪʃən, ˌsɪn-] *n* : síncopa *f*
**syndicate**[1] [ˈsɪndəˌkeɪt] *vi* **-cated; -cating** : formar una asociación
**syndicate**[2] [ˈsɪndɪkət] *n* : asociación *f*, agrupación *f*
**syndrome** [ˈsɪnˌdroːm] *n* : síndrome *m*
**synonym** [ˈsɪnəˌnɪm] *n* : sinónimo *m*
**synonymous** [səˈnɑnəməs] *adj* : sinónimo
**synopsis** [səˈnɑpsɪs] *n, pl* **-opses** [-ˌsiːz] : sinopsis *f*
**syntactic** [sɪnˈtæktɪk] *adj* : sintáctico
**syntax** [ˈsɪnˌtæks] *n* : sintaxis *f*
**synthesis** [ˈsɪnθəsɪs] *n, pl* **-theses** [-ˌsiːz] : síntesis *f*
**synthesize** [ˈsɪnθəˌsaɪz] *vt* **-sized; -sizing** : sintetizar
**synthesizer** [ˈsɪnθəˌsaɪzər] *n* : sintetizador *m*
**synthetic**[1] [sɪnˈθɛṭɪk] *adj* : sintético, artificial — **synthetically** [-ṭɪklɪ] *adv*
**synthetic**[2] *n* : producto *m* sintético
**syphilis** [ˈsɪfələs] *n* : sífilis *f*
**Syrian** [ˈsɪrɪən] *n* : sirio *m*, -ria *f* — **Syrian** *adj*
**syringe** [səˈrɪnʤ, ˈsɪrɪnʤ] *n* : jeringa *f*, jeringuilla *f*
**syrup** [ˈsərəp, ˈsɪrəp] *n* : jarabe *m*, almíbar *m* (de azúcar y agua)
**system** [ˈsɪstəm] *n* **1** METHOD : sistema *m*, método *m* **2** APPARATUS : sistema *m*, instalación *f*, aparato *m* ⟨electrical system : instalación eléctrica⟩ ⟨digestive system : aparato digestivo⟩ **3** BODY : organismo *m*, cuerpo *m* ⟨diseases that affect the whole system : enfermedades que afectan el organismo entero⟩ **4** NETWORK : red *f*
**systematic** [ˌsɪstəˈmæṭɪk] *adj* : sistemático — **systematically** [-ṭɪklɪ] *adv*
**systematize** [ˈsɪstəməˌtaɪz] *vt* **-tized; -tizing** : sistematizar
**systemic** [sɪsˈtɛmɪk] *adj* : sistémico
**systems analyst** *n* : analista *mf* de sistemas (en informática)

# T

**t** [ˈtiː] *n, pl* **t's** *or* **ts** [ˈtiːz] : vigésima letra del alfabeto inglés
**tab**[1] [ˈtæb] *n* **1** FLAP, TAG : lengüeta *f* (de un sobre, una caja, etc.), etiqueta *f* (de ropa) **2** : pestaña *f* (de un navegador, etc.) **3** BILL, CHECK : cuenta *f* **4** *or* **tab key** : tabulador *m*, tecla *f* Tab **5 to keep tabs on** : tener bajo vigilancia
**tab**[2] *vi* **tabbed; tabbing** : usar el tabulador, usar la tecla Tab
**tabby** [ˈtæbɪ] *n, pl* **-bies** **1** *or* **tabby cat** : gato *m* atigrado **2** : gata *f*
**tabernacle** [ˈtæbərˌnækəl] *n* : tabernáculo *m*
**table** [ˈteɪbəl] *n* **1** : mesa *f* ⟨a table for two : una mesa para dos⟩ ⟨table lamp : lámpara de mesa⟩ **2** LIST : tabla *f* ⟨multiplication table : tabla de multiplicar⟩ **3 table of contents** : índice *m* de materias
**tableau** [tæˈbloː, ˈtæˌɪ-] *n, pl* **-leaux** [-ˈbloːz, -ˌbloːz] : retablo *m*, cuadro *m* vivo (en teatro)
**tablecloth** [ˈteɪbəlˌklɔθ] *n* : mantel *m*

**tablespoon** [ˈteɪbəlˌspuːn] *n* **1** : cuchara *f* (de mesa) **2** → **tablespoonful**
**tablespoonful** [ˈteɪbəlˌspuːnˌfʊl] *n* : cucharada *f*
**tablet** [ˈtæblət] *n* **1** PLAQUE : placa *f* **2** PAD : bloc *m* (de papel) **3** PILL : tableta *f*, pastilla *f*, píldora *f* ⟨an aspirin tablet : una tableta de aspirina⟩ **4** : tableta *f*, tablet *f* (computadora)
**table tennis** *n* : tenis *m* de mesa
**tableware** [ˈteɪbəlˌwær] *n* : vajillas *fpl*, cubiertos *mpl* (de mesa)
**tabloid** [ˈtæˌblɔɪd] *n* : tabloide *m*
**taboo**[1] [təˈbuː, tæ-] *adj* : tabú
**taboo**[2] *n* : tabú *m*
**tabular** [ˈtæbjələr] *adj* : tabular
**tabulate** [ˈtæbjəˌleɪt] *vt* **-lated; -lating** : tabular
**tabulator** [ˈtæbjəˌleɪtər] *n* : tabulador *m*
**tacit** [ˈtæsɪt] *adj* : tácito, implícito — **tacitly** *adv*
**taciturn** [ˈtæsɪˌtərn] *adj* : taciturno
**tack**[1] [ˈtæk] *vt* **1** : sujetar con tachuelas **2 to tack on** ADD : añadir, agregar
**tack**[2] *n* **1** : tachuela *f* **2** COURSE : rumbo *m* ⟨to change tack : cambiar de rumbo⟩
**tackle**[1] [ˈtækəl] *vt* **-led; -ling 1** : taclear (en futbol americano) **2** CONFRONT : abordar, enfrentar, emprender (un problema, un trabajo, etc.)
**tackle**[2] *n* **1** EQUIPMENT, GEAR : equipo *m*, aparejo *m* **2** : aparejo *m* (de un buque) **3** : tacleada *f* (en futbol americano)
**tacky** [ˈtæki] *adj* **tackier; -est 1** STICKY : pegajoso **2** CHEAP, GAUDY : de mal gusto, naco *Mex*
**taco** [ˈtɑko] *n, pl* **tacos** : taco *m*
**tact** [ˈtækt] *n* : tacto *m*, delicadeza *f*, discreción *f*
**tactful** [ˈtæktfəl] *adj* : discreto, diplomático, de mucho tacto
**tactfully** [ˈtæktfəli] *adv* : discretamente, con mucho tacto
**tactic** [ˈtæktɪk] *n* : táctica *f*
**tactical** [ˈtæktɪkəl] *adj* : táctico, estratégico
**tactics** [ˈtæktɪks] *ns & pl* : táctica *f*, estrategia *f*
**tactile** [ˈtæktəl, -ˌtaɪl] *adj* : táctil
**tactless** [ˈtæktləs] *adj* : indiscreto, poco delicado
**tactlessly** [ˈtæktləsli] *adv* : rudamente, sin tacto
**tadpole** [ˈtædˌpoːl] *n* : renacuajo *m*
**taffeta** [ˈtæfətə] *n* : tafetán *m*; tafeta *f Arg, Mex, Uru*
**taffy** [ˈtæfi] *n, pl* **-fies** : caramelo *m* de melaza, chicloso *m Mex*
**tag**[1] [ˈtæg] *v* **tagged; tagging** *vt* **1** LABEL : etiquetar **2** TAIL : seguir de cerca **3** TOUCH : tocar (en varios juegos) — *vi* **to tag along** : pegarse, acompañar
**tag**[2] *n* **1** LABEL : etiqueta *f* **2** SAYING : dicho *m*, refrán *m*
**tail**[1] [ˈteɪl] *vt* FOLLOW : seguir de cerca, pegarse
**tail**[2] *n* **1** : cola *f*, rabo *m* (de un animal) **2** : cola *f*, parte *f* posterior ⟨a comet's tail : la cola de un cometa⟩ **3 tails** *npl* : cruz *f* (de una moneda) ⟨heads or tails : cara o cruz⟩ **4 tails** *npl* → **tailcoat**
**tailcoat** [ˈteɪlˌkoːt] *n* : frac *m*
**tailed** [ˈteɪld] *adj* **1** : que tiene cola **2** (*used in combination*) : de cola ⟨long-tailed : de cola larga⟩
**tail end** *n* : final *m*, últimos momentos *mpl* (de un espectáculo, etc.), cola *f* (de un grupo, etc.)
**tailgate**[1] [ˈteɪlˌgeɪt] *vi* **-gated; -gating** : seguir a un vehículo demasiado de cerca
**tailgate**[2] *n* : puerta *f* trasera (de un vehículo)
**taillight** [ˈteɪlˌlaɪt] *n* : luz *f* trasera (de un vehículo), calavera *f Mex*
**tailor**[1] [ˈteɪlər] *vt* **1** : confeccionar o alterar (ropa) **2** ADAPT : adaptar, ajustar
**tailor**[2] *n* : sastre *m*, -tra *f*
**tailor–made** *adj* : hecho a la medida
**tailpipe** [ˈteɪlˌpaɪp] *n* : tubo *m* de escape
**tailspin** [ˈteɪlˌspɪn] *n* : barrena *f*
**taint**[1] [ˈteɪnt] *vt* : contaminar, corromper
**taint**[2] *n* : corrupción *f*, impureza *f*
**take**[1] [ˈteɪk] *v* **took** [ˈtʊk]; **taken** [ˈteɪkən]; **taking** *vt* **1** GRASP : tomar, agarrar ⟨to take by the hand : tomar de la mano⟩ ⟨to take the bull by the horns : tomar al toro por los cuernos⟩ **2** BRING, CARRY : llevar, sacar, cargar ⟨take them with you : llévalos contigo⟩ ⟨take this note to your teacher : lleva esta nota a tu maestro⟩ ⟨I took her to school : la llevé a la escuela⟩ ⟨she took him aside : lo llevó aparte⟩ **3** REMOVE, EXTRACT : sacar, extraer ⟨take a beer from the fridge : saca una cerveza de la nevera⟩ ⟨to take blood : sacar sangre⟩ **4** CATCH : tomar, agarrar ⟨taken by surprise : tomado por sorpresa⟩ **5** CAPTURE, SEIZE : tomar ⟨to take someone prisoner : hacer/tomar a alguien prisionero⟩ ⟨to take someone hostage : tomar a alguien como rehén⟩ ⟨to take control of : tomar el control de⟩ **6** CAPTIVATE : encantar, fascinar **7** REMOVE, STEAL : llevarse ⟨someone took the painting : alguien se llevó la pintura⟩ ⟨he took it from her : se lo quitó⟩ ⟨to take someone's life : quitarle la vida a alguien⟩ **8** (*indicating selection*) ⟨I'll take the fish : dame el pescado⟩ ⟨I'll take it : me lo llevo⟩ ⟨take your pick : escoge el que quieras⟩ ⟨do you take cream in your coffee? : ¿le pones crema al café?⟩ **9** NEED, REQUIRE : tomar, requerir ⟨it will take a month to complete : llevará un mes terminarlo⟩ ⟨these things take time : estas cosas toman tiempo⟩ ⟨will it take long? : ¿tardará mucho (tiempo)?⟩ ⟨what size do you take? : ¿qué talla usas?⟩ ⟨it takes diesel : usa diesel⟩ **10** BORROW : tomar (una frase, etc.) ⟨to take one's inspiration from : inspirarse en⟩ **11** OCCUPY : ocupar ⟨to take a seat : tomar asiento⟩ ⟨this seat is taken : este asiento está ocupado⟩ ⟨to take the place of : ocupar el lugar de⟩ **12** INGEST : tomar, ingerir ⟨take two pills : tome dos píldoras⟩ ⟨to take drugs : drogarse⟩ **13** : tomar, coger (un tren, un autobús, etc.) **14** TRAVEL : tomar (un

camino) **15** BEAR, ENDURE : soportar, aguantar (dolores, etc.), resistir (el frío, etc.) ⟨I can't take it anymore : no puedo más⟩ ⟨she can't take a joke : no sabe aguantar una broma⟩ ⟨to take something well/badly : llevar algo bien/mal⟩ **16** ACCEPT : aceptar (un cheque, un cliente, un trabajo, etc.), seguir (consejos), cargar con (la culpa, la responsabilidad) ⟨take it or leave it : tómalo o déjalo⟩ ⟨take it from me : hazme caso⟩ **17** ADOPT : adoptar (una perspectiva, etc.) **18** INTERPRET : tomar, interpretar ⟨don't take it the wrong way : no te lo tomes a mal, no me malinterpretes⟩ **19** FEEL : sentir ⟨to take offense : ofenderse⟩ ⟨to take pride in : sentirse orgulloso de⟩ **20** SUPPOSE : suponer ⟨I take it that . . . : supongo que . . .⟩ **21** CONSIDER : mirar (como ejemplo) **22** (*indicating an action or an undertaking*) ⟨to take a walk : dar un paseo⟩ ⟨to take a class : tomar una clase⟩ ⟨to take a picture : sacar una foto⟩ ⟨to take a right/left : girar a la derecha/izquierda⟩ **23** MEASURE, RECORD : tomar ⟨to take someone's temperature : tomarle la temperatura a alguien⟩ ⟨to take notes : tomar apuntes⟩ **24** EXACT ⟨to take a toll on : afectar⟩ ⟨to take revenge : vengarse⟩ **25** WIN : ganar **26 to be taken sick/ill** : caer enfermo **27 to take aback** : sorprender, desconcertar **28 to take a lot out of someone** : agotar a alguien **29 to take apart** : desmontar **30 to take away** REMOVE : quitar **31 take it away!** : ¡adelante!, ¡vamos! (dícese a un cantante, etc.) **32 to take back** : retirar (palabras, etc.) **33 to take back** RETURN : devolver **34 to take back** RECLAIM : llevarse **35 to take back** : aceptar la devolución de (mercancía), dejar regresar (a un amante) **36 to take down** NOTE : tomar nota de **37 to take down** DISASSEMBLE : desmontar **38 to take down** REMOVE : quitar **39 to take down** LOWER : bajar **40 to take for** : tomar por **41 to take in** : recoger (a un perro, etc.) **42 to take in** : detener, llevar a la comisaría **43 to take in** : hacer (dinero) **44 to take in** : tomarle a, achicar (un vestido, etc.) **45 to take in** INCLUDE : incluir, abarcar **46 to take in** ATTEND, VISIT : ir a (una película, etc.), visitar (un museo, etc.) **47 to take in** GRASP, UNDERSTAND : captar, entender **48 to take in** DECEIVE : engañar **49 to take it upon oneself (to do something)** : encargarse (de hacer algo) **50 to take note/notice of** : notar, prestarle atención a **51 to take off** REMOVE : quitar ⟨take off your hat : quítate el sombrero⟩ ⟨take your hands off me! : ¡quítame las manos de encima!⟩ **52 to take off** : tomar (el día, etc.) libre **53 to take someone off (of)** : hacerle a alguien dejar (un proyecto, etc.) **54 to take on** TACKLE : abordar, enfrentar (problemas, etc.) **55 to take on** UNDERTAKE : encargarse de, emprender (una tarea), asumir (una responsabilidad) **56 to take on** ACCEPT : tomar (como un cliente, etc.) **57 to take on** CONTRACT : contratar (trabajadores) **58 to take on** ASSUME : adoptar, asumir, adquirir ⟨the neighborhood took on a dingy look : el barrio asumió una apariencia deprimente⟩ **59 to take out** REMOVE, WITHDRAW, EXTRACT : sacar ⟨take the trash out : saca la basura⟩ ⟨they took her tonsils out : la operaron de las amígdalas⟩ **60 to take out** OBTAIN : sacar **61 to take out** : sacar (libros, etc.) **62 to take out** : llevar (a cenar, etc.), sacar (a pasear, etc.) **63 to take out** DESTROY : eliminar **64 to take it out on someone** : desquitarse con alguien, agarrársela con alguien **65 to take over** SEIZE : apoderarse de **66 to take over** : hacerse cargo de (una compañía, etc.), asumir (una responsabilidad) **67 to take over** RELIEVE : sustituir, relevar **68 to take place** HAPPEN : tener lugar, suceder, ocurrir **69 to take shape/form** : tomar forma **70 to take something to something** ⟨he took an axe to the tree : empezó a cortar el árbol con un hacha⟩ **71 to take up** LIFT : levantar **72 to take up** SHORTEN : acortar (una falda, etc.) **73 to take up** BEGIN : empezar, dedicarse a (un pasatiempo, etc.) **74 to take up** OCCUPY : ocupar (espacio), llevar (tiempo) **75 to take up** PURSUE : volver a (una cuestión, un asunto) **76 to take up** CONTINUE : seguir con **77 to take someone up on** : aceptarle la invitación (etc.) a alguien — *vi* **1** : agarrar (dícese de un tinte), prender (dícese de una vacuna) **2 to take after** : parecerse a, salir a **3 to take away from** : restarle valor/atractivo (etc.) a **4 to take off** : despegar (dícese de un avión, etc.) **5 to take off** *fam* LEAVE : irse **6 to take over** : asumir el mando **7 to take to** : aficionarse a (un pasatiempo), adaptarse a (una situación), tomarle simpatía a (alguien) ⟨he doesn't take kindly to criticism : no le gusta nada que lo critiquen⟩ **8 to take to** START : empezar a, acostumbrarse a (hacer algo)

**take**[2] *n* **1** PROCEEDS : recaudación *f*, ingresos *mpl*, ganancias *fpl* **2** : toma *f* (de un rodaje o una grabación)

**takeoff** [ˈteɪkˌɔf] *n* **1** PARODY : parodia *f* **2** : despegue *m* (de un avión o cohete)

**takeout** [ˈteɪkˌaʊt] *n* : comida *f* para llevar

**takeover** [ˈteɪkˌoːvər] *n* : toma *f* (de poder o de control), adquisición *f* (de una empresa por otra)

**taker** [ˈteɪkər] *n* : persona *f* interesada ⟨available to all takers : disponible a cuantos estén interesados⟩

**takings** [ˈteɪkɪŋz] *n* EARNINGS : recaudación *f*

**talc** [ˈtælk] *n* : talco *m*

**talcum powder** [ˈtælkəm] *n* : talco *m*, polvos *mpl* de talco

**tale** [ˈteɪl] *n* **1** ANECDOTE, STORY : cuento *m*, relato *m*, anécdota *f* **2** FALSEHOOD : cuento *m*, mentira *f*

**talent** [ˈtælənt] *n* : talento *m*, don *m*
**talented** [ˈtæləntəd] *adj* : talentoso
**talent scout** → **scout**[2]
**talisman** [ˈtælɪsmən, -lɪz-] *n, pl* **-mans** : talismán *m*
**talk**[1] [ˈtɔk] *vi* **1** : hablar ⟨he talks for hours : se pasa horas hablando⟩ **2** CHAT : charlar, platicar **3 to talk about/of** : hablar de **4 to talk back** : contestar (de manera impertinente) **5 to talk down to** : hablarle en tono condescendiente a — *vt* **1** SPEAK : hablar ⟨to talk French : hablar francés⟩ ⟨to talk business : hablar de negocios⟩ **2 to talk into** ⟨I talked him into coming : lo convencí de que viniera⟩ **3 to talk out of** ⟨she talked me out of it : me convenció de que no lo hiciera⟩ **4 to talk over** DISCUSS : hablar de, discutir
**talk**[2] *n* **1** CONVERSATION : charla *f*, plática *f*, conversación *f* **2** GOSSIP, RUMOR : chisme *m*, rumores *mpl* **3** SPEECH : charla *f*
**talkative** [ˈtɔkəṭɪv] *adj* : locuaz, parlanchín, charlatán
**talker** [ˈtɔkər] *n* : conversador *m*, -dora *f*; hablador *m*, -dora *f*
**talk show** *n* : programa *m* de entrevistas
**tall** [ˈtɔl] *adj* : alto ⟨how tall is he? : ¿cuánto mide?⟩
**tallow** [ˈtælo:] *n* : sebo *m*
**tall tale** *adj* : cuento *m* chino
**tally**[1] [ˈtæli] *v* **-lied; -lying** *vt* RECKON : contar, hacer una cuenta de — *vi* MATCH : concordar, corresponder, cuadrar
**tally**[2] *n, pl* **-lies** : cuenta *f* ⟨to keep a tally : llevar la cuenta⟩
**talon** [ˈtælən] *n* : garra *f* (de un ave de rapiña)
**tamale** [təˈmɑli] *n* : tamal *m*
**tamarind** [ˈtæmərənd] *n* : tamarindo *m*
**tambourine** [ˌtæmbəˈri:n] *n* : pandero *m*, pandereta *f*
**tame**[1] [ˈtɛɪm] *vt* **tamed; taming** : domar, amansar, domesticar
**tame**[2] *adj* **tamer; -est** **1** DOMESTICATED : domesticado, manso **2** DOCILE : manso, dócil **3** DULL : aburrido, soso
**tamely** [ˈtɛɪmli] *adv* : mansamente, dócilmente
**tamer** [ˈtɛɪmər] *n* : domador *m*, -dora *f*
**tamp** [ˈtæmp] *vt* : apisonar
**tamper** [ˈtæmpər] *vi* **to tamper with** : adulterar (una sustancia), forzar (un sello, una cerradura), falsear (documentos), manipular (una máquina)
**tampon** [ˈtæmˌpɑn] *n* : tampón *m*
**tan**[1] [ˈtæn] *v* **tanned; tanning** *vt* **1** : curtir (pieles) **2** : broncear — *vi* : broncearse
**tan**[2] *n* **1** SUNTAN : bronceado *m* ⟨to get a tan : broncearse⟩ **2** : color *m* canela, color *m* café con leche
**tandem**[1] [ˈtændəm] *adv or* **in tandem** : en tándem
**tandem**[2] *n* : tándem *m* (bicicleta)
**tang** [ˈtæŋ] *n* : sabor *m* fuerte
**tangent** [ˈtændʒənt] *n* : tangente *f* ⟨to go off on a tangent : irse por la tangente⟩
**tangerine** [ˈtændʒəˌri:n, ˌtændʒəˈ-] *n* : mandarina *f*
**tangible** [ˈtændʒəbəl] *adj* : tangible, palpable — **tangibly** [-bli] *adv*
**tangle**[1] [ˈtæŋgəl] *v* **-gled; -gling** *vt* : enredar, enmarañar — *vi* : enredarse
**tangle**[2] *n* : enredo *m*, maraña *f*
**tango**[1] [ˈtæŋˌgo:] *vi* : bailar el tango
**tango**[2] *n, pl* **-gos** : tango *m*
**tangy** [ˈtæŋi] *adj* **tangier; -est** : que tiene un sabor fuerte
**tank** [ˈtæŋk] *n* : tanque *m*; depósito *m*; bombona *f Spain, Ven* ⟨fuel tank : depósito de combustibles⟩
**tankard** [ˈtæŋkərd] *n* : jarra *f*
**tanker** [ˈtæŋkər] *n* : buque *m* cisterna, camión *m* cisterna, avión *m* cisterna ⟨an oil tanker : un petrolero⟩
**tanner** [ˈtænər] *n* : curtidor *m*, -dora *f*
**tannery** [ˈtænəri] *n, pl* **-neries** : curtiduría *f*, tenería *f*
**tannin** [ˈtænən] *n* : tanino *m*
**tantalize** [ˈtæntəˌlaɪz] *vt* **-lized; -lizing** : tentar, atormentar (con algo inasequible)
**tantalizing** [ˈtæntəˌlaɪzɪŋ] *adj* : tentador, seductor
**tantamount** [ˈtæntəˌmaʊnt] *adj* : equivalente
**tantrum** [ˈtæntrəm] *n* : rabieta *f*, berrinche *m* ⟨to throw a tantrum : hacer un berrinche⟩
**tap**[1] [ˈtæp] *vt* **tapped; tapping** **1** : ponerle una espita a, sacar líquido de (un barril, un tanque, etc.) **2** : intervenir, pinchar *fam* (un teléfono) **3** PAT, TOUCH : tocar, golpear ligeramente ⟨he tapped me on the shoulder : me tocó en el hombro⟩
**tap**[2] *n* **1** FAUCET : llave *f*, grifo *m* ⟨beer on tap : cerveza de barril⟩ **2** : extracción *f* (de líquido) ⟨a spinal tap : una punción lumbar⟩ **3** PAT, TOUCH : golpecito *m*, toque *m*
**tape**[1] [ˈtɛɪp] *vt* **taped; taping** **1** : sujetar o arreglar con cinta adhesiva **2** RECORD : grabar (en cinta)
**tape**[2] *n* **1** : cinta *f* (adhesiva, magnética, etc.) **2** → **tape measure**
**tape measure** *n* : cinta *f* métrica
**taper**[1] [ˈtɛɪpər] *vi* **1** : estrecharse gradualmente ⟨its tail tapers towards the tip : su cola va estrechándose hacia la punta⟩ **2** *or* **to taper off** : disminuir gradualmente
**taper**[2] *n* **1** CANDLE : vela *f* larga y delgada **2** TAPERING : estrechamiento *m* gradual
**tape recorder** *n* : grabadora *f*, grabador *m* (de cinta)
**tapestry** [ˈtæpəstri] *n, pl* **-tries** : tapiz *m*
**tapeworm** [ˈtɛɪpˌwərm] *n* : solitaria *f*, tenia *f*
**tapioca** [ˌtæpiˈo:kə] *n* : tapioca *f*
**tapir** [ˈtɛɪpər] *n* : tapir *m*
**tar**[1] [ˈtɑr] *vt* **tarred; tarring** : alquitranar
**tar**[2] *n* : alquitrán *m*, brea *f*, chapopote *m Mex*
**tarantula** [təˈræntʃələ, -ˈræntələ] *n* : tarántula *f*
**tardiness** [ˈtɑrdinəs] *n* : tardanza *f*, retraso *m*
**tardy** [ˈtɑrdi] *adj* **tardier; -est** LATE : tardío, de retraso

**target**[1] ['tɑrgət] *vt* : fijar como objetivo, dirigir, destinar
**target**[2] *n* **1** : blanco *m* ⟨target practice : tiro al blanco⟩ **2** GOAL, OBJECTIVE : meta *f*, objetivo *m*
**tariff** ['tærɪf] *n* DUTY : tarifa *f*, arancel *m*
**tarmac** ['tɑrˌmæk] *n* pista *f* (de un aeropuerto)
**Tarmac** ['tɑrˌmæk] *trademark* se usa para un tipo de pavimento
**tarnish**[1] ['tɑrnɪʃ] *vt* **1** DULL : deslustrar **2** SULLY : empañar, manchar (una reputación, etc.) — *vi* : deslustrarse
**tarnish**[2] *n* : deslustre *m*
**taro** ['tɑro, 'ter-] *n* : taro *m*, malanga *f*
**tarpaulin** [tɑr'pɔlən, 'tɑrpə-] *n* : lona *f* (impermeable)
**tarragon** ['tærəˌgɑn, -gən] *n* : estragón *m*
**tarry**[1] ['tæri] *vi* **-ried; -rying** : demorarse, entretenerse
**tarry**[2] ['tɑri] *adj* **1** : parecido al alquitrán **2** : cubierto de alquitrán
**tart**[1] ['tɑrt] *adj* **1** SOUR : ácido, agrio **2** CAUSTIC : mordaz, acrimonioso — **tartly** *adv*
**tart**[2] *n* : tartaleta *f*
**tartan** ['tɑrtən] *n* : tartán *m*
**tartar** ['tɑrtər] *n* **1** : tártaro *m* ⟨tartar sauce : salsa tártara⟩ **2** : sarro *m* (dental)
**tartness** ['tɑrtnəs] *n* **1** SOURNESS : acidez *f* **2** ACRIMONY, SHARPNESS : mordacidad *f*, acrimonia *f*, acritud *f*
**task** ['tæsk] *n* : tarea *f*, trabajo *m*
**taskmaster** ['tæskˌmæstər] *n* **to be a hard taskmaster** : ser exigente, ser muy estricto
**tassel** ['tæsəl] *n* : borla *f*
**taste**[1] ['teɪst] *v* **tasted; tasting** *vt* : probar (alimentos), degustar, catar (vinos) ⟨taste this soup : prueba esta sopa⟩ — *vi* : saber ⟨this tastes good : esto sabe bueno⟩
**taste**[2] *n* **1** SAMPLE : prueba *f*, bocado *m* (de comida), trago *m* (de bebidas) **2** FLAVOR : gusto *m*, sabor *m* **3** : gusto *m* ⟨she has good taste : tiene buen gusto⟩ ⟨in bad taste : de mal gusto⟩
**taste bud** *n* : papila *f* gustativa
**tasteful** ['teɪstfəl] *adj* : de buen gusto
**tastefully** ['teɪstfəli] *adv* : con buen gusto
**tasteless** ['teɪstləs] *adj* **1** FLAVORLESS : sin sabor, soso, insípido **2** : de mal gusto ⟨a tasteless joke : un chiste de mal gusto⟩
**taster** ['teɪstər] *n* : degustador *m*, -dora *f*; catador *m*, -dora *f* (de vinos)
**tastiness** ['teɪstinəs] *n* : lo sabroso
**tasty** ['teɪsti] *adj* **tastier; -est** : sabroso, gustoso
**tatter** ['tætər] *n* **1** SHRED : tira *f*, jirón *m* (de tela) **2 tatters** *npl* : andrajos *mpl*, harapos *mpl* ⟨to be in tatters : estar por los suelos⟩
**tattered** ['tætərd] *adj* : andrajoso, en jirones
**tattle** ['tætəl] *vi* **-tled; -tling** **1** CHATTER : parlotear *fam*, cotorrear *fam* **2 to tattle on someone** : acusar a alguien
**tattletale** ['tætəlˌteɪl] *n* : soplón *m*, -plona *f fam*
**tattoo**[1] [tæ'tu:] *vt* : tatuar
**tattoo**[2] *n* : tatuaje *m* ⟨to get a tattoo : tatuarse⟩
**tatty** ['tæti] *adj* **tattier; -est** SHABBY, WORN : gastado
**taught** → **teach**
**taunt**[1] ['tɔnt] *vt* MOCK : mofarse de, burlarse de
**taunt**[2] *n* : mofa *f*, burla *f*
**Taurus** ['tɔrəs] *n* **1** : Tauro *m* (signo o constelación) **2** : Tauro *mf* (persona)
**taut** ['tɔt] *adj* : tirante, tenso — **tautly** *adv*
**tautness** ['tɔtnəs] *n* : tirantez *f*, tensión *f*
**tavern** ['tævərn] *n* : taberna *f*
**tawdry** ['tɔdri] *adj* **tawdrier; -est** : chabacano, vulgar
**tawny** ['tɔni] *adj* **tawnier; -est** : leonado
**tax**[1] ['tæks] *vt* **1** : gravar, cobrar un impuesto sobre **2** CHARGE : acusar ⟨they taxed him with neglect : fue acusado de incumplimiento⟩ **3 to tax someone's strength** : ponerle a prueba las fuerzas (a alguien)
**tax**[2] *n* **1** : impuesto *m*, tributo *m* ⟨tax collector : recaudador de impuestos⟩ ⟨tax evasion : evasión de impuestos⟩ **2** BURDEN : carga *f*
**taxable** ['tæksəbəl] *adj* : sujeto a un impuesto
**taxation** [tækˈseɪʃən] *n* : impuestos *mpl*
**tax–exempt** ['tæksɪgˈzɛmpt, -ɛg-] *adj* : libre de impuestos
**taxi**[1] ['tæksi] *vi* **taxied; taxiing** *or* **taxying; taxis** *or* **taxies** **1** : ir en taxi **2** : rodar sobre la pista de aterrizaje (dícese de un avión)
**taxi**[2] *n, pl* **taxis** : taxi *m*, libre *m Mex*
**taxicab** ['tæksiˌkæb] *n* → **taxi**[2]
**taxidermist** ['tæksəˌdərmɪst] *n* : taxidermista *mf*
**taxidermy** ['tæksəˌdərmi] *n* : taxidermia *f*
**taxi driver** *n* : taxista *mf*
**taxpayer** ['tæksˌpeɪər] *n* : contribuyente *mf*, causante *mf Mex*
**tax return** → **return**[3]
**TB** [ˌti:'bi:] → **tuberculosis**
**tea** ['ti:] *n* **1** : té *m* (planta y bebida) **2** : merienda *f*, té *m* (comida)
**tea bag** *n* : bolsita *f* de té
**teach** ['ti:tʃ] *v* **taught** ['tɔt]; **teaching** *vt* : enseñar, dar clases de ⟨she teaches math : da clases de matemáticas⟩ ⟨she taught me everything I know : me enseñó todo lo que sé⟩ — *vi* : enseñar, dar clases
**teacher** ['ti:tʃər] *n* : maestro *m*, -tra *f* (de enseñanza primaria); profesor *m*, -sora *f* (de enseñanza secundaria)
**teaching** ['ti:tʃɪŋ] *n* : enseñanza *f*
**teacup** ['ti:ˌkʌp] *n* : taza *f* para té
**teak** ['ti:k] *n* : teca *f*
**teakettle** ['ti:ˌkt̬əl] *n* : tetera *f*
**teal** ['ti:l] *n, pl* **teal** *or* **teals** **1** : cerceta *f* (pato) **2** *or* **teal blue** : azul *m* verdoso oscuro
**team**[1] ['ti:m] *vi or* **to team up** **1** : formar un equipo (en deportes) **2** COLLABORATE : asociarse, juntarse, unirse
**team**[2] *adj* : de equipo
**team**[3] *n* **1** : tiro *m* (de caballos), yunta *f*

(de bueyes o mulas) **2** : equipo *m* (en deportes, etc.)

**teammate** [ˈtiːˌmeɪt] *n* : compañero *m*, -ra *f* de equipo

**teamster** [ˈtiːmstər] *n* : camionero *m*, -ra *f*

**teamwork** [ˈtiːmˌwərk] *n* : trabajo *m* en equipo, cooperación *f*

**teapot** [ˈtiːˌpɑt] *n* : tetera *f*

**tear**[1] [ˈtær] *v* **tore** [ˈtɔr]; **torn** [ˈtɔrn]; **tearing** *vt* **1** RIP : desgarrar, romper, rasgar (tela) ⟨to tear to pieces : hacer pedazos⟩ ⟨to tear apart : desgarrar⟩ **2** *or* **to tear apart** DIVIDE : dividir **3** REMOVE : arrancar ⟨torn from his family : arrancado de su familia⟩ **4 to tear down** : derribar **5 to tear off** : arrancar (un pedazo, etc.) **6 to tear out** : arrancar (una página, etc.) **7 to tear up** : hacer pedazos — *vi* **1** RIP : desgarrarse, rompersé **2** RUSH : ir a gran velocidad ⟨she went tearing down the street : se fue como rayo por la calle⟩ **3 to tear into** ATTACK : arremeter contra

**tear**[2] *n* : desgarradura *f*, rotura *f*, desgarro *m* (muscular)

**tear**[3] [ˈtɪr] *n* : lágrima *f*

**teardrop** [ˈtɪrˌdrɑp] *n* → **tear**[3]

**tearful** [ˈtɪrfəl] *adj* : lloroso, triste — **tearfully** *adv*

**tear gas** *n* : gas *m* lacrimógeno

**tearoom** [ˈtiːˌruːm, -ˌrʊm] *n* : salón *m* de té, confitería *f*

**tease**[1] [ˈtiːz] *vt* **teased; teasing** **1** MOCK : burlarse de, mofarse de **2** ANNOY : irritar, fastidiar

**tease**[2] *n* **1** TEASING : burla *f*, mofa *f* **2** : bromista *mf*; guasón *m*, -sona *f*

**teaspoon** [ˈtiːˌspuːn] *n* **1** : cucharita *f* **2** → **teaspoonful**

**teaspoonful** [ˈtiːˌspuːnˌfʊl] *n, pl* **-spoonfuls** [-ˌfʊlz] *or* **-spoonsful** [-ˌspuːnzˌfʊl] : cucharadita *f*

**teat** [ˈtiːt] *n* : tetilla *f*

**technical** [ˈtɛknɪkəl] *adj* : técnico — **technically** [-kli] *adv*

**technicality** [ˌtɛknəˈkæləṭi] *n, pl* **-ties** : detalle *m* técnico

**technician** [tɛkˈnɪʃən] *n* : técnico *m*, -ca *f*

**technique** [tɛkˈniːk] *n* : técnica *f*

**technological** [ˌtɛknəˈlɑʤɪkəl] *adj* : tecnológico

**technology** [tɛkˈnɑləʤi] *n, pl* **-gies** : tecnología *f*

**teddy bear** [ˈtɛdi] *n* : oso *m* de peluche

**tedious** [ˈtiːdiəs] *adj* : aburrido, pesado, monótono — **tediously** *adv*

**tediousness** [ˈtiːdiəsnəs] *n* : lo aburrido, lo pesado

**tedium** [ˈtiːdiəm] *n* : tedio *m*, pesadez *f*

**tee** [ˈtiː] *n* : tee *m* (en golf)

**teem** [ˈtiːm] *vi* **to teem with** : estar repleto de, estar lleno de

**teen** [ˈtiːn] → **teenager**

**teenage** [ˈtiːnˌeɪʤ] *or* **teenaged** [-eɪʤd] *adj* : adolescente, de adolescencia

**teenager** [ˈtiːnˌeɪʤər] *n* : adolescente *mf*

**teens** [ˈtiːnz] *npl* : adolescencia *f*

**teepee** → **tepee**

**teeter**[1] [ˈtiːṭər] *vi* : balancearse, tambalearse

**teeter**[2] *or* **teeter–totter** [ˈtiːṭər-ˌtɑṭər] *n* → **seesaw**

**teeth** → **tooth**

**teethe** [ˈtiːð] *vi* **teethed; teething** : formársele a uno los dientes ⟨the baby's teething : le están saliendo los dientes al niño⟩

**teetotal** [ˈtiːˈtoːtəl] *adj* : abstemio

**teetotaler** [ˈtiːˈtoːtələr] *n* : abstemio *m*, -mia *f*

**Teflon** [ˈtɛˌflɑn] *trademark* se usa para un revestimiento antiadherente

**telecast**[1] [ˈtɛləˌkæst] *vt* **-cast; -casting** : televisar, transmitir por televisión

**telecast**[2] *n* : transmisión *f* por televisión

**telecommunication** [ˌtɛləkəˌmjuːnəˈkeɪʃən] *n* : telecomunicación *f*

**teleconference** [ˈtɛlıˌkɑnfrənʦ, -fərənʦ] *n* : teleconferencia *f*

**telegram** [ˈtɛləˌgræm] *n* : telegrama *m*

**telegraph**[1] [ˈtɛləˌgræf] *v* : telegrafiar

**telegraph**[2] *n* : telégrafo *m*

**telemarketing** [ˌtɛləˈmɑrkəṭɪŋ] *n* : telemárketing *m*

**telepathic** [ˌtɛləˈpæθɪk] *adj* : telepático — **telepathically** [-θɪkli] *adv*

**telepathy** [təˈlɛpəθi] *n* : telepatía *f*

**telephone**[1] [ˈtɛləˌfoːn] *v* **-phoned; -phoning** *vt* : llamar por teléfono a, telefonear — *vi* : telefonear

**telephone**[2] *n* : teléfono *m*

**telephone book** → **phone book**

**telephone call** → **call**[2]

**telephone directory** → **phone book**

**telephone exchange** → **exchange**[2]

**telephone number** → **number**[2]

**telephone receiver** → **receiver**

**telescope**[1] [ˈtɛləˌsḳoːp] *vi* **-scoped; -scoping** : plegarse (como un telescopio)

**telescope**[2] *n* : telescopio *m*

**telescopic** [ˌtɛləˈskɑpɪk] *adj* : telescópico

**televise** [ˈtɛləˌvaɪz] *vt* **-vised; -vising** : televisar

**television** [ˈtɛləˌvɪʒən] *n* : televisión *f*

**tell** [ˈtɛl] *v* **told** [ˈtoːld]; **telling** *vt* **1** : decir, contar ⟨he told us the story : nos contó la historia⟩ ⟨he told us what happened : nos contó qué pasó⟩ ⟨she told me the news : me dio la noticia⟩ ⟨tell me all about it : cuéntamelo todo⟩ ⟨tell her that . . . : dile que . . .⟩ ⟨tell her hello for me : dale saludos de mi parte⟩ **2** INFORM : decir ⟨tell me when they get here : dime cuando lleguen⟩ ⟨I won't tell anyone : no se lo diré a nadie⟩ ⟨I'm telling Mom! : ¡se lo voy a decir a mamá!⟩ **3** INSTRUCT : decir ⟨do what I tell you : haz lo que te digo⟩ ⟨they told her to wait : le dijeron que esperara⟩ **4** RELATE : contar ⟨to tell a story : contar una historia⟩ ⟨to tell a lie : decir una mentira⟩ **5** DISCERN : discernir, notar ⟨I can't tell the difference : no noto la diferencia⟩ ⟨I could tell that she was lying : me di cuenta de que estaba mintiendo⟩ **6** : indicar, señalar ⟨the evidence tells us that . . . : las pruebas nos indican que . . .⟩ **7 all told** : en total **8**

**don't tell me** : no me digas **9 I'll tell you what** (*introducing a suggestion*) : hagamos así **10 I told you so** : te lo dije **11 to tell apart** : distinguir **12 to tell it like it is** *fam* : contar/decir las cosas como son **13 to tell off** *fam* : regañar **14 to tell (you) the truth** : a decir verdad **15 you're telling me!** : ¡a mí me lo vas a decir! — *vi* **1** SAY : decir ⟨I won't tell : no voy a decírselo a nadie⟩ **2** KNOW : saber ⟨you never can tell : nunca se sabe⟩ ⟨as far as I can tell : según parece⟩ **3** SHOW : notarse, hacerse sentir ⟨the strain is beginning to tell : la tensión se empieza a notar⟩ **4 to tell on** : denunciar

**teller** [ˈtɛlər] *n* **1** NARRATOR : narrador *m*, -dora *f* **2** *or* **bank teller** : cajero *m*, -ra *f*

**telltale** [ˈtɛlˌteɪl] *adj* : revelador

**temerity** [təˈmɛrəṭi] *n, pl* **-ties** : temeridad *f*

**temp¹** [ˈtɛmp] *n* : empleado *m*, -da *f* temporal

**temp²** *vi* : hacer trabajo temporal

**temper¹** [ˈtɛmpər] *vt* **1** MODERATE : moderar, temperar **2** ANNEAL : templar (acero, etc.)

**temper²** *n* **1** DISPOSITION : carácter *m*, genio *m* **2** HARDNESS : temple *m*, dureza *f* (de un metal) **3** COMPOSURE : calma *f*, serenidad *f* ⟨to lose one's temper : perder los estribos⟩ **4** RAGE : furia *f* ⟨to fly into a temper : ponerse furioso⟩

**temperament** [ˈtɛmpərmənt, -prə-, -pərə-] *n* : temperamento *m*

**temperamental** [ˌtɛmpərˈmɛntəl, -prə-, -pərə-] *adj* : temperamental

**temperance** [ˈtɛmprənṭs] *n* : templanza *f*, temperancia *f*

**temperate** [ˈtɛmpərət] *adj* : templado (dícese del clima, etc.), moderado

**temperature** [ˈtɛmpərˌtʃʊr, -prə-, -pərə-, -tʃər] *n* **1** : temperatura *f* **2** FEVER : calentura *f*, fiebre *f*

**tempest** [ˈtɛmpəst] *n* **1** : tempestad *f* **2 a tempest in a teapot** : una tormenta en un vaso de agua

**tempestuous** [tɛmˈpɛstʃʊəs] *adj* : tempestuoso

**template** [ˈtɛmplət] *n* : plantilla *f*

**temple** [ˈtɛmpəl] *n* **1** : templo *m* (en religión) **2** : sien *f* (en anatomía)

**tempo** [ˈtɛmˌpoː] *n, pl* **-pi** [-ˌpiː] *or* **-pos** : ritmo *m*, tempo *m* (en música)

**temporal** [ˈtɛmpərəl] *adj* : temporal

**temporarily** [ˌtɛmpəˈrɛrəli] *adv* : temporalmente, provisionalmente

**temporary** [ˈtɛmpəˌrɛri] *adj* : temporal, provisional, provisorio

**tempt** [ˈtɛmpt] *vt* : tentar

**temptation** [tɛmpˈteɪʃən] *n* : tentación *f*

**tempter** [ˈtɛmptər] *n* : tentador *m*

**temptress** [ˈtɛmptrəs] *n* : tentadora *f*

**ten¹** [ˈtɛn] *adj* : diez ⟨she's ten (years old) : tiene diez años⟩

**ten²** *n* **1** : diez *m* (número) ⟨the ten of hearts : el diez de corazones⟩ **2** : decena *f* ⟨tens of thousands : decenas de millares⟩

**ten³** *pron* : diez ⟨there are ten of us : somos diez⟩ ⟨it's ten (o'clock) : son las diez⟩

**tenable** [ˈtɛnəbəl] *adj* : sostenible, defendible

**tenacious** [təˈneɪʃəs] *adj* : tenaz — **tenaciously** [təˈneɪʃəsli] *adv*

**tenacity** [təˈnæsəṭi] *n* : tenacidad *f*

**tenancy** [ˈtɛnənṭsi] *n, pl* **-cies** : tenencia *f*, inquilinato *m* (de un inmueble)

**tenant** [ˈtɛnənt] *n* : inquilino *m*, -na *f*; arrendatario *m*, -ria *f*

**tend** [ˈtɛnd] *vt* : atender, cuidar (de), ocuparse de — *vi* : tender ⟨it tends to benefit the consumer : tiende a beneficiar al consumidor⟩

**tendency** [ˈtɛndənṭsi] *n, pl* **-cies** : tendencia *f*, proclividad *f*, inclinación *f*

**tender¹** [ˈtɛndər] *vt* : entregar, presentar ⟨I tendered my resignation : presenté mi renuncia⟩

**tender²** *adj* **1** : tierno, blando ⟨tender steak : bistec tierno⟩ **2** AFFECTIONATE, LOVING : tierno, cariñoso, afectuoso **3** DELICATE : tierno, sensible, delicado

**tender³** *n* **1** OFFER : propuesta *f*, oferta *f* (en negocios) **2 legal tender** : moneda *f* de curso legal

**tenderize** [ˈtɛndəˌraɪz] *vt* **-ized; -izing** : ablandar (carnes)

**tenderloin** [ˈtɛndrˌlɔɪn] *n* : lomo *f* (de res o de puerco)

**tenderly** [ˈtɛndərli] *adv* : tiernamente, con ternura

**tenderness** [ˈtɛndərnəs] *n* : ternura *f*

**tendon** [ˈtɛndən] *n* : tendón *m*

**tendril** [ˈtɛndrɪl] *n* : zarcillo *m*

**tenement** [ˈtɛnəmənt] *n* : casa *f* de vecindad

**tenet** [ˈtɛnət] *n* : principio *m*

**tennis** [ˈtɛnəs] *n* : tenis *m* ⟨tennis ball/court/match/racket : pelota/cancha/partido/raqueta de tenis⟩ ⟨tennis player : tenista⟩

**tenor** [ˈtɛnər] *n* **1** PURPORT : tenor *m*, significado *m* **2** : tenor *m* (en música)

**tenpins** [ˈtɛnˌpɪnz] *npl* : bolos *mpl*, boliche *m*

**tense¹** [ˈtɛnṭs] *v* **tensed; tensing** *vt* : tensar — *vi* : tensarse, ponerse tenso

**tense²** *adj* **tenser; tensest** **1** TAUT : tenso, tirante **2** NERVOUS : tenso, nervioso

**tense³** *n* : tiempo *m* (de un verbo)

**tensely** [ˈtɛnṭsli] *adv* : tensamente

**tenseness** [ˈtɛnṭsnəs] → **tension**

**tension** [ˈtɛnṭʃən] *n* **1** TAUTNESS : tensión *f*, tirantez *f* **2** STRESS : tensión *f*, nerviosismo *m*, estrés *m*

**tent** [ˈtɛnt] *n* : tienda *f* de campaña

**tentacle** [ˈtɛntɪkəl] *n* : tentáculo *m*

**tentative** [ˈtɛntəṭɪv] *adj* **1** HESITANT : indeciso, vacilante **2** PROVISIONAL : sujeto a cambios, provisional

**tentatively** [ˈtɛntəṭɪvli] *adv* : provisionalmente

**tenth¹** [ˈtɛnθ] *adv* : en décimo lugar

**tenth²** *adj* : décimo

**tenth³** *n* **1** : décimo *m*, -ma *f* (en una serie) **2** : décimo *m*, décima parte *f*

**tenuous** [ˈtɛnjʊəs] *adj* : tenue, débil ⟨tenuous reasons : razones poco convincentes⟩

**tenuously** [ˈtɛnjʊəsli] *adv* : ligeramente, débilmente

**tenure** [ˈtɛnjər] *n* : tenencia *f* (de un cargo o una propiedad), titularidad *f* (de un puesto académico)

**tepee** [ˈtiːˌpiː] *n* : tipi *m*

**tepid** [ˈtɛpɪd] *adj* : tibio

**tequila** [təˈkiːlə] *n* : tequila *m*

**term**[1] [ˈtərm] *vt* : calificar de, llamar, nombrar

**term**[2] *n* **1** PERIOD : término *m*, plazo *m*, período *m* **2** : término *m* (en matemáticas) **3** WORD : término *m*, vocablo *m* ⟨a term of endearment : un apelativo cariñoso⟩ ⟨medical terms : términos médicos⟩ **4 terms** *npl* CONDITIONS : términos *mpl*, condiciones *fpl* **5 terms** *npl* RELATIONS : relaciones *fpl* ⟨to be on good terms with : tener buenas relaciones con⟩ **6 in terms of** : con respecto a, en cuanto a **7 to come to terms with** : aceptar

**terminal**[1] [ˈtərmənəl] *adj* : terminal

**terminal**[2] *n* **1** : terminal *m*, polo *m* (en electricidad) **2** : terminal *m* (de una computadora) **3** STATION : terminal *f*, estación *f* (de transporte público)

**terminate** [ˈtərmə,neɪt] *v* **-nated; -nating** *vi* : terminar(se), concluirse — *vt* : terminar, poner fin a

**termination** [ˌtərməˈneɪʃən] *n* : cese *m*, terminación *f*

**terminology** [ˌtərməˈnɑlədʒi] *n, pl* **-gies** : terminología *f*

**terminus** [ˈtərmənəs] *n, pl* **-ni** [-ˌnaɪ] *or* **-nuses** **1** END : término *m*, fin *m* **2** : terminal *f* (de transporte público)

**termite** [ˈtərˌmaɪt] *n* : termita *f*

**tern** [ˈtərn] *n* : golondrina *f* de mar

**terrace**[1] [ˈtɛrəs] *vt* **-raced; -racing** : formar en terrazas, disponer en bancales

**terrace**[2] *n* **1** PATIO : terraza *f*, patio *m* **2** : terraplén *m*, terraza *f*, bancal *m* (en agricultura)

**terra–cotta** [ˌtɛrəˈkɑtə] *n* : terracota *f*

**terrain** [təˈreɪn] *n* : terreno *m*

**terrapin** [ˈtɛrəpɪn] *n* : galápago *m* norteamericano

**terrestrial** [təˈrɛstriəl] *adj* : terrestre

**terrible** [ˈtɛrəbəl] *adj* : atroz, horrible, terrible

**terribly** [ˈtɛrəbli] *adv* **1** BADLY : muy mal **2** EXTREMELY : terriblemente, extremadamente

**terrier** [ˈtɛriər] *n* : terrier *mf*

**terrific** [təˈrɪfɪk] *adj* **1** FRIGHTFUL : aterrador **2** EXTRAORDINARY : extraordinario, excepcional **3** EXCELLENT : excelente, estupendo

**terrify** [ˈtɛrəˌfaɪ] *vt* **-fied; -fying** : aterrorizar, aterrar, espantar

**terrifying** [ˈtɛrəˌfaɪɪŋ] *adj* : espantoso, aterrador

**territory** [ˈtɛrəˌtori] *n, pl* **-ries** : territorio *m* — **territorial** [ˌtɛrəˈtoriəl] *adj*

**terror** [ˈtɛrər] *n* : terror *m*

**terrorism** [ˈtɛrərˌɪzəm] *n* : terrorismo *m*

**terrorist**[1] [ˈtɛrərɪst] *adj* : terrorista

**terrorist**[2] *n* : terrorista *mf*

**terrorize** [ˈtɛrərˌaɪz] *vt* **-ized; -izing** : aterrorizar

**terry** [ˈtɛri] *n, pl* **-ries** *or* **terry cloth** : (tela de) toalla *f*

**terse** [ˈtərs] *adj* **terser; tersest** : lacónico, conciso, seco — **tersely** *adv*

**tertiary** [ˈtərʃiˌɛri] *adj* : terciario

**test**[1] [ˈtɛst] *vt* **1** : examinar (estudiantes, etc.), evaluar (conocimientos, etc.) **2** : hacerle un análisis a, hacerle una prueba a, someter a pruebas ⟨to test someone for drugs/cancer : hacerle a alguien pruebas de drogas/cáncer⟩ **3** : analizar ⟨to test soil for lead : analizar tierra para detectar la presencia de plomo⟩ **4** : probar, experimentar (productos, etc.) **5** CHALLENGE, TRY : poner a prueba ⟨you're testing my patience : estás poniendo a prueba mi paciencia⟩ — *vi* : hacer pruebas

**test**[2] *n* : prueba *f*, examen *m*, test *m* ⟨to put to the test : poner a prueba⟩

**testament** [ˈtɛstəmənt] *n* **1** WILL : testamento *m* **2** : Testamento *m* (en la Biblia) ⟨the Old Testament : el Antiguo Testamento⟩

**tester** [ˈtɛstər] *n* **1** : probador *m*, -dora *f*; verificador *m*, -dora *f* (persona) **2** : verificador *m* (aparato)

**testicle** [ˈtɛstɪkəl] *n* : testículo *m*

**testify** [ˈtɛstəˌfaɪ] *v* **-fied; -fying** *vi* : testificar, atestar, testimoniar — *vt* : testificar

**testimonial** [ˌtɛstəˈmoːniəl] *n* **1** REFERENCE : recomendación *f* **2** TRIBUTE : homenaje *m*, tributo *m*

**testimony** [ˈtɛstəˌmoːni] *n, pl* **-nies** : testimonio *m*, declaración *f*

**test tube** *n* : probeta *f*, tubo *m* de ensayo

**testy** [ˈtɛsti] *adj* **testier; -est** : irritable

**tetanus** [ˈtɛtənəs] *n* : tétano *m*, tétanos *m*

**tête–à–tête** [ˌtɛtəˈtɛt, ˌteɪtəˈteɪt] *n* : conversación *f* en privado

**tether**[1] [ˈtɛðər] *vt* : atar (con una cuerda), amarrar

**tether**[2] *n* : atadura *f*, cadena *f*, correa *f*

**text**[1] [ˈtɛkst] *n* **1** : texto *m* **2** TOPIC : tema *m* **3** → **textbook** **4** *or* **text message** : mensaje *m* de texto, SMS *m*

**text**[2] *vi* : mandar un mensaje de texto, mensajear *fam*, textear *fam* — *vt* : mandarle un mensaje de texto a, mensajear *fam*, textear *fam*

**textbook** [ˈtɛkstˌbʊk] *n* : libro *m* de texto

**texting** [ˈtɛkstɪŋ] *or* **text messaging** *n* : mensajería *f* de texto

**textile** [ˈtɛkˌstaɪl, ˈtɛkstəl] *n* : textil *m*, tela *f* ⟨the textile industry : la industria textil⟩

**textual** [ˈtɛkstʃʊəl] *adj* : textual

**texture** [ˈtɛkstʃər] *n* : textura *f*

**Thai** [ˈtaɪ] *n* **1** : tailandés *m*, -desa *f* **2** : tailandés *m* (idioma) — **Thai** *adj*

**than**[1] [ˈðæn] *conj* : que, de ⟨it's worth more than that : vale más que eso⟩ ⟨more than you think : más de lo que piensas⟩

**than**[2] *prep* : que, de ⟨you're better than he is : eres mejor que él⟩ ⟨more than once : más de una vez⟩

**thank** [ˈθæŋk] *vt* : agradecer, darle (las) gracias (a alguien) ⟨thank you! : ¡gracias!⟩ ⟨I thanked her for the present : le di las gracias por el regalo⟩ ⟨I thank you for your help : le agradezco su ayuda⟩
**thankful** [ˈθæŋkfəl] *adj* : agradecido
**thankfully** [ˈθæŋkfəli] *adv* **1** GRATEFULLY : con agradecimiento **2** FORTUNATELY : afortunadamente, por suerte ⟨thankfully, it's over : se acabó, gracias a Dios⟩
**thankfulness** [ˈθæŋkfəlnəs] *n* : agradecimiento *m*, gratitud *f*
**thankless** [ˈθæŋkləs] *adj* : ingrato ⟨a thankless task : un trabajo ingrato⟩
**thanks** [ˈθæŋks] *npl* **1** : agradecimiento *m* **2 thanks!** : ¡gracias!
**Thanksgiving** [θæŋksˈgɪvɪŋ, ˈθæŋksˌ-] *n* : el día de Acción de Gracias (fiesta estadounidense)
**that**[1] [ˈðæt] *adv* (*in negative constructions*) : tan ⟨it's not that expensive : no es tan caro⟩ ⟨not that much : no tanto⟩
**that**[2] *adj, pl* **those** : ese, esa, aquel, aquella ⟨do you see those children? : ¿ves a aquellos niños?⟩
**that**[3] *conj & pron* : que ⟨he said that he was afraid : dijo que tenía miedo⟩ ⟨the book that he wrote : el libro que escribió⟩
**that**[4] *pron, pl* **those** [ˈðoːz] **1** : ese/ése, esa/ésa, eso ⟨that's my father : ese/ése es mi padre⟩ ⟨those are the ones he likes : esos/ésos son los que le gustan⟩ ⟨what's that? : ¿qué es eso?⟩ ⟨why did you do that? : ¿por qué hiciste eso?⟩ ⟨that's impossible : (eso) es imposible⟩ ⟨is that so? : ¿de veras?, ¿ah, sí?⟩ ⟨after that : después, luego⟩ **2 those** *pl* (*referring to a group of people*) ⟨those who came : los que vinieron⟩ ⟨there are those who say . . . : hay quien dice . . .⟩ **3** (*referring to more distant objects or times*) : aquel/aquél, aquella/aquélla, aquello ⟨those are maples and these are elms : aquellos/aquéllos son arces y estos/éstos son olmos⟩ ⟨that came to an end : aquello se acabó⟩ **4 at that** ALSO, MOREOVER : además **5 at that** THEREUPON : al decir/oír (etc.) eso **6 at that** : sin decir más ⟨let's leave it at that : dejémoslo ahí⟩ **7 for all that** : a pesar de ello **8 that is (to say)** : o sea, es decir **9 that's it** ⟨that's it — it's finished : ya está (terminado)⟩ ⟨that's it — I'm leaving! : ¡se acabó! ¡me voy!⟩ ⟨do it like this — that's it! : hazlo así — ¡eso es!⟩
**thatch**[1] [ˈθætʃ] *vt* : cubrir o techar con paja, hojas, etc.
**thatch**[2] *n* : paja *f*, hojas *fpl* (para techos)
**thaw**[1] [ˈθɔ] *vt* : descongelar — *vi* : derretirse (dícese de la nieve), descongelarse (dícese de los alimentos)
**thaw**[2] *n* : deshielo *m*
**the**[1] [ðə, before vowel sounds usu ðiː] *adv* **1** (*used to indicate comparison*) ⟨the sooner the better : cuanto más pronto, mejor⟩ ⟨she likes this one the best : éste es el que más le gusta⟩ **2** (*used as a conjunction*) : cuanto ⟨the more I learn, the less I understand : cuanto más aprendo, menos entiendo⟩
**the**[2] *art* : el, la, los, las, lo ⟨the gloves : los guantes⟩ ⟨the girl : la chica⟩ ⟨the winter : el invierno⟩ ⟨the worst part : lo peor⟩ ⟨forty cookies to the box : cuarenta galletas por caja⟩ ⟨today is the ninth : hoy es nueve⟩ ⟨the 18th of august : el 18 de agosto⟩ ⟨William the Conqueror : Guillermo el Conquistador⟩ ⟨the French : los franceses⟩ ⟨the Smiths : los Smith⟩ ⟨the Mississippi River : el río Mississippi⟩ ⟨the English language : la lengua inglesa, el idioma inglés⟩
**theater** *or* **theatre** [ˈθiːəʧər] *n* **1** : teatro *m* (edificio) **2** DRAMA : teatro *m*, drama *m*
**theatrical** [θiˈætrɪkəl] *adj* : teatral, dramático
**thee** [ˈðiː] *pron* : te, ti
**theft** [ˈθɛft] *n* : robo *m*, hurto *m*
**their** [ˈðɛr] *adj* : su ⟨their friends : sus amigos⟩
**theirs** [ˈðɛrz] *pron* : (el) suyo, (la) suya, (los) suyos, (las) suyas ⟨they came for theirs : vinieron por el suyo⟩ ⟨theirs is bigger : la suya es más grande, la de ellos es más grande⟩ ⟨a brother of theirs : un hermano suyo, un hermano de ellos⟩
**them** [ˈðɛm] *pron* **1** (*as a direct object*) : los *Spain sometimes* les, las ⟨I know them : los conozco⟩ **2** (*as indirect object*) : les, se ⟨I sent them a letter : les mandé una carta⟩ ⟨give it to them : dáselo (a ellos)⟩ **3** (*as object of a preposition*) : ellos, ellas ⟨go with them : ve con ellos⟩ **4** (*for emphasis*) : ellos, ellas ⟨I wasn't expecting them : no los esperaba a ellos⟩
**thematic** [θiˈmæṭɪk] *adj* : temático
**theme** [ˈθiːm] *n* **1** SUBJECT, TOPIC : tema *m* **2** COMPOSITION : composición *f*, trabajo *m* (escrito) **3** : tema *m* (en música)
**theme park** *n* : parque *m* temático
**themselves** [ðəmˈsɛlvz, ðɛm-] *pron* **1** (*as a reflexive*) : se, sí ⟨they enjoyed themselves : se divirtieron⟩ ⟨they divided it among themselves : lo repartieron entre sí, se lo repartieron⟩ **2** (*for emphasis*) : ellos mismos, ellas mismas ⟨they built it themselves : ellas mismas lo construyeron⟩
**then**[1] [ˈðɛn] *adv* **1** : entonces, en ese tiempo ⟨I was sixteen then : tenía entonces dieciséis años⟩ ⟨by/since/until then : para/desde/hasta entonces⟩ **2** NEXT : después, luego ⟨we'll go to Toronto, then to Winnipeg : iremos a Toronto, y luego a Winnipeg⟩ **3** BESIDES, FURTHERMORE : además, aparte ⟨then there's the tax : y aparte está el impuesto⟩ **4** : entonces, en ese caso ⟨if you like music, then you should attend : si te gusta la música, entonces deberías asistir⟩ ⟨it's true, then? : ¿entonces es cierto?⟩ ⟨OK, then, I'll see you later : hasta luego, entonces⟩ ⟨you're sure? all right, then : ¿estás seguro? bueno, está bien⟩ **5 then and there** : en el momento
**then**[2] *adj* : entonces ⟨the then governor of Georgia : el entonces gobernador de Georgia⟩

**thence** [ˈðɛnts, ˈðɪns] *adv* : de ahí, de ahí en adelante

**theologian** [ˌθiːəˈloːʤən] *n* : teólogo *m*, -ga *f*

**theological** [ˌθiːəˈlɑʤɪkəl] *adj* : teológico

**theology** [θiˈɑləʤi] *n, pl* **-gies** : teología *f*

**theorem** [ˈθiːərəm, ˈθɪrəm] *n* : teorema *m*

**theoretical** [ˌθiːəˈrɛṭɪkəl] *adj* : teórico — **theoretically** *adv*

**theorist** [ˈθiːərɪst] *n* : teórico *m*, -ca *f*

**theorize** [ˈθiːəˌraɪz] *vi* **-rized; -rizing** : teorizar

**theory** [ˈθiːəri, ˈθɪri] *n, pl* **-ries** : teoría *f*

**therapeutic** [ˌθɛrəˈpjuːṭɪk] *adj* : terapéutico — **therapeutically** *adv*

**therapist** [ˈθerəpɪst] *n* : terapeuta *mf*

**therapy** [ˈθɛrəpi] *n, pl* **-pies** : terapia *f*

**there**[1] [ˈðær] *adv* **1** : ahí, allí, allá ⟨stand over there : párate ahí⟩ ⟨we can walk there : podemos ir a pie⟩ ⟨over there : por allí/allá⟩ ⟨out/in there : ahí fuera/dentro⟩ ⟨who's there? : ¿quién es?⟩ ⟨is Mom there? : ¿está mamá?⟩ ⟨there it is : ahí está⟩ ⟨there you are/go : aquí tienes, toma⟩ ⟨. . . and there you have it! : ¡ . . . y ya está!⟩ ⟨that clock there : ese reloj que ves allí⟩ ⟨you there! : ¡oye, tú!⟩ ⟨hello there! : ¡hola!⟩ **2** : ahí, en esto, en eso ⟨there is where we disagree : en eso es donde no estamos de acuerdo⟩ **3** THEN : entonces ⟨from there : de ahí, a partir de ese momento⟩ **4 to be out there** EXIST : existir **5 to have been there** (*referring to an experience*) ⟨I've been there myself : yo también he pasado por eso⟩

**there**[2] *pron* **1** (*introducing a sentence or clause*) ⟨there comes a time to decide : llega un momento en que uno tiene que decidir⟩ **2 there is/are** : hay ⟨there are many children here : aquí hay muchos niños⟩ ⟨are there a lot of errors? : ¿hay muchos errores?⟩ ⟨there's a good hotel downtown : hay un buen hotel en el centro⟩ ⟨there was no way to know : no había manera de saberlo⟩

**thereabouts** [ðærəˈbaʊts, ˈðærəˌ-] *or* **thereabout** [-ˈbaʊt, -ˌbaʊt] *adv* **or thereabouts** : por ahí, más o menos ⟨at five o'clock or thereabouts : por ahí de las cinco⟩

**thereafter** [ðærˈæftər] *adv* : después ⟨shortly thereafter : poco después⟩

**thereby** [ðærˈbaɪ, ˈðærˌbaɪ] *adv* : de tal modo, de esa manera, así

**therefore** [ˈðærˌfɔr] *adv* : por lo tanto, por consiguiente

**therein** [ðærˈɪn] *adv* **1** : allí adentro, ahí adentro ⟨the contents therein : lo que allí se contiene⟩ **2** : allí, en ese aspecto ⟨therein lies the problem : allí está el problema⟩

**thereof** [ðærˈʌv, -ˈɑv] *adv* : de eso, de esto

**thereupon** [ˈðærəˌpɑn, -ˌpɔn;, ˌðærəˈpɑn, -ˈpɔn] *adv* : acto seguido, inmediatamente (después)

**therewith** [ðærˈwɪð, -ˈwɪθ] *adv* : con eso, con ello

**thermal** [ˈθərməl] *adj* **1** : térmico (en física) **2** HOT : termal

**thermodynamics** [ˌθərmoʊdaɪˈnæmɪks] *ns & pl* : termodinámica *f*

**thermometer** [θərˈmɑməṭər] *n* : termómetro *m*

**thermos** [ˈθərməs] *n* : termo *m*

**thermostat** [ˈθərməˌstæt] *n* : termostato *m*

**thesaurus** [θiˈsɔrəs] *n, pl* **-sauri** [-ˈsɔrˌaɪ] *or* **-sauruses** [-ˈsɔrəsəz] : diccionario *m* de sinónimos

**these** → **this**

**thesis** [ˈθiːsɪs] *n, pl* **theses** [ˈθiːˌsiːz] : tesis *f*

**they** [ˈðeɪ] *pron* : ellos, ellas ⟨they are here : están aquí⟩ ⟨they don't know : ellos no saben⟩

**they'd** [ˈðeɪd] *contraction of* THEY HAD *or* THEY WOULD → **have, would**

**they'll** [ˈðeɪl, ˈðɛl] *contraction of* THEY SHALL *or* THEY WILL → **shall, will**

**they're** [ˈðɛr] *contraction of* THEY ARE → **be**

**they've** [ˈðeɪv] *contraction of* THEY HAVE → **have**

**thiamine** [ˈθaɪəmɪn, -ˌmiːn] *n* : tiamina *f*

**thick**[1] [ˈθɪk] *adj* **1** : grueso ⟨a thick plank : una tabla gruesa⟩ **2** : espeso, denso ⟨thick syrup : jarabe espeso⟩ — **thickly** *adv*

**thick**[2] *n* **1 in the thick of** : en medio de ⟨in the thick of the battle : en lo más reñido de la batalla⟩ **2 through thick and thin** : a las duras y a las maduras

**thicken** [ˈθɪkən] *vt* : espesar (un líquido) — *vi* : espesarse

**thickener** [ˈθɪkənər] *n* : espesante *m*

**thicket** [ˈθɪkəṭ] *n* : matorral *m*, maleza *f*, espesura *f*

**thickness** [ˈθɪknəs] *n* : grosor *m*, grueso *m*, espesor *m*

**thickset** [ˈθɪkˈsɛṭ] *adj* STOCKY : robusto, fornido

**thick-skinned** [ˈθɪkˈskɪnd] *adj* : poco sensible, que no se ofende fácilmente

**thief** [ˈθiːf] *n, pl* **thieves** [ˈθiːvz] : ladrón *m*, -drona *f*

**thieve** [ˈθiːv] *v* **thieved; thieving** : hurtar, robar

**thievery** [ˈθiːvəri] *n* : hurto *m*, robo *m*, latrocinio *m*

**thigh** [ˈθaɪ] *n* : muslo *m*

**thighbone** [ˈθaɪˌboːn] *n* : fémur *m*

**thimble** [ˈθɪmbəl] *n* : dedal *m*

**thin**[1] [ˈθɪn] *v* **thinned; thinning** *vt* : hacer menos denso, diluir, aguar (un líquido), enrarecer (un gas) — *vi* : diluirse, aguarse (dícese de un líquido), enrarecerse (dícese de un gas)

**thin**[2] *adj* **thinner; thinnest** **1** LEAN, SLIM : delgado, esbelto, flaco **2** SPARSE : ralo, escaso ⟨a thin beard : una barba rala⟩ **3** WATERY : claro, aguado, diluido **4** FINE : delgado, fino ⟨thin slices : rebanadas finas⟩

**thing** [ˈθɪŋ] *n* **1** MATTER, FACT, IDEA : cosa *f* ⟨don't talk about those things : no hables de esas cosas⟩ ⟨how are things? : ¿cómo van las cosas?⟩ ⟨the main thing : lo principal⟩ ⟨the thing is . . . : el caso es que . . .⟩ ⟨to think things over : pensarlo (bien)⟩ ⟨for one thing, . . . : para empezar, . . .〉〈I said no such thing! : ¡no dije tal/semejante cosa!〉 **2** ACT, EVENT : cosa *f* 〈the flood was a terrible thing : la inundación fue una cosa terrible〉 〈it's a good thing that . . . : menos mal que . . .〉 〈to do the right thing : hacer lo correcto〉 **3** OBJECT : cosa *f* 〈don't forget your things : no olvides tus cosas〉 〈baby things : cosas para bebés〉 〈there's no such thing : no existe (tal cosa)〉 〈I can't see a thing : no puedo ver nada〉 〈I have just the thing for you : tengo justo lo que necesitas〉 **4 as things stand** : tal como están las cosas **5 a thing or two** : unas cuantas cosas **6 first/last thing** : a primera/última hora 〈I'll do it first thing tomorrow : lo haré mañana a primera hora〉 **7 it's (just) one of those things** : son cosas de la vida **8 of all things** 〈he's learning jousting, of all things! : ¡está aprendiendo a justar! ¿te lo imaginas?〉 **9 to have another thing coming** : estar muy equivocado

**thingamajig** [ˈθɪŋəməˌdʒɪg] *or* **thingamabob** [ˈθɪŋəməˌbɑb] *n fam* : cosa *f*, vaina *f fam*, chisme *m Spain fam*

**think¹** [ˈθɪŋk] *v* **thought** [ˈθɔt]; **thinking** *vt* **1** PLAN : pensar, creer 〈he thinks (that) he'll return early : piensa regresar temprano〉 〈I think (that) I'll call her : creo que la llamaré〉 **2** BELIEVE : creer, opinar 〈I think (that) I can go : creo que puedo ir〉 〈I think so : creo que sí〉 〈I don't think so : creo que no〉 〈what do you think? : ¿qué opinas?〉 〈who does she think she is? : ¿quién se cree?〉 **3** PONDER : pensar 〈"how odd," he thought : qué raro — pensó〉 〈what were you thinking? : ¿en qué pensabas?〉 **4** REMEMBER : acordarse de 〈I didn't think to ask : no se me ocurrió preguntar〉 **5 to think better of** : cambiar de idea **6 to think nothing of** 〈she thinks nothing of running 10 miles : correr 10 millas no le parece nada extraño〉 〈think nothing of it : de nada, no hay de qué〉 **7 to think out/through** : pensar bien, estudiar **8 to think over** CONSIDER : pensar **9 to think up** : idear, inventar 〈we've thought up a plan : se nos ha ocurrido un plan〉 — *vi* **1** : pensar 〈let me think : déjame pensar〉 **2 to think about/of** : pensar en 〈I was just thinking about/of you when you called : pensaba en ti justo cuando llamaste〉 **3 to think about/of** WEIGH : pensar (en) 〈think about it : piénsalo〉 〈I'm thinking about/of buying it : estoy pensando en comprarlo〉 **4 to think about/of** : pensar en 〈think about/of your family! : ¡piensa en tu familia!〉 **5 to think about/of** : pensar de 〈what did you think about/of the book? : ¿qué pensaste del libro?, ¿qué te pareció el libro?〉 **6 to think again** : pensar dos veces **7 to think ahead** : ser previsor **8 to think aloud** : pensar en voz alta **9 to think back** : recordar **10 to think of** REMEMBER : acordarse de **11 to think of** : idear, inventar 〈we'll think of something : algo se nos ocurrirá〉 **12 to think poorly of** : pensar mal de **13 to think twice** : pensárselo dos veces **14 to think well of** : tener buena opinión de

**think²** *n* **1 to have a think about** : pensar **2 to have another think coming** : estar muy equivocado

**thinker** [ˈθɪŋkər] *n* : pensador *m*, -dora *f*

**thinly** [ˈθɪnli] *adv* **1** LIGHTLY : ligeramente **2** SPARSELY : escasamente 〈thinly populated : poco populado〉 **3** BARELY : apenas

**thinness** [ˈθɪnnəs] *n* : delgadez *f*

**thin-skinned** [ˈθɪnˈskɪnd] *adj* : susceptible, muy sensible

**third¹** [θərd] *or* **thirdly** [-li] *adv* : en tercer lugar 〈she came in third : llegó en tercer lugar〉

**third²** *adj* : tercero 〈the third day : el tercer día〉

**third³** *n* **1** : tercero *m*, -ra *f* (en una serie) 〈the third of June : el tres de junio〉 **2** : tercero *m*, tercera parte *f* **3** *or* **third base** : tercera base *f* **4** *or* **third gear** : tercera *f*

**third world** *n sometimes offensive* **the Third World** : el Tercer Mundo *m*

**thirst¹** [ˈθərst] *vi* **1** : tener sed **2 to thirst for** DESIRE : tener sed de, estar sediento de

**thirst²** *n* : sed *f*

**thirsty** [ˈθərsti] *adj* **thirstier; -est** : sediento, que tiene sed 〈I'm thirsty : tengo sed〉

**thirteen¹** [ˌθərˈtiːn] *adj & pron* : trece

**thirteen²** *n* : trece *m*

**thirteenth¹** [ˌθərˈtiːnθ] *adj* : décimo tercero

**thirteenth²** *n* **1** : decimotercero *m*, -ra *f* (en una serie) **2** : treceavo *m*, treceava parte *f*

**thirtieth¹** [ˈθərtiəθ] *adj* : trigésimo

**thirtieth²** *n* **1** : trigésimo *m*, -ma *f* (en una serie) **2** : treintavo *m*, treintava parte *f*

**thirty¹** [ˈθərti] *adj & pron* : treinta

**thirty²** *n, pl* **thirties** : treinta *m*

**this¹** [ˈðɪs] *adv* : así, a tal punto 〈this big : así de grande〉

**this²** *adj, pl* **these** [ˈðiːz] : este 〈these things : estas cosas〉 〈read this book : lee este libro〉

**this³** *pron, pl* **these** : este/éste, esta/ésta, esto 〈what's this? : ¿qué es esto?〉 〈this wasn't here yesterday : esto no estaba aquí ayer〉 〈this is for you : esto es para ti〉 〈those magazines and these : aquellas revistas y estas/éstas〉 〈these aren't the files I need : estos/éstos no son los archivos que necesito〉

**thistle** [ˈθɪsəl] *n* : cardo *m*

**thong** [ˈθɔŋ] *n* **1** STRAP : correa *f*, tira *f* **2** FLIP-FLOP : chancla *f*, chancleta *f*

**thorax** [ˈθɔrˌæks] *n, pl* **-raxes** *or* **-races** [ˈθɔrəˌsiːz] : tórax *m*

**thorn** [ˈθɔrn] *n* : espina *f*

**thorny** [ˈθɔrni] *adj* **thornier; -est** : espinoso

**thorough** [ˈθərɔː] *adj* **1** CONSCIENTIOUS

: concienzudo, meticuloso **2** COMPLETE : absoluto, completo — **thoroughly** *adv*

**thoroughbred** [ˈθərəˌbrɛd] *adj* : de pura sangre (dícese de un caballo)

**Thoroughbred** *n or* **Thoroughbred horse** : pura sangre *mf*

**thoroughfare** [ˈθərəˌfær] *n* : vía *f* pública, carretera *f*

**thoroughness** [ˈθərənəs] *n* : esmero *m*, meticulosidad *f*

**those** → **that**

**thou** [ˈðaʊ] *pron* : tú

**though**[1] [ˈðoː] *adv* **1** HOWEVER, NEVERTHELESS : sin embargo, no obstante **2 as** ~ : como si ⟨as though nothing had happened : como si nada hubiera pasado⟩

**though**[2] *conj* : aunque, a pesar de ⟨though it was raining, we went out : salimos a pesar de la lluvia⟩

**thought**[1] → **think**

**thought**[2] [ˈθɔt] *n* **1** THINKING : pensamiento *m*, ideas *fpl* ⟨Western thought : el pensamiento occidental⟩ **2** COGITATION : pensamiento *m*, reflexión *f*, raciocinio *m* **3** IDEA : idea *f*, ocurrencia *f* ⟨it was just a thought : fue sólo una idea⟩

**thoughtful** [ˈθɔtfəl] *adj* **1** PENSIVE : pensativo, meditabundo **2** CONSIDERATE : considerado, atento, cortés — **thoughtfully** *adv*

**thoughtfulness** [ˈθɔtfəlnəs] *n* : consideración *f*, atención *f*, cortesía *f*

**thoughtless** [ˈθɔtləs] *adj* **1** CARELESS : descuidado, negligente **2** INCONSIDERATE : desconsiderado — **thoughtlessly** *adv*

**thoughtlessness** *n* **1** CARELESSNESS : descuido *m*, irreflexión *f*, imprevisión *f* **2** : falta *f* de consideración

**thousand**[1] [ˈθaʊzənd] *adj & pron* : mil

**thousand**[2] *n, pl* **-sands** *or* **-sand** : mil *m*

**thousandth**[1] [ˈθaʊzənɪθ] *adj* : milésimo

**thousandth**[2] *n* **1** : milésimo *m*, -ma *f* (en una serie) **2** : milésimo *m*, milésima parte *f*

**thrash** [ˈθræʃ] *vt* **1** → **thresh 2** BEAT : golpear, azotar, darle una paliza (a alguien) **3** FLAIL : sacudir, agitar bruscamente

**thread**[1] [ˈθrɛd] *vt* **1** : enhilar, enhebrar (una aguja) **2** STRING : ensartar (cuentas en un hilo) **3 to thread one's way** : abrirse paso

**thread**[2] *n* **1** : hilo *m*, hebra *f* ⟨needle and thread : aguja e hilo⟩ ⟨the thread of an argument : el hilo de un debate⟩ **2** : rosca *f*, filete *m* (de un tornillo)

**threadbare** [ˈθrɛdˌbær] *adj* **1** SHABBY, WORN : raído, gastado **2** TRITE : trillado, tópico, manido

**threat** [ˈθrɛt] *n* : amenaza *f*

**threaten** [ˈθrɛtən] *v* : amenazar

**threatening** [ˈθrɛtənɪŋ] *adj* : amenazador — **threateningly** *adv*

**three**[1] [ˈθriː] *adj* : tres ⟨he's three (years old) : tiene tres años⟩

**three**[2] *n* : tres *m* ⟨the three of hearts : el tres de corazones⟩

**three**[3] *pron* : tres ⟨there are three of us : somos tres⟩ ⟨it's three (o'clock) : son las tres⟩

**3–D** [ˈθriːˈdiː] *adj* → **three-dimensional**

**three–dimensional** [ˈθriːdəˈmɛnʃənəl] *adj* : tridimensional

**threefold** [ˈθriːˌfoːld] *adj* TRIPLE : triple

**three hundred**[1] *adj & pron* : trescientos

**three hundred**[2] *n* : trescientos *m*

**three–piece suit** *n* : terno *m*, tresillo *m*

**threescore** [ˈθriːˈskor] *adj* SIXTY : sesenta

**thresh** [ˈθrɛʃ] *vt* : trillar (grano)

**thresher** [ˈθrɛʃər] *n* : trilladora *f*

**threshold** [ˈθrɛʃˌhoːld, -ˌoːld] *n* : umbral *m*

**threw** → **throw**[1]

**thrice** [ˈθraɪs] *adv* : tres veces

**thrift** [ˈθrɪft] *n* : economía *f*, frugalidad *f*

**thriftless** [ˈθrɪftləs] *adj* : despilfarrador, manirroto

**thrifty** [ˈθrɪfti] *adj* **thriftier; -est** : económico, frugal — **thriftily** [ˈθrɪftəli] *adv*

**thrill**[1] [ˈθrɪl] *vt* : emocionar — *vi* **to thrill to** : dejarse conmover por, estremecerse con

**thrill**[2] *n* : emoción *f*

**thriller** [ˈθrɪlər] *n* **1** : evento *m* emocionante **2** : obra *f* de suspenso

**thrilling** [ˈθrɪlɪŋ] *adj* : emocionante, excitante

**thrive** [ˈθraɪv] *vi* **throve** [ˈθroːv] *or* **thrived; thriven** [ˈθrɪvən] **1** FLOURISH : florecer, crecer abundantemente **2** PROSPER : prosperar

**throat** [ˈθroːt] *n* : garganta *f*

**throaty** [ˈθroːtˌi] *adj* **throatier; -est** : ronco (dícese de la voz)

**throb**[1] [ˈθrab] *vi* **throbbed; throbbing** : palpitar, latir (dícese del corazón), vibrar (dícese de un motor, etc.)

**throb**[2] *n* : palpitación *f*, latido *m*, vibración *f*

**throe** [ˈθroː] *n* **1** PAIN, SPASM : espasmo *m*, dolor *m* ⟨the throes of childbirth : los dolores de parto⟩ **2 throes** *npl* : lucha *f* larga y ardua ⟨in the throes of : en el medio de⟩

**thrombosis** [θrɑmˈboːsəs] *n* : trombosis *f*

**throne** [ˈθroːn] *n* : trono *m*

**throng**[1] [ˈθrɔŋ] *vt* CROWD : atestar, atiborrar, llenar — *vi* : aglomerarse, amontonarse

**throng**[2] *n* : muchedumbre *f*, gentío *m*, multitud *f*

**throttle**[1] [ˈθrɑtəl] *vt* **-tled; -tling 1** STRANGLE : estrangular, ahogar **2 to throttle down** : desacelerar (un motor)

**throttle**[2] *n* **1** : válvula *f* reguladora **2 at full throttle** : a toda máquina

**through**[1] [ˈθruː] *adv* **1** : a través, de un lado a otro ⟨let them through : déjenlos pasar⟩ **2** : de principio a fin ⟨she read the book through : leyó el libro de principio a fin⟩ **3** COMPLETELY : completamente ⟨soaked through : completamente empapado⟩

**through**[2] *adj* **1** DIRECT : directo ⟨a through train : un tren directo⟩ **2** FINISHED : terminado, acabado ⟨we're through : hemos terminado⟩

**through**[3] *prep* **1** : a través de, por ⟨through the door : por la puerta⟩ ⟨a road through the woods : un camino que atraviesa el bosque⟩ **2** BETWEEN : entre ⟨a path through the trees : un sendero entre los árboles⟩ **3** BECAUSE OF : a causa de, como consecuencia de **4** DURING : por, durante ⟨through the night : durante la noche⟩ **5** : a, hasta ⟨from Monday through Friday : de lunes a viernes⟩ **6** (*indicating completion*) ⟨she's been through a lot : ha pasado muchas dificultades⟩ ⟨we're through the worst of it : hemos pasado lo peor⟩ **7** VIA : a través de, por ⟨I got the job through her cousin : conseguí el trabajo a través de su primo⟩

**throughout**[1] [θru:ˈaʊt] *adv* **1** EVERYWHERE : por todas partes **2** THROUGH : desde el principio hasta el fin de (algo)

**throughout**[2] *prep* **1** : en todas partes de, a través de ⟨throughout the United States : en todo Estados Unidos⟩ **2** : de principio a fin de, durante ⟨throughout the winter : durante todo el invierno⟩

**throve** → **thrive**

**throw**[1] [ˈθro:] *v* **threw** [ˈθru:]; **thrown** [ˈθro:n]; **throwing** *vt* **1** TOSS : tirar; lanzar; echar; arrojar; aventar *Col, Mex* ⟨to throw a ball : tirar una pelota⟩ **2** : desmontar (a un jinete) **3** CAST : proyectar ⟨it threw a long shadow : proyectó una sombra larga⟩ **4 to throw a party** : dar una fiesta **5 to throw in** : dar de ñapa **6 to throw into confusion** : desconcertar **7 to throw away/out** DISCARD : botar, tirar (a la basura) **8 to throw out** REJECT : rechazar **9 to throw out** EJECT : echar **10 to throw up** VOMIT : vomitar, devolver (comida, etc.) — *vi* **to throw up** VOMIT : vomitar, devolver

**throw**[2] *n* TOSS : tiro *m*, tirada *f*, lanzamiento *m*, lance *m* (de dados)

**thrower** [ˈθro:ər] *n* : lanzador *m*, -dora *f*

**thrush** [ˈθrʌʃ] *n* : tordo *m*, zorzal *m*

**thrust**[1] [ˈθrʌst] *vt* **thrust; thrusting 1** SHOVE : empujar bruscamente **2** PLUNGE, STAB : apuñalar, clavar ⟨he thrust a dagger into her heart : la apuñaló en el corazón⟩ **3 to thrust one's way** : abrirse paso **4 to thrust upon** : imponer a

**thrust**[2] *n* **1** PUSH, SHOVE : empujón *m*, empellón *m* **2** LUNGE : estocada *f* (en esgrima) **3** IMPETUS : ímpetu *m*, impulso *m*, propulsión *f* (de un motor)

**thud**[1] [ˈθʌd] *vi* **thudded; thudding** : producir un ruido sordo

**thud**[2] *n* : ruido *m* sordo (que produce un objeto al caer)

**thug** [θʌg] *n* : matón *m*

**thumb**[1] [ˈθʌm] *vt* : hojear (con el pulgar)

**thumb**[2] *n* : pulgar *m*, dedo *m* pulgar

**thumbnail** [ˈθʌmˌneɪl] *n* **1** : uña *f* del pulgar **2** : thumbnail *m*, miniatura *f*

**thumbtack** [ˈθʌmˌtæk] *n* : tachuela *f*, chinche *f*

**thump**[1] [ˈθʌmp] *vt* POUND : golpear, aporrear — *vi* : latir con vehemencia (dícese del corazón)

**thump**[2] *n* THUD : ruido *m* sordo

**thunder**[1] [ˈθʌndər] *vi* **1** : tronar ⟨it rained and thundered all night : llovió y tronó durante la noche⟩ **2** BOOM : retumbar, bramar, resonar — *vt* ROAR, SHOUT : decir a gritos, vociferar

**thunder**[2] *n* : truenos *mpl*

**thunderbolt** [ˈθʌndərˌbo:lt] *n* : rayo *m*

**thunderclap** [ˈθʌndərˌklæp] *n* : trueno *m*

**thunderous** [ˈθʌndərəs] *adj* : atronador, ensordecedor, estruendoso

**thundershower** [ˈθʌndərˌʃaʊər] *n* : lluvia *f* con truenos y relámpagos

**thunderstorm** [ˈθʌndərˌstɔrm] *n* : tormenta *f* con truenos y relámpagos

**thunderstruck** [ˈθʌndərˌstrʌk] *adj* : atónito

**Thursday** [ˈθərzˌdeɪ, -di] *n* : jueves *m* ⟨today is Thursday : hoy es jueves⟩ ⟨(on) Thursday : el jueves⟩ ⟨(on) Thursdays : los jueves⟩ ⟨last Thursday : el jueves pasado⟩ ⟨next Thursday : el jueves que viene⟩ ⟨every other Thursday : cada dos jueves⟩ ⟨Thursday afternoon/morning : jueves por la tarde/mañana⟩

**thus** [ˈðʌs] *adv* **1** : así, de esta manera **2** SO : hasta (cierto punto) ⟨the weather's been nice thus far : hasta ahora ha hecho buen tiempo⟩ **3** HENCE : por consiguiente, por lo tanto

**thwart** [ˈθwɔrt] *vt* : frustrar

**thy** [ˈðaɪ] *adj* : tu

**thyme** [ˈtaɪm, ˈθaɪm] *n* : tomillo *m*

**thyroid** [ˈθaɪˌrɔɪd] *n or* **thyroid gland** : tiroides *mf*, glándula *f* tiroidea ⟨thyroid hormone : hormona tiroidea⟩

**thyself** [ðarˈsɛlf] *pron* : ti, ti mismo

**ti** [ˈti:] *n* : si *m* (en el canto)

**tiara** [tiˈærə, -ˈɑr-] *n* : diadema *f*

**Tibetan** [tɔˈbɛtən] *n* **1** : tibetano *m*, -na *f* **2** : tibetano *m* (idioma) — **Tibetan** *adj*

**tibia** [ˈtɪbiə] *n, pl* **-iae** [-biˌi:] : tibia *f*

**tic** [ˈtɪk] *n* : tic *m*

**tick**[1] [ˈtɪk] *vi* **1** : hacer tictac **2** OPERATE, RUN : operar, andar (dícese de un mecanismo) ⟨what makes him tick? : ¿qué es lo que lo mueve?⟩ — *vt or* **to tick off** CHECK : marcar

**tick**[2] *n* **1** : tictac *m* (de un reloj) **2** CHECK : marca *f* **3** : garrapata *f* (insecto)

**ticket**[1] [ˈtɪkət] *vt* LABEL : etiquetar

**ticket**[2] *n* **1** : boleto *m*, boleta *f*, entrada *f* (de un espectáculo), pasaje *m* (de avión, tren, etc.) **2** SLATE : lista *f* de candidatos

**ticket collector** *n* : revisor *m*, -sora *f*

**ticket office** *n* : taquilla *f*

**tickle**[1] [ˈtɪkəl] *v* **-led; -ling** *vt* **1** AMUSE : divertir, hacerle gracia (a alguien) **2** : hacerle cosquillas (a alguien) ⟨don't tickle me! : ¡no me hagas cosquillas!⟩ — *vi* : picar

**tickle**[2] *n* : cosquilleo *m*, cosquillas *fpl*, picor *m* (en la garganta)

**ticklish** [ˈtɪkəlɪʃ] *adj* **1** : cosquilloso (dícese de una persona) **2** DELICATE, TRICKY : delicado, peliagudo

**tick–tock** *n* : tictac *m*

**tidal** [ˈtaɪdəl] *adj* : de marea, relativo a la marea

**tidal wave** *n* : maremoto *m*
**tidbit** [ˈtɪdˌbɪt] *n* **1** BITE, SNACK : bocado *m*, golosina *f* **2** : dato *m* o noticia *f* interesante ⟨useful tidbits of information : informaciones útiles⟩
**tide**[1] [ˈtɪəd] *vt* **tided; tiding** *or* **to tide over** : proveer lo necesario para aguantar una dificultad ⟨this money will tide you over until you find work : este dinero te mantendrá hasta que encuentres empleo⟩
**tide**[2] *n* **1** : marea *f* **2** CURRENT : corriente *f* (de eventos, opiniones, etc.)
**tidily** [ˈtɪədəli] *adv* : ordenadamente
**tidiness** [ˈtɪədinəs] *n* : aseo *m*, limpieza *f*, orden *m*
**tidings** [ˈtɪədɪŋz] *npl* : nuevas *fpl*
**tidy**[1] [ˈtɪədi] *vt* **-died; -dying** : asear, limpiar, poner en orden — *vi* **to tidy up** : poner las cosas en orden
**tidy**[2] *adj* **tidier; -est** **1** CLEAN, NEAT : limpio, aseado, en orden **2** SUBSTANTIAL : grande, considerable ⟨a tidy sum : una suma considerable⟩
**tie**[1] [ˈtaɪ] *v* **tied; tying** *or* **tieing** *vt* **1** : atar, amarrar ⟨to tie a knot : atar un nudo⟩ ⟨to tie one's shoelaces : atarse los cordones⟩ **2** BIND, UNITE : ligar, atar **3** : empatar ⟨they tied the score : empataron el marcador⟩ **4 to be fit to be tied** : estar hecho una furia **5 to tie down/up** : atar **6 to tie in with** : relacionar con **7 to tie up** : ocupar (a alguien), inmovilizar (dinero), atascar (tráfico) — *vi* **1** : empatar ⟨the two teams were tied : los dos equipos empataron⟩ **2 to tie in with** : relacionarse con
**tie**[2] *n* **1** : ligadura *f*, cuerda *f*, cordón *m* (para atar algo) **2** BOND, LINK : atadura *f*, ligadura *f*, vínculo *m*, lazo *m* ⟨family ties : lazos familiares⟩ **3** *or* **railroad tie** : traviesa *f* **4** DRAW : empate *m* (en deportes) **5** NECKTIE : corbata *f*
**tiebreaker** [ˈtaɪˌbreɪkər] *n* : desempate *m*
**tier** [ˈtɪr] *n* : hilera *f*, escalón *m*
**tiff** [ˈtɪf] *n* : disgusto *m*, disputa *f*
**tiger** [ˈtaɪgər] *n* : tigre *m*
**tight**[1] [ˈtaɪt] *adv* TIGHTLY : bien, fuerte ⟨shut it tight : ciérralo bien⟩
**tight**[2] *adj* **1** : bien cerrado, hermético ⟨a tight seal : un cierre hermético⟩ **2** STRICT : estricto, severo **3** TAUT : tirante, tenso **4** SNUG : apretado, ajustado, ceñido ⟨a tight dress : un vestido ceñido⟩ **5** DIFFICULT : difícil ⟨to be in a tight spot : estar en un aprieto⟩ **6** STINGY : apretado, avaro, agarrado *fam* **7** CLOSE : reñido ⟨a tight game : un juego reñido⟩ **8** SCARCE : escaso ⟨money is tight : escasea el dinero⟩
**tighten** [ˈtaɪtən] *vt* : tensar (una cuerda, etc.), apretar (un nudo, un tornillo, etc.), apretarse (el cinturón), reforzar (las reglas)
**tightfisted** [ˈtaɪtˈfɪstəd] *adj* STINGY : apretado, avaro, agarrado *fam*
**tightly** [ˈtaɪtli] *adv* : bien, fuerte
**tightness** [ˈtaɪtnəs] *n* : lo apretado, lo tenso, tensión *f*
**tightrope** [ˈtaɪtˌroːp] *n* : cuerda *f* floja
**tights** [ˈtaɪts] *npl* : leotardo *m*, malla *f*
**tightwad** [ˈtaɪtˌwɑd] *n* : avaro *m*, -ra *f*; tacaño *m*, -ña *f*
**tigress** [ˈtaɪgrəs] *n* : tigresa *f*
**tilde** [ˈtɪldə] *n* : tilde *mf*
**tile**[1] [ˈtaɪl] *vt* **tiled; tiling** : embaldosar (un piso), revestir de azulejos (una pared), tejar (un techo)
**tile**[2] *n* **1** *or* **floor tile** : losa *f*, baldosa *f*, mosaico *m Mex* (de un piso) **2** : azulejo *m* (de una pared) **3** : teja *f* (de un techo)
**till**[1] [ˈtɪl] *vt* : cultivar, labrar
**till**[2] *n* : caja *f*, caja *f* registradora
**till**[3] *prep & conj* → **until**
**tiller** [ˈtɪlər] *n* **1** : cultivadór *m*, -dora *f* (de la tierra) **2** : caña *f* del timón (de un barco)
**tilt**[1] [ˈtɪlt] *vt* : ladear, inclinar — *vi* : ladearse, inclinarse
**tilt**[2] *n* **1** SLANT : inclinación *f* **2 at full tilt** : a toda velocidad
**timber** [ˈtɪmbər] *n* **1** : madera *f* (para construcción) **2** BEAM : viga *f*
**timberland** [ˈtɪmbərˌlænd] *n* : bosque *m* maderero
**timbre** [ˈtæmbər, ˈtɪm-] *n* : timbre *m*
**time**[1] [ˈtaɪm] *vt* **timed; timing** **1** SCHEDULE : fijar la hora de, calcular el momento oportuno para **2** CLOCK : cronometrar, medir el tiempo de (una competencia, etc.)
**time**[2] *n* **1** : tiempo *m* ⟨the passing of time : el paso del tiempo⟩ ⟨she doesn't have time : no tiene tiempo⟩ **2** MOMENT : tiempo *m*, momento *m* ⟨this is not the time to bring it up : no es el momento de sacar el tema⟩ ⟨it can wait until another time : podemos dejarlo para otro momento⟩ ⟨since that time : desde entonces⟩ **3** : vez *f* ⟨he called you three times : te llamó tres veces⟩ ⟨three times greater : tres veces mayor⟩ ⟨this time : esta vez⟩ ⟨one more time : una vez más⟩ **4** AGE : tiempo *m*, era *f* ⟨in your grandparents' time : en el tiempo de tus abuelos⟩ ⟨it was before your time : fue antes de que nacieras⟩ **5** TEMPO : tiempo *m*, ritmo *m* (en música) **6** : hora *f* (del día), época *f* (del año) ⟨what time is it? : ¿qué hora es?⟩ ⟨do you have the time? : ¿tienes hora?⟩ ⟨it's time for dinner : es hora de comer⟩ ⟨at the usual time : a la hora acostumbrada⟩ ⟨during work time : en horas de trabajo⟩ ⟨local time : hora local⟩ ⟨arrival/departure time : hora de llegada/salida⟩ **7** WHILE : tiempo *m*, rato *m* ⟨a short/long time ago : hace poco/mucho tiempo⟩ ⟨for (quite) some time now : desde hace mucho tiempo⟩ ⟨he watched us the whole/entire time : nos miraba (durante) todo el tiempo⟩ **8** EXPERIENCE : rato *m*, experiencia *f* ⟨we had a nice time together : pasamos juntos un rato agradable⟩ ⟨to have a rough time : pasarlo mal⟩ ⟨have a good time! : ¡que se diviertan!⟩ **9 against time** : contra el reloj **10 ahead of one's time** ⟨she was ahead of her time : se adelantó a su época⟩ **11 ahead of time** ⟨I prepared it ahead of time : lo preparé con ante-

lación〉 〈she handed it in ahead of time : lo entregó antes de tiempo〉 〈he showed up ahead of time : apareció antes de la hora〉 **12 all in good time** : todo a su debido tiempo **13 all the time** ALWAYS, OFTEN : todo el tiempo **14 all the time** THROUGHOUT : (durante) todo el tiempo **15 at all times** : siempre, en todo momento **16 (at) any time** : en cualquier momento **17 at a time** SIMULTANEOUSLY : al mismo tiempo, a la vez 〈one at a time : uno por uno, de a uno〉 〈two at a time : de dos en dos〉 〈one thing at a time : una cosa por vez〉 〈one step at a time : paso por paso〉 **18 at a time** : sin parar 〈he read for hours at a time : pasaba horas enteras leyendo〉 〈she disappears for months at a time : desaparece por meses〉 **19 at no time** : en ningún momento **20 at the same time** CONVERSELY : al mismo tiempo **21 at the same time** SIMULTANEOUSLY : al mismo tiempo, a la vez **22 at times** SOMETIMES : a veces **23 behind the times** OUTDATED : anticuado **24 each and every time** : cada vez **25 each/every time** : cada vez **26 for a time** : (por) un tiempo **27 for the time being** : por el momento, de momento **28 from time to time** OCCASIONALLY : de vez en cuando **29 in good time** : con tiempo **30 in no time** : enseguida, en un santiamén **31 in time** PUNCTUALLY : a tiempo **32 in time** EVENTUALLY : con el tiempo **33 it's about time** : ya es hora, ya va siendo hora 〈it was about time (that) you got here : ya era hora de que llegaras〉 **34 most of the time** : la mayor parte del tiempo **35 on time** : a tiempo **36 over time** : con el paso del tiempo **37 time after time** : una y otra vez **38 time flies** : el tiempo pasa volando **39 time marches on** : el tiempo pasa **40 time off** : tiempo *m* libre, vacaciones *fpl* **41 to buy time** : ganar tiempo **42 to give someone a hard time** : mortificar a alguien **43 to have time on one's hands** : sobrarle el tiempo a uno **44 to keep time** : marcar la hora (dícese de un reloj) **45 to keep time** : seguir/marcar el ritmo (en música) **46 to lose time** : atrasar (dícese de un reloj) **47 to make good time** : ir adelantado (en un viaje, etc.) **48 to make time for** : encontrar tiempo para **49 to pass the time** : pasar el rato **50 to serve/do time** : cumplir una condena **51 to take one's time** : tomarse tiempo 〈take your time : tómate todo el tiempo que necesites〉 〈you sure took your time! : tardaste mucho〉 **52 to take the time to** : tomar el tiempo para/de **53 to take time** : tomar tiempo, tomarse tiempo 〈these things take time : estas cosas toman tiempo〉 〈take all the time you need : tómate todo el tiempo que necesites〉 **54 to waste time** : perder el tiempo

**time bomb** *n* : bomba *f* de tiempo, bomba *f* de relojería *Spain*

**timekeeper** [ˈtaɪmˌkiːpər] *n* : cronometrador *m*, -dora *f*

**timeless** [ˈtaɪmləs] *adj* : eterno

**time limit** *n* : plazo *m*

**timely** [ˈtaɪmlɪ] *adj* **timelier; -est** : oportuno

**timepiece** [ˈtaɪmˌpiːs] *n* : reloj *m*

**timer** [ˈtaɪmər] *n* : temporizador *m*, cronómetro *m*

**times** [ˈtaɪmz] *prep* : por 〈3 times 4 is 12 : 3 por 4 son 12〉

**timeshare** [ˈtaɪmˌʃɛr] *n* : multipropiedad *f*, tiempo *m* compartido

**time slot** → **slot**

**timetable** [ˈtaɪmˌteɪbəl] *n* : horario *m*

**time zone** *n* : huso *m* horario

**timid** [ˈtɪmɪd] *adj* : tímido — **timidly** *adv*

**timidity** [təˈmɪdəṭi] *n* : timidez *f*

**timorous** [ˈtɪmərəs] *adj* : timorato, miedoso

**timpani** [ˈtɪmpəni] *npl* : timbales *mpl*

**tin** [ˈtɪn] *n* **1** : estaño *m* (elemento), hojalata *f* (metal) **2** CAN, BOX : lata *f*, bote *m*, envase *m*

**tincture** [ˈtɪŋktʃər] *n* : tintura *f*

**tinder** [ˈtɪndər] *n* : yesca *f*

**tine** [ˈtaɪn] *n* : diente *m* (de un tenedor, etc.)

**tinfoil** [ˈtɪnˌfɔɪl] *n* : papel *m* (de) aluminio

**tinge¹** [ˈtɪnʤ] *vt* **tinged; tingeing** *or* **tinging** [ˈtɪnʤɪŋ] TINT : matizar, teñir ligeramente

**tinge²** *n* **1** TINT : matiz *m*, tinte *m* sutil **2** TOUCH : dejo *m*, sensación *f* ligera

**tingle¹** [ˈtɪŋgəl] *vi* **-gled; -gling** : sentir (un) hormigueo, sentir (un) cosquilleo

**tingle²** *n* : hormigueo *m*, cosquilleo *m*

**tinker** [ˈtɪŋkər] *vi* **to tinker with** : arreglar con pequeños ajustes, toquetear (con intento de arreglar)

**tinkle¹** [ˈtɪŋkəl] *vi* **-kled; -kling** : tintinear

**tinkle²** *n* : tintineo *m*

**tinplate** [ˈtɪnˌpleɪt] *n* : hojalata *f*

**tinsel** [ˈtɪnsəl] *n* : oropel *m*

**tint¹** [ˈtɪnt] *vt* : teñir, colorear

**tint²** *n* : tinte *m*

**tiny** [ˈtaɪnɪ] *adj* **tinier; -est** : diminuto, minúsculo

**tip¹** [ˈtɪp] *v* **tipped; tipping** *vt* **1** *or* **to tip over** : volcar, voltear, hacer caer **2** TILT : ladear, inclinar 〈to tip one's hat : saludar con el sombrero〉 **3** TAP : tocar, golpear ligeramente **4** : darle una propina (a un mesero, etc.) 〈I tipped him $5 : le di $5 de propina〉 **5** : adornar o cubrir la punta de 〈wings tipped in red : alas que tienen las puntas rojas〉 **6 to tip off** : avisar a, dar información a (la policía, etc.) — *vi* **1** TILT : ladearse, inclinarse **2 to tip over** : volcarse, caerse

**tip²** *n* **1** END, POINT : punta *f*, extremo *m* 〈on the tip of one's tongue : en la punta de la lengua〉 **2** GRATUITY : propina *f* **3** ADVICE, INFORMATION : consejo *m*, información *f* (confidencial)

**tip–off** [ˈtɪpˌɔf] *n* **1** SIGN : indicación *f*, señal *f* **2** TIP : información *f* (confidencial)

**tipple** [ˈtɪpəl] *vi* **-pled; -pling** : tomarse unas copas

**tipsy** [ˈtɪpsi] *adj* **tipsier; -est** : achispado
**tiptoe¹** [ˈtɪpˌto:] *vi* **-toed; -toeing** : caminar de puntillas
**tiptoe²** *adv* : de puntillas
**tiptoe³** *n* : punta *f* del pie
**tip–top¹** [ˈtɪpˈtɑp, -ˌtɒp] *adj* EXCELLENT : excelente
**tip–top²** *n* SUMMIT : cumbre *f*, cima *f*
**tirade** [ˈtaɪˌreɪd] *n* : diatriba *f*
**tire¹** [ˈtaɪr] *v* **tired; tiring** *vt* : cansar — *vi* : cansarse
**tire²** *n* : llanta *f*, neumático *m*, goma *f*
**tired** [ˈtaɪrd] *adj* : cansado ⟨to get tired : cansarse⟩
**tiredness** *n* : cansancio *m*
**tireless** [ˈtaɪrləs] *adj* : incansable, infatigable — **tirelessly** *adv*
**tiresome** [ˈtaɪrsəm] *adj* : fastidioso, pesado, tedioso — **tiresomely** *adv*
**tissue** [ˈtɪˌʃu:] *n* **1** : pañuelo *m* de papel **2** : tejido *m* ⟨lung tissue : tejido pulmonar⟩
**tissue paper** *n* : papel *m* de seda
**titanic** [taɪˈtænɪk, tə-] *adj* GIGANTIC : titánico, gigantesco
**titanium** [taɪˈteɪnɪəm, tə-] *n* : titanio *m*
**titillate** [ˈtɪtəlˌeɪt] *vt* **-lated; -lating** : excitar, estimular placenteramente
**title¹** [ˈtaɪtəl] *vt* **-tled; -tling** : titular, intitular
**title²** *n* : título *m*
**titter¹** [ˈtɪtər] *vi* GIGGLE : reírse tontamente
**titter²** *n* : risita *f*, risa *f* tonta
**titular** [ˈtɪtʃələr] *adj* : titular
**tizzy** [ˈtɪzi] *n, pl* **tizzies** : estado *m* agitado o nervioso ⟨I'm all in a tizzy : estoy todo alterado⟩
**TNT** [ˌti:ˌɛnˈti:] *n* : TNT *m*
**to¹** [ˈtu:] *adv* **1** : a un estado consciente ⟨to come to : volver en sí⟩ **2 to and fro** : de aquí para allá, de un lado para otro
**to²** *prep* **1** (*indicating a place or activity*) : a ⟨to go to the doctor : ir al médico⟩ ⟨I'm going to John's : voy a casa de John⟩ ⟨we went to lunch : fuimos a almorzar⟩ **2** TOWARD : a, hacia ⟨two miles to the south : dos millas hacia el sur⟩ ⟨to the right : a la derecha⟩ ⟨she ran to her mother : corrió a su mamá⟩ **3** UP TO : hasta, a ⟨to a degree : hasta cierto grado⟩ ⟨from head to toe : de pies a cabeza⟩ ⟨the water was up to my waist : el agua me llegaba a la cintura⟩ **4** (*in expressions of time*) ⟨it's quarter to seven : son las siete menos cuarto⟩ **5** UNTIL : a, hasta ⟨from May to December : de mayo a diciembre⟩ **6** (*indicating belonging or association*) : de, con ⟨the key to the lock : la llave del candado⟩ ⟨he's married to my sister : está casado con mi hermana⟩ **7** (*indicating recipient*) : a ⟨I gave it to the boss : se lo di a la jefa⟩ ⟨she spoke to his parents : habló con sus padres⟩ ⟨listen to me : escúchame⟩ **8** (*indicating response or result*) : a ⟨dancing to the rhythm : bailando al compás⟩ ⟨to my surprise : para mi sorpresa⟩ ⟨the answer to your question : la respuesta a su pregunta⟩ ⟨to my surprise : para mi sorpresa⟩ **9** (*indicating comparison or proportion*) : a ⟨it's similar to mine : es parecido al mío⟩ ⟨they won 4 to 2 : ganaron 4 a 2⟩ **10** (*indicating agreement or conformity*) : a, de acuerdo con ⟨made to order : hecho a la orden⟩ ⟨to my knowledge : a mi saber⟩ **11** (*indicating opinion or viewpoint*) : a, para ⟨it's agreeable to all of us : nos parece bien a todos⟩ ⟨it seemed odd to us : nos pareció raro⟩ ⟨it's news to me : no lo sabía⟩ ⟨it means nothing to him : para él no significa nada⟩ **12** (*indicating inclusion*) : en cada, por ⟨twenty to the box : veinte por caja⟩ **13** (*indicating joining or touching*) : a ⟨he tied it to a tree : lo ató a un árbol⟩ ⟨apply salve to the wound : póngale ungüento a la herida⟩ **14** (*used to form the infinitive*) ⟨to understand : entender⟩ ⟨to go away : irse⟩ ⟨I didn't mean to (do it) : lo hice sin querer⟩ **15 (all) to oneself** : para sí sólo
**toad** [ˈto:d] *n* : sapo *m*
**toadstool** [ˈto:dˌstu:l] *n* : hongo *m* (no comestible)
**toady** [ˈto:di] *n, pl* **toadies** : adulador *m*, -dora *f*
**toast¹** [ˈto:st] *vt* **1** : tostar (pan) **2** : brindar por ⟨to toast the victors : brindar por los vencedores⟩ **3** WARM : calentar ⟨to toast oneself : calentarse⟩
**toast²** *n* **1** : pan *m* tostado, tostadas *fpl* **2** : brindis *m* ⟨to propose a toast : proponer un brindis⟩
**toaster** [ˈto:stər] *n* : tostador *m*
**tobacco** [tə̇ˈbæko:] *n, pl* **-cos** : tabaco *m*
**toboggan¹** [tə̇ˈbɑgən] *vi* : deslizarse en tobogán
**toboggan²** *n* : tobogán *m*
**today¹** [tə̇ˈdeɪ] *adv* **1** : hoy ⟨she arrives today : hoy llega⟩ **2** NOWADAYS : hoy en día
**today²** *n* : hoy *m* ⟨today is a holiday : hoy es día de fiesta⟩
**toddle** [ˈtɑdəl] *vi* **-dled; -dling** : hacer pininos, hacer pinitos
**toddler** [ˈtɑdələr] *n* : niño *m* pequeño, niña *f* pequeña (que comienza a caminar)
**to–do** [tə̇ˈdu:] *n, pl* **to–dos** [-ˈdu:z] FUSS : lío *m*, alboroto *m*
**toe¹** [ˈto:] *vt* **toed; toeing to toe the line** : acatar la disciplina
**toe²** *n* : dedo *m* del pie
**TOEFL** [ˈto:fəl] *trademark* se usa para un examen que evalúa el dominio del inglés de personas que estudian este idioma como lengua extranjera
**toenail** [ˈto:ˌneɪl] *n* : uña *f* del pie
**toffee** *or* **toffy** [ˈtɔfi, ˈtɑ-] *n, pl* **toffees** *or* **toffies** : caramelo *m* elaborado con azúcar y mantequilla
**toga** [ˈto:gə] *n* : toga *f*
**together** [tə̇ˈgɛðər] *adv* **1** : juntamente, juntos (el uno con el otro) ⟨Susan and Sarah work together : Susan y Sarah trabajan juntas⟩ **2 ~ with** : junto con
**togetherness** [tə̇ˈgɛðərnəs] *n* : unión *f*, compañerismo *m*
**togs** [ˈtɑgz, ˈtɔgz] *npl* : ropa *f*

**toil**[1] [ˈtɔɪl] *vi* : trabajar arduamente
**toil**[2] *n* : trabajo *m* arduo
**toilet** [ˈtɔɪlət] *n* **1** : arreglo *m* personal **2** BATHROOM : (cuarto de) baño *m*, servicios *mpl* (públicos), sanitario *m Col, Mex, Ven* **3** : inodoro *m* ⟨to flush the toilet : jalar la cadena⟩
**toilet paper** *n* : papel *m* higiénico
**toiletries** [ˈtɔɪlətriz] *npl* : artículos *mpl* de tocador
**token**[1] [ˈtoːkən] *adj* : simbólico
**token**[2] *n* **1** PROOF, SIGN : prueba *f*, muestra *f*, señal *m* **2** SYMBOL : símbolo *m* **3** SOUVENIR : recuerdo *m* **4** : ficha *f* (para transporte público, etc.) **5 by the same token** : del mismo modo
**told** → **tell**
**tolerable** [ˈtɑlərəbəl] *adj* : tolerable — **tolerably** [-bli] *adv*
**tolerance** [ˈtɑlərənts] *n* : tolerancia *f*
**tolerant** [ˈtɑlərənt] *adj* : tolerante — **tolerantly** *adv*
**tolerate** [ˈtɑləˌreɪt] *vt* **-ated; -ating** **1** ACCEPT : tolerar, aceptar **2** BEAR, ENDURE : tolerar, aguantar, soportar
**toleration** [ˌtɑləˈreɪʃən] *n* : tolerancia *f*
**toll**[1] [ˈtoːl] *vt* : tañer, sonar (una campana) — *vi* : sonar, doblar (dícese de las campanas)
**toll**[2] *n* **1** : peaje *m* (de una carretera, un puente, etc.) **2** CASUALTIES : pérdida *f*, número *m* de víctimas **3** TOLLING : tañido *m* (de campanas)
**tollbooth** [ˈtoːlˌbuːθ] *n* : caseta *f* de peaje; caseta *f* de cobro *CA, Mex*
**toll–free** [ˈtoːlˈfriː] *adj* : gratuito
**tollgate** [ˈtoːlˌɡeɪt] *n* : barrera *f* de peaje
**tomahawk** [ˈtɑməˌhɔk] *n* : hacha *f* de guerra (de los indígenas norteamericanos)
**tomato** [təˈmeɪto, -ˈmɑ-] *n, pl* **-toes** : tomate *m*
**tomb** [ˈtuːm] *n* : sepulcro *m*, tumba *f*
**tomboy** [ˈtɑmˌbɔɪ] *n* : marimacho *mf*; niña *f* que se porta como muchacho
**tombstone** [ˈtuːmˌstoːn] *n* : lápida *f*
**tomcat** [ˈtɑmˌkæt] *n* : gato *m* (macho)
**tome** [ˈtoːm] *n* : tomo *m*
**tomorrow**[1] [təˈmɑro] *adv* : mañana
**tomorrow**[2] *n* : mañana *m*
**tom–tom** [ˈtɑmˌtɑm] *n* : tam-tam *m*
**ton** [ˈtən] *n* : tonelada *f*
**tone**[1] [ˈtoːn] *vt* **toned; toning** **1** *or* **to tone down** : atenuar, suavizar, moderar **2** *or* **to tone up** STRENGTHEN : tonificar, vigorizar
**tone**[2] *n* : tono *m* ⟨in a friendly tone : en tono amistoso⟩ ⟨a grayish tone : un tono grisáceo⟩
**tongs** [ˈtɑŋz, ˈtɔŋz] *npl* : tenazas *fpl*
**tongue** [ˈtʌŋ] *n* **1** : lengua *f* **2** LANGUAGE : lengua *f*, idioma *m*
**tongue–tied** [ˈtʌŋˌtaɪd] *adj* **to get tongue–tied** : trabársele la lengua a uno
**tongue–twister** [ˈtʌŋˌtwɪstər] *n* : trabalenguas *m*
**tonic**[1] [ˈtɑnɪk] *adj* : tónico
**tonic**[2] *n* **1** : tónico *m* **2** *or* **tonic water** : tónica *f*
**tonight**[1] [təˈnaɪt] *adv* : esta noche
**tonight**[2] *n* : esta noche *f*
**tonnage** [ˈtʌnɪdʒ] *n* : tonelaje *m*
**tonsil** [ˈtɑntsəl] *n* : amígdala *f*, angina *f Mex*
**tonsillitis** [ˌtɑntsəˈlaɪtəs] *n* : amigdalitis *f*, anginas *fpl Mex*
**too** [ˈtuː] *adv* **1** ALSO : también **2** EXCESSIVELY : demasiado ⟨it's too hot in here : aquí hace demasiado calor⟩
**took** → **take**[1]
**tool**[1] [ˈtuːl] *vt* **1** : fabricar, confeccionar (con herramientas) **2** EQUIP : instalar maquinaria en (una fábrica)
**tool**[2] *n* : herramienta *f*
**toolbar** [ˈtuːlˌbɑr] *n* : barra *f* de herramientas
**toolbox** [ˈtuːlˌbɑks] *n* : caja *f* de herramientas
**tool kit** *n* : juego *m* de herramientas
**toot**[1] [ˈtuːt] *vt* : sonar (un claxon o un pito)
**toot**[2] *n* : pitido *m*, bocinazo *m* (de un claxon)
**tooth** [ˈtuːθ] *n, pl* **teeth** [ˈtiːθ] **1** : diente *m* **2 like pulling teeth** : casi imposible **3 long in the tooth** : viejo **4 to grit one's teeth** : apretar los dientes, aguantarse **5 to have a sweet tooth** : ser goloso, gustarle mucho los dulces a uno **6 to lie through one's teeth** : mentir descaradamente **7 tooth and nail** : a ultranza, a capa y espada **8 to set someone's teeth on edge** : crispar/erizar a alguien **9 to sink one's teeth into** : clavar los dientes en **10 to sink/get one's teeth into** : hincarle el diente a (una actividad, etc.)
**toothache** [ˈtuːθˌeɪk] *n* : dolor *m* de muelas
**toothbrush** [ˈtuːθˌbrʌʃ] *n* : cepillo *m* de dientes
**toothed** [ˈtuːθt] *adj* **1** : dentado **2** (*used in combination*) : de dientes ⟨buck-toothed : de dientes salientes⟩
**toothless** [ˈtuːθləs] *adj* : desdentado
**toothpaste** [ˈtuːθˌpeɪst] *n* : pasta *f* de dientes, crema *f* dental, dentífrico *m*
**toothpick** [ˈtuːθˌpɪk] *n* : palillo *m* (de dientes), mondadientes *m*
**top**[1] [ˈtɑp] *vt* **topped; topping** **1** COVER : cubrir, coronar **2** SURPASS : sobrepasar, superar **3** CLEAR : pasar por encima de **4** : encabezar (una lista, etc.) ⟨to top the charts : ser el número uno en las listas de éxitos⟩ **5 to top off** END : terminar ⟨to top it all off : para colmo⟩ **6 to top off** : llenar hasta arriba (un depósito, un vaso, etc.)
**top**[2] *adj* : superior ⟨the top shelf : la repisa superior⟩ ⟨one of the top lawyers : uno de los mejores abogados⟩
**top**[3] *n* **1** : parte *f* superior, cumbre *f*, cima *f* (de un monte, etc.) ⟨to climb to the top : subir a la cumbre⟩ ⟨from top to bottom : de arriba abajo⟩ **2** COVER : tapa *f*, cubierta *f* **3** : trompo *m* (juguete) **4 at the top of one's lungs/voice** : a voz en grito/cuello, a grito pelado **5 on top of** : encima de **6 on top of** BESIDES : además de **7 on top of the world** : muy alegre **8 over the top** : exagerado **9 to be on top of** CONTROL

: controlar, tener controlado **10 to be/stay on top of** : estar/mantenerse al día en (las noticias, etc.) **11 to come out on top** : salir ganando

**topaz** [ˈtoːˌpæz] *n* : topacio *m*

**topcoat** [ˈtɑpˌkoːt] *n* : sobretodo *m*, abrigo *m*

**top hat** *n* : sombrero *m* de copa

**topic** [ˈtɑpɪk] *n* : tema *m*, tópico *m*

**topical** [ˈtɑpɪkəl] *adj* : de interés actual

**topless** [ˈtɑpləs] *adj* : sin camisa

**topmost** [ˈtɑpˌmoːst] *adj* : más alto

**top–notch** [ˈtɑpˈnɑtʃ] *adj* : de lo mejor, de primera categoría

**topographic** [ˌtɑpəˈgræfɪk] *or* **topographical** [-fɪkəl] *adj* : topográfico

**topography** [təˈpɑgrəfi] *n, pl* **-phies** : topografía *f*

**topple** [ˈtɑpəl] *v* **-pled; -pling** *vi* : caerse, venirse abajo — *vt* : volcar, derrocar (un gobierno, etc.)

**top secret** *adj* : ultrasecreto

**topsoil** [ˈtɑpˌsɔɪl] *n* : capa *f* superior del suelo

**topsy–turvy** [ˌtɑpsiˈtərvi] *adv & adj* : patas arriba, al revés

**torch** [ˈtɔrtʃ] *n* : antorcha *f*

**tore** → **tear**[1]

**torment**[1] [tɔrˈmɛnt, ˈtɔrˌ-] *vt* : atormentar, torturar, martirizar

**torment**[2] [ˈtɔrˌmɛnt] *n* : tormento *m*, suplicio *m*, martirio *m*

**tormentor** [tɔrˈmɛntər] *n* : atormentador *m*, -dora *f*

**torn** *pp* → **tear**[1]

**tornado** [tɔrˈneɪdo] *n, pl* **-does** *or* **-dos** : tornado *m*

**torpedo**[1] [tɔrˈpiːdo] *vt* : torpedear

**torpedo**[2] *n, pl* **-does** : torpedo *m*

**torpid** [ˈtɔrpɪd] *adj* **1** SLUGGISH : aletargado **2** APATHETIC : apático

**torpor** [ˈtɔrpər] *n* : letargo *m*, apatía *f*

**torrent** [ˈtɔrənt] *n* : torrente *m*

**torrential** [tɔˈrɛnt͡ʃəl, tə-] *adj* : torrencial

**torrid** [ˈtɔrɪd] *adj* : tórrido

**torso** [ˈtɔrˌsoː] *n, pl* **-sos** *or* **-si** [-ˌsiː] : torso *m*

**tortilla** [tɔrˈtiːjə] *n* : tortilla *f* (de maíz)

**tortoise** [ˈtɔrt͡səs] *n* : tortuga *f* (terrestre)

**tortoiseshell** [ˈtɔrt͡səsˌʃɛl] *n* : carey *m*, concha *f*

**tortuous** [ˈtɔrt͡ʃʊəs] *adj* : tortuoso

**torture**[1] [ˈtɔrt͡ʃər] *vt* **-tured; -turing** : torturar, atormentar

**torture**[2] *n* : tortura *f*, tormento *m* ⟨it was sheer torture! : ¡fue un verdadero suplicio!⟩

**torturer** [ˈtɔrt͡ʃərər] *n* : torturador *m*, -dora *f*

**toss**[1] [ˈtɔs, ˈtɑs] *vt* **1** AGITATE, SHAKE : sacudir, agitar ⟨to toss a salad : mezclar una ensalada⟩ **2** THROW : tirar, echar, lanzar ⟨to toss a coin : echarlo a cara o cruz⟩ **3 to toss away/out** DISCARD : botar, tirar (a la basura) **4 to toss back** *fam* : tomarse **5 to toss off** : escribir (rápidamente) **6 to toss out** REJECT : rechazar **7 to toss out** EJECT : echar — *vi* : sacudirse ⟨to toss and turn : dar vueltas⟩

**toss**[2] *n* THROW : lanzamiento *m*, tiro *m*, tirada *f*, lance *m* (de dados, etc.)

**toss–up** [ˈtɔsˌʌp] *n* : posibilidad *f* igual ⟨it's a toss-up : quizá sí, quizá no⟩

**tot** [ˈtɑt] *n* : pequeño *m*, -ña *f*

**total**[1] [ˈtoːtəl] *vt* **-taled** *or* **-talled; -taling** *or* **-talling** **1** *or* **to total up** ADD : sumar, totalizar **2** AMOUNT TO : ascender a, llegar a **3** *fam* WRECK : destrozar (un automóvil)

**total**[2] *adj* : total, completo, absoluto — **totally** *adv*

**total**[3] *n* : total *m*

**totalitarian** [toːˌtæləˈtɛriən] *adj* : totalitario

**totalitarianism** [toːˌtæləˈtɛriəˌnɪzəm] *n* : totalitarismo *m*

**totality** [toːˈtæləti] *n, pl* **-ties** : totalidad *f*

**tote** [ˈtoːt] *vt* **toted; toting** : cargar, llevar

**totem** [ˈtoːtəm] *n* : tótem *m*

**totter** [ˈtɑtər] *vi* : tambalearse

**touch**[1] [ˈtʌtʃ] *vt* **1** FEEL, HANDLE : tocar, tentar **2** AFFECT, MOVE : conmover, afectar, tocar ⟨his gesture touched our hearts : su gesto nos tocó el corazón⟩ **3 to touch up** : retocar — *vi* **1** : tocar ⟨do not touch : no tocar⟩ **2** : tocarse ⟨our hands touched : nuestras manos se tocaron⟩ **3 to touch down** : aterrizar **4 to touch on** : tocar (un tema)

**touch**[2] *n* **1** : tacto *m* (sentido) **2** DETAIL : toque *m*, detalle *m* ⟨a touch of color/humor : un toque de color/humor⟩ ⟨the finishing touches : los toques finales⟩ **3** BIT : pizca *f*, gota *f*, poco *m* **4** ABILITY : habilidad *f* ⟨to lose one's touch : perder la habilidad⟩ **5** CONTACT : contacto *m*, comunicación *f* ⟨to keep/stay in touch : mantenerse en contacto⟩ ⟨to lose touch : perder el contacto⟩ **6 out of touch** : desconectado (de la realidad, etc.)

**touch–and–go** *adj* : poco seguro, poco cierto ⟨it was touch-and-go for a while : no sabíamos qué pasaría⟩

**touchdown** [ˈtʌtʃˌdaʊn] *n* : touchdown *m* (en futbol americano)

**touching** [ˈtʌtʃɪŋ] *adj* MOVING : conmovedor

**touchline** [ˈtʌtʃˌlaɪn] *n* : banda *f*, línea *f* de banda (en fútbol)

**touchscreen** [ˈtʌtʃˈskriːn] *n* : pantalla *f* táctil

**touchstone** [ˈtʌtʃˌstoːn] *n* : piedra *f* de toque

**touch–up** [ˈtʌtʃˌʌp] *n* : retoque *m*

**touchy** [ˈtʌtʃi] *adj* **touchier; -est** **1** : sensible, susceptible (dícese de una persona) **2** : delicado ⟨a touchy subject : un tema delicado⟩

**tough**[1] [ˈtʌf] *adj* **1** STRONG : fuerte, resistente (dícese de materiales) **2** LEATHERY : correoso ⟨a tough steak : un bistec duro⟩ **3** HARDY : fuerte, robusto (dícese de una persona) **4** STRICT : severo, exigente **5** DIFFICULT : difícil **6** STUBBORN : terco, obstinado

**tough**[2] *n* : matón *m*, persona *f* ruda y brusca

**toughen** [ˈtʌfən] *vt* : fortalecer, endurecer — *vi* : endurecerse, hacerse más fuerte

**toughness** [ˈtʌfnəs] *n* : dureza *f*
**toupee** [tuːˈpeɪ] *n* : peluquín *m*, bisoñé *m*
**tour**[1] [ˈtʊr] *vi* : tomar una excursión, viajar — *vt* : recorrer, hacer una gira por
**tour**[2] *n* **1** : gira *f*, tour *m*, excursión *f* **2 tour of duty** : período *m* de servicio
**tourism** [ˈtʊrˌɪzəm] *n* : turismo *m*
**tourist** [ˈtʊrɪst, ˈtɔr-] *n* : turista *mf*
**tournament** [ˈtərnəmənt, ˈtʊr-] *n* : torneo *m*
**tourniquet** [ˈtərnɪkət, ˈtʊr-] *n* : torniquete *m*
**tousle** [ˈtaʊzəl] *vt* **-sled; -sling** : desarreglar, despeinar (el cabello)
**tout** [ˈtaʊt] *vt* : promocionar, elogiar (con exageración)
**tow**[1] [ˈtoː] *vt* : remolcar
**tow**[2] *n* : remolque *m*
**toward** [ˈtord, təˈwɔrd] *or* **towards** [ˈtordz, təˈwɔrdz] *prep* **1** (*indicating direction*) : hacia, rumbo a ⟨heading toward town : dirigiéndose rumbo al pueblo⟩ ⟨efforts towards peace : esfuerzos hacia la paz⟩ **2** (*indicating time*) : alrededor de ⟨toward midnight : alrededor de la medianoche⟩ **3** REGARDING : hacia, con respecto a ⟨his attitude toward life : su actitud hacia la vida⟩ **4** FOR : para, como pago parcial de (una compra o deuda)
**towel** [ˈtaʊəl] *n* **1** : toalla *f* **2 to throw in the towel** : tirar la toalla
**tower**[1] [ˈtaʊər] *vi* **to tower over** : descollar sobre, elevarse sobre, dominar
**tower**[2] *n* : torre *f*
**towering** [ˈtaʊərɪŋ] *adj* : altísimo, imponente
**town** [ˈtaʊn] *n* : pueblo *m*, ciudad *f* (pequeña)
**town hall** *n* : ayuntamiento *m*
**township** [ˈtaʊnˌʃɪp] *n* : municipio *m*
**tow truck** [ˈtoːˌtrʌk] *n* : grúa *f*
**toxic** [ˈtɑksɪk] *adj* : tóxico
**toxicity** [tɑkˈsɪsəṭi] *n, pl* **-ties** : toxicidad *f*
**toxin** [ˈtɑksɪn] *n* : toxina *f*
**toy**[1] [ˈtɔɪ] *vi* : juguetear, jugar
**toy**[2] *adj* : de juguete ⟨a toy rifle : un rifle de juguete⟩
**toy**[3] *n* : juguete *m*
**trace**[1] [ˈtreɪs] *vt* **traced; tracing** **1** : calcar (un dibujo, etc.) **2** OUTLINE : delinear, trazar (planes, etc.) **3** TRACK : describir (un curso, una historia) **4** FIND : localizar, ubicar
**trace**[2] *n* **1** SIGN, TRACK : huella *f*, rastro *m*, indicio *m*, vestigio *m* ⟨he disappeared without a trace : desapareció sin dejar rastro⟩ **2** BIT, HINT : pizca *f*, ápice *m*, dejo *m*
**trachea** [ˈtreɪkiə] *n, pl* **-cheae** [-kiˌiː] : tráquea *f*
**tracing paper** *n* : papel *m* de calcar
**track**[1] [ˈtræk] *vt* **1** TRAIL : seguir la pista de, rastrear **2** : dejar huellas de ⟨he tracked mud all over : dejó huellas de lodo por todas partes⟩ **3 to track down** : localizar
**track**[2] *n* **1** : rastro *m*, huella *f* (de animales), pista *f* (de personas) **2** PATH : pista *f*, sendero *m*, camino *m* **3** *or* **railroad track** : vía *f* (férrea) **4** → **racetrack** **5** : oruga *f* (de un tanque, etc.) **6** : atletismo *m* (deporte) **7 the wrong side of the tracks** : los barrios bajos **8 to be on the right/wrong track** : ir bien/mal encaminado, ir por buen/mal camino **9 to be on track** : ir bien encaminado **10 to cover one's tracks** : no dejar rastros **11 to get back on track** : volver a encarrilarse **12 to get/go off track** : desviarse del tema/plan (etc.) **13 to keep track of** : llevar la cuenta de **14 to lose track of** : perder la cuenta de ⟨I lost track of the time : no me di cuenta de la hora⟩ **15 to throw someone off the track** : despistar a alguien
**track–and–field** [ˈtrækənd͡ˈfiːld] *adj* : de pista y campo
**tracksuit** [ˈtræksˌsuːt] *n* : sudadera *f*; buzo *m Chile, Peru*; jogging *m Arg*; pants *m Mex*; chándal *m Spain* (traje)
**tract** [ˈtrækt] *n* **1** AREA : terreno *m*, extensión *f*, área *f* **2** : tracto *m* ⟨digestive tract : tracto digestivo⟩ **3** PAMPHLET : panfleto *m*, folleto *m*
**traction** [ˈtrækʃən] *n* : tracción *f*
**tractor** [ˈtræktər] *n* **1** : tractor *m* (vehículo agrícola) **2** TRUCK : camión *m* (con remolque)
**trade**[1] [ˈtreɪd] *v* **traded; trading** *vi* **1** : comerciar, negociar **2** EXCHANGE : hacer un cambio **3 to trade on** : explotar — *vt* **1** EXCHANGE : cambiar, intercambiar, canjear ⟨we traded seats : nos cambiamos de asiento⟩ ⟨I'll trade (you) a cookie for a chocolate : te cambio una galleta por un chocolate⟩ **2 to trade in** : entregar en/como parte de pago
**trade**[2] *n* **1** OCCUPATION : oficio *m*, profesión *f*, ocupación *f* ⟨a carpenter by trade : carpintero de oficio⟩ **2** COMMERCE : comercio *m*, industria *f* ⟨free trade : libre comercio⟩ ⟨the book trade : la industria del libro⟩ **3** EXCHANGE : intercambio *m*, canje *m*
**trade–in** [ˈtreɪdˌɪn] *n* : artículo *m* que se canjea por otro
**trademark** [ˈtreɪdˌmɑrk] *n* **1** : marca *f* ⟨registered trademark : marca registrada⟩ **2** : sello *m* característico (de un grupo, una persona, etc.)
**trader** [ˈtreɪdər] *n* : negociante *mf*, tratante *mf*, comerciante *mf*
**tradesman** [ˈtreɪdzmən] *n, pl* **-men** [-mən, -ˌmɛn] **1** CRAFTSMAN : artesano *m*, -na *f* **2** SHOPKEEPER : tendero *m*, -ra *f*; comerciante *mf*
**tradition** [trəˈdɪʃən] *n* : tradición *f*
**traditional** [trəˈdɪʃənəl] *adj* : tradicional — **traditionally** *adv*
**traffic**[1] [ˈtræfɪk] *vi* **trafficked; trafficking** : traficar (con)
**traffic**[2] *n* **1** COMMERCE : tráfico *m*, comercio *m* ⟨the drug traffic : el narcotráfico⟩ **2** : tráfico *m*, tránsito *m*, circulación *f* (de vehículos, etc.)
**traffic circle** *n* : rotonda *f*, glorieta *f*
**traffic jam** → **jam**[2]
**trafficker** [ˈtræfɪkər] *n* : traficante *mf*

**traffic light** *n* : semáforo *m*, luz *f* (de tránsito)
**tragedy** [ˈtrædʒədi] *n, pl* **-dies** : tragedia *f*
**tragic** [ˈtrædʒɪk] *adj* : trágico — **tragically** *adv*
**trail**[1] [ˈtreɪl] *vi* **1** DRAG : arrastrarse **2** LAG : quedarse atrás, retrasarse **3 to trail away** *or* **to trail off** : disminuir, menguar, desvanecerse — *vt* **1** DRAG : arrastrar **2** PURSUE : perseguir, seguir la pista de
**trail**[2] *n* **1** TRACK : rastro *m*, huella *f*, pista *f* ⟨a trail of blood : un rastro de sangre⟩ **2** : cola *f*, estela *f* (de un meteoro) **3** PATH : sendero *m*, camino *m*, vereda *f*
**trailer** [ˈtreɪlər] *n* **1** : remolque *m*, tráiler *m* (de un camión) **2** : caravana *f* (vivienda ambulante)
**train**[1] [ˈtreɪn] *vt* **1** : adiestrar, entrenar (atletas), capacitar (trabajadores), amaestrar (animales) **2** POINT : apuntar (un arma, etc.) — *vi* : entrenar(se) (físicamente), prepararse (profesionalmente) ⟨she's training at the gym : se está entrenando en el gimnasio⟩
**train**[2] *n* **1** : cola *f* (de un vestido) **2** RETINUE : cortejo *m*, séquito *m* **3** SERIES : serie *f* (de eventos) **4** : tren *m* ⟨passenger train : tren de pasajeros⟩ **5** : tren *m* (mecanismo) ⟨drive train : tren motriz⟩ **6 train of thought** : hilo *m* de razonamiento
**trainee** [treɪˈniː] *n* : aprendiz *m*, -diza *f*
**trainer** [ˈtreɪnər] *n* : entrenador *m*, -dora *f*
**training** [ˈtreɪnɪŋ] *n* : adiestramiento *m*, entrenamiento *m* (físico), capacitación *f* (de trabajadores)
**traipse** [ˈtreɪps] *vi* **traipsed; traipsing** : andar de un lado para otro, vagar
**trait** [ˈtreɪt] *n* : rasgo *m*, característica *f*
**traitor** [ˈtreɪtər] *n* : traidor *m*, -dora *f*
**traitorous** [ˈtreɪtərəs] *adj* : traidor
**trajectory** [trəˈdʒɛktəri] *n, pl* **-ries** : trayectoria *f*
**tramp**[1] [ˈtræmp] *vi* : caminar (a paso pesado) — *vt* : deambular por, vagar por ⟨to tramp the streets : vagar por las calles⟩
**tramp**[2] *n* **1** VAGRANT : vagabundo *m*, -da *f* **2** HIKE : caminata *f*
**trample** [ˈtræmpəl] *vt* **-pled; -pling** : pisotear, hollar
**trampoline** [ˌtræmpəˈliːn, ˈtræmpəˌ-] *n* : trampolín *m*, cama *f* elástica
**trance** [ˈtrænts] *n* : trance *m*
**tranquil** [ˈtræŋkwəl] *adj* : calmo, tranquilo, sereno — **tranquilly** *adv*
**tranquilize** [ˈtræŋkwəˌlaɪz] *vt* **-ized; -izing** : tranquilizar
**tranquilizer** [ˈtræŋkwəˌlaɪzər] *n* : tranquilizante *m*
**tranquillity** *or* **tranquility** [trænˈkwɪləti] *n* : sosiego *m*, tranquilidad *f*
**trans** [ˈtrænts, ˈtrænz] *adj* **1** TRANSGENDER : trans, transgénero **2** TRANSSEXUAL : trans, transexual
**transact** [trænˈzækt] *vt* : negociar, gestionar, hacer (negocios)
**transaction** [trænˈzækʃən] *n* **1** : transacción *f*, negocio *m*, operación *f* **2 transactions** *npl* RECORDS : actas *fpl*
**transatlantic** [ˌtrantsətˈlæntɪk, ˌtrænz-] *adj* : transatlántico
**transcend** [trænˈsɛnd] *vt* : trascender, sobrepasar
**transcendent** [trantˈsɛndənt] *adj* : trascendente — **transcendence** [trantˈsɛndənts] *n*
**transcendental** [ˌtrantsɛnˈdɛntəl, -sən-] *adj* : trascendental ⟨transcendental meditation : meditación trascendental⟩
**transcribe** [trænˈskraɪb] *vt* **-scribed; -scribing** : transcribir
**transcript** [ˈtrænˌskrɪpt] *n* : copia *f* oficial
**transcription** [trænˈskrɪpʃən] *n* : transcripción *f*
**transfer**[1] [trantsˈfər, ˈtrantsˌfər] *v* **-ferred; -ferring** *vt* **1** : trasladar (a una persona), transferir (fondos) **2** : transferir, traspasar, ceder (propiedad) **3** PRINT : imprimir (un diseño) — *vi* **1** MOVE : trasladarse, cambiarse **2** CHANGE : transbordar, cambiar (de un transporte a otro) ⟨he transfers at E Street : hace transbordo en la calle E⟩
**transfer**[2] [ˈtrantsˌfər] *n* **1** TRANSFERRING : transferencia *f* (de fondos, de propiedad, etc.), traslado *m* (de una persona) **2** DECAL : calcomanía *f* **3** : boleto *m* (para cambiar de un avión, etc., a otro)
**transferable** [trantsˈfərəbəl] *adj* : transferible
**transference** [trantsˈfərənts] *n* : transferencia *f*
**transfigure** [trantsˈfɪgjər] *vt* **-ured; -uring** : transfigurar, transformar
**transfix** [trantsˈfɪks] *vt* **1** PIERCE : traspasar, atravesar **2** IMMOBILIZE : paralizar
**transform** [trantsˈfɔrm] *vt* : transformar
**transformation** [ˌtrantsfərˈmeɪʃən] *n* : transformación *f*
**transformer** [trantsˈfɔrmər] *n* : transformador *m*
**transfusion** [trantsˈfjuːʒən] *n* : transfusión *f*
**transgender** [trantsˈdʒɛndər, trænz-] *adj* : transgénero ⟨transgender people : las personas transgénero⟩
**transgress** [trantsˈgrɛs, trænz-] *vt* : transgredir, infringir — **transgression** [trantsˈgrɛʃən, trænz-] *n* — **transgressor** [trantsˈgrɛsər, trænz-] *n*
**transient**[1] [ˈtrantʃənt, ˈtrænsiənt] *adj* : pasajero, transitorio — **transiently** *adv*
**transient**[2] *n* : transeúnte *mf*
**transistor** [trænˈzɪstər, -ˈsɪs-] *n* : transistor *m*
**transit** [ˈtrantsɪt, ˈtrænzɪt] *n* **1** PASSAGE : pasaje *m*, tránsito *m* ⟨in transit : en tránsito⟩ **2** TRANSPORTATION : transporte *m* (público)
**transition** [trænˈsɪʃən, -ˈzɪʃ-] *n* : transición *f*
**transitional** [trænˈsɪʃənəl, -ˈzɪʃ-] *adj* : de transición
**transitive** [ˈtrantsətɪv, ˈtrænzə-] *adj* : transitivo

**transitory** [ˈtrænt͡səˌtori, ˈtrænzə-] *adj* : transitorio
**translatable** [trænt͡sˈleɪt̬əbəl, trænz-] *adj* : traducible
**translate** [trænt͡sˈleɪt, trænz-;, ˈtrænt͡sˌɪ-, ˈtrænzˌɪ-] *vt* **-lated; -lating** : traducir
**translation** [trænt͡sˈleɪʃən, trænz-] *n* : traducción *f*
**translator** [trænt͡sˈleɪt̬ər, trænz-;, ˈtrænt͡sˌɪ-, ˈtrænzˌɪ-] *n* : traductor *m*, -tora *f*
**translucent** [trænt͡sˈluːsənt, trænz-] *adj* : translúcido
**transmissible** [trænt͡sˈmɪsəbəl, trænz-] *adj* : transmisible
**transmission** [trænt͡sˈmɪʃən, trænz-] *n* : transmisión *f*
**transmit** [trænt͡sˈmɪt, trænz-] *vt* **-mitted; -mitting** : transmitir
**transmitter** [trænt͡sˈmɪt̬ər, trænz-;, ˈtrænt͡sˌɪ-, ˈtrænzˌɪ-] *n* : transmisor *m*, emisor *m*
**transom** [ˈtrænt͡səm] *n* : montante *m* (de una puerta), travesaño *m* (de una ventana)
**transparency** [trænt͡sˈpærənt͡si] *n, pl* **-cies** : transparencia *f*
**transparent** [trænt͡sˈpærənt] *adj* **1** : transparente, traslúcido ⟨a transparent fabric : una tela transparente⟩ **2** OBVIOUS : transparente, obvio, claro — **transparently** *adv*
**transpiration** [ˌtrænt͡spəˈreɪʃən] *n* : transpiración *f*
**transpire** [trænt͡sˈpaɪr] *vi* **-spired; -spiring 1** : transpirar (en biología y botánica) **2** TURN OUT : resultar **3** HAPPEN : suceder, ocurrir, tener lugar
**transplant**[1] [trænt͡sˈplænt] *vt* : trasplantar
**transplant**[2] [ˈtrænt͡sˌplænt] *n* : trasplante *m*
**transport**[1] [trænt͡sˈport, ˈtrænt͡sˌɪ-] *vt* **1** CARRY : transportar, acarrear **2** ENRAPTURE : transportar
**transport**[2] [ˈtrænt͡sˌport] *n* **1** TRANSPORTATION : transporte *m*, transportación *f* **2** RAPTURE : éxtasis *m* **3** *or* **transport ship** : buque *m* de transporte (de personal militar)
**transportation** [ˌtrænt͡spərˈteɪʃən] *n* : transporte *m*, transportación *f*
**transpose** [trænt͡sˈpoːz] *vt* **-posed; -posing** : trasponer, trasladar, transportar (una composición musical)
**transsexual** [trænt͡sˈsɛkʃʊəl] *n* : transexual *mf* — **transsexual** *adj*
**transverse** [trænt͡sˈvərs, trænz-] *adj* : transversal, transverso, oblicuo — **transversely** *adv*
**transvestite** [trænt͡sˈvɛstaɪt, trænz-] *n* : travesti *mf*, travestí *mf* — **transvestite** *adj*
**trap**[1] [ˈtræp] *vt* **trapped; trapping** : atrapar, apresar (en una trampa)
**trap**[2] *n* : trampa *f* ⟨to set a trap : tender una trampa⟩
**trapdoor** [ˈtræpˈdor] *n* : trampilla *f*
**trapeze** [trəˈpiːz] *n* : trapecio *m*
**trapezoid** [ˈtræpəˌzɔɪd] *n* : trapezoide *m*, trapecio *m*
**trapper** [ˈtræpər] *n* : trampero *m*, -ra *f*; cazador *m*, -dora *f* (que usa trampas)
**trappings** [ˈtræpɪŋz] *npl* **1** : arreos *mpl*, jaeces *mpl* (de un caballo) **2** ADORNMENTS : adornos *mpl*, pompa *f*
**trash** [ˈtræʃ] *n* : basura *f*
**trash can** → **garbage can**
**trashy** [ˈtræʃi] *adj* : de pacotilla
**trauma** [ˈtrɔmə, ˈtraʊ-] *n* : trauma *m*
**traumatic** [trɔˈmat̬ɪk, trɔ-, traʊ-] *adj* : traumático
**travel**[1] [ˈtrævəl] *vi* **-eled** *or* **-elled; -eling** *or* **-elling 1** JOURNEY : viajar **2** GO, MOVE : desplazarse, moverse, ir ⟨the waves travel at uniform speed : las ondas se desplazan a una velocidad uniforme⟩
**travel**[2] *n or* **travels** *npl* : viajes *mpl*
**travel agency** *n* : agencia *f* de viajes
**travel agent** *n* : agente *mf* de viajes
**traveler** *or* **traveller** [ˈtrævələr] *n* : viajero *m*, -ra *f*
**traveler's check** *or* **traveller's check** *n* : cheque *m* de viajero
**traverse** [trəˈvərs, træˈvərs, ˈtrævərs] *vt* **-versed; -versing** CROSS : atravesar, extenderse a través de, cruzar
**travesty** [ˈtrævəsti] *n, pl* **-ties** : parodia *f*
**trawl**[1] [ˈtrɔl] *vi* : pescar con red de arrastre, rastrear
**trawl**[2] *n or* **trawl net** : red *f* de arrastre
**trawler** [ˈtrɔlər] *n* : barco *m* de pesca (utilizado para rastrear)
**tray** [ˈtreɪ] *n* : bandeja *f*, charola *f* *Bol, Mex, Peru*
**treacherous** [ˈtrɛt͡ʃərəs] *adj* **1** TRAITOROUS : traicionero, traidor **2** DANGEROUS : peligroso
**treacherously** [ˈtrɛt͡ʃərəsli] *adv* : a traición
**treachery** [ˈtrɛt͡ʃəri] *n, pl* **-eries** : traición *f*
**tread**[1] [ˈtrɛd] *v* **trod** [ˈtrɑd]; **trodden** [ˈtrɑdən] *or* **trod; treading** *vt* TRAMPLE : pisotear, hollar — *vi* **1** WALK : caminar, andar **2 to tread on** : pisar
**tread**[2] *n* **1** STEP : paso *m*, andar *m* **2** : banda *f* de rodadura (de un neumático, etc.) **3** : escalón *m* (de una escalera)
**treadle** [ˈtrɛdəl] *n* : pedal *m* (de una máquina)
**treadmill** [ˈtrɛdˌmɪl] *n* **1** : rueda *f* de andar **2** ROUTINE : rutina *f*
**treason** [ˈtriːzən] *n* : traición *f* (a la patria, etc.)
**treasure**[1] [ˈtrɛʒər, ˈtreɪ-] *vt* **-sured; -suring** : apreciar, valorar
**treasure**[2] *n* : tesoro *m*
**treasurer** [ˈtrɛʒərər, ˈtreɪ-] *n* : tesorero *m*, -ra *f*
**treasury** [ˈtrɛʒəri, ˈtreɪ-] *n, pl* **-suries** : tesorería *f*, tesoro *m*
**treat**[1] [ˈtriːt] *vt* **1** DEAL WITH : tratar (un asunto) ⟨the article treats of poverty : el artículo trata de la pobreza⟩ **2** HANDLE : tratar (a una persona), manejar (un objeto) ⟨to treat something as a joke : tomar(se) algo a broma⟩ **3** INVITE : invitar, convidar ⟨he treated me to a meal : me invitó a comer⟩ **4** : tratar, atender (en medicina) **5** PROCESS : tratar ⟨to

treat sewage : tratar las aguas negras〉 — **treatable** [ˈtriːtəbəl] *adj*

**treat**[2] *n* : gusto *m*, placer *m* 〈it was a treat to see you : fue un placer verte〉 〈it's my treat : yo invito〉

**treatise** [ˈtriːtɪs] *n* : tratado *m*, estudio *m*

**treatment** [ˈtriːtmənt] *n* : trato *m*, tratamiento *m* (médico)

**treaty** [ˈtriːti] *n, pl* **-ties** : tratado *m*, convenio *m*

**treble**[1] [ˈtrɛbəl] *vt* **-bled; -bling** : triplicar

**treble**[2] *adj* **1** → **triple 2** : de tiple, soprano (en música) **3 treble clef** : clave *f* de sol

**treble**[3] *n* : tiple *m*, parte *f* de soprano

**tree** [ˈtriː] *n* : árbol *m*

**treeless** [ˈtriːləs] *adj* : carente de árboles

**tree–lined** [ˈtriːˌlaɪnd] *adj* : bordeado de árboles

**tree stump** → **stump**[2]

**trek**[1] [ˈtrɛk] *vi* **trekked; trekking** : hacer un viaje largo y difícil

**trek**[2] *n* : viaje *m* largo y difícil

**trellis** [ˈtrɛlɪs] *n* : enrejado *m*, celosía *f*

**tremble** [ˈtrɛmbəl] *vi* **-bled; -bling** : temblar

**tremendous** [trɪˈmɛndəs] *adj* : tremendo — **tremendously** *adv*

**tremor** [ˈtrɛmər] *n* : temblor *m*

**tremulous** [ˈtrɛmjələs] *adj* : trémulo, tembloroso

**trench** [ˈtrɛntʃ] *n* **1** DITCH : zanja *f* **2** : trinchera *f* (militar)

**trenchant** [ˈtrɛntʃənt] *adj* : cortante, mordaz

**trend**[1] [ˈtrɛnd] *vi* : tender, inclinarse

**trend**[2] *n* **1** TENDENCY : tendencia *f* **2** FASHION : moda *f*

**trendy** [ˈtrɛndi] *adj* **trendier; -est** : de moda

**trepidation** [ˌtrɛpəˈdeɪʃən] *n* : inquietud *f*, ansiedad *f*

**trespass**[1] [ˈtrɛspəs, -ˌpæs] *vi* **1** SIN : pecar, transgredir **2** : entrar ilegalmente (en propiedad ajena)

**trespass**[2] *n* **1** SIN : pecado *m*, transgresión *f* 〈forgive us our trespasses : perdónanos nuestras deudas〉 **2** : entrada *f* ilegal (en propiedad ajena)

**tress** [ˈtrɛs] *n* : mechón *m*

**trestle** [ˈtrɛsəl] *n* **1** : caballete *m* (armazón) **2** *or* **trestle bridge** : puente *m* de caballete

**tri-** [ˈtraɪ] *pref* : tri-

**triad** [ˈtraɪˌæd] *n* : tríada *f*

**trial**[1] [ˈtraɪəl] *adj* : de prueba 〈trial period : período de prueba〉

**trial**[2] *n* **1** : juicio *m*, proceso *m* 〈to stand trial : ser sometido a juicio〉 **2** AFFLICTION : aflicción *f*, tribulación *f* **3** TEST : prueba *f*, ensayo *m* 〈by trial and error : por ensayo y error〉

**triangle** [ˈtraɪˌæŋgəl] *n* : triángulo *m*

**triangular** [traɪˈæŋgjələr] *adj* : triangular

**tribal** [ˈtraɪbəl] *adj* : tribal

**tribe** [ˈtraɪb] *n* : tribu *f*

**tribesman** [ˈtraɪbzmən] *n, pl* **-men** [-mən, -ˌmɛn] : miembro *m* de una tribu

**tribulation** [ˌtrɪbjəˈleɪʃən] *n* : tribulación *f*

**tribunal** [traɪˈbjuːnəl, trɪ-] *n* : tribunal *m*, corte *f*

**tributary** [ˈtrɪbjəˌtɛri] *n, pl* **-taries** : afluente *m*

**tribute** [ˈtrɪbˌjuːt] *n* : tributo *m*

**trick**[1] [ˈtrɪk] *vt* : engañar, embaucar

**trick**[2] *n* **1** RUSE : trampa *f*, treta *f*, artimaña *f* **2** PRANK : broma *f* 〈we played a trick on her : le gastamos una broma〉 **3** : truco *m* 〈magic tricks : trucos de magia〉 〈the trick is to wait five minutes : el truco está en esperar cinco minutos〉 **4** MANNERISM : peculiaridad *f*, manía *f* **5** : baza *f* (en juegos de naipes) **6 to do the trick** *fam* : servir como solución

**trickery** [ˈtrɪkəri] *n* : engaños *mpl*, trampas *fpl*

**trickle**[1] [ˈtrɪkəl] *vi* **-led; -ling** : gotear, chorrear

**trickle**[2] *n* : goteo *m*, hilo *m*

**trickster** [ˈtrɪkstər] *n* : estafador *m*, -dora *f*; embaucador *m*, -dora *f*

**tricky** [ˈtrɪki] *adj* **trickier; -est** **1** SLY : astuto, taimado **2** DIFFICULT : delicado, peliagudo, difícil

**tricolor** [ˈtraɪˌkʌlər] *adj* : tricolor

**tricycle** [ˈtraɪsəkəl, -ˌsɪkəl] *n* : triciclo *m*

**trident** [ˈtraɪdənt] *n* : tridente *m*

**triennial** [ˌtraɪˈɛniəl] *adj* : trienal

**trifle**[1] [ˈtraɪfəl] *vi* **-fled; -fling** : jugar, juguetear

**trifle**[2] *n* : nimiedad *f*, insignificancia *f*

**trifling** [ˈtraɪflɪŋ] *adj* : trivial, insignificante

**trigger**[1] [ˈtrɪgər] *vt* : causar, provocar

**trigger**[2] *n* : gatillo *m*

**trigonometry** [ˌtrɪgəˈnɑmətri] *n* : trigonometría *f*

**trill**[1] [ˈtrɪl] *vi* QUAVER : trinar, gorjear — *vt* : vibrar 〈to trill the *r* : vibrar la *r*〉

**trill**[2] *n* **1** QUAVER : trino *m*, gorjeo *m* **2** : vibración *f* (en fonética)

**trillion** [ˈtrɪljən] *n* : billón *m*

**trilogy** [ˈtrɪlədʒi] *n, pl* **-gies** : trilogía *f*

**trim**[1] [ˈtrɪm] *vt* **trimmed; trimming** **1** DECORATE : adornar, decorar **2** CUT : recortar **3** REDUCE : recortar, reducir 〈to trim the excess : recortar el exceso〉

**trim**[2] *adj* **trimmer; trimmest** **1** SLIM : esbelto **2** NEAT : limpio y arreglado, bien cuidado

**trim**[3] *n* **1** CONDITION : condición *f*, estado *m* 〈to keep in trim : mantenerse en buena forma〉 **2** CUT : recorte *m* **3** TRIMMING : adornos *mpl*

**trimester** [ˌtraɪˈmɛstər] *n* : trimestre *m*

**trimming** [ˈtrɪmɪŋ] *n* : adornos *mpl*, accesorios *mpl*

**Trinity** [ˈtrɪnəti] *n* : Trinidad *f*

**trinket** [ˈtrɪŋkət] *n* : chucheria *f*, baratija *f*

**trio** [ˈtriːˌoː] *n, pl* **trios** : trío *m*

**trip**[1] [trɪp] *v* **tripped; tripping** *vi* **1** : caminar (a paso ligero) **2** STUMBLE : tropezar **3 to trip up** ERR : equivocarse, cometer un error — *vt* **1** : hacerle una zancadilla (a alguien) 〈you tripped me on purpose! : ¡me hiciste la zancadilla a propósito!〉 **2** ACTIVATE : activar (un mecanismo) **3 to trip up** : hacer equivocar (a alguien)

**trip**[2] *n* **1** JOURNEY : viaje *m* 〈to take a trip : hacer un viaje〉 **2** STUMBLE : tropiezo *m*, traspié *m*

**tripartite** [traɪˈpɑrˌtaɪt] *adj* : tripartito
**tripe** [ˈtraɪp] *n* **1** : mondongo *m*, callos *mpl*, pancita *f Mex* **2** TRASH : porquería *f*
**triple**[1] [ˈtrɪpəl] *vt* **-pled; -pling** : triplicar
**triple**[2] *adj* : triple
**triple**[3] *n* : triple *m*
**triplet** [ˈtrɪplət] *n* **1** : terceto *m* (en poesía, música, etc.) **2** : trillizo *m*, -za *f* (persona)
**triplicate** [ˈtrɪplɪkət] *n* : triplicado *m*
**tripod** [ˈtraɪˌpɑd] *n* : trípode *m*
**trite** [ˈtraɪt] *adj* **triter; tritest** : trillado, tópico, manido
**triumph**[1] [ˈtraɪəmpf] *vi* : triunfar
**triumph**[2] *n* : triunfo *m*
**triumphal** [traɪˈʌmpfəl] *adj* : triunfal
**triumphant** [traɪˈʌmpfənt] *adj* : triunfante, triunfal — **triumphantly** *adv*
**triumvirate** [traɪˈʌmvərət] *n* : triunvirato *m*
**trivet** [ˈtrɪvət] *n* : salvamanteles *m*
**trivia** [ˈtrɪviə] *ns & pl* : trivialidades *fpl*, nimiedades *fpl*
**trivial** [ˈtrɪviəl] *adj* : trivial, intrascendente, insignificante
**triviality** [ˌtrɪviˈæləṭi] *n, pl* **-ties** : trivialidad *f*
**trod, trodden** → **tread**[1]
**troll** [ˈtroːl] *n* : duende *m* o gigante *m* de cuentos folklóricos
**trolley** [ˈtrɑli] *n, pl* **-leys** : tranvía *m*
**trombone** [trɑmˈboːn] *n* : trombón *m*
**trombonist** [trɑmˈboːnɪst] *n* : trombón *m*
**troop**[1] [ˈtruːp] *vi* : desfilar, ir en tropel
**troop**[2] *n* **1** : escuadrón *m* (de caballería) **2** GROUP : grupo *m*, banda *f* (de personas) **3 troops** *npl* SOLDIERS : tropas *fpl*, soldados *mpl*
**trooper** [ˈtruːpər] *n* **1** : soldado *m* (de caballería) **2** : policía *m* montado **3** : policía *m* (estatal)
**trophy** [ˈtroːfi] *n, pl* **-phies** : trofeo *m*
**tropic**[1] [ˈtrɑpɪk] *or* **tropical** [-pɪkəl] *adj* : tropical
**tropic**[2] *n* **1** : trópico *m* ⟨tropic of Cancer : trópico de Cáncer⟩ **2 the tropics** : el trópico
**trot**[1] [ˈtrɑt] *vi* **trotted; trotting** : trotar
**trot**[2] *n* : trote *m*
**troubadour** [ˈtruːbəˌdɔr] *n* : trovador *m*, -dora *f*
**trouble**[1] [ˈtrʌbəl] *v* **-bled; -bling** *vt* **1** DISTURB, WORRY : molestar, perturbar, inquietar **2** AFFLICT : afligir, afectar — *vi* : molestarse, hacer un esfuerzo ⟨they didn't trouble to come : no se molestaron en venir⟩
**trouble**[2] *n* **1** PROBLEMS : problemas *mpl*, dificultades *fpl* ⟨to be in trouble : estar en un aprieto⟩ ⟨heart trouble : problemas de corazón⟩ **2** EFFORT : molestia *f*, esfuerzo *m* ⟨to take the trouble : tomarse la molestia⟩ ⟨it's not worth the trouble : no vale la pena⟩
**troublemaker** [ˈtrʌbəlˌmeɪkər] *n* : agitador *m*, -dora *f*; alborotador *m*, -dora *f*
**troubleshooter** [ˈtrʌbəlˌʃuːṭər] *n* : persona *f* que resuelve problemas
**troublesome** [ˈtrʌbəlsəm] *adj* : problemático, dificultoso — **troublesomely** *adv*
**trough** [ˈtrɔf] *n, pl* **troughs** [ˈtrɔfs, ˈtrɔvz] **1** : comedero *m*, bebedero *m* (de animales) **2** CHANNEL, HOLLOW : depresión *f* (en el suelo), seno *m* (de olas)
**trounce** [ˈtraʊnʃs] *vt* **trounced; trouncing** **1** THRASH : apalear, darle una paliza (a alguien) **2** DEFEAT : derrotar contundentemente
**troupe** [ˈtruːp] *n* : troupe *f*
**trouser** [ˈtraʊzər] *adj* : del pantalón
**trousers** [ˈtraʊzərz] *npl* : pantalón *m*, pantalones *mpl*
**trousseau** [ˈtruːˌsoː, truˈsoː] *n* : ajuar *m*
**trout** [ˈtraʊt] *ns & pl* : trucha *f*
**trowel** [ˈtraʊəl] *n* **1** : llana *f*, paleta *f* (de albañil) **2** : desplantador *m* (de jardinero)
**truant** [ˈtruːənt] *n* : alumno *m*, -na *f* que falta a clase sin permiso
**truce** [ˈtruːs] *n* : tregua *f*, armisticio *m*
**truck**[1] [ˈtrʌk] *vt* : transportar en camión
**truck**[2] *n* **1** : camión *m* (vehículo automóvil), carro *m* (manual) ⟨truck driver : camionero⟩ **2** *or* **hand truck** : carretilla *f*, carro *m* (para llevar cajones, etc.) **3** DEALINGS : tratos *mpl* ⟨to have no truck with : no tener nada que ver con⟩
**trucker** [ˈtrʌkər] *n* : camionero *m*, -ra *f*
**truculent** [ˈtrʌkjələnt] *adj* : agresivo, beligerante
**trudge** [ˈtrʌʤ] *vi* **trudged; trudging** : caminar a paso pesado
**true**[1] [ˈtruː] *vt* **trued; trueing** : aplomar (algo vertical), nivelar (algo horizontal), centrar (una rueda)
**true**[2] *adv* **1** TRUTHFULLY : lealmente, sinceramente **2** ACCURATELY : exactamente, certeramente
**true**[3] *adj* **truer; truest** **1** LOYAL : fiel, leal **2** : cierto, verdadero, verídico ⟨it's true : es cierto, es la verdad⟩ ⟨a true story : una historia verídica⟩ **3** GENUINE : auténtico, genuino — **truly** *adv*
**true–blue** [ˈtruːˈblu:] *adj* LOYAL : leal, fiel
**truffle** [ˈtrʌfəl] *n* : trufa *f*
**truism** [ˈtruːˌɪzəm] *n* : perogrullada *f*, verdad *f* obvia
**trump**[1] [ˈtrʌmp] *vt* : matar (en juegos de naipes)
**trump**[2] *n* : triunfo *m* (en juegos de naipes)
**trumped–up** [ˈtrʌmptˈʌp] *adj* : inventado, fabricado ⟨trumped-up charges : falsas acusaciones⟩
**trumpet**[1] [ˈtrʌmpət] *vi* **1** : sonar una trompeta **2** : berrear, bramar (dícese de un animal) — *vt* : proclamar a los cuatro vientos
**trumpet**[2] *n* : trompeta *f*
**trumpeter** [ˈtrʌmpəṭər] *n* : trompetista *mf*
**truncate** [ˈtrʌŋˌkeɪt, ˈtrʌn-] *vt* **-cated; -cating** : truncar
**trundle** [ˈtrʌndəl] *v* **-dled; -dling** *vi* : rodar lentamente — *vt* : hacer rodar, empujar lentamente
**trunk** [ˈtrʌŋk] *n* **1** : tronco *m* (de un árbol o del cuerpo) **2** : trompa *f* (de un ele-

fante) **3** CHEST : baúl *m* **4** : maletero *m*, baúl *m* (*in various countries*), cajuela *f Mex* (de un auto) **5 trunks** *npl* → **swimming trunks**

**truss**[1] ['trʌs] *vt* : atar (con fuerza)

**truss**[2] *n* **1** FRAMEWORK : armazón *m* (de una estructura) **2** : braguero *m* (en medicina)

**trust**[1] ['trʌst] *vi* : confiar, esperar ⟨to trust in God : confiar en Dios⟩ — *vt* **1** ENTRUST : confiar, encomendar **2** : confiar en, tenerle confianza a ⟨I trust you : te tengo confianza⟩

**trust**[2] *n* **1** CONFIDENCE : confianza *f* **2** HOPE : esperanza *f*, fe *f* **3** CREDIT : crédito *m* ⟨to sell on trust : fiar⟩ **4** : fideicomiso *m* ⟨to hold in trust : guardar en fideicomiso⟩ **5** : trust *m* (consorcio empresarial) **6** CUSTODY : responsabilidad *f*, custodia *f*

**trustee** [ˌtrʌsˈti:] *n* : fideicomisario *m*, -ria *f*; fiduciario *m*, -ria *f*

**trustful** ['trʌstfəl] *adj* : confiado — **trustfully** *adv*

**trustworthiness** ['trəstˌwərðinəs] *n* : integridad *f*, honradez *f*

**trustworthy** ['trəstˌwərði] *adj* : digno de confianza, confiable

**trusty** ['trʌsti] *adj* **trustier; -est** : fiel, confiable

**truth** ['tru:θ] *n, pl* **truths** ['tru:ðz, 'tru:θs] : verdad *f*

**truthful** ['tru:θfəl] *adj* : sincero, veraz — **truthfully** *adv*

**truthfulness** ['tru:θfəlnəs] *n* : sinceridad *f*, veracidad *f*

**try**[1] ['traɪ] *v* **tried; trying** *vt* **1** : enjuiciar, juzgar, procesar ⟨he was tried for murder : fue procesado por homicidio⟩ **2** : probar ⟨did you try the salad? : ¿probaste la ensalada?⟩ **3** TEST : tentar, poner a prueba ⟨to try one's patience : tentarle la paciencia a uno⟩ **4** ATTEMPT : tratar (de), intentar **5** *or* **to try on** : probarse (ropa) **6 to try out** : poner a prueba — *vi* **1** : tratar, intentar **2 to try out (for)** : presentarse a una prueba (para)

**try**[2] *n, pl* **tries** : intento *m*, tentativa *f*

**tryout** ['traɪˌɑʊt] *n* : prueba *f*

**tsar** ['zɑr, 'tsɑr, 'sɑr] → **czar**

**T–shirt** ['ti:ˌʃərt] *n* : camiseta *f*

**tub** ['tʌb] *n* **1** CASK : cuba *f*, barril *m*, tonel *m* **2** CONTAINER : envase *m* (de plástico, etc.) ⟨a tub of margarine : un envase de margarina⟩ **3** BATHTUB : tina *f* (de baño), bañera *f*

**tuba** ['tu:bə, 'tju:-] *n* : tuba *f*

**tube** ['tu:b, 'tju:b] *n* **1** PIPE : tubo *m* **2** : tubo *m* (de dentífrico, etc.) **3** *or* **inner tube** : cámara *f* **4** : tubo *m* (de un aparato electrónico) **5** : trompa *f* (en anatomía) **6** (*Brit*) SUBWAY : metro *m*; subterráneo *m Arg, Uru* **7 the tube** *fam* : la tele *fam*

**tubeless** ['tu:bləs, 'tju:b-] *adj* : sin cámara (dícese de una llanta)

**tuber** ['tu:bər, 'tju:-] *n* : tubérculo *m*

**tubercular** [tuˈbərkjələr, tjʊ-] → **tuberculous**

**tuberculosis** [tuˌbərkjəˈlo:sɪs, tjʊ-] *n, pl* **-loses** [-ˌsi:z] : tuberculosis *f*

**tuberculous** [tuˈbərkjələs, tjʊ-] *adj* : tuberculoso

**tuberous** ['tu:bərəs, 'tju:-] *adj* : tuberoso

**tubing** ['tu:bɪŋ, 'tju:-] *n* : tubería *f*

**tubular** ['tu:bjələr, 'tju:-] *adj* : tubular

**tuck**[1] ['tʌk] *vt* **1** PLACE, PUT : meter, colocar ⟨tuck in your shirt : métete la camisa⟩ **2** : guardar, esconder ⟨to tuck away one's money : guardar uno bien su dinero⟩ **3** *or* **to tuck in** COVER : arropar (a un niño en la cama)

**tuck**[2] *n* : pliegue *m*, alforza *f*

**Tuesday** ['tu:zˌdeɪ, 'tju:z-, -di] *n* : martes *m* ⟨today is Tuesday : hoy es martes⟩ ⟨(on) Tuesday : el martes⟩ ⟨(on) Tuesdays : los martes⟩ ⟨last Tuesday : el martes pasado⟩ ⟨next Tuesday : el martes que viene⟩ ⟨every other Tuesday : cada dos martes⟩ ⟨Tuesday afternoon/morning : martes por la tarde/mañana⟩

**tuft** ['tʌft] *n* : penacho *m* (de plumas), copete *m* (de pelo)

**tug**[1] ['tʌg] *v* **tugged; tugging** *vi* : tirar, jalar, dar un tirón — *vt* : jalar, arrastrar, remolcar (con un barco)

**tug**[2] *n* **1** : tirón *m*, jalón *m* **2** → **tugboat**

**tugboat** ['tʌgˌbo:t] *n* : remolcador *m*

**tug–of–war** [ˌtʌgəˈwɔr] *n, pl* **tugs–of–war** **1** : juego *m* de tirar de la cuerda **2** : lucha *f*

**tuition** [tuˈɪʃən] *n or* **tuition fees** : tasas *fpl* de matrícula, colegiatura *f Mex*

**tulip** ['tu:lɪp, 'tju:-] *n* : tulipán *m*

**tulle** ['tu:l] *n* : tul *m*

**tumble**[1] ['tʌmbəl] *v* **-bled; -bling** *vi* **1** : dar volteretas (en acrobacia) **2** FALL : caerse, venirse abajo — *vt* **1** TOPPLE : volcar **2** TOSS : hacer girar

**tumble**[2] *n* : voltereta *f*, caída *f*

**tumbledown** ['tʌmbəlˈdaʊn] *adj* : en ruinas

**tumbler** ['tʌmblər] *n* **1** ACROBAT : acróbata *mf*, saltimbanqui *mf* **2** GLASS : vaso *m* (de mesa) **3** : clavija *f* (de una cerradura)

**tummy** ['tʌmi] *n, pl* **-mies** BELLY : panza *f*, vientre *m*

**tumor** ['tu:mər, 'tju:-] *n* : tumor *m*

**tumult** ['tu:ˌmʌlt, 'tju:-] *n* : tumulto *m*, alboroto *m*

**tumultuous** [tuˈmʌltʃʊəs, tju:-] *adj* : tumultuoso

**tuna** ['tu:nə, 'tju:-] *n, pl* **-na** *or* **-nas** : atún *m*

**tundra** ['tʌndrə] *n* : tundra *f*

**tune**[1] ['tu:n, 'tju:n] *v* **tuned; tuning** *vt* **1** ADJUST : ajustar, hacer más preciso, afinar (un motor) **2** : afinar (un instrumento musical) **3** : sintonizar (un radio o televisor) — *vi* **to tune in** : sintonizar (con una emisora)

**tune**[2] *n* **1** MELODY : tonada *f*, canción *f*, melodía *f* **2 in tune** : afinado (dícese de un instrumento o de la voz), sintonizado, en sintonía

**tuneful** ['tu:nfəl, 'tju:n-] *adj* : armonioso, melódico

**tuner** [ˈtuːnər, ˈtjuː-] *n* : afinador *m*, -dora *f* (de instrumentos); sintonizador *m* (de un radio o un televisor)
**tune-up** *n* : afinado *m*, afinación *f*, puesta *f* a punto
**tungsten** [ˈtʌŋkstən] *n* : tungsteno *m*
**tunic** [ˈtuːnɪk, ˈtjuː-] *n* : túnica *f*
**tuning fork** *n* : diapasón *m*
**Tunisian** [tuːˈniːʒən, tjuːˈnɪziən] *n* : tunecino *m*, -na *f* — **Tunisian** *adj*
**tunnel**[1] [ˈtʌnəl] *vi* **-neled** *or* **-nelled; -neling** *or* **-nelling** : hacer un túnel
**tunnel**[2] *n* : túnel *m*
**turban** [ˈtərbən] *n* : turbante *m*
**turbid** [ˈtərbɪd] *adj* : turbio
**turbine** [ˈtərbən, -ˌbaɪn] *n* : turbina *f*
**turbulence** [ˈtərbjələnʦ] *n* : turbulencia *f*
**turbulent** [ˈtərbjələnt] *adj* : turbulento — **turbulently** *adv*
**tureen** [tuˈriːn, tjʊ-] *n* : sopera *f*
**turf** [ˈtərf] *n* SOD : tepe *m*
**turgid** [ˈtərʤɪd] *adj* **1** SWOLLEN : turgente **2** : ampuloso, hinchado ⟨turgid style : estilo ampuloso⟩
**Turk** [ˈtərk] *n* : turco *m*, -ca *f*
**turkey** [ˈtərki] *n, pl* **-keys** : pavo *m*
**Turkish**[1] [ˈtərkɪʃ] *adj* : turco
**Turkish**[2] *n* : turco *m* (idioma)
**turmoil** [ˈtərˌmɔɪl] *n* : agitación *f*, desorden *m*, confusión *f*
**turn**[1] [ˈtərn] *vt* **1** : girar, voltear, volver ⟨to turn one's head : voltear la cabeza⟩ ⟨she turned her chair toward the fire : giró su asiento hacia la hoguera⟩ **2** ROTATE, SPIN : darle vuelta(s) a, hacer girar ⟨turn the handle : dale vuelta a la manivela⟩ **3** FLIP : darle vuelta a, dar vuelta, voltear ⟨to turn the page : darle vuelta a la página/hoja, voltear/pasar la hoja/página⟩ ⟨to turn face up/down : volver boca arriba/abajo⟩ **4** SET : poner (un termostato, etc.) **5** SPRAIN, WRENCH : torcer, dislocar **6** DIRECT : dirigir (los esfuerzos, la atención, etc.) ⟨to turn one's mind/thoughts to : ponerse a pensar en⟩ **7** UPSET : revolver (el estómago) **8** TRANSFORM : convertir ⟨to turn water into wine : convertir el agua en vino⟩ **9** SHAPE : tornear (en carpintería) **10 to turn against** : poner (a alguien) en contra de **11 to turn a profit** : obtener ganancias/beneficios **12 to turn around** SPIN : hacer girar **13 to turn around** FLIP : dar la vuelta a, dar vuelta, voltear **14 to turn away** : no dejar/permitir entrar **15 to turn back** : hacer volver **16 to turn down** REFUSE, REJECT : rehusar, rechazar ⟨they turned down our invitation : rehusaron nuestra invitación⟩ **17 to turn down** LOWER : bajar (el volumen) **18 to turn in** : entregar ⟨to turn in one's work : entregar uno su trabajo⟩ ⟨they turned in the suspect : entregaron al sospechoso⟩ **19 to turn off/out** : apagar (la luz, la radio, etc.) **20 to turn on** : prender (la luz, etc.), encender (un motor, etc.) **21 to turn on** : interesarle a, excitar (sexualmente) **22 to turn on to** : despertarle el interés por **23 to turn out** EVICT, EXPEL : expulsar, echar, desalojar **24 to turn out** PRODUCE : producir **25 to turn over** TRANSFER : entregar, transferir (un cargo, una responsabilidad) **26 to turn over** FLIP : voltear, darle la vuelta a ⟨turn the pancake over : voltea el panqueque⟩ **27 to turn over** CONSIDER : considerar ⟨I kept turning the problem over in my mind : el problema me estaba dando vueltas en la cabeza⟩ **28 to turn up** : subir (el volumen) — *vi* **1** ROTATE, SPIN : girar, dar vueltas **2** : girar, doblar, dar una vuelta (en un vehículo) ⟨turn left : gira/dobla a la izquierda⟩ ⟨to turn around : dar la media vuelta⟩ ⟨turn onto Main : toma la calle Main⟩ **3** : volverse, darse la vuelta, voltearse ⟨to turn towards : volverse hacia⟩ ⟨I turned (around) and left : di media vuelta y me fui⟩ **4** BECOME : hacerse, volverse, ponerse ⟨it got cold (out) : (el tiempo) se volvió frío⟩ ⟨she turned red : se puso colorado, se sonrojó⟩ ⟨he turned 80 : cumplió los 80⟩ **5** CHANGE : cambiar (dícese de la marea, etc.) **6** SOUR : agriarse, cortarse (dícese de la leche) **7 to turn against** : volverse en contra de **8 to turn away** : volverse (de espaldas), darse la vuelta, voltearse **9 to turn back** RETURN : volverse **10 to turn in** : acostarse, irse a la cama **11 to turn into** : convertirse en **12 to turn off** : salir (de una carretera), desviarse de ⟨turn off at/onto Main : toma (la calle) Main⟩ ⟨turn off (of) First onto Main : sal de First tomando Main⟩ **13 to turn on** ATTACK : atacar (inesperadamente) **14 to turn out** : concurrir, presentarse ⟨many turned out to vote : muchos concurrieron a votar⟩ **15 to turn out** PROVE, RESULT : resultar **16 to turn over** : darse (la) vuelta (dícese de una persona, etc.), volcarse (dícese de un vehículo) **17 to turn over** START : arrancar **18 to turn to** : recurrir a ⟨they have no one to turn to : no tienen quien les ayude⟩ ⟨to turn to violence : recurrir a la violencia⟩ **19 to turn up** APPEAR : aparecer, presentarse **20 to turn up** HAPPEN : ocurrir, suceder (inesperadamente)
**turn**[2] *n* **1** : vuelta *f*, giro *m* ⟨give it a turn : dale vuelta⟩ ⟨a sudden turn : una vuelta repentina⟩ **2** CHANGE : cambio *m* ⟨to take a turn for the better/worse : mejorar/empeorar⟩ ⟨turn of events : giro de los acontecimientos⟩ **3** INTERSECTION : bocacalle *f* ⟨we took a wrong turn : nos equivocamos de calle/salida (etc.), dimos una vuelta equivocada⟩ **4** CURVE : curva *f* (en un camino) **5** : turno *m* ⟨they're awaiting their turn : están esperando su turno⟩ ⟨whose turn is it? : ¿a quién le toca?⟩ ⟨to take turns : turnarse⟩ **6 at every turn** : a cada paso **7 in turn** : sucesivamente **8 in turn** LIKEWISE : a su vez **9 one good turn deserves another** : favor por favor se paga **10 out of turn** : fuera de lugar **11 the turn of the century** : el final del siglo

**turnaround** [ˈtərnəˌraʊnd] *n* PROCESSING : procesamiento *m*
**turncoat** [ˈtərnˌko:t] *n* : traidor *m*, -dora *f*
**turning point** *n* : momento *m* decisivo
**turnip** [ˈtərnəp] *n* : nabo *m*
**turnout** [ˈtərnˌaʊt] *n* : concurrencia *f*
**turnover** [ˈtərnˌo:vər] *n* **1** : empanada *f* (salada o dulce) **2** : volumen *m* (de ventas) **3** : rotación *f* (de personal) ⟨a high turnover : un alto nivel de rotación⟩
**turnpike** [ˈtərnˌpaɪk] *n* : carretera *f* de peaje
**turnstile** [ˈtərnˌstaɪl] *n* : torniquete *m* (de acceso)
**turntable** [ˈtərnˌteɪbəl] *n* : tornamesa *m/f*
**turpentine** [ˈtərpənˌtaɪn] *n* : aguarrás *m*, trementina *f*
**turquoise** [ˈtərˌkɔɪz, -ˌkwɔɪz] *n* : turquesa *f*
**turret** [ˈtərət] *n* **1** TOWER : torre *f* pequeña **2** : torreta *f* (de un tanque, un avión, etc.)
**turtle** [ˈtərt̬əl] *n* : tortuga *f* (marina)
**turtledove** [ˈtərt̬əlˌdʌv] *n* : tórtola *f*
**turtleneck** [ˈtərt̬əlˌnɛk] *n* : cuello *m* de tortuga, cuello *m* alto
**tusk** [ˈtʌsk] *n* : colmillo *m*
**tussle**[1] [ˈtʌsəl] *vi* **-sled; -sling** SCUFFLE : pelearse, reñir
**tussle**[2] *n* : riña *f*, pelea *f*
**tutelage** [ˈtu:t̬lɪdʒ, ˈtju:-] *n* : tutela *f*
**tutor**[1] [ˈtu:t̬ər, ˈtju:-] *vt* : darle clases particulares (a alguien)
**tutor**[2] *n* : tutor *m*, -tora *f*; maestro *m*, -tra *f* (particular)
**tutorial** [ˌtu:ˈtoriəl, ˌtju:-] *n* **1** : tutorial *m* **2** : clase *f* (individual o con un pequeño grupo de estudiantes)
**tuxedo** [ˌtəkˈsi:ˌdo:] *n, pl* **-dos** *or* **-does** : esmoquin *m*, smoking *m* (traje)
**TV** [ˌti:ˈvi:, ˈti:ˌvi:] → **television**
**twain** [ˈtweɪn] *n* : dos *m*
**twang**[1] [ˈtwæŋ] *vt* : pulsar la cuerda de (una guitarra) — *vi* : hablar en tono nasal
**twang**[2] *n* **1** : tañido *m* (de una cuerda de guitarra) **2** : tono *m* nasal (de voz)
**tweak**[1] [ˈtwi:k] *vt* : pellizcar
**tweak**[2] *n* : pellizco *m*
**tweed** [ˈtwi:d] *n* : tweed *m*
**tweet**[1] [ˈtwi:t] *vi* **1** : piar **2** : tuitear, twittear (en la red social Twitter) — *vt* : tuitear, twittear (en la red social Twitter)
**tweet**[2] *n* **1** : gorjeo *m*, pío *m* **2** : tuit *m*, tweet *m* (en la red social Twitter)
**tweezers** [ˈtwi:zərz] *npl* : pinzas *fpl*
**twelfth**[1] [ˈtwɛlfθ] *adj* : duodécimo
**twelfth**[2] *n* **1** : duodécimo *m*, -ma *f* (en una serie) **2** : doceavo *m*, doceava parte *f*
**twelve**[1] [ˈtwɛlv] *adj & pron* : doce
**twelve**[2] *n* : doce *m*
**twentieth**[1] [ˈtwʌntiəθ, ˈtwɛn-] *adj* : vigésimo
**twentieth**[2] *n* **1** : vigésimo *m*, -ma *f* (en una serie) **2** : veinteavo *m*, veinteava parte *f*
**twenty**[1] [ˈtwʌnti, ˈtwɛn-] *adj & pron* : veinte
**twenty**[2] *n, pl* **-ties** : veinte *m*
**twice** [ˈtwaɪs] *adv* : dos veces ⟨twice a day : dos veces al día⟩ ⟨it costs twice as much : cuesta el doble⟩
**twig** [ˈtwɪg] *n* : ramita *f*
**twilight** [ˈtwaɪˌlaɪt] *n* : crepúsculo *m*
**twill** [ˈtwɪl] *n* : sarga *f*, tela *f* cruzada
**twin**[1] [ˈtwɪn] *adj* **1** : gemelo, mellizo **2** : doble, gemelo ⟨twin city : ciudad hermana⟩ ⟨twin-engine plane : avión bimotor⟩
**twin**[2] *n* : gemelo *m*, -la *f*; mellizo *m*, -za *f*
**twin bed** *n* : cama *f* individual
**twine**[1] [ˈtwaɪn] *v* **twined; twining** *vt* : entrelazar, entrecruzar — *vi* : enroscarse (alrededor de algo)
**twine**[2] *n* : cordel *m*, cuerda *f*, mecate *m* *CA, Mex, Ven*
**twinge**[1] [ˈtwɪnʤ] *vi* **twinged; twinging** *or* **twingeing** : sentir punzadas
**twinge**[2] *n* : punzada *f*, dolor *m* agudo
**twinkle**[1] [ˈtwɪŋkəl] *vi* **-kled; -kling** **1** : centellear, titilar (dícese de las estrellas o de la luz) **2** : chispear, brillar (dícese de los ojos)
**twinkle**[2] *n* : centelleo *m* (de las estrellas), brillo *m* (de los ojos)
**twirl**[1] [ˈtwərl] *vt* : girar, darle vueltas a — *vi* : girar, dar vueltas (rápidamente)
**twirl**[2] *n* : giro *m*, vuelta *f*
**twist**[1] [ˈtwɪst] *vt* **1** : torcer, retorcer ⟨he twisted my arm : me torció el brazo⟩ **2** DISTORT : tergiversar — *vi* : retorcerse, enroscarse, serpentear (dícese de un río, un camino, etc.)
**twist**[2] *n* **1** BEND : vuelta *f*, recodo *m* (en el camino, el río, etc.) **2** TURN : giro *m* ⟨give it a twist : hazlo girar⟩ **3** SPIRAL : espiral *f* ⟨a twist of lemon : una rodajita de limón⟩ **4** : giro *m* inesperado (de eventos, etc.)
**twisted** [ˈtwɪstəd] *adj* : retorcido ⟨a twisted mind : una mente retorcida⟩
**twister** [ˈtwɪstər] *n* **1** → **tornado** **2** → **waterspout**
**twitch**[1] [ˈtwɪtʃ] *vi* : moverse nerviosamente, contraerse espasmódicamente (dícese de un músculo)
**twitch**[2] *n* : espasmo *m*, sacudida *f* ⟨a nervous twitch : un tic nervioso⟩
**twitter**[1] [ˈtwɪt̬ər] *vi* CHIRP : gorjear, cantar (dícese de los pájaros)
**twitter**[2] *n* : gorjeo *m*
**two**[1] [ˈtu:] *adj* : dos ⟨she's two (years old) : tiene dos años⟩
**two**[2] *n, pl* **twos** : dos *m* ⟨the two of hearts : el dos de corazones⟩
**two**[3] *pron* : dos ⟨there are two of us : somos dos⟩ ⟨it's two (o'clock) : son las dos⟩
**two–faced** [ˈtu:ˈfeɪst] *adj* : hipócrita
**twofold**[1] [ˈtu:ˈfo:ld] *adv* : al doble
**twofold**[2] [ˈtu:ˌfo:ld] *adj* : doble
**two hundred**[1] *adj & pron* : doscientos
**two hundred**[2] *n* : doscientos *m*
**two–piece** [ˈtu:ˈpi:s] *adj* : de dos piezas
**twosome** [ˈtu:səm] *n* COUPLE : pareja *f*
**two–tone** [ˈtu:ˈto:n] *adj* : bicolor
**two–way** *adj* **1** : de doble sentido, de doble dirección (dícese de una calle) **2** MUTUAL : mutuo **3** : bidireccional
**two–way mirror** → **one-way mirror**
**tycoon** [taɪˈku:n] *n* : magnate *m/f*
**tying** → **tie**[1]
**type**[1] [ˈtaɪp] *v* **typed; typing** *vt* **1** TYPEWRITE : escribir a máquina, pasar (un

texto) a máquina **2** CATEGORIZE : categorizar, identificar — *vi* : escribir a máquina

**type²** *n* **1** KIND : tipo *m*, clase *f*, categoría *f* **2** : tipo *m* (de imprenta) ⟨italic type : bastardilla, cursiva⟩

**typeface** [ˈtaɪpˌfeɪs] *n* : tipo *m* de imprenta

**typewrite** [ˈtaɪpˌraɪt] *v* **-wrote; -written** : escribir a máquina

**typewriter** [ˈtaɪpˌraɪtɚ] *n* : máquina *f* de escribir

**typhoid¹** [ˈtaɪˌfɔɪd, taɪˈ-] *adj* : relativo al tifus o a la tifoidea

**typhoid²** *n or* **typhoid fever** : tifoidea *f*

**typhoon** [taɪˈfu:n] *n* : tifón *m*

**typhus** [ˈtaɪfəs] *n* : tifus *m*

**typical** [ˈtɪpɪkəl] *adj* : típico, característico — **typically** *adv*

**typify** [ˈtɪpəˌfaɪ] *vt* **-fied; -fying** : ser típico o representativo de (un grupo, una clase, etc.)

**typing** [ˈtaɪpɪŋ] *n* : mecanografía *f*

**typist** [ˈtaɪpɪst] *n* : mecanógrafo *m*, -fa *f*

**typographer** [taɪˈpɑgrəfɚ] *n* : tipógrafo *m*, -fa *f*

**typographic** [ˌtaɪpəˈgræfɪk] *or* **typographical** [-fɪkəl] *adj* : tipográfico — **typographically** [-fɪkli] *adv*

**typography** [taɪˈpɑgrəfi] *n* : tipografía *f*

**tyrannical** [təˈrænɪkəl, taɪ-] *adj* : tiránico — **tyrannically** [-nɪkli] *adv*

**tyrannize** [ˈtɪrəˌnaɪz] *vt* **-nized; -nizing** : tiranizar

**tyranny** [ˈtɪrəni] *n, pl* **-nies** : tiranía *f*

**tyrant** [ˈtaɪrənt] *n* : tirano *m*, -na *f*

**Tyrolean** [təˈro:liən, taɪ-] *adj* : tirolés

**tzar** [ˈzɑr, ˈtsɑr, ˈsɑr] → **czar**

# U

**u** [ˈju:] *n, pl* **u's** *or* **us** [ˈju:z] : vigésima primera letra del alfabeto inglés

**ubiquitous** [ju:ˈbɪkwəʧəs] *adj* : ubicuo, omnipresente

**udder** [ˈʌdɚ] *n* : ubre *f*

**UFO** [ˌju:ˌɛfˈo:, ˈju:ˌfo:] *n, pl* **UFO's** *or* **UFOs** (*u*nidentified *f*lying *o*bject) : ovni *m*, OVNI *m*

**Ugandan** [ju:ˈgændən, -ˈgɑn-;, u:ˈgɑn-] *n* : ugandés *m*, -desa *f* — **Ugandan** *adj*

**ugliness** [ˈʌglinəs] *n* : fealdad *f*

**ugly** [ˈʌgli] *adj* **uglier; -est 1** UNATTRACTIVE : feo **2** DISAGREEABLE : desagradable, feo ⟨ugly weather : tiempo feo⟩ ⟨to have an ugly temper : tener mal genio⟩

**Ukrainian** [ju:ˈkreɪniən, -ˈkraɪ-] *n* **1** : ucraniano *m*, -na *f* **2** : ucraniano *m* (idioma) — **Ukrainian** *adj*

**ukulele** [ˌju:kəˈleɪli] *n* : ukelele *m*

**ulcer** [ˈʌlsɚ] *n* : úlcera *f* (interna), llaga *f* (externa)

**ulcerate** [ˈʌlsəˌreɪt] *vi* **-ated; -ating** : ulcerarse

**ulcerous** [ˈʌlsərəs] *adj* : ulceroso

**ulna** [ˈʌlnə] *n* : cúbito *m*

**ulterior** [ˌʌlˈtɪriɚ] *adj* : oculto ⟨ulterior motive : motivo oculto, segunda intención⟩

**ultimate** [ˈʌltəmət] *adj* **1** FINAL : último, final **2** SUPREME : supremo, máximo **3** FUNDAMENTAL : fundamental, esencial

**ultimately** [ˈʌltəmətli] *adv* **1** FINALLY : por último, finalmente **2** EVENTUALLY : a la larga, con el tiempo

**ultimatum** [ˌʌltəˈmeɪʧəm, -ˈmɑ-] *n, pl* **-tums** *or* **-ta** [-ʧə] : ultimátum *m*

**ultra-** [ˌʌltrə] *pref* : ultra-, super-

**ultrasonic** [ˌʌltrəˈsɑnɪk] *adj* : ultrasónico

**ultrasound** [ˈʌltrəˌsaʊnd] *n* **1** : ultrasonido *m* **2** : ecografía *f* (técnica o imagen)

**ultraviolet** [ˌʌltrəˈvaɪələt] *adj* : ultravioleta

**umbilical cord** [ˌʌmˈbɪlɪkəl] *n* : cordón *m* umbilical

**umbrage** [ˈʌmbrɪʤ] *n* **to take umbrage at** : ofenderse por

**umbrella** [ˌʌmˈbrɛlə] *n* **1** : paraguas *m* **2 beach umbrella** : sombrilla *f*

**umpire¹** [ˈʌmˌpaɪr] *v* **-pired; -piring** : arbitrar

**umpire²** *n* : árbitro *m*, -tra *f*

**umpteen** [ˌʌmpˈti:n] *adj* : miles de, un millón de

**umpteenth** [ˌʌmpˈti:nθ] *adj* : enésimo ⟨for the umpteenth time : por enésima vez⟩

**un-** [ˌʌn] *pref* : in-, im-, ir-, i-, des-, poco, no ⟨uncertain : incierto⟩ ⟨unforeseeable : imprevisible⟩ ⟨unreasonable : irrazonable⟩ ⟨unlimited : ilimitado⟩ ⟨unfavorable : desfavorable⟩ ⟨uncommon : poco común⟩ ⟨unresolved : no resuelto⟩ ⟨to uncurl : desenrollar⟩

**unable** [ˌʌnˈeɪbəl] *adj* : incapaz ⟨to be unable to : no poder⟩

**unabridged** [ˌʌnəˈbrɪʤd] *adj* : íntegro

**unacceptable** [ˌʌnɪkˈsɛptəbəl] *adj* : inaceptable

**unaccompanied** [ˌʌnəˈkʌmpənɪd] *adj* : solo, sin acompañamiento (en música)

**unaccountable** [ˌʌnəˈkaʊntəbəl] *adj* : inexplicable, incomprensible — **unaccountably** [-bli] *adv*

**unaccustomed** [ˌʌnəˈkʌstəmd] *adj* **1** UNUSUAL : desacostumbrado, inusual **2** UNUSED : inhabituado ⟨unaccustomed to noise : inhabituado al ruido⟩

**unacquainted** [ˌʌnəˈkweɪnˌtəd] *adj* **to be unacquainted with** : desconocer, ignorar

**unadorned** [ˌʌnəˈdɔrnd] *adj* : sin adornos, puro y simple

**unadulterated** [ˌʌnəˈdʌltəˌreɪtəd] *adj* **1** PURE : puro ⟨unadulterated food : comida pura⟩ **2** ABSOLUTE : completo, absoluto

**unaffected** [ˌʌnəˈfɛktəd] *adj* **1** : no afectado, indiferente **2** NATURAL : sin afectación, natural

**unaffectedly** [ˌʌnəˈfɛktədli] *adv* : de manera natural
**unafraid** [ˌʌnəˈfreɪd] *adj* : sin miedo
**unaided** [ˌʌnˈeɪdəd] *adj* : sin ayuda, solo
**unalterable** [ˌʌnˈɔltərəbəl] *adj* : inalterable
**unambiguous** [ˌʌnæmˈbɪgjuəs] *adj* : inequívoco
**unanimity** [ˌjuːnəˈnɪmətɪ] *n* : unanimidad *f*
**unanimous** [juˈnænəməs] *adj* : unánime — **unanimously** *adv*
**unannounced** [ˌʌnəˈnaʊnst] *adj* : sin dar aviso
**unanswerable** [ˌʌnˈænʧərəbəl] *adj* **1** : incontestable **2** IRREFUTABLE : irrefutable, irrebatible
**unanswered** [ˌʌnˈænʧərd] *adj* : sin contestar
**unappealing** [ˌʌnəˈpiːlɪŋ] *adj* : desagradable
**unarmed** [ˌʌnˈɑrmd] *adj* : sin armas, desarmado
**unashamed** [ˌʌnəˈʃeɪmd] *adj* : sin vergüenza ⟨he's unashamed of his patriotism : no tiene reparos en demostrar su patriotismo⟩
**unassailable** [ˌʌnəˈseɪləbəl] *adj* IRREFUTABLE : irrefutable, irrebatible
**unassisted** [ˌʌnəˈsɪstəd] *adj* : sin ayuda
**unassuming** [ˌʌnəˈsuːmɪŋ] *adj* : modesto, sin pretensiones
**unattached** [ˌʌnəˈtætʃt] *adj* **1** LOOSE : suelto **2** INDEPENDENT : independiente **3** : solo (ni casado ni prometido)
**unattainable** [ˌʌnəˈteɪnəbəl] *adj* : inalcanzable, inasequible
**unattended** [ˌʌnəˈtɛndəd] *adj* : desatendido
**unattractive** [ˌʌnəˈtræktɪv] *adj* : poco atractivo
**unauthorized** [ˌʌnˈɔθəˌraɪzd] *adj* : sin autorización, no autorizado
**unavailable** [ˌʌnəˈveɪləbəl] *adj* : no disponible
**unavoidable** [ˌʌnəˈvɔɪdəbəl] *adj* : inevitable, ineludible — **unavoidably** *adv*
**unaware**[1] [ˌʌnəˈwɛr] *adv* → **unawares**
**unaware**[2] *adj* : inconsciente
**unawares** [ˌʌnəˈwɛrz] *adv* **1** : por sorpresa ⟨to catch someone unawares : agarrar a alguien desprevenido⟩ **2** UNINTENTIONALLY : inconscientemente, inadvertidamente
**unbalance** [ˌʌnˈbælənʦ] *vt* : desequilibrar
**unbalanced** [ˌʌnˈbælənʦt] *adj* : desequilibrado
**unbearable** [ˌʌnˈbɛrəbəl] *adj* : insoportable, inaguantable — **unbearably** [-bli] *adv*
**unbeatable** [ˌʌnˈbiːʧəbəl] *adj* : insuperable
**unbeaten** [ˌʌnˈbiːʧən] *adj* : invicto
**unbecoming** [ˌʌnbɪˈkʌmɪŋ] *adj* **1** UNSEEMLY : impropio, indecoroso **2** UNFLATTERING : poco favorecedor
**unbeknownst** [ˌʌbɪˈnoʊnʦt] *adj* **unbeknownst to** : sin el conocimiento de
**unbelievable** [ˌʌnbəˈliːvəbəl] *adj* : increíble — **unbelievably** [-bli] *adv*
**unbend** [ˌʌnˈbɛnd] *vi* **-bent** [-ˈbɛnt]; **-bending** RELAX : relajarse
**unbending** [ˌʌnˈbɛndɪŋ] *adj* : inflexible
**unbiased** [ˌʌnˈbaɪəsd] *adj* : imparcial, objetivo
**unblock** [ˌʌnˈblɑk] *vt* : desatascar, destapar (cañería, etc.)
**unbolt** [ˌʌnˈboːlt] *vt* : abrir el cerrojo de, descorrer el pestillo de
**unborn** [ˌʌnˈbɔrn] *adj* : aún no nacido, que va a nacer
**unbosom** [ˌʌnˈbʊzəm, -ˈbuː-] *vt* : revelar, divulgar
**unbreakable** [ˌʌnˈbreɪkəbəl] *adj* : irrompible
**unbreathable** [ˌʌˈbriːðəbəl] *adj* : irrespirable
**unbridled** [ˌʌnˈbraɪdəld] *adj* : desenfrenado
**unbroken** [ˌʌnˈbroːkən] *adj* **1** INTACT : intacto, sano **2** CONTINUOUS : continuo, ininterrumpido
**unbuckle** [ˌʌnˈbʌkəl] *vt* **-led; -ling** : desabrochar
**unburden** [ˌʌnˈbərdən] *vt* **1** UNLOAD : descargar **2 to unburden oneself** : desahogarse
**unbutton** [ˌʌnˈbʌtən] *vt* : desabrochar, desabotonar
**uncalled-for** [ˌʌnˈkɔldˌfɔr] *adj* : inapropiado, innecesario
**uncanny** [ənˈkæni] *adj* **uncannier; -est 1** STRANGE : extraño **2** EXTRAORDINARY : raro, extraordinario — **uncannily** [-ˈkænəli] *adv*
**uncaring** [ˌʌnˈkærɪŋ] *adj* : indiferente
**unceasing** [ˌʌnˈsiːsɪŋ] *adj* : incesante, continuo — **unceasingly** *adv*
**unceremonious** [ˌʌnˌsɛrəˈmoːniəs] *adj* **1** INFORMAL : sin ceremonia, sin pompa **2** ABRUPT : abrupto, brusco — **unceremoniously** *adv*
**uncertain** [ˌʌnˈsərtən] *adj* **1** INDEFINITE : indeterminado **2** UNSURE : incierto, dudoso **3** CHANGEABLE : inestable, variable ⟨uncertain weather : tiempo inestable⟩ **4** HESITANT : indeciso **5** VAGUE : poco claro
**uncertainly** [ˌʌnˈsərtənli] *adv* : dudosamente, con desconfianza
**uncertainty** [ˌʌnˈsərtənti] *n, pl* **-ties** : duda *f*, incertidumbre *f*
**unchain** [ˌʌnˈtʃeɪn] *vt* : desencadenar
**unchangeable** [ˌʌnˈtʃeɪnʤəbəl] *adj* : inalterable, inmutable
**unchanged** [ˌʌnˈtʃeɪnʤd] *adj* : sin cambiar
**unchanging** [ˌʌnˈtʃeɪnʤɪŋ] *adj* : inalterable, inmutable, firme
**uncharacteristic** [ˌʌnˌkærɪktəˈrɪstɪk] *adj* : inusual, desacostumbrado
**uncharged** [ˌʌnˈtʃɑrʤd] *adj* : sin carga (eléctrica)
**uncharitable** [ˌʌnˈtʃærəʧbəl] *adj* : poco caritativo
**unchecked** [ˌʌnˈtʃɛkt] *adj* : sin freno, sin obsáculos
**uncivilized** [ˌʌnˈsɪvəˌlaɪzd] *adj* **1** BARBAROUS : incivilizado, bárbaro **2** WILD : salvaje
**uncle** [ˈʌŋkəl] *n* : tío *m*
**unclean** [ˌʌnˈkliːn] *adj* **1** IMPURE : impuro **2** DIRTY : sucio

**unclear** [ˌʌnˈklɪr] *adj* : confuso, borroso, poco claro

**Uncle Sam** [ˈsæm] *n* : el Tío Sam

**unclog** [ˌʌnˈklɑg] *vt* **-clogged; -clogging** : desatascar, destapar

**unclothed** [ˌʌnˈkloːðd] *adj* : desnudo

**uncluttered** [ˌʌnˈklʌɾərd] *adj* : despejado (dícese de una habitación, etc.)

**uncoil** [ˌʌnˈkɔɪl] *vi* : desenroscarse — *vt* : desenroscar

**uncomfortable** [ˌʌnˈkʌmpfərɾəbəl] *adj* **1** : incómodo (dícese de una silla, etc.) **2** UNEASY : inquieto, incómodo — **uncomfortably** *adv*

**uncommitted** [ˌʌnkəˈmɪɾəd] *adj* : sin compromisos

**uncommon** [ˌʌnˈkɑmən] *adj* **1** UNUSUAL : raro, poco común **2** REMARKABLE : excepcional, extraordinario

**uncommonly** [ˌʌnˈkɑmənli] *adv* : extraordinariamente

**uncommunicative** [ˌʌnkəˈmjuːnɪˌkeɪɾɪv, -kəɾɪv] *adj* : poco comunicativo

**uncomplaining** [ˌʌkəmˈpleɪnɪŋ] *adj* : que no se queja

**uncomplicated** [ˌʌˈkɑmpləˌkeɪɾəd] *adj* : sencillo ⟨he's an uncomplicated person : no es una persona complicada⟩

**uncompromising** [ˌʌnˈkɑmprəˌmaɪzɪŋ] *adj* : inflexible, intransigente

**unconcerned** [ˌʌnkənˈsərnd] *adj* : indiferente — **unconcernedly** [-ˈsərnədli] *adv*

**unconditional** [ˌʌnkənˈdɪʃənəl] *adj* : incondicional — **unconditionally** *adv*

**unconnected** [ˌʌnkəˈnɛktəd] *adj* **1** UNRELATED : no relacionado, sin conexión **2** DISCONNECTED : desconectado

**unconscious**[1] [ˌʌnˈkɑnʃəs] *adj* : inconsciente — **unconsciously** *adv*

**unconscious**[2] *n* : inconsciente *m*

**unconsciousness** [ˌʌnˈkɑnʃəsnəs] *n* : inconsciencia *f*

**unconstitutional** [ˌʌnˌkɑnʃtəˈtuːʃənəl, -ˈtjuː-] *adj* : inconstitucional — **unconstitutionality** *n*

**uncontrollable** [ˌʌnkənˈtroːləbəl] *adj* : incontrolable, incontenible — **uncontrollably** [-bli] *adv*

**uncontrolled** [ˌʌnkənˈtroːld] *adj* : incontrolado

**unconventional** [ˌʌnkənˈvɛnʃənəl] *adj* : poco convencional

**unconvinced** [ˌʌnkənˈvɪnʃst] *adj* : no convencido, escéptico

**unconvincing** [ˌʌnkənˈvɪnʃɪŋ] *adj* : poco convincente

**uncoordinated** [ˌʌnkoˈɔrdənˌeɪɾəd] *adj* **1** : no coordinado **2** CLUMSY : torpe

**uncork** [ˌʌnˈkɔrk] *vt* : descorchar

**uncorroborated** [ˌʌnkəˈrɑbəˌreɪɾəd] *adj* : no corroborado

**uncountable** [ˌʌnˈkaʊntəbəl] *adj* : no contable

**uncouple** [ˌʌnˈkʌpəl] *vt* : desenganchar

**uncouth** [ˌʌnˈkuːθ] *adj* CRUDE, ROUGH : grosero, rudo

**uncover** [ˌʌnˈkʌvər] *vt* **1** : destapar (un objeto), dejar al descubierto **2** EXPOSE, REVEAL : descubrir, revelar, exponer

**uncultivated** [ˌʌnˈkʌltəˌveɪɾəd] *adj* : inculto

**uncultured** [ˌʌnˈkʌltʃərd] *adj* : inculto

**uncurl** [ˌʌnˈkərl] *vt* UNROLL : desenrollar — *vi* : desenrollarse

**uncut** [ˌʌnˈkʌt] *adj* **1** : sin cortar ⟨uncut grass : hierba sin cortar⟩ **2** : sin tallar, en bruto ⟨an uncut diamond : un diamante en bruto⟩ **3** UNABRIDGED : completo, íntegro

**undamaged** [ˌʌnˈdæmɪʤd] *adj* : intacto, no dañado

**undaunted** [ˌʌnˈdɔntəd] *adj* : impávido

**undecided** [ˌʌndiˈsaɪdəd] *adj* **1** IRRESOLUTE : indeciso, irresoluto **2** UNRESOLVED : pendiente, no resuelto

**undefeated** [ˌʌndiˈfiːɾəd] *adj* : invicto

**undefined** [ˌʌndiˈfaɪnd] *adj* : indefinido

**undemanding** [ˌʌndiˈmændɪŋ] *adj* : que exige poco

**undeniable** [ˌʌndiˈnaɪəbəl] *adj* : innegable — **undeniably** [-bli] *adv*

**under**[1] [ˈʌndər] *adv* **1** LESS : menos ⟨$10 or under : $10 o menos⟩ **2** UNDERWATER : debajo del agua **3** : bajo los efectos de la anestesia

**under**[2] *adj* **1** LOWER : (más) bajo, inferior **2** SUBORDINATE : inferior **3** : insuficiente ⟨an under dose of medicine : una dosis insuficiente de medicina⟩

**under**[3] *prep* **1** BELOW, BENEATH : debajo de, abajo de ⟨under the table : abajo de la mesa⟩ ⟨we walked under the arch : pasamos por debajo del arco⟩ ⟨under the sun : bajo el sol⟩ **2** : menos de ⟨in under 20 minutes : en menos de 20 minutos⟩ **3** : bajo (un nombre, una categoría, etc.) **4** (*indicating rank or authority*) : bajo ⟨under the command of : bajo las órdenes de⟩ **6** SUBJECT TO : bajo ⟨under suspicion : bajo sospecha⟩ ⟨he's under stress : está estresado, sufre de estrés⟩ ⟨under the influence of alcohol : bajo los efectos del alcohol⟩ ⟨under the circumstances : dadas las circunstancias⟩ ⟨I was under the impression that . . . : tenía la impresión de que . . .⟩ **7** : en (una condición) ⟨under arrest : detenido⟩ ⟨under construction : en construcción⟩ ⟨it's under discussion : se está discutiendo⟩ **8** ACCORDING TO : según, de acuerdo con, conforme a ⟨under the present laws : según las leyes actuales⟩

**under-** [ˌʌndər] *pref* **1** : sub-, abajo ⟨underside : parte de abajo⟩ ⟨underlying : subyacente⟩ **2** : sub-, insuficientemente ⟨underdeveloped : subdesarrollado⟩ ⟨underestimate : subestimar⟩

**underage** [ˌʌndərˈeɪʤ] *adj* : menor de edad

**underarm**[1] [ˈʌndərˌɑrm] *adj* : de axila, para las axilas ⟨underarm deodorant : desodorante⟩

**underarm**[2] [ˈʌndərˌɑrm] *n* ARMPIT : axila *f*, sobaco *m*

**underbrush** [ˈʌndərˌbrəʃ] *n* : maleza *f*

**undercarriage** [ˈʌndərˌkæriʤ] *n* **1** CHASSIS : chassis *m*, armazón *m* **2** : tren *f* de aterrizaje (de un avión)

**undercharge** [ˌʌndəˈtʃɑrʤ] *vt* : cobrarle de menos a
**underclass** [ˈʌndərˌklæs] *n* : clases *fpl* marginadas
**underclothes** [ˈʌndərˌkloːz, -ˌkloːðz] → **underwear**
**underclothing** [ˈʌndərˌkloːðɪŋ] → **underwear**
**undercoat** [ˈʌndərˌkoːt] *n* : primera capa *f* (de pintura)
**undercooked** [ˌʌndərˈkʊkt] *adj* : medio crudo, poco cocinado ⟨it's a little undercooked : le falta un poco de cocción⟩
**undercover** [ˌʌndərˈkʌvər] *adj* : secreto, clandestino
**undercurrent** [ˈʌndərˌkərənt] *n* **1** : corriente *f* submarina **2** UNDERTONE : corriente *f* oculta, trasfondo *m*
**undercut** [ˌʌndərˈkʌt] *vt* **-cut; -cutting** : vender más barato que
**underdeveloped** [ˌʌndərdɪˈvɛləpt] *adj* : subdesarrollado, atrasado
**underdevelopment** [ˌʌndərdɪˈvɛləpmənt] *n* : subdesarrollo *m*
**underdog** [ˈʌndərˌdɔɡ] *n* : persona *f* que tiene menos posibilidades
**underdone** [ˌʌndərˈdʌn] *adj* RARE : poco cocido
**underestimate** [ˌʌndərˈestəˌmeɪt] *vt* **-mated; -mating** : subestimar, menospreciar
**underexpose** [ˌʌndərɪkˈspoːz] *vt* : subexponer (en fotografía)
**underexposure** [ˌʌndərɪkˈspoːʒər] *vt* : subexposición *f*
**underfoot** [ˌʌndərˈfʊt] *adv* **1** : bajo los pies ⟨to trample underfoot : pisotear⟩ **2 to be underfoot** : estorbar ⟨they're always underfoot : están siempre estorbando⟩
**undergarment** [ˈʌndərˌɡɑrmənt] *n* : prenda *f* íntima
**undergo** [ˌʌndərˈɡoː] *vt* **-went** [-ˈwɛnt]; **-gone** [-ˈɡɔn]; **-going** : sufrir, experimentar ⟨to undergo an operation : someterse a una intervención quirúrgica⟩
**undergraduate** [ˌʌndərˈɡræʤʊət] *n* : estudiante *m* universitario, estudiante *f* universitaria
**underground**[1] [ˌʌndərˈɡraʊnd] *adv* **1** : bajo tierra **2** SECRETLY : clandestinamente, en secreto ⟨to go underground : pasar a la clandestinidad⟩
**underground**[2] [ˈʌndərˌɡraʊnd] *adj* **1** SUBTERRANEAN : subterráneo **2** SECRET : secreto, clandestino
**underground**[3] [ˈʌndərˌɡraʊnd] *n* : movimiento *m* o grupo *m* clandestino
**undergrowth** [ˈʌndərˈɡroːθ] *n* : maleza *f*, broza *f*
**underhand**[1] [ˈʌndərˌhænd] *adv* **1** SECRETLY : de manera clandestina **2** *or* **underhanded** : sin levantar el brazo por encima del hombro (en deportes)
**underhand**[2] *adj* **1** SLY : solapado **2** : por debajo del hombro (en deportes)
**underhanded** [ˌʌndərˈhændəd] *adj* **1** SLY : solapado **2** SHADY : turbio, poco limpio
**underlie** [ʌndərˈlaɪ] *vt* **-lay; -lain; -lying** : subyacer en/a
**underline** [ˈʌndərˌlaɪn] *vt* **-lined; -lining** **1** : subrayar **2** EMPHASIZE : subrayar, acentuar, hacer hincapié en
**underling** [ˈʌndərlɪŋ] *n* : subordinado *m*, -da *f*; inferior *mf*
**underlying** [ˌʌndərˈlaɪɪŋ] *adj* **1** : subyacente ⟨the underlying rock : la roca subyacente⟩ **2** FUNDAMENTAL : fundamental, esencial
**undermine** [ˌʌndərˈmaɪn] *vt* **-mined; -mining** **1** : socavar (una estructura, etc.) **2** SAP, WEAKEN : minar, debilitar
**underneath**[1] [ˌʌndərˈniːθ] *adv* : debajo, abajo ⟨the part underneath : la parte de abajo⟩
**underneath**[2] *prep* : debajo de, abajo de
**undernourished** [ˌʌndərˈnərɪʃt] *adj* : desnutrido
**underpaid** [ˌʌndərˈpeɪd] *adj* : mal pagado
**underpants** [ˈʌndərˌpænts] *npl* : calzoncillos *mpl*, calzones *mpl*
**underpass** [ˈʌndərˌpæs] *n* : paso *m* a desnivel
**underpay** [ˌʌndərˈpeɪ] *v* **-paid** [-ˈpeɪd]; **-paying** *vt* : pagarle mal a (alguien) — *vi* : pagar mal
**underprivileged** [ˌʌndərˈprɪvlɪʤd] *adj* : desfavorecido
**underrate** [ˌʌndərˈreɪt] *vt* **-rated; -rating** : subestimar, menospreciar
**underscore** [ˈʌndərˌskɔr] *vt* **-scored; -scoring** → **underline**
**undersea**[1] [ˌʌndərˈsiː] *or* **underseas** [-ˈsiːz] *adv* : bajo la superficie del mar
**undersea**[2] *adj* : submarino
**undersecretary** [ˌʌndərˈsɛkrəˌtɛri] *n, pl* **-ries** : subsecretario *m*, -ria *f*
**undersell** [ˌʌndərˈsɛl] *vt* **-sold; -selling** : vender más barato que
**undeserved** [ˌʌndɪˈzərvd] *adj* : inmerecido
**undershirt** [ˈʌndərˌʃərt] *n* : camiseta *f*
**undershorts** [ˈʌndərˌʃɔrts] *npl* : calzoncillos *mpl*
**underside** [ˈʌndərˌsaɪd, ˌʌndərˈsaɪd] *n* : parte *f* de abajo
**undersigned** [ˈʌndərˌsaɪnd] *n* **the undersigned** : el abajo firmante, la abajo firmante, los abajo firmantes, las abajo firmantes
**undersized** [ˌʌndərˈsaɪzd] *adj* : más pequeño de lo normal
**understand** [ˌʌndərˈstænd] *v* **-stood** [-ˈstʊd]; **-standing** *vt* **1** COMPREHEND : comprender, entender ⟨I don't understand it : no lo entiendo⟩ ⟨that's understood : eso se comprende⟩ ⟨to make oneself understood : hacerse entender⟩ **2** BELIEVE : entender ⟨to give someone to understand : dar a alguien a entender⟩ **3** INFER : tener entendido ⟨I understand that she's leaving : tengo entendido que se va⟩ — *vi* : comprender, entender
**understandable** [ˌʌndərˈstændəbəl] *adj* : comprensible
**understanding**[1] [ˌʌndərˈstændɪŋ] *adj* : comprensivo, compasivo
**understanding**[2] *n* **1** GRASP : comprensión *f*, entendimiento *m* **2** SYMPATHY

: comprensión *f* (mutua) **3** INTERPRETATION : interpretación *f* ⟨it's my understanding that . . . : tengo la impresión de que . . . , tengo entendido que . . .⟩ **4** AGREEMENT : acuerdo *m*, arreglo *m*

**understate** [ˌʌndərˈsteɪt] *vt* **-stated; -stating** : minimizar, subestimar

**understatement** [ˌʌndərˈsteɪtmənt] *n* : atenuación *f* ⟨that's an understatement : decir sólo eso es quedarse corto⟩

**understudy** [ˈʌndərˌstʌdi] *n, pl* **-dies** : sobresaliente *mf*, suplente *mf* (en el teatro)

**undertake** [ˌʌndərˈteɪk] *vt* **-took** [-ˈtʊk]; **-taken** [-ˈteɪkən]; **-taking** **1** : emprender (una tarea), asumir (una responsabilidad) **2** PROMISE : comprometerse (a hacer algo)

**undertaker** [ˈʌndərˌteɪkər] *n* : director *m*, -tora *f* de funeraria

**undertaking** [ˈʌndərˌteɪkɪŋ, ˌʌndərˈ-] *n* **1** ENTERPRISE, TASK : empresa *f*, tarea *f* **2** PLEDGE : promesa *f*, garantía *f*

**undertone** [ˈʌndərˌto:n] *n* **1** : voz *f* baja ⟨to speak in an undertone : hablar en voz baja⟩ **2** HINT, UNDERCURRENT : trasfondo *m*, matiz *m*

**undertow** [ˈʌndərˌto:] *n* : resaca *f*

**undervalue** [ˌʌndərˈvælˌju:] *vt* **-ued; -uing** : menospreciar, subestimar

**underwater**[1] [ˌʌndərˈwɔtər, -ˈwɑ-] *adv* : debajo (del agua)

**underwater**[2] *adj* : submarino

**under way** [ˌʌndərˈweɪ] *adv* : en marcha, en camino ⟨to get under way : ponerse en marcha⟩

**underwear** [ˈʌndərˌwær] *n* : ropa *f* interior, ropa *f* íntima

**underworld** [ˈʌndərˌwərld] *n* **1** HELL : infierno *m* **2 the underworld** CRIMINALS : la hampa, los bajos fondos

**underwrite** [ˈʌndərˌraɪt, ˌʌndərˈ-] *vt* **-wrote** [-ˌro:t, -ˈro:t]; **-written** [-ˌrɪtən, -ˈrɪtən]; **-writing** **1** INSURE : asegurar **2** FINANCE : financiar **3** BACK, ENDORSE : suscribir, respaldar

**underwriter** [ˈʌndərˌraɪtər, ˌʌndərˈ-] *n* INSURER : asegurador *m*, -dora *f*

**undeserving** [ˌʌndiˈzərvɪŋ] *adj* : indigno

**undesirable**[1] [ˌʌndiˈzaɪrəbəl] *adj* : indeseable

**undesirable**[2] *n* : indeseable *mf*

**undeveloped** [ˌʌndiˈvɛləpt] *adj* : sin desarrollar, sin revelar (dícese de una película)

**undies** [ˈʌndi:z] → **underwear**

**undignified** [ˌʌnˈdɪgnəfaɪd] *adj* : indecoroso

**undiluted** [ˌʌndaɪˈlu:təd, -də-] *adj* : sin diluir, concentrado

**undisciplined** [ˌʌnˈdɪsəpləɪnd] *adj* : indisciplinado

**undiscovered** [ˌʌndɪˈskʌvərd] *adj* : no descubierto

**undisputed** [ˌʌndɪˈspju:təd] *adj* : indiscutible

**undisturbed** [ˌʌndɪˈstərbd] *adj* : tranquilo (dícese de una persona), sin tocar (dícese de un objeto)

**undivided** [ˌʌndɪˈvaɪdəd] *adj* : íntegro, completo

**undo** [ˌʌnˈdu:] *vt* **-did** [-ˈdɪd]; **-done** [-ˈdʌn]; **-doing** **1** UNFASTEN : desabrochar, desatar, abrir **2** ANNUL : anular **3** REVERSE : deshacer, reparar (daños, etc.) **4** RUIN : arruinar, destruir

**undoing** [ˌʌnˈdu:ɪŋ] *n* : ruina *f*, perdición *f*

**undoubted** [ˌʌnˈdaʊtəd] *adj* : cierto, indudable — **undoubtedly** *adv*

**undress** [ˌʌnˈdrɛs] *vt* : desvestir, desabrigar, desnudar — *vi* : desvestirse, desnudarse

**undue** [ˌʌnˈdu:, -ˈdju:] *adj* : excesivo, indebido — **unduly** *adv*

**undulate** [ˈʌndʒəˌleɪt] *vi* **-lated; -lating** : ondular

**undulation** [ˌʌndʒəˈleɪʃən] *n* : ondulación *f*

**undying** [ˌʌnˈdaɪɪŋ] *adj* : perpetuo, imperecedero

**unearth** [ˌʌnˈərθ] *vt* **1** EXHUME : desenterrar, exhumar **2** DISCOVER : descubrir

**unearthly** [ˌʌnˈərθli] *adj* **unearthlier; -est** : sobrenatural, de otro mundo

**unease** [ˌʌnˈi:z] *n* : inquietud *f*

**uneasily** [ˌʌnˈi:zəli] *adv* : inquietamente, con inquietud

**uneasiness** [ˌʌnˈi:zɪnəs] *n* : inquietud *f*

**uneasy** [ˌʌnˈi:zi] *adj* **uneasier; -est** **1** AWKWARD : incómodo **2** WORRIED : preocupado, inquieto **3** RESTLESS : inquieto, agitado

**uneducated** [ˌʌnˈɛdʒəˌkeɪtəd] *adj* : inculto, sin educación

**unemotional** [ˌʌniˈmo:ʃənəl] *adj* **1** COLD : frío, indiferente **2** IMPARTIAL : imparcial, objetivo

**unemployed** [ˌʌnɪmˈplɔɪd] *adj* : desempleado

**unemployment** [ˌʌnɪmˈplɔɪmənt] *n* : desempleo *m*

**unending** [ˌʌnˈɛndɪŋ] *adj* ENDLESS : interminable, inacabable, sin fin

**unenthusiastic** [ˌʌnɪnˌθu:ziˈæstɪk, -ɛn-, -ˌθju:-] *adj* : poco entusiasta, tibio

**unenviable** [ˌʌnˈɛnvɪəbəl] *adj* : nada envidiable

**unequal** [ˌʌnˈi:kwəl] *adj* **1** : desigual **2** INADEQUATE : incapaz, incompetente ⟨to be unequal to a task : no estar a la altura de una tarea⟩

**unequaled** *or* **unequalled** [ˌʌnˈi:kwəld] *adj* : sin igual

**unequivocal** [ˌʌnɪˈkwɪvəkəl] *adj* : inequívoco, claro — **unequivocally** *adv*

**unerring** [ˌʌnˈɛrɪŋ, -ˈər-] *adj* : infalible

**unethical** [ˌʌnˈɛθɪkəl] *adj* : poco ético

**uneven** [ˌʌnˈi:vən] *adj* **1** ODD : impar (dícese de un número) **2** : desigual, disparejo, desnivelado (dícese de una superficie) ⟨uneven terrain : terreno accidentado⟩ **3** IRREGULAR : irregular, desigual, disparejo **4** UNEQUAL : desigual — **unevenly** [ˌʌnˈi:vənli] *adv*

**unevenness** [ˌʌnˈi:vənnəs] *n* **1** : lo desigual, lo desnivelado (de una superficie) **2** IRREGULARITY : irregularidad *f* **3** : lo desigual (de una contienda, etc.)

**uneventful** [ˌʌnɪˈvɛntfəl] *adj* : sin incidentes, tranquilo

**unexpected** [ˌʌnɪkˈspɛktəd] *adj* : imprevisto, inesperado — **unexpectedly** *adv*

**unexplored** [ˌʌnɪkˈsplɔrd] *adj* : inexplorado

**unfailing** [ˌʌnˈfeɪlɪŋ] *adj* **1** CONSTANT : constante **2** INEXHAUSTIBLE : inagotable **3** SURE : a toda prueba, indefectible

**unfair** [ˌʌnˈfær] *adj* : injusto — **unfairly** *adv*

**unfairness** [ˌʌnˈfærnəs] *n* : injusticia *f*

**unfaithful** [ˌʌnˈfeɪθfəl] *adj* : desleal, infiel — **unfaithfully** *adv*

**unfaithfulness** [ˌʌnˈfeɪθfəlnəs] *n* : infidelidad *f*, deslealtad *f*

**unfamiliar** [ˌʌnfəˈmɪljər] *adj* **1** STRANGE : desconocido, extraño ⟨an unfamiliar place : un lugar nuevo⟩ **2 to be unfamiliar with** : no estar familiarizado con, desconocer

**unfamiliarity** [ˌʌnfəˌmɪliˈærəṭi] *n* : falta *f* de familiaridad

**unfashionable** [ˌʌnˈfæʃənəbəl] *adj* : fuera de moda

**unfasten** [ˌʌnˈfæsən] *vt* : desabrochar, desatar (una cuerda, etc.), abrir (una puerta)

**unfavorable** [ˌʌnˈfeɪvərəbəl] *adj* : desfavorable, mal — **unfavorably** [-bli] *adv*

**unfeeling** [ˌʌnˈfiːlɪŋ] *adj* : insensible — **unfeelingly** *adv*

**unfinished** [ˌʌnˈfɪnɪʃd] *adj* : inacabado, incompleto

**unfit** [ˌʌnˈfɪt] *adj* **1** UNSUITABLE : inadecuado, impropio **2** UNSUITED : no apto, incapaz **3** : incapacitado (físicamente) ⟨to be unfit : no estar en forma⟩

**unflagging** [ˌʌnˈflæɡɪŋ] *adj* : inagotable

**unflappable** [ˌʌnˈflæpəbəl] *adj* : imperturbable

**unflattering** [ˌʌnˈflæṭərɪŋ] *adj* : poco favorecedor

**unfold** [ˌʌnˈfoːld] *vt* **1** EXPAND : desplegar, desdoblar, extender ⟨to unfold a map : desplegar un mapa⟩ **2** DISCLOSE, REVEAL : revelar, exponer (un plan, etc.) — *vi* **1** DEVELOP : desarrollarse, desenvolverse ⟨the story unfolded : el cuento se desarrollaba⟩ **2** EXPAND : extenderse, desplegarse

**unforeseeable** [ˌʌnfɔrˈsiːəbəl] *adj* : imprevisible

**unforeseen** [ˌʌnfɔrˈsiːn] *adj* : imprevisto

**unforgettable** [ˌʌnfərˈɡeṭəbəl] *adj* : inolvidable, memorable — **unforgettably** [-bli] *adv*

**unforgivable** [ˌʌnfərˈɡɪvəbəl] *adj* : imperdonable

**unfortunate**[1] [ˌʌnˈfɔrtʃənət] *adj* **1** UNLUCKY : desgraciado, infortunado, desafortunado ⟨how unfortunate! : ¡qué mala suerte!⟩ **2** INAPPROPRIATE : inoportuno ⟨an unfortunate comment : un comentario poco feliz⟩

**unfortunate**[2] *n* : desgraciado *m*, -da *f*

**unfortunately** [ˌʌnˈfɔrtʃənətli] *adv* : desafortunadamente

**unfounded** [ˌʌnˈfaʊndəd] *adj* : infundado

**unfreeze** [ˌʌnˈfriːz] *v* **-froze** [-ˈfroːz]; **-frozen** [-ˈfroːzən]; **-freezing** *vt* : descongelar — *vi* : descongelarse

**unfriend** [ˌʌnˈfrɛnd] *vt* : eliminar (a alguien) de sus amigos (en una red social)

**unfriendliness** [ˌʌnˈfrɛndlinəs] *n* : hostilidad *f*, antipatía *f*

**unfriendly** [ˌʌnˈfrɛndli] *adj* **unfriendlier; -est** : poco amistoso, hostil

**unfulfilled** [ˌʌnfʊlˈfɪld] *adj* **1** UNSATISFIED : insatisfecho **2** : no realizado

**unfurl** [ˌʌnˈfərl] *vt* : desplegar, desdoblar — *vi* : desplegarse

**unfurnished** [ˌʌnˈfərnɪʃt] *adj* : desamueblado

**ungainly** [ˌʌnˈɡeɪnli] *adj* : desgarbado

**ungodly** [ˌʌnˈɡɔdli, -ˈɡɑd-] *adj* **1** IMPIOUS : impío **2** OUTRAGEOUS : atroz, terrible ⟨at an ungodly hour : a una hora intempestiva⟩

**ungovernable** [ˌʌnˈɡʌvərnəbəl] *adj* : ingobernable

**ungracious** [ˌʌnˈɡreɪʃəs] *adj* : descortés

**ungrateful** [ˌʌnˈɡreɪtfəl] *adj* : desagradecido, ingrato — **ungratefully** *adv*

**ungratefulness** [ˌʌnˈɡreɪtfəlnəs] *n* : ingratitud *f*

**unguarded** [ˌʌnˈɡɑrdəd] *adj* **1** CARELESS : irreflexivo, desprevenido **2** UNPROTECTED : sin vigilancia, no vigilado

**unhappily** [ˌʌnˈhæpəli] *adv* **1** SADLY : tristemente **2** UNFORTUNATELY : desafortunadamente, lamentablemente

**unhappiness** [ˌʌnˈhæpinəs] *n* : infelicidad *f*, tristeza *f*, desdicha *f*

**unhappy** [ˌʌnˈhæpi] *adj* **unhappier; -est 1** UNFORTUNATE : desafortunado, desventurado **2** MISERABLE, SAD : infeliz, triste, desdichado **3** INOPPORTUNE : inoportuno, poco feliz

**unharmed** [ˌʌnˈhɑrmd] *adj* : salvo, ileso

**unhealthy** [ˌʌnˈhɛlθi] *adj* **unhealthier; -est 1** UNWHOLESOME : insalubre, malsano, nocivo a la salud ⟨an unhealthy climate : un clima insalubre⟩ **2** SICKLY : de mala salud, enfermizo

**unheard–of** [ˌʌnˈhərdəv] *adj* : sin precedente, inaudito, insólito

**unhelpful** [ˌʌnˈhɛlpfəl] *adj* : poco servicial (dícese de personas), inútil (dícese de consejos, etc.)

**unhinge** [ˌʌnˈhɪnʤ] *vt* **-hinged; -hinging 1** : desquiciar (una puerta, etc.) **2** DISRUPT, UNSETTLE : trastornar, perturbar

**unhitch** [ˌʌnˈhɪtʃ] *vt* : desenganchar

**unholy** [ˌʌnˈhoːli] *adj* **unholier; -est 1** : profano, impío **2** UNGODLY : atroz, terrible

**unhook** [ˌʌnˈhʊk] *vt* **1** : desenganchar, descolgar (de algo) **2** UNDO : desabrochar

**unhurried** [ˌʌnˈhərid] *adj* : lento, sin prisas

**unhurt** [ˌʌnˈhərt] *adj* : ileso

**unhygienic** [ˌʌnhaɪˈʤɛnɪk, -ˈʤiː-; -ˌhaɪʤiˈɛnɪk] *adj* : antihigiénico

**unicorn** [ˈjuːnəˌkɔrn] *n* : unicornio *m*

**unidentified** [ˌʌnaɪˈdɛnṭəˌfaɪd] *adj* : no identificado ⟨unidentified flying object : objeto volador no identificado⟩

**unification** [ˌjuːnəfəˈkeɪʃən] *n* : unificación *f*

**uniform**[1] [ˈjuːnəˌfɔrm] *adj* : uniforme, homogéneo, constante — **uniformly** *adv*

**uniform**[2] *n* : uniforme *m*
**uniformed** [ˈjuːnəˌfɔrmd] *adj* : uniformado
**uniformity** [ˌjuːnəˈfɔrmətɪ] *n, pl* **-ties** : uniformidad *f*
**unify** [ˈjuːnəˌfaɪ] *vt* **-fied; -fying** : unificar, unir
**unilateral** [ˌjuːnəˈlætɚəl] *adj* : unilateral — **unilaterally** *adv*
**unimaginable** [ˌʌnɪˈmæʤənəbəl] *adj* : inimaginable, inconcebible
**unimaginative** [ˌʌnɪˈmæʤənəɾɪv, -əˌneɪɾɪv] *adj* : poco imaginativo
**unimportant** [ˌʌnɪmˈpɔrtənt] *adj* : intrascendente, insignificante, sin importancia
**unimpressive** [ˌʌnɪmˈpɹɛsɪv] *adj* : mediocre
**uninformed** [ˌʌnɪnˈfɔrmd] *adj* : no enterado
**uninhabitable** [ˌʌnɪnˈhæbəʧəbəl] *adj* : inhabitable
**uninhabited** [ˌʌnɪnˈhæbəʧəd] *adj* : deshabitado, desierto, despoblado
**uninhibited** [ˌʌnɪnˈhɪbəʧəd] *adj* : desenfadado, desinhibido, sin reservas
**uninjured** [ˌʌnˈɪnʤərd] *adj* : ileso
**unintelligent** [ˌʌnɪnˈtɛləʤənt] *adj* : poco inteligente
**unintelligible** [ˌʌnɪnˈtɛləʤəbəl] *adj* : ininteligible, incomprensible
**unintentional** [ˌʌnɪnˈtɛntʃənəl] *adj* : no deliberado, involuntario
**unintentionally** [ˌʌnɪnˈtɛntʃənəli] *adv* : involuntariamente, sin querer
**uninterested** [ˌʌnˈɪntəˌɹɛstəd, -trəstəd] *adj* : indiferente
**uninteresting** [ˌʌnˈɪntəˌɹɛstɪŋ, -trəstɪŋ] *adj* : poco interesante, sin interés
**uninterrupted** [ˌʌnˌɪntəˈɹʌptəd] *adj* : ininterrumpido, continuo
**uninvited** [ˌʌnɪnˈvaɪɾəd] *adj* : no invitado ⟨she showed up uninvited : vino sin que nadie la invitara⟩
**uninviting** [ˌʌnɪnˈvaɪɾɪŋ] *adj* : poco acogedor (dícese de una casa, etc.), poco atractivo
**union** [ˈjuːnjən] *n* **1** : unión *f* **2** *or* **labor union** : sindicato *m*, gremio *m*
**unionism** [ˈjuːnjəˌnɪzəm] *n* : sindicalismo *m* — **unionist** [ˈjuːnjənɪst] *n*
**unionize** [ˈjuːnjəˌnaɪz] *v* **-ized; -izing** *vt* : sindicalizar, sindicar — *vi* : sindicalizarse
**unique** [juˈniːk] *adj* **1** SOLE : único, solo **2** UNUSUAL : extraordinario
**uniquely** [juˈniːkli] *adv* **1** EXCLUSIVELY : exclusivamente **2** EXCEPTIONALLY : excepcionalmente
**uniqueness** [juˈniːknəs] *n* : singularidad *f*
**unison** [ˈjuːnəsən, -zən] *n* **1** : unísono *m* (en música) **2** CONCORD : acuerdo *m*, armonía *f*, concordia *f* **3 in ~** SIMULTANEOUSLY : simultáneamente, al unísono
**unit** [ˈjuːnɪt] *n* **1** : unidad *f* **2** : módulo *m* (de un mobiliario)
**unitary** [ˈjuːnəˌtɛri] *adj* : unitario
**unite** [juˈnaɪt] *v* **united; uniting** *vt* : unir, juntar, combinar — *vi* : unirse, juntarse
**unity** [ˈjuːnəɾi] *n, pl* **-ties** **1** UNION : unidad *f*, unión *f* **2** HARMONY : armonía *f*, acuerdo *m*
**universal** [ˌjuːnəˈvərsəl] *adj* **1** GENERAL : general, universal ⟨a universal rule : una regla universal⟩ **2** WORLDWIDE : universal, mundial — **universality** *n* — **universally** *adv*
**universe** [ˈjuːnəˌvərs] *n* : universo *m*
**university** [ˌjuːnəˈvərsəɾi] *n, pl* **-ties** : universidad *f*
**unjust** [ˌʌnˈʤʌst] *adj* : injusto — **unjustly** *adv*
**unjustifiable** [ˌʌnˌʤʌstəˈfaɪəbəl] *adj* : injustificable — **unjustifiably** *adv*
**unjustified** [ˌʌnˈʤʌstəˌfaɪd] *adj* : injustificado
**unkempt** [ˌʌnˈkɛmpt] *adj* : descuidado, desaliñado, despeinado (dícese del pelo)
**unkind** [ˌʌnˈkaɪnd] *adj* : poco amable, cruel — **unkindly** *adv*
**unkindness** [ˌʌnˈkaɪndnəs] *n* : crueldad *f*, falta *f* de amabilidad
**unknowing** [ˌʌnˈnoːɪŋ] *adj* : inconsciente, ignorante — **unknowingly** *adv*
**unknown** [ˌʌnˈnoːn] *adj* : desconocido
**unlawful** [ˌʌnˈlɔfəl] *adj* : ilícito, ilegal — **unlawfully** *adv*
**unleaded** [ˌʌnˈlɛdəd] *adj* : sin plomo
**unleash** [ˌʌnˈliːʃ] *vt* : soltar, desatar
**unless** [ənˈlɛs] *conj* : a menos que, salvo que, a no ser que
**unlike**[1] [ˌʌnˈlaɪk] *adj* **1** DIFFERENT : diferente, distinto **2** UNEQUAL : desigual
**unlike**[2] *prep* **1** : diferente de, distinto de ⟨unlike the others : distinto a los demás⟩ **2** : a diferencia de ⟨unlike her sister, she is shy : a diferencia de su hermana, es tímida⟩
**unlikelihood** [ˌʌnˈlaɪkliˌhʊd] *n* : improbabilidad *f*
**unlikely** [ˌʌnˈlaɪkli] *adj* **unlikelier; -est** **1** IMPROBABLE : improbable, poco probable **2** UNPROMISING : poco prometedor
**unlimited** [ˌʌnˈlɪmɪəɾəd] *adj* : ilimitado
**unlisted** [ˌʌnˈlɪstəd] *adj* : que no aparece en la guía telefónica
**unload** [ˌʌnˈloːd] *vt* **1** REMOVE : descargar, desembarcar (mercancías o pasajeros) **2** : descargar (un avión, un camión, etc.) **3** DUMP : deshacerse de — *vi* : descargar (dícese de un avión, un camión, etc.)
**unlock** [ˌʌnˈlɑk] *vt* **1** : abrir (con llave) **2** DISCLOSE, REVEAL : revelar
**unluckily** [ˌʌnˈlʌkəli] *adv* : desgraciadamente
**unlucky** [ˌʌnˈlʌki] *adj* **unluckier; -est** **1** : de mala suerte, desgraciado, desafortunado ⟨an unlucky year : un año de mala suerte⟩ **2** INAUSPICIOUS : desfavorable, poco propicio **3** REGRETTABLE : lamentable
**unmanageable** [ˌʌnˈmænɪʤəbəl] *adj* : difícil de controlar, poco manejable, ingobernable
**unmanned** [ˌʌnˈmænd] *adj* : no tripulado, sin tripulación
**unmarried** [ˌʌnˈmæɹɪd] *adj* : soltero
**unmask** [ˌʌnˈmæsk] *vt* EXPOSE : desenmascarar
**unmerciful** [ˌʌnˈmərsɪfəl] *adj* MERCILESS : despiadado — **unmercifully** *adv*

**unmistakable** [ˌʌnmɪˈsteɪkəbəl] *adj* : evidente, inconfundible, obvio — **unmistakably** [-bli] *adv*

**unmotivated** [ˌʌnˈmoːtəˌveɪtəd] *adj* : inmotivado

**unmoved** [ˌʌnˈmuːvd] *adj* : impasible ⟨to be unmoved by : permanecer impasible ante⟩

**unnatural** [ˌʌnˈnætʃərəl] *adj* **1** ABNORMAL, UNUSUAL : anormal, poco natural, poco normal **2** AFFECTED : afectado, forzado ⟨an unnatural smile : una sonrisa forzada⟩ **3** PERVERSE : perverso, antinatural

**unnecessary** [ˌʌnˈnɛsəˌsɛri] *adj* : innecesario — **unnecessarily** [-ˌnɛsəˈsɛrəli] *adv*

**unnerve** [ˌʌnˈnərv] *vt* **-nerved; -nerving** : turbar, desconcertar, poner nervioso

**unnoticed** [ˌʌnˈnoːtəst] *adj* : inadvertido ⟨to go unnoticed : pasar inadvertido⟩

**unobjectionable** [ˌʌnəbˈdʒɛkʃənəbəl] *adj* : inobjetable

**unobstructed** [ˌʌnəbˈstrʌktəd] *adj* : libre, despejado

**unobtainable** [ˌʌnəbˈteɪnəbəl] *adj* : inasequible

**unobtrusive** [ˌʌnəbˈstruːsɪv] *adj* : discreto

**unoccupied** [ˌʌnˈɑkjəˌpaɪd] *adj* **1** IDLE : desempleado, desocupado **2** EMPTY : desocupado, libre, deshabitado

**unofficial** [ˌʌnəˈfɪʃəl] *adj* : extraoficial, no oficial, oficioso

**unopened** [ˌʌnˈoːpənd] *adj* : sin abrir

**unorganized** [ˌʌnˈɔrgəˌnaɪzd] *adj* : desorganizado

**unorthodox** [ˌʌnˈɔrθəˌdɑks] *adj* : poco ortodoxo, poco convencional

**unpack** [ˌʌnˈpæk] *vt* : desempacar — *vi* : desempacar, deshacer las maletas

**unpaid** [ˌʌnˈpeɪd] *adj* : no remunerado, no retribuido ⟨an unpaid bill : una cuenta pendiente⟩

**unparalleled** [ˌʌnˈpærəˌlɛld] *adj* : sin igual

**unpatriotic** [ˌʌnˌpeɪtriˈɑtɪk] *adj* : antipatriótico

**unpayable** [ˌʌnˈpeɪəbəl] *adj* : impagable

**unpleasant** [ˌʌnˈplɛzənt] *adj* : desagradable — **unpleasantly** *adv*

**unplug** [ˌʌnˈplʌg] *vt* **-plugged; -plugging** **1** UNCLOG : destapar, desatascar **2** DISCONNECT : desconectar, desenchufar

**unpolished** [ˌʌnˈpɑlɪʃt] *adj* IMPERFECT : poco pulido

**unpopular** [ˌʌnˈpɑpjələr] *adj* : impopular, poco popular

**unprecedented** [ˌʌnˈprɛsəˌdɛntəd] *adj* : sin precedentes, inaudito, nuevo

**unpredictable** [ˌʌnpriˈdɪktəbəl] *adj* : impredecible

**unprejudiced** [ˌʌnˈprɛdʒədəst] *adj* : imparcial, objetivo

**unprepared** [ˌʌnpriˈpærd] *adj* : no preparado ⟨an unprepared speech : un discurso improvisado⟩

**unpretentious** [ˌʌnpriˈtɛntʃəs] *adj* : modesto, sin pretensiones

**unprincipled** [ˌʌnˈprɪnsəpəld] *adj* : sin principios, carente de escrúpulos

**unproductive** [ˌʌnprəˈdʌktɪv] *adj* : improductivo

**unprofessional** [ˌʌnprəˈfɛʃənəl] *adj* : poco profesional

**unprofitable** [ˌʌnˈprɑfəṭəbəl] *adj* : no rentable, poco provechoso

**unpromising** [ˌʌnˈprɑməsɪŋ] *adj* : poco prometedor

**unprotected** [ˌʌnprəˈtɛktəd] *adj* : sin protección, desprotegido

**unproven** [ˌʌnˈpruːvən] *adj* : no demostrado

**unprovoked** [ˌʌnprəˈvoːkt] *adj* : no provocado

**unpublished** [ˌʌnˈpʌblɪʃt] *adj* : inédito

**unpunished** [ˌʌnˈpʌnɪʃt] *adj* : impune ⟨to go unpunished : escapar sin castigo⟩

**unqualified** [ˌʌnˈkwɑləˌfaɪd] *adj* **1** : no calificado, sin título **2** COMPLETE : completo, absoluto ⟨an unqualified denial : una negación incondicional⟩

**unquestionable** [ˌʌnˈkwɛstʃənəbəl] *adj* : incuestionable, indudable, indiscutible — **unquestionably** [-bli] *adv*

**unquestioning** [ˌʌnˈkwɛstʃənɪŋ] *adj* : incondicional, absoluto, ciego

**unravel** [ˌʌnˈrævəl] *v* **-eled** *or* **-elled; -eling** *or* **-elling** *vt* **1** DISENTANGLE : desenmarañar, desenredar **2** SOLVE : aclarar, desenmarañar, desentrañar — *vi* : deshacerse

**unreachable** [ˌʌnˈriːtʃəbəl] *adj* : inalcanzable

**unreadable** [ˌʌnˈriːdəbəl] *adj* **1** ILLEGIBLE : ilegible **2** : difícil de leer

**unreal** [ˌʌnˈriːl] *adj* : irreal

**unrealistic** [ˌʌnˌriːəˈlɪstɪk] *adj* : poco realista

**unreasonable** [ˌʌnˈriːzənəbəl] *adj* **1** IRRATIONAL : poco razonable, irrazonable, irracional **2** EXCESSIVE : excesivo ⟨unreasonable prices : precios excesivos⟩

**unreasonably** [ˌʌnˈriːzənəbli] *adv* **1** IRRATIONALLY : irracionalmente, de manera irrazonable **2** EXCESSIVELY : excesivamente

**unrecognizable** [ˌʌnˈrɛkəgˌnaɪzəbəl] *adj* : irreconocible

**unrefined** [ˌʌnriˈfaɪnd] *adj* **1** : no refinado, sin refinar (dícese del azúcar, de la harina, etc.) **2** : poco refinado, inculto (dícese de una persona)

**unrelated** [ˌʌnriˈleɪṭəd] *adj* : no relacionado, inconexo

**unrelenting** [ˌʌnriˈlɛntɪŋ] *adj* **1** STERN : severo, inexorable **2** CONSTANT, RELENTLESS : constante, implacable

**unreliable** [ˌʌnriˈlaɪəbəl] *adj* : que no es de fiar, de poca confianza, inestable (dícese del tiempo)

**unrepeatable** [ˌʌnriˈpiːṭəbəl] *adj* : irrepetible

**unrepentant** [ˌʌnriˈpɛntənt] *adj* : impenitente

**unrepresentative** [ˌʌnˌrɛprɪˈzɛntəṭɪv] *adj* : poco representativo

**unrequited** [ˌʌnriˈkwaɪṭəd] *adj* : no correspondido

**unreserved** [ˌʌnrɪˈzərvd] *adv* **1** UNLIMITED : sin reservas **2** : sin reservar

**unresolved** [ˌʌnriˈzɑlvd] *adj* : pendiente, no resuelto
**unresponsive** [ˌʌnrɪˈspɑnt͡sɪv] *adj* **1** : indiferente **2** : insensible, inconsciente (en medicina)
**unrest** [ˌʌnˈrɛst] *n* : inquietud *f*, malestar *m* ⟨political unrest : disturbios políticos⟩
**unrestrained** [ˌʌnriˈstrɛmd] *adj* : desenfrenado, incontrolado
**unrestricted** [ˌʌnriˈstrɪktəd] *adj* : sin restricción ⟨unrestricted access : libre acceso⟩
**unrewarding** [ˌʌnriˈwɔrdɪŋ] *adj* THANKLESS : ingrato
**unripe** [ˌʌnˈraɪp] *adj* : inmaduro, verde
**unrivaled** *or* **unrivalled** [ˌʌnˈraɪvəld] *adj* : incomparable
**unroll** [ˌʌnˈroːl] *vt* : desenrollar — *vi* : desenrollarse
**unruffled** [ˌʌnˈrʌfəld] *adj* **1** SERENE : sereno, tranquilo **2** SMOOTH : tranquilo, liso ⟨unruffled waters : aguas tranquilas⟩
**unruliness** [ˌʌnˈruːlinəs] *n* : indisciplina *f*
**unruly** [ˌʌnˈruːli] *adj* : indisciplinado, díscolo, rebelde
**unsafe** [ˌʌnˈsɛɪf] *adj* : inseguro
**unsaid** [ˌʌnˈsɛd] *adj* : sin decir ⟨to leave unsaid : quedar por decir⟩
**unsalted** [ˌʌnˈsɔltəd] *adj* : sin sal
**unsanitary** [ˌʌnˈsænəˌtɛri] *adj* : antihigiénico
**unsatisfactory** [ˌʌnˌsæt͡ʃəˈfæktəri] *adj* : insatisfactorio
**unsatisfied** [ˌʌnˈsæt͡ʃəˌfaɪd] *adj* : insatisfecho
**unsavory** [ˌʌnˈseɪvəri] *adj* : desagradable
**unscathed** [ˌʌnˈskeɪðd] *adj* UNHARMED : ileso
**unscheduled** [ˌʌnˈskɛˌd͡ʒuːld] *adj* : no programado, imprevisto
**unscientific** [ˌʌnˌsaɪənˈtɪfɪk] *adj* : poco científico
**unscramble** [ˌʌnˈskræmbəl] *vt* : descifrar, descodificar (una señal, etc.)
**unscrew** [ˌʌnˈskruː] *vt* **1** : quitar (una tapa, etc.) **2** : destornillar
**unscrupulous** [ˌʌnˈskruːpjələs] *adj* : inescrupuloso, sin escrúpulos — **unscrupulously** *adv*
**unseal** [ˌʌnˈsiːl] *vt* : abrir, quitarle el sello a
**unseasonable** [ˌʌnˈsiːzənəbəl] *adj* **1** : extemporáneo ⟨unseasonable rain : lluvia extemporánea⟩ **2** UNTIMELY : extemporáneo, inoportuno
**unseat** [ˌʌnˈsiːt] *vt* : derribar, derrocar
**unseemly** [ˌʌnˈsiːmli] *adj* **unseemlier; -est** **1** INDECOROUS : indecoroso **2** INAPPROPRIATE : impropio, inapropiado
**unseen** [ˌʌnˈsiːn] *adj* **1** UNNOTICED : inadvertido **2** INVISIBLE : oculto, invisible
**unselfish** [ˌʌnˈsɛlfɪʃ] *adj* : generoso, desinteresado — **unselfishly** *adv*
**unselfishness** [ˌʌnˈsɛlfɪʃnəs] *n* : generosidad *f*, desinterés *m*
**unsentimental** [ˌʌnˌsɛntəˈmɛntəl] *adj* : poco sentimental
**unsettle** [ˌʌnˈsɛtəl] *vt* **-tled; -tling** DISTURB : trastornar, alterar, perturbar
**unsettled** [ˌʌnˈsɛtəld] *adj* **1** CHANGEABLE : inestable, variable ⟨unsettled weather : tiempo inestable⟩ **2** DISTURBED : agitado, inquieto ⟨unsettled waters : aguas agitadas⟩ **3** UNDECIDED : pendiente (dícese de un asunto), indeciso (dícese de una persona) **4** UNPAID : sin saldar, pendiente **5** UNINHABITED : despoblado, no colonizado
**unsettling** [ˌʌnˈsɛt͡ʃəlɪŋ] *adj* : inquietante
**unshakable** [ˌʌnˈʃeɪkəbəl] *adj* : inquebrantable
**unshaped** [ˌʌnˈʃeɪpt] *adj* : sin forma, informe
**unshaven** [ˌʌnˈʃeɪvən] *adj* : sin afeitar, sin rasurar
**unsheathe** [ˌʌnˈʃiːð] *vt* : desenvainar
**unsightly** [ˌʌnˈsaɪtli] *adj* UGLY : feo, de aspecto malo
**unsigned** [ˌʌnˈsaɪnd] *adj* : sin firmar
**unskilled** [ˌʌnˈskɪld] *adj* : no calificado
**unsmiling** [ˌʌnˈsmaɪlɪŋ] *adj* : de aspecto serio
**unsnap** [ˌʌnˈsnæp] *vt* **-snapped; -snapping** : desabrochar
**unsociable** [ˌʌnˈsoːʃəbəl] *adj* : poco sociable
**unsolicited** [ˌʌnsəˈlɪsəˌt͡ʃəd] *adj* : no solicitado
**unsolved** [ˌʌnˈsɔlvd] *adj* : no resuelto, sin resolver
**unsophisticated** [ˌʌnsəˈfɪstəˌkeɪt͡ʃəd] *adj* **1** NAIVE : ingenuo, de poco mundo **2** SIMPLE : simple, poco sofisticado, rudimentario
**unsound** [ˌʌnˈsaʊnd] *adj* **1** UNHEALTHY : enfermizo, de mala salud **2** : poco sólido, defectuoso (dícese de una estructura, etc.) **3** INVALID : inválido, erróneo **4 of unsound mind** : mentalmente incapacitado
**unspeakable** [ˌʌnˈspiːkəbəl] *adj* **1** INDESCRIBABLE : indecible, inexpresable, incalificable **2** HEINOUS : atroz, nefando, abominable — **unspeakably** [-bli] *adv*
**unspecified** [ˌʌnˈspɛsəˌfaɪd] *adj* : indeterminado, sin especificar
**unspoiled** [ˌʌnˈspɔɪld] *adj* **1** : conservado, sin estropear (dícese de un lugar) **2** : que no está mimado (dícese de un niño)
**unspoken** [ˌʌnˈspoːkən] *adj* TACIT : tácito
**unstable** [ˌʌnˈsteɪbəl] *adj* **1** CHANGEABLE : variable, inestable, cambiable ⟨an unstable pulse : un pulso irregular⟩ **2** UNSTEADY : inestable, poco sólido (dícese de una estructura)
**unsteadily** [ˌʌnˈstɛdəli] *adv* : de modo inestable
**unsteadiness** [ˌʌnˈstɛdinəs] *n* : inestabilidad *f*, inseguridad *f*
**unsteady** [ˌʌnˈstɛdi] *adj* **1** UNSTABLE : inestable, variable **2** SHAKY : temblloroso
**unstoppable** [ˌʌnˈstɑpəbəl] *adj* : irrefrenable, incontenible
**unsubscribe** [ˌʌnsəbˈskraɪb] *vi* **-scribed; -scribing** : darse de baja, cancelar la suscripción

**unsubstantiated** [ˌʌnsəbˈstænt͡ʃiˌeɪt͡əd] *adj* : no corroborado, no demostrado
**unsuccessful** [ˌʌnsəkˈsɛsfəl] *adj* : fracasado, infructuoso
**unsuitable** [ˌʌnˈsuːt͡əbəl] *adj* : inadecuado, impropio, inapropiado ⟨an unsuitable time : una hora inconveniente⟩
**unsuited** [ˌʌnˈsuːt͡əd] *adj* : inadecuado, inepto
**unsung** [ˌʌnˈsʌŋ] *adj* : olvidado
**unsure** [ˌʌnˈʃʊr] *adj* : incierto, dudoso
**unsurpassed** [ˌʌnsərˈpæst] *adj* : sin par, sin igual
**unsuspecting** [ˌʌnsəˈspɛktɪŋ] *adj* : desprevenido, desapercibido, confiado
**unsweetened** [ˌʌnˈswiːt͡ənd] *adj* : sin endulzar
**unsympathetic** [ˌʌnˌsɪmpəˈθɛt͡ɪk] *adj* : poco comprensivo, indiferente
**untamed** [ˌʌnˈteɪmd] *adj* : indómito, agreste
**untangle** [ˌʌnˈtæŋgəl] *vt* **-gled; -gling** : desenmarañar, desenredar
**untapped** [ˌʌnˈtæpt] *adj* : sin explotar
**untenable** [ˌʌnˈtɛnəbəl] *adj* : insostenible
**unthinkable** [ˌʌnˈθɪŋkəbəl] *adj* : inconcebible, impensable
**unthinking** [ˌʌnˈθɪŋkɪŋ] *adj* : irreflexivo, inconsciente — **unthinkingly** *adv*
**untidiness** [ˌʌnˈt͡aɪdinəs] *n* : desarreglo *m*
**untidy** [ˌʌnˈt͡aɪdi] *adj* **1** SLOVENLY : desaliñado **2** DISORDERLY : desordenado, desarreglado — **untidily** *adv*
**untie** [ˌʌnˈt͡aɪ] *vt* **-tied; -tying** *or* **-tieing** : desatar, deshacer
**until**[1] [ˌʌnˈt͡ɪl] *prep* : hasta ⟨until now : hasta ahora⟩
**until**[2] *conj* : hasta que ⟨until they left : hasta que salieron⟩ ⟨don't answer until you're sure : no contestes hasta que (no) estés seguro⟩
**untimely** [ˌʌnˈt͡aɪmli] *adj* **1** PREMATURE : prematuro ⟨an untimely death : una muerte prematura⟩ **2** INOPPORTUNE : inoportuno, intempestivo
**untold** [ˌʌnˈt͡oːld] *adj* **1** : nunca dicho ⟨the untold secret : el secreto sin contar⟩ **2** INCALCULABLE : incalculable, indecible
**untouchable** [ˌʌnˈt͡ʌt͡ʃəbəl] *adj* : intocable
**untouched** [ˌʌnˈt͡ʌt͡ʃt] *adj* **1** INTACT : intacto, sin tocar, sin probar (dícese de la comida) **2** UNAFFECTED : insensible, indiferente
**untoward** [ˌʌnˈt͡ɔrd, -ˈt͡oːrd, -t͡əˈwɔrd] *adj* **1** : indecoroso, impropio (dícese del comportamiento) **2** ADVERSE, UNFORTUNATE : desafortunado, adverso ⟨untoward effects : efectos perjudiciales⟩ **3** UNSEEMLY : indecoroso
**untrained** [ˌʌnˈtreɪmd] *adj* : inexperto, no capacitado
**untreated** [ˌʌnˈtriːt͡əd] *adj* : no tratado (dícese de una enfermedad, etc.), sin tratar (dícese de un material)
**untroubled** [ˌʌnˈtrʌbəld] *adj* : tranquilo ⟨to be untroubled by : no estar afectado por⟩
**untrue** [ˌʌnˈtruː] *adj* **1** UNFAITHFUL : infiel **2** FALSE : falso
**untrustworthy** [ˌʌnˈtrʌstˌwərði] *adj* : de poca confianza (dícese de una persona), no fidedigno (dícese de la información)
**untruth** [ˌʌnˈtruːθ, ˈʌnˌ-] *n* : mentira *f*, falsedad *f*
**untruthful** [ˌʌnˈtruːθfəl] *adj* : mentiroso, falso
**unusable** [ˌʌnˈjuːzəbəl] *adj* : inútil, inservible
**unused** [ˌʌnˈjuːzd, in sense 1 usu -ˈjuːst] *adj* **1** UNACCUSTOMED : inhabituado **2** NEW : nuevo **3** IDLE : no utilizado (dícese de la tierra) **4** REMAINING : restante ⟨the unused portion : la porción restante⟩
**unusual** [ˌʌnˈjuːʒʊəl] *adj* : inusual, poco común, raro
**unusually** [ˌʌnˈjuːʒʊəli, -ˈjuːʒəli] *adv* : excepcionalmente, extraordinariamente, fuera de lo común
**unveil** [ˌʌnˈveɪld] *vt* **1** REVEAL : revelar **2** : develar, descubrir (una estatua, etc.)
**unwanted** [ˌʌnˈwɑntəd] *adj* : superfluo, de sobre
**unwarranted** [ˌʌnˈwɔrənt͡əd] *adj* : injustificado
**unwary** [ˌʌnˈwæri] *adj* : incauto
**unwashed** [ˌʌnˈwɔʃt, -ˈwɑʃt] *adj* : sin lavar, sucio
**unwavering** [ˌʌnˈweɪvərɪŋ] *adj* : firme, inquebrantable ⟨an unwavering gaze : una mirada fija⟩
**unwed** [ˌʌnˈwɛd] *adj* : soltero
**unwelcome** [ˌʌnˈwɛlkəm] *adj* : importuno, molesto
**unwell** [ˌʌnˈwɛl] *adj* : enfermo, mal
**unwholesome** [ˌʌnˈhoːlsəm] *adj* **1** UNHEALTHY : malsano, insalubre **2** PERNICIOUS : pernicioso **3** LOATHSOME : repugnante, muy desagradable
**unwieldy** [ˌʌnˈwiːldi] *adj* CUMBERSOME : difícil de manejar, torpe y pesado
**unwilling** [ˌʌnˈwɪlɪŋ] *adj* : poco dispuesto ⟨to be unwilling to : no estar dispuesto a⟩
**unwillingly** [ˌʌnˈwɪlɪŋli] *adv* : a regañadientes, de mala gana
**unwillingness** [ˌʌnˈwɪlɪŋnəs] *n* : desgana *f*, renuencia *f*
**unwind** [ˌʌnˈwaɪnd] *v* **-wound** [-ˈwaʊnd]; **-winding** *vt* UNROLL : desenrollar — *vi* **1** : desenrollarse **2** RELAX : relajarse
**unwise** [ˌʌnˈwaɪz] *adj* : imprudente, desacertado, poco aconsejable
**unwisely** [ˌʌnˈwaɪzli] *adv* : imprudentemente
**unwitting** [ˌʌnˈwɪt͡ɪŋ] *adj* **1** UNAWARE : inconsciente **2** INADVERTENT : involuntario, inadvertido ⟨an unwitting mistake : un error inadvertido⟩ — **unwittingly** *adv*
**unworkable** [ˌʌnˈwərkəbəl] *adj* : impracticable
**unworthiness** [ˌʌnˈwərðinəs] *n* : falta *f* de valía
**unworthy** [ˌʌnˈwərði] *adj* **1** UNDESERVING : indigno ⟨to be unworthy of : no ser digno de⟩ **2** UNMERITED : inmerecido

**unwrap** [ˌʌnˈræp] *vt* **-wrapped; -wrapping** : desenvolver, deshacer
**unwritten** [ˌʌnˈrɪtən] *adj* : no escrito
**unyielding** [ˌʌnˈji:ldɪŋ] *adj* : firme, inflexible, rígido
**unzip** [ˌʌnˈzɪp] *vt* **-zipped; -zipping** : abrir el cierre de
**up¹** [ˈʌp] *v* **upped** [ˈʌpt]; **upping; ups** *vt* INCREASE : aumentar, subir ⟨they upped the prices : aumentaron los precios⟩ — *vi* **to up and** : agarrar y *fam* ⟨she up and left : agarró y se fue⟩
**up²** *adv* **1** ABOVE : arriba, en lo alto ⟨up in the mountains : arriba en las montañas⟩ ⟨put it up on the shelf : ponlo en el estante⟩ ⟨we keep it up in the attic : lo guardamos arriba en el desván⟩ ⟨what's going on up there? : ¿qué pasa allí arriba?⟩ **2** UPWARDS : hacia arriba ⟨push it up : empújalo hacia arriba⟩ ⟨pull up your pants : súbete los pantalones⟩ ⟨the sun came up : el sol salió⟩ ⟨prices went up : los precios subieron⟩ ⟨she called up to me : me llamó desde abajo⟩ ⟨he looked up at the sky : miró al cielo⟩ **3** (*indicating an upright position*) ⟨to sit up : ponerse derecho⟩ **4** (*indicating a waking state*) ⟨they got up late : se levantaron tarde⟩ ⟨I stayed up all night : pasé toda la noche sin dormir⟩ **5** (*indicating a usable state*) ⟨we set up the equipment : instalamos el equipo⟩ **6** (*indicating closure*) ⟨I sealed up the package : precinté el paquete⟩ **7** (*indicating activity or excitement*) ⟨they stirred up the crowd : incitaron a la muchedumbre⟩ **8** (*indicating greater or higher volume or intensity*) ⟨to speak up : hablar más fuerte⟩ ⟨to speed up : acelerar⟩ **9** (*indicating a northerly direction*) ⟨the climate up north : el clima del norte⟩ ⟨I'm going up to Canada : voy para Canadá⟩ ⟨come up and see us! : ¡ven a visitarnos!⟩ **10** (*indicating the appearance or existence of something*) ⟨the book turned up : el libro apareció⟩ **11** (*indicating consideration*) ⟨she brought the matter up : mencionó el asunto⟩ **12** COMPLETELY : completamente ⟨eat it up : cómetelo todo⟩ **13** : en pedazos ⟨he tore it up : lo rompió en pedazos⟩ **14** (*indicating approaching and stopping*) ⟨the car pulled up to the curb : el carro paró al borde de la acera⟩ ⟨he walked up to her : se le acercó⟩ **15** (*indicating advancement or progress*) ⟨we moved up to the front of the line : nos pusimos al principio de la fila⟩ ⟨she has moved up in the company : ha ascendido en la compañía⟩ ⟨to grow up : hacerse mayor⟩ **16** (*indicating greater importance in a series, etc.*) ⟨it's pretty far/high up on my list : es muy importante para mí⟩ **17** (*indicating an even score*) ⟨the game was 10 up : empataron a 10⟩ **18 to be one up on someone** : tener ventaja sobre alguien **19 up and down** : de arriba abajo
**up³** *adj* **1** (*above the horizon*) ⟨the sun is up : ha salido el sol⟩ **2** (*above a surface*) ⟨the tulips are up : los tulipanes han salido⟩ **3** (*in a high or higher position*) ⟨it's up on the top shelf : está en el estante de arriba⟩ ⟨it's further up : está más arriba⟩ ⟨I'm up here : estoy aquí arriba⟩ **4** (*in a forward place or position*) ⟨we were up near the stage : estábamos cerca del escenario⟩ ⟨the table was up against the wall : la mesa estaba contra la pared⟩ **5** (*above a normal or former level*) ⟨prices are up : los precios han aumentado⟩ ⟨the river is up : las aguas están altas⟩ **6** (*equal to a given level*) ⟨it wasn't up to our expectations : no estuvo a la altura de lo que esperábamos⟩ ⟨I've had it up to here with your nonsense! : ¡estoy hasta las narices de tus tonterías!⟩ **7** : despierto, levantado ⟨up all night : despierto toda la noche⟩ **8** BUILT : construido ⟨the house is up : la casa está construida⟩ **9** OPEN : abierto ⟨the windows are up : las ventanas están abiertas⟩ **10** (*moving or going upward*) ⟨the up staircase : la escalera para subir⟩ **11** ABREAST : enterado, al día, al corriente ⟨to be up on the news : estar al corriente de las noticias⟩ **12** PREPARED : preparado ⟨we were up for the test : estuvimos preparados para el examen⟩ **13** CAPABLE : capaz ⟨she's up to the task : es capaz de hacerlo⟩ **14** FUNCTIONING : funcionando ⟨the system is back up, the system is up and running again : el sistema ha vuelto a funcionar⟩ **15** AHEAD : ganando ⟨they're up (by) ten points : van ganando por diez puntos⟩ **16** FINISHED : terminado, acabado ⟨time is up : se ha terminado el tiempo permitido⟩ **17 to be up** : pasar ⟨what's up? : ¿qué pasa?⟩ **18 to be up and about** : estar levantado **19 to be up against** : enfrentarse a **20 to be up to something** : estar tramando algo
**up⁴** *prep* **1** (*to, toward, or at a higher point of*) ⟨he went up the stairs : subió la escalera⟩ **2** (*to or toward the source of*) ⟨to go up the river : ir río arriba⟩ **3** ALONG : a lo largo, por ⟨up the coast : a lo largo de la costa⟩ ⟨just up the way : un poco más adelante⟩ ⟨up and down the city : por toda la ciudad⟩
**up–and–coming** *adj* : prometedor
**upbraid** [ˌʌpˈbreɪd] *vt* : reprender, regañar
**upbringing** [ˈʌpˌbrɪŋɪŋ] *n* : crianza *f*, educación *f*
**upcoming** [ˌʌpˈkʌmɪŋ] *adj* : próximo
**update¹** [ˌʌpˈdeɪt] *vt* **-dated; -dating** : poner al día; poner al corriente, actualizar
**update²** [ˈʌpˌdeɪt] *n* : actualización *f*, puesta *f* al día
**upend** [ˌʌpˈɛnd] *vt* **1** : poner vertical **2** OVERTURN : volcar
**upgrade¹** [ˈʌpˌgreɪd, ˌʌpˈ-] *vt* **-graded; -grading** **1** PROMOTE : ascender **2** IMPROVE : mejorar
**upgrade²** [ˈʌpˌgreɪd] *n* **1** SLOPE : cuesta *f*, pendiente *f* **2** RISE : aumento *m* de categoría (de un puesto), ascenso *m* (de un empleado) **3** IMPROVEMENT : mejoramiento *m*

**upheaval** [ˌʌpˈhiːvəl] *n* **1** : levantamiento *m* (en geología) **2** DISTURBANCE, UPSET : trastorno *m*, agitación *f*, conmoción *f*

**uphill**[1] [ˌʌpˈhɪl] *adv* : cuesta arriba

**uphill**[2] [ˈʌpˌhɪl] *adj* **1** ASCENDING : en subida **2** DIFFICULT : difícil, arduo

**uphold** [ˌʌpˈhoːld] *vt* **-held; -holding 1** SUPPORT : sostener, apoyar, mantener **2** RAISE : levantar **3** CONFIRM : confirmar (una decisión judicial)

**upholster** [ˌʌpˈhoːlstər] *vt* : tapizar

**upholsterer** [ˌʌpˈhoːlstərər] *n* : tapicero *m*, -ra *f*

**upholstery** [ˌʌpˈhoːlstəri] *n, pl* **-steries** : tapicería *f*

**upkeep** [ˈʌpˌkiːp] *n* : mantenimiento *m*

**upland** [ˈʌplənd, -ˌlænd] *n* : altiplanicie *f*, altiplano *m*

**uplift**[1] [ˌʌpˈlɪft] *vt* **1** RAISE : elevar, levantar **2** ELEVATE : elevar, animar (el espíritu, la mente, etc.)

**uplift**[2] [ˈʌpˌlɪft] *n* : elevación *f*

**uplifting** [ˈʌpˌlɪftɪŋ] *adj* : inspirador

**upload** [ˌʌpˈloʊd, ˈʌpˌloʊd] *vt* : cargar, subir (un archivo, etc.)

**upon** [əˈpɔn, əˈpɑn] *prep* : en, sobre ⟨upon the desk : sobre el escritorio⟩ ⟨upon leaving : al salir⟩ ⟨questions upon questions : pregunta tras pregunta⟩

**upper**[1] [ˈʌpər] *adj* **1** HIGHER : superior **2** : alto (en geografía) ⟨the upper Mississippi : el alto Mississippi⟩

**upper**[2] *n* : parte *f* superior (del calzado, etc.)

**uppercase**[1] [ˌʌpərˈkeɪs] *adj* : mayúsculo

**uppercase**[2] *n* **in uppercase** : en mayúsculas

**upper–class** [ˌʌpərˈklæs] *adj* : de clase alta

**upper class** *n* : clase *f* alta

**upper hand** *n* : ventaja *f*, dominio *m*

**uppermost** [ˈʌpərˌmoːst] *adj* : más alto ⟨it was uppermost in his mind : era lo que más le preocupaba⟩

**upright**[1] [ˈʌpˌraɪt] *adj* **1** VERTICAL : vertical **2** ERECT : erguido, derecho **3** JUST : recto, honesto, justo

**upright**[2] *n* : montante *m*, poste *m*, soporte *m*

**uprising** [ˈʌpˌraɪzɪŋ] *n* : insurrección *f*, revuelta *f*, alzamiento *m*

**uproar** [ˈʌpˌrɔr] *n* COMMOTION : alboroto *m*, jaleo *m*, escándalo *m*

**uproarious** [ʌpˈrorɪəs] *adj* **1** CLAMOROUS : estrepitoso, clamoroso **2** HILARIOUS : muy divertido, hilarante — **uproariously** *adv*

**uproot** [ˌʌpˈruːt, -ˈrʊt] *vt* : desarraigar

**upset**[1] [ˌʌpˈsɛt] *vt* **-set; -setting 1** OVERTURN : volcar **2** SPILL : derramar **3** DISTURB : perturbar, disgustar, inquietar, alterar **4** SICKEN : sentar mal a ⟨it upsets my stomach : me sienta mal al estómago⟩ **5** DISRUPT : trastornar, desbaratar (planes, etc.) **6** DEFEAT : derrotar (en deportes)

**upset**[2] *adj* **1** DISPLEASED, DISTRESSED : disgustado, alterado **2 to have an upset stomach** : estar mal del estómago, estar descompuesto (de estómago)

**upset**[3] [ˈʌpˌsɛt] *n* **1** OVERTURNING : vuelco *m* **2** DISRUPTION : trastorno *m* (de planes, etc.) **3** DEFEAT : derrota *f* (en deportes)

**upshot** [ˈʌpˌʃɑt] *n* : resultado *m* final

**upside–down** [ˌʌpˌsaɪdˈdaʊn] *adj* : al revés

**upside down** [ˌʌpˌsaɪdˈdaʊn] *adv* **1** : al revés **2** : en confusión, en desorden

**upstairs**[1] [ˌʌpˈstærz] *adv* : arriba, en el piso superior

**upstairs**[2] [ˈʌpˌstærz, ˌʌpˈ-] *adj* : de arriba

**upstairs**[3] [ˈʌpˌstærz, ˌʌpˈ-] *ns & pl* : piso *m* de arriba, planta *f* de arriba

**upstanding** [ˌʌpˈstændɪŋ, ˈʌpˌ-] *adj* HONEST, UPRIGHT : honesto, íntegro, recto

**upstart** [ˈʌpˌstɑrt] *n* : advenedizo *m*, -za *f*

**upstream** [ˈʌpˈstriːm] *adv* : río arriba

**upsurge** [ˈʌpˌsərʤ] *n* : aumento *m* apreciable

**upswing** [ˈʌpˌswɪŋ] *n* : alza *f*, mejora *f* notable ⟨to be on the upswing : estar mejorándose⟩

**uptight** [ˌʌpˈtaɪt] *adj* : tenso, nervioso

**up to** *prep* **1** : hasta ⟨up to a year : hasta un año⟩ ⟨in mud up to my ankles : en barro hasta los tobillos⟩ **2 to be up to** : estar a la altura de ⟨I'm not up to going : no estoy en condiciones de ir⟩ **3 to be up to** : depender de ⟨it's up to the director : depende del director⟩

**up–to–date** [ˌʌptəˈdeɪt] *adj* **1** CURRENT : corriente, al día ⟨to keep up-to-date : mantenerse al corriente⟩ **2** MODERN : moderno

**uptown** [ˈʌpˈtaʊn] *adv* : hacia la parte alta de la ciudad, hacia el distrito residencial

**upturn** [ˈʌpˌtərn] *n* : mejora *f*, auge *m* (económico)

**upward**[1] [ˈʌpwərd] *or* **upwards** [-wərdz] *adv* **1** : hacia arriba **2 ~ of** : más de

**upward**[2] *adj* : ascendente, hacia arriba

**upwind** [ˌʌpˈwɪnd] *adv & adj* : contra el viento

**uranium** [jʊˈreɪniəm] *n* : uranio *m*

**Uranus** [jʊˈreɪnəs, ˈjʊrənəs] *n* : Urano *m*

**urban** [ˈərbən] *adj* : urbano

**urbane** [ˌərˈbeɪn] *adj* : urbano, cortés

**urchin** [ˈərʧən] *n* **1** SCAMP : granuja *mf*; pillo *m*, -lla *f* **2 sea urchin** : erizo *m* de mar

**urethra** [jʊˈriːθrə] *n, pl* **-thras** *or* **-thrae** [-ˌθriː] : uretra *f*

**urge**[1] [ˈərʤ] *vt* **urged; urging 1** PRESS : instar, apremiar, insistir ⟨we urged him to come : insistimos en que viniera⟩ **2** ADVOCATE : recomendar, abogar por **3 to urge on** : animar, alentar

**urge**[2] *n* : impulso *m*, ganas *fpl*, compulsión *f*

**urgency** [ˈərʤənʧsi] *n, pl* **-cies** : urgencia *f*

**urgent** [ˈərʤənt] *adj* **1** PRESSING : urgente, apremiante **2** INSISTENT : insistente **3 to be urgent** : urgir

**urgently** [ˈərʤəntli] *adv* : urgentemente

**urinal** [ˈjʊrənəl, esp Brit jʊˈraɪnəl] *n* : orinal *m*

**urinary** [ˈjʊrəˌnɛri] *adj* : urinario

**urinate** [ˈjʊrəˌneɪt] *vi* **-nated; -nating** : orinar

**urination** [ˌjʊrəˈneɪʃən] *n* : orinación *f*
**urine** [ˈjʊrən] *n* : orina *f*
**urn** [ˈɔrn] *n* **1** VASE : urna *f* **2** : recipiente *m* (para servir café, etc.)
**Uruguayan** [ˌʊrəˈgwaɪən, ˌjʊr-, -ˈgweɪ-] *n* : uruguayo *m*, -ya *f* — **Uruguayan** *adj*
**us** [ˈʌs] *pron* **1** (*as direct object*) : nos ⟨they were visiting us : nos visitaban⟩ **2** (*as indirect object*) : nos ⟨he gave us a present : nos dio un regalo⟩ **3** (*as object of preposition*) : nosotros, nosotras ⟨stay with us : quédese con nosotros⟩ ⟨both of us : nosotros dos⟩ ⟨all/some of us : todos/algunos de nosotros⟩ **4** (*for emphasis*) : nosotros, nosotras ⟨it's us! : ¡somos nosotros!⟩
**usable** [ˈjuːzəbəl] *adj* : utilizable
**usage** [ˈjuːsɪʤ, -zɪʤ] *n* **1** HABIT : costumbre *f*, hábito *m* **2** USE : uso *m*
**use¹** [ˈjuːz] *v* **used** [ˈjuːzd, in phrase "used to" usually ˈjuːstuː]; **using** *vt* **1** EMPLOY, UTILIZE : usar, utilizar, emplear ⟨can I use your phone? : ¿puedo usar tu teléfono?⟩ ⟨they use traditional methods : utilizan métodos tradicionales⟩ ⟨use your head! : ¡usa la cabeza!⟩ ⟨we used a contractor : contratamos a un contratista⟩ ⟨use this to clean it : usa esto para limpiarlo, límpialo con esto⟩ ⟨he uses it as an office : lo usa de/como oficina⟩ ⟨she used the money for college : usó el dinero para pagar la matrícula (universitaria)⟩ **2** CONSUME : consumir (electricidad, etc.), tomar (drogas, etc.) **3** EXPLOIT : usar, utilizar ⟨he used his friends to get ahead : usó a sus amigos para mejorar su posición⟩ **4** TREAT : tratar ⟨they used the horse cruelly : maltrataron al caballo⟩ **5** STAND : beneficiarse de ⟨you could use a nap : una siesta te vendría bien⟩ **6 to use up** : agotar, consumir, gastar — *vi* (*used in the past with* **to** *to indicate a former fact or state*) : soler, acostumbrar ⟨winters used to be colder : los inviernos solían ser más fríos, los inviernos eran más fríos⟩ ⟨she used to dance : acostumbraba bailar⟩
**use²** [ˈjuːs] *n* **1** : uso *m*, empleo *m*, utilización *f* ⟨ready for use : listo para usar⟩ ⟨the use of seat belts : el uso de los cinturones de seguridad⟩ ⟨to wear down from/with use : desgastarse por el uso⟩ **2** USEFULNESS : utilidad *f* ⟨to be of use : ser útil⟩ ⟨to be of no use : no servir (para nada)⟩ ⟨it's no use! : ¡es inútil!⟩ **3** : uso *m* ⟨a tool with many uses : una herramienta con muchos usos⟩ ⟨to find a use for : encontrarle uso a⟩ **4** : uso *m* ⟨to have the use of : poder usar, tener acceso a⟩ ⟨for member use only : para uso exclusivo de los socios⟩ **5** : uso *m* (de las piernas, etc.) **6 to be in use** : usarse, estar en uso (dícese de máquinas, palabras, etc.) ⟨the room is in use : la sala está ocupada⟩ **7 to fall out of use** : caer en desuso **8 to have no use for** : no necesitar ⟨she has no use for poetry : a ella no le gusta la poesía⟩ **9 to make use of** : servirse de, aprovechar **10 to put to (good) use** : hacer (buen) uso de
**used** [ˈjuːzd] *adj* **1** SECONDHAND : usado, de segunda mano ⟨used cars : coches usados⟩ **2** ACCUSTOMED : acostumbrado ⟨used to the heat : acostumbrado al calor⟩
**useful** [ˈjuːsfəl] *adj* : útil, práctico — **usefully** *adv*
**usefulness** [ˈjuːsfəlnəs] *n* : utilidad *f*
**useless** [ˈjuːsləs] *adj* : inútil — **uselessly** *adv*
**uselessness** [ˈjuːsləsnəs] *n* : inutilidad *f*
**user** [ˈjuːzər] *n* : usuario *m*, -ria *f*
**user-friendly** *adj* : fácil de usar
**user name** *n* : nombre *m* de usuario
**usher¹** [ˈʌʃər] *vt* **1** ESCORT : acompañar, conducir **2 to usher in** : hacer pasar (a alguien) ⟨to usher in a new era : anunciar una nueva época⟩
**usher²** *n* : acomodador *m*, -dora *f*
**usherette** [ˌʌʃəˈret] *n* : acomodadora *f*
**usual** [ˈjuːʒʊəl] *adj* **1** NORMAL : usual, normal **2** CUSTOMARY : acostumbrado, habitual, de costumbre **3** ORDINARY : ordinario, típico
**usually** [ˈjuːʒʊəli, ˈjuːʒəli] *adv* : usualmente, normalmente
**usurp** [juˈsɜrp, -ˈzɜrp] *vt* : usurpar
**usurper** [juˈsɜrpər, -ˈzɜr-] *n* : usurpador *m*, -dora *f*
**usury** [ˈjuːʒəri] *n* : usura *f*
**utensil** [juˈtɛnsəl] *n* **1** : utensilio *m* (de cocina) **2** IMPLEMENT : implemento *m*, útil *m* (de labranza, etc.)
**uterine** [ˈjuːtəˌraɪn, -rən] *adj* : uterino
**uterus** [ˈjuːtərəs] *n, pl* **uteri** [-ˌraɪ] : útero *m*, matriz *f*
**utilitarian** [juːˌtɪləˈtɛriən] *adj* : utilitario
**utility** [juːˈtɪləṭi] *n, pl* **-ties** **1** USEFULNESS : utilidad *f* **2 public utility** : empresa *f* de servicio público
**utilization** [ˌjuːtələˈzeɪʃən] *n* : utilización *f*
**utilize** [ˈjuːtəlˌaɪz] *vt* **-lized; -lizing** : utilizar, hacer uso de
**utmost¹** [ˈʌtˌmoːst] *adj* **1** FARTHEST : extremo, más lejano **2** GREATEST : sumo, mayor ⟨of the utmost importance : de suma importancia⟩
**utmost²** *n* : lo más posible ⟨to the utmost : al máximo⟩
**utopia** [juˈtoːpiə] *n* : utopía *f*
**utopian** [juˈtoːpiən] *adj* : utópico
**utter¹** [ˈʌṭər] *vt* : decir, articular, pronunciar (palabras)
**utter²** *adj* : absoluto — **utterly** *adv*
**utterance** [ˈʌṭərənʧs] *n* : declaración *f*, articulación *f*
**U-turn** [ˈjuːˌtərn] *n* **1** : giro *m* en U, vuelta *f* en U, cambio *m* de sentido **2** *fam* ABOUT-FACE, REVERSAL : giro *m* de 180 grados
**uvula** [ˈjuːvjələ] *n* : campanilla *f*

# V

**v** [ˈviː] *n, pl* **v's** *or* **vs** [ˈviːz] : vigésima segunda letra del alfabeto inglés

**vacancy** [ˈveɪkənt͡si] *n, pl* **-cies** **1** EMPTINESS : vacío *m*, vacuidad *f* **2** : vacante *f*, puesto *m* vacante ⟨to fill a vacancy : ocupar un puesto⟩ **3** : habitación *f* libre (en un hotel) ⟨no vacancies : completo⟩

**vacant** [ˈveɪkənt] *adj* **1** EMPTY : libre, desocupado (dícese de los edificios, etc.) **2** : vacante (dícese de los puestos) **3** BLANK : vacío, ausente ⟨a vacant stare : una mirada ausente⟩

**vacate** [ˈveɪˌkeɪt] *vt* **-cated; -cating** : desalojar, desocupar

**vacation**[1] [veɪˈkeɪʃən, və-] *vi* : pasar las vacaciones, vacacionar *Mex*

**vacation**[2] *n* : vacaciones *fpl* ⟨to be on vacation : estar de vacaciones⟩

**vacationer** [veɪˈkeɪʃənər, və-] *n* : turista *mf*, veraneante *mf*, vacacionista *mf CA, Mex*

**vaccinate** [ˈvæksəˌneɪt] *vt* **-nated; -nating** : vacunar

**vaccination** [ˌvæksəˈneɪʃən] *n* : vacunación *f*

**vaccine** [vækˈsiːn, ˈvækˌ-] *n* : vacuna *f*

**vacillate** [ˈvæsəˌleɪt] *vi* **-lated; -lating** **1** HESITATE : vacilar **2** SWAY : oscilar

**vacillation** [ˌvæsəˈleɪʃən] *n* : indecisión *f*, vacilación *f*

**vacuous** [ˈvækjʊəs] *adj* **1** EMPTY : vacío **2** INANE : vacuo, necio, estúpido

**vacuousness** [ˈvækjʊəsnəs] *n* : vacuidad *f*

**vacuum**[1] [ˈvæˌkjuːm, -kjəm] *vt* : limpiar con aspiradora, pasar la aspiradora por

**vacuum**[2] *n, pl* **vacuums** *or* **vacua** [ˈvækjʊə] : vacío *m*

**vacuum cleaner** *n* : aspiradora *f*

**vagabond**[1] [ˈvægəˌbɑnd] *adj* : vagabundo

**vagabond**[2] *n* : vagabundo *m*, -da *f*

**vagary** [ˈveɪgəri, vəˈgɛri] *n, pl* **-ries** : capricho *m*

**vagina** [vəˈd͡ʒaɪnə] *n, pl* **-nae** [-ˌniː, -ˌnaɪ] *or* **-nas** : vagina *f*

**vagrancy** [ˈveɪgrən͡si] *n, pl* **-cies** : vagancia *f*

**vagrant**[1] [ˈveɪgrənt] *adj* : vagabundo

**vagrant**[2] *n* : vagabundo *m*, -da *f*

**vague** [ˈveɪg] *adj* **vaguer; vaguest** **1** IMPRECISE : vago, impreciso ⟨a vague feeling : una sensación indefinida⟩ ⟨I haven't the vaguest idea : no tengo la más remota idea⟩ **2** UNCLEAR : borroso, poco claro ⟨a vague outline : un perfil indistinto⟩ **3** ABSENTMINDED : distraído

**vaguely** [ˈveɪgli] *adv* : vagamente, de manera imprecisa

**vagueness** [ˈveɪgnəs] *n* : vaguedad *f*, imprecisión *f*

**vain** [ˈveɪn] *adj* **1** WORTHLESS : vano **2** FUTILE : vano, inútil ⟨in vain : en vano⟩ **3** CONCEITED : vanidoso, presumido

**vainly** [ˈveɪnli] *adv* : en vano, vanamente, inútilmente

**valance** [ˈvælən͡ts, ˈveɪ-] *n* **1** FLOUNCE : volante *m* (de una cama, etc.) **2** : galería *f* de cortina (sobre una ventana)

**vale** [ˈveɪl] *n* : valle *m*

**valedictorian** [ˌvæləˈdɪkˈtoriən] *n* : estudiante *mf* que pronuncia el discurso de despedida en ceremonia de graduación

**valedictory** [ˌvæləˈdɪktəri] *adj* : de despedida

**valentine** [ˈvælənˌtaɪn] *n* : tarjeta *f* que se manda el Día de los Enamorados (el 14 de febrero)

**Valentine's Day** *n* : Día *m* de los Enamorados

**valet** [ˈvæˌleɪ, væˈleɪ, ˈvælət] *n* : ayuda *m* de cámara

**valiant** [ˈvæljənt] *adj* : valiente, valeroso

**valiantly** [ˈvæljəntli] *adv* : con valor, valientemente

**valid** [ˈvælət͡d] *adj* : válido

**validate** [ˈvæləˌd͡eɪt] *vt* **-dated; -dating** : validar, dar validez a

**validity** [vəˈlɪd͡ʒɪti, væ-] *n* : validez *f*

**valise** [vəˈliːs] *n* : maleta *f* (de mano)

**Valium** [ˈvæliəm, ˈvæljəm] *trademark* se usa para una droga que reduce la ansiedad y el estrés

**valley** [ˈvæli] *n, pl* **-leys** : valle *m*

**valor** [ˈvælər] *n* : valor *m*, valentía *f*

**valuable**[1] [ˈvæljʊəbəl, ˈvælj͡əbəl] *adj* **1** EXPENSIVE : valioso, de valor **2** WORTHWHILE : valioso, apreciable

**valuable**[2] *n* : objeto *m* de valor

**valuation** [ˌvæljuˈeɪʃən] *n* **1** APPRAISAL : valoración *f*, tasación *f* **2** VALUE : valuación *f*

**value**[1] [ˈvælˌjuː] *vt* **-ued; -uing** **1** APPRAISE : valorar, avaluar, tasar **2** APPRECIATE : valorar, apreciar

**value**[2] *n* **1** : valor *m* ⟨of little value : de poco valor⟩ ⟨to be a good value : estar bien de precio, tener buen precio⟩ ⟨at face value : en su sentido literal⟩ **2 values** *npl* : valores *mpl* (morales), principios *mpl*

**valueless** [ˈvæljuːləs] *adj* : sin valor

**valve** [ˈvælv] *n* : válvula *f*

**vampire** [ˈvæmˌpaɪr] *n* **1** : vampiro *m* **2** *or* **vampire bat** : vampiro *m*

**van**[1] [ˈvæn] → **vanguard**

**van**[2] *n* : furgoneta *f*, camioneta *f*

**vandal** [ˈvændəl] *n* : vándalo *m*

**vandalism** [ˈvændəlˌɪzəm] *n* : vandalismo *m*

**vandalize** [ˈvændəlˌaɪz] *vt* : destrozar, destruir, estropear

**vane** [ˈveɪn] *n or* **weather vane** : veleta *f*

**vanguard** [ˈvænˌɡɑrd] *n* : vanguardia *f*

**vanilla** [vəˈnɪlə, -ˈnɛ-] *n* : vainilla *f*

**vanish** [ˈvænɪʃ] *vi* : desaparecer, disiparse, desvanecerse

**vanity** [ˈvænəti] *n, pl* **-ties** **1** : vanidad *f* **2** *or* **vanity table** : tocador *m*

**vanquish** [ˈvæŋkwɪʃ, ˈvæn-] *vt* : vencer, conquistar

**vantage point** [ˈvæntɪd͡ʒ] *n* : posición *f* ventajosa

**vape** [ˈveɪp] *v* **vaped; vaping** : vapear
**vapid** [ˈvæpəd, ˈveɪ-] *adj* : insípido, insulso
**vapor** [ˈveɪpər] *n* : vapor *m*
**vaporize** [ˈveɪpəˌraɪz] *v* **-rized; -rizing** *vt* : vaporizar — *vi* : vaporizarse, evaporarse
**vaporizer** [ˈveɪpəˌraɪzər] *n* : vaporizador *m*
**variability** [ˌveriəˈbɪləti] *n, pl* **-ties** : variabilidad *f*
**variable**[1] [ˈveriəbəl] *adj* : variable ⟨variable cloudiness : nubosidad variable⟩
**variable**[2] *n* : variable *f*, factor *m*
**variance** [ˈveriənts] *n* **1** DISCREPANCY : varianza *f*, discrepancia *f* **2** DISAGREEMENT : desacuerdo *m* ⟨at variance with : en desacuerdo con⟩
**variant**[1] [ˈveriənt] *adj* : variante, divergente
**variant**[2] *n* : variante *f*
**variation** [ˌveriˈeɪʃən] *n* : variación *f*, diferencias *fpl*
**varicose** [ˈverəˌkoːs] *adj* : varicoso
**varicose veins** *npl* : varices *fpl*, várices *fpl*
**varied** [ˈverɪd] *adj* : variado, dispar, diferente
**variegated** [ˈveriəˌgeɪtd] *adj* : abigarrado, multicolor
**variety** [vəˈraɪəti] *n, pl* **-ties** **1** DIVERSITY : diversidad *f*, variedad *f* **2** ASSORTMENT : surtido *m* ⟨for a variety of reasons : por diversas razones⟩ **3** SORT : clase *f* **4** BREED : variedad *f* (de plantas)
**various** [ˈveriəs] *adj* : varios, diversos
**varnish**[1] [ˈvɑrnɪʃ] *vt* : barnizar
**varnish**[2] *n* : barniz *f*
**varsity** [ˈvɑrsəti] *n, pl* **-ties** : equipo *m* universitario
**vary** [ˈveri] *v* **varied; varying** *vt* : variar, diversificar — *vi* **1** CHANGE : variar, cambiar **2** DEVIATE : desviarse
**vascular** [ˈvæskjələr] *adj* : vascular
**vase** [ˈveɪs, ˈveɪz, ˈvɑz] *n* : jarrón *m*, florero *m*
**Vaseline** [ˈvæsəˌliːn, ˌvæsəˈliːn] *trademark* se usa para vaselina
**vassal** [ˈvæsəl] *n* : vasallo *m*, -lla *f*
**vast** [ˈvæst] *adj* : inmenso, enorme, vasto
**vastly** [ˈvæstli] *adv* : enormemente
**vastness** [ˈvæstnəs] *n* : vastedad *f*, inmensidad *f*
**vat** [ˈvæt] *n* : cuba *f*, tina *f*
**vaudeville** [ˈvɔdvəl, -ˌvɪl;, ˈvɔdəˌvɪl] *n* : vodevil *m*
**vault**[1] [ˈvɔlt] *vi* LEAP : saltar
**vault**[2] *n* **1** JUMP : salto *m* ⟨pole vault : salto de pértiga, salto con garrocha⟩ **2** DOME : bóveda *f* **3** : bodega *f* (para vino), bóveda *f* de seguridad (de un banco) **4** CRYPT : cripta *f*
**vaulted** [ˈvɔltəd] *adj* : abovedado
**vaunted** [ˈvɔntəd] *adj* : cacareado, alardeado ⟨a much vaunted wine : un vino muy alardeado⟩
**VCR** [ˌviːˌsiːˈɑr] *n* : video *m*, videocasetera *f*
**veal** [ˈviːl] *n* : ternera *f*, carne *f* de ternera
**veer** [ˈvɪr] *vi* : virar (dícese de un barco), girar (dícese de un coche), torcer (dícese de un camino)
**vegan** [ˈviːgən] *n* : vegetariano *m* estricto, vegetariana *f* estricta
**vegetable**[1] [ˈvɛdʒtəbəl, ˈvɛdʒətə-] *adj* : vegetal
**vegetable**[2] *n* **1** : vegetal *m* ⟨the vegetable kingdom : el reino vegetal⟩ **2** : verdura *f*, hortaliza *f* (para comer)
**vegetarian** [ˌvɛdʒəˈtɛriən] *n* : vegetariano *mf* — **vegetarian** *adj* — **vegetarianism** *n*
**vegetate** [ˈvɛdʒəˌteɪt] *vi* **-tated; -tating** : vegetar
**vegetation** [ˌvɛdʒəˈteɪʃən] *n* : vegetación *f*
**vegetative** [ˈvɛdʒəˌteɪtɪv] *adj* : vegetativo
**veggie** [ˈvɛdʒi] *n fam* VEGETABLE : verdura *f*, hortaliza *f* (para comer)
**vehemence** [ˈviːəmənts] *n* : intensidad *f*, vehemencia *f*
**vehement** [ˈviːəmənt] *adj* : intenso, vehemente
**vehemently** [ˈviːəməntli] *adv* : vehementemente, con vehemencia
**vehicle** [ˈviːəkəl, ˈviːˌhɪkəl] *n* **1** *or* **motor vehicle** : vehículo *m* **2** MEDIUM : vehículo *m*, medio *m*
**vehicular** [viˈhɪkjələr, və-] *adj* : vehicular ⟨vehicular homicide : muerte por atropello⟩
**veil**[1] [ˈveɪl] *vt* **1** CONCEAL : velar, disimular **2** : cubrir con un velo ⟨to veil one's face : cubrirse con un velo⟩
**veil**[2] *n* : velo *m* ⟨bridal veil : velo de novia⟩
**vein** [ˈveɪn] *n* **1** : vena *f* (en anatomía, botánica, etc.) **2** LODE : veta *f*, vena *f*, filón *m* **3** STYLE : vena *f* ⟨in a humorous vein : en vena humorística⟩
**veined** [ˈveɪnd] *adj* : veteado (dícese del queso, de los minerales, etc.)
**Velcro** [ˈvɛlˌkroː] *trademark* se usa para un tipo de cierre de nilón
**velocity** [vəˈlɑsəti] *n, pl* **-ties** : velocidad *f*
**velour** [vəˈlʊr] *or* **velours** [-ˈlʊrz] *n* : velour *m*
**velvet**[1] [ˈvɛlvət] *adj* **1** : de terciopelo **2** → **velvety**
**velvet**[2] *n* : terciopelo *m*
**velvety** [ˈvɛlvəti] *adj* : aterciopelado
**venal** [ˈviːnəl] *adj* : venal
**vend** [ˈvɛnd] *vt* : vender
**vendetta** [vɛnˈdɛtə] *n* : vendetta *f*
**vending machine** *n* : máquina *f* expendedora
**vendor** [ˈvɛndər] *n* : vendedor *m*, -dora *f*; puestero *m*, -ra *f*
**veneer** *n* **1** : enchapado *m*, chapa *f* **2** APPEARANCE : apariencia *f*, barniz *m* ⟨a veneer of culture : un barniz de cultura⟩
**venerable** [ˈvɛnərəbəl] *adj* : venerable
**venerate** [ˈvɛnəˌreɪt] *vt* **-ated; -ating** : venerar
**veneration** [ˌvɛnəˈreɪʃən] *n* : veneración *f*
**venereal disease** [vəˈnɪriəl] *n* : enfermedad *f* venérea
**venetian blind** [vəˈniːʃən] *n* : persiana *f* (de lamas)
**Venezuelan** [ˌvɛnəˈzweɪlən, -zuˈeɪ-] *n* : venezolano *m*, -na *f* — **Venezuelan** *adj*
**vengeance** [ˈvɛndʒənts] *n* : venganza *f* ⟨to take vengeance on : vengarse de⟩

**vengeful** [ˈvɛnʤfəl] *adj* : vengativo
**venial** [ˈviːniəl] *adj* : venial ⟨a venial sin : un pecado venial⟩
**venison** [ˈvɛnəsən, -zən] *n* : venado *m*, carne *f* de venado
**venom** [ˈvɛnəm] *n* **1** : veneno *m* **2** MALICE : veneno *m*, malevolencia *f*
**venomous** [ˈvɛnəməs] *adj* : venenoso
**vent**[1] [ˈvɛnt] *vt* : desahogar, dar salida a ⟨to vent one's feelings : desahogarse⟩
**vent**[2] *n* **1** OPENING : abertura *f* (de escape), orificio *m* **2** *or* **air vent** : respiradero *m*, rejilla *f* de ventilación **3** OUTLET : desahogo *m* ⟨to give vent to one's anger : desahogar la ira⟩
**ventilate** [ˈvɛntəˌleɪt] *vt* **-lated; -lating** : ventilar
**ventilation** [ˌvɛntəˈleɪʃən] *n* : ventilación *f*
**ventilator** [ˈvɛntəˌleɪtər] *n* : ventilador *m*
**ventricle** [ˈvɛntrɪkəl] *n* : ventrículo *m*
**ventriloquism** [vɛnˈtrɪləˌkwɪzəm] *n* : ventriloquia *f*
**ventriloquist** [vɛnˈtrɪləˌkwɪst] *n* : ventrílocuo *m*, -cua *f*
**venture**[1] [ˈvɛnʧər] *v* **-tured; -turing** *vt* **1** RISK : arriesgar **2** OFFER : aventurar ⟨to venture an opinion : aventurar una opinión⟩ — *vi* : arriesgarse, atreverse, aventurarse
**venture**[2] *n* **1** UNDERTAKING : empresa *f* **2** GAMBLE, RISK : aventura *f*, riesgo *m*
**venturesome** [ˈvɛnʧərsəm] *adj* **1** ADVENTUROUS : audaz, atrevido **2** RISKY : arriesgado
**venue** [ˈvɛnəˌjuː] *n* **1** PLACE : lugar *m* **2** : jurisdicción *f* (en derecho)
**Venus** [ˈviːnəs] *n* : Venus *m*
**veracity** [vəˈræsəʧi] *n, pl* **-ties** : veracidad *f*
**veranda** *or* **verandah** [vəˈrændə] *n* : terraza *f*, veranda *f*
**verb** [ˈvərb] *n* : verbo *m*
**verbal** [ˈvərbəl] *adj* : verbal
**verbalize** [ˈvərbəˌlaɪz] *vt* **-ized; -izing** : expresar con palabras, verbalizar
**verbally** [ˈvərbəli] *adv* : verbalmente, de palabra
**verbatim**[1] [vərˈbeɪʧəm] *adv* : palabra por palabra, textualmente
**verbatim**[2] *adj* : literal, textual
**verbose** [vərˈboːs] *adj* : verboso, prolijo
**verdant** [ˈvərdənt] *adj* : verde, verdeante
**verdict** [ˈvərdɪkt] *n* **1** : veredicto *m* (de un jurado) **2** JUDGMENT, OPINION : juicio *m*, opinión *f*
**verge**[1] [ˈvərʤ] *vi* **verged; verging** : estar al borde, rayar ⟨it verges on madness : raya en la locura⟩
**verge**[2] *n* **1** EDGE : borde *m* **2 to be on the verge of** : estar a pique de, estar al borde de, estar a punto de
**verification** [ˌvɛrəfəˈkeɪʃən] *n* : verificación *f*
**verify** [ˈvɛrəˌfaɪ] *vt* **-fied; -fying** : verificar, comprobar, confirmar
**veritable** [ˈvɛrəʧəbəl] *adj* : verdadero — **veritably** [-bli] *adv*
**vermicelli** [ˌvərməˈʧɛli, -ˈsɛli] *n* : fideos *mpl* finos
**vermin** [ˈvərmən] *ns & pl* : alimañas *fpl*, bichos *mpl*, sabandijas *fpl*
**vermouth** [vərˈmuːθ] *n* : vermut *m*
**vernacular**[1] [vərˈnækjələr] *adj* : vernáculo
**vernacular**[2] *n* : lengua *f* vernácula
**vernal** [ˈvərnəl] *adj* : vernal
**versatile** [ˈvərsəʧəl] *adj* : versátil
**versatility** [ˌvərsəˈtɪləʧi] *n* : versatilidad *f*
**verse** [ˈvərs] *n* **1** LINE, STANZA : verso *m*, estrofa *f* **2** POETRY : poesía *f* **3** : versículo *m* (en la Biblia)
**versed** [ˈvərst] *adj* : versado ⟨to be well versed in : ser muy versado en⟩
**version** [ˈvərʒən] *n* : versión *f*
**versus** [ˈvərsəs] *prep* : versus
**vertebra** [ˈvərtəbrə] *n, pl* **-brae** [-ˌbreɪ, -ˌbriː] *or* **-bras** : vértebra *f*
**vertebrate**[1] [ˈvərtəbrət, -ˌbreɪt] *adj* : vertebrado
**vertebrate**[2] *n* : vertebrado *m*
**vertex** [ˈvərˌtɛks] *n, pl* **vertices** [ˈvərtəˌsiːz] **1** : vértice *m* (en matemáticas y anatomía) **2** SUMMIT, TOP : ápice *m*, cumbre *f*, cima *f*
**vertical**[1] [ˈvərtɪkəl] *adj* : vertical — **vertically** *adv*
**vertical**[2] *n* : vertical *f*
**vertigo** [ˈvərtɪˌgoː] *n, pl* **-goes** *or* **-gos** : vértigo *m*
**verve** [ˈvərv] *n* : brío *m*
**very**[1] [ˈvɛri] *adv* **1** EXTREMELY : muy, sumamente ⟨very few : muy pocos⟩ ⟨very much : mucho⟩ ⟨I am very sorry : lo siento mucho⟩ **2** (*used for emphasis*) ⟨at the very least : por lo menos, como mínimo⟩ ⟨the very same dress : el mismo vestido⟩ ⟨a room of my very own : mi propio cuarto⟩ ⟨(on) the very next day : al día siguiente⟩
**very**[2] *adj* **verier; -est** **1** EXACT, PRECISE : mismo, exacto ⟨at that very moment : en ese mismo momento⟩ ⟨it's the very thing : es justo lo que hacía falta⟩ **2** BARE, MERE : solo, mero ⟨the very thought of it : sólo pensarlo⟩ **3** EXTREME : extremo, de todo ⟨at the very top : arriba de todo⟩
**vesicle** [ˈvɛsɪkəl] *n* : vesícula *f*
**vespers** [ˈvɛspərz] *npl* : vísperas *fpl*
**vessel** [ˈvɛsəl] *n* **1** CONTAINER : vasija *f*, recipiente *m* **2** BOAT, CRAFT : nave *f*, barco *m*, buque *m* **3** : vaso *m* ⟨blood vessel : vaso sanguíneo⟩
**vest**[1] [ˈvɛst] *vt* **1** CONFER : conferir ⟨to vest authority in : conferirle la autoridad a⟩ **2** CLOTHE : vestir
**vest**[2] *n* **1** : chaleco *m* **2** UNDERSHIRT : camiseta *f*
**vestibule** [ˈvɛstəˌbjuːl] *n* : vestíbulo *m*
**vestige** [ˈvɛstɪʤ] *n* : vestigio *m*, rastro *m*
**vestments** [ˈvɛstmənts] *npl* : vestiduras *fpl*
**vestry** [ˈvɛstri] *n, pl* **-tries** : sacristía *f*
**vet** [ˈvɛt] *n* **1** → **veterinarian** **2** → **veteran**[2]
**veteran**[1] [ˈvɛʧərən, ˈvɛtrən] *adj* : veterano
**veteran**[2] *n* : veterano *m*, -na *f*
**Veterans Day** *n* : día *m* del Armisticio (celebrado el 11 de noviembre en los Estados Unidos)
**veterinarian** [ˌvɛʧərəˈnɛriən, ˌvɛtrə-] *n* : veterinario *m*, -ria *f*

**veterinary** [ˈvɛtərəˌnɛri] *adj* : veterinario
**veto¹** [ˈviːtoʊ] *vt* **1** FORBID : prohibir **2** : vetar ⟨to veto a bill : vetar un proyecto de ley⟩
**veto²** *n, pl* **-toes** **1** : veto *m* ⟨the power of veto : el derecho de veto⟩ **2** BAN : veto *m*, prohibición *f*
**vex** [ˈvɛks] *vt* : contrariar, molestar, irritar
**vexation** [vɛkˈseɪʃən] *n* : contrariedad *f*, irritación *f*
**via** [ˈvaɪə, ˈviːə] *prep* : por, vía
**viability** [ˌvaɪəˈbɪləṭi] *n* : viabilidad *f*
**viable** [ˈvaɪəbəl] *adj* : viable
**viaduct** [ˈvaɪəˌdʌkt] *n* : viaducto *m*
**vial** [ˈvaɪəl] *n* : frasco *m*
**vibrant** [ˈvaɪbrənt] *adj* **1** LIVELY : vibrante, animado, dinámico **2** BRIGHT : fuerte, vivo (dícese de los colores)
**vibrate** [ˈvaɪˌbreɪt] *vi* **-brated; -brating** **1** OSCILLATE : vibrar, oscilar **2** THRILL : bullir ⟨to vibrate with excitement : bullir de emoción⟩
**vibration** [vaɪˈbreɪʃən] *n* : vibración *f*
**vibrator** [ˈvaɪˌbreɪṭər] *n* : vibrador *m*
**vicar** [ˈvɪkər] *n* : vicario *m*, -ria *f*
**vicarious** [vaɪˈkæriːəs, vɪ-] *adj* : indirecto — **vicariously** *adv*
**vice** [ˈvaɪs] *n* : vicio *m*
**vice-** [ˈvaɪs] *pref* : vice-
**vice admiral** *n* : vicealmirante *mf*
**vice president** *n* : vicepresidente *m*, -ta *f*
**viceroy** [ˈvaɪsˌrɔɪ] *n* : virrey *m*, -rreina *f*
**vice versa** [ˌvaɪsɪˈvərsə, ˌvaɪsˈvər-] *adv* : viceversa
**vicinity** [vəˈsɪnəṭi] *n, pl* **-ties** **1** NEIGHBORHOOD : vecindad *f*, inmediaciones *fpl* **2** NEARNESS : proximidad *f*
**vicious** [ˈvɪʃəs] *adj* **1** DEPRAVED : depravado, malo **2** SAVAGE : malo, fiero, salvaje ⟨a vicious dog : un perro feroz⟩ **3** MALICIOUS : malicioso
**vicious circle** *n* : círculo *m* vicioso
**viciously** [ˈvɪʃəsli] *adv* : con saña, brutalmente
**viciousness** [ˈvɪʃəsnəs] *n* : brutalidad *f*, ferocidad *f* (de un animal), malevolencia *f* (de un comentario, etc.)
**vicissitude** [vəˈsɪsəˌtuːd, vaɪ-, -ˌtjuːd] *n* : vicisitud *f*
**victim** [ˈvɪktəm] *n* : víctima *f*
**victimize** [ˈvɪktəˌmaɪz] *vt* **-mized; -mizing** : tomar como víctima; perseguir; victimizar *Arg, Mex*
**victor** [ˈvɪktər] *n* : vencedor *m*, -dora *f*
**Victorian** [vɪkˈtoːriən] *adj* : victoriano
**victorious** [vɪkˈtoːriəs] *adj* : victorioso — **victoriously** *adv*
**victory** [ˈvɪktəri] *n, pl* **-ries** : victoria *f*, triunfo *m*
**video¹** [ˈvɪdiˌoː] *adj* : de video ⟨video recording : grabación de video⟩
**video²** *n* : video *m*
**video camera** *n* : videocámara *f*
**videocassette** [ˌvɪdiokəˈsɛt] *n* : videocasete *m*, videocassette *m*
**videocassette recorder** → **VCR**
**videoconferencing** [ˌvɪdioˈkɑnfrənṭsɪŋ] *n* : uso *m* de videoconferencias — **videoconference** [ˌvɪdioˈkɑnfrənṭs, -ˈkɑnfərənṭs] *n*
**video game** *n* : videojuego *m*, juego *m* de video
**video recorder** → **VCR**
**videotape¹** [ˈvɪdioˌteɪp] *vt* **-taped; -taping** : grabar en video, videograbar
**videotape²** *n* : videocinta *f*
**vie** [ˈvaɪ] *vi* **vied; vying** [ˈvaɪɪŋ] : competir, rivalizar
**Vietnamese** [viˌɛtnəˈmiːz, -ˈmiːs] *n* **1** : vietnamita *mf* **2** : vietnamita *m* (idioma) — **Vietnamese** *adj*
**view¹** [ˈvjuː] *vt* **1** OBSERVE : mirar, ver, observar **2** CONSIDER : considerar, contemplar
**view²** *n* **1** SIGHT : vista *f* ⟨to come into view : aparecer⟩ **2** ATTITUDE, OPINION : opinión *f*, parecer *m*, actitud *f* ⟨in my view : en mi opinión⟩ **3** SCENE : vista *f*, panorama *f* **4** INTENTION : idea *f*, vista *f* ⟨with a view to : con vistas a, con la idea de⟩ **5 in view of** : dado que, en vista de (que)
**viewer** [ˈvjuːər] *n* : televidente *mf*; telespectador *m*, -dora *f* ⟨the show was watched by millions of viewers : el programa fue visto por millones de televidentes⟩
**viewfinder** [ˈvjuːˌfaɪndər] *n* : visor *m*
**viewpoint** [ˈvjuːˌpɔɪnt] *n* : punto *m* de vista
**vigil** [ˈvɪʤəl] *n* **1** : vigilia *f*, vela *f* **2 to keep vigil** : velar
**vigilance** [ˈvɪʤələnṭs] *n* : vigilancia *f*
**vigilant** [ˈvɪʤələnt] *adj* : vigilante
**vigilante** [ˌvɪʤəˈlæn,ṭiː] *n* : integrante *mf* de un comité de vigilancia (que actúa como policía)
**vigilantly** [ˈvɪʤələntli] *adv* : con vigilancia
**vigor** [ˈvɪgər] *n* : vigor *m*, energía *f*, fuerza *f*
**vigorous** [ˈvɪgərəs] *adj* : vigoroso, enérgico — **vigorously** *adv*
**Viking** [ˈvaɪkɪŋ] *n* : vikingo *m*, -ga *f*
**vile** [ˈvaɪl] *adj* **viler; vilest** **1** WICKED : vil, infame **2** REVOLTING : asqueroso, repugnante **3** TERRIBLE : horrible, atroz ⟨vile weather : tiempo horrible⟩ ⟨to be in a vile mood : estar de un humor de perros⟩
**vileness** [ˈvaɪlnəs] *n* : vileza *f*
**vilify** [ˈvɪləˌfaɪ] *vt* **-fied; -fying** : vilipendiar, denigrar, difamar
**villa** [ˈvɪlə] *n* : casa *f* de campo, quinta *f*
**village** [ˈvɪlɪʤ] *n* : pueblo *m* (grande), aldea *f* (pequeña)
**villager** [ˈvɪlɪʤər] *n* : vecino *m*, -na *f* (de un pueblo); aldeano *m*, -na *f* (de una aldea)
**villain** [ˈvɪlən] *n* : villano *m*, -na *f*; malo *m*, -la *f* (en ficción, películas, etc.)
**villainess** [ˈvɪlənɪs, -nəs] *n* : villana *f*
**villainous** [ˈvɪlənəs] *adj* : infame, malvado
**villainy** [ˈvɪləni] *n, pl* **-lainies** : vileza *f*, maldad *f*
**vim** [ˈvɪm] *n* : brío *m*, vigor *m*, energía *f*
**vinaigrette** [ˌvɪnɪˈgrɛt] *n* : vinagreta *f*
**vindicate** [ˈvɪndəˌkeɪt] *vt* **-cated; -cating** **1** EXONERATE : vindicar, disculpar **2** JUSTIFY : justificar
**vindication** [ˌvɪndəˈkeɪʃən] *n* : vindicación *f*, justificación *f*

**vindictive** [vɪnˈdɪktɪv] *adj* : vengativo
**vine** [ˈvaɪn] *n* **1** GRAPEVINE : vid *f*, parra *f* **2** : planta *f* trepadora, enredadera *f*
**vinegar** [ˈvɪnɪgər] *n* : vinagre *m*
**vinegary** [ˈvɪnɪgərɪ] *adj* : avinagrado
**vineyard** [ˈvɪnjərd] *n* : viña *f*, viñedo *m*
**vintage**[1] [ˈvɪntɪʤ] *adj* **1** : añejo (dícese de un vino) **2** CLASSIC : clásico, de época
**vintage**[2] *n* **1** : cosecha *f* ⟨the 1947 vintage : la cosecha de 1947⟩ **2** ERA : época *f*, era *f* ⟨slang of recent vintage : argot de la época reciente⟩
**vinyl** [ˈvaɪnəl] *n* : vinilo
**viola** [viːˈoːlə] *n* : viola *f*
**violate** [ˈvaɪəˌleɪt] *vt* **-lated; -lating 1** BREAK : infringir, violar, quebrantar ⟨to violate the rules : violar las reglas⟩ **2** RAPE : violar **3** DESECRATE : profanar
**violation** [ˌvaɪəˈleɪʃən] *n* **1** : violación *f*, infracción *f* (de una ley) **2** DESECRATION : profanación *f*
**violator** [ˈvaɪəˌleɪʧər] *n* : infractor *m*, -tora *f*
**violence** [ˈvaɪlənʦ, ˈvaɪə-] *n* : violencia *f*
**violent** [ˈvaɪlənt, ˈvaɪə-] *adj* : violento
**violently** [ˈvaɪləntlɪ, ˈvaɪə-] *adv* : violentamente, con violencia
**violet** [ˈvaɪlət, ˈvaɪə-] *n* : violeta *f*
**violin** [ˌvaɪəˈlɪn] *n* : violín *m*
**violinist** [ˌvaɪəˈlɪnɪst] *n* : violinista *mf*
**violoncello** [ˌvaɪələnˈʧeloː, ˌviː-] → **cello**
**VIP** [ˌviːˌaɪˈpiː] *n, pl* **VIPs** [-ˈpiːz] : VIP *mf*, persona *f* de categoría
**viper** [ˈvaɪpər] *n* : víbora *f*
**viral** [ˈvaɪrəl] *adj* : viral, vírico ⟨viral pneumonia : pulmonía viral⟩
**virgin**[1] [ˈvərʤən] *adj* **1** CHASTE : virginal ⟨the virgin birth : el alumbramiento virginal⟩ **2** : virgen, intacto ⟨a virgin forest : una selva virgen⟩ ⟨virgin wool : lana virgen⟩
**virgin**[2] *n* : virgen *mf*
**virginal** [ˈvərʤənəl] *adj* : virginal
**virginity** [vərˈʤɪnəʧi] *n* : virginidad *f*
**Virgo** [ˈvərˌgoː, ˈvɪr-] *n* **1** : Virgo *m* (signo o constelación) **2** : Virgo *mf* (persona)
**virile** [ˈvɪrəl, -ˌaɪl] *adj* : viril, varonil
**virility** [vəˈrɪləʧi] *n* : virilidad *f*
**virtual** [ˈvərʧʊəl] *adj* : virtual ⟨a virtual dictator : un virtual dictador⟩ ⟨virtual reality : realidad virtual⟩
**virtually** [ˈvərʧʊəlɪ, ˈvərʧəlɪ] *adv* : en realidad, de hecho, casi
**virtue** [ˈvərˌʧuː] *n* **1** : virtud *f* **2 by virtue of** : en virtud de, debido a
**virtuosity** [ˌvərʧʊˈɑsəʧi] *n, pl* **-ties** : virtuosismo *m*
**virtuoso** [ˌvərʧʊˈoːsoː, -zoː] *n, pl* **-sos** *or* **-si** [-ˌsiː, -ˌziː] : virtuoso *m*, -sa *f*
**virtuous** [ˈvərʧʊəs] *adj* : virtuoso, bueno — **virtuously** *adv*
**virulence** [ˈvɪrələnʦ, ˈvɪrjə-] *n* : virulencia *f*
**virulent** [ˈvɪrələnt, ˈvɪrjə-] *adj* : virulento
**virus** [ˈvaɪrəs] *n* : virus *m*
**visa** [ˈviːzə, -sə] *n* : visa *f*
**vis–à–vis** [ˌviːzəˈviː, -sə-] *prep* : con relación a, con respecto a
**viscera** [ˈvɪsərə] *npl* : vísceras *fpl*
**visceral** [ˈvɪsərəl] *adj* : visceral
**viscosity** [vɪsˈkɑsəʧi] *n, pl* **-ties** : viscosidad *f*
**viscous** [ˈvɪskəs] *adj* : viscoso
**vise** [ˈvaɪs] *n* : torno *m* de banco, tornillo *m* de banco
**visibility** [ˌvɪzəˈbɪləʧi] *n, pl* **-ties** : visibilidad *f*
**visible** [ˈvɪzəbəl] *adj* **1** : visible ⟨the visible stars : las estrellas visibles⟩ **2** OBVIOUS : evidente, patente
**visibly** [ˈvɪzəblɪ] *adv* : visiblemente
**vision** [ˈvɪʒən] *n* **1** EYESIGHT : vista *f*, visión *f* **2** APPARITION : visión *f*, aparición *f* **3** FORESIGHT : visión *f* (del futuro), previsión *f* **4** IMAGE : imagen *f* ⟨she had visions of a disaster : se imaginaba un desastre⟩
**visionary**[1] [ˈvɪʒəˌnɛrɪ] *adj* **1** FARSIGHTED : visionario, con visión de futuro **2** UTOPIAN : utópico, poco realista
**visionary**[2] *n, pl* **-ries** : visionario *m*, -ria *f*
**visit**[1] [ˈvɪzət] *vt* **1** : visitar, ir a ver **2** AFFLICT : azotar, afligir ⟨visited by troubles : afligido con problemas⟩ — *vi* : hacer (una) visita ⟨visiting hours : horas de visita⟩
**visit**[2] *n* : visita *f*
**visitor** [ˈvɪzəʧər] *n* : visitante *mf* (a una ciudad, etc.), visita *f* (a una casa)
**visor** [ˈvaɪzər] *n* : visera *f*
**vista** [ˈvɪstə] *n* : vista *f*
**visual** [ˈvɪʒʊəl] *adj* : visual ⟨the visual arts : las artes visuales⟩ — **visually** *adv*
**visualize** [ˈvɪʒʊəˌlaɪz] *vt* **-ized; -izing** : visualizar, imaginarse, hacerse una idea de — **visualization** [ˌvɪʒəwələˈzeɪʃən] *n*
**vital** [ˈvaɪʧəl] *adj* **1** : vital ⟨vital organs : órganos vitales⟩ **2** CRUCIAL : esencial, crucial, decisivo ⟨of vital importance : de suma importancia⟩ **3** LIVELY : enérgico, lleno de vida, vital
**vitality** [vaɪˈtæləʧi] *n, pl* **-ties** : vitalidad *f*, energía *f*
**vitally** [ˈvaɪʧəlɪ] *adv* : sumamente
**vital statistics** *npl* : estadísticas *fpl* demográficas
**vitamin** [ˈvaɪʧəmən] *n* : vitamina *f* ⟨vitamin deficiency : carencia vitamínica⟩
**vitriol** [ˈvɪtrɪəl] *n* : vitriolo *m*
**vitriolic** [ˌvɪtrɪˈɑlɪk] *adj* : mordaz, virulento
**vivacious** [vəˈveɪʃəs, vaɪ-] *adj* : vivaz, animado, lleno de vida
**vivaciously** [vəˈveɪʃəslɪ, vaɪ-] *adv* : con vivacidad, animadamente
**vivacity** [vəˈvæsəʧi, vaɪ-] *n* : vivacidad *f*
**vivid** [ˈvɪvəd] *adj* **1** LIVELY : lleno de vitalidad **2** BRILLIANT : vivo, intenso ⟨vivid colors : colores vivos⟩ **3** INTENSE, SHARP : vívido, gráfico ⟨a vivid dream : un sueño vívido⟩
**vividly** [ˈvɪvədlɪ] *adv* **1** BRIGHTLY : con colores vivos **2** SHARPLY : vívidamente
**vividness** [ˈvɪvədnəs] *n* **1** BRIGHTNESS : intensidad *f*, viveza *f* **2** SHARPNESS : lo gráfico, nitidez *f*
**vivisection** [ˌvɪvəˈsɛkʃən, ˈvɪvəˌ-] *n* : vivisección *f*
**vixen** [ˈvɪksən] *n* : zorra *f*, raposa *f*

**V–neck** [ˈviːˌnɛk] *n* **1** : escote *m* en V, cuello *m* en V **2** : camisa *f* (etc.) con escote/cuello en V

**vocabulary** [voːˈkæbjəˌlɛri] *n, pl* **-laries** **1** : vocabulario *m* **2** LEXICON : léxico *m*

**vocal** [ˈvoːkəl] *adj* **1** : vocal **2** LOUD, OUTSPOKEN : ruidoso, muy franco

**vocal cords** *npl* : cuerdas *fpl* vocales

**vocalist** [ˈvoːkəlɪst] *n* : cantante *mf*, vocalista *mf*

**vocalize** [ˈvoːkəlˌaɪz] *vt* **-ized; -izing** : vocalizar

**vocation** [voˈkeɪʃən] *n* : vocación *f* ⟨to have a vocation for : tener vocación de⟩

**vocational** [voˈkeɪʃənəl] *adj* : profesional ⟨vocational guidance : orientación profesional⟩

**vociferous** [voˈsɪfərəs] *adj* : ruidoso, vociferante

**vodka** [ˈvɑdkə] *n* : vodka *m*

**vogue** [ˈvoːg] *n* : moda *f*, boga *f* ⟨to be in vogue : estar de moda, estar en boga⟩

**voice**[1] [ˈvɔɪs] *vt* **voiced; voicing** : expresar

**voice**[2] *n* **1** : voz *f* ⟨in a low voice : en voz baja⟩ ⟨a high/deep voice : una voz aguda/profunda⟩ ⟨to raise/lower one's voice : hablar más alto/bajo⟩ ⟨to lose one's voice : quedarse sin voz⟩ ⟨his voice is changing : le está cambiando la voz⟩ ⟨to have a good (singing) voice : tener una buena voz, cantar bien⟩ **2** WISH, OPINION : voz *f* ⟨the voice of the people : la voz del pueblo⟩ **3** SAY, INFLUENCE : voz *f* ⟨to have no voice : no tener voz, no tener ni voz ni voto⟩ **4** : voz *f* (en gramática) **5 to make one's voice heard** : hacerse oír

**voice box** → **larynx**

**voiced** [ˈvɔɪst] *adj* : sonoro

**voice mail** *n* : correo *m* de voz, buzón *m* de voz

**void**[1] [ˈvɔɪd] *vt* : anular, invalidar ⟨to void a contract : anular un contrato⟩

**void**[2] *adj* **1** EMPTY : vacío, desprovisto ⟨void of content : desprovisto de contenido⟩ **2** INVALID : inválido, nulo

**void**[3] *n* : vacío *m*

**volatile** [ˈvɑlətəl] *adj* : volátil, inestable

**volatility** [ˌvɑləˈtɪləṭi] *n* : volatilidad *f*, inestabilidad *f*

**volcanic** [vɑlˈkænɪk] *adj* : volcánico

**volcano** [vɑlˈkeɪˌnoː] *n, pl* **-noes** *or* **-nos** : volcán *m*

**vole** [ˈvoːl] *n* : campañol *m*

**volition** [voˈlɪʃən] *n* : volición *f*, voluntad *f* ⟨of one's own volition : por voluntad propia⟩

**volley** [ˈvɑli] *n, pl* **-leys** **1** : descarga *f* (de tiros) **2** : torrente *m*, lluvia *f* (de insultos, etc.) **3** : salva *f* (de aplausos) **4** : volea *f* (en deportes)

**volleyball** [ˈvɑliˌbɔl] *n* : voleibol *m*; volibol *m Car, Hond, Mex*

**volt** [ˈvoːlt] *n* : voltio *m*

**voltage** [ˈvoːltɪʤ] *n* : voltaje *m*

**voluble** [ˈvɑljəbəl] *adj* : locuaz

**volume** [ˈvɑljəm, -ˌjuːm] *n* **1** BOOK : volumen *m*, tomo *m* **2** SPACE : capacidad *f*, volumen *m* (en física) **3** AMOUNT : cantidad *f*, volumen *m* **4** LOUDNESS : volumen *m*

**voluminous** [vəˈluːmənəs] *adj* : voluminoso

**voluntary** [ˈvɑlənˌtɛri] *adj* : voluntario — **voluntarily** [ˌvɑlənˈtɛrəli] *adv*

**volunteer**[1] [ˌvɑlənˈtɪr] *vt* : ofrecer, dar ⟨to volunteer one's assistance : ofrecer la ayuda⟩ — *vi* : ofrecerse, alistarse como voluntario

**volunteer**[2] *n* : voluntario *m*, -ria *f*

**voluptuous** [vəˈlʌptʃʊəs] *adj* : voluptuoso

**voluptuousness** [vəˈlʌptʃʊəsnəs] *n* : voluptuosidad *f*

**vomit**[1] [ˈvɑmət] *v* : vomitar

**vomit**[2] *n* : vómito *m*

**voodoo** [ˈvuːˌduː] *n, pl* **voodoos** : vudú *m*

**voracious** [vəˈreɪʃəs, vɔ-] *adj* : voraz

**voraciously** [vəˈreɪʃəsli, vɔ-] *adv* : vorazmente, con voracidad

**voracity** [vəˈræsəṭi, vɔ-] *n* : voracidad *f*

**vortex** [ˈvɔrˌtɛks] *n, pl* **vortices** [ˈvɔrtəˌsiːz] : vórtice *m*

**vote**[1] [ˈvoːt] *v* **voted; voting** *vi* **1** : votar ⟨to vote Democratic/Republican : votar por los demócratas/republicanos⟩ **2 to vote against** : votar en contra de **3 to vote for** : votar, votar a favor de (una propuesta, etc.), votar por (un candidato) **4 to vote on** : someter a votación, votar sobre — *vt* **1** : votar **2 to vote down** : rechazar **3 to vote in** : elegir **4 to vote out** : no reelegir

**vote**[2] *n* **1** : voto *m* **2** SUFFRAGE : sufragio *m*, derecho *m* al voto

**voter** [ˈvoːṭər] *n* : votante *mf*

**voting** [ˈvoːṭɪŋ] *n* : votación *f*

**vouch** [ˈvɑʊʧ] *vi* **to vouch for** : garantizar (algo), responder de (algo), responder por (alguien)

**voucher** [ˈvɑʊʧər] *n* **1** RECEIPT : comprobante *m* **2** : vale *m* ⟨travel voucher : vale de viajar⟩

**vow**[1] [ˈvɑʊ] *vt* : jurar, prometer, hacer voto de

**vow**[2] *n* : promesa *f*, voto *m* (en la religión) ⟨a vow of poverty : un voto de pobreza⟩

**vowel** [ˈvɑʊəl] *n* : vocal *m*

**voyage**[1] [ˈvɔɪʤ] *vi* **-aged; -aging** : viajar

**voyage**[2] *n* : viaje *m*

**voyager** [ˈvɔɪʤər] *n* : viajero *m*, -ra *f*

**voyeur** [vwɑˈjər, vɔɪˈər] *n* : mirón *m*, -rona *f*

**vulgar** [ˈvʌlgər] *adj* **1** COMMON : ordinario, populachero, del vulgo **2** COARSE, CRUDE : grosero, de mal gusto, majadero *Mex* **3** INDECENT : indecente, colorado (dícese de un chiste, etc.)

**vulgarity** [ˌvʌlˈgærəṭi] *n, pl* **-ties** : grosería *f*, vulgaridad *f*

**vulgarly** [ˈvʌlgərli] *adv* : vulgarmente, groseramente

**vulnerability** [ˌvʌlnərəˈbɪləṭi] *n, pl* **-ties** : vulnerabilidad *f*

**vulnerable** [ˈvʌlnərəbəl] *adj* : vulnerable

**vulture** [ˈvʌlʧər] *n* : buitre *m*; zopilote *m CA, Mex*

**vying** → **vie**

# W

**w** [ˈdʌbəlˌju:] *n, pl* **w's** *or* **ws** [-ˌju:z] : vigésima tercera letra del alfabeto inglés
**wad¹** [ˈwɑd] *vt* **wadded; wadding** **1** : hacer un taco con, formar en una masa **2** STUFF : rellenar
**wad²** *n* : taco *m* (de papel), bola *f* (de algodón, etc.), fajo *m* (de billetes)
**waddle¹** [ˈwɑdəl] *vi* **-dled; -dling** : andar como un pato
**waddle²** *n* : andar *m* de pato
**wade** [ˈweɪd] *v* **waded; wading** *vi* **1** : caminar por el agua **2 to wade through** : leer (algo) con dificultad — *vt* *or* **to wade across** : vadear
**wading bird** *n* : zancuda *f*, ave *f* zancuda
**wafer** [ˈweɪfər] *n* : barquillo *m*, galleta *f* de barquillo
**waffle¹** [ˈwɑfəl] *vi* **waffled; waffling** VACILLATE : vacilar
**waffle²** *n* **1** : wafle *m* **2 waffle iron** : waflera *f*
**waft** [ˈwɑft, ˈwæft] *vt* : llevar por el aire — *vi* : flotar
**wag¹** [ˈwæg] *v* **wagged; wagging** *vt* : menear — *vi* : menearse, moverse
**wag²** *n* **1** : meneo *m* (de la cola) **2** JOKER, WIT : bromista *mf*
**wage¹** [ˈweɪʤ] *vt* **waged; waging** : hacer, librar ⟨to wage war : hacer la guerra⟩
**wage²** *n or* **wages** *npl* : sueldo *m*, salario *m* ⟨minimum wage : salario mínimo⟩
**wage earner** → **earner**
**wager¹** [ˈweɪʤər] *v* : apostar
**wager²** *n* : apuesta *f*
**waggish** [ˈwægɪʃ] *adj* : burlón, bromista (dícese de una persona), chistoso (dícese de un comentario)
**waggle** [ˈwægəl] *vt* **-gled; -gling** : menear, mover (de un lado a otro)
**wagon** [ˈwægən] *n* **1** : carro *m* (tirado por caballos) **2** CART : carrito *m* **3** → **station wagon**
**waif** [ˈweɪf] *n* : niño *m* abandonado, animal *m* sin hogar
**wail¹** [ˈweɪl] *vi* : gemir, lamentarse
**wail²** *n* : gemido *m*, lamento *m*
**wainscot** [ˈweɪnskət, -ˌskɑt, -ˌsko:t] *or* **wainscoting** [-skəʧɪŋ, -ˌskɑ-, -ˌsko:-] *n* : revestimiento *m* de paneles de madera
**waist** [ˈweɪst] *n* : cintura *f* (del cuerpo humano o de ropa), talle *m* (de ropa)
**waistband** [ˈweɪstˌbænd] *n* : cinturilla *f*
**waistline** [ˈweɪstˌlaɪn] → **waist**
**wait¹** [ˈweɪt] *vi* **1** : esperar ⟨wait and see! : ¡espera y verás!⟩ ⟨I can't wait : me muero de ganas⟩ **2 to wait for** : esperar ⟨what are you waiting for? : ¿a qué esperas?⟩ **3 to wait on** : servir **4 to wait up (for someone)** : quedarse despierto esperando (a alguien) — *vt* **1** AWAIT : esperar ⟨wait your turn : espera a que te toque⟩ ⟨wait a minute : espere un momento⟩ **2** SERVE : servir, atender ⟨to wait tables : servir (a la mesa)⟩ **3 to wait out** : esperar hasta que pase
**wait²** *n* **1** : espera *f* **2 to lie in wait** : estar al acecho
**waiter** [ˈweɪʧər] *n* : mesero *m*, camarero *m*, mozo *m Arg, Chile, Col, Peru*
**waiting list** *n* : lista *f* de espera
**waiting room** *n* : sala *f* de espera
**waitress** [ˈweɪtrəs] *n* : mesera *f*, camarera *f*, moza *f Arg, Chile, Col, Peru*
**waive** [ˈweɪv] *vt* **waived; waiving** : renunciar a ⟨to waive one's rights : renunciar a sus derechos⟩ ⟨to waive the rules : no aplicar las reglas⟩
**waiver** [ˈweɪvər] *n* : renuncia *f*
**wake¹** [ˈweɪk] *v* **woke** [ˈwo:k]; **woken** [ˈwo:kən] *or* **waked; waking** *vi or* **to wake up** : despertar(se) ⟨he woke at noon : se despertó al mediodía⟩ ⟨wake up! : ¡despiértate!⟩ — *vt* : despertar
**wake²** *n* **1** VIGIL : velatorio *m*, velorio *m* (de un difunto) **2** TRAIL : estela *f* (de un barco, un huracán, etc.) **3** AFTERMATH : consecuencias *fpl* ⟨in the wake of : tras, como consecuencia de⟩
**wakeful** [ˈweɪkfəl] *adj* **1** SLEEPLESS : desvelado **2** VIGILANT : alerta, vigilante
**wakefulness** [ˈweɪkfəlnəs] *n* : vigilia *f*
**waken** [ˈweɪkən] → **awake**
**walk¹** [ˈwɔk] *vi* **1** : caminar, andar, pasear ⟨you're walking too fast : estás caminando demasiado rápido⟩ ⟨to walk around the city : pasearse por la ciudad⟩ **2** : ir andando, ir a pie ⟨we had to walk home : tuvimos que ir a casa a pie⟩ **3** : recibir una base por bolas (dícese de un bateador) **4 to walk away** LEAVE : irse **5 to walk away** : salir ileso (de un accidente, etc.) **6 to walk away from** ABANDON : abandonar, retirarse de (negociaciones, etc.), rechazar (un acuerdo, etc.) **7 to walk away with** : ganar fácilmente (un premio, etc.) **8 to walk in on** INTERRUPT, SURPRISE : interrumpir, sorprender **9 to walk off** LEAVE : irse **10 to walk off with** : llevarse **11 to walk out** LEAVE : irse **12 to walk out** STRIKE : declararse en huelga **13 to walk out on** : abandonar — *vt* **1** : recorrer, caminar ⟨she walked two miles : caminó dos millas⟩ **2** ACCOMPANY : acompañar **3** : sacar a pasear (a un perro) **4** : darle una base por bolas (a un bateador) **5 to walk off** : caminar para aliviar (un calambre, etc.)
**walk²** *n* **1** : paseo *m*, caminata *f* ⟨to go for a walk : ir a caminar, dar un paseo⟩ **2** PATH : camino *m* **3** GAIT : andar *m* **4** : marcha *f* (en beisbol) **5 walk of life** : esfera *f*, condición *f*
**walker** [ˈwɔkər] *n* **1** : paseante *mf* **2** HIKER : excursionista *mf* **3** : andador *m* (aparato)
**walking** *n* : (el) caminar, (el) andar ⟨walking is good exercise : (el) caminar es buen ejercicio⟩
**walking stick** *n* : bastón *m*
**walkout** [ˈwɔkˌaʊt] *n* STRIKE : huelga *f*
**walk out** *vi* **1** STRIKE : declararse en huelga **2** LEAVE : salir, irse **3 to walk out on** : abandonar, dejar

**walkway** [ˈwɔkˌweɪ] *n* **1** SIDEWALK : acera *f* **2** PATH : sendero *m* **3** PASSAGEWAY : pasadizo *m*

**wall¹** [ˈwɔl] *vt* **1 to wall in** : cercar con una pared o un muro, tapiar, amurallar **2 to wall off** : separar con una pared o un muro **3 to wall up** : tapiar, condenar (una ventana, etc.)

**wall²** *n* **1** : pared *f* **2** : muro *m*, barda *f* *Mex* ⟨the walls of the city : las murallas de la ciudad⟩ **3** BARRIER : barrera *f* ⟨a wall of mountains : una barrera de montañas⟩ **4** : pared *f* (en anatomía) **5 to drive someone up the wall** *fam* : volver loco a alguien

**walled** [ˈwɔld] *adj* : amurallado

**wallet** [ˈwɑlət] *n* : billetera *f*, cartera *f*

**wallflower** [ˈwɔlˌflaʊər] *n* **1** : alhelí *m* (flor) **2 to be a wallflower** : comer pavo

**wallop¹** [ˈwɑləp] *vt* **1** TROUNCE : darle una paliza (a alguien) **2** SOCK : pegar fuerte

**wallop²** *n* : golpe *m* fuerte, golpazo *m*

**wallow** [ˈwɑˌloː] *vi* **1** : revolcarse ⟨to wallow in the mud : revolcarse en el lodo⟩ **2** DELIGHT : deleitarse ⟨to wallow in luxury : nadar en lujos⟩

**wallpaper¹** [ˈwɔlˌpeɪpər] *vt* : empapelar

**wallpaper²** *n* : papel *m* pintado

**wall–to–wall** *adj* **1** FILLED : lleno ⟨it was wall-to-wall (with) people : estaba repleto de gente⟩ **2 wall–to–wall carpeting** : alfombra *f* (de pared a pared); moquette *f Arg, Uru*; moqueta *f Spain*

**walnut** [ˈwɔlˌnʌt] *n* **1** : nuez *f* (fruta) **2** : nogal *m* (árbol y madera)

**walrus** [ˈwɔlrəs, ˈwɑl-] *n, pl* **-rus** *or* **-ruses** : morsa *f*

**waltz¹** [ˈwɔlts] *vi* **1** : bailar el vals **2** BREEZE : pasar con ligereza ⟨to waltz in : entrar tan campante⟩

**waltz²** *n* : vals *m*

**wan** [ˈwɑn] *adj* **wanner; wannest 1** PALLID : pálido **2** DIM : tenue ⟨wan light : luz tenue⟩ **3** LANGUID : lánguido ⟨a wan smile : una sonrisa lánguida⟩ — **wanly** *adv*

**wand** [ˈwɑnd] *n* : varita *f* (mágica)

**wander** [ˈwɑndər] *vi* **1** RAMBLE : deambular, vagar, vagabundear **2** STRAY : alejarse, desviarse, divagar ⟨she let her mind wander : dejó vagar la imaginación⟩ — *vt* : recorrer ⟨to wander the streets : vagar por las calles⟩

**wanderer** [ˈwɑndərər] *n* : vagabundo *m*, -da *f*; viajero *m*, -ra *f*

**wanderlust** [ˈwɑndərˌlʌst] *n* : pasión *f* por viajar

**wane¹** [ˈweɪn] *vi* **waned; waning 1** : menguar (dícese de la luna) **2** DECLINE : disminuir, decaer, menguar

**wane²** *n* **on the wane** : decayendo, en decadencia

**wangle** [ˈwæŋgəl] *vt* **-gled; -gling** FINAGLE : arreglárselas para conseguir

**wannabe** [ˈwɑnəˌbiː] *n* : aspirante *mf* (a algo); imitador *m*, -dora *f* (de alguien)

**want¹** [ˈwɑnt, ˈwɔnt] *vt* **1** LACK : faltar **2** REQUIRE : requerir, necesitar **3** DESIRE : querer, desear

**want²** *n* **1** LACK : falta *f* **2** DESTITUTION : indigencia *f*, miseria *f* **3** DESIRE, NEED : deseo *m*, necesidad *f*

**wanting** [ˈwɑntɪŋ, ˈwɔn-] *adj* **1** ABSENT : ausente **2** DEFICIENT : deficiente ⟨he's wanting in common sense : le falta sentido común⟩

**wanton** [ˈwɑntən, ˈwɔn-] *adj* **1** LEWD, LUSTFUL : lascivo, lujurioso, licencioso **2** INHUMANE, MERCILESS : despiadado ⟨wanton cruelty : crueldad despiadada⟩

**wapiti** [ˈwɑpəti] *n, pl* **-ti** *or* **-tis** ELK : uapití *m*, wapití *m*

**war¹** [ˈwɔr] *vi* **warred; warring** : combatir, batallar, hacer la guerra

**war²** *n* : guerra *f* ⟨to go to war : entrar en guerra⟩ ⟨to be at war : estar en guerra⟩

**warble¹** [ˈwɔrbəl] *vi* **-bled; -bling** : gorjear, trinar

**warble²** *n* : trino *m*, gorjeo *m*

**warbler** [ˈwɔrblər] *n* : currruca *f*

**ward¹** [ˈwɔrd] *vt* **to ward off** : desviar, protegerse contra

**ward²** *n* **1** : sala *f* (de un hospital, etc.) ⟨maternity ward : sala de maternidad⟩ **2** : distrito *m* electoral o administrativo (de una ciudad) **3** : pupilo *m*, -la *f* (de un tutor, etc.)

**warden** [ˈwɔrdən] *n* **1** KEEPER : guarda *mf*; guardián *m*, -diana *f* ⟨game warden : guardabosque⟩ **2** *or* **prison warden** : alcaide *m*

**wardrobe** [ˈwɔrdˌroːb] *n* **1** CLOSET : armario *m* **2** CLOTHES : vestuario *m*, guardarropa *f*

**ware** [ˈwær] *n* **1** POTTERY : cerámica *f* **2 wares** *npl* GOODS : mercancía *f*, mercadería *f*

**warehouse** [ˈwærˌhaʊs] *n* : depósito *m*, almacén *m*, bodega *f Chile, Col, Mex*

**warfare** [ˈwɔrˌfær] *n* **1** WAR : guerra *f* **2** STRUGGLE : lucha *f* ⟨the warfare against drugs : la lucha contra las drogas⟩

**warhead** [ˈwɔrˌhɛd] *n* : ojiva *f*, cabeza *f* (de un misil)

**warily** [ˈwærəli] *adv* : cautelosamente, con cautela

**wariness** [ˈwærinəs] *n* : cautela *f*

**warlike** [ˈwɔrˌlaɪk] *adj* : belicoso, guerrero

**warm¹** [ˈwɔrm] *vt* **1** HEAT : calentar, recalentar **2 to warm one's heart** : reconfortar a uno, alegrar el corazón **3 to warm up** : calentar (los músculos, un automóvil, etc.) — *vi* **1** : calentarse **2 to warm to** : tomarle simpatía (a alguien), entusiasmarse con (algo)

**warm²** *adj* **1** LUKEWARM : tibio, templado **2** : caliente, cálido, caluroso ⟨a warm wind : un viento cálido⟩ ⟨a warm day : un día caluroso, un día de calor⟩ ⟨warm hands : manos calientes⟩ **3** : caliente, que abriga ⟨warm clothes : ropa de abrigo⟩ ⟨I feel warm : tengo calor⟩ **4** CARING, CORDIAL : cariñoso, cordial **5** : cálido (dícese de colores) **6** FRESH : fresco, reciente ⟨a warm trail : un rastro reciente⟩ **7** (*used for riddles*) : caliente

**warm–blooded** [ˈwɔrmˈblʌdəd] *adj* : de sangre caliente

**warmhearted** [ˈwɔrmˈhɑrtəd] *adj* : cariñoso
**warmly** [ˈwɔrmli] *adv* **1** AFFECTIONATELY : calurosamente, afectuosamente **2 to dress warmly** : abrigarse
**warmonger** [ˈwɔrˌmɑŋgər, -ˌmʌŋ-] *n* : belicista *mf*
**warmth** [ˈwɔrmpθ] *n* **1** : calor *m* **2** AFFECTION : cariño *m*, afecto *m* **3** ENTHUSIASM : ardor *m*, entusiasmo *m*
**warm–up** [ˈwɔrmˌʌp] *n* : calentamiento *m*
**warn** [ˈwɔrn] *vt* **1** CAUTION : advertir, alertar **2** INFORM : avisar, informar
**warning** [ˈwɔrnɪŋ] *n* **1** ADVICE : advertencia *f*, aviso *m* **2** ALERT : alerta *f*, alarma *f*
**warp¹** [ˈwɔrp] *vt* **1** : alabear, combar **2** PERVERT : pervertir, deformar — *vi* : pandearse, alabearse, combarse
**warp²** *n* **1** : urdimbre *f* ⟨the warp and the weft : la urdimbre y la trama⟩ **2** : alabeo *m* (en la madera, etc.)
**warrant¹** [ˈwɔrənt] *vt* **1** ASSURE : asegurar, garantizar **2** GUARANTEE : garantizar **3** JUSTIFY, MERIT : justificar, merecer
**warrant²** *n* **1** AUTHORIZATION : autorización *f*, permiso *m* ⟨an arrest warrant : una orden de detención⟩ **2** JUSTIFICATION : justificación *f*
**warranty** [ˈwɔrənti, ˌwɔrənˈti:] *n, pl* **-ties** : garantía *f*
**warren** [ˈwɔrən] *n* : madriguera *f* (de conejos)
**warrior** [ˈwɔriər] *n* : guerrero *m*, -ra *f*
**warship** [ˈwɔrˌʃɪp] *n* : buque *m* de guerra
**wart** [ˈwɔrt] *n* : verruga *f*
**wartime** [ˈwɔrˌtaɪm] *n* : tiempo *m* de guerra
**wary** [ˈwæri] *adj* **warier; -est** : cauteloso, receloso ⟨to be wary of : desconfiar de⟩
**was** → **be**
**wash¹** [ˈwɔʃ, ˈwɑʃ] *vt* **1** CLEAN : lavar(se), limpiar, fregar ⟨to wash the dishes : lavar los platos⟩ ⟨to wash one's hands : lavarse las manos⟩ **2** DRENCH : mojar **3** LAP : bañar ⟨waves were washing the shore : las olas bañaban la orilla⟩ **4** CARRY, DRAG : arrastrar ⟨they were washed out to sea : fueron arrastrados por el mar⟩ **5 to be/get washed out** : cancelarse por lluvia **6 to wash away** : llevarse (un puente, etc.) **7 to wash down** : lavar (paredes, etc.) **8 to wash down** : tragarse (con agua, etc.) **9 to wash off** : lavar **10 to wash off** : quitar (la suciedad, etc.) **11 to wash out** : lavar (un recipiente) **12 to wash out** : destruir, inundar (una carretera, etc.) **13 to wash out** : quitar (una mancha, etc.) — *vi* **1** : lavar(se) ⟨I'll wash, you dry : yo lavo y tú secas⟩ ⟨wash before dinner : lávate antes de cenar⟩ ⟨the dress washes well : el vestido se lava bien⟩ **2 to wash over** : bañar ⟨relief washed over me : sentí un gran alivio⟩ **3 to wash off/out** : quitarse **4 to wash up** BATHE : lavarse **5 to wash up/ashore** : ser arrojado por el mar
**wash²** *n* **1** : lavado *m* ⟨to give something a wash : lavar algo⟩ **2** LAUNDRY : artículos *mpl* para lavar, ropa *f* sucia **3** : estela *f* (de un barco)
**washable** [ˈwɔʃəbəl, ˈwɑ-] *adj* : lavable
**washboard** [ˈwɔʃˌbord, ˈwɑʃ-] *n* : tabla *f* de lavar
**washbowl** [ˈwɔʃˌbo:l, ˈwɑʃ-] *n* : lavabo *m*, lavamanos *m*
**washcloth** [ˈwɔʃˌklɔθ, ˈwɑʃ-] *n* : toallita *f* (para lavarse)
**washed–out** [ˈwɔʃtˈaʊt, ˈwɑʃt-] *adj* **1** : desvaído (dícese de colores) **2** EXHAUSTED : agotado, desanimado
**washed–up** [ˈwɔʃtˈʌp, ˈwɑʃt-] *adj* : acabado (dícese de una persona), fracasado (dícese de un negocio, etc.)
**washer** [ˈwɔʃər, ˈwɑ-] *n* **1** → **washing machine** **2** : arandela *f* (de una llave, etc.)
**washing** [ˈwɔʃɪŋ, ˈwɑ-] *n* WASH : ropa *f* para lavar
**washing machine** *n* : máquina *f* de lavar, lavadora *f*
**washout** [ˈwɔʃˌaʊt, ˈwɑʃ-] *n* **1** : erosión *f* (de la tierra) **2** FAILURE : fracaso *m* ⟨she's a washout : es un desastre⟩
**washroom** [ˈwɔʃˌru:m, ˈwɑʃ-, -ˌrʊm] *n* : servicios *mpl* (públicos); baño *m*; sanitario *m Col, Mex, Ven*
**wasn't** [ˈwʌzənt] *contraction of* WAS NOT → **be**
**wasp** [ˈwɑsp] *n* : avispa *f*
**WASP** *or* **Wasp** [ˈwɑsp] *n* (*w*hite *A*nglo-*S*axon *P*rotestant) *sometimes disparaging* : persona *f* blanca, anglosajona, y protestante
**waspish** [ˈwɑspɪʃ] *adj* **1** IRRITABLE : irritable, irascible **2** CAUSTIC : cáustico, mordaz
**waste¹** [ˈweɪst] *v* **wasted; wasting** *vt* **1** DEVASTATE : arrasar, arruinar, devastar **2** SQUANDER : desperdiciar, despilfarrar, malgastar ⟨to waste time : perder tiempo⟩ — *vi or* **to waste away** : consumirse, chuparse
**waste²** *adj* **1** BARREN : yermo, baldío **2** DISCARDED : de desecho **3** EXCESS : sobrante
**waste³** *n* **1** → **wasteland** **2** MISUSE : derroche *m*, desperdicio *m*, despilfarro *m* ⟨a waste of time : una pérdida de tiempo⟩ **3** RUBBISH : basura *f*, desechos *mpl*, desperdicios *mpl* **4** EXCREMENT : excremento *m*
**wastebasket** [ˈweɪstˌbæskət] *or* **wastepaper basket** *n* : cesto *m* (de basura), papelera *f*, zafacón *m Car*
**wasteful** [ˈweɪstfəl] *adj* : despilfarrador, derrochador, pródigo
**wastefulness** [ˈweɪstfəlnəs] *n* : derroche *m*, despilfarro *m*
**wasteland** [ˈweɪstˌlænd, -lənd] *n* : baldío *m*, yermo *m*, desierto *m*
**wastepaper** [ˈweɪstˈpeɪpər] *n* : papel *m* de desecho
**wastepaper basket** → **wastebasket**
**watch¹** [ˈwɑtʃ] *vt* **1** OBSERVE : mirar, observar ⟨to watch television : mirar/ver la televisión⟩ ⟨watch this! : ¡mira!⟩ **2** MONITOR : vigilar **3** *or* **to watch over** : vigilar, cuidar (a niños, etc.) ⟨would you

watch my things? : ¿me puedes cuidar/vigilar las cosas?⟩ **4** : tener cuidado de, vigilar ⟨watch what you do : ten cuidado con lo que haces⟩ ⟨I have to watch my cholesterol : tengo que vigilar el colesterol⟩ — *vi* **1** OBSERVE : mirar, ver, observar **2 to watch for** AWAIT : esperar, quedar a la espera de **3 to watch out** : tener cuidado ⟨watch out! : ¡ten cuidado!, ¡ojo!⟩

**watch²** *n* **1** : guardia *f* ⟨to be on watch, to stand watch : estar de guardia⟩ **2** SURVEILLANCE : vigilancia *f* **3** LOOKOUT : guardia *mf*, centinela *f*, vigía *mf* **4** TIMEPIECE : reloj *m* **5 to keep watch on/over** : vigilar, cuidar

**watchdog** [ˈwɑtʃˌdɔg] *n* : perro *m* guardián

**watcher** [ˈwɑtʃər] *n* : observador *m*, -dora *f*

**watchful** [ˈwɑtʃfəl] *adj* : alerta, vigilante, atento

**watchfulness** [ˈwɑtʃfəlnəs] *n* : vigilancia *f*

**watchmaker** [ˈwɑtʃˌmeɪkər] *n* : relojero *m*, -ra *f*

**watchmaking** [ˈwɑtʃˌmeɪkɪŋ] *n* : relojería *f* (actividad)

**watchman** [ˈwɑtʃmən] *n, pl* **-men** [-mən, -ˌmɛn] : vigilante *m*, guarda *m*

**watchtower** [ˈwɑtʃˌtɑʊər] *n* : atalaya *f*

**watchword** [ˈwɑtʃˌwərd] *n* **1** PASSWORD : contraseña *f* **2** SLOGAN : lema *m*, eslogan *m*

**water¹** [ˈwɔtər, ˈwɑ-] *vt* **1** : regar (el jardín, etc.) **2 to water down** DILUTE : diluir, aguar — *vi* : lagrimear (dícese de los ojos), hacérsele agua la boca a uno ⟨my mouth is watering : se me hace agua la boca⟩

**water²** *n* **1** : agua *f* ⟨drinking water : agua potable⟩ ⟨running water : agua corriente⟩ **2 waters** *npl* : aguas *fpl* **3 not to hold water** : hacer agua por todos lados **4 to pass water** : orinar

**water buffalo** *n* : búfalo *m* de agua

**watercolor** [ˈwɔtərˌkʌlər, ˈwɑ-] *n* : acuarela *f*

**watercourse** [ˈwɔtərˌkɔrs, ˈwɑ-] *n* : curso *m* de agua

**watercress** [ˈwɔtərˌkrɛs, ˈwɑ-] *n* : berro *m*

**waterfall** [ˈwɔtərˌfɔl, ˈwɑ-] *n* : cascada *f*, salto *m* de agua, catarata *f*

**waterfowl** [ˈwɔtərˌfɑʊl, ˈwɑ-] *n* : ave *f* acuática

**waterfront** [ˈwɔtərˌfrʌnt, ˈwɑ-] *n* **1** : tierra *f* que bordea un río, un lago, o un mar **2** WHARF : muelle *m*

**water heater** *n* : calentador *m* de agua, bóiler *m Mex*

**watering can** *n* : regadera *f*

**water lily** *n* : nenúfar *m*

**waterlogged** [ˈwɔtərˌlɔgd, ˈwɑtər-ˌlɑgd] *adj* : lleno de agua, empapado, inundado (dícese del suelo)

**watermark** [ˈwɔtərˌmɑrk, ˈwɑ-] *n* **1** : marca *f* del nivel de agua **2** : filigrana *f* (en el papel)

**watermelon** [ˈwɔtərˌmɛlən, ˈwɑ-] *n* : sandía *f*

**water moccasin** → **moccasin**

**waterpower** [ˈwɔtərˌpɑʊər, ˈwɑ-] *n* : energía *f* hidráulica

**waterproof¹** [ˈwɔtərˌpruːf, ˈwɑ-] *vt* : hacer impermeable, impermeabilizar

**waterproof²** *adj* : impermeable, a prueba de agua

**waterproofing** *n* : impermeabilizante *nm* (sustancia química)

**water repellent** *n* : impermeabilizante *nm*

**water–resistant** *or* **water–repellent** *adj* : hidrófugo, impermeabilizado

**watershed** [ˈwɔtərˌʃɛd, ˈwɑ-] *n* **1** : línea *f* divisoria de aguas **2** BASIN : cuenca *f* (de un río)

**waterskiing** [ˈwɔtərˌskiːɪŋ, ˈwɑ-] *n* : esquí *m* acuático

**waterspout** [ˈwɔtərˌspɑʊt, ˈwɑ-] *n* WHIRLWIND : tromba *f* marina

**watertight** [ˈwɔtərˌtaɪt, ˈwɑ-] *adj* **1** : hermético **2** IRREFUTABLE : irrebatible, irrefutable ⟨a watertight contract : un contrato sin lagunas⟩

**waterwheel** [ˈwɔtərˌhwiːl, ˈwɑ-] *n* : noria *f*

**waterway** [ˈwɔtərˌweɪ, ˈwɑ-] *n* : vía *f* navegable

**waterworks** [ˈwɔtərˌwərks, ˈwɑ-] *npl* : central *f* de abastecimiento de agua

**watery** [ˈwɔtəri, ˈwɑ-] *adj* **1** : acuoso, como agua **2** : aguado, diluido ⟨watery soup : sopa aguada⟩ **3** : lloroso ⟨watery eyes : ojos llorosos⟩ **4** WASHED-OUT : desvaído (dícese de colores)

**watt** [wɑt] *n* : vatio *m*

**wattage** [ˈwɑtɪdʒ] *n* : vataje *m*

**wave¹** [ˈweɪv] *v* **waved; waving** *vi* **1** : saludar con la mano, hacer señas con la mano ⟨she waved at him : lo saludó con la mano⟩ **2** FLUTTER, SHAKE : ondear, agitarse **3** UNDULATE : ondular — *vt* **1** SHAKE : agitar **2** BRANDISH : blandir **3** CURL : ondular, marcar (el pelo) **4** SIGNAL : hacerle señas a (con la mano) ⟨he waved farewell : se despidió con la mano⟩

**wave²** *n* **1** : ola *f* (de agua) **2** CURL : onda *f* (en el pelo) **3** : onda *f* (en física) **4** SURGE : oleada *f* ⟨a wave of enthusiasm : una oleada de entusiasmo⟩ **5** GESTURE : señal *f* con la mano, saludo *m* con la mano

**wavelength** [ˈweɪvˌlɛŋkθ] *n* : longitud *f* de onda

**waver** [ˈweɪvər] *vi* **1** VACILLATE : vacilar, fluctuar **2** FLICKER : parpadear, titilar, oscilar **3** FALTER : flaquear, tambalearse

**wavy** [ˈweɪvi] *adj* **wavier; -est** : ondulado

**wax¹** [ˈwæks] *vi* **1** : crecer (dícese de la luna) **2** BECOME : volverse, ponerse ⟨to wax indignant : indignarse⟩ — *vt* : encerar

**wax²** *n* **1** BEESWAX : cera *f* de abejas **2** : cera *f* ⟨floor wax : cera para el piso⟩ **3** *or* **earwax** [ˈɪrˌwæks] : cerilla *f*, cerumen *m*

**waxen** [ˈwæksən] *adj* : de cera

**waxy** [ˈwæksi] *adj* **waxier; -est** : ceroso

**way** [ˈweɪ] *n* **1** PATH, ROAD : camino *m*, vía *f* ⟨they live across the way : viven enfrente⟩ **2** ROUTE : camino *m*, ruta *f* ⟨to go the wrong way : equivocarse de camino⟩ ⟨to lose one's way : perderse⟩ ⟨do you know the way? : ¿sabes el camino?⟩ ⟨can you tell me the way to . . . ? : ¿me puedes indicar cómo llegar a . . . ?⟩ ⟨I'm on my way : estoy de camino⟩ ⟨we should be on our way : tenemos que irnos⟩ ⟨on the way back : en el camino de regreso/vuelta⟩ ⟨the only way in/out : la única entrada/salida⟩ **3** : línea *f* de conducta, camino *m* ⟨he chose the easy way : optó por el camino fácil⟩ **4** MANNER, MEANS : manera *f*, modo *m*, forma *f* ⟨in the same way : del mismo modo, igualmente⟩ ⟨in no way : de ninguna manera⟩ ⟨to my way of thinking : a mi modo de ver⟩ ⟨the way she spends money, you would think she was rich! : gasta dinero como si fuera rica⟩ ⟨their way of life : su modo de vida⟩ **5** (*indicating a wish*) ⟨have it your way : como tú quieras⟩ ⟨to get one's own way : salirse uno con la suya⟩ **6** (*indicating progress*) ⟨we inched our way forward : avanzamos poco a poco⟩ ⟨to talk one's way out of something : librarse de algo (engatusándole a alguien)⟩ **7** (*indicating a condition or situation*) ⟨he's in a bad way : está muy mal de salud⟩ ⟨that's just the way things are : así son las cosas⟩ **8** (*indicating one of two alternatives*) ⟨either way : de cualquier manera⟩ ⟨you can't have it both ways : tienes que elegir⟩ **9** (*indicating a portion*) ⟨we split it three ways : lo dividimos en tres⟩ **10** RESPECT : aspecto *m*, sentido *m* ⟨in a way, it was a relief : en cierto modo fue un alivio⟩ ⟨in every way : en todo⟩ **11** CUSTOM : costumbre *f* ⟨to change/mend one's ways : dejar las malas costumbres, enmendarse⟩ ⟨to be set in one's ways : ser inflexible⟩ **12** PASSAGE : camino *m* ⟨to be/get in the way : estar/meterse en el camino⟩ ⟨get it out of the way! : ¡quítalo de en medio!⟩ ⟨to make way for, to clear the way for : abrirle paso a⟩ **13** DISTANCE : distancia *f* ⟨to come a long way : hacer grandes progresos⟩ ⟨he talked the whole way home : habló durante todo el camino a casa⟩ ⟨she ran all the way there : corrió hasta allí⟩ ⟨it stretches all the way along the beach : se extiende a lo largo de la playa⟩ ⟨we went all the way up : subimos hasta arriba⟩ ⟨we sat all the way at the back : nos sentamos al fondo⟩ ⟨you came all this way just to see me? : ¿viniste desde tan lejos sólo para verme?⟩ **14** DIRECTION : dirección *f* ⟨come this way : venga por aquí⟩ ⟨this way and that : de un lado a otro⟩ ⟨which way did he go? : ¿por dónde fue?⟩ **15 all the way** COMPLETELY : completamente **16 all the way** CONTINUOUSLY : en todo momento ⟨he was with us all the way : nos apoyó en todo momento⟩ ⟨all the way through the concert : durante todo el concierto⟩ **17 by the way** : a propósito, por cierto **18 by way of** VIA : vía, pasando por **19 by way of** *or* **in the way of** AS : a modo de, a manera de **20 every step of the way** : en todo momento **21 no way** : de ninguna manera, ni hablar **22 out of the way** REMOTE : remoto, recóndito **23 out of the way** FINISHED : acabado ⟨to get a task out of the way : quitar una tarea de en medio⟩ **24 the other way (around)** : al revés **25 there are no two ways about it** : no cabe la menor duda **26 to give way** COLLAPSE : romperse, hundirse, ceder **27 to give way to** : ceder a **28 to go out of one's way (to)** : tomarse muchas molestias (para), desvivirse (por) **29 to go someone's way** : salirle bien a alguien **30 to have a way of** : soler, tender a ⟨things have a way of working out : las cosas suelen arreglarse solas⟩ ⟨she has a way of exaggerating : tiende a exagerar las cosas⟩ **31 to have a way with** : saber como tratar a (los niños, los animales, etc.) ⟨to have a way with words : tener facilidad de palabra⟩ **32** → **under way** **33 way to go!** *fam* : ¡bien hecho!

**wayfarer** [ˈweɪˌfærər] *n* : caminante *mf*

**waylay** [ˈweɪˌleɪ] *vt* **-laid** [-ˌleɪd]; **-laying** ACCOST : abordar

**wayside** [ˈweɪˌsaɪd] *n* : borde *m* del camino

**wayward** [ˈweɪwərd] *adj* **1** UNRULY : díscolo, rebelde **2** UNTOWARD : adverso

**we** [ˈwi:] *pron* : nosotros, nosotras

**weak** [ˈwi:k] *adj* **1** : débil ⟨weak arms/eyes : brazos/ojos débiles⟩ ⟨a weak leader/character : un líder/carácter débil⟩ ⟨a weak drug/signal/economy : una droga/señal/economía débil⟩ **2** GENTLE : flojo (dícese de un golpe), leve (dícese de un viento) **3** : flojo (dícese de un estudiante, etc.) **4** : flojo (dícese de una pieza, etc.) **5** : débil, flojo, endeble (dícese de un argumento, una excusa, etc.) ⟨a weak attempt : un intento tímido⟩ **6** DILUTED : aguado, diluido ⟨weak tea : té poco cargado⟩ **7** FAINT : tenue (dícese de los colores, las luces, los sonidos, etc.) **8** : poco pronunciado (dícese de la barbilla) **9** : regular (en gramática)

**weaken** [ˈwi:kən] *vt* : debilitar — *vi* : debilitarse, flaquear

**weakling** [ˈwi:klɪŋ] *n* : alfeñique *m fam*; debilucho *m*, -cha *f*

**weakly**[1] [ˈwi:kli] *adv* : débilmente

**weakly**[2] *adj* **weaklier; -est** : débil, enclenque

**weakness** [ˈwi:knəs] *n* **1** FEEBLENESS : debilidad *f* **2** FAULT, FLAW : flaqueza *f*, punto *m* débil

**wealth** [ˈwɛlθ] *n* **1** RICHES : riqueza *f* **2** PROFUSION : abundancia *f*, profusión *f*

**wealthy** [ˈwɛlθi] *adj* **wealthier; -est** : rico, acaudalado, adinerado

**wean** [ˈwi:n] *vt* **1** : destetar (a los niños o las crías) **2 to wean someone away from** : quitarle a alguien la costumbre de

**weapon** [ˈwɛpən] *n* : arma *f* ⟨biological/chemical weapon : arma biológica/

química⟩ ⟨weapon of mass destruction : arma de destrucción masiva⟩
**weaponless** [ˈwɛpənləs] *adj* : desarmado
**weaponry** [ˈwɛpənri] *n* : armamento *m*
**wear**[1] [ˈwær] *v* **wore** [ˈwor]; **worn** [ˈworn]; **wearing** *vt* **1** : llevar (ropa, un reloj, etc.), calzar (zapatos) ⟨to wear a smile : sonreír⟩ **2** *or* **to wear away** : gastar, desgastar, erosionar (rocas, etc.) ⟨the carpet was badly worn : la alfombra estaba muy gastada⟩ **3** : hacer (por el uso) ⟨he wore a hole in his pants : se le hizo un agujero en los pantalones⟩ **4 to wear down** DRAIN : agotar **5 to wear down** : convencer por cansancio **6 to wear on** IRRITATE : molestar, irritar **7 to wear one's heart on one's sleeve** : no ocultar uno sus sentimientos **8 to wear out** : gastar ⟨he wore out his shoes : gastó sus zapatos⟩ **9 to wear out** EXHAUST : agotar, fatigar ⟨to wear oneself out : agotarse⟩ **10 to wear through** : gastar (completamente) ⟨he wore through his shoes : se le hizo agujeros en los zapatos⟩ — *vi* **1** LAST : durar **2 to wear away** : desgastarse **3 to wear off** DIMINISH, VANISH : disminuir, desaparecer ⟨the drug wears off in a few hours : los efectos de la droga desaparecen después de unas horas⟩ **4 to wear on** CONTINUE, DRAG : continuar, alargarse **5 to wear out** : gastarse **6 to wear the pants** : llevar los pantalones **7 to wear thin** : gastarse (dícese de tela, etc.) **8 to wear thin** : agotarse (dícese de la paciencia, etc.), perder la gracia (dícese de un chiste)
**wear**[2] *n* **1** USE : uso *m* ⟨for everyday wear : para todos los días⟩ **2** CLOTHING : ropa *f* ⟨children's wear : ropa de niños⟩ **3** DETERIORATION : desgaste *m* ⟨to be the worse for wear : estar deteriorado⟩
**wearable** [ˈwærəbəl] *adj* : que puede ponerse (dícese de una prenda)
**wear and tear** *n* : desgaste *m*
**weariness** [ˈwɪrinəs] *n* : fatiga *f*, cansancio *m*
**wearisome** [ˈwɪrisəm] *adj* : aburrido, pesado, cansado
**weary**[1] [ˈwɪri] *v* **-ried; -rying** *vt* **1** TIRE : cansar, fatigar **2** BORE : hastiar, aburrir — *vi* : cansarse
**weary**[2] *adj* **wearier; -est** **1** TIRED : cansado **2** FED UP : harto **3** BORED : aburrido
**weasel** [ˈwiːzəl] *n* : comadreja *f*
**weather**[1] [ˈwɛðər] *vt* **1** WEAR : erosionar, desgastar **2** ENDURE : aguantar, sobrellevar, capear ⟨to weather the storm : capear el temporal⟩
**weather**[2] *n* **1** : tiempo *m* ⟨good/bad weather : buen/mal tiempo⟩ ⟨weather permitting : si hace buen tiempo⟩ ⟨weather forecast : pronóstico del tiempo, parte meteorológico⟩ **2 to be under the weather** : estar enfermo, no estar muy bien
**weather-beaten** [ˈwɛðərˌbiːtən] *adj* : curtido
**weatherman** [ˈwɛðərˌmæn] *n, pl* **-men** [-mən, -ˌmɛn] METEOROLOGIST : meteorólogo *m*, -ga *f*
**weatherproof** [ˈwɛðərˌpruːf] *adj* : que resiste a la intemperie, impermeable
**weather vane** → **vane**
**weave**[1] [ˈwiːv] *v* **wove** [ˈwoːv] *or* **weaved; woven** [ˈwoːvən] *or* **weaved; weaving** *vt* **1** : tejer (tela) **2** INTERLACE : entretejer, entrelazar **3 to weave one's way through** : abrirse camino por — *vi* **1** : tejer **2** WIND : serpentear, zigzaguear
**weave**[2] *n* : tejido *m*, trama *f*
**weaver** [ˈwiːvər] *n* : tejedor *m*, -dora *f*
**web**[1] [ˈwɛb] *vt* **webbed; webbing** : cubrir o proveer con una red
**web**[2] *n* **1** COBWEB, SPIDERWEB : telaraña *f*, tela *f* de araña **2** ENTANGLEMENT, SNARE : red *f*, enredo *m* ⟨a web of intrigue : una red de intriga⟩ **3** : membrana *f* interdigital (de aves) **4** NETWORK : red *f* ⟨a web of highways : una red de carreteras⟩ **5 the Web** : la web
**webbed** [ˈwɛbd] *adj* : palmeado ⟨webbed feet : patas palmeadas⟩
**webcam** [ˈwɛbˌkæm] *n* : webcam *f*
**weblog** → **blog**
**webmaster** *or* **Webmaster** [ˈwɛbˌmæstər] *n* : webmaster *mf*
**web page** *or* **Web page** *n* : página *f* web
**web site** *or* **Web site** *n* : sitio *m* web
**wed** [ˈwɛd] *vt* **wedded; wedding** **1** MARRY : casarse con **2** UNITE : ligar, unir
**we'd** [ˈwiːd] *contraction of* WE HAD, WE SHOULD *or* WE WOULD → **have, should, would**
**wedding** [ˈwɛdɪŋ] *n* : boda *f*, casamiento *m* ⟨wedding dress : traje de novia⟩ ⟨wedding ring : anillo de boda⟩
**wedge**[1] [ˈwɛdʒ] *vt* **wedged; wedging** **1** : apretar (con una cuña) ⟨to wedge open : mantener abierto con una cuña⟩ **2** CRAM : meter, embutir
**wedge**[2] *n* **1** : cuña *f* **2** PIECE : porción *f*, trozo *m*
**wedlock** [ˈwɛdˌlɑk] → **marriage**
**Wednesday** [ˈwɛnzˌdeɪ, -di] *n* : miércoles *m* ⟨today is Wednesday : hoy es miércoles⟩ ⟨(on) Wednesday : el miércoles⟩ ⟨(on) Wednesdays : los miércoles⟩ ⟨last Wednesday : el miércoles pasado⟩ ⟨next Wednesday : el miércoles que viene⟩ ⟨every other Wednesday : cada dos miércoles⟩ ⟨Wednesday afternoon/morning : miércoles por la tarde/mañana⟩
**wee** [ˈwiː] *adj* **1** : pequeño, minúsculo **2 the wee hours** → **hour**
**weed**[1] [ˈwiːd] *vt* **1** : desherbar **2 to weed out** : eliminar, quitar
**weed**[2] *n* : mala hierba *f*
**weed killer** *n* : herbicida *m*
**weedy** [ˈwiːdi] *adj* **weedier; -est** **1** : cubierto de malas hierbas **2** LANKY, SKINNY : flaco, larguirucho *fam*
**week** [ˈwiːk] *n* : semana *f* ⟨last week : la semana pasada⟩ ⟨next week : la semana que viene⟩
**weekday** [ˈwiːkˌdeɪ] *n* : día *m* laborable

**weekend** [ˈwiːkˌɛnd] *n* : fin *m* de semana
**weekly**[1] [ˈwiːkli] *adv* : semanalmente
**weekly**[2] *adj* : semanal
**weekly**[3] *n, pl* **-lies** : semanario *m*
**weep** [ˈwiːp] *v* **wept** [ˈwɛpt]; **weeping** : llorar
**weeping willow** *n* : sauce *m* llorón
**weepy** [ˈwiːpi] *adj* **weepier; -est** : lloroso, triste
**weevil** [ˈwiːvəl] *n* : gorgojo *m*
**weft** [ˈwɛft] *n* : trama *f*
**weigh** [ˈweɪ] *vt* **1** : pesar **2** CONSIDER : considerar, sopesar **3 to weigh anchor** : levar anclas **4 to weigh down** : sobrecargar (con una carga), abrumar (con preocupaciones, etc.) **5 to weigh up** : hacerse una idea de — *vi* **1** : pesar ⟨it weighs 10 pounds : pesa 10 libras⟩ **2** COUNT : tener importancia, contar ⟨to weigh for/against : favorecer/perjudicar⟩ **3 to weigh in** : intervenir **4 to weigh on one's mind** : preocuparle a uno
**weight**[1] [ˈweɪt] *vt or* **to weight down** **1** : poner peso en, sujetar con un peso **2** BURDEN : cargar, oprimir
**weight**[2] *n* **1** HEAVINESS : peso *m* ⟨to lose weight : bajar de peso, adelgazar⟩ **2** : peso *m* ⟨weights and measures : pesos y medidas⟩ **3** : pesa *f* ⟨to lift weights : levantar pesas⟩ **4** SINKER : plomo *m*, plomada *f* **5** BURDEN : peso *m*, carga *f* ⟨to take a weight off one's mind : quitarle un peso de encima a uno⟩ **6** IMPORTANCE : peso *m* **7** INFLUENCE : influencia *f*, autoridad *f* ⟨to throw one's weight around : hacer sentir su influencia⟩ **8 to pull one's weight** : poner uno de su parte
**weightless** [ˈweɪtləs] *adj* : ingrávido
**weight lifting** *n* : halterofilia *f*, levantamiento *m* de pesas
**weighty** [ˈweɪti] *adj* **weightier; -est** **1** HEAVY : pesado **2** IMPORTANT : importante, de peso
**weir** [ˈwɛr, ˈwɪr] *n* : dique *m*
**weird** [ˈwɪrd] *adj* **1** MYSTERIOUS : misterioso **2** STRANGE : extraño, raro — **weirdly** *adv*
**weirdo** [ˈwɪrˌdoː] *n, pl* **weirdos** : bicho *m* raro
**welcome**[1] [ˈwɛlkəm] *vt* **-comed; -coming** : darle la bienvenida a, recibir
**welcome**[2] *adj* : bienvenido ⟨to make someone welcome : acoger bien a alguien⟩ ⟨you're welcome! : ¡de nada!, ¡no hay de qué!⟩
**welcome**[3] *n* : bienvenida *f*, recibimiento *m*, acogida *f*
**weld**[1] [ˈwɛld] *v* : soldar
**weld**[2] *n* : soldadura *f*
**welder** [ˈwɛldər] *n* : soldador *m*, -dora *f*
**welfare** [ˈwɛlˌfɛr] *n* **1** WELL-BEING : bienestar *m* **2** : asistencia *f* social
**well**[1] [ˈwɛl] *vi or* **to well up** : brotar, manar
**well**[2] *adv* **better** [ˈbɛtər]; **best** [ˈbɛst] **1** RIGHTLY : bien, correctamente **2** SATISFACTORILY : bien ⟨to turn out well : resultar/salir bien⟩ ⟨well done! : ¡muy bien!⟩ **3** SKILLFULLY : bien ⟨she sings well : canta bien⟩ **4** (*indicating benevolence*) : bien ⟨to speak well of : hablar bien de⟩ ⟨to wish someone well : desearle lo mejor a alguien⟩ ⟨he means well : tiene buenas intenciones⟩ **5** COMPLETELY : completamente ⟨well-hidden : completamente escondido⟩ **6** : bien ⟨I knew him well : lo conocía bien⟩ **7** CONSIDERABLY, FAR : muy, bastante ⟨well ahead : muy adelante⟩ ⟨well before the deadline : bastante antes de la fecha⟩ **8** CERTAINLY : bien ⟨you know very well that . . . : sabes muy bien que . . .⟩ ⟨he can well afford it : bien puede permitírselo⟩ **9** LIKELY : bien ⟨it could/may/might well be true : bien puede/podría/pudiera ser verdad⟩ **10** (*used for emphasis*) ⟨one might well ask if . . . : uno podría preguntarse si . . .⟩ ⟨I couldn't very well refuse! : ¿cómo iba a decir que no?⟩ **11 as well** ALSO : también **12 as well** (*indicating advisability*) ⟨we may/might as well get started : más vale que empecemos⟩ **13 as well** (*indicating equivalence*) ⟨I might as well have stayed home : bien podría haberme quedado en casa⟩ **14 → as well as** **15 well and truly** : completamente
**well**[3] *adj* **1** SATISFACTORY : bien ⟨all is well : todo está bien⟩ **2** DESIRABLE : conveniente ⟨it would be well if you left : sería conveniente que te fueras⟩ **3** HEALTHY : bien, sano **4 it's just as well** : menos mal
**well**[4] *n* **1** : pozo *m* (de agua, petróleo, gas, etc.), aljibe *m* (de agua) **2** SOURCE : fuente *f* ⟨a well of information : una fuente de información⟩ **3 → stairwell**
**well**[5] *interj* **1** (*used to introduce a remark*) : bueno **2** (*used to express surprise*) : ¡vaya!
**we'll** [ˈwiːl, wɪl] *contraction of* WE SHALL *or* WE WILL → **shall, will**
**well–adjusted** [ˌwɛləˈʤʌstəd] *adj* : equilibrado (dícese de una persona)
**well–balanced** [ˈwɛlˈbælənst] *adj* : equilibrado
**well–behaved** [ˈwɛlˌbɪˈheɪvd] *adj* : (bien) educado, que se porta bien
**well–being** [ˈwɛlˈbiːɪŋ] *n* : bienestar *m*
**well–bred** [ˈwɛlˈbrɛd] *adj* : fino, (bien) educado
**well–built** [ˈwɛlˈbɪlt] *adj* : fornido
**well–defined** [ˌwɛldiˈfaɪnd] *adj* : bien definido
**well–done** [ˈwɛlˈdʌn] *adj* **1** : bien hecho ⟨well-done! : ¡bravo!⟩ **2** : bien cocido
**well–dressed** [ˈwɛlˈdrɛst] *adj* : bien vestido
**well–founded** [ˈwɛlˈfaʊndəd] *adj* : bien fundado
**well–informed** [ˈwɛlɪnˈfɔrmd] *adj* : bien informado
**well–kept** [ˈwɛlˈkɛpt] *adj* : bien cuidado
**well–known** [ˈwɛlˈnoːn] *adj* : famoso, bien conocido
**well–made** [ˈwɛlˈmeɪd] *adj* : sólido
**well–mannered** [ˈwɛlˈmænərd] *adj* : (bien) educado, de buenos modales
**well–meaning** [ˈwɛlˈmiːnɪŋ] *adj* : bienintencionado, que tiene buenas intenciones

**well–nigh** [ˈwɛlˈnaɪ] *adv* : casi ⟨well-nigh impossible : casi imposible⟩
**well–off** [ˈwɛlˈɔf] **1** → **well-to-do** **2** FORTUNATE : afortunado
**well–read** [ˈwɛlˈrɛd] *adj* : culto
**well–rounded** [ˈwɛlˈraʊndəd] *adj* : completo, equilibrado
**well–to–do** [ˌwɛltəˈduː] *adj* : próspero, adinerado, rico
**well–wisher** [ˈwɛlˈwɪʃər] *n* ⟨a group of well-wishers gathered to say goodbye to him : un grupo de amigos/admiradores (etc.) se congregó para despedirlo⟩
**well–worn** [ˈwɛlˈworn] *adj* : muy gastado
**Welsh** [ˈwɛlʃ] *n* **1** : galés *m*, galesa *f* **2** : galés *m* (idioma) — **Welsh** *adj*
**Welshman** [ˈwɛlʃmən] *n, pl* **-men** [-mən, -ˌmɛn] : galés *m*
**Welshwoman** [ˈwɛlʃˌwʊmən] *n, pl* **-women** [-ˌwɪmən] : galesa *f*
**welt** [ˈwɛlt] *n* : verdugón *m*
**welter** [ˈwɛltər] *n* : fárrago *m*, revoltijo *m* ⟨a welter of data : un fárrago de datos⟩
**wend** [ˈwɛnd] *vi* **to wend one's way** : ponerse en camino, encaminar sus pasos
**went** → **go**[1]
**wept** → **weep**
**were** → **be**
**we're** [ˈwɪr, ˈwər, ˈwiːər] *contraction of* WE ARE → **be**
**weren't** [ˈwərənt] *contraction of* WERE NOT → **be**
**werewolf** [ˈwɪrˌwʊlf, ˈwɛr-, ˈwər-, -ˌwʌlf] *n, pl* **-wolves** [-ˌwʊlvz, -ˌwʌlvz] : hombre *m* lobo
**west**[1] [ˈwɛst] *adv* : al oeste
**west**[2] *adj* : oeste, del oeste, occidental ⟨west winds : vientos del oeste⟩
**west**[3] *n* **1** : oeste *m* **2 the West** : el Oeste, el Occidente
**westbound** [ˈwɛstˌbaʊnd] *adj* : que va hacia el oeste
**westerly** [ˈwɛstərli] *adv & adj* : del oeste
**western**[1] [ˈwɛstərn] *adj* **1** : Occidental, del Oeste **2** : occidental, oeste
**western**[2] *n* : western *m*
**Westerner** [ˈwɛstərnər] *n* : habitante *mf* del oeste
**West Indian** *n* : antillano *m*, -na *f* — **West Indian** *adj*
**westward** [ˈwɛstwərd] *adv & adj* : hacia el oeste
**wet**[1] [ˈwɛt] *vt* **wet** *or* **wetted; wetting** : mojar, humedecer
**wet**[2] *adj* **wetter; wettest** **1** : mojado, húmedo ⟨wet clothes : ropa mojada⟩ ⟨wet paint : pintura fresca⟩ **2** RAINY : lluvioso
**wet**[3] *n* **1** MOISTURE : humedad *f* **2** RAIN : lluvia *f*
**wet blanket** *n* : aguafiestas *mf*
**wet nurse** *n* : nodriza *f*
**wet suit** *n* : traje *m* de neopreno, traje *m* de buzo
**we've** [ˈwiːv] *contraction of* WE HAVE → **have**
**whack**[1] [ˈhwæk] *vt* : golpear (fuertemente), aporrear
**whack**[2] *n* **1** : golpe *m* fuerte, porrazo *m* **2** ATTEMPT : intento *m*, tentativa *f*
**whale**[1] [ˈhweɪl] *vi* **whaled; whaling** : cazar ballenas
**whale**[2] *n, pl* **whales** *or* **whale** : ballena *f*
**whaleboat** [ˈhweɪlˌboːt] *n* : ballenero *m*
**whalebone** [ˈhweɪlˌboːn] *n* : barba *f* de ballena
**whaler** [ˈhweɪlər] *n* **1** : ballenero *m*, -ra *f* **2** → **whaleboat**
**wham** [ˈhwæm] *interj* : zas!
**wharf** [ˈhwɔrf] *n, pl* **wharves** [ˈhwɔrvz] : muelle *m*, embarcadero *m*
**what**[1] [ˈhwɑt, ˈhwʌt] *adv* **1** HOW : cómo, qué, cuánto ⟨what does it matter? : ¿qué importa?⟩ **2 what with** : entre ⟨what with one thing and another : entre una cosa y otra⟩ **3 so what?** : ¿y qué?
**what**[2] *adj* **1** (*used in questions*) : qué ⟨what more do you want? : ¿qué más quieres?⟩ ⟨what color is it? : ¿de qué color es?⟩ **2** (*used in exclamations*) : qué ⟨what an idea! : ¡qué idea!⟩ **3** ANY, WHATEVER : cualquier ⟨give what help you can : da cualquier contribución que puedas⟩
**what**[3] *pron* **1** (*used in direct questions*) : qué ⟨what happened? : ¿qué pasó?⟩ ⟨what does it cost? : ¿cuánto cuesta?⟩ ⟨what does this mean? : ¿que significa esto?⟩ ⟨what's it called? : ¿cómo se llama?⟩ ⟨what's the problem? : ¿cuál es el problema?⟩ ⟨what (did you say)? : ¿qué?, ¿cómo?⟩ ⟨what else did she say? : ¿qué más dijo?⟩ **2** : lo que, qué ⟨tell me what happened : dime qué pasó⟩ ⟨I don't know what to do : no sé qué hacer⟩ ⟨do what I tell you : haz lo que te digo⟩ ⟨guess what! : ¿sabes qué?⟩ **3 and/or what have you** : y no sé qué, y cosas por el estilo **4 what about** ⟨we're all going together — what about Kenny? : vamos todos juntos — ¿y Kenny?⟩ ⟨what about if . . . ? : ¿qué te parece si . . . ?⟩ **5 what for** WHY : por qué ⟨what did you do that for? : ¿por qué hiciste eso?⟩ **6 what if** : y si ⟨what if he knows? : ¿y si lo sabe?⟩ **7 what's more** : además **8 what's up?** *fam* : ¿qué pasa? **9 what's up?** (*used as a greeting*) *fam* : ¿qué hay?, ¿qué tal? **10 what's with . . . ?** *fam* : ¿a qué viene/vienen . . . ?
**whatever**[1] [ˌhwɑtˈɛvər, ˌhwʌt-] *adj* **1** ANY : cualquier, cualquier . . . que ⟨whatever way you prefer : de cualquier manera que prefiera, como prefiera⟩ **2** (*in negative constructions*) ⟨there's no chance whatever : no hay ninguna posibilidad⟩ ⟨nothing whatever : nada en absoluto⟩
**whatever**[2] *pron* **1** ANYTHING : (todo) lo que ⟨I'll do whatever I want : haré lo que quiera⟩ **2** (*no matter what*) ⟨whatever it may be : sea lo que sea⟩ ⟨whatever happens : pase lo que pase⟩ **3** WHAT : qué ⟨whatever do you mean? : ¿qué quieres decir?⟩
**whatnot** [ˈhwɑtˌnɑt, ˈhwʌt-] *pron* : y qué sé yo ⟨diamonds, pearls, and whatnot : diamantes, perlas, y qué sé yo⟩
**what's–his–name** [ˈhwɑtsəzˌneɪm, ˈhwʌt-] *n* : fulano *m*
**what's–her–name** [ˈhwɑtsərˌneɪm, ˈhwʌt-] *n* : fulana *f*

**whatsoever**[1] [ˌhwɑtsoˈɛvər, ˌhwʌt-] *adj* → **whatever**[1]

**whatsoever**[2] *pron* → **whatever**[2]

**wheat** [ˈhwi:t] *n* : trigo *m*

**wheaten** [ˈhwi:tən] *adj* : de trigo

**wheedle** [ˈhwi:dəl] *vt* **-dled; -dling** CAJOLE : engatusar ⟨to wheedle something out of someone : sonsacarle algo a alguien⟩

**wheel**[1] [ˈhwi:l] *vt* : empujar (una bicicleta, etc.), mover (algo sobre ruedas) — *vi* **1** ROTATE : girar, rotar **2 to wheel around** TURN : darse la vuelta

**wheel**[2] *n* **1** : rueda *f* **2** *or* **steering wheel** : volante *m* (de automóviles, etc.), timón *m* (de barcos o aviones) **3 wheels** *npl* : maquinaria *f*, fuerza *f* impulsora ⟨the wheels of government : la maquinaria del gobierno⟩

**wheelbarrow** [ˈhwi:lˌbærˌo:] *n* : carretilla *f*

**wheelchair** [ˈhwi:lˌtʃær] *n* : silla *f* de ruedas

**wheeze**[1] [ˈhwi:z] *vi* **wheezed; wheezing** : resollar, respirar con dificultad

**wheeze**[2] *n* : resuello *m*

**whelp**[1] [ˈhwɛlp] *vi* : parir

**whelp**[2] *n* : cachorro *m*, -rra *f*

**when**[1] [ˈhwɛn] *adv* : cuándo ⟨when will you return? : ¿cuándo volverás?⟩ ⟨he asked me when I would be home : me preguntó cuándo estaría en casa⟩ ⟨say when : di basta/cuándo⟩

**when**[2] *conj* **1** (*referring to a particular time*) : cuando, en que ⟨when you are ready : cuando estés listo⟩ ⟨the days when I clean the house : los días en que limpio la casa⟩ **2** IF : cuando, si ⟨how can I go when I have no money? : ¿cómo voy a ir si no tengo dinero?⟩ **3** ALTHOUGH : cuando ⟨you said it was big when actually it's small : dijiste que era grande cuando en realidad es pequeño⟩

**when**[3] *pron* : cuándo ⟨since when are you the boss? : ¿desde cuándo eres el jefe?⟩

**whence** [ˈhwɛnts] *adv* : de donde

**whenever**[1] [hwɛnˈɛvər] *adv* **1** : cuando sea ⟨tomorrow or whenever : mañana o cuando sea⟩ **2** (*in questions*) : cuándo

**whenever**[2] *conj* **1** : siempre que, cada vez que ⟨whenever I go, I'm disappointed : siempre que voy, quedo desilusionado⟩ **2** WHEN : cuando ⟨whenever you like : cuando quieras⟩

**where**[1] [ˈhwɛr] *adv* : dónde, adónde ⟨where is he? : ¿dónde está?⟩ ⟨where did they go? : ¿adónde fueron?⟩

**where**[2] *conj* : donde, adonde ⟨she knows where the house is : sabe donde está la casa⟩ ⟨she goes where she likes : va adonde quiera⟩

**where**[3] *pron* : donde ⟨Chicago is where I live : Chicago es donde vivo⟩

**whereabouts**[1] [ˈhwɛrəˌbaʊts] *adv* : dónde, por dónde ⟨whereabouts is the house? : ¿dónde está la casa?⟩

**whereabouts**[2] *ns & pl* : paradero *m*

**whereas** [hwɛrˈæz] *conj* **1** : considerando que (usado en documentos legales) **2** : mientras que ⟨I like the white one whereas she prefers the black : me gusta el blanco mientras que ella prefiere el negro⟩

**whereby** [hwɛrˈbaɪ] *adv* : por lo cual

**wherefore** [ˈhwɛrˌfor] *adv* : por qué

**wherein** [hwɛrˈɪn] *adv* : en el cual, en el que

**whereof** [hwɛrˈʌv, -ɑv] *conj* : de lo cual

**whereupon** [ˈhwɛrəˌpɑn, -ˌpɔn] *conj* : con lo cual, después de lo cual

**wherever**[1] [hwɛrˈɛvər] *adv* **1** WHERE : dónde, adónde **2** : en cualquier parte ⟨or wherever : o donde sea⟩

**wherever**[2] *conj* : dondequiera que, donde sea ⟨wherever you go : dondequiera que vayas⟩

**wherewithal** [ˈhwɛrwɪˌðɔl, -ˌθɔl] *n* : medios *mpl*, recursos *mpl*

**whet** [ˈhwɛt] *vt* **whetted; whetting 1** SHARPEN : afilar **2** STIMULATE : estimular ⟨to whet the appetite : estimular el apetito⟩

**whether** [ˈhwɛðər] *conj* **1** : si ⟨I don't know whether it is finished : no sé si está acabado⟩ ⟨we doubt whether he'll show up : dudamos que aparezca⟩ **2** (*used in comparisons*) ⟨whether I like it or not : tanto si quiero como si no⟩ ⟨whether he comes or he doesn't : venga o no⟩

**whetstone** [ˈhwɛtˌsto:n] *n* : piedra *f* de afilar

**whey** [ˈhweɪ] *n* : suero *m* (de la leche)

**which**[1] [ˈhwɪtʃ] *adj* : qué, cuál ⟨which tie do you prefer? : ¿cuál corbata prefieres?⟩ ⟨which ones? : ¿cuáles?⟩ ⟨tell me which house is yours : dime qué casa es la tuya⟩

**which**[2] *pron* **1** : cuál ⟨which is the right answer? : ¿cuál es la respuesta correcta?⟩ **2** : que, el cual, la cual, los cuales, las cuales ⟨the cup which broke : la taza que se quebró⟩ ⟨the houses, which are made of brick . . . : las casas, la cuales son de ladrillo . . .⟩

**whichever**[1] [hwɪtʃˈɛvər] *adj* : el (la) que, cualquiera que ⟨whichever book you like : cualquier libro que te guste⟩

**whichever**[2] *pron* : el que, la que, cualquiera que ⟨take whichever you want : toma el que quieras⟩ ⟨whichever I choose : cualquiera que elija⟩

**whiff**[1] [ˈhwɪf] *v* PUFF : soplar

**whiff**[2] *n* **1** PUFF : soplo *m*, ráfaga *f* **2** SNIFF : olor *m* **3** HINT : dejo *m*, pizca *f*

**while**[1] [ˈhwaɪl] *vt* **whiled; whiling** : pasar ⟨to while away the time : matar el tiempo⟩

**while**[2] *n* **1** TIME : rato *m*, tiempo *m* ⟨after a while : después de un rato⟩ ⟨in a while : dentro de poco⟩ **2 to be worth one's while** : valer la pena

**while**[3] *conj* **1** : mientras ⟨whistle while you work : silba mientras trabajas⟩ **2** WHEREAS : mientras que **3** ALTHOUGH : aunque ⟨while it's very good, it's not perfect : aunque es muy bueno, no es perfecto⟩

**whim** [ˈhwɪm] *n* : capricho *m*, antojo *m*

**whimper**[1] [ˈhwɪmpər] *vi* : lloriquear, gimotear

**whimper**[2] *n* : quejido *m*

**whimsical** [ˈhwɪmzɪkəl] *adj* **1** CAPRICIOUS : caprichoso, fantasioso **2** ERRATIC : errático — **whimsically** *adv*

**whine**[1] [ˈhwaɪn] *vi* **whined; whining 1** : lloriquear, gimotear, gemir **2** COMPLAIN : quejarse

**whine**[2] *n* : quejido *m*, gemido *m*

**whiner** [ˈhwaɪnər] *n* : llorón *m*, -rona *f*

**whiny** [ˈhwaɪnɪ] *adj* **whinier; -est** : ñoño

**whinny**[1] [ˈhwɪnɪ] *vi* **-nied; -nying** : relinchar

**whinny**[2] *n, pl* **-nies** : relincho *m*

**whip**[1] [ˈhwɪp] *v* **whipped; whipping** *vt* **1** SNATCH : arrebatar ⟨she whipped the cloth off the table : arrebató el mantel de la mesa⟩ **2** LASH : azotar **3** MOVE, STIR : agitar (con fuerza) **4** FLING : lanzar, tirar (rápidamente) **5** *fam* DEFEAT : vencer, derrotar **6** INCITE : incitar, despertar, provocar ⟨to whip up enthusiasm : despertar el entusiasmo⟩ ⟨to whip up a controversy : provocar una polémica⟩ ⟨he whipped the crowd into a frenzy : enardeció a la multitud⟩ **7** BEAT : batir (huevos, crema, etc.) **8 to whip into shape** *fam* : poner en forma **9 to whip out** *fam* : sacar (rápidamente) **10 to whip up** *fam* PREPARE : improvisar, preparar (rápidamente) — *vi* **1** FLAP : agitarse **2** RACE : ir rápidamente ⟨I whipped through my chores : hice las tareas volando⟩ ⟨to whip past/by : pasar como una bala⟩

**whip**[2] *n* **1** : látigo *m*, azote *m*, fusta *f* (de jinete) **2** : miembro *m* de un cuerpo legislativo encargado de disciplina

**whiplash** [ˈhwɪpˌlæʃ] *n or* **whiplash injury** : traumatismo *m* cervical

**whippet** [ˈhwɪpət] *n* : galgo *m* pequeño, galgo *m* inglés

**whir**[1] [ˈhwər] *vi* **whirred; whirring** : zumbar

**whir**[2] *n* : zumbido *m*

**whirl**[1] [ˈhwərl] *vi* **1** SPIN : dar vueltas, girar ⟨my head is whirling : la cabeza me está dando vueltas⟩ **2 to whirl about** : arremolinarse, moverse rápidamente

**whirl**[2] *n* **1** SPIN : giro *m*, vuelta *f*, remolino *m* (dícese del polvo, etc.) **2** BUSTLE : bullicio *m*, torbellino *m* (de actividad, etc.) **3 to give it a whirl** : intentar hacer, probar

**whirlpool** [ˈhwərlˌpuːl] *n* **1** : vorágine *f*, remolino *m* **2** *or* **whirlpool bath** : bañera *f* de hidromasaje

**whirlwind**[1] [ˈhwərlˌwɪnd] *n* : remolino *m*, torbellino *m*, tromba *f*

**whirlwind**[2] *adj* : muy rápido

**whisk**[1] [ˈhwɪsk] *vt* **1** : llevar ⟨she whisked the children off to bed : llevó a los niños a la cama⟩ **2** : batir ⟨to whisk eggs : batir huevos⟩ **3 to whisk away** *or* **to whisk off** : sacudir

**whisk**[2] *n* **1** WHISKING : sacudida *f* (movimiento) **2** : batidor *m* (para batir huevos, etc.)

**whisk broom** *n* : escobilla *f*

**whisker** [ˈhwɪskər] *n* **1** : pelo *m* (de la barba o el bigote) **2 whiskers** *npl* : bigotes *mpl* (de animales)

**whiskey** *or* **whisky** [ˈhwɪskɪ] *n, pl* **-keys** *or* **-kies** : whisky *m*

**whisper**[1] [ˈhwɪspər] *vi* : cuchichear, susurrar — *vt* : decir en voz baja, susurrar

**whisper**[2] *n* **1** WHISPERING : susurro *m*, cuchicheo *m* **2** RUMOR : rumor *m* **3** TRACE : dejo *m*, pizca *f*

**whistle**[1] [ˈhwɪsəl] *v* **-tled; -tling** *vi* : silbar, chiflar, pitar (dícese de un tren, etc.) — *vt* : silbar ⟨to whistle a tune : silbar una melodía⟩

**whistle**[2] *n* **1** WHISTLING : chiflido *m*, silbido *m* **2** : silbato *m*, pito *m* (instrumento)

**whit** [ˈhwɪt] *n* BIT : ápice *m*, pizca *f*

**white**[1] [ˈhwaɪt] *adj* **whiter; whitest** : blanco

**white**[2] *n* **1** : blanco *m* (color) **2** : clara *f* (de huevos) **3** : blanco *m* (del ojo) **4** *or* **white person** : blanco *m*, -ca *f*

**white blood cell** *n* : glóbulo *m* blanco

**white chocolate** *n* : chocolate *m* blanco

**white–collar** [ˈhwaɪtˈkɑlər] *adj* **1** : de oficina **2 white–collar worker** : oficinista *mf*

**whitefish** [ˈhwaɪtˌfɪʃ] *n* : pescado *m* blanco

**white–hot** *adj* : candente

**white lie** *n* : mentira *f* piadosa

**whiten** [ˈhwaɪtən] *vt* : blanquear — *vi* : ponerse blanco

**whitener** [ˈhwaɪtənər] *n* : blanqueador *m*

**whiteness** [ˈhwaɪtnəs] *n* : blancura *f*

**white–tailed deer** [ˈhwaɪtˈteɪld] *n* : ciervo *f* de Virginia

**whitewash**[1] [ˈhwaɪtˌwɔʃ] *vt* **1** : enjalbegar, blanquear ⟨to whitewash a fence : enjalbegar una valla⟩ **2** CONCEAL : encubrir (un escándalo, etc.)

**whitewash**[2] *n* **1** : jalbegue *m*, lechada *f* **2** COVER-UP : encubrimiento *m*

**whither** [ˈhwɪðər] *adv* : adónde

**whittle** [ˈhwɪtəl] *vt* **-tled; -tling 1** : tallar (madera) **2 to whittle down** : reducir, recortar ⟨to whittle down expenses : reducir los gastos⟩

**whiz**[1] *or* **whizz** [ˈhwɪz] *vi* **whizzed; whizzing 1** BUZZ : zumbar **2 to whiz by** : pasar muy rápido, pasar volando

**whiz**[2] *or* **whizz** *n, pl* **whizzes 1** BUZZ : zumbido *m* **2 to be a whiz** : ser un prodigio, ser muy hábil

**whiz kid** *or* **whizz kid** *n* : prodigio *m*, genio *m*

**who** [ˈhuː] *pron* **1** (*used in direct and indirect questions*) : quién ⟨who is that? : ¿quién es ése?⟩ ⟨who did it? : ¿quién lo hizo?⟩ ⟨we know who they are : sabemos quiénes son⟩ **2** (*used in relative clauses*) : que, quien ⟨the lady who lives there : la señora que vive allí⟩ ⟨for those who wait : para los que esperan, para quienes esperan⟩

**whodunit** [huːˈdʌnɪt] *n* : novela *f* policíaca

**whoever** [huːˈɛvər] *pron* **1** : quienquiera que, quien ⟨whoever did it : quienquiera que lo hizo⟩ ⟨give it to whoever you want : dalo a quien quieras⟩ **2** (*used in questions*) : quién ⟨whoever could that be? : ¿quién podría ser?⟩

**whole**[1] [ˈhoːl] *adj* **1** UNHURT : ileso **2** INTACT : intacto, sano **3** ENTIRE : entero, íntegro ⟨the whole island : toda la isla⟩ ⟨whole milk : leche entera⟩ **4 a whole lot** : muchísimo

**whole**[2] *n* **1** : todo *m* **2 as a whole** : en conjunto **3 on the whole** : en general

**wholehearted** [ˈhoːlˈhɑrtəd] *adj* : sin reservas, incondicional — **wholeheartedly** *adv*

**whole note** *n* : semibreve *f*, redonda *f*

**whole number** *n* : entero *m*

**wholesale**[1] [ˈhoːlˌseɪl] *v* **-saled; -saling** *vt* : vender al por mayor — *vi* : venderse al por mayor

**wholesale**[2] *adv* : al por mayor

**wholesale**[3] *adj* **1** : al por mayor ⟨wholesale grocer : tendero al por mayor⟩ **2** TOTAL : total, absoluto ⟨wholesale slaughter : matanza sistemática⟩

**wholesale**[4] *n* : mayoreo *m*

**wholesaler** [ˈhoːlˌseɪlər] *n* : mayorista *mf*

**wholesome** [ˈhoːlsəm] *adj* **1** : sano ⟨wholesome advice : consejo sano⟩ **2** HEALTHY : sano, saludable

**whole wheat** *adj* : de trigo integral ⟨whole wheat bread : pan integral⟩

**wholly** [ˈhoːli] *adv* **1** COMPLETELY : completamente **2** SOLELY : exclusivamente, únicamente

**whom** [ˈhuːm] *pron* **1** (*used in direct questions*) : a quién ⟨whom did you choose? : ¿a quién elegiste?⟩ **2** (*used in indirect questions*) : de quién, con quién, en quién ⟨I don't know whom to consult : no sé con quién consultar⟩ **3** (*used in relative clauses*) : que, a quien ⟨the lawyer whom I recommended to you : el abogado que te recomendé⟩

**whomever** [huːmˈɛvər] *pron* WHOEVER : quienquiera, quien ⟨marry whomever you please : cásate con quien quieras⟩

**whoop**[1] [ˈhwuːp, ˈhwʊp] *vi* : gritar, chillar

**whoop**[2] *n* : grito *m*

**whooping cough** *n* : tos *f* ferina

**whopper** [ˈhwɑpər] *n* **1** : cosa *f* enorme **2** LIE : mentira *f* colosal

**whopping** [ˈhwɑpɪŋ] *adj* : enorme

**whore** [ˈhor] *n* : puta *f* *offensive*, ramera *f*

**whorl** [ˈhwɔrl, ˈhwərl] *n* : espiral *f*, línea *f* (de una huella digital)

**whose**[1] [ˈhuːz] *adj* **1** (*used in questions*) : de quién ⟨whose truck is that? : ¿de quién es ese camión?⟩ **2** (*used in relative clauses*) : cuyo ⟨the person whose work is finished : la persona cuyo trabajo está terminado⟩

**whose**[2] *pron* : de quién ⟨tell me whose it was : dime de quién era⟩

**why**[1] [ˈhwaɪ] *adv* : por qué ⟨why did you do it? : ¿por qué lo hizo?⟩

**why**[2] *n, pl* **whys** REASON : porqué *m*, razón *f*

**why**[3] *conj* : por qué ⟨I know why he left : yo sé por qué salió⟩ ⟨there's no reason why it should exist : no hay razón para que exista⟩

**why**[4] *interj* (*used to express surprise*) : ¡vaya!, ¡mira!

**Wicca** [ˈwɪkə] *n* : wicca *f*

**Wiccan** [ˈwɪkən] *n* : wiccano *m*, -na *f* — **Wiccan** *adj*

**wick** [ˈwɪk] *n* : mecha *f*

**wicked** [ˈwɪkəd] *adj* **1** EVIL : malo, malvado **2** MISCHIEVOUS : travieso, pícaro ⟨a wicked grin : una sonrisa traviesa⟩ **3** TERRIBLE : terrible, horrible ⟨a wicked storm : una tormenta horrible⟩

**wickedly** [ˈwɪkədli] *adv* : con maldad

**wickedness** [ˈwɪkədnəs] *n* : maldad *f*

**wicker**[1] [ˈwɪkər] *adj* : de mimbre

**wicker**[2] *n* **1** : mimbre *m* **2** → **wickerwork**

**wickerwork** [ˈwɪkərˌwərk] *n* : artículos *mpl* de mimbre

**wicket** [ˈwɪkət] *n* **1** WINDOW : ventanilla *f* **2** *or* **wicket gate** : postigo *m* **3** : aro *m* (en croquet), palos *mpl* (en críquet)

**wide**[1] [ˈwaɪd] *adv* **wider; widest** **1** WIDELY : por todas partes ⟨to travel far and wide : viajar por todas partes⟩ **2** COMPLETELY : completamente, totalmente ⟨wide open : abierto de par en par⟩ **3 wide apart** : muy separados

**wide**[2] *adj* **wider; widest** **1** VAST : vasto, extensivo ⟨a wide area : una área extensiva⟩ **2** : ancho ⟨three meters wide : tres metros de ancho⟩ **3** BROAD : ancho, amplio **4** *or* **wide-open** : muy abierto **5 wide of the mark** : desviado, lejos del blanco

**wide-awake** [ˈwaɪdəˈweɪk] *adj* : (completamente) despierto

**wide-eyed** [ˈwaɪdˈaɪd] *adj* **1** : con los ojos muy abiertos **2** NAIVE : inocente, ingenuo

**widely** [ˈwaɪdli] *adv* : extensivamente, por todas partes

**widen** [ˈwaɪdən] *vt* : ampliar, ensanchar — *vi* : ampliarse, ensancharse

**wide-ranging** [ˈwaɪdˌreɪndʒɪŋ] *adj* EXTENSIVE, DIVERSE : amplio, diverso ⟨wide-ranging implications : implicaciones de gran alcance⟩ ⟨a wide-ranging discussion : una discusión que abarca muchos temas⟩

**widescreen** [ˈwaɪdˌskriːn] *adj* : de pantalla ancha

**widespread** [ˈwaɪdˈspred] *adj* : extendido, extenso, difuso

**widow**[1] [ˈwɪˌdoː] *vt* : dejar viuda ⟨to be widowed : enviudar⟩

**widow**[2] *n* : viuda *f*

**widower** [ˈwɪdowər] *n* : viudo *m*

**width** [ˈwɪdθ] *n* : ancho *m*, anchura *f*

**wield** [ˈwiːld] *vt* **1** USE : usar, manejar ⟨to wield a broom : usar una escoba⟩ **2** EXERCISE : ejercer ⟨to wield influence : influir⟩

**wiener** [ˈwiːnər] → **frankfurter**

**wife** [ˈwaɪf] *n, pl* **wives** [ˈwaɪvz] : esposa *f*, mujer *f*

**wifely** [ˈwaɪfli] *adj* : de esposa, conyugal

**wig** [ˈwɪg] *n* : peluca *f*

**wiggle**[1] [ˈwɪgəl] *v* **-gled; -gling** *vt* **1** : menear ⟨to wiggle one's hips : menear las caderas, menearse, contonearse⟩ **2** : mover (los dedos, etc.) — *vi* **1** : menearse, contonearse **2** SQUIRM, WRIGGLE : retorcerse

**wiggle**[2] *n* : meneo *m*, contoneo *m*
**wiggly** [ˈwɪgəli] *adj* **wigglier; -est** **1** : que se menea **2** WAVY : ondulado
**wigwag** [ˈwɪgˌwæg] *vi* **-wagged; -wagging** : comunicar por señales
**wigwam** [ˈwɪgˌwɑm] *n* : wigwam *m*
**wild**[1] [ˈwaɪld] *adv* **1** → **wildly** **2 to run wild** : descontrolarse
**wild**[2] *adj* **1** : salvaje, silvestre, cimarrón ⟨wild horses : caballos salvajes⟩ ⟨wild rice : arroz silvestre⟩ **2** DESOLATE : yermo, agreste **3** UNRULY : desenfrenado **4** CRAZY : loco, fantástico ⟨wild ideas : ideas locas⟩ **5** BARBAROUS : salvaje, bárbaro **6** ERRATIC : errático ⟨a wild throw : un tiro errático⟩ **7** FRENETIC : frenético **8** : extravagante ⟨to take/make a wild guess : adivinar, hacer una conjetura (al azar)⟩ **9 to be wild about** : estar loco por
**wild**[3] *n* → **wilderness**
**wild boar** *n* : jabalí *m*
**wild card** *n* **1** : factor *m* desconocido **2** : comodín *m* (carta) **3** *usu* **wildcard** : comodín *m* (símbolo)
**wildcat** [ˈwaɪldˌkæt] *n* **1** : gato *m* montés **2** BOBCAT : lince *m* rojo
**wilderness** [ˈwɪldərnəs] *n* : yermo *m*, desierto *m*
**wildfire** [ˈwaɪldˌfaɪr] *n* **1** : fuego *m* descontrolado **2 to spread like wildfire** : propagarse como un reguero de pólvora
**wildflower** [ˈwaɪldˌflaʊər] *n* : flor *f* silvestre
**wildfowl** [ˈwaɪldˌfaʊl] *n* : ave *f* de caza
**wild goose chase** *n fam* : misión *f* imposible o inútil ⟨it turned out to be a wild goose chase : resultó ser una pérdida de tiempo⟩
**wildlife** [ˈwaɪldˌlaɪf] *n* : fauna *f*
**wildly** [ˈwaɪldli] *adv* **1** FRANTICALLY : frenéticamente, como un loco **2** EXTREMELY : extremadamente ⟨wildly happy : loco de felicidad⟩
**wile**[1] [ˈwaɪl] *vt* **wiled; wiling** LURE : atraer
**wile**[2] *n* : ardid *m*, artimaña *f*
**will**[1] [ˈwɪl] *v, past* **would** [ˈwʊd] *present s & pl* **will** *vt* WISH : querer ⟨do what you will : haz lo que quieras⟩ — *v aux* **1** (*expressing willingness*) ⟨no one would take the job : nadie aceptaría el trabajo⟩ ⟨I won't do it : no lo haré⟩ **2** (*expressing habitual action*) ⟨he will get angry over nothing : se pone furioso por cualquier cosa⟩ **3** (*forming the future tense*) ⟨tomorrow we will go shopping : mañana iremos de compras⟩ **4** (*expressing capacity*) ⟨the couch will hold three people : en el sofá cabrán tres personas⟩ **5** (*expressing determination*) ⟨I will go despite them : iré a pesar de ellos⟩ **6** (*expressing probability*) ⟨that will be the mailman : eso ha de ser el cartero⟩ **7** (*expressing inevitability*) ⟨accidents will happen : los accidentes ocurrirán⟩ **8** (*expressing a command*) ⟨you will do as I say : harás lo que digo⟩
**will**[2] *vt* **1** ORDAIN : disponer, decretar ⟨if God wills it : si Dios lo dispone, si Dios quiere⟩ **2** : lograr a fuerza de voluntad ⟨they were willing him to succeed : estaban deseando que tuviera éxito⟩ **3** BEQUEATH : legar
**will**[3] *n* **1** DESIRE : deseo *m*, voluntad *f* **2** VOLITION : voluntad *f* ⟨free will : libre albedrío⟩ **3** WILLPOWER : voluntad *f*, fuerza *f* de voluntad ⟨a will of iron : una voluntad férrea⟩ **4** : testamento *m* ⟨to make a will : hacer testamento⟩
**willful** *or* **wilful** [ˈwɪlfəl] *adj* **1** OBSTINATE : obstinado, terco **2** INTENTIONAL : intencionado, deliberado — **willfully** *adv*
**willing** [ˈwɪlɪŋ] *adj* **1** INCLINED, READY : listo, dispuesto **2** OBLIGING : servicial, complaciente
**willingly** [ˈwɪlɪŋli] *adv* : con gusto
**willingness** [ˈwɪlɪŋnəs] *n* : buena voluntad *f*
**willow** [ˈwɪˌlo:] *n* : sauce *m*
**willowy** [ˈwɪlowi] *adj* : esbelto
**willpower** [ˈwɪlˌpaʊər] *n* : voluntad *f*, fuerza *f* de voluntad
**willy–nilly** [ˌwɪliˈnɪli] *adv fam* : de cualquier manera
**wilt** [ˈwɪlt] *vi* **1** : marchitarse (dícese de las flores) **2** LANGUISH : debilitarse, languidecer
**wily** [ˈwaɪli] *adj* **wilier; -est** : artero, astuto
**wimp** [ˈwɪmp] *n* **1** COWARD : gallina *f*, cobarde *mf* **2** WEAKLING : debilucho *m*, -cha *f*, alfeñique *m*
**win**[1] [ˈwɪn] *v* **won** [ˈwʌn]; **winning** *vi* : ganar — *vt* **1** : ganar, conseguir **2 to win over** : ganarse a **3 to win someone's heart** : conquistar a alguien
**win**[2] *n* : triunfo *m*, victoria *f*
**wince**[1] [ˈwɪnts] *vi* **winced; wincing** : estremecerse, hacer una mueca de dolor
**wince**[2] *n* : mueca *f* de dolor
**winch** [ˈwɪntʃ] *n* : torno *m*
**wind**[1] [ˈwɪnd] *vt* : dejar sin aliento ⟨to be winded : quedarse sin aliento⟩
**wind**[2] [ˈwaɪnd] *v* **wound** [ˈwaʊnd]; **winding** *vi* **1** MEANDER : serpentear **2 to wind down** END : acabarse poco a poco **3 to wind down** UNWIND : relajarse **4 to wind up** END : terminar, acabar ⟨the meeting will be winding up soon : la reunión va a terminar pronto⟩ **5 to wind up** END UP : acabar, terminar ⟨to wind up doing something : acabar/terminar haciendo algo, acabar/terminar por hacer algo⟩ — *vt* **1** COIL, ROLL : envolver, enrollar **2** TURN : hacer girar ⟨to wind (up) a clock : darle cuerda a un reloj⟩ **3 to wind up** END : terminar, concluir
**wind**[3] [ˈwɪnd] *n* **1** : viento *m* ⟨against the wind : contra el viento⟩ **2** BREATH : aliento *m* **3** FLATULENCE : flatulencia *f*, ventosidad *f* **4 to get wind of** : enterarse de
**wind**[4] [ˈwaɪnd] *n* **1** TURN : vuelta *f* **2** BEND : recodo *m*, curva *f*
**windbreak** [ˈwɪndˌbreɪk] *n* : barrera *f* contra el viento, abrigadero *m*
**windfall** [ˈwɪndˌfɔl] *n* **1** : fruta *f* caída **2** : beneficio *m* imprevisto
**wind instrument** *n* : instrumento *m* de viento

**windmill** [ˈwɪnˌmɪl] *n* : molino *m* de viento
**window** [ˈwɪnˌdoː] *n* **1** : ventana *f* (de un edificio), ventanilla *f* (de un vehículo o avión), vitrina *f* (de una tienda) **2** → **windowpane** **3** : ventana *f* (en informática)
**window box** *n* : jardinera *f* de ventana
**windowpane** [ˈwɪnˌdoːˌpeɪn] *n* : vidrio *m*
**window screen** → **screen²**
**window–shop** [ˈwɪndoˌʃɑp] *vi* **-shopped; -shopping** : mirar las vitrinas
**windowsill** [ˈwɪnˌdoːˌsɪl] *n* : alféizar *m* de la ventana
**windpipe** [ˈwɪndˌpaɪp] *n* : tráquea *f*
**windshield** [ˈwɪndˌfiːld] *n* **1** : parabrisas *m* **2 windshield wiper** : limpiaparabrisas *m*
**windsurfing** [ˈwɪndˌsərfɪŋ] *n* : windsurf *m*
**windswept** [ˈwɪndˌswɛpt] *adj* **1** : azotado por el viento **2** DISHEVELED : despeinado
**windup** [ˈwaɪndˌʌp] *n* : conclusión *f*
**windy** [ˈwɪndi] *adj* **windier; -est** **1** : ventoso ⟨it's windy : hace viento⟩ **2** VERBOSE : verboso, prolijo
**wine¹** [ˈwaɪn] *v* **wined; wining** *vi* : beber vino — *vt* **to wine and dine** : agasajar
**wine²** *n* : vino *m*
**wineglass** [ˈwaɪnˌglæs] *n* : copa *f* (de vino)
**winery** [ˈwaɪnəri] *n, pl* **-eries** : bodega *f*
**wineskin** [ˈwaɪnˌskɪn] *n* : odre *m*, bota *f*
**wine tasting** *n* : degustación *f* de vinos
**wing¹** [ˈwɪŋ] *vi* FLY : volar
**wing²** *n* **1** : ala *f* (de un ave o un avión) ⟨to take wing : levantar vuelo⟩ **2** : ala *f* (de un edificio) **3** FACTION : ala *f* ⟨the right wing of the party : el ala derecha del partido⟩ **4 wings** *npl* : bastidores *mpl* (de un teatro) ⟨to be waiting in the wings : estar esperando su momento⟩ **5 on the wing** : al vuelo, volando **6 under one's wing** : bajo el cargo de uno ⟨to take someone under one's wing : encargarse de alguien⟩
**winged** [ˈwɪnd, ˈwɪŋəd] *adj* : alado
**wink¹** [ˈwɪŋk] *vi* **1** : guiñar el ojo **2** BLINK : pestañear, parpadear **3** FLICKER : parpadear, titilar
**wink²** *n* **1** : guiño *m* (del ojo) **2** NAP : siesta *f* ⟨not to sleep a wink : no pegar el ojo⟩
**winner** [ˈwɪnər] *n* : ganador *m*, -dora *f*
**winning** [ˈwɪnɪŋ] *adj* **1** VICTORIOUS : ganador **2** CHARMING : encantador
**winnings** [ˈwɪnɪŋz] *npl* : ganancias *fpl*
**winnow** [ˈwɪˌnoː] *vt* : aventar (el grano, etc.)
**winsome** [ˈwɪnsəm] *adj* CHARMING : encantador
**winter¹** [ˈwɪntər] *adj* : invernal, de invierno
**winter²** *n* : invierno *m*
**wintertime** [ˈwɪntərˌtaɪm] *n* : invierno *m*
**wintry** [ˈwɪntri] *adj* **wintrier; -est** **1** WINTER : invernal, de invierno **2** COLD : frío ⟨she gave us a wintry greeting : nos saludó fríamente⟩
**wipe¹** [ˈwaɪp] *v* **wiped; wiping** *vt* **1** *or* **to wipe off** : limpiar, pasarle un trapo a ⟨to wipe one's feet : limpiarse los pies⟩ ⟨to wipe dry : secar⟩ **2** *or* **to wipe off** REMOVE : limpiar, quitar **3** *or* **to wipe clean** ERASE : borrar (un disco, etc.) **4 to wipe away** REMOVE : limpiar (suciedad), secar (lágrimas), borrar (una memoria) **5 to wipe down** : pasarle un trapo a **6 to wipe out** ANNIHILATE : aniquilar, destruir **7 to wipe up** : limpiar, secar (líquido, etc.) — *vi* **to wipe out** *fam* FALL : caerse (violentamente)
**wipe²** *n* : pasada *f* (con un trapo, etc.)
**wire¹** [ˈwaɪr] *vt* **wired; wiring** **1** : instalar el cableado en (una casa, etc.) **2** BIND : atar con alambre **3** TELEGRAPH : telegrafiar, mandarle un telegrama (a alguien)
**wire²** *n* **1** : alambre *m* ⟨barbed wire : alambre de púas⟩ **2** : cable *m* (eléctrico o telefónico) **3** TELEGRAM : telegrama *m*, cable *m*
**wireless** [ˈwaɪrləs] *adj* : inalámbrico ⟨a wireless microphone : un micrófono inalámbrico⟩ ⟨wireless Internet access : acceso inalámbrico a Internet⟩
**wiretap¹** [ˈwaɪrˌtæp] *vt* TAP : intervenir, pinchar *fam* (un teléfono)
**wiretap²** *n* TAP : micrófono *m* oculto (para la intervención telefónica)
**wiretapping** [ˈwaɪrˌtæpɪŋ] *n* : intervención *f* telefónica
**wiring** [ˈwaɪrɪŋ] *n* : cableado *m*
**wiry** [ˈwaɪri] *adj* **wirier; -est** **1** : hirsuto, tieso (dícese del pelo) **2** : esbelto y musculoso (dícese del cuerpo)
**wisdom** [ˈwɪzdəm] *n* **1** KNOWLEDGE : sabiduría *f* **2** JUDGMENT, SENSE : sensatez *f*
**wisdom tooth** *n* : muela *f* de juicio
**wise¹** [ˈwaɪz] *adj* **wiser; wisest** **1** LEARNED : sabio **2** SENSIBLE : sabio, sensato, prudente **3** KNOWLEDGEABLE : entendido, enterado ⟨they're wise to his tricks : conocen muy bien sus mañas⟩
**wise²** *n* : manera *f*, modo *m* ⟨in no wise : de ninguna manera⟩
**wisecrack** [ˈwaɪzˌkræk] *n* : broma *f*, chiste *m*
**wisely** [ˈwaɪzli] *adv* : sabiamente, sensatamente
**wish¹** [ˈwɪʃ] *vt* **1** : pedir (como deseo) ⟨I wish I were rich : ojalá fuera rica⟩ ⟨I wish I'd known : ojalá lo hubiera sabido⟩ ⟨I wish you'd be quiet! : ¡quieres callarte?⟩ **2** WANT : desear, querer ⟨I wish to be alone : quiero estar sólo⟩ **3** : desear ⟨they wished me well : me desearon lo mejor⟩ ⟨I wish you luck : te deseo suerte⟩ ⟨I wish you a Happy New Year! : ¡que tengas un feliz Año Nuevo!⟩ — *vi* **1** : pedir un deseo ⟨to wish upon a star : pedir un deseo a una estrella⟩ **2** : querer ⟨as you wish : como quiera⟩ **3 to wish for** : pedir (como deseo)
**wish²** *n* **1** : deseo *m* ⟨to grant a wish : conceder un deseo⟩ **2 wishes** *npl* : saludos *mpl*, recuerdos *mpl* ⟨to send best wishes : mandar muchos recuerdos⟩

**wishbone** [ˈwɪʃˌboːn] *n* : espoleta *f*
**wishful** [ˈwɪʃfəl] *adj* 1 HOPEFUL : deseoso, lleno de esperanza **2 wishful thinking** : ilusiones *fpl*
**wishy–washy** [ˈwɪʃiˌwɔʃi, -ˌwɑʃi] *adj* : insípido, soso
**wisp** [ˈwɪsp] *n* 1 BUNCH : manojo *m* (de paja) 2 STRAND : mechón *m* (de pelo) 3 : voluta *f* (de humo)
**wispy** [ˈwɪspi] *adj* **wispier; -est** : tenue, ralo (dícese del pelo)
**wisteria** [wɪsˈtɪriə] *n* : glicinia *f*
**wistful** [ˈwɪstfəl] *adj* : anhelante, melancólico — **wistfully** *adv*
**wistfulness** [ˈwɪstfəlnəs] *n* : añoranza *f*, melancolía *f*
**wit** [ˈwɪt] *n* 1 INTELLIGENCE : inteligencia *f* 2 CLEVERNESS : ingenio *m*, gracia *f*, agudeza *f* 3 HUMOR : humorismo *m* 4 JOKER : chistoso *m*, -sa *f* 5 **wits** *npl* : razón *f*, buen juicio *m* ⟨scared out of one's wits : muerto de miedo⟩ ⟨to be at one's wits' end : estar desesperado⟩
**witch** [ˈwɪtʃ] *n* 1 : bruja *f* 2 → **Wiccan**
**witchcraft** [ˈwɪtʃˌkræft] *n* 1 : brujería *f*, hechicería *f* 2 → **Wicca**
**witch doctor** *n* : hechicero *m*, -ra *f*
**witchery** [ˈwɪtʃəri] *n, pl* **-eries** WITCHCRAFT : brujería *f*, hechicería *f* 2 CHARM : encanto *m*
**witch–hunt** [ˈwɪtʃˌhʌnt] *n* : caza *f* de brujas
**with** [ˈwɪð, ˈwɪθ] *prep* 1 : con ⟨I'm going with you : voy contigo⟩ ⟨coffee with milk : café con leche⟩ 2 AGAINST : con ⟨to argue with someone : discutir con alguien⟩ 3 (*used in descriptions*) : con, de ⟨the girl with red hair : la muchacha de pelo rojo⟩ 4 (*indicating manner, means, or cause*) : con ⟨to cut with a knife : cortar con un cuchillo⟩ ⟨fix it with tape : arréglalo con cinta⟩ ⟨with luck : con suerte⟩ ⟨trembling with fear : temblando de miedo⟩ 5 DESPITE : a pesar de, aún con ⟨even with all his work, the business failed : a pesar de todo su trabajo, el negocio fracasó⟩ 6 REGARDING : con respecto a, con ⟨the trouble with your plan : el problema con su plan⟩ 7 ACCORDING TO : según ⟨it varies with the season : varía según la estación⟩ 8 (*indicating support or understanding*) : con ⟨I'm with you all the way : estoy contigo hasta el final⟩
**withdraw** [wɪðˈdrɔ, wɪθ-] *v* **-drew** [-ˈdruː]; **-drawn** [-ˈdrɔn]; **-drawing** *vt* 1 REMOVE : retirar, apartar, sacar (dinero) 2 RETRACT : retractarse de — *vi* : retirarse, recluirse (de la sociedad)
**withdrawal** [wɪðˈdrɔəl, wɪθ-] *n* 1 : retirada *f*, retiro *m* (de fondos, etc.), retraimiento *m* (social) 2 RETRACTION : retractación *f* 3 *or* **withdrawal symptoms** : síndrome *m* de abstinencia
**withdrawn** [wɪðˈdrɔn, wɪθ-] *adj* : retraído, reservado, introvertido
**wither** [ˈwɪðər] *vt* : marchitar, agostar — *vi* 1 WILT : marchitarse 2 WEAKEN : decaer, debilitarse
**withhold** [wɪθˈhoːld, wɪð-] *vt* **-held** [-ˈhld]; **-holding** : retener (fondos), aplazar (una decisión), negar (permiso, etc.)
**within**[1] [wɪðˈɪn, wɪθ-] *adv* : dentro
**within**[2] *prep* 1 : dentro de ⟨within the limits : dentro de los límites⟩ ⟨within sight of : a la vista de⟩ 2 (*in expressions of distance*) : a menos de ⟨within 10 miles of the ocean : a menos de 10 millas del mar⟩ 3 (*in expressions of time*) : dentro de ⟨within an hour : dentro de una hora⟩ ⟨within a month of her birthday : a poco menos de un mes de su cumpleaños⟩
**without**[1] [wɪðˈaʊt, wɪθ-] *adv* 1 OUTSIDE : fuera 2 **to do without** : pasar sin algo
**without**[2] *prep* 1 OUTSIDE : fuera de 2 : sin ⟨without fear : sin temor⟩ ⟨he left without his briefcase : se fue sin su portafolios⟩
**withstand** [wɪθˈstænd, wɪð-] *vt* **-stood** [-ˈstʊd]; **-standing** 1 BEAR : aguantar, soportar 2 RESIST : resistir, resistirse a
**witless** [ˈwɪtləs] *adj* : estúpido, tonto
**witness**[1] [ˈwɪtnəs] *vt* 1 SEE : presenciar, ver, ser testigo de 2 : atestiguar (una firma, etc.) — *vi* TESTIFY : atestiguar, testimoniar
**witness**[2] *n* 1 TESTIMONY : testimonio *m* ⟨to bear witness : atestiguar, testimoniar⟩ 2 : testigo *mf* ⟨witness for the prosecution : testigo de cargo⟩
**witness stand** *n* : estrado *m*
**witticism** [ˈwɪtəˌsɪzəm] *n* : agudeza *f*, ocurrencia *f*
**witty** [ˈwɪti] *adj* **wittier; -est** : ingenioso, ocurrente, gracioso
**wives** → **wife**
**wizard** [ˈwɪzərd] *n* 1 SORCERER : mago *m*, brujo *m*, hechicero *m* 2 : genio *m* ⟨a math wizard : un genio en matemáticas⟩
**wizened** [ˈwɪzənd, ˈwiː-] *adj* : arrugado, marchito
**wobble**[1] [ˈwɑbəl] *vi* **-bled; -bling** : bambolearse, tambalearse, temblar (dícese de la voz)
**wobble**[2] *n* : tambaleo *m*, bamboleo *m*
**wobbly** [ˈwɑbəli] *adj* **wobblier; -est** : que se tambalea, inestable
**woe** [ˈwoː] *n* 1 GRIEF, MISFORTUNE : desgracia *f*, infortunio *m*, aflicción *f* 2 **woes** *npl* TROUBLES : penas *fpl*, males *mpl*
**woeful** [ˈwoːfəl] *adj* 1 SORROWFUL : afligido, apenado, triste 2 UNFORTUNATE : desgraciado, infortunado 3 DEPLORABLE : lamentable
**woke**[1], **woken** → **wake**[1]
**woke**[2] [ˈwoːk] *adj* : consciente de y sensible a los asuntos de justicia racial y social
**wolf**[1] [ˈwʊlf] *vt or* **to wolf down** : engullir
**wolf**[2] *n, pl* **wolves** [ˈwʊlvz] : lobo *m*, -ba *f*
**wolfram** [ˈwʊlfrəm] → **tungsten**
**wolverine** [ˌwʊlvəˈriːn] *n* : glotón *m* (animal)
**woman** [ˈwʊmən] *n, pl* **women** [ˈwɪmən] : mujer *f*
**womanhood** [ˈwʊmənˌhʊd] *n* 1 : condición *f* de mujer 2 WOMEN : mujeres *fpl*

**womanizer** [ˈwʊməˌnaɪzər] *n* : picaflor *m*
**womanly** [ˈwʊmənli] *adj* : femenino
**womb** [ˈwuːm] *n* : útero *m*, matriz *f*
**won** → **win**
**wonder**[1] [ˈwʌndər] *vi* **1** SPECULATE : preguntarse, pensar ⟨to wonder about : preguntarse por⟩ **2** MARVEL : asombrarse, maravillarse — *vt* : preguntarse ⟨I wonder if/whether they're coming : me pregunto si vendrán⟩
**wonder**[2] *n* **1** MARVEL : maravilla *f*, milagro *m* ⟨to work wonders : hacer maravillas⟩ **2** AMAZEMENT : asombro *m*
**wonderful** [ˈwʌndərfəl] *adj* : maravilloso, estupendo
**wonderfully** [ˈwʌndərfəli] *adv* : maravillosamente, de maravilla
**wonderland** [ˈwʌndərˌlænd, -lənd] *n* : país *m* de las maravillas
**wonderment** [ˈwʌndərmənt] *n* : asombro *m*
**wondrous** [ˈwʌndrəs] → **wonderful**
**wont**[1] [ˈwənt, ˈwoːnt, ˈwɑnt] *adj* : acostumbrado, habituado
**wont**[2] *n* : hábito *m*, costumbre *f*
**won't** [ˈwoːnt] *contraction of* WILL NOT → **will**[1]
**woo** [ˈwuː] *vt* **1** COURT : cortejar **2** : buscar el apoyo de (clientes, votantes, etc.)
**wood**[1] [ˈwʊd] *adj* : de madera
**wood**[2] *n* **1** *or* **woods** *npl* FOREST : bosque *m* **2** : madera *f* (materia) **3** FIREWOOD : leña *f*
**woodchuck** [ˈwʊdˌtʃʌk] *n* : marmota *f* de América
**woodcut** [ˈwʊdˌkʌt] *n* **1** : plancha *f* de madera (para imprimir imágenes) **2** : grabado *m* en madera
**woodcutter** [ˈwʊdˌkʌtər] *n* : leñador *m*, -dora *f*
**wooded** [ˈwʊdəd] *adj* : arbolado, boscoso
**wooden** [ˈwʊdən] *adj* **1** : de madera ⟨a wooden cross : una cruz de madera⟩ **2** STIFF : rígido, inexpresivo (dícese del estilo, de la cara, etc.)
**woodland** [ˈwʊdlənd, -ˌlænd] *n* : bosque *m*
**woodpecker** [ˈwʊdˌpekər] *n* : pájaro *m* carpintero
**woodshed** [ˈwʊdˌʃed] *n* : leñera *f*
**woodsman** [ˈwʊdzmən] *n, pl* **-men** [-mən, -ˌmɛn] → **woodcutter**
**woodwind** [ˈwʊdˌwɪnd] *n* : instrumento *m* de viento de madera
**woodwork** [ˈwʊdˌwərk] *n* : carpintería *f*
**woodworking** [ˈwʊdˌwərkɪŋ] *n* : carpintería *f*
**woody** [ˈwʊdi] *adj* **woodier; -est** **1** → **wooded** **2** : leñoso ⟨woody plants : plantas leñosas⟩ **3** : leñoso (dícese de la textura), a madera (dícese del aroma, etc.)
**woof** [ˈwʊf] → **weft**
**wool** [ˈwʊl] *n* : lana *f*
**woolen**[1] *or* **woollen** [ˈwʊlən] *adj* : de lana
**woolen**[2] *or* **woollen** *n* **1** : lana *f* (tela) **2** **woolens** *npl* : prendas *fpl* de lana
**woolly** [ˈwʊli] *adj* **woollier; -est** **1** : lanudo **2** CONFUSED : confuso, vago
**woozy** [ˈwuːzi] *adj* **woozier; -est** : mareado
**word**[1] [ˈwərd] *vt* : expresar, formular, redactar
**word**[2] *n* **1** : palabra *f*, vocablo *m*, voz *f* ⟨word for word : palabra por palabra⟩ ⟨words fail me : me quedo sin habla⟩ ⟨I can't understand a word she says : no entiendo ni una sola palabra de lo que dice⟩ **2** REMARK : palabra *f* ⟨by word of mouth : de palabra⟩ ⟨in a word : en una palabra⟩ ⟨in other words : en otras palabras⟩ ⟨in one's own words : en/con sus propias palabras⟩ ⟨in so many words : con esas palabras⟩ ⟨the last word : la última palabra⟩ ⟨to have a word with : hablar (dos palabras) con⟩ ⟨don't believe a word of it : no te creas ni una sola palabra⟩ ⟨don't say/breathe a word of this (to anyone) : de esto ni una palabra (a nadie)⟩ **3** COMMAND : orden *f* ⟨to give the word : dar la orden⟩ ⟨just say the word : no tienes más que decirlo⟩ **4** MESSAGE, NEWS : noticias *fpl* ⟨is there any word from her? : ¿hay noticias de ella?⟩ ⟨to send word : mandar un recado⟩ ⟨word has it that . . . : dicen que . . . , corre el rumor de que . . .⟩ **5** PROMISE : palabra *f* ⟨word of honor : palabra de honor⟩ ⟨to keep one's word : cumplir uno su palabra⟩ ⟨you have my word (on it) : te doy mi palabra⟩ ⟨take my word for it : te lo digo yo⟩ ⟨to take someone at his/her word : confiar en la palabra de alguien, fiarse de la palabra de alguien⟩ **6 words** *npl* QUARREL : palabra *f*, riña *f* ⟨to have words with : tener unas palabras con, reñir con⟩ **7 words** *npl* TEXT : letra *f* (de una canción, etc.) **8 from the word go** : desde el principio **9 to get a word in edgewise** : meter la cuchara **10 to have the last word** : tener/decir la última palabra **11 to put in a good word for someone** : recomendar a alguien **12 to put words into someone's mouth** : atribuirle a alguien algo que no dijo **13 to take the words out of someone's mouth** : quitarle las palabras de la boca a alguien **14 to waste words** : gastar saliva
**wordiness** [ˈwərdinəs] *n* : verbosidad *f*
**wording** [ˈwərdɪŋ] *n* : redacción *f*, lenguaje *m* (de un documento)
**word processing** *n* : procesamiento *m* de textos
**word processor** *n* : procesador *m* de textos
**wordy** [ˈwərdi] *adj* **wordier; -est** : verboso, prolijo
**wore** → **wear**[1]
**work**[1] [ˈwərk] *v* **worked** [ˈwərkt] *or* **wrought** [ˈrɔt]; **working** *vi* **1** LABOR : trabajar ⟨to work hard : trabajar mucho/duro⟩ ⟨to work full-time : trabajar a tiempo completo⟩ ⟨to work part-time : trabajar a/de medio tiempo⟩ ⟨to work overtime : trabajar horas extras⟩ **2** FUNCTION : funcionar, servir **3 to work around** : esquivar (un problema, etc.) **4 to work at** : esforzarse para mejorar ⟨she's working at controlling her temper : está tratando de apren-

der a controlar su mal genio⟩ ⟨you'll have to work harder at it : tendrás que esforzarte más⟩ **5 to work loose** : soltarse, desprenderse **6 to work on** : trabajar en (un proyecto, etc.) ⟨to work on a cure : trabajar para encontrar una cura⟩ ⟨she's working on (controlling) her temper : está tratando de aprender a controlar su mal genio⟩ **7 to work out** TURN OUT : resultar, salir **8 to work out** SUCCEED : dar resultado, salir bien **9 to work out** EXERCISE : hacer ejercicio **10 to work up to** (*indicating a gradual increase*) ⟨to work up to full speed : ir cobrando velocidad poco a poco⟩ — *vt* **1** : trabajar ⟨to work long hours : trabajar muchas horas⟩ ⟨to work weekends : trabajar los fines de semana⟩ ⟨to work nights : trabajar de noche⟩ ⟨to work the night shift : hacer el turno de noche⟩ ⟨she works two jobs : tiene dos empleos⟩ **2** : trabajar, labrar (la tierra, etc.) **3** : hacer trabajar (a alguien) **4** OPERATE : trabajar, operar **5** : hacer/conseguir (etc.) con esfuerzo ⟨gradually work in the flour : incorpore la harina poco a poco⟩ ⟨to work one's way up : lograr subir por sus propios esfuerzos⟩ **6** EFFECT : efectuar, llevar a cabo, obrar (milagros) **7** MANIPULATE, SHAPE : trabajar, formar ⟨work the dough : trabaje la masa⟩ ⟨a beautifully wrought vase : un florero bellamente elaborado⟩ **8** HANDLE : manejar (a alguien) ⟨he knows how to work a crowd/room : sabe conquistar al público⟩ **9 to work off** : pagar trabajando **10 to work out** DEVELOP, PLAN : idear, planear, desarrollar **11 to work out** RESOLVE : solucionar, resolver ⟨to work out the answer : calcular la solución⟩ **12 to work over** : darle una paliza a **13 to work up** : estimular, excitar ⟨don't work yourself up : no te agites⟩ **14 to work up** PRODUCE : generar ⟨to work up the courage to : armarse de valor para⟩ ⟨to work up a sweat : empezar a sudar⟩

**work**[2] *adj* : laboral

**work**[3] *n* **1** : trabajo *m* ⟨work to do : trabajo que hacer⟩ ⟨the quality of his work : la calidad de su trabajo⟩ ⟨to bring work home : llevar trabajo a casa⟩ **2** EMPLOYMENT : trabajo *m*, empleo *m* ⟨out of work : desempleado⟩ ⟨line of work : profesión⟩ **3** : trabajo *m* (lugar) ⟨to go to work : ir a trabajar⟩ ⟨to leave work : salir del trabajo⟩ ⟨she's at work : está en el trabajo⟩ **4** EFFORT : trabajo *m* **5** DEED : obra *f*, labor *f* ⟨works of charity : obras de caridad⟩ **6** : obra *f* (de arte o literatura) **7** : obras *fpl* ⟨road work : obras viales⟩ **8 → workmanship** **9 works** *npl* FACTORY : fábrica *f* **10 works** *npl* MECHANISM : mecanismo *m* **11 the works** EVERYTHING : absolutamente todo *m* **12 at ~** WORKING : trabajando **13 at ~** INVOLVED : en juego **14 in the works** : en trámite **15 it's all in a day's work** : es el pan nuestro de cada día **16 to have one's work cut out for one** : tener mucho trabajo por delante **17 to make short work of** : hacer rápidamente

**workable** [ˈwərkəbəl] *adj* **1** : explotable (dícese de una mina, etc.) **2** FEASIBLE : factible, realizable

**workaday** [ˈwərkəˌdeɪ] *adj* : ordinario, banal

**workaholic** [ˌwərkəˈhɔlɪk] *n* : adicto *m*, -ta *f* al trabajo

**workbench** [ˈwərkˌbɛntʃ] *n* : mesa *f* de trabajo

**workday** [ˈwərkˌdeɪ] *n* **1** : jornada *f* laboral **2** WEEKDAY : día *m* hábil, día *m* laborable

**worked up** *adj* : agitado ⟨to get (all) worked up : agitarse⟩

**worker** [ˈwərkər] *n* : trabajador *m*, -dora *f*; obrero *m*, -ra *f*

**workforce** [ˈwərkˌfɔrs] *n* **1** STAFF : mano *f* de obra **2** : fuerza *f* de trabajo, fuerza *f* laboral

**working** [ˈwərkɪŋ] *adj* **1** : que trabaja ⟨working mothers : madres que trabajan⟩ ⟨the working class : la clase obrera⟩ **2** : de trabajo ⟨working hours : horas de trabajo⟩ **3** FUNCTIONING : que funciona, operativo **4** SUFFICIENT : suficiente ⟨a working majority : una mayoría suficiente⟩ ⟨working knowledge : conocimientos básicos⟩

**working–class** [ˈwərkɪŋˈklæs] *adj* : obrero

**workingman** [ˈwərkɪŋˌmæn] *n, pl* **-men** [-mən, -ˌmɛn] : obrero *m*

**workload** [ˈwərkˌlo:d] *n* : cantidad *f* de trabajo

**workman** [ˈwərkmən] *n, pl* **-men** [-mən, -ˌmɛn] **1 → workingman** **2** ARTISAN : artesano *m*

**workmanlike** [ˈwərkmənˌlaɪk] *adj* : bien hecho, competente

**workmanship** [ˈwərkmənˌʃɪp] *n* **1** WORK : ejecución *f*, trabajo *m* **2** CRAFTSMANSHIP : artesanía *f*, destreza *f*

**workout** [ˈwərkˌaʊt] *n* : ejercicios *mpl* físicos, entrenamiento *m*

**workplace** [ˈwərkˌples] *n* : lugar *m* de trabajo

**workroom** [ˈwərkˌru:m, -ˌrʊm] *n* : taller *m*

**worksheet** [ˈwərkˌʃi:t] *n* **1** : hoja *f* de ejercicios **2** : hoja *f* de cálculo (de impuestos, etc.)

**workshop** [ˈwərkˌʃɑp] *n* : taller *m* ⟨ceramics workshop : taller de cerámica⟩

**workstation** [ˈwərkˌsteɪʃən] *n* : estación *f* de trabajo (en informática)

**world**[1] [ˈwərld] *adj* : mundial, del mundo ⟨world championship : campeonato mundial⟩

**world**[2] *n* **1** : mundo *m* ⟨around the world : alrededor del mundo⟩ **2** : mundo *m* ⟨the industrialized world : el mundo industrializado⟩ **3** SOCIETY : mundo *m* ⟨the real world : la realidad⟩ **4** PEOPLE : mundo *m*, gente *f* ⟨to watch the world go by : ver pasar a la gente⟩ **5** REALM : mundo *m* ⟨the fashion world : el mundo de la moda⟩ **6** LIFE : mundo *m*, vida *f* ⟨his world fell apart : su mundo se derrumbó〉 **7** PLANET : mundo *m*, planeta *f* **8 the world** EVERYTHING : todo *m* 〈to mean the world to someone : ser todo para alguien〉 **9 a world of** 〈a world of difference : una diferencia enorme〉 〈it'll do you a world of good : te hará la mar de bien〉 **10 for all the world** *fam* EXACTLY : exactamente **11 (not) for the world** *fam* : por nada del mundo **12 in one's own world** *or* **in a world of one's own** *fam* : en su mundo **13 in the world** *fam* : del mundo 〈the best in the world : el mejor del mundo〉 〈what in the world . . . ? : ¿qué diablos/demonios . . . ?〉 **14 out of this world** *fam* : increíble, fantástico **15 the (whole) world over** *fam* : por/en/de todo el mundo **16 to have all the time in the world** : tener todo el tiempo del mundo **17 to come/move up in the world** : prosperar, tener éxito **18 to think the world of someone** *fam* : tener a alguien en alta estima

**world–famous** *adj* : mundialmente famoso, de fama mundial

**worldly** [ˈwərldli] *adj* **worldlier; -est 1** : mundano 〈worldly goods : bienes materiales〉 **2** SOPHISTICATED : sofisticado, de mundo

**worldwide**[1] [ˈwərldˈwaɪd] *adv* : mundialmente, en todo el mundo

**worldwide**[2] *adj* : global, mundial

**World Wide Web** *n* : World Wide Web *f*, Red *f* (informática) mundial

**worm**[1] [ˈwərm] *vi* CRAWL : arrastrarse, deslizarse (como gusano) — *vt* **1** : desparasitar (un animal) **2 to worm one's way into** : introducirse en 〈he wormed his way into her confidence : se ganó su confianza〉 **3 to worm something out of someone** : sonsacarle algo a alguien

**worm**[2] *n* **1** : gusano *m*, lombriz *f* **2 worms** *npl* : lombrices *fpl* (parásitos)

**worm–eaten** [ˈwərmˌiːtən] *adj* : carcomido

**wormy** [ˈwərmi] *adj* **wormier; -est** : infestado de gusanos

**worn** *pp* → **wear**[1]

**worn–out** [ˈwɔrnˈaʊt] *adj* **1** USED : gastado, desgastado **2** TIRED : agotado

**worried** [ˈwərid] *adj* : inquieto, preocupado

**worrier** [ˈwəriər] *n* : persona *f* que se preocupa mucho

**worrisome** [ˈwərisəm] *adj* **1** DISTURBING : preocupante, inquietante **2** : que se preocupa mucho (dícese de una persona)

**worry**[1] [ˈwəri] *v* **-ried; -rying** *vt* : preocupar, inquietar — *vi* : preocuparse, inquietarse, angustiarse

**worry**[2] *n, pl* **-ries** : preocupación *f*, inquietud *f*, angustia *f*

**worrying** [ˈwəriɪŋ] *adj* DISTURBING : preocupante, inquietante

**worse**[1] [ˈwərs] *adv* (*comparative of* BAD *or of* ILL) : peor

**worse**[2] *adj* (*comparative of* BAD *or of* ILL) : peor 〈from bad to worse : de mal en peor〉 〈to get worse : empeorar〉 〈to feel worse : sentirse peor〉

**worse**[3] *n* : estado *m* peor 〈to take a turn for the worse : ponerse peor〉 〈so much the worse : tanto peor〉

**worsen** [ˈwərsən] *vt* : empeorar — *vi* : empeorar(se)

**worship**[1] [ˈwərʃəp] *v* **-shiped** *or* **-shipped; -shiping** *or* **-shipping** *vt* : adorar, venerar 〈to worship God : adorar a Dios〉 — *vi* : practicar una religión

**worship**[2] *n* : adoración *f*, culto *m*

**worshiper** *or* **worshipper** [ˈwərʃəpər] *n* : devoto *m*, -ta *f*; adorador *m*, -dora *f*

**worst**[1] [ˈwərst] *vt* DEFEAT : derrotar

**worst**[2] *adv* (*superlative of* ILL *or of* BAD *or* BADLY) : peor 〈the worst dressed of all : el peor vestido de todos〉

**worst**[3] *adj* (*superlative of* BAD *or of* ILL) : peor 〈the worst movie : la peor película〉

**worst**[4] *n* **the worst** : lo peor, el/la peor 〈the worst is over : ya ha pasado lo peor〉 〈if worst comes to worst : en el peor de los casos〉

**worst–case** *adj* **a/the worst–case scenario** : el peor de los casos

**worsted** [ˈwʊstəd, ˈwərstəd] *n* : estambre *m*

**worth**[1] [ˈwərθ] *n* **1** : valor *m* (monetario) 〈ten dollars' worth of gas : diez dólares de gasolina〉 **2** MERIT : valor *m*, mérito *m*, valía *f* 〈an employee of great worth : un empleado de gran valía〉

**worth**[2] *prep* **to be worth** : valer 〈her holdings are worth a fortune : sus propiedades valen una fortuna〉 〈it's not worth it : no vale la pena〉

**worthiness** [ˈwərðinəs] *n* : mérito *m*

**worthless** [ˈwərθləs] *adj* **1** : sin valor 〈worthless trinkets : chucherías sin valor〉 **2** USELESS : inútil

**worthwhile** [wərθˈʰwaɪl] *adj* : que vale la pena

**worthy** [ˈwərði] *adj* **worthier; -est 1** : digno 〈worthy of promotion : digno de un ascenso〉 **2** COMMENDABLE : meritorio, encomiable

**would** [ˈwʊd] (*past of* WILL) **1** (*expressing preference, desire, or willingness*) 〈I would rather go alone than with her : preferiría ir sola que con ella〉 〈I would like to help : me gustaría ayudar〉 〈he would do anything for her : haría cualquier cosa por ella〉 **2** (*expressing intent*) 〈those who would ban certain books : aquellos que prohibirían ciertos libros〉 **3** (*expressing habitual action*) 〈he would often take his kids to the park : solía llevar a sus hijos al parque〉 **4** (*expressing possibility or contingency*) 〈I would go if I had the money : iría yo si tuviera el dinero〉 〈I would if I could : lo haría si pudiera〉 **5** (*offering or requesting advice*) 〈if I were you, I would do it : yo en tu lugar lo haría〉 〈what would you do? : ¿qué harías tú?〉 **6** (*expressing probability*) 〈she would have won if she hadn't tripped : habría ganado si no hubiera tropezado〉 **7** (*expressing a request*) 〈would you kindly help me with this? : ¿tendría la bondad de ayudarme con esto?〉 〈would you mind waiting? : ¿le importaría esperar?〉

**would–be** [ˈwʊdˈbiː] *adj* : potencial 〈a would-be celebrity : un aspirante a celebridad〉

**wouldn't** [ˈwʊdənt] *contraction of* WOULD NOT → **would**

**wound**[1] [ˈwuːnd] *vt* : herir

**wound**[2] *n* : herida *f*

**wound**[3] [ˈwaʊnd] → **wind**[2]

**wove, woven** → **weave**[1]

**wow** [ˈwaʊ] *interj* (*expressing surprise or pleasure*) : ¡guau!, ¡hijole! *Mex*, ¡hala! *Spain*

**wrangle**[1] [ˈræŋgəl] *vi* **-gled; -gling** : discutir, reñir 〈to wrangle over : discutir por〉

**wrangle**[2] *n* : riña *f*, disputa *f*

**wrap**[1] [ˈræp] *v* **wrapped; wrapping** *vt* **1** COVER : envolver, cubrir 〈to wrap a package : envolver un paquete〉 〈wrapped in mystery : envuelto en misterio〉 **2** ENCIRCLE : rodear, ceñir 〈to wrap one's arms around someone : estrechar a alguien〉 **3 to wrap up** FINISH : darle fin a (algo) — *vi* **1** COIL : envolverse, enroscarse **2 to wrap up** DRESS : abrigarse 〈wrap up warmly : abrígate bien〉

**wrap**[2] *n* **1** WRAPPER : envoltura *f* **2** : prenda *f* que envuelve (como un chal, una bata, etc.)

**wrapper** [ˈræpər] *n* : envoltura *f*, envoltorio *m*

**wrapping** [ˈræpɪŋ] *n* : envoltura *f*, envoltorio *m*

**wrath** [ˈræθ] *n* : ira *f*, cólera *f*

**wrathful** [ˈræθfəl] *adj* : iracundo

**wreak** [ˈriːk] *vt* : infligir, causar 〈to wreak havoc : crear caos, causar estragos〉

**wreath** [ˈriːθ] *n, pl* **wreaths** [ˈriːðz, ˈriːθs] : corona *f* (de flores, etc.)

**wreathe** [ˈriːð] *vt* **wreathed; wreathing 1** ADORN : coronar (de flores, etc.) **2** ENVELOP : envolver 〈wreathed in mist : envuelto en niebla〉

**wreck**[1] [ˈrɛk] *vt* : destruir, arruinar, estrellar (un automóvil), naufragar (un barco)

**wreck**[2] *n* **1** WRECKAGE : restos *mpl* (de un buque naufragado, un avión siniestrado, etc.) **2** RUIN : ruina *f*, desastre *m* 〈this place is a wreck! : ¡este lugar está hecho un desastre!〉 〈to be a nervous wreck : tener los nervios destrozados〉

**wreckage** [ˈrɛkɪʤ] *n* : restos *mpl* (de un buque naufragado, un avión siniestrado, etc.), ruinas *fpl* (de un edificio)

**wrecker** [ˈrɛkər] *n* TOW TRUCK : grúa *f*

**wren** [ˈrɛn] *n* : chochín *m*

**wrench**[1] [ˈrɛnʧ] *vt* **1** PULL : arrancar (de un tirón) **2** SPRAIN, TWIST : torcerse (un tobillo, un músculo, etc.)

**wrench**[2] *n* **1** TUG : tirón *m*, jalón *m* **2** SPRAIN : torcedura *f* **3** *or* **monkey wrench** : llave *f* inglesa

**wrest** [ˈrɛst] *vt* : arrancar

**wrestle**[1] [ˈrɛsəl] *v* **-tled; -tling** *vi* **1** : luchar, practicar la lucha (en deportes) **2** STRUGGLE : luchar 〈to wrestle with a dilemma : lidiar con un dilema〉 — *vt* : luchar contra

**wrestle**[2] *n* STRUGGLE : lucha *f*

**wrestler** [ˈrɛsələr] *n* : luchador *m*, -dora *f*

**wrestling** [ˈrɛsəlɪŋ] *n* : lucha *f*

**wretch** [ˈrɛʧ] *n* : infeliz *mf*; desgraciado *m*, -da *f*

**wretched** [ˈrɛʧəd] *adj* **1** MISERABLE, UNHAPPY : desdichado, afligido 〈I feel wretched : me siento muy mal〉 **2** UNFORTUNATE : miserable, desgraciado, lastimoso 〈wretched weather : tiempo espantoso〉 **3** INFERIOR : inferior, malo

**wretchedly** [ˈrɛʧədli] *adv* : miserablemente, lamentablemente

**wriggle** [ˈrɪgəl] *vi* **-gled; -gling** : retorcerse, menearse

**wring** [ˈrɪŋ] *vt* **wrung** [ˈrʌŋ]; **wringing 1** *or* **to wring out** : escurrir, exprimir (el lavado) **2** EXTRACT : arrancar, sacar (por la fuerza) **3** TWIST : torcer, retorcer **4 to wring someone's heart** : partirle el corazón a alguien

**wringer** [ˈrɪŋər] *n* : escurridor *m*

**wrinkle**[1] [ˈrɪŋkəl] *v* **-kled; -kling** *vt* : arrugar — *vi* : arrugarse

**wrinkle**[2] *n* : arruga *f*

**wrinkly** [ˈrɪŋkəli] *adj* **wrinklier; -est** : arrugado

**wrist** [ˈrɪst] *n* **1** : muñeca *f* (en anatomía) **2** *or* **wristband** [ˈrɪstˌbænd] CUFF : puño *m*

**wristwatch** [ˈrɪstˌwaʧ] *n* : reloj *m* de pulsera

**writ** [ˈrɪt] *n* : orden *f* (judicial)

**write** [ˈraɪt] *v* **wrote** [ˈroːt]; **written** [ˈrɪtən]; **writing** *vi* **1** : escribir **2 to write back** : contestar **3 to write in** : escribir — *vt* **1** : escribir **2 to write back** : contestar **3 to write down** : apuntar, anotar **4 to write in** INSERT : escribir, insertar **5 to write into** : incluir (en un contrato, etc.) **6 to write off** : declarar siniestro total (en contabilidad) **7 to write off** DEDUCT : deducir, descontar (de los impuestos) **8 to write off** : dar por perdido 〈he wrote it off as a failure : lo consideró un fracaso〉 **9 to write out** : escribir **10 to write out** : hacer (un cheque, una factura) **11 to write someone out of** : eliminar a alguien de (un testamento, etc.) **12 to write up** : redactar **13 to write up** REPORT : ponerle una multa a (un conductor), darle una carta de amonestación a (un empleado)

**write–off** [ˈraɪtˌɔf] *n* **1** : cancelación *f* (de una deuda) **2** : siniestro *m* total, pérdida *f* total

**writer** [ˈraɪtər] *n* : escritor *m*, -tora *f*

**writhe** [ˈraɪð] *vi* **writhed; writhing** : retorcerse

**writing** [ˈraɪtɪŋ] *n* **1** : escritura *f* **2** HANDWRITING : letra *f* **3 writings** *npl* WORKS : escritos *mpl*, obra *f*

**writing paper** *n* : papel *m* de carta

**wrong**[1] [ˈrɔŋ] *vt* **wronged; wronging** : ofender, ser injusto con

**wrong**[2] *adv* : mal, incorrectamente

**wrong**[3] *adj* **wronger** [ˈrɔŋər]; **wrongest** [ˈrɔŋəst] **1** EVIL, SINFUL : malo, injusto, inmoral 〈it's wrong to lie : mentir está mal⟩ ⟨I've done nothing wrong : no he hecho nada malo⟩ **2** IMPROPER, UNSUITABLE : inadecuado, inapropiado, malo ⟨you're asking the wrong guy : no soy la persona indicada para responder⟩ **3** INCORRECT : malo, equivocado, incorrecto, erróneo ⟨a wrong answer : una mala respuesta, una respuesta equivocada⟩ ⟨I dialed the wrong number : me equivoqué de número (al marcar)⟩ ⟨the clock is wrong : el reloj anda mal⟩ **4 to be wrong** : equivocarse, estar equivocado ⟨I could be wrong : puede que esté equivocado⟩

**wrong**[4] *n* **1** INJUSTICE : injusticia *f*, mal *m* **2** OFFENSE : ofensa *f*, agravio *m* (en derecho) **3 to be in the wrong** : haber hecho mal, estar equivocado

**wrongdoer** [ˈrɔŋˌduːər] *n* : malhechor *m*, -chora *f*

**wrongdoing** [ˈrɔŋˌduːɪŋ] *n* : fechoría *f*, maldad *f*

**wrongful** [ˈrɔŋfəl] *adj* **1** UNJUST : injusto **2** UNLAWFUL : ilegal

**wrongly** [ˈrɔŋli] *adv* **1** : injustamente **2** INCORRECTLY : erróneamente, incorrectamente

**wrote** → **write**

**wrought** [ˈrɔt] *adj* **1** SHAPED : formado, forjado ⟨wrought iron : hierro forjado⟩ **2** *or* **wrought up** : agitado, excitado

**wrung** → **wring**

**wry** [ˈraɪ] *adj* **wrier** [ˈraɪər]; **wriest** [ˈraɪəst] **1** TWISTED : torcido ⟨a wry neck : un cuello torcido⟩ **2** : irónico, sardónico (dícese del humor)

# X

**x**[1] *n, pl* **x's** *or* **xs** [ˈɛksəz] **1** : vigésima cuarta letra del alfabeto inglés **2** : incógnita *f* (en matemáticas)

**x**[2] [ˈks] *vt* **x–ed** [ˈɛkst]; **x–ing** *or* **x'ing** [ˈɛksɪŋ] DELETE : tachar

**xenon** [ˈziːˌnɑn, ˈzɛ-] *n* : xenón *m*

**xenophobe** [ˈzɛnəˌfoːb, ˈziː-] *n* : xenófobo *m*, -ba *f*

**xenophobia** [ˌzɛnəˈfoːbiə, ˌziː-] *n* : xenofobia *f*

**xenophobic** [ˌzɛnəˈfoːbɪk, ˌziː-] *adj* : xenófobo

**xerox** [ˈzɪrˌɑks] *vt* : xerografiar

**Xerox** [ˈzɪrˌɑks] *trademark* se usa para una fotocopiadora

**Xmas** [ˈkrɪsməs] *n* : Navidad *f*

**x–ray** [ˈɛksˌreɪ] *vt* : radiografiar

**X ray** [ˈɛksˌreɪ] *n* **1** : rayo *m* X **2** : radiografía *f* (imagen)

**xylophone** [ˈzaɪləˌfoːn] *n* : xilófono *m*

# Y

**y** [ˈwaɪ] *n, pl* **y's** *or* **ys** [ˈwaɪz] : vigésima quinta letra del alfabeto inglés

**yacht**[1] [ˈjɑt] *vi* : navegar (a vela), ir en yate ⟨to go yachting : irse a navegar⟩

**yacht**[2] *n* : yate *m*

**yak** [ˈjæk] *n* : yac *m*

**yam** [ˈjæm] *n* **1** : ñame *m* **2** SWEET POTATO : batata *f*, boniato *m*

**yang** [ˈjæŋ, ˈjɑŋ] *n* : yang *m* ⟨(the) yin and yang : el yin y el yang⟩

**yank**[1] [ˈjæŋk] *vt* : tirar de, jalar, darle un tirón a

**yank**[2] *n* : tirón *m*

**Yankee** [ˈjæŋki] *n* : yanqui *mf*

**yap**[1] [ˈjæp] *vi* **yapped; yapping 1** BARK, YELP : ladrar, gañir **2** CHATTER : cotorrear *fam*, parlotear *fam*

**yap**[2] *n* : ladrido *m*, gañido *m*

**yard** [ˈjɑrd] *n* **1** : yarda *f* (medida) **2** SPAR : verga *f* (de un barco) **3** COURTYARD : patio *m* **4** : jardín *m* (de una casa) **5** : depósito *m* (de mercancías, etc.)

**yardage** [ˈjɑrdɪʤ] *n* : medida *f* en yardas

**yardarm** [ˈjɑrdˌɑrm] *n* : penol *m*

**yardstick** [ˈjɑrdˌstɪk] *n* **1** : vara *f* **2** CRITERION : criterio *m*, norma *f*

**yarn** [ˈjɑrn] *n* **1** : hilado *m* **2** TALE : historia *f*, cuento *m* ⟨to spin a yarn : inventar una historia⟩

**yawn**[1] [ˈjɔn] *vi* **1** : bostezar **2** OPEN : abrirse

**yawn**[2] *n* : bostezo *m*

**ye** [ˈjiː] *pron* : vosotros, vosotras

**yea**[1] [ˈjeɪ] *adv* YES : sí

**yea**[2] *n* : voto *m* a favor

**yeah** [ˈjɛə, ˈjæə] *adv fam* YES : sí ⟨are you coming? yeah : ¿vienes? sí⟩ ⟨oh, yeah? : ¿ah, sí?⟩ ⟨it's true! yeah, right : ¡es verdad! sí, claro⟩

**year** [ˈjɪr] *n* **1** : año *m* ⟨last year : el año pasado⟩ ⟨he's ten years old : tiene diez años⟩ **2** : curso *m*, año *m* (escolar) **3 years** *npl* AGES : siglos *mpl*, años *mpl* ⟨I haven't seen them in years : hace siglos que no los veo⟩

**yearbook** [ˈjɪrˌbʊk] *n* : anuario *m*

**year–end** [ˈjɪrˈɛnd] *adj* : de fin de año

**yearling** [ˈjɪrlɪŋ, ˈjərlən] *n* : animal *m* menor de dos años

**yearly**[1] [ˈjɪrli] *adv* : cada año, anualmente

**yearly**[2] *adj* : anual

**yearn** [ˈjɜrn] *vi* : anhelar, ansiar

**yearning** [ˈjərnɪŋ] *n* : anhelo *m*

**yeast** [ˈjiːst] *n* : levadura *f*
**yell**[1] [ˈjɛl] *vi* : gritar, chillar — *vt* : gritar
**yell**[2] *n* : grito *m*, alarido *m* ⟨to let out a yell : dar un grito⟩
**yellow**[1] [ˈjɛlo] *vi* : ponerse amarillo, volverse amarillo
**yellow**[2] *adj* **1** : amarillo **2** COWARDLY : cobarde
**yellow**[3] *n* : amarillo *m*
**yellow fever** *n* : fiebre *f* amarilla
**yellowish** [ˈjɛloɪʃ] *adj* : amarillento
**yellow jacket** *n* : avispa *f* (con rayas amarillas)
**yelp**[1] [ˈjɛlp] *vi* : dar un gañido (dícese de un animal), dar un grito (dícese de una persona)
**yelp**[2] *n* : gañido *m* (de un animal), grito *m* (de una persona)
**yen** [ˈjɛn] *n* **1** DESIRE : deseo *m*, ganas *fpl* **2** : yen *m* (moneda japonesa)
**yeoman** [ˈjoːmən] *n, pl* **-men** [-mən, -mɛn] : suboficial *mf* de marina
**yes**[1] [ˈjɛs] *adv* : sí ⟨to say yes : decir que sí⟩
**yes**[2] *n* : sí *m*
**yesterday**[1] [ˈjɛstərˌdeɪ, -di] *adv* : ayer
**yesterday**[2] *n* **1** : ayer *m* **2 the day before yesterday** : anteayer
**yesteryear** [ˈjɛstərˌjɪr] *n* **of ~** : de antaño
**yet**[1] [ˈjɛt] *adv* **1** BESIDES, EVEN : aún ⟨yet more problems : más problemas aún⟩ ⟨yet again : otra vez⟩ **2** SO FAR : aún, todavía ⟨not yet : todavía no⟩ ⟨as yet : hasta ahora, todavía⟩ **3** : ya ⟨has he come yet? : ¿ya ha venido?⟩ **4** EVENTUALLY : todavía, algún día **5** NEVERTHELESS : sin embargo
**yet**[2] *conj* : pero
**yew** [ˈjuː] *n* : tejo *m*
**Yiddish** [ˈjɪdɪʃ] *n* : yiddish *m*, yidis *m* — **Yiddish** *adj*
**yield**[1] [ˈjiːld] *vt* **1** SURRENDER : ceder ⟨to yield the right of way : ceder el paso⟩ **2** PRODUCE : producir, dar, rendir (en finanzas) — *vi* **1** GIVE : ceder ⟨to yield under pressure : ceder por la presión⟩ **2** GIVE IN, SURRENDER : ceder, rendirse, entregarse
**yield**[2] *n* : rendimiento *m*, rédito *m* (en finanzas)
**yin** [ˈjɪn] *n* : yin *m* ⟨(the) yin and yang : el yin y el yang⟩
**yodel**[1] [ˈjoːdəl] *vi* **-deled** *or* **-delled; -deling** *or* **-delling** : cantar al estilo tirolés
**yodel**[2] *n* : canción *f* al estilo tirolés
**yoga** [ˈjoːgə] *n* : yoga *m*
**yogurt** [ˈjoːgərt] *n* : yogur *m*, yogurt *m*
**yoke**[1] [ˈjoːk] *vt* **yoked; yoking** : uncir (animales)
**yoke**[2] *n* **1** : yugo *m* (para uncir animales) ⟨the yoke of oppression : el yugo de la opresión⟩ **2** TEAM : yunta *f* (de bueyes)
**yokel** [ˈjoːkəl] *n* : palurdo *m*, -da *f*
**yolk** [ˈjoːk] *n* : yema *f* (de un huevo)
**Yom Kippur** [ˌjoːmkɪˈpʊr, ˌjɑm-, -ˈkɪpər] *n* : el Día *m* del Perdón, Yom Kippur
**yon** [ˈjɑn] → **yonder**
**yonder**[1] [ˈjɑndər] *adv* : allá ⟨over yonder : allá lejos⟩
**yonder**[2] *adj* : aquel ⟨yonder hill : aquella colina⟩
**yore** [ˈjoːr] *n* **in days of yore** : antaño
**you** [ˈjuː] *pron* **1** (*used as subject — familiar*) : tú; vos *in some Latin American countries*; ustedes *pl*; vosotros, vosotras *pl Spain* **2** (*used as subject — formal*) : usted, ustedes *pl* **3** (*used as indirect object — familiar*) : te, les *pl* (se *before lo, la, los, las*), os *pl Spain* ⟨he told it to you : te lo contó⟩ ⟨I gave them to (all of, both of) you : se los di⟩ **4** (*used as indirect object — formal*) : lo *Spain sometimes* le, la; los *Spain sometimes* les, las *pl* **5** (*used after a preposition — familiar*) : ti; vos *in some Latin American countries*; ustedes *pl*; vosotros, vosotras *pl Spain* **6** (*used after a preposition — formal*) : usted, ustedes *pl* **7** (*used as an impersonal subject*) ⟨you never know : nunca se sabe⟩ ⟨you have to be aware : hay que ser consciente⟩ ⟨you mustn't do that : eso no se hace⟩ **8 with you** (*familiar*) : contigo; con ustedes *pl*; con vosotros, con vosotras *pl Spain* **9 with you** (*formal*) : con usted, con ustedes *pl*
**you'd** [ˈjuːd, ˈjʊd] *contraction of* YOU HAD *or* YOU WOULD → **have, would**
**you'll** [ˈjuːl, ˈjʊl] *contraction of* YOU SHALL *or* YOU WILL → **shall, will**
**young**[1] [ˈjʌŋ] *adj* **younger** [ˈjʌŋgər]; **youngest** [-gəst] **1** : joven, pequeño, menor ⟨young people : los jóvenes⟩ ⟨my younger brother : mi hermano menor⟩ ⟨she is the youngest : es la más pequeña⟩ **2** FRESH, NEW : tierno (dícese de las verduras), joven (dícese del vino) **3** YOUTHFUL : joven, juvenil
**young**[2] *npl* : jóvenes *mfpl* (de los humanos), crías *fpl* (de los animales)
**youngster** [ˈjʌŋkstər] *n* **1** YOUTH : joven *mf* **2** CHILD : chico *m*, -ca *f*; niño *m*, -ña *f*
**your** [ˈjʊr, ˈjoːr, jər] *adj* **1** (*familiar singular*) : tu ⟨your cat : tu gato⟩ ⟨your books : tus libros⟩ ⟨wash your hands : lávate las manos⟩ **2** (*familiar plural*) : su, vuestro *Spain* ⟨your car : su coche, el coche de ustedes⟩ **3** (*formal*) : su ⟨your houses : sus casas⟩ **4** (*impersonal*) : el, la, los, las ⟨on your left : a la izquierda⟩
**you're** [ˈjʊr, ˈjoːr, ˈjər, ˈjuːər] *contraction of* YOU ARE → **be**
**yours** [ˈjʊrz, ˈjoːrz] *pron* **1** (*belonging to one person — familiar*) : (el) tuyo, (la) tuya, (los) tuyos, (las) tuyas ⟨those are mine; yours are there : ésas son mías; las tuyas están allí⟩ ⟨is this one yours? : ¿éste es tuyo?⟩ **2** (*belonging to more than one person — familiar*) : (el) suyo, (la) suya, (los) suyos, (las) suyas; (el) vuestro, (la) vuestra, (los) vuestros, (las) vuestras *Spain* ⟨our house and yours : nuestra casa y la suya⟩ **3** (*formal*) : (el) suyo, (la) suya, (los) suyos, (las) suyas
**yourself** [jərˈsɛlf] *pron, pl* **yourselves** [-ˈsɛlvz] **1** (*used reflexively — familiar*) : te, se *pl*, os *pl Spain* ⟨wash yourself : lávate⟩ ⟨you dressed yourselves : se vistieron, os vestisteis⟩ **2** (*used reflexively — formal*) : se ⟨did you hurt yourself? : ¿se hizo daño?⟩ ⟨you've gotten

yourselves dirty : se ensuciaron〉 **3** (*used for emphasis*) : tú mismo, tú misma; usted mismo, usted misma; ustedes mismos, ustedes mismas *pl*; vosotros mismos, vosotras mismas *pl Spain* 〈you did it yourselves? : ¿lo hicieron ustedes mismos?, ¿lo hicieron por sí solos?〉

**youth** [ˈjuːθ] *n, pl* **youths** [ˈjuːðz, ˈjuːθs] **1** : juventud *f* 〈in her youth : en su juventud〉 **2** BOY : joven *m* **3** : jóvenes *mfpl*, juventud *f* 〈the youth of our city : los jóvenes de nuestra ciudad〉

**youthful** [ˈjuːθfəl] *adj* **1** : de juventud **2** YOUNG : joven **3** JUVENILE : juvenil

**youthfulness** [ˈjuːθfəlnəs] *n* : juventud *f*

**youth hostel** → **hostel**

**you've** [ˈjuːv] *contraction of* YOU HAVE → **have**

**yowl**[1] [ˈjaʊl] *vi* : aullar

**yowl**[2] *n* : aullido *m*

**yo–yo** [ˈjoːˌjoː] *n, pl* **-yos** : yoyo *m*, yoyó *m*

**yucca** [ˈjʌkə] *n* : yuca *f*

**Yugoslavian** [ˌjuːgoˈslɑviən] *n* : yugoslavo *m*, -va *f* — **Yugoslavian** *adj*

**yule** [ˈjuːl] *n* CHRISTMAS : Navidad *f*

**yuletide** [ˈjuːlˌtaɪd] *n* : Navidades *fpl*

**yup** [ˈjʌp] *adv fam* → **yes**[1]

**yuppie** [ˈjʌpi] *n* : yuppy *mf*

# Z

**z** [ˈziː] *n, pl* **z's** *or* **zs** : vigésima sexta letra del alfabeto inglés

**zany**[1] [ˈzeɪni] *adj* **zanier; -est** : alocado, disparatado

**zany**[2] *n, pl* **-nies** : bufón *m*, -fona *f*

**zap**[1] [ˈzæp] *vt* **zapped; zapping** **1** ELIMINATE : eliminar **2** : enviar o transportar rápidamente — *vi* : ir rápidamente

**zap**[2] *n* **1** ZEST : sabor *m*, sazón *f* **2** BLAST : golpe *m* fuerte

**zeal** [ˈziːl] *n* : fervor *m*, celo *m*, entusiasmo *m*

**zealot** [ˈzelət] *n* : fanático *m*, -ca *f*

**zealous** [ˈzeləs] *adj* : celoso — **zealously** *adv*

**zebra** [ˈziːbrə] *n* : cebra *f*

**zebu** [ˈziːˌbuː, -ˌbjuː] *n* : cebú *m*

**zenith** [ˈziːnəθ] *n* **1** : cenit *m* (en astronomía) **2** PEAK : apogeo *m*, cenit *m* 〈at the zenith of his career : en el apogeo de su carrera〉

**zeppelin** [ˈzɛplən, -pəlɪn] *n* : zepelín *m*

**zero**[1] [ˈziːro, ˈzɪro] *vi* **to zero in on** : apuntar hacia, centrarse en (un problema, etc.)

**zero**[2] *adj* : cero, nulo 〈zero degrees : cero grados〉 〈zero opportunities : oportunidades nulas〉

**zero**[3] *n, pl* **-ros** : cero *m* 〈below zero : bajo cero〉

**zest** [ˈzest] *n* **1** GUSTO : entusiasmo *m*, brío *m* **2** FLAVOR : sabor *m*, sazón *f*

**zestful** [ˈzestfəl] *adj* : brioso

**zesty** [ˈzesti] *adj* **zestier; -est** **1** FLAVORFUL : sabroso, gustoso, picante **2** LIVELY : brioso

**zigzag**[1] [ˈzɪgˌzæg] *vi* **-zagged; -zagging** : zigzaguear

**zigzag**[2] *adv & adj* : en zigzag

**zigzag**[3] *n* : zigzag *m*

**Zimbabwean** [zɪmˈbɑbwiən, -bweɪ-] *n* : zimbabuense *mf* — **Zimbabwean** *adj*

**zinc** [ˈzɪŋk] *n* : cinc *m*, zinc *m*

**zing** [ˈzɪŋ] *n* **1** HISS, HUM : zumbido *m*, silbido *m* **2** ENERGY : brío *m*

**zinnia** [ˈzɪniə, ˈziː-, -njə] *n* : zinnia *f*

**Zionism** [ˈzaɪəˌnɪzəm] *n* : sionismo *m*

**Zionist** [ˈzaɪənɪst] *n* : sionista *mf*

**zip**[1] [ˈzɪp] *v* **zipped; zipping** *vt or* **to zip up** : cerrar el cierre de — *vi* **1** SPEED : pasarse volando 〈the day zipped by : el día se pasó volando〉 **2** HISS, HUM : silbar, zumbar

**zip**[2] *n* **1** ZING : zumbido *m*, silbido *m* **2** ENERGY : brío *m*

**zip code** *n* : código *m* postal

**zipper** [ˈzɪpər] *n* : cierre *m*, cremallera *f*, zíper *m CA, Mex*

**zippy** [ˈzɪpi] *adj* **zippier; -est** : brioso

**zit** [ˈzɪt] *n* : grano *m*

**zodiac** [ˈzoːdiˌæk] *n* : zodíaco *m*

**zombie** [ˈzɑmbi] *n* : zombi *mf*, zombie *mf*

**zone**[1] [ˈzoːn] *vt* **zoned; zoning** **1** : dividir en zonas **2** DESIGNATE : declarar 〈to zone for business : declarar como zona comercial〉

**zone**[2] *n* : zona *f*

**zoo** [ˈzuː] *n, pl* **zoos** : zoológico *m*, zoo *m*

**zoological** [ˌzoːəˈlɑdʒɪkəl, ˌzuːə-] *adj* : zoológico

**zoologist** [zoˈɑlədʒɪst, zuː-] *n* : zoólogo *m*, -ga *f*

**zoology** [zoˈɑlədʒi, zuː-] *n* : zoología *f*

**zoom**[1] [ˈzuːm] *vi* **1** : zumbar, ir volando 〈to zoom past : pasar volando〉 **2** CLIMB : elevarse 〈the plane zoomed up : el avión se elevó〉

**zoom**[2] *n* **1** : zumbido *m* 〈the zoom of an engine : el zumbido de un motor〉 **2** : subida *f* vertical (de un avión, etc.) **3** *or* **zoom lens** : zoom *m*

**zucchini** [zʊˈkiːni] *n, pl* **-ni** *or* **-nis** : calabacín *m*, calabacita *f Mex*

**Zulu** [ˈzuːluː] *n* **1** : zulú *mf* **2** : zulú *m* (idioma) — **Zulu** *adj*

**zygote** [ˈzaɪˌgoːt] *n* : zigoto *m*, cigoto *m*

# Common Spanish Abbreviations

| SPANISH ABBREVIATION AND EXPANSION | | ENGLISH EQUIVALENT | |
|---|---|---|---|
| **abr.** | abril | **Apr.** | April |
| **a/c** | a cargo de | **c/o** | care of |
| **A.C., a.C.** | antes de Cristo | **BC** | before Christ |
| **A.D.** | anno Domini | **AD** | anno Domini (in the year of our Lord) |
| **a. de J.C.** | antes de Jesucristo | **BC** | before Christ |
| **admón.** | administración | — | administration |
| **a/f** | a favor | — | in favor |
| **ago.** | agosto | **Aug.** | August |
| **a.m.** | ante meridiem (de la mañana) | **a.m., AM** | ante meridiem (before noon) |
| **Apdo.** | apartado (de correos) | — | P.O. box |
| **aprox.** | aproximadamente | **approx.** | approximately |
| **Aptdo.** | apartado (de correos) | — | P.O. box |
| **Arq.** | arquitecto | **arch.** | architect |
| **A.T.** | Antiguo Testamento | **O.T.** | Old Testament |
| **atte.** | atentamente | — | sincerely |
| **atto., atta.** | atento, atenta | — | kind, courteous |
| **av., avda.** | avenida | **Ave.** | Avenue |
| **a/v.** | a vista | — | on receipt |
| **ayte.** | ayudante | **asst.** | assistant |
| **BID** | Banco Interamericano de Desarrollo | **IDB** | Interamerican Development Bank |
| **Bº., Bº** | banco, barrio | — | Bank, District |
| **blvar.** | bulevar | **Blvd.** | Boulevard |
| **BM** | Banco Mundial | — | World Bank |
| **br.** | bulevar | **Blvd.** | Boulevard |
| **c/, C/** | calle | **St.** | Street |
| **C** | centígrado, Celsius | **C** | centigrade, Celsius |
| **C.** | compañía | **Co.** | Company |
| **CA** | corriente alterna | **AC** | alternating current |
| **cap.** | capítulo | **ch., chap.** | chapter |
| **Cap.** | capitán | **Capt.** | Captain |
| **c/c** | cuenta corriente | — | current account, checking account |
| **c.c.** | centímetros cúbicos | **cc, cu. cm** | cubic centimeters |
| **CC** | corriente continua | **DC** | direct current |
| **CC** | copia de carbón | **cc** | carbon copy |
| **CCO** | copia (de carbón) oculta | **bcc** | blind carbon copy |
| **c/d** | con descuento | — | with discount |
| **Cd.** | ciudad | — | city |
| **CE** | Comunidad Europea | **EC** | European Community |
| **CEE** | Comunidad Económica Europea | **EEC** | European Economic Community |
| **cf.** | compárese | **cf.** | compare |
| **cg.** | centígramo | **cg** | centigram |

| | | | |
|---|---|---|---|
| **CGT** | Confederación General de Trabajadores *or* del Trabajo | — | confederation of workers, union |
| **CI** | coeficiente intelectual *or* de inteligencia | **IQ** | intelligence quotient |
| **Cía.** | compañía | **Co.** | Company |
| **cm.** | centímetro | **cm** | centimeter |
| **Cmte.** | comandante | **Cmdr.** | Commander |
| **Cnel.** | coronel | **Col.** | Colonel |
| **col.** | columna | **col.** | column |
| **Col.** *Mex* | colonia | — | residential area |
| **Com.** | comandante | **Cmdr.** | Commander |
| **comp.** | compárese | **comp.** | compare |
| **Cor.** | coronel | **Col.** | Colonel |
| **C.P.** | código postal | — | zip code |
| **CSF, c.s.f.** | coste, seguro y flete | **c.i.f.** | cost, insurance, and freight |
| **cta.** | cuenta | **ac., acct.** | account |
| **cte.** | corriente | **cur.** | current |
| **CTI** | centro de tratamiento intensivo *Uru* | **ICU** | intensive care unit |
| **c/u** | cada uno, cada una | **ea.** | each |
| **CV** | caballo de vapor | **hp** | horsepower |
| **D.** | don | — | — |
| **Da., D.ª** | doña | — | — |
| **dB** | decibel, decibelio | **dB** | decibel |
| **d.C.** | después de Cristo | **AD** | anno Domini (in the year of our Lord) |
| **dcha.** | derecha | — | right |
| **d. de J.C.** | después de Jesucristo | **AD** | anno Domini (in the year of our Lord) |
| **dep.** | departamento | **dept.** | department |
| **DF, D.F.** | Distrito Federal | — | Federal District |
| **dic.** | diciembre | **Dec.** | December |
| **dir.** | director, directora | **dir.** | director |
| **dir.** | dirección | — | direction, address |
| **DNI** | *Arg, Spain* documento nacional de identidad | — | national identity card |
| **Dña.** | doña | — | — |
| **dom., do.** | domingo | **Sun.** | Sunday |
| **dpto.** | departamento | **dept.** | department |
| **Dr.** | doctor | **Dr.** | Doctor |
| **Dra.** | doctora | **Dr.** | Doctor |
| **DSL** | línea de abonado digital | **DSL** | digital subscriber line |
| **dto.** | descuento | — | discount |
| **E, E.** | Este, este | **E** | East, east |
| **Ed.** | editorial | — | publishing house |
| **Ed., ed.** | edición | **Ed., ed.** | edition |
| **edif.** | edificio | **Bldg.** | building |
| **edo.** | estado | **st.** | state |
| **EEUU, EE.UU.** | Estados Unidos | **US, U.S.** | United States |
| **ej.** | por ejemplo | **ex.** | for example |
| **E.M.** | esclerosis múltiple | **MS** | multiple sclerosis |
| **ene.** | enero | **Jan.** | January |

| | | | |
|---|---|---|---|
| **et al.** | et alii (y otros) | **et al.** | et alii (and others) |
| **etc.** | etcétera | **etc.** | et cetera |
| **ext.** | extensión | **ext.** | extension |
| **F** | Fahrenheit | **F** | Fahrenheit |
| **f.a.b.** | franco a bordo | **f.o.b.** | free on board |
| **FAQ** | pregunta(s) frecuente(s) | **FAQ** | frequently asked question(s) |
| **FC** | ferrocarril | **RR** | railroad |
| **feb.** | febrero | **Feb.** | February |
| **FF AA, FF.AA.** | Fuerzas Armadas | — | armed forces |
| **FMI** | Fondo Monetario Internacional | **IMF** | International Monetary Fund |
| **g.** | gramo | **g., gm, gr.** | gram |
| **G** | (talla) grande | **L** | large |
| **GMT** | tiempo medio de Greenwich, hora del meridiano de Greenwich | **GMT** | Greenwich Mean Time |
| **G.P.** | giro postal | **M.O.** | money order |
| **gr.** | gramo | **g., gm, gr.** | gram |
| **Gral.** | general | **Gen.** | General |
| **h.** | hora | **hr.** | hour |
| **Hno(s).** | hermano(s) | **Bro(s).** | Brother(s) |
| **ib., ibid.** | ibidem (en el mismo lugar) | **ibid.** | ibidem (in the same place) |
| **I + D, I & D, I y D** | investigación y desarrollo | **R & D** | research and development |
| **i.e.** | esto es, es decir | **i.e.** | that is |
| **incl.** | inclusive | **incl.** | inclusive, inclusively, including |
| **Ing.** | ingeniero, ingeniera | **eng.** | engineer |
| **IPC** | índice de precios al consumo | **CPI** | consumer price index |
| **IVA** | impuesto al valor agregado | **VAT** | value-added tax |
| **izq.; izdo., izda.; izqdo., izqda.** | izquierdo; izquierda | **l.** | Left |
| **JJ.OO., JJ OO** | Juegos Olímpicos | — | Olympics, Olympic Games |
| **Jr.** | Júnior | **Jr., Jun.** | Junior |
| **juev.** | jueves | **Thu., Thur., Thurs.** | Thursday |
| **jul.** | julio | **Jul.** | July |
| **jun.** | junio | **Jun.** | June |
| **kg.** | kilogramo | **kg** | kilogram |
| **km.** | kilómetro | **km** | kilometer |
| **km/h** | kilómetros por hora | **kph** | kilometers per hour |
| **kv, kV** | kilovatio | **kw, kW** | kilowatt |
| **l.** | litro | **l, lit.** | liter |
| **lcdo., lcda.** | licenciado, licenciada | — | — |
| **ldo., lda.** | licenciado, licenciada | — | — |

| | | | |
|---|---|---|---|
| **LGBT** | lesbianas, gays, bisexuales y transgénero | **LGBT** | lesbian, gay, bisexual, and transgender |
| **LGBTQ** | lesbianas, gays, bisexuales, transgénero y queer | **LGBTQ** | lesbian, gay, bisexual, transgender, and queer/questioning |
| **Lic.** | licenciado, licenciada | — | — |
| **Ltda.** | limitada | **Ltd.** | Limited |
| **lun.** | lunes | **Mon.** | Monday |
| **m** | masculino | **m** | masculine |
| **m** | metro | **m** | meter |
| **m** | minuto | **m** | minute |
| **M** | mediano, (talla) mediana | **M** | medium |
| **mar.** | marzo | **Mar.** | March |
| **mart.** | martes | **Tue., Tues.** | Tuesday |
| **Méx.** | mexicano, México | **Mex.** | Mexican, Mexico |
| **mg.** | miligramo | **mg** | milligram |
| **miérc.** | miércoles | **Wed.** | Wednesday |
| **min** | minuto | **min.** | minute |
| **ml.** | mililitro | **ml** | milliliter |
| **mm.** | milímetro | **mm** | millimeter |
| **MN, M.N., m.n., m/n** | moneda nacional | — | national currency |
| **Mons.** | monseñor | **Msgr.** | Monsignor |
| **Mtra.** | maestra | — | teacher |
| **Mtro.** | maestro | — | teacher |
| **N, N.** | Norte, norte | **N, no.** | North, north |
| **NIP** | número de identificación personal | **PIN** | personal identification number |
| **n/** | nuestro | — | our |
| **N. de (la) R.** | nota de (la) redacción | **Ed.** | editor's note |
| **NE** | nordeste | **NE** | northeast |
| **NN.UU.** | Naciones Unidas | **UN** | United Nations |
| **n.º** | número | **no.** | number |
| **NO** | noroeste | **NW** | northwest |
| **nov.** | noviembre | **Nov.** | November |
| **N.T.** | Nuevo Testamento | **N.T.** | New Testament |
| **ntra., ntro.** | nuestra, nuestro | — | our |
| **NU** | Naciones Unidas | **UN** | United Nations |
| **núm.** | número | **no.** | number |
| **NY** | Nueva York, New York | **NY** | New York |
| **O, O.** | Oeste, oeste | **W** | West, west |
| **oct.** | octubre | **Oct.** | October |
| **OEA, O.E.A.** | Organización de Estados Americanos | **OAS** | Organization of American States |
| **OMS** | Organización Mundial de la Salud | **WHO** | World Health Organization |
| **ONG** | organización no gubernamental | **NGO** | non-governmental organization |
| **ONU** | Organización de las Naciones Unidas | **UN** | United Nations |
| **OTAN** | Organización del Tratado del Atlántico Norte | **NATO** | North Atlantic Treaty Organization |
| **p.** | página | **p.** | page |

| | | | |
|---|---|---|---|
| **P** | (talla) pequeña | **S** | small |
| **P, P.** | padre | **Fr.** | Father |
| **pág(s).** | página(s) | **p(p)., pg(s).** | page(s) |
| **Pat.** | patente | **pat.** | patent |
| **PBI** | producto bruto interno | **GDP** | gross domestic product |
| **PCL** | pantalla de cristal líquido | **LCD** | liquid crystal display |
| **P.D.** | post data | **P.S.** | postscript |
| **p. ej.** | por ejemplo | **e.g.** | for example |
| **PIB** | producto interno bruto, producto interior bruto | **GDP** | gross domestic product |
| **PIN** | número de identificación personal | **PIN** | personal identification number |
| **p.m.** | post meridiem (de la tarde) | **p.m., PM** | post meridiem (afternoon) |
| **PNB** | Producto Nacional Bruto | **GNP** | gross national product |
| **p°** | paseo | **Ave.** | Avenue |
| **p.p.** | porte pagado | **ppd.** | postpaid |
| **PP, p.p.** | por poder, por poderes | **p.p.** | by proxy |
| **PR** | Puerto Rico | **PR** | Puerto Rico |
| **prom.** | promedio | **av., avg.** | average |
| **pto.** | punto | **pt.** | point |
| **ptas., pts.** | pesetas | — | — |
| **PYME** | Pequeña y Mediana Empresa | — | Small to Medium-Sized Business |
| **Pza.** | Plaza | **Sq.** | Square |
| **q.e.p.d.** | que en paz descanse | **R.I.P.** | (may he/she) rest in peace |
| **R, R/** | remite | — | sender |
| **RAE** | Real Academia Española | — | — |
| **R & B** | rhythm and blues, rhythm y blues | **R & B** | rhythm and blues |
| **RCP** | reanimación cardiopulmonar, resucitación cardiopulmonar | **CPR** | cardiopulmonary resuscitation |
| **Rdo., Rda.** | reverendo, reverenda | **Rev.** | Reverend |
| **ref., ref.ª** | referencia | **ref.** | reference |
| **Rep.** | República | **Rep.** | Republic |
| **r.p.m.** | revoluciones por minuto | **rpm** | revolutions per minute |
| **Rte.** | remite, remitente | — | sender |
| **s.** | siglo | **c., cent.** | century |
| **s/** | su, sus | — | his, her, your, their |
| **S, S.** | Sur, sur | **S, so.** | South, south |
| **S.** | san, santo | **St.** | Saint |
| **Sr.** | Sénior | **Sr.** | Senior |
| **S.A.** | Sociedad Anónima | **Inc.** | Incorporated (company) |
| **sáb.** | sábado | **Sat.** | Saturday |
| **s/c** | su cuenta | — | your account |
| **SE** | sudeste, sureste | **SE** | southeast |

| | | | |
|---|---|---|---|
| **seg.** | segundo, segundos | **sec.** | second, seconds |
| **sep., sept.** | septiembre | **Sept.** | September |
| **s.e.u.o.** | salvo error u omisión | — | errors and omissions excepted |
| **Sgto.** | sargento | **Sgt.** | Sergeant |
| **S.L.** | Sociedad Limitada | **Ltd.** | Limited (corporation) |
| **S.M.** | Su Majestad | **HM** | His Majesty, Her Majesty |
| **SMS** | servicio de mensajes cortos | **SMS** | Short Message Service |
| **s/n** | sin número | — | no (street) number |
| **s.n.m.** | sobre el nivel de mar | **a.s.l.** | above sea level |
| **SO** | sudoeste/suroeste | **SW** | southwest |
| **S.R.C.** | se ruega contestación | **R.S.V.P.** | please reply |
| **ss.** | siguientes | — | the following ones |
| **SS, S.S.** | Su Santidad | **H.H.** | His Holiness |
| **Sta.** | santa | **St.** | Saint |
| **Sto.** | santo | **St.** | Saint |
| **t, t.** | tonelada | **t., tn.** | ton |
| **TAE** | tasa anual efectiva | **APR** | annual percentage rate |
| **tb.** | también | — | also |
| **tel., Tel.** | teléfono | **tel.** | telephone |
| **Tm.** | tonelada métrica | **MT** | metric ton |
| **Tn.** | tonelada | **t., tn.** | ton |
| **TOC** | trastorno obsesivo-compulsivo | **OCD** | obsessive-compulsive disorder |
| **trad.** | traducido, traductor, traducción | **tr., trans., transl.** | translated, translator, translation |
| **UCI** | unidad de cuidados intensivos | **ICU** | intensive care unit |
| **UE** | Unión Europea | **EU** | European Union |
| **Univ.** | universidad | **Univ., U.** | University |
| **Urb.** | urbanización | — | residential area |
| **UTI** | unidad de terapia intensiva, unidad de tratamiento intensivo *Chile* | **ICU** | intensive care unit |
| **v** | versus | **v., vs.** | versus |
| **v** | verso | **v., vs.** | verse |
| **v.** | véase | **viz.** | see |
| **Vda.** | viuda | — | widow |
| **v.g., v.gr.** | verbigracia | **e.g.** | for example |
| **vier., viern.** | viernes | **Fri.** | Friday |
| **V.M.** | Vuestra Majestad | — | Your Majesty |
| **VºBº, V.ºB.º** | visto bueno | — | OK, approved |
| **vol, vol.** | volumen | **vol.** | volume |
| **vra., vro.** | vuestra, vuestro | — | your |
| **www** | world wide web, red mundial | **www** | World Wide Web |

# Abreviaturas comunes en inglés

| ABREVIATURA INGLESA Y EXPANSIÓN | | EQUIVALENTE ESPAÑOL | |
|---|---|---|---|
| **AAA** | American Automobile Association | — | — |
| **AC** | alternating current | **CA** | corriente alterna |
| **AC** | air-conditioning | — | aire acondicionado |
| **ac., acct.** | account | **cta.** | cuenta |
| **AD** | anno Domini (in the year of our Lord) | **A.D., d.C., d. de J.C.** | anno Domini, después de Cristo, después de Jesucristo |
| **AK** | Alaska | — | Alaska |
| **aka** | also known as | — | alias |
| **AL, Ala.** | Alabama | — | Alabama |
| **Alas.** | Alaska | — | Alaska |
| **a.m., AM** | ante meridiem (before noon) | **a.m.** | ante meridiem (de la mañana) |
| **Am., Amer.** | America, American | — | América, americano |
| **amt.** | amount | — | cantidad |
| **anon.** | anonymous | — | anónimo |
| **ans.** | answer | — | respuesta |
| **Apr.** | April | **abr.** | abril |
| **approx.** | approximately | **aprox.** | aproximadamente |
| **APR** | annual percentage rate | **TAE** | tasa anual efectiva |
| **AR** | Arkansas | — | Arkansas |
| **arch.** | architect | **Arq.** | arquitecto |
| **Ariz.** | Arizona | — | Arizona |
| **Ark.** | Arkansas | — | Arkansas |
| **a.s.l.** | above sea level | **s.n.m.** | sobre el nivel de mar |
| **asst.** | assistant | **ayte.** | ayudante |
| **atty.** | attorney | — | abogado, -da |
| **Aug.** | August | **ago.** | agosto |
| **av.** | average | **prom.** | promedio |
| **Ave.** | Avenue | **av., avda.** | avenida |
| **avg.** | average | **prom.** | promedio |
| **AZ** | Arizona | — | Arizona |
| **BA** | Bachelor of Arts | **Lic.** | Licenciado, -da en Filosofía y Letras |
| **BA** | Bachelor of Arts (degree) | — | Licenciatura en Filosofía y Letras |
| **BC** | before Christ | **a.C., A.C., a. de J.C.** | antes de Cristo, antes de Jesucristo |
| **bcc** | blind carbon copy | **CCO** | copia (de carbón) oculta |
| **BCE** | before the Christian Era, before the Common Era | — | antes de la era cristiana, antes de la era común |
| **bet.** | between | — | entre |
| **Bldg.** | Building | **edif.** | edificio |
| **Blvd.** | Boulevard | **blvar., br.** | bulevar |
| **Br., Brit.** | Britain, British | — | Gran Bretaña, británico |
| **Bro(s).** | Brother(s) | **Hno(s).** | hermano(s) |
| **BS** | Bachelor of Science | **Lic.** | Licenciado, -da en Ciencias |
| **BS** | Bachelor of Science (degree) | — | Licenciatura en Ciencias |
| **c** | carat | — | quilate |

| | | | |
|---|---|---|---|
| **c** | cent | — | centavo |
| **c** | centimeter | **cm.** | centímetro |
| **c** | century | **s.** | siglo |
| **c** | cup | — | taza |
| **C** | Celsius, centigrade | **C** | Celsius, centígrado |
| **CA, Cal., Calif.** | California | — | California |
| **Can., Canad.** | Canada, Canadian | — | Canadá, canadiense |
| **cap.** | capital | — | capital |
| **cap.** | capital | — | mayúscula |
| **Capt.** | Captain | **Cap.** | capitán |
| **cc** | cubic centimeters | **c.c.** | centímetros cúbicos |
| **cc** | carbon copy | **CC** | copia de carbón |
| **cent.** | century | **s.** | siglo |
| **CEO** | chief executive officer | — | presidente, -ta (de una corporación) |
| **cf.** | compare | **cf.** | compárese |
| **CFO** | chief financial officer | — | director financiero, directora financiera |
| **cg** | centigram | **cg.** | centígramo |
| **ch., chap.** | chapter | **cap.** | capítulo |
| **CIA** | Central Intelligence Agency | **CIA** | Agencia Central de Inteligencia |
| **cm** | centimeter | **cm.** | centímetro |
| **Cmdr.** | Commander | **Com., Cmte.** | comandante |
| **Co.** | Company | **C., Cía.** | compañía |
| **co.** | county | — | condado |
| **CO** | Colorado | — | Colorado |
| **c/o** | care of | **a/c** | a cargo de |
| **COD** | cash on delivery, collect on delivery | — | (pago) contra reembolso |
| **col.** | column | **col.** | columna |
| **Col., Colo.** | Colorado | — | Colorado |
| **comp.** | compare | **comp.** | compárese |
| **Conn.** | Connecticut | — | Connecticut |
| **Corp.** | Corporation | — | corporación |
| **CPI** | consumer price index | **IPC** | índice de precios al consumo |
| **CPR** | cardiopulmonary resuscitation | **RCP** | reanimación cardiopulmonar, resucitación cardiopulmonar |
| **ct.** | cent | — | centavo |
| **CT** | Connecticut | — | Connecticut |
| **cu. cm** | cubic centimeters | **c.c.** | centímetros cúbicos |
| **D.A.** | district attorney | — | fiscal (del distrito) |
| **dB** | decibel | **dB** | decibel, decibelio |
| **DC** | District of Columbia | — | — |
| **DC** | direct current | **CC** | corriente continua |
| **DDS** | Doctor of Dental Surgery | — | doctor de cirugía dental |
| **DE** | Delaware | — | Delaware |
| **Dec.** | December | **dic.** | diciembre |
| **Del.** | Delaware | — | Delaware |
| **DHS** | Department of Homeland Security | **DHS** | Departamento de Seguridad Nacional |
| **dir.** | director | **dir.** | director, directora |
| **dir.** | direction | **dir.** | dirección |
| **DJ** | disc jockey | — | disc jockey |
| **dept.** | department | **dep., dpto.** | departamento |
| **DMD** | Doctor of Dental Medicine | — | doctor de medicina dental |

| | | | |
|---|---|---|---|
| **doz.** | dozen | — | docena |
| **Dr.** | Doctor | **Dr., Dra.** | doctor, doctora |
| **DSL** | digital subscriber line | **DSL** | línea de abonado digital |
| **DST** | daylight saving time | — | — |
| **DVM** | Doctor of Veterinary Medicine | — | doctor de medicina veterinaria |
| **E** | East, east | **E, E.** | Este, este |
| **ea.** | each | **c/u** | cada uno, cada una |
| **EC** | European Community | **CE** | Comunidad Europea |
| **EEC** | European Economic Community | **CEE** | Comunidad Económica Europea |
| **Ed., ed.** | edition | **Ed., ed.** | edición |
| **e.g.** | for example | **v.g., v.gr., p.ej.** | verbigracia, por ejemplo |
| **enc., encl.** | enclosure | — | anexo |
| **EMT** | emergency medical technician | — | técnico, -ca en urgencias médicas |
| **Eng.** | England, English | — | Inglaterra, inglés |
| **esp.** | especially | — | especialmente |
| **ER** | emergency room | — | sala de urgencia(s), sala de emergencia(s) |
| **EST** | eastern standard time | — | — |
| **etc.** | et cetera | **etc.** | etcétera |
| **ETA** | estimated time of arrival | — | hora aproximada de llegada |
| **et al.** | et alii (and others) | **et al.** | et alii (y otros) |
| **EU** | European Union | **UE** | Unión Europea |
| **ext.** | extension | **ext.** | extensión |
| **f** | false | — | falso |
| **f** | female | **f** | femenino |
| **F** | Fahrenheit | **F** | Fahrenheit |
| **FAQ** | frequently asked question(s) | **FAQ** | pregunta(s) frecuente(s) |
| **FBI** | Federal Bureau of Investigation | **FBI** | Buró Federal de Investigaciones |
| **Feb.** | February | **feb.** | febrero |
| **fem.** | feminine | — | femenino |
| **FEMA** | Federal Emergency Agency | — | Agencia Federal para el Manejo de Emergencias |
| **FL, Fla.** | Florida | — | Florida |
| **f.o.b.** | free on board | **f.a.b.** | franco a bordo |
| **Fr.** | Father | **P, P.** | padre |
| **Fri.** | Friday | **vier., viern.** | viernes |
| **ft.** | feet, foot | — | pie(s) |
| **FYI** | for your information | — | para su información |
| **g** | gram | **g., gr.** | gramo |
| **Ga., GA** | Georgia | — | Georgia |
| **gal.** | gallon | — | galón |
| **GDP** | gross domestic product | **PBI, PIB** | producto bruto interno, producto interno bruto, producto interior bruto |
| **Gen.** | General | **Gral.** | general |
| **GMT** | Greenwich Mean Time | **GMT** | tiempo medio de Greenwich, hora del meridiano de Greenwich |
| **GNP** | gross national product | **PNB** | producto nacional bruto |

| | | | |
|---|---|---|---|
| **gm** | gram | **g., gr.** | gramo |
| **Gov.** | Governor | — | gobernador, -dora |
| **govt.** | government | — | gobierno |
| **gr.** | gram | **g., gr.** | gramo |
| **H.H.** | His Holiness | **SS, S.S.** | Su Santidad |
| **HI** | Hawaii | — | Hawai, Hawaii |
| **hp** | horsepower | **CV** | caballo de vapor |
| **hr.** | hour | **h.** | hora |
| **HM** | His Majesty, Her Majesty | **S.M.** | Su Majestad |
| **HS** | high school | — | colegio secundario |
| **ht.** | height | — | altura |
| **Ia., IA** | Iowa | — | Iowa |
| **ibid.** | ibidem (in the same place) | **ib., ibid.** | ibidem (en el mismo lugar) |
| **ICE** | Immigration and Customs Enforcement | **ICE** | Servicio de Inmigración y Control de Aduanas |
| **ICU** | intensive care unit | **UCI, UTI, CTI** *Uru* | unidad de cuidados intensivos, unidad de terapia intensiva, unidad de tratamiento intensivo *Chile*, centro de tratamiento intensivo *Uru* |
| **ID** | Idaho | — | Idaho |
| **i.e.** | that is | **i.e.** | esto es, es decir |
| **IL, Ill.** | Illinois | — | Illinois |
| **IM** | instant message | — | mensaje instantánea |
| **IMF** | International Monetary Fund | **FMI** | Fondo Monetario Internacional |
| **in.** | inch | — | pulgada |
| **IN** | Indiana | — | Indiana |
| **Inc.** | Incorporated (company) | **S.A.** | sociedad anónima |
| **incl.** | inclusive, inclusively, including | **incl.** | inclusive |
| **Ind.** | Indian, Indiana | — | Indiana |
| **IQ** | intelligence quotient | **CI** | coeficiente intelectual or de inteligencia |
| **IRS** | Internal Revenue Service | — | Servicio de Rentas Internas |
| **ISP** | Internet service provider | — | proveedor de servicios de Internet |
| **Jan.** | January | **ene.** | enero |
| **Jul.** | July | **jul.** | julio |
| **Jun.** | June | **jun.** | junio |
| **Jr., Jun.** | Junior | **Jr.** | Júnior |
| **Kan., Kans.** | Kansas | — | Kansas |
| **kg** | kilogram | **kg.** | kilogramo |
| **km** | kilometer | **km.** | kilómetro |
| **kph** | kilometers per hour | **km/h** | kilómetros por hora |
| **KS** | Kansas | — | Kansas |
| **kw, kW** | kilowatt | **kv, kV** | kilovatio |
| **Ky., KY** | Kentucky | — | Kentucky |
| **l** | liter | **l.** | litro |
| **l.** | left | **izq.** | izquierda |
| **L** | large | **G** | (talla) grande |
| **La., LA** | Louisiana | — | Luisiana, Louisiana |
| **lb.** | pound | — | libra |
| **LCD** | liquid crystal display | **PCL** | pantalla de cristal líquido |

| | | | |
|---|---|---|---|
| **LGBT** | lesbian, gay, bisexual, and transgender | **LGBT** | lesbianas, gays, bisexuales y transgénero |
| **LGBTQ** | lesbian, gay, bisexual, transgender, and queer/questioning | **LGBTQ** | lesbianas, gays, bisexuales, transgénero y queer |
| **lit.** | liter | **l.** | litro |
| **LOL** | laugh out loud, laughing out loud | — | reírse a carcajadas, riendo a carcajadas |
| **Ltd.** | Limited (corporation) | **S.L.** | Sociedad Limitada |
| **m** | male | **m** | masculino |
| **m** | meter | **m** | metro |
| **m** | mile | — | milla |
| **M** | medium | **M** | (talla) mediana |
| **MA** | Massachusetts | — | Massachusetts |
| **Maj.** | Major | — | mayor |
| **Mar.** | March | **mar.** | marzo |
| **masc.** | masculine | — | masculino |
| **Mass.** | Massachusetts | — | Massachusetts |
| **Md., MD** | Maryland | — | Maryland |
| **M.D.** | Doctor of Medicine | — | doctor de medicina |
| **Me., ME** | Maine | — | Maine |
| **Mex.** | Mexican, Mexico | **Méx.** | mexicano, México |
| **mg** | milligram | **mg.** | miligramo |
| **mi.** | mile | — | milla |
| **MI, Mich.** | Michigan | — | Michigan |
| **min.** | minute | **min** | minuto |
| **Minn.** | Minnesota | — | Minnesota |
| **Miss.** | Mississippi | — | Mississippi, Misisipí |
| **ml** | milliliter | **ml.** | mililitro |
| **mm** | millimeter | **mm.** | milímetro |
| **MN** | Minnesota | — | Minnesota |
| **mo.** | month | — | mes |
| **M.O.** | money order | **G.P.** | giro postal |
| **Mo., MO** | Missouri | — | Missouri |
| **Mon.** | Monday | **lun.** | lunes |
| **Mont.** | Montana | — | Montana |
| **mpg** | miles per gallon | — | millas por galón |
| **mph** | miles per hour | — | millas por hora |
| **MS** | Mississippi | — | Mississippi, Misisipí |
| **MS** | multiple sclerosis | **E.M.** | esclerosis múltiple |
| **Msgr.** | Monsignor | **Mons.** | monseñor |
| **Mt.** | Mount, Mountain | — | monte, montaña |
| **MT** | Montana | — | Montana |
| **MT** | Mountain Time | — | Hora de la(s) Montaña(s) |
| **Mtn.** | Mountain | — | montaña |
| **N** | North, north | **N, N.** | Norte, norte |
| **NASA** | National Aeronautics and Space Administration | — | — |
| **NATO** | North Atlantic Treaty Organization | **OTAN** | Organización del Tratado del Atlántico Norte |
| **NC** | North Carolina | — | Carolina del Norte, North Carolina |
| **ND, N. Dak.** | North Dakota | — | Dakota del Norte, North Dakota |
| **NE** | northeast | **NE** | nordeste |
| **NE, Neb., Nebr.** | Nebraska | — | Nebraska |
| **Nev.** | Nevada | — | Nevada |

| | | | |
|---|---|---|---|
| **NGO** | non-governmental organization | **ONG** | organización no gubernamental |
| **NH** | New Hampshire | — | Nueva Hampshire, Nuevo Hampshire, New Hampshire |
| **NJ** | New Jersey | — | Nueva Jersey, New Jersey |
| **NM., N. Mex.** | New Mexico | — | Nuevo México, New Mexico |
| **no.** | north | **N, N.** | norte |
| **no.** | number | **n.º** | número |
| **Nov.** | November | **nov.** | noviembre |
| **NSA** | National Security Agency | **NSA** | Agencia de Seguridad Nacional |
| **N.T.** | New Testament | **N.T.** | Nuevo Testamento |
| **NV** | Nevada | — | Nevada |
| **NW** | northwest | **NO** | noroeste |
| **NY** | New York | **NY** | Nueva York, New York |
| **O** | Ohio | — | Ohio |
| **OAS** | Organization of American States | **OEA, O.E.A.** | Organización de Estados Americanos |
| **OCD** | obsessive-compulsive disorder | **TOC** | trastorno obsesivo-compulsivo |
| **Oct.** | October | **oct.** | octubre |
| **OH** | Ohio | — | Ohio |
| **OK, Okla.** | Oklahoma | — | Oklahoma |
| **OR, Ore., Oreg.** | Oregon | — | Oregon |
| **O.T.** | Old Testament | **A.T.** | Antiguo Testamento |
| **oz.** | ounce, ounces | — | onza, onzas |
| **p.** | page | **p., pág.** | página |
| **Pa., PA** | Pennsylvania | — | Pennsylvania, Pensilvania |
| **pat.** | patent | **pat.** | patente |
| **PD** | police department | — | departamento de policía |
| **PE** | physical education | — | educación física |
| **Penn., Penna.** | Pennsylvania | — | Pennsylvania, Pensilvania |
| **pg.** | page | **pág., p.** | página |
| **pgs.** | pages | **págs.** | páginas |
| **PhD** | Doctor of Philosophy | — | doctor, -tora (en filosofía) |
| **PIN** | personal identification number | **PIN, NIP** | número de identificación personal |
| **pkg.** | package | — | paquete |
| **p.m., PM** | post meridiem (after noon) | **p.m.** | post meridiem (de la tarde) |
| **P.O.** | post office | — | oficina de correos, correo |
| **pp.** | pages | **págs.** | páginas |
| **p.p.** | by proxy | **PP, p.p.** | por poder, por poderes |
| **ppd.** | postpaid | **p.p.** | porte pagado |
| **PR** | Puerto Rico | **PR** | Puerto Rico |
| **pres.** | present | — | presente |
| **Pres.** | President | — | presidente, -ta |
| **Prof.** | Professor | — | profesor, -sora |
| **P.S.** | postscript | **P.D.** | postdata |
| **P.S.** | public school | — | escuela pública |
| **pt.** | pint | — | pinta |

| | | | |
|---|---|---|---|
| **pt.** | point | **pto.** | punto |
| **PT** | part-time, physical therapist, physical therapy | — | (de) medio tiempo, fisioterapeuta, fisioterapia |
| **PTA** | Parent-Teacher Association | — | — |
| **PTO** | Parent-Teacher Organization | — | — |
| **q, qt.** | quart | — | cuarto de galón |
| **r.** | right | **dcha.** | derecha |
| **R & B** | rhythm and blues | **R & B** | rhythm and blues, rhythm y blues |
| **R & D** | research and development | **I + D, I & D, I y D** | investigación y desarrollo |
| **R & R** | rest and recreation, rest and recuperation, rest and relaxation | — | descanso y recreo, descanso y recuperación, descanso y relajación |
| **rd.** | road | **c/, C/** | calle |
| **RDA** | recommended daily allowance | — | consumo diario recomendado |
| **recd.** | received | — | recibido |
| **ref.** | reference | **ref., ref. a** | referencia |
| **Rep.** | Republic | **Rep.** | República |
| **Rev.** | Reverend | **Rdo., Rda.** | reverendo, reverenda |
| **RI** | Rhode Island | — | Rhode Island |
| **R.I.P.** | (may he/she) rest in peace | **q.e.p.d.** | que en paz descanse |
| **rpm** | revolutions per minute | **r.p.m.** | revoluciones por minuto |
| **RR** | railroad | **FC** | ferrocarril |
| **R.S.V.P.** | please reply (répondez s'il vous plaît) | **S.R.C.** | se ruega contestación |
| **rt.** | right | **dcha.** | derecha |
| **Rte.** | Route | — | ruta |
| **S** | small | **P** | (talla) pequeña |
| **S** | South, south | **S, S.** | Sur, sur |
| **S.A.** | South America | — | Sudamérica, América del Sur |
| **Sat.** | Saturday | **sáb.** | sábado |
| **SC** | South Carolina | — | Carolina del Sur, South Carolina |
| **SD, S. Dak.** | South Dakota | — | Dakota del Sur, South Dakota |
| **SE** | southeast | **SE** | sudeste, sureste |
| **sec.** | second, seconds | **seg.** | segundo, segundos |
| **Sept.** | September | **sep., sept.** | septiembre |
| **Sgt.** | Sergeant | **Sgto.** | sargento |
| **SMS** | Short Message Service | **SMS** | servicio de mensajes cortos |
| **so.** | south | **S, S.** | sur |
| **sq.** | square | — | cuadrado |
| **Sq.** | Square | **Pza.** | Plaza |
| **Sr.** | Senior | **Sr.** | Sénior |
| **Sr.** | Sister (*in religion*) | — | sor |
| **st.** | state | — | estado |
| **St.** | Street | **c/, C/** | calle |
| **St.** | Saint | **S.; Sto., Sta.** | santo, santa |

| | | | |
|---|---|---|---|
| **Sun.** | Sunday | **dom., do.** | domingo |
| **SW** | southwest | **SO** | sudoeste, suroeste |
| **t.** | teaspoon | — | cucharadita |
| **t.** | ton | **t, t.** | tonelada |
| **T, tb., tbsp.** | tablespoon | — | cucharada (grande) |
| **tel.** | telephone | **tel., Tel.** | teléfono |
| **Tenn.** | Tennessee | — | Tennessee |
| **Tex.** | Texas | — | Texas |
| **Thu., Thur., Thurs.** | Thursday | **juev.** | jueves |
| **TM** | trademark | — | marca (de un producto) |
| **tn.** | ton | **t, t.** | tonelada |
| **TN** | Tennessee | — | Tennessee |
| **tr., trans., transl.** | translated, translator, translation | **trad.** | traducido, traductor, traducción |
| **TSA** | Transportation Security Administration | **TSA** | Administración de Seguridad en el Transporte |
| **tsp.** | teaspoon | — | cucharadita |
| **Tue., Tues.** | Tuesday | **mart.** | martes |
| **TX** | Texas | — | Texas |
| **U.** | University | **Univ.** | universidad |
| **UN** | United Nations | **NU, NN.UU.** | Naciones Unidas |
| **Univ.** | University | **Univ.** | universidad |
| **US** | United States | **EEUU, EE.UU.** | Estados Unidos |
| **USA** | United States of America | **EEUU, EE.UU.** | Estados Unidos de América |
| **usu.** | usually | — | usualmente |
| **UT** | Utah | — | Utah |
| **v.** | versus | **v** | versus |
| **v.** | verse | **v** | verso |
| **Va., VA** | Virginia | — | Virginia |
| **VAT** | value-added tax | **IVA** | impuesto al valor agregado |
| **viz.** | see | **v.** | véase |
| **ver.** | verse | **v** | verso |
| **vol.** | volume | **vol, vol.** | volumen |
| **VP** | vice president | — | vicepresidente, -ta |
| **vs.** | versus | **v** | versus |
| **vs.** | verse | **v** | verso |
| **Vt., VT** | Vermont | — | Vermont |
| **W** | West, west | **O, O.** | Oeste, oeste |
| **WA, Wash.** | Washington (state) | — | Washington |
| **Wed.** | Wednesday | **miérc.** | miércoles |
| **WHO** | World Health Organization | **OMS** | Organización Mundial de la Salud |
| **WI, Wis., Wisc.** | Wisconsin | — | Wisconsin |
| **wt.** | weight | — | peso |
| **WV, W. Va.** | West Virginia | — | Virginia del Oeste, West Virginia |
| **www** | World Wide Web | **www** | world wide web, red mundial |
| **WY, Wyo.** | Wyoming | — | Wyoming |
| **yd.** | yard | — | yarda |
| **yr.** | year | — | año |

# Spanish Numbers

| Cardinal Numbers[1] | | | |
|---|---|---|---|
| 1 | uno | 28 | veintiocho |
| 2 | dos | 29 | veintinueve |
| 3 | tres | 30 | treinta |
| 4 | cuatro | 31 | treinta y uno |
| 5 | cinco | 40 | cuarenta |
| 6 | seis | 50 | cincuenta |
| 7 | siete | 60 | sesenta |
| 8 | ocho | 70 | setenta |
| 9 | nueve | 80 | ochenta |
| 10 | diez | 90 | noventa |
| 11 | once | 100 | cien |
| 12 | doce | 101 | ciento uno |
| 13 | trece | 200 | doscientos |
| 14 | catorce | 300 | trescientos |
| 15 | quince | 400 | cuatrocientos |
| 16 | dieciséis | 500 | quinientos |
| 17 | diecisiete | 600 | seiscientos |
| 18 | dieciocho | 700 | setecientos |
| 19 | diecinueve | 800 | ochocientos |
| 20 | veinte | 900 | novecientos |
| 21 | veintiuno | 1000 | mil |
| 22 | veintidós | 1001 | mil uno |
| 23 | veintitrés | 2000 | dos mil |
| 24 | veinticuatro | 100,000 | cien mil |
| 25 | veinticinco | 1,000,000 | un millón |
| 26 | veintiséis | 1,000,000,000 | mil millones |
| 27 | veintisiete | 1,000,000,000,000 | un billón |

[1]Most Spanish-speaking countries use either a decimal point (e.g., 38.25%) or a decimal comma (e.g., 38,25). In countries that use the decimal point, a different symbol (such as a comma, an apostrophe, or a space) is used as a thousands separator. Similarly, in countries where the decimal comma is preferred, a symbol other than a comma (such as a point, an apostrophe, or a space) is used to separate thousands.

## Ordinal Numbers

| | |
|---|---|
| 1.º, 1.ª | primero, -ra[2] |
| 2.º, 2.ª | segundo, -da |
| 3.º, 3.ª | tercero, -ra[2] |
| 4.º, 4.ª | cuarto, -ta |
| 5.º, 5.ª | quinto, -ta |
| 6.º, 6.ª | sexto, -ta |
| 7.º, 7.ª | séptimo, -ma |
| 8.º, 8.ª | octavo, -va |
| 9.º, 9.ª | noveno, -na |
| 10.º, 10.ª | décimo, -ma[3] |
| 11.º, 11.ª | undécimo, -ma |
| 12.º, 12.ª | duodécimo, -ma |
| 13.º, 13.ª | decimotercero, -ra |
| 14.º, 14.ª | decimocuarto, -ta |
| 15.º, 15.ª | decimoquinto, -ta |
| 16.º, 16.ª | decimosexto, -ta |
| 17.º, 17.ª | decimoséptimo, -ma |
| 18.º, 18.ª | decimoctavo, -va |
| 19.º, 19.ª | decimonoveno, -na *or* decimonono, -na |
| 20.º, 20.ª | vigésimo, -ma |
| 21.º, 21.ª | vigésimoprimero, -ra[2] |
| 30.º, 30.ª | trigésimo, -ma |
| 40.º, 40.ª | cuadragésimo, -ma |
| 50.º, 50.ª | quincuagésimo, -ma |
| 60.º, 60.ª | sexagésimo, -ma |
| 70.º, 70.ª | septuagésimo, -ma |
| 80.º, 80.ª | octogésimo, -ma |
| 90.º, 90.ª | nonagésimo, -ma |
| 100.º, 100.ª | centésimo, -ma |
| 1000.º, 1000.ª | milésimo, -ma |
| 1,000,000.º, 1,000,000.ª | millonésimo, -ma |
| 1,000,000,000.º, 1,000,000,000.ª | milmillonésimo, -ma |

[2]The shortened forms of *primero* and *tercero* (which are *primer* and *tercer*, respectively) are abbreviated as *1.*[er] and *3.*[er]. Higher ordinals that end in these forms follow the same pattern (e.g., *vigésimoprimer* → *21.*[er]).

[3]In informal Spanish speech and writing, higher ordinals are often replaced with their corresponding cardinal number: *el 35 aniversario de la compañía*, the company's 35th anniversary.

# Números ingleses

## Números cardinales

| | | | |
|---|---|---|---|
| 1 | one | 50 | fifty |
| 2 | two | 60 | sixty |
| 3 | three | 70 | seventy |
| 4 | four | 80 | eighty |
| 5 | five | 90 | ninety |
| 6 | six | 100 | one hundred |
| 7 | seven | 101 | one hundred (and) one |
| 8 | eight | 200 | two hundred |
| 9 | nine | 300 | three hundred |
| 10 | ten | 400 | four hundred |
| 11 | eleven | 500 | five hundred |
| 12 | twelve | 600 | six hundred |
| 13 | thirteen | 700 | seven hundred |
| 14 | fourteen | 800 | eight hundred |
| 15 | fifteen | 900 | nine hundred |
| 16 | sixteen | 1,000 | one thousand |
| 17 | seventeen | 1,001 | one thousand (and) one |
| 18 | eighteen | 2,000 | two thousand |
| 19 | nineteen | 10,000 | ten thousand |
| 20 | twenty | 100,000 | one hundred thousand |
| 21 | twenty-one | 1,000,000 | one million |
| 30 | thirty | 1,000,000,000 | one billion |
| 40 | forty | 1,000,000,000,000 | one trillion |

## Números ordinales

| | | | |
|---|---|---|---|
| 1st | first | 17th | seventeenth |
| 2nd | second | 18th | eighteenth |
| 3rd | third | 19th | nineteenth |
| 4th | fourth | 20th | twentieth |
| 5th | fifth | 21st | twenty-first |
| 6th | sixth | 30th | thirtieth |
| 7th | seventh | 40th | fortieth |
| 8th | eighth | 50th | fiftieth |
| 9th | ninth | 60th | sixtieth |
| 10th | tenth | 70th | seventieth |
| 11th | eleventh | 80th | eightieth |
| 12th | twelfth | 90th | ninetieth |
| 13th | thirteenth | 100th | hundredth |
| 14th | fourteenth | 1,000th | thousandth |
| 15th | fifteenth | 1,000,000th | millionth |
| 16th | sixteenth | 1,000,000,000th | billionth |

# Nations of the World (Naciones del mundo)

## Africa/África

| | |
|---|---|
| Algeria | Argelia |
| Angola | Angola |
| Benin | Benin |
| Botswana | Botswana, Botsuana |
| Burkina Faso | Burkina Faso |
| Burundi | Burundi |
| Cameroon | Camerún |
| Cape Verde | Cabo Verde |
| Central African Republic | República Centroafricana |
| Chad | Chad |
| Comoros | Comores, Comoras |
| Congo, Democratic Republic of the | Congo, República Democrática del |
| Congo, Republic of the | Congo, República del |
| Côte d'Ivoire (Ivory Coast) | Costa de Marfil |
| Djibouti | Yibuti, Djibouti |
| Egypt | Egipto |
| Equatorial Guinea | Guinea Ecuatorial |
| Eritrea | Eritrea |
| Eswatini (Swaziland) | Esuatini (Suazilandia) |
| Ethiopia | Etiopía |
| Gabon | Gabón |
| Gambia | Gambia |
| Ghana | Ghana |
| Guinea | Guinea |
| Guinea-Bissau | Guinea-Bissau |
| Kenya | Kenya, Kenia |
| Lesotho | Lesotho, Lesoto |
| Liberia | Liberia |
| Libya | Libia |
| Madagascar | Madagascar |
| Malawi | Malawi, Malaui |
| Mali | Malí |
| Mauritania | Mauritania |
| Mauritius | Mauricio |
| Morocco | Marruecos |
| Mozambique | Mozambique |
| Namibia | Namibia |
| Niger | Níger |
| Nigeria | Nigeria |
| Rwanda | Ruanda |
| São Tomé and Principe | Santo Tomé y Príncipe |
| Senegal | Senegal |
| Seychelles | Seychelles |
| Sierra Leone | Sierra Leona |
| Somalia | Somalia |

| | |
|---|---|
| South Africa, Republic of | Sudáfrica, República de |
| South Sudan | Sudán del Sur |
| Sudan | Sudán |
| Tanzania | Tanzania, Tanzanía |
| Togo | Togo |
| Tunisia | Túnez |
| Uganda | Uganda |
| Zambia | Zambia |
| Zimbabwe | Zimbabwe, Zimbabue |

## Antarctica/Antártida

No independent countries

## Asia/Asia

| | |
|---|---|
| Afghanistan | Afganistán |
| Armenia | Armenia |
| Azerbaijan | Azerbaiyán, Azerbaiján |
| Bahrain | Bahrein |
| Bangladesh | Bangladesh |
| Bhutan | Bután, Bhután |
| Brunei | Brunei |
| Cambodia | Camboya |
| China | China |
| East Timor (Timor-Leste) | Timor Oriental |
| Georgia | Georgia |
| India | India |
| Indonesia | Indonesia |
| Iran | Irán |
| Iraq | Iraq, Irak |
| Israel | Israel |
| Japan | Japón |
| Jordan | Jordania |
| Kazakhstan | Kazajistán, Kazajstán |
| Korea, North | Corea del Norte |
| Korea, South | Corea del Sur |
| Kuwait | Kuwait |
| Kyrgyzstan | Kirguizistán, Kirguistán |
| Laos | Laos |
| Lebanon | Líbano |
| Malaysia | Malasia |
| Maldives | Maldivas |
| Mongolia | Mongolia |
| Myanmar (Burma) | Myanmar (Birmania) |
| Nepal | Nepal |
| Oman | Omán |
| Pakistan | Pakistán, Paquistán |

| | |
|---|---|
| Philippines | Filipinas |
| Qatar | Qatar |
| Saudi Arabia | Arabia Saudí, Arabia Saudita |
| Singapore | Singapur |
| Sri Lanka | Sri Lanka |
| Syria | Siria |
| Taiwan | Taiwán, Taiwan |
| Tajikistan | Tayikistán |
| Thailand | Tailandia |
| Turkey | Turquía |
| Turkmenistan | Turkmenistán |
| United Arab Emirates | Emiratos Árabes Unidos |
| Uzbekistan | Uzbekistán |
| Vietnam | Vietnam |
| Yemen | Yemen |

## Europe/Europa

| | |
|---|---|
| Albania | Albania |
| Andorra | Andorra |
| Austria | Austria |
| Belarus | Belarús |
| Belgium | Bélgica |
| Bosnia and Herzegovina | Bosnia-Herzegovina |
| Bulgaria | Bulgaria |
| Croatia | Croacia |
| Cyprus | Chipre |
| Czech Republic | República Checa |
| Denmark | Dinamarca |
| Estonia | Estonia |
| Finland | Finlandia |
| France | Francia |
| Germany | Alemania |
| Greece | Grecia |
| Hungary | Hungría |
| Iceland | Islandia |
| Ireland | Irlanda |
| Italy | Italia |
| Kosovo | Kosovo |
| Latvia | Letonia |
| Liechtenstein | Liechtenstein |
| Lithuania | Lituania |
| Luxembourg | Luxemburgo |
| Macedonia | Macedonia |
| Malta | Malta |
| Moldova | Moldova |
| Monaco | Mónaco |
| Montenegro | Montenegro |
| Netherlands | Países Bajos |

| | |
|---|---|
| Norway | Noruega |
| Poland | Polonia |
| Portugal | Portugal |
| Romania | Rumanía, Rumania |
| Russia | Rusia |
| San Marino | San Marino |
| Serbia | Serbia |
| Slovakia | Eslovaquia |
| Slovenia | Eslovenia |
| Spain | España |
| Sweden | Suecia |
| Switzerland | Suiza |
| Ukraine | Ucrania |
| United Kingdom | Reino Unido |
| Vatican City | Ciudad del Vaticano |

## North America/Norteamérica

| | |
|---|---|
| Antigua and Barbuda | Antigua y Barbuda |
| Bahamas | Bahamas |
| Barbados | Barbados |
| Belize | Belice |
| Canada | Canadá |
| Costa Rica | Costa Rica |
| Cuba | Cuba |
| Dominica | Dominica |
| Dominican Republic | República Dominicana |
| El Salvador | El Salvador |
| Grenada | Granada |
| Guatemala | Guatemala |
| Haiti | Haití |
| Honduras | Honduras |
| Jamaica | Jamaica |
| Mexico | México, Méjico |
| Nicaragua | Nicaragua |
| Panama | Panamá |
| Saint Kitts and Nevis | San Cristóbal y Nieves, Saint Kitts y Nevis |
| Saint Lucia | Santa Lucía |
| Saint Vincent and the Grenadines | San Vicente y las Granadinas |
| Trinidad and Tobago | Trinidad y Tobago |
| United States of America | Estados Unidos de América |

## Oceania/Oceanía

| | |
|---|---|
| Australia | Australia |
| Fiji | Fiji, Fiyi |
| Kiribati | Kiribati |

| | |
|---|---|
| Marshall Islands | Islas Marshall |
| Micronesia, Federated States of | Estados Federados de Micronesia |
| Nauru | Nauru |
| New Zealand | Nueva Zelanda, Nueva Zelandia |
| Palau | Palaos |
| Papua New Guinea | Papúa Nueva Guinea, Papua Nueva Guinea |
| Samoa | Samoa |
| Solomon Islands | Islas Salomón |
| Tonga | Tonga |
| Tuvalu | Tuvalu |
| Vanuatu | Vanuatu |

## South America/Sudamérica

| | |
|---|---|
| Argentina | Argentina |
| Bolivia | Bolivia |
| Brazil | Brasil |
| Chile | Chile |
| Colombia | Colombia |
| Ecuador | Ecuador |
| Guyana | Guyana |
| Paraguay | Paraguay |
| Peru | Perú |
| Suriname | Surinam |
| Uruguay | Uruguay |
| Venezuela | Venezuela |

# Metric System : Conversions
# (Sistema métrico : conversiones)

## Length

| unit | number of meters | approximate U.S. equivalents | |
|---|---|---|---|
| millimeter | 0.001 | 0.039 | inch |
| centimeter | 0.01 | 0.39 | inch |
| meter | 1 | 39.37 | inches |
| kilometer | 1,000 | 0.62 | mile |

## Longitud

| unidad | número de metros | equivalentes aproximados de los EEUU | |
|---|---|---|---|
| milímetro | 0.001 | 0.039 | pulgada |
| centímetro | 0.01 | 0.39 | pulgada |
| metro | 1 | 39.37 | pulgadas |
| kilómetro | 1000 | 0.62 | milla |

## Area

| unit | number of square meters | approximate U.S. equivalents | |
|---|---|---|---|
| square centimeter | 0.0001 | 0.155 | square inch |
| square meter | 1 | 10.764 | square feet |
| hectare | 10,000 | 2.47 | acres |
| square kilometer | 1,000,000 | 0.3861 | square mile |

## Superficie

| unidad | número de metros cuadrados | equivalentes aproximados de los EEUU | |
|---|---|---|---|
| centímetro cuadrado | 0.0001 | 0.155 | pulgada cuadrada |
| metro cuadrado | 1 | 10.764 | pies cuadrados |
| hectárea | 10,000 | 2.47 | acres |
| kilómetro cuadrado | 1,000,000 | 0.3861 | milla cuadrada |

## Volume

| unit | number of cubic meters | approximate U.S. equivalents | |
|---|---|---|---|
| cubic centimeter | 0.000001 | 0.061 | cubic inch |
| cubic meter | 1 | 1.307 | cubic yards |

## Volumen

| unidad | número de metros cúbicos | equivalentes aproximados de los EEUU | |
|---|---|---|---|
| centímetro cúbico | 0.000001 | 0.061 | pulgada cúbica |
| metro cúbico | 1 | 1.307 | yardas cúbicas |

## Capacity

| unit | number of liters | approximate U.S. equivalents | | |
|---|---|---|---|---|
| | | CUBIC | DRY | LIQUID |
| liter | 1 | 61.02 cubic inches | 0.908 quart | 1.057 quarts |

## Capacidad

| unidad | número de litros | equivalentes aproximados de los EEUU | | |
|---|---|---|---|---|
| | | CÚBICO | SECO | LÍQUIDO |
| litro | 1 | 61.02 pulgadas cúbicas | 0.908 cuarto de galón | 1.057 cuartos de galón |

## Mass and Weight

| unit | number of grams | approximate U.S. equivalents | |
|---|---|---|---|
| milligram | 0.001 | 0.015 | grain |
| centigram | 0.01 | 0.154 | grain |
| gram | 1 | 0.035 | ounce |
| kilogram | 1,000 | 2.2046 | pounds |
| metric ton | 1,000,000 | 1.102 | short tons |

## Masa y peso

| unidad | número de gramos | equivalentes aproximados de los EEUU | |
|---|---|---|---|
| miligramo | 0.001 | 0.015 | grano |
| centigramo | 0.01 | 0.154 | grano |
| gramo | 1 | 0.035 | onza |
| kilogramo | 1000 | 2.2046 | libras |
| tonelada métrica | 1,000,000 | 1.102 | toneladas cortas |